FLORA

Publisher	Gordon Cheers
Associate publisher	Margaret Olds
Art director	Stan Lamond
Project manager	Kate Etherington
Contributors	David Austin, David Banks, Cathy Wilkinson Barash, Matthew Biggs, Don Blaxell, David Bond, Peter Brownless, Geoff Bryant, Kate Bryant, Cole Burrell, Derek Butcher, Jerry Coleby-Williams, Ian Connor, Penny Dunn, Lorraine Flanigan, Jim Folsom, Richard Francis, Jo Ann Gardner, William Grant, Ken Grapes, Sarah Guest, Keith Hammett, Patricia Hanbidge, Ian Hay, Terry Hewitt, Geoff Hodge, Mark Kane, Ruth Kiew, Melanie Kinsey, Isobyl la Croix, Todd Lasseigne, Tony Lord, David Mabberley, Lawrie Metcalf, Valda Paddison, Helene Pizzi, Lee Reich, Martyn Rix, Tony Rodd, Bruce Rutherford, Stephen Ryan, Donald Schnell, Patrick Seymour, Julie Silk, Geoff Stebbings, Wendy Thomas, David Tomlinson, John Trager, R. G. Turner Jr., Marion Tyree, Rachel Vogan, Scott Williams
Hardiness zone maps	John Frith
Illustrations	Spike Wademan
Managing editors	Janet Parker, Margaret Malone
Editors	Loretta Barnard, Annette Carter, Lynn Cole, Dannielle Doggett, Fiona Doig, Alan Edwards, Janet Healey, Carol Jacobson, Erin King, Scott Lumsden, Heather McNamara, Joy Misrachi, Rob Paratore, Anne Savage, Judith Simpson, Julie Stanton, Marie-Louise Taylor, Michael Wall
Picture research	Gordon Cheers
Photo library	Alan Edwards
Cover design	Stan Lamond
Designer	Joy Eckermann
Picture sizing	Kathy Lamond, Suzanne Potma
Typesetting	Dee Rogers
Index	Loretta Barnard, Scott Lumsden, Heather McNamara, Jan Watson
Production	Bernard Roberts
Publishing assistant	Erin King
Foreign rights	Sarah Minns
Photographers	James Young, David Banks, Chris Bell, Rob Blakers, Lorraine Blyth, Greg Bourke, Ken Brass, Geoff Bryant, Derek Butcher, Claver Carroll, Anna Cheifetz, Leigh Clapp, David Austin Roses, Grant Dixon, Heather Donovan, e-garden Ltd, Bruce Elder, Katie Fallows, Stuart Owen Fox, Richard Francis, Robert Gibson, William Grant, Denise Greig, Barry Griffith, Barry Grossman, Gil Hanly, Ivy Hansen, Dennis Harding, Jack Hobbs, Neil Holmes, Paul Huntley, Richard I'Anson, Ionas Kaltenbach, David Keith Jones, Willie Kempen, Colin Kerr, Robert M. Knight, Carol Knoll, Albert Kuhnigk, Mike Langford, Gary Lewis, Geoff Longford, Stirling Macoboy, John McCann, David McGonigal, Richard McKenna, Ron Moon, Eberhard Morell, Barry Myers-Rice, Steve Newall, Connall Oosterbroek, Larry Pitt, Craig Potton, Janet Price, Geof Prigge, Nick Rains, Christo Reid, Howard Rice, Jamie Robertson, Tony Rodd, Rolf-Ulrich Roesler, Luke Saffigna, Don Skirrow, Raoul Slater, Peter Solness, Ken Stepnell, Warren Steptoe, Oliver Strewe, J. Peter Thoeming, David Titmuss, Wayne Turville, Georg Uebelhart, Sharyn Vanderhorst, Kim Westerskov, Murray White, Vic Widman, Brent Wilson, Geoff Woods, Grant Young

Photos and illustrations from the Global Photo Library
© Global Book Publishing Pty Ltd 2003
Text © Global Book Publishing Pty Ltd 2003

Printed in Hong Kong by Sing Cheong Printing Co. Ltd
Film separation Pica Digital Pte Ltd, Singapore

第1巻
i：*Malus* 'Red Sentinel'（リンゴ'レッド　センティネル'）
ii～iii：*Magnolia* 'Betty'（モクレン'ベティー'）
v：針葉樹と凍ったクモの巣
vi～vii：色と香りを楽しむ庭園
viii～ix：*Galanthus nivalis*（スノードロップ）
xii～xiii：庭園に奥行きを与える樹木
64～65：*Aster novi-belgii*（ユウゼンギク栽培品種）
212～213：*Banksia ericifolia*（ヒースバンクシア）
274～275：*Camellia reticulata*
　　　　 'Dali Cha'（トウツバキ'ダリ　チャ'）
462～463：*Dahlia* 'Tout a Toi'（ダリア'トゥータ　トワ'）
520～521：*Echinacea purpurea*（ムラサキバレンギク）
594～595：*Fritillaria imperialis*（ヨウラクユリ）
620～621：*Gaillardia*（テンニンギク属）
664～665：*Helianthus annuus*（ヒマワリ）
724～725：*Iris* 'Marie Cailler'（アイリス'マリー　カイエ'）
762～763：*Kalmia latifolia*
　　　　 'Ostbo Red'（アメリカシャクナゲ'オスボ　レッド'）

第2巻
i：*Bellis perennis* Pomponette Series（ポンポネット・シリーズ）
ii～iii：*Leucospermum*（レウコスペルムム属）
v：*Lantana*（ランタナ属）
vi～vii：*Cotinus coggygria* 'Pupuretus'（'ププレトゥス'）
784～785：*Lilium* 'Barbaresco'（ユリ'バルバレスコ'）
846～847：*Moraea villosa*
910～911：*Narcissus* 'Palmares'（スイセン'パルマレス'）
940～941：*Oenothera*（マツヨイグサ属）
968～969：*Paphiopedilum*（パフィオペディルム属とカエル）
1120～1121：*Rosa* 'Cathedral'（バラ'カテドラル'）
1290～1291：*Sarracenia* × *exornata*
1394～1395：*Telopea speciosissima*（テロペア栽培品種）
1446～1447：*Vanda* 'Pat Delight'（バンダ'パット　ディライト'）
1480～1481：*Zinnia elegans*
　　　　　 'Oklahoma Pink'（ヒャクニチソウ'オクラホマ　ピンク'）

執筆者リスト

トニー・ロード（Tony Lord）

英国ナショナルトラスト協会のガーデンアドバイザーを務めた後、1989年からはフリー。園芸関係の著作活動および写真撮影に従事。また技術顧問や編集者としての顔も持ち、数多くの出版社から植物や園芸に関する本を出版している。The Plant Finderの初版～10版（1987～96）の編集にあたり、その現行版であるThe RHS Plant Finderの主任編集者を務める。

Encyclopedia of Planting Combinations、Designing with Roses、Sissinghurst: Classic Garden Inspirationなど、数多くの著書がある。

所属団体は次の通り。RHS Floral A、RHS Trials Committee、RHS Reginald Cory Memorial Cup Committee、RHS Advisory Panel on Nomenclature and Taxonomy（会長）、UK Plant Breeders' Rights Controller's Advisory Panel for Herbaceous Plants（Plant Variety Rights Office）、Gardens Panel, National Trust。グロスターシャー、チュークスベリ在住。

デビッド・オースチン（David Austin）

デビッド・オースチン・ローズの生みの親。世界的なバラ育種家として、デビッド・オースチン・ローズをはじめとするあらゆるバラの品種育成を手がける。1926年生まれ。若い頃から造園家、園芸家として積極的に活動。実家の農園で仕事を始めると、その合間に趣味でバラを育てるようになり、3種のバラを発表。1969年にはデビッド・オースチン・ローズを誕生させた。現在も育種事業に力を注ぎ、世界屈指の大規模バラ育種プログラムを統括している。著書Heritage of the Rose（1988）、David Austin's English Rose（1993）は世界的に賞賛されている。

1995年には、バラ育成の品種改良に対する英国王立バラ協会賞と英国王立園芸協会Gold Veitch Memorial Medalを受賞した。そのほかの受賞はイースト・ロンドン大学Honorary Degree of Master of Science（1997）、英国王立バラ協会Dean Hole Medal（2000）、英国王立バラ協会Victoria Medal of Honour（2002）などがある。

マシュー・ビッグス（Matthew Biggs）

20年以上にわたってプロのガーデナーとして活躍。パーショー園芸大学や英国王立キュー植物園で研鑽を積み、同園でのガイド講師やスタッフ育成責任者を務めた。この経験を生かしてフリーの園芸家となってからは、景観整備会社の経営、ガーデニング団体での講演、成人教育の指導などにあたっている。

テレビやラジオの出演は、チャンネル4の人気シリーズ'Garden Club'に始まり、現在も出演中のBBC放送'How Does Your Garden Grow?'など多数。またメリディアンの"Grass Roots"では番組プロデューサーを務める一方、専門家としてのゲスト出演もこなす。ラジオ番組のベテラン司会者でもあり、ラジオ4の'Gardener's Question Time'、LBCラジオの'Gardening Phone-in'、BBCラジオ5やBBC Three Countriesラジオなどに出演。

BBC Gardener's World Magazine、The Garden、Amateur Gardeningなどガーデニング雑誌の連載も多く、著書にはA Practical Guide to Growing Healthy Houseplants、Matthew Biggs' Complete Book of Vegetables、Roy Lancasterと共著のWhat Houseplant Where? などがある。

植物愛好家として広く世界を旅し、欧州、地中海地方、南西アジア、南アメリカ、アフリカ、オーストラリアへのガーデニングツアーを引率している。ハートフォードシャー、フラムステッド在住。

ピーター・ブラウンレス（Peter Brownless）

スコットランドのエジンバラ英国王立植物園の庭園管理者。リトル農業カレッジで園芸学を修了した後に、イギリス全土で造園や景観整備にかかわるさまざまな職を経験。

最近は、エジンバラ植物園の育苗管理の統括、温帯植物の育成と主要収集品の管理補佐にあたっている。また、育苗に関する記録の保持、種子および植物標本管理、植物園や同分園における植物名表示を手がける一方で、エジンバラ植物園ウェブサイトの園芸コンテンツを管理、植物園を代表して友の会にも参加して、各種講演、植物販売、オークションなどをこなしている。

Botanics、Amateur Gardener、Specialist's Cornerなど、さまざまな出版物に記事を寄稿。自宅の庭園は、庭園評論家Suki Urquhartによってサンデータイムズ紙で取り上げられた。チリや中国での植物学術調査にも参加している。

イアン・コナー（Ian Connor）

観賞用タケに関する第一人者として講演やコンサルティングを行っており、幅広い専門知識には定評がある。アメリカ竹協会（ABS）会長、BambooおよびThe Magazine of the American Bamboo Societyの編集者。ABS理事会にはオレゴン代表として参加。オレゴン州ポートランドのクラシカル・チャイニーズ・ガーデンで、タケに関する相談にあたっている。

イングランド生まれ。ハンプシャーにあるヒリアー樹木園の主任園芸員を10年間勤めた後、アメリカに移住、オレゴン州ポートランドのクラシカル・チャイニーズ・ガーデン園芸主任。フリーの文筆家、写真家でもあり、著書にA Cultivation Guide For Bambooがある。

イソビル・ラ・クロワ（Isobyl la Croix）

スコットランドのエジンバラ大学卒業後、アバディーン大学農学部に2年間勤務した。昆虫学者と結婚してアフリカのガーナに4年間、ケニアに3年間在住。しばらくイギリスに滞在した後、1978年には夫婦でマラウィに渡り、同地で10年間を過ごした。マラウィ滞在時にランへの関心を強め、ランの収集に余暇を費やすようになった。友人らの協力のもとに、マラウィの着生ランに関する書籍（夫との共著）を地元出版。続いてマラウィ産のラン全種に関する資料収集を開始して、A. A. Balkema社からOrchids of Malawi（1991）を出版。同書には夫のエリックによる写真も掲載されている。

1987年末にイギリスに帰国すると、ラン科植物をあつかったFlora Zambesiaca（2巻本）をまとめて、英国王立キュー植物園から出版。ほかにもランに関する著作数冊がある。また、ラン栽培を広めることによって種の絶滅を救えるのではないかという希望から、アフリカ産やマダガスカル産ランの小規模な通信販売も手がけている。ここ2年間は、RHSのラン情報誌であるThe Orchid Review（ラン関係の雑誌としては世界で最も長期にわたって発行されており、現在は111巻）の編集者を務めている。

ケン・グレープス（Ken Grapes）

ノーフォークに生まれ育ち、母親の影響でガーデニングに愛着を持つようになった。30年近くイギリス軍に奉職した後は、15年間にわたって英国王立バラ協会の総書記を務めている。管理運営にかかわっている世界的に有名なセント・アルバンスの「バラ園」では、新種バラの国際品評会が開催され、期間中にはバラ栽培をめぐる一般的見解の有効性に関する調査も実施されている。1998年、同協会の最高栄誉であるDean Hole Medalを受賞。

テリー・ヘウィット（Terry Hewitt）

40年以上に及ぶ熱心なサボテン愛好家。世間一般の愛好家同様、最初は窓辺に数鉢を飾る程度だったが、熱意につれて鉢数が増すと、サボテンの商業栽培を手がけるようになった。現在はサセックスのアシントンにあるHolly Gate Cactus Nursery and Cactus Gardenの所有者として、年間に数千株を育てる一方、増え続ける個人コレクションを

一般に公開している。

趣味人としての立場を堅持しており、仕事と気晴らしの別にはこだわらない。空いた時間は、愛好者が集う英国サボテン協会での会話や講演に充てている。執筆者、あるいは寄稿者としてサボテンや多肉植物に関する書籍数冊に関わっており、種々のガーデニング本にも寄稿している。

ジェフ・ホッジ（Geoff Hodge）

英国王立園芸協会のウェブ編集者、ガーデン・ライターズ・ギルド代表のほか、ケンブリッジシャーBBCラジオのガーデニング全般に関する記者も務めている。レディング大学で植物学の学位を取得。Garden NewsやGarden Answersのガーデニング記事編集に携わった後、12年前から園芸ジャーナリストとして活躍中。ガーデンセンターの経営経験もある。活動拠点はケンブリッジシャーのピーターバラ。

ルース・キュー（Ruth Kiew）

ケンブリッジ大学で熱帯植物学の博士号を取得。25年間にわたってマレーシアの農業大学で教鞭をとり、植物学の教授に就任。1997年、シンガポール・ボタニック・ガーデンに移って植物標本や資料の管理官となる。

同地域における植物調査を実施して多雨林草本や石灰層植物の分類にあたり、多数の新種を発見している。マレーシアの自然環境保護にも尽力。2002年にはDavid Fairchild Award for Botanical Explorationを受賞。

100を超える学術論文のほか、The Pollen Atlas of Malaysian Bee Plants、The Seed Plants Flora of Fraser's Hill, Peninsular Malaysiaなどの著書がある。現在はマレー半島産ベゴニアに関する書籍を執筆中。

デビッド・マベルリー（David Mabberley）

オランダ、ライデン大学Leids Universiteits Fonds（LUF）教授。オーストラリア、シドニー王立植物園名誉調査委員。熱帯果実、資材用木の体系および生態、応用植物学、ボタニカルアート、生物学の歴史などが専門分野。

植物および園芸に関する記名出版物は250点を超える。著書は、The Plant-book, a portable dictionary of the vascular plants（2nd ed., 1997）、Ferdinand Bauer: The Nature of Discovery (1999) Arthur Harry Church: The Anatomy of Flowers(2000)など14冊。

マーチン・リックス（Martyn Rix）

植物学者、植物収集家、園芸家。ダブリンにあるトリニティ・カレッジで学び、ケンブリッジ大学で博士論文を執筆。ウィズレーにある英国王立園芸協会庭園に植物学者として勤務した後、フリーの植物アドバイザー兼ライターとなり、17冊の著書や多くの学術論文のほか、ロジャー・フィリップス（Roger Phillips）と共著で23冊の写真図鑑を出版。王立園芸協会写真委員会に所属し、園芸界に対する貢献を認められて同協会からGold Veitch Memorial Medalを授与された。

ロジャー・フィリップスと共に写真を用いた植物図鑑の分野を切り開いた。両者によるThe Botanical Garden I, IIでは、近代的な手法を駆使して植物を活写している。10年をかけて製作された同書では、最新の写真技術と専門家による説明を一体化させて、身近な園芸書と学術書との橋渡しに成功している。

ジェフ・ステッビンス（Geoff Stebbings）

子どものころ、ナナフシの餌にするためにコップに挿していたプリベットの小枝が根を出したのを見て、ガーデニングの楽しみに目覚めた。英国王立キュー植物園で学んだ後、しばらくの間、ガーデンセンターでアナナス類の種苗育成を手がけた。ミドルセックスのエンフィールドにあるミドルトン・ハウスの主任園芸員となり、著名な園芸家E. A. Bowlesによる庭園の復元を担当。同園では、アヤメの受賞品種を集めたナショナル・コレクションを選定し、植物および庭園保護のための国家協議会（ロンドン・グループ）の議長を長期にわたって務めた。

Garden News誌のライターとしてガーデニング記事を初執筆した後、Practical Gardening誌やGarden Answers誌に移って執筆活動を続けた。その後、英国王室園芸協会の機関誌The Gardenのコラム担当となる。現在はフリーライターとして活躍。著書3冊のほか、多数の寄稿記事がある。ラジオ番組での司会や講演もこなす。

執筆や調査に従事していない時は、自宅のあるケンブリッジシャーのピーターバラに戻り、珍しい植物を植え込んだ自宅の庭園や温室で時を過ごしている。耐寒性、非耐寒性の鱗茎植物に強い関心を持っている。

目次

第1巻

本書の使いかた 10

世界の植物 12

日本の園芸文化〜伝統と現在 14

ハーディネスゾーン 20

植物の学名 46

植物地理学、発見と分類 50

植物の分類 52

Abelia 〜 Aztekium 66
(ツクバネウツギ属)〜(アズテキウム属)

Babiana 〜 Bystropogon 214
(ホザキアヤメ属)〜(ビュストロポゴン属)

Caccinia 〜 Cytisus 276
(カッシニア属)〜(エニシダ属)

Daboecia 〜 Dypsis 464
(ダボエキア属)〜(デュプシス属)

Ebenus 〜 Exochorda 522
(エベヌス属)〜(ヤナギザクラ属)

Fabiana 〜 Furcraea 596
(ファビアナ属)〜(フルクラエア属)

Gahnia 〜 Gypsophila 622
(クロガヤ属)〜(カスミソウ属)

Haberlea 〜 Hystrix 666
(ハベルレア属)〜(アズマガヤ属)

Iberis 〜 Ixora 726
(イベリス属)〜(サンタンカ属)

Jaborosa 〜 Kunzea 764
(ヤボロサ属)〜(クンゼア属)

第2巻

Lablab 〜 Lythrum 786
(コウシュンフジマメ属)〜(ミソハギ属)

Maackia 〜 Myrtus 848
(イヌエンジュ属)〜(ギンバイカ属)

Nageia 〜 Nyssa 912
(ナゲイア属)〜(ヌマミズキ属)

Oberonia 〜 Ozothamnus 942
(ヨウラクラン属)〜(オゾタムヌス属)

× Pacherocactus 〜 Pyrus 970
(パケロカクトゥス属)〜(ナシ属)

Quercus 〜 Ruttya 1122
(コナラ属)〜(ラトヤ属)

Sabal 〜 Syzygium 1292
(ケマデヤシ属)〜(フトモモ属)

Tabebuia 〜 Typha 1396
(タベブイア属)〜(ガマ属)

Uebelmannia 〜 × Vuylstekeara 1448
(ウエベルマンニア属)〜(ヴイルステケアラ属)

Wachendorfia 〜 Zygophyllum 1480
(ワケンドルフィア属)〜(スュゴフュルム属)

図解：葉の種類 1500

図解：花の種類 1502

図解：果実の種類 1504

用語解説 1505

索 引 1518

本書の使い方

『Flora』には、20,000種を超える現生植物についての最新情報が記載されている。植物の選択にあたっては、園芸、農業、林業において重要なもの、医薬、繊維、染料などに用いられるものを基準とした。大多数の読者は、野草よりも庭や公園で目にする植物に関心をいだくと思われる。また、園芸愛好家の多くが温帯地域に暮らしていることもあって、温帯植物については熱帯植物よりも詳しく説明している。しかし本事典では、園芸植物だけではなく、さまざまな理由（自生地の美観であったり、進化史上に占める特殊な位置であったりなど）によって注目度の高い植物も数多くとりあげている。

本事典は三部構成になっている。第一部では本書の内容を紹介し、植物の概略を説明する。ここでは、植物相互の違いや種別の相違、植物の成長を左右する環境要因、分類、利用法、栽培法、各地域の自生種などについて述べる。色分けされた地図は、ハーディネスゾーン（露地植栽可能域）を示し、各ゾーンについての説明を付記する。

このページサンプルは、編集の都合上原書を使用しております。（864頁参照）

- 属名
- 科名
- 種小名
- 栽培法
- 異名
- 推奨種
- 英名
- 記号（右のリスト参照）
- 原産地
- 品種名（変種、亜種、栽培品種など）
- ハーディネスゾーン

CHAMAEDOREA

Chamaedorea, belonging to the family Arecaceae, is of the larger genera of palms with over 100 species. They are attractive, small, understory palms which adapt to cultivation, especially as indoor plants. Native to tropical America, they include both single-stemmed and clumping palms. Fronds are either pinnate (feather palms) or undivided. Flowers are of different sexes on different plants, very small and fleshy, and borne on spikes. As small single-seeded fruits ripen, fruit color contrasts with that of the spike.
CULTIVATION: Although tropical palms, they adapt well to frost-free warm-temperate climates. Some species are quite sun-hardy, in a humid climate, but most grow best in filtered light in a sheltered spot. Soil should be moderately fertile with a high organic content and the surface mulched with leaves. If grown indoors they need good light, though not direct sunlight. They need regular summer feeding with a dilute high-nitrogen fertilizer. Propagation is normally from seed.

Chamaedorea elegans ★
syns *Collinia elegans, Neanthe bella*
PARLOR PALM
☼ ↔ 36 in (90 cm) ↕ 6 ft (1.8 m)
From highland rainforests of southern Mexico and Guatemala. Stems single with knobbly protuberances. Short deep green fronds, crowded. Small yellow flowers, on panicles. Female panicles turn orange-red. Pea-sized black fruit. 'Bella' ★, crown of fronds only 12 in (30 cm) wide. Zones 10–12.

Chamaedorea ernesti-augusti

Chamaedorea ernesti-augusti
☼ ↔ 18 in (45 cm) ↕ 3 ft (0.9 m)
From southern Mexico to Honduras. Single-stemmed, wedge-shaped fronds, undivided, with a broad notch at the apex. The male plants have tiny red flowers, the females a spike of greenish flowers, turning bright orange. Small black fruit. Zones 10–12.

Chamaedorea linearis
syns *Chamaedorea megaphylla, C. poeppigiana, C. polyclada*
☼ ↔ 7 ft (2 m) ↕ 8–20 ft (2.4–6 m)
Native to the Andes at both low and high altitudes. Single pale green trunk. Spreading dark green fronds with drooping leaflets. Multi-branched inflorescence of white flowers. Red fruits to 1 in (25 mm) on female plants. Zones 10–12.

Chamaedorea microspadix
☼ ↔ 10 ft (3 m) ↕ 8 ft (2.4 m)
From southeastern Mexico. Clump of spreading, thin, bamboo-like stems. Fronds crowded, matt green broad leaflets. Flower panicles, females green, bearing bright scarlet fruits to ½ in (12 mm) in diameter. One of the most sun-hardy species. Zones 10–12.

Chamaedorea plumosa ★
☼ ↔ 5–8 ft (1.5–2.4 m) ↕ 10–12 ft (3–3.5 m)

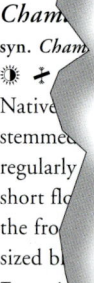

 推奨種

 日向

 半日陰

 日陰

 完全耐寒性

 霜耐寒性

 半耐寒性

 霜半耐寒性

 高さ

 幅

本事典の使用法

ページ内容
見開きページごとに、記載植物名を示す。左ページには最初に記載されている植物の属名、右ページには最後に記載されている植物の属名を表示。

写真説明
植物名*

見出し
植物検索用に使用。アルファベット順。

属名
属全体の概略、自生地域、栽培法などを記載。

種名
個々の種や品種についての詳細、ハーディネスゾーンを記載。

* subsp./亜種、
var./変種、
cv./栽培品種、
H.C./交雑品種なども記載。
本文に記載のある学名は短縮形で示す場合もある。

季節別の写真
季節による植物の外観の違いを示す。

「自然状態」の写真
自生地における植物を示す。

拡大写真
葉、花、果実、樹皮などの拡大写真によって、植物の特徴を詳細表示。

(367頁参照)

(282頁参照)

　本書の中心となる第二部では、アルファベット順に属名を記載している。属名もしくは種名の前にある×の記号は、その植物が交雑種であることを示す。この記載法は、ランの仲間に関しては常に適用されるわけではないが、本書では一貫してこれを用いる。属名の説明では、対象となる植物の科名、分布域、種の数、特徴、商業利用、全体的な栽培法について述べる。属名の全項目では多くの種（場合によっては異名、一般名、英名も記載）をとりあげ、原産地、開花期、花色、主な品種、ハーディネスゾーンを示すとともに、左ページで説明した記号を用いて各植物の耐寒性、高さ、幅を記載する。高さと幅は栽培されたものを基準にしている。ハーディネスゾーンとは露地での植栽が可能な地域のことであるが、一年草の場合には冬季における耐寒性ではなく、春季から秋季にかけて当該植物の栽培や移植が可能であるかどうかを基準にしている。

　解説項目の大多数は写真をともなっており、そのすべてに植物名を記載した。多くの栽培品種を持つ属（ツバキ属、ツツジ属、バラ属など）では、本文には載っていない植物の写真も掲載した。栽培植物の花色は土壌や気候によって大きく異なり、開花期に左右される場合もある。薄青色や薄紫色の花の場合、撮影時のフラッシュによって実際よりもピンクがかった色になることが多い。

　★の記号で示される推奨種とは、本事典の監修者によって優良種であるとされたものである。この記号は学名の後ろに付く。本文中に記載のないものであっても、推奨種として写真が載る場合もある。

　第三部は、花と葉の構造、形状、配列、果実型を図解するカラー図版（全5ページ）、用語集、索引によって構成される。

The World of Plants

日本の園芸文化～伝統と現在(いま)

1. 日本の気候帯と植生分布概説

日本の国土は、アジア大陸の極東域にあり、モンスーン気候帯の北部に位置するために、温暖で雨が多く、四季の変化が明瞭に際立っている。

地形は、平野が少なく、国土の7割が山地で高山域を持ち、全土に渡り人工林が多いが森林も発達している。

日本の気候帯は、北海道の亜寒帯から西表島の亜熱帯まで分布し、南北の長い列島に各々適合する森林を発達させている。北海道の山岳地帯では、寒帯が存在し、実に多種多様な植物相が形成されている。また、列島中央部には、長く横たわった背稜山脈が日本海側と太平洋側とに分け、特異的な植生帯を作っている。更に、列島に沿って流れる暖流により、海岸域と内陸部と分かれる。

地球年代から見ても、海に保護されていることから、氷河期の影響を強く受けることなく、温暖で多雨な気候の上に、褐色森林土壌に覆われた日本国土は、世界的にも有数な植物王国となった。このような日本の多様な植物種の中から、観賞植物としても世界中に広く利用され、多くの品種を生みだしている。

気候帯と植生

気候帯の分け方もいくつかあるが、ここでは温度分布により森林を構成する高木で見ていく。

〈北海道〉

寒帯を構成する高山帯はハイマツを中心に落葉広葉樹のウラジロナナカマド、タカネナナカマド等が混生する。その下部の山地帯はエゾマツ、アカマツ、トドマツが極相状態の森林を作っているが、それに至っていない場所ではダケカンバが優先している。

平野部では、シラカバを始めとしてカバノキ類やドロノキ、ミズナラ、カシワ等があり、二次林も多く、カラマツ、ヨーロッパトウヒなどの外来の針葉樹も多い。

道南地域ではブナ林もよく発達しており、カエデ類やシナノキ、ナナカマドなども多く混生している。

多雪と冷涼な気候は、釧路湿原に代表される高層湿原や泥炭土壌地も作っている。

〈東北地方〉

北部は冷温帯、山岳地帯は亜寒帯的であり、ハイマツ帯に覆われている。また、豪雪による池塘も多く、各所に高層湿原がある。高山域では、北の方はオオシラビソを中心とする樹林に覆われているが、南の方はシラビソ、コメツガ、ネズコ、アスナロが中心となる。

最大の特長は白神山地で知られるブナ林である。それにミズナラなどが続く。

平地や低山帯ではアカマツ林が発達し、その中に各種の落葉広葉樹が混生して林を作っている。二次林も多く、薪炭用のコナラ、クヌギも多いが、アカマツ、ヒノキ、スギ林も多く作られている。

〈関東甲信越・中部地方〉

温帯域の中心部で、山岳地帯は東北地方と同じだが、それが占める面積は小さくなり、より多種となる。

亜高山域はウラジロモミ、コメツカ、シラビソ、場所によっては、ネズコ、アスナロ、ヒノキ、サワラ、アカマツ、スギなどが出現する。落葉広葉樹も高地からダケカンバ、ナナカマド、ヤナギ類、ミズナラなどから、低地では、二次林が主で、各種の落葉樹が混生し、林床にアセビ、イヌツゲ、ヒサカキなどの常緑樹も生える。

また、これら低地ではコナラ属のシラカシ、アラカシ、ウラジロガシやタブなども出現して、クロマツが多くなる。人工林も非常に多く、集落の周辺ではほとんどがコナラやクヌギの二次林となっている。

日本海側の豪雪地帯は、ブナやミズナラ、平地ではハンノキやヤナギ類が多いが、雪国に適応した固有種も多い。

〈近畿・中国・九州地方〉

暖温帯地帯でシイ類やカシ類などを主とした照葉樹が発達し、山地ではスギ、ヒノキ、アカマツが多く出現している。照葉樹林の構成樹は、タブノキ、クスノキ、ヤブツバキなども主要なものとなる。

高山域では、ブナ林も存在するが、限られた地域となる。山麓の二次林地帯は、クヌギに代わってアベマキが主要構成樹に入り、コナラ、ナラガシワとなっている。

沿岸部では、クロマツやタブノキ、ヤブツバキなど耐潮性のある樹林で構成され、九州南部ではヤシ類やソテツも自生する。

この照葉樹林帯を中心に、日本に稲作文化が発展し、日本民族の基礎が出来上がった地域でもある。

〈トカラ列島（南西諸島）〉

北部域は亜熱帯で、タブノキやツブラジイを主体とした照葉

北アルプスの標高2700m位になると高山植物帯となる。ハイマツを中心にツツジ科の樹木が多く混生する。

北アルプスの標高2600m位の森林限界地域には、ハイマツ帯の下に続いてシラビソやコメツガ、ダケカンバやタカネナナカマド等の混生林が広がる。

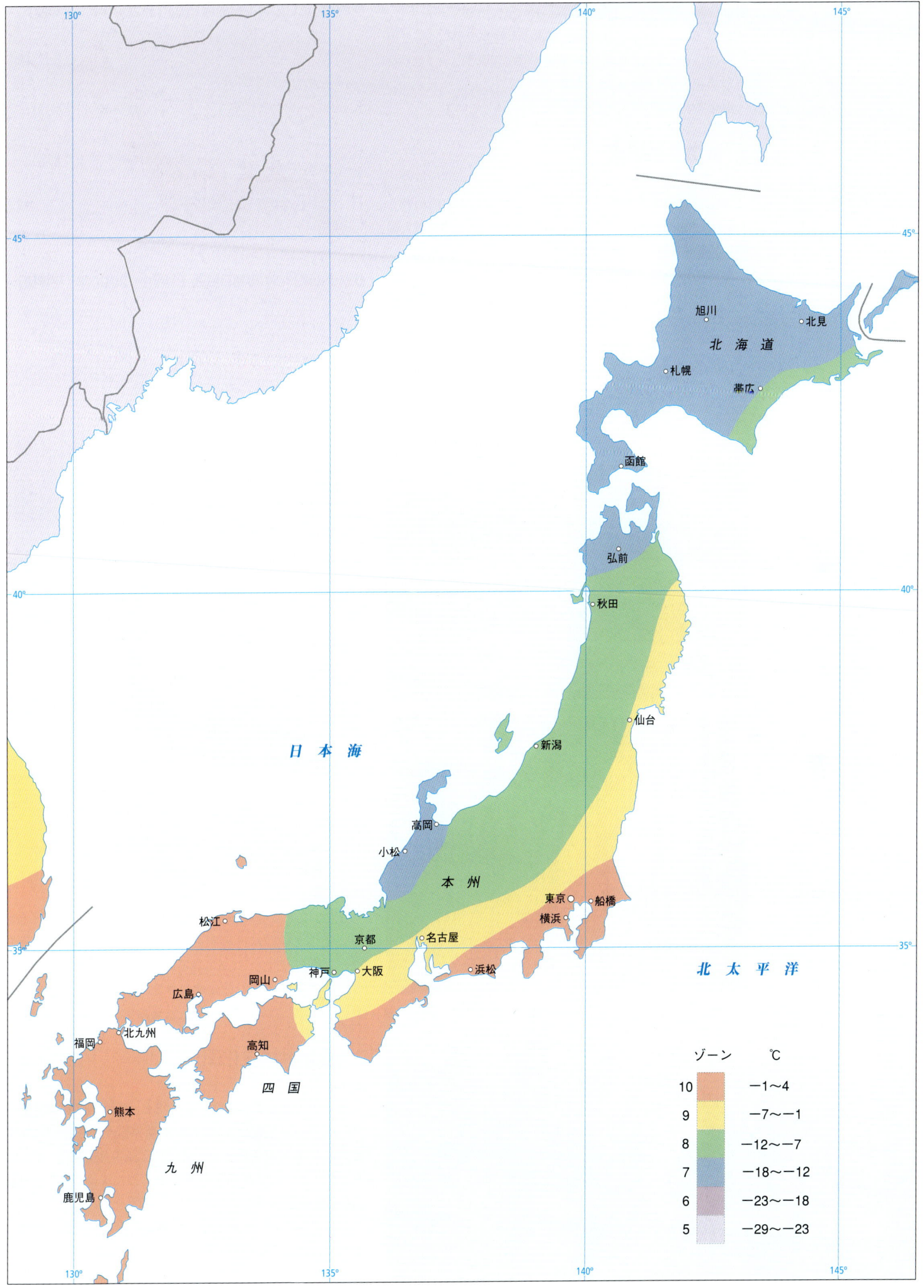

樹林に覆われている。海洋に近い所では、ソテツが自生し、アコウ、ガジュマルなどの大木を見る。木性シダが出現し、更に沖縄以南にいくと熱帯性の植物が多く現われ、カラフルな色彩の花の咲く植物が島々を彩っている。

海岸や汽水域には、マングローブが発達している。

2. 植物季節観測

南北に4,000km余りにもなる長い日本列島は、季節の移りかわりにも注目されるところであり、四季の変化により日本人独特の感性も育まれるものである。

季節の移動は、春の気候変化が北上する桜前線が最もよく知られており、1月中旬に沖縄をスタートしてから北上を続け、5月中旬に北海道に到達する4ヶ月間に渡り日本の各地で春を楽しむことができる。

植物観測では、サクラの他には、ウメ・ヤブツバキ・タンポポ・ヤマツツジ・ノダフジ・アジサイがある。

ウメの開花日の等期日線図（1971～2000年　平年値）

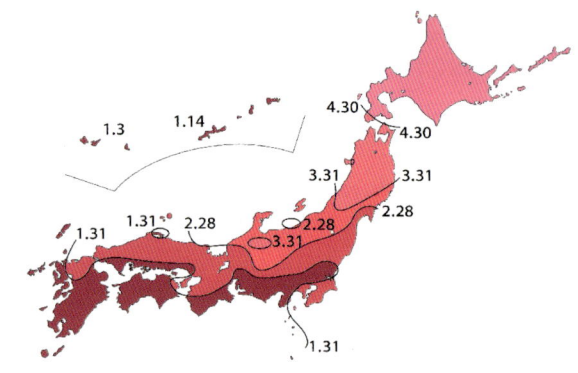

サクラの開花日の等期日線図（1971～2000年　平年値）

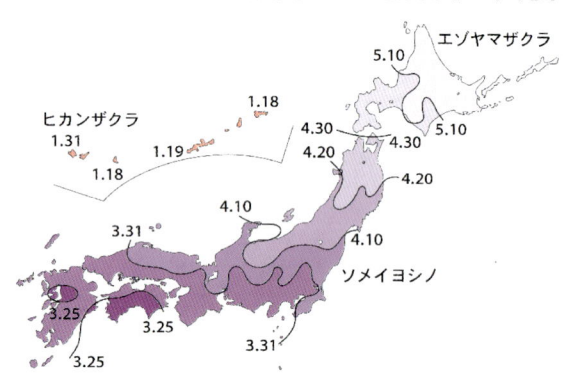

アジサイの開花日の等期日線図（1971～2000年　平年値）

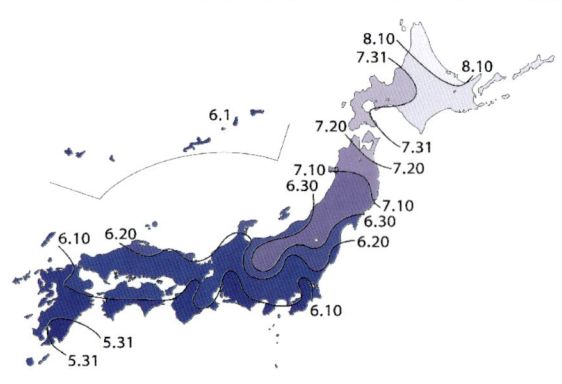

秋には、北海道をスタートして順次南下するカエデの紅葉日や、黄金の葉に美しく変化するイチョウ黄葉日なども、気象庁から発表されている。

また、温度変化に反応するものの他に、日照により開花時期の変化するもの、その年の雨量によって影響され開花や紅葉が微妙に変化するものもある。

自然の季節変化の他に楽しみを増やしているのが園芸であり、その歴史が園芸文化として進歩してきたものである。

3. 照葉樹林文化圏

地球上の気候帯は、大きく分けると、寒帯・温帯・熱帯に分けられ、さらに寒帯と温帯との間に亜寒帯があり、熱帯と温帯の間に亜熱帯が存在する。温帯は冷温帯と暖温帯に細分され、それぞれの気候帯には特徴ある植生を構成する植物が自生している。

日本の国土は、亜熱帯から亜寒帯に至る南北に長い列島であるために、多くの植物種が自生しており、地球上の植物の宝庫のひとつといえる。

右：冷温帯の亜高山林。ブナを中心に上部はダケカンバ、オオシラビソが混生し、下部はナナカマド等多種の樹木が混生する。

右：冷温帯の落葉森林。ミズナラとハルニレの混合林。下にカエデ類が混じっている。

下：冷温帯の落葉森林。ミズナラの大木が大きく枝をひろげ、その下にカエデ類をはじめ多種の落葉亜高木が混生する。

左:ブナの純林。極相林となったブナ林は、地上に日光が入らず、植物相は貧弱となる。

冷温帯には、青森県と秋田県に広がる白神山地があり、世界遺産に登録され、改めてその存在価値を見直されたブナ林である。

暖温帯には、照葉樹であるタブノキ・シイ・カシ類などが多く、関東から九州まで続く太平洋側と、中国大陸の東側やヒマラヤ山脈の南側に位置するインド・ブータン・ネパールまでに及ぶ範囲を、照葉樹林文化圏と呼んでいる。また、この範囲を少し広げ、インドネシア・タイ・ベトナムなどを加えて、竹類植物文化圏ともいう。竹類植物と稲作地帯は多くの共通性があり、仏教なども含めた共通文化圏となる。

照葉樹は、常緑広葉樹の中の葉が肉厚で革質な葉をつけ高木性のものが多く、極相林を構成する樹種が代表である。武蔵野の雑木材を構成するコナラ・クヌギ・エゴノキなどは薪炭林として出現したものであり、関東平野のシラカシが極相林となる。近畿地方より西には、イチイガシの極相林が見られ、地域によってそれぞれの植生が出現するが、いずれも照葉樹である。

4. 日本における園芸の歴史

中国からの渡来

他の様々な文化と同様に、園芸についても中国の影響は多い。ウメ、キク、ボタン、フジバカマ等は奈良時代に薬用植物として利用されている。また、ウメは他に縁起植物としても用いられている。春の七草は、中国の王宮行事を奈良朝の薬膳料理として採用したものである。平安時代には、ザクロ（アフガニスタンからコーカサス原産）が薬用を中心とした有用植物とし利用され、鎌倉時代にはイチョウが渡来してくる。その他、江戸時代迄にモモ、セキチク、シャクヤク、レンギョウ、モクレン、スイセン等の数多くの植物が渡来した。

江戸時代からの流れ

江戸時代になると最高権力者である徳川家康、秀忠、家光と植物好きが3代続いたことが江戸期の園芸を世界最高水準へ引き上げたと言ってもよいだろう。将軍に取り入るために、大名はプラントハンターを使い各地から珍しい樹木・草本を探させた。旗本、御家人等も同様な理由から樹木・草本を収集・栽培し、ますます植物熱がさかんになった。さらに、庶民の物心両面のゆとりは「遊楽」の風潮を巻き起こし、園芸を楽しむ風習が浸透する。

水野元勝の園芸書の草分け『花壇綱目』、江戸染井（現在の豊島区駒込）の植木屋で有名な伊藤伊兵衛の『錦繡枕』『花壇地錦抄』等が下級武士から町人の園芸への進出を認める事ができる。

4代目伊藤伊兵衛の庭園を描いた享保16年の『武江染井翻紅軒霧島之図』には、220m×140mの長方形の中に拝領の唐楓を中心として、花台、盆栽棚を作り、園路には武士、町人等の見物人が描かれており、現代のガーデンセンターおよび植物園を連想させる。

植物の大流行として「寛永の椿」「元禄のつつじ」「享保のかえで」「正徳、享保の菊」「寛政のからたちばな」「文化文政の変化朝顔」「嘉永、安政の変化朝顔」などが有名である。

利殖家たちは斑入、葉変りから石化、矮鶏等もとりあげ、『草木奇品家雅見』（1827年、金太）、『草木錦葉集』（1829年、水野忠暁）として出版された。江戸時代末期に日本を訪れた外国人達も「上下階級ともに花好きでイギリスの同階級の人と較べるとずっと勝ってみえる」「数多くの公園、庭園が江戸を埋めつくし、並木として植えられた木立に気付く」等の驚きの言葉を残している。

- 1645（元和元）年　第1次椿ブーム（元和～寛永期）
　　　　　　　　……ヤブツバキをベースにした品種
- 1681（延宝9）年　『花壇綱目』水野元勝
- 1688（元禄元）年　躑躅ブーム（元禄期）
- 1692（元禄5）年　『錦繡枕』きり嶋屋伊兵衛（三之丞）
- 1695（元禄8）年　『花壇地錦抄』三之丞
- 1710（宝永7）年　『増補地錦抄』伊兵衛（政武）
- 1719（享保4）年　『広益地錦抄』伊兵衛
- 1723（享保8）年　楓ブーム
- 1733（享保18）年　『地錦抄附録』伊兵衛（政武）
- 1789（寛政元）年　百両金第1次ブーム（京・大坂）
- 1804（文化元）年　変化朝顔第1次ブーム
- 1805（文化2）年　百両金第2次ブーム（江戸）
- 1827（文政10）年　『草木奇品家雅見』繁享金太（増田金太郎）
- 1829（文政12）年　『草木錦葉集』水野忠暁（忠敬）
- 1831（天保2）年　花菖蒲ブーム（天保期）
- 1844（弘化元）年　花菖蒲ブーム（弘化期）
- 1848（寛永元）年　変化朝顔第2次ブーム（寛永・安政期）

ガーデニングの流れ

　世界的にトップクラスの園芸熱も明治維新により一時減退する。しかし、江戸時代からの流れで、珍樹異草を富裕層を中心に育種栽培していた。その後、第二次世界大戦により多くの品種が消失してしまう等の壊滅的な打撃を受けた。植物どころではない時代に、細々と富裕層を中心に楽しまれていた程度であった。しかしながら、その後の復興と共に園芸人口は着々と伸び、1976年以降は人口の30％を超える。1970年頃のサツキブームは「昭和のサツキ」と言っても良いであろう。さらに1990年の大阪花博により一大ブームを巻き起こし、隅々まで行きわたった。花博により産声をあげた園芸は今後円熟期を迎えるであろう。

5. 日本庭園と樹芸文化

　日本庭園は日本人の心のふるさとであり、また外国でつくられている日本庭園もそれぞれに人気が高い。

　日本庭園は、鎌倉時代の宗教庭園から始まり、戦国時代の戦乱が納まった江戸時代には社寺の庭園と大名を中心にした庭園が数多くつくられ、その中のいくつかは名園として知られている。

　日本庭園の確立と同時に、江戸時代の園芸文化が大きく花開き、相乗的に飛躍したものが盆栽を主体とした樹芸文化であり、気候風土や立地により日本の各地に独特の樹芸を造り出した。

　外国における盆栽人気は非常に高く、現在の日本より盆栽に関する出版物が多いことを見ても人気の程が伺える。

　鉢仕立の盆栽の他に、日本庭園の主木である仕立物と呼ばれているものが、今日ではガーデン盆栽と呼ばれ、世界の共通語となっている。

　ガーデン盆栽の樹形については、日本国内でも地方によって様々な呼称になっていたため、2000年に社団法人日本植木協会によって世界共通の樹形呼称の整理が行なわれた。全国の関係者から情報収集してまとめられたものが、図1～6のようになっている。

　樹形をつくるのは生産圃場であり、長い年月をかけてより完成度を高めていく。知識と技術の結集があってこそ、日本の樹芸として完成するものである。

クロマツ（静岡：浜北市）

カイズカイブキ（静岡：しずおか国際園芸博覧会『PACIFIC FLORA 2004』）

1. 樹形仕立形：

①直幹　　②曲幹　　③斜幹

2. 主幹仕立樹形：

①単幹　②双幹　③三幹　④株立　⑤上部双幹型

3. 不整形萌芽樹形：

     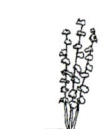

①ズンド　②幹吹　③枝吹　④台付形　⑤棒ガシ

⑥片枝形　⑦横流枝　⑧門冠り（枝門冠り・幹門冠り）

⑨模様形

4. 整姿刈込樹形：

   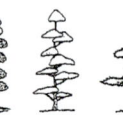

①蓬莱作り　　　　②段作り

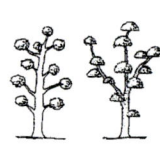

③玉散し

5. 刈込樹系：

①トピアリ　②玉物　③長玉作り　④蝋燭作り

⑤傘作り　⑥車作り　⑦蝋花作り　⑧スタンダード

6. その他：

①懸崖　　　　②吹流し

6. 世界の園芸界に影響を与えた日本の植物

日本に自生する植物は4000種内外と非常に多く、園芸的に優れているものも多い。

ヤブツバキはオランダのE・ケンペルにより1700年初頭にヨーロッパに紹介され、1700年中頃には早くも300品種程が作出されている。1783年にはそれらがアメリカへ渡り、それぞれの民族の好みにより改良されている。オーストラリア、ニュージーランドも盛んであるが、現在アメリカが世界で最も栽培の盛んな国である。日本でも人気の高い花木だが、誤解により縁起をかついだり、チャドクガにより敬遠する向きもある。

モミジは1860年頃ヨーロッパに紹介された。イロハモミジ、オオモミジ、ヤマモミジの品種が中心で、外国ではジャパニーズメープルと呼ばれ非常に人気が高い。特にこのような繊細な葉の種類は外国には殆ど無く、紅葉も黄色を中心にしたものが多い。これとは対照的に日本のモミジの紅葉は「赤」であり、海外での人気の理由である。

春の芽吹きの美しさは「春紅葉」と言われ、非常に美しく、春と秋の両方で楽しめる品種も欧米独特のものが育種されている。

アジサイはドイツのP・F・シーボルトがオランダに伝えたことで有名であるが、1789年にシーボルトに先駆けてイギリスのJ・バンクスにより最初に持ち帰られた。日本での青花がヨーロッパのアルカリ土により、より赤く変化することで欧米人の好みにあったこともあり、飛躍的に地位を高めた。品種も500を超えており、逆輸入されたものは西洋アジサイとも呼ばれ、これらから日本での改良も近年おこなわれている。

ツツジ類は欧米ではアザレアと呼ばれ、常緑性(東アジア特産)のものは、キリシマツツジ、クルメツツジ、ヒラドツツジ等を中心に1800年代に欧米に入り広がった(クルメツツジは特にクルメアザレアと呼ばれ人気が高い)。落葉性のレンゲツツジはイギリスでエスクバリーアザレアの交配親として重要な種となっている。

シャクナゲは特にヤクシマシャクナゲの評価が高く、1934年にイギリスに渡ったものが以後の西洋シャクナゲの育種親として、現在一番多く使われている。

ユリは江戸時代にスカシユリが作出されているが(最盛期には150品種)、欧米にはP・F・シーボルトが1830年にテッポウユリ、ヤマユリ、カノコユリ、スカシユリを持ち帰った。それらに驚いた園芸家により育種が始まるのである。その後、他の原種も続々ヨーロッパに渡り、それらから「アジアテックハイブリッド」が作出されている。特色は、香りは無く多彩な色彩を持ち、花形も変化がある。ユリの品種の主力で2,000品種以上もある。カノコユリとヤマユリからの作出が「オリエンタルハイブリッド」で大輪で芳香があり、カサブランカを筆頭に近年では一番人気が高い。

アオキ、アセビ、サクラ、シデコブシ、シモツケ、バラ、フジ、メギ、ギボウシ等数多い種が知られている。日本での人気は今ひとつのものもあるが、外国での評価は高く、それらが逆輸入されてから日本での評価が上がっていることも多い。今一度自生種を見直すことは大切なことである。

◎執筆者
三上　常夫
川原田邦彦
村越　匡芳

ハーディネスゾーン

世界の各地域には独自の自然条件がある。地勢、降水と蒸発の程度、暖期と寒期の時期および積算温度、降霜日数、成長期間の長さなどは、各地域の気候を決定する重要な要因である。何世紀もの間、気象の数量化と図表化は、科学者、農民、熱心な園芸家らにとっての主要な関心事だった。探検の成果と技術の進歩のおかげで、多くの国ではさまざまな条件ごとに類別された詳細かつ正確な地図作成の技術が開発されており、温度に基づく気候区分図も作成されている。本書に掲載した地図は、1960年代にアメリカ農務省（USDA）が作成した地図の方式を踏襲しており、各地域を12のハーディネスゾーンに分類している。各ゾーンは10℃（5.5°F）ごとに区分されており、-45℃（-50°F）の北極から始まって10℃（50°F）の熱帯赤道域で終わっている。ここで挙げた各ゾーンの平均最低気温は、20年間にわたって記録された冬季最低気温をもとに算出したものである。USDA作成による最初のハーディネスゾーン地図は、アメリカ以外の地域も網羅するようになった。同一ゾーン内での条件は均等ではなく、最北部と最南部では寒暖の差が出てくる。山脈、平地、海浜部などの地勢的特徴は気温に影響し、各ゾーンの区分決定にも重要な役割を持っている。このため、地図上に示されたゾーンが、さらに暖かいゾーン内に孤立していたり、海岸沿いの細長い地域を蛇行していたりする場合もある。

USDAの地図を見れば、自分が暮らしている場所のゾーンと栽培に適した植物を確認することができる。次に、同一ゾーンに位置する他の地域や国、周辺のゾーンもわかり、それらの場所における栽培適応種も確認できる。この気候別ゾーンは植物の「耐寒性」を示し

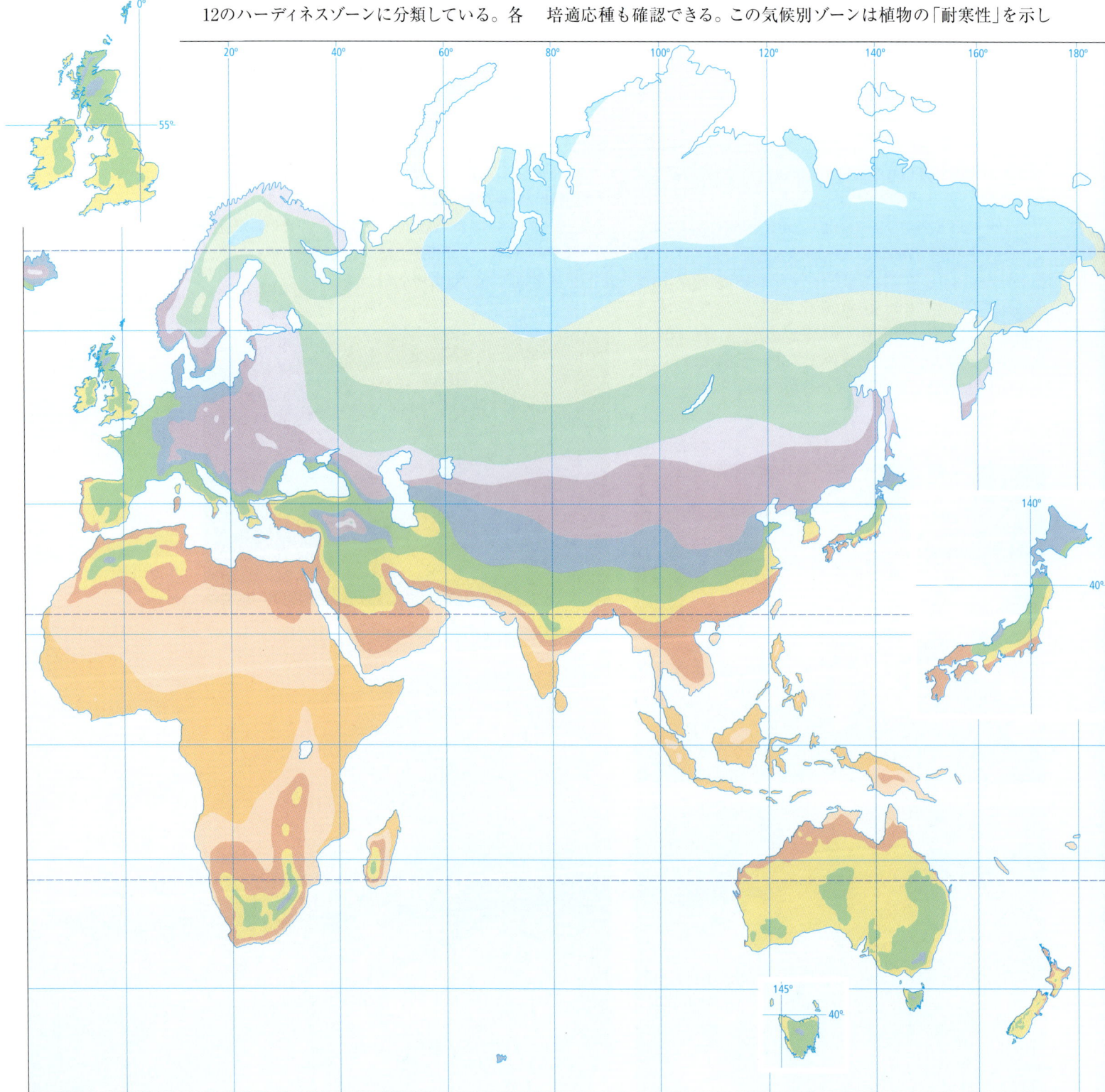

ており、寒気(降霜や氷結も含む)に対する植物の耐久能力を表している。

ここで示すゾーン区分は平均最低気温にのみ基づいており、特定地域における極端な低温や温度変化に関する情報を提示するものではない。地域によっては、年間平均気温をかなり上回る(もしくは下回る)温度を示す場合もある。考慮すべき要素はこれ以外にもある。庭が大きな町の中、もしくはその近辺にある場合、寒気が停滞しやすい峡谷の上方斜面にある場合、他の場所が無風であっても微風が吹いている場合などには、冬季の最低温度は周辺部よりも若干高くなることが多い。これとは反対に、風の吹かない谷底に庭がある場合などは逆の事態となる。このような場合には夜間に温度が低下することが多い。上記のようなケースは「小気候」と呼ばれており、それぞれの特徴を活用することができる。

ここで提示するゾーンは平均最低気温を示すものであることをもう一度確認しておこう。本書で取りあつかう植物には、いずれかのゾーンが記載されている。これは、当該ゾーンでは冬季の低温に若干の変化があった場合でも、その植物の栽培が可能であったことを示している。

考慮すべき要素

人々は未来のために庭を造る。だが当然ながら、現在のためにも庭を造る。冬の寒気のために気温が各ゾーンの平均をはるかに下回れば、順調な生育がみこまれていた植物が傷んだり枯れてしまったりすることもある。このような可能性にどう対処するかは、園芸家個人の裁量に任されている。自然にあわせた生活を望む人々は、植物は枯れるものだと納得してはいるだろうが、厳しい日差しや霜害を受けない場所に植栽することによって危険を最低限に抑えようとするのではないだろうか。

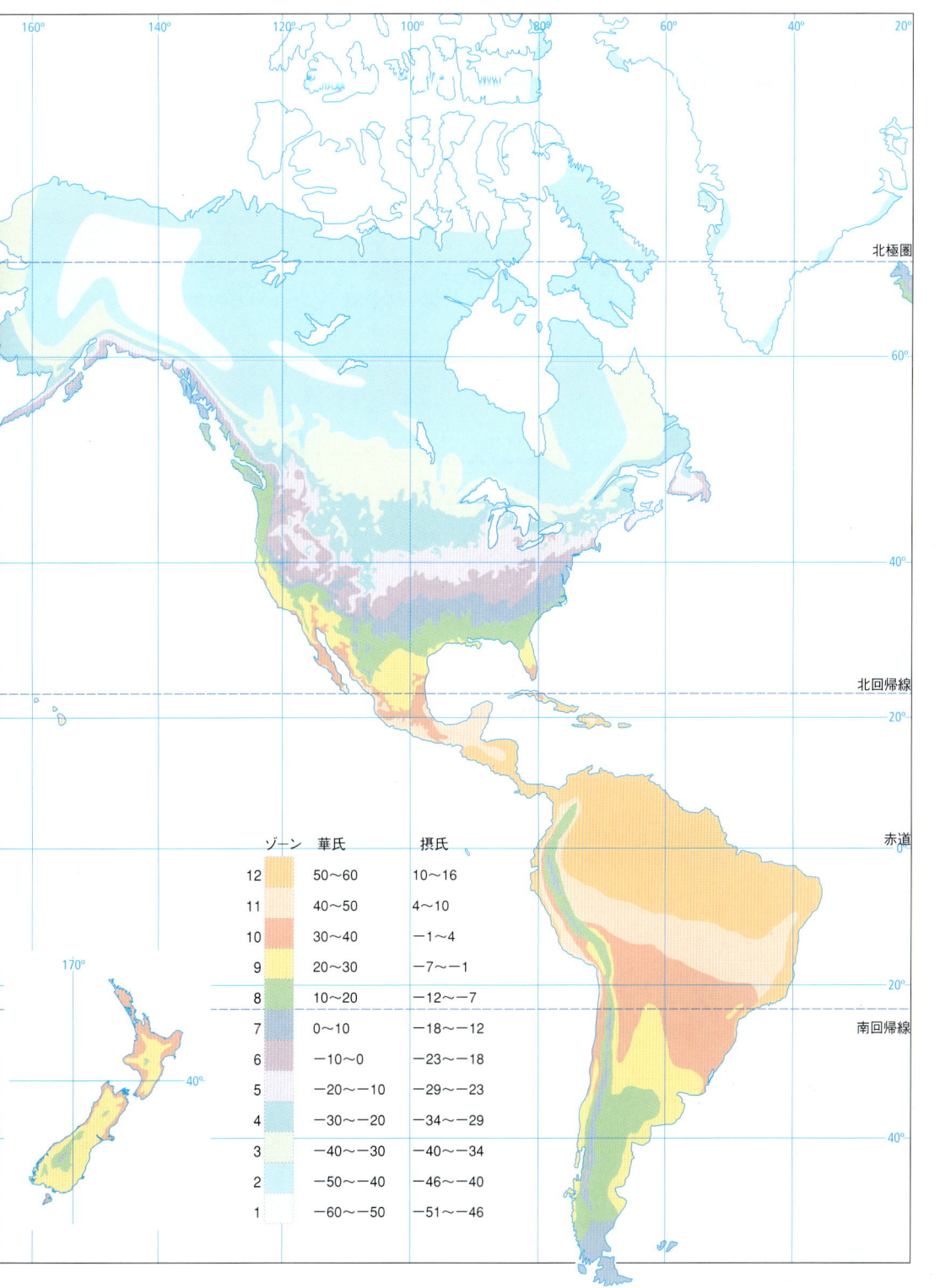

植物の大きさや構造が関係してくる場合には、細心の注意が必要となるだろう。長い寿命を確保するためには、植栽後は動かせない樹木などの植物の場合であれば、植栽する庭園が含まれるゾーンよりも寒冷なゾーンに自生する種類を選ぶという方法もある。こうすることによって、幼木のうちに経験するかもしれない厳しい冬を耐えることができる。

植物種を選ぶさいに必要な注意としては、これ以外にも無霜期間の長さ、寒気の長さ(数週間か数カ月か)、寒冷なゾーンにあっては降雪量(積もった雪が根の断熱材となるため)などがある。

暖かい季節を通しての積算温度も重要な要因である。夏季の温度と湿度が共に高い場合は、暑さを好む植物を選ぶのがよいだろう。このような植物は、低温が予想される冬季の到来に備えて速やかに成熟するからである。温暖ではあるが夏季には涼しい夜が続く地域では、地中海や南半球の植物が適している。これらの地方の植物は、他の地域では夏の暑さに耐えられないだろう。マルチング、水不足、乾燥した空気などへの対処法に沿いながら、土壌の状態と降雨も考慮しなければならない。

植物が耐えられる温度や諸条件についての知識が多くなればなるほど、私たちが造る庭園もさらに充実してくる。そうして、特別な手入れを必要とする植物をうまく栽培できるようになれば、羨ましそうなまなざしを向けてくる隣人に対して、この植物は手のかかる種類だと思われているようだが、ここの庭では何年も前からうまく育っているのですよと誇らしげに告げることもできるだろう。

ゾーン	華氏	摂氏
12	50〜60	10〜16
11	40〜50	4〜10
10	30〜40	−1〜4
9	20〜30	−7〜−1
8	10〜20	−12〜−7
7	0〜10	−18〜−12
6	−10〜0	−23〜−18
5	−20〜−10	−29〜−23
4	−30〜−20	−34〜−29
3	−40〜−30	−40〜−34
2	−50〜−40	−46〜−40
1	−60〜−50	−51〜−46

ゾーン 1　−51〜−46℃（−60〜−50°F）

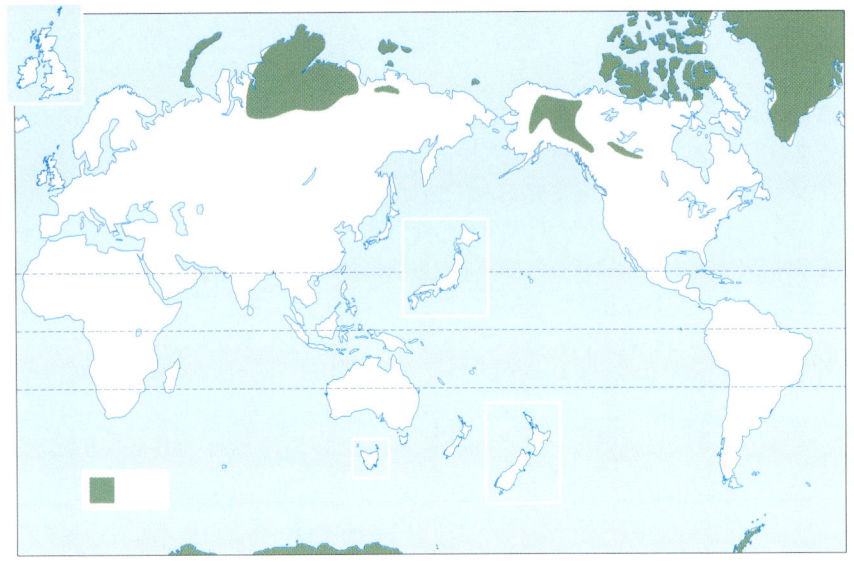

右：北極地方には、北半球最大規模の未開地が残っている。ノルウェーの北にあるスバールバル諸島には一面のツンドラが広がっており、多数のカリブーが生息している。

下：北部のツンドラでは地衣類やコケ類が絨毯のように地面を覆っているが、小ぶりで耐寒性のあるカヤツリグサやワタスゲの仲間もわずかながら見ることができる。

ゾーン1の植物相を見れば、この地域の気候が持つ種々のパターンや多様性が同ゾーンの植物に少なからず影響していることがわかる。ゾーン1の気候は苛酷で季節性が強く、予想もつかない変化を見せる。冬季の気温は−46℃（−50°F）もしくはそれ以下に達し、最低記録は−66℃（−87°F）である。夏も寒冷であり、最高レベルの耐寒性を備えた植物にとっても苛酷な環境となっている。夏季は7月と8月の2カ月という短期間のうちに終わってしまい、しかも冷涼であるため、冬季の厳寒ではなくて夏季の積算温度がゾーン内の植生を決定している。降水量も限られており、年間降水量が50mm未満の地域もある。夏は短くて冷涼であるが、この季節には日が長く（昼が24時間続く）なるため、条件が緩和される。

南半球でゾーン1に含まれるのは南極大陸のみである。南極大陸は無人地帯であり、顕花植物の種類は非常に少ない。顕花植物が自生するのは南極半島に限られている。これ以外の地域には地衣類とコケ類が見られるのみである。北半球は南半球よりも多様性に富んでおり、北極では露出岩や湿地、氷河や草原、山地や低地帯などのさまざまな景観を見ることができる。ゾーン1においては永久凍土層が第一の特徴となる。シベリアでは永久凍土層が地下1,500mの深さに達し、地下のほぼ全域に広がっている。このため、植物の根は地表付近に留められて地下よりも厳しい寒気にさらされることになる。ゾーン1の植物は何カ月にも渡る氷結に耐えなければならない。毎年7カ月から10カ月の間は、動物でいう擬似冬眠の状態となる。残りの2カ月が成長期間である。

ゾーン1の植物は、さまざまな方法を駆使しながら、このように苛酷な環境で生き抜いている。厳しい気候条件下で生育するため、植物本体の大部分は地面の下に存在することになる。砂地／土壌を侵食するほどの強風にさらされても、乾燥（最終的には枯死）を免れることができるからである。維管束植物の場合、生殖周期に1年以上を要することも多い。一例を挙げれば、最初の年に形成された花芽は毛で覆われることによって断熱機能を高め、そのまま地表下にとどまって生殖周期の最後にあたる翌年の開花を待つ。このような機能を備えているため、地表面の雪が溶けるわずかな時間のうちに奇跡的に開花することができるのである。このゾーンには独自の生き残り術を持つ植物が多い。バラ科に属する匍匐性（時には小低木）のチョウノスケ属の1種（*Dryas integrifolia*）はゾーン2にも自生しており、湾曲した反射板のような花を咲かせる。この花は太陽の動きを追いながら光線を生殖器に集め、日照日には生殖器官の温度を数度ほど高めることができる。ゾーン1の植物はその多くが枯葉、あるいは開花期以後も宿存する葉で植物体を覆っており、これによって16℃までの保温が可能となる場合もある。

ツンドラに生きる

ゾーン1の第一の特徴となっているのは、ツンドラとして知られている陸塊である。ツンドラは樹木の生えない荒れ地であり、極氷の南に広がっている。ツンドラの植物相は極氷に近づくにつれて著しく減少し、異なった植生帯を見せる。ツンドラの「樹木」としては、矮性のヤナギ属、カバノキ属、ツツジ科などがある。ツツジ科には庭花のツツジやアメリカシャクナゲ（*Kalmia latifolia*）のように身近な植物が含まれており、ゾーン1にあっては矮性低木であるイソツツジ属が代表的である。これらの植物は密生した小さな常緑葉と浅い根を持っており、極北ツンドラの南部に広がる酸性低湿地によく適応している。スノキ属植物の中には、極北地域を除く北極圏（北極周辺）全域で見られるものもあり、コケモモの仲間（*V. vitis-idaea*）、ブルーベリーの仲間（*V. angustifolium*）、クランベリー（*V. macrocarpon*）などが含まれる。

標高もしくは緯度が高くなると雑木林は消滅し、スゲの仲間やイネ科、ハーブの仲間からなる植物相が出現する。この植生帯はスゲの草原であると考えられる。この草原の植物は、ワタスゲ属とスゲ属のいずれかに属しており、非常に多様な種を含んでいる。北極圏の南部ではワタスゲ（*Eriophorum vaginatum*）が圧倒的に多く、スゲ属のカレクス・アクアティリス（*Carex aquatilis*）がこれに次いでいる。気候条件が異なっていたり、北極から離れた地点であったり

> 訪れることがあろうがなかろうが、私たちには荒れ野が必要だ。生きている間にアラスカを訪れることはないだろうが、感謝すべきことにアラスカはいつでもそこにある。
> エドワード・アビー　1927〜1982

しても、同属他種の植物を目にすることができる。

野草のワンダーランド

　スゲの草原内には若干異なった気候条件が見られる場合もあり、ツンドラ中間地帯と呼ばれる他所とは違った植生をもたらしている。ツンドラ中間地帯（湿りすぎもせず、乾燥しすぎでもない地帯）は、ゾーン1のロックガーデンとも呼べる地域である。この地域ではイネ科の草本植物が普通に見られるが、最も目を引くのは野を彩る野草の花である。短い距離を歩くだけで、100種を超える花が一望できるような場所は、地球上ではここしかない。

　ツンドラ中間地帯では、地表の窪みに積雪がとどまっている雪田が見られる。ここでは晩春まで雪が残り、雪の周囲や下にある植物の成長期間が短縮されるが、成長期間を通して一定の湿度が保たれる。また、積雪のために温度と湿度が若干高くなり、越冬中の植物が保護されることになる。雪田の植物は、積雪が消滅した後のわずかな時間に一斉に開花する。早春に開花する一般的な庭植え球根の中には、このような習性を持った雪田自生種も含まれており、これにはフリチラリア・パリディフロラ（*Fritillaria pallidiflora*）、ツルボ属の1種（*Schilla siberica*）などがある。

　ツンドラ中間地帯の植物は、極付近には分布していない。これらの植物はもともと高山帯の自生種であったが、二次的もしくは局所的に北極まで移動してきた場合が多いと思われる。このように、ツンドラの植物の中には地域的な特色を持たないものもあるが、ツンドラ中間帯の植物の場合は地域による差異が生じてくる。

　標高もしくは緯度がさらに高くなると、極地砂漠と呼ばれる植生が見られるのみとなる。極地砂漠にはむきだしの地表や岩が広がっており、この地域で見かける植物のほとんどは地衣類である。北極の高緯度地域の大半は極地砂漠となっている。

　ゾーン1の植物相は、特徴的であるとともに非常な適応性にも富んでいる。根の成長をはばむ岩盤や永久凍土層が地表近くにまで達しているため、植物はわずかばかりの土壌にしがみついて生育する必要がある。このため、全体的に小ぶりで匍匐性の植物が多く、活動と休眠の境界線上で微妙なバランスを維持している。数百年の寿命を持つ木本植物は珍しくはないが、人間の親指よりも太くなることはない。ここよりも温暖な地域に自生する耐寒性植物は季節外れの降霜被害を受けやすいが、ゾーン1の植物は、完全凍結状態になっても害を受けない。北極地域の植物が備えているこのような生理能力は、科学者にとっても依然として謎のままである。

下：北極点付近には極地砂漠と呼ばれる地形が広がっている。この地域では高等植物が充分に生育できるような湿度と温度が不足している。

ゾーン 2 −46〜−40℃（−50〜−40°F）

ゾーン2は、耐寒性植物の自生地としては最大の面積を有しており、北極圏のすぐ南にあって北半球全域を帯状に取り巻いている。このゾーンには広大な人口希薄地帯が含まれており、気候は冷涼である。針葉樹林が広がっているが、北方に近づくにつれて沼沢地やツンドラが増加する。生態学上の用語では、北米大陸に広がる樹林を北方（ボレアル）樹林、北ヨーロッパから極東ロシアにかけて広がる樹林をタイガとして呼び分けている。

ゾーン2の気候は冷涼であるが極地気候とはならず、冬季の平均最低気温は−46〜−40℃（−50〜−40°F）であり、雨の多い年の年間降水量は100cm以上、少ない年は50cmである。1年のうち8カ月は地表が雪に覆われており、蒸発が遅いために冷湿な気候となる。北極海に近づくにつれて降水量は低下し、夏季が短くなって気候は涼しく大気は乾燥していく。その逆に冬季は長くなってより寒冷になる。

ゾーン2の最南部には樹林が広がっているが、北部に近づくにつれて樹木は次第に小型化して数も減少し、樹林地帯は消滅する。地表では浸水が進行して樹林が衰退し、沼沢地が連なるミズゴケ湿原（北米では「muskeg」と呼ばれる）へと移行する。このような場所では限られた樹木しか生育できない。さらに北上して北極海に近づくほどに地表面は乾燥して下層土が恒常的に氷結し、場合によっては地下1m以上に達する永久凍土層を形成する。この地域ではミズゴケ湿原が姿を消し、露出した岩肌と樹木のないツンドラが出現する。

この地域の北に位置するゾーン1では全域にわたって冷涼かつ乾燥した気候が広がっている。冬季の気温はゾーン2よりも低くなり、年間降水量は平均して12〜25cm、夏季の気温は10℃を超えることはない。ゾーン1の植物は疎らな植生を見せ、環境に適応した乾生植物（少量の水でも生育できる）や匍匐性植物が風背斜面（風を背に受ける斜面）や冬季の雪が蓄積する窪みなどで生育する。

植物に対する気候の影響

北方樹林とタイガは主に常緑性針葉樹から構成されているが、若干ながら落葉性広葉樹もある。常緑樹が優勢となるのは、1年ごとに葉を付替える必要がなく、痩せた土地にあっては少ない養分とミネラルを有効に利用することができるためである。北方に位置するために森林内での多様性は乏しく、10種ほどの樹木があるにすぎない。カナダの北方樹林に自生する針葉樹としては、アメリカカラマツ（*Larix laricina*）、カナダトウヒ（*Picea glauca*）、マリアナトウヒ（*Picea mariana*）、バンクスマツ（*Pinus banksiana*）などがある。アメリカカンバ（*Betula papyrifera*）、アメリカヤマナラシ（*Populus tremuloides*）、バルサムポプラ（*P.balsamifera*）などの落葉樹も自生している。これらの近縁種は、アラスカ、北ヨーロッパやシベリアのタイガで見ることができる。

これらの樹木は多くの種類が広く分布しており、ゾーン2以南でも生育が可能である。北方樹林に自生する低木や宿根性草本の中にも、ゾーン2以南で生育可能なものがある。目覚しい勢いで繁茂する種としては、森林火災の後で大群落をなして生育するものがある。チョークチェリー（*Prunus virginiana*）、アカザクラ（*P. pensylvanica*）、コルヌス・セリケア（*Cornus sericea*）などの他、ヤナギラン（*Epilobium angustifolium*）などの多年草もここに含まれる。ただし、ヤナギランを庭植えにすると、他の植物を駆逐する場合もある。ゾーン2以南の園芸家は、繊細で優美なリンネソウ（*Linnaea borealis*）のような花を咲かせたいと願っている。これらの花は冷涼な沼地に自生しており、生育環境を再現するのが難しいためである。ゾーン2の自生種と同様、リンネソウは種から栽培するのがよく、発芽するには6週ないし8週の間、低温（4℃）にさらされる必要がある。

森林が樹木限界（普通は7月中旬における10℃の等温線）に近づくと、樹木は疎らとなり、乾燥地では森林が開けてさまざまな地衣類が繁茂する。この地域には広大なミズゴケ湿地や沼沢地が散在する。排水の悪い泥炭湿原にはミズゴケが繁茂することが多く、カナダトウヒの他、イソツツジ属の1種（*Ledum groenlandicum*）やスノキ属の1種（*Vaccinium uliginosum*）から成るヒース層が生えている。それほど酸性度が高くない沼沢地では、カナダトウヒではなくてアメリカカラマツが優先種となり、低木層は主にヤナギ属、ハンノキ属の1種（*Alnus rugosa*）、セイヨウヤチヤナギ（*Myrica gale*）などから構成される。下草となる草本類は主にスゲ属の仲間である。このように地味のやせた湿地にも植物は適応し、この地域にはムラサキヘイシソウ（*Sarracenia purpurea*）、ムシトリスミレ属の1種（*Pinguiula vulgaris*）、モウセンゴケの仲間（*Drosera rotundifolia*）などをはじめとする何種類かの食肉植物が自生している。ミズゴケ湿地に自生するこれらの植物種は、ゾーン7までの地域では半日陰での生育が可能である。深さ45cmの窪みを作って造池用のゴム製防水シートを敷き、等量のピートモスと砂を入れた場所で栽培する。

北極海に近づくと、永久凍土の表面は8月半ばまでに地表下10cm程度の部分が解けるにすぎず、残留している永久凍土層のために降雨と雪解け水の排水がとどこおる。しかしこのような方法で湿度が保たれなかったとすると、北極近辺の砂漠にも等しい環境にあっては花を咲かせる植物種は激減するだろう。低温と養分不足、露出した岩肌とツンドラのため、植物は小型化して栄養不良の状態となり、干ばつへの耐性を備えている場合が多い。ゾーン2以北では、ウラシマツツジ属の1種（*Arctostaphylos alpina*）、コケモモ（*Vaccinnium vitis-idaea*）、ツツジ属の1種（*Rhododendron laponicum*）、チョウノスケ属の1種（*Dryas integrifolia*）などの一部の強健な植物が自生するのみである。

湿潤なツンドラでは、ワタスゲ属の1種（*Eriophorum angustifolium*）をはじめとするスゲの仲間や矮性低木のヤナギ類が丈の低いマット状に広がることが多く、イワヒゲの仲間（*Casiope tetragona*）、シオガマギクの仲間（*Pedicularis lapponica*）、コケマンテマ（*Silene acaulis*）などの植物種が自生する。これらのツンドラ植物の中でも、砂利や岩の多い乾燥地に自生しているものは、アルプスの岩場を模した従来通りのロックガーデンでも生育できるが、栄養分が少なく排水のよい砂利地に植える必要がある。それ以外のツンドラ植物はゾーン2以南での栽培が非常に難しく、高い地温のせいで失敗する場合が多い。これらの植物は、冷房装置を備えた高山植物室内の花壇で栽培するよりないだろう。

ゾーン2での園芸事情

ゾーン2の北部には大きな都市がないため、ここよりも南方に自生する植物がどのように栽培されているかについてはよくわかっていない。北部の土壌は非常に低栄養であるため、今後の庭園造営に関してはあまり期待できないのだが、いくつかの手がかりはある。北極および亜北極植物学の権威であるA.E.ポルシルドは少年時代を北極地方で過ごし、庭の一画に植物を植えたことがあった。後日、その場所を訪れてみると、驚いたことには植栽した箇所の輪郭が残っていた。ポルシルドが生い茂った草を観察すると、そこは植物の肥料にするために手押し車一杯のヤギの糞を撒いた場所だった。ヤギの糞の効果が34年間も持続したのである。

環境の苛酷さをしのげるような場所に庭園を造り、充分な降雪があり、有機肥料や石灰を施すのであれば、ゾーン3やゾーン4に自生する多年草の中にもゾーン2で生育できるものがあると思われる。

> 木は無くとも一つや二つの見所はある。万物にはそれぞれの輝きがある。
> ブラッドフォード・トーリー　1843〜1912

上：アメリカカンバ（*Betula papyrifera*）はカナダの北方樹林全域に自生している。優雅な樹形をしているために暖地での人気が高いが、見かけの繊細さとは裏腹にゾーン2での厳寒や渇水にも耐える力を持っている。

左：ジューノー（アラスカ）付近のメンデンホール氷河。アラスカではほぼ全域にわたって荒野が広がっている。北方に位置するため、限られた種類の針葉樹や広葉樹が生育するのみである。

上：矮性の匍匐性低木 *Dryas integrifolia* は、ゾーン2の北部およびゾーン1に広がる苛酷な自然条件下で生育する。7月には大きな白い花が開花してあたりの景観を華麗に演出する。

ゾーン3 −40〜−34℃（−40〜−30°F）

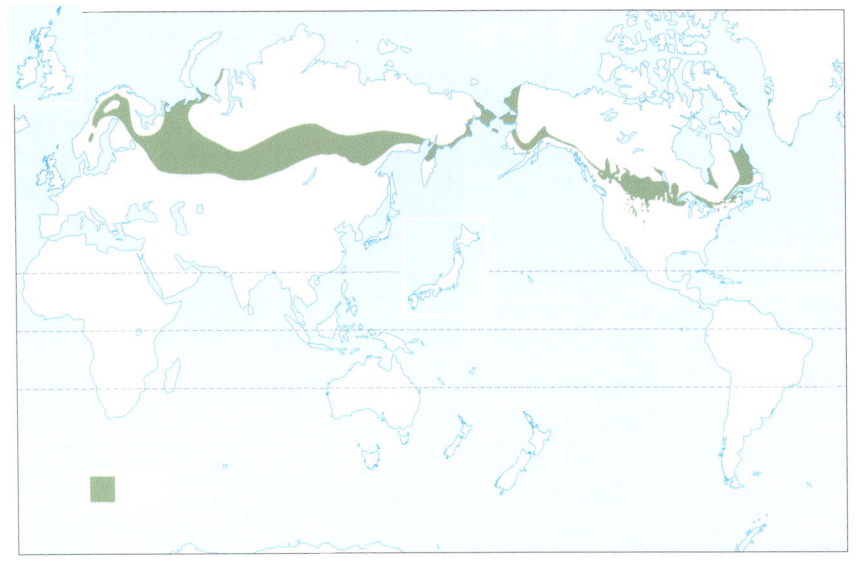

ゾーン3は北半球を帯状（幅は場所によって異なる）に取り巻いており、長くて寒い冬が一番の特徴となっている。北米では、北極海に面したアラスカのポイントホープがゾーン3の北端となり、南下して北米大陸中央部に達する。ここでカナダとアメリカの国境をまたぎ、北緯30度代の中間部に位置するコロラド州とニューメキシコ州にある山脈まで伸びている。ここからは再度北方に向きを変えて大西洋へと向かい、ケベック州北部にあるアンガバ湾に達する。ゾーン3はユーラシア大陸でも同じような弧を描き、メキシコ湾流の影響を受けながらスカンジナビア半島北部にまで達している。海洋からの距離が開くにつれて冬季の気温は低くなり、夏季の気温は高くなるためである。「大陸性」という用語で表現されるこのような効果は、2大陸の気候形成に大きな役割を果たしており、ゾーン3が両陸塊の南部にまで達するのはこれによって説明できる。

下：クマコケモモ（*Arctostaphzylos uva-ursi*）はウワウルシとも呼ばれ、降雪地域での耐寒性を持つ。紅みがかった白い花が咲いた後で鮮やかな赤い実をつける。

温度と降雨

ゾーン3は典型的な大陸性気候であり、年平均最低気温は−40〜−34℃（−40〜−30°F）、夏季最高気温の平均は30〜38℃（86〜100°F）である。この気候からはブリザードや凍傷、吹雪やホワイトアウトなどをイメージするのだが、これはゾーン3が見せる顔の半分に過ぎない。ここでは季節によって劇的な変化が見られる。夏は非常に快適であり、雷雨によって年間降水量の大部分がもたらされて植物の成長をうながしている。春と秋は短くて気候の変化が激しい。この時期には1週間ほどで気温が激変することも多い。成長期間（無霜期間）は、60日足らずから120日以上までのばらつきがある。ゾーン3の降水量は地域によって異なる。ブリティッシュ・コロンビア州の山地では年間200cmを超えることもあるが、草原にある乾燥地域では50cm以下である。地域ごとの植生は降水量によってほぼ決定される。概説すれば年間62cm以上の降水量がある地域では森林が形成され、それ以下の地域では草原となる。

景観と土壌

北米におけるゾーン3では多様な地形が見られる。湿潤な西部の山地では浅い酸性土壌に沿って針葉樹林が広がっている場合が多い。この酸性土壌は山地から広大な乾燥平原へと伸びて幅を広げ、なだらかな草原が続く北部地域を囲むようにして北方樹林の南部域を通る。そこからは再度北上して、五大湖の北部に位置するカナダ中央部の北方樹林を抜ける。この地域には氷河の侵食を受けた平板な岩盤が広がっており、再び浅い酸性土壌となる。冬季にはゾーン3の全域で地面が凍結し、最低でも地表下60cm（90cmに及ぶ場合も多い）に達する。

気候が植物に与える影響

ゾーン3の冬は厳しいが、多くの植物がよく適応している。ゾーン3で繁茂している植物は、完全に凍結（根も含めて）した状態で数カ月間休眠しても、長期にわたる損傷をほとんど、もしくは全く受けない。降雪が植物の耐寒性を助ける役割を果たしており、地下の根や地上の根にとっての断熱材となるためである。降雪は非常な低音や乾燥した風からも植物体を保護するため、比較的降雪の多い地域ではそうでない地域に比べて、植物多様性に広がりが見られる。

ゾーン3では冬季の厳寒にもかかわらず豊かな植物相が展開しており、耐寒性にすぐれた種を持つ多くの属が自生している。総じて言えば、広葉常緑樹や低木の樹高はゾーン3での標準的な降雪量以下であるため、ここでは生存できない。ただし、冬季の降雪に埋もれる矮性の常緑植物はその限りではない。これには、コケの仲間であるタチハイゴケ（*Pleurozium shreberi*）やヒメコウジ（*Gaultheria procumbens*）などがある。これらの植物は落葉性低木や多年草とともに広がっており、北方樹林内の空き地では無数の針葉樹の間に、キイチゴ属、ブルーベリー（*Vaccinium myrtilloides*）、ウルシ属のルス・グラブラ（*Rhus glabra*）、ヤチヤナギ（*Myrica gale*）、コルヌス・セリケア（*Cornus sericea*）、ツボサンゴ属、エノテラ（*Oenothera biennis*）などの多年草を見ることができる。

乾燥した地域には草原が広がり、一面の草の海（イネ科植物、多年草、一年草）の中に小規模な落葉樹林が離れ島のように出現する。この地域の土壌は北方樹林の土壌よりも深さと養分において勝っており、降水量も少ないため、植物相も北方樹林のそれとは著しく異なってい

> 最も強い種が生き残るのではなく、最も賢明な種が生き残るのでもない。変化に最も適応した種が生き残るのである。
>
> チャールズ・ダーウィン　1809〜1882

右：アメリカヤマナラシ（*Populus tremuloides*）は耐寒性にすぐれた北米原産の樹木。ゾーン4および5では優先種に準じており、ゾーン1でも見ることができる。

る。成長の遅い小型植物は、草原に自生する成長の速い落葉樹には太刀打ちできない。草原で針葉樹を目にすることはほとんどなく、カエデ属、ヤナギ属、サイフリボク（*Amelanchier alnifolia*）、アメリカカンバ（*Betula papyrifera*）、アメリカシモツケ（*Physocarpus opulifolius*）、アメリカヤマナラシ（*Populus tremuloides*）、チョークチェリー（*Prunus virginiana*）、アカガシワ（*Quercus rubra*）、ナナカマド属などの落葉樹が、駆け足の秋を鮮やかに彩っている。これらの樹木や小低木は短い成長期間のうちに花を咲かせて実を結び、春と夏には草原に囲まれた森林がつつましい花をつけて鳥獣を集め、長く厳しい冬に耐え抜く糧を提供する。

意外な感がするが、乾燥した草原地帯に自生するエスコバリア属の一種（*Escobaria vivipara*）やオプンティア・ポリヤカンタ（*Opuntia polyacantha*）などのサボテン類などの砂漠植物も、この地域まで生息域を伸ばしている。

ゾーン3内でも暖かい夏と比較的長い成長期間が保障されている地域では、雑穀、野菜、果実を収穫できる。カナダおよびロシアで「パンかご」と呼ばれる穀倉地域にはゾーン3も含まれており、国内および国外用作物の大部分が肥沃な草原地帯で栽培されている。コムギ属、オオムギ（*Hordeum vulgare*）、アブラナ属、アマ（*Linum usitatissimum*）、ヒマワリ属などがここの気候によく適応しており、ニンジン（*Daucus carota subsp. sativus*）、フダンソウ属、ホウレンソウ属の他、トマト属などの野菜もよく生育する。

ゾーン3での園芸事情

このゾーンでの園芸シーズンは短く、地表面が凍結しない5月から10月の間に限られる。温室暖房には非常な経費がかかるため、一冬を通して稼動させることは難しい。一年草は、最後の降霜がある6ないし8週前にあたる3月初旬から生育を開始する。園芸店は冬季には店を閉めることが多く、4月になると暖かい地方から苗を輸入する。このゾーンでは夏に花を咲かせる一年草が一般的であり、秋になると春植えの球根や塊根（カンナ、グラジオラス、ダリアなど）を掘り上げる（冷気と霜を受けない場所で保存し、翌春の植え付けに備えるため）。屋内園芸は人気があるが、冬季の低湿度が問題となるため、乾燥した環境に適応できる植物がよい。このような植物としては、ディフェンバキア属、モンステラ属、フィロデンドロン属、クラッスラ・アルボレスケンス（*Crassula arborescens*）、イチジク属のベンジャミン（*Ficus benjamina*）、セントポーリア属の栽培品種、ベゴニア類などがある。

ゾーン3では多年草が見過ごされる場合が多い。ゾーン4やゾーン5の園芸カタログに記載されている多年草の多くは、ゾーン3ではほとんど栽培されていない。ゾーン3を原産地とする植物は多い（列挙するには多すぎるほどだ）のだが、これについては、ゾーン3には園芸家がよく知っている属の代表種が自生しており、自生していないものについてもゾーン3での栽培が可能であると表現した方がいいだろう。たとえばマドンナリリー（*Lilium columbianum*）などのユリの仲間、ギボウシの多くやヘメロカリス属の仲間はゾーン3でも充分に生育する。

ゾーン3には珍重される種も自生しており、これにはピンクや黄色の美麗な花を咲かせるアツモリソウの仲間（*Cypripedium acaule*と*C. parviflorum*）やヒメホテイラン（*Calypso bulbosa*）などのように慎重な管理が必要になるランの仲間も含まれている。

ゾーン3では栽培が試みられたことのない種も多い。このゾーンは園芸家にとってのフロンティアであり、新しい植物が持ち込まれて耐寒性をつけていく場所でもある。ゾーン3では常に新顔の植物を見ることができるだろう。

上：アジア北部およびユーロ・ロシア原産の小低木サリクス・レプタンス（*Salix reptans*）は、密生した毛に覆われた緑色ないし赤色の小枝を伸ばす。毛で覆われた尾状花序（5cm）は直立する。

ゾーン 4 −34〜−29℃（−30〜−20°F）

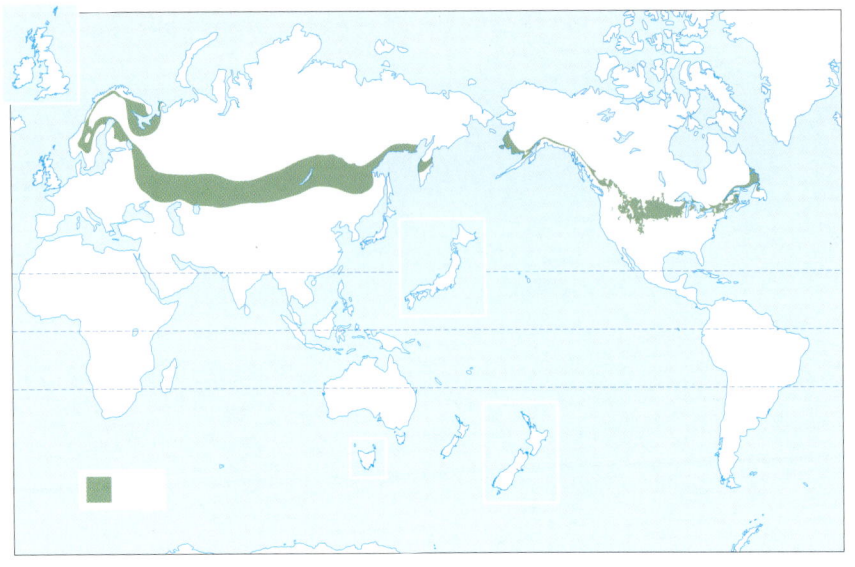

次ページ上：北米の地を覆うヤナギ属植物。ヤナギ属には多数の種が含まれており、その数は400に達する。冷涼もしくは穏やかな気候で生育するものが多い。

右：スカンジナビア半島南部やヨーロッパの一部に自生するヨーロッパトウヒは、ヨーロッパでは最も一般的に栽培されているトウヒの仲間である。赤褐色の厚い樹皮、濃緑色の葉、薄茶色の細長い球果を持つ。

ゾーン4にはさまざまな場所と植物群落が含まれているが、一つの共通事項がある。ゾーン4の園芸家は、厳しい冬に対抗するべく耐寒性を備えた植物を選択しなくてはならない。ゾーン4のほぼ全域は、最も新しい氷河期（つまり、新生代の氷河期）の影響を受けた地域である。10,000ないし12,000年前に氷河が極地へと後退すると、漂石粘土（後氷期）の深くて肥えた土壌が残された。ただし、岩盤が露出している場所も多い。後氷期の土壌は4,000ないし6,000年前までに安定し、今日まで続いている植生パターンが確立した。

ゾーン4には北半球の広大な地域（アメリカ合衆国の北端から五大湖を通って中国とロシアを抜け、スカンジナビア諸国に達する帯状の地域）が含まれている。極端な気候が特徴となっており、冬には時として−34℃（−30°F）の寒気が数週間にわたって持続する。極地からの風が−43℃（−45°F）に達することもある。一方、夏季には気温が急上昇して35℃（95°F）に達し、乾燥した風が大陸部の広大な地域に猛暑をもたらしている。年間降水量の平均は250ないし1,000mmである。降雨量が蒸散量を上回る場所では森林が繁茂する。樹木が生育するだけの夏季湿度が不足している場所は草原となる。

> 趣味で庭をいじる人は春と夏を愛するが、本当の園芸家は冬も愛する。
> アン・スコット=ジェームズ　1913〜

冷涼地域

ゾーン4の冷涼地域では、落葉樹と針葉樹の混合樹林が大勢を占めている。このような森林は主にハコヤナギ属の若木、カエデ属、シナノキ属、モミ属、トウヒ属などの成木によって構成されている。標高のある地方では、耐寒性のあるポプラなどの落葉樹が先駆植物となって若木を繁茂させ、針葉樹林の成立を促している。岩盤上に広がる浅い土壌はミネラルに乏しく、マツ属、モミ属、トウヒ属などが優先種となる。

山地（ロッキー山脈など）の雨陰になる場所は一面の草原となる。夏の高温、絶え間なく吹きつける風、少ない降水量、山火事などのため、この地域では樹木の生育が困難となる。このような草原地帯はいくつかの点で、一般的な森林風景とは本質的に異なっている。イネ科植物は、水分を求めて地下深くまで網の目のようなヒゲ根を張り巡らせている。イネ科植物やその他の野草は植物本体の大部分を地下に展開させており、充分な養分を摂取できた場合には、速やかに成長して無数の花をつける。旱魃が続く場合には半休眠状態となって成長期をやり過ごし、水分や養分の消費を控えることもできる。樹木は草よりも大型化するために時宜に応じた対処が難しく、大半の木は降水が少なくなる地域では生存できない。

温暖地域

ゾーン4の温暖地域では、充分な降水量がある場合には落葉樹林が優勢となる。広大な面積を占めるこの地域では土壌と地形による差異が大きく、古い山地や丘陵、なだらかな平野部などが見られる。変化に富む地形は多彩な植物の自生地となっており、長い時間をかけて今後も変化していくと思われる。北半球では、湿潤な土壌にコナラ属とトネリコ属の若木が混合樹林を形成した後、これに続いてブナ属、カエデ属もしくはシナノキ属による混合樹林が出現する。乾燥地域の土壌は地味に乏しく、コナラ属とカリヤ属、もしくはマツ属の混合樹林となる。洪水の氾濫原には洪水や旱魃に耐性を持つ植物が繁茂する。このような植物としては、北米大陸のギンヨウカエデ（*Acer saccharinum*）や北半球全域に分布するハコヤナギ属やヤナギ属などがある。林床には、ユリ科のウブラリア属、ユキザサ属、ユキワリソウ属などの華やかな草本植物が繁茂する。

光と湿度の条件によって開花期が決定する落葉性の植物は、春になると短期間ではあるが見事な花を咲かせる。葉を落とした枝に暖かい春の光が降り注いで日が長くなると、木々が一斉に展葉して林床に影を落とすようになる。数週間もたつと生い茂った葉が涼しい日陰を作り出す。樹林地帯の植物は、日光が豊富となる短い期間を利用するために、早春から成長を開始して花をつける。したがって園芸家は、美麗ではあるが開花期の短い植物をあつかうことになる。

ゾーン4の植物には、冷涼な気候に適応して耐寒性を持つものが多く、休眠したり、球根や多肉質の地下器官などの特殊な貯水機能を活用したりして夏の渇水期をやり過ごす種類もある。ただし例外も多く、エンレイソウ属、サンギナリア属、フウロソウ属の植物は幅広の葉で夏の光を吸収し、休眠することはない。開花時期の遅いアスターやアキノキリンソウ属は年の初めに新葉を

出すが、開花は秋となる。園芸家は、このような開花期のずれを利用して1年を通して見所のある庭を造ることができる。

北米大陸のプレーリーやヨーロッパのステップにみられるような草原では、イネ科植物や色とりどりの野草の花（特にマメ科やキク科）を見ることができる。リアトリス属、エキナケア属、ヒマワリ属などのよく知られた多年草は、北米大陸のプレーリーを原産地としている。ヨーロッパのステップはボタン属やペロフスキア属の原産地である。

湿潤な地域はゾーン4全域に出現し、中でもカナダ楯状地に見られる浅い岩盤地帯や北米大陸のプレーリーに多い。湿地林には沼地や沢があり、ミズゴケ、ヒースに似た低木、イネ科植物が繁茂している。プレーリーにできた窪みや湿地は浅くて広大であり、スゲ属が繁茂する。湿地では、よく知られているアイリス属やマーシュマリゴールド（*Caltha palustris*）をはじめとするさまざまな顕花植物を見ることができる。

ゾーン4ではコムギ属やカラスムギ属などの穀草が生育する。フダンソウ属、ジャガイモ（*Solanum tuberosum*）などの野菜、リンゴ属やサクラ属などの果樹も栽培できる。

ゾーン4での園芸事情

ゾーン4での園芸は挑戦意欲をかきたてる。冬季の厳寒、しばしば訪れる夏の高温、時おりの旱魃が植物にストレスを与える。

だがゾーン4の北方では恒常的な降雪があるため、ゾーン5に近い南部地域よりも草本植物の栽培が容易になる。間断のない降雪が最悪の寒気から多年草や野菜を保護するためである。中でも湿度が高くて土壌が肥えている地域では降雪の効果が大きい。マイナス面としては、成長期間が短縮されて160日ないし180日となることが挙げられる。観賞用樹木（高木性もしくは低木性の花木など）は、暖かいゾーンに比べるときわめて少ない。しかしながら、草本植物が観賞用樹木の不足を充分に補っている場合が多い。冷涼な気候（特に夜間気温）と低湿度のもとではさまざまな植物がよく生育する。温暖なゾーンに比べると、害虫と病気の問題も少ない。ゾーン4での人気種としてはハシドイ属、ガマズミ属、リンゴ属、アイリス属、ヘメロカリス属、ギボウシ属などが挙げられる。

上：プレーリーでは、短期間ながらも目を見張るようなお花畑が出現する。写真で赤く見えるのはゴマノハグサの仲間、黄白色がペルシカリア・ビストルタ（*Persicaria bistorta*）、えび茶色がペディクラリス・グロエンランディカ（*Pedicularis groenlandica*）。

ゾーン5 −29〜−23℃（−20〜−10°F）

ゾーン5では、湿潤、乾燥、海洋性、大陸性、山岳性などのさまざまな気候が見られ、冷涼地と温暖地の双方に挟まれた広い地帯に広がっている。つまり、ゾーン5は中間地帯であると表現できる。

ゾーン5では、冬季温度が−29〜−23℃（−20〜−10°F）という低温に達する場合が多いが、これよりもさらに厳しい条件がある。ゾーン5の大部分はロシア、アジア、北米の諸大陸を東西に走っており、ほぼ北緯40度付近に相当する。これらの大陸塊は海洋の影響を受けにくく、南に向う極地気団の進路を妨げるような高地が少ないこともあって、温度が−29℃（−20°F）以下になることもある。このような厳寒期にあっては、耐寒性植物であっても深刻な被害を受け、時には枯死することもある。

ゾーン5の降雨、降雪、土壌にはかなりの地域差が認められる。北米大陸の西部低地は乾燥しており、年間降雨量は30〜50cmである。冬季の降雪が根雪になることはない。雨水による流出がないため、土壌はアルカリ性に傾きやすい。東に向うと降雨量が増加し、土壌は中性もしくは塩基性を示すようになって、プレーリーの生態系は森林へと移行する。ヨーロッパでは西部での降雨量が最大値を示し、東に向うにつれて減少する。降雨量の変化によって土壌も北米の場合と同様の変化を見せる。

冬季の気候にはかなりばらつきが見られる。冬季には1カ月もしくはそれ以上の間、氷点下の温度が続く年もあれば、そこまでは気温が低下しない年もある。寒気が長引く年の気候は乾燥しており風が強い。この組み合わせは、トウヒ属などの常緑針葉樹にも被害を与えて春には葉が褐色になり、ツツジ科常緑広葉樹の場合には葉、芽、側枝が落ちることもある。

北米大陸の東部では、冬季の気候変動を引き継ぐ形で、南方地域で生じた気団の北進にともなって夏季の暖気と湿気も変化する。このような場合、冷涼な地域に自生するカラマツ属、ツガ属、モミ属などの針葉樹は暑さのために成長が鈍る。これとは逆に温暖な地帯に自生するエキナタマツ（*Pinus echinata*）やリギダマツ（*P.rigida*）などの針葉樹の成長は促進される。

標高1,525m〜2,440mの地域もゾーン5に含まれ、地図上では細長い帯状となる。高山地域の植物は夏季と冬季における急激な温度変化のみならず、強い日差しにも耐えなければならない。このような地域を代表する多年草としてはペンステモンの仲間があり、樹木ではトウヒやマツが多い。

長い寒気と時おりの極地性気象のため、常緑広葉樹の生存は限定されている。アセビ属、レウコトエ属、カルミア属などが繁茂できるのは樹木の陰に限られている。エリカ属やギョリュウモドキ属などの植物は、極地気団の緩衝地となって湿度を提供する海洋の近くでのみ見ることができる。ツツジ属'ノバ　ゼンブラ'、ツツジ属'PJM'のようなツツジ属の栽培品種、耐寒性のあるヤクシマシャクナゲ（*R. yakushimanum*）、ツツジの仲間（*R. maximum*、*R. viscosum*）などが比較的被害を受けにくい。しかしながらゾーン5にあっては、最高度の耐寒性を備えたツツジ属にも被害が及ぶことがあり、春の開花が低調になる。被害を免れるのは落葉性のアザレアである。ストローブマツ（*Pinus strobus*）などの常緑針葉樹が優先種となるのは、夏が冷涼湿潤となる地域に限られており、高温多湿もしくは高温低湿となる地域では数が減少する。北米大陸の西部では、コロラドトウヒ（*Picea pungens*）、ビャクシン属（*Juniperus*）、マツの1種（*Pinus edulis*）などの原生トウヒ類が一般的な常緑樹となり、アルカリ性土壌と乾燥気候に適応している。

突然の寒気と遅霜

成長期間の前後には見かけの春や長引く冬がある。冬季の半ばから春にかけては南方からの気団が到来し、低木、樹木、多年生草本が充分に休眠できなくなることがある。一端、休眠から覚めてしまうと、耐寒性が失われる。新たな寒気団が到来すると（それが普通だが）、

> 私にとって青い松葉やふかふかした草の絨毯は、最高級のペルシア絨毯よりも好ましい。
> ヘレン・ケラー　1880〜1968

下：オランダニレ（*Urms×holhandica*）には多くの栽培品種がある。写真の'モドリナ'は、成長が速く高木になる。ゾーン5以南での景観作りに適している。

右：落葉樹のセイヨウブナ（*Fagus sylvatica*）は、ヨーロッパ大陸およびイングランド南部の原産。鑑賞と土壌保存の両面で庭木として重用される。

植物を枯死させることもある。ゾーンの平均最低気温を大幅に上回る気温になった場合にも被害の出る場合がある。豪雪地帯にあっては、多年生草木は早すぎた休眠終了を免れることが多い。降雪が少ない低地などでは、見かけの春に適応していないスイセン属などの外来種が早く出現しすぎると、寒の戻りに遭って葉が損傷することがある。

ゾーン5内で適切な降雨のある地域では、ダイズ、コーン、コムギ、油脂源作物（ヒマワリに代表される）などの主要作物を収穫できる。リンゴやナシをはじめとする耐寒性果樹の栽培も可能であるが、病害虫予防のための頻繁な農薬散布が必要となる。

ゾーン5の園芸事情

ゾーン5の冬に適応した植物は多い。高木や低木の中で最も耐寒性に富む種類としては、スノキ属、サンザシ属、リンゴ属の仲間がある。夏に相応の降雨がある地域では、カエデ属、コナラ属、ブナ属、ニレ属、サイカチ属、トネリコ属、サクラ属をはじめとする落葉性の低木や高木が生育できる。いくつかの外来種もここに含まれる。ゾーン5に含まれる北米大陸湿潤地帯での耐寒性樹木はアケボノスギ（*Metasequioia glyptostroboides*）であり、夏が冷涼となる地域ではパロティア・ペルシカ（*Parrotia persica*）である。コティヌス属や、ミズキ、ヤマボウシ、セイヨウサンシュユなどのミズキ属低木は広い地域に適応している。ジンチョウゲの仲間も耐寒性があり、*Lonicera × beckrottii*などのハニーサックル類も強健であるが中には繁茂しすぎるものもある。

低地、ステップ、低山地では、非常に強健な多年生草本が生育しており、冷気と暑気、旱魃と豪雨によく耐えることができる。この中にはハルシャギク属、ルドベキア属、ヒマワリ属、ツキヌキオグルマ（*Silphium perfoliatum*）、イヌゴマの仲間、セドゥム属などの多肉植物のほか、風情のあるチカラシバ属、ウシノケグサ属、コメスキ属をはじめとするイネ科植物多数が含まれる。600mmもしくはそれ以上の降雨量がある地域では、乾燥した日陰に適応したギボウシ、フッキソウ、ロベリア、アスター、アザミに似たエリンギウム、スミレ、アスチルベ、エピメディウムなどが充分に生育する。

イギリスに多いアイビーやツゲは人気種であるが、ゾーン5ではうまく育たない。ヨーロッパイチイ（*Taxus baccata*）も完全に適応しているわけではない。ただし、同じイチイ属の*T. canadensis*やタクスス・メディア（*T. media*）などは充分な耐寒性を備えている。

ソコベニハクモクレン（*Magunolia × soulangeana*）には充分な耐寒性があるが、北米大陸中央部で寒の戻りがあった場合には花芽が損傷し、5年のうち3年は杯状花が開花しなくなる。これ以外のモクレン属も耐寒性を備えているが、開花事情は流動的である。

ゾーン5の気候は厳しいが、園芸家が安心して植えられる植物の種類（樹木と多年性草本）は多く、庭では三度の季節のうつろいを楽しむことができる。突然の春を謳歌するかのように野性のリンゴは真っ白な花で全身を覆い、足元では黄色いスイセンが開花する。多年草は一斉に芽を出して我先にと花をつける。2カ月の春に続いて夏が訪れると、ヒマワリとイネ科の季節となる。秋に咲くアネモネは春花壇ほどの華やぎを見せるわけではないが、カエデの紅葉が始まると庭は赤一色に染まりながら一年の花暦が幕を閉じる。

上：アメリカシナマンサク（*Hamamelis virginiana*）は、ゾーン5内では春一番に花をつける樹木に数えられるが、寒気による被害を受けることはない。ザイフリボク属のサービスベリーも早い時期に開花する。

ゾーン 6 −23〜−18℃（−10〜0°F）

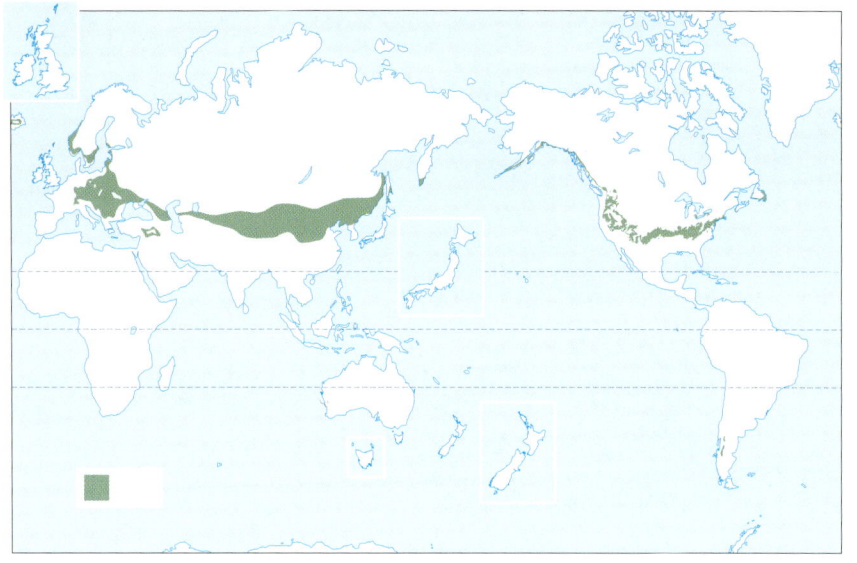

ゾーン6の冬季平均最低気温は−23〜18℃（−10〜−0°F）である。ゾーン6は北半球全域を通っており、北米大陸にあってはニューヨーク市から東に向かって大きなUの字を描くように湾曲し、中西部および南西部を通ってワシントン州およびカナダのブリティッシュ・コロンビア州へと北上する。北米大陸の北東岸付近では、北部に位置するニューファンドランド州の一部もゾーン6に含まれる。これはメキシコ湾流の温暖化効果によるものである。ノルウェー、スウェーデン、デンマーク、フィンランドの一部がゾーン北端部に含まれるのも同じ理由による。

ゾーン6はヨーロッパ中央部および東部のほぼ全域を通っており、ドイツからギリシアおよびクロアチア北部がここに含まれる。ここからはカスピ海を抜けてアジアへと至り、細長い帯状となってアフガニスタンから中国に達する。南半球ではアルゼンチン内の2地域に限定される。

地勢学的に見るとゾーン6には、沿岸部、氾濫原、低地、山地、プレーリー、平地、高原砂漠などのさまざまな場所が含まれており、それによって植生も変化する。湿潤な沿岸地域、河畔、湿地で生育する植物としては、ヨシ（*Phragmites australis*）やガマ（*Typha latifolia*）などがある。アメリカのニュージャージー州にある乾燥した荒蕪地にはマツ林が広がっており、ここにはバージニアマツ（*Pinus virginiana*）、リギダマツ（*Pinus rigida*）、クマコケモモ（*Arctostaphylos uva-ursi*）、アメリカリョウブ（*Clethra alnifolia*）のように山火事によって存続する植物が生育している。

低山岳地帯（アメリカのブルーリッジ山脈など）やヨーロッパの山岳地帯では、パゴダドッグウッド（*Cornus alternifolia*）、アメリカヤマボウシ（*C. florida*）、セイヨウサンシュユ（*C. mas*）、ミズキ（*C. controversa*）などのミズキ属が生育する。

ゾーン6の平地やプレーリーには、冬の寒気だけでなく夏の渇水（ただし洪水となる年もある）にも耐えられる植物が生育している。このような植物としてはエキナケア属やヒマワリ属などがある。レウカンテムム属（シャスターデイジー、フランスギク）はゾーン6全域に分布しており、草原、草の茂った岩地、ヨーロッパと温帯アジアの荒蕪地で生育する。

季節ごとの変化

春は長くて美しく（地域によっては湿潤である）、ゾーン6の温暖地域にあっては早々と訪れてゆっくりと去っていく。晩冬にはマツユキソウ（*Galanthus nivalis*）やクロクス・トマシニアヌス（*Crocus tommasinianus*）が春のさきがけとなり、雪の中でも花を咲かせるレンギョウ属、シナマンサク（*Hamamelis mollis*）、トサミズキ属などの落葉性低木が彩りを添える。樹林や低木地帯では、トキワサンザシ属やカイドウズミ（*Malus floribunda*）などの低木や小ぶりな木が、秋からずっと鮮やかな実をつけている。北米大陸北西部およびアジア北東部に広がる湿潤な地域では、初春にザゼンソウ（*Lyschiton*属）が大地から顔を出すと、それに伴う発熱作用のために周囲の雪解けが完了する。しかしながら、中国原産のハクモクレン（*Magnolia denudata*）、日本原産のコブシ（*Magnolia kobus*）に代表される初春の花木は遅霜、寒の戻り、雪などの被害を受けることも多く、その場合には花が茶色に変色する。低木類は適応力が強く、ゲンカイツツジの仲間（*Rhododendron mucronulatum*）などの耐寒性低木は寒の戻りや雪による被害を受けない。数週間のうちに球根植物（西アジアやヨーロッパ南東部の原産種が多い）が色とりどりの花を咲

> 秋は第二の春だ。
> 全ての葉が花となる。
> アルベール・カミュ　1913〜1960

かせる。その中にはチューリップ属、スイセン属、ツルボ属、ムスカリ属などがある。樹林地帯でも山野草の花が咲き誇り、エゾムラサキ（*Myosotis sylvatica*）、ヒメムラサキ属、ミヤオソウ属、カナダオダマキ（*Aquilegia canadensis*）などが満開となる。ルピナス属、ケマンソウ（*Dicentra spectabilis*）、ボタン属などの多年生植物も忘れてはならない。樹林地帯には酸性土壌を好む低木も多く、世界のいたるところからもたらされたツツジやアザレア、モチノキ属、アメリカシャクナゲ（*Kalmia latifolia*）、ガマズミ属、スノキ属などが晩春の景観を華やかに演出する。

夏季には、自然に逆らうかのように場所を選ばずに繁茂するヘメロカリス属、アジア原産のユリが花をつけ、北米大陸では、スカーレットベルガモット（*Monarda didyma*）、ルドベキア属、ムラサキバレンギク（*Echinacea purpurea*）などの多年植物がプレーリーを五色に染める。夏季を代表する低木としては、キンロバイの仲間（*Potentilla fruticosa*）、ブッドレア（*Buddleja davidii*）、房咲き（フロリバンダ）のバラなどがある。

下：ゾーン6の園芸家は球根植物を好む。イヌサフラン（*Colchicum autumnale*）やクロクス・スペシオスス（*Crocus speciosus*）（下）が秋を彩る。

夏には樹木が盛観となる。ふわふわした花をつけるスモークツリー'プルプレア'は、花がない時期にも濃い赤紫色の葉によって庭園を引き立たせる。ハンカチノキ（*Davidia involucrata*）やイテア・ウィルギニカ（*Itea virginica*）の他にも、白い花を咲かせるスズランノキ（*Oxydendron arboreum*）などが庭園の彩りとなる。

　ゾーン6には秋を好む園芸家が多い。このゾーンでは、落葉する直前に見事な紅葉を見せると樹木が多いためである。カエデにはギンヨウカエデ（*Acer saccharum*）やベニカエデ（*Acer rubrum*）の他、日本原産のイロハモミジ（*Acer palmatum*）、ハウチワカエデ（*Acer japonicum*）およびこれらの栽培品種などの多くの種があり、紅葉の色も黄色から橙色、緋色から濃紫色などの範囲で無数の変化を見せる。モミジバフウ（*Liquidambar styraciflua*）やニシキギ（*Euonymus alatus*）は真紅に紅葉し、北米大陸東部ではウルシ属のルス・ティフィナ（*Rhus typhina*）の葉が黄色ないしは橙色になる。センニンソウ（*Clematis ternifolia*）は、よい香りのする白花が終わると繊細な形の果球が出現して冬季もそのまま残ることがある。秋咲きの球根も目を楽しませてくれる。これにはヨーロッパ原産のイヌサフラン（*Colchicum autumnale*）やキバナタマスダレ（*Sternbergia lutea*）などがある。酸性土壌地帯ではモチノキ属（およびその栽培品種）が代表的な広葉常緑樹である。モチノキ属の液果は秋になるとさまざまに色づき、冬季を通して変化しない。

上：ゾーン6には落葉性の高木や低木が多く、秋には見事な紅葉となる。

ゾーン6の園芸事情

　ゾーン6はクロスオーバー・ゾーンであると見なすこともでき、他の大半のゾーンに比べて樹木の耐寒性に幅が見られる。園芸家の多くはこのような耐寒性の幅を利用して、居住地の小気候にあった植物を育てている。家の南側や寒冷対策を施した場所でゾーン7の植物を栽培したり、北向きの地所や外気にさらされた場所でゾーン6よりも寒冷な地域の植物を育てたりすることも行われる。ゾーン6で生育できる植物の種類は非常に多く、さまざまな高木や低木、木本や草本、多年性や一年生の植物を育てることができる。居住地域の小気候を利用すれば、数え切れないほどの種類を栽培できるだろう。何を選ぶかはその人次第だ。何を選ぶかはその人次第だ。

上：カエデは秋に紅葉するため、北半球全域で人気がある。優雅な葉形と育てやすさから、園芸家にとっての利用価値が高い。

ゾーン 7 −18〜−12℃ (0〜−10°F)

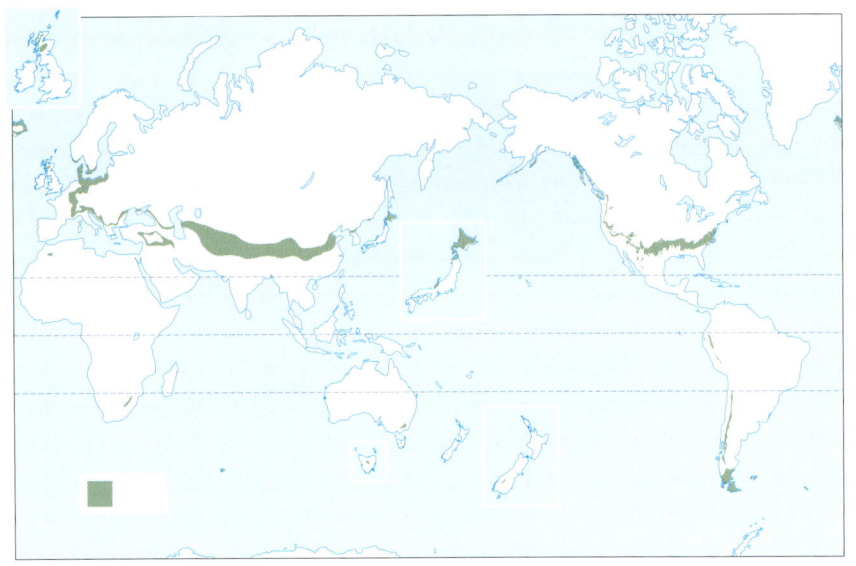

下：ストローブマツ、アメリカヤマナラシ、カバノキ属、カエデ属が一体となって美観を作り出している。ニューヨーク州（アメリカ）。

ゾーン7の大部分は北半球温暖地域の中緯度地帯を横切っており、南半球では山岳地帯の飛び地に限られる。北米大陸では弧を描きながらアメリカ合衆国南部を横切っており、バージニア州からテキサス州北部、アリゾナ州、カリフォルニア州の山地を抜けて北上し、最北端にあたるカナダ西部の沿岸地域とアラスカの突出部へと至る。ヨーロッパでは中央ヨーロッパを南北に縦断してデンマークからバルカン諸国に至る。スコットランド高地もゾーン7に含まれる。地中海東部からは幅のある帯状となってコーカサスとトルコを横切っており、ヒマラヤ山脈と中国北部の大部分を通る。日本の北部もゾーン7に含まれる。南半球では、南米大陸のアンデス高山地帯と最南端に位置する海抜0m地帯、南アフリカ東部のドラケンスベルグ山脈、ニュージーランド南島の高山地帯に最大規模のゾーン7が広がっている。

多様な気候

ゾーン7のほぼ全域では標準もしくはそれ以上の降雨があり、厳しい乾季が訪れることはない。中央アジアやアメリカ南東部などの大陸内陸部では、冬季になると北方から張り出してくる寒気団によってゾーンの位置が低緯度方向に押し下げられる。この結果、夏は長くなり、一年を通じて温度と湿度が低下する。このような大陸性気候では四季の区別がはっきりしており、海洋に接している地域に比べて冬季気温の予想が容易となる。海洋に接した地域では、概して夏は穏やかな日が続き、湿度も高くなる。ゾーン7は、冬季に地面が凍結しやすい地域の中では最も標高が高く、ヤシ科をはじめとする亜熱帯植物の生育は困難である。ここで考慮すべきなのは、気候は変化するものであり、植物をとりまく条件が最初に進化を遂げた地域よりも温暖もしくは冷涼になる場合もあるという点である。植物が、原産地とされている地域よりも寒冷もしくは温暖な地域に適応している事例は多い。ここ10,000年の間に冬の温暖化が進み、ゾーン7の原生種であってもゾーン5や6での生育が可能になった。

> 最高の庭とは、立地条件から自ずと出来上がってくるものだ。
> ウィリアム・ロビンソン　1848〜1935

北半球の植物相

ゾーン7が示す環境特性を把握するには、草本ではなくて樹木を見る方がよい。草本類は土壌や降雪によって霜害から防御されるためである。温暖地域の常緑樹は、落葉樹とは異なってゾーン7もしくはその周囲が耐えられる寒気の限界となる。アメリカ合衆国南部の原産であり、ゾーン7を代表する樹木タイサンボク(*Magnolia grandiflora*)は世界中で植栽されている。同様に中国産常緑樹であるツツジ属植物はゾーン7よりも寒い地域では越冬できない。

ゾーン全域にわたって生育適応する植物もあるが、夏季気温、降雨、湿度などの気候条件から影響を受けやすいものもある。例を挙げれば、暑くて乾燥した大陸内にあるゾーン6ないしゾーン5では耐寒性を示す植物であっても、カナダ南西部やスコットランドのように海洋性気候を示すゾーン7の冬には適応できない場合がある。これらの植物では地上部の耐寒性が不十分であり、根系が湿った状態のままで冬季を迎えるためである。このような植物としてはムクゲ(*Hibiscus syriacus*)がある。

同じ理由により、スコットランド高地や(北米大陸の)大平洋北西岸は、チリやニュージーランドの冷湿地域、夏が高湿となるヒマラヤなどに自生する高木や低木にとっては、理想的な生育環境となる。植物の耐寒性について調べてきたイギリスの園芸家ケン・ベケットは、イギリス諸島の園芸家は自分の庭があるゾーンよりも1ランク上の耐寒性を示すゾーンの植物を選ぶべきであるとしている。

日本と中国の山岳部、ヒマラヤに自生する植物のおかげで、ゾーン7の園芸事情は非常に豊かなものとなった。これらの地域の自生種としては、耐寒性を備えたさまざまなツツジ属植物がある。ツツジ属からは多彩な交雑種が作り出された。サクラ属は主に日本で品種改良が進んだが、中国にも何種類かの野生種が自生していた可能性がある。

アメリカ合衆国南部の内陸地域には、デイジーの仲間の一年草や多年草をはじめとする庭花の自生種が多い。ヒマワリ属、ルドベキア属、コスモス属、ハルシャギク属などがこれに含まれる。色彩豊かな多年性植物や亜低木(ペンステモン属など)の自生地もゾーン7に集中している。

南方からの高山植物

南半球は海洋からの影響を強く受けるため、ゾーン7は山岳部に限定される。オーストラリアでは耐寒性のあるユーカリノキ属の仲間(*Eucalyptus pauciflora* subsp. *niphophila*、*E. gunii*)などの他、リケア属の1種(*Richea continentis*)などの低木が見られる。これらの種はヨーロッパの温暖なゾーン7でも生育できるが、オーストラリアではニューサウスウェールズ州、ビクトリア州、タスマニア州の標高1,500m以上の場所でのみ見ることができる。

アフリカでは、標高2,000m以上のレソト高地がゾーン7の冬季と等しい条件となる。この地域原産の園芸植物は、その大部分が球根もしくは塊根植物である。これらの植物は火災に対する耐性がある。これは、霜害によって地上部が失われても生存できることを意味している。モラエア属の1種(*Moraea alticola*)、シャグマユリ属の1種(*Kniphofia caulescens*)、落葉性のアガパントゥス・カンパヌラトゥス亜種パテンス(*Agapanthus campanulatus* subsp. *patens* subsp. *ni*)は標高2,500mでの生育が可能である。

ゾーン7はニュージーランド南島の山岳部に広がっており、この地域では冷涼な夏が特性となっている。夏が涼しいスコットランド東部では、高山地帯の草原に自生する常緑性のケルミシア属が排水のよい酸性の砂土壌に繁茂している。

商業作物

ゾーン7では、主に夏季の温度によって作物の種類が異なってくる。トウモロコシ(*Zea mays*)は温暖湿潤な地域で、コムギ属は夏が低湿となる地域で栽培される。ゾーン7では、2期作が可能となるほど成長期間が長い地域はほとんどない。ゾーン7の最寒地域はヒマラヤの標高2,000m以上地帯に広がっており、コムギではなくてソバ(*Fragopyrum esculentum*)が栽培される。

果樹の種類は多く、やや念入りな手入れを要するウメ(*Prunus mume*)の栽培も可能である。イチジク(*Ficus carica*)は壁による保護が必要であり、厳冬の場合には果実になる芽が損傷する。ブドウはゾーン7のほぼ全域で栽培できるが、高品質のワインを得るには、ドイツのライン川やモーゼル川の峡谷のように温暖で充分な日照がある小気候が必要となる。

上:黄色い花をつけるキオン属属植物の間から赤褐色のフジウツギ属植物が顔をのぞかせている。温暖な四川省中央部(中国)ではこのような光景がよく見られる。

最上部:ゾーン7と8の庭を彩る中国原産のサルスベリ(*Lagerstroemia indica*)。サルスベリは横に広がる性質があり、白、ピンク、薄紫などの花をつける。秋には濃緑色の葉が橙緋色に変化する。

ゾーン 8 −12〜−7℃(10〜20°F)

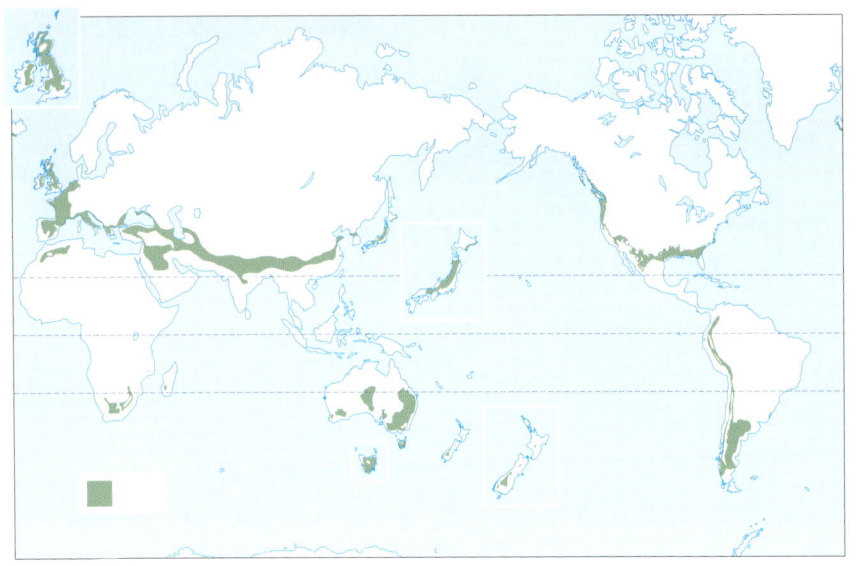

母なる自然の恵みは、数え切れないほどの耐性種をゾーン8にもたらした。世界中のいたる所で人々は人智を尽くしてこれらの種を交配し、植物のある風景を豊かに彩ってきた。

ゾーン8では四季の区別がはっきりしており、温暖な冬では降雪もあるが雪が降り続くということはない。気温は−7〜−12℃(20〜10°F)にまで低下する。北半球では最初の降霜が11月末、最後の降霜が3月末となり、南半球では4月から11月にかけてが降霜期となる。

ゾーン8には世界屈指の魅力的な庭園がある。イギリス諸島のほぼ全域およびアイルランド島中部はこのゾーンに位置している。フランスのほぼ全域、スペインのかなりの地域もゾーン8である。イタリア北部にあるポー川流域峡谷の農業地帯もこのゾーンに属しており、ルネサンス期の名庭園があることで知られている。北米大陸のゾーン8は、アメリカ合衆国南部を横切ってシエラネバダ山脈山麓に広がるカリフォルニア州丘陵地帯を通り、北西沿岸を北上する。赤道以南のゾーン8は内陸部に入り込み、ペルーとチリの海岸付近を南下してアルゼンチン内陸部のほぼ全域、南米大陸最南端のティエラ・デル・フエゴ島の一部、フォークランド諸島を取り込む形となる。

地球の反対側では、オーストラリア東部、タスマニア島のほぼ全域、ニュージーランドの一部がゾーン8に含まれる。アジアでは日本のほぼ全域、中国およびミャンマーの一部がゾーン8となる。アフリカでは最南端部がゾーン8となるが、レソトに接する三日月型の地域に限定される。

ゾーン8の気候は温暖であり、夏の日照時間は長く、最低でも1日につき6時間は日光を受けることができる。「耐寒ゾーン」は植物そのものではなく、場所を示しているため、立地による変化が生じる場合もある。大陸部にあるゾーン8では、長い夏と適度の降雨が植物の成熟を早めて耐寒性を促進する。夏が終わって冬季になるとかなりの降雨があり、雪が降る場合もある。海洋付近にあるゾーン8では、冷湿な夏に続いて冬にはまとまった量の雨が降る。地中海気候の夏は暑くて乾燥しており、冬は雨季となる。

ゾーン8全域を通して冬季の休眠期は3ないし4カ月であり、恵まれた気候条件のもとでは開花期が10カ月に及ぶ場合もある。温暖な乾燥地域では夏眠する植物もある。

ゾーン8では共通した繁殖法が採られており、芽接ぎ、接木、挿し木が実施されている。ゾーン8ではやや耐寒性に欠ける植物であっても、小気候的条件のもとでは生育できることもある。アルプス山脈の南斜面では北方からの寒風が山地によってさえぎられるため、オリーブ(*Olea europea*)や柑橘類の露地栽培が可能となる。

マンネンロウ属とラワンデュラ属は地中海地方の原産であるがローマ人によって分布域が広がった。これらの植物は冬季の過湿には耐性がないが、排水のよいイギリス諸島の土壌で繁茂している。適切な栽培と冬季の乾燥があれば、耐性に劣る植物であっても生存の可能性が増大する。サントリナ属、ラベンダー、ナギイカダ属(イタリアではプンジトッポ「トゲネズミ」と呼ばれている)もゾーン8の植物である。植物は驚くべき適応力を備えており、標高差にも対応できる。クルミの1種(*Juglans recia*)は1,500mの地点でも生育し、これと同じ植物である「ソレントのクルミ」(イタリアでの呼称)は、ティレニア海沿岸部でも見ることができる。ドイツアヤメ(*Iris germanica*)は海水位から標高1,200mに至る範囲、ブドウ(*Vitis vinifera*)は標高0mから800mに至る範囲で栽培できる。ゾーン8での小気候は標高、土壌の違い、地方ごとの気候条件に左右され、これによって生育できる植物の種類が決定される。これよりも耐寒性が劣り、ゾーン9に適応しているような植物であっても、防護が施されている場合はゾーン8での生育が可能であるが、強風地域で排水が不全である場合には、一般的な耐寒性を備えている植物であっても生存できないだろう。

指標植物

温暖な冬に恵まれたゾーン8では、ほとんどのバラがよく花をつける。耐寒性に劣るシロモッコウバラ(*Rosa banksiae banksiae*)、ティーローズ、ノワゼットなどの場合は保護された場所での栽培が必要になるかもしれない。ベンケイソウ属、アイリス属、オダマキ属、キランソウ属、ナデシコ属などの耐寒性植物や寒冷地の植物はゆっくりと成長し、ゾーン8の気候では葉の無い期間がほぼ2倍になる。

このゾーンでは地上最古かつ地上最大の樹木センペルセコイア(*Sequoia sempervirens*)を見ることができる。カリフォルニアには巨木となるセコイアスギ属も自生している。これはセンペルセコイアよりも高さでは劣るが幹の太さでは勝っている。

2,000年近く前のプリニウスは、トスカナ地方にあった自庭に生えていたスズカケノキ(*Platanus orientalis*)について

> 春が終わると夏の沈黙が訪れる。
> ヴィタ・サックビル-ウェスト
> 1892〜1962

下:温暖なゾーン8が広がるニュージーランド南島の一部。ブドウの商業栽培のためには理想的な条件に恵まれており、一面のブドウ畑が広がっている。

の記載を残している。彼によれば、幹にからんだキヅタ属の葉が対照の妙を見せていたという。これらの植物は今もなおゾーン8では普通に見ることができる。日本から中国にかけての原産であるサルスベリ(*Lagerstroemia indica*)は世界中に移植されて広く愛され、あまりにもありふれた樹木となってしまった。寒冷地域の園芸家は、この艶麗優雅な小立木に熱い思いを寄せている。彼らの気持ちを理解できる人は、ゾーン8にはほとんどいない。

現代では広く愛されているリンゴは、石器時代のスイスやオーストリアの住居跡からも発見されている。ナッツ類としては、ヨーロッパ南部で生育するクリ(*Castanea sativa*)、需要の高いイタリアカサマツ(*Pinus pinea*)の実などがある。ヘーゼルナッツ(*Corylus avellana*)は人類史の曙期に栽培が開始し、クルミは油を採取するために栽培されてきた。耐寒対策が施された温暖地域ではオリーブの商業栽培が行われている。ブドウはヨーロッパ全域で栽培されており、これはAD2世紀にローマ帝国が支配していた地域と重なっている。ブドウは、カリフォルニア州、オーストラリア、ニュージーランドでも栽培されている。

問題となっている植物

人類は、繁殖力の強すぎる植物を世界中に広めてしまった。最近では悪名高い水草のサルウィニア・モレスタ(*Salvinia molesta*)が、世界中のゾーン8で見られるようになった。molesta(悩ませる)という言葉通り、ブラジル南東部原産のこの水草は標高300m以上の場所でめざましい繁殖力を発揮し、各地の水路をふさいで深刻な問題となっている。

日本と中国からアメリカに持ち込まれたノイバラ(*Rosa multiflora*)は庭から「脱走」して、現在では悪名高い雑草となっている。放牧中のウシがこれを食べると、棘によって腸が傷つくためである。ニュージーランドとオーストラリアから持ち込まれたカタバミ属の1種(*Oxalis exilis*)は、駆除が非常に困難なために多くの場所で農場主を悩ませている。これに対し、セイヨウイラクサ(*Utrica dioica*)は有益な雑草と見なすことができるだろう。この植物は土壌を豊かにし、食用ともなる。ヒナゲシ(*Papaver rhoeas*)は万人に愛されているが、農場主だけは例外である。この植物は野原の縁や薬品散布が行われない地域で生育するため、畑用の除草剤では効果がない。

植物のグローバル化は、数え切れないほどの善き(そして悪しき)「発見」をゾーン8にもたらしてきたわけである。

ゾーン8の園芸事情

ゾーン8の冬季は温暖であるため、この地域の園芸家は労せずして見事な庭園を造ることができ、選択できる植物の種類も非常に多い。芳香を発するタイサンボクは、これもいい香りのするメキシカン オレンジ ブロッサム(*Choisya ternata*)やトベラ(*Pittosporum tobira*)、アメリカヤマボウシ(*Cornus florida*)やネムノキ(*Albizia julibrissin*)などの花木などとも混植できる。ヒイラギメギ(*Mahonia aquifolium*)のような常緑低木やボケ(*Chaenomeles speciosa*)などの落葉性樹木の花は冬季に開花する。オウバイ(*Jasminum nudiflorum*)の開花も冬である。ゾーン8では、コヤブラン(*Liriope spicata*)やジャノヒゲ(*Ophiopogon japonicus*)などの見事なグラウンドカバーを見ることができる。ゾーン8の園芸家は、大きな誘惑(未入手の植物種が多すぎる)と大きな満足の双方を経験することになる。

上:センペルセコイアは、霧、雨、夏の涼風という条件に恵まれて成長し、高さ110mに達する。

左:ゾーン8の庭ではさまざまなバラを見ることができる。温暖な冬に適応しているものや、耐寒性に劣るオールドローズ'ムタビリス''レディー ハミルトン''マダム アルフレッド カリエール'(左)なども栽培できる。

ゾーン 9 　−7〜−1℃（20〜30°F）

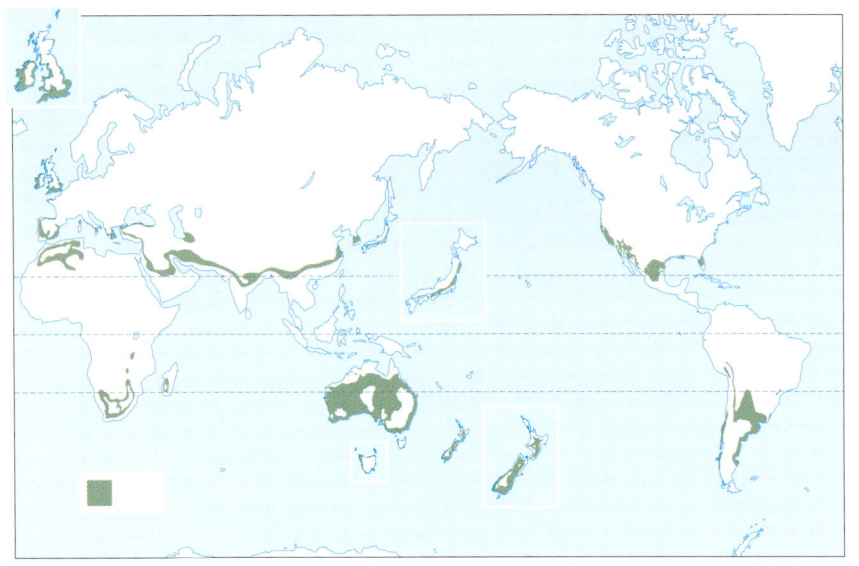

ゾーン9の冬季最低気温は−7〜−1℃（20〜30°F）であり、このゾーンの庭園植物はその大半が地中海盆地、南アフリカのケープ地方、北米大陸のカリフォルニア／アリゾナ州、南米大陸のチリ、オーストラリア中央部、オーストラリア南部の一部、その周辺地域の原産である。ハーディネスゾーンは、植物の生物学的類似性ではなく、気候の類似性から地域を区分したものであるが、同一ゾーン内の異なった地域に自生する植物に共通する特徴が見られることも多い。植物の特性と気候が共通している場合は、栽培法も似通ってくるだろう。ゾーン9の主要地域は「地中海性」という用語でくくることができ、ヨーロッパ南部、トルコ、レバノン、イスラエル、北アフリカに見られる植生がここに含まれている。この植生は、西洋世界における最初期の植物調査の対象となり、聖書の記述を通して身近なものとなった。地中海性植生に特徴的な植物としてはローズマリー（*Rosmarinus officialis*）、イチゴノキ（*Arbutus unedo*）、ハンニチバナ科などがある。

上：南アフリカの国花キングプロテア（*Protea cynaroides*）は、ケープ地方の低山斜面やヒース地帯の原産。冬の半ばから初夏にかけて目立つ花を咲かせる。

火事と旱魃への適応

地中海性気候の特徴は、温暖湿潤な冬と長くて乾燥した夏である。夏は3カ月であり、1年で最も昼が長くて暑く乾燥した日々が続く。植物はいくつかの方策を用いて、暑くて乾燥した夏季の気候に適応してきた。速やかに成長して種の形で乾燥期をやり過ごすもの（一年草）もあれば、塊根、鱗茎、多肉茎となって地面下で生き延びるものもいる。チューリップはこの形式を採用している。地中海地方のコナラ属の1種（*Quercus coccifera*）などの木本は肉厚の葉をつけ、南アフリカのアイスプラントの仲間（*Arizoaceae*）は多肉の茎や葉をつける。このような形態をとることによって、夏季の水不足に耐えることが可能となる。

最も暑い時期に地上部が残る植物は、草食動物から身を守るような適応を遂げており、硬い葉や茎、棘や針状突起などを備えている場合が多い。地中海地方原産のハリエニシダ（*Ulex europaeus*）などのマメ科植物には、このようなものが多い。また、不快な味や臭いを発したり（テンジクアオイ属の多くの種）、カモフラージュをしたりするものもある。後者の例としては、小石の形に似たリトプス属などがある。

地中海地方では、自然もしくは人為による火事が起こりやすいため、火事に適応している植物が多い。コルクガシ（*Quercus suber*）などは厚い樹皮を備えて火災を防御しており、キストゥス・サルウィフォリウス（*Cistus salviifolius*）などはシュート系が死滅した場合には、基部から吸枝を伸ばす。バンクシア属やハケア属などのオーストラリア原産の植物は、火事によって地域内の競合植物が一掃されてから発芽する。

園芸家の立場から言えば、多肉植物の他にも、鱗茎、棘、芳香性の葉などを備えた植物にはゾーン9の原産種が多いということに留意する必要がある。最初に栽培されるようになった常緑樹の中には、ゾーン8の生態系で優勢となったものもある。

観賞用として最初に栽培された地中海地方の植物は南部ヨーロッパの原産種であったため、ヨーロッパの北部ではオランジュリーと呼ばれる建物で越冬する必要があった。やがて地中海東部と北アフリカ原産の植物が導入された。

花の王国

ゾーン9に関して特筆すべきは、南アフリカにあるケープ地方の植物が園芸界に導入されたことである。この地域は「地中海性」に分類されるが、植物的には独自の特色を示し、6植物界の一つとして独立した植物界を形成している。種子植物、種子と花を持たない植物（シダ植物）の双方あわせて9,000種が観察されている。その69％は固有種である。この地域からは数多くの重要な鑑賞植物がゾーン9全域に移植されてヨーロッパ北部の園芸界にもたらされ、温室デザインを一変させた。また、さまざまな多肉植物や冬咲きのエリカ属の栽培が可能になった。ケープ植物界からの植物導入によって、クラティオルス属、イクシア属、クロコスミア属、スパラキス属、フリージア属などの露地用夏咲き球根が広く使用されるようになった。また、ロベリア、ネメシア、ツルナ属（リビングストン・デージーなど）をはじめとする半耐寒性多年植物などが夏花壇に植栽されるようになった。室内で冬を越した南アフリカ原産の「ゼラニウム」（ペラルゴニウム）が花壇に植えられることも多い。これらのペラルゴニウム類はケープ地方原産の多肉植物とともに一般的な鉢花として世界中に広まった。今ではヨーロッパ北部の厳しい気候条件下にあっても民家の窓先を飾っている。

やがて、ケープ地方以外の植物相も調査されて他国へと導入された。その中には半耐寒性多年草として栽培されるハナビシソウ（Eschscholzia californica）、サンジソウ属などがある。南米大陸からはキンチャクソウ属、オーストラリア南部からはムギワラギク（Xerochrysum bracteatum）、さらにより重要なものとして一連のアカキア属とユーカリノキ属がもたらされた。これら両属が栽培されるようになると、ゾーン9に属する多くの地域では大幅な景観の変化があった。

> 無辺の自然を前にすれば、人の心の砂漠などとりあげるほどのものでもない。
> ロイ・キャンベル 1901～1957

原産地の気候条件のため、ゾーン9原産の植物には夏季に休眠するものが多い。多くの種では充分な日照によって翌年も開花できるようになり、夏季の湿度が高いと腐敗病になる。つまり、ケープ地方原産種をはじめとする多くの多肉植物では、暖かい気候のもとであっても雨による害を避けるために温室での栽培が必須となる。ゾーン9で見られるその他の多年性植物の場合は、自生地よりも冷涼な気候下での露地栽培は枯死を招くため、一年生植物としてあつかわれることが多い。ただし、冬が温暖であれば、ガザニアなどでは翌年の開花が可能となる。常緑樹の大部分は、北部地域での暗くて寒い冬をしのぐことができないが、ロンドンのチェルシー・フィジック・ガーデンなどのような都市部のスポットでの栽培は可能であり、ここではオリーブ（Olea europaea）が保護なしで植栽されている。

ゾーン9原産の植物には、同ゾーンやその他の温暖地域における切花産業で重用されているものが多い。商業作物としては、柑橘類、モモ（Prunus persica）をはじめとする石果類、メロンをはじめとするウリ類、オランダイチゴ属、イチジク属、アボガド（Persea americana）、オリーブ、ブドウ（Vitis vinifera）などがある。ビニールを用いた簡略な温室であっても、パパイヤ属、バナナ属、バンレイシ（Annona squamosa）などの熱帯作物は充分に栽培できる。

世界中に広まったゾーン9原産の植物が雑草化して、問題がひきおこされた地域もある。南アフリカケープ地方原産のワタゲハナグルマ（Arctotheca calendula）、カルポブロトゥス属、グラジオラス属、ワトソニア属などは、地中海地域、アメリカのカリフォルニア、オーストラリアでは雑草化している。一方、オーストラリア原産のアカキア属の仲間とハケア属は地中海地域と南アフリカでは有害帰化植物であるが、生物学的な管理策によって生育が抑制されている種類もある。

下：南アフリカの固有種ブルンスウィギア・オリエンタリス（Brunsvigia olientalis）の赤い花が秋の景観を彩る。花頭が乾燥すると種が四散する。

左：オーストラリア南東部に自生するスチールグラスの仲間（Xanthorrhoea australis）は、細長く湾曲した葉が密集したロゼットを作る。春になると葉の先に芳香性の花がかたまってつく。

ゾーン10 −1〜4℃(30〜40°F)

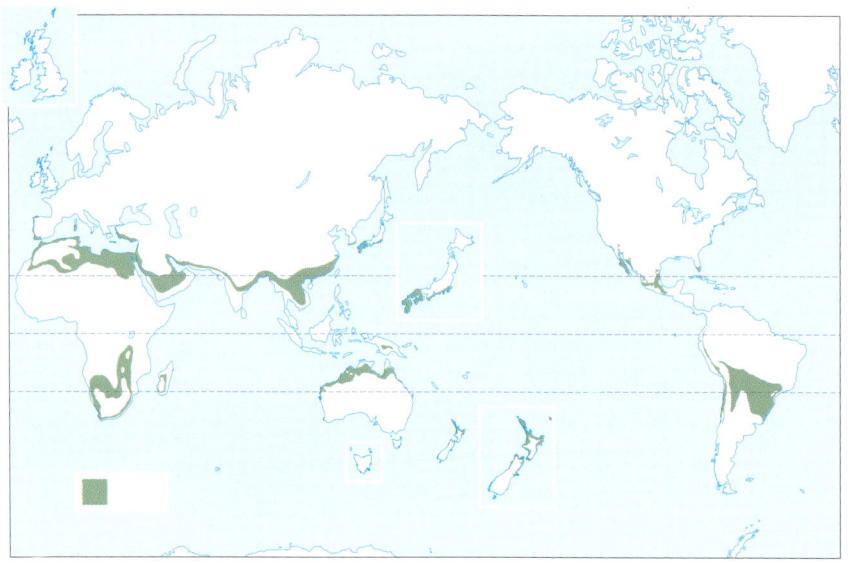

ゾーン10は、冒険心に富む園芸家に大きな可能性を提供している。ここは園芸家にとっての憧れの地だ。温暖なゾーン10では、湿気を含んだ海からの風と乾いた大陸からの風の影響によって小気候が複雑にからみあっており、多様な植物が生育している。ゾーン10の植物はのびのびと成長する。

ゾーン10の特徴は、涼しくて湿潤な冬と暑くて乾燥した夏である。このような特徴はヨーロッパと北アフリカの地中海沿岸部とその他の4地域に見られる。この4地域には、アメリカ合衆国のカリフォルニア州南部、南米大陸チリ中部、オーストラリア北西部、南アフリカ南部地域が含まれる。ゾーン10では、山地がゾーン9からの冷たい大陸気団の障壁となり、赤道から離れているために、ゾーン11に夏の嵐をもたらす湿った熱帯気団の勢いが衰える。ただし、冬季の最低気温にのみ基づけば、ゾーン10には夏季モンスーン地域も含まれている。ここにはアメリカ合衆国のフロリダ南部、オーストラリア北部、南アフリカ東部、南米大陸およびメキシコの一部が含まれる。

右：大型宝剣(*Opuntia ficus-indica*)は1年を通じて八重咲きの赤い花を咲かせるため、実用のみならず鑑賞にも適している。アフリカには、このサボテンの実を食用とする地域もある。

下：ラウダナム(*Cistus ladanifer*)は地中海南西部と北アフリカの原産。葉から浸出したラウダナムには粘着性がある。

多彩な植物

ゾーン10の植物相が変化に富んでいることについては、いくつかの理由がある。最大の要因は気候である。植物をうまく栽培するには、気候に対する理解が欠かせないだろう。ゾーン10の気候は決して一様ではない。多様な地勢、標高と緯度の違い、海洋もしくは大陸からの影響などが相互に作用してさまざまな気候がもたらされる。このゾーンでの最低気温平均は−1〜4℃(30〜40°F)である。このような気候差のため、ブナ属やカバノキ属などの温暖地域の樹木の他、熱帯を思わせるフィロデンドロン属やカンナ属の植生が見られる。

海岸や孤立したサーマルベルト(サーマルベルトとは上昇温暖気流が生じる地域。つまり、下降冷気が滞留する谷底や日光直射を受ける高標高地域を除く)での降霜はまれであり、10年、20年、もしくは50年周期で訪れる寒冷期に限定される。20kmほど内陸部に入っただけで、年に数度の軽い降霜が一般的となることもある。だがゾーン10では−1℃(30°F)以下になることはごくまれであり、しかも夜明け前の1ないし2時間に限られている。海岸部の夏季気温は21〜30℃(70〜86°F)となる。内陸部の峡谷では、35〜38℃(95〜100°F)以上になることも多い。まれではあるが、高温期には45℃(113°F)もしくはそれ以上に達することもある。

ゾーン10での年間降雨は、沿岸山地の陰になる砂漠では12cm以下であるが、沿岸部ではほぼ38cmに達する。オーストラリア北部および南アフリカの一部ではこの数値をかなり上回る場合もある。海岸部から遠ざかると湿度は低下するが、霧の先端部が内陸に数kmも伸びて湿度をもたらすこともある。霧雨に続いて酷暑が訪れる場合もあり、高気圧と共に乾いた風が吹き、気温は32℃(90°F)もしくはそれ以上に達する。安定した条件を好む植物の場合は、温室や日よけが必要となる。

さまざまな生育方式

ゾーン10での適応形態としては、一年生植物、地中植物、耐乾燥性樹木、多肉植物という4通りがある。ゾーン10を原産地とする一年生植物は何千種類もあり、ハナビシソウ(*Eschscholzia californica*)はゾーン9および10を代表するものである。一年生植物の生き残り戦略は、ゾーン10の大半を占める乾燥期を種子の形で過ごすことによって、苛酷な環境を避けるというものである。このような種子は、旱魃となる数カ月を難なく耐えて降雨を待つことができる。旱魃が長引く場合には、種子の形で数年間を過ごすこともある。ディモルフォセカ属、サンジソウ属、ネメシア属、シザントゥス属などは一年生植物の中でも群を抜いて美麗な花を咲かせる。

地中植物は、地下にある多年生の鱗茎、塊茎、多肉茎によって長い旱魃に耐える。このグループは、ゾーン10で最高レベルの多様性を発揮している。代表的なものとしてアヤメ科があり、南アフリカでは花色や形が異なったさまざまな種を見ることができる。アヤメ科には植物界きっての特徴的な花形を発達させており、アイリス属、モラエア属、グラジオラス属などがここに含まれる。

ゾーン10全域に分布する植物は、キョウチクトウ属である。キョウチクトウ属は地中海沿岸部から日本にかけての広い地域に分布しており、ゾーン10の代表的な成長形式を示している。この低木には旱魃に備えて水分を保持するための適応(耐乾燥性)がいくつか認められる。キョウチクトウ属以外にもこのような適応を遂げた樹木が知られて

右：ライブオーク（*Quercus virginiana*）は、重くて硬い木材のために重用されている。枝から垂れているのは、着生植物ティランジア・ウスネオイデス（*Tilandsia usneoides*）。アメリカ合衆国の深南部ではよく見られる景観である。

いる。この他、ゾーン10の顕著な特色としては低木がある。ケアノトゥス属、アリオギネ属、ローズマリーなどがここに含まれる。

　その他の木本植物は、水分の消失を少なくするための工夫を凝らしている。これには、蝋質に覆われた厚い葉、水分を貯めることのできるスポンジ様の木部、防御のための棘、茎による光合成、厚くてコルク様の樹皮などがあり、このような適応はコルクガシ（【*Quercus suber*】）において顕著である。

　多肉植物は、ゾーン10の生育形式として世界的に知られている。多肉植物は、旱魃への適応において顕著な多様性を見せている。カゲツ（*Crasssula ovata*）は北半球の温暖地域では窓辺の花として人気があるが、原産地は南アフリカのゾーン10地帯である。この植物は、原産地およびそれに類似した気候では人の背丈ほどに成長する。これ以外でよく知られている多肉植物としては、エオニウム属やカランコエ属がある。

　多肉植物においても適応の形がその植物を引き立たせている場合が多い。エケウェリア属は蝋質のクチクラ層に覆われた多肉質の葉を持っており、艶光りのするロゼットに水滴が落ちると、まるで水銀のように見えることがある。この他にも、さまざまな外皮や棘による防御や茎による光合成（世界中に分布するサボテン科および形態的相似を見せるトウダイグサ属）、塊根や肥大茎（10を超える異なった科に属する塊根多肉植物）などが知られており、ブロメリア属や多くのランの仲間は、暑い日中は気孔を閉鎖して水分の消失を防ぐための特別な生理機能を備えている。

ゾーン10の園芸事情

　ゾーン10ではさまざまな地勢や岩盤が見られ、土壌も例外ではないが、基本的には中性ないし塩基性を示すため、アザレアの仲間などを栽培する場合には土壌を酸性化する必要がある。オーストラリアの植物には、中性ないし塩基性の土壌にうまく適応できないものもある。皮肉なことにこのような植物は酸性土壌と旱魃にはよく適応している。しかしながら、有機肥料を用いて標準的な土壌を作っておけば、大半の植物は充分に生育できる。慎重に小気候を選択すれば、北アフリカおよび地中海沿岸ヨーロッパ原産のミヤマホタルカズラ（*Lithodora diffusa*）のようにゾーン10では管理が若干難しい植物でも順調に生育し、星型をした青い花をつけるだろう。南アフリカおよびオーストラリア西部原産のヤマモガシ科を庭植えする場合には、硫酸鉄をたっぷり施すか、もしくはその他の方法で土壌を酸性にする必要がある。正しい栽培法を守り、病気に強い変種を選んでいる限り、害虫や病気はさほどの問題とはならない。

上：スペインのアンダルシア地方は高温となり、夏季には川が干上がる。半乾燥気候ではあるが、石灰分の豊かな土壌のおかげでワインの生産が盛んである。

> ここの土は気前がいい。
> 鍬でちょっとくすぐるだけで
> 笑いながら実りをもたらしてくれる。
>
> ダグラス・ジェンボールド　1803～1857

ゾーン11 4〜10°C (40〜50°F)

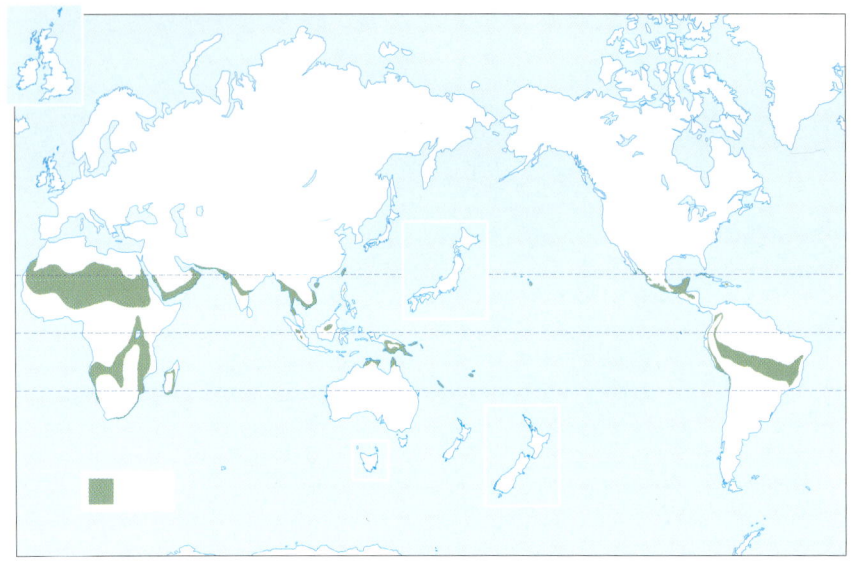

12のハーディネスゾーンのうち、ゾーン11と12は熱帯に属し、霜はもちろんのこと厳しい寒気とも無縁の地域である。ただしゾーン11は、これよりも暖かいゾーン12とは異なって、かなりの寒気を経験する場合があり、気温が10°C (50°F) 以下になることもある。

ゾーン11は暖温帯および亜熱帯から熱帯赤道地域への中間地帯にあり、気候や植生にはかなりのばらつきが見られる。ゾーン11は大きく3地域に分けることができる。赤道付近に位置する冷涼な山地、赤道から離れた冷涼な熱帯低地 (南半球では南回帰線付近、北半球では北回帰線付近)、熱帯地域外に位置する島嶼部である。ゾーン11の植生においては生物地理学的な関連性が強く見られ、赤道付近に位置する湿潤な熱帯雨林の植生と、砂漠や荒蕪地 (アフリカ大陸の南北緯20度に沿って広がる地域など) の植生では、それぞれに大きく異なった様相を示している。

> 森は樹木の集まりではない。
> ここは場所ではない。
> 別の領域なのだ。
> H.M.トムリンソン　1873〜1958

熱帯の山地

ナイロビ (ケニア) やカラカス (ベネズエラ) などの熱帯に属する山岳地帯では昼夜の温度差が大きく、10〜12°C (18〜22°F) に達する場合もある。1月のカラカスでは1日の平均最高気温は24°C (75°F)、平均最低気温は13°C (56°F) である。ナイロビでも同様の温度差があり、1月の平均最高気温は25°C (77°F)、平均最低気温は12°C (54°F) となる。ただし1年を通じた気候は温暖である。多くの場合、赤道付近の山岳地帯では多量の降雨があるが、降雨パターンによって明確な「夏季」(乾季) が出現する地域も多い。

1年を通して多量の降雨がある場合 (中南米の山岳もしくは亜山岳地帯など) には、ミルトニオプシス属、ソブラリア属、オドントグロッスム属などの着生ランや、グズマニア属、エクメア属などのパイナップル科植物が繁栄する。このような場所には雲霧林 (低い雲に由来する霧や水蒸気の凝結が生じる) が含まれることが多いため、着生植物の数はさらに増加することになる。雲霧林はアフリカの一部でも見られるが、着生植物はそれほど多くはない。タンザニアでの例を挙げると、同ゾーン内にある山岳地帯はセントポーリア属の原産地となっている。エチオピアの高原部は高湿とはならないが、ここはコーヒー (*Coffea arabica*) の原産地である。現在ではゾーン10と11でコーヒーが栽培されている。

冷涼な熱帯低地

ゾーン11で赤道から離れた地域では亜熱帯および暖温帯気候となる。温暖で霧に涵養される赤道付近の山岳地帯とは異なり、南回帰線および北回帰線付近では季節によって寒気が到来する。このような熱帯気候は赤道からの距離が遠くて海洋から多大な影響を受ける地域に出現し、マルタ島 (北緯35度)、バミューダ島やマデイラ島 (北緯32度) などの島嶼部がこれに含まれる。

このように冷涼な地域の近辺では季節が出現する場合が多い (インドのコルカタなど)。季節林は湿潤林ほどには樹木層を作らずに樹高も低く、落葉樹の比率が高い。

ゾーン11として分類される地域の多くでは、降雨が非常に少ないかもしくは皆無であるため、熱帯アフリカの一部 (チャドのファヤ・ラルゴ、スーダンのハルツーム、アフリカ南東部のナミビア) やチリのアントファガストで見られるような砂漠になる。サウジアラビア南部の砂漠からは乳香 (*Boswellia sacea*) と没薬 (*Commiphora myrrha*) が採れ、ナミビアでは奇妙な姿のウェルウィッチア (*Welwitschia mirabilis*) を見ることができる。アフリカ南西部の沿岸地域では、海流の影響によって気温が低くなる。

下：この珍しい形の植物はウツボカズラとして知られる。これらの食肉植物は容器型をした特殊な形の葉を持ち、その縁はすべりやすくなっている。

右：水生パンダナスはオーストラリア北部一帯に自生する。果実はカメに食べられるが種子は損傷せずに拡散していく。

ゾーン11の園芸事情

ゾーン11の湿潤地域では（ここよりも温暖なゾーン12とは対照的に）、温帯地方の庭園植物を栽培することができる。バラ、常緑のアザレア類（ツツジ属）、アジサイ属は生育できるが、最良の状態を見せるわけではない。ノウゼンハレン属やインパチェンスはゾーン12ではそれほどでもないが、ゾーン11ではよく成長する。低温作物と切花の生産が始まったのはゾーン11であり、双方ともに高緯度に属する冷涼なゾーンで発展を続けている。ゾーン11の乾燥気候は地中海性植物の生育を促し、亜熱帯地域では多肉植物や乾燥地植物の栽培に好影響を与えるだろう。

ゾーン11は気候が移行する地帯であり、ゾーン10やゾーン12と好対照をなしている。ゾーン10でうまく栽培できる（時折の霜害で枯死する場合もあるが）熱帯植物は、ゾーン11でも繁茂する。熱帯乾燥地域や亜熱帯地域の植物は、ゾーン12よりもゾーン11で栽培した方がいいだろう。

ただし、冷気に敏感な熱帯低地の植物（特に夜間の暖気が必要となる種類）にとっては最善の環境であるとはいえない。このような植物としては、カカオ（*Theobroma cacao*）、パンノキ属、バニラ（*Vanilla planifolia*）、スパイスを採る樹木類がある。ショウジョウヤシ（*Cyrtostachys renda*）やヨウラクボク（*Amherstia nobilis*）のようなゾーン12の植物を植栽するのは難しいだろう。だが、ゾーン11の園芸家は、フクシア属の他、見事な葉を持ったアントゥリウム・ウェイチイ（*Anthurium veitchii*）、ナガバオオウチワ（*A. warocqueanum*）などのマムシグサ亜科（それぞれ、アントゥリウムの王、女王と呼ばれる）を楽しむことができる。

湿潤な場所は、ランや着生植物にとっては最適の栽培地となる。わずかな手間をかけるだけで、数千種類におよぶラン科やパイナップル科の種や栽培品種を育てることができる。より乾燥した地域では、温帯地域では栽培に手間がかかる多肉植物や多肉化した植物（バオバブノキ属など）が生育する。降雨は多いが乾期のある地域には、アフリカのサバンナ（クツソニア属やクラッスラ属の仲間など）、南米大陸（タベブイア属、キリモドキ属）、メキシコから中央アメリカ（コクロスペルムム属）の自生種が適している。これらの植物の大部分はマーケットで容易に入手できる。ゾーン11に適応できる植物の幅は非常に広いが、「植物を栽培する」ことについてはそれほどの努力が払われてきたわけではない。ゾーン11での植栽に適した植物の幅を広げて栽培技術を確立するために、論理的かつ慎重な努力が払われることに期待しよう。

左：アントゥリウム・アンドラエアヌム（*Anthurium andraeanum*）は見事な仏炎苞を持ち、熱帯地方の栽培人気種である。冷涼な地域では屋内での栽培が可能。仏炎苞は艶のある赤色であるが、ピンクの変種もある。

ゾーン12 10〜16℃ (50〜60°F)

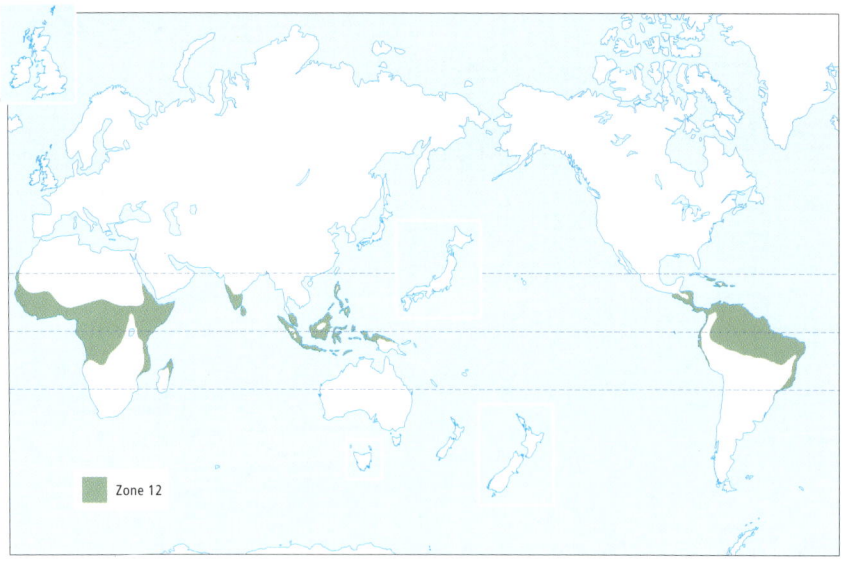

ゾーン12には赤道をはさんで南北緯20度までの地域の大部分が含まれる。南米大陸の熱帯低地、カリブ海地方、アフリカ、マダガスカル島北部、熱帯アジア、ハワイ諸島を含む広大な地域もゾーン12である。このゾーンの植物は他のどこよりも容易に成長し、降霜や厳しい乾季にさらされることはない。最高気温は26〜38℃(79〜100°F)、最低気温は10〜16℃(50〜60°F)である。平均相対湿度は80%であり、乾燥した季節の日中には60%まで低下する。夜間気温は低地では10℃(50°F)を切ることは少ないが、山岳地帯ではこれを下回るためゾーン11に区分される。

熱帯多雨地域での年間降水量は200cmを超える。月平均は年ごとに変化するが、最も乾燥した月でも60cmを下回ることはなく3ないし4カ月を超えて乾季が連続することはない。降雨パターンは、年ごとの変化による変動だけでなく、地勢、卓越風、海岸からの距離によっても異なってくる。

熱帯多雨地域での年間降水量は200cmを超える。月平均は年ごとに変化するが、最も乾燥した月でも60cmを下回ることはなく、3ないし4カ月を超えて乾季が連続することはな

い。降雨パターンは、年ごとの変化による変動だけでなく、地勢、卓越風、海岸からの距離によっても異なってくる。

高温多雨のために土壌(赤いラテライトが多い)の風化が激しく、不毛な土地となる。火山灰土は例外であり、ジャワやフィリピンなどでは集約的水稲栽培が行われている。

豊かな生態系

ゾーン12の森林は、生物生息種の豊富さにかけては世界でも指折りの生態系を誇っており、現在知られている249,500種の顕花植物の3分の1が自生している。この数は今後も増えていくと思われる。植生は何よりも水循環と土壌によって決定され、1年を通して降雨の絶えない地域では湿地林や多雨林となり、乾季が顕著な地域では開けた半落葉樹林となる。

樹木の大部分は常緑樹であって季節による変化はほとんどなく、1年を通じて一定の割合で成長する。これの例外としては熱帯果実の中では、パパイヤ(*Carica papaya*)、パイナップル(*Ananas comosus*)、バナナ(バナナ属の栽培品種)がある。草本の場合も、一年生よりは多年生が一般的である。雑草は例外であり、中には8週間という短い成長サイクルを持つものもあり、この場合には1年間に6ないし7つの世代が交替する。ただしこのような植物が短期間で成長するためには人手の介入が必要であり、多雨林内での生存競争を勝ち抜けるものはほとんどない。

南米大陸、アフリカ、熱帯アジアの植物は、科のレベルでは幅広い類似性が認められるが、属および種のレベルでは類似よりは相違が目立つ。マホガニー科、ゴム科、サポジラ科、イチジク科は、ゾーン全域の熱帯多雨林で見ることができ、フトモモ科、クスノキ科、ニクズク科もこれと同様である。しかし、アフリカでは最後の3科は少ない。ハアザミ属やティボウキナ属の低木、マムシグサ亜科、セントポーリア属、ラン科、シダの仲間、クラマゴケ属などの草本類もゾーン12の全域に自生している。各大陸で見られる科の中には、種類数において他の大陸を上回るものがある。南米大陸に自生するパイナップル科やバショウ科植物の種類は他大陸のそれを上回っており、アジアではフタバガキ科やショウガ科、アフリカではカカオ科が同様の特徴を見せる。

> ここでは祝宴が開かれているようだ。何でもあるが少しばかり多すぎる。
> ジョージ・ウッドコック 1912〜1995

光を求めて

上で挙げた植物はその大半が、層の重なりあった熱帯多雨林で生育する。最高層は、フタバガキ(30〜50m)などの散在する超高木によって構成される。その下には高層から中層にかけての樹冠(10〜24m)が間断なく続き、ここにはドリアン、ランブータン、ブラジルナッツなどの液果や堅果をつける樹木が含まれる。これに続く第3の樹冠は上層樹木の若木で構成される。このような樹木の特徴となるのは、樹木を地面に安定させるための巨大な板根と、幹から直接に生じる花や果実である。後者の例としてはジャックフルーツやホウガンボクなどがあり、先端の小枝につけるには重過ぎる果実を実らせる。

低木や草本類にとって樹冠下の条件は、いささかの例外もなく一様なものとなる。この場所の気温は森林外部

下:パイナップル科のティランジア・レイボルディアナ(*Tillandsia leiboldiana*)は赤色もしくは紫色の花をつける。写真はコスタリカのカルタゴ近郊にあるランカスター植物園。

よりも5度低くなり、相対湿度は100％を示す場合が多い。風はほとんど吹かず、日光の1〜3％が林床に到達するのみである。この暗くて湿った場所では、ベゴニア、カラテア、ペペロミアなどの鮮やかな色をした花や斑入りの葉が繁茂している。

ヒスイカズラやマンソアなどのツル植物は、ブドウのような太いツルに光合成を行う葉をつけて樹冠部分まで這い登っていく。ここに絞め殺し植物が加わって複雑な構図が完成する。高木の樹冠には、着床植物のラン科（多くの種を持つ熱帯植物の一群。顕花植物全種の10％が含まれる）やシダ科が繁茂する。ヤシの仲間やパンダヌス属、バナナ属、ヘリコニア属などの大型単子葉植物なども熱帯に特徴的な植物である。

半落葉樹林では、多雨林に比べると超高木が小型化（樹高30mまで）して密度も低くなる。これらの樹木の4分の1は数週間が無葉となる。場所によっては、樹冠がそれほど茂らないため、林床草本類に日光が届く場合もある。季節風地域ではチークの仲間やネムノキ属なども生育する。

ゾーン12を原産地とする農園作物の多くは、原産地特有の病害虫を避けるためにゾーン12以外の土地で栽培されている。一例を挙げれば、西アフリカ原産のアブラヤシ（*Elaeis guineensis*）と南米大陸原産のパラゴムノキ（*Hevea brasiliensis*）などがある。アジア原産のバナナ属とクローブ（*Syzygium aromaticum*）は、それぞれカリブ海地方とザンジバルが主要な栽培地となっている。

大型植物

ゾーン12の園芸家は、見事な花木、迫力のあるツル植物、そびえたつヤシ、目を見張るような草本類を育てようという野心にかられている。アメリカネムノキ（*Albizia saman*）やダイオウヤシ属などの南米大陸原産の樹木はゾーン12全域で栽培されている。アフリカ原産のカエンボク（*Spathodea campanulata*）、アジア原産のコウエンボク（*Peltophorum pterocarpum*）やサルスベリの1種（*Lagerstroemia speciosa*）、マダガスカル島原産のホウオウボク（*Delonix regia*）も同様である。

樹冠部で成長するラン科などの植物は、シェードハウスでの栽培も可能である。マムシグサ亜科をはじめとする林床植物の大部分には日陰が必要となる。林床植物が低湿度に適応できた場合には理想的な室内植物となり、1年を通してベゴニアやモンステラの美麗な葉を楽しむことができる。

高温多雨のために土壌が疲弊する場合もある。樹木によって土壌に到達する雨が緩和され、土壌の流失が減少する。有機肥料とマルチングを施せば肥沃な土壌を維持することができる。ジャカランダ（*Jacaranda mimosifolia*）やナンバンサイカチ（*Cassia fistula*）のように、はっきりとした乾季を必要とする植物の場合は、壮麗な開花を期待することはできない。ブーゲンビレアの交雑種ではこのような問題は生じない。ウコン属のように乾季に休眠する植物の場合は開花を見ないか、もしくは最初の季節で枯れてしまう。サボテン栽培に際しては、多雨による根腐れから保護するために、透明な屋根と排水のよい土壌が必要となる。

ゾーン12以外の地域について言えば、降霜地域では温室が必要となり、日照時間が短くなる季節には照明が不可欠である。熱帯植物（パパイヤなど）の中には、日照不足によって徒長するものがある。

上：フタバガキ科の野生木。ボルネオにて。この仲間には野生状態で60mに達するものもある。マレーシアでは重要な林業資源。

左：プルメリア・ルブラ（*Plumeria rubra*）の原産地は中央アメリカ、メキシコ、ベネズエラ。熱帯を代表する可憐な花を咲かせ、多数の栽培品種がある。この'ロージーダウン'は桃色がかった黄色い花を咲かせる。

植物の学名

現行の植物命名法は250年以上も前に定められたものである。だが、植物について語る際には、現在でもこの命名法にしくはない。どの国の人であっても、この命名法によればどの植物が話題になっているのかを正確に判断することができる。普通名が好まれる場合もあるが、地域、言語、国による相違があるために安心して用いることができない。イギリス諸島での例を挙げると、スコットランドでブルーベルと呼ばれている植物は、イングランドのブルーベルとは異なっている。植物名を明確な形で表記するためには、ラテン語による学名を用いる。

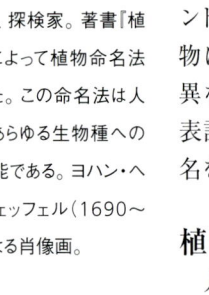

右：カール・リンネ（1707〜92）。スウェーデンの植物学者、博物学者、探検家。著書『植物の属』によって植物命名法を確立した。この命名法は人間を含むあらゆる生物種への適用も可能である。ヨハン・ヘンリク・シェッフェル（1690〜1781）による肖像画。

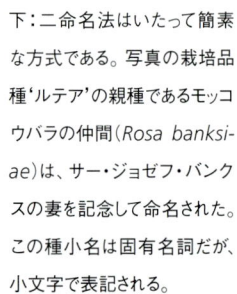

下：二命名法はいたって簡素な方式である。写真の栽培品種'ルテア'の親種であるモッコウバラの仲間（Rosa banksiae）は、サー・ジョセフ・バンクスの妻を記念して命名された。この種小名は固有名詞だが、小文字で表記される。

植物学名の歴史

人類史の黎明期にあっては、食用植物や有毒植物についての知識を身につける必要があった。やがてこのような植物を見分けるためには、一定の特徴に注目すればよいことがわかってきた。最初は口頭によって知識が伝えられていたが、後には文字に書きとめられるようになった。ヨーロッパで最初の印刷本が出現したころは、ラテン語が国際的な学術用語だった。18世紀に入るとラテン語による植物名が短く表記されるようになり、植物の確認と区別が容易になった。一例を挙げると、スウェーデンの有名な生物学者カール・リンネは、グラジオラスの仲間に*Gladiolus foliis lineribus, coroallarum tubo limbis lingiore*という名前をつけた。これは「非常に細長い葉、幅の広い花、上部に広がった部分よりも長い花冠筒のグラジオラス」という意味である。当時は、既知の別種グラジオラスから問題の植物を区別するためには、このような短い叙述で充分だった。だがリンネは、上記のような命名法は植物について述べる際には煩雑であり、自著の索引を作成するにもひどく厄介であると考えるようになった。そこで簡素化された命名法の考案にとりかかり、各植物に番号を振ってみた。この方法を用いれば、学生や科学者らが植物について言及する際の手間を簡素化することができる。一例を挙げれば、上述のグラジオラスは「グラジオラスNo.4」という形で記述される。だが、一般的に言って数字は単語よりも記憶しにくい。さらにこの記載法はリンネの著書を所持していない人にとっては役に立たなかった。リンネが次にとった方法は、数字の代わりに2つ目の単語を追加するというものだった。この単語はラテン語の記述句から採られる場合が多かった。「グラジオラスNo.4」のケースでは、*angustus*という言葉が選ばれた。この単語は「葉が細い」という意味である。つまり、*Gladiolus*が属名、*angustus*が「種小名」として知られている名称にあたる。

こうやって「グラジオラスNo.4」には、*Gladiolus angustus*という2つの単語から成る名称がつけられた（二命名法）。この命名法を使ったのはリンネが最初ではなかったが、1745年以降、リンネはこの命名法を採用し、1753年に出版された自著『植物の種』（*Species Plantarium*）では既知の植物種すべてに一貫してこれを適用した。ただし同書の主要目的は二命名法の紹介ではなく、既知の全植物に関する簡略かつ実用的な大要を記すことにあった。同書はラテン語による著作であったから、リンネの業績は速やかに当時の学問界に広まっていった。これがスウェーデン語で書かれていたならば、忘れられていっただろう。

リンネ式の命名法は成功を収めた。彼が1758年に出版した『自然の体系』（*Systema Naturae*）第10版では、人間を含む既知の全動物種にも二命名法が適用されており、*Homo sapiens*つまり「賢いヒト」という学名が使われている。

植物学名はイタリック、もしくはテキスト中で用いられている活字とは異なった字体で記載される。さらに、混同が起こらないようであれば、同じ属名が複数回にわたって言及される場合は二度目以降の記載はイニシャルの形に短縮される。属名はつねに大文字アルファベットで始まり、種小名はつねに小文字で始まることになっている。種小名が固有名詞や人物名に由来する場合でも事情は変わらない。

リンネの時代には探検や植民地化が進められて、世界中からもたらされた動植物の調査が可能になった。この当時でさえ動植物の分類は大変な作業であり、リンネはほぼ4,400種の動物と7,700種の植物にラテン語もしくはラテン語式の名前を対応させた。リンネが今の時代に生きていれば、一人の人間の手には余る難仕事になっただろう。現代では、800,000種の動物と260,000種以上の維管束植物（植物体内部に水分と養分の通路を持つ）が、リンネ考案による明確かつ国際的な基準に従って記載されている。実を言うとリンネは、友人のペトルス・アルテードと協同で作業を進め、神の手になる全創造物を秩序だった方法で世に知らしめるつもりだった。二人は作業内容を分割すると協定を結び、どちらかが早世した場合は残った方が事業を完成させることとした。アルテードは1736年にアムステルダム内の運河に転落して溺死したが、この時点では魚類に関する書籍が出版されていたのみだった。残りはリンネが一人で完成させることになったのである。

学名の命名法

リンネの著作はさまざまな生物集団の学名についての出発点であり、植物はその中の一つにすぎなかった。リンネは、公的な命名法とその記載法を確立しただけでなく、生物集団の分類体系や同等の特徴を共有している階級についても考察したが、これらを実際に使用することはなかった。リンネに続く博物学者らは種を属ごとに分類し、属を科に、科を目に、目を網に、網を界にという具合に次々と分類を進めていった。やがて、新しい分類項目がつけ加えられ、現在では下図のようになっている。下図はよく知られたツツジの一種の分類を示している。

過去250年間の科学の進歩を考慮すれば、維管束植物に関する現行の分類基準がリンネによる定義とは大きく異なっているのは、驚くべきことではない。維管束植物は、種子植物（種子によって繁殖）とシダ植物（胞子によって繁殖）の2グループに大別される。種子植物は、405科13,100属249,500種を擁する被子植物（顕花植物として大分類されることもある）、17科86属840種を擁する裸子植物の2グループに分類される。裸子植物は多様性に富むグループであり、種子が心皮に覆われていないために花がつかず、マツ網（針葉樹）、ソテツ網（ソテツ）、イチョウ網（イチョウ）、グネトゥム網（マオウ、グネトゥム、ウェルウィッチア）の4グループに分類される。胞子によって繁殖するシダ植物は38科230属9800種を擁し、シダ網（シダ）、ヒカゲノカズラ網（ヒカゲノカズラ）、マツバラン網（マツバラン）、トクサ網（トクサ）に分類される。

概して言えば大方の園芸家が関心を持つのは、属名と種名のみであり、ここに科名が加わることもある。た

上：リンネは現存生物種の分類を推し進めたが、当然ながら多くの重複が生じた。J.D.フーカーは1851年出版の自著『シッキム・ヒマラヤのロドデンドロン』中で挿絵の植物を*Rododendron aucklandii*と命名し、この名称は100年にわたって使用された。だが、1847年にインドで医者をしていたロバート・ライトが同じ植物を*R. griffithianum*として発表していたことが判明し、現在ではこちらの名称が使われている。

界	植物界
門	被子植物門
網	双子葉植物網
亜網	ビワモドキ亜網
目	ツツジ目
科	ツツジ科
亜科	ツツジ亜科
連	ツツジ連
属	ツツジ属
亜属	シャクナゲ亜属
節	ポンティクム節
亜節	アルボレア亜節
種	ロドデンドロン・アルボレウム
亜種	ロドデンドロン・アルボレウム subsp. デラワイ
変種	ロドデンドロン・アルボレウム subsp. デラヴァイ var. デラワイ

下：ロドデンドロン・アルボレウム subsp. デラワイ

左：グラディオルス・カリアントゥス（*Gladiolus callianthus*）は、以前はアキダンテラ・ビコロルvar.ムリエリアエ（*Acidanthera bicolor. var. murieliae*）として知られていた。イギリスではいくつかの普通名が知られている。

ばならない。この模式標本は公的な博物館もしくは植物標本庫などに保存するものとし、新たに記載された植物を明確な形で提示しなくてはならない。したがって標本庫に保存されている植物の模式標本は、ほぼ間違いなく乾燥標本の形をとる。植物分類学者が植物の生体よりも乾燥標本に多くの時間を費やすのは、このような理由による。

長年にわたって園芸界で用いられてきた植物名が変更されると、園芸学者や園芸家の間では困惑が生じることになる。植物の命名法は『国際命名規約』によって定められている。この規約の目的は一定の方式に従って植物を分類し、誤解や曖昧な定義につながりかねない植物名の使用を防ぐことにある。この命名規約の中には、各植物もしくは各グループの名称は常に1つであるとは限らず、同一植物が複数の学名で記載されている場合には、印刷物による公表時期の早い方を正式名称とするという一節がある。

栽培下の植物が誤って同定されていた場合には、植物学名が変更される場合もある。一例を挙げると、ヨーロッパのロックガーデンに植栽されていた南アフリカ原産のキク科植物エウリョプス・エワンシイイ（*Euryops evansii*）は、詳細な調査によって別種のエウリョプス・アクラエウス（*Euryops acraeus*）であることが判明し、現在ではこちらの名称が使われている。調査によって当該植物の分類が異なってきた場合にも、学名が変更される。種の帰属がある属から別の属に移動した場合、以前は独立した2種であると考えられていたが、両者間には顕著な差がないことが明らかとなって1種にまとめられた場合、1種であると思われていたものを2ないしそれ以上の種に分ける場合などがこれにあたる。アヤメの仲間に関する最近の研究によると、アキダンテラ属に属するとされていた種が実はグラジオラス属のものであり、アノマテカ属に属するとされていた種はフリージア属のものであることが確認された。DNA配列の利用によって、植物相互の関係性を従来以上に精査できるようになったため、今後の命名にも大きな影響が出るはずである。

長年にわたって広く承認されてきた植物名のケースでは、このような改名によって不都合や混乱が生じるため、特例が設けられて従来の名前を使い続ける場合もある。国際的な同意が得られた顕著な例としては、キク属に分類されていた植物に関するものがある。リンネの時代以来、この植物にはさまざまな分類区分や名称が与えられてきた。30年ほど前、キク属の庭植え多年草と一年生栽培品種は別属の植物であることが判明すると、困った問題が生じた。

だし、園芸学的な視点に立てば、種のすぐ下に位置する分類区分が重要になる場合もある。同一種であっても広大な地域レベルで明確な差が認められる場合には、亜種として分類されることもある。前ページのロドデンドロン・アルボレウム（*Rhododendron arboreum*）はその一例である。狭い地域での差異であったとしても、基準種からは大きく異なっている場合には亜種として分類される。分類区分の最下位に位置するのは「品種」である。現在、この区分はほとんど使われていないが、過去においては基本種とはわずかに相違した特徴（花や葉色の違いなど）を示す植物に適用されていた。

煩雑に思えるかもしれないが、場合によっては（ありがたいことにそれほど多くはない）、植物の学名にはこれら3つの下位区分における名称が全て含まれることもある。

植物名が正式に承認されるには、学術誌もしくは専門書において、模式標本と呼ばれる特別な標本についてラテン語で記載し、当該植物のラテン語名を明記しなけれ

> 植物の名称は属名と種小名によって完全なものとなる。
> リンネ 1707〜1778

下：*Citrus×aurantium*。国際命名規約では、2種間交雑種を示す場合には、種名の前に×を記載することになっている。

つまり、一年生栽培品種をキク属のままにしておくのなら、多年草の方はデンドランテマ属という別属に移動させなくてはならなくなったのである。この問題は広い関心を集め、規約委員会は園芸家の便宜を優先して庭植え多年草をキク属のままにすることを決定した。だがこの決定の結果、問題の一年草を別属とする必要が生じ、クサントプタルムム属への改名を余儀なくされている。

交雑種と栽培品種の命名法

親種が確認されている自然界もしくは栽培下での交雑種は、属名と種小名の間に「×」の記号を挿入する。一例を挙げると、オレンジとグレープフルーツはザボン（*Citrus maxima*）とポンカン（*Citrus reticulata*）の交雑種であり、交雑種を表す*Citrus* × *aurantium*という名前の下で1グループにまとめられている。園芸植物に関しては別の命名規約が定められている。園芸植物は野生種の変種もしくは交配による雑種であり、栽培変種もしくは栽培品種と呼ばれている。これらの植物に対して「変種」という言葉を用いてはならない。この言葉は先述した通り、植物学上の分類区分として用いられているからである。

新しい栽培品種を命名する際には、混乱を避けるために『国際栽培植物命名規約』に従い、『国際植物命名規約』が推挙する方式を採らなくてはならない。同規約によれば、栽培品種の名前は、該当植物のラテン語植物学名に続けて栽培品種名を表記することになっている。植物学名から区別するため、栽培品種名はイタリックでは表記せず、シングルの引用符でくくり、ガルデニア・アウグスタ'マグニフィカ'（*Gardenia augusta*）という形になる。栽培品種の記載にあたっては、ダブルの引用符もしくは"cv."、"var"などの省略記号を用いてはならない。栽培品種名を表記する際には、前置詞をのぞく全単語を大文字で始め、ロドデンドロン'ビューティー オブ リトルワース'（*Rhdodendron* 'Beauty of Littleworth'）というような形にする。国際命名規約が推挙する方式によれば、新しい栽培品種名

は10音節以下とし、スペースや分離記号も含めて全体で30文字を超えないのがよいとされている。このように簡略な命名法であれば、世界中の育種家が使用できるだろう。都合の悪いことに園芸業者の中には、販売戦略に合致しないと判断した場合には正式な栽培品種名を使用しない人々もおり、流通用の名前で市場に出してしまうケースもある。このような流通名は商業戦略的には都合がいいかもしれないが、混乱の原因ともなる。カタログごとに同一の植物が異なった名前で記載されていることも多く、普通名を使用する場合（限られた範囲での使用は除く）と同程度の不都合が生じている。リンネの業績と国際栽培植物命名規約への関心が高まり、このような命名方式に対する理解が深まることが望ましい。

左：チューリップのユリ咲き品種'クイーン オブ シバ'。数千種類もの栽培品種を持つチューリップは、栽培品種とは別に15のグループに分類されている（「ユリ咲き品種」など）。

下：クチナシ'マグニフィカ'（*Gardenia augusta*）。栽培品種名は学名の種小名とは違った表記法をとり、大文字から始まって活字のスタイルも異なっている。シングルの引用符でくくることになっている。

植物地理学、植物の発見と分類

中世にあっては世界中の動植物は、安定した存在であり、時代や分布地の違いによって変化しないものであると考えられていた。ヨーロッパに自生している植物を聖書に登場する植物に対応させる試みもさかんに行われた。しかしながら探査が進むと植物は土地ごとに異なっていることが判明し、生物は時代や分布地の違いによって変化するという進化論が考え出された。ダーウィンが1850年代に提唱した自然淘汰による進化論説は定説となっており、未解決の問題は山積しているとは言え、現代の我々は化石植物と現生植物の分布を調べることによって植物の歴史を推測することができる。

右：中世にあっては、化石でしか見ることのない動植物が「消えた」のは分布域が変化したためであり、世界がくまなく探検されれば生きた形で発見されると思われていた。

下：胞子植物にはツクシ（*Equisetum arvense*）、シダ、ヒカゲノカズラなどが含まれる。

シダ植物と被子植物の起源

知られている限りでは、維管束系を備えた最古の陸生植物は、デボン紀（3億7,000万年前）の化石として発見されている。化石シダ植物の形態は現生シダ植物にもその痕跡が残っており、熱帯および温帯地域に分布するマツバラン属の植物ではその傾向が強い。現生シダ植物は、化石時代と同じように胞子の風媒によって繁殖する。人類の進化がおこった生態系を作り出したものはシダ植物ではなく、これと似た植物から枝分かれしたグループだった。つまり、種子植物である。

種子とは、外界からの影響を遮断した外皮の中に小さな植物体を封じ込めたものであると定義でき、成熟した植物の胚珠が受精すると種子が形成される。これとは対照的に胞子植物の卵の受精は外界で行われ、精子が卵まで泳ぎ着くための水が必要となる。このような進化面での根本的な相違のため、種子植物が優位に立つことになった。種子植物に含まれる数多くの分類群はすでに絶滅したが、現生の種子植物間では、胞子植物間で見られる以上に強い近似性が認められる。現生の種子植物中では、針葉樹と「顕花植物」が生態的かつ経済的な面で際立った位置を占めている。

左：ユリノキ属は、アメリカ合衆国のミシシッピ川以東に分布する写真のユリノキ（*Liriodendron tulipifera*）と中国原産のシナユリノキ（*L. chinense*）の2種を擁するのみである。

植物分布

白亜紀（1億年前）には、南米大陸から現在のオーストラリアおよび南極大陸、インド亜大陸、および後にアフリカ大陸となった部分が剪断された。これにともなって、被子植物から顕花植物の分化が進んでいった。この時期以後の化石植物は、現存する植物種に分類することができる。このような大陸移動が植物分布に与えた影響については、最近までよくわからなかった。現在では、種子による拡散メカニズムを備えていたにもかかわらず、離れていく大陸に到達することができなかった分類群もあることが確認されている。一例を挙げれば、自生地が両米大陸に限定されているか、もしくはごく最近になってアフリカに分布域を広げたような植物もある。サボテン科やパイナップル科がこれにあたる。キク科のように広い分布域を持つ植物であっても、ニューカレドニアではごく稀にしか見られないものもある。

このような基本パターンに加えて、最近の気候変動（とりわけ氷床の前進と後退）による影響がある。氷床の前進や後退に伴って植物個体群が離れた場所に置き去りにされたり、元の場所に戻ったりする場合もある。アメリカ合衆国東部と東アジアに自生するユリノキ属やモクレン属の中には相互によく似たものがあり、これは上のような事情によって説明できる。

分類

過去と現在における世界の植物多様性を理解するには、分類が基本となる。18世紀には世界中の動植物の目録作成が進展し、1753年には植物学名の二名法に関するリンネの『植物の種』が出版されている

リンネによって確立された分類法は、花が持つ雄ずいと雌ずいの数に基づいていた。この方式には現在知られている複数の分類群が含まれており、温帯に分布する大多数のマメ科植物は *Decandria Monogynia*（10本の雄ずいと1本の雌ずいの意味）に分類されていた。しかしこの分類群には、現在では近縁種とされている別種が多数含まれている。このような混在が生じたのは、リンネによる「人為」分類が植物の二大特徴に基づいており、その他の特徴をすべて無視していたためである。フランスの科学者らは、このような分類方式をそのままの形では受け入れなかった。彼らは、リンネよりも前の時代に提唱された「自然」分類に従っていたからである。

この自然分類法では、植物に備わっているあらゆる特徴を考慮する試みがなされた。一例を挙げると、熱帯産マメ科植物では雄ずいの数にはばらつきがあるが、植物の「外観」はそれらが同一のグループに属することを示している。パリで活動していたフランス人のミシェル・アダンソン（1727〜1806）とアドリアン・ド・ジュシューは、自然分類法を改善した。この当時にはすでに、ヨーロッパ北部の植物の確認と命名はほぼ終了していた。16世紀以降、植物は標本として保存されるようになったため、新種について叙述するさいに生体を手元におく必要がなくなった。こうして植物の記載数が増え、地中海沿岸、カリブ海および北米大陸、中東、ロシア、南北アフリカに自生する植物の乾燥標本や生体についても記録されるようになった。実際にも1700年以前にはすでに、ヨーロッパの標本庫には東南アジアや中国の熱帯域およびオーストラリア原産の植物が保存されていたのである。

外来の植物

輸入された植物に対しては、分類以外にも栽培面での関心が寄せられた。19世紀には新種植物の生体が次々ともたらされ、園芸界では北米、南アフリカのケープ地方、オーストラリア原産種の栽培が流行し、やがて中国原産種がここに加わった。19世紀末の北米大陸やヨーロッパでは、世界中からもたらされた植物が商業用として栽培されていた。だが、第一次世界大戦が勃発するとそれまでの園芸事情には終止符が打たれた。耐寒性にすぐれた植物の導入に関心が集まり、一部の園芸専門家ではなくて一般大衆用の市場が中心となった。しかしながら、公的機関のみならず、功名心に駆られる上流階級は植物探査の旅を支援し、中でも中国、ヒマラヤ、アンデス、中東地域での採集には力が入れられた。

植物の交配

外国の植物が次々ともたらされてきた時代の園芸家は、従来種よりも大きく鮮やかな花、大きくてよい香りのする果物の品種を選んでいった。交配の技術は創造主たる神の領域を侵すものであると見なされていたが、マンチェスターの主任司祭であったウィリアム・ハーバートはこの技術を擁護した。若き日のダーウィンは彼から多大な影響を受けている。ダーウィンは、自身でも数多くの交雑種を作出し、自著『種の起源』（1859年刊）ではそれらの交雑種について詳しく記載している。実際にもダーウィンは、育種家との交流を通じて自然淘汰説の証拠をつかんでおり、「人為」淘汰とは広範囲で見られる現象の一部にすぎないと見なしていた。

上：チャールズ・ダーウィン（1809〜82）。イギリスの博物学者。『種の起源』の著者。同書によって自然淘汰説が確立した（1858年の絵画）。

今後の課題

植物学的ないし園芸学的な努力はたゆまずに続けられているが、園芸界には次々と新しい植物がもたらされている。だが、その中には外部からもたらされる植物だけではなく、未発見の植物もある。開発途上国では未記載の被子植物が何千種類も存在している。それらの多くは標本の形で知られているのみなのだが、その中には自生地の伐採によって命名さえ待たずに絶滅してしまう種類があるに違いない。

万人の利益のために世界中の植物を収集、記載、保存するためには、植物学者、ベテラン園芸家、後援者、ガーデナーらによる協力が欠かせない。

最上部：19世紀には温室技術が改善され、熱帯産ランやシダなどの外来植物を栽培できるようになった。19世紀に描かれたこの挿絵は、オランダのファン・ホーテ（Van Houtte）庭園にあるビクトリア・ガラスハウスを示している。

植物分類群

本書では、20,000種をこえる植物について記載している。以下のページでは、高木から食虫植物にいたる主要な分類群について述べ、各分類群の特徴、園芸上の視点から見た潜在的な利用価値について記載した。

高木と低木

高木は世界のいたる所で見ることができる。密生した森やまばらな林となり、川岸や山腹を覆っている。高度に乾燥した地域や極寒地にいたってようやく高木の姿は見えなくなる。これは、水、成長や代謝に必要な温度が不足するためである。高木は幅広い多様性を備えており、種類のみならず、姿形、大きさ、分布地などにも大きな開きがある。

高木は多年生の木本植物であると定義でき、幹の形で成長する点で低木とは区別される場合が多い(ただし、常にそうとは限らない)。高木の多くは長い寿命を保ち、中には数世紀にわたって生きるものもある。カリフォルニア州に自生するマツの1種(Pinus longaeva)はその例であり、樹齢は4,500年ないしそれ以上に及んでいる。大木となるものもあり(樹高100mを超える種もある)、カリフォルニア州に自生するセンペルセコイア(Sequia sempervirens)、オーストラリアに自生するセイタカユーカリ(Eucalyptus regnans)などがその例である。一方では、厳しい気候のせいで1mにも満たない種類もある。

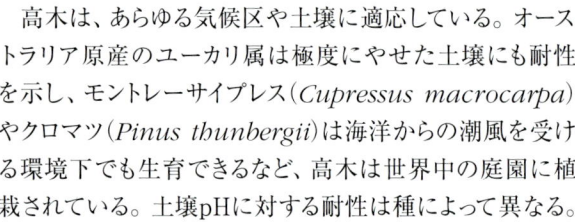

右：多花性の落葉樹 Magnolia×loebneriは、さまざまな土壌で栽培できる。栽培品種'レオナルド メッセル'のつぼみは濃い赤紫色をしており、花の少ない冬季にピンクの細長い花弁を持つ花を咲かせる。

高木は、あらゆる気候区や土壌に適応している。オーストラリア原産のユーカリ属は極度にやせた土壌にも耐性を示し、モントレーサイプレス(Cupressus macrocarpa)やクロマツ(Pinus thunbergii)は海洋からの潮風を受ける環境下でも生育できるなど、高木は世界中の庭園に植栽されている。土壌pHに対する耐性は種によって異なる。アメリカ合衆国では、ビャクシン属の1種(Juniperus virginiana)は高酸性(pH4.0もしくはそれ未満)からアルカリ性(pH8.0およびそれ以上)の土壌で生育可能である。これ以外の高木では、適応できるpHの範囲が狭くなる。温帯地域では耐寒性が生育可能な樹木の種類を示しており、熱帯地域においては一日単位および季節単位の積算温度量が樹木選定の基準となる。環境にはさまざまなストレスや限界(暑さ、寒さ、旱魃、pH、やせた土地、火事、塩分、大気汚染、限られた空間、日照の強弱など)があるが、それぞれに適応した種類がある。

高木には落葉性(秋季もしくは旱魃の際に葉が落ちる)もしくは常緑性(一年ないしほぼ一年を通して葉が落ちない)のものがある。その中には、冷涼な地域の庭園でよく見かける花木(モクレン、サクラ、ミズキなど)、あるいは熱帯もしくは亜熱帯地域に自生するバウヒニア、トランペットツリー、アカシアなどのように美しい花をつけるものもあれば、鮮やかな花ではなくて日陰や見事な樹形を楽しむためのものもある。後者の例としては、温帯に自生するコナラ、ブナ、カバノキ、針葉樹、カエデ、熱帯地方のマホガニー、バナナ、ナンヨウスギ、ゴムノキなどがある。タイサンボク(Magnolia grandiflora)、サクラ(Prunus serrulata)、アメリカヤマボウシ(Cornus florida)、バウヒニア(Bauhinia blakeana)、タベブイア属の1種(Tabebuia chysantha)、フサアカシア(Acacia dealbata)などの美しい花木は庭を美しく演出する。秋にはサトウカエデ(Acer saccharum)やモミジバフウ(Liquidambar styraciflua)などが黄金色や深紅に紅葉する。また、ペーパーバークメイプル(Acer griseum)、ユーカリプツス・パウキフロラ(Eucalyptus pauciflora)、サルスベリ(Lagerstremia indica)、ナツツバキ(Stewartia pseudocamallia)、シロマツ(Pinus bungeana)、パロティア属の1種(Parrotia persica)などは美しい樹皮を持つ。ライブオーク(Quercus virginiana)、セイヨウブナ(Fagus sylvatica)、ヒマラヤバーチ(Betula utilis)、イチョウ(Ginkgo biloba)、イロハカエデ(Acer palmatum)、マホガニー(Swietenia mahagoni)、ヘゴ属の1種(Cyathea dealbata)、ベンジャミン(Ficus benghalensis)、シマナンヨウスギ(Araucaria heterophylla)、パラゴムノキ(Hevea brasiliensis)などのように精神的な癒しを提供してくれるものもある。

下：庭園を彩るツツジ属の低木。原種、交雑種ともに鑑賞用に栽培されており、花色の鮮やかさと花数の多さのために重用されている。

右：植栽にあたっては、さまざまな樹高の高木や低木を選ぶだけでなく、変わった姿形になる種類にも注意をはらうことによって、樹木を楽しむ庭園を造ることができる。

　低木は、姿形の変化、適応性、環境耐性において高木と同じ特徴を持つ。低木は一箇所（この部分は根頭と呼ばれる）から株立ちとなる多年生木本であり、樹高は30cm以下から6mになる。低木は「小さな高木」として存在する場合もあるが、高木とはまったく異なる生育パターンも見られる。ユキノシタ科やビバーナム・ティヌス（Viburnum tinus）などのように「匍匐」もしくは「吸着」するものもあれば、このような姿形にはなりにくい、もしくはならないものもある。コイシア属のように強度の剪定に耐える種類が多く、この場合には地面近くで根頭を切ることができる。このため、自然状態では火事や動物による食害に対抗できる。

　庭園には低木も含めた樹木が不可欠だ。常緑性広葉樹や落葉性低木、美しい花をつける低木や葉や枝ぶりを鑑賞する種類など、低木には多様な広がりがある。冷涼および温暖な地域のガーデナーがあつかうのはガマズミ、スイカズラ、レンギョウ、バラ、アジサイ、ツツジ、シモツケなどであり、より温暖な地域ではツバキ、アザレア、ジンチョウゲ、ヘリアンテムム属、キスツス属、カリステモン属、アオキ属などが対象となる。熱帯地域では選択できる低木の幅はさらに広がり、カリッサ・マクロカルパ（Carissa macrocarpa）、サンタンカ属の1種（Ixora coccinea）、熱帯産バンクシア、ティートリー、プロテア、オレアリアなどはそのごく一部にすぎない。

　風変わりであまり植栽されていない木を求める場合でも、膨大な種類の中から選ぶことができる。ミズキの1種であるCornus sanguineaの'ウィンター ビューティー'が冬に見せる枝ぶりや、豪勢な花を咲かせるキング・プロテア（Protea cynaroide）をはじめとして、庭には低木が欠かせない。

　今日の庭園はそのほとんどが狭いスペースに造られているが、高木の中にはそういった場所にふさわしい種類もあり、慎重に選べば美観が約束されるだろう。数え切れないほどの交雑種が出回っていることを考えれば、庭や特定の場所や家の周囲を美しく演出する樹木の種類は無限にある。

庭に咲くバラ

　バラにはさまざまな種類がある。オールドローズは主に19世紀ないしそれ以前に作出され、20世紀にはモダンローズが作出された。オールドローズの大部分は年に一度の夏咲きであるため、四季咲きのモダンローズほどの人気はない。イギリスの場合、四季咲き品種の開花期は4ないし5カ月に及び、温暖な地域ではこれよりも長くなる。オールドローズとモダンローズの交雑種であるハイブリッド・ムスク、ハマナス（ルゴサ）、イングリッシュローズなどは、開花期が長いために重用されている。バラは整形式になったバラ園に植栽されてきたが、最近では整形式庭園内でやや自由な形式を用いた部分にも植栽されるようになった。

　バラのみ、もしくはバラと他の草花を組み合わせたボーダー花壇も増えている。病害虫に強い品種を選定するならば、バラと他の草花を組み合わせた場合には薬剤散布の必要性が減少するかもしくは皆無となる。

　芳香性品種への新嗜好も進んでいる。長年の間、育種家は芳香性品種には関心を示さなかったのだが、現在はよい香りのする品種を求める園芸家が多くなり、オールドローズとモダンローズ（中でもデビッド・オースチンが作出したイングリッシュローズ）には強い芳香を放つ品種が多くなった。

　バラの栽培には高度な技術と手間が要求されると思っている人が多いのだが、ほとんどのバラは非常に丈夫で栽培しやすく、成長もはやい。栽培のポイントは、水分が多く栄養に富んだ腐食質の土壌を用意することである。したがって植栽前と毎春のマルチング作業時に際しては、腐葉土や堆肥をたっぷりと施すことが大切である。温暖な地域では灌水にも注意が必要となり、これによって花つきに差が出てくる。剪定は難しくない。大輪系（ハイブリッド・ティー）のバラはきつく剪定する必要があるが、大部分の品種では自然な姿形を残すことができる。樹高を2分の1ないし3分の1に抑えるのがよいだろう。これらの作業を終えた後は、枯れたり病気になったりした枝や勢いのなくなった古い枝を落とすだけでよい。

　今までバラを育てたことのない人は、ぜひとも庭に植えてみてほしい。バラには独特の魅力と美しさがあり、用途も多岐にわたっている。バラを育てることで大きな楽しみを得ることができるだろう。

上：イングリッシュローズ（モダン・シュラブローズの一つ）の一品種'ハッピー チャイルド'

一年草と多年草

右：ペチュニアは非常に多くの花をつける。弱い耐霜性を持つ多年草であるが、一年草としてあつかわれる場合が多い。わずかな手間をかけることで一年草は見事な成長を見せる。

多くの場合、庭園の中心を飾るのは、一年草、二年草、多年草である。これらの植物はさまざまな条件の庭園にほとんど無限ともいえる多彩な色の花を提供している。

光と場所を求めて無数の花が枝や葉を伸ばす夏の盛りには、一年草と多年草を明瞭に区別できない場合もある（ケシ、デルフィニウム、カスミソウなどは一年草と多年草の双方を含んでいる）。だが、これら二種類の栽培法とライフサイクルには大きな違いがある。一年生植物は短期間のうちに成長、開花、結実して次の世代に備える。これらの植物はタネの形をとる以外には厳しい環境を生き抜くすべを持たないため、季節が変わらないうちに成熟を終える必要がある。数カ月のうちにタネを作って枯死するものもあり、短命植物と呼ばれている。このようなものとしてはリムナンテス属、マルコルミア属などがあり、せっかちな人の庭造りには最適だろう。

ほとんどの科には一年草が含まれており、ほとんど無限ともいえる花色や姿形を楽しむことができる。鮮やかなオレンジ色や黄色のデイジーはよく目立つが、タネのカタログには中間色や変わった形の花をつけるものも記載されている。マリーゴールドやヒマワリなどのように身近な花もあれば、クレオメの1種（*Cleome bassleriana*）や薄水色のヘリオフィラ・コロノピフォリア（*Heliophila coronopifolia*）などのように一部の趣味人の関心をひきつける花もある。一年生のつる植物としては、スイートピーやアサガオがある。

下：一年草と多年草は湿地や乾燥地、日向や日陰などのあらゆる場所で生育する。新しい交雑種が作出されて色と姿形の幅が広がっている。写真はユキノシタの仲間である'パープル ローブ'。

園芸愛好家は一年草を耐寒性と半耐寒性の二グループに分けている。耐寒性の一年生は霜に耐えることができるが、厳しい寒気によって枯死する場合もある。冬季に寒くなる地域では、晩春にタネを直播きにする。耐寒性一年草としてはキンセンカ、ラークスパー、ハナビシソウ（*Eschscholzia californica*）などがある。短期間のうちに経費をかけずに花壇を花で埋めたい場合には、これらの植物を利用するのも一つの方法だろう。半耐寒性一年草はタネから育てる場合が多く、寒い地域では暖房や降霜期以後の移植が必要となる。これらの植物は、秋に最初の降霜があるまで咲き続けることもある。半耐寒性一年草としてはマリーゴールド、一年生アスター、ネメシアなどがある。

一年草としてあつかわれている草花の中には、厳密な意味での一年草でないものも含まれている。霜に弱い多年草が多いのだが、発芽して短期間のうちに開花するためにそれ以上栽培しようとはしない人が多いのである。ペチュニア、サルビア、インパチェンス、ベゴニアなどがここに含まれる。これらの植物は一年目にタネをつける必要がないため、まめに花がらを摘み取っていけば開花期を延長することができる。このグループは多様性に富んでおり、強い耐陰性をそなえたものもある。

草本の多年性植物は、樹木をはじめとする多年性木本とは区別して多年草（多年生草本）という名で呼ぶべきであり、一年草よりもゆるやかな速度で成長する。開花できる大きさに成長するまでには一年ないしそれ以上の時間が必要となることが多いが、一端成長を遂げれば毎年花をつける。ただし例外もあり、種苗会社のカタログには一年目から開花する多年草が数多く紹介されている。このような植物は半耐寒性一年草と同じくらい栽培が容易であり、初春に播種すれば年内に開花してそれ以後は毎年花をつける。対照的なものとしては、一回結実性多年草がある。このグループは時間をかけて開花準備を行い、開花後は枯死するが数千のタネを残す。プヤ・ミラビリス（*Puya mirabilis*）をはじめとする南米原産のプヤはこれに含まれる。

多年生草本は世界中に分布しているが、その多くは常緑性であり厳密な意味での草本ではない。これらの植物は地表もしくは地下で成長中の芽を保護しており、寒気のために年間を通した成長が望めない地域では普通に見られる。乾燥地域では、鱗茎や塊茎の形をとる。すべての多年生植物はタネから栽培することができるが、株分け（休眠期に行う）や挿木によって増やす場合が多い。この方法をとれば親株と子株はまったく同一のものとなる。

多年草の基部は根頭と呼ばれることも多く、根と地上部が別れる部分である。この部分は種によって著しい変化を見せる。ドイツアヤメの場合は、乾燥した時期になると匍匐茎に水分と若干の栄養分を蓄える。シャクヤクの場合も春に急激に成長できるようにやや肥大した根を持つ。一部のアスター、ベルガモット、ヘメロカリスなどのように短期間のうちに株が増えて、新しい場所に拡がっていく種類もある。このような種類では定期的な株分けが必要となる。

古典的な多年草のボーダー花壇は目を楽しませてくれるが、花期が短いといううらみがあった。だが現在では多年草の種類が増えたため、晩冬から初春にかけてのヘレボレス（クリスマスローズ）、春のベルゲニア、秋のシュウメイギク、ヤブラン、スキゾスティリスなどを楽しむことができる。このように多年草はほぼ一年を通して花壇を彩るようになった。

下右：南米に自生するプヤのように、ヒマラヤ原産のケシの仲間（*Meconopsis napaulensis*）は一回結実性の多年草であり、開花結実後は枯死する。中心にある雄ずいは黄色で花色はピンク、赤、紫。

鱗茎、球茎、塊茎

　鱗茎、球茎、塊茎などを持つ植物は、地中植物の名で呼ばれている。地中植物にはさまざまな種類があり、世界中で愛されている園芸植物や切花だけでなく、食物源となる植物の多くもここに含まれる。

　植物は、鱗茎、球茎、塊茎によって地上部分の生育に適さない時季をやり過ごし、冬の寒気や乾燥した季節に耐えることができる。ほとんどの科にはこのような地下部分を持つ植物が含まれている。機能の面ではどれも同じだが、植物体のどの部分から形成されたかによって、区別が行われている。

　鱗茎は肥大化した短い茎についた芽が変形したものであり、有皮鱗茎と無皮鱗茎の二種類に大別される。無皮鱗茎は葉が変形して多肉質の鱗片状となったものが成長中の花茎を取り囲んでいる。ユリ属などがこれに含まれる。有皮鱗茎では薄い膜が多肉質の鱗片を覆っている。スイセン属やチューリップ属がこれに含まれる。

　球茎は鱗茎に似ているが、地中部分の大半を形成しているのは鱗片ではなくて茎の地下部であり、茎が肥大化したものである。有皮鱗茎と同じく、球茎も膜で覆われているが、この膜は鱗茎の場合以上に繊維質になる傾向が強い。フリジア属やワトソニア属がこれに含まれる。

　塊茎は茎の地下部と肥大した根から形成される。塊茎は茎が変化したものあり、ジャガイモ最もよく知られた例である。サツマイモ(*Ipomoea batatas*)、キクイモ(*Helianthus tuberosus*)、ヤムイモの仲間などがこれに含まれる。塊茎の表面には、地上部のシュートとなる茎や幼芽が生じる。これとは対照的に、塊根は根が変形したものであって地上部のシュートになる部分は地表近くの茎基部もしくはその周辺に限定される。ダリアがこれに含まれる。

　根茎は茎が塊状になったものである。肥大もしくは細長い形をとり、地表下や地表面で形成される。着床植物の場合には他の植物に巻きついてはい上がったり、成長力の強いチカラシバの1種(*Pennisetum clandestinum*)のような形をとったりすることもある。

　球根植物には美麗な花をつけるものが多く、秋の雨をうけて一斉に開花する有様は素晴らしい。このようなケースでは葉が現れるよりも早に花が咲く場合も多い。ホンアマリリス(*Amaryllis belladonna*)などがその例である。寒い地域では球根植物に人気がある。早春に花をつけるスノードロップやクロッカスが春の訪れを告げ、ラッパズイセンの開花で本格的な春が幕を開ける。

　球根植物の中には、美しい花をつけるだけでなく芳香を放つものもある。ヒヤシンスや一部のユリはかぐわしい香りを放ち、鉢花としては理想的である。

　現在では大量の球根が流通しており、関連業界では本来の開花期以外の時期にも花を咲かせるための研究が続けられている。オランダのキューケンホフやイギリスのスプリングフィールドなどの庭園ではそのような球根が試験的に植えられており、ドイツのマイナウ庭園では主にダリアが植栽されている。

下:チューリップ'バレリーナ'。チューリップは最もよく知られた球根植物だろう。17世紀のオランダではチューリップが投機の対象となり、成金や破産者が続出した。

下:鱗茎や塊茎を持つ植物は公園や個人の庭で広く植えられている。写真はオリエンタルリリー'コネチカット キング'と優美なデルフィニウムの混植。

上：リンゴ（Malus pumila）'シェイクスピア'をはじめとする果樹の多くは観賞用ともなる。リンゴ属（栽培品種も含めて）は春に美しい花を咲かせるために重用されてきた。

右：果実と堅果は実用以外に観賞用ともなる。食料としての利用が最も一般的であり、自然そのままのデザートとして食卓に上る。

果実と堅果

植物学上では、果実とは内部に種子を持った成熟子房のことである。果実が食料としても美味であることは言うまでもない。果実と種子は分かちがたい関係にある。人間や動物が果実を摂取すると、種子が拡散していくことになる。果実は内部の種子とともに成熟し、食用に適した時期になるまでは目立たない緑色をして香りもよくない。

果実が持つ植物学的な機能は一様ではない。堅果とは成熟子房が堅い殻の形になった果実である。堅果にあっては子房が保護機能を果たしている。成熟しても種子をつけない果実も多い。種なしブドウの場合は、種子の成熟が中断したためであると思われ、種なしカキの場合は、種子が成熟しなくとも子房が肥大して発達するためであると思われる。以上の例では、種子をつけないための育成法がとられている。

果実の発育には気候条件が大きく関係している。冬季最低気温の他にも、冬季の長さ、生長期間の長さと暖かさが鍵を握っている。温帯に自生する果樹が順調に生育するためには、1年に1度の寒冷期間が必要である。温帯にあっては、晩春の降霜のせいで収穫量が減る場合もある。

ほとんどの場合、最高級品を収穫するには人の手をかける必要がある。果実が成熟するためには膨大なエネルギーが要求されるため、最大の収穫をあげるには日当たりのよい場所に植える必要がある。自然状態では日陰に自生しているブルーベリーなどの場合でも、この事情は変わらない。スグリ類などをはじめとする少数派では、部分的に日陰となった場所でよく実をつける。

栽培されている果実や堅果では毎年の剪定が欠かせない。剪定によって枝に日があたるようになり、病気の原因となる湿った環境を排することができる。同時に、最大限の光合成を可能にして収穫の量と質も高められる。剪定によって果実をつける枝の成長バランスを保ち、果実をつけない不要な枝をはぶいて必要な枝のみを残すことができる。成長過程にある果実の数を減らせば、より大きく成長した果実に回る養分が増加する。果実の間引き（多すぎる果実を摘み取ること）をすればバランスはさらによく保たれるし、収穫量も増加する。ある年に豊作となれば、翌年には不作となるためである。

「果実と堅果」には非常に多くの植物種が含まれるが、古くからの栽培植物と同様、排水がよく湿潤であり、腐食質を多く含む弱酸性の肥えた土壌を好む。ただし、ブルーベリー、ツルコケモモ、コケモモなどは例外であり、強い酸性を示す腐食質に富んだ比較的やせた土壌を好む。

高木や低木の形をとる果樹に比べると、よじ上る性質のもの（つる植物）は比較的少ない。匍匐性植物は味のよい果実をつけるだけでなく、観賞用としてもすぐれている。パーゴラやフェンスに這わせたパッションフルーツ（Passiflora edulis）やキウイフルーツ（Actinidia deliciosa）、壁やヘゴ支柱にからませたホウライショウ（Monstera deliciosa）などのように、果実をつけるよじ上り植物は庭を見事に演出してくれる。

果実性よじ上り植物の自生地、成長パターン、果実型、庭園での世話にはかなりのばらつきがある。うまく育つかどうかは、おおまかな気候区分ではなくて栽培地での気候条件によるところが大きい。

野菜

野菜にはさまざまな種類があり、キッチンでの用途も多様である。これらは食用部分を持つ草本性植物であると定義することができる。

野菜のほとんどは一年草ないし二年草、もしくは一年草として栽培される多年草であり、播種もしくは移植した年のうちに収穫が行われる。ただし少数の例外としてアスパラガスなどは多年草であり、収穫までに数年が必要である。野菜は便宜的に根菜類、アブラナ科植物、葉菜類、マメ科植物、サラダ用野菜、果菜などのグループに分けることができる。植物学上の分類であるアブラナ科とマメ科を別にすると、上記のような分類は人為的なものであり、植物の可食部分もしくは栽培方法によってグループ分けを行ったものである。

根菜類にはサトウダイコン、ニンジン、タマネギ、アメリカボウフウ、ラディッシュ、ジャガイモ（実際に食べるのは塊茎の部分）、セイヨウゴボウなどが含まれる。これらは二年草もしくは多年草であり、肥大した根に貯蔵された栄養分は、自然界にあっては開花のために使われている。アブラナ科植物にはブロッコリー、芽キャベツ、カラブレーゼ、キャベツ、カリフラワー、スイード、カブなどが含まれる。アブラナ科の中だけでも、さまざまな植物学的特性を見ることができる。ブロッコリーとカリフラワーは未熟な頭花を食し、キャベツの場合は多肉質の葉が食用となる。芽キャベツは固く締まった葉から出た若い脇芽を食べ、カブやスイードの場合には肥大した根が食卓に上る。リークやホウレンソウも葉菜類である。

マメ科植物としては、エンドウマメやインゲンマメがあり、インゲンマメ(ドワーフ・ビーン、キドニー・ビーン、ストリング・ビーン、スナップ・ビーン、アリコヴェール、フラジョレットなどの別名がある)、つる性のマメ科植物(スティックもしくはポール・ビーン)、ソラマメ(ブロード・ビーン)、ダイズ、ライマメ(バターもしくはマダガスカン・ビーン)などがここに含まれる。

サラダ用野菜は多くの葉菜とよく似ており、生食する種類がここに含まれる。チコリー、コーンサラダ(マーシュ)、レタス、ロケットなどは葉の部分を食べるが、セロリやセルリアクでは太い茎が食用となる。

果実を食するために栽培される野菜もある。これにはナス、トウガラシ、キュウリ、ウリの仲間(カボチャなど)、トマトなどが含まれる。スイートコーンもこのグループに入るが、食用となるのは果実ではなくて種子である。

自分の菜園で野菜を育てるのは非常に楽しく、化学物質を用いないで有機的に栽培することもできる。新鮮な野菜は口ざわりもよく、香りと味の双方を楽しめる。

ハーブ

ハーブとは、重要な用途のために用いられてきた植物であると定義できる。何千年もの間、ハーブは食品や飲料の香り付け、芳香源、糸や織物の染色などに重用されてきた。中でももっとも重要なのは、さまざまな病気の症状を癒したり和らげたりすることである。ハーブの学名に頻出する【officinalis】という種小名は、「薬剤店に由来する」という意味であり、当該のハーブの使用が認められていることを示している。

ハーブは植物学的には、一年草、二年草、多年草に分類される。真性の一年性ハーブには、一年のうちに成長サイクルを完了させるシラントロ(コリアンダー)などがある。クラリーセージ(*Salvia sclarea*)などの二年草は最初の年に根をはり、二年目には花茎を伸ばす。多年草にはいくつかの種類がある。耐寒性草本であるタンジー(*Tanacetum vulgare*)は開花後に枯れるが、根から翌年の成長が開始してそのまま最低でも三年は生存する。短命なものとしてはレモンバームがあり、寿命は二年であるが人や動物の媒介なしに種子を拡散させることができる。暖かい地域に自生する弱耐寒性多年草としてはパイナップルセージ(*Salvia elegans*)などがあり、寒冷地においては屋内での越冬が可能である。低木性多年草本には、地上の硬木類の下ばえとなるワームウッドなどがある。

よく見られるハーブの中で重要なものとしてはシソ科(ミントの仲間)があり、この1科だけで221属3,000種以上を擁する。シソ科にはハッカ属の他にも地中海性ハーブのラベンダー、タイム、ローズマリーが含まれる。

右:ハーブはレイズドベッド(レンガなどを積み上げた花壇)で栽培されることが多く、整形的な効果のために配置されてきた。今日ではサルビア・ネモロサ(*Salvia nemorosa*)'マイナハト'(写真)などのインパクトのあるハーブが重用されている。

ハーブには地表を這う匍匐性のタイムもあれば、頑丈なコンフリー(ヒレハリソウ属)もあるが、コンフリーは雑草化して庭にはびこることがある。葉は芳香を放つ場合が多く、滑らかもしくは光沢があり(バジルなど)、細毛で覆われたり、帯粉したりすることもある(アルテミシアなど)。花は成長しきる前から豊富な蜜を出して(オレガノなど)、チョウやミツバチ、ハチドリなどをひきつける。これらの動物は食料となる蜜をもとめて花の中に入り込み、授粉を助けている。

ハーブは用途が広いため、どの庭にも植栽されている。キッチンガーデンへの条植え、勝手口での鉢栽培、整形式庭園での植栽などが行われており、コテージガーデンでは多年草のボーダー花壇にも組み込まれている。バジルにはさまざまな葉の変化(緑や紫、波状や半滑)があり、鉢植えにすると効果的である。キンレンカ(花は生食できる)も同様である。地中海性ハーブはロックガーデンや岩肌の露出した場所、もしくは壁の裂け目(毛に覆われたタイムなどが適している)でよく繁茂する。クルマバソウ(*Galium odoratum*)などの樹林地帯のハーブは、湿り気のある木陰で生育する。

ハーブの多くは種子からの栽培が可能であり、栽培予定地にじか撒きすることもできる。あるいは屋内で播種して降霜期終了後に露地植えしてもよい(寒冷地では、バジルのように暖かい気候を好む種類は最初は屋内で育てるのがよい)。シラントロ(コリアンダー)などは播種後すぐに花が咲くため、2ないし4週間隔で種子を撒く必要がある。ミントなどの場合は種子から栽培しても予想通りの品種が芽生えるとは限らないため、選別された栽培品種の種子をもとめてから挿し穂や株分けによって増やすのがよい。栽

上:トウモロコシ(*Zea mays*)には長い栽培歴があり、中南米の古代文明における主要な栽培植物だった。今日ではさまざまな種類があり、朝食用シリアルから燃料にいたるさまざまな用途に使われている。

左:よく見られるラベンダーをはじめとするさまざまなハーブ類は薬草としても栽培されており、ハーブ薬への関心が高まっている。

左：ヘゴ属には木性シダ600種類が含まれる。ブラックツリーファーン（Cyathea medullaris）は優美な姿形に成長し、ゆるやかに弧を描いた巨大で柔らかい葉をつける。

物として人気となり、熱帯、亜熱帯、温帯地域では、ディクソニア属やオーストラリア原産のヘゴの1種（Cyathea cooperi）などの樹高のある木性シダが植栽されている。樹木を中心としたウッドランドガーデンでは、繊細で優美な葉を持つアジアンタム属がアクセントとなっている。

シダ類の葉（フロンド）は構造、大きさ、姿形などの変化に富み、さまざまな緑色のバリエーションを見せるため、ガーデナーにとっては重要な植物である。自然な庭園デザインではシダ類が重用され、樹木庭園の川べりを包む木漏れ日の下で生育することもあれば、日陰の斜面を覆うこともある。花々が満開となる前、シダ類の葉は春咲きの草花とともに庭園のすき間を埋めてくれる。春咲き球根といっしょに植栽すれば、黄変したラッパズイセンなどの葉を隠すこともできる。

シダ類は屋外のみならず屋内植物としても非常に魅力的である。コタニワタリ（Asplenium scolopendrium）、オニヤブソテツ（Cyrtomium falcatum）、シノブ属の1種（Davallia fejeensis）は植木鉢やプランターでの栽培に最適である。室内で栽培されるシダ類のほとんどは、間接日光と高湿度が特徴となる熱帯樹林の原産である。室内では日光が差し込む窓際などに置くと、間接的にじゅうぶんな明るさを確保できる。頻繁な霧吹きと定期的な灌水によって良好な生育環境を維持できる。

屋外では、湿度のある（ただし高湿度ではない）日陰もしくは木漏れ日が射す風通しのよい環境でよく生育する。酸性土壌やアルカリ性土壌を好む種類もあるが、土壌のpH以上に排水が大切になる場合が多い。良質なロームと最低でも50％の腐食質（腐葉土）を混ぜた土を作るか、もしくは側根が伸びる地下25cmの深さまでコンポストの内容物を入れると、適度な排水を保ちながら過湿を防ぐことができる。頻繁な施肥は不要であり、弱ってきた場合には緩効性のある有機肥料を施すのがよい。病気、ナメクジ、カタツムリ、一般的な害虫から被害を受けることは少ない。

ヤシ類とソテツ類

この2つはよく似ているが、ヤシ類とソテツ類は非常に異なっている。両者ともに木質茎の先にロゼット葉を形成するが、ソテツ類の葉が硬くて革質であるのに対し、ヤシ類の葉は柔らかくて柔軟性があり、ソテツ類の葉よりも長いことが多い。どちらも単幹もしくは株立ちとなり、予期したとおりの大きさや姿形になる場合が多いため、ガーデナーにとっては扱いやすい植物である。だが、両者が似ているのは以上のような点に限られる。

ソテツ類の仲間は2億5千万年前のジュラ紀に繁栄したとされており、針葉樹との共通点がヤシ類よりも多い（ヤシ類は花をつけるが、ソテツ類は花をつけない）。植物学者は180種以上のソテツ類を同定したが、この数はさらに増加している。ソテツ類は暖温帯から熱帯地域にかけて分布しており、熱帯雨林や砂漠で見ることができる。アフリカ、オーストラリア、南米で繁栄しているが、中米では最も多く

上：（Johannesteijsmannia magnifica）の葉は巨大な櫂の形をしており、全長4.5m幅1.8mに達することもある。

培品種以外の木本性ハーブを育てるのも楽しい。

ハーブは健康維持に効果がある。用途別に収穫したり、ブーケにしたりすることができる。開花後は刈り込んで新しい葉の成長を促す。春には低木性ハーブを成長点まで切り戻して株を更新する。

シダ類

もっとも原始的な植物の1つであり、トクサ類およびヒカゲノカズラ類と共にシダ植物門に属する。他の維管束植物とは異なり、シダ類は花、果実、種子をつけず、胞子による生殖を行う。大きさ、姿形、生育環境には非常な差異があるが、あらゆるシダ植物は、2枚の葉（フロンド、もしくは葉状体と呼ばれる）、根茎もしくは茎、根の3つの部分に区別できる。

シダ類は200以上の属と8,500ほどの種を擁する。陸性、着床性、常緑性、落葉性の種類があり、地表面に沿うこともあれば、15mの高さに成長することもある。シダ類の自生地は広い範囲にわたっており、北極圏から熱帯に至る地域の砂漠や湿地などで見ることができる。これほどの多様性を備えながらも園芸家にとってはなじみの薄い植物だったが、ビクトリア朝になると薄手の葉を持ったシダ類が突如として流行し、ワーディアンケースとして知られるガラス容器で栽培された。これ以後は、セイヨウタマシダ（Nephrolepis exaltata）が屋内植

の種類を見ることができる。

雄花、雌花の双方が中心部につける単一の球果は観賞用ともなる。栄養を摂るための特別な根を持つものもあり、「サンゴ」根として知られている。これらの根には藻類が付着し、周辺環境からのチッソ吸収を助けている。このような形でチッソを吸収するのは、球果をつける植物ではソテツ類のみである。

屋内での栽培には、ソテツ (*Cycas revoluta*) とナンヨウソテツ (*Cycas circinalis*) が適しているが、葉に大きな刺状突起を持つものは避ける必要がある。ソテツの成長は緩やかであるという説には根拠がない。実際にはごく一般的な速度で成長を開始し、定期的な養分補給とマルチングをともなった良好な生育環境に恵まれた場合には、速やかに大きくなる場合がほとんどである。中性ないしは弱酸性の土壌を好み、砂粒土壌でも生育するが、排水の悪い粘土質の土壌には適さない。繁殖は種子から行うが、茎や葉の挿し穂もできる。

ヤシ類にはソテツ類よりも多くの種類があり、2,300種を数える。大部分が熱帯ないし亜熱帯に分布する。ニュージーランド原産のナガバハケヤシ (*Rhopalostylis sapida*) は世界最南端の自生ヤシであり、シンガポール島の自生種数はアフリカ本土における自生種数とほぼ等しい。経済的に重用されるものが多く、油、繊維、ワックス、食品、薬品、家具（ラタン）などに利用されている。

ヤシ類には顕著な多様性があり、葉の全長は30cmないし10m、その形にしても羽状や扇型とさまざまである。花にも際立った特徴がある。種類によっては開花後ただちに枯死するものもあり、コウリバヤシ (*Corypha umbraculifera*) は10mに達する世界最長の花梗を持つ。成熟したグバンヤシ (*Corypha utan*) は1,500個の花をつけ、フタゴヤシ属は世界最大の種子をつける。

ヤシ類には古くから栽培されてきた種が多いため、それらの原種は明らかではない。現在では街路や公園、家庭の庭に植栽されている。庭に植える際には、一本植えもしくは数本をまとめ植えとし、同じ種を選んで予想される樹高に留意するのが望ましい。大半の種類は湿り気のある土壌と湿度を好み、毎年のマルチングと定期的な施肥が必要である。屋内栽培の場合は日光をじゅうぶんに当てる。根の過湿を嫌い、定期的に施肥を行う。鉢栽培の場合は養分過多にならないようにする。

つる植物と匍匐性植物

成長するさいに支え（壁、トレリス、他の植物）を必要とする植物は、つる植物、よじ登り植物、匍匐性植物などと呼ばれる。これらの植物には多くの属が含まれ、世界中に分布している。

つる植物には、はい登るための能動的運動メカニズムを備えたものと、受動的メカニズムを備えたものの2種類がある。能動的メカニズムには多くの種類がある。クレマチスなどのように枝や針金に巻きひげ状のつるをからませるものもあれば、パンドレア・パンドラナ (*Pandorea pandorana*) などのように支柱にからみついたり、細めの木や枝やトレリスなどに巻きついたりするものもある。吸着植物は不定根によって固着する。ウコギ科キヅタ属の多くはこのような不定根を持つ。

受動的メカニズムとしては、他の植物に引っかけて用いるためのとげや毛状体（鉤状になった小穂）がある。植物が密生した場所では植物どうしが近接しているため、鉤を持つ植物がよく見られる。これらの鉤を他の植物に引っかけて、支柱を持たない場合よりも確実に枝（シュート）を支えるのである。よじ登り植物はこのような状況に適応しており、堅い枝や鉤を備えている。バラの多くはよじ登り植物であり、逆方向になった頑丈な毛状体が茎から生じている。この毛状体は葉の裏面にも見ることができる。とげは草食性の動物よけにもなる。

ガーデナーは、よじ登り植物や匍匐性植物をさまざまな用途に使用している。これらの植物は、フェンスやトレリス、目隠し用の壁を華やかな色彩で彩り、芳香を放ち、日陰を提供し、風や騒音を和らげてくれる。

よじ登り植物の世話と栽培は種類によって非常な幅がある。日陰を好む種類もあれば、ブーゲンビリアなどのように日照を好むものもある。土壌や根部が低温であることも好

左：中国原産のオウバイ (*Jasminum nudiflorum*) は冬に花を咲かせるために重用される。冬枯れの景色の中で鮮やかな黄色の花をつける。

下：落葉性のよじ登り植物。夏に花をつけるノウゼンカズラ (*Campsis grandiflora*) は、日陰を作って風よけともなる。落葉した後は冬のおだやかな寒気と弱い日差しの中で春を待つ。

上：草類はさまざまな形、微妙な色、活動を見せてくれる。フェスツカ・グラウカ（*Festuca glauca*）などは、他の植物が育たない場所でも生育する。

右：タケは大きく成長し、内部が空洞となる木質茎を持つが、実は草本である。ダイサンチク（*Bambusa vulgaris*）'ヴィッタータ'の太い茎は鮮やかな黄色をしており、緑の縞が入っている。

下：芝生は世界中で重用されており、庭を区切るために用いられている。

む種類の場合には、土壌の温度が上がるにしたがって根の成長速度が低下する。多くのものは開花後に繁殖力のある種子を拡散させるが、地表面に根茎を這わせる種類もあり、不定根によって広がっていくものもある。多くの常緑性多年生植物は、夏と秋に挿し穂による繁殖できる。種類ごとに適度とされる湿度を補給し、必要に応じて施肥を行う。

草類

一般的に草と呼ばれる植物には635属9,000種以上の植物が含まれる。地球上でもっとも適応力のある植物に数えられ、五大陸はもちろんのこと、北極圏から南極大陸にいたる地球上のほぼ全域で見ることができる。

「草」という呼称を用いる際には、「イネ科植物」（植物分類では*Gramineae*の名称を持つ）と一般的に「草」の名称で呼ばれている植物との区別が必要となる。このような「草」にはイグサ、スゲ、パピルスなどが含まれる。「イネ科植物」は一年草もしくは多年草の草本が主であり、中空もしくは非中空の茎を持つ。房状の根系を持つため、複数株がまとまって密生した籔を形成する。また、根茎の広がりにしたがって、広大な集団生育地を生じる場合もある。根茎は地表面に沿いながら地中に根を伸ばすこともあれば、地下で成長することもある。多くの種類にあっては、茎の下方にあって茎をしっかりと取り囲んでいる葉鞘から対生の細長い葉が伸びる。草類の花は小さい場合が多く、雌雄同体もしくは単性花である。3ないしそれ以上の鱗状片から成る小穂内に花をつける。雄ずいは繊細な柄の先端部にあって下方に垂れ下がるため、風を受けて花粉が拡散する。

一般には草とは思われていないが、実際は草本に属する身近な植物としては、タケがある。タケは大型の草本であり、中にはごく小さなものもあるが、東南アジア原産のゾウタケ（*Dendrocalamus giganteus*）は非常な高さになる。

開けた土地に生育する草類は、草原、ステップ、丘陵地などに繁茂し、多くの場合には厳しい気候や生育条件にも耐えなくてはならない。このような種類のものとしてはキオノクロア属（*Chionochloa*）などがあり、乾燥した強風地域でも生育している。

草類は地球上でも最も重要な植物類に数えられ、これらの存在なしには現在のような文明は生まれなかっただろう。コムギ、オートムギ、オオムギ、トウモロコシ、コメ、ライムギをはじめとするあらゆる穀物は野生の草に起源を持っている。草は観賞用としてもガーデナーに重用されている。世界中の芝生やスポーツグラウンドに草類が植えられている。植栽する種類を慎重に選択すれば、長期間にわたって栽培することができる。

タケ

身近にあって親しまれているタケはイネ科の草本であり、矮小体や低木から超大型になるものまでさまざまな種類がある。タケの仲間はすべての大陸に自生しているが南極大陸とヨーロッパ大陸には自生しない。100属1,500種および栽培による観賞用の品種500種がここに含まれる。

タケの姿形は非常に特徴的である。タケの茎（稈）は木質（多くの場合は中空）であり、葉を枝から隔てている。地下茎（根茎）は房状（この場合は密生した籔を形成）になるか、もしくは広い範囲に広がっていく。茎は直立することが多い。

タケの仲間はグラウンドカバーとして利用（腰の高さにする）するほか、低木（高さ4.5m）、耐寒性のある籔（3〜6m）、温帯樹木（21m）、熱帯樹木（低木並みの高さ〜30m）などに準じた扱いもできる。温帯や熱帯の自生種で藪を形成するものもあれば、草本性の種類もある。

草本のタケは風媒花をつけ、非常に長い時間（70〜100年）をかけて成長する。成熟すると数年を通して周期的に花をつける。多くの場合は群落全体が開花するが、開花後はそのほとんどが枯死する（藪を形成する種類ではこの傾向が強い）。特定の個体が散発的に開花（多くはストレスによる）する場合もあるが、このような場合は枯死しないのが普通である。植栽にあたっては、開花リスクのない種類を選定するとよい。

家庭の庭でタケを用いることは珍しい。手間をかけないとあっという間に増えすぎてしまうこと、耐寒性の欠如、強すぎる異国情緒などがその原因である。都市部の公園では別区画に植栽することが多く、風よけ、スクリーン、パーテーションとして利用されている。

だがこのような使用法は、現代の景観においてタケが持つ計り知れない価値を無視している。タケは、背の低い植え込み、ノット・ガーデン（凝った装飾庭園）や迷宮、展示用植栽、小籔、土壌固定用、芝生の代用、抽象的な盛り土部分への植栽、アイランドベッドガーデン（芝生の中にしつらえた島のような庭）でのアクセント効果、植え込みからの香り遮断用などに使えるほか、よじ登り植物（一年草、草本、樹木状）の支柱として用いることもできる。あまり大胆ではないガーデナーにとってもさまざまなシーンでの使用が可能であり、テラス、パティオ、中庭、温室（暖房もしくは非暖房）での鉢植え栽培、アトリウムでのクロチク（*Phyllostachus nigra*）栽培、屋内でのホウオウチク（*Bambusa multiplex*）および同種の栽培品種であるダイフクチク（*B.ventricosa*）'ブッダズ　ベリー'、ヤダケ（*Pseudosasa japonica*）栽培などの方法がある。このようにタケは、観賞用としても優れた性質を持っている。

どのような種類を選択するかは非常に重要である。広がったり籔を作ったりする傾向、使用目的と成長時の高さ、日照、温度、および露出に対する耐性の確認が必要となる。タケの植え込みは春に行うのがよく、腐食質を多く含む排水のよい土壌でよく繁茂する。肥料を施すとよい。成長期を通して必要に応じた灌水を行う。

タケの栽培にはそれほど手間がかからない。タケがシュートを伸ばさない時期（秋）に、弱ったり、古くなったり、枯れたりした稈を取り除いて株を3分の1の大きさにつめ、冬の終わりにはグラウンドカバーの根切りをし、必要に応じて耐寒性をつけた稈から枯れた稈を取り除く。成長期には決して剪定や葉刈りをしてはならない。根詰まりした鉢植えは2つに株分けして新しい土を入れた鉢に植えかえる。土にはじゅうぶんな湿り気を与え、排水をよくする。根腐れしやすいので、鉢底を水につけてはならない。

以上の説明に目を通せば、現代の景観デザインにおいては、タケはもっと重用されてしかるべきだということに気づいていただけるだろう。タケは他の植物にはない興趣を演出してくれる。

多肉植物とサボテン

多肉植物とサボテンは美しく魅力にとんだ植物であり、自然が持つ適応力のすばらしさをありありと見せてくれる。世界のいたるところには、降雨がほとんどないか、もしくは長い乾期のある地域がある。このような条件では、大多数の多年草は生育できない。成長の緩やかなサボテンや多肉植物はこのような環境にも適応しており、速く成長する植物との競争を最低限に抑えている。

多肉植物は、貯蔵水分を少しずつ使いながら次の降雨まで生き延びることができる。カゲツ（*Crassula ovata*）やリトプス属などは、分厚い多肉質の葉に水分を貯蔵する。リトプス属では小さくて肥大した葉が集まって単体を形成している。スタペリア属は太くて肥大した茎に、ケドロストリス *Kedrostris* の仲間は肥大した根に水分を貯蔵する。

茎が多肉化する植物としてはサボテンの仲間がある。サボテンの定義にはいくつかの植物学的特長が含まれる。

サボテン科に特有のものとしてareoleと呼ばれるものがある。これは脇芽が変形したものであり、あらゆる刺、枝、花はここから生じる。多肉植物がこの特徴を持っていれば、植物学上のサボテン科に分類される。したがって、サボテンはすべて多肉植物であるが、多肉植物がすべてサボテンであるとは限らない。

代表的な球形サボテンおよび多肉植物では、最大の体積と最小の表面積を持つようなデザインになっており、水分貯蔵に都合のよい構造をしている。膨張と収縮が繰り返されるために脈ができる種類が多く、これは植物本体の表面に浅い溝を作って脈と脈の間に小気候を生じさせている。

多くのサボテンといくつかの多肉植物には刺もしくは針がある。これらは動物から身を守るためであると言われているが、そのような役割はたいして重要ではないと思われる。乾燥地域では、夜間に霧が蒸発したり結露したりして貴重な水分となる場合もある。結露は刺を伝わって植物体を下降し、地表近くの根系によって吸収される。密生した針も、オレオケレウス・ケルシアヌス（*Oreocereus celsianus*）のように、日陰を作り出して湿度の高い小気候を生じさせる。サボテンは南北アメリカ大陸原産であるが、その他の多肉植物は世界中に分布しており、暖かい地域ではよく見られる。寒冷地原産の多肉植物（ペディオカクトゥス属など）は乾燥した大陸性気候の冬に適応しているため、これらの栽培は非常に困難である場合が多い。冬季の寒気ではなくて湿度によって害を受けるためである。

サボテンおよび多肉植物は明るい環境を好むものが多く、適応できる最低気温は5〜10℃である。夏季には、灌水と灌水の間は乾いた状態を保たなければならない。一度に十分な量の灌水を行い、その後の10日間で乾燥するような状態にするのが望ましい。冬季には、温度を見ながらほぼ乾いた状態に保つとよい。バランスのとれたサボテン用肥料を定期的に与えると、順調に成長して花つきもよくなる。

上：多肉植物には寒さに弱いものが多いが、温帯の庭に植えられるセダム・スパツリフォリウム（*Sedum spathulifolium*）のように−7℃までの低温に耐えられる種類もある。

左：メキシコおよびアメリカ合衆国南西部原産のエビサボテンvar.メラナカントゥス（*Echinocereus triglochidiatus* var. *Melanacanthus*）は成長が遅いが橙緋色の日中花をつけるために人気がある。

上：パイナップル科植物は、硬くてロゼット状の葉と鮮やかで変わった形の花を持つ多年草として人気が高まっている。グズマニア属の多くは熱帯原産だが、屋内での栽培に適している。

右：パイナップル科植物は、さまざまな色や形をした花や葉を持つため、パイナップルを除くと観賞用として栽培されている。サンゴアナナス属、ビルベルギア属、フリーセア属などの他、フリーセア属の栽培品種'マリアエ'などの栽培品種に人気がある。

右：温帯ではランの多くは温室で栽培される。夜間に寒暖の差が必要だが、大部分の温室では暖かすぎたり寒すぎたりする場所ができるため、中規模の温室で栽培すると花つきがよくなる種類が多い。

パイナップル科

1493年、西インド諸島に上陸したクリストファー・コロンブスは、パイナップルが栽培されている風景を目にした。これ以後、パイナップルはパイナップル科の中でももっとも有名な植物としてガーデナーの人気を集めている。ただし、パイナップルはパイナップル科のごく一部にすぎない。パイナップル科は50属以上2,000種以上を含む大きなグループであり、アメリカ合衆国南部、中央アメリカ、南米大陸のほぼ全域における熱帯および暖温帯に分布している。

分類学上、パイナップル科の植物はすべてパイナップルと同じ特徴を持つ。パイナップル科植物は多年生であり、太くて扁平な茎の回りには硬くて紐状の葉がロゼットとなって密生している。このロゼット葉は非常に密生しているため、中心部にはくぼみが生じ、多くの種類では壺状となる。

葉の周縁部には刺状もしくは鉤状突起がつく場合が多いため、取り扱いに注意しないとかなりの傷を負う場合がある。花はロゼットの中心部につく。花は非常に魅力的だが、花を囲む華麗な苞葉（葉が変化したもの）と葉のせいでかすんでしまう。ビルベルギア・アモエナ（*Billbergia amoena*）の苞葉と葉などがその例である。

パイナップル科には極端な環境への適応性を持つものが多い。パイナップル科の多くは乾生植物である。これは、降雨だけでは水分補給が不足する地域に適応した植物のことである。さらに着生植物も多く、スペイン語の「パラシトス（寄生）」という一般名はこれに依っている。ただし、パイナップル科植物は寄生植物ではない。この仲間は樹木を支えにするのみであり、枝にある最小限の腐食質によって生存している。

パイナップル科にはさまざまな生態があるため、ガーデナーにとって使いでのある植物となっている。世話を少々怠っても生存できるものが多い。ゾーン6（USDAによる）およびそれよりも暖かい地域のガーデナーは、屋外で多様な種類を栽培できるが、より寒冷な地域では室内植物として楽しめる。ゾーン6および7では、チリ南部原産および両米大陸の地中海性気候地域原産の種類が最適種となる。プヤ・ベルテロニアナ（*Puya berteroniana*）などは風雨よけと排水のよい土壌さえあれば見事な姿に成長し、透明な鮮青色の花をつけた壮麗な塔（1.8～3m）となって受粉を助けるハチドリを誘い寄せる。これとは対照的にファスキクラリア・ビコロル（*Fascicularia bicolor*）は30cm程度にしかならず、開花時にはロゼットが真紅色となる。ゾーン8およびこれより暖かい地域では、樹木や人為的なオブジェに着生した植物が見事な景観を見せる。赤や白の斑が入ったネオレゲリア属の1種（*Neoregelia carolinae* f. *tricolor*）、縞模様のトラフアナナス（*Vriesea splendesns*）、虎縞のあるフィンガー・オブ・ゴッド（*Aechmea orlandiana*）などは花火のように咲き誇り、異国的な美しさにあふれている。これよりも寒冷な地域の温室では、風変わりで岩のようなティランジア・プルイノサ（*Tillandsia pruinosa*）やクリプタントゥス・フォステリアヌス（*Cryptanthus fosterianus*）などを貝殻やオーナメントに付着させるケースも多い。

自然と同じような条件（直射日光ではないじゅうぶんな日照、やや薄めの肥料、着生植物に適した湿度）で栽培した場合、パイナップル科はごく順調に成長する。このグループは、株分けもしくは播種によって容易に繁殖できる。この次にパイナップルジュースを飲む時には、育種カタログに念入りに目を通しながら、パイナップル科の花を植えるスペースを庭や窓辺に確保してほしい。

ラン科

ラン科はあらゆる植物の中で最大規模のグループを形成している。この分類群は800属20,000種以上を擁し、南極大陸を除く全大陸に分布している。

ラン科は大きさ、生育環境、花の色と姿形の変異が大きいが、いずれの種にあっても特殊な花の構造を備えている。ラン科の花は3つの萼片（場合によっては花弁や他のものに見える）と3つの花弁で構成される。花弁の1つは他の2つとは異なった形をしており、唇弁と呼ばれる。唇弁は大きくて異なった色をしていることが多く、さまざまな模様がある。花蜜をつけた距を基部に持つこともある。唇弁は花の

下部にあり、受粉を助ける昆虫がここにとまることが多い。ランの花が持つ最も顕著な特徴は、生殖器である。多くの植物では雄ずい、花柱、柱頭が分離しているが、ラン科では一体となって蕊柱を形成する。花粉も拡散せずに花粉塊となる。複雑な受粉メカニズムをとる場合が多いが、奇妙というほどのものではない。

ラン科の種子は微小なために風を受けて拡散し、非常な遠距離を移動する場合もある。微細な種子は動物の食料とはならず、成長するには発芽を促す養分を補給する菌類との接触が欠かせない。菌類との関係は、19世紀末に発見されたものである。今では、化学物質の形で必要な栄養を補給することができる。ただし無菌状態で種子を培養した場合には、比較的スムースに種子からの栽培を進めることができる。

ラン科は地上性もしくは着生性である。ディサ・ユニフロラ(*Disa uniflora*)をはじめとする地上性のランは地上で生育し、デンドロビウム・スペシオスム(*Dendrobium speciosum*)をはじめとする着生性のランは高木、低木、岩肌などで生育し、岩生植物と呼ばれることもある。ラン科の半数以上が着生性であり、広く栽培されている種類の大部分がこれに含まれる。バンダ・コエルレア(*Vanda coerulea*)をはじめとする着生ランは太くて多肉質の根を持ち、根の表層面から水分を吸収することができる。ブルボフィルム属などは、革質の葉と肥大した茎基部(偽鱗茎と呼ばれる)を持つ。着生ランは熱帯および亜熱帯に分布している。赤道から遠ざかると、地上性ランが増加する。地上性ランの多くは地下に塊茎や多肉根などの貯蔵器官を備えており、冬や乾期などの一定期間を休眠状態で過ごす。

広く栽培されているラン科の多くは交雑種であり、100,000以上が登録されている。熱帯および亜熱帯地域では屋外で着生ランが育てられており、家の影になる部分に植栽したり、樹木に固定もしくは吊り下げて、直射日光を避けながら栽培されている場合が多い。温帯地域では温室栽培が主流となる。夜間温度を暑すぎず寒すぎずの13〜15℃に保つと、大半の種類は順調に成長できるだろう。

食肉植物

緑色をした種子植物は光合成を行ってエネルギーを産出し、このプロセスが必要とする水や特定のミネラルを根から吸収している。このような植物のうちほぼ450種は、じゅうぶんな湿度と日照はあるが養分の不足した土壌で生育している。これらの植物は獲物をとらえることによって、必須ミネラルをとりこんでおり、食肉植物として知られている。食肉植物はすべての大陸および大きな島に自生しているが、南極大陸では見られない。主要な獲物は昆虫もしくは小型の節足動物(クモなど)であるが、ラット程度の大きさの動物の報告例もある。

食肉植物のトラップは葉が変形したものであり、獲物をおびきよせて昆虫や小動物をトラップに取り込み、軟らかい部分を消化して必要な栄養分とミネラルを吸収する。消化プロセスは動物の場合とよく似ている。まず、トラップを持つ葉の裏面にある腺が酵素と呼ばれる化学物質を分泌し、この酵素が複合化学物質を分解して吸収に備える。酵素を分泌しない食肉植物もあるが、これらはトラップ内で成長するバクテリアに依存して分解を行っている。

食肉植物にあっては、変形した葉の姿が魅力となっている。鮮赤色を呈したり、風変わりな相対象形となったりするものが多い。トラップ型の食肉植物のなかで最もよく知られているものは、ハエトリグサ(*Dionaea muscipula*)であり、この種類は内面が鮮赤色をした全長5cmほどの二弁からなるトラップを持つ。内面が赤色になるのは、獲物をおびきよせるためであると思われる。このトラップは非常に巧妙な仕組みを持ち、何十年にもわたって学術研究の対象になってきた。トラップの内面には止め金状をした特殊な毛が生えており、1本の毛が2回もしくは2本の毛が連続的に何かに接触すると速やかにトラップが完全に閉じられる。トラップにかかった獲物は3ないし5日間、消化吸収のための閉鎖された場所に閉じ込められることになる。

ドロセラ属は櫂状をした細い葉を持ち、小さなロゼットの形態をとる場合が多い。これらの種類は、葉の上部表面に有茎もしくは無茎の小さな腺を持ち、各腺から粘液を分泌して獲物を粘着させる。茎が緩慢に動いて獲物を葉の中心に移し、外気にさらされた状態で消化吸収が行われる場合も多いが、葉が閉じられる種類もある。sundew(太陽の露)という英名は、日光を受けて腺のある細毛がきらめく様子に由来する。

最も風変わりな姿形をした食肉植物はヘイシソウ(サラセニア属)である。この仲間では葉が円筒形となってトラップを形成し、蓋状になった部分が開口部を部分的に覆っている場合が多い。蓋の開閉によって獲物を捕えるのではなく、花蜜を摂取するためにやって来た獲物が円筒状トラップの開口部に着地し、そのままトラップの内部に滑落するという仕組みになっている。トラップの内面は滑りやすくなっており、別の場所には毛が下方向にはえて、獲物の脱出をはばんでいる。希少種であるムジナモ(ムジナモ属)は水中で生育し、これとよく似たトラップ(ただしもっと小型)を持つ。

食肉植物の中には、土地開発、汚染、不法伐採などのせいで危機に瀕している種類が多く、数が激減して絶滅が危惧されている種類もある。このような種類では、人間の手による収集が絶滅に拍車をかける可能性もある。食肉植物を買い求めて栽培する際には、育苗による繁殖を行っている園芸店のものに限定する必要がある。

左:パピオペディルムは、さまざまな色や形をした袋状の大きな唇弁を持つことで知られる。P.ヒルスティッシムム(*P. hirsutissimum*)は緑褐色の袋と濃いピンクの花弁を持つ。

上:USA南東部原産のウツボカズラの仲間は、0.9mほどになる。サラセニア・レウコフィラ(*Sarracenia leucophylla*)は白くて細い変形葉を持つ。この葉には紫色の模様が入り、基部に近づくにつれて緑色となる。

ABELIA
(アベリア属)

スイカズラ科に含まれるこの装飾的な属はおよそ30種の常緑または落葉性の観賞低木からなり、北半球の東アジアからメキシコにかけて自生する。イギリス人医師であり植物収集家でもあるクラーク・アベル博士によって命名され、対生する光沢のある葉と、じょうご形または管形の白やピンクがかった、夏にところどころオレンジの斑点を持つ花が特徴である。花が落ちたあと、さらに装飾的な形状の赤みがかった萼片が宿存する種もある。庭園では、単独で植えて低木の縁取りや簡単な低い生け垣にできる。

〈栽培〉
春または夏の緑枝か、秋または冬の半熟枝の挿し木で繁殖する。日当たりがよく、水はけのよい適度に肥えた土壌で育つ。適度な耐霜性を有し、冬に剪定を行って基部のシュートを多少切り取っておくと、新たに成長する余裕が生まれ、木質茎の先端も伸びる。手入れは、自然にアーチ状になる習性を保つようにする。

Abelia biflora
異　名：*Abelia davidii*、*A.shikokiana*、*Linnaea biflora*、*Zabelia biflora*
☼ ❄ ↔ 0.9～2m ↕ 2～3m
中国北部やモンゴルの涸れ渓谷や丘陵地に自生する中型低木。葉は細く、基部近くは鋸歯縁。薄いピンクから白色の花が上部の葉腋に対し咲く。あまり栽培されていないのは、ほかの近縁種がより目立つためである。
ゾーン：7～8

Abelia chinensis
一般名：タイワンツクバネウツギ
☼ ❄ ↔ 2.4m ↕ 1.8m
中国中央部や東部原産の、光沢のある葉を持つ落葉性中型低木。穏やかに香る白い花がつき、夏の終わりから秋にかけては赤く色づく。生育状態は広く栽培されている*A×grandiflora*と類似している。
ゾーン：8～10

Abelia 'Edward Goucher'
一般名：アベリア'エドワード ゴーチャー'
☼ ❄ ↔ 1.8m ↕ 1.5m
1911年アメリカ合衆国で誕生した、アベリアと*A.schumannii*の交雑種。若芽は暗い赤茶色を帯びる、明るい光沢のある葉を持つ小型半常緑低木。春から夏にかけてライラックピンクの花をつける。2枚の裂片とピンクの萼を持つ。
ゾーン：8～10

Abelia engleriana
☼ ❄ ↔ 1.2～1.8m ↕ 1.2～1.8m
中国原産の常緑低木。樹皮は光沢があり最終的に剥落する。18～35mmの長さのなめらかで揃った鋸歯縁の卵形または楕円形の葉。2枚の萼片に一対の花がつき、ローズピンクの花冠は18mm幅。
ゾーン：3～9

Abelia floribunda
☼ ❄ ↔ 1.8m ↕ 1.8m
メキシコ原産。温暖な環境では通常アベリアは常緑樹である。葉はアベリアよりも小さめで光沢も少ない。薄いバラ色の垂れ下がった房は、夏から秋にかけて深紅の花に変わる。宿存萼片。
ゾーン：9～11

Abelia schumannii
異　名：*Abelia longituba*
英　名：SCHUMANN'S ABELIA
☼ ❄ ↔ 2.4m ↕ 1.2m
中国原産のほぼ常緑の低木で、葉は薄緑からくすんだ緑、房は薄い紫がかったバラ色で、夏から秋にかけて下部の裂片には幅の広い白の縦縞とオレンジの斑点が入る。
ゾーン：7～10

Abelia triflora
☼ ❄ ↔ 3m ↕ 2m
ヒマラヤ原産の落葉性半常緑低木。1847年に栽培導入された。葉はほかの

Abelia chinensis

Abelia × grandiflora
一般名：アベリア
英　名：GLOSSY ABELIA
★ ☼ ❄ ↔ 1.8m ↕ 1.8m
アーチ型の木質茎を持つ常緑低木。*Abelia chinensis*と*Abelia uniflora*との交雑種。茎は赤みがかった茶色。葉は深緑で、冬には赤からオレンジに色づく。鮮やかな紫がかったピンクの花は芳香を持つ。'**フランシス メイソン**'の葉は縁に厚みがあり、黄色がかっている。'**プロストラタ**'は60cm程度の低さにしか成長しない。'**シャーウッディ**'は0.9～1.2mの高さに密集して成長する。'**サンライズ**'は1.8mの高さに成長し、秋には葉が美しく色づく。
ゾーン：7～10

Abelia engleriana

種よりも細い。薄いピンクの花は管状で非常によい香りを発し、房状になる。
ゾーン：8～10

ABELIOPHYLLUM
(アベリオフィルム属)

モクセイ科のこの属名はアベリアから派生したもので、両者は似ているといわれる。小型の落葉性低木1種のみで、フォーサイシア属の近縁種で、よく似た白い花をつける。この低木は朝鮮半島山間部に自生しているが、減少傾向にある。

〈栽培〉
この種は幅広い土壌で生育するが、冷涼地では暖かい場所で育てるべきである。希望によっては壁に這わせることもできる。弱った古い木質茎は切り取ったほうがよい。形を整えるため剪定は2、3年ごとに行う。繁殖はたいてい夏の半熟枝を挿し木するか、春か秋に取り木をして行う。

Abelia × grandiflora、夏

Abelia × grandiflora、春

Abelia × grandiflora、秋

Abeliophyllum distichum

Abelmoschus esculentus 'ケイジュン デライト'

Abelmoschus moschatus、パシフィック シリーズ栽培品種

Abelmoschus moschatus 'ミスチーフ'

Abelmoschus moschatus 'オリエンタル ピンク'

Abeliophyllum distichum
一般名：ウチワノキ
英　名：WHITE FORSYTHIA
☼ ❄ ↔1.8m ↕0.9m
朝鮮半島原産で、環境に順応させられたアーチ状に広がる落葉性低木。冬の終わりにはピンクがかった芽がはじけ、フォーサイシア属のように白い香りのよい花が咲き、落葉した枝を覆う。
ゾーン：5〜10

ABELMOSCHUS
(アベルモスクス属)
アオイ科に含まれるこの属は、アジアやアフリカの温暖な地域に自生する軟材低木で、一年生植物、多年生植物合わせて15種ある。ハイビスカス属と非常に近縁種で、その違いは花の萼片基部をくるんでいる苞が一枚かどうか、そして花が開いたように一方に割れるかどうかである。葉は通常カエデ状または指状の裂片。花は人目をひく鮮やかなピンク、赤、黄の色合いで、続いて長く伸びた果実がつく。野菜として育つ一年生植物種には*A. esculentus*がある。アベルモスクス属種のほとんどにある若い葉のついたシュートも鉢植えで楽しめる。
〈栽培〉
日当たりのよい場所で風よけを施した、水はけのよい場所を好み、夏に施肥をする。繁殖は基部の挿し木で行うだけでなく、晩春に充分暖かくなったらすぐに種をまいてもよい。

Abelmoschus esculentus
一般名：オクラ
英　名：GUMBO、LADY'S FINGER、OKRA
☼ ❄ ↔45〜60cm ↕75〜120cm
広範囲で帰化した熱帯性の一年生植物で、野菜として広く育成されている。5から7枚の裂片がある鋸歯縁葉。白か黄色の単生花は基部が赤や紫色を帯びる。多肉質で鞘状の果実は、緑または赤色の表皮。'ケイジュン デライト'は深緑色でさまざまな形状の多作、早生の果実。
ゾーン：7〜9

Abelmoschus manihot
異　名：*Hibiscus manihot*
一般名：トロロアオイ
英　名：AIBIKA
☼ ❉ ↔0.9m ↕0.9〜1.8m
アジア南東部の多年生低木。大きな深い裂片の葉。夏になると、枝の先端に暗紫色がかった中心部のある薄い黄色い花をつける。
ゾーン：10〜12

Abelmoschus moschatus
異　名：*Hibiscus abelmoschus*
一般名：トロロアオイモドキ
英　名：MUSKMALLOW
☼ ❉ ↔75cm ↕1.2〜1.8m
熱帯アジアからオーストラリア北部までさまざまな種がある。茎や葉は硬い毛で覆われ、葉の裂片は三角形。夏には、黒っぽい中心部のある白、ピンク、または黄色の花がつく。装飾的な品種は一年生植物として扱われる。種子を非常に多くつけ、ジャコウの芳香を放つ。色とりどりのcv.には'ミスチーフ'や'オリエンタル ピンク'などがある。Pacific Series (パシフィック シリーズ)には深紅やピンクの花のcv.もある。
ゾーン：10〜12

ABIES
(モミ属)
マツ科に含まれるこの属はおよそ50種からなり、ヨーロッパ、北アフリカ、アジア、北米大陸の北半球に自生する。長命で非常に大型になるものが多く、枝全体に長細いなめらかな葉がつく常緑針葉樹。葉は並から濃い緑で、灰色がかった白いすじが入ることが多い。雌の花序は枝の上部に直立するが、雄の花序は樹冠部から成長して下垂する。非常に硬い木だが、幼形葉では霜害を受けることもある。
〈栽培〉
中性で湿り気のある肥沃な土壌で、1日中陽の当たる水はけのよい場所が適している。ある程度の日陰には耐える。*A. poinsapo*はアルカリ土壌でも生育する。幼形木は寒風よけが必要。カサアブラムシやナラタケは害となる。成熟した種子は蒔けるが、うまく発芽させるためには3週間層積すべきである。冬に接ぎ木するcv.である。

Abies alba
異　名：*Abies pectinata*
一般名：オウシュウモミ
英　名：EUROPEAN SILVER FIR
☼ ❄ ↔6m ↕60m
ヨーロッパ中央部、南西部の山岳地帯に自生するこの種は、ヨーロッパでも最も高木である。葉の表側は濃い緑で、裏面は銀色。花序は茶色で円柱状。'コンパクタ'は矮性種である。
ゾーン：6〜9

Abies amabilis
一般名：ウツクシモミ
英　名：BEAUTIFUL FIR、PACIFIC FIR
☼ ❄ ↔3.5〜6m ↕30m
裏面に灰色を帯びた白い縞が入った、光沢のある25mmほどの長さの緑葉を持つ針葉樹。花序は卵形で赤から深紫色で、成熟すると茶色になる。冷湿気候の酸性土壌が生育に適している。
ゾーン：5〜9

Abies alba

Abies amabilisの自生木、アメリカ合衆国、ワシントン州、ノースカスケード国立公園

Abies balsamea

Abies concolorの自生木、アメリカ合衆国、ネバダ州

い緑色で裏面は灰色がかった白色。花序は円柱形で緑みを帯びた茶色、苞と小さな節状の芽は隠れている。
ゾーン：7〜10

Abies concolor
一般名：ベイモミ
英　名：BLUE FIR、COLORADO WHITE FIR、SILVER FIR、WHITE FIR
☀ ❄ ↔8m ↑36m
アメリカ合衆国西部からメキシコ北部にかけて自生する威厳を感じさせる木で、樹冠部はピラミッド形、くすんだ緑色がかった灰色の葉と緑色から茶色の円柱状の花序を持つ。cv. には'コンパクタ'、'マソニック　ブルーム'そしてViolacea Group（ヴィオラセア　グループ）★がある。矮性cv. では、幅、高さとも75cm以上にはならない。
ゾーン：5〜9

Abies fargesii
異　名：Abies sutchuenesis
一般名：ゼクマンファー
☀ ❄ ↔3.5m ↑18m
威厳を感じさせるこの木は中国中央部原産。葉は深緑色で裏面は銀色の縞。

赤紫から紫色をした卵形の花序は突き出し、苞には多少樹脂が多い。
ゾーン：7〜9

Abies firma
異　名：Abies bifida
一般名：モミ
英　名：JAPANEASE FIR
☀ ❄ ↔6m ↑30m
元々は日本南部原産で、明るい深緑色の葉と、長さが15cm以上にもなる卵形で黒みがかった茶色の花序を持つ。遅霜の害を受けやすい。
ゾーン：6〜9

Abies firma

Abies balsamea、
ハドソニア　グループ栽培品種

Abies balsamea
一般名：バルサムモミ
英　名：BALSAM FIR、DWARF BALSAM FIR
☀ ❄ ↔4.5m ↑15m
なめらかな灰色の樹皮と香りのある樹脂を持つ円錐状木。葉は深緑色で、裏面は白っぽい。花序は円柱状で、紫がかった青色。カナダでは木製パルプの原料となり、庭園では明らかに短命である。矮性cv. には'ナナ'やHudsonia group（ハドソニア　グループ）に含まれるものがある。
ゾーン：3〜8

Abies bracteata
異　名：Abies venusta
一般名：ブリスルコーンファー
英　名：BRISTLE CONE FIR、SANTA LUCIA FIR
☀ ❄ ↔6m ↑24m
アメリカ合衆国カリフォルニア州サンタルシア山原産。葉は深緑色で、裏面は銀色がかった緑色。花序は卵形で熟すと金色を帯びた茶色になり、樹脂を出す。cv.はまれ。
ゾーン：7〜10

Abies cephalonica
異　名：Abies apollinis
一般名：ギリシャモミ
英　名：GREEK FIR
☀ ❄ ↔8m ↑30m
ギリシャ中央部および南部に自生するピラミッド形の木で、葉は硬く深緑色で緩やかに曲がり、裏面は緑がかった白色。円柱形の花序は緑みがある茶色で、樹脂が多い。'メイヤーズ　ドワーフ'は葉が短く、姿形が丸みを帯び、高さ50cm、直径3mほどまでしか大きくならない。
ゾーン：7〜10

Abies cilicica
☀ ❄ ↔6m ↑30m
北アフリカ原産の円柱状木で、葉は明る

Abies bracteata

Abies fargesii

Abies homolepis

Abies forrestii

一般名：ウンナンシラベ
英　名：FORREST FIR
☀ ❄ ↔6m ↕21m

中国雲南省北西部またはチベット南東部原産のピラミッド形の木で、葉は濃い緑色で裏面は銀色がかった白。卵形の花序は紫を帯びたバイオレットで、熟すと濃い茶色になる。
ゾーン：7～9

Abies fraseri

一般名：コバノバルサムモミ
☀ ❄ ↔6m ↕18m

アメリカ合衆国のバージニア州南西部、ノースカロライナ州西部、テネシー州東部原産のピラミッド形の木。葉は長さ25mmで緑から濃緑色、裏面には銀色から緑色がかった白い縞が入る。管状の花序は緑色から濃い紫色で、目立つ苞がある。
ゾーン：6～9

Abies grandis

一般名：アメリカオオモミ
英　名：GIANT FIR
☀ ❄ ↔8m ↕90m

Abies koreana

*Abies fraseri*の自生木、アメリカ合衆国、テネシー州、グレート・スモーキー・マウンテン国立公園

北アメリカ西部原産の円錐から円柱状の巨大木で、裏に白みがかった帯のある、柔らかく濃い緑で光沢のある葉を持つ。花序は小さめで、熟すと灰茶色になる。建築用木材として用いられる。'ジョンソニイ'は18～21mの高さになる。
ゾーン：6～9

Abies homolepis

異　名：*Abies brachyphylla*
一般名：ウラジロモミ
英　名：MANCHURIAN FIR, NIKKO FIR
☀ ❄ ↔8m ↕24m

日本南部および中央部原産の円錐状木。葉は銀色の帯模様入りでくすんだ灰緑色。枝は幹に積み重なるようにつく。花序はバイオレットブルーの円柱状で、年数を経るにつれ茶色に変わる。この種は都市汚染にも耐性がある。

Abies koreana 'コンパクト ドワーフ'

Abies koreana 'シルバーロック'

ゾーン：5～9

Abies koreana

一般名：チョウセンシラベ
英　名：KOREAN FIR
★ ☀ ❄ ↔1.5m ↕15m

韓国南部の山間部原産で、成長は遅く、紫色の花序をつける幅の狭いきれいなピラミッド形の木。葉先は濃い緑で根元は光沢のある白。cv.としては'フラバ'、'コンパクト ドワーフ'などがあり、盆栽として用いられることも多い。'シルバーロック'（syn.'ホルストマンズ シルバーロック'）は小振りな木で、新芽は裏面が白色である。
ゾーン：5～8

Abies lasiocarpa

一般名：ミヤマバルサム
英　名：ALPINE FIR, ROCKY MOUNTAIN FIR, SUBALPINE FIR
☀ ❄ ↔3.5m ↕18m

アメリカ合衆国北部ロッキー山脈に並木状に見られる円錐状木。両端が青みを帯びた灰緑色の葉は先がとがり、密生する。長細い管状の花序は、熟すと濃い紫から茶色に変わる。*A. l.* var. *arizonica*（アビエス・ラシオカルパ・ア

*Abies lasiocarpa*の自生木、アメリカ合衆国、ワイオミング州、グランド・テトン国立公園

Abies nordmanniana 'ゴールデン スプレッダー'

Abies pinsapo

Abies procera、グラウカ グループ栽培品種

Abies pinsapo 'ブルースパニッシュファー'

Abies religiosa

シコクシラベ

ン スプレッダー'★は美しいcv.である。
ゾーン：4～8

Abies pindrow
一般名：ピンドローファー
英名：WEST HIMALAYAN FIR
☼ ❄ ↔6m ↕36m

アフガニスタンからネパールにかけてのヒマラヤ原産で、光沢のある緑の葉を持ち、裏面には白っぽい2本の細い縞がある。円柱形の花序はバイオレットブルーで、熟すと茶色に変わる。栽培する場合、幼木には春霜対策が必要である。
ゾーン：7～9

Abies pinsapo
一般名：スペインモミ
英名：SPANISH FIR
☼ ❄ ↔4.5m ↕24m

スペイン南部の乾燥した山すそが原産で、庭園では違いが見られる。硬く短い線形で濃い緑色の葉が連なる。円柱形の花序は紫がかった茶色。cv.には灰青色の葉を持つ'**ブルースパニッシュファー**'、丈夫な矮性種の'**ケレッリイス**'がある。
ゾーン：6～8

Abies procera
異名：*Abies nobilis*
一般名：ノーブルモミ
英名：NOBLE FIR
☼ ❄ ↔9m ↕45m

アメリカ合衆国西部の多雨高地帯原産で、樹齢が進むにつれ樹形がより幅広のピラミッド形になる。葉は灰緑から青銀色で、裏に灰色の縞がある。樽形で緑色の花序は熟すと茶色に変わる。グラウカ グループに含まれるcv.（'**グラウカ プロストラタ**'など）の葉は青色。
ゾーン：4～9

Abies religiosa
異名：*Abies hirtella*
英名：MEXICAN FIR
☼ ❄ ↔6m ↕30m

表側はくすんだ緑色で裏面は白っぽい緑の縞がある葉を持つメキシコ中央部原産の木。苞が突出した花序は緑または紫色で、熟すと茶色に変わる。この種はほかのモミ属ほど堅くない。
ゾーン：8～10

Abies veitchii
一般名：シラビソ
☼ ❄ ↔6m ↕18m

日本原産のピラミッド形の木で、成長が早く、葉は表がなめらかな濃い緑色、裏は銀色がかっている。明るい灰青色で円柱形の花序は熟すと茶色に変わる。*A. v.* var. *sikokiana*（シコクシラベ）はより葉が小さい。
ゾーン：6～9

ABRONIA
（ハイビジョザクラ属）
英名：SAND VERBENA

バーベナとして知られているが、この属は本来のバーベナが属す科とは異なるオシロイバナ科に含まれる。33種の一年生植物および多年生植物を有し、アメリカ合衆国南西部やメキシコ北部の海岸線の砂地や、より内陸の砂質や砂利質の土地に自生する。どの種も茎頂先端に薄いピンク色から黄色の小さな筒形の花をつけ、平伏性、不規則性、または這性である。原産地の人々が乾燥根や粉末根を食用にする種もある。

〈栽培〉
繁殖は種子または挿し木、特に花後の茎先端に出る新芽を用いることが多い。日当たりがよく、水はけのよい砂あるいは砂利性土壌でよく成長する。海岸における塩害に耐性を持つ種もある。

Abronia umbellata
英名：BEACH SAND VERBENA
☼ ❄ ↔20～90cm ↕90cm以上

アメリカ合衆国、ワシントン州からカリフォルニア州バハおよびメキシコに至る海岸線あるいは一部内陸よりに自生する。平伏性の多年生植物で多肉の葉を持ち、華やかなローズカラーで芳香を放つ花をつける。ストレスがかかると落葉することがある。
ゾーン：8～10

ABRUS
（トウアズキ属）

広範囲なマメ科に含まれるソラマメ亜科に属す。これに含まれる17種は汎熱帯性のつる植物や匍匐性植物で、多くは標高の低い温暖な環境に広く自生する。複葉で、密生した総状花序におびただしい数のピンク色がかった花をつけ、それがやや平べったい豆果になる。広く分布しているトウアズキは色とりどりの赤や黒の種子をつけ、アジアではビーズや重りとして利用する国もある。だがこの種子には、ヒトを0.5gほどで死に至らしめる毒性を持つグリコプロテインが含まれている。

〈栽培〉
種子で繁殖するが、蒔く前に熱湯をかけるか傷をつける処理をする必要がある。基本的には熱帯や亜熱帯での栽培に向くが、霜の可能性がある低温地帯でも生育は可能である。それ以外の気候地帯では温室栽培が必要となる。

Abronia umbellata

Abutilon × *hybridum* 'カニントン スキーズ'

Abutilon × *hybridum* 'カナリー バード'

Abutilon × *hybridum* 'ネイボブ'

Abutilon × *hybridum* 'サマー シャーベット'

Abutilon × *hybridum* 'ブール ドゥ ナージュ'

Abrus precatorius
一般名：トウアズキ
英　名：CORAL PEA, CRAB'S EYES, PATER-NOSTER BEANS
☼/◐ ❄ ↔0.9m ↑10m

繁殖力が強く広く分布する木性つる植物。白からモーブ色の花は、秋〜春の乾燥した季節に10cmの長さの総状花序となる。5cm程度の平べったい茶色の豆果は次の開花までつき、内部に硬くて丸い赤や黒色の種子を持つ。
ゾーン：10〜12

ABUTILON
（イチビ属）
英　名：CHINESE LANTERN

アオイ科に含まれるこの属は世界中の温暖な地域によく見られる。アメリカ合衆国西部および中央部、オーストラリア、アフリカ原産。固い樹皮の細い小枝を持つ低木だが、一年生植物のもの、多年生植物のもの、また小型の木になるものもある。葉はハート形から鋸歯縁を持つぎざぎざの裂片があるものまで幅広い。英名は、5枚の花弁を持つ釣り鐘形の花にちなんでつけられている。色は白からピンク色、黄色やオレンジ色から濃い金色がかった赤まで広範である。果実はさく果。温暖な気候ではほぼ通年、冷涼気候では春から秋にかけて開花する。

〈栽培〉
明るい日陰あるいは日当たりのよい、適度に肥沃な水はけのよい土壌で生育する。風にさらされる場所では特に水やりが不可欠である。低温になる地域では霜のひどい時期が過ぎるまでは室内に置き、夏に入ってから戸外に出す。最近の矮性cv.では適応できるものある。剪定は冬の終わりに伸びてきたシュートを刈り込むが、cv.の中には長いアーチ状の枝で開花させるとよいものもある。繁殖は晩夏に新芽の挿し木で行う。

Abutilon × *hybridum*
一般名：フイリアブチロン
英　名：CHINESE LANTERN, GARDEN ABUTILON
☼/◐ ❄ ↔1.5〜3m ↑1.8〜4.5m

原産ははっきりしないが、広く分布している交雑種群で、中でも最も多く見られる種はA. pictumショウジョウカである。葉は濃い緑でなめらか、8〜15cmほどの長さで、鋸歯縁または5か所までの裂片を持つ。8cm程度に広がる花は葉の腋ごとにひとつずつつき、主に黄、オレンジ、赤色の花がほぼ一年中見られる。一般的な交雑種は以下の通り。'アプリコッド'は温暖な環境で育つ薄茶色の花。'アシュフォード　レッド'は鮮やかな赤い花。'バートレイ　シュワルツ'は金色から橙黄色の花が垂れ下がるように育つ。'ブール　ドゥ　ナージュ'はピンクみを帯びた白い花でcv.としては古い。'カナリー　バード'は明るい黄色の花をつける。'カニントン　キャロル'は矮性種で密生した斑入り葉と明るいオレンジ色の花をつける。'カニントン　スキーズ'は'カニントン　キャロル'と似て花は赤色。'セリーズ　クイーン'は濃いピンク色の花。'クレメンタイン'は明るい赤色の花をつける小型種。'クリムゾン　ベル'は明るい濃朱赤色の花。'ドワーフ　レッド'は小さな葉をつけ上向きに伸びる低木で、明るい赤色の花が密集してつく。'ケンティッシュ　ベル'はオレンジ色の花をつける。'リンダ　ヴィスタ　ピーチ'はブロンズ色の萼にピーチピンク色の花が上向きに咲く。'モバイル　ピンク'は大きな下向きの葉と大きく開く淡いピンク色の花を持つ。'ムーンチャイムス'は小型種で花は薄い黄色。'モーリッツ'は非常に色の濃い葉と下垂するオレンジ色の花を持つ。'ネイボブ'★は樹高が高く濃い紫赤色の花と紫がかった葉を持つ。'スーヴニール　ドゥ　ボン'は樹高は高く細い葉の裂片は縁がクリーム色で、釣り鐘形の花はオレンジみを帯びる。'サマー　シャーベット'は夏の花壇用の糸統である小型の苗木で幅広い色がある。'ウェイクハースト'（syn.'ウィズレイ　レッド'）は濃い紫色の釣り鐘形の花をつける。
ゾーン：9〜11

Abutilon × *hybridum* 'アプリコット'

Abutilon megapotamicum
異　名：*Abutilon vexillarum*
一般名：ウキツリボク
英　名：CHINESE LANTERN, TRAILING ABUTILON

☀ ❄ ↔2.4m ↕2.4m

ブラジル南部に自生。アーチ形の枝を持つ直立の低木から、ほぼ平伏性になるものまでさまざまである。花は薄い黄色の花弁と赤い萼を持つ釣り鐘形。'マリアンヌ'は鮮やかな色の花をつける。'ワリエガタ'は黄色の斑入り葉を持つ。'ヴィクトリー'★はより色の濃い黄色の葉を持つ小型種。
ゾーン：8〜10

Abutilon × milleri
アブティロン・ミレリ

☀ ❄ ↔2.4m ↕2.4m

ウキツリボクに似た花をつける小型低木。萼はくすんだ緑がかった紫色で、花弁は金黄色でより濃い色の脈が入っている。'ワリエガトゥム'はくすんだ金色の斑入り葉が多くつく。
ゾーン：8〜10

Abutilon ochsenii

☀ ❄ ↔3m ↕3.5m

チリ産の低木種で、よく知られている*Abutilon vitifolium*と似ているがより小型で、3つに裂片した葉は8cmの長さでほとんど下垂しない。濃い斑点が入るモーブ色の花は5cmほどに開き、夏に葉の腋に1〜3つずつつく。
ゾーン：8〜10

Abutilon pictum
一般名：ショウジョウカ
英　名：CHINESE LANTERN

☀ ❄ ↔2.4m ↕4.5m

ブラジル南部に自生し、アブチロン交雑種の親として最も重要な常緑種である。細い低木で枝がからみ合い、濃緑色の葉は深く切れ込み、花はオレンジ色の花弁に濃赤色の網目模様が入る。'キフアブチロン'は葉に飛び散ったような薄黄色の模様（ウイルス性斑点）があり、花は大きめ。
ゾーン：9〜12

Abutilon × suntense
アブティロン・スンテンセ

☀ ❄ ↔2.4m ↕3.5m

魅力的な落葉低木で、明るい緑色の葉と紫色の花をつける。cv.は以下を含め数種類ある。'ゴアーズ ホワイド'は大きな純白の花。'ジャーマイン'はcv.として最も一般的な透明感のある藤紫色の花をつける。
ゾーン：8〜10

Abutilon vitifolium
アブティロン・ウィティフォリウム
異　名：*Corynabutilon vitifolium*

☀ ❄ ↔2.4m ↕4.5m

チリ原産で、ピンクまたはモーブ色の花をつける種のひとつ。分枝があまりない落葉性低木で、カエデ属に似た鋸歯縁の葉を持つ。春〜夏にかけて白からバイオレットパープルの皿形の花をつける。'ウェロニカ テナンド'は少し大きめで薄いモーブピンクの花をつける。
ゾーン：8〜10

ACASCIA
（アカキア属）

マメ科ネムノキ亜科に属し、少なくとも1,200種から成る。オーストラリアに多く生育するが、アフリカ、アメリカ熱帯地域、アジア、太平洋およびインド洋の島でも見られる。低木、小型および中型の木、または大型の森林木やつる性植物もある。花は黄色、クリーム色、白色で、穂状あるいは球状となって先端に密生する。葉の形状は基本的に二回羽状複葉である――だがこの種の場合、多くは偽葉に変化する。アカキア属の果実は典型的なマメの豆果で、熟すとはじけて一列に並んだ固い種子が現れる。アフリカにおいてこの種は、広い地域で景観を高める重要な役割を果たしている。上部が平らな樹冠部、美しい葉、鋭い刺のある枝が特徴的な「刺の木」である。成長の早いアカキア属は、大気中の窒素を土壌中の窒素に変換して栄養分を高めることができる。

Acacia acinacea

〈栽培〉

ほとんどのアカキア属には非常に水はけのよい土壌と日当たりのよさが必要となる。そのため穏やかな気候地域では周囲に雑草も増えるため短命の場合が多い。繁殖は固い鞘を柔らかくする処理をした種子から行う。花後には剪定して光が行き渡るようにする。

Acacia acanthoclada
一般名：ハーローワトル
英　名：HARROW WATTLE

☀ ❄ ↔0.9m ↕1.8m

オーストラリア南部の乾燥した内陸部原産。小型の堅実な低木で、短く刺の多い小枝、毛を帯びた小さな偽葉を持つ。晩冬から春にかけて、細い柄に明るい黄色の花序が単生する。生け垣や半乾燥気候地帯での低い風よけに適している。
ゾーン：8〜10

Acacia acinacea
一般名：ゴールドダストワトル
英　名：GOLD-DUST WATTLE

☀ ❄ ↔2.4m ↕2.4m

オーストラリア南部の半乾燥気候地帯原産で、長く伸びるアーチ状の枝に楕円から長円形の偽葉をつける。花は金黄色の球形頭で、晩冬〜春に咲く。豆果は湾曲形、らせん形、コイル形、ねじれ形である。'ルビー ティップス'（syn.'レッドティップス'）は新芽が明るい赤色のため他種と区別される。
ゾーン：8〜10

Acacia adunca
一般名：ワランガラワトル
英　名：WALLANGARRA WATTLE

☀ ❄ ↔3.5m ↕6m

Abutilon megapotamicum

Abutilon × milleri

Abutilon × suntense

Abutilon ochsenii

Abutilon vitifolium

Acacia baileyana

オーストラリア南部の乾燥森林地帯に自生する、よく茂る低木または小型の木。偽葉は細く、明るい緑色。晩冬および春に、球状で甘い芳香を放つ金黄色の花を長い小枝につける。水はけのよい土壌を好む。
ゾーン：9〜11

Acacia aneura
一般名：マルガ
英　名：MULGA
オーストラリア内陸乾燥地帯原産のよく茂る木で、乾燥した庭園でも生育する。偽葉は灰緑色。冬〜春にかけて、雨が多く降る時期の後に金黄色の花をつける。マルガとは、この木で作った長細い楯を指すオーストラリア先住民の言葉である。
ゾーン：9〜10

Acacia aulacocarpa
一般名：ヒッコリーワトル
英　名：BRUSH IRONBARK WATTLE
☼ ♦ ↔1.8〜3m ↕4.5〜15m
オーストラリア沿岸熱帯地域近辺に自生。さまざまな種があり、夏に降雨を必要とする。灰緑色の偽葉は大きく、20cmほどの長さになる。円柱状の金黄色の花が夏から秋に咲く。大きな庭園や公園に適している。
ゾーン：10〜12

Acacia ausfeldii
☼ ♦ ↔2.4m ↕1.8〜3.5m
オーストラリア東部のユーカリ森林地帯に自生する。樹脂の多い小枝は、多少垂れ下がる性質がある。偽葉は細く、綿毛を帯びたような金黄色の大きな花が2つひと組でつく。すでに成長した高木の下でよく育つ。
ゾーン：9〜11

Acacia baileyana
一般名：ギンヨウアカシア、ハナアカシア
英　名：COOTAMUNDRA WATTLE
☼ ❄ ↔6m ↕1.8m〜6m
オーストラリア国内全域で広く帰化した小型の美しい木で、元々はニューサウスウェールズ州クータマンドラ周辺に自生していた。葉は羽のような銀灰色。冬〜春にかけて、明るい黄色で球形の総状花序の花が咲く。'**プルプレア**'は魅力的な紫がかった葉群と新芽を持つ。
ゾーン：8〜10

Acacia adunca

Acacia boormanii

Acacia berlamdieri
英　名：BERLANDIER'S ACACIA、GUAJILLO、PLAINS ACACIA
☼/☽ ❄ ↔3〜5m ↕3〜5m
アメリカ合衆国のニューメキシコ州やテキサス州、およびメキシコ北部原産の巨大低木または小型木。明るい緑色でシダ状の美しい葉を持つ。早春にクリーム色で芳香のある球状の花が咲く。濃茶色で長く伸びた幅広の種子入り豆果をつける。
ゾーン：8〜9

Acacia binervia
一般名：コーストマイオール
英　名：COAST MYALL

自生する*Acacia aneura*（木）、オーストラリア西部、ドッカー川

☼ ♦ ↔10m ↕15m
オーストラリア東部の高原や山の斜面に自生する樹形のよい木。銀灰色の湾曲した偽葉のある樹冠部は大きいが密集している。早春に明るい黄色の穂状花が密生する。若い葉は台木に有害な場合もある。
ゾーン：9〜11

Acacia boormanii
一般名：スノーウィーリバーワトル
☼ ❄ ↔2m ↕1.8〜3.5m
オーストラリア南東部、スノーウィー川流域原産。直立のよく茂る低木で、すらりとした枝、濃い緑色の細い偽葉を持つ。球状で明るい黄色の花は腋生の総状花

Acacia binervia

Acacia buxifolia

Acacia burkittii

Acacia cavenia

序で、晩冬〜早春にかけて咲く。
ゾーン：8〜11

Acacia brachybotrya
英　名：GRAY MULGA
↔2〜5m ↕3〜5m
西部および北部地域を除いたオーストラリア本島全域に自生する、分枝の多い、密生した中型の直立低木。灰緑色の12〜25mm長さになる楕円形の厚い偽葉を持つ。春〜初夏に咲く明るい黄色の花は、20から30も集まって球形になる。豆果は濃い茶色。
ゾーン：8〜9

Acacia burkittii
英　名：PINBUSH WATTLE
↔4.5m ↕0.9〜4.5m
横に広がる高木で、オーストラリア南部の半乾燥地帯に自生する。偽葉は長く美しい。晩冬〜春にかけて、短長円形で明るい黄色の穂状花が咲く。
ゾーン：8〜10

Acacia buxifolia
英　名：BOX-LEAF WATTLE
↔0.9〜2.4m ↕0.9〜3m

れる。
ゾーン：9〜11

Acacia calamifolia
英　名：WALLOWA
↔3m ↕1.8〜3.5m
オーストラリアの乾燥した内陸部に広く分布する。直立または横に広がる低木で、細い針金状の茎と幅の狭い鉤状の偽葉を持つ。球状になる金黄色の花が晩冬〜晩春に咲く。非常に乾燥した環境にも適応できる。種子は絶滅寸前のツカムラツカツクリの餌になる。
ゾーン：8〜9

Acacia cardiophylla
アカキア・カルディオフィラ
英　名：WYALONG WATTLE
↔1.5〜2.4M ↕0.9〜3m
オーストラリア、サウスウェールズ州内陸部の人の住まない地域に自生する美しい多花性低木。長いアーチ状の枝に、小さなハート形の小葉を持つ二回羽状複葉をつける。小さな甘い芳香を放つ明るい黄色の球形の花は、円錐花序となる。'ゴールド　レイス'(syn.'クランガ　ゴールド　レイス')、平伏性およびつる性の性質や開花時期の早さ（晩冬〜早春）によって区別される。茎は成長に伴ってねじれていく。
ゾーン：8〜11

Acacia cavenia
英　名：CAVAN、ESPINO
↔3.5m ↕6m
アルゼンチンおよびチリ原産で、刺の多いしなやかな枝とシダ状の二回羽状複葉を持つ魅力的な小型木。春には黄色い花が頭状に球形となってつく。種子の入った豆果は大きい。生け垣に適している。
ゾーン：9〜11

Acacia cognata
英　名：NARROW-LEAF BOWER WATTLE
↔2.4m ↕3〜8m
樹脂の多い小型木で、オーストラリア南部沿岸地域に自生する。下垂する枝と細い緑色の偽葉を持つ。柄は短くで、晩冬から春にかけて黄金色の球状の花をつける。湿潤な場所を好む。
ゾーン：9〜11

Acacia complanata
英　名：FLAT-STEMMED WATTLE
↔3m ↕1.8〜3.5m
オーストラリア東部原産の亜熱帯種。大きく広がる低木で、小枝は不規則に伸びる。偽葉は大きめの披針形で脈が目立つ。晩春から初秋にかけて黄金色の球状の花が房状につく。一年ごとに整枝するとよい。
ゾーン：9〜11

Acacia covenyi
一般名：ブルーブッシュ
英　名：BLUE BUSH
↔3m ↕6m
オーストラリア、ニューサウスウェールズ州の高原南部に自生する稀少種。大きめの低木、または小型木。細い青緑色の偽葉を持つ。春には明るい黄色の花が小さく房状につく。種子は8cm程度の豆果になる。
ゾーン：9〜11

Acacia crassa
↔10m ↕12m
オーストラリア東部の森林に自生するこの種は、密生する場合が多い。枝が広がり、弓なりの大きな偽葉を持つ。晩冬〜早春に、2つひと組で黄金色の穂状花序がつく。
ゾーン：9〜11

Acacia crassicarpa
一般名：アカキア　クラッシカルパ
英　名：WOODYPOD WATTLE
↔10m ↕12m
オーストラリア北東極地やニューギニアに自生する。大きな灰色がかった偽葉を持つ。木質で大きくやや平板な豆果は35mmほどの幅となり、種子は光沢のある黒。強く長命なため保護種となることがある。
ゾーン：10〜12

Acacia cultriformis
一般名：サンカクバアカシア、ウロコアカシア
英　名：KNIFE-LEAF WATTLE、PLOUGHSHARE WATTLE
↔1.8〜3m ↕1.8〜3m
多くの栽培種を有する、オーストラリア東部原産の大きな低木。下垂する枝には、ほぼ三角形で青灰色の偽葉を持つ。小枝には、芳香のある明るい黄色の球状花がつく。生け垣に最適。'キャスケイド'(syn.'オーストラフローラ　キャスケ

Acacia complanata

Acacia crassa

Acacia cultriformis

Acacia elata

Acacia farnesiana

自生する*Acacia giraffae*、ナミビア、ナミブ国立公園

イド')は平伏性だが、花の大きさや色は同様である。
ゾーン：8～11

Acacia cyclops
英　名：ROOIKRANS、WESTERN COASTAL WATTLE
☼ ❄ ↔2～4.5m ↕2～4.5m
オーストラリア南部および南西部の沿岸に自生。密生する低木で、地面近くに枝を張って広がる。軽く反った厚い偽葉は3.5～10cmの長さになり、脈が3～5本突出する。春～秋にかけておよそ40個のレモンイエローの花が花序をなす。灰茶色で皮革質の豆果。アフリカ南部に帰化したものは深刻な環境被害を及ぼしている。
ゾーン：8～11

Acacia dealbata★
一般名：フサアカシア、ミモザ
英　名：MIMOSA, SILVER WATTLE
★ ❄ ↔8m ↕15m
オーストラリア、タスマニア原産。幹は濃い灰色から黒の樹皮、小枝は銀色、二回羽状複葉は灰緑色。晩冬～春に、薄いレモン色から明るい黄色の球形花が総状花序となっていっぱいに咲く。欧州ではミモザとして知られる。栽培種は以下の通り。'ガウロイス アスティアー'は深緑色の葉。'カンバー カーペット'は平伏性で密集し、乾燥に耐える。
ゾーン：8～10

Acacia decora
英　名：SHOWY WATTLE、WESTERN GOLDEN WATTLE
☼ ❄ ↔1.5m ↕1.8～4.5m
この大きく広がり密生する低木は、オーストラリア東部の内陸乾燥地帯で広く見られる。軽く反った偽葉は青みがかった緑色。冬～春に明るい黄色の球形花からなる総状花序がつく。花は壮観である。
ゾーン：8～11

Acacia decurrens
一般名：ブラックワトル
英　名：BLACK WATTLE
☼ ❄ ↔4.5m ↕4.5～15m
オーストラリア、ニューサウスウェールズ州の高原や沿岸原産の直立木。濃い灰色で溝のある樹皮と、幅広の小葉で深緑色の二回羽状複葉を持つ。冬～初春に芳

香のある鮮やかな黄色い球形花がつく。
ゾーン：9～10

Acacia drummondii
一般名：ドラモンドワトル
英　名：DRUMMOND'S WATTLE
☼/◐ ❄ ↔0.9～1.8m ↕0.9～1.8m
オーストラリア南西部の森林に自生する低層低木。灰緑色の二回羽状複葉を持つ。冬～春には細い柄に金黄色の穂状様の花がつく。種類が多く、4亜種に分類される。*A. d.* subsp. *elegans*は花序が大きく5cm以上になる。
ゾーン：9～11

Acacia dunnii
英　名：ELEPHANT-EAR WATTLE
☼ ❄ ↔2.4m ↕1.8～4.5m
熱帯オーストラリア北部原産の単茎の低木または小型木。白っぽい粉に覆われた非常に大きく幅広で灰緑色の偽葉を持つことが多い。晩秋～初冬に、人目をひく明るい黄色の球形花は大きな総状花序となって頂生し、50cmの長さになる。
ゾーン：9～11

Acacia elata
英　名：CEDAR WATTLE
☼ ❄ ↔12m ↕18m
オーストラリア東部沿岸の湿潤な保護林に自生する。ワトルの中では大型種のひとつ。深緑色の二回羽状複葉は、長い小葉が特徴的である。夏には綿毛のような房で、薄い黄色の球形花がつく。観賞用に向く。
ゾーン：9～11

Acacia decora

Acacia estrophiolata
英　名：IRONWOOD
☼ ❄ ↔3～10m ↕5～21m
オーストラリア内陸の森林または低木林に見られる。大きく広がる樹冠部は薄緑色で、樹皮はなめらかな銀灰色。偽葉は細く、縦にくっきりと3本の脈が走る。花序は薄い黄色で不規則に咲くが、たいていは雨の後が多い。
ゾーン：9～10

Acacia farnesiana
一般名：キンゴウカン
英　名：MIMOSA BUSH
☼ ✝ ↔4.5m ↕4.5m
熱帯アメリカに自生する、大きく広がる低木または小型木。二回羽状複葉の葉は腋で強くねじれている。冬～春に咲く金色の球形花は甘い芳香を放つ。花か

らとれる精油は香水に用いられる。
ゾーン：11～12

Acacia fimbriata
一般名：ブリスベーンワトル
英　名：FRINGED WATTLE
☼ ❄ ↔6m ↕6m
オーストラリア東部沿岸原産のよく茂る低木または枝の低い小型木。深緑色で線形の偽葉を持つ。晩冬～春にかけて芳香のある明るい黄色の球形花が房になって密生する。生け垣に適す。
ゾーン：9～11

Acacia floribunda
一般名：ヤナギバアカシア
英　名：SALLY WATTLE
◐ ❄ ↔4.5m ↕6m
オーストラリア東部沿岸に見られる背の

Acacia estrophiolata

高い密生低木または小型木。細い偽葉が数多くつく枝は下垂する。冬〜春にかけて、芳香のある黄色い花が緩やかな穂状につく。
ゾーン：9〜11

Acacia giraffae
異　名：*Acacia erioloba*
英　名：CAMEL THORN
☼ ❄ ↔12m ↕12〜18m

大きく広がる樹冠部を持つ均整のとれた木で、アフリカ南部で広範に見られる。冬〜初春にかけて甘い芳香の黄色い球形の花が咲く。豆果は三日月形。日よけに適す。
ゾーン：9〜11

Acacia glaucoptera
一般名：クレイワトル
英　名：CLAY-BUSH WATTLE
☼ ☽ ↔3m ↕1.5m

ウェスタンオーストラリア州原産の魅力的なドーム形の低木で、特徴のある平板な灰緑色の偽葉が不規則に出た柄を覆うようにつく。冬〜春に大きな濃い黄色の球形花が咲く。水はけのよい土を好む。
ゾーン：9〜11

Acacia glaucoptera

Acacia implexa

Acacia leptostachya

Acacia hakeoides
英　名：WESTERN BLACK WATTLE
☼ ❄ ↔4.5m ↕1.8〜6m

オーストラリア乾燥地帯原産のこの多枝低木は、厚い長円形の偽葉と、冬〜春にかけて人目をひく総状花序として密生する濃い黄色の球形花をもつ。順応性があり、乾燥にも耐える。
ゾーン：8〜11

Acacia harpophylla
英　名：BRIGALOW
☼ ☽ ↔6m ↕9〜15m

直立でよく茂り密生するこの木は、オーストラリア東部の半乾燥気候地帯に自生し、暑い地域の日よけとして有用である。溝のある黒っぽい樹皮、少し反った銀灰色の偽葉を持つ。冬〜初春に黄色い球形花序がつく。種子は薄い覆いに包まれている。
ゾーン：9〜11

Acacia havilandiorum
異　名：*Acacia havilandii*
英　名：NEEDLE WATTLE
☼ ☽ ↔3.5m ↕3.5m

オーストラリア南西部の内陸平原地域や乾燥した石の多い丘陵地域原産で、針状の偽葉を持つ装飾的な花瓶形の低木。晩冬〜春に明るい黄色の球形花を枝いっぱいにつける。
ゾーン：9〜11

Acacia lanigera

Acacia howittii
英　名：HOWITT'S WATTLE
☼ ☽ ↔3m ↕8m

オーストラリア南東部原産の魅力的な小型木で、平伏して密生する。粘着質のある濃い緑色の偽葉を持ち、春に芳香のあるレモン色の球状花がまとまって咲く。生け垣に非常に適した植物。栽培種の中には低い位置で広がる形のものもある。
ゾーン：9〜11

Acacia implexa
一般名：ヒッコリーワトル
英　名：HICKORY, LIGHTWOOD
☼ ❄ ↔3.5m ↕4.5m〜15m

オーストラリア東部沿岸および内陸の一部地域原産。長命の直立木で、樹冠部は適度に茂る。緑色の偽葉は反っている。夏〜初秋にかけて薄いクリームがかった黄色い球形花がつく。
ゾーン：8〜11

Acacia karroo
一般名：カルーソーン
英　名：KARROO THORN, SWEET THORN
☼ ☽ ↔8m ↕8m

アフリカ南部原産で広く分布し、よく見られる木。落葉性で濃い緑色の二回羽状複葉を持ち、樹冠部が丸く大きく広がる。なめらかで茶色がかった灰色の樹皮と、一対の垂直に出た刺を持つ。夏〜秋に濃い黄色で甘い芳香のある球形の花が咲く。
ゾーン：9〜11

Acacia karroo

Acacia harpophylla

Acacia havilandiorum

Acacia longifolia

Acacia mangium

Acacia lanigera
英　名：WOOLLY WATTLE
↔3.5m ↕4.5m
オーストラリア南部原産で、丸い形に広がり、固く細い偽葉を持つ細い羊毛状の低木。晩冬～早春に明るい黄色の花序がつく。弓形の茶色い豆果には密生した毛がある。
ゾーン：8～11

Acacia leptostachya
↔3.5m ↕4.5m
均整のとれた丸い小型木で、オーストラリア、クイーンズランド北部原産。灰緑色から銀色がかった鋭尖形の偽葉のために、全体が灰色みを帯びて見える。円柱形の花は強い芳香を放ち、鮮やかな黄色で、長さは5cmほどになる。
ゾーン：11～12

Acacia leucoclada
英　名：NORTHERN SILVER WATTLE
↔3.5m ↕9m
オーストラリア大分水嶺山脈南東部の乾燥丘陵地帯に自生する。二回羽状複葉は灰色がかった青緑色の色合い。小枝は密生する白みがかった毛を帯びている。晩冬～春にかけてそこに黄色い球形花序がつく。*A. l.* subsp. *argentifolia* は銀色がかった薄い青色。
ゾーン：9～11

Acacia myrtifolia

Acacia longifolia
一般名：ナガバアカシア
英　名：SYDNEY GOLDEN WATTLE
↔4.5m ↕1.8～8m
オーストラリア東部原産で、一般的に小型の低木で枝は低く伸びる。明るい緑色で厚みのある偽葉。冬～春にかけて枝に明るい黄色の穂状花をつける。生け垣や防風林に適している。
ゾーン：9～11

Acacia mangium
一般名：アカキアマンギウム
英　名：WATTLE
↔12m ↕15～24m
オーストラリア北部沿岸地域原産のよく伸びる木。脈の目立つ大きな披針形の偽葉で、夏～秋には白い棒状の花をつける。豆果は木質でねじれ、房になる。日よけに最適。
ゾーン：11～12

Acacia mearnsii
一般名：モリシマアカシア
英　名：LEAF BLACK WATTLE
↔8m ↕9m
オーストラリア南東部原産でよく育つ直立木。短い幹、黒っぽい樹皮を持ち、光沢のある黒みがかった二回羽状複葉がよく茂り、樹冠部は広がる。晩春～初夏に、薄い黄色の球形花が緩やかな房状につく。日よけに適す。
ゾーン：8～11

Acacia leucoclada subsp. *argentifolia*

Acacia melanoxylon

自生する*Acacia mearnsii*、オーストラリア、ニューサウスウェールズ州、アッパー・ブローゴ

Acacia melanoxylon
一般名：メラノクシロンアカシア
英　名：BLACKWOOD
↔6m ↕30m
オーストラリア東部本島およびタスマニア原産。縦に脈が走るくすんだ緑色の偽葉を持ち、樹冠部は横に広がる。晩冬～初春に、薄い黄色の球形花が房になってつく。南アフリカでは雑草の扱いである。
ゾーン：8～11

Acacia mellifera
英　名：SWARTHAAK
↔4.5m ↕8m
アフリカ南部原産。落葉性の低木または小型木で、丸形か平べったい樹冠部となる。枝には曲がった鋭い刺が一対となってつく。二回羽状複葉。新葉が出る前の冬～初春に咲く花は、クリームがかった白色で甘い芳香がある。
ゾーン：9～11

Acacia muelleriana
英　名：MUELLER'S WATTLE
↔6m ↕1.8～8m
オーストラリアのニューサウスウェールズ州やクイーンズランド州原産の種で、濃緑色の羽状複葉と春～夏にかけて咲くクリーム色から薄い黄色の花をもち、花後には細い豆果をつける。
ゾーン：9～11

自生する*Acacia papyrocarpa*、西オーストラリア、メドゥーラ

Acacia paradoxa

Acacia pravissima

Acacia podalyriifolia

Acacia myrtifolia

英　名：MYRTLE WATTLE
☼ ❄ ↔2.4m ↕2.4m

オーストラリア南部原産の花をつける低木で種類が多く、赤みがかった茎と濃緑色の披針形の偽葉を持つ。薄い黄色からクリームがかった白色の綿毛のような花が冬〜春に咲く。新芽は赤みがかった色で目をひく。
ゾーン：8〜11

Acacia oxycedrus

英　名：SPIKE WATTLE
☼ ❄ ↔2m ↕0.9〜3m

オーストラリア本島南部原産で、偽葉は堅く平板で先がとがり、堅い刺を持つ低木。冬〜春にレモンイエロー色の穂状花序がつく。生け垣として一般的。
ゾーン：8〜10

Acacia papyrocarpa

英　名：WESTERN MYALL
☼ ❄ ↔3〜6m ↕3〜10m

南オーストラリア、西オーストラリアの乾燥および半乾燥地帯原産の大きな低木あるいは小型木。下垂する枝、厚い樹皮、3.5〜8cm長さになる銀色から灰緑色の細い偽葉を持つ。初〜晩春に金色の球状花序をつける。豆果は紙質で薄い。
ゾーン：8〜10

Acacia paradoxa

異　名：*Acacia armata*
一般名：ハリアカシア
英　名：KANGAROO THORN
☼ ❄ ↔3〜3.5m ↕3〜3.5m

オーストラリア本島沿岸部から半乾燥地帯まで広く分布する多枝低木で、針状の刺を持つ。偽葉は波打った長円で、晩冬〜春に金黄色の大きな球形花をつける。生け垣に適す。
ゾーン：8〜11

Acacia pycnantha

Acacia pendula

一般名：ウィーピングアカシア
英　名：BOREE, WEEPING MYALL
☼ ↔6m ↕12m

平伏性の美しい木で、オーストラリア東部の少雨地域に広く分布する。偽葉は銀色を帯び、細い。小さなレモンイエロー色の球形花をつけるが目立たない。木材は旋盤加工や装飾品用に用いられる。
ゾーン：9〜11

Acacia podalyriifolia

一般名：シンジュバアカシア、ムクゲアカシア
英　名：QUEENSLAND WATTLE
☼ ↔4.5m ↕3〜4.5m

オーストラリア、クイーンズランド南部の沿岸部に自生する。装飾的で丸形の銀色がかった偽葉と、早冬〜春に房となってたくさん咲き芳香を放つ金色の球形花を持つことから、広く栽培されている大型低木あるいは細い小型木。
ゾーン：9〜11

Acacia pravissima

一般名：オーブンアカシア
英　名：OVENS WATTLE, WEDGE-LEAFD WATTLE
★ ☼ ❄ ↔3m ↕3〜8m

オーストラリア南東部の丘陵地帯に自生する。よく伸びる低木または小型木で、下垂する枝と、小さくほぼ三角形でオリーブグリーン色の偽葉を持つ。春には伸びた枝に金黄色で球形の花がたくさん咲く。平伏性の'**ゴールデン　カーペット**'は4.5mほどにも広がる。
ゾーン：8〜10

Acacia prominens

一般名：ゴールデンレインアカシア
英　名：GOSFORD WATTLE
☼ ↔3〜3.5m ↕3.5〜18m

オーストラリア、ニューサウスウェールズ州の中央部沿岸原産。魅力的な低い枝振りで、細い青緑色の偽葉を持つ。冬〜初春には甘い芳香を放つ薄黄色の球形花が豊かな房になって咲く。
ゾーン：9〜11

Acacia pubescens

英　名：DOWNY WATTLE
☼ ↔3m ↕0.9〜3.5m

オーストラリア、ニューサウスウェールズ州の沿岸部原産のよく成長する美しい低木で、自生種は絶滅の危機にある。豊かな枝には明るい緑色の二回羽状複葉がつく。晩冬〜春には明るい黄色の球形花がまとまって咲く。切り花は長持ちする。
ゾーン：9〜11

Acacia pulchella

一般名：ウェスタンプリックリーモーゼス
英　名：WESTERN PRICKLY MOSES
☼ ↔2m ↕1.5m

西オーストラリア原産。付け根に小さな刺のある二回羽状複葉。晩冬〜春には、葉より長く伸びる金色の球形花が柄にひとつつく。
ゾーン：9〜11

Acacia pycnantha

一般名：ゴールデンワトル
英　名：GOLDEN WATTLE
☼ ↔4.5m ↕3〜8m

背の高い低木または程良い枝振りの小型木で、オーストラリアの国花である。豊かな枝に明るい緑色の偽葉。総状花序は大きく、芳香のある金黄色の球形花が晩冬〜春に咲く。
ゾーン：9〜11

Acacia pubescens

Acacia rubida

Acacia ulicifolia

Acacia redolens
☼ ❄ ↔3〜8m ↕0.9〜4.5m
小型のよく成長する低木。縦に3〜4本浮き出た脈があり、甘い芳香を放つ灰緑色または青みがかった緑色の偽葉を持つ。春、黄色い花序をつける。豆果は細い。オーストラリア南西部原産。
ゾーン：8〜10

Acacia retinodes
一般名：シルバーワトル、スワンプワトル
英　名：SILVER WATTLE、SWAMP WATTLE、WIRILDA
☼ ❄ ↔3m ↕3〜8m
低木あるいは小型木で、オーストラリア南東部原産。庭園では湿地のそばの区画に植える。偽葉は青緑色で細い。晩春〜夏にかけてレモンイエロー色の球形花が短い房になって咲く。
ゾーン：8〜10

Acacia riceana
英　名：RICE'S WATTLE
☼ ❄ ↔3m ↕3〜6m
オーストラリア、タスマニア原産。刺のある低木または小型木で、枝は下垂することが多い。細い鋭尖形で濃緑色の偽葉。初春に薄黄色の球形花がまばらな房となってたくさん咲く。
ゾーン：8〜10

Acacia rigens
英　名：NEEDLE WATTLE
☼ ❄ ↔3.5m ↕3.5m
オーストラリア本土の乾燥および半乾燥地帯に広く分布し、密生した丸形の低木は観賞にも向く。銀灰色で堅く、細い鋭尖形の偽葉。冬から春にかけて金色の球形花が房となって咲く。
ゾーン：8〜10

Acacia rubida
英　名：RED-STEMMED WATTLE
☼ ❄ ↔1.8〜3m ↕3〜9m
オーストラリア東部に自生する。よく茂る低木または小型木で、深い赤色のとがった茎と細い皮革質の偽葉を持ち、葉は冬になると赤みを帯びる。晩冬〜春にかけて明るい黄色の球形花が房状に咲く。
ゾーン：8〜10

Acacia salicina
英　名：COOBA、CCBAH、NATIVE WILLOW
☼ ❄ ↔3〜5m ↕4.5〜10m
オーストラリア本土各州内陸の河川流域に自生する。広がる背の高い木で、枝は下垂し、吸枝が出やすい。緑から青緑色の偽葉も下垂し、厚みはあるがもろい。薄黄色の花が一年中咲くが、ピークは秋〜冬。薄い茶色の豆果は厚く木質である。
ゾーン：8〜9

Acacia saligna
異　名：*Acacia cyanophylla*
一般名：ゴールデンリースワトル
英　名：GOLDEN WREATH WATTLE、ORANGE WATTLE、PORT JACKSON WILLOW、WESTERN AUSTRALIAN GOLDEN WATTLE
☼ ❄ ↔3〜6m ↕2〜10m
オーストラリア南西端付近の、主に沿岸地域原産。成長の早い小型木で、樹冠部が大きく、赤みがかった枝は下垂する。緑または青緑色の偽葉はたいてい反っている。晩冬〜初夏に明るい黄色からオレンジ色の花序をつける。豆果は長く平板。
ゾーン：9〜10

Acacia spectabilis
英　名：MUDGEE WATTLE
☼ ❄ ↔3m ↕2.4〜3m
オーストラリア東部の内陸斜面原産。枝が下垂する背の高い細い低木で、青緑色の柔らかい二回羽状複葉を持つ。晩冬〜春に非常に目をひく球形の金黄色の花をつける。
ゾーン：9〜11

Acacia stenophylla
英　名：EUMONG、NATIVE WILLOW、RIVER COOVA
☼ ❄ ↔3〜6m ↕4.5〜15m
オーストラリア本土各州内陸の河川流域に自生する。密生する木で平伏性、粗く黒っぽい樹皮を持つ。40cmほどの長さになる灰緑色の偽葉は、縦に多くの脈が走って厚く、下垂する。秋から冬にクリーム色を帯びた花序をつける。豆果はまっすぐだがしわが多い。
ゾーン：8〜10

Acacia suaveolens
英　名：SWEET WATTLE
☼ ❄ ↔1.5m ↕2.4m
オーストラリア東部沿岸から一帯にかけて広く分布し、細い青緑色の偽葉を持つ。冬〜春にかけて芳香のある薄黄色の球形花をつける。平板で青みがかった豆果。花後にはできるだけ小さく剪定するとよい。ゾーン：9〜11

Acacia tenuinervis
☼ ❄ ↔3.5m ↕9m
オーストラリア、クイーンズランド州南東部の低木林地域一帯に自生する長命種で、根から吸枝することもある。偽葉は10cmほどになり、美しい平行脈を持つ。春に、葉の腋から長い穂状花をつける。
ゾーン：9〜12

Acacia tortilis
一般名：アンブレラソーン
英　名：UMBRELLA THORN
☼ ❄ ↔6〜9m ↕9m
アフリカ全土およびアラビア半島原産で、樹冠部は傘状。鋭い刺があり、極小の葉は二回羽状複葉。真夏には、芳香のある白から薄い黄色の花が咲く。豆果は薄茶色でねじれる。*A. t.* subsp. *heteracantha*は、アフリカ南部で最も広く分布している種である。
ゾーン：9〜11

Acacia triptera
英　名：SPURWING WATTLE
☼ ❄ ↔4.5m ↕3.5m
オーストラリア東部の半乾燥地帯原産。枝が密生して大きくなる。鋭尖形の偽葉は堅く、反っている。晩冬〜春にかけて

Acacia triptera

自生する*Acacia tortilis*と枝にとまるハタオリドリ、ケニア、サムブル国立公園

Acacia verticillata var. *latifolia*

金色の棒状花がつく。生け垣に最適。
ゾーン：9〜11

Acacia ulicifolia
英　名：PRICKLY MOSES, PRICKLY WATTLE
☀ ❄ ↔ 1.5m ↕ 1.8m
オーストラリア東部に広く分布する。針金のような枝が大きく広がるまたはアーチ状になる小型低木。刺のある偽葉が密生する。冬〜春には、偽葉より長く伸びる細い柄に薄黄色の球形花がひとつつく。低めの生け垣に適す。
ゾーン：9〜11

Acacia verticillata
一般名：スギバアカシア
英　名：PRICKLY MOSES
☀ ↔ 2m ↕ 3m
オーストラリア本土南東部およびタスマニアに自生する魅力的な低木。低く広がるか、またはアーチ状になる枝が上方に伸びる。非常に鋭い針状の偽葉。晩冬〜春に、明るい黄色の穂状花がつく。*A. v.* var. *latifolia*はより幅が広く平板で鈍角の偽葉で全体が覆われる。
ゾーン：9〜11

Acacia vestita
英　名：WEEPING BOREE
☀ ❄ ↔ 1.8〜4.5m ↕ 1.8〜4.5m
オーストラリア東部原産。広く栽培されている密生低木で、魅力的な下垂枝と緑色の偽葉を持つ。春には、金黄色の球形花が房状にたくさんつく。目隠し、生け垣、または低めの風よけに適している。花後には整姿のために剪定する。
ゾーン：9〜11

Acacia victoriae
英　名：BRAMBLE WATTLE, GUNDABLUEY
☀ ❄ ↔ 3m ↕ 1.8〜8m
オーストラリア本土内陸部に広く分布する大きく広がる低木または小型木で、雨量の少ない地域では大きな生け垣として利用される。灰緑色の偽葉は基部に堅い刺がある。芳香のあるクリームがかった黄色の球形花が、晩冬〜初夏にかけて咲く。
ゾーン：8〜11

Acacia xanthophloea
一般名：フィーバーツリー
英　名：FEVER TREE
☀ ↔ 6〜12m ↕ 15m
アフリカ南東部原産の落葉性の木で、樹冠部は多少まばらで横に広がる。黄緑色の樹皮はなめらかで粉をふき、するどい刺が突き出し、葉は小さな二回羽状複葉である。芳香のある金黄色の丸形花が春に咲く。この木はキップリングの小説 'The Elephant's Child' にフィーバーツリーとして登場する。
ゾーン：9〜11

ACAENA
（アカエナ属）
英　名：BIDDY BIDDY, NEW ZEALAND BURR, SHEEP'S BURRS
平伏性の多年生植物で常緑亜低木であるこの属は、バラ科の植物である。アメリカ合衆国のカリフォルニア州やハワイ州、南アメリカ、オーストラリア、ニュージーランドに100種ほどが自生し、乾燥した山岳地帯で成長する。葉は小さいシダ状の場合が多く、色は明るい緑色から灰青色や青銅紫色にわたる。球形花序は葉の上部につき、なかには非常に装飾的な刺のある動物付着型種子を持つ種もある。豊かな茎は自在に伸びるので、グラウンドカバーや壁に這わせるのに向いている。

〈栽培〉
アカエナ属は痩せた土壌でも容易に育つが、水はけをよくしなくてはならない。日当たりはよいほうが勧められるが、日陰でも育つ。ほとんどは耐寒性があるが、あまり長く霜にあたると落葉する。

Acaena anserinifolia

Acaena microphylla

Acaena novae-zelandiae

Acaena microphylla 'クプファーテピック'

秋や春に、根をつけた茎の一部や種子で繁殖させる。

Acaena anserinifolia
☀ ❄ ↔ 80cm ↕ 10cm
オーストラリアおよびニュージーランド原産で、くすんだ緑色のシダ状葉は付け根が鮮やかな茶色。夏〜秋にかけて、わずかな花が咲いた後には、赤い刺のある果序が葉の上方にできる。
ゾーン：6〜10

Acaena caesiiglauca
☀ ❄ ↔ 80cm ↕ 5cm
ニュージーランドの種で、分裂した小さな羽状複葉は絹のような表面を持ち、青みがかった灰色。小さな白い花序がきれいに葉の上に並び、その後刺のある茶色い動物付着型種子となる。
ゾーン：6〜10

Acaena microphylla
アカエナ・ミクロフィラ
☀ ❄ ↔ 50cm ↕ 5cm
ニュージーランド北島原産で、緑または青銅色の美しいシダ状葉を持つ平伏種。晩夏に小さなクリーム色の花が咲いた後、赤く刺があり目をひく動物付着型種子ができる。'**クプファーテピック**' (syn. *A. m.* 'カパー　カーペット')は緑から青銅色の葉を持つ。
ゾーン：6〜10

Acaena montana
英　名：ALPINE BURR
☀ ❄ ↔ 30cm ↕ 5cm
オーストラリア原産の平伏性高山植物。美しい緑色の分裂葉と葉の上部に小さな花序を持つ。果序には茶色がかった短い刺がある。
ゾーン：6〜9

自生する*Acacia xanthophloea*、アフリカ

Acaena novae-zelandiae
一般名：ビディ ビディ
英　名：BIDDY BIDDY、BIDGEE-WIDGEE、PIRRI-PIRRI
☀ ❄ ↔100cm ↕15cm
ニュージーランド、ニューギニア、オーストラリア南東部原産の丈夫な種。ブリテン島の一部で帰化し、アメリカ合衆国カリフォルニア州では有害な雑草とされている。葉は鮮やかな緑色できれいに分裂する。刺のある赤い果序が晩夏につく。
ゾーン：6～10

Acaena saccaticupula
☀ ❄ ↔0.9m ↕10～20cm
ニュージーランドの高山および亜高山原産。5cmほどになる赤褐色から赤緑色の羽状複葉は、9～15の鋸歯状に分裂する。紫赤色の花序には人目をひく鉤状の赤い刺がある。'ブルー ヘイズ'の葉は赤みがかった青緑色。
ゾーン：6～10

ACALYPHA
（エノキグサ属）
多年生の低木として約400種が知られるトウダイグサ科に含まれる汎熱帯性の属。明るい深紅色から赤色の長い尾状花序あるいは穂状花序が最もよく知られている。葉は単葉でかなり大型、鋸歯縁の楕円形。*Acalypha amentacea* subsp. *wilkesiana*の葉には美しい斑が入るが、ほとんどの種では花のために栽培される。個々の花は小さいが、雌性植物では種によって45cmほどにもなる尾状花序がつく。
〈栽培〉
温暖でほとんど霜の降りることのない環境が基本で、成長期には多量の水分が必要となる。湿潤で豊富な腐食質を含む水はけのよい土壌および肥料があれば、葉は青々と茂り、花は次々と咲く。若いシュートやしおれた花を摘心すると小型のまま育てられる。挿し木で繁殖できるが、室内で育てる場合にはカイガラムシや白バエに注意する。

Acalypha amentacea subsp. *wilkesiana*
異　名：*Acalypha wilkesiana*
一般名：サンシキアカリファ
英　名：COPPERLEAF、FIJIAN FIRE PLANT、JACOB'S COAT
☀ ❋ ↔3m ↕3m
フィジーやそれに隣接する島原産。葉の色と模様が印象的な低木。色は緑から青銅色で、そこにピンク、ローズがかった赤、クリーム、黄色と織物のように色が入り、粗い鋸鋸歯縁がより引き立つものもある。夏～秋には葉と競うように花が咲く。'セイロン'は青銅紫色に縁がピンクまたは白色の葉。'マルギナータ'の葉は銅色で縁が赤。ゾーン：10～12

Acalypha hispida
一般名：ベニヒモノキ
英　名：CHENILLE PLANT、RED-HOT CAT-TAIL

Acalypha reptans

☀ ✿ ↔1.5m ↕3.4m
血のように赤い長い房状の花で有名な種で、ほとんどが熱帯東アジア原産。鋸歯縁の葉は鮮やかな緑色で毛を帯びている。房を下から見上げられるようにハンギング仕立てにすると最適。
ゾーン：11～12

Acalypha reptans
一般名：キャットテール
英　名：RED CAT-TAIL
☀ ❋ ↔30cm ↕30cm
アメリカ合衆国フロリダ州やカリブ島近辺原産でハンギング仕立て用として育てられることが多く、葉は薄く柔らかい緑から深い緑色。尾状花序は濃いピンクから薄い赤色で夏に咲くが、そのほかの時期に咲くこともある。
ゾーン：10～12

ACANTHOLIMON
（アカントリモン属）
英　名：PRICKLY THRIFT
イソマツ科の約120種がある属で、小さな房状またはクッション綿状の多年生植物および亜低木。地中海地方から中央アジアの山岳地帯に多い。英名でわかるとおり、THRIFT（ハマカンザシ）に似るが、刺状の葉がより長い。種によっては2種類の葉を持つ。広めで多肉質の春の葉と、細い針状の夏の葉である。花は直径約12mmの円形で、花びらは5～10枚、じょうご形の萼を持ち、晩春～夏に針金のような茎または葉の間に小さな花序をのぞかせる。
〈栽培〉
完全な水はけのよさを必要とする場合が多く、ロッケリーまたは涼しい温室が最適。日当たりのよい、砂利のように水はけのよい土壌に植える。夏の暑さや冬の寒さにはかなり耐えるが、湿り気の多

Acalypha amentacea subsp. *wilkesiana*

い寒さには弱い。種子または小基部の挿し木で繁殖させる。

Acantholimon avenaceum
☀ ❄ ↔10～20cm ↕20～30cm
中央アジア原産。薄緑色の線形葉の葉枕が密生して形を作る。花期は長く、上方に突き出した針金のような茎に、黒っぽい脈を持つオフホワイト色の萼とピンク色の花がつく。
ゾーン：3～9

Acantholimon glumaceum
★ ☀ ❄ ↔30cm ↕10～15cm
コーカサス地方からアジア西部に見られる。30mmほどの細い濃緑色の葉を持つ。茎は約15cmで、6～8個の小さな濃ピンク色の花が白い萼の上に咲く。
ゾーン：3～9

Acantholimon hohenackeri
☀ ❄ ↔20～40cm ↕10～15cm
コーカサス地方からイラン北部原産で、木質の基部上に大きな刺状で青灰色の葉枕と堅い線形の葉を持つ。突き出した小枝に柔らかなピンク色の花をつける。
ゾーン：3～9

Acantholimon hohenackeri

Acanthus dioscoridis

Acanthus hirsutus

Acanthus spinosus 'レディ ムーア'

Acanthus mollis

ACANTHUS
（ハアザミ属）
英 名：BEAR'S BREECHES

キツネノマゴ科に属し、30種を有する多年生の亜低木で、旧世界の熱帯や温暖地域原産。人目をひくほぼ常緑の葉と上方に伸びる花茎のため栽培されてきた。基部が密集する葉は大きくつやのある羽状複葉であるものが多く、裂片は歯状または刺状。花は管状でモーヴから白色、一部は目立つ苞に包まれている。自由に自家播種させることができ、吸枝も出る。花後には大きいが特に魅力的とはいえない豆果がつく。ハアザミの葉は古代ギリシャや古代ローマにデザインとして多く取り入れられ、柱のてっぺんやフリーズに施された。コプト、ビザンチン、ケルト、バロックなどの芸術にも見られる。アーリークリスマスには天国の象徴としてこの葉を飾る。

〈栽培〉
寒さには耐えられるものが多いが、あまり厳しい寒さは勧められない。湿潤で水はけのよい腐食質豊かな、日なたまたは半日陰の土壌に植える。根が多く簡単に株分けできるが、春播きの種でも育てられる。

Acanthus dioscoridis
☼ ❄ ↔75～150cm ↕60～90cm
トルコからイランにかけて自生する。塊状になった葉のロゼットが根の上に広がる。葉は5cm幅で銀緑色、縁にはぎざぎざがなく美しい切れ込みが入るがとがっていない。夏に40cmほどの歯状苞の中に5cm幅のモーヴピンク色の花が咲く。*A. d.* var. *laciniatus*はより葉が美しく、ほぼ中央部分にまで深く切れ込みが入る。
ゾーン：8～10

Acanthus hirsutus
☼ ❄ ↔60～75cm ↕45cm
トルコ原産でロゼットを形成し、葉は先端が軽くとがった深い切れ込みが入る。毛で覆われた花茎は、他種よりも花のつきが少ない。花には、オフホワイトから黄色の花弁と黄色がかった緑色の管状の萼がつく。
ゾーン：7～10

Acanthus mollis
一般名：ハアザミ
英 名：BEAR'S BREECHES
☼/◐ ❄ ↔100～150cm ↕2m
光沢のある濃緑色で深い歯状の切り込みが入り、先端が軽くとがった90cm以上の長さになる羽状複葉または二重羽状複葉。2mほどになる茎には歯状でモーヴ色の苞とその中に白い花がつくため、薄紫色に輝く。ヨーロッパ西部およびアフリカ北西部に見られる。'キャンデラブラス'は大きな裂片のある花が花茎につくことがある。
ゾーン：6～10

Acanthus montanus
英 名：MOUNTAIN THISTLE
☼/◐ ❄ ↔0.9～2m ↕2m
熱帯西アフリカの高地に自生する低木種。小さく堅い深緑色の葉には、銀色で光沢があり、深い裂片のあるアザミに似た粗い刺がある。短い茎頂の花茎には一部がピンクやモーヴ色に染まった白色の花が咲く。
ゾーン：10～11

Acanthus spinosus
一般名：トゲハアザミ
☼/◐ ❄ ↔100～150cm ↕90cm
*A. mollis*と同様、地中海地方に見られるが、葉は深く切れ込み、大きくよりとがっている。白色、時にはモーヴ色に染まった花が、とがった苞の中に咲く。'レディ ムーア'（スピノシッシムス グループ）は斑入りの葉で、花は紫と白色。
ゾーン：6～10

ACCA
（アッカ属）
異 名：*Feijoa*

フトモモ科で南アフリカ原産のこの属は、グアバに似た実をつける6種の常緑低木および小型木を含む。単葉でなめらかな緑色の葉は裏面の色が薄い。目をひく単花は多肉質の花弁で、目立つ雄ずいを持つ。フェイジョア種だけは、美味な果実や装飾用に一般的に栽培され、オレンジと同様に温暖な気候で育てられる。

〈栽培〉
フェイジョアは日当たりと水はけのよい、常に肥沃な場所を好む。雨ざらしや塩分を含む風にも耐え、密な生け垣用に刈り込むこともできる。冬の寒さにも耐えるが、冷感地帯では日光の温度を逃さないために壁を背に植えるとよい。質のよい果実を収穫するなら、同種のクローンではなくほかの植物による他花受粉が望ましい。挿し木や接ぎ木で繁殖させた種にさまざまな名前がつけられているが、種子から育てた種は果実の質は落ちるもののまさに装飾的で、より確実に受粉ができる。

Acca sellowiana
異 名：*Feijoa sellowiana*
一般名：フェイジョア、パイナップルグアバ
英 名：FEIJOA, PINEAPPLE GUAVA
★ ☼ ❄ ↔3m ↕3m

ブラジル南部からアルゼンチン北部に自生するフェイジョアで、皮革質で楕円形、光沢のある緑色で裏は白っぽい葉を有する。花は花弁がカップ状になり、薄い洋紅色で、濃い深紅の雄ずいを持つ。果実は長円形で甘く、芳香があり、クリーム色に輝く。栽培品種は以下の通り。'ビーチウッド'はなめらかな皮の果実をつける。'クーリッジ'は豊富に実をつける。'マンモス'は皮にしわが寄った大きな実をつける。'ネイズメッツ'は10cmほどの長さになる大きな実をつける。'トラスク'は厚い皮の果実をつける。
ゾーン：8～10

ACER
（カエデ属）
英 名：MAPLE

カエデ科のほとんどは落葉性の属で、装飾的価値の高い種が多い。120種ほどが含まれ、そのほとんどが北半球に生息する。カエデは湿潤な気候の森や森林地帯に自生する。単葉で、多くは鋸歯縁ま

Acca sellowiana

たは裂片で、小枝に細い柄が対称につく。一部は3、5、または7枚の小葉からなる。花は小さく、房状か密生する穂状となる。果実は花の柄につく2個の小さな木の実（翼果）で、それぞれより長い翼に接合する。

〈栽培〉
カエデは、適度に雨が降るより涼しい気候地域が最適であるが、暖かく湿度の高い夏やそれと落差の激しい冬があっても生育できる。常に下層が湿った深く非常に水はけのよい土壌を好む。葉の夏枯れを防ぐために日よけが必要な種もあれば、乾燥した風に耐えられる種もある。繁殖は種子から行い、栽培種は接ぎ木を行う。

Acer buergerianum
一般名：トウカエデ、サンカクカエデ、ツウテンカエデ
英　名：TRIDENT MAPLE
↔8m ↕9m
中国東部および朝鮮半島原産。通常は頑丈な小型木だが、一般的には盆栽に利用される。葉は3つに裂片し、秋になると黄色がかった中に赤色が混じって紅葉する。冬の間は翼に果実がついたままになる。
ゾーン：6〜10

Acer campbellii
異名：Acer sinense, A. wilsonii
↔2.4〜4.5m ↕4.5〜12m
中国、インドネシア、ヒマラヤ東部原産で、4つの亜種に分類されるほど種類が多い。葉は5〜7に裂片する。新しい葉は赤褐色で、秋になると金黄色から燃えるような赤に変わる。A. c. subsp. flabellatumはより細く堅い小枝に、大きな光沢のある葉を持つが、A. c. subsp. wilsoniiはより小さな3枚に裂片した葉を持つ。
ゾーン：7〜10

Acer campestre
一般名：コブカエデ
英　名：FIELD MAPLE、HEDGE MAPLE
↔3.5m ↕9m
アジア西部、ヨーロッパ、北アフリカに広く分布し、一般的にはイギリスの地方で生け垣によく利用されている。秋になると葉が鮮やかな金黄色に変わり、年数を経るごとに樹皮は厚くなり、溝ができ

夏のAcer campestre

る。A. c. subsp. tauricumは葉がより小さく、裏はふわふわしている。栽培種は次の通り。A. c. 'カーニバル'は成長の遅いクローンで、高さ幅とも3mくらいになり、葉の縁は非常に白い。'エルスリジェク'は濃緑色の葉が豊富で、円錐形になる。'クイーン エリザベス'★は直立し、葉は光沢がある。'シュウェリニイ'は赤みを帯びた葉が紅葉で紫になる。
ゾーン：3〜9

Acer capillipes
一般名：ホソエカエデ、ホソエウリハダ
英　名：RED SNAKEBARK MAPLE
↔10m ↕12m
日本原産で、変わった樹皮と魅力的な葉を持つ。若い茎は明るいピンクがかった赤色で、年月を経るごとに白い縞の入った緑茶色の樹皮に変わる。葉は濃緑色で鋸歯状の縁と目を引く赤い柄を持つ。
ゾーン：5〜9

Acer cappadocicum
一般名：カッパドキアカエデ
英　名：CAPPADOCIAN MAPLE
↔15m ↕18m
トルコおよびアジア東部からヒマラヤの高地原産で、成長が早く5〜7枚の一般的な三角形の裂片と平らな基部を持つ。秋になっても葉は落葉せず、赤みがかってから黄色に変わる。形状および栽培種は次の通り。A. c. subsp. lobeliiローベルスメイプルは円柱形になる。A. c. subsp. sinicumの裂片はよりとがっていて樹皮も粗い。A. c. 'アウレウム'は春になると金黄色の新しい葉がつく。'ラブラム'は深い赤色の若葉を持つ栽培種。
ゾーン：5〜9

Acer carpinifolium
一般名：チドリノキ、ヤマシバカエデ

冬のAcer campestre

Acer cappadocicum 'アウレウム'

英　名：HORNBEAM MAPLE
↔9m ↕9m
日本の山岳森林地帯原産。木、低木の両方がある。枝が密生する。裂片のない葉の縁は鋸歯状でしわが多く、秋になると金色に色づく。翼の果実は反っている。成長が遅い。
ゾーン：4〜8

Acer caudatum
↔4.5m ↕12m
ヒマラヤ東部、中国北東部、ミャンマー北部、日本北部原産。葉は三角形の5枚の裂片で、縁は鋸歯状。樹皮は濃い茶色で割れ目がある。翼の果実は房状になる。A. c. subsp. ukurunduense（オガラバナ、ホザキカエデ）は、鋸歯状の5〜7枚の裂片。
ゾーン：4〜9

Acer circinnatum
一般名：ツタカエデ、カリフォルニアカエデ
英　名：VINE MAPLE
↔4.5m ↕4.5m
北アメリカ西部原産の低木または枝の低い木で、素晴らしい色彩は特筆すべきものがある。7〜9枚に裂片する葉は丸く、秋にはオレンジスカーレット色から濃い赤色に変わる。花は紫色。翼に水平につく果実は赤色。'モンロー'の葉は深く切れ込みが入る。
ゾーン：4〜8

Acer cissifolium
一般名：ミツデカエデ
英　名：VINE-LEAF MAPLE
↔10m ↕9m
日本原産の小型木あるいは低木で、樹

Acer campbellii subsp. flabellatum

Acer carpinifolium

Acer caudatum subsp. ukurunduense

冠部は広がり、樹皮は黒っぽくなめらか。複合葉を持つ。鋸歯縁で青銅色がかった3つに割れた葉は、秋になると黄、オレンジ、赤色に変わる。種子は房状。酸性土を好む。ゾーン：5～8

Acer × conspicuum
アケル×コンスピクウム

☀ ❄ ↔6～9m ↕9m

蛇皮質の樹皮を持つシナカエデとシロスジカエデの2種が交配した木で、1960年代のイギリスで初めて発見された。強い木で、葉は3～5に裂片する。原種のクローンは'**シルバー ベイン**'で、ほかのカエデよりも非常に葉が大きく、より縞が目立つ。ゾーン：5～9

Acer crataegifolium
一般名：ウリカエデ、メウリノキ、メウリカエデ

☀ ❄ ↔8m ↕8m

日本原産。葉はセイヨウサンザシ（サンザシ属）に似る。葉は3つに裂片するかほとんど裂片せず、8cmほどの長さになり、濃緑色から青みがかった緑で、縁は波打ち、柄は紫色を帯びる。翼に18mm四方の小さな果実をつける。夏の湿潤を要する。ゾーン：6～8

Acer davidii
一般名：シナカエデ

英名：PERE DAVID'S MAPLE

★ ☀ ❄ ↔8m ↕9m

中国中央部および西部原産の優雅で成長の早い種。枝がアーチ状になり隙間が多く、縞のある緑がかった樹皮を持つ。葉はとがり、鋸歯縁で、基部近くに小さな裂片がある。長く下垂した穂状花序に赤っぽい小さな果実がなる。栽培種は次の通り。'**アーネスト ウィルソン**'は細いオレンジ色の葉を持つ小型種。'**ジョージ フォレスト**'の若葉はほとんど裂片がなく濃い赤色。'**サーペンタイン**'はほかの種よりもより葉が小さい。ゾーン：5～9

Acer forrestii
アケル×フォレスティイ

異名：*Acer pectinatum* subsp. *forrestii*

☀ ❄ ↔6～9m ↕8～12m

中国西部原産で、若いうちの枝は樹皮が赤みを帯びるかまたは紫がかって白い縞が入り、枝が広がる中型木。葉はくすんだ濃緑色で長く、2～4に裂片する。'**アリス**'は低木で、くっきりと脈の浮き出た大きな葉には、夏になるとピンクがかった斑が入る。ゾーン：5～9

Acer × freemanii
アケル×フリマニイ

☀ ❄ ↔6～12m ↕15m

アメリカハナノキとギンヨウカエデの交雑種で、1930年代に米国国立植物園で育てられたが、この2種の木は野生でも頻繁に交雑が行われる。この交雑種は成長の早い丸形の木で、葉は5つに裂片し、秋には鮮やかな色に紅葉する。栽培品種は次の通り。'**アームストロング**'はオレンジイエロー色に紅葉する。**オータム ブレイズ**/'**ジェファースレッド**'★（syn. *A. rubrum* '**オータム ブレイズ**'）はオレンジがかった赤色に紅葉する。**セレブレイション**/'**セルザム**'は少し小型で、赤と金色に紅葉する。'**マーモ**'は楕円形の葉で、秋には濃いえんじ色に変わる。ゾーン：5～9

Acer griseum
一般名：ペーパーバークメイプル

英名：CHINESE PAPERBARK MAPLE, PAPER-BARK MAPLE

☀ ❄ ↔10m ↕12m

中国中央部および西部原産で、魅力的な細い姿の木である。目立つ特徴は樹皮の質感と色である。葉は、秋になるとオレンジ、スカーレット、青みがかった赤色に変わる。翼のある果実は大きな種子である。ゾーン：4～8

Acer grosseri
異名：*Acer davidii* subsup. *grosseri*

☀ ❄ ↔6m ↕4.5～9m

シナカエデによく似た、中国中央から北部地域原産の木。樹皮にはよりくっきりと白い縞が走る。葉は基部の裂片が鈍角でほぼ三角形。秋には赤く紅葉する。*A. g.* var. *hersii*の葉は先端にむかって3つに裂片する。ゾーン：5～9

Acer heldreichii
一般名：バルカンメイプル

英名：GREEK MAPLE, HELDREICH'S MAPLE

☀ ❄ ↔18m ↕18m

ギリシャおよびバルカン原産。葉は紙質で3つに裂片し、秋には黄色や、時には赤色に紅葉する魅力的な木である。芽状突起のある樹皮はなめらかで、黒っぽい。果実には翼がつく。*A. h.* subsp. *trautvetteri*は赤い芽のカエデで、コーカサスやトルコ北部に自生する。ゾーン：5～8

Acer × freemanii 'アームストロング'

Acer × freemanii セレブレイション/'セルザム'

Acer griseum

Acer circinnatum

Acer davidii

Acer davidii 'ジョージ フォレスト'

Acer grosseri

Acer japonicum

Acer heldreichii

Acer henryi
一般名：シナミツバカエデ
☼ ❄ ↔9m ↕9m
中国中央部山岳森林地帯原産のドーム形に広がる木で、青みがかったオリーブグリーン色の葉は3つに裂片する複合葉、樹皮には青みがかった条線が走る。花は黄色。翼のある果実は房状になる。
ゾーン：6〜8

Acer japonicum
一般名：ハウチワカエデ、メイゲツカエデ
英　名：FULL-MOON MAPLE
☼ ❄ ↔9m ↕9m
日本の乾燥した日当たりのよい山に広く見られる、大きく広がる小型木。葉は円形で、7〜11箇所が鋭い歯状に切れ込んで裂片となり、秋には黄、オレンジ、えんじ色に紅葉する。栽培品種は次の通り。'**アコニチフォリウム**'の葉は深い全裂または鋸歯縁で、秋にはえんじ色に紅葉する。'**ウィティフォリウム**'の葉は大きく、若葉のうちは青銅色。
ゾーン：6〜8

Acer
異　名：カエデノルウェー・サンセット
一般名：カエデ'ケイスフォーム'
☼ ❄ ↔8m ↕12m
ノルウェーカエデと*A truncatum*の交雑種で、その葉の形状も両者の中間となっている。ノルウェーカエデと比べると日照りや暑さによく耐える。秋には金色から赤に色づく。ゾーン：4〜9

Acer longipes subsp. *amplum*

Acer macrophyllum

Acer longipes
☼ ❄ ↔4.5〜9m ↕12m
中国原産で、野生種よりも栽培種のほうがより小型になりやすい木である。*A. l.* subsp. *amplum*を含む3つの亜種に分類される。葉は光沢のある緑色で、5つに裂片し、さまざまな大きさがある。花は黄色の房状だがほとんど種子が入っていないため、珍しい種といえる。
ゾーン：6〜8

Acer macrophyllum
一般名：ヒロハカエデ、オレゴンカエデ
英　名：OREGON MAPLE
☼ ❄ ↔24m ↕24m
北アメリカ西部原産で、カエデの中でも最も葉が大きく目立つ木である。背が高く大きな円柱形。葉は5つの裂片の光沢がある深緑色で、秋には鮮やかなオレンジ色に色づく。下垂する大きな房状の果実をつける。
ゾーン：6〜8

Acer mandshuricum
一般名：マンシュウカエデ
英　名：MANCHURIAN MAPLE
☼ ❄ ↔3m ↕9m
中国北東部、朝鮮半島、ロシア原産。あまり知られていないが非常に美しい種。幅の狭い木で、秋には美しく色づく。葉は鋸歯縁で3部分に分かれ、柄はなめらかな赤色。25mmの長さになる翼のある果実が、2つひと組で水平につく。庭園ではまれにしか見られない。
ゾーン：5〜8

Acer 'Keithsform'

Acer maximowiczianum ★
異　名：*Acer nikoense*
一般名：メグスリノキ
英　名：NIKKO MAPLE
☼ ❄ ↔12m ↕18m
中国および日本原産の横に広がる木。3部分に分かれる深緑色の葉は、秋になると鮮やかな赤色になる。緑色の翼がついた果実は2つに分離する。
ゾーン：4〜8

Acer negundo 'アウレオワリエガウム'

Acer negundo 'フラミンゴ'

Acer monspessulanum

Acer negundo var. *violaceum*

Acer mono

Acer palmatum Dissectum Group

Acer palmatum Dissectum Group

Acer palmatum var. *dissectum* 'オルナトゥム'

Acer mono
一般名：イタヤカエデ
☼ ❄ ↔15m ↕15m
中国中央部および北部、モンゴル、シベリア東部、朝鮮半島、日本原産。多くの種があり、ドーム形に広がる木がよく見られるが、これは低木に近い。葉は5～7つの裂片で、秋には黄色からオレンジに色づく。斑入りの栽培品種は先祖帰りである。
ゾーン：5～9

Acer monspessulanum
一般名：フランスモミジ
英　名：MONTPELIER MAPLE
☼ ❄ ↔10m ↕12m
時折コブカエデと混同されることがある種で、地中海原産の姿のよい小型木または大型低木。なめらかな灰色の樹皮と3裂片のつるつるした皮革質の葉を持つ。房状の翼つき果実は下垂する。
ゾーン：6～10

Acer negundo
一般名：トネリコバノカエデ、ネグンドカエデ
英　名：BOX ELDER、BOX ELDER MAPLE、MANITOBA MAPLE
☼ ❄ ↔9m ↕18m
北アメリカ東部原産。成長の早い堅い木で、斑入り種もいくつか見られる。緑色の葉を持つ種は丸形で、円柱状に伸びていく。色のついた葉を持つ種はより小型で弱い。どの種も葉は大きく、3から5または7裂片の複合葉。*A. n.* ver. *violaceum*は黒っぽい枝に赤から紫色の花をつける。栽培品種は次の通り。*A. n.* '**Aureovariegatum**' '**アウレオワリエガトゥム**'の葉縁は金色。'**エレガンス**'はなめらかな金色の葉縁を持つ雄性植物。'**フラミンゴ**'は早春には葉縁がピンク色だが次第に白く退色する。'**センセーション**'は秋に濃いピンク色に変わる。'**ワリエガトゥム**'★は白い葉縁で、不捻の雌性植物である。
ゾーン：5～10

Acer palmatum
一般名：イロハモミジ、イロハカエデ
英　名：GREENLEAF JAPANESE MAPLE、JAPANESE MAPLE
☼ ❄ ↔8m ↕6m
この種の学名は、葉の形状が手に似ていることからつけられている。日本、朝鮮半島、中国原産で1,000以上の栽培品種を有す。これはカエデ全種の中で最も多い。肥沃で湿潤、水はけのよいロームが適し、乾燥や冷たい風から守るとよい。5～7つに裂片する葉は黄色、濃い黄金色、えんじ色、そして紫色に変わる。性質を正しく伝えるためにも、栽培品種は接ぎ木または挿し木で行うべきである。*A. p.* var. *coreanum*（アケル・パルマトゥム・コレアヌム'コリアンジェム'）は樹皮が黒く、秋には素晴らしい紅葉を見せる。多くの栽培品種が属す*A. p.* var. *dissectum*アケル・パルマトゥム・ディセクトゥム◎（syn. *A. p.* 'ディセクトゥム' および *A. p.* Dissectum Group［ディセクトゥム　グループ］）は、細いが強い裂片葉を持つ低木である。背は低く枝が垂れ下がるものが多く、その形は傘やドームのように見える。この種をさらに細かく分類した **Dissectum Viride Group**（ディセクトゥム・ヴィライド　グ

Acer palmatum 'アトロリネアレ'

Acer palmatum 'ニコルソニイ'

Acer palmatum、秋

Acer palmatum、冬

Acer palmatum、春

Acer palmatum 'サンゴカク'

Acer palmatum 'シシガシラ'

ループ）は通常の緑色の葉を持つ。**Dissectum Atropureum Group**（ディセクトゥム・アトロプレウム　グループ）の葉は春に濃紫赤色、夏には緑色がかり、秋には黄色みを帯びる。'**クリムゾン　クイーン**'生命力が強く、葉は秋には赤く色づく。'**ディセクトゥム　ニグルム**'（syn.'エバー　レッド'）の葉は秋に赤く紅葉する。'**イナバシダレ**'は濃い紫色の葉。'**オルナトゥム**'の葉は深く切れ込み、秋には赤、えんじ、金色に紅葉する。栽培品種は以下の通り。*A. p.* '**アカジニシキ**'（syn.'ボンファイアー'）は春も秋もピンクがかった色の葉を持つ。'**アトロリネアレ**'（syns'フィリフェルム　プルプレウム'、'リネアリロビウム　ルブルム'）は5裂片の赤色の葉で、夏には緑がかった色になる。'**アトロプルプレウム**'の葉は5から7裂片で、秋には鮮やかな赤色に変わる。'**ブラッドグッド**'は5から7裂片の濃赤色の葉を持ち、秋には鮮やかな赤色に色づく。'**バーガンディ　レイス**'の葉は紫がかった青銅色で、深い切れ込みが入る。'**バタフライ**'は5裂片で縁がクリーム色の壺形葉。'**チシオ**'は春になるとエビのようなピンク色から緑色に変わり始める。'**チトセヤマ**'は7裂片の紫赤色の葉。'**ガーネット**'は濃赤色の

春の葉が秋にはかすかな赤色に変わる。'**ヘプタロブム　ラブラム**'の春の葉はワインのような紫色。'**ヒカサヤマ**'はクリーム色とピンク色の斑入り葉を持つ。'**カツラ**'目を引く低木。'**コトヒメ**'は1.5m高の矮性種で、緑茶色の葉は秋に金色に色づく。'**リニアイロバム**'は'スコロペンドリフォリウム'としても知られている。'**ムーンファイアー**'は濃い赤紫色の7裂片葉で、縁は紫色。'**ニコルソニイ**'は枝の多い低木で、春はオリーブがかった青銅色だが、鮮やかな金色からえんじ色に色づく。'**ニグルム**'は非常に濃い紫色の低木で、羽のある果実は薄緑色。'**オオサカヅキ**'は7裂片の茶緑色の葉を持ち、秋には黄褐色に変わる。'**レッド　ドラゴン**'は紫色の葉が豊か。'**レッド　フィリグリー　レイス**'はこの種のカエデでは最も美しい分裂葉を持つ。'**レッド　ピグミー**'は5つの裂片を持つ紫茶色の葉。'**シギタツサワ**'（'レティキュラトゥム'）の葉は、白い網目模様のある7裂片の葉を持つ。'**サンゴカク**'は冬になると樹皮が赤色に染まるのが珍しい。'**セイリュウ**'は成長が早く、上に伸びる習性がある。'**シ

ンデショウジョウ**'は春の新芽が目立つ紅色。'**シシガシラ**'は「ライオンの頭のカエデ」として知られ、沿岸の庭に適す。'**スミナガシ**'は7裂片の紫色がかった葉が中央部まで切れ込み、秋にはえんじ色に変わる。'**トロンペンバーグ**'はその葉の形状がカエデの中でも特徴的である。'**ヴィラ　タランド**'は壺形。'**ウォーターフォール**'は伝統的なドーム形で下垂する。

ゾーン：6～9

Acer pensylvanicum
一般名：シロスジカエデ
英　名：GOOSEFOOT MAPLE、MOOSEWOOD、STRIPED MAPLE
☼ ❄ ↔10m ↕9m

北アメリカにしか見られない、蛇皮質の樹皮を持つカエデで、そのため枝は大蛇のように見える。湿潤な森林に自生し、よく広がる円柱状の樹形。この種では緑色の樹皮に白と赤茶色の縦縞が走る。'エリトロクラドゥム'の冬の樹皮はサンゴ色からピンクがかった赤色で、縞は白色。葉は金色がかった濃褐色になる。ゾーン：4〜8

Acer Pentaphyllum
☼ ❄ ↔8m ↕9m

中国四川省南部原産の直立の小型木で、

Acer pensylvanicum

野生種は絶滅したと考えられる。栽培種も一般的ではなく、5裂片で緑色の細い葉は、秋になると黄色がかった濃褐色に変わる。ゾーン：7〜9

Acer platanoides
一般名：ノルウェーカエデ、ヨーロッパカエデ
英　名：NORWAY MAPLE
☼ ❄ ↔15m ↕24m

成長が早くよく広がる円柱形の姿が優雅である。長く細い柄に5裂片の明るい緑色の葉がつき、秋には黄色に変わる。黄緑色の花が房状に咲く。翼のある大きな果実がなる。栽培品種は次の通り。'キャバリエ'は9mほどの高さの小型種。'クリーヴランド'は若葉が赤みを帯びる。'コラムネア'は成長が遅く15mほどの大きさになる。'クリムゾン キング'の春の葉は深い赤色で、夏には赤みがかった緑色、秋にはえんじ色に変わる。'ドラモンディ'は幅広で金色の葉縁がある斑入り種で、クリームがかった白色に変わる。'ラシニアトゥム'は「ワシの爪のカエデ」と称されるほど、直立した木に角のとがった葉がつく。'パルマティフィドゥム'(syn.'ローバージィ')の葉は5つの裂片に深く分割される。そのほかの一般的な栽培品種は次の通り。'デボラ'、'エメラルド クイーン'、'ファーセンズ ブラック'、'グローブ'、'ゴールズワース パープル'、'グリーン レイス'、'ジェイド ジェム'、'ルブルム'、'シュウェドレリ'、'アンドゥラトゥム'、'ワルダーシーイ'。ゾーン：4〜8

Acer pseudoplatanus
一般名：シカモアカエデ、セイヨウカジカエデ
英　名：SYCAMORE MAPLE
☼ ❄ ↔24m ↕30m

ヨーロッパ中央および南部原産の大きなドーム形の木で、日よけとして用いられ、都市環境汚染や海風にも耐性がある。葉は緑色で角の丸い5裂片で、秋にはくっきりした黄色に色づく。大きな翼のある果実をつける。種子は多い。'アトロプルプレウム'の葉の表は濃緑色で裏は赤みがかった紫色。'ブリリアンティシムム'の春の葉は目立つサーモンピンク色。'エレクトゥム'は枝が上向きに伸びる。'レポルディ'は金色の葉縁で斑入りの非常に眺めのよい木。'プリンツ ハンドジェリー'は'ブリリアンティシムム'によく似て、葉の裏側は紫がかる。ゾーン：4〜8

Acer platanoides 'ルブルム'

A. p. 'ワルダーシーイ'

A. p. 'ゴールズワース パープル'

Acer platanoides 'パルマティフィダム'

Acer rubrum
一般名：アメリカハナノキ、ベニカエデ、アカカエデ、ルブラカエデ
英　名：CANADIAN MAPLE、RED MAPLE、SCARLET MAPLE、SWAMP MAPLE
☼ ❄ ↔10m ↕30m

北アメリカ東部原産の大型の木で、成長が早く秋の紅葉も美しく、湿潤な土壌や環境汚染にも耐性がある。濃緑色の葉は3〜5裂片で、裏は青みがかり、黄色、

Acer pensylvanicum 'エリトロクラドゥム'

Acer pseudoplatanus

Acer pseudoplatanus 'ブリリアンティシムム'

Acer platanoides 'クリムゾン キング'

Acer platanoides 'ドラモンディ'

Acer saccharum 'グリーン マウンテン'

野生の *Acer saccharum* subsp. *grandidentum*、アメリカ合衆国

Acer saccharum subsp. *nigrum*

A. s. subsp. *nigrum* 'テンプルス アップライト'

濃褐色、赤色に紅葉する。密生する赤い花は房状になる。赤い翼つきの果実。*A. r.* var. *drummondii*この種に典型的な木だが、より大きな花と裏が白っぽい厚い葉を持つ。栽培品種と交雑種は次の通り。*A. r.*var.'オータム フレーム'は密生する丸形の樹冠部と秋にえんじ色に変わる葉。'ガーリング'はよく広がる円錐形の木と赤色の紅葉。'オクトーバー グローリー'は「口紅」と称される魅力的な木。'スキャンロン'は秋には葉縁がえんじ色、葉がゴールドオレンジ色に紅葉する。'スカーセン'は上に伸びる習性があり、秋にはイエローオレンジ色からはっきりした赤色に色づく。ほかに'サンシャイン'。ゾーン：4〜8

Acer rufinerve
一般名：ウリハダカエデ
英　名：GRAY-BUDDED SNAKEBARK MAPLE、RED-VEIN MAPLE
☀ ❄ ↔10m ↕12m

日本原産で、青みがかった樹皮に白色

Acer saccharinum 'ビーブス カットリーフ ウィーピング'

の縦縞が入ってダイヤモンド形の特徴のある模様を形成し、年月を経るにつれ灰色に変わり溝が深くなる。葉は3または5裂片で、秋にはオレンジ、黄、紅色に紅葉する。'ウィンター ゴールド'の樹皮は金色に赤い脈が走り、冬には光沢のある金黄色に変わる。ゾーン：5〜8

Acer saccharinum
一般名：ギンヨウカエデ
英　名：RIVER MAPLE、SILVER MAPLE、SOFT MAPLE、WHITE MAPLE
☀ ❄ ↔24m ↕30m

北アメリカ東部原産で、川沿いの湿った土地で成長する。葉には深く切れ込みが入り、裏は銀色、秋にははっきりした黄色に紅葉する。銅色がかった緑色の翼を持つ果実は、若いうちに落ちてしまう。*A. s.* f. *lutescens*は春の黄色い葉から、秋には明るい緑色に変わる。*A. s.* f. *pyramidale*はより幅が狭く、深く切れ

野生の *Acer saccharum*、アメリカ合衆国、ニューハンプシャー州

込んだ葉を持つ街路樹に適した木。栽培品種には *A. s.* 'ビーブス カットリーフ ウィーピング'および'スキネッリ'がある。ゾーン：4〜9

Acer saccharum
一般名：サトウカエデ
英　名：HARD MAPLE、ROCK MAPLE、SUGAR MAPLE
☀ ❄ ↔12m ↕30m

非常に樹液が多く、メイプルシロップの原料となる。樹形と葉はノルウェーカエデによく似る。秋には葉がイエローオレンジやえんじ色に変わる。葉の形状はデザイン化されてカナダのシンボルマークになっている。*A. s.* subsp. *grandidentum*(syn. *A. grandidentum*)は10mから12mほどの高さになる。*A. s.* subsp. *leucoderme* (syn. *A. leucoderme*)は8mほどの高さになる。*A. s.* subsp. *nigrum*（アケル・サッカルム・ニグルム）(syn. *A. nigrum*)は黒い樹皮のため黒いカエデとも呼ばれる。'グリーン コラム'の明るい緑色の葉は秋になると黄色やアプリコットオレンジ色に色づく。'テンプルス アップライト'は細く上に向かう樹形。栽培品種は次の通り。*A. s.* 'フラックス ヒル マジェストリー'、'グリーン マウンテン'、'レガシイ'、'セネカ チーフ'。ゾーン：4〜9

Acer rubrum 'ガーリング'

Acer rufinerve

Acer rufinerve 'ウィンター ゴールド'

Acer rubrum

Acer rubrum 'オータム フレイム'　*Acer rubrum* 'スカーセン'　*Acer rubrum* 'サンシャイン'

Acer tegmentosum

Acer shirasawanum 'アウレウム'

Acer shirasawanum 'ミクロフィルム'

Acer truncatum

Acer velutinum

Acer shirasawanum

一般名：オオイタヤメイゲツ

☼ ❄ ↔6m ↕6m

葉は9から13に裂片し、春にはライムグリーン色だがその後黄色みを帯び、秋になるとえんじ色に変わる。翼のある赤い果実をつける。'**アウレウム**'（syn. *A. japonicum* 'アウレウム'）は一般的な栽培品種。'**ミクロフィルム**'（syn. *A. japonicum* 'ミクロフィルム'）は多少葉が小さい。

ゾーン：6〜8

Acer sikkimense

異　名：*Acer hookeri*

☼ ❄ ↔3〜6m ↕12m

インドのシッキム州やアッサム州、ブータン、ミャンマー、中国雲南省原産。栽培品種はより小さく、寒冷地では半落葉性になる。葉は濃緑色で卵形、皮革質で光沢がある。若いシュートは赤みを帯びる。

ゾーン：8〜9

Acer 'Silver Cardinal'

一般名：カエデ'シルバー カーディナル'

☼ ❄ ↔4.5m ↕9m

A. × *conspicuum*の形状とよく似ている。濃茶色の樹皮には銀色の縦縞。緑とクリーム色の斑入り葉にピンクがかった脈が走り、柄は赤色。ゾーン：5〜9

Acer spicatum

一般名：アメリカヤマモミジ

英　名：MOUNTAIN MAPLE

☼ ❄ ↔4.5m ↕9m

北アメリカ中央部および東部原産で、密生する枝は広がる性質で、樹皮は緑色。3〜5に裂片する葉は葉縁がとがり、秋には濃褐色に変わる。

ゾーン：4〜8

Acer tataricum

一般名：カラコギカエデ

英　名：AMUR MAPLE, TATARIAN MAPLE

☼ ❄ ↔8m ↕10m

中国、日本、および朝鮮半島原産で、成長の早い枝の広がる小型木または低木。葉は光沢がある鋸歯縁で3裂片し、秋には明るい濃褐色やえんじ色に色づく。果実には大きな赤い翼がつく。*A. t.* subsp. *ginnala*（**カラコギカエデ**）（syn. *A. ginnala*）は最も一般的に見られる亜種で、数種の栽培品種を含む。'**バーガンディ**'は紅葉でよく色づく。'**コンパクトゥム**'は2.4mほどの高さになり、秋には鮮やかな赤色に紅葉する。'**ドゥーランドドワーフ**'は60cmほどの高さ。

ゾーン：4〜8

Acer tegmentosum

☼ ❄ ↔10m ↕9m

ロシア、北朝鮮、中国北東部の湿潤な土壌で自生する低木または木で、緑色の樹皮に白い縦縞が入る。葉や若いシュートは青みがかっている。秋の葉は金色。花と果実は下垂する房になる。

ゾーン：5〜8

Acer triflorum

一般名：オニメグスリ

英　名：THREE-FLOWER MAPLE

☼/☼ ❄ ↔6〜9m ↕6〜9m

中国北東部、朝鮮半島に自生する上向きの小型木。樹皮は緑色で3出複葉、秋には黄や赤色に紅葉する。緑がかった黄色の花が房状に3つまとまって咲くことから学名がついた。

ゾーン：5〜7

Acer truncatum

英　名：SHANTUNG MAPLE

☼ ❄ ↔6〜8m ↕8〜10m

中国北部および北東部、朝鮮半島原産で、上向きの楕円形木。なめらかな枝は若いうちは紫色を帯びる。明るい緑色の葉は10cmほどになり、深く切れ込む。

ゾーン：5〜8

Acer velutinum

一般名：ペルシアンメイプル

英　名：VELVET MAPLE

☼ ❄ ↔15m ↕15m

コーカサスやイラン北部原産で、*A. pseudoplatanus*とよく似る。葉は5裂片で、鋸歯縁、明るい緑色だが裏は白っぽい。花は房状になり、大きく開く翼のある果実をつける。

ゾーン：5〜8

Acer tataricum subsp. *ginnala* 'バーガンディ'

Acer sikkimense

Acer 'Silver Cardinal'

A. t. subsp. *ginnala* 'コンパクトゥム'

Achillea × *kellereri*

Achillea 'キング エドワード'

ACHILLEA
（ノコギリソウ属）
英 名：MILFOIL, YARROW

大きなキク科に含まれ、100ほどの種類がある小木立または敷きつめられる形状になる。ヨーロッパからアジア北部や西部に分布し、これには高山も含まれ、習性も多岐に渡る。中には非常に侵略的な種もある。葉は美しくシダ状に切れ込むものが多く、芳香を放つ。花序は平板または散形状で、白、薄いクリーム、レモン、ピンク色の小さな花がびっしりと集まって咲く。栽培品種の中には明るい日陰で育つものもあり、花壇の縁取りにも向く。学名はギリシャ神話の強健で知られるアキレスにちなんでつけられた。

〈栽培〉
水はけがよく日当たりのよい土壌なら簡単によく育つ。栄養分の少ない土壌や凍結する土壌（−15℃）にも耐える。高山種では、完全な水はけのよさと、葉がたれるようであれば冬の風からの防御が必要である。繁殖は株分けか種子から。

Achillea ageratifolia
☼ ❋ ↔45cm ↕15cm
バルカン原産の高山種で成長が遅い。銀色の葉は下垂する。晩春に小さな白い花を咲かせる。
ゾーン：3〜9

Achillea clavennnae
☼ ❋ ↔45cm ↕10〜30cm
ヨーロッパ中央部および東部原産の高山種で、光沢のある灰色の葉。夏に中心が薄黄色の白い小さな花が咲く。
ゾーン：3〜9

Achillea clypeolata
アキレア・クリィペオラタ
☼ ❋ ↔30〜45cm ↕45〜60cm
ヨーロッパ東部原産。マット状になり、灰色がかった緑色の葉。花序は直径5〜8cmで、夏に小さな明るい黄色の花を咲かせる。栽培ひんしゅは次の通り。'**コロネイション ゴールド**'キバナノコギリソウの交雑種で100cmほどになる。10cmほどのかたまりで明るい黄色の花を咲かせる。'**ムーンシャイン**'セイヨウノコギリソウ'タイゲテア'の交雑種で、銀色の葉の上に明るい黄色の花を咲かせる。
ゾーン：6〜10

Achillea coarctata
☼ ❋ ↔45〜60cm ↕30〜60cm
ヨーロッパ東部原産。光沢のある美しい切れ込みのある葉。春から夏にかけて小さな黄色い花が3.5〜8cmにかたまって咲く。
ゾーン：6〜10

Achillea filipendulina
一般名：キバナノコギリソウ
☼ ❋ ↔60〜120cm ↕60〜120cm
アジア中央および西部原産で、20cmほど伸びる、切れ込みの入った細い芳香のある葉を持つ。夏には小さな金色の花が10cmほどにかたまって咲く。'**クロス オブ ゴールド**'、'**ゴールド プレード**'、'**パーカース バラエティ**'は1.2〜1.8m高さになる栽培品種で、明るい金色の花が15cmほどにかたまって咲く。'**シュウェルンバーグ**'は45cmに育ち、レモンイエロー色の花をつける。
ゾーン：5〜10

Achillea × *kellereri*
アキレア×ケレレリ
☼ ❋ ↔25cm ↕15cm
*A. clypeolata*と*A. ageratifolia*の交雑種。シダ状で灰色の葉。夏に咲く花は小さなクリームがかった白色のデイジーに似た花序で、中心は黄色。ロックガーデンに向く。
ゾーン：5〜10

Achillea
一般名：ノコギリソウ'キング エドワード'
☼ ❋ ↔25cm ↕10cm
*A. clavennnae*と*A. clypeolata*の交雑種。羽状で銀灰色の葉が密生する。夏には薄黄色の花が平らな花序をなす。
ゾーン：5〜10

Achillea milleafolium
一般名：セイヨウノコギリソウ、ヤロー
英 名：MILFOIL, YARROW
☼ ❋ ↔45〜75cm ↕30〜75cm
ヨーロッパ、アジア西部原産の雑草種。温暖な地域に帰化する。シダ状の葉で、夏から秋にかけて平らな花序のくすんだ白色の花をつける。芳香のないハーブ。庭園においては非常に侵略性があるが、多くの美しい栽培品種がある。'**アンセア**'（syn.'アンブロ'）薄黄色の花と銀色がかった葉。'**アップル ブロッサム**'（syn.'アプフェルブルート'）ローズピンク色。'**セライズ クイーン**'チェリーレッド色で目を引く。'**ファナル**'（syn.'ザ ビーコン'）えんじがかった赤色で中央は黄色。'**ハイディ**'明るい赤色で中央は黄色。'**パプリカ**'明るい赤色で中央は黄色。'**ラホシャンハイド**'サーモン色がかった薄いピンク色で播種から開花までが早い。'**タイゲテア**'灰色の葉とレモンイエロー色の花。'**テラコッタ**'くすんだオレンジ色。'**ワルサー ファンケ**'中央が黄色の赤色の花。'**ウェザーサンドスタイン**'サーモン色がかったクリーム色。
ゾーン：3〜10

Achillea umbellata

Achillea millefolium

Achillea, HC, 'Apfelblüte'

Achillea Clypeolata 'コロネイション ゴールド'

Achillea millefolium 'ファナル'

Achillea millefolium 'ハイディ'

Achillea millefolium 'パプリカ'

A. millefolium 'テラコッタ'

Achillea hybrid cultivar

Achillea ptarmica
一般名：オオバナノノコギリソウ
英　名：SNEEZEWORT
☼ ❋ ↔75cm ↕75cm
ヨーロッパ原産。濃緑色で細い葉がマット状に広がり目をひく。夏には小さな白い花がまばらなかたまりになって咲く。環境の悪さにも耐える。英名は、鼻に対する作用から名付けられたもの。'ザ パール'（syn.'プール ドゥ ナージュ'、'シュニーボール'）は、二重咲きの白い花をたくさん咲かせる。
ゾーン：6〜10

Achillea sibirica
一般名：ノコギリソウ
☼ ❋ ↔60cm ↕60cm
アジア北東部原産。光沢のある皮革質で濃緑色の鋸歯葉を持つ。小さな白い花が夏に咲く。*A. s.* var. *camschatica*（シュムシュノコギリソウ）'ラブ パレード'は中心がレモン色で柔らかいピンク色の魅力的な花。
ゾーン：3〜9

Achillea tomentosa
一般名：ヒメノコギリソウ
☼ ❋ ↔30〜45cm ↕15〜25cm
ヨーロッパ中央部原産。マット状になる高山種で、やわらかいウール質の葉をもち、夏には明るい黄色の花をつける。ロックガーデン向き。'キング ジョージ'は春にレモンイエロー色の花をつける。
ゾーン：3〜9

Achillea umbellata
☼ ❋ ↔20cm ↕20cm
ギリシャ先西部原産。低く育つ長持ちする種で、ロックガーデン向き。美しく切れ込んだ芳香のある葉は細く灰色がかった白色。中央が茶色の小さな白い散形花は夏に咲く。ゾーン：6〜9

ACHIMENES
（ハナギリソウ属）
英　名：HOT WATER PLANT

西インドを含む熱帯アメリカで発見されたイワタバコ科の属で、25種ほどを有す冬に休眠する多年生植物で、ほとんどが60〜90cmの高さでグラウンドカバーとなるため、栽培種はハンギング仕立てとなる。深緑色の葉は多肉質だが単葉で槍形、鋸歯状葉で美しい毛で覆われている。花は長管状で、唇弁は2枚で5つの裂片——2枚が上で3枚が下——がこの種では多かれ少なかれ現れる。花は葉の腋につき、単花またはいくつかまとって咲く。

〈栽培〉
家の中または温室で育つ種もあるが、それ以外は一年草に対する手入れと同様。熱帯、亜熱帯、どのような環境の戸外でも育つ。春に湿潤で肥沃、水はけのよい土壌に植えるが、あまり暑い場所は避ける。成長期には肥料や水をよくやること。秋になったら乾燥させる。繁殖は株分けで行う。

Achimenes erecta
☼ ◐ ↔30cm ↕30〜45cm
メキシコからパナマ、ジャマイカに自生する。上方に向く習性があり葉は鋸歯縁、6cmほどの長さになる。鮮やかな赤色の花は5cmほどの幅になり、葉ははっきりと裂片する。
ゾーン：10〜12

Achimenes longiflora
一般名：ハナギリソウ
☼ ◐ ↔30〜50cm ↕50〜60cm
メキシコからパナマにかけて見られる。深緑色で鋸歯縁、槍形の葉は8cmの長さになる。白、モーヴ、紫から濃茶色の花は6cm幅になり、単花で咲く。
ゾーン：10〜12

Achimenes Hybrid Cultivars
一般名：ハナギリソウ交雑品種
☼ ◐ ↔25〜38cm ↕8〜15cm
ハナギリソウ交雑品種の大きさ、成長習慣、そして花色はそれぞれの親によって千差万別である。一般的な交雑種は次の通り。'エンデヴァー'深いピンク色の花で、葉は青銅色。'グレイシャー'60cmほどの高さになり、上向きの白に青みがかった花を咲かす。'ラックス チャーム'明るい赤みがかったピンク色の花で、管状の花の底に青い斑点がある。'ピーチ ブロッサム'サーモンピンクの花が連なって咲く。'ペンデント パープル'明るい紫青色の花が連なって目をひく。'ルビー'30cmの高さになり、深い紫赤色の花がかたまって咲く。'ショウ オフ'30〜40cm高さで、茂り、ラベンダーピンク色の花がたくさん咲く。
ゾーン：10〜12

ACINOS
（アキノス属）
英　名：BASIL THYME, CALAMINTHA, SATUREJA

ユーラシア大陸に見られる一年生および多年生植物の属で、シソ科に含まれ、約10種類を有す。低く広がるものと上向きで低木状になるものがある。葉は茎の両側に対称につき、葉縁は一箇所がとがり、鋸歯縁のものや毛で覆われたものもある。夏に咲く薄いモーヴや濃ピンクの花は管状で小さく、唇弁は2枚ある。この属の一般名は誤解を与えることがある——basil thyme（バジル タイム）は非常に強い芳香を持つ料理用ハーブ

Acinos alpinus

Achillea, HC, 'Wesersandstein'

Achillea, HC, 'Walther Funcke'

ハナギリソウ、HC、'ラックス チャーム'

ハナギリソウ、HC、'エンデヴァー'

を想像させるが、実はそうではなく装飾用である。Satureja（サトゥレヤ属）やCalamintha（カラミンタ属）という名前のほうがセイボリーやカラミントという本来近いハーブを表していて、これにいくつかの種が混じったものである。
〈栽培〉
夏に極端な暑さや乾燥がない地帯ならどこでも簡単に育つ。湿り気があり肥沃で、水はけのよい、部分的な日陰がある場所に植える。小型できれいに抑えるなら、しおれた花序はつみ取るとよい。繁殖は種子または基部の挿し木で行う。

Acinos alpinus
英名：ALPINE CALAMINT
☼ ❄ ↔20～30cm ↕10～20cm
ヨーロッパ山岳地帯の中央および南部に見られる。小型で茂り、毛を帯びた葉を持つ多年生植物。12mmほどの葉縁は歯状である。紫色の花からなる、長さ12mmくらいになる花序は、下唇弁に白い斑がある。
ゾーン：5～9

ACIPHYLLA
（アキフィラ属）
英名：BAYONET PLANT, SPANIARD
ニュージーランドおよびオーストラリアに見られる芳香のある常緑多年生草。セリ科のこの属に含まれる約40種は、刺のある羽状複葉で知られ、その長い葉はヤシの葉に似る。形や大きさは、小型種、矮性種、そして縦横それぞれ1.2mまで大きくなる種までさまざまで、主根は長く発達する。大きく長い茎を持ち、夏には枝の先端に小さな白からクリーム色の花をつける。
〈栽培〉
高山性のものもあり、栽培は簡単ではないが、最もよい条件は水はけのよい粗い砂地で、できれば常に涼しい場所が勧められるが湿潤な気候は向かない。繁殖は株分けか、春播きの種子で行う。

Aciphylla aurea
一般名：ゴールデンスパニヤード
英名：GOLDEN SPANIARD, TARAMEA
☼ ❄ ↔1.2～1.8m ↕0.9～1.2m
ニュージーランドのサウスアイランド北部原産。針先状の葉が大きく密な茂みになる。葉は5～7枚で長さは75cmほどになり、托葉を持つ。花茎は1.5mの長さで基部は厚く、刺のある苞を持ち、緑が

自生する*Aciphylla congesta*、ニュージーランド、ケプラートラック

かったクリーム色の花を咲かせる。
ゾーン：6～9

Aciphylla colensoi
英名：COLENSO'S SPANIARD, WILD SPANIARD
☼ ❄ ↔1.2～1.8m ↕0.9～2.4m
ニュージーランド北部とサウスアイランドに見られる。高さ50cm以上になり、葉は幅12cm、長さ20cmの羽状複葉で、剣状になるものもある。中央葉脈はオレンジゴールドから赤色、短剣に似た托葉。細い花茎は2.4mにも伸び、クリーム色の花をつける。ゾーン：5～9

Aciphylla congesta
英名：SNOWBALL SPANIARD
☼ ❄ ↔30～60cm ↕20～30cm
ニュージーランドのサウスアイランド南部に特によく見られる。3～6本のロゼットがかたまって伸び、やわらかい5～8cmの長い葉がつく。短く堅い花茎の頭頂に丸く白からクリーム色の花をつける。
ゾーン：5～9

Aciphylla horrida
英名：HORRID SPANIARD
☼ ❄ ↔1.2～2m ↕1.2～1.5m
ニュージーランドのサウスアイランド原産。針先状の葉が密生して山状に茂る。5～7枚の葉と大きな托葉で30cmほどの高さになる。花茎は1.5mまで伸び、基部は厚く、緑がかったクリーム色の花と鋭い刺をつける。
ゾーン：5～9

Aciphylla monroi
☼ ❄ ↔15cm ↕15～20cm
ニュージーランドのサウスアイランド北部原産で、小さな山状に育つ種。黄から緑色で、房状の羽状複葉で、8枚ひと組になっている。花序はクリーム色。粗い砂の水はけがよい土壌に向く。
ゾーン：7～9

Aciphylla simplicifolia
英名：MOUNTAIN ACIPHYLL
☼ ❄ ↔60～90cm ↕60cm
オーストラリア南部原産。長く線形で先の丸い葉が房状に重なって伸びる。クリーム色の花が茎上に広く咲く。
ゾーン：7～9

Aciphylla squarrosa
一般名：バヨネットプラント
英名：BAYONET PLANT, SPEARGRASS
☼ ❄ ↔100～120cm ↕60～90cm
45～60cmになり、非常に細い小葉と托葉を持つ美しく切れ込んだ葉。緑がかったクリーム色の花が茎の上につき、0.9mほどの高さになる。
ゾーン：5～9

自生する*Aciphylla squarrosa*、ニュージーランド、マウントクック

ACMENA
（アクメナ属）
オーストラリア東部およびニューギニア原産でフトモモ科に含まれ、15種を有する常緑の多雨林木。アクメナ属はかつてユーゲニア属に含まれたが、今ではこの属に含まれているのはほとんどアメリカ産の種のみである。なめらかな葉縁の単葉。小さな白い花は、枝のつけ根につく円錐花序。花後には球形の果実がつく。果実の先端にあるへこみには鋭い円形の縁があり、その形状はフトモモ属の果実とは異なる。アクメア属の果実は食用になる。
〈栽培〉
最も南方に生息するアクメア3種のみが、その果実や光沢のある葉の観賞用に栽培されている。温暖な湿潤気候の日陰が適すが、日なたや深い水はけのよい土壌でも育つ。すす病にかかることがあるのが難点。繁殖は通常種子から行うが、リリーピリーなどは挿し木でもよい。

Acmena ingens
異名：*Acmena australis*, *Engenia brachyandra*
英名：RED APPLE
☼ ❄ ↔4.5～9m ↕30m
オーストラリアのニューサウスウェール

Acmena ingens

Acmena smithii

Aconitum napellus

Aconitum carmichaelii

実、葉、樹皮のどこからも濃厚な樹液がとれる。

〈栽培〉
強い低木または木で、野ざらしの環境でも適応するうえ、多少の干ばつや塩害にも耐える。庭園においては、ほかの木や低木の陰に長く放置する場合を除けば、手入れをしなくても耐える。剪定を多くすると非常によく芽がでる。繁殖は種子か新芽の挿し木で行う。

Acokanthera oblongifolia
アコカンテラ・オブロンギフォリア

異　名：*Carissa spectabilis*
英　名：DUNE POISON BUSH、WINTERSWEET
☼ ♌ ↔ 1.5〜2.4m ↕3m

南アフリカ東部やモザンビークに隣接する沿岸地帯原産で、葉は紫がかり、冬になるとさらに色が濃くなる。甘い芳香のある花は房状で、芽はピンク色、開くと白色である。果実は赤みを帯び、熟すと黒くなる。'ワリエガタ'は、葉に白と灰緑色の大理石模様が入り、ピンク色を帯びる。
ゾーン：9〜11

Acokanthera schimperi
一般名：サンダンカモドキ
☼ ♌ ↔ 3〜4.5m ↕6〜8m

粗い茶色の樹皮を持つ低木または小型木で、アフリカ東部および南部の乾燥森林地帯に見られる。葉はほぼ円形で皮革質、表は光沢のある濃緑色で裏は多少薄い。秋に咲く管状の花は白、ピンク、または赤色で、甘い芳香を放ち、房状に密生する。春に熟す果実は多肉質で、球状、鮮やかな赤に紫色を帯びる。すべての部分に毒性がある。
ゾーン：9〜11

ACONITUM
（トリカブト属）

英　名：BADGER'S BANE、MONKSHOOD、WOLFBANE）

キンポウゲ科に含まれる約100種を有する属で、北部温帯地域に自生する二年草および多年草。冬には完全に休眠するが、すぐに成長して深く切れ込みの入った扇状の葉が、直立した茎から下垂する。花はフード状またはヘルメット状で、白、クリームがかった黄色、モーヴブルーから紫色。夏から秋が開花時期である。トリカブトの樹液には高度な毒性を持つアコニチンというアルカロイドが含まれ、古くから毒物として特に動物のわなに用いられてきたことから英名のbadger's bane（アナグマの猛毒）やmonkshood（修道士の頭巾）という名がついた。アコニチンは神経や直接心臓の麻痺を起こすため、処方量をコントロールすることで心拍数を下げる医療用に用いられる。

〈栽培〉
日なたまたは半日陰で湿潤、肥沃で水はけのよい土壌が適すが、栽培は非常に難しい。繁殖は休眠期の株分けか、種子から行う。

Aconitum carmichaelii
一般名：トリカブト
☼/◐ ❄ ↔ 60〜90cm ↕2m

中国原産。垂直に成長し、濃緑色で3〜5裂片、鋸歯縁、皮革質の葉をつける。葉の裏側は多少色が薄い。モーヴ色でヘルメット型の花は内側がより濃色で、穂状に密生する。一般的な栽培品種は次の通り。'アレンドシイ'は濃青色の花。'ケルムスコッド'（Wilsonii Group）（ウィルソニイ　グループ）★は、薄い紫青色の花。
ゾーン：3〜9

Aconitum lycoctonium
異　名：*Aconitum septentrionale*
英　名：BADGER'S BANE、WOLFSBANE
☼/◐ ❄ ↔ 0.6〜0.9m ↕1.5〜2m

ヨーロッパおよび北アフリカに見られる。直立する多年生植物で、5〜7裂片で鋸歯縁の細い葉を持つ。花は白、黄、または紫色で下垂する。
ゾーン：3〜9

Aconitum napellus
一般名：ヨウシュトリカブト
英　名：FRIAR'S CAP、HELMET FLOWER、MONKSHOOD
☼/◐ ❄ ↔ 60〜80cm ↕1.5〜1.8m

ヨーロッパ、アジア、および北アメリカ原産。直立する多年生植物で、濃緑色の5〜7裂片で鋸歯縁の細い葉を持つ。明るい紫青色でヘルメット形の花は、晩夏〜秋にかけて長い茎の頭頂に密生する。
ゾーン：5〜9

Acokanthera oblongifolia

Acokanthera oblongiforia 'ワリエガタ'

Acmena smithii
異　名：*Eugenia smithii*
一般名：リリーピリー
英　名：LILLYPILLY
☼ ↔ 10m ↕18m

オーストラリア東部の沿岸部地域一帯に見られる。密生した樹冠部を持つ中型木で、小さな白い花を夏に咲かせる。白とモーヴ色の果実は冬に熟し、食用になる。ゾーン：9〜12

ACOKANTHERA
（サンダンカモドキ属）

常緑の低木および小型木で7種を有し、アフリカ南東部やアラビア南部の森林または低木林に自生する。キョウチクトウ科に含まれ、毒物様の性質を持つ。木や樹皮のエキスは伝統的に殺人のための毒矢に用いられていた。だがサンダンカモドキ属は装飾用として広く栽培され、誤用されることもほとんどない。葉はなめらかで皮革質、2枚または3枚が対称につく。葉の腋には、甘い芳香を放つ管状の白い花が咲き、花後には形や大きさがオリーブに似た果実をつける。果

ズ北部からクイーンズランド南部原産。この木の栽培種は15mほどの高さにしかならない。幅の狭いとがった葉。夏に白い花をつける。深紅色または濃褐色の果実。ゾーン：9〜11

Acorus gramineus 'ハクロニシキ'

Aconitum Hybrid Cultivars
一般名：トリカブト交雑品種
☼/◐ ❄ ↔60cm ↕1.2m
数種あるトリカブトの交雑品種は大きさ、色、開花時期がさまざまで、以下の名前も挙げられることがある。*A. × cammarum*（*A. variegatum* × *A. napellus*）。だがこの親まで同じ分類とするのは適切でない。一般的な交雑種は次の通り。'**ブレッシンガム スパイアー**'長い茎と紫青色の花を持つ、丈夫な直立種。'**グランディフローラム アルバム**'白い花の大きな頭頂部を持つ。'**アイヴォリン**'クリームがかった白い花。'**スパークス バラエティ**'背が高く、明るい紫青色の花を持つ。'**ステンレス スティール**'灰緑色の葉と中央が白色のメタリックブルー色の花。
ゾーン：4〜9

ACORUS
（ショウブ属）
英 名：SWEET FLAG
サトイモ科に含まれるが、むしろスゲに似た形状で、東アジアやアメリカ合衆国南東部の温暖地帯にある池の周辺などに自生する2種の常緑多年草を有す。幅の細いアヤメ様の葉は、栽培品種の場合斑が入ることが多い。夏になるとアルム属によく見られる仏炎苞を咲かせるが、葉に似ているため目立たない。花序は肉穂花序とされるが形状は違う。肉付きのよい芳香のある根茎には内容物があり、香水や消化エキスとして用いられることもある。多肉質のショウブ茎のエキスや砂糖漬けは広くハーブ薬として利用されている。
〈栽培〉
丈夫で育てやすい。多湿または低湿の土壌、できれば池に植え、時折摘心または株分けを行って新しい若い葉を保つ。繁殖は株分け、または手に入れば種子から行う。

Acorus calamus
一般名：ショウブ
英 名：CALAMUS, FLAGROOT, MYRTLE FLAG, SWEET CALAMUS, SWEET FLAG
☼/◐ ❄ ↔0.9〜2m ↕1.2m
アジアおよびアメリカ合衆国南東部の温暖な地域原産だが、現在は北半球に広く帰化している。アヤメに似た葉は1.5mほどに伸び、幅の狭い黄緑色の肉穂花序は10cmほどになる。'**ワリエガトゥス**' ★の葉はクリーム色と黄色の斑入り。
ゾーン：3〜10

Acorus gramineus
一般名：セキショウ
☼/◐ ❄ ↔45〜90cm ↕40cm
日本およびアジア大陸に限りなく隣接する地帯原産で、ショウブに非常によく似ているが、葉はより小さく光沢があり45cmほどに伸びる。肉穂花序は8cmほどになる。'**ハクロニシキ**'小型で黄緑色の葉。'**オウゴン**'（syn.'ウォーゴン'）明るい黄緑色とクリーム色の斑入り。'**プシルス**'矮性で8cmほどの葉。'**ワリエガトゥス**'（syn.'アウレオヴァリエガトゥス'）金黄色とクリーム色の斑入り。
ゾーン：5〜10

ACRADENIA
（アクラデニア属）
ミカン科に含まれ、より知られたボロニア属の近縁で、オーストラリアの東海岸からタスマニアに見られる常緑大型低木または小型木の2種を有す。芳香性で濃緑色の3出複葉は灰色がかった皮革質。白い花は小さな円錐花序で小さいが、濃色の葉とのコントラストで非常に目をひく。
〈栽培〉
本土種は温暖な気候が必要で、霜にはほとんど耐えられない。タスマニア原産の*A. frankliniae*はこれより丈夫で栽培に向くが、それでも霜害から守る必要がある。水はけがよく肥沃で、夏のあいだも湿り気が残る、中性か多少酸性の場所が適す。繁殖は半熟枝の挿し木で行う。

Acradenia frankliniae
英 名：WHITEY WOOD
★ ☼ ❄ ↔1.5m ↕6m
タスマニアおよびオーストラリアの自生種を栽培品種化したもので、通常は低木様で高さは3.5m以下である。葉は濃緑色で、3枚の小葉がつく。花は小さな房状で初夏に咲く。自然な円錐形にするために、軽く刈り込むとよい。
ゾーン：8〜9

ACTAEA
（ルイヨウショウマ属）
キンポウゲ科に含まれ、8種を有す。北半球の温暖地帯に自生し、切れ込みの入った鋸歯縁葉を持つ多肉茎の多年草。頂頂に白い花がつき、花後には白、赤、黒の毒性のある果実がつく。
〈栽培〉
繁殖は種子から、または株分けで行う。日なたまたは一部日陰のロームが適す。

Actaea alba
異 名：*Actaea pachypoda*
一般名：ホワイトベインベリー
英 名：DOLLS' EYES, WHITE BANEBERRY
☼/☼ ❄ ↔50〜60cm ↕90cm
北アメリカ東部の森林地帯原産。多肉茎につく切れ込みの入った葉は24cm程度になり、3〜12枚の小葉がつく。春から初夏にかけて白い花が頂生し、2.5〜5cmほどになる。小さな球形の白い実をつける。この実は黒い「目」と呼ばれ、英名の元となった。
ゾーン：5〜8

Actaea rubra
一般名：レッドベインベリー
英 名：RED BANEBERRY, RED COHOSH, SNAKEBERRY
☼ ❄ ↔60〜90cm ↕30〜60cm
北アメリカ原産で森林の多年生低木。深く切れ込む濃緑色の葉と、春に房状に咲く小さな白い花を持つ。丸く赤い実が夏にできる。実も含めて、すべての部分が食用にすると毒性がある。
ゾーン：3〜8

Acradenia frankliniae

トリカブト、HC、'ステンレス スティール'

Actinidia kolomikta

Actinidia deliciosa 'ヘイワード'

ACTINIDIA
（マタタビ属）

マタタビ科に属す60種を持つ常緑のつる植物で、東アジアに生息する。美しい葉と、甘い芳香を放つ白い花が春につく。果実が食用になるものもあるが、雌性株と雄性株をそろえないと結実しない。装飾的によじ上っていくので、壁に這わせたり、姿のよくない木に伝わせたりするとよい。最も有名なA. deliciosaは、オニマタタビ、キウイフルーツであるが、これらの果実はニュージーランド原産ではない。

Actinidia arguta
一般名：サルナシ、コクワ
英　名：BOWER ACTINIDIA、BOWER VINE、COCKTAIL KIWI、DESSERT KIWI、KOKUWA、SIBERIAN GOOSEBERRY、TARA VINE、YNNG-TAO
☼ ❄ ↔6〜9m ↑6〜9m
日本、朝鮮半島、中国北東部原産の目を引くつる植物。芳香性の緑がかった白い花は盛夏から晩夏に咲く。葉は15cmほどで楕円形でなめらか、。鋸歯縁。球形の黄緑色の果実は毛を帯び、多少酸味がある。'アナナスナヤ'（'アンナ'）目を引く雌性株で、大きな房状の甘い芳香の花をつける。'イッサイ'自家受粉種。
ゾーン：4〜9

Actinidia chinensis
一般名：オニマタタビ、シナサルナシ
英　名：CHINESE GOOSEBERRY
☼ ❄ ↔4.5m ↑3〜6m
中国南部で長く栽培されてきた種で、原産地は不明。A. deliciosaと似た葉と花を持つが、果実は小さく、熟すと覆っていた毛がほとんどなくなる。色は明るい黄色か赤みがかり、多肉質で甘い香り。
ゾーン：7〜10

Actinidia deliciosa
異　名：*Actinidia chinensis* of gardens
一般名：キウイフルーツ
英　名：CHINESE GOOSEBERRY、KIWI FRUIT、YANTAO
★ ☼ ❄ ↔10m ↑10m
中国原産のつる性植物で、20cmほどになる葉は大きい。芳香のあるクリーム色の花が春に咲き、その後冬には、外側が茶色く、中身が緑色の果肉に黒い種子が入った美味な果実がつく。'ヘイワード'ニュージーランドで育てられた商用になる大きな実がつく。
ゾーン：7〜10

Actinidia kolomikta
アクティニディア・コロミクタ
異　名：*Trochostigma kolomikta*
☼ ❄ ↔5〜6m ↑6〜10m
東アジア原産のつる性植物。形のよい葉は緑色で、白かピンク色の斑が入る。この斑は成長するにつれて入り、若い木には見られない。商用にはされていないが、雌雄株が揃うと結実し、果実は食用になる。'セプテンバー　サン'葉の斑が美しい。
ゾーン：4〜9

Actinidia polygama
一般名：マタタビ、ナツメ
英　名：SILVER VINE
☼ ❄ ↔2.4m ↑1.8〜2.4m
アジア東部のつる性植物。白い花と装飾的な薄い銀色または金色の15cmほどになる葉を持つ。食用の実は25mmほどの大きさで、日本では実の塩漬けが珍味とされる。
ゾーン：4〜9

ACTINOTUS
（アクティノトゥス属）
英　名：FLANNEL FLOWER
セリ科に含まれ、16種で構成される。15種はオーストラリア原産、残り1種はニュージーランド原産。一年草または多年草で、さまざまな形、性質がある。デイジーに似て、たくさんの小さな花が頂生し、それよりも大きな、ウール質の、白、灰、またはピンク色の包葉に包まれる。

〈栽培〉
ほとんどの種が挿し木か種子から繁殖される。通常の方法を用いても発芽は非常に不規則だが、「煙発芽」法の出現によってほぼ確実になった。近年の栽培やその方法の選択は、輸出用の切り花も含めてそれぞれの園芸目的によってさまざまに変化している。

Actinotus helianthi
一般名：フランネルフラワー
☼ ❄ ↔50〜100cm ↑50〜150cm
オーストラリア原産で多少木質の短命な多年草で、シドニー地区の浅い砂地の酸性土壌やより北部の沿岸砂丘の硬葉ヒース、低木林、または森林地帯に自生する。花序は直径5〜10cmになり、葉のない長い柄で晩冬から夏にかけて咲く。クリームがかった白色から灰色でフェルト状の苞は、緑色を帯びることがある。
ゾーン：8〜9

Actinotus minor
英　名：LESSER FLANNEL FLOWER
☼ ❄ ↔1.5m ↑50cm
大きく広がる短命の多年草で、オーストラリア東部のヒースおよび森林地帯や密でない森林の酸性の砂地に、自生する。葉は12mmほどの長さで変化に富んだ切れ込みが入り、裏面には毛が密生する。花序は直径12mmになり、晩冬〜夏にかけて白からクリームがかった灰色に咲く。
ゾーン：8〜9

ADANSONIA
（バオバブノキ属）

北アフリカ、マダガスカル、そしてオーストラリアに自生する人目を引くこの属は8種からなり、キワタ科に含まれる。最も有名なのは、非常に幹の太いA. digitaraである。ふくれた幹は水分をいっぱいに含んだスポンジ状の木から成っている。葉は多くの小葉に分かれ、熱帯性の乾燥した夏に落葉する。多肉質の白い花弁を持つ花は大きく、直立または下垂し、長く白い雄ずいがブラシ状に密生する。これは動物によって受粉される。果実は球形から楕円形。葉は緑黄色野菜または保存食として利用される。果肉は食用になり、清涼飲料や医療目的に使用される。

〈栽培〉
熱帯や温暖な亜熱帯のみで生育し、冬に低温になりすぎたり湿気が多いとすぐに腐る。深い沖積土壌が最適である。通常、繁殖は種子から行うか、半熟枝の挿し木が根付くこともある。

Actinotus helianthi cv.

Adenandra uniflora

Adansonia digitara
一般名：バオバブ
英　名：BAOBAB
★ ☼ ┿ ↔27m ↕15m
バオバブの幹は異常な太さにまで成長する——直径9mが現在の最高記録である。葉は3〜9枚の小葉からなる。晩春から初夏に咲く花はなめらかな白色。硬い殻の果実は秋に熟し、ゾウやヒヒのえさとなる。
ゾーン：11〜12

Adansonia gibbosa
異　名：*Adansonia gregorii*, *A. rupestris*
一般名：ディディエバオバブ
英　名：BAOBAB, BOTTLE TREE
☼ ❄ ↔0.9〜2m ↕6〜12m
オーストラリア北西部原産の栽培種としてはまれな木。不規則な形状で、ふくらんだ幹やなめらかな樹皮を持つ。バオバブに似ているが、より小さく、直立する花をつける。葉はなめらかで手のひら形、5〜7枚の小葉からなり、柄のない楕円形で5〜12cmの長さになる。花は単体で直立するひも状で、花弁は白色、雄ずいが多数つく。果実は球形〜樽形で、茶色がかった黒である。
ゾーン：11〜12

ADENANDRA
（アデナンドラ属）
ミカン科に含まれる、南アフリカの岩山や海岸線の絶壁で生育する小型常緑低木18種で構成される。高さは0.9mほどになり、腺が点在する枝はとがっている。芳香のある小さな葉は、コレオネマ属と血縁関係であることの証明である。5枚の花弁を持つ花はたいてい白かピンク色で、種によっては芳香も放つ。
〈栽培〉
深く根が張れ、水はけのいい砂利地で、日当たりのいい霜の降りない場所、たとえばロックガーデンやコンテナが適している。冷涼気候では、温室の中で冬越しさせる。肥料は控えめに与える。繁殖は、初夏に播種するか、晩冬に半熟枝を挿し木する。

Adenandra uniflora
英　名：CHINA FLOWER, ENAMEL FLOWER
☼ ❄ ↔0.9m ↕0.6m
小さく細い、芳香のある葉を持つ、密生するか細い植物。形状は小型の低木。春と夏には、ピンク色を帯びることもある白い花を咲かせる。この花には香りはなく繊細な陶器様で、一重咲きである。
ゾーン：8〜10

自生する*Adenanthos sericeus*、西オーストラリア、アルバニー近くのミズリービーチ

ADENANTHOS
（アデナントス属）
オーストラリア南部および西部原産で、ヤマモガシ科に含まれる30種ほどを有する属。たいてい葉には毛が密生して、変化に富んだ形状になる。切れ込みが入る裂片の単葉で、鋸歯縁のものもある。このような髪の毛様の灰色の葉を持つ種は、ウーリーブッシュとして知られる。そのほかの種はジャグフラワーまたはバスケットフラワーと呼ばれる。これは、春〜夏に鳥を引き寄せる花の蜜が詰まった首の長いカップまたはつぼによく似ているためつけられたものである。
〈栽培〉
軽い霜には耐え、ヤマモガシ科の育て方——明るい、水はけのよい土壌で、通気、日当たりがよく、リンが含まれないまたは少ない場所——に従えば栽培もそれほど難しくはない。ほとんどが剪定、間引き、刈り込みに好反応を示し、花も葉も切ってから水にさすと長持ちする。繁殖は通常種子から行う。

Adenanthos detmoldii
英　名：SCOTT RIVER JUGFLOWER, YELLOW JUGFLOWER
☼ ❄ ↔2.4m ↕3m
オーストラリア西部原産。非常に真っ直ぐに伸びる低木で、細くきゃしゃな毛を帯びた葉と、枝の先端近くにある葉の腋に咲く金黄色から薄いオレンジ色の花を持つ。
ゾーン：9〜10

Adenanthos detmoldii

Adenanthos sericeus
一般名：ウーリーブッシュ
英　名：ALBANY WOOLLYBUSH, COASTAL WOOLLYBUSH
☼ ❄ ↔3m ↕2.4m
西オーストラリア原産で、野生では4.5mの高さになる。シダ状の銀灰色の葉は光沢のある毛を帯びる。花は赤色で葉の陰に隠れてたくさん咲く。
ゾーン：9〜10

自生する*Adansonia digitata*、アフリカ

Adansonia gibbosa、西オーストラリア

ADENIA
(アデニア属)

トケイソウ科に含まれる(キョウチクトウ科のアデニウム属と混同しないように)。この属は挺幹を形成する約90種で構成され、そのうちおよそ60種は南アフリカ原産、残りは東アフリカおよびマダガスカル原産である。(挺幹とは、一年生植物の枝やつるが枯れた後に残るふくらんだ茎または根である)。アデニア属の中で2.4mにまで成長するものは少なくとも10種類あるが、これは装飾的であることから収集家によって取り引きされている。トケイソウ科に属する植物の中には目をひくような花を持たないものもあり、アデニア属の魅力も、トレリスで支えるか刈り込まなくてはならない一年生の枝やつるのおもしろさにある。太くなった根の組織部分が一部土中から顔を出すのも、視覚的効果となる。花は雌雄異株(雄性花と雌性花が別の個体となること)。ほとんどの種に毒素または毒物が含まれる。

〈栽培〉
挿し木での繁殖では、主要な魅力である典型的な挺幹ができないため、種子から行うのが普通である。霜からの防御が必要で、肥料の豊富な水はけのよい土壌に植え、夏の間は水を多く与える。充分成長した標本では、各季節毎に切り戻すか、根の剪定を行う必要がある。

Adenia digitata
☼ ❄ ↔100cm ↕100cm
南アフリカ原産。露出したなめらかで緑色の太い根または挺幹が育つ。致死性のある2種類の毒素、グルコシド、toxalbuminを有する。葉の形状はコナラ属のものに似る。
ゾーン：10～11

Adenia globosa
一般名：グロボーサ
☼ ❄ ↔2.4m ↕2.4m
タンザニア、ケニア、ソマリア原産。希少種にもかかわらず、大きく濃緑色で表面がいぼ状の挺幹を持つことから最も有名で、非常に硬い刺のある枝が直立する。1～2週間も乾かした挿し木からでも育つ。
ゾーン：10～11

Adenia spinosa
☼ ❄ ↔2.4m ↕1.5m
南アフリカ原産。この一般的な種は、成長が早く左右対称で、緑色の挺幹を持ち、葉が多く刺のある枝が、その成長期には支えが必要となるほど密に覆う。葉が落ちるか、春になって新たな成長が始まる前に切り戻すとよい。
ゾーン：10～11

Adenia globosa

Adenium obesum subsp. *swazicum*

自生する*Adenium obesum* subsp. *somaliense*、ケニア、サンブル国立公園

ADENIUM
(アデニウム属)

最近になってキョウチクトウ科に含まれるようになった属で、アラビア南部やアフリカ東部および中央から南アフリカ北部までに分布する。数多くの亜種を有し、多肉でふくらむ茎を持つ。形状はそれほど多肉でなく、世界中の熱帯植物園において印象的なトランペット形の花が展示されることが多い。切ったり折ったりすると出てくるミルク状の樹液は毒物である。葉は多肉質で腋に対して幅が広く、対生や輪生というよりはむしろ螺旋状に生える。

〈栽培〉
熱帯の戸外で、コンテナあるいは水はけのよい花壇で育つ。温暖気候では日光を集める板を置いて育てられるが、冷涼気候では温室か、光を最大まで強めた温室が必要である。ひどい干ばつや暑さに対しては耐性がある。夏の間に水をやると、秋に葉が成長して花期が延びる。繁殖は(入手できれば)種子から、または植える前からカルスのある部分を挿し木する。

Adenium obesum
異 名：Adenium multiflorum
一般名：サバクノバラ、インパラ・リリー
英 名：DESERT ROSE、IMPALA LILY、SABI STAR
☼ ❄ ↔1.5m ↕1.5m
通常は、年月と共に入り組んでいく茎に枝がつく低木状だが、この種はより木に形状が似ていて、4.5mからそれ以上に成長する。日当たりのよい岩肌で育ち、根は多肉質でふくらみ、これは茎も同様である。以下の種にはすべて目をひく花がつく。*A. o.* subsp. *obesum*★は栽培種における花色はピンクから深いえんじ色、野生種では白または薄い色合いで、晩夏から秋にかけて咲く。*A. o.* subsp. *oleifolium*塊茎と大きな地下茎を持つ。*A. o.* subsp. *somaliense*小型木で、なめらかな毛のない葉。*A. o.* subsp. *awazicum*大きな地下茎を持つ。
ゾーン：10～12

Adenocarpus decorticans

ADENOCARPUS
(アデノカルプス属)

マメ科ソラマメ亜科に含まれ、15種ほどを有する、落葉生の常緑低木である。多くは地中海地方西部に見られるが、一部はカナリー諸島やマデイラ、トルコ極東原産である。ヒトツバエニシダ属に似て、小さめの葉は3つの小葉に分かれ、茎頂に黄色いマメの花を穂状につける。区別される形状としては、年月と共に粗くまたははがれやすくなる根と、密生する短いシュートに群がるようにつく葉、そして粘着質の豆果である。中には庭園に植えて魅力的な種もあるが、穏やかな気候に向き、短命の場合が多い。

〈栽培〉
ほとんどが霜にはあまり強くなく、冷涼気候では日光板の前に植えるのが適している。霜の降りない、水はけのよい乾燥気味の土地に向く。ほとんどの花と同様、湿気の多い夏が長く続く気候には適応しにくい。繁殖は種子から、または半熟枝の挿し木で行う。

Adenocarpus decorticans
☼ ❄ ↔2m ↕2.4m
スペイン原産で、落葉生。はがれやすい白っぽい樹皮とよく広がる堅い枝を持つ。細くほとんど針状の小葉が集まる葉。金黄色の花が晩春から初夏にかけて咲く。ゾーン：8～10

ADENOPHORA
(ツリガネニンジン属)
英 名：GARLAND FLOWER、LADYBELLS
ヨーロッパから日本に見られるこの属は約40種からなり、ホタルブクロ属と近縁で、キキョウ科に含まれる。多肉質の根を持ち、霜が降りず目の粗い土壌で半日陰なら簡単に群生する。完全な長円形か一か所に角のある楕円形の葉は植物の基部につき、とても細い針金状の花茎が上方に伸びる。この茎のまわりに、管状からベル形で青、紫またはピンク色の花がつき、主に夏から秋に咲く。

〈栽培〉
冷涼、湿潤、肥沃、水はけのよい土壌に、夏の暑い日差しを遮って植える。成長期には水と肥料をたっぷり与える。繁殖は種子または休眠中の株分けで行う。

Adenophora liliifolia
異　名：*Adenophora communis*、*A. stylosa*
一般名：レディベル
英　名：LADYBELLS、LILYLEAF LADYBELLS
☼/◐ ❄ ↔60cm ↕45～60cm
東アジアおよびヨーロッパ中央ぶ原産。丸形で緑色の葉。芳香があり薄い青色でベル形の花が、ホタルブクロの花のように茎から垂れ下がる。花期は初夏から盛夏。
ゾーン：4～8

Adenophora polyantha
☼ ❄ ↔30～40cm ↕90cm
朝鮮半島および隣接する中国の一部原産。葉や花が全体につく。花は明るい青色で房状に近い。
ゾーン：7～9

ADIANTUM
（アディアントゥム属）
英　名：MAIDENHAIR FERN
世界中に分布する陸生のシダ200種ほどからなる大きな属で、ホウライシダ科に含まれる。小葉が防水されているように見えることから、adiantos（乾燥、湿気がないまたは湿っていない）というギリシャ語にちなんで名付けられた。葉の色はさまざまである。若い葉はピンクおよび赤色で、斑入りの種も含めて成熟すると緑色に変化していく。長円形または扇状の小葉とともに、薄く光沢のある黒または茶色の茎に小羽片がつく。

〈栽培〉
有機物質が豊富で湿度は保たれているが過度ではないロームで、湿潤な半日陰が適す。土壌のpHはその種によってさまざま。風よけは必要である。日当たりはよいほうが適すが、暑い日差しは遮るほうがよい。繁殖は種子からまたは株分けで行う。

Adiantum aethiopicum
英　名：COMMON MAIDENHAIR FERN
☼/◐ ❄ ↔ ↕
アフリカ、オーストラリア、およびニュージーランドの気候地域原産で、広く分布する草むら状になるシダ。匍匐する根茎から伸びた光沢のある黒い茎に、大きく広がる羽状複葉の、レース状で薄緑色

Adiantum capillus-veneris

の葉がつく。多くの栽培品種がある。
ゾーン：7～9

Adiantum capillus-veneris
一般名：ホウライシダ
英　名：COMMON MAIDENHAIR、SOUTHERN MAIDENHAIRE、TRUE MAIDENHAIR、VENUS MAIDENHAIR、VENUS-HAIR FERN、VENUS'S HAIR
☼/◐ ❄ ↔30～60cm ↕30～60cm
丈夫な針金状のシダで、世界中の温暖から熱帯気候地帯に見られる。匍匐性の根茎から伸びた丸く黒い茎に、たくさんの葉群がつく。深く裂けた三角形の葉はレース状になる。新しい葉は赤茶色がかったピンク色。
ゾーン：8～11

Adiantum consinnum
アディアントゥム・コンインスム
英　名：BRITTLE MAIDENHAIR
☼/◐ ❄ ↔30～80cm ↕30～80cm
草むら状に密生するシダで、中央アメリカの熱帯および亜熱帯が原産である。均整のとれた姿。約80cm長さの黄色がかった緑色の葉で、12mmほどの細い三角形の葉と小葉からなる。野生では岩場に多く育つ。'**エドウィニイ**'この種としては切片が広く、直立する背の高い葉を持つ。'**ノアクシイ**'アーチ状になる葉を持つ小型種。'**アップライト　ノアクシイ**' '**ノアクシイ**'に似るが、葉は直立する。
ゾーン：10～12

Adenophora polyantha

Adiantum excisum
アディアントゥム・エクスキスム
英　名：CHILEAN MAIDENHAIR
★ ☼/◐ ❄ ↔30～50cm ↕30～50cm
小さな草むら状に密生する、チリ、パナマ、メキシコおよびボリビア原産のシダで、密集する束になった葉の深く切れ込んだ縁が名前の由来となっている。三角形の葉は40cmほどの長さになり、数多くの小羽片と針金状の茎からなる。中性からアルカリ性の土壌に適す。'**ルブルム**'は赤黒い茶色の葉を持ち、新しい葉は薄い黄色である。
ゾーン：9～12

Adiantum formosum
英　名：AUSTRALIAN MAIDENHAIR、BLACK STEM、GIANT MAIDENHAIR、PLUMED MAIDENHAIR
☼/◐ ❄ ↔22～120cm ↕22～120cm
温帯から亜熱帯の東アジア、オーストラリア、ニュージーランド原産の丈夫なシダ。濃緑色で三角形の大きな葉は光沢のある黒色の丸い茎につき、長方形の切片を持つ三角形の葉身からなる。地下の根茎は匍匐性である。
ゾーン：9～11

Adiantum hispidulum
一般名：アラゲクジャク
英　名：ROUGH MAIDENHAIR FERN、ROSY MAIDENHAIR FERN、FIVE-FINGERED JACK
☼/◐ ❄ ↔30～50cm ↕30～50cm
アフリカ、インド南部、マレーシア、オーストラリア、太平洋南部原産で、小さな草むら状になるシダ。葉はピンクがかった赤茶色の新しい葉と、重なり合う小羽片からなる。若い葉は赤く、成長するにつれて次第に明るい緑色から濃緑色に変わる。ゾーン：9～12

Adiantum concinnum

Adiantum jordanii
英　名：CARIFORNIAN MAIDENHAIR
☼/◐ ❄ ↔30～60cm ↕30～60cm
メキシコおよびアメリカ合衆国西海岸原産の草むら状になるシダ。葉は、美しい鋸歯縁の小羽片からなる三角形の羽状複葉。新芽は早春に盛んになるが、秋にも再び出る。
ゾーン：8～10

Adiantum hispidulum

Adiantum pedatum 'インブリケイタム'

Adiantum pedatum var. *subpumilum*

Adiantum peruvianum

Adiantum macrophyllum

Adiantum macrophyllum

一般名：ヒロハクジャク

英　名：LARGE-LEAFD MAIDENHAIR

☼/☀ ⚘ ↔20～50cm ↕20～50cm

西インド、中央アメリカ、ブラジル、ボリビア、ガラパゴス諸島に自生するシダ。70cmの長さに成長する葉は、10cmほどにもなる三角形の大きな小葉が向かい合わせにつき、直立して草むら状になる。半直立性の根茎が匍匐する。茎はなめらかで黒色、成長中の葉は赤みがかったピンク色を帯びる。

ゾーン：10～12

'モンタナム' 小型種。

ゾーン：4～9

Adiantum peruvianum

英　名：PERUVIAN MAIDENHAIR FERN、SILVER DOLLAR MAIDENHAIR FERN

☼/☀ ⚘ ↔80～100cm ↕80～100cm

エクアドル、ペルー、ボリビア原産で、弱い匍匐性または凝集性を持つ根茎から伸びる黒色の細い茎に、三角形の羽状複葉が密集した緑色の葉がつく。新しい葉は金属的な光沢を放つシルバーローズ色である。

ゾーン：10～12

Adiantum pedatum

一般名：クジャクシダ

英　名：AMERICAN MAIDENHAIR FERN、EASTERN MAIDENHAIR、FIVE-FINGERED MAIDENHAIR FERN

☀ ❄ ↔30～60cm ↕30～60cm

北アメリカおよび東アジアの温帯原産のシダ。羽状複葉で、30cmほどになる向かい合わせにつく小葉と、緑色の三角形または楕円形の小羽片からなる。冷涼気候では落葉性。*A. p.* subsp. *calderi* 北アメリカ原産で、青みがかった緑色の葉と小さな小羽片を持ち、小型の草むら状になる直立種。*A. p.* var. *aleuticum* アラスカ、アメリカ合衆国、カナダ、アリューシャン列島原産の、落葉性で草むら状になる変種で、葉は薄緑色だが新しい葉は赤みがかったピンク色。*A. p.* var. *subpumilum* (キョクチクジャクシダ) 北アメリカ北西部原産の風に強い矮性の変種で、青みがかった緑色の葉を持ち、小羽片が重なり合い、新しい葉は黄色みを帯びた緑色。*A. p.* 'アジアティカム' 葉が垂れ下がる。'インブリケイタム' 密生し、しっかりと直立する緑色の葉を持つ。'ジャポニカム' 新しい葉はピンク色を帯びた赤茶色。'レイスラタム' 深く切れ込んだ小羽片。'ミスシャープルス' 金緑色の裂片のある葉。

Adiantum raddianum

一般名：カラクサホウライシダ

英　名：DELTA MAIDENHAIR FERN

☼/☀ ⚘ ↔45～60cm ↕45～60cm

広く栽培されている草むら状になるシダで、ウルグアイ、ブラジル、パラグアイ原産。三角形の葉身とくさび状の葉縁を持つ緑色の羽状複葉が、紫がかった黒い茎につく。この種には以下のように多くの栽培品種がある。'ブライダル ヴェール' 涙のしずく形の小さな切片を持ち、葉は垂れ下がる。'デフレクスムム' 黒色の茎、三角形の葉、同種の中では小さめの切片を持ち、堅く開きやすい葉の形状。'エレガンス' ハート形の切片を持つ、三角形の堅い葉。'フレグランティッシムム' 深緑色の葉と鋸歯縁を持つ成長の早い種。'フリッツ ルス' 切片が重なり合い、明るい緑色で直立する三角形の葉。'グラキリムム' 垂れ下がる、深く裂けた葉で、新しい葉はピンク色。'ロウソニアヌム' 繊細なレース状の葉を持ち、強く成長する種。'ティンクトゥム' アンデス原産で、三角形の葉と、大きく、重なり合い、くさび状縁の小羽片を持つ。'ワルトニイ' *Adiantum excisum*の栽培品種であるべき種と考えられる。

ゾーン：11～12

Adiantum reniforme

一般名：ヒトツバホウライシダ

☼/☀ ⚘ ↔5～20cm ↕5～20cm

ケニア、テネリフェ、マデイラ、カナリアおよびコモロ諸島原産で、その地で新たに群生するようになった小型で珍しいクジャクシダ。短い匍匐性の根茎。堅い単葉で切れ込みのない葉は、腎臓のような形で丸みがあり、針金状の黒い茎につく。

ゾーン：10～12

Adiantum raddianum 'デフレクサム'

カラクサホウライシダ 'ワルトニイ'

Adonis annua

Adiantum tenerum
アディアントゥム・テネルム
英　名：BRITTLE MAIDENHAIR FERN、
FAN MAIDENHAIR FERN
☼/☀ ✤ ↔30～90cm ↕30～90cm
アメリカ合衆国南西部、西インド、中央アメリカの熱帯から亜熱帯地域に見られる。匍匐する根茎と、光沢のある黒茶色の茎につく丸形またはダイヤモンド形の葉身で房状になる羽状複葉を持つ。栽培品種は以下の通り。'**ファーレイエンス**' アーチ状または垂れ下がる羽状複葉が90cm長さになり、大きなひだ状の切片ととがった縁を持つ。'**グロリオスム ロセウム**' アーチ状または下垂する羽状複葉で、波打った切片を持ち、新しい葉はピンク色である。'**ヤポニクム**' 深く裂けた重なり合う大きな小羽片を持つ葉は、細い針金状の茎に15～20cmの長さになる。'**レディ　M. リアーレ**' 大きな、深めに鋭浅裂した扇状の切片を持つ薄い緑色の葉は30～60cmになる。
ゾーン：11～12

Adiantum tetraphyllum
英　名：FOUR-LEAFED MAIDENHAIR
☼/☀ ✤ ↔100～150cm
（75～100cm）
西インドおよびアメリカ熱帯地方原産のシダ。匍匐性の根茎と、楕円から三角形の葉身と長方形の小羽片からなる100cmほどの長さの羽状複葉を持つ。
ゾーン：10～12

Adiantum trapeziforme
一般名：ヒシガタホウライシダ
英　名：DIAMOND MAIDENHAIR、
GIANT MAIDENHAIR
☼ ✤ ↔60～250cm ↕50～200cm
匍匐性の根茎を持つ西インドおよびアメリカ熱帯地方原産の大きなクジャクシダ。三角形の葉身からなる密集した羽状複葉は2m以上になり、50cm以上に伸びる茎につく。その大きさのため、直植えに向く。
ゾーン：10～12

Adiantum venustum
英　名：EVERGREEN MAIDENHAIR、
HIMALAYAN MAIDENHAIR
☼/☀ ✤ ↔30～120cm
↕20～80cm
アフガニスタン、ヒマラヤ、インド、およびカナダの高地に自生する。冷涼気候では落葉性。匍匐性の根茎を持ち、80cm以上になる葉は三角形の葉身と鋸歯縁の小羽片からなり、25cmほどの長さの茎につく。
ゾーン：4～8

ADONIS
（フクジュソウ属）
キンポウゲ科の仲間であるこの属は、およそ20種の一年生または多年生植物からなる。ヨーロッパやアジアの山岳牧草地に見られる。40cmほどの高さに成長し、切れ込みの入った葉は羽状複葉に似て、種によっては羽状となる。春になると、白、黄色、または赤色の花が鮮やかに咲く。花は直径8cmほどで、3から30枚の花弁からなる。この属名は、ギリシャ神話で野生のイノシシに殺されたためアフロディーテによって花に変えられた美しい若者にちなんでつけられたものである。
〈栽培〉
ロックガーデンまたは花壇の正面に向き、湿度は必要とするものの水はけのよい日なたまたは半日陰を好む。冷涼気候に適している。繁殖は夏の新鮮な種子か、早春または秋に株分けによって行うが、再植え付けは非常に難しい。

Adonis aestivalis
一般名：ナツザキフクジュソウ
英　名：PHEASANT'S EYE
☼/☀ ✤ ↔30cm ↕45cm
ヨーロッパ原産で、美しく切れ込みの入った葉を持つ一年草。単生の茎頂花は直径約25mmで、5～8枚の深紅色の花弁と黒色の基部または「目」を持つ。
ゾーン：5～9

Adonis amurensis
一般名：フクジュソウ、マンサク
英　名：PHEASANT'S EYE
☼/☀ ✤ ↔30cm ↕30cm
アジア原産。花壇、開けた森林地帯、ロックガーデンに用いられる。緑色でシダ状の深い切れ込みの入った葉。キンポウゲに似た黄色い花が早春に咲く。'**サンダンザキ**'は珍しい高価な栽培品種で、暗い日陰で生育し、濃い黄色と緑色の花弁を持つ。
ゾーン：3～9

Adonis annua
異　名：*Adonis autumnalis*
一般名：アキザキフクジュソウ
英　名：PHEASANT'S EYE
☼ ✤ ↔30cm ↕40cm
ヨーロッパ南部からアジア南西部に見られ、イギリス連合王国やヨーロッパ北部に帰化した。夏咲きの一年草で、ナツザキフクジュソウによく似ている。美しいシダ状の葉が、上向きに枝を出す茎につく。花は深紅色で、基部は黒色。
ゾーン：3～9

Adonis cyllenea
☼ ✤ ↔20～38cm ↕20～38cm
ギリシャに自生する。非常に稀少で、1976年に再発見されるまでは絶滅種と考えられていた。シダ状の葉と明るい黄色の花を持つ。
ゾーン：6～9

Adonis vernalis
一般名：ヨウシュフクジュソウ
☼/☀ ✤ ↔25cm ↕40cm
多年生のヨーロッパ種。基部の葉は楕円形だが茎につく葉は羽状。明るい黄色の花は12～20枚の花弁からなり直径8cm以上である。
ゾーン：3～9

Adiantum venustum

Adiantum tenerum

Adiantum reniforme

AECHMEA
(サンゴアナナス属)

パイナップル科のひとつで、槍に似た花序から名付けられた（"aichme"はギリシャ語で鉾先という意味）。この属は最も大きいものの一つで、ほかの属と比較にならないほどの植物が含まれている。すべての種は中央アメリカの湿地帯原産で、アマゾン河上流域やブラジルのバイアにある高温乾燥地域から、ブラジルやアルゼンチンの南部にある冷涼地帯まで分布する。直径10cmから2mまでさまざまな大きさの240種が属し、栽培品種は500種を超える。野生の環境ではすべて木の上で生育するが、中には岩の上で生育するものもある。葉縁は歯状で、美しいものから不揃いなものまでさまざまである。花序も短いものや長く伸びるものなど種類が多い。多くは花枝の下に、明るい赤色の原始的な旗状の苞を持ち、ハチドリを誘引する。花弁の小さな花は色が豊富である。果実は明るい色で、黄色から赤、青、紫色などさまざまである。

〈栽培〉
花をつけたいなら室内栽培が勧められる。冷温地帯ではガラス室または温室を用いる。あるいは温暖気候、亜熱帯、熱帯地域では、戸外でも直射日光の連続や過度な雨は避ける。鉢土が乾いたら水を与える。鉢土が良質であれば特別な肥料は必要ない。繁殖は種子またはオフセットで行う。

Aechmea bromeliifolia
☼ ❄ ↔30cm ↕100cm
中央アメリカからアルゼンチンに見られ、幅広い気候に対応できる種。花は100cmの高さに咲く。葉は1.2mの長さになり、しっかりと締まったつぼ状になる。花序はフェルト状でトウモロコシの芯に似て、黄色の花が咲くがすぐに黒色に変わる。
ゾーン：9〜11

Aechmea caudata
☼ ❄ ↔60cm ↕90cm
ブラジル南部の一部に自生し、ほかの種の多くよりも耐寒性がある。100cmになる葉は、開いたじょうご形のロゼットを形成する。花は90cmの高さに咲く。花序は25cmで直立し、基部には側面に穂状花序と黄色い花弁がつく。*A. c.* var. *variegata*は斑入りで、この種の中では強い。ゾーン：9〜11

Aechmea bromeliifolia

Aechmea caudata var. *variegata*

Aechmea fasciata

Aechmea gamosepala

Aechmea chantinii
アエクメア・カンティニイ
☼ ❄ ↔50cm ↕100cm
アマゾン河上流域が原産で、高温多湿の環境を好む。100cmになる葉にははっきりした白い横縞が入り、ゆるやかなじょうご形のロゼットを形成する。花は100cmの高さ。花序は開き、長い茎には主に側面に黄色い穂がつき、花はオレンジ色である。穂状花序の下部には、明るい赤色で大きく原始的な苞がつき、垂れ下がる。非常に多くの栽培品種を有し、通常は葉の色によって名付けられる。たとえば'**アッシュ　ブロンド**'、'**ブラック　ゴッデス**'、'**グリーン　アイス**'などである。斑入り種は次の通り。'**サムライ**'緑色の葉の中心に黄色い縦縞の斑が入る。'**ショウグン**'外側に黄色い縞が入る。
ゾーン：9〜12

Aechmea dichlamydea
☼ ❄ ↔80cm ↕100cm
トリニダード原産で、熱帯庭園によく見られる植物。葉は50cmほどになり、ほとんど直立で開いたロゼットを形成する。花は100cmに伸びる。円筒形の花序は50cmほどになり、側面の分枝にピンク色や青色の花をたくさんつける。主に白い花弁を持ち、赤色の茎と対照的である。
ゾーン：9〜12

Aechmea distichantha
☼ ❄ ↔90cm ↕90cm
ブラジル南部、パラグアイ、アルゼンチン北部原産。花は0.9mの高さに咲く。葉は堅く1.5mの長さになり、広がるロゼットを形成する。ピラミッド形の花序は、側面に鮮やかな赤色の分枝ができる。花弁は青色。
ゾーン：9〜11

Aechmea fasciata
一般名：シマサンゴアナナス
☼ ❄ ↔40cm ↕70cm
ブラジル南部地域原産。葉は0.9mになり、細いじょうご形のロゼットを形成する。葉にははっきりとした白い横縞が入り、中にはほとんど全体が白く覆われてしまうものもある。花は70cmの高さに咲く。花序は円錐形で、苞は白い部分に薄く覆われたピンク色。花は青色で、時間が経つにつれて赤色に変わる。現在ではこの種にも斑入りがあり、'**モルガー**

自生する*Aechmea mariae-reginae*、コスタリカ、グアジャボ国立記念自然指定区

ナ'のように刺のない特別に幅広い葉の種や、赤みがかった縦縞の葉を持つ'**キウィ**'などもある。
ゾーン：9〜12

Aechmea fulgens
一般名：サンゴアナナス
☼ ❄ ↔50cm ↕50cm
ブラジル西部原産。葉は40cmになり、密なじょうご形のロゼットを形成する。花は50cmの高さにつく。花序は20cmの長さで、基部の側面にいくつか赤色の分枝を持つ細いピラミッド形。濃赤色の花は、その分枝に沿ってつくが、花弁の色はすぐに赤色に変化する。*A.*サンゴアナナス'**マギナリイ**'の親。
ゾーン：9〜12

Aechmea gamosepala
英名：MATCHSTICK PLANT
☼ ❄ ↔25cm ↕75cm
ブラジル南部原産。葉は55cmの長さになり、締まったじょうご形のロゼットを形成する。花は75cmの高さにつく。花序は細い円筒形で25cmほどになり、マッチに似た中央の茎から直角に立つように赤い花が咲き、花弁は青色。
ゾーン：8〜11

Aechmea mariae-reginae
☼ ❄ ↔90cm ↕90cm
コスタリカ原産。葉は長さ90cmで、広がるロゼットを形成する。花の高さは90cm。密な花序は20cmの長さになり、青みがかった花弁を持つ黄色の花が咲く。垂れ下がる旗状の花茎苞が花序のすぐ下につく。雄性植物と雌性植物がある。
ゾーン：10〜12

Aechmea miniata
☼ ❄ ↔50cm ↕50cm
ブラジル東部原産。葉は50cmの長さになり、密なじょうご形のロゼットを形成する。花の高さは50cm。花序はほぼ球形で、先端近くまで側面が赤色に分枝する。花は赤色、花弁は青色。*A. m.* var. *discolor*の葉は、裏が赤から赤紫色。
ゾーン：9〜10

Aechmea nudicaulis
アエクメア ヌディカウリス

☀ ↔20cm ↕70cm

ブラジル南東部およびカリブ海沿岸の国原産。大きさはさまざまで、高さは70cm以上になる。90cmほどの長さの葉は全体に赤みがかった緑色で、一般的には白い帯が入り、基部近くで締め付けられたように見える堅い管状にまとまる。花は中央の茎から水平に突き出すようにたくさんつき、花序は円筒形になる。花序の下には直立する明るい赤色の苞が密生する。花は主に黄色。
ゾーン：9～10

Aechmea orlandiana
一般名：フィンガー・オブ・ゴッド

☀ ↔40cm ↕40cm

ブラジルのエスピリト・サント州に自生する。葉は30cmの長さでじょうご形のロゼットを形成し、はっきりした大きな紫茶色の斑点または帯が入る。花は40cmの高さ。花序は8cmほどの長さの卵形で、側面にくすんだ黄色の短い穂状花序をつける。
ゾーン：9～10

Aechmea ornata
☀ ↔2m ↕90cm

ブラジル南部原産。直径2mにもなり、花の高さは90cm。葉は緑色でひも状、長さは90cmで細かい鋸歯縁を持ち、広がるロゼットを形成する。花茎は頑丈である。花序は短い円筒形で剛毛を帯び、あらゆる面にたくさんの花をつける。花弁は赤または青色。大きな直立する赤い苞が花序の下につく。*Aechmea ornata* var. *hoechneana*は青色の花弁を有す。*Aechmea ornata* var. *nationalis*は斑入りの種。
ゾーン：9～10

Aechmea miniata var. *discolor*

Aechmea pineliana

サンゴアナナス、HC、'ファッシーニ'

Aechmea phanerophlebia
☀ ↔50cm ↕75cm

ブラジル南部原産。葉には非常に刺が多く、白みがかった帯が入り、長さ100cmで直立するじょうご形のロゼットを形成する。花の高さは75cm。花序は赤色で側面に多くの短い分枝を持つ円筒形で、花弁は青色。
ゾーン：9～10

Aechmea pineliana
☀ ↔50cm ↕90cm

ブラジル南部原産。葉は非常に刺が多く緑色だが、多く日光に当たると赤色に変わり、じょうご形のロゼットを形成する。花の高さは90cm。花序は剛毛を帯びた円筒形で主に黄色。すぐ下には明るい赤色の直立する苞を持つ。
ゾーン：9～10

Aechmea recurvata
一般名：トックリアナナス

☀ ❊ ↔20cm ↕20cm

ブラジル南部原産。葉は緑色で長さ40cm、適度な刺を持ち、ふくらんだ基部から広がるロゼットを形成する。花の高さは20cm。花序はほぼ球形で、赤みがかった紫色の花弁を持つ赤い苞が外側につく。'アズテック ゴールド'は斑入り種。
ゾーン：8～10

Aechmea weilbachii
一般名：ショウジョウアナナス

☀ ↔50cm ↕50cm

ブラジル南部原産。葉は曲がりやすく50cmの長さで緑色、広がるロゼットを形成する。花の高さは50cm。花序は円筒形で15cm、全体が主に赤色の短い穂状花序が側面につく。花は青紫色の球形で、花弁は薄い紫色である。
ゾーン：9～10

Aechmea weilbachii

Aechmea recurvata 'アズテック ゴールド'

Aechmea phanerophlebia

Aechmea ornata var. *hoehneana*

Aechmea Hybrid Cultivars
一般名：サンゴアナナス交雑品種

☀ ↔30～60cm ↕30～90cm

一般的なサンゴアナナス属の種ほとんどすべてが交雑品種の交配に用いられる。ブリーダーの目的は、より豊富な色の花を毎年咲かせ、葉にはっきりした赤茶色の色合いを出すことである。'アレス'は亜熱帯の戸外で育てるのに適している大型種。'バスタンサ'は、葉の表側が薄い黄色がかった緑色で、裏側は薄いふけ状に白く覆われた赤色。'バーニング ブッシュ'は、鮮やかな赤色の花茎とクリーム色の花。'ファッシーニ'80cmの高さになる緑色の大きなロゼットを形成し、洋紅色で長持ちする、分枝した花序を持つ。'フィア'は灰緑色の葉、赤色の苞、黄色の子房と赤色の花弁が対照的な花を持つ。'フォスターズ フェイバリッド'は光沢のある深い赤黒色の葉、垂れ下がる花序、先端が青色でサンゴ色の花弁を持つ。'フリードリッヒ'は'ファッシーニ'の刺のない種。'JCスーパースター'広がったじょうご形のロゼット、赤色の苞、薄い赤色の花弁を持つ。'ロイヤル ワイン'光沢のある薄い緑色の葉からなるロゼット、底面は栗色でオレンジおよび青色の花。'シェルダンサー'

Aechmea ornata var. *nationalis*

先端が赤いアップルグリーン色の葉、基部が白色の花、青色の花弁を持つ。
ゾーン：9～10

Aeonium arboreum

Aeonium glandulosum

Aeonium lindleyi

Aegopodium podagraria 'Variegatum'

Aeonium haworthii 'ワリエガトゥム'

AEGOPODIUM
(エゾボウフウ属)

ヨーロッパやアジア西部に自生し、匍匐性の根茎で成長するセリ科に属す草本。花は複合で、春から夏にかけては散形花序が現れる。2つの翼からなる果実または熟すと分離するうねのある堅果をつける。

〈栽培〉
霜には強いが日照りには弱く、湿っているが水はけがよく、障害物のない日光のよくあたる場所が適す。繁殖は種子から行う。

Aegopodium podagraria
一般名：イワミツバ
英　名：ASH WEED, BISHOP'S WEED, GOUTWEED, GROUND ASH, GROUND ELDER, HERB GERARD

↔25～90cm ↕25～90cm

ヨーロッパ原産で、北アメリカに帰化した。一般的に葉は楕円形の3つの裂片。匍匐性があり分枝する芳香を持つ根茎と繊維質の根を持つ。初夏には、白、ピンクまたはクリーム色の花が非常に多くつく散形花序が大きく複合する。楕円形でうねのある果実。ノルマン人のイングランド征服中にイングランドに持ち込まれ、痛風の治療に利用された。若い葉には高濃度のビタミンCが含まれ、サラダに用いることができる。'**ワリエガトゥム**'は、葉の表面と葉縁にオフホワイト色のしみがある。
ゾーン：3～9

AEONIUM
(エオニウム属)◎

ベンケイソウ科に含まれるこの属は、たいてい低木性および木性の茎を持つ多肉種で、多肉質の葉が茎頂でロゼットを形成する。主にカナリア諸島やマデイラ原産で、アフリカ東部および北部、中東でも見られる。枝は数多く挿せる燭台のような配置で、もろく、紙状の樹皮で覆われている。ロゼットの中心に、一般的には黄色だが、ピンク、赤、白色のものもある小さな花がピラミッド状の花序となり、花後には茶色の果序となる。

〈栽培〉
多肉質のものがほとんどのため、エオニウム属の種は一度根付いたら、非常に日照りに強い。充分な日光と完全な水はけのよさが必要で、野生では断崖の斜面で岩の割れ目に根を張っている場合が多い。吸枝の基部から切り取ったものや、挿し木用に剪定したロゼット、種子などから簡単に繁殖できる。

Aeonium arboreum
アエオニウム・アルボレウム

↔1.2m ↕1.8m

モロッコ西海岸原産で、幅15～20cmほどになるロゼットに、時に赤みがかる明るい緑色の葉を持つ非常に分枝の多い種。大きな円錐形の花序は、春になると黄色の花が咲く。*A. a.* var. *holochrysum*は2mの高さになり、夏には小枝に非常に目をひく黄色い花をつける。*A. a.* '**アトロプルプレウム**'★深い紫がかった赤茶色の葉。これにクリーム色の斑が入るのが '**マダラクロホウシ**' である。
ゾーン：9～11

Aeonium canariense
英　名：CANARY ISLANDS AEONIUM, GIANT VELVET ROSE, VELVET ROSE

↔50～120cm ↕20～60cm

カナリア諸島に自生し、直径45cm以上になる茎の短いロゼットを持つ。特徴的な葉はスプーン状で垂れ下がり、縁が赤または黄色の灰緑色。茎はさまざまだが、分枝はないのが一般的である。2～3年で、春に黄緑色の花序をつける。全体が一回結実性(花後に枯れる)で、茎はほとんどない。
ゾーン：9～11

Aeonium decorum
アエオニウム・デコルム

★ ↔30～90cm ↕40～60cm

低木状で分枝する。比較的小さいロゼットには、5cmほどになる光沢のある青緑色の葉がつき、これには茶色の斑と赤い葉縁が入る。春なかばから盛夏に黄色い花をつける。*A. d.* var. *mascaense* (syn. *A. mascaense*)は多肉質で赤い斑が入る明るい緑色の葉を持ち、小さく密生して分枝する。*A. d.* '**トリカラー**'★は葉に緑、クリーム、ピンク色の斑が入る。
ゾーン：9～11

Aconium glandulosum

↔80cm ↕50cm

マデイラ原産の二年草または多年生植物。低木性で、12cmほどになる芳香を持つ明るい緑色の葉で形成されるロゼットは、扁平で幅広い。夏に黄または白色の花のつく小枝は、長さ30cm以上になる。一回結実性(花後に枯れる)のものが多い。
ゾーン：9～11

Aconium haworthii
一般名：ベニヒメ
英　名：PINWHEEL

↔80cm ↕60cm

カナリア諸島原産の山状になる多年生植物で、気生根を持つ茎の分枝ができることがある。葉縁が赤い、青緑色の葉からなる小さなロゼットは、わずかに5cmを超えるほどの大きさ。ピンク色がかった薄黄色の花が春に咲く。開花期にはほとんどの葉が落ちる。'**ワリエガトゥム**'★はピンク色を帯びたクリーム色の斑入り葉を持つ。
ゾーン：9～11

Aeonium lindleyi

↔70cm ↕50cm

カナリア諸島原産のよく広がる亜低木。5cmほどの長さで芳香があり、厚い多肉質で幅広の葉からなるロゼットは小さい。葉は美しい毛を帯び、粘着性がある。春以降、黄色い花をつける。ロゼットは花後に枯れる。
ゾーン：10～11

Aeonium nobile

↔90cm ↕60cm

カナリア諸島の多年草で直立する分枝のない茎と、それぞれ幅50cmになるカップ形のロゼットを形成する。茶色みを帯びた葉は長さ30cmほどになり、葉縁には美しい毛が生え、若葉の頃は粘着性がある。小さな黄色い花がドーム形の花序に咲く。
ゾーン：9～11

Aeonium sedifolium

↔40cm ↕40cm

小型低木の多年生植物で、カナリア諸島原産。分枝した茎と多少厚めで緑色の多肉質葉からなるロゼットを持ち、葉には25mm以下の赤から茶色の縞が入ることもある。若葉は粘着性がある。
ゾーン：9～11

Aeonium sedifolium

エオニウム交雑品種、'クロホウシ'◎

Aeonium tabuliforme

Aeonium spathulatum
☼ ❄ ↔60cm ↕60cm
カナリア諸島、マデイラ、それに近い大西洋の島々が原産。分枝する上向きの茎に、中心に茶色の縞が入る明るい緑から灰緑色で25mmほどの長さの葉からなる5cm幅のロゼットがつく。春以降、小枝に黄色い花をつける。
ゾーン：9〜11

Aeonium tubuliforme
★ ☼ ❄ ↔60cm ↕30cm
カナリア諸島原産で、低く広がる二年草または多年生植物。幅40cmになる扁平なロゼットは薄緑色でらせん状にぎっしりと密集する。葉はたいてい赤みを帯び、先が房状で20cmの長さになる。花茎は高く分枝し、黄色い花をつける。一般的には一回結実性（花後に枯れる）である。
ゾーン：9〜11

Aeonium undulatum
一般名：アデスガタ
英　名：SAUCER PLANT
☼ ❄ ↔60cm ↕30cm
カナリア諸島原産で、ほとんど分枝しない上向きの茎が草むら状になり、茶色い縁で深緑色の葉から形成されるロゼットがつく。葉は長さ15cmほどだがもっと大きくなることもあり、内側にカーブする。春に黄色い花が咲く。
ゾーン：9〜11

Aeonium urbicum
☼ ❄ ↔0.9〜1.8m ↕0.9〜1.8m
カナリア諸島原産。堅く直立で分枝のない茎に、密生する葉群がカップ形のロゼットを形成する。葉は15cmの長さで青緑色、基部は多肉質。クリームがかった黄色い花は暖かい季節を通して咲く。通常は一回結実性（花後に枯れる）である。
ゾーン：9〜11

Aeonicum Hybrid Cultivar
一般名：エオニウム交雑品種◎
☼/☽ ❄ ↔20〜60cm ↕30〜60cm
故意にあるいは偶然にであっても、エオニウム◎の種同士で交配して生まれた栽培品種が多くある。これらはより色の豊富な葉（濃茶色または斑入り）を持ち、より大きく、より鮮やかな色の花をつける。栽培品種は次の通り。'**プラム　パーディ**'は栗色の葉からなるロゼットを持つ。'**サンバースト**'★は左右対称のロゼットを持ち、形成する葉は薄緑色で、くっきりと鮮やかでクリームがかった黄色い縁があり、成長するとピンク色を帯びる。'**クロホウシ**'は光沢のある赤みがかった黒い葉で形成されるロゼット。
ゾーン：9〜11

AERANGIS
（アエランギス属）
ラン科に含まれるこの属は、マダガスカルおよびアフリカ熱帯地域原産の着生ランの小型種およそ60種で構成され、2列に並ぶ平板な葉と、不釣り合いに大きな白からクリーム色の花をつけるさまざまな長さの花序を持つ。これらの単茎植物はアングレカムの近種で、アングレコイドとして知られる属のひとつである。通年にわたり数多くの種が花を咲かせるが、最も多く集中するのは冬の時期である。蜜をたたえた長い距を備えた花は、夕方になると強い芳香を放ち、ガに受粉させる。

〈栽培〉
根を覆われるのを好まないため、コルクあるいは木性シダのスラブ上（垂直でも水平でも）で育成するのが最適である。1年を通して湿り気を保つ。より大きな標本では、小さなバスケットでも育てることができる。強い日光の半日陰を好み、熱帯地域以外ではどこでも温室栽培が最適である。通年暖かい環境を好み、10℃以下になる場所は適さない。

Aerangis citrata
一般名：アエランギス・キトラタ
☼ ✿ ↔12〜30cm ↕6〜12cm
マダガスカル原産。ポットでもスラブでもよく育つ。一般的には薄黄色からクリームがかった白色の花が30以上、垂れ下がった小枝にきれいに2列に並び、冬になると直径18mmの花が開く。
ゾーン：11〜12

Aeonium arboreum

Aeonium urbicum

Aerangis cryptodon
一般名：アエランギス・クリプトドン
☼ ✿ ↔15〜38cm ↕15〜38cm
マダガスカル原産。樹皮ベースのミックスを用いたポットでよく育つ。側面から見た花は、まるで飛び立とうとする白い鳥のように見える。上向きに2列になった小枝に16以上の花をつけ、秋には5cm幅に開花する。
ゾーン：11〜12

Aerangis citrata

エオニウム交雑品種、'プラム　パーディ'◎

エオニウム交雑品種 'サンバースト'◎

AESCHYNANTHUS
（ナガミカズラ属）

英　名：BASKET PLANT, BLUSH WORT

インドからニューギニアの熱帯、主にマレーシアに見られるこの属は、イワタバコ科に含まれるおよそ100種の着生多年生植物や亜低木からなる。アーチ状にかかる茎を持ち、よく広がり、単葉で多肉質のとがった楕円形の葉が対生する。花は曲がった管形で茎の先端に密集し、一般的にはオレンジや赤色などの鮮やかな色合いで、上位と下位両方に唇弁を持ち、下位は3枚の裂片からなる。

〈栽培〉
年間を通して安定した温暖な気温と充分な湿度が必要である。家庭内または温室用の植物として育てられることが多く、主にハンギングバスケットで栽培され、水はけのよい肥えた土が推奨される。葡匐種は熱帯庭園のグラウンドカバーに適す。水や肥料は成長期には充分与える。繁殖は挿し木か、手に入れば種子から行う。

Aeschynanthus hildebrandii
アエスキナントゥス・ヒルデブランデイイ

☼/☼ ✂ ↔30〜60cm ↕15cm

ミャンマーに自生する低く広がる低木で、

Aerangis cryptodon

美しい毛を帯び、葉縁の赤い長さ25mmの葉と、1〜3つの房に長さ25mmほどに咲くオレンジ〜赤色の花を持つ。一般的にはハンギングバスケット仕立てで栽培される。'**トパーズ**'は黄色い花をつける変種。
ゾーン：11〜12

Aeschynanthus longicaulis
異　名：*Aeschynanthus marmoratus*
一般名：ゼブラ・バスケット・バイン

☼ ✂ ↔90cm ↕45〜60cm

マレーシア原産のこの常緑のつる性多年生植物は、管状で黄色がかった緑色

Aeschynanthus radicans

から緑みを帯びる花を持つ。花は濃茶色の斑が入り、夏には茎頂に房となる。楕円形でなめらかな葉は、表面には明るい緑および暗い緑色のまだらが入り、裏面は紫色がかった赤色である。
ゾーン：11〜12

Aeschynanthus radicans
一般名：リップスティック・プラント
英　名：LIPSTICK PLANT

☼ ✂ ↔45〜90cm ↕1.5〜1.8m

この種はマレーシア原産の着生常緑る植物で、つる性でアーチ状になる細い茎が木の枝から生じる。赤色で長い管状の花が、茎頂に密生する房となってつく。葉は濃緑色で楕円形、多肉質で縁はなめらか。果実は35mmほどの長さになる。
ゾーン：11〜12

Aeschynanthus speciosus
☼/☼ ✂ ↔0.9m ↕0.9m

マレーシアおよびボルネオ原産の着生常緑つる植物で、茎は細く、つる性でアーチ状になる。管状でオレンジ色の花からなる茎頂の房は長さ10cm×幅2.5cmになり、中心が黄色、縁が深紅色で、赤い斑点の裂片を持つ。深緑色でなめらかな槍形の葉は6〜10cmの長さで、一対または輪生になって、花の房のまわりを取り囲むロゼットを形成している。
ゾーン：11〜12

AESCULUS
（トチノキ属）

英　名：BUCKEYE, HORSE CHESTNUT

落葉性の低木から高木まで、トチノキ科に含まれるこの属は約15種で構成される。半分は北アメリカに自生し、バッケイと呼ばれることが多い。残りはアジアからヨーロッパ南東部に分布している。人の入らない谷間で育ち、5〜11枚の小葉からなる大きな複合葉が掌状を形成する。春から夏にかけて、目をひくクリームから赤みを帯びた花からなる直立する円錐花序がつく。食用にならない果実は大きな種子のカプセルで、なめらかなものから刺のあるものまで種類が多く、もうひとつの英名であるホースチェスナットの語源となった。

〈栽培〉
夏と冬の気温差がはっきりした冷涼気候地帯に適している。大型種は、そのピラミッド形の樹冠部が充分広げられる公園や庭園に合う。深く、肥沃で、保湿能力のある土壌が必要である。繁殖は播種に適した新鮮な種子から行い、交配は晩冬に接ぎ木で行う。

Aesculus californica
一般名：カリフォルニアバッケイ
英　名：CALIFORNIA BUCKEYE

☼ ❄ ↔9m ↕4.5m

アメリカ合衆国カリフォルニア州原産。灰色がかった緑色の葉を持つ広がる低木。クリームがかった白色の花からなる円柱形の円錐花序は、夏になるとピンクの色合いになり、花後にはイチジク形の果実をつける。乾燥した暑い夏にも耐える。
ゾーン：7〜10

Aesculus × carnea
異　名：*Aesculus rubicunda*
一般名：ベニバナトチノキ、ベニバナマロニエ
英　名：RED HORSE CHESTNUT

☼ ☼ ↔4.5m ↕9m

セイヨウトチノキと*A. pavia*の交雑種で、ドイツで作られたと考えられている。直立する円錐花序は、春に黄色い斑が出る、赤みがかった深いピンク色の花からなる。ほかの品種よりも温暖な気候に向いている。'**ブリオッティイ**'（syn. *A. hippocastanum* ブリオッティイ'）は、花がより大きく色が濃い。
ゾーン：6〜9

Aesculus × carnea

Aesculus × carnea 'ブリオッティイ'

Aesculus hippocastanum

Aesculus 'Dallimorei'

Aesculus hippocastanum 'ピラミダリス'

Aesculus × mutabillis 'インデュータ'

Aesculus flava

Aesculus chinensis
一般名：シナトチノキ
英　名：CHINESE HORSE CHESTNUT
☼ ❄ ↔10m ↕27m
中国北部に自生し、寺院の境内によく見られる。白い花からなる円柱形の円錐花序は夏には45cmの長さになる。栽培では成長がきわめて遅く、夏は暑く冬は寒く乾燥した地域に適す。
ゾーン：6〜9

Aesculus indica

Aesculus 'Dallimorei'
一般名：セイヨウトチノキ 'ダーリモーレイ'
☼ ❄ ↔8m ↕12m
セイヨウトチノキとキバナトチノキの接ぎ木交雑種で、裏側に綿毛が生えたような深緑色の葉を持つ。夏には長さ20cmの直立する円錐花序に、白からクリーム色の地に栗色の斑点が入る花がつく。
ゾーン：5〜9

Aesculus flava
異　名：*Aesculus octandra*
一般名：キバナトチノキ
英　名：SWEET BUCKEYE、YELLOW BUCKEYE
☼ ❄ ↔10m ↕27m
アメリカ合衆国中央部および東部原産の魅力的な種。小葉には綿毛のような脈があり、秋には黄色やオレンジ色を帯びる。黄色い花からなる直立する円錐花序は夏に見られる。この種による交雑種は色が豊富である。*A. f. f. vestita*は若い小枝や葉の裏側に綿毛が生えている。
ゾーン：4〜9

Aesculus hippocastanum
一般名：セイヨウトチノキ、マロニエ
英　名：COMMON HORSE CHESTNUT、EUROPEAN HORSE CHESTNUT、HORSE CHESTNUT
☼ ❄ ↔21m ↕30m
形よく広がるこの木は、公園や大きな庭に最適である。直立する円錐花序は、晩春に黄色から赤色の斑点が基部に現れる白い花からなり、花後にはトチの実として知られる刺のある球形の果実がなる。'バウマンニイ'は球形の樹冠部と目をひく白い花を持つ。'ピラミダリス'はピラミッド形に成長する習性がある。
ゾーン：6〜9

Aesculus indica
一般名：インディアンホースチェスナット
英　名：INDIAN HORSE CHESTNUT
☼ ❄ ↔21m ↕30m
ヒマラヤ北西部に自生する木で、低く枝が伸びるかまたは非常に茎が多くなりやすい。若い葉は赤茶色がかったピンク色。花は白色で黄から赤色を帯び、ピラミッド形の円錐花序は初夏から盛夏にかけて長さ38cmになる。'シドニー ピアース'は丈夫な栽培品種である。
ゾーン：6〜9

Aesculus indica 'シドニー ピアース'

Aesculus flava f. *vestita*

Aesculus × mutabillis
アエスクルス×ムタビリス
☼ ❄ ↔4.5m ↕4.5m
*A. pavia*と*A. sylvatica*の交雑種で、夏に黄色と赤色の花からなる直立する円錐花序がつく。'インデュータ'は黄色の花にピンクの色合いが混じる。
ゾーン：5〜9

Aesculus × neglecta
一般名：サンライズホースチェスナッツ
☼ ❄ ↔9m ↕15m
*A. pavia*と*A. sylvatica*の自然交雑種で、アメリカ合衆国南東部の沿岸部平原に見られる。新しい葉は明るいピンク色で、次第に明るい緑色に変わる。夏には黄

Aesculus pavia

Aesculus pavia 'レッド バッケイ'

Aesculus pavia
アクスクルス・バウィア
異　名：*Aesculus splendens*
英　名：RED BUCKEYE
☼ ❄ ↔3m ↕3m
アメリカ合衆国東部の沿岸平原の森林地帯原産。低木または小木。葉は秋に赤く色づく。初夏に深紅色の花が短い直立する円錐花序になる。'**レッド バッカイ**'は深い赤色の花。
ゾーン：6〜10

AETHIONEMA
（ミヤコナズナ属）
アブラナ科に含まれるこの属は、ヨーロッパ、地中海地方、アジア南西部に分布する40以上の一年生および多年生植物種で構成される。岩場の環境で生育するために、ほとんどが低く広がるか築山状になる。単葉で小さな多肉質の葉が細い茎につくので、枝の多くがもつれ合い、葉はかたまりになりやすい。春と夏には、茎の先端に花序が形成され、4花弁の小さな花が密生した房となる。よく成長する個体では、開花が妨げられる。
〈栽培〉
霜のくり返しには強いが、大陸的な厳しい冬には多少弱いと考えられる。日当たりがよく、保湿用の特殊な腐食質を加えた砂利混の水はけのよい土壌に植える。白雲石で軽く装飾を加えると観賞性が高まる。開花期に必要であれば水を与えるが、それ以外では乾燥を保つ。繁殖は種子、挿し木、または取り木によって行う。自家播種も可能だが、栽培は型どおりにいかない。

Aethionema grandiflorum
一般名：タイリンミヤコナズナ
☼ ❄ ↔30〜60cm ↕20〜45cm
コーカサスおよびそれに近いイランやイラクの一部に見られる。中程度の大きさの低木に近い築山形になる。青緑色の葉群と明るいピンク色の花を持ち、どちらも幅12mmを少し上回るくらいの大きさである。
ゾーン：7〜9

Aethionema pseudarmenum
☼ ❄ ↔15〜30cm ↕10cm
コーカサスおよびアジア西部原産。密生する青緑色の葉で、小型の築山形になる。濃色の脈のあるやわらかいピンク色の花が晩春に咲く。冬に濡れた状態にならないよう防ぐこと。
ゾーン：7〜9

Aethionema 'Warley Rose'
一般名：ミヤコナズナ 'ワーレイ ローズ'
☼ ❄ ↔30cm ↕15cm
ミヤコナズナ属で最も広く分布している種で、*A. armenum*とタイリンミヤコナズナの交雑種であると考えられる。青緑色の葉群。花は明るいローズがかった赤色で、晩春から夏の終わりまで次々に咲く。短命の傾向がある。
ゾーン：6〜9

AFROCARPUS
（アフロカルパス属）
マキ科に含まれるアフリカ産のこの属は6種ほどの針葉樹で構成され、以前はマキ属に含まれていた。自生種はアフリカ中央部、東部、南部の山岳地帯に見られ、どっしりとした幹を持つ森林高木。*A. usambarensis*は75m以上の高さになり、アフリカで最も背の高い木と考えられる。この種の木はどれも、フレーク状または筋状にはがれる、目をひく樹皮を持つ。葉は皮革質で細い。雄性（花粉）と雌性（種子）の生殖器官は異なる木にある。一般的に大きな種子は外側が層になって非常に水分が多いものだが、この雌性花序は単生で比較的細い柄を持つ。
〈栽培〉
成長の遅いこの種の木は、適度に雨が降る温暖気候あるいは亜熱帯気候の公園や街路樹に適している。深く、水はけのよい、適度に肥沃な土壌に植える。病害虫の影響を受けにくく、整枝もほとんど必要ない。繁殖は一般的に種子から行い、多肉質の皮を取り除いた新鮮な種子を播く。

Afrocarpus falcatus
異　名：*Nageia falcata*, *Podocarpus falcatus*
英　名：OUTENIQUA YELLOWWOOD
☼ ❄ ↔8〜15m ↕18〜60m

Aethionema pseudarmenum

Afrocarpus falcatus

自生する*Aesculus parryi*、メキシコ、バハカリフォルニア、エンセナダ

Aesculus parviflora

色い花からなる直立する円錐花序がつく。'**ペインテッドバッケイ**◎'は新しい葉がより赤みを帯び、花はピーチ色からピンク色。
ゾーン：5〜9

Aesculus parryi
英　名：PARRY'S BUCKEYE
☼ ❄ ↔0.9〜3m ↕0.9〜3m
メキシコのバハカリフォルニア北部の乾燥した丘陵原産の乾生低木。枝が多く、小さな葉はまばらで、夏の乾燥期に入ると葉が落ち、その後短い小枝に花がつく。北アメリカの西海岸だけで見られる、カリフォルニアバッケイ◎から分かれた種である。ゾーン：9〜11

Aesculus parviflora
一般名：ボトルブラシバッケイ◎
英　名：BOTTLEBRUSH BUCKEYE
☼ ❄ ↔4.5m ↕3m
アメリカ合衆国南東部の森林地帯で育つ美しい低木。葉は裏側に綿毛が生え、若い葉は淡黄色。細い円錐花序は、突き出したピンク色の雄ずいを持つ夏の白い花で構成される。暑く湿度の高い夏のある地域に適す。*A. p. f. serotina*は葉にほとんど綿毛がなく、青みがかった緑色。
ゾーン：6〜10

Agapanthus africanus

Agapanthus inapertus

南アフリカで最も大きな木のひとつ。栽培種では9～15mの高さになる。はがれやすく薄い樹皮は、紫がかった茶色から薄い赤茶色。美しく密生した葉群が淡褐色がかった緑色である。雌性木は、夏から秋に薄い黄色の「果実」に覆われる。
ゾーン：9～11

AGAPANTHUS
（ムラサキクンシラン属）
英　名：AFRICAN LILY、LILY-OF-THE-NILE

アフリカ南部原産のこの属は、ネギ科に含まれる多肉質の根を持つ多年生植物10種から構成されている。長いひも状で多肉質の葉は、常緑または落葉生の葉群が密生する草むらを形成する。一般的に青色で管形からベル形の花序をつける背の高い花茎は、葉の上方に伸びる。常緑種の花は、霜のおりない気候では長期にわたって咲き続け、夏にはどの地域でも咲く。細く上に伸びる習性は花壇に理想的だが、枯れて黄色くなった葉は取り除かなくてはならない。矮性種は大きなロッケリーやコンテナに植えると壮観である。属名はギリシャ語で愛を表す*agape*と花を意味する*anthos*に由来している。そのため、ムラサキクンシランは愛の花とされるが、その名の由来は明らかではない——育てなくてはわからないということだろうか？

〈栽培〉
日なた、半日陰の水はけのよい土壌なら、どこでも簡単に育てられる。日照りややせた土にも耐えるが、より花を咲かせたいならよい環境を作るほうがよい。ナメクジやカタツムリは若い葉を痛める。繁殖は冬の株分けか種子から行う。

Agapanthus africanus
異　名：*Agapanthus umbellatus*
一般名：ムラサキクンシラン
英　名：AFRICAN LILY、BLUE AFRICAN LILY、LILY-OF-THE-NILE
☼ ❄ ↔60～90cm ↑45～60cm
南アフリカのウェスタンケープ州原産の小型種。葉は常緑で、30～38cmの長さになる。花茎は60cmの高さになり、長さ2.5～5cmで紫青色の管形の花をつける。栽培種の'**アルバス**'は白い花。'**サファイア**'は深い青色の花。
ゾーン：9～11

Agapanthus campanulatus
アガパントゥス・カンパヌラトゥス
★ ☼/❅ ❄ ↔100～120cm ↑75～100cm
南アフリカのクワズールーナタル州原産のよく育つ種で、大きな草むら状になる。葉は長さ30～45cmになり、薄緑色で落葉性である。鐘形になる花は5cmの長さで白から青色、100cmに伸びる茎に球形花序となってつく。*A. c.* subsp. *patens*はより小さく、美しい細い茎に花序がつく。*A. c.* '**ロイヤル　ブルー**'は暗青色の花。
ゾーン：7～10

Agapanthus caulescens
☼ ❄ ↔1.2～1.5m ↑100～120cm
長さ60cm以上にもなる葉は落葉性で、時には短い幹を形成する堅い基部から伸びる。背の高い花は5cmほどの長さで管状、明るい青色で、雄ずいが突き出している。
ゾーン：7～10

Agapanthus inapertus
一般名：アガパントゥス・イナペルトゥス
英　名：DRAKENSBERG AGAPANTHUS、DROOPING AGAPANTHUS
☼ ❄ ↔100～130cm ↑100～130cm
南アフリカ南東部原産の落葉種で、長さ70cm以上になる青みを帯びた葉が密生した草むらを形成する。明るい紫青色で中には白色のものもある垂れ下がる管状花は、長さ1.5mの茎につく。*A. i.* subsp. *hollandii*は特に茎が長く、花は先が開く形である。
ゾーン：7～10

Agapanthus pendulus
一般名：アガパントゥス・ペンドゥルス
☼ ❄ ↔90cm ↑60～90cm
落葉性で、青みがかった緑色から灰色みを帯びた葉。花茎は90cm。管状で下垂する明るい青色の花からは、雄ずいが突き出している。
ゾーン：7～10

Agapanthus praecox
一般名：アガパントゥス・プラエコックス
☼ ✤ ↔100～130cm ↑100cm
常緑で多肉質、長さ70cmになる明るい緑色の葉を持つ。薄青から青色で先端が開いた花が、90cmの高さの茎につく。温暖気候の庭園では最も広く栽培されている種である。*A. p.* subsp. *orientalis*（ムラサキクンシラン）はほかの種より小さく、密生する葉が草むら状になり、明るい青色の小さな花が頭にまとまる。
ゾーン：9～11

Agapanthus Hybrid Cultivars
一般名：ムラサキクンシラン交雑品種
☼ ❄ ↔30～75cm ↑38～120cm
血統が確定されていないさまざまなグループが多くあり、ロッケリーやタブを使った大型の庭園に適した植物として分布している。主に冬があまり厳しくない地域では簡単に生育する。栽培品種は次の通り。'**ベイビー　ブルー**'は30～40cmの長い茎に明るい青色の花がつく矮性種。'**エレイン**'は上向きでよく育つ、深い青紫色の花が、長さ1.2mの茎につく。'**エラマエ**'1.5mの高さの茎に明るい紫青色の花がつく。'**ヘンリイ**'は矮性種で、細い葉、45cmの茎に白い花が咲く。'**リリパッド**'は矮性種で、暗青色の花が、長さ45cmの茎につく。'**ロシュ　ホープ**'は暗青色の大きな花序が、1.2mの高さの茎につく遅咲きの種。ミッドナイト　ブルー／'**モンミッド**'は小型種で、深い紫青色の花が40cmの高さの茎に咲く。'**ピーター　パン**'は矮性種で、青色の花が長さ30cmの茎につく。'**クイーン　アン**'は高さ60cmの茎に、明るい青色の花がつく。'**ランチョ　ホワイト**'は高さ45cmの茎に、白い管状の花が咲く。'**ストーム　クラウド**'強烈な紫青色の花が1.2mの茎につく。'**ティンカーベル**'は葉縁がクリ

アガパントゥス・プラエコックス cv.

ムラサキクンシラン交雑品種、'リリパット'

ムラサキクンシラン交雑品種、'ストーム　クラウド'

Agapanthus praecox cv.

ーム色で、薄青色の花が長さ40cmの茎につく。
ゾーン：7～11

AGAPETES
（アガペテス属）

異　名：*Pentapterygium*

ツツジ科。スノキ属の近縁属。丈の低い低木90種から成る。つる性のものが多い。熱帯および亜熱帯アジア、マレー諸島、太平洋諸島、オーストラリア原産。山岳部の多雨林に自生し、着生植物となるものが多い。葉は革質で新葉はピンク、赤、オレンジ。単生もしくはスプレー咲きの花は筒状でややロウ質。5角形、もしくは5本の花脈を持つ。

〈栽培〉

大部分の種は、温暖な無霜地域では風雨の影響を受けない屋外で栽培できる。ヒマラヤ原産種の中には若干の耐霜性を備えたものもあるが、樹下に植えるのがよい。排水がよく腐食質に富んだ酸性土壌に植える。温室栽培では、ピートを入れた大型鉢やハンギングバスケットに植え、じゅうぶんな日照と定期的な灌水および霧吹きを維持する。取り木による繁殖が最も容易であるが、挿し木も可。

Agapetes 'Ludvan Cross'
一般名：アガペテス'ルドグヴァン クロス'
☼ ↔ 1.5m ↕ 0.9m

*A. incurvata*と*A. serpens*の交雑種。葉の全長は35mm。ピンクの花に濃色で山形紋状の斑紋。萼は赤。*A. serpens*によく似るが、葉が大型で花色がより明るくなる。
ゾーン：9～11

Agapetes 'Ludvan Cross'

Agapetes meiniana
☼ ↔ 無限 ↕ 無限

オーストラリア原産のつる植物。刈り込むと低木状になる。新葉は濃淡のピンクないし赤色。花は筒状で花喉はややフレア状。茎の先端につく。
ゾーン：9～11

Agapetes serpens
☼ ↔ 2m ↕ 0.9m

広く栽培される常緑性低木。赤味を帯びた茎はアーチ状で中心の根茎から生じる。茎に沿って5辺形の筒状花がつく。花色は赤。濃色で山形紋状の斑紋が入る。開花期は晩冬。ハンギングバスケット仕立てによい。
ゾーン：9～11

AGASTACHE
（カワミドリ属）

英　名：GIANT HYSSOP、MEXICAN HYSSOP

シソ科。非常に香りの強い多年草ほぼ20種が含まれる。北米大陸、中国、日本原産。乾燥した低木地帯や草原に自生。葉の形は変異が大きく、先端の尖った楕円形、三角形、槍形など。葉縁には浅い切れ込み、もしくは細かい鋸歯。花色は赤、オレンジ、バラ色、紫色、青、白。2唇弁を持つ筒形の花が一般的。密生する花が輪生して花序もしくは幅の狭い花穂となる。開花期は夏。ミツバチが集まる。薬草やハーブティー用に使われてきた種もある。

〈栽培〉

排水と日当たりのよい場所に植える。大部分の種は耐霜性を持つ。寒冷地帯で非耐霜性の種を栽培する場合には、防護された場所に植えるか、もしくは一年草としてあつかう。夏にはカビによる病気が発生しやすい。繁殖は播種もしくは刺し穂による。

Agastache aurantiaca
英　名：ORANGE HUMMINGBIRD MINT
☼ ❄ ↔ 60cm ↕ 45～75cm

アメリカ合衆国南部からメキシコに分布。叢状となる多年草。葉は灰緑色で先端の尖った長円形ないし槍形。オレンジ色がかったピンクの筒形の花が輪生して花穂となる。開花期は夏から秋。
ゾーン：7～10

Agapetes meiniana

Agastache barberi
異　名：*Agastache pallida*
英　名：GIANT HUMMINGBIRD'S MINT、GIANT HYSSOP
☼ ❄ ↔ 30～45cm ↕ 60cm

アメリカ合衆国アリゾナ州からメキシコに分布。多年草。基部は木質化する。葉は三角形ないし先端の尖った長円形。粗い鋸歯縁。花穂は15～30cm。赤紫色の萼とバラ色の花弁を持つ筒形の花が輪生。ゾーン：8～10

Agastache cana
アガスタケ・カナ
英　名：HUMMINGBIRD PLANT、MOSQUITO PLANT
☼ ❄ ↔ 30～45cm ↕ 50～60cm

アメリカ合衆国南部原産の多年草。基部は木質化。葉は三角形、ないし先端の尖った長円形。やや帯毛。葉を押しつぶすと虫除けになるとされる。花穂は全長30cm。バラ色の筒形の花が輪生。'ヘザー クイーン'★は明るいピンクの花。
ゾーン：7～11

Agastache foeniculum
一般名：アニスヒソップ
異　名：*Agastache anethiodora*、*A. anisata*
英　名：ANISE HYSSOP
☼ ❄ ↔ 45～60cm ↕ 50～80cm

北米大陸原産。葉をこすったり押しつぶしたりすると、アニスシードに似た強い香りを放つ。葉は三角形ないし先端の尖った長円形で鋸歯縁。裏面は帯毛。小型で紫青色の花が密生して短い花序となる。
ゾーン：8～10

Agastache mexicana
英　名：MEXICAN GIANT HYSSOP、MEXICAN HYSSOP
☼ ❄ ↔ 45cm ↕ 60cm

メキシコ原産。直立性の多年草。根は匍匐する。葉は槍形で鋸歯縁。花序は全長30cm。濃いピンクないし緋色の花。一年草としてあつかわれることも。(ハニービー シリーズ)はコンパクトな草姿。特定色の品種がある。'ハニービー ホワイト'、および'ハニービー ブルー'。
ゾーン：9～11

Agastache rugosa

Agapetes serpens

Agastache rugosa
一般名：カワミドリ
英　名：HUO XIANG, KOREAN MINT, WRINKLED GIANT HYSSOP

☀ ❄ ↔60cm ↕60〜120cm

中国および日本原産の直立性多年草。葉は卵形で粗い鋸歯縁。裏面は帯毛。香辛料、茶、漢方薬の原料となる。紫色ないしバラ色の小型の筒形の花が集まって短くてコンパクトな花序を形成。
ゾーン：7〜11

Agastache rupestris
アガスタケ・ルペストゥリス
英　名：LICORICE MINT, SUNSET HYSSOP, THREADLEAF GIANT HYSSOP

☀ ❄ ↔45cm ↕45〜90cm

アメリカ合衆国南西部からメキシコ北部原産。強い香りを放つ。灰緑色で糸状の葉が羽のように見える。葉は茶としても使われる。英名のsunset（日没）が示すように、オレンジ色の花と薄青紫色の萼を持つ。'サンセット'の草丈はやや低め。
ゾーン：5〜9

Agastache Hybrid Cultivars
一般名：カワミドリ交雑品種

☀ ❄ ↔0.3〜0.9m ↕0.6〜1.8m

数種の交配によって草丈や花色の異なるさまざまな交雑種が作出されている。'アプリコット　サンライズ'の葉は灰緑色、オレンジ色の花序。'ブルー　フォーチュン'の花は青紫色。'ファイヤーバード'の花は赤茶色に近いオレンジ。'タンジェリン　ドリームズ'は'アプリコット　サンライズ'に似るが草丈が高い。'トゥッティ　フルッティ'の葉は灰緑色、花は濃い赤。ゾーン：7〜10

AGATHIS
（アガティス属）
英　名：KAURI

ナンヨウスギ科。巨樹に成長する針葉樹。ゴンドワナ大陸南部の大部分を覆っていた温暖多雨林にまでさかのぼることができるため、進化史的に重要な位置を占める。スマトラ島およびニュージーランドからフィジー諸島にかけて分布。

Agathis australis

幹はなめらかで直立性。加齢に伴って巨枝が上昇する。樹皮は剥落して顕著な紋様を見せる。幅広で革質の葉は中肋を欠き、ほぼ対生。球果はほぼ球形で鱗状片が密生。

〈栽培〉
熱帯多湿地域および亜熱帯に近い温暖地域では容易に成長。深く根を張り、下層土は湿っているのが望ましい。沿岸部の深い砂性土壌では巨樹となる。非常に速く成長するが、太い幹になるには多年月が必要。繁殖は種子からのみ。落下直後のものをただちに播種する。

Agathis australis
一般名：カウリ
英　名：NEW ZEALAND KAURI

☀ ❄ ↔15m ↕45m

ニュージーランド原産の樹木中では最大。北島にある低湿地森林に自生。葉は小型で全長35mm。成長した枝には葉が密生。成長は緩慢。密に茂った円錐状もしくは円柱状の樹形となる。レジン・コーパルの原料。樹皮には灰色と茶色の斑点。厚くて小型の鱗状片が剥離。夏に青みがかった球果ができる。
ゾーン：8〜10

Agathis corbassonii
英　名：CORBASSON'S KAURI

☀ ☂ ↔8m ↕40m

ニューカレドニア島の北半分にある標高300〜700m地帯にのみ分布し、低地多湿林中の超塩基性以外の土壌を選んで自生。乱伐のために激減し、危機に瀕している。赤褐色の樹皮は鱗片状で樹脂を多く含む。成長した葉は細長くてヤナギに似る。裏面は青緑色。雌果は卵形、雄果は円錐状。
ゾーン：10〜12

Agathis labillardierei
英　名：WESTERN NEW GUINEA KAURI

☀ ☂ ↔12m ↕60m

巨樹。樹冠の枝は幹に対して45°の角度となる。幹径は2m。ニューギニア島中部の山岳地帯（標高200〜1,700m）に分布。樹皮は暗褐色。成熟した葉は長楕円形ないし長円形。裏面には光沢。雌果は球形。種子には小型の翼。
ゾーン：9〜12

Agathis macrophylla

Agathis macrophylla
異　名：*Agathis vitiensis*
英　名：DAKUA, PACIFIC ISLANDS KAURI, VANIKORO KAURI

☀ ☂ ↔12m ↕45m

よく広がる枝を持つ直立性の高木。幹の周囲は5m。樹皮は白っぽい色で鱗状となる。フィジー、バヌアツ、ソロモン諸島の熱帯雨林（標高200〜900m）で超高木となる。幹の下部と広がった樹冠の枝は太くて直立。黒味を帯びた樹皮は大きな薄片となって剥落し、縞もしくは斑紋を残す。大型で青味を帯びた球果が離れてつく。
ゾーン：10〜12

Agastache rugosa 'Honeybee Blue'

カワミドリ栽培品種、'ブルー　フォーチュン'

*Agathis ovata*の自生種、ニューカレドニア島、コル・デ・ヤテ

Agathis robusta

Agathis montana
英 名：MT PANIE KAURI
☼ ⌘ ↔12m ↕15〜21m
ニューカレドニア島パニエ山一帯（標高1,000〜1,600m）の熱帯雨林に自生する普通種。樹冠は平らになる。褐色の樹皮が部分的に剥落して暗褐色の木肌が露出する。成熟した葉は槍形ないし長楕円形。全長6〜8cm。雌果は球形。丸形の種子の一方には翼。
ゾーン：10〜12

Agathis ovata
英 名：SCRUB KAURI
☼ ⌘ ↔3.5m ↕6m
ニューカレドニア島原産の小型種。樹冠は平らとなる。樹高23mに達することもある小型高木もしくは低木。樹皮は黄褐色もしくは白色系。赤っぽい木肌は亀裂を生じる。葉の全長には幅があり、表面は濃色、裏面は淡色。成長は緩慢。
ゾーン：9〜12

Agathis robusta
英 名：QUEENSLAND KAURI
☼ ⌘ ↔12m ↕55m
巨樹。橙黄褐色の樹皮には灰色の細かいしわが入り、加齢に伴ってフレーク状となる。栽培下では速やかに成長し、円柱状の幹と短い側枝を持つ。枝は短時間で太くなる。
ゾーン：9〜12

AGATHOSMA
（アガトスマ属）
ミカン科。ヒースに似た低木および亜低木135種から成る。南アフリカ共和国ケープ地方南西部原産。樹高38〜60cm。樹高が幅をやや上回る。小型の狭い葉が密生。葉縁が巻き込むことも。小さな5弁花は葉腋で房状もしくは散形花序となる。花色は白から薄赤紫、時として黄色。全体が芳香を放つ。
〈栽培〉
中性ないし酸性の腐食質に富んだ砂性土壌でよく成長する。グリットを加え、よく日にあてる。寒冷地帯ではコンテナに植え、夏季は屋外に置く。成長期間は適度な灌水を行い、1カ月に1度、バランスのとれた施肥をする。寒い時期には灌水を控える。冬季を通じて霜にあててはならない。繁殖は、石灰分を含まない堆肥にグリットを加えた土に播種（春）するか、もしくは熟枝を挿し木（夏）する。

Agathosma ovata
英 名：OVAL-LEAF BUCHU
☼ ⌘ ↔45cm ↕45cm
南アフリカのケープ地方原産。葉の全長は12mm。小型でピンクがかった紫色の花が房状となって、枝頂部から出た新枝の葉腋につく。
ゾーン：9〜10

AGAVE
（リュウゼツラン属）
英 名：CENTURY PLANT
リュウゼツラン科に属し、ロゼットを形成する多肉植物で、一回結実性のおよそ225種と、50の亜種、および変種からなる。アメリカ合衆国の南西部〜メキシコ、中央アメリカ、カリブ海諸島、さらにコロンビアやベネズエラにまで分布する。学名は、ギリシア語の*agavos*（荘厳、気高い）に由来する。ほとんどの種は花が咲くまでに何十年もかかるので、そこからcentury plantという英名がついた。とはいえ、理想的な条件下なら8〜25年で開花する種が多い。開花するとたいてい種子をつけ、花序にオフセット、あるいは種によっては小鱗茎をつける。葉の先に強い鋭い刺があることが多く、ほとんどが葉縁に刺状の歯状突起を持つ。確実に生き残るため、ほとんどの種が花後、親が枯れるときには塊茎芽を残す。アメリカ先住民は長くリュウゼツランを、食料、繊維、石鹸、飲み物、それに薬として利用してきた。多くの熱帯地域で、リュウゼツランは、ロープや撚り紐やバッグを作るためのサイザル繊維を採るために栽培されている。メキシコでは、リュウゼツランからプルケやテキーラといった酒が造られ、よく飲まれている。
〈栽培〉
肥えた、水はけのよい土壌で育てる。繁殖は種子、オフセット、あるいは小鱗茎から。たいてい冬の休眠期を利用する。霜から保護する必要のある種が多い。

Agave americana
一般名：アオノリュウゼツラン
☼ ❄ ↔2〜4.5m ↕5〜15m
メキシコの北東部に自生。非常に変異性があり、中型〜大型で耐寒性のある植物。カーブした青灰色の葉を持つ。葉数は10〜20、長さは1.5〜2.4m、鋸歯縁で、平たいものから溝のあるものまで多様、硬く、歳を経るとだらんと下がる。花序は5〜15mになり、15〜35に分岐する。黄色い漏斗形の花を多数つける。
A. americana var. *marginata*（リュウゼツラン）の葉は、黄色や白のさまざまな縞が葉縁に入る。*A. a.* 'コルネリウス'は葉縁に太い黄色い筋が入るコンパクトな品種。'メディオピクタ'★は斑入りで、黄色い縞が葉の中央に入る。'メディオピクタ アルバ'★は白い斑入りで、縞が葉の中央に入る。
ゾーン：8〜11

Agave americana 'Cornelius'

Agave americana 'Mediopicta Alba'

自生する*Agave deserti*、メキシコ、バハカリフォルニア州、カタビーニャ

Agave angustifolia
一般名：薄葉竜舌蘭（ウスバリュウゼツラン）
☼ ❄ ↔2〜2.4m ↕3〜5m
非常に変異性のある種で、メキシコ〜コスタリカに分布。ほぼ球形〜円筒形を作る成長習性がある。多数のまっすぐで、硬い葉は、先に近づくほど細くなり、長さ50〜150cm、明緑色〜灰緑色、鋸歯縁。長さ3〜5mの花序は、分岐し、小鱗茎をつける。花は緑色〜黄色。
A. angustifolia var. *marginata*（斑入り薄葉竜舌蘭／フイリウスバリュウゼツラン）は斑入りの品種。
ゾーン：9〜11

Agave attenuata ★
一般名：初緑（ハツミドリ）
☼ ❄ ↔60〜150cm ↕0.9〜2m
メキシコの2、3の生息地にしか自生しない。葉には剛毛があり、ほぼ扁平、葉形は丸みを帯び、ライムグリーン〜青味がかった緑色、長さ25〜70cm、歯状突起や先端の刺を欠く。花序はアーチ状の穂状花序で、長さは2〜4.5mほど。薄黄色の花とオフセットをつける。'ブタン ブルー' ★は、青灰色の葉が目立つ品種。
ゾーン：9〜11

Agave celsii
異　名：*Agave mitis*
一般名：翡翠盤（ヒスイバン）、緑葉竜舌（ミドリバリュウゼツ）
☼ ❄ ↔70cm ↕1.5〜2.4m
メキシコ東部に自生する。中型〜大型の種で、年月とともに大きな群生を作る。葉はアップルグリーン〜青灰色、長さは30〜60cm、柔らかく、多肉質で、上方にカーブする。葉縁はわずかに波打ち、小さな赤味を帯びた歯状突起が間隔をあけずに出る。花序は穂状で、長さ1.5〜2.4m。花は緑を帯び、紅藤色に薄く染まる。
ゾーン：9〜11

Agave chiapensis
☼ ❄ ↔50〜100cm ↕2m
メキシコのチアパス州に自生する。中型のロゼット葉が、単生か群生し、葉茎は短い。葉は濃緑色で、長さ35〜50cm、厚く、滑らかで、平たいかほんの少しくぼむ。葉縁はわずかに波打ち、小さなこげ茶色の歯状突起を持つ。穂状花序は高さ2mほど。花は黄色、薄く赤に染まる。
ゾーン：9〜11

Agave colorata ★
一般名：武蔵坊（ムサシボウ）
☼ ❄ ↔1.2〜1.8m ↕2〜3m
メキシコ、ソノラ州に自生する魅力的な小型植物。葉縁は波打ち、葉色の濃淡でできる横縞が目立つ。葉の長さは25〜60cm、灰青色、きめが粗く、葉の両面に葉芽の痕が強く残る。葉縁に強い茶色の歯状突起があり、その間はくぼむ。花序の長さは2〜3m、しばしば弓なりに反り、15〜20に分岐する。花は鮮やかな黄色。
ゾーン：9〜10

Agave dasylirioides
☼ ❄ ↔60〜90cm ↕1.5〜2m
メキシコのモレロス州に自生する。小型で、ふつうは単生する種で、葉は変則的に細く、多肉質とはいえないぐらいである。葉の長さは40〜60cm、青味がかった緑色で、歯状突起に欠け、1mm幅の黄緑色の縁が入る。花序はアーチ状の穂状花序で、高さは1.5m〜2m。花は緑がかった黄色で、ピンクの花糸と黄色い葯がある。
ゾーン：9〜11

Agave deserti
☼ ❄ ↔40〜60cm ↕2.4〜4.5m
アメリカ合衆国、カリフォルニア州南部とアリゾナ州南西部、メキシコのソノラ砂漠地域北部に分布する。単生〜群生、葉は細長く、青味を帯びた緑色〜灰色、長さ15〜40cm。小さく鋭い歯状突起が葉縁にある。花序は高さ2.4〜4.5mで、分岐する。花は鮮やかな黄色。
ゾーン：9〜11

Agave desmettiana
☼ ❄ ↔60〜80cm ↕2〜3m
キューバ原生種。壺形の植物で、葉は滑らかで、アーチ状、鋸歯がない。葉の長さは50〜60cm。花序は高さ2〜3mで、20〜25に分岐する。花は薄黄色。
ゾーン：9〜11

Agave filifera ★
一般名：乱れ雪（ミダレユキ）
☼ ❄ ↔70cm ↕2〜2.4m
密集して群生する本種は、メキシコ中南部地帯に自生する。葉数は多く、濃緑色〜ミッドグリーン、葉芽の痕が白くくっきりと浮かび、葉縁には歯状突起がなく、そのかわりに多くの白い毛、あるいは糸状飾りがある。葉はまっすぐか、内側に曲がり、長さは15〜20cm。穂状花序は高さ2〜2.4m。花は緑色を帯び、薄く紫色に染まる。ゾーン：8〜11

Agave geminiflora
一般名：ゲミニ乱れ雪、王妃乱れ雪
☼ ❄ ↔60〜80cm ↕3〜4.5m
メキシコ、ナヤリット州の限られた地域に自生する。大きな単生の種で、葉数は100〜200、葉は長くて細くしなやか、濃緑色で、長さは50cmほど。葉縁に歯状突起を欠くが、かわりに白い糸状飾りをつける。花序は穂状で、高さは3〜4.5m。花は対でつき、黄色だが薄く赤に染まる。
ゾーン：9〜11

Agave chiapensis、コスタリカ

Agave colorata

Agave attenuata 'Boutin Blue'

Agave attenuata

Agave ghiesbreghtii

☀ ❄ ↔50〜70cm ↕3〜4.5m

メキシコ南部〜グアテマラに分布する、吸枝を伸ばして広がる種。葉は濃緑色で、長さは30〜40cm、頑丈で、半ば丸みを帯び、上方にカーブする。厚い白色〜灰色の葉縁には、まっすぐか、カーブした歯状突起が多数つく。花序は穂状で、高さは3〜4.5m。花は灰色がかった紫色。ゾーン：9〜12

Agave 'Kichiokan'

一般名：リュウゼツラン '吉祥冠(キッショウカン)'

☀ ❄ ↔60cm ↕3m

整った左右対称形をなし、ゆっくりとオフセットで広がる栽培種。おそらくA. potatorumから派生したと思われるが、比べると葉は短くコンパクトで、葉縁にある歯状突起は大きく、色も鮮やかである。'吉祥冠錦(キッショウカンニシキ)' は斑入りの品種で、葉縁に幅12〜18mmの黄色い縞が入る。

ゾーン：9〜11

Agave lechuguilla

英名：SHIN DAGGER

☀ ❄ ↔20〜30cm ↕2.4〜5m

横に広がり、丈低いまま成長し、密集して群生する種。アメリカ合衆国ニューメキシコ州南部とテキサス州、およびメキシコのチワワ砂漠地域から南はイダルゴ州までに分布する。葉は薄緑〜黄緑色で、黒っぽい筋が走り、まっすぐ上を向き、中がくぼむ。葉の長さは25〜50cm、窮屈そうなロゼットを形成する。薄く、灰色で硬い葉縁には、不規則な間隔で下向きの歯状突起がつく。花序は穂状で、高さは2.4〜5m。花は黄色で、紫がさす。

ゾーン：8〜11

Agave macroacantha ★

一般名：マクロアカンサ、八荒殿(ハッコウデン)

☀ ❄ ↔30〜60cm ↕1.8m

メキシコのオアハカ州〜プエブラ州に自生。小型で均整のとれた形をし、群生する種。丈夫な青灰色の葉は長さ25〜38cm、表面は平たく、葉裏はくぼむ。歯状突起は3〜6mmで、葉縁に沿って不規則な間隔でつく。花序は直立し、10〜14に分岐する。花は緑色〜紫色。

ゾーン：9〜11

Agave mckelveyana

☀ ❄ ↔30〜50cm ↕2〜3m

アメリカ合衆国、アリゾナ州中西部に自生する。小型で、細長い葉を持ち、葉縁に歯状突起が目立ち、濁った灰緑を呈する。葉はまっすぐか、少し波打ち、葉縁が低く隆起する。歯状突起は間隔を置いて並び、長さは6mmほど、先が赤く下を向く。花序は高さ2〜3m、10〜20に分岐する。花は黄色。

ゾーン：7〜11

Agave murpheyi

☀ ❄ ↔70〜80cm ↕3〜4.5m

アメリカ合衆国、アリゾナ州中央部に自生する。中型で灰緑色〜黄緑色の種。葉には横縞が入り、葉芽の痕がしっかり残り、根元は平たく、先端はくぼみ、長さは50〜70cm。歯状突起は小さく、茶色で、規則的につく。花序は分岐し、高さ3〜4.5m、ふつう果実を2〜3個、小鱗茎を多数つける。花は黄緑色で、紫を帯びる。ゾーン：8〜11

Agave neomexicana

英名：MESCAL

☀ ❄ ↔30〜70cm ↕3〜4.5m

アメリカ合衆国、ニューメキシコ州とテキサス州の西部に分布する。小型〜中型、形は引き締まり、オフセットをつける種。青灰色〜灰緑色の葉は長さが25〜45cm、深く内側に湾曲する。歯状突起はこげ茶色〜灰色がかった茶色、長さ6〜8mm、葉縁に沿っておよそ30mm間隔でつく。花序は高さ3〜4.5mで10〜18に分岐する。花は黄色〜オレンジ色で、咲き始めは黄色。

ゾーン：8〜11

Agave ocahui

Agave 'Kichiokan'

自生する*Agave neomexicana*、アメリカ合衆国、テキサス州、グアダループマウンテンズ国立公園

Agave murpheyi

Agave macroacantha

Agave parviflora

Agave parryi var. *truncata*

Agave ocahui
☼ ❋ ↔50～100cm ↕3m
メキシコのソノラ州に自生。単生で、高く評価されている種で、オフセットや鱗茎をめったにつけず、通常、種子から育てる。小型で、全縁、濃緑色の、剣形の葉は、茶色を帯びた赤色～灰色の細い葉縁を持ち、均整のとれたロゼットを形成する。ロゼットは古くなった葉を切り離す。葉の長さは25～50cm。花序は高さ3mほどになる穂状花序。花は黄色。
ゾーン：9～11

Agave palmeri
☼ ❋ ↔100～120cm ↕3～5m
アメリカ合衆国、アリゾナ州南東部と、ニューメキシコ州南西部、メキシコ、ソノラ州とチワワ州に分布する。通常、単生で中型の種だが、大きさや葉の形状はさまざである。葉は、青味がかった緑色～薄緑色、長く、だんだん細くなり先端が尖り、硬く、内側に湾曲する。葉長は35～75cm、縁に歯状突起がある。花序は高さ3～5m、8～12に分岐する。花は白く、蕾は赤味を帯びる。
ゾーン：8～11

Agave parryi ★
異　名：*Agave patonii*
☼ ❋ ↔50～70cm ↕3.5～6m
コンパクトな種で、単生の種～吸枝で増える種まである。アメリカ合衆国、アリゾナ州南東部とニューメキシコ州南西部、メキシコ、ドゥランゴ州とチワワ州に分布。葉数は100～150、密集し詰まったロゼットを作る。葉は長さ25～40cm、まっすぐ～わずかに丸みを帯び、先端がきわだって尖る。葉は滑らかで、硬く、平たいか、わずかにくぼみ、重なりあう。薄緑～青緑色の葉には縁に歯状突起がある。花序は高さ3.5～6m、20～30に分岐する。黄色い花に薄く赤味がさす。*A. p.* var. *huachucensis*（吉祥天）★は標準種よりもサイズは大きめだが、さらに引き締まり、直径は1.5mほどになる。*A. p.* var. *truncata*★はこの種でもっとも魅力的な品種で、葉がきわだって短く、丸みを帯びる。
ゾーン：8～11

Agave parviflora
一般名：ささめ雪
☼ ❋ ↔15～20cm ↕0.9～2m
アメリカ合衆国、アリゾナ州南部とメキシコ、ソノラ砂漠地域の北部に自生する。均整のとれた形で、単生、あるいは2～3のオフセットを出す。葉には、葉芽の痕が太く白くつき、葉縁には糸状飾りがある。葉の長さは5～10cm。穂状花序は高さ0.9～2m。花は黄色。
ゾーン：8～11

Agave potatorum
一般名：雷神、頼光
☼ ❋ ↔0.9～2.4m ↕4.5m
メキシコ、プエブラ州とオアハカ州に自生。対称形を呈する植物で、葉は白味を帯びた灰緑色、葉縁には深い切れ込みが入り、大きな瘤ができ、そこから間隔を置いて、かぎ状で赤茶色の歯状突起が出る。*A. p.* var. *verschaffeltii*（風雷神）★、より色が白いこと、葉縁の瘤が大きいことで判別できる。
ゾーン：9～11

Agave schidigera

Agave pygmae
☼ ❋ ↔25～30cm ↕2～3m
メキシコのチャパス州とグアテマラの国境地域に自生する。ごく小型で整ったロゼットを作る種で、葉は卵形～円錐台形、灰緑～青緑色、長さは15～30cm。葉縁にいぼがある。歯状突起は長さ6mmほどで、離れてつく。花序は高さ2～3mで分岐する。花は黄色。
ゾーン：9～11

Agave salmiana
一般名：立葉龍舌（タチバリョウゼツ）
英　名：MAGUEY DE PULQUE
☼ ❋ ↔3～4.5m ↕4.5～10m
非常に大型で、変異性があり、オフセットを出す種で、中央メキシコ、とりわけサンルイス州、イダルゴ州、ミチョアカン州に分布する。丈夫で、広く、灰緑色の、上方にカーブする葉は、長さ0.9～2m、先端中央が竜骨状に張り出し、縁に歯状突起がある。*A. s* var. *ferox*★（syn.*A. ferox*）は、優美な壺型を呈し、葉は厚く、光沢があり、緑色。葉芽の痕が強く残り、葉縁は波打ち、いぼがある。
ゾーン：9～11

Agave schidigera
一般名：滝の白糸（タキノシライト）
☼ ❋ ↔100～150m ↕2～3.5m
チワワ州、ドゥランゴ州、イダルゴ州、サカテカス州、サンルイスポトシ州、および隣接するメキシコの小さな州に分布する。単生で吸枝を出さない種。葉は長さ30～50cm、歯状突起を欠き、まっすぐか、わずかに内側に湾曲する。穂状花序は高さ2～3.5m。花は緑がかった黄色で薄く紫を帯びる。
ゾーン：9～11

Agave schottii
英　名：SHIN DAGGER
☼ ❋ ↔100～150cm ↕1.5～2.4m
アメリカ合衆国、アリゾナ州南部とニューメキシコ州南西部、メキシコのソノラ砂漠を有する州に自生。小型で、おびただしく群生する種。葉はごく少なく、細く、まっすぐ～わずかに内側に湾曲、長さは20～40cm、黄緑色、時折糸状飾りをつける。葉縁の歯状突起を欠く。穂状花序は1.5～2.4mの高さになる。花は黄色で芳香がある。
ゾーン：8～11

Agave shawii
☼ ❋ ↔100～150cm ↕2～4.5m
メキシコ、バハカリフォルニア北西部の沿岸地方に自生する。ときに単生のこともあるが、たいていは群生する。葉は薄緑～濃緑色、わずかに凸凹があり、平たいことも窪んでいることもある。葉縁は波形～いぼがあり、滑らかか、厚く角張っている。歯状突起はまっすぐ～かぎ状で、赤茶色、長さは6～18mm。花序は高さ2～4.5m、10～15に分岐する。花は緑色を帯び、紫の萼がつく。
ゾーン：9～11

Agave shawii、メキシコ、バハカリフォルニア半島にて

Agave parryi

自生している*Agave vilmoriniana*、メキシコ、シナロア州、西シエラマドレ山脈

Agave victoria-reginae

Agave victoria-reginae 'Variegata'

Agave utahensis subsp. *kaibabensis*

Agave sisalana ★

一般名：サイザルアサ

☼ ❄ ↔3〜6m ↕5〜6m

おびただしくオフセットを出す不捻性の交雑種は、栽培下で作り出されたもので、メキシコに起源があると考えられている。葉は灰緑色、硬く、剣状、長さは90〜150cm、葉縁には歯状突起を欠く。葉の先は太い赤味がかった茶色の刺になる。花序は高さ5〜6m、10〜15に分岐し、花後多くの鱗茎をつける。花は緑がかった黄色で、不愉快な臭いを放つ。
ゾーン：9〜11

Agave stricta

一般名：吹上、縞竜舌蘭

☼ ❄ ↔100cm ↕1.5〜2.4m

メキシコのテワカンに自生する、魅力的な群生する種。何百という鉛筆ほどの太さの葉が、まっすぐ立つか、上方にカーブする。葉は濃緑色で、歯状突起はなく、長さは25〜50cm、葉先は非常に鋭く、頑丈な刺で終わる。穂状の花序は、高さ1.5〜2.4m。花は赤〜紫色。*A. s. f. nana*は、矮性品種で、花序の直径が20〜30cm以上になることは稀である。
ゾーン：9〜11

Agave toumeyana ★

一般名：竹の雪

☼ ❄ ↔60〜80cm ↕1.5〜2.4m

アメリカ合衆国、アリゾナ州中央部に生息地が限られる。小さな群生するロゼットを作るのは、40〜70の硬くて薄い葉で、長さは20〜30cm、歯状突起を欠くが、葉の両面には魅力的な白い葉芽の痕がつく。葉縁には、白〜灰色の毛、あるいは糸状飾りがある。花序は穂状で、高さ1.5〜2.4m。花は黄色がかった緑色。*A. t.* subsp. *bella*はもっと葉が多く葉数が100ほどになるが、葉の大きさは半分ほどしかない。
ゾーン：8〜11

Agave utahensis

一般名：青磁竜

☼ ❄ ↔25〜40cm ↕1.5〜2.4m

生息地のいたるところで、大きさや色がさまざまに変異している。生息地に含まれるのは、アメリカ合衆国の、ユタ州、アリゾナ州、ネバダ州、そしてカリフォルニア州。葉は通常小さくて、群生し、灰緑色、長さ15〜30cm。葉縁の歯状突起はかぎ状で弱く、灰色、付け根にはっきりと輪が認められる。花序は高さ1.5〜2.4m、分岐するか、穂状である。花は黄色。*A. u.* subsp. *kaibabensis*は、魅力的な単生の品種で、鮮やかな緑色の葉と灰白色の歯状突起を持つ。*A. u.* var. *eborispina*の先端には、長くて、クリーム色で、波打つ、紙のように薄い刺がある。*A. u.* var. *nevadensis*は標準よりも小さめで、青味がかった緑色〜青灰色の葉を持ち、歯状突起は大きめで、葉先の刺は長めになる。
ゾーン：7〜11

Agave victoria-reginae ★

一般名：笹の雪

☼ ❄ ↔50〜70cm ↕3〜4.5m

容易に見分けられる、小型〜中型で単生の種。メキシコのコアウイラ州、ドゥランゴ州、ヌエボレオン州に分布する。密集した対称形で、しっかりと締まったロゼットを作る。葉は硬く、濃緑色、三角形、長さは15〜20cm、太い白線か、葉芽の痕が模様となる。'ワリエガタ'は、葉縁がくっきりと黄色くなる。最近'ゴールデン プリンセス'という新しい名前をつけられた。
ゾーン：9〜11

Agave vilmoriniana

英 名：OCTOPUS AGAVE

☼ ❄ ↔1.5m ↕3〜5m

メキシコのソノラ州、シナロア州、ドゥランゴ州、ハリスコ州、アグアスカリエンテス州に自生し、渓谷の絶壁に密集して群生する。オフセットを出すことはなく、ふつうは小鱗茎で殖える。多数つく葉は、長く、湾曲し、明緑〜青緑色、ほぼ円筒形で、葉縁に歯状突起はない。葉は規則正しく先細りになり、その先にしなやかな刺がつく。花序は総状で、高さは3〜5m、黄色〜白色の花と小鱗茎がつく。
ゾーン：9〜11

Agave xylonacantha

一般名：木刺竜舌蘭

☼ ❄ ↔1.2m ↕3〜6m

メキシコ、ヌエボレオン州、タマウリパス州、サンルイスポトシ州、イダルゴ州にまたがるシエラマドレ山脈に自生する。葉は扁平〜くぼみがあるものまで、剣状、緑〜黄緑色、薄い色の中央線が入り、長さは35〜60cm。葉縁は茶色がかった白色で、非常に不規則で、波形だったり、ジグザグだったり、いぼがあったりする。鋭いかぎ状〜まっすぐの歯状突起がつく。花序は穂状、高さは3〜6m。花は黄緑色〜薄黄色。
ゾーン：9〜11

AGERATUM

（カッコウアザミ属）

英 名：FLOSS FLOWER

西インド諸島を含む熱帯アメリカ原産で、キク科に属し、一年生、多年生植物および低木43種が含まれる。一年生花壇用の種として有名なのは*A. houstonianum*で、カッコウアザミ属は舌状花が花弁状というより筒状の花糸で、微細な羽毛状の効果をもたらすことに特徴づけられる。大きさは種により多様だが、園芸品種の大半はコンパ

Ageratum houstonianum

A. h.、ハワイ シリーズ、'ハワイ ピンク シェル'

A. h.、ハワイ シリーズ、'ハワイ ロイヤル'

クトで、葉は有毛もしくはフェルト状で、鋸歯縁のものも多い。*Ageratum*という名前はギリシャ語の*a*（～しない）と*geras*（老化）に由来し、長命の花を表している。

〈栽培〉

日なたの砂質で水はけが良く、開花期に湿気を保つ土壌に植える。大半の多年生および低木種は、軽い霜のみには耐性があり、かなり温暖な地域に限り、屋外で栽培できる場合もある。一年生植物は種子から繁殖させ、通常は春季に播種する。多年生植物は半熟枝の挿し木により繁殖させる。

Ageratum houstonianum

一般名：オオカッコウアザミ、アゲラツム・ヒューストニアヌム

☀ ❄ ↔15〜50cm ↕15〜75cm

中央アメリカおよび西インド諸島原産の一年生植物。くすんだ緑色の葉は先の尖った卵形からポプラ形で、綿毛を帯び鋸歯縁があり、長さは10cmほど。大形で青色もしくは薄紫色の花が密集するもしくはまばらにつく。ピンク色および白色の花が咲く園芸品種もある。人気が高い栽培品種には以下のものが含まれる。'アズール パール'の丈は約30cmで、花は青色。'ブルー ダニューブ'の丈は15cmほどで小山を形成し、青色の花をつける。'ブルー ホライズン'の丈は60〜75cmで、紫青色の花が咲く。'ブルー ラグーン'の丈は約20cm。整然とした丸形で青色の花がつく。'ブルー ミンク'★の丈は約30cmで、やや黒みを帯びた青色の花が咲く。'パシフィック'の丈は約20cmで、紫青色の花がつく。'レッド トップ'は丈60〜70cmの藪状で、紫赤色の花が咲く。同じようなサイズのいくつかの実生系統の中でも花は多様で、もっとも華麗なもののひとつが**the Hawaii Series**（ハワイ シリーズ）である。整然とした丸形で丈は20cmほど。ハワイ シリーズには以下のものが含まれる。'ハワイ ブルー'には鮮やかな青色の花が咲く。'ハワイ ピンク シェル'の花はくすんだピンク色。'ハワイ ロイヤル'の花は深紫色で、'ハワイ ホワイト'には純白の花がつく。

ゾーン：10〜12

くは桶で栽培されることも多く、小形の花が多数咲く。繁殖は挿し木、もしくは入手できれば新鮮な種子により行なう。

Aglaia odorata

一般名：ジュラン

英 名：MOCK LIME, RICEGRAIN FLOWER

☀ ❄ ↔2.4m ↕1.8〜3m

東南アジア原産の常緑性低木。広がり、多数の茎がつく習性がある。光沢がある葉は5枚の小葉からなる。香りの良い薄黄色の花が咲く。雄花と雌花のどちらか、あるいは両方をつける株があるため、果実は必ず実るとは限らない。

ゾーン：10〜12

AGLAIA

（ジュラン属）

アジア南部からオーストラリア北部および太平洋西部の諸島原産。センダン科に属し、100種以上が含まれる。大半が常緑の羽状複葉で、小葉は少なく、新芽は白系もしくは茶系の小さな鱗片に覆われることが多い。花は小形でまばらな円錐花序に多数つき、花後には外皮が堅く、大きな種子を1〜2個含んだ球形の果実がつく。*A. odorata*1種のみが、甘い香りのする花と魅力的な葉ゆえに庭園用植物として栽培されるが、それも東南アジアを除けばほとんど知られていない。

〈栽培〉

丈夫な長命の植物で、熱帯および亜熱帯気候では容易に栽培できる。日当たりが良く保護された場所と、夏季のじゅうぶんな灌水を好む。*A. odorata*は鉢もし

Aglaomorpha meyeniana

英 名：BEAR'S-PAW FERN

☀/☀ ❄ ↔80〜120cm

↕50〜80cm

台湾およびフィリピン原産の着生シダ。分岐した匍匐性の根茎にオレンジ色の鱗片がつく。欠刻があり濃緑色の葉は革質で長さ約80cm、基部はやや紙状で茶色。胞子葉の胞子部は一連のビーズ状の裂片となる。

ゾーン：11〜12

AGLAOMORPHA

（カザリシダ属）

熱帯アジアの着生シダ類の大属で、ウラボシ科に含まれる。全縁もしくは粗い鋸歯縁で基部に欠刻がある葉が匍匐性の根茎から生じ、巣のように広がり群生する。

〈栽培〉

樹皮、砂利、シダ植物の繊維および木炭を含む、水はけが良く、非常に粗い鉢用混合土が最適。コンテナもしくは木製スラブに乗せて栽培し、たっぷりの灌水を必要とするが、冬季は控えめにする。成長期のみ施肥を行なう。湿気が多く明るい条件を好むが、高温の直射日光からは保護する。繁殖は胞子、もしくは春か初夏の活発な成長期に株分けにより行なう。

Aglaia odorata

Ageratum houstonianum 'Azure Pearl'

Ageratum houstonianum 'Red Top'

Ageratum houstonianum 'Blue Lagoon'

Ageratum houstonianum 'Blue Horizon'

AGLAONEMA
(アグラオネマ属)

サトイモ科アグラオネマ属は常緑性草本約25種からなり、インド東部から中国南部、南方はインドネシアおよびフィリピンまでに自生する。多肉質の短茎が群生する、もしくはゆっくり0.9mほどに成長する。茎頂に密生する葉は、大半が卵形または楕円形のやや革質で、灰色あるいはクリーム色の斑入りが多い。穂状花序は葉の基部から突出する。液果のような赤または黄色の果実が実る。室内用植物もしくは熱帯庭園では屋外の木陰に用いる。

〈栽培〉
湿気があり、霜がほとんど無い環境を必要とする。かなりの日陰に耐性のあるものもあるが、フィルター越しの光で栽培するのが最適。広々とした水はけの良い用土に鉢植えし、夏季は定期的に施肥を行なう。長い茎は取り除く。繁殖は茎の挿し木もしくは株分けによって行なう。

Aglaonema commutatum
一般名：アグラオネマ・コムタータム
☼/☀ ❄ ↔60cm ↕60〜90cm
フィリピンおよびインドネシア東部原産で、もっとも広く栽培されている種。茎は伸びると不規則に広がる。細い卵形の葉はくすんだ濃緑色で、灰色の斑が羽状に入る。*A. c.* var. *maculatum*の葉は薄緑色の斑が目立つ。*A. c.* 'プセウドブラクテアトゥム'の葉は白い部分が多く、葉脈沿いは薄緑色。'トレウビイ'の葉は細く、濃緑色の地に薄灰色の斑が対照をなす。'ホワイト ラジャー'は薄葉が直立し、緑色よりも白とクリーム色の部分が多い。
ゾーン：10〜12

Aglaonema costatum
一般名：アグラオネマ・コスタトゥム
☼/☀ ❄ ↔60cm ↕30cm
マレー半島原産。低く育つ植物で、茎は短く下垂し、葉は短く濃緑色で、中央脈がより薄い。夏季には、白色の仏炎苞を伴い長さ約35mmの穂状花序が数本つく。'フォクシイ'の葉には小さな白色の斑点が散在し、中央脈も白色。
ゾーン：10〜12

Aglaonema crispum
異 名：*Aglaonema robelinii*
一般名：アグラオネマ・クリスプム
英 名：PAINTED DROP-TONGUE
☼/☀ ❄ ↔45〜75cm ↕60〜120cm
フィリピン原産。丈夫で直立した茎が叢生する。楕円形の葉は長さ約30cmの濃緑色で、中央脈沿いの部分は灰色の斑入り。花は長さ8cmほどの黄色系の仏炎苞を伴い、穂状花序につく。
ゾーン：10〜12

AGONIS
(アゴニス属)

アゴニス属は12の常緑種からなり、ウェスタンオーストラリア州南西部の温帯地域に自生する。もっとも広く栽培されている*A. flexuosa*は高木のみだが、園芸用としてより人気が高いのはこの種の低く育つ栽培品種である。全種とも白色もしくはピンク色の花が咲く。フトモモ科の他種同様、葉にはアロマオイルが含まれ、つぶすと香りを放つ。繊維性の樹皮がアゴニス属の特徴である。

〈栽培〉
害虫の被害がほとんど無く、日なたで水はけの良い土壌と気候に幅広く適合するが、霜による被害を受ける種もある。藪状に成長するため、先端の剪定は常に可能で、花後の剪定には好反応を示す。繁殖は種子あるいは挿し木から行なうが、栽培品種に限っては挿し木により再現される。

Agonis flexuosa ★
アゴニス・フレクスオサ
英 名：PEPPERMINT TREE, WILLOW MYRTLE
☀ ❄ ↔4.5m ↕9m
成熟したフトモモ科の樹木は優美なドーム型で、下垂する習性がある。魅力的な白色の花はティートリーに類似している。園芸用としては栽培品種により人気があり、以下のものが含まれる。'ナナ'の樹高は約3mで矮小型。'ウィーピングワンダー'の丈は0.9mほど。'ベルブラ ゴールド'および'ワリエガタ'は優美な斑入りの葉を持つ品種。
ゾーン：9〜11

AGRIMONIA
(キンミズヒキ属)

英 名：AGRIMONY, COCKLEBUR, STICKLEWORT
温帯地域北部各地の原産。バラ科に属し、夏咲きで多肉茎の多年生草本15種が含まれる。丈夫で直立した茎が叢生し、羽状複葉が不規則につく。葉にはわずかに芳香性があり、小葉は粗い鋸歯縁。黄色の花は微細だが派手さがあり、羽毛状の総状花序に密生する。花後にはぎざぎざの果実がつく。キンミズヒキは収れんおよび利尿の特性を持ち、長期にわたり主に浸剤として薬草に用いられてきた。黄色い染料の原料でもある。

〈栽培〉
温帯気候の各地で容易に栽培される。水はけが良く、夏季に乾燥しない場所であれば、土壌の種類にはあまりこだわらない。日なたもしくは半日陰に植える。元の場所で自家播種する場合もあるが、栽培種においてはあまり発芽せず、立枯れ病になりやすい。通常、繁殖は株分けによって行なう。

Agrimonia eupatoria
一般名：セイヨウキンミズヒキ、アグリモニー
英 名：HEMP AGRIMONY
☼/☀ ❄ ↔50〜100cm
↕60〜120cm
イギリスからイランおよび北アフリカ原産。葉は長さ約20cmで、最高14対の小葉がつく。下面は剛毛を帯びる。開花した花の花序は長さ38cmほど。
ゾーン：6〜10

Aglaonema costatum

Aglaonema commutatum var. *maculatum*

Agrimonia eupatoria

*Agonis flexuosa*の野生種、ウェスタンオーストラリア州ウォルポール

AGROSTIS
（ヌカボ属）

英　名：BENT GRASS, BROWN TOP

イネ科に属し、常緑の一年生および多年生植物120種ほどが含まれ、全世界的に分布する属で、多くは走出枝（匍匐枝）によって広がる。耐寒性はさまざまだが、栽培品種の大半は耐霜性があり、芝草として有用。剪定しないと、非常に微細な葉が密生した小山を形成する。晩夏から多数の花序がつく。

〈栽培〉

芝生として栽培する場合、ヌカボ属の草本は頻繁に灌水と施肥を行ない絶え間なく成長させておく必要がある。アルカリ性土壌の場合、菌性の病気にかかり被害を受けやすい。年に1度は通気を良くし、サッチを取り除くと良い。

Agrostis nebulosa
一般名：アグロスチス・ネブロサ、コヌカグサ
英　名：CLOUD GRASS

☼ ❄ ↔30cm ↕30〜45cm

スペイン原産で、乾燥に耐性がある一年生植物。ゆるく叢生する芝生で、白色から黄褐色の手触りのよい花房のために栽培される。開花期は夏季から初秋。花はドライフラワーになる。

ゾーン：7〜9

Agrostis stolonifera
一般名：ハイコヌカグサ
英　名：CREEPING BENT GRASS

☼ ❄ ↔30〜60cm ↕20〜40cm

灰緑色の葉と短い羽毛状の花序がつく。走出枝によって広がる。ゴルフコースには適するが、家庭の芝生としては維持管理費が高くなる。短く刈る場合もある。雑草と考えられている地域も多い。

ゾーン：3〜10

Ailanthus altissima、アメリカ合衆国、ノースカロライナ州、グレートスモーキー山脈国立公園

Aichryson bollei

Aichryson laxum

Aichryson × domesticum 'Variegatum'

AICHRYSON
（アイクリソン属）

ジブラルタル海峡の両側、アゾレス諸島、カナリア諸島およびマデイラ諸島に分布する。ベンケイソウ科に属し、一年生、多年生および亜低木15種が含まれる。一回結実性（花後に枯れる）のものが多い。茎は分岐し、枝沿いに葉が散在し、枝頂にまばらなロゼットを形成する。多肉質の葉を持つ種もあれば、薄い葉をつける種もある。温暖期には、小柄で黄緑色、星形で7〜12枚花弁の花が咲く。開花期は種により異なる。

〈栽培〉

軽い霜のみには耐性があるが、霜を除けば明るく日当たりの良い場所の、砂質で水はけの良い土壌で容易に栽培できる。多肉質で、成長期には灌水を好むが、冬季には完全に乾燥することもある。夏季に高温になる地域では、半日陰を提供する。繁殖は種子もしくは挿し木で行なうが、種により異なる。

Aichryson bollei

☼/◐ ❄ ↔20〜30cm ↕30cm

カナリア諸島原産で、夏咲きの一年生もしくは二年生植物。茎は分岐せず直立し、微細な白毛を帯び、長さ約40mmのスプーン形の葉がつく。葉は細かい白毛を帯び、鋸歯縁もしくは全縁。

ゾーン：9〜10

Aichryson × domesticum
アイクリソン×ドメスティクム
英　名：YOUTH AND OLD AGE

☼/◐ ❄ ↔30〜50cm ↕30cm

野生種*A. tortuosum*と*A. punctatum*の交雑種。カナリア諸島原産で、藪状の多年生もしくは亜低木。直立し分岐した赤茶色の茎は堅いがもろく、幅広の丸形で鮮やかな緑色の葉がつく。葉は長さ約12mmで、微細な白毛を帯びるものが多い。初夏には鮮やかな黄色の花が咲く。'ワリエガトゥム'★の葉には幅広の白覆輪が入る。

ゾーン：9〜10

Aichryson laxum

☼/◐ ❄ ↔50cm ↕30cm

カナリア諸島原産の一年生もしくは二年生植物。直立し分岐した茎は長さ約12mmで、薄緑色から濃緑色の葉をつける。葉は紫色の斑入りのものもあり、茎に沿って不規則につき、茎頂にロゼットを形成する。開花期は夏。

ゾーン：9〜10

AILANTHUS
（ニワウルシ属）

インドから中国北部およびオーストラリア原産。ニガキ科に属し、中木から高木5〜6種が含まれる。常緑性熱帯種および落葉性の耐寒性種の両者がある。葉は羽状複葉で、大半が長い中央脈を持ち、規則的に2列に配置された小葉を多数つける。雌雄異株。小柄で緑黄色の花は有茎で、枝頂付近の葉腋に大きく房咲きする。花後には平らで細長い果実が房状につく。

〈栽培〉

気候に対する個々の要求が満たされれば、容易に栽培できる。若木のうちは成長が早い。繁殖は種子もしくは根の挿し木により行なう。種子は低温層積法が必要な場合もある。

Ailanthus altissima
異　名：*Ailanthus glandulosa*
一般名：ニワウルシ、シンジュ
英　名：TREE OF HEAVEN

☼ ❄ ↔12m ↕12m

中国原産の落葉性高木で、長い羽状複葉は不快な匂いを伴う。雌株は盛夏に開花し、初秋に結実する。吸枝が多数つき、雑草と見なす地域も多い。

ゾーン：5〜10

Aiphanes caryotifolia

Ajuga genevensis

Ajuga pyramidalis 'メタリカ　クリスパ'

AIPHANES
(ハリクジャクヤシ属)

南アメリカ北部および西インド諸島原産の美しいヤシで、約30種がある。ヤシ科に属し、小～中型の羽状複葉で、多雨林の下生えに見られ、極度に尖った黒色の刺が樹幹、葉柄、小葉もから出る。小葉は先端が幅広く、断ち切れ、鋸歯縁とひだがある。花は小形で、黄色またはクリーム色、細い円錐花序につき、花後に明赤色、球形の装飾的な果実がつく。

〈栽培〉
ふつうヤシ植物園などに見られる3～4種は、熱帯および高温の亜熱帯であれば戸外の雨風の当たらない半日陰で、乾季に灌水をじゅうぶん行なえば容易に栽培できる。肥沃な水はけのよい土壌が好ましい。冷涼地帯では加温した温室で育て、容器に何年も植えたままにしておき、成長しすぎたら移植する。果肉を取り除き種子を播いて殖やす。

Aiphanes caryotifolia
一般名：オビレハリクジャク
英　名：RUFFLE PALM
☼　✣　↔2.4m　↕6m

ベネズエラ、コロンビアおよびエクアドル原産で、本属のなかではもっとも装飾的なヤシと見なされている。直径10cmの真っ直ぐな樹幹に、長さ10cmの刺がある。幹には長さ1.8mの葉状体がつき、優美に枝垂れる。小葉は鮮緑色、先端は幅広く、ひだと長い放射状の鋸歯縁があり、帯白色の葉柄に沿って群生する。成木は黄色の短い花穂と明赤色の果実をつける。
ゾーン：11～12

Aira elegantissima

AIRA
(ヌカススキ属)

英　名：HAIR GRASS

ヨーロッパ北部からアジア、およびアフリカからモーリシャスにまで見られるイネ科に属する一年草で、9種がある。コヌカグサ属の近縁である。種によっては髪の毛のように細い葉がつく。色は明緑色。夏に、小穂として知られる2花からなる円錐花序がつく。小穂が密生してコムギの穂に似る種と、数珠のように広い間隔でつく種がある。野生では野原や芝生に見られるが、一年草であるため芝生用としては栽培されない。

〈栽培〉
温帯では容易に栽培できる。やや侵略性がある。雑草として扱われる種もある。生育期の春に、湿気のある軽い乾燥した土壌の日向でもっともよく育つ。花後はあまり水を与えなくてもよい。実生で殖やす。

Aira elegantissima
☼　✣　↔15cm　↕10～30cm
地中海原産だが、温帯に広く帰化する。長さ5cmの葉が束生する。花茎は直立～ほぼ水平で、長さ2.5～10cmの円錐花序がつく。
ゾーン：6～10

AJANIA
(アヤニア属)

キク科に属する30種の多年生草本または亜低木で、中央および東アジアに原生する。ヒナギクに似た放射状の総状花序が秋につく。地下茎で広がる。

〈栽培〉
耐寒性があり、日向または半日陰に適応する。水はけのよい中程度に肥沃な、湿気のある土壌を必要とする。実生または株分けで殖やす。

Ajania pacifica
異　名：*Chrysanthemurn pacificum*
一般名：イソギク
英　名：PACIFIC GOLD AND SILVER CHRYSANTHEMUM
☼/☽　✣　↔20～30cm　↕30～45cm
ロシア極北地方および北日本に原生する多年草で、耐干性がある。ヒナギクに似た黄色の花が群生する。葉は波状縁があり、フェルト状、裏面は銀色。
ゾーン：6～10

AJUGA
(キランソウ属)

英　名：BUGLE

シソ科に属する40種ほどの一年草および多年草で、丈低く、横に広がる。温帯ユーラシア、アフリカおよびオーストラリアに原生し、ほかにも広く帰化する。多くは多肉の茎が分岐しながら広がるが、茎が地面に接触すると発根して成長する種もある。葉は細い三角形の茎に輪生する。円錐形、直立、紫青色、短い柄を持つ花序が、主に晩春から夏にかけて苞葉の腋につく。小低木の周囲に植え、成長の早いグラウンドカバーとして用いるか、コンテナに植えるが、広がりやすいので成長を管理する必要がある。*A. reptans*は、強壮や止血作用のある薬草として用いられる。

〈栽培〉
水はけのよい土壌であれば、ほとんどの種がよく育ち、やせ地でも見事なグラウンドカバーになる。侵略性のある種は、定期的に切り戻す。多年草は株分けまたは発根した茎を挿して殖やす。一年草は実生で殖やす。

Ajania pacifica

Ajuga genevensis
一般名：アルプスジュウニヒトエ
英　名：BLUE BUGLE, UPRIGHT BUGLE
☼ ❄ ↔30〜40cm ↕30〜40cm
ヨーロッパ原産。這い性の多年草で、楕円形の葉が長い柄につく。上部の葉は帯青色。春から夏に、明青色の花が葉と共に穂状につく。
ゾーン：6〜9

Ajuga pyramidalis
アイウガ・ピラミダリス
英　名：PYRAMID BUGLE
☼/☽ ❄ ↔30〜60cm ↕15〜20cm
ヨーロッパ原産の多年草で、マット状になる。暗緑色、細かい鋸歯縁のある、長さ10cmの葉がロゼット状につく。花は藤青色、紫がかったブロンズ色の苞葉があり、ピラミッド形の穂状につく。'**メタリカ クリスパ**'は、波状縁、紫がかったブロンズ色の葉に金属質の光沢がある。
ゾーン：6〜10

Ajuga reptans
一般名：セイヨウキランソウ、セイヨウジュウニヒトエ
☼/☽ ❄ ↔30〜120cm以上 ↕10〜20cm
温帯ユーラシア原産。繁殖力旺盛で、ときに侵略性があり、つるでカーペット状に広がる。葉は紫がかる。花は青〜紫色、ときにピンク色。栽培品種には以下のものがある。'**アトロプルプレア**'は、濃紫銅色に濃色の花がつく。'**ブラウンハーツ**'は、非常に濃い、光沢のある紫銅色の葉がつく。'**バーガンディ グロー**'は、灰緑色の葉に赤色の模様がある。'**バーガンディ レース**'は、紫銅色にクリームと緑色の斑が入る。'**カトリンズ ジャイアント**'は、赤銅緑色の葉と長い花穂がつく。'**ジャングル ビューティ**'は、繁殖力旺盛、大形、濃緑色の葉、明紫青色の花がつく。'**ジャングル ブロンズ**'は、繁殖力旺盛、上向きに伸び、波状縁、ブロンズ色の大形の葉がつく。'**ピンク エルフ**'は、小型、濃桃色の花がつく。'**ピンク サプライズ**'は、ブロンズ色、緑色の葉がつく。緑色の斑入りで冬にブロンズ色になるものもある。花はピンク色。'**パープル トーチ**'は、ブロンズ色の葉にピンク色の花。'**マルチカラー**'（syns.'**レインボー**'、'**トリカラー**'）は、クリーム、ピンクおよび緑色の葉がつく。
ゾーン：5〜10

AKEBIA
（アケビ属）
英　名：CHOCOLATE VINE
アケビ科の小属で、数種の珍しい植物が含まれる。東アジア温帯に見られ、4種の常緑および落葉つる植物からなる。冬の気温によって落葉の程度が変わる。葉は長円形の小葉数枚からなるが、種によって数が異なる。春に単性の花が開花し、個々には地味な花だが、明るいえび茶色〜紫茶色の円錐花序をなして目につきやすい。他家受粉が行なわれると、太いソーセージに似た青〜紫色の果実を結び、食用にできるがあまり風味はない。
〈栽培〉
湿気のある、腐植質の多い土壌の冷涼な日陰を好む。手入れの必要がなく、適切な環境では繁殖力旺盛で、頻繁に整枝する必要がある。4週間積層法で貯蔵した種子で殖やす。または、夏に軟材〜半熟枝挿しで殖やす。

Akebia quinata
一般名：アケビ
☼ ❄ ↔6m ↕3m
朝鮮半島、日本および中国の一部に原生する。葉は長さ5cm、5枚の小葉からなる。花はえび茶色で、バニラの香りがする。雄花は非常に小さく、雌花は径25mm。実つきの多い株は、支柱で重みを支える。
ゾーン：5〜10

ALANGIUM
（ウリノキ属）
本属は約20種の小〜大高木、低木および数種のつる植物からなり、日本および中国、東南アジアからオーストラリア東部、フィジー、遠く離れた熱帯アフリカにも分布する。ハナミズキやアメリカスマミズキに近いが、本属はウリノキ科に属する。ほとんどの種が常緑だが、東アジア原産の数種は落葉性で、秋に紅葉する。葉は細い小枝に輪生し、太い葉脈がある。地味な白色の花がつき、花弁は細く、反曲し、葉腋に小さく群生する。小形でオリーブに似た核果がつく。
〈栽培〉
落葉種は程度に差はあるが耐霜性があり、カエデと同じ環境を好む。常緑種は多雨林植物で、多湿の無霜地帯の木陰でよく育つ。果肉を取り除いたあとの種子を新鮮なうちに播いて殖やす。

Alangium chinense
☼ ❄ ↔6m ↕18m
常緑高木または大低木で、枝が水平に伸びる。葉は心臓形、革質、全縁、鋸歯縁または裂がある。花は群生し、白色の花弁とオレンジ色の雄ずいを持つ。紫〜黒色の果実がつく。
ゾーン：9〜12

Alangium platanifolium
一般名：ウリノキ
☼ ❄ ↔1.8m ↕4.5m
日本と朝鮮半島に原生する落葉種で、枝は低く伸びる。葉はプラタナスに似ており、3〜5の浅裂があり、秋に黄変する。開花期は晩春で、*A. chinense*と同様の果実をつける。
ゾーン：8〜10

Ajuga reptans '**カトリンズ ジャイアント**'

Ajuga reptans '**ピンク サプライズ**'

Ajuga reptans '**パープル トーチ**'

ALBERTA
（アルベルタ属）
アカネ科の熱帯性の常緑高木3種からなり、属名は、トマス・アクィナスの師として知られる13世紀ドイツの哲学者で科学者でもあったAlbertus Magnusにちなむ。2種はマダガスカル、1種は南アフリカ共和国に見られる。光沢のある革質の葉がつき、鮮やかな色をした円筒形の花が枝先に群生する。花は5個の目立つ萼片で囲まれ、2個は色鮮やかで、果実の翼となる。
〈栽培〉
本属はごく弱い霜にのみ耐性があり、高温多湿気候でもっともよく育つ。冷涼地帯では、樹木の多い沿岸地域でよく育つ。土壌は肥沃で、水はけがよく、とくに生育期には湿気を切らさないことが重要である。半熟枝挿し、根挿し、または実生で殖やす。

Akebia quinata

Alangium chinense

Alangium platanifolium

Alberta magna

英　名：NATAL FLAME BUSH
☼ ⟷2m ↕4.5m

南アフリカ共和国原産。栽培種は大低木になる。葉は革質、暗緑色。秋から夏までの9カ月間に薄赤色の萼片を持つ明赤色の花がつく。
ゾーン：10〜12

ALBIZIA
（ネムノキ属）

マメ科のネムノキ亜科に属する高木、低木およびつる植物。ほとんどの種に革質の美しい2回羽状複葉がつき、ピンク、クリームまたは白色の花糸が突き出た、目立つ花序がつく。花後に扁平な莢をつける。原種は成長が早いが、一般的に短命で、タガネの害を受けやすい。雑草化する。ほとんどの種が干ばつと寒さに適度な耐性がある。葉と莢は家畜の飼料として、粉末にした樹皮は石鹸として用いられる。

〈栽培〉
やせ地に耐性があるが、水はけのよい霜の当たらない場所で育て、夏には高温多湿を必要とする。種子は不浸透性の膜で覆われるため、30分ほど硫酸につけ、播種の前に完全に洗い流す。または、早春に直径12mm以上の根を切り取ってすぐに植えても根づきやすい

Albizia julibrissin

一般名：ネムノキ（合歓木）
英　名：PERSIAN SILK TREE、PINK SIRIS、SILK TREE
☼ ❄ ⟷4.5〜6m ↕6〜12m

日本および西アジア原産の落葉高木。シルク質の雄ずいを持つピンク色の花序が夏につく。暗緑色の羽状複葉がつき、裏面は薄緑色。秋に黄変する。
ゾーン：6〜12

Albizia saman

一般名：アメリカネムノキ
英　名：MONKEY POD、RAIN TREE、SAMAN
☼/☼ ⟷15〜30m ↕30m

カリブ諸島、中央アメリカからブラジルに見られる常緑または短期間だけ落葉する高木。羽状複葉が横に広い葉冠をなす。ピンク色の花序が群生し、食用になる黒茶色の莢がつく。
ゾーン：10〜12

ALBUCA
（アルブカ属）

ユリ科に属する30種の鱗茎植物で、南アフリカに原生する。数種のみが栽培に適する。葉は長さ8cm〜1.2mまであり、扁平、または舟弁がある。花は6弁で黄色または緑白色。長い花茎に緩やかな総状花序をなす。さく果に多数の黒色の種子を含む。

〈栽培〉
降霜の少ない地域では戸外での栽培に適するが、温室栽培も可能である。軽い水はけのよい土壌の日向に植え、降霜地帯では霜の当たらない場所を選ぶ。成長後は、温室では7℃に温度を保ち、水分を切らさず、薄めた液肥を定期的に与える。分球か実生で殖やす。

Albuca humilis

一般名：アルブカ・フミリス
☼ ❄ ⟷10cm ↕10〜20cm

南アフリカ共和国原産。長さ15cm、うねのある細い葉がつく。花は白色で小形、茎に1〜3個がつき、緑色の縞がある。内花被は先端が黄色い。
ゾーン：9〜11

Albuca nelsonii

一般名：アルブカ・ネルソニイ
☼ ❄ ⟷0.9m ↕0.6〜1.5m

魅力のある南アフリカ共和国原産種。明緑色、先鋭、長さ1.2mの葉がつく。長い茎に、やや芳香のある白色の花がつき、緑色または帯赤色の縞が花弁の中央に走る。
ゾーン：9〜11

ALCEA
（タチアオイ属）

英　名：HOLLYHOCK

アオイ科に属し、約60種の二年草と短命な多年草を含む。中央および南西アジア原産で、水はけのよい日向でよく育つ。数種が地中海地方に帰化している。花は径10cmで、夏に、高さ2mの茎の先端につき、ピンク、紫、黄、白色などの花弁5枚からなる。雄ずいは中心に円筒形につき、色はふつう黄色。イングリッシュ・ガーデンに向く。

〈栽培〉
湿気はあるが水はけのよい肥沃な土壌の日向に植える。広い場所に植え、支柱を立て、乾燥期には灌水する。サビ病に罹りやすく、毎年植え替えたほうがよい。晩夏または晩春に実生で殖やす。

Alcea ficifolia

英　名：ANTWERP HOLLYHOCK
☼ ❄ ⟷60〜90cm ↕1.8〜2.4m

シベリア原産。多年草または二年草。切れ込みのある大形の葉に不規則な鋸歯縁がある。一重または八重咲き、黄色またはオレンジ色の花が夏につく。
ゾーン：3〜10

Alcea rosea

異　名：*Althaea rosea*
一般名：タチアオイ
英　名：HOLLYHOCK
☼ ❄ ⟷0.6〜0.9m ↕0.6〜2.4m

広く栽培され帰化しているが、トルコまたはアジア原産と思われる。3〜7裂の丸い葉がつく。花は一重または八重咲き、径10cm、ピンク、紫、黄、白色などがある。多くの栽培品種とシリーズがあ

Albizia saman

Albizia julibrissin

Alberta magna

Alcea rosea 'ニグラ'

Alcea rosea

る。'ニグラ'は、暗いえび茶色で一重の花がつく。
ゾーン：3～10

ALCHEMILLA
(ハゴロモグサ属)
英　名：BEAR'S FOOT、LADY'S MANTLE、LION'S FOOT

ユーラシア大陸に広く分布するバラ科の属で、およそ300種の、柔らかい茎を叢生する多年生植物からなる。細い茎につく葉は、細かい毛を帯び、丸い裂片が掌状に並ぶ。地に伏した葉はしばしば発根する。晩春、小さな黄緑色の花がスプレー状につく。属名は、アラビア名の*alkemelych*、すなわちラテン語の*alchemia*(錬金術)に由来するが、これはこの葉についた銀色のしずくが金の材料に加えられたという架空の話に基づいてのことと思われる。このことから、薬草として主に治療の促進に利用されるほか、「若さの秘薬」とも言われてきた。
〈栽培〉
栽培種は温帯向きで、直射日光の当たらない、冷涼、湿性の、水はけのよい環境を好む。多年草ボーダー花壇やロックガーデンに最適。繁殖は普通、休眠期に株分けするが、種子から育てることも可能。

Alchemilla conjuncta
英　名：LADY'S MANTLE
☼/☽ ❄ ↔ 25cm ↕ 15cm
ヨーロッパ原産の、不規則に広がる多年生の高山植物。鋸歯縁の小さな葉は、緑色に銀色の縁取りがある。黄みを帯びた緑色～明るい薄黄緑色の花は、*A. mollis*に似ているが、装飾性に劣る。晩春～初夏に開花。
ゾーン：5～9

Alchemilla erythropoda
☼/☽ ❄ ↔ 30～60cm ↕ 20cm
バルカン諸国、カラパチア山脈、コーカサス地方で見られる広がる植物。灰緑色の葉は、鋸歯縁で有毛、深く切れ込んで7～9裂する。夏、時おり紫赤色になる花茎に、長さ20cmになる淡い緑色の花がつく。
ゾーン：4～9

Alchemilla glaucescens
☼/☽ ❄ ↔ 30～60cm ↕ 20cm
アイルランドからロシア西部にかけて見られる低く広がる植物。丸形、有毛、7～9裂、鋸歯縁、青緑色の葉。夏、淡い緑色の花がつく。
ゾーン：4～9

Alchemilla lapeyrousei
☼/☽ ❄ ↔ 30～60cm ↕ 25cm
ピレネー産の小山を形成する種。腎臓形、有毛、鋸歯縁、7～9裂の葉。夏、長さ25cmの明緑色の花が、高く花序をなす。
ゾーン：5～9

Alchemilla erythropoda

Alchemilla mollis ★
一般名：アルケミラ・モリス、レディースマントル
英　名：LADY'S MANTLE
☼/☽ ❄ ↔ 30～80cm ↕ 30～50cm
ルーマニアからギリシャ、イランにかけて見られる、小山を形成しながら広がる種。鋸歯縁の葉に見られる毛は、表面では細かく、裏面ではより密生する。夏、黄緑色の花がスプレー状につく。
ゾーン：4～9

Alchemilla speciosa
☼/☽ ❄ ↔ 30～80cm ↕ 30～50cm
コーサカス地方原産。*A. mollis*に似ているが、葉がより深裂し、花茎が有毛。
ゾーン：4～9

Alchemilla xanthochlora
☼/☽ ❄ ↔ 40～60cm ↕ 30～50cm
ヨーロッパ産の小山を形成しながら広がる種。葉は、黄緑色、腎臓形、鋸歯縁で、9～11裂し、表面は無毛で、裏面は有毛。夏に黄緑色の花がつく。
ゾーン：5～9

ALDROVANDA
(ムジナモ属)

1種のみからなるモウセンゴケ科の属。中央および南ヨーロッパ、西アジア、熱帯アフリカ、北オーストラリアの淡水の池や湖に生息する、根のない水生植物。輪生する葉は、ハエトリソウと同じ仕組

Alchemilla lapeyrousei

みで、水中の小さな動物を捕獲する。
〈栽培〉
株分けでの繁殖が最適。

Aldrovanda vesiculosa
一般名：ムジナモ
英　名：WATERWHEEL PLANT
☼ ❄ ↔ 20cm ↕ 10cm
単茎または分枝した茎に、長さ12mmになる葉が5～10枚輪生する。それぞれの葉柄は小さな動物を捕獲できる仕組みになっている。温暖な季節に幅12mmの花がつく。栽培の際は、水を酸性に保ち、水温が10℃を下回らないようにする。
ゾーン：8～9

ALEURITES
(アブラギリ属)

アジアおよびオーストラリア産の5種からなるトウダイグサ科の属。少なくとも3種が、大型の種子から抽出される油のために重要視されている。中型～大型の高木で、常緑種と落葉種がある。主幹はまっすぐで、枝が段状につく。葉は大きな心臓形。白～クリーム色の5花弁

Aleurites fordii

からなる、ほぼじょうご形の花が、枝先に大きく群生する。果実は球形で、皮の下に2～5個の大きな堅果を含むが、食べると激しい吐き気を催す。
〈栽培〉
夏が長く多湿の地域が最適。深い肥沃な土壌で繁茂するが、やせた土壌でもよく育つ。落葉種は冬季の中程度の霜に耐える。秋に新鮮な種子を蒔くか、落葉種は熟枝挿しで繁殖。

Aleurites fordii
異　名：*Vernicia fordii*
一般名：シナアブラギリ
英　名：TUNG-OIL TREE
☼ ❄ ↔ 3m ↕ 8m
中国原産の落葉種で、種子油のために栽培される。幅広の心臓形の葉がコンパクトな樹冠をなす。春、中心の赤い白い花がつく。夏につく果実は緑色で、熟すと黒くなる。
ゾーン：8～11

Alchemilla speciosa

Alchemilla xanthochlora

Allamanda cathartica

Allamanda blanchetii

Aleurites moluccana
異　名：*Aleurites triloba*
一般名：ククイ、キャンドルナッツツリー
英　名：CANDLENUT TREE
☼ ❄ ↔10m ↕24m
熱帯アジア〜西太平洋諸島原産。森林に見られる常緑高木で、やせた浅い丘陵の土壌で繁茂し、暖温帯でも育つ。葉はつやのある心臓形。春、小さなクリーム色の花がつく。種子には豊富な油が含まれており、割って火をともすこともできる。
ゾーン：10〜12

ALKANNA
(アルカンナ属)
南ヨーロッパからイランにかけて見られる、およそ30種の、耐霜性の一年生および多年生植物からなるムラサキ科の属。長い筒状の花冠と、中心の綿毛状の環が、茎頂で花序をなす。葉は全縁で有毛。果実は萼が伸びたもの。
〈栽培〉
日当りのよい開けた場所と、肥沃で温暖な土壌を好む。種子で繁殖。

Alkanna orientalis
☼ ❄ ↔20〜30cm ↕20〜30cm
南西ヨーロッパと南西アジアで見られる一年生植物。幅12mmになる、白または黄色の芳香性の花。緑〜白みを帯びた緑色の有毛の葉は、長さ8cmで、槍形または幅狭の卵形。ゾーン：6〜9

Alkanna tinctoria
一般名：アルカネット
英　名：ALKANET, DYER'S BUGLOSS
☼ ❄ ↔30〜90cm ↕30〜90cm
中央および南ヨーロッパ原産の多年生植物。紫みを帯びた鮮やかな青色の花は、幅12mmになるじょうご形の花冠をもつ。剛毛を帯びた、全縁の、線形または卵形の葉は、長さ8cmになる。根系と角ばった有毛の茎を広く伸ばす。
ゾーン：5〜8

ALLAGOPTERA
(アラゴプテラ属)
異　名：*Diplothemium*
南アメリカ産の5種からなるヤシ科の属。普通、森林ではなく開けた場所に生息する。小型の羽状複葉ヤシで、茎は全部あるいは大半が地下にある。葉は、無数の幅狭の小葉が、葉腋の周りに平らに並ぶ。花序は葉の基部の間に形成され、同じ柄に雄性花と雌性花がつくが、雄性花のほうが多数。果実は卵形で、多肉質の繊維性の外皮に覆われる。
〈栽培〉
種子で繁殖するが、発芽には3〜4カ月かかる。

Allagoptera arenaria
異　名：*Diplothemium maritimum*
英　名：BRAZILIAN SAND PALM
☼ ❄ ↔2〜3m ↕100〜150cm
ブラジル東海岸沿いの砂丘に生息し、密な低木林を形成する。幅狭の小葉は、表面が緑色で、裏面は白みを帯び、中央脈に沿って2〜3枚ずつ群生し、長さ1.2mの葉を形成する。宿存性の木質の苞から生じる花穂に、黄色い花が密に群生し、長さ60cmの花序をなす。果実は長さ12mmの卵形で、緑みを帯びた黄色。
ゾーン：10〜12

ALLAMANDA
(アリアケカズラ属)
およそ12種の常緑低木からなるキョウチクトウ科の属。直立性の種と半つる性の種がある。熱帯アメリカに原生する、みずみずしく色鮮やかな、華やかな植物。つやのある深緑色の大きな葉が、主に深い金黄色の花を引き立てる。主に夏と秋に生じる花は、5枚の大きな花弁が重なり合って、花喉が大きく広がったラッパ形をなす。
〈栽培〉
霜に当てないことが第一条件で、亜熱帯〜熱帯の多湿の環境が最適だが、冷涼地域でも、しっかり保護された場所であれば栽培可能。花つきをよくするためには、水はけのよい肥沃な土壌と、夏季の豊富な灌水が必要。コンサバトリーでもよく育つが、コナカイガラムシ、カイガラムシ、ダニに注意。普通、半熟枝挿しで繁殖。

Allamanda schottii

Allamanda blanchetii
英　名：PURPLE ALLAMANDA
☼ ✿ ↔1.8〜2.4m ↕1.8〜2.4m
おそらく南アメリカ原産の、紫色の花をつける種。絡みつく傾向があるため、定期的に剪定して食い止める。花は肉厚で、珍しい、ややくすんだ色。
ゾーン：11〜12

Allamanda cathartica
一般名：アリアケカズラ
英　名：CLIMBING ALLAMANDA, COMMON ALLAMANDA, GOLDEN TRUMPET
☼ ❄ ↔3m ↕5m
南アメリカ原産。強健なよじ登り植物で、つやのある革質の葉が輪生する。夏に咲くが鮮やかな黄色のラッパ形の花は、幅12cmにもなる。種子は刺のあるさく果。'グランディフロラ'、非常に大きな花を豊富につける。'ヘンダーソニー'(オオバナアリアケカズラ)、小さな花で、喉にオレンジ色の斑がある。'ノビリス'、大型の、より広がった花。
ゾーン：10〜12

Allamanda schottii
一般名：ヒメアリアケカズラ、アラマンダ
英　名：BUSH ALLAMANDA
☼ ✿ ↔1.8m ↕1.8m
南アメリカ産の種で、定期的な摘心と、毎春の剪定で、整った樹形を保つ。つやのある深緑色の葉と、明るいオレンジ色の筋の入った鮮やかな金黄色の花に続いて、大きな緑色の果実をつける。
ゾーン：11〜12

Aleurites moluccana

Alkanna orientalis

Allium cepa

ALLIUM
（アリウム属）

英　名：CHIVE、GARLIC、LEEK、ONION、ORNAMENTAL ONION

約700種の鱗茎性多年生・一年生植物で、ネギ科に属する。味と刺激で知られ、多数が世界中の料理のきわめて重要な材料である。いくつかの種、特にニンニクは、薬草療法や民間伝承に長い歴史を持ち、装飾的な種は実に神秘的な美しさを持っている。ヨーロッパではA.molyは悪魔からのお守りとされ、ホーマーのユリシーズはこの「魔法の特性」を使ってキルケーの隠れ家に入る。葉は細く光沢があり、帯状または中空の筒状である。花はしばしば鮮やかな色で、円形の花序が長い茎につくのが普通である。

〈栽培〉
大多数がかなり軽い土壌で、日当たりと水はけのよい場所でよく育つ。葉の成長期と開花期には十分な水分が必要だが、その後は乾燥に耐える。繁殖はオフセットと小鱗茎を使って、または種から行う。

Allium carinatum subsp. *pulchellum*

A. ampeloprasum, Porrum Group, 'Colossal'

Allium cepa, Cepa Group, 'Superstar'

Allium acuminatum
英　名：HOOKER'S ONION、ORNAMENTAL ONION、PINK WILD ONION、TAPERTIP ONION

☼ ❄ ↔8cm ↕10〜30cm

アメリカ合衆国ロッキー山脈の自生種。多年生草本。12mmの長さの緑色の葉は、晩春から初夏の開花に先立って、枯れる。花はピンク色を帯びた紫色の壺形。
ゾーン：4〜9

Allium aflatunense
☼ ❄ ↔30〜60cm ↕0.9〜1.5m

中国の種で、鱗茎1個ごとに6〜8枚の、短い、やや芳香性の、ブルーグリーン色をした筒状の葉がある。晩夏に花茎が出る前に、葉は枯れる。花茎には、濃い色の脈を持つ、小さなバイオレット色の花が集まった、球状の花序、幅約10cmがつく。
ゾーン：8〜10

Allium ampeloprasum
一般名：リーキ、セイヨウネギ
英　名：KURRANT、LEVANT GARLIC、WILD LEEK

☼ ❄ ↔30〜60cm ↕0.6〜1.8m

アイルランド・イギリス南部からイラン・北アフリカまでに、さまざまな品種が生息する。扁平な、粗い縁を持つ、グレーグリーンの葉、長さ約50cmが、鱗茎1個につき4〜10枚つく。数百のピンクから赤色の花が、球状で幅5〜10cmの花序をなして、2〜4個咲く。最初、花は紙のような苞に包まれている。The **Porrum Group**（ポッルム　グループ）（syn.*A. porrum*）にはリーキが含まれ、これが無数の栽培品種を持つ。'**コロッサル**'と'**ユニーク**'は茎の長い、自然に軟白する、成熟の早い、典型的なガーデンリーキ栽培品種。
ゾーン：6〜9

Allium caeruleum
☼ ❄ ↔15〜30cm ↕20〜60cm

アジア中部からシベリア南部にかけて見られる。イネのような、3角の、ブルーグリーンの葉、長さ約8cmが、鱗茎1個につき2〜4枚出る。ブルーからライトパープルの小さな花が、幅約25mmの球状の花序をなして咲く。
ゾーン：6〜9

Allium carinatum
英　名：KEELED GARLIC

☼ ❄ ↔15〜30cm ↕30〜60cm

ヨーロッパ中部・南部からロシアとトルコにかけて見られる。イネのような葉、長さ約20cmが、鱗茎1個につき2〜4枚でる。30個までのパープルピンクの花が、幅25〜50mmの花序となって咲く。花序のまわりに小さな小鱗茎が出る。
A.c. subsp. *pulchellum*は、紫色の花茎を持ち、小鱗茎を出さない。
ゾーン：7〜10

A. ampeloprasum, Porrum Group, 'Unique'

Allium ampeloprasum, Porrum Group cv

Allium cepa, Cepa Group, 'Aristocrat'

Allium cepa, Cepa Group, 'Kelsae'

Allium cepa
一般名：タマネギ
英　名：ONION、SCALLION、SPRING ONION

☼ ❄ ↔10〜20cm ↕30〜60cm

純種と見られている一年生の鱗茎植物だが、野生では知られていない。野菜として広く栽培されている。青緑色の、扁平な、円筒形の葉、長さ約40cmが、鱗茎1個につき10本まで出る。背の高い丈夫な、時に小鱗茎を持つ花茎に、緑色脈の白い花の花序が夏に咲く。多数の栽培品種は3つのグループに分けられる。The**Aggregatu Group**（アグレガタム　グループ）（青ネギ、ワケギ、ネギなど）は、鱗茎を群生させるが、花序に小鱗茎はない。The**Cepa Group**（ケパ　グループ）（茶、白、赤色のタマネギ）は単生の鱗茎を持ち、花茎に小鱗茎はない。'**アリストクラッド**'は、比較的大きな鱗茎で、収穫がよい。'**ケルサエ**'は、大きく、やわらかいタマネギ。'**ケルサエ ジャイアンド**'は、非常に大きな鱗茎。'**レッド バロン**'は、大きく、皮の赤い、球状に近いタマネギ。'**タフ ボール**'は、円形の中型サイズの鱗茎で保存がよい。'**パリス シルバー スキン**'は、小さなタマネギで、ピクルスにされることが多い。'**スーパースター**'は、特に収穫がよい。The**Proliferum Group**（プロリフェラム　グループ）は、単生の鱗茎と、花序の

まわりに房状の小鱗茎を持つ。
ゾーン：5〜10

Allium cernuum
アリウム・ケルヌウム

英 名：LADY'S LEEK, NODDING ONION, WILD ONION

☀ ❄ ↔15〜30cm ↕30〜70cm

カナダ南部からメキシコ北部までで見られる。イネのような、扁平な、鮮やかな緑色の葉、長さ約20cmが、鱗茎1個につき4〜6枚でる。白、ピンク、またはパープルレッドの花が30〜40個集まって花序となり、夏に咲く。'ヒドコート'は高さ45cmの花茎と、点頭するパープルピンクの花の花序を持つ栽培品種である。
ゾーン：6〜10

Allium cratericola

英 名：CASCADE ONION, CRATER ONION, VOLCANIC ONION, WILD GARLIC

☀/◐ ❄ ↔20〜30cm ↕15〜20cm

アメリカ合衆国西部の火山性岩くず地の自生種。細形から帯状で、時に赤色を帯びた葉が、鱗茎1個につき2枚でる。濃いピンクの蕾が、白からペールピンクの花の花序となって、夏に咲く。
ゾーン：7〜9

Allium cristophii★

英 名：STAR OF PERSIA

☀ ❄ ↔20〜30cm ↕20〜50cm

Allium cratericola

Allium cristophii

Allium geyeri

アジア中部とイラン・イラク各地で見られる。幅細から幅広の、ブルーグリーンの葉は、下側が綿毛状で、鱗茎1個につき2〜7枚出る。はっきりとした肋のある花茎に、星形で紫色の小さな花でできた円形の花序がつく。
ゾーン：7〜10

Allium cyaneum

☀ ❄ ↔12〜25cm ↕12〜25cm

中国原産の多年生鱗茎植物で、藪を形成する。非常に細い葉、幅約2mm、イネのような葉群。青または紫色の点頭する花が、10〜12個ずつ房になって晩春に咲く。
ゾーン：5〜9

Allium cyathopphorum

☀ ❄ ↔30cm ↕25〜38cm

中国北西部原産の、多年生鱗茎植物で、藪を形成する。葉は長さ30〜38cm。鐘形のパープルレッドの花が、散漫な散形花序となって晩春に咲く。
ゾーン：5〜9

Allium fistulosum

一般名：ネギ

英 名：JAPANESE BUNCHING ONION, JAPANESE LEEK, WELSH ONION

☀ ❄ ↔20〜30cm ↕50〜60cm

野生では知られていない。中空の葉は、長さ約30cmで、鱗茎1個につき2〜6枚出て、サラダなどの料理に使われる。夏には、緑色の花の小さな花序が背の高い花茎につく。時に小鱗茎を形成する。
ゾーン：5〜9

Allium flavum

英 名：SMALL YELLOW ONION

☀ ❄ ↔10〜15cm ↕20〜30cm

ヨーロッパ南部の、フランスからギリシアで見られる。細い、円筒形のブルーグリーンの葉、長さ約20cmが、鱗茎1個につきほんの少数出るが、開花前に枯れてしまうことが多い。芳香性の鮮やかな黄色の花序が夏に咲く。
ゾーン：7〜10

Allium geyeri

英 名：GEYER'S ONION

☀ ❄ ↔10〜15cm ↕20〜50cm

アメリカ合衆国西部原産。チャイブのような、細い、イネのような葉、長さ約20cmを持つ。春には、白色からソフトピンクの鐘形の花、10〜15個が花序をなして咲く。
ゾーン：5〜10

Allium giganteum

英 名：GIANT ALLIUM

☀/◐ ❄ ↔30〜50cm ↕0.9〜1.8m

アジア中部原産。帯状のグレーグリーンの葉、長さ約0.9mは、基部での幅が約10cmある。春に、パープルピンクの多数の小さな花が、球状に近い大きな花序をなして咲く。ペールピンクや白色の花色は稀である。
ゾーン：7〜9

Allium hollandicum
アリウム・ホランディクム

☀ ❄ ↔20〜30cm ↕80〜100cm

東アジアの種で、栽培時にしばしば*A. aflatunense*と混同される。わずかに芳香性で、筒形のブルーグリーンの葉は、

Allium hyalinum

Allium howellii

Allium fistulosum

Allium karataviense 'Ivory Queen'

花が出るまでに枯れてしまうのが普通である。花序は、パープルピンクの星形の花が、円形に密集している。'パープルセンセーション'には、濃い紫色の花でできた球状に近い花序がある。
ゾーン：7〜9

Allium howellii

☀ ❄ ↔15〜20cm ↕30〜50cm

アメリカ合衆国カリフォルニア州の原産。ほんの少数のイネのようなブルーグリーンの葉は、針金状の花茎が完全に出るまでに、枯れてしまう。白色からクリーム色の花は、縁がピンク色で、散漫な花序をなす。渇水と暑さに耐える。
ゾーン：8〜10

Allium hyalinum

英 名：GLASSY ONION

☀ ❄ ↔15〜25cm ↕20〜50cm

アメリカ合衆国カリフォルニア州の原産。扁平な細い葉は長さ10〜50cm。晩春から星形の花10〜30個でできた花序を出すが、通常花色は白色で、ペールピンクのこともある。この植物は*A. h.* var. *praecox*として栽培されることが多く、今では*A. praecox*と分類されている。
ゾーン：8〜10

Allium karataviense
アリウム・カラタウィエンセ

☀/◐ ❄ ↔20〜50cm ↕10〜30cm

中央アジアの種。幅広の、帯状のグレーグリーンの葉には、しばしば金属的な紫色の光沢がある。短い太い茎に、白色からペールモーブ色の星形の小さな花が、大きな花序をなしてつく。花は中

央の脈の色が濃い。'**アイボリー クイーン**'は、短い花茎と、ペールグリーンからクリーム色の花を持つ。
ゾーン：7～9

Allium macranthum
☀/☽ ❄ ↔30cm ↕25～30cm
中国とチベット原産の、多年生鱗茎植物で、藪を形成する。真緑色の帯状の葉がある。深い鐘形の、プラムパープル色の花が、夏中咲く。20ほどの花が集形花序をなす。
ゾーン：4～6

Allium moly
アリウム・モリ
英 名：GOLDEN GARLIC
☀/☽ ❄ ↔20～30cm ↕20～30cm
ヨーロッパの種で、帯状のブルーグリーンの葉が、鱗茎1個につき1～3枚出る。花茎はかなり短く太い。晩春から、ゴールデンイエローの花が、散漫な房をなす花序で咲く。'**ジーンナイン**'は、特に鮮やかな花で、やや大型の花序をなす。
ゾーン：7～9

Allium narcissiflorum
☀/☽ ❄ ↔10～20cm ↕15～38cm
フランスのマリティームアルプスで見られる。細い、平坦な、イネのようなグレーグリーンの葉、長さ約15cmが鱗茎1個につき3～5枚出る。夏に、点頭する鐘形の、ペールピンクから紫色の花5～8個が、散漫な花序をなして咲く。
ゾーン：8～9

Allium neapolitanum
英 名：DAFFODIL GARLIC、FLOWER ONION、NAPLES GARLIC
☀ ❄ ↔15～30cm ↕20～50cm
地中海沿岸・北アフリカから、アジア西部で見られる。細い、ブルーグリーンの、イネのような葉、長さ約30cmが、鱗茎1

Allium moly 'Jeannine'

Allium paradoxum var. *normale*

Allium platycaule

Allium regelii

個につき2枚出る。葉は通常、花が晩春に開花する前にしおれる。この植物は純白の花が、幅約8cmの散漫な花序をなして咲く。
ゾーン：8～10

Allium nigrum
☀ ❄ ↔10cm ↕90cm
地中海沿岸地方の鱗茎植物で、幅広の帯状の光沢のある葉がある。花は曲がっており、緑色の縞がある白色。そのため初夏に咲く幅広の散形花序には、緑の色合いがある。各花の中心に黒い子房がある。
ゾーン：7～9

Allium oreophilum
☀ ❄ ↔15～20cm ↕10～20cm
コーカサス地方と中央アジアで見られる。細いブルーグリーンの葉は、花茎の高さを超える。散漫な花序をなす、鮮やかなピンクから紫色の鐘形の花が、春から初夏に見られる。
ゾーン：7～9

Allium paradoxum
英 名：FEW-FLOWERED LEEK
☀ ❄ ↔10～20cm ↕15～30cm
コーカサスからイランで見られる。各鱗茎から出る1枚の葉、長さ20～30cm、約25mmには、突起した竜骨状の中央脈がある。早春に1つの花序につき10個の白い花が開花し、多産な小鱗茎が続く。*A. p.* var. *normale* は高さ約30cmに育ち、約10個の白い花の花序を持つが、小鱗茎はない。
ゾーン：7～9

Allium platycaule
☀ ❄ ↔20～30cm ↕10～15cm
アメリカ合衆国西部の山岳地帯の自生種。鱗茎1個につき2枚出る葉は、ブルーグリーンで、通常は地面にぴったり接しており、長さ約20cmになる。花茎の短い、目立つ花序は、濃いピンク色、星形の小さな花から構成され、春から夏に咲く。
ゾーン：6～9

Allium regelii
☀/☽ ❄ ↔30～50cm ↕80～100cm
アジア中部の半砂漠地方で見られる。幅広の帯状で、粗い縁をした緑色の葉、長さ約50cmが、鱗茎1個につき2～4枚出る。ペールピンクの花が6つの輪生で、花茎につく。花は時に紫色。
ゾーン：7～10

Allium rosenbachianum 'Purple King'

Allium rosenbachianum 'Michael Hoog'

Allium rosenbachianum
一般名：ブラッド フラワー
☀ ❄ ↔30～50cm ↕60～100cm
中央アジアの種。根元の太い、帯状をした、ブルーグリーンの葉、長さ約30cmが、鱗茎1個につき2～4枚出る。春には、はっきりした肋のある花茎に、幅約10cmの花序をなす紫色、稀に白色、の花が咲く。'**マイケル フーグ**'は、紫色の花の大きな花序がある。'**パープル キング**'は、ブルーグリーンの葉と、白い雄ずいの濃いピンクの花を持つ。
ゾーン：7～10

Allium sphaerocephalon

Allium schoenoprasum 'Silver Chimes'

Allium schoenoprasum

Allium senescens var. *calcareum*

Allium roseum
英　名：ROSY GARLIC

☀ ❄ ↔8cm ↕60cm

南ヨーロッパ、北アフリカ、小アジア原産。多年生の球根植物。細い葉は、チャイブに似ている。ローズホワイト色の花が春に咲く。球根からすぐに増える。
ゾーン：5〜9

Allium sativum
一般名：ニンニク、オオビル
英　名：GARLIC

☀ ❄ ↔30〜40cm ↕30〜80cm

強い芳香性の球根が調理用として広く栽培されているが、野生では知られていない。細いブルーグリーンの葉、長さ約60cmは、より短いことが多い。白色から

の原産。イネのような葉、長さ約25cmは、球根1個につき2〜5枚出て、夏の開花までにしおれる。ライラック色からパープルレッド色の小さな花が、小型の円形の花序をなす。パープルレッドの小鱗茎が続く。
ゾーン：7〜9

Allium senescens
英　名：GERMAN GARLIC

☀/☀ ❄ ↔30〜50cm ↕20〜60cm

この温帯ユーラシア自生種。基部が幅広のグレーグリーンの葉、長さ20〜30cmが、球根1個につき4〜9枚出る。夏と秋に、杯形のラベンダーピンクの花を多くつけた花序、幅約5cmを咲かせる。*A.s.* var. *calcareum*は、ブルーグリーンの葉と、花弁の長い花を持つ。
ゾーン：5〜9

Allium siskiyouense
英　名：SISKIYOU ONION

☀/☀ ❄ ↔20〜30cm ↕15〜20cm

北アメリカ西部の自生種。肉質でかなり幅広の、光沢ある緑色の葉は、長さ約20cm。夏には、花茎の短い花序をなして、比較的大きな紫色の花を咲かせる。
ゾーン：8〜10

ペールピンクのほんの少数の花が、幅約5cmのまばらな花序をなして咲く。小鱗茎が続く。
ゾーン：8〜10

Allium schonoprasum
一般名：エゾネギ、シロウマアサツキ
英　名：CHIVES

☀/☀ ❄ ↔10〜30cm ↕15〜50cm

北半球の温帯地方に広く分布する。細い、イネのような、中空の葉は、芳香性で料理の付け合せとして人気がある。鐘形のピンクの花が、円形の花序をなして、夏に咲く。'**ブラック　アイル　ブラッシュ**'は高さ約30cmで、モーブ色の花の中心部は、赤色を帯びた濃いピンク色。'**フォアスケイド**'は、高さ約50cmになる丈夫な植物で、グレーグリーンの葉と、濃いパープルピンクの花を持つ。'**ピンク　パーフェクション**'は、高さ約30cmで、鮮やかなピンク色の花の花序を多数つける。'**シルバー　チャイムス**'は、グレーグリーンの葉と、白い花を持つ。
ゾーン：5〜10

Allium scorodoprasum
英　名：GIANT GARLIC, SAND LEEK, SPANISH GARLIC

☀ ❄ ↔15〜40cm ↕30〜90cm

ヨーロッパ南部からアジア西部とロシア

Allium sphaerocephalon
一般名：グローブ・ガーリック
英　名：ROUND-HEAD LEEK

☀/☀ ❄ ↔30〜50cm ↕60〜90cm

英国からコーカサス地方までのヨーロッパじゅうと、北アフリカ、中東で見られる。中空の葉は30cmをやや超える長さで、球根1個につき2〜6枚出る。夏には、パープルレッドの小さな花多数で構成される、円錐形の花序を出し、小鱗茎が続いて出ることがある。
ゾーン：5〜9

Allium stellatum
英　名：GLADE ONION, PRAIRIE ONION

☀/☀ ❄ ↔2.5〜5cm ↕45cm

北アメリカ中部原産の多年生植物。2〜6枚出る緑色の扁平な葉は、花時にしおれる。夏から秋に、ピンク色を帯びたローズ色の花が咲く。Stellatumというのは、星のことで、花の形に因む。簡単に帰化する。ゾーン：5〜9

Allium subhirsutum
☀/☀ ❄ ↔20〜40cm ↕20〜30cm

地中海沿岸地方一帯で見られる。扁平な、やや幅広のイネのような緑葉は、縁に細かい毛が生えており、長さ25〜50cmで、球根1個につき2〜3枚出る。夏には、純白の花が、散漫な花序をなして咲く。
ゾーン：9〜10

Allium tuberosum ★
一般名：ニラ
英　名：CHINESE CHIVES, GARLIC CHIVES

☀/☀ ❄ ↔20〜30cm ↕50cm

南東アジアの種で、その風味のために広く栽培されている。細い、イネのような、角のある茎は、野菜としてサラダに使われる。ブルーグリーンの葉、長さ約30cmが、球根1個につき4〜9枚出る。晩夏に、芳香性の白い花が、長い花茎に小さな花序をなして咲く。
ゾーン：7〜10

Allium unifolium
☀ ❄ ↔20〜30cm ↕40〜60cm

アメリカ合衆国西部の自生種。細い、扁平な、ブルーグリーンの葉には、目立つ中央の溝／中央脈がある。葉は長さ約

Allium subhirsutum

Allium unifolium

30cmで、球根1個につき1枚でる。春と夏に、ピンクから濃いラベンダーピンクの鐘形の花が、円形の花序をなして咲く。ゾーン：8～10

Allium Hybrid Cultivars
一般名：アリウム交雑品種
☼ ❄ ↔15～30cm ↕45～90cm
数多くの交雑品種のなかでもすばらしいのは次の各種である。'ボウ リガード'は、高さ約0.9mの花茎に、球状に近い大きな花序をなして、星形のスティールブルーから紫色の花を咲かせる。'グラディエイター'は、ライラックから紫色の花が、大きな円形の花序をなして、高さ約1.2mの花茎に咲く。'グローブマスター'は、グレーグリーンの葉を持ち、長さ60～90cmの茎に、バイオレットブルーの花の大きな花序を咲かせる。優れた切花。ゾーン：7～9

ALLOCASUARINA
（アロカスアリナ属）
英 名：SHE-OAK
オーストラリアのみで見られる59種からなるモクマオウ科の属。すべて高木または低木で、外観はマツに似る。細い小枝には、葉がないように見えるが、実際は、幅狭の葉が輪生し、樹皮に平たく融合している。葉は先端だけが離れているため、まるで小さな歯が一定の間隔で環状に並んでいるように見える。この歯の数が各種の特徴を示している。花序はたいてい、雌雄が別々の株につく。果実は球果状で、裂開して「種子」を放出する。高木はスクリーンや防風林に最適。
〈栽培〉
大半の種は、植物の必須栄養素の少ない、やせた砂質または石だらけの土壌に適応する。とはいえ、丈高の高木はより肥沃な土壌に適応する。庭においては、成長が早く、管理もほとんど不要。種子で繁殖するが、この種子は収穫した球果からすばやく落ち、容易に発芽する。

Allocasuarina decussata
異 名：*Casuarina decussata*
☼ ❄ ↔4.5m ↕9m
ウェスタンオーストラリア州の南西部原産。低く枝を出す藪状の習性で、細い枝と、すべすべした濃い緑色の小枝をもつ。冬につく雄性花は、先端が赤みを帯びた茶色の葯に覆われる。球果は丸く、先端が平たい。ゾーン：9～10

Allocasuarina inophloia
異 名：*Casuarina inophloia*
英 名：THREADY-BARKED SHE-OAK
☼ ❄ ↔3m ↕6m
オーストラリアのクィーンズランド州西部原産。樹皮は非常に特徴的で、より淡い、赤みを帯びた茶色の下層とともに、細長い帯状に剥離する。小枝は細く下垂する。雌株の「球果」は、小さく、紫みを帯びた茶色。ゾーン：9～11

Allocasuarina littoralis
異 名：*Casuarina littoralis, C. suberosa*
英 名：BLACK SHE-OAK
☼ ❄ ↔4.5m ↕9m
オーストラリア東部沿岸に広く分布する。直立性の円錐形の高木で、亀裂のある暗灰色の樹皮と、非常に細い暗緑色の小枝をもつ。秋、さび色を帯びた茶色の雄性花がつき、その後、小さな赤い雌性花がつく。耐塩性。ゾーン：9～11

Allocasuarina torulosa
異 名：*Casuarina torulosa*
英 名：FOREST OAK, FOREST SHE-OAK
☼/❄ ❄ ↔6m ↕12～15m
オーストラリア東部沿岸原産。しばしば開けた森林で低林層をなす。冬、銅色の枝と小枝が下垂する。樹皮はコルク質で明るい茶色。秋、ゴールデンオレンジの雄性花がつく。丸いいぼだらけの球果。ゾーン：8～11

Allocasuarina verticillata
異 名：*Casuarina stricta*
英 名：DROOPING SHE-OAK
☼ ❄ ↔6m ↕9m
オーストラリア南東部原産で、しばしば海食崖に生息する。藪状の小高木で、幹は短く、樹冠は丸く下垂する。冬～早春、小枝の先に金茶色の雄性花が生じる。雌性花は異なる株に生じ、球果は長さ35mmになる。ゾーン：8～10

ALLOSYNCARPIA
（アロシンカルピア属）
1種のみの常緑高木からなるフトモモ科の属。オーストラリア、ノーザンテリトリー州の、カカドゥ国立公園内の砂岩の谷間のみで見られる。学名は1977年に命名されたばかりで、シンカルピア属との類似を示唆しているが、後の研究で、これらは近縁でないことが判明した。幅狭の先細りの革質の葉が、小枝に3枚ずつ輪生する。この小枝の先に、多数の雄ずいをもつ、小さなクリーム色の花が円錐花序をなす。果実は木質のさく果。
〈栽培〉
まだ栽培例はほとんどないが、乾季のある熱帯において良質の日陰樹となる。種子で繁殖する。

Allosyncarpia ternata
☼/❄ ☼ ↔9m ↕12～24m
広がる大高木。繊維状～薄片状の茶色の樹皮をもち、つやのある緑色の葉を密生させる。晩春～初夏にかけて花がつく。成長はやや遅い。ゾーン：11～12

Allocasuarina inophloia

Allocasuarina littoralis

Allocasuarina decussata

*Allosyncarpia ternata*の自然状態。オーストラリア、ノーザンテリトリー、カカドゥ国立公園。

ALLOXYLON
(アロキクシロン属)

オーストラリア東部の熱帯および亜熱帯地域およびニューギニア原産。ヤマモガシ科に属し、常緑多雨林の高木4種が含まれる。オーストラリア種のヤマモガシ科の中では、アロキクシロン属はワラタが属するテロペア属に近縁で、種は同様に観賞用として高く評価されている。花は鮮やかな赤またはピンク色で、茎頂に大きな房となって咲き、蜜を吸う野鳥を誘引する。葉は不規則な分裂葉もしくは羽状複葉だが、切れ込みが無く単葉になり花枝につく傾向がある。果実は大形の袋果で、裂けて羽形の種子を放出する。

〈栽培〉
年間を通じで降雨する亜熱帯気候、または熱帯の丘陵で過度に乾燥しない条件を好む。水はけが良く適度に肥沃な土壌に植え、強風から保護する。幼木は突然しおれたり枯れたりしやすいが、通常、3～4.5mを超えると丈夫になる。繁殖は採取直後の種子を播種する。

Alloxylon flammeum
異　名：*Oreocallis wickhamii*の園芸種
英　名：WARATAH TREE
☀ ♂ ↔6m ↕18m

オーストラリアのクイーンズランド州極北東部のアサートンテーブルランド原産。濃緑色の若葉は長さ約45cmで、大形の葉が3～7出し、より小形の葉は花のシュートにつく。晩冬から春に鮮やかな緋色の花が房咲きする。
ゾーン：10～11

Alloxylon pinnatum
異　名：*Embothrium pinnatum*、*Oreocallis pinnata*
英　名：DORRIGO WARATAH
☀ ♂ ↔9m ↕18m

オーストラリア、ニューサウスウェールズ州とクイーンズランド州境界地の多雨林の丘陵原産。複葉には最大で11枚の先端が尖った小葉がつく。春から盛夏に、くすんだ深紅色の花が長い柄につく。
ゾーン：9～11

ALLUAUDIA
(アルアウディア属)

アルアウディア属には8種が含まれ、全種ともマダガスカルの乾燥した南部および南西端地域の固有種である。カナボウノキ科に属する。すべての種は採集用植物として需要が多く、現在でも栽培種は珍しい。生育地において、小形の乾生低木として生息し始めるが、大半の種は最終的に高木状になり、キツネザルが見られる場所で密生した森林を形成する。びっしりと刺に覆われているため、アルアウディアはサボテンに類似し、実際に遠縁である。しかしながら、大半のサボテンとは異なり、成長期には多肉質で落葉性の小さな葉に覆われる。アルアウディア属種の生育地は、現在では自給農業、サイザル麻の農園（ロープや撚糸用）やユーカリ農園（木製品用）の拡大に脅かされている。雄花と雌花は同株で、成熟枝の先端に多数の花をつけることが多い。

〈栽培〉
アルアウディア属種は種子から容易に栽培できるが、1～2週間乾燥させた挿し木から行なうのがより一般的である。肥沃で水はけの良い土壌で繁茂し、地植えすると急に成長する。

Alluaudia humbertii
一般名：アルアウディア・フンベルティイ
☀ ♂ ↔6～8m ↕5～6m

あまり整然としてない低木から小高木で、灰茶色の鉛筆ほどの太さの柔軟な枝が絡み合って多数つく。枝には刺があり、小さく丸い緑色の葉が対生につく。雄花の雄ずいは赤色で、雌株の白い花とは対照的によく映える。
ゾーン：9～11

Alluaudia montagnacii
一般名：アルアウディア・モンタニャキー
☀ ♂ ↔50～100cm ↕10～15m

アルアウディア属種の中でももっともまれで、極めて珍重され、自然分布地も非常に限られる。長く丈夫な刺がつく。茎は光沢のある銀色系で魅力的な濃緑色の葉をつける。花は*A. procera*の花に類似する。
ゾーン：9～11

Alluaudia procera ★
一般名：アルアウディア・プロセラ、フタツバカナボウノキ
☀ ♂ ↔2～3m ↕10～15m

アルアウディア属種でもっともよく栽培されている種。高木状の種の木質部は、住宅、垣根、木箱および薪に用いられる。大形の総状花序に緑黄色の花がつき、花数は数百にも及ぶ。
ゾーン：9～11

ALNUS
(ハンノキ属)
英　名：ALDER

カバノキ科ハンノキ属は、本質的には北半球の属である。ハンノキ属の25種のうち、2種のみが赤道を越えて南半球に分布する。全種とも、落葉性もしくは半常緑性。野生種では成長が早く荒地に最初に定着する先駆樹木となる。大半のハンノキは、濃茶色または黒みを帯びた樹皮をつけ、葉は一般に大形でわずかにカンバより厚く、葉縁は全縁のものから波うっているもの、ぎざぎざな鋸歯のあるものと多様。冬季の花芽は粘着性があり芳香性。微小な花が尾状花序につく。雄花序は細長く、雌花序は短く樽形。

〈栽培〉
ハンノキ属種の多くは適切な気候条件で容易に栽培できる。若木の成長は非常に早い場合が多いが、早期に成熟し短命となるものもある。根中の窒素固定菌の補助により、低肥沃で水はけの悪い土壌でも繁茂するものが多い。通常、繁殖は種子から行なうが、積層法により越冬させる場合もある。発芽は光によって促進されるため覆いはしない。接木により繁殖させる栽培品種もある。

Alluaudia procera

Alloxylon pinnatum

Alloxylon flammeum

Alnus cordata

Alnus hirsuta

Alnus acuminata
異　名：*Alnus jorullensis*の園芸種
一般名：エバーグリーンアルダー
英　名：EVERGREEN ALDER, MEXICAN ALDER
☼ ❄ ↔6m ↕12m
*Alnus jorullensis*と近縁で、誤認されることが多い。温暖気候では、広い樹冠を持つ高木は常緑となる。細く下垂する葉は先細りに尖り、ぎざぎざな鋸歯がある。雄花序は茶色みを帯びた黄色の尾状花序。*A. a.* subsp. *glabrata*は魅力的な品種。
ゾーン：9〜11

Alnus acuminata subsp. *glabrata*

Alnus incana subsp. *tenuifolia*

Alnus cordata
英　名：ITALIAN ALDER
☼ ❄ ↔6m ↕15m
イタリア南部、サルデーニャ島およびコルシカ島原産。強健な細い高木。幅広で丸形の葉は光沢があり濃緑色で水平につく。雄花の尾状花序は黄色系で枝頂につく。続いて雌花序は球果が3個まとまってつく。沼地さえも含む、あらゆる土壌に耐性がある。寒冷湿潤気候地域においては、侵襲的になり得る。
ゾーン：9〜10

Alnus firma
一般名：ヤシャブシ、ミネバリ
英　名：JAPANESE ALDER
☼ ❄ ↔8m ↕9m
日本原産の種で、濃緑色で尖った葉が特に魅力的。葉には顕著な平行脈がある。鮮やかな黄金色の尾状花序を多数つけ、優美な高木へと成長する。
ゾーン：6〜9

Alnus glutinosa
一般名：セイヨウヤマハンノキ、アルヌス・グルティノサ
英　名：BLACK ALDER, COMMON ALDER
☼ ❄ ↔10m ↕18m
ヨーロッパ、シベリアおよび北アフリカ原産。落葉高木で、栽培種は9mほどに成長する。濃緑色の葉は丸形で浅い鋸歯縁。花芽と小枝には粘着性がある。雄の尾状花序はくすんだ紫色から黄。雌の尾状花序は、紫、赤紫、緑色から茶色。栽培品種には以下のものが含まれる。'インペリアリス'は広がる習性を持つ。'ラキニアタ'は強健な品種で、全裂の葉をつける。
ゾーン：4〜8

Alnus hirsuta
一般名：ケヤマハンノキ
英　名：MANCHURIAN ALDER
☼ ❄ ↔9m ↕21m
日本およびアジア北東部原産で、肥沃な湿気のある土壌で育つ。深い欠刻がある葉は、上面がくすんだ緑色で、下面は赤茶色。*A. incana*に類似しているが、葉と果実がより大形となる。
ゾーン：4〜8

Alnus incana
一般名：グレーアルダー
英　名：GRAY ALDER
☼ ❄ ↔9m ↕21m
コーカサス山脈およびヨーロッパの山岳地帯原産。耐寒性があり強健で、寒冷湿潤条件によく適合する。樹皮は平滑で灰色。若いシュートおよび葉の下面は灰色の軟毛を帯びる。*A. i.* subsp. *tenuifolia*（シンリーフアルダー）(syn. *A. tenuifolia*) は、カナダのブリティッシュコロンビア州からアメリカ合衆国のカリフォルニア州の原産。より小型の種で、赤色で軟毛のある若いシュートはすぐに滑らかになる。花芽にも軟毛があり、葉は濃緑色で、葉脈と下面にも軟毛が生える。栽培品種には以下のものがある。*A. i.* 'アウレア'の葉と枝は黄色系。'ラキニアタ'の葉は細い裂片に分裂する。'ペンドゥラ'は美しく下垂する品種。
ゾーン：3〜9

Alnus firma

Alnus glutinosa

Alocasia × amazonica

Alocasia brisbanensis

Alnus maritima

Alnus rhombifolia

Alnus japonica
一般名：ハンノキ
英　名：JAPANESE ALDER
☼ ❄ ↔8m ↕24m
日本およびアジア東部原産。葉が多く密集する高木。先が細く尖った葉は光沢があり、濃緑色で細かい鋸歯がある。雄の尾状花序は直立する。
ゾーン：4～9

Alnus maritima
異　名：*Alnus oblongata*
一般名：シーサイドアルダー
英　名：SEASIDE ALDER
☼ ❄ ↔6m ↕9m
アメリカ合衆国のデラウェア州およびメリーランド州原産。通常は低木の習性を持つが、小高木になる場合もある。葉は光沢があり濃緑色。秋咲きするハンノキの小グループのひとつ。
ゾーン：5～9

Alnus rhombifolia
一般名：ホワイトアルダー
英　名：WHITE ALDER
☼ ❄ ↔10m ↕15m
アメリカ合衆国西部では小川沿いに分布する。丸い樹冠を広げ、枝の先端は下垂する。葉はダイヤモンド形で、光沢がある濃緑色。下面は軟毛があり黄緑色。栽培種はまれ。
ゾーン：6～10

Alnus rubra
異　名：*Alnus oregona*
一般名：レッドアルダー、アルヌス・ルブラ
英　名：OREGON ALDER、RED ALDER
☼ ❄ ↔9m ↕15m
北アメリカの峡谷および川岸地域原産。成長が早い高木で、ピラミッド状の樹冠を形成し、やや下垂する習性を持つ。若いシュートは暗赤色で、若葉には赤茶色の毛が生える。上面は濃緑色に、下面は青灰色に色変わりする。
ゾーン：4～9

Alnus serrulata
一般名：ヘーゼルアルダー
英　名：HAZEL ALDER、SMOOTH ALDER
☼ ❄ ↔2.4m ↕3.5m
アメリカ合衆国東部原産の低木種。*A. incana*と近縁。花芽には粘着性があり、卵形の葉は先端が鈍角で、細かい鋸歯がある。ゾーン：3～9

Alnus subcordata
英　名：CAUCASIAN ALDER
☼ ↔6m ↕15m
コーカサス地方原産の強健な種。*A. cordata*に近縁の優美な高木。若いシュートにはうぶ毛があり、濃緑色の葉は細かい鋸歯縁で、基部が心臓形。雄の尾状花序は細長く、初冬につく。
ゾーン：5～9

ALOCASIA
(クワズイモ属)
熱帯アジア南部、インドネシア、マレーシア、ニューギニアおよびオーストラリア、太平洋諸島原産。低地多雨林から沼地、路傍、山岳地域など、多様な生育地に生息する。サトイモ科に属し、70種が含まれる。多年生の常緑植物で、極小から大型草本、高木状にまで及び、球茎、走出枝あるいは地上茎を持つものもある。葉は葉柄を包み単葉で、幅広、細い矢じり形、全縁または深裂など多様だが、通常は基部が心臓形。主葉脈が印象的に浮き出る種もある。花序は多くの葉をつける頂上もしくはその付近に2個以上まとまってつく。仏炎苞は収縮し、肉穂花序は4部に分かれ、最下部から雌花序、不稔、雄花序で、最上部が不稔の付属器となる。雄花には花弁や萼片は無く、単細胞の子房と柱頭のみから成る。雄花には無柄の細い葯がピラミッド形に融合したものが3～8個つく。果実は球形の液果で数個の種子を含む。

〈栽培〉
繁殖は種子および茎の挿し木、あるいは新鮮な茎の株分けによって行なう。全種とも日陰の保護された場所での温暖湿潤条件を必要とし、熱帯地域以外の全地域においては温室やコンサバトリーで栽培する。

Alocasia × amazonica
一般名：アロカシア・アマゾニカ、アマゾンダコ
☼ ☂ ↔50～100cm ↕100～150cm
*A. lowii*と*A. sanderiana*の交雑種で原産地は不明。葉は長さ60cm、幅30cmほどの矢じり形で上面は濃緑色、中央脈は黄緑がかった白色で、他の脈は銀白色。下面はくすんだ紫色で、主葉脈は緑白色。葉柄は緑色で長さ約45cm。'マグニフィカ'の上面はより強烈な銀色で、下面は全体が紫色。'ランドール'は、すべての部分がより大形。
ゾーン：11～12

Alocasia brisbanensis
英　名：CUNJEVOI、SPOON LILY
☼ ☂ ↔100～150cm ↕0.9～2m
丈夫な多肉質の多年生草本で、以前は*A. macrorrhizos*に含まれていた。茎丈は50～100cm。葉は長さ約2mの薄緑色で光沢があり多肉質。葉身は幅50cmほどの心臓形で主葉脈が目立つ。仏炎苞は黄緑色のボート形で、夏季には肉穂花序に小さな黄色の花がつく。液果は赤色。オーストラリア東海岸の多雨林および他の湿潤地に生息する。
ゾーン：10～12

Alocasia cuprea
一般名：アロカシア・クプレア、キッコウダコ
☼ ☂ ↔75cm ↕100cm
多肉質の茎を持つ多年生草本。葉柄は長さ約60cm。葉身は長楕円形もしくは卵形で基部がやや矢じり形。表面は側脈の間が隆起してキルティング状の外観を呈し、上面は濃緑色と赤茶色の部分があり、下面は赤紫色。仏炎苞は紫色で長さ約15cm。開花期は夏。マレーシアおよびボルネオ島の森林地域に生息する。
ゾーン：11～12

Aloe brevifolia

Aloe broomii

Alocasia macrorrhizos
異　名：*Alocasia indica*, *A. macrorrhiza*
一般名：インドクワズイモ
英　名：ELEPHANT'S GIANT TARO
☀ ✦ ↔ 2～2.4m ↕ 4.5～5m
多肉質の茎と、高さ4.5mほどの頑丈な幹を持つ大型の多年生草本。スリランカ、インドおよび熱帯アジア西部に自生し、他の熱帯地域でも広く栽培されている。葉柄は長さ約2m。緑色の葉身は広い矢じり形で長さ約100～130cm、幅もほぼ同様で、主葉脈は他種ほど目立たない。花の仏炎苞は黄緑色で、果実の仏炎苞は緑色。
ゾーン：11～12

Alocasia sanderiana
異　名：*Alocasia sanderana*, *A. sanderi*, *Schizocasia sanderiana*
一般名：アロカシア・サンデリアナ、コウライダコ
◐/◑ ✦ ↔ 50～90cm
↕ 100～150cm
栽培種はよく見かけるが、野生種は絶滅の危機に瀕している。唯一知られている生育地はフィリピン、ミンダナオ島の湿潤森林地域である。葉は幅広の矢じり形、上面は光沢があり黒緑色で、主葉脈と覆輪は銀白色。下面は緑色。葉長は約50cm、幅は約15cmで、葉柄は60cmほど。仏炎苞は緑みを帯び葉より短い。花は断続的に開花する。栽培品種には以下の2つが含まれる。'ノビリス'の葉は緑色というよりむしろ黒色に近く、銀白色の部分は狭く、大きさは種の2倍ほど。'ヴァン ハウド'は種より小型で、幅広の葉は銀白色より灰色みを帯びる。
ゾーン：11～12

ALOE
（アロエ属）
アフリカ南部および熱帯地方からマダガスカル、アラビア半島に見られる。ユリ科に属し、常緑の多肉植物約330種が含まれる。低く育つイネ科植物のような多年生植物から高木、低木およびつる性植物までに及ぶ。多肉質の葉は、茎あるいは枝頂にロゼット状またはらせん状につき、通常は鋸歯縁もしくは刺状で槍形。晩冬から春に、赤色または黄色の筒形の花が穂状花序につく。印象的な形状と華麗な花のアロエは、温暖乾燥地帯においては造園植物として人気が高く、多くはコンテナでも良い形状を保ち栽培することができる。

〈栽培〉
アロエは温暖で乾燥した水はけの良い条件を好む。低肥沃の土壌には耐性がある。大半が日なたを好むが、小型種の中には半日陰でよく成長するものもある。冷温帯気候では温室栽培に適し、鉢植えは夏季に屋外に出してもよい。繁殖は種子あるいは、茎またはオフセットの挿し木により行なう。挿し木の方がより容易。

Aloe arborescens ★
一般名：キダチアロエ、イシャイラズ（医者いらず）
英　名：KRANTZ ALOE
☀ ✦ ↔ 1.8m ↕ 3m
アフリカ南部の叢林地および疎林地原産。鋸歯がある青緑色の葉は、湾曲し先細りで長さ約0.6mになり、枝頂にロゼットを形成する。冬季にはオレンジ色から赤色の花が穂状花序につく。沿岸地域での栽培に適する。
ゾーン：9～11

Aloe aristata ★
一般名：アロエ・アリスタタ、綾錦
英　名：LACE ALOE, TORCH PLANT
☀ ✦ ↔ 無限大 ↕ 12cm
アフリカ南部原産。長さ約10cmで内側へ湾曲した無茎のロゼットが密集し群生する。白い斑点がある緑色の葉は花糸状に先細りになる。白い刺と柔らかな白い鋸歯がつく。花序は丈50cmほどで分岐するものが多い。晩春から長さ35mmほどの赤色の花がつく。
ゾーン：9～11

Aloe brevifolia ★
一般名：竜山、アロエ・ブレウィフォリア
☀ ✦ ↔ 50～80cm ↕ 50cm
南アフリカ原産。柔らかい刺のある短い葉は青緑色で密接し、幅20cmほどのロゼットが密集して群生する。初夏には、丈40cmほどの分岐してない花序に、先端が緑みを帯びた赤色の短い花がつく。
ゾーン：9～11

Aloe broomii
一般名：アロエ・ブローミイ
英　名：BERGAALWYN
☀ ✦ ↔ 0.9m ↕ 1.5m
南アフリカ原産。単一のロゼットは幅100cmほど。基部が幅広く直立した葉は赤みを帯びたオリーブグリーンで、長さ約45cm。赤茶色の鋸歯縁が目立つ。分岐の無い花序は丈1.5mほどで、春にはクリーム色の苞葉を伴う長さ約25mmの黄色い花がつく。
ゾーン：8～11

Aloe capitata
一般名：アロエ・カピタタ、人形錦
☀/◑ ✦ ↔ 100～120cm
↕ 60～100cm
マダガスカル原産。部分的に赤く色づく葉は長さ約50cmで、単一のロゼットを形成する。赤色の鋸歯縁。花序は分岐し、鐘形の黄色い花がつく。
ゾーン：10～12

Aloe chabaudii
☀ ✦ ↔ 0.9～1.5m ↕ 0.6～1.5m
南アフリカからザンビア原産。太い多肉質の葉は緑色で、ロゼットを形成する。葉縁と鋸歯は赤茶色。短い幹を持つものもある。冬季には花序に赤茶色の花がつく。ゾーン：9～11

Aloe chabaudii

Aloe capitata

Aloe arborescens

Aloe claviflora
一般名：アロエ・クラビフロラ、雪女
英　名：CANNON ALOE、KRAALAALWYN
☼ ☦ ↔ 0.9〜2m ↕ 1.5m
南アフリカ原産。灰緑色の葉が直立し、幅60cmほどのロゼットが群生する。葉長は約45cmで、葉縁には間隔を置いて大きな鋸歯がつく。花序は水平に伸び、丈は約60cmで、分岐する。春から夏に、ピンクがかった赤色からオレンジ色の花がつく。
ゾーン：9〜11

Aloe 'Commutata'
一般名：アロエ・コンムタタ'
☼/☽ ☦ ↔ 60〜150cm ↕ 100cm
アフリカ南部原産。太く多肉質の葉は薄色の斑点があり緑色から青緑色でロゼットが群生する。葉長は約45cm。直立した花序は高さ100cmほどで、春には筒形でくすんだ赤色の花がつく。
ゾーン：10〜12

Aloe conifera
一般名：アロエ・コニフェラ
☼ ☦ ↔ 100cm ↕ 100cm
マダガスカル原産。紫がかった多肉質の葉がまばらなロゼットを形成する。葉は中央脈に沿って分裂することが多く、長さ約40cmで、赤茶色から紫色の粗野な鋸歯がある。トリトマのような一風変わった円錐形の花序が長い茎につき黄色い花が咲く。
ゾーン：9〜11

Aloe cryptopoda
一般名：黒太刀（クロタチ）
☼/☽ ☦ ↔ 0.9〜2m ↕ 1.5〜2m
南アフリカからザンビア原産。数個のロゼットが集まり、短い茎がつく場合もある。濃緑色の葉は、時として赤または青く色づき、長さ約90cmで、極小で赤茶色の鋸歯縁。花序は分岐し、丈は約1.8m。冬には長さ35mmほどで先端が緑に色づいた赤色の花が咲く。
ゾーン：9〜11

Aloe debrana
異　名：*Aloe berhana*
☼/☽ ☦ ↔ 0.9〜1.2m ↕ 1.2m
エチオピア原産。幅広く直立した緑色の葉が、無茎で単生のロゼットを形成する。濃緑色から茶色の丈夫な鋸歯縁がつく。春には、分岐した花序にイエローオレンジの花が咲く。
ゾーン：9〜11

Aloe dichotoma
一般名：アロエ・ディコトマ、高蘆薈（タカロカイ）、皇璽（コウジ）（滋）錦（ニシキ）
☼ ☦ ↔ 3.5m ↕ 9m
ナミビアおよび南アフリカのケープ地方原産。分岐し、上部が平らな高木。葉は比較的短く約38cm。葉縁は黄土色で、細かく目立たない鋸歯がつく。冬には、長さ30cmほどの鮮やかな黄色の花がつく。
ゾーン：9〜11

Aloe claviflora

Aloe conifera

Aloe descoingsii
一般名：アロエ・ディスコイングシイ
☼ ☦ ↔ 40〜60cm ↕ 30cm
マダガスカル原産。もっとも小型のアロエと考えられている。茶色からオリーブグリーンのやわらかい葉で構成された、幅5cmほどのロゼットが群生する。葉は白色の斑点が入り、長さ約30mm。非常に細かい白色の鋸歯縁がつく。花序は高さ約15cmで分岐は無く、冬には長さ12mmほどで先端が赤く色づいたオレンジ色の花が咲く。
ゾーン：10〜12

Aloe distans
英　名：JEWELED ALOE
☼/☽ ☦ ↔ 2〜6m ↕ 60〜100cm
南アフリカ原産。茎が広がって根付き、周囲3mほどに成長する。短く幅広の多肉質の葉は青緑色で、びっしり詰まったロゼットを形成する。葉縁には黄みを帯びた鋸歯が目立つ。花序は分岐し高さ60cmほどで、夏季には黄金色から赤色の花をつける。
ゾーン：9〜11

Aloe dorotheae ★
一般名：アロエ・ドロテアエ
☼/☽ ☦ ↔ 0.9〜2m ↕ 50〜80cm
タンザニア原産。叢生する種で、短い吸枝を持ち、赤茶色の細葉がまばらなロゼットを形成する。荒々しい鋸歯縁があり、葉長は約25cm。通常、冬季には、長さ30mmほどの分岐せず直立した花序に、先端が緑に染まった黄色から赤色の花がつく。
ゾーン：10〜11

Aloe excelsa
一般名：針仙人（ハリセンニン）
☼ ☦ ↔ 0.9m ↕ 9m
アフリカ南東地域原産。単幹の高木となるアロエで、枯葉に覆われることが多く、幅広で溝のある葉が上部に大型のロゼットを形成する。晩冬には、長さ約0.9mの茎についた穂状花序に、オレンジ色から濃赤色の花が咲く。
ゾーン：9〜11

*Aloe dichotoma*の自生木でハタオリドリの巣付き、南アフリカ

Aloe debrana

Aloe 'Commutata'

Aloe cryptopoda

Aloe ferox, in the wild, near Port Elizabeth, South Africa

Aloe longibracteata

Aloe marlothii の自生種、ジンバブエ、チピンゲ

Aloe grandidentata

Aloe dorotheae

Aloe excelsa

Aloe ferox ★
一般名：アロエ・フェロックス、青鰐、猛刺蘆薈
英　名：BITTER ALOE、CAPE ALOE
☼ ❄ ↔1.5～3m ↕2～5m
南アフリカのケープ地方原産。高木状になるアロエで、多肉質で赤く色づいた幅広の葉が上部につく。葉には刺がつくものもあり、葉長は約100cmで、縁には丈夫な赤茶色の鋸歯がつく。晩冬には、分岐した穂状花序に、長さ約35mmのオレンジレッドおよび黄金色の花がつく。*A. f.* var. *candelabrum* (syn. *A. candelabrum*) の茎は整然と分岐し、花序はより多く分岐し、葉の先端はわずかに湾曲する。
ゾーン：9～11

Aloe globuligemma
☼ ❄ ↔0.9～1.5m ↕0.9m
アフリカ南部原産。無茎あるいは短茎のロゼットが2～3個集まる。葉は長さ約50cmの青緑色で茶色の鋸歯があり、葉縁は白色。直立し分岐した花序に水平に花がつく。冬季には、赤色の花芽から、長さ約25mmの黄色からクリーム色の花が咲く。花の基部は赤色。
ゾーン：9～11

Aloe grandidentata
一般名：アロエ・グランディデンタタ、武者錦
☼/☾ ❄ ↔0.9～2m ↕0.9m
南アフリカ原産。短茎あるいは無茎で、吸枝の習性を持ち、小形のロゼットが群生する。槍形で茶色に色づき、白色の斑点がある葉は長さ約20cmで、葉縁には赤茶色の鋸歯がある。花序は分岐し0.9mほどの高さに成長する。晩冬には、白い斑入りの赤色の花が咲く。花の長さは約30mm。
ゾーン：9～11

Aloe greatheadii
☼ ❄ ↔50～120cm ↕100cm
南アフリカからザンビア原産。単一のロゼットあるいは小さな群を形成する。薄緑色の斑点があるオリーブグリーンからブロンズ色の葉は長さ約30cmで、顕著な鋸歯がある。分岐し直立した花序は高さ約100cmで、初冬から真冬にオレンジピンクの花がつく。*A. g.* var. *davyana* は、南アフリカの品種よりやや耐寒性が強く、葉はより小形で緑色。
ゾーン：8～11

Aloe haworthioides
一般名：アロエ・ハウォルチオイデス、瑠璃姫孔雀、羽生錦
☼ ❄ ↔60～100cm ↕50cm
マダガスカル原産。長さ約5cmの小形で細い多肉質の葉がびっしり詰まった、無茎、時として吸枝のあるロゼットを形成する種。葉縁には白色の鋸歯がつく。丈30cmほどの分岐の無い花序に、白色から薄ピンク色の花がつく。
ゾーン：9～11

Aloe lateritia
☼/☾ ❄ ↔60～120cm ↕75cm
アフリカ東部原産。平らで薄色の斑点がつくブロンズグリーンの葉が、星形のロゼットを形成する。葉長は25cmほどで鋸歯縁。初夏には、分岐し直立した花序に、薄ピンクまたはピンク色を帯びたクリーム色の花がつく。*A. l.* var. *graminicola* (syn. *A. graminicola*) の平らな葉は緑色で、赤く色づくものもある。
ゾーン：10～12

Aloe littoralis
☼ ❄ ↔1.8m ↕5m
南アフリカからアンゴラ原産。高木状で、高さ3.5mを超える分岐しない茎に、灰緑色から青緑色の厚い葉がつく。葉長は60cmほどで、荒々しい茶色の鋸歯縁がつく。秋季には高さ1.5mほどの分岐した花序に、長さ約35mmのピンク色からオレンジレッドの花がつく。
ゾーン：9～12

Aloe longibracteata
一般名：アロエ・ロンギブラクテアタ
☼/☾ ❄ ↔60～100cm ↕1.5m
南アフリカ原産。まばらな斑点がある多肉質の緑色の葉が、幅60cmほどのロゼットを形成する。葉長は約30cmで鋸歯縁。晩冬には、直立し分岐した花序に、オレンジレッドの筒形の花がつく。
ゾーン：9～11

Aloe maculata ★
異　名：*Aloe saponaria*
英　名：SOAP ALOE、ZEBRA ALOE
☼/☾ ❄ ↔60～150cm ↕100cm
アフリカ南部原産。葉は多肉質の緑色で帯状に薄色の斑点があり、短茎のロゼットを形成する。鋸歯は緑色から茶色。春から夏に、分岐した花序にオレンジの花がつく。
ゾーン：9～11

Aloe marlothii ★
一般名：鬼切丸、アロエ・マルロティイ
英　名：BERGAALWYN
☼ ❄ ↔2～3m ↕3.5～4.5m
アフリカ南部原産。高木状で、茎は老葉に覆われる。緑色から灰緑色の葉には刺が点在し、鋸歯があり、葉長は60～150cm。分岐した花序は高さ80cmほどで、冬季にオレンジ色から黄金色の花をつける。
ゾーン：9～11

Aloe polyphylla

Aloe microstigma

Aloe melanacantha
一般名：アロエ・メラナカンタ
英　名：KLEINBERGAALWYN
☀/☽ ❄ ↔100〜150cm ↕70cm
南アフリカ原産。長さ50cmほどの直立または広がる茎が小山を形成する。茎は老葉に覆われる。濃緑色の葉は刺状の鋸歯があり長さ約45cmで、頂部にロゼットを形成する。冬季には分岐しない花序にオレンジレッドから黄色の長い花がつく。
ゾーン：9〜11

Aloe microstigma
一般名：アロエ・ミクロスティグマ
☀/☽ ❄ ↔50〜60cm ↕80cm
南アフリカ原産。短茎で、通常は単生のロゼットを形成する。丈夫で上向きに湾曲した細葉は長さ30cmほどで、斑点があり赤く色づくものが多く、茶色の鋸歯がある。分岐せず直立した花序は高さ80cmほどで、冬季にはオレンジレッドの花がつく。成熟するにつれて花は黄緑色になる。
ゾーン：9〜11

Aloe mitriformis ★
一般名：アロエ・ミトリフォルミス
英　名：GOLD-TOOTH ALOE, KRANS AALWYN
☀/☽ ❄ ↔0.9〜2m ↕75cm

Aloe plicatilis

南アフリカ種。広がり分岐した茎は先端が上向きで、黄色の鋸歯がある緑色から青緑色の葉がロゼットを形成する。葉長は20cmほどで、白色の斑点が入るものもある。分岐した花序は丈60cmほどで、夏季には筒形で緋色の花がつく。
ゾーン：9〜11

Aloe peglerae
一般名：アロエ・ペグレラエ
☀ ❄ ↔40cm ↕60cm
南アフリカ北部のプレトリア付近原産で、野生種はまれ。青灰色の葉が重なり合い単生のロゼットを形成することが多い。

Aloe peglerae 南アフリカ、モンサレパーク

Aloe reynoldsii

冬には葉が赤く色づく。真冬から初春に、くすんだ赤色の花が筒形で直立した穂状花序に密生する。
ゾーン：9〜10

Aloe plicatilis ★
一般名：アロエ・プリカティリス、乙姫の舞扇
英　名：FAN ALOE
☀ ↔2m ↕4.5m
南アフリカのケープ地方原産。栽培種においては、総丈1.5mほどの分岐の多い低木に成長する。茎頂に、12〜16本のくすんだ緑色の、平らで先端が丸い葉が2列につく。微細な鋸歯縁。冬季には赤色の花が咲く。
ゾーン：9〜11

Aloe pluridens
☀ ❄ ↔1.2〜3m ↕3〜6m
南アフリカ原産。冬咲きの樹木状になる種で、幹が分岐するものもある。黄緑色の葉は長さ約70cmで、白色の鋸歯がある。分岐した花序は丈約100cmで、長さ5cmほどのピンク色の花がつく。
ゾーン：9〜11

Aloe polyphylla ★
一般名：アロエ・ポリフィラ
☀ ❄ ↔40〜80cm ↕75cm
レソト原産。灰緑色の葉が渦巻状になり短茎のロゼットを形成する。葉にはわずかな鋸歯があり、縁は紫色で、葉長は約30cm。分岐した花序は約60cmの高さで、春には長さ5cmほどの赤色からオレンジピンクの花がつく。非常に耐寒性が強い。
ゾーン：8〜10

Aloe rauhii
一般名：アロエ・ラウヒイ
☀/☽ ❄ ↔50〜80cm ↕40〜50cm
マダガスカル原産。短茎で三角形の葉が幅12cmほどのロゼットを形成する。灰緑色の葉は長さ約10cmで、薄色の斑点があり、細かい鋸歯がつく。乾燥すると赤く変色する。単生の花序は高さ30cmほどで、夏季には長さ約25mmのレッドピンクの花がつく。
ゾーン：10〜11

Aloe reynoldsii
一般名：アロエ・レイノルジー
☀ ❄ ↔60cm ↕60cm
南アフリカのイースタンケープ原産で無茎の希少種。*A. striata*に似ている。単生あるいは群生し、春にはレモン色からオレンジ色の花が咲く。
ゾーン：9〜11

Aloe speciosa
英　名：TILT-HEAD ALOE
☀/☽ ❄ ↔0.9〜3m ↕2〜4.5m
南アフリカ原産。低木または高木状。幹は分岐するものとしないものがあり、多肉質で青緑色の葉が先端にロゼットを形成する。葉には赤茶色の鋸歯があり、葉長は最高で80cmほどに及ぶ。分岐しない花序は高さ50cmほどで、冬季には長さ約30mmの緑白色で、赤い雄ずいが突出した印象的な花がつく。花芽は赤色。
ゾーン：9〜11

Aloe spicata
一般名：アロエ・スピカータ
☀/☽ ❄ ↔1.2m ↕1.5m
南アフリカ原産。単生のロゼットを形成するものが多く、茎は最高で100cmに及ぶ。斑の無い緑色の葉は長さ約60cmで、縁には緑色または茶色の鋸歯がある。丈が高く分岐せず直立した花序はシャグマユリに似て、冬季には黄色とオレンジ色の花がつく。
ゾーン：9〜11

Aloe × spinosissima ★
一般名：七宝錦（シッポウニシキ）
☀ ↔60〜120cm ↕100cm
*A. humilis*と*A. arborescens*の交雑種。無茎あるいは短茎で、緑色の葉のロゼットを形成する。葉は細く反曲し柔らかい鋸歯がある。冬季には、分岐せず直立した花序にオレンジレッドの花がつく。
ゾーン：9〜11

Aloe striata ★
一般名：アロエ・ストリアータ、サンゴアロエ、慈光錦（ジコウニシキ）
英　名：CORAL ALOE
☀/☽ ❄ ↔1.2〜2m ↕0.9m
南アフリカのケープ地方原産。茎は分岐して広がり、幅広で平らな全縁の葉がロゼットを形成する。通常、葉は青灰色でわずかな縦縞があり、葉縁は赤みを帯びる。葉長は約50cm。分岐した花序は高さ約100cmで、冬季にはくすんだ赤色

Aloe striata

Aloe striatula

Aloe vera

から鮮やかな赤色の花が付く。*A. s. subsp. karasbergensis*の葉は脈が緑色で、葉縁は白色。花序は多数分岐し、先端が緑に色づくピンク色の花がつく。
ゾーン：9〜11

Aloe striatula
英　名：BASUTO KRAAL ALOE
☼ ♦ ↔0.9m ↕1.8m
アフリカ南部のイースタンケープおよびレソトの岩場原産。茎は多数分岐し、光沢がある鮮やかな緑色の葉が茎頂にロゼットを形成する。葉は下方向に湾曲し、白色の鋸歯縁。夏季には円錐形の花房に赤色から黄色の花がつく。
ゾーン：9〜11

Aloe variegata ★
一般名：千代田錦（チヨダニシキ）
英　名：PARTRIDGE BREAST ALOE, TIGER ALOE
☼/◐ ♦ ↔50〜80cm ↕50cm
アフリカ西南部原産。無茎あるいは短茎で、長さ10〜15cmほどのロゼットを形成する。葉は基部が幅広く三角形で、帯状に白色の斑が入る。葉縁は白色で、下面には白色の筋がある。ピンク色からくすんだ赤色の花は長さ約35mmで、冬季にはわずかに分岐した花序につく。
ゾーン：9〜11

Aloe vera ★
異　名：*Aloe barbadensis*
一般名：アロエ・ベラ、バルバドスアロエ、真蘆薈（シンロカイ）
☼/◐ ♦ ↔60〜120cm ↕80cm
アラビア半島南部あるいはアフリカ近隣地域原産と考えられる有名な種で、地中海地方および熱帯アフリカに広く帰化している。無茎あるいは吸枝を持ち、濃緑色の葉がロゼットを形成する。葉は細く多肉質で、薄色の斑点がある。葉長は30cmほど。夏季には、長さ30mmの黄色の花が2〜3本に分岐した花序につく。樹液の薬効成分により高く評価されている。
ゾーン：9〜12

Aloe virens
☼/◐ ♦ ↔50〜80cm ↕50cm
アフリカ南部原産。無茎のロゼットを形成する。濃緑色で多肉質の葉は長さ約20cmで、葉縁には荒々しい鋸歯がある。高さ40cmほどの分岐した花序に赤色の花がつく。
ゾーン：10〜11

ALOINOPSIS
（アロイノプシス属）
南アフリカ原産。ツルナ科に属し、矮小型で多肉質、ロゼットを形成する擬態植物14種が含まれる興味深い属。数種が特定のアロエに類似していることからこの属名がつけられた。多花性の魅力的な植物で小型のコンテナに適し、大形の花がつくため栽培家に人気がある。小さく群生する、または小山を形成し、高さ5cm幅50cmを超えることはほとんど無い。厚みがあり、ややスプーン形の葉は、滑らかな状態からざらついた状態に変化する。大半の種は明らかな主根を持つ。花の色は、白、クリーム、ピンク、黄色と、ストライプの組み合わせがある。
〈栽培〉
有機物質をわずかに含む水はけの良い土壌で、冬の休眠期を含め常に適度な灌水を行なえば容易に栽培できる。繁殖は種子あるいは叢生したロゼットの株分けによって行なう。

Aloinopsis malherbei
一般名：天女雲（テンニョウン）
☼/◐ ❄ ↔40cm ↕5cm
青緑色の葉は魅力的で、裏面と先端に顕著な白色の疣がある。光沢がある黄色の花は幅18mmほどで、晩冬あるいは春季に咲く。
ゾーン：8〜10

Aloinopsis schoonesii ★
一般名：唐扇（カラオウギ）
英　名：MOUND OF PEBBLES
☼/◐ ❄ ↔20cm ↕5cm
短く丸い葉がびっしりと詰まった種で、葉長は12〜18mm。葉は深緑色で濃緑色の斑点がある。乾燥時およびじゅうぶんな日光を当てた場合、生育地に見られる周囲の石に擬態し、葉は赤茶色に変色する。黄色の花の中心部は濃赤色で、花幅は12〜18mm。晩冬から春季に開花する。
ゾーン：8〜10

ALONSOA
（アロンソア属）
英　名：MASK FLOWER
熱帯アメリカ西部原産。ゴマノハグサ科に属し、多年生草本あるいは低木12種が含まれる。花は茎頂の総状花序につき、各花は5枚花弁と短い管状器官からなり、長い柄につく。果実はさく果で、小さな種子を多数含む。
〈栽培〉
肥沃で水はけの良い土壌を好む。繁茂させるためには芽生えたシュートを摘み取る。アブラムシから保護する。繁殖は春に播種する。

Alonsoa meridionalis
一般名：アロンソア
☼ ♦ ↔60〜90cm ↕45〜60cm
ペルー原産の草本あるいは低木。花はオレンジ色から赤色。葉は卵形でノコギリ状の鋸歯があり、長さは30〜50mm。
ゾーン：9〜11

Alonsoa warscewiczii
一般名：ベニチョウ
英　名：MASK FLOWER
☼ ♦ ↔60〜90cm ↕45〜60cm
ペルー原産の多年生草本あるいは低木で、一年生として栽培されることが多い。夏から秋を通じて、鮮やかな赤色、時として白色の花が咲く。細長く赤い茎は分岐し、赤みを帯びた緑色の葉は卵形で鋸歯がある。
ゾーン：9〜11

Aloe × spinosissima

Aloe virens

Aloinopsis malherbei

ALOPECURUS
（スズメノテッポウ属）

英　名：FOXTAIL GRASS

温帯地域北部各地に分布する。イネ科に属し、一年生および多年生植物25種が含まれる。円錐花序につく長く柔らかい羽状の花により知られる。葉は線形や髪の毛状のものから平らで幅広にまで及ぶ。夏季には、花茎に極小の花が密生した小穂が円筒形の羽状につく。花後には花房に種子がつき人目を引く。栽培品種には、より大形の花房または斑入り葉がつくものが多い。

〈栽培〉
大半は非常に耐寒性に優れ、温帯気候で容易に栽培できる。日なたあるいは半日陰の湿気があり水はけの良い土壌に植える。やや侵襲性のある種もあるが、深刻な雑草になることはほとんど無い。草原の草として用いられることもあるが、芝生には粗い。一年草は種子から、多年草または栽培品種は株分けによって繁殖させる。

Alopecurus pratensis
一般名：オオスズメノテッポウ

英　名：MEADOW FOXTAIL

☼/☼　❄　↔30～40cm
↕100～120cm

ユーラシア全域に広く分布する種で、アフリカ北東部にも見られる。表面が円滑な葉は長く、比較的幅広い。薄緑色の花が長さ10cmほどの円錐花序につく。紫色に色づくものも多い。栽培品種には以下のものが含まれる。'**アウレオマルギナトゥス**'（syn. '**アウレオワリエガトゥス**'）の葉縁は黄金色で、葉には縦縞が入る。'**アウレウス**' ★には黄金色の葉がつく。

ゾーン：5～10

ALOYSIA
（アロイシア属）

大半が南アメリカの亜熱帯および温帯地域原産。クマツヅラ科に属し、不耐寒性の低木および多年生植物。全種とも葉に精油を含み、シトラス、ラベンダー、ショウノウ、ミントに似た香りがし、香料や主に呼吸器障害のための伝統的な薬として用いる。1種はオレガノの、他のブラジル種はお茶の代用品となる。果実は食用。もっとも魅力的なのは、間違いなく*A. citriodora*である。多数の小さな花がその年に成長した枝の頂端に房咲きする。

〈栽培〉
水はけの良いローム、夏季の降雨あるいは灌水を好む。軽度の霜のみに耐性があるため、温暖で保護された場所を必要とする。新芽を促し葉の密生を維持するために、不規則に広がる成長部を定期的に刈り込む。繁殖は夏季に挿し木により行なうと容易に根付く。

Aloysia citriodora
異　名：*Aloysia triphylla*
一般名：レモンバーベナ

英　名：LEMON-SCENTED VERBENA

☼　❄　↔3m ↕3m

アルゼンチン、ウルグアイおよびチリ原産。半落葉性の低木。葉はレモンの香りがし、手触りは粗く3輪生で、香料やハーブティー、ポプリに利用される。夏から秋に、わずかに薄紫色に色づく花が咲く。

ゾーン：8～12

Aloysia wrightii
☼　❄　↔1.5m ↕1.5m

北アメリカ南部地域原産。小形の葉は丸形から卵形でよい香りがあり、灰色あるいは黄色の毛を帯びる。微小で芳香性の白色の花が、小さな穂状花序につく。花は管形で有毛。

ゾーン：8～11

ALPHITONIA
（アルフィトニア属）

クロウメモドキ科に属し、オーストラリア、マレー諸島、太平洋西部の島々の高木6種が含まれる。ピンクアッシュ（*A. petriei*）などいくつかの種は成長が早い先駆植物で、アカシヤに匹敵し長命の種子を豊富に産出する。一般にオーストラリアのクイーンズランド州およびニューサウスウェールズ州北部の荒れた多雨林に見られる。*A. excelsa*など、他の種は材木として価値があり、薄色の製材が年月と共に鮮やかな赤色に変色するという独特の特徴を持つ。英名レッドアッシュはこれに由来する。若葉は傷付けると強い香りがする。

〈栽培〉
多様な土壌に耐性があり、定期的に施肥を行なうと最良の結果が得られる。温暖の広々とした場所で、夏季にはかなり湿気がある状態を必要とする。繁殖は種子から行なう。

Alphitonia excelsa
英　名：RED ASH

☼　❄　↔6m ↕18m

オーストラリアのニューサウスウェールズ州およびクイーンズランド州の温帯および亜熱帯多雨林に分布する。より乾燥した西部地域の岩山にはかなり小形の樹木として生息する。葉は楕円形から卵形で、下面は白色。香りの良い小形でクリーム色の花が咲く。多肉質で濃紺の果実がつく。柾目で加工しやすい材木で、年月と共に鮮やかな赤色に変色し、高級家具類に用いられる。

ゾーン：9～10

ALPINIA
（ハナミョウガ属）

英　名：GINGER LILY

ショウガ科ハナミョウガ属には多肉茎の多年生植物200種が含まれる。アジア、オーストラリアおよびいくつかの太平洋諸島の熱帯地域原産で、森林周辺に生息する。種によっては、高さ0.9～3.5mのアシのような茎に沿って槍形の葉が2列に並ぶ。一般に長命の花序は派手で、薄色から鮮やかな色にまで及ぶ。本当の花は、初期には色鮮やかな苞葉に包まれていることが多い。一般に、花もしくは葉のために栽培されるが、料理やエッセンシャルオイルに用いられる種もある。

〈栽培〉
温暖気候では、日なたあるいは半日陰の肥沃で湿気のある土壌で育つ。大半の種が軽い霜には耐性があるが、花を咲かせるためには4～5カ月は成長が阻害されない状態にする。つまり冷涼気候においては、屋内で栽培を始める、あるいは温室で明るいフィルター越しの光の下で育てる。よく灌水し湿気を維持する。繁殖は種子あるいは株分けによって行なう。

Aloysia citriodora

Alphitonia excelsa

Alopecurus pratensis 'Aureomarginatus'

Alpinia calcarata
英　名：INDIAN GINGER, SNAP GINGER
↔0.6〜0.9m ↕0.9〜1.8m
中国およびインド原産。光沢があり細い葉は、長さ30cmで幅2.5cmほど。水平な花序は長さ約10cm。白色の花は内部が黄色で、赤茶色の筋が多数入る。秋咲き。
ゾーン：9〜11

Alpinia coerulea
↔2.4m ↕1.2〜2m
オーストラリア原産のハナミョウガ属6種のうち、もっとも広範囲に生息する種で、東海岸のトレス海峡諸島からほぼシドニーまでに及ぶ。広がる習性があり、葉はやや細形。春には、白色から紫がかった小さな花が直立した円錐花序に多数つく。夏から秋に、青磁色で球形の果実がつく。
ゾーン：10〜12

Alpinia galanga
一般名：ナンキョウ、アルピニア・ガランガ
英　名：GALANGAL, SIAMESE GINGER
↔0.6〜0.9m ↕1.2〜1.8m
アジア南東部原産。大形の葉は長さ約50cm。夏季には、分岐した花序にピンクの斑入りの薄緑色と白色の花がつく。多肉質の根茎は料理や東洋の薬草療法に用いる。
ゾーン：9〜11

Alpinia purpurata
一般名：レッドジンジャー、アルピニア・プルプラタ
英　名：RED GINGER
↔0.6〜1.2m ↕1.2〜3.5m
メラネシア原産。大形の葉は長さ80cm幅15cmほどで中央脈が目立つ。長命で鮮やかな赤色系の花が直立した花序につき、ほぼ1年中開花する。
ゾーン：10〜11

Alpinia zerumbet
異　名：*Alpinia nutans*, *A. speciosa*
一般名：ゲットウ（月桃）
英　名：PINK PORCELAIN LILY, SHELL GINGER
↔0.6〜0.9m ↕1.2〜3m

川岸に自生する*Alpinia coerulea*、オーストラリアのクイーンズランド州ミラミラ

アジア東部およびニューギニア原産。もっとも広く栽培されている種。葉は光沢があり革質。下垂した花序は長さ40cmほど。薄ピンク色もしくは白色の苞葉が黄色および赤色の花を囲う。開花期は春と夏。'ワリエガタ'の葉は斑入りで、薄黄色の縞柄が入る。
ゾーン：9〜11

ALSTONIA
（アルストニア属）
キョウチクトウ科アルストニア属には、常緑性の高木および低木およそ40種が含まれ、プルメリア属に近縁である。大半が熱帯アジアおよびオーストラリアの原産で、熱帯アメリカやアフリカに生息する種もある。どの部分を切っても、乳状で苛性の樹液が滲出する。樹皮と根は非常に苦く、有毒と思われる。局所薬や殺虫剤としての使用が記録されている。全縁の葉は最高7輪生で、若枝も輪生する。花は小さな分枝の端に房咲きする。大半が小柄な白色の5枚花弁で、プロペラ状に配列される。果実は細長くマメ状で、熟すと分裂し、空中に種子を散布する。

〈栽培〉
大半が霜に弱い。熱帯と亜熱帯のみで繁茂する種もある。肥沃な土壌と保護された場所で早く成長し、日なたを好む。通常、繁殖は種子から行なうが、挿し木

Alpinia zerumbet

Alpinia purpurata、
アメリカ合衆国ハワイ州ヒロ

でも根付く。

Alstonia scholaris
一般名：ミルキーパイン
英　名：DEVIL TREE, DITA BARK, WHITE CHEESEWOOD
↔10m ↕30m
インド、東南アジア、オーストラリア北東部および太平洋西部原産で、広く分布する種。光沢がある緑色の葉は長さ約20cmで、下面は薄色。春から初夏に、乳白色の花が房咲きする。ひも状の果実は長さ約30cm。
ゾーン：11〜12

Alstonia venenata
↔3m ↕3.5m
インド南部のニルギリ丘陵原産の低木で、傘状に分岐する。葉は細く、縁は波打ち、先端が長い。純白の花は幅25mmほどで、夏から秋にかけて房咲きする。
ゾーン：10〜12

Alstonia venenata

Alstonia scholaris

Alstroemeria ligtu

ALSTROEMERIA
（アルストロエメリア属）

アルストロエメリア科に属し、多肉質の根を持つ多年生植物50種ほどが含まれる。南アフリカに分布し、高地に多く見られる。長命で美しい斑入りの花で知られるが、強健な根と自家播種により悪名も高い。少なくとも属種のひとつ*A. psitticana*は雑草だとみなしている地域もある。緑色の葉は一般的に槍形で、わずかにねじれがある。丈の高い茎の頂端にさまざまな色調の6枚花弁のユリのような花が多数房咲きする。属名はスウェーデンの植物学者Linnaeusにより、彼の弟子の一人であるClaus von Alstroemer (1736～1794)にちなんで命名された。Alstroemerは1753年ごろスペインからLinnaeusにこの植物の種子を送り、その地で近年導入された。

〈栽培〉

やや霜に弱いが、根はマルチに触れないようにする。日当たりの良い場所で、適度に肥沃で水はけが良く、開花期に湿気を保てる土壌ならどこでも容易に栽培できる。繁殖は休眠中の株分けあるいは種子により行なう。

Alstroemeria ligtu
一般名：アルストロエメリア・リグツ、アルストロエメリア
英　名：ST MARTIN'S FLOWER
☼/☼ ❄ ↔40cm ↕60cm
チリおよびアルゼンチン原産の夏咲き種。葉長は約8cm。花は白色からクリーム色、薄紫色から紫紅色に及び、通常は黄色の花喉に、より濃色の斑点がつく。花は2～3個から最高8個まで集まって咲く。
ゾーン：8～10

Alstroemeria pelegrina
一般名：アルストロエメリア・ペレグリナ
☼/☼ ✤ ↔20～40cm ↕30～60cm
ペルー種。葉長は約8cm。中斑が黄色で紫赤色の斑点がある白色から藤色、ピンク色の花が小さく房咲きする。開花期は夏から秋。
ゾーン：9～10

Alstroemeria psittacina
異　名：*Alstroemeria pulchella*
一般名：ユリズイセン、アルストロエメリア・プシタキナ
☼/☼ ❄ ↔40～50cm ↕70～90cm
ブラジル種。葉長は約8cm。赤みを帯びた緑色の花にえび茶色の斑点が入る。開花期は夏。'**ロイヤル　スター**'（syn. '**ワリエガタ**'）は葉にクリーム色の覆輪や縞柄が入る栽培品種。ゾーン：8～10

Alstroemeria Hybrid Cultivars
一般名：アルストロエメリア交雑品種
☼ ❄ ↔30～60cm ↕45～75cm

アルストロエメリアは自由に交雑され、近年では種類が大幅に増加している。世界中の栽培家がこの容易に栽培できる植物を切花として利用したためである。栽培品種の多くは*A. ligtu*や*A. haemantha*と*A. aurea*の交雑である。人気の高いハイブリッドには以下のものが含まれる。'**アイミ**'の丈は約60cmで、ピンクに色づく薄黄色の花には濃茶色の斑点がある。'**アマンダ**'の白みを帯びたピンク色の花は、先端が緑色で濃色の斑点が入る。'**アポロ**'の丈は0.9mほどで、白色の花には濃黄色の中斑と茶色の斑点が入る。'**ベリンダ**'の花は薄黄色で、濃色の中斑と茶色の斑点がある。'**ブルー　ヘブン**'の丈は1～1.2mで、ラベンダーブルーの花は中斑が薄色で赤茶色の斑点が入る。'**ブラッシング　ブライド**'の丈は0.9mほどで、白色の花がわずかにピンクに色づく。'**イブニング　ソング**'の丈は約0.9mで、濃い紫紅色の花は花喉が黄色で、濃色の斑点が入る。'**フレンドシップ**'の丈は約0.9mで、薄黄色の花は濃茶色の斑入りで中斑はより濃色。花弁の先端がわずかに紫に色づく。
'**フエゴ**' ★の丈は1.5～1.8mで、燃えるような赤色の花は花喉が黄色。**イローナ**／'**スタロナ**'の花は薄いオレンジレッド。花喉がクリーム色で濃色の斑点がある。**イレーナ**／'**スタティレン**'は白みを帯びたピンク色の花で、花弁中央にほぼ赤色の縞があり、濃色の斑点が入る。'**マリーナ**'の丈は50～75cmほどで、紫がか

アルストロエメリア交雑品種'アマンダ'

アルストロエメリア交雑品種'アイミ'

アルストロエメリア交雑品種'アポロ'

ったピンク色の花は花喉が黄色で斑点は濃色。'**マリッサ**'の丈は約0.9mで、ローズピンクの花は中斑が薄色からクリーム色、花喉は黄色で、斑点は濃色。'**ナポリ**'の深い紫紅色の花は、花喉が薄黄色で斑点は濃色。'**オデッサ**'の丈は1〜1.2mで、白色の花は先端や斑が濃いピンク色となり、花喉は黄色で赤の斑点がある。'**オルガ／'スタログ**'の白い花には黄色の中斑と赤色の斑点が入る。'**オレンジ ジェム**'の丈は約0.9mで、オレンジ色の花は花喉が黄金色で斑点が濃色。'**オレンジ グローリー**'の丈は約0.9mで、濃いオレンジ色の花は濃色の斑入りで、花喉が黄金色。**クイーン エリザベス ザ クイーン マザー／'スタモリ**'の花はクリーム色で茶色の斑入り。部分的にピンクに色づく。**レベッカ／'スタベック**'の丈は約0.9mで、クリーム色の花は濃ピンク色の斑が入り、中斑は黄色で、斑点は濃色。'**レッド ビューティー**'の丈は約0.9mで、レッドオレンジの花は黒色の斑点があり、花喉は黄色。'**ロミー**'の丈は1.2〜1.5mほどで、白色の花には黄色の中斑と赤色の斑点が入る。'**テッサ**'の丈は約75cmで、赤色の花には茶色の斑点とわずかに黄色の中斑が入る。'**イエロー フレンドシップ**'は、黒色の斑点がある鮮やかな黄色の花をつける。The **Little Miss Series**（リトル ミス シリーズ）は矮小型で、丈は15〜30cmほど。花は大形で、茎は丈夫。開花期は長い。リトル ミス シリーズには以下のものが含まれる。'**リトル ミス オリビア**'の薄クリーム色の花は、花喉が薄黄色で赤茶色の斑点がある。'**リトル ミス ローズランド**'の花は濃ピンク色で、中斑は黄色。'**リトル ミス ソフィー**'のクリーム色の花は赤色の斑入りで、花弁中央にピンク色の幅広の縞が入る。'**リトル ミス タラ**'の濃いピンクがかった赤色の花は、中央がわずかに黄金色で濃色の斑点がある。オランダで栽培された**Princess Series**（プリンセス シリーズ）はコンパクトな

アルストロエメリア交雑品種 'ベリンダ'

アルストロエメリア交雑品種 'ブルー ヘブン'

アルストロエメリア交雑品種 'ブルー スカイ'

アルストロエメリア交雑品種 'ブラッシング ブライド'

アルストロエメリア交雑品種 'バタフライ'

アルストロエメリア交雑品種 'イブニング ソング'

アルストロエメリア交雑品種 'フレンドシップ'

アルストロエメリア交雑品種 'フエゴ'

アルストロエメリア交雑品種 イローナ／'スタロナ'

アルストロエメリア交雑品種 イレーナ／'スタティレン'

アルストロエメリア交雑品種 'マリーナ'

アルストロエメリア交雑品種 'ナポリ'

アルストロエメリア交雑品種 'オデッサ'

アルストロエメリア交雑品種 オルガ／'スタログ'

アルストロエメリア交雑品種 'オレンジ ジェム'

アルストロエメリア交雑品種 'オレンジ グローリー'

アルストロエメリア交雑品種 プリンセス ソフィア／'スタジェロ'

アルストロエメリア交雑品種 クイーン エリザベス ザ クイーン マザー／'スタモリ'

アルストロエメリア交雑品種 レベッカ／'スタベック'

アルストロエメリア交雑品種 'レッド ビューティー'

アルストロエメリア交雑品種 プリンセス アレクサンドラ／'ゼルブランガ'

アルストロエメリア交雑品種 'プリンセス シリンガ'

アルストロエメリア交雑品種 'イエロー フレンドシップ'

アルストロエメリア交雑品種 'リトル ミス オリビア'

アルストロエメリア交雑品種 'リトル ミス タラ'

アルストロエメリア交雑品種 'ロミー'

アルストロエメリア交雑品種 HRH
プリンセス アリス／'スタヴァービ'

アルストロエメリア交雑品種 ダイアナ
プリンセス オブ ウェールズ／'スタブラゴ'

アルストロエメリア交雑品種
プリンセス ダニエラ／'スタブリダニ'

アルストロエメリア交雑品種
'プリンセス フレックルス'

アルストロエメリア交雑品種
プリンセス グレース／'スタロド'

アルストロエメリア交雑品種
プリンセス イレーナ／'スタルヴァー'

アルストロエメリア交雑品種
プリンセス イヴァナ／'スタブリバネ'

アルストロエメリア交雑品種
マリー ルイーズ／'ゼラノン'

アルストロエメリア交雑品種
プリンセス モニカ／'スタブリモン'

アルストロエメリア交雑品種
プリンセス モラーナ／'スタブリラ'

アルストロエメリア交雑品種
プリンセス オクサナ／'スタブリオクサ'

アルストロエメリア交雑品種
プリンセス パメラ／'スタブリパメ'

交雑種で、丈は30〜45cmほど。不稔のため花は長命で、鉢植えに向く。プリンセス シリーズには以下のものが含まれる。**プリンセス ダニエラ／'スタブリダニ'**の花は薄黄色で、濃色の斑点がある。**プリンセス イヴァナ'スタブリバネ'**には濃いローズピンクの花が咲く。**プリンセス モニカ／'スタブリモン'**のクリーム色の花は花喉が赤色で、ピンク色の斑入り。**プリンセス モラーナ／'スタブリラナ'**の薄クリーム色の花はオレンジ色の斑入り。**プリンセス オクサナ／'スタブリオクサ'**には紫紅色がかったピンク色の花が咲く。**プリンセス パメラ／'スタブリパメ'**の花は藤色がかったピンク色。**プリンセス シッシ／'スタブリシス'**の花は濃ピンク色で、黄色の斑入り。**プリンセス ザビナ／'スタブリビナ'**のサーモンピンクの花は、花喉が黄色で濃色の斑点が入る。ゾーン：7〜10

ALTERNANTHERA
(ツルノゲイトウ属)

英 名：CHAFF FLOWER、COPPERLEAF、JOYWEED

南北アメリカの熱帯および亜熱帯地方原産。ヒユ科に属し、低くコンパクトに育ち、下垂型もしくは直立型で水生の一年生あるいは多年生草本、およそ200種が含まれる。苞葉はあるが無花弁の小さな花が穂状花序につく。鮮やかな色彩の葉ゆえに栽培されることが多い。葉は全縁あるいは深い鋸歯がある。属名は互生で不稔の葯に由来する。

〈栽培〉

大半の土壌に適応可能だが、温暖で保護された日なたの肥沃な土壌で、じゅうぶんに灌水するとよく育つ。ボーダー花壇の装飾用には、6〜10cmの丈に定期的に刈り込む。冷涼気候では、初霜後に掘り上げる。繁殖は株分け、あるいは晩夏か春に採取した挿し木により行なう。

Alternanthera bettzichiana
アルテルナンテラ・ベトジキアナ

英 名：CALICO PLANT

☀ ◐ ↔0.6〜0.9m ↕0.6〜0.9m

ブラジル原産の一年生あるいは短命の多年生植物。直立の習性があり、細くスプーン形の葉はカーキ色から黄色で、赤色または紫色の斑入り。'**ブリリアンティッシマ**'は鮮やかな赤色の葉をつける品種。

ゾーン：10〜12

ALTHAEA
(ビロードアオイ属)

ヨーロッパ西部およびアジア中部原産。アオイ科に属し、一年生および多年生草本12種が含まれる。低地の湿地あるいは沼地で成長する。丸形の葉にはさまざまな度合いの欠刻がある。5枚花弁の花は最高でも径35mmほどで、融合した雄ずいの管状器官が目立つ。夏季には、総状花序もしくは円錐花序に花がつく。ビロードアオイ属はタチアオイ属と近縁だがかなり地味である。

〈栽培〉

「ワイルド」ガーデンに最適。日なたの肥沃で湿気がある土壌で栽培する。繁殖は春季に株分けまたは種子によって行なう。

Althaea armeniaca

☀ ❄ ↔100cm ↕1.2〜1.8m

ヨーロッパ東部、アジア中部および南西部原産。葉は3〜5裂で、茎はわずかに有毛。小柄なピンク色の花が葉腋に房咲きする。

ゾーン：6〜10

Althaea officinalis

一般名：マーシュマロウ、ウスベニタチアオイ、ビロードアオイ

英 名：MARSH MALLOW、WHITE MALLOW

☀ ❄ ↔1.2m ↕1.2〜2m

ヨーロッパ原産で、アメリカ合衆国東部に帰化した。やや散開する植物で、有毛で灰色の葉は3〜5裂。小柄な花は淡ピンク色または白色で、紫赤色の融合した雄ずいの管状器官がつく。広く普及している菓子のマシュマロは元来この植物の根から作られた。

ゾーン：3〜10

ALYOGYNE
(アリオギネ属)

アオイ科アリオギネ属を構成する4種は、以前はヒビスクス属に含まれていた。常緑性で独特なオーストラリアの低木。花がデリケートで絹のように柔らかいにもかかわらず、オーストラリア大陸西部のより乾燥した地域の原産。葉は変異に富み、全縁から掌状の欠刻があるものまである。成長は早く、一重咲きの短命の花を補うかのように、通常はピンク色あるいは藤色の花が長期にわたり多数開花する。

〈栽培〉

湿潤地域以外では耐寒性がある。霜が降りても大半の種は生存可能。日なたでよく育ち、あらゆる土壌に適合するが、水はけの良い場所を好む。株姿を整えるために時々剪定が必要とされる。繁殖は容易に根付く挿し木あるいは種子により行なう。

Althaea officinalis

Alyssum condensatum

Alyssum spinosum

A. montanum Mountain Gold/'Berggold'

Alyssum wulfenianum

Alyogyne huegelii ★

一般名：ブルーハイビスカス

英　名：BLUE HIBISCUS

☀ ❄ ↔0.9〜1.8m ↕0.9〜1.8m

人気が高い種で、耐寒性があり成長が早い。花弁が重なり合う花は薄藤色から紫色で、ややフェルト状で深い欠刻がある薄緑色の葉に対比する。晩夏、花後に剪定する。'モンテレー ベイ'と'サンタ クルズ'は人気のある栽培品種。

ゾーン：9〜10

ALYSSUM

（イワナズナ属）

英　名：MADWORT

アブラナ科に属し、一年生、多年生または亜低木、約170種が含まれる。ユーラシアおよび北アフリカに分布する。アリッサムとして知られる花壇用一年生植物はかつて同属に含まれていたが、混同しないために、同じくアリッサムとして知られるアウリニア属ではなく、現在ではロブラリア属に分類されている。大半が小山を形成する植物で、単葉は細毛を帯びることが多く、白色もしくは銀白色の光沢を呈す。夏季には、葉より上部の総状花序に微小の4枚花弁の花がつく。通常、花は白または黄色。英名は、昔、この植物が狂気を治すと信じられていたため名づけられた。

〈栽培〉

大半が岩の割れ目に広がる植物なため、ロッケリー、石垣もしくは土手に下垂する植物に適する。日当たりが良く、軽質で砂状の水はけの良い土壌を好む。一度根付くと乾燥に耐性があり、時々たっぷり灌水すると良い。成長させる株姿にもよるが、繁殖は種子もしくは基部の挿し木により行なう。

Alyssum condensatum

☀ ❄ ↔50cm ↕20cm

中東からイラン原産の多年生植物で、成長と共に基部が木質に変わる。銀白色の葉は長さ約18mm。花弁に切れ込みのある微小な黄色の花が大形の総状花序につく。

ゾーン：7〜10

Alyssum montanum

一般名：ヤマナズナ、アリッサム・モンタナム

☀ ❄ ↔20〜40cm ↕10〜20cm

通常は平状性で、広がるヨーロッパ高山の多年生植物。うぶ毛がある薄灰色の葉がロゼットを形成する。小柄で甘い香りがし、花弁に切れ込みがある黄色の花が一面に咲く。'バーグゴールド'（syn. 'マウンテン ゴールド'）は、低く広がる栽培品種で、黄金色の花が咲く。

ゾーン：6〜9

Alyssum spinosum ★

☀ ❄ ↔40〜60cm ↕40〜60cm

フランス南部およびスペイン原産。小型で密集し分岐する丸い低木で、成長と共に刺状になる。微小の銀白色の葉が宿存性の柄につき、最終的に柄は微細な刺になる。白色の花が房咲きし、ピンクみを帯びるものも多い。

ゾーン：8〜10

Alyssum wulfenianum

☀ ❄ ↔20〜60cm ↕10〜30cm

西アジアの多年生植物で、直立性もしくは平状性。花のつかない茎に、小形で銀白色の葉がつき、ロゼットを形成する。幅6mmほどの薄黄色の花が一面に咲く。

ゾーン：7〜10

ALYXIA

（アリクシア属）

キョウチクトウ科アリクシア属は、主に沿岸地域の常緑性低木70種ほどからなり、5枚花弁の白色の花で有名。花は芳香性のものが多く色彩豊かだが、果実は有毒。一般に葉は小形で、光沢がある蝋質のものが多く、塩分に耐性がある海辺植物の典型である。アリクシア属は主にオーストラリアに集中するが、標本はアジア太平洋地域の暖温帯および熱帯各地に見られる。ハワイ種のA. *olivaeformis*はレイを作るのに用いられ、インドソケイ（プルメリア属）に似た強い芳香性があり、プルメリア属とは近縁である。

〈栽培〉

耐寒性と順応性は種によって異なる。一般に、熱帯種は温暖で湿気のある条件とかなり肥沃な土壌を好むが、A. *buxifolia*は非常に丈夫な低木で、極端な寒さを除き、ほとんどの条件に耐性がある。大半の種は種子もしくは半熟枝の挿し木により繁殖させる。

Alyxia buxifolia

英　名：SEA BOX

☀ ❄ ↔1.8m ↕1.5m

ツゲ属の葉に似た小さな葉をつける低木。小柄で白色の花はオレンジ色の管状器官があり、枝頂につく。花後にはオレンジ色の液果が実る。液果は成長と共に黒みを帯びる。乾燥した砂質土壌および潮風に耐性がある。

ゾーン：9〜11

Alyxia buxifolia

Alyogyne huegelii

Alyogyne huegelii 'Santa Cruz'

Amaranthus cruentus

A. hypochondriacus 'Pygmy Torch'

Amaranthus tricolor 'Joseph's Coat'

Amaranthus caudatus 'Green Tails'

Alyxia ruscifolia
英　名：CHAIN FRUIT、PRICKLY ALYXIA
☼ ❄ ↔1.5m ↕3m
オーストラリアのニューサウスウェールズ州北部およびクイーンズランド州南東部原産の低木。甘い香りのする白色の花は夏季に開花し、花後にはオレンジ色の液果が房状につく。沿岸の条件に耐性がある。ゾーン：10〜11

AMARANTHUS
（アマランサス属）
ヒユ科アマランサス属には、雑草のようにはびこる一年生および短命の多年生植物60種ほどが含まれる。世界中に分布し、不毛地域でもよく見られる。丈の高いものから平伏性のものまでに及び、長く、時として下垂した房に、小柄な赤色もしくは緑色の花がつく。個々の花には雌花と雄花があり、別株につくことがある。熱帯地方では、葉あるいは穀物のために栽培される種もあるが、表情豊かな花もしくは色彩に富んだ葉を持ち、観賞用の庭園および花卉栽培用として人気が高い。

〈栽培〉
日なたの水はけが良く肥沃な土壌で容易に栽培できる。丈の高い品種は強風から保護する。冷涼気候では、早春に温室で播種し、霜の時期が終わってから移植する。温暖地域では、晩春に屋外で播種する。

Amaranthus caudatus
一般名：ヒモゲイトウ、センニンコク
英　名：LOVE-LIES-BLEEDING、TASSEL FLOWER、VELVET FLOWER
☼ ❄ ↔60cm ↕90〜120cm
ペルー、アフリカおよびインド原産の、一年生あるいは短命の多年生植物。葉は濃緑色で、夏季には長さ30cmほどの下垂した深紅紫色の花房がつく。'**グリーン テイルズ**'には緑黄色の長い花房がつく。'**ウィリディス**'（syn.グリーン　サム）には長命で鮮やかな緑色の花房がつく。ゾーン：8〜11

Amaranthus cruentus
異　名：*Amaranthus paniculatus*
一般名：スギモリゲイトウ
英　名：PRINCE'S FEATHER、PURPLE AMARANTH、RED AMARANTH
☼ ❄ ↔75cm ↕90〜150cm
南北アメリカ原産の一年生種。葉は楕円形から槍形で野菜として利用される。直立あるいは下垂した、長さ60cmにまで及ぶ緑がかった赤色の花房をつける。種子は赤茶色から黒色。'**ゴールデン ジャイアンド**'には黄金色の種子がつく。ゾーン：8〜11

Amaranthus hypocondriacus
一般名：アマランサス・ヒポコンドリアクス
英　名：CEREAL GRAIN AMARANTH
☼ ❄ ↔60cm ↕1.2m
アメリカ合衆国南部、メキシコ、インドおよび中国原産。一年生種で緑色から紫色系の葉を持ち、直立した穂状花序に微小で濃い深紅色の花をつける。南アメリカでは穀物として栽培される。'**グリーン サム**'は直立した穂状花序に緑色の花をつける。'**ピグミー トーチ**'は丈30cmほどに成長し、密集した深紅色の花房がつく。ゾーン：8〜11

Amaranthus tricolor
一般名：ハゲイトウ
英　名：CHINESE SPINACH、JOSEPH'S COAT、TAMPALA
☼ ❄ ↔75cm ↕60〜90cm
アフリカおよびアジア原産。藪状の一年生植物で、葉野菜として、あるいは色彩豊かな葉のために観賞用として栽培される。穂状花序は緑色もしくは赤色。成長点上部が色づく品種がいくつかあり、もっとも有名なのが'**ジョゼフズ コート**'で、上部の葉が赤色および黄金色に色づく。ゾーン：8〜11

AMARYLLIS
（アマリリス属）
英　名：BELLADONNA LILY、JERSEY LILY、MARCH LILY、NAKED LADIES
かつては大属だったが、現在では南アフリカ原産で鱗茎のある秋咲き種1種のみが含まれ、ヒガンバナ科の模式属である。ベラドンナは「美しい婦人」を意味し、ローマの詩人ウェルギリウスの作品に出てくる美しい牛飼い女アマリリスの伝説を表している。温暖な季節の大半は休眠し、赤く色づく丈夫な花茎が晩夏に現れ、丈60cmほどにすばやく成長する。非常に薄いピンク色から濃い紫紅色までの花が茎頂にまとまって咲く。その後、長いひも状の葉が現れる。

〈栽培〉
温暖で日当たりの良い場所に鱗茎の先端を出した状態で植える。花付きを良くするために晩夏からじゅうぶんに灌水する。夏季に休眠する大半のアフリカの鱗茎種と同様に、アマリリスは無葉の季節はかなりの乾燥に耐性がある。通常、繁殖は根を残して葉が枯れた直後に、定着した叢生部の株分けにより行なう。

Amaryllis belladonna
一般名：アマリリス・ベラドンナ、ホンアマリリス
☼ ❄ ↔30〜50cm ↕60cm
南アフリカのケープ地方原産。光沢がある緑色の葉は長さ約50cmで叢生する。春以降、葉は根を残して枯れる。晩夏に、わずかに芳香性のある、じょうご形で長さ10cmほどの花が、6個以上集まって咲き始める。栽培品種には以下のものが含まれる。'**ケープタウン**'の花は濃ピンク色で、'**ヨハネスブルグ**'の花は薄ピンク色で中斑は白色。'**マヨル**'の花は濃ピンク色で芳香性がある。'**プルプレア**'にはパープルピンクの花が咲く。ゾーン：8〜10

Amaryllis belladonna

Amelanchier canadensis

Amelanchier canadensis 'Glenn Form'

Amelanchier laevis

AMELANCHIER
(ザイフリボク属)

英 名：SERVICEBERRY

バラ科ザイフリボク属には、落葉性の低木および小高木30種ほどが含まれる。北アメリカ(メキシコ含む)原産で、中国種が1種と、ヨーロッパ種やトルコ種もある。全種とも、葉は小形の卵形もしくは楕円形で、葉縁には細かい鋸歯がある。花には白色の細い花弁が5枚付き、小さく房咲きする。萼片がありサンザシに似た小さな果実が頂端につく。果実は食用で、熟すと青黒色になる。観賞用となる魅力的なものもある。

〈栽培〉

大半が森林地帯の植物で、湿気があり保護された場所を好む。一方、池や小川のほとりでよく育つ種もある。より暗い葉陰の手前に植えると良い。恐ろしい火傷病を含み、リンゴ、セイヨウナシ、セイヨウサンザシと同様の害虫や病気の被害を受けやすい。通常、繁殖は種子から行なうが、低い枝か吸枝の取り木により行なうこともある。発芽促進のために種子には冷湿処理を施す。栽培品種は接ぎ木によることが多い。

Amelanchier alnifolia
異 名：*Amelanchier florida*
一般名：サスカトゥーン
英 名：ALDERLEAF SERVICEBERRY, JUNEBERRY, SASKATOON SERVICEBERRY
☀ ❄ ↔ 3.5m ↕ 0.9〜1.8m

北アメリカ種で、小川の浅瀬もしくは保護された山腹に見られる。葉は丸形で鋸歯があり、主に上半分につく。葉長は約25mm。晩春から初夏に開花し、花後には濃紫色の食用の果実が実る。*A. a.* var. *semiintegrifolia* (syn. *A. florida*) は雑木林を形成する落葉性の低木もしくは小高木で、アラスカ州南部からカリフォルニア州北部の原産。
ゾーン：3〜9

Amelanchier arborea
異 名：*Amelanchier canadensis*の園芸種
英 名：DOWNY SERVICEBERRY
☀ ❄ ↔ 9m ↕ 18m

アメリカ合衆国東部原産。もっとも高く成長する種で、栽培品種はより小型。細い丸型の樹冠を形成する。銀灰色の樹皮は円滑で、年月と共に粗くなる。葉は先端が尖り、秋季には赤もしくは黄色に紅葉する。開花期は初春。小形で紫黒色の果実が実る。ゾーン：4〜9

Amelanchier asiatica
一般名：ザイフリボク、シデザクラ
☀/◐ ❄ ↔ 3〜6m ↕ 6〜12m

日本、朝鮮半島および中国原産で、*A. arborea*に似ている。新葉はふわふわした白毛を帯びるが、すぐに無毛になる。晩春、直立した花茎に花がつく。花は芳香性で、花弁は細い。
ゾーン：5〜9

Amelanchier canadensis
異 名：*Amelanchier oblongifolia*
一般名：ジューンベリー、アメリカザイフリボク、セイヨウザイフリボク
英 名：JUNEBERRY, SERVICEBERRY, SHADBLOW SERVICEBERRY
☀ ❄ ↔ 3m ↕ 8m

北アメリカ東部の種。直立し吸枝がある低木もしくは小高木で、主に沼地に見られる。新葉は有毛で、春咲きの花は直立した花茎につく。水分の多い濃紺の果実は径約12mm。栽培品種には、'グレンフォーム'や'スプリザム'が含まれる。
ゾーン：5〜9

Amelanchier × *grandiflora*
一般名：アメランキエル×グランディフロラ
英 名：APPLE SERVICEBERRY, SERVICEBERRY
☀ ❄ ↔ 10m ↕ 8m

もっとも丈が高い北アメリカの2種*A. arborea*と*A. laevis*の交雑種で、観賞用の栽培品種をいくつか産出している。'バ レリーナ' ★ (syn. *A. lamarckii* 'バレリーナ') は樹高6mほどの広がる品種で、新葉は赤茶色。大形の花が多数咲く。'ルベスケンス'の花はより濃ピンクの花芽から開花し、ピンクに色づく。
ゾーン：4〜9

Amelanchier laevis
一般名：アメランキエル・ラエビス
異 名：*Amelanchier canadensis*の園芸種
英 名：ALLEGHENY SERVICEBERRY, SARVIS TREE
☀ ❄ ↔ 8m ↕ 8m

主にアメリカ合衆国東部のアパラチア山脈からカナダの原産。新葉は赤茶色がかった紫色で有毛。青黒色の果実は甘く水分が多い。晩春、葉が開くと同時に開花する。
ゾーン：4〜9

Amelanchier × *grandiflora*

A. × *grandiflora* 'ルベスケンス' (夏)

A. × *grandiflora* 'ルベスケンス' (冬)

Amelanchier × *grandiflora* 'ルベスケンス' (春)

Amelanchier lamarckii

Amelanchier spicata

Amelanchier lamarckii
一般名：アメランキエル・ラマルキー
英　名：LAMARCK SERVICEBERRY
☀ ❄ ↔10m ↕9m
カナダ東部原産で、現在ではヨーロッパ北西部に帰化している。広がる枝を持つ小高木で、葉には絹毛があり、新葉は赤茶色。花は新葉と共にまばらにつく。果実は紫黒色。ゾーン：4～9

Amelanchier spicata
一般名：アメランキエル・スピカタ
☀ ❄ ↔3m ↕2.4m
カナダ南東部およびアメリカ合衆国東部原産。自由に吸枝を出す低木もしくは小高木。若葉は有毛。春咲きの花はわずかにピンクがかるものもある。紫黒色の果実は甘く水分が多い。
ゾーン：4～9

Amelanchier stolonifera
英　名：RUNNING JUNEBERRY、RUNNING SERVICEBERRY
☀/❄ ❄ ↔1.2～2m ↕1.2～2m
アメリカ合衆国北東部およびカナダ極南東部の原産。雑木林を形成する落葉低木。茎は堅く直立型。春には5枚花弁の白色の花が咲き、花後には緑色から濃緑色の葉がつく。葉は細かい鋸歯縁で丸形。盛夏には、小形で丸く緑色の液果が濃い紫色がかった黒色に変わり、水分が多く甘く風味豊かになる。
ゾーン：4～8

Amelanchier utahensis
一般名：ユタサービスベリー
英　名：UTAH SERVUCEBERRY
☀ ❄ ↔0.9～3.5m ↕0.9～3.5m
北アメリカ西部の山岳地帯原産で、*A. alnifolia*に近縁の低木。葉は基部がくさび形で、果実はやや小形。ネイティブアメリカンは果実を乾燥させて粉に引き、乾燥肉と合わせてペミカンを作る。
ゾーン：5～9

AMHERSTIA
（ヨウラクボク属）
マメ科カワラケツメイ亜科には1種のみが含まれ、美しい花が咲く。デロニクス属と近縁。ミャンマー南部の低地原産で、現在では野生種は珍しい。光沢のある小葉が長い羽状複葉につき、短期間だけ落葉する。雨季の始まりにわずかに赤茶色がかったピンク色の新葉が現れ、茶色から緑色へと変化していく。ランに似た花は基部に一対の大きなピンク色の苞葉を伴い長い柄につく。花径は約10cm。花はピンクがかった赤色で、濃赤色および黄色の斑入り。湾曲した木質の豆果はめったに実らず、未熟なうちは濃赤色。

〈栽培〉
ヨウラクボク属の栽培に成功しているのは湿潤熱帯地方の低地のみである。成長はかなり遅く、日なたで保護された場所と深層の湿った土壌を必要とする。繁殖は種子から行なうのが理想的だが、この樹木が栽培されることはほとんど無い。低部の枝の取り木でも繁殖させることができる。

Amherstia nobilis
一般名：ヨウラクボク
英　名：PRIDE OF BURMA
☀ ✈ ↔15m ↕12m
低く分岐し、広い樹冠を形成する美しい高木。成熟した標本はほぼ年間を通じて花を咲かせるが、開花期は春から初夏。赤色のランに似た花がもっとも高く評価される。ゾーン：12

AMICIA
（アミキア属）
アンデス地方およびメキシコ原産。マメ科ソラマメ亜科に属し、塊根を持つ多年生草本もしくは低木7種が含まれる。春から秋に、エンドウのような花が葉腋に出た総状花序につく。全縁、三角形、心臓形もしくは切れ込みのある小葉が一対で長い柄につき、葉のような苞を伴う。エンドウに似た豆果が実る。

〈栽培〉
広々とした日当たりの良い場所で、水はけの良い大半の園芸用土壌に適応できる。繁殖は種子から行なう。種子は裂開しない豆果の中に残る。

Amicia zygomeris
☀ ❄ ↔0.6～1.2m ↕0.9～1.8m
メキシコ東部原産で、塊根を持つ多年生草本。総状花序は長さ約12cmで、緑黄色のエンドウのような花が3～10個まとまって咲く。花径は30mmほどで、紫色の斑入り。小葉は長さ8cmほどの心臓形で、長さ約10cmの有毛の葉茎につく。
ゾーン：7～10

AMMI
（ドクゼリモドキ属）
セリ科ドクゼリモドキ属には、一年生および多年生植物6種が含まれる。温暖気候では、一年生種は短命の多年生植物として取り扱う場合もある。温帯ユーラシア西部のほぼ全域で見られる。葉は細かく分裂した羽状複葉で、夏季には微小の白い花が針金状の茎に丸く房咲きする。苞葉がつくものもある。花房は優美で、カスミソウのように切花に用いられることが多い。

〈栽培〉
温暖で日当たりの良い場所で、水はけが良くやや砂状の湿気を保てる土壌でよく育つ。上部が重くなる傾向があるため支柱を添え、強風から保護することが重要である。繁殖は種子から行なう。

Ammi majus
一般名：ホワイトレースフラワー、ドクゼリモドキ
英　名：FALSE BISHOP'S WEED
☀ ❄ ↔1.5m ↕100cm
ヨーロッパ南部からアジア西部原産の一年生種。白色の花が大きく房咲きし、切花は長持ちする。草花栽培者に人気が高い。
ゾーン：6～10

Ammi visnaga
一般名：イトバドクゼリモドキ、アンミ
英　名：BISNAGA、TOOTHPICK WEED
☀ ❄ ↔1.2m ↕80cm
地中海地方原産の一年生および二年生植物。緑みを帯びた白色の花は切花にしても長持ちする。乾燥した茎は楊枝に利用される。エッセンシャルオイルはハーブとして多くの用途があり、特に気管支障害に用いられる。樹液は接触性皮膚炎もしくは他の過敏反応の原因となり得る。
ゾーン：8～11

Ammi visnaga

Amicia zygomeris

Amherstia nobilis

Ammi majus（果序）

Amorpha fruticosa

AMORPHA
（クロバナエンジュ属）
北アメリカ原産。マメ科ソラマメ亜科に属し、落葉性低木15種が含まれる。属名はギリシャ語の*amorphos*（奇形）に由来し、1枚花弁の花を表している。片側に密集する総状花序で、通常はピンク、藤色、紫あるいは白色の花がつく。葉は羽状複葉で楕円形の小葉が40枚以上つく種もある。植物のサイズはさまざまで、総丈0.9m以下のものもあれば、3.5mを超えるものもある。花は短命の傾向があるが、花後には莢がつき落葉まで残る。

〈栽培〉
大半は霜に耐性があり、平均的な庭の条件で容易に栽培できる。日なたもしくは半日陰の水はけの良い土壌で、夏季には湿気がある場所を好む。繁殖は夏季に半熟枝の挿し木、冬季に熟枝の挿し木、もしくは種子により行なう。

Amorpha canescens
異　名：*Amorpha brachycarpa*
一般名：アモルファ・カネスケンス
英　名：LEADPLANT
☼ ❄ ↔90cm ↕90cm
カナダ中部およびアメリカ合衆国原産。小形で密集し、繊細な手触りの落葉性低木。葉は灰緑色で、小枝は有毛。夏季には紫青色の花が円筒状の円錐花序につく。
ゾーン：2～9

Amorpha fruticosa
一般名：イタチハギ、クロバナエンジュ
英　名：BASTARD INDIGO, FALSE INDIGO
☼ ❄ ↔3m ↕3.5m
北アメリカのプレーリーおよび川谷の原産。鮮やかな緑色の小葉がつく羽状複葉の低木。春から夏に、小形で濃赤紫色の筒形の花が円錐花序につく。突出した雄ずいが目立つ。栽培品種には下垂形から平状形の'**ペンドゥラ**'が含まれる。
ゾーン：4～9

AMORPHOPHALLUS
（コンニャク属）
西アフリカ東方からポリネシア原産。サトイモ科コンニャク属は魅力的な属で、約170種が熱帯地域に生息する。大半の種は広々としたサバンナの石灰石が露出した荒れた群落に見られ、密生した森林で見られるものはほとんど無い。生息地の高度は海面から3,000mにまで及び、雨季の始まりと共に開花する。全種とも陸生の多年生草本で、地下茎もしくは多肉質の茎を持つ。株は小型のものから大型のものまであり、単葉もしくはまれに2出の葉が茎につき、通常は1シーズンのみ持続する。一般に葉柄は円筒状で、緑色から紫色もしくは斑入り。花序の形、大きさ、色は多様だが、仏炎苞に囲まれた肉穂花序で構成される。各種のミツバチもしくはハエが授粉すると、花は香りを発する。良い香りもあれば不快な香りのものもある。

〈栽培〉
繁殖は種子、多肉質の茎もしくは分岐した塊茎の株分けにより行なう。温帯気候で栽培できるものもあるが、開花させるには、大半の種は温暖で雨期と乾期が規則的に訪れる気候を必要とする。葉の無い時期に過度の湿気があると腐敗の原因となる。

Amorphophallus bulbifer ★
☼ ⚘ ↔1.5m ↕0.9m
インド、バングラディッシュ、ブータンおよびネパール原産。直径15cmほどの塊茎を持ち、1～2枚の葉をつけ、葉柄は円滑で多肉質、濃緑色で薄ピンク色の斑入り。花柄の長さは10～70cm。仏炎苞は楕円形からボート形で長さ約30cm、外側は灰緑色で黒みを帯びた緑色の斑点があり、内側は基部が濃ピンク色で上部に近づくほど薄緑となる。肉穂花序は仏炎苞と同じ位の長さ。
ゾーン：12

Amorphophallus konjac
異　名：*Amorphophallus rivieri*, *Hydrosme rivieri*
一般名：コンニャク
英　名：DEVIL'S TONGUE, SNAKE PALM, UMBRELLA ARUM
☼ ⚘ ↔2m ↕90～130cm
直径約30cmの塊茎を持つ。葉の高さは約0.9m、くすんだ薄ピンク色で濃緑色と白っぽい斑点があり、上面はくすんだ緑色。花序は長い花柄につく。仏炎苞は広く三角形で長さ約60cm、薄紫色から黒紫色で、黒緑色の斑点がある。肉穂花序の長さは15～110cm。中国南部と南東部およびベトナムの森林周辺や広々とした場所で、高度およそ3,000mに生息する。
ゾーン：10～12

Amorphophallus lambii
☼ ⚘ ↔45cm ↕90cm
ボルネオ島のサバ州およびカリマンタンの原産。花序は短い柄につき、多肉質の仏炎苞は外側が緑色で、内側は薄赤色から紫色の斑入り。クリーム色の肉穂花序は不稔の部分が大きく先細りで、成長と共に紫灰色に変わる。
ゾーン：11～12

Amorphophallus titanum
異　名：*Amorphophallus selebicus*
一般名：ショクダイオオコンニャク、スマトラオオコンニャク
英　名：TITAN ARUM
☼ ⚘ ↔8m ↕5～6m
巨大な種で、塊茎の重さは約75kg、直径は約65cm。スマトラ島の二次林、広々とした場所や山腹など、高度1,200mまでの場所に生息する。葉柄は最高で高さ5m、葉身の幅は最高8mにも及び、切れ込みがあり、つやがあり緑色で革質。花序は短い柄につく。仏炎苞は花びん形で長さ約1.8m、縁には鋸歯とひだがあり、外側は薄緑色で、内側は紫茶色。肉穂花序は長さ0.9～3mほど。液果は大形で直径約5cm。
ゾーン：10～12

Amorphophallus titanum

Amorphophallus bulbifer

*Amorphophallus lambii*の自生種、ボルネオ島サバ州

AMPELOPSIS
（ノブドウ属）

ブドウ科ノブドウ属は、落葉性低木および巻きひげのあるつる植物25種が含まれる。北アメリカおよび温帯アジア原産。主な特徴としては、魅力的なブドウ状の果実と、秋季に色鮮やかな葉をつける。一般に葉は大形で、鋸歯縁のものが多く、単葉もしくは深い切れ込みがある。春には黄緑色の微小の花が房咲きする。花後には液果が実り、大半は熟すと紺色になる。

〈栽培〉
湿性気候、冷涼の冬、乾期が明確ではない条件を好む。深層の腐植質に富んだ水はけの良い土壌に植える。成長期には適度に灌水する。侵襲的になり得るので、頻繁に刈り込む。繁殖は夏季に半熟枝の挿し木、冬季に熟枝の挿し木あるいは取り木により行なう。

Ampelopsis glandulosa
アンペロプシス・グランドゥロサ

☼/☽ ❄ ↔5m以上 ↕5m以上

日本、朝鮮半島および中国近隣地域の原産で、丈夫に成長するつる植物。若い時期の茎は有毛。葉は3～5裂で鋸歯があり、長さは約15cmで秋には紅葉する。幅6mmほどの紫色から青色の果実が房状につく。園芸種は主に*A. g.* var. *brevipedunculata*（アンペロプシス・グランドゥロサ・ブンウィペ・ドゥンクラタ）（syn.*A. brevipedunculata*）。'エレガンス'（syn. 'トリコロル'）の葉は深い欠刻があり、秋には白色もしくはピンク色の斑入りとなる。霜にはやや弱く、日焼けで枯れたり、風で傷ついたりしやすい。果実はめったに実らない。

ゾーン：4～10

Ampelopsis glandulosa var. *brevipedunculata* 'Elegans'

AMSONIA
（チョウジソウ属）

英 名：BLUE STAR

ヨーロッパ南部から、日本を含む温帯アジアおよび北アメリカの原産。キョウチクトウ科に属し、乳状の樹液と細い単葉に特徴がある多年生植物および亜低木20種が含まれる。花は小形だが変わった色調の青色で、葉より上にまとまってつく。華やかではないが大半の種が独特で、多年生植物のボーダー花壇に異なった趣を加える。

〈栽培〉
季節が明確な気候を好む。大半は非常に日当たりが良く水はけの良い土壌で、成長期に湿気を保てば容易に栽培できる。多年生植物の繁殖は休眠中もしくは成長開始時に株分けする。茎がより堅い種は夏季の挿し木によっても繁殖できる。

Amsonia ciliata

☼/☽ ❄ ↔75～120cm
↕30～90cm

アメリカ合衆国南東部原産。直立した茎が叢生する。若い時期の茎は有毛。葉は細く槍形で、長さは25～50mmほど。夏季を通して青色の花が咲く。

ゾーン：7～10

Amsonia tabernaemontana
一般名：ヤナギバチョウジソウ
英 名：BLUE DOGBANE, BLUE STAR

☼/☽ ❄ ↔90～120cm ↕90cm

アメリカ合衆国東部原産の、叢生する多年生植物。緑色の茎は直立し、槍形の葉は単葉で長さ8cmほど。春の中頃から晩夏に薄青色の花が房咲きする。

ゾーン：4～9

ANACARDIUM
（カシューナッツ属）

ウルシ科カシューナッツ属は熱帯アメリカの属で、常緑性もしくは半落葉性の小高木から中高木11種からなり、全縁の単葉で革質の葉をつける。花は小形で、大きな円錐花序につく。多肉質で食用の茎につく果実は小形で、中に含まれた種子に似て湾曲している。種子は危険な苛性液を含んだ薄い果肉に包まれる。

〈栽培〉
カシューナッツは長い乾季のある熱帯モンスーン気候で良く育つ。より湿気の多い熱帯では害虫や病気の被害を受けやすい。霜への耐性は無く、水はけが良く砂質で適度に肥沃な土壌を好む。強烈な日差しもしくは沿岸の潮風には耐性がある。繁殖は種子から行なう。最良の栽培品種は接ぎ木、挿し木あるいは高取り法によって増やす。

Anacardium occidentale
一般名：カシューナッツ、カシュー
英 名：ACAJOU, CASHEW

☼ ✦ ↔8m ↕12m

原産地は不明だが、ナッツを大量に供給しているのはインド南部である。柄の「カシューアップル」は清涼飲料に用いられる。

ゾーン：11～12

Anacardium occidentale

ANAGALLIS
（ルリハコベ属）

英 名：PIMPERNEL

サクラソウ科ルリハコベ属には20種が含まれ、地球上ほとんどの地、特に温帯地域に生息する。茎が柔らかく、低く広がる植物。大半が二年生もしくは多年生で、寒冷気候では一年生として成長する。葉は小形で単葉。小形で色鮮やかな花は、ピンク、赤、青色。雑草となるものもあるが、侵襲性は無い。ルリハコベ（*A. arvensis*）は、バロネス・オルツィにフランス革命の小説を発想させたとして有名である。

〈栽培〉
日当たりが良く湿気があり水はけの良い土壌で栽培する。栽培品種は若芽を摘み取ることにより株姿を容易に維持できる。侵襲性は無い。繁殖は種子、基部の挿し木あるいは取り木により行なう。

Anagallis monellii
一般名：アナガリス・モネリイ
英 名：BLUE PIMPERNEL

☼/☽ ❄ ↔30～50cm ↕30～50cm

地中海地方原産の小低木。葉は濃緑色。花は一重咲きだが多数つき、鮮やかな青色で、下面はほのかに赤く色づく。'パシフィック ブルー'★はコンパクトな品種で、紺色の花が咲く。'フィリッピイ'は低く成長する品種で鮮やかな青色の花が咲く。

ゾーン：7～10

Anagallis tenella
一般名：アナガリス・テネラ
英 名：BOG PIMPERNEL

☼/☽ ❄ ↔20～40cm ↕5～10cm

ヨーロッパ西部原産の低く広がる多年生植物。広がりながら根付く柔らかな茎に、楕円形の葉が対生につく。花は小形

Anagallis tenella 'Studland'

でピンク色。白色はまれ。'スタッドランド'には芳香性でピンク色の花が咲く。
ゾーン：7～10

ANANAS
（アナナス属）
英 名：PINEAPPLE

パイナップルはヨーロッパの人々が始めて知ったアナナスで、クリストファー・コロンブスが持ち帰った。パイナップル科に属し、現在、アナナス属には7種が含まれるが、パイナップル業界の研究によると、それらの違いは極わずかなことが示されている。野生種は刺に覆われた植物で、果実には多くの種がある。数百年にわたり、中央アメリカおよび南アメリカ北部の在来種個体群がより優良な植物として選択され、その結果今日では種無しの果実を楽しむことができる。葉に鋸歯縁の無い栽培品種もある。原産地では何千年もの間、アナナス属として知られ、なぜ「パイナップル」と呼ばれるようになったのかは記録されていない。

〈栽培〉
冷温帯では温室もしくはコンサバトリーでの栽培に適し、暖温帯、亜熱帯および熱帯地域では屋外での栽培に適する。鉢用混合土が完全に乾く前に灌水する。上質の混合土を使用すれば施肥の必要はない。繁殖は主に吸芽により行なう。

Ananas bracteatus
アナナス・ブラクテアトゥス

☀ ⬌ 0.9m ↕ 0.9m

この種の斑入り品種は*A. comosus*の斑入り品種より耐寒性があり、世界中の熱帯および亜熱帯の庭園でより多く見られる。基本的な相違点は、果実を含め全面的に刺が多いところである。'トリコロル'の葉は黄色の斑入りで、縁は赤く刺がある。
ゾーン：9～10

Ananas comosus
一般名：パイナップル
英 名：PINEAPPLE

☀ ⬌ 75cm ↕ 75cm

大きさは多様だが総丈は75cmほどに成長する。葉は細く三角形の灰緑色で、長さ約75cm。葉縁には丈夫な鋸歯があり（刺の無い品種もある）、開いたロゼットを形成する。花茎は短く丈夫。球形から円筒形の花房に小形の花が多数つく。

Anaphalis triplinervis 'Sommerschnee'

Ananas comosus

花弁は青みを帯びたラベンダー色。栽培品種には以下のものが含まれる。'アバカシィ'、'クイーン'、'レッド スパニッシュ'、'スムース カイエンヌ'。
ゾーン：9～10

Ananas nanus
一般名：アナナス・ナヌス、ミニパイナップル

☀ ⬌ 30cm ↕ 50cm

葉には刺があり、長さ約50cmで細長く、開いたロゼットを形成する。花茎の丈は約50cmで、花弁はラベンダー色。果実は長さ約5cmで、長い茎につく。
ゾーン：9～10

ANAPHALIS
（ヤマハハコ属）
英 名：PEARLY EVERLASTING

キク科ヤマハハコ属は多年生植物およそ100種が含まれ、直立形、低く藪状もしくは下垂形となる。温帯北部および熱帯山岳地帯の各地に見られるが、全種に共通する特徴は、葉と茎が白色から灰色の細毛を帯びることである。葉は単葉で線形から槍形、葉柄は無く茎につく。花は密生し有毛で舌状花は無いが、白色の薄い苞葉が同様の効果を生み出す。切花は持ちが良いがあまり魅力は無く、多くは葉のために栽培される。

〈栽培〉
大半は非常に耐寒性が強い。日なたの砂質で水はけの良い土壌に植え、夏季には湿気を保つ。冬季は乾燥した状態が好ましい。丈夫な新芽をつけるために、春には大幅に切り戻す。繁殖は種子、基部の挿し木もしくは株分けにより行なう。

Anaphalis margaritacea
一般名：ヤマハハコ
英 名：PEARLY EVERLASTING

☀ ❄ ⬌ 40～60cm ↕ 80～100cm

温帯地域北部に広く分布する。葉は上面が灰緑色で、下面には白毛がある。夏季には、幅15cmに及ぶ散房花序にオパール色の苞葉を伴う花がつく。
ゾーン：3～9

Ananas bracteatus 'Tricolor'

Ananas nanus

Anaphalis triplinervis
アナファリス・トゥリプリネルウィス

☀ ❄ ⬌ 40～50cm ↕ 80～90cm

アジア中部の種で、アフガニスタンから中国南西部の原産。へら形で灰緑色の葉は長さ10cmほどに成長する。夏季にはドーム形の房に白色の花が咲く。ハーブもしくは寄せ植えのボーダー花壇用として価値があり、すばやく叢生する。栽培品種'ソマーシュニー'は総丈75cmほどに成長し、明るい銀灰色の花が咲く。
ゾーン：5～9

Androlepis skinneri

Andromeda polifolia

Andromeda polifolia 'Compacta'

ANCHUSA
（ウシノシタグサ属）

英　名：ALKANET、BUGLOSS

ヨーロッパ、アジア西部およびアフリカ原産。ムラサキ科に属し、二年生および多年生植物およそ35種が含まれる。丈夫に育ち、通常は直立した茎と楕円形の葉が叢生する。葉は単葉で先端が尖り、叢生の基部はかなり大きい。晩春から夏にかけて、薄青色から紫色の小さな5枚花弁の花が房咲きする。薬草として使用されていた種もあるが、現在では大半はあまり人気が無い。同様に、以前は赤色染料を抽出し髪染めに用いられていたが、現在ではめったに見られない。

〈栽培〉
非常にやせた土壌、極度の日陰もしくは乾燥を除き、たいていの条件下でも丈夫に育つ。花付きを良くするために、冬季あるいは成長期にはじゅうぶんな灌水とマルチングを行なう。多年生植物は冬季もしくはごく早春に、株分けにより繁殖させる。一年生および二年生植物は種子から行ない、早春から若芽が成長できるように秋蒔きすると良い。

Anchusa azurea
異　名：*Anchusa italica*
一般名：アンチューサ・アズレア、ウシノシタグサ
☼/☼ ❄ ↔80cm ↕1.2m

地中海地方およびアジア西部原産の多年生植物。茎は剛毛質で赤みがかり、低部の葉は長さ約30cm。花は青色から紫色で、幅が12mmほど。栽培品種には以下のものが含まれる。'**ドロップモア**'の丈は高く、濃紫青色の花が咲く。'**ロドンロイヤリスト**'★はコンパクトな藪状の品種。大形で紺色の花がつく。'**オパール**'はコンパクトな品種で、葉は灰色系。薄青色の花が咲く。
ゾーン：3～9

Anchusa caespitosa
一般名：アンチューサ・カエスピトサ
☼ ❄ ↔20cm ↕10cm

クレタ島原産。矮小型で叢生し、有毛の多年生植物。通常はロッケリー植物。葉は非常に細く、長さ5cmほどで、鮮やかな濃青色の花が咲く。
ゾーン：5～10

Anchusa capensis
一般名：アフリカワスレナグサ
☼ ⚘ ↔40cm ↕50cm

南アフリカ原産で有毛の二年生植物。細い槍形の葉は長さ約12cm。鮮やかな青色の花の中心部は白色で、夏季を通して開花する。夏季が長い地域では、春蒔きの一年生植物として取り扱う。
ゾーン：9～11

ANDROLEPIS
（アンドロレピス属）

中央アメリカ原産。パイナップル科アンドロレピス属は独特な属で、1種のみが含まれる。雄株の葯には奇妙な付属器がある。花がついていない状態で雌株と雄株を見分けることは不可能だが、種子が不要であれば、花房は華やかなため雌雄は重要ではない。庭に植えると、丈が高くほぼ白色で円筒形の花房が際立つ。この植物は熱帯の庭園あるいは特別に暖かい場所で重要な役割を演ずる。

〈栽培〉
冷温帯では大型の温室もしくはコンサバトリーで栽培し、暖温帯、亜熱帯および熱帯地域では長時間の直射日光や極端な降雨から保護し屋外で栽培する。繁殖は種子もしくはオフセットから行なう。

Androlepis skinneri
一般名：アンドロレピス・スキネリイ
☼ ⚘ ↔100cm ↕1.5m

Anchusa azurea

花は丈1.5mほどに及び、葉長は約0.9mで開いたロゼットを形成する。葉は緑色で、薄赤色に色づくものも多い。花は薄クリーム色で長さ約0.9m、側面に非常に短い穂と多数の花が密集してつく。
ゾーン：9～10

ANDROMEDA
（ヒメシャクナゲ属）

ツツジ科ヒメシャクナゲ属には、完全に耐寒性で低く成長する常緑種2種が含まれる。北半球の酸性の泥炭湿原に見られる。小形で長楕円形の葉は、やや革質の全縁で濃緑色の背景を作り、春の間は白もしくは極小でピンク色の鐘形の花が茎頂に房咲きする。

〈栽培〉
ヒメシャクナゲ属種は常に湿気が保たれた酸性土壌を必要とし、泥炭の花壇、森林地帯の日陰もしくはロックガーデンで良く育つ。繁殖は吸枝、取り木あるいは緑枝の挿し木により行なう。

Andromeda glaucophylla
英　名：BOG ROSEMARY
☼/☼ ❄ ↔75cm ↕10～45cm

北極地方およびカナダ原産の低い針金状の低木。葉は細く長楕円形で、春から初夏には白色もしくはピンク色のぴったり閉じた鐘形の花が密生する。
ゾーン：2～9

Andromeda polifolia
一般名：ヒメシャクナゲ、ニッコウシャクナゲ
英　名：BOG ROSEMARY、MARSH ANDROMEDA
☼ ❄ ↔55cm ↕10～45cm

変異に富む成長習性を持つ低木で、直立もしくは平状性のものがある。長楕円形の葉は小形で先端が尖り、春もしくは初夏に鐘形の花が房咲きする。栽培品種には以下のものが含まれる。'**アルバ**'は、低く育つ平状性の低木で、純白の花が咲く。'**コンパクタ**'はコンパクトな成長習性を持ち、ピンク色の花が咲く。'**マクロフィラ**'の葉は大形で、ピンク色の花が咲く。
ゾーン：2～9

Anchusa azurea 'Loddon Royalist'

Androsace bulleyana

ANDROSACE
（トチナイソウ属）

英　名：ROCK JASMINE

サクラソウ科トチナイソウ属には、一年生、二年生および多年生草本100種が含まれる。温帯地域北部原産の高山植物で、高地の崖錐や低地の芝生に生息する。通常、優美な花は径12mm未満、基部が短い筒形で、花弁は外側に向かって平らに開く。白、ピンクもしくは赤色で、中心に黄色またはオレンジ色の目が入る。

〈栽培〉

非常に水はけが良く、風通しも良い状態で適度な灌水を必要とする。涼しい温室もしくは屋外で、トラフに低肥沃で砂質の混合土を入れ栽培する。頸領腐れを防ぐために砂状のマルチを土壌の表面に敷き、下から灌水する。冬季には雨から保護するために屋外のトラフはガラスで覆う。繁殖は種子（発芽には2年かかる場合もある）もしくは挿し木から行ない、走出枝から行なう種もある。

Androsace bulleyana
一般名：アンドロサケ・ブレヤナ

☼ ❄ ↔30cm ↕10〜20cm

ヒマラヤ山脈および中国北西部原産。小形でスプーン形の葉がロゼットを形成する二年生植物。花は赤色で中心に黄色い目が入り、小さく房咲きする。開花期は夏。ゾーン：6〜9

Androsace carnea
一般名：アンドロサケ・カルネア

☼ ❄ ↔20cm ↕8cm

ヨーロッパ西部原産。濃緑色で時として多肉質の葉が叢生する多年生植物。花は白もしくは薄ピンク色で、中心に黄色の目が入る。開花期は初夏。*A. c.* subsp. *laggeri*はより小型でコンパクト。ピンク色の花が咲く。ゾーン：5〜9

Androsace geraniifolia
☼ ❄ ↔20cm ↕8cm

ヒマラヤ山脈および中国西部原産。走出枝によって広がる多年生種。欠刻のある心臓形の葉は長さ約5cm。晩春には、径6mmほどのピンク色から白色の花が6個以上まとまって咲く。ゾーン：6〜9

Androsace lanuginosa ★
一般名：アンドロサケ・ラヌギノサ

☼ ❄ ↔30〜45cm ↕8cm

ヒマラヤ山脈原産。平状性の多年生植物で、銀色の毛を帯びた葉がマットを形成する。夏季から初秋に、薄ピンク色の花が密生して小さく房咲きする。中心に濃色の目が入る。'ライヒトリニー'はより濃いピンク色の花が咲く。ゾーン：6〜9

Androsace muscoidea
☼ ❄ ↔20cm ↕5cm

ヒマラヤ山脈原産。コンパクトな多年生植物。小形で有毛の葉は銀緑色で、ロゼットを形成する。春から初夏に白色の花が咲く。ゾーン：5〜9

Androsace rotundifolia
☼ ❄ ↔20cm ↕10〜15cm

インド北部原産。有毛の多年生植物で、小形で丸く、欠刻のある葉がロゼットを形成する。春から初夏に、薄ピンク色の花が密集して咲く。ゾーン：4〜9

Androsace sarmentosa
一般名：ツルハナガタ、アンドロサケ・サルメントサ

☼ ❄ ↔60cm ↕10cm

ヒマラヤ山脈原産。走出枝によって広がる多年生種で、細葉がロゼットを形成する。成長初期の葉には銀色の毛が生える。春には、濃ピンク色の花がまとまって咲く。ゾーン：4〜9

Androsace sempervivoides
一般名：トキワハナガタ

☼ ❄ ↔30cm ↕5cm

カシミール地方およびチベット原産の多年生種。走出枝により広がる。極小で鮮やかな緑色の葉が小型のロゼットを形成する。春には、中心に黄色の目がある鮮やかなピンク色の花が咲く。ゾーン：5〜9

Androsace villosa
一般名：アンドロサケ・ビロサ

☼ ❄ ↔25cm ↕5〜8cm

ヨーロッパおよびアジア原産。マットを形成する多年生植物。有毛で灰緑色の葉が小形のロゼットを形成する。芳香性で、白色から薄ピンク色の花は中心に黄色の目があり、花径は約12mmで、晩春から夏季に小形の散形花序につく。ゾーン：4〜9

ANEMIA
（アネミア属）

フサシダ科に属し、100種以上が含まれる。大半の種はアメリカの熱帯および暖温帯に生息し、1種のみがアフリカ、マダガスカルおよびインドに生息する。匍匐性で有毛、多肉質の茎から葉が直立する。葉は羽状複葉もしくは羽状複葉で、下部の2枚のみが胞子葉となる。胞子をつける器官は小葉の両脇に1列につく。

〈栽培〉

繁殖は胞子もしくは株分けにより行なう。

Anemia mexicana
異　名：*Ornithopteris mexicana*

☼ ❄ ↔60cm ↕50cm

針金状で匍匐性の茎は多肉質で径2〜3mm、粗く黒みがかった毛を帯びる。葉は茎に沿って散生し、柄長は約30cm、葉身は長さ25cmで幅15cmほど、下部に

Anemia mexicana

Androsace muscoidea

Androsace rotundifolia

Androsace geraniifolia

1対の胞子葉があり、細長く不稔の部分は4～6対となる。アメリカ合衆国テキサス州およびメキシコ北部の石灰岩の崖、峡谷や他の石灰質土壌の地域に生息する。冬から春には胞子がつく。
ゾーン：9～11

Anemone coronaria

Anemone coronaria、
モナ リザ シリーズ、栽培品種

ANEMONE
（イチリンソウ属）
英名：WINDFLOWER

キンポウゲ科イチリンソウ属にはおよそ120種の多年生植物が含まれ、両半球の温帯地域に広く分布する。根は塊茎状で多肉質もしくは繊維質となり、細かく分岐した葉が叢生する。鉢形の花は一重咲きもしくは小さな房咲きで、針金状の茎の葉よりかなり上部につく。大半の種は、春、葉が出たすぐ後に開花するが、初夏まで続くものもあり、秋咲きのものもある。属名はギリシャ語の*anemos*（風）に由来するという説がもっとも有力だが、ギリシャ神話に登場する青年アドニスの添え名であるナーマン（Naaman）に由来するという説もある。アドニスの流した血からA. coronariaが赤い花を咲かせたと言われている。

〈栽培〉
ヤブイチゲは森林地帯の木漏れ日の条件を好むが、大半の種は日当たりの良いボーダー花壇の湿気があり水はけの良い土壌で生い茂る。繁殖は冬季休眠中の株分けから行ない、一年草として栽培される系統の場合は種子から行なう。

Anemone blanda
一般名：アネモネ・ブランダ
☼/☀ ❄ ↔15～30cm ↕10～20cm
ヨーロッパ南東部からコーカサス地方原産。丈夫で多肉質な茎を持ち、基部にシダ状の葉をつける。晩冬から、幅25～40mmほどの、白、青、藤色もしくはピンクの花が咲く。'アトロカエルレア'（syn. 'イングラミイ'）には紺色の花が咲く。'ラダー'には濃赤紫がかったピンク色の花がつく。中心に白色の目が入る。'ホワイト スプレンダー'は高く成長する品種で、内側がほのかにピンクに色づく大形で白色の花が咲く。
ゾーン：5～9

Anemone canadensis
一般名：アネモネ・カナデンシス
☼/☀ ❄ ↔30～40cm ↕30～40cm
夏咲きの北アメリカ種で、木質の根茎を持つ。細かい切れ込みのある羽状複葉と、単生で乳白色の花をつける。花はほのかに緑に色づくものが多く、幅は25mmほど。
ゾーン：3～9

Anemone coronaria
一般名：ボタンイチゲ、アネモネ・コロナリア
英名：FLORIST'S ANEMONE、WIND POPPY、WINDFLOWER
☼/☀ ❄ ↔20～40cm ↕40～60cm
ヨーロッパ南東部および地中海地方北部原産で、塊根を持つ種。基部の葉は細かく分裂しシダ状で、花茎には単葉がつく。春咲きの大形の花は、黄色を除きほとんどの色調がそろっている。**Mona Lisa Series**（モナ リザ シリーズ）など、多くの栽培品種および大型園芸交雑種の親植物は、総丈60cmほどに成長し、

Anemone hupehensis var. *japonica*

Anemone blanda

Anemone blanda 'Radar'

花幅は約10cmで全色そろっている。
ゾーン：8～10

Anemone flaccida
一般名：ニリンソウ（二輪草）
☼/☀ ❄ ↔20～40cm ↕10～20cm
東南アジアの温帯種で、多肉茎が叢生し、薄緑色のシダ状の葉をつける。春から初夏に、幅25mmほどのクリーム色の花が咲く。ほのかにピンクに色づくものもある。
ゾーン：6～9

Anemone × fulgens
☼/☀ ❄ ↔20～40cm ↕30cm
フランス地中海地方原産。A. pavoninaとA. hortensisの自然交雑種で、塊根を持ち叢生する。細かい切れ込みの入った鮮やかな緑色のシダ状の葉が基部で叢生し、春には長い茎に花がつく。赤色のものが多いが、品種と色彩は多様。
ゾーン：8～10

Anemone hupehensis
アネモネ・フペヘンシス
☼/☀ ❄ ↔40～100cm
↕50～90cm
中国および日本原産で、繊維質の根を持ち、晩夏から秋季に開花する種。3裂の葉は粗い鋸歯縁でわずかに有毛。直立で分岐した花茎に大形の花がつく。通常は白色だが、ピンクの色調のものも多い。花後には綿毛を帯びた果序がつく。A. h. var. japonica（シュウメイギク）の花茎は丈夫で、多弁の花が咲く。'プリンツ ハインリッヒ'はA. h. var. japonica栽培品種のひとつ。総丈は80cmほどで、濃ピンク色の花が多数まとまって咲く。A. h.シュウメイギク'ハドスペン アバンダンス'は人気のある栽培品種で、総丈は約60cm。薄ピンクと

Anemone blanda 'White Splendour'

濃ピンク色の花弁が交互につく。
ゾーン：6～9

Anemone × *hybrida*
一般名：ヨウシュシュウメイギク
☼ ◐ ✻ ↔50～120cm
↕80～150cm
原種不明の園芸交雑種だが、*A. vitifolia*および*A. hupehensis* var. *japonica*が背景にあることは確かである。*A. hupehensis*に類似しているが、総丈は1.5mにも成長し、不稔の花をつける。'**ジェアント デュ ブランシュ**'の総丈は約1.2mで、大形で白色の半八重咲きの花が咲く。'**ホノリネ ジョバード**'★の総丈は約1.2mで、大形で白色の一重咲きの花が咲く。花の裏面は薄ピンク色。'**マルガレーテ**'の総丈は0.9mで、薄ピンク色の八重咲きの花がつく。'**セプテンバー チャーム**'(syn.*A. hupehensis*'セプテンバー チャーム')の総丈は約75cmで、丈が高い薄ピンク色の花が咲く。下垂形のものも多い。
ゾーン：6～9

Anemone multifida
一般名：アネモネ・ムルティフィダ
☼ ✻ ↔20～40cm ↕15～60cm
木質の根茎を持つ北アメリカ種で、有毛の葉は3～5裂し、さらに細かい切れ込みがある。花は白色、クリーム色もしくは赤色で、幅18mmほど。温暖季を通して開花する。以前は*A. magellanica*として誤認されていた。
ゾーン：3～9

Anemone narcissiflora
一般名：ハクサンイチゲ
☼/◐ ✻ ↔20～40cm ↕30～40cm
北半球の温帯各地原産。基部の葉は有毛で5裂し、さらに細かい切れ込みが入る。花茎には切れ込みの少ない葉がつく。花は幅25mmほどで、最高で8個まとまってつく。通常は白色だが、色彩は変異に富む。
ゾーン：3～9

Anemone nemorosa
一般名：ヤブイチゲ、アネモネ・ネモロサ
英　名：WINDFLOWER, WOOD ANEMONE
☼/◐ ✻ ↔15～40cm ↕10～30cm
ヨーロッパ原産。多肉茎の春咲き種で、通常は森林地帯に見られる。小葉は3枚で、粗い鋸歯もしくは細かい切れ込みが

Anemone nemorosa 'Robinsoniana'

Anemone pavonina

ある。花は幅25mmほどで、野生種は通常白色だが、園芸品種はさまざまな色調の藤色とピンク色のものがある。'**アレニイ**'の総丈は約20cm。黒みがかった青色の花はやや下向きで、裏面は紫みを帯びる。'**パリダ**'の丈は15cmほどで、薄いクリームイエローの花と濃色の葉がつく。'**ロビンソニアナ**'の丈は20cmほど。ラベンダー色の花がつく。裏面はより薄色。'**ヴェスタル**'の丈は約15cm。小形で白色の八重咲きの花が咲く。
ゾーン：5～9

Anemone pavonina
一般名：アネモネ・パウオニナ
英　名：ANEMONE OF GREECE
☼/◐ ✻ ↔30～40cm ↕30cm
地中海地方原産の叢生する塊茎種。基部の葉は3裂し、さらに深い切れ込みが入り、シダ状で鮮やかな緑色。春には5～10cm幅でさまざまな色の花が咲く。花後は乾燥させておく。いくつかの栽培品種と交雑種の親植物となる。
ゾーン：8～10

Anemone ranunculoides
一般名：アネモネ・ラヌンクロイデス
英　名：BUTTERCUP ANEMONE
☼/◐ ✻ ↔15～30cm ↕15cm
ヨーロッパ森林地帯の多肉茎種で、晩冬から初春に花が咲く。葉は3出葉で深い切れ込みがありさらに分裂し、濃緑色のものが多い。花は鮮やかな黄色で、幅は最大18mmほど。
ゾーン：4～9

Anemone rivularis
一般名：アネモネ・リウラリス
☼ ✻ ↔30～50cm ↕70～90cm
繊維質の根を持つヒマラヤ種。短茎が叢生し、基部の葉は3出葉で鋸歯縁。葉

Anemone nemorosa 'Vestal'

幅は約15cm。晩春から夏季、長い茎に白色の花がつく。花弁の裏面は青みを帯びる。湿性土壌を好む。
ゾーン：7～9

Anemone sylvestris
一般名：アネモネ・シルウェストリス、バイカイチゲ
英　名：SNOWDROP ANEMONE, SNOWDROP WINDFLOWER
☼ ✻ ↔15～50cm ↕15～30cm
多肉茎を持ち広がるヨーロッパ種で、低地の森林から亜高山帯のさまざまな条件の場所に生息する。葉は深い切れ込みがあり濃緑色の掌状。晩冬から、良い香りのする白色の花がつく。花幅は最高8cmほどで、わずかに下を向くものが多い。花後には綿毛を帯びた果序がつく。栽培品種には以下のものが含まれる。'**エリス フェルマン**'(syn. 'フロレ プレノ')はコンパクトな植物で、八重咲きの花が咲く。'**グランディフロラ**'には大形で下向きの花がつく。
ゾーン：4～9

Anemone tomentosa
一般名：アネモネ・トメントサ
英　名：GRAPELEAF ANEMONE
☼ ✻ ↔50～80cm ↕0.9m

Anemone sylvestris

Anemone multifida

Anemone trullifolia

木質の根を持つ中国種で*A. hupehensis*に類似する。大形の葉を持ち、通常は3出葉だが、全縁の場合もある。粗い鋸歯縁で下面は有毛。初夏咲きの花は白色もしくは薄ピンク色で、穏やかな香りがする。花は単生あるいは一対となって咲く。
ゾーン：3～9

Anemone trullifolia
一般名：アネモネ・トルリフォリア
☼ ✻ ↔30～40cm ↕30cm
ヒマラヤ原産で、木質の根を持つ種。上部の葉と同様に基部の葉には丸い鋸歯縁があり、上部の葉には浅裂があるものが多いのが特徴である。夏季には、小形で優美なくすんだ藤青色もしくは白色の花が咲く。ゾーン：5～9

Anemone virginiana
一般名：アネモネ・ヴァージニアナ
☼/◐ ✻ ↔30～50cm ↕30～60cm
アメリカ合衆国中部および東部原産で、木質の根を持つ種。基部の葉は3～5裂で、さらに深い切れ込みがありシダ状。晩春から、幅25mmほどの緑みを帯びた白色の花が分岐した茎につく。
ゾーン：4～9

Anemonella thalictroides f. *rosea*

Anemonella thalictroides 'Betty Blake'

A. thalictroides f. *rosea* 'Oscar Schoaf'

ANEMONELLA
（バイカカラマツ属）

北アメリカ東部原産。キンポウゲ科に属し、滑らかな塊根を持つ多年生草本1種のみが含まれる。春には、細い茎に2〜5個の花がつく。5〜10枚の萼片があり、花弁のような白色の雄ずいが多数広がるが花冠は無い。

〈栽培〉
暑さに耐性があるが、低温にも耐性があり、日陰を好む。腐植質に富み、湿気のある土壌が良い。初春にコンテナに植え、根付くまで灌水する。手入れはほとんど不要で、冬季には地面付近まで刈り込むことができる。繁殖は新鮮な種子、もしくは3〜5年ごとに秋季の株分けにより行なう。

Anemonella thalictroides
一般名：バイカカラマツソウ、バイカカラマツ
英　名：CROWFOOT, RUE ANEMONE
☼ ❄ ↔8〜15cm ↕10〜25cm
北アメリカ東部原産で、塊根を持つ多年生植物。繊細な3裂の葉と白色から薄ピンク色の一重咲きの花をつける。栽培品種には以下のものが含まれる。'ベティ ブレイク'にはクリーム色の花が咲く。'オスカー スコアフ'（syns. 'ロセア プレナ'、'スコアフズ ダブル ピンク'）は、薄ピンク色の花がつく。'ロセア'も薄ピンク色の花をつける。
ゾーン：4〜8

ANEMONOPSIS
（レンゲショウマ属）

日本原産。キンポウゲ科に属し、1属1種。この植物を栽培するために冷涼で湿気のある森林地帯の条件を提供できる、あるいはシェードハウスを持っている珍種収集家のための植物。

〈栽培〉
風から保護され、冷涼で湿気のある場所を必要とする。通常、繁殖は新鮮な種子から行なうが、株分けの場合は慎重に行う。

Anemonopsis macrophylla
一般名：レンゲショウマ
☼ ❄ ↔50〜60cm ↕60〜80cm
多年生草本。大形で柔らかな複葉の上部に、くすんだ藤色で下向きの花がつく。花の中心部は紫色。花径は約35mmで、花茎はほぼ黒色。
ゾーン：4〜8

ANEMOPSIS
（アネモプシス属）

ほとんど無名の属で、ドクダミ科に属し1種のみが含まれる。以前はドクダミ属に分類されていた。アメリカ合衆国南西部およびメキシコの近隣地域原産。丈夫な濃緑色の葉を持つ、沼地、湿地もしくは湿潤草原の植物。独特の花は、属名を名づけた植物学者にアネモネの花を想像させた。

〈栽培〉
広く栽培されてはいないが、かなり耐寒性が強く、夏暖かい温帯気候に適する。池辺もしくは流れのゆるい小川の浅瀬沿いの湿潤地に植える。適切な条件下では良く育ち侵襲的になり得る。繁殖は晩冬に種子により行なう。

Anemopsis californica
英　名：YERBA MANSA
☼／◐ ❄ ↔0.9〜3m ↕50cm
すばやく広がり広範囲を覆う多年生植物。直立した茎は叢生し、長い茎に濃緑色の楕円形からへら形の葉がつく。夏には、直立した花茎に小柄で緑みを帯びた白色の花が咲く。花には大形で白色の苞葉がつく。
ゾーン：8〜11

ANETHUM
（イノンド属）
英　名：DILL

セリ科イノンド属には、一年生および二年生草本2種が含まれる。*A. graveolens*のみが一般に栽培され、葉と種子を装飾用もしくは香料に用いる。外観は近縁のウイキョウに類似している。イノンドの花は多種の蝶を誘引し、ワイルドガーデンに用いられる。消化障害もしくは鼓脹の薬として利用され、仙痛を起こした乳児に使用されることも多い。

〈栽培〉
日当たりと水はけが良く、夏季に乾燥しすぎない場所で容易に栽培できる。種子から育て移植することもできるが、一区画の土壌を用意して種子を蒔き、軽く土をならして栽培するほうが容易である。

Anethum graveolens
一般名：ディル、イノンド
☼／◐ ❄ ↔30〜50cm ↕60〜80cm
強い芳香性のあるアジア南西部原産の一年生種。長く細かく分裂したシダ状の葉をつけ、個々の小葉はほぼ髪の毛状となる。微小の黄色い花は夏咲きで、花後には有名な種子がつく。
ゾーン：8〜10

ANGELICA
（シシウド属）

セリ科シシウド属には約50種が含まれ、北半球温帯の大半に生息する。一回結実性種を含め、二年生、多年生のものもある。大半は幅広の葉の観賞用として栽培されるが、ハーブとして栽培されるものもある。大形の葉は羽状のものが多く、深い切れ込みがあり、時として光沢があり、通常は鋸歯縁。葉は頑丈な根茎から生える。夏季には、白、クリーム、緑、ピンクもしくは赤色の微小の花が複合（集散）花序につく。シシウドは、野菜、薬草強壮剤、薬、砂糖漬けなど多くの用途に使用される。

〈栽培〉
深層で腐植質に富みじゅうぶんな湿気を保つ土壌に植える。日なたでよく育つが、通常、葉は半日陰で青々と豊かに茂る。真の多年生種は株分けによるが、一年生種および一回結実性種は種子から繁殖させる。種子は非常に新鮮なものを用いる。

Angelica archangelica

Anemopsis californica

Angelica pachycarpa

Angelica razulii

Angelica archangelica
一般名：ヨーロッパトウキ、アンゼリカ、ヨロイグサ
☼/◐ ❄ ↔1.5m ↕1.8m
グリーンランド、ヨーロッパからアジア中部原産で、一回結実性の多年生植物。長さ60cmほどの羽状複葉がつく。緑みを帯びた白色からクリーム色の花が咲く。薬草として用いられる。若い茎は砂糖漬けにされることが多い。ゾーン：4〜9

Angelica gigas
一般名：オニノダケ
☼ ❄ ↔2m ↕0.9〜2m
朝鮮半島、日本および中国北部原産で、丈夫な茎を持つ二年生植物。葉は非常に大形でほのかに赤く色づく。晩夏から、紫赤色の茎の頂端に赤色の花が房咲きする。ゾーン：5〜9

Angelica pachycarpa
☼ ❄ ↔1.2m ↕60cm
ほぼ常緑の多年生植物で *A. angelica* と混同されることも多いが、実際にはかなり異なり、完全に観賞用である。葉は非常に光沢の強い羽状複葉、長さは約30cmで、小葉は鋸歯縁。小柄な緑色の花は短期間で果序となり、葉を青々と茂らせるためには果序を取り除くと良い。ゾーン：8〜10

Angelica razulii
☼ ❄ ↔90cm ↕90cm
ピレネー山脈原産の多年生植物。深い切れ込みと光沢のある葉がつく。ピンクがかったクリーム色の花が咲く。ゾーン：7〜9

ANGELONIA
(アンゲロニア属)
ゴマノハグサ科アンゲロニア属には、亜低木もしくは多年生植物およそ30種が含まれる。アメリカ中部および南部原産で、湿性の広々とした場所で成長する。通常、葉は小形で単葉。短く5裂した筒形の花は、藤色、青色もしくは白色で、ほぼ1年中開花する。冷涼および温帯気候においては、一般に一年草として扱われる。

〈栽培〉
日当たりの良い場所で、湿気があり水はけの良い軽質の土壌で栽培する。室内では有機物質を加えて湿気を保つ鉢用混合土に植え、明るいフィルター越しの光を必要とする。繁殖は種子、緑枝の挿し木もしくは株分けによって行なう。

Angelonia angustifolia
アンゲロニア・アングスティフォリア
☼ ❄ ↔30cm ↕45cm
メキシコおよび西インド諸島原産。小形で先端が尖った葉は鋸歯縁で、夏季には藤色から紫色の花が総状花序につく。'アルバ'には白色の花が咲く。'パープル'、'パープル アンド ホワイト'および'ローズ ピンク'は色系統を示す。ゾーン：9〜11

ANGIOPTERIS
(リュウビンタイ属)
英 名：GIANT FERN、KING FERN、MULE'S FOOT FERN、TURNIP FERN
太平洋熱帯地域原産。リュウビンタイ科に属し、巨大な常緑性シダ2種が含まれる。基部が広く太い根に支えられた、大形で直立した木質の根茎が特徴とされる。葉は三角形の羽状複葉、長さは5〜8mで、広がる小葉がつく。

〈栽培〉
栽培種はコンテナで容易に育ち順応性がある。広がるためスペースをじゅうぶんにとる。日陰で湿気があり水はけの良い酸性土壌を必要とする。保護された湿度の高い条件の、湿気のある土壌で容易に栽培できる。繁殖はオフセットもしくは葉柄基部の穂によって行なう。

Angiopteris evecta
一般名：ナンヨウリュウビンタイ、アンギオプテリス・イベクタ
英 名：GIANT FERN、KING FERN、MULE'S FOOT FERN、TURNIP FERN
☼ ❄ ↔5〜10m ↕3〜6m
マレーシア、ポリネシア、ニューギニアおよびオーストラリアの熱帯から温帯地域原産の大形シダ。巨大な輪生の葉はアーチを描き、多肉質で丈夫な幹は丸く直立する。ゾーン：10〜12

ANGOPHORA
(アンゴフォラ属)
フトモモ科アンゴフォラ属はオーストラリア東部の種からなり、エウカリノキ属およびコリンビア属と近縁。常緑性高木15種で、花芽を囲む萼片と花弁が別々につく。大半が疎林、森林およびヒースに生息する中高木から高木。通常、樹皮は粗く、ややコルク状もしくは薄片状だが、円滑な種もある。葉は対生で、細く先端が尖ったものから幅広で心臓形のものまである。花には白色からクリーム色の雄ずいが多数つく。枝先に房咲きし、昆虫、鳥類、哺乳類までも誘引する。花後には畝のある木質のさく果が実る。

〈栽培〉
光を好み、成長は早い。砂質で適度に肥沃な土壌と強風から保護されることを好む。日中暖かく日当たりが良ければ、大半が1〜2晩の霜には耐性がある。繁殖はさく果が放出した直後に収穫した種子により行なう。

Angophora bakeri
英 名：NARROW-LEAFED APPLE、SMALL-LEAFED APPLE
☼ ❄ ↔8m ↕15m
オーストラリア、シドニー付近の海岸平野および低い丘陵のみに生息する。疎林のやせた土壌で成長する。粗い樹皮はびっしりと亀裂が入る。くすんだ灰緑

Angiopteris evecta

Angelonia angustifolia, rose pink form

Angophora bakeri

色の葉は長さ約8cm。盛夏には白色の花が咲く。
ゾーン：9〜11

Angophora costata
異　名：*Angophora lanceolata*
英　名：ANGOPHORA, RUSTY GUM, SYDNEY RED GUM
☀ ❄ ↔24m ↕30m
オーストラリア、シドニーの岩が多く砂岩の小高い場所に多く生息する。樹皮はピンクがかった灰色で初夏に剥落し、明るいオレンジブラウンになる。春から初夏に白色の花が房咲きする。若葉は深いワインレッド。
ゾーン：9〜11

Angophora floribunda
英　名：ROUGH-BARKED APPLE
☀ ❄ ↔18m ↕18m
オーストラリアの東海岸原産。*A. costata*に類似しているが、縦溝があり粗い灰色の樹皮に違いがある。大枝はねじれて低く広がり、晩春には白色の花が多数咲く。
ゾーン：9〜11

Angophora hispida
異　名：*Angophora cordifolia*
英　名：DWARF APPLE
☀ ❄ ↔3.5m ↕3m
オーストラリア、シドニーの岩が多く砂岩の小高い場所のみに生息する。幅広の葉はざらついた手触りで、花は春の中頃から夏季に大きく房咲きする。葉の多い新しいシュートと花芽は深赤色の剛毛を帯びる。栽培種は9mほどに成長する。
ゾーン：10〜11

ANGRAECUM
（アングラエクム属）
英　名：COMET ORCHID

ラン科アングラエクム属は大形ランの属で、温暖から冷涼地域に生息し、大形からミニチュア、整然と叢生するものからつる性までの140種以上が含まれる。単茎性で、濃緑色の葉は革質で溝があり2列につく。大形の花序は短いものから長いものまであり、白色からクリーム色の花がつく。野生種においては岩場や樹木の上で育つことが多く、乾燥した風や強烈な光にさらされる。大半の種は白色および緑色で香りのよい花を咲かせる。花には蜜に満ちた長い距がつく。原産地のマダガスカルおよびアフリカでは、ほとんどが夜間に強い香りを放ち、授粉する蛾を誘引する。有名な博物学者チャールズ・ダーウィンが*A. sesquipedale*の授粉は巨大なスズメガによって行なわれていると正確に予測していたことが、没後50年余り経ってから発見された。

〈栽培〉
温室あるいはコンサバトリー用の着生ランで、気温が降霜温度まで低下すると大半は生き残れない。ほとんどの種は気温10℃から30℃の範囲内を好む。大型に成長する種は広いスペースを必要とし、水はけが良い樹皮ベースの培地の鉢植えで栽培されることを好む。熱帯気候地域では庭園に組み入れることもできる。

Angraecum didieri
一般名：アングレクム・ディディエリ
☀ ❄ ↔10〜15cm ↕10〜15cm
マダガスカル原産。隠れているものが多く、純白で幅約6cmの夏咲きの花が非常に短い単生の花序につく。太い根はいぼ状で銀白色。冷涼で冬にはやや乾燥した条件を好む。
ゾーン：10〜12

Angraecum scottianum
一般名：アングレクム・スコッティアヌム
☀ ❄ ↔8〜15cm ↕8〜30cm
マダガスカル原産。細い茎と半円柱形の葉をつける細長い植物。白色の花は幅5cmほど。実生は急速に成熟し、完全な日陰で湿った条件の場所に根付く。
ゾーン：10〜12

Angraecum Veitchii
一般名：アングレクム ヴィーチー
☀ ❄ ↔30〜60cm ↕20〜100cm
*A. sesquipedale*と*A. eburneum*の一代交雑種。人気があり丈夫な植物で、幅10cmほどの花が最高8個までつく。
ゾーン：10〜12

ANGULOA
（アングロア属）
英　名：TULIP ORCHID

ベネズエラ、コロンビア、エクアドル、ペルーおよびボリビアの山岳地帯原産。ラン科に属し、リカステ属に近縁で、太い偽鱗茎と大形で薄く折り目のある葉をつける。蝋質で幅8〜10cmほどのチューリップ形の花は完全に開かず、偽鱗茎の基部から直立した茎に単生でつく。開花期は新芽の成長期と同じく春と夏。

〈栽培〉
冷涼から中間気候の栽培環境を必要とする。成長期に根を乾燥させないためにコンテナ栽培が最適である。活発な成長期にはよく灌水する。

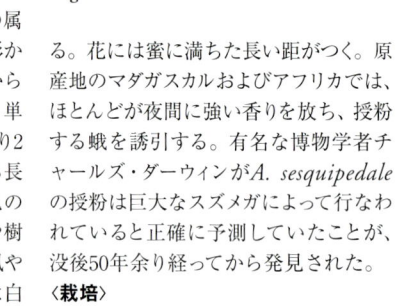
Angraecum didieri

Angraecum Veitchii

Angophora floribunda

Angophora hispida

*Angophora costata*の自生種、オーストラリア、ニューサウスウェールズ州ワタガンズ国立公園

Anguloa clowesii
一般名：アングロア・クロウェシイ
☀ ♦ ↔30〜60cm ↕40〜60cm
コロンビアおよびベネズエラ原産。栽培種でもっとも人気のある種だと思われる。鮮やかなレモン色から黄金色の香りの強い花が咲く。
ゾーン：10〜11

Anguloa hohenlohii
☀ ♦ ↔30〜60cm ↕40〜60cm
ベネズエラ原産。誤って *A. ruckeri* というラベルを貼られているのをよく見かける。花は内側が深い赤茶色で、外側が薄緑がかった茶色。
ゾーン：10〜12

Anguloa uniflora
一般名：アングロア・ユニフロラ
☀ ♦ ↔30〜60cm ↕40〜60cm
ベネズエラ、コロンビア、エクアドル、ペルーおよびボリビア原産。花色はやや変異に富み、白からクリームの地色に、ピンク色の細かい斑点や粗い斑が入る。クローンの中には濃ピンク色のものもある。近縁の *A. virginalis* と混同されることが多い。
ゾーン：10〜11

×ANGULOCASTE
（×アングロカステ属）
複茎性のラン、アングロア属とリカステ属の交雑種で、同じくラン科に属する。太い偽鱗茎と、大形で折り目のある薄い葉をつける。蝋質の花は単生で、新芽の成長と同じく春から夏に偽鱗茎の基部から直立した柄につく。花の色と色調は交雑種の遺伝子の性質によりかなり多様となる。

〈栽培〉
冷涼から中間気候で育つ着生もしくは半陸生植物で、成長期には根が乾燥しないようにすれば鉢栽培に最適である。活発な成長期には肥料をよく消費し、たっぷりの灌水を必要とする。

×*Angulocaste* Jupiter × *Anguloa hohenlohii*
☀ ♦ ↔60〜90cm ↕40〜60cm
登録されていない交雑種で、アングロア属の影響が強く、上向きでチューリップ形の花をつける。
ゾーン：10〜11

×*Angulocaste* Rosemary
☀ ♦ ↔60〜90cm ↕40〜60cm
A. Sanderae と *Lycaste* Balliae の交雑種。*Lycaste skinneri* の影響を強く受け、*Lycaste macrophylla* および *Anguloa clowesii* の系統でもある。
ゾーン：10〜11

× *Angulocaste* Jupiter × *Anguloa hohenlohii*

× *Angulocaste* Rosemary

ANIGOZANTHOS
（アニゴザントス属）
英　名：KANGAROO PAW
ハエモドルム科アニゴザントス属は、常緑で剣形の葉を持つ多年生植物11種からなり、本来はオーストラリア南西部の固有種。葉は濃緑色で、光沢のあるものからアヤメのようなものまで多様である。有毛で筒形の花は興味深く、高さ0.3〜1.8mの分岐した茎につく。通常、開花期は温暖季。花は長さ約30mmで、色は種によって緑、暖色系の金色、ピンク、赤および赤茶色となる。切花の花茎は長持ちする。草花取引を考慮した新品種が多数産出されている。

Anguloa uniflora

〈栽培〉
日なたで水はけの良い場所に植える。成長期にはよく灌水した方が良いが、乾燥には耐性がある。葉の黒ずみはインク病の兆しで、ナメクジやカタツムリと同様にひどい被害を受ける場合もある。園芸種の繁殖は主として慎重な株分けにより行なう。種子から繁殖させる場合もある。

Anigozanthos flavidus
一般名：トールカンガルーポー
英　名：EVERGREEN KANGAROO PAW, TALL KANGAROO PAW
☀ ❄ ↔0.9m ↕3m
夏咲きの多年生植物で、長さ0.9mほどの緑色の葉をつける。滑らかな花茎は緑色で、高さ約3mに及ぶ。有毛で筒形の花は緑色もしくは黄緑色で、場所によっては、赤、オレンジまたはピンク色の花が群れあるいは単体で咲くこともある。育成地はオーストラリア南部および南西部の湿気のある小川の浅瀬、湿地周辺、林地や森林地の路側の排水域で、砂質および砂利質土壌となる。
ゾーン：8〜9

Anigozanthos flavidus の自生種、ウェスタンオーストラリア州ワルポール

Anigozanthos humilis
一般名：キャッツポー
英　名：CAT'S PAW
☀ ♦ ↔50〜100cm ↕20〜100cm
冬から春に開花する落葉性の多年生植物で、葉は長さ15〜20cmほどで、部分的もしくは全体的に有毛、あるいは縁のみ有毛となる。花茎は有毛で分岐せず、黄、赤、オレンジまたはピンク色の花が

Anigozanthos manglesii

10〜20個ほどつく。ウェスタンオーストラリア州の西部および南部海岸地域に生息する。
ゾーン：9〜10

Anigozanthos manglesii
一般名：カンガルーポー
英　名：MANGLES' KANGAROO PAW、RED AND GREEN KANGAROO PAW
☼ ❄ ↔90cm ↕30〜50cm

葉は平滑で灰緑色。花茎は赤く、綿毛もしくは柔毛を帯び、ほとんど分岐しない。緑色の花が晩冬から初夏に咲く。花の基部は赤色。通常は短命の多年生植物で、ウェスタンオーストラリア州西海岸沿いの、ヒース、森林地帯、水はけの良い砂質土壌に生息する。石灰質土壌で育つものもある。
ゾーン：9〜10

Anigozanthos rufus
英　名：RED KANGAROO PAW
☼ ❄ ↔50cm ↕50〜100cm

緑色の滑らかな葉は長さ20〜40cmほどで縁が粗い。花茎は分岐し、花と同様に赤色で綿毛や柔毛が密集する。開花期は春から夏。ウェスタンオーストラリア州南海岸沿いで、特定の季節のみ湿性の砂質土壌となる場所に生息する。
ゾーン：9

Anigozanthos viridis
英　名：GREEN KANGAROO PAW
☼ ❄ ↔50cm ↕80cm

ほぼ円筒形の葉は長さ6mm〜50cm、円滑で灰緑色。花茎は85cmほどで、赤茶色の毛が生え分岐はしない。春には緑色もしくは黄緑色の毛が生えた花が咲く。オーストラリア西海岸に生息する。
ゾーン：9〜10

Anigozanthos Hybrid Cultivars
一般名：アニゴザントス交雑品種
☼/☼ ❄ ↔20〜75cm ↕0.3〜1.8m

1970年代以降、カンガルーポー12種中の多くが計画的な繁殖プログラムに用いられ、現在では一般の園芸家に対して、栽培しやすく幅広い気候に適合する魅力的な栽培品種が多数提供されている。交雑にもっともよく利用される種はA. flavidusで、小川沿いの浅瀬の湿気のある場所に生息し、栽培においては「水はけの悪い場所」に耐性がある。栽培品種には以下のものが含まれる。'オータム サンライズ'★には晩春から夏にオレンジ色の花が咲く。'ビッグ レッド'には赤い花が多数つく。'カッパー チャーム'の花茎は高く、春にはオレンジ色の花が咲く。'ドワーフ デライト'の花は黄緑色で、赤色の毛が生える。'ヒックマンズ デライド'の葉は濃緑色で、濃赤色の花が咲く。'リトル ジュエル'の葉は光沢がある緑色で常緑。春には赤色の花がつく。'ミニ レッド'はコンパクトな植物で、赤色の花が密集して房咲きする。'パトリシア'は春に赤茶色の花が咲く。'ピンク ジョーイ'の花は薄紫がかったピンク色。'レッド クロス'の大形の花は深い赤紫色で、基部に黄色の斑点が入る。'リーガル クロウ'は赤色からオレンジ色の花がほぼ1年中開花する。'ルビー ジュール'の葉は半落葉性で、花は赤みを帯びた緑色。'スペース エイジ'の花は赤色。'スペンスズ スペクタキュラー'の花は赤茶色で、葉は落葉性。'シュー ディクソン'の花は基部付近が赤色で、裂片の先端に近づくにつれ徐々に黄緑色となる。'ベルベット ハーモニー'の花は綿毛を帯び、非常に濃い紫色。The **Bush Gems Series**（ブッシュ ジェム シリーズ）の色は多様。'ブッシュ ヘイズ'は丈が高く、茎は有毛で、鮮やかな黄色の花が咲く。'ブッシュ ヘリテイジ'には赤色の毛が密生した緑色の花が咲く。'ブッシュ ナゲット'には黄金色の花がつく。'ブッシュ ルビー'の花は赤色。
ゾーン：9〜11

ANISACANTHUS
（アニサカンサス属）

キツネノマゴ科に属し、アメリカ合衆国南西部およびメキシコ原産の亜低木もしくは低木8種が含まれる。花は夏季および秋季に、短命の苞葉やじょうご形の花冠と共に穂状花序もしくは総状花序につく。4裂の葉は対生で全縁。果実は4枚以上の心皮を持つさく果で、それぞれに2〜10個の種子が含まれる。

〈栽培〉
水はけの良い土壌を好み、花付きを良くするためには灌水を制限し、日なたで栽培する。新芽が出て花がよく咲くように、2〜3年に一度、春季にじゅうぶん剪定する。繁殖は種子もしくは挿し木により行なう。

Anisacanthus thurberi
英　名：CHUPAROSA、DESERT HONEYSUCKLE、MUICLE
☼/☼ ❄ ↔1.2〜1.8m ↕1.2〜1.8m

アメリカ合衆国南東部およびメキシコ原産で、暑さに耐性がある落葉性低木。新しい茎は直立し、成長と共に不規則に広がる。錆びた赤色から黄金色の筒形の花が長期間にわたって咲く。
ゾーン：7〜9

ANISODONTEA
（アニソドンテア属）

アオイ科に属し、南アフリカ原産の低木および亜低木20種が含まれる。常緑性。大半の葉は鋸歯縁で、欠刻もあり、掌状もしくは楕円形のいずれか。5枚花弁の花は浅い杯形。半耐寒性に分類される。冷温帯気候では夏場の花壇用に、温暖の沿岸地域ではボーダー花壇用として栽培される。

〈栽培〉
春に播種する。夏に採取した半熟枝の挿し木でも繁殖は可能だが、ボトムヒートが必要となる。ロームをベースにした砂質の混合土が最適。室内で栽培する場合は最大限の光を必要とする。屋外では日なたの場所を必要とし、春に施肥する。鉢栽培の標本には、毎月、複合肥料を与える。冬季は灌水を控え、施肥は行なわない。藪状になったら新芽を剪定するか、春に古木を剪定する。鉢植えは、ハダニやコナジラミの被害を受けやすい。

Anigozanthus Hybrid Cultivar

アニゴザントス交雑品種
ブッシュ ジェム シリーズ'ブッシュ ナゲット'

アニゴザントス交雑品種
ブッシュ ジェム シリーズ'ブッシュ ルビー'

アニゴザントス交雑品種
ブッシュ ジェム シリーズ'ブッシュ ヘイズ'

Annona muricata

Anisodontea 'African Queen'
一般名：アニソドンテア 'アフリカン クイーン'
☼ ☀ ↔75cm ↕0.9m
A. ×*hypomadara*と*A. scabrosa*の交雑系統だと報告されている栽培品種。コンパクトな低木で、葉は濃緑色。晩春から初秋に、薄ピンク色で径25mmほどの花が咲く。
ゾーン：9〜11

Anisodontea capensis
異　名：*Malvastrum capensis*
一般名：アニソドンテア・カペンシス
☼ ☀ ↔75cm ↕0.9m
茎は有毛で、葉は卵形から三角形の直立した低木。葉長は約25mm。花は薄赤色から濃赤紫色で、径25mmほど。開花期は、温暖気候においてはほぼ1年中、冷温帯では夏季となる。
ゾーン：9〜11

ANNONA
(バンレイシ属)
アフリカおよびアメリカの熱帯地方に広く分布する。バンレイシ科バンレイシ属には常緑性もしくは半落葉性の低木および高木100種ほどが含まれる。チェリモヤやバンレイシなど、商用あるいは局地的に重要となるものも数種ある。一般的な種の大半は、芳香性で長楕円形の単葉がつき、葉脈が目立つ。独特な花は厚い多肉質の6枚花弁で、中央に雄ずいと雌ずいが密集して多数つく。中心が果肉質の果実へと発育し、外側に刺がつくものもある。

〈栽培〉
温暖な亜熱帯もしくは熱帯の条件を必要とし、強風から保護されることを好む。日当たりが良い場所の、湿気があり水はけが良く腐植質に富む土壌が最適。いつでも開花および結実するが、乾燥し過ぎると果実の品質が低下する。繁殖は種子もしくは接ぎ木により行なう。

Annona, Atemoya Group
一般名：バンレイシ アテモヤ グループ
英　名：ATEMOYA, CUSTARD APPLE
☼ ☀ ↔1.8〜2.7m ↕3〜4.5m
A. cherimola and *A. squamosa*の交雑種。広がる高木で、下垂する大形の葉をつける。大きなトランペット形の黄色い花が多数つく。果実には種子がほとんど無く、粒状で果肉は無い。'アフリカンプライド'は矮小型品種で、450〜680gほどの果実が年に2度実る。'ピンクズマンモス'には最高3kgにおよぶ大形で美味の果実がつく。
ゾーン：10〜12

Annona cherimola
一般名：チェリモヤ
英　名：CHERIMOYA, CUSTARD APPLE
☼ ☀ ↔3m ↕6m
ペルーおよびエクアドル原産の常緑性高木。濃緑色の葉は卵形から槍形で、下面がビロード状。黄色系の花は芳香性で、内側に紫色の斑点があり、茶色の細毛を帯びる。果実は円形、果肉は美味で多肉質。'エル バンポ'の果実は皮が柔らかく果肉が甘い。'ハニーハード'は中型で黄緑色。'マクファーソン'は中型で濃緑色。'ピアス'は中型で、皮は滑らか。'サボール'は香りが強い。'スペイン'には多数の果実がつき、美味なパイナップルの味わい。
ゾーン：10〜12

Annona muricata
一般名：トゲバンレイシ、グラビオラ
英　名：GUANABANA, SOURSOP
☼ ☀ ↔3m ↕6m
中央アメリカおよび西インド諸島原産の常緑性高木。成長と共に葉に光沢が出る。花は黄緑色。果実は濃緑色の卵形で、表面には湾曲した柔らかな刺があり、白色の果肉はとろけるように滑らか。
ゾーン：10〜12

Annona squamosa
一般名：バンレイシ、シャカトウ
英　名：CUSTARD APPLE, SWEETSOP
☼ ☀ ↔3m ↕8m
熱帯アメリカ原産の常緑性高木。芳香性の葉は細い槍形。黄色系の花は内側に紫色の斑点がある。果実は球形で外側は薄緑色。内側にはカスタードのような乳白色の果肉が詰まっている。
ゾーン：10〜12

ANOPTERUS
(アノプテルス属)
オーストラリア大陸東部およびタスマニア州原産で、2種が含まれる。両樹木とも高雨量の山岳地帯および丘陵地帯で成長する。スグリ科アノプテルス属は、ユキノシタ属の各種植物やアジサイと同様に顕花植物の仲間。枝は直立し、枝頂には長く革質の葉が密集する。じょうご形で白色の花がシュート頂端の短い穂状花序につき、若葉のシュートはそれより下部につく。果実は革質のさく果で、裂けて翼状の種子を放出する。

〈栽培〉
温暖多湿の気候を必要とする。*A. glandulosus* は中程度の霜に耐性があり、大陸種は霜への耐性は少ないが高温にはより耐性がある。保護された、やや日陰の条件と、湿気があり水はけの良い土壌が最適。冷涼気候では魅力的なコンサバトリー用植物で、葉に価値がある。繁殖は種子もしくは挿し木により行なう。挿し木により繁殖させた植物は花がより小形。

Anopterus glandulosus ★
アノプテルス・グランドゥロスス
英　名：TASMANIAN LAUREL
☼ ❄ ↔3m ↕3m
オーストラリアのタスマニア州各地の原産。通常は、堅く分岐した低木だが、9mほどの高木に成長するものもある。葉は革質で非常に堅く、鈍角の鋸歯がつく。春には、純白の6枚花弁の花が穂状花序につく。'ウッドバンク ピンク'にはピンク色の花弁がつき、内側はほぼ白色となる。
ゾーン：8〜9

Anisodontea 'African Queen'

Anisodontea capensis

Anopterus glandulosus 'Woodbank Pink'

ANTENNARIA
(エゾノツチコグサ属)

英　名：CATS EARS, EVERLASTING, LADIES TOBACCO, PUSSY-TOES

北部温帯地域、とりわけアジアや北アメリカに分布する。キク科で、ほぼ常緑性の多年生植物で、丈低く広がる習性と、密生するフェルト状の葉群れが特徴。葉群れから飛び出したところで、フェルト状の茎につく頭花序は小さく、舌状花(花弁)がなく、乾いた苞葉に包まれる。花はたいてい白、クリーム色、あるいはピンク色だが、葉と低く広がる習性のほうが、おそらく花よりも重用されている。

〈栽培〉
ロックガーデンや高山植物を集めたトラフで小さな場所のグラウンドカバーに使われることが多く、中心となる植物を引き立てるような葉色を提供する。水はけのよい、いくぶん砂混じりで、夏も湿り気を保てる土壌で、日なたに植える。根付いた植物は株分け可能。下方の枝が地面に触れ発根することもあるし、種子から新しい株を育ててもよい。

Antennaria dioica
一般名：エゾノチチコグサ
英　名：CATSFOOT
☼ ❄ ↔60～90cm ↕20cm

北部温帯地域に広く分布する。びっしりと茂る葉は、フェルト状で、銀灰色を呈し、へら形、長さは35mmほど。白、クリーム色、ピンク色、または赤色の頭状花を、夏、がっしりした茎先につける。ゾーン：5～9

Antennaria microphylla
英　名：LITTLELEAF PUSSYTOES, PINK PUSSYTOES
☼ ❄ ↔50cm ↕30～40cm

北アメリカ中央部と西部に自生する。びっしりと繁茂する葉は、白い毛を帯び、丸みを帯びたさじ形、葉長12mmほど、ロゼッタを作る。緑がかったクリーム色～ピンク色の頭状花を、1茎につき15までつける。ゾーン：3～9

Antennaria parvifolia
☼ ❄ ↔50cm ↕25cm

アメリカ合衆国西部と隣接するカナダの一部に自生する、マット状に密生して繁る種。葉は小さく、葉色は白に近く、ヘラ形。晩春に咲く花は、白～ミッドピンクの花序を作る。ゾーン：3～9

ANTHEMIS
(アンテミス属)

英　名：DOG FENNEL

キク科。キク科の他の多くの属同様、アンテミス属も最近分類分けを修正されたが、それでもまだ100ほどの種を抱える。芳香を持つ多年生植物と小低木からなり、おもに地中海地域と西アジアに分布する。葉はふつう非常に細かく全裂し、ときには灰緑色や銀色を呈し、基部近くで葉群れを茂らせる。葉群れの上に、黄色、白、稀に藤色のデージー形の花が出る。今日、栽培品種のほとんどは観賞用であるが、*A. tinctoria*の花はかつては染料を作るのに用いられたし、精油や他の抽出物に薬用効力が含まれないか研究中の種もある。

〈栽培〉
耐寒性があり、湿り気のある肥えた水はけのよい土壌で、日なたなら容易に育つ。商業用には、花後切り戻すこと。短命であるが、挿し木と播種で、容易に繁殖する。多年生植物の中には株分けできる種もある。

Anthemis marschalliana
☼ ❄ ↔30～50cm ↕30cm

トルコ北東部とコーカサス地方に自生する。地表を覆う多年生植物で、葉は光沢のあるシダ葉状で、灰緑色。夏、小さなレモンイエローのデージーに似た小花で葉群れが覆われる。ゾーン：7～9

Anthemis punctata
☼ ❄ ↔30～50cm ↕40～60cm

ヨーロッパの地中海にある島々と北アフリカに自生。基部が木質の多年生植物で、光沢のある、白い羽状複葉は、長さ10cmほど。夏、白い花を多数つける。*A. p.* subsp. *cupaniana* ★はシシリー島原生、銀灰色の葉をつけ、頑健に育つ。ゾーン：7～9

Anthemis tinctoria 'Golden Rays'

Anthemis sancti-johannis
一般名：オレンジ カモミール
☼ ❄ ↔60cm ↕45～75cm

直立する低木状の多年生植物で、ブルガリア原生。灰緑色の羽状複葉にも、茎にも、まばらな綿毛が生える。花は山吹色～オレンジ色。ゾーン：4～9

Anthemis tinctoria
一般名：コウヤカミツレ、ダイヤーズ カモミール
英　名：DYERS CHAMOMILE, YELLOW CHAMOMILE

ヨーロッパから西アジアにまで分布する低木状の多年生植物。短くて、細かく全裂する葉は、ふつう薄緑色で、わずかに毛が生え、ときには綿毛を帯びる。暖かい季節に、小花をたくさんつける。'E. C. バクストン' (syn. 'ミセス E. C. バクストン') は、草丈45cmほど、優しい黄色のデージー状の花をつける。'ゴールデン レイズ'は、草丈60cm、鮮やかな黄色の花。'ソース オランデーズ'は草丈60cm、中央部が黄色いクリーム色のデージー状の花をたくさん咲かせる丈夫な低木状植物。'ワーグレイブ バラエティ' (syn. 'ワーグレイブ')、茎は0.9mまで伸び、濃緑色の葉と、レモンイエローの花をつける。ゾーン：6～9

ANTHERICUM
(アンテリクム属)

ユリ目で、Anthericaceae (アンテリクム科) に属し、多年生草本50種からなる。南ヨーロッパ、トルコ、アフリカに分布、乾燥した草原や開けた低木地帯に自生する。根は短い多肉質、葉幅は狭く、葉はイネ科の草に似ている。花茎は細く高くなり、晩春と初夏、多数の白い星形の花を茎先にスプレー状につける。

〈栽培〉
肥えた水はけのよい土壌で、日なたに植える。ほとんどの種はアルカリ性の土壌を好む。成長期には乾燥させないように気をつける。繁殖は播種、または株分けで。

Anthemis tinctoria

Anthemis tinctoria 'Wargrave Variety'

Antennaria parvifolia

Anthericum liliago
英　名：ST BERNARD'S LILY
☼ ❄ ↔30cm ↕60〜90cm
南ヨーロッパの高山帯にある草原に自生する。非常に普及している種。イネ科植物のような葉は、長さ40cmほど。星形の白い花は径2.5cm、晩春に細い茎につく。*A. l. var. major*のほうが花茎が長く、花もいくぶん大きい。
ゾーン：7〜9

Anthericum ramosum
☼ ❄ ↔30cm ↕60〜90cm
南ヨーロッパに自生する。よく似た*A. liliago*よりも高度の低い場所に育つ。相違点は、花茎が分岐し、個々の花がこちらのほうが小さいこと。
ゾーン：7〜9

ANTHOCLEISTA
（アントクレイスタ属）
熱帯アフリカとインド洋にある島々に分布する常緑樹14種からなる。マチン科。若木の葉が大きいのが特徴で、長さ2.4m、幅0.6mにもなる種もある。成長が早く、幹が高さ4.5mになるまで分岐せず、それまで巨大な櫂状の葉を集めたキャベツのような樹冠をつける。付け根から筒状に出たあと5花弁に分かれ反り返る花は、多数分岐した円錐花序につき、葉の間に位置する。果実は多数の種子を含む液果。

〈栽培〉
景観樹として非常に効果的で、間隔をじゅうぶんとって何本か植えるとよい。霜の降りない気候を要求するが、暖温帯の沿岸性気候ならば風雨を遮った日当たりのよい場所で育つ。深層の、水はけのよい、肥沃な土壌を好む。水やりはじゅうぶんに。冷涼な気候では、若木のあいだは印象的なコンサバトリー植物となる。繁殖は採ったばかりの種子から。

Anthocleista grandiflora
☼ ✣ ↔3.5m ↕9m
熱帯アフリカ一帯に広く分布する。人目を引く木で、分岐しない若木につく葉は長さ1.2m、幅45cmになり、葉先が丸く、葉脈が目立つ。春〜夏、乳白色の花が円錐花序を作る。高所に咲くので、花は目につかない。
ゾーン：11〜12

Anthocleista grandiflora

Anthurium andraeanum

ANTHRISCUS
（シャク属）
ヨーロッパ、北アフリカ、アジアに分布する一年生、二年生植物と草本性の多年生植物12種からなり、中には他の国ではびこり雑草化してしまった種もある。柔らかな羽毛のような葉群れと、セリ科特有の白い細かい花が集まる平たい花序をつける。原生花園で、縁取りとして装飾的価値を持つ種もあるが、自家播種する傾向があるので、よく考えて植えるべきである。

〈栽培〉
水はけがよく、湿り気を保てる土壌で、日なたか半日陰が適している。繁殖は採取したばかりの種子から。たいてい自家播種する。

Anthriscus cerefolium
一般名：チャービル、ウイキョウゼリ
英　名：CHERVIL
☼ ❄ ↔25〜30cm ↕50〜60cm
ヨーロッパと西アジアに原生する一年生植物で、料理の風味づけに用いられるが、暑い乾燥した気候ではとうが立ちやすい。常時収穫するには、種子を一定間隔ごとに蒔く。2、3週間で発芽、6週間で収穫できる。
ゾーン：7〜10

Anthriscus sylvestris
一般名：カウパセリ、シャク
英　名：COW PARSLEY, KECK
☼/☽ ❄ ↔40〜60cm
↕60〜150cm
ヨーロッパ、北アフリカ、アジアに分布する野生植物。細かい、シダ葉状の、濃緑色の葉と、春と初夏に咲く細かな白い花が作る花序は魅力的だが、はびこって雑草化しうる。'レイブンズウィング'は葉色がパープルブラック。緑色や色の薄い苗は除く。
ゾーン：4〜9

Anthericum liliago

ANTHURIUM
（アントゥリウム属）
鉢植え植物として広く栽培されるが、熱帯では屋外にも植える。熱帯アメリカが原生の、サトイモ科の本属は、常緑の多年生植物およそ900種を抱える。大きな長円形、槍形、もしくは矢形の葉は、通常太い根茎から出るこわばった茎先に直立してつく。根茎からは気根も出る。花序は突き出た肉穂花序を包む盾形の仏炎苞からなる。仏炎苞と肉穂花序は同色のことが多く、鮮やかな赤が多い。アントゥリウム属の切り花はもちがよく、ハワイの重要産業である。

〈栽培〉
野生では着床植物であることが多いが、コンテナ栽培にも庭植えにもよく適応し、湿った腐葉質の多い土壌で、明るい湿気の多い気候で育つ。霜にはまったく耐性がないが、冷涼な気候にはかなり適応できる。とはいえ、花を咲かせるには暖かさが続くことが必要である。

Anthurium andraeanum

Anthurium andraeanum 'Lady Ruth'

Anthurium andraeanum 'Rhodochlorum'

Anthurium andraeanum 'Small Talk Pink'

Anthurium andreanum
一般名：アンスリウム、オオベニウチワ
英　名：FLAMINGO FLOWER
☼/☽ ✣ ↔30〜60cm
↕50〜120cm
コロンビアとエクアドルに自生する。濃緑色の矢じり形の葉は長さ50cmになり、やはり長い葉柄につく。鮮やかな濃赤色、光沢があり、脈目がしっかり入っている心臓形の仏炎苞には、白〜クリーム色の肉穂花序と赤い果実ができる。栽培品種には、おそらく交雑でできた品種であろう、仏炎苞が鮮やかな艶のある真紅を呈する'レディ　ルース'。仏炎苞の一部は赤色、一部は緑色の'ロドクロルム'。'ルブルム'は標準種に非常に似るが、仏炎苞の赤色がより薄く、より鮮やか。'スモール　トーク　ピンク'は草丈が低く、大きな鮮やかなピンク色の仏炎苞に、ピンク色を帯びたクリーム色の肉穂花序。
ゾーン：11〜12

Antigonon leptopus

Anthyllis vulneraria

Anthurium scandens
一般名：ノボリウチワ
☼/☽ ⚥ ↔0.9m ↕3m
メキシコからペルー、ガイアナ、西インド諸島にまで分布する、よじ登り植物。短い茎につく葉は、長さ15cm。小さな、紫色を帯びた緑の仏炎苞が5〜8cmの茎につく。肉穂花序は緑色で、果実は白く、両者ともしばしば紫色を帯びる。
ゾーン：11〜12

Anthurium scherzerianum ★
一般名：ベニウチワ
☼/☽ ⚥ ↔30〜50cm ↕60〜75cm
コンパクトな陸生種で、コスタリカ原生。鉢植え植物として人気がある。細長い楕円形〜槍形の葉は長さ25cmほど、少し短めの茎につく。葉群れよりも突き出る茎は赤いことが多い。仏炎苞は鮮やかな赤で、幅広い。肉穂花序はオレンジ色〜赤で、ねじれている。果実は赤色。
ゾーン：11〜12

Anthurium upalaense
☀ ⚥ ↔0.9〜1.5m ↕45〜75cm
コスタリカやニカラグアの低地や湿潤な森林地帯に自生する着生植物。短めの葉柄に長さ0.9mの細長い葉をつける。仏炎苞は黄緑色で紫色を帯びることも多く、長さは20cmほど、45cmほどの茎先につく。赤い果実。ゾーン：12

Anthurium warocqueanum
一般名：ナガバオオベニウチワ
英名：QUEEN ANTHURIUM
☼/☽ ⚥ ↔0.9〜3m ↕60〜150cm
コロンビア原生種。地表を覆うように広がり、ときには強い根に支えられ1.5mの高さにまでよじ登る。下垂した細長い心臓形の美しい葉は、長さ0.9m、ビロードのような質感で、濃緑色を呈し、大きな薄緑色の葉脈が走る。短い茎につく花は葉群れの中。仏炎苞は緑色、肉穂花序は黄緑色。ゾーン：12

ANTHYLLIS
（アンティリス属）
地中海地方に自生し、マメ科のソラマメ亜科に属する一年生、多年生植物と小低木20種ほどからなる。葉は掌状葉、あるいは羽状複葉で、総状花序を作る花は、ピンク色か黄色のことが多い。夏が暑く乾燥した地域で、痩せた石だらけの土壌でも育つ。

〈栽培〉
熟すと同時に、砂質の培地に種子を蒔く必要がある。種子は鉢で冬越しが可能。夏に挿し木用の半熟枝を採ることもできる。ロックガーデンに向く種もあり、全種が水はけのよい土壌を好む。ほとんどの種は耐寒性があり、枯れる原因は霜だけでなく、水のやりすぎと霜が重なった場合が多い。

Anthyllis vulneraria
一般名：キドニーベッチ
英名：KIDNEY VETCH
☼ ❄ ↔60cm ↕25cm
ヨーロッパ、西アジア、北アフリカが原生地。緑の葉は、楕円形、あるいは長楕円形の小葉に全裂する。花色はクリーム色、黄色、オレンジ色、赤色から紫色まで。ロックガーデンや、野生の草原に向いている。ゾーン：7〜9

ANTIDESMA
（ヤマヒハツ属）
主に熱帯に産し、トウダイグサ科に含まれる本属は、アフリカ、アジア、オーストラリアに分布する高木や低木170種ほどを抱える。食用になる液味に似た果実は、枝先で密な穂状果序を作る。単葉で全縁の葉は、乾燥期が厳しい気候ではしばしば落葉する。花は、雌雄の花が別々の木になり、緑がかった色で花弁がない。球形を帯びる果実は大きな種子を1〜2個含むだけ。雄性の木が周囲になくても、雌性の木に果実がなる種もある。

〈栽培〉
夏にじゅうぶんな降雨量のある熱帯、あるいは亜熱帯の気候を要求する。深層の、水はけのよい、沖積層の土壌と、適度な日照があり風雨にさらされない場所を好む。冷涼な気候では、加温したコンサバトリーで育てる。繁殖は、完全に熟した果実から取った種子、あるいは挿し木か、高取り法で取った苗から。

Antidesma bunius
一般名：ナンヨウゴミシ、ブニノキ
英名：BIGNAY、CHINESE LAUREL
☼ ❅ ↔4.5m ↕9〜12m
インド、マレー半島が原生の常緑樹。光沢のある濃緑色で、楕円形〜長楕円形の葉は、長さ15cmほど。小さな黄緑色の花が咲く。食用になる赤い実の房が目を引く。ゾーン：10〜12

ANTIGONON
（アサヒカズラ属）
メキシコと中央アメリカ原生の属で、タデ科の成長の速い多年生つる植物3種からなる。根をマルチで断熱すれば、温和な気候なら常緑となる。土壌深くまで凍らない程度なら、軽い霜が降りる地域でも育つ。葉を密生させ天蓋を作るが、暖かい季節のあいだは、さらにつるが総状花序に覆われる。花色はふつう小さな花を包む萼片の色となり、鮮やかなピンク色のことが多い。総状花序の先端は巻きひげになっており、登攀を助ける。花後、三角形の果実がなる。

〈栽培〉
日当たりがよく、水はけのよい場所に植え、夏の間、水やりをじゅうぶんにする。肥料を頻繁に与えると頑健に育ち、花つきもよくなる。コンパクトに保つには摘心し、花を長く咲かせるには花がらを摘むこと。繁殖は播種か、夏に基部を挿すか、初春に塊茎を分ける。

Antigonon leptopus
一般名：アサヒカズラ、ニトベカズラ
英名：CHAIN OF LOVE、CONFEDERATE VINE、CORAL VEIN、MEXICAN CREEPER
☼ ❅ ↔6m ↕4.5m
頑健に育つ、塊茎根を持つメキシコ原生のつる植物で、ほぼどんな支えでも登っていく。先の尖った、葉脈がしっかり入った、楕円形か心臓形の葉は、長さが10cmほど、縁が強く波打つ。細かい花はコーラルピンク〜赤色の心臓形の萼片に包まれる。
ゾーン：10〜12

Anthurium scherzerianum

Anthurium scandens

Anthurium upalaense、コスタリカ

キンギョソウ、チャイムズ シリーズ、
'チャイムズ ピンク'

キンギョソウ、チャイムズ シリーズ、
'チャイムズ レッド'

キンギョソウ、ソネット シリーズ、
'ソネット ホワイト'

キンギョソウ、ソネット シリーズ、
'ソネット ピンク'

ANTIRRHINUM
（キンギョソウ属）
英 名：SNAPDRAGON

温暖な北半球の地域に分布。ゴマノハグサ科。一年生植物、多年生植物、亜低木およそ40種からなる。広く知られているのは、庭植えの一年草で、英名の由来となったように、押さえると花の口が開いたり閉まったりし、子供たちに人気がある。ほとんどの種がコンパクトに育つ。ときに灰緑色を帯びることもある葉は、単葉で、丸形〜槍形、低くドーム状に茂る。花茎は晩春から形成され、おなじみの切り込みの入った花が花序を作る。キンギョソウの種子は油分が豊富で、昔はその油を抽出しオリーブ油のように使った。

〈栽培〉
肥えて、湿り気があり、腐葉質に富んだ土壌で、日なたなら非常によく育つ。地中海原生の種は、かなり日照りに耐性があるが、花つきをよくするには水分が必要。湿潤な環境だとサビ病が問題となる。繁殖は播種からだが、多年生の種なら花をつけない茎を挿してもよい。

Antirrhinum grosii
☼/◐ ❄ ↔10〜20cm ↕10〜30cm
地中海地方西部、とりわけスペインの低高山地帯に分布する。濁った緑色で粘着性のある葉は、長さ25mmほど。花は黄色か白色で、花喉が黄色。しばしば薄い紫色の模様が入り、葉長は30mmほど。ふつうのキンギョソウより、暑く、乾燥した条件でも育つ。
ゾーン：7〜10

Antirrhinum majus
一般名：キンギョソウ
☼/◐ ❄ ↔15〜50cm
↕30〜150cm
南西ヨーロッパの多年生植物だが、たいていは一年生として扱われる。直立し、茂みを作り、葉は濃緑色で楕円形。花は直立し総状花序をなし、野生ではふつうピンク色だが、栽培では青以外のあらゆる色が揃う。実生苗のシリーズには、矮性のCandelabra Series（キャンデラブラ シリーズ）や、Chimes Series（チャイムズ シリーズ）があるが、中でも'チャイムズ レッド'★が人気がある。Sonnet Series（ソネット シリーズ）は中ぐらいの草丈、Liberty Series（リバティ シリーズ）は少し草丈が高く、八重の花が多い。
ゾーン：7〜10

Antirrhinum molle
アンティリヌム・モレ
☼/◐ ❄ ↔15〜20cm ↕20〜40cm
ポルトガルとスペイン北東部に原生する。楕円形の葉には綿毛が生え、薄いピンク色か白色の花には黄色い花喉があり、外側を綿毛が覆う。'アバランシュ'は白花の栽培品種で、下唇に黄色い斑が入る。
ゾーン：7〜10

Antirrhinum sempervirens
☼/◐ ❄ ↔15〜20cm ↕20〜40cm
ピレネー山脈に自生する種で、葉は長さ2.5〜8cm、しばしば綿毛を帯びる。ふつう長さ25mmまでの小花は、白色かクリーム色で、花喉が黄色く、上唇に小さな藤色の斑が入り、紫色の脈目が走ることが多い。
ゾーン：7〜10

APERA
（セイヨウヌカボ属）
英 名：SILKY BENT

イネ科に属し、一年草3種からなる。ヨーロッパと北アジアに自生し、軽い砂質の土壌に育つ。2種が北アメリカに帰化している。葉は平たいか、いくぶん端が丸まる。ごく小さな花が大きく繊細な羽状に集まり、しばしば紫色を帯びる。

〈栽培〉
軽い、水はけのよい土壌で、日なたの暖かい場所に植える。繁殖は播種で。大量に自家播種する。

Apera spica-venti
一般名：セイヨウヌカボ
英 名：LOOSE SILKY BENT
☼ ❄ ↔30〜60cm ↕60〜90cm
ヨーロッパ原生種で、アメリカ合衆国に広く分布する。観賞用の種は平たい葉が冬に赤茶色になる。花を集めた総状花序は長さ25cmほどになり、しばしば紫色を帯びる。
ゾーン：6〜9

APHELANDRA
（キンヨウボク属）

キツネノマゴ科に属し、魅力的な頭状花が目的で栽培される低木、亜低木170種からなる。短命の赤色と黄色の花が一年中咲く。熱帯性の北アメリカ、中央アメリカ、南アメリカに自生し、全種が霜に弱く、湿潤な樹林地帯で低木層植物として自生する。

〈栽培〉
鉢植えにするには、ローム土をベースにした配合土を2：1の割合で、腐葉土を1にして混ぜる。雨水（軟水）を使えばよく育つ。成長シーズンには定期的に肥料をやり、休眠期には肥料も水も減らす。花後、側芽を伸ばすために切り戻すこと。切ったものは繁殖に使える。ハダニやアブラムシ、カイガラムシが草に覆われた部分で問題を起こしがち。野生では、ハチドリにより受粉する。

Aphelandra aurantiaca
アフェランドゥラ・アウランティアカ
異 名：Aphelandra facinator
☼ ✿ ↔1.2m ↕1.2m
熱帯性中央アメリカの国々に自生する。楕円形の濃緑色の葉には、銀色の斑点が散り、長さ15cmほど。花穂は長さが45cmほど。詰まった苞葉から突き出る花は、黄色、オレンジ色、あるいは赤味がかった茶色。'ロエズリイ'の花は、オレンジレッド、葉には銀色の模様が入る。
ゾーン：11〜12

Apera spica-venti

Antirrhinum grosii

Aphelandra aurantiaca

Aphelandra sinclairiana
☀ ⇔3m ↕4.5m

中央アメリカ原生の種で、しばしば室内植物として栽培される。茎先につくロウソクのようなオレンジピンクの苞葉に包まれた花穂に、魅力的な濃いピンクの花がつく。葉は鮮やかなミッドグリーンで、細かい毛で覆われる。
ゾーン：10〜12

Aphelandra squarrosa
一般名：キンヨウボク
英 名：SAFFRON SPIKE, ZEBRA PLANT
☀ ⇔1.5m ↕1.8m

Aphelandra tetragona
☀ ⇔1.2m ↕1.2m

西インド諸島、コスタリカ、南アメリカ北部に自生する。葉は濃緑色で、幅広の卵形、長さは22cmほど。葉腋から出る茎の頂につく花穂は、オレンジ色の苞葉と鮮やかな赤の鶏冠を持つ花からなる。
ゾーン：11〜12

APIUM
（オランダミツバ属）
英 名：CELERIAC, CELERY

ブラジル原生種。葉長は30cm、クリーム色の葉脈が目立ち、中央脈が浮き出る。花穂はふつう黄色で、クリーム色、黄色、あるいはえび茶色の苞葉と黄色い花をつける。良好な栽培品種には、'クレア'、'ルイザエ'に似るが、葉脈に沿うクリーム色のゾーンがこちらのほうが広い。'ダニア'の花はそれほど容易には咲かない。'レオポルディ'は、黄色かオレンジ色の花をつける。'ルイザエ'、濃緑色の葉に白い葉脈が浮きだす。'スノー クイーン'銀白色の葉脈部分が多く、花はレモン色。
ゾーン：11〜12

セリ科、ヨーロッパと温帯アジア原生の、多肉質で膨らんだ根を持つ二年生植物20種からなる。羽状複葉で、短柄、あるいは無柄の複散形花序に白い花をつける。果実は小さく、畝がある、楕円形〜卵形の種子。

〈栽培〉
耐霜性があるが、日照りには弱い。軽い、湿り気のある、有機質に富んだ、水はけのよい土壌で、風雨にさらされない日当たりのよい場所に、25〜30cmの間隔を取って苗を植える。繁殖は種子から。

Apium graveolens
一般名：セロリ
英 名：CELERY, WILD CELERY
☀ ❄ ⇔30〜45cm ↕60〜90cm

南ヨーロッパ原生の非常に香りの強い多年生植物。夏〜秋、白味がかった花は、複散形花序が集まった円錐花序をなす。果実は小さく、畝があり、楕円形〜卵形の種子。葉の切片は長さ12〜50mmで、槍形、鋸歯か欠刻が入り、太い長い溝のある葉柄につく。*A. g.* var. *dulce*（セロリ、オランダミツバ）(celery)は直立した葉と、密に重なりあう大きな葉柄を持つ、人気のあるガーデン野菜。*A. g.* var. *rapaceum*（セルリアック、カブラミツバ）(celeriac)は、大きく膨れた主根と、短い食べられる葉を持つ。'ブリリアンド'はヨーロッパ種で、早く成熟する。*A. g.* var. *secalinum*（スープセロリ）(leaf celery)は、香りの強い香菜で、細い丸い柄につき、スープやシチューに使う。*A. g.* 'トリコロル'の艶のある緑色の葉は、最初ブロンズ色に染まり、縁はクリーム色、中央に銀色の縞が入る。
ゾーン：5〜8

APOCYNUM
（バシクルモン属）
英 名：DOGBANE

キョウチクトウ科、多年生草本9種からなる。北アメリカ、東ヨーロッパ、アジアに分布し、草原や開けた樹林地帯に生える。キョウチクトウ科にほとんど共通することだが、乳状の液汁は毒性がある。薄い葉は対生か、互生。夏、茎先に、小さな鐘形のピンク色か白色の花をスプレー状に咲かせる。この属の英名は、ある種が犬に毒であると思われていたところから来た。繊維の多い茎を、アメリカ先住民が麻の代用品にしていた種もある。利尿薬や吐剤として、心拍数を下げるための薬草に用いられもしたが、毒性があるので、細心の注意が求められる。

〈栽培〉
あまり栽培されないが、ワイルドガーデンで帰化させるのには向いている。侵略種となりうる。湿り気を保ちながら、水はけのよい土壌で、日なたか半日陰に植える。繁殖は播種か、株分けで。

Apocynum androsaemifolium
英 名：COMMON DOGBANE, SPREADING DOGBANE
☀/☼ ❄ ⇔0.6〜0.9m ↕0.6〜1.8m

北アメリカに自生する。アメリカ合衆国のいくつかの州で侵略種となっている。叢生する多年生植物で、葉先が尖る。夏中、白色〜薄ピンク色の小花を茎頂にスプレー状に咲かせる。赤味を帯びた、幅狭い、マメに似た莢は長さ20cmになる。
ゾーン：4〜9

APODYTES
（アポディテス属）

クロタキカズラ科、オーストラリア北東部、ニューカレドニア、アフリカ、アジアの熱帯に分布する常緑樹3種からなる。アポディテス属の種は、単葉で、全縁、革質の葉を持ち、何度も分岐した円錐花序に、花弁が反り返り、雄ずいが目立つ白い小花をつける。果実は小さい石果で、偽仮種皮 (pseudoaril) と呼ばれる肉質の付属物が果実の側面につく。南アフリカでは観賞用と木材用に栽培され、樹皮を調合したものは回虫を駆除するのに用いられる。

〈栽培〉
アフリカ原生種は白い花、赤と黒の果実を観賞するだけでなく、日陰や目隠しや生け垣用に植えられる。暖温帯〜熱帯の気候では容易に庭に根付くが、成長は特に速いわけではなく、大型低木のサイズにしておくことも可能。深層の肥えた土壌が最適だが、痩せ気味の土壌でも育つ。繁殖は新しい種子から。

Apium graveolens

Aphelandra sinclairiana

Aphelandra squarrosa 'Claire'

Apodytes dimidiata
英 名：BIRD'S-EYE、
SOUTH AFRICAN WHITE PEAR
☼ ❄ ↔1.8～8m ↕3.5～18m
広範囲に分布する種だが、サイズはさまざま。春～初秋に多くの白い花をつけるのが特徴。装飾的な黒い果実は、付け根に濃い赤色の付属物がつく。強度があり重い木材と、伝統的に薬用に使用されるため、重用される。また、強力な軟体動物駆除成分を含み、水生の巻貝を殺す。
ゾーン：9～11

APONOGETON
（レースソウ属）
レースソウ科、多くの熱帯、亜熱帯地方に自生する、水生で草質の多年生植物44種からなる。何種かは自生地以外の地域ではびこり雑草となっている。スイレンのように、葉が水中に没していることも、浮いていることもある。花は水面上に位置する複総状花序につく。魅力的な池用植物となるし、なかでも熱帯原産の種は、屋内の加温した水槽で効果を上げるのに使われる。

〈栽培〉
日なたか半日陰の池底の泥に植える。繁殖は新しい種子から。種子はしばしば自家播種する。あるいは株分けから殖やす。

Aponogeton distachyos
一般名：ミズサンザシ
英 名：CAPE POND WEED、
WATER HAWTHORN
☼/◐ ❄ ↔80～100cm ↕60～80cm
南アフリカ原生種。オーストラリアの一部に帰化している。楕円形の浮き葉を持つ。水面のすぐ上の分岐した穂状花序につく、白色と紫色の香りのよい花は夏中見られる。花は食べられる。
ゾーン：9～11

APOROCACTUS
（アポロカクトゥス属）
英 名：RAT'S TAIL CACTUS
鉛筆ぐらいの細さで、長い優美な下垂する枝は、短い金茶色の刺と多くの花で覆われ、このサボテンを長くハンギングバスケットの人気種にしてきた。サボテン科に属し、メキシコのオアハカ州、イダルゴ州に自生する。属名は、「もつれ

Apodytes dimidiata

た」という意味のギリシア語*aporos*から来ていて、基部からおびただしく分岐するこのサボテンの習性を指している。アポロカクトゥス属は、ピンクや赤、紫、オレンジ色、黄色と多様な色合いを持ち、さまざまな花の大きさ、形状を生み出すべく、いくつかの近縁の着生サボテンと交配がなされた。球形の莢は刺だらけのこともあり、色は緑～赤、直径が12mmほど。植物学者の中には、アポロカクトゥス属はディソカクトゥス属（ディスコカクトゥス属と混同しないように）の異名だと見なす者もいるが、この見解は広く受け入れられているわけではない。

〈栽培〉
種子から育ててもよいが、ふつうは植えつける前に1週間以上乾かし、挿し木する。たいていハンギングバスケットで育てるが、水はけのよい腐葉質に富んだ土と、適度の水やり、いくぶん陰になり、霜から保護することが必要。花の咲いた後、しばらく休ませ、10～20cmほどの挿し木を取る。

Aporocactus flagelliformis ★
異 名：*Disocactus flagelliformis*
一般名：金紐
英 名：RAT'STAIL CACTUS
☼ ❄ ↔50cm ↕0.9～2m
メキシコのオアハカ州、イダルゴ州に自生する。この古くからの人気種は、3～8の陵があり、長さ2mほどになる下垂する枝が、基部からおびただしく出る。刺は18mmほど、黄色～茶色で、茎に沿って密生する。長さ6～8cmほど、ピンク色～赤色の多くの花をつける。
ゾーン：9～11

APTENIA
（ハナツルソウ属）
英 名：HEARTLEAF ICEPLANT、
HEARTS AND FLOWERS
ツルナ科で、南アフリカ原生のこの属には、2種しか含まれず、どちらも小型で、横に広がり、分岐する低木。多肉質の葉は、細かい隆起に覆われ、まるで微細な砂糖の結晶をまぶされたように見える。葉は鮮やかな緑色、丸形～心臓形で、ゆったりと先細りになる。根付くと広範囲に広がるかもしれないが、容易に制限できる。夏、パープルピンク色でデージー状の小花を、単生か、3つ固めて茎先につける。小さい、緑色で多肉質の果実は熟すと赤くなる。

〈栽培〉
冬に乾かしがちに保つと、驚くほど耐寒性がある。この小さな多肉植物は、あちこちを花で斑に染めながら、日当たりよく、水はけのよい場所ならどこででも育

自生する*Aponogeton distachyos*、南アフリカ、セダーバーグ

つ。広がりがちなので、小規模なグラウンドカバーとしてロックガーデンに理想的。あるいはハンギングバスケットにもいい。長い日照りには耐えられるが、水をやるまでは花をつけない。繁殖は播種から、あるいは挿し木で。下方の枝が地面に接触し発根することもある。

Aptenia cordifolia ★
一般名：ハナツルソウ
☼/◐ ❄ ↔40～100cm ↕5cm
南アフリカの東ケープ地方に原生する。心臓形の葉は長さ、幅とも25mmほど。濃いマゼンタ色の花。'レッド アップル'はとりわけ丈夫な品種で、おそらく交雑種だと思われる。侵略種となりうる。'ワリエガタ'は小さな縁がクリーム色の葉を持つ。
ゾーン：9～11

Aptenia cordifolia 'Red Apple'

アポロカクトゥス ハイブリッド

自生する*Aquilegia caerulea*、アメリカ合衆国、コロラド州、サンファン国立森林公園

Aquilegia canadensis

AQUILEGIA
（オダマキ属）
英　名：COLUMBINE, GRANNY'S BONNET
キンポウゲ科、北半球の温帯と、亜北極地帯の大半に分布するおよそ70種からなる。茎は細く、アジアンタム属のシダの葉を思わせる青緑の葉が木質の根茎から現れる。花茎はたいてい葉の上まで出て、下垂する距のある鐘形の花をつける。開花期間が短いものもあるが、晩春と夏の間中咲くものもある。さまざまな種が、北アメリカのネイティブアメリカンに、薬用として用いられてきた。ラテン語の学名は、*aquila*が「ワシ」、*lego*が「集める」を意味し、カーブした蜜腺や距が、ワシの閉じたかぎ爪に似ていることに由来する。
〈栽培〉
順応性があり、樹林地やロックガーデン、多年生のボーダー花壇に適する種がある。一般に、冷涼な冬を持つ気候と、半日なたで、冷たく、湿った、腐植質に富む水はけのよい土壌を好む。しばしばアブラムシを惹きつける。休眠中に株分けが可能な種もあるが、繁殖はたいていは種子から。自家播種も可能で、侵略種となりうる。

Aquilegia alpina
一般名：アクイレギア アルピナ
英　名：ALPINE COLUMBINE
☀/☽ ❄ ↔15～45cm ↕20～75cm
たいへん変異しやすいヨーロッパの高山原生種。花はまっすぐな距を持ち、下垂し、たいてい白地で先端が青い。交雑品種は白〜青〜紫のさまざまな色合いがある。ロックガーデンに向く。
ゾーン：5～9

Aquilegia atrata
英　名：BLACK COLUMBINE
☀ ❄ ↔30cm ↕45cm
南ヨーロッパの高山種で、葉が粘着性である。小さく下向きの花は、えび茶色〜ほぼ黒色で、金色の雄ずいと、かぎ状の距を持つ。ゾーン：4～9

Aquilegia caerulea
一般名：ソライロオダマキ
英　名：BLUE COLUMBINE、ROCKY MOUNTAIN COLUMBINE
☀/☽ ❄ ↔20～40cm ↕20～60cm
アメリカ合衆国西部の、高地にある森林地と高山に自生する。大きく、花弁を広げるように花が咲く。花弁は白〜クリーム色、萼片は青かピンク、距は長い。
ゾーン：3～9

Aquilegia canadensis
一般名：カナダオダマキ
英　名：CANADA COLUMBINE、MEETING HOUSES, ROCK BELLS, WILD COLUMBINE
☀/☽ ❄ ↔30～50cm ↕30～75cm
北アメリカ東部の大半に分布。優しい黄色で赤い距のある花が、分枝を繰り返す針金状の茎につく。ロックガーデンや森林地といった環境を好む。花はハチドリに人気がある。
ゾーン：2～10

Aquilegia chrysantha
英　名：GOLDEN COLUMBINE
☀ ❄ ↔30～80cm ↕80～90cm
アメリカ合衆国南部原生。頑健な茎は高くなり、大きく鮮やかな黄色の花には、色が薄めでカーブした長い距がある。八重咲き、白色、草丈が非常に高いものを含め、数種の栽培品種が手に入る。
ゾーン：3～10

Aquilegia dichroa
☀ ❄ ↔20～50cm ↕30～75cm
ポルトガルと、隣接するスペイン北東部に原生する。対生でつく三複葉は、全裂した鋸歯縁の小葉に分かれる。かぎ状の距のある花が、春と夏に咲く。色は花弁の先端が白く、他は優しい青紫。
ゾーン：7～9

Aquilegia dichroa

Aquilegia chrysantha

Aquilegia olympica

Aquilegia flabellata
一般名：オダマキ、イトクリ

☀ ❄ ↔15〜30cm ↕20〜45cm

日本および、その周辺の温帯アジアに分布する。小さくコンパクトなつくりで、青緑色の葉が目立ち、1茎に1〜2個の花をつける。花弁は白〜クリーム色、萼片と、短いカーブした距は優しいモーブブルー色。ロックガーデンに最適。
ゾーン：3〜9

Aquilegia formosa
一般名：アクイレギア フォルモサ
英　名：WESTERN COLUMBINE

☀ ❄ ↔30〜50cm ↕50〜90cm

アメリカ合衆国西部に自生する。優美にゆったりと育ち、短い距を持つオレンジレッドの小花を茎先に多数つける。矮性種も含め、多くの栽培品種が入手可能で、広く交雑される。
ゾーン：3〜9

Aquilegia longissima

☀ ❄ ↔20〜25cm ↕75〜90cm

細長く直立する植物で、アメリカ合衆国、ニューメキシコ州とテキサス州西部に分布する。上向きの鮮やかな黄色の花をつけ、萼片は色が淡く、ときに赤みを帯びる。長く細い距で区別がつく。
ゾーン：8〜10

Aquilegia McKana Group
（オダマキ マッカナ グループ）

☀/☁ ❄ ↔30〜50cm ↕80〜120cm

北アメリカ原生種をいくつかを交雑させたハイブリッドで、さまざまな色合いが揃う。このグループの多くのハイブリッドは草丈が高く、直立し、長い距のある花をつけ、花冠と萼片が色の対照をなす。
ゾーン：3〜10

Aquilegia olympica

☀ ❄ ↔20〜30cm ↕30〜60cm

カフカス山脈と西アジアに自生する。下向きの花は、花弁が白く、青〜ピンク、あるいは薄紫色の萼片を持ち、カーブした距をつける。
ゾーン：5〜9

Aquilegia saximontana

☀ ❄ ↔10〜20cm ↕10〜20cm

アメリカ合衆国の、コロラド州とユタ州のロッキー山脈地方に自生する小さな種。下向きで黄色い花弁の花は、青い萼片とカーブした距を持つ。
ゾーン：4〜9

Aquilegia vulgaris
一般名：セイヨウオダマキ

☀/☁ ❄ ↔20〜45cm ↕30〜90cm

よく栽培されているこの種は、ヨーロッパのほぼ全域に分布する。シダ状の葉を持ち、かぎ状の白い距を持つ花は、青、藤色、赤のさまざまな色合いで、八重の品種もある。野生種は庭ではめったに見かけないが、以下のような多くの栽培品種がある。一重の花の栽培品種。'ハイジ'、高さ60cm、赤紫の茎、下向きで優しいピンク色の花をつける。'ヘンソル ヘアベル'、高さ60cm、短い距を持つモーブブルーの花をつける。'ニベア'（syn. 'マンステッド ホワイト'）、高さ90cm、灰緑の葉と純白の花をつける。花が八重の栽培品種は以下のグループに分けられる。**Flore Pleno Group**（フロレ プレノ グループ）は、細長い花に丸い花弁をつけ、以下の2品種を含む。'グレイム イドン'、草丈が高く、花は白く、多くの八重の品種の親となった。'ラファム スター'、高さ60cmになる花は、白い内花弁と、モーブブルーの外花弁と萼片を持つ。**Stellata Group**（ステラタ グループ）は星型の八重の花をつけ、先が尖り放射状に広がる花弁をつける。以下の4品種を含む。'ブラック バーロー'、高さ60cm、深紫〜黒に近い色の花をつける。'ブルー バーロー'、高さ75cm、八重の青い花をつける。'ソラ バーロー' ★、高さ80cm、優しい緑色、白色、ピンク色の飾り玉房に似た花をつける。'ローズ バーロー'、高さ80cm、ミッドピンクとクリーム色の花をつける。**Vervaeneana Group**（ウェルワエネアナ グループ）緑と金のマーブル模様の葉と、多様な花色を呈す。
ゾーン：3〜10

A. v., Flore Pleno Group, 'Rougham Star'

A. vulgaris, Stellata Group, 'Blue Barlow'

A. vulgaris, Stellata Group, 'Black Barlow'

A. vulgaris, Stellata Group, 'Rose Barlow'

Aquilegia vulgaris、フロレ プレノ グループ 'グレイム イドン ブルー'

Aquilegia vulgaris、フロレ プレノ グループ 'グレイム イドン レッド アンド ホワイト'

Aquilegia Hybrid Cultivars
（オダマキ交雑品種）

☀/☽ ❋ ↔30～60cm ↕45～90cm

オダマキは、特にアメリカの品種間で、非常に広く交雑されてきたため、今ではほぼ考えつく限りの大きさと花色の交雑品種が存在する。**A. 'クリムゾン スター'** は大きく、赤い距のあるクリーム色の花をつけ、高さは60cm。**Butterfly Series**（バタフライ シリーズ）には次のようなものがある。'ブリムストーン'クリーム色と優しい黄色の花。'ホーリー ブルー' 白～薄藤色の花弁、パウダーブルーの萼片を持つ。**Songbird Series**（ソングバード シリーズ）は叢生する葉群が小さくまとまり、高さ60cmの花茎に多くの色合いの大きな花がつく。次のような品種がある。'ブルーバード' は、花が非常に大きく、白い花弁、優しい青色の萼片を持つ。'カーディナル' の白い花弁にはピンク色の模様が入り、萼片は暗赤色。'ダブ' は純白の花。'ゴールドフィンチ'、鮮やかな黄色。'レッドウィング'、白～クリーム色の花弁、深い赤の萼片を持つ。'ロビン'、白～薄ピンク色の花弁、くすんだ深いピンク色の萼片。**State Series**（ステイト シリーズ）には次のような品種がある。'アラスカ' は純白の花。'コロラド' は、半八重で藤色と白色の花弁に紫色の萼片を持つ。'フロリダ' は黄色の花弁に乳白色の萼片を持つ。'カンザス' は鮮やかな黄色の花弁に鮮やかな

Aquilegia, HC, State Series, 'Alaska'

オダマキ、H.C.、バタフライ シリーズの栽培品種の混植

Aquilegia, HC, State Series, 'Colorado'

Aquilegia, HC, State Series, 'Florida'

Aquilegia, HC, State Series, 'Louisiana'

A., HC, Butterfly Series, 'Brimstone'

A., HC, Butterfly Series, 'Holly Blue'

A. HC, 'Crimson Star'

オダマキ、H.C.、ステイト シリーズの栽培品種の混植

オダマキ、H.C.、ソングバード シリーズの栽培品種の混植

A., HC, Songbird Series, 'Bluebird'

A., HC, Songbird Series, 'Cardinal'

A., HC, Songbird Series, 'Dove'

A., HC, Songbird Series, 'Goldfinch'

A., HC, Songbird Series, 'Redwing'

A., HC, Songbird Series, 'Robin'

赤色の萼片。'ルイジアナ'は乳白色の花弁に深い赤の萼片を持つ。
ゾーン：4〜10

ARABIS
（ヤマハタザオ属）
英　名：ROCK CRESS

アブラナ科、一年生、多年生植物あわせて120種ほどを抱える。おもに常緑性だが、ときに茎が木質化する種もある。温帯地方北部に広く普及し、とりわけユーラシア大陸や北アメリカの西部に分布し、小型になりがちで、しばしば岩の裂け目に安住の地を見つけたりする。葉は単葉、綿毛があることもあり、灰緑色を呈することもある。ロゼッタを群生させることが多い。春と初夏、直立する4弁の小花をスプレー状につける。花色はふつう白か紫色。

〈栽培〉
たいていの種に耐寒性があり、温帯地方ならどこでも容易に育つ。水はけのよい土壌で日なたに植え、夏の間は湿り気を絶やさない。ロックガーデン、あるいは堤一面に咲かせるのに理想的。軽く石灰を撒くと喜ぶ種が多い。姿形を保ち咲かせ続けるには、終わった花がらを摘むこと。繁殖はおもに播種だが、多年生植物なら基部の挿し木で。こつが必要だが株分けできる種もある。

Arabis alpina
☼/☼ ❄ ↔20〜50cm ↕10〜30cm
小型で、ゆっくり広がる多年生植物で、ヨーロッパの山岳地帯に自生する。単葉で、細かい毛があるため銀色がかって見える。綿毛のある総状花序に白い花をつけるが、稀に薄いピンク色のこともある。*A. a.* subsp. *caucasica*（アラビス・アルピナ・カウカシカ）'シュニーハウベ'（syn. *A. caucasica* 'スノーキャップ'）は草丈低く、広がる品種で、白い花をつける。
ゾーン：5〜9

Arabis × arendsii
アラビス×アレンドシイ
☼/☼ ❄ ↔30〜60cm ↕10〜20cm
*A. aubrietoides*と*A. caucasica*を交雑させたガーデンハイブリッド。ふつう草丈低く広がるこの種は、房状の葉群れを群生させる。花茎は15cmほどの高さになり、濃いピンク色の花をつける。いくつかの選抜品種が作られている。'コムピンキー'（syn. *A. caucasica* 'コムピンキ

Arabis × arendsii 'Compinkie'

ー'）はコンパクトに草姿が整い、鮮やかなピンク色の花をつける。'モンテ　ロサ'はえび茶色の花をつけ、'ルビン'はワインレッド色の花をつける。
ゾーン：5〜9

Arabis blepharophylla
アラビス・ブレファロフィラ
☼/☼ ❄ ↔15〜20cm ↕10〜15cm
カリフォルニアに自生する多年生植物で、濃緑〜明緑色の葉が小さいロゼッタを形成する。花は濃いピンク〜赤紫色。'フリューリングスツァウバー'（syn.'スプリング　チャーム'）は鮮やかな深紅色の花を咲かせるコンパクトな栽培品種。
ゾーン：7〜9

Arabis breweri
☼/☼ ❄ ↔20〜30cm ↕15〜20cm
アメリカ合衆国西部に自生する房状になる多年生植物。濃緑色の葉は、しばしば灰色を帯びる。ピンク〜赤紫色の花は細長い花弁が反り返る。
ゾーン：7〜9

Arabis caucasica
一般名：ニワハタザオ
☼/☼ ❄ ↔20〜50cm ↕15〜30cm
南ヨーロッパの山岳地帯に自生する多年生植物。灰緑色の葉、白い花は稀にピンク色のこともある。*A. alpina*に似ており、混同して栽培される。'ピンキー'の花は鮮やかなピンク色。'フロレ　プレノ'は直立して成長し、白い八重の花をつける。'ワリエガタ'の葉には白い縁取りがあり、白い花が固まって咲く。
ゾーン：4〜9

Arabis blepharophylla 'Frühlingszauber'

Arabis caucasica 'Schneehaube'

Arabis procurrens
アラビス・プロクレンス
☼/☼ ❄ ↔20〜60cm ↕15〜30cm
カルパティア山脈とバルカン山脈に自生する多年草。濃緑色の葉と白い花をつける。ランナーを出しゆっくり広がる。'ワリエガタ'の葉は白い斑が入り、総状花序は25cmほどの高さになる。
ゾーン：5〜9

Arabis soyeri
☼/☼ ❄ ↔20〜40cm ↕15〜30cm
南ヨーロッパの山岳地帯に自生する多年草。濃緑色の葉が、スプレー状に咲く目を引く白い花と対照をなしている。*A. s* subsp. *jacquinii*の葉は肉厚で、どちらかというと多肉質である。
ゾーン：5〜9

Arabis soyeri subsp. *jacquinii*

ARACHIS
（ラッカセイ属）

高タンパクの堅果だけでなく油をとる種子としても貴重な、ラッカセイ、あるいはナンキンマメも、マメ科、ソラマメ亜科の本属に含まれ、一年生、多年生植物合わせておよそ75種からなる。すべて南アメリカ原生で、一番多いのはペルー、ボリビア、そこに隣接するブラジルとアルゼンチンである。草丈は低く、多茎で、羽状複葉だが小葉の数は少ない。下のほうの葉腋に花をつける。豆果のできかたに特徴があり、地表より下に実をつけ、柄が伸びることで下に押し込まれる。ラッカセイ（*Arachis hypogaea*）はブラジルやペルーでは古代から栽培され、続いてアフリカ、アジア、北アメリカに持ち込まれ、地域によっては重要な食物となり、油をとる作物となった。

〈栽培〉
熱帯なら、夏期の成長シーズンに大量の水分が利用できる場所ならどこででも、栽培できる。また夏が暑くてかなり長いところなら冷涼な気候でも適応する。土の温度が15℃以上のとき、よく耕した土壌（酸性なら石灰を撒く）に、種子を何列かに蒔く。自然食品の店の生のラッカセイは種子となる。サヤインゲンを作るには、定期的に肥料と水を与える。葉が黄色くなったら、植物を除き、堅果を収穫する。

Arabis breweri

Arabis caucasica 'Variegata'

Arabis procurrens 'Variegata'

Aralia elata

Arachis pintoi

Araiostegia hymenophylloides

Arachis hypogaea
一般名：ラッカセイ、ナンキンマメ
英　名：GOOBER, GROUNDNUT, PEANUT
☼ ❄ ↔60〜90cm ↕20〜30cm
おそらく古代の交雑種から来ているのだろう。ラッカセイは一年生植物で、柔らかい広がる茎を持つ。葉は4枚の丸い小葉に分かれる。小さな黄色がかった花は春〜夏咲きで、自家受粉し、すぐに豆果になり、土中深く潜る。
ゾーン：8〜12

Arachis pintoi
アラキス・ピントイ
英　名：FORAGE PEANUT, PINTO PEANUT
☼ ❄ ↔90cm ↕8〜20m
ブラジル東部に自生。この有用な植物は近年湿潤な熱帯地方一帯に広がっている。マット状に広がる多年生植物で、茎節から根が出る。細い花柄に、鮮やかな黄色の花が一年の大半を通しつく。土壌を肥やす牧草として、土止め植物として、雑草を絶やすグラウンドカバーとして重用される。'ゴールデン　グローリー'は花つきがよく、景観植物として人気がある。
ゾーン：10〜12

ARACHNIODES
(カナワラビ属)
オシダ科。イノデ属やオシダ属と近接な関係にあり、東アジア、マレーシア、ニュジーランドに分布するシダ類40種ほどからなる。鱗片に覆われた匍匐性の根茎（長いものから短いものまである）を持ち、葉状体は三角形か卵形で、しばしば革質、付け根が広く、2回羽状複葉かさらに小羽片に分かれる。属名は「蜘蛛の巣」を意味するギリシア語のarachnionに由来する。
〈栽培〉
水はけのよいローム土で、水分を豊富に含み半日陰なら、容易に育つ。繁殖は胞子からか、根茎を分ける。

Arachniodes simplicior ★
異　名：*Arachniodes aristata* 'ワリエガタ'
一般名：ハカタシダ
英　名：EAST INDIAN HOLLY FERN, VARIEGATED SHIELD FERN
◐/☼ ❄ ↔45〜120cm ↕30〜80cm
成長の遅いシダで、長い匍匐性の根茎を持ち、日本と中国の亜熱帯から温帯地方に分布する。艶のある、緑色の羽状複葉は、常緑性の葉状体で、三角形、中央脈の両側に目立つ黄色い筋が走る。
ゾーン：6〜9

ARAIOSTEGIA
(アライオステギア属)
シノブ科、熱帯アジアに分布する着生、陸生シダ12種からなる。細かい羽状複葉の薄い葉状体が、鱗片を持つ長い柄につく。柄は匍匐性の根茎に繋がる
〈栽培〉
湿り気があり有機分が豊富な土壌で、風雨にさらされない日陰の場所に植える。繁殖は胞子から、あるいは株分けで。

Araiostegia hymenophylloides
☼ ❄ ↔30〜50cm ↕30〜50cm
インド〜マレーシア、フィリピンに分布する落葉性のシダで、鱗片を持つ先細りの茶色の根茎から生える。茎は長さ40cmほど、レース状で膜質の羽状複葉の葉状体がつく。葉状体は卵形〜槍形の小葉に分かれ、さらに卵形〜長円形の切片、もっと小さなダイアモンド形〜長円形のぎざぎざのある裂片となる。
ゾーン：10〜12

ARALIA
(タラノキ属)
ウコギ科、おもに東南アジア、北アメリカ、中央アメリカ、南アメリカに分布するおよそ40種の高木、低木、多年生草本からなる。落葉性のものが多く、ほとんどが複葉である。花は小さく、数多く、たいていクリーム色で、枝先に散形花序が集まり円錐花序をなし、花後黒い果実となる。刺だらけの茎を持つ種もあるし、吸枝を出すこともある。根と樹皮が昔から薬用にされている種もある。*A. cordata*の若芽は日本では重要な野菜（ウド）で、セロリのように使われる。
〈栽培〉
栽培されている種はすべて少なくとも軽い霜には耐性があるが、よく育つには温暖で湿った夏を必要とするものがほとんどである。深く、肥えた土壌と、強い風にさらされない場所を好む。日陰に耐性があるが、日なたのほうが成長も花つきもよい。繁殖は種子からだが、高木種の場合、冷蔵層積貯蔵を必要とする。また は根茎を挿すか、基部から採った吸枝から殖やす。

Aralia californica ★
英　名：ELK CLOVER, SPIKENARD
☼/◐ ❄ ↔1.8〜2.4m ↕3m
カリフォルニア州とオレゴン州に自生する多年生草本。春、刺のない茎が急激に成長する。深裂の入った葉は、鋸歯のある長さ30cmの小葉に分かれる。大きな緑色を帯びた花をつける花序は、目立たない果実をつける。
ゾーン：8〜10

Aralia chinensis
英　名：CHINESE ANGELICA TREE
☼ ❄ ↔9m ↕9m
アジアの北東部に自生する。葉は2回羽状複葉で、長さ0.9m、幅0.6mになる。小さなオフホワイトの花は、非常に大きな円錐花序を作り、夏〜初秋に咲く。植物学者の中にはこの種を落葉性の*A. elata*の品種に分類する者もいる。
ゾーン：7〜10

Aralia cordata
一般名：ウド
英　名：JAPANESE SPIKENARD, UDO
☼/◐ ❄ ↔2.4m ↕2.4m
日本、朝鮮半島、隣接する中国に自生する丈夫な多年生の草本。大きな複葉には、丸い細かい鋸歯があり、長さ15cmの小葉に分かれる。分岐する若い茎は、日本では野菜として利用される。夏に、クリーム色の花をつける大きな円錐花序をつける。果実は黒い。
ゾーン：8〜10

Aralia elata
一般名：タラノキ
英　名：JAPANESE ANGELICA TREE
☼ ❄ ↔9m ↕12m
日本に自生し、根から出る吸枝で広がり、しばしば高い低木となり、刺だらけのコルク質の幹を持つ。葉は2回羽状複葉で、長さ1.2mほど、秋には黄色〜紫色に変わる。晩夏に、白に近い花を集めた大きな円錐花序をつける。'**アウレオマルギナタ**'は黄色い葉縁が、乳白色に変わる。'**ワリエガタ**' ★ (syn. 'アルボマルギナタ') は葉縁が白い。
ゾーン：4〜9

Aralia spinosa

Araucaria angustifolia

Aralia spinosa
英　名：AMERICAN ANGELICA TREE、DEVIL'S WALKING-STICK、HERCULES CLUB
☀ ❄ ↔4.5m ↑6m

アメリカ合衆国ペンシルバニア州から東に分布。このよく知られた種は湿った樹林地のはずれにある低木の茂みに自生する。葉は2回羽状複葉で、長さは0.9mほど、秋には黄変する。盛夏〜晩夏に円錐花序をつける。
ゾーン：5〜9

ARAUCARIA
(ナンヨウスギ属)

ナンヨウスギ科、古代からの針葉樹属で、19種からなる。そのうちニューカレドニアに13種、南アメリカに2種、オーストラリア大陸に2種、ニューギニアに2種（そのうちの1種はオーストラリア大陸と共通）、そしてノーフォーク島に1種自生する。ナンヨウスギの成長習性は独特で、幹がまっすぐ伸び、たいてい枝が輪生でつく。螺旋状に並ぶ葉は密生し、しなやかな枝の上でしばしば重なりあう。雌性と雄性器官は同じ木にあり、枝の側面に房状の雄花序を、樹冠の頂近くに先端に刺のついた鱗片を持つ雌花序をつける。きわめて大きく、堅果状のことが多い種子が、丈夫な鱗片に包まれた球果に包まれるのが、本属の特徴である。

〈栽培〉
耐寒性はさまざまだが、厳しい気候では戸外で育てるのは無理。コンサバトリーで育てるが一番で、桶で何年も栽培し続けることができる。比較的温暖な気候では、大きな庭や公園、街路などに植える。繁殖は新しい種子からで、容易に発芽する。下のほうの枝から挿し木すると、斜めに伸びがちになる。

Araucaria angustifolia
一般名：パラナマツ、ブラジルマツ
英　名：CANDELABRA TREE、PARANA PINE
☀ ❄ ↔6m ↑30m

ブラジル南部の高原に自生し、葉でこの種だと識別できる。長い、平たい、重なり合うことのない、先の尖った、全長5cmほどの葉が、小枝に2列に並ぶ。球果は直径15cmほど、鱗片の先端は硬く反り返る。
ゾーン：9〜12

Araucaria araucana
異　名：*Araucaria imbricata*
一般名：チリマツ、ヨロイスギ
英　名：MONKEY PUZZLE TREE
☀ ❄ ↔10m ↑24m

チリ中南部のアンデス山脈の斜面に自生し、冷涼な気候に向く。若木のうちは上にカーブした枝がもつれあうが、樹齢を増すとともに広い樹冠を形成する。葉は密に重なり合い、硬く、先が尖る。丸い球果は直径8〜15cm。
ゾーン：7〜9

*Araucaria araucana*の自生木、チリ

Araucaria bidwillii
一般名：ヒロハノナンヨウスギ、ブンヤパイン
英　名：BUNYA BUNYA、BUNYA PINE
☀ ❄ ↔10m ↑45m

オーストラリアのクイーンズランド州に自生する。先が尖り、長さ5cmほど、光沢のある濃緑色で小枝につく葉は、すぐに落ちる。大きな球果は直径30cmになる。
ゾーン：9〜11

Araucaria columnaris
異　名：*Araucaria cookii*
英　名：NEW CALEDONIAN PINE、PIN COLONNAIRE
☀ ❄ ↔5m ↑60m

ニューカレドニアに原生する。細い詰まった円柱状の幹を作り、短い側枝を出す。側枝は群生するが、輪生ではない。幅広い、先の尖らない葉は、非常に密に重なりあうので、小枝は縄を編んだように見える。球果には刺が多く、テニスボール大。
ゾーン：10〜12

Araucaria columnaris

Araucaria bidwillii

Araucaria cunninghamii
一般名：ナンヨウスギ
英　名：HOOP PINE
↔3.5m ↕45m

オーストラリア東部に自生する。濃い灰色の樹皮はしばしば幹を取り巻き溝の入った「フープ」のようになる。若葉には刺がある。成葉は、小さく、密に重なりあい、非常に濃い緑色。葉が青味を帯びる品種も知られている。ニューギニアでは、この種は*A. c.* var. *papuana*に代表される。
ゾーン：9〜12

Araucaria heterophylla
異　名：*Araucaria excelsa*
一般名：シマナンヨウスギ、コバノナンヨウスギ
英　名：NORFORK ISLAND PINE
↔8m ↕60m

ノーフォーク島原生。非常に左右対称な形で、規則的に輪生でつく枝に、小枝が間にV字形の溝を入れながらきちんと2列に並ぶ。亜熱帯地方の海岸近くが最適である。大気汚染には弱い。
ゾーン：10〜11

Araucaria rulei
英　名：RULE ARAUCARIA
↔6〜14m ↕15〜30m

ニューカレドニア原生で、枝が垂れ下がる種。若葉は濃緑色。成葉は長さ18mmほどで、卵形〜楕円形、葉表は銀灰色で葉裏は光沢のある緑色。雄花序は円筒形で、長さが12cm。雌花序も長さ12cmまで育つ。
ゾーン：9〜11

Araucaria scopulorum
英　名：ROCK ARAUCARIA
↔1.8〜9m ↕3.5〜19.5m

ニューカレドニア原生の針葉樹で、卵形の樹冠と、細長く剥け落ちる非常に濃い灰色の樹皮を持つ。成熟した木の小枝は1つの平面を作るように広いU字形に伸びる。若葉はカーブし、針状で長さは7mmほど。成葉は鱗片状で、少し内側にカーブし、長さ3〜4mm。雄花序は円筒形で、長さは30〜75cm。
ゾーン：8〜11

ARAUJIA
(アラウジア属)

キョウチクトウ科。温帯性および亜熱帯性の南アメリカで降雨量の少ない地域に、低木地や森林の端に自生する。茎は撚り合わさり、木質化し、白い乳汁液を含む。対生で、全縁の灰緑色の葉をつける。花は鐘形で、5弁花、白味を帯びた色で、葉腋の近くに群生する。果実はいくぶん洋ナシ形で、黒っぽい色の種子を多数含み、一方に多くの長い絹毛がつき、風による分散を助ける。栽培されていない種がひとつあり、オーストラリア、カリフォルニア州、ニュージーランドといった地域で雑草となっている。

〈栽培〉
種子と挿し木から繁殖する。ほとんど霜の降りない地域で、水はけのよい土壌で、日なたか、ごく部分的に日陰になる場所に植えるとよい。

Araujia sericofera
異　名：*Araujia albens*、*A. hortorum*、*A. sericofera*
英　名：CRUEL PLANT, MOTH CATCHER, MOTH VINE
↔ ↕〜12m

細い、木質つる植物。葉は対生で、縁が波打ち、槍形、長さ5〜12cm×幅5〜6cm。葉表は緑色、葉裏は灰緑色で毛がある。花は白か薄ピンク色で鐘形、芳香があり30mmほど、夏〜秋に群生する。果実は洋ナシ形〜卵形、大きいほうに柄がつき、濁った灰緑色を呈し、長さ6〜15cm、幅3.5〜8cm。種子も卵形で、黒っぽい色、果実の10倍ほどの長さの絹毛をつける。
ゾーン：9〜10

ARBUTUS
(アルブトゥス属)

ツツジ科、小型の常緑樹10種を抱える小さな属で、果実がイチゴに似ているところから、「イチゴノキ(Strawberry trees)」と呼ばれる。地中海地方、西アジア、アメリカ合衆国南西部に分布し、2〜3種は中央アメリカやメキシコにも分布する。全種、魅力的な鐘形の花を咲かせ、赤や黄色の果実をつけるが、果実には経済的価値はほとんどない。赤や赤褐色の繊維質で、剥け落ちる樹皮を持つ種もいくつかある。樹高は3〜6mのあいだでさまざま。

〈栽培〉
アルブトゥス属は水はけのよい土壌で、石灰分がないほうを好み、冷たい風にさらされない日なたの場所が適する。ほとんどの種が冷たい冬が続くのには耐性がある。剪定は最小限に。繁殖は秋か冬に半熟枝を採って挿す。実生から育てた台木に接ぎ穂を高接ぎしてもよい。種子は春に蒔く。

Arbutus andrachne
英　名：GRECIAN STRAWBERRY TREE
↔6m ↕6m

地中海地方の東部に自生する。赤褐色の樹皮が剥がれ落ちると、灰色がかったクリーム色の樹皮が現れる。白い壺形の花が、春に上向きに群生し、オレンジレッドの果実がなる。幼樹のうちは霜から保護する。
ゾーン：6〜9

Arbutus andrachne

Araucaria cunninghamii の自生木、オーストラリア、クイーンズランド州、ラミントン国立公園

Araucaria heterophylla

Arbutus menziesii

Arbutus × andrachnoides
英名：HYBRID STRAWBERRY TREE
☀ ❄ ↔8m ↑8m
*A. andrachne*と*A. unedo*との自然交雑種。樹皮が非常に装飾的で、剥がれると下にある鈍い赤の樹皮が露出する。晩冬に白い花の円錐花序をつける。葉裏に綿毛が密生する。
ゾーン：8〜10

Arbutus canariensis
☀ ❄ ↔3.5m ↑4.5m
カナリー諸島に分布する。夏〜初秋、薄ピンク色に染まる、緑色を帯びた白い小花がまばらな円錐花序につく。イチゴに似た果実は熟すと緑から赤色に変わる。樹皮は赤みがかった茶色で、剥がれる。
ゾーン：8〜10

Arbutus glandulosa
☀ ❄ ↔6m ↑12m
メキシコ南部に自生する種で、低いところで分岐する。薄いピンク色を帯びた茶色の樹皮は、年に一度夏に剥がれ落ち、クリーム色がかった新しい樹皮が現れる。濁ったピンク色を帯びた花が冬に咲き、小さなオレンジ色の果実ができる。
ゾーン：8〜10

Arbutus 'Marina'
一般名：アルブトゥス'マリナ'
☀ ❄ ↔6〜12m ↑7〜15m
おそらく*A. × andrachnoides*のクローンか、*A. canariensis*の影響のある交雑種が混じっているのだろう。この魅力的な樹木は、1984年にサンフランシスコの庭で最初に発見されたのだが、ずっと早くにヨーロッパから持ち込まれたと考えられている。滑らかな赤味を帯びた樹皮。新葉はブロンズ色。ほとんど年中ピンク色に輝く花が咲き、たわわに実る黄色い果実はしだいに赤くなり、食べられる。
ゾーン：8〜10

Arbutus menziesii ★
英名：MADRONA, MADRONE, PACIFIC MADRONE
☀ ❄ ↔9m ↑9m
アメリカ合衆国北部の太平洋沿岸に自生する。広がるタイプの種で、姿形は低木状。樹皮は鮮やかなレンガ色で、剥がれると緑の新しい層が現れる。果実はオレンジレッド。花は白色、房になり垂れ下がる。
ゾーン：7〜10

Arbutus unedo
一般名：イチゴノキ
英名：IRISH STRAWBERRY TREE, STRAWBERRY TREE
☀ ❄ ↔6m ↑8m
地中海沿岸地方、アイルランド、イギリスに分布するこの樹木は、赤い毛羽立った樹皮が、しばしば螺旋状につく。花は白色で、ピンク色に染まり、秋〜冬咲き。熟すと緑からオレンジレッド〜鮮やかな赤に変わる果実は食べられるが、風味に乏しい。大気汚染に強い。*A. u.* f. *rubra*（ベニバナイチゴノキ）は1.2m〜1.5mの高さになる。*A. u.* **'コンパクタ'**（**ヒメイチゴノキ**）は小さめの品種。**'エルフィン キング'**は小型で、低木状の品種。**'オクトーバーフェスト'**はピンクの花が咲く品種。
ゾーン：7〜10

Arbutus xalapensis
☀/◐ ❄ ↔6m ↑10m
大型の常緑の低木、あるいは小高木で、アメリカ合衆国〜グアテマラに自生する。

Arbutus xalapensis, in the wild, Chihuahua, Mexico

Arbutus 'Marina'

Arbutus glandulosa

Arbutus unedo 'Compacta'

Arbutus unedo

*Archontophoenix cunninghamiana*の自生木。オーストラリア、ニューサウスウェールズ州、ポート・マクワリー

Archidendron lucyi

Archidendron lucyi

革質で、先の尖った卵形〜槍形の葉は長さ10cmほど、全縁か鋸歯状、若葉のころは茶色で綿毛を帯びる。夏、白かピンク色の鐘形の小花が円錐花序を作る。小隆起に覆われた赤い果実をつける。
ゾーン：8〜11

ARCHIDENDRON
（アカハダノキ属）

オーストラリア原生で、常緑性、および落葉性の低木と高木を抱える。マメ科のネムノキ亜科に属する。葉はふつう羽状複葉で、稀に2回羽状複葉、ふつうは非常に薄い緑色を呈する。羽状の、花弁のない花は芳香性のことが多く、その後に特徴的な形をした豆果ができる。

〈栽培〉
霜に耐性のない種が多く、暖温帯〜熱帯の気候条件が必要である。はっきりとした乾期のある地域に原生する種はそのころに落葉しがちだが、それ以外は、全体的な傾向として、湿っていて腐植質に富んだ、水はけのよい土壌で、日なたの場所を好む。繁殖は種子からで、蒔く前に水に浸しておく。

Archidendron lucyi
☀ ❄ ↔3〜4.5m ↕10〜12m
クイーンズランド州の北東部と太平洋のいくつかの島に限って自生する。小さめの高木で、葉は羽状複葉、長さ10〜15cm、光沢のある濃緑色で、10〜15cm×6〜8cmの2〜3対の小葉に分かれる。秋咲きの花は、白い羽毛状、花期は短く、密生してつく。果実は曲がりくねり、外側は赤、内側は黄色で、種子は艶のある黒色、春に熟す。
ゾーン：10〜12

ARCHONTOPHOENIX
（ユスラヤシ属）

オーストラリア東部固有のヤシで、ヤシ科の6種からなる。剥きだしの幹の上に、葉の付け根が密に巻く葉鞘がある。それぞれの葉は、多くの小葉に分かれ、小葉は間隔を置かず整然と2列に並ぶ。葉の付け根から先端まで、葉状体が90度ねじれるので、外端に近づくと小葉はほとんど直立する。花をつける枝は樹冠軸のすぐしたから出る。垂れ下がる小枝に、星形で、クリーム色〜薄い藤色の花が多数つき、球形の赤い果実がなる。

〈栽培〉
霜の降りない気候では人気のある観賞ヤシで、初期に成長が速いこと、古い葉を完全に落とし幹がすっきりすることなどで、景観樹として好まれている。日照りにはかなり耐性があるが、根を張るのが浅いので、マルチをじゅうぶんに施した土壌で、乾期にはたっぷりの水やりされるのを好む。繁殖は落ちたばかりの種子を洗って蒔く。苗を強い日光から保護すること。

Archontophoenix alexandrae
一般名：ユスラヤシ
英　名：ALEXANDRA PALM
☀ ❄ ↔4.5m ↕15m
オーストラリア、クイーンズランド州の東海岸に自生し、密生した木立ちを作る。わずかに膨らんだ薄い灰色の幹、葉鞘は模様のない緑色だが、幹の基部には輪が並ぶ。葉は長さ2.4〜3m、葉裏は銀色がかった白色。クリーム色の花。
ゾーン：10〜12

Archontophoenix cunninghamiana
一般名：ユスラヤシモドキ
英　名：BANGALOW PALM, PICCABEEN PALM
☽ ❄ ↔4.5m ↕18m

Archontophoenix alexandrae

オーストラリアの南回帰線〜ニューサウスウェールズ州に分布する。おもに湿気のある森林渓谷や、川の堤に生える。*A. alexandrae*と似ているが、幹はそれほど膨れず、葉はさらに垂れ下がり、葉裏が緑色である。花は薄い藤色で、夏〜秋咲き。
ゾーン：10〜11

Archontophoenix purpurea
英　名：MOUNT LEWIS PALM
☀ ❄ ↔4.5m ↕24m
最近になって認められた種で、オーストラリア、クイーンズランド州の北端部に位置する降雨量の多い山岳部に自生する。葉鞘は濁った紫灰色を呈し、直径25mmほど。栽培で丈夫に育つ。
ゾーン：9〜12

ARCTIUM
（ゴボウ属）

キク科、10種からなる小さな属で、大きな葉と、衣類や毛皮にくっつくかぎを持つ花序をつける。ヨーロッパとアジアの一部に自生するこのずうずうしい植物が観賞用として栽培されることはめったにないが、ときには野菜や薬用として植えられることもある。根元から出る葉は大きいが、茎の上になるにつれ小さくなり、茎先では藤色の花が緑色のかぎのついた花序の中に隠れる。柄は皮をむき料理でき、非常に若い葉はサラダに使える。

〈栽培〉
湿った、肥料を加えた土壌で、半日陰で育てる。繁殖は栽培する場所に種子を蒔く。一度植えると非常によく自家播種する。

Arctium lappa
一般名：ゴボウ
英　名：GREAT BURDOCK
☀ ❄ ↔1.2m ↕1.5〜2m
ヨーロッパのほぼ全域に自生し、多くの他の場所でも庭から逃げ出し繁殖している。大きな根出葉は長さが50cmになり、灰緑色で裏は白っぽい。刺に覆われた花序は緑色で、藤色の雄ずいだけが突き出している。
ゾーン：3〜10

Archontophoenix purpurea

Arctostaphylos canescens ssp. *sonomensis*

Arctostaphylos catalinae

Arctostaphylos confertiflora
英　名：SANTA ROSA MANZANITA
☼ ❄ ↔1.2〜2.4m ↕0.3〜1.8m
アメリカ合衆国カリフォルニア州南部の沖合いに位置するサンタローザ島の固有種で、砂岩の露出部に育つ。広がるタイプの低木で、しばしば枝が半平伏性を示し、小枝には白い剛毛がある。葉は群生し卵形。白い花が春に固まって咲く。
ゾーン：9〜11

Arctostaphylos glauca
英　名：BIGBERRY MANZANITA
☼ ❄ ↔6m ↕6m
大型の低木、あるいは小高木で、アメリカ合衆国カリフォルニア州に原生する。赤茶色の樹皮、くすんだ灰緑色の葉は長さ35mmほどで、楕円形〜卵形。花は白色かピンク色で、花後、粘着性のある茶色い果実をつける。
ゾーン：8〜10

Arctostaphylos densiflora
アルクトスタフィロス・デンシフロラ
☼/☼ ❄ ↔1.8m ↕1.5m
アメリカ合衆国カリフォルニア州、ソノマ郡に自生する。平伏性の低木で、濃い赤〜ほとんど黒の滑らかな樹皮を持つ。小さく短い円錐花序につく花は白色でピンク色を帯びる。葉は艶があるミッドグリーンで楕円形。'**エメラルド カーペット**'は密生するグラウンドカバーで、高さは30cmほど。'**ハワード マクミン**'は標準種よりさらに密生する。
ゾーン：8〜10

Arctostaphylos hookeri
アルクトスタフィロス・ホッケリ
英　名：MONTEREY MANZANITA
☼ ❄ ↔1.2〜4.5m
↕15〜120cm
アメリカ合衆国サンフランシスコ湾〜カリフォルニア州モントレー付近で、しばしば砂丘に分布する沿岸性の種。広範囲に渡り密にマット状に広がり、年月とともにこんもりドーム状となる。葉は小さく、光沢のある緑色。花は白〜ピンク色で、冬〜春咲き。果実は艶のある赤色で、夏に実る。*A. h.* subsp. *franciscana*（Franciscan Manzanita）はマット状に広がる。サンフランシスコ半島に自生していたが、自生するものは

ARCTOSTAPHYLOS
（ウラシマツツジ属）
ツツジ科、ほぼ常緑性の小さな低木や高木を50種ほど抱える。北アメリカにだけ分布するが、例外が2種あり北半球の高山性極寒地方に自生する。赤味を帯びた茶色の装飾的な樹皮は滑らかで、砕片になり剥げ落ちる。互生につく葉は、全縁、あるいは鋸歯縁。茎頂に総状花序、あるいは円錐花序でつく花は、小さな鐘形か壺形で、白色かピンク色。果実は球形。*A. uva-ursi*の葉は、ロシアではお茶に利用する。イギリスでは、13世紀以来、尿路消毒に用いてきた。
〈栽培〉
石灰分のない土壌が必要。鉢植えでは水をじゅうぶんにやり、成長期には肥料を与える。休眠期には肥料をやめ、水を減らす。前もって種子を熱湯に15〜20秒入れ、秋に蒔き、霜から保護する。平伏性の種は秋に取り木する。夏に半熟枝を挿し木する。斑点病を除くと、たいていの病気には無縁である。

Arctostaphylos canescens
英　名：HOARY MANZANITA
☼ ❄ ↔1.8m ↕1.8m
アメリカ合衆国、オレゴン州南部〜カリフォルニア州に自生する。小型の低木で、滑らかな濃い赤の小枝は新梢のころは毛を帯びる。長円形〜丸形の若葉は白いフェルト状の毛を帯びる。ピンクの花が茶色の果実に変わる。*A. c.* subsp. *sonomensis*は魅力的な品種。
ゾーン：7〜10

Arctostaphylos catalinae
英　名：SANTA CATALINA MANZANITA
☼/☼ ❄ ↔1.8〜3m
↕1.8〜4.5m
アメリカ合衆国カリフォルニア州南部の沖合いにあるサンタカタリナ島の固有種。不規則に広がる低木、あるいは高木で、幹が曲がり、樹皮は滑らかで赤色。葉は卵形で、細かい毛が生える。秋〜冬、赤い花が群生する。
ゾーン：8〜10

Arctostaphylos columbiana
英　名：HAIRY MANZANITA
☼ ❄ ↔1.8〜3.5m ↕1.8〜6m
アメリカ合衆国アリフォルニア州北部〜カナダのブリッティシュコロンビア州に分布する低木、あるいは小高木。剥がれ落ちる樹皮は紫がかった茶色。小枝には白い剛毛がある。卵形の葉は長さ5cmほど。晩春〜初夏、白〜ピンク色の花がうなだれるように群生する。
ゾーン：7〜9

Arctostaphylos edmundsii
英　名：LITTLE SUR MANZANITA
☼ ❄ ↔1.2〜3m ↕5〜90cm
アメリカ合衆国カリフォルニア州の沿岸地方モントレー付近に自生する希少種。マット状に広がるので景観樹として人気がある。年月とともにドーム状に盛り上がる品種もあれば、非常に低く平伏する種もあり、枝に沿って根をおろす。葉は小さく、丸形、光沢がある濃緑色。くすんだピンク色の花を春につける。茶色を帯びた果実を夏につける。
ゾーン：8〜10

Arctostaphylos alpina
異　名：*Arctostaphylos alpinus*
英　名：ARCTIC BEARBERRY、BLACK BEARBERRY
☼/☼ ❄ ↔20cm ↕15cm
北半球の荒野に自生する。落葉性の匍匐性低木で、細かい鋸歯縁で槍形の葉は、秋に鮮やかな赤色に変わる。葉腋から出る総状花序はピンク色を帯びる白い花を晩春につける。果実は赤紫色の液果。ゾーン：1〜8

Arctostaphylos bakeri
アルクトスタフィロス・バケリ
異　名：*Arctostaphylos stanfordiana* subsp. *bakeri*
英　名：BAKER'S MANZANITA
☼/☼ ❄ ↔0.9〜1.8m
↕0.6〜2.4m
アメリカ合衆国カリフォルニア州、ソノマ郡のチャパラル（低木の硬葉半灌木林）に自生する希少種。直立型〜広がり型の低木は、滑らかな赤の樹皮をし、小さな濃緑色の葉を持ち、小さなピンク色の花を晩冬〜初春に咲かせる。'**ルイス エドマンズ**'、選択された直立する品種のクローンで、幹はワインレッド、灰緑色の葉を密生させる。
ゾーン：8〜10

Arctostaphylos edmundsii

A. h. subsp. *franciscana*　*A. h.* subsp. *hearstiorum*　*A. h.* subsp. *montana*

Arctostaphylos confertiflora

Arctostaphylos hookeri

全滅し、今は保存栽培されるだけである。*A. h.* subsp. *hearstiorum*（Hearsts' manzanita）はきわめて低く平伏し、茎から根を出し、葉は長さ12mmもない。*A. h.* subsp. *montana*（Tamalpais manzanita）はより直立するか、小山状に盛り上がる品種で、高さ1.8mほどになる。*A. h.* 'モンテレー カーペッド'は小型の栽培品種。
ゾーン：8～10

Arctostaphylos manzanita
一般名：マンザニタ
英　名：MANZANITA
☼ ❄ ↔3m ↕4.5m
カリフォルニアに自生するこの種は、密生した茂みを形成する。樹皮は赤色～茶色で剥けやすい。葉は革質で、毛があり、卵形、緑色～灰緑色。濃いピンクの花が初春に咲く。白い果実は熟すと赤茶色になり、秋に実る。ミックスボーダーに加えると引き立つ。'ドクター ハード'は、直立する栽培品種で、高さ4.5mほどになる。
ゾーン：8～10

Arctostaphylos × media
☼ ❄ ↔2.4m ↕30m
*A. columbiana*と*A. uva-ursi*との自然交雑種。ふつうは平伏するが、直立する若枝を伸ばすこともある。葉は長さ25mmほど。花は白色か、ピンク色を帯びる。春咲き。
ゾーン：7～9

Arctostaphylos nummularia
英　名：FORT BRAGG MANZANITA, GLOSSYLEAF MANZANITA
☼/☀ ❄ ↔1.2～2.4m ↕0.9～1.8m
アメリカ合衆国カリフォルニア州中央部の沿岸地方に自生する。横に広がるか、あるいはこんもり盛り上がる低木。滑らかな赤い樹皮、小枝には白い剛毛がある。小さい、丸い葉は、艶のある緑色。白色～ピンク色を帯びた白い花を晩冬～春に咲かす。ゾーン：7～10

Arctostaphylos obispoensis
英　名：SERPENTINE MANZANITA
☀ ❄ ↔2.4m ↕2.4～3.5m

Arctostaphylos nummularia

Arctostaphylos pajaroensis

Arctostaphylos obispoensis

Arctostaphylos pilosula

アメリカ合衆国カリフォルニア州に自生する。濃い赤の茎につく、先の尖った、灰緑色の毛羽で覆われた葉で識別できる。ふつう常緑性だが、日照りの間は半落葉性になることができる。花は白色。ほとんどすべての土壌で生育しうる。
ゾーン：8～10

Arctostaphylos pumila

Arctostaphylos pajaroensis
英　名：PAJARO MANZANITA
☼/☀ ❄ ↔0.9～2.4m ↕0.9～3.5m
アメリカ合衆国カリフォルニア州、モンテレー付近のパジャロヒルズに自生する希少種。直立する低木で、樹皮はきめ粗く、灰色～赤味を帯びる。小さな心臓形の葉は表が濃い緑色、裏が薄い青味を帯びた色で、縁が赤いことが多い。薄いピンク色の花を晩冬につける。
ゾーン：8～10

Arctostaphylos pilosula
英　名：SANTA MARGARITA MANZANITA
☼/☀ ❄ ↔1.2～2.4m ↕0.9～1.8m
自生するものは稀で、アメリカ合衆国カリフォルニア州、サン・ルイス・オビスポ

Arctostaphylos manzanita

Arctostaphylos manzanita

Arctostaphylos stanfordiana

A. tomentosa subsp. *bracteosa*

A. tomentosa subsp. *rosei*

Arctostaphylos pungens の自生木、メキシコ、サン・ペドロ・マルティール国立公園

付近のチャパラル（カリフォルニア州南部の低木林）に覆われる沿岸地方に原生。多茎生で直立する低木で、濃い灰色の樹皮と、剛毛が覆う小枝を持つ。灰緑色の葉は先が尖る。白い花が晩冬に咲く。ゾーン：7～10

Arctostaphylos pumila
英 名：DUNE MANZANITA、SANDMAT MANZANITA
☼ ❋ ↔0.9～3m ↕0.3～1.3m

アメリカ合衆国カリフォルニア州、モンテレー湾周囲の海岸性砂丘に自生する。この低木は、平伏性～斜上する枝をつけドーム状に盛り上がる。くすんだ緑色の葉。白色、ときに薄いピンク色を帯びる花が、晩冬～初春に小さく群れて咲く。マメほどの大きさの茶色の果実を夏につける。グラウンドカバーや、ロックガーデンに向いている。
ゾーン：8～10

Arctostaphylos pungens
英 名：MADRESELVA、MANZANILLA、POINTED-LEAF MANZANITA
☼/◐ ❋ ↔0.9～1.8m ↕0.9～3m

メキシコ中央部と北部、アメリカ合衆国の南西部の高原で、高度2700m以上のところに広く分布する。この直立する低木は濃い赤茶色の剥落する樹皮を持つ。葉は卵形、灰緑色、たいてい先が尖っている。白～ピンク色の花が春に咲き、艶のある茶色の果実が夏～秋に見られる。
ゾーン：6～10

Arctostaphylos purissima
英 名：LA PURISIMA、MANZANITA
☼ ❋ ↔1.8～4.5m ↕0.9～2.4m

アメリカ合衆国カリフォルニア州のサンタバーバラ付近に自生する希少種。広がりながら成長し、こんもりとドーム状になる低木で葉が密に茂る。樹皮は赤く、小枝には白い剛毛がある。葉は丸形、艶のある緑色。冬～春、房状の白い花を下垂してつける。ピンク色を帯びた果実を夏～秋につける。
ゾーン：8～10

Arctostaphylos × repens
☼/◐ ❋ ↔0.9～2.4m ↕0.9～1.8m

*A. glandulosa*と*A. virgata*との自然交雑種で、両種がともに自生するアメリカ合衆国カリフォルニア州、サンフランシスコ湾北部に分布する。
ゾーン：7～10

Arctostaphylos stanfordiana
☼ ❋ ↔1.8m ↕1.8m

アメリカ合衆国カリフォルニア州に自生する、直立する低木で、滑らかな赤茶色

Arctostaphylos × repens

Arctostaphylos uva-ursi

Arctostaphylos uva-ursi

Arctostaphylos uva-ursi 'Wood's Red'

Arctostaphylos uva-ursi 'Massachusetts'

Arctostaphylos uva-ursi 'Vancouver Jade'

の茎を持つ。葉は、卵形、先が尖り、鮮やかな緑色。ピンク色かピンクホワイトの花が総状花序につき、花後、秋に赤い果実がなる。ゾーン：8～10

Arctostaphylos tomentosa
英　名：DOWNY MANZANITA, WOOLLY MANZANITA
☀/☼ ❄ ↔1.2～3m
↕0.9～2.4m
アメリカ合衆国カリフォルニア州の沿岸地方に自生し、9亜種に分かれる。多茎性で広がる成長習性を持つ。樹皮は滑らかで赤味を帯びるものから灰色できめが粗いものまで。小枝と葉には毛がある。白色～ピンクがかった白色の花は冬咲き。春に赤い果実が実る。*A. t.* subsp. *bracteosa* (syn. *A. bracteosa*) は枝と葉縁に剛毛がある。*A. t.* subsp. *insulicola* の樹皮は滑らかで赤い。カリフォルニア州南部の沖にあるチャネル諸島に分布。*A. t.* subsp. *rosei* (syn. *A. rosei*) の赤い樹皮はきめが粗いか、落剥する。小枝に毛がある。*A. t.* subsp. *subcordata* (syn. *A. subcordata*) もチャネル諸島に分布、樹皮は滑らかで赤く、小枝に毛が密生する。
ゾーン：8～10

Arctostaphylos uva-ursi
一般名：クマコケモモ、ウワウルシ
英　名：BEARBERRY, KINNIKINICK
☀ ❄ ↔50cm ↕10cm
北半球の冷温帯に自生する。ピンクに色づく白い花を咲かせ、その後赤い果実がなる。葉は北アメリカでは昔からパイプ用タバコに混ぜられてきた。ヨーロッパではしばしば薬用茶として利用される。'マサチューセッツ'は丈夫でマット状に広がり、高さ30cmにまでなり、幅4.5mほどまで広がる。'バンクーバー ジェイド'の葉は光沢があり、丈夫で、病気への抵抗力が強い。'ウッズ レッド'は矮性の栽培品種で、ピンク色の花を咲かせ、艶のある大きな赤い果実をつける。若枝は赤い。ゾーン：4～9

Arctostaphylos viridissima
アルクトスタフィロス・ウィリディッシマ
英　名：MCMINN'S MANZANITA
☼ ❄ ↔1.2m～2.4m
↕1.8～3.5m
アメリカ合衆国カリフォルニア州南部にあるチャネル諸島のサンタクルーズ島の固有種。直立型～寄りかかり型の低木で、美しい赤色をした剥落する樹皮と、毛のある小枝を持つ。葉は小さめで、光沢ある鮮やかな緑色。白い花を冬～春に咲かせる。'ホワイト クラウド'は近年の選抜品種。ゾーン：8～10

Arctostaphylos wellsii
英　名：WELL'S MANZANITA
☀/☼ ❄ ↔1.8～3m
↕2.4～4.5m
知られているのは、アメリカ合衆国カリフォルニア州、サン・ルイス・オビスポの南東部の丘陵に自生するものだけである。直立して成長し、滑らかな赤茶色の樹皮に、毛のある赤味がかった小枝を持つ。葉はかなり幅が狭く、先細り、緑色～青味を帯びた緑色で、しばしば縁が赤い。新葉は赤い。白い花が冬～春に咲く。夏に果実がなる。
ゾーン：8～10

Arctostaphylos Hybrid Cultivars
(ウラシマツツジ交雑品種)
☀/☼ ❄ ↔1.5～4.5m
↕15cm～3m
ほとんどすべての栽培品種が自然に交雑したか、あるいは栽培中偶然に交雑したものである。低くマット状に広がる品種から高い低木まで幅がある。'インディアン ヒル'はおそらく *A. edmundsii* の1品種で、艶のある明緑色の葉をマット状に広げる。新しい枝は魅力的な赤銅色で、冬に白い花をつける。'ジョン ダーレイ'★は、分類がはっきりしないが、ドーム状に茂る低木で、葉は密生し、青味がかった緑色、若葉は赤銅色で、花は薄いピンク色。'パシフィック ミスト'はマット状に広がるか、ドーム状に茂る低木で、若い枝はピンク色、幅の狭い灰緑色の葉を持ち、白い花をつける。'サンセッド'は、こんもりとドーム状に茂る低木で、濃い赤色の枝を持ち、葉は濃緑色。新梢は鮮やかな緑色で、ピンクの花をつける。ゾーン：8～10

ARCTOTHECA
(アルクトテカ属)
南アフリカ原生の多年生キク科植物5種からなる。白い綿毛～銀灰色の毛が花柄や葉の両面、あるいは裏面だけに生えるのが特徴。*A. populifolia* のような種では、全体が綿毛を帯び、鮮やかな黄色の花とよい対照をかもしだす。葉はたいてい根出葉で、ゆるいロゼットを作り、おもに夏と秋につく花序は、短い茎に単生する。花はふつう、黄色～金茶色の舌状花が黄色い円盤状花を囲む。

(栽培)
繰り返しての霜には耐性がないが、温暖な日当たりのよい場所で、水はけのよい土壌なら容易に育つ。温和な気候ではしばしば帰化し、侵略種となり雑草化することもある。*A. calendula* はとりわけ、芝生に群生しがちである。繁殖は種子からか、定着した株を分ける。

Arctostaphylos viridissima

Arctostaphylos viridissima 'White Cloud'

Arctotheca calendula
一般名：ワタゲハナグルマ
英 名：CAPE DANDELION, CAPE WEED
☼ ♂ ↔15〜40cm ↕10〜20cm
葉は長さ15cmほど、葉裏は白い綿毛を帯び、粗い鋸歯縁、薄緑色、タンポポに似たロゼットを作る。花序は薄黄色で、直径5cmほど、暖かい間ずっと咲き続ける。ゾーン：9〜11

Arctotheca populifolia
☼ ♂ ↔20〜40cm ↕20〜30cm
海岸の砂丘に生えるこの種は、基部を群生させ広がるか、あるいは直立し、短い枝をつける木質の基部を伸ばす。葉は白色〜薄い灰色、楕円形、稀に切れ込みが入り、長さは8cmほど。花序は直径25mmまで、鮮やかな黄色を呈する。ゾーン：9〜11

ARCTOTIS
（ハゴロモギク属）
アフリカ大陸の南端部から北にアンゴラまで分布し、ときにガザニア属と混同される。キク科に属する本属は、低く広がる一年生、多年生植物で、多数の大きく鮮やかな色の花序をつけるおよそ50種からなる。葉は単葉でたいてい槍形、葉裏はフェルト状。温和な気候では一年のほとんどの間、葉群れの上に花径2.5〜10cmほどのさまざまな色合いの花をつける。近年作られた系統では、青以外のほとんどの色合いが揃う。学名の*Arctotis*はギリシャ語から来ていて、「熊の耳」を意味するが、花の鱗片が熊の耳に似ているという、いささか曖昧な関係である。

〈栽培〉
軽く水はけのよい土壌で日なたで育つ。日照りへの耐性はあるが、成長期によく水をやることでより多くの花をつける。繁殖は種子からだが、多年生のものは花をつけない茎の挿し木から容易に育つ。

Arctotis gumbletonii

Arctotis acaulis
アルクトティス・アカウリス
☼ ♂ ↔30〜100cm ↕15〜30cm
ロゼットを形成し群生する多年生植物。波打つか、欠刻が入るか、鋸歯縁の葉は長さ20cm、葉表は緑色で裏は白い毛を帯びる。花序は幅10cmほど、舌状花は主に黄色、オレンジ、赤のさまざまな色合い。中心花は深い紫。'マゼンタ'長い茎に赤紫色の花をつける。ゾーン：9〜10

Arctotis fastuosa
一般名：ベニジュウム
英 名：CAPE DAISY, MONARCH OF THE VELDT
☼ ♂ ↔30〜40cm ↕50〜70cm
一年生植物、または短命の多年生植物。葉は、粗い毛で覆われ、深裂が入り、銀色がかった色で、長さ15cmほど。オレンジ色の舌状花の付け根はえび茶色。中心花は深いえび茶色〜茶色。'ズール プリンス'は典型的な園芸品種で、青紫色の中心花を白い舌状花が囲み、舌状花の付け根はゴールデンオレンジ色に染まる。ゾーン：9〜11

Arctotis gumbletonii
☼ ♂ ↔40〜100cm ↕20〜40cm
ロゼットを形成する多年生植物で、欠刻の入る葉は、銀灰色で長さ20cmほど、大きな茂みを広げながら育つ。花序は幅10cmほど、オレンジ色〜赤色の舌状花の付け根は黄色〜茶色、ほぼ黒に近いほど濃い色の中心花を囲む。ゾーン：9〜10

Arctotis × hybrida 'Red Devil'

Arctotis acaulis

Arctotis × hybrida
アルクトティス×ヒブリダ
☼ ♂ ↔20〜50cm ↕20〜40cm
主に*A. venusta*×*A. fastuosa*を親に持つ。コンパクトで、たいてい銀色がかった葉をつけ、冷涼な気候ではしばしば一年生として扱われる。多くのよく名の知れた栽培品種と実生の系統がる。たとえば、'フレイム★'は、鮮やかなオレンジの花をつける。'ハーレクイン フレイム'は、鮮やかな橙赤色の花をつける。'マホガニー'の花は、濃い赤茶色。そして'レッド デビル'は、鮮やかな赤色の花を咲かせる。ゾーン：9〜11

Arctotis stoechadifolia
一般名：アークトチス、ハゴロモギク
英 名：AFRICAN DAISY, BLUE EYED AFRICA DAISY
☼ ♂ ↔45cm ↕45〜60cm
南アフリカ原生の一年生植物。葉は灰緑色で長楕円形。デイジーに似た中心花はさまざまな鮮やかな色を呈し、終わった花を摘み取れば夏〜秋中咲く。日照りに耐性があり乾燥した砂質の土壌で育つ。ゾーン：9〜10

Arctotis × hybrida 'Flame'

Arctotis venusta
英 名：BLUE-EYED AFRICAN DAISY
☼ ♂ ↔20〜40cm ↕40〜60cm
一年生植物で、葉は深裂が入ったものから、ほとんど羽状複葉のものまであり、綿毛を帯び灰白色。花柄には深い畝が走る。栽培されている花はさまざまな色があるが、野生種はたいてい濃いマゼンタ色の舌状花に青紫色の中心花という組み合わせ。ゾーン：9〜11

ARDISIA
（ヤブコウジ属）
250種以上の常緑性低木、小高木でヤブコウジ科ヤブコウジ属を構成し、アフリカ以外、全大陸の熱帯、亜熱帯地域に分布する。多くは、多雨の山岳地帯に生息する。葉は単葉でしばしば鋸歯縁や縮れた縁をしており、小枝の末端に混み合うようにつく。共通する特徴は、葉に半透明の茶色がかった斑点やすじ模様が入ることで、葉が薄い種だとよくわかる。小さな花は多くが星形で、外側の葉の間に花柄を持つ散形花序がつく。5枚の花弁にはしばしば小さな斑点模様ができる。果実は小さく、種子をひとつだけ含む液果。

Arctotis venusta

Ardisia crenata

Areca ipot

Areca catechu

Ardisia crenata
一般名：マンリョウ

英　名：CORAL ARDISIA, CORALBERRY

☀ ❄ ↔ 45cm ↕ 1.8m

日本南部、中国、ヒマラヤ地方の東部では自生している。何段にもなる側枝が、濃緑色の茂みの頭を形作る。白い星状の花が春～夏、散形花序を作る。コーラルレッド色の果実は冬まで木に残る。

ゾーン：7～11

Ardisia escallonioides
英　名：MARLBERRY

☀ ❄ ↔ 3.5m ↕ 8m

メキシコ、グアテマラ、西インド諸島北部、アメリカ合衆国フロリダ州の南部に分布する。黄色を帯びた緑色の葉は長さ15cmほど。白い花は、赤い点が密に入り、夏から秋にかけて咲く。赤茶色～黒色の果実をつける。

ゾーン：9～12

Ardisia japonica
一般名：ヤブコウジ、ジュウリョウ

☀ ↔ 限界なし ↕ 30cm

日本、中国に原生。この地被植物の葉は輪生し、長さ8cm、光沢のある暗緑色で鋸歯縁。夏に白～薄ピンクの花をつける。果実はピンク～赤色。'ニシキ'は斑入りの栽培品種で、不規則なクリーム色の縁取りが入り、若葉は半透明なピンク色を帯びる。

ゾーン：7～10

ARECA
（ビンロウジュ属）

インド南部とニューギニアの間に分布。ヤシ科でおよそ60種からなり、ほとんど熱帯にだけ自生する。魅力的な小型～中型のヤシで、たいてい多雨林の下生えに育つ。成長の形はさまざまで、単生のものも、基部から群生するものもある。比較的大型の種は、よく発達した葉鞘があり、幹の先につく。花をつける枝は葉鞘のすぐ下の幹のてっぺんから出る。花は小さく、たいていクリーム色か黄色で、3つ固まり小枝につく。赤色、あるいは黄色の果実は卵形。

〈栽培〉

ほとんどの種が湿潤な熱帯地方でのみ戸外での栽培が可能だが、高度の高いところに自生する数種は熱帯以外でも霜さえなければ育つ。ずっと湿りけが保てる土壌で、風雨にさらされない環境ならじゅうぶん育つ。大きめの種は強い日差しに耐性があるが、小さめで、繊細な種は保護が必要。より冷涼な気候では、加湿した温室が必要になる。繁殖は果肉を取り去った新しい種子から。

Areca catechu
一般名：ビンロウジュ

英　名：BETEL PALM

☀ ↔ 3.5m ↕ 15m

単幹のヤシで、緑色の葉鞘は膨らむ。羽状のシダ葉がアーチを描く。花をつける枝は短く、硬い小枝がつく。黄色～オレンジレッドの果実は、長さ8cm。ビンロウジュが自生する地域全土で、ビンロウジュの堅果を噛むのは、広く行われる習慣である。

ゾーン：11～12

Areca triandra

Areca ipot
☀ ↔ 3m ↕ 3.5m

フィリピン原生。幹は緑色で、環状の模様が目立ち、滑らかな緑色の葉鞘が頂につく。鮮やかな緑色をしたアーチ状の葉は長さ1.8mにもなる。短い花が群生する。オレンジ色～赤色の卵形の果実が実る。

ゾーン：11～12

Areca triandra
一般名：アレカヤシ

☀ ↔ 2.4m ↕ 3m

インド東部～フィリピンの山地の多雨林地域に自生する。単茎、あるいは多茎の幹は、緑色で、環状の模様が目立つ。滑らかな緑色の葉鞘、直立する葉、濃緑色の小葉がつく。クリーム色の花が円錐花序につく。果実は鮮やかな赤色。

ゾーン：11～12

ARENARIA
（ノミノツヅリ属）

英　名：SANDWORT

およそ160種の低く広がる、たいていは多年生の木質化する草本と、数種の一年生植物からなる。ナデシコ科に属し、北半球の温帯地域一帯に自生する。ロックガーデン植物として理想的で、コンパクトなグラウンドカバーとなる。分岐する茎に多数の葉が密生する。葉はしばしば有毛で、線形～円形、対生で2枚ずつつく。豊富に咲く星形の小花は、ふつうは白色の5弁花で、集散花序を作るか、単生で細い花柄につく。根張りが浅いため、日照りには弱い。果実は円筒形か、卵形のさく果で、6つの欠刻がある。学名は「砂」にあたるラテン語*arena*に由来し、砂混じりの土壌を好むことを示唆する。

〈栽培〉

この科のほとんどの種は、暑い気候では、半日陰で暑い午後の日差しから遮断されることを必要とする。痩せた土壌には耐えられるが、湿り気があり、砂混じりで、水はけがよいことが必要。根が浅いため、マルチを施すか、植物自体にではなくとも、周辺への頻繁な水やりが必要となる。繁殖は株分けから、あるいは秋か春に播種で、あるいは初夏に軟材を挿し木する。

Ardisia escallonioides

Arenaria montana

Arenga australasica

Arenga porphyrocarpa

Arenaria montana
アレナリア・モンタナ

☼/◐ ✽ ↔23〜60cm
↑10〜15cm

丈夫な多年生植物で、南西ヨーロッパが原生。細長く、灰緑色、有毛で長さ35mmほどの葉がまばらなマット状に広がる。花径15〜18cmの白い花が、単生、もしくは開帳性の集散花序を作る。春〜初夏に咲く。'**アバランシュ**'は溢れんばかりに大きな白い花をつける。
ゾーン：4〜8

Arenaria purpurascens
アレナリア・プルプラスケンス

☼/◐ ✽ ↔23〜60cm
↑10〜15cm

房状の常緑性多年生植物で、マット状に広がる。小さな、鋭く尖る光沢のある葉をつける。スペイン北部の山岳地帯に自生する。花径5〜12mm、薄い色〜濃い紫がかったピンク色の星形の微小な花が1〜4輪集まり小さな房を作り、長さ10cmほどの花柄につく。初春〜夏咲き。'**エリオッツ バラエティ**'はピンクの花をふんだんにつける。ゾーン：4〜8

ARENGA
(クロツグ属)

ヤシ科に属する興味深い属で、熱帯、亜熱帯性の東アジア〜オーストラリア北東部やソロモン諸島に分布する20種ほどからなる。多雨林の下生えとなる小型のヤシからどっしりとした単幹の高木まで、大きさは変化に富む。A. pinnataはパームシュガーの原料で、幹は黒っぽい繊維が集まったものに包まれる。葉も種によりさまざまである。単幹の種では花をつける枝は、完全に成長した幹のてっぺんにつき、その後次々と幹を下るように花枝がつく。一番下の枝が果実をつけると木は枯れる。花は、クリームイエローかオレンジ色で、非常によい香りがする。果実にはゲル状の果肉が含まれ、肌や口につくとひりひりする。

〈栽培〉
アレンガ属は頑健なヤシで、栽培によく適応する。風雨を遮った日なたの環境で、土壌に水分がたっぷり含まれているとよく育つ。複茎の種はどれも、コンサバトリー内で鉢植えにするとよく育ち、鉢替えするまでに成長するには何年もかかる。繁殖は播種、あるいは群生する種なら株分けで。

Arenga australasica

☼ ✤ ↔4.5m ↑18m

オーストラリアの北端に自生する。複茎の種だが、伸びる幹は1本か2本だけで、基部からのシュートが群生する中から出る。幹は厚く、滑らかで繊維はない。葉長は2.4〜3m、小葉は光沢のある緑色。
ゾーン：11〜12

Arenga engleri
一般名：クロツグ

☼ ✤ ↔3m ↑3.5m

台湾と日本の南端の琉球列島に自生する。混み合って群生する。葉は、規則的に間隔の空いた小葉に分かれ、鋸歯縁がある。夏にオレンジ色の花をつける。秋、さくらんぼ大の果実は熟すと黄色から濃い赤に変わる。
ゾーン：9〜12

Arenga hookeriana

Arenga hookeriana

☼ ✤ ↔38cm ↑45cm

小さいマレーシア産のヤシで、一回結実性。長さ38cmほどの葉は、羽状複葉か、あるいは単葉で全裂が入らない。室内植物としてよく育つが、短命にはなるが庭の装飾用に育てることもある。
ゾーン：11〜12

Arenga obtusifolia

☼ ✤ ↔6〜10m ↑12m

幹が1本、あるいはそれ以上あるヤシで、直径30cmほど。葉は大きく、長さが3〜5mになる大きな葉は、すべて同じ平面を作る細長い小葉に分かれ、表面は緑色、葉裏は灰色を帯びる。長さ100〜150cmの花序に茶色を帯びた花を咲かせる。果実は赤色、卵形、長さは3〜5cm。マレーシアの半島部と、インドネシアのスマトラ島、ジャワ島の多雨林に分布する。
ゾーン：11〜12

Arenga pinnata
一般名：サトウヤシ
英　名：AREN, GOMUTI PALM, KABONG, SUGAR PALM

☼ ✤ ↔12m ↑18m

インドとミュンマーに自生する。必ず単幹で、幹はごわごわした黒っぽい繊維に包まれる。葉は羽状複葉。最初の花をつける枝が8年で出ると、続く3〜5年

Arenga engleri

Arenga undulatifolia

のあいだに次々と花枝が出る。果実は熟すと黒味を帯びる。
ゾーン：10〜12

Arenga porphyrocarpa

☼ ✤ ↔1.2m ↑3m

ジャワ島原生種で、茎を密生させる。細長い葉は、広く間隔の空いた長さ45cmになる小葉をつけ、外に反り返る。花をつける枝は葉の基部に隠れる。オリーブに実大の紫がかった果実をつける。
ゾーン：11〜12

Arenga tremula

一般名：コミノクロツグ

☼◐ ❀ ↔3～4.5m ↕2～3m

フィリピン諸島の熱帯性低地多雨林の下層を占める種。幹が短く、革質の葉を持つこのヤシは大きな群落を作って育つ。緑の幹には、薄い色の葉痕が目立つ。葉は細長く、緑色。花序は大きく、長さは葉を超える。ゾーン：10～12

Arenga undulatifolia

異　名：*Arenga ambong*

☼ ❀ ↔4.5m ↕6m

ボルネオ島とスラウェシ島の各地に自生する美しい種。幹は群生する。大きな葉が優美に扇形に広がる。花をつける枝は短く、葉の付け根に半ば隠れる。果実は卵くらいの大きさ。ゾーン：11～12

Argemone munita

ARGEMONE

（アザミゲシ属）

ケシ科の23種の一年草または多年草、および1種の低木からなる。南北アメリカ、西インド諸島、ハワイの乾燥地帯の植生域に見られ、ふつう群落を形成する。直立の茎が多肉の根から出現する。葉は全縁または深裂があり、刺があるかまたは平滑で、青緑色。花は大きな浅い杯型で、白色、黄色または藤色、夏から秋に単生または群生する。刺のある莢がつき、多数の帯黒色の種子を含有する。茎には帯黄色の乳液が含まれる。

〈栽培〉

実生で殖やし、発芽は容易である。水はけのよい、砂利質の土壌の日向で育てる。自己播種を行なう種もある。

Argemone mexicana

一般名：アザミゲシ

英　名：MEXICAN POPPY, PRICKLY POPPY

☼ ❆ ↔30～40cm ↕90cm

直立の一年草で、横に広がる。葉は長さ12cm、深裂があり、灰緑色、銀色の刺がある。径8cm、黄色の花が夏から秋に咲く。アメリカ合衆国南部から中央アメリカでは雑草化している。'**ホワイトラスター**'は、白色の花。'**イエロー ラスター**'は、橙黄色の花。ゾーン：8～10

Argemone munita

英　名：PRCKLY POPPY

☼ ❆ ↔30～50cm ↕60～90cm

茎が分岐する多年生草本で、アメリカ合衆国西部の低木林や森林に見られ、標高800～2,500mの高地に生育する。開花期は夏。葉は深裂、刺があり、帯灰色。径8cmの白色の花が咲き、花弁は皺があり、刺状の萼片、250本もの黄色の雄ずいを持つ。ゾーン：6～10

Argemone squarrosa

☼ ❆ ↔60cm ↕80cm

茎が分岐し、刺のある多年草。葉は鋸歯縁、両面に刺がある。花は径12cm、白色、薄黄色の雄ずいを持ち、春から夏に咲く。果実は卵形～円錐形のさく果で、刺があり、夏から秋につく。種子は黒色。中央～南アメリカの草原、乾燥した丘陵、山麓、渓谷に見られる。ゾーン：7～9

ARGYRANTHEMUM

（アルギランテムム属）

カナリア諸島およびマデイラ諸島原産で、多年草として扱われることが多い。キク科に属し、24種の常緑低木からなる。庭園用および切花用に人気がある。無数の栽培品種があり、八重咲きまたは半八重咲きで、開花期は長い。全種が低木で、下部から分枝し、茎には粗毛があり、葉は鋸歯縁～深裂、やや芳香があり、こすると苦い匂いがする。花序は長い花茎に2～5個のかたまりでつく。

〈栽培〉

耐霜性はあまりなく、寒冷地帯では冬は霜の当たらない場所に移動させたほうがよい。冷涼な冬のある暖温気候をより好む。成長した株から挿し木すると6カ月で開花するため、一年草として扱ってもよい。水はけのよい、肥料の多すぎない土壌の日向に植える。幼苗は摘心する。春または夏に開花させるには秋に緑枝挿しで殖やす

Argyranthemum frutescens

異　名：*Chrysanthmum frutescens*

一般名：マーガレット、モクシュンギク

英　名：MARGUERRITE, MARGUERITE DAISY

☼ ❀ ↔0.9m ↕0.9m

カナリア諸島に原生する低木で、丈は低く、横に広がる。葉は切れ込み、数個の

Argyranthemum gracile

Argyranthemum gracile 'チェルシー　ガール'

細い裂片に分かれる。白色の舌状花、黄金色の筒状花を持ち、ほぼ通年開花する。最近ではほとんどの栽培品種が本種に分類されているが、種間交雑種も多い。ゾーン：9～10

Argyranthemum gracile

アルギランテムム・グラキル

☼ ❀ ↔90cm ↕60cm

カナリア諸島のテネリフェ原産で、海岸に近い岩間に生育する。葉は非常に長細く切れ込むが、鋸歯はなく青緑色。細い茎に白色の花序がほぼ通年つく。'**チェルシー ガール**'は、花つきが多く、直立する。ゾーン：9～11

Argyranthemum maderense

英　名：YELLOW MARGUERITE

☼ ❀ ↔50cm ↕45cm

カナリア諸島原産。葉は幅広く、軟質、深緑色、先端に向かって粗い鋸歯縁。花序は大きく、薄黄金色の舌状花、やや濃色の筒状花を持つ。ゾーン：9～11

Argyranthemum Hybrid Cultivars

一般名：アルギランテムム交雑品種

☼/◐ ❀ ↔45～90cm

↕30～75cm

多くの資料では本属の栽培品種を*A. frutescens*として分類しているが、最近出回っている多くの栽培品種が交雑種であることは明確である。交配親としては、*A. frutescens*のほかに*A. foeniculanceum*と*A. maderense*がある。'**バタフライ**'は、小型の栽培品種で、濃黄色、一重咲き。'**カリフォルニア ゴールド**'★は、矮性、黄金色の大形の花がつき、葉の切れ込みは少なく幅広い。'**コーニッシュ　ゴールド**'は、黄色の花序、筒状花は濃色。'**ドニントン ヒーロー**'は、丈低く、横に広がる。粗い裂葉、白色の美しい一重咲きの花。'**ギルズ ピンク**'は、薄桃色の舌状花、基部は濃色で、幅広い裂葉を持つ。'**ジャマイカ プリムローズ**'は、丈高く、薄～濃黄色の花。'**プティ ピンク**'は、一重、ピンクの花がつく。八重咲き品種には以下のものがある。'**ブリザード**'は、白色の舌状花がからまるようにつき、筒状花に目立つ

アルギランテムム、HC、'ドニントン　ヒーロー'

アルギランテムム、HC、'プティ・ピンク'

アルギランテムム、HC、'バタフライ'

部分がある。'メアリー ウートン'は、古い栽培品種で、薄桃色の筒状花を持つ。'タウランガ スター'は、白色の舌状花で、やや細い管状。'バンクーバー'は、'メアリー ウートン'に似ており、明桃色、ドーム形の筒状花、薄色の舌状花が車輪の軸状につく。
ゾーン：9～10

ARGYROCYTISUS
(アルギロキティスス属)

マメ科ソラマメ亜科の単型属で、モロッコのリフ山脈およびアトラス山脈に見られる1種の常緑低木である。属名は銀を意味する*argyros*と、旧属名*Cytisus*を組み合わせたもので、銀色の葉を持つことを指す。葉は銀色の毛で分厚く覆われ、日光に反射して金属質の輝きを放つ。明黄金色の花が晩春から初夏に穂状につく。

〈栽培〉
本属は手入れをしないと徒長して脆弱な株になるが、定期的に剪定すると直立の株になる。垣根仕立てにすることもできる。非常に耐寒性があり、砂利質の水はけのよい土壌の日向を好む。実生または晩夏から秋に半熟枝挿しで殖やす。

Argyrocytisus battandieri
アルギロキティスス・バッタンディエリ
英名：SILVER BROOM
☼ ❄ ↔3.5m ↕3.5m

もっとも洗練された花がつく種として広く知られる。帯銀色の3出複葉がつく低木。明黄色の花には芳香がある。マメの莢に似たさく果がつき、銀色の毛で覆われる。'イエロー テール'は、濃黄色の花に芳香がある。
ゾーン：7～9

ARGYRODERMA
(アルギロデルマ属)

ハマミズナ科の10種の多肉植物で、南アフリカ共和国に原生する。非常に肉厚で、ふつう茎はなく、青緑色、地際に生えて石に似ることからリビング・ストーンとして知られる。葉は対生で数個～多数つき、円錐形～卵形、中心に裂け目があり、小さく群生する。葉はシーズン中に2枚しかつかないが、通年子吹きする。種によっては旧葉が残り、新葉が出ると短円筒形になる。デイジーに似た、白色、黄色または紫色の花が裂け目に単生する。

〈栽培〉
ほかの多肉植物と同様に乾燥した冬を好み、降霜が頻繁に起こると痛みやすい。葉冠に水がたまると腐りやすいので、小石でマルチングする。砂利質の水はけのよい土壌の日向に植える。実生または定着した株を丁寧に分けて殖やす。

Argyroderma delaetii
一般名：アルギロデルマ・デラエティー
☼ ❄ ↔10cm ↕5cm

ふつう卵形、青緑色の葉が1対だけつく。植物体のほとんどが地中に埋没する。白色、まれに黄色または紫桃色の花がつく。
ゾーン：9～11

ARIOCARPUS
(アリオカルプス属)

アメリカ合衆国およびメキシコの乾燥～砂漠地帯に見られる成長緩徐な小型の稀少植物で、6種があり、サボテン科に属する。ふつう単生、刺がなく、短～非常に長い疣がロゼットを形成し、あいだに綿毛が束生する種と疣の表面の裂け目に綿毛の生える種がある。皮は分厚く、カブに似た大形の根を持ち、子吹きして成長する。原種は高さよりも幅が広く、地面を覆うように成長する種もある。石に似るため、秋の開花期以外は発見しにくい。花色は白、紫、ピンクまたは黄色で、ほとんどが自家受精する。裂開果は、綿毛で覆われた刺座に隠れるようにつく。全種がワシントン条約付属書2類に記載されているが、違法な採取によって自生地から絶滅した種もある。採取された標本植物は定着が困難であるし、購入してはならない。

〈栽培〉
野生種を栽培するのは困難だが、実生苗は若干の腐葉土と石膏を加えた無機質の土壌であれば、容易に栽培することができる。夏と冬は完全に乾燥させ、春と秋に適度な間隔で灌水する。成長が遅く、直径15cmのポットいっぱいに成長するまでに数十年かかることがある。

Ariocarpus fissuratus
一般名：亀甲牡丹
☼ ❄ ↔15cm ↕3.5～10cm

テキサス州南部からメキシコ北部に見られる。まとまりのあるロゼット状になり、地表を覆うように成長する。径15mmの灰緑色の塊茎を持ち、目立つ裂け目がある。植物の大部分は長さ45cmの主根からなる。花は薄桃～深紅色、径35～50mm。ゾーン：9～11

Ariocarpus kotschoubeyanus
一般名：黒牡丹
☼ ❄ ↔5～8cm ↕1.2～5cm

中央アメリカ原産。*A. fissurantus*に似るが、疣はより細長く、平滑、灰茶色で、裂け目はない。1830年代に3個体が発見され、1個体はパリで同重量の金と引き換えに売買された。花は白、薄桃～紫色、径30～50cm。ゾーン：9～11

Argyrocytisus battandieri

Argyroderma delaetii

Ariocarpus retusus
一般名：玉牡丹
☼ ❄ ↔38cm ↕25cm

メキシコ中央部のいくつかの州に見られる。平滑、灰緑色の裂け目のない疣がまとまったロゼットを形成し、先端に向かって上向き、外広がりになり、頂部が分厚く綿毛で覆われる。花は薄桃色、径30～50mm。*A. r.* var. *furfuracens*は、まとまりのあるロゼットを形成し、外見が岩に似る。
ゾーン：9～11

Ariocarpus retusus var. *furfuraceus*

Ariocarpus kotschoubeyanus

Ariocarpus retusus

Arisaema sikokianum

Arisaema consanguineum

Arisaema kishidae

Arisaema amurense

Arisaema serratum

Arisaema candidissimum

Arisaema ringens

ARISAEMA
(テンナンショウ属)

サトイモ科の塊茎を持つ多年草で約150種からなる。アフリカ、北アメリカおよびアジアに見られ、日陰や森林地に生育する。装飾的な葉と茎、異様な形態の花が庭園に面白みを与える。葉は複葉または裂葉、茎はピンク～紫色の斑点がある。大形の仏炎苞を持ち、色は黄、緑、茶、赤またはピンク色で、縞または斑点がある。仏炎苞は中央にある円筒形の小さな肉穂花序を包むようにつく。花は短い棍棒形から長く下垂するものまである。橙赤色の液果が仏炎苞につく。

〈栽培〉

耐霜性種は、森林地の冷涼な泥炭質土壌の、雨風の当たらない半日陰で育てる。冬にマルチングを施し、ナメクジから保護する。熱帯種は温室栽培し、腐葉土、砂利、やや酸性のロームを混ぜた用土を用い、深い鉢に植える。実生または塊茎の株分けで殖やす。

Arisaema amurense
一般名：ヒロハテンナンショウ
☀ ❄ ↔30cm ↕30cm
アジア北部原産。褪せた紫色の茎に、放射状の5枚の小葉からなる1～2枚の複葉を持つ。仏炎苞は白色に紫と緑色の縞がある。春に開花する。
ゾーン：5～9

Arisaema candidissimum
一般名：モモイロテンナンショウ
☀ ❄ ↔45cm ↕30cm
中国西部原産。初夏の花後に、大形の3出複葉が、斑点のある桃茶色の茎に1枚つく。薄桃色の縞のある仏炎苞は先端が長く尖る。花に微香がある。
ゾーン：6～9

Arisaema consanguineum
一般名：テンナンショウ
☀ ❄ ↔30cm ↕90cm
ヒマラヤ山脈および中国中央部に原生する。11～20枚の放射状の小葉からなる、長さ40cmの複葉が1枚つく。仏炎苞は長く、やや先端が下垂し、緑色および紫色で細い縞がある。初夏に開花する。
ゾーン：7～10

Arisaema dracontium
英　名：DRAGONROOT, GREEN DRAGON
☀/☀ ❄ ↔30～45cm ↕75cm
アメリカ合衆国東部原産。多年生草本。晩春に薄緑色の長い仏炎苞がつき、先端が黄色の鞭状になる。食用できない赤橙色の液果がつく。全草に毒がある。仏炎苞は*A. triphyllum*よりも細長い。
ゾーン：4～9

Arisaema kishidae
一般名：ムロウマムシグサ
☀ ❄ ↔30cm ↕30cm
日本原産。フレアのある小葉数枚からなる複葉が2枚つき、銀色の模様がある。仏炎苞は茶藤色で、縞があり、頭巾状。春に開花する。
ゾーン：5～9

Arisaema ringens
異　名：*Arisaema praecox*
一般名：ムサシアブミ
☀ ❄ ↔30cm ↕30cm
日本、中国、朝鮮半島原産。幅広い小葉3枚からなる複葉が2枚つく。仏炎苞は小形、緑色および紫色で、白色の縞があり、肉穂花序を巻くように囲む。花は早春に開花する。
ゾーン：7～10

Arisaema robustum
一般名：ヒロハテンナンショウ
☀ ❄ ↔45cm ↕45cm
日本原産。幅広い掌状の小葉からなる複葉が1枚つく。仏炎苞は直立、ふつう緑色に白色の縞があるが、紫色の種もある。初夏に開花する。
ゾーン：7～10

Arisaema serratum
異　名：*Arisaema japonicum*
一般名：マムシグサ
☀ ❄ ↔60cm ↕90cm
アジア北東部原産。斑点のある紫色の茎に、小葉数枚からなる複葉が2枚つく。仏炎苞は細長く、頭巾状、緑色または紫色、ときに白色の縞がある。春に開花する。
ゾーン：5～9

Arisaema sikokianum
一般名：ユキモチソウ
☀ ❄ ↔45cm ↕45cm
日本原産。鋸歯縁の小葉3～5枚からなる複葉が2枚つく。仏炎苞は直立、外側は紫色、内側は薄紫色に縞がある。肉穂花序は突出し、白色、棍棒形。初夏に開花する。
ゾーン：5～9

Arisaema taiwanense

Arisaema speciosum
英　名：COBRA LILY
☀ ❄ ↔45cm ↕60～90cm
ネパールおよび中国南西部原産。大形の小葉からなる複葉が1枚つき、縁は赤みがかる。紫色のまだらの茎を持つ。大形、頭巾状の仏炎苞は、暗紫色に白色の縞がある。肉穂花序は長い糸状の付属器官を持つ。初夏に開花する。
ゾーン：8～10

Arisaema taiwanense
☀ ❄ ↔45cm ↕90cm
台湾原産。斑点のある茎に、数枚の傘状の小葉からなる複葉が1枚つく。紫茶色のまだらの仏炎苞は頭巾状で、長い糸状の付属器官を持つ。白色、棍棒形の肉穂花序がつく。
ゾーン：6～9

Arisaema tortuosum
一般名：アリサエマ・トルツオスム
☀ ❄ ↔45cm ↕90cm
ヒマラヤ原産。数枚の小葉からなる複葉が2～3枚つく。仏炎苞は緑色。肉穂花序は長い糸状のねじれた付属器官を持つ。初夏に開花する。
ゾーン：7～10

Arisaema triphyllum
一般名：ヘビノダイハチ
英　名：INDIAN TURNIP, JACK-IN-THE-PULPIT
☀ ❄ ↔45cm ↕30～60cm
北アメリカ東部原産。3枚の先鋭な小葉からなる複葉が2枚つく。仏炎苞は頭巾状、緑～紫色で、緑色または白色の縞がある。夏に開花する。
ゾーン：4～9

ARISARUM
（アリサルム属）
サトイモ科に属する3種の塊茎多年草で、地中海および大西洋諸島に原生する。矢尻形の葉が長い柄につく。緑色または紫色の苞葉花が葉と同じ高さか、すぐ下につき、頭巾のように肉穂花序（中央の筒状の真花）を覆う。
〈栽培〉
腐植質の多い、多湿な土壌の日陰または半日向で育てる。降霜の非常に多い地域では冬にマルチングを施す。休眠期の塊茎の株分け、または春に実生で殖やす。

Arisarum proboscideum
英　名：MOUSE PLANT
☀ ❄ ↔20cm ↕20cm
イタリアおよびスペイン原産。光沢のある矢尻形の葉が目立ち、こげ茶色、頭巾状の仏炎苞を覆い隠すようにつく。苞葉の先端には巻いた尾状の付属器官があり、マウスプラントの名がある。春に長い期間、開花する。
ゾーン：7～10

Arisarum vulgare
英　名：FRIAR'S COWL
☀ ❄ ↔38cm ↕20cm
地中海および大西洋諸島原産。暗緑色、銀色の斑点のある矢尻形の葉がつく。紫色、頭巾状の仏炎苞は基部に向かって縞があり、葉のやや上につく。晩冬に開花し、夏に休眠する。
ゾーン：7～10

ARISTEA
（アリステア属）
アヤメ科に属する約50種の常緑多年草からなり、多肉の茎を持ち、アフリカの熱帯から南アフリカ共和国およびマダガスカルに見られる。直立、ときに長さ60cmになる剣形の葉が扇状につき、アイリスに似る。青、薄紫、紫色の6弁花が分岐した茎につき、分枝はやや扁平な裂片を持つ。花は短命で、1日ほどしかもたない。開花期は晩冬から夏で、種によって異なる。
〈栽培〉
弱い降霜にしか耐性がなく、ほとんどが軽い腐植質の多い水はけのよい土壌の日向または半日向を好む。株分けできるが根が乱れるのを嫌うため、無霜地帯では秋に、それ以外では春に実生で殖やす。

Aristea africana
☽/☀ ❄ ↔20～40cm ↕20～25cm
南アフリカ共和国原産の小型種。長さ15cmの細い葉。花は紫青色、径25mmで、茎に少数つき、晩冬から開花する。
ゾーン：9～11

Aristea ecklonii
一般名：アリステア・エックロニー
☽/☀ ❄ ↔45～80cm ↕45～80cm
南アフリカ共和国原産。葉は長さ60cmで弧を描いて垂れる。径25mm、青～深紅色の緩やかに開いた円錐花序が晩春から夏につく。
ゾーン：9～11

Aristea major
☽/☀ ❄ ↔60～90cm ↕0.9～1.5m
南アフリカ共和国ケープ地方原産。長さ0.9～1.2m、青緑色の葉がつく。根茎が短い幹を形成する。夏に、淡青色、径35mmの花が密にかたまってつく。
ゾーン：9～10

Aristea major

Arisarum proboscideum

Aristea africana

ARISTOLOCHIA
(ウマノスズクサ属)

英　名：BIRTHWORT, DUTCHMAN'S PIPE

約300種の落葉および強健な常緑つる性〜多年草で、熱帯および温帯に広く見られる。ウマノスズクサ科に属する。茎はふつう太く、裂け目があり、葉は全縁〜裂縁、心臓形。花の基部に嚢があり、歪んだ円筒形をしており、受粉虫を捕獲する。長さは8cmから、巨大なもので50cmもあり、不快な匂いを放つ。花は茶、ピンク、紫およびアイボリーのまだら模様。種によっては出産の補助薬として用いられることからバースワートの名前がある。

〈栽培〉
強健なつる性種の多くは、−5℃までしか耐寒性がなく、冷涼地帯では温室栽培が適する。適切な気候では、戸外の肥沃な水はけのよい土壌の日向または半日向で育てる。つる性種は支柱を立て、晩冬に剪定する。軟材挿し、実生または株分けで殖やす。

Aristolochia californica
☼/☼ ❄ ↔3m ↕4.5m

カリフォルニア原産。落葉つる性種で、心臓形の葉を持ち、裏面に毛がある。褪せた赤紫色、歪んだ円筒形の花が、夏に茎に沿ってつく。
ゾーン：8〜10

Aristolochia clematitis
英　名：BARTHWORT
☼/☼ ❄ ↔60cm ↕30〜75cm

ヨーロッパ原産でイギリスおよび北アメリカに帰化している。心臓形の葉を持つ草本。夏に、褪せた緑黄色の花が葉間につく。
ゾーン：6〜10

Aristolochia fimbriata
☼/☼ ❄ ↔3m ↕2〜3m

ブラジル原産のつる性種で、円形〜心臓形の葉に薄色の葉脈が網目に走る。小形、湾曲した円筒形の花がつき、縁はギザギザに裂け、外側は緑茶色、内側は紫茶色で黄色の模様がある。
ゾーン：10〜11

Aristolochia californica

Aristolochia clematitis

Aristolochia fimbriata

Aristolochia macrophylla

Aristolochia gigantea
一般名：アリストロキア・ギガンテア
☼/☼ ❄ ↔4.5m ↕9m

パナマおよびブラジル原産。強健なつる性種で、三角形の葉を持ち、裏面は有毛。巨大な花がつき、基部に嚢があり、フレアのある唇弁は茶紫色とアイボリーの網目模様があり、最大50cm×35cmになる。夏に開花する。
ゾーン：10〜11

Aristolochia grandiflora
一般名：アリストロキア・グランディフロラ
英　名：PELICAN FLOWER
☼/☼ ❄ ↔1.8m ↕3m

中央アメリカおよび西インド諸島原産。暗緑色、心臓形の葉。巨大な歪んだ形の花は、基部に嚢があり、唇弁は長細い付属器官を持つ。色は、紫、緑およびクリーム色で、斑点がある。夏に開花する。
ゾーン：10〜11

Aristolochia labiata
異　名：Aristolochia brasiliensis
英　名：ROOSTER FLOWER
☼/☼ ❄ ↔6m ↕10m

南アメリカ原産で、心臓形の葉がつき、裏面は灰色。花は赤、黄、緑および紫色の網目模様。基部に嚢があり、唇弁は歪形でフレアがある。夏に開花する。
ゾーン：10〜11

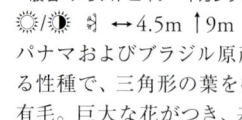
Aristotelia australasica

Aristolochia littoralis
異　名：Aristolochia elegans
一般名：パイプカズラ
英　名：CALICO FLOWER
☼/☼ ❄ ↔4.5m ↕6m

ブラジル原産。中央アメリカおよびアメリカ合衆国南部に帰化している。温暖地帯では雑草化する。強健なつる性種で、心臓形の葉を持つ。花は基部に嚢があり、唇弁はほぼ円形。茶紫色とアイボリーの網目模様。夏に開花する。
ゾーン：9〜11

Aristolochia macrophylla
異　名：Aristolochia durior, A. sipho
英　名：DUTCHMAN'S PIPE
☼/☼ ❄ ↔6m ↕9m

アメリカ合衆国東部原産。強健なつる性種で、巨大な心臓形の葉を持つ。小形、円筒形、緑色の花に、ピンク、茶、アイボリーの網目模様があり、夏に葉腋につくが葉に隠れる。
ゾーン：6〜9

ARISTOTELIA
(アリストテリア属)

英　名：WINEBERRY

ホルトノキ科に属し、12種があると思われていたが、再分類されて本属は5種のみとなった。温帯南部に原生する大低木または小高木で、A. serrata以外は常緑である。個々の花は小形だが、群生し、色どりのよい液果がつく。雌雄異体で、結実には両方の株が必要である。葉はふつう光沢があり、鋸歯縁、新葉は非常に美しい。

〈栽培〉
栽培に非常に適応性があり、とくに病害もない。湿気のある水はけのよい土壌の日向または半日陰でよく育つ。全種が軽〜中程度の降霜に耐性がある。繁殖方法は、半熟枝挿しがより好ましい。実生も可能だが、開花するまで雌雄が確定できない。

Aristolochia littoralis

Aristotelia australasica
英　名：MOUNTAIN WINEBERRY
☀ ❄ ↔1.8m ↕4.5m
オーストラリア南東部原産の低木。森林の下生えに見られる。暗緑色の葉がつく。小形、白～クリーム色の花が春に群生し、花弁は細かいギザギザがある。桃赤色の果実がつき、成長すると暗色になる。
ゾーン：8～10

Aristotelia chilensis
アリストテリア・キレンシス
☀ ❄ ↔4.5m ↕4.5m
チリ原産種。革質、長さ10cmの葉、帯赤色の茎、緑白色の小花がつく。紫色の果実が熟すと黒色になる。葉が目的で栽培される。園芸家には斑入り栽培品種の'**ワリエガタ**'がより好まれる。
ゾーン：8～10

Aristotelia serrata
英　名：MAKOMAKO, WINEBERRY
☀ ❄ ↔3.5m ↕6m
ニュージーランド原産の稀少な珍種で、落葉する。花は小形、紫桃～赤色、長さ10cmの円錐花序が群生してライラックに似る。春に新葉とともにつく。果実は赤色。
ゾーン：8～10

ARMERIA
（ハマカンザシ属）
英　名：SEA PINK, THRIFT
*Armeria*は、ローマ時代にナデシコに用いられていたが、外見が似ていることから本属に付与された。しかし、ナデシコ属とは異なり本属はイソマツ科に属する。約80種の多年生草本および低木からなり、ユーラシア、北アフリカ、およびアメリカの太平洋岸に見られる。線形の単葉が群生し、春と夏に、色どりのよい苞葉を持つ小花が丸い花序をなす。英名の'Thrift'には「力強く成長する」という意味があり、過酷な環境で生育することを指す。

〈栽培〉
広範囲の環境に適応するが、とくに自生地に似た岩地で容易に育つ。ほとんどの種に耐寒性があり、湿気のある水はけのよい土壌の、日向または半日向をより好む。実生または挿し木、あるいは定着した株を丁寧に分けて殖やす。

Armeria maritima

Armeria alliacea
一般名：オオハマカンザシ
☀/◐ ❄ ↔15～20cm ↕20～45cm
ポルトガルからドイツ南部に見られ、クッション状になる。長さ15cm、帯状の細長い葉がつく。花茎は高さ45cm。径18mm、白色の花序がつく。
ゾーン：7～10

Armeria girardii
☀/◐ ❄ ↔20～30cm ↕15～20cm
フランス南部原産で束生する多年草。非常に小形で、ときに青緑色、長さ25mm以下の葉が株を取り巻くようにつくが、中心では5cm近い。花茎は高さ15cm。径12mmのピンク色の花序がつく。
ゾーン：8～10

Armeria juniperifolia
一般名：マツバナデシコ
☀/◐ ❄ ↔15～20cm ↕15cm
スペイン原産の小低木。細毛のある、非常に短いイネに似た葉がつき、芳香がある。花茎は5cm以下。ピンク～深紅色、径12mmの花序がつく。'**ビヴァンズ　ヴァラエティ**'は、小型の栽培品種で、暗色の葉を持ち、短い花茎にピンク色の花序がつく。
ゾーン：8～10

Armeria maritima
一般名：ハマカンザシ、アルメリア
☀/◐ ❄ ↔20～40cm ↕20～30cm
マウンド状になる多年草および亜低木で、温帯北部全域に見られる。暗緑色、長さ10cmの細い葉がつく。花茎は、高さ30cmになり、径25mm、白、ピンク、または赤色の花がつく。*A.m* subsp. *californica*は、カリフォルニア州原産、高さ15cmのマウンド状になり、薄紫桃色の花序が短い花茎につく。*A. m.*'**ビーズ　ルビー**'は、鮮紅色の花序がつく。'**ブラッドストーン**'★は20cmの茎に濃深紅～赤色の花序がつく。'**コルシカ**'は、れんが色の花序が、分厚く盛り上がるように群生する。'**イソベル　バーデッド**'は暗桃色の花序が高さ20cmの花茎につく。'**ルブリフォリア**'は非常に濃い黒赤色の葉と濃深紅色の花序がつく。'**ヴィンディクティヴ**'は高さ15cmの花茎に濃桃色の花序がつく。
ゾーン：4～10

Armeria maritima subsp. *californica*

Armeria maritima '**ブラッドストーン**'

Armeria pseudarmeria
アルメリア・プセウダルメリア
☀ ❄ ↔40～100cm ↕20～40cm
矮性の亜低木または基部が木質化する多年草で、ポルトガル沿岸部に原生する。イネに似た長さ25mmの細い葉がつく。葉の高さに比べて花茎は高く、白～濃桃色、径5cmの花序がつく。'**ルブラ**'は、赤色の栽培品種。'**ウェストエイカー　ビューティ**'は、淡桃色の花序がつく。
ゾーン：8～10

Armeria alliacea

Armeria juniperifolia

*Arnica latifolia*の自生種、アメリカ合衆国、ワイオミング州、グランドテトン国立公園

Armoracia rusticana

ARMORACIA
（セイヨウワサビ属）

英　名：HORSERADISH

アブラナ科の3種の多年草である。強健な長い主根から大きさの異なる葉が出現し、最長で0.9mになる。白色の小花が円錐花序をなすが、鑑賞価値はなく、結実する前に葉の成長を促すために摘み取られる。根がホースラディッシュソースに用いられるほか、利尿効果があるため、昔から葉と根が薬草として用いられている。

〈栽培〉
温帯であれば栽培できる。根の産生をよくするためには、湿気のある腐植質の多い土壌に植えるが、もろい土壌では根がはびこりやすいので注意する。株分けで殖やす。根の出た裂片であれば成長する。

Armoracia rusticana
一般名：セイヨウワサビ、ワサビダイコン
英　名：HORSERADISH, RED COLE

☀ ❄ ↔ 0.9～1.5m ↑0.9m

南ヨーロッパ原産で、非常に強健である。鋸歯縁、やや皺のある長さ50cmの葉に太い主脈がある。主根は強健で、侵略性がある。白色の太い根は非常に辛いホースラディッシュソースになり、薬味として用いられる。'ワリエガタ'は、やや小形の葉がつき、白色の大きな斑点とクリーム色の小さな斑点がある。
ゾーン：5～9

ARNICA
（ウサギギク属）

キク科に属する32種の多肉の茎を持つ多年生草本で、温帯北部および極寒地帯に原生する。多くが高地に見られ、湿地に生育する。有毛、長円形～披針形の葉が地際に群生する。夏に、黄色のデイジーに似た花が、葉つきの多い茎に上向きにつく。もっともよく栽培されているのは、*A. montana*で、解熱、利尿、血行促進などに効く薬草として、また傷や捻挫に効く軟膏として用いられてきた。

〈栽培〉
ロックガーデンやボーダーなど、湿気のある水はけのよい腐植質の多い土壌に植える。高山種には用土に砂利を加え、水はけをとくによくする。実生または株分けで殖やす。

Arnica latifolia
英　名：BROAD-LEAFED ARNICA, MOUNTAIN ARNICA

☀ ❄ ↔ 30cm ↑60～90cm

アメリカ合衆国のアラスカ州からコロラド州に見られる。長円形～披針形、鋸歯縁の長い葉が群生する。径5cm、黄色のデイジーに似た花がつき、8～12個の舌状花、緑黄色の筒状花からなる。
ゾーン：3～9

ARONIA
（アロニア属）

英　名：CHOCKBERRY

アメリカ合衆国東部の森林地帯に見られる落葉低木で、2種の原種と1種の自然交雑種がある。バラ科に属し、カナメモチ属に非常に近いため、同属に含めるべきだとする意見もあるが、広くは受け入れられていない。本属は小低木で、白色または薄桃色の花が春に咲き、赤、紫、または黒色の液果がつき、チョークベリーと呼ばれる。秋には、赤や深紅色に美しく紅葉する。

〈栽培〉
本属は自然庭園や森林の縁に植えるのに適する。深さのある、湿気を含む水はけのよい土壌を必要とし、半日陰または日向で育つ。日当たりのよい場所では実つきと紅葉の色つきがよくなる。光沢のある黒色の液果がつき、オウトウナメクジハバチが集まるため、葉に害を与えることがあるが、カルバリルまたはピレトリン剤で駆除することができる。半熟枝挿し、取り木、吸枝の除去、または秋に実生で殖やす。

Aronia arbutifolia
異　名：*Photinia pyrifolia*
一般名：レッドチョークベリー
英　名：AMELANCHIER, RED CHOKEBERRY

☀ ❄ ↔ 1.5m ↑1.8m

新枝には毛があり、白～薄桃色の小花が春に群生する。液果は明赤色で冬まで残る。'ブリリアンティッシマ'は栽培品種で、名前の通り、秋に鮮やかな赤色に紅葉する。
ゾーン：4～9

Aronia melanocarpa
異　名：*Photinia melanocarpa*
一般名：ブラックチョークベリー
英　名：BLACK CHOKEBERRY

☀ ❄ ↔ 2m ↑0.9m

基部から吸枝を産生する小低木。花と葉形は*A. arbutifolia*に似るが、葉は有毛ではない。液果がつき、熟すと光沢のある黒色になる。乾燥土壌により耐性がある。'オータム マジック'★は、濃赤紫色に紅葉する。
ゾーン：4～9

ARPOPHYLLUM
（アルポフィルム属）

英　名：CANDLE ORCHID

ラン科に属する複茎性ランの小属である。5種からなり、ピンク～紫色の花がかたく密生し、遠くから見ると縦長のろうそくを思わせる。偽鱗茎は退化して、太い茎になる。中央アメリカ、ジャマイカ、およびコロンビアに見られる。革質、上向き～下垂する強健な葉が長くつき、大型の標本植物に育てることができる。

〈栽培〉
強日照下、中～高温気候でもっともよく育つ。バーク主体のラン用土を入れた浅いポットか皿に植えると失敗しない。根づまり気味を好むため、必要なときだけ株分けする。

Aronia arbutifolia

Aronia melanocarpa

Artanema fimbriatum

Arpophyllum giganteum
一般名：ローソクラン

☼ ❄ ↔30～90cm ↕40～80cm

中央アメリカ原産。広く分布する春咲き種で、もっともよく栽培される。*A. spicatum*の近縁種で、よく混同されるが成長力は劣る。径30mm、高さ20cm、円錐形の花序をなす。紫桃色の花が下向きに夥しくつく。

ゾーン：10～12

ARRHENATHERUM
（オオカニツリ属）

英 名：OAT GRASS

イネ科に属する6種の多年草で、ヨーロッパ、北アフリカ、北および西アジアに原生する。細長い円錐花序がつき、扁平な花穂2個からなる。茎の基部はやや膨らんで球形または洋ナシ形になる。葉は扁平、帯状で無毛の葉鞘を持つ。

〈栽培〉

部分日陰および日向の両方でよく育つ。乾燥～湿気を帯びた土壌に植える。実生で殖やす。

Arrhenatherum elatius
一般名：オオカニツリ

英 名：BULBOUS OAT GRASS, FALSE OAT, FRENCH RYE, OAT GRASS, ONION COUCH, STRIPED TUBER OAT GRASS, TUBER OAT GRASS

☼/☼ ❄ ↔15～20cm ↕45～150cm

ヨーロッパ原産で叢生する。総状花序は披針形～長円形、光沢のある帯紫色で、白色の花の小穂を含み、夏につく。葉は有毛、薄緑色、長さ40cm、幅12mmで、冬に薄黄～茶色になる。***A. e.* subsp. *bulbosum*（チョロギガヤ）**は、根部が膨らむ。'**ワリエガトゥム**'は、緩やかに束生する多年草で、無毛、灰緑色の葉に淡黄白色の縁がある。

ゾーン：4～9

ARTABOTRYS
（アルタボトリス属）

バンレイシ科に属する旧世界の熱帯に見られる植物で、100種以上あり、31種がアフリカに原生する。全種が小高木または低木で、反曲した鉤爪を持ち、よじ登る習性がある。葉は単葉、互生につき、無毛。両性花が葉の反対側に単生または群生し、花茎は太く、鉤爪がある。花は6弁からなり、芳香性、多数の雄ずいを持つ。子房は分かれた6室からなり、それぞれ多肉になる。

〈栽培〉

新鮮な種子を播種するか、春に半熟枝挿しで殖やす。

Artabotrys hexapetalus
異 名：*Artabotrys odoratissimus*、*A. uncinatus*

一般名：ツルイランイラン

英 名：CLIMBING YLANG-YLANG, TAIL-GRAPE

☼ ❄ ↔3m ↕4.5m

強健な多年生木本で、茎にある鉤爪でよじ登る。中国南部、スリランカ、バングラデシュに生育するが、昔から熱帯で広く栽培されてきた。多くの国で雑草化している。葉は平滑、楕円形、緑色。花は小形、緑黄～茶色、芳香があり、通年開花する。花から興奮作用のある飲料を生産する国もある。

ゾーン：10～12

ARTANEMA
（アルタネマ属）

ゴマノハグサ科に属する4種の草本および低木で旧世界の熱帯に生育する。葉は対生につき、裂はなく、全縁またはやや鋸歯縁。花は大形で、スナップドラゴンに似ており、茎の両端に向かってつく。果実は小形のさく果で、多くの小種子を含む。

〈栽培〉

実生または茎の挿し木で殖やす。湿気のある土壌の日向または半日向でよく育つ。

Artanema fimbriatum
☼ ❄ ↔25cm ↕50cm

直立の一年草または多年草で、ときに低木状になる。下部の葉は長さ6～10cm、幅1.8～5cm、長円形～披針形、鋸歯縁。上部の葉は小形で、鋸歯はない。濃紫青色と白色の円筒形の花が頂生する。本種はオーストラリア東部の多湿な沿岸部に生育する。霜枯れしても、主根から再生する。

ゾーン：8～10

Arrhenatherum elatius

Arpophyllum giganteum

ARTEMISIA
(ヨモギ属)

約300種の常緑草本および低木で、温帯北部に広く分布するが、数種はアフリカ南部および南アメリカにも見られる。キク科に属するが、ほとんどの種は褪せた白色または黄色の小花をつける。本属の魅力は美しい葉にあり、薄灰～銀色で細かく切れ込む。芳香のあることが多い。食用ハーブとして人気のあるタラゴンは本属の1種である。

〈栽培〉
ほとんどの種に耐干性があり、高温乾燥地帯にもっとも適する。水はけのよい日向に植える。ボーダーに植えると葉の対比が美しく、種によっては剪定して生垣仕立てにできる。春に大幅な剪定を行ない、開花させたくない場合は開花期に摘心する。ふつう、夏に軟材挿しまたは半熟枝挿しで殖やす。

Artemisia abrotanum
一般名：キダチヨモギ
英　名：LAD'S LOVE、OLD MAN、SOUTHERNWOOD
☼ ❄ ↔1.2m ↕1.2m
原産地は不明だが、ヨーロッパに広く帰化する。茎の軟らかい低木で、芳香のある灰色の葉を目的に栽培される。夏に目立たない黄色の花序がつく。
ゾーン：4～10

Artemisia absinthium
一般名：ニガヨモギ
英　名：ABSINTHE、COMMON WORMWOOD、OLD MAN
☼ ❄ ↔90cm ↕90cm
ヨーロッパ、アジア、北アメリカの温帯原産。灰色、シルク質、細かく切れ込む葉がつき、低木になる。芳香がある。夏に目立たない小花がつく。'ランブロック ミスト'は、非常に細かい裂のあるシルク質の葉がつく。'ランブロック シルバー'★は、原種より小型の低木になる。
ゾーン：4～10

Artemisia alba 'カネスケンス'

Artemisia californica

Artemisia arborescens

Artemisia alba
アルテミシア・アルバ
☼ ❄ ↔60cm ↕90cm
南ヨーロッパおよび北アフリカ原産。白色、有毛の茎と、灰色、芳香のある葉のつく亜低木。'カネスケンス'は、非常に細かい縮れのある葉がつき、穂のように見える。
ゾーン：6～10

Artemisia arborescens
一般名：ツリーアルテミシア
英　名：SHRUB WORMWOOD
☼ ❄ ↔1.5m ↕1.5m
地中海地方原産で、高さ1.5mの丸い魅力的な株になる。葉は細かく切れ込み、芳香がある。他種より霜に弱いが、栽培品種の'フェイス レイヴェン'は、より耐霜性がある。
ゾーン：8～11

Artemisia californica
英　名：CALIFORNIA SAGEBRUSH
☼ ❄ ↔1.5m ↕1.5m
カリフォルニア原産。やせた砂質土壌に見られる。分枝が多く、灰色の糸状の葉がつく。心地よい香りがある。新葉は白色。ゾーン：4～11

Artemisia dracunculus
異　名：*Artemisia dracunculoides*、*A. dracunculina*、*A. glauca*
一般名：タラゴン、エストラゴン
英　名：DRAGON SAGEWORT、TARAGON
☼ ❄ ↔0.9m ↕0.6～1.5m
ヨーロッパ、ロシアから中央アジアを経て、太平洋諸島、北アメリカ西部、ロッキー山脈からメキシコ北部にまで広く分布する。直立の多年生草本で、根茎で広がる。葉は狭長、先鋭、褪せた緑～帯青色。夏に帯青色の小花がつく。ロシアンタラゴンとして知られる*A. d.* var. *inodora*は、野生によく見られ、繁殖力

Artemisia lactiflora、グイゾウ グループcv

旺盛だが、香りはあまりない。かつてはこの変種が*A. dracunculoides*と誤って命名されていた。*A. d.* 'サティワ'（フレンチタラゴン）は、濃厚な香りのある選抜品種で、食用ハーブとして名高い。繁殖は、挿し木または株分けで行なう。
ゾーン：5～9

Artemisia lactiflora
一般名：ヨモギナ
英　名：WHITE MUGWORT
☼ ❄ ↔60cm ↕1.5m
中国原産。多年草で、緑色、切れ込みのある葉が群生する。クリーム色、丈の高い目立つ羽毛のような花が真夏につく。他種よりも多湿な土壌を必要とする。**Guizhou Group**（グイゾウ グループ）は、赤褐色の茎と紫緑色の葉を特徴とする。
ゾーン：4～10

Artemisia ludoviciana
異　名：*Artemisia guaphalodes*、*A. purshiana*
一般名：シルバーワームウッド
英　名：CUDWEED、SILVER WORMWOOD、WESTERN MUGWORT、WHITE SAGE
☼ ❄ ↔90cm ↕90cm
アメリカ合衆国原産。白色、有毛の茎を持つ多年草で、狭長、銀灰色、芳香のある葉がつく。夏に、緑白色の小花がスプレー状につく。*A. i.* subsp. *mexicana* var. *albula*は、披針形、白色、有毛の葉がつく。*A. I.* 'シルバー クイーン'は、高さ75cm、細かく切れ込む銀色の葉がつく。'ヴァレリー フィニス'は、高さ60cm、幅広、銀白色の葉がつく。
ゾーン：5～10

Artemisia pontica
英　名：ROMAN WORMWOOD
☼ ❄ ↔60cm ↕80cm
多肉の茎を持つ多年草で、中央～東ヨーロッパに見られる。有毛、灰緑色、羽毛状の葉がつき、芳香がある。夏に、黄色の小花がスプレー状につく。
ゾーン：4～9

Artemisia absinthium

ヨモギ'ボウィス キャッスル'

Artemisia tridentata (at rear), in the wild, Grand Teton National Park, Wyoming, USA

Artemisia ★ 'Powis Castle'
一般名：ヨモギ'ボウィス キャッスル'
☼ ❄ ↔1.2m ↕0.6m
A. arborescensに似るが、不規則に広がる習性があり、木質の茎を持ち、ふつう地面に平伏する。A. arborescensと草本性のA. ponticaの交雑種と思われる。
ゾーン：7～10

Artemisia rupestris
異 名：*Artemisia dentata*、*A. vividifolia*、*A. viridis*
☼ ❄ ↔30～60cm ↕25～90cm
バルト海沿岸からロシア、中央アジアにかけて見られる。不規則に広がるか、カーペット状になる亜低木で、細かく切れ込む灰緑色の葉がつく。秋に、直立の茎に黄茶色の小花がつく。
ゾーン：3～9

Artemisia schmidtiana
一般名：アサギリソウ
☼ ❄ ↔45cm ↕30～60cm
日本原産。多肉の茎を持つ多年草で、シルク質、銀色、細かく切れ込む葉がつく。芳香がある。'**ナナ**'（syn. 'シルバー マウンド'）は矮性品種で、高さ10cm、幅30cm。
ゾーン：4～9

Artemisia stelleriana
一般名：シロヨモギ
英 名：BEECH WORMWOOD、DUSTY MILLER、OLD WOMAN
☼ ❄ ↔45cm ↕45～60cm
アジア北東部およびアメリカ合衆国東部原産。常緑、多肉の茎を持つ多年草。分厚いフェルト状、灰白色の深裂のある葉がつく。夏に黄色の小花がスプレー状につく。'**ボウトン シルバー**'と'**モリ**'は栽培品種で、白色の葉がつき、匍匐する。
ゾーン：3～9

Artemisia vulgaris
一般名：オウシュウヨモギ、マグワート
英 名：MUGWORT
☼ ❄ ↔1.2m ↕1.5～2.4m
ヨーロッパおよび北アフリカ原産。束生する多年草で、帯赤色の茎、葉は切れ込みがあり、緑色、裏面が薄緑色、軟毛がある。夏から秋に赤茶色の花がスプレー状につく。*A. vulgaris* **オリエンタル・ライムライト**／'**ジャンリム**'は、高さ、幅共に45cm、葉は細かく切れ込み、黄色と緑色の斑が入る。
ゾーン：3～10

ARTHROCEREUS
（アルスロケレウス属）
ブラジルに見られる4種の興味深い小型のサボテンで、円錐形の茎が等間隔で融合する。サボテン科に属する。大きさは高さ18mm～1.2mまであり、太い茎に8～18個の稜と分厚い刺がある。花は夜開性、じょうご形、白、ピンク、黄色などがある。緑色の萼は球形～洋ナシ形。
〈栽培〉
実生または20～50cmの挿し穂から容易に育つが、挿し穂は植え付ける前に1～2週間乾燥させる。肥沃な水はけのよい土壌、適度な灌水を好み、冬は休眠させる。

Arthrocereus melanurus
☼ ✥ ↔2m ↕1.2m
もっとも一般的に栽培される。分枝は幅25～35mm、長さ1.2mになり、地際から立ち上がる。無数の刺があり、金茶～白色。花は長さ6cm、黄～白色。
ゾーン：9～11

Artemisia vulgaris

'ジャンリム'

ARTHROPODIUM
（アルスロポディウム属）
ユリ科に属する小属で、多肉の茎を持つ常緑または落葉多年草12種からなる。主にオーストラリアとニュージーランドに見られる。葉は、短いイネの葉状～長い帯状まであり、群生する。花は白～薄藤色および紫色まであり、淡い黄色と紫色の雄ずいを持つ。円錐花序をなす。
〈栽培〉
温暖地帯では水はけのよい日向または半日向で育てる。降霜地帯では暖かい、霜の当たらない場所に植えるか、温室で育てる。ナメクジ、カタツムリから保護する。実生または株分けで殖やす。

Arthropodium candidum
一般名：アルスロポディウム・カンディダム
☼/◐ ❄ ↔25cm ↕30cm
ニュージーランド原産。イネに似た細い葉がつく、落葉種。星形、白色の小花が葉群の上につく。晩春から夏に開花する。紫茶色の斑入り葉、薄藤色の花のつく変種もある。
ゾーン：8～11

Artemisia schmidtiana 'ナナ'

Arthropodium cirratum
一般名：ロックリリー
英 名：RENGARENGA、ROCKLILY
☼/◐ ✥ ↔60cm ↕50～75cm
ニュージーランド原産の常緑種で変異が多い。多肉、帯状、長さ60cmの葉がつき、青緑色を帯びる。星形、白色の緩やかな円錐花序が初夏から真夏につく。
ゾーン：9～11

Arthropodium cirratum

Arum maculatum

Arum pictum

Arum palaestinum
☀ ❄ ↔20〜45cm ↕30〜45cm
中東原産。葉脈が多く、細い矢尻形で、長い葉柄につく。紫黒色の肉穂花序。薄緑色、長さ15〜20cmの仏炎苞を持ち、内側が紫黒色、縁が反曲する。やや不快な匂いがある。
ゾーン：9〜10

Arum pictum
☀ ❄ ↔20〜40cm ↕20〜30cm
地中海西部の諸島に見られる。夏は休眠し、秋に葉と花が出る。暗緑色、長さ15〜30cmの葉。花は地際につく。紫赤色の肉穂花序が、長さ25cm、内側が濃紫赤色、外側が緑白〜紫赤色の仏炎苞に包まれる。
ゾーン：8〜10

Arum alpinum

ARTOCARPUS
（パンノキ属）

汎熱帯性の約50種の常緑および落葉高木で、クワ科に属する。パンの木、ジャックフルーツなどとして知られる数種の商業的に貴重な果物が本属に含まれる。葉は大きく、単葉または裂葉、花茎の基部に苞葉を持つ。雌雄異花で、雄花は小形の尾状花序につき、雌花は大きな花序をなす。花は小形だが、白色、でんぷん質の果肉を持つ大形の果実がつき、バウンティ号の反乱の原因となったことで知られる。

〈栽培〉
通年、高温多湿の気候を必要とし、水はけのよい腐植質の多い土壌をより好む。肥料を多く施すと、実つきがよくなる。強風の当たらない、日向または部分日陰に植える。原種は実生、栽培品種は挿し木か高取り法で殖やす。

Artocarpus altilis
一般名：パンノキ、ブレッドナッツ
英 名：BREADFRUIT
☀ ✈ ↔6m ↕15m
東アジア原産で、3裂した長さ75cmの葉が大きな葉冠を作る。球形、径20cm、黄緑色の果実がつくが、それ以外でも見ごたえのある高木である。果実は茹でるか、焼いて食用にする。
ゾーン：11〜12

Artocarpus heterophyllus
一般名：パラミツ、ジャックフルーツ
英 名：JACKFRUIT
☀ ✈ ↔6m ↕9〜15m
インドからマレー半島原産。暗緑色の単葉がつく。熟した果実は、からし色に近い。黄〜ピンク色、不快な匂いのする果実がつくが、食用できる。
ゾーン：10〜12

ARUM
（アルム属）

塊根を持つ約26種の多年草で、一般的にユリの仲間と思われているが、本属はサトイモ科の基準属である。西ヨーロッパからヒマラヤ山脈にかけて見られるが、地中海沿岸に集中する。光沢のある暗緑色の葉がつき、ときに薄色のマーブル模様がある。葉形は矢尻形、秋以降は枯死する。緑〜黄色、褪せた紫色または黒色に近い肉穂花序がつき、クリーム〜紫色の仏炎苞を持つ。花後に明橙赤〜赤色の液果が房でつく。不快な匂いがあり、暗紫赤色のアルムは腐肉に似るためハエを寄せつけ、見た目は不快だが受粉に役立つ。

〈栽培〉
温帯では、腐植質の多い冷涼な、夏でも湿気のある土壌の半日向に植えるよく育つ。休眠期に株分けで殖やすが、新株は実生で殖やすことができる。

Arum alpinum
☀ ❄ ↔20〜30cm ↕20〜30cm
ヨーロッパ原産で、スウェーデンからスペイン、およびクレタ島に見られる。長さ12cm、幅6cm、矢尻形の葉がつく。薄緑色の肉穂花序が、長さ12cm、緑色、内側は紫がかる仏炎苞に包まれる。初夏に開花する。
ゾーン：7〜10

Arum italicum
一般名：アルム・イタリクム
☀/☼ ❄ ↔30〜40cm ↕25〜30cm
南〜西ヨーロッパ、および北アフリカに原生する。もっとも一般的に栽培され、広く帰化する。葉は、長さ15〜30cm、矢尻形、光沢のある暗緑色、薄色のマーブル模様がある。薄緑色、大形の仏炎苞が濃黄白色の肉穂花序を包む。'マーモラタム'★は、薄色の葉脈、灰緑色の斑点がある。
ゾーン：6〜10

Arum maculatum
一般名：ロードアンドレディス
英 名：CUCKOO PINT、JACK-IN-THE-PULPIT、LOADS AND LADIES
☀/☼ ❄ ↔20〜40cm ↕25cm
ヨーロッパ原産。長い葉柄に矢尻形、長さ20cmの葉がつく。紫桃色の肉穂花序、薄緑色、長さ25cmの仏炎苞は、成熟すると紫がかる。橙赤色の果実がつく。
ゾーン：6〜9

ARUNCUS
（ヤマブキショウマ属）
英 名：GOAT'S BEARD

バラ科に属する2〜3種の落葉多年草からなり、温帯北部および亜寒帯に原生する。大形のシダに似た葉、クリーム色、円錐形の小花穂が夏に葉群の上につく。

〈栽培〉
耐霜性があり、ボーダーのほか、野草庭園や森林の植栽に向き、大きな株になる種もある。湿気のある土壌の半日向に植える。秋または早春に株分け、または秋に実生で殖やす。

Aruncus aethusifolius
☀ ❄ ↔40cm ↕40cm
朝鮮半島原産。長さ25cm、羽状の深裂のある葉がつき、小型の株になる。夏に、クリーム色の小花が緩やかな円錐花序につく。
ゾーン：3〜9

Artocarpus altilis

Artocarpus heterophyllus

Asarum caudatum

Asarum asaroides

Aruncus dioicus
異　名：*Aruncus sylvester*、
A. vulgaris, *Spiraea aruncus*
英　名：GOAT'S BEARD
☼ ❄ ↔1.2m ↕0.6〜1.8m
ヨーロッパの広範な地域および北アジアに原生する。羽状裂葉が大きな株をなし、雑草化しやすい。クリーム色、長さ50cmの円錐花序が夏につく。オーストラリアの広い地域で雑草として扱われる。
ゾーン：3〜9

ARUNDIANA
(ナリヤラン属)
英　名：BAMBOO ORCHID
ラン科の小属で、約8種の地生ランからなり、インド北部からアジアを経て太平洋諸島にまで広く分布する。花は1〜2日しかもたないが、大型種は常時眩しく花をつける。*A. graminifolia*は、ハワイでは雑草化しており、旧溶岩流に群生するため、ハワイ原産植物に間違われやすい。

〈栽培〉
全種が地生で、温暖地帯では庭園栽培に向く。根が広がるため、温室では大型鉢に植える。シンビジウム用のコンポストなど、水はけのよい倍地を用いる。タケに似た偽鱗茎の上部結節に沿って産生される気根で殖やし、深さ5cmに水を張ったトレイに漬けておく。

Arundina graminifolia
一般名：ナリヤラン
☼ ⚡ ↔30〜90cm ↕40〜200cm
東南アジア原産。小型のカトレヤに似た美しい花がつき、広く分布する。白〜濃紫色まで、さまざまな色があり、対照的な色の唇弁を持つ。
ゾーン：11〜12

ARUNDO
(ダンチク属)
英　名：GIANT REED
イネ科に属する3種の多年草で、巨大な多肉の茎を持つ。旧世界の熱帯および亜熱帯に見られる。*A. donax*のみが地中海地方原産で、広い地域で栽培される。タケに似た直立の草姿で、成長が早く大きな株になる。やや扁平な太い茎に狭長の葉がつき、基部は葉鞘に包まれる。羽毛に似た大きな円錐花序が秋につき、とくに幼形では淡いピンク色の花穂が美しい。葉は冬には枯死するが、いくぶん残る葉もある。

〈栽培〉
アシの仲間として知られるが、イネ科植物であり、湿地や水辺で栽培する必要はない。水はけのよい、夏に湿気のある適度に肥沃な土壌であれば栽培できる。もっとも一般的に栽培される斑入り品種は、休眠期に株分けで殖やす。

Arundo donax
一般名：ダンチク
☼/◐ ❄ ↔2〜4.5m ↕3〜6m
長さ60cmの強健な茎、灰緑色の葉を持ち、大きな株になる。長さ60cmの円錐花序がつき、幼形では帯桃色、成形では銀灰色になる。*A. d.* var. *versicolor*（フイリノセイヨウダンチク）★は、葉に白色の縞斑が入る。ほかにも数種類の斑入り品種がある。
ゾーン：7〜11

ASARINA
(キリカズラ属)
英　名：TWINING SNAPDRAGON
ゴマノハグサ科に属する16種のつる性多年草で、メキシコ、アメリカ合衆国南西部に原生する。葉は三角形、有毛。花は大きさが異なり、白、黄、ピンク、紫、またはこれらの中間色で、スナップドラゴンに似る。

〈栽培〉
寒冷地帯では暖かい霜の当たらない場所に植えるか、温室栽培する。適度に肥沃な水はけのよい土壌に植え、夏場はよく灌水する。壁や土手に這わせるのに向く。実生または挿し木で殖やす。

Asarina procumbens
異　名：*Antirrhinum asarina*
◐ ❄ ↔45cm ↕8cm
ヨーロッパ南西部原産。粘着質の毛があり、灰緑色、心臓形の葉がつき、つるで伸びる。夏に、黄またはピンクを帯びた白色の花がつき、スナップドラゴンに似る。
ゾーン：7〜10

ASARUM
(カンアオイ属)
英　名：ASARABACCA, WILD GINGER
ウマノスズクサ科に属する約100種の常緑多年草で、群生する。ほとんどが東アジアに見られ、数種は北アメリカ原産、1種はヨーロッパ原産である。ヒトデに似た異様な形の面白い葉と、黒および茶色の多肉の花が葉に隠れるようにつき、見つけた人を驚かせることがある。アジアでは、興味深い新種が発見されている。多くの種に薬草としての効果があると考えられている。

〈栽培〉
半日陰から日陰の湿地でグラウンドカバーに用いられる。ナメクジとカタツムリの害から保護する必要がある。株分けか、種子の取り播きで殖やす。

Asarum asaroides
異　名：*Asarum thunbergii*
一般名：タイリンアオイ
☼ ❄ ↔30〜40cm ↕8〜10cm
日本原産。幅広の円形、長さ12cm、濃い暗緑色の葉を持ち、群生する。径18mm、暗紫茶色の小花が葉に隠れるようにつく。
ゾーン：7〜9

Asarum caudatum
一般名：セイガンサイシン
☼ ❄ ↔80〜100cm ↕8〜10cm
魅力的な半常緑種で、北アメリカに原生する。地を這うように育ち、グラウンドカバーになる。腎臓形、幅10cmの葉がつき、茶色の花が葉に隠れる。
ゾーン：7〜9

Asarina procumbens

Arundo donax

Asarum europaeum
一般名：オウシュウサイシン
英　名：ASARABACCA
☀ ❄ ↔100～150cm ↕8～10cm
ヨーロッパ原産は本種のみである。常緑、幅10cm、心臓形、光沢のある愛らしい葉がつく。褪せた茶色の異様な花が葉に隠れる。
ゾーン：4～9

Asarum shuttleworthii
アサルム・シュットゥレウォルテイイ
☀ ❄ ↔100～150cm ↕8～10cm
アメリカ合衆国南東部原産の常緑種で、横に広がる。心臓形、濃緑色の葉に銀色の斑の入ることが多い。濃赤〜黒色の花が葉に隠れるようにつく。'キャラウェイ'は、美しい斑入り品種。
ゾーン：6～9

ASCLEPIAS
（トウワタ属）
英　名：MILKWEED
本属はガガイモ科に属し、アメリカ合衆国およびアフリカ原産の100種以上の一年草、多年草、亜低木および低木からなる。低木はふつう直立、分枝が多く、楕円形〜披針形の細い単葉がつく。5弁の小花が花序をなし、花後に変形した莢がつく。中にシルク質の冠毛がある小形の種子が密生する。切ると全草から乳液が滲出するため、ミルクウィードの名がある。

〈栽培〉
軽い水はけのよい、日向で容易に育つが、灌水と施肥を多く行なうと葉色や実つきがよくなる。実生で容易に育ち、成長も早く、一年草または短命な多年草として扱うことができる。大幅な剪定を行なうと回復が遅くなるため、整枝にとどめ、葉を残すようにする。

Asclepias curassavica
一般名：トウワタ
英　名：BASTARD, IPECACUANHA, BLOOD FLOWER, BUTTERFLY WEED, SCARLET MILKWEED, SILKWEED, SWALLOW WORT
☀ ❄ ↔60cm ↕90cm
南アメリカ原産。多くの地域で雑草化している。短命な常緑亜低木。長さ15cmの細い葉がつく。明赤色、中心に突起のある小花が花序をなす。毒性のある乳液を含み、催吐作用がある。'シルキー ゴールド'は、濃橙黄色の花がつく。
ゾーン：8～11

Asclepias incarnata
一般名：フウセントウワタ
☀ ❄ ↔60cm ↕1.2m
アメリカ合衆国原産。繁殖力旺盛な多年草で、帰化しやすい。狭披針形の葉が太い茎につく。夏にローズピンクの花が咲く。先鋭の果序がつく。
ゾーン：3～9

Asclepias linaria
英　名：PINE-NEEDLE MILKWEED, PINELEAF MILKWEED, THREADLEAF MILKWEED
☀ ❄ ↔60～90cm ↕60～90cm
アメリカ合衆国のカリフォルニア州、アリゾナ州およびメキシコの乾燥地帯に原生する。多年生低木で、細い針葉がつく。白色、小花が径5cmの花序をなし、長期間つく。
ゾーン：9～11

Asclepias linaria

Asclepias speciosa
英　名：DAVIS MILKWEED, SHOWY MILKWEED
☀ ❄ ↔60～90cm ↕60～90cm
アメリカ合衆国西部から中部に見られ、州によっては帰化している。長円形、大形の葉が密生する有毛の多年草。星形、ピンク〜薄紫色および白色の小花が径8cmの球形花序をなす。
ゾーン：2～9

Asclepias subulata
☀ ❄ ↔1.2m ↕1.8～2.4m
アメリカ合衆国南西部およびメキシコに見られる。ほぼ通年、葉はつかない。雨季が終わると、しなやかな枝に細い小葉が出るが、すぐに落葉する。乳白色の花が葉腋に小さな花序をなす。
ゾーン：7～10

Asclepias tuberosa ★
一般名：ヤナギトウワタ、宿根パンヤ
英　名：BUTTERFLY WEED, PLEURISY ROOT
☀ ❄ ↔30cm ↕60～90cm
アメリカ合衆国東部および南部原産。基部が木質化する多年草。狭披針形の葉が分岐の多い茎につく。黄、橙、朱色の花序がつく。果序は先鋭で、長さ15cm。
ゾーン：3～9

×ASCOCENDA
（×アスコケンダ属）
ラン科に属するもっとも人気のあるランのひとつで、アスコケントルム属とバンダ属の人工交雑属である。約60cmの高さに直立する着生ランで、帯状、うねのある葉と紐状の根を持ち、花もちは長い。熱帯では通年開花する。他の地域では主に春と夏に開花する。アスコケントルム属の特徴を受け継いで株は小さく、花色は鮮やかで、形は丸みを帯びる。

〈栽培〉
バークを用いた木製バスケットに植え、高温、高日照下で栽培すると、花色、花もちがよくなる。太い根がポットやバスケットから飛び出すことがあるが、換気のよさを好むため、そのままにしておき、灌水後はすぐに乾燥させる。

Asclepias curassavica

Asclepias curassavica 'シルキー ゴールド'

Asclepias tuberosa

×アスコケンダ、ハイブリッド、フックス ゴールド

×アスコケンダ、ハイブリッド、フックス ハーヴェスト ムーン

×アスコケンダ、ハイブリッド、フックス サーワル

×アスコケンダ、ハイブリッド、クワ ゲオク チュー

×アスコケンダ、ハイブリッド、プラモート

×アスコケンダ、ハイブリッド、プリンセス ミカサ'ピンク'

×アスコケンダ、ハイブリッド、ウドムカイ ビューティ

×アスコケンダ、ハイブリッド、(フィフティース ステイト ビューティ×グオ キア ロング)

×アスコケンダ、ハイブリッド、カスリーン

×アスコケンダ、ハイブリッド、ウィショット

×アスコケンダ、ハイブリッド、プリンセス ミカサ

Ascocentrum garayi

×*Ascocenda* Hybrid
(×アスコケンダ ハイブリッド)

↔30〜60cm ↑40〜120cm

×アスコケンダの交雑種には以下の品種がある。**Fuchs Gold** フックス ゴールドは、アメリカ合衆国フロリダ州のR. F. オーキッド社のRobert Fuchsによって作出された優良品種。**Fuchs Serval** フックス サーワルは、からし色の花弁に大きな斑点のある珍種。**Kwa Geok Choo** クワ ゲオク チューは、シンガポール植物園で、*Vanda sanderiana*のアルビノを用いて作出された。**Pramote** プラモートは、交配親である*Ascocentrum curvifolium*の特徴を受け継ぎ、オレンジ色の花が咲き、ポット栽培でも切花でも花もちがよい。成熟した株は高温期には夥しく花をつける。**Princess Mikasa** プリンセス ミカサは、*Vanda doerulea*から花形と色を受け継ぐ。**Udomchai Beauty** ウドムカイ ビューティは、4種のバンダと*Ascocentrum curvifolium*から作出された。**Wichot** ウィショットは、*Vanda bensonii*と*Ascocentrum ampullaceum*の一代交雑種である。

ASCOCENTRUM
(アスコケントルム属)

ラン科に属する約8種の小型の単茎性ランで、東南アジアに原生する。本属は着生種で、直立、うねのある帯状の葉が2列につく。大型種は基部で分岐する。非常に太い紐状の根が無数に出る。花序は葉の基部につく。春および夏に開花するが、熱帯では大型種が通年花をつける。本属はバンダ属との人工交雑に用いられ、×アスコケンダ属が作出されている。

〈栽培〉
コンテナまたはバスケット栽培に適する。高温、高日照を必要とする。生育期と開花期に灌水と施肥をじゅうぶん行なう。灌水後は根をすばやく乾燥させ、コンテナまたはバスケットからはみ出させる。

Ascocentrum garayi
一般名:アスコケントルム・ガライ

↔12〜25cm ↑12〜30cm

タイ原産で、明橙色の花がつき、栽培種としてもっとも人気がある。ナーセリーでは園芸学的に優秀な品種を選抜し、大量に実生繁殖している。長年、近縁種である*A. mlifteidtum*と混同されてきた。

ゾーン:10〜12

Asparagus officinalis

Asparagus officinalis 'ララック'

ASIMINA
（ポポー属）

本属は北アメリカ原産で、常緑および落葉低木または高木7～8種からなり、バンレイシ科に属する。一般的に耐霜性があり、ほとんどの種で-15℃以下でも耐性がある。白色または紫色、鐘形の花が下向きに小さなかたまりでつく。果実には風味がある。

〈栽培〉

湿気のある、水はけのよい土壌の日向または半日陰で育つが、乾燥期が長く続くと害を受けやすい。剪定および整枝で生育がよくなり、生垣に用いることができるが、花と実つきが悪くなる。

Asimina triloba
一般名：ポポー、アケビガキ
英　名：PAWPAW
☼ ❄ ↔6m ↕9m

北アメリカ東部および中部原産。葉は狭長円形、先鋭、長さ25cm。赤茶色、径5cmの下垂性の花が春につく。果実は食用にでき、秋に熟すと黄茶色になる。'プロリフィック'は、早熟、膨らみのある果実がつく。'レベッカズ　ゴールド'は、実つきが多いが、晩熟。'サンフラワー'は、大形の果実が多数つくが、晩熟。'テイラー'は小形の果実が晩熟する。'ウェルズ'は、金橙色の果肉を持つ。
ゾーン：5～10

ASPARAGUS
（クサスギカズラ属）
英　名：ASPARAGUS

クサスギカズラ科に属する約300種の多年生草本、低木またはつる植物で、塊茎で広がる。緑、黄、または白色の小花がつくが、目立たない。鱗片状の小葉には刺がある。葉状枝（葉と同じ働きをする扁平な茎）は、緑色、針葉に似る。丸い液果がつく。

〈栽培〉

肥沃な湿気のある土壌の、直射日光の当たらない半日陰で育てる。根が混んできたら株分け、または実生で殖やす。食用アスパラガス（*A. officinalis*）は真冬から晩冬に1.2～1.8m間隔で畝を作り、厚くマルチングを施して1年苗を30cm間隔で植える。高さ15～25cmになったら地際で切り取って収穫する。植え付けから2～3年で最盛期を迎える。植え付け後、最長で25年間は収穫できる。

Asparagus asparagoides
異　名：*Myrsiphyllum asparagoides*、*Protasparagus aethiopicus*
一般名：スマイラックス
英　名：FLORIST'S SMILAX
❄ ↔0.9m ↕1.5～1.8m

南アフリカ原産の常緑つる植物。強健でしなやかな茎を持つ。白色の小花が葉腋に単生または対生する。光沢のある緑色、革質、長円形の末端枝または葉状枝が互生につく。果実は赤色の液果。'ミルティフォリウス'は、小型の変種で草姿が優美である。
ゾーン：7～10

Asparagus densiflorus
異　名：*Protasparagus densiflorus*
一般名：スギノハカズラ
英　名：ASPARAGUS FERN、EMERALD FERN、FOXTAIL SHRUB、SPRENGER ASPARAGUS
☼ ❄ ↔90cm ↕75～90cm

常緑、這い性の低木で、太い塊茎を持つ。南アフリカ共和国の亜熱帯原産。葉はないが、針葉に似た末端枝または葉状枝が、刺の多い、緑色または茶色のしなやかな茎につく。春と夏に、白色の小花が葉腋に総状花序をなす。果実は小形、明赤色の液果で、冬につく。'コンパクトゥス'（syn.'ナヌス'）は、小型品種で、原種より枝が短く、分厚く密生する。'デフレクサス'は、金属質の光沢を持つ幅広の葉状枝がつく。'ミエルシイ'は、シダに似た暗緑色の葉状枝と直立の側枝を持つ。'スプレンゲリ'（syn. *A. sprengeri*）は、木質の匍匐茎を持ち、白色、径12mmの小花がつき、赤色の小さい液果を結ぶ。
ゾーン：7～9

Asparagus macowanii
異　名：*Asparagus zuluensis*、*Protasparagus macowanii*
一般名：タチボウキ、ミリオクラダス
☼/◐ ❄ ↔2.4m ↕1.8m

南アフリカ共和国の東ケープ州、クワズル・ナタル州およびマプマランガ州に見られる。分枝の多い強健な低木で、枝は厚さ25mm、盛り上がった塊茎から若い茎が多数出る。白色の茎は長命で、上方で分枝して薄緑色の分厚い葉冠を作る。真夏に、光沢のある白色の花が咲き、冬に帯黒色の小さな液果を結ぶ。
ゾーン：9～11

Asparagus officinalis
一般名：アスパラガス
英　名：ASPARAGUS
☼ ❄ ↔0.9～1.5m ↕0.9～1.5m

ヨーロッパ、アジアおよび北アフリカ原産の多年草で、野菜として広く栽培される。茎は直立で、分岐が多い。濃緑色、羽毛状の葉状枝がつく。緑白色、下垂性の小花が腋生する。明赤色の液果がつく。'ララック'は、フランス原産の変種で、適応性があることで知られ、白色の茎を持つ。
ゾーン：4～8

Asparagus setaceus
異　名：*Asparagus plumosus*、*Protasparagus plumosus*
一般名：レースファーン
英　名：ASPARAGUS FERN、PLUMOSA FERN LILY
☼/◐ ❄ ↔60cm ↕30～120cm

アフリカ南部および東部原産のつる植物。木質または針金状、緑色、平滑な茎に鋭い刺がある。白色の小花のあとに赤～黒色の液果を結ぶ。葉状枝は明～暗緑色で、8～20個のかたまりでつき、扁

Asimina triloba

Asphodelus aestivus

Asphodelus albus

Asphodelus acaulis

平な三角形の面になる。栽培品種には以下のものがある。'**クプレッソイデス**'は、小型、ピラミッド形。'**ナヌス**'は小型、直立性、葉状枝は短く、密生する。'**ピラミダリス**'は、おおまかにピラミッド形になる。'**ロブストゥス**'は成長力旺盛。
ゾーン：9～11

ASPERULA
（クルマバソウ属）
英　名：WOODRUFF

アカネ科に属する約100種の一年草、多年草および小低木で、ヨーロッパ、アジアからオーストラリアにまで見られる。ほぼ全種がマット状になり、狭長、やや有毛の単葉が、ときに刺のある茎につく。種によっては直立するが、多くは匍匐茎で横に広がる。春から夏にかけて、鐘形～じょうご形、4弁の花が葉腋につくか茎頂に群生する。花つきが多く、株を埋め尽くすように咲く種もある。染料の材料になる種もあるが、多くはヤエムグラ属に移行している。
〈栽培〉
成長習性には変異が多い。小型種はロックガーデンに向き、大型種は染色家やハーバリストに用いられ、家庭のハーブガーデンに向く。肥沃な、水はけのよい土壌の明るい場所に植え、花後は枝先を切り戻す。実生、株分け、取り木、または基部から採穂して挿し木で殖やす。

Asperula gussonei
一般名：アスペルラ・グッソネイ
☀ ❄ ↔15～30cm ↕10cm
シシリア原産の多年草で、長さ12mm、銀青灰色の葉が輪生し、マット状または房状になる。薄桃～赤色のごく小さな花が15個ほど密生する。
ゾーン：7～10

Asperula orientalis
異　名：*Asperula azurea*
一般名：タマクルマバソウ
英　名：BLUE WOODRUFF
☀/◐ ❄ ↔40～60cm
↕20～30cm
ヨーロッパ南部、アジア西部および中東原産の一年草。ひょろ長く伸びる習性があり、緑色、長さ5cmの葉が広い間隔で輪生する。薄紫青色、じょうご形の花が茎頂に花序をなす。自己播種する。
ゾーン：8～10

ASPHODELINE
（アスフォデリネ属）

ユリ科に属し、多肉の茎を持つ18～20種の多年草または二年草で、南ヨーロッパの岩の多い崖や低木林に見られる。群生する習性があり、灰緑色、長さ30cmの葉がつき、縁がやや切れ込む。花は径30mm、春と夏につく。フレアのある花弁が6枚あり、黄色またはピンクを帯びた白色で、種によっては芳香がある。
〈栽培〉
ロックガーデンのボーダーまたは帰化させるのに用いる。適度に肥沃な土壌の日向に植える。実生または株分けで殖やす。

Asphodeline lutea ★
一般名：アスフォルデリネ・ルテア
英　名：JACOB'S ROD, KING'S SPEAR, YELLOW ASPHODEL
☀ ❄ ↔30cm ↕90～120cm
地中海地方原産。狭長、銀色、長さ30cmの葉。芳香のある黄色の硬い花穂が、晩春から夏につく。装飾的な苞がつく。
ゾーン：7～10

ASPHODELUS
（ツルボラン属）

本属はユリ科の12種の多年草からなり、膨らんだ根を持ち、群生する。原種は地中海地方からヒマラヤ山脈の低木林や岩の多い崖地に見られる。葉は線形、長さ60cm、扁平～円錐形。6枚の花弁が渦巻き状につき、色は白またはピンクで、緑または茶色の脈がある。花茎は長いもので2m以上になる。逆に無茎の種もあり、花は地際でロゼット状につく。
〈栽培〉
適度に肥沃な日向でよく育つ。矮性種の*A. acaulis*などは水はけのよい岩地により適する。実生または株分けで殖やす。

Asphodelus acaulis
☀ ❄ ↔30cm ↕20～30cm
北アフリカ原産。イネに似た、長さ30cmの葉がつき、群生する多年草。小種名の*acaulis*は、茎がないことを意味し、本種では春にピンク～白色の短い花穂が葉に隠れるように地際につく。
ゾーン：8～11

Asphodelus aestivus
☀ ❄ ↔60cm ↕100cm
カナリヤ諸島および地中海地方原産。長い扁平な葉が基部から出る。花茎は短い側枝を持ち、花は星形、白色、花弁に茶色の中央脈がある。春咲き種。
ゾーン：7～10

Asphodelus albus
☀ ❄ ↔60cm ↕90cm
南ヨーロッパから北アフリカに見られる。線形、長さ60cmの葉がつく。花茎は高さ30～90cm、春に白～薄桃色の花がつき、花弁に桃茶色の脈がある。
ゾーン：6～10

Asperula orientalis

Asphodeline lutea

ASPIDISTRA
(ハラン属)

ヒマラヤ山脈から日本に見られる8種の常緑多年草で、スズラン科に属する。太い根茎を持ち、暗緑色、楕円形～披針形の硬い葉が太い葉柄につき、地際から単生または群生する。紫赤～茶色、鐘形～壺形の小花が春に開花するが、花茎はなく、地際につくため気づかないことが多い。

〈栽培〉
暖温地帯では戸外で容易に栽培できる。冷涼、湿気のある水はけのよい土壌の日陰をより好む。適切な環境では株が広がり、大規模なグラウンドカバーになる。

Aspidistra elatior
一般名：ハラン
英　名：BAR ROOM PLANT, CAST-IRON PLANT
☀ ❄ ↔40～90cm ↕40～60cm
中国原産。太い葉脈のある長さ60cmの葉が単生し、弧を描く。花は鐘形、クリーム色、全体に紫色の斑点がある。室内植物として人気がある。
ゾーン：7～10

ASPLENIUM
(チャセンシダ属)
英　名：SPLEENWORT
チャセンシダ科に属する600種以上のシダで、熱帯および亜熱帯に見られる。短い根茎を持ち、無数の根、毛および鱗片で覆われる。葉状体は革質、単一の葉冠から出て、噴水状に群生する。脾臓の病気を治癒する働きがあると考えられていたことから、ギリシャ語の*splen*（脾臓）に由来する。

〈栽培〉
水はけのよい有機質に富む土壌に植えるか、ポット用土に植え、湿気のある日陰に置くが、種によっては乾燥期にも耐える。必要とする土壌pHは、種によって異なる。生育期には緩効性肥料または液肥を与える。胞子または葉状体にできる胚を切り離して殖やす。

Asplenium trichomanes subsp. *quadrivalens*

Asplenium bulbiferum
一般名：コモチヒノキシダ
英　名：HEN AND CHICKEN FERN, MOTHER SPLEENWORT
☀/☀ ❄ ↔60～120cm
↕60～120cm
オーストラリアおよびニュージーランド原産の地生または着生シダ。短い這い性～半直立の根茎を持ち、径120cm、膜質、羽状複葉の葉状体が弧を描くようにつく。扁平だが隆起のある緑～茶色の茎は長さ30cmになる。
ゾーン：9～11

Asplenium nidus
一般名：シマオオタニワタリ
英　名：BIRD'S-NEST FERN
☀/☀ ✂ ↔45～150cm
↕45～150cm
熱帯に広く分布する大型シダ。直立、剣形、長さ1.5mの葉状体が黒色、鱗片に覆われた短い直立の茎につき、重なり合ったロゼット状になる。変異が多く、裂葉の品種もある。*A. n.* var. *plicatum*は、狭長、暗緑色、ひだのある、巻いた葉状体がつく。
ゾーン：10～12

Asplenium sagittatum
英　名：MULE'S FERN
☀/☀ ❄ ↔10～15cm
↕10～15cm
オーストラリア原産のシダで、長さ15cm、単葉または羽状複葉が、長さ15cmの茎につく。
ゾーン：8～10

Asplenium scolopendrium
異　名：*Phyllitis scolopendrium*
一般名：コタニワタリ
英　名：HART'S TONGUE FERN, SCOLLIES
☀/☀ ❄ ↔20～60cm
↕20～60cm
強健なシダで群生する。亜熱帯および熱帯に広く分布する。鱗片に覆われた根茎を持つ。帯状、長さ60cmの葉状体が、長さ60cmの茎につく。酸性またはアルカリ性土壌に自生するが、栽培では石灰質を好む。数百種の栽培品種がある。'クリスパム ボルトンズ ノバイル'は、長さ45cm、幅広い葉状体がつく。'クリスパム スペシオサム'は、先鋭の葉状体がつき、ときに黄色の縞がある。'クリステイタム'は、裂の多い葉状体がつき、裂片の先端は広がる。'ケイズ ラセレイテッド'は、幅広、不規則な裂があり、長さ20cmの葉状体がつく。
ゾーン：4～10

Asplenium trichomanes
一般名：チャセンシダ
英　名：COMMON SPLEENWOT, MAIDENHAIR SPLEENWORT
☀/☀ ❄ ↔8～40cm ↕8～40cm
北半球温帯～熱帯の山地に見られる小型の地生シダ。直立の根茎を持つ。革質、暗緑色、羽状、長さ40cm、円形の裂片からなる葉状体が、まとまりのあるロゼット状につき、硬い茶紫色の茎を持つ。*A. t.* subsp. *quadrivalens*は、原種より大形の、ほぼ長方形の裂片からなる。アルカリ性土壌に耐性がある。
ゾーン：2～6

ASTELIA
(アステリア属)

ユリ科に属する25種の常緑多年草で、魅力的な剣形の葉がつき、群生する。ほとんどの種がニュージーランド原産で、ほかに南半球の諸島およびオーストラリアに散在する。自生地は高山から低地の森林で、多くの種が着生である。葉に銀色の光沢があることから栽培される。原種の葉は長さ10cm～2mまで。花は目立たない単性花で、あとに赤色の液果がなる。

Asplenium scolopendrium

A. scolopendrium 'クリスパム スペシオサム'

Asplenium sagittatum

〈栽培〉
ほとんどの種で耐霜性があり、戸外の肥沃な、保湿性のある土壌の日向または半日向で育てる。極寒地では暖かい霜の当たらない場所に植えるか、温室栽培する。春に株分けで殖やす。

Astelia alpina
☀/☽ ❄ ↔60cm ↕15cm
オーストラリア本土東部およびタスマニアに原生する。銀色の剣形の葉がつき、丈は低い。目立つ赤色の液果は食用できる。*A. a.* var. *novaenovae*は、ふつう原種より小型である。
ゾーン：9〜10

Astelia chathamica
☀/☽ ❄ ↔1.2m ↕0.6m
ニュージーランドのチャタム諸島原産。幅広、剣形、深い銀色の光沢のある葉が弧を描いて群生する。
ゾーン：9〜10

Astelia neocaledonica
☽ ❄ ↔1.2m ↕0.6m
ニューカレドニアに原生し、霧の多い山岳地方に生育する。短い根茎で広がり、葉は細く尖る。葉がシルク質の毛で厚く覆われるため、濃い銀色に見える。花はクリーム色で、秋から冬に咲く。紫黒色の果実がなる。
ゾーン：9〜10

Astelia nervosa
☀ ❄ ↔1.5m ↕0.9〜2m
ニュージーランド原産で、変異が多い。葉は赤〜緑色を経て銀色まである。長

Aster × *frikartii* 'メンヒ'

さ0.6〜2m。有色品種がよく知られる。
ゾーン：9〜10

ASTER
（シオン属）
英　名：MICHAELMAS DAISY

北半球温帯および南アメリカに見られる250種の主に多年生草本で、キク科の基準属である。直立だが、葉と花の重みで垂れやすい。線形〜披針形、ときに有毛および（または）裂のある葉がつく。春に数個の花をつけるが、主に夏と秋に開花し、小〜中形の舌状花が大きな花序をなし、さまざまな色がある。古代ギリシャ人は蛇忌避剤および解毒剤として用いていた。

〈栽培〉
ほとんどの種に耐霜性があり、水はけのよい、生育期に湿気のある土壌を好む。日当たりのよい、広い場所に植えると花つきがよくなり、多湿な環境で起こりやすいうどんこ病を防ぐことができる。花後、大きく切り戻す。冬に株分けか、春に軟材挿しで殖やす。

Aster alpinus
一般名：ミヤマノギク
英　名：ALPINE ASTER
☀ ❄ ↔20〜80cm ↕10〜25cm
南ヨーロッパ原産の多年草で、横張り、またはマウンド状になる。へら形〜披針形の単葉が基部につく。春と夏に、径5cm、デイジーに似た花が短い茎に多数つく。色は、白色およびピンク、藤色、紫色。
ゾーン：3〜9

Aster amellus
一般名：イタリアンアスター
☀ ❄ ↔30〜50cm ↕60〜70cm
ユーラシア原産の直立多年草。わずかに軟毛のある茎、緑色、長さ5cmほどの披針形の葉がつく。秋に、径5cmのデイジーに似た花がつき、自生種は紫色。栽培品種には以下のものがある。'**フラムフィールディ**'は、高さ60cm。'**ジャクリーン ジェネブリアー**'は、高さ30cm、明桃色。'**キング ジョージ**'は、高さ60cm、灰緑色の葉、紫色の花がつく。'**ソニア**'は、暗桃色の花。'**ファイルヒェンケーニギン**'は、高さ40cm、濃紫色の小花が大きな花序をなす。
ゾーン：5〜9

Aster divaricatus
☀/☽ ❄ ↔30〜50cm ↕60cm
アメリカ合衆国東部原産の多年草。ふつう、長さ10cmの長い心臓形の葉がつく。夏と秋に、暗色の茎に、白色の小花がスプレー状につく。
ゾーン：4〜9

Aster alpinus

Aster ericoides
アステル・エリコイデス
英　名：HEATH ASTER
☀/☽ ❄ ↔50〜80cm
↕80〜100cm
北アメリカ原産の多年草で分岐が多く、長さ6cmの細い葉がつく。夏と秋に葉つきの多い花茎に小花序が多数つく。多くの栽培品種がある。'**ピンク クラウド**' ★は、高さ0.9m、ブロンズ色の新葉、ピンク色の小花が多数つくのが典型である。
ゾーン：3〜9

Astelia alpina

*Astelia neocaledonica*の自生種、ニューカレドニア、モン・コギ、モン・ブーオ・トラック

Aster novi-belgii 栽培品種

Aster himalaicus

A. novae-angliae
'アンデルケン アン アルマ ペッシュケ'

Aster × frikartii
アステル×フリカルテイイ

☼/☽ ❄ ↔ 40〜60cm
↑50〜75cm

*A. amellus*と*A. thomsordi*の交雑種。直立の多年草で、暗緑色、披針形の葉が基部につく。秋に、径5cm、紫青色の花序が分岐の多い花茎につく。'メンヒ'は、高さ40cm、'ヴンダー フォン スタファ'は高さ75cmで、薄紫青色の花のつく栽培品種。
ゾーン：4〜9

Aster himalaicus

☼/☽ ❄ ↔ 30〜60cm ↑15cm
ヒマラヤ山脈に見られる常緑多年草で、秋咲き、横に広がる習性がある。細いへら形、長さ8cmの葉がつく。花序は径40mm、薄紫青色の舌状花が黄茶色の筒状花を囲む。
ゾーン：6〜9

Aster laevis

☼ ❄ ↔ 60cm ↑0.9〜1.2m
北アメリカ原産の多年草で、直立の秋咲き種。紫赤色の茎に青緑色、長さ12cmの葉がつく。薄紫〜紫色の花が分岐した花茎につく。
ゾーン：4〜9

Aster lateriflorus
アステル・ラテリフロルス

☼/☽ ❄ ↔ 60〜120cm
↑0.9〜1.2m

北アメリカ原産の直立〜横張り性の多年草で、長さ15cmの葉が基部から出る。秋に、ピンクの筒状花、薄紫桃色の舌状花が、有毛のしなやかな茎につく。*A. l.* var. *horizontalis*は、茶色の筒状花、クリーム色の舌状花を持つ変種で、横に広がる。*A. l.* 'プリンス'★は、典型栽培品種で、高さ60cmになり、銅色の葉、ピンク色の筒状花と白色の舌状花を持つ。
ゾーン：3〜9

Aster novae-angliae
一般名：アメリカシオン、ネバリノギク
英 名：NEW ENGRAND ASTER

☼ ❄ ↔ 60〜120cm
↑1.2〜1.5m

秋咲きの多年草で、北アメリカ東部に見られる。長さ12cm、披針形の葉が茎の基部につく。黄色の筒状花、淡紫色の舌状花が径40mmの花序をなす。栽培品種には以下のものがある。'アンデルケン アン アルマ ペッシュケ'は、高さ1.2m、淡紅色。'バーズ ピンク'は、高さ1.2m、濃桃色、八重咲きの花。'ハリントンズ ピンク'は高さ1.5m、淡桃色、半八重咲き。'ヘラ レイシー'は、高さ1.2m、紫青色。'パープル ドーム'は、高さ45cmの矮性、紫色の花が無数につく。
ゾーン：2〜9

Aster novi-belgii
一般名：ユウゼンギク
英 名：MICHAELMAS DAISY, NEW YORK ASTER

☼/☽ ❄ ↔ 60〜80cm
↑0.9〜1.2m

北アメリカ原産の多年草で、*A. nouae-angliae*に似るが、やや小型で葉は切れ込みが深い。400種以上の栽培品種がある。'クーム バイオレッド'は、高さ75cm、暗紫色の花。'アーネスト バラード'は高さ75cm、明桃色、有名な繁殖家にちなんで命名された。'リトル レッド ボーイ'は高さ60cm、明るい淡紅色の花が多数つく。'マリー バラード'は、高さ0.9m、薄紫青色、八重咲きで非常に花弁が多い。'プロフェッサー アントン キッペンバーグ'は、高さ38cm、薄紫青色の花がつく。
ゾーン：2〜9

Aster oolentangiensis
異 名：*Aster azurens*

☼/☽ ❄ ↔ 60〜100cm ↑1.5m

北アメリカ東部原産の多年草で、直立、夏から秋に開花する。革質、披針形〜心臓形、全縁または鋸歯縁、長さ12cmの葉が茎の基部につく。薄紫青〜ピンク色の花が多数つく。
ゾーン：5〜9

Aster pilosus var. pringlei
アステル・ピロスス・プリングレイ

☼/☽ ❄ ↔ 0.9m ↑1.2m

北アメリカ原産の秋咲き多年草。*Boltonia asteroides*に非常に似ており、細い線形の葉、白色の舌状花がまばらにつくが、野生ではあまり見られない。園芸に用いられるのは栽培品種の'モンテ カッシーノ'で、やや小型、花つきが多く、切花として人気がある。
ゾーン：5〜9

Aster radula

☼/☽ ❄ ↔ 80cm ↑1.2m
カナダ西部原産の直立、夏咲き多年草。角張った茎に長さ10cm、先鋭の楕円形の葉がつき、ときに鋸歯縁、裏面に軟毛がある。花序は紫色、単生または小さく群生する。
ゾーン：5〜9

Aster sedifolius
異 名：*Aster trinervius*
一般名：エゾノコンギク

☼/☽ ❄ ↔ 50cm ↑0.9m
ネパールから中国、日本に見られる夏咲きの多年草で、茂みをなす。不規則な鋸歯縁のある、長さ10cm、披針形の葉がつく。径25mm、白色の花が分岐の多い花茎につく。*A. s.* subsp. *ageratoides*は小型種で、細い葉を持ち、薄紫桃色の花のつく栽培品種が数種類ある。ゾーン：7〜9

Aster radula

Aster sedifolius subsp. *ageratoides*

Aster turbinellus

☀/☼ ❄ ↔0.9m ↕1.2m

アメリカ合衆国東部原産の秋咲きの多年草で、茎が分岐する。長さ8cm、披針形、縁に細毛のある葉が基部から出る。径25mm、ピンク色の花序が単生するが、数が非常に多い。ゾーン：5～9

ASTERANTHERA
(アステランテラ属)

本属はよじ登り性の常緑つる植物1種のみからなり、イワタバコ科に属する。チリ原産で、多湿な森林に生育する。

〈栽培〉
酸性土壌の、霜の当たらない暖かい日向で育てる。水分をじゅうぶん与え、支柱を立てる。挿し木または株分けで殖やす。

Asteranthera ovata

一般名：アステランテラ・オバータ

☀ ❅ ↔1.2m ↕3m

波状縁を持つ小形、円形の葉がつく。花は、長さ5cm、円筒形、明赤色で、花喉に白色の縞がある。多肉、赤色の縞のある緑色のさく果がつく。
ゾーン：9～10

ASTILBE
(チダケサシ属)

英名：FALSE SPIRAEA

本属は主に東アジア温帯に見られ、ユキノシタ科に属する。うち12種には多くの選抜品種と交雑種がある。鋸歯縁のある羽状複葉が、根茎から直接立ち上がり、大きな茂みをなす。春と夏に、羽毛状、ピンク、藤色、赤色などの小花が長い茎につく。アスティルベの花穂は鮮やかで目立つが、属名はギリシャ語の*a*（～なしで）と*stilbe*（鮮やかさ）から来ており、目立たないことを意味する。これは花穂全体は明るく見えるが、個々の花が小さく褪せた色をしているためである。

〈栽培〉
耐干性はなく、夏の強い日差しにも弱い。多湿、腐植質の多い森林土壌と木漏れ日を好む。水辺によく見られるが、水はけのよい土壌でも生育する。

Astilbe × arendsii

一般名：アスティルベ

☀ ❄ ↔30～80cm ↕0.6～1.8m

数種の交配親からなる園芸品種群。花と葉に非常に変異が多い。人気のある品種には以下のものがある。'**アニタ フェイファー**'は、高さ60cm、葉は細かく切れ込み、ピンク色の花が羽毛のように枝に沿ってつく。'**ブラウトシュレイアー**'（syn.'ブライダル ヴェール'）は高さ75cm、白色の花で早咲き。'**ブマルダ**'は高さ60cm、白色、ややピンクがかる。ブロンズ色の葉がつく。'**ファナル**'★は、高さ60cm、帯赤色の葉、暗赤色の花がつく。'**フェダーシー**'は、暗桃色の花、高さ60cm。'**ガートルド ブリックス**'は高さ60cm、暗赤色の花、ブロンズ色の葉がつく。'**グロリア**'は高さ70cm、暗桃色の花。'**ヒヤシンス**'は、明緑色の葉、薄紫桃色の花穂が高さ90cmになる。'**イールリヒド**'は、帯紫色の葉、白色の花穂が高さ60cmになる。'**マインツ**'は高さ60cm、暗桃色の花。'**ローザ パーレ**'（syn.'ピンク パール'）は、高さ75cm、銀～ピンク色の花。'**ショウスター**'は、矮性、ミックスカラーのシリーズ。'**スピネル**'は、高さ90cm、橙赤色の花。'**ヴィーナス**'は、明緑色、ピンク色、高さ90cmの花穂がつく。'**ヴェイス グロリア**'は、高さ90cm、白色の花穂。'**ウィリアム リーヴス**'は、高さ60cm、暗桃赤色の花穂がつく。
ゾーン：6～9

Astilbe chinensis

一般名：アスティルベ・キネンシス

☀ ❄ ↔30～50cm ↕50～70cm

中国および日本原産。葉は大形、粗い鋸歯縁がある。花穂は短茎につき、まっすぐに立ち上がる。数種類の自然変異種がある。*A. c.* var. *davidii*（オオチダケサシ）は、新葉がブロンズ色、紫桃色の花穂が2mになる。*A. c.* var. *pumila*は、わずか25cmの高さで、緑色の葉、濃桃色の分厚い花穂がつく。*A. c.* var. *taquetti*（アスティルベ・キネンシス・タクエッティ）'スパーバ'は、深紅色の花が茶色の茎につき、高さ1.2mになる。*A. c.*'**ヴィジョン**'は、典型的な小型栽培品種で、高さ45cm、蜜に似た香りがあり、濃桃～赤色の花穂、ブロンズ色の葉がつく。
ゾーン：5～9

Astilbe × arendsii 'グロリア'

Astilbe × arendsii 'ローザ パーレ'

Astilbe chinensis 'ヴィジョン'

Astilbe chinensis 'アニタ フェイファー'

Astilbe × arendsii 'ブラウトシュレイアー'

Astilbe × arendsii 'ブマルダ'

Astilbe × arendsii 'ファナル'

Astilbe × arendsii 'ガートルド ブリックス'

Astilbe × arendsii 'ヒヤシンス'

Astilbe × arendsii 'マインツ'

Astilbe × arendsii 'ショウスター'

Astilbe × arendsii 'スピネル'

Astilbe × arendsii 'ヴィーナス'

チダケサシ, HC, 'レッド センチネル'

Astilbe koreana

Astilbe × crispa 'ペルケオ'

チダケサシ, HC, 'ドイチェランド'

チダケサシ, HC, 'モンゴメリ'

Astilbe × crispa
アスティルベ×クリスパ

☼ ❋ ↔20～30cm ↕20～30cm

ドイツの繁殖家Arendsによって作出された交配親不詳の交雑種群。主に矮性で、深裂のある幅広い葉がつく。新葉はブロンズ色。'ペルケオ'は、一般的な品種で、暗桃色の長さ20cmの花穂がつく。
ゾーン:6～9

Astilbe glaberrima
一般名:ヤクシマショウマ

☼ ❋ ↔40～50cm ↕60cm

日本原産種で、粗い鋸歯のある幅広の葉と、藤色の小形の花穂が長い茎につく。'サクサティリス'は、矮性の栽培品種で、高さは20cm以下、先端の白い、藤色の花穂がつく。
ゾーン:6～9

Astilbe japonica
一般名:アワモリショウマ、アワモリソウ

☼ ❋ ↔0.9m ↕0.6～0.9m

日本原産で、園芸では栽培品種と交雑種が知られている。葉は2回または3回羽状複葉、花は白色、長さ20cm、ピラミッド状の円錐花序が晩春から初夏に咲く。
ゾーン:5～9

Astilbe koreana

☼ ❋ ↔40～50cm ↕60cm

韓国原産種で、シダに似た細く切れ込む葉がつく。明桃色の蕾が、開花すると白色または非常に薄いピンク色、緩やかな円錐花序につき、枝垂れる。
ゾーン:7～9

Astilbe simplicifolia
一般名:ヒトツバショウマ

☼ ❋ ↔20～40cm ↕30～40cm

小型の日本原産種。葉は単葉、光沢があり、卵形、裂があるが、ときに深く切れ込む。星形、白色の花が細い直立の花穂になる。数種類の栽培品種がある。'ブロンズ エレガンス'は、高さ30cm、桃赤色の花が赤色の茎につく。'ヘニー グラエフランド'は、高さ40cm、淡桃色の花、ブロンズ色の葉がつく。
ゾーン:7～9

Astilbe thunbergii
一般名:トリアシショウマ

☼ ❋ ↔30～50cm ↕50～60cm

早咲きの日本原産種で、鋭い鋸歯のある羽状複葉がつき、小葉は幅広、オリーブ～赤銅緑色、ときに軟毛がある。花は小さいが、分厚く密生し、成長すると白色からピンク色になる。
ゾーン:7～9

Astilbe Hybrid Cultivars
一般名:アルギランテムム交雑品種

☼ ❋ ↔0.9m ↕0.6～0.9m

本交雑品種は主に*A. fapanica*を祖先とする。'ベッツィ クーペラス'は、高さ90cm、淡桃色の円錐花序が枝垂れる。'ドイチェランド'は、高さ50cm、明緑色、純白の花がつく。'ヨーロッパ'は、高さ60cm、淡桃色の花。'モンゴメリ'は、高さ75cm、赤色の花、帯赤色の葉がつく。'レッド センチネル'は、高さ60～90cm、ブロンズ色の葉、赤色の花がまばらな花穂をなし、赤色の茎につく。'ストラッセンフェダー'(syn. 'オーストリッチフェザー')は、高さ90cm、サーモンピンク～淡紅色の花穂がつき、枝垂れる。
ゾーン:6～9

ASTILBOIDES
(アスティルボイデス属)

異 名:*Rodgersia*

ユキノシタ科に属する1種の多年生草本で、かつてはヤグルマソウ属に含まれていた。中国原産で、ヤグルマソウ属とは主に葉形が異なる。大形の葉、白色の小花が総状花序につく。

〈栽培〉

湿気のある冷涼な霜の当たらない場所でもっともよく育ち、水辺によく見られる。アスティルベにわずかに似る。実生または休眠期の株分けで殖やす。

Astilboides tabularis

異 名:*Rodgersia tabularis*

一般名:フキモドキ

☼ ❋ ↔100～150cm
↕100～150cm

明緑色、円形、径90cmの巨大な葉が特徴的な多年草で、茎は葉の中心につく。夏に、白色、羽毛状の大きな花穂を葉よりも上につける。
ゾーン:7～10

ASTRANTIA
(アストランティア属)

英 名:MASTERWORT, PINCUSHION FLOWER

主にヨーロッパ原産でアジアにも見られる。10種の多年草からなり、高地の牧草地や森林に生育する。本属はセリ科に属し、小形のドーム状の散形花序がつく。真花よりも、まわりにつく紙質の苞葉が目立つことが多い。葉は3～7裂の掌状で、鋸歯縁があり、地際に群生し、根茎で広がる。属名は星形を意味する*aster*にちなむと思われる。花序がダチョウの毛を思わせるところからダチョウを意味する*struthio*が訛った*ostrutium*から来ているとする解釈もあるが、出典は不詳である。

〈栽培〉

長期の乾燥気候には耐性がないが、冷温帯では適度に肥沃な、水はけのよい土壌の庭でよく育つ。斑入り栽培品種は日陰で育てたほうが葉色はよくなるが、少なくとも半日向で育てると花つきがよくなる。休眠期の株分け、または実生で殖やすが積層法が必要である。

Astrantia carniolica

Astrantia major

Astrantia major subsp. *involucrata* 'モイラ レイド'

Astrantia major 'ルビー ウェディング'

Astrantia maxima

Astrantia carniolica
一般名：アストランティア・カルニオリカ
☀ ❄ ↔40～60cm ↕50～60cm
ヨーロッパのアルプス山脈南東部に見られる。5裂の葉がつく。花序は大きく、緑白～薄紫色、披針形の苞葉を持つ。'ルブラ'は、淡桃色の花序がつく。
ゾーン：6～9

Astrantia major
一般名：アストランティア・マヨル
英　名：GREATER MASTERWORT
☀ ❄ ↔40～60cm ↕60～80cm
ヨーロッパ中央部および東部原産。葉は3～7裂、幅広、鋸歯縁がある。花に似た苞葉がつき、白～赤色まであり、緑色の染みか縞がある。*Astrantia major* subsp. *involucrata*（アストゥランティア・マヨル・インウォルクラタ）は、狭長の苞葉がレース状の花序をなす。'モイラ レイド'は、高さ75cm、緑白色、非常に大形の苞葉がつき、咲き始めはピンク色がかる。'シャギー'は、白色で、先端は緑色がかる。深裂の葉がつき、高さ75cmになる。*A. m.* var. *rosea*は、緑色がかった薄桃色の花序がつき、高さ75cmになる。*A. m.* 'ルブラ'★は、暗紫赤色の花序、高さ60cm。'ルビー ウェディング'は、高さ75cm、暗赤紫色の花が夏のあいだ咲き続ける。'サニングデイル ワリエゲイテッド'は、クリーム色と緑色の斑入り葉で、斑の形には変異が多い。ピンクがかった白色の花序がつき、高さ75cmになる。
ゾーン：6～9

Astrantia maxima
一般名：アストランティア・マキシマ
☀ ❄ ↔50～60cm ↕70～90cm
大形の葉が3～5裂し、細かい鋸歯縁がある。ピンク色、中心は薄桃色の花序がつき、苞葉が融合して花弁というよりも、ひだ状になる。
ゾーン：6～9

ASTREBLA
（アストレブラ属）
英　名：MITCHELL GRASS
本属はイネ科に属する4種の多年草で、全種が乾燥したオーストラリア内陸部北部の肥沃な氾濫原に原生する。もっとも貴重な野生の牧草と見なされており、まとまりよく束生する。細い直立の花穂がつき、雨季が終わると開花し、いくぶん刺のある小形の果序をなす。新葉は雨後に旧花茎の下部結節から出現する。

〈栽培〉
栽培種としては知られていない。野生の牧草は家畜に与えすぎて極端に短くなると、乾季が終わったあとに再生しにくくなる。実生で殖やす。

Astrebla elymoides
英　名：HOOP MITCHELL GRASS
☀ ❄ ↔60cm ↕60cm
主にクィーンズランド州内陸部に原生するが、ニューサウスウェールズ州やノーザンテリトリーにも見られる。狭長、直立の葉が束生する。花序は非常に細く、とくに種子がつくと丸く輪になる。
ゾーン：9～11

ASTROPHYTUM
（ホシサボテン属）
英　名：BISHOP'S CAP, BISHOP'S MITER, GOAT HORN CACTUS, SEA URCHIN CACTUS
本属はアメリカ合衆国テキサス州およびメキシコに見られるサボテン科の小～中型サボテンで、見分けやすく人気がある。ふつう単生し、5～8個の稜があり、上から見ると星形を描く。属名はギリシャ語で星を意味する*astron*から来ている。最近、本属は分類学上4種に限定されたが、収集家には数十種の亜種と数百種の変種および種間交雑種が知られている。花は径3～6cm、黄色または黄色に赤色の中心部を持つ。他家受粉によって、径18～30mm、球形、鱗片状の乾燥した莢がつき、急速に熟す。莢は裂開して、数100個のタカラ貝に似た茶～黒色の種子を現わす。

〈栽培〉
ほとんど実生から栽培でき、水はけのよい中程度に肥沃な、できれば鉱化した土壌に植え、冬は休眠させる。とくに水はけの悪い土壌では水を与えすぎると病害に罹りやすい。

Astrophytum asterias
一般名：兜丸（カブトマル）
英　名：SEA URCHIN CACTUS
☀ ❄ ↔10cm ↕5cm
アメリカ合衆国テキサス州南部、メキシコのヌエボレオン州およびタマウリパ州原産。もっとも小型の種で、低い稜が8個あり、刺はなく、毛疣が水平に並ぶ。花は径5～6cm、黄色で中心が赤色。莢は径12～25mm、茶色で鱗片状。
ゾーン：9～11

Astrophytum asterias

*Astrebla elymoides*の自生種、オーストラリア、ノーザン・テリトリー、バークリー・テーブルランド

Astrophytum capricorne
一般名：瑞鳳玉
英　名：GOAT HORN CACTUS
↔10〜15cm ↕10〜25cm

メキシコ北部のチワワ砂漠の広い範囲に見られる。7〜8個の明確な稜があり、球形〜円錐形、高さ100cmにまで成長する。稜に沿って、長さ5〜8cm、黒、茶、黄または灰色のねじれた、曲がりやすい刺が5〜10本ある。茎は非常に平滑、白色の毛疣が多数あり、水平な帯状に並ぶ。花は径5〜6cm、黄色で中心が赤色。萼は茶色で、鱗片状、径12〜25mm。*A. c.* var. *senile*は、灰色の刺がある。*A. c.* f. *aurem*の幼形には金色の刺がある。
ゾーン：9〜11

Astrophytum myriostigma ★
一般名：鸞鳳玉
英　名：BISHOP'S CAP、BISHOP'S MITER
↔10〜15cm ↕10〜25cm

中央メキシコ原産。ホシサボテンの典型種で、刺のない明確な稜が5個あり、白色の毛疣が点在する。*A. m.* var. *coahuilense*は、原種より稜が低く、より円錐形、毛疣で厚く覆われる。変種ではなく別種として扱う専門家もいる。*A. m.* var. *strongylogonum*（ストロンギロゴヌム）は、円形の稜で見分けがつき、ほぼ球形をしている。*A. m.* f. *nudum*（碧瑠璃鸞鳳玉）は、明緑色の茎、毛疣は全くない。花は黄色、径35〜50mm。萼は茶色、鱗片状。
ゾーン：9〜11

Astrophytum ornatum ★
一般名：般若
↔30〜100cm ↕30〜100cm

メキシコのケレタロー州とイダルゴ州原産。本属中では最大級で、長さ30〜50cm、針のように尖った刺が群生する。刺の束は30〜50mm間隔で、7〜8個の稜に沿ってつく。白色の毛疣はないか、非常に分厚い。または水平の帯状に並ぶ。この毛疣の変異によって、さまざまな変種が存在する。花は黄色、径50mm。萼は茶色、鱗片状。*A. o.* var. *niveum*は糸状体で覆われる。*A. o.* f. *mirbelii*（黄刺般若）は、毛疣が帯状に並ぶ。*A. o.* f. *nudum*は、毛疣が全くない。
ゾーン：9〜11

ASYSTASIA
（アシスタシア属）

約70種の常緑、軟材の低木からなり、熱帯アジアとアフリカ、遠くはオーストラリア北部にまで分布する。キツネノゴマ科に属し、同科の典型的な特徴を持つ。単葉が対生し、らっぱ形の花に明確な上下唇弁がある。種子は小形のさく果に含まれ、裂開して飛散する。花は茎頂につき、同科の特徴のひとつである大形の重なった苞葉はない。花色は白、ピンクから赤紫色まである。

〈栽培〉
全種が霜に弱く、戸外で育てるには熱帯または亜熱帯気候が必要である。冷涼地帯では、温室で容易に育ち、高日照と多湿をより好む。挿し木または発根した長い茎を挿して殖やすが、実生も可能である。

Asystasia gangetica
一般名：コロマンソウ、セキドウサクラソウ
↔0.6m ↕0.6m

広く分布する。亜低木で、よじ登り性がある。茎が湿気のある地面に接触すると発根する。明緑色、広円形、長さ8cmの葉がつく。花は径35mm。
ゾーン：11〜12

Asystasia travancorica
一般名：アシスタシア・トラワンコリカ
↔0.9m ↕0.9m

インド南部原産。低木で、*A. gangetica*よりも直立する。茎は多く分岐する。褪せた緑色の葉がつき、*A. gangetica*より細く、先が尖る。藤色のやや小形の花がつき、花喉のまわりに暗色のはっきりした模様がある。'ウィオラケア'は、花弁の先端に向かって濃いすみれ色になる。
ゾーン：11〜12

Asystasia travancoria 'ウィオラケア'

ATHAMANTA
（アサマンタ属）

本属は15種の多年生草本で、セリ科に属する。地中海地方からユーラシアの温帯に原生し、小石の多い崖地など山地に生育する。長い主根を持ち、細かく切れ込む葉が群生する。白または黄色の小花が散形花序につく。

〈栽培〉
本属は丈が高く、野草庭園に向き、水はけのよい日向で育つ。冬の多湿を嫌う。高山種はトラフや無加温の温室で育てる。春に、実生または株分けで殖やす。

Astrophytum myriostigma f. *nudum*

A. myriostigma var. *coahuilense*

Astrophytum ornatum

Astrophytum ornatum

Astrophytum ornatum f. *mirbelii*

Athamanta turbith

異　名：*Athamanta matthioli*
英　名：CANDY CARROT
☼ ❄ ↔38cm ↕60cm

ヨーロッパ中央部原産。シダに似た細かく切れ込む葉が群生する。夏に、白色の小花が散形花序につく。
ゾーン：6～9

ATHEROSPERMA
（アセロスペルマ属）

本属は、オーストラリアのニューサウスウェールズ州、ビクトリア州およびタスマニア州に原生する1種の常緑大高木からなる。近縁ではないが、*Sassafras albidum*と同様の樹脂を主に樹皮から産生する。本属は1種しかないため、近縁種はない。6属、わずか12種からなるモニミア科に属する。

〈栽培〉
幼形では霜にやや弱いが、栽培に適応し、水はけのよい土壌の少なくとも半日は日の当たる場所を好む。多湿気候の肥沃な土壌でもっともよく育つ。実生では成長が遅いが、挿し木よりも確実である。

*Athrotaxis selaginoides*の自生木、オーストラリア、タスマニア州、ウォールズ・オブ・エルサレム国立公園

Atherosperma moschatum ★

一般名：タスマニアンサッサフラス
英　名：BLACK SASSAFRAS、SOUTHERN SASSAFRAS
☼ ❄ ↔4.5m ↕30m

栽培種では30m以上になることはない。革質、表面は暗緑色、裏面は薄色の毛がある。白色、下垂性の花が春に咲く。雌花はシルク質の毛で覆われる。
ゾーン：8～10

ATHROTAXIS
（タスマニアスギ属）

オーストラリアのタスマニア州のみに見られる。2種の針葉樹からなり、両種とも面白みがあり、鑑賞に向く。スギ科の太古種だが、現在はイチイモドキ科やスギ属と同様、ヒノキ科に分類される。葉の密生した円錐形の樹冠を持つ中型、長命な高木で、末端枝がらせん状に密生し、小葉は扁平、針葉状、鱗片状までさまざまある。球果は小形で、数個の先鋭な鱗片からなる。小形の雄果が同じ株に、より多くつく。

〈栽培〉
本属は中程度に耐霜性があり、極度な温度変化のない冷涼多湿な気候を好む。成長は緩徐だが、環境が適切であれば植え付け後10年で、非常に美しい高木になり、大型ロックガーデンに向く。水はけがよく、常に冷涼多湿な土壌を必要とする。挿し木で殖やす。実生でも可能だが、あまり用いられない。

Athrotaxis cupressoides

英　名：TASMANIAN PENCIL PINE
☼ ❄ ↔6m ↕12m

明緑色の葉が密生し、すっきりした円錐形の樹姿をなす。葉は鱗片状に退化しており、やや太いホイップコード状の末端枝を覆う。荒涼とした山地の浅い水辺によく見られる。
ゾーン：8～9

Athrotaxis cupressoides、オーストラリア、タスマニア州、クレイドル・マウンテン、レイク・セント・クレア国立公園

Athrotaxis selaginoides

一般名：キングウィリアムパイン
英　名：KING BILLY PINE、KING WILLIAM PINE
☼ ❄ ↔8m ↕30m

葉は*A. cupressoides*よりも長く、強く内側に湾曲する。内側の表面は目立つ太い白線が2本重なる。雨風の当たらない場所で育つ。英名はオーストラリア、タスマニア州のキングウィリアム山地にちなむ。
ゾーン：8～9

ATHYRIUM
（メシダ属）

オシダ科に属する100種以上の地生シダからなり、非常に変異が多い。温帯から熱帯に分布し、全縁～鋸歯縁、茶～黒色の鱗片で覆われた、直立～這い性の短い根茎を特徴とする。葉状体は革質～膜質で刺がある。

〈栽培〉
ほとんどの種が、水はけのよい、酸性、有機質に富むローム土壌の、日陰または直射日光の当たらない場所に植え、マルチングを施す。熱帯種は非耐霜性。強風やナメクジ、カタツムリから保護する。湿気を切らさないようにし、高温時には葉に霧吹きを行なう。胞子や胚から容易に殖やせる。複数の葉冠または根茎を持つ種は株分けでも殖やせる。

*Atherosperma moschatum*の自生木、オーストラリア、タスマニア州、タフネ森林保護区

Athyrium otophorum var. *okanum*

Athyrium filix-femina

Athyrium niponicum var. *pictum*

Athyrium filix-femina
一般名：セイヨウメシダ
英　名：LADY FERN
☼/◐ ❄ ↔ 0.9〜2m
↕0.6〜1.5m

インド、中国、日本、北アフリカ、カナダ、北アメリカ、メキシコおよびペルーなど温帯北部に見られる群生するシダで、草姿が優美で、栽培容易である。直立の根茎が短く匍匐する。長さ0.9m、薄い草質の羽状複葉が、横に広がるか、または枝垂れる。葉柄は平滑、緑〜紫色。寒冷地帯では落葉する。本種には300種以上の栽培品種がある。'**クラリッシマ**'は、長さ100cm、冠毛のない優美な葉状体がつく。'**フリゼリアエ**'は、球形の小葉が主脈に沿ってつく。'**グロメラトゥム**'は、細い葉状体に球形の小葉が密生する。'**マグニフィカム　カピタトゥム**'は、葉状体のみに冠毛があり、小葉にはない。'**ミヌティッシマム**'は、矮性、長さ10〜15cmの葉状体がつく。'**ワーノニアエ**'は、深紅色の茎を持つ。葉身は広三角形、皺の多い小葉が重なるようにつき、先端は房状になる。'**ウィクトリアエ**'は、高さ100cm、冠毛のある葉状体は、分岐して基部で十字型になる。
ゾーン：3〜6

Athyrium niponicum
一般名：イヌワラビ
◐/☼ ❄ ↔ 50〜60cm
↕30〜35cm

東アジア原産のシダで完全に耐寒性があり、赤茶色、匍匐性の短い根茎を持つ。黄色の茎を持つ羽状の葉状体が枝垂れる。*A. n.* var. *pictum*は、新葉が金属質の灰色に赤または青色が滲む。*A. n.* '**ピクトゥム　クレステッド**'は、紫赤色の主脈を持ち、葉身は銀灰色および藍緑色が混じる。
ゾーン：3〜6

Athyrium otophorum
☼/◐ ❄ ↔ 38〜60cm
↕30〜45cm

東アジア（中国、日本、朝鮮半島）に見られるシダで、直立の根茎を持ち、短く匍匐する。暗緑色、長さ45cmの2回羽状複葉が、赤または紫色の茎につく。鋸歯縁または裂のある、8〜10対の小葉からなる。*Athyrium otophorum* var. *okanum*は、紫赤色の茎、帯黄色の葉状体を持つ。
ゾーン：4〜8

ATRIPLEX
（ハマアカザ属）
英　名：SALTBUSH

アカザ科に属する約300種で、南極を除く全大陸に見られる。一年草と多年草、および多くの低木を含む。分枝が多く、小枝は針金のように曲がりくねる。葉は多肉で粗い鋸歯縁があり、白色の鱗片で覆われて銀色または薄青色を帯びる。塩分を含んだ土壌で育つことが多く、葉には塩辛い液が含まれる。花は小形で雌雄異体。家畜の飼料や砂地の再生に用いられる。白色の葉が密生する観賞用に向く種もある。本草を飼料として与えられているヒツジの肉は独特の味がするため、美食家に賞賛されている。
〈栽培〉
波風にさらされた海岸などの、高温、乾燥または塩分土壌に適する。全種が水はけのよい、適度に肥沃な土壌でもっともよく育つ。大きく切り戻すと葉つきがよくなり、生垣仕立てにすることができる。軟材挿し、または実生で殖やす。自生地では雨後に発芽しやすいため、播く前に種子を水に漬けておく。

Atriplex canescens
英　名：CHAMIZO, FOUR-WING SALTBUSH
☼ ❄ ↔ 1.5m ↕1.5m

アメリカ合衆国およびメキシコ原産。茎は分岐が多く、白く粉をふいて見える、先端の丸い細い葉がつく。晩夏に、黄色の小花が咲き終わると、紙質の苞葉を持つ4翼の果序が短い穂状につき、密生する。
ゾーン：7〜10

Atriplex cinensis
英　名：COAST SALTBUSH, GRAY SALTBUSH
☼ ❄ ↔ 3m ↕1.5m

オーストラリアおよび南アフリカの温暖な沿岸に見られる。長さ5cm、青緑色の葉が密生する低木。冬に、黄色の花穂と紫色の苞葉を持つ雄花が咲き、目につきやすい。
ゾーン：9〜10

Atriplex halimus ★
英　名：TREE PURSLANE
☼ ❄ ↔ 3m ↕1.8m

南ヨーロッパ原産。南半球原産の*A. cinerea*に似るが、やや大形で濃い銀色の葉、緑白色の不揃いな花穂が晩夏につく。
ゾーン：8〜10

Atriplex hortensis
一般名：ヤマホウレンソウ
英　名：FAT HEN, FRENCH SPINACH, MOUNTAIN SPINACH, ORACH, SALTBUSH, SEA PURSLANE
☼ ❄ ↔ 40〜50cm ↕2〜2.4m

アジア原産、直立の一年草で、灰色の葉を持ち、温帯のほとんどの地域に帰化している。葉は心臓形〜三角形、やや切れ込みがあり、長さ10〜15cm、緑色または紫紫色。夏に、目立たない緑色または赤色の花がつくが、花弁はない。花後に茶色の、平らな種子がつく。*A. h.* var. *rubra*は、紫色の葉が愛らしい。*A. h.* '**カプトロセア**'は、赤銅色の茎と葉を持つ。'**ロセア**'は、薄赤色の葉に濃赤色の葉脈と葉柄がある。
ゾーン：6〜11

Atriplex spongiosa
英　名：POP SALTBUSH
☼ ❄ ↔ 75〜100cm
↕75〜100cm

オーストラリア内陸部原産の常緑低木。茎の下部が分岐し、灰白色、葉柄のない長円形の小葉がつく。花は目立たない。大形の苞葉に包まれた丸い小液果がつく。
ゾーン：6〜10

Atriplex cinerea

*Atriplex spongiosa*の自生種、オーストラリア、ノーザン・テリトリー、タナミ砂漠

ムラサキナズナ、HC、'アルゲンテオワリエガタ'

ムラサキナズナ、HC、'ブルー カスケイド'

ムラサキナズナ、HC、'キャンベリイ'

ムラサキナズナ、HC、'エイレイ'

ムラサキナズナ、HC、'ラベンダー クイーン'

ムラサキナズナ、HC、'ロッキーズ パープル'

ムラサキナズナ、HC、'ドクター ミュールズ'

ATTALEA
(アッタレア属)

ヤシ科に属し、22種の羽状ヤシがあり、ココヤシの近縁である。中央アメリカとパナマからペルーとブラジルにわたる南アメリカ北部に見られる。幹は細く、小葉が密集し、長く茂った葉が壺形の樹冠をなす。葉の基部は、種によって髪の毛状〜繊維状になる。花は黄色く、分岐した円錐花序をなし、幼形では大きくて目立つ葉鞘に保護されている。このうちの数種は油や繊維、そして堅材といった有益な産物を産出する。

〈栽培〉
熱帯地方に限定される植物で、これらのヤシ類は温暖な環境と肥沃で湿り気を帯びた水はけのよい土壌を必要とし、強風から避けることが望まれる。若木は直射日光を避けると葉が一層繁茂する。種子で殖やすが、播種前に水に浸しておくこと。

葉は小さな単葉、通常はくすんだ灰緑色で細毛を帯び、小さな裂片や鋸歯縁がある場合が多い。フランスのボタニカルアーティスト、Claude Aubriet（1668〜1743年）にちなんで名付けられたが、英名の'aubretia'は綴りの誤りである。

〈栽培〉
ほとんどの気候地域に耐える。ムラサキナズナは砂利混じりの水はけのよい土壌で、日当たりがよいかまたは、半日陰を好む反面、開花時期には湿り気を必要とし、ときおり少量の石灰を施すとよいが、それ以外は多くを必要としない。多年草ではあるが種苗店では花壇用一年草として販売される場合が多く、一年草として扱われる場合もある。しかし、数年植えておいたほうが、はるかに見事な株になる。播種、取り木、または天挿し、あるいは株分けで殖やす。

Aubrieta deltoidea ★
オーブリエタ・デルトイデア

☼/◐ ❄ ↔30cm ↕8cm

ヨーロッパ南西部、とくにエーゲ海周辺に自生する。葉はひし形で、縁は無突起かあるいは2〜6個のはっきりした歯状突起がある。淡いラベンダー〜赤紫色、紫色の花がつき、直径は最大25mm。
ゾーン：7〜10

Aubrieta Hybrid Cultivars
一般名：アルギランテムム交雑品種

☼ ❄ ↔20〜60cm ↕8〜15cm

園芸栽培品種はさまざまな種に由来する。親種の認識は難しいが、おそらく全てはA. deltoideaを祖先に持つ。全種がマット状になるが、それ以外の習性は極めて変異が多い。人気のある有名な品種には次のものがある。銀色の縁取りのある葉で紫色の花のつく'アルゲンテオワリエガタ'。'ブルー カスケイド'はつる性の習性が強く高さ約15cmに盛り上がることもあり、青紫色の花が咲く。'ブルー キング'は藤青色の花が多数咲く。'ブレッシンガム ピンク'はピンク色、八重咲の大形の花が群生する。'キャンベリイ'は藤青色の八重咲の花。'ドクター ミュールズ'は小型にまとまる習性で美しい青紫色の花が咲く。'ヘンダーソニイ'は紫色の花が低く広がり、石塀や土手に適する。'ソワリス ブルー'は鮮やかな藤青色の花。'ロッキーズ パープル'は夏に向かって濃紫色の花を多く咲かせる。
ゾーン：7〜10

Attalea butyracea
異名：Scheelea butyracea, S. zonensis
英名：COROZO PALM

☼ ❄ ↔8m ↕9〜18m

メキシコ南部からボリビアとトリニダードにわたる熱帯アメリカの広範囲に自生する大型ヤシ。幹は太く短く、葉は大形の羽状複葉で6mまたはそれ以上になる。葉の根元の間からクリーム色の花が大形の円錐花序をなす。果実は長さ5〜8cmで、黄色またはオレンジ色。
ゾーン：10〜12

AUBRIETA
(ムラサキナズナ属)
英名：AUBRETIA

ヨーロッパから中央アジアに見られる。アブラナ科に属し、常緑でクッション状あるいはマット状になる多年生植物が12種ある。ロックガーデンには不可欠で花壇の縁どりに色を添えたり、土手を覆ったりする。春から初夏に隙間なく花を咲かせ、ごく小さな、花弁が4枚の紫色や藤色、白色の花がカーペット状になる。

Attalea butyracea の自生種、コスタリカ、ケポス、マヌエル・アントニオ国立公園

AUCUBA
（アオキ属）

ヒマラヤ山脈と東アジアが原産のミズキ科の雌雄異株植物。常緑の低木、小高木が3～4種あり、暗い日陰にも耐えるため、庭園木に用いられることが多い。斑入り種がもっとも人気がある。光沢のある葉は披針形で、鋸歯縁のあるものやないものがあり、枝に沿って互生する。花は緑色またはえび茶色で、葉腋や茎頂枝につく。果実は赤色、オレンジ色または黄白色。

〈栽培〉
アオキ属は湿り気のある土壌でもっともよく育つ。斑入り種は、日焼けを起こすため、部分日陰を好み、暗い日影では斑が薄くなる。春に切り戻す。播種は春に行うこと。夏に半熟枝を挿し木する。結実には雌雄両株が必要である。鉢植えで育てる場合はローム質主体の用土を使用し、成長期には毎月肥料を与える。

Aucuba himalaica
一般名：ヒマラヤアオキ
☼/☼ ❄ ↔3m ↕9m

ヒマラヤ山脈東部のインド、シッキム州原産。葉の長さは約30cm、革質で、根元に向かって細かい鋸歯縁がある。花はピラミッド形の塊をなす。果実は熟すとオレンジ色になる。
ゾーン：6～10

Aucuba japonica
一般名：アオキ
英　名：JAPANESE AUCUBA, JAPANESE LAUREL
☼ ❄ ↔1.8m ↕1.8m

日本原産の常緑低木で、紫色を帯びた花と赤色の果実がつく。栽培品種には次のものがある。'**クロトニフォリア**'は、はっきりした黄金色の斑がある栽培品種。'**ゴールド　ダスト**'は雌木で、葉は斑入り。'**ロザニー**'は自家結実する。'**サリキフォリア**'は雌木で、細長く、尖った葉がある。'**ワリエガタ**'★は黄金色の斑があり、暗い日陰を好む。
ゾーン：7～10

AULAX
（アウラクス属）

南アフリカ原産で、ヤマモガシ科に属する常緑低木3種のみからなる。雌雄異株である点では、同科の他の南アフリカ原産種とは異なる。低木で、細い針状の葉がつく。雌株は春と夏にじょうご形のレウコスペルムムに似た花序をつけ、それが球果となる。黄色の雄花が尾状花序につく。

〈栽培〉
耐霜性はないが、あらゆる点で強健な植物である。酷暑、低湿度、長期間の干ばつに耐える。ヤマモガシ科の植物とほぼ同様に、やや砂混じりの排水のよい土壌でもっともよく育つ。実生や晩夏から秋に半熟枝挿しで殖やす。

Aulax cancellata
☼ ❄ ↔1.5m ↕1.5m

南アフリカ共和国、ケープ州南西部原産。長さ約10センチの針状葉が堅い赤茶色の茎に放射状につく。雌株の金橙色の蕾は、開花すると黄白色になる。球果は赤色。
ゾーン：9～10

Aulax umbellata
☼ ❄ ↔1.2m ↕1.2～1.8m

海岸種で、他種に比べて葉の幅は広い。濃黄色の雄花の塊は、茎頂につくオレンジ色を帯びた葉に囲まれている。雌花は薄橙色の苞葉に囲まれ、雄花よりも小さい。
ゾーン：9～10

AURANTICARPA
（アウランティカルパ属）

オーストラリア人植物学者達によってトベラ属の詳しい研究が行なわれ、オーストラリア北部種の一部は他種とは近縁ではないことが判明した。その結果、それらをトベラ科の新属とし、*Auranticarpa*と命名した。花序が多数分岐し、帯黒色の種子を含む濃橙色の小さな果実をつける点で他属と区別される。本属には常緑高木が6種あり、トベラ属から移動した3種と新しく加わった3種がある。その内5種は北部熱帯地域に限定され、あとの1種は東海岸とクィーンズランド州北部からニューサウスウェールズ州北東部の地域に広がる。

〈栽培〉
*A. rhombifolia*のみが広く栽培されている。街路樹や公園樹として人気があり、自生地以上の乾燥地、寒冷地であってもよく適応する。適度に肥沃で、湿り気はあるが水はけのよい土壌を好み、強風や部分日陰にも耐えるが、オレンジ色の果実を多く実らせるには、じゅうぶんな日当たりが必要。実生で殖やす。

Auranticarpa rhombifolia
異　名：*Pittosporum rhombifolium*
英　名：DIAMOND-LEAF LAUREL, HOLLY WOOD
☼/☼ ❄ ↔3～6m ↕6～18m

東部オーストラリア原産。幼形は錆色の毛で蜜に覆われている。葉は光沢がある緑色で、ひし形に近い。甘く香る白色の小花が夏に開花する。さく果は目立つオレンジ色。
ゾーン：9～11

Auranticarpa rhombifolia

Aucuba japonica 'ゴールド　ダスト'

Aucuba japonica 'サリキフォリア'

Aucuba japonica 'ワリエガタ'

Aulax cancellata

Aulax umbellata

AURINIA
（アウリニア属）

アブラナ科の多年草と二年草が2種あり、ヨーロッパ中央部と南部、東はトルコと黒海沿岸に自生する。カーペット状に広がる小型植物で、ときに太い根茎から現れる葉が基部に緩やかなロゼットを形成する。葉は多くの場合、細毛で覆われ、銀灰色に見える。鮮黄色や白色の小花が春から開花し、ほとんどの場合、葉を覆い隠す。

〈栽培〉
強く降霜しない冷温帯が最適であり、ロックガーデンや高山植物のトラフに向く。日当たりを好み、水はけが非常によい砂利質土を必要とする。春と初夏には湿り気を絶やさないこと。全種が実生で繁殖し、自家播種するものも多い。多年草は発根した茎または枝の挿し木、あるいは天挿しで殖やすことも可能。

Aurinia saxatilis
異　名：*Alyssum saxatile*
一般名：イワナズナ、キバナアリッサム
英　名：BASKET OF GOLD、YELLOW ALYSSUM
☼ ❅ ↔40〜60cm ↕20〜30cm

ヨーロッパ中央部と南東部原産。低く、カーペット状に広がる多年草で、小さな銀灰色の葉を持つ。薄黄色から鮮黄色の花がスプレー状になって春から咲く。群を抜いて耐寒性のある植物。'シトリナ'は鮮黄色の花が多数咲く。'コンパクタ'は長さ20cmの茎に黄金色の花が咲く。
ゾーン：3〜9

AUSTROCEDRUS
（アウストロケドルス属）

ヒノキ科の針葉樹で、1種のみからなる。本属はアルゼンチンとチリ南部の冷帯湿森林に育つ。末端枝はいくぶん扁平なスプレー状につき、小鱗片葉が側面の幅広い1対と正面の小さな1対の葉の間に互生する。各葉には小さいがはっきりとした青白い斑点があるため、葉の外観は青灰色になる。球果の全長は12mm以下で、卵形、薄い鱗片2〜3対からなる。

〈栽培〉
年中降雨する冷温帯がもっともよいが、短期間であれば乾燥にも耐えられる。半耐寒性のツツジと同様に、湿り気はあるが水はけのよい酸性土壌の霜の当たらない場所が望ましいが、じゅうぶんな日光に当てると樹形や色がよくなる。挿し木や実生で殖やす。

Austrocedrus chilensis
異　名：*Libocedrus chilensis*
一般名：チリヒバ
英　名：CHILEAN INCENSE CEDAR
☼ ❅ ↔4.5m ↕15m

通常は円柱状の成長習性があるが、かなり老木になると樹冠が先端部分で広がる場合がある。樹皮は橙茶色から焦茶色で細いひも状に剥離する。
ゾーン：8〜9

*Austrostipa stipoides*の自生種、オーストラリア、タスマニア州、ケイプ・バレン島

AUSTROCYLINDROPUN-TIA
（アウストロキリンドロプンティア属）

南米原産種（ラテン語で南を意味する*austro*が語源）のみで、11種あり、サボテン科に属する。全種が分岐した茎を持つ。低木状や高木状になる種もあるが、マット状を形成するものもある。ほとんどは成長先端に弱々しい肉厚の葉を数枚つけるが、この葉はすぐに消滅する。簡単に取れる鋭い小形の刺が刺座から出る。花は比較的大形で目立ち、約8cmの長さに対して幅は5〜6cmのみのものが多い。赤色、オレンジ色、ピンク色、黄色があり、外面は刺で覆われている。

〈栽培〉
肥沃で、水はけのよい土壌で育ちやすい。種子からも育つが、1〜2週間乾燥させた挿し木がより一般的。冬は休眠させる。

Austrocylindropuntia subulata
異　名：*Opuntia subulata*
一般名：将軍
☼ ❅ ↔3〜4.5m ↕4.5m

ペルー原産。成長が早く、柵や垣根用の植物として有用であることから、現在では自生地を越えて広く分布している。茎は長さ50cm、太さ10cmで、突き出た小結節と1〜4の針状に尖った黄色の刺が魅力的な模様をつくる。鱗状で赤色の長さ6cmの花は完全には開かない。果実に刺は無く、長さ10cmで棍棒状。
ゾーン：9〜11

Aurinia saxatilis 'コンパクタ'

AUSTROSTIPA
（アウストロスティパ属）
英　名：SPEARGRASS

65種の多年生のイネ科植物で、ほぼ全種がオーストラリア温暖地域原産だが、ニュージーランド原産のものも数種ある。現在では大半が北半球種と認識されているハネガヤ属とは近年区別された。2種の相違点は花と種子の細部にある。全種の葉は細くて硬く、房状や束状をなす。花序は急速に成長して種子をつける。個々の種子（厳密に言えば果実）は細い粒状で下部の先端は鋭く尖り、上部の先端には湾曲または、ねじれた芒がある。芒は湿度によりねじれる場合とねじれない場合があり、種子が土の割れ目にコルク栓抜きのように突き刺さり発芽する。

〈栽培〉
栽培されることはほとんどないが、美しい観葉植物になるものもある。しかし、他の大陸で同様の気候帯に移入した場合は有害な雑草となる。実生で殖やす。

Austrocedrus chilensis

Austrostipa stipoides
異　名：*Stipa stipoides*、*S. teretifolioa*
英　名：COAST SPEARGRASS
☼ ❅ ↔0.9m ↕0.6m

タスマニア島を含む南オーストラリア沿岸部原産。細長い葉が密な茂みをなし、枝垂れる。砂丘や岬の広範囲に生え、風に吹かれると葉が波打つ。春から夏に細い花序が現れる。
ゾーン：9〜10

Averrhoa carambola

Avicennia alba の採蜜風景、東インド、スンダルバンス

Averrhoa bilimbi

AVERRHOA
(ゴレンシ属)

東アジア原産で、カタバミ科の常緑高木が2種ある。葉はかなり大きな小葉からなる羽状複葉。白い斑点のある白〜赤色または紫色の花が短い花序をなし、その後、長さ約12cm、5つの稜のある食用果実がなる。

〈栽培〉
熱帯または亜熱帯の環境を必要とする以外は、栽培は容易である。湿り気のある水はけのよい土壌と高湿度の温暖な、霜の当たらない場所では元気に育つ。果実とともに魅力的な観賞用植物となる。実生で殖やすが、結実栽培品種は接ぎ木または高取り法で育てる。

Averrhoa bilimbi
一般名：ナガミノゴレンシ、ビリンビ
英　名：BILIMBI、PICKLE FRUIT
☼ ⊹ ↔4.5m ↕15m
葉は長さ12cmの小葉が最高40枚からなる。枝から直接花序が出る。花は紫〜赤橙色。果実は黄緑色で少し角があり、甘さは A. carambola より少ない。
ゾーン：11〜12

Averrhoa carambola ★
一般名：ゴレンシ、スターフルーツ
英　名：CARAMBOLA、FIVE-CORNER、STAR FRUIT
☼ ⊹ ↔3m ↕6m
小葉は裏面が青緑色で、長さ約10cm。接触と光に感受性があり、夜間、または手が触れると閉じる。光沢のない赤色の花が通年咲く。食用の果実は黄緑色からオレンジ色。
ゾーン：11〜12

AVICENNIA
(ヒルギダマシ属)
英　名：MANGROVE

熱帯および南半球亜熱帯の海岸地帯や半塩水の河口に多く茂る植物で、マングローブと呼ばれ、南方は北ニュージーランドにまで育つ。ヒルギダマシ科の小型から中型の常緑高木が6種あり、いずれも、葉は小さくて光沢のある革質で、枝の先端に小さな緑色系からオレンジ色の花が群生する。果実は種子を1個含み、樹上で成長し、落果した場所または流れ着いた場所で定着する。

〈栽培〉
マングローブはめったに栽培されない。自生地では、塩水の混じった干満のある地帯で育つ唯一の大型植物であることが多い。必要な場合には、苗からの定着は容易である。

Avicennia alba
一般名：ウラジロヒルギダマシ
英　名：WHITE MANGROVE
☼ ⊹ ↔8〜12m ↕10〜18m
成長の早いマングローブの高木または低木で、西インドから東南アジア、西太平洋地域に見られる。海岸砂の中で側根に支えられている。滑らかな濃灰色の樹皮は濡れると黒色になる。葉の表面は光沢のある濃緑色で、裏面は蝋質の白色。黄色い花は幅約4mmで、花序は十字架状。果実は光沢のない薄緑色で、平たく、楕円形。種子は植物体内にとどまって発芽する。心材は強壮剤に、樹皮と種子は魚毒に、樹脂は避妊に使われる。
ゾーン：11〜12

Avicennia marina
一般名：ヒルギダマシ
英　名：GRAY MANGROVE
☼ ⊹ ↔3m ↕4.5m
耐寒性のあるマングローブ。小霜に耐える。葉は塩を滲出し、裏面は白っぽい。小さな薄橙色の花が温暖地域では晩夏に、熱帯では雨季の最初の降雨時に咲く。
ゾーン：10〜12

AZARA
(アザラ属)

南米温暖地域で栽培されているもっとも人気のある植物のひとつ。イイギリ科に属し、常緑の低木、高木が10種ある。魅力的な葉を持ち、成長習性は素直で、育成は容易である。本来はチリ原産で、葉の大きさはさまざまであるが、大体は光沢のある革質。主葉には1〜2枚の小ぶりの托葉がつくが、すぐに散る。花はどちらかといえば黄金色で、花弁はなく、小さなポンポン状、花後は肉厚の果実がなる。

〈栽培〉
ほとんどの種はたびたびの小霜にも耐えるが、厳寒には弱い。猛暑には耐性がなく、一般的には温暖気候で冷涼な湿り気のある土壌を好む。それ以外は、樹齢とともに広がり、細長くなる傾向があるが、手入れは容易で、定期的な剪定または整枝で小型にしておくことができる。実生または半熟枝の挿し木で殖やす。

Azara celastrina
☼ ❄ ↔2.4m ↕3m
葉は小さく、縁は全縁または鋸歯縁があり、光沢のない灰緑色。花は無香または微香で、春に開花する。果実は黒色。比較的、耐干性がある。葉の美しい植物。
ゾーン：8〜10

Azara dentata
☼ ❄ ↔0.9〜1.8m ↕0.9〜1.8m
はっきりした鋸歯縁で薄緑〜緑色の葉がつく低木。花は地味だが、黄色の小さな果実が目立つ。
ゾーン：8〜10

Azara lanceolata
☼ ❄ ↔6m ↕6m
チリとアルゼンチンに見られる。小高木で、鋸歯縁、長さ約8cmの披針形の葉がつく。魅力的な黄色の花が仲春に咲き、その後、藤色の果実がなる。
ゾーン：8〜10

Avicennia marina

Azara dentata

Azara lanceolata

Azara microphylla

Azara serrata

Azara microphylla
英名:VANILLA TREE
☀ ❄ ↔4.5m ↑8m
チリとアルゼンチン原産の高木で、一般的に栽培される。葉状体に似た枝に小さな葉がつき、シダに似た羽状複葉をなす。バニラの香りの、光沢のない黄色の小花が春に開花し、赤色の果実をつける。'**ワリエガタ**'は黄金色の斑入りで、葉が魅力的。
ゾーン:8〜10

Azara petiolaris
☀ ❄ ↔3.5m ↑4.5m
チリ原産の大低木。葉は長さ35mm前後、表面は光沢があり、鋭い鋸歯縁がある。花は薄黄色がかっている。果実は黒色。
ゾーン:8〜10

Azara serrata ★
◐ ❄ ↔2.4m ↑3.5m
チリ原産の低木。葉は鋭い鋸歯縁で、黄金色の花が他のアザラ属より遅く咲く。樹齢と共に枝がまばらになることもあるので、幼形の頃に整枝して株姿を整えておくともっともよい。
ゾーン:8〜10

AZOLLA
(アカウキクサ属)
英名:FAIRY MOSS、MOSQUITO FERN、WATER FERN
ほぼ全世界に分布する水面を浮遊するシダ植物で、8種ある。アカウキクサ科という独特の科に属し、全体の外観は陸生シダとかなり異なる珍しい植物。上向きの葉を持たず、株を分けて殖え、水面を覆う。各株には根と極めて小さい根茎があり、鱗片が重なり葉の役割をする。鱗片は日陰では若草色で、日当たりのよい場所では赤色になる場合が多い。降霜地帯では小さく分かれたものが水中に沈んで越冬する。
〈栽培〉
魅力的な植物ではあるが、池に植える前には熟考すること。本草はまたたくまに水面を覆い、より価値のある植物を侵略することが多い。自家繁殖し、温暖な気候では小枝が水に落ちるだけで、すぐに繁殖する。

Azolla filiculoides
一般名:オオアカウキクサ
☀/◐ ❄ ↔不定 ↑6〜12mm
北米と南米に見られる。個体は不定形で、長さ約10cmになる場合もあり、広い範囲を集結して覆う。日当たりのよいところでは赤紫色になる。
ゾーン:7〜11

AZORELLA
(アゾレラ属)
セリ科に属し、南米、ニュージーランド、南極に近い諸島に自生する多年草で、約70種ある。クッション状になる常緑多年草で、成長すると若草色の葉が小山のようになる。春と初夏には、緑色がかったクリーム〜鮮黄色、ごくまれにピンク色の小花が見られる。
〈栽培〉
広範囲の緯度で見られるが、強く降霜しない冷帯気候を比較的好み、北方の自生地では多く見られ、緯度が南下するほど減少する。日向または半日向で育てる。砂質の水はけが非常によい土壌に植えるが、長期間乾燥した状態にはしないこと。広いロックガーデンのグラウンドカバーや、土手や石塀に下向きに這わせるのに非常に向く。

Azorella trifurcata
異名:*Azorella nivalis*
☀/◐ ❄ ↔0.6〜2m ↑10cm
チリとアルゼンチン原産。灰緑色から鮮やかな深緑色で、革質の葉がふつう、小型の小山状になるが、理想的な環境では横に広がる場合もある。黄緑色から黄色の花序が晩春からつく。'**ナナ**'は小型の葉で非常に密集する。
ゾーン:6〜9

AZTEKIUM
(アズテキウム属)
サボテン科に属す珍しい植物で、メキシコ原産の2種の矮性サボテンがある。*A. ritteri*がアズテック人の彫刻を連想させることから名付けられた。もう1種は*A. hintonii*で、いずれもメキシコ・ヌエボレオン州の、ほかに樹木のない、ほぼ垂直に切り立った石灰岩や石膏質の崖に育つ。通常は単生であるが*A. ritteri*は年月を経ると群生する。花はピンク色または深紅色で、直径12〜15mm。綿毛で覆われ、わずかにくぼんだ刺座から現れる。小形の萼も刺座に隠れるようにつく。本種は人気があるため、自生地での濫獲が行われるようになった。*A. ritteri*はCITES(ワシントン条約)の第1表に記載されている。

〈栽培〉
*A. ritteri*の栽培には、もっとも経験豊かな栽培者でさえ長年忍耐を強いられてきた。種子は塵のように微小で、植え付け後10年で豆粒大程度になる。根挿しで育てる試みも行われているが、接ぎ木植物として扱われることが多い。いずれの種も石灰や石膏を少し混ぜた、水はけがよくミネラル分の多い土壌を必要とし、水やりは控えめにし、冬は休眠させる。

Aztekium ritteri
一般名:花籠(ハナカゴ)
☀ ❄ ↔30〜60mm ↑12〜30mm
メキシコ・ヌエボレオン州にある渓谷のひとつに見られる。黄緑色の美しく貴重な小型植物で、最初は単生するが、年数を経て群生する場合がある。刺のない稜は短く、蛇腹形。花はピンク色から白色で直径6〜12mm。
ゾーン:9〜11

Azorella trifurcata

Azolla filiculoides

Babiana rubrocyanea

Babiana ringens

BABIANA
(バビアナ属)

英 名：BABOON FLOWER

アヤメ科。60種あまりを擁し、春に美麗な花をつける塊茎植物。大多数はアフリカ南部の沿岸地域、開けた乾燥地域の原産。葉は槍形で縦方向の葉脈が入る。多毛性の種もある。花はじょうご形で時として芳香性。短い花穂を形成。花色は白、クリーム色、黄色、濃いピンク、赤、紫、青。塊茎がヒヒの食用となる種もある。

〈栽培〉
速やかに成長して叢生する。日あたりがよくて暖かく、排水が良好な場所の地表下15cmに塊茎を植える。寒冷地帯ではこれよりも深い場所に植えて、冬季にはマルチングをするか、もしくは秋に塊茎を掘りあげる。繁殖は播種もしくは匐枝による。

Babiana angustifolia
異 名：*Babiana pulchra*

☀ ❄ ↔10cm ↕15〜30cm

南アフリカ原産。葉は細長い槍形。花色は濃い青紫色。他種よりも濃い紫もしくは赤の斑紋。鉢植えに最適。
ゾーン：9〜11

Babiana angustifolia

Babiana ringens
異 名：*Antholyza ringens*

☀ ❄ ↔10cm ↕15〜25cm

南アフリカのケープ半島原産。葉は細長い槍形。分枝した花穂には赤いじょうご形の花が密生。下部唇弁は黄色。開花期は冬から春。
ゾーン：9〜11

Babiana rubrocyanea ★
英 名：RED-EYED BABOON FLOWER、WINE CUPS

☀ ❄ ↔10cm ↕15〜30cm

南アフリカの西ケープ州原産。葉には顕著な葉脈があり、やや帯毛。花穂はらせん状。じょうご形の花が密生。花色は青。花筒部は暗赤色。開花期は晩冬から春。
ゾーン：9〜11

Babiana stricta
一般名：バビアナ

英 名：BABOON FLOWER

☀ ❄ ↔10cm ↕15〜30cm

南アフリカ南西部原産。世界中で広く栽培されている。葉には顕著な葉脈があり、帯毛。扇状に密生。花色はピンクないし紫紅色、もしくは赤。カップ状の花がらせん状の花穂を形成。時に芳香性。開花期は晩春。'パープル スター'の花は暗赤色に白色のストライプ。'ホワイト キング'の花は白。淡青色のフラッシュ。'ツバネンブルク グローリー'の花は紫色。淡色のブロッチ。花筒部は濃色。
ゾーン：9〜11

Babiana stricta

BACCHARIS
(バッカリス属)

キク科。南北アメリカ大陸に自生する350種を擁する。多年生低木もしくは草本。落葉性もしくは常緑性。異なった株に雄花と雌花をつける。無葉の種では光合成を行うようになった茎を持つ。花は散房花序もしくは円錐花序。医薬や染料の原料となる種もある。海岸部の潮風に耐性がある。

〈栽培〉
完全耐霜性ないし半耐霜性。日当たりがよくて肥えた土壌に植える。夏に緑枝を挿すか、春に種子を撒く。寒冷地域では多年性となることもある。

Baccharis 'Centennial'
一般名：バッカリス 'センテニアル'
英 名：COYOTE BRUSH、DESERT BROOM

☀ ❄ ↔1.5m ↕0.9m

アメリカ合衆国で作出された雌株の栽培種。*B. pilularis*と*B. sarothroides*の交雑種。不規則に伸張する常緑性低木。葉は線形。花は白色で目立たない。開花期は冬から春。くすんだ茶色の鞘に白色で綿毛状の種子が入る。
ゾーン：8〜10

Baccharis halimifolia
一般名：ハマベノキ
英 名：COTTON-SEED TREE、GROUNDSEL TREE

☀ ❄ ↔3m ↕0.9〜3m

西インド諸島、アメリカ合衆国南部および東部原産。枝はよくカーブし、幼樹では部分的に帯毛。葉の全長は5cmで櫂に似た形。鋭い鋸歯縁。小型の白色花が集まって房状となる。花後には白くて毛を帯びた種子ができる。時に侵略種となる。ゾーン：5〜11

Baccharis halimifolia

Baccharis magellanica
☀ ❄ ↔38cm ↕38cm

マゼラン海峡およびフォークランド諸島原産。葉は櫂の形に似て全長は60cm。細かい鋸歯縁。若い葉は粘着性。黄色い小花が小型の花序を形成。花後は淡黄褐色のシードヘッドができる。
ゾーン：8〜9

Baccharis nummularia
☀ ❄ ↔0.6m ↕0.9m

ブラジル南部の海岸地域原産。湿地に自生。よく繁茂する低木となり、細枝が密生する。葉の全長は6mmでほぼ円形 (*nummularius*はラテン語で「硬貨に似た」の意味)。表面には光沢があり、裏面は白く帯毛。茎頂部の花房には茶色の小型花が集まる。開花期は春。
ゾーン：10〜12

Baccharis pilularis
バッカリス・ピルラリス
英 名：CHAPARRAL BROOM

☀ ❄ ↔50cm ↕50cm

アメリカ合衆国西部 (主にカリフォルニア州) 原産の常緑性低木。葉は幅の広い卵形で無毛。花色は白。緑色のスポット。茎の先端につく。'ビジョン ポイント'の葉は暗緑色で密生し、クッション状に盛り上がってグラウンドカバーとなる。'ツイン ピークス'★は難燃性の特徴を持つ。樹高75m。幅3m。
ゾーン：8〜10

Baccharis nummularia

Baccharis pilularis

Backhousia citriodora

Backhousia myrtifolia

BACKHOUSIA
（バックホウシア属）
フトモモ科。常緑性の低木および高木7種を擁する。全種がオーストラリア東海岸地方にある亜熱帯および熱帯雲霧林原産。本属は整った枝ぶりを示す。白もしくはクリーム色の花には突出した雄ずいがある。葉は芳香性で緑色。*B. citriodora*はレモンに似た香りを放ち、現在では料理用に商業栽培されている。

〈栽培〉
熱帯雲霧林原産であるため、堆肥を豊富に含み、1年を通して十分な湿度を維持できるような土壌に植えるのがよい。幼樹のうちは部分的な遮光がのぞましいが、じゅうぶんな日照がある方が花つきがよい。繁殖は挿し木、もしくは結実直後の種子を蒔く。

Backhousia citriodora
一般名：レモンマートル
英　名：LEMON-SCENTED MYRTLE、SWEET VEREBA TREE
☀ ✿ ↔6〜8m ↕6〜8m
整った枝ぶりを見せる中型低木。地面近くにも葉がつく。密に茂った葉は鈍い緑色。押し潰すとレモンに似た香りを放つ。葉に含まれるオイルはシトラールと呼ばれ、食品の香りづけに用いられる。花には強いレモン様芳香がある。色はクリーム色がかった白。開花期は夏。
ゾーン：9〜11

Backhousia myrtifolia
英　名：GRAY MYRTLE、IRONWOOD
☀ ✿ ↔6m ↕6m
大型低木もしくは小型高木。葉は深緑色。幹と枝は着生ランにとって最適の固着場所となる。花は綿毛状で白。緑色の萼片は花後も宿存。開花期は夏。幼樹では防霜対策が必要。
ゾーン：9〜11

BACTRIS
（ステッキヤシ属）
ヤシ科。200種以上を擁する。主に中央アメリカに分布。栽培下では数種が知られるのみ。比較的樹高が低く、地下の根茎によって伸張し、株立ちとなって叢生するものと、数本もしくは単一の幹が高く伸びるものの2種類の生育パターンがある。後者は有刺となる場合が多く、古い葉の痕跡が環状となる。葉は羽状で全長3m。茎に沿った無刺箇所から小葉が出る場合もある。茎と葉柄は有刺となることが多い。小枝につく花は小型でクリーム色ないし黄色。花後につく果実は食用となる。全長5cm。

〈栽培〉
熱帯原産のため、排水がよくて有機質に富んだ場所でよく育つ。じゅうぶんな温度と水分が必要。日向でも部分的な遮光下でも栽培できる。種子からでもよく育つ。株立ちとなる種では株分けも可。

Bactris major ★
異　名：*Bactris cruegeriana*
英　名：BLACK ROSEAU、KAWMAKA、PRICKY PALM
☀ ✿ ↔3.5m ↕4.5m
スリナム原産。叢生し、最初は有刺であるが、次第になめらかとなって白色の環紋ができる。葉はくすんだ緑色。全長2.4m。葉柄には多くの刺。小葉は30対まで。紫色の果実は全長5cm。
ゾーン：11〜12

Bactris mexicana
☀/☀ ↔1.5〜3m ↕3〜4.5m
メキシコおよびその近辺の中央アメリカ諸国原産。細い幹が株立ちとなって叢生する。幹の直径は8cm以下。葉の全長は2m。小葉の裏面は帯毛することも。茎はラタンの代用となる。
ゾーン：11〜12

BAECKEA
（ベッケア属）
フトモモ科。ヒースに似た常緑性低木。大部分の種はオーストラリア原産。ニューカレドニア島原産の数種、アジア大陸に分布域を広げた1種が知られている。樹形には幅があり、丈の高い低木、小型の葉をつけた匍匐性の種などがある。ティートリーに似た花は小型で白もしくはピンクが一般的。針金状の茎の先端につき、春から夏にかけては美観を呈する。切花によい。乾いた種子の入った■?果は小型。熟すと赤みを帯びる種もある。

〈栽培〉
排水がよくてほどよく肥えた土壌でよく成長するものが多い。石灰を含まず、乾風を受けない場所がよい。日向、もしくは明るい日陰を好む。根をいじられるのを嫌い、大掛かりな移植はよい結果にならない。開花後、株を軽く切り戻してコンパクトな樹形を保つ。繁殖は半熟枝の挿し木による。

Baeckea imbricata
☀ ❅ ↔0.9m ↕0.9m
オーストラリア東部海岸地域原産のコンパクトな低木。枝は直立。葉は互いに重なり合い、ほぼ円形。花は小型で白色。上部の葉腋に単生。開花期は春から夏。排水の悪い土地での栽培に向く。開花後に軽く切り戻す。
ゾーン：8〜10

Baeckea linifolia
英　名：SWAMP BAECKEA
☀ ❅ ↔2m ↕2.4m
オーストラリア東部原産。小型ないし中型低木。枝はアーチ状。葉は線形で芳香性。全長25mm。冬には赤茶色になる。花は白。開花期は晩夏から秋。湿り気があって排水のよい場所でよく育つ。
ゾーン：9〜11

BAILEYA
（バイレヤ属）
キク科。北米大陸西部原産の小属。3種のみ。一年草および多年草。*B. multiradiata*は夏と秋に鮮やかな色の花をつける。乾燥地域に自生。葉は対生。灰緑色で帯毛。羽状。サイズは一定しないが、高さが30〜40cmを超えることはまれ。コスモスに似た花序は黄色でよく目立ち長い茎の先につく。開花期は初夏から最初の降霜まで。

〈栽培〉
半砂漠の環境下でよく生育する。雑草とされる場合もあるが、乾燥した夏の庭を彩る一年草としては最も確実、かつ美麗な花をつける種類に数えられる。日向に植え、株がしっかりしてから灌水する。乾燥が続く場合の灌水も可。花がらをつめば次々と開花する。繁殖は播種による。直播きでもよいし、別に育てた苗を移植してもよい。

Baeckea linifolia

Bactris major

Baileya multiradiata
英　名：DESERT BAILEYA, DESERT MARIGOLD, PAPER DAISY, WILD MARIGOLD
☼ ❄ ↔10〜30cm ↕20〜50cm
アメリカ合衆国南部およびメキシコ原産。短命な多年草。葉は灰緑色。花は鮮黄色。花径は5cmでマリゴールドに似る。開花期は春から秋。根腐れを防ぐため、十全な排水が必要。
ゾーン：7〜10

BALLOTA
(バロタ属)
シソ科。ヨーロッパの地中海沿岸から西アジア一帯にかけて分布。35種の多年草および亜低木から成る。叢状、もしくは横に伸張する。多毛で銀灰色の茎と葉（条件がそろえばフェルト状になる）を鑑賞するために栽培される。葉は常緑性もしくは落葉性で芳香を放つ。楕円形もしくは心臓形。顕著な鋸葉縁。花色は白、クリーム色、薄い紫紅色だがあまり目立たない。小型の花穂となって直立。開花期は夏。古来よりハーブとして用いられ、狂犬病に効くとされた。
〈栽培〉
若干の耐寒性と弱い耐霜性を持つ。日向もしくは半日陰にある湿り気があって排水のよい土壌でよく育つ。常緑性種の場合は春に切り戻す。帰化して侵略種となることもある。繁殖は株分けによる。基部の挿し木、播種も可。

Ballota acetabulosa
☼/☽ ❄ ↔60〜80cm ↕100cm
ギリシア、トルコ、地中海東部の島嶼部原産の半常緑性多年草。低木状となる。茎と葉は帯毛。葉は心臓形で淡緑色。全長5cm。鋸歯縁。紫色の斑紋を持つ白色花が茎頂部につく。数は12個まで。花径は12mm。
ゾーン：8〜10

Ballota nigra
一般名：ブラックホアハウンド
英　名：BLACK HOREHOUND
☼ ❄ ↔60〜150cm ↕40〜100cm
ヨーロッパ南部から北アフリカおよびイランにかけて分布する多年草。不快な香りを発する。緑色の葉はイラクサに似て全長は8cm。粗毛を帯びる。葉腋に藤色の花がつく。虫下しに使われる。
ゾーン：7〜10

Ballota pseudodictamnus
☼ ❄ ↔60〜120cm ↕30〜50cm
トルコ、クレタ島、北アフリカに分布する常緑性亜低木。葉は丸形で鋸葉縁。フェルト状で灰緑色。全長は5cm。花色は白もしくは藤色で濃色のスポット。萼は大きくて緑色。
ゾーン：8〜10

BALSAMORHIZA
(バルサモオリザ属)◎
英　名：BALSAM ROOT
キク科の小属。北米大陸西部原産の多年草4種が含まれる。斜面や崖、もしくはその他の排水良好な場所に自生する。多肉質の長い主根はバルサムに似た香りを放つ。葉は基部でロゼットとなり、槍先もしくは矢じりの形に似る。帯毛の度合いには幅がある。茎頂部の黄色い花序は葉よりも上方につく。開花期は春と夏。ネイティブアメリカンは、種子、シュート、根を医薬や食料として利用してきた。
〈栽培〉
寒冷地域での栽培に向く。日当たりと排水がよくて深く耕された場所に植える。冬の過湿は根腐れを招く。繁殖は種子から。

Balsamorhiza sagittata
英　名：ARROWLEAF BALSAMROOT, BALSAMROOT, BREADROOT, GRAY DOCK, SUNFLOWER
☼ ❄ ↔30〜45cm ↕20〜60cm
北米大陸西部原産。基部のロゼットはざらざらしており、矢じりの形。全長30cm。表面は綿毛を帯び、裏面は白く帯毛。花はヒナギクに似て中央部は濃い黄色。小花は淡黄色。開花期は夏。
ゾーン：5〜9

BAMBUSA
(ホウライチク属)
英　名：BAMBOO
イネ科。熱帯および亜熱帯アジアの低標高地、熱帯アメリカ、アフリカ、オーストラリア北部に分布する大型草本120種を含む。属名はマレー語の*bambu*に由来。高さは4.5mないし24m。円筒状の茎は滑らか。地下の根茎によって増える。散開もしくは密生した叢状となる。

*Baileya multiradiata*の自生種、アメリカ合衆国、カリフォルニア州、ヨシュア・ツリー国立公園

茎（稈）は節をのぞくと大部分が中空。上方の節からは針金状の細い枝が横方向に伸びて葉をつける。若い茎には淡色の鱗片状葉鞘がつくが、成熟に伴って葉が出現する。花をつけることはまれ。アジアでは「竹」を用いて家屋、船舶、橋梁、網、家具などを作る。
〈栽培〉
大型種は熱帯もしくは亜熱帯の環境を必要とする。耐霜性を持つものもある。深く耕されてよく肥えたローム土壌に植える。夏季には十分に灌水し、風雨を避けた日当たりのよい場所を選ぶ。繁殖は土中の側匐枝による。新芽が出現したらマルチングを施して十分な水分と肥料を与える。

Bambusa multiplex
異　名：*Bambusa glaucecens*
一般名：ホウライチク
英　名：HEADGE BAMBOO
☼ ❄ ↔3m ↕10m
中国南部原産。直径35mmの深緑色の稈が密生する。稈は直立、頂部はアーチ状にしなる。葉は小型で裏面は青緑色。成熟すると数年ごとにアーチ状の花枝を伸ばす。細工用の竹材、風よけ、観賞用となる。'アルフォンス　カルル'★は緑色の縞が入った黄色い稈が冠部の広がった藪を形成。'ファーンリーフ'は草丈6m。'リウィエレオルム'は、草丈1.8m。'シルバーストライプ'は新葉と稈に淡色の縞が入る。
ゾーン：9〜12

Bambusa oldhamii
一般名：リョクチク
英　名：OLDHAM BAMBOO
☼ ❄ ↔6〜12m ↕18m
中国南部および台湾原産。直立した稈（直径6cm）が散開した藪を形成。白粉を帯びた鮮緑色の稈は時間と共に黄変。タケノコは食用となる。生垣や竹紙、観賞となる。
ゾーン：9〜12

Bambusa species

Ballota acetabulosa

Ballota nigra

Bambusa vulgaris 'Striata'

*Banksia attenuata*の野生種、西オーストラリア州、アルバニー

Bambusa vulgaris
一般名：ダイサンチク(泰山竹)
英　名：COMMON OR YELLOW-STEMMED BAMBOO
☀ ❄ ↔4.5〜9m ↕15m

熱帯地域に広く分布。暗緑色の稈は直径15cm。散開した藪となる。工芸用となるが、澱粉質を多く含むために昆虫や菌類からの害を受けやすい。'**マクラタ**'の稈にはブロッチが生じるが最終的には漆黒となる。'**ストリアタ**'(syn. 'ヴッタータ')の稈は黄金色に濃淡の緑縞。'**ワミン**'は草丈が低く(5m)、稈下部の節間が横方向に膨張。
ゾーン：9〜12

BANKSIA
(バンクシア属)

ヤマモガシ科。属名は、1770年にキャプテン・クックの航海に同行したイギリスの植物学者サー・ジョゼフ・バンクスにちなむ。オーストラリア固有の75種、およびニューギニアにも分布する*B. dentata*を含む。匍匐性の低木、低い位置で分枝する高木などの樹形になる。革質の葉はさまざまな形状となる。大型の花序には花蜜が多く、円筒形もしくは球形。結実後は木質化する。西オーストラリア州南西部原産の種は栽培に適さない場合もあり、夏季の降水がある地域での栽培は困難である。オーストラリア東部原産の種は栽培下でも適応しやすい。
〈栽培〉
開けた日向の土地で排水がよくリンの少ない土壌を好むものが多い。若干の耐霜性を持つものもある。多くの種は、根がはった後では乾燥気候にも耐えられ

Banksia baxteri

る。先端部を刈り込んで樹形を保つ。花を摘み取ることで開花をうながし、葉数を増やすことができる。繁殖には、オーブンで加熱した球果から取り出した種子を用いる。

Banksia attenuata
英　名：COAST BANKSIA, SLENDER BANKSIA
☀ ❄ ↔5m ↕8〜10m

西オーストラリア州南西部原産の小型高木。細長い葉は鋸歯縁。全長15cm。花は黄色。綿毛状の花序は円筒形で全長25cm。花後には剛毛のある卵形の球果ができる。ゾーン：9〜10

Banksia baxteri
英　名：BAXTER'S BANKSIA
☀ ❄ ↔2m ↕1.8〜3m

西オーストラリア州原産の直立性低木。横に伸張する。葉には三角形の切れ込みがある。花序は黄緑色のドーム形で枝先につく。開花期は春から初秋。排水がよくて夏季の降雨が少ない海岸部の庭園に向く。切花によい。
ゾーン：9〜11

Banksia 'Giant Candles'

Banksia ericifolia
英　名：HEATH BANKSIA, HEATH-LEAFED BANKSIA
☀ ❄ ↔4.5m ↕6m

オーストラリア東海岸部原産。多様性に富む。葉は細長くて針金状。表面は鮮やかな緑色、裏面は帯毛。花序の全長は20cm。花柱は淡黄色、橙褐色。開花期は秋から冬。
ゾーン：9〜10

Banksia grandis
英　名：BULL BANKSIA
☀ ❄ ↔3m ↕8m

オーストラリア南西部原産の低木。葉は大型で深い切れ込みがあり、光沢のある暗緑色。全長50cm。大型の花序は黄緑色。開花期は春。アルカリ性土壌でよく育つ。
ゾーン：9〜11

Banksia ★ 'Giant Candles'
一般名：バンクシア 'ジャイアント キャンドルズ'
英　名：HYBRID BANKSIA
☀ ❄ ↔3.5m ↕4.5m

オーストラリア東部原産。*B. ericifolia*と*B. spinulosa*の交雑種。地面近くで分枝する低木。葉は鮮緑色。花序はオレンジ色。全長38cm。開花期は秋から冬。自由な形式の生垣、風除け、目隠しによい。
ゾーン：9〜11

*Banksia ericifolia*の野生種、オーストラリア、ニューサウスウェールズ州、ブルーマウンテン

*Banksia integrifolia*の野生種、オーストラリア、ニューサウスウェールズ州、バルゴ

Banksia grandis

Banksia menziesii

Banksia media

Banksia integrifolia ★
バンクシア・インテグリフォリア

英　名：COAST BANKSIA

☼ ❄ ↔6m ↕24m

オーストラリア東海岸部原産。成長の早い高木。樹皮には粗い四角形の模様がある。葉の表面はつやのない緑色、裏面は銀色に帯毛。花は淡黄色。開花期は夏から冬。果実は宿存。粘土質の土壌に耐性がある。'**ローラー コースター**'は匍匐性。

ゾーン：8～11

Banksia marginata ★

英　名：SILVER BANKSIA

☼ ❄ ↔4.5～6m ↕9m

オーストラリア南東部原産。多様性に富む。低木、高木、匍匐性。葉は細く、裏面は銀色に帯毛。短い花序は淡黄色で円筒状。開花期は晩夏から冬。地下茎を持つものはきつく剪定し、それ以外は枝ぶりを整える程度にする。

ゾーン：8～10

Banksia media

英　名：SOUTHERN PLAINS BANKSIA

☼ ❋ ↔1.8m ↕1.8～4.5m

西オーストラリア州の南部海岸地域原産の低木。楔形の葉を密に茂らせる。花序は円筒状で全長20cm。黄色ないし黄金色。開花期は秋から春。かなりの乾燥気候にも耐える。

ゾーン：10～11

Banksia menziesii

英　名：FIREWOOD BANKSIA

☼ ❋ ↔4.5m ↕15m

西オーストリア州原産。幹は節くれだつ。栽培下では小型でコンパクトな樹形となる。長い葉は鋸歯縁。花序は銀色味を帯びたピンクおよび黄金色。形は堅果に似る。開花期は秋から冬。集合果には模様。夏季に乾燥する場所で栽培する。

ゾーン：10～11

Banksia petiolaris, bud

Banksia petiolaris

☼ ❋ ↔2m ↕30cm

西オーストラリア州原産の匍匐性低木。地表をはう枝が水平方向に伸張する。楕円形の葉は鋸歯縁。全長30cmで長い柄を持つ。花は鈍いクリーム色。楕円形の花序は直立。全長20cm。開花期は春から夏。

ゾーン：9～10

Banksia praemorsa

☼ ❋ ↔2.4m ↕3.5m

西オーストラリア州南部原産の強健種。耐風性にすぐれる。密に茂りながら直立する。葉は楔形で鋸歯縁。花序は大型で全長30cm。ワインレッドないし緑がかった黄色。開花期は冬から春。

ゾーン：10～11

Banksia prionotes ★

英　名：ACORN BANKSIA

☼ ❋ ↔3m ↕4.5～9m

西オーストラリア州原産。枝には白い毛が密生。細長い葉は鋸歯縁。大型の花序はオレンジ色。開花期は秋から冬。つぼみは柔らかくて帯毛。色は白。切花用に栽培される。排水のよいアルカリ土壌でよく生育。冬季に降水のある場所に向く。

ゾーン：10～11

Banksia robur

英　名：LARGE-LEAF BANKSIA、
SWAMP BANKSIA

☼ ❋ ↔2m ↕3m

オーストラリアの東海岸に分布。主に沼沢地森林に見られる。葉は硬くて粗い切れ込みがある。表面はなめらか、裏面は帯毛。夏から冬にかけて黄金色の花序が宿存。根付いた株は剪定。火事耐性がある。

ゾーン：9～10

Banksia serrata ★
バンクシア・セラタ

英　名：OLD MAN BANKSIA、SAW BANKSIA

☼ ❋ ↔1.5～3m ↕15m

オーストラリア東部海岸原産。幹と枝は節くれだつ。葉は硬くて粗い切れ込みがある。大型の花序は円筒形。クリーム色。開花期は夏から冬。木質化した果実は宿存。児童文学作家メイ・ギップスの『ビッグ・バッド・バンクシア・メン』に登場。火事耐性がある。'**ピグミー ポッサム**'はグラウンドカバーとなり、樹高0.6m、幅2.4m。'**スーパーマン**'は他種よりも小型。樹高6m。

ゾーン：9～10

Banksia speciosa

英　名：SHOWY BANKSIA

☼ ❋ ↔3～4.5m ↕3～4.5m

西オーストラリア州南部のエア・ディストリクト原産。葉は細長く、中肋まで切れ込むため、ジグザグの形となる。花序は全長15cmで円錐状。帯毛。淡緑色ないし淡黄色。開花期は夏から秋。

ゾーン：9～10

Banksia prionotes

Banksia praemorsa

Banksia robur

Barleria cristata

Banksia spinulosa
バンクシア・スピヌロサ

英　名：HAIRPIN BANKSIA
☼/◐　↔1.5m ↕0.9m

オーストラリア東部海岸原産。小枝には柔毛。葉は線形で裏面は帯毛。円筒形の花序は全長12cm。黄金味を帯びた黄色に黄金色、オレンジ、赤の模様。開花期は秋から冬。火事耐性。栽培下では剪定に耐える。*B. s.* var. *collina* (syn. *B. collina*)は鮮黄色の花に黄色ないしは赤の模様。*B. s.* var. *cunninghamii*は大型で黄色い花序。'レモン グロー'は淡黄色の花序。*B. s.* 'ハニーポッツ'は散開した枝ぶりの低木で花序は黄金色に赤の模様。開花期は夏から冬。
ゾーン：9〜11

BAPTISIA
（ムラサキセンダイハギ属）

英　名：FALSE INDIGO、WILD INDIGO

マメ科。ソラマメ亜科。アメリカ合衆国原産の多年草17種あまりを含む。乾燥した森林地帯や開けた場所にある砂礫地などのやせた土壌で生育。低木状となり、横もしくは縦方向に伸張。草丈は2m。複葉は3枚。ルピナスに似た花は白、黄色、紫青色。かつては藍の代用として染料に使われた。

〈栽培〉
よく日が当たり、深く耕された排水のよい土壌に植える。中性もしくは弱酸性土壌がよい。やせた土地でよく生育する種が多い。草丈が高くなって風雨にさらされる場合は支柱が必要。繁殖は株分けもしくは播種。

Baptisia alba
バプティシア・アルバ

☼　❄　↔0.9m ↕0.6〜0.9m

アメリカ合衆国中央部および東部原産。低木状に直立する多年草。葉は青緑色。花序は直立。マメに似た花はクリーム色がかった白色。しばしば紫の斑紋。開花期は夏。種子の鞘は直立。'ペンドゥラ'は原種に似るが種子の鞘が下垂。
ゾーン：5〜9

Barleria albostellata

Baptisia australis
異　名：*Baptisia caerulea*
一般名：ムラサキセンダイハギ
英　名：BLUE FALSE INDIGO
☼　❄　↔1.2m ↕0.6〜1.2m

アメリカ合衆国中部および東部原産だが、州によっては侵略種となっている。横もしくは縦方向に伸張して低木状となる多年草。葉は青緑色。青紫色の花が花序を形成。開花期は夏。鞘は暗灰色。膨らんだ形。乾燥させて花材とする。
ゾーン：5〜9

Baptisia lactea
異　名：*Baptisia leucantha*
英　名：ATLANTIC WILD INDIGO、PRAIRIE FALSE INDIGO、WHITE FALSE INDIGO
☼/◐　↔0.9m ↕0.9〜1.5m

北米大陸原産の多年草。葉は青緑色。クリーム色がかった白色花はマメの花に似る。花序を形成。開花期は晩春から初夏。鞘の形は人目をひく。渇水によく耐える。ワイルドフラワーガーデンに向く。
ゾーン：3〜9

BARKERIA
（バルケリア属）

ラン科。中米大陸中央部原産の小属で15種を含む。日向を好む合軸型着生ラン。エピデンドルム属に似る。ピンクの濃淡から濃いマゼンタが主要な花色であるが、ほぼ白色となる種もある。

〈栽培〉
冬季には乾燥を保つ（大部分の種は冬に落葉、後に開花）必要があるため、栽培家の多くは成長の緩慢な本属植物をコルク板に付着させ、肉厚の根が速やかに乾燥するようにしている。

Barkeria scandens
☼/◐　↔6〜15cm ↕8〜25cm

メキシコ原産。本属中、もっとも鮮やかな花を咲かせる美麗種。濃いマゼンタ色の花は花径40mm。
ゾーン：11〜12

BARLERIA
（バーレリア属）

キツネノマゴ科。250種の低木、亜低木、匍匐性のつる植物から成る。オーストラリアを除く大陸の熱帯地方原産。大部分が、乾燥した岩石地帯で生育する。単葉の縁はなめらかで対生する。花はほぼトランペット形だが、顕著な2唇弁を持つ。濃淡の白ないし黄色、オレンジ、ピンク、薄紫、濃紫。しばしば鋭い鋸歯縁となる硬い苞葉の間から出現。開花期は長く、花後の種子は棒形の鞘に入る。栽培されている種の数はごく少ない。

〈栽培〉
温暖気候の下では容易に栽培でき、速やかに成長するが短命である。よく肥えて排水のよい日向に植えるが、風雨は避けること。冷涼気候の下では温室園芸に向くが、じゅうぶんな日照が必要。生垣用に剪定したり、きつく切り戻したりすれば、葉をよく茂らせることができる。繁殖は挿し木による。

Barleria albostellata
英　名：GRAY BARLERIA
☼　◐　↔1.5m ↕1.5m

南アフリカ北東部、ジンバブウェ、モザンビーク原産の常緑性低木。楕円形の葉は長い毛（5〜8cm）で覆われ、灰色に見える。花は白。花径は25mmで枝先につく。開花期は春から夏。
ゾーン：9〜12

Barleria cristata
英　名：PHILLIPINE VIOLET
☼　◐　↔1.5m ↕0.9m

ミャンマー原産で広く栽培される観賞用植物。地面からよく枝分かれして、深緑色の葉が密に茂る。花は白、薄紫、濃紫。縁に剛毛を持つ緑色の苞葉に囲まれる。ほぼ通年開花。低い生垣用に最適。剪定によってよく茂らせることができる。
ゾーン：10〜12

Barleria obtusa
英　名：BUSH VIOLET
☼　◐　↔0.9m ↕0.9m

アフリカ南部原産。草原や岩石地帯に自生。横に伸張する低木で刺が多い。葉は小型で絹状の毛を持つ。多花性。白およびピンク、もしくは紫の花。花径は25mm。帯毛した小さな苞葉に囲まれる。開花期は秋。
ゾーン：9〜11

BARRINGTONIA
（サガリバナ属）

サガリバナ科。小型もしくは大型の常緑性および落葉性高木ほぼ40種が含まれる。オーストラリア、太平洋諸島、熱帯アジア、東アフリカ、マダガスカル島に分布。主に沼沢地、小川、河口、浜などの周縁部に自生。葉は比較的大型で枝先に向かって密集。花序は下垂することが多く、小枝の先に出現。花は、短い花弁、および突出した雄ずいのある美麗な「綿毛」を持つ。やや大型の果実は硬くて緑色のものが多い。本属にはサポニンが含まれる。葉をすりつぶして水中に投じ、魚を麻痺させて捕らえる漁法が広く行われている。

Baptisia australis

Barkeria scandens

〈栽培〉
熱帯では観賞用に栽培される。美麗な花には吸蜜性の鳥やコウモリが集まる。湿り気のある土壌では条件を選ばずによく成長する。定期的な洪水と塩分を含む地下水に耐性を示す。繁殖には、熟して落下した種子を撒く。

Barringtonia asiatica
一般名：ゴバンノアシ
英　名：FISH-KILLER TREE
↔6m ↕9m

常緑性高木。光沢のある葉の全長は38cm。花は大型で花弁は白。開花期は乾季の晩期から雨季の初期。雄ずいの全長は15cm。最初は白、時間の経過とともに赤変。果実の全長は10cm。
ゾーン：11〜12

Barringtonia racemosa
一般名：サガリバナ
英　名：POWDERPUFF TREE
↔12m ↕18m

大型低木もしくは小型高木。熱帯アジア、西太平洋、マダガスカル島、アフリカ南東部、オーストラリア北部に分布。幅広の葉の全長は38cm。花序は枝先から下垂。色色は白ないし赤。全長35mm。開花期は夏から秋。
ゾーン：10〜12

BARTLETTINA
（バルトレッティナ属）
キク科。中米大陸およびメキシコの熱帯地方に分布。常緑性低木および小型高木23種を含む。細毛で覆われた若い茎がよく伸びて密に茂った樹冠を形成。葉は槍形ないし長円形。鋸歯縁となることが多い。キクに似た花が散房花序もしくは円錐花序となる。花色は変化に富む。開花期は主に夏。

〈栽培〉
大部分の種はきわめて強勢であり、侵略種となることもある。湿り気があって排水のよい土壌に植える。日向もしくは部分的な遮光が必要。必要に応じて花後に選定し、樹形を保つ。繁殖は播種、もしくは成熟枝の挿し木。

Bartlettina sordida
異　名：*Bartlettina magalophylla*、*Eupatorium megalophllum*、*E. sordidum*
↔2m ↕3m

メキシコ原産の強健種。若い茎は赤く帯毛。葉は長円形で鋸歯縁、全長10cm。散房花序はスミレに似た香り。温暖な季節を通して開花。
ゾーン：10〜11

BASSELINIA
（バッセリニア属）
ヤシ科。11種を含む。全種がニューカレドニア島の固有種。大多数の種は限られた自然条件の下で生育し、特殊な土壌もしくは環境下でよく育つ。単幹性のものが多いが、株立ちとなる種もある。顕著で鮮やかな色をした輪状紋を持つ。花序は輪状紋の下から出現し、雄もしくは雌の花をつける。

〈栽培〉
栽培は困難。種ごとに特殊な条件が必要となるため、栽培下のものを見ることはまれ。排水がよくて部分的な遮光がなされた場所がよい。冷涼な地域では温室で栽培する。繁殖は播種による。種子は容易に発芽するが、苗を育てるのが困難な場合もある。

Basselinia gracilis
異　名：*Basselinia eriostachys*
↔2m ↕3.5m

ニューカレドニア島原産。鮮やかな色をしており、叢生する。原産地では、海抜0m地帯から山岳地帯にいたる熱帯雨林中で繁茂する。フロンドは光沢のある暗緑色で中肋は黄緑色。葉鞘および輪状紋はピンクないし紫色がかった暗赤色。
ゾーン：10〜11

Basselinia pancheri
↕2m ↔3.5m

ニューカレドニア島原産の華奢な単幹性ヤシ。原産地では同属他種よりも乾燥した地域に分布。輪状紋は濃淡のオレンジ、赤、紫。幅広の小葉に分かれる。果実は黒色で腎臓形。
ゾーン：10〜11

*Basselinia pancheri*の自生種、ニューカレドニア島、ボワ・ド・スード

BASSIA
（ホウキギ属）
アカザ科。よく分枝する低木状の一年草もしくは多年草26種を含む。本属は北半球の温暖地域に分布。美麗な葉が鑑賞用となる。葉は細くて葉縁はなめらか。花は花序となるが目立たない。果実は痩果（小型で乾いており、種子は1個のみ）。家畜に対しては有毒であり、周辺植物に対する他感作用を持つ。

〈栽培〉
成長を開始する春に播種。塩分を含む土壌でも栽培が可能。繁殖は播種もしくは挿し穂。

Bassia scoparia
異　名：*Kochia scoparia*、*K. trichophylla*
一般名：ホウキギ
英　名：BELVEDERE、BIRNING BUSH、FIREBALL、FIRE BUSH、FIREWEED、KOCHIA、SUMMER CYPRESS
↔20〜150cm ↕20〜150cm

アジア原産の一年草だが、現在ではヨーロッパと北米大陸にも広く帰化している。緑色の葉は細くて扁平。晩秋には紫紅色となる。葉と同色の花は小型で目立たず、房状となる。成熟すると基部から折れ、回転草の形状となって種子を散布する。
ゾーン：8〜11

Barringtonia racemosa　　*Barringtonia asiatica*

Bartlettina sordida

BAUERA
(バウエラ属)◎

オーストラリア東部原産の常緑性低木。4種を含む。サー・ジョゼフ・バンクスがドイツの植物画家2名を記念して命名したもの。オーストリアでは最初に記載された属名のひとつ。かつてはユキノシタ科に分類されていたが、現在ではクノニア科に含まれる。クノニア科をバウエラ科と呼ぶ植物学者もいる。針金状の茎と小型の葉を持つ低木。花は小型だが美麗。開花期は春および初夏。

〈栽培〉
霜にはあまり強くないが、容易に栽培できて特別の手間は必要とされない。排水がよくて軽い砂性土壌に植え、腐食質をすきこんで湿度を保つとよく育つ。極端な寒暖を嫌うため、最高気温となる時間帯の日光を避けるのがよい。冬には防寒対策を施す。時々、剪定して樹形をコンパクトに保つ。繁殖は播種もしくは未熟枝の挿し木。

Bauera rubioides ★
一般名：エリカモドキ
英　名：DOG ROSE, RIVER ROSE
☀ ♦ ↔2m ↑1.8m

オーストラリア南東部の湿潤地域に自生する低木。葉の全長は12mm。細毛を帯びる場合が多い。花色は白ないしピンク。花径は25mm。下部の花弁は大型。開花期は晩冬から春。'ルイナ ジェム'は淡いピンクの八重咲き。
ゾーン：9～11

Bauera sessiliflora
英　名：GRAMPIANS BAUERA
☀ ♦ ↔1.8m ↑1.8m

オーストラリアのビクトリア州西部グランピアン山脈原産。花はバラ色ないし深紅色。開花期は春から初夏。開花後に切り戻して樹形を保つ。種々の栽培品種がある。
ゾーン：9～10

BAUHINIA
(ハカマカズラ属)

マメ科。ほぼ300種を含む。熱帯原産のものが多い。ヨーロッパを除く全大陸、および熱帯にある大きな島に分布。低木、つる植物、小型ないし中型高木（主に落葉性）の形をとる。複葉は2枚の小葉から成る。花弁は5枚。葉腋に出現、もしくは先端部で房状となる。種子の莢

Bauhinia carronii の野生種、オーストラリア、クイーンズランド州、ブラッコール近辺

はやや木質化し、形は偏平。観賞用の庭であるが、伝統医療にも用いられ、繊維の原料ともなる。種子が食用となる種もある。

〈栽培〉
温暖気候の下では容易に栽培できるが、成長は緩慢である場合が多い。長い乾季のある熱帯原産の種は、高湿地域での花つきが悪い。深く根をはるため、移植を嫌うが、直射日光を受ける場所や乾燥土壌でもよく育つ。日陰では成長が鈍る。繁殖は播種。半熟枝の挿し木。

Bauhinia × blakeana
一般名：バウヒニア
英　名：HONG KONG ORCHID TREE
☀ ♦ ↔4.5m ↑9m

*B. purpurea*と*B. variegata*の交雑種と思われる。香港特別行政区の紋章。葉は幅広でほぼ常緑。花は赤紫色で微香性。花径10～15cm。開花期は秋から冬。
ゾーン：10～12

Bauhinia carronii
英　名：QUEENSLAND EBONY
☀/☼ ✤ ↔3.5m ↑6m

オーストラリア北東部原産。葉は二枚葉。小葉は革質で全長30mm。綿毛を帯びており、幅は5cm。2～3個の白色花が房状になる。ゾーン：10～12

Bauhinia corymbosa
英　名：PHANERA
☀ ♦ ↔3m ↑6m

中国南部原産のつる植物。丸形の葉は深い二裂葉。若いシュートは赤茶色。頂部の花序は密生。芳香性。淡いピンク。開花期は夏。
ゾーン：10～11

Bauhinia galpinii
異　名：*Bauhinia punctata*
英　名：PRIDE OF DE KAAP,
SOUTH AFRICAN ORCHID BUSH
☀ ♦ ↔2.4m ↑3m

南アフリカ原産の常緑性低木。枝は水平方向に伸張。丸形の葉は二裂。裏面は淡色。花はレンガ色。開花期は夏から秋。果実は木質化して宿存。扁平。緑褐色の莢に入る。開花後に軽く切り戻す。垣根によい。ゾーン：9～11

Bauhinia galpinii

Bauhinia petersiana

Bauhinia × blakeana

Bauhinia petersiana
☀ ♦ ↔2m ↑2m

アフリカ原産。背の低いはい性低木もしくはつる植物。葉は心臓形で全長5cm。細い茎につく。花弁は波状縁で白色。花径は15cm。数個が房状となる。開花期は夏。
ゾーン：10～12

Bauhinia tomentosa
英　名：YELLOW BELL BAUHINIA
☀ ♦ ↔3m ↑4.5m

熱帯アフリカおよびアジア原産。常緑性低木。多数の枝を出す。葉は明るい緑色。全長8cm。裏面は帯毛。花は鐘形。クリーム色ないし淡黄色。通年開花。
ゾーン：10～12

Bauhinia tomentosa

Bauhinia variegata
一般名：フイリソシンカ
英　名：BUTTERFLY BUSH, ORCHID TREE
☀ ♦ ↔8m ↑8m

ヒマラヤからマレー半島にかけての熱帯丘陵地帯原産。短い幹を持つ小型高木。樹冠は大きく広がる。暖地では半落葉性、寒冷地では完全落葉性。花はランに似てピンクの濃淡。白色花もある。
ゾーン：9～10

Bauera rubioides

Beallara Marfitch 'Howard's Dream'

Baumea deplanchei

Beallara Tahoma 'Glacier'

BAUMEA
（バウメア属）
カヤツリグサ科。30種を含む。マダガスカル島から太平洋諸島にかけて分布。オーストラリアには15種が自生。全種が多年生の根茎性草本。葉と茎の外見は類似。茎頂部の花序は密生、もしくは散開。果実は小型の堅果。
〈栽培〉
湿潤で開けた土地に生育する種が多い。湿地、季節的な氾濫原でよく見られる。繁殖は移植、株分け、播種による。湿った有機質を混ぜた湿潤な土壌に種子をまけば容易に発芽してシュートが出現する。

Baumea deplanchei
☼/☀ ❄ ↔60〜120cm ↕60〜90cm
ニューカレドニア島の固有種。湿潤低地に自生。密生する茎は2列になった青緑色の扁平な葉に囲まれて叢生する。茎頂部は鈍い茶色となって時に下垂し、小型の花穂がつく。
ゾーン：10〜12

Beallara Marfitch 'Howard's Dream'
一般名：ビーララ マーフィッチ 'ハワーズ ドリーム'
☼ ❄ ↔30cm ↕75cm
*Miltonia spectabilis*に由来する鮮烈な色の花。直立する花序には10個までの花がつく。開花期は春。
ゾーン：10〜12

Beallara Tahoma
一般名：ビーララ タホマ 'グレイシャー'
☼ ❄ ↔20〜30cm ↕20〜75cm
鉢花として人気の高い交雑種。花色と姿形は、*Odontoglossum crispum*、*Miltonia spectabilis*、*Brassia verrucosa*の特徴を色濃く引き継いでいる。開花期は春と夏。
ゾーン：10〜12

BEALLARA
（ビーララ属）
ラン科。複雑な系統を持つ。ブラッシア属、コキリオダ属、ミルトニア属、オドントグロッスム属が交配したもの。一般的には×ミルタッシア属（ミルトニア属×ブラッシア属）と×オドンティオダ属（オドントグロッスム属×コキリオダ属）を交配してオドントグロッスム属の近縁属である本属植物を作出することが多い。合軸型。本来のオドントグロッスム属よりも高温によく耐え、多様な条件下での栽培が可能。開花期も長く、芳香性である場合が多い。
〈栽培〉
細い根系を持ち、温暖季を通して根の乾燥を嫌う。冬季にはやや乾燥した状態で休眠させ、灌水はできるだけ控える。ミズゴケもしくは細かく砕いたバークを入れた鉢に植える。冷涼ないし温暖な条件でも生育するが、部分的な遮光が必要。1年を通してじゅうぶんに灌水する。

BEAUCARNEA
（トックリラン属）
ドラカエナ科。ほぼ20種の常緑性高木および低木が含まれる。アメリカ合衆国南部からメキシコ、グアテマラにかけての乾燥地域に分布。ユッカ属の近縁。幹は塊状に膨張し、コルクに似た厚い樹皮を持つ。葉は長くて線形。草に似た姿となることが多い。開花には数年を要する。小さな白色花が大型の花穂を形成。
〈栽培〉
屋外栽培は乾燥した無霜の温暖地帯でのみ可能。寒冷地では温室、もしくは鉢植えにして室内に置く。冬季に過度の灌水を行うと根腐れの原因となる。繁殖は播種もしくは春季の子球による。

Beaucarnea guatemalensis
異　名：*Beaucarnea oedipus*
☼ ❄ ↔0.9〜2m ↕6〜12m
グアテマラの森林地帯（標高700〜1,600m）原産。高く成長する多年草。木本状となる。細長い葉の全長は65〜100cm。緑色でわずかに赤味を帯び、茎頂部にかたまってつく。花序は茎の先端につき、開花期は夏。果実は長楕円形ないし卵形。全長18mm。
ゾーン：9〜11

Beaucarnea recurvata ★
異　名：*Nolina recurvata*
一般名：ポニーテール
英　名：PONYTAIL PALM
☼ ❄ ↔1.8〜2.4m ↕8m
メキシコ原産。人気の高い室内植物。景観構成にも重用される。葉は細くてひも状。全長0.9m。単一の茎から出る。茎は塊状に膨張。成長は緩慢。加齢に伴って分枝。小型の白色花が花序を形成。花後にはピンク味をおびた果実。
ゾーン：9〜11

Beaucarnea stricta
異　名：*Nolina stricta*
☼ ❄ ↔1.8〜2.4m ↕6m
メキシコ原産。頑丈な茎を持ち、膨張部の上方では若干の分枝が見られる。葉は直線状で細長い。全長0.9m。葉脈は堅い。淡緑色で葉縁は黄色味を帯びる。小型の花が房状となるが、葉ほどには目立たない。
ゾーン：10〜11

Beaucarnea stricta

Beaucarnea recurvata

Beaucarnea guatemalensis

Beaufortia sparsa

Beaumontia grandiflora

BEAUFORTIA
(ボーフォルティア属)
フトモモ科の常緑性低木。18種が知られている。19世紀初期にボーフォール侯爵夫人メアリーに因んで命名された。西オーストラリア州原産。コバノブラシノキ属、クンゼア属、マキバブラシノキ属などと同列に位置し、若干の相違点が認められるのみであるとする見方もあるが、本属はより小型で若い株でも多くの花をつける。葉は少ない場合が多く、針金状の茎が密生する形となる。繊維状の花序は球形、もしくはボトルブラシの形状に似る。

〈栽培〉
中程度までの霜にしか耐えられないが、栽培はごく容易。日向にある排水がよくて湿り気のある土壌を好む。根をはった株は水不足にも強いが、原産地ほどではない。コンパクトな樹形を保つには春に軽く剪定する。繁殖は播種、もしくは花をつけていない半熟枝の挿し木。

Beaufortia sparsa
英 名：SWAMP BOTLEBRUSH
☀ ❄ ↔ 1.5m ↑1.8m
普通種。葉はほぼダイヤモンド形。明るい緑色。針金状の茎に沿って上方にそそりたち、鱗片様を呈する。花は柔らかく、やや下垂。鮮やかな橙緋色。花径は10cm。開花期は晩夏から秋。1年枝につく。種子の莢は木質化。
ゾーン：9～10

BEAUMONTIA
(ボーモンティア属)
キョウチクトウ科。熱帯アジア原産の9種を含む。生育の旺盛なつる植物。常緑性だが、亜熱帯では冬季に多くの葉を落とす。葉はなめらかで対生。花は大型で芳香性。散房花序。茎頂部もしくは葉腋につく。萼は5弁。5弁花の花冠はじょうご形もしくは鐘形。雄ずいは花筒の基部近くにつき、細い糸状。葯は矢の形に似る。果実は2個の木質化した厚い袋果から成る。

〈栽培〉
温暖地では温室の壁にはわせることができる。成長期には暖かくて湿った環境を好む。繁殖は播種、もしくはかかとのついた半熟枝を砂性土壌に挿してよく霧吹きする。

Beaumontia grandiflora
英 名：EASTER LILY VINE, HERALD'S TRUMPET
☀ ❄ ↔ 4.5m ↑8m
よく繁茂する強健なつる植物。木質化する。インドからベトナムにかけての南アジア原産。湿潤な森林に自生。葉は大型で楕円形。対生。葉脈は顕著。若い葉は赤茶色の毛を帯びる。成熟葉は光沢のある緑色。花は白色で芳香性。トランペット形。全長15cm。開花期は夏。
ゾーン：10～12

BECCARIELLA
(ベッカリエラ属)
アカテツ科。30種ほどの常緑性高木が含まれる。亜熱帯および熱帯の太平洋地域（インドネシアおよびマレーシアからオーストリア北部）に分布。単葉は革質。通常は長楕円形で光沢がある。深緑色だが、時に他色も。非常に小さな花は一対、もしくは房状。花後につく果実は卵形で花より目立つ場合もある。

〈栽培〉
温暖地域ではごく普通にみかけるが、耐霜性はなく、温暖で湿潤な環境と腐食質にとんだ湿り気のある土壌を好む。繁殖は播種もしくは挿し木。葉と茎にはラテックスが含まれるため、挿し木をする前によく乾燥させること。ラテックスでかぶれる人もいるので、あつかいには注意が必要。

Beccariella sebertii
☀/☀ ↔ 3.5～5m ↑10m
ニューカレドニア島原産の高木。花は小型だが深緑色の葉が美しい。葉の全長は15cm。黄色、オレンジ、赤の模様が入る。果実は小型で黄緑色。
ゾーン：10～12

BEDFORDIA
(ベドフォルディア属)
キク科。キオン属とブラキグロッティス属の近縁属。常緑性高木3種が含まれる。オーストラリア南東部（タスマニア島を含む）原産。幹は直立。樹皮は厚くて時にフレーク状。淡色。若い小枝には白い毛が密生。長い葉の裏面は厚く帯毛。花序は小型で円錐状。房状となって上部の葉間から出現。舌状花を欠くが、筒状になった黄色い筒形の花は美麗。冷涼な山岳および丘陵地帯に分布。湿潤な高木林に多い。

〈栽培〉
成長は緩慢。冷涼かつ穏やかな環境を必要とし、風雨害を受けない湿潤な半日陰で生育。排水がよくて湿り気があり、腐食質に富む土壌に植える。繁殖は播種もしくは挿し木。毛が密生しているため、挿し木が困難となる場合もある。

Bedfordia arborescens
異 名：*Bedfordia salicina*
英 名：BLANKET LEAF
☀ ❄ ↔ 1.8～3m ↑3～9m
幹径20cmの直立性高木。樹皮は粗くて柔らかい。側枝は短い。葉の全長は25cm、幅は5cm。裏面は帯毛。開花期は春。
ゾーン：8～9

BEGONIA
(ベゴニア属)
熱帯と亜熱帯にかけて、主に両アメリカ大陸で見られるシュウカイドウ科ベゴニア属には、約900種の多年生植物、低木、よじ登り植物が含まれる。根は細根、根茎、あるいは塊根（球根）で、葉群が根茎から出ているもの、あるいは矢竹型の茎を持つものなど、非常に多様な属である。葉も色、材質感、形状が多様だが、欠刻して細かな毛を帯びるものが多い。花もまた多様だが、多くの場合ひとつの雌性花が2個以上の雄性花に囲まれている。

〈栽培〉
たいてい耐霜性がなく、寒冷地域では一年生の屋外植物として扱われたり、屋内で栽培されたりする。この植物は、直射

Bedfordia arborescens

*Beccariella sebertii*の野生種、ニューカレドニア島、モン・コギ

Begonia carolineifolia

Begonia aconitifolia

Begonia coccinea

Begonia bowerae 'Tiger'

日光にあたらない明るい場所を好み、肥沃で、冷たく、湿潤で、腐植豊かな土壌に向く。水遣りと施肥をよくし、菌類による病気に気をつける。繁殖はタイプによって、株分けまたはオフセット、葉挿し、または実生で行う。

Begonia aconitifolia
☀/◐ ↔60～100cm
↕100～120cm
細根を出す種でブラジル原産。直立した茎。光沢のある深緑色で、カエデのような扇形の葉は、細かい鋸歯縁の4～6枚の裂片がある。秋、直径約5cmの、白色からペールピンクの花が下垂する。
ゾーン：10～12

Begonia bowerae
一般名：ミニチュアベゴニア
英　名：EYELASH BEGONIA
☀/◐ ↔40cm ↕30cm
細根を出すメキシコ原産種。明るい緑色の葉には、濃いブロンズ色の斑紋がある。葉は非対称な、先端の尖った心臓形で、長さ約5cm。葉表面はうねり、縁は有毛で、裏面には赤い脈が走る。冬から春、小さなピンク色の花が直立したスプレー状に咲く。'**タイガー**'は、小さな白い花をつける。
ゾーン：10～12

Begonia carolineifolia
☀ ↔60cm ↕120cm
メキシコとグアテマラ産の種で、直立した太い多肉質の茎を持つ。扇形の葉は、披針形で歯牙縁の、長さ約15cmの小葉6～8枚からなる。ペールピンク色の小さな花が分枝して群生する。冬咲き。
ゾーン：10～12

Begonia coccinea
一般名：ベニバナベゴニア
英　名：ANGEL-WING BEGONIA
☀/◐ ↔60cm ↕120cm
細根を出すブラジル産の種。茎は丈夫で、直立した多肉質。長さ約15cmの、先端の尖った翼形の葉は、光沢ある緑色で、裏面が赤い。鮮やかな赤い花が大きな総状花序をなして春に咲く。
ゾーン：10～12

Begonia crassicaulis
☀ ↔100cm ↕120cm
直立した太い茎。葉は、大きく角張った裂片を持ち、冬に落ちる。晩冬、新しい葉と共に、ピンク色の小さな花がスプレー状につく。
ゾーン：10～12

Begonia dregei
一般名：メイプルリーフベゴニア
英　名：GRAPE-LEAF BEGONIA, MAPLE-LEAF BEGONIA
☀/◐ ↔50cm ↕90cm
塊根を持つ、南アフリカ産の草本植物。葉は多様で、通常は尖った卵形からひし形で、浅く欠刻しており、歯牙縁がある。葉色は明るい緑色で、表面には紫色の脈があり、裏面は赤い。夏、白い小さな花が数個見られる。
ゾーン：10～12

Begonia × erythryphylla
英　名：BEEFSTEAK BEGONIA
☀/◐ ↔40～60cm ↕20～40cm
*B. hydrocotylifolia*と*B. manicata*の交雑種で、根茎を持つ。うねった円い葉は、表面が深緑色で、裏面は赤く、毛がよく目立つ。ピンク色の小さな花が冬から春に咲く。
ゾーン：10～12

Begonia fuchsioides
一般名：フクシアベゴニア
英　名：FUCHSIA BEGONIA
☀/◐ ↔50cm ↕90cm
細根を出すベネズエラ産の種。多肉質の直立した茎。先端の尖った、鋸歯縁の、翼形の葉は、長さ約5cmで、表面が明るい緑色、裏面は赤みを帯びる。冬、ピンクから赤色の、幅約30mmの花が、下垂したスプレーをなす。
ゾーン：10～12

Begonia gracilis
英　名：HOLLYHOCK BEGONIA
☀/◐ ↔50～60cm ↕80～90cm
塊根を持つメキシコとグアテマラ産の種。直立した多肉質の茎。小さな葉は、多肉質、歯牙縁、円形から披針形で、葉腋に小鱗茎がある。夏、直径約30mmのピンク色の花が、短いスプレーをなす。
ゾーン：10～12

Begonia grandis
一般名：シュウカイドウ
英　名：EVANS' BEGONIA, HARDY BEGONIA
☀/◐ ❄ ↔30～45cm ↕60cm
日本と中国原産。大きく叢生する葉群の上に、花房がまばらなスプレーをなす多年生植物。緑色の葉は、心臓形で、分厚く、多肉質で、ルビーレッドの脈が裏面に走っている。晩夏から秋、ピンク色の花が、うなだれた集散花序をなす。'**ヘロンズ ピルエッド**'は、初夏に開花を初め、秋まで花が続く。
ゾーン：6～9

Begonia listada
☀/◐ ↔30cm ↕30cm
細根を持つブラジル原産の低木状の種。葉は小さく、綿毛を帯び、非対称の尖った卵形で、鋸歯縁。葉の表面は暗緑色で、縁と中央脈が明色、裏面は赤い。冬に数個生じる、直径約5cmの白い花には、赤い毛がある。
ゾーン：10～12

Begonia masoniana
一般名：アイアンクロス
英　名：IRON CROSS BEGONIA
☀/◐ ↔30～40cm ↕30cm
ニューギニア原産の根茎を持つ種。非相称の葉は、先端が尖り、翼形から心臓形で、長さ約20cm、鋸歯縁、有毛で、表面に皺がある。葉色は明緑色だが、中央の十字模様は色が濃い。春から夏、淡緑色の小さな花が直立したスプレーをなす。
ゾーン：10～12

Begonia gracilis、メキシコ、チワワ

Begonia venosa

Begonia metallica
一般名：メタルリーフベゴニア
英　名：METALLIC-LEAF BEGONIA
☼/☀ ❄ ↔50～80cm ↕120cm
細根を出すブラジル種。直立した有毛の茎。長さ約15cmの葉は、非相称の尖った卵形で、鋸歯縁を持つ。葉表面には銅のような紫青色の脈が走る。夏から秋、幅約30mmの、明るいピンクから濃いピンクの一重咲きの花が、多数群生してスプレーをなす。ゾーン：10～12

Begonia radicans
異　名：*Begonia limmingheiana*
英　名：SHRIMP BEGONIA
☼/☀ ❄ ↔0.9～3m ↕0.3～0.9m
ブラジル原産の根茎を持つ種。垂下した長い茎は支柱を這い登る。柄の短い葉は、波状で、長さ約8cm。表面は白い斑点のある青緑色で、裏面は栗色。冬、密に群生する花は、柄が短く、幅約25mmで、オレンジピンクから明るいレッドブラウン色。ゾーン：10～12

Begonia schmidtiana
一般名：ヒメベゴニア
☼/☀ ❄ ↔40cm ↕30cm
細根を持ち、夏に休眠するブラジル種。欠刻した葉は、非相称の尖った卵形で、長さ約8cm、鋸歯縁、有毛。葉裏面は赤い。白色からペールピンクのたくさんの花がスプレーをなして、冬に咲く。ゾーン：10～12

Begonia solananthera
☼/☀ ❄ ↔60～150cm ↕30～90cm
細根を持つ、這い性またはよじ登り性のブラジル原産の種。葉は光沢のある深緑色で、尖った卵形で、長さ約8cm。赤色を帯びた芳香性の白い花が、短いスプレーをなして、冬から春に咲く。雌花には、有翼の、大きく白い子房がある。ゾーン：10～12

Begonia sutherlandii
一般名：ワイルドベゴニア
☼/☀ ❄ ↔50～90cm ↕20～80cm
塊根の根を持つ、這い性またはややよじ登り性の、草本性の種で、南アフリカとタンザニア原産。葉は鋸歯縁の披針形で、長さ約15cm。葉柄、縁、葉裏面、脈がそれぞれ赤い。幅約25mmのオレンジから赤色の花が、夏に垂下して群生する。ゾーン：9～12

Begonia venosa
☼/☀ ❄ ↔40～60cm ↕120cm
細根を出すブラジル種。直立した太い茎。葉は大きく、多肉質で、腎臓形。葉は深緑色で、表面は透明。白色またはピンクの、芳香性の小さな花が数個、アーチ状のスプレーをなし、ほとんど年中咲く。ゾーン：10～12

Begonia Hybrid Cultivars
一般名：ベゴニア交雑品種
ベゴニア属は大属で、多くの種が自由に交配されているので、何年にもわたり、数え切れないほどの交雑品種が紹介されてきた。これらは大きな8つのグループに明確に分類できる。サブグループもいくつかあるが、ここではその8グループに注目したい。

CANE-LIKE GROUP
（矢竹型 グループ）
☼ ❄ ↔50～80cm ↕0.6～1.8m
背の高い直立した茎。葉は通常、翼形で、大きさ、質感、色は多様。葉は深裂していることがあり、羽状で、銀色または赤色を帯びていることが多い。赤色、ピンク、またはサーモン色の小さな花がスプレーをなして咲く。'バブルズ'は、芳香性のピンクの花で、葉には斑点がある。'ハニーサックル'は、芳香性のピンクの花。'アイリーン ナス'★は、コーラルピンクの花で、ブロンズ色の葉。'ルッキング グラス'は、ピンク色の花で、葉は表面が銀色で、裏面は赤色。'オレンジ ルブラ'は、オレンジ色の花で、真緑色の葉。ゾーン：9～11

ベゴニア、矢竹型　グループ、'アナン　ガール'

ベゴニア、矢竹型　グループ、'マーマデューク'

ベゴニア、矢竹型　グループ、'アナン スタイル'

ベゴニア、矢竹型　グループ、'オレンジ シャーベット'

ベゴニア、矢竹型　グループ、'フラミンゴ クイーン'

ベゴニア、矢竹型　グループ、'ピナフォア'

Begonia, Cane-like Group, 'Looking Glass'

ベゴニア、矢竹型　グループ、'ソフィー セシル'

ベゴニア、レックスベゴニア グループ、'エスカルゴ'

B., Rex Cultorum Group, 'Merry Christmas'

ベゴニア、レックスベゴニア グループ、'グィネヴィア'

ベゴニア、レックスベゴニア グループ、'シルバー ホライズン'

ベゴニア、レックスベゴニア グループ、'ティンセル'

REX CULTORUM GROUP
（レックスベゴニア グループ）
☼/☼ ⇔ 40～60cm ↕ 30～60cm
葉は大きく、すばらしい色と斑紋をもち、多くの脈が走り、ベルベット状の質感で、縁は有毛のことが多い。葉表面はブロンズグリーンと鮮やかな緑色、銀色、ピンク、白色のコンビネーションで、裏面は通常、紫赤色。小さなピンク色の花が群生する。'**メリー クリスマス**'は、ピンク色の花に、赤い葉。'**シルバー クイーン**'は、ピンク色の花に、銀色の葉。
ゾーン：10～12

RHIZOMATOUS GROUP
（根茎性ベゴニア グループ）
☼/☼ ⇔ 30～75cm ↕ 15～20cm
広がる、または直立する根茎から成長する。葉柄は短いものから長いものまであり、幅約30cmの葉は、多肉質であることが多い。葉の形・質感・色は多用だが、裏面は赤色を帯び、波状縁であることが多い。花数は少ないものから多いものまであり、たいていピンク色。栽培品種には'**マンチキン**'と'**タイガー ポーズ**'がある。
ゾーン：9～11

SEMPERFLORENS GROUP
（センパフローレンス グループ）
☼/☼ ⇔ 30cm ↕ 30cm
小さな株立ちの多年生植物で、通常は花壇向きの一年生植物として扱われる。葉は鮮やかな緑色または赤色で、光沢があり、蝋質。白・ピンク・赤色の小さな花は、普通、一重咲き。寒冷で、やや湿潤な夏に適する。**All Round Series**（オール ラウンド シリーズ）は、ブロンズ色から緑色の葉。**Alfa Series**（アルファ シリーズ）は、ブロンズ色の葉を持つ、強健な植物で、'**アルファ ピンク**'などがある。**Ambassador Series**（アンバサダー シリーズ）は、真緑色の葉をもつ、コンパクトな植物。**Cocktail Series**（カクテル シリーズ）は、一重咲きの花で、ブロンズ色の葉。**Expresso Series**（エスプレッソ シリーズ）は、ブロンズ色の葉を持ち、'**エスプレッソ スカーレット**'などが含まれる。**Inferno Series**（インフェルノ シリーズ）は、強健で弾力のある植物で、'**インフェルノ アップル ブロッサム**'がある。**Olympia Series**（オリンピア シリーズ）は、緑色の葉を持つ。'**オリンピア ホワイト**'などが含まれる。**Prelude Series**（プレリュード シリーズ）は早咲き種で、濃緑色の葉。**Senator Series**（セナトー シリーズ）は、早咲き種で、ブロンズ色の葉。
ゾーン：9～11

Begonia, Semperflorens Group cultivars

ベゴニア、叢生型グループ、'クカトゥー'

ベゴニア、叢生型グループ、'レッド アミーゴ'

ベゴニア、叢生型グループ、'リッチモンデンシス'

ベゴニア、センパフローレンス グループ、'アンバサダー ブラッシュ'　　ベゴニア、センパフローレンス グループ、'プレリュード ビコロル'　　ベベゴニア、センパフローレンス グループ、'プレリュード ピンク'　　ベゴニア、センパフローレンス グループ、'プレリュード スカーレット'　　ベゴニア、センパフローレンス グループ、'プレリュード ホワイト'

ベゴニア、センパフローレンス グループ、'ローズ ピンク'　　ベゴニア、センパフローレンス グループ、'ラム'　　ベゴニア、センパフローレンス グループ、'セナトー ピンク'　　ベゴニア、センパフローレンス グループ、'セナトー スカーレット'　　ベゴニア、センパフローレンス グループ、'セナトー ホワイト'

Begonia 227

SHRUB-LIKE GROUP
（叢生型　グループ）
◐/◑ ⚹ ↔45～120cm ↕30～90cm
株立ちの植物。葉の大きさ・色・質感は多様で、有毛または滑らかで、しばしば赤い脈が見られる。通常、花はピンクまたはクリーム色で、赤色または白色のこともある。花は小さく、群生しているのが普通。'クカトゥー'は、ピンク色を帯びた赤い花。'ジニー'は暗緑色の葉に、ピンク色の花。'レッド アミーゴ'は、深紅の花。'リッチモンデンシス'★は、みずみずしい緑色の葉と、ピンク、赤、または白色の花。'トゥルストニイ'は、裏面の赤い、緑色の葉と、ピンクの花。
ゾーン：9～12

THICK-STEMMED GROUP
（多肉茎型　グループ）
◐/◑ ⚹ ↔30～45cm ↕30～45cm
多肉質の丈夫な茎をもつ植物で、かなり背が高い場合が多い。多様な葉は、長さ15cm以上で、縁は、深い歯牙、欠刻、または滑らか。小さな花は、普通、白またはピンク色で、時に芳香性。'ブーマー'は、ブロンズ色の葉と白い花。
ゾーン：9～12

TRAILING OR SCANDENT GROUP
（つる性型　グループ）
◑/◐ ⚹ ↔45～90cm ↕15～30cm
低く広がる植物で、たるんだ茎を持つ。通常はハンギングバスケットで育てるが、よじ登ることもある。葉は普通、小型から中型サイズで、滑らかまたは有毛で、深緑色のことが多い。小さな花のスプレーは、白、ピンク、または赤色で、しばしば芳香性である。
ゾーン：9～12

TUBEROUS GROUP
（球根性ベゴニア　グループ）
◑/◐ ❉ ↔30～50cm ↕30～80cm
このグループの植物は大きくて平らな塊根から生育する植物で、短い太い多肉質の茎を出して、大きく、しばしば有毛の葉をつける。花のタイプと色は非常に広範囲におよび、バラに似ているものも

ベゴニア、球根性ベゴニアグループ、'アポロ'

ベゴニア、球根性ベゴニアグループ、'アプリコット デライト'

Begonia, Tuberous Group, 'Coppelia'

ベゴニア、球根性ベゴニアグループ、'コーデリア'

ベゴニア、球根性ベゴニアグループ、'クリムソン スカーレット'

ベゴニア、球根性ベゴニアグループ、'エレイン ターテリン'

ベゴニア、球根性ベゴニアグループ、'フェスティバ'

ベゴニア、球根性ベゴニアグループ、'イザベラ'

ベゴニア、球根性ベゴニアグループ、'アイヴァンホー'

ベゴニア、球根性ベゴニアグループ、'ジェシカ'

ベゴニア、球根性ベゴニアグループ、'クラカトア'

ベゴニア、球根性ベゴニアグループ、'レディ ロウェナ'

ベゴニア、球根性ベゴニアグループ、'マジェスティ'

ベゴニア、球根性ベゴニアグループ、'マルディ グラ'

ベゴニア、球根性ベゴニアグループ、'メモリーズ'

ベゴニア、球根性ベゴニアグループ、'ネル グウィン'

ベゴニア、球根性ベゴニアグループ、'ピンナップ フレイム'

ベゴニア、球根性ベゴニアグループ、'ピンナップ ローズ'

ベゴニア、球根性ベゴニアグループ、'ローズ マリー'

B., Tuberous Group, 'Roy Hartley'

ベゴニア、球根性ベゴニアグループ、'ロイヤリティ'

ベゴニア、球根性ベゴニアグループ、'サターン'

ベゴニア、球根性ベゴニアグループ、'シュガー キャンディ'

ベゴニア、球根性ベゴニアグループ、'タヒチ'

Belamcanda chinensis

Bellevalia forniculata

Bellevalia romana

多く含まれる。屋内または屋外栽培に適し、主に真夏から降霜にかけて花がつく。'コッペリア'は、大きな白い花に、深紅の縁取り。'フェアリーライド'は、白い花にピンクの縁取り。'ロイ ハートレイ'は、サーモンピンク色の大きな花。Non-Stop Series（ノンストップ シリーズ）とPin-up Series（ピンナップ シリーズ）★には、魅力的な植物が多様に含まれる。
ゾーン：8～10

BELAMCANDA
（ヒオウギ属）

短命の、根茎性の多年生植物2種からなるアヤメ科の属。ヨーロッパ東部とアジアの広い地域にかけて見られる。剣状の葉が扇状に並ぶ。外広がりの、同じ大きさの6枚花弁の花が、細い茎から生じる。果実はさく果で、裂開すると大きな黒い種子が現れる。最近の植物学界では、ヒオウギ属種は、アヤメ属に組み入れて分類するのが適当ではないかという意見がある。

〈栽培〉
日なたまたは明るい日陰で、水はけのよい、中程度に肥沃な土壌で栽培する。成長期には水をたっぷり与える。冷涼地域では、保護のために冬にマルチを施す。繁殖は実生、または春か初秋に株分けする。

Belamcanda chinensis ★
一般名：ヒオウギ
英　名：BLACKBERRY LILY, LEOPARD LILY
☀ ❄ ↔30cm ↕90cm

ロシア東部から日本原産。短命の多年生植物で、落葉性の剣のような葉を持つ。夏、6枚の、外広がりの細い花弁からなる花が、散漫な穂状花序をなす。花弁は黄色からオレンジ色で、通常、深紅の斑点がある。ゾーン：8～10

BELLEVALIA
（ベルワリア属）

45種の春咲きの鱗茎植物からなるヒアシンス科の属で、ポルトガルからアフガニスタン北東部で見られる。ムスカリ属の近縁で、多くの種が混同されがち。葉は細い草状のものから、帯状のものまである。それぞれの鱗茎は、普通3～6枚の葉を出すが、鱗茎を群生させる種の葉は非常に大きな叢を形成することがある。葉群の上に直立した茎に、筒状、鐘形、じょうご形、または壺形の小さな花が花序をなす。花は淡い青色から紫系、または白色。

〈栽培〉
中程度の霜に耐え、暖温帯に最も適するが、この面白い鱗茎植物は、岩の多い環境や高山地域のトラフでも育つ。日は当たらないが明るい場所で、砂質で、腐植質に富んだ、水はけのよい土壌で栽培する。春は土壌を湿性に保つ。休眠時に根分けで繁殖。

Bellevalia forniculata
☀ ❄ ↔20cm ↕30cm
トルコ北東部原産。ほかの多くの種と異なり、絶えず湿っている草地で育つ。細い葉。花茎は高さ約30cm。紫青色の花は長さ約6mmで、早春に咲く。
ゾーン：7～9

Bellevalia pycnantha
異　名：*Muscari paradoxum* of gardens
一般名：ベルワリア・ピクナンタ
☀ ❄ ↔30cm ↕40cm
トルコ東部からイラン、アルメニアにかけて自生。鱗茎1個につき3枚ずつ生じる、幅広の深緑色の葉は、時に青色を帯びている。高さ約40cmの花茎に、暗紫色で壺形の小さな花が密集した花序をなす。ゾーン：7～9

Bellevaria romana
異　名：*Hyacinthus romanus*
☀ ❄ ↔30cm ↕30cm
フランス南部原産。おそらくもっとも広く栽培されている種。多肉質の明るい緑色の葉は長さ約30cm。緑色から柔らかな茶色を帯びたクリーム色の花は、長さ6mm強。ゾーン：7～9

Bellis perennis

BELLIS
（ヒナギク属）
英　名：BELLIS DAISY, BRUISEWORT, LAWN DAISY

ヨーロッパと地中海沿岸原産の、7種の一年生および多年生植物からなるのキク科の属で、芝生でよく見られる、小さな白い花を持つbellis daisy *Bellis perennis* もこれに含まれる。この属名はラテン語で「美しい」を意味する *bellus* から来ている。栽培種は名前の通りに非常に美しいが、野生種は時に雑草となる。栽培種は野生種に比べ、より多くの舌状花を持つ大きな花序をつけ、花色もより広範囲におよぶ。スプーン形から腎臓形の葉が平らなロゼットを形成し、それぞれの茎に花序をつける。葉やエキスは、薬草として、傷の治療や抗炎症に使われてきた。

〈栽培〉
冷温帯における、日当たりのよいまたは半日陰の、開けた通気性のよい場所で、成長期には保湿性のある土壌での栽培が最適である。湿潤な環境では、白サビ病やウドンコ病が生じることがある。栽培品種は株分けで、そのほかは実生で繁殖させる。

Bellis perennis
一般名：ヒナギク、デージー
英　名：BELLIS DAISY, ENGLISH DAISY
☀ ❄ ↔10～20cm ↕5～10cm

もともとは温帯ユーラシア大陸原産だが、今ではほとんどの温帯地域に帰化している。葉は長さ25～50mmで、幅広のへら形。時にピンク色をおびた白い花は、中央部が黄色で、晩冬から咲く。'ドレスデン チャイナ'は、非常にコンパクトな、ソフトピンクの八重咲きの花。The **Pomponette** Series（ポンポネット シリーズ）は、ピンク花の矮小種、'ポンポネッド'から生まれ、白色と、ピンクと赤色の濃淡の種を多数含む。'ロブ ロイ'は、丈夫な植物で、高い花茎と八重咲きの赤い花を持つ。
ゾーン：4～10

B. p., Pomponette Series, 'Pomponette Rose'

Berberidopsis corallina

BERBERIDOPSIS
（ベルベリドプシス属）

オーストラリア東部原産の1種と、南アメリカ、主にチリ原産の1種の常緑のよじ登り性低木からなる、イイギリ科の属。南アメリカ原産の種については、今では野生種が非常に稀になり、絶滅している可能性もある。この属の低木は、高さ、幅とも4.5mほどに仕立てることができ、装飾的な葉と、夏から初秋に咲く、ピンク色から深紅の垂下するスプレー状の花を目的に栽培される。

〈栽培〉
この植物は湿潤な森林地帯で、酸性から中性の土壌に適し、保護された部分日陰の、冬に根を保護される場所を好む。湿気は必須であるが、水はけのよさも必要である。春は種子で、晩夏は半熟枝ざしで、秋には発根した這い性の枝で繁殖する。剪定は必要のあるときのみにする。霜の降りる地方では、温室で栽培する。

Berberidopsis corallina
一般名：コーラルプラント
英　名：CORAL PLANT
☼ ❄ ↔無限 ↕4.5m

チリ原産の常緑のよじ登り植物。心臓形から卵形の、深緑色の葉は、時おり先端に小さな刺が見られる。夏から秋、円形、暗赤色、直径約12mmの花が、長さ約5cmの深紅の花茎につく。
ゾーン：8〜9

BERBERIS
（メギ属）
英　名：BARBERRY

メギ科の属で、主に北半球で見られる450種以上の落葉性と常緑の低木が含まれる。サイズは多様で、枝には刺がある。この植物は一般的に葉、花、冬まで残る液果の装飾性のために栽培される。また布、革、木、髪の染料を作るのに使われる。全草とも、食用すると胃に不調を起こすとされている。*B×stenophylla*はニュージーランドでは深刻な問題となっている。北アメリカの多くの植物学者らは今日では、ヒイラギナンテン属のすべてをメギ属に含めている。

〈栽培〉
メギ属は非常に水はけのよい土壌からやや重い土壌までで育つ。熱帯アフリカ産の種は山岳部の岩質土壌を好む。日向または部分日陰で栽培できるが、日向で栽培したほうが紅葉が美しい。繁殖は初夏の緑枝挿し、または晩夏の半熟枝挿しで行う。種子からでは成功しないことが多い。枝の刺が危険にならないよう、植える場所には注意する。

Berberis × bristolensis
☼ ❄ ↔1.8m ↕1.5m

常緑低木で、*B. calliantha*と*B. verruculosa*の交雑種。葉は楕円形で、滑らか。葉表面は光沢ある深緑色で、裏面は灰白色だが、冬に赤くかわるものもある。葉は長さ約35mmで、刺のある鋸歯縁。黄色い花が晩春に咲く。卵形をした黒い果実。ゾーン：6〜9

Berberis buxifolia
一般名：マゼランバーベリー
☼ ❄ ↔3m ↕2.4m

チリとアルゼンチン原産。直立した、常緑または半常緑の種で、アーチを描く枝がある。深緑色の葉は革質で、先端に刺がある。春分から晩春にかけて、濃いオレンジイエローの花が、上部の葉腋につく。暗紫色の果実。'ピグメア'（syn. 'ナナ'）は、矮小種で、高さ約0.9m。
ゾーン：6〜9

Berberis × carminea
ベルベリス×カルミネア
☼ ❄ ↔2.4m ↕1.5m

*B. aggregata*と*B. wilsoniae*の交雑種。葉は卵形で、くすんだ灰緑色。晩春から初夏、黄色い花が10〜16個ずつ群生し、円錐花序をなす。果実は赤色またはオレンジ色で、密な房をなす。'バルバロッサ'は、鮮やかな赤い果実。'ピレイトキング'は、密集した葉。
ゾーン：6〜9

Berberis buxifolia

Berberis chingii

Berberis chingii
☼ ❄ ↔1.8m ↕1.8m

中国東部、安徽省に自生する常緑低木。栽培はほとんど知られていない。白い小さな液果の房が晩夏から秋に見られる。
ゾーン：7〜10

Berberis darwinii
一般名：ダーウィンバーベリー
英　名：DARWIN BARBWEEY
☼ ❄ ↔3m ↕3m

チリとアルゼンチン原産の常緑低木。暗緑色の葉は、鋸歯縁で、刺があり、裏面は淡緑色。濃い黄色またはオレンジ色の花が、垂下した総状花序で咲く。長楕円形で紫色の果実は果粉を帯びる。'フレイム'は、*Berberis darwinii*の半分の高さにまでしか育たない。
ゾーン：7〜10

Berberis empetrifolia
☼ ❄ ↔30cm ↕30cm

平伏性に近い、広がる常緑低木で、チリとアルゼンチン原産。枝の刺は、葉よりも長いことが多い。暗緑色の葉は、裏面は灰色を帯び、先端には刺がある。濃い黄色の花が晩春に咲く。ブルーブラックの果実は青い果粉を帯びる。
ゾーン：7〜10

Berberis darwinii

Berberis empetrifolia

Berberis × bristolensis

Berberis henryana

Berberis × frikartii

Berberis 'Georgei'

Berberis × frikartii
ベルベリス×フリカルティイ

☼ ❄ ↔1.5m ↕1.5m

*B. candidula*と*B. verruculosa*の常緑の交雑種。栽培品種はすべて常緑。葉表面は光沢ある暗緑色で、裏面は銀色を帯びており、冬に赤く変わる。黄色い花が晩春に咲く。黒い果実は青い果粉を帯びる。'**アムステルヴェン**'は、高さ約0.9mの、アーチを描く丈夫な茎がある。'**テルスター**'は、に似て、広がる習性があり、成熟すると頂上が平らになる。
ゾーン：6～9

Berberis gagnepainii
☼ ❄ ↔1.8m ↕1.5m
中国西部原産。小型の、密集した常緑低木で、波状縁の細い葉、黄色い花、黒い液果がある。この品種でいちばんよく栽培されているのは、*B. verruculosa*と

B.gagnepainii var. *lanceifolia*を掛け合わせた、園芸品種*B* × *hybridogagnepainii*である。卵形から披針形の葉は、鮮やかな緑色で、裏面は赤味または青味を帯びた緑色である。
ゾーン：5～9

Berberis 'Georgei'
一般名：メギ'ギオルゲイ'

☼/☽ ❄ ↔3m ↕3m

大型の、株立ち落葉性低木で、野生種は確認されておらず、中国で記録されたのが最初。おそらくは*B. vulgaris*を親に持つ交雑種。刺のある茎と短い楕円形の葉が叢生する。春に、小さな黄色い花をスプレー状に咲かせる。赤い果実。
ゾーン：3～9

Berberis julianae

Berberis × gladwynensis
ベルベリス×グラドウィネンシス

☼ ❄ ↔1.2m ↕0.9～1.8m

常緑の園芸交雑種で、アメリカ合衆国以外ではほとんど知られていない。'**ウィリアム ペン**'は、一般に見られる栽培品種で、約1.2mの高さの広い小山を形成する。光沢ある暗緑色の葉は、長さ約25mmで、冬にはブロンズレッド色になる。
ゾーン：6～9

Berberis henryana
☼ ❄ ↔1.5m ↕1.8m

中国原産の落葉低木で、枝には刺がない。長さ25～50mmの葉は、刺状の鋸歯縁。群生する黄色い花に続いて、赤い液果が実る。
ゾーン：6～9

Berberis julianae
一般名：ジュリアンメギ
英 名：WINTERGREEN BARBERRY

☼ ❄ ↔3m ↕3m

中国湖北省西部の原産。常緑低木で、刺のある茎を持つ。葉は卵形で基部が細く、鋸歯縁がある。葉表面は暗緑色で、裏面は淡色。若葉は銅色。花は黄色または赤色を帯び、初春に群生する。'**ロンバーツ レッド**'は、葉の裏面が赤色を帯びる。
ゾーン：5～9

Berberis koreana
英 名：KOREAN BARBERRY

☼ ❄ ↔1.5m ↕1.5m

朝鮮半島原産の、コンパクトな落葉低木で、茎のまわりを刺が取り囲んでいる。長楕円形から卵形の葉は、鋸歯縁で、長さ約6cmで、秋に紅葉する。黄色い花が群生する。つやのある赤い果実。
ゾーン：4～9

Berberis linearifolia
ベルベリス・リネアリフォリア

☼ ❄ ↔1.5m ↕1.8m

刺のある常緑低木で、アルゼンチンとチリのアンデス山脈原産。葉は暗緑色で光沢があり、長さ約5cm。赤みを帯びた黄色からアプリコット色の花は、春から夏に群生する。黒い果実は青い果粉を帯びる。'**オレンジ キング**'は、濃いオレンジ色の大きな花をつける。
ゾーン：6～9

Berberis × macracantha
ベルベリス×マクラカンタ

☼ ❄ ↔3.5m ↕3.5m

*B. aristata*と*B. vulgaris*の園芸交雑種で、落葉低木。茎は長さ25mm以上の刺でしっかりと守られている。鮮やかな黄色の花が、春に長い総状花序をなす。濃い紫赤色の液果が秋に実る。
ゾーン：5～9

Berberis × ottawensis
ベルベリス×オッタウェンシス
英 名：HYBRID PURPLE BARBERRY

☼ ❄ ↔2.4m ↕2.4m

*B. thunbergii*と*B. vulgaris*の交雑種。真緑色で、卵形の葉。薄黄色の花が春に群生する。卵形の赤い液果。*B. × ottawensis* f. *purpurea*は、紫赤色の葉。'**スペルバ**'(syn.'プルプレア')の新葉は、ほとんどブロンズ色。*B.× o.* '**シルバー マイルズ**'は、紫味を帯びた濃赤色の葉に、銀灰色の斑がある。
ゾーン：5～10

Berberis pruinosa
☼ ❄ ↔1.5m ↕1.5m

中国雲南省の固有種で、刺のある枝を

Berberis linearifolia

Berberis × macracantha

Berberis × ottawensis f. *purpurea*

Berberis thunbergii f. *atropurpurea*

Berberis thunbergii 'アウレア'

Berberis thunbergii 'ボゴザム'

Berberis thunbergii 'ダーツ レッド レディ'

Berberis thunbergii 'スパークル'

持つ常緑低木。披針形の葉は、表面が真緑から暗緑色で、裏面は白い。鋸歯縁で、先端に刺がある。薄黄色の花が、晩春に群生する。黒い果実は、白い果粉を帯びる。
ゾーン：6〜9

Berberis × rubrostilla
☀ ❄ ↔2.4m ↕1.5m
落葉性の交雑種で、おそらく*B. aggregata*と*B. wilsoniae*が親と思われる。葉は細く、卵形で、表面は真緑色で、裏面は灰色。長さ約30mmで、縁に刺がある。薄黄色の花。卵形で、半透明の赤い果実。
ゾーン：6〜9

Berberis sargentiana
英　名：SARGENT BARBERRY
☀ ❄ ↔1.8m ↕1.8m
中国西部原産の常緑低木で、密集した枝には長さ約6cmの刺がある。楕円形の葉は、長さ約10cmで、鋸歯縁で、刺がある。葉表面は暗緑色で、裏面は黄色を帯びた緑色。時に赤色を帯びる、薄黄色の花が、晩春に咲く。長楕円形の、青黒色の果実。
ゾーン：6〜9

Berberis × stenophylla
一般名：ローズマリーバーベリー
☀ ❄ ↔4.5m ↕3m
*B. darwinii*と*B. empetrifolia*を親とする強健な常緑低木。葉は細く、楕円形で、長さ約18mm、表面が暗緑色で、裏面は青色を帯びた緑色。濃黄色の花が、晩春に咲く。黒い果実は青い果粉を帯びる。'コラリナ コンパクタ'は、高さ、幅とも30cmほど。'クロウリー ジェム'は、円形の形状で赤い花。'アーウィニー'は、ゴールデンイエローの花。'レモン クイーン'（syn.'コーニッシュ クリーム'）は、クリーム色がかった白い花。
ゾーン：6〜9

Berberis thunbergii
一般名：メギ、コトリトマラズ
英　名：JAPANESE BARBERRY
☀ ❄ ↔2.4m ↕0.9m
日本原産の落葉性低木で、コンパクトな葉と円型の樹形を持つ。卵形の葉は、全縁で、表面は鮮やかな緑色、裏面は青みを帯びた緑色。薄黄色の花は、赤色を帯びていることもあり、総状花序をなして、春分ごろに咲く。果実は光沢ある赤色。しばしば生垣に使われる。*B. t* f. *atropurpurea*は、紫赤色の茎と葉を持つ。*B. t* 'ゴールデン リング'は、赤紫色の葉に、細い黄色の縁取り。'ヘルモンド ピラー'は、高さ約1.5mで、暗赤色の葉。'レッド チーフ'は、高さ約1.8mで、ピンクの斑入りの葉を持つ。'ローズ グロー'★は、赤紫色の葉に、白い斑点がある。ゾーン：4〜9

Berberis valdiviana
☀ ❄ ↔4.5m ↕4.5m
チリ原産。長さ約5cmの葉は、全縁、楕円形で、表面は暗緑色、裏面は薄黄色から黄緑色。サフランイエローの花が、晩春にうなだれた総状花序をなす。果実は黒く、青い果粉を帯びる。
ゾーン：8〜10

Berberis vulgaris
一般名：セイヨウメギ、バーベリー
英　名：BARBERRY
☀ ❄ ↔1.8m ↕1.8m
ヨーロッパ、中東、北アフリカ、温帯アジア原産。落葉低木で、小麦のサビ病菌を持っていることが多い。刺のある枝。楕円形から卵形の緑色の葉は、鋸歯縁。黄色い花がうな垂れた総状花序で咲く。目立つ赤い果実。
ゾーン：3〜9

Berberis wilsoniae

Berberis pruinosa

Berberis vulgaris

Berberis × stenophylla 'Crawley Gem'

B. × stenophylla 'Corallina Compacta'

Berberis valdiviana

Bergenia cordifolia 'Perfecta'

Bergenia ciliata

Berberis wilsoniae
一般名：ウィルソンバーベリー
英　名：WILSON BARBERRY
☀ ❄ ↔1.8m ↕0.9m
落葉性または半常緑性の低木で、中国の四川省西部と雲南省原産。密集した枝には刺があり、アーチを描く。灰緑色の葉は、卵形から線形で、秋にはオレンジレッドになる。薄黄色の花が夏に咲く。ピンクから赤色の果実。
ゾーン：5〜10

BERGENIA
（ヒマラヤユキノシタ属）
英　名：PIGSQUEAK
アフガニスタンからモンゴルまでの、アジアで見られるユキノシタ科の属で、8種の多年生植物から構成される。革質の大きな葉が、たくましい、木質の、多肉の茎から出る。葉は幅広で、明緑色のことが多く、通常少なくとも20cmの長さがある。花柄の長い、5弁花の花が春に咲く。ピンク色の花をつける種が多いが、園芸品種は白色や、ピンク、赤色、モーブの濃淡の花のこともある。属名は18世紀のドイツ人植物学者Karl August von Bergenに因んでつけられたが、一般にはpigsqueak（ブタの鳴き声）として知られている。これは濡れた葉を指で擦ったときの音に由来する。
〈栽培〉
みずみずしい葉のためには、部分日陰の腐植豊かな土壌に、寒冷で湿潤条件のもとに植える。日向に植えると花つきはよいが、葉焼けを起こす。大きなロックガーデンには最適である。繁殖は花が終わったあと株分けする。

Bergenia ciliata
一般名：ウィンターベゴニア
英　名：HAIRY BERGENIA, HEARTLEAF
☀ ❄ ↔80cm ↕30cm
ヒマラヤ原産。毛が密生した、暗緑色の、円形の葉は、長さ約30cm。ピンク色を帯びた白色の、幅5cmの花が、高さ30cmの茎につく。遅霜の害に注意。
ゾーン：7〜10

Bergenia cordifolia
一般名：シベリアユキノシタ
英　名：HEARTLEAF SAXIFRAGE, PIGSQUEAK
☀ ❄ ↔120cm ↕40cm
シベリアとモンゴルの山岳部で見られる。円形で鋸歯縁の葉は、長さ約20cmで、丈夫な葉柄につく。鮮やかなピンク色の花が、晩冬から赤い茎に咲く。'ペルフェクタ'は、赤みを帯びた葉と非常に高い花茎がある。'プルプレア'は、紫色がかった冬の葉と、高い茎につく赤い花がある。'レッドスタード'は、ブロンズ色の葉と、マゼンタ色からサクランボ色の花を持つ。
ゾーン：3〜10

Bergenia crassifolia
一般名：アルタイユキノシタ
☀ ❄ ↔40〜80cm ↕30cm
シベリアとモンゴル原産。浅い鋸歯縁の、円形の葉は、長さ約20cmだが、こ

Bergera koenigii

れよりかなり小さいこともある。丈夫な、赤い茎に、マゼンタ色からサクランボ色の花が咲く。
ゾーン：3〜9

Bergenia purpurascens
☀ ❄ ↔50〜120cm ↕30〜45cm
ヒマラヤ山脈東部の種。紫色を帯びた葉は、長さ約25cmで、毛で縁どられ、浅い鋸歯縁のことが多い。下垂した濃いピンクから栗色の花が、赤い茎につく。雄ずいは時に白色。早咲き。
ゾーン：4〜9

Bergenia × schmidtii
☀ ❄ ↔60〜120cm ↕30cm
1875年にさかのぼる、*B. ciliata* × *B. crassifolia*の交雑種。円形の大きな葉と、濃いピンクからマゼンタ色の花がある。非常に早咲きなので、霜から保護する。
ゾーン：5〜10

Bergenia stracheyi
一般名：ヒマラヤユキノシタ
☀ ❄ ↔40〜60cm ↕30cm
アフガニスタンからチベットにかけての山岳地方の自生種。鋸歯縁で卵形の葉は、長さ約20cmで、冬には濃赤色になる。春、それぞれのロゼットから数個ずつ生じる芳香性の花序は、クリーム色からやがてピンク色に変わる。
ゾーン：6〜9

Bergenia Hybrid Cultivars
一般名：ヒマラヤユキノシタ交雑品種
☀/◐ ❄ ↔40〜80cm ↕20〜40cm
主に*B. cordifolia*と*B. crassifolia*から生まれており、一般的に大きさと葉形が前者に似ている。最高の葉色を出すためには日光が必要である。特に人気があるのは以下の品種である。'アベングルド'（syn.'イブニング　グロー'）は、コンパクトな品種で、波状縁の赤色を帯びた葉と、紫赤色で半八重咲きの花がある。'バロウレイ'（syn.'デルビーズ'）は、冬に紫色を帯びる、光沢ある葉と、杯形で幅広の赤い花。'ブレッシンガム ホワイド'は純白の花。'エロイカ'は、ブロンズ色から紫色を帯びた葉と、濃い紫赤色の花がある。'モルゲンレーテ'（syn.'モーニング　ブラッシュ'）は、ブロンズグリーンの大きな葉と、濃い紫赤色の花。'ロージー　クローゼ'は、暗緑色の葉と、ピンク色の花。'シルバーリヒド'（syn.'シルバー　ライト'）は、大きな葉。白い花はやがてピンクになる。濃いピンクの萼片。'サニングデイル'は、ブロンズ色から赤色を帯びた冬の葉と、濃いラベンダーピンクの花を持つ。
ゾーン：3〜9

BERGEROCACTUS
（ベルゲロカクトゥス属）
英　名：GOLDEN CEREUS, GOLDEN SPINED CEREUS, SPRAWLING CACTUS
1種からなるサボテン科の属。アメリカ合衆国カリフォルニア州南部、バハカリフォルニア北部、メキシコの乾燥地帯に見られ、黄色がかった茶色の美しい刺と、低く枝分かれする習性の、中型サイズの不規則にひろがるサボテンは、原産地の風景の魅力となっている。この植物は海水面から標高76mまでで育つが、アメリカ合衆国とメキシコの国境付近の都市化の広がりのために、もともとの生息地は縮小している。それにもかかわらずこの植物は分布域を広げて、絶滅の危機に直面することもない。黄色い花の刺のある花被切片が、この属の唯一の種を特徴づけて、見たところ似ているハシラサボテン属と識別させる。
〈栽培〉
肥沃で、水はけがよく、しかもよく灌漑された土壌で、簡単に栽培できる。繁殖は種子からもできるが、通常はあらかじめ1, 2週間完全に乾燥させておいた挿し木で行う。冬は休眠が必要となる。

Bergenia, Hybrid Cultivar, 'Rosi Klose'

Bergenia, Hybrid Cultivar, 'Sunningdale'

Berlandiera lyrata

Bergerocactus emoryi
異 名：*Cereus emoryi*
☀ ↔ 3m ↕ 0.6m

茎は直立性から匍匐性で、円筒形、直径約3.5～8cmで、基部から枝分かれして幅広の株立ち植物となる。長さ約5cmの、下向きの中刺は、1本につき20～30本の側刺に囲まれている。黄色い花は直径約6cm。球状で刺のある果実。
ゾーン：9～11

BERLANDIERA
（ベルランディエラ属）
英　名：GREEN EYES

北アメリカ南部に生息する、約12種の多年生植物からなるキク科の属。珍しい花色と香りをもつ2、3種の栽培種が知られている。鮮やかな緑色から青緑色の、深く欠刻した鋸歯縁の葉が、基部にタンポポのように叢生する。葉は冬の間は枯れてなくなるか、縮小して小さなロゼットになったりする。種によっては、同様の葉を持っていても、より直立した木質茎を形成する。夏に花序が、長い直立した針金のような茎につく。通常は鮮やかな黄色の舌状花で、対照色の筒形の花をもつ。花はチョコレートのような香りがすることがある。

〈栽培〉
一旦定着すると、栽培は簡単で、耐寒性があり、渇水にも耐えるが、多くの種は、軽い、砂質の、水はけのよい、腐葉土を少し追加した土壌で、日向を好む。夏には水遣りをするが、それ以外は乾燥させておく。繁殖は種から、または晩冬に慎重に根分けする。

Berlandiera lyrata
一般名：チョコレートフラワー
英　名：BROOCH FLOWER, CHOCOLATE FLOWER, LYRE-LEAF GREEN EYES
☀ ❄ ↔ 30cm ↕ 30cm

アメリカ合衆国南部とメキシコ原産。竪琴の形をした明緑色の葉を持つ多年生植物。黄色の細い舌状花を持つデージーに似た花が年中咲く。花の中央部は色が濃く、チョコレートのような香りが強い。杯状の緑色の苞は花後も宿存し、これも美しい。
ゾーン：8～11

BERZELIA
（ベルセリア属）

南アフリカ産の約12種からなるブルニア科の属。直立した針金のような茎を持つ常緑低木で、小さく細い針のような葉で密におおわれている。春と夏に現れる花は、小さいが、球状の房をなし、花序ごとに数個ずつ密集する。花は白色からクリーム色だが、雄ずいが小さな花弁より張り出しているので、花序には突出物が点在しているように見える。

〈栽培〉
軽い、水はけのよい土壌で、夏にたっぷりの水分を与えられ、日向の場所で育つのが最適である。必要なら花が終わったあとで軽く剪定すると、美しい姿を維持できる。大半の種は、種子、または花のついていない茎から取った小さな半熟先端枝ざしで、簡単に繁殖できる。

Berzelia galpinii
英　名：BAUBLES
☀/◐ ↔ 100～120cm ↕ 150cm

強い直立習性で、細かい葉と、長さ約12mmのはっきりした針のような葉を持つ。ピンク色の蕾に続く、クリーミーホワイトの花序は、球状で、大半の種よりも大きい。切花として人気がある。
ゾーン：9～10

Berzelia lanuginosa
一般名：ベルゼリア・ラヌギノリ
☀ ↔ 1.5m ↕ 1.8m

弾力性に富む茎を持つ低木で、軟らかく短い、針状の葉に密に覆われる。ピンク色の蕾から開いた、ボタン状の小さなクリーム色の花が、夏に群生する。コンパクトに育てるなら花時が終わったあとに剪定する。再生に時間がかかるので、刈りすぎないように注意。
ゾーン：9～11

BESCHORNERIA
（ベスコルネリア属）

メキシコ原産の、ロゼットを形成する7種の多年生植物で、リュウゼツラン科に属する。リュウゼツラン属と似ているが、ベスコルネリア属は雄ずいが花被切片よりも短い。葉は長さ約1.5mの、披針形から剣形で、肉質の青みをおびた緑色で、粗い縁がある。色彩豊かな苞に囲まれた花は、2m以上の高さの、総状花序または円錐花序をなす。6枚の花被切片は先端に向かって幅広になっており、赤色を帯びた緑色。6本の雄ずいは繊細な花糸と丁字着の葯を持つ。下位の子房は3室からなり、細長い形。果実は多くの種子を含むさく果。葉は石鹸の代用品として使われる。一部の種の花は食用される。

〈栽培〉
霜に弱いので、寒冷な地方では、日向と温室での保護が必要。繁殖は種子、吸枝、または株分けで行う。

Beschorneria yuccoides
☀ ↔ 2m ↕ 1.2～1.8m

灰緑色から青緑色の、長さ60cm以上になる剣形の葉が密に叢生する。ピンクを帯びた赤色の大きな苞の中にある、緑色の花が、濃いピンクから赤色の茎について、アーチを描く。ゾーン：9～11

BETA
（フダンソウ属）
英　名：BEET

アカザ科の属で、主に2つの変種を持つ二年生植物が含まれる。1つは根のために栽培され（ビート）、もう1つは葉のために栽培される（フダンソウ）。野生種はしばしば地中海沿岸、ヨーロッパ西部、アジア各地の高潮線域で見られる。葉は小さくて光沢があるものから、大きくて縮んだり皺が寄ったりしているものまである。目立たない花に続いて、こぶ状の種子が多数生じる。どちらの変種の葉も食べられる。根は16世紀から食用されている。

〈栽培〉
ビートは、軽い、水はけのよい、あまり肥沃でない土壌を好む。フダンソウ、トウヂシャ等は、肥沃で湿潤な土壌を好む。種子から育てる。

Berzelia galpinii

Beschorneria yuccoides

Berzelia lanuginosa、南アフリカ、ハロルド・ポーター国立植物園

Beta vulgaris

一般名：テンサイ
英　名：BEET
☀ ❄ ↔70cm ↕70cm

もともとの野生種またはsea beet (*B. v.* subsp. *maritima*［ハマフダンソウ］として分類されている) は、ヨーロッパ、北アフリカ、アジア西部の海岸で育つ多年生植物である。ビートルート、テンサイ、マンゲルワーゼルなどの飼料用ビート、フダンソウ、トウヂシャなど、栽培されているビートのすべてはこれに由来すると考えられてきた。しばしば全部が *B. v.* subsp. *vulgaris*に含まれるとされてきたが、今ではこれらはsubsp.の概念には当てはまらないと考えられている。むしろ、次に述べる栽培品種グループに分類されるべきであろう。

Cicla Group（シクラ グループ）(syn. *B. v.* var. *cicla*, *B. v.* var. *flavescens*) は、野性ビートに最も近く、細い緑色の葉柄と平らな葉身を持つフダンソウが含まれる。また、皺の寄った大きな葉と、幅広の葉柄と中央脈、白色または有色の、根が膨れていないシルバービートも

Beta vulgaris, Cicla Group, 'Bright Lights'

Beta vulgaris, Cicla Group, 'Lucullus'

B. vulgaris, Conditiva Group, 'Bull's Blood'

含まれる。'ブライト ライツ'★ (syn. 'ファイブ カラー ミックス'、'レインボー') は、赤、オレンジ、黄、ピンク、白の濃淡または2色の茎を持つ。'ブライト イエロー'は、黄色い茎と緑色の皺の寄った葉。'ルクルス'の、光沢のある緑色の大きな葉は、縮んでいたり皺が寄っていたりする。幅広の白い中央脈と脈がある。'モストルオサ'は、洗練されたイタリアの種で、幅広で、鮮やかな緑色の葉には、皺が寄っている。'ルバーブ チャード'★は、深紅の葉柄と暗緑色の皺のある葉で、中央脈はアスパラガスやセロリの代用として使うことができる。

Conditiva Group（コンディティワ グループ）(syn. *B. v.* var. *conditiva*) には、ビートルート、飼料用ビート、マンゲルワーゼル、マンゴルドなど、すべての根菜作物が含まれる。根（実際は茎）は膨れて、葉柄は細く、葉身は平たい。大多数のビートルートの根と葉柄は、赤または黄色である。'ブルズ ブラッド' (syn. *B. v.* var. *crassa*) の暗赤色の葉には、赤い中央脈と脈があり、食用の根は縞模様。'フォロノ'★は、円筒形の紫色のビートで、甘く、水分が多い。
ゾーン：8〜11

Beta vulgaris, Cicla Group, 'Rhubarb Chard'

BETULA
（カバノキ属）
英　名：BIRCH

同名のカバノキ科の属で、北半球の温帯と北極帯に生息する、約60種の落葉性の小型低木または高木からなる。幹にはしばしば異なる色合いに斑紋があり、多くの種は、樹皮の外側層が剥離する。木部は材木として、樹液と葉は医療に、また食物・飲み物、染料として使われる。垂下した雄性尾状花序と直立した雌性尾状花序が、早春、同じ木に開花する。葉は真緑から暗緑色の卵形で、鋸歯縁を持つ。美しい観賞用の高木。

〈栽培〉
耐寒性に強く、極寒にも風にも耐える。日向または明るい日陰において、ある程度の湿度がある、水はけのよい肥沃な

Beta vulgaris, Cicla Group, 'Bright Yellow'

土壌での栽培が望ましい。夏に緑枝挿し、または秋に半熟挿しで繁殖。カバノキは*Armillaria mellea*（ナラタケ）や*Piptoporus betulinus*（カンバタケ）などの真菌の害を受けやすい。後者はカバノキ固有の菌で、木を破壊する。

Betula albosinensis
一般名：ホワイトチャイニーズバーチ
英　名：CHINESE RED BIRCH
☀ ❄ ↔9m ↕24m

中国南西部の、四川省、甘粛省、陝西省原産。新しいグレークリーム色の樹皮が、オレンジ色または赤茶色に変わる。光沢のある葉は、長さ約6cmで、表面は緑色で、裏面は色が薄く、秋に黄色に変わる。目立つ雄性尾状花序。
ゾーン：6〜9

Betula alleghaniensis ★
異　名：*Betula lutea*
一般名：イエローバーチ
英　名：YELLOW BIRCH
☀ ❄ ↔9m ↕24m

アメリカ合衆国とカナダ原産。黄色またはグレーの樹皮が剥離する。若いシュートは芳香性。黄緑色の葉は、粗い歯牙縁で、長さ約15cm。雄性尾状花序は長さ約10cm。雌性尾状花序は直立している。
ゾーン：4〜9

Betula albosinensis

*Betula alleghaniensis*の自然状態、アメリカ合衆国、ヴァーモント州

Betula alnoides

Betula alnoides
☀ ❄ ↔6m ↕30m

ヒマラヤ地方、インド北東部から中国原産。灰色と赤茶色の樹皮が、細長く水平に剥離する。若い小枝は綿毛を帯び、紫赤色。先細る葉は長さ約10cmで、鋸歯縁と、赤い葉柄を持つ。尾状花序は長さ約8cmある。
ゾーン：8〜10

Betula dahurica
英　名：ASIAN BLACK BIRCH
☀ ❄ ↔9m ↕12〜18m

朝鮮半島、中国北部および北東部、日本原産。茶色の樹皮には、灰色の斑紋と螺旋状の亀裂がある。卵形の葉は暗緑色で、裏面はやや有毛で、不ぞろいの鋸歯縁を持つ。冷涼な気候を好む。
ゾーン：3〜9

Betula ermanii
一般名：ダケカンバ、ソウシカンバ
英　名：ERMAN'S BIRCH、GOLD BIRCH、RUSSIAN ROCK BIRCH
☀ ❄ ↔12m ↕21m

日本とアジア大陸の原産。樹皮はピンク色、またはクリーミーホワイトがピンク色を帯びる。先細の卵形の葉は、暗緑色で、鋸歯縁。雄性尾状花序が3個ずつ群生する。湿潤な土壌には耐えるが、渇水には弱い。'グレイスウッド　ヒル'(syn. *B. costata*)は、非常に強健。
ゾーン：2〜8

B. mandschurica var. *japonica*、春

B. mandschurica var. *japonica* 'Whitespire'

Betula grossa
異　名：*Betula ulmifolia*
一般名：ミズメ、アズサ
英　名：JAPANESE CHERRY BIRCH
☀ ❄ ↔9m ↕21m

日本の本州、九州、四国の自生種。暗灰色の樹皮は、小さく縮れて剥がれるが、若い木は滑らかである。くすんだ緑色の葉は、鋸歯縁で、卵形から長楕円形で、先端に向かって細くなる。こぶ状の尾状花序。雌状尾状花序は直立している。
ゾーン：5〜9

B. mandschurica var. *japonica*、冬

Betula kenaica
異　名：*Betula papyrifera* var. *kenaica*
英　名：ALASKAN PAPER BIRCH、KENAI BIRCH
☀ ❄ ↔6〜9m ↕9〜12m

アラスカとカナダ北西部原産。幅狭の樹冠を持つ高木で、ピンクから灰色がかった白色の樹皮は、薄い紙状に剥がれる。*B. papyrifera*に似ているが、より小型で、葉も小さく、葉先端はそれほど尖っていない。葉の鋸歯縁は、より規則正しく並んでいる。
ゾーン：1〜8

Betula lenta
一般名：アメリカミズメ、チェリーバーチ
英　名：BLACK BIRCH、CHERRY BIRCH、SWEET BIRCH
☀ ❄ ↔12m ↕15m

北アメリカ東部原産。深紅の樹皮は、灰色の鱗状になり、樹齢とともに黒色になる。長さ約10cmの卵形の葉は、黄色がかった薄緑色で、秋に紅葉する。垂下した雄状尾状花序は長さ約8cm。雌性尾状花序は直立している。
ゾーン：3〜9

Betula litvinovii
☀ ❄ ↔10m ↕15m

カフカス山脈の標高1,800mまでの自生種。*B. pendula*に似ているが、樹皮はそれほど白くはない。栽培例は稀。
ゾーン：5〜9

Betula mandschurica
ベトゥラ・マンドゥスクリカ
異　名：*Betula platyphylla* var. *japonica*
英　名：MANCHURIAN BIRCH
☀ ❄ ↔9m ↕21m

中国北東部とシベリア南東部原産。樹皮は黒っぽいミルキーホワイト。長さ約8cmの真緑色の卵形の葉は、深い鋸歯縁で、はっきりと脈が走る。雄性と雌性の尾状花序は垂下していて、長さ約25mm。*B. m.* var. *japonica*は、白い樹皮を持ち、高さ約24m。'ホワイトスパイヤー'(syn. *B. platyphylla* 'ホワイトスパイヤー')は、細い円錐形の習性。
ゾーン：2〜9

Betula kenaica

Betula dahurica

Betula lenta

*Betula papyrifera*の自然状態。アメリカ合衆国。

Betula medwedewii

Betula platyphylla

Betula medwedewii
英　名：TRANSCAUCASIAN BIRCH
☼ ❄ ↔4.5m ↕4.5m
イラン北西部とトルコ北東部のカフカス山脈の自生種。直立した低木または小高木。樹皮は茶色で、少し剥離する。楕円形の葉は、暗緑色で、裏面は色が薄く、深い鋸歯縁がある。雄性尾状花序は垂下し、雌性尾状花序は直立する。
ゾーン：5～9

Betula nana
一般名：ドワーフバーチ
英　名：DWARF BIRCH
☼ ❄ ↔1.2m ↕60cm
ユーラシア、北アメリカの亜北極地方とグリーンランドの原産。長さ18mmで、暗緑色の葉は、腎臓形から円形で、細かい鋸歯縁があり、秋に黄色または赤色に変わる。寒冷地帯でいちばんよく育つ。
ゾーン：2～7

Betula nigra

Betula nigra
一般名：リバーバーチ
英　名：RIVER BIRCH, TROPICAL BIRCH
☼ ❄ ↔4.5m ↕9m
アメリカ合衆国東部の川沿いに自生する落葉性高木。樹皮は、白く、滑らかで、やがてクリーム、サーモン、ペールブラウンの薄板状に剥がれる。樹齢とともに、色が濃くなり、皺がでる。熱と乾燥に耐える。'ヘリテイジ'は、クリームから薄茶色の樹皮が剥離する。'リトル キング'は、矮小な栽培品種で、高さ約3m。
ゾーン：4～9

Betula nigra 'Little King'

Betula papyrifera
一般名：アメリカカンバ
英　名：CANOE BIRCH, PAPER BIRCH, WHITE BIRCH
☼ ❄ ↔9m ↕18m
北アメリカ。落葉性。紙のような白い樹皮が、剥がれて、オレンジブラウンになる。樹冠はまばらで、日光を通す。寒さと渇水に耐える。
ゾーン：2～8

Betula pendula
一般名：シダレカンバ、ヨーロッパシラカンバ
英　名：EUROPEAN SILVER BIRCH, EUROPEAN WHITE BIRCH
☼ ❄ ↔10m ↕24m
ヨーロッパ北部原産の落葉性高木。やせた土壌でよく見られる。葉は秋に明るい黄色になる。冬の姿が美しく、アーチを描く枝の習性と、白い樹皮が見られる。幹は樹齢と共に黒くなる。狭い場所に適応する。'ダレカルリカ'（weeping birch）は、全裂の葉がある。'フェスティギアタ'は高さ約21mの直立した高木。'ラシニアタ'は、原種よりも秋の早い時期に葉が落ちる。'プルプレア'は、うな垂れた細い枝を持つ。'トリスティス'は、細い円錐形になる習性。'ヨウンギイ'★は、通常、強く枝垂れる樹冠を持った接ぎ木高木として販売されている。
ゾーン：2～8

Betula pendula 'ヨウンギイ'、夏。

Betula pendula、春。

Betula pendula、冬。

Betula utilis var. *jacquemontii* 'Silver Shadow'

Betula utilis var. *jacquemontii*

Betula platyphylla
一般名：シラカンバ、ガンピ
☀ ❄ ↔12m ↕21m
シベリア、中国北東部、朝鮮半島、日本の原産。純白の樹皮と、長さ約10cmの、卵形、鋸歯縁の、薄黄緑色の葉を持つ。雄性尾状花序は長さ約8cmで、雌性穂状花序は長さ約3cmである。
ゾーン：4～9

Betula pubescens
異　名：*Betula glabra*, *B. populifolia*
一般名：ダウニーバーチ
英　名：DOWNY BIRCH
☀ ❄ ↔9m ↕21m
ヨーロッパ、アジア北部、グリーンランド、アイスランド原産。くすんだ白色から薄茶色で、樹皮は細長い片に剥がれる。長さ約6cmの真緑色の葉は、楕円形から卵形で、不ぞろいの鋸歯縁を持つ。雄性尾状花序は長さ約6cmで、雌性はより短い。ゾーン：2～9

Betula pumila
英　名：AMERICAN DWARF BIRCH
☀ ❄ ↔0.9m ↕0.9m
直立した低木で、アメリカ北東部原産。小枝には毛が密生する。緑色の葉は裏面が白っぽく、粗い鋸歯縁で、円形または卵形で、長さ約30mm。長さ約25mmの尾状花序が春につく。ゾーン：2～8

Betula utilis
一般名：ヒマラヤバーチ
英　名：HIMALAYAN BIRCH、WHITEBARK
☀ ❄ ↔9m ↕18m
ヒマラヤ山脈と中国原産。ピンクからオレンジブラウンの樹皮は白粉を帯び、薄い片にはげ落ちる。暗緑色の葉は、長さ約12cmの先細りの卵形で、不ぞろいの鋸歯縁があり、秋に黄色になる。雄性尾状花序は長さ約12cmで、雌性尾状花序は直立している。***B. u.* var. *jacquemontii*** (syn. *B. jacquemontii* ［ウェストヒマラヤンバーチ］）は、白い樹皮を持つカシミールとネパールの自生種。'グレイスウッド　ゴースト'は、美しい白い樹皮と、光沢ある葉がある。'ジャーミンズ'は、赤色を帯びた茶色の樹皮が、樹齢とともに白くなる。'シルバー　シャドウ'は、白い樹皮と深緑色の葉がある。
ゾーン：7～9

BIDENS
（センダングサ属）
英　名：BEGGER'S TICK、BURR MARIGOLD、PITCHFORKS、SPANISH NEEDLES、STICK TIGHT、TICKSEED
約200種の一年生と多年生植物からなるキク科の属。世界中に分布するが、多くはアフリカとアメリカの温帯と熱帯に生息する。少数の装飾的な品種が一年生の花壇植物として利用されている。この属の数多くの英名は、種子にある尖ったかぎ状突起に由来する。この突起のおかげで種は広範囲に分散する。
〈栽培〉
この植物は日当たりのよい水はけのよい場所で、適度な水分保持性のある土壌を必要とする。非常に寒冷な地域では、霜が終わってから植える。繁殖は種子で、または多年生品種は株分けで行う。

Bidens ferulifolia
ビデンス・フェルリフォリア
英　名：APARCHE BEGGERTICKS
☀ ❄ ↔30～45cm ↕60～90cm
アメリカ合衆国アリゾナ州、メキシコ、グアテマラ原産。シダのような葉を持つ、一年生または多年生植物。金色の、幅広い舌状花を持つ直径約30mmのデージーに似た花が、晩夏から秋に咲く。'ゴールデン　ゴッデス'と'ゴールドマリー'は、改良品種。'ゴールデン　アイ'、'ゴールディ／インビッド'とピータース　ゴールドテピック'★は、低い這い性の栽培品種。
ゾーン：8～11

BIGNONIA
（ツリガネカズラ属）
ノウゼンカズラ科の属。以前は多数の種を含んでいたが、再分類によって1種のよじ登る常緑のつる植物を含むのみになった。自然自生地は、アメリカ合衆国南東部の、肥沃で湿潤な森林地帯である。
〈栽培〉
水はけのよい肥沃な土壌で、日向または部分日陰で育てる。冷涼地域では温室内で、夏の厳しい日光から保護してやる。早春に前シーズンの成長部分を3分の2刈り込む。コナカイガラムシがつくことがある。繁殖は実生または取り木で行う。

Bignonia capreolata
一般名：ツリガネカズラ、カレーカズラ
英　名：CROSS-VINE、QUARTER VINE、TRUMPET FLOWER
☀/◐ ❄ ↔3m ↕3～9m
アメリカ合衆国南東部原産。強健な夏咲きのつる植物で、巻きひげでよじ登る。葉は対生で深緑色。長さ約5cmの、外広がりのらっぱ形の花が目立つ花序をなす。花色は濃いオレンジからスカーレットで、花喉はより暗色。日向のほうが花つきがよい。'**タンジェリン　ビューティー**'は、黄色い花喉の、オレンジ色の花。
ゾーン：7～9

BIKKIA
（ビッキア属）
アカネ科の属で、太平洋西部の島々に自生する約20種の低木と小型高木からなる。ほぼ半数がニューカレドニアの固有種。葉は全縁の単葉で、やや分厚く革質。対生または3枚で輪生する。葉腋から単生する、大きな、半ば垂下した花が数カ月間咲く。花は鐘形から筒状で、4～6個のはっきりした角があり、それぞれの角が開口部の先端に続く。花色は白色から黄、ピンク、オレンジ、または濃赤色。果実は多数の小さな種子を含む2房を持つさく果。ビッキアは普通、露出した岩の裂け目に生育する。
〈栽培〉
美しい花にもかかわらず、栽培されることは稀。軽度の霜にしか耐えないうえ、湿潤な気候、非常に水はけのよい土壌、保護された日当りのよい場所が必要となる。繁殖は挿し木または種子からで、実生苗は小さく、成長は遅い。

Bikkia campanulata
☀/◐ ❄ ↔1.2m ↕2.4m
ニューカレドニア産の低木。硬い直立性で、幅狭に枝分かれする。長さ8～12cmの葉は堅く、革質で、枝先端に密集する。花は約8cmで、オレンジレッドから紫赤色の蝋質で、秋から春に咲く。
ゾーン：10～12

Bikkia campanulata

Bidens ferulifolia

BILLBERGIA
(ツツアナナス属)

65種と約500の栽培品種からなるパイナップル科の属。南アメリカとメキシコの温暖地方原産のグループ、ブラジル原産のグループと、大きく2つのグループに分けることができる。葉は筒状のロゼットを形成し、さまざまな色と斑紋を有する。よい光量のもとで栽培されるとはっきり発色する。花序は通常、球状から円筒状で、長い花柄を持つことがあり、花は葉の筒の外側へぶら下がる。花の下には、旗のような、大きな赤い苞がある。花は細長い筒状で、多くの色の花弁が風変わりに組み合わさって頂を覆う。

〈栽培〉
花時には屋内栽培、冷温帯では温室栽培が望ましい。暖温帯、亜熱帯、熱帯では直射日光と雨から保護して、屋外栽培する。鉢植え混合土が乾けば水をやる。上質な混合土への追肥は不要である。繁殖は実生またはオフセットで行う。

Billbergia amoena
☀ ❄ ↔30cm ↕60cm

ブラジル南部原産。葉は緑から赤で、時に白い斑点がある。直立した花序は、主に緑色で、約20個の花からなる。花弁は緑色で、先端が青いことがある。花序の下には、直立またはうなだれた、7〜8枚の赤い苞がある。
ゾーン：9〜10

Billbergia distachia
ビルベルギア・ディスタキア
☀ ❄ ↔10cm ↕30cm

ブラジル南部原産。葉は緑色で赤色を帯び、曇ったようなコーティングがあり、時に白い斑点がある。ほぼ直立した茎から垂れ下がる花序は、6個以下の花からなる。各花は長さ約6cmで、主に緑色。花弁は先端が青色のことがある。*B. d.* var. *straussiana*は、花序が明るい緑色。'ペリアムズ プライド'は、斑入りの品種。
ゾーン：9〜10

Billbergia elegans
一般名：ビルベルギア・エレガンス
☀ ❄ ↔10cm ↕30cm

ブラジル南部原産。葉は緑色で、白い縞があり、適切な光のもとでは赤みを帯びる。先端が青い、緑色の花弁を持つ、8個以下の花からなる花序は、サーモンピンク色で、直立性だが、やや傾いていることがある。花序の下に数枚のサーモンピンク色の苞がある。
ゾーン：9〜10

Billbergia distachia var. *straussiana* 'Perriam's Pride'

Billbergia pyramidalis

Billbergia zebrina

Billbergia euphemiae
☀ ❄ ↔20cm ↕60cm

ブラジル東部原産。葉は緑色で、ときに紫色。花茎は直立からやや傾斜。30個以下の花で構成される花序は、主に黄色で、長さ約15cm。花弁は紫色。他のツツアナナス属種ほど耐寒性はない。
ゾーン：9〜10

Billbergia nutans
一般名：ヨウラクツツアナナス
英名：FRIENDSHIP PLANT, QUEEN'S TEARS, TARTAN FLOWER
☀ ❄ ↔15cm ↕25cm

ブラジル南部からウルグアイの自生種。葉は緑色で、薄く、長さ約60cm。花序はうなだれて、少数の緑色とピンクの花から成り、花弁は縁が青い。よく見るアナナスであるが、実は交雑品種の'アルベルティイ'であることが多い。
ゾーン：8〜10

Billbergia pyramidalis
一般名：ベニフデツツアナナス
☀ ❄ ↔15cm ↕50cm

ブラジル東部原産。葉は明緑色から暗緑色で、時に細い白い帯があり、小さな鋸歯縁を持つ。主に赤色で、白い霜状を帯びたように見える花序は、直立したピラミッド形で、40個までの花で構成される。花序の下に、大きな赤い苞が多数ある。花弁は先端が青みがかった赤色。*B. p.* var. *concolor* (syn. *B. p.* var. *thyrsoidea*) は、薄緑色の大きな幅広の葉と、先端がかすかに青味を帯びた花弁を持つ。
ゾーン：9〜10

Billbergia nutans

Billbergia, HC, 'Domingos Martins'

Billbergia zebrina
一般名：トラフツツアナナス
☀ ❄ ↔15cm ↕100cm

ブラジル南部と隣接する国々の原産。葉は幅約8cmで、白い横縞の入った薄緑色。下垂する花序は長さ約40cmで、フェルト状の黄緑色。花序の上に、8枚以下の、淡いピンク色からローズ色の、花弁より大きな苞がある。
ゾーン：9〜10

Billbergia Hybrid Cultivars
一般名：ツツアナナス交雑品種
☀ ❄ ↔20cm ↕60cm

多様な交雑品種を持つうえに花がとても美しく、ツツアナナス愛好家はラン愛好家と同じく、花に献身的な愛情を傾ける。'アフターグロー'、緑色の花弁の花と、大きな赤い苞を持つ。'アルベルティ'、花弁が緑色の花で、花弁の縁が青い。'ブリュテアナ'、うな垂れる花序は、主に明るいピンク色で、花弁は暗青色。'キャサリン ウィルソン'、直立した花序は、主に緑色で、下にローズ色の苞がある。'ドミンゴス マーティンス'、長さ約15cmの花序は、ほとんど全部が赤く、花弁は青色。'ユウフェミー ウォーターマン'、コンパクトな花序。葉は栗色で銀色の帯がある。'ファシネイター'、約15個の花からなる下垂する花序。花弁は緑色で青い縁取り。大きな赤い苞。'ハレルヤ'、花序は主に緑色で、直立し、先端の青い、10個までの花で構成される。'マンダズ オセロ'、直立した花序は、主に淡いピンク色で、先端の青い花弁があり、赤い苞が花序の下にある。'ミュリエル ウォーターマン'、やや傾いた花序は、主に緑色から淡いピンク色で、青い花弁がある。花は珍しい。'プラチナム'、

フェルト状の直立した花序が、やがて湾曲する。14個以下の花からなる花序は、薄緑色と薄赤色色で、先端が濃い青色をした花弁を持つ。'ポキート ブランコ'、直立した花序はほとんど花をつけない。花序は主に淡いピンク色で、花弁は薄緑色に紫色の縁取り。'ウィンディ'は、大きなローズレッド色の苞が、垂れ下がる花序をおおう。花序は主に緑色と白色で、花弁は緑色に青の縁取り。
ゾーン：9〜10

BISCHOFLA
（アカギ属）
大型常緑高木2種で構成される属で、1種は熱帯アジアと太平洋地方西部に広く分布し、もう1種は中国内のみに分布する。トウダイグサ科植物にはめずらしく、複葉を持ち、それぞれ鈍い鋸歯縁の3〜5枚の幅広い小葉を持つ。多数の小さな花が枝先端で円錐花序をなす。雄性花と雌性花は通常、違う木につく。雌性木につく茶色の液果はそれぞれ6個の種子を含む。アカギ属は木材として価値がある。樹皮は染料になる。
〈栽培〉
栽培にたやすく適応し、熱帯や亜熱帯気候では成長が早い。大半は湿潤な熱帯になじむが、乾燥条件にも耐える。水はけのよい深い土壌で、保護された日当たりのよい場所での栽培が最適だが、ある程度の露出にも耐える。種子で繁殖。

Bischofia javanica
一般名：アカギ
英　名：BISHOPWOOD, JAVA CIDAR, TOOG
☼ ♂ ↔24m ↑30m
南東アジアと大西洋の島々原産。大高木で、太い幹とペールブラウンの樹皮がある。葉は長さ約10cmの3枚の小葉からなる。花は小さく、緑がかっていて、円錐花序をなして春に咲く。オレンジブラウン色の球状の果実が秋に実る。
ゾーン：9〜12

BISMARCKIA
（ビスマルキア属）
ヤシ科の属で、マダガスカルの固有種である1種で構成される。やや大型の掌状葉ヤシで、丈夫な単幹の頂上に、大きな葉が樹冠をなす。葉はおよそ円形で、ほぼ半分まで深裂し、硬い切片を放射状に広げる。雄性花と雌性花は別個の木で円錐花序をなす。小さな雄性花は湾曲する深紅の穂につき、雌性花はまばらな黄色い穂につく。ナツメヤシ大の果実に、大きな種子1個が含まれる。
〈栽培〉
熱帯と亜熱帯で広く栽培される。はっきりした乾燥期があるのが最適だが、日当たりのよい高温の場所なら、より冷涼で湿潤な地域にも耐える。果肉を取り除いた新鮮な種で繁殖。子葉は下向きに育つため、発芽には少なくとも30cmの深さのあるコンテナが必要である。

Bismarckia nobilis ★
異　名：*Medemia nobilis*
一般名：ビスマルクファンパーム
☼ ♂ ↔3.5m ↑18m
ややきめの粗い、灰色の幹を持つ、美しいヤシ。太い柄につく、薄青色を帯びた緑色の大きな葉は、長さ約1.8mで、基部で逆Y字形に分割する。茶色の果実。
ゾーン：10〜12

BIXA
（ベニノキ属）
わずか1種の、南アメリカ熱帯原産の小型高木からなる、ベニノキ科の同名属。観賞植物としてだけでなく、種子から取れる、オレンジ色の食物と繊維の染料、アナットーのために商業栽培される。美しい花、みずみずしい葉、特徴的な剛毛を帯びた赤い果実を持つ。
〈栽培〉
雨の多い湿潤な熱帯によくなじむ。冷たい風から保護すれば、霜の降りない温帯地域で栽培できる。1年を通じての湿気と、よい水はけ、そして適度に肥沃な土壌、日向または部分日陰を好む。挿し木で育てた植物は実生に比べ、若くして花を咲かせる。

Bixa orellana
一般名：ベニノキ
英　名：ANNATTO, LIPSTICK PLANT
☼ ♂ ↔3〜4.5m ↑9m
大低木または小高木。葉は卵形、革質で、明緑色。ピンクまたはピンク色を帯びた白色の花が、円錐花序をなして咲く。赤から赤茶色の刺のある果実は、種子が放出された後も宿存する。
ゾーン：10〜12

BLANDFORDIA
（ブランドフォルディア属）
英　名：CHRISTMAS BELLS
4種の直立した、ユリに似た多年草からなる属。オーストラリア東部原産で、生息地の多くは沼沢地であり、酸性の砂質土壌であることが多い。もともとはユリ科だが、現在はブランドフォーディア科に属している。丈夫な細い、草状の葉。花は6裂弁の筒形で、蝋質、垂れ下がる鐘のような形をしているところから、クリスマスベルという英名がついた。果実は3室の円筒形で、それぞれの室に多数の小さな茶色い種子が含まれている。
〈栽培〉
常に湿潤な、水はけのよい、砂地または酸性の、有機土壌で育てる。種から繁殖させるが、多くの場合発芽は遅い。

Blandfordia grandiflora
一般名：クリスマスベル
英　名：CHRISTMAS BELLS
☼ ❄ ↔25cm ↑80cm
オーストラリア東部の、ヒースの茂る海岸地方に生息する。長さ約80cmの葉は草状で、縁は細かな歯牙状。長さ約6cmの花は、蝋質の、赤またはオレンジ色で、黄色の裂片がある。夏咲き。
ゾーン：8〜10

*Blechnum ambiguum*の自然状態。オーストラリア、ヴィクトリア州、エリヌンドラ国立公園。

Bixa orellana

BLECHNUM
（ヒリュウシダ属）
主にオーストラリア、南東アジアさらにメキシコから南アメリカ南部原産の、200種の陸生または着生シダからなる、シシガシラ科の属。*B. spicant*だけは北半球の冷涼地域に広く分布する。直立または走出する多肉質の茎は、つやのある茶色の鱗で被われている。新しい葉はしばしば赤、ブロンズ、またはピンク色。直立した葉は、太くつやがあり、羽状、または深裂した羽状裂。葉色は暗緑色のものもあるが、柔らかい種では明緑色。稔性の葉は、中央脈と平行に並ぶ胞子嚢群を絶えずつける。稔性の葉は、広がった不稔性の葉よりも、細く、直立している。
〈栽培〉
ほとんどが霜に弱いか、半耐寒性。やや酸性の、湿った、腐植豊かな土壌と、保護された暗い日陰を好む。繁殖は、常に湿ったミズゴケの上に胞子を蒔く。

Bischofia javanica

Bismarckia nobilis

Blechnum discolor

Blechnum chilense

Blechnum brasiliense

Blechnum ambiguum
☀ ❄ ↔90cm ↕50cm

オーストラリア東部原産の常緑シダ。短い、あるいは中程度の長さの、匍匐性の根茎は、薄茶色の鱗でおおわれる。くすんだ真緑色の羽状複葉。先細りの尖った小葉は、長さ約5cmで、細かい鋸歯縁を持つ。
ゾーン：9～10

Blechnum brasiliense
一般名：ブラジルシシガシラ
英　名：BRAZILLIAN TREE FERN
☀ ❄ ↔100～150cm ↕100～150cm

ブラジル、ペルー、グアテマラ、エクアドル原産の精力的な木生シダ。霜に弱い。春の新芽はブロンズレッド色。古い株は、高さ約30cmの丈夫な直立した幹を形成する。小葉が密生する、長さ約90cm、幅約30cmの、きめの粗い、しわが寄った葉が、四方に広がって叢生する。枯れた葉を定期的に取り除いて整然とした姿を維持する。'クリスパム'の小葉は、縁にやや皺がよる。
ゾーン：9～11

Blechnum chilense
☀ ❄ ↔90～150cm ↕90～150cm

南アメリカ原産のシダで、長さ約150cm、幅約20cmの、分厚い、暗緑色の、羽状に深裂した葉がある。ゆっくりと匍匐する根茎が、大きな叢を形成する。定着した叢から約15cm離れたところに葉冠がくる。古い葉冠は、高さ約15cmの短い幹を形成する。
ゾーン：8～10

Blechnum discolor
英　名：CROWN FERN、NEW ZEALAND WATER FERN
☀ ❄ ↔30～45cm ↕30～50cm

ニュージーランド原産。短く、丈夫な根茎の幹。葉冠を形成する、長さ約90cm、幅5～15cmの、光沢のある、硬い、暗緑色の葉身は、先端に向かって徐々に細まる。新しく成長した部分は鮮やかな茶色の毛が密生している。
ゾーン：8～9

Blechnum gibbum ★
一般名：ロマリア
英　名：MINIATURE TREE FERN
☀ ❄ ↔0.9～1.5m ↕0.9～1.5m

熱帯・亜熱帯の太平洋諸島原産の精力的なシダ。直立した、細い、黒色の、発根する幹。深裂した、広がる不稔性の葉は、長さ約0.9m、幅約30cm。稔性の葉は、長さ10～15cmの細い小葉を無数につけて直立する。
ゾーン：10～11

Blechnum minus
ブレクヌム・ミヌス
英　名：SOFT WATER FERN
☀ ❄ ↔20～30cm ↕20～30cm

オーストラリアとニュージーランド原産のシダで、匍匐性の短い根茎がある。新しく成長した部分はピンク色。不稔性の葉は暗緑色で、羽状に深裂し、長さ10～65cmで、同寸の葉柄につき、5～20対の長楕円形の小葉を持つ。稔性の葉は直立し、不稔性よりも大きく、より幅狭の小葉を持つ。'ヘリアー　ファウンテン'の葉は優雅にアーチを描き、小葉は深く分割して、小さな、ほとんど円状の裂片になっている。
ゾーン：9～10

Blechnum nudum
ブレクヌム・ヌドゥム
英　名：BLACK-STEM、FISHBONE WATER FERN
☀ ❄ ↔45～75cm ↕60～75cm

オーストラリア南東部原産の、群落をつくるシダ。直立した根茎は、光沢のある黒い葉基部の、丈夫なほっそりした幹を形成することができる。長さ40～100cmの不稔性葉が冠をなす。長さ20～70cmの、直立した稔性の葉は、光沢のある短い黒い葉柄につく。先細りの小葉。'クリスタツム'は、高さ約45cmで、珍しく稀な鶏冠状の品種。'フォーセット　フェザー'は、深裂した小葉を持つコンパクトな品種で、ややアーチを描きながら直立する習性を持つ、高さ、幅とも約60cmである。
ゾーン：8～10

Blechnum penna-marina
ブレクヌム・ペンナマリナ
異　：*Blechnum alpinum*
☀ ❄ ↔8～25cm ↕8～25cm

群落を形成する矮性シダで、南アメリカとオーストラリアの温帯と亜南極地方原産。根茎は、匍匐性で細く、ランナーを出す。無数の線形の小葉を持つ、長さ10～20cmの、分厚い、暗緑色の不稔性の葉が叢生する。直立した稔性の葉は、茶色を帯びた緑色で、不稔性葉よりも長い。'クリスタトゥム'の頂点の葉は、ほぼ鶏冠状。
ゾーン：8～9

Blechnum spicant
ブレクヌム・スピカント
英　名：DEER FERN、HARD FERN、LADDER FERN
☀ ❄ ↔30～45cm ↕30～45cm

低く成長する叢生シダで、北アメリカ、ヨーロッパ、温帯アジア原産。短い匍匐性の根茎は、直立で、太い。長さ15～20cm、幅約35mmの、披針形で革質、暗緑色の広がる不稔性葉は、60対以下の小葉がぴったりと並ぶ。稔性葉はより丈高で、長さ約75cmある。'クリスタトゥム'は、コンパクトな品種で、高さ10～20cm、葉の先端が鶏冠状。
ゾーン：5～9

BLETILLA
(シラン属)
英　名：CHINESE GROUND ORCHID

ラン科の属で、中国、台湾、日本の温帯地方原産の、約10種の落葉性、偽鱗茎の陸生ランが含まれる。秋と冬には休眠し、早春に新芽とともに開花する。
〈栽培〉
水はけのよい、肥沃なしかも保湿性の鉢植え混合土を必要とするが、庭でも育てることができる。半日陰から日向で育て、春と夏には適度な水遣りを定期的に行う。しばしば毛虫によって葉、特に休眠後の若いシュートを傷つけられる。寒い冬には耐えるが、新しく成長した部分は厳しい遅霜から保護してやる必要がある。

Bletilla striata
一般名：シラン（紫欄）
☀/☀ ❄ ↔30～120cm ↕30～60cm

耐寒性の種で、しばしば庭園植物として育てられ、持ち主にランと知られずに育てられることも少なくない。幅約5cmの淡いピンクからローズパープル（稀に白色）の花は、小さなカトレヤに似ている。また、斑入りの葉の品種もある。
ゾーン：6～11

BOCCONIA
(ボッコニア属)

アメリカの亜熱帯と熱帯地方原産の9種からなるケシ科の属。葉は非常に大きとも、ケシを思わせるが、花にはよく見られるケシの面影はない。花弁がなく、大きな羽毛のような総状花序をなして末

Blechnum spicant

Blechnum penna-marina

Blechnum spicant 'Cristatum'

Bolusanthus speciosus

端に咲く。この植物は普通、上部に葉を頂いた1本の幹として始まり、樹齢とともに、脇のシュートや吸枝をだして複幹の形をとる。どの部分を切っても黄色い乳液が出る。
〈栽培〉
軽い霜に絶えるが、元気に育つには温暖な気候が必要。湿った、水はけのよい、腐植豊かな土壌で、日向または部分日陰の場所が最適である。非常に精力的な植物なので、播種や吸枝の管理ができる場所に植えること。

Bocconia arborea
☼/◐ ↔ 4.5m ↕ 8m
中央アメリカで見られる。長さ約45cm、幅約30cmの葉は、深く切れて分割し、鋸歯縁で、裏面は綿毛を帯びることが多い。花は長さ約20cmの総状花序で、夏に咲く。
ゾーン：10〜12

Bocconia frutescens
英　名：TREE CELANDINE
☼ ❆ ↔ 4.5m ↕ 6m
ハワイでは有害な雑草と見なされている常緑高木。長さ約38cmの葉は、灰緑色で、ほとんど中央脈まで深く切れ込み、若時は有毛。花はピンク、クリーム、緑色の濃淡で、総状花序をなして夏に咲く。
ゾーン：9〜11

BOLTONIA
（アメリカギク属）
英　名：FALSE CHAMOMILE
約8種の背の高い多年生植物からなるキク科の属。アメリカ合衆国中部・東部とアジア北東部の、湿潤な土壌で見られる。葉の多い、直立した茎に、晩夏と秋、デージーのような花が密生する。花の中心は黄色で、花びらは白、ピンク、モーブ、または紫色である。
〈栽培〉
栽培の容易な目立つ花で、縁取り花壇、またはワイルドガーデンに植えられる。中程度に肥沃な土壌で、日向または部分日陰で栽培する。露出した場所では支柱を立てる。定期的な株分けで活力を維持する。株分け、または種子から繁殖。

Bletilla striata

Boltonia asteroides
一般名：アメリカギク
☼ ❆ ↔ 1.5m ↕ 0.9〜1.5m
藪を形成する多年生植物で、アメリカ合衆国東部原産。葉は細く、長さ約10cm。葉の多い、直立する茎に、晩夏から秋にかけて、星形の白いデージーに似た花が群生する。*B. a.* var. *latisquama*は、背の高い植物で、モーブ色の大きなデージーに似た花をつける。*B. a.* 'スノーバンク'は、高さ約2mの丈夫な植物で、白いデージーに似た花をつける。
ゾーン：4〜10

BOLUSANTHUS
（ボルサントゥス属）
英　名：TREE WISTERIA
1種のみからなるマメ科ソラマメ亜科の属。アフリカ南部に見られる、落葉性の大低木または小高木で、長い羽状複葉を持ち、フジ属に似た蝶形花が、うな垂れた総状花序につく。寿命の長い、美しい植物で、暖温帯または亜熱帯の庭園に向く。
〈栽培〉
一旦定着すると非常に軽度の霜に耐えるが、温暖地域で、夏に湿度が豊富な条件が最適である。水はけのよい土壌を好み、重すぎず、腐食豊かであることが望ましい。日向に植え、必要なら花が終わってから整姿のために剪定する。繁殖は種子から行う。

Bolusanthus speciosus
一般名：エレファントウッド
英　名：TREE WISTERIA
☼ ❆ ↔ 2.4m ↕ 3〜6m
ややうな垂れた枝、直立する習性。地域

Bomarea costaricensis、コスタリカ

により、冬期または乾燥期に落葉する。早春に、むき出しの木質に、バイオレットブルーの花が総状花序をなして咲く。羽状複葉は、長さ約15cmで、幼時には細かな毛でおおわれている。
ゾーン：9〜11

BOMAREA
（ボマレア属）
英　名：CLIMBING ALSTROMERIA
南アメリカ産の約100種を含む、アルストレメリア科の属。塊根性の多年生植物で、多数が巻きつきながらよじ登る。大半の種の葉は、長さ10〜15cmの細長い披針形で、成長の非常に早い針金状の茎につく。晩春から、うなだれた、筒形から鐘形の花が、単生または群生する。暖色系の多様な花色で、しばしば対照色の斑点を持つ。花は6枚の花被片が2段に輪生する。ボマレア属の塊根を焼いたものは、南アメリカの原住民の重要な食糧である。
〈栽培〉
普通は常緑であるが、頂上部は霜に弱く、非常に温暖な気候のもとでないと、頂上部は冬の間に枯れたり、雑然としたりする。それでも、根がマルチでうまく保護してあれば、春に新しいシュートを出す。それ以外の場合は冬に塊茎を掘り出す。湿潤な、腐植豊かな、水はけのよい土壌で、少なくとも半日の日照があ

Bocconia arborea

Bocconia frutescens

るところに植える。繁殖は株分け、または種子から行う。

Bomarea caldasii
☼ ❆ ↔ 1.8m ↕ 3〜5m
南アメリカ北部産の種で、長さ約5cmの花が集まって1つの開いた花序をなす。外側の花被片はピンクがかった赤色から赤茶色で、内側の花被片は黄色からオレンジで、茶色、赤色または緑色の斑点がある。
ゾーン：9〜11

Bomarea costaricensis
☼ ❆ ↔ 1.8m ↕ 3〜5m
コスタリカ原産の種で、長さ約5cmの花が集まって1つの花序をなす。内側と外側の花被片は暖かみのある赤茶色で、内側に色の濃い斑点がある。果実が開くと赤い種子が現れる。
ゾーン：9〜11

BOMBAX
（ボンバックス属）
熱帯性の落葉大高木からなる、独特のパンヤ科の属で、熱帯アフリカ、南アジア、北オーストラリア原産のおよそ20種が含まれる。岩の露出部の周辺や、河川流域に生息する。太くまっすぐな幹に、枝が段状につき、しばしば基部に板根が見られる。樹皮はたいてい円錐形の刺

Bomarea caldasii

に覆われている。葉は複葉で、5枚以上の小葉が共通の柄につく。乾季、葉のない枝に生じる大きな花は、赤、白、または黄色の、舌状の5枚花弁からなり、中央に雄ずいが密生する。大きな果実は熟すと裂開し、白い毛に包まれた、油を含んだ種子を放出する。

〈栽培〉
熱帯では容易に栽培できる。保護された場所と、肥沃で深く、下層土に水分を含んだ、水はけのよい土壌を好む。若木は成長が早い。シロアリなどの昆虫に襲われた場合は短命になり得る。新鮮な種子、または、雨季に先端を挿し木して繁殖。

Bombax ceiba
異　名：*Bombax malabaricum*
一般名：キワタ、インドワタノキ
英　名：SILK COTTON TREE
☼ ↔9〜12m ↕18m
広く分布するアジア原産の種で、大きく広がる、枝の多い高木。幼時は幹に刺がある。熱帯の乾季（春）、スカーレット色の花が豊富につく。アジアでは、若葉や花を野菜として利用するほか、樹皮から繊維を取る。
ゾーン：10〜12

BONGARDIA
（ボンガルディア属）
一属一種のメギ科の属。大きな丸い塊茎と、魅力的な羽状複葉をもつ多年草。ギリシャおよび中東地域原産。

〈栽培〉
温暖地帯では、戸外において、日当りと水はけのよい砂質の土壌で栽培する。夏の休眠期には、暑く乾燥した環境が必要で、頸部に水分がたまると腐りやすい。冷涼地帯では、暖房のない温室で栽培可能。種子で繁殖。

Bongardia chrysogonum
☼ ❄ ↔30〜50cm ↕30〜60cm
長さ10〜25cmの、羽状分裂した葉が、塊茎から直接生じる。青みを帯びた緑色の葉は、基部がしばしば紫赤色を帯びる。春、葉群の上に、レモンイエローの花がまばらな円錐花序につく。果実は卵形で、赤みを帯びる。
ゾーン：9〜10

BOOPHONE
（ブーフォネ属）
南アフリカ〜アフリカ東部原産の、6〜8種の鱗茎植物からなるヒガンバナ科の属。鱗茎は地表の下ではなく上に成長し、直径約30cmまでになる。掌状葉は長さ50cmになる。一部は粉を吹いたような青色で、大半の葉縁は非常に起伏が多い。葉に先んじて生じる花序は、高さ30cmになり、何百個もの小さな花が球状につく。原生地では、矢毒として利用されたほか、薬用にも使われた。

〈栽培〉
水はけのよい砂質の土壌で容易に育つが、適切な時期の休眠が必要。休眠期は種によって異なり、間違った時期の潅水は致命的となる。種子で繁殖。

Boophone disticha
英　名：BUSHMAN'S POISON BULB, FIRE BALL, OX KILLER FAN, TUMBLE WEED, VELDT FAN
☼ ❄ ↔10〜20cm ↕30cm
南アフリカ、ボツワナ、スワジランド、ジンバブエ、ケニヤ、ウガンダ原産の、夏に成長する多年生植物。花後、大きな鱗茎から起伏のある掌状葉が生じる。春、何百もの小さなピンク色の花が単一の花序をなす。
ゾーン：9〜11

BORAGO
（ボラゴ属）
英　名：BORAGE, TAILWORT
3種のみの一年生植物、または短命の多年生植物からなるムラサキ科の属。ヨーロッパ原産で、普通、自家播種が問題にならないハーブガーデン、または、より自然の場所に利用される。葉はざらざらしていて、普通、濃青色の花が夏に咲く。花はハチに非常に好まれ、サラダとして食用される。芳香のある若葉も食用される。

〈栽培〉
水分保湿力のある土壌であれば、日なたでも半日陰でもよく育つ。自家播種で繁殖するが、間引きが必要。

Boophone disticha, in the wild, South Africa

Borago officinalis
一般名：ボリジ、ルリジサ
英　名：BORAGE
☼ ❄ ↔25〜30cm ↕50〜60cm
自家播種する、強健な直立性の一年草。ざらざらした葉は長さ25cmになる。夏、幅25mmになる濃い青色の花が、大きく開いた花序をなす。*B. o. f. alba*、白花品種。そばに青色品種がない限り、種子から正確に生じる。
ゾーン：5〜10

Borago pygmaea
異　名：*Borago laxiflora*
一般名：クリーピングボリジ
☼ ❄ ↔25〜30cm ↕25〜30cm
広がって成長する短命の多年草。ざらざらした葉は長さ15cmになる。夏、鮮やかな青色の花が生じる。普通、*B. officinalis*ほど侵略的ではない。
ゾーン：7〜11

Borago officinalis

Borago officinalis f. *alba*

BORASSODENDRON
(ボラッソデンドロン属)

2種の単幹の掌状葉ヤシからなるヤシ科の属。マレー半島とボルネオ島の多雨林原産で、しばしば石灰岩の上に生息する。幹に葉鞘はない。葉柄は比較的細く、刺もないが、縁は硬くて非常に鋭い。葉身は基部からいくつかの切片に分かれている。花序は葉の基部から生じ、雌雄の花は別々の株に生じる。雄性花は下垂して枝分かれした花序につき、より大きな雌性花は、分枝しない花序をなす。果実は大きく、ほぼ球形で、3室に分かれ、それぞれの室に1つの種子を含む。新しいシュートと果実は、かつて原生地の人々に食用された。

〈栽培〉
湿潤な熱帯の気候と、保護された環境が必要。地下水面の高い、深い沖積土に植えつけるのが最高。コンテナにはなかなか適応しない。種子で繁殖するが、発芽にはボトムヒート処理が必要。

Borassodendron machadonis ★
 ↔15m ↕21m

マレー半島北部およびタイ南部原産だが、現在、野生では希少。密な樹冠をなす、光沢のある緑色の大きな葉は、長さ6mになり、葉身は幅3.5mにもなる。クリーム色の花。紫みを帯びた緑色の果実は、球形で、直径10cm。
ゾーン：11～12

BORASSUS
(ボラッスス属)

10種の大きな掌状葉ヤシからなるヤシ科の属で、熱帯アフリカとアジアから、東のニューギニアにかけて分布し、主に開けた砂質の平原や川辺に生息する。厚みのある単幹は、普通、十字模様をなす古い葉柄に覆われる。葉は先細りの切片に分かれ、固く放射状に広がるか、下垂する。雄性花と雌性花は異なる株に生じる。花枝は小さな花を側生させる。雌性株は、繊維性の皮に覆われた大きな果実をつける。一部の種は、パームシュガーをはじめ、さまざまな用途に利用される。

Borassodendron machadonis

Borassus flabellifer

〈栽培〉
栽培を成功させるには熱帯性の気候が必要。地下水に届けば長い乾季にも耐えるが、湿潤な熱帯地方でもっとも繁茂する。日当りは必須条件で、水はけのよい多孔性の深い土壌を好む。繁殖は種子のみ。発芽した種子は、個々のコンテナに植え替える。

Borassus aethiopum
↔4.5m ↕18m

熱帯アフリカ原産。樹冠をなす、青みを帯びた緑色の葉は長さ3.5mになる。幹は花枝の下で太くなる。雄性花をつける枝は長さ1.8mになる。食用の果実はオレンジブラウンで、直径15cmになる。
ゾーン：11～12

Borassus flabellifer ★
一般名：オウギヤシ、パルミラヤシ
英　名：LONTAR PALM、PALMYRA PALM
↔4.5m ↕18m

インド南部およびスリランカから、ニューギニアとインドネシアにかけて分布する。大きさは*B. aethiopum*と同等。葉はより大きく、幅3mになる。果実もより大きく、直径20cmになる。
ゾーン：11～12

Borassus sundaicus
英　名：LONTAR PALM
↔4.5m ↕18m

*B. flabellifer*との区別が難しく、多くの権威者は認めていない。外観はほぼ同一だが、花をつける小枝の構造と種子に微妙な差がある。この名称はsouthern lontar palmにも適用される。
ゾーン：11～12

Borassus aethiopum

BORONIA
(ボロニア属)

甘い香り、早春咲きの花、芳香性の葉で有名なミカン科の属。およそ100種の、コンパクトな、小～中型の常緑低木からなり、多くはオーストラリアで見られる。葉は単葉または羽状複葉で、4枚花弁の小さな花は、開いた星形、もしくは花弁が重なり合って鐘形をなす。花色はさまざまで、白、ピンク、青みを帯びたモーブ色から、赤、黄、黄緑、茶色まである。一部の種は短命。

〈栽培〉
他の植物によって保護された、日なたまたは半日陰の場所に置く。水はけのよい、有機質の割合が高い土壌で栽培し、乾燥しきらないよう注意。ポット栽培の場合、鉢用混合土に、肥料としてリンが過剰に含まれていないことを確かめる。普通、花を摘むと花期が継続する。花後、株を半分まで切り詰め、寿命を延ばすとともに、より藪状に仕立てる。半熟枝挿しで繁殖。

Borassus sundaicus

Boronia ledifolia

Boronia denticulata

Boronia crenulata

Boronia heterophylla

Boronia crenulata
☀ ⌀ ↔0.9m ↕0.9m
ウェスタンオーストラリア州原産。直立に叢生する。葉は芳香性。晩冬から夏にかけて、ピンク色の星形の花が多数つく。ロックガーデンに映える。木漏れ日のあたる、湿り気のある水はけのよい土壌で最もよく育つ。より高い低木の下での栽培にも適する。
ゾーン：9～10

Boronia denticulata
☀ ⌀ ↔0.9m ↕1.2～1.8m
ウェスタンオーストラリア州原産。叢生する強健な常緑低木。鋸歯縁の幅狭の葉には強い芳香がある。晩冬～春、ピンクまたはモーブ色の星形の花がまばらな房をなす。大半の土壌に適応するが、ある程度の湿り気を好む。花後に軽く剪定し、樹形を整える。
ゾーン：9～10

Boronia heterophylla
一般名：ボロニア・ヘテロフィラ
英名：KALGAN BORONIA, RED BORONIA
☀ ⌀ ↔1.2m ↕1.8m
ウェスタンオーストラリア州南部原産の常緑低木。葉は鮮やかな緑色で、芳香性。晩冬～早春に生じる、深いピンク色の鐘形の花も芳香性。切花として商業栽培される。保護された半日陰の位置で、根部分が冷涼、湿性に保たれることを好む。
ゾーン：9～10

Boronia ledifolia
英名：LEDUM BORONIA, SYDNEY BORONIA
☀ ↔1.5m ↕1.5m
オーストラリア東海岸原産の、複数に分枝する直立性の低木。葉は深緑色の3出複葉で、つぶすと刺激性の油を放出する。晩冬～早春、鮮やかなピンク色の星形の花がつく。優れた切花。木漏れ日の当たる水はけのよい湿性の場所で最もよく育つ。
ゾーン：9～11

Boronia megastigma ★
一般名：ボロニア・メガスティグマ
英名：BROWN BORONIA
☀ ⌀ ↔0.9m ↕0.9m
ウェスタンオーストラリア州南西部原産。明緑色の葉群、細い茎、ぴりっとした芳香のある葉で人気の種。晩冬から早春につく、濃黄色と茶色の下垂する鐘形の花には、強い芳香がある。たいてい短命。水はけのよい湿性の土壌での栽培が最適。'ハーレクイン'、黄色と茶色の花。'ヘブン センド'、コンパクトな矮小型。茶色の花。'ジャック マグアイヤズ レッド'、深紅色の花。'ルテア'、緑みを帯びた、明るい黄色の花。葉色は原種よりも明るい緑色。'ウィルトゥオソ'、黒色に近い花弁。
ゾーン：9～11

Boronia molloyae
異名：*Boronia elatior*
英名：TALL BORONIA
☀ ⌀ ↔1.2m ↕1.8m
ウェスタンオーストラリア州原産の、複数に分枝して密生する常緑低木。茎は有毛。芳香性の葉は分裂する。晩冬～早春、深いピンク色の鐘形の花がつく。切花に最適。夏季、土壌に有機質を加えて湿度を保つ。ゾーン：9～11

Boronia muelleri
ボロニア・ムエレリ
☀ ⌀ ↔1.2m ↕1.5m
オーストラリア南東部原産の、シダに似た芳香性の葉をもつ常緑低木。冬～春、淡いピンク色の星形の花がつく。水はけのよい、日陰の湿性の位置での栽培が最適。'サンセット セレナーデ'、コンパクト型の品種。淡いピンク色の花は、古くなると濃いピンク色に変わる。
ゾーン：9～11

Boronia megastigma cv.

Boronia megastigma

Bossiaea scolopendria

Bossiaea linophylla

Bossiaea walkeri

Boronia pinnata
一般名：ボロニア・ピンナタ
英　名：PINNATE BORONIA
☀ ❄ ↔1.5m ↕1.5m
オーストラリア東海岸の温帯原産の直立性の低木。葉は羽状複葉で強い芳香がある。晩冬～春、芳香性の、モーブ色～紫色の、星形の花が、まばらなスプレー状につく。保護された半日陰での栽培が最適。花後、軽く剪定する。'**スプリングホワイト**'、豊富な白い花。
ゾーン：9～11

Boronia serrulata
英　名：NATIVE ROSE
☀ ❄ ↔75cm ↕1.5m
オーストラリア東部のシドニー州でのみ見られる常緑低木。葉は濃緑色のダイヤモンド形で、細かい鋸歯縁。春、芳香性の、鮮やかなピンク色の杯形の花がつく。切花に最適。栽培は困難。
ゾーン：10～11

BOSEA
（ボセア属）
地理的に遠く離れて分布する3種の常緑低木からなる属で、1種はカナリア諸島、1種はキプロス島、そして1種はヒマラヤ地方西部で見られる。ほとんどが一年草または多年草であるヒユ科において、珍しい木性の属。地表面から多数の木質茎を密生させる。小さな単葉は全縁で、白または緑みを帯びた小さな花が、枝先に、分枝した穂状花序をなす。果実は非常に小さな液果で、原産地では食べ物や薬として、さまざまに利用されている。
〈栽培〉
栽培例はまれだが、水はけのよい土壌であれば容易に栽培できる。日当りと、刺をもつ場合もある。春から初夏にかけて、非常に色鮮やかな蝶形花が、単生または2～3個ずつ群生する。概して、日当りのよい環境でのみ開花する。
〈栽培〉
日なたまたは半日陰の、水はけのよい軽い土壌で栽培する。一部の種は湿原地域に自生するが、栽培する場合は乾燥気味に保つ。肥料や水を軽く与えると花つきがよくなるが、過ぎると、葉ばかり多くなって寿命を縮める。あらかじめ水に浸した種子、または半熟枝挿しで繁殖する。

Bossiaea linophylla
☀/◐ ❄ ↔1.2m ↕3m
ウェスタンオーストラリア州原産の低木。非常に幅狭の槍形の葉は、先端に鋭い刺がある。小さな花は金黄色で、赤い舟弁がある。しばしば秋まで花を保つ。
ゾーン：9～10

Bossiaea scolopendria
英　名：CENTIPEDE PEA
☀ ❄ ↔70cm ↕90cm
オーストラリアのニューサウスウェールズ州中央沿岸部原産。やせた砂岩の土壌で見られる。平たい革質の茎は、幅12mmで、小さな葉が互生する。晩冬～春、茎の先端に、中心が赤茶色の、金黄色の花がつく。
ゾーン：9～11

Bossiaea walkeri
英　名：CACTUS PEA
☀ ❄ ↔2.4m ↕2.4m
オーストラリア南部の乾燥地帯および半乾燥地帯原産。外皮が白みを帯びた、くすんだ青緑色の、葉のない平たい枝が絡み合う。春～秋、長さ25mmの、淡い赤色の蝶形花が生じる。
ゾーン：9～11

BOUGAINVILLEA
（ブーゲンヴィレア属）
南アメリカ原産の14種からなるオシロイバナ科の属で、暖温帯～熱帯地方で見られる。壮麗なよじ登り植物に見えるが、実際はつる性の低木で、支柱がなければ、比較的コンパクトな低木、またはグラウンドカバー状になる。葉は薄く、しばしば綿毛があり、ほぼ楕円形で、先端がとがっている。茎は、葉腋に長い幅狭の刺が見られる。葉は、種や生息地域により、常緑または落葉性。真の花は、クリーミィホワイト～黄色の、幅約25mmの筒状の花で、1～3個が集まっているが、大部分は色鮮やかな花弁状の苞に隠されている。属名は、フランスの探検家、Louis Antoine de Bougainville（1729～1811）にちなむ。
〈栽培〉
強い霜や、度重なる霜には耐えられない。水はけのよい軽い土壌と、日あたりの場所を好み、夏季にたっぷり水を与えるとよいが、やりすぎは禁物。株を低木状に保つために必要な強い剪定にも耐えられる。夏に挿し木で繁殖する。

Boronia pinnata

Bosea yervamora

Boronia serrulata

Bosea yervamora
英　名：HEDIONDO, HIERBAMORA
☀ ❄ ↔1.5m ↕2.4cm
カナリア諸島原産の低木。つる性の茎を密生させる。葉は深緑色。冬、緑色の小さな花が群生する。直径6mm以下の赤い液果がつく。
ゾーン：9～11

BOSSIAEA
（ボッシアエア属）
オーストラリア産の、およそ40種の常緑小低木からなるマメ科ソラマメ亜科の属。普通、小さな丸い葉を対につける。葉は、幼時はしばしば綿毛を帯び、先端に保護された温暖な場所を好む。切り戻した後も強健に再生するため、インフォーマルな生垣として栽培可能。挿し木、種子、根分けで容易に繁殖できる。

Bougainvillea × *buttiana* 'Barbara Karst'

Bougainvillea × *buttiana* 'Coconut Ice'

B. × *buttiana* 'Enid Lancaster'

B. × *buttiana* 'Lady Mary Baring'

Bougainvillea × *buttiana* 'Mahara'

B. × *buttiana* 'Raspberry Ice'

Bougainvillea × *buttiana*
ブゲンヴィレア×ブッティアナ

☼ ♂ ↔3〜6m ↑5m

*B. glabra*と*B. peruviana*の交雑種。幅広の葉は長さ10cm以上になり、中央脈には綿毛が見られる。小さな苞が密生する。1900年頃、トリニダード島で交配されたのが最初で、その交雑種は、栽培主にちなんで'ミセス バット'と名づけられた。以下のような人気交雑品種がある。'**アフターグロウ**'、高さ2.4〜4.5m。ピンク色がオレンジ色で覆われる。葉群は比較的まばら。'**バーバラ カースト**'、高さ3.5〜6m、強健。日なたでは赤色、半日陰では深いカーマインピンク色。'**ブリリアント ワリエゲイテッド**'、高さ1.2〜1.8m、小山状の低木。灰緑色と銀色の斑入りの葉。赤茶色の苞。'**チェリー ブロッサム**' (syn. *B.* 'ブライダル ブーケ'、'リンバーロスト ビューティ')、高さ2m、コンパクト型、成長が遅い。白にピンク色を帯びた苞。八重。'**ココナッツ アイス**'、高さ3.5〜4.5m、ピンクと白の苞に不規則な模様が入る。'**エニッド ランカスター**' (syn. *B.* 'カリフォルニア ゴールド'、'ハワイアン グロウ'、'サンセット'、*B.* × *b.* 'ゴールデン グロウ')、高さ3.5〜4.5m。落ち着いた黄色の苞が、古くなると金色になる。'**キリー キャンベル**' (syn. *B.* 'グリーン ライト'、'ローズ アンバー')、高さ3.5〜4.5m。這い性。花期が長い。大きな苞は、開花時はオレンジレッドで、古くなると深紅色になる。'**レディ メアリー ベアリング**'、高さ3.5〜4.5m。成長が早い。黄色。'**ルイス ワッセン**' (syn. *B.* 'オレンジ キング')、高さ4.5〜6m。長い茎。コッパーオレンジ色の苞。非耐寒性。'**マハラ**' (syn. *B.* 'マニラ レッド'、'プリンセス マハラ')、高さ3.5〜4.5m。深緑色の葉。紫色の八重の苞。'**ミセス バッド**' (syn. *B.* 'クリムゾン レッド')、高さ3.5〜4.5m。深紅色。花つきをよくするためには熱が必要。'**パープル クィーン**'、高さ1.2〜2.4m。藪状。深紫色の苞。'**ラズベリー アイス**' (syn. *B.* 'ラズベリー アイス')、高さ0.9〜1.2m。藪状。新梢は赤く、やがて緑色になり、クリーム色〜金色の縁取りが入る。鮮やかな深紅色の苞。グラウンドカバーやハンギングバスケットに向く。'**ローゼンカ**'、高さ1.2〜2.4m。金黄色で古くなると落ち着いたピンク色になる。大きな紙状の苞。'**タンゴ**' (syn. *B.* 'ミス マニラ')、高さ3.5〜4.5m。ピンクみを帯びた赤色の苞。**テキサス ドーン**/'**モナス**' (syn. *B.* 'パープル キング'、'ロビンズ グローリイ')、高さ3.5〜4.5m。パープルピンクの苞が大きな房をなす。
ゾーン：9〜12

Bougainvillea glabra
一般名：ブーゲンヴィレア・グラブラ、テリハイカダカズラ
英名：PAPER FLOWER

☼ ♂ ↔4.5m ↑3〜5m

ブラジル産の夏咲きの種。長さ12cmの深緑色の葉に、うっすらと毛が見られる。よじ登り植物として誘引すれば、高さまたは幅9mまで伸びる。花の苞は白〜深紅色。'**アルバ**'、純白の苞。'**キュフェリ**'、深いピンク色の苞。'**マグニフィカ**'、短命の紫色の苞が大量につく。'**レインボー**'、ピンクみを帯びた赤色の苞が、古くなるにつれ、さまざまなピンク系の色を展開する。'**ワリエゲイテッド**'、モーブ色の苞。灰緑色の葉にクリーム色の斑が入る。
ゾーン：10〜12

Bougainvillea glabra

Bougainvillea spectabilis

異　名：*Bougainvillea brasiliensis*
一般名：ブーゲンヴィレア・スペクタビリス、イカダカズラ

☀ ❄ ↔4.5m ↕3.5m

ブラジル原産の強健な種。ベルベット状の葉は、長さ10cmになる。ピンク〜紫色の苞が多数の穂状花序をなす。茎にはカーブした鋭い刺がある。
ゾーン：10〜12

Bougainvillea Hybrid Cultivars

一般名：ブーゲンヴィレア交雑品種

☀/☼ ❄ ↔1.5〜6m ↕0.6〜6m

ブーゲンヴィレアには両親がはっきりしない交雑種が多数ある。当然ながら多様で、ほとんどの色やサイズが揃っている。人気のある交雑種には、以下のようなものがある。'**アレキサンドラ**'、高さ4.5〜6m。強健。深いマゼンタパープル色。'**ベティ ヘンドリー**'（syn.'インディアン メイド'）、高さ2.4〜4.5m。花期が長い。赤色に、時おり紫や黄色の斑点が入る。**カマリロ フィエスタ／モンレ**、高さ4.5〜6m。小さい葉と、深紅色と銅色の苞。'**クローズバーン**'（syn.'ヘレン ジョンソン'、'テンプル ファイヤー'、'トム サム'）、高さ0.9〜1.5m。広がる低木。コンテナ栽培向き。銅色を帯びた赤色の苞。'**クリムゾン ジュエル**'、高さ0.6〜1.2m。広がる這い性低木。グラウンドカバーやハンギングバスケット向き。ピンクみを帯びた深い赤色。'**ドン マリオ**'、高さ3.5〜4.5m。紫赤色。'**エリザベス ドキシー**'（syn.'アップル ブロッサム'、'ジャマイカ ホワイト'）、高さ3.5〜4.5m。白い苞。'**エスルベド**'、高さ2.4〜3.5m。低木状。暗色の葉に、小さな深紫色の苞。'**ハワイアン ホワイト**'、高さ4.5〜6m。強健。白い苞に、緑色の脈が入る。'**イザベル グリーンスミス**'、高さ3.5〜4.5m。オレンジ色〜銅色を帯びた赤色。'**ジェームズ ウォーカー**'、高さ4.5〜6m。強健。濃い深紅色の大きな苞。'**ジャムフリ**'、高さ4.5〜6m。強健。紫赤色〜赤色の苞。'**ファニタ ハッテン**'、高さ2.4〜4.5m。深いパープルピンク色。'**ラ ホーヤ**'、高さ0.9〜2m。コンパクトな低木。鮮やかな赤色。'**ラヴェンダー クィーン**'、高さ3.5〜4.5m。落ち着いた紫色。'**メアリー パルマー スペシャル**'、高さ4.5〜6m。マゼンタピンク色。'**メアリー パルマーズ エンチャントメント**'、高さ4.5〜6m。極めて強健。純白の苞。'**オーララ**'、高さ1.2〜2.4m。低木状。濃い深紅色の苞。'**ピンク ティアラ**'、高さ2.4〜4.5m。淡いピンク色。花期が長い。'**パープル ローブ**'、高さ3.5〜4.5m。鮮やかなパープルピンク色の大きな苞。'**ルビヤナ**'、高さ4.5〜6m。強健。暗色の葉。パープルピンク色の苞。'**サン ディエゴ レッド**'（syn.'スカーレット オハラ'）、高さ3.5〜4.5m。多数の鮮やかなスカーレット色の苞が、古くなるとマゼンタ色に変わる。新梢はブロンズ色。'**サザン ローズ**'、高さ3.5〜4.5m。鮮やかなピンク色。'**タヒチアン ドーン**'、高さ4.5〜6m。強健。金色の苞が古くなるとピンク色に変わる。'**タヒチアン メイド**'、高さ1.8〜3.5m。深いピンク色の八重咲き花。'**トマシイ**'（syn.'ロセア'）、高さ4.5〜6m。強健なよじ登り植物。赤みを帯びた深いピンク色の苞。'**トーチ グロウ**'、高さ0.9〜2m。低木状。鮮やかなマゼンタピンク色の苞が茎の先端につく。'**ホワイト マドンナ**'、高さ3.5〜4.5m。純白の苞。
ゾーン：9〜12

Bougainvillea, Hybrid Cultivar, 'Elizabeth Doxey'

B., HC, 'San Diego Red'

ブーゲンヴィレアHC'サンダンス'

B., HC, 'Hawaiian White'

Bougainvillea hybrid cultivar

B., Hybrid Cultivar, 'Alexandra'

B., HC, 'Cherry Blossoms'

B., Hybrid Cultivar, 'Elsbet'

ブーゲンビヴレアHC'ゴールド サン'

B., Hybrid Cultivar, 'Jamburi'

B., HC, 'Juanita Hatten'

B., Hybrid Cultivar, 'Purple Robe'

B., Hybrid Cultivar, 'Rubyana'

B., HC, 'Zakir Hussein'

Bougainvillea hybrid cultivar

Bouvardia ternifolia、野生、メキシコ、ヴェラクルス

Bouteloua gracilis

Bouvardia longiflora

BOUTELOUA
（ボウテロウア属）
英　名：GRAMA GRASS

アメリカ合衆国南部および西インド諸島から、中央および南アメリカにかけて見られる、39種の一年生または多年生植物かなるイネ科の属。硬く細い花茎を群生または叢生させる。夏に生じる円錐花序は、1本または多数に分枝し、ワイヤー状の茎に、無柄の繊細な、「蚊に似た」小穂をつける。平らまたは折りたたまれた葉身が基部中央から生じる。
〈栽培〉
種子で繁殖。どんな庭土でも育つ。日あたりのよい開けた場所を好む。

Bouteloua curtipendula
一般名：アゼガヤモドキ
英　名：SIDEOATS GRASS
☀ ❄ ↔30〜45cm ↕60〜80cm

カナダ〜アルゼンチンの温帯原産の草。30〜80本の枝が円錐花序をなし、それぞれの枝に、長さ12mmになる小穂が1〜12個つく。幅6mmの葉身は、青みを帯びた緑色で、きめが粗い、またはやや有毛。ゾーン：4〜9

Bouteloua gracilis ★
ブテルア・グラキリス
異　名：*Bouteloua oligostachya*, *Chondrosum gracile*, *C. oligostachyum*
英　名：BLUE GRAMA, MOSQUITO GRASS, NAVAJITA AZUL, NAVAJITA COMUN
☀ ❄ ↔30cm ↕60cm

アメリカ合衆国南部〜南西部、およびメキシコ原産の草。アーチ状の密な円錐花序には、1〜4本の枝があり、それぞれに、長さ6mmになる小穂が1〜12個つく。幅狭のか細い葉身は、時おり毛を帯び、ざらざらした手触り。'**ラビントン**'、紫色の花がやがて黄色に変わる。
ゾーン：8〜10

BOUVARDIA
（ブバルディア属）

北アメリカ南部から、南アメリカ北部にかけて分布するアカネ科の属で、いくつかの常緑低木を含む、30種あまりからなる。やや這い性の、茎が弱い植物で、直立させるには支柱が必要。葉は大きくはないが、美しい深緑色で、普通光沢がある。最大の魅力は長い筒状の花。よく目立つ鮮やかな色調もあるが、より明色、または白色の花は芳香があり、切花として人気がある。
〈栽培〉
霜にはほとんど耐えられない。花つきをよくするためには、温暖な気候と、水はけのよい肥沃な土壌が必要。半日陰が最適で、温室やコンサバトリーでもよく育つ。はびこる傾向があるので、軽く剪定して、コンパクトな藪状に保つ。

Bouvardia longiflora
ブワルディア・ロンギフロラ
英　名：SENTED BOUVARDIA
☀ ❀ ↔0.9m ↕0.9m

メキシコ原産。散開する低木で、茎が弱く、傷みやすい。秋から冬にかけて、芳香性の高い、すべすべした白色の、4枚花弁の長い筒状の花をつける。保護された位置で栽培する。'**アルバトロス**' (syn. *B. humboldtii* '**アルバトロス**')、より大きな白い花。
ゾーン：10〜11

Bouvardia ternifolia
☀ ❀ ↔0.9m ↕0.9m

アリゾナ州、テキサス州、メキシコ原産の、茎の柔らかい常緑低木。鮮やかな赤色の筒状の花が散房花序をなす。ピンク系や赤系の花をつけるいくつかのcv.がある。
ゾーン：9〜11

BOWENIA
（ボウエニア属）

オーストラリア、クィーンズランド州北部沿岸地帯の多雨林原産の、非常によく似た2種のソテツからなるソテツ科の属。強健な地下塊茎をもち、幹を形成せず、地下から直接、分枝したシダ状の葉を立ち上げる。同様に地表面に生じた雄花序と雌花序が、一年の大半を通じて見られる。
〈栽培〉
湿潤な熱帯性気候を好み、多湿の多雨林で繁茂する。温帯では、暖房した温室が必要で、通常の室内環境には容易に適応せず、家庭用植物としての栽培は難しい。種子または根分けで繁殖。

Bowenia spectabilis
英　名：BYFIELD FERN
☀ ✤ ↔1.5m ↕1.5m

オーストラリア、クィーンズランド州北部沿岸地帯原産。つやのある深緑色の、湾曲した葉に、長さ10cmになる全縁の小葉がつく。雄花序は深緑色とクリーム色。雌花序はパイナップル型で、紫緑色の種子をつける。
ゾーン：11〜12

BOWIEA
（ボウィエア属）

非常によく似た、南アフリカ原産の2種の多年生多肉質植物からなるヒアシンス科の属。多数の鱗片が重なり合って、淡い緑色の、密な球形の鱗茎を形成する。この鱗茎は地上20cmにまで成長する。冬の休眠期には、外側の鱗片や、多くの鱗片の先端が乾燥して紙状になる。晩春または夏、植物は勢いよく成長をはじめ、1本以上の茎を非常に早く伸ばす。茎にはトレリスなどの支柱が必要。茎は、多数の葉のない横枝で覆われているが、これらはやがて落ちる。属名は、19世紀のキューガーデンの庭師であったJames Bowieにちなむ。
〈栽培〉
水はけのよい砂質の土壌と日なたを好む。成長期以外、水はほとんどいらない。種子で繁殖。

Bowiea volubilis
一般名：蒼角殿（ソウカクデン）
☀ ❀ ↔20cm ↕2.4〜4.5m

鱗茎の外表面に、枯れた、または枯れかけた鱗片の、紙状の残片が見られる。とくに休眠期には顕著。強健な長い茎に、緑みを帯びた白色の目立たない花を多数つける。
ゾーン：9〜11

BOWKERIA
（ボウケリア属）
英　名：SHELLFLOWER

南アフリカ原産の5種の常緑低木または高木からなるゴマノハグサ科の属。属名は19世紀の南アフリカの植物学者であったHenry Bowkerと、その姉、Mary Elizabethにちなむ。概してコンパクトな植物で、明るい緑〜真緑色の葉が3枚ずつ輪生する。花は近縁であるキンチャクソウ属に似ており、きんちゃく形、または一部が開いたカキの殻に似ている。
〈栽培〉
南アフリカの植物はすべて熱と乾燥に強いと信じている園芸家たちは、この植物に驚かされることだろう。この植物は、冷涼な湿性の環境、腐植質に富んだ水はけのよい土壌、半日陰の場所を好む。耐寒性はよく研究されていないが、たまの軽い霜には耐えることがわかっている。種子または挿し木で繁殖可能と思われる。

Bowiea volubilis

Brabejum stellatifolium

Bowkeria verticillata

Bowkeria verticillata
異　名：*Bowkeria*, *B. simplicifolia*, *B. triphylla*
英　名：NATAL SHELLFLOWER BUSH
☀ ❄ ↔3.5m ↕6m
南アフリカのクワズル・ナタール州およびイースタンケープ州の冷涼な山岳地帯原産。藪状の低木または小高木。葉は深緑色で、表面はしわがあり、裏面はより淡色で、綿毛が見られる。春から秋にかけて、長さ18mmのすべすべした白色の花がつく。
ゾーン：8～10

BOYKINIA
（アラシグサ属）
およそ9種の多年草からなるユキノシタ科の属。原産地は北アメリカと日本で、湿性の森林地帯に生息する。匍匐性の根茎をもち、ツボサンゴ属種に似た、円形または腎臓形の葉を叢生させる。小さな花が密な円錐花序をなす。花色は、白、黄みを帯びた緑色、または紫色。
〈栽培〉
ワイルドガーデン、森林植物園、ロックガーデンが最適。明るい日陰の、水はけのよい湿性の土壌で栽培する。株分けで繁殖。

Boykinia jamesii
異　名：*Telesonix jamesii*
☀ ❄ ↔15～20cm ↕5～15cm
アメリカ合衆国北西部原産の、低く成長するコンパクトな種。葉は小さい腎臓形で、鋸歯縁。初夏、紫赤色の小さな花がつく。暖房のない温室またはトラフで栽培する。
ゾーン：5～9

BRABEJUM
（ブラベジュム属）
1種の常緑高木からなる属。野生では南アフリカのウェスタンケープ州の川岸の雑木林でのみ生息する。ヤマモガシ科の属だが、アフリカにおけるヤマモガシ亜科唯一の種として植物学的にも重要である。葉は、枝に沿って間隔をあけて生じ、たいてい6枚ずつ輪生する。葉腋から生じる穂に白い花を密生させる。果実はアーモンドに似ており、食べるには苦すぎるが、昔は、ゆでて、炒って、挽いて、コーヒー状の飲料にされた。
〈栽培〉
昔、ヨーロッパからケープ地方に移住した人々が、この植物を生垣として密生させ、家畜を保護したが、それ以外ではあまり栽培されない。水はけのよい湿性の土壌で、保護された場所であれば育つ。新鮮な種子、または挿し木で繁殖。

Brabejum stellatifolium
英　名：SOUTH AFRICAN WILD ALMOND
☀ ❄ ↔3.5m ↕8m
地表面から広く分枝し、多数の直立性の強健な茎を出す。葉は、長さ15cm、幅狭く、先の丸い鋸歯縁をもつ。夏、さび色の花芽から白い花が開く。秋につく果実は、長さ5cmで、深紅色～赤みを帯びた茶色。ゾーン：8～10

BRACHYCHITON
（ブラキキトン属）
およそ30種の常緑または半落葉性高木からなるアオギリ科の属。大半はオーストラリア原産で、主に北部の熱帯や亜熱帯に見られ、数種が乾燥地域にも分布している。全縁、または裂片のある大きな葉をもち、春と夏、新しい葉群のすぐ先に、色鮮やかな花が、よく目立つスプレー状または房状につく。全種とも、時おり膨らむ、形のよい幹をもち、大きな舟形の木質の袋果をつける。日陰樹や観賞用の高木として人気があり、公園、街路樹、農場などに見られる。
〈栽培〉
いったん根付けばある程度霜に耐えるが、大半の種は、初期段階では比較的成長が遅く、美しく花をつけるには温暖な気候が必要。日の当たる、水はけのよい酸性土壌で最もよく育つ。春に新鮮な種子を蒔くか、交雑種の場合は取り木で繁殖。

Brachychiton acerifolius
異　名：*Sterculia acerifolia*
英　名：FLAME KURRAJONG, ILLAWARRA FLAME TREE
☀ ❄ ↔6m ↕12m
オーストラリア東海岸原産の落葉性高木。深紅色の花が裸の枝につく。実生の場合、花がつくまで何年もかかるので、庭においては取り木が望ましい。非常に乾燥に強い。
ゾーン：9～10

Brachychiton bidwillii
英　名：DWARF KURRAJONG
☀ ❄ ↔2.4m ↕3.5m
オーストラリア、クィーンズランド州の東海岸原産。小高木で、乾季には落葉する。深裂する葉は、晩春に花が生じると落ちる。花は深いピンク色または赤色の筒状の花で、コンパクトな房をなす。乾季に耐える。
ゾーン：10～12

Brachychiton bidwillii

Brachychiton acerifolius

Brachychiton discolor

異 名：*Sterculia discolor*
英 名：LACEBARK KURRAJONG
☀ ♦ ↔9m ↕24m

オーストラリア東部の多雨林原産の、円錐形の落葉高木。葉は深緑色で、裂片があり、裏面はより淡色。樹皮は極めて緑色。初夏、ピンク色のベルベット状の花が、葉のない枝につく。水はけのよい湿性の土壌を好む。ゾーン：9～11

Brachychiton paradoxus

☀ ✤ ↔3m ↕3m

オーストラリア北部熱帯原産の、不均一に広がる落葉高木。雨季に生じる葉は、大きく、ほぼ円形で、浅裂があり、やや有毛。オレンジレッドの鐘形の花が裸の木部に群生する。
ゾーン：11～12

Brachychiton populneus

異 名：*Sterculia diversifolia*
英 名：KURRAJONG
☀ ❄ ↔4.5m ↕9m

乾燥地域に生じる、オーストラリアで人気の高木で、夏の木陰や、緊急時の家畜飼料を提供する。半落葉性で、樹皮は緑みを帯びる。大きな葉は、単葉〜深裂する。春から初夏にかけて、白い鐘形の花がつく。木質の舟形の果実。
ゾーン：8～11

Brachyglottis, Dunedin Group, 'Otari Cloud'

Brachyglottis, Dunedin Group, 'Sunshine'

BRACHYGLOTTIS
（ブラキグロッティス属）

およそ30種の常緑の高木、低木、よじ登り植物、多年生植物からなるキク科の属。ニュージーランド、タスマニア、それにオーストラリアで見られ、沿岸地帯から高山地帯にまで生息する。大半はかつてキオン属に分類されていた。普通、さまざまな程度の白色または淡黄色の綿毛を帯びた、美しい灰色の葉を目的に栽培される。黄色または白のデイジーに似た花は、ほとんど重要視されないが、かなり目立つ花をつけるものも数種ある。

〈栽培〉
大半の種は、日なたの、水はけのよい土壌を好み、多くは厳しい海岸沿いの環境にも耐える。冷温帯においては、非耐寒性の種は温室で栽培され、耐寒性の種は、日の当たる壁沿いで栽培される。剪定してコンパクトで藪状の樹形を保つ。美しい葉が主目的であれば、花序は摘み取ってもよい。原種は秋に種子または半熟枝挿しで、cv. は挿し木でのみ繁殖。

Brachyglottis compacta

異 名：*Senecio compactus*
☀ ♦ ↔2m ↕0.9m

ニュージーランド北島の南西部沿岸原産。太い枝。葉は長楕円形で、縁はやや起伏があり、幼時は白い綿毛を帯びるが、古くなるにつれ、なめらかで、くすんだ色合いになる。鮮やかな黄色の小さなデイジーに似た花がつく。
ゾーン：9～11

Brachyglottis compacta

Brachyglottis Dunedin Hybrids

一般名：ブラキグロッティス、
ダニーデン ハイブリッド
☀ ❄ ↔1.8m ↕1.2～1.5m

B. compacta、*B. laxifolia*、*B. greyi*の交雑種。ニュージーランド南島のダニーデン植物園で最初に登録された。藪状、あるいはいくぶん散開する習性で、原種に比べ耐寒性がある。新しく成長した部分を覆う白い綿毛は、その後も裏面に存続する。'オタリ クラウド'、鮮やかな白～銀灰色の葉が大きく広がる。花はやや落ち着いたバターイエロー。'サンシャイン' ★、銀灰色の葉は裏面に綿毛がある。横広がり。夏、小さな黄色のデイジーに似た花をつける。
ゾーン：8～10

Brachyglottis greyi

異 名：*Senecio greyi*
☀ ❄ ↔3m ↕1.5m

ニュージーランド北島のウェリントン原産で、園芸用に幅広く栽培されている。葉は楕円形、灰緑色で、縁に起伏があり、裏面は綿毛を帯びる。夏に鮮やかな黄色の花が生じる。生垣や、沿岸地域での栽培にも適する。
ゾーン：8～10

Brachyglottis hectoris

異 名：*Senecio hectori*
☀ ❄ ↔2.4m ↕3.5m

自然生息地域は、ニュージーランド南島北部の川辺や森林周辺。やや鋸歯縁の大きな葉が枝先に密生する。夏、大きな白いデイジーに似た花が群生する。
ゾーン：8～10

Brachychiton paradoxus

Brachychiton discolor

Brachychiton populneus

Brachyglottis laxifolia

異　名 : *Senecio laxifolius*

☼ ❄ ↔2m ↕0.9m

ニュージーランド南島北部の山地で見られる。散開する習性。葉は幅狭の長楕円形で、やや革質で肉厚、裏面は密な灰色の綿毛を帯びる。

ゾーン : 8〜10

Brachyglottis 'Leith's Gold'

一般名 : ブラキグロッティス 'リースズ ゴールド'

☼ ❄ ↔1.5m ↕1.8m

コンテナ用植物として人気の交雑種。葉は大きく、深緑色で、裏面は密な銀灰色の毛でフェルト状になっている。春と初夏、鮮やかな黄色のデイジーに似た花の房に覆われる。

ゾーン : 8〜10

Brachyglottis monroi

異　名 : *Senecio monroi*

☼ ❄ ↔1.8m ↕0.9m

ニュージーランド南島北部の山地に見られるじょうぶな低木。葉は楕円形で、縁にひだがあり、裏面は白い綿毛を帯びる。夏、鮮やかな黄色の小さなデイジーに似た花がつく。多湿の環境には適さない。

ゾーン : 8〜10

Brachyglottis repanda

ブラキグロッティス・レパンダ

英　名 : RANGIORA

☼ ❄ ↔3m ↕6m

人気のある園芸低木または高木。葉は幅広で長さ25cmになり、縁に起伏があり、脈が目立つ。裏面は白いフェルト状。春、小さな花が多数集まって大きく華やかな円錐花序をなす。'**プルプレア**'、非常に美しい葉の植物。葉の表面は深紫色で、裏面は綿毛を帯びる。

ゾーン : 9〜11

BRACHYLAENA

（ブラキュラエナ属）

熱帯アフリカ〜南アフリカ、それに、マダガスカル島およびマスカリン諸島にかけて見られる、23種の低木および高木からなるキク科の属。やや革質の、槍形〜長楕円形の葉は、鋸歯縁で、裏面はしばしばフェルト状になっている。白またはクリーミィイエローの頭状花に続いて、粗い毛または刺のある果序がつく。

〈栽培〉

大半の種は完全に非耐霜性で、温暖な亜熱帯〜熱帯の環境が必要。成長期にじゅうぶんな湿気が得られる、水はけのよい軽い土壌を好む。種子、挿し木、または時おり見られる、自然発根したシュートを移動して繁殖する。

Brachylaena rotundata

英　名 : MOUNTAIN OAK, MOUNTAIN SILVER OAK

☼ ❄ ↔2.4m ↕8m

南アフリカ北部、ジンバブエ、ボツワナ原産の半落葉高木。直立性で藪状の習性。葉は表面が暗緑色で、裏面は灰色の毛を帯びる。先端近くが最も幅広で、縁に起伏がある。晩冬から早春にかけて、深い黄色の頭状花が枝先にスプレー状につく。

ゾーン : 9〜11

BRACHYPODIUM

（ヤマカモジグサ属）

北半球に分布する、17種の一年草および多年草からなるイネ科の属。直立性の細い茎が叢生する。夏、柄の短い小穂にそれぞれ5〜25個の花がついて、コンパクトな穂状の総状花序をなす。葉は平らまたはカーブしている。

〈栽培〉

水はけと日当りさえよければ、あらゆる庭土で育つ。種子で繁殖。

Brachypodium pinnatum

英　名 : TOR GRASS

☼ ❄ ↔30〜60cm ↕90〜120cm

多年草。長さ35mmの小穂に25個以下の花がつき、長さ25cmの直立した穂状花序をなす。ざらざらした、硬い、幅狭の、黄みを帯びた緑色〜明緑色の葉は、長さ45cmになる。

ゾーン : 5〜9

BRACHYSCOME

（ブラキスコメ属）

異　名 : *Brachycome*

英　名 : DASY

一年生および多年生植物、それに亜低木からなる、人気のキク科の属。約90〜100種の原種が含まれ、多くのcv. もある。オーストラリア全域で見られ、生息地は沿岸地帯から高山地帯におよぶ。葉は小さく、鮮やかな緑色で、普通、複数の裂片、分裂および／または鋸歯縁が見られる。マットを形成する種、吸枝をのばす種、丸くコンパクトに叢生する種などがある。花は典型的なデイジー花で、ピンク色、モーブ色、青、紫、レモン色、白の色調があり、中心は普通黄色で

Brachyglottis monroi

Brachyglottis laxifolia

Brachylaena rotundata, Kirstenbosch National Botanical Garden, South Africa

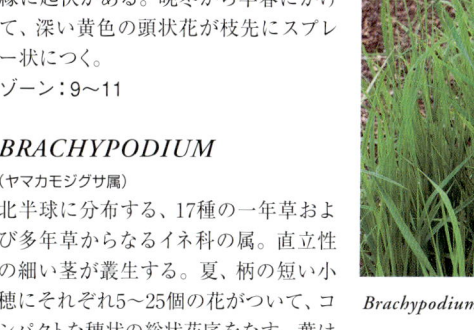

Brachypodium pinnatum

Brachyglottis 'Leith's Gold'

Brachyscome iberidifolia 'Blue Star'

Brachyscome angustifolia 'Mauve Delight'

Brachyscome iberidifolia
一般名：ブラキスコメ・イベリディフォリア、ヒメコスモス
英　名：SWAN RIVER DAISY
☀ ↔20〜30cm ↕5〜40cm
直立性の一年草で、羽状複葉をもつ。青、紫、または白色の、直径25mmの花が、春夏を通して見られる。非耐霜性。'ブルー ミスド'、美しい青色の花。'ブルー スター'★、紫みを帯びた花弁が管状に巻いている。軽い芳香あり。
ゾーン：9〜11

Brachyscome multifida
ブラキスコメ・ムルティフィダ
英　名：CUT-LEAF DAISY、HAWKESBURY DAISY
☀ ↔30〜100cm ↕20〜40cm
多数に分裂した柔らかい葉が小山を形成する。花は普通紫色だが、ピンクや白もある。水はけのよい土壌を好み、霜に耐える。伏した茎から発根する場合もあるが、吸枝は出さない。*B. m.* var. *dilatata*、丸みを帯びた品種。葉は原種よりもくさび形。'ブレイク オ デイ'、原種よりも耐寒性がある、コンパクトな品種。春〜秋、深いモーブ色の花をつける。*B. m.* 'エヴァン'、春〜秋、クッション状の深いモーブ色の花がつく。'ホワイト サプライズ'、原種に似ているが、白花がつく。
ゾーン：9〜11

Brachyscome Hybrid Cultivars
一般名：ブラキスコメ交雑品種
☀/◐ ↔45cm ↕45cm
主に*B. angustifolia*と*B. iberidifolia*との交雑種で、コンパクトで花つきがよい。'ブルー ヘイズ'、低く成長するコンパクト型。モーブブルーの花。'シティ ライツ'、明るいラベンダーブルーの大きな花が小山を形成する。'ジャスト ジェイン'、吸枝を出すコンパクトな品種。秋、白〜淡いピンク色の花をつける。'ニュー アメジスト'、細かい葉。春〜秋、暗紫色の小さな花をつける。'ストロベリー ムース'、赤みを帯びた真緑色の葉群。裂片のあるスプーン形の葉と鮮やかなピンク色の花。'トウカン タンゴ'（syn. 'ウルトラ'）、レース状の葉群。一年を通じてバイオレットブルーの花がつく。'バレンシア'、熱帯では直径35mmのモーブピンク色の花が一年中見られる。
ゾーン：9〜11

Brachyscome iberidifolia 'Blue Mist'

Brachyscome angustifolia
ブラキスコメ・アングスティフォリア
英　名：STIFF DASY、GRASSLAND DAISY
☀/◐ ↔40〜60cm ↕38cm
タスマニアを含めたオーストラリア南東部に広く分布する多年生植物。ワイヤー状の茎が広がって小山を形成する。暗緑色の線形の葉は長さ5cmになる。春から初夏にかけて、ピンク、青、または紫色の、幅25mmの花序がつく。'モーブ ディライド'、強健に広がる品種。地下にランナーを伸ばす。モーブ色の花。
ゾーン：9〜11

Brachyscome formosa
ブラキスコメ・フォルモサ
英　名：PILLIGA DAISY
☀ ↔15cm ↕5〜10cm
オーストラリア、ニューサウスウェールズのピリガ地方原産の、吸枝を出す小さなデイジー。葉は起伏のある鋸歯縁で、長さ35mmになる。春〜夏、モーブピンクの花がつく。'ハッピー フェイス'、原種よりも多肉質の葉。パープルピンクの花。'ピリガ ポージィ'、短い茎に、大きな鮮紅色の花がつく。
ゾーン：9〜11

ある。ロックガーデン、ポット、ハンギングバスケット、斜面、それにボーダー花壇の前面に植える植物として人気がある。一部偶然に生じたcv. もあるが、大半は、計画的な交配プログラムによって花の色や大きさなどを改良したものである。

〈栽培〉
水はけのよい土壌であれば、日なたでも半日陰でもよく育つ。乾燥や霜への耐性には種によって差がある。種子で繁殖するが、名のついたcv. は挿し木や株分けで繁殖する。

BRACHYSEMA
（ブラキセマ属）
16種を含むマメ科の属。主にウェスタンオーストラリア州のやせた砂質の土壌で見られる。大半は広がる小低木または平伏性のよじ登り植物で、単葉を互生または対生させるか、あるいは、平たい茎に小さな鱗片状になった葉をつける。花はエンドウマメ形で、主に赤色だが、クリーム色、黄緑色、黒味を帯びる場合もある。花は花蜜食の鳥をひきつける。平伏性の種はよいグラウンドカバーになる。

〈栽培〉
大半の種は、幅広い条件の土壌や環境で育つが、日なたの水はけのよい土壌が最適。一時的な土壌の乾燥には耐える。リン酸の多い肥料は、植物を損傷または枯死させるため、避ける。大半の種は花後の剪定によく反応する。種子で繁殖するが、種皮が硬いため、発芽前には処理が必要。あるいは、しっかりした新梢を挿してもよく発根する。伏せ木も可。

Brachysema celsianum
異　名：*Brachysema lanceolatum*
一般名：スワンリバーピー
英　名：SWAN RIVER PEA
☀ ↔3m ↕1.5m
ウェスタンオーストラリア州原産の、多様な小低木または半よじ登り性植物。葉は大きく、円形または槍形で、表面は緑色、裏面は銀灰色で有毛。冬〜春、鮮やかな赤色の、エンドウマメ形の花がつく。低い生垣を仕立てるのに便利な植物。花蜜食の鳥をひきつける。
ゾーン：9〜11

Brachysema celsianum

Brassavola cucullata

BRAHEA
（ブラヘア属）

異　名：*Erythea*
英　名：HESPER PALM

メキシコおよび中央アメリカ原産の、12種の美しい小型～中型の掌状葉ヤシからなるヤシ科の属。普通、目を引く外観と、美しい葉群を目的に栽培される。大半は、開けた森林地帯や低地の低木林における、乾燥した岩の多い場所に生息する。大半の種は、表面のざらざらした単幹と、コンパクトな樹冠をもつ。平たい葉柄は、しばしば縁に刺がある。葉身は掌状。優雅にカーブした花枝が葉の基部から生じる。白～黄みを帯びた小さな花が穂状の小枝に密生する。オリーブ形の果実は熟すと青黒色になる。一部は食用。

〈栽培〉
日当りを好むヤシで、暖温帯～亜熱帯の大半で容易に栽培できるが、夏が暑く乾燥した地域が最適。大半は軽い霜に耐える。水はけのよい、中程度に肥沃な土壌で、下層土にじゅうぶんな湿気があれば最高。枯れた葉は取り除く。そのままほうっておくと、枯れ草が樹冠の下でスカート状にひろがってしまう。種子で繁殖。初期の成長は遅いが、葉の下に幹が見えてからは、速度も上がる。

Brahea armata ★
異　名：*Erythea armata*
英　名：BULE HESPER PALM, HESPER PALM
☀ ⇵ ↔3m ↕8m

メキシコ西部ののバハ・カリフォルニア半島原産。葉は硬く、淡い青灰色。幹はがっしりしている。長さ4.5mになる、完全な半円形に湾曲した花枝が、葉群の上に生じる。クリーム色の小さな花は、多くの昆虫を引きつける。
ゾーン：9～11

Brahea brandegeei
ブラヘア・ブランデゲエイ
異　名：*Erythea brandegeei*
英　名：BRANDEGEE HESPER PALM, SAN JOSE HESPER PALM
☀ ⇵ ↔4.5m ↕12m

原産地は、メキシコ、サンホセデルカボ近くの、バハ・カリフォルニア南部の険しい峡谷。茶みを帯びた細い幹は、上に向かって細くなる。葉は淡い緑色で、下垂し、花枝の一部を隠している。1900年、カリフォルニアの植物学者、Brandgeeによって採集された。'**エレガンス**'（syn. *Erythea* 'エレガンス'）、矮小型で、普通高さ1.5mに満たない。
ゾーン：9～12

Brahea edulis
異　名：*Erythea edulis*
一般名：メキシコハクセンヤシ
英　名：GUADALUPE PALM
☀ ⇵ ↔6m ↕9m

メキシコ沖のグアダルーペ島原産で、海岸から伸びる険しい峡谷に生息する。幹は太い。葉は淡い緑色で、茶色っぽい軟毛を帯びる。軟毛を帯びた、短く太い花枝に、緑みを帯びた白色の花がつく。茶黒色の果実は食用。
ゾーン：10～12

BRASSAVOLA
（ブラッサボラ属）

中央～南アメリカ原産の、棒状葉をもつ、約25種の複茎性の着生ランからなるラン科の属。花のない姿も興味深い。しばしば下垂して、印象的な白～淡い緑色の花を群生させる。夜、強い芳香を発する。

〈栽培〉
灌水の間、完全に乾燥するようにすれば、小さい鉢、バスケット、厚板でよく育つ。高い光度、中度～暖温度を好むが、乾燥を保てば、低温の冬も乗り切る。近縁属であるカトレヤ属との交配により、多数の斬新な交雑種が作られた。

Brassavola cucullata
☀/◐ ⇵ ↔60cm ↕30cm

中央アメリカ原産。下垂する成長習性で、厚板での培養に理想的。まばらにつく個々の花はかなり大きく、高さ18cmになる。花は、黄みを帯びた緑色の切片と、一部鋸歯縁の、白い唇弁からなる。
ゾーン：10～12

BRASSIA
（ブラッシア属）

英　名：SPIDER ORCHID

ラン科の属で、熱帯アメリカ原産の、およそ20種の複茎性の着生ランからなる。しばしば強い芳香をもつ、クモに似た大きな花で人気の栽培種。アーチ状の花序をなす12個以下の花は、先端から先端までの長さが30cm以上にもなる。幅広い気候条件において、非常に容易に栽培できる。また、ミルトニア属、オドントグロッスム属、オンキディウム属などの近縁属との交雑種にも利用されている。

〈栽培〉
大半の種は低地原産で、温暖で湿性の、明るい環境を好む。樹皮主体の培地を入れたポットでよく育つ。大型の株はハンギングバスケットに植えると映える。霜のない地域では、樹皮を落とさない庭木に着生させてもよい。

Brahea brandegeei

Brahea armata

Brahea edulis

Brassia arcuigera

☀ ⛅ ↔20～40cm ↕20～30cm

コスタリカおよびエクアドル原産の種で、かつては *B. longissinma* と呼ばれていた。高さ25cmにもなる、属種で最大の花をつける。非常に幅狭の切片は、黄色で、不規則な茶色い模様に覆われているため、花全体がブロンズを帯びて見える。

ゾーン：11～12

Brassia glumacea

☀ ⛅ ↔20～40cm ↕20～30cm

コロンビアおよびベネズエラ原産の、冷涼な環境で成長する種。一部の植物学者らはこれを *Ada glumacea* と分類する。偽鱗茎ごとに2つの花序をつける。つやのある花は高さ12cmになる。

ゾーン：10～11

Brassia verrucosa

☀ ⛅ ↔20～60cm ↕20～30cm

メキシコおよびベネズエラ原産。非常に人気の栽培種。霜のない地域では、シェードハウスでよく育ち、晩春の花が約束される。幅20cmの、淡い緑色の、大きなクモ状の花は、芳香性で、基部に細かい暗緑色の斑点がある。より小さな花をつける *B. brachiata* も、現在はこの種に含まれる。

ゾーン：10～12

Brassia glumacea

Brassia, Hybrid, Rex 'Christine'

Brassia, Hybrid, Spider's Gold

Brassia Hybrids

一般名：ブラッシア ハイブリッド

☀ ⛅ ↔60cm ↕30cm

非常に強健で、栽培の価値がある。いくぶん密生させて大きく栽培すると最も花つきがよい。花はたいてい春と夏に見られる。**エドヴァ ルー**、ともに大きな花をつける *B. arcuigera* と *B. gireoudiana* との一代交配種。**レックス 'クリスティーン'** ★、栽培種として最も人気のあるブラッシア ハイブリッド。*B. gireoudiana* と *B. verrucosa* の一代交配種で、大きな株に成長させると、最高の花が見られる。**スパイダーズ フィースト**、*B.* Chieftain と *B. verrucosa* との印象的な交配種。花穂についたすべての花がいっせいに開く。**スパイダーズ ゴールド**、*B.* Arania Verde と花の大きな *B. arcuigera* の交配種。

ゾーン：10～12

Brassia, Hybrid, Edvah Loo

BRASSICA

（アブラナ属）

キャベツとその仲間すべてを含むアブラナ科の属。属する原種は数種のみだが、多数のsubsp.、グループ、cv. がある。原産地はヨーロッパや北アフリカの沿岸地帯。気候と扱い方により、一年生、二年生、多年生植物となる。主な栽培目的は、葉（キャベツ、ケール、アジアの野菜）、花（ブロッコリー、カリフラワー、芽キャベツ）、種子（アブラナ）、茎（コールラビ）、根（カブ）である。葉は一般に大きくすべすべしており、白粉を帯びている。花は普通黄色だが、白色もある。花期は植物の古さと気候によって異なる。アブラナ属は3千年以上昔から人間に利用されている。

〈栽培〉

完熟堆肥を加えた、水はけのよい湿性の土壌を好む。葉を目的に栽培する場合はチッ素を加える。種子で繁殖するが、播種の時期はそれぞれ異なる。

Brassia arcuigera、コスタリカ、ランカスター植物園

Brassia verrucosa

Brassica napus、キャノーラ油生産

Brassica juncea

一般名：カラシナ、セイヨウカラシナ
英　名：BROWN MUSTARD、CHINESE MUSTARD、KAI TSOI、MUSTARD GREENS

☼ ❄ ↔20～100cm ↕20～100cm

南および東アジア原産の一年生植物で、昔から葉野菜およびカラシ種子のために栽培されてきた。葉は緑、赤、または紫で、滑らかまたはしわがあり、縁は全縁または鋸歯縁。明るい黄色の花が総状花序をなす。多数のcv. がある。'**レッド　ジャイアント**'（syn. *B. j.* var. *rugosa*）、冷涼な季節に栽培される一年生植物。しわの寄った、長さ60cmの葉は、緑、紫、栗色があり、ホウレンソウ同様にゆでて食す。

ヤポニカ　グループ（syn. *B. j.* var. *multiceps*）：非常に寒さに強く、普通、冬季を通じて栽培される。葉は生（とくに若葉）または火を通して、あるいは塩や酢につけて食す。'**ミズミ**'★、成長の早い青菜で、コショウの風味がある。

ゾーン：9～11

Brassica napus

一般名：セイヨウアブラナ
英　名：OIL-SEED RAPE、RUTABAGA、SWEDE、SWEDISH TURNIP

☼ ❄ ↔20～40cm ↕20～40cm

中世のスウェーデンで初めて生じた、カブとキャベツの雑種。貯蔵根を目的に栽培される。アブラナやカノラといったその他の品種は、油を含む種子を目的に栽培される。

ナポブラッシカ　グループ［ルタバガ］、カブに比べ、より耐寒性が高く、水気が少ない。黄色っぽい根と青灰色の葉をつける。

パブラリア　グループ、紫または白色のなめらかな葉がロゼットを形成する。生（若葉）、または火を通して食す。

ゾーン：8～11

Brassica oleracea

一般名：野生キャベツ
英　名：WILD CABBAGE

☼ ❄ ↔30cm ↕40cm

西ヨーロッパ原産の一年生または多年生植物。キャベツ、ブロッコリー、カリフラワー、ケール、芽キャベツの祖先。木質の茎を形成し、青緑色の葉を密に重ねる。主に、葉の粗い頭大羽状裂または羽状裂のかたちによって、栽培種を区別する。夏、黄色い花がスプレーをなす。

アケファラ　グループ［ケール、ハボタン］、結球しないアブラナ属。観賞用と食用がある。'**ブルー　リッジ**'、食用のケール。暗い青緑色の葉がすべて縮れている。'**レッド　ピーコック**'、矮小型の観賞用ケール。ピンクみを帯びた赤色の中心と、深裂した葉をもつ。'**レッドボー**'、耐寒性。収穫量の多い食用ケール。'**ホワイト　ピーコック**'、'**レッド　ピーコック**'に似ているが、白色。'**ウィンターボー**'★、強健な食用ケール。細かく縮れた、厚みのある青緑色の葉。

アルボグラブラ　グループ［カイラン］（syn. *B. o.* var. *alboglabra*）、ヨーロピアンブロッコリーの近縁。大きな花芽ではなく、小さな多肉質の花芽を複数つける。

ボトリティス　グループ［カリフラワー］（syn. *B. o.* var. *botrytis*）、カリフラワーとブロッコリー。花芽の色は白やクリーム色～ピンク色、黄緑色、紫色などがあ

Brassica juncea, Japonica Group, 'Mizuna'

るが、調理の過程で色は失われる。カラブレーゼタイプは1つの花芽をつける。'**アーリー　エメラルド**'、青緑色で、細かい玉が密に集まって大きなドーム型の花芽をなす。'**エンペラー**'、春から夏にかけて、多量に収穫できる青緑色のブロッコリー。黒腐病菌やべと病菌に耐性がある。'**ユーリカ**'、成熟の遅いvar.。小さな玉がドーム型の花芽をなす。'**パーフェクション**'★、ミニ・カリフラワー。花芽は2カ月で直径10cmになる。'**ロマネスコ**'、はっとするような黄緑色の花芽。個々の小花はらせん状につく。生または火を通して食す。'**ショウグン**'、青灰色のカラブレーゼタイプ。丈高で、直径8～12cmの大きな花芽をつける。'**スノークラウン**'、強健な品種。60～70日で直径15～20cmの丸い純白の花芽をつける。

カピタタ　グループ［キャベツ］（syn. *B. o.* var. *capitata*）、多数のキャベツ品種がドイツで開発された。'**アルバ**'、重く平たい結球をなす大きなキャベツで、内部が白い。'**ダイナモ**'、小さな結球。マイルドな風味。分裂しにくい。'**アーリー**

Brassica oleracea, Acephala Group cultivar

B. oleracea, Acephala Group, 'Blue Ridge'

B. oleracea, Botrytis Group, 'Perfection'

Brassica oleracea,
Capitata Group cultivar

B. o., Capitata Group cultivar

B. o., Capitata Group, 'Dynamo'

B. o., Capitata Group, 'Primavoy'

B. o., Capitata Group, 'Red Express'

B. o., Capitata Group, 'Savoy King'

B. o., Gongylodes Group, 'Kolibri'

B. o., Italica Group, 'Emperor'

B. oleracea, Italica Group, 'Eureka'

B. o., イタリカ グループ, 'ショウグン'

Brassica oleracea, Capitata Group, Alba Subgroup

Brassica rapa
ブラッシカ・ラパ

異　名：*Brassica campestris*
英　名：TURNIP

☼ ↔30〜50cm ↕30〜50cm

この原種から、現代のカブ、アブラナ、白菜が開発された。葉は緑色で、裂片があり、縁はぎざぎざ。根は、表皮は緑色または紫色で、内部は黄色または白色。
キネンシス　グループ［チンゲンサイ］(syn. *B. Chinensis*)、白または緑色の、よく目立つスプーン形の茎に、つやのある、鮮やかな緑色の肉厚の葉がつく。
ペキネンシス　グループ［ハクサイ］(syn. *B. pekinensis*)、暗緑色または明緑色の縮れた葉で、中心はしばしばクリーム色。中央脈は白く厚みがある。サラダによく利用される。
ラピフェラ　グループ［カブ］、(紫みを帯びた赤色と白の) 細長い、または、(白色の) 小さく丸いカブ。'**アトランティック**' ★、早生の農作物で、先端が紫色。ゴルフボールの大きさになったら収穫する。葉はサラダに利用される。
ゾーン：9〜11

カーリー'、成熟の早いタイプ。しわの多い葉。芯は小さい。甘い風味。'**プリマヴォイ**' ★、貯蔵に適したcv.。コンパクトな平たい結球。暗い青緑色の葉。'**プリマックス**'、最も早生で、最も甘いvar.。60日で明緑色の丸い結球ができる。'**レッド エクスプレス**'、小さな赤いvar. で、家庭栽培に向く。'**ルビー　ボール**' ★、非常に早生の、丸く締まった結球で中〜暗い赤色。'**サボイ エクスプレス**'、コンパクトな株。数枚の葉に覆われた小さな結球がつく。'**サボイ　キング**' ★、大きな結球。しわの寄った葉で、内部はクリーム色。上品で微妙な風味。
ゲミフェラ　グループ［芽キャベツ］(syn. *B. o.* var. *gemmifera*)、1750頃ベルギーで最初に登録された（そのため英名ではbrussels sproutsと呼ばれる）。コンパクトな葉芽が直接主茎につく。
ゴンギュロデス　グループ［コールラビ］(syn. *B. o.* var. *gongylodes*)、成長の早いコールラビで、膨らんだ茎を目的に栽培される。白色と紫色がある。'**コリブリ**'、表皮は紫色で、内側は白色で、甘く、汁気が多く、歯ごたえがある。
イタリカ　グループ［ブロッコリー］(syn. シモーサ　グループ)、イタリアンブロッコリー。柄の長い、緑色〜紫色の花芽が多数、連続的に食べごろを迎える。'**エンペラー**'、中型。収穫量が多い。'**ユーリカ**'、暗緑色の花芽が密に詰まる。
ゾーン：8〜11

B. o., Capitata Group, 'Savoy Express'

Brassica rapa, Rapifera Group, 'Atlantic'

× *Brassidium* Flyaway 'Taida'

×BRASSIDIUM
(×ブラッシジウム属)

ブラッシア属とオンキディウム属を人工交配させて作り出した複茎性のラン。長い、直立性の、時おり分枝する花序に、寿命の長い多数の花をつける。いくぶんクモに似た花は、ブラッシア属の親から受け継いでいる。

〈栽培〉
強健な交雑種で、明るい環境を好む。樹皮主体の培地を入れたポットでよく育つ。成長期には頻繁に灌水が必要。潜在的にいつでも開花する能力があるが、より頻繁に花が見られるのは暖かい季節である。

× *Brassidium* Flyaway 'Taida'
一般名：×ブラッシジウム フライアウェイ'タイダ'
☀ ❄ ↔20〜60cm ↕20〜30cm
Brassia arcuigera、*Oncidium wentworthianum*、*Oncidium maculatum*の3種を経歴にもつ交雑種。
ゾーン：10〜12

× *Brassidium* Wild Warrior 'Santa Barbara'
一般名：×ブラッシジウム ワイルド ウォーリア'サンタ バーバラ'
☀ ❄ ↔20〜60cm ↕20〜30cm
*Oncidium leucochilum*と、大型の花をもつ交雑種であるブラッシア スターダスト(*gireoudiana×maculata*)との交雑種。ゾーン：10〜12

×BRASSOCATTLEYA
(×ブラッソカトレヤ属)

ブラッサボラ属とオンキディウム属を人工交配させて作り出した複茎性のラン。ブラッサボラ属を含む交雑種の場合、たいてい一方の親は*Rhyncholaelia digbyana*(かつて*Brassavola digbyana*と呼ばれていた)である。棒状葉のブラッサボラ属は、緑と白の花色が主流のため、これを使って作られた交雑種は、もう一方の親から強い花色の影響を受ける。

× *Brassocattleya*, Hybrid, November Bride 'Santa Clara'

〈栽培〉
コンパクトな習性で、素焼きまたはプラスティックの小さなポットや、バスケット、厚板でよく育つ。灌水の間は完全に乾燥させる必要がある。高い光度と中温〜暖温を好むが、乾燥を保てば冷温の冬も乗り切れる。華やかな花はたいてい多数つき、しばしば芳香を発する。

× *Brassocattleya* Hybrids
一般名：×ブラッソカトレヤ ハイブリッド
☀/☾ ❄ ↔30cm ↕25cm
これらの交雑種は華やかな花を多数つけ、しばしば芳香を発する。**ビノサ★**、*Brassavola nodosa*と*Cattleya bicolor*の交雑種。寿命の長い花。**アイランド チャーム'カーメラ'**、*Cattleya intermedia*を一方の親にもつ。春に花を群生させる。**マイカイ**、大きな株で、豪華な花をつける。*Brassavola nodosa*と*Cattleya bowringiana*との、花つきのよい一代交配種。**サニー ディライト**、*Brassavola perrinii*と*Cattleya bowringiana*との一代交配種。黄色とオレンジ色の花。**ノベンバー ブライド'サンタ クララ'**、ピンク色〜白色の大きな花。
ゾーン：10〜12

×BRASSOLAELIOCATTLEYA
(×ブラッソレリオカトレヤ属)

花屋やラン展で見られる「カトレヤ ラン」のうち、1つまたは2つの大きな花をつけるものの大半は、実際は×ブラッソレリオカトレヤ属に属する。これは、ブラッサボラ属、ラエリア属、カトレヤ属を人工交配させて作り出した複茎性の寄生ランである。登録されている属間交雑種のうち、ブラッサボラ属が含まれている種はたいてい、以前*Brassavola digbyana*と呼ばれていた*Rhyncholaelia digbyana*を親にもつ。この種から受け継がれた芳香と大きな房縁の唇弁が、多くの交雑種の特徴となっている。大型の花をつける種の多くが、切花のために商業栽培されている。

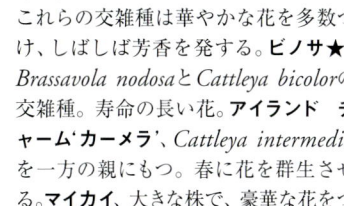

× *Brassocattleya*, Hybrid, Sunny Delight

× *Brassocattleya*, Hybrid, Binosa

× *Brassocattleya*, Hybrid, Island Charm 'Carmela'

× *Brassocattleya*, Hybrid, Maikai

× *Brassidium* Wild Warrior 'Santa Barbara'

× *Brassolaeliocattleya*

〈栽培〉
半日陰〜強い光を必要とするが、直射日光にさらされると葉焼けを起こす。排水を妨げない、粗い樹皮主体の培地を入れたポットでの栽培が最適。健康な株は、太く白い根を広く張りめぐらせる。根は寿命が長く、容易に分枝する。冬の夜には暖房が必要となるが、休眠中に乾燥を保てば、短期間の冬の低温にも耐える。花期は長く、開花時は全草ごと室内に持ち込んで楽しむことができる。

× *Brassolaeliocattleya* Hybrids
一般名：×ブラッソレリオカトレヤ ハイブリッド
☀ ❄ ↔20〜60cm ↕20〜60cm

これらの交雑種は、単葉系カトレヤに酷似した成長習性と、永続性をもつ。**アルマ キー'ティップマリー'**、温暖な環境で育つ*Cattleya dowiana* var. *aurea*の遺伝的影響を強く受ける。花弁と萼片は鮮やかな黄色で、唇弁は鮮やかな赤色。**アン クレオ'ハローナ'**、独特の花色の交雑種。12種類以上のランを交配させて作られた。× *Cattleya walkeriana*エリン コバヤシ×カトレヤ・ワルケリアナ、未登録の交雑種。よりコンパクトな植物を作るために、ブラジル産の小型のカトレヤ属と戻し交配を行った。**ハワイアン サティスファクション'ロマンティック'**、遺伝的に同一の植物を多数作るため、組織培養によって繁殖されたcv.。実生のランがこのように珍しい色を組み合わせた花をつけることはまれ。**ラッキー'ゴールデンリング'**、芳香性の高い、巨大な、寿命の長い花。ひろがった大きな唇弁は、ベルベット状の質感で、はっきりとした線があり、濃色の斑がある。(**メモリア ベグニノ アキノ×ゴールデン エンバース**)、未登録の交雑種。金色の萼片と、暗赤色の唇弁がある。**メモリア ジュリア ピフェレール**、*Cattleya dowiana*と*Rhyncholaelia digbyana*の影響を強く受けた品種。房縁の唇弁を受け継いでいる。**ローズマリー ヘイドン'パラダイス'**、伝統的な色の「カトレヤ」の好例。秋咲きの交雑種で、9種を交配経歴にもつ。(**シェイド オブ ジェイド×ワイキキ ゴールド**)、「スプラッシュ ペタル」の交雑種。3つの唇弁があるように見えるが、実際は唇弁の色が遺伝的に花の花弁に移ったもの。**トシ アオキ'ブルーメン インセル'**、花弁と萼片は鮮やかな黄色で、唇弁は鮮やかな赤色。*Cattleya dowiana* var. *aurea*の遺伝的影響を受ける。**トシ アオキ'ポカイ'** ★、最も有名で評価も高い、黄色の交雑種。ハワイで交配された。**ワイアネ レオパード**、群生するタイプの交雑種。斑点のある*Cattleya guttata*の影響が強い。**ウィリエッテ ウォン**、豪華なラン。ハワイのホノルル・オーキッド・ソサエティの重要メンバーの名に由来する。目を引く植物で、独特の花色を*Cattleya dowiana* var. *aurea*から受け継いだ。
ゾーン：10〜12

BREYNIA
(タカサゴコバノキ属)
トウダイグサ科の属で、オーストラリアおよび太平洋諸島から、東南および東アジアにかけて分布する25種あまりの常緑低木および高木が含まれる。しばしば根から吸枝を出す。繊細な小枝に、小さな卵形の葉が互生し、2列に並ぶ。葉は落ちる前にしばしば黒色に変わる。花は雄性花、雌性花が同じ株につく。緑色っぽくあまり目立たない花が葉腋から生じ、その後、小さく平たい、白、赤、または黒色の液果がつく。家庭の庭で見られるのは数種のみ。

×ブラッソレリオカトレヤ ハイブリッド、アルマ キー'ティップマリー'

×ブラッソレリオカトレヤ ハイブリッド、アン クレオ'ハローナ'

×ブラッソレリオカトレヤ ハイブリッド、エリン コバヤシ×カトレヤ・ワルケリアナ

×ブラッソレリオカトレヤ ハイブリッド

×ブラッソレリオカトレヤ ハイブリッド、ゴールド バグ

×ブラッソレリオカトレヤ ハイブリッド、ゴールデン タン

×ブラッソレリオカトレヤ ハイブリッド、ハワイアン サティスファクション'ロマンティック'

×ブラッソレリオカトレヤ ハイブリッド、ラッキー'ゴールデンリング'

×ブラッソレリオカトレヤ ハイブリッド、(メモリア ベグニノ アキノ×ゴールデン エンバース)

×ブラッソレリオカトレヤ ハイブリッド、メモリア ジュリア ピフェレール

×ブラッソレリオカトレヤハイブリッド、ローズマリー ヘイドン'パラダイス'

×ブラッソレリオカトレヤ ハイブリッド、(シェイド オブ ジェイド×ワイキキ ゴールド)

×ブラッソレリオカトレヤ ハイブリッド、サンステーツ イースター パレード

×ブラッソレリオカトレヤ ハイブリッド、トシ アオキ'ブルーメン インセル'

×ブラッソレリオカトレヤ ハイブリッド、(トシ アオキ×ブライス キャニオン)

×ブラッソレリオカトレヤ ハイブリッド、トシ アオキ'ポカイ'

×ブラッソレリオカトレヤ ハイブリッド、(トシ アオキ×オコニー)

×ブラッソレリオカトレヤ ハイブリッド、ワイアネ レオパード

×ブラッソレリオカトレヤ ハイブリッド、ウィリエッテ ウォン

〈栽培〉
*Breynia disticha*のみが観賞用に栽培される。熱帯および亜熱帯の庭ではボーダー花壇の低木として栽培され、冷涼な地域では、ポットで室内栽培されるか、夏季のみ花壇またはパティオの桶で栽培される。保護された日なたの場所と、水はけのよい土壌を好む。挿し木で繁殖。その他の種は、おそらく種子で育ち、原生植物にふさわしい場所に利用される。

Breynia disticha
異　名：*Breynia nivosa*、*Phyllanthusnivosus*
一般名：ヨウシュコバンノキ
英　名：SNOW BUSH
☀ ❄ ↔0.9m ↕1.2m
西太平洋諸島原産で、じゅうぶんな場所があれば、根から新たな茎を立ち上げる。卵形の葉は、長さ25mmで、白またはクリーム色の斑点があるもの、全体が緑色のもの、全体が白色のものがある。'**ロセオピクタ**'、新梢はピンク色。多くの葉がピンク色を帯びるが、園芸品種では大部分が白い斑に変化している。
ゾーン：10〜12

BRILLANTAISIA
（ブリランタイシア属）
英　名：GIANT SALVIA
キツネノマゴ科の属で、湿性の熱帯アフリカで見られるおよそ40種の多年生植物、亜低木、低木が含まれる。高さは20cmから2mまで幅があり、適度に暖かい湿潤な環境では迅速に成長する。大半の種は、深緑色の、脈の多い、鋸歯縁の、心臓形の葉を茂らせ、茎頂の穂に、上唇と下唇のある独特の華やかな紫色の花をつける。花後、長い円筒形の果実がつく。
〈栽培〉
暖かく湿った、熱帯または亜熱帯の環境があれば、容易に育つ。とくに*Brillantaisia lamium*は非常に強健で、熱帯では深刻な雑草と見なされている。強い日の当たらない場所に植えつける。青々と生い茂らせ、花つきをよくするために、水と肥料をたっぷり与える。頻繁に花がらを摘むと花期が延びる。種子、挿し木で繁殖するが、株分けも可能。

Brillantaisia lamium
☀ ❄ ↔0.6〜1.2m ↕0.6〜1.2m
中央および西アフリカ原産の小低木で、すばやく密に叢生する。茎は四角形で有毛。葉は心臓形。長さ30mmの紫色の花のあと、葉巻形の果実がつく。
ゾーン：9〜12

BRIZA
（コバンソウ属）
英　名：QUAKING GRASS、SHIVER GRASS
12種の一年草または多年草からなるイネ科の属。属名はギリシャ語の*brizo*（眠くなる、またはうなずく）に由来し、夏に点頭する繊細な円錐花序を表わしている。葉は平たい帯状で、果実は、1つの種子を含む頴果。適正な環境下では侵略種になり得る。花はドライフラワーに最適。
〈栽培〉
種子で繁殖。日の当たる、よく耕した水はけのよい耕作地に直播きする。

Briza maxima
一般名：コバンソウ
英　名：GREAT QUAKING GRASS
☀ ❄ ↔20cm ↕60cm
地中海沿岸地帯原産の一年草。夏、明るい灰色または紫色の心臓形の花が7〜20個群生し、点頭する円錐花序をなす。帯状の葉は長さ20cmになる。'**ルブラ**'、赤紫を帯びた、白い縁取りの苞。
ゾーン：7〜10

Briza media
一般名：チュウコバンソウ
英　名：QUAKING GRASS、TREMBLING GRASS
☀ ❄ ↔45cm ↕60cm
ヨーロッパおよびアジア原産。平たい真緑色の葉の観賞用の草。初夏につく、明緑色の小さな「穂のない」花は、かすかな風にも揺れ、英名の由来となっている。花は成熟するとベージュに変わる。やせた土地でよく育つ。
ゾーン：7〜10

BRODIAEA
（ブロディアエア属）
およそ15種の塊茎植物からなるネギ科の属。大半は北アメリカ西部原産で、草地、低木林、開けた森林に生息する。何年もの間、この属は大きな修正を繰り返し、かつて含まれていた数種のメンバーは現在、トリテレイア属とディケロステンマ属に分類されている。ブロディアエア属種は草状の葉をもつが、普通花期の前に枯れる。ピンク、青、または紫色の、鐘形またはひろがった花が、高さ5〜75cmの茎の先でゆるい散型花序をなす。
〈栽培〉
日当りのよい、軽い肥沃な土壌で栽培する。密に植えると花が映える。成長期は湿り気を保つが、休眠期は塊茎が腐りやすいので、乾燥させる。降霜地域では、冬、保護のためにマルチをかぶせるか、鉢植えにして温室で育てる。塊茎の株分け、オフセットの移動、または種子で繁殖。

Brillantaisia lamium

Breynia disticha

Breynia disticha 'Roseopicta'

Brodiaea coronaria
異　名：*Brodiaea grandiflora*、*Hookera coronaria*
英　名：HARVEST BRODIAEA
☀ ❄ ↔10cm ↕30cm
アメリカ合衆国北西部およびカリフォルニア州原産。晩春または夏、紫みを帯びた青色の、星形の花が、12個以下でゆるい散型花序をなす。
ゾーン：8〜10

Briza maxima

Brownea ariza

Broussonetia papyrifera

BROMELIA
（ブロメリア属）
1753年、*B. pinguin*がリンネによって命名され、この属はブロメリア属とよばれることになった。メキシコ、カリブ海諸島、中央アメリカ～アルゼンチン原産のパイナップル科の属。長さ100cmになる葉の縁には、大きくカーブした刺が並ぶ。花期には中心が鮮やかな赤色に変わり、こん棒形の花序が生じる。およそ50種があるが、一般的に栽培されているのは6種のみ。最も耐寒性に優れるのはおそらく*B. serra*で、最も一般的なのは*B. pinguin*とその斑入り品種。

〈栽培〉
冷温帯では温室で、暖温帯、亜熱帯、熱帯では戸外での栽培が望ましい。ブロメリア属種は多肉質の地下茎を伸ばすため、大きな桶で栽培する必要がある。鉢の混合土が乾燥したら水をやる。追肥は不要。種子またはオフセットで繁殖。

Bromelia pinguin
英　名：PINGUIN, PINUELA
☀ ⚘ ↔2m ↕1.2m
熱帯アメリカ原産の叢生種。明るい灰緑色で、赤みを帯びた、長さ1.8m、幅5cmの刺のある葉が、40枚以下ずつ集まって多くのロゼットを形成する。白〜ピンク色の花が大きな円錐花序をなす。小さな黄色い多肉質の果実。
ゾーン：10〜12

Bromelia serra
☀ ⚘ ↔2m ↕40cm
ボリビア〜アルゼンチン北部原産。葉は緑色で、縁に短い刺が並ぶ。花茎も短い。花序は幅6cmの球形。花弁は青紫色。長さ20cmになる、鮮やかな赤色の、刺のある、硬い苞が花序の下につく。
ゾーン：9〜11

BROUSSONETIA
（コウゾ属）
白色の樹液をもつ、8種の落葉高木および低木からなるクワ科の属。原産地は熱帯および東アジアで、1種はマダガスカル原産。深裂した葉は幅広の心臓形で、鋸歯縁。小さな雄性花と雌性花が別々の株につく。雄性花は長い尾状花序で、雌性花は球形。雄性花は花粉を爆発的に放出するため、白いほこりが小さく噴出しているように見える。小さな多肉質の果実が球形の果序に群生する。内部の樹皮繊維は、紙や布の材料として利用される。

〈栽培〉
東アジア原産の耐寒性の種だけが栽培される。中程度の耐霜性はあるが、高温多湿の夏を好む。熱帯や亜熱帯の気候から、都会の大気汚染にまで適応する。深く切り詰めることで、強健な新梢が促進される。夏、短枝を切って挿し木するか、入手できれば種子でも繁殖できる。

Broussonetia papyrifera
一般名：カジノキ
英　名：PAPER MULBERRY
☀ ❄ ↔9m ↕15m
中国および日本原産。樹皮から「タパ」と呼ばれる布が作られる。若枝はやや有毛。葉は裂片があるものやないものがあり、長さは20cmになる。雄性花の尾状花序は白っぽく、雌性花は紫みを帯びる。果序は赤色。
ゾーン：6〜12

BROWNEA
（ブロウネア属）
熱帯アメリカ原産の、12種あまりの常緑高木および低木を含む、マメ科ジャケツイバラ亜科の属。大きな羽状複葉は、幼時はブロンズ色で、成熟するにつれ、クリーム色、深緑色へと変化する。色つきの苞の集団の下で、赤、ピンク、またはオレンジ色の花が下向きに密生して華やかな花序をなす。個々の花はじょうご形で、雄ずいが突出している。果実は大きく平たい木質の豆果。

〈栽培〉
夏季にじゅうぶんな雨量のある熱帯地域で最もよく育つが、成長はやや遅い。美しい花を目的に、または日陰樹として栽培する場合は、強風から保護された芝生や中庭が最適。低部の枝は地表に垂れ下がるため、日陰樹としての価値を高めるには支えが必要。手に入れば種子で繁殖するが、挿し木（成長が遅く、根付かせるのは困難）、または高取り法でも繁殖可能。

Brownea ariza
異　名：*Brownea grandiceps*, *B. princeps*
英　名：ROSE OF VENEZUELA
☀ ✢ ↔6m ↕9m
ベネズエラおよびコロンビア原産。広がる小高木。熱帯の雨季（夏）の到来とともに、スカーレット色〜ピンクみを帯びた赤色の花が、同色の苞に囲まれた、幅25cmの花序をなす。
ゾーン：11〜12

Brownea capitella
☀ ✢ ↔4.5m ↕9m
トリニダード島、および、隣接する南アメリカ本土原産。魅力的な種で、クリーム色の雄ずいをもつ、鮮やかなピンク色の花が、大きな花序をなす。花の基部は大きなピンク色の苞に包囲されている。
ゾーン：11〜12

Brownea coccinea
一般名：ホウカンボク
英　名：GUARAMACO
☀ ✢ ↔4.5m ↕6m
エクアドルおよびベネズエラ原産の小高木で、それぞれの葉に数枚の小葉がつく。下垂する印象的な花序をなす、鮮やかな赤色の花は、広がった花弁と、突出したピンク色の雄ずい、よく目立つ黄色の葯をもつ。密に群生した花を、赤色の有毛の苞が取り囲む。
ゾーン：11〜12

Brownea capitella

Brownea coccinea

Brugmansia arborea

BRUGMANSIA
（ブルグマンシア属）

南米、とくにアンデス地方が原産の、5種の小型の高木または低木からなるナス科の属。種子は幻覚誘発性。全草が有毒。全種とも木質茎をもつ。筒状またはじょうご形の花を目的に栽培される。花はチョウセンアサガオ属のように直立せず、垂れ下がる。花は芳香性で、円筒形の萼は2～5裂する。果実は卵形または楕円形。

〈栽培〉

軽い霜が降りる程度までの、日当りのよい保護された場所が必要。適度に肥沃な、排水性のよい土壌が適する。競合する若枝を除いて、単幹に仕立てるとよい、年に一度、晩冬か春先に、末端枝を切り戻す。春または夏に柔らかい先端を挿し木するか、秋または冬の熟枝挿しで繁殖する。その際、ホルモンの粉剤を用いて発根を促す。

Brugmansia arborea
異　名：*Brugmansia cornigera*
一般名：コダチチョウセンアサガオ
☼ ⮂ ↔1.5～2.4m ↕4.5m
エクアドルおよびチリ北部原産の常緑小高木で、庭木としてはめったに見られない。葉は不規則に互生する。夏～秋、緑色の先端が長く伸びた、白い花が単生する。果実は緑色の卵形で、多数の種子が含まれる。'ナイティイ'（syn. *B.×candida*ブルグマンシア×カンディダ'ダブル ホワイト'）、オフホワイトの八重咲きの花に、灰緑色の葉。
ゾーン：10～12

Brugmansia aurea
英　名：GOLDEN ANGEL'S TRUMPET
☼ ⮂ ↔4.5m ↕4.5m
コロンビア中部およびエクアドル原産で、アンデス山脈の傾斜地に生息する常緑小高木。幹は短く、葉の多い幅広の樹冠を形成する。葉は真緑色で、裏面はより薄色。晩夏、黄みを帯びた緑色の花が単生して下垂する。果実は卵形の液果。
ゾーン：10～12

Brugmansia×candida
ブルグマンシア×カンディダ
英　名：ANGEL'S TRUMPET
☼ ⮂ ↔1.8m ↕3m
*B. aurea*と*B. versicolor*の交雑種で、*B. knightii*の名前で呼ばれることもある。エクアドル産の常緑小高木。葉は鮮やかな緑色で、裏面はより薄色。夏～秋につく、緑がかった白色の花は、夜に芳香を放つ。果実は緑色のさく果。'グランマニエ'、桃色の花。ゾーン：10～12

Brugmansia
一般名：ブルグマンシア'シャルル グリマルディ'
☼ ⮂ ↔1.2m ↕1.8m
'ドクター スース'と'フロスティ ピンク'の交雑種。大きな葉。秋～春、長く、大きく広がる、サーモンピンク～イエローオレンジの、芳香性の花をつける。花数の多いコンパクト型の植物で、コンテナ植えに向く。ゾーン：10～12

Brugmansia×insignis
ブルグマンシア×インシグニス
異　名：ブルグマンシア・サングイネア'ロセア'
☼ ⮂ ↔2.4～3m ↕3.5m
*B. suaveolens*と*B. versicolor*の交配によって開発された、複数の茎をもつ低木で、*B. suaveolens*に似る。細長い筒状の、広がる花弁をもつ花は、白色から、時間とともにピンクまたはアプリコット色に変化する。'ベティ・マーシャル'、コンパクトな成長習性。花は白色。'ジャマイカ イエロー'、薄黄色の花。
ゾーン：9～10

Brugmansia sanguinea ★
一般名：ブルグマンシア・サングイネア
英　名：RED ANGEL'S TRUMPET
☼ ⮂ ↔3.5m ↕3.5m
コロンビア、エクアドル、およびペルー原産の小高木で、しばしば低木として見られる。葉は長い。花は、単生で、宿存萼をもつ。花冠は、黄みがかった色からオレンジスカーレットに変わる。果実は、卵形で、皮は滑らか。'インカ クイーン'、内側が黄色く、長い、オレンジレッドの花。
ゾーン：9～11

Brugmansia suaveolens
一般名：エンジェルストランペット、キダチチョウセンアサガオ
英　名：ANGEL'S TRUMPET
☼ ⮂ ↔3m ↕4.5m

Brugmansia × insignis

Brugmansia sanguinea

Brugmansia 'Charles Grimaldi'

Brugmansia × candida

Brugmansia × candida 'Grand Marnier'

ブラジル南東部原産。葉は柔らかく、暗緑色。単生する花は、萼は緑色、花冠は白く、幅狭のじょうご形で、薄緑色の筋が3本入る。果実は幅狭の楕円形で、緑色で滑らか。
ゾーン：10～12

BRUNFELSIA
（ブルンフェルシア属）
中央アメリカ～南米の亜熱帯に分布するナス科の属で、およそ40種の常緑低木および高木が含まれる。大半は、次々と色を変えることで知られる、芳香性の、単生する、大きな5枚花弁の長い筒状の花をつける。花色は普通、白、モーブ、または紫色。葉は普通、先のとがった卵形の単葉で、青々とした深緑色。全種とも強いアルカロイドを含む。一般に非常に毒性が強いが、地域によっては今も薬用されている。

〈栽培〉
霜には非常に弱いが、ある程度穏やかな気候帯では栽培は難しくない。日なたまたは半日陰の場所と、湿性で排水のよい土壌があればよい。乾燥には弱いが、定期的に水をやればコンテナでもよく育つ。鉢植えを室内に置いた場合、ダニやコナカイガラムシがつきやすい。緑枝または半熟枝の先端を挿し木して繁殖する。

Brunfelsia americana
一般名：アメリカバンマツリ
英　名：LADY OF THE NIGHT
☼ ❄ ↔1.2～2m ↕4.5m
中央アメリカおよび西インド諸島原産の大低木または小高木で、夜、芳香を放つ。夏咲きの花は、開花時は紫みを帯びた白色だが、やがてクリーム色から黄色へと変わる。
ゾーン：10～12

Brunfelsia grandiflora
☼ ❄ ↔2m ↕0.9～2m
ベネズエラからボリビアにかけて見られる低木または小高木。細長いアーチ状の枝をつける。やや革質の、先のとがった葉は、幅狭～卵形で、表面は暗緑色。中心が白色の、紫色の花が群生する。
ゾーン：10～12

Brunfelsia maliformis
☼ ❄ ↔40～80cm ↕60～100cm
ジャマイカ原産の低木状の種で、明るい緑色の、長さ5cmの槍形の葉と、長い円筒状の、柔らかい、クリーミィイエローの花をつける。極めて独特。
ゾーン：10～12

Brunfelsia pauciflora
別　名：*Brunfelsia calycina*
一般名：オオバンマツリ
☼/❋ ❄ ↔1.5m ↕2.4m

Brunfelsia grandiflora

Brunfelsia maliformis

Brunfelsia pauciflora 'Macrantha'

*Pauciflora*とはまばらに花をつけるという意味で、この、花を密生させる、半落葉性の、ブラジルおよびベネズエラ原産の低木には似つかわしくない名前である。大きい花は、開花時には紫青色で、時間とともにモーブから白色へと変化する。'**フロリブンダ**' ★や、'**フロリブンダ コンパクタ**' 'などの矮性のcv. や、'**マクランタ**' などの花の大きい品種が広く出回っている。ゾーン：10～12

BRUNIA
（ブルニア属）
7種の低木からなるブルニア科の属。全種とも南アフリカ原産で、しばしば冬に沼地のようになる土地に生育する。ヒースに似た、小さい葉が重なり合う。極小の、クリーム色または白色の花が、茎頂に群生する。

〈栽培〉
霜のない地域では、屋外の日なたまたは半日陰で、湿性ながら排水のよい、石灰を含まない土壌で栽培する。花後に軽く剪定する。種子または挿し木で繁殖。

Brunia albiflora
英　名：STOMPIES
☼ ❄ ↔0.9m ↕1.2m
南アフリカ原産。小枝は綿毛を帯びる。葉は小さく、短い柄に密生する。春～夏、白色の小さい花が、球状の花序をなす。
ゾーン：9～11

Brunia albiflora

Brunia nodiflora
☼/❋ ❄ ↔0.9m ↕0.9m
低木状の習性。明るい緑色の、剛毛性の小さな葉が重なり合って、針葉樹に似た密な葉群をなす。クリーム色の花序は幅12mmになる。
ゾーン：9～11

BRUNNERA
（ブルンネラ属）
ユーラシア温帯原産の、3種の多肉茎をもつ多年草からなるムラサキ科の属。ワスレナグサの近縁で、花が似ている。春、極小の、青色または白色の花がスプレー状につく。葉は花と同様に特徴的で、円形～心臓形の葉は、普通のワスレナグサの葉と比べてずっと大きく、園芸品種ではしばしば斑入りのものが見られる。属名は、スイスの植物学者Samuel Brunner（1790～1844）にちなんで名付けられた。

〈栽培〉
夏季が冷涼な温帯で最もよく育つ。極めて耐寒性に優れ、木漏れ日のあたる森林条件下の、湿性で腐植質に富む、排水のよい土壌で容易に生育する。cv. は、定着した株を、休眠期の終わり頃に株分けして繁殖するが、種子でも容易に発芽する。自家播種によって帰化することも多い。

Brunfelsia pauciflora

Brunia nodiflora、野生、南アフリカ、ウェスタンケープ州

Brunnera macrophylla

Brunnera macrophylla 'Hadspen Cream'

Brunnera macrophylla
一般名：ブルネラ
☀ ❄ ↔40〜80cm ↕50cm
東ヨーロッパ原産の多年生植物。長さ20cmの柄に、細かい毛を帯びた、長さ15cmになる、幅広の心臓形の葉がつく。葉群の上に伸びる、高さ50cmの茎の先に、柔らかい青色の花がつく。'**ハドスペン クリーム**'、斑入りのcv. のひとつ。クリーム色の斑が入った明るい緑色の葉に、青色の花。
ゾーン：3〜9

BRUNSVIGIA
（ブルンスウィギア属）
約20種の鱗茎植物が含まれるヒガンバナ科の属。原産地の南アフリカでは、さまざまな土壌で生育するが、すべて夏に休眠する。近縁のアマリリスに似る。葉は長い帯状。晩夏〜秋、ピンク〜赤色の、じょうご形の、ユリに似た花が、丈高の茎先で華やかな花序をなす。鱗茎は非常に大きく成長することがあり、花をつけるまでに数年かかる。

〈栽培〉
霜のない地域では、日当りがよく、排水のよい土壌で、夏の休眠期に乾燥する場所で栽培する。冷涼地帯では、鉢植えにして温室で栽培する。鱗茎は、ほとんど土壌の表面に置くように植える。秋に灌水し、鱗茎の成長を促す。晩夏にオフセットで繁殖するか、秋に種子を蒔く。

Brunsvigia josephinae
英 名：JOSEPHINE'S LILY
☀ ⚘ ↔60cm ↕60〜120cm
南アフリカ原産。鱗茎は大きく、直径30cmになる。丈高の茎の先端に、ローズピンクの花が12〜20個で花序をなす。

花後、長い帯状の葉が生じる。
ゾーン：9〜11

Brunsvigia orientalis ★
英 名：CANDELABRA FLOWER
☀ ⚘ ↔45cm ↕50cm
南アフリカ原産。地下の鱗茎から帯状の葉を生じる。頑丈な茎に、ピンク〜深紅色の、幅狭の花弁の花が、大きな散形花序につく。
ゾーン：9〜11

BRYA
（ブリュア属）
マメ科ソラマメ亜科の属で、カリブ諸島原産の常緑性高木4種のみからなり、うち3種はキューバ固有の種。暗色の心材をもつため、一般的にコクタンとして知られるが、本物のコクタンである*Diospyros ebenum*とは無関係。葉は小さく、柄は無く、茎から直接生じる。葉腋からほうき状の花が伸びる。

〈栽培〉
長い冷涼な気候に弱いため、熱帯の気候条件が必須。適正な地域では、花を密につける魅力的な木になり、一部の地域では苗木が市販されている。種子で繁殖するが、あらかじめサンドペーパーでこすった後、冷水に浸して前処理を施しておく。

Brya ebenus
一般名：コークスウッド
英 名：COCUS WOOD, GRANADILLA, JAMAICA, EBONY, WEST INDIES EBONY
☀ ⚘ ↔3.5m ↕9m
かつてはフルートやクラリネットなどの楽器や小物の材料として広く使われていた材木で、希少ながらいまも珍重されて

Brya ebenus

いる。葉は光沢があり、長さ25mm。秋、ゴールデンイエローの花をつける。
ゾーン：11〜12

BUCHLOE
（ヤギュウシバ属）
英 名：BUFFALO GRASS
北米原産の草本1種のみからなるイネ科の属。平伏性に変形した茎またはランナーから、まばらに毛の生えた、灰色がかった緑色の葉が生じて房をなす。長さ20cmになる、枝分かれする総状花序をなす雄性花は、中心の茎の片側に2列に小穂をつける。雌性花は、葉に包まれた短い穂状花序をなす。

〈栽培〉
ランナーの株分けか種子で繁殖する。開けた日当りのよい場所で、どんな庭土でも栽培できる。

Buchloe dactyloides
一般名：ヤギュウシバ、バッファローグラス
英 名：BUFFALO GRASS
☀ ❄ ↔8〜10cm ↕10〜15cm
アメリカのプレーリー原産の、低く成長する多年草で、観賞用の芝生として広く使われる。細かな手触りの落ち着いた

Brunsvigia orientalis、野生、南アフリカ、ウェスタンケープ州、喜望峰自然保護区

青緑色の芝生は、秋に金色に変わる。表面のランナーおよび種子で広がる。
ゾーン：3〜5

BUCKINGHAMIA
（バッキンガミア属）
2種からなるヤマモガシ科の属で、いずれもオーストラリア、クィーンズランド州が原産。成長の速い、熱帯雨林の高木で、葉と花がグレヴィレア属種と似る。*B. celsissima*は、街路樹としてよく使われ、豊富な花のために高く評価されている。

〈栽培〉
温かく、保護された場所を好むが、冷涼な、霜の無い条件にも耐える。日なたまたは半日陰の、湿性で排水のよいローム質土壌を好む。初期の方向付けのための剪定は有効であるが、いったん基本仕立てができれば剪定は不要。秋に熟した種子から繁殖する。

Buddleja colvilei

Buckinghamia celsissima

Buckinghamia celsissima
英　名：IVORY CURL TREE
☼ ❋ ↔3.5m ↕9m
オーストラリア、クィーンズランド州北東部原産の常緑高木。葉は暗緑色で光沢があり、裏面は淡色で、幼葉には切れ込みがある。秋、短い茎に、反曲するクリーム色の花が長い花序をなす。その後、木質の果実がつく。
ゾーン：10～12

BUDDLEJA
（フジウツギ属）
南北アメリカ、アジアおよび南アフリカ原産の、落葉性、半落葉性、および常緑性の植物からなる、同名のフジウツギ科の属。*Buddleja*または*Buddleia*とつづられる。約100種が含まれるが、園芸用に栽培されるのは、そのうち数種の低木状または高木状の種。大きな円錐花序をなす、多数の小さな芳香性の花を目的に栽培される、装飾的な栽培品種もいくつかある。葉は、*B. alternifolia*を除き、2枚ずつ対生する。丈夫で、手がかからず、成長は速く、耐塩性がある。日光を好み、強健。保護により、自然生息地よりもかなり冷涼な気候でも栽培可能。
〈栽培〉
基本的な必要条件としては、日光、排水、肥沃な土壌、そして園芸家の視点から見れば定期的な剪定が挙げられる。株によってはやや白亜質や石灰質の土壌を好む。夏の半熟枝挿しで繁殖する。

Buddleja auriculata

Buddleja alternifolia ★
ブッドレイア・アルテルニフォリア
英　名：FOUNTAIN BUDDLEJA
☼ ❋ ↔4.5m ↕4.5m
中国北西部原産の落葉低木。葉は小さく、表面は緑色で、裏面は白っぽい。晩春～初夏につく花は、かすんだモーブ色で、芳香があり、蝶を惹きつける。夏に花のついた茎を取り除く。'**アルゲンテア**'、モーブ色の花で、葉には細い銀色がかった毛が見られる。
ゾーン：5～9

Buddleja asiatica
一般名：タカサゴフジウツギ
☼ ❋ ↔3m ↕3m
東南アジア原産の、常緑高木に似た低木。葉は長く、幅狭で、表面は暗緑色で、裏面はより淡色。冬～春、前年の枝に、強い芳香を放つ、長いクリーミィホワイトの花が、垂れ下がる総状花序をなす。
ゾーン：9～12

Buddleja auriculata
英　名：WEPPING SAGE
☼ ❋ ↔4.5m ↕6m
南アフリカの、岩の多い川べりで見られる常緑低木。葉は長く、縮れ、表面は暗緑色で、裏面は白い軟毛を帯びている。冬、中心が黄色またはピンクの、クリーミィホワイトの芳香性の花が、茎頂に密生する。
ゾーン：8～10

Buddleja colvilei
ブッドレイア・コルウィレイ
英　名：SUMMER LILAC
☼ ❋ ↔6m ↕6m
東アジア原産の、大きい、直立性の、落葉または常緑低木。枝はアーチ状。葉は暗い灰緑色で、長くて先がとがり、脈が多く、裏面は白い軟毛を帯びる。春、大きな鐘形の、チェリーピンク～ローズレッドの花が、茎頂で円錐花序をなし、下垂する。'**ケウェンシス**'、濃いラズベリーレッドの花。
ゾーン：8～11

Buddleja crispa
☼ ❋ ↔4.5m ↕4.5m
ヒマラヤ原産。叢生する直立性の落葉低木で、アーチ状の習性をもつ。葉は暗色で卵形、新梢は白い軟毛を帯びる。春～夏、芳香のあるモーブ色の花が輪生し、長い円錐花序をなす。冬に剪定する。
ゾーン：7～10

Buddleja alternifolia

Buddleja alternifolia 'Argentea'

Buddleja lindleyana

Buddleja madagascariensis

Buddleja globosa

Buddleja fallowiana var. *alba*

Buddleja davidii
一般名：ブッドレア、フサフジウツギ
英　名：BUTTERFLY BUSH
☀ ❄ ↔5m ↕3〜5m

中国中部および西部の岩の多い川べりが原産。丈夫な落葉性の植物で、多数の園芸用cv. がある。成長が速くよく育ち、叢生する習性があり、茎はアーチ状に曲がる。芳香性のモーブ色の花が円錐花序をなす。長く先のとがった葉は、表面は暗緑色で、裏面は白く軟毛を帯びている。侵略種になり得る。*B. d.* var. *nanhoensis*、高さ、幅ともに1.5mになる。*B. d.* 'ブラック ナイト'、ロイヤルパープル色の花。'ダートムーア'、赤紫色の花が、掌状の花茎につく。'エンパイア ブルー'、中央部がオレンジの、鋼のようなバイオレットブルーの花。'ハーレクイン'、葉にクリーム色の縁取り。'ナンホ ペティート インディゴ'、ラベンダーパープルの花。'ナンホ ペティート パープル'、濃い紫色の花。'ロイヤル レッド'、紫赤色の花。'ホワイト プロフュージョン'、中心部が金色の白色の花。
ゾーン：4〜9

Buddleja fallowiana
☀ ❄ ↔3m ↕3m

落葉性の中国の種で、アーチ状の茎をもつ。葉は槍形で、暗い灰緑色。夏〜初秋、芳香性の、中心がオレンジ色の、淡いラベンダー色の花が、大きな円錐花序をなす。*B. f.* var. *alba*、中心部がオレンジ色の、クリーミィホワイトの花。
ゾーン：8〜9

Buddleja globosa
英　名：ORANGE BALL TREE
☀ ❄ ↔3m ↕3m

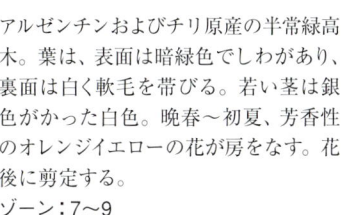

アルゼンチンおよびチリ原産の半常緑高木。葉は、表面は暗緑色でしわがあり、裏面は白く軟毛を帯びる。若い茎は銀色がかった白色。晩春〜初夏、芳香性のオレンジイエローの花が房をなす。花後に剪定する。
ゾーン：7〜9

Buddleja lindleyana ★
一般名：トウフジウツギ
☀ ❄ ↔3.5m ↕3.5m

東アジアの低木林原産の半常緑低木。先のとがったセージグリーンの葉が、四角いセージに似た茎につく。湾曲した紫色の筒状の花が、長く先細る直立性の穂状花序につく。アメリカ合衆国南東部に帰化した。
ゾーン：7〜9

Buddleja 'Lochinch'
一般名：フジウツギ 'ロッホインチ'
☀ ❄ ↔2.4〜3m ↕3〜4.5m

*B. davidii*と*B. fallowiana*の交雑による愛らしい園芸用交雑品種。葉は灰色のフェルト状。中央に小さなオレンジ色の部分がある、甘い香りの、バイオレットブルーの夏咲きの花が、円錐花序をなす。
ゾーン：6〜9

Buddleja madagascariensis
英　名：NICODEMIA
☀ ❄ ↔4.5m ↕6m

冷涼地帯に生息する、常緑性の、垂れ下がってはびこる低木で、垣根仕立てにすることができる。葉は、長くて大きい槍形で、表面は真緑色、裏面は白い軟毛を帯びている。晩冬〜初夏、小さい、芳香性の、イエローオレンジの花をつける。

Buddleja davidii 'Black Knight'

Buddleja davidii 'Nanho Blue'

Buddleja davidii 'ダーツ オーナメンタル ホワイト'

Buddleja davidii 'ファシネイティング'

Buddleja davidii 'Harlequin'　　*B. davidii* 'Nanho Purple'

Buddleja davidii オーキッド ビューティ

バイオレット色の液果状の果実をつける。
ゾーン：9〜11

Buddleja nivea
☀ ❄ ↔2.4m ↕3m
中国原産の、強健な直立性の落葉低木。葉は幅広で、表面は暗緑色、裏面は白い軟毛を帯びている。バイオレットブルーの花がふわふわした円錐花序をなす。
ゾーン：7〜9

Buddleja 'Pink Delight'
異　名：*Buddleja davidii* 'Pink Delight'
一般名：フジウツギ'ピンク　デライト'
☀ ❄ ↔2m ↕1.5〜2m
灰色がかった緑色のアーチ状に曲がる葉群をもつ。晩夏〜初秋、深いピンク色の芳香性の花が、長さ30〜38cmの総状花序をなす。
ゾーン：7〜10

Buddleja salviifolia
英　名：SOUTH AFRICAN SAGEWOOD, WINTER BUDDLEJA
☀ ⛅ ↔4.5m ↕8m
南アフリカ原産の密生する低木または小高木。短い柄につく葉は、長く幅狭で、先がとがり、フェルト状で、軽く縮れる。色はセージグレー。晩秋〜冬、かすんだモーブ色の芳香性の花が、重量のある大羽状につく。
ゾーン：9〜10

Buddleja 'Wattle Bird'
一般名：フジウツギ'ワットル　バード'
☀ ❄ ↔1.8m ↕3m
比較的最近紹介された品種。オーストラリア産の落葉低木で、B. × weyeriana（B. davidii × B. globosa）の交雑品種。先のとがった、長い槍形の葉をもつ。球状の花序ではなく、晩夏〜秋に、黄色い花を長い穂状花序につける。
ゾーン：6〜10

Buddleja × *weyeriana*
ブッドレイア×イエリアナ
☀ ❄ ↔3.5m ↕4.5m
B. davidiiとB. globosaの落葉性の交雑品種。葉は暗色で槍形。ライラック色を帯びた、オレンジイエローの、芳香性の花が、ボンボン状に群生する。'ゴールデン　グロウ'、花芽は柔らかい紫色で、多数のアプリコット色の花が開いた円錐花序をなす。'ハニー　コム'、薄黄色の花。'サンゴールド'、中心がオレンジ色の、鮮やかな黄色の密な花序。
ゾーン：6〜9

BUGLOSSOIDES
（イヌムラサキ属）
ヨーロッパおよびアジアが原産の、15種の一年草または多年草からなるムラサキ科の属。日当りのよい低木林から、岩の多い斜面や森林地帯にわたる生息環境に自生する。株全体が細い剛毛または毛を帯びている。茎は直立性あるいは不規則に広がり、分枝するものとしないものがある。葉は卵形〜槍形の単葉。小さいじょうご形の花は、広がる裂片をもち、通常は青色または白色。根茎植物である多年生の種は、条件が適したところでは侵略種となることがあり、扱いにくい。
〈栽培〉
「ワイルド」ガーデンや森林庭園に適する。湿性で水はけのよい、中性〜アルカリ性の土壌で栽培する。種子、あるいは挿し木または株分けで繁殖する。

Buglossoides purpurocaerulea
異　名：*Lithospermum purpurocaeruleum*
☀/⛅ ❄ ↔60cm ↕60cm
ヨーロッパ全域および中央アジアに分布。匍匐性の多年生根茎植物で、幅狭で先のとがった葉をもつ。花は、開花時には赤みをおびた紫色で、時間とともに深い青色に変わる。
ゾーン：6〜9

Buddleja × *weyeriana*

Buddleja salviifolia

BULBINE
（ブルビネ属）
南アフリカおよびオーストラリア原産の、約35種のからなるツルボラン科の多様な属。ラテン語のbulbineは、鱗茎を意味するが、この特徴が見らるのは数種のみ。大型の種では、多肉の草状の葉と、高さ50cm以上にもなる穂状花序をつける。葉が魅力的な矮小型のものも数種あるが、それらのうちいくつかはアロエ属やハオルチア属などの多肉植物属に似ており、休眠期には完全に枯れる。全種とも黄色またはオレンジの多数の花を直立する花序につける。いくつかの種では薬効があり、創傷、熱傷、痒みに外用として、あるいは下痢、けいれん、尿路感染の薬として内服的に使用される。
〈栽培〉
肥沃で、水はけがよい土壌で、じゅうぶんに灌水すれば、容易に栽培できる。種子から繁殖できるが、通常は古い株を株分けして栽培される。

Bulbine frutescens
異　名：*Bulbine caulescens*
一般名：ハナアロエ
☀/⛅ ⛅ ↔60cm ↕60cm
南アフリカの南海岸〜モザンビーク原産の、分枝する低木。葉は明るい緑色で、線形、半円筒状で、長さは20〜25cm。長さ60cmになる花序に、40〜50個の黄色い花をつける。'ホールマーク'（syn. *B. caulescens*'ブルビネ・カウレスケンス'ホールマーク'）、コンパクトな品種で、より短い花序に、オレンジ色の花をつける。
ゾーン：9〜11

Bulbine latifolia
異　名：*Bulbine natalensis*
☀/⛅ ⛅ ↔60cm ↕60cm
南アフリカ、東ケープ州およびクワズル・

Bulbine frutescens 'Hallmark'

Bulbine latifolia

Bulbophyllum Daisy Chain

Bulbophyllum flaviflorum

Bulbophyllum carunculatum

ナタール州原産の、叢生してロゼットを形成する多肉植物。葉は三角形で、長さ38cmになり、基部の幅は15cmになり、伸びていく先端から離れるように強く反曲する。60cmになる総状花序に、黄色い花が密生する。
ゾーン：10〜11

Bulbine margarethae
☼ ❄ ↔5cm ↕8cm
南アフリカ原産。矮小型の植物で、12〜18mmの小さい茎をもつ。10〜15枚の葉は、円筒形で、チャイブの房に似る。黄色の花が、高さ6〜8cmの花序をなす。
ゾーン：9〜11

BULBINELLA
（ブルビネラ属）
20種の多肉根をもつ落葉性の多年生植物からなるツルボラン科の属。大半は南アフリカ原産だが、6種はニュージーランドで見られる。長い、やや多肉質の葉が叢生する。黄色い花が、シャグマユリ（シャグマユリ属）に似た穂状花序をなし、丈高の茎につく。

〈栽培〉
日なたまたは半日陰で、中性〜やや酸性の、排水性がよいが水分保持力のある土壌で栽培する。温室での鉢植えにも向く。湿気を嫌う。種子または根分けで繁殖する。

Bulbinella hookeri
☼ ❄ ↔60cm ↕90cm
ニュージーランドの高山地帯が原産。帯状の葉をもつ。がっしりとした茎に、夏、黄色い星形の花を穂状花序につける。冬に休眠する。
ゾーン：7〜9

Bulbinella rossii

Bulbinella latifolia ★
☼ ❄ ↔60cm ↕90cm
南アフリカ原産。幅狭の帯状の葉をもつ。冬〜晩春、黄色〜深いオレンジ色の花が穂状花序をなす。夏に休眠する。根分けで繁殖する。
ゾーン：7〜9

Bulbinella rossii
☼ ❄ ↔30〜60cm ↕60〜90cm
ニュージーランドのキャンベル島およびオークランド諸島が原産。鮮やかな緑色の、固いアーチ状の葉をもつ。夏に金黄色の花が密生して穂状花序をなす。冬に休眠する。
ゾーン：7〜9

BULBOPHYLLUM
（ブルボフィルム属）
すでに命名されているものだけで1,500以上の種があるラン科の大属で、まだまだ多くの種が発見され続けている。世界各地に分布するこの属には、さまざまな形、大きさ、色の花をもつ植物がある。これらの複茎性のランは、着生植物および岩生植物としてのみ生育する。半数以上の種では、葉が1枚ついた円筒形の偽鱗茎を生じ、そこから匍匐性の根茎が伸びる。2枚葉の種もあり、とくにアフリカおよびマダガスカル原産の種に多い。ブルボフィラム属には、いくつかの世界最小のランと、非常に大きく成長する種が含まれる。花は他のほとんどのラン種と異なり、特定の受粉媒介者を惹きつけるよう、高度に特化されている。ほとんどの種は、よく動く唇弁をもつ。

〈栽培〉
大半の種は、短い根組織しかもたない匍匐性植物で、分枝することはまれ。大まかに言って、日陰の環境と、根の周辺が常に湿った条件を好む。ヘゴ板に着生させるとよく育つが、大きい種は、浅い皿、鉢、あるいはバスケットで栽培が可能。ブルボフィラム属には、雨季や乾季に反応して花をつける種と、年中花をつける種がある。

Bulbophyllum carunculatum
☼ ✈ ↔25cm ↕60cm
インドネシアのスラウェシ島およびフィリピン原産の種で、黄みがかった緑色の花が印象的。夏、長さ12cmの、大きく開く花が、5個以下で直立する花序をなす。

Bulbophyllum fletcherianum

おそらくその芳醇な香りに惹きつけられるハエを媒介に受粉すると思われる。
ゾーン：11〜12

Bulbophyllum Daisy Chain
一般名：ブルボフィルム デイジー チェイン
☼ ✈ ↔30cm ↕12cm
温暖な気候で育つ、*B. makoyanum*と*B. amesianum*の人気の一代交配種。花は車輪のスポーク状につく。
ゾーン：11〜12

Bulbophyllum flaviflorum
☼ ✈ ↔40cm ↕8〜15cm
中国、ベトナム、ラオスおよびタイ原産。長さ3cmの花が、10個以下で短いスプレーをなす。花の大部分は、癒合した鮮やかな黄色の側萼片からなる。
ゾーン：11〜12

Bulbophyllum fletcherianum
☼ ✈ ↔24〜60cm ↕30〜100cm
ニューギニア原産で、属中、もっとも大きく成長する種のひとつ。しばしばテニスボールより大きくなる偽鱗茎から、長さ100cmになる、紫色に染まった、幅広の革質の葉が垂れ下がる。滑らかで多肉質の、濃い赤紫色の花が、20個以下で群生するが、これらの花は完全には開かず、非常に不快な臭いを放つ。
ゾーン：11〜12

Bulbophyllum graveolens

Bulbophyllum macrobulbum、野生、ニューギニア

Bulbophyllum wendlandianum ★
一般名：ブルボフィルム・ウェンドランディアヌム
☀ ❄ ↔30cm ↕10～18cm
タイおよびミャンマー原産。*B. rothschildianum*に似るが、より少ない、より幅狭の、深い赤色の花をつける。初夏、新枝から現れる花序に花をつける。
ゾーン：10～12

Bulbophyllum tridentatum

Bulbophyllum putidum

Bulbophyllum rothschildianum ★
一般名：ブルボフィルム・ロトスキルディアヌム
☀ ❄ ↔60cm ↕25cm
インド原産。ブルボフィルム属のシルホペタラム節に属し、下萼片が癒合し、上萼片と花弁に花糸と付加物のある、散形花序をなす花が特徴。これらの「旗」は、かすかな風で揺れ、潜在的な受粉媒介者を惹きつける。深いえび茶色の花を密生させる。
ゾーン：10～12

Bulbophyllum tridentatum
☀ ❄ ↔30cm ↕25cm
タイ原産。単一の、革質の葉が、根茎によって紙質の鱗に覆われた円形の偽鱗茎につながる。まとまりのない外観。小さいスプレー状につく花は、不快な臭いがある。
ゾーン：11～12

Bulbophyllum unitubum
☀ ❄ ↔20cm ↕12～20cm
最近になって一般栽培されるようになった、ニューギニア原産の印象的な種。花は大きく、短命であるが、年間を通して数回返り咲きする。
ゾーン：11～12

Bulbophyllum graveolens
☀ ❄ ↔60cm ↕50cm
ニューギニア原産の強健な種。長さ8cmの花が、12個以下で、ゆるい散形花序をなす。花弁と萼片は薄緑色～明るいオレンジ色で、ときどき暗紫色の細かい斑が見られる。鮮やかな赤色の唇弁はよく動く。かなり不快な悪臭がある。
ゾーン：11～12

Bulbophyllum putidum
一般名：ブルボフィルム・プティドゥム
☀ ❄ ↔25cm ↕12～20cm
単一の花をつける、東南アジア原産の種。コンパクトな株に対して、かなり大きな花をつける。このユニークなランには、*B. appendiculatum*の名のほうがふさわしいと考える植物学者もある。
ゾーン：10～12

Bulbophyllum guttulatum ★
☀ ❄ ↔25cm ↕25cm
インドおよびネパール原産の、晩冬に花をつける種。小さい直立性の花序に、8個以下の、紫色の斑が細かく入った、クリーム色、黄色、または緑色がかった花をつける。唇弁は白色で、深いピンク色の斑が入る。ゾーン：10～11

Bulbophyllum macrobulbum
☀ ❄ ↔25～60cm ↕30～100cm
大きく成長する、ニューギニア原産の種。長い幅広の、革質の葉が垂れ下がる。小さく集まってつく肉色の花は、完全に開くと不快な臭いを放つ。
ゾーン：11～12

BULNESIA
（ブルネシア属）
熱帯アメリカ原産のハマビシ科の属で、少なくとも11種の常緑高木を含む。葉は羽状複葉。よく目立つ黄色～オレンジ色の花が茎頂に密生する。いくつかの種、とくに*B. arborea*は、材木として価値が高い。

〈栽培〉
霜や長く続く冷涼な気候条件への耐性

Bulphyllum unitubum、野生、ニューギニア

Bulbophyllum wendlandianum

Bulbophyllum guttulatum

Burchellia bubalina

がないことは別として、ほとんどの種は、排水性のよい土壌で容易に栽培でき、いったん根付くと乾燥にも耐える。日当りのよい場所に植える。必要に応じて、花後に剪定し、魅力的な樹形を保つ。種子で繁殖。

Bulnesia arborea
英　名：MARACAIBO LIGNUM-VITAE
☼　✝　↔6m　↕15m
コロンビアおよびベネズエラ原産の常緑高木で、野生では高さ30mになる場合もある。細く分かれた羽状複葉をもつ。金黄色の花は、はっきりと分かれた、基部の狭い、円形の花弁をもつ。材木として商業的に重要。
ゾーン：11～12

BUPLEURUM
（ミシマサイコ属）
北半球温帯に広く分布し、さらにカナリア諸島および南アフリカにも広がるセリ科の属で、常緑低木のほか一年生植物および多年生植物を含む。葉は単葉で、切れ込みがない。低木種は、地表から多くの茎を伸ばし、いくぶん革質あるいは多肉質の葉をつける。花は小さく、大半は緑がかった色か黄色で、整然とした複散形花序をなし、さらにいくつかが集まりより大きな円錐花序を形成する場合もある。小さい、乾いた果実は、アメリカボウフウやヘムロックに似る。

〈栽培〉
低木状の種で、地中海沿岸およびカナリア諸島周辺の比較的温暖で乾燥した地域が原産。日当りのよい、露出した位置で、排水のよい土壌でもっともよく成育し、海岸近くで吹く潮風に耐える。強い剪定にも耐え、生垣に仕立てることも可能。挿し木か根分け、または種子で繁殖する。

Bupleurum rotundifolium
一般名：ブプレウルム
英　名：HARE'S EAR, THOROWAX
☼　✻　↔60cm　↕60cm

ヨーロッパおよびロシアが原産だが、現在ではアメリカ合衆国に帰化している。一年生、あるいは短命の多年生植物で、円形の、青みがかった緑色の葉は、茎で穴をあけられたように見える。夏、緑色の大きな苞に包まれた、緑がかった黄色の小さな花が、散形花序をなす。
ゾーン：5～9

Bupleurum salicifolium
英　名：HINOJO
☼　✝　↔2.4m　↕2.4m
カナリア諸島およびマデイラ島が原産で、栽培例はまれ。落ち着いた青みのある葉のついた、多数の茎が密生する。葉は幅狭で、尖った先端に向かって先細る。晩春～夏、金黄色の花が垂れ下がる円錐花序をなす。
ゾーン：9～10

Bupleurum spinosu
☼　✻　↔30cm　↕30cm
スペイン南部および東部原産の、木性の基部をもち、まばらに分枝する多年生植物。幅の狭い、槍形の、青みがかった緑色の葉をもつ。夏、小さい黄がかった緑色の花が、散形花序につく。柄は2～3年宿存し、硬くなり刺をつける。
ゾーン：7～10

BURCHELLIA
（バーチェリア属）
南アフリカ原産の、アカネ科の一属一種の属。属名は、南アフリカの植物探検家 William Burchellにちなんで名付けられた。魅力的な葉と色鮮やかな花をもつが、園芸栽培例はあまり見られない。

〈栽培〉
夏季に豊富な水分を得られる、強い霜が降りない温暖な地域において、排水のよい、肥沃な軽い土壌を好む。日なたでも日陰にも耐える。ときどき剪定して樹形を保つ。花後に軽く剪定をおこなうことにより、結実が妨げられ、花の質が高まる。晩冬または春に種子を蒔くか、晩夏または秋の半熟枝挿しで繁殖する。

Burchellia bubalina
別　名：*Burchellia capensis*
英　名：SOUTH AFRICAN POMEGRANATE
☼　✝　↔2.4m　↕3m
喜望峰～南回帰線が原産の常緑低木。葉は単葉で、表面は暗緑色で光沢があり、裏面は鮮やかな緑色。春～夏に、10～12個の鮮やかなオレンジレッド～スカーレット色の花が、茎頂に散形花序をなす。
ゾーン：9～11

×BURRAGEARA
（ブラゲアラ属）
ラン科の仲間で、コクリオダ属、ミルトニア属、オドントグロッスム属、オンキディウム属の組み合わせによる複雑な属間交雑品種のラン。これらの交雑品種の多くは、いくぶんコクリオダ属の影響を受けた濃い赤色をもつ。

〈栽培〉
根の乾燥を嫌うため、ミズゴケまたは細粒タイプのバーク入りの混合土の鉢に植

Bupleurum spinosum

Bupleurum salicifolium

Bulnesia arborea

える必要がある。冷涼な生育条件に適するが、年間を通して、十分な灌水と、半日陰の位置を要する。

×*Burrageara* Hybrids
一般名：ブラゲアラ ハイブリッド
☀ ⇋ ↔30cm ↕75cm

ブラゲアラ交雑品種の中で出回っているものとしては、**リビングファイア'バーニング エンバース'**、*Vuylstekeara*エドナと中央アメリカの種である*Oncidium maculatum*の交雑品種。**ネリー イスラー**、その親にあたるB.**ステファン イスラー**を、*Miltoniopsis*ケンジントンと掛け合わせ、改良によりできた品種、**ステファン イスラー**。B.リビングファイアに似た、*Vuylstekeara*エドナと*Oncidium leucochilum*の交雑品種などがある。
ゾーン：10〜11.

BURRETIOKENTIA
（ブレティオケンティア属）
ニューカレドニアの多雨林固有の、2種の単幹ヤシからなるヤシ科の属。優美な樹冠をもつ。光沢のある緑色の羽状複葉は長さ2.4mになる。密に綿毛を帯びた、かなり太い、印象的な指状の茎からなる花序を形成する。

〈栽培〉
種子で繁殖するが、発芽までに何カ月も要することがある。実生苗は、完全な日陰と、たっぷりの水と、高い湿度が必要なため、栽培が難しいことで知られる。いったん根付くと、古い株は日照に耐える。

×*Burrageara*, Hybrid, Living Fire 'Burning Embers'

×*Burrageara*, Hybrid, Nelly Isler

Burretiokentia vieillardii
☀ ✣ ↔6m ↕21m

pHの高い、蛇紋岩（超塩基性）に由来する土壌にのみ生息する。鈍い緑色の幹は直径20cmになる。葉鞘は、独特の模様と色をもつ。赤みがかった色の果実をつける。栽培は難しく、日陰と高い湿度、たっぷりの水、高pHの土壌が必要。
ゾーン：11〜12

BURSARIA
（ブルサリア属）
オーストラリア東部および南部原産の、6種の常緑低木および小高木からなるトベラ科の属。大半は、小枝の多い、硬い低木で、刺のある枝と小さい葉をもつ。晩春〜夏に生じる白い花は、葉腋で小さく密生するか、枝先でより大きい円錐花序をなす。個々の小さい花は、5つの雄ずいと互生する5枚の花弁をもつ。果実は平たい小さなさく果。属名はラテン語の*bursa*（財布）に由来する。オーストラリア以外ではあまり知られていないが、魅力的な装飾用植物となり、また刺つきの垣根に仕立てることもできる。気候帯によっては、帰化して雑草となることがある。

〈栽培〉
霜害が厳しくない地域では容易に栽培できる。成長は早いが、あまり長命ではない。日当りがよいが保護された位置を好み、排水がよく適度に肥沃な土壌が必要。根は固い粘土を貫通する。挿し木または種子で繁殖する。

×*Burrageara*, Hybrid, Stefan Isler

Bursaria spinosa
英名：AUSTRALIAN BOXTHORN、BLACKTHORN
☀ ❄ ↔2m ↕3.5m

オーストラリア東海岸およびタスマニア原産。長さ35mmの葉が、刺のある短いシュートに集まってつく。晩春〜初秋、芳香性の白い花が大きな円錐花序をなし、花後に赤みがかった色の果実をつける。
ゾーン：8〜11

BURSERA
（ブルセラ属）
およそ50種の、常緑性または落葉性の高木および低木からなるカラカン科の属。熱帯アメリカおよび西インド諸島、フロリダ州南部、カリフォルニア州、アリゾナ州にのみ生息する。滑らか、あるいは淡色の薄片状の樹皮と、奇数羽状の葉をもつ。緑がかった白〜黄色の小さい花が、枝の先端近くに、短いスプレー状につく。果実は小型〜大型のさく果。高温の乾燥地帯原産の、いくつかの低木種は、膨れ上がった茎に、より小さい葉をまばらにつける。ブルセラ属の植物は、上塗り剤や香水、香料に使われる樹脂でよく知られる。

〈栽培〉
降雨量の多い地域原産の高木種は、日当りがよいが保護された位置で、下層土にじゅうぶんな水分を含む、水はけのよい土壌を好む。膨らんだ茎をもつメキシコ西部の種は、乾いた空気と排水のよい開けた砂利混じりの土壌が必要。冷涼地帯では明るい温室で栽培する。種子または挿し木で繁殖する。

Burretiokentia vieillardii、野生、ニューカレドニア

Bursaria spinosa

Bursera microphylla
英　名：ELEPHANT TREE
☼ ⇿ 1.5m ↕ 3.5m

メキシコ北部～カリフォルニア州南部およびアリゾナ州にかけて分布する落葉低木。低く枝を出す膨らんだ茎と、淡色の紙質の樹皮をもつ。太い、赤みがかった小枝の先端に、幅狭の小葉をつける。白っぽい花が群生する。豆粒程度の大きさの果実がなる。
ゾーン：9～12

BUTIA
（ブラジルヤシ属）
英　名：BUTIA PALMS

南アメリカ東部の亜熱帯および温帯原産の、8種の小型～中型のヤシからなる、ヤシ科の属。円錐花序をなす花芽の周りにつく、大きな紡錘状の苞が特徴。幹からアーチ状に伸びる葉には、厚い幅狭の小葉が2列に並ぶ。がっしりとした幹は、古い葉柄に覆われ、年月が経つと、密に輪を描く灰色の表面を残して落ちる。甘い香りのある、クリーム色～紫がかった花が、硬い弾力のある穂状につく。花をつける枝は、開花前に苞の切れ込みから裂開する。果実は食用され、発酵させるとワインのようなものができる。

〈栽培〉
暖温帯地域で景観植物として広く栽培され、高温の露出した環境に耐える。深く根を張り、表土の乾燥に耐えるが、樹齢にかかわらず容易に移植できる。古い葉を剪定するときは、基部を一定の長さに切り、幹に整った模様を保つ。種子で繁殖するが、発芽までに数カ月を要することがある。

Butia capitata ★
一般名：ブラジルヤシ
英　名：BUTIA PALM, JELLY PALM
☼ ❄ ⇿ 4.5m ↕ 6m

ブラジル南部、ウルグアイ、およびアルゼンチン北部原産。反曲する葉は、灰色みを帯び、長さ3mになる。晩春～初夏、クリーム色の大きい苞と、薄黄色～赤みがかった花をつける。果実が熟すのは、翌年の夏または秋。
ゾーン：8～11

Butia eriospatha
一般名：ウーリーブラジルヤシ
☼ ❄ ⇿ 3.5m ↕ 3.5m

ブラジル南部原産。*B.capitata*に似る。大きな苞の外側の表面は、茶色い綿毛に密に覆われ、茶色のラムスキンに似る。初夏、外側が赤みを帯びた紫色の花がつく。ゾーン：9～11

BUTOMUS
（ハナイ属）
英　名：FLOWERING RUSH, GRASSY RUSH, WATER GLADIOLUS

ユーラシア大陸原産の、水性多年草1種のみからなるハナイ科の属。高さ1.5mになる剣状の葉が、多肉茎から伸びる。花柄は高さ0.9mになり、夏、茎頂に散形花序をなす多数の花は、しばしば芳香性で、幅6～18mmのローズピンクの花被片（変形した萼片と花弁）、6～9本の雄ずいと暗赤色の葯をもつ。

〈栽培〉
暖かい、日当たりのよい位置の、深さ1.5cmまでの凍結しない水中に植えつける。春に根分けで繁殖。

Butomus umbellatus
一般名：ハナイ
英　名：FLOWERING RUSH
☼ ❄ ⇿ 75cm ↕ 150cm

ヨーロッパおよびアジア原産の水性草本。夏、直立性の、葉のない滑らかな茎の頂に、ローズピンクの花が散形花序をなす。剣状の葉は、幼時はブロンズパープルで、成熟すると緑色になり、三角形の鞘状の基部とともにロゼットをなす。
ゾーン：5～9

Buxus harlandii

BUXUS
（ツゲ属）
英　名：BOX

ツゲ科の属で、およそ50の属種の大半が、西インド諸島および中央アメリカ原産だが、東アジア、ヒマラヤ、アフリカおよびヨーロッパでも見られる。すべて常緑性の低木または小高木で、全縁の単葉が2枚ずつ対生する。緑または黄みを帯びた小さな花が葉腋につく。果実は小さなさく果。主に庭園または景観植物として用いられ、また、黄みを帯びた目の細かい木は、木版のほか、ボタンやチェスの駒などの小さい旋盤加工品や彫り物に使われる。葉と小枝は家畜に対して有毒。

〈栽培〉
比較的葉の小さい種は冷涼地帯の庭園で人気があり、密につく美しい質感の葉と、耐寒性、そして頻繁に剪定して樹形を整えられることで評価を得ている。適度に排水性があれば、白亜を含め、ほとんどのタイプの土壌で生育する。挿し木で繁殖するが、種子でも容易に発芽する。

Buxus balearica

Buxux balearica
英　名：BALEARIC BOX
☼ ❄ ⇿ 2.4m ↕ 4.5cm

バレアレス諸島と、その周辺のスペインおよびアルジェリア原産。*B. sempervirens*と比べ、より直立性で円錐状の成長習性をもち、葉はより大きく、厚みがある。理想的な条件下では、9mにまで伸びることがある。
ゾーン：8～11

Buxus harlandii ★
☼ ❄ ⇿ 0.9m ↕ 0.9m

中国南部原産の、低く叢生する低木。葉は光沢があり、暗緑色で、大きさは*B. sempervirens*と同程度だが、比率としてはより幅狭。この名前で栽培される株の多くが、実際は*B. microphylla*の品種である。
ゾーン：8～11

Buxux microphylla
一般名：クサツゲ
英　名：CHINESE BOX, JAPANESE BOX, KOREAN BOX
☼ ❄ ⇿ 2m ↕ 2.4m

数多くの品種および栽培種をもつ、東アジア原産の種。重要な差異は、外観よりも、耐霜性の違いにある。野生種は、長さ18mmになる、やや茶色がかった緑色の葉をもつ。春咲きの花は緑がかった黄色。*B. m.* var. *japonica*（ツゲ、ホンツゲ）、密に葉をつける直立性の低木で、成長が遅く、高さ0.9mになる。'グリーン ビューティ'、深緑色の葉。'モリス ミジェッド'、黄緑色の葉。低く成長する。*B. m.* 'コンパクタ'、葉を密につける矮性種。'カーリー ロックス'、薄緑色の葉とねじれたシュート。'フォークナー'、赤茶色の茎のコンパクト型。'グリーン ジェイド'、卵形の薄緑色の葉。高さ60cmになる。'グリーン ピロー'、小さい円形の葉を、高さ30cmの小山状に密生させる。
ゾーン：6～10

Butia capitata

Butia eriospatha

Buxus sempervirens
一般名：セイヨウツゲ、ボックスウッド
英　名：COMMON BOX、ENGLISH BOX
☼ ❄ ↔1.5～4.5m ↕1.5～9m

ヨーロッパ、西アジアおよびアフリカ北西部に広く分布する。イギリス諸島原産。葉は長さ25mmになる。葉の先端は、鋭角か鈍角で、わずかに切れ込みがある。晩春に、緑がかったクリーム色の花が群生する。**'アルゲンテオワリエガタ'**（syn.'アルゲンテア'）、繊細な灰緑色の葉に、幅狭のクリーム色の縁取り。**'エレガンティッシマ'**、真緑色の葉に、クリーミィホワイトの縁取り。**'グレアムブランディ'**、幅狭の円柱状の成長習性。**'ハンズウォルティエンシス'**、著しく大きい葉をもち、生垣に向く。**'ラティフォリア マクラタ'**、淡い金色の幼葉は、成熟すると黄色の斑が入る。**'マルギナタ'**、表面の葉縁に黄色い筋の入った歪んだ葉。**'メモリアル'**、左右対称な品種で、約0.6mに成長する。**'スフルティコサ'**、密な直立性の習性。葉は小さい。**'バーダー バレイ'★**、密な小山を形成する低木。真緑～暗緑色の葉。
ゾーン：5～10

Buxus sempervirens

Buxus sempervirens 'Memorial'

Buxus sempervirens 'Elegantissima'

Buxus sempervirens 'Suffruticosa'

Buxus microphylla var. *japonica* 'Morris Midget'

Buxus microphylla 'Green Pillow'

Buxus sinica var. *insularis* 'Pincushion'

Buxus sinica var. *insularis*

Buxus Sheridan Hybrids
一般名：ツゲ、シェリダン ハイブリッド
☀ ❄ ↔45～60cm ↕45～60cm
北米原産の、これらの栽培品種は、*B. sempervirens*と*B. microphylla* var. *koreana*の交雑種に起源をもつ。密なコンパクト型の低木が主。'グリーン ジェム'、濃緑色の葉の、球状の品種。'グリーン マウンテン'、やや暗色の葉の、円柱状の品種。
ゾーン：5～10

Buxus sinica
一般名：タイワンツゲ
英　名：CHINESE BOX, KOREAN BOXWOOD
☀/◐ ❄ ↔0.6～3.5m ↕0.9～6cm
中国東部および朝鮮半島原産の低木または小高木で、以前は*B. microphylla*の変種とみなされていた。さまざまな大きさの、数多くの変種が見られる。光沢のある、明るい緑色の葉は、長さ30mmになる。*B. s.* var. *insularis*ブクスス・シニカ・インスラリス [チョウセンヒメツゲ]（syn. *B. microphylla* var. *koreana*）、成長が遅い。小さいが、芳香性のある緑がかった黄色い花をつける。'ジャスティン ブロウェルズ'、幅狭、深緑色の小さい葉が、密な小山を形成する。'ピンクッション'（syn. *B. microphylla* 'クッション'）、くすんだ緑色の、円形の葉を持つ、クッションを形成する矮性の低木。'タイド ヒル'、高さ30cmまでの矮小種。'ウィンター ジェム'（syn. *B. microphylla* 'ウィンター ジェム'）、耐寒性があり、葉は冬の間緑色を保つ。
ゾーン：6～10

Buxus wallichiana
英　名：HIMALAYAN BOX
☀ ❄ ↔2m ↕1.8m
ヒマラヤ北西部原産で、栽培例はまれ。暗緑色の葉は、5cmになる長さに対して幅が狭く、めったに6mm以上にならない。若いシュートは、綿毛を帯び、春分に黄色っぽい花をつける。
ゾーン：8～10

BYSTROPOGON
（ビュストロポゴン属）
約10種の常緑低木からなるシソ科の属で、カナリア諸島およびマデイラ島に自生する。ハナハッカ属およびイブキジャコウソウ属の近縁にあたる。枝の多い房をなす極小の花の、羽毛状の萼片は、結実の段階で伸び、それぞれの枝先全体が微毛で覆われたように見える。他のシソ科の属と同様に、茎の断面が四角く、2枚ずつ互生する葉は、つぶすと芳香を放つ。

〈栽培〉
観賞植物として魅力があり、実をつける枝は、そのまま、あるいは乾燥させて、屋内用のアレンジメントに使用できる。温暖な、やや乾燥した気候が最適だが、冷涼な気候帯では、春に屋内で株を育て、夏に装飾用として外に植える。日当りと非常に排水のよい土壌が必要。挿し木または種子で繁殖。

Bystropogon plumosus
☀ ❄ ↔1.2m ↕1.2m
カナリア諸島原産の分枝する低木。茎は基部が木質になる。葉は小さく、灰色みを帯びる。初夏、白い花が小さなスプレー状につく。種子の成熟とともに、株全体が、わら色～灰色がかった色の、羽毛状の、結実する萼に覆われる。
ゾーン：9～11

Bystropogon plumosus

Buxus, Sheridan Hybrid, 'Green Mountain'

C

Caesalpinia gilliesii

Caesalpinia ferrea

Caesalpinia pulcherrima

*Caladenia chapmanii*の野生種、オーストラリア、ウェスタンオーストラリア州、ブッセルトン

CACCINIA
（カッキニア属）

ムラサキ科。カッキニア属は多茎性の多年草6種からなる小属。西および中央アジアの山岳地帯に広く見られる。帯毛した茎が丈夫な根茎から立ち上がり、基部と茎の葉は多様な形状となる場合もあるが、通常は単葉で無毛。花は頂生。多数の青い星形花をつける。
〈栽培〉
あまり栽培されない。繁殖は種子から。

Caccinia macranthera
☼ ❄ ↔90cm ↕60cm
同属中、最も広く分布し、最も大きく育つ種。葉は灰緑色。長楕円形ないし披針形。茎に沿って密生。青紫色の花は晩春から夏に開花。排水のよい砂粒土壌を必要とする。*C. m.* var. *crassifolia*は青緑色の葉。
ゾーン：5〜9

CAESALPINIA
（ジャケツイバラ属）

熱帯と暖温帯の地域（主に南・北・中央アメリカ）に生育。マメ科のカッシア亜科に属し、約150種の常緑の落葉性の高木、低木、よじ登り植物がある。全種ともに2回羽状複葉。多数の小葉をもつ。枝や葉にはかぎ状の刺がある。刺を持つのは主によじ登り性の種。穂状花序が枝の先端につく。黄色の花が多い。ほとんどが5弁で、突き出た雄ずいは花弁と対照的な色。豆果は平らで滑らか、あるいは膨れて刺があり、硬い種を包含している。
〈栽培〉
温暖気候のもとでの栽培は容易。多くは海浜、乾燥気候、排水不良の土壌にも耐える。観賞用として重用される低木種や高木種は排水のよい深い土壌と、日当たりがよくて防護された場所を好む。繁殖は通常は種子から。前もって硬い皮を切って処理しておく。*C. gilliesii*は挿し木も可。

Caesalpinia ferrea
一般名：レパードツリー
英 名：BRAZILIAN IRONWOOD、LEOPARD TREE
☼ ❀ ↔6m ↕15m
ブラジル東部の自生種。落葉性。滑らかなクリーム色の樹皮には灰色のまだら模様がある。葉は明るい緑色。青みがかった金色の複総状花序が夏に咲く。生育はやや早いが、加齢とともに遅くなる。寿命は長い。

Caesalpinia gilliesii
異 名：*Poinciana gilliesii*
一般名：ジャケツイバラ、ホウオウボクモドキ
英 名：BIRD-OF-PARADISE SHRUB
☼ ❀ ↔1.2〜2.4m ↕3m
アルゼンチン北部からウルグアイの原産。常緑だが、冬季が乾燥する地域では落葉性となることも。シダのような葉で、無数の小葉を持つ。花は淡黄色。直立した穂状花序。目立つ赤い雄ずいの全長は8cm。
ゾーン：9〜11

Caesalpinia pulcherrima
一般名：オウコチョウ（黄胡蝶）
異 名：*Poinciana pulcherrima*
英 名：BARBADOS PRIDE、PEACOCK FLOWER
☼ ❀ ↔1.8〜3.5m ↕3m
原産は定かではないが、熱帯アメリカもしくはアジア。華美な花が長い花柄につく。花色は多様。鮮やかな紅色、ピンク、金色、淡黄色、あるいは赤と金色の場合も。雄ずいはネコのひげに似る。通年開花。
ゾーン：11〜12

CAJANUS
（キマメ属）

マメ科ソラマメ亜科に属する2種が含まれる。旧世界熱帯原産の低木状多年草。現在では温暖地域にも帰化。茎には綿毛があり、葉は3出複葉。黄色と紫の大きな花が先端の複総状花序につく。*C. cajan*（ダール）は最も早くから栽培された食用作物のひとつと考えられる。主にマメを食用とするために栽培されるが、飼料、緑肥、土壌浸食防止用、かご細工の材料としても使われる。
〈栽培〉
熱帯と亜熱帯地域では、日向にあるほどよく肥えた排水のよい土壌で栽培される。90〜120cmの間隔をあけて種子をまく。温帯では趣味園芸の対象となることもある。霜害を防ぐには早く成長する栽培品種を選び、施肥と水遣りを規則正しく行う。繁殖は播種による。

Cajanus cajan
英 名：CATJANG PEA、DAHL、PIGEON PEA、RED GRAM
一般名：キマメ、リキウマメ
☼ ❀ ↔0.9〜2m ↕2〜3m
熱帯地帯原産。低木性多年草。綿毛でおおわれた茎と葉がある。3出複葉は表面が緑色で、裏面は灰緑色。赤と黄色の華美な花が咲いたあとに、約10cmの黄色い豆果ができる。
ゾーン：10〜12

CALADENIA
（カラデニア属）

英 名：SPIDER ORCHID
ラン科。約200の地上性ランからなる大きな属。主にオーストラリアに分布するが、ニュージーランド、ニューカレドニアにも少数ながら分布。単葉はしばしば帯毛。花は単生、もしくは多数が集まって小花序となる。開花期は種によって異なり、冬から晩春。暑くて乾燥したオーストラリアの夏には地下の塊茎の形で休眠する。花は特異な形をしており、野生のミツバチやスズメバチなどを介して受粉する。最近は本属の命名が盛んで、植物学者のなかには本属をさらに細分化しようとする動きもあるが、まだ一般的には認められていない。
〈栽培〉
カラデニア属は菌根の真菌類に頼って生きており、栽培すると年々弱ってきて、維持するのが非常に難しいことがわかっている。地上ランの専門栽培者は、有機物を少量含む水はけのよい砂質の混合土壌で他種を育てることによって成功を収めている。

Caccinia macranthera var. *crassifolia*

Caccinia macranthera

Calamagrostis × *acutiflora* 'Stricta'

Calamagrostis foliosa 'Zebrina'

Caladenia chapmanii

☼ ♇ ↔10〜20cm ↕15〜45cm

ウェスタンオーストラリア州の南西部原産のもののみが知られている。濃いピンク色の変わった形をした花が春に開花。最近、新属アラクノルキス（spider orchidの意味）へと転属したが、この新分類が確定したわけではない。
ゾーン：10〜11

CALADIUM

（カラディウム属）

英　名：ANGEL WINGS, LEPHANT EARS

サトイモ科。熱帯アメリカ原産。落葉性で塊茎をもつ多年生植物7種から成る。美麗な葉を鑑賞するために栽培される。葉色は白、鮮明なピンク、赤。魅力的な模様や脈がある。葉は大型で全長45cm。矢形もしくは心臓形で茎の上に広がる。サトイモのような花をつけるが、一般的に観賞用とはならない。

〈栽培〉

熱帯や温暖な気候ではよく生育する。屋外の日陰で、水はけのよい肥沃な湿った土壌に植える。寒冷気候では、屋内の鉢植え、または温室で栽培。保湿性と排水のよい粗い鉢植え混合土を使って、明るいところに置くとよい。直射日光は避けて、高湿を維持する。秋に葉が退色するまでは規則正しい灌水と施肥を続けるが、休眠状態にはいれば乾燥させる。毎年出現する最初の葉には多彩な模様はない。

Caladium bicolor

異　名：*Caladium*×*hortulanum*
英　名：ANGEL WINGS, ELEPHANT EARS
一般名：ニシキイモ、ハイモ

☼ ♇ ↔30cm ↕60cm

アマゾン地帯からブラジル原産。矢の形をした大きな緑色の葉は、白、ピンク、赤の色面積が多様で、不規則なまだら模様をなす。*C. picturatum*と*C. marmoratum*を交配して、多彩な品種が作出された。その他の栽培品種は次の通り。'**キャロライン　ワートン**'は鮮やかなピンクの斑、赤い脈があり、縁は濃い緑色。'**フェスチヴァ**'は透明な赤色で緑の脈。'**ファイアー　チーフ**'は深紅の心臓形の葉に緑色縁。'**キャサリーン**'は鮮やかなサーモンピンクの心臓形の葉に緑色縁。'**ロード　ダービー**'は透明のローズ色に黒っぽい脈、緑色の縁。'**ミセス F. M. ジョイナー**'は白地にピンク、濃い赤の脈が走り、明るい緑色の縁。'**レッド　フラッシュ**'は鮮やかな赤い心臓形の葉に赤い脈、鈍い緑色の縁。'**レッド　フリル**'★、中央の深い赤が緑色の縁に近づくにつれて濃くなっていく。'**ローズバッド**'はピンク色が白へと移っていく心臓形の葉。ピンク色の脈と緑色の縁。'**スカーレット　ピンパーネル**'は赤い心臓形の葉、赤い脈、クリーム色から明るい緑色の縁。'**ホワイト　クリスマス**'は緑色の脈のある白い葉。'**ホワイト　クイーン**'は深紅の脈のある白い葉。
ゾーン：10〜12

CALAMAGROSTIS

（カラマグロスチス属）

英　名：REED GRASS

イネ科。約250種を擁する。北半球の温帯地域に広く分布。観賞用は数種のみ。栽培されているものは主に交雑種、もしくは選抜された品種である。非常に侵略性のあるものもある。直立した姿と、けば状の花序はドライフラワーにもなる。庭に植栽すれば劇的な効果をもたらす。

〈栽培〉

中湿ないし高湿の土壌を好む。日向がよい。繁殖は播種による。栽培品種は晩冬に株分けが必要。

Calamagrostis × *acutiflora*

カラマグロステイス×アクティフロラ
英　名：FEATHER REED GRASS

☼ ❄ ↔90〜100cm ↕1.5〜2m

*C. arundinacea*と*C. epigejos*の交雑種。藪を形成する草本植物。ヨーロッパの自生種。基本的には不稔。'**オーバーダム**'★は銀色の斑入りの葉。'**ストリクタ**'は直立した姿で夏に羽毛状の花をつける。
ゾーン：4〜10

Calamagrostis brachytricha

一般名：ダイヤモンドグラス

☼/☽ ❄ ↔50〜100cm ↕100cm

東アジア中央部の温帯地域で見られる。溝のある葉は幅12mm。真夏から咲く複総状花序の全長は15cm強。ほのかな紫色。
ゾーン：7〜9

Calamagrostis foliosa

カラマグロステイス・フォリオサ
英　名：FEATHER REED GRASS, LEAFY REED GRASS

☼/☽ ❄ ↔20〜50cm ↕15〜40cm

アメリカ合衆国カリフォルニア州原産。幅広の葉と15cmほどの長さの複総状花序を持つ。葉も花も明るい緑色から、紫褐色へと変色。'**ゼブリナ**'の若い葉には緑と黄色の水平な縞。
ゾーン：7〜9

Caladium bicolor 'Scarlet Pimpernel'

C. bicolor 'Lord Derby'

C. b. 'Carolyn Whorton'

C. bicolor 'Mrs F. M. Joyner'

Caladium bicolor 'White Christmas'

CALAMINTHA
(カラミンタ属)

英　名：CALAMINT

シソ科。7種を擁する。時として低木状になる多年草。東アジアを除く北部温帯地方で見られる。温暖な気候下では常緑だが、厳しい冬には基部を残すのみとなる。先のとがった卵形の葉は芳香性で、多くの場合はやや光沢がある。鋸歯縁。花柄は夏に発達し、ピンクから藤紫色の管形の花が先端近くの葉腋から出現。カラミンタは薬として使われた長い歴史があるが、最近では葉を浸出するだけの場合が多い。清涼な風味のティーとなる。

〈栽培〉

耐寒性は多様だが、ほとんどの種はかなり厳しい霜にも耐える。明るい場所に植えるが、じりじりするほどの太陽光は避ける。保湿性と排水性にすぐれた腐食質に富んだ土壌に植える。活発な根茎をもつ種はやや浸略性がある。株分け、基部の挿し木、あるいは種から繁殖する。

Calamintha grandiflora
カラミンタ・グランディフロラ

英　名：LARGE-FLOWERED CALAMINT

↔ 0.9〜1.2m ↑ 0.6m

南ヨーロッパと北アフリカ原産。広がる根茎をもつ株立ち植物。暗緑色の葉は綿毛でおおわれ、鋸歯縁。全長8cm。花は長さ35mm、ピンクないし藤紫色。単生、もしくは5個までの房状。'ワリエガタ'(syn.'フォルンセット　フォーム')は小型、30cmを超えることはまれ。

ゾーン：5〜10

Calamintha grandiflora 'Variegata'

Calamintha nepeta

一般名：レッサー・カラミント

英　名：LESSER CALAMINT

↔ 0.9〜1.5m ↑ 80cm

イギリス諸島から南ヨーロッパで見られる、広がる根茎をもつ多年草植物。綿毛のある灰色がかった緑の茎と長さ約30mmの葉。強い芳香がある。ピンクないし藤紫色の花は全長12mm。15個までが群生。

ゾーン：6〜10

Calamintha sylvatica

一般名：カラミント

英　名：COMMON CALAMINT

↔ 50cm ↑ 60cm

中央および南ヨーロッパ原産。ハッカ様の芳香がある。やや光沢のある濃緑色の葉は顕著な葉脈を持つ。先のとがった卵形。全長35mm。浅い鋸歯縁。花はピンクないし紫色で輪生。全長12mm。開花期は夏。*C. s.* subsp. *ascendens*はペパーミントに似た強い香り。花は紫色。全長30cm。

ゾーン：7〜10

Calamintha sylvatica subsp. *ascendens*

CALAMUS
(トウ属)

英　名：LAWYER-CANE、ATTAN、ROTANG

ヤシ科。約400種から成る同科最大の属。東南アジアやマレー諸島の多雨林原産のものが多い。東オーストラリアや熱帯アフリカ各地にも広がっている。ほとんどがよじのぼり性のヤシで、しなやかで長い茎を持つ。羽状複葉のあちこちについている強力なかぎの助けを借りて、木に吸着する。葉中央脈の延長部分から、鞭状をしたいわゆる巻きひげが出現する種もあれば、葉の基部にあるさやから匍匐茎と呼ばれる器官が出現する種もある。ほとんどの種では、葉の鞘、もしくは葉身に針のような刺を持つ。花をつける枝は匍匐茎と似ており、水平方向の小枝に小さくて黄色味を帯びた花をつける。花後には球状の果実ができる。果実は鱗皮に覆われ、白い果肉は甘い。これはサルやヒヒの食べ物になる。本属や近縁属の茎は籐(トウ)家具の材料になる。

〈栽培〉

ほとんどの種は無霜で温暖な気候を必要とし、熱帯気候を好む。高湿度を保ち、排水がよくて腐植質に富んだ土壌で栽培する。薄暗い環境にも耐え、屋内栽培も可能。繁殖は種子によるが、発芽させるには新鮮でなければならない。

Calamus caryotoides

英　名：FISH-TAIL LAWYER CANE

↔ 2.4m ↑ 5〜10m

オーストラリアのクイーンズランド州北部原産。茎が多くて華奢な樹形となる。葉の全長は20〜30cm。8ないし10枚のくさび形の小葉がある。葉のさやは小さな鋭い刺で覆われている。花はクリーム色。開花期は晩春から夏。果実は黄色味を帯びた球状。直径12mm。

ゾーン：9〜12

Calamus muelleri

英　名：SOUTHERN LAWYER CANE、WAIT-A-WHILE

↔ 3m ↑ 15m

多数の茎を持つほっそりとしたよじ登り性ヤシ。オーストラリアのニューサウスウェルズ州北部からクイーンズランド州北部にかけての多雨林に見られる。葉は全長2〜3m。15ないし20の小葉と刺で覆われたさやを持つ。匍匐茎は長くて、刺に覆われている。花はクリーム色。開花期は夏。球状の果実はクリーム色。

ゾーン：9〜12

Calamus rotang

一般名：ロタントウ

英　名：RATTAN CANE

↔ 無限 ↑ 無限

Calamus caryotoides

*Calamus*属の野生種、ボルネオ、キナバル山

Calamintha nepeta

スリランカや南インド各地で見られるよじ登り性のヤシ。葉の全長は75cm。全長30cmの細い小葉には光沢があり、下垂する。茎は太くて強健。家具材料として人気がある。

ゾーン：11〜12

Calamus viminalis

異　名：*Calamus extensus*、*Calamus pseudo-rotang*

英　名：BARA BET、BITTER RATTAN、CHAIR-BOTTOM CANE、KYEIN KA、PEPA

↔ 2.4m ↑ 24m

茎の多いよじ登り性のヤシ。東南アジアに広く分布。特徴的な葉を持ち、2ないし4葉ごとにまとまった小葉ほぼ100枚が重なり合って、羽のような印象を与える。匍匐茎の全長は2〜3m。黄色味を帯びた刺状突起は後方に反りかえる。球状の果実は黄褐色。

ゾーン：11〜12

CALATHEA
(カラテア属)

クズウコン科。メキシコからアルゼンチン北部に分布。塊茎あるいは根茎を持つ多年草300種が含まれる。直立する習性があるが、鮮明な斑が入った楕円形の葉が近縁のマランタ属の葉に似ているため、マランタ属(こちらの方が知名度が高い)と同じように、一般的には屋内植物として栽培されている。本属の基本品種としては、短い茎についた葉が密集して叢状となるもの、より長い葉柄を持ち、散開した叢状となるもの、木質茎に葉がつくものの3タイプがある。葉は全長0.9mに達することもあるが、普通は15〜25cmである。花は色のついた苞葉に接しており、ガラガラヘビの尾に似た円錐形をしている。

〈栽培〉
熱帯産のものが多いため、温暖高湿で霜の降りない環境を必要とする。明るい光を必要としないので、室内園芸に適している。通風のない日陰で栽培し、保湿性と腐食質に富んだ排水のよい土壌に植えるのがよい。繁殖は株分けによる。

Calathea burle-marxii
一般名：アイスブルー
☀ ✈ ↔0.9〜1.5m ↕1.5m
直立した木質茎を持つブラジル種。葉の全長が60cmを超えることも多い。葉は明るい緑色。中肋は黄緑色。裏面は灰緑色。長い花序はクリーム色ないし黄色。時に青色もしくは紫色がかることもある。ゾーン：11〜12

Calathea crocata
☀ ✈ ↔40〜60cm ↕50cm
ブラジル原産。基部から出現した葉が叢状となる。単葉は濃緑色で全長25cm。葉にはやや濃色の帯。花は鮮やかなオレンジ色。よく似た色の苞葉を持つ。直立した茎につく。
ゾーン：11〜12

*Calathea crotalifera*の自生種。コスタリカ、グアジャボ国立記念自然指定区

Calathea crotalifera
☀/☀ ✈ ↔0.9〜1.5m ↕1.2m
メキシコおよび中央アメリカ原産。非常に長い直立茎には全長40cmになる緑色の葉がつく。黄緑の花には濃い黄金色の苞葉。
ゾーン：11〜12

Calathea lancifolia
異名：*Calathea insignis*
英名：RATTLESNAKE PLANT
☀ ✈ ↔60〜80cm ↕60cm
ブラジル原産。長い茎に幅の狭い全長30cmの葉がつく。葉は明るい緑色。葉縁は波状。暗緑色の不規則な筋や扇形模様が入る。葉の裏面は栗色。
ゾーン：11〜12

Calathea lutea
英名：HAVANA CIGAR
☀ ✈ ↔0.9〜2m ↕0.9〜1.8m
熱帯アメリカ全域で見られる。緑色の葉は幅の狭い茎につき、カンナの葉に似る。全長1.5m以上。花色は黄色、苞葉は赤茶色。英名は巻き込んだ葉姿による。
ゾーン：11〜12

Calathea majestica
カラテア・マイエスティカ
☀ ✈ ↔80〜120cm ↕100cm
ガイアナ、コロンビア、エクアドル原産。葉は直立茎につく。全長60cm。表面は濃緑色、裏面は栗色。花色は白色、黄色、スミレ色。鈍い黄色の苞葉。栽培品種は鮮明な色の線を持つものが多い。'アルボリネアタ'には白線、'ロセオリネアタ'にはピンク色の線。
ゾーン：11〜12

Calathea makoyana
一般名：ピーコックプラント
英名：CATHEDRAL WINDOWS、PEACOCK PLANT
☀ ✈ ↔40〜80cm ↕60〜80cm
ブラジル原産。短い茎につく葉は全長30cm。半透明で明るい緑色。中肋と主要葉脈は濃緑色、葉縁はクリーム色。裏面でも同じ模様が緑色と栗色で出現。花色は白、苞葉は緑色。
ゾーン：11〜12

Calathea picturata
☀ ✈ ↔50〜70cm ↕40〜60cm
ブラジル原産。短い茎についた葉は全長25cm。濃緑色。中肋および葉縁に沿った部分は白。裏面は栗色。表面の白色部分が結合する場合も多い。花色は白。
ゾーン：11〜12

Calathea zebrina
一般名：トラフヒメバショウ
英名：ZEBRA PLANT
☀ ✈ ↔80〜120cm ↕100cm
ブラジル原産。短い木質茎にビロード状の葉がつく。葉の全長は70cm。濃淡の緑色の縞模様。中肋は淡緑色。裏面は栗色。花色は白色ないし薄青紫色。苞葉は紫褐色。
ゾーン：11〜12

Calathea makoyana

CALCEOLARIA
（キンチャクソウ属）
ゴマノハグサ科。メキシコから南米大陸南部で見られる。多年草および低木約300種から成る。葉色は多くの場合、明るい緑色。細毛と小腺で覆われているため、葉には粘着性がある。ほぼ全種にわたって、非常に特徴的な花姿を見せる。花は2唇弁から成り、上唇弁は小型でフード状、下唇弁は大型で膨らんだ形をしており、袋状となる。花色は、黄色、オレンジ色、赤色の濃淡のものが多い。

〈栽培〉
耐霜性と日光耐性についてはばらつきがあるが、湿った冷たい土壌を好む点では共通である。植え付けの際には腐植質に富む培養土をたっぷりと用いる。低木種は数年でやや雑然としてくる。剪定によって株を更新できるが、新株と植え替える方が望ましい結果となる。種子からでもよく発芽するが、先端部を挿し木すると速やかに根付くので、この方法が望ましい。

Calathea lutea

Calceolaria, Herbeohybrida Group cultivar

Calceolaria, Herbeohybrida Group, Sunset Series

C., Herbeohybrida Group, Sunset Series, 'Sunset Red'

Calceolaria, Herbeohybrida Group cultivar

Calceolaria integrifolia 'Goldbouquet'

Calceolaria biflora
☀ ❄ ↔20〜25cm ↕25〜30cm
無茎性の常緑多年草。ロゼットを形成する。チリとアルゼンチン原産。長楕円形の葉は帯毛。全長8cm。葉間から細い花茎が立ち上がって双生の黄色花をつける。開花期は夏。
ゾーン：6〜9

Calceolaria Herbeohybrida Group
一般名：カルケオラリア ヘルベオヒブリダ グループ
英名：LADIE'S PURSES、POCKETBOOK PLANT, SLIPPER FLOWER
☀ ❄ ↔30〜40cm ↕20〜50cm
南アメリカ原産の3種の交配によって作出された。本来は多年草であるが、一年草としてあつかわれる。冬に開花する大きな花は赤、オレンジ色、黄色の濃淡（斑点やブロッチを持つものも）。特徴的な袋状の唇弁花となり、葉は帯毛。**Sunset Series**（サンセット シリーズ）は叢状となり、短い茎につく花は長期間にわたって開花。花色は緋色、黄色、濃赤、濃橙色。'**サンセット レッド**'は精選された赤色品種。
ゾーン：9〜11

Calceolaria integrifolia
一般名：チリメンキンチャクソウ
☀/◐ ❄ ↔20〜30cm ↕1.2m
チリ原産。葉は鋸歯縁。明るい緑色。粘着性があり、若干のしわが入る。葉の裏面には茶色の細毛。花色は黄色、鈍錆色。時として対照色の斑点。通年開花するが、暖かい季節には花つきがよい。早春に刈り込む。'**ゴールデン ナゲット**'は鮮やかな黄色の花。多年生。'**ケンティッシュ ヒーロー**'★は赤みを帯びた茶色の袋状の花が咲く。'**ラセッド**'はオレンジレッドからブラウン色の花。'**ゴールドブーケ**'は明るい黄色の花をたくさんつける。ゾーン：8〜10

Calceolaria 'John Innes'
一般名：カルケオラリア 'ジョン イネス'
◐ ❄ ↔30cm ↕15cm
受賞栽培品種。濃黄色の花。唇弁の中央には、かすかに深紅色の斑点。
ゾーン：8〜11

Calceolaria pinifolia
☀ ↔50〜70cm ↕60〜100cm
アンデス山地原産の亜低木。黄色の袋状花。葉は細長い。名前が示すように松（pine）葉に似ている。野生種は絶滅の危機に瀕している。
ゾーン：9〜11

Calceolaria uniflora
英名：SAND LADY'S SLIPPER
☀ ❄ ↔15〜20cm ↕10〜15cm
パタゴニア南部原産。根茎によってロゼットを形成する多年草。葉は帯毛し、全体が裂開。白と黄色の花は直径約18mm。オレンジ色の縞が入っていることが多い。開花期は夏。水はけがよく、岩の多い土壌を好む。*C.u.* var. *darwinii*は黄色と白の花。下唇弁の色が濃く、赤茶色の斑点がある。
ゾーン：7〜9

CALENDULA
（キンセンカ属）
キク科。約20種の一年草と多年草を含む。地中海地方周辺、および大西洋諸島原産。しばしば荒地に自生。*Calendula officinalis*は庭園からのこぼれ種によって分布域を広げた。全種ともに互生の単葉。芳香性のものもある。明るい黄色とオレンジ色の花が長期間にわたって通年開花。*C. officinalis*は何世紀も以前からさまざまな料理や薬用に使われてきた。現在では、コウオウソウ属に含まれるいくつかの種にも、英名のMarigold（マリゴールド）という名称がつけられている。
〈栽培〉
水はけのよい日向であれば栽培は容易。冷涼地域であれば春、温暖地域であればそれよりも早い時期に、種子をじか蒔きする（シェルター内に蒔いてもよい）。連続的に播種して花がらを摘めば、冷涼地域では春から秋、温暖地域では1年を通じて花を楽しむことができる。

Calendula arvensis
一般名：ホンキンセンカ
英名：FIELD MARIGOLD
☀ ❄ ↔30cm ↕30cm
ヨーロッパ南部原産。よく分枝する一年草。長楕円形の葉はうすく綿毛を帯びる。花色は黄色、オレンジ色。花径は25mm。開花期は春から秋。
ゾーン：6〜10

Calendula officinalis ★
一般名：キンセンカ
英名：COMMON MARIGOL、POT MARIGOLD, SCOTCH MARIGOLD
☀ ❄ ↔30〜45cm ↕30〜60cm
もともとはヨーロッパ南部原産だが、広く帰化した。叢状となる一年草。葉にはわずかに綿毛がある。開花期は春から秋。花色はオレンジ色、黄色。花径8cm。**Bon Bon Series**（ボン ボン シリーズ）は30cm。アンズ色、黄色、オレンジ色の混合。'**ドワーフ・ジェム**'は30cm、

Calceolaria 'John Innes'

Calceolaria uniflora var. *darwinii*

カリブラコア、HC、
'カラーバースト ヴァイオレット'

カリブラコア、HC、
'ミリオン ベルズ チェリー ピンク'

カリブラコア、HC、
'ミリオン ベルズ レモン'

カリブラコア、HC、
'ミリオン ベルズ ホワイト'

カリブラコア、HC、
'ミリオン ベルズ テラ コッタ'

Calendula officinalis

C. o., 'Greenheart Orange'

C. o., Pacific Beauty Series

Calendula officinalis, Fiesta Gitana Group

横に伸張、もしくは匍匐する習性を持つものが多い。葉の全長25mm。花はペトゥニア属のものより小さく、花径は25mm以下。葉腋から短い管状花がたち上がり、連続開花する。1990年代、日本のバイオテクノロジー会社サントリー（ウイスキーでも有名）がカリブラコアの育種を開始した。サントリーが開発のために使った品種は明らかではないが、特許を取った**Million Bells Series**（ミリオン ベルズ シリーズ）の第1号が発表された。その後も多くの品種が発表されて花色の幅が広がるとともに、姿形もさらにコンパクトに、もしくは強い匍匐性を示すようになっている。全種がクローンであり、主に組織培養で増殖する。適度な光と温度があれば、ほとんど連続的に花が咲く。

〈栽培〉
軽い霜にも耐え、日なたでも半日陰でも育つ。ポットやバスケットで育てられることが多い。一年草あるいは短命な多年草として扱うことができる。水はけのよい培養土に植え、成長期間を通じ、間隔をおいて弱い肥料を与える。徒長したシュートを摘むと花数を増やすことができる。灌水は土壌がほぼ乾燥しきった際に行うだけでよい。先端部の挿し木で増やせるが、販売を目的とした繁殖は特許を犯すことになるので注意が必要。

Calibrachoa Hybrid Cultivars
一般名：カリブラコア交雑品種
☼/◐ ❄ ↔30〜60cm ↕7〜20cm
低く盛り上がったり、這う習性のために重用されている。春の中ごろから晩秋にかけて、多数の小さな花をつける。温暖地域ではほぼ通年開花。**Million Bells Series**（ミリオン ベルズ シリーズ）は黄色い花喉。花色は白、かレモン色、ピンク、赤、紫色。15cmの高さまで盛り上がる。**Treailing Million Bells Series**（トレイリング ミリオン ベルズ シリーズ）は7cmほどの高さになり、バスケットやプランターの縁からあふれるように広がる。**Colorburst Series**（カラーバースト シリーズ）の花はサクランボ色、赤、バラ色、スミレ色。ドイツで作出された**Selecta Series**（セレクタ シリーズ）(syn. Mini-famous Series ミニフェイマス シリーズ）は濃くて鮮明な色。オレンジ、赤、黄色、2色混合。**Liricashower Series**（リリカシャワー シリーズ）の花色は、鮮明な赤、黄色。パステル系の色も。花姿は扁平。
ゾーン：8〜11

八重咲きで大きな花。花色はアンズ色、黄色、オレンジ色。**Fiesta Gitana Group**（フィエスタ ギタナ グループ）★は30cm。花色はクリーム色、黄色、オレンジ色、二色混合。同シリーズの'グリーンハート オレンジ'の花はオレンジ色、中央部は緑色。'オレンジサラダ'の花びらはサフランの代用品。**Kablouna Series**（カブロウナ シリーズ）は短い舌状花。中央部は管状で突起。黄色、オレンジ色、アンズ色の混合。**Pacific Beauty Series**（パシフィック ビューティー シリーズ）は、高い茎を持つ。花色は黄色、オレンジ色、アンズ色。'ラジオ'はオレンジ色の花。管状の花びらはサボテン型のダリアに似る。
ゾーン：6〜10

CALIBRACHOA
（カリブラコア属）
異名：*Petunia*（ペトゥニア）
ナス科。カリブラコア属はペトゥニア属と密接な関係にあり、25種がペトゥニア同様に南ブラジルからペルー、チリにかけての南アメリカ一帯で見られる。*C. parviflora*はアメリカ合衆国北部から南部へと分布域を拡げている。本属に含まれる全種はペトゥニア属に分類されていたが、ペトゥニアの育種に関わっていたオランダ人遺伝学者が、ペトゥニア属に分類されていた別の植物と本属との間には、外観や繁殖面での相違に関わる染色体の違いがあることを発見し、別属に分類されることになった。カリブラコア属という名称は、メキシコ人の薬学教授アントニオ・デ・ラ・カリブラチョを記念して1825年につけられたもの。弱い常緑性を示す多年草および亜低木。

カリブラコア、HC、リリカシャワー シリーズ、'リリカシャワー ブラッシュ'

CALLIANDRA
（ベニゴウカン属）

マメ科ネムノキ亜科。約200種から成る。大多数は南米および中米大陸と西インド諸島原産。主として低木か小型高木。2回羽状複葉。雄ずいは長い。球状の花序、もしくは長い穂状花序。花の色は白、ピンク、深紅など。野生ではハチドリによって授粉する。種子の豆果は硬くて平ら。本属の多くは温暖で乾燥した地方（少なくとも著しい乾季を持つ）の原産である。霜に弱いものが多い。有用な造園素材であり、多彩な色彩の花と羽状複葉のスクリーンを1年を通じて提供してくれる。

〈栽培〉
適した気候のもとでは強健で順応性を示す。非常に乾燥した土壌やそれほど防御されていない場所にも耐性を持つ。ほとんどの種はきつめに刈り込んでもよく適応し、生垣としても使用できる。繁殖は種子、もしくは冬に短い側枝からとった挿し木による。

Calliandra californica
☀ ⇵ ↔0.9m ↕1.2m

メキシコのバハカリフォルニア原産。砂漠スタイルの庭園に使われることが多い。枝は針金状で頑丈。ほぼ年間を通じて、

Calliandra haematocephala

小さな房のような鮮やかな花序が点々とつく。花色は深紅色。
ゾーン：9～11

Calliandra emarginata
一般名：ミニチュアパウダーパフ
☀ ⇵ ↔6m ↕3m

メキシコ南部と中米大陸原産。よく知られる *Calliandra haematocephala* と混同されることが多い。弱いよじ登り性を持つ。大きな小葉、ピンク色や深紅色の花から成る大きな「粉はたき」のような花序に特徴がある。這い上がるための支えがない場所では、やや匍匐性となる。
ゾーン：10～12

Calliandra californica

Calliandra emarginata

Calliandra surinamensis

Calliandra eriophylla
一般名：ベニゴウカン（紅合歓）、ヒネム（緋合歓）、ヒゴウカン（緋合歓）
英　名：FAIRY DUSTER, MOCK MESQUITE
☀ ⇵ ↔90cm ↕90cm

メキシコからアメリカ合衆国東部の最南地方に分布。曲がった枝には刺がある。葉は細かい羽状。淡赤色の花が星雲状の花序となる。開花期は冬から早春。砂漠スタイルの庭園に使われる。
ゾーン：9～11

Calliandra eriophylla

Calliandra tweedii

Calliandra haematocephala
一般名：オオベニゴウカン、アカバナブラッシマメ
英　名：BLOOD-RED TASSEL FLOWER, POWDERPUFF TREE
☀ ⇵ ↔6m ↕3m

南米大陸北部原産。ピンク、緋色、深赤色の花が密集して球状の花序になり、枝の先につく。開花期はほぼ通年。寒冷地方では秋から冬。強風から保護する。
ゾーン：10～12

Callindra houstoniana
☀ ⇵ ↔2m ↕3m

メキシコ南部から隣接する中米大陸原産。広がる習性を持つ。2回羽状複葉、鮮緑色をした無数の小さい小葉を持つ。花は頂生し、穂状となって群生。目立つ赤い雄ずいがあり、夏から秋に咲く。
ゾーン：10～12

Calliandra surinamensis
一般名：スリナムゴウカン
英　名：PINK-AND-WHITE POWDERPUFF
☀ ⇵ ↔3m ↕3m

南アメリカ北部原産。粉はたきを思わせる華美な花序は白色、薄青紫色。ほぼ通年開花。花瓶の形になる習性があり、アーチ状に曲がる枝、小群を形成する葉を持つ。渇水耐性がある。
ゾーン：10～12

Calliandra tweedii ★
一般名：アカバナネム
異　名：*Inga pulcherrima*
英　名：RED TASSEL FLOWER
☀ ⇵ ↔1.8m ↕1.8m

ウルグアイとブラジル南部原産。季節的な降雨のない温暖気候で最もよく育つ。複数茎につく鮮やかな緑色の葉は、小型の小葉が密生。深い緋色の花序は春から秋に現れる。きつく切り戻すことができる。刈り込めば密集した生垣ともなる。
ゾーン：9～11

CALLICARPA
（ムラサキシキブ属）
英　名：BEAUTY BUS

シソ科。約140種の高木と低木が含まれる。落葉性および常緑性。地球全域ほとんどの熱帯から温帯にかけての地域で見られる。バーベナ属と密接な関連がある。単葉で顕著な葉脈を持つ。鋸歯縁。小さな花が花序、もしくは散房花序となる。開花期は春。晩夏から秋に

Caliandra houstoniana、ニューカレドニア、プレイン・ドゥ・シャン・ド・バタイユ。

Callicarpa americana

Callicarpa japonica

Callicarpa dichotoma 'Purpurea'

Callicarpa rubella

熟する果実が多くの種に共通した魅力となっている。石果自体はごく小さいが、ひとかたまりになって長期間の鑑賞に堪える。色も特徴的である。

〈栽培〉
霜耐寒性は種によって異なり、非耐霜性、弱耐霜性、強耐霜性を示すものがある。栽培はごく容易であり、困難が生じるケースは珍しい。排水のよい湿った土壌に植える。日なた、もしくは部分的な日陰でよく生育する。果実が落ちた後に剪定する。繁殖は半熟枝の挿し木による。

Callicarpa americana
一般名：アメリカンビューティーベリー
英　名：AMERICAN BEAUTY BERRY、AMERICAN BEAUTY BUSH
☼/◐ ❄ ↔2m ↕3m

アメリカ合衆国南部と西インド諸島の各地で見られる。葉は全長8cm。裏面には綿毛。スミレ色の花に続いて、密集した塊状の赤紫色の石果ができる。通常は、冬まで宿存。*Callicarpa* var. *lactea*は白い実のなる栽培品種。
ゾーン：6～10

Callicarpa bodinieri
カリカルパ・ボディニエリ
☼/◐ ❄ ↔2.4m ↕3m

中国中部および西部原産。落葉性。葉の全長は約20cm。鋸歯縁。秋には金色になる。花色は薄青紫色。果実はスミレ色。小さいが数は多い。多果性の変種でC. b. var. giraldiiとその栽培品種'プロヒ

Callicarpa pedunculata

ュージョン'★が一般によく栽培される。
ゾーン：6～9

Callicarpa dichotoma
一般名：コムラサキ、コシキブ
英　名：PURPLE BEAUTY BERRY、PURPLE BEAUTY BUSH
☼ ❄ ↔1.2m ↕1.2m

中国と日本原産。落葉性。葉は歯牙縁で卵形。ピンク色の花に続いてスミレ色の小さな石果ができる。実つきの良い年と悪い年があって、一定しない。'イッサイ'と'プルプレア'は魅力的な栽培品種。
ゾーン：6～10

Callicarpa japonica
一般名：ムラサキシキブ、ミムラサキ
英　名：JAPANESE BEAUTY BERRY、JAPANESE BEAUTY BUSH
☼ ❄ ↔1.5m ↕1.8m

中国と日本原産の落葉性低木。先の細い葉の全長は8cm。非常に細かい歯牙縁。花は淡いピンク色。果実はピンク色ないしスミレ色がかった紫色。'リュウコカルパ'は白い実。
ゾーン：8～10

Callicarpa pedunculata
☼ ◐ ↔1.5m ↕3m

インドから熱帯オーストラリアで見られる。常緑低木。葉の全長は15cm。花色はピンク。花序となり、けばだった細毛で覆われる。果実は白色ないし濃い紫紅色。
ゾーン：10～12

Callicarpa rubella
英　名：BEAUTY BERRY、CHINESE BEAUTY BUSH
☼ ◐ ↔1m ↕1m

熱帯と亜熱帯の東アジア原産。半落葉性低木。淡黄緑色の葉は長さ約12cm。花はピンク色。花後には赤紫色の石果。花も果序も細毛で覆われているが、この毛は徐々に消滅。ゾーン：9～11

CALLICOMA
（カリコマ属）

クノーニア科。オーストラリア東部の沿岸地帯で見られる。小川や川の近くに多い。同属に含まれるのは一種（ワトル）のみ。常緑性高木。ワトルという名称は、オーストラリア産アカシアの同義語となっているが、初期のヨーロッパ移民がワトルと名づけたのは、本属と同じような綿毛状の花序を持つ別科の植物だった。

〈栽培〉
厳しい霜には耐えられないが、*Callicoma serratifolia*は簡単に栽培できる。保湿性にすぐれた腐植質の豊かな排水のよい土壌に植栽し、根部の温度を低く保つとよい。若木のころは剪定によって樹形を整え、成木では勢いのない細枝をカットする。実生で増える。

Callicoma serratifolia
英　名：BLACK WATTLE
☼ ◐ ↔3m ↕9m

光沢葉には顕著な葉脈があり、鋸歯縁。裏面には綿毛。葉の全長は12cm。若い茎にも綿毛がある。枝の先端にけば状の丸い花序がつく。花色は乳白色。開花期は春から夏。
ゾーン：9～11

CALLIRHOE
（カリルホエ属）

英　名：POPPY MALLOWS

ゼニアオイ（アオイ）科。9種からなる。深く根をはる一年草および多年草。アメリカ合衆国とメキシコの草原や牧草地に見られる。葉は互生。深い欠刻葉。緑色ないし灰緑色。肉厚できめが粗い。花は杯形。上方の葉腋に単生または群生する。花色は赤ないし赤紫色。

〈栽培〉
粘性土壌よりも、水はけのよい砂性ローム土壌に植えた方がよく生育する。低温に対しては耐性が高いが、十分な日照が必要となる。一年草、多年草ともに種子から増える。多年草は緑枝の挿し木でもよい。

Callirhoe involucrata
一般名：ケシバナアオイ
英　名：BUFFALO ROSE、LOW POPPY MALLOW、PRAIRIE POPPY MALLOW、PURPLE POPPY、WINE CUPS
☼ ❄ ↔30～60cm ↕15～30cm

低く育ち、横に広がる習性を持つ多年草。膨れた主根を持つ。アメリカ合衆国の内陸部原産。現在では至るところで見られる。匍匐性の茎は帯毛。長さ約15cm。葉には3から7つの欠刻。葉の全長は25～50mm。花色は赤紫色ないしサクランボ色で中央部は白。直立した長い茎につく。開花期は晩春から夏。
ゾーン：5～8

Callicoma serratifolia

Callistemon citrinus 'Jeffersii'

Callistemon citrinus 'Burgundy'

Callistemon citrinus 'Splendens'

Callistemon citrinus 'White Anzac'

Callisia elegans

CALLISIA
（カリシア属）

ツユクサ科。約20種が含まれる。ほとんどが非耐霜性の多年草。アメリカ合衆国南東部、メキシコ、および熱帯アメリカ原産。ムラサキツユクサ属の近縁属。這う習性を持つものが多く、暖かい地域ではグランドカバーとなる。観葉植物として栽培され、槍形の葉は、程度の差はあるが多肉性。明るい縞模様や紫色のフラッシュを持つ。繊細な3弁花はごく小さく、通常はピンク色か白色。

〈栽培〉
丈夫な植物なので、温暖地域ではグランドカバーやハンギングバスケットで栽培できる。寒冷地域では鉢栽培がより。屋外では半日陰となる湿った水はけのよい土壌で育てる。鉢植えのものは冬季には休眠させる。低く育つ小型種では、乾燥期になると地上部が枯れることもある。

Callisia elegans
一般名：インチプラント
英　名：STRIPED INCH PLANT
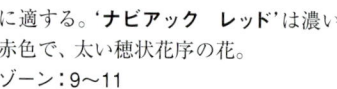 ↔45〜60cm ↕8〜15cm
グアテマラやホンジュラス原産。這う習性をもつ多肉植物。濃緑色のは葉はビロード状。表面には淡色の縞模様、裏面は紫。花柄のない小さな花は白色。
ゾーン：10〜11

Callisia repens
↔30〜60cm ↕15〜30cm
アメリカ合衆国テキサス州、西インド諸島、一部の南米大陸の原産。匍匐性の茎を持ち、マット状に広がる種は根付きがよい。先端の尖った楕円形の葉は滑らかで緑色。小さな白い花が秋に咲く。
ゾーン：10〜11

CALLISTEMON
（ブラシノキ属）
英　名：BOTTLEBRUSH

フトモモ科。オーストラリア原産の約30種で、非常に装飾的な常緑の低木または小高木。栽培品種や交雑品種が多数ある。葉は革質、線形か披針形で、茎のまわりにらせん状につく。新葉は色が濃く、通常、ピンク色かブロンズ色。目立つ花が先端の穂状花序につき、ボトルブラシに似た円筒形。花は春、夏、秋に咲く。丸い木質のさく果が、茎に沿って円筒形になる。蜜の多い花は鳥を引き寄せる。温暖気候では多数の種が小型の街路樹として適する。

〈栽培〉
多くは、湿気があり、水はけのよい、やや酸性の土壌で日当たりのよい場所を好む。耐霜性は低い。開花期の最後の頃に剪定すると、よく繁るようになる。微小な種子から繁殖させる。選抜品種や栽培品種は半熟枝の挿し木で育てる。

Callistemon acuminatus
カリステモン・アクミナトゥス
英　名：THIN-LEAFED BOTTLEBRUSH
↔2m ↕3m
オーストラリアの東海岸原産。葉は細く、波状縁があり、長さ約10cm。花は濃い深紅色の大きな穂状花序で、開花期は春だが、春以外にも散発的に咲く。乾燥に耐性があり、風にも強いので海岸地帯に適する。'**ナビアック　レッド**'は濃い赤色で、太い穂状花序の花。
ゾーン：9〜11

Callistemon citrinus
一般名：ハナマキ、キンポウジュ
英　名：SCARLET BOTTLEBRUSH
↔3m ↕3m
オーストラリア東部原産。春に鮮赤色の花が咲く。シュートはピンク色でつやがある。水はけの悪い場所や中程度の海岸気候にも耐える。'**バーガンディー**'は濃い赤色のボトルブラシ状の花。'**イェッフェルシー**'は高さ約1.8mと矮小で、赤紫色の花にレモンの香りのする葉。'**スプレンデンス**'（syn.'**エンデヴァー**'）は幅広の葉、大きく鮮赤色の花が密集して咲く。'**ホワイト　アンザック**'は白いボトルブラシ状の花。
ゾーン：8〜11

Callistemon linearis
一般名：ホソバブラシノキ
英　名：NARROW-LEAFED BOTTLEBRUSH
↔3m ↕3m
オーストラリア東部温帯原産。地際近くから枝分かれする。分厚くて幅の細い葉。深紅色の大きな穂状花序が、晩春から初夏につく。栽培は簡単で、湿気の多い環境に耐性があり、海岸気候にもいくぶん耐える。'**プミルス**'は約60cmの矮性品種。
ゾーン：9〜11

Callistemon pachyphyllus
一般名：ウェラム・ボトルブラシ
英　名：WALLUM BOTTLEBRUSH
↔1.5m ↕1.5m
オーストラリア東部海岸の荒地原産。常緑の低木で、くすんだ緑色の分厚い葉。鮮赤色（ときに緑色）の穂状花序が春から夏に、また散発的に通年つく。水はけの悪さにも海岸気候にも耐える。'**スモークト　サーモン**'はピンク色の花の品種。
ゾーン：9〜11

Callistemon acuminatus 'Nabiac Red'

C. pachyphyllus 'Smoked Salmon'

Callistemon pallidus、赤花栽培品種

Callistemon pityoides

Callistemon polandii

Callistemon pallidus
一般名：レモンボトルブラシ
英　名：LEMON BOTTLEBRUSH
☼ ❄ ↔ 3m ↕ 3m
オーストラリア南東部原産の、葉の密生する常緑低木。葉には芳香があり、灰色がかった緑色、幼葉は灰色がかったピンク色。晩春から夏に薄黄色の穂状花序がつくが、栽培品種のなかには赤い花もある。'**キャンドル　グロー**'は低く広がるが、新葉は銀色がかり、レモンイエローの花が咲く。
ゾーン：8〜11

Callistemon phoeniceus
一般名：マルバブラシノキ
英　名：LESSER BOTTLEBRUSH
☼ ❋ ↔ 1.5m ↕ 3m
西オーストラリア南部原産。丈夫で、やや枝が枝垂れる低木。葉は幅が細く、厚みがあり、灰色がかった緑色。穂状花序は鮮赤色で早春から夏につく。'**ピンク　アイス**'にはピンク色の花。
ゾーン：9〜11

Callistemon pinifolius
一般名：パインリーフボトルブラシ
英　名：PINE-LEAFED BOTTLEBRUSH
☼ ❋ ↔ 1.5m ↕ 1.5m
オーストラリア東部原産の、やや枝垂れた常緑の低木。葉は細く、マツの葉に似る。穂状花序は大きく、緑色（ときに赤色）で、開花期は春。小さく育てるには定期的に剪定する。
ゾーン：9〜11

Callistemon pityoides
一般名：アルパインボトルブラシ
英　名：MOUNTAIN BOTTLEBRUSH
☼ ❄ ↔ 1.8m ↕ 2m
オーストラリア東部の高地に原生する耐寒性の低木で、しばしば沼地に見られる。密集した葉は先鋭の線形。新葉はピンク色を帯びて魅力的である。晩春から真夏にクリームイエローの穂状花序がつく。
ゾーン：7〜10

Callistemon polandii
一般名：ゴールドチップボトルブラシ
☼ ❋ ↔ 2.4m ↕ 4.5m
オーストラリアのクイーンズランド州中部の海岸地方原産。いくぶん枝垂れた大きな常緑の低木。明緑色の葉。新葉はシルバーピンクで、絹毛が密生する。明赤色の大きな穂状花序は、先端が明黄色で、冬から早春につく。'**ピーク　ダウンズ**'は赤い新葉が特徴で、やや小ぶりな葉。
ゾーン：9〜12

Callistemon recurvus
英　名：TINAROO BOTTLEBRUSH
☼ ❋ ↔ 2.4m ↕ 6m
オーストラリアのクイーンズランド州最北部原産。濃い緑色の葉には顕著な油腺がある。新葉は鮮やかなピンク色で絹毛が密集する。濃い赤色の穂状花序は晩冬から春につく。
ゾーン：9〜12

Callistemon rigidus
一般名：マキバブラシノキ
英　名：STIFF BOTTLEBRUSH
☼ ❋ ↔ 2m ↕ 2.4m
オーストラリア東部温帯沿岸の多湿地帯原産。直立した低木。葉は硬く、細く、先鋭で、新葉は絹毛が密生する。夏じゅう深紅色の花が密生する。生垣に向く。
ゾーン：9〜11

Callistemon salignus
一般名：シロバナブラシノキ
英　名：PINK TIPS, WHITE BOTTLEBRUSH
☼ ❋ ↔ 4.5〜6m ↕ 4.5〜9m
オーストラリア東部沿岸の多湿地原産。小高木で、枝垂れる習性があり、白い紙のような樹皮をもつ。新葉は鮮やかなピンク色で、絹毛が密生する。クリームイエローの穂状花序が、春から初夏につく。赤、ピンク、および藤紫色の花の品種がある。'**ユリーカ**'★は直立した株立ちの品種で、新しいシュートは赤紫色、花は鮮やかなピンク色。
ゾーン：9〜11

Callistemon sieberi
一般名：リバーボトルブラシ
英　名：RIVER BOTTLEBRUSH
☼ ❋ ↔ 2m ↕ 4.5m
オーストラリア南東部の湿地に広く分布し、通常は川に沿って生育する。枝は下垂し、新しいシュートはピンク色で絹毛が密生する。小型の灰色がかった緑色の葉。クリームイエローの花が短い穂状花序で、晩春から夏につく。水はけの悪い場所での栽培に向く。
ゾーン：8〜11

Callistemon viminalis 'Wild River'

Callistemon speciosus
異　名：*Callistemon glaucus*
一般名：ブラシノキ
英　名：ALBANY BOTTLEBRUSH
☼ ❋ ↔ 1.8m ↕ 1.8m
西オーストラリア州南部の多湿の沼沢地に生育する装飾的な低木。湿気の多い不安定な土壌には申し分なく適応する。直立した枝、鈍い緑色か灰色がかった羽状複葉をもつ。濃い赤色の穂状花序は春から夏につく。
ゾーン：9〜11

Callistemon subulatus
☼ ❋ ↔ 1.8m ↕ 1.5m
オーストラリア東部原産。広がる低木で、アーチ型をなす枝、細くて先鋭の葉をもつ。晩春から夏に、赤いボトルブラシ状の花が豊富につく。水はけの悪い土壌に耐性がある。
ゾーン：9〜11

Callistemon teretifolius
英　名：NEEDLE-LEAFED BOTTLEBRUSH
☼ ❋ ↔ 3m ↕ 2.4m
南オーストラリア州原産の低木で、長く鋭く尖ったマツのような葉をもつ。深紅色の花が春から夏に密生する。広がる習性がある。
ゾーン：9〜10

Callistemon teretifolius

Callistemon recurvus

Callistemon viminalis 'Captain Cook'

カリステモン、HC、'キャンディー ピンク'

Callistemon, Hybrid Cultivar, 'Harkness'

Callistemon, Hybrid Cultivar, 'Injune'

Callistemon, Hybrid Cultivar, 'Mauve Mist'

カリステモン、HC、'オールド ダニナルド'

Callistemon, HC, 'Reeve's Pink'

カリステモン、HC、'ディメイン ロウィーナ'

カリステモン、HC、'ランニング リバー'

カリステモン、HC、'ウィオラセウス'

カリステモン、HC、'ウェスタン グローリー'

Callistemon viridiflorus

Callistemon viminalis
一般名：シダレハナマキ、シダレブラシノキ
英　名：WEEPING BOTTLEBRUSH
☼ ❉ ↔ 2～3m ↕ 8m

オーストラリア東部の海岸地方原産で、背の高い低木または小高木。明緑色の細い葉からなる、重そうに垂れた樹冠には、春から夏に鮮赤色のボトルブラシ状の花がつく。極度の乾燥や多湿など、たいていの土壌や条件に耐える。栽培品種には以下のようなものがある。'**キャプテン クック**'は密生した低木品種、'**ドーソン リバー ウィーパー**'は細い枝垂れ型の高木、'**ハンナ レイ**'は鮮赤色の花、'**ワイルド リバー**'は小型品種。
ゾーン：9～12

Callistemon viridiflorus
一般名：グリーンボトルブラシ
英　名：GREEN BOTTLEBRUSH
☼ ❉ ↔ 2.4m ↕ 2.4m

オーストラリア、タスマニア州固有の、直立した低木。濃い緑色の硬い葉は、長さわずか約30mm。緑がかった黄色のボトルブラシ状の花が晩春から夏に咲く。水はけの悪い条件でも育てることができる。
ゾーン：8～10

Callistemon Hybrid Cultivars
一般名：カリステモン交雑品種
☼ ❉ ↔ 1.5～3m ↕ 1.8～6m

交雑は容易で、数多くの優れた品種が作られてきた。どれも挿し木によって繁殖させ、選抜クローンの特性を維持しなければならない。有名な品種は以下の通り。'**ハークネス**'は明緑色の葉と鮮赤色の花をもつ。'**インジュン**'は灰色がかった緑色の葉と明るいピンク色の花。'**リトル ジョン**'★は高さ0.9mと矮性で、青緑色の葉と濃い赤色の花。'**モーブ ミスド**'は細い葉と藤色がかったピンク色の花。'**リーヴズ ピンク**'は3mの高さにまで育ち、ピンク色の花がつく。
ゾーン：9～11

CALLISTEPHUS
（エゾギク属）
英　名：CHINA ASTER

1種のみがあり、中国原産でキク科に属する。わずか1種ではあるが、白一色から、色調の異なるピンク、青紫、赤、一重咲きと八重咲きの紫各色まで、さまざまな栽培品種が作出されている。切花としても、もちがよい。矮性品種もあるが、野生では大型で、直立する。名前はギリシャ語の*kalos*（美しい）と*stephanus*（冠）にちなみ、花の美しさを指す。

〈栽培〉
日なたの、水はけのよい湿った土壌に植え、液体肥料をときどき与える。施肥を怠ると葉ばかり育って花が育たない。種子から育てる。春に種をまくと初夏までに花が咲き始めるが、播種の時期によって開花期は異なる。

Callistephus chinensis
一般名：エゾギク
☼ ❉ ↔ 20～30cm ↕ 30～90cm

濃い緑色で先鋭の卵形の葉は、長さ約8cmで、粗い鋸歯縁がある。花序は直径5～10cmで、長い茎に単生する。**Milady Series Mixed**（ミレイディ シリーズ・ミックスド）は丈夫に育つ低木だが、高さ約25cmの小型品種もあり、多様な色が楽しめる。
ゾーン：8～11

CALLITRIS
（カリトリス属）
英　名：AUSTRALIAN CYPRESS PINE

南半球の針葉樹属で、小～中高木19種を含む。そのうち2種がニューカレドニアのみで見られ、残りの17種はオーストラリアに生育する。ヒノキ科に属する。針のように細い小枝を被う、鱗片状の葉は、イトスギのような2列対生ではなく3輪生に並ぶ。花序もまた3輪生の鱗片をもつ。花粉を作る雄花序は小さい。同じ木に結ぶ球果（雌花序）はいくぶん球形、灰色の外皮は平滑か、あるいはいぼ状の樹脂胞が点在する。光を好み、砂地や岩地にも育つ。本属の高木は木材や樹脂の材料に使われる。

〈栽培〉
ほとんどの種が温暖気候での栽培に向く。半乾燥地帯原産の種は乾燥した高温の夏を好む。水はけのよい深い土壌に植える。剪定に耐え、群植にも、密集

Callistephus chinensis

Callistephus chinensis、栽培品種

Callitris baileyi

Callitris macleayana

Callitris columellaris

Callitris glaucophylla
異　名：*Callitris columellaris* var.*campestris*、
C. glauca、*C. hugelii*
英　名：WHITE CYPRESS PINE
↔ 4.5m ↕ 21m
最もよく見られるオーストラリア原産のマツで、南回帰線の南に生育する。枝が広がり、ねじれる。細い葉は薄緑色から青みがかった灰色。銀白色がかった灰色の球果が枝の先端につき、年一回種子を落とす。
ゾーン：9〜11

Callitris macleayana
異　名：*Octoclinis macleayana*
英　名：STRINGYBARK CYPRESS PINE
↔ 3.5〜4.5m ↕ 18m
多湿なユーカリノキ樹林と、オーストラリアのニューサウスウェールズ州北部沿岸の亜熱帯多雨林に原生する。太い円柱形になる習性がある。茶色の樹皮は厚く、強靭。オリーブグリーン色の葉は、小型の松葉に似て、4輪生のことが多い。球果は大きな円錐形で、長く残る。
ゾーン：9〜12

Callitris baileyi
↔ 3.5〜4.5m ↕ 18m
オーストラリアのクイーンズランド州南東部と隣接するニューサウスウェールズ州原産。栽培すると自生種より小型になる。円柱形になる習性がある。葉は濃い緑色、直径約12mmで球形に近い球果が小枝に長く残る。ゾーン：9〜11

Callitris columellaris
異　名：*Callitris arenosa*
英　名：BRAIBIE ISLAND PINE、
SAND CYPRESS PINE
↔ 4.5〜6m ↕ 18〜30m
ブリスベンとクイーンズランド州南東部の沿岸地方原産。幼形は円柱になる習性があるが、樹齢とともに枝を広げる。深い溝のある、濃い灰色の樹皮。濃い緑色の細い葉、小型の球果。栽培種では、うねった葉が太い円柱形をなす。この高木は群植すると効果的である。
ゾーン：10〜12

させて生垣にすることもできる。種子から繁殖させる。

Callitris rhomboidea

Callitris oblonga
英　名：SOUTH ESK PINE
↔ 1.2〜1.8m ↕ 4.5m
オーストラリアのタスマニア州北東部固有種と考えられているが、ニューサウスウェールズ州でも見られる。太い円柱形、青みがかった緑色の葉。細い卵形の球果は、葉の下に群生し、宿存する。魅力的な低木で、ロックガーデンに適する。
ゾーン：8〜10

Callitris rhomboidea
異　名：*Callitris cupressiformis*、
C. tasmanica
一般名：オイスターベイパイン
英　名：OYSTER BAY PINE、
PORT JACKSON CYPRESS PINE
↔ 4〜4.5m ↕ 15m
オーストラリア大陸南東部、タスマニア州、およびクイーンズランド州中央部原産。変異性で、円錐形のこともあれば円柱形のこともある。葉は細く、オリーブグリーンで、寒い冬には茶色っぽく変わる。球果は木質で小さく、葉の下に密生する。目隠しや生垣に有用である。
ゾーン：8〜11

Callitris sulcata
↔ 6m ↕ 12m
ニューカレドニア原産の2種のひとつで、川岸近くの谷の、深さのある土壌に生え

る。樹冠は大きな円形で、先端から非常に細かい葉が垂れている。球果は直径わずか10mm。
ゾーン：10〜12

CALLUNA
（ギョリュウモドキ属）
ツツジ科の本属には1種しかない。ヨーロッパ北部と西部、シベリアからトルコ、モロッコ、アゾレス諸島までの地域に原生する。小低木で、高さと幅は平均して60cmだが、500以上の栽培品種の間で大きく異なる。葉は部分的に重なりあう一対が、茎に沿って反対側に並ぶようにつき、鱗のように見える。葉は濃い緑色で、通常、冬には赤色または紫色を帯びる。エリカ属とは違って、花冠が萼で隠れている。夏から晩秋にピンク色から紫

*Callitris sulcata*の自生種、
ニューカレドニア、コー周辺

*Callitris glaucophylla*の自生種、南オーストラリア州、フリンダーズレンジ国立公園

がかったピンク色の花をつける。
〈栽培〉
屋外の日なたで、水はけのよい酸性の土壌を好む。茎を春に取り木して根付いてから離すか、あるいは半熟枝の挿し木を真夏に行なう。

Calluna vulgaris
異　名：*Erica vulgaris*
一般名：ギョリュウモドキ、ヒース
英　名：HEATHER, LING
☼ ☀ ↔75cm ↑60cm

酸性の荒地に見られる。花は管状か鐘形をした総状花序で、一重咲きもしくは八重咲きの、白色からピンク色、紫色の花で、真夏から晩秋に咲く。栽培品種の葉は薄黄色から灰色がかった緑色、暗緑色と多様である。'アンヌマリー'は八重のピンクの花が長い総状花序につく。'ベオレイ　ゴールド'は黄色い葉で、一重の白い花がやや短い総状花序につく。'ブレイズアウェイ'★は冬に葉が赤くなる。'カウンティー　ウィックロー'は半匍匐性で、八重の薄桃色の花が長い総状花序につく。'ダーク　ビューティー'は均斉のとれた低木で、八重の暗赤色の花。'ダークネス'も暗赤色の花。'ファイアーフライ'は赤さび色の夏の葉が、冬には鈍い暗赤色に変わる。花は濃い藤紫色。'ゴールド　ヘイズ'は明るい金色の葉で、白い花。'キンロッホルール'は明緑色の葉が、冬にはブロンズ色に変わる。八重咲きの白い花が長い総状花序につく。'マルチカラー'は均斉のとれた低木で、銅色の葉がしばしば薄い赤やオレンジ色に染まる。花は藤紫色。'ラドナー'は明緑色の葉で、八重咲きのピンク色の花。'シルバー　クイーン'は銀色がかった灰色の葉で、紫がかった白い花が咲く。'ウィックワー　フレイム'は金色の葉が、冬の数カ月は赤色に変わる。紫がかったピンク色の花が咲く。
ゾーン：4～9

CALOCEDRUS
（オニヒバ属）

ヒノキ科。常緑の2種または3種で、タイ、ミャンマー、中国南西部、北アメリカ西部原産。属名は「美しい」を意味するギリシャ語の*kalos*と、ヒマラヤスギを意味する*kedros*に由来する。鑑賞に向く美しい高木で、円錐形をしており、最も人気がある。重なり合う葉は十文字の一対になり、茎に沿って2列につく。雄性の球果は単生し、雌性の球果は鱗片に被われ、直径約25mmで6個、ときに8個が対につくが、受精能力があるのは中央の一対のみである。樹冠の形状は気候条件によって異なる。木材は屋根板に使われる。
〈栽培〉
日なたの中程度に肥沃な土壌に最も適するが、部分日陰にも耐える。夏に半熟枝挿し、種子からなら冬の霜が当たらないようにコンテナで育てる。

Calocedrus decurrens
一般名：オニヒバ、インセンスシーダー
英　名：INCENSE CEDAR
☼ ☀ ↔9m ↑36m

北アメリカ西部に原生する。樹皮は樹齢とともに剥がれる。葉は光沢のある暗緑色で、先端は三角形で、茎に密着する。円筒形の球果は熟すと赤茶色になる。栽培品種、'アウレオワリエガタ'の葉には黄色い斑点があり、ほかの品種よりも小さい。'コンパクタ'★は球形、ときに円柱形をしており、枝は非常に密生する。冬には枝が茶色になる。ゾーン：5～9

Calocedrus decurrens

Calocedrus decurrens 'Aureovariegata'

Calocedrus macrolepis
☼ ❄ ↔8m ↑30m

中国原産。樹皮は青白い灰色で鱗状。葉は鮮緑色の三角形で、裏面は青みがかった白色。楕円形の球果は長さ約12mmで、オレンジ色がかった茶色。紫の花が咲く。
ゾーン：9～11

CALOCEPHALUS
（カロケファルス属）
英　名：BILLY BUTTONS

キク科。オーストラリアに固有の約15種からなり、広く分布する。一年草か多年生の草木で、通常、黄色い花が咲く。属名はギリシャ語で「美しい」を意味する*kalos*と「頭」を意味する*kephalos*に由来する。舌状花はなく、多数の小花がひとつの花序を構成する。花序は円錐形か扁平で、幅は12～35mm。
〈栽培〉
水はけのよい土壌と日なたの場所が必要である。繁殖は種子からか、半熟枝挿しで行なう。

Calluna vulgaris 'Gold Haze'

Calluna vulgaris 'ロバート　チャップマン'

Calluna vulgaris 'アルバ　プレナ'

Calluna vulgaris 'コン　ブリオ'

Calluna vulgaris 'ヒベルニカ'

Calluna vulgaris 'リカ'

Calluna vulgaris 'Silver Queen'

Calocephalus platycephalus

英　名：YELLOW BILLY BUTTON, YELLOW TOP
☼ ❄ ↔30〜45cm ↕30〜45cm
乾燥および半乾燥地域に生育する。茎と葉には白っぽい綿毛がある。葉は長さ約30mmで、冬から春に花を多数つける。
ゾーン：9〜11

CALOCHORTUS
（カロコルトゥス属）

英　名：CAT'S EAR、FAIRY LANTERNS、MARIPOSA TULIP
ユリ科。耐寒性の鱗茎性多年生植物の約60種で、北アメリカ原産。低地から高地までの、水はけの完璧な牧草地、雑木林、森林に生える。葉の基部は剣状。花は可憐なものから壮麗なものまで、非常に多様である。花は球形で下垂するか、上向きに開く。全種が、色鮮やかな外側の3個の萼片と内側の3弁の花弁で構成された明瞭な2輪生。それぞれの花の基部には蜜腺があり、突起して目立っていることが多い。花の色は白色、黄色、オレンジ色、赤色、または紫色で、しばしば赤色かチョコレートブラウンの斑紋がある。

〈栽培〉
種によって多様な習性をもち、自生地も異なるため、必要条件も異なる。栽培はむずかしい。一般的に、日なたか半日陰の保護された場所で、水はけの優れた砂地を必要とする。湿度を嫌う植物で、冬の湿気で鱗茎が腐る。

Calochortus albus
一般名：フェアリーランタン
英　名：WHITE FAIRY LANTERN、WHITE GLOBE LILY
☼ ❄ ↔15cm ↕15〜60cm
カリフォルニア州中部原産。枝分かれし

Calochortus monophyllus

た茎に、ゴブレットのような形をした小型の花が下向きにつく。花はクリーム色だが、ときに赤みを帯びたピンク色で濃い赤茶色の斑点が内側にある。春から初夏に咲く。
ゾーン：5〜9

Calochortus amabilis
一般名：ゴールデングローブチューリップ
英　名：DIOGENES LANTERN、GOLDEN GLOBE TULIP
☼ ❄ ↔15cm ↕20〜30cm
カリフォルニア州北西部原産。枝分かれした茎に、ゴブレット形の濃い黄色の花が下向きにつく。外側の花弁は三角形で外に広がり、内側の花弁は縁がぎざぎざで互いに折り重なる。
ゾーン：5〜9

Calochortus amoenus
英　名：ROSE FAIRY LANTERN、SIERRA GLOBE TULIP
☼ ❄ ↔15cm ↕45cm
カリフォルニア州の中央部と南部原産。C. albusに似ているが、より短い。細い茎に深いばら色か紫色の下向きの花が、春から夏に咲く。花は細い鐘形か、球形。
ゾーン：5〜9

Calochortus luteus
一般名：イエローマリポサ
英　名：GOLD NUGGETS、YELLOW MARIPOSA TULIP
☼ ❄ ↔15cm ↕20〜50cm
カリフォルニア州中央部原産。細い茎に、開いた鐘形の明黄色の花がつく。花は幅が約8cmで、通常それぞれの花弁の根元に茶色の斑点がある。春と初夏に花が咲く。蜜腺は三日月形。
ゾーン：5〜9

Calocephalus platycephalus

Calochortus albus

Calochortus amoenus

Calochortus luteus

Calochortus splendens

Calochortus umbellatus

Calochortus monophyllus
☼ ❄ ↔15cm ↕10〜20cm
カリフォルニア州北部とオレゴン州原産。枝分かれした茎をもち、小型でほっそりしている。花は上向きに開いた鐘形、黄色で、春に咲く。花弁は細毛で被われている。ゾーン：5〜9

Calochortus splendens
☼ ❄ ↔15cm ↕20〜60cm
アメリカ合衆国西部原産。直立した鐘形の花が、枝分かれした葉の多い茎につく。花は薄桃色で、やや有毛の花弁は根元に紫色の斑点があり、青紫の葯を引き立てる。
ゾーン：5〜9

Calochortus superbus
英　名：PROUD MARIPOSA
☼/◐ ❄ ↔15cm ↕40〜60cm
カリフォルニア州原産。鐘形の花は白色かクリーム色で、紫色の縞がある。各花弁にはえび茶色の斑点があり、基部は黄色。外側の花弁は披針形で、内側の花弁は円形でやや有毛。蜜腺がV字型に突出する。開花期は晩春。
ゾーン：5〜9

Calochortus umbellatus
英　名：OAKLAND STAR TULIP
☼ ❄ ↔15cm ↕10〜15cm
カリフォルニア原産の稀少種。花は優美で、上向きに開き、白色かクリーム色、ときに赤みを帯びたピンク色。花弁の根元には紫色の斑紋がある。春に散形花序につき、長期間もつ。
ゾーン：5〜9

CALODENDRUM
（カロデンドルム属）

ミカン科の常緑植物1種からなり、南アフリカの海岸地帯原産。属名は「美しい」を意味するギリシャ語のkalosと、「木」を意味するdendronに由来するが、本属の堂々とした高木を形容するにはいかにも適切な名前である。樹冠は広がり、南半球や北アメリカ温帯で、しばしば公園や大庭園に植えられたり、街路樹として使われたりする。

〈栽培〉
屋外の日なたで、樹冠が妨げられることなく伸ばせる場所を好む。適度に肥沃で堆肥を施した場所で、湿気があり、しかも水はけのよい場所が、とくに最初の成長期には必要である。成熟してからは軽い霜なら耐えられるが、限界域での

*Calothamnus gilesii*の自生種、西オーストラリア州、サザンクロス

Calothamnus quadrifidus

初期の成長には霜からの保護が必要である。

Calodendrum capense
一般名：ケープチェスナット
英　名：CAPE CHESTNUT
☀ ❄ ↔9m ↕9m
明緑色の葉には油腺が点在する。ピンク色の花が群生し、雄ずいが突き出る。油腺が点在する花弁が後方に反っているため、春から夏、花は日光を受けて光り輝くように見える。
ゾーン：9～11

CALOMERIA
（カロメリア属）
異　名：*Humea*
キク科。オーストラリア南東部の高湿な森林に自生する1種のみで、背の高い常緑の二年草か短命な低木。葉には芳香がある。特徴的な小型の花序はそれぞれ、赤みを帯びた苞葉に囲まれた2～4個の小花で構成され、数千個の花序が、葉の多い茎の先に下垂する。大きな葉の表面には密に葉脈が走り、裏面はくもの巣のような毛で被われる。この美しい植物はヨーロッパで19世紀初頭から栽培されていた。

〈栽培〉
種子から育てても、最初の年に開花サイズになる。夏に播種し、その実生苗を肥沃なロームの苗床または鉢に植える。必要なら温室で霜から保護する。晩夏から秋に花を咲かせるなら、春に施肥する。保護された場所の日なたが最適。古い花茎は取り除き、2年目以降の成長を促す。

Calomeria amaranthoides
異　名：*Humea elegans*
英　名：HUMEA, INCENSE BUSH
☀ ❄ ↔0.9m ↕3m
通常は二年生植物として扱われる。1本または複数の茎がある。非常に香り高く、しわのある明緑色の葉。花序は葉の上につく。下垂した小型の小花はピンクがかったブロンズ色だが、種子が熟すと、錆びたような赤色に変わる。
ゾーン：8～11

CALOPHYLLUM
（テリハボク属）
熱帯アジアと西太平洋沿岸に原生する常緑の高木属で、約200種からなり、オトギリソウ科に属する。葉は小枝の上に2列対生に並び、平行の葉脈が密に走り、革質で光沢がある。円錐花序の花は枝先端または葉腋から出る。杯形の白い花弁が並び、その中心に金色の雄ずいが束になる。果実は堅果で、1個の種子が堅い殻で被われ、わずかな果肉に包まれる。材木として使われるが、種によっては種子から有用な油が取れる。

〈栽培〉
*C. inophyllum*のみが広く栽培されている。熱帯海岸でも育つ能力と、木陰を提供する葉と花が重用される。深くて水はけのよい砂質土壌を好み、最初の10年ほどで大きくなる。大きな種子からすぐに発芽し、簡単に繁殖する。

Calothamnus validus

Calophyllum inophyllum
英　名：ALEXANDRIAN LAUREL, BEAUTY LEAF, OIL-NUT TREE
☀ ✈ ↔6m ↕18m
インド南部からアジア全域、熱帯オーストラリア、太平洋諸島と、広い範囲に分布し、海岸で見られる。枝をひろげて、大きな丸い樹冠になる。葉には光沢がある。白色と金色の花は、雨季の夏に群生する。種子は精油を含む。
ゾーン：11～12

CALOTHAMNUS
（カロタムヌス属）
英　名：NUT BUSH, CLAW FLOWER
数多いフトモモ科属のひとつで、40種の常緑の低木からなり、西オーストラリア州に見られる。花糸が繋がることによって、片側だけの穂状花序になるのが注目に値する。結果的に穂状花序は扇形に広がり先が垂れているため、net bushと呼ばれたり、あるいは花糸が完全に融合して曲がるときにはclaw（かぎ爪）flowerと呼ばれたりする。花は通常、晩冬と春に咲く。針のような葉がつき、種によって長さは異なる。

〈栽培〉
軽くて砂質の、水はけのよい土壌を必要とする。一旦定着すると、渇水に耐え、軽い霜にも耐えるが、幼形には湿度と保護された場所が必要である。樹齢が増して新芽を出すのが遅くなれば、先端を剪定する。繁殖は種子からでもよいが、花をつけない茎からとった緑枝～半熟枝の挿し木のほうが容易である。

Calothamnus gilesii
英　名：GILES' NET BUSH
☀ ❄ ↔2～4.5m ↕2～5m
枝は上向きにつき、葉は長く先鋭、断面は円形、長さ20cmで、顕著な油腺で被われている。冬から夏に3～4個の赤い花が群生する。球形の果実は長さ12mmで、数多くの小型種子を含む。果実は何年も茎に宿存する。
ゾーン：9～10

Calothamnus quadrifidus
英　名：COMMON NUT BUSH, ONE-SIDED BOTTLEBRUSH
☀ ❄ ↔2.4m ↕2.4m
分枝の多い直立の低木。針のような平らな葉は、長さ約30mm。穂状花序は鮮赤色で、4個の束になった長さ約20cmの雄ずいがある。栽培品種には、矮性、黄色い花、灰色がかった緑色の葉の品種もある。
ゾーン：9～10

Calothamnus validus
英　名：BARRENS CLAW FLOWER
☀ ❄ ↔2.4m ↕2.4m
栽培の容易な、直立または丸い、成長力旺盛な低木で、雑草化しやすい。細い葉には芳香がある。精油がホメオパシーとアロマセラピーに使われる。花は赤色、大型、葉の下に群生する。
ゾーン：9～11

Calophyllum inophyllum

Calomeria amaranthoides

Calodendrum capense

Calotis cuneifolia

Calycanthus occidentalis

Calycanthus floridus

CALOTIS
（カロティス属）
英 名：BURR DAISIES

一年生と多年生の草木および小低木26種で構成され、うち2種はアジア南東部、24種はオーストラリアに原生し、様々な自生地と土壌に見られるキク科植物である。単葉あるいは異なる裂のある葉は、平滑で有毛、色は緑色で灰色がかっているものもある。デイジーに似た花が、単生あるいは群生、茎頂あるいは葉腋につき、色は白、ピンク、青、または黄色。果実は球形で「いが」がある。ブラキカム属に非常に近いが、果実の頭にいががないため、ブラキカム属の方が広く栽培されている。

〈栽培〉
水はけのよい土壌と日当たりのよい場所を好む。種からでも挿し木からでも繁殖し、発芽、根づきは容易である。

Calotis cuneifolia
英 名：BINDI-EYE, BLUE BURR DAISY
☼ ❄ ↔0.9m ↕20〜40cm

茎が分岐する、有毛の多年草で、オーストラリア大陸でよく見られる。くさび形の葉は緑色で、長さ約40mm、基部は葉鞘となって茎を被っている。青、白か藤紫がかった花序は直径約18〜25mm。通年咲くが、春に集中する。
ゾーン：8〜9

CALTHA
（リュウキンカ属）

キンポウゲ科。10種の多年生草本で、北南両半球の温帯に広く分布する。一般的にキンポウゲによく似ている。明緑色から暗緑色の葉は、多肉で腎臓形〜心臓形、頑丈な葉柄に群生し、マウンド状になる。花は白から薄黄色あるいは金色。花弁はないが、5枚かそれ以上の、花弁に似た萼片がキンポウゲのような外観をつくる。八重咲き品種が多い。開花期は種によって異なる。かつては、いぼを治す力があるとされて、ベルカリアという名で薬用にされていたが、今では薬用には毒性が強すぎると見なされている。

〈栽培〉
たいてい霜に強い耐性があり、湿った土壌でいくぶん日陰になる場所を好むが、森林に近い環境で、水はけのよい腐植質に富む園芸用土なら完璧である。根は簡単に張るが、キンポウゲほど侵略性はない。株分けが最も簡単である。

Caltha leptosepala
☼ ❄ ↔30cm ↕30cm

心臓形の魅力的な葉をもつ。銀白色の花が春に咲く。
ゾーン：6〜9

Caltha palustris
異 名：*Caltha polypetala*
一般名：マーシュマリゴールド
英 名：KING CUP, MARSH MARIGOLD
☼/☽ ❄ ↔40〜60cm ↕30〜60cm

温帯北部に広く分布する。幅約10〜20cmの腎臓形の葉は、直立または平伏する。明るいゴールデンイエローの花序が直立した茎につく。丸い花序で八重咲きの栽培品種には'フロレ プレノ'や葉の黒ずんだ'モンストロサ'がある。
ゾーン：3〜9

Caltha scaposa
☼/☽ ❄ ↔30cm ↕15cm

ヒマラヤと中国西部原産。丈低く、広がる習性のある、茎の長い植物。心臓形の濃い緑色の葉は約35mmの長さがあり、葉縁が細かな鋸歯状のものもある。濃い黄色の花が夏に咲く。
ゾーン：6〜9

CALYCANTHUS
（クロバナロウバイ属）

モクレンに似ているがロウバイ科に属する。芳香のある落葉性の低木。東アジアと北アメリカの温帯に分布する。6種があり、よく似た特徴をもつ。約3mの高さになり、幅もかなり広くなる。楕円形の葉がつく。多数の花弁をもつ花を晩春と夏につける。花はときに小さくて色も暗いが、新しい枝につくのでよく目立つ。

〈栽培〉
一般に挿し木からの繁殖は難しい（取り木か種子からの方が望ましい）が、生育は難しくない。湿気のある冷たい土壌を好み、夏にはたっぷり水を与える。日なたでも半日陰でもよい。花は低湿度では長くもたない。

Calycanthus fertilis
一般名：クロバナロウバイ、アメリカロウバイ
英 名：ALLSPICE
☼/☽ ❄ ↔2m ↕3m

アメリカ合衆国南東部原産。葉は光沢のある濃い緑色で、約15cmの長さがある。控えめな芳香のある、赤紫から茶色の花は幅約5cm。栽培品種には矮性の'ナヌス'と'プルプレウス'があり、紫がかった葉。ゾーン：6〜10

Calycanthus floridus
一般名：ニオイロウバイ、クロバナロウバイ
英 名：CALIFORNIA ALLSPICE, STRAWBERRY SHRUB
☼/☽ ❄ ↔2m ↕3m

アメリカ合衆国南東部原産。葉は大きく、卵形で、鈍い緑色。鮮赤から暗い赤茶色の芳香性の花は、幅約5cm。
ゾーン：5〜9

Calycanthus occidentalis ★
一般名：カリフォルニアオールスパイス
英 名：CALIFORNIAN ALLSPICE, SPICE BUSH
☼/☽ ❄ ↔2m ↕3m

カリフォルニア原産で、*Calycanthus fertilis*に似ているが、葉はやや大きい。赤みを帯びた花は樹齢とともに黄色に変わる。花の大きな品種で、幅約8cmの花が咲く。庭の中央に配されることが多い。
ゾーン：7〜10

CALYLOPHUS
（カリロフス属）

北アメリカ原産。アカバナ科に属する6種で、マツヨイグサ属に非常に近い。草本または亜低木の多年生植物で、一年生はめったにない。種子からなら最初の年に花が咲く。茎は直立〜ほぼ匍匐するものまであり、全縁から鋸歯縁の葉をつける。花は上部の葉腋につき、マツヨイグサの花と明確な相違点を見つけるのはほとんど困難である。花は早朝から夕方暗くなるまでの間に開き、1時間半から2時間後にはしおれる。4枚の緑色がかった黄色の萼には赤か紫の斑紋がはいっていることが多い。反り返った4枚の黄色い花弁はしおれると赤みを帯びる。さく果は4角の円筒形で、多数の種子が4室に2列ずつ並ぶ。

〈栽培〉
一年草は種子から繁殖する。多年草も同様だが、春の新枝からの緑枝挿しでも殖やせる。主根があるので、庭の日当たりのよい、水はけのよい場所に植え替えるときには注意すること。

*Caltha leptosepala*の自生種、アメリカ合衆国

Caltha palustris 'Flore Pleno'

*Caltha scaposa*の自生種、チベット、チベット高原

Calylophus serrulatus
異　名：*Calylopus drummondianus*、*Oenothera serrulata*
英　名：BUSH SUNDROPS、DWARF SUNDROPS、PLAINS YELLOW PRIMROSE
☼ ❄ ↔30〜60cm ↕30〜60cm

カナダ南部、アメリカ合衆国中部、南部原産の多年生植物。緑色の葉は上部半分に鋸歯縁がある。朝、薄黄色から明黄色の花が咲き、翌日までに杏色になってしおれる。直径約25mmの花で、晩春から夏に咲く。雄ずいには長短がある。
ゾーン：3〜9

CALYTRIX
（カリトリクス属）
英　名：FRINGE MYRTLE、STARFLOWER

フトモモ科。オーストラリアに原生する約75種の低木で、外観はヒースに似る。細い、針のような葉と、小型の星形の5弁花をもつ。主にオーストラリア南西部で見られる。高さが1.2mを越すことはめったにない。春にピンクがかった白い花をつけることが多いが、黄、ピンク、紫、および赤の色調のものもよくある。葉は精油を含み、刺激臭の強い場合がある。

〈栽培〉
砂質で水はけがよく、あまり肥沃でない土壌で、日なたの場所を好む。成長が早すぎる場合は、疲弊して枯れる場合がある。栄養度の低い土壌の乾燥した場所で、年一回軽く剪定すれば、まとまった株を何年も維持できる。繁殖は種子からか、できれば花のついていない枝の芽挿しで殖やす。

Calytrix alpestris
カリトゥリクス・アルペストリス
英　名：GRAMPIANS FRINGE MYRTLE、SNOW MYRTLE
☼ ❄ ↔2.4m ↕2.4m

南オーストラリア州とヴィクトリア州の高地で見られる。栽培すると自生種より小型になる。優美に広がる。葉は形状が多様で、線形も円形もある。花は白から薄桃色で、黒っぽい葉と対照をなして美しい。花つきも多様で、まばらなものから非常に豊富なものまである。'**ウィーラーズ　バラエティー**' は、花つきのよい選抜品種。
ゾーン：8〜9

Calytrix alpestris

Calytrix exstipulata
英　名：KIMBERLEY HEATH、NORTHERN FRINGE MYRTLE、TURKEY BUSH
☼ ⚘ ↔3m ↕4.5m

オーストラリア北東部原産。濃いピンク色の花が密集して花序をなす。Turkey bush（七面鳥の低木）として知られるのは、bush turkey（野生の七面鳥）がこれに巣を作ることからである。ホメオパシーで使われる精油がとれる。この精油は創造力を刺激し、芸術的な自信を復活させると言われている。
ゾーン：10〜12

Calytrix exstipulata

CAMASSIA
（カマシア属）
英　名：CAMAS、QUAMASH

ヒヤシンス科に属する5種の鱗茎植物で、主に北アメリカの西部原産。カマシアはネイティブアメリカンの名前で、通常、quamashと書く。この名前の意味は定かではないが、鱗茎は食べることができ、ネイティブアメリカンの食料のひとつだったことが知られる。園芸植物としては丈夫で順応性がある。*C.leichtlinii*は園芸品種の開発が旺盛に行われてきた。細くて長い葉をもち、晩春から初夏に、アガパンサスを思わせる、6弁の花でできた花序を丈夫な茎の先端につける。

〈栽培〉
ほとんどが霜に非常に耐性があり、水はけがよく干上がらない肥沃な土壌では、たやすく育てられる。日なたか半日陰に植える。種からでも育てられるが、花が咲くまでに5年かかる。園芸用としては多くが栽培品種なので、冬の休眠期に株分けするのが望ましい。

Camassia cusickii
☼/◐ ❄ ↔60〜120cm ↕60〜90cm

オレゴン州北東部原産。青緑色の葉は約40〜80cmの長さがある。黄色の葯のある薄青色の総状花序が花茎のほとんど半分を占めている。花は幅約5cm。
ゾーン：5〜9

Camassia leichtlinii
カマッシア・レイクトリニイ
☼/◐ ❄ ↔50〜150cm ↕60〜120cm

カナダのブリティッシュコロンビア州からアメリカ合衆国のカリフォルニア州で見られる。わりに硬い緑色の葉は、長さ約60cm。長い茎に短い総状花序がつく。クリーム色がかった白からラベンダーブルーの花が咲く。'**セミプレナ**' は半八重咲きのクリーム色から白色の花。*C. l.* subsp. *suksdorfii*（スクスドルフィイ）は広く分布する青い花のつく亜種で、なかでも '**アルバ**' は白い花の栽培品種、'**ブラウ　ドナウ**' は濃い青花がつく。
ゾーン：3〜9

Camassia leichtlinii

Camassia cusickii

Camassia quamash

Camassia quamash
英　名：CAMASH、CAMOSH、SWAMP SEGO
☼/◐ ❄ ↔40〜100cm ↕30〜80cm

アメリカ合衆国西部の多くで見られる。やや青みがかった緑色の葉は長さ約50cm。総状花序は花茎の3分の1ほどの長さがある。薄青色から濃いすみれ色、まれに白色の幅5cmの花が咲く。
ゾーン：5〜9

Calylophus serrulatus

Camellia hiemalis 'Bonanza'

Camellia hiemalis 'Chansonette'

CAMELLIA
(ツバキ属)

ツバキ科。約300種を含み、アジア東部の山岳地帯原産。常緑の低木または小高木で、その装飾的な性質から庭植えとして人気が高い。また葉から茶を作るために商業用としても栽培されている。数え切れないほどの栽培品種がある。ツバキは花柄の短い花を寒い季節に咲かせる。多くの種類の花形、大きさがあり、花弁の模様も微妙なものから派手なものまである。花弁の色は白、黄色、ピンク、ばら色、暗い赤色、深紅、赤紫、暗褐色の色調に及ぶ。ツバキは形式庭園、森林地の固定、生垣や縁取り、トピアリーや垣根仕立てにも向く。

〈栽培〉
通常、晩秋と冬にを植えるが、この時期に栄養物を控えて水を余分に与えることが重要。酸性から中性の水はけのよい土壌で、日陰か半日陰、乾燥した冬と高湿の夏のある気候が大多数の種に適する。繁殖は接ぎ木、または晩夏から冬の挿し木で行なう。

Camellia crapnelliana
☀ ❄ ↔4.5m ↕8m
中国南西部原産。樹皮が特徴的で、平滑で肉桂色。卵形の光沢のある葉は、表面が濃い緑色で裏面は色が薄く、葉脈がはっきりしている。秋に咲く単生の大きな花にはうねった、不揃いの白い花弁、黄色い雄ずいがある。大きくて丸く、茶色の豆果がなる。ゾーン：10～11

Camellia granthamiana
一般名：グランサムツバキ
☀ ❄ ↔1.8m ↕3.5m
中国南部原産。茶色の蕾、大きな一重のクリーム色の花はやや反り返った花弁をもち、初冬に咲く。しわのある長い葉には、はっきりと葉脈が走り光沢がある。広がる習性がある。ゾーン：8～11

Camellia grijsi
☀ ❄ ↔2.4m ↕3.5m
中国の東部と中部原産。卵形の葉は濃い緑色で、細かな鋸歯縁がある。芳香のある小型の白い花は、花弁は欠刻があり、雄ずいは黄色。*C. sasanqua* と似ているが、開花期は冬と初春。
ゾーン：9～10

Camellia hiemalis
一般名：カンツバキ
☀ ❄ ↔1.8m ↕3m
交雑による栽培品種だけが知られている。濃い緑色の葉で、白から薄桃色の花には欠刻の不揃いな花弁があり、冬から春に咲く。'ボナンザ'は半八重咲きの牡丹型の花で、濃いピンクから赤色の花弁。'シャンソネット'は輝くようなピンク色の花弁でわずかにラベンダー色を帯びる。'獅子頭'(ショウノサカエ)はコンパクトで、花はローズピンクから赤色、半八重咲きで、花弁にはかすかに縦溝がある。'昭和の栄'は日本の栽培品種で、半八重咲きの花。'スパークリング バーガンディ'は牡丹咲きの花で、暗いサクランボ色の花弁。すべて垣根仕立てに適する。
ゾーン：7～10

Camellia hiemalis 'Shishigashira'

Camellia granthamiana

Camellia japonica

一般名：ツバキ、ヤブツバキ
英　名：COMMON CAMELLIA

☀ ❄ ↔ 8m ↕ 9m

低木または小高木で、中国、朝鮮半島、台湾、そして日本列島の各地で見られる。一重咲きの花は赤色か暗褐色がかったピンク色で、控えめな香りがある。葉は広く卵形で、表面は非常に光沢があり、裏面は色が薄くくすんで、わずかに斑点がある。果実の大きさは多様である。野生では外観も耐性も多様である。よく知られた変種、*C. j.* subsp. *rusticana*は雪のように白いツバキで、雪が成長の遅い植物を保護している高地で見られる。もうひとつは*C. j.* var. *macrocarpa*（リンゴツバキ）で、リンゴのような、大きく赤い果実をつける。*C. japonica*の栽培品種は最も人気がある。2,000以上が異なる花型、花色、花弁の模様、習性、好み、耐性をもっている。大多数が整然とした大きな低木になり、最後には小高木へと成長する。ツバキは適した気候と土壌のもとでは日陰か半日陰で、寒冷気候では保護された場所で繁茂する。水はけのよい、中性から酸性の土壌が不可欠である。'アドルフ オーデュッソン'は半八重咲きの暗赤色の花。'アルバ プレナ'は八重咲きで、雪のように白い花弁が、部分的に重なり合って、左右相称の花をつくる。'明石潟'は半八重咲きで、濃厚なローズピンクの花。'アレキサンダー ハンター'は濃厚な深紅の花。'ベレニス ボッディー'は半八重咲きのピンク色の大きな花。'ボブ ホープ'は暗赤色の半八重咲きの花で、黄色い雄ずいがある。'ボブズ ティンシー'は直立、小型で、鮮赤色のアネモネ咲きの小花をつける。'卜伴'（syn.'ティンシー'）は、ミニチュアのアネモネ咲き花で、外側の赤い花弁と、白い花弁状のもの（ペタロイド）が密集した突起部があり、小型の葉、中程度の日光耐性がある。'ブラッシュフィールズ イエロー'はアネモネ咲きの薄いクリームがかった白い花。'コケッティー'は整形八重咲きもしくは不完全な八重咲きで、赤い花。'デビュタント'は薄いバラ色の大きな花で、略式の八重咲き。'ドナ ヘルツェリア ド フリータス マガリャエス'はすみれ色の花。'エレガンス'（syn.'チャンドレリ エレガンス'）はピンクの花で、これが数種の品種改良プログラムのもとになっている。'エレガンス シャンペイン'は大きなクリーム色の花弁。'エレガンス シュープリーム'は襞のある濃いピンクの花。'エレガンス ワリエガタ'は白い斑の入ったピンクの花。'グルワール ド ナンド'は半八重咲きから不完全な八重咲きのピンクの花。'グランプリ'は半八重咲きで鮮赤色。'ジャネット ウォーターハウス'は白の八重咲きで、完璧な左右相称の花。'ジュピター'は整形の八重咲きの赤い花。'レディー ロック'はすじのある白っぽいピンクの花で、牡丹咲き。'ラヴィニア マギ'は白い花弁で、ピンクがかった明赤色と暗赤色のすじが入る。'正義'はピンクがかった赤の八重咲きで、萼に白っぽい斑が入る。'ミス チャールストン'は直立した強烈な赤い花。'ミセス D. W. デイヴィス デスカンソ'は直立する習性の、半八重咲きの花で極めて淡いピンク色。'ヌッチオズ カメオ'はコーラルピンクの花。'ヌッチオズ カルーセル'は中ぐらいの大きさの、半八重咲きのピンクの花。'ヌッチオズ ジェム'は開花期が早い。'ヌッチオズ ジュエル'は整然とした八重咲きの星形の花で、明暗のピンクの花弁。'ヌッチオズ パール'は明暗のあるオーキッドピンクの先に、赤みを帯びた白い花弁。'ローマ リソルタ'はピンクと赤の縞の花弁。'ルペスケンス マヨル'は輝くようなローズレッドの花で、すじのある花弁、光沢のある黒色の葉をもつ。'玉之浦'は濃い赤の花で、花弁の縁が白く、雄ずいは黄色で直立する。'トゥモロウ'は受賞したアメリカ品種で、略式の八重咲きの大きな花で、ピンクの花弁と濃いピンクの印のはいった花弁状のもの（ペタロイド）があり、早咲き。（この丈夫な多花の品種を基にほかの品種も作出されている。そのなかには'トゥモロウズ ドーン'［略式の八重咲きで濃いピンクの花］もある。）'トリコロール'は半八重咲きの花で、白い花弁にはローズレッドの模様が入る。'トワイライド'は赤みを帯びたピンク色の大きな花で、しおれると銀白色になる。**The Higo Group**（肥後ツバキ）は*C. japonica*のなかでも人気があるが、品種であって独立した種ではない。花は平咲きで、多数の雄ずいが突き出る。色はゴールド、ピンク、あるいは赤色。単生で半八重咲き。花弁は硬く、斑入りか縞入り。ゾーン：7～10

ツバキ'アリー ブルー'

ツバキ'アルタエイフロラ'

ツバキ'A. W. ジェセップ'

ツバキ'アーロンズ ルビー'

ツバキ'エース オブ ハーツ'

ツバキ'アリス ウッド'

Camellia japonica 'Akashigata'

ツバキ'アルタ ガヴィン'

Camellia japonica 'Alba Plena'

ツバキ'アンジェラ コッキ'	ツバキ'アンドレア セビレ'	ツバキ'アニタ'		
ツバキ'アンザック'	ツバキ'アリアンナ ホール'	ツバキ'アート ハワード'	ツバキ'オーストラリス'	
ツバキ'アヴェ マリア'	ツバキ'バレー ダンサー'	ツバキ'ベリンダ ハケット'	ツバキ'ベリフォルミス'	ツバキ'ベンテン'
ツバキ'ベティー フォイ サンダース'	ツバキ'ベティー シーフィールド コーラル'	ツバキ'ベティー シーフィールド ピンク'	ツバキ'ベティー シーフィールド ホワイト'	ツバキ'ベティーズ ビューティー'
ツバキ'ビヤンヴィル'	ツバキ'ビリー マッカスキル'	ツバキ'バースデイ ガール'	ツバキ'ブラッド オブ チャイナ'	ツバキ'ボブ ホープ'
ツバキ'ト伴'(ボクハン)	ツバキ'ブロナカ'	ツバキ'ブラッシュフィールズ イエロー'	ツバキ'C. M. ホヴェイ'	ツバキ'C. M. ウイルソン'

298　*Camellia*

ツバキ'エメット バーンズ'	ツバキ'エメット プフィンストル'	ツバキ'エンペラー オブ ロシア'	ツバキ'エンペラー オブ ロシア ヴァリエゲイテッド'	ツバキ'エンリコ ベットーニ'
ツバキ'エリック シーヴァーズ'	ツバキ'エリン ファーマーズ'	ツバキ'ユージーン ライズ'	ツバキ'エクストラヴァガンザ'	ツバキ'ファシオナタ'
ツバキ'フィンブリアタ'	ツバキ'フィンランディア'	ツバキ'ファー コーン'	ツバキ'ファースト プロム'	ツバキ'フレイム'
ツバキ'フラン ホムヤー'	ツバキ'フランシス ヒル'	ツバキ'フランク ギブソン'	ツバキ'ガーネット'	ツバキ'ガウントレッティー'
ツバキ'ゲイ マーミー'	ツバキ'ジェネラル ジョージ パットン'	ツバキ'ジェネラル ルクレール'		ツバキ'ギガンテア'
ツバキ'グレンウッド'	ツバキ'ゴールデン ゲイト'	ツバキ'御所車'(ゴショグルマ)		

Camellia 299

ツバキ'グランド スラム'	ツバキ'グランド サルタン'	ツバキ'羽衣(ハゴロモ)'	
ツバキ'グレート ウェスタン'	ツバキ'ゲスト オブ オナー'	ツバキ'ギリョ ヌッチオ'	ツバキ'グレート イースタン'
ツバキ'ハッピー'	ツバキ'ハッピー ホリデー'	ツバキ'ハワイ'	ツバキ'ヘレナ'	ツバキ'ハナスク'
ツバキ'ヘンリー ターンブル'	ツバキ'ハイ フラグランス'	ツバキ'ハイ ハット'	ツバキ'光源氏(ヒカルゲンジ)'	ツバキ'ヒルダ ジャミソン'
ツバキ'日の丸(ヒノマル)'	ツバキ'菱唐糸(ヒシカライト)'	ツバキ'インプリカタ'	ツバキ'漁火(イサリビ)'	ツバキ'J.J. プリングル スミス'
ツバキ'ヤックソニー'	ツバキ'ジャンズ チャンス'	C. japonica 'Janet Waterhouse'	ツバキ'ジーン ライン'	ツバキ'ジャネット カズンズ'

ツバキ'ジョン メドレー'	ツバキ'ジョセフィーン デュエル'	ツバキ'ジョシュア E.ヨッツ'	ツバキ'ジュリア フランス'	ツバキ'キャサリン ヌッチオ'
ツバキ'キンバリー'	ツバキ'キングズ ランサム'	ツバキ'金魚椿'(キンギョツバキ)	ツバキ'キティー'	ツバキ'越しの麗人'(コシノレイジン)
ツバキ'クレイマーズ シュープリーム'	ツバキ'熊谷 名古屋'(クマガイ ナゴヤ)	ツバキ'熊坂'(クマサカ)	ツバキ'黒椿'(クロツバキ)	ツバキ'レディー エディンガー'
ツバキ'レディー ロック'	ツバキ'レディー モード ウォルポール'	ツバキ'レディー ワンシッタート'	ツバキ'レディー ウィネカ'	ツバキ'ラーラ ルーク'
ツバキ'ラティフォリア ヴァリエゲイテッド'	ツバキ'ローラ ウォーカー'	ツバキ'ローリー ブレイ ヴァリエゲイテッド'	ツバキ'レモン ドロップ'	ツバキ'レパートンズ'
ツバキ'レビヤタン'	ツバキ'リップスティック'	*Camellia japonica* cultivar	ツバキ'ルック アゲイン'	ツバキ'ラブライト'

Camellia 301

Camellia japonica 'Man Size' | Camellia japonica 'Mangetsu' | C. japonica 'Margaret Davis'

Camellia japonica 'Margarete Hertrich' | Camellia japonica 'Mariann' | Camellia japonica 'Marie Mackall' | Camellia japonica 'Marina'

C. japonica 'Marjorie Huckabee' | C. japonica 'Marjorie Magnificent' | C. j. 'Mark Alan Variegated' | C. japonica 'Maroon and Gold' | Camellia japonica 'Martha Tuck'

C. japonica 'Mary Charlotte' | Camellia japonica 'Mary Paige' | Camellia japonica 'Mathotiana' | C. japonica 'Melbourne White' | Camellia japonica 'Memphis Bell'

Camellia japonica 'Merrillees' | Camellia japonica 'Midnight' | Camellia japonica 'Mikenjaku' | C. japonica 'Minato-no-akebono' | C. japonica 'Minato-no-haru'

Camellia japonica 'Mona Harvey' | Camellia japonica 'Monjusu' | C. japonica 'Moonlight Bay' | Camellia japonica 'Moshio' | C. j. 'Mrs Anne Marie Hovey'

Camellia

ツバキ'ミセス ベレズフォード'	ツバキ'ミセス チャールズ コブ'	ツバキ'ミセス D.W.デイヴィス デスカンソ'	ツバキ'ミセス フリーマン ワイス'	ツバキ'ミセス H.ボイス'
ツバキ'ミセス スワン'	ツバキ'ミセス ティングレー'	ツバキ'ナンシー バード'	ツバキ'ニューイントン'	ツバキ'ヌッチオズ カメオ'
ツバキ'ヌッチオズ ジェム'	ツバキ'ヌッチオズ ピンク レース'	ツバキ'大空(オオゾラ)'	ツバキ'沖の浪(オキノナミ)'	ツバキ'オタフフ ビューティー'
ツバキ'オウェン ヘンリー'	ツバキ'パルミラ'	ツバキ'パオリナ マギ'	ツバキ'ポール シェリントン'	ツバキ'パックス'
ツバキ'フィリッパ アイフォウルド'	ツバキ'ピンク ボール'	ツバキ'ピンク ダディー'	ツバキ'ピンク パゴダ'	
ツバキ'ポーラー ベア'	ツバキ'ローマ教皇 ヨハネス23世'	ツバキ'プランス ウージェーヌ ナポレオン'		

ツバキ'シエラ スプリング'	ツバキ'シルバー アニヴァーサリー'	ツバキ'シルバー ウェーブズ'	ツバキ'サマーズバイ'	ツバキ'スペキオシッシマ'
ツバキ'シメオン'	ツバキ'スペンサーズ ピンク'	ツバキ'スプリング コルネッツ'	ツバキ'スプリング フォーマル'	ツバキ'シュガー アンド スパイス'
ツバキ'スーザン ストーン'	ツバキ'スウィート オリーブ'	ツバキ'タカニニ'	ツバキ'タマ ビューティー'	ツバキ'玉之浦' (タマノウラ)
ツバキ'タミー フレーザー'	ツバキ'ザ ツァー'	ツバキ'ザ ツァー ヴァリエゲイテッド'	ツバキ'チックタック'	ツバキ'ティファニー'
ツバキ'トム サム'	*Camellia japonica* cultivar	ツバキ'トゥモロウズ ドーン'	ツバキ'トッツィー'	ツバキ'タッチ オブ クラス'
ツバキ'トライアンファンス'	ツバキ'トワイライト'	*Camellia japonica* cultivar	ツバキ'ヴィユ ドゥ ナント'	ツバキ'ヴィユ ドゥ ナント レッド'

ツバキ'ヴァイオレット ブーケ'　ツバキ'ヴァージン ブラッシュ'　ツバキ'ヴァージニア フランコ'　ツバキ'ヴァージニア フランコ ロセア'　ツバキ'ヴォルケイノ'

ツバキ'ワイフェト ビューティー'　ツバキ'ワリアー'　ツバキ'ウェルバンキアナ'　ツバキ'ホワイト エンプレス'　ツバキ'ホワイト ナン'

ツバキ'ホワイト チューリップ'　ツバキ'ウィラミリ'　ツバキ'ワイルドファイヤー'　ツバキ'ウイリアム バートレット'　ツバキ'ウイリアム ハニー'

ツバキ'ウイルソンズ レッド'　　ツバキ'ユアズ トゥルーリー'★　　　　　　　　　　　　　　　　ツバキ'ウッドビル レッド'

Camellia lutchuensis
一般名：ヒメサザンカ
☀ ❄ ↔2.4m ↕2.4m
台湾と日本原産。広がって下垂する習性で、冬に香りのよい小型の白い花をつける。葉は小さく黒いが、新葉は茶褐色。蕾は赤茶色。高木林の庭園に向く。'**フェアリー ブラッシュ**'は香りの高い、一重のピンク色をした花が咲く。
ゾーン：8～10

Camellia maliflora
一般名：テマリツバキ
☀ ❄ ↔1.2m ↕2m
中国原産と考えられていたが、現在では栽培交雑種と思われている。葉は小さく、真緑色、密生する。花はツートンカラーで、色調はピンク、ボタン咲きで、冬に咲く。寒冷な季節は、霜や雪の当たらない壁を背に垣根仕立てにする。ゾーン：8～10

Camellia nitidissima
異　名：*Camellia chrysantha*
英　名：GOLDEN CAMELLIA
☀ ❄ ↔2.4m ↕3m
ヴェトナム北部と中国南西部原産。葉は革質で、大きく、はっきりと脈がある薄緑色。新葉はブロンズ色。色の薄い樹皮。花は明黄色で、一重か半八重咲く。春から冬に咲く。ゾーン：9～11

Camellia lutchuensis 'Fairy Blush'　　*Camellia lutchuensis*　　*Camellia nitidissima*

Camellia oleifera
異　名：*Camellia drupifera*
一般名：アブラツバキ
英　名：OIL CAMELLIA, OIL TEA
☀ ❄ ↔3.5m ↕6m

アジア南東部原産。中国ではこの種子から透明で希薄な油を抽出し、料理や化粧に利用する。花は一重咲きで香りが高く、長い花弁は欠刻し、ややねじれる。耐寒性のツバキの育種に使われる。'**ルーシャン スノー**'と'**スノー フルーリ**'は、魅力的な栽培品種。
ゾーン：7～10

Camellia pitardii
一般名：ピタールツバキ
☀ ❄ ↔3.5m ↕6m

中国南部原産。葉は披針形で鋸歯縁。花は淡いピンク、ローズピンク、あるいは白の、それぞれ微妙な色調。突出した雄ずいはレッドピンクから白に変わる。この魅力的な種は、平鉢、混合の植え込み、盆栽、さらに品種改良プログラムに利用される。栽培品種としては、直立性でフォーマルな八重咲きのピンク花の'**アドラブル**'、濃いピンク花の'**ゲイ ピクシー**'、直立性のピンク花の'**ムーンビーム**'、アネモネ咲きで柔らかいピンク色の花弁を持つ'**アワー メリッサ**'、淡いピンク色で切り込みのある花弁を持ち、縁飾りに利用され、とりわけ盆栽に向く'**スニプド**'がある。
ゾーン：8～10

Camellia purpurea
☀ ❄ ↔0.9～2m ↕3～5m

中国雲南省原産の小高木。厚い楕円形の葉は長さ約6～8cm。チャ*C. sinensis* と密接な関係がある。暗赤色の花は直径4～6cm。紫色と緑色の果実がつく。
ゾーン：8～10

Camellia oleifera 'Lushan Snow'

Camellia pitardii 'Gay Pixie'

Camellia pitardii 'ムーンビーム'

Camellia pitardii 'Snippet'

Camellia pitardii 'スノー ストーム'

Camellia pitardii 'スプライト'

Camellia pitardii 'ペール オパール'

Camellia pitardii 'ピンク カメオ'

Camellia pitardii 'フェアリー ブーケ'

Camellia pitardii

Camellia purpurea

C. ruticulata 'アーチ オブ トライアンフ'

C. ruticulata 'ブラッサム タイム'

C. ruticulata 'チェンジ オブ デイ'

C. ruticulata 'ダリ チャ'

C. ruticulata 'ダマナオ'

C. ruticulata 'ダーク ジュエル'

C. ruticulata 'ダタオホン'

C. ruticulata 'エリーズ ガール'

Camellia reticulata 'Captain Rawes'

Camellia reticulata

一般名：トウツバキ

☀ ♦ ↔4.5m ↕9m

中国西部原産。ローズピンク色の花で、人目を引くビロード状の苞がある。葉には網状の脈があり、鋸歯縁で、*C. japonica*の葉よりもくすんだ暗色で、幅も狭い。今日、トウツバキの栽培品種は時に雲南ツバキと呼ばれる。*C. r f. simplex*は野生品種。'唐椿'はふぞろいの半八重咲きで、洋紅色。'デインホン'（syn.'ショット シルク'）は中国産の古い栽培品種で、うねったルビーピンク色の花弁からなる、大きなシャクヤク型の花を豊富につける。'リュウ インホン'（syn.'ナローリーフト ショット シルク'）は、しなやかな細い形で、幅狭の葉がある。'マンダレイ クイーン'は、暗緑色の葉で、ピンク色がかった赤色の花。'紫袍'（syn.'紫袍'）は中国産の古い栽培品種で、濃紫色の蕾から、大きなワインレッド色で、赤い細縞のある花が開く。
ゾーン：9～11

C. ruticulata 'ホディー ウイルソン'

C. reticulata 'Ida Cossom'

C. ruticulata 'ブライト ビューティー'

C. reticulata 'ジュバン'

C. reticulata 'ラ ストゥペンダ'

C. reticulata 'ヌッチオズ ルビー'

C. reticulata 'マーガレット ヒルフォード'

C. reticulata 'ミス トゥーレアリ'

C. reticulata 'アワー セレクション'

C. reticulata 'オーヴァチュア'

C. reticulata 'ラスベリー グロー'

C. reticulata 'ロバーツ ジュエル'

C. reticulata 'サン マリノ'

C. reticulata 'サー エリック ピアス'

C. reticulata 'ストライク イット リッチ'

Camellia reticulata f. simplex

C. reticulata 'ウィンターズ オウン'

C. reticulata 'ザオムダン'

C. reticulata 'スザンヌ ウィザーズ'

Camellia rosiflora
カメリア・ロシフロラ

☀ ❄ ↔0.6～0.9m ↕0.9～2m

中国原産の広がる常緑低木。落ち着いたローズピンクから赤みを帯びたピンク色の、直径約25mmの、6～9枚花弁の、じょうご形の花。長さ約8cmの楕円形の葉は、表面は暗緑色で、裏面はより淡色。'マンディー'は、半八重咲きできわめて薄いピンク色。ゾーン：8～10

Camellia rusticana
異　名：*C. decumbens*、
C. japonica subsp. *rusticana*
一般名：ユキツバキ
英　名：SNOW CAMELLIA

☀ ❄ ↔2mまで ↕4mまで

日本の本州西部の標高700m以上の山地森林と高木林地にのみ生息する。*C. japonica*に似ているが、花色は赤ではなくピンクで、葉柄はより短く有毛。かなり耐寒性はあるが、品種改良プログラムにはあまり使われない。'牡丹雪'は青白いクリーム色の花。'乙女'はたっぷりした淡いピンクの花。ゾーン：7～9

Camellia salicifolia
一般名：ヤナギバサザンカ

☀ ❄ ↔2～3m ↕1.2～2m

中国と台湾原産の小高木で、ヤナギ属と同じ枝垂れる習性から名付けられた。直径約18mmの、5、6弁からなる白い花が、単生または対でつく。非常に幅狭の楕円形の葉は、長さ約5～10cmで、鋸歯縁がある。枝と葉の裏面は柔毛を帯びる。ゾーン：9～11

Camellia saluenensis
一般名：サルウィンツバキ

☀ ❄ ↔1.2～4.5m ↕1.2～4.5m

中国南西部の自生種。開いて分枝する習性で、早春から晩春、白、シュガーピンク、赤の花が単生する。浅く欠刻した花弁にはうねりがある。密生する、細長い卵形の葉は、濃い緑色で、先端は鈍形。盆栽、高山林地、霜耐寒性のツバキの品種改良に利用される。ゾーン：7～10

Camellia rosiflora

Camellia saluenensis

Camellia salicifolia

Camellia rusticana 'Botanyuki'

Camellia rusticana 'Otome'

Camellia sasanqua 'ドワーフ シシ'

Camellia sasanqua 'リトル パール'

Camellia sasanqua
一般名：サザンカ
☀ ❄ ↔1.5m ↕3m

日本産。ばらばらに広がる習性で、高木林地に生息する、高木状の低木。葉は非常に光沢がある暗緑色。花は香り高く、一重の白色かペールピンクで、秋咲き。'コットン キャンディ'は高く広がる、花の多い品種で、はっきりとした落ち着いたピンク色の、半八重咲きの花をつける。花弁にはしわが寄っている。栽培品種は以下の通りである。'クリムソン キング'は、早咲きで、濃いピンクレッド色の半八重咲きの花。'ジーン メイ'は直立性で、魅力的な八重咲きのピンク花。'三国紅(ミクニコウ)'は、早咲きで、一重のピンク花は紫味を帯びる。'峰の雪(ミネノユキ)'は早咲きで、白い花を豊富につける。'ミスティー ムーン'は、直立性で、波状の丸い大きな花弁は、白っぽいラベンダーピンク色。'鳴海潟(ナルミガタ)'は白い花弁に、ピンクがかった赤色のねじれた縁がある。オーストラリアでは**Paradise Range**（パラダイス レンジ）が生み出された。小型から中型のふわふわしたインフォーマルな八重咲きの花を豊富につける。その栽培品種の'**プランテーション ピンク**'は、高く広がる習性で、特に生垣や垣根仕立てに向く。花は平たく、鮮やかなピンク色で、形の美しい一重咲き。'レッド ウィロー'、ローズピンク色の花弁で中央は淡色、ヤナギ状の成長習性。ゾーン：8〜11

Camellia sasanqua '富士の峰(フジノミネ)'

Camellia sasanqua 'アグネス O. ソロモ'

Camellia sasanqua 'バート ジョンズ'

Camellia sasanqua 'シケイダ'

Camellia sasanqua 'アーリー パーリー'

Camellia sasanqua 'エドナ バトラー'

Camellia sasanqua 'ガルフ グローリー'

Camellia sasanqua '飛竜(ヒリュウ)'

Camellia sasanqua 'ジーン メイ'

Camellia sasanqua 'ジェニファー スーザン'

Camellia sasanqua 'ルシンダ'   *Camellia sasanqua* 'マージ ミラー'   *Camellia sasanqua* 'ミニヨン'   *Camellia sasanqua* 'Mikunikô'

Camellia sasanqua '鳴海潟'   *Camellia sasanqua* '乙女茶梅'   *Camellia sasanqua* 'パラダイス サヤカ'   *Camellia sasanqua* 'ウォールーンガ'

Camellia sasanqua 'ラッシェー'   *Camellia sasanqua* '雪月花'

Camellia sasanqua '獅子頭'   *Camellia sasanqua* 'スノークラウド'   *Camellia sasanqua* 'ピュア シルク'

Camellia sasanqua 'パラダイス ベリンダ'   *Camellia sasanqua* 'パラダイス プティット'   *Camellia sasanqua* 'パラダイス ブラッシュ'   *Camellia sasanqua* 'ピンク ドーファン'

Camellia sinensis
異　名：*Thea sinensis*
一般名：チャ
英　名：TEA

☀ ❄ ↔3m ↑6m

おそらくは中国原産で、茶生産のために何世紀にもわたって商業的に栽培されてきた。花は小さな一重咲きで、花柄が長く、対になっていることが多い。はっきりした黄色い雄ずいと、通常丸形の白い花弁を持つ。西洋で飲まれる茶のほとんどは *C. s* var. *assamica*（アッサムチャ）から作られるが、これは全縁で、薄く、先にいくほど細くなる葉をしている。高さ15mまで成長するが、普通は摘み取りやすいよう垣根仕立てにする。*C. s.* var. *sinensis*（中国チャ）は、発酵していない緑茶の原料になるが、長い幅狭の縮れた葉で、高さ約6mの藪状になる。'ブラッシング ブライド'は魅力的な栽培品種。
ゾーン：10～12

Camellia transnokoensis
カメリア・トランスノコエンシス

☀ ❄ ↔2m ↑8m

大低木または小高木で、台湾のマウント・ノコ斜面の、標高2,400mの山地植生で見られる。柄のない白い花は、直径10mm以内と小さく、葉腋に単生する。葉蕾に毛がないのが特徴で、*Camellia nokoensis*と区別できる。'スウート ジェーン'は魅力的な栽培品種で、ピンクの

Camellia sinensis 'Blushing Bride'

明暗2色の花弁が多数重なり合う。
ゾーン：8～11

Camellia tsaii

☀ ⬦ ↔4.5m ↑9m

中国南部、ミャンマー、ベトナム北部原産。広がって垂れる習性。小さな白い花が冬に多数咲く。光沢のある長い暗緑色の葉は、裏面は淡色。波状縁。
ゾーン：10～11

Camellia × *vernalis*
一般名：ハルサザンカ

☀ ❄ ↔1.8～3.5m ↑4.5m

起源が明確でない小群。外観がよく似ている*Camellia sasanqua*の栽培品種との違いは、耐寒性と、真冬から春分ごろに花が咲くこと。'笑顔'は、ピンク色の半八重咲きの花。'銀竜'は、縁にしわのある

Camellia vietnamensis

優美な白い花弁で、ピンク色がかっている場合もある。'絞り笑顔'は、白い縁取りのピンク色の花弁。'スター アバブ スター'は、屈曲した花弁が、不ぞろいに重なり合う。'ユールタイド'は、はっきりとした鮮やかな緋色の花。ゾーン：7～10

Camellia vietnamensis

☀ ⬦ ↔2m ↑8m

ベトナムおよび中国の隣接する地域原産。明るい森林に生息する小高木で、*Camellia sasanqua*の近縁。葉は長さ約10cmになる。花は緑みを帯びた白で、5～7枚花弁で、直径は4～6cmになる。さく果は赤から黄色。ゾーン：9～11

Camellia × *williamsii*
カメリア×ウイリアンシイ

☀ ❄ ↔1.2～3m ↑2～4.5m

Camellia tsaii

ツバキ*C. japonica*とサルウィンツバキ*C. saluenensis*の交雑種で、最初は1930年代にイギリスで開発された。ツバキ属のなかで栽培が最も簡単で、最も花つきがよいと言われている。他の多くの種に比べ、冷涼な気候にも耐え、冬の湿潤な環境でもよく根を張ることができる。葉は*C. japonica*よりもくすんだ淡色。花はほとんどが銀色を帯びたシュガーピンクの色調。受賞品種の'アンティシペーション'は、直径約10cmの濃いピンク色の花。'ブリガドゥーン'は、半八重咲きのピンク色の花。'ドネーション'は、明るいピンク色の花弁に、暗いピンク色の脈が入り、冷涼地域でも栽培可能。'エルシー ジュリー'は、ニュージーランドで作られた品種で、直径約12.5cmの、ひだのついた大きなペールピンク色の花をつける。'フランシス ハンガー'は、一重咲きの白い花。'ジョージ ブランドフォード'は、早咲きで、ラベンダーピンクの半八重咲きの花。'ゴールデン スパングル'は、一重咲きの赤い花と斑入りの葉。'J. C. ウィリアムズ'は、長期にわたってピンク色の花をつける。'ジョアン トレハーン'は、ミ

Camellia transnokoensis 'Sweet Jane'

Camellia transnokoensis

Camellia × *vernalis* 'Egao'

Camellia × *vernalis* 'Ginryû'

C. × *vernalis* cultivar

C. × *vernalis* 'Star Above Star'

Camellia × *vernalis* 'Yuletide'

ッドピンクの八重咲きの花。'ジュリーズ イエロー'は、弁化した密なクリーミーイエローの花芯を白い花弁が囲む。'マーガレット ウォーターハウス'は、形のよい、シュガーピンク色の花をつける強健な植物。花は半八重咲きで丸い花弁。'マリー クリスチャン'は、濃いピンク色の花弁が密生した金色の雄ずいを取り囲む。'オーレ'は、濃いピンク色の蕾が開いてサーモンピンクの花になる。'セイント エウェ'は、一重の鮮やかなピンクの花と光沢のある葉をつける。'ショッキング ピンク'は、丈高の藪状の低木で、不ぞろいでしわがある鮮やかなピンク色の花弁が、不規則な半八重に並ぶ。'ウォーター リリー'は、直立性の低木で、花弁の先端が尖った、フォーマルな八重咲きのローズピンク色の花をつける。ゾーン：8〜10

Camellia yunnanensis
☀ ❄ ↔2m ↑6m
中国南部原産。晩夏から秋、突起した黄色い雄ずいのある一重の白い花を豊富につける。葉は先端が暗緑色で、裏面は淡色。滑らかで細かい鋸歯縁。
ゾーン：8〜10

Camellia × *williamsii* 'Anticipation'

Camellia × *williamsii* 'バーバラ アン'

Camellia × *williamsii* 'Donation'

Camellia × *williamsii* 'エンジェル ウィングズ'

Camellia × *williamsii* 'バレエ クィーン'

Camellia × *williamsii* 'ベアトリス マイケル'

Camellia × *williamsii* 'ボタン アン ボー'

Camellia × *williamsii* 'コーラル デライト'

C. × *williamsii* cultivar

Camellia × *williamsii* 'デインティネス'

Camellia × *williamsii* 'デビー'

Camellia × *williamsii* 'デミューア'

Camellia × *williamsii* 'E. G. ウォーターハウス' ★

Camellia × williamsii 'エリルデン エクセルシス'

Camellia × williamsii 'エリルデン エクセルシス ヴァリエゲイテッド'

Camellia × williamsii 'フランシス ハンガー'

Camellia × williamsii 'ギャラクシー'

Camellia × williamsii 'ジェーミー'

Camellia × williamsii 'ジュービレイション'

Camellia × williamsii 'メリー フォーブ テイラー'

Camellia × williamsii 'ミニ ミント'

Camellia × williamsii 'モナ ジュリー'

Camellia × williamsii 'オーキッド プリンセス'

Camellia × williamsii 'ルビー ベルズ'

Camellia × williamsii 'サヨナラ'

Camellia × williamsii 'トレゲラン'

Camellia × williamsii 'ソフトリー'

Camellia × williamsii 'ワルツ ドリーム'

Camellia × williamsii 'ウィンター ジェム'

Camellia × williamsii 'ウィン レイナー'

Camellia, Hybrid Cultivar, 'Ole'

Camellia Hybrid Cultivars
一般名：ツバキ交雑品種
☼ ❄ ↔ 0.9〜6m ↕ 0.9〜6m

人気のある交雑種のほとんどは、魅力的な姿だけでなく、冬の著しい湿気や寒さ、日光への露出、限界に近い土壌条件など、特定の条件に耐えるように作られている。'**フラグラント ピンク インプルーヴド**'は、小さな濃いピンク色の芳香性の花をつける。広がる習性をもつ植物で、花期は長く、新梢は赤い。'**フランシー L**'は、半八重咲きのピンクから赤色の花。'**フリーダム ベル**'は、直立性で、半八重咲きの赤い花を開く。'**インスピレーション**'は、半八重咲きのピンクの花を豊富につける。花弁は縁にしわがよっていることがある。'**サリュテーション**'は、切れ込みのあるシルバーピンクの弁花と、黄色の長い雄ずいを持つ、大きな半八重咲きの花。'**サタンズ ローブ**'は、直立したつやのある低木。花は大きく、半八重咲きの洋紅色の花弁に、金色の雄ずい。'**スノー ドロップ**'は、特徴的な小さな灰緑色の葉で、白い小さな花は時にペールピンクを帯びる。**Winter Series**（ウィンター シリーズ）は、寒冷季に開花する。寒冷な条件に耐え、庭に色彩を与えるために、米国のメリーランドで作り出された。'**ウィンターズ チャーム**'は、直立性の低木。オーキッドピンクの花弁と弁化した花芯で構

Camellia yunnanensis

成された、中くらいのサイズの半八重咲きの花が開く。'ウィンターズ ファイヤー'は、一重平咲き。暗褐色を帯びたピンク色の花弁が突起した黄色い雄ずいを取り囲む。'ウィンターズ ホープ'は、白い半八重咲きの花で、ふぞろいに欠刻した花弁と、黄色の雄ずいを持つ。'ウィンターズ ローズ'は、極めて薄いピンク色の鋸歯縁の花弁が、半八重咲きのふわふわした花をなす。オーストラリアで交配された**Wirlinga Series**（ワーリンガ シリーズ）は、しばしば群生する、驚くほど多数の小型の花をかなり長期間咲かせる。'ワーリンガ ベル'は、一重の淡いピンク色で、中型の花をつける。広がる成長習性。'ワーリンガ カスケード'は、'ワーリンガ ベル'からの実生苗で、小型の一重のピンク花をつける。'ワーリンガ ジェム'は、小さなペールピンクの花を多数つける。ゾーン：8～10

ツバキ、HC、'アラン レイパー'

ツバキ、HC、'アラスカン クイーン'

ツバキ、HC、'アルペン グロ'

ツバキ、HC、'アルカディア'

ツバキ、HC、'ベイビー ベアー'

ツバキ、HC、'ベティー リドリー'

ツバキ、HC、'ブロンディー'

ツバキ、HC、'ボゴング スノー'

ツバキ、HC、'バタフライ ガール'

ツバキ、HC、'カリフォルニア ドーン'

ツバキ、HC、'カリフォルニア サンセット'

ツバキ、HC、'キャプチャード エンリッチズ'

ツバキ、HC、'チャイルド オブ グレイス'

ツバキ、HC、'シナモン シンディー'

ツバキ、HC、'コンテンプレーション'

ツバキ、HC、'ダーク シャイニング ミラー'

ツバキ、HC、'デイジー イーグルソン'

ツバキ、HC、'デビュー'　　ツバキ、HC、'ドクター クリフォード パークス'　　ツバキ、HC、'ドクター ロバート ウィザーズ'　　ツバキ、HC、'エルシー ロス'　　ツバキ、HC、'フェアリー ワンド'

ツバキ、HC、'フラワー ガール'　　ツバキ、HC、'フォーティー ナイナー'　　ツバキ、HC、'フラグラント ピンク'　　*Camellia*, HC, 'Francie L.'　　*Camellia*, HC, 'Freedom Bell'

ツバキ、HC、'フロステッド ピンク'　　ツバキ、HC、'ゴールデン グロー'　　ツバキ、HC、'ハッピー デイズ'　　ツバキ、HC、'ハッピー ヒゴ'　　ツバキ、HC、'ハロルド L.ペイジ'

ツバキ、HC、'ゲイ ベイビー'

ツバキ、HC、'フラグラント ジョイ'

ツバキ、HC、'ドリーム ベイビー'

ツバキ、HC、'スプリング ミスト'

ツバキ、HC、'スウィート ジェーン'

ツバキ、HC、'シルバー ミスト'

ツバキ、HC、'スウィート エミリー ケイト'

ツバキ、HC、'タムジン クール'

ツバキ、HC、'テンプル ミスト'

ツバキ、HC、'テレル ウィーヴァー'

ツバキ、HC、'タイニー プリンセス'

ツバキ、HC、'トム クヌーセン'

ツバキ、HC、'トニー ハント'

ツバキ、HC、'ヴァレンタイン デイ'

ツバキ、HC、'ヴァレンタイン デイ ヴァリエゲイテッド'

ツバキ、HC、'ヴァリー クヌーセン'

ツバキ、HC、'ホワイト レティック'

ツバキ、HC、'ワーリンガ ブライド'

ツバキ、HC、'ワーリンガ ジェム'

ツバキ、HC、'宵待(ヨイマチ)'

ツバキ、HC、'ワーリンガ プリンセス'

CAMPANULA
(ホタルブクロ属)

約300種の、耐寒性の一年生、二年生、多年生の植物からなるキキョウ科の大属。人気の高い、美しい庭園植物を多数含む。多くは地中海地方、バルカン地方、またコーカサス地方原産。一部、北アメリカや温帯アジア産の種もある。成長習性は、這い性の種、叢生する種、また直立性や分枝性の種などがある。侵略性のものも少数ある。葉は普通互生する。花は青、モーブ、ペールピンク、または白。花形も、下垂する鐘形から繊細に開いた星形まであり、複総状または穂状花序をなすか、単生する。このような多様性のために、どんなロックガーデン、縁取り、高木林地、あるいは「野性的な」庭園環境にも、適当な属種が見つかる。

〈栽培〉
大多数の種は、適度に肥沃で水はけのよい土壌なら、日なたでも半日陰でも容易に栽培できる。一部の高山性の種は、砂の多い土壌を好み、冬の雨を嫌う。種子、基部の挿し木、あるいは株分けで繁殖。

Campanula cochlearifolia

Campanula betulifolia
☼/◐ ❄ ↔30〜40cm ↕10〜30cm
アルメニア産。優美な、叢を形成する多年生植物で、卵形の小さな葉はしばしば紫味を帯びる。白かペールピンクの鐘形の花が、葉の上に群生する。冬は雨からの保護が必要。
ゾーン:4〜9

Campanula carpatica
異　名:*Campanula turbinata*
一般名:カンパヌラ・カルパティカ
英　名:CARPATHIAN BELLFLOWER, TUSSOCK BELLFLOWER
☼/◐ ❄ ↔30〜40cm ↕15〜30cm
カルパティア山脈原産。低く成長する多年生植物で、小さな明緑色の葉が密な叢を形成する。夏には薄青色や白の、上向きで開いた皿形の花(直径約2.5〜5cm)で覆われる。*C. c.* f. *alba*は、白花。栽培品種の'ブラウエ クリップス'は青花。'ブルー ムーンライド'は、大きく開いた花で、薄い灰青色。'チュートン ジョイ'は、薄青色の花弁に深青色の縁取り。
ゾーン:3〜9

Campanula betulifolia

Camanula chamissonis
一般名:チシマギキョウ
☼ ❄ ↔10〜30cm ↕5〜15cm
アジア東部とアリューシャン列島、アラスカ原産。低く成長する多年生植物で、多肉質の茎と、つやのある小さなスプーン形の葉を持つ。夏、個々の茎に、白い縞のある青い鐘形の花がつく。栽培品種の'スペルバ'は、大きな花。
ゾーン:3〜9

Campanula choruhensis
☼ ❄ ↔30cm ↕15cm
トルコ原産。低く成長する多年生植物で、小さな濃緑色の、有毛の葉を持つ。上向きの大きな、白い、ときにピンク味を帯びる花が、夏中植物を覆いつくす。秋には地上部だけが枯れる。
ゾーン:4〜9

Campanula chamissonis 'Superba'

Campanula cochlearifolia
異　名:*Campanula pusilla*
一般名:フェアリー・シンブルズ
英　名:FAIRIE'S THIMBLES
☼ ❄ ↔25cm ↕8cm
ヨーロッパアルプス原産の、匍匐性の多肉質の茎をもつ多年生植物。小さな円形の葉が密な叢を形成する。夏の間、針金のような茎に、鐘形の淡いラベンダーブルーの花が、長期間下垂する。*C. c.* var. *alba*は、白い花。栽培品種の**Baby Series**(ベビー シリーズ)には、薄青色の花を豊富につける'ブルー ベビー'、濃青色の花の非常にコンパクトな'バヴァリア ブルー'、八重咲きの薄青色の花をつける'エリザベス オリヴァー'などがある。
ゾーン:6〜9

Campanula collina
☼ ❄ ↔30cm ↕30cm
コーカサスの自生種。ゆっくりと匍匐する多年生植物で、叢を形成する披針形の葉は、基部のほうがより大きく幅広。下垂する濃紫色の鐘形の花が、夏じゅう群生または単生する。
ゾーン:5〜9

C. cochlearifolia 'Elizabeth Oliver'

Campanula choruhensis

Campanula elatines
英　名:ADRIATIC BELLFLOWER
☼ ❄ ↔30cm ↕5〜15cm
アドリア海沿岸原産。コンパクトな多年生植物で、匍匐性の茎につく小さな円型の葉が叢を形成する。鐘形で、広がった裂片を持つ、青か白の花が、散開した穂状または円錐花序をなす。
ゾーン:6〜9

Campanula ephesia
☼ ❄ ↔30〜45cm ↕30〜45cm
トルコ原産。二年生または多年生植物で、密生した根茎をもつ。白い綿毛でおおわれた枝が這い回る。下部の葉は約20cmの竪琴形で、上部の葉はより幅狭。夏、外側に白い綿毛がある、濃青色の幅広の花が、穂状花序をなす。
ゾーン:7〜9

Campanula carpatica f. *alba*

Campanula carpatica 'Blaue Clips'

Campanula fenestrellata

Campanula garganica 'Dickson's Gold'

C. latifolia var. *macrantha* 'Alba'

Campanula lactiflora 'Loddon Anna'

Campanula fenestrellata
異　名：*Campanula elatines* var. *fenestrellata*
英　名：WINDOW BELLFLOWER
☼ ❄ ↔20cm ↕5〜10cm
クロアチア地方西部原産の絶滅危惧種。低く成長する多年生植物で、密な叢を形成する。星形の花は真青色で、中央は淡色。ゾーン：4〜9

Campanula garganica
異　名：*Campanula elatines* var. *garganica*
一般名：イタリアギキョウ
☼ ❄ ↔15〜30cm ↕15cm
イタリア産。低く成長する多年生植物で、明緑色の小さな葉が密集した叢を形成する。小さな星形の明青色の花が群生して、散開した円錐花序をなし、夏に長期間咲く。栽培品種の'ディクソンズ　ゴールド'（syn.'アウレア'）は、金色の葉。ゾーン：5〜9

Campanula glomerata
一般名：リンドウザキカンパヌラ
英　名：CLUSTERED BELLFLOWER
☼ ❄ ↔30〜60cm ↕30〜90cm
ヨーロッパからアジア、イギリスからシベリアに生息する多年生植物。吸枝にが叢を形成する。剛毛を帯びた茎。紫青色の花は、端頂で球状の花序をなすほか、葉腋からも生じる。夏中続く長い花期。*C.g.* var. *acaulis*は、極小種で、花柄のない花が基部のロゼットにつく。栽培品種の'ナナ'と'パープル　ピクシー'は、より小型で、深紫色の花をつける。'スペルバ'は、大きく強健な植物で、深紫色の花が咲く。ゾーン：4〜9

Campanula isophylla
一般名：イタリアン　ベルフラワー
英　名：FALLING STAR, ITALIAN BELLFLOWER, STAR OF BETHLEHEM
☼ ❄ ↔30〜45cm ↕15
イタリア北部原産の、這い性の多年生植物で、心臓形の小さな葉を持つ。夏の間、幅約25mmの星形の青い花に覆われる。ハンギングバスケットに向く。冬の雨から保護する。栽培品種'アルバ'は、白花。'ステラ　ブルー'は、青花。'ス

Campanula medium

テラ　ホワイト'は、はっきりした白い花。ゾーン：7〜9

Campanula laciniata
☼ ❄ ↔30cm ↕60cm
クレタ島とギリシア原産。直立性で分枝する、二年生または多年生の植物で、基部にロゼットを持つ。細かく切れ込んだ披針形の葉。夏、幅広の杯形の青い花が、大きく密な総状花序をなす。ゾーン：8〜10

Campanula lactiflora
カンパヌラ・ラクティフロラ
英　名：MILKY BELLFLOWER
☼ ❄ ↔0.6m ↕0.9〜1.5m
コーカサス地方原産の、直立性の多年生植物で、分枝性がよく、葉が多く、茎はアーチを描く。夏、ミルキーブルーの鐘形の花が、幅広で目立つ複総状花序をなす。栽培品種の'アルバ'は、白い花をつける。'ロッドン　アンナ'は、ピンク味を帯びた落ち着いた白色の花。'マクランタ'は、大きなバイオレットパープル色の花。'プリチャーズ　バラエティー'は、紫青色の花の、やや小型の品種。ゾーン：5〜9

Campanula lasiocarpa
一般名：イワギキョウ
☼ ❄ ↔15〜30cm ↕10〜15cm
北アメリカ、シベリア、それに日本原産。小さな幅広の葉が房をなす多年生植物。上向きで開いた鐘形の、紫青色の花が夏に単生する。ロックガーデンや鉢植えに最適。ゾーン：4〜9

Campanula glomerata var. *acaulis*

Campanula latifolia
一般名：ジャイアント　ベルフラワー
英　名：GIANT BELLFLOWER, GREAT BELLFLOWER
☼ ❄ ↔0.6m ↕0.9〜1.5m
ヨーロッパ全体から東部のカシミール地方に生息する、葉の多い多年生植物で、枝分かれしない堅い茎を持つ。ややビロード状の、幅広の、先の尖った鋸歯縁の葉。薄青色の鐘形の花が、茎に沿って、夏のあいだ長期間咲く。*C. l.* var. *macrantha*は、濃い紫青色の花。'アルバ'は、大きな白い花。ゾーン：4〜9

Campanula latiloba
カンパヌラ・ラティロバ
異　名：*Campanula grandis*
☼ ❄ ↔45cm ↕60〜90cm
シベリア原産。叢生する多年生植物で、幅細の尖った葉が、基部にロゼットを形成する。夏、濃いラベンダーブルーの開いた杯形の花が、密な穂状花序をなす。栽培品種の'ヒドコート　アメジスト'は、ライラックピンク色の花。ゾーン：4〜9

Campanula longistyla
コーカサス地方原産。直立性の二年生または多年生植物。基部でロゼットをなす下部の葉は卵形。上部の葉は披針形。夏、点頭する鐘形の濃いすみれ色の花が穂状花序をなす。ゾーン：5〜9
☼ ❄ ↔30〜45cm ↕15〜45cm

Campanula medium
一般名：フウリンソウ
英　名：CANTERBURY BELLS, CUP AND SAUCER
☼ ❄ ↔30cm ↕60〜90cm
ヨーロッパ南部原産の二年生植物で、柔らかな有毛の披針形の葉が、基部でロゼットをなす。夏、葉の多い茎に、縁が屈曲した、白、ピンク、ブルーの色調の、華やかな鐘形の花が咲く。切花として人気がある。結実性のする系統も入手可能。'カリカンテマ'は、花弁状の萼が、杯形の花の下に「皿」を形成する。ゾーン：8〜10

Campanula laciniata

C. poscharskyana 'Blue Waterfall'

C. poscharskyana 'Lisduggan Variety'

Campanula poscharskyana 'E. H. Frost'

Campanula poscharskyana 'Multiplicity'

Campanula orphanidea
☀ ❋ ↔30cm ↕15cm
ブルガリアとギリシア北東部原産。低く成長し、うっすらと綿毛を帯びる二年生植物。卵形から楕円形の、波状縁の葉が基部にロゼットを形成する。上部の葉はより小さく、より幅広。幅狭の鐘形の花はモーブからバイオレット色で、単生あるいは総状花序で夏に咲く。
ゾーン：6〜9

Campanula peregrina
☀ ❋ ↔30〜40cm ↕45〜70cm
地中海沿岸原産。有毛の葉を持つ二年生植物。広いじょうご形の花は、明青色から深青色で、夏中単生または群生する。
ゾーン：8〜10

Campanula persicifolia
一般名：モモバギキョウ
英　名：PEACH-LEAFED BELLFLOWER、WILLOW BELLFLOWER
☀ ❋ ↔45cm ↕60〜90cm
ヨーロッパ、アジア東部、それにアフリカ北部原産。ロゼットを形成する多年生植物で、幅狭の葉は波状縁。夏、直径5cmの開いた鐘形の花が、華やかな茎につく。花時の長い種で、一重咲きや八重咲きの栽培品種が多数ある。'ベネッツ　ブルー'（syn. 'ウォーサム　ベル'）は、薄青色の八重咲きの花。'ブール　ドゥ　ネージュ'は、大きな八重咲きの白い花。'チェトル　チャーム'は、一重咲きの白い花で、縁が青い。'プラニフロラ'（syn. 'ニティダ'）は、高さ約20cmの矮小品種で、幅広の真青の花。'ホワイト　カップ　アンド　ソーサー'は、大きく開いた「杯と皿」状の白い花をつける。
ゾーン：4〜9

Campanula orphanidea

Campanula portenschlagiana
異　名：*Campanula muralis*
一般名：オトメギキョウ
◐/☀ ❋ ↔45〜60cm ↕15cm
ヨーロッパ南部原産。強健な高山性の多年生植物で、小さな心臓形の葉を持つ。夏の間、ラベンダーブルー色の直立性の星形の花で覆われる。'リショルズ　バラエティー'は、鮮やかな深青色の花。
ゾーン：4〜9

Campanula poscharskyana
カンパヌラ・ポスカルスキアナ
英　名：SERBIAN BELLFLOWER
☀ ❋ ↔45〜60cm ↕15〜20cm
クロアチア原産。強健な多年生の高山植物で、近縁種 *C. portenschlagiana* と似ているが、外観はより洗練されている。星形の花はラベンダーからバイオレット色で、夏から秋に咲く。ロックガーデンで急速に広がる。'ブルー　ガウン'は、大きな真青色の花。'ブルー　ウォーターフォール'は、強健な花つきのよい種で、暗青色の花は中央がより明色で、外側に垂れ下がる。'E. H. フロスト'は、ミルキーホワイトの星形の花。'エリック　G. アレンズ'は、青い花。'リズダッガン　バラエティー'は、ラベンダーピンクの花。'マルティプリシティー'★は、八重咲き

Campanula punctata

Campanula portenschlagiana（上の続き）

のラベンダーブルーの花。'ステラ'は、鮮やかな青色の花。
ゾーン：6〜9

Campanula punctata
異　名：*Campanula nobilis*
一般名：ホタルブクロ
☀ ❋ ↔45cm ↕30cm
シベリアと日本原産。いくぶん侵略性の多年生植物で、先のとがった心臓形の葉が叢を形成する。筒形で下垂した、長さ約8cmの鐘形の花は、ピンク味を帯びたクリーム色で、内側に赤い斑点がある。*C. p. f. rubriflora* は、ピンク味から紫色味を帯びたクリーム色の幅狭の花で、内側には多数の赤い斑点が見られる。'チェリー　ベルズ'はチェリーレッドで、縁はより淡色。
ゾーン：6〜9

Campanula pyramidalis
一般名：チムニー　ベルフラワー
英　名：CHIMNEY BELLFLOWER
☀ ❋ ↔0.6m ↕1.2〜2m
ヨーロッパ原産。寿命の短い、叢生する多年生植物で、通常は二年生として栽培される。幅広で、先の尖った鋸歯縁の葉。夏、分岐する丈高の茎に、薄青色か白色の、開いた鐘形の花が密生する。冷

Campanula punctata f. *rubriflora*

Campanula portenschlagiana

涼地帯では温室栽培が最適。
ゾーン：8〜10

Campanula raddeana
☼ ❄ ↔30cm ↕30cm
コーカサス地方原産。叢生する多年生植物で、葉は小さく光沢があり、暗緑色の心臓形。夏、直立した茎から、鐘形のバイオレットパープル色の花がスプレー状に垂れ下がる。
ゾーン：6〜9

Campanula rapunculoides
一般名：クリーピング ベルフラワー
☼/☼ ❄ ↔60cm ↕90cm
ヨーロッパ原産。強健な侵略性の多年生植物で、鋸歯縁のイラクサのような葉が大きく広がる。夏の間、高い茎に、青色からバイオレットの色調の花が下垂する。ワイルドガーデンに最適。
ゾーン：4〜9

Campanula rapunculus
一般名：ランピオン ベルフラワー
英　名：RAMPION
☼ ❄ ↔60cm ↕60〜90cm
ヨーロッパ、アフリカ北部、シベリア原産の二年生植物。卵形の葉は先が尖っている。夏、葉の多い茎に、薄青色か白の小さな鐘形の花がつく。太い主根と葉は、サラダ野菜として利用できる。
ゾーン：4〜9

Campanula rotundifloria
一般名：イトシャジン、ツリガネソウ
英　名：BLUEBELL、HAREBALL
☼ ❄ ↔25〜45cm ↕15〜30cm
北半球全域で見られる、多肉質の茎を持つ多年生植物で、心臓形の葉がロゼットを形成する。夏、細い茎に、白から濃青色の優雅な鐘形の花がつく。蕾は直立するが、開花後は下垂する。
ゾーン：3〜9

Campanula takesimana
カンパヌラ・タケシマナ
☼ ❄ ↔45cm ↕60cm
朝鮮半島原産の種で、やや侵略性の、多肉質の茎を持つ多年生植物。大きな葉が基部にロゼットを形成する。夏、丈高の茎に、長い筒形の鐘形の花が下垂する。花は外側がクリーミーホワイトからライラックピンク色で、内側には栗色の斑点がある。栽培品種の'**ビューティフル トラスト**'(syn.'ビューティフル トゥルース')は、蜘蛛のような、垂れ下がる花弁を持つ。花色は純白。'**エリザベス**'★は、花数が多く、花時も長い。花は外側が紫味をおびたくすんだピンクで、内側には栗色の斑点がある。
ゾーン：4〜9

Campanula trachelium
一般名：ヒゲギキョウ
英　名：COVENTRY BELLS、NETTLE-LEAFED BELLFLOWER、THROATWORT
☼ ❄ ↔30cm ↕60cm
ヨーロッパ、アフリカ北部、シベリア原産。剛毛を持つ多年生植物で、葉は鋸歯縁で先が鋭い。有毛の細い筒形の鐘形花は、青味を帯びたピンク色で、夏、葉の多い、密な円錐花序をなす。*C. t.* subsp. *athoa*は、ギリシアとトルコ原産で、花柄がない。*C. t.* var. *alba*は、白い花をつける。ゾーン：4〜9

Campanula, Hybrid Cultivar, 'Birch Hybrid'

Campanula takesimana

Campanula Hybrid Cultivars
一般名：ホタルブクロ交雑品種
☼/☼ ❄ ↔15〜90cm ↕30〜120cm
ホタルブクロは当然多様である。さまざまな大きさ、色、形状の交雑種や栽培品種が作成された。'**バーチ ハイブリッド**'は、ラベンダーブルーの花を非常に多数つける。'**ブルー ワンダー**'は、夏咲きの、八重のパウダーブルーの花。'**バーガルティー**'は、垂れ下がる鐘形花が、やがて珍しい灰色がかったモーブ色へと変わる。'**ジョー エリオット**'は、低く叢生する多年生植物で、大きく開いた真青の花が咲く。'**ケント ベル**'は、大きな下垂した深いバイオレットブルーの花。'**ミスティック ベルズ**'は、直立した針金状の茎に、真青の花が群生する。'**ワンダー ベルズ ブルー**'は、ライラックブルーの八重咲きの花。ゾーン：5〜9

CAMPSIS
(ノウゼンカズラ属)
英　名：TRUMPET CREEPER、TRUMPET VINE
華麗な2種のよじ登り植物からなるノウゼンカズラ科の属。1種は中国と日本原産で、もう1種は北アメリカ原産で、一部の地域では雑草とされている。これらの強健な落葉性のつる植物は、気根でよじ登ることができる。長い葉は、ほぼ披針形の鋸歯縁の小葉が7〜11枚からなる。広がった幅広の裂片がある、大きなオレンジ色または赤色のらっぱ形の花が、夏と秋に群生する。

〈栽培〉
水はけのよい土壌の日なたで、壁やフェンスに這わせて栽培する。冷涼地帯では、暖かく保護された位置におくと花つきがよくなる。*C. grandiflora*は気根の数が比較的少ないので、しっかりした支柱にくくりつける。*C. radicans*にも追加の補助が有効。晩冬から初春に強く剪定し、割り当てた空間に収まるようにする。挿し木、取り木、あるいは種子で繁殖。

C., Hybrid Cultivar, 'Wonder Bells Blue'

Campanula, Hybrid Cultivar, 'Kent Blue'

Campis grandiflora
異　名：*Bignonia grandiflora*、*B. chinensis*、*Campis chinensis*、*Tecoma grandiflora*、*T. chinensis*
一般名：ノウゼンカズラ
英　名：CHINESE TRUMPET CREEPER、CHINESE TRUMPET VINE
☼ ❄ ↔2.4〜4.5m ↕8m
日本と中国原産。強健なよじ登り植物で、気根は少数。夏から秋、長さ約8〜10cmの、オレンジから赤色のらっぱ形の花が、長さ約50cmの、大きく散開した円錐花序をなす。'**モーニング カーム**'は深い桃色で、内側が黄色。
ゾーン：7〜11

Campsis grandiflora

Campsis radicans f. *flava*

Campsis radicans

Campsis radicans

異　名：*Bignonia radicans*、*Tecoma radicans*
一般名：アメリカノウゼンカズラ
英　名：COW-ITCH, TRUMPET CREEPER
☀ ❄ ↔2.4～4.5m ↕10m

アメリカ合衆国南東部原産。一部の州では侵略性。肥沃な土壌では繁茂する。気根でよじ登る。夏の間、*Campsis grandiflora*よりやや小型の、オレンジから赤色のらっぱ形の花が、頂生に群生する。'フラバ'は、濃い鮮やかな黄色の花。
ゾーン：4～10

Campsis × tagliabuana

カンプシス×タグリアブアナ
異　名：*Bignonia tagliabuana*、*Tecoma hybrida*、*T. intermedia*
☀ ❄ ↔2.4～4.5m ↕5m

*C. grandiflora*と*C. radicans*の交雑の強健なつる植物で、気根でよじ登る。夏、オレンジスカーレット色のらっぱ形の花が、散開した円錐花序をなす。'マダムガレン'は、大きく広がった花で、鮮やかなサーモンピンクの色調。
ゾーン：6～10

CAMPTOTHECA
(カンプトテカ属)

中国の四川省と雲南省原産のただ1種からなるミズキ科の属。やや霜に弱い落葉性の高木で、幼時は成長が早い。大きく青々とした葉は、脈が深い。小さな花がなす球状の花序の後、秋には角張った珍しい果実がなる。この樹皮から摘出されるカンプトセシンから、癌治療薬トポテカンが作られる。

〈栽培〉
強風に弱い上、ほんの軽い霜にしか耐えられないため、温暖で湿潤な地域で、水はけがよく、夏にも干上がらない湿性の腐植に富んだ土壌で最もよく育つ。若いときに軽く剪定すると樹形がよくなる。種子で繁殖。

Camptotheca acuminata

一般名：カンレンボク
☀ ❄ ↔6m ↕12m

端正な樹形の高木。緑色の葉は長さ約15cm。夏、枝分かれした花茎に、小さなクリーミーホワイトの花が丸い花序をなす。
ゾーン：10～11

CANARINA
(カナリナ属)

3種から成るキキョウ科の属で、1種はカナリア諸島の固有種、残る2種は熱帯東アフリカ原産。どれも塊根をもつ草本性のよじ登り植物で、森林またはその近辺に生息する。葉は対生で、全縁あるいは欠刻する。屈曲した6裂弁の花弁を持つ、下垂した鐘形の花が、上部の葉腋に単生または小さく群生する。

〈栽培〉
実生、あるいは茎挿しで繁殖。夏の間に地上部分が枯れた後も、そのまま干上がるに任せ、秋になって新芽が出てきたら、水と肥料を与える。

Canarina canariensis

異　名：*Canarina campanula*
一般名：カナリーアイランドベルフラワー
英　名：BICACARO, CANARY BELLFLOWER
☀ ❄ ↔0.9m ↕1.5m

カナリア諸島原産の、夏に落葉するよじ登り植物で、分枝する多肉質の茎を持つ。長さ4～8cmの、緑色から灰緑色の葉は、矢形で、基部近くで欠刻し、細かな鋸歯縁。晩冬から晩春、濃色の脈がある、長さ3～6cmのオレンジレッドの花が、上部の葉腋に単生する。
ゾーン：9～11

CANARIUM
(カナリウム属)

約75種の常緑の落葉高木からなるカンラン科の属で、主にアジア熱帯に生息するが、一部の種は熱帯アフリカ、太平洋諸島、オーストラリア北部でも見られる。葉は、少数の、かなり大きな小葉からなる羽状複葉。性別ごとに異なる株につく花は、クリーム色または緑味を帯びた色で、枝の先端で短いスプレーをなす。果実は卵形の石果で、薄い果肉と硬い核が大きな油質の種を包む。多くの種の堅果は食料と油を目的に採取される。

〈栽培〉
雌性の木から落ちる果実は道や芝生の邪魔になるため、市街地の植栽においては雄性の木が好まれる。一部の種は海岸条件にも耐えるが、保護された環境で、下層土に適切な湿度がある、水はけのよい深い土壌での栽培が最適。新鮮な種子で繁殖させるが、雄性木を永続させるためには高取り法が利用される。

Canarium ovatum

Canarium australasicum

英　名：CARROT WOOD, MANGO BARK
☀ ❄ ↔10～15m ↕21～30m

オーストラリア北部の多雨林に見られる高木。長さ8～15cmの、光沢のある緑色で卵形の小葉が羽状複葉をなす。夏、小さな赤い花が、枝端または葉腋で、分枝した花序をなす。卵形の青みがかった果実は秋から冬に熟す。
ゾーン：10～12

Canarium ovatum

一般名：フィリピンカンラン
英　名：PILI NUT
☀ ✽ ↔15m ↕30m

大きなルソン島の固有種。葉は、それぞれ長さ約20cmの、革質の20枚以下の小葉からなる。卵形の果実は約8cmの長さで、熟すと紫から黒に近くなる。この果実の風味は、マカダミアナッツやブラジルナッツに匹敵すると言われ、商業用に収穫されている。
ゾーン：11～12

Campsis radicans

Camptotheca acuminata

Canarina canariensis

Canna iridiflora

Canavalia rosea

CANAVALIA
(ナタマメ属)

熱帯産の51種の低木とよじ登り植物からなる、マメ科ソラマメ亜科の属。大大半の種が南北および中央アメリカに生息し、ハワイ諸島には6種の固有種がある。葉は通常3枚の切片から構成されているが（3出複葉）、数種は全縁の葉を持つ。大半の種は、大きく目立つ蝶形花が、葉よりも長い花序をなす。果実は比較的大きな豆果で、多数の種を内包している。

〈栽培〉
数種は農業の緑肥として、貯蔵食糧として、食用の豆として利用される。種子から繁殖。

Canavalia rosea
英 名：BEACH BEAN
☀ ❄ ↔3～6m ↕15～30m
全熱帯に分布。海岸に見られる匍匐性の多年生植物で、時には砂丘の安定に利用される。半多肉質の3出複葉をなす丸い小葉は、熱い太陽のもとでは折りたたまれる。夏、直立した茎に、紫がかったピンクの蝶形花がつく。
ゾーン：9～12

CANISTRUM
(カニストルム属)

パイナップル科の属で、高さ約60cm、幅約40cmの、直立して広がるロゼットを形成する。葉には黒い鋸歯縁が見られることもあるが、通常は幅狭の緑色で、濃色の斑紋がある場合もある。花茎は長く、球状の花序は、主に赤色（時にはオレンジ色）の、外側に向かって広がる萼に包まれる。花は主に花序の中央につく。花弁は白からローズ、黄色まである。7種のみの属種のうち、数種のみが一般的に栽培される。もともとはブラジル東部から南東部原産のため、冬期には特別な保護が必要。

〈栽培〉
開花期には屋内栽培が、また寒冷地域では温室かそれに準じる環境が望ましい。温帯、亜熱帯、熱帯地域では、屋外で栽培できるが、直射・長時間の日光照射、激しい雨から保護してやる。

Canistrum fosterianum
☀ ❄ ↔20cm ↕60cm
筒形のロゼットは先端がややフレアになり、緑色の葉は外側に多様な黒い印がある。広がった赤い萼を持つ花序は、直径約10cmで、葉筒の真上につく。花弁は白。
ゾーン：9～10

CANNA
(カンナ属)

英 名：CANNA LILY、INDIAN SHOT
アメリカ大陸の熱帯、亜熱帯の全域に生息し、また、他の場所にも広く帰化している、わずか9種からなるカンナ科のタイプ属。強健な植物で、根茎から生じる、丈夫で直立した、アシに似た茎に、披針形の長い葉をつける。ユリに似た花序は通常、黄、タンジェリン、赤の色調で、淡色または模様がある。成長期を通じて花をつける。Indian shot（インディアンの弾丸）という英名は、堅くて黒い種子が時に鹿弾の代用品とされたことに由来する。確かに種子堅いが、非常に軽いため、射程距離は極めて限られていたと思われる。

〈栽培〉
多くはもともと熱帯原産であるが、マルチできちんと覆われていれば、休眠中の根は軽い霜に耐えられる。日なたの、湿った腐植豊かな、水はけのよい土壌で栽培し、肥料をたっぷり与える。選抜された品種は早春に株分けによって繁殖。しばしば自家播種するが、優れた苗に育つことは稀である。

Canna glauca
☀ ❄ ↔30～90cm ↕1.2～1.8m
熱帯アメリカ産。赤みがかった緑色の先端の尖った葉は長さ約50cm。大きな薄黄色の花が夏に咲く。
ゾーン：9～11

Canna indica
異 名：*Canna edulis*
一般名：タンドク
英 名：INDIAN SHOT、QUEENSLAND ARROWROOT
☀/◐ ❄ ↔50～80cm ↕1.2～2m
熱帯に広く分布。葉は長さ約50cmで、しばしば紫色がかっている。花序は直立性で、普通は分枝しないが、することもある。幅5cm強の、赤からオレンジ色、稀にピンク色の花には、対照的な色の斑点がある。
ゾーン：8～12

Canna iridiflora
☀/◐ ❄ ↔50～80cm ↕3m
コスタリカからペルーで見られる。バナナに似た、長さ約1.2mの青緑色の葉を持つ。色は濃いピンクからオレンジ色の、やや下垂した長い筒形の花が、単独または分枝した花序をなす。この名前で栽培されていた植物の多くは、現在、*Canna iridiflora*を親とする交雑種、*C.×ehemanii*と考えられている。
ゾーン：9～12

Canna Hybrid Cultivars
一般名：カンナ交雑品種
☀/◐ ❄ ↔0.9m ↕0.9～2m
さまざまな園芸交雑種があり、複雑に交配され、親のはっきりしないものも多い。かつては、*C.×generalis*と*C.×orchioides*がこれらの植物の名前に当てられてきた。高さ50cmの矮小型から、2mを超える品種まである。花色と花型も多様。'ダーバン'は、高さ1.2m。黄縞の入った赤紫色の葉と鮮やかな赤色の花を持つ。'エレボス'は、高さ1.8m。銀色がかった青緑色の葉と、サーモンピンクの花。'ルシファー'★は、高さ75cm。黒い葉と、黄色の縁取りの赤い花。'ミネルバ'は、高さ1.5m。白と緑の縞の葉。赤い蕾から開花した黄色い花が長期間咲き続ける。'ピンク サンバースト'は、高さ0.9m。ピンクがかった黄色と緑の縞模様の葉。サーモンピンクの花。'レッド キング ハンバード'は、高さ2m。ブロンズ色の葉と暗赤色の花。'ロイ ハンバード'は、高さ2～2.4m。濃いブロンズ色の葉。オレンジレッドの花は時に黄色の印が入る。'トロピカンナ'（syn.'フェイジョン'）は、高さ2m。鮮やかな紫赤色とイエローオレンジの縞の葉。鮮やかなオレンジ色の花。'ワイオミング'は、高さ1.8m。ブロンズ色の葉に、鮮やかなオレンジ色の花。
ゾーン：8～12

Canna, Hybrid Cultivar, 'Erebus'

CANTHIUM
(カンティウム属)

アフリカ、アジア、オーストラリア、太平洋沿岸地方の熱帯地帯で見られる、少なくとも50種の常緑の低木、高木、つる植物からなるアカネ科の属。通常、葉は単葉で、披針形から楕円形、しばしば革質で、はっきりと脈がある。茎には時おり短い刺が見られる。密な房をなす、4～5枚花弁の、外に大きく広がった花が、この属の装飾的な魅力になっている。

〈栽培〉
暖かく霜のない気候と湿性の土壌を必要とする以外、栽培は容易。大半の種は剪定によって、低木性を維持したり、高木のような単幹に仕立てたりすることができる。日なたか部分日陰を好み、適度に肥沃で水はけのよい土壌が必要。種子、または半熟枝挿しで繁殖。

Canthium coprosmoides
英　名：COAST CANTHIUM
☼　⇄3.5m ↕6m
オーストラリア産の大低木で、小高木にもなりうる。房をなす芳香性の白い花が、夏に咲き、やがて食用の赤い果実がつく。
ゾーン：10～12

CANTUA
(カンツア属)

南アメリカ、主にペルー原産のハナシノブ科の属。約6種の色彩に富んだ常緑、あるいは半落葉性の低木が含まれる。全種とも、かつて庭園植物として使われたことがある。広く広がった花喉を持つ長い筒形の花は、下垂する房となり、普通枝の先端につく。

〈栽培〉
湿った、腐植豊かな、水はけのよい土壌で最もよく成長する。花は日なたのほうが美しいが、必要とあらば明るい日陰にも耐えてじゅうぶんに花をつける。定期的な剪定でよりコンパクトな株となる。また、主枝や、伸びすぎたシュートを短く刈り込むと、花を咲かせる新梢の発達を促進し、次の季節には花つきよく、葉の茂りもよくなる。先端の枝を挿して繁殖。新鮮な種子は、約18℃前後でよく発芽する。

カンナ、HC、
アイランド シリーズ、'グラン カナリア'

Cantua bicolor
☼　⇄1.5m ↕1.5～2.4m
ボリビア原産。葉は小さく、暗緑色、有毛で、若い茎も同様。花は個々の柄につき、枝の先端に群生する。花は長さ約5cmの黄色い筒形の花で、花首が赤く、クリーム色の裂片を広げる。
ゾーン：9～10

Cantua buxifolia ★
一般名：マジックフラワー
英　名：MAGIC FLOWER,
SACRED FLOWER OF THE INCAS
☼　⇄2.4m ↕3.5m
ペルー、ボリビア、それにチリ北部の山間部原産。濃いピンクから紫の、長さ約8cmの花が、早春または暖かい地方なら年中咲く。英名のSacred（聖）という形容詞は、この花がインカ族の僧に使われたことに由来する。'ホット パンツ'は、北アメリカで人気のある栽培品種。
ゾーン：9～11

Cantua bicolor

Cantua buxifolia

カンナ、HC、'オレンジ パンチ'

カンナ、HC、'ローゼバー'

カンナ、HC、'ストロベリー'

Canna, Hybrid Cultivar, 'Striata'

Canna, HC, Tropicanna/'Phasion'

CAPPARIS
(カッパリス属)

約250種におよぶ、低木、よじ登り植物、そして小高木からなるフウチョウソウ科の属。常緑と落葉性の両方を含み、世界中の温暖地域で生息する。*C. spinosa*は、薬味として利用されるケーパーの原料であり、ヨーロッパに自生する唯一の種。単葉の基部に、しばしばかぎ状となる2本の刺がある。花は花弁が早期に落ちてしい、長い雄ずいが目立つ。果実は液果状。この属種は、乾燥した開けた高木林地から、つたの藪、多雨林、岩だらけの不毛の海岸まで、広範囲の生息地で育つ。ある地域では、ケーパーホワイトバタフライの幼虫に葉が食い尽くされてしまった。

〈栽培〉
条件は多様だが、大半の種は日光と適度に肥沃な土壌を好み、非常に軽度の霜にしか耐えられない。*C. spinosa*は、暑い乾燥した夏と、水はけのよい開けた土壌を必要とする。岩場が最適。新しく取り出した種子か、夏に半熟枝の挿し木で繁殖。

マライケーパー、野生、サウスオーストラリア州、マウントペインター自然保護区

Capparis arborea

Capparis arborea

英　名：BUSH CAPER BERRY

☀ ❄ ↔3.5m ↑8m

オーストラリア東部の多雨林原産。成熟すると葉は濃緑色になる。新葉には刺がある。純白の花が夏に咲く。秋、直径約25mmの緑色の食用果実がつく。

ゾーン：9～12

Capparis mitchellii

一般名：マライケーパー

英　名：BUMBIL, NATIVE ORANGE, WILD ORANGE

☀ ❄ ↔3m ↑6m

オーストラリア大陸内部の半乾燥地帯原産。形の整った常緑高木で、密な葉群が幅広の樹冠を形成する。春から夏、芳香性のクリーム色の花がつく。直径約5cmの球形の果実。

ゾーン：9～12

Capparis spinosa

一般名：ケーパー、セイヨウフウチョウボク

英　名：CAPER BUSH

☀ ❄ ↔3m ↑0.9m

ばらばらに伸びる低木で、枝は半平伏性。葉は非常に幅広の円形で、2列に並ぶ。夏から秋、細い花柄に、薄紫色の雄ずいを持つ白い花がつく。未開花の蕾を塩水につけたものが、ケーパーとして知られている。果実は細長く、深い溝がある。

ゾーン：9～12

Capparis spinosa

CAPSICUM

(トウガラシ属)

英　名：PEPPER

ナス科の属で、10種のうちの5種、中でも *C. annuum* が、人々に活用されてきた。もともとはメキシコと南アメリカ中央部原産。大半は多年生植物だが、一年生として扱われ、果実を目的に栽培されている。トウガラシ属種は大きく2つのタイプに分けられる。味の辛いホットペッパーとチリペッパー、そして味がそれほど辛くないスイートペッパーとベルペッパーである。一部の種は装飾的目的のために栽培される。通常、白か黄色の小さな花がつき、やがて、種子の詰まった、中空の果実になる。よい果実をつけるには、長く暑い夏が必要。生、漬物、燻製、乾燥、缶詰、または焼いて食用される。

〈栽培〉

日なたで、水はけのよい湿った土壌で育てるのが最適である。成長期の早期に施肥すると大株になる。果実をつけはじめたら施肥は控えること。種子で繁殖。

Capsicum annuum

異　名：*Capsicum annuum* var. *acuminatum*

一般名：トウガラシ

英　名：BELL PEPPER, CHILLI PEPPER, PAPRIKA

☀ ❄ ↔20～50cm ↑20cm～1.5m

一年生または短命の多年生植物。披針形から卵形の葉は長さ約12cm。果実はの形状は多様。色は普通、緑色が熟して赤色になり、その他の色の場合も同様に赤色になる。広域で栽培されている。栽培品種グループは、果実の大きさと形状に基づいて分類される。

Cerasiforme Group（ケラシフォルメ　グループ）は、芳香性の小さな球状の果実。'**チェリー　ボム**'は、小型で球状の、鮮やかな赤色の、辛い果実。ピクルスや加工食品用に人気。'**グアンタナモ**'は、ライムグリーン色の滑らかな果皮で、壁は中程度の厚さ。

Conioides Group（コニオイデス　グループ）は、小さくて辛いトウガラシで、果実はやや円錐形の直立性。'**アパッチ**'★は、草丈約45cm、果実は小さな赤い円錐形で、辛い。'**ハラペニョ**'★は、メキシコ産の変種で、濃い緑色の果実は熟すと赤色になり、非常に辛い。'**ミトラ**'は、初期の'ハラペニョ'型で、実りがよい。'**獅子唐**'は、辛いトウガラシで、熟すと鮮やかな赤色になる。'**タム　ヴェラクルス**'は、テキサス農業工業大学で開発された品種で、高さ約0.9mになり、多数の果実をつける。'**タイ　ミニチュア**'（syn.'タイ　ホット　スモール'）は、長さ約25mmの華やかな果実が小山をなす。

Grossum Group（グロッサム　グループ）は、甘みのあるピーマンで、長さ約10～12cmの鐘形か角形の果実は、初め緑色で、熟すにつれて黄色、オレンジ、赤、茶、あるいは紫黒色へと変化する。'**ブルー　ジェイ**'は、緑色の果皮がラベンダーパープルと赤に変化する。'**ブラッシング　ビューティー**'は、ぱりっとした甘い果実で、熟すとアプリコット色がかった黄色になる。'**ジャイアント　マルコーニ**'は非常に甘く、フライやローストすると美味しい。'**ジャンボ　スタッフ**'は、レモンイエローで肉厚の壁。'**マーリン**'は、早熟。'**モホーク**'は、中型で非常に甘く、熟すとオレンジ色になる。'**ミニベル　イエロー**'は、極めて小さな、黄色からオレンジ色のピーマン。'**スーパー　シェパード**'は、長く先細る甘トウガラシで、熟すと暗赤色になる。

Longum Group（ロンガム　グループ）は、かなり辛い果実。'**カイエンヌ**'は、長くて薄い、やや曲がった果実。古くからの栽培品種で、乾燥させて粉末唐辛子を作る。'**スイート　バナナ**'は、高さ約50cmに成長する。薄黄色の果実は熟すと赤くなる。果肉はぱりっとして甘い。

C. a., Cerasiforme Group, 'Guantanamo'

C. annuum, Grossum Group, 'Merlin'

Capsicum annuum, Conoides Group, 'Mitla'

Capsicum annuum, Conoides Group, 'Shishito'

Capsicum annuum, Grossum Group, 'Super Shepherd'

Capsicum annuum, Longum Group, 'Sweet Banana'

Capsicum annuum, Ornamental Group, 'Nosegay Pepper'

Capsicum annuum, Grossum Group, 'Blue Jay'

Capsicum annuum, Grossum Group, 'Blushing Beauty'

Capsicum annuum, Grossum Group, 'Jumbo Stuff'

Capsicum annuum, Grossum Group, 'Minibell Yellow'

Capsicum annuum, Longum Group, 'Cayenne'

C. a., Conoides Group, 'Thai Miniature'

Ornamental Forms（オーナメンタルフォームズ）は、装飾目的で栽培される。果実はしばしば直立性で、色は多様。短期間の室内植物や温室に向く。通常、食用可能。'**ノーズガイ ペッパー**'は、高さ約15〜20cmの装飾用トウガラシで、赤、オレンジ、緑の小さな果実が混合したカラフルな品種。
ゾーン：6〜12

Capsicum chinense
カプシクム・キネンセ

☼ ❄ ↔20〜50cm ↕20cm〜1.5m
西アマゾン盆地原産。特別に辛い種で、色は金黄色。栽培品種には、'**ユヴィラ グランデ**'や'**ロコティロ**'がある。最もよく知られている'**アバネロ**'は、'**ハラペニョ**'の千倍辛いといわれている。
ゾーン：10〜12

Capsicum frutescens
カプシクム・フルテスケンス

英　名：CHILL, GOAT OR SPUR PEPPER
☼ ❄ ↔20〜50cm ↕20cm〜1.5m
もともとは南アメリカの熱帯地方原産だが、今ではインド、アジアで広く栽培されている。最もよく知られている栽培品種は、タバスコソースの原料、'**タバスコ**'で、低い藪状の低木に、上向きの尖った果実がなる。
ゾーン：10〜12

Capsicum annuum, Grossum Group, 'Mohawk'

Capsicum pubescens
英　名：ROCOTO
☼ ❄ ↔20〜50cm ↕20cm〜1.5m
ほかの原種や栽培品種にくらべ、冷涼で湿潤な気候にも耐える。花は紫色で、種子は茶色。果実は普通、ゴルフボール大の円形で、たいてい黄色かオレンジ色だが、赤色の場合もある。非常に辛い。
ゾーン：10〜12

CARAGANA
（ムレスズメ属）

英　名：PEA SHRUB, PEA TREE
約80種の、極めて丈夫な落葉性の高木または低木からなる、マメ科ソラマメ亜科の属。針金状の枝は、時おり刺が見られる。たくさんの小葉からなる羽状複葉がしばしば枝先に群生する。春と夏、ほぼ常に黄色の小さな蝶形花が、単生または小さな房をなす。その後、茶色味を帯びた小型の豆果がつく。

〈栽培〉
冷涼〜寒冷な冬と、暑い夏のある、大陸の温帯気候に自然に適応した、丈夫で育てやすい植物で、四季のある温帯地域のほとんどに順応する。どの種も土壌

Capsicum annuum, Pimento Group cv.

C. a., Grossum Group, 'Giant Marconi'

にうるさくはないが、一般的に、中性からややアルカリ性の土壌が最適。古い木は新梢を出すのが遅いので、剪定は刈り込みすぎないようにする。普通、種子で繁殖。栽培品種は、型によって、挿し木か接ぎ木する。

Caragana arnorescens
一般名：オオムレスズメ
英　名：SIBERIAN PEA SHRUB、SIBERIAN PEA TREE
☼ ❄ ↔1.2m ↑3m

シベリアと中国北東部原産で、広く栽培されている属種。葉は、先端が剛毛になった小葉からなり、若い茎は非常に細かい毛で覆われる。明るい黄色の花が春に群生する。'**ナナ**'は、矮小型で、短いねじれた枝。'**ペンドゥラ**'★は、枝垂れ型。'**セリケア**'は、細かい絹毛で覆われる。
ゾーン：2〜9

Caragana frutex
カラガナ・フルテクス
英　名：RUSSIAN PEA SHRUB
☼ ❄ ↔2.4m ↑3m

ロシア南部からシベリア原産の、吸枝を出す低木で、樹齢と共に藪を形成する。葉は、刺だらけの軸に、濃緑色の小葉が4枚つく。黄色い花が1〜3個ずつ群生する。'**グロボサ**'は、端正でコンパクトな栽培品種で、丸い型。'**マクランタ**'は、大きな花。
ゾーン：2〜9

Caragana sinica
☼ ❄ ↔1m ↑1m

中国北部原産。角ばった枝とまばらな葉。葉には、約30mmの、つやのある濃緑色の小葉が、2枚ずつ4枚つく。春から初夏、クリーム色から薄黄色の、赤味を帯びた花が単生する。
ゾーン：6〜9

CARALLUM
（カラルマ属）

アジア、アフリカ北東部、ミクロネシア、それに地中海沿岸原産の、約56種の、藪を形成する、高さ約100cmの多肉植物からなるキョウチクトウ科の属。茎は通常4角で、鋭形か円形の歯状突起が並ぶ。葉には脱落性の鱗片がある。花は、葉腋から散形花序をなすか、単生するが、時には茎の先端近くから生じる。花は直径約12cmで、匂いが強く、主にハエを媒介に受粉する。花冠は5裂片で椀形〜鐘形をなす。副花冠は2重構造で、外側の杯形は5枚の繋がっていない裂片で、内側の5裂片は外側と癒合している。果実は細長い袋果。

〈栽培〉
乾燥した温暖地域では屋外で、温帯地方では、無暖房の温室で栽培する。乾燥地方原産の種は、より温暖な条件と慎重な水遣りが必要。どの種も砂質の土壌が必要で、根腐れを防ぐために鉢に詰めこみすぎないようにする。コナカイガラムシに弱い種は、スタペリア属の茎か、*Ceropegia linearis*の塊茎に接ぎ木してもよい。挿し木か種子で繁殖。

Caralluma burchardii
☼ ❄ ↔30〜60cm ↑45cm

カナリア諸島とモロッコ原産。茎は4角で、下向きの歯状突起がある。外側の副花冠が黄色い、オリーブグリーン色の花が群生する。
ゾーン：9〜11

Caralluma europaea
☼ ❄ ↔20〜30cm ↑15cm

スペイン南部、イタリア、北アメリカ西部原産。小さく叢生する種で、4角の灰緑色の茎には茶色の斑点がある。花序には、有毛の黄色で茶色の帯がある花が10個までつく。
ゾーン：9〜11

CARDAMINE
（タネツケバナ属）
英　名：BITTER CRESS、CUCKOO FLOWER、LADIES SMOCK、MEADOW CRESS

約150種の、一年草、および、塊茎または多肉茎を持つ多年草からなるアブラナ科の属。全世界に分布し、主に北半球で見られる。厄介な雑草の種もあるが、高木林地やじめじめした草地で、魅力的な葉や花をつける優雅な種もある。

〈栽培〉
装飾的な種の多くは、腐植豊かな土壌で、落葉性植物によって陰になる場所を好む。種子、または休眠中に根茎の株分けによって繁殖。

Cardamine laciniata
異　名：*Dentaria laciniata*
英　名：CUT-LEAFED TOOTHWORT、PEPPER ROOT
☼/☼ ❄ ↔30cm ↑20〜30cm

北アメリカ原産の短命の多年生植物で、ケベック州から南はフロリダ州にかけて見られる。真緑色の深く切れこんだ葉。早春、白、ラベンダー、ピンクの色調の花が見られる。
ゾーン：3〜8

Cardamine pratensis
カルダミネ・プラテンシス
英　名：CUCKOO FLOWER、LADIES SMOCK、MEADOW CRESS
☼ ❄ ↔40〜60cm ↑40〜60cm

ヨーロッパ各地の牧草地に生息し、広く知られ愛されている種。複葉からなるロゼットの上に、春、純白の花が幅約18mmの穂状花序をなす。'**フロレ プレノ**'は、ライラック色の、八重咲き品種。
ゾーン：4〜9

CARDIOCRINUM
（ウバユリ属）
英　名：GIANT LILY

ヒマラヤ山脈〜日本原産の、わずか3種からなるユリ科の属。冬の休眠後、迅速に発達する鱗茎が、大きな多肉質の心臓形の葉の藪を形成して、そこから高い花茎を出し、夏至の前に開花する。じょうご形の花は、一部芳香性で、普通、茎の先端近くに群生する。その後、大きな果実が生じる。ウバユリは花だけでなく、葉も美しい。

〈栽培〉
冬が厳しくない、温帯の森林の環境が最適。肥沃な、湿った、腐植豊かな、水はけのよい土壌で、明るい日陰か木漏れ日のもとに植える。鱗茎は花時が終われば枯れるが、数本のオフセットを出す。これらは3〜4年花を咲かせる。実生苗を育てると花を咲かせるまでに5〜7年かかるため、オフセットを利用するとよい。

Caragana frutex

Caragana sinica

Caragana arborescens

Cardiocrinum giganteum ★
一般名：ヒマラヤウバユリ
英　名：HIMALAYAN GIANT LILY
☼/☼ ❄ ↔0.9〜1.5m ↑2〜4.5m

ヒマラヤ地方〜ミャンマー、中国の原産。葉は長さ約45cmで、幅もほぼ同寸。花茎は葉が多く、基部は非常に頑丈。パープルレッドの縞または斑点のあるクリーム色の花は、芳香性で、長さ約20cm。中国西部と中央部原産の *C. g. var. yunnanense*は、緑色がかった花。
ゾーン：7〜9

CARDIOSPERMUM
（フウセンカズラ属）
英　名：BALOON VINES

14種の巻きひげでよじ登る常緑多年生植物からなるムクロジ科の属。熱帯アメリカ、アジア、アフリカ原産。特に多雨林のはずれの川岸に生息し、果実から放出された種子は流される。多くの地に帰化し、有害な雑草とみなされている。長さ約10cmの葉は、二重に分裂して数枚の小葉を持つ複葉。葉腋から生じる花序は、巻きひげがある。小さな5花弁の花は、クリーム色〜薄黄色。フウセンカズラの名の通り、果実は膨れた直径5〜8cmのさく果で、中には有翼の大きな黒い種が入っている。種はビーズとして装飾用に利用されるが、一部の地域では医療目的で身につけられる。

〈栽培〉
これらのつる植物は、日なたの、肥沃で水はけのよい土壌で最もよく育つ。霜、

Cardiospermum grandiflorum

それに、風による乾燥からの保護が必須。種子または茎挿しで繁殖。

Cardiospermum grandiflorum
英名：BALOON VINE、HEART SEED、LOVE-IN-A-PUFF

☼ ❄ ↔6m ↕5〜6m

おそらく熱帯アメリカ産で、多くの熱帯地方で雑草となった。茎は有毛で角張り、荒く欠刻した明緑色の小葉は、卵形で鋸歯縁。春から夏、直径約12mmの、クリーム色〜薄黄色の、芳香性の花がつく。黄色っぽい果実は直径約5cm。
ゾーン：9〜12

CARDUNCELLUS
（カルダンケルス属）

地中海地方原産の29種の多年生植物からなる、キク科アザミ族の属。通常は刺で覆われている。ロゼットを形成するか、長さ約60cmの茎を持つ。基部の葉は単葉〜羽状に欠刻し、縁の先端はしばしば刺状。刺状の萼が幾重にも輪をなし、円盤状の花序を形成する。外側の萼は葉状。小花は青または紫で、すべてのアザミ同様、舌状花と筒形の花の区別がない。

〈栽培〉
ロックガーデンやレイズドベッドに向く。日なたの、水はけのよい砂質土壌でよく育つ。多くは-15℃以下の温度にも耐える。種子または株分けで繁殖。

Carduncellus pinnatus
☼ ❄ ↔20〜30cm ↕5〜10cm

北アフリカ、シチリア、スペイン中央部原産。通常ロゼットを形成する、青緑色の羽状複葉は、先端に刺がある。夏、単生する花序は花柄がなく、外側の萼は先端に刺がある。小花は青からモーブ。
ゾーン：7〜9

CAREX
（スゲ属）
英名：SEDGE

約1,000種の、落葉性または常緑の、草状の多年生植物からなる、カヤツリグサ科の属。湿った沼地に生息し、在来種と帰化種を含め、世界中で見られる。多くは温帯北部産。多様な植物で、低く群生するものから、高い藪を形成するものまである。草状の葉は、平坦か、折り目があるか、丸まっており、色も緑、赤、茶

Carduncellus pinnatus

Carex buchananii

Carex comans 'Frosted Curls'

の色調がある。葉縁はたいてい鋭利で、先端が巻いているものもある。大半の種は、目立たない小型の花が穂状花序をなす。雄性花と雌性花は同じ株の別の位置につく。

〈栽培〉
世話の簡単な植物で、問題のある湿地、池の側、その他の湿度を保つ土壌での栽培に適する。侵略性の種もある。鉢植えに向く種も多い。日なたか半日陰で栽培する。株分けまたは種子で繁殖。

Carex buchananii
一般名：レザーリーフセッジ

☼ ❄ ↔45〜60cm ↕60〜75cm

ニュージーランド産。直立性の、やや硬い植物で、幅狭の、丸まった赤茶色の葉が群生する。葉の先端はブロンズ色でカールする。
ゾーン：7〜10

Carex comans
カレクス・コマンス

☼ ❄ ↔60〜75cm ↕30〜40cm

ニュージーランド産。下垂して、不規則に広がる植物で、細かい幅狭の葉は先端がカールしている。葉色は赤茶〜灰色と緑の色調。先端はブロンズ色であることが多い。'**フロステッド　カールズ**'★は、極めて薄い緑色か、わら色の葉が、渦をまいた小山を形成する。葉の先端はブロンズ色でカールする。
ゾーン：7〜10

Carex conica
カレクス・コニカ

☼ ❄ ↔30〜55cm ↕25〜50cm

日本と朝鮮半島原産。平たい暗緑色の葉が叢生し、葉は外側に広がる。剣形の葉鞘は茶色がかった紫色。'**スノーライン**'（syn.'ヒメカンスゲ'、'ワリエガタ'）は、暗緑色の葉に白い縁取り。
ゾーン：7〜10

Carex elata
カレクス・エラタ

英名：TUFTED SEDGE

☼ ❄ ↔0.9m ↕0.9m

東はコーカサス地方までのヨーロッパとアフリカ北部産。密に叢生する植物で、湿潤な場所で急速に広がる。葉は折りたたまれ、先端は扁平。葉色は青味を帯びた緑色で、葉鞘は茶色がかった黄色。'**アウレア**'（syn.'ボウルズ　ゴールデン　セッジ'）は、金色の葉で緑色の縁取り。
ゾーン：7〜10

スゲ属種、自生、アメリカ合衆国、ネヴァダ州、フンボルト国有林、ルビー山脈

Carex elata 'Aurea'

Carex flagellifera
☼ ❄ ↔50cm ↕50cm

ニュージーランド原産。密に群生する葉はアーチを描く。鋭利な縁の幅狭の葉は、光沢のある緑色からブロンズ色、茶色と多様な色を持つ。花茎は成熟すると地面に伸びる。
ゾーン：7〜10

Carica quercifolia

Carica × heilbornii

Carica papaya

Carex grayi
一般名：メースセッジ
英　名：MACE SEDGE、MORNING STAR SEDGE
☼ ❄ ↔75cm ↕75cm
北アメリカ東部原産。直立性の叢を形成する植物で、薄緑色の葉は幅広く扁平。先端の尖った果序は、mace（棍棒）に似ており、装飾用花として人気がある。
ゾーン：7～10

Carez morrowii
一般名：カンスゲ
☼ ❄ ↔75cm ↕75cm
日本原産。房をなし、やや雑然とした直立の叢を形成する。分厚い、幅広の濃い緑色の葉は光沢があり、縁はざらざらしている。白い縞のある葉を持つ'**エクスパリダ**'（syn. 'ワリエガタ'）などの栽培品種で見ることが多い。
ゾーン：8～10

Carex muskingumensis
英　名：PALM SEDGE
☼ ❄ ↔60～90cm ↕60～90cm
北アメリカ原産。密に叢生する植物で、多肉質の茎で広がる。尖った幅狭の、明緑色の葉。ややアーチ状の葉や、ばらばらに広がる葉が、茎に沿って持ち上がり、ヤシに似た印象を与える。
ゾーン：7～10

Carex nigra
☼ ❄ ↔30～60cm ↕20～60cm
ヨーロッパ全域で見られる。叢生する植物で、青味を帯びた緑色の葉には鋭利な縁がある。暗紫色の穂状花序はしば乾燥させてアレンジメントに利用される。
ゾーン：5～10

Carex oshimensis
カレクス・オシヒメンシス
☼/☼ ❄ ↔45cm ↕30cm
暗緑色の葉を持つ、常緑の叢生植物。'**エヴァーゴールド**'（syn. *C. sideosticha* 'Variegata'（カレクス・シデオスティカ 'ワリエガタ'））は、葉に金色と白色の縞がある。
ゾーン：5～10

Carex pendula
一般名：ペンジュラスセッジ
☼ ❄ ↔0.9m ↕0.9～1.8m
ヨーロッパ原産。幅広の明緑色の葉が、大きな叢を形成する、印象的な植物。よく目立つ、アーチを描く茎は、長さ約15cmの尾状の花穂がつく。
ゾーン：8～10

Carex spissa
☼ ❄ ↔0.6～1.2m ↕0.9～1.2m
カリフォルニア南部原産。青味を帯びた灰色の、幅広の葉が、直立性の叢を形成する。夏期の葉色が強烈。穂状花序は金色から黄褐色へと移り変わり、葉色と対照をなす。
ゾーン：6～10

Carex testacea
☼ ❄ ↔60cm ↕60cm
ニュージーランド原産。密に叢生する植物で、アーチを描く細い葉は、緑色から金茶色と多様で、先端はしばしばオレンジがかった緑色。花をつける茎は、成熟するにつれ地面に伸びる。
ゾーン：7～10

CARICA
（パパイヤ属）
南アメリカと中央アメリカ南部原産の22種からなる属。太い茎の低木または高木で、深く欠刻した大きな葉と、柔らかい多肉質の、長い果実をつける。果実は普通食用され、最も有名なのはパパイヤである。葉は雪片形で、長い葉柄があり、落葉の際、幹にはっきりと葉痕を残す。雌雄異花の花は白色またはクリーム色～緑色。より大きな雌花は受粉後すぐに果実になる。

〈栽培〉
果実がよく熟すには、安定した温暖な気温が必要だが、熱帯である必要はない。標高の高い地方原産の種は軽い霜にさえ耐える。肥沃で、湿った、水はけのよい腐植豊かな土壌で、少なくとも半日の日照を得られる場所が最適。幼時から豊富に果実をつけるが、同時に、急速に活力を失うことが多いので、強い若い植物を台木にして、果実の安定供給を確保する。種子、挿し木、接ぎ木で繁殖。

Carica × heilbornii
異　名：*Carica pentagona*
英　名：BABACO、MOUNTAIN PAPAYA
☼ ❄ ↔3m ↕1.8～3.5m
*C. pubescens*と*C. stipulata*の自然交雑種で、自家受精性。大きな葉は幅約45cmで、果実は長さ約30cmにまで育つ。果実は不稔のため、挿し木で繁殖。
ゾーン：10～11

Carica monoica
異　名：*Carica boliviana*、*C. citriformis*、*C. erythrocarpa*、*Vasconcella monoica*
英　名：PAPAYA、PELADERA、TORONCHE
☼ ❄ ↔1.5m ↕3m
アンデス東部の亜熱帯地方原産。大きな掌状欠刻の葉をもつ木性の低木。卵形の食用果実は長さ約8cmに成長し、オレンジがかった赤色に熟す。
ゾーン：9～11

Carica papaya
一般名：パパイヤ、チチウリ
英　名：PAPAYA、PAWPAW
☼ ❄ ↔3.5m ↕9m
南アメリカの熱帯の低地原産。単幹に葉痕が輪状につく。葉は幅約60cmで、葉柄は長さ約90cm。果実は熟すとオレンジ色になり、ピンク色の果肉、黒い種子を内包する。
ゾーン：11～12

Carica parviflora
英　名：PAPAYA DE MONTE
☼ ❄ ↔1.8m ↕3m
数多くの病気に耐性があり、交配や品種改良に利用されてきた。中央アメリカの山間部原産。ほかの商業的な栽培品種よりも耐寒性があると思われる。
ゾーン：10～12

Carica quercifolia
南アメリカの高地原産。学名は「オークのような」という意味で、おそらく、幅約30cmの、3つに欠刻した、大きな鋸歯状縁の葉に由来すると思われる。果実はかなり苦く、長さ約25cmに成長する。
ゾーン：10～11

Carex oshimensis 'Evergold'

Carex grayi

Carex nigra

Carex pendula

Carmichaelia odorata

Carmichaelia stevensonii

CARISSA
(カリッサ属)

約20種の常緑低木と小高木で、キョウチクトウ科に属し、アフリカとアジアの熱帯および亜熱帯のいたるところで見られる。多くの種で枝が密生し、刺が多い。生垣に適する。光沢のある緑色の葉と、芳香性の純白の5弁で、長い筒形の花をもつ。果実は食用になる。数種は小型で、屋内や温室に向き、数年は鉢植えでも維持できる。

〈栽培〉
普通は定着すると渇水にも耐性をもつが、多くは成長期を通して湿り気を好む。暖かく、霜のない地域で、水はけのよい土壌、日なたでよく育つ。必要に応じて剪定するか、果実が必要な場合には結実の後に剪定する。繁殖は種子からか挿し木で行なう。茎を切ると樹液が出るので、挿し穂は混合用土に挿す前に乾かしておく。

Carissa bispinosa
英　名：AMATUNGULIA, HEDGE THORN, NUM-NUM

☼ ⚅ ↔2m ↑3m

アフリカ南部に原生する刺のある低木。楕円形の葉は長さ約8cm。刺は長さ約30mmで、分岐し、針のように尖る。花は長い筒形で、花弁はフレアのように広がり約12mmの幅になる。紫赤色の液果がつく。
ゾーン：10〜11

Carmichaelia williamsii

Carissa edulis
英　名：SMALL NUM-NUM

☼ ⚅ ↔1.5m ↑1.5m

アフリカと中東で見られる、刺のある広がる低木。葉は円形の濃い緑色で、赤い茎から出る。果実は丸く、紫赤色から黒色、風味がある。グランドカバーとして葉を密生させるには、定期的に切り戻す。垂れ下がり型のコンテナ植物として卓越した植物である。
ゾーン：10〜11

Carissa lanceolata
英　名：CURRANT BUSH, KUNKERBERRY

☼ ✈ ↔0.9m ↑1.2〜1.8m

オーストラリアの亜熱帯沿岸地方、半乾燥地方で多く見られる。刺のある広がる低木で、細く尖った葉をもつ。小型で、非常に芳しく、白い花が夏に咲く。黒い液果がなる。侵略性の雑草になる場合がある。
ゾーン：11〜12

Carissa macrocarpa
カリッサ・マクロカリパ
英　名：AMATUNGULA, NATAL PLUM

☼ ⚅ ↔3m ↑2〜3m

南アフリカで広く栽培される、分岐した刺をもつ。円形、濃い緑色で光沢のある革質の葉は、明るい光のもとでは赤くなる。花は白で、幅約5cm。赤から紫赤色の果実。'ボックスウッド　ビューティー'★は小さく盛り上がる習性で、クリーム色の縁の葉がつく栽培品種。
ゾーン：10〜12

CARMICHAELIA
(カルミカエリア属)
異　名：*Chordospertium*, *Notospartium*
マメ科ソラマメ亜科。23種あり、ほとんど葉のない、小高木および低木。ニュージーランド原産種と、オーストラリアのロードハウ島原産種がある。生育地は日陰になる谷間から、沿岸、高山地域まで、また形態も丈の高いものから匍匐性のものまでと多様である。幼形には非常に小さな葉があるが、成形には一般的に葉がない。葉のない枝は扁平または非常に細く、アシに似る。多数の小さな蝶形花は、芳香性のことが多く、ピンクがかったモーブから紫、または白色で、春か夏に、短い総状花序につく。

〈栽培〉
大多数は半耐寒性で、寒冷地方では温室で育てる。日なたの水はけのよい条件を好むが、非常にやせた土壌や乾燥には耐える。条件がよいと、花つきが非常によくなる。繁殖は種子からが最適だが、半熟枝挿しも夏になら可能である。

Carmichaelia australis
異　名：*Carmichaelia aligera*

☼ ⚅ ↔1.2m ↑3m

かつては特定の習性のものを指したが、カルミカエリア属の再分類によって、今ではより広範囲の植物を含む。以前 *C. aligera*として知られていた種は、自生種ではより大型になる。葉のない、細かな溝が入った小枝に、白からモーブ色の小さな花が夏咲く。
ゾーン：9〜11

Carmichaelia enysii

☼ ❄ ↔75cm ↑30cm

ニュージーランド南島東部原産の矮性の低木。開けた、乾燥した川の土手で見られる。大枝は密生し、小枝には細かな溝が入る。紫の花が夏咲く。
ゾーン：8〜10

Carmichaelia odorata ★
英　名：NEW ZEALAND SCENTED BROOM, SCENTED BROOM

☼ ❄ ↔1.8m ↑1.8m

ニュージーランド北島の川岸や森林のはずれで見られる。株立ちの低木で、やや枝垂れた小枝をもつ。白とモーブ色の花には、かすかに芳香があり、春から夏に咲く。
ゾーン：8〜10

Carmichaelia stevensonii
異　名：*Chordospartium stevensonii*

☼ ❄ ↔3m ↑3.5m

ニュージーランド南島に原生する。幼形の数年間は、枝が優美に枝垂れる。麦わらのようで、枯れているように見えるが、幼葉を持たないためである。夏に開花する。
ゾーン：8〜10

Carmichaelia williamsii

☼ ⚅ ↔3m ↑3.5m

ニュージーランド北島北部の沖合の島と海岸地域に見られる。平らで刻み目の入った小枝が特徴的で、春から初夏に茶色の脈の入ったレモンイエローの花が咲く。
ゾーン：9〜11

Carissa edulis

Carissa macrocarpa

Carissa bispinosa

CARNEGIEA
(カルネギエア属)

本属は1種のみで、サボテン科に属する。メキシコ北部とアメリカ合衆国南西部に原生する。成長は遅く、自生地で高さが15mまで育つのは珍しく、100年以上かかる。高さが3.5mまで達したときにはじめて花を咲かせる。栽培は難しい。自生種を「砂漠庭園」のために持ち帰ることは厳しく取り締まられており、重い罰金が科される。ネイティブアメリカンによって儀式のために使われる。

〈栽培〉
耐寒性がないので、降霜地帯では加温温室に入れる。日なたで育てるが、高日照からは保護する。冬の休眠中は灌水をしてはならない。休眠後は数回霧を吹き、その後適度な灌水を開始する。成長期にはじゅうぶんに灌水をする。低窒素の肥料を月1回与え、秋の初めには灌水をやめ、肥料を控える。霜のない屋外では腐植質に富む、アルカリ性の、水はけのよい土壌で栽培する。

Carnegiea gigantea
一般名：弁慶柱
英 名：SAGUARO CACTUS
☀ ♦ ↔3m ↕15m

12～24個、ときにはそれ以上の稜を生じる。刺座は稜の先端から育つ。刺座は花をつけず、長さ約8cm、灰色か茶色の30個ほどの刺がある。白いじょうご形の花に続き、卵形の果実が秋になる。
ゾーン：9～11

CARPENTARIA
(カルペンタリア属)

本属は1種のみでヤシ科に属する。羽状複葉をもつ高木で、オーストラリア北部の熱帯に原生する。クリームホワイトの円錐花序が春から夏に咲く。

〈栽培〉
水はけのよい土壌で、幼形はとくに乾燥期に豊富な水を必要とする。収穫された新鮮な種子からは容易に殖え、1～3カ月で発芽する。苗木は移植が難しいが、成熟すると栽培は簡単になる。

Carpentaria acuminata ★
英 名：CARPENTARIA PALM, THORA, YIRRGI YIRRGI
☀ ✈ ↔6～8m ↕8～15m

単生の成長の早いヤシ。背が高く、直立、平滑で白灰色の細い幹は、直径約12～15cmで、葉状痕があり、基部でやや大きくなる。樹冠部は長さ約3.5mの羽状複葉からなり、先が下垂する。白い花に続いて、卵形の鮮やかな紅色の果実が夏に熟する。果肉は皮膚に炎症を起こさせる。オーストラリアのアボリジニたちはこの植物のやわらかい葉芽、いわゆる「キャベツ」を食用にしている。
ゾーン：11～12

Carpenteria californica

Carphalea kirondron

CARPENTERIA
(カルペンテリア属)

アジサイ科の常緑低木の1種からなる属で、カリフォルニア中央部の岩の多い山の斜面という、ごく限られた範囲で自生する。光沢のある緑葉は、裏面はややフェルト状。芳香性の白い花は、近縁のバイカウツギ属に似る。

〈栽培〉
日当たりのよい場所と、保湿性のある、水はけのよい軽い土壌が必要。剪定によって、よりまとまりのある株になる。繁殖は春か秋に種子をまくか、挿し木であるが、挿し木は根付きが難しい。

Carpenteria californica
一般名：ツリーアネモネ
英 名：TREE ANEMONE
☀ ✈ ↔2.4m ↕2.4m

美しい低木。花は純白で直径約6cm、5～7枚の重なりあった花弁と、突出した黄色の雄ずいがあり、初夏に咲く。
ゾーン：11～12

CARPHALEA
(カルファレア属)

数多いアカネ科属のひとつ。常緑の低木10種からなり、そのうち6種はマダガスカル島に固有で、残りは熱帯アフリカ、1種はアフリカ、ホーン沖のソコトラ島の固有種である。全縁、革質の葉が2列対生に並び、色彩豊かな花が密集した枝先に円錐花序でつく。個々の花は大きな4枚の萼片、はるかに小さな花弁が結合して細い筒形になり、花口では4裂してフレア状に開く。萼片は果実期にも残り、翼の役目をして、乾燥した小さな果実が風に運ばれるのを助ける。

〈栽培〉
わずか1種のみが栽培され、熱帯や温帯の庭園において色彩豊かな花で人気を博しているが、まれに寒冷気候でも加温の温室で育つ。保護された場所で、高日照、肥沃で水はけのよい土壌を必要とする。繁殖は挿し木か種子から。

Carphalea kirondron
英 名：FLAMING BEAUTY
☀ ♦ ↔0.9m ↕1.8m

マダガスカル島西部に原生する。光沢のある暗緑色の葉は不規則な形。花は枝先に密生する。鮮赤色の萼片は、1枚が残りの3枚よりも長い。萼より暗い赤色の花弁は筒形で、純白の裂弁がある。萼は何カ月も残る。
ゾーン：10～12

*Carnegiea gigantea*の自生種、アメリカ合衆国、アリゾナ州、フェニックス近郊、スーパースティション山脈

CARPINUS
（クマシデ属）
英 名：HORNBEAM

カバノキ科。35種の落葉性高木と低木からなり、北半球温帯に散在する。クマシデとして知られており、一年じゅう美しい姿をみせる。葉には顕著な平行脈があり、秋に色づく。春には下垂した黄色い雄性の尾状花序と別個の雌性の尾状花序をつけるが、最初は直立している。秋には、葉に似た苞で囲まれた果実がつき、冬には美しい枝の模様が明らかになる。

〈栽培〉
湿った土壌で育ち、公園や標本植物に最適である。枝を編んだり生垣にしたりするのに、人気がある。秋に種子をまいて繁殖させるが、栽培品種は接ぎ木する。

Carpinus betulus
一般名：セイヨウシデ
英 名：COMMON HORNBEAM、EUROPEAN HORNBEAM
☼ ❄ ↔18m ↕24m

トルコおよびヨーロッパを越えて英国南東部までに見られる。幹は灰色で、縦溝がある。先鋭の卵形の葉は長さ約10cmで、鋸歯縁があり、明瞭な脈が走る。秋には黄色かオレンジ色になる。黄色い尾状花序が春につく。'ファスティギアタ'★は細い円柱形。'フィールダーズタブラー'は明緑色の葉。
ゾーン：5～9

Carpinus caroliniana
一般名：アメリカシデ
英 名：AMERICAN HORNBEAM、BLUE BEECH、IRONWOOD、MUSCLEWOOD
☼ ❄ ↔12m ↕12m

北アメリカ東部の雨の多い森林や川岸に原生する。C. betulusと似るが、より低い木になる。葉は秋に濃いオレンジ色か濃い緋色になる。ゾーン：5～9

Carpinus cordata
一般名：サワシバ
☼ ❄ ↔15m ↕15m

日本原産。鱗状で溝のある樹皮と、概して円柱形の樹姿をもつ。葉は基部がやや心臓形で、先端は細く尖り、明瞭な脈がある。黄色い尾状花序が春に咲く。
ゾーン：5～9

Carpinus japonica
一般名：クマシデ
英 名：JAPANESE HORNBEAM
☼ ❄ ↔15m ↕15m

日本の森林や茂みに原生する。灰色で亀裂のある樹皮。葉は不規則な鋸歯縁があり、目立つ葉脈が密集する。秋に紅葉する。
ゾーン：5～9

Carpinus orientalis
英 名：ORIENTAL HORNBEAM、TURKISH HORNBEAM
☼ ❄ ↔4.5～6m ↕15m

ヨーロッパ南東部とトルコに原生する。ときに丈の低い小低木、一般的には小高木か大低木になる。光沢のある暗緑色の葉には重鋸歯縁がある。
ゾーン：5～9

Carpobrotus edulis

CARPOBROTUS
（カルポブロトゥス属）

アフリカ南部とオーストラリア原産で、ハマミズナ科の約25種からなる。マツバギク属の近縁だが、本属は多肉質の果実をもつことが特徴である。黄色から赤色の茎と、明瞭な三角形の長い葉を持ち、広がってマット状になる。花は紫～白、黄色の花弁があり、側枝に単生あるいは3個ずつ群生する。果実は（南アフリカでは「ホッテントットのイチジク」として知られる）多肉質、多汁で、ときに食用になる。多肉植物のなかでも最も育てやすく、砂地の侵食防止に使われてきた。どれも生い茂る植物であるが、北アメリカやヨーロッパの海辺の生育地に帰化して、侵略性の雑草になった種もある。

〈栽培〉
非常に強健、日照りにも耐える植物で、海岸の砂丘など、肥料の少ないやせ地でも成長する。温暖な気候で最もよく育つが、中程度の霜なら耐える種もある。挿し木か種から繁殖する。適当に地下茎を引き上げ、平らにして砂を軽くかぶせると、急激に増やすことができる。

Carpobrotus chilensis
カルポブロトゥス・チレンシス
☼/◐ ❄ ↔80～150cm ↕10cm

チリ、カリフォルニア南部、メキシコのバハ・カリフォルニアと、自生地は点在する。褪せた緑色の三角形の葉には薄い竜骨弁がある。紫桃色の花。ときに侵略性がある。本種を南アフリカ原産のC. aequilaterisの異名だとする意見があるが、自生地が点在することの説明になる。'ドカ'は薄黄色の花。
ゾーン：8～10

Carpobrotus chilensis 'Doca'

Carpobrotsus edulis ★
一般名：バクヤギク
英 名：HOTTENTOT FIG
☼/◐ ❄ ↔100～150cm ↕10～15cm

南アフリカに原生し、温帯地方、とくに海岸の砂漠に広く帰化している。サーベル形をした明緑色の葉は長さ約8cmで、日に当たると赤くなる。花は黄色で、樹齢とともにピンク色になり、幅約8cm。多肉質の赤みがかった食用の果実がなる。
ゾーン：8～10

Carpinus betulus 'Fastigiata'

Carpinus cordata

Carpinus betulus 'Fielder's Tabular'

Carpinus japonica

Carpinus orientalis

Carthamus tinctorius

Carpodetus serratus

CARPODETUS
（カルポデトゥス属）

10種の常緑低木と小高木で、スグリ科に属し、このうちの9種はニューギニアで見られ、残りはニュージーランドに原生する。ニュージーランド原産の、*C. serratus*は魅力のある装飾的な高木で、最もよく栽培されている。互生の葉と、小花からなる小さな円錐花序をつける。

〈栽培〉
深くて肥えた土壌と豊富な湿り気を必要とし、部分的に日陰になる場所が最も適している。繁殖は種子によって、または秋に取られた半熟枝挿しで行なう。

Carpodetus serratus
英 名：PUTAPUTAWETA
☀ ❄ ↔3m ↕9m
ニュージーランド各地で見られる。幼形は不規則に伸び、小さな円形で鋸歯縁の葉がある。成形は、より直立し、大きな斑のある緑色の葉をもつ。夏に、小さな白い花を円錐花序につけ、黒いマメほどの大きさの小型果実をつける。
ゾーン：9～11

CARTHAMUS
（カルタムス属）

14種のアザミに似た、一年生、多年生のキク科植物。主に地中海沿岸とアジア西部で見られる。*Carthamus tinctorius*は、はるかに広い分布域をもち、黄色と赤色の染料として長く栽培されてきた。その他の種は侵略性になる傾向があるため、栽培されることはめったにない。直立性で、茎は先端近くで分岐し、葉が群生する。葉は単葉か羽状で、先端には刺がある。全草が細かい軟毛で被われる。黄色、金色、ピンクあるいは紫色の舌状花からなるアザミのような花序がつき、夏に咲く。刺で被われた苞が花序の基部を取り囲む。

〈栽培〉
軽く、砂質で、水はけのよい土壌で、日なたなら簡単に生育する。一年草や多年草の庭園の縁取りとして使われることもあるが、畑植えの商業用作物、あるいは荒地の雑草として目にすることのほうが多い。

Carthamus tinctorius
一般名：サフラワー、ベニバナ
英 名：FALSE SAFFRON, SAFFLOWER
☀ ❄ ↔40～50cm ↕60～100cm
下部の葉は単葉か羽状複葉、ときに刺がある。花茎の葉は通常、単葉で、先端に刺がある。花序は黄色、金色、あるいはオレンジ色か赤色、まれに白色。種子は料理油、マーガリン用油の材料として重用される。'**オレンジ ゴールド**'は鮮明なゴールデンイエローの花序。
ゾーン：4～10

CARUM
（カルム属）

本属には30種の二年生と多年生植物があり、セリ科に属する。温帯から亜熱帯で見られる。細かく分かれた葉は芳香性のことが多く、白色からピンク色の小花からなる散形花序をつける。最も一般に栽培される種は*C. carvi*で、牧草地に育ち、荒地に帰化している。普通、風味のよいハーブとして栽培されるが、主根はパースニップと同様に調理される。

〈栽培〉
日なたの、肥沃な、水はけのよい深い土壌で育てる。この植物は移植を嫌うので、栽培地に播種する。*C. carvi*の種子は、色が黒ずみはじめたら収穫する。

Carum carvi
一般名：ヒメウイキョウ、キャラウェイ
英 名：CARAWAY
☀ ❄ ↔30～45cm ↕60cm
ヨーロッパとアジア西部の原産で、アメリカ合衆国に帰化している。魅力的な二年生植物で、細い羽状の葉。白からピンクがかった小さな花からなる散形花序が、夏につく。主として、カンゾウに似た香りのする芳香性の種子をとるために栽培される。ゾーン：3～10

CARYA
（カリヤ属）

異 名：*Hicoriya*

クルミ科に属する約25種で、大多数は北アメリカ東部、その他はヴェトナムと中国に原生する。落葉性の大高木で、雌雄同株。灰色がかった茶色の樹皮は加齢とともに鱗状になる。鋸歯縁の葉は互生につき、羽状か、先端に3枚の小葉がある。雄性花序は枝垂れた尾状花序で、一方雌性花は約20の個々の花からなる穂状花序を枝先につける。果実は石果。ペカンナッツと、道具や運動設備に使われる硬材のために商業的な価値がある。根が乱れるのを嫌うので、移植は難しい。多くが観賞用になり、堂々とした高木で、秋には紅葉する。

〈栽培〉
実生で長い主根を早くから伸ばす。そのため幼苗は、深くて肥沃、腐植質に富む、水はけのよい土壌に植える。種子が熟したらすぐに苗床に播く。植木鉢で栽培するなら、鉢はとくに深いものを選ぶ。腐葉土を混ぜた、良質のロームを使うこと。栽培品種は冬に接ぎ木する。

Carya aquatica
一般名：ウォーターヒッコリー
英 名：WATER HICKORY
☀ ❄ ↔12m ↕21m
アメリカ合衆国南東部原産。樹皮は薄茶色で、葉は披針形で長さ約12cm、それぞれ約13枚の小葉からなる。果実は卵形。
ゾーン：6～9

Carya cordiformis
異 名：*Carya amara*、*Juglans cordiformis*
一般名：ビターナッツ
英 名：BITTERNUT HICKORY、SWAMP HICKORY
☀ ❄ ↔15m ↕24m
北アメリカ東部原産。滑らかな薄灰色の樹皮は、加齢とともに細くて深い鱗状の溝を生じる。蕾は黄色で、扁平、有毛で冬につく。葉は、約9枚の小葉からなる羽状複葉で、先端にも5枚の大きな小葉がある。湿り気のある土壌でよく育つ。ゾーン：4～9

Carya floridana
英 名：SCRUB HICKORY, SCRUB PECAN
☀/☼ ❄ ↔3～5m ↕6～8m
アメリカ合衆国南東部の原産。やや雑然として、枝分かれの多い小高木。羽状複葉は細かい鋸歯縁のある小葉5枚からなる。堅果は食用になるが、あまり風味はない。地域によっては雑草とみなされる。ゾーン：7～10

Carya glabra
一般名：ピグナッツ
英 名：HOGNUT BROOM HICKORY、PIGNUT HICKORY
☀ ❄ ↔21m ↕24m
アメリカ合衆国東部の原産。樹皮は灰色で、細い溝が入る。真緑の葉は披針形で、それぞれの小葉は、長さ約30cm、5～7枚からなる。薄い殻の堅果は卵形。ゾーン：4～9

Carya illinoinensis
異 名：*Carya olivaeformis*、*Juglans illinoinensis*
一般名：ペカン、ピカン
英 名：PECAN
☀ ❄ ↔21m ↕30m
アメリカ合衆国南部と中央部、メキシコ北部の原産。深い沖積土でよく育つ。鱗状の灰色の樹皮をもち、真緑色の葉は、披針形の約17枚の小葉からなる。ペカンナッツは世界規模で輸出される貴重な作物である。500種ほどの栽培品種がある。'**ボウニー**'と'**ルーカス**'は早期に熟する。
ゾーン：6～11

Carya aquatica

Carya glabra

Caryopteris × *clandonensis* 'Arthur Simmonds'

Caryopteris × *clandonensis* 'Worcester Gold'

Carya laciniosa
一般名：キングナット
英　名：BIG SHELLBARK HICKORY
☼ ❄ ↔10m ↕30m
アメリカ合衆国東部の原産。樹皮は長さ0.9mの湾曲した板状に剥離する。葉は長さ約45cm、5～7枚の小葉からなる。果実は卵形で、長さ約5cm。材木に向く。ゾーン：4～9

Carya myristiciformis
一般名：ナツメグヒッコリー
英　名：NUTMEG HICKORY
☼ ❋ ↔8m ↕21m
アメリカ合衆国南部とメキシコ原産。樹皮は暗茶色で、新しいシュートには光沢のある黄色い鱗がある。葉は、ほぼ卵形、緑色の小葉からなり、裏面が白く、先端の小葉のほうが大きい。堅果は卵形で、さび色、溝のある硬い殻をもつ。ゾーン：9～11

Carya ovalis
英　名：RED HICKORY、SWEET PIGNUT
☼ ❄ ↔9m ↕21m
アメリカ合衆国東部の原産。短軟毛のある新芽が開いて7枚までの小葉からなる葉をつくる。先端に約12cmの大きな小葉をもつ。果実は熟すと基部にひびがはいる。ゾーン：6～9

Carya ovata
異　名：*Hicoria ovata*, *Juglans ovata*
一般名：シャグバークヒッコリー
英　名：LITTLE SHELLBARK HICKORY、SHAGBARK HICKORY
☼ ❄ ↔21m ↕24m
アメリカ合衆国東部の原産。灰色から茶色の剥離する樹皮。葉は真緑色で、5枚の小葉からなり、秋にはゴールデンイエローになる。果実は食用になる。熟すと割れる。栽培品種は*C. cathayensis*あるいは*C. laciniosa*との交雑種であることが多い。ゾーン：4～9

Carya texana
一般名：ブラックヒッコリー
英　名：BLACK HICKORY
☼ ❄ ↔8m ↕15m
アメリカ合衆国中央部、アーカンソー州からテキサス州までに原生する。溝のある樹皮は、暗いジンジャーブラウン。葉は真緑で、披針形、7枚までの小葉からなる。果実は円形で、熟すと基部が割れる。ゾーン：6～9

CARYOPTERIS
（カリオプテリス属）
現在はシソ科だが、以前はクマツヅラ科に属していた。アジア東部、ヒマラヤ山脈から日本までに原生する。花をつける低木で、細い杖のような茎をもつ約6種の落葉性植物である。属名はギリシャ語で、「翼のある木の実」を意味する。葉は対生、単葉、鋸歯縁で、芳香性で色は灰色のことが多い。花は晩夏に咲くが、主に青色、モーブ、あるいは白色で、腋生か、茎頂に円錐花序をなす。

〈栽培〉
寒冷地帯の、屋外の日当たりのよい場所を好む。水はけのよい繊維質のローム土壌が理想的である。本年枝に花をつけるが、晩冬か早春には適度に剪定して、新芽が出やすいように刺激する。春から初秋に、先端の軟らかい部分か硬い葉を挿し木する。冬に、休眠中の熟枝挿しでもよい。

Caryopteris × *clandonensis*
カリオプテリス×クランドネンシス
英　名：BLUE MIST SHRUB、BLUE SPIRAEA
☼ ❄ ↔1.5m ↕1.5m
*C. incana*と*C. mongolica*の交雑種。直立した、細い壺状の茎。葉は短軟毛があり、鋸歯縁。花は密集した集散花序で、濃青色から紫青色で晩夏に咲く。'**アーサー シモンズ**'は紫青色の花。'**ダーク ナイト**'★は低く育つ品種で、暗青色の花。'**ウォーセスター ゴールド**'はモーブブルーの花。ゾーン：5～9

Caryopteris incana
異　名：*Caryopteris mastacanthus*
一般名：ダンギク
英　名：BLUE SPIRAEA、BLUEBEARD
☼ ❄ ↔1.5m ↕1.5m
中国と日本に原生する。小さいが目立つ低木。灰色がかった鋸歯縁の葉は先端が尖る。ほっそりしたアーチを描く茎。シモツケに似たパウダーブルーの花は晩夏、茎に沿って一列に咲く。ゾーン：7～10

CARYOTA
（クジャクヤシ属）
英　名：FISHTAIL PALM
ヤシ科に属する12種で、熱帯アジアに分布する。多くは単幹だが、複幹の種もわずかにある。大きな2回羽状複葉の葉は、中央脈に沿って分かれ、魚尾を思わせる三角形か、くさび形の小葉からなる。花は幹の頂点につく。最初の円錐花序は、最上部の葉鞘の基部から出て開花し、果実を結ぶ。数年間は茎のより下方

Carya ovata

Caryopteris incana

Carya laciniosa

Carya illinoinensis

の位置から出るが、やがて幹の基部へと至り果実をつけると、この植物は枯れる。円錐花序はクリーム色で、下垂した穂に密生する。ピンクから紫色の果実を結ぶ。甘い樹液は発酵させてワインやビールの代わりになる。

〈栽培〉
全種が立派な装飾的なヤシで、無霜気候の、適度な湿り気のある土壌で等しくよく育つ。高温気候では成長は非常に早いが、それぞれの茎は寿命が短く、加齢とともに見栄えが悪くなり、雑然としてくる。繁殖は種子からである。

Caryota cumingii
一般名：フィッシュテールパーム
↔3m ↑9m
フィリピン原産。単幹は直径30cmで、目立つ輪がある。葉は大きく、小葉はほかの種よりは下垂しない。円錐花序は大きく重く、つき始めには目立つ苞に被われる。ゾーン：11～12

Caryota mitis ★
一般名：コモチクジャクヤシ、カブダチクジャクヤシ
英　名：CLUSTER FISHTAIL PALM
↔3m ↑6m
広く栽培される。茎が細く群生する。葉は長さ約1.8～3mで、密生して美しい樹冠を形成する。芳香性のクリーム色の花が多数つき、円錐花序をなす。緑色の蕾から開花する。果実は暗赤色。湿った肥沃な土壌を必要とする。
ゾーン：10～12

Caryota no ★
一般名：ジャイアント・フィッシュテール パーム
英　名：GIANT FISHTAIL PALM
↔6m ↑24m
ボルネオに原生する。葉は長さ約4.5m、幅はその3分の2で、扇形に広がる。幹は直径約60cm。円錐花序は最長で約2.4m。黒っぽい果実がなる。
ゾーン：10～12

Caryota obtusa ★
一般名：マウンテン・フィッシュテール パーム
英　名：INDIAN FISHTAIL PALM
↔3.5～6m ↑4.5～6m
インドとタイの温帯から熱帯の開けた森林に群生する。非常に太い単幹は、平滑で灰色がかっており、葉状痕がある。2回羽状複葉の暗緑色の大きな葉は、長さ約3m。クリーム色の花は長さ約30cmの花柄につき、花柄は葉から出る。熟した果実は丸く、褪せた赤色から黒色。'キング コング'は薄緑色の葉。
ゾーン：9～12

Caryota ochlandra
一般名：チャイニーズ・フィッシュテール パーム
英　名：CHINESE FISHTAIL PALM
↔3m ↑8m
中国南部に原生する。単幹で、直径約15cm。葉は幹に沿ってつく。下垂する細い小葉が密集する。円錐花序は1.8m以上の高さのところに咲く。果実は暗赤色。軽い霜にも耐える。
ゾーン：9～12

Caryota urens ★
一般名：クジャクヤシ
英　名：FISHTAIL PALM、TODDY PALM
↔4.5m ↑9m
砂糖の原料としてアジア南部で栽培される。周期的な乾燥気候に適応する。幹は直径約30cmで、純白。葉には、細くうなだれる小葉が密集する。円錐花序は長さ約3m。赤い果実。
ゾーン：10～12

CASEARIA
（カセアリア属）
約160種の常緑または落葉性のイイギリ科の高木と低木で、世界中の熱帯と亜熱帯の地域に広く分布する。葉は単葉の互生で、2列に並ぶ傾向があり、全縁または鋸歯縁。しばしば古い木に、緑色あるいは赤色に染まった小さな花が葉腋から群生する。果実は黄色かオレンジ色のさく果で、これが2～4個の切片に裂けると、種子が明赤色の仮種皮のなかに埋め込まれているのがわかる。

〈栽培〉
植物コレクション以外で栽培されることはまれである。温暖な気候の庭園で、雨風の当たらない場所と湿った水はけのよい土壌があれば、栽培はそれほど困難ではない。繁殖は新鮮な種子から。

Casearia silvana
↔3m ↑6m
ニューカレドニアの固有種で、岩の多い峡谷に育つ高木。ややよじ登り性の枝、革質の濃緑色の葉、小さな緑色の花が秋から冬に密生する。
ゾーン：10～12

Caryota no

Caryota obtusa 'King Kong'

Caryota cumingii

Caryota ochlandra

Casearia silvana

CASIMIROA
(カシミロア属)

中央アメリカとメキシコ原産。6種の常緑高木と低木で、ミカン科に属し、*Casimiroa edulis*が最もよく知られる。3〜7裂の葉がつく。花は小さく、円錐花序か散房花序で、香りがよい。果実は円形から卵形で、食用になる甘い果肉がなる。色が変わり、その後やわらかくなるまで数日おいた後で収穫する。果実はデザートやフルーツサラダにする。

〈栽培〉
多くの種は霜に弱く、成長を促進して実つきをよくするためには、亜熱帯から熱帯の湿潤な気候が必要である。長い日照りには耐えられず、日当たりのよい雨風の当たらない場所、水はけのよい湿った土壌を必要とする。腐植土の追加は効果的で、施肥は定期的に行なう。果実を収穫したら、剪定や整枝を行なう。繁殖は種子からか、接ぎ木からである。

Casimiroa edulis
カシミロア・エドゥリス
英 名：WHITE SAPOTE
↔4.5m ↑15m

メキシコの高地に原生する。軽い霜なら耐えられるが、果実が熟すには温暖な気候が必要となる。枝は枝垂れる。3〜5枚の卵形の小葉からなる掌状の葉がつく。緑がかった黄色の花は晩春から開花する。カキに似た形の果実は直径約10cm。人気のある栽培品種には以下のようなものがある。'**ブラボー**'、'**レモンゴールド**'、'**ルイーズ**'。
ゾーン：10〜11

CASSIA
(カワラケツメイ属)

かつては多年生植物、一年生植物、亜低木、低木、および高木の大属だったが、最近見直しがなされた。いぜんとして100を超える種からなるが、マメ科ジャケツイバラ亜科の植物として統一した属になった。世界中の熱帯地方で見られる。本属の低木と高木は主に常緑。葉は羽状で、ときに有毛。明るい黄色かピンク色の花が単生、小群生、または円錐花序につく。開花期は長く、そのあとに豆果がなる。

〈栽培〉
種によって耐寒性は違うが、度重なる霜に耐えられる種はほとんどない。一般的に温暖な気候、水はけのよい湿った土壌、日なたか半日陰を好む。繁殖は通常、種子からで、播く前には温水に浸しておく。半熟枝挿しから育つ種もある。

Cassia brewsteri
英 名：LEICHHARDT BEAN
↔3.5m ↑12m

オーストラリア、クイーンズランド州に原生する。広がる習性のある高木か低木。黒っぽい樹皮。葉は羽状で4〜12枚の披針形の小葉からなり、長さ約8cm。黄橙色の花は下垂する総状花序で、春に咲く。円筒形の木質の豆果。
ゾーン：10〜12

Cassia fistula
一般名：ナンバンサイカチ
英 名：GOLDEN SHOWER TREE, INDIAN SENNA
↔6m ↑18m

熱帯アジア原産。落葉性から半常緑。滑らかな灰色の樹皮、枝は不規則に分岐する。葉は羽状で、3〜8対の小葉からなる。花は鮮やかな黄色、芳香性で、下垂した総状花序が夏に咲く。暗茶色の豆果。
ゾーン：10〜12

Cassia javanica
異 名：*Cassia nodosa*
一般名：ジャワセンナ、コチョウセンナ
英 名：PINK SHOWER, RAINBOW SHOWER
↔3m ↑15m

東南アジアに原生し、トロピカルガーデンには欠かせない。乾燥期には落葉する高木。羽状複葉は34枚の長細い下垂した小葉からなる。花は幅5cm以上で総状花序をなし、淡黄褐色からピンク、緋色まで、色は多様である。
ゾーン：11〜12

Cassia × nealiae ★
カッシア × ネアリアエ
英 名：RAINBOW SHOWER
↔6〜9m ↑8〜15m

花の咲く美しい落葉性高木。黄花の*C. fistula*とピンク色の花の*C. javanica*の交雑種で、1916年ごろハワイで作られた。花はクリーム色から、オレンジ、赤までと多様。ホノルル市およびホノルル郡の花。最も広く知られる栽培品種は、薄い黄白色の'**クイーンズ ホスピタル ホワイト**'と、香りのない黄色花の'**ウィルヘルミナ テニー**'。'**ルナリロ イエロー**'は芳香性の黄色い花。繁殖は挿し木から行なう。ゾーン：10〜12

Cassia queenslandica
↔2.4m ↑6〜9m

オーストラリアのクイーンズランド州に原生する。直立した高木。革質の羽状複葉。ゴールデンイエローの花は下垂し、夏に群生する。ゾーン：10〜11

Cassia queenslandica

Cassia brewsteri

Cassia × nealiae

Cassia fistula

Cassinia fulvida

Cassinia arcuata

Cassinopsis ilicifolia

CASSINIA
（カッシニア属）

オーストラリア、ニュージーランド、南アフリカ共和国原産。互生の全縁の葉をもつ常緑低木の20種。葉は黄緑色か灰緑色の色調のことが多い。キク科だが、花を詳しく見ない限り、キク科とはわからない。花には舌状花がなく、多数の花からなる花序、または散房花序につく。花と葉の色は似ることが多い。花はたいてい夏に開く。

〈栽培〉
通常、比較的苛酷な条件でよく育つ。非常に厳しい霜には耐えられないが、乾燥した砂質の、割合にやせた土壌の日なたを好む。肥えた土壌や日陰では、長い茎が脆弱になる。花後に軽く剪定すると、コンパクトな形状を維持できる。挿し木ですばやく根付く。

Cassinia arcuata
英　名：BIDDY BUSH、CHINESE SHRUB、SIFTON BUSH
☼ ❄ ↔1.2m ↕1.8m
オーストラリア原産。葉は小さく、幅が細く、芳香がある。花序は小さな茶色っぽい花で、開花期は春だが、通年散発的に咲く。侵略性になることがあり、ニューサウスウェールズ州では雑草とされる。葉が切花用に販売されるために、よく栽培される。
ゾーン：8〜11

Cassinia fulvida
英　名：GOLDEN COTTONWOOD、GOLDEN TAUHINU
☼ ❄ ↔1.2m ↕1.8m
ニュージーランドに原生し、丈夫で順応性がある。葉は珍しい緑がかった明暗の黄色だが、冬には金色に近くなる。花は褪せたクリーム色。主に葉のために栽培される。
ゾーン：8〜10

CASSINOPSIS
（カッシノプシス属）

アフリカとマダガスカル原産の4種からなる本属は、クロタキカズラ科に属する。常緑の高木か低木で、単葉が対生で、ジグザグになった緑色の小枝につく。小枝には各節に刺があることが多い。5枚の花弁をもつ小型の両性花が、短い集散花序で葉腋につく。果実はオレンジか赤色の石果で、多くの場合非対称である。

〈栽培〉
適度に耐霜性があり、広がる習性と魅力的な葉がつき、目隠しとして有用である。適度に肥沃な湿り気のある土壌においては、初期の成長が非常に早い。繁殖は種子からで、容易に発芽する。

Cassinopsis ilicifolia
異　名：*Cassinopsis capensis*
英　名：LEMOENDORING、ORANGE-THORN
☼/☽ ❄ ↔3.5〜6m ↕4.5m
アフリカ中部から南部に原生する。小高木、またはよじ登り性の低木で、対生の葉をもち、しばしば葉柄の間に1本の刺がある。葉は光沢のある緑色で、楕円形から卵形で、鋸歯縁があり、そり返る。花は小さな集散花序で葉腋から秋に咲き、オレンジ色の液果がなる。
ゾーン：8〜11

CASSIOPE
（カシオペ属）

常緑小低木の12種がある。ツツジ科。主にヨーロッパ北部とアジア北部に見られるが、ヒマラヤ山脈と北アメリカ西部にも見られる。極めて寒冷気候に適した植物で、北極圏にも数種が分布する。高さが20cmを超えることはまれで、小型の葉が柔軟性のある鞭なわ状の茎に明確な4列をなす。開花期は主に春。多くは小型の鐘形で、細い茎に単生するが、非常に数が多い。

〈栽培〉
水はけがよく、湿った、腐植質に富む、ややアルカリ性土壌を好む。渇水には耐性がなく、夏場にはたっぷりと水分を与える。霜耐性は非常に強い。この植物は、季節の変わり目が明確で、寒冷な雨の多い夏のある条件を好む。夏の熱い太陽からは保護してやる。必要ならば軽く剪定する。繁殖は取り木か挿し木で行なう。

Cassiope
一般名：カシオペ 'エジンバラ'
☼ ❄ ↔20〜25m ↕25〜30m
*C. fastigiata*と*C. tetragona*の交雑種で、強健な直立の品種。黒っぽい鱗片葉がつき、小さな壺形の花が群生する。
ゾーン：4〜8

Cassiope lycopodioides
一般名：イワヒゲ
☼ ❄ ↔25cm ↕8cm
日本の山間部、アジア北東部、アラスカに原生する。ヒカゲノカズラに似る。平伏して不規則に広がる習性で、細かい葉をもつ。花は幅約6mm、下向きで、約25mmの長さの茎につく。
ゾーン：3〜8

Cassiope 'Medusa'
一般名：カシオペ 'メドゥーサ'
☼ ❄ ↔20cm ↕25cm
*C. fastigiata*と*C. lycopodioides*の交雑種で、非常に小型の植物。寒冷で湿潤な環境を好む。かなり成長力旺盛で、暗緑色のヒースのような葉を茂らせる。花は白く、赤っぽい萼と葉柄がある。
ゾーン：4〜9

Cassiope mertensiana
カッシオペ・メルテンシアナ
☼ ❄ ↔25cm ↕15〜30cm
直立か広がる習性の低木で、北アメリカ西部の山岳地帯に見られる。葉は茎に密着する。白色の、鐘形の小花が春に咲く。'グラシリス' はこんもりと盛り上がる栽培品種。ゾーン：5〜9

Cassiope 'Muirhead'
一般名：カシオペミュアヘッド
☼ ❄ ↔20〜25cm ↕15〜20cm
*C. wardii*と*C. fastigiata*の交雑種で、低く広がる習性。典型的な鱗片葉と、小さな白い花が多数つく。
ゾーン：4〜8

Cassiope tetragona
☼ ❄ ↔20cm ↕10〜30cm
直立または不規則に広がる低木で、ヨーロッパ北部と北極地方周辺原産。小さな短軟毛の葉。花は鐘形で、白、ピンク色がかることが多く、長さ約6mmで、長さ約12mmの茎につく。
ゾーン：3〜8

Cassiope 'Muirhead'

Cassiope lycopodioides

Cassiope 'Medusa'

Castanea sativa

Castanea sativa 'Glabra'

CASTANEA
（クリ属）

ブナ科の小属で、約12種からなり、北半球温帯、北アメリカからヨーロッパ、アジア東部に原生する。吸枝を出す低木から高木までと多様である。食用の甘い堅果のために商業的に重要な種もある。堅果は刺のある輪生の苞に包まれる。丈の高い種は公園や大庭園で、装飾的な高木として、とくに黄色がかった緑色の垂れ下がる尾状花序の美しさで、重宝される。

〈栽培〉
水はけのよい、やや酸性の土壌を好む。適度な降雨が不可欠である。多数はゾーン：4～5で耐霜性がある。繁殖は通常、種子からであるが、熟したらすぐに播く。選抜クローンは、樹齢1年から2年の台木へ早春に接ぎ木する。

Castanea mollissima
一般名：チュウゴクグリ
英　名：CHINESE CHESTNUT
☼ ❄ ↔10m ↕12m
中国中部と東部、朝鮮に原生する。卵形から楕円形で、粗い鋸歯縁、短い葉柄の葉は、裏面が白い粗毛で被われる。中国では食用になる堅果のために、この種が広く栽培される。クリ胴枯れ病に抵抗力がある。装飾用として高い価値がある。'ペンドゥラ'は魅力的な栽培品種。
ゾーン：5～9

Castanea pumila
一般名：チンカピングリ
英　名：ALLEGHENY CHINKAPIN, CHINQUAPIN
☼ ❄ ↔6m ↕4.5m
吸枝を出して大きな株になる。アメリカ合衆国の東部と南部の原産。若いシュートには短軟毛があり、若葉の裏面は白い毛で被われる。'アシェイ'は、沿岸部に育ち、刺状の苞はそれほど密集していない。
ゾーン：6～9

Castanea sativa
異　名：*Castanea vesca*
一般名：ヨーロッパグリ、オウシュウグリ
英　名：CHESTNUT, SPANISH CHESTNU, SWEET CHESTNUT
☼ ❄ ↔12m ↕18m
ヨーロッパ南部とアジア西部の高地の森林に原生する。成長の早い、落葉性高木。光沢のある暗緑色で、粗い鋸歯縁の葉は、裏面の色が薄く、やや毛で被われる。黄緑色の尾状花序が真夏に咲く。食用の堅果は人気の菓子、マロングラッセになる。'アルボマルギナタ'は葉にクリームホワイトの縁がある。'グラブラ'は非常に大きな暗緑色の葉。'ワリエガタ'（syn.'アウレオマルギナタ'）は葉に黄色い縁がある。
ゾーン：5～9

Castanea Hybrid Cultivars
一般名：クリ交雑品種
☼ ❄ ↔9m ↕9m
多くの交雑種がある。一般的に収穫量が多く、堅果も大きい。交雑種の多くは *Castanea sativa* を親とする。'コロッサル'（*C. sativa* × *C. crenata*）は14～18個（0.5kg）の堅果をつける。'ネヴァダ'（*C. sativa* × *C. crenata*）は15個（0.5kg）の堅果をもたらし、'コロッサル'に受粉を媒介する。'シュレイダー'は親が不明だが、収穫が多い。'スキオカ'（*C. mollissima* × *C. sativa*）は小さな堅果を、約35個（0.5kg）と、多くの実をつける。
ゾーン：6～9

CASTANOPSIS
（シイ属）

ブナ科。アジア南部および東部の、亜熱帯と暖温帯で見られる。常緑低木と高木約110種からなる。革質の葉は、鋸歯縁のことが多く、通常は表面がブロンズから暗緑色で、裏面はかなり色が薄い。小さな黄緑色の花が直立した尾状花序になり、主に春と初夏に咲く。花はやがて堅果になるが、これは小型で刺が多く、ドングリの殻斗のような構造になる。殻斗に対して1個のカシとは違って、シイは普通、複数の弁をもつ殻斗に3個の実がなる。堅果は食用になるが、種によっては小さいものもある。

〈栽培〉
ほとんどの種は軽度あるいは中度の霜に耐えられるが、穏やかな冬と温暖で湿潤な夏のある地域に適する。必要ならば整枝するが、春にするのが望ましい。繁殖は種子からか、半熟枝挿しでする。

Castanopsis cuspidata
一般名：ツブラジイ
☼ ❄ ↔12m ↕24m
日本南部、南朝鮮、中国南東部に原生する。建材、埠頭の杭材、燃料として貴重な木材。葉は細く、先鋭、全縁またはやや鋸歯縁。香りのよい黄緑色の花が尾状花序となり、晩春から初夏に咲く。堅果は食用になる。
ゾーン：7～10

CASTANOSPERMUM
（カスタノスペルムム属）
英　名：BLACK BEAN, MORETON BAY CHESTNUT

マメ科ソラマメ亜科の本属は1種のみで、オーストラリア北東部とニューカレドニアの多雨林に原生する。成長は遅く、みずみずしい濃い緑色の葉の密集した丸い樹冠部をもつ、美しい高木になる。標本としてだけでなく、濃茶色の材木としても貴重である。また、夏に咲く花は美しいが、ほとんどが葉に隠れて見えない。非常に大きな豆果が秋に実る。

〈栽培〉
自生地からすると驚くほど耐霜性がある。温暖気候で最もよく育つが、どの季節にもそれなりに温暖で、霜の当たらない庭であれば生育する。軽度の霜に耐えるが、多少葉は落ちる。腐植質に富み、湿った、水はけのよい土壌が向く。幼木は部分日陰に耐える。繁殖は種子から。

Castanea mollissima 'Pendula'

Castanopsis cuspidata

Castanea mollissima

Castanospermum australe
一般名：オーストラリアチェストナット、
ジャックと豆の木
英　名：MORETON BAY CHESTNUT,
QUEENSLAND BLACK BEAN
☀ ↔12m ↕12m

深緑色の羽状複葉は11〜15枚の小葉からなる。花は蝶形花の総状花序で黄色だが、加齢とともに橙赤色になる。豆果は長さ約30cmで、1〜5個の大きな黒い種子を内包する。
ゾーン：10〜12

Castanospora alphandii

CASTANOSPORA
（カスタノスポラ属）
ムクロジ科の1種からなる本属は、単幹、ときには複幹の高木で、ニューサウスウェールズ州北部からクイーンズランド州北部までの、オーストラリア北東部の多雨林に原生する。羽状複葉は8〜10対の小葉からなる。小さな白みを帯びた花が大きな花序をなし、乾季（冬）の初期に咲く。果実は雨季（夏）の間に結実する。

〈栽培〉
幼形は風と霜から保護する。広くは栽培されないが、自生地の気候ゾーン以外で栽培が成功しているところもある。新鮮な種子から繁殖する。

Castanospora alphandii
英　名：BROWN TAMARIND
☀ ↔6m ↕21m

幹は直径30〜40cmで、樹皮は茶色っぽい。葉は長さ約50cm、長さ10〜15cm、楕円形の小葉4〜6枚からなる。光沢のある緑色の葉は、裏面が茶色で有毛。白っぽい花は直径約3mm。果実は2室あり、それぞれに大きな種子を含む。種子は直径約18mmで、熟すと茶色になる。
ゾーン：9〜12

Castanospermum australe

Castilleja angustifolia

CASTILLEJA
（カスティリェヤ属）
英　名：INDIAN PAINTBRUSH,
PAINTED CUPS, PRAIRIE FIRE

属名は18世紀のスペインの植物学者Domingo Castillejoにちなんで名づけられた。アメリカ合衆国南西部に見られ、美しい姿でよく知られる。ゴマノハグサ科の約200種の一年生および多年生植物で、両アメリカ大陸とユーラシア大陸に広く分布する。通常、丈は低いが、直立する。葉は短軟毛があり、やや褪せた緑色。房状の花序は春と夏に出る。色彩豊かなのは花ではなく、それを取り囲む萼と苞である。ネイティブアメリカンの伝説では、勇敢な戦士が霊からのお告げを描くのに用い、捨てた筆がこの草になったとされる。戦士が霊に何色に塗ったらよいかと尋ねたところ、夕日を表現する絵の具を含んだ筆を授けられたという。

〈栽培〉
しばしば半寄生的で、特定の低木や草の養分を根から摂取するため、庭園で見られることはまれである。野生で鑑賞されることが多いが、適当な宿主植物、例えばハンノキ属、シンフォリカルポス属、ウシノケグサ属、シオン属などのそばに種子を播けば栽培することができる。

Castilleja angustifolia
英　名：DESERT PAINTBRUSH
☀/◐ ❄ ↔20cm ↕40cm

ネヴァダ、ユタ、アイダホ各州原産の多年生植物。薄緑色から灰緑色の小さな葉は、細毛がある。小さな黄色い花はピンクから赤色の苞に、かたく包まれる。
ゾーン：4〜9

Castilleja coccinea
英　名：INDIAN PAINTBRUSH,
SCARLET PAINTBRUSH
☀ ❄ ↔30cm ↕30〜35cm

北アメリカ東海岸からカナダとアメリカ合衆国のロッキー山脈、フロリダ州南部から北部に原生する。一年生か二年生で、葉は基部でロゼットを形成し、緑がかった黄色の小さな花をつける。緋色の苞が鮮やかで、花よりも目立つ。ハチドリを引きつける。英国式庭園に使う。
ゾーン：4〜9

Castilleja exserta

Castilleja ryexifolia×C. sulphurea、
アメリカ合衆国、コロラド州、サンファン国有林

Castilleja exserta
英　名：PURPLE OWL CLOVER
☀/◐ ❄ ↔15〜20cm ↕20cm

カリフォルニア中部からメキシコ北部で見られる多年生植物。有毛の葉は基部にはほとんどなく、直立した穂状花序にはクリーム色から薄黄色の、キンギョソウに似た小さな花がつき、それが鮮やかなパープルピンクの苞にほとんど封じ込められている。
ゾーン：7〜10

Castilleja rhexifolia ×C. sulphurea
☀ ❄ ↔20cm ↕30cm

*Castilleja rhexifolia*と*C. sulphurea*の分布がロッキー山脈で重なることから、両種の交雑種は多い。花色はクリームからイエロー、褪せたピンク、濃いモーブまでと多様である。
ゾーン：4〜8

Castilleja talamancensis

☀ ☼ ❄ ↔15〜20cm ↕30cm

コスタリカの標高3,000mの山岳地帯に生育し、沼沢地で見られる。多年生植物。有毛の褪せた緑色の葉。赤か黄色の苞が黄色い花を取り囲む。

ゾーン：8〜9

CASUARINA

(モクマオウ属)

美しい常緑の高木約17種からなるモクマオウ科の小属で、オーストラリアと太平洋諸島に原生する。1982年に細分されて4属に分かれ、今では大多数のオーストラリア原産種がアロカスアリナ属に分類される。全種が特徴的な暗緑色か灰緑色の、針金状の細い小さな小枝をもち、これが葉の役目をする。真葉は鋸歯のある小鱗片となって、分枝に沿って規則正しい間隔で輪生する。花粉をつける、錆赤色の雄性花はごく小さく、分枝の先端につく。雌性花は小さな房状で、翌シーズンに球果をなす。モクマオウは成長が早く、日陰を作り、雨風を防ぎ、目隠しになることから単独あるいは複数で植えられる。厳しい風にも耐えることから、防風林としては理想的である。

〈栽培〉

日なたで、水はけさえよければどんな土壌でも育つ。乾燥高温気候や、定着するまでの期間はよく水をやること。繁殖は種子から。

Casuarina collina

☀ ♂ ↔4.5m ↕9〜15m

ニューカレドニアの固有種で、森林周辺の低い丘や谷の斜面に見られる。オーストラリア原産の*C. glauca*に似るが、小枝はより細い。自生地以外での栽培はほとんど行なわれない。

ゾーン：9〜12

Castilleja talamancensis、コスタリカ

Casuarina cunninghamiana

*Casuarina collina*の自生種、ニューカレドニア、コルデナッシラ

Casuarina cristata

英　名：BELAH

☀ ♂ ↔8m ↕18m

オーストラリア東部の乾燥地帯に原生する。硬い、暗灰色の鱗状の樹皮。灰緑色の分岐した小枝は枝垂れる。乾燥した低地の重い土壌に理想的な高木で、短期間の多雨にも耐える。

ゾーン：9〜11

Casuarina cunninghamiana

一般名：カニンガムモクマオウ

英　名：RIVER OAK, RIVER SHE-OAK

☀ ♂ ↔8m ↕30m

堂々とした高木で、オーストラリア東部の川岸によく見られる。直立した幹、暗緑色でややしだれた小枝が地面の近くから出る。防風林として有用。開放的で湿潤な場所を好む。季節的な多雨に耐える。

ゾーン：9〜11

Casuarina equisitifolia

一般名：トキワギョリュウ

英　名：AUSTRALIAN PINE, BEACH SHE-OAK

☀ ♂ ↔6m ↕18m

オーストラリア、太平洋諸島、マレーシアの亜熱帯と熱帯原産。枝を張る高木で、樹冠部は広がり、小枝は枝垂れる。街路や海浜の高木として人気があり、潮風にも耐える。オーストラリアでは砂浜の保護のために広く植えられる。*C. e.* subsp. *incana*は枝垂れたシルバーグリーンの小枝をもつ。ゾーン：10〜12

Casuarina equisetifolia subsp. *incana*

Casuarina glauca

一般名：グラウカモクマオウ

英　名：SWAMP OAK, SWAMP SHE-OAK

☀ ♂ ↔6m ↕21m

オーストラリアの東部沿岸地方の原産。直立した高木で、枝垂れた暗緑色の小枝は蝋質で被われる。塩分を含んだ湿原に密生する。土壌の固定に非常に役立つ。かなり乾燥した条件にも耐えるので、防風林として適する。

ゾーン：9〜12

CATALPA

(キササゲ属)

ノウゼンカツラ科。11種の落葉性の小〜中高木で、北アメリカ、キューバ、中国南西部原産。葉柄の長い、大きな葉から熱帯の風情が漂う魅力的な高木。直立した円錐花序は、長さ約5cm、鐘形の花からなり、やがて、長さ約75cmほどのマメに似たさく果が垂れ下がる。属名は、この植物を指す北アメリカインディアンの言葉の転訛である。

〈栽培〉

すばらしい標本高木で、街路樹として優れている。大きな葉を保護するために、風除けをしてやる。日当たりのよい場所で、湿った水はけのよい肥沃な土壌が、最適の条件である。幼木は遅霜からの保護と、単幹へと整枝することが必要である。種子は秋に播いて繁殖させ、栽培品種は晩春か初夏に緑枝挿しで繁殖させる。

Casuarina glauca

Catalpa bignonioides

Catalpa bignonioides

一般名：アメリカキササゲ

英　名：BEAN TREE, INDIAN BEAN TREE, SOUTHERN CATALPA

☀ ❄ ↔12m ↕15m

アメリカ合衆国南東部の川岸や低い森で見られる。葉は大きく、基部が心臓形で、擦ると不快な匂いがある。大きな直立の円錐花序は、黄色と紫の模様がある鐘形の白い花からなり、夏に咲く。大きなさく果がなる。'**アウレア**' ★はベルベットのような金色の葉をした優秀な品種。'**ナナ**'は高さ1.8mの小低木で、めったに花をつけない。

ゾーン：5〜10

Catalpa bungei

Catalpa speciosa

Catalpa longissima

Catalpa fargesii

Catalpa bungei
一般名：トウキササゲ

☼ ❄ ↔8m ↕9m

中国北部の原産。小高木。葉は三角形で、中央の先端が長い。花はローズピンクから白色で紫の斑点があり、夏に咲く。さく果は長さ約50cmになる。
ゾーン：5～10

Catalpa × erubescens
カタルパ×エルベスケンス

☼ ❄ ↔15m ↕15m

*C. bignonioides*と*C. ovata*の交雑種。広く枝を張る高木。大きな葉は長さ約30cmで、幅約25cm。芳香性の白い花には、紫と白の模様があり、密集した総状花序で夏に咲く。さく果は、長さ約38cm。'プルプレア'のシュートと若葉は、出たときは紫がかった黒色で、やがて暗緑色になる。
ゾーン：5～10

Catalpa fargesii
一般名：ウスベニササゲ

☼ ❄ ↔12m ↕18m

中国西部の開けた山岳地方の原産。幅広い葉は先端に向かって次第に細くなり、幼葉はブロンズ色。花はローズピンクで、黄色と紫の模様があり、夏に密生する。細いさく果は長さ約75cm。
ゾーン：5～10

Catalpa longissima
英　名：BOIS-CHENE、JAMAICAN OAK

☼ ❄ ↔18m ↕24m

ジャマイカとハイチ原産。革質の葉はほかの多くの種よりも短く細い。夏に、ピンクがかった白い花が緩やかに群生する。さく果の長さは65cmほど。
ゾーン：9～10

Catalpa speciosa
一般名：ハナキササゲ
英　名：NORTHERN CATALPA、SHAWNEE WOOD、WESTERN CATALPA

☼ ❄ ↔27m ↕36m

アメリカ合衆国中南部の川床、湿潤森林、沼沢地に原生する。やや*C. bignonioides*に似るが、葉がより大きい。白い花は大きく、それほど密集せずに、数週間早く出る。花はあまり目立たない。
ゾーン：5～10

CATANANCHE
（ルリニガナ属）

英　名：CUPID'S DART

キク科の小属で、5種の一年生と多年生の草本植物からなり、地中海沿岸の諸国で見られる。乾燥した、草の多い地域に生育する。葉はたいてい細長く、株の基部から立ち上がる。花をつける茎は針金状で細く、青、白、黄色のヤグルマソウのような花を咲かせる。花の下の苞は透明で薄く、銀色がかることが多い。学名も英名も、媚薬の材料になるという液汁の古代の用法にちなんでいる。

〈栽培〉

栽培されるのは、主に*C. caerulea*のみである。日なたの、水はけのよい土壌でよく育つ。粘質土壌ではとくに多年生としては短命で、一年生として扱うこともできる。種子から繁殖した植物は初年に花を咲かせる。冬に株分けで繁殖させてもよい。

Catananche caerulea
一般名：ルリニガナ
英　名：BLUE CUPIDONE、BLUE SUCCORY、CUPID'S DART

☼ ❄ ↔30～45cm ↕60～75cm

ヨーロッパ南西部とアフリカ北部の原産。細い披針形の灰色がかった緑色の葉で、丈の低い株になる。ときには葉に数本の長い歯状突起がある。繊細な茎に青色からモーブの花が夏につくが、色も姿もヤグルマソウに似る。'マヨル'は濃い青色の花。
ゾーン：7～10

CATHA
（カタ属）

ニシキギ科のカタ属は小型から中型の常緑高木1種のみであるが、麻薬であるカート（khat）の材料として知られ、幼葉を噛んだり、若葉を煮出したりして用いる。アフリカ東部の熱帯、亜熱帯地方に固有で、現地ではカート常用は珍しくない。カートの常用は、容易に栽培できるほかの地方にも広がってきている。

〈栽培〉

温暖気候の高木で、寒冷な条件には耐性がない。乾燥気候か、はっきりした乾季と雨季のある地方で、自生する。麻薬作用があるためカートの栽培はアメリカ合衆国を含む数カ国で禁止されている。とくに冬に、比較的乾燥した条件を好む。たまの軽度の霜には耐えるが、過度の湿度は好まない。剪定はいつでもよく、定期的に整枝すると葉つきがよくなる。繁殖は挿し木から。

Catha edulis
英　名：ARABIAN TEA、CHAT、KHAT、QAT

☼ ❄ ↔2m ↕6m

多くの場合大型の低木状になる。定期的に葉を摘み取ると、この傾向は強くなる。葉は楕円形で鋸歯縁がある。新葉は赤みを帯びることが多く、葉は、より知られるフォティニア属に似る。魅力的な小さな白花が群生する。
ゾーン：10～12

Catananche caerulea

Catha edulis

CATHARANTHUS
(ニチニチソウ属)

8種のキョウチクトウ科の植物で、ビンカ属の近縁であるが、耐霜性が弱いか、非耐霜性。マダガスカル原産種はすべて株立ちで、単葉の楕円形の葉が半多肉質の茎につく。平らな5弁の花は主にピンクかモーブの明暗で、茎頂と葉腋から出る。熱帯と亜熱帯では雑草と見られているが、一般に栽培される*C. roseus*は温室で、あるいは温帯の夏の花壇で育てられる多年草である。リンパ球性白血病とホジキン病の治療に使われるビンカアルカロイドの材料であり、当然、非常に毒性がある。

〈栽培〉
日なたか部分日陰で容易に育ち、渇水に耐えるが、夏の降雨で花つきが多くなる。分枝を促すために若芽を摘み取る。霜が致命的になる寒冷な地方では、屋内に入れるか、春に植え替える。繁殖は種子からか、半熟枝で夏に挿し木にする。

Catharanthus roseus
異 名：*Vinca rosea*
一般名：ニチニチソウ
英 名：MADAGASCAR PERIWINKLE、ROSE PERIWINKLE
☀/☼ ↔40cm ↕60cm

マダガスカル原産の直立の多年生植物。光沢のある深緑色の葉には色の薄い長さ約5cmの中央脈がある。花喉がモーブ色で、ソフトピンクから赤色の5弁花には、赤い「目」がある。'**アルブス**'は白い花。'**ブルー パール**'は45cmの高さがある、中心部の白い、ラベンダーブルーからモーブ色の花。'**ブラッシュ クーラー**'は非常に薄いピンク色の花で、中心部が薄赤色。高さ30cmと小型で、花をたくさんつける**Cooler Series**（クーラー シリーズ）のひとつ。'**パシフィカ パンチ**'はディープピンクの花で中央部がやや濃い色。高さ45cmで**Pacifica Series**（パシフィカ シリーズ）のひとつ。'**パラソル**'は幅約5cmの白い花で赤い「目」がある。**Pretty Series**（プリティー シリーズ）は暑さに対して非常に強い。'**スターダスト オーキッド**'は中心部がクリーム色の、濃桃色の花で、40cmの高さ。

ゾーン：11〜12

CATOPSIS
(カトプシス属)

パイナップル科植物の中でも最も魅力があり、植物学的には亜科に分類されることがある。植物は一般的に筒形のロゼットで、保水性があり、刺のない葉は、多くの場合、白い蝋で被われる。主に高木の上で育つのが見られるが、岩生することもある。花序は小花が群生し、やや長めの花茎についているが、種によっては下向きになる。花弁は白からクリーム色。花は雄性器官と雌性器官両方のある両性花か、あるいは生殖器官がどちらかひとつしかなく、植物が基本的に雄性か雌性かのどちらかに属する雌雄異花のどちらかである。約20種が本属を構成し、主にフロリダ南部、メキシコ、グアテマラ、カリブ諸島、南アメリカ北部、およびブラジル南部の原産。

〈栽培〉
大半は専門家によって栽培されるが、コルクや木の上、樹皮や岩の破片を入れた小型ポットで育てることができる。寒冷気候では屋内で、あるいは直射日光や激しい降雨のある温帯、熱帯、亜熱帯地方では屋外の雨よけのある場所で栽培することが勧められる。鉢植え混合土が乾いたら水をやる。追肥は必要ない。根付けば、温暖気候では少なくとも週に2度霧を吹く。全種に多肉質の茎から出る「パップ」と呼ばれる幼樹があり、親の周りに密集する。花後はパップを取り除いても、植え替えてもよい。

Catharanthus roseus 'Albus'

Catharanthus roseus 'Blue Pearl'

C. roseus, Cooler Series, 'Blush Cooler'

Catharanthus roseus 'Stardust Orchid'

Catharanthus roseus

ニチニチソウ'ラズベリー レッド クーラー'

ニチニチソウ'メルロー ミックス'

C. r., Pacifica S., 'Pacifica Punch'

ニチニチソウ、パシフィカ シリーズ、'パシフィカ レッド'

ニチニチソウ、パシフィカ シリーズ、'パシフィック ホワイト'

Catopsis berteroniana

英名：POWDERY STRAP AIRPLANT

☼ ❄ ↔45cm ↕45～90cm

食虫植物として知られるカトプシス属唯一の種。フロリダ州と中央、南アメリカで、木の上に育つのが見られる。長さ約40cm、黄色から緑色の葉がつく。葉の表面は蝋のような粉で被われる。葉が中央のくぼみを取り囲み、そのくぼみの中で虫がバクテリアによって分解され、やがて液体になって植物に吸収される。小さな黄色い花は葉のない、高さ約130cmの直立した茎につく。

ゾーン：9～11

CATTLEYA

（カトレヤ属）

熱帯アメリカ原産。最も人気のある栽培用ランのグループのひとつで、50を超える原種と、数千の交雑種がある。複茎性の岩生および木生ランで、色彩豊かで目立ち、もちのよい花がつき、多くは芳香がある。棍棒状から円筒形の偽鱗茎をもつ頑強な植物体から花が出る。褪せた緑色の革質の1枚葉か2枚葉が頂部につく。同属内や近縁属、とくにラエリア属、リンコラエリア属（交雑種リストにはブラッサボラ属と記載される）、ソフロニティス属との交雑種が何千とある。多くは花が大きく、切花用に商業的に栽培される。

〈栽培〉

カトレヤは高日照と、中程度以上に高温で、冬にはやや冷涼な気候を好む。多くの種は冬に温暖を必要とするが、ブラジル原産の2枚葉で秋咲きタイプは、冬に寒冷でも休眠中に乾燥を維持できれば、短期間なら耐える。全種が、水はけが妨げられず、粗いバークなどをベースにした倍地であることが必要である。プラスティックやテラコッタの鉢が最適で、必ず完全に乾燥してから次の灌水を行なう。健康な個体は太い白い根を伸ばす。根は長命で、分岐が多い。

Cattleya aurantiaca

☼/☼ ❄ ↔15～60cm ↕12～60cm

中央アメリカ原産。同属のなかで最も小さな花。光沢があり、幅約5cmほどで、黄色からオレンジ（最も一般的）の明暗、濃い赤色、ときには白色と、多様な色の花が、夏に12個ほどつく。クローンのなかには完全に開花しないものがあり、劣等品種は自家受粉する。

ゾーン：10～12

Cattleya aurantiaca、白花品種

Cattleya loddigesii 'Blue Sky'

Cattleya loddigesii 'Bella Vista'

Cattleya intermedia

Cattleya bicolor 'Golden Gate'

Cattleya bicolor

一般名：カトレヤ・ビコロル

☼/☼ ❄ ↔20～60cm ↕20～120cm

ブラジル原産。秋に花が咲く背の高い種で、幅約8cm、アップルグリーンかオリーブグリーンの花が8個ほどつき、銅色がかることがあり、対照的な紫色の唇弁がある。*C. b.* var. *braziliensis*はかなり大きな花だが、花数は少なく、濃い色であることが多い。*C. b.* 'ゴーデンゲイト'は濃い深紅色の杯形の花。

ゾーン：10～12

Cattleya bowringiana

一般名：カトレヤ・ボーリンギアナ

☼ ❄ ↔10～60cm ↕15～90cm

グアテマラとベリーズ原産。丈夫で簡単に栽培できる。人気のある種で、野生では岩の断崖の、明るく湿気の多い条件で育つ。花は20個ほど大きく群生し、径約8cm、ローズパープル色で香り高い。秋に咲く。

ゾーン：10～12

Cattleya intermedia

一般名：カトレヤ・インテルメディア

☼ ❄ ↔10～30cm ↕15～40cm

ブラジル原産。姿、大きさ、色に変異が多い。色は純白からピンクの明暗、濃紫色まで。幅約9cmの花が5個ほど春に咲く。派手な花弁の品種、*C. i* var. *aquinii*は有名である。

ゾーン：10～12

Cattleya loddigesii 'Impassionata'

Cattleya lueddemanniana

Cattleya walkeriana var. *alba*

Cattleya loddigesii

一般名：カトレヤ・ロディゲシイ

☼ ❄ ↔10～30cm ↕15～60cm

ブラジルとアルゼンチン原産。秋に径約10cm、8個までの花をつける。花弁と萼片は薄いピンクから紫（まれに白）で、ときには濃い紫の斑点がある。唇弁は白、黄色、紫。蕾に強い光を当てると彩度を上げることができる。*C. harrisoniana*と非常に似ていて、混同されることが多い。'ベラ ヴィスタ'、'ブルー スカイ'、'インパッシオナタ'は人気の栽培品種。

ゾーン：10～12

Cattleya leuddemanniana

☼ ☦ ↔10～30cm ↕15～50cm

ベネズエラ原産で、冬に花が咲く1枚葉で、野生では岩の非常に露出した場所で育つ。白、オーキッドピンクから、紫色の、均斉のとれた花は、直径約20cmで、各茎に4個つく。

ゾーン：11～12

Cattleya walkeriana

一般名：カトレヤ・ウォーケリアナ

☼ ❄ ↔10～25cm ↕8～15cm

ブラジル原産。花のつき方が独特で、匍匐茎から特殊な短い花茎がでる。1個か2個の平たく、やや杯形の10cmの花は、一般にライラックピンクから紫色。*C. w.* var. *alba*は純白の花をつける、数多いアルビノ品種のひとつである。

ゾーン：10～12

カトレヤ、H.、'バウ ベル ジュライ'

カトレヤ、H.、'ボウガタ'

Cattleya, Hybrid, Eclipse

Cattleya, Hybrid, Frasquita

Cattleya, H, *C. × guatemalensis*

Cattleya, Hybrid, Hawaiian Comfort

Cattleya, Hybrid, Humming Bird

Cattleya, Hybrid, Luteous Forb

Cattleya, Hybrid, Penny Kuroda 'Spots'

カトレヤ、H.、Purple Glory パープル・グローリー'モリ ブライド'

Cattleya, Hybrid, Earl 'Imperialis'

Cattleya, Hybrid, (Browniae × *loddigesii*)

Cattleya, Hybrid, Miyuki 'Abe'

Cattleya Hybrids
一般名：カトレヤ ハイブリッド
☀ ↔20～60cm ↕20～80cm

人気栽培品種が選抜され、最近では実生も盛んになり、花色も多様になった。*Cattleya* Browniae × *loddigesii*は気候ゾーンを超えて栽培することができるが、霜からは保護する。**Earl**アール'インペリアルズ'は、アルビノ種である*C. trianaei*、*C. gaskelliana*、および*C. mossiae*から作り出された品種で、大きくさわやかな白い花が咲く。**Eclipse**（エクリプス）は、*C. maxima*と*C. skinneri*の間の最初の交雑種で、大きな赤紫色の花が春に群生する。**Frasquita**（フラスクイタ）は、高く育つ種で、*C. bicolor*と*C. velutina*の間の最初の交雑種で、光沢のある茶色の、群生の花には鮮やかな紫の唇弁がある。*C. × guatemalensis*は*C. aurantiaca*と*C. skinneri*の間の自然の交雑種で、グアテマラに原生する。**Hawaiian Comfort**（ハワイアン・コンフォート）は小型の交雑種で、凛とした純白からクリーム色の花は、切花にもコサージュにも適する。**Humming Bird Hybrids**（ハミング・バード ハイブリッド）は、8個までの花がスプレー状につき、「クラスター・カトレヤ」と呼ばれる。**Luteous Forb**（ルテアス・フォーブ）は*C. luteola*と*C. forbesii*の最初の交雑種で、アップルグリーンとイエローの花が群生する。**Miyuki** ミユキ'アベ'は花の多い交雑種で、標本植物として理想的。**Penny Kuroda**ペニー・クロダ'スポッツ'は人気のある交雑種で、数多くの新しい交雑種の親として使われる。特徴的な斑点は*C. guttatta*から得られた。
ゾーン：10～12

×*CATTLEYTONIA*
（×カトレイトニア属）

ラン科。複茎性のカトレヤ属とブロートニア属を交雑してできたものである。西インド原産の*Broughtonia sanguinea*が優先種である。非常に色鮮やかな交雑種で、小型の植物ながら、花は高く、細く、しかも丈夫な花序がつく。

〈栽培〉

粗いバークをベースにした混合土を入れた植木鉢、木質のバスケット、あるいはコルクか木生シダの平板で、灌水の間には完全に乾燥させるとよく育つ。強い光と、中程度以上の温暖な気候を一年中好む。

×*Cattleytonia* Maui Maid
一般名：×カトレイトニア マウイ・メイド
☀/☀ ✱ ↔10～30cm ↕10～50cm

魅力的な交雑種で、白い花のつく*Broughtonia sanguinea*を使って作り出したもの。条件がよければ、花は6週間以上長持ちする。ゾーン：11～12

×*Cattleytonia* Starrlyn
一般名：×カトレイトニア スターリン
☀/☀ ✱ ↔10～30cm ↕10～50cm

最近登録された交雑種。強烈な赤い色で花喉は黄色。遺伝的には*Broughtonia sanguinea* *Cattleya aurantiaca* *C. bicolor* *C. intermedia*の4種からなる。
ゾーン：11～12

× *Cattleytonia* Starrlyn

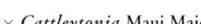
× *Cattleytonia* Maui Maid

Ceanothus × *delileanus* 'Gloire de Versailles'

Ceanothus gloriosus var. *exaltatus*

Ceanothus gloriosus 'Anchor Bay'

Cavendishia bracteata

CAVENDISHIA
（カウェンディシア属）
ツツジ科。約100種の常緑低木と小高木で、南アメリカ北部のアンデス山系に原生する。山の雲霧林に、しばしば着生しているのが見られる。硬い革質の葉は全縁、やや下向きに巻く。花は筒形、蝋質、ピンク、オレンジ、赤の明暗で、枝の先端近くから短いスプレー状につく。蕾は有色の葉のような苞に取り囲まれることが多い。果実はいくらかブルーベリーに似るが、栽培ではめったに見られない。

〈栽培〉
栽培されている唯一の種は、ごく軽度の霜のみにやや耐性がある。小型のツツジと同様の環境で、部分日陰でよく育つ。寒冷な気候ではコンテナ栽培にするが、水はけのよい泥炭質のコンポストを用い、無加温の温室に置いて間接的に日光を当てる。繁殖は種子、取り木、あるいは半熟枝挿しで行なう。

Cavendishia bracteata
異 名：*Cavendishia acuminata*
☀ ❄ ↔0.9m ↕0.6〜1m
コロンビアとエクアドルの山間部に原生する。こんもりした低木で、枝はアーチを描く。幅広い革質の葉は先端が長い。新葉は赤色。光沢のある深い赤色の花は短いスプレー状につき、花弁の先端は切れ込む。晩春から秋に咲く。
ゾーン：9〜10

CEANOTHUS
（ケアノトゥス属）
英 名：CALIFORNIA LILAC
クロウメモドキ科。約50種あり、ほとんどが常緑で装飾的な花の咲く低木。主にカリフォルニア原産で、数種はアメリカ合衆国東部、そのほかはメキシコ南部からグアテマラ原産。水はけのよい土壌であれば、渇水、高温、寒さにも耐える。低いものから、広がるもの、グランドカバー、背の高い低木までと習性は多様である。大多数は生育が早いが、寿命も短い。花はパウダーブルーから濃紫色、白またはクリーム色の花もある。花の最盛期は初夏。

〈栽培〉
ほとんどどんな土壌でも育つが、日なたで、強風や持続する降雨からは保護したほうがよい。幼苗は摘心するが、成熟したら、花がらや徒長したシュートを切る以外、剪定はほとんど必要ない。根が乱れるのを嫌う。繁殖は種子からでもよいし、春から初秋に緑枝挿しか硬い熟枝の挿し木でもよい。

Ceanothus americanus
一般名：ソリチャ
英 名：MOUNTAIN-SWEET, NEW JERSEY TEA
☀ ❄ ↔0.6〜0.9m ↕0.6〜0.9m
小型の落葉性低木で、北アメリカの東部、中部で見られる。細い葉は、南北戦争の間は紅茶の代用として使われたと言われる。密集した円錐花序には、褪せた白色の花がつき、真夏に咲く。
ゾーン：7〜9

Ceanothus arboreus
ケアノトゥス・アルボレウス
英 名：CATALINA MOUNTAIN LILAC, TREE CEANOTHUS
☀ ❄ ↔3.5m ↕6m
カリフォルニア南部の海岸地方原産で、大きく広がる成長力旺盛な種。栽培するとより小型になる。卵形の葉は裏面に軟毛があり、ほかの種よりも大きい。淡青色で香りのよい花が春、円錐花序に豊かにつく。'ミスト'★は灰青色の薄い色で、長い穂状花序になる。'トレウィセン ブルー'は改良選抜品種で、広く栽培され、香り高い濃青色の花が大きな穂状花序につく。
ゾーン：7〜9

Ceanothus coeruleus
異 名：*Ceanothus azureus*
英 名：AZURE CEANOTHUS
☀ ❄ ↔2m ↕3m
メキシコとグアテマラ原産の中低木。半常緑で、暗緑色の丸みを帯びた葉は、裏面に羊毛のような毛がある。夏から秋に、スカイブルーの花が円錐花序につく。
ゾーン：8〜10

Ceanothus crassifolius
英 名：HOARY LEAFED CEANOTHUS
☀ ❄ ↔2〜3.5m ↕2〜3.5m
カリフォルニア南部とメキシコ原産。常緑の低木で、枝を張って広がる習性がある。薄灰色か茶色の樹皮と短軟毛のある小枝。小さな革質の葉は粗い鋸歯縁で、下向きに巻く。葉の表面はオリーブグリーンで、裏面は有毛。春に白い花が散形花序に近い花序でつく。
ゾーン：8〜10

Ceanothus × *delileanus*
ケアノトゥス×デリレアヌス
☀ ❄ ↔1.5m ↕1.5m
丈夫な落葉性低木で、*C. americanus* と *C. coeruleus* の間の交雑種。やや卵形をした鮮緑色の葉。淡青色の花が夏じゅう円錐花序につく。人気の高い交雑種 French hybrids（フレンチ ハイブリッド）の親のひとつ。栽培品種には '**グルワール ドゥ ヴェルサイユ**' と '**トパーズ**' がある。
ゾーン：7〜9

Ceanothus divergens
英 名：CALISTOGA CEANOTHUS
☀ ❄ ↔1.2m ↕0.9m
半匍匐性の常緑種。刺状の鋸歯縁のある明緑色の葉は、裏面が灰色。やや硬直した枝は、春、濃青色の花の総状花序で被われる。
ゾーン：7〜9

Ceanothus diversifolius
英 名：PINE-MAT
☀ ❄ ↔0.9〜1.8m ↕10〜30cm
カリフォルニア原産。常緑低木で、しなやかな長い枝が低い株を作る。淡青色がかった緑色の小さな葉は裏面が有毛。白から淡青色の小さな花序が春から初夏につく。
ゾーン：8〜10

Ceanothus fendleri
☀ ❄ ↔0.9〜1.8m ↕0.3〜2m
アメリカ合衆国南西部とメキシコ原産。常緑低木で、たいてい匍匐性。密集した枝には刺がある。シュートと葉は短軟毛がある。青みがかった白色の花が散形花序に近く、小さく群生し、初夏に咲く。
ゾーン：5〜10

Ceanothus gloriosus
ケアノトゥス・グロリオスス
英 名：POINT REYES CREEPER
☀ ❄ ↔3.5m ↕30cm
カリフォルニア中部の海岸地に自生する。匍匐性の低木で、暗緑色で光沢のある鋸歯縁の葉。ラベンダーブルーの花が群生し、春に咲く。*C. g.* var. *exaltatus* は、直立した低木で、高さ約1.8m。*C. g.* '**アンカー ベイ**' は非常に密集した葉つきで、モーブブルーの花が咲く。
ゾーン：7〜9

Ceanothus arboreus

Ceanothus griseus var. *horizontalis* 'Yankee Point'

Ceanothus hearstiorum

Ceanothus griseus
ケアノトゥス・グリセウス

英名：CARMEL CEANOTHUS

☀ ❄ ↔ 3m ↕ 3m

カリフォルニア中央部の丘陵地方原産の低木。暗緑色の葉は裏面が灰色。薄いライラックブルーの花が春に咲く。新しい枝はアーチを描く。*C. g.* var. *horizontalis*は低く育つ品種で、広がる習性がある。'**ダイヤモンド ハイツ**'は'**ヤンキー ポイント**'の種類で、暗緑色の斑のある金色の葉。'**ハリケーン ポイント**'は生育が早く、ライトブルーの花。'**ヤンキー ポイント**'★は鮮やかな青色の花。また別の品種、'**カート ザルニク**'は侵食した断崖にしがみつくように生えているのが発見された。極めて暗い青色の花を持ち、高さ約0.9mで、幅約4.5mにまで広がる。'**サンタ アナ**'は広がる習性があり、濃青色の花をつける。
ゾーン：8～10

Ceanothus hearstiorum
☀ ❄ ↔ 1.8m ↕ 30cm

カリフォルニア原産。以前は交雑種と考えられていたが、今では種として独立している。平伏して広がる常緑低木。しわの寄った小さな葉。ミッドブルーからバイオレットブルーの花が小さく群生し、晩春から初夏に咲く。
ゾーン：8～10

C. g. var. *horizontalis* 'Hurricane Point'

Ceanothus impressus
一般名：サンタバーバラ セアノサス

英名：SANTA BARBARA CEANOTHUS

☀ ❄ ↔ 3m ↕ 3m

広がる常緑低木。葉は小さく、脈が深く走る。花は濃青色で、小さく群生し、春に咲く。常緑で最も耐霜性がある。
ゾーン：8～10

Ceanothus integerrimus
英名：DEER BRUSH

☀ ❄ ↔ 0.9～2m ↕ 0.9～2m

半常緑の大低木。褪せた青緑色の葉をもつ。花は淡青色の円錐花序で真夏に咲く。
ゾーン：7～9

Ceanothus × lobbianus
☀ ❄ ↔ 1.2m ↕ 1.2m

*C. dentatus*と*C. griseus*の自然交雑種。直立で、やや小型、密集した枝つきの常緑低木。鋸歯縁の暗緑色の葉は、裏面が有毛。花は澄んだ明るい青色で、丸い円錐花序となって晩春に咲く。
ゾーン：8～10

Ceanothus maritimus
英名：MARITIME CEANOTHUS

☀ ❄ ↔ 90cm ↕ 30cm

カリフォルニアの海岸地方に原生する。繁茂してマット状になる常緑低木。粗い鋸歯縁の小型の葉は、縁が裏面に巻き気味。葉の表面は光沢のある暗緑色で、裏面は白毛がある。花は薄いモーブから暗青色で、丸く群生する、春に咲く。
ゾーン：8～10

Ceanothus oliganthus
☀ ❄ ↔ 0.9～2m ↕ 0.9～3m

カリフォルニア南部に原生する。常緑の低木か小高木。新枝は有毛で薄く赤みがかる。葉は暗緑色で表面はやや有毛、裏面は表面よりも薄色で、有毛。暗青色から紫色の花は、小花が緩やかに群生し、春に咲く。*C. o.* var. *orcuttii*は、淡青色の花。*C. o.* var. *sorediatus*は、淡青色から暗青色の花。
ゾーン：8～10

Ceanothus ovatus
一般名：レッド ルート

英名：INLAND CEANOTHUS, REDROOT

☀/◐ ❄ ↔ 90cm ↕ 60～90cm

密集した落葉性の低木で、ニューイングランド州からアメリカ合衆国中央部に原生する。夏の葉は光沢のある緑色で、秋には紅葉しない。乾燥したさく果が夏に鮮赤色になる。小さな白い花が咲く。
ゾーン：4～9

Ceanothus papillosus
英名：WART LEAF CEANOTHUS

☀ ❄ ↔ 0.9～3m ↕ 0.9～5m

カリフォルニア原産。常緑の低木で、まばらな短軟毛のある枝をもつ。狭い長楕円形の暗緑色の葉は、長さ約5cmで有毛、いぼのような突起がある。淡青色から暗青色の花は群生で、枝の先端か枝に沿って春に咲く。*C. p.* var. *roweanus*（Mt. Tranquillon ceanothus, Rowe ceanothus）の葉はより細く、より褪せた色。
ゾーン：8～10

Ceanothus prostratus
英名：MAHALA MATS, SQUAW CARPET

☀ ❄ ↔ 2.4m ↕ 8cm

オレゴン州とカリフォルニア州の高山の原産で、亜高山性のほかの種とは異なる。匍匐性の常緑低木で、密集したマットのように茂り、茎は成長につれて発根することが多い。葉は鋸歯縁で、暗緑色。花は薄いラベンダーブルーで、春に咲く。*C. p.* var. *occidentalis*は波状縁、くさび形の葉。
ゾーン：8～10

Ceanothus prostratus var. *occidentalis*

Ceanothus oliganthus var. *orcuttii*

Ceanothus papillosus var. *roweanus*

Ceanothus maritimus

Ceanothus × lobbianus

Ceanothus pumilus
英 名：SISKIYOU-MAT
☀ ❄ ↔2m ↕20cm
カリフォルニア州北部とオレゴン州南西部に原生する。匍匐性の常緑低木。有毛の小枝。葉は革質で小さく、裏面は白毛がある。小型の散形花序に近く、白、モーブ、青色の花を春に咲かせる。
ゾーン：7～10

Ceanothus rigidus
一般名：モントレー・ケアノトゥス
英 名：MONTEREY CEANOTHUS
☀ ❄ ↔2m ↕1.2m
分枝が多く、広がる低木。特徴的な葉は、鋸歯縁で、光沢があり、くさび形。春に、淡い紫青色の花を、密集した散形花序につける。'スノーボール'★は白い花と小さな葉。
ゾーン：8～10

Ceanothus spinosus
一般名：レッドハート
英 名：GREEN BARK CEANOTHUS、RED-HEAT
☀ ❄ ↔2～3.5m ↕2～6m
カリフォルニア州とメキシコに原生する。常緑の大型低木か小高木。滑らかなオリーブグリーンの樹皮。刺のある枝が上向きにつく。緑色の葉は、光沢のある革質。長さ約15cm、白から淡青色の花が群生し、春に咲く。
ゾーン：8～10

Ceanothus thyrsiflorus
一般名：ブルーブロッサム
英 名：BLUE BRUSH、BLUEBLOSSOM、CALIFORNIAN LILAC
☀ ❄ ↔6m ↕6m
大型の低木か小高木で、生育の早い常緑植物。葉は暗緑色で、青い花が密生し、初夏に咲く。花後に軽く剪定する。C. t. var. repens（クリーピング・ブルーブロッサム）は匍匐性の広がる低木。
ゾーン：7～9

Ceanothus thyrsiflorus

Ceanothus thyrsiflorus var. repens

Ceanothus × veitchianus
☀ ❄ ↔3m ↕3m
カリフォルニア原産で、出自不明の自然交雑種。大きな常緑の低木で、光沢ある小さなくさび形の葉は、先端が黒い。ライラックブルー色の花が初夏に咲く。耐寒性があり、花をたくさんつける。
ゾーン：7～9

Ceanothus Hybrid Cultivars
一般名：ケアノトゥス交雑品種
☀ ❄ ↔1.2～3.5m ↕15cm～4.5m
ケアノトゥスは交雑が容易で、分類がむずかしい。現在の栽培品種はほとんどが交雑種。多様な成長習性と花色があるが、優勢的な色調は青色。'A. T. ジョンソン'は花つきがよく、濃い青色のけばだった花を春に咲かせる。'オータムナル ブルー'は花の多い耐寒性のある常緑植物で、スカイブルーの花を晩夏から秋に咲かせる。葉は光沢のある鮮緑色。'ブルー クッション'は深みのある青色の花。'ブルー マウンド'は小型から中型の低木で、光沢のある緑色の葉は細かな鋸歯縁で、鮮やかな青色の花を晩春から初夏に咲かせる。'ブルー ジーンズ'は2.4m × 2.4mの低木で、刈り込めば簡単に生垣にできる。パウダーブルーの花。'ブルー サファイア'は花をたくさんつける小低木で、チョコレート色の葉とロイヤルブルーの花をもつ。'バーク ウッディイ'は密集した株立ちの小低木で、鮮やかな青色の花を晩夏から秋に咲かせる。'カスケード'は常緑で、春にパウダーブルーの花を長い茎に群生させる。'カンカ'は密集した中型の低木で、アーチをえがく枝、細い暗緑色の葉、濃青色の花をもつ。'ダーク スター'は香り高いコバルトブルーの花。'デライト'は非常に耐寒性があり、春に鮮やかな青色の花を長い円錐花序つける。'エドワーズィイ'は生育の早い背の高い低木で、濃青色の花を密生させ、晩春に咲かせる。葉は光沢のある濃緑色で、裏面は澄んだ緑色。'フロスティー ブルー'は密集した濃い緑の葉、霜のような白の薄膜がある濃青色の花は先鋭の花序につく。'ゲンティアン プルーム'は、春と秋に暗青色の大きな開いた円錐花序をつける。'イタリアン スカイズ'は精力的な常緑植物で、濃青色の花が晩春に咲く。'ジョイス コールター'は、青い花が群生する。'ジュリア フェルプス'★は紫赤色の蕾が、開くと濃いモーブの花になる。'パーショアー ザンジバル'（syn.'ザンジバル'）は薄金色と暗緑色

Ceanothus pumilus

Ceanothus, Hybrid Cultivar, 'Blue Sapphire'

Ceanothus, Hybrid Cultivar, 'Pin Cushion'

Ceanothus, Hybrid Cultivar, 'Julia Phelps'

Ceanothus, Hybrid Cultivar, 'Italian Skies'

Ceanothus, Hybrid Cultivar, 'Blue Cushion'

のまだらな葉。'ピン クッション'は小低木で、枝はアーチを描く習性がある。'ピュジェ ブルー'はアメリカで作られた交雑種で、濃青色の花を晩春から夏につける。'レイ ハートマン'は暗緑色の葉で、裏面は有毛で灰色。鮮やかな青色の花の群生。'スノー フラリーズ'は純白の花が晩夏から初秋に咲く。
ゾーン：7～10

CECROPIA
(ケクロピア属)
ケクロピア科。約75種の熱帯アメリカの常緑高木。成長の早い多雨林の高木で、欠刻した傘のような葉と、滑らかな蝋質で中空の枝を持ち、アリが住み着く種がある。アリは葉の基部にある栄養のある付属器官を餌にしており、葉を食べつくすハキリアリを退治する。花は小さく、雌雄異株、多肉質の穂状花序を上部の枝から出す。寿命は短いが、トロピカルガーデンや大型温室で装飾用になる。木材パルプのために栽培される種もある。
〈栽培〉
熱帯と亜熱帯の、水はけのよい適度に肥沃な土壌でたやすく生育する。日なたの雨風の当たらない場所を好む。成長期にはたっぷりと水を与える。屋内栽培の場合には、大きな平鉢に、軽くてもろい混合土を用意し、頻繁に施肥する。繁殖はできれば種子から、あるいは緑枝挿しでもよい。

Cecropia peltata
英 名：GUAROMO、TRUMPET TREE
↔9m ↑21m
広く知られた高木の前駆植物で、軽く色の薄い材をもつ。広く開いた樹冠。葉は裏面が白く、幅約30cmで、奥行きの半分ほどは欠刻する。青っぽい白い枝は中空で、蟻が住んでいることが多い。
ゾーン：10～12

CEDRELA
(ケドレラ属)
熱帯アメリカ原産の8種の落葉性高木で、センダン科に属する。ケドレラは芳香性の軽量の材木をもたらし、中央アメリカや西インド諸島では葉巻の箱として使われることで知られ、「シガーボックスシーダー」として通る。アジアとオーストラリア原産種もかつてはケドレラ属に含まれたが、今では別個の、チャンチン属として扱われる。精力的に枝を広げる習性で、規則正しく2列に並んだやや大きな小葉からなる羽状複葉をつける。花は小さく目立たないが大きな円錐花序につく。果実は小さなさく果で、裂開すると翼のある種子が放たれる。
〈栽培〉
降雨の多い熱帯か、無霜の温暖気候のもとでは簡単に栽培できる。深いローム質土壌で、保護された場所なら栽培に最適である。公園や大庭園での高木の寄せ植えに面白みを添える。種子から殖やす。

Cedrela odorata
英 名：CIGAR-BOX CEDAR
↔4.5m ↑18m
成長の早い、背の高い高木で、樹冠は開き、低い位置の大枝は上向き。羽状の葉は長さ約0.6m。
ゾーン：10～12

CEDRONELLA
(ケドロネラ属)
シソ科に属し、カナリア諸島原産の多年生草木1種からなる。主に芳香性の葉のために育てられ、ハーブ茶やポプリに使われる。色の薄い、穂状の小さな花は目立たないながらも魅力的である。
〈栽培〉
寒冷気候では温室の鉢植えとして、また屋外で一年生として扱う。日当たりのよい場所で水はけのよい土壌ならどこでも育つ。*Cedronella canariensis*の繁殖は種子からか挿し木。

Cecropia peltata

Cedronella canariensis
異 名：*Cadronella triphylla*
英 名：BALM OF GILEAD、CANARY BALM
↔0.3～0.9m ↑0.6～1.2m
カナリア諸島で見られる。いくぶん株立ちの多年生植物で、みずみずしい緑色の披針形の3出複葉がつく。葉を擦ると強いバルサムの香りがする。小さな筒形で、2枚の唇のような花が穂状につき、薄いピンクからライラック色。
ゾーン：9～11

CEDRUS
(ヒマラヤスギ属)
英 名：TRUE CEDAR
ローマの詩人Virgil（70～19 BC）は、ヒマラヤスギには「昔の人が本に塗って虫食いを防いだ油がある」と記している。アフリカ北西部、トルコ、レバノン、さらにヒマラヤ山脈西部と、広範囲に散在する。寿命の長い大高木で、マツ科に属し、針葉がらせん状に並び、枝先の側枝に密集してきれいなロゼットを形成する。雄性、雌性ともに球果は大きく目立つ。ヒマラヤスギの外観はどれも似ており、1種または2種（*C. libani*と*C. deodara*）の変種や亜種として扱われることがある。園芸家に好まれる分類では以下の4種を認めている。
〈栽培〉
かなり耐霜性があるが、酷寒気候では育たない。土壌が中位の深さと肥沃度があり、下層土に湿気がある場合、土壌タイプに適応する。均斉のとれた樹姿をしているので、剪定する必要はない。幼苗は屋外に植えるのがよい。繁殖は栽培品種では接ぎ木、それ以外では種子から。

Cedrela odorata

Cedronella canariensis

Ceiba pentandra

Cedrus deodara

Cedrus libani

Cedrus atlantica

Cedrus atlantica
異　名：*Cedrus libani* subsp. *atlantica*
一般名：アトラススギ、アトラスシーダ
英　名：ATLANTIC CEDA、ATLAS CEDAR
☼ ❄ ↔9m ↑24m

モロッコとアルジェリアのアトラス山脈、リーフ山脈に原生する。幼木は長枝が硬直して直立する円錐形で、樹齢とともに樹冠が広くなる。短枝には針葉が密集してかたいロゼットを形成する。葉は青みがかったものから緑色まで多様である。'アウレア'の葉は、先端が黄色の特徴的な金色葉。**The Glauca Group**（グローカ　グループ）は著しい青色で、接ぎ木されることが多い。'**グラウカ　ペンドゥラ**'★は特異な形状をしており、長枝からでる葉が地面をひきずるため、支えが必要である。'**ペンドゥラ**'はすべての枝が完全に下垂する印象的なクローンで、青みがかった灰色の葉が3mまたはそれ以上にカーテンのように垂れ下がる。
ゾーン：6〜10

Cedrus brevifolia
異　名：*Cedrus libani* subsp. *brevifolia*
英　名：CYPRUS CEDAR
☼ ❄ ↔6m ↑15m

栽培ではあまり知られていないが、キプロスの南部山脈に原生する。小高木で、非常に短い灰色がかった緑色の針葉は概ね12mm以下の長さ。ゾーン：6〜10

Cedrus deodara
一般名：ヒマラヤスギ、ヒマラヤシーダ
英　名：DEODAR、DEODAR CEDAR
☼ ❄ ↔9m ↑60m

アフガニスタンからネパール西部のヒマラヤ山脈西部原産。同属内で最も大きい。尖塔のような樹冠で、下部の枝は地面に接する。長枝は軟らかい緑色の針葉をつけて下垂する。球果は樽形。'**アウレア**'は薄黄色の新しいシュートを出すが、やがて暗いライムグリーンに変わる。
ゾーン：7〜10

Cedrus libani
一般名：レバノンスギ、レバノンシーダ
英　名：CEDAR OF LEBANON
☼ ❄ ↔27m ↑45m

レバノンで有名な本種は、今ではマウント・レバノンでのみ見られる。幼木は細い円錐形で、硬直した長枝と灰色がかった緑色の葉をもつ。樹齢を経た木は堂々とした大枝が水平に広がる。'**ゴールデン　ドワーフ**'（syn. '**アウリア　プロストラタ**'）は矮性品種。
ゾーン：5〜10

CEIBA
（ケイバ属）
異　名：*Chorisia*

パンヤ科。約10種の熱帯アメリカの落葉性高木。丈の高い、丈夫な幹の高木で、滑らかな樹皮は大きな円錐形の刺で被われる。葉は複葉で、葉柄の先から放射状に出る小葉からなる。花はクリーム色から黄色、ピンク、赤があり、散漫な円錐花序になって枝先につく。果実は大きな緑色のさく果で、カポックと呼ばれる綿毛に被われた種子が内包される。カポックはかつて枕の詰め物として使われていた。

〈栽培〉
熱帯の低地か亜熱帯地帯で育つが、夏の降雨と明瞭な乾季がある気候で、水はけのよい深い沖積土の土壌、適度に保護された場所が最適である。初期の成長は早く、完全に成長するのに10〜20年しかかからない。繁殖は取り播きか、夏に半熟枝挿しで行なう。

Ceiba pentandra
ケイバ・ペンタンドラ
異　名：*Eriodendron anfractiosum*
英　名：KAPOK TREE
☼ ✱ ↔24m ↑70m

アフリカでは最も高い自生の高木とみなされる。高く開いた樹冠、太い幹をもち、樹幹の基部は大きくなる。クリーム色から褪せた黄色、ピンクの花が、裸出した枝先から花茎が下向きに、新葉に先って出る。長さ15cmほどの細長いさく果がなる。ゾーン：11〜12

Ceiba insignis

Celmisia spectabilis

Celmisia prorepens

CELASTRUS
（ツルウメモドキ属）

ニシキギ科、この属の30余りの種は、巻きつき型が多く、通常はよじ登り植物と見られているが、自立する植物として育てることもでき、壁の前に垣根仕立てにすることもできる。ユーラシア大陸以外では広く分布し、多くは落葉性、しばしば鋸歯縁のあるやや細い葉をつける。大半の種では雄性の木と雌性の木に分かれる。両性の花とも小さく、クリーム色〜緑色、小さな複総状花序をなす。目立つ果実を産する必要があり、乾燥したさく果が開裂すると、鮮やかな色の多肉質の種衣が現れる。

〈栽培〉
水はけのよい土壌で、日なたか半日陰なら容易に育てられる。ツルウメモドキ属は耐寒性が多様であるが、一般的に中程度の霜なら耐えられる。結実の直後か春に、切り戻しをし、必要なら思い切って刈り込んでもよい。繁殖は種子から、取り木から、あるいは、夏の半熟枝挿しから。

Celastrus orbiculatus
一般名：ツルウメモドキ、ツルモドキ
英　名：ORIENTAL BITTERSWEET
☼ ❄ ↔無限 ↑9m
アジア北東部の温帯地方原産。落葉性で、小型を維持するには定期的な刈り込みが必要である。針金のような茎はもつれて、からみつく。明るい緑色の葉。花は葉腋から出る。果実は色鮮やかなで、秋にはじけて、オレンジイエローの中身とピンクの種衣が現れる。
ゾーン：4〜9

Celatrus scandens
一般名：アメリカンビタースイート
英　名：AMERICAN BITTERSWEET
☼ ❄ ↔無限 ↑6m
北アメリカ原産。広がり大規模なグラウンドカバーになる。葉は長さ約10cmで、鋸歯縁、長楕円形で先端にむかって急激に細くなる。黄緑色の花が夏に咲く。群生する果実が開くと、黄色い内側とピンクがかった赤色の種衣が現れる。
ゾーン：3〜10

CELMISIA
（ケルミシア属）
英　名：MOUNTAIN DAISY, SNOW DAISY

主にニュージーランド原産だが、オーストラリア南東部原産も数種ある。キク科。約60種の多年生植物と亜低木があり、しばしば亜高山・高山地方に生えては植生を独占し、広い地域をカーペット上に敷きつめる。基部でロゼットや茂みをつくる。葉は単葉の細い葉で、ときにはうね模様があり、裏面は綿毛で覆われていることが多い。毛は若葉の表側も被う。大きく広がる種では特に、木質の茎の基部が発達している。花序は一重咲きのデイジー状の花で、白い舌状花が中央の膨らんだゴールデンイエローの筒形の花を囲んでいる。花序は1本の茎に1つつき、主に真夏に咲く。

〈栽培〉
数種は栽培にうまく適応したが、多くの種は自生地以外で育てるのは困難である。寒冷な夏の気候と、砂質で腐植質豊か、湿り気があり、水はけのよい土壌で、日なたか半日陰の場所を好む。繁殖は種子からか、株分けから。

Celmisia incana
☼/◐ ❄ ↔60〜150cm ↑10cm
ニュージーランドのカンタベリーからコロマンデルの原産。木質茎を広げ、白から銀灰色の短い葉が絨緞を広げたようになる。直径約35mmの花序が短い茎につく。
ゾーン：7〜9

Celmisia prorepens
☼/◐ ❄ ↔20〜100cm ↑10〜15cm
ニュージーランドの南島南東部の自生種。ヘラ形の緑葉でできたロゼットが、ときに間隔をあけて、広がり絨緞のようになる。葉は毛で覆われない。小さな花序は赤みを帯びた茎につく。
ゾーン：7〜9

Celmisia sessiliflora
英　名：WHITE CUSHION DAISY
☼/◐ ❄ ↔15〜100cm ↑5〜15cm
ニュージーランドの南島とスチュアート島の高地ではよく見られる。密集した枝の亜低木で、長さ25mm未満の硬い厚い銀色の葉がクッション状になる。花序は数多く、通常は葉と同じ高さにある。
ゾーン：7〜9

Celmisia spectabilis
英　名：COTTON DAISY, COTTON PLANT
☼/◐ ❄ ↔50〜120cm ↑20〜30cm
ニュージーランドの種で、北島中部から南方で見られる。葉は光沢のある明るい緑色で、長さ10〜15cm、銀色から淡黄褐色の毛があり、密集した茂みになる。樹齢とともに、密集したグラウンドカバーとして広がる。花序は直径約5cmで、綿毛を帯びたがっしりした茎につく。
ゾーン：7〜9

Celmisia tomentella
異　名：*Celmisia asteliifolia* in part
英　名：BOG CELMISIA, SILVER SNOW-DAISY
☼ ❄ ↔90cm ↑30〜45cm
オーストラリア本島南東部の高山地帯原産の3種のひとつ。沼地でよく見られる。鱗片のある匍匐性根茎がある。先端の尖った細い葉は長さ約30cmで、両面とも銀色がかっている。花序は直径約5cmで、夏から秋に咲く。栽培は水はけのよい土壌がよい。
ゾーン：8〜9

*Celmisia tomentella*の自生種。オーストラリア、ニューサウスウェールズ州、コジウスコ国立公園。

CELOSIA
(ケイトウ属)

英　名：COCKSCOMB, WOOLFLOWER

アジア、アフリカ、それに南・北・中央アメリカの熱帯で見られるこの属は、約50種の一年生と多年生の植物で、ヒユ科に属する。Celosiaという名前はギリシア語で「燃える」を意味することば、kelosに由来し、この植物の炎のような色と花序の形状を言うのにまことに適切である。Celosia Argentea var. cristataは一年生で、広く栽培されている唯一の種であり、これから数多くの多様な花を咲かせ、花色をもつ実生の系統が開発されている。直立の植物で、なかには高さ1.8mのものもあるが、多くはそれよりはるかに小さい。単葉の槍先形の葉は約15cmの長さ。鮮やかな黄色、オレンジ色、赤色の小さな花は集まって、直立した羽毛か鶏冠のような形をなす。

〈栽培〉

一年生植物としてではあるが、ケロシアは本来の熱帯領域の外でも育てることができる。良好な成長のためには十分な暖かさが必要である。肥沃で水はけのよい土壌の、日なたで、水遣りを十分にする。種子から育てる。

Celosia argentea

一般名：ノゲイトウ

☼/☼ ✿ ↔40〜60cm ↕0.9〜2m

生育のはやい一年生植物で、熱帯地方に広く分布する。槍先形の葉は長さ約6cm。小さな白い花は直立した穂状花序で、長さ約8cmである。よく見られるのはC. a. var. cristataという栽培品種で、緑、紫、または赤の葉と、多くの花色と形状が出回り、以下のグループに分けられる。**Childsii Group**（キルドシイ　グループ）は円形から球形の花序。**Cristata** or **Cockscomb Group**（クリスタタ、あるいはコックスコーム　グループ）は頂生の花序が平たく幅広で、雄鶏の鶏冠に似ている。**Plumosa Group**（プルモサ　グループ）においては直立した羽毛のような花が必ずしも頂生するわけではないが、腋生の花は頂生のものよりもたいてい小さい。'**アプリコット ブランディー**'は高さ約35cmで、オレンジ色の羽状花で、緑色の葉がある。'**フォレスト ファイヤー**'は高さ約60cmで、鮮やかな赤色の羽状花と、赤い葉がある。'**キャッスル ミックス**'は、小型で花が多く、色が多様で、緑色か赤色を帯びた葉がある。花色が栽培品種名に付いて、'**ピンク・キャッスル**'や'**イエローキャッスル**'などがある。'**ニュー ルック**'は高さ約35cmで、枝分かれする習性があり、赤い羽状の花、赤い葉を持つ。'**ベネズエラ**'は、深紅の花。**Pyramidalis Group**（ピラミダリス　グループ）は花序の基部が広く、先端に向かって均等に細くなる。プルモサ　グループに入れられることが多い。

ゾーン：11〜12

Celosia spicata

☼ ✿ ↔30cm ↕60〜90cm

夏に花を咲かせる一年生植物。直立した細い花序は、普通、銀色がかった金属のような色合いのある、ピンクか黄色。

ゾーン：10〜12

CELTIS
(エノキ属)

すべての大陸と大きな島の多くに生えるが、主に熱帯の属。構成する100を超える種は主に常緑である。ニレ科のこの属は、歯牙縁で左右非相称の基部をした、特徴的な形をした葉がある。花は緑色がかっており、目立たない。ひとつの木に、別個の雄花と雌花がある。ベリーのような小さな液果には、薄いが甘い果肉があり、堅い種を隠している。ほとんどの種では果実は熟して黒かこげ茶色になり、鳥が喜んで食べる。自生地の外で栽培されると、厄介にはびこる種もある。

〈栽培〉

生命力旺盛に育つ。郊外の街路や公園などのむずかしい環境にもよく適応し、広範囲の土壌条件にも耐える。落葉性の種はよい木陰を提供してくれる。種子から繁殖する。温帯の種の場合には、春になって播くまでの2、3カ月の間、種子を冷所で層積貯蔵する。発芽は不安定なことが多い。

Celtis australis

一般名：ネトルツリー

英　名：EUROPEAN NETTLE-TREE

☼ ❄ ↔18m ↕18m

ヨーロッパ南部、アフリカ北西部、そして地中海沿岸東部のいたるところで見ら

Celosia spicata

Celosia argentea var. *cristata*, Plumosa Group, 'Apricot Brandy'

Celosia argentea var. *cristata*, Plumosa Group, 'Castle Mix'

Celosia argentea var. *cristata*, Plumosa Group, 'Forest Fire'

Celosia argentea var. *cristata*, Plumosa Group, 'Venezuela'

Celosia argentea var. *cristata*

C. a. var. *cristata*, Plumosa Group, 'New Look'

れる。落葉性で、丸い樹冠、滑らかな灰色の樹皮をした幹。葉は鋸歯縁で、細く、先が尖り、裏面は短い毛が密集する。夏に液果は熟して鮮やかなオレンジ色〜こげ茶色になる。侵略性になりうる。
ゾーン：8〜11

Celtis laevigata
異　名：*Celtis mississippiensis*
英　名：SUGAR HACKBERRY, SUGARBERRY
↔18m ↕24m
アメリカ合衆国南東部原産。落葉性で、滑らかな樹皮は濃い灰色。葉は細く、毛はなく、基部では片側だけが膨らみ、先端では細く尖る。上部には歯牙縁がある。果実はオレンジ色で、秋に熟して黒紫色になる。
ゾーン：6〜11

Celtis occidentalis
一般名：ハックベリー
英　名：AMERICAN HACKBERRY
↔18m ↕18m
アメリカ合衆国北部に広く分布している。落葉性で、低く枝を張る。滑らかな灰色の樹皮には、コルク質のいぼの列ができるが、樹齢とともに色が濃くなり密集し

Celtis australis

Celtis occidentalis

Centaurea cyanus

て畝を作る。葉は幅広く、歯牙縁で、秋にはくすんだ黄色になる。果実は秋に熟して赤から黒紫色になる。'**プレーリープライド**'は密集した生い茂る樹冠。
ゾーン：3〜10

Celtis reticulata
異　名：*Celtis douglasii*
英　名：NETLEAF HACKBERRY
↔8m ↕8m
アメリカ合衆国西部とメキシコの山間部の自生種で、落葉性の種は*C. occidentalis*に似ている。エンドウマメ大の朱色の果実。ネイティブアメリカンは、この果実を粉にして、動物の脂肪やひき割りトウモロコシと混ぜて、食品として使った。
ゾーン：6〜10

Celtis sinensis
一般名：エノキ
異　名：*Celtis japonica*
英　名：CHINESE HACKBERRY, CHINESE NETTLE-TREE
↔15m ↕18m
アジア東部に生える。落葉性または半常緑性。幅広の不規則な樹冠。樹皮は比較的滑らかで、鉛色がかった灰色。葉は歯牙縁があり、表側は光沢のある濃緑色で、裏面はオリーブグリーン。夏に結実する小さな球状の果実は、熟すと黄色からオレンジ、その後黒になる。
ゾーン：7〜12

CENTAUREA
（ヤグルマギク属）
英　名：CORNFLOWER, KNAPWEED, STAR THISTLE
温帯ゾーンに広く分布するこのキク科の属は約450種の一年生、多年生植物と亜低木で構成される。大きく変異のある属

Celtis africana

ではあるが、アザミのような花序によりすぐにヤグルマギクと識別できる。花序は総苞として知られる卵形の花床から出る。しばしば外側と内側の小花群が明らかに異なり、外側の小花には5枚の細い花弁がある。花色には白、黄色、ピンク、青、そして藤色がある。植物の大きさは多様である。共通するの羽状複葉であること（色はシルバー灰色が多い）と直立する習性をもつことである。種によっては傷の治療に使われる。名前の由来はギリシア神話に出てくる半人半馬のケンタウロスからで、彼は治癒力で知られていた。

〈栽培〉
日なたで、水はけのよい軽い土壌に植える。風通しがよいとウドンコ病を減らすことができる。*C. cyanus*のような一年生植物は種子から育てる。多年生は株分けか、花をつけない茎の緑枝ざしから繁殖させる。

Centaurea americana
一般名：アザミヤグルマ
↔30〜50cm ↕80〜100cm
アメリカ合衆国中南部、南東部に自生する一年生植物。まばらな歯牙縁で、槍先形の緑の葉は、長さ約10cm。花序は白から薄い藤色、または紫色。
ゾーン：4〜10

Centaurea cineraria ★
一般名：ダスティミラー
異　名：*Centaurea gymnocarpa*
英　名：DUSTY MILLER
↔30〜60cm ↕50〜90cm
イタリア西部と南部の自生種。多年生植物だが一年生として扱われるときもある。銀灰色の羽状複葉はで非常に装飾的。花序はパープルピンク。
ゾーン：7〜10

Centaurea dealbata

Centaurea dealbata 'Steenbergii'

Centaurea cyanus
一般名：ヤグルマギク
英　名：BACHELOR'S BUTTON, BLUEBOTTLE, CORNFLOWER
↔20〜40cm ↕30〜90cm
温帯ユーラシア原産の一年生、または二年生植物。緑色から青緑色の細い葉は、若葉では銀色がかっていることもある。花序は原種では普通青色であるが、ガーデン品種には白から、さまざまな色合いのピンクや、青色の濃淡がある。花がら摘みをすると花時が長くなる。'**ブルーダイアデム**'の花序はひだのある八重咲きの大きな花で、深い青色。**Florence Series**（フローレンス シリーズ）は矮性の系統で、高さ約35cmほどに育ち、花色は広範囲に及ぶ。
ゾーン：2〜10

Centaurea dealbata
ケンタウレア・デアルバタ
英　名：PERSIAN CORNFLOWER
↔40〜60cm ↕80〜100cm
コーカサス地方とイラン半島北部原産の多年生植物。羽状複葉は表側が緑で、裏面は灰色の柔毛を帯びる。花序はピンクから紫。'**スティーンベルギイ**'はよく育つ大型の栽培品種で花序は濃いピンク。
ゾーン：3〜9

Centaurea hypoleuca 'John Coutts'

Centaurea macrocephala

Centaurea montana

Centaurea hypoleuca

ケンタウレア・ヒポレウカ

☀ ❄ ↔30～45cm ↕40～60cm

トルコからイラン北部に分布する多年生植物。葉の形状は変異があるが、表側は緑色でまばらな毛が生え、裏面は灰色がかった毛で覆われる。花序はピンクから赤紫色。'ジョン クーツ'の花序は濃いパープルピンク。ゾーン：5～9

Centaurea macrocephala

英　名：GLOBE CORNFLOWER

☀ ❄ ↔50～60cm ↕80～100cm

直立する多年生植物で、コーカサス地方の自生種。緑色の槍先形の葉は細かい銀色の毛で覆われる。黄色い大きな花序。ゾーン：3～9

Centaurea montana

一般名：ヤマヤグルマギク

英　名：MOUNTAIN BLUET、PERENNIAL CORNFLOWER

☀ ❄ ↔30～100cm ↕60～80cm

ヨーロッパの山岳地方自生の多年生植物。根茎で広がり、大きく群生する。緑色の葉は幅広で槍先形、基部では羽状のこともある。花序はバイオレット色から青紫色。'アルバ'は低く育つ、白花の栽培品種。ゾーン：3～9

Centaurea montana 'Alba'

枝か、種子から繁殖させる。

Centella asiatica

異　名：*Hydrocotyle asiatica*

英　名：ASIATIC PENNYWORT、GOTO KOLA、INDIAN PENNYWORT

☀/◐ ❄ ↔30～90cm ↕5～30cm

熱帯地域一帯と南半球に分布。匍匐性の多年生植物で、平伏する茎が節で根を出す。葉の大きさは多様、葉柄は長さ約30cmまで、腎臓形から丸みを帯びた刀身形で、幅5cmほど、付け根にV字の切れ込みがあり、尖った鋸歯縁。花は赤みを帯びた小花、夏から秋に咲く。食べられる葉のためだけでなく、被覆作物として栽培される。西洋の軟膏には、治癒を促進する成分としても使われる。ゾーン：9～12

Centaurea simplicicauris

☀ ❄ ↔30～70cm ↕30～50cm

低く盛り上がる多年生植物でコーカサス地方とアジア西部の原産。根茎によって広がり、群生する。輪生でつく緑色から灰緑色の葉には葉裏に銀灰色の毛が生える。花序は濃いピンク。ゾーン：4～9

CENTRADENIA

（ケントラデニア属）

ノボタン科、4、5種の常緑の多年生植物か亜低木で、中央アメリカとメキシコの原産。葉は単葉、対生、はっきりした脈が走り、ややビロード様で、しばしば裏面は赤みを帯びる。ピンクや藤色の小花が複総状花序となって、枝先か、枝に沿って咲く。

〈栽培〉

冷涼な地域ではコンサバトリーか温室の中で、遮光した光の中、水はけのよい砂質のローム土に植える。成長期にはよく水を与える。温暖な地域では、屋外の水はけのよい土壌の、日なたか日陰で育てる。成長する先端部は摘心して密生させる。繁殖は種子からか挿し木で行う。

Centradenia inaequilateralis

ケントラデニア・イナエクイラテラリス

☀/◐ ✂ ↔30cm ↕30cm

メキシコの自生種。幅広の卵形の葉は

Centradenia inaequilateralis 'Cascade'

わずかに毛が生え、裏面は赤みを帯びる。冬にピンクの花を咲かせる。'カスケード'はしだれる習性がある。鉢植えやハンギングバスケットに向く。ゾーン：10～11

CENTRANTHUS

（ベニカノコソウ属）

英　名：VALERIAN

ヨーロッパと地中海沿岸に自生する一年生と多年生の亜低木12種から構成されるが、*C. ruber*だけが広く栽培される。藪をつくる直立した茎には、青緑色の槍先形で単葉の葉がつき、茎頂には蜂蜜の香りのする小さな花がつく。高さ0.6～1.5mほどに育つ。花色はくすんだ深紅の色合いのことが多いが、白やピンクのこともある。ベニカノコソウとして知られていて、同じオミナエシ科ではあるが、*Valeriana officinalis*（セイヨウカノコソウ）のように医療的効能はない。

〈栽培〉

日なたの水はけのよい場所なら簡単に育てられる。アルカリ性の土壌を好むが、不可欠ではない。渇水に耐性があり、非常に適応力がある。播種を防ぐために、花が枯れるとすぐに茎を切り戻しする。*C. ruber*は自家播種する傾向があり、ニュージーランドの一部では雑草と見なしている。

Centranthus angustifolius

英　名：NARROW-LEAFED VALERIAN

☀/◐ ❄ ↔50～70cm ↕50～80cm

南ヨーロッパの原産、明るい緑色で槍先形～へら形の、細い葉を持つ。根出葉には欠刻が入り、より丸い。春と夏に、ラベンダーピンクの小花を集めた花序をつけるが、花は下方の裂片が目立つ。ゾーン：7～10

Centranthus ruber

一般名：ベニカノコソウ、ヒカノコソウ

英　名：JUPITER'S BEARD、RED VALERIAN

☀/◐ ❄ ↔40～70cm ↕80～100cm

ヨーロッパ、北アフリカ、西アジアで見られる。青緑色の卵形～槍先形の葉は、細かい歯牙縁となり、長さ約8cm。香りのよい濃いローズピンクから赤色の小花は、群生して直立した上向きの花序をなす。'アルブス'は白い花。ゾーン：6～10

Centranthus angustifolius

Centranthus ruber 'Albus'

Centranthus ruber

CENTROPOGON
(ケントロポゴン属)

キキョウ科のロベリア属と関連のあるこの属は、約230の常緑低木、亜低木、多年生植物からなる。中央アメリカ、南アメリカ、および西インド諸島にのみ分布。多くは霧のたちこめる山間部の森林に育つが、時には着生植物として育つこともある。茎は直立したり、這ったり、ほかの植物によじ登ったりする。単葉の葉は鋸歯縁か全縁で、互生か対生。鮮やかな色の花が、長い茎の上部の葉腋から出る。花冠筒部は下向きに曲がることが多く、花冠裂片は輪になるか、後ろに反り返る。ロベリアと違うのは、柱頭の毛が房のようになって長く突き出ていることで、ケントロポゴンという属名はギリシア語で髭のように突き出たものという意味である。この突起はハチドリによる受粉に適応している。果実は多肉の液果で、種によっては食べられる。

〈栽培〉
霜の降りない気候なら屋外で、風雨にさらされず、湿った場所で育つ。やや冷涼な熱帯山岳部の原産であるので、暑い低地には適応しないかもしれない。比較的冷涼な気候では、コンサバトリー植物として愛好家のコレクションに加えられることもある。栽培土やその他の必要条件はフクシアのものと似ている。挿し木か種子から繁殖。

Centropogon constaricae
↔ 0.9m ↕ 1.5m
標高1,500～3,000mのコスタリカの高地の自生種。直立する低木。細い葉にの縁と葉脈は、葉裏では赤色。花は朱色で、夏から秋に咲く。
ゾーン：9～11

Centropogon talamancensis
↔ 1.5m ↕ 0.9m
標高2,400～3,600mのコスタリカ南部の山岳部の自生種。軟らかな亜低木でよじ登る枝と、花をつける直立するシュート、細かい鋸歯縁の幅広の葉がある。花は濃いピンクから深紅、夏から秋に咲く。
ゾーン：9～11

CEPHALANTHUS
(ヤマタマガサ属)

アカネ科の、アフリカ、アジア、アメリカの温帯から熱帯に広く分布する、わずか10種ほどの落葉性か常緑性の低木、高木からなる。英語圏ではbuttonbushとしてよく知られ、これはときに小さな苞を後ろに持つ、非常に小さな花が、button (ボタン) のように丸い花序をなすから。続いて、堅い果実が先端になる。葉は大きさも形状も多様だが、通常は濃緑色で、とくに葉脈、中央脈、葉柄が赤みを帯びることが多い。

〈栽培〉
耐寒性はその種がどこの原産かによって違う。熱帯原産の種は耐霜性がほとんどないか、全くない。一方、北アメリカ原産の種は寒さに非常に強い。ヤマタマガサ属は全種とも庭の条件によく適応し、水はけのよい湿り気のある土壌で、日なたか半日陰の場所ならよく生育する。必要なら剪定する。繁殖は種子からか、挿し木で行う。

Cephalanthus occidentalis
一般名：タマガサノキ、アメリカヤマタマガサ
英 名：BUTTONBUSH
↔ 3m ↕ 6m
冬の霜しだいで、常緑性、または落葉性になる。低木か小型の高木で、湖や川の近くの湿った土壌に分布。葉は先の尖った楕円形～槍先形。白色からクリーム色のかすかに芳香のある花序を夏につける。
ゾーン：5～11

CEPHALARIA
(キバナノマツムシソウ属)

マツムシソウ科、約65種の一年生、多年生の草本植物がある。ヨーロッパからアジア中央部とアフリカで見られ、しばしばgiant scabiousと呼ばれるが、これは近縁のマツムシソウ属と非常に似ているためである。キバナノマツムシソウ属は鋸歯縁葉か全裂葉を群生させ、そこから花をつける高い茎を出す。球状の引き締まった花序が開くと、デイジーを思わせるほぼ白～黄色の小花が重なり合い襞襟のようになる。果序もまた魅力的で、柔らかな逆毛を立て、ハチの巣模様を呈する。

〈栽培〉
日なたで、中程度に肥沃、水はけがよく、しかも湿気を保つ土壌に育つ。ほとんどの種がワイルドガーデンで自然にまかせて育てるのに向く。繁殖は種子からか株分けから。

Cephalaria gigantea
一般名：イエロースカビオス
英 名：GIANT SCABIOUS
↔ 60～120cm ↕ 1.2～2.4m
コーカサス地方とシベリアの原産。逞しい多年生植物で、濃緑色で羽状の大きな葉がある。高く、枝分かれする茎が、クリーミーイエローの花を夏につける。*Cephalaria gigantea*はボーダー花壇では、広がるスペースを十分に空けておく必要がある。
ゾーン：4～9

Cephalanthus occidentalis

Centropogon talamancensis

*Centropogon costaricae*の自生種。コスタリカ、セロデラムエルテ。

CEPHALOCEREUS
(ケファロケレウス属)

サボテン科、5種で構成される。メキシコの円柱形のサボテンを分類する試みは何度も行われてきた。DNA鑑定を含む研究がケパロケレウス属と関連する属、カルネギア属、レマイレオケレウス属、ミトロケレウス属、ネオブクスバウミア属、ネオダウソニア属、パキケレウス属、ピロソケレウス属との本当の関係にもっと光を当てることになり、再分類があるだろうことは疑う余地がない。The International Cactaceae Systematics Groupはすでに本属の5種を承認している。ケファロケレウス属は1838年に認められた。ケファロケレウスという名前はギリシア語で「頭」を意味する*cephale*からで、サボテンの偽花座をさす。偽花座とは、通常成熟した茎の北側に見られる厚い羊毛と剛毛のある部分で、ここから夏に花が出る。

〈栽培〉
無機質が豊富で水はけのよい土壌なら簡単に栽培できる。種子からでも、1、2週間乾燥させた茎片からでも育てられる。冬には休ませる。

Cephalocereus columna-trajani
異　名：*Cephalocereus hoppenstedtii*
☀ ☼ ↔40cm ↕8～10m
メキシコのプエブラ州の自生種。華々しい円柱形のサボテンで、あたかも電信柱の森のような大きなサボテン群を形成する。陵は15～25、刺座には、特に成長する先端のものは、羊毛がつく。中刺は5～8本、長さは6～8cm、灰色を帯びる。側刺は15～20本、白い。偽花座は通常、幅8cmほど、長さ約2～3mの成熟した茎の北側にある。
ゾーン：9～11

Cephalocereus senilis
一般名：翁丸（オキナマル）
英　名：OLD MAN CACTUS, OLD MAN OF MEXICO
☀ ☼ ↔30～40cm ↕15m
メキシコのイダルゴ州、グアナフアト州、それにメツィティトラン渓谷に自生する。非常に人気があり、簡単に識別されるサボテンである。*senilis*は「年取った」という意味だが、特徴的な長くねじれた、灰色か白色の刺が植物の茎を覆い、名の通り、まるで髭をはやした老人のようである。この植物は単生または基部から枝分かれし、成長はゆっくりだが、自然状態では12mにまで達する。陵は20から30、刺は強く、1～5本の灰色がかった白色の中刺と、20～30本の白い髪の毛状の細くねじれた側刺がある。偽花座は成熟した枝側にあり、のちに成長点を覆う。花は鐘形で、アプリコット色、幅8～10cmである。果実は卵形をしている。
ゾーン：9～11

CEPHALOPHYLLUM
(ケファロフィルム属)

ハマミズナ科。約30種の多肉葉植物からなり、ナミビア南部とその周辺地域に自生。密接に関連するアルギロデルマ属は、通常単生の花をつけ、さく果の構造が違う。ケファロフィルムは低く這い回る習性を持ち、直立し株立ちすることはまれである。横断面を見ると、葉は先端近くで三角形をなし、基部では円形をしている。花が単生であることは稀で、花弁は黄色、紫、または白と多様な組み合わせになる。雄ずいは多くの場合花びらと対照的な色。さく果（「転がる果実」と呼ばれる）はいくつかの種では分離し、風に吹かれて地面を転がりながら種子を撒き散らす。

〈栽培〉
冬の降雨のない地域では屋外で、または温帯地方だと温室で栽培する。日なたと低湿、それに稀な水遣り（冬には皆無）が必要である。繁殖は種子からか、根付かせる前に乾燥させておいた茎片挿しから。

Cephalophyllum alstonii
一般名：キョクホウ、アサヒミネ
☀/☼ ❄ ↔50cm ↕10cm
ナミビアと南アフリカの西ケープ地方の原産。斑点のある灰緑色の円筒形の葉は約8cmの長さ。鮮やかな赤色の花は幅約8cm、赤紫の雄ずいがある。
ゾーン：9～11

Cephalophyllum diversiphyllum
異　名：*Cephalophyllum loreum*
☀/☼ ❄ ↔50cm ↕10～15cm
西ケープ地方原産。葉は緑色、長さ約10cm、おおよそ筒形だが基部が平らでだんだん先が細くなり、ロゼットをなす。花は黄色で、裏面が赤みを帯び、非常に大きい。果実が裂開すると複雑な内部構造が現れる。
ゾーン：9～11

Cephalophyllum 'Red Spike'
一般名：ケファロフィルム'レッド スパイク'
☀/☼ ❄ ↔50cm ↕15cm
南アフリカの西ケープに原産するもう1つの種。灰緑色の筒形の細い葉は、長さ約8cm以上に育つ。鮮やかなレッドピンクの花は、紫色がかった雄ずいを持つ。
ゾーン：9～11

Cephalophyllum subulatoides
☀/☼ ❄ ↔50cm ↕15cm
南アフリカ、ケープ地方南西部に原産。葉は先にいくほど細くなる筒形、長さ約8cmで、緑色～灰緑色で赤い斑点があり、日に当たると、特に先端部が、赤くなる。紫から赤紫の花は直径40mm。
ゾーン：9～11

Cephalophyllum tricolor
☀/☼ ❄ ↔50cm ↕15cm
西ケープ地方原産。細かい斑点のある、薄緑色から灰緑色の葉は、先にいくほど細くなる筒型で、長さ約8cm。花弁は黄色で付け根は赤紫。雄ずいと花びら先端の裏面は赤色、花径約5cm。
ゾーン：9～11

CEPHALOTAXUS
(イヌガヤ属)

英　名：PLUM YEW

6種以上の、主に中国で見られる針葉樹からなる興味深い属である。葉はイチイに似ているが、雌性株では胚珠やそこからできるスモモのような種子が、柄のある頭のような球果に詰まる。雄性株では花粉球果（雄花）が同様に、小さな玉飾りのような球果（雄花序）に詰まる。この属は今では独立したイヌガヤ科に属している。すべての種は低木か小型高木で、薄片状に剥離する茶色か赤茶けた樹皮をしており、多くの場合複数の茎を立て、地表面では吸枝を出す。

〈栽培〉
丈夫で順応性のある植物で、広範囲の土壌、気候に適応し、覆いのない露出した場所にも半日陰にも耐えるが、一年中安定した十分な降雨のある気候を好む。頻繁な剪定にも耐えるので生垣には最適である。繁殖は挿し木で簡単に行えるが、頂枝のシュートから取るのが望ましい。種子を苗床で発芽させるには冬期に層積貯蔵をするのが普通である。

Cephalotaxus fortunei
英　名：FORTUNE'S PLUM YEW
☀ ❄ ↔3m ↕6m
1849年スコットランドの植物調査者Robert Fortuneによって英国に紹介された。輪生の枝。線形でややカーブを描き、先端の尖った細い葉には、下部に2本の白い帯があり、2列に並ぶ。卵形の種子は熟すと光沢のある紫がかった茶色になる。
ゾーン：7～10

Cephalocereus senilis

Cephalophyllum alstonii

Cephalotaxus fortunei

Cephalophyllum subulatoides

Cephalotaxus harringtonia
一般名：イヌガヤ
英　名：JAPANESE PLUM YEW
☀ ❆ ↔3m ↕4.5m

広がる低木、ときには小型高木。枝は互生でつき、オリーブグリーンの葉は先端で細くなり、2列に並ぶ。種子は *C. fortunei* のものと似ている。*C. h.* var. *drupacea* ★ は短い硬い葉があり、整ったV字に並んでいる。*C. h.* 'ファスティギアタ' の直立する枝は密集し、一本の円柱のようになる。
ゾーン：6〜10

CEPHALOTUS
（フクロユキノシタ属）
英　名：ALBANY PITCHER PLANT、WESTERN AUSTRALIAN PITCHER PLANT

肉食の嚢状葉植物（壺状の補虫嚢を持つ肉食植物）で、ケファロトゥス科の唯一の属。ウェスタンオーストラリア州南西沿岸地方の泥炭質の沼沢地や湿った砂質の土壌でのみ見られる。小さいが非常に強い嚢は、小型のモカシン靴に似ている。多年生植物だが、生育はゆっくりで、冷涼な冬には生育が止まることがある。春には肉食でない光沢のある葉を出す。気候が暖かくなると、肉食の補虫嚢が発達する。ロゼットの中に形成され、外側に向いた補虫嚢には細かい白い毛を帯びる。補虫嚢には中央に1本、両側に開口部に向かって傾斜している2本の畝がある。穴の縁にも畝がある。半日陰では落とし穴は鮮やかな緑色だが、日なたでは美しい濃いバーガンディ色に変わる。虫はこの鮮やかな色と落とし穴の縁のすぐ内側にある花蜜に惹かれてやってくる。ひとたび内に入ると、虫はつるつるした表面を滑って、消化液のたまる窪みに落ちる。
〈栽培〉
ピート3、バーミキュライト1、砂2の割合の混合土で鉢植えにするか、日当たりのよいボグ・ガーデン（湿地の庭）で育てる。フクロユキノシタは日なたで一番よく育ち、夏には受け皿に水を張り浸してしのげる。冷涼な時期には土が湿っている程度にしないと、根ぐされを起こしやすい。土壌に殺菌剤を数カ月ごとに与える。本来の自生地では、気温は夏には40℃を超えるが、冬の夜は冷涼か寒冷にまでなる。繁殖は株分けか茎ざしで、晩春から初夏に行う。

Cephalotus follicularis
一般名：フクロユキノシタ
英　名：ALBANY PITCHER PLANT、WESTERN AUSTRALIAN PITCHER PLANT
☀ ❆ ↔20cm ↕38cm

丈夫な根茎は多くの短い茎を出して、そこに2種類の異なるタイプの葉がつく。ひとつは単葉で、さじ型、緑色、多肉質、卵形。他方は葉が壺型の容器に姿を変え、剛毛の生えた蓋がつき、緑色、茶色、または赤色をしている。花をつける茎は高さ0.6mにまでなる。
ゾーン：9

CERASTIUM
（ミミナグサ属）

ナデシコ科の約100種。主に一年生か多年生植物で、大多数は精力的にカーペットを敷き詰めたように広がるグラウンドカバーか、房状になる植物。この属の多くは雑草として分類される。ヨーロッパと北アメリカの各地で見られるが、この属の生育範囲は温帯から北極ゾーンである。一般に葉は小さく、しばしば毛が生え、見たところ銀色をしている。花は通常白い小花で、ロックガーデンで人気があり、トラフに植えたり、ボーダー花壇の正面に固めて植えたりする。
〈栽培〉
水はけのよい土壌で日なたというのが、この植物には絶対必要である。やせた、あるいは岩だらけの土壌に対処できる種もある。繁殖は種子から、株分けから、挿し木から。

Cerastium arvense
一般名：セイヨウミミナグサ
英　名：FIELD/LARGE-FLOWERED/MEADOW OR PRARIE CHICKWEED、STARRY CERASTIUM
☀ ❆ ↔100cm ↕15〜25cm

北アメリカの多年生植物。明るい白色の花が、大きな絨毯のように広がる。線形の葉。
ゾーン：6〜11

Cerastium boissieri
異　名：*Cerastium boissierianum*
☀ ❆ ↔20〜40cm ↕15〜25cm

ヨーロッパの種で主にスペインで見られる。白い毛の生えた葉。白い花。日当たりがよく乾燥した岩場の割れ目でよく育つ。
ゾーン：6〜11

Cerastium candidissimum
英　名：SNOW-IN-SUMMER
☀ ❆ ↔100cm ↕10〜15cm

繁茂する多年生植物で、グラウンドカバーになる植物。銀色の細い葉は長さ12〜30mm。小さな白い花が春から夏に咲く。
ゾーン：6〜11

Cerastium macranthum
☀ ❆ ↔10〜20cm ↕5〜20cm

トルコ原産。房状に生える多年生植物で牧草地に生える。白い花が春から夏に咲く。
ゾーン：6〜11

CERATONIA
（イナゴマメ属）

マメ科カワラケツメイ亜科に属する2種で、アラビア半島とソマリア原産の常緑高木。うち1種は聖書の時代から食物や飼料として使われてきた。羽状の葉には、革質の大きな小葉がある。幹や枝から出る分岐する穂状花序にはびっしり小さな花が並ぶ。雌雄の配分はそれぞれの木によってまちまち。果実は膨らんだ茶色っぽい莢で、光沢のある種子が甘くて粉をふったような、食べられる果肉に埋まっている。
〈栽培〉
C. siliqua のみが栽培される。この種には暑い乾燥した夏、やや湿潤の冬、常に土中の水分が深い状況を好む。肥沃で水はけのよい土壌を好む。木を1本しか育てられないなら、雄性花と雌性花をいっしょにつけることで知られる変種を選ぶとよい。繁殖は種子からか、晩夏に挿す緑枝挿しから。

Cephalotus follicularis の自生種、オーストラリア、ウェスタンオーストラリア州、デンマーク

Cerastium arvense

Cerastium candidissimum

Cerastium macranthum

Ceratonia siliqua

一般名：イナゴマメ、キャロブマメ、ヨハンパンノキ
英　名：CAROB, ST. JOHAN'S BREAD
☼ ❄ ↔8m ↕12m

太くねじれた幹、濃い木陰を落とす低く幅広い樹冠。秋に出る花は、薄緑がかった紫で、腐敗臭を放って多くのミツバチやハエを引き寄せる。初冬には曲がった豆果がたくさん熟す。果肉はチョコレートの代用品として使われる。
ゾーン：8～11

CERATOPETALUM
（ケラトペタルム属）

クノニア科、オーストラリア東海岸とニューギニアの原産の5種の常緑種からなる。目立たない花の後、膨れて赤くなった萼が何週間も残る。葉の大きさは種によって違う。まばらで軽く葉を茂らせた低木もあれば、葉を密生させた高くなる高木もある。大多数は東海岸沿岸の湿潤な森林か多雨林に自生する。*C. gummiferum*は商業的花市場のために栽培される。

〈栽培〉
すべての種が簡単に育つが、適度な水分、水はけのよい土壌を必要とし、マルチやコンポストでの有機肥料を、化学肥料よりも好む。半日陰が向くが、日なたに置くと色づきがよくなる。繁殖は種子からである。

Ceratopetalum apetalum
英　名：COACHWOOD
☼ ❄ ↔9m ↕21m

オーストラリア東部の多雨林の自生種。ほっそりと高い高木で、複数の幹、濃緑色の革質の葉、花と間違えられることの多い鮮やかな赤色の萼、本当の花のほうは目立たないクリーム色。
ゾーン：9～11

Ceratopetalum gummiferum
英　名：NEW SOUTH WALES CHRISTMAS BUSH
☼/☾ ❄ ↔1.8m ↕4.5m

直立して育つ低木で、優美な3出複葉の葉、浅い歯牙縁の葉がある。鮮やかな赤色の萼は夏の目立たないクリーム色の花に続いて出る。オーストラリアのニューサウスウェールズ州ではクリスマスの季節に花屋で人気がある。新しい変種も引き続き開発されている。
ゾーン：9～11

CERATOSTIGMA
（ルリマツリモドキ属）

イソマツ科、8種の草本性多年生植物、小型常緑、または落葉性低木からなり、1種を除くすべてがヒマラヤ山脈か東南アジア地方の原産。濃い青の5弁で平らな花が夏から秋に枝先端に群生で咲く。この花が目当てで栽培される。花が咲くと小さな葉は寒さの程度に応じて、赤茶色から赤色に紅葉する。

Ceratonia siliqua

Ceratostigma plumbaginoides

〈栽培〉
低く育つこの植物は、水はけのよい湿った土壌の日なたで、いちばんよく育つ。霜には弱い。軽く剪定するとより密集したコンパクトな茂みになる。しかし花をつけるのは、そのシーズンに伸びた枝であるので注意すること。冬の霜までに刈り込まれると、再びシュートを出す。

Ceratostigma griffithii
☼ ❄ ↔2m ↕0.9m

常緑低木で、低く、多数枝分かれをする習性がある。密集した葉がこんもりとした形になる。先端に群生する青いの花は晩夏から秋に咲く。そのころ真緑色の葉が赤くなる。ゾーン：7～10

Ceratostigma plumbaginoides ★
一般名：ルリマツリモドキ
異　名：*Plumbago larpentiae*
☼ ❄ ↔30cm ↕45cm

草本性多年生植物で、茎はほっそりした直立性。根茎から広がり、有用なグラウンドカバーとなる。濃い鮮明な青色の花が、夏から秋に赤い茎の先に咲く。葉は涼しくなってくると赤色に変わる。
ゾーン：6～9

Ceratostigma willmottianum
一般名：チャイニーズプランベーゴ
英　名：CHINESE PLUMBAGO
☼ ❄ ↔1.5m ↕0.9m

落葉性低木で、まばらに低く枝分かれする習性がある。真緑色の葉。薄青から

Ceratostigma griffithii

Ceratostigma willmottianum

C. willmottianum Forest Blue/'Lice'

*Ceratopetalum apetalum*の自生種、オーストラリア、ニューサウスウェールズ州、ブルーマウンテンズ。

Ceratopetalum gummiferum

鮮やかな青の花が夏から秋中咲く。葉は秋に濃いブロンドの色合いに変わる。'フォレスト ブルー／ライス'は楕円形の葉と濃い青色の花をつける。
ゾーン：7〜10

CERATOZAMIA
（ケラトザミア属）

9〜16種のヤシのような多年生植物で、ザミア科に属するソテツ。メキシコ山間部、ベリーズ、グアテマラの自生種。頑丈で、丸い、葉痕のある幹を発達させる。葉は輪生の羽状複葉で、直立またはカーブを描く。筒形で鈍い緑色の雌性球果は先が1本の刺になる。雄性球果はより細く、わずかにフェルト状。緑または銅色の新しいシュートは滑らかなことも有毛のこともある。角を意味するギリシア語のcerasから付けられた名前は、雄性、雌性球果につく角のような刺に因む。
〈栽培〉
コンテナあるいは庭園に最適。水はけのよい、マルチを施した、やや酸性で腐植質豊かなローム土に植える。大多数は高湿を好むが、ゆるやかな空気の流通と程度の差はあれ日陰が必要である。直射日光は葉を傷める。霜から保護して、春と夏には軽く施肥する。繁殖は新しく収穫された種子からで、発芽には6〜12カ月かかる。子株をだして株分けできる種もいくつかある。

Ceratozamia hildae
一般名：ケラトザミア・ヒルダエ
☼/☀ ❄ ↔1.8〜3m ↕0.9〜1.5m
メキシコ原産。小さな細い幹は、部分的に地中にあり、卵形をしている。若い葉は茶色か赤茶けていて、有毛。樹冠は5〜20枚の、直立または広がった、濃緑色の、紙質で、長さ約0.9〜1.5mの羽状複葉でできている。葉には剣形の小葉が互生で3枚つく。雄性球果は黄褐色で直立する。雌性球果はオリーブグリーンから茶色で直立しており、滑らかな白っぽい種子をつける。ゾーン：9〜11

Ceratozamia mexicana

Cercidiphyllum japonicum f. *pendulum*

Ceratozamia mexicana
☼ ❄ ↔1.2〜2.4m ↕0.9〜2m
中型のメキシコ原産のソテツで、幹は大きく丸くこげ茶色。若枝は明緑色で有毛。樹冠はアーチを描く、直立、または開いている形状で、12〜20枚の、やや光沢のある濃緑の長さ約1.5〜2.4mの葉でできている。葉には150ほどの小葉、中央脈には刺、葉柄がある。直立したブラウンの雄性球果。直立した灰色で、筒形から樽形の雌性球果。ゾーン：9〜12

CERCIDIPHYLLUM
（カツラ属）

カツラ科唯一の属で、モクレン属と密接に関連している。カツラ属は2種に代表され、中国と日本に自生する最大の落葉性高木を含む。水平に枝をはる特徴的な優雅な習性と、美しく色づく心臓形の葉。葉が秋に赤、ピンク、黄色へ色を変えるのが、この種のいちばん注目に値する特徴である。一般にこの植物は地面近くの低いところで枝分かれするのが見られるが、このために強風のダメージを受けやすい。
〈栽培〉
乾燥した風や晩春の霜で美観を損なうことのないように、保護された場所が不可欠である。夏には定期的に水分が必要で、肥えた土壌も望まれる。繁殖は最初の冬を越してからの種子でする。挿し木でも、晩春から初夏に冷涼湿潤の条件のもとで容易に根を下ろす。

Cercidiphyllum japonicum
一般名：カツラ
英　名：KATSURA TREE
☼ ❄ ↔10m ↕18m
優雅に水平に枝を伸ばす構造と、鮮やかな秋の葉色。栽培では小型になる。葉は青みがかった緑色（開くと赤っぽい）で、秋にはスモーキーピンク、黄色、赤色に変わり、焦げた砂糖を思わせるような刺激のある香りを発散する。*C. j.* var. *sinense*は葉の裏面にビロードのような毛が生える。*C. j.* f. *pendulum* ★は枝垂れる。

Cercidiphyllum magnificum
ケルキディフィルム・マグニフィクム
異　名：*Cercidiphyllum japonicum* var. *magnificum*
☼ ❄ ↔3〜4.5m ↕3〜8m
日本原産。しばしば複数の幹。成熟するまでは滑らかな樹皮。大きな円型の葉は基部が心臓形で、歯牙縁。葉は開くと紫がかった赤で、夏には濃い濃緑色になり、秋には鮮やかな金色に紅葉する。'ペンドゥルム'は枝垂れる習性。
ゾーン：6〜9

Cercidiphyllum japonicum f. *pendulum*

Cercidiphyllum japonicum

Cercidiphyllum japonicum var. *sinense*

CERCIS
（ハナズオウ属）

この小さな属は6〜7種のマメ科ジャケツイバラ亜科の落葉性高木と低木で、北アメリカから東南アジアで見られ、春にさく美しい花が目当てで栽培される。葉は互生でほとんどが幅広の卵形。ずんぐりした萼に5弁の蝶形花がつく。花は初期の葉より前か同時に、むきだしの茎につく。果実は平たい豆で、縁にそって浅い翼がある。
〈栽培〉
ハナズオウは適度に肥沃な水はけのよい土壌で、ほとんど一日中日光に曝されるのを好む。すべての種は耐霜性がある。主要な頂枝を選んで他を整枝した後は、定

Cercis canadensis

Cercis canadensis 'Forest Pansy'

Cercis occidentalis

Cercis chinensis

期的な剪定はほとんど必要ない。繁殖は新しい種子からだが、殻を軟らかくするために、あらかじめ湯につけておく。夏か初秋に半熟枝でふやしてもよい。

Cercis canadensis
一般名：アメリカハナズオウ
英　名：EASTERN REDBUD, REDBUD
☼ ❄ ↔9m ↕9m
アメリカ合衆国に広く分布している。短い主幹か、あるいは複数幹を持ち、丸い樹冠には変異性がある。花は濃い赤茶色の萼と、ローズピンクの花弁があり、晩冬から早春に咲く。'アルバ' は白い花。'フォレスト パンジー' はバーガンディ色の葉とピンクの花。ゾーン：5〜9

Cercis chinensis
英　名：CHINESE REDBUD
☼ ❄ ↔6m ↕6m
中国中央部原産。*C. canadensis*と似ているが、葉柄はより短い。濃いローズパープルの花が、晩冬から早春に咲く。寒冷地域には向かない。ゾーン：6〜9

Cercis occidentalis
英　名：CALIFORNIA REDBUD, WESTERN REDBUD
☼ ❄ ↔3.5m ↕4.5m
アメリカ合衆国南西部の小型高木か大型低木。円形で革質の葉は緑色で、裏面は色が薄い。ローズピンクの花が春に群生する。ゾーン：5〜9

Cercis racemosa
☼ ❄ ↔6m ↕9m
中国原産で、ピンクの花がうなだれて群生し、春に大量に出る。だが若い木には咲かない。1907年 E. H. Wilson によって紹介された。ゾーン：7〜10

Cercis siliquastrum
ケルキス・シリクアストルム
英　名：JUDAS TREE
☼ ❄ ↔10m ↕10m
地中海沿岸地方原産で、装飾的な花を咲かせる。心臓形から腎臓形の葉。花はローズピンクで、早春、むき出しの枝に群れ咲く。紫色がかった豆果は晩夏まで残る。*C. s. f. albida*は白い花。'ボドナント' は濃いパープルピンクの花。ゾーン：6〜9

CERCOCARPUS
(ケルコカルプス属)
6種の常緑または半常緑の低木か小型高木で、バラ科に属し、北アメリカ西部の山岳地方にしばしば自生する。Mountain mahogany（マウンテンマホガニー）として知られているのは、その堅くて赤い木材ゆえである。かなり小さな葉は長さ5cmを超えることはめったになく、裏面はフェルト状か有毛になる。葉腋か枝の先端から出る群生の花は、杯形、緑にピンクがかった花弁に似た萼裂片5枚と、たくさんの雄ずいを持つ。果実は堅果で、艶のある覆いに包まれ、先端には羽がつく。

〈栽培〉
種によって耐寒性は多様となるが、どの種もいくらかは霜に耐える。栽培によく適応するが、自生地の外に育つことはまれである。水はけのよい湿った土壌でよく育つが、一旦定着すると、渇水にも適応して耐える。日なたに植える。繁殖は実生、挿し木、または取り木からで、自然に取り木状態になることもある。

Cercocarpus ledifolius
☼ ❄ ↔2.4〜3.5m ↕5〜8m
アメリカ合衆国西部原産の半常緑低木か小型高木。光沢のある緑色の、槍先形から線形の葉は長さ約35mmで、裏面は銀白色で有毛。非常に小さな花と羽のある果実が夏に出る。ゾーン：6〜9

Cercocarpus montanus
英　名：HARD-TACK, MOUNTAIN MAHOGANY
☼ ❄ ↔1.2m ↕3.5m
アメリカ合衆国では数種の異なる品種がある。常緑の低木から小型の高木まで。まばらな葉群をなす濃緑色で円形の小さな葉は、葉脈が際立ち、裏面は綿毛で覆われる。花は鈍いピンク色で、春から夏に咲く。長い羽のある、小さく乾燥した果実をつける。ゾーン：7〜9

CEREUS
(ハシラサボテン属)
サボテン科のこの属は、南アメリカと西インド諸島原産の約40種の円柱形、あるいは高木状のサボテンで構成される。茎は全長にわたってはっきりと陵が入り、刺は短くて柔軟性がない。夜咲きの多くの種は、今ではセレニケレウス属とヒロケレウス属に入っている。陵から出る花は通常白色で、その後長楕円形から円形か卵形の果実がなる。果実は熟すと黄色や赤色になる。果実が裂けると、黒い光る種子が、白、ピンク、または赤色の果肉の中に現れる。

〈栽培〉
水はけがよく、適度に肥沃な土壌で、日なたに植え、成長期にはよく水をやる。秋には水遣りを控え、冬には植物がしなびている様子があるときのみ水をやる。繁殖は春に種子からか、または大きな標本植物を夏、挿し木にする。

Cereus aethiops ★
異　名：*Cereus azureus*, *C. chalybaeus*, *Piptanthocereus azureus*, *P. chalybaeus*
☼ ↔50cm〜0.9m ↕2m
アルゼンチン北部原産。ほっそりした直立の円柱形で、枝分かれし、ときには匍匐する。筒形の茎は、濃い青から濃緑色で、7〜8の陵がある。刺は2〜4本の黒い中刺と、灰色で先端が黒色の9〜12本の側刺がある。花は漏斗形で、白からピンク色。卵形の果実は赤色で、長さは約6cm。ゾーン：9〜11

Cereus hildmannianus ★
ケレウス・ヒルドマンニァヌス
☼/◐ ↔1.2〜2m ↕3〜5m
低木か小型高木でブラジル東部原産。すっくと直立し、分岐多数、緑の茎には5〜6の陵がある。刺を欠くか、または小さな白い刺座があり、そこに長さ約18mmの中刺と12本までの茶色の側刺がつく。白い花は直径約10cm。*C. h.* subsp. *uruguayensis*（syns *C. peruvianus*の園芸種、*C. uruguayanus*）は、漏斗形の花で、緑色の萼片は先端が赤色、内側の花被片は白色。*C. h.* 'モンストロスス'（syn. *C. h.* var. *monstrose*）にはねじれて歪む青緑色の茎がある。ゾーン：10〜12

Cereus aethiops

Cercis siliquastrum

Cerinthe major 'Purpurascens'

Cereus horrispinus

Cereus horrispinus
異 名：*Pilocereus wagenaarii*,
Subpilocereus horrispinus, *S. ottonis*
☀ ❄ ↔2.4m ↕5m
コロンビア北部原産。高木状サボテン、まばらに分岐。茎は筒形で青緑色、樹齢とともにオリーブグリーンになる。長さ約10cmのまっすぐな強い中刺が1本あり、基部は濃く、先端に向かって灰色になる。6〜7本の濃い色の側刺は先端が灰色。花は漏斗形で白色。果実は球形から卵形で、ピンク色をしている。
ゾーン：9〜11

Cereus jamacaru
☀/☀ ❄ ↔2〜4.5m ↕5〜10m
印象的な高木サイズのサボテンで、ブラジル北東部原産。短い幹は直径約60cmで、先端で複数に分岐、4〜6の陵のある茎になる。茎は青緑色で樹齢とともに灰色になる。9〜11の刺が群生するが、若いシュートの刺は短く色が薄く、成熟した茎の刺は色が濃くて長さが5cm近くになる。長さ30cmほどの白と薄緑色の花が咲く。
ゾーン：10〜12

Cereus validus
☀/☀ ❄ ↔1.5〜3m ↕4.5〜6m
高木状サボテンで、アルゼンチン原産。青緑色の茎には4〜7の細い陵があり、樹齢とともに灰色になる。刺座には茶色の刺があり、そのうちの中刺は長さ5cmほどで、5本の側刺を伴う。豪華な花は白と濃いピンク色で、長さ約25cm。
ゾーン：9〜11

CERINTHE
（ケリンテ属）
英 名：HONEYWORT
ムラサキ科、こんもりと盛り上がる小さな一年生、二年生、多年生植物の10種からなる。大多数は単葉で、短い葉柄、楕円形からへら形、しばしば青みがかる。油っぽい光沢を帯び、さらに（または）小瘤として知られる腺があることもある。花は筒形で、5裂片、小さく群生し、普通春から初夏に咲く。花色はかなり広範囲におよび、おもしろい金属的な青や紫の濃淡を呈することもあり、花を部分的に包む苞も同じ色をしていることが多い。英名のHoneywortが示すように、この花は花蜜が豊富で、ミツバチに人気がある。
〈栽培〉
耐霜性があり、どんな気候にも適すが、冬は乾燥するままになるのを好み、やや軽い、水はけのよい土壌で、腐植土を追加するのが望ましい。日なた、または半日陰に植え、花殻つみを頻繁にすると繰り返し花が咲く。繁殖については、一年生は種子から、多年生は種子からか、根挿し、または株分けで行う。

Cerinthe glabra
一般名：スムース・ハニーワート
☀/☀ ❄ ↔30〜50cm ↕50cm
ヨーロッパ中部、南部原産の二年生、多年生植物。基部の葉は葉柄が長く、楕円形で長さ約12cm。上部や花茎の葉は小さめで、心臓形をしている傾向がある。花は長さ約12mmで、黄色。基部と帯が赤紫。ゾーン：5〜10

Cerinthe major
ケリンテ・マヨル
☀/☀ ❄ ↔40〜60cm ↕40〜60cm
ヨーロッパ南部の一年生、二年生植物。青緑色の葉は、花茎の上では紫色を帯びている。基部の葉は卵形からへら形で長さ約5cm、小瘤をもつ葉が多い。紫から栗色の花は、長さ約30mmで、紫色がかった苞がある。*C. m.* var. *purpurea*は自然にできた変種で、青紫の苞がある。*C. m.* '**プルプラケンス**' は強烈なメタリックブルーの苞。
ゾーン：7〜10

CEROCHLAMYS
（ケロクラミス属）
ハマミズナ科、3種の小さな多肉植物で、南アフリカのケープ地方西部の自生種からなる。この小さな植物では、断面が三角になる一対の対生の葉が、基部で連結し、葉の先端は丸い。花は単生、または3つまでの群生で、数多くの花弁はピンクから紫。果実はさく果で、濡れると膨れるスポンジ状組織で仕切られているので、雨季に種子が放たれることになる。
〈栽培〉
冷温帯ではフレーム内で育てるが、冬の降雪から保護する必要のないところなら戸外で育てる。日なたと低湿度で生息する。休眠期には水をやらず、その他の時期にも水遣りは頻繁にしないこと。長い時間濡れていると、葉は破れてしまう。繁殖は種子から。または挿し木で、発根させる前に乾燥させておく。

Cerochlamys pachyphylla
☀ ❄ ↔20cm ↕10cm
茎をつけず、房状になる多年生植物で、南アフリカ小カルーの砂岩岩礁の自生種。葉は2対の十字対生で、長さ約6cm。滑らかな蝋質のグリーンブラウンで、基部で連結している。花は直径約30mmで、ピンク色、長さ約40mmの花柄につく。
ゾーン：9〜11

CEROPEGIA
（ケロペギア属）
キョウチクトウ科、200種余りあり、多肉のよじ登り植物、匍匐植物、低木を含む。主にアフリカ南部の自生種だが、アフリカのその他の地方、カナリア諸島、東南アジア、オーストラリア北東部の自生種もある。サクララン属、スタペリア属と関連し、サクラランのような多肉の葉、および（または）茎を持ち、スタペリアのような5裂するランタン形でやや不快な臭いを出すことが多い。というのも昆虫が花粉を媒介するので、昆虫をおびき寄せるからである。
〈栽培〉
すべての種は耐霜性については、ほとんどないか、少しある程度である。軽い砂質の土壌で、水遣りの間には乾燥していることを好む。*C. linearis* subsp. *woodii*などの匍匐性の種は、屋内のハンギングバスケット用植物として広く栽培されている。屋外では熱帯や亜熱帯に適応する。繁殖は種子からか挿し木、あるいは株分けである。小さなオフセットを地中や茎の上に出す種もある。オフセットは取り除いて、それから育ててもよい。

Ceropegia dichotoma
☀/☀ ❄ ↔100cm ↕100cm
カナリア諸島の自生種。直立でパイプのような、枝分かれする多肉質の茎を群生させる。葉がないか、または対をなす細い、灰緑色の葉が茎の先端につく。非常に細い筒形の黄色い花が房なりにする。
ゾーン：10〜12

Ceropegia linearis
☀ ❄ ↔無限 ↕10cm
南アフリカの匍匐性植物。からみつく細い茎。小さな多肉質の葉は三角形から槍先形で、基部は円形ときに線形。クリーム色の花は短い筒形で、基部が太く、赤茶色の裂片が先端で融合する。*C. l.* subsp. *woodii* ★は「一連のハート」、「恋人」の蔓と呼ばれ、心臓形の葉は裏面がパープルブラウンで、表側には斑点がある。
ゾーン：10〜12

Ceropegia sandersonii ★
一般名：パラシュートプラント
英 名：PARASHUTE PLANT,
UMBRELLA FLOWER
☀ ❄ ↔1.5m ↕1.8m
モザンビークと南アフリカ原産。からみつき、よじ登る精力的な植物で、塊根を持つ。心臓形の葉は長さ約5cm。花は

Cerochlamys pachyphylla

非常に特徴的で珍しい。クリーム色と緑色の花瓶のような筒形、上向きの花で、裂片は結合し筒の上にひさしを作る。
ゾーン：10～12

CESTRUM
（ケストルム属）

ナス科、約180種あり、すべて熱帯アメリカ原産である。常緑または落葉性の木質低木、または小型の高木。多数が単葉互生の葉で、通常細く、縁は滑らか。筒形から漏斗形の花が群生する。花は非常に香り高いことが多く、夜に香る種もいくつかある。花に続いて、ほとんど黒に近いか、または赤色の小さな液果が出る。この植物は果実を含めすべての部分が有毒だとされる。C. parquiのように雑草に分類されるものもある。ケストルム属は大多数が霜に弱い。

〈栽培〉
ほとんどが、日なたか半日陰の、中程度に肥沃な土壌で、夏に適度に水を与えられれば容易に育つ。霜が降りるところでは、日当たりのよい保護用の壁を背にして植える。寒冷地方では温室で栽培する。この植物は剪定が効く。茂りをよくするために摘心する。繁殖は緑枝挿しでする。

Cestrum aurantiacum
一般名：キチョウジ
英　名：ORANGE CESTRUM
☼ ǂ ↔1.8m ↕3m

熱帯アメリカ原産の、常緑または半落葉性で、定期的な剪定を必要とするあちこちに伸びる低木。滑らかな明緑色の葉は、新しいシュートではやや毛があり、揉むと不快な臭いを発する。オレンジ色の花が茎の先端に群生し、春から夏に咲く。多肉の白い液果。
ゾーン：10～12

Cestrum elegans 'Smithii'

Cestrum × cultum

Cestrum × cultum
英　名：PURPLE CESTRUM
☼ ǂ ↔1.8m ↕3m

*C. elegans*と*C. parqui*の交雑種。卵形から槍先形の葉。密集して花を咲かせる先端の複総状花序は、*C. elegans*に似る。一重の筒形花は*C. parqui*似であるが、色はピンクからバイオレット色。
ゾーン：9～11

Cestrum elegans
一般名：ベニチョウジ
異　名：*Cestrum purpureum*
☼ ǂ ↔2.4m ↕3m

メキシコ原産。丈夫に育つ低木で、アーチを描く枝がある。卵形・長楕円形から槍先形の葉は、オリーブグリーンで、有毛、擦ると不快な臭いを発する。筒形の赤から紫の花は、密集した複総状花序をなし、夏から秋に咲く。多肉で球状、赤紫色の液果がなる。'**スミティイ**'はオレンジレッドの花をつける。侵略性になることがある。
ゾーン：10～12

Cestrum 'Newellii'
一般名：ケストルム'ニュウェリイ'
英　名：RED CESTRUM
☼ ↔3m ↕3m

アーチを描く枝。濃緑色の葉は、細い卵形から楕円形で、両面とも有毛、擦ると不快な臭いを発する。濃い緋色で香りのない花がほとんど一年中咲く。液果は小さな円形で、濃い赤色。
ゾーン：9～11

Cestrum nocturnum
一般名：ヤコウボク、ヤコウカ
英　名：NIGHT-SCENTED JESSAMINE
☼ ǂ ↔3m ↕3m

西インド諸島原産の常緑低木。薄い緑色を帯びた黄色の筒形花は、種の名前が示すように、夏から晩秋にかけて、強い香気を夜に放つ。花は昼間香りがない。卵形の液果は熟すと緑から白色になる。葉はやや多肉質の、鮮やかな緑色で裏面は色が薄い。
ゾーン：10～11

Cestrum parqui
一般名：ウィローリーブドジェサミン
英　名：GREEN CESTRUM
☼ ǂ ↔3m ↕3m

チリ原産。吸枝をだす低木。葉は線形、槍先形～楕円形、魅力的でない香りを出す。大きな総状花序をなす黄緑色から鮮やかな黄色の筒形の花は、ほとんど年中、夜に香る。バイオレットブラウンの液果。この種は温暖気候では、厄介な雑草とみなされる。
ゾーン：9～11

Cestrum psittacinum
☼/◐ ǂ ↔0.9～1.8m ↕0.9～1.8m

中央アメリカの自生種。常緑低木で半よじ登り植物。軟らかな綿毛にシュートが覆われ、長楕円形の葉がある。花は細い筒形で、金色からオレンジ色、秋に枝にそって総状花序で咲く。
ゾーン：9～11

Cestrum elegans

Cestrum nocturnum

CHAENOMELES
（ボケ属）

英　名：FLOWERING QUINCE,
JAPANESE QUINCE, JAPONICA

バラ科、3種の刺のある落葉性低木で、日本と中国の標高の高い森林地の自生種である。赤、ピンク、または白の早咲きの花が、前年伸びた木に、葉が出る前に咲く。その美しさは高く評価されている。葉は互生、鋸歯縁、卵形で濃緑色。花は八重咲きでなければ普通5弁で、杯形、晩冬から晩春に、単生か小さな群生でつく。果実はほぼりんごのような円形で、熟すと緑色が黄色になる。香りが高く、ジャムやゼリーに使われる。

〈栽培〉
一般に、水はけのよい、中程度に肥沃な土壌で、日なたか半日陰がいちばんよく育つ。寒冷地では南側の壁を背にして植えるとよい。よい装飾植物で、生垣にもできる。夏か晩秋に半熟枝の挿し木ができる。種を蒔くなら秋に、冬、霜から保護をしてコンテナか、地面のまき床にする。

Chaenomeles speciosa 'Nivalis'

Chaenomeles × californica
☼/◐ ❄ ↔1.5m ↕1.8m

*C. cathayensis*と*C.×superba*の交雑種。葉は真緑色で槍先形、長さ8cm。花は直径5cmで、ピンクから薄い赤色で、春に咲く。果実は長さ6cmである。
ゾーン：5〜10

Chaenomeles cathayensis
☼/◐ ❄ ↔3m ↕3m

中国原産。小型高木か大型で枝のまばらな低木。枝には刺があり、葉は光沢のある真緑色で槍先形、歯牙縁、裏面は赤いビロード状。花は群生し、白、赤みを帯びたピンク色、早春から春中ごろに咲く。緑色の香り高い果実は長さ約15cm。ゾーン：5〜10

Chaenomeles 'Hime'
一般名：ボケ'ヒメ'
☼/◐ ❄ ↔1.8m ↕2.4m

背の高い活力のある交雑種で、鮮やかな赤色の一重咲きの花には、対照色をなす山吹色の萼がある。
ゾーン：5〜9

Chaenomeles japonica
一般名：クサボケ
英　名：JAPANESE FLOWERING QUINCE
☼/◐ ❄ ↔1.8m ↕0.9m

日本原産。この種は珍しく、刺になった小枝を散開状に広げるという習性がある。花は朱色で、クリーム色の雄ずいが目立ち、晩冬から早春に花がつく。香り高い果実は、熟すと鈍い緑色が黄色に変わるが、ジャムを作るのに使われる。
ゾーン：6〜9

Chaenomeles × superba

C. × superba 'Crimson and Gold'

C. × superba 'Crimson Beauty'

C. × superba 'Glowing-ember'

Chaenomeles japonica

Chaenomeles 'Hime'

Chaenomeles speciosa 'Phylis Moore'

Chaenomeles speciosa
一般名：ボケ
異　名：*Chaenomeles lagenaria*、*Cydonia speciosa*
英　名：CHINESE FLOWERING QUINCE, FLOWERING QUINCE, JAPONICA
☼/◐ ❄ ↔4.5m ↕3m

中国原産。普及種の低木で、花色は白、サーモン、ピンクまたは赤色、一重、八重、半八重咲きと、非常に多い栽培品種がある。藪をつくり、吸枝をだす刺状の茎、冬に咲く目立つ花がある。香り高い果実は熟すと黄緑色になる。'ゲイシャガール'はアプリコット色の八重咲き品種。*C. japonica*との交雑種には次の3種が含まれる。'ニウァリス'は雪のように白い花。'フィリス　ムーア'は薄いピンクの花。'東洋錦（トウヨウニシキ）'は同一の枝にピンクと白色の花を咲かせ、ときには同様に赤い花のある枝を出す。
ゾーン：6〜9

Chaenomeles cathayensis

Chaenomeles × californica

Chaenomeles × superba
カエノメレス×スペルバ
☼/◐ ❄ ↔1.8m ↕1.5m

*C. japonica*と*C. speciosa*の交雑種となる園芸種。葉は長さ約6cmで、卵形から長楕円形、光沢のある真緑色をしている。春に咲く花は、白、ピンク、オレンジから朱色。果実は長さ約8cmで、熟すとよい香りがする。'カメオ'★は多肉質のピンク色の花がある。'クリムソン　アンド　ゴールド'はスカーレット色の花に、黄色い葯がある。'クリムソン　ビューティー'は、深紅の花。'グローイング　エンバーズ'はオレンジレッドの花。'ニコライン'はダークレッドの大きな花。'ロー

Chamaecyparis lawsoniana、アメリカ合衆国、オレゴン州、コロンビア川渓谷国定景勝地域。

Chaenorhinum origanifolium 'Blue Dream'

ワラン'は鮮やかな赤い花で、黄色い葯がある。ゾーン：6〜10

CHAENORHINUM
（カエノルヒヌム属）

英　名：DWARF SNAPDRAGON

ゴマノハグサ科のこの属は約20種の一年生と多年生の草本で、トルコと地中海沿岸地域の自生種で、そこでは石の多い乾燥地やがれ場（山腹の急斜面に堆積した壊れた岩場）に生息している。ウンラン属と密接な関係がある。葉は線形から長楕円形、円形で、基部で対生につく。花はキンギョソウに似ていて、たいていフードがあり、欠刻していて、距がある。花は茎頂の総状花序に咲くか、分岐する茎の葉腋に単生で咲く。

〈栽培〉

日なたで水はけのよい土壌で育つ。標高の高い地域原産の種は、無加温の温室かトラフでよく育つ。繁殖は一年生では種子から、多年生では種か株分けで行う。

Chaenorhinum origanifolium
カエノリヌム・オリガニフォリウム

☀/❄ ↔15〜30cm ↕15〜38cm

ヨーロッパ南部原産。多年生植物で、葉は細いものからほとんど円形のものまで変わることができる。花はバイオレット色から白色で、花喉は薄い黄色をしている。'ブルー　ドリーム'、花色はブルーライラックで、花喉が黄色い、矮性品種。

ゾーン：6〜9

CHAMAEBATIA
（カマエバティア属）

カリフォルニアとバハ・カリフォルニア原産の、バラ科に属する2種が構成する属である。常緑で直立した低木で、根には窒素固定菌を含む根粒がある。広く分布する種 *C. foliolosa*（mountain misery）は、シェラネヴァダ山脈の各地に見られ、密集したグラウンドカバーである。葉はシダに似ており、通常2回羽状複葉、深く欠刻した細かな小葉からなり、粘着質の芳香性の毛を帯びる。花は茎頂に散房花序を作り、ラズベリーの花に似た白い5弁花。果実には種子が1つ含まれる。

〈栽培〉

日なたと完璧な水はけ、さらにロックガーデンでは風雨にさらされない場所か、日当たりのよい壁のもとを好む。種子からか半熟枝から繁殖する。

Chamaebatia australis

英　名：SOUTHERN BEARCLOVER、SOUTHERN MOUNTAIN MISERY

☀ ❄ ↔1.5m ↕2m

南カリフォルニアとメキシコ原産。密集した藪をつくる不規則に広がる低木。葉は互生で、細かく分かれ、香り高い。一重の白い花は、直径約18mmで、初夏に咲く。乾燥した岩の多い土壌を好み、山の斜面や尾根に見られる。

ゾーン：8〜10

CHAMAECYPARIS
（ヒノキ属）

ヒノキ科に属する約8種で、北アメリカとアジア東部原産。イトスギとは違って、球果は小さく、短い枝には小さな葉が対になって並び、小枝の茎に密着する。葉は樹齢とともに鱗片状になる。花粉と種子の球果は同じ木につく。おびただしい数の、米粒大、直径約8mmほどの花粉球果は、熟するとすぐに、小さな翼のある種子を放つ。この点でも、開いていない種子の球果が何年も残存するイトスギは対照的。多くの装飾的な変種のうち数種が、生垣として使われている。材木は室内建材、フェンス、マッチなど多くの利用がある一方、葉は人によっては皮膚アレルギーの原因となる。

〈栽培〉

この属は石灰と大気汚染に耐性があるが、中性・酸性土壌でよりよく育つ。繁殖は夏に取った半熟枝ざしか、または秋か春にまく種子から。早期の剪定が必要。ここに挙げた栽培品種は晩冬か早春に接ぎ木で殖やす。

Chamaecyparis lawsoniana

一般名：ローソンヒノキ、グラントヒノキ

英　名：LAWSON CYPRESS、OREGON CEDAR、PORT ORFORD CEDAR

☀ ❄ ↔3〜4.5m ↕30m

北アメリカ西部の原産。葉は鮮やかな緑色から青緑色。栽培品種には黄色い葉のものもある。赤い雄性花が早春に咲く。灰色っぽい球果は熟すと錆びた茶色になる。'チルウオース　シルバー'はゆっくりと生育し、青みがかった灰色の若葉を持つ。'コラムナリス'は細い薄い灰色の葉があり、高さ9mに育つ。'インターテクスタ'はやや枝垂れる枝と灰緑の葉。'ナナ'は高さ1.8mの黄色い葉。'ペンバリー　ブルー'はシルバーブルーの葉。'スターダスト'はゆっくり成長する円錐形の中型高木。その他の人気栽培品種は次の通りである。'ブルームヒル　ゴールド'、'エルウーディイ'★、'エルウッズ　ピグミー'、'ノーム'、'ラネイ　アウレア'、'ミニマ　アウレア'、'ミニマ　グローカ'、'ステュワーティイ'。

ゾーン：4〜9

Chamaebatia australis

C. lawsoniana, 'アウレア デンサ'

C. lawsoniana, 'ブルー スター'

C. lawsoniana 'Chilworth Silver'

C. lawsoniana, 'ハンドクロス パーク'

C. lawsoniana 'Intertexta'

C. lawsoniana, 'ミニマ グローカ'

Chamaecyparis obtusa
一般名：ヒノキ
異　名：*Cypressus obtusa*
英　名：HINOKI CYPRESS
☼ ❄ ↔6m ↕18m

日本原産。ゆっくりと成長する高木で、野生はより大きい。景観のために高く評価されている。樹皮は厚く、錆びたような色。葉は対生で、表側は濃い緑、裏面は銀白色の縞がある。葉は擦ると芳香が出る。雄性花は春に黄色い花。円型の球果は熟すとオレンジブラウンになる。**'クリプシイ'**（syn. 'クリプシイ アウレア'）はゴールデンイエローの葉。**'コラリフォルミス'** は高さ2.4mになり、濃緑の葉。**'ナナ アウレア'** は金色の葉。**'ナナ グラシリス'** は、円錐形の高木で、高さ3m。**'スピラリス'** は青々とした鮮やかな緑色の葉。
ゾーン：5〜10

Chamaecyparis lawsoniana 'Lutea'

C. lawsoniana, 'エルウッズ ピグミー'

C. lawsoniana, 'フォルテケンシス'

C. lawsoniana 'Gnome'

C. lawsoniana, 'ミニマ アウレア'

C. l., 'プレジデント ルーズベルト'

C. lawsoniana, 'ウィセリイ'

Chamaecyparis obtusa

C. obtusa 'Coralliformis'

Chamaecyparis obtusa 'Crippsii'

C. obtusa 'Nana Aurea'

Chamaecyparis obtusa 'Spiralis'

Chamaecyparis pisifera

一般名：サワラ
異　名：*Cupressus pisifera*
英　名：SAWARA CYPRESS

☀ ❄ ↔4.5m ↕23m

日本南部の自生種で、野生ではより大きい。錆びたような茶色の樹皮。葉は真緑色で、裏面には白い模様がある。雄性花はたいへん小さく黄褐色で、球果は丸い黒茶色。'ブールバード'は高さ9mになり、青緑色の葉。'フィリフェラ アウレア'は山吹色の葉。'フィリフェラ アウレア ナナ'は、矮性品種。'スクアロサ'（syn.'スクアロサ ヴェイチイ'）の軟らかな若い葉は濃い緑色から青緑色。その他人気の栽培品種は次の通り。'ゴールド スパングル'、'ゴールデン モップ'、'ナナ ワリエガタ'、'プルモサ アウレア ナナ'、'プルモサ ユニペロイデス'、'プルモサ ナナ'、'スクアロサ スルフレア'。ゾーン：5〜10

Chamaecyparis thyoides

一般名：ヌマヒノキ
英　名：ATLANTIC WHITE CEDAR, COAST WHITE CEDAR, WHITE CYPRESS

☀ ❄ ↔3.5m ↕15m

アメリカ合衆国東海岸原産。樹皮は灰茶色。葉は先端が尖った濃緑色。小枝は扇型をなす。黄色い雄性花は小さく、球果は紫がかった黒色。湿潤条件に耐える。'アンデリエンシス'は青緑色の葉。'エリコイデス'は紫がかった茶色の冬葉。'ヘザーバン'★は矮性品種。'ルビコン'（syn.'レッド スター'）には霜様の薄膜がかかったような羽状の緑葉があ

Chamaecytisus purpureus

り、冬にはそれが明るい、あるいは暗い紫色になる。
ゾーン：4〜9

CHAMAECYTISUS
（カマエキティスス属）

カマエキティススは「偽の*Cytisus*（エニシダ）」という意味である。エニシダは一年のほとんどで葉がないのに対し、この属の多くの種は葉を持ち続ける。マメ科ソラマメ亜科に属するユーラシア、カナリア諸島原産の約30種の高木、低木、亜低木からなる。装飾用もいくつかあるが、その他は成長の早い風雨よけ、飼い葉、緑肥として栽培される。全種が3出複葉、蝶形花を持ち、花色は普通、白、黄色、またはピンクの濃淡である。

〈栽培〉
多くの場合寿命は短いが、栽培は簡単で、空気中の窒素を取り込む能力があるために窒素の乏しい土壌でも育てることができる。水はけのよいことが重要で、多くの種は花時を除いて乾燥を好む。日なたが最適。繁殖は種子からか、

Chamaecyparis thyoides

半熟枝ざし。

Chamaecytisus albus

英名：PORTUGUESE BROOM

☀ ❄ ↔0.6m ↕0.9m

ヨーロッパ沿岸南西部とポーランド南部の自生種。葉は長さ25mmで、小葉は細い毛で覆われる。花は白か薄い黄色で、枝先に夏から秋に咲く。低く育つ品種はロックガーデン植物として魅力的である。
ゾーン：6〜10

Chamaecytisus purpureus ★

☀ ❄ ↔60cm ↕45cm

ヨーロッパ南東部とバルカン半島の原産。落葉性で、密集した枝つき。花は薄いピンクから深紅色まで、中央に濃い色の斑点があり、晩夏から春に咲く。大きなロックガーデンにはすばらしく合う。*C. p. f. albus*は白い花。
ゾーン：6〜10

Chamaecyparis thyoides 'Heatherbun'

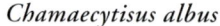

Chamaecytisus supinus

Chamaecytisus supinus

☀ ❄ ↔0.9m ↕0.9m

直立していることもあるが、平伏性の品種の方が普通である。落葉性で、地面に平たくなり、密集して分岐する。花は夏に房状に咲き、茶色の斑点があり、先端は黄色い。ロックガーデンで溢れるように咲く。
ゾーン：6〜10

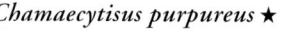

Chamaecyparis pisifera 'Plumosa Nana'

Chamaecyparis pisifera 'Nana Variegata'

Chamaecyparis pisifera 'Snow'

Chamaecyparis pisifera 'フィリフェラ'

C. pisifera 'Filifera Aurea'

C. pisifera 'Gold Spangle'

C. pisifera 'プルモサ'

C. pisifera 'Squarrosa Sulphurea'

CHAMAEDOREA
(テーブルヤシ属)

ヤシ科、100種以上を抱える大きな属で、小型で魅力的な下層植物群であり、栽培、なかでも屋内植物としての栽培に適応している。熱帯アメリカ原産で、単茎のものと群生するヤシの両方を含む。葉は羽状（フェザーパーム）か、裂開しない。花は雌雄別株になり、非常に小さい多肉質で、穂状花序をなす。1つの種を含む小さな果実が熟すと、その色は穂状花序の色と対照的な色になる。

〈栽培〉

熱帯のヤシであるにもかかわらず、霜の降りない温暖気候にもよく適応する。多湿の気候なら太陽に対して非常に耐性がある種もあるが、多くの種は保護された場所で遮光した光を浴びるのが最適である。土壌は中程度に肥沃な、有機質の多いもの、表面に葉でマルチを施す。屋内栽培の場合は、直射日光でない光をたくさん必要とする。夏には希釈した高窒素肥料を定期的に施す。繁殖は通常、種子からである。

Chamaedorea elegans ★
カマエドリア・エレガンス

異　名：*Collinia elegans*、*Neanthe bella*
英　名：PARLOR PALM
☼ ❄ ↔ 90cm ↕ 1.8m

メキシコ南部とグアテマラの高地多雨林の自生種で、ただ1本の茎にはこぶ状の突起がある。濃い緑色の短い葉状体が密生する。黄色い小さな花が複総状花序をなす。雌性の複総状花序は朱色に変わる。豆粒大の黒い果実。'ベラ'★の葉でできた樹冠はわずか30cmの横幅。
ゾーン：10～12

Chamaedorea plumosa

Chamaedorea seifrizii

Chamaedorea ernesti-augusti

Chamaedorea ernesti-augusti
☼ ❄ ↔ 45cm ↕ 0.9m

メキシコ南部からホンジュラス原産。単茎、くさび形の葉状体は裂開せず、幅広の刻み目が葉先に入る。雄性株には赤い小さな花がつき、雌性株にある緑色がかった穂状花序の花は鮮やかなオレンジ色に変わる。黒い小さな果実。
ゾーン：10～12

Chamaedorea linearis

異　名：*Chamaedorea magaphylla*、
C. poeppigiana、*Chamaedorea polyclada*
☼ ❄ ↔ 2m ↕ 2.4～6m

アンデス山脈の低地、高地両方の自生種。薄い緑色の単幹。濃緑色の広がる葉状体には、垂れ下がる小葉がある。白い花が枝咲きの花序をなす。雌性株に直径25mmの赤い果実がなる。
ゾーン：10～12

Chamaedorea microspadix
一般名：バンブーパーム
☼ ❄ ↔ 3m ↕ 2.4m

メキシコ南東部原産。細い、タケのような茎が広がり株立ちする。密集する葉状体には、光らない緑色の幅広の小葉がつく。花は複総状花序で、雌性花は緑色。鮮やかな緋色の果実は直径12mm。最も日光に耐性がある種のひとつ。
ゾーン：10～12

Chamaedorea plumosa ★
☼/☼ ❄ ↔ 1.5～2.4m ↕ 3～3.5m

メキシコ南部原産の中型の多雨林ヤシで、細い単幹は6cmの太さ。樹冠には細かく裂開する羽状の葉が5～9あり、それには120～170の細い小葉が不規則に並ぶ。雄性株と雌性株は分かれる。円形の果実は熟すと黒くなる。採ったばかりの種子は2～4カ月で発芽する。
ゾーン：9～12

Chamaedorea radiacalis
異　名：*Chamaedorea pringlei*
☼ ❄ ↔ 1.2～1.8m ↕ 1.2～1.8m

メキシコ原産の、ゆっくり成長するヤシで、広く栽培されている。水平の、時には直立した、吸枝をだす単幹のヤシ。アーチを描く、分厚い革質の濃い緑色の葉は長さ約90cm、4～8枚、まっすぐで細い小葉がある。大きくなる単頂の小葉は魚の尾に似る。雌雄異株。直立した花茎に黄色がかったオレンジ色の花が咲く。丸い

Chamaedorea microspadix

Chamaedorea elegans

Chamaemelum nobile

オレンジ色から赤色の果実がなる。
ゾーン：8～12

Chamaedorea seifrizii
一般名：セフリージ
異　名：*Chamaedorea erumpens*
☼ ✽ ↔ 0.9m ↕ 3m

メキシコのユカタン州の自生種。茎の多い種で、上方に向かう硬い葉状体には、等間隔に細い小葉がつく。花をつける短い枝が葉の下から出る。雌性植物は豆粒大の黒い果実をオレンジ色の穂状花序につける。ゾーン：11～12

CHAMAEMELUM
(カマエメルム属)

英　名：CHAMOMILE

キク科、一年生と多年生の草本植物4種からなる。ヨーロッパと地中海沿岸地方の自生種で、軽い砂質土壌に育つ。シダに似た葉は芳香性で、擦ったり踏んだりすると、リンゴのような鋭い匂いがする。典型的なデイジー状の花は中央部が黄色の白花。一般的に栽培されている*C. nobile*は、芳香性の葉とその医療的特質、両方のために栽培される。また芝生植物として使われることが多いが、葉と花は長い間茶に使われてきて、鎮静剤として頭痛や消化不良に飲まれている。

〈栽培〉

日なたの水はけのよい土壌で育つ。芝生としては、15cm離してこの植物を植え、よく定着するまでたびたび水を与える。密集して地面を覆わせるためには定期的に切ること。繁殖は種子からか、根のついた株分けで行う。

Chamaemelum nobile

異　名：*Anthemis nobile*
一般名：ローマカミツレ
英　名：CHAMOMILE
☼ ❄ ↔ 30cm ↕ 10～30cm

ヨーロッパ西部原産。不規則にのびる多年生植物で、非常に香り高いシダのような葉がある。小さな白いデイジー状の花は中央が黄色で、夏に咲く。'トレニーグ'は花の咲かない栽培品種で、特に芝生に向く。ゾーン：4～10

CHAMAEROPS
(チャボトウジュロ属)

1属1種だが、やや変異しやすい扇状葉のヤシ科の種で、ヨーロッパ大陸の自生種である。通常は複数茎だが、単茎の品種も知られている。多くの野生種の幹は非常に短く、春に出る葉は地面から出るように見えるほどだが、栽培では幹が4.5mにまで発達する。葉状体は小さく、放射状になる硬い葉切片へと分割される。茎は刺で身を固める。雄性花と雌性花は、別の株になる。雄性花は黄色で目立ち、平たい穂状花序に密集する。雌性花はまばらで緑がかっており、鈍いオレンジ色から黄褐色の果実をつける。

〈栽培〉

この植物は温暖な夏のある温帯気候を必要とし、熱帯では生育できない。土壌は水はけよく、屋外の日当たりのよい場所に位置するようにする。大きな植木鉢や平鉢で日当たりのよい温室やテラスに置くのに適している。繁殖は通常、種子からだが、大きな株なら難しいながら株分けもできる。

Chamaerops humilis

Chamelaucium uncinatum

Chamaerops humilis ★
英　名：MEDITERANEAN FAN PALM
☀ ❄ ↔3.5m ↕4.5m
葉は、大きさ、色、切片裂開の程度が多様である。時に、青みがかった葉の品種が見られる。
ゾーン：8〜10

CHAMELAUCIUM
(ワックスフラワー属)
オーストラリアで最もよく知られた切花の1つで、フトモモ科に属する23種からなる。どれも、オーストラリア大陸南西地方の、水はけのよい砂利土壌の、やや乾燥した条件のもとで生育するのが見られる。耐寒性のある常緑低木で、針のような細い葉を持ち、白色かピンクで蝋のような材質感のある花の群れが、冬の間に咲く。
〈栽培〉
オーストラリアの植物の多くと同様に、ワックスフラワーも細心の注意を要する植物として知られているが、水はけのよい土壌の日なたで、水分と湿度の管理が可能なところならよく育つ。しかし寿命は短いことが多い。繁殖は種子からか、半熟枝ざしからである。

Chamelaucium unicinatum
一般名：ワックスフラワー
英　名：GERALDTON WAX
☀ ❄ ↔2.4m ↕2.4m
西オーストラリア沿岸地方の自生種。庭園に、また花屋の商品として、広く栽培されている種である。花はピンク、紫、または赤色。すばらしい栽培品種には矮性品種もあり、入手可能である。剪定してコンパクトを維持する。'**ユニバーシティー**'は赤紫の花。'**ビスタ**'★はピンクの花。
ゾーン：10〜11

CHAMBEYRONIA
(カムベイロニア属)
ヤシ科、ニューカレドニア原産のわずか2種で、魅力的な羽状複葉のヤシである。中型ヤシで、単生のまっすぐな幹の頂には、滑らかな葉鞘があり、その葉の基部は鞘になる。それぞれの大きな葉状体の葉身を作るのが、幅広で適度に間隔のあいた小葉で強くカーブを描く中央脈にそって2列に並ぶ。短期間花をつける枝は、葉鞘のすぐ下から出て、カーブした太い穂状花序に多肉質の花をつける。雄性花と雌性花は群れをつくり、雌性花の側面に一対の雄性花が位置する。果実はかなり大きく、卵形をしている。
〈栽培〉
ヤシ収集家から若い葉の印象的な彩色が愛されている。湿度の高い亜熱帯の沿岸気候で、腐葉でよくマルチされた、湿った有機土壌でよく育つ。苗の頃は、強い日光と風から保護する必要がある。繁殖は採ったばかりの種子からだけで、発芽に数カ月かかる。

Chambeyronia macrocarpa
異　名：*Chambeyronia hookeri*
☀ ❄ ↔3m ↕9m
激しい降雨のある密集した多雨林に生える。幹にははっきりと輪が入る。葉状体は2.4mになる。毎年1、2枚出る新葉は、半透明な薄い赤茶色から濃い赤みの強い赤茶色。新旧の葉色の組み合わせが美しい。
ゾーン：10〜12

CHAPTALIA
(カプタリア属)
英　名：SUNBONNETS
アメリカ合衆国南東部と中南部から中央アメリカと、西インド諸島を通り、アルゼンチンまで分布するキク科の植物、約100種で構成される属。主にロゼットを形成する多年生植物で、高木林地の開拓地によく生え、標高の高い熱帯地方にもしばしば見られる。細長い卵形の単葉で、鋸歯縁のことが多く、小さな花序が単生で長くてしなやかな茎につく。
〈栽培〉
耐寒性は種の出自によって異なる。北アメリカと南アメリカ南部のものは一般的に最も耐寒性がある。この小さなキクははなばなしい植物ではなく、実際、雑草と見られているものもあるが、ナチュラルガーデンでは魅力的なあしらいとなりうるし、維持管理も全く、あるいはほとんど必要ない。日なたか半日陰の腐植豊かな土壌に植える。繁殖は種子からか、定着した藪の株分けで行う。

Chaptalia nutans
英　名：SILVER PUFF
☀ ❄ ↔20〜30cm ↕15〜20cm
アメリカ合衆国ルイジアナ州からアルゼンチンで見られる。タンポポのようなロゼットを群生させる小さなキク。細長い葉で、葉裏は銀色。ふわふわした、下向きのことが多い花序は、長さ約25cmの茎の頂上につく。広く、雑草として見られている。
ゾーン：7〜11

CHASMANTHE
(カスマンテ属)
アヤメ科、3種の塊茎植物がある。南アフリカ原産で、クロコスミア属とヒメトウショウブ属と密接な関係がある。剣形の葉が扇のように並ぶ。花は晩冬から春に出て、黄、オレンジ、赤色の筒形の花が穂状花序をなす。日当たりのよい、水はけのよい条件で、中程度の耐霜性を表す。
〈栽培〉
温暖な気候では簡単に栽培でき、短期間で叢生して雑草のようになる。日当たりのよい暖かい場所の、水はけのよい土壌で育つ。繁殖は種子からか、またはオフセットから行う。

Chasmanthe aethiopica
異　名：*Chasmanthe vittigera*
英　名：AFRICAN CORN FLAG
☀/◐ ❄ ↔12〜18cm ↕40〜70cm
南アフリカ沿岸の自生種。1年ごとに新しくなる大きな塊茎から育つ。鮮やかな緑色をした槍先形の葉が扇のように並び、密集し叢生する。鮮やかな朱赤色の花が一直線に並び、まっすぐ突き出た茎に冬から早春に咲く。花蜜を吸いに鳥が来る。
ゾーン：9〜11

Chasmanthe floribunda
☀ ❄ ↔30cm ↕0.6〜1.2m
南アフリカ、西ケープ州の自生種。扇のような形になる剣形の葉には、しばしば絹のような光沢がある。オレンジ色がかった赤色の花には黄色の縞があり、冬と春に、高さ1.2mの茎に2列に並ぶ。
ゾーン：9〜11

CHASMANTHIUM
(カスマンティウム属)
6種のイネ科草本植物で、アメリカ合衆国東部とメキシコに原産。*C. latifolium*は普通に庭で栽培される唯一の種で、ドライフラワーに適した美しい花序と同様に、寒枯れの前に鮮やかな緑色になる美しい葉も評価されている。
〈栽培〉
日なたか半日陰の湿った土壌に植える。繁殖は種子からか、晩冬に株分けで行う。

Chasmanthium latifolium
異　名：*Uniola latifolia*
英　名：NORTH AMERICAN WILD OATS, SEA OATS, SPANGLE GRASS
☀/◐ ❄ ↔30〜40cm
↕90〜100cm
英名のひとつが示すようには海辺で育たず、テキサスからニュージャージーの森林地や川沿いに自生する。幅広の鮮やかな緑色の葉は、秋に深みのある色へと変わる。カラスムギのようにうな垂れる花は、ドライフラワーにすることができる。
ゾーン：4〜11

Chaptalia nutans

Chasmanthe aethiopica

Cheilanthes fendleri

Cheiridopsis aspera

CHEILANTHES
（ケイランテス属）
英　名：CLOAK FERN、LIP FERN

ホウライシダ科、180種の常緑の、土か岩に生息する小型シダで、温帯、熱帯地方一帯の乾燥地帯と砂漠に広く分布する。小型で、短く匍匐するものから長く匍匐するものまであり、傾斜する、あるいは直立する根茎と、細くて強靭な茶色～黒色の茎を持つ。硬直して広がる、羽状、革質で、しばしば目立って鱗片がつく葉状体は、無数に細かく全裂する。種によっては日照りの間は縮み、水分加わると葉を拡張する。

〈栽培〉
栽培と繁殖は難しい場合がある。大きな岩の近くに植えて、湿度の変動を最小限にすることと、葉を濡らさないようにすることが大切である。多くの種は日なたを好む。(過剰な日陰は成長不良を起こす。) 早朝や夕方の日光が好ましい。寒い冬に適応する。繁殖は胞子からか、株分けからである。

Cheilanthes distans
英　名：BRISTLY CLOAK FERN
☀ ❄ ↔ 2.5～5cm ↑10～20cm
オーストラリアの小型のシダ。こげ茶色の鱗片に覆われた茎は、長さ1.8～8cm。羽状の、剣形の葉状体は長さ5～15cmで、鈍い緑色、表側は鱗片がつき、裏面は白から茶色の鱗がびっしりつき、有毛、葉切片はほぼ三角形から卵形をしている。
ゾーン：8～10

Cheilanthes fendleri
英　名：FENDLER'S LIP FERN
☀ ❄ ↔ 2.5～5cm ↑15～30cm
アメリカ合衆国南部とメキシコに自生する小型のシダ。長く匍匐する根茎から育つ。茎はアーチを描き、鱗片がつき、光沢があり、細く、茶色で、長さは18cmに

なることもある。卵形から剣形の、キラキラ光る、鮮やかな緑色の葉身は、長さ15cm。細い、長楕円から三角形の、ビーズのような切片の裏面には、白色か茶色の鱗片がある。
ゾーン：5～9

CHEIRIDOPSIS
（ケイリドプシス属）

ハマミズナ科。アフリカ南部原産の23種の多肉植物。多くは群生するが、低木状になるものも数種ある。葉は対生、断面は三角形であり、平らなことは稀である。表面は多少ビロード状なので、関連するアロギロデルマ属と簡単に区別できる。続いて出る1対の葉は、前の対お葉とは、葉の形、大きさ、全体が異なる。この属の多くは休眠期にはしぼみ、次にでる対の葉を覆う葉鞘を形成する。花は単生で、通常は黄色、まれに紫か赤色で、昼咲き。属名は、ギリシア語で袖を意味する*cheiris*から名づけられた。

〈栽培〉
温暖な地方ではこれらの植物は日なたの低湿なことを、さらに休眠中には夏の雨からの保護を必要とする。温帯地方では無加温の温室のなかで栽培し、冬の間は水分を控える。この植物は水がすぐにはける土壌を必要とし、もし葉があまりに長い時間濡れたままになると裂けてしまう。繁殖は種子からか、熟枝挿しで行う。

Cheiridopsis aspera
☀/☀ ❄ ↔20～30cm ↑10cm
南アフリカ、西ケープ州の自生種。細く、薄緑から灰緑で、きめは粗く、小さな白い斑点がある葉を密生させる。黄色い小さな花を出すが、めったにないことなので、花のことは長い間記録になかった。
ゾーン：9～11

Cheiridopsis caroli-schmiditii
☀/☀ ❄ ↔15～20cm ↑5～10cm
ナミビア原産。萎びた葉がこんもり盛り上がり、一番上には対をなした分厚い、長さ12mmの灰緑の葉がある。1対の葉はほとんどの長さ分が融合して、楔（くさび）形または鑿（のみ）形になっている。花は山吹色。
ゾーン：9～11

Cheiridopsis cigarettifera
☀/☀ ❄ ↔15～30cm ↑10cm
南アフリカの西ケープ州の自生種。密集した丸いマットを形成する。細く、先に行くほど細くなる不安定に傾いた葉は、長さ5cmあまり。内側の対は長さの3分の1ほどが融合していて、灰緑色、蝋質の花と小さな半透明の斑点がつく。花は黄色から山吹色のさまざまな色合い。
ゾーン：9～11

Cheiridopsis imitans
☀/☀ ❄ ↔20～30cm ↑10cm
南アフリカの北ケープ州の自生種。角があり不安定に傾く、赤みがかった灰緑の葉は、長さ5cmほどに成長する。鮮やかな黄色い花は直径8cm、茎につく。茎は花が葉に紛れてしまわないだけの十分な長さがある。
ゾーン：9～11

Cheiridopsis peculiaris
一般名：ショウホウ
☀/☀ ❄ ↔15～20cm ↑5～10cm
南アフリカの西ケープ州の自生種。低い場所の葉は平たく寝ていて、表面は平ら、干からびて紙のようになっている。上方の対になった葉は、完全に融合して多肉質の薄い灰緑色で先の尖った卵形、長さ約5cm、不規則な斑点が散り、冬を越すと裂ける。黄色い花が夏に咲く。
ゾーン：9～11

Cheiridopsis pillansii
一般名：シンプウギョク
☀/☀ ❄ ↔20～30cm ↑10cm
南アフリカの西ケープ州の自生種。葉は広く融合し、小さな丸い、薄い灰緑～青緑色の多肉質の塊りを形成する。しばしば濃い色の斑点がそこに散る。分かれ目から、下の葉が突き出す。花は径8cmで、クリーム色から麦わらのような黄色。
ゾーン：9～11

CHELIDONIUM
（クサノオウ属）
英　名：CELANDINE

ケシ科、二年生か多年生草本植物の種しかない単型属。ヨーロッパとアジア西部の原産で、アメリカ合衆国東部に帰化し、河岸、生垣の低木列、さらに荒地に生育する。変異の多い種で、基部から枝分かれし、羽状複葉、しばしば先端に3裂弁の小葉をつける。山吹色の花は径25mmの4弁花である。花は夏に、散開状に群生し枝先に咲く。有毒であるにもかかわらず、この植物は長い間薬草療法として黄疸、失明、ペストなど広範囲の愁訴に使われてきた。オレンジ色の樹液には皮膚刺激物が含まれ、これがいぼや白癬の治療に使われる。

〈栽培〉
ワイルドガーデンや、幅広い土壌タイプの隅の日陰に向く。自然播種が容易に起こる。繁殖は直播きで。

Cheiridopsis cigarettifera

Cheiridopsis caroli-schmidtii

Cheiridopsis pillansii

Chelidonium majus
ケリドニウム・マユス

英　名：GREATER CELANDINE

☽/☀ ❄ ↔30〜90cm ↕30〜90cm

ヨーロッパ、アジア西部の原産で、ほかの場所に帰化した。葉の多い、もろい茎、羽状に全裂する葉を持つ。山吹色の花が夏に咲く。*C. m.* var. *laciniatum*は深く全裂した葉がある。*C. m.*'フロレ プレノ'はよく栽培されている八重咲きの品種。
ゾーン：6〜9

CHELONE
（ジャコウソウモドキ属）

英　名：SHELL FLOWER、TURTLE'S HEAD

草本性の多年生植物6種からなる。北アメリカ原産の、ゴマノハグサ科。対生の葉を持ち、2枚の唇弁を持つ筒形の花をつける。この花が想像力のある人々に英名の示す亀の頭を連想させたのだろう。名前の由来になったギリシア語 *Kelone* は、水生のカメ、あるいは陸生のカメを意味する。花は真夏から寒くなるまで咲き、白から紫までのさまざまな色合いの花をつける。茎についた花を横に動かすと、その状態のまま留まる。切花にしても花は長持ちする。果序は乾燥させることができる。

〈栽培〉
この属は野生では沼地に育つことが多いが、湿気を保持する土壌で、半日陰から日なたを好む。繁殖は株分けからだが、種子から育てることもできる。

Chelone glabra
英　名：SNAKE HEAD、TURTLE'S HEAD
一般名：バルモニー

☽/☀ ❄ ↔40〜50cm ↕50〜80cm

北アメリカの東部と南部の原産。夏と秋の間じゅう、長さ25mmの白い花をつけるが、ピンクまたは紫色を帯びていることが多い。
ゾーン：3〜9

Chelone lyonii ★
一般名：ジャコウソウモドキ、リオン

☽/☀ ❄ ↔60〜90cm ↕100〜120cm

この直立する背の高い種は、夏から秋にかけて濃いピンク色の花をつける。花には、内側の下唇弁には黄色のひげがある。
ゾーン：4〜9

CHENOPODIUM
（ケノポディウム属）

アカザ科で最も親しまれている属のひとつで、約100種の一年生の常緑植物、あるいは落葉性の多年生植物や低木から構成され、乾燥地帯や塩湖水地方を含む世界中の温帯気候で見られる。一年生植物のなかには広く分布する雑草もあるが、多くはガーデンフラワー、葉野菜、香草、穀物として栽培され、飼い葉としても重宝されている。葉は互生で、鋸歯縁や欠刻のあることが多い。葉表は胞嚢のような細かく白っぽい花粉嚢で覆われている場合がある。花粉嚢は初期の段階で破裂し粉を撒き散らす。またある種には細かい腺があって、刺激臭のあるねばねばした物質を分泌する。葉腋か茎頂の複総状花序で、ごく小さな花が房なりに密生し咲く。穀物のような種子はめったに大きくならないが数は豊富で、宿存する花被に覆われる。

〈栽培〉
良質の園芸土壌で日なたなら簡単に栽培できる。この属は乾燥には強い植物だが、野菜として栽培するなら、よく水をやり施肥すると、葉の成長を促し、結実を遅らせることができる。繁殖は種子からで、(多年草には株分けでもよく)、早春に行う。

Chenopodium bonus-henricus
英　名：GOOD KING HENRY
一般名：グッドキングヘンリー

☀ ❄ ↔60cm ↕60cm

草本性の多年生植物。温帯ユーラシアの原産で、北アメリカとイギリス諸島に帰化した。葉は濃い緑色で、ホウレンソウの葉に似ており、長さ約10cm。花は茎頂に緑色を帯びた穂状花序をつけ、晩春から夏に咲く。葉野菜として栽培され、柔らかな新しいシュートはアスパラガスのように使われる。
ゾーン：5〜10

Chenopodium botrys
英　名：FEATHER GERANIUM、JERUSALEM OAK

☀ ❄ ↔30cm ↕60cm

直立する一年生植物。ヨーロッパ南部とアジア西部原産で、北アメリカに広く帰化した。この植物は夏に咲く、香り高い緑がかった黄色い花と、深く欠刻した美しい葉のために、園芸用一年生植物として育てられることがある。
ゾーン：6〜10

Chenopodium giganteum

☀ ❄ ↔0.9m ↕1.2〜3m

インド北部原産の一年生植物。葉は長さ15cm。多数分岐しながら伸びるシュートは先端が紫色を帯びる。夏から秋に咲く細長い花の房も同様に紫色である。葉色を楽しむ一年生の花壇花として栽培される。葉は食べられる。
ゾーン：8〜11

Chiastophyllum oppositifolium

Chenopodium quinoa
英　名：INCA WHEAT、QUINOA

☀ ❄ ↔0.6m ↕1.8m

かつてはエクアドル、ボリビア、ペルーの高地の重要な穀物で、その野生起源は定かではない。幅広の真緑色の葉。直立した茎に羽毛を思わせる赤、黄色、黒、または白色の果序をつける。この植物に今では新しい価値が見出された。外皮をとった種子は、高たんぱく質で、料理するとおいしく、食用油の原料にもなる。緑のシュートもまた食用である。
ゾーン：8〜11

CHIASTOPHYLLUM
（キアストフィルム属）

ベンケイソウ科。唯一の種は匍匐性の半多肉質の多年生植物で、コーカサス地方の自生種である。葉は大きく、かなり薄く、通常は短く鈍い鋸歯縁があり、晩春から真夏に美しい優雅な花を出す。この奥ゆかしい植物はほとんどの期間、多肉質であることを隠しているが、厳しい自然条件に面したときには、生き延びる手段になりうる。

〈栽培〉
半多肉質であるが、冷涼なロックガーデンや湿った河岸や石壁を匍匐してよく育つ。自然のクレバス植物（岩の割れ目で育つ植物）で、石積みの隙間や割れ目にすばやく群生する。湿潤な条件を好むが、一旦定着すると乾燥にも強く、乾燥時にしなびていても水をやると再び成長する。繁殖は種子からか、株分けで行う。

Chiastophyllum oppositifolium

☽/☀ ❄ ↔15〜30cm ↕15cm

丸い、多肉質の、きれいなスカラップ模様になった、鮮やかな緑色の葉は幅10cmほど。小さな茂みを作り、そこから花茎が出て、小さな黄色の花をアーチ状に枝咲きさせる。
ゾーン：7〜9

Chelidonium majus

Chenopodium botrys

Chenopodium giganteum

Chenopodium bonus-henricus

CHILOPSIS
(キロプシス属)

ノウゼンカズラ科。キササゲ属と近縁。アメリカ合衆国南西部とメキシコ西部の乾燥地帯原産。常緑低木または小型高木。1属1種。トウに似たもろい枝と幅の狭い葉を持つ。よく目立つラッパ形の花が短い枝の先端につく。花の開口部は2唇弁花に似る。果実は鉛筆に似たさく果で下垂。中には翼のついた非常に軽い種子が詰まっている。

〈栽培〉
非常に暑く乾燥した温暖地域の原産。かなりの耐霜性を備えてはいるが、寒冷湿潤の気候ではよく育たない。暖かい日当たりのよい場所を選び、排水性にすぐれた深い砂質土壌に植えるとよい。挿し木によって容易に繁殖するが、種子からでも可。

Chilopsis linearis
ケロプシス・リネアリス
英　名：DESERT WILLOW
☀ ❄ ↔2.4m ↕3m

通常は低木だが、適した条件のもとでは高木になる。小枝は綿毛を帯びており、灰緑色の葉の全長は10cmないしそれ以上。花は、幅、長さともに35mm。花色は濃いバラ色ないし白色。花喉には濃色の斑点。'バーガンディー'★は濃い赤紫色の花。'ホープ'は白い花。中央部は明るい黄色。
ゾーン：8～11

CHIMAPHILA
(ウメガサソウ属)

英　名：PIPSISSEWA、PRINCE'S PINE
ツツジ科。4～5種で構成される。北半球の温帯から熱帯アメリカの高山地帯原産。常緑の多年生植物で、高さは30cm。ほっそりした茎は匍匐性となる場合が多く、時に枝分かれする。葉は輪生、革質、鋸歯縁。花は花柄に群生し、下垂する。花は先端が平らになるか、総状花序に似る。5弁花は丸い形。中空。白、ピンク、赤色。果実は5区画のさく果。先端が割れて種子を放出する。

〈栽培〉
この植物は栽培が難しいが、定着するとロックガーデンやウッドランドガーデンの端にある湿った日陰の砂土壌で育てることができる。よく広がる根組織を傷つけてはならない。繁殖は細心の注意による株分けか、湿ったミズゴケへの播種によるが、発芽は不安定で成功はまれ。医療的に重要な種もある。

Chimaphila umbellata
英　名：PIPSISSEWA、SPOTTED WINTERGREEN
☀/☼ ❄ ↔60cm ↕12～30cm

ユーラシアおよび北米大陸冷涼地域の原産。茎は地中で枝分かれする。シュートは直立。鋸歯縁。葉は倒卵形で数は少ない。輪生。花柄の長い花序は、夏に3～10個の赤、ピンク、または白色の花を咲かせる。膀胱の病気治療に使われる。
ゾーン：5～9

CHIMONANTHUS
(ロウバイ属)

ロウバイ科。中国原産。6種の落葉性または常緑性植物。観賞用として栽培され、香り高い花をラベンダーのように乾燥してリンネル製品の香りづけに用いる。葉は対生。開花期は春。

〈栽培〉
寒冷地方では防護された場所で育てるのがよい。初期の花を霜から守ることもできる。それほど寒冷でない地方では屋外のよい庭木であり、低木のボーダーとして適している。日向にある水はけのよい肥沃な土壌を必要とする。繁殖は夏に挿し木で行う。種子の成熟後、速やかに、冬の霜を受けない場所に播種するが、種子からの栽培は開花までに5～10年を要する。

Chimonanthus nitens
☀ ❄ ↔2.4m ↕1.8～3m

中国原産。スクリーンに適した常緑低木。光沢のある緑色の葉は対生で、滑らかな縁をしている。星のような単生の黄色っぽい白色の花は、やや芳香性。開花期は秋。ゾーン：7～9

Chimonanthus praecox

Chilopsis linearis

Chimonanthus pracox
異　名：*Chimonanthus fragrans*、*Maratia pracox*
一般名：ロウバイ
英　名：JAPANESE ALLSPICE、WINTER SWEET
☀ ❄ ↔3m ↕3.5m

中国原産。落葉性低木。披針形の葉は、光沢ある緑色で表面は粗い。秋には淡黄色に変色。無葉の2年枝に、硫黄色ないし淡黄色の花がつく。花弁内側は紫ないし茶色。芳香性。開花期は冬。'グランディフロルス'★は濃黄色の花で、種子よりも大きな花の花径は5cm。'パルヴィフロルス'は淡黄色の小さな花。
ゾーン：6～10

CHIMONOBAMBUSA
(カンチク属)

イネ科。アジア東部と南部原産の約40種を含む。小型または中型の植物で、非常に密集して生い茂ることが多く、よじ登る習性も強いことから、スクリーンや生垣として有用である。強力な侵略種となることもあるが、乾燥土壌には弱い。

〈栽培〉
日なたか日陰の湿った土壌に植える。必要に応じて勢いのなくなった古い茎を取り除き、年に1度は根切りをしたり、根の周囲に溝を掘ったりして広がりすぎないようにする。繁殖は株分けによるが、株を丸ごと取り分けるのではなく、1部分を切り離すか、あるいは勢いのある匍匐枝を使うだけで十分である。

Chimonobambusa marmorea
英　名：KAN-CHIKU、MARBLE SHEATH BAMBOO
☀/☼ ❄ ↔3～5m ↕2～3m

1889年に日本からヨーロッパに紹介された。株立ちの種で、大理石模様の黒くて細い茎は、強い光に当たると真黒になる。美しい曲線を描く屋内植物、または日陰の森林地のグランドカバーになる。かなりよく繁茂する。
ゾーン：7～10

Chimonanthus nitens

Chimonobambusa quadrangularis
キモノバンブサ・クアドラングラリス
異　名：*Arundinaria quadrangularis*、*Tetragonocalamus quadrangularis*
英　名：SHIKAKUDAKE、SHINO-CHIKU、SQUARE BAMBOO
☀ ❄ ↔3～9m ↕6～8m

中国南東部と台湾原産で、日本にも帰化。侵略種となる危険性がある。紫色の新しい稈の葉鞘が、後ろに反り返った刺を基部につけた四角い稈を見せる。稈の直径は5cm。'スウォー'は淡黄色の稈と、不規則な斑入り葉。
ゾーン：7～10

Chimonobambusa tumidissinoda
異　名：*Qiongzhuea tumidinoda*
英　名：CHINESE WALKING STICK
☀ ❄ ↔6～12m ↕3～6m

中国、雲南省の小地域の固有種。1987年にPeter Addingtonによって紹介された。晩夏に出たシュートが、速やかにヤナギに似た細い葉をつける。根茎によって広がり、侵略種となり得る。タケノコや杖の材料をとるために商業栽培される。膨張した節は煙草パイプの材料ともなる。
ゾーン：8～10

*Chionochloa rubra*の自生種、ニュージーランド、ランギポ

Chionochloa conspicua

Chionanthus virginicus

Chionanthus retusus

CHIONANTHUS
（ヒトツバタゴ属）

モクセイ科。100種以上を含む。多くは落葉性高木・低木。アジア東部、日本、アメリカ合衆国東部各州の自生種。この属のなかの熱帯高木には常緑のものもある。葉は鋸歯縁か滑らかな縁で、対生。白い4弁花が枝の先端に円錐花序をなす。秋には1種子を持つ紫青色の果実ができる。樹皮は医療用に使われる。

〈栽培〉
アルカリ性土壌に耐える種もあるが、そのほかは中性か酸性土壌と日なたの場所を好む。日照が不足すると花がつかない。秋に種子が熟せば速やかに播種し、確実に防霜対策をする。発芽は遅く、18カ月を要する。

Chionanthus retusus ★
英　名：CHINESE FRINGE TREE
一般名：ヒトツバタゴ、ナンジャモンジャ
☼ ❄ ↔3m ↕3m
中国と台湾原産。落葉性低木か小型高木。樹皮には深い溝が入るか、もしくは剥落。光沢のある鮮やかな緑色の葉は、卵形。裏面には白い短軟毛。夏に香りのよい白い花が円錐花序となる。果実は青黒色。アルカリ性土壌で育つ。
ゾーン：6〜10

Chionanthus virginicus
英　名：FRINGE TREE
一般名：アメリカヒトツバタゴ
☼ ❄ ↔3m ↕3m
アメリカ合衆国東部の自生種。低木または小型高木。卵形の葉は、暗緑色で光沢がある。全長20cm。香りのよい白い花が下垂した円錐花序で咲く。青黒い果実は大きさ12mm。酸性土壌がよいが、中性土壌にも耐える。'**アングスティフォリウス**' ★は細い葉。'**ラティフォリウス**'はやや卵形の葉。
ゾーン：4〜9

CHIONOCHLOA
（キオノクロア属）
英　名：SNOW GRASS
イネ科。約19種からなる。多年草。オーストラリアで見られる1種を除いて、すべてがニュージーランド原産。高山、亜高山地帯に自生する。通常は草丈のある叢生。アーチを描く葉と優雅な花序を持つ。

〈栽培〉
日向にある排水のより砂性土壌で容易に栽培できる。多数の種が耐霜性を備えているが、冷涼地方では防護された暖かい場所で育てる。繁殖は播種もしくは株分け。

Chionochloa conspicua
英　名：HUNANGAMOHO、PLUMED TUSSOCK GRASS
一般名：フナンゲモホグラス
☼ ❄ ↔0.9m ↕0.9〜1.8m
ニュージーランドの北島および南島で見られる。密集した叢生草本。幅広の緑色葉を持つ。ややアーチ型の茎の先に、ふんわりとした円錐花序がつく。茎高は1.8m。小型のパンパスグラスに似る。
ゾーン：7〜10

Chionochloa flavicans
☼ ❄ ↔0.9m ↕0.9〜1.5m
ニュージーランドの北島沿岸地方の自生種。しなやかな緑色の葉が優雅な株姿を作る。花茎はアーチを描き、高さ1.5m。淡緑色の絹状毛は、加齢にともなって淡黄褐色になる。ゾーン：8〜10

Chionochloa rubra
英　名：RED TUSSOCK GRASS
☼ ❄ ↔0.9m ↕0.9〜1.5m
ニュージーランド北島中部から南にかけての各地で見られる。叢生。長さ1.8mのしなやかな葉は、茶色がかった緑色、銅色、濃淡の赤色。散漫な円錐花序は葉よりも上の位置につく。葉は赤色の濃淡であるが、すぐに退色。
ゾーン：7〜10

CHIONODOXA
（キオノドクサ属）
英　名：GLORY OF THE SNOW
ユリ科。球根を持ち、夏には休眠する小型植物。自生地のクレタ、キプロス、トルコ西部の山岳部では、最後の雪が溶ける初夏に花を咲かせる。温暖な地方では早春に開花。澄んだ花色、清楚な星形の花、光沢のあるエメラルド色の葉を持つ魅力的な種。球根は小さく、茶色の包膜を持つ。

〈栽培〉
半日向に植え、自生地よりも高度が低く、気温が高ければ、容易に栽培できる。良好な排水、開けた場所、若干の降霜が必要。根付いた株を分けて、オフセットを秋に集め、日当たりのよい場所の砂地に植える。または、秋の間に砂質の混合土をいれたトレーか花壇に播種。発芽は冬。

Chionodoxa forbesii
キオノドクサ・フォルベイシ
☼ ❄ ↔5〜8cm ↕8〜20cm
トルコ西部の山岳地帯自生種。葉は数が少なく、全長8〜25cm。直立した茎につく下向きの花は12個まで。やや反曲した花弁の幅は18mm。濃青色で中央部には白い模様。膨らんだ筒部は白。数種の栽培品種がある。'**ピンク ジャイアント**' ★がよく知られる。大輪淡色の花。
ゾーン：4〜9

Chionodoxa luciliae
キオノドクサ・ルキリアエ
異　名：*Chionodoxa gigantea*
☼ ❄ ↔5〜8cm ↕10〜15cm
トルコ西部の山岳地帯の自生種。やわらかい紫青色の花。中央には小さな白色部。茎に双生、もしくは三輪咲き。気候や季節が適していれば多くの花をつける。葉はやや反曲し、全長8〜20cm。'**アルバ**'は白い花弁。'**ギガンテア**'は大きな青い花。草丈20cm。'**ロセア**'はピンク色がかった花弁。
ゾーン：4〜9

Chionodoxa sardensis
☼ ❄ ↔5〜8cm ↕10〜15cm
トルコ西部のコケの生えた森林地帯に自生。濃青色の花には小さな白い「アイズ（目）」がある。赤茶色の茎につく花は12輪まで。葉は暗緑色。整然として溝を持つ。直立して散開する。
ゾーン：4〜9

Chionodoxa forbesii

Chironia baccifera

Chironia purpurascens 南アフリカ、ハウテン、セイカバスラント自然保護区

CHIRANTHODENDRON
（キラントデンドロン属）

メキシコ南部とグアテマラ原産の常緑高木1種を含む。通常はアオギリ科に分類されられるが、この分類は現在見直し中。この植物はフレモントデンドロン属と密接な関係があり、2属間の交雑種（×*Chiranthofremontia*）もある。幅広の葉は心臓形で、3～7の浅い欠刻。花は単生し、葉の反対側につく。花弁はなく、革質で鐘形の萼を持つ。雄ずい5本の花糸が突出。花糸は融合して筒形になり、かぎ爪状の極めて大きな葯を持つ。花の形状と位置は花にとまる鳥やコウモリによる受粉を助ける。人間の手に似ているため、古代メキシコ人にとっての畏怖の対象となった。さく果は黒い種子多数を包含する。

〈栽培〉
メキシコでは、スペインによる征服以前から信仰の対象として栽培されていた。その他の地域では、主にコレクション的な意味での栽培が行われてきたが、近年は、カリフォルニアで広く栽培されるようになった。熱帯高地原産ではあるが、非常に軽度の霜には耐えるが、成長は遅くなる。防護された暖かい場所に植え、肥沃で排水のよい土壌で栽培するのがよい。繁殖は新鮮な種子を集めて行う。

Chiranthodendron pentadactylon
英　名：MEXICAN HAND TREE
☼ ❄ ↔9m ↕9～15m
珍しい形をした植物。メキシコとグアテマラ原産。通常は大型低木または小型高木。栽培下では小型化する。大きな葉は5裂。群生する杯形花は赤茶色。開花期は温暖季。豆果は5角形。
ゾーン：10～12

CHIRONIA
（キロニア属）

リンドウ科。15種を含む。多年生亜低木および低木。アフリカ南部とマダガスカル島原産。細い葉は対生。春に星形の小さな花を咲かせる。花は通常、茎の先端につくが、単生、もしくは小型のスプレー咲きとなることもある。花後にはベリーに似た小さなさく果ができる。クリスマスの季節（南半球）に熟すので、クリスマスベリーと呼ばれている。

〈栽培〉
日向にある排水のよい土壌に植え、冬季に水を吸収しすぎない場所を選ぶ。多くの種は軽度の霜に耐えるが、寒冷湿潤の条件が続くと腐敗する。時折の整枝以外、刈り込む必要はない。繁殖は播種、もしくは取り木。

Chironia baccifera
英　名：CHRISTMAS BERRY
☼ ❄ ↔50cm ↕50cm
南アフリカの自生種。針金のような茎を持つ小型低木。細長い灰緑色の葉は全長25mm。葉縁はややドに巻き込む。花色はディープピンクで茎の先端につく。単生または群生。果実は橙緋色。
ゾーン：9～11

Chironia purpurascens
☼ ❄ ↔15cm ↕30～45cm
ジンバブウェから南アフリカ共和国イースタンケープ州の自生種。常緑二年草、多年草、または亜低木。生育習性は変異に富み、直立ないし匍匐性。葉は細くてまばら。分枝した細い花序に、薄紫色ないし濃赤紫色の花がつく。開花期は晩春から夏。
ゾーン：8～11

×CHITALPA
（キタルパ属）

ノウゼンカズラ科。1属1種。*Catalpa bignonioides*と*Chilopsis linearis*の属間交雑種である。両属は近縁関係にあり、双方ともに北米大陸原産であるが、野生状態での分布域は異なる。カタルパ属はアメリカ合衆国東部と南部の湿潤地帯原産、キロプシス属はアメリカ合衆国南西部の乾燥地帯とメキシコの隣接地域の原産である。

〈栽培〉
カタルパ属に比べて、霜耐寒性がやや強くて手間がかからない。夏に完全に干上がってしまうことのない、適度に深くて肥沃で排水性にすぐれた土壌であればよく生育する。若い木は整形のために刈り込み、根付いたものは軽く剪定し、冬や早春に枝払いをする。繁殖は冬の熟枝挿し、または夏の半熟枝挿し。カタルパの台木に芽接ぎしてもよい。

×*Chitalpa tashkentensis*
キタルパ・タシケンテンシス
☼ ❄ ↔6m ↕6～12m
落葉性高木。葉は光沢のない真緑色。裏面には綿毛。花は白かピンクの鐘形。長さ25mm。枝の先端に直立した総状花序をつける。'ピンク ドーン' ★は樹高が低く、広がる樹冠とピンク色の花。
ゾーン：6～11

CHLOROPHYTUM
（オリヅルラン属）

ユリ科。多肉質茎を持つ約215種の多年草から成る。アフリカ、アジア、南アメリカ、オーストラリアの熱帯および亜熱帯地帯原産。草丈は10～60cm。線形から披針形の葉が根茎から立ち上がる。白い小さな花が散漫でまばらな円錐花序を成す。いくつかの種では、花茎に新しい子株がつく。

〈栽培〉
観葉植物とて数種が栽培されている。最もよく見られる鉢植え植物は*Chlorophytum comosum*である。室外栽培が可能な温暖地域では、軽い日よけをほどこした排水性にすぐれた土壌で育てる。グランドカバーともなる。室内の成熟株は、明るい間接日光と十分な水やりを必要とする。

Chlorophytum comosum
英　名：SPIDER PLANT
一般名：オリヅルラン
☼ ❄ ↔30～60cm ↕30～60cm
南アフリカ共和国原産。線形の葉は全長40cm。緑または白縞。散漫な円錐花序が花茎につく。白い花は小さな星形。花をつける節には子株が形成される。'ワリエガトゥム'の葉縁は白色かクリーム色。'ウィッタトゥム'は反曲した葉の中央に白い縞。
ゾーン：9～11

Chlorophytum laxum 'Bichetii'
クロロフィトゥム・ラクスム'ビケテイイ'
☼ ❄ ↔20～30cm ↕20～30cm
ガボン原産。多肉質の根をもつ多年草。線形の葉にはクリーミーホワイトの縞。白い小さな花が散漫な円錐花序を成す。
ゾーン：10～12

CHOISYA
（コイシア属）

ミカン科。約8種。常緑低木。アメリカ合衆国南西部とメキシコの自生種。観賞用の美しい低木。葉は掌状、花は小さな星形。葉、花ともに芳香性。

〈栽培〉
大多数は日向にある肥沃で水はけのよい土壌でよく育つ。耐霜性があるが、厳冬には寒枯れして再生する。繁殖は夏に半熟を枝挿しする。

Choisya arizonica
☼ ❄ ↔0.9m ↕0.9m
低く育ち、枝分かれの多い常緑低木。緑色の葉は細く、3～5枚の小葉を持つ。葉縁には腺。擦るとよい香りがする。春に群生する白色花は芳香性。寒冷地域では保温性の高い壁を背にして育てる。
ゾーン：7～10

Chlorophytum comosum 'Variegatum'

Chiranthodendron pentadactylon

Choisya 'Aztec Pearl'
一般名：'アステカ パール'
☀ ❄ ↔2.4m ↕2.4m

*C. arizonica*と*C. ternata*の交雑種。前者からは細くてこまかい小葉、後者からは多花性の白色花を引き継いだ。強い芳香を放つ低木。暗緑色の葉が繁茂する。花はペールピンクの蕾から春から初夏に開花する。
ゾーン：8〜10

Choisya mollis
異　名：*Choisya dumosa* var *mollis*
英　名：ZORILLO
☀/☀ ❄ ↔0.9〜1.2m ↕1.2〜1.5m

常緑低木。スカイ・アイランド（「空の島」）として知られる、アリゾナ州およびニューメキシコ州の山岳地帯原産。幅の狭い小葉は5〜10枚で深緑色。革質で芳香性。加齢とともに灰緑色となる。小さな白色花が枝先端に群生。微香性。
ゾーン：8〜10

Choisya ternata
英　名：MEXICAN ORANGE, MEXICAN ORANGE BLOSSOM
一般名：メキシカン オレンジ ブロッサム
☀ ❄ ↔1.8m ↕1.8m

メキシコ原産の常緑低木。光沢のある葉は3裂。白い星形で芳香性の花が春に群生する。晩夏に2度目の新葉が出る。花後に軽く剪定。防風用のシェルターが必要。一旦定着すると夏の乾燥に耐性を持つ。水はけのよいことが不可欠である。
サンダンス／'リッチ'★はペールゴールドの葉で、加齢にともなって緑味が増す。日除けが必要。ゾーン：7〜10

Choisya mollis

Choisya ternata

CHONDROPETALUM
（コンドロペタルム属）

南アフリカ原産のアシの仲間。本属よりも分布域の広いレスティオ属（サンアソウ科）と近縁。多くのアシ同様、イネ科植物特有の葉を持つ。葉の全長は長さ20cmないし2mに及ぶ。大型種は古来より屋根をふくために用いられてきた。ウェスタンケープ地方の湿潤低地では、プロテア、レウコスペルムム、エリカなどに混じって見られることが多く、「フィンボス」として知られる特徴的な植生を構成している。花は非常に小さいが、大きな花序となる。ただし、とりわけて人目をひくわけではない。雄性花と雌性花の別々の株につく。雄性花は開いた円錐花序でイネ科植物に特徴的な形状となる。雌性花はやや締まった形となって苞に囲まれている。

〈栽培〉
開けた場所に植え、夏にはじゅうぶんな灌水と施肥を行う。自然状態では湿潤地に自生するが、栽培下では水はけのよい土壌がよい。株分けによる繁殖には耐えられないことがあり、種子からの繁殖のほうが成功しやすい。

Chondropetalum tectorum
☀/☀ ❆ ↔0.9〜1.5m ↕1.5m

禾本状の細い緑色の茎で、密集した藪を作る。雌株はオリーブ色がかっており、夏にブロンズ色の短い花序をつけるときにはその傾向が強い。雄株の花序は散漫で開いており、ややアーチを描く。淡黄褐色。
ゾーン：9〜11

CHORIZEMA
（ヒイラギハギ属）

全18種のうち1種を除いてすべてがオーストラリア南西部原産。常緑低木、またはつる植物。グランドカバーとして栽培されるものが多い。マメ科ソラマメ亜科に属し、蝶形花が密集した短い総状花序となる。花はしばしば鮮やかな対照色の花弁で構成される。花時は種によって多様。葉は、心臓形、細形、欠刻、鋸歯縁の有無、芳香性の有無などの変異の幅が大きい。

Chondropetalum tectorum

Chorizema cordatum

〈栽培〉
一般的に、水はけのよい軽い土壌と、日向、もしくは部分に遮光された場所を好む。湿潤な条件が長く続くと耐えられないが、夏には時宜に応じてたっぷりと灌水する。繁殖は前もって水に浸しておいた種子を撒くか、または半熟枝を挿して行う。

Chorizema cordatum ★
英　名：HEART-LEAFED FLAME PEA
☀/☀ ❆ ↔1.2m ↕1.2m

オーストラリアのウェスタンオーストラリア州南部で広く栽培される種。葉はハート形。細かい歯牙縁。花はオレンジないし黄色の旗弁、濃いピンクないし赤の舟弁。水はけがよく、少し日陰となる場所が最適。剪定によってコンパクトな姿を維持する。
ゾーン：9〜11

CHRYSANTHEMOIDES
（クリサンテモイデス属）

キク科。2種を含むのみ。常緑低木。アフリカ南部・東部原産。基部周辺は木質。枝は弱くてもろく、小枝には隆起ができる。短くて幅広の葉は鋸歯縁となることが多い。黄色い花序はキクに似る。キク科には珍しく、小さくて多汁質の黒い液果をつける。鳥に食されて種子が拡散する。南アフリカではこの果実を食用とする場合があり、葉は医療用として用いられる。短命な植物である。

〈栽培〉
露出した場所では、防護や土壌保護用に使うことができ、生垣ともなるが、自生地であるアフリカ以外の温帯気候地方に植えてはならない。種子から急速に拡がって速やかに雑草化し、管理不能となるためである。ヨーロッパ北部のような寒冷地域では、温室で無難に育てることができる。繁殖は播種、もしくは半熟枝挿しによる。

Chrysanthemoides monilifera
異　名：*Osteospermum moniliferum*
英　名：BITOU BUSH、BONESEED、BUSH-TICK BERRY
☀ ❆ ↔4.5m ↕6m

若いシュートと花蕾は、クモの巣状の白い毛で覆われる。黄色い花序が春に咲く。*C. m.* subsp. *rotundata*は海辺の亜種。葉は丸形で鮮やかな緑色。裏面は白く帯毛。オーストラリア南部では侵略種となって自生種を駆逐しているた

Chrysanthemoides monilifera

め、生物学的管理が導入されている。
ゾーン：9〜11

CHRYSANTHEMUM
（キク属）

デンドランテマ属として再分類されたが、園芸界では従来の名前（キク）のままで通用している。中国原産の多年草。2,500年をこえる長い栽培史があり、現在では、ヨーロッパと北アフリカ原産である5種の一年草もこの大属に加わっている。中国では観賞用以外にも、医療や風味づけの用途のために使われてきた。日本にもたらされたキクは、長寿と幸福の象徴として数多くの芸術作品用いられている。一年生種は小型であり、キク科に属する近縁属と非常によく似ている。一年生種は夏花壇に植栽されることが多く、多年生植物のボーダー花壇でスペースを埋めるために用いられることもある。

〈栽培〉
一年生種は日向にある軽くて水はけのよい土壌でよく育つ。従来のキク属は肥沃な粘性土壌を好むが、日陰にも若干の耐性を持つ。若い時には剪定し、優良花を残すためには摘蕾を行う。一年生種は種子から育てる。従来のキク属は休眠時に株分けするか、夏に半熟枝を挿す。

Chrysanthemum × *grandiflorum*
クリサンテムム×グランディフロルム

英 名：FLORISUTS' CHRYSANTHEMUM

☼/◐ ❄ ↔ 45～90cm ↑ 0.3～1.5m

交雑種の大きなグループ。*Dedndranthema* × *grandiflorum* としても知られているが、一般的に *Chrysanthemum*（キク）の名のもとに栽培されている。現在では、*Dedndranthema* × *grandiflorum* と *Chrysanthemum*（キク）は同義語であるとみなされており、キク属の庭植え植物をさす場合もこの名称が使われている。1年を通じた花材であるが、庭花としては秋の花に分類される。開花期は秋分の数週間前から初霜まで。葉の形はどれもよく似ており、裂弁のある芳香性の葉となる。植物体の大きさや花姿には変異があり、花の特性によって以下のようなグループ分けがなされている。いくつかの分類法があるが、ここではアメリカ合衆国キク協会標準のものを挙げる。この分類法では以下の13グループがある。

1. 不整形湾曲咲き（Irregular incurved）：非常に大型のボール形。小花は湾曲。下方の小花が不規則な方向に伸張してスカート状となる。人気ある交雑種は、'パラセイド'、'ゴールド クリーメスト'、'シャムロック' など。
2. 屈曲咲き（Reflexed）：中型ないし大型の花。規則正しく下方に伸張する小花が重なって、鱗状、あるいは羽状となる。このグループには 'ユーロ'、'フィジー'、Robin／ロビン／'ヨロビ' が含まれている。
3. 整形湾曲咲き（Regular incurved）：花径10～15cm。半円球に近い形となる。小花は規則正しく上向きに湾曲。'ヘザー ジェームズ'。
4. デコラティブ咲き（Decorative）：引き締まったやや平らな花姿。短くて特徴的な舌状花を持つ。中央部の筒形の花は見えない。スプレー菊として知られるものの多くが含まれる。草丈45cm以上。'フォーチュン' の花は黄色。シーズン中ごろに咲く。'マーガレット' の花はミッドピンク、中央部はサーモン色。'サーモン マーガレット' はサーモンピンク。'ウェンディー' は明るいオレンジ色からブロンズ色。その他の人気品種には次のようなものがある。バーバラ／'ヨバラサラ'、'レッド ヘッドライナー'、'ストーム キング'、スンドロ／'ヨスル'、'ワイルドファイヤー'。
5. 中間湾曲咲き（Intermediate incurved）：不整形な湾曲に似るが、花序は小さく、花径は15cm程度。'プリムローズ アロウィーズ'、'ロイヤル タッチ' など。
6. ポンポン咲き（Pompon）：密集した小型花弁からなる球状花。花径2.5～10cm。草丈45cm以下。人気品種は、'カリヨン'、'チアーズ'、'ピンポン' など。
7. 一重と半八重（Single and semi-double）：シンプルな花姿。非常に大きいことが多く、中央部の筒形の花がはっきりと見える。1列かそれ以上の小花が中央部を取り囲んでいる。一重咲きのものは「ヒナギク」として知られることもある。'アンバー エンビー ウェディング' は半八重咲き。やわらかなオレンジブラウン。'バックアイ' は一重咲きの赤い花で、シーズン中ごろに咲く。'ゴールデン メガタイム' は明るい黄色の一重から半八重咲き。'タイガー' は一重咲きで、非常に小さく、ブロンズ色。シーズン中ごろに咲く。'トレイシー' は半八重咲きの白い花。シーズン中ごろに咲く。その他の交雑種には 'メガタイム'、'ポーザー'、'スプレンダー' がある。
8. アネモネ咲き（Anemone）：基本的には半八重咲き。中央部がくっきりと区別できる。密集した小さな舌状花が中央部で盛り上がり、筒形の花を隠す。'ペンニン マリー' は鮮やかなピンク。草丈0.9m。'ペンニン オリエル' はクリームホワイトの花。草丈0.9m。'イエロー ペ

クリサンテムム×グランディフロルム、
1. 不整形湾曲、'リバート'

クリサンテムム×グランディフロルム、
1.、'ゴールド クリーメスト'

ンニン オリエル' は鮮やかな黄色。草丈0.9m。その他の交雑種には 'デイズエンド'、'パウダー パフ'、'スコアー'、'サニー ル マン' がある。

9. スプーン咲き（Spoon）：半八重咲きの花。中央部の筒形の花がはっきりとわかる。細長い舌状花の先端部は幅広となり、スプーンに似る。栽培品種には次のようなものがある。'シトリン' は黄色い花。'セミノール' はピンクの花。
10. 羽柄咲き（Quill）：大きくて規則正しい形の花。長くまっすぐな筒形の花の先端は開口。'ペンニン フルート' はやわらかなミッドピンク。
11. スパイダー咲き（Spider）：長い筒形の花は下垂。細いものも太いものもあるが、先端が輪状になっていたり後方に反っていたりする。人気のある交雑種に

クリサンテムム×グランディフロルム、
2. 屈曲、'ユーロ'

C. × *g.*, 2. Reflexed, 'Fiji'

クリサンテムム×グランディフロルム、
7. 一重咲き、アンバー スウィングタイム'

クリサンテムム×グランディフロルム、
7. 一重咲き、'メガタイム'

クリサンテムム×グランディフロルム、
7. 一重咲き、'オレンジ ウィンブルドン'

クリサンテムム×グランディフロルム、
7. 一重咲き、'ポーザー'

クリサンテムム×グランディフロルム、
7. 一重咲き、'スプレンディッド レーガン'

クリサンテムム×グランディフロルム、
7. 一重咲き、'タイガー'

クリサンテムム×グランディフロルム、
8. アネモネ咲き、'スコアー'

クリサンテムム×グランディフロルム、
8. アネモネ咲き、'サニー ル マン'

クリサンテムム×グランディフロルム、
9. スプーン咲き、'ダブリン'

クリサンテムム×グランディフロルム、
9. スプーン咲き、'エネルギー タイム'

クリサンテムム×グランディフロルム、
9. スプーン咲き、'イエロー ビアリッツ'

クリサンテムム×グランディフロルム 11. スパイダー咲き、'ミックスド スパイダー'

クリサンテムム×グランディフロルム、
6. ポンポン咲き、'フロレ'

クリサンテムム×グランディフロルム、8. アネモネ咲き、'オーサム'

C. × g., 13., 'Harlekijn'

C. × g., 13., 'Lemon Fiji'

クリサンテムム×グランディフロルム、8. アネモネ咲き、'ウェルドン'

Chrysanthemum weyrichii

クリサンテムム×グランディフロルム、8. アネモネ咲き、'トゥシェ'

は、'ダスキー クイーン'、'ミックスド スパイダー'、'イエロー ナイト'★がある。
12. アザミまたはブラシ咲き(Brush or Thistle)：非常に細くてしばしば捻じれた小花。下方では茎から直角に立ち上がっている。
13. その他(Unclassified)：これまでのグループに分類されていないか、どこにも当てはまらない花。'マックス ライリー'は黄色い花。シーズン初期に咲く。'ピンク ジン'は明るいピンク色の花。'ロイコプランド'はブロンズ色の花。'サテン ピンク ジン'はピンクの花。'イエロー ジョン ヒューズ'は黄色い湾曲した花。その他の栽培品種は下記の通り。'アンバー イヴォンヌ アルノー'、'アンゴラ'、'アプリコット シュースミス サーモン'、'ビーコン'、Bravo／'Yabravo'ブラボ／'ヤブラボ'、'ブロンズ カサンドラ'、'ブロンズ フェアリー'、'チェリー ナタリー'、'ダーク レッド メイフォード パーフェクション'、'イーストリー'、'フロー クーパー'、'ジョージ グリフィス'、'ハーレキジン'、'レモン フィジー'、'マドレーヌ'、'マンケッタ ブライド'、'メイヴィス'、'ミス マディ'、'ペンニン アルフィー'、'ペンニン レース'、'ペンニン シグナル'、'パープル ペンニン ワイン'、'ローズ メイフォード パーフェクション'、'ライヌーン'、'サーモン フェアリー'、'サウスウェイ スワン'、'トゥシェ'、'ウェルドン'、'イヴォンヌ アルノー'。
ゾーン：5～10

Chrysanthemum weyrichii
クリサンテムム・ウェイリキイ
英名：MIYABE DAISY
↔40～60cm ↑10cm
日本原産の多年草。横に広がってグラウンドカバーとなる。葉は多肉質。茎は光沢のある明るい緑色ないし紫緑色。茎基部近くの葉は円形で5裂だが、先端近くは羽状。花茎は短く、花序の花径は40mm。夏から秋に白かピンクの舌状花。'ピンク バン'と'ホワイト バン'はそれぞれピンクと白の花を豊富につける精選品種。
ゾーン：4～9

Chrysanthemum zawadskii
異名：Chrysanthemum×rubellum
一般名：イワギク
↔50～100cm ↑60cm
ウラル川からロシア中部、北部にかけて自生。根茎をもつ多年草。直立茎が密集した藪を作る。全長40mmの葉は細毛を帯びる。切れ込みのある羽状、鋸歯縁のこともある。花序は白、ピンク、紫。花径は5cmをやや超える。単生、もしくは5輪までの群生。C. z. var. latilobumは各部分が大型。草丈0.9m。C. z. 'クララ カーティス'★は多数の鮮やかなピンクの花。'レディー クララ'はディープピンクの花。'メアリー ストーカー'の花はやわらかな黄色。
ゾーン：3～9

CHRYSOCEPHALUM
（クリソケファルム属）
オーストラリア原産のキク科。ヘリクリサム属、ヘリプテルム属、レプトリンコス属の解体にともなって新設された。現在のところ、6種の多年草および低木で構成されている。小型で細い茎と広がる性質を持ち、マウンド状となる。細長い葉の全長は12～50cm。細毛を帯び、灰緑色ないし青緑色。Cheyaoxwphlumとは黄色い頭を意味し、夏と秋に紙のような黄色の花序を咲かせることに由来する。花序の花径は12mm程度であるが、多花性で美観を呈する。

〈栽培〉
耐霜性と栽培環境は多様であるが、ほとんどの種を一年草として扱うことができる。明るい場所にある軽い砂質土壌に植え、平均的な夏季湿度を保てる場所でよく育つ。コンテナー植えの場合は定期的に切り戻して花殻を摘むとよい。繁殖は播種、もしくは挿し木からである。種によっては吸枝を出したり、接地部分から出根したりするので、これを切り離して増やすこともできる。

Chrysocephalum semipapposum
異名：Helichrysum semipapposum
英名：CLUSTERED EVERLASTING, YELLOW BUTTONS
↔1.5m ↑80cm
広がる性質を持つ草本、ないし低木状となる多年草。オーストラリア各州に広く自生する。木質の根茎から出る茎は帯毛。幅の狭い葉は帯毛。灰色がかった色で群生。全長6cm。黄色の小さな花をつける。花径は12mm。約100の花が頂生する。ゾーン：8～10

CHRYSOGONUM
（クリソゴヌム属）
キク科。1属1種。アメリカ合衆国東部原産。草丈の低い多年草。部分遮光されたボーダーやウッドガーデンに沿った場所でのグランドカバーに最適。C. virginianumには、草丈のある直立した北方種と、匍匐性の南方種がある。夏が暑くなる地域では春の中ごろから初夏が開花期。北方では春から初夏が開花期となる。夏季に散発的に開花することもある。

〈栽培〉
水はけのよい湿った土壌に植え、部分的遮光または日陰になる場所がよい。繁殖は早春か初秋に株分けで行う。自家播種するので、その実生を望ましい場所に植え替えてもよい。問題になるような害虫や病気はない。

Chrysogonum virginianum
英名：GOLDEN STAR, GEREEN AND GOLD
一般名：コガネグルマ
↔60cm ↑15～25cm
葉は帯毛、鋸歯縁。花は黄色。花弁は5枚でやや切れ込みが入る。花径25～35mm。積雪がある場合は、寒冷地でもよく育つ。ゾーン：5～9

Chrysocephalum semipapposum、オーストラリア、ヴィクトリア州、グランピアンズ国立公園

Chrysophyllum cainito

CHRYSOLEPIS
（クリソレピス属）
英　名：CHINQUAPIN, GOLDEN CHESTNUT
ブナ科。アメリカ合衆国西部原産。最近の学説によれば、2種、もしくは変異に富む1種より成る。葉は革質の卵形で、先端は尖っている。若木の葉と新芽は細い金色の毛と鱗を帯びるが、やがて薄い膜に覆われるようになる。ただし葉の裏面は帯毛のまま。赤茶色の樹皮も魅力的である。小さな花から成る尾状花序をつける。花後は殻に入った堅果が群生。堅果は食用となる。
〈栽培〉
限定的な耐霜性しかない点を除けば、栽培は困難ではない。水はけさえよければ、土壌を選ばない。日向でも部分遮光された場所でも育つ。剪定が必要となることはまれ。繁殖は新しい種子を播種する。種皮処理によって発芽率が向上する場合が多い。

Chrysolepis chrysophylla ★
一般名：トゲガシ
☼/☼　❄　↔9m　↕9m
花は黄緑色。尾状花序。開花期は夏。小隆起のある殻に入った堅果が群生。堅果は15カ月で熟し、中の赤茶色の堅果が見えるようになる。ゾーン：6〜9

CHRYSOPHYLLUM
（クリソフィルム属）
アカテツ科。熱帯原産。約80種の常緑性低木および高木から成る。両米大陸を中心に、広く熱帯地方に分布している。緑色の葉は中型から大型。裏面に茶色か黄金色の毛を帯びることが多い。葉縁はなめらか。花は小さい。花色は白ないしクリーム色。紫色の模様がある。小ぶりな群生花となり、葉腋、または直接に枝から出る。主に食用となる果実のために栽培される。果実は大きな多肉質の液果。
〈栽培〉
着実に成長させて果実を収穫するには、温暖湿潤な気候と、霜や冷風のない環境が必要。保水性と排水性にすぐれた肥沃で腐植質に富んだ土壌に植え、定期的な施肥を行うとよい。果実の収穫を見込む場合は随時、剪定か刈り込みをする。果実が必要でない場合は、花後に行う。繁殖は播種、もしくは接ぎ木による。実生から結実までは8〜12年かかるが、接ぎ木の場合は4〜5年で結実する。

Chrysophyllum cainito
英　名：STAR APPLE
一般名：カイニト、スイショウガキ
☼　✈　↔4.5m　↕15m
中央アメリカ原産。葉は深緑色の楕円形。裏面は黄褐色のフェルト状。クリームホワイトの小さな星形の花が群生する。幅10cmの円形をした果実は熟すと紫色になり、切断面は星形。生食するほか、保存食品やジュースとして利用される。ゾーン：11〜12

CHRYSOTHAMNUS
（クリソタムヌス属）
英　名：RABBIT BRUSH
キク科。約16種の低木または亜低木から成る。全種が北アメリカ西部原産。非常に乾燥した環境下にある平原、大峡谷、丘陵斜面などの多様な場所に分布しており、速やかに荒地にコロニーを形成する。樹高は30cmから2mまで。多くの分枝と芳香性の細い葉を持つ。種によってはゴムを浸出させる。黄色か白色の花は小型。通常、舌状花は無い。花は群生し、夏と秋には全体が花で覆われる。
〈栽培〉
日向にある水はけのよい軽い土壌で栽培する。繁殖は播種、もしくは挿し木。

Chrysothamnus nauseosus
異　名：*Ericameria nauseosa*
一般名：ラビットブラシ
☼　❄　↔30〜90cm　↕30〜150cm
アメリカ合衆国西部と中部の原産。よく分枝し、変異に富む低木。木質茎は少量のゴムを含む。灰緑色の細い葉は不快臭を放つ。舌状花を持たない黄色い花をつける。夏から秋の開花期には、全体が花で覆われる。*C. n.* var. *graveolens*の茎はそれほど木質化しない。葉の緑味も強くなる。ゾーン：6〜9

Chrysothamnus viscidiflorus
英　名：STICK-LEAFED RABBIT BRUSH
☼　❄　↔30〜90cm　↕30〜90cm
アメリカ合衆国西部からネブラスカ州にかけての自生種。円形樹形となる落葉性低木。白っぽい樹皮。細い葉は捻じれていることが多い。舌状花を持たない。花色は黄色。夏から秋の開花期には全体が花で覆われる。ゾーン：6〜9

CHUSQUEA
（クスケア属）
イネ科。中央・南アメリカ原産。約200種の藪を作るタケが含まれる。低木もしくは高木に準じた草丈になる種も多い。外見上は他属のタケによく似るが、草丈が高くなること、羽毛のような葉を持つことなどが異なっている。ただし、一般的なタケとは異なって、中空茎ではなくて中心部を持つ中実茎を持つ。剛毛を帯びた葉鞘は下垂せずに直立しており、葉耳として知られる派生物をつける。
〈栽培〉
標高の高い場所にある雲霧林に生えるものが多いので、比較的寒冷な場所にある保湿性と腐植質に富む条件を好み、乾燥条件が長引くと耐えられない。それほど拡がらずにランナーも出さないが、適切な気候下で非常によく育ため、十分な空間のある場所を選ぶ。耐霜性は多様であるが、南アメリカ南部原産の種が最も強い。繁殖は株分けによる。

Chusquea culeou
一般名：チリーバンブー
☼　❄　↔3〜6m　↕3〜6m
チリの自生種。よく締まった直立性の茎を持ち、大きな藪を形成する。枝はボトルブラシの形状に似る。クスミア属中、最も広く栽培される。茎と葉は黄色がかったオリーブグリーン。紙のような葉鞘は乳白色。若い茎は蝋質で覆われ、青みをおびて見える。ゾーン：7〜9

Chusquea culeou

ラビットブラシの自生種。アメリカ合衆国、アリゾナ州、グランドキャニオン

Cibotium schiedei

Cichorium endivia 'Green Curled'

CIBOTIUM
(タカワラビ属)

タカワラビ科。15種を含む。ディクソニア属と近縁。メキシコ、ハワイ、インド、一部の熱帯・亜熱帯アジア各地に散在。幹は直立性で木本に似るが、水平方向に伸張してから直立する種もある。フロンドは微細に分裂し、樹冠部と幹のフロンドは、繊維状ないし羽状となる場合が多い。

〈栽培〉
軽い霜なら耐えるものもあるが、湿潤な温帯ないし亜熱帯地域の環境を好む種が多い。完全遮光、もしくは部分遮光を施して厳しい日差しをさえぎり、恒常的な湿度を維持できる腐植質に富んだ土壌に植える。夏や乾燥期にはじゅうぶんに灌水する。繁殖は基部のシュート、新しく切った幹、胞子から。

Cibotium glaucum
英 名：HAPU, HAWAIIAN TREE FERN
☼ ❄ ↔1.8～3m ↕1.8～4.5m

ハワイ原産のゆっくり成長する種。直立した幹は高さ4.5m、太さ30cm。光沢のある黄褐色の毛で覆われている。やや艶のあるフロンドは革質。卵形から剣形でアーチを描く。全長0.9～1.8m。幅細の小葉の先端部は細長い鋸歯縁。茎は濃色の毛で覆われる。
ゾーン：8～9

Cibotium schiedei ★
英 名：MEXICAN TREE FERN
☼/◐ ↔2.4m ↕4.5m

メキシコ原産。幹は絹状の黄金褐色の毛で覆われている。成熟したフロンドの全長は1.8m以上。表面は明るい緑色、裏面は青みを帯びている。側シュートが幹に育って藪を作る。軽い霜に耐える。
ゾーン：9～11

CICER
(キケル属)

マメ科ソラマメ亜科。アジア中部・西部からエチオピア、ギリシア、モロッコ、カナリア諸島の自生種。直立性もしくは匍匐性の一年草、多年草。葉は羽状、あるいは3枚の小葉を持つ。巻きひげがつくことも。小葉は鋸歯縁。托葉はよく茂る。花は小さくて白あるいはスミレ色。散漫な総状花序となって、葉腋から立ち上がる。豆果は長楕円から楕円形。熟すと開裂して、1～4個の大きな種子が放たれる。

〈栽培〉
広く栽培されている唯一の種は*C. arietinum*である。これはインゲンマメ、エンドウマメに次いで、世界で3番目に重要な豆作物であり、主に中東、北アフリカ、インドで栽培されている。排水性にすぐれた軽くて肥沃な土壌に植え、温暖乾燥条件の下で4～6カ月栽培すると、十分な実をつける。インドでは、秋に播種し、夏のモンスーン発生までに収穫する。その他の地方では、晩春に播種して秋に収穫することもある。

Cicer arietinum
英 名：CHICKPEA, EGYPTIAN PEA, GARBANZO BEAN
一般名：ヒヨコマメ
☼ ❄ ↔25～50cm ↕20cm～0.9m

紀元前4,500年ごろにトルコ南東部に存在した*C. reticulatum*に由来すると思われる。一年草。綿毛を帯びた茎は横方向に伸張、もしくは直立。葉は17対までの小さな小葉を持つ。花は白色ないしスミレ色。開花期は春から初夏。花後に全長40mmの毛で覆われた豆果ができる。豆果中には白、茶色、黒っぽい色をした球状の種子が入る。種子は生食、あるいは乾燥させて食用とする。粉に挽いてホムスを作ったり、コーヒーの代用品としたりもする。聖書にある「塩を加えた飼い葉」とはこのことである。'グリーン シーデッド'は「もやし」を食用とする。'カーブル ブラック'は旱魃に強い強健種。
ゾーン：8～11

CICHORIUM
(キコリウム属)
英 名：CHICORY, ENDIVE

キク科。タンポポ連。8種を含む。一年草、もしくは多年草。ヨーロッパの地中海沿岸地方、および西アジア原産であるが、今では北米大陸とオーストラリアの各地にも帰化。食用となる根（チコリ）と葉（エンダイブ、チコリ）のために栽培される。葉は多彩な緑色や赤色。帯毛、もしくは無毛。花は鮮青色のものが多いが、ピンクや白色のものもあり、タンポポやアザミの花に似る。乳白色の液汁が皮膚につくと痒みを伴う場合がある。

〈栽培〉
一般に春の播種後、夏季に成長して晩秋に収穫となる。深く耕されたもろくて肥沃な土壌に植え、成長期を通じて湿り気を一定に保つのがよい。地中で越冬する変種もあるが、越冬後の収穫物は質において最初のものよりも劣る。ナメクジ、カタツムリ、ウドンコ病に留意。

Cichorium endivia
英 名：ENDIVE, ESCAROLE
一般名：キクヂシャ
☼ ❄ ↔20～50cm ↕20～50cm

サラダや料理用に使われるやや苦味のある大きな葉のために栽培される。結球する変種では外側の葉を縛って（ポットで覆うこともある）軟白させ、苦味をおとす。'バタヴィアン グリーン' ★はエスカロールタイプ。まろやかな風味を持ち、芯部はクリーム色。'グリーン カールド'は緑葉に切れ込みが入って湾曲する。'グリーン カールド リュフェック'の葉には細かなフリル、もしくはしわが入る。厚い中央脈は白色。やや苦味があり、寒冷湿潤条件に耐える。
ゾーン：9～11

Cichorium intybus
英 名：CHICORY, RADICCHIO, WITLOOF
一般名：チコリ、キクニガナ
☼ ❄ ↔60cm ↕50～120cm

根はコーヒーの代用品となる。秋から冬にかけて軟白させた葉を収穫するために栽培される。葉は緑または赤色。青い花は非常に美しい。'アルエット'は赤チコリ型。風味のよい葉はパリパリとしてマイルドな味。'アーリー トレヴィーゾ'は結球せず、ほっそりとした背の高い変種。冬の寒気にあうと緑色の葉が赤変する。'ジュリオ'は小型の赤チコリ。とう立ち（収穫前に種子をつけること）になりにくい。'グリーンロフ'は伝統的なオランダの栽培品種。背の高い直立性の葉球を持つ。外側の葉は緑色。軟白すると内側は白くなる。'ロング グリーン'は緑色の直立した葉がレタスの代用となる。'マグデブルク'は、先の細い白い根を乾燥粉末にしてコーヒーの代用品とするために栽培される。'パラ ロッサ' ★はコンパクトな赤チコリ。'レッド リブ'は鮮やかな赤色の茎と葉脈。'レッド トレヴィーゾ' (syn.'ロッサ ディ トレヴィーズ') は直立した赤チコリ型。赤い葉は冬に暗紫色になる。'レッド ヴェローナ' ★ (syn.'ロッサ ディ ヴェローナ') は耐寒性の赤チコリ型。赤い葉と大きくて締まった丸い葉球を持つ。'ロッサーナ'は暑さに強い。'ウィトロフ'の暗緑色の葉には欠刻。直立性。根を切っ

Cichorium intybus

Cichorium intybus 'Early Treviso'

Cichorium intybus 'Long Green'

C. intybus 'Di Magdeburgo'

Cichorium intybus 'Red Rib'

Cichorium intybus 'Palla Rossa'

Cichorium intybus 'Greenlof'

Cirsium japonicum 'Rose Beauty'

Cinnamomum japonicum

Cineraria saxifraga

て軟白すると、肥育した白いシコン（アンディーブ）が形成される。
ゾーン：9〜11

CINERARIA
（キネラリア属）

キク科。ほとんどが南アフリカ原産。常緑多年草、亜低木の約50種を含む。かつては、キネラリアの名称のもとに花材店で売られていた植物の多くが本属に分類されていたが、現在ではその多くがペリカリス属に組み入れられている。這い性、ないし不規則な方向に伸張する性質を持つものが多い。葉は小さな円形、羽状、鋸歯縁など変異に富む。茎と葉は細毛で覆われる。黄色の小さな花が枝咲きとなる。開花期は種によって幅がある。
〈栽培〉
格別な美しさや魅力があるわけではないが、本属に含まれる株立ちのキク花植物は非常に栽培しやすく、適応力も強い。涼しい夏と温暖な冬を好む。冷湿で腐植質に富んだ土壌に植え、厳しい日差しから防護される場所で育てる。繁殖は播種、取り木、根挿しによる。

Cineraria saxifraga
☀ ♃ ↔0.9m ↕20cm
横方向に伸張し、やや盛り上がる性質を持った南アフリカ原産の亜低木。根を張りながら拡がっていく。円形ないし腎臓形の葉の先端は粗い鋸歯縁。全長40mm。花柄の短い黄色い花序をつける。温暖期を通して開花。
ゾーン：9〜10

CINNAMOMUM
（クスノキ属）

クスノキ科。常緑高木および低木250種で構成される。葉、木部、樹皮はともに芳香性。アジア東部と北西部からオーストラリアにかけての温帯・亜熱帯地方原産。夏、地味な花が円錐花序を成す。多肉質で液果に似た果実は、スパイシーな風味と、伝統的な医療利用のために収穫される。木材は什器や家具の材料、建材、燃料として使われる。種から採れる油は坐薬や製菓用に使われる。美しい葉を持つため観賞用の庭木ともなり、緑陰樹としても重用されている。桂皮（シナモン）は、商業栽培される *C. zeylanicum* の樹皮からとれる。
〈栽培〉
日向または部分的な遮光がほどこされた場所を選び、水はけのよい肥沃な土壌に植える。砂性のローム土壌が望ましい。定期的な剪定に耐える。繁殖は秋に播種するか、もしくは春に半熟枝を挿す。

Cinnamomum camphora
一般名：クスノキ
英　名：CAMPHOR LAUREL, CAMPHOR TREE
☀ ♃ ↔9m ↕18m
中国、台湾、日本の自生種。常緑樹。緑陰樹やスクリーンとして植栽される。芳香性の葉は光沢がある。最初はピンク色を帯びているが、やがて明るい緑色になる。クリーム色の花が群生する。開花期は春。卵形でつやのある黒い液果をつける。やせた土壌や大気汚染に耐える。樟脳は本種の材から商業的に摘出されたもの。
ゾーン：9〜11

Cinnamomum japonicum
英　名：YABUNIKKEI
☀ ♃ ↔10m ↕18m
朝鮮半島、日本、台湾の自生種。常緑高木。ほっそりした枝と、長楕円形ないし卵形をした滑らかな葉を持つ。葉の全長は6cm。
ゾーン：9〜10

CIRSIUM
（アザミ属）

キク科アザミ連中、最大の属。250種を擁する。大多数は地中海沿岸地方とアジア中部・東部原産であるが、北米大陸にも自生しており、特に西部原産のものが多い。多数の刺を持ち、*C. vulgare* などは、世界有数の厄介な雑草のひとつとなっている。二年草、もしくは多年草。最初のシーズンにロゼットを形成する。葉縁には歯状の突起があり、先端部は刺となる。葉の表面にも針のような刺を持つことが多い。花茎からは多数の花序が分岐することが多い。花序の先端にはワイングラスに似た花床が形成され、剛毛質の苞にはピンクないし紫色（まれにクリーム色）の筒形の花が密生する。アザミ連に属する他属同様、本属も舌状花を持たない。
〈栽培〉
観賞用として数種が栽培されているが、雑草化する危険性を鑑みて、新たな種の輸入を禁止している国が多い。日向にある肥えた土壌でよく育つ。繁殖は株分け、もしくは播種。早い時期に種子をまくと、同年のうちに開花する。

Cirsium japonicum
一般名：ノアザミ
英　名：JAPANESE THISTLE
☀ ❄ ↔0.6〜1.2m ↕0.9〜1.5m
中国、日本、朝鮮半島の原産の多年草。多数の直立した細い茎が分枝する。茎頂に花序がつく。花径25mm〜5cm。花色はピンクないし紫色。開花期は晩春から秋。**Beauty Series**（ビューティーシリーズ）は種子が販売されている。刺数が比較的少ないため、切花によい。'**アーリー ピンク ビューティー**'の花は淡いピンク色。'**ローズ ビューティー**'は赤みを帯びたピンク色。
ゾーン：5〜9

Cirsium rivulare
キルシウム・リウラレ

☼ ❄ ↔0.6m ↕1.5m

ヨーロッパ中部原産の多年草。分枝する根茎、幅の広い深緑色の葉を持つ。多数の直立した細い茎の先には数個の薄青紫色、ないし紫色の花から成る花序が密に群生する。夏を通して次々と開花。'アトロプルプレウム'は、濃紅紫色の花序。
ゾーン：5〜9

Cirsium subcoriaceum

☼ ❄ ↔1.2m ↕1.8〜3.6m

中米大陸山岳地帯原産の大型種。メキシコ南部からパナマにかけて分布。二年草と思われる。全長0.9mの葉が噴水を思わせる形状のロゼットを形成する。花茎は8cmの太さとなり、頂部には下垂する幅10cmの花序がつく。小花は淡黄色ないしピンク色がかったオレンジ色。開花期は秋から春。
ゾーン：8〜11

CISSUS
(セイシカズラ属)

英　名：GRAPE IVY

ブドウ科。約200種を含む。主につる植物。世界中の熱帯・亜熱帯各地に分布。小低木、多肉あるいは草本茎を持つものもある。葉は単葉が多いが、時に掌状、稀に3枚のはっきりした小葉を持つものがある。普通は葉の反対側に単一、もしくはフォーク状になった巻きひげを持つ。たまに粘着性の花盤がついていることがある。枝付き燭台の形に似た有柄の集散花序が、葉の反対側ににつく。横向きで巻きひげのないシュート、もしくはその先端部につく場合が多い。両性花。杯形の萼、4枚の離弁花、4本の雄ずいを持つ。杯形の花盤には分厚い縁がある。子房は2室。それぞれに胚珠が2つ入る。断面は円形で、柱頭はごく小さい。液果は球状から卵形。種子は1つ。普通は食べられない。

〈栽培〉
温暖な地方では屋外で栽培する。寒冷な地方では、日陰に耐える屋内植物としてつやのある葉や多肉質の茎を鑑賞する。繁殖は茎挿しによる。多肉質種の場合は播種も可。

Cissus antarctica
一般名：カンガルーバイン
英　名：KANGAROO VINE

☼/☽ ↔0.9〜3m ↕5〜8m

オーストラリア原産。強壮なつる植物。若い枝は短い軟毛を帯びる。葉は光沢のある暗緑色で先端部は尖る。浅い鋸歯縁。全長10cm。花は小さくて緑色。黒い豆粒大の果実は食用となる。室内植物として人気がある。
ゾーン：9〜12

Cistus × aguilarii

Cissus hypoglauca
英　名：GIANT WATER VINE、JUNGLE VINE、NATIVE GRAPE

☼ ☽ ↔6m ↕5〜10m

オーストラリアの東部多雨林の自生種。強壮なよじ登り植物で複葉がある。3〜5枚の小葉は光沢のある青緑色で楕円形。黄色い小さな花が群生する。開花期は初夏。ブドウに似た果実の直径は25mm。晩夏から秋に結実。
ゾーン：9〜11

Cissus quadrangularis

☼ ☽ ↔80cm ↕150cm

アフリカ、アジア南部、マレーシア原産のよじ登り植物。多肉質。4角の茎は節の部分で狭くなる。心臓形または3裂の葉は全長5cmで速やかに落葉。小さな花は緑色味を帯びる。根茎には毒性があるが、*Cissus quadrangularis*は医療に用いられる。
ゾーン：10〜12

Cissus rhombifolia
一般名：グレープアイビー
英　名：VENEZUELA TREE VINE

☼/☽ ↔1.8m ↕3m

熱帯アメリカ原産のよじ登り植物。屋内植物として人気がある。若い茎と葉は茶色、もしくは銀色がかった綿毛を帯びる。3出複葉。ひし形の小葉には鋸歯縁がある。'エレン ダニカ'の葉は大型で光沢がある。深い切れ込み部分の先端は尖る。'マンダナ'の若株は茎が直立。葉は大きくて革質。
ゾーン：10〜11

Cissus trifoliata
英　名：MARINE VINE

☼ ☽ ↔4.5〜8m ↕4.5〜8m

アメリカ合衆国南部とメキシコの自生種。木質茎を持つよじ登り植物。3裂する葉

Cistus albidus

は半多肉質。渇水にあうと落葉する。目立たない緑色の花に続いて、ブドウに似た小果実ができる。
ゾーン：10〜11

CISTUS
(キスツス属)

ハンニチバナ科の約20種を含む。全種ともに小型から中型の常緑性低木。よく花をつける。地中海沿岸地方の原産。直射日光のあたる石の多い丘陵斜面に多い。栽培下では非常な適応力を示し、花期も長いために観賞用となる。植栽の難しい乾燥した場所に植えるとよい。葉は対生で、暗緑色もしくは白っぽい色あいとなることが多い。種によってはラダナムまたはラブダナムと呼ばれる粘性樹脂を浸出させる。この樹脂は香や香水の原料となる。個々の花は短命で、幅広の5弁花。白、ピンク、薄紫、紫紅色。ブロッチを持つ場合が多い。黄色い雄ずいが突出する。

〈栽培〉
直射日光のあたる暑い場所を好み、水はけさえよければ土壌を選ばない。地中海型気候の下であれば非常によく育つ。若い個体は先端部を剪定する。加齢個体は花後に剪定。春に種子を撒いてもよい。秋に、花をつけない側枝を短くカットして挿してもよい。

Citus × aguilarii
キストゥス×アグイラリイ

☼ ❄ ↔0.9〜1.5m ↕0.9〜2m

*C. ladanifer*と*C. populifolius*の自然交雑種。ヨーロッパ南西部とアフリカ北部に見られる。披針形の葉は鮮やかな緑色。はっきりした葉脈を持つ。白い花は皿形で花径25mm。黄色い雄ずいは綿毛状。'マクラトゥス'は、各花弁の基部に栗色のブロッチ。
ゾーン：8〜10

Cistus albidus
一般名：ゴジアオイ

☼ ❄ ↔2.4m ↕1.8m

ヨーロッパ南西部と北アフリカ全域に広く分布。密集した低木。葉は白っぽく、小枝も短い軟毛を帯びる。花色は薄い紫紅色。中央部は黄色。
ゾーン：7〜9

Cissus quadrangularis

Cissus hypoglauca

Cirsium subcoriaceum(前景)の自生種。コスタリカ、セロデラムエルテ

Cirsium rivulare 'Atropurpureum'

Cistus × argenteus 'Silver Pink'

Cistus × argenteus
キストゥス×アルゲンテウス

☼/◐ ❄ ↔0.9m ↕0.9m

*C. laurifolius*と*C. × canescens*(*C. albidus*×*C. creticus*)の間のガーデン交雑種。株は直立性。葉は小型で灰緑色。花色は白もしくはピンク。開花時の花径は5cm。主な栽培品種は次の通り。'ペギー サモンズ'は紫紅色の花。'ペーパー ムーン'は純白の花。'ストライピー'は白色花に不規則な縞とピンク色の扇形模様。'シルバー ピンク'はピンク色の花。
ゾーン：7～10

Cistus × canescens
☼ ❄ ↔2.4m ↕1.8m

*C. albidus*と*C. creticus*の交雑種は、*C. albidus*に酷似するが、前者では葉がさらに濃い緑色となって毛も薄くなり、尖った先端部が目立つ。花色はピンクないし赤紫色。*C. albidus*特有の黄色いブロッチは無い。*C.×c.* f. *albus*の葉は灰色味を帯びる。花色は白。
ゾーン：8～10

Cistus creticus

Cistus creticus subsp. *incanus*

Cistus × canescens f. *albus*

Cistus creticus
異 名：*Cistus incanus* subsp. *creticus*
英 名：HAIRY ROCK ROSE, ROCK ROSE
☼ ❄ ↔0.9m ↕0.9m

地中海沿岸地方で見られる。茎は帯毛。葉は波状縁。裏面は白味を帯びた緑色。花は紫から深紅色。花弁の基部は黄色。*C. c.* subsp. *incanus*(syn.*C. incanus*)の縁はそれほど波状ではなく、花弁の根元も黄色ではない。*C.×c.* var. *tauricus*は、パープルピンクの花。
ゾーン：7～9

Cistus heterophyllus
☼ ❄ ↔0.9m ↕0.9m

ヨーロッパ南東部とアフリカ北西部原産。直立した密集した枝の低木。葉は帯毛。表面は濃緑色。裏面は淡色で顕著な葉脈がある。紫色を帯びたピンク色の皿形の花は、直径5～6cm。基部には黄色い斑点。
ゾーン：8～10

Cistus × hybridus
異 名：*Cistus × corbariensis*
☼ ❄ ↔1.2m ↕0.9m

*C. populifolius*と*C. salvifolius*の交雑種。葉には短軟毛があり、全長5cm。濃緑色卵形。歯牙縁。葉の裏面は淡色。赤いつぼみが、白い花になる。花の基部には黄色い斑点。
ゾーン：7～10

Cistus ladanifer
一般名：ラウダナム
英 名：GUM CISTUS
☼ ❄ ↔1.5m ↕1.5m

北アフリカと地中海沿岸南西部の原産。葉は暗緑色。裏面には白っぽい綿毛。天然樹脂ラダナムを浸出させる。花は直

Cistus creticus var. *tauricus*

Cistus ladanifer

Cistus × hybridus

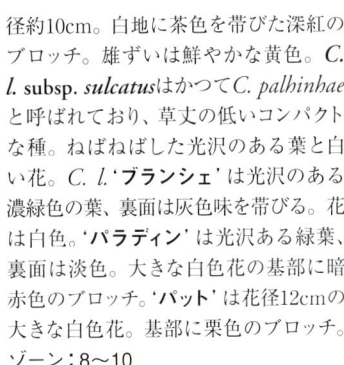
Cistus laurifolius

Cistus heterophyllus

径約10cm。白地に茶色を帯びた深紅のブロッチ。雄ずいは鮮やかな黄色。*C. l.* subsp. *sulcatus*はかつて*C. palhinhae*と呼ばれており、草丈の低いコンパクトな種。ねばねばした光沢のある葉と白い花。*C. l.* 'ブランシェ'は光沢のある濃緑色の葉、裏面は灰色味を帯びる。花は白色。'パラディン'は光沢ある緑葉、裏面は淡色。大きな白色花の基部に暗赤色のブロッチ。'パット'は花径12cmの大きな白色花。基部に栗色のブロッチ。
ゾーン：8～10

Cistus laurifolius
英 名：LAUREL-LEAFED ROCK ROSE
☼ ❄ ↔1.8m ↕1.8m

ヨーロッパ南西部で自然に見られる。葉は革質。表面は暗緑色。裏面は灰色ないしから茶色で柔毛を帯びる。重なる

Cistus libanotis

Cistus populifolius

花弁は白色。基部は黄色味を帯びる。雄ずいは暗黄色。
ゾーン：7～10

Cistus libanotis
☼ ❄ ↔38cm ↕38cm

スペイン南西部とおよびポルトガルの隣接地域原産。葉は帯毛。粘性がある。全長25mm。葉縁は反曲。花径25mm。白色花。
ゾーン：8～10

Cistus populifolius
☼ ❄ ↔1.8m ↕1.8m

地中海沿岸全域に分布。暗緑色の葉は帯毛。小さな心臓形。白色花の基部には黄色いブロッチ。夏に咲く。
ゾーン：6～10

Cistus × *pulverulentus*

Cistus × *purpureus*

Cistus salviifolius

Cistus × *skanbergii*

Cistus, Hybrid Cultivar, 'Snow Fire'

Cistus, Hybrid Cultivar, 'Grayswood Pink'

Cistus × *pulverulentus*
キストゥス×プルウェルレントゥス

☼ ❄ ↔0.6m ↕0.6m

*C. albidus*と*C. crispus*の交雑種。'**サンセット**'★という名前の苗で売られていることが多い。矮小のコンパクトな低木。灰緑色の葉は波状縁。鮮やかなピンクの花。
ゾーン：8～10

Cistus × *purpureus*
キストゥス×プルプレウス

☼ ❄ ↔1.5m ↕1.2m

人気栽培品種数種の親種。*C. ladanifer*と*C. creticus*の交雑種。若い茎には粘性がある。葉は暗緑色。裏面には灰色の毛。花はピンクないしマゼンタ。花径5cm。花の基部には暗赤色の目立つブロッチ。'**ベティー トーデヴィン**'はダークピンクないし深紅色。花の基部に栗色のブロッチ。'**ブリリアンシー**'はディープピンクの花。基部に赤茶色のブロッチ。'**ドリス ヒバーソン**'はペールピンクの花。多花性。
ゾーン：7～10

Cistus salviifolius
キストゥス・サルウィフォリウス

英　名：SAGE-LEAFED ROCK ROSE
☼ ❄ ↔75cm ↕75cm

16世紀に初めて栽培された種。葉はやや芳香性。皺が入る。粗くて帯毛。葉の表面は濃い灰緑色。裏面は灰白色。花は単生。クレープのような白い花弁。基部は黄色。'**プロストラトゥス**'は小さな葉を持つ矮小種。
ゾーン：7～10

Cistus × *skanbergii*
☼ ❄ ↔0.9m ↕0.9m

ギリシアで発見された。*C. monspeliensis*と*C. parviflorus*の自然交雑種。明るいピンク色の花が枝咲きになる。葉の裏面は帯毛。
ゾーン：8～10

Cistus Hybrid Cultivars
一般名：キスツス交雑品種
☼ ❄ ↔0.9～1.8m ↕0.6～1.5m

C. × *dansereaui*、*C.* × *pulverulentus*、*C.* × *purpureus*のように親種を確定できない品種としては次のようなものがある。'**グレイスウッド ピンク**'はピンクの花。'**スノー ファイヤー**'は強健で耐寒性がある。白い花に濃赤色のブロッチ。'**ヴィクター ライター**'の茎は帯毛し、赤みを帯びた色。皿形の大きな花はピンク色。中央の白色に向けてピンクが退色。突出した黄色い雄ずいがある。
ゾーン：7～9

CITRULLUS
(スイカ属)

アフリカとアジア産の、わずか3種の一年生と多年生の、匍匐植物とよじ登り植物ならなるウリ科の属。スイカ*C. lanatus*の属として知られている。短い茎は粗い毛で覆われ、一本または分枝した巻きひげを葉腋につける。葉は卵形〜掌状だが、切れ込みが深いため羽状に見えることも多い。葉色は青灰色から深緑色で、時折小さな半透明の部分が見られる。葉腋から生じた鐘形の黄色い5裂片の大きな花は、おなじみの丸い果実へと発展する。果実は薄緑色で、濃色の縞やまだら模様があり、ゴルフボール大からサッカーボールより大きいものまで、また重さ27.25kgになるものまである。

〈栽培〉
果実が完全に熟すには温暖な長い成長期が必要。大半のウリと同様、水はけがよく充分な気温があれば、栄養過多や水分過多にはならない。成熟期が近づいたら灌水を止める。通常は種子で繁殖するが、多年生の*C. colocynthis*は挿し木または取り木で栽培する。

Citrullus lanatus
一般名：スイカ
異　名：*Citrillus vulgaris*
英　名：WATERMELON

☼/☀ ❄ ↔3～6m ↕90cm～1.8m

ナミビア原産の一年生よじ登り植物または匍匐性植物で、他の場所にも帰化した。中型で、成長期を通じて、不規則に広がるか、よじ登る。緑色の、欠刻した卵形の羽状複葉は、鋸歯縁で、半透明の小さな斑点がある。巻きひげは分枝する。ピンク〜赤い果肉の、まだら模様

スイカの自生種、南アフリカ、カラハディ・トランスフロンティア公園

Citrullus lanatus 'New Queen'

Citrullus lanatus 'Sweet Favorite'

のある緑色の果実は、長さ50cmを超える。'キャンディー レッド'は、長楕円形の果実で、重さは18kgにおよび、花弁が落ちてから成熟まで85日間かかる。'デキシー クィーン'は、鮮やかな赤い果肉で、楕円の果実は約6.8kgにもなる。成熟まで80日間。'フォードフック ハイブリッド'は、小型の果実。ディープピンクの果肉で、重さ4.5kgになり、成熟まで74日間。'クロンダイク'は、中型の果実で、果肉は赤色で甘い。成熟まで85日間。'ニュー クィーン'は円形の果実。'スウィート フェヴァリット'は長楕円形の、果肉の赤い果実で、重さ9kgまで、成熟まで82日間。'トリプルスウィート シードレス'★は円形の果実で、種のないディープピンクの果肉、重さ9kgで、成熟まで85日間。

ゾーン：10〜12

CITRUS
（ミカン属）

野生では、中国からインド、南東アジア、ニューギニア、オーストラリアに生息する、約20種の常緑低木と小型高木からなるミカン科の属。温暖な国々でオレンジ、レモン、ライム、グレープフルーツ、マンダリン等、食用果実を目的に栽培されている。非常に装飾的でもあり、つやのある濃い色の葉と、年間の異なる時期に単生または群生する、白い星形の芳香性の花を持つ。独特の果実構造で属が識別される。丈夫な外皮の中に、さまざまな厚みの白い柔組織があり、その中に果実の袋がある。

〈栽培〉
大半の属種は、霜害のない、水はけのよい肥沃な土壌、風除けのある日当たりのよい場所で、よく育つ。成長期は、たっぷり水を与え、少量の窒素肥料を定期的に追肥すると、成長を促し、果実が大きくなる。剪定はほとんど不要。大きな鉢植えに最適。繁殖は芽接ぎ、あるいは望ましい種を適した台木へ接ぎ木する。

Citrus × aurantiifolia
異　名：*Limonia aurantiifolia*
一般名：ライム、メキシカンライム
英　名：LIME

↔3m ↕2.4〜4.5m

メキシコ、西インド諸島、アメリカ合衆国フロリダ州で広く栽培されている。刺のある枝を不規則に広げる。卵形から円形の、皮の薄い、種子を含んだ小型の果実は、緑味を帯びた黄色で、酸味のある多汁の緑色の果肉を持つ。熱帯と亜熱帯地方でよく育つ。

ゾーン：11〜12

Citrus × aurantium
異　名：*Citrus × paradisi*,
C. sinensis, *C. × tangelo*, *C. × tangor*
一般名：ダイダイ、カブス

↔3m ↕4.5m

オレンジ、グレープフルーツ、タンジェロ、タンゴールを含み、どれもポンカン *C. reticulata* とザボン *C. maxima* の間の交雑種と考えられている。主な柑橘類は今では栽培品種グループとして扱われている。

Grapefruit Group（グレープフルーツ グループ）（syn. *C. × paradisi*）：多数の栽培品種を含む。円形の藪状の高木で、高さ約9mになる。卵形の大きな葉にはいくらか刺がある。皮の薄い、黄色い大きな果実は、直径約10〜15cmで、晩秋から早春に熟す。一部の変種は軽い霜に耐える。'ダンカン'と'マーシュ'★は、耐霜性の変種で、薄い麦わら色の果肉を持つ。'レッド ブラッシュ'と'ルビー'は、ピンク色の果肉を持ち、よい色に発育するには、霜害のない高温の気候が必要。

Sour Orange Group（サワー・オレンジ グループ）：このグループで広く分布しているのはセビリヤオレンジのみ。刺のある丈夫な高木は高さ9mになり、芳香性の高い花を咲かせる。果実は苦く、厚い皮は芳香性。秋に熟し、マーマレードに利用される。軽い霜に耐える。

Sweet Orange Group（スイート・オレンジ グループ）（syn. *C. sinensis*）：このグループは一般的に食されるオレンジで構成される。中型で円形の、魅力的な高木で、高さ8mになる。つやのある暗緑色の葉と、芳香性の美しい白い花をつける。果実は色がディープオレンジで、汁気の多い甘い果肉を持つ。地中海沿岸気候に最も適する。一部の変種は軽い霜に耐える。'ルビー'は、人気のある「ブラッドオレンジ」（果肉の赤いオレンジ）で、皮、果肉、果汁はそれぞれ赤味を帯びる。初夏に熟す。'バレンシア'は、比較的種子の少ない、多数の果実を実らせる。スイート・オレンジ グループのネーブル・サブグループは、普通種子がない。よく知られている'ワシントン ネーブル'は、おそらく最もよく食用されるオレンジ。皮の厚い、大きな甘い果実で、冬に熟す。

Tangelo Group（タンジェロ グループ）（syn.*C.×tangelo*）：高さ9mになり、赤味を帯びたオレンジ色の果実をつける。甘酸っぱい美味しさで、ジュースに向く。霜に弱く、長く暑い成長期を必要とする。大半は春に熟す。優れた変種には、'ミネオーラ'、'オーランド'、'サムソン'がある。

Tangor Group（タンゴール グループ）（syn. *C. × tangor*）：高さ3.5mになる。果実は中程度の風味で、大きさはオレンジとマンダリンの中間だが、マンダリンよりもはるかに丸い。'ハニー マーコット'は、最初の交雑種。幅8cmの、皮の薄い、イエローオレンジの果実で、多汁で甘いオレンジ色の果肉を持つ。'テンプル'は、濃いオレンジレッドの、皮をむきやすい変種で、甘みが強い。春に熟す。

ゾーン：9〜11

Citrus glauca
異　名：*Eremocitrus glauca*
英　名：DESERT LIME

↔2.4m ↕1.8〜3m

オーストラリア原産で、乾燥に耐える。吸枝をだす低木、または密集した円型の藪状の高木。枝には刺があり、ほとんど葉がないことがある。分厚い灰緑色の葉。春、白い小さな花がつく。レモンイエローで、皮の薄い果実は、汁気が多く、美味。

ゾーン：9〜12

Citrus hystrix
英　名：CAFFRE LIME, LEECH LIME, MAURITIUS PAPEDA

↔1.8m ↕3m

南東アジアで料理に利用される。芳香性の葉で、タイとマレー料理に風味をつける。珍しい葉で、葉柄が、ほとんど葉身と同じ幅にまで膨らんでいる。きめの粗い、しわの寄った小型の果実は、ほとんど汁気がなく、外皮は風味づけに利用される。

ゾーン：10〜12

Citrus × aurantium 'Washington Navel'

Citrus glauca

Citrus hystrix

Citrus × aurantium 'Valencia'

Citrus japonica
異　名：*Fortunella japonica*, *F. Margarita*
一般名：マルキンカン
英　名：CUMQUAT
☀ ❄ ↔0.9m ↕1.8m

中国南部原産の低木。密集した枝、卵形の緑色の葉、円形から卵形の金色の小さな果実を持つ。**Marumi Group**（マルミ　グループ）は、小さな葉、円形または平らな果実。'**メイワ**'は、矮小種。'**サンストライプ**'は、斑入りの葉と果実を持つ。**Nagami Group**（ナガミ　グループ）(syn. *Fortunella margarita*)は、大きな葉で、皮の薄い長い果実。
ゾーン：9〜10

Citrus × *latifolia*
英　名：TAHITIAN LIME
☀ ❄ ↔3m ↕1.8〜4.5m

ほとんど刺のない高木で、起源は不明。皮の薄い黄色い大きな果実は、緑色の柔組織があり、種子はほとんどない。秋から初冬に収穫。
ゾーン：10〜12

Citrus limetta
英　名：SWEET LEMON, SWEET LIME
☀ ❄ ↔1.8m ↕2.4m

主にインド、エジプト、その他の熱帯の国々で栽培される。中型の果実で、基部は円く、外皮は滑らかで薄く、緑色。オレンジ色の果肉は汁気が多く、種はほとんどない。果実には酸味がなく、オレンジと同様に食用される。
ゾーン：10〜12

Citrus × *limon*
一般名：レモン
英　名：LEMON
☀ ❄ ↔3m ↕3〜4.5m

古い交雑種で、一方の親は*C. medica*、他方は不明。皮の滑らかな、酸味のある、黄色の果実が、一年のうち数回実る。地中海沿岸気候に最適。一部の変種は、一旦定着すると、軽い霜に耐える。'**ガレーズ　ユーレカ**'は、刺のない変種で、果実は周年、特に夏に実る。海岸地域を含む温帯地域に最適。'**リスボン**'は、刺のある強健な種で、冬に結実する。暑い地方に適す。
ゾーン：9〜11

Citrus × *limonia*
英　名：RANGPUR LIME
☀ ❄ ↔3.5m ↕6m

レモン／マンダリンの交雑種で、中国原産。刺があり、枝が多い。芳香性の白い花は、ピンク色を帯びる。円形の果実は濃いイエローオレンジで、冬に熟す。マーマレードの材料。ゾーン：10〜12

Citrus maxima
英　名：POMELO, SHADDOCK
☀ ❄ ↔3m ↕6〜12m

おそらく南東アジア原産。卵形から楕円形の、光沢ある大きな葉が密生する。薄黄色の大きな果実は、黄色からピンク色の果肉を持つ。ゾーン：10〜12

Citrus medica
一般名：シトロン、マルブシュカン
英　名：CITRON
☀ ❄ ↔2.4m ↕1.8〜4.5m

インド北部原産の低木または小高木。短い刺がある。大きな葉は、卵形の鋸歯縁で、新葉は紫色を帯びる。大きな花は、外側が紫色を帯び、内側は白い。皺のよった大きな果実にはほとんど汁がなく、芳香性の厚い外皮がある。'**エトログ**'は、先端部が長く尖る。
ゾーン：9〜11

Citrus × *meyeri* 'Meyer'
一般名：キトルス×メイエリ'マイヤー'
英　名：MEYER LEMON
☀/◐ ❄ ↔1.5〜2.4m ↕2〜3m

レモン／オレンジ（*C. limon* × *C. aurantium*）の交雑種。刺のある茎、長さ約10cmの暗緑色の葉、群生するクリーム色の花、薄い黄色の外皮の苦い果実を持つ。通常はレモンとして扱われるが、利用法によっては酸味が足りない。極めて耐寒性が強い。
ゾーン：9〜11

Citrus × *microcarpa*
異　名：×*Citrofortunella microcarpa*
英　名：CALAMONDIN, PANAMA ORANGE
☀ ❄ ↔1.2m ↕2.4m

*C. japonica*と*C. reticulata*の交雑種。密集した葉、円型の小さなオレンジ色の果実。人気ある装飾性植物。
ゾーン：9〜11

Cladrastis kentukea

Citrus reticulata
一般名：マンダリン、タンジェリン
英　名：MANDARIN, SATSUMA, TANGERINE
☀/◐ ❄ ↔1.8〜3m ↕3〜5m

刺のある小高木種で、東アジアの暖温帯から亜熱帯原産。披針形の葉は長さ5〜10cmで、葉柄には小さな翼がある。甘い香りの白い小さな花に続いて、卵形から平形の、果肉の甘い、金色の果実が実る。'**クレメンタイン**'は、やや酸味のある、球形のオレンジレッド色の大きな果実で、種が少ない。'**ダンシー**'は、平形のオレンジレッド色の果実で、風味がよく、種は少数〜多数。'**アンコール**'は直立性の高木で、刺はほとんどなく、丸いオレンジイエローの果実には濃色の斑点がある。風味はよいが、種子が多い。'**フェアーチャイルド**'は、円形の深いオレンジ色の果実で、種子が多い。茎に刺はほとんどない。他家受粉が必要。'**フリーモント**'は、結実が早く、風味がよい。種はほとんどない。'**キンナウ**'は、耐寒性が非常に強く、薄い葉を持つ。平形の、オレンジイエローの果実には、種が多い。'**ページ**'は、丸いオレンジ色の果実で、たいてい非常に種が多い。オレンジとして売られることがある。'**ピクシー**'は、小型で、非常に甘い果実で、種がない。マンダリンやタンジェリンとして市場に出ているものが、時として実際は、マンダリン／オレンジの交雑種、タンゴールのことがある。これらの植物は*C* × *aurantium*のグループに含まれる。
ゾーン：9〜11

CLADRASTIS
（フジキ属）

中国、日本、アメリカ合衆国東部の原産の、5種の落葉高木からなる、マメ科ソラマメ亜科の属。主に、初夏から開花して、フジに似た総状花序をなす花を目的に栽培される。後に平らな豆果がつく。長さ約30cmの羽状複葉をなす、長さ10cmの小葉の裏面には細かい毛が見られる。フジキはyellowwoodとして知られているが、この心材は細かい彫刻を施されて銃床に利用される。

〈栽培〉
水はけさえよければ、土壌を選ばない。極端な土の湿り気、乾燥、水浸しには耐えられないが、それ以外の日当たりのよい場所で簡単に育つ。枝は細く分岐し、木質はもろいので、強風から保護することを勧める。また年取った木は矯正的な

Citrus japonica

Citrus maxima

Citrus × *meyeri* 'Meyer'

Citrus × *microcarpa*

剪定や張り綱で風害から守る。種子、または冬の熟枝ざしで繁殖。

Cladrastis kentuckeana
英　名：YELLOWWOOD
☼ ❄ ↔9m ↕8〜12m
アメリカ合衆国東部原産。鮮やかな緑色の葉は、7〜11枚の卵形の小葉からなり、秋には金黄色になる。芳香性の白い花は、長さ30cmの総状花序をなし、初夏に咲く。細長い豆果は長さ8cmで、茶色。
ゾーン：3〜9

CLARKIA
（サンジソウ属）
英　名：FAREWELL TO SPRING, GODETIA
33種の一年草からなるアカバナ科の属。大半は北アメリカ西部原産で、森林の乾燥した開けた部分に生息する。ピンク、赤、紫、または黄色や白色の濃淡の、じょうご形の目立つ花を目的に栽培される。しばしば花弁に、赤または白の散らし模様がある。晩春から夏に開花。花期は長く、展示用の花として非常に人気。

〈栽培〉
日なたの、中程度に肥沃でな、水はけのよい土壌で栽培する。全種とも高温多湿を嫌うので、温暖地域では秋に播種し、夏の暑さが厳しくなる前に花を咲かせる。冷涼地域では頌春に播種する。

Clarkia amoena
クラルキア・アモエナ
異　名：*Clarkia grandiflora*、*Godetia amoena*
英　名：SATIN FLOWER
☼ ❄ ↔30cm ↕60cm
カリフォルニア北部原産の華やかな種で、ピンクからラベンダー色の杯形の花が、密な穂状花序をなす。花の基部は、濃色である場合や、白っぽい場合がある。中央部は、普通暗赤色の散らし模様がある。'グランディフロラ'（syn.'フィトネイ'）は、ローズ、ラベンダー、ピンク、赤、白の濃淡の、直径約10cmの花がつく。
ゾーン：7〜10

Clarkia pulchella
一般名：ホソバノサンジソウ
☼ ❄ ↔30cm ↕30〜45cm
ロッキー山脈から太平洋沿岸にかけて見られる。コンパクトな種で、フリルになったじょうご形の花をつける。花色はピンクからラベンダーで、白または紫色の脈が走る場合もある。'ダブル ミック

Claytonia perfoliata

Clarkia amoena

ス'は、パープルピンクの花。
ゾーン：7〜10

Clarkia unguiculata
異　名：*Clarkia elegans*
一般名：サンジソウ（山字草）
☼ ❄ ↔30cm ↕60〜75cm
カリフォルニア原産。広く栽培される種で、多くの栽培品種がある。花はたいてい八重咲きか、フリル状で、直径約25mm、色はピンク、紫、そして赤の濃淡、さらに黄色、白と、広範囲に及ぶ。
ゾーン：7〜10

CLAYTONIA
（クレイトニア属）
英　名：PURSLANE, SPRING BEAUTY
15種の多年生の多肉植物からなるスベリヒユ科の属で、主に北アメリカの西部原産だが、南アメリカ、アジア、オーストラリア、ニュージーランド産の種も含まれる。小型の植物で、多肉質の主根から生じた小さな葉が、基部にロゼットを形成する。ロゼットが茎を取り囲むことがあり、直立性の花茎において顕著。花は白い5花弁で、非常に小さいことが多い。単生することもあるが、通常は小さく群生し、それでも目立つほど大きくはない。この植物は全草が食用され、サラダ野菜としてよく利用される。

〈栽培〉
非常に耐寒性が強く、ほとんどの温帯地域で簡単に育てられる。一部の種は中程度に侵略性。わざわざ栽培されることはめったになく、野生から収穫される。ほとんどの土壌に適し、種子または株分けで繁殖。

Claytonia perfoliata
英　名：MINER'S LETTUCE
◐/☼ ❄ ↔50cm ↕30cm
カリフォルニア州原産の広がる多年生植物で、多肉質の、円形の、鮮やかな緑色の葉が、茎を取り囲む。白い小さな花が春に咲く。19世紀のカリフォルニアの金採掘者が壊血病と戦うために食べた。
ゾーン：6〜9

Clarkia pulchella, double mixed

Claytonia virginica
一般名：スプリングビューティー
英　名：FAIRY-SPUDS, SPRING BEAUTY
☼ ❄ ↔30cm ↕20〜30cm
北アメリカ東部原産。低く育つ、落葉性の多年草。主に、湿潤な日陰の森林に生息する。多肉質の幅狭の葉は長さ約15cm。赤い脈のある、ピンク味を帯びた白い5花弁の花が、早春に総状花序をなす。塊茎はかつてネイティブアメリカンからの貴重な食料だった。'ルテア'は、オレンジ味を帯びた黄色い花。
ゾーン：4〜8

CLEISOSTOMA
（ムカデラン属）
南東アジア全域に見られる、約90種の単茎性の着生種からなるラン科の属。大半の種は小型で、植物学的に興味深い。大半の種は、直立、アーチ状、または下垂した茎に、多肉多汁の葉が2列に並ぶ。花は小さいが、1本あるいは分枝した花序に、多数つくことが多い。

〈栽培〉
小さな鉢、バスケット、またはスラブでよく育ち、1年を通じて定期的な灌水を要する。湿潤な条件で、高い光度と、中温〜暖温の気温を好む。

Clarkia unguiculata

Cleisostoma weberi

Cleistocactus strausii

Cleistocactus sextonianus

Cleistocactus samaipatanus

Cleisostoma weberi
☼/⛅ ⚥ ↔10～20cm ↕15～45cm
フィリピン原産。小さく成長する種で、直立性。葉は丸い円筒形。短い花序に12個以下の、茶色、白、そして紫の小さな花がつく。ゾーン：11～12

CLEISTOCACTUS
（クレイストカクツス属）
サボテン科の人気の属で、エクアドル南部、ペルー、ボリビア、ブラジル西部、ウルグアイ、パラグアイ、それにアルゼンチン北部原産の、48種の直立性、または不規則に広がる、または傾状のサボテンが含まれる。長い筒形の花は、通常ハチドリによる鳥媒花であるが、成熟しても閉じているように見えるため、この属名がついた（ギリシア語の*kleistos*は閉じているという意味）。栽培が容易で、さまざまな刺や花色があるため、人気がある。茎の上部から生じる花は、赤、栗色、ピンク、オレンジ、黄色、白、あるいは3色の組み合わせもある。この属に含まれる種については、依然として議論が続けられており、目下のところ、かつてアケルシア属、ビンガミア属、ボリヴィケレウス属、ボルツィカクツテラ属、ボルツィカクツス属、クリスタントケレウス属、ヒルデウィンテリア属、ロクサントケレウス属、マリティモケレウス属、セティケレウス属、セティクレストカクツス属、ウィンテリア属、ウィンテロケレウス属に含まれていた一部あるいはすべての種が該当するとされている。これらの植物の分類にはさらなる現地調査と実験室での研究が必要である。

〈栽培〉
肥沃で水はけのよい土壌で簡単に栽培できる。種子で、あるいは1、2週間乾燥させた挿し穂で繁殖。冬は休眠させる。

Cleistocactus hyalacanthus
異名：*Cleistocactus jujuyensis*
一般名：白閃（ハクセン）
☼ ❄ ↔60～120cm ↕90cm
アルゼンチン北西部とボリビア南東部原産。18～22の稜がある。3本の中刺は黄色から茶色。20～30の側刺は、白色から灰色で、様々な長さがあり、針状の剛毛。長さ約35mmの花は、紫味を帯びたピンク色で、外側の花びらはやや反曲する。果実は赤色。ゾーン：8～12

Cleistocactus samaipatanus
☼ ❄ ↔0.6m ↕1.2～1.5m
ボリビアのサンタクルス原産。花は抜群に魅力的。緑色で、直立し、根元から分枝する。稜は14～16で、低い。中刺はなく、針のような黄色から灰色の、長さ約6～12mmの側刺が12～25本ある。鮮やかな赤色の花は、特徴的なS字形で、長さ30～50mm。外側の花びらは強く反曲する。花は左右相称。赤色で球状の果実。ゾーン：8～12

Cleistocactus sextonianus ★
☼ ❄ ↔30cm ↕30～60cm
ペルーの海岸地方に広く分布する。ほとんど知られていない、あまり魅力のない種。傾状性で、木質の地下茎を持つ。稜は10～14。中刺は1～3本で、ピンクから黄色、茶色で、長さ約30mm。8～30本のよく似た色の側刺は6mm。果実は球状で、赤色。ゾーン：8～12

Cleistocactus strausii
一般名：吹雪柱（フブキチュウ）
英名：SILVER TORCH CACTUS
☼ ❄ ↔0.9m ↕0.9～3m
ボリビアとアルゼンチン北部原産。銀白色の刺のために、花のないときでさえ、最も美しいサボテンと称される。暗緑色で、25～30本の稜がある。中刺は、4本、クリーミーホワイトで、約18mm。30～40本の毛状の側刺は植物本体を覆い尽くす。長さ8～10cmの花は、濃い栗色で、やや湾曲する。果実は赤く、球状～杯形。ゾーン：8～12

Cleistocactus tupizensis
☼ ❄ ↔0.9m ↕1.5m
ボリビアのチュピサ、ポトシの自生種。直立で、根元から枝分かれしている植物。稜は15から25個。2本の中刺は茶色から白色で、長さ5cm。15から20本の側刺は長さが多様で、密集した白色の剛毛状。花は赤から白っぽいものまであり、やや曲がって、長さ約8cmである。ゾーン：8～12

CLEMATIS
（クレマティス属）
英名：LEATHER VINE、TRAVELLER'S JOY、VITGIN'S BOWER
200種以上のさまざまな植物を含むキンポウゲ科の属。主によじ登り性またはばらばらにはびこる植物だが、一部は低木状または多年草もある。落葉性または常緑で、花時や花色も多様で、温帯の北部および南部、また標高の高い熱帯にも生息する。どんな季節や場所にも適する種がありそうだ。葉は単葉または羽状複葉で、花は4～8枚の花弁状の萼片を持ち、ほぼ常に華やか。やがて綿毛状の果序がつく。英名のvirgin's bower（処女の閨房）は、イエスとマリアが無実の人々に対する大虐殺を逃れてエジプトに向かうとき、クレマティスの下に隠れたというドイツの伝説に由来する。

〈栽培〉
葉は日に当て、根は冷涼で湿度を保つのが一般的なルール。植え付け前に腐植豊かなコンポストを大量に混ぜておき、たっぷりと水をやる。立ち枯れ病は多くの地方で問題となっている。挿し木または取り木で繁殖。種子でも繁殖可能だが、雌雄は開花までわからない。

Cleistocactus strausii

Clematis aristata

Clematis × *aromatica*

Clematis chiisanensis 'Love Child'

Clematis coactilis
一般名：バージニア ホワイトヘアー レザー・フラワー
☼/☽ ❄ ↔30〜80cm ↕20〜40cm
アメリカ合衆国東部のアパラチア山脈原産の落葉性低木。緑色の披針形の葉。下垂する鐘形の小さな白い花は、時に、緑味またはピンク味を帯びる。花柄と蕾に絹毛が見られる。
ゾーン：7〜10

Clematis armandii 'Snowdrift'

Clematis coactilis

先端の尖った卵形で、一部は鋸歯縁。夏から秋、幅50mmの、ピンク味を帯びた白い花がつく。長く茶色の茎は、綿毛を帯びる。
ゾーン：7〜10

Clematis × *duradii*
一般名：クレマティス×デュランディイ
☼/☽ ❄ ↔1.5m ↕1.8〜2.4m
落葉性のよじ登り植物で、*C.* × *jackmanii* と *C. integrifolia* の交雑種。つやのある緑色の、先端の尖った卵形の葉は、長さ約15cmになる。夏から秋に、普通3個ずつ群生する、濃い紫青色の花には、クリーム色〜黄色の雄ずいがある。
ゾーン：5〜10

Clematis alpina ★
クレマティス・アルピナ
☼/☽ ❄ ↔1.5m ↕2.4〜3m
落葉性で、開花の早いよじ登り植物。ヨーロッパとアジア原産。対になった3出複葉は、鋸歯縁、披針形で、小葉は長さ約5cm。花は青色からモーブで、白い雄ずい。'**フランシス リヴィス**'(syn.'**ブルー ジャイアント**')は、幅5cmの青色の花。'**ジャックリーン デュ プレ**'は、ピンクの花で、内側はより明色。ピンクの雄ずい。'**ホワイト コロンバイン**'は、白い花の栽培品種。
ゾーン：5〜9

Clematis aristata
英名：AUSTRALIAN CLEMATIS
☼/☽ ❄ ↔1.8m ↕3〜6m
常緑のよじ登り植物で、オーストラリア南東部原産。葉柄の長い葉には3枚の小葉があり、時おり鋸歯縁が見られる。晩春から真夏、幅25mmで星形の白い花が円錐花序をなす。
ゾーン：7〜10

Clematis armandii
一般名：エバーグリーン クレマチス
☼/☽ ❄ ↔2〜3m ↕6〜9m
強健な常緑のよじ登り植物で、中国中部と西部原産。葉は、長さ約15cmの3枚の革質の小葉からなり、幼時はブロンズグリーン色。房をなす白い花は、ややピンク色を帯びることがある。花はかすかに尿の臭いがする。'**アップル ブロッサム**'は、ピンク色の蕾で、開くと白い花。'**スノードリフト**'は、つやつやした白色の、芳香性の花が、円錐花序をなして滝のように下垂する。
ゾーン：8〜10

Clematis × *aromatica*
一般名：クレマティス×アロマティカ
☼/☽ ❄ ↔0.9〜1.5m ↕1.5〜2m
直立する落葉性の亜低木で、*C. flammula* と *C. integrifolia* の交雑種。葉には3〜5枚の短い小葉がある。深いバイオレット色の花には白い雄ずいがあり、夏から秋に咲く。アロマティカという名前にもかかわらず、葉も花もほとんど無香。
ゾーン：4〜9

Clematis chiisanensis
クレマティス・キイサネンシス
☼/☽ ❄ ↔1.5m ↕3m
朝鮮半島原産の落葉性よじ登り植物。3出複葉は、鋸歯縁で、脈が多い。点頭する、ピンク色を帯びたクリーム色の一重の花は、先端が反曲する4枚の萼片を持つ。'**レモン ベルズ**'は、薄黄色の花。'**ラブ チャイルド**'は、大きなクリーム色の花で、花期が長い。(旧枝にも新梢にも花が咲く。)'**モニカ**'は、深いピンクの花で、中央がクリーム色。
ゾーン：4〜9

Clematis chrysocoma
☼/☽ ❄ ↔1.2〜1.8m ↕2〜4.5m
中国南西部原産の落葉性よじ登り植物。3出複葉の小葉は、長さ25〜50mmで、

Clematis cirrhosa ★
一般名：ファーン・リーフ・クレマチス
☼/☽ ❄ ↔1.8m ↕3〜4.5m
常緑のよじ登り植物で、ヨーロッパ南部と地中海沿岸地域原産。対になった3出複葉は、小さく欠刻した小葉を持つ。冬から早春にかけて、小さく群生する、下垂するクリーム色の花には、時おり紫赤色の斑点が見られる。*C. c.* var. *balearica* の花には、必ず斑点がある。*C. c.* var. *purpurascens* '**フレックルズ**' ★は、花が大きく、花柄が長い。
ゾーン：7〜10

Clematis florida var. *flore-pleno*

Clematis florida Pistachio/'Evirida'

Clematis florida var. *sieboldiana*

Clematis chrysocoma

Clematis cultivar

Clematis × eriostemon

一般名：クレマティス×エリオステモン
☀/☼ ❄ ↔1.8m ↕2.4m

おそらく*C. viticella*の交雑種であり、通常は*C. × eriostemon*という名でくくられる。大きなバイオレット色の花。
ゾーン：6〜10

Clematis florida

一般名：テッセン
☀/☼ ❄ ↔1.5m ↕4.5m

日本と中国原産の、落葉性または一部常緑のよじ登り植物。対になった3出複葉をなす、長さ約5cmの小葉は、一部鋸歯縁。夏咲きの花は、幅約8cmで、しばしば緑味を帯びる。白い雄ずい、バイオレット色の葯を持つ。*C .f.* var. *flore-pleno*は、八重咲きの白い花で、緑色の縞がある。*C .f.* var. *sieboldiana*(syn. 'ビコロル')は、白い花で、紫赤色の雄ずい。
ゾーン：7〜10

Clematis heracleifolia

一般名：クレマティス・ヘラクレイフォリア
☀/☼ ❄ ↔0.6〜1.5m ↕0.9〜1.8m

不規則に広がり、よじ登る、木質基部の多年草で、中国中部・北部の原産。うっすらと綿毛で覆われた3出複葉は、不規則な鋸歯縁の長さ約6cmの小葉からなる。夏から秋に咲く、くすんだパープルピンクの筒形の花には、じょうご形に広がって反曲する4枚の萼片がある。'ニュー ラブ'は、非常にコンパクトな種。暗い紫青色の花は、内側がやや明色。芳香性。ゾーン：3〜9

Clematis montana var. *rubens* 'Elizabeth'

Clematis integrifolia

一般名：クレマティス・インテグリフォリア
☀/☼ ❄ ↔0.9〜1.5m ↕0.9m

落葉性の多年生植物または亜低木で、ヨーロッパからアジア中央部にかけて見られる。長さ8〜10cm、披針形の単葉は、裏面が綿毛を帯びる。下垂する平らな鐘形の花は、幅10cmで、濃いバイオレットブルー色。
ゾーン：3〜9

Clematis × jouiniana

一般名：クレマティス×ジュイニアナ
☀/☼ ❄ ↔2〜4.5m ↕2〜4.5m

*C. tubulosa*と*C. vitalba*の交雑種。一部常緑で、不規則に広がる、木質基部の半よじ登り性の多年生植物。3〜5枚の粗い鋸歯縁の小葉が複葉をなす。晩夏から群生する芳香性の白い花は、古くなると薄いピンクまたは青色に変わる。'プラエコクス'は、強健な栽培品種で、

Clematis lasiantha

Clematis mandschurica

Clematis montana var. *rubens* 'Marjorie'

紫青色の花。
ゾーン：4〜9

Clematis lanuginosa

一般名：クレマティス・ラヌギノサ
☀/☼ ❄ ↔1.2〜2.4m ↕2〜3m

中国の落葉性よじ登り植物。葉は単葉か3出複葉で、小葉は長さ約10cm。温暖な季節に咲く大きな花は、白〜薄いラベンダー色で、3個以下で群生する。
ゾーン：6〜9

Clematis lasiantha

一般名：パイプステム クレマティス
英 名：CHAPARRAL CLEMARIS, PIPESTEM CLEMATIS
☀/☼ ❄ ↔2.4〜4.5m ↕3〜5m

常緑のよじ登り植物で、アメリカ合衆国西部原産。3出複葉で、長さ約5cmの小葉の縁は鋸歯〜浅裂。秋、綿毛を帯びた、花柄の長い、幅約25mmの白い花がつく。
ゾーン：8〜10

Clematis macropetala

一般名：ダウニー クレマティス
☀/☼ ❄ ↔1.5〜3m ↕0.9〜3m

落葉性のよじ登り植物で、温帯アジア北部原産。対の3出複葉をなす小葉は、長さ約35mmで、縁は鋸歯〜浅裂。春から初夏、綿に覆われた、くすんだ青色の花がつく。花は4枚の萼片を持つが、栽培品種はしばしば八重咲き。'マーカムズ ピンク'(syn.'マーカミー')は、明るいピンク色の花。'スノーバード'は、白い花で、遅咲き。'ホワイト スワン'は、大きな白い花。
ゾーン：5〜9

Clematis macropetala

Clematis paniculata

Clematis montana var. *sericea*

Clematis montana var. *wilsonii*

Clematis mandschurica

一般名：クレマチス・マンジュリカ
☀/☼ ❄ ↔1.5〜3m ↕0.9〜1.5m

広がる、または不規則に這い回る多年草で、日本および中国の隣接地方原産。葉は羽状。夏、甘い香りの、星形の白い花が円錐花序をなす。
ゾーン：7〜10

Clematis montana

クレマティス・モンタナ
☀/☼ ❄ ↔3〜6m ↕4.5〜8m

強健な、春咲きの、落葉性よじ登り植物で、ヒマラヤ山脈から中国中部原産。濃い緑色の3出複葉には、約10cmの鋸歯縁の小葉がある。春、白から薄いピンクの花が、大きく密なスプレー状に咲く。*C. m.* var. *glabrescens*は、非常に強健な変種で、モーブピンクの花。*C. m.* var. *grandiflora*は、非常に強健な変種で、高さ12mになる。白い花。*C. m.* var. *rubens* ★は、新葉がブロンズ色で、大きなピンクの花。'エリザベス'は、非常に薄いピンク色の花で、バニラの香り。'マージョリー' ★は、半八重咲きで、花びら状の雄ずいを持つ。クリーム色の花びらはオレンジピンクと銅色に覆われる。'テトラローズ' ★は、非常に大きな深いピンク色の花で、葉を茂らせる丈夫な品種。*C. m.* var. *sericea*(syn. *C. chrysocoma* var. *sericea*、*C. spooneri*)は、若い茎が綿毛で覆われ、萼は反曲する。白い花を豊富につける。*C. m.* var. *wilsonii*は、芳香性の小さな白い花が大きなスプレーをなす。*C. m.* 'スノーフレイク'は、純白の花。
ゾーン：6〜9

クレマティス、HC、フロリダ系、アークティック クイーン／'エヴィトゥー'

クレマティス、HC、フロリダ系、'ベル オブ ウォーキング'

クレマティス、HC、フロリダ系、'ダッチェス オブ エディンバラ'

クレクレマティス、HC、フロリダ系、'ルイーズ ローワー'

クレマティス、HC、フロリダ系、'プロテウス'

Clematis paniculata
一般名：クレマティス・パニクラタ
☼/◐ ❄ ↔3～9m ↕5～9m
ニュージーランド原産。丈夫なよじ登り植物で、雌雄異株、常緑で、春から初夏に花を咲かせる。香りのよい白い花が大きな円錐花序をなす。
ゾーン：7～10

Clematis patens
一般名：カザグルマ
☼/◐ ❄ ↔1.5～3m ↕3～4.5m
精力的なよじ登り植物で、日本、それに中国の隣接地域原産。羽状複葉は、長さ約10cmの、3～5枚の小葉からなる。春から初夏、白色からモーブ、青色の花が、茎の先端に単生する。花は紫茶色の雄ずいを持つ。ゾーン：6～9

Clematis recta
クレマティス・レクタ
☼/◐ ❄ ↔0.9～1.2m ↕0.9～1.5m
ヨーロッパ南部と中部原産。夏咲きの、直立性多年生植物で、高くなるにつれて不規則に広がる。5～7枚の青緑色の小葉が羽状複葉をなす。白い小さな花が大きな円錐花序をなす。
ゾーン：3～9

Clematis rehderiana
一般名：クレマティス・レーデリアナ
☼/◐ ❄ ↔2.4～4.5m ↕5～8m
中国西部原産の強健な落葉性よじ登り植物。7～9枚の小葉が、長さ20cmを超える羽状複葉をなす。葉と茎は細い金色の毛で覆われている。夏、薄黄色から黄緑色の小さな花が、直立の円錐花序をなす。幼株は霜に弱い。
ゾーン：7～10

Clematis tangutica
一般名：オレンジ ピール クレマティス
☼/◐ ❄ ↔2.4～3.5m ↕2～3m
モンゴルと中国北西部原産のよじ登り植物。明緑色の羽状複葉をなす小葉は、鋸歯縁および／または欠刻が見られる。深い黄色の鐘形の花が、晩夏から咲く。萼片が広がらない場合、花はちょうちん形。
ゾーン：5～9

Clematis terniflora
異名：*Clematis dioscorceifolia*
一般名：センニンソウ（仙人草）
☼/◐ ❄ ↔1.8～3m ↕2～4.5m
日本産の多年生植物で、直立性のものもあるが、通常は茎がもつれ不規則に広がる。深緑色の羽状複葉は、約10cmの小葉が3～5枚からなり、温暖地域では半常緑。秋、緑味を帯びた白い花が密な円錐花序をなす。ゾーン：6～10

Clematis patens

Clematis recta

Clematis texensis
一般名：ベニハナハンショウヅル
☼/◐ ❄ ↔0.9～2m ↕2m
不規則に広がる低木状の多年生植物で、アメリカ合衆国南西部原産。青緑色のの羽状複葉は、長さ約8cm円形革質の小葉4～8枚からなる。珍しい、小さな壺形の花が、長い茎に単生する。花色はレンガ色～鮮紅色の濃淡。ゾーン：5～10

Clematis × *triternata*
一般名：クレマティス×トリテルナタ
☼/◐ ❄ ↔3～4.5m ↕3～4.5m
*C. flammula*と*C. viticella*の園芸交雑種。葉は単葉、または、長さ約8cm全縁の披針形の小葉を持つ羽状複葉。夏、薄青色の星形の小さな花が大量につく。'ルブロマルギナタ'、豊富につく白い花は、縁と先端が落ち着いた紫色～ワインレッドを帯びる。ゾーン：6～9

Clematis tubulosa
一般名：クレマティス・トゥブロサ
異名：*Clematis heracleifolia* var. *davidiana*
☼/◐ ❄ ↔0.9m ↕0.9m
モーブブルー色のやや芳香性の花が群生する。**アラン ブルーム／'アルボ'**は、非常にコンパクトで、明るい紫青色の花を咲かせる。たいてい5枚の萼片を持つ。ゾーン：6～9

Clematis Hybrid Cultivars
一般名：クレマティス交雑品種
☼/◐ ❄ ↔1.5～4.5m ↕1.2～6m
大きな花を咲かせる数多くのクレマティス交雑種は、血統による習性や花形の違いによって、大きく9つの系統に分けられる。さらに血統が不確定で、どの系統にも属さない交雑種も多数ある。今で

クレマティス、HC、フロリダ系、'天塩'

は、あいまいなことが多い血統ではなく、花の大きさと剪定の必要条件（新梢咲きと旧枝咲きのちがいによる）によって分けらることが多い。
ゾーン：5～9

DIVERSIFOLIA GROUP
（ディヴェルシフォリア系）
主に*C. integrifolia*、*C. viticella*、*C. alpina*、さらに*C. macropetala*の交雑種で、独自の系統ではなく、*C. integrifolia*の品種や、ビチセラ系に含められることもある。花時の長いよじ登り植物で、通常高さ2.4～3.5mに成長するが、低くてコンパクトにもなり得る。非常に耐寒性があり、晩春、新梢に花をつける。大半は、鐘形の、モーブ～紫色の花で、花芯が弁化していることがある。'アラベラ'は、濃いモーブブルーの大きな花で、萼片の数は多様。'ブルー バード'は、モーブブルーの長い萼片を持つ。中央はクリーミーホワイトの八重咲き。'ブルー ボーイ'は、幅約8cmのモーブブルーの花が日陰で開花する。'ジュウリ'は、モーブブルーの花、5枚の萼片、大きな幅広の葉を持つ。低く育つ習性で、高さ1.2m以下のことが多い。

FLORIDA GROUP（フロリダ系）
これらのよじ登り植物は高さ2.4～3.5mで、春から夏にかけて前年伸びた旧枝に花をつける。早咲きの花はたいてい八重咲きか半八重咲きで、遅咲きの花は一重で、しばしば非常に大きくなる傾向がある。この系統の交雑種には以下が含まれる。Pistachio/ピスタチオ／'エヴィリダ'は、大きな白い花で、ときに薄緑色を帯びる。クリーム色の葯と、くすんだ赤色の雄ずい。

Clematis tubulosa

Clematis tubulosa Alan Bloom/'Alblo'

FORSTERI GROUP（フォルステリ系）

数種のニュージーランド種、特に*C. paniculata*、*C. mormoraria*、*C. forsteri*の間の常緑の交雑種。大多数は低く広がるが、中には非常に精力的なよじ登り植物もある。花は通常白色で、かすかに緑味を帯びる。血統によって耐寒性は異なるが、多数ゾーン：8で元気に育つ。このグループには次の各種がある。この系統の交雑種には以下が含まれる。'**アヴァランシュ**'は、高さ3m以上になる純白の花。'**アーリー センセーション**'は、高さ約1.5mで、緑味を帯びた白い花。'**ルナーラス**'は、低く広がる品種で、緑味を帯びた白い小さな花と、欠刻した鋸歯縁の葉を持つ。'**ムーンビーム**'は、針金状の茎を高さ1.5mまで伸ばす。クリーム色の星形の花と、欠刻した葉を持つ。

JACKMANII GROUP（ジャックマニー系）

高さ約1.8〜6mまで育つよじ登り植物で、夏から秋、普通4枚の萼片の、多様な色の大きな花を、新梢につける。この系統の交雑種には以下が含まれる。'**コンテス ドゥ ブシャール**'は、大きなピンク色の花と、クリーム色の雄ずいで、非常に人気がある。'**ジプシー クィーン**'は、幅15cmの紫色の花に、ワインレッドの縞が入っている。'**ジャックマニー**'は、半垂下状の濃い紫色の花で、間隔のあいた4枚の萼片と、クリーム色の雄ずいを持つ。'**ジャックマニー スパーバ**'は、深紫色の花で、中央に紫色の縞が走り、クリーム色の雄ずいを持つ。'**マダム バロン ヴェイラード**'は、ラベンダーピンクの花で、先の尖った萼、白い雄ずい。'**ニオベ**'は深赤色の花で、黄色い雄ずいを持つ。'**ペルル ダジュール**'は、ラベンダーブルーの花で、黄色い雄ずい。

LANUGINOSA GROUP（ラヌギノサ系）

この系統のよじ登り植物は、以前は*C. × lawsoniana*として知られていた。夏から秋、当年に新しく生じた梢に花をつける。高さ4.5mに達し、大きな〜非常に大きな、一重または八重の花をつける。この系統の交雑種には以下が含まれる。'**カーナビー**'は、薄いモーブ色で、濃いモーブピンクの帯がある。'**ヒブリダ シエボルディイ**'（syn.'ラモナ'）は、大きな、淡色の、ラベンダーブルーの花で、淡色の雄ずいと紫赤色の葯を持つ。'**ローソニアナ**'は、明青色〜紫色の大きな花で、淡色の雄ずいがある。'**マリー ボアズロ**'（syn.'マダム ル コルトレ'）は、精力的に成長する。薄いピンクの花は古くなるにつれ白くなる。クリーム色〜薄茶色の雄ずい。'**ミセス チャムリー**'は、大きなラベンダー色の花、幅狭の萼片、明るい茶色の雄ずい。'**ネリー モーザー**'は、大きなライラックピンクの花で、ワインレッドの縞がある。茶色の雄ずい。'**シルバー ムーン**'は、銀色がかったライラック色の花で、黄色い雄ずい。'**ウィル グッドウィン**'は、明るいラベンダーブルーの花で、クリーム色〜緑色の雄ずい。

クレマティス、HC、ラヌギノサ系、'ビューティー オブ ウスター'

PATENS GROUP（パテンス系）

コンパクトなよじ登り植物で、高さ3.5m以上に育つことはまれ。春、前年に伸びた旧枝に花をつける。花は普通、中〜大型の一重咲きで、萼片の中央には濃色の帯があり、縁はうねる。この系統の交雑種には以下が含まれる。'**ビーズ ジュビリー**'は、明るいピンク色の花に、濃いピンクの模様が入る。黄色い雄ずい。'**ブルー ラビーン**'は、大きなモーブブルーの花で、薄い紫赤色の模様が入る。紫赤色の雄ずい。'**カリッシマ**'は、薄いピンクを帯びた鮮紅色の大きな花は、やがて、ごく薄いピンク色になり、鮮紅色の縞が入る。鮮紅色の雄ずい。'**ドクター ルッペル**'は、濃いピンクの花に、洋紅色の模様が入る。雄ずいは黄色。'**エルザ スペイス**'（syn.'クセルクセス'）は、青紫色の花で、紫の雄ずいに赤の

Clematis, Hybrid Cultivar, Forsteri Group cultivar

C., HC, Forsteri Group, 'Early Sensation'

Clematis, HC, Forsteri Group, 'Moonbeam'

クレマティス、HC、ジャックマニー系、'アラナー'

クレマティス、HC、ジャックマニー系、'ブレキトニイ アニオル'

クレマティス、HC、ジャックマニー系、'キャロライン'

C., HC, Jackmanii Group, 'Comtesse de Bouchaud'

クレマティス、HC、ジャックマニー系、'ハグレー ハイブリッド'

C., HC, Jackmanii Group, 'Niobe'

C., HC, Jackmanii, 'Perle d'Azur'

クレマティス、HC、ジャックマニー系、'ピンク ファンタシー'

クレマティス、HC、ジャックマニー系、'ルーテル'

クレマティス、HC、ジャックマニー系、'サンセット'

Clematis, Hybrid Cultivar, Texensis Group, 'Etoile Rose'

クレマティス、HC、テキセンシス系、'プリンセス ダイアナ'

Clematis, Hybrid Cultivar, Viticella Group, 'Madame Julia Correvon'

クレマティス、HC、ビチセラ系、'マスカレード'

クレマティス、HC、ビチセラ系、'ペリンズ ブライド'

C., HC, Viticella, 'Ville de Lyon'

クレマティス、HC、パテンス系、'ミス クローシェイ'

クレマティス、HC、系統に属さない、'クッルス'

C., HC, Ungrouped, 'Pastel Princess'

クレマティス、HC、パテンス系、'ザ ファースト レディー'

クレマティス、HC、系統に属さない、リベレーション／'エヴィファイブ'

Cleome sesquiorygalis 'Pink Queen'

Cleome sesquiorygalis

CLEOME
(セイヨウフウチョウソウ属)

英 名：SPIDER FLOWER

熱帯と亜熱帯産の、約150種の一年生と多年生植物からなる、フウチョウソウ科の属。よく栽培される種は、直立性の夏咲きの一年生植物。大きな掌状の葉は細かい鋸歯縁で、茎には刺がある場合がある。4花弁の花は、長くて突き出た繊維状の雄ずいがあり、繊維を外側に向けて茎頂の花序をなすため、Spider flower（クモの花）という名がついた。北アメリカ原産の*C. lutea*のように、一部の種は黄色の染料になる。アメリカ合衆国では、合衆国大統領Thomas Jeffersonのモンティセロにある庭園のクレオメが有名。

〈栽培〉
温暖な夏季のある地方では、日なたの保護された位置で、湿った肥沃な水はけのよい土壌で簡単に栽培できる。花がらを摘むと花期が延長される。数種の例外を除いて、多年生植物は霜には耐えられず、少なくとも亜熱帯の条件が必要。春に播種して繁殖する。

薬。'ファイヤーワークス'はモーブ色の花にピンクレッドの模様。'ジリアン ブレイズ'は、白い花が青みを帯びることがある。波状縁。'ヘンリー'は、白〜クリーム色の非常に大きな花で、8枚以下の萼片、茶色の雄ずいを持つ。'ラザースターン'は、波状縁の大きな青い花。幅狭の萼片、クリーム色の雄ずい。'ロード ネヴィル'は、紫青色の花で、波状縁、クリーム色の雄ずい、赤い薬。'ミス ベイトマン'は、白い花に赤い薬。'ミセス N トムソン'は、紫色の花に赤い模様が入る。'リチャード ペンネル'は、紫青色の花で、赤い雄ずいと黄色い薬。'ザ プレジデント'は、紫青色の花で、赤みを帯びた雄ずい。

TEXENSIS GROUP（テキセンシス系）
不規則に広がる半よじ登り植物の低木で、誘引してよじ登らせるか、そのまま藪状の小山に仕立てることもできる。また一年草として毎年短く切戻してもよい。花は普通鐘形で、夏に新梢につく。この系統の交雑種には以下が含まれる。'ダッチェス オブ アルバニー'は、大きく開く鐘形〜星形の花で、深いピンク色に淡色の縁取り。'エトワール ロゼ'は、点頭する、鐘形の、ローズピンクの花。'グレーブタイ ビューティー'は、上向きの鐘形の花が星形になる。古くなるにつれ、ワインレッド色が、落ち着いたマゼンタ色になる。

VITICELLA GROUP（ビチセラ系）
強健なよじ登り植物で、高さ2.4〜6mになる。新梢に花を咲かせるが、花期は、ラヌギノサ系やジャックマニー系のように長くなく、短期間に集中的に咲く。花は一重または八重咲きで、幅12cmを超えることはめったになく、たいていはより小型。この系統の交雑種には以下が含まれる。'アルバ ラグジャリアンス'は、緩く開いた花は、クリーミーホワイト色で、中央に緑色の縞または斑がある。雄ずいは暗色。'エトワール バイオレット'は、深紫色の花で、クリーム色〜黄色の雄ずい。'レディー ベティー バルフォア'は、強健な種で、濃いバイオレットブルーの花、クリーミーイエローの雄ずい。'マダム ジュリア コレヴァン'は、深赤色の大きな花で、萼片がややねじれる。クリーム色の雄ずい。'メヌエット'は、クリーミーホワイトの花で、縁と先端がラベンダーピンク。クリーム色の雄ずい。'ポリッシュ スピリット'は、紫色の花で、赤い薬。'ヴェノーザ ヴィオラセア'は、大きな白い花に、深紫色の脈と幅広の縁取り。クリーム色の雄ずいと、紫色の薬。'ヴィユ ドゥ リヨン'★は、濃いピンク色の花に黄色の雄ずい。

UNGROUPED HYBRID
（系統に属さない交雑種）
これらの交雑種は普通、偶然生じた実生で、大きさ、花型、耐寒性などは多様。どれも高さ2.4〜4.5mに成長し、適切な支柱があればより高くなる。人気の交雑種は以下のとおり。'ヘルシングボリ'は、紫青色の花。よく似た色の雄ずい。'アイヴァン オルソン'は、極めて薄い青色の花に、幅広のラベンダーブルーの縁。クリーム色の雄ずい、紫赤色の薬。'パステル プリンセス'は、パステルピンクで、中央がモーブ色の花。'ロイヤリティー'の、くすんだ深いモーブピンクの花は、初めは八重咲きで、その後一重になる。中央の筋は淡色。クリーム色の花弁状の雄ずいを持つ。

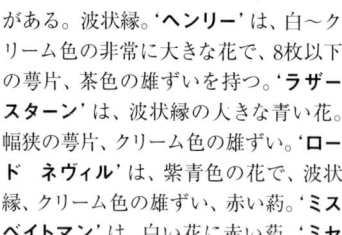

Cleome sesquiorygalis
クレオメ・セスクイオリガリス
異　名：*Cleome spinosa*
英　名：SPIDER FLOWER
☼/◐ ❄ ↔50cm ↕1.5m

直立性の一年生植物で、ブラジル南部、パラグアイ、アルゼンチン北部原産。掌状葉は、長さ約10cmの、細かい鋸歯縁の、有毛の小葉が5～7枚ある。茎頂に群生して花序をなす花は、花弁の長さ約30mmで、長い花糸がある。花色は白色と、さまざまな濃淡のピンク～モーブ色である。系統と有名な品種には以下のようなものがある。'**ヘレン　キャンベル**'（syn. '**ホワイト　クイーン**'）は、**Queen Series**（クイーン　シリーズ）のひとつで、花色によって以下のような名前がついている。'**チェリー　クイーン**'、'**モーブ　クイーン**'、'**ピンク　クイーン**'、'**パープル　クイーン**'、'**ローズ　クイーン**'、'**ルビー　クイーン**'。
ゾーン：10～12

CLERODENDRUM
（クサギ属）
英　名：GLORY BOWER

約400の常緑または落葉性の小型高木、低木そしてよじ登り植物からなる属で、伝統的にクマツヅラ科とされていたが、現在はシソ科に置かれている。主にアジアとアフリカの熱帯と亜熱帯地方原産。単葉の葉が対生または輪生する。夏、紫または赤色の目立つ花が、円錐花序をなして頂生する。昔から薬用されている種や、理想的な鉢植え植物もあり、よじ登り植物はトレリス栽培に最適。果実は石果または液果。

〈栽培〉
腐植豊かな、軽い～中程度の重さの、水はけのよい土壌と、日なた～半日陰の、保護された場所を好む。成長期にはたっぷり灌水する。幼株の茎には支柱が必要な場合がある。ダニ、コナカイガラムシ、コナジラミなどの害虫に注意。春に種子を蒔くか、冬または夏に半熟枝挿しで繁殖。

Clerodendrum bungei
一般名：ボタンクサギ
英　名：GLORY FLOWER
☼/◐ ❄ ↔2.4m ↕2.4m

中国南部とインド北部原産。芳香性の常緑低木で、吸枝を出して叢生する。葉は三角形で鋸歯縁、深緑色に紫色が重なる。夏、幅15cmの、強い芳香のある、薄いピンク～紫赤色の花がつく。
ゾーン：8～10

Clerodendrum chinense
クレロデンドルム・キネンセ
異　名：*Clerodendrum philippinum*
英　名：HONOLULU ROSE, SPANISH JASMINE
☼ ❄ ↔2m ↕3m

日本南部と中国原産の常緑低木。角のある茎と、長さ約25cmの、綿毛を帯びた、卵形から三角形の、先端の尖った、鋸歯縁の葉を持つ。長さ25mmの、白色、クリーム色～赤色の筒形の花が、長さ10cmの房をなす。ハワイでは侵略種と見なされる。栽培品種の'**プレニフロルム**'は、よく目立つ半八重咲きのバラに似た花をつける。
ゾーン：10～12

Clerodendrum floribundum
英　名：LOLLY BUSH
☼ ❄ ↔3m ↕6m

中国原産の落葉高木。直立性で分枝する習性。全縁の卵形の葉をつける。約30mmの長い筒部と、ピンク味を帯びた萼片を持つ、芳香性の白い花が、穂状花序をなす。黒味を帯びた紫色の液果。
ゾーン：10～12

Clerodendrum glabrum
英　名：WHITE CAT'S-WHISKERS
☼ ❄ ↔6m ↕12m

アフリカ原産の小高木または低木。多数に分枝する習性。つやのある暗緑色のの葉は、全縁で先端が尖り、対生または輪生する。芳香性の白またはピンクの花が、密な集散花序で頂生する。白～黄色の果実。
ゾーン：10～12

Clerodendrum bungei

Clerodendrum chinense 'Pleniflorum'

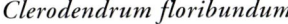

Clerodendrum floribundum

Clerodendrum speciosissimum

Clerodendrum trichotomum, in fruit

Clerodendrum minahassae
英　名：TUBE FLOWER TREE
☼ ❄ ↔3m ↕5m

小型の常緑高木。深緑色で、脈のある、楕円形の葉は、長さ20cmになる。星形の薄いピンク色の花には、長い花弁と、長さ約10cmの筒部がある。花後、萼片は鮮やかな赤色に変わり、中央に黒い小さな果実をつける。*C. m.* var. *brevitubulosum*は、約25mmの短い筒部を持つ花。
ゾーン：10～12

Clerodendrum speciosissimum
一般名：ジャワヒギリ
英　名：JAVA GLORY BEAN, MATA AJAM
☼ ❄ ↔1.2m ↕1.8m

ジャワ原産。直立性の低木。長さ約30cmの卵形の大きな葉。鮮やかな赤色の花は、長さ約20cmの円錐花序をなす。夏、花冠は長さ約35mmになる。紫味を帯びた青色の果実。コンテナ栽培に最適。
ゾーン：10～12

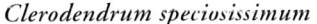

Clerodendrum glabrum

Clerodendrum splendens

Clerodendrum minahassae var. *brevitubulosum,* in fruit

Clerodendrum splendens
一般名：ベニバナクサギ
☼/◐ ❄ ↔2m ↕2m

熱帯アフリカ産の、不規則に広がる、またはよじ登る習性の低木。つやのある暗緑色で、幅広で先端の尖った、全縁の卵形の葉は、長さ約15cm。多数の鮮やかな赤い花がスプレー状につく。
ゾーン：10～12

Clerodendrum thomsoniae
一般名：ゲンペイクサギ、ゲンペイカズラ
英　名：BLEEDING HEART VINE
☼/◐/☼ ❄ ↔4.5m ↕4.5m

強健な、巻きつき性の常緑よじ登り植物で、熱帯西アフリカ原産。全縁で、先端のとがった、卵形の葉は長さ15cm以上になる。多数の花が群生し、白い萼片と暗赤色の花冠が、印象的な対照をなす。赤～黒色の果実が続く。
ゾーン：10～12

Clethra alnifolia

野生のリョウブ属種、中国、四川省、臥龍自然保護区

Clethra arborea

Clethra barbinervis

Clerodendrum trichotomum
一般名：クサギ

☀ ❄ ↔4.5m ↑4.5m

日本原産。葉には軟毛がある。晩夏、筒部の長い、芳香性の白い花が花序をなす。花の背後のピンク色の萼片は、果実の成熟とともに暗色になり、紫青色の石果と対照をなす。C .t. var. *fargesii*は、新葉がブロンズ色。
ゾーン：8～10

CLETHRA
（リョウブ属）

約60種の落葉性小高木または低木からなるリョウブ科の属で、アメリカ合衆国南部から中央・南アメリカ、アジアに広く分布し、マデイラ原産のものも数種ある。長い総状花序または円錐花序をなす、スズランに似た、芳香性の白い花を目的に栽培される。一部の種は剥離する美しい樹皮を持つ。花後、無数の小さなさく果がつく。

〈栽培〉
ツツジ科の近縁で、石灰のない土壌と。保護された湿性の場所や、高木の陰っを好む。種子、挿し木、取り木で繁殖。

Clethra acuminata
英　名：CINNAMON CLETHRA, WHITE ALDER

☀ ❄ ↔3.5m ↑3.5m

アメリカ合衆国南東部原産の大低木。晩夏、芳香性のクリーミーホワイトの花が総状花序をなす。真緑の楕円形の葉は、秋に美しい金色を帯びる。
ゾーン：6～9

Clethra alnifolia
一般名：アメリカリョウブ
英　名：SUMMERSWEET CLETHRA, SWEET PEPPER BUSH

北アメリカ東部原産。晩夏、芳香性の白い花の、長さ約15cmの直立した総状花序が頂生する。'パニクラタ' は、白い花が円錐花序で頂生する。'ロセア' ★は、蕾も花もピンク味を帯びる。
ゾーン：4～9

Clethra arborea
一般名：リリーオブザバレーツリー
英　名：LILY-OF-THE-VALLEY TREE

☀ ❄ ↔6m ↑8m

マデイラ原産。葉が密生する。芳香性の白い花の、長い複総状花序が頂生する。温暖な条件でよく育つ。'フロラ プレナ' は、八重咲き。ゾーン：9～10

Clethra barbinervis
一般名：リョウブ、ハタツモリ
英　名：JAPANESE CLETHRA

☀ ❄ ↔3m ↑3m

日本の山岳、森林地帯原産。野生ではより大型。さび色を帯びた茶色の樹皮が剥離する。暗緑色の葉にははっきりした脈があり、秋に美しく紅葉する。夏から秋、芳香性の白い花の総状花序が頂生する。シュートは外向きにアーチを描く。
ゾーン：8～9

CLIANTHUS
（クリアントゥス属）

マメ科ソラマメ亜科の属で、現在、ニュージーランド原産のたった1種（あるいは2種）のみが含まれる（かつて含まれていた、オーストラリア産のSturt's desert peaは、現在スワインソナ属に分類されている）。不規則に広がる常緑の低木で、羽状複葉を持ち、初夏に赤い大きな花をつける。

〈栽培〉
冷温帯で栽培する場合は、日当たりのよい壁または温室などの保護が必要。温暖な地方では、日なたまたは部分日陰で、強風やひどい霜のあたらない場所で栽培する。水はけのよい土壌と、乾燥期の灌水が必要。軽く剪定すると藪状の成長を促す。葉にカタツムリとナメクジがつきやすいので注意。春に種子を蒔くか、夏に半熟枝挿しで繁殖。

Clianthus puniceus ★
一般名：パロットビル
英　名：KAKA BEAK, PARROT'S BILL

☀ ◐ ❄ ↔1.8m ↑1.8m

ニュージーランド北島北部原産だが、本来の生息地では希少。枝にシダのような美しい葉がつく。赤い花は、カカオウム（原生のオウム）のくちばしに似る。繁殖はたやすく、成長も早いが、寿命は短い。'アルブス' は、美しい実生の白花品種。
ゾーン：8～11

CLITORIA
（チョウマメ属）

60種の、一年生および多年生よじ登り植物、木質の低木、つる性植物からなるマメ科ソラマメ亜科の属。主に熱帯地方に生息し、49種がアメリカ産で、残りはアフリカ、アジア産。数種はアメリカ合衆国各地の州法律制定で保護されている。その他は多くの国々で大規模に栽培され、貯蔵餌や飼料に利用されてきたが、今では帰化して厄介な雑草になっている。全種とも奇数羽状複葉で、頂小葉を持つ。花は蝶形だが、いちばん大きな花弁は、同亜科種の大半とは異なり、下向きに保たれている。花色はブルー、白、ピンク。

〈栽培〉
一晩水につけておいた種子を蒔くか、発根しやすい挿し木で繁殖。

Clitoria ternatea
一般名：チョウマメ
英　名：ASIAN PIGEONWINGS, BLUE PEA, BUTTERFLY PEA

☀ ❄ ↔1.2m ↑21m

成長の早い常緑（一部地域では落葉性）のよじ登り植物またはばらばらにはびこる植物。長さ約30mmの、卵形から長楕円形の小葉が5～9枚で羽状複葉をなす。長い茎に単生する花の、いちばん大きな花弁は長さ約30～40mmの鮮やかな青色で、基部が白色～黄色味を帯びる。豆果は平らで、長さ約12cm。種子は円く平ら。周年花をつける。
ゾーン：10～12

Clianthus puniceus 'Albus'

Clianthus puniceus

Cloezia buxifolia

Clusia alba

CLIVIA
（クンシラン属）

英 名：FIRE LILY

4種のアフリカ南部原産の多年生植物からなるヒガンバナ科の属。学名は、英領インドの基礎を築いたRobert Cliveの名誉（あるいは不名誉）を称えて付けられた名前ではなく、その孫娘のノーサンバーランド伯爵夫人、Lady Charlotte Clive（1868年没）を称えて名づけられた。ずんぐりした根茎で叢を形成し、鮮やかな緑色の長い帯状の葉を持つ。種によって花期は異なるが、丈夫な花茎を出し、その先端にじょうご形の大きな花が花序をなす。花色は黄色、オレンジ、赤の明暗。赤い液果がなる。

〈栽培〉
軽度の霜にしか耐えられないことを除けば、育てやすく、温室のすばらしいコンテナ植物となる。屋外では木漏れ日の下が最適。温暖な季節にはよく灌水し、冬は乾燥を保つ。繁殖は通常、株分けで行う。

Clivia caulescens
↔0.9～2m ↕60cm

春咲きの種で、長さ約1.8mの葉が、自らの重みでうなだれている場合が多い。しばしば幹のような短い茎を形成する。下垂する、筒形～細いじょうご形の花は、サーモンピンクから落ち着いた赤色で、先端が緑色と黄色を帯びる。
ゾーン：10～11

Clivia gardenii
↔60～120cm ↕40～60cm

秋～春咲きの種で、葉は長さ約75cm。花序をなす、長さ約8cmの、筒形～細いじょうご形の、先端が緑色の赤い花は、時にオレンジまたは黄色を帯びる。
ゾーン：10～11

Clivia miniata
一般名：クンシラン（君子蘭）

英 名：FIRE LILY

↔60～100cm ↕40～60cm

春咲きの種で、長さ約60cmの葉は、かなり幅広の場合もある。大きく開いた花序をなす、じょうご形の花は、オレンジから赤色に近く、花喉が黄色。*C. m.* var. *citrina*（クリウィア・ミニアタ・キトリナ）は、薄黄色の花。この栽培品種には以下のようなものがある。'カーステンボッシュ イエロー' は、落ち着いた薄黄色の花で、より暗色の中央縞がある。'ヴィーコ イエロー' は、おそらく交雑種で、美しい澄んだ黄色の花。*C. m.* 'アウレア' は、金黄色の花。'フレーム' ★は、非常に暗色の葉と、強烈なオレンジレッドの花。'メゲン' は、鮮やかな黄色い花。'ストリアタ' は、標準的なオレンジ色の花で、白色またはクリーム色の斑入り葉を持つ。
ゾーン：9～11

Clivia nobilis
英 名：GREENTIP FIRE LILY

↔50～90cm ↕40～60cm

最も霜耐寒性があり、最も栽培の容易なクンシラン属種。春咲き。長さ約45cmの葉は、非常に細かい鋸歯縁で、さらさらした質感。先端が緑色の、黄色から赤色の花が花序をなす。
ゾーン：9～11

CLOEZIA
（クロエジア属）

6種の常緑低木と小高木でからなるフトモモ科の属で、メトロシデロス属の近縁。すべてニューカレドニアの固有種。小～中型の対生の葉は、全縁で、しばしば4列に並ぶ。白色あるいは黄色の小さな花が、少数～多数で房をなし枝先端につく。花は、4～5枚の花弁が萼片と交互に並ぶ。一部の種は、花弁と同様の長さと色の萼片を持つ。果実は小型のさく果。開けた低木地帯で、しばしばやせた湿地に育つ。

〈栽培〉
たいてい野生で見られ、栽培例はほとんどないが、一部の種は、装飾的低木としての可能性を持つ。高比率の有機質を含む酸性土壌が適する。種子で繁殖。

Cloezia buxifolia
↔0.9m ↕1.5m

直立性の藪状の低木で、川岸の湿地に沿った、密集したスゲやその他の低木の間に見られる。長さ約6mmまたはそれ以下の、分厚い円形の葉が4列に並ぶ。秋から冬、金黄色の花が上部の葉腋に群生する。
ゾーン：10～11

CLUSIA
（クルシア属）

熱帯および亜熱帯アメリカの多雨林原産の140種以上からなるオトギリソウ科の属。たいてい着生植物として生まれるが、気根の藪を形成して徐々に宿主植物を破壊し、地表に下り、自身の幹を形成する。大半の種は、概して卵形の、厚い、革質の深緑色の葉を持つ。同じ株に雌雄異花が生じる。どちらも3花ずつ群生し、4～9枚の円形の花弁を持つが、雄性花の方が大きく、多数の雄ずいを持つ。球状に近い、革質のさく果がつく。

〈栽培〉
大半の種は熱帯の暖かさを必要とする。湿潤で水はけのよい、腐植豊かな土壌も必要で、乾燥、霜、長い冷涼な気候には耐えられない。幼時に剪定して樹形を整える。挿し木または高取り法で繁殖。

Clusia alba
英 名：BALSAM TREE

↔2～3m ↕4.5～6m

低木または小高木で、最初は普通、気根を持つ着生植物。革質の楕円形の葉はまばらだが美しい。蝋質の白い花に続き、光沢ある栗色の果実がつき、熟すと裂開する。
ゾーン：11～12

Clivia caulescens

C. miniata f. *citrina* 'Kirstenbosch Yellow'

Clivia miniata 'Vico Yellow'

Clivia miniata 'Megen'

Clivia miniata 'Striata'

Clivia miniata f. *citrina*

Clusia lanceolata
クルシア・ランケオラタ

☼/☼ ⚥ ↔0.9～3m ↕2～5m

ブラジル沿岸のマングローブの湿地に見られる低木または小高木。革質で披針形の葉は長さ約8cm。蝋質の白い花は中央が赤く、幅約5cmで、やがて紫味を帯びた果実になる。果実が裂開すると、オレンジレッドの付属物のついた種子が現れる。'**アルバ**'は、純白の花。
ゾーン：11～12

Clusia major
英 名：COPEY

☼ ⚥ ↔15m ↕15m

着生植物または岩生植物で、一見不毛の岩場に育つ。低木または高木で、葉の密生した樹冠を広げる。太くなった気根から数本の幹が出る。夏咲きの花は幅約8cmで、薄いピンクに暗色の模様がある。薄緑色の果実。
ゾーン：11～12

CLYTOSTOMA
（クリトストマ属）

9種の常緑つる植物からなるノウゼンカズラ科の属。熱帯アメリカ原産。葉は欠刻し、2枚の小葉に分かれる。春から夏、通常ピンク色の、広がったらっぱ形の花が、枝頂または枝に沿ってつく。大きな果実には剛毛または刺がある。

〈栽培〉
温暖な気候では、壁やフェンスの上に、日なたの水はけのよい土壌で、強風から保護されて育つ。寒冷な気候では、温室の鉢で、いちばん暑い時の直射日光を避けて育つ。繁殖は挿し木または実生で行う。

Clytostoma callistegioides
異 名：*Bignonia callistegioides*、
B. speciosa、*B. violacea*
英 名：ARGENTINE TRUMPET VINE、
VIOLET TRUMPET

☼ ⚥ ↔6m ↕3m

アルゼンチンとブラジル南部原産の美しいつる植物で、つやのある暗緑色の葉は、幼時はブロンズ色。長さ約8cmの、広がったらっぱ形の花は、ライラックピンク色で、紫色の脈が走り、中央部は落ち着いたクリーム色。
ゾーン：10～11

CNEORUM
（クネオルム属）

キューバ原産の1種と地中海沿岸西部原産の1種の2種からなる属で、現在はミカン科として見なされているが、カナリア諸島原産の別属と合わせてクネオルム科という小さな科に置かれたこともある。常緑低木または小高木で、全縁、革質の葉が、らせん状に並ぶ。夏、葉腋または茎頂から群生する花は、3～4枚の萼片と3～4枚の黄色い花弁を持つ。乾燥した果実は熟すと裂開する。

〈栽培〉
日なたの、水はけのよい軽い土壌でよく育つ。半熟枝挿しで繁殖するが、霧を吹いて発根を促す。

Clusia major

Cneorum tricoccon
英 名：SURGE OLIVE

☼ ⚥ ↔45cm ↕60cm

地中海西部沿岸地方原産。直立性の低木で、若いシュートは灰緑色。長さ約5cmの葉は、光沢ある灰緑色で、線形から長楕円形。花は長さ約6mmの深い黄色の花弁を持つ。果実は鮮やかな赤色で、熟すと黒くなる。強烈な下剤。
ゾーン：9～11

COBAEA
（コバエア属）

約20種の多年生よじ登り植物からなるハナシノブ科の属。メキシコと熱帯南アメリカ原産。欠刻した葉を互生し、巻きひげでよじ登る。杯形の花は鮮やかな緑色、バイオレット、または紫で、茎に沿って単生する。よく栽培される*C. scandens*は、多くの温暖地域で帰化した。

〈栽培〉
湿度を保ち、しかも水はけのよい土壌で、日当たりのよい、強風から保護された場所で栽培する。*C. scandens*は生育が早く、冷涼地域では一年生植物として扱うか、温室で栽培する。種子または挿し木で繁殖。

Cobaea scandens
一般名：ツルコベア
英 名：CATHEDRAL BELLS、
CUPAND SAUCER VINE、MEXICAN IVY

☼ ⚥ ↔無限 ↕6～8m

メキシコ原産。強健なつる植物で、幅広の杯形の花は長さ約5cm。花色は白色から深紫色まで多様。英名の「saucer」（皿）は、花の下にある開いた萼片を表わしている。*C. s. f. alba*は、白色またはクリーミーグリーンの花。
ゾーン：9～11

COCCOLOBA
（ハマベブドウ属）

熱帯・亜熱帯アメリカ原産の約140種からなるタデ科の属で、大半が常緑高木、低木、またはつる植物。互生する全縁、革質の葉は、しばしば非常に大きい。未熟な葉は通常、成熟した葉とは形が異なり、より大きい。緑がかった白色の小さな花が、穂状花序または総状花序をなし、その後多肉質のブドウのような果実ができる。果実は学術的には、膨れた花の残物に囲まれた小さな堅果。一部の種は、美しい葉を目的に装飾用に栽培される。果実はゼリーの材料に利用される。

〈栽培〉
日当たりのよい開けた場所で、軽いまたは砂質の、水はけのよい土壌で栽培し、特に乾期にはたっぷり灌水する。樹形を維持する以外には剪定は不用。種子、春の熟枝挿し、秋の半熟枝挿し、または取り木で繁殖。

Coccoloba unifera
一般名：ハマベブドウ、ウミブドウ
英 名：JAMAICAN KING、PLATTER LEAF、
SEA GRAPE

☼ ⚥ ↔3m ↕6m

熱帯アメリカ原産。直立した、枝分かれする常緑高木。真緑色の葉は革質で心臓形、赤っぽい脈がある。夏、芳香性の白い花が総状花序をなし、続いてブドウに似た食用果実がつく。果実は緑色だが、熟すと赤みを帯びた紫色になる。
ゾーン：10～12

Clusia lanceolata

Clytostoma callistegioides

Coccoloba uvifera

COCCOTHRINAX
（ホソエクマデヤシモドキ属）
英　名：BROOM、SILVER PALM、THATCH PALM

西インド諸島およびフロリダの熱帯原産の49種からなるヤシ科の属。優美でほっそりした中型のヤシで、普通は単幹。扇のような掌状葉は、幅広の葉身が放射状の長い切片に分裂している。切片の表面はつやのある暗緑色で、裏面は銀色。葉が枯れて落ちるとき、すりへった繊維層が残るため、幹が輪をはめたように見える。これらの種は潮や風に耐性があり、成長が遅いことを除けば、熱帯の海岸地域の理想的な装飾ヤシ。幼株はコンテナでの栽培にも向く。

〈栽培〉
日当たりのよい開けた場所、または部分的に保護された場所で、水はけの非常によい土壌で栽培し、乾期には適度に灌水する。種子で繁殖するが、種により2〜6カ月で発芽する。実生は成長が遅い。

Coccothrinax argentata ★
一般名：アグノヤシ
異　名：*Coccothrinax fragrans*、*C. jamaicensis*、*C. proctorii*、*C. readii*
英　名：FLORIDA SILVER PALM、SILVER PALM
☼ ↔2.4m ↑8m

フロリダ州とバハマ諸島原産の単幹性のヤシで、滑らかな灰色の幹を持つ。小さな掌状葉は、表面がつやのある明るい黄緑色で、裏面は銀色がかった白色。芳香性の白い花と、紫色がかった黒い果実。
ゾーン：10〜12

Coccothrinax crinita ★
一般名：オールドマンパーム
英　名：OLD MAN PALM、THATCH PALM
☼ ↔2m ↑9m

熱帯キューバ原産。直径約20cmの幹には、細く長い茶色の羊毛状の繊維がある。掌状葉は、幅1.8mで、切片に分かれる。下垂する長さ約75cmの葉身は、表面が光沢のある緑色で、裏面はくすんだ灰色。ゾーン：10〜12

Coccothrinax argentata

Coccothrinax miraguama
異　名：*Coccothrinax scoparia*
英　名：MIRAGUAMA
☼ ↔2m ↑4.5m

キューバ原産。優美なヤシで、幹は直径約15cmで、長い繊維で覆われる。つやのある、堅い暗緑色の葉は、裏面が銀色で有毛。葉は幅1.8mで、長さ約60cmの28枚の切片と、短く細い葉柄を持つ。
ゾーン：10〜12

Coccothrinax spissa
英　名：GUANO、SWOLLEN SILVER THATCH
☼ ↔3〜5m

イスパニオラ諸島（ドミニカ共和国とハイチ）原産。単幹性のヤシで、上部の膨れた太い幹を持つ。まばらな樹冠をなす、深裂した円形の葉の、長い葉柄は、古くなると湾曲する。鮮やかな紫色の小さな果実。
ゾーン：10〜12

COCHEMIEA
（コケミエア属）

International Cactus Systemtics Groupによる国際分類では、コケミエア属の5種をマミラリア属に含めているが、多くの収集家や分類学者は今も、サボテン科の独立属として分類している。高さ50cmほどに成長し、通常は基部から子吹きして群生する。幹のらせん状の稜には、突起した小結節と、頑丈な刺群がある。昼咲きの、幅狭の赤い花は、左右相称で、先端が広がっていることが多い。果実は球状または棍棒状で、長さ12〜18mmの赤色。

〈栽培〉
ミネラル豊かで水はけのよい土壌で、比較的容易に栽培できる。種子、または1〜2週間乾燥させた挿し木で繁殖する。水分過多や、栽培地における有機成分の過多に影響されやすい。冬は休眠する。

Cochemiea maritima
☼ ↔100cm ↑20〜30cm

メキシコのバハ・カリフォルニア沿岸原産。直径約3〜5cmの円筒形の茎が、叢またはマットを形成する。4本の中刺は赤みを帯びた茶色。10〜15本の側刺は、先端の黒い白色。花は長さ約2.5〜3cm。果実は球形。ゾーン：9〜11

Cochemiea setispina
☼ ↔50cm ↑30cm

メキシコ、バハ・カリフォルニアの、サン・ボルハ地方、サン・ユリオ渓谷、アンゲル・ド・ラ・グアルダ島原産。短い茎が密生してコンパクトな叢をなす。1〜4本の中刺のうち、上部のものはまっすぐで、下部のものはかぎ状。長さは18〜50mm。10〜12本の側刺は細く白色で、先端が茶色。花は長さ約5cm。果実は棍棒形。
ゾーン：9〜11

Coccothrinax spissa

Coccothrinax miraguama

COCHLEANTHES
（コクレアンテス属）

中央・南アメリカで見られる、約16種の複茎性着生種からなるラン科の属。真の偽鱗茎を持たず、薄い鮮やかな緑色の葉が扇状に並ぶ。花は一般に、白色からさまざまなピンク、紫までと多様である。花は葉腋から生じる短い穂に単生する。

〈栽培〉
柔らかな葉に菌類による斑点が生じるのを防ぐため、高湿で、通気性のよい環境が必要。湿度を維持するために、ミズゴケの小さな鉢で育てるのが最適。コケが入手できないときには、細かいバークミックスを代用する。大半のランよりも日陰を好むため、決して直射日光にさらさないこと。中温〜温暖な環境が必要。

Coccothrinax crinita

Cochemiea setispina

Cochlospermum fraseri、果実

Cochleanthes amazonica

Cochleanthes amazonica

☀ ┼ ↔10〜25cm ↕10〜50cm

ブラジルからコロンビア原産。扇状の叢を形成する。大きな4つの花10cmが植物の基部から不定期に生じる。花は傷つきやすく、例えば開花株を移動させる場合などは、花にしみがつくのを防ぐために、乾燥状態に保つこと。
ゾーン：11〜12

COCHLOSPERMUM
(コクロスペルムム属)

15種の落葉性高木と低木からなるベニノキ科の属。南北アメリカ、アフリカ、アジア、オーストラリア北部の乾燥した熱帯原産だが、ほかの熱帯地方にも広く持ち込まれている。一部の種は、実質的な塊根を持ち、干ばつに耐える。掌状または分裂した葉。総状花序または円錐花序をなす華やかな花が、乾燥期の終わりに葉に先んじて生じる。果実は3〜5室に裂けるさく果で、中にはそれぞれ長い絹毛で覆われた綿状の種子がある。

〈栽培〉
軽い〜中程度の重さの土壌で、開けた日当たりのよい場所を好む。剪定して樹形を維持する。種子または塊茎を分けて繁殖。

Cochlospermum fraseri
一般名：カポックブッシュ
英　名：WESTERN KAPOK BUSH, YELLOW KAPOK

☀ ☽ ↔3m ↕4.5m

オーストラリア北部の熱帯原産。不規則にはびこる低木。美しい黄色い花は直径約8cm。欠刻した大きな葉は幅約12cm。果実は卵形のさく果で、白いふわふわした種を放出する。塊根は食用。
ゾーン：10〜12

COCOS
(ココヤシ属)

わずか1種からなるヤシ科の属で、世界中の熱帯の海岸地方に自生する。条件がよければ高さ30mまで育つ。羽状複葉が樹冠をなす。葉腋から円錐花序をなす、3枚花弁の花は、熱帯でのみ見られ、その後生じるココナツは、分厚い繊維質の殻皮に包まれる。幹と葉は建材と織物に、繊維はマット、ロープ、土のない堆肥に、果肉は食用と飲用に、内乳は化粧品に、油はマーガリンと石鹸にというように、熱帯の島々ではこの植物のすべての部分が使われる。残りは家畜のえさにされる。

〈栽培〉
熱帯でのみ戸外で栽培可能。亜熱帯条件では結実しない。沿岸の低地や海辺で最もよく育つ。成長期に適度な水遣りと施肥をすれば元気に育つ。日向の、湿った水はけのよい、腐植豊かな土壌で栽培する。コンテナ栽培では、きめの粗い混合土に、粗い砂を加えたものを用意する。

Cocos nucifera
一般名：ココヤシ、ホンヤシ
英　名：COCONUT PALM

☀ ┼ ↔3〜6m ↕30m

大きなヤシで、単幹は基部が膨れ、しばしば卓越風によって傾斜している。鮮やかな緑色の羽状複葉は、長さ約6m。香り高い黄色い花。分厚い殻皮に覆われた果実は、最初緑色だが、熟すにつれて黄色からオレンジレッドになる。'マレー　ドワーフ'★は、大きな金黄色の果実が大量に収穫できることから、広く栽培される種である。'ニーノ'は、矮小栽培品種で、高さ3mになる。'パナマ　トール'は、堂々とした背の高い栽培品種。
ゾーン：12

CODIAEUM
(クロトンノキ属)

熱帯アジアと太平洋地域西部原産の、6種の常緑多年生植物、低木、そして小型高木からなるトウダイグサ科の属。目立つ革質の葉はしばしば斑入りまたは模様があり、装飾的魅力がある。春、普通黄色の、小さな星形の花が、葉腋に総状花序をなす。屋内植物に最適。降霜の多い地方では、無暖房の温室またはコンサバトリーで栽培する。亜熱帯と熱帯では、ボーダー花壇、また標本植物にも適する。

〈栽培〉
肥沃な、水はけのよい、湿った土壌が最適であり、成長期には定期的に施肥や霧吹きをする。熱帯地方では日陰で栽培する。冷涼地域で、カバーの下で育つ場合には、最大限の日光を必要とするが、ガラス越しの直射日光では葉焼けを起こす場合がある。繁殖は春に高取り法で、または夏に緑枝挿しで行う。手を触れると、接触性皮膚炎を起こす場合がある。

Codiaeum variegatum
一般名：ヘンヨウボク(変葉木)、クロトン
英　名：CROTON

☽/☀ ┼ ↔0.6〜1.2m ↕0.9〜1.8m

熱帯アジア原産。無数の栽培品種を持つ小高木で、葉の色と模様が非常に多様。縁は全縁、欠刻、またはらせん状にねじれ、かたちは、線形、卵形や、中央脈まで切れ込んだものがあり、色は、緑色の上に白、赤、黄色の模様が見られる。'エレイン'は、直立した硬い葉。'グルソニイ'は、緑がかった黄色の幅狭の葉で、縁が赤色を帯びる。'ペトラ'★は、葉色が黄、緑、そしてオレンジとさまざま。'フィリップ　ゲジュルディッグ'の葉は、豊かなオレンジ色から紫色に変わる。脈はピンク色。'エヴェリン　チルコット'と'レディー　バルフォー'も、人気がある。
ゾーン：11〜12

Cocos nucifera 'Panama Tall'

Cocos nucifera、オーストラリア、ダンク・アイランド

Cocos nucifera 'Malay Dwarf'

Coelogyne Burfordiense

Coelogyne flaccida 'Dark'

Coelogyne Memoria W. Micholitz

CODONOPSIS
（ツルニンジン属）
英　名：BENNET BELLFLOWER

約30種の多年生草からなるキキョウ科の属で、建造物をよじ登るが、周辺の草木の中で不規則に広がることを好む。しばしばねじれる針金状の茎と、軽い質感の、様々な形をした単葉を持つ。花は点頭する鐘形花で、萼片が目立つ。花は比較的大きいが、たいてい薄い青緑色で、葉の色に溶け込むため、あまり目立たない。華やかさはないが興味深い植物で、花を上向きに返してみると、鮮やかな色の蜜腺と脈が走っているのが見える。

〈栽培〉
ほとんどが耐霜性にすぐれ、適度な夏の降雨のある温帯気候で容易に栽培できる。木漏れ日と、軽く冷たい、湿った、腐植豊かな、水はけのよい土壌の、森林条件を好む。だらしない姿にならないよう、干からびてもつれた葉や茎は取り除くこと。休眠期の株分け、または種子で繁殖。

Codonopsis clematidea
一般名：クライミングベルフラワー
☀ ❄ ↔ 50〜150cm ↕ 80cm
アジア中部原産の多年生植物。幼時は直立性で、後に不規則に広がる。やや綿毛のある、長さ約25mmの葉は、青緑色を帯びる。夏、極めて薄い青色の鐘形で、内側にオレンジと黒の斑紋がある花が咲く。
ゾーン：4〜9

COELOGYNE
（セロジネ属）

アジア原産の複茎性ラン（ラン科）の大属。木質の根茎でつながった、離れた偽鱗茎を形成する。一部の種は、偽鱗茎の先に1〜3枚の葉をつける。着生および岩生ランからなる華やかな属で、大半は白色または緑色の花を持ち、対照をなす唇弁には、茶色の斑紋が豊富についている。花は、新しい成長部分、または前年の偽鱗茎の基部の特定の場所から出る。一部の種は好ましい芳香がある。

〈栽培〉
概して山間部原産の植物であり、属の80%は冷涼〜中温での栽培に適する。とはいえ、モンスーン気候の熱帯低地原産の種もある。条件さえ合えば栽培は簡単で、速やかに成長する。絶えず株分けされるのを好み、成熟した大きな株は花を非常に豊富につける。大半の種は、バークベースの培養土を使って鉢植えで栽培可能だが、下垂した穂状花序をつける種や、長い根茎を伸ばして繁茂する種は、バスケットでの栽培が最適。湿気のある状態を好み、1年を通じて定期的に灌水する。

Coelogyne 'Burfordiense'
一般名：セロジネ 'ブルフォルディエンゼ'
☀ ❄ ↔ 20〜80cm ↕ 25〜90cm
熱帯種である *C. asperata* と *C. pandurata* の、人きく育つ交雑種で、しばしば後者と混同される。10cmと大きな緑色の花は、黒色に近い唇弁を持つ。春または夏、アーチを描く長い花序に、約12個の花つく。ゾーン：11〜12

Coelogyne corymbosa
一般名：セロジネ・コリンボサ
☀ ❄ ↔ 10〜20cm ↕ 12〜25cm
ヒマラヤ山脈原産。白い花。繁茂するには夏の夜の冷涼な気温が必要。ミズゴケの小さな鉢での栽培が最適。
ゾーン：11〜12

Coelogyne flaccida
一般名：セロジネ・フラッキダ
☀ ❄ ↔ 10〜70cm ↕ 12〜38cm
ネパール〜中国原産。冷涼条件で育つ、芳香性の、多様な種で、早春に花が咲く。ほとんどのクローンは、下垂した穂状花序に、14個以下のクリーム色〜明るいブロンズ色の花をつける。開花の信頼度が高く、また成長も早い。'ダーク' は、人気のある栽培品種。
ゾーン：9〜11

Coelogyne 'Memoria W Micholitz'
一般名：セロジネ 'メモリア W ミコリッツ'
☀ ❄ ↔ 20〜50cm ↕ 20〜70cm
C. lawrenceana と、白い大きな花をつける *C. mooreana* の一代交雑種で、寒冷条件で育つ。花は1年を通じて様々な時に咲くが、主に夏咲き。
ゾーン：10〜11

Coelogyne pandurata
一般名：ブラック オーキッド
☀ ❄ ↔ 20〜120cm ↕ 20〜60cm
ボルネオ、フィリピン諸島、インドネシア原産の、温暖条件で育つたくましい種。大きな緑色の花は、幅約10cmで、ほぼ黒色の唇弁がある。春または夏、アーチを描く長い花序に約12個の花をつける。
ゾーン：11〜12

Codiaeum variegatum 'Grusonii'

Codiaeum variegatum 'Evelyn Chilcot'

Codiaeum variegatum 'Petra'

Codiaeum variegatum 'Elaine'

Codiaeum variegatum 'Philip Geduldig'

COFFEA
（コーヒーノキ属）
英　名：COFFEE

コーヒー豆の源として有名な、熱帯アフリカとアジア原産のアカネ科の属で、約40種の常緑低木と小高木を含む。商業的なコーヒー生産として、最もよく栽培されるのは、C. arabicaであるが、C. canephoraも人気がある。つやのある深緑色の葉の、装飾性の高い植物でもある。芳香性の美しい白い花が葉腋に群生する。花に続いて房をなす、色鮮やかな液果の中に、コーヒー豆がある。

〈栽培〉
よい収穫のためには暖温帯の気候が必要だが、装飾植物として栽培する場合は、降霜のない庭でよい。またコンテナ栽培や屋内鉢植えにも適する。湿った、腐植豊かな、水はけのよい土壌が必要。明るい日陰が最適。商業的作物としての栽培では、数種の害虫や病気被害が問題になるが、園芸ではめったに問題にならない。新鮮な種子で繁殖。

Coffea arabica ★
一般名：コーヒーノキ、アラビアコーヒー
英　名：ARABIAN COFFEE
☼/☀ ↔ 3m ↕ 3m

商業的に広く栽培されている。大低木または小高木。光沢のある美しい深緑色の葉は、波状縁。秋、じょうご形で芳香性の白い小さな花が群生する。円形の液果は12mmで、熟すと、黄色、赤、または紫色になる。
ゾーン：10〜11

Coffea liberica
一般名：リベリアコーヒー
英　名：LIBERIAN COFFEE
☼ ↔ 3〜4.5m ↕ 6〜9m

熱帯アフリカ、リベリア、アイボリーコースト原産。大きな長楕円形の葉は長さ約40cm。卵形の赤い果実は約25mm。商業的に栽培されるが、風味が劣るとされて、評価が低い。
ゾーン：10〜11

Coffea arabica

Coix lacryma-jobi

COIX
（ジュズダマ属）

6種の一年生および多年生植物からなるイネ科の小属で、熱帯アジア原産だが、今では世界中の多くの地方に帰化した。緑色でアーチを描く軟らかな葉は、矮小のトウモロコシに似る。堅くて黒い種子は数珠玉として使われてきた。装飾的価値のある唯一の種は*C. lacryma-jobi*である。

〈栽培〉
多湿〜湿潤な土壌の、日当たりのよい保護された場所に、霜が降りなくなってから植えつける。降霜地方では晩冬に屋内で種子をまき、それ以外の場所では、自家播種の実生で繁殖。

Coix lacryma-jobi
一般名：ジュズダマ
英　名：CHRIST'S TEARS, JOB'S TEARS
☼ ↔ 90〜100cm ↕ 100〜120cm

一年生または短命の多年生で、下垂する茎につく、直径約12mmの真っ黒な種子と、長さ約50cmの、光沢ある鮮やかな緑色の葉を目的に栽培される。
ゾーン：9〜11

COLCHICUM
（コルキクム属）
英　名：AUTUMN CROCUS, MEADOW SAFFRON, NAKED LADIES

約45種の球茎植物からなるイヌサフラン科の属。ヨーロッパ東部から北アフリカと中国東方の原産。真のクロッカスと関連はないが、英名のAUTUMN CROCUSは、多数の種の習性と外観を適切に描写している。この植物は、夏は休眠中で葉がない。6枚の花弁が2輪する花が、初秋、葉に先んじて生じる。八重咲き品種も入手可能。この属種は、細胞分裂に作用する突然変異原である、コルヒチンというガン治療薬の原料として有名。また、新しい栽培品種の開発に利用されることもある。

〈栽培〉
耐寒性、適応性があり、ロックガーデン愛好家からは格別人気がある。四季のある地域でよく育つ。一部の種は、よい花つきのために暑く乾燥した夏を必要とするが、大多数は肥沃で水はけのよい土壌で、日なたか半日陰の条件で問題なく育つ。コンテナでもよく育つ。

Colchicum agrippinum
☼/☀ ❄ ↔ 10〜20cm ↕ 10〜15cm
ギリシアとトルコ南西部原産。おそらくは、*C. variegatum*の自然交雑種。直立した青緑色の葉は、長さ約15cmで、時おり波状縁が見られる。秋、葉に先立って、白い筒部の、白い斑紋のあるパープルピンクの花が生じる。紫色の葯。
ゾーン：5〜9

Colchicum autumnale
一般名：イヌサフラン、オータムクロッカス
☼/☀ ❄ ↔ 15〜40cm ↕ 15〜25cm
晩夏〜秋咲きの種で、ヨーロッパ西部および中部原産。筒部が白い、パープルピンクの長い花は、黄色い葯を持つ。花に遅れて、長さ約35cmの、幅狭〜幅広の披針形の葉が出る。'**アルボプレヌム**'は、白い八重咲きの花。'**アルブム**'は、白い小さな花。'**プレヌム**'は、ラベンダーピンクの八重咲きの花。
ゾーン：5〜9

Colchicum byzantinum
☼/☀ ❄ ↔ 15〜40cm ↕ 15〜30cm
トルコ、シリア、レバノン原産。光沢のある鮮やかな緑色の、ひだのついた葉は、春に生じ、長さ約30cmになる。秋に生じる、落ち着いたラベンダーピンクの花は、白くて長い筒部、薄青色の葯、紫赤色の柱頭を持つ。おそらく自然交雑種。
ゾーン：6〜9

Cochicum cilicicum
☼/☀ ❄ ↔ 15〜40cm ↕ 15〜30cm
トルコ、シリア、レバノン原産。ラベンダーピンク〜紫色の大きな花が、丈夫で長い白い茎につく。黄色い葯。春、長さ約40cmの、鮮やかな緑色の葉が生じる。
ゾーン：6〜9

Colchicum cilicicum

Colchicum parnassicum

☼/☽ ❄ ↔15〜40cm ↕15〜25cm

ギリシア原産。C. autumnaleとほぼ同じだが、より耐寒性が低く、葉がよりアーチを描き、球茎を被う膜組織に細部の違いがある。

ゾーン：8〜10

Colchicum speciosum

コルキクム・スペキオスム

☼/☽ ❄ ↔15〜40cm ↕10〜20cm

トルコ北部の西方からイラン、さらにロシアにかけて見られる。秋には頑丈な茎に、中央が色の薄い、鮮やかなモーブピンクの花が咲く。黄金色の葯。鮮緑色で、長さ約25cm、ややアーチを描く幅広の葉が春に出る。'**アルブム**' は、花喉が緑色をした大きな白い花。

ゾーン：6〜9

Colchicum 'Giant'

一般名：コルキクム'ザ ジャイアント'

☼ ❄ ↔20cm ↕25cm

秋に、白い斑紋のあるライラックピンク色の大きな花が、頑丈な茎につく。C. bivonaeとの交雑種と思われる。

ゾーン：6〜9

Colchicum ★ 'Waterlily'

一般名：コルキクム'ウォーターリリー'

☼ ❄ ↔20cm ↕20cm

大型、ほぼ完全な八重咲きの花で、やや短い茎につく。C. autumnaleの栽培品種との交雑種と思われる。

ゾーン：6〜9

Colchicum parnassicum

Colchicum 'The Giant'

Coleonema album

COLEONEMA

（コレオネマ属）

ミカン科の8種の常緑低木で、南アフリカ原産だが、ほとんどが西ケープ州に集中している。全種がヒースのような小型の葉を細い小枝につけ、小型の星形の花を冬と春、ときに夏にも繰り返し咲かせる。葉はわずかに芳香性。幼形は、花後に定期的に剪定すれば小型の生垣として有用で、徐々に丈を伸ばす。しばしばディオスマ属と記載されるが、近縁ではあっても別属である。

〈栽培〉

日なたの、水はけのよい、砂質土壌を好む。強風は地表の根を吹き飛ばし、全草が倒れる怖れがあるので、強風に当てないようにする。寒冷気候では推奨できない。種子はよく発芽するが、色彩や習性がわからないため、晩夏か秋に取った先端の緑枝挿しのほうがよい。

Coleonema album

異　名：*Diosma alba*
英　名：WHITE BREATH OF HEAVEN、WHITE CONFETTI BUSH

☼ ❋ ↔1.8m ↕1.5m

葉の密生した常緑低木で、樹齢とともに丸いパンのような形になる。葉は非常に小さく、幼葉は鮮緑色、樹齢とともに色濃くなる。葉を傷つけるとよい香りがする。白い花は、単生か小型の群生で、晩冬から早春に咲く。茶色の果実。定期的に剪定する。

ゾーン：9〜10

Coleonema pulchellum 'Pinkie'

Coleonema pulchellum

異　名：*Coleonema pulchrum* of gardens
一般名：コンフェティブッシュ

☼ ❋ ↔90〜120cm ↕60〜150cm

南アフリカ原産。葉つきのよい低木で、細い枝、芳香性の針のような葉をもつ。星形、ピンクの小花が多数、晩冬から春に咲く。矮性品種は以下の通り。'**ピンキー**' はコンパクトで、非常に多花。暗桃色の花は、花弁中央に色の濃い暗桃色の縞がある。'**サンセット　ゴールド**' ★は広く栽培される矮性品種で、薄黄色の葉が、半露出の場所で育った場合、晩夏から秋に濃い黄金色に変わる。その他の矮性品種は次の通り。'**コンパクトゥム**'、'**ナヌム**'、'**ルブルム**'。

ゾーン：9〜11

COLLETIA

（コレティア属）

英　名：ANCHOR PLANT

本属は17種の刺のある低木で、クロウメ

Colchicum speciosum

Colletia paradoxa

Coleonema pulchellum

モドキ科に属する。刺で被われ、太い扁平な枝をもつ。南アフリカ温帯原産である。装飾的な価値があることから栽培され、刺は境界の植栽に役立つ。葉はないか、または非常に小さく短命かのどちらかである。香り高い、鐘形または筒形の小型の花は、通常黄色または白色、単生または群生で、夏から初秋につく。果実は革質の3裂片のさく果。

〈栽培〉

軽〜中程度の、砂質、水はけのよい土壌で、日当たりのよい保護された場所を好む。繁殖は種子、または秋に取った半熟枝挿しで行なう。

Colletia hystrix

異　名：*Colletia armata*

☼ ❄ ↔3〜4.5m ↕3〜4.5m

チリ原産で刺のある大低木。小型の目立たない葉は落葉性で、灰緑色で円形、先端に刺のある茎が光合成のほとんどを担う。香り高い、筒形の白い小型の花は、晩夏から秋につく。

ゾーン：8〜11

Colletia paradoxa

異　名：*Colletia cruciata*
英　名：ANCHOR BUSH

☼ ❄ ↔2.4m ↕1.8m

ウルグアイとブラジル南部原産。成長の遅い落葉性低木。葉の代わりに平らな三角形の刺がびっしりとつく。全体が青色を帯びた緑色に見える。香り高い黄色がかった白色の花が夏から初秋につく。

ゾーン：8〜9

× *Colmanara* Wildcat 'Gemma Webb'

× *Colmanara* Wildcat 'Carmela'

× *Colmanara* Wildcat 'Exile'

COLLINSIA
(コリンシア属)

25種の耐寒性の一年生植物でゴマノハグサ科に属する。北アメリカ西部とメキシコ原産で、湿気を保持する肥沃な土壌の、高木の下や日陰になる斜面に育つ。2枚の唇弁がある筒形の美しい花のために栽培される。花は細い茎に輪生でつく。花色は白、ライラック、ローズ、バイオレット、ブルーの濃淡で、二色のことも多い。開花時は春と夏である。

〈栽培〉
肥沃で湿った、水はけのよい土壌で、日なたまたは半日陰で育つ。温室で鉢植えにしてもよいが、酷暑では日陰に移し、2週間ごとに弱い液体肥料を与える。繁殖は種子から行なう。

Collinsia bicolor
異 名：*Collinsia heterophylla*
英 名：CHINESE HOUSES, INNOCENCE
↔15〜30cm ↕30〜60cm
カリフォルニア州原産。細い植物で、披針形の葉がある。2唇弁の筒形花は、2〜7個が輪生して穂状花序となる。上の唇弁と筒形部分は白色で、下の唇弁はローズパープル。
ゾーン：7〜10

Collinsia parviflora
英 名：BLUE-EYED MARY
↔40cm ↕3〜15cm
ブリティッシュコロンビア州からカリフォルニア州、コロラド州東部、さらにカナダ東部原産。一年生草本で、筒形の青い小型の花には、白い唇弁がある。緑色の葉は鋸歯縁。春の中ごろから真夏に咲く。
ゾーン：10〜12

×COLMANARA
(×コルマナラ属)

ラン科の3属間の交雑種である。豊かな色と印象的な模様のある花が、背の高い花序をなす。同じ交雑種または同じさく果から得られた実生苗にも、広範囲の多様性がある。栽培容易な植物に対する需要が多いため、現代の組織培養技術によって、最も成長力旺盛で傑出した栽培品種が生まれた。

〈栽培〉
根が乾燥するのを好まないので、ミズゴケまたは細かいバークミックスを使って鉢植えにする。寒冷湿潤な生育条件に向き、1年を通して十分な水分と部分日陰を必要とする。

×*Colmanara* Hybrids
一般名：×コルマナラ ハイブリッド
↔20〜30cm ↕20〜75cm
交雑種は黄色〜茶色系から、濃い赤みのえび茶色のクローンまであり、ほとんどが対照色の唇弁をもつ。花弁にはしばしば濃い色の斑点や斑紋がある。Wildcatワイルドキャット'**カーメラ**'は非常に成長力旺盛で、広範囲の色がある。Wildcatワイルドキャット'**エグザイル**'はオレンジ色の花で、えび茶色の夥しい斑紋、唇弁は対照的な白色でえび茶色の模様がある。Wildcatワイルドキャット'**ジェンマ ウェッブ**'は、派手な濃い鮮紅色の変種。
ゾーン：10〜11

COLOBANTHUS
(コロバントゥス属)

15から20種の、ナデシコ科の多年生植物。丈が低く、栽培されることはまれである。南半球の植物で、主にニュージーランドの高山地帯で見られるが、オーストラリアや南アメリカ、また1種は南極大陸にまで及んでいる。多様な種があり、個々に識別するのは非常に難しい。光沢ある葉が束生するものと、いくぶん多肉な小型の細い葉が重なり合った対で分厚いクッション状になるものがある。夏には、花弁のない緑色の小型の花が、葉間や葉の上に点在する。

〈栽培〉
一般に栽培されるのは非常にまれで、高山植物の専門家にのみ向く。無加温の温室で砂の多い混合土で育て、強い日差しからは保護する。繁殖は種子またはオフセットから行なう。

Colobanthus canaliculatus
↔30cm ↕5〜10cm
ニュージーランド南島の高山地帯原産。密集したクッション状の植物で、細かい溝のある葉と、小型の緑色の花をもつ。
ゾーン：7〜9

COLOCASIA
(サトイモ属)
英 名：COCOYAM, DASHEEN, TARO

6種の塊茎多年生植物で、サトイモ科に属する。熱帯アジア原産で、現地では本来の多湿帯に育つ。ほかの熱帯や温帯に広く帰化したものもある。葉は非常に大きく、矢はず形または心臓形、明瞭な葉脈がある。典型的なサトイモの花序は、小型、多肉質の穂状で、白または黄色の仏炎苞に囲まれる。熱帯では*C. esculenta*の根は主要な食物で、様々に調理される。その他の地方では、葉の装飾性があるために栽培される。

〈栽培〉
温暖気候の、肥沃な保湿性のある土壌で、乾季に頻繁に灌水してやれば、よく育つ。作物として栽培するなら、60cm間隔で植え、毎月高カリ肥料を追肥する。塊茎は8カ月後には収穫できる。温帯気候では、フレーム内で高湿にして水をよく与える。

Colocasia esculenta
コロカシア・エスクレンタ
異 名：*Colocasia antiquorum*
英 名：COCOYAM, TARO
↔0.9〜1.8m ↕0.9〜1.8m
熱帯アジア東部原産。熱帯地方では食用作物として広く栽培される。明瞭な脈の走る暗緑色の葉は長さ約60cmで、矢はず形または心臓形をしており、頑丈な茎が下から支える。装飾用として栽培される栽培品種は以下のようなものがある。'**ブラック マジック**'は、紫色を帯びた黒い葉をもつ。'**フォンタネシイ**'は暗紫色の茎と、紫色の脈が走る暗緑色の葉をもつ。
ゾーン：9〜12

*Colobanthus canaliculatus*の自生種、ニュージーランド、南島

Colocasia esculenta 'Fontanesii'

Colubrina arborescens

Colquhounia coccinea var. *vestita*

COLQUHOUNIA
（コルクホウニア属）
シソ科。3～6種の常緑または半常緑の、直立あるいは巻きつき性の低木で、ヒマラヤ山脈東部から中国南西部原産。幼形は各部が綿毛で白く被われる。緋色と黄色の筒形の花が、葉腋または先端の総状花序から出る。

〈栽培〉
堆肥をよく施した、湿った、水はけのよい土壌で、部分日陰の保護された場所を好む。繁殖は夏に取った芽挿しで行い、フレーム内に置いて発根させる。

Colquhounia coccinea ★
☼ ❄ ↔1.8m ↕3m
アジア北部原産。茎は断面が四角形。芳香性の緑色、卵形から槍形の葉は、鋸歯縁で、裏面は灰色を帯びた白色。晩夏から初冬に、長さ約25mm、緋色と黄色の筒形の花が群生する。*C. c.* var. *vestita*は、背が低く、広がる習性で、オレンジと黄色の花が群生する。
ゾーン：8～9

COLUBRINA
（コルブリナ属）
熱帯とその他世界中の温暖原産の31種で、クロウメモドキ科に属する。常緑または落葉性の高木または低木で、ときに刺のある頑丈な小枝をもつ。葉は全縁で、らせん状に並び、しばしば3脈で、小型の托葉がある。目立たない花が散形花序で葉腋から出る。萼片は通常5枚だが、基部で結合して、壺形となり花蜜を含む。花弁も通常5枚だが、非常に小さく目立たず、5本の雄ずいを部分的に囲む。さく果は通常3裂し、各裂に1個含まれる。多くの種が現地では薬草として用いられる。

〈栽培〉
必要条件は熱帯だが、無霜気候で夏が高温多湿なら、簡単に育てられる。広く分布する種は海岸環境に適応し、珊瑚砂に育つ。繁殖は種子から行なう。

Colubrina arborescens
英名：BLACK VELVET、MABIE、SNAKE WOOD
☼ ✈ ↔3～6m ↕3～12m
中央アメリカとカリブ海原産の低木または小高木。若い小枝は錆びた赤色。長さ約12cmの葉は、革質で、裏面は錆びた赤色。緑色の花が夏から秋に咲く。3個の光沢ある黒い種子、小型の黒みを帯びたさく果。薬効のあるスネークバークの材料で、材木にもなる。
ゾーン：11～12

COLUMNEA
（コルムネア属）
イタリア人の植物学者Fabius Columna（1567～1640）にちなんで名づけられた。イワタバコ科の着生植物で、約160種の低木から構成され、新世界の熱帯原産である。ややアーチを描く下垂した茎が、樹冠を形成する。葉は小さく、卵形から披針形で、対生に並ぶ。茎と、筒形花の萼と同様、葉も通常綿毛で被われる。花色は普通、オレンジ色と赤色だが、白、黄色、ピンク、えび茶色の種もある。

〈栽培〉
霜には耐性がないので、亜熱帯以外では室内あるいは温室で育てる。引きずる花茎を美しく見せるように、主にハンギングバスケットで育てられる。必ずしも高温である必要はないが安定した温度が必要で、間接的な日光と寒風から保護する。冬には乾燥させておく。繁殖は半熟枝挿しで行なう。

Columnea ★ 'Early Bird'
一般名：コルムネア アーリー バード
☼ ✈ ↔45cm ↕120cm
栽培が簡単で、確実に花を咲かせる。日照りに強い。鮮やかな黄色い花に橙赤色の縁があり、長さ5～8cm。光沢のある緑色の小型の葉は、先端の色が濃い。
ゾーン：11～12

Columnea gloriosa ★
英名：GOLDFISH PLANT
◐/☼ ✈ ↔45cm ↕30cm
中央アメリカ原産で、茎はアーチを描き、のちに引きずる。葉は有毛、先端が尖って、卵形の、長さ約30mm。花喉の黄色い、長さ約8cm、橙赤色の花が単生で咲く。花の半分は上唇弁に被われる。
ゾーン：11～12

Columnea microphylla
◐/☼ ✈ ↔60cm ↕1.8m
コスタリカ原産。引きずる長い茎。赤い毛の生えた円形の葉は長さ12mm以下で、裏面は赤い。長さ8cmの花が単生で咲き、黄色い斑紋をもつ。大きなフード状の上唇弁。萼はしばしば赤色を帯びて、細かい鋸歯縁。
ゾーン：11～12

Columnea scandens
◐/☼ ✈ ↔60cm ↕30cm
西インド諸島と中央アメリカ原産。滝のように下垂する茎は、ときにアーチを描く。濃緑色の葉には、赤色の細毛が生える。細い花は、単生または対で咲き、細毛があり、長さ約9cm。花色は赤または黄色。
ゾーン：11～12

Columnea microphylla

Columnea scandens

Columnea 'Early Bird'

COLUTEA
(コルテア属)

マメ科ソラマメ亜科。30種余りの落葉低木または小高木で、アフリカとヨーロッパ東部から中央アジア原産。針金のような茎は、ときに刺がある。羽状複葉または3出複葉は、通常、非常に小型の小葉からなる。黄色からオレンジ色の蝶形花がなす総状花序は、春から秋に咲き、非常に美しい。豆果は大きく膨れて風船のようになり、色彩豊か、透明、光沢あり、有毛、多様で、珍しいことから栽培される。子供は、果実を押しつぶして音を楽しむ。

〈栽培〉
大多数は中程度から非常に強い耐寒性を持ち、水はけがよければ広範囲の土壌で育つ。内陸の庭園でも、沿岸部でもよく育つ。優良な花と豆をつけるには日なたに植える。定期的な摘心と間引をすれば、植物をコンパクトに維持することができる。繁殖は種子から行なう、または夏に取った挿し木で行なう。

Colutea arborescens
一般名：ボウコウマメ、ブラダーセンナ
英　名：BLADDER SENNA
☼ ❄ ↔3m ↕4.5m

ヨーロッパ南部原産。長さ15cmの葉は、5～7対の小葉からなる。黄色から橙赤色の小型の花は晩春に咲く。豆果は長さ約8cmで、鮮緑色、のちに赤みを帯び、熟すと透明になる。'ブラタ' はひだになった小型の小葉のある矮性種。'ワリエガタ' はクリーム色の縁の葉をもつ。
ゾーン：5～10

Colutea × media
コルテア × メディア
☼ ❄ ↔3m ↕3m

*C. arborescens*と*C. orientalis*の交雑種。長さ約5～10cmの葉は、灰緑色の小型の小葉6～12枚からなる。花は明赤茶色からオレンジ色。赤色を帯びた長さ約5cmの豆果がなる。'カッパー ビューティー' ★は、橙黄色の花で、赤茶色の豆果。
ゾーン：6～10

COMBRETUM
(コンブレトゥム属)

オーストラリア以外の熱帯に広く分布する。シクンシ科の約250種で、主に常緑の高木と低木だが、落葉性やよじ登り性種もある。通常、単葉が対になり、先鋭の卵形から披針形。落葉性種は南アフリカ原産で、秋には鮮やかな葉をつける。花は小さく、花弁が無いこともあるが、鮮やかな色彩の、総状花序または円錐花序で、茎頂と葉腋から出る。花に続いて、4～5の翼のある豆果がなり、宿存する。

〈栽培〉
本来は雨季のある熱帯の植物で、大多数は絶えず温暖な気候を好む。しかし、南アフリカ種のなかには、冬に土壌が乾燥していれば軽い霜にも耐えるものがある。土壌タイプはそれほど重要ではないが、水はけがよいことは必須である。日なたに植え、繁殖は種子または、半熟枝挿しで行なう。

Combretum aubletii
英　名：MONKEY'S BRUSH
☼ ⚘ ↔4.5～5m ↕6～10m

ブラジルの小～中高木で、長さ約10cm、革質、先端の尖った楕円形の葉をもつ。片面だけのボトルブラシのような赤い花序がつく。濃いピンク色を帯びた赤色の蕾から開き、樹齢とともに黄金色になり、非常に長い花糸がある。卵形で、4個の翼のある金色の果実が続いてなる。
ゾーン：11～12

Combretum bractoesum
英　名：HICCUP NUT
☼ ⚘ ↔2m ↕3.5m

南アフリカ原産の常緑植物。低木、よじ登り植物、また垣根仕立てとして栽培する。卵形、鈍い緑色で、ときに赤色を帯びた葉は、裏面が薄い色。橙赤色の花序が多数夏につく。滑らかな円形の果実は、地元ではしゃっくりを治すのに用いられる。
ゾーン：9～11

Combretum kraussii
☼ ⚘ ↔4.5m ↕12m

南アフリカ東部諸州に原生する落葉性高木。葉は楕円形で、光沢ある暗緑色で、裏面は銀色を帯びた白色。新葉は、春は緑白色、秋までには緑赤色になる。乳白色の花は、新葉とともに晩冬から晩春につく。果実は4つの翼がある。
ゾーン：9～11

COMMELINA
(ツユクサ属)
英　名：DAY FLOWER, WIDOW'S TEARS

ツユクサ科。主に多年生の草本50～100種で、主に熱帯と亜熱帯原産。塊根のことが多く、茎は通常細く不規則に広がり、節から発根する。花は仏炎苞のような折り畳まれた苞に包まれる。よく栽培される種は青い花だが、その他にも白、黄色、ローズ、ライラックなどがある。

Commelina tuberosa, Coelestis Group

〈栽培〉
日なたで、水はけがよければどんな土壌でも育つ。寒冷気候では塊根種は秋に掘り起こす。繁殖は種子または挿し木で行なう。

Commelina tuberosa
コンメリナ・トゥベロサ
☼/◐ ⚘ ↔45～75cm ↕30～90cm

変異の多い多年生植物で塊根を持ち、メキシコ南部からペルーの山間部に自生する。典型品種は、横に広がり、盛り上がる。鮮やかな青い花は春から秋に持続的に咲く。**Coelestis Group** (コエレスティス　グループ) (syn. *Commelina coelestis*)は、より大きな花をもつ、より直立した背の高い品種からなる。
ゾーン：9～12

COMMERSONIA
(コンメルソニア属)

アオギリ科で、南東アジアからオーストラリア、ニューカレドニアにかけてに原生する14種。うち12種はオーストラリアの固有種。東部原産種は背の高い低木または高木であるのに対し、西部原産種はより小型の低木である。葉は単葉で、有毛、鋸歯縁、または欠刻がある。花序は複数の小型の花が集まり、葉腋または先端つく。萼は大きく、目立つ。果実はさく果で、剛毛をもつことが多い。

〈栽培〉
繁殖は種子から、または挿し木からで、水はけのよい土壌の日当たりのよい場所で容易に育つ。

Combretum aubletii

Combretum bracteosum

Combretum kraussii

Colutea arborescens

Colutea × media 'Copper Beauty'

Commiphora woodii

Commersonia fraseri
英 名：BLACKFELLOWS HEMP、BRUSH KURRAJONG

☼/☀ ↔1.5m ↕3.5m

オーストラリアのクイーンズランド州南東部からヴィクトリア州東部にかけて自生する背の高い低木。葉は卵形から披針形で、鋸歯縁があり、鈍い緑色で、裏面は白みがかる。白い花は春から真夏に咲く。剛毛のあるさく果。湿潤な条件を好む。栽培されることはあまりない。
ゾーン：9〜11

COMMIDENDRUM
（コンミデンドルム属）

4種（1種はすでに絶滅）の、大西洋南部のセントヘレナ島に固有のキク科植物である。小高木または低木。葉は倒卵形で、全縁または鋸歯縁、枝先端に束になる。花序は単生または散房花序で、舌状花、筒形花からなる。果実はやや扁平で、うねがあり、剛毛が列になる。森林開拓やヤギの飼育のため、全種において数が激減している。

〈栽培〉
セントヘレナでは野原の草本を殖やすために、実生苗が大量に栽培されるが、それ以外の場所で栽培されるのは極めてまれである。装飾的な植物で、温暖多湿であれば、自生地以外でも栽培できる。繁殖は種子から行なう。

Commidendrum rugosum
英 名：SCRUBWOOD

☼ ↔1.5m ↕0.9m

円蓋状の低木で、燭台のような形の枝をもつ。葉は長さ約5cmで、表面は粘着性、裏面は有毛で、鋸歯縁。花序は通常単生で、小枝の先端に咲く。舌状花は白から紫色を帯びる。筒形花は黄緑色。塩分を含んだやせた土壌でも育てることができる。
ゾーン：9〜11

COMMIPHORA
（コンミフォラ属）

主に精油と薬草で有名な本属は、カンラン科の低木と小高木で、アフリカ、中東、およびアジア西部で見られる。ギレアドバルサムノキやミルラという名前に加え、ブデリウムとしておそらく最もよく知られ、数種から取られる樹脂を目的に香水産業で広く栽培される。高木は主に小型の3出複葉、雌雄異花の小型の花をもつ。

〈栽培〉
大多数は栽培しても収穫が多くないので、精油は高価になりがちである。乾燥した無霜気候で、季節的な降雨を好む。水はけのよい軽い土壌の、日なたに植える。繁殖はあらかじめ水に浸けておいた種子から、または挿し木。

Commiphora wildii
英 名：OAK-LEAFED CORKWOOD

☼ ↔5m ↕2.4m

ナミビア原産。広がる低木で、茎が込み入る。銀灰色の樹皮は部分的に剥がれて、輝きを放ち、滑らかな緑茶色の茎が現われる。葉は薄い黄緑色で、オークの葉に似ており、1〜4枚の小葉からなる。花序は単一または集合。単性で鐘形、緑色を帯びた黄色の小型の花。豆果は卵形で、オレンジから黄色。
ゾーン：9〜11

Commiphora woodii
英 名：BOSKANNIEDOOD、FOREST COMMIPHORA

☀ ↔6〜12m ↕9〜15m

アフリカ南東部の森林で見られる。中高木で、緑色を帯びた灰色の樹皮をもつ。羽状複葉には、7〜9枚の、革質で、卵形の大きな小葉からなる。薄黄緑色の小型の花は密集したスプレー状につき、晩春から夏に咲く。卵形の赤い果実。
ゾーン：10〜11

*Commiphora wildii*の自生種、ナミビア、ダマラランド、スピッツカビ

COMPTONELLA
（コンプトネラ属）

ミカン科の8種の常緑低木と小高木で、ニューカレドニアの固有種である。湿潤で保護された多雨林、または成長の遅い雲霧林で育つ。葉は対生で、それぞれに滑らかな縁の小葉が3枚ある。花は小さく、4枚の白い花弁と4本の長い雄ずいがある。密集した短い円錐花序となって、下部の葉腋から出る。

〈栽培〉
栽培方法は知られておらず、栽培には適さないと思われる。挿し木による繁殖が、実生よりも成功の可能性が高いと思われる。

Commersonia fraseri

Commidendrum rugosum

Comptonella oreophila

Comptonia peregrina

Comptonella oreophila
☼/☀ ❄ ↔0.9m ↕1.8m

直立した低木で、頑丈な木質の茎、長さ約5cmの光沢ある卵形の小葉からなる葉をもつ。白い花は長さ6mm以下で、秋から冬に咲く。高い山の斜面や岩間に咲く。
ゾーン：10～11

COMPTONIA
(コンプトニア属)

北アメリカ東部原産で、カナダ、ノヴァスコシア州からアメリカ合衆国ジョージア州で見られる。ヤマモモ科の本属は、唯一の種からなる。吸枝を出す落葉性小低木で、多分枝の茂みになる。芳香のある葉は、複葉ではなく欠刻だが、ややシダに似るため、英名ではsweet fernと呼ばれる。春と初夏に花を咲かせ、雄性花と雌性花を別個の尾状花序につける。尾状花序は赤茶色の明暗で、若い葉は綿毛で被われる。

〈栽培〉
野原や森林の自生種であり、湿潤で、水はけのよい、腐植質の多いやや酸性の土壌で、日なたまたは部分日陰を好む。樹齢を重ねると木質が細くなることがたまにあるが、新しいシュートを刺激して、植物の勢力を維持するためである。繁殖は種子、取り木、または根付いた吸枝からでもよい。

Comptonia peregrina ★
英　名：SWEET FERN
☼/☀ ❄ ↔2.4m ↕1.5m

葉は長さ約5～10cmで、細く、ほぼ中央脈まで深く欠刻している。尾状花序は晩春に咲く。雄性の尾状花序は雌性よりやや長い。雌性の尾状花序はより長く残り、種子が熟すにつれて大きくなる。
ゾーン：4～9

CONGEA
(コンゲア属)

南東アジア原産の7種からなるクマツヅラ科の属である。よじ登り性の低木で、ほかの低木や小高木の上に枝を多く出すことが多い。全縁の単葉が対生につく。花は通常、小型の集散花序が集まった円錐花序で茎頂につき、各集散花序は3枚の目立つ苞で取り囲まれ、非常に装飾的である。革質の果実には種子を1個含む。

〈栽培〉
日なたで育ち、支柱と広い空間を必要とする。温帯では大きな鉢に植えて、フレーム内で管理する。または温室のボーダーで育てることもできる。腐葉土を追加した肥沃なローム土壌を用いる。繁殖は実生が最適であるが、緑枝挿し、または半熟枝挿しでもできる。

Congea tomentosa
一般名：シャワーオーキッド
英　名：SHOWER ORCHID
☼ ✈ ↔6～12m ↕3～9m

タイとビルマの原産。大低木で、よじ登り性の長い枝を持ち、フェンスや高木の上に大きく密集する。葉は長さ約20cmで、通常は裏面が有毛。白い小型の花の花序は、表面が綿毛のある白からピンク、モーブ色、長さ約25mmの苞で囲まれる。
ゾーン：11～12

CONOCLINIUM
(コノクリニウム属)
英　名：MISTFLOWER

キク科の塊根多年生植物3種で、アメリカ合衆国東部、カリブ海、メキシコで見られる。丈の低い這い性から株立ちのものまである。かなり大きな葉は、通常、卵形で、綿毛が生えることがある。花序には舌状花がなく、長細い筒形花が、ふわふわしたアゲラツム属のような花序を形作る。薄青色、すみれ色、または白色が普通である。かすんだような趣からmistflowerと呼ばれる。成長期の大半は、低く広がる葉でマウンドを形成するが、晩夏から直立した花茎を出し、最初の降霜前の剪定までに花を咲かせる。蝶をひきつける。

〈栽培〉
種によって耐霜性は違うが、日なたまたは部分日陰の、湿潤で水はけのよい腐植質の多い土壌であればたやすく栽培できる。旱魃に耐えるが花はよくない。繁殖は休眠期の株分けで行なう。種子はよく発芽する。

Conoclinium greggii
英　名：THOROUGHWORT
☼/☀ ❄ ↔90cm ↕60cm

アリゾナ、ニューメキシコ、テキサス、メキシコ北部で見られる。楕円形の葉は綿毛のあることがあり、粗い感触で、脈が走り、長さ約8cmである。花は糸状、粉をふいたようなモーブブルーで、晩夏に咲く。
ゾーン：7～10

CONOPHYTUM
(コノフィトゥム属)

ハマミズナ科の約86種で、茎のない小型の塊状の多肉植物である。新芽は2枚の葉となり、1個の円筒形胴体部に融合する。胴体部は扁平で、刻み目がついているか、または先端で2つに分かれ、欠刻の間には小型の開口部がある。種によっては、緑色の「窓」または透明の点があり、内部にある緑色の光合成組織に光を通過させるという点で、近縁のリトプス属とよく似る。前シーズン中に1対の新葉ができると、古い葉は萎れて、乾燥期に新葉を保護する殻になる。花は、昼開性、夜開性があり、中央の割れ目から出る。花弁は白、黄色、紫または二色である。

〈栽培〉
日なたで、通年低い湿度が必要である。砂質あるいは砂利質のコンポストの鉢植えで、温暖地帯では土壌の湿気を抑える。晩春から真夏までの、新葉が古い葉鞘のなかで形成される時期は水分を控える。繁殖は種子、または少量の茎をつけた対の葉の挿し木で、根付くまでは乾燥させておく。

Conophytum bilobum
一般名：少将
☼/☀ ❄ ↔15～30cm ↕10～15cm

南アフリカ共和国西ケープ州原産。くさび形で、明緑色の、栄養機能をもつ胴体部は、しばしば縁が赤みを帯びており、ビロードのような質感のことがある。豊富に花を咲かせることが多い。花は黄色から金色、先端が赤みを帯びることもある。
ゾーン：9～10

Conophytum pillansii
一般名：翠光玉
☼ ❄ ↔10～20cm ↕5～10cm

南アフリカ共和国西ケープ州原産。頂部の平らな球状の各胴体部は完全に融合されるか、またははっきりと分割される。ビロードのような質感、明緑色から赤に近い色で、茶色の斑点がある。紫赤色の花。
ゾーン：9～11

Conophytum quaesitum
☼/☀ ❄ ↔15～20cm ↕5～10cm

ナミビアからナマクアランド原産。円形から円筒形で、普通2欠刻の平たい胴体部には竜骨弁がある。胴体部の色は、灰緑色からイエローグリーンで、ときに赤みを帯びており、および(または)オリーブ色または茶色の斑点があるか、雑色になる。白色からクリーム色、ピンク色の花が咲く。
ゾーン：10～11

Conophytum pillansii

Conophytum bilobum

Conophytum quaesitum

Conostylis aculeata

Conradina verticillata

CONOSPERMUM
(コノスペルムム属)

ヤマモガシ科。オーストラリア原産の30種で、大多数は西オーストラリア州の自生種だが、東部の州にも数種が見られる。水はけのよい砂質の土壌で、沼沢地の縁に生えることもあるが、通常は同じ高さの植物の間に生えて、多量の日光を受けられるようにしている。大多数は花を大きく群生させ、煙のように見えることから、英名ではsmoke bushと呼ばれる。花は長くもち、装飾に有用である。

〈栽培〉
コノスペルムムは半乾燥地域には理想的であるが、暑い湿潤気候には向かない。多数は耐霜性がある。花後の軽い剪定で、株立ちにできる。実生繁殖は困難で、成長力旺盛なシュートの挿し木がより確実な方法である。

Conospermum burgessiorum
☀ ❄ ↔3m ↕3.5m
オーストラリアのクイーンズランド州とニューサウスウェールズ州原産。葉は狭長から細い卵形。若い枝は最初毛が生えるが、やがてなくなる。花は鐘形で、クリーム色から白色、各枝の先端に群生する。
ゾーン：8〜11

Conospermum stoechadis
一般名：スモークブッシュ
英 名：SMOKE BUSH
☀/◐ ↔0.6m ↕0.9m
西オーストラリア州原産。小低木で、直立した枝。葉は長さ約15cmで、先端が長くて鋭い。新葉は最初絹毛が密集しているが、やがてなくなる。花は密集した綿毛があり、白から灰色、上部の葉腋から出る。水はけのよい土壌を必要とする。長期の乾燥に耐える。
ゾーン：9〜11

Conospermum teretifolium
英 名：SPIDER SMOKEBUSH
☀/◐ ☽ ↔0.6m ↕0.9m
西オーストラリア州原産。毛のない枝。長さ約30cmのイグサのような葉。花は白からクリーム色で、筒形、長い裂片があり、密集した円錐花序で先端につく。非常に水はけのよい土壌を必要とする。
ゾーン：9〜11

CONOSTYLIS
(コノスティリス属)

45種の群生する多年生草本で、ハエモドルム科に属する。オーストラリア南西部の一角に生育し、様々な成長習性が見られる。個々の植物のように見えて、地下の多肉質の茎で繋がっている場合もあれば、互いに別個の株の場合もある。茎は長短があり、分岐するもの、しないもの、地際につくもの、地面より高くなるものなどがある。葉は平らまたは円形で、一般にイネに似る。毛がある場合とない場合があり、色は緑色、灰緑色、または白みがかる。筒形の鐘形花は頭状で茎頂につくが、様々な色がある。果実は3室で、多数の小型の種子が含まれる。

〈栽培〉
数種が栽培されるが、本属はアニゴザントゥス属ほどには人気がなく、品種改良家の興味を引かない。繁殖は種子か、株分けで行なう。

Conostylis aculeata ★
異 名：*Conostylis bracteata*,
C. bromelioides, *C. preissii*
英 名：PRICKLY CONOSTYLIS
☀ ☽ ↔0.9m ↕50cm
変異の多い種で、オーストラリア南西部原産。葉は扁平で、緑色から青みがかった緑色、長さ約10〜60cmで、縁は剛毛。花序は3〜45cmの長さで、黄色い花長さ約6〜12mmがあり、春から夏に咲く。
ゾーン：9〜10

Conostylis candicans
異 名：*Conostylis dealbata*, *C. propinqua*
英 名：GRAY COTTONHEADS
☀ ☽ ↔30〜50cm ↕30〜50cm

茎は束生または匍匐性。葉は長さ約40cmで、灰色がかったフェルト状の毛で被われることから、英名がついた。花は長さ6〜12mmの黄金色で春に咲く。
ゾーン：9〜10

CONRADINA
(コンラディナ属)

7種の低く育つ低木の属で、シソ科に属する。アメリカ合衆国南東部の、砂質土壌に自生する。狭長の葉は対生で密集する。2唇弁の筒形の花は、紫の濃淡で、茎に沿ってつく。

〈栽培〉
温暖地方では日なたの水はけのよい土壌で育つ。冷涼地方では温室またはコンサバトリーで直射日光に当てて育てる。繁殖は種子または挿し木で行なう。

Conradina verticillata
英 名：CUMBERLAND FALSE ROSEMARY
☀ ❄ ↔45〜60cm ↕15〜38cm
ケンタッキー州とテネシー州原産。低く広がる低木で、枝は地面にそって根付く。芳香性で針のような軟らかな葉。筒形の花は長さ約12mmで、ラベンダー色。下の唇弁に紫色の斑点がある。
ゾーン：7〜10

CONSOLIDA
(ヒエンソウ属)
英 名：LARKSPUR

ユーラシア原産で、キンポウゲ科の約40種からなる。一年生の近縁属、デルフィニウムと非常に似ており、かつては同属であった。高さ45〜90cmに育ち、羽のような細かい葉をもつ。高さの半分ほどは、直立、ときには枝分かれした、5弁花の花序が占める。花色の多い最新の実生苗系統は、大多数が*C. ambigua*に由来するが、他種の種子も販売されている。庭園植栽としても美しいが、切花としても素晴らしい。傷の治療に薬草として用いられ、属名も、「完全にする」という意味のラテン語の*consolidare*から来ている。葉の樹液は強壮剤として利用されるが、植物の各部、とくに種子は有毒である。

〈栽培〉
肥沃な水はけのよい土壌で、日なたに植える。ほとんどの条件のもとで育ち、しばしば自家播種するが、野生ではあまり育たない。支柱を必要とする場合がある。種子から育てる。

Conospermum burgessiorum

スモークブッシュ、西オーストラリア州

*Conospermum teretifolium*の自生種、西オーストラリア州、オールバニー

Consolida ajacis

異　名：*Consolida ambigua*、*Delphinium ajacis*
英　名：LARKSPUR

☼/◐ ‡ ↔15〜30cm ↕80〜100cm

地中海原産。レース状に細かく切れた葉が基部に群生する。針金状の直立する茎は、距のある多数の花序を支える。花はブルー、ピンク、または明暗の白色。園芸品種は色の範囲が広く、八重咲きも含む。**Giant Imperial Series**（ジャイアント　インペリアル　シリーズ）は以下の通り。'**ジャイアント　インペリアル　ブルー　スパイア**'、'**ジャイアント　インペリアル　ピンク　パーフェクション**'、および'**ジャイアント　インペリアル　ホワイト　キング**' は八重咲きで、同色の濃淡で、長い穂状花序につき、開花時は長く、枯れても色が残る。**Dwarf HyacinthGroup**（ドワーフ　ヒヤシンス　シリーズ）は短く、ひきしまった穂状花序。

ゾーン：9〜11

Consolida regalis

一般名：ルリヒエンソウ

☼/◐ ‡ ↔20〜30cm ↕50cm

ヨーロッパとコーカサス地方の原産。茎は分岐する。葉は細かく切れ込み、有毛。花はブルー、ピンク、または白色。花は青色、葉は緑色の染料を作るのに使われる。**Cloud Series**（クラウド　シリーズ）の '**スノー　クラウド**' は白い花で、頑丈な花茎が分岐する。

ゾーン：9〜11

CONVALLARIA

（スズラン属）
英　名：LILY-OF-THE-VALLEY

スズランは遅くとも紀元前1,000年から栽培されてきたが、その独特で強い芳香と、栽培の容易さと思うと、驚くには足らない。スズラン科の基準属であり、唯一の種は、低く広がる多年草で、北半球の多くの地帯で見られる。成長力旺盛な根茎は広い地域にコロニーを作り、春には鮮緑色の披針形の葉と花柄の短い白い鐘形の花（薄桃色の花をもつ品種も可能）をつけ、やがて結実して赤い液果になる。17世紀の植物学者は、スズランが強心に効くと勧めているが、事実、グリコシド化合物を含み、現代でも心臓の治療に使われる。

〈栽培〉

ときおり日の射す日陰の、水はけのよい、湿った深い土壌に植える。寒冷気候では適当な休眠状態を必要とする。ピップとして知られる根茎は、ゆるんだ土壌ではやや侵略的になる。繁殖は株分けで行なう。

Convallaria majalis

一般名：ドイツスズラン

☼/◐ ❄ ↔30〜100cm ↕10〜20cm

春から初夏に開く、芳香性の蝋質の花。*C. m.* var. *rosea* は薄桃色の小型の花で、白花品種ほど成長力はない。*C.m.* の栽培品種で斑入り葉は、次の通りである。'**アルボストリアタ**' は白からクリーム色の縦縞が濃い色の葉にある。'**アウレオワリエガタ**'（syn.'ストリアタ'）は、金色の縞。'**アウレオマルギナタ**' は、クリーム色から黄色の縁をした葉。'**ハードウィック　ホール**' は、幅広の葉に薄い色の縁がある。'**プロリフィカンス**' は一般的な花形。

ゾーン：3〜9

CONVOLVULUS

（セイヨウヒルガオ属）

ヒルガオ科の属で、約100種のつる性よじ登り植物、茎の軟らかい低木、および多年草で、温帯の多くに自生する。フレアのように広く開いたじょうご形の花は、長期間、継続的に咲く。葉は薄く、主に狭長。低木種は定期的に剪定して、密集して成長するように刺激する。

〈栽培〉

大多数は耐霜性があり、広範囲の土壌と条件に適応するが、どれも日当たりのよい場所を好む。挿し木で簡単に繁殖する。

Convolvulus althaeoides

☼ ❄ ↔0.9〜1.5m ↕0.9〜1.5m

多年生の匍匐性または低いよじ登り性で、ヨーロッパ南部原産。灰緑色の心臓形から矢じり形の葉には、しばしば欠刻がある。夏に幅約35mm、じょうご形のピンクから赤紫色の花1〜5個からなる花序がつく。*C. a.* subsp. *tenuissimus* は銀色の細毛で被われ、細く欠刻した葉をもち、通常は単生で花をつける。

ゾーン：8〜10

Convolvulus cneorum

英　名：SILVERBUSH

☼ ❄ ↔0.6m ↕0.6m

地中海沿岸地方原産。丸いパンの形をした低木で、弱い茎が密生する。銀色、細く薄い、絹毛の密生した葉。白から薄桃色の花には、濃いピンク色の縞があり、フレアになったじょうご形、春から夏に咲く。水はけがよく、風通しのよい場所を必要とする。沿岸の庭園に向き、夏の乾燥に耐える。

ゾーン：8〜10

Consolida ajacis 'Giant Imperial Blue Spire'

C. ajacis 'Giant Imperial Pink Perfection'

C. ajacis 'Giant Imperial White King'

Convallaria majalis

Convallaria majalis 'Hardwick Hall'

Convallaria majalis var. *rosea*

Convallaria majalis 'Prolificans'

Convolvulus cneorum

Convolvulus althaeoides

Convolvulus lineatus

☼/◐ ❄ ↔50〜100cm ↕5〜25cm

横に広がる、ときにマウンド状になる多年生植物で、フランスからロシア南部とギリシアの原産。茎と細い楕円形の葉は、細かい絹毛に被われる。淡桃色の花は腋生で、夏に単生または小さく群生する。
ゾーン：7〜9

Convolvulus sabatius ★

異　名：*Convolvulus mauritanicus*

☼/◐ ❄ ↔60〜150cm ↕20〜30cm

低く広がる多年草または亜低木で、イタリアから北アフリカ原産。引きずる茎は、細毛があり、灰緑色。卵形の葉は長さ約35mm。1〜3個の花が葉腋から出る。花色は薄いモーブから紫色で、ピンクのこともあり、幅約25mm。
ゾーン：8〜10

Convolvulus tricolor

一般名：サンシキヒルガオ

☼/◐ ❄ ↔30〜80cm ↕50〜100cm

ヨーロッパ南部と北アフリカの各地で見られる。一年生または短命の多年生低木または小型のよじ登り植物。先鋭の卵形の小葉をもつ。花は幅約5cmで、葉腋からの単生である。花色は青色の濃淡だが、花喉が黄色のことが多い。**Ensign Series**（エンサイン　シリーズ）は鮮やかな色の花で、花色と対照的な

Convolvulus sabatius

色の模様がある。例えば、'ブルー　エンサイン'は濃い青色の花で、白い縁と、黄色い花喉をもつ。
ゾーン：8〜10

COPERNICIA
（ロウヤシ属）

英　名：CARANDA PALM、WAX PALM

西インド諸島と南アメリカの、熱帯と亜熱帯に原生し、ヤシ科に属する24または25種。単生または群生で、矮性種から背の高い堂々とした高木まで多様である。幹は、葉状痕があるもの、裸出するものがあり、基部が膨れる場合が多い。扇のような掌状の葉は硬く、深く切れ込み、刺のあることが多い。枯葉が宿存し、生葉の下に「ペチコート」を作る。全種に観賞価値があるが、例外は *C.*

Convolvulus tricolor

prunifera で、葉から取れるカルナウバ蝋のために商業的に栽培される。

〈栽培〉
屋外の日当たりのよい場所で、水はけのよい土壌を好むが、半日陰にも耐性がある。繁殖は種子からで、種によっては発芽に3〜10カ月かかり、実生苗は成長が遅い。

Copernicia alba

一般名：シロロウヤシ

英　名：CARANDA、CARANDAY

☼ ↔3.5〜8m ↕8〜30m

南アメリカ原産。細いヤシで、掌状の硬い葉からなる円形の樹冠部をもつ。長い葉柄には刺が生える。穂状花序は長さ約1.8mで、葉の間から出る。
ゾーン：9〜11

Copernicia baileyana ★

一般名：ヒロエロウヤシ

英　名：YAREY、YAREY HEMBRA

☼ ↔3m ↕12m

印象的なヤシで、キューバ原産。葉柄は長さ約1.2mで、刺に被われる。密集した大きな樹冠部。深く切れ込み、鮮緑色の葉は、大きな扇形をしている。
ゾーン：10〜12

Copernicia macroglossa ★

一般名：タチバロウヤシ

英　名：CUBAN PETTICOAT PALM、JATA DE GUANBOCA

☼/◐ ↔3m ↕6m

堂々としたヤシで、キューバ原産。らせん状の樹冠部は密集した葉からなる。古い植物は、「ペチコート」に地際まで被われる。光沢ある緑色の葉は、ほとんど葉柄がなく、深く切れ込み、約64枚の先端の尖った刺のある硬い裂片からなる。
ゾーン：10〜12

Copernicia prunifera ★

一般名：ブラジルロウヤシ

英　名：CARNAUBA

☼/◐ ↔3.5m ↕12m

ブラジル北東部原産。用途の広い蝋のために栽培される。円形の大きな樹冠部、模様のついた硬い幹をもつ。幹の下部は、長く残る葉の基部で被われる。扇のような葉は裂片に分かれ、深い鋸歯縁のある葉柄から垂れ下がる。
ゾーン：10〜12

COPIAPOA
（コピアポア属）

異　名：*Pilocopoapia*

チリ北部原産で、約20種の低くマウンド状になるサボテン科植物。茎は短い球形、またはより長く円筒形になる傾向がある。浅い稜があり、先端部は綿毛で被われることが多い。茎は地表にわずかに現われた主根から出るため、茎が基部で締めつけられたように見える。刺は植物の大きさに対しては大きく、湾曲することが多い。花は短いじょうご形から鐘形で、通常、茎の頂上近くから群生する。花色は黄色、まれに赤色である。

〈栽培〉
非常に軽い霜になら耐えるが、湿潤な冬には腐りやすい。それ以外では、日なたまたは半日陰の、砂利質で、非常に水はけのよい土壌でなら簡単によく育つ、手間のかからない植物である。夏には灌水と施肥を時々するが、それ以外では乾燥させておく。種子から育ててもよいが、子株の挿し木や株分けのほうが早く定着する。

Copernicia baileyana

Copernicia macroglossa

Copernicia alba

Copernicia prunifera

Copiapoa humilis

Copiapoa longistaminea

Copiapoa cinerea

Copiapoa cinerea var. *columna-alba*

Copiapoa cinerea var. *gigantea*

Copiapoa krainziana

Copiapoa tenuissima

Copiapoa cinerascens
一般名：竜牙玉
☽/☀ ❄ ↔15〜60cm ↕10〜20cm
ゆっくりと群生し、1本の茎になるのに数年を要する。茎は灰緑色でやや綿毛があり、10〜17の稜があり、直径は約10cmで、主根の首が露出している。灰茶色の曲がった刺が、綿毛のある刺座に生える。幅約5cm、乳白色の花が夏に咲く。
ゾーン：10〜11

Copiapoa cinerea
一般名：黒王丸
☽/☀ ❄ ↔15〜40cm
↕20cm〜1.2m
群生またはマウンド状になる。先端が綿毛のある、球状または短い円筒形の茎は直径約25cm。45個までの稜があり、刺座には短く、しばしば色の濃い刺が点在する。黄色の花、幅約5cmが夏に咲く。*C .c.* var. *columnaalba*は幅約20cmの茎を持ち、稜は少なく、花は小さいことが多い。*C. c.* var. *gigantea*は橙茶色の綿毛があり、頂部は円形で、一般に他の種よりも刺が多い。
ゾーン：10〜11

Copiapoa humilis
☽/☀ ❄ ↔10〜40cm ↕20cm
緑色から濃いオリーブブラウンの茎、幅約10cmは、単生または群生で、9〜17個の稜があり、主根が部分的に露出している。やや香り高い、黄緑色から黄色の花は、直径約40mmで、晩春から咲く。
ゾーン：10〜11

Copiapoa krainziana
☽/☀ ❄ ↔30〜90cm ↕15〜40cm
綿毛のある頂上部をもち、群生する。球状から短い円筒形の茎は、直径約20cmで、13〜24個の稜があり、30本ほどの白い針のような刺のかたまりで被われる。淡黄色の花は、幅約25mmで、夏に咲く。
ゾーン：10〜11

Copiapoa longistaminea
☽/☀ ❄ ↔30〜90cm ↕20cm
球状または短い円筒形の茎、直径約15cmの群生で、頂上部は淡黄褐色の綿毛で被われる。24個までの稜と、色の濃い短くて硬い刺がある。黄色い花が晩春に咲く。
ゾーン：10〜11

Copiapoa tenuissima
☽/☀ ❄ ↔15〜30cm ↕5〜15cm
球状の茎は直径約5cmの群生で、16までの稜がある。大きな塊根。非常に短い不ぞろいな白い刺が、綿毛のように被っている。淡黄色の花、直径約25mmが晩春から咲く。
ゾーン：10〜11

COPROSMA
（コプロスマ属）
コーヒーノキ属などを含む、数多いアカネ科属のひとつ。約90種の常緑低木と小高木で、オーストラリア、ニュージーランド、太平洋地域原産。直立から匍匐性まで習性は多岐にわたり、葉も大小がある。雌雄異株。雌性花の液果は、夏と秋に美しい色を見せる。

〈栽培〉
適応性があり、場所、土壌についても広範囲に耐えるが、通常は日なたで、水はけのよい土壌が最適である。苛酷な沿岸条件に適するものや、グランドカバー、生垣、風除けとして有用なものがある。寒冷気候にはほとんど耐性がなく、温室での冬越しが必要である。液果を楽しむなら、雄株と雌株を一緒に栽培する。繁殖は新鮮な種子から、または秋の半熟枝挿しで行なう。

Coprosma acerosa
コプロスマ・アケロサ
英名：SAND COPROSMA
☀ ❄ ↔0.9m ↕0.9m
ニュージーランド原産。絡み合った枝が、弾力のあるこんもりしたマウンドを形成する。暗緑色で、針のような小型の葉。雄株と雌株を一緒に植えると、雌花が魅力的なくすんだ青色の液果をつける。グランドカバーとして有用な、優れた沿岸植物である。'**ロブスター**'は薄赤色の茎が目立つ。
ゾーン：8〜11

Coprosma 'Coppershine'
一般名：コプロスマ'カバーシャイン'
☀ ❄ ↔0.9〜1.2m ↕0.9〜1.5m
ニュージーランドの交雑種。コンパクトな低木で、密集した、非常に光沢のある小型の葉は、緑色でブロンズ色を帯びる。
ゾーン：8〜10

Coprosma×*kirkii*
コプロスマ×キルキイ
☀ ❄ ↔2m ↕0.9m
*C. acerosa*と*C. repens*の間の自然交雑種と思われる。変異の多い植物で、マウンド状になるか、または匍匐性である。光沢ある細い小型の葉と、目立たない花をもつ。赤い斑点のある、透明な、クリーム色から白色の液果は、収穫が不安定である。頑丈なグランドカバーで、沿岸の庭園にも耐える。'**ケルキイ ワリエガタ**'は人気のある栽培品種で、銀色を帯びたクリーム色の縁の、灰緑色の葉をもつ。
ゾーン：9〜10

Coprosma × *kirkii* 'Variegata'

Coprosma acerosa 'Lobster'

Coprosma rugosa

Coprosma virescens

Coprosma macrocarpa
☼ ❄ ↔2.4m ↕9m
ニュージーランドの北島原産。栽培でははるかに小さく、高さ約1.8mまで。大きな葉はおよそ卵形で、革質、波状縁。花は小さく、目立たない。橙赤色の液果。
ゾーン：9〜11

Coprosma petriei
異名：Coprosma pumila
☼ ❄ ↔0.9m ↕8cm
低く育つ低木でグランドカバーになる。ニュージーランドの高山地帯に原生する。密なクッション状になる。暗緑色の針のような小型の葉が、焦茶色の末端枝に密生する。薄青色から紫色を帯びた赤色までの液果がつく。
ゾーン：7〜10

Coprosma propinqua
☼ ❄ ↔1.8m ↕1.8m
ニュージーランド原産で、野生ではより大きい。枝分かれする習性で、枝は角があり、横に大きく広がり、絡み合う。暗緑色の葉は非常に小さく、革質。美しい液果は、透明の薄青色。
ゾーン：8〜10

Coprosma rigida

Coprosma repens
コプロスマ・レペンス
英名：MIRROR BUSH, TAUPATA
☼ ❄ ↔3.5m ↕6m
ニュージーランド沿岸地方原産。非常に光沢のある、分厚い暗緑色の葉は、長楕円形。液果は橙赤色。温暖な沿岸の庭園に最も適する。'マーブル クイーン'★は白い斑点のある葉。'ペインターズ パレット'は、非常に光沢のある葉で、赤、クリーム、イエロー、グリーン、チョコレートブラウンの各色がある。'ピクトゥラタ'は、光沢ある葉にクリーム色のまだら模様がある。'ワリエガタ'は、クリーム色の縁のある、輝く緑葉。'イヴォンヌ'は、非常に光沢のある暗緑色とチョコレートブラウンの葉が、寒い冬の間に色が濃くなる。
ゾーン：9〜11

Coprosma rigida
☼ ❄ ↔1.8m ↕1.8m
ニュージーランド各地で見られる。直立して広がる低木。赤みを帯びた茶色の枝が絡み合う。暗緑色の革質の葉は小さい。液果は、オレンジ色を帯びた黄色または白色。
ゾーン：8〜10

Coprosma robusta
英名：KARAMU
☼ ❄ ↔3m ↕3.5m
ニュージーランド各地でよく見られる。C. repensによく似るが、葉はそれほど光沢がなく、暗橙色から黄色の液果をつける。他の植物を定着させるためには、よい風除けになる。コンパクトな姿を維持するために剪定する。
ゾーン：8〜11

Coprosma rugosa
コプロスマ・ルゴサ
☼ ❄ ↔1.8m ↕1.8m
ニュージーランド原産。赤色を帯びた茶色の枝。針のような葉。液果は明暗の青色。'クリアーウォーター ゴールド'は、美しい金色に色づく、雄性の選抜品種。
ゾーン：8〜10

Coprosma virescens
☼ ❄ ↔2.4m ↕3m
ニュージーランド原産で、横に広がる。角のある銅金色の小枝、葉はとくに小さい。略式の生垣に適する。
ゾーン：8〜10

CORDIA
（コルディア属）
ムラサキ科の本属は、約300種の落葉性または常緑の、高木または低木で、中央、南アメリカ、アフリカ、アジアの熱帯原産。白色またはオレンジ色の、鐘形または筒形の花が茎頂丸い花序、または穂状花序をなす。互生の単葉。果実は石果。

〈栽培〉
湿潤で、水はけのよい泥炭質の土壌と、屋外の日当たりのよい場所を好む。通常、剪定は必要としない。繁殖は冬から春に熟した種子で、あるいは挿し木で行なう。

Cordia boissieri
英名：TEXAS OLIVE
☼ ❄ ↔2.4m ↕2.4m
アメリカ合衆国のテキサスとニューメキシコ、さらにメキシコの隣接地方原産。常緑の低木。葉は楕円形から卵形で、表面は鈍い緑色で、裏面には綿毛が生える。中央が黄色い、白い大きな花が夏に咲く。この種は湿潤で寒冷な条件が長引くと耐えられない。ゾーン：8〜11

Cordia parvifolia
英名：LITTLE LEAF CORDIA
☼ ❄ ↔0.9〜1.8m ↕0.9〜3m
半落葉性の低木で、メキシコ北部原産。葉は灰色を帯び、鋸歯縁で小さい。縮緬の質感をした白い花が夏に群生する。
ゾーン：9〜11

Cordia boissieri

Coprosma repens 'Variegata'

Coprosma macrocarpa

Coprosma propinqua

Coprosma petriei

Cordyline australisの自生種、ニュージーランド。

Cordyline fruticosa 'Rubra'

Cordyline australis 'Albertii'

Cordyline fruticosa 'Kiwi'

CORDYLINE
（センネンボク属）

約15種の、ヤシに似た直立の常緑低木の小属で、ドラカエナ科に属する。オーストラリア、太平洋地域、熱帯アメリカに原生する。通常は枝分かれが少ないか、または吸枝を出す。繊維質の茎があり、先端には革紐状の先端の尖った葉が房になる。先端が6裂する小花が、大きな円錐花序をなし、その後、装飾的な赤、黒、または白みを帯びた液果に似た果実がなる。屋内装飾に向き、コンテナ栽培される種もある。ニュージーランド原産種のなかには中程度に耐霜性をもつものがある。

〈栽培〉

温暖地方では水はけのよい、有機質を多く含む土壌で、温暖な季節には定期的に灌水すると、よく育つ。大多数が、保護された、部分日陰になる場所を好むが、C. australisは日なたでも育つ。茎を分岐させ、群生させるなら、主茎を適当に剪定する。繁殖は種子から、株分け、または茎挿しで行なう。

Cordyline australis
異　名：*Dracaena australis*
一般名：ニオイシュロラン
英　名：NEW ZEALAND CABBAGE TREE
☼/◐ ❄ ↔2.4m ↕6m

直立する、ヤシに似た高木で、ニュージーランド原産。通常は茎が分岐せず、幅広の樹冠部、先端の尖った剣形の葉がアーチを描く。晩春から夏に、成木は幅広の円錐花序をなす、甘い香りで星形の乳白色の花を出す。白または青みを帯びた液果が房になる。'**アルバーティー**'は、より小型のまだら模様の品種。**Purpurea Group**（プルプレア グループ）★は、ブロンズ色から紫色に染まった葉で、種によってはより濃い色をしている。ゾーン：8～11

Cordyline fruticosa
異　名：*Cordyline terminalis*
一般名：センネンボク
☼ ❄ ↔1.2m ↕3m

南東アジア、オーストラリア北部、および太平洋の多くの島々に原生する。直立、枝分かれが少ない。明瞭な柄のある、披針形の薄い質感の葉をもつ。白、モーブ、または紫色の花を出し、鮮赤色の液果の房がつく。色彩に富んだ葉の品種には、'**キーウィ**'、'**ルブラ**'がある。ゾーン：10～12

Cordyline indivisa
一般名：アツバセンネンボク
英　名：MOUNTAIN CABBAGE TREE, TOI
☼ ❄ ↔2.4m ↕6m

ニュージーランドの寒冷な山間部で、多雨地帯に原生する。丈夫で太い幹は、普通、単生。剣形の葉で大きな樹冠部を作る。葉は紫色を帯びることが多い。乳白色の花は、分岐した円錐花序、長さ約0.9mで、春から初夏に咲く。青っぽい紫色の液果が続く。ゾーン：9～10

Cordyline petiolaris
英　名：BROAD-LEAF PALM LILY
☼ ❄ ↔1.8m ↕4.5m

オーストラリア東部の亜熱帯原産。多雨林に育ち、群生し横に広がる。木質で、繊維質の茎、暗緑色で幅広の披針形の葉。アーチを描く長い円錐花序は、白または薄い紫色の小型の花からなり、晩冬から早春に咲く。鮮赤色の小型の液果。美しい屋内植物。ゾーン：10～12

Cordyline rubra
英　名：PALM LILY
☼ ❄ ↔0.9～2m ↕3～4.5m

園芸交雑種。葉は長さ15～50cmで、長さ約20cmの茎につく。ライラック色の花が夏に咲き、続いて深紅の液果がなる。ゾーン：10～11

Cordyline stricta ★
英　名：SLENDER PALM LILY
☼ ❄ ↔0.9m ↕4.5m

オーストラリア東部の亜熱帯多雨林に原生する。園芸用に人気がある。直立した茎が分岐し、群生する。葉は細く、うな垂れ、鋸歯縁。晩春から夏に、紫またはすみれ色の小型の花が、分岐の多い、アーチを描く円錐花序をなす。光沢のある黒い液果。ゾーン：10～12

COREOPSIS
（ハルシャギク属）
英　名：TICKSEED

両アメリカ、とくにアメリカ合衆国南西部、メキシコで見られる、80種余りの一年生と多年生植物。キク科の本属は、豊富に花をつけ、夏を彩るコンパクトな植物である。多数は株立ち、高さ約0.6～1.2mで、細く、ときに欠刻する葉をもつ。花はほとんど常に黄金色だが、栽培種の彩度には明暗がある。舌状花はしばしば、ぎざぎざの鋸歯縁がある。種によっては花からゴールデンオレンジの染料が生産される。英名のtickseedもギリシア語の*Coreopsis*（「虫のような」の意）も、ともに小型の黒い種子からつけられた名前である。

〈栽培〉

日当たりのよい場所で、軽く、水はけのよい土壌に植える。湿潤な夏があれば開花がよいが、旱魃にもよく耐える。全種が種子から育てることができる。さらに多年生は株分け、または花の咲かない茎から取った、根元から出る葉の葉挿しでもよい。

C. petiolaris、オーストラリア、クイーンズランド州

Cordyline rubra

Coreopsis lanceolata 'Baby Sun'

Coreopsis lanceolata 'Sterntaler'

Coreopsis gigantea

Coreopsis verticillata
一般名：イトバハルシャギク
☼/☽ ❋ ↔40cm ↕90cm

夏に開花する直立した多年生植物で、アメリカ合衆国南東部原産。2回羽状の葉は、粘着質。それぞれの3枚の小葉は長さ約6cm、ときに非常に細い。鮮やかな黄色い花序は、幅約5cm。'ゴールデン ゲイン'は高さ約50cmで、細い小葉と鮮やかな黄色の花をもつ。'グランディフロラ'（syn.'ゴールデン シャワー'）は、高さ約60cmで、鮮やかな黄色の大きな花。'ムーンビーム'は高さ約50cmで淡黄色の花。'ザグレーブ'は高さ約30cm、薄金色の花。
ゾーン：6〜10

バット'は高さ約90cmで黄金色の花序に赤茶色の筒形花がある。
ゾーン：7〜10

Coreopsis tinctoria

Coreopsis lanceolata
一般名：オオキンケイギク
☼/☽ ❋ ↔30〜40cm ↕60cm

丈夫な多年草で、アメリカ合衆国中部、南東部の原産。長さ約15cmの葉は、通常は全縁だが、まれに基部に浅い欠刻があり、披針形から狭長。夏に開花する花序は、幅約6cmで、普通は8枚の舌状花をもつ。'ベビー ゴールド'は高さ約40cmで、金色の花。'ベビー サン'（syn.'ゾンネンキント'）は高さ約30cmで、金色の花。'スターンテイラー'は高さ約40cm、金色の花で、舌状花には基部にブロンズレッドの斑紋がある。
ゾーン：3〜9

Coreopsis rosea
コレオプシス・ロセア
☼/☽ ❋ ↔30cm ↕60cm

夏から初秋に開花する一年生、または短命な多年草で、アメリカ合衆国北東部とカナダ南東部で見られる。小型の複葉で、ときには非常に細かな欠刻をもつ。花序は幅約25mmで、長さ約10cmの茎、白から薄赤色の舌状花。黄色い筒形花をもつ。'アメリカン ドリーム'は高さ約30cm、多数のピンクの花序がつく。
ゾーン：8〜10

Coreopsis 'Sunrag' ★
一般名：コレオプシス'サンレイ' ★
☼/☽ ❋ ↔30〜40cm ↕50cm

コンパクトな株立ち植物。葉は全縁と羽状縁で、鮮緑色をしており、小葉は細かい場合が多い。輝くような黄色い八重咲

きの花が、晩春から咲く。しばしば *C. grandiflora* の栽培品種に数えられる。
ゾーン：7〜10

Coreopsis tinctoria
一般名：ハルシャギク、クジャクソウ
☼/☽ ❋ ↔40〜60cm ↕50cm

春に開花する一年草で、北アメリカ一帯で見られる。葉は通常細く、全縁、ときに羽状で、長さ約10cm。多数の花序を持ち、黄色い舌状花は基部が赤色を帯びており、筒形花は赤茶色。'マホガニー ミジェット'は、高さ約30cm、全面的に赤茶色の花序をつける。
ゾーン：9〜10

Coreopsis auriculata
コレオプシス・アウリクラタ
☼/☽ ❋ ↔60cm ↕1.5m

春に開花する多年生植物で、アメリカ合衆国南東部原産。葉は長さ10cm以上で、全縁または1〜2個の小型の欠刻がある。幅約5cmの花序は黄色で、約8枚の舌状花がある。'ナナ'は高さ約25cm、濃い色の葉とオレンジゴールドの花をもつ。
ゾーン：4〜10

Coreopsis gigantea
☼/☽ ❋ ↔80cm〜1.2m ↕2〜3m

成長力旺盛で、茎の茂った、カリフォルニア原産の夏咲き多年草。葉は長さ約20cm、2回羽状で小葉は非常に細く長い。花柄の長い黄色の花序は幅約7.5cm以上ある。
ゾーン：8〜10

Coreopsis grandiflora
コレオプシス・グランディフロラ
☼/☽ ❋ ↔30〜50cm ↕60cm

アメリカ合衆国中部と南部原産の、株立ちの多年生植物。葉は長さ約10cmで、下部の葉は全縁のことが多く、上部の葉は羽状のことが多い。晩春から咲く、花柄の長い、幅約5cmの花序は8枚の舌状花をもつ。野生では花色が薄黄色から金色まで多様である。'カリプソ'は高さ約35cm、クリーム色のまだら模様の葉。舌状花には小型の赤い斑点がある。'アーリー サンライズ'は、高さ45cmで、金色の八重咲きの花。'ケルヴィン ハー

Coreopsis 'Sunray'

Coreopsis verticillata 'Grandiflora'

Coreopsis verticillata 'Moonbeam'

Coreopsis verticillata

Coreopsis rosea 'American Dream'

CORIANDRUM
(コエンドロ属)

英 名：CILANTRO, CORIANDER

わずか2種からなるセリ科の属で、直立した細い一年草である。アジア南西部と北アフリカ各地に原生する。種子と葉は数多くの料理で重宝される。葉は細かく切れ込む。花は散形花序をなし、白から明暗のピンクで、外側の花弁が大きい。芳香のある球形の種子が、夏の花に続く。属名はギリシア語のkoriannonに由来するが、葉をつぶしたときと同じ匂いがするという虫を意味する。

〈栽培〉
よく日の当たる、水はけのよい条件で、霜の危害からも免れることが大切。必要なだけ葉を収穫できる。繁殖は、熟して灰茶色になった種子から行なう。

Coriandrum sativum
一般名：コリアンダー

英 名：CHINESE PARSLEY, CILANTRO, CORIANDER

☀ ❄ ↔45〜60cm ↕45〜60cm

地中海沿岸地域東部とアジア西部の自生種で、強い芳香がある一年生草本。パセリのような葉と種子は、数々の料理に使われる香辛料として人気がある。小型の花がなす散形花序は、白色から薄青色。ゾーン：6〜9

CORIARIA
(ドクウツギ属)

ドクウツギ科と同じ名前をもつ本属は、5〜10種の多年生植物で、低木または小高木である。非常に広く分散しており、ヨーロッパ南部からアジア東部、南アメリカ、ニューギニア、およびニュージーランドに生育する。葉は通常、シダに似ていて、2列の卵形の小葉からなる。茎は、旺盛に広がるいくぶん塊茎状の根茎から立ち上がる。根茎にはマメ科植物のように窒素固定性がある。小型の緑色の花は、目立つ総状花序となり、やがて多色の多肉質の果実となる。猛毒をもつ果実は根と共に、染色に使われる。

〈栽培〉
大多数は栽培が簡単で、場所によっては雑草と見なされる。降霜地帯では、冬じゅう枯れたように見えるが、地面が凍らない限り春になると新芽を出すのが普通である。部分日陰で、湿潤で腐植質の多い、水はけのよい土壌が最適である。繁殖は種子からか、または挿し木、株分けで行なう。

Coriaria japonica
一般名：ドクウツギ(毒空木)

☀ ❄ ↔1.5m ↕1.8m

日本原産の、アーチを描く茎をもつ亜低木。葉は長さ約10cmで、秋には鮮やかな赤い色調を帯びる。緑色と赤色の花が夏に咲く。濃いピンクから赤色の群生の果実は、樹齢と共に黒みがかる。ゾーン：8〜10

Coriaria mytrifolia
英 名：REDOUL

☀ ❄ ↔2m ↕3m

ヨーロッパ南西部と北アフリカ原産。だんだんとアーチを描くようになる枝、輪生の長さ約8cmの葉をもつ。短い花序が夏につく。果実は赤茶色。ゾーン：8〜10

Coriandrum sativum

Coriaria ruscifolia

☀ ❄ ↔1.8〜3m ↕6m

ニュージーランドと南アメリカ温帯で見られる。長さ約8cmの小葉は、通常、対になっている。下向きの長い花序は、長さ25cmに達することがある。果実は熟すと黒くなる。ゾーン：8〜10

Coriaria terminalis

☀ ❄ ↔2m ↕1.5m

ヒマラヤ山脈と中国西部原産。根茎をもつ落葉性亜低木。小葉は長さ約8cmで、秋には美しく色づく。枝先端の花序は、長さ約15cm。大きくて黒い果実がなる。果実が黄色の品種、赤色の品種がある。ゾーン：8〜10

CORNUS
(ミズキ属)

英 名：DOGWOOD

ミズキ科。約40種の落葉または常緑の、高木および低木。数種は観賞用に庭園で栽培され、秋には美しい葉色、冬には色づく茎、一面花におおわれた枝で楽しませてくれる。花は大きな花弁、または目立たない小花を囲む幅広の装飾的な萼片をもつ。単葉の卵形の葉は通常、対生で、多肉質の果実には核がある。

〈栽培〉
日なたまたは半日陰、水はけのよさ、中性から酸性の肥沃な土壌を必要とする。冬の茎色を楽しむなら、日なたで育て、早春に短く剪定するのがよい。茎が分岐する種の繁殖は、吸枝の取り木、夏または秋に取った完熟枝挿し、あるいは核のみにして冬に少なくとも3カ月間層積貯蔵法を施した種子で行なう。萼の大きな種の繁殖は種子(同じく層積貯蔵法で)、夏に取った半熟枝挿し、または接ぎ木で行なう。

Coriaria japonica

Cornus alba
一般名：シラタマミズキ、シロミズキ、シロミノミズキ

英 名：RED-BARKED DOGWOOD, TARTARIAN DOGWOOD

☀/❄ ❄ ↔3m ↕3m

落葉性の広がる低木で、アジア東部原産。密集した株を形成する。若い茎は冬に鮮紅色になる。暗緑色の卵形の葉は、秋にオレンジ、赤、茶色に紅葉する。クリーム色の花が群生し、晩春に咲く。青みを帯びた白い小型の果実がなる。'アルゲンテオ-マルギナタ'は、クリームから白色の縁をした葉。'アウレア'は、明緑色を帯びた金色の葉。'ゴウカルティイ'は白色と赤色の斑入り。'アイヴォリー ヘイロー／バイルヘイロー'、'ケセルリンギイ'は、黒紫色の茎を持ち、秋に葉は赤色と紫色になる。'シビリカ'★は、輝くようなコーラルレッドの茎。'シビリカ ワリエガタ'は濃緑色の葉に、乳白色の縁がある。ゾーン：4〜9

Cornus alternifolia
一般名：パゴダドッグウッド

英 名：GREEN OSIER, PAGODA GODWOOD

☀ ❄ ↔6m ↕6m

北アメリカ東部原産。落葉性の株立ちの低木または小高木。枝は不規則な輪生で、水平に葉痕がある。先鋭の真緑色の葉は、秋に、赤色と紫赤色に紅葉する。乳白色の星形の花が、初夏に咲く。青みの黒色の小型果実。'アルゲンテア'は、葉に白い斑紋がある。ゾーン：3〜9

Cornus alternifolia 'Argentea'

Cornus alba 'Argenteomarginata'

Cornus alba 'Aurea'

Cornus alba Ivory Halo/'Bailhalo'

Cornus alba 'Sibirica'

Cornus alba 'Sibirica Variegata'

Cornus controversa

Cornus controversa 'Pagoda'

Cornus amomum

Cornus canadensis

Cornus capitata

Cornus florida

Cornus florida 'Pink Flame'

Cornus florida f. rubra

Cornus florida subsp. urbiniana

Cornus amomum
英　名：SILKY DOGWOOD
☀ ❄ ↔3m ↕3m
北アメリカ原産。成長力旺盛で、コンパクトな落葉性低木。暗緑色の葉は秋に赤く紅葉するが、葉の裏面は完全に赤茶色になって、紫がかった茎から垂れるようにつく。若いシュートは紫色を帯び、綿毛が生える。晩春に白い花がつく。紫色の果実。
ゾーン：5〜8

Cornus canadensis
一般名：ゴゼンタチバナ
英　名：BUNCHBERRY、CREEPING DOGWOOD
☀ ❄ ↔不定 ↕10〜15cm
グリーンランドからアラスカ原産。耐霜性があり、低く広がる、落葉性多年生植物。卵形から披針形の葉が輪生し、秋には鮮赤色に変わる。白い大きな苞が花序を囲む。果実は赤く、食用になる。寒冷湿潤な気候で元気に育つ。
ゾーン：2〜8

Cornus capitata
一般名：ベンサムズコーネル
英　名：BENTHAM'S CORNEL、HIMALAYAN GODWOOD
☀/◐ ❄ ↔9m ↕9m
株立ちの常緑または半常緑高木で、中国とヒマラヤ山脈原産。細かい花には、空を向いたクリーム色からレモンイエローの苞があり、晩春から初夏に咲く。うなだれた、ローズからアプリコット、またはピンク系の果実がなる。革質で卵形の灰緑色の葉は、裏面の色が薄い。保護された沿岸の気候に耐える。
ゾーン：8〜9

Cornus controversa
一般名：水木、クルマミズキ
英　名：GIANT DOGWOOD、TABLETOP DOGWOOD
☀ ❄ ↔15m ↕18m
日本と中国原産。落葉性の大高木。枝は水平に広がり、間隔のあいた葉痕がある。平らで上向きの白い花。果実は青みの黒色。卵形で先端の尖った葉は、表面は光沢ある暗緑色で、裏面は綿毛があり、秋に赤色と紫色になる。白亜質と石灰質に耐性がある。'パゴダ'は、白い花を豊富につける。'ワリエガタ'はうなだれる葉に、縁に幅広の縞になった乳白色の縞がある。
ゾーン：5〜8

Cornus 'Eddie's White Wonder'
一般名：ミズキ'エディーズ ホワイト ワンダー'
☀ ❄ ↔4.5m ↕4.5m
C. florida と C. muttallii の交雑種で、落葉性の直立した高木または低木。外側の枝は枝垂れる。非常に大きな白い花が春に咲く。秋の葉は、鮮やかなオレンジ、赤、紫色。
ゾーン：5〜8

Cornus florida
一般名：ハナミズキ（花水木）、アメリカハナミズキ、アメリカヤマボウシ
英　名：FLOWERING DOGWOOD
☀/◐ ❄ ↔8m ↕9m
アメリカ合衆国北東部原産。非常に装飾的な広がる高木。葉はやや捻じれ、卵形で先鋭。暗緑色の葉は、裏面が薄色、秋にはオレンジ、赤、黄色、紫色になる。白色からピンク色の苞が、晩春から初夏につく。赤い液果が、冬の間宿存する。

Cornus mas 'アウレオエレガンティッシマ'、春

Cornus mas 'アウレオエレガンティッシマ'、夏

Cornus mas

Cornus mas 'Aurea'

Cornus mas 'Macrocarpa'

Cornus mas
一般名：セイヨウサンシュユ
英　名：CORNELIAN CHERRY
☼ ❄ ↔6m ↕8m
ヨーロッパ南部原産で、早魃や風雨に耐える。先鋭の卵形で、葉柄の短い葉は、光沢があり、深く脈が走る。真緑色の葉が秋には赤みを帯びた紫色に変わる。黄色い花が前年の裸枝に、真冬から早春につく。腎臓形の果実。'**アウレア**'は、黄色い若葉。'**アウレオエレガンティッシマ**'は黄色とピンクの縁のある葉。'**マクロカルパ**'は、光沢ある赤い大きな果実。'**ワリエガタ**'は、白い縁のある葉。
ゾーン：5～8

Cornus macrophylla
一般名：クマノミズキ
☼ ❄ ↔6m ↕8m
ヒマラヤ山脈、中国、日本原産の落葉性高木。光沢ある葉を持ち、乳白色の花を晩夏に咲かせる。黒みを帯びた青い果実。ゾーン：6～9

Cornus macrophylla

KOUSA DOGWOOD
☼ ❄ ↔4.5m ↕8m
日本と朝鮮半島原産。落葉性。光沢があり、波状縁、卵形で先鋭の葉は、秋にブロンズ色を帯びた緋色になる。夏には緑色の花が数多く咲く。乳白色の苞は、縁が赤い。ピンクまたは赤みがかった果実。浅くて白亜質の土壌ではよく育たない。*C. k.* var. *chinensis* ★は、色の薄い、滑らかな縁の葉をもつ。
ゾーン：5～8

やせ地、または白亜質の土壌には耐性がない。*C. f.* subsp. *urbiniana*は、黄桃色の苞。*C. f.* f. *rubra*は、ローズピンクの苞。*C. f.* '**アップル ブラッサム**'は、薄桃色の苞。'**チェロキー チーフ**'は、濃いローズレッド色の苞。'**ピンク フレイム**'は、ピンク色の縁のある苞。
ゾーン：5～8

Cornus kousa
一般名：ヤマボウシ（山法師）
英　名：CHINESE DOGWOOD、
JAPANESE FLOWERING DOGWOOD、

Cornus kousa var. *chinensis*

Cornus kousa

Cornus nuttallii
一般名：ナッタルミズキ
英　名：CANADIAN DOGWOOD、

Cornus nuttallii

Cornus pumila

Cornus officinalis

Cornus pumila
英 名：DWARF RED TIPPED DOGWOOD
☀ ❄ ↔2m ↕2.4m
落葉性で、成長が遅く、マウンド状になる低木。原産地は不明。夏に、白い花が長い花柄につき、群生する。
ゾーン：5～9

Cornus sanguinea
コルヌス・サングイネア
英 名：BLOODWING DOGWOOD、COMMON DOGWOOD、EUROPEAN DOGWOOD
☀ ❄ ↔3m ↕4.5m
ヨーロッパ北部原産。落葉性低木。枝は赤みの緑色。香り高い白い花は、緩やかな群生で咲き、青みの黒色の果実をつける。葉は秋に赤紫色になる。'**ミッドウィンター ファイヤー**'は、冬の茎が鮮赤色。'**ウィンター ビューティー**'★は、冬に赤色のシュートが出る。
ゾーン：6～8

Cornus sericea
コルヌス・セリケア
異 名：*Cornus stolonifera*
英 名：AMERICAN DOGWOOD
☀ ❄ ↔2m ↕1.8m
北アメリカ東部の原産。落葉性で吸枝を出す低木。卵形から披針形の緑色の葉は、秋に橙赤色に変わる。白い果実は緑色を帯びる。*C. s.* subsp. *baileyi* (syn. *C. baileyi*)は、冬につくシュートには綿毛があり赤茶色、吸枝はない。若葉と花柄にも綿毛がある。*C. s.* '**フラウィラメア**'は、白い星形の花で、晩春から初夏に咲く。'**アイサンティ**'は、矮性品種で、白い花をたくさんつける。'**サンシャイン**'は、印象的な黄色と緑色の葉。
ゾーン：2～9

COROKIA
(コロキア属)
スグリ科の4種の常緑低木からなる。3種はニュージーランドに原生し、1種はオーストラリアの珍種。種によって習性、葉形は多様だが、どれも小型の星形の花を初夏に咲かせ、オレンジ、黄色、赤色の液果をつける。

〈栽培〉
日なたまたは半日陰で、適度に肥沃な土壌で育つ。水はけのよい場所でなければならない。*C. cotoneaster*と*C. macrocarpa*は共に、乾燥気候によく耐える。軽く剪定するとコンパクトな株を維持できる。実生繁殖では、新しい種子を用いる。または春に取った半熟枝挿し。栽培品種の繁殖は挿し木のみで行なう。

MOUNTAIN DOGWOOD
☀ ❄ ↔12m ↕18m
アメリカ合衆国北西部原産。卵形の葉は、暗緑色で、秋には黄色または緋色に変わる。晩春と初秋につく花は小さいが、扁平、不揃いでピンク色を帯びた白色の大きな苞をもつ。橙赤色の果実。浅くて白亜質の土壌ではうまく育たない。'**ゴールド スポット**'は、葉が成熟してくると、黄色の斑点が不揃いにつく。
ゾーン：7～8

Cornus officinalis
一般名：サンシュユ（山茱萸）、ハルコガネバナ、アキサンゴ（秋珊瑚）
英 名：JAPANESE CORNELIAN CHERRY
☀ ❄ ↔4.5m ↕4.5m
広がる落葉性低木で、*C. mas*と似る。剥離する茶色の樹皮。鮮やかな黄色の花は、裸枝から晩冬につく。明赤色の果実は食用になる。秋には葉が豊かに色づく。ゾーン：6～9

Cornus sericea 'Flaviramea'

Cornus sanguinea 'Midwinter Fire'

Cornus sericea

Cornus sericea 'Isanti'

Cornus sericea 'Sunshine'

Cornus, Stellar Series, Aurora/'Rutban'

Cornus, Stellar Series, Ruth Ellen/'Rutlan'

Cornus, Stellar Series, 'Constellation'

Corokia buddlejoides
英 名：KOROKIO
☼/◐ ❄ ↔2m ↕3m
ニュージーランド北島北部原産。直立した細い樹姿。披針形の葉は革質で、表面はオリーブグリーンで、裏面はシルバーグレー。黄色い小型の花。液果は明暗の赤色または黒色に近い。
ゾーン：8～10

Corokia cotoneaster
一般名：ワイヤネッティングブッシュ
英 名：WIRE NETTING BUSH
☼/◐ ❄ ↔3m ↕3m
ニュージーランド原産。絡まった針金のような枝は、幼形では銀色に輝く。まばらにつく葉。星形の黄色い花。赤色から黄色の液果。剪定するとよい生垣になる。
ゾーン：8～11

Corokia macrocarpa
☼ ❄ ↔3m ↕3.5m
ニュージーランドのチャタム諸島原産。低木または小高木。暗緑色で、革質、披針形の葉は、裏面が銀色。黄色い花。赤い液果。乾燥した立地に向く。
ゾーン：8～10

Corokia × virgata
コロキア×ウィルガタ
☼ ❄ ↔1.8m ↕1.8m
*C. buddlejoides*と*C. cotoneaster*の自然交雑種。栽培品種は分枝の多い低木で、葉色は多様で、より目立つ液果をもつ。'**ブロンズ キング**'は、ブロンズ色の葉。'**チェエセマニイ**'は、暗緑色の小型の葉。'**フロステッド チョコレート**'は、チョコレートブラウンの葉。'**レッド ワンダー**'★と'**イエロー ワンダー**'は、星形の黄色い花と、赤色または黄色の液果。
ゾーン：8～10

CORONILLA
（コロニラ属）
約20種の一年生、多年生草本または低木で、ときに常緑または落葉性、マメ科ソラマメ亜科に属する。ヨーロッパ、アフリカ、アジア原産で、開けた森林高地から乾燥した雑木林や牧草地までに生育する。*C. valentina*は絶壁に生え、侵食管理に有用である。葉は普通、羽状。蝶形花が散形花序につくが、芳香性のものもある。

〈栽培〉
寒風と冬の霜の当たらない場所が必要で、日なたの、水はけのよい中程度に肥沃な土壌が理想的。繁殖は夏または秋に挿し木で、あるいは新しく熟した種子から行なう。

Coronilla valentina
コロニラ・ワレンティナ
☼ ❄ ↔1.5m ↕1.5m
ポルトガル南部、スペイン、ヨーロッパ南部からクロアチアにかけて原生する。常緑低木。鮮緑色の葉は、13枚の卵形の小葉からなる。鮮やかな黄金色の香り高い花が、晩冬から夏、再び秋に咲く。細い豆果は長さ約5cm。*C. v.* subsp. *glauca*は、よりコンパクトで、葉は青緑色に近い。花は明るいイエロー。'**キトリナ**'は薄黄色の花。ゾーン：9～10

Coronilla valentina

Coronilla valentina subsp. *glauca*

C. valentina subsp. *glauca* 'Citrina'

CORREA
（コレア属）
ミカン科。オーストラリア原産の11種からなり、全種がすでに交雑しているが、さらに交雑品種を作ることも可能である。寒冷湿潤で、日陰になる場所で見られることが多いが、種によっては日なたの沿岸気候に耐えるものもある。堂々とした常緑低木であり、よく栽培される。大多数の種は冬から春に開花する。種によって鐘形、または突き出た雄ずいのある筒形の花。花蜜を吸う鳥を引き寄せる。

〈栽培〉
水はけがよく、もろい、肥沃なロームを好む。花後すぐに先端を摘むと、形と花つきがよくなる。

Correa alba
☼/◐ ❄ ↔1.8m ↕0.9m
オーストラリア南部の沿岸地方原産。成長力旺盛な常緑低木。美しい緑色の葉は、円形、香り高く、裏面は軟毛がある。星形の白い小型の花が、冬から春に咲く。塩分、旱魃に耐性があり、水はけのよい砂質のロームに最適である。
ゾーン：8～10

Correa backhouseana
☼ ❄ ↔1.8m ↕1.8m
オーストラリアのタスマニア原産。密集した常緑低木。卵形の葉は、暗緑色。淡黄緑色の花には、金茶色の縁があり、冬から春に咲く。沿岸最前線の条件に耐える。ゾーン：8～9

Correa baeuerlenii
英 名：CHEF'S-CAP CORREA
☼/◐ ❄ ↔1.8m ↕1.8m
オーストラリアのニューサウスウェールズ州に自生する常緑低木。下垂した花は、通常、緑を帯びた黄色で、特徴的な「シェフの帽子」形で、秋から春に咲く。寒冷、湿潤、保護された場所を好む。
ゾーン：8～9

Correa pulchella ★
☼/◐ ❄ ↔0.9m ↕0.9m
南オーストラリア原産の常緑の小低木。葉は滑らかで、楕円形から披針形。筒形で、赤、サーモンピンク、またはピンク色の花が、秋から春に咲く。
ゾーン：8～9

Corokia buddlejoides

Corokia × virgata 'Yellow Wonder'

Correa backhouseana

*Corokia cotoneaster*の自生種、ザ・トース、ニュージーランド、クライストチャーチ付近

Correa alba

Correa baeuerlenii

Correa reflexa
コレア・レフレクサ

英　名：NATIVE FUCHSIA

☼/☼ ❄ ↔2m ↕1.8m

クイーンズランドとオーストラリア南部原産。整然としているが、変異の多い低木。葉は卵形から狭長、または心臓形で、滑らか、粗い、有毛、と多様である。筒形で下垂した花は、濃い赤色で、先端が緑色または黄色、春に咲く。'**ファットフレッド**' ★は、ふくれた赤い花で、先端が緑色を帯びた黄色。
ゾーン：8〜10

Correa Hybrid Cultivars
一般名：コレア交雑品種

☼ ❄ ↔0.6〜1.2m ↕45cm〜1.8m

交配親不明の数種の栽培品種や交雑品種が、園芸家の間で人気がある。コンパクトな花が多い。'**ダスキー　ベルズ**' ★は、濃いくすんだピンクから淡赤色の花。'**アイボリー　ベルズ**'は、白色からクリーム色の花。'**マニイ**'は、長い筒形の赤い花。'**マリアンズ　マーベル**'は、花が垂れ下がって群生する。ピンク色、基部が緑色。
ゾーン：9〜10

CORTADERIA
(シロガネヨシ属)

英　名：PAMPAS GRASS

イネ科に属する約25種。ニューギニアの1種を例外として、南アメリカとニュージーランドに原生し、草原から山間部まで広範囲に生育する。太い束状になり、高さ3m、あるいはそれ以上になる。硬くて長い、平たい茎が基部で密に群生する。葉縁は粗いものから非常に鋭いものまで。開花時には非常に美しく、小型の花が、高くて目立つ、直立またはアーチを描く羽状の穂になり、色は白色、薄桃色、薄金色。

〈栽培〉

多数は少なくとも耐霜性があり、芝生、ボーダー植栽、水辺、または低い雨よけ、生垣として育てることができる。日当たりのよい、水はけのよい、適度に肥沃な土壌でよく育つ。年一回、枯れた部分を切るか燃やすかする。繁殖は種子からか、または株分けで行なう。

Cortaderia richardii

英　名：TOETOE GRASS, TOITOI

☼ ❄ ↔0.6〜0.9m ↕1.2〜3m

束生するイネに似た植物で、ニュージーランド原産。アーチを描く、薄緑色の葉は長細い革紐状で、鋭い鋸歯縁があり、裏面は光沢がある。アーチを描く高い羽状の穂は、薄いイエローゴールド。通常は下向きの花が、初夏から秋、長さ約3mの茎に沿って咲き、葉を超える高さになる。
ゾーン：7〜9

*Cortaderia richardii*の自生種、ニュージーランド、オタゴ、ワナカ湖

Cortaderia selloana
異　名：*Arundo selloana* *Cortaderia argentea*

一般名：シロガネヨシ、パンパスグラス

英　名：PAMPAS GRASS

☼ ❄ ↔1.2〜1.8m ↕1.5〜8m

南アメリカ南部原産の大きく頑丈なイネ科植物。アーチを描く細い葉は、表面が粗く、噴水のように広がった株をなす。銀色がかった白色の長楕円の円錐花序、長さ約1.2mは、秋に赤色または紫色を帯びる。'**アルボリネアタ**'(syn.'シルバー　ストライプ')は、コンパクトで成長が遅く、葉縁は白色。'**アウレオリネアタ**' (syn.'ゴールド　バンド')は耐寒性でコンパクトな種で、葉にある濃い黄色の縁はのちに濃い金色に変わる。'**ベルティニイ**'は、高さ0.9mの矮性種。'**プミラ**'(矮性パンパスグラス)は矮性種で、高さ約0.9〜1.2mで、青色を帯びた緑色の細い葉をもち、他種よりも耐寒性が高い。'**ロセア**'は、ピンク色を帯びた長い羽状の穂で目立つ。'**サニングデール　シルバー**'は、大きく丈夫で、強風に耐え、高さ約3.5mの密集した白い羽状の穂をもつ。'**ウィオラケア**'はすみれ色を帯びた円錐花序。
ゾーン：7〜11

CORYBAS
(コリバス属)

英　名：HELMET ORCHID

ラン科。温帯原産の約100種の落葉種からなる。南東アジアからオーストラリア、太平洋諸島、およびニュージーランド原産。オーストラリア原産種の多くはhelmet orchidとして知られており、キノコバエによって受粉する。小花がつく1枚葉の種の多くが、山間部森林の暗い日陰になった湿潤な場所に生育し、しばしばミズゴケと共生する。単生の花は湿度のわずかな変化にも敏感で、空気が乾燥しすぎるとすぐに落下する。

〈栽培〉

コロニーを形成するコリバスは多く、必要条件さえ満たしてやれば、比較的簡単に、栽培、開花、繁殖させることができる。重要なのは、高湿と低温度である。水はけのよい混合土、つまり、ピートモス(湿度のため)と粗い砂(水はけのため)の割合の多い土が最適である。夏に休眠して、小さくて白い、豆粒大の塊茎になる。この時期に鉢植えでは乾燥させておく。1年または2年ごとに別の大きな鉢に植え替えて、休眠塊茎を地表から約30mm下に植え替える。テラリウムで育てることができる種もある。秋と冬に開花するものが多い。

Correa reflexa、非定型

Correa pulchella

Correa, Hybrid Cultivar, 'Dusky Bells'

Correa, Hybrid Cultivar, 'Mannii'

Corydalis cheilanthifolia

Corybas pruinosus

Corydalis cava

Corydalis solida

Corybas pruinosus
☀ ❄ ↔25〜30mm ↕12〜35mm
オーストラリアのニューサウスウェールズ州沿岸地方原産。花には暗茶色の模様がある。冬に休眠から覚めて、地面にわずかに葉が出たあとの、数週間にだけ開花する。ゾーン：10〜11

CORYDALIS
（キケマン属）
300種余りのケシ科の一年草と多年草で、多くが古くから栽培されてきたが、1980年代後半に大流行し、青い花の咲くC. flexuosaとその栽培品種が広く入手可能となった。主に北部温帯に育つ多年草は、根茎または塊茎によって成長し、しばしば青緑色のシダに似た葉を群生させる。花は総状花序をなす筒形の花で、小型の4枚の花弁と長い距をもつ。花は優美な葉によく映えて美しい。ギリシア語のkorudallis（ヒバリ）に由来する属名は、距をもつ花の姿がヒバリの尾に似ることから付けられた。

〈栽培〉
多くの種で耐寒性が強く、季節の明瞭な、温帯気候を好む。森林または岩の多い場所で、湿潤、寒冷、腐植質の多い、水はけのよい土壌が最適である。保湿性のある土壌であれば、日なたでも育つが、半日陰のほうが好ましい。繁殖は株分けか種からである。

Corydalis cashmeriana
☀ ❄ ↔30〜80cm ↕25cm
晩春から夏に開花する多年草で、ヒマラヤ山脈原産。鮮緑色のシダに似た葉は、長さ約25mmの小葉からなる。鮮やかな青い花には、長さ12〜25mmの目立つ距があり、8個までの花が総状花序をなす。ゾーン：5〜9

Corydalis cava
☀/☀ ❄ ↔15cm ↕15cm
ヨーロッパ中部原産の多年草。中空の筒形の花で、基部の葉がない。深く切れ込んだ葉が、1本の茎に対して2枚ずつつく。すみれ色または白色の花、10〜20個が早春に総状花序につく。ゾーン：6〜9

Corydalis cheilanthifolia
一般名：チャイニーズ コリダリス
☀ ❄ ↔50〜100cm ↕25cm
中国中部で見られる多年生植物。長さ約45cm、葉柄の短い、シダに似た卵形の葉が、緩やかなロゼットをなす。春には鮮やかな黄色の花が、総状花序長さ約45cmをなして、高さ約45cmの茎につく。ゾーン：6〜9

Corydalis elata
☀ ❄ ↔50〜60cm ↕40〜50cm
中国原産の多年生植物。株立ちの直立する習性で、青緑色の葉をもつ。青い花が夏じゅう咲く。花は控えめなよい香りがする。ゾーン：5〜10

Corydalis flexuosa
一般名：ヒュームワート
☀/☀ ❄ ↔30〜80cm ↕30cm
中国南西部の多年生植物。青緑色の葉は花が終わると枯れる。長さ約25mmの距をもつ鮮やかな青い花は、控えめだが香り高く、春から初夏に咲く。'ブロンズ リーフ'は、とくに先端が紫を帯びた葉で、明青花。'チャイナ ブルー'は、濃い青色の花。'ペペ デーヴィッド'は長さ約5cmの鮮やかな青い花。'パープル リーフ'は、濃い青色の花で、紫色を帯びた葉をもつ。ゾーン：5〜9

Corydalis nobilis
☀ ❄ ↔40〜80cm ↕60〜80cm
中国北部とシベリア原産の多年生植物。粗い、シダに似た青緑色の葉、長さ約30cmがある。春には距の短い、長さ約25mm、先端が紫茶色をした薄黄色の花が、総状花序をなす。ゾーン：5〜9

Corydalis orchroleuca
一般名：ツルケマン、ツルキケマン
☀ ❄ ↔30〜80cm ↕20〜40cm
南ヨーロッパ原産の多年生植物。濃い青緑色の葉と、長さ約12mm、非常に色の薄い黄色からクリーム色の花。ゾーン：5〜9

Corydalis solida
一般名：スプリング・ヒュームワート
英名：HUMEWORT
☀ ❄ ↔20〜30cm ↕25cm
温帯ユーラシア原産の多年草で、深く切れ込んだ3出複葉が対になる。春、総状花序につく20個までの花は、グラデーション状にラベンダーから薄赤色、先端は濃い紫色になる。'ジョージ ベイカー'は、濃いピンクから赤色。ゾーン：5〜9

Corydalis flexuosa 'Bronze Leaf'

Corydalis flexuosa 'Père David'

Corydalis ochroleuca

Corydalis flexuosa 'China Blue'

Corydalis flexuosa 'Purple Leaf'

Corydalis tomentella

Corydalis wilsonii

Corydalis turtschaninovii

Corydalis tomentella
☀/☽ ❄ ↔30〜50cm ↕30cm
中国の多年生植物。綿毛で被われた、シダに似た灰緑色の葉をもつ。晩春から夏に、先端部が黄緑色をした鮮やかな黄色い花が直立した総状花序をなす。
ゾーン：6〜9

Corydalis turtschaninovii
☀/☽ ❄ ↔40〜80cm ↕40〜50cm
中国北部とシベリア原産の多年生植物。青緑色の、シダに似た、あるいはアキレジア属に似た葉をもつ。鮮やかな青い花が春に咲く。塊茎からの抽出物は広く薬草として、主に鎮痛に使われる。
ゾーン：5〜9

Corydalis wilsonii
☀/☽ ❄ ↔30〜80cm ↕30〜40cm
中国の多年生植物。鮮緑色からブロンズグリーンで、長さ約10cm、細かく分かれたシダに似た葉をもつ。春には、先端が黄緑色の、鮮やかな黄色の花が、小型の総状花序をなす。
ゾーン：7〜9

CORYLOPSIS
(トサミズキ属)
マンサク科。ヒマラヤ山脈東部、中国、台湾、日本原産。約10種の、落葉性低木と小高木。若い枝には軟毛がある。卵形で鈍鋸歯縁の葉は、明〜暗緑色で、香り高い黄色い花が春につく。果実は幅約12mmの木質のさく果で、光沢のある黒い種子を2個含む。
〈栽培〉
全種が、酸性土壌と湿潤、肥沃、水はけのよい、森林地を必要とする。繁殖は秋に熟した種子を取り播きして、冬の霜から保護しながら育てるか、または夏に緑枝挿しで行なう。

Corylopsis glabrescens
一般名：キリシマミズキ（霧島水木）
英　名：FRAGRANT WINTER-HAZEL
☀ ❄ ↔4.5m ↕4.5m
朝鮮半島と日本原産。広がる低木。卵形で暗緑色の葉は、裏面が青緑で、基部が先鋭の卵形。葉は秋に黄色になる。芳香性の明黄色の花は、赤みを帯びた緑色の苞をもち、春に下垂した総状花序をなす。
ゾーン：6〜9

Corylopsis pauciflora
一般名：ヒュウガミズキ（日向水木）
英　名：BUTTERCUP WINTER-HAZEL
☀ ❄ ↔2.4m ↕2.4m
台湾と日本原産。長さ約8cmの葉は、春にブロンズ色になり、成熟すると鮮やかな緑色になる。香り高い黄色い花は、葉に先立って早春に、下垂した総状花序をなす。無毛の果実が秋に実る。
ゾーン：7〜9

Corylopsis spicata

Corylopsis glabrescens、秋

Corylopsis sinensis ★
異　名：*Corylopsis willmottiae*
一般名：シナミズキ
英　名：CHINESE WINTER-HAZEL
☀ ❄ ↔4.5m ↕4.5m
中国原産。直立または広がる低木。長楕円形またはやや卵形の葉は、表面が緑色、裏面が青緑色、長さは約12cm。黄色の花とベルベット質の苞が下垂した総状花序をなす。開花期は、春の中ごろから初夏。*C. s.* var. *clacescens* f. *veitchana*（syn. *C. veichiana*）は、原種よりも直立し、滑らかな葉柄、より幅広の薄いレモン色の花をもつ。
ゾーン：6〜9

Corylopsis spicata
一般名：トサミズキ（土佐水木）
英　名：SPIKE WINTER-HAZEL
☀ ❄ ↔3m ↕1.8m
日本原産の広がる低木。卵形の、先細りの葉は、表面が暗緑色で、裏面が灰色を帯びている。鮮やかな黄色の花は、赤い葯とフェルト状の苞をもち、春に下垂した総状花序をなす。ゾーン：6〜9

CORYLUS
(ハシバミ属)
本属はフィルバート、ヘーゼルナッツ、コブナッツ、またはコブズとして知られる約15種の、吸枝を生じる落葉性低木と高木で、カバノキ科に属し、園芸種もある。雄性の長い尾状花序（「子羊の尻尾」）が突出し、目立たない雌性花の両方が、前年の裸枝につく（雌雄同株）。尾状花序は普通、晩冬から現れるが、春になって、雌性花が出るころにふくらむ。食用の堅果は、秋に熟す。
〈栽培〉
肥沃で湿潤な土壌で、日なたまたは部分日陰なら、簡単に栽培できる。繁殖は切り離した吸枝からで、根の定着を促進するためにあらかじめ土壌を盛り上げておく。ホルモンパウダーを使って、初夏の緑枝挿しでもよい。種は約3カ月間発芽のために冷蔵積層法を施しておく。

Corylus americana
異　名：*Corylus calyculata*
一般名：アメリカハシバミ
英　名：AMERICAN FILBERT, AMERICAN HAZELNUT
☀/☽ ❄ ↔3m ↕3m
北アメリカ東部原産の落葉性低木。*C. avellana*に習性も姿も似ているが、卵形の葉がより大きい。堅果は長い殻に完全に包まれる。尾状花序は長さ約8cmになる。ゾーン：4〜8

Corylus americana

Corylopsis pauciflora

C. sinensis var. *clavescens* f. *veitchiana*

Corylopsis glabrescens、春

Corylus avellana
一般名：セイヨウハシバミ、ヘーゼルナッツ
英　名：COBNUT, EUROPEAN HAZELNUT, FILBERT

☼/◐ ❄ ↔4.5m ↕4.5m

ヨーロッパ、アジア西部、北アフリカ原産。株立ちする低木。粗い緑色の葉は、秋に黄色になる。薄黄色の長い尾状花序は冬に裸枝につく。雌性花は赤色、早春に咲く。堅果はごつごつした殻に半ば被われる。'**アウレア**'は、緑色を帯びた黄色の葉。'**コントルタ**'は、成長の遅い太い低木で、捻じれた枝は杖に利用される。ゾーン：4〜8

Corylus colurna
異　名：*Corylus byzantina*
一般名：ターキッシュヘーゼル
英　名：TURKISH HAZEL

☼ ❄ ↔8m ↕24m

アジア西部原産。葉には脈があり、丸みを帯びた先鋭、やや欠刻があり、秋には黄色になる。黄色い尾状花序が、晩冬につく。果実の殻には縁に長い房があり、コルクのような波形の樹皮をもつ。暑い夏と寒い冬のある大陸性気候で育つ。ゾーン：4〜8

Corylus cornuta
異　名：*Corylus rostrata*
一般名：カナダハシバミ
英　名：BARKED FILBERT

Corylus maxima 'Purpurea'

☼/◐ ❄ ↔3m ↕3m

北アメリカ原産の落葉性低木。直立した茎。卵形で、欠刻のある、鋸歯縁の葉。穂状花序は長さ30mm。堅果の殻は長い筒形。*C .c.* var. *californica*は、高さ約8mにまで育ち、より短い殻と、より長い尾状花序をもつ。ゾーン：4〜8

Corylus maxima
一般名：フィルバート
英　名：FILBERT, PURPLE-LEAF HAZELNUT

☼/◐ ❄ ↔4.5m ↕9m

ヨーロッパ南部、東部、およびアジア西部原産。成長力旺盛な株立ちの低木または小高木。葉は大きく、心臓形で、真緑色をしており、新葉には粘着質の毛がある。茶色の大きな堅果、長くて、切れ込みのある殻をもつ。'**プルプレア**'は、若葉が銅色を帯びた紫色で、夏には革質の緑がかった紫色になる。ゾーン：5〜9

Corylus avellana 'Contorta'

CORYMBIA
（コリンビア属）

フトモモ科に属する110種余りの常緑高木で、新たに命名された。これには伝統的にbloodwoodsやghost gumsとして知られたユーカリノキ属の種が多く含まれている。*C. ficifolia*や、近縁の*C. calophylla*など、優れた花をつける種の多くはこのグループに含まれる。細い直立の幹と、美しい樹皮をもつために栽培される。壺形のさく果はかなり大きく、非常に装飾的であることが多い。本属はほとんどがオーストラリアの北半分、オーストラリア東部の温帯と西オーストラリア州南西部に自生する。ニューギニア原産種もある。

〈栽培〉
多数は生育が早く、短命な標本植物として用いられる。土壌に合う種を選べば、栽培も簡単である。日なたを好むが、耐霜性および湿潤、乾燥の好みは多様である。繁殖はあらかじめ発芽した種子から。花色は種子からはわからない。

Corymbia aparrerinja
異　名：*Eucalyptus aparreinja*
英　名：CENTRAL AUSTRALIAN GHOST GUM

Corylus colurna

Corylus cornuta

☼ ◐ ↔4.5m ↕15m

乾燥したオーストラリア中部に広く分布する。均斉のとれた高木で、滑らかで美しい白い樹皮をもつ。光沢のある葉は下向きにつく。乳白色の花が小さく群生する。旱魃に耐える。種小名はオーストラリア先住民の名前から取られた。ゾーン：10〜12

Corymbia aspera
英　名：ROUGH-LEAFED GHOST GUM

☼ ◐ ↔5〜6m ↕5〜10m

オーストラリアとニューギニア原産。単幹の高木で、枝は地面にまで低く垂れ、捻じれているか曲がっていることが多い。樹皮は滑らかで粉をふいた白色、ピンク、または灰色で、基部近くでは薄片状。葉は対生で、葉柄が短く、卵形から心臓形で、長さ約6〜10cm。葉色は薄緑色から青緑色で、手触りは粗い。白い花が7〜11個の群生で葉腋から、雨季（夏）の初めに出る。ゾーン：9〜11

Corymbia calophylla
異　名：*Eucalyptus calophylla*
英　名：MARRI

☼ ◐ ↔6m ↕24m

西オーストラリア州南部に原生する。美しい花を咲かせる高木で、太い円形の樹冠部をもつ。乳白色、または稀にピンク色の花を大きく群生させる。壺形の大きなさく果。湿潤で水はけのよい土壌に最適である。ゾーン：9〜11

*Corymbia aparrerinya*の自生種、オーストラリア、ノーザンテリトリー、ワタルカ国立公園

*C. aspera*の自生種、オーストラリア中部

Corymbia watsoniana

Corymbia capricornia
異　名：*Eucalyptus capricornia*
☀ ❄ ↔5m ↕15m
オーストラリア北部一帯の砂質土壌に自生し、広く分布する。単幹の高木。グレー、ピンクおよび白色の粉質の樹皮をもつが、下半分は鱗状の、赤色を帯びた樹皮で、剥離する。成熟した葉は披針形で、長さ約20cm。花は7個の群生で、晩夏から冬（雨季後期から乾季初期）に出る。成熟した蕾は、小さく、まるい帽子状。果実は壺形で、種子には翼がある。
ゾーン：10〜12

Corymbia citriodora
異　名：*Eucalyptus citriodora*
英　名：LEMON-SCENTED GUM
☀ ❄ ↔10m ↕30m
オーストラリア、クイーンズランド州熱帯に原生する。美しい落葉性の高木で、ほっそりした直立の幹と、滑らかで粉質の白から灰色の樹皮をもつ。細長い葉からレモンの香りがにじみ出る。白い花を夏から秋に咲かせる。世界中で市街地の公園や庭園を飾り、また材木、燃料、精油として用いられる。*C. c.* subsp. *variegata*は、斑入りの葉が特徴である。
ゾーン：9〜12

Corymbia eximia
異　名：*Eucalyptus eximia*
英　名：YELLOW BLOODWOOD
☀ ❄ ↔9m ↕15m
温帯オーストラリア東部の、海岸付近に

Corymbia ficifolia

*Corymbia capricornia*の自生種、オーストラリア、クイーンズランド州、マウント・アイザ

Corymbia citriodora

C. c. subsp. *variegata*の自生種、オーストラリア、クイーンズランド州、カーナーボン国立公園

Corymbia eximia

原生する。鱗状の黄茶色の樹皮と、長さ約20cm、青色がかった緑色の湾曲した葉をもつ。クリーム色の大きな花が春に咲き、花蜜を吸う鳥や蜂を引き寄せる。乾燥条件に耐える。
ゾーン：9〜11

Corymbia ficifolia
異　名：*Eucalyptus ficifolia*
英　名：RED-FLOWERING GUM
☀ ❄ ↔4.5m ↕9m
西オーストラリア州南部に原生する。葉が密集して大きな樹冠部をなし、短い幹をもち、粗い樹皮は色が濃い。花は深紅、えんじ、ピンク、オレンジで、先端に群生で、夏に咲く。壺形の果実は、長さ約35mm。
ゾーン：9〜10

Corymbia ptychocarpa
異　名：*Eucalyptus pgychocarpa*
英　名：SWAMP BLOODWOOD
☀ ✶ ↔8m ↕15m
オーストラリア北部の熱帯に原生する。粗い繊維質の樹皮。濃い暗緑色の光沢ある葉は大きい。白、ピンク、橙赤色または濃い赤色の花が、通年群生する。樽形で、うねのある大きなさく果がなる。
ゾーン：11〜12

Corymbia watsoniana
英　名：LARGE-FRUITED YELLOW JACKET
☀ ❄ ↔3〜5m ↕15m
クイーンズランド州南東部原産。まっすぐな幹。樹皮は粗く、薄片状で、幹や大きな枝には四角の模様が入り、黄茶色から灰色を帯びた黄色。小枝は滑らかである。成熟した葉は披針形の互生、長さ約10〜20cmで、褪せた薄緑色から灰緑色。冬から春に、枝先端に3〜7個の花で花序をなす。壺形のさく果には、赤茶色をした光沢ある種子を含む。
ゾーン：9〜11

Corymbia ptychocarpa

CORYNOCARPUS
(コリノカルプス属)

コリノカルパ科の4種で、丈の高い常緑森林樹。太平洋諸島西部やニュージーランド、オーストラリアで見られる。単葉で革質の葉は、枝に互生につき、小さな花を先端に円錐花序につける。皮の滑らかな、プラムのような果実がなる。

〈栽培〉
ニュージーランド原産種、C. laevigata はよく栽培される。幼形はとくに適度な湿り気のある肥沃な土壌の、暖かい場所を必要とする。繁殖は種子からで、新鮮なものを播く。

Corynocarpus laevigata
英　名：KARAKA
☼ ◑ ↔8m ↕15m

ニュージーランドの両島で見られる森林樹。葉は革質の長楕円形で、光沢ある暗緑色、大きく、密集している。卵形のオレンジ色の果実は秋に熟する。果実の仁は有毒である。
ゾーン：9〜11

CORYPHA
(コウリバヤシ属)

丈の高い直立したヤシ科植物で、丈夫な幹と扇のような非常に大きな葉をもつ。アジアからオーストラリアの熱帯に生育する6種からなる。30〜50年経つと、成熟した個体は幹の上に帯びただしい独立した花を咲かせる。果実が熟するとヤシ全体が枯れる。大きな庭園や公園では際立って美しく、また熱帯の国々では葉、果実、茎に伝統的な利用法がある。

〈栽培〉
亜熱帯と熱帯気候では、水はけのよい、有機質を含む肥沃な土壌で、温暖な季節には定期的に灌水すれば、よく育つ。繁殖は新鮮な種子から行なう。

Corypha umbraculifera ★
一般名：コウリバヤシ、タリポットヤシ
英　名：TALIPOT PALM
☼ ◑ ↔10〜15m ↕12〜24m

スリランカとインド原産。巨大なヤシで、幅5mの扇形の葉をもつ。長さ6〜8mの見事な花茎は、ほかのどのヤシよりも長い。
ゾーン：10〜12

Corypha utan
異　名：*Corypha elata*
英　名：BURI PALM,
FAN-LEAFED CABBAGE PALM
☼ ◑ ↔3.5〜4.5m ↕15〜23m

広く栽培される成長の遅いヤシで、ベンガル、ミャンマー、フィリピン、インドネシア原産。幹はらせん状に輪があり、うねがある。樹冠部は大きな円形。長さ約6mの扇形の葉は80〜100の裂片からなり、縁は黒く、鋸歯がある。円形の果実は、緑色から茶色。香りの強い白い花が巨大な穂をなし、長さ3〜8mになる。
ゾーン：10〜11

Corypha utan

Corynocarpus laevigata

CORYPHANTHA
(コリファンタ属)

マミラリア属のような小型のサボテン(サボテン科)で、メキシコとアメリカ合衆国の隣接地方で見られる。分類修正後、本属は約45種で構成されることになったが、数種はエスコバリア属に組み入れられている。小型で、ときに綿毛で先端を被われた、球形から円筒形の茎が群生し、稜のあるものもあるが、通常は代わりに大きな小結節(疣)をもつ。刺は普通、短いが、まっすぐまたは曲がっており、部分的に重なったり絡み合ったりしている。種によっては、刺が有色の付属器官に変化している。花はじょうご形または鐘形、しばしば黄色またはピンク色で、植物のサイズに比べて大きな花を咲かせる。

〈栽培〉
多数は軽い霜に耐え、典型的なサボテン生育環境で簡単に栽培できる。つまり、軽い砂質の、非常に水はけのよい土壌で、夏には湿潤、晩秋と冬には乾燥する気候がよい。繁殖は種子、塊茎芽、またはよく定着した大きな株からの株分けで行なう。

Coryphantha elephantidens ★
一般名：象牙丸
☼/◐ ◑ ↔10〜30cm ↕15〜20cm

メキシコ南西部原産で、群生、ときには単生する。球形の茎は高さ約15cmで、やや幅広。頂上が綿毛の小結節には長さ約18mmの刺が生えている。刺は平らで、絡み合う。花は香り高く、白色、赤みを帯びたピンク、紫色に近いものまである。
ゾーン：9〜11

Coryphantha pycnacantha
☼ ◑ ↔10〜30cm ↕10〜15cm

メキシコ南部原産。球形から短い円筒形の、暗緑色の茎は、頂部に綿毛があり、高さ約10cm。大きな結節には3〜4本の反曲した長さ約25mmの黒い中刺と、12本までの側刺がある。豊富に子吹きする。夏に黄色い花が咲く。
ゾーン：9〜11

Coryphantha scheeri
☼/◐ ❄ ↔30〜40cm ↕20cm

メキシコ北部とアメリカ合衆国南西部原産。狭卵形から円筒形の緑色の茎には、小結節と刺がある。刺は長さ約40mmで、曲がっていることがある。白、黄色、またはピンクの花が夏に咲く。*C. s.* var. *robustispina*(syn. *C. robustispina*)は小結節に1本の刺がある。刺は普通、長さ40mmで、10本までの短い側刺で囲まれている。赤い縞のある黄色い花が咲く。
ゾーン：8〜10

COSMOS
(コスモス属)
英　名：MEXICAN COSMOS

本属は両アメリカ大陸の熱帯から温帯地方原産のキク科植物で、26種から構成されている。一年生と多年生を含み、そのうち3種は一般的に栽培されている。一般的な一年生のコスモス(*C. bipinnatus*)は、細かい羽状複葉と、大きく開いた大型の目立つ花(舌状花8枚)をもつ。多くの花色と変種があり、矮性種から高さ1.8mのものまである。一般的な多年生種は、一年生の *C. bipinnatus* より幅広の葉と小さな花をもつが、花色と香りが魅力である。ネイティブアメリカンは *C. sulphureus* の幼葉を野菜として食用していた。

〈栽培〉
一年草は霜害がなくなった頃に植える。多年草は中程度の霜になら耐えることもある。日なたの、湿った、水はけのよい土壌に植える。肥料をやりすぎると葉ばかりが茂る。どちらも支柱は必要である。一年草は種子から、多年草は基部の挿し木から殖やす。

Cosmos atrosanguineus
一般名：チョコレートコスモス
英　名：CHOCOLATE COSMOS
☼/◐ ❄ ↔50〜100cm
↕30〜60cm

夏に開花するメキシコの多年草。暗緑色の羽状複葉は、長さ約15cmで、小葉は鋸歯縁のことがある。花柄の長い、幅25〜40mmの、暗赤色からほとんど黒色の花がつく。英名、一般名が示すように、はっきりしたチョコレートのような香り、またときにはバニラの香りがする。
ゾーン：8〜10

Coryphantha elephantidens

Coryphantha pycnacantha

Cosmos bipinnatus
一般名：秋桜（アキザクラ）、コスモス

☀/☼ ❄ ↔ 0.6～1.2m ↕ 1.2～2m

メキシコとアメリカ合衆国南部原産の一年草。シダのような羽状複葉は長さ10cm以上で、非常に細かい小葉からなる。花序は大きく、花柄が長い。花色は野生種ではピンクからラベンダーだが、栽培品種や実生苗系統では、多くの花色がある。'キャンディーストライプ'は、高さ約60cmで、白地に赤い縞がある。'ダズラー'は、高さ約1.2mで、鮮やかな深紅色。'ピコティー'は、高さ約75cmで、白から赤色を帯びた薄桃色で、濃いピンク色を帯びた赤色の縁がある。**Sensation Series**（センセーション シリーズ）は、高さ約1～1.2mで、花色は広く多様で、単色またはミックスで売られている。例えば赤色の'センセーション ラディアンス'などがある。**Sonata Series**（ソナタ シリーズ）は、高さ約60～90cmで、一重咲きのデイジーのような花で、ピンクと白色の明暗、'ソナタ ホワイト'のような単色、およびミックスがある。'スウイート ドリーム'は、高さ75～90cmの淡桃色の花で、中央部の色が濃い。
ゾーン：7～11

Cosmos bipinnatus

コスモス、ソナタ シリーズ、'ソナタ ピンク'

る。'ブライト ライツ'は、高さ約1.2mで、黄色、オレンジ、赤色のミックス。'コズミック イエロー'は、高さ約60cmで、鮮やかな黄色の一重と半八重咲きの花。**Ladybird Series**（レディーバード シリーズ）は、高さ30～40cmで、薄黄色から濃赤色、各色の単色でも、ミックスでも入手できる。'サニー レッド'は、高さ30～40cmで、鮮やかな赤色。
ゾーン：7～11

C. b., Sonata Series, 'Sonata Carmine'

コスモス、ソナタ シリーズ、'ソナタ ホワイト'

Cosmos sulphureus
一般名：キバナコスモス

☀/☼ ❄ ↔ 80cm～1.2m ↕ 1.5～2m

南アメリカ北部からメキシコで見られる一年草。羽状で、ときにやや有毛の葉は、長さ約35cm。花序は濃い黄色からオレンジ、赤色。数種類の実生苗系統があ

Costus scaber

COSTUS
（フクジンソウ属）
英 名：SPIRAL FLAG, SPIRAL GENUS

ショウガ科の約90の根茎多年生植物属で、熱帯一帯で見られる。杖のような丈夫な茎が株を形成する。披針形の葉は長さ20～25cmで、茎の周りをらせん状に取り囲む。3弁の花が穂状につくが、葉腋に苞のある葉でひだ襟のように囲まれる。色は明色、扁平、縮緬のような質感をもつ。温暖な季節に花を咲かせることが多い。穂状花序はやがて円錐形の果実となるが、繰り返し花を咲かせるには、果実を取り除くとよい。

〈栽培〉
冬には半休眠するが、土壌が凍らず、しかも夏に温暖で成長がよければ、じゅうぶんに生育する。繁殖は種子から、春の根挿し、または晩夏か春の初めに、株分けによって行なう。

Costus igneus
一般名：ベニバナフクジンソウ
英 名：FIERY COSTUS

☼ ↔ 50～100cm ↕ 50cm

ブラジル原産。紫色を帯びた茎は長さ10～20cm。暗緑色の葉の裏面は赤みがかる。鮮やかなオレンジ色の花が冬じゅう咲く。休眠期は短いか、または無い。
ゾーン：10～12

Costus pulverulentus
☼ ❄ ↔ 0.6～1.5m ↕ 1.5～3m

メキシコ南部からペルー原産。細い、ベルベット状の、青緑色の葉は長さ約30cmで、裏面は赤色を帯び、銀色の脈が走る。直立した花序は長さ約7.5cmで、鮮やかな赤色。
ゾーン：10～12

Costus scaber
☼ ❄ ↔ 0.9～2m ↕ 2～4.5m

西インド諸島、中央アメリカ、南アメリカ北部原産。長さ約20cm、先鋭の披針形の葉は、黄色い細毛に縁取られることがある。かたく密生した目立つ赤い苞が開くと、白色から黄色の花が現われる。
ゾーン：10～12

Costus stenophyllus
☼ ❄ ↔ 0.9～1.5m ↕ 0.9～2m

コスタリカ原産。茎には薄～濃茶色の帯がある。細い、ベルベット状の濃緑色の葉は、長さ約20cm。葉のない茎につく円錐形の花序は、淡黄色の花と赤い苞をもつ。
ゾーン：10～12

Cosmos sulphureus 'Cosmic Yellow'

*Costus pulverulentus*の自生種、コスタリカ

*Costus stenophyllus*の自生種、コスタリカ

Cotinus coggygria 'Royal Purple'

Cotinus coggygria

Cotinus coggygria 'Velvet Cloak'

Cotinus 'Grace'

Cotoneaster adpressus

Cotoneaster apiculatus

COTINUS
（コティヌス属）
英　名：SMOKE BUSH

本属は3種の落葉性高木または低木で、北アメリカとヨーロッパ南部から中国中部にかけて見られる。ウルシ属と同じくウルシ科に属し、共に接触性皮膚炎を起こすことで知られている。庭園植物として重宝で、長い期間楽しめる。夏には無数の小花が長い円錐花序につき、かすんだような外観をなす。これが英名の起源である。秋にはやや卵形の葉が色を深め、赤、黄色、オレンジ色を帯びる。

〈栽培〉
広範囲の土壌、天候条件で育つが、水はけのよい、日なたが最適である。冷温帯の多くの樹木のように、冬が寒冷な地域では秋の葉色が美しい。剪定して、枯れた木を取り除き、徒長した長い枝を短くする。繁殖は秋に播種、または晩夏に取った完熟枝挿しで行なう。

Cotinus coggygria
異　名：*Rhus cotinus*
一般名：ハグマノキ、ケムリノキ、スモークツリー
英　名：EURASIAN SMOKEBUSH、SMOKE BUSH、VENETIAN SUMACH

☼ ❄ ↔4.5m ↕4.5m

ヨーロッパ南部から中国中部で見られる。円形の低木で、やや卵形の葉をもつ。無数の羽毛状の円錐花序は、小さなブロンズピンクの花からなり、夏には灰色がかった紫色へと色が変わる。紫色の葉をもつ栽培品種には以下のようなものがある。'ロイヤル パープル'★は、濃い赤紫色の葉。'ベルベット クローク'は、濃い赤色を帯びた紫色の葉で、秋には完全な赤色になる。
ゾーン：5〜10

Cotinus 'Flame'
異　名：*Cotinus coggygria* 'Flame'
一般名：コティヌス 'フレーム'

☼ ❄ ↔5〜6m ↕5〜6m

C. coggygria と *C. obovatus* の交雑種で、葉形は *C. coggygria* に、高木状になる習性は *C. obovatus* に似ている。ふわふわした大きな花序は夏に鮮やかな深紅色になる。
ゾーン：7〜10

Cotinus 'Grace'
一般名：コティヌス 'グレース'

☼ ❄ ↔4.5m ↕6m

C. coggygria 'ベルベット クローク' と *C. obovatus* の交雑種。赤色を帯びた紫色の葉。灰色の羽のような花は、霞がかかったような外観をもつ。
ゾーン：5〜10

Cotinus obovatus
異　名：*Cotinus americanus*、*C. cotinoides*、*Rhus cotinoides*
英　名：AMERICAN SMOKE TREE、CHITTAMWOOD

☼ ❄ ↔6m ↕9m

アメリカ合衆国中部と南部原産。葉色は秋に鮮やかになる。*C. coggygria* に似ているが、花はそれほど美しくない。高木状になり、幅広の円錐形。
ゾーン：5〜10

COTONEASTER
（コトネアステル属）

バラ科の約200種の常緑、半常緑、または落葉性低木と高木で、温帯地帯北部の原産。葉は円形から披針形で、単葉、滑らかな縁で、互生に並ぶ。小さな花は白色で、ときに赤みを帯びたピンク、または赤色である。5弁花が単生、または集散花序をなす。赤みの黒色または赤色の果実には、やや乾燥した果肉と、2〜5個の小堅果が含まれる。豊富な花と果実がつくことから栽培される。また生垣用、魅力的な標本植物としても用いられる。

〈栽培〉
中程度に肥沃で水はけのよい土壌でよく育つ。矮性常緑種と落葉種は、日なたでよく果実を実らせる。一方、丈の高い常緑種は部分日陰でよく育つ。露出した場所では、乾燥した冷たい風を防ぐ保護が必要になる。繁殖は、常緑種なら半熟枝挿しで晩夏に、落葉種なら初夏に行なう。

Cotoneaster adpressus
英　名：CREEPING COTONEASTER

☼ ❄ ↔1.5m ↕30cm

中国西部の原産。低く育つ落葉性低木で、地面に触れると、どこからでも発根する。卵形の葉が秋に赤くなる。白い花には花弁に赤い縁がある。鮮やかな赤い果実が秋に実る。
ゾーン：4〜9

Coroneaster apiculatus
英　名：CRANBERRY COTONEASTER

☼ ❄ ↔2.4m ↕0.9m

落葉性低木で、中国四川省に原生する。光沢のある真緑の葉は円形で、先端部は短く、波状縁。秋に赤くなる。葉の裏面はやや有毛。単生の、赤から白色の花が夏に咲く。赤い果実。
ゾーン：4〜9

Cotoneaster conspicuus

Cotoneaster dielsianus

Cotoneaster horizontalis

Cotoneaster franchetii

Cotoneaster dammeri
異 名：*Cotoneaster humifusus*
☼ ❄ ↔1.8m ↑20cm
中国東部海岸の湖北地方の黄海から東シナ海沿岸にかけて原生する。匍匐性の常緑低木。光沢のある緑葉は、長楕円形で、はっきりと脈が走る。白い花は、単生または集散花序で初夏に群生する。深紅の果実が秋に実る。
ゾーン：5〜10

Cotoneaster dielsianus
☼ ❄ ↔2.4m ↑2.4m
中国原産。散漫な枝つきの低木で、温暖な気候では半常緑だが、寒冷気候では落葉性である。革質で卵形の葉は、裏面が有毛で、秋に赤くなる。ピンク色を帯びた白い花が、7個までの小さな集散花序で、夏につく。光沢ある濃赤色の果実。
ゾーン：5〜10

Cotoneaster atropurpureus
コトネアステル・アトロプルプレウス
☼/◐ ❄ ↔2.4〜3m ↑50〜100cm
しばしば*C. horizontalis*と混同される。縦横に伸びる枝と半匍匐性の習性が似る。小さな白い花が春に咲き、つづいて、小さな赤い液果が実る。秋には葉が鮮やかに色づく。'ワリエガタ'の、白い縁の葉は、秋に、赤、ピンクに変わる。
ゾーン：4〜9

Cotoneaster conspicuus
異 名：*Cotoneaster conspicuus* var. *decorus*
☼ ❄ ↔2.4m ↑1.5m
中国西部に原生する。枝の密集する常緑または半常緑の低木で、マウンド状になる。濃緑色の披針形から長楕円形の葉は、らせん状に並ぶ。夏に、白い花が集散花序をなす。光沢ある赤い果実。
ゾーン：6〜9

Cotoneaster franchetii
☼ ❄ ↔3m ↑3m
中国西部に原生する。常緑で、ときに半常緑の直立した低木。光沢ある、鮮やかな緑色の、卵形の葉は、裏面がフェルト状。夏に、ピンク色を帯びた白い多数の花が、集散花序をなす。卵形の橙赤色の果実。ゾーン：6〜10

Cotoneaster frigidus
一般名：ツリーコトネアスター
英 名：HIMALAYAN TREE COTONEASTER
☼ ❄ ↔9m ↑9m
ヒマラヤ山脈に原生する。落葉性の大低木または小高木で、樹皮は剥離する。卵形の褪せた緑色の葉には、波状縁がある。豊富な白い花がスプレー状につき、夏じゅう見られる。果実は赤色。'コルヌビア'（syn. *C.* × *watereri* 'コルヌビア'）は、暗緑色の披針形の葉が、冬に濃いブロンズ色に変わる。'フルクツ ルテオ'は、乳白色の果実。'ナットカッツ バラエティー'は、暗緑色の大きな葉。
ゾーン：6〜9

Cotoneaster horizontalis
一般名：ベニシタン
英 名：ROCK COTONEASTER, ROCKSPRAY COTONEASTER
☼ ❄ ↔1.5m ↑0.9m
中国西部原産。落葉性、枝は縦横に伸びる。楕円形から円形の葉は、暗緑色で光沢があり、秋には紅葉する。ベージュピンク色の花が晩春に咲く。深紅の果実。
ゾーン：4〜9

Cotoneaster 'Hybridus Pendulus'
一般名：コトネアステル
'ハイブリドゥス ペンドゥルス'
☼ ❄ ↔1.8m ↑1.8m
出自不詳の交雑種。常緑から半常緑の低木で、楕円形の濃緑色の葉をもつ。白い花が集散花序で夏に咲く。丈の高い種の直立した茎に接ぎ木すると、装飾的なスタンダード仕立てになる。果実は赤色で冬に滝のようにつく。
ゾーン：6〜9

Cotoneaster lacteus
異 名：*Cotoneaster parneyi*
☼ ❄ ↔3.5m ↑3.5m
中国原産。常緑低木で、アーチを描く枝。革質の卵形の葉は、表面は暗緑色で、裏面はフェルト状で、深い脈。乳白色の花が夏に咲く。赤い果実が冬まで残る。ゾーン：6〜11

Cotoneaster frigidus 'Cornubia'

Cotoneaster frigidus 'Fructu Luteo'

Cotoneaster lacteus

Cotoneaster linearifolius
異　名：*Cotoneaster microphyllus*
var. *thymifolius* of gardens
☀ ❄ ↔ 0.9m ↕ 0.9m
ネパール原産。矮性の常緑低木。小型で、光沢ある暗緑色の細い葉は、裏面が灰色。ピンクの蕾は初夏に開くと白い花になる。暗桃色の果実。ゾーン：6〜9

Cotoneaster lucidus
英　名：HEDGE COTONEASTER
☀/☼ ❄ ↔ 1.8〜3m ↕ 1.8〜3m
シベリアとアジア北部の原産。直立した、頂部の丸い落葉性低木で、枝は細く、広がる。葉は夏には暗緑色で、秋には黄色と赤色。桃白色の小さな花が晩春に咲き、丸い青黒色の果実が実る。ゾーン：3〜7

Cotoneaster microphyllus
☀ ❄ ↔ 0.9m ↕ 0.9m
ヒマラヤ山脈に原生する。匍匐性の常緑低木で、密集してマウンド状になる。密生した葉は、卵形、光沢ある濃緑色で、幼葉は裏面が毛で被われている。白い小さな花が春から夏に咲く。深紅の果実。ゾーン：5〜10

Cotoneaster multiflorus
☀ ❄ ↔ 4.5m ↕ 4.5m
中国北西部の原産。落葉性低木または小高木。アーチを描く枝は、先端が下向きになる。葉は比較的細く、無毛。白い花と赤い果実。ゾーン：5〜10

Cotoneaster salicifolius
コトネアステル・サリキフォリウス
異　名：*Cotoneaster floccosus* of gardens
☀ ❄ ↔ 4.5m ↕ 4.5m
中国に原生する。変異が多い。ほっそりした枝は優雅にうなだれる。深く脈の入った披針形の葉は、先が尖り、裏面が白いフェルト状。大きな散房花序を夏に咲かせる。円形の赤い果実は宿存する。'**エクスブリエンシス**'は、白い花を初夏に咲かせ、ピンク色の果実を冬に実らせる。'**ヘルブストヒューアー**'（syn. 'Aurumn Fire' 'オータム ファイヤー'）は、低く広がる習性で、赤い果実。'**レペンス**'は、匍匐性品種。'**ロスチルディアヌス**'（syn. *C.*×*watereri* 'ロスチルディアヌス'）は、成長力旺盛な、常緑の広がる低木で、夏に白い花が群生し、レモンイエローの果実がなる。ゾーン：6〜10

Cotoneaster serotinus
異　名：*Cotoneaster glaucophyllus*
var. *serotinus*
☀ ❄ ↔ 3.5m ↕ 9m
中国西部原産。常緑の大低木または高木。卵形の葉は、表面が暗緑色、裏面は灰色のフェルト状だが樹齢と共に毛がなくなる。白い花が大きな散房花序となって夏に咲く。鮮やかな赤色の果実。ゾーン：6〜11

Cotoneaster simonsii
☀ ❄ ↔ 1.8m ↕ 2.4m
インド北部とヒマラヤ山脈東部に原生する。落葉性または半常緑の低木。卵形の濃緑色の葉。葉の裏面は、色が薄く、剛毛がある。ピンク色を帯びた白色の花が、単生または散房花序で、夏に咲く。橙赤色の果実。ゾーン：5〜9

Cotoneaster sternianus
☀/☼ ❄ ↔ 1.5〜2m ↕ 3m
チベット、インド北東部、ミャンマー国境地方に原生する。半常緑で、硬直した扇形になる。暗緑色の葉は、長さ約40mmで、裏面に白い綿毛がある。7〜15個の赤を帯びた白い花が群生する。薄赤色の果実。ゾーン：6〜9

Cotoneaster × watereri
コトネアステル×ウァテレリ
☀ ❄ ↔ 4.5m ↕ 4.5m
C. frigidus、*C. salicifolius*および*C. rugosus*の3種間交雑種。常緑低木または小高木で、曲がった枝。葉は卵形の暗緑色で、表面には脈が走り、裏面はフェルト状。夏に、白い花が集散花序をなす。円形の、宿存する赤い果実。'**ジョンウォーターラー**'は、オリジナルクローンで、無数の栽培品種をもつ。ゾーン：6〜10

COTULA
（コトゥラ属）
英　名：BRASS BUTTONS
キク科。広く分布する約80種の一年生、多年生植物で、かつて本属に含まれていた多くが、今ではレプティネッラ属に分類されている。根茎で広がるが、コツラは通常は、低くコンパクトで、マウンド状、または株立ちになる。シダのような、濃いブロンズグリーン色の葉をもつ。花序の舌状花は無いか、または非常に縮小している。筒形花は普通、黄色からクリーム色で、赤色または紫色を帯びていることが多い。種によっては1年中開花する。

〈栽培〉
コツラは広範囲の条件で生育し、水辺、あるいは部分的に水没して生育するものもある。よく栽培されているのは、ロックガーデンに植えられる多年生種で、明るい場所で、夏でも湿気の残る水はけのよい土壌を好む。繁殖は播種、株分け、発根した茎で行なう。

Cotula coronopifolia
一般名：ブラスボタン
☀ ❄ ↔ 30〜50cm ↕ 15〜30cm
南アフリカ共和国の、一年生または寿命の短い多年生植物で、茎は横に広がるか、マウンド状になる。葉は長さ10cm以上で、非常に細く、小さな羽状の欠刻がある。鋸歯縁のことが多いが、無い場合もある。黄色の花序が冬につく。ゾーン：7〜9

Cotoneaster salicifolius 'Repens'

Cotoneaster serotinus

Cotula hispida
☀ ❄ ↔ 20〜50cm ↕ 5〜40cm
南アフリカ共和国の多年生植物。通常は匍匐性で広がる習性だが、茎はいくぶん直立、またはマウンド状になることがある。葉は羽状、長さ約40mm。かなり長い葉柄をもつ。花序は鮮やかな黄色で、赤みを帯びていることが多く、冬から春につく。ゾーン：9〜10

COTYLEDON
（コティレドン属）
かつてはベンケソウ科の多肉植物の大属であったが、大規模に修正され、今では約10種の常緑種からなる。南アフリカ共和国原産の木質茎の低木が多い。葉の形は、偏平な円形から狭長で円筒形まであり、非常に多様だが、いずれも多肉多汁で、ときには葉の表面に白い粉のような細毛がある。花は通常、黄色、オレンジ、赤色で、5枚の反曲した花弁のような萼片があり、鐘形で、丈夫な茎の先端につく。花は葉から離れて茎に支えられる。花は通年咲くが、晩春に最も多くなる。

〈栽培〉
軽度の霜になら耐えるが、比較的乾燥した冬のある、温暖気候でよく育つ。日なたまたは半日陰で、砂質の非常に水はけのよい土壌に植える。定期的な花殻摘み、古い枝と枯れた葉の除去は、整姿と豊富な花つきに効果がある。繁殖は種子、挿し木、または塊茎芽から行なう。

Cotoneaster linearifolius

Cotoneaster multiflorus

Cotula hispida

Cotyledon orbiculata ★
一般名：輪廻
☼/☽ ♨ ↔50cm～1.2m
↑80cm～1.5m
株立ちで、しばしば非常に密集した枝つきの低木。葉は円形で、長さ約10cm、稀に有毛、薄緑色からシルバーグレーで、粉で被われているように見える。花はオレンジから赤色で、長さ約12mm、密生することが多い。適した気候では侵略性になることがある。*C. o.* var. *variegata*は、真緑色の葉に、色の薄い大きな斑がある。
ゾーン：9～11

Cotyledon tomentosa ★
一般名：熊童子
英　名：BEAR'S PAW
☼/☽ ↔30～70cm ↑30～50cm
地面近くにまで枝を伸ばす低木。多肉で長さ約25mmの葉には、シルバーグレーから灰緑色の毛が密生し、微細な茶色の鋸歯縁がある。葉柄は短い。花は黄色から橙赤色、長さ約12mmで、綿毛のあることが多い。*C. t. f. variegata*は、葉にクリーム色の斑がある。葉は通常全縁。ゾーン：10～11

Cotyledon undulata ★
異　名：*Cotyledon orbiculata* var. *undulata*
一般名：銀波錦
英　名：SILVER CROWN, SILVER RUFFLES
☼/☽ ♨ ↔50cm～1.2m
↑80cm～1.5m
*C. orbiculata*と非常に似ているが、葉は常にシルバーグレーで、波状縁がある。
ゾーン：9～11

COUROUPITA
（ホウガンノキ属）
南アメリカ熱帯のジャングルに見られる常緑の大高木4種で、サガリバナ科に属する。栽培ではめずらしいが、*C. guianensis*だけはアメリカ合衆国に見られ、樹幹に直接つき、長い茎でぶら下がる面白い果実が目的で栽培される。ピンクッションのような花は大きく、構造が複雑であるが、通常は6枚の肉質の花弁がある。

〈栽培〉
亜熱帯と熱帯地帯では、本属は水はけのよい有機質豊かな土壌で、日なたの場所に植えられる。繁殖は種子から行なう。

Couroupita guianensis
一般名：ホウガンノキ、ホウガンボク
英　名：CANNONBALL TREE
☼ ✈ ↔4.5m ↑30m
栽培種はより小型になる。楕円形の大きな葉が、枝先端でロゼット状につく。直径約15cmの大きな花は、幹から直接出た長く枝垂れる枝につき、広がる赤い花弁と数百の黄色い雄ずいをもつ。茶色い球形のさく果は、熟すと赤い果肉になり、不快な臭いをもつ。
ゾーン：11～12

CRAMBE
（ハマナ属）
約20種の一年生と多年生植物で、主にユーラシア原産。アブラナ科に属する。属名はギリシア語のキャベツから来ており、非常に適切な命名である。成長力旺盛な植物で、大きな葉を肉質茎から出し、緩やかなロゼットを作ることが多い。葉は、種によって違うが、おおむね暗緑色で光沢があるか、または青灰色で粉を吹く。夏には小さな、蜂蜜の香りのする、4弁の白または黄色の花が、直立したスプレー状につく。花茎は葉の高さよりはるかに高いことが多い。

〈栽培〉
冬の極寒と夏の猛暑のない温帯気候なら、たやすく栽培できる。葉と花序が広がるため、スペースをじゅうぶんに空ける。湿った、冷たい、水はけのよい土壌で、日なたまたは半日陰に植える。開花までは灌水と施肥をじゅうぶんにする。繁殖は株分けまたは種子からである。

Couroupita guianensis

Crambe cordifolia ★
英　名：COLEWORT
☼/☽ ❄ ↔0.9～2m ↑1.5～1.8m
コーカサス地方原産の多年生植物。心臓形から披針形の葉は、長さ約35cmで、光沢ある暗緑色、表面は襞があり、鋸歯縁。小さな白い花が、立ち上るような大きな花序をなす。
ゾーン：6～9

Crambe maritima
一般名：ハマナ
英　名：SEA KALE
☼ ❄ ↔60～120cm ↑60～80cm
ヨーロッパ北部、バルト海、黒海の沿岸で見られる多年生植物。長さ約15～30cm、多肉で青緑の、楕円形から円形の葉には、鋸歯縁があり、表面は粉をふく。丈夫な茎をもつ花序に、白色からクリーム色の花が多数つく。
ゾーン：5～9

Cotyledon orbiculata

Crambe cordifolia

Cotyledon undulata

Crassula perfoliata var. *minor*

Crassula, Hybrid Cultivar, 'Campfire'

CRASPEDIA
（クラスペディア属）

約16種のキク科の一年生と多年生植物。オーストラリアの海岸から高山地方までの、主に草原や沼沢地で見られる。葉は普通、鮮やかな緑色で、毛で被われていることが多く、綿毛に似る。春または夏に、長い茎に小さな球形の花が咲く。花色は通常は黄色だが、オレンジ色のこともある。花はビー玉からゴルフボールほどの大きさで、ドライフラワーや生花アレンジメントにも価値がある。

〈栽培〉
多湿から多雨地帯の原産種は、とくに灌水を多くする。それ以外は、水はけのよい土壌の日なたで育つ。繁殖は種子または株分けで行なう。

Craspedia glauca
異　名：*Craspedia uniflora*
英　名：BILLY BUTTONS
☼ ⇳ ↔30cm ↕30～50cm
綿毛で被われた、明緑色の葉はロゼット状につく。球形の黄色い花が、長さ約30cmの茎に春から夏につく。
ゾーン：9～11

Craspedia globosa
異　名：*Pycnosorus globosus*
☼ ⇳ ↔30～40cm ↕45～60cm
*C. glauca*より大きい。灰色のイネのような葉と、長さ約100cmの茎に直径約18～30mm、オレンジ色の花がつく。多雨に耐える。ゾーン：9～11

CRASSULA
（クラッスラ属）

ベンケイソウ科の約300種の一年生、二年生、多年生草本と小低木。数種はアジア、マダガスカル、アフリカで見られるが、大多数は南アフリカ共和国原産。葉は通常、対生で多肉質だが、サイズ、質感、色、形は多様。花は赤、ピンク、緑、または白色で、星形またはじょうご形、ときに筒形。花は単生のこともあるが、散房花序のように枝分かれして咲くことが多い。

〈栽培〉
装飾用として栽培され、日なたが最適だが、半日陰でも育つ。水はけのよい平均的な土壌に、腐植土を追加するか、またはサボテン用土を用いて鉢植えにする。降霜地帯では、フレーム内で育てる。冬の灌水は控えめにする。繁殖は茎挿し、または春から真夏に単葉の葉を土に植える。硬い砂を混ぜたサボテン用土に播種する。

Crassula anomala ★
☼/◐ ⇳ ↔30cm ↕30cm
円形で多肉質の小さな葉は、日なたでは赤色を帯びていることが多いが、開花時には特にその傾向が強い。クリーム色から薄桃色の小さな花が群生する。
ゾーン：9～11

Crassula barklyi
英　名：RATTLESNAKE TAIL
☼/◐ ⇳ ↔20～30cm ↕5～10cm
南アフリカ共和国からナミビア原産。長さ約8cmの茎が群生し、長さ約6mmの卵形、縁に毛のある葉が鱗のように被う。比較的大きなクリーム色の花は、冬に小さく群生する。
ゾーン：9～11

Crassula capitella
クラッスラ・カピテラ
☼/◐ ⇳ ↔40cm ↕20～40cm
南アフリカ共和国南部沿岸地方に原生する。ときには有毛の、らせん状に並んだ披針形の葉は、先端が尖り、赤色を帯び、長さ12mm～10cm。最初は基部にロゼット状につくが、やがて細長い木質茎になる。ピンクがかった白い小花の穂状花序が晩夏に出る。'**キャンプファイヤー**'は、細い鮮やかな緑色の葉に、光沢のあるような赤色の幅広い縁取りがあり、小さなクリーム色の花がスプレー状につく。*C. c.* subsp. *thyrsiflora*は、滑らかな葉に細かな毛の縁があり、花の萼片にもとに細かな鋸歯縁がある。
ゾーン：9～11

Crassula deceptor
一般名：稚児姿
☼/◐ ⇳ ↔30～50cm ↕15cm
低く広がる、分枝の多い多年生植物で南アフリカ共和国原産。多肉質、シルバーグレー色で、粉をふいたような葉は、長さ約12mmで、4列に並び、茎に密着する。クリーム色から淡黄褐色の、非常に小さな花からなる花序は夏につく。
ゾーン：9～11

Crassula hemisphaerica
一般名：巴
英　名：ARAB'S TURBAN
☼/◐ ⇳ ↔30～50cm ↕20cm
低く育つ多年生植物で、南アフリカ共和国原産。長さ約5cm、剛毛縁で灰緑色から濃緑色の葉が、かたいらせん状のロゼットを形成する。ロゼットは伸びて短い茎になる。春に、小さなクリーム色の花が穂状花序につく。
ゾーン：9～11

Crassula lactea
英　名：TAILOR'S PATCH
☼/◐ ⇳ ↔30～50cm ↕40～60cm
南アフリカ共和国東ケープ州産。株立ちの多年生植物。茎は横広がりになるか、不規則に広がる。先端のとがった、縁の固い緑色の葉は、長さ約8cm。白い花は、裏面がときにピンクで、秋につく。
ゾーン：9～11

Crassula multicava ★
一般名：磯辺の松、鳴戸
☼/◐ ⇳ ↔40～50cm ↕30～40cm
南アフリカ共和国原産。円形、灰緑色の薄い葉は、長さ約6cm。直立または広がる短い茎は、ときには分岐する。秋に、赤みを帯びた白からクリーム色の小さな花が丸い花序をなす。
ゾーン：9～11

Crassula muscosa
英　名：MOSS CYPRESS、WATCH-CHAN CYPRESS
☼/◐ ⇳ ↔50～100cm ↕20～80cm
南アフリカ共和国、ナミビア、レソト原産。部分的に重なり合う小さな灰緑色の葉が、短いよじ登り性の茎について、ヒカゲノカズラまたはイトスギに似る。8個までの黄緑色の目立たない花が夏につく。
ゾーン：9～11
花序

Crassula namaquaensis
☼/◐ ⇳ ↔30～60cm ↕10～15cm
多肉質で有毛、豆のような青緑から灰色がかった小さな葉は、広がってマット状になる。先端につく小さなクリーム色の花序は、黒い葯をもち、夏につく。*C. n.* subsp. *comptonii*は、葉の輪郭がもっと尖り、断面が円形。黄色い葯をもつ花はより小さい。
ゾーン：9～11

Crassula namaquaensis subsp. *comptonii*

Crassula atropurpurea var. *anomala*

Crassura ovata ★
異 名：*Crassula arborescens* of gardens、
C. argentea of gardens、*C. portulacea*
一般名：花月、金のなる木
英 名：DOLLAR PLANT, JADE TREE
☼/☽ ❄ ↔0.6～1.2m ↕1.8m

南アフリカ共和国の大部分に原生する。直立した枝つきの低木で、厚い茎と剥離する樹皮をもつ。多肉質で円形の葉は、通常は光沢ある暗緑色で赤色または薄緑色の縁がある。ピンク色を帯びた白い花冠。'**クロスビーズ コンパクト**'（syn. '**クロスビーズ ドワーフ**'）は、コンパクトで低い習性で、高さは30cmを超えることは稀である。葉は赤みを帯びている。'**ホビット**'は、コンパクトな習性で、形状は、ほぼ円柱形の太い葉から、薄くてやや捩じれた葉で、赤みを帯びていることが多い。'**フンメルズ サンセット**' ★（syn.'サンセット'）は、鮮やかな赤い葉で、黄色とオレンジを帯びている。'**トリコロール**'は、クリーム色に鮮やかなピンク色の斑入りの、目立つ葉。
ゾーン：10～11

Crassula perfoliata
一般名：星乙女
☼/☽ ❄ ↔60～100cm ↕1.5m

南アフリカ共和国原産。へら形の灰緑色の葉は、長さ約15cmで、粉をふいたような表面。肉厚、ときにほぼ扁平な葉は、通常表面が凹状で、裏面は凸状。葉の多い、花柄の太い花序は、白色からピンク、赤色まである。ゾーン：9～11

Crassula ovata

Crassula, Hybrid Cultivar, 'Pink Pagoda'

クラッスラ、HC、'ポリーズ ピンク'

Crassula plegmatoides
☼/☽ ❄ ↔20～30cm ↕10～15cm

南アフリカ共和国のナマクアランド原産。広がる多年生植物で、短い茎は、多肉質で、ほぼ球形の灰緑色の小さな葉でびっちり被われている。広がった、やや有毛のクリーム色の花序。
ゾーン：9～11

Crassula pyramidalis
一般名：緑塔
☼/☽ ❄ ↔10～20cm ↕10～25cm

ときに枝分かれする短い茎には、長さ約12mmで先鋭の卵形の葉が4個ずつ並び、積み重なって四角い断面の円柱を作る。春に、白色からクリーム色の花序が茎頂につくが、あまり開花しない。
ゾーン：9～11

Crassula radicans
英 名：RED CARPET
☼/☽ ❄ ↔60cm ↕10～15cm

匍匐性の多年生植物。分岐して横に広がる茎と、披針形で、長さ約12mm、赤い縁の緑色の葉をもつ。白い花で小さな花序が茎頂につき、あとに赤色を帯びた茶色の果序を残す。
ゾーン：10～11

Crassula rupestris ★
一般名：彦星
英 名：BEAD VINE, BUTTONS ON A STRING
☼/☽ ❄ ↔15～30cm ↕20～50cm

南アフリカ共和国とナミビア原産。株立ちの多年生植物で、短い茎には、やや重なりあった分厚い葉がつく。葉は赤みを帯びたオリーブグリーンで、先鋭の卵形の葉、長さ約12mmである。赤みを帯びた白い小さな花が丸い花序をなす。*C. r.* subsp. ***commutata***は、直立し密集した株立ち。*C. r.* subsp. ***marnieriana***は、低く広がる習性で、部分的に融合した葉と、より大きな花序をつける。
ゾーン：9～11

Crassula Hybrid Cultivars
一般名：クラッスラ交雑品種
☼/☽ ❄ ↔5～25cm ↕5～20cm

クラッスラの交雑品種は、鮮やかな色彩と多様な質感と形状の葉、さまざまな形と大きさがあることから栽培される。'**ベビーズ ネックレス**' ★は、ビーズのような赤紫色の小さな葉が、直立した茎を囲み、クリーム色の小花がスプレー状につく。'**ブッダズ テンプル**' ★は、*C. pyramidalis* の交雑種で、薄い、上向きにカーブした、灰緑色の葉が、ロゼットをなし、屋根瓦のように重なり合う。クリーム色の花をもつ。'**キャンプファイヤー**'は、鮮やかな緑色の細い葉に、光沢のある鮮やかな赤色の幅広の縁があり、クリーム色の小花がスプレー状につく。'**コラリータ**'は、多肉質で、カールした灰緑色の葉がロゼットを作り、その中心から赤みを帯びた茎が出て先端にピンクの花をつける。'**ファーンウッド**'は、鮮やかな緑色の小さな葉で締まったロゼットを作り、明黄色の花をスプレー状で晩冬から咲かせる。'**フロスティー**'は、緑色の小さな葉を、シルバーグレーの縁が強調する。小さなクリーム色の花のスプレー。'**ムーングロー**' ★は、分厚い多肉質の灰緑色の葉が、直立した短い茎につき、特徴的な淡橙色の花が咲く。'**モーガンズ ビューティー**' ★（syn.'モーガンズ ピンク'）は、多肉質で、長さ約5cm、扁平な灰緑色の葉が盛り上がるようにつく。淡桃色の目立つ花は、開花時には光沢のあるピンク色で、時とともに赤色になる。'**パゴダ ビレッジ**'は、赤紫縁のブロンズグリーンの葉で囲まれた、直立した茎が群生する。葉は屋根瓦のように重なる。ピンク色を帯びたクリーム色の小さな花が、スプレー状につく。'**パステル**'は、分厚い薄緑色の小さな葉が、短く直立した茎の周りに群生する。白色からピンクがかったクリーム色の小さな花がスプレー状につく。'**ピンク パゴダ**'は、細く直立した茎、薄桃色または赤色の花がスプレー状につき、赤みを帯びた果序。'**スプリングタイム**'は、基部が幅広い、多肉質の鮮やかな緑色の葉が、群生する茎につき、ピンク色を帯びたクリーム色の小花が夏にスプレー状につく。ゾーン：9～11

C., Hybrid Cultivar, 'Buddha's Temple'

Crassula plegmatoides

Crassula radicans

C., Hybrid Cultivar, 'Moonglow'

C., Hybrid Cultivar, 'Morgan's Beauty'

+CRATAEGOMESPILUS
(+クラタエゴメスピルス属)

+の印は2属間の接ぎ木交雑種を意味するが、本属はバラ科のサンザシ属とセイヨウカリン属の接ぎ木交雑種である。接ぎ木交雑種は、何らかの理由で、台木の組織が穂木の組織に溶け込んでしまったときに起こるもので、両者がそれぞれの特徴を維持する。この交雑種はフランスのブロンヴォーにおいてMonsieur Dardarが苗木畑で、1895年ごろ作ったもので、2つの別個の品種がある。

〈栽培〉
日なたまたは部分日陰の、多湿地以外、ほとんどの土壌で育つ。セイヨウサンザシの台木に接いで殖やす。

+*Crataegomespilus dardarii*
クラタエゴメスピルス・ダルダリイ
英 名：BRONVAUX MEDLAR
☼ ❄ ↔6m ↕6m

広く広がる小高木。白い大きな花。葉は秋に黄色とオレンジ色に変わる。同一の接ぎ木から2つの品種が生まれた。'ブロンヴォー'は、ときに刺のある、セイヨウカリンのような葉と果実が群生するが、実はより小さい。'ジュールズ ダニエール'は、新しいシュートにはセイヨウカリンのような綿毛があり、葉は滑らかな縁から深い欠刻までの縁、サンザシのような果実をもつ。
ゾーン：6〜9

CRATAEGUS
(サンザシ属)
英 名：HAWTHORN

バラ科の属で約200種を含む。多数は刺で被われた大低木または小高木である。濃緑色の葉は、互生、単葉または欠刻、ときには鋸歯縁もある。白色からピンク色の花は、種によっては5枚の萼片および（または）花弁で、散房花序または単生で咲く。小堅果は、食用になる果肉で被われている。果実は、黒、黄色、または青色がかった緑色のこともあるが、たいていは赤色である。*C. laevigata*と*C. monogyna*は何世紀も生垣植物として使われてきた。

〈栽培〉
日なたまたは部分日陰で、どんな土壌にも育つ。芽接ぎ栽培は夏に、接ぎ木は冬にする。種子が熟せば、冬の霜から保護された場所に播種する。発芽には18カ月ほどかかる。

セイヨウサンザシ、'ポールズ スカーレット'、盆栽

Crataegus × *lavalleei*

Crataegus 'Autumn Glory'

+ *Crataegomespilus dardarii* 'Jules d'Asnières'

Crataegus crus-galli var. *salicifolia*

Crataegus arnoldiana
英 名：ARNOLD HAWTHORN
☼ ❄ ↔9m ↕9m

アメリカ合衆国北東部原産。小高木。卵形、欠刻、円形の葉は、表面が暗緑色で、裏面の色は薄い。芳香性の白い花が春に咲く。鮮やかな赤い果実は3〜4個の種子を含む。
ゾーン：5〜10

Crataegus 'Autumn Glory'
一般名：サンザシ'オータム グローリー'
☼ ❄ ↔3m ↕3m

*C. laevigata*の交雑種と思われる。落葉性低木。光沢ある葉には3〜5の円形の褪せた鋸歯縁の欠刻がある。大きな白い花を群生で初夏に咲かせる。卵形の赤い果実が秋になり、冬になっても宿存する。
ゾーン：5〜10

Crataegus crus-galli
一般名：コックスパーホーソン
英 名：COCKSPUR THORN
☼ ❄ ↔10m ↕9m

アメリカ合衆国東部原産。頂上部の平らな小高木で、曲がった長い刺をもつ。暗緑色で卵形の光沢のある葉。秋に紅葉する。小さな白い花が大きな散房花序につき、春につく。濃赤色の果実は冬じゅう宿存する。*C. c.-g.* var. *salicifolia*は、細い披針形の葉。
ゾーン：5〜9

Crataegus laciniata
異 名：*Crataegus orientalis*
☼ ❄ ↔6m ↕6m

ヨーロッパ南東部とアジア西部原産。刺

Crataegus crus-galli

のある低木または高木。葉は深く欠刻し、暗緑色で、長さ約5cmになる。銀色を帯びた白い毛に被われている。白い花が群生で夏に咲き、大きな赤い果実が続く。ゾーン：6〜9

Crataegus laevigata
異 名：*Crataegus oxyacantha* of gardens
一般名：セイヨウサンザシ
英 名：ENGLISH HAWTHORN, MAY, WHITE THORN
☼ ❄ ↔8m ↕8m

ヨーロッパの大部分とアフリカ極北西部に原生する。刺のある高木。卵形の葉は光沢ある真緑色で、欠刻と鋸歯縁、裏面は薄い緑色。白色またはピンクの花が散房花序で春に咲き、続いて赤い果実が実る。この種はしばしば生垣として栽培される。非常に装飾的な栽培品種は標本植物として使われることがある。'ポールズ スカーレット'★は、八重咲きの濃いピンクの花。'プレナ'は、八重咲きの白い花で、樹齢とともに、ピンク色を帯びる。'ロセア フロレ プレノ'は、八重咲きのピンクの花。
ゾーン：5〜9

Crataegus × *lavalleei*
英 名：LAVELLE HAWTHORN
☼ ❄ ↔6m ↕6m

フランス原産の栽培種。*C. crus-galli*と*C. pubescens*の交雑種。温暖気候では半常緑。葉は楕円形から卵形で、鋸歯縁、光沢ある緑色。秋には美しく紅葉する。白い花は、赤い雄ずいをもち、初夏に咲く。赤い果実が長く宿存する。
ゾーン：6〜10

Crataegus × *media* 'Gireoudii'

Cretaegus × media
クラタエグス×メディア

☀/◐ ❄ ↔1.5〜2m ↕2.4〜3m

*C. monogyna*と*C. laevigata*の交雑種。葉の細かい特徴と卵形というよりも扁球形の果実のなる点が異なる。*C. laevigata*と似ている。'ギレオウディイ'は、広がる高木で、幅広の樹冠部をもつ。
ゾーン：5〜9

Crataegus monogyna
一般名：セイヨウサンザシ
英　名：HAWTHORN, MAY, QUICKTHORN

☀ ❄ ↔8m ↕8m

ヨーロッパ原産。刺があり、生垣によく用いられる。葉はおおまかに卵形で、表面は暗緑色、裏面は色の薄い綿毛がある。ピンクがかった白い花が、小さく群生する。暗赤色で種子1つを含む果実。'ビフロラ'は、グラストンベリーソーンと呼ばれ、真冬に開花し、春に2度目の開花をする。'コルリケタ'は、円柱形になる習性で、3.5mまで広がる。
ゾーン：4〜9

Crataegus nitida 'Prunifolia'
英　名：GLOSSY HAWTHORN

☀ ❄ ↔8m ↕9m

どっしりした丸みのある落葉性低木で、オハイオ州からミズーリ州とアーカンソー州にかけて原生する。葉は暗緑色で、表面は光沢があり、裏面は色が薄い。秋にオレンジから赤色に紅葉する。小さな白い花が春中ごろに咲き、褪せた赤色の果実になる。果実は翌年の春まで宿存する。
ゾーン：4〜6

Crataegus persimilis
クラタエグス・ペルシミリス'プルニフロリア'

異　名：*Crataegus×prunifolia*

☀ ❄ ↔8m ↕6m

落葉性大低木または小高木で、現在は別種の栽培品種と考えられている。密集した葉、刺のある枝をもつ。鋸歯縁の卵形の葉は長さ約8cmで、秋には鮮やかな赤色に変わる。ピンク色の葯のある白い花が散房花序で咲く。赤い果実。'プルニフォリア スプレンデンス'は、はるかに成長力旺盛で、より大きな葉と群生の花をもつ。ゾーン：5〜9

Crataegus phaenophyrum
異　名：*Crataegus cordata*
一般名：ワシントンホーソン
英　名：WASHINGTON HAWTHORN

Crataegus punctata

Crataegus persimilis 'Prunifolia Splendens'

☀ ❄ ↔9m ↕9m

アメリカ合衆国南東部原産。細かな落葉樹。葉は鋭い鋸歯縁で、およそ卵形で、欠刻がある。光沢のある緑色の葉色が秋には美しく紅葉する。白い花が秋に出る。つやのある鮮やかな赤色の果実は、春まで宿存する。'ファスティギアタ'は、細く、直立する習性。ゾーン：5〜10

Crataegus pseudomelanocarpa
異　名：*Crataegus pentagyna* subsp. *psudomelanocarpa*

☀ ❄ ↔3〜5m ↕4.5〜6m

バルカン半島原産。薬草療法薬の材料。白い花が夏に咲く。ゾーン：6〜11

Crataegus punctata
クラタエグス・プンクタタ
英　名：DOTTED HAWTHORN

☀ ❄ ↔9m ↕9m

アメリカ合衆国東部原産。刺のある高木。およそ卵形の暗緑色の葉は、鋸歯縁で、裏面に綿毛がある。薄桃色の葯をもつ白い花が、有毛の散房花序で咲く。赤い果実には色の薄い斑がある。'オハイオ パイオニヤ'★は、人気のある装飾的な高木で、煉瓦のような赤色の果実をつける。ゾーン：4〜9

Crataegus schraderiana

☀ ❄ ↔6m ↕6m

ギリシアとクリミア半島に原生する。落葉性の、頂上部の丸い高木。葉は長さ約5cmで、深い鋸歯縁の5〜9の欠刻がある。葉色は濃緑色で、裏面は細かい

Crataegus schraderiana

Crataegus pseudomelanocarpa

Crescentia cujete

灰色の綿毛で被われている。散房花序をなす白い花は、幅約12mm。プラムのような香りの果実をつける。
ゾーン：6〜9

CRESCENTIA
（クレスケンティア属）

ノウゼンカズラ科の本属は、6種の常緑高木とつる植物からなり、うち1種は装飾的な果実がつくことから、よく栽培される。西インド諸島を含む、メキシコからブラジルにかけての両アメリカ大陸で見られる。卵形からへら形の単葉、または3出複葉。筒形の花には広くフレアになった裂片があり、普通、黄色から黄褐色の明暗。コウモリが授粉する花は、葉腋や茎先端ではなく、枝からまっすぐに伸びる。球形から卵形の果実は非常に大きい場合があり、堅い木質の殻と果肉をもつ。

〈栽培〉
温暖で湿潤な熱帯気候で、果実が実る時期に豊富な湿気を必要とする。湿った、腐植質の多い、水はけのよい土壌で、日なたまたは部分日陰でよく育つが、日照りに耐え、熱帯モンスーンでも栽培することができる。整枝や剪定はめったに必要としない。繁殖は種子または半熟枝挿しで行なう。

Crescentia cujete
英　名：CALABASH TREE

☀/◐ ✂ ↔6m ↕9m

メキシコと中央アメリカ原産。へら形で濃緑色の葉は長さ約25cm。一重咲きの

Crinodendron hookerianum

花は、古い枝につき、明るい黄茶色で、内側が紫色。黄緑色の果実は、長さ約30cm。丈夫な殻があるが、中空のことが多く、瓢箪として使われる。
ゾーン：11〜12

CRINODENDRON
（クリノデンドロン属）

ホルトノキ科に属する南アメリカの4種で、うち2種は優雅な花のために庭園で育てられる。花は葉腋から出る、ほっそりした長い下垂した花茎につく。葉は濃く、光沢があり、常緑。ややコンパクトな低木として育てられることが多いが、直立した小高木にも仕立てることができる。

〈栽培〉
水はけのよいことと、1年を通しての高湿、肥沃な土壌、風や寒冷な気候からの保護、および土壌の冷涼なことが必要である。繁殖は種子、または砂質の鉢植え用土への半熟枝挿しで行なう。

Crinodendron hookerianum ★
異　名：*Tricuspidaria lanceolata*
一般名：ランタンツリー
英　名：CHILE LANTERN TREE

❄ ↔5m ↕9m

硬直した太い常緑低木で、チリ原産。栽培種はより小さい。葉柄の短いまばらな葉は、細く、暗緑色で、光沢がある。鮮やかな赤またはカーマイン色で、蝋質の、壺形の花が初夏に咲く。
ゾーン：8〜9

Crinum bulbispermum

Crinum moorei

Crinodendron patagua
☀ ❄ ↔3m ↑4.5m

チリ原産で、成長の早い常緑低木、または小型の直立した高木。光沢ある暗緑色で卵形の葉は、裏面に綿毛がある。シュートは赤みを帯びている。真夏から晩夏に、鐘形の白い花が、枝からぶら下がる。*C. hookerianum*よりも乾燥条件に耐える。
ゾーン：8～9

CRINUM
(ハマオモト属)

約130種の常緑と落葉性の球根植物の属で、ヒガンバナ科に属する。熱帯と亜熱帯の、通常海岸地域に見られる。球根は大きく、葉は幅広で長く、0.9m以上ある。肉太の花茎がらっぱ形の大きな花を支える。花にはフレアになった裂片があり、種によっては裂片が細く、クモの足状である。花は白またはピンクの濃淡またはローズ色で、芳香性のことが多い。

〈栽培〉
寒冷地方では、温室やサンルームで鉢植えにする。その他の地方では、雨風の当たらない半日陰で、水はけのよい土壌で育てる。球根は移植を嫌い、定着するのに時間を要する。繁殖は種子または分球によって行なう。実生では開花までに3年かかる。

Crinum americanum
英　名：FLORIDA SWAMP LILY、SOUTHERN SWAMP CRINUM
☀ ❄ ↔60～90cm ↑45～75cm

アメリカ合衆国南部原産。首の短い大きな球根。葉は長さ約1.2m。花茎につく3～6個の乳白色の花は、緑色または紫色を帯びている。突起したフレアになった葯は、赤色またはピンク色。
ゾーン：9～11

Crinum asiaticum
英　名：POISON BULB
☀ ❄ ↔0.9m ↑0.9～1.5m

熱帯アジア原産。首の長い大きな球根。非常に葉の多い植物で、幅広で青色を帯びた葉は長さ約1.2m。太い花茎に、芳香性の白い花が20～30個の花序をなす。花にはクモの足のような細い花弁と、長い赤い葯がある。*C. a.* var. *sinicum* (syn. *C. pedunculatum*)は、オーストラリアといくつかの太平洋諸島に原生し、より大きな葉と、より高い花茎をもつ。
ゾーン：8～11

Crinum bulbispermum
異　名：*Crinum longifolium*
☀ ❄ ↔0.9m ↑0.9m

南アフリカ共和国原産。首の長い、大きな球根。整然とした、溝のある、アーチを描く葉。じょうご形で芳香性の大きな花は、白色または明暗のピンクで、各花弁に赤い縞がある。
ゾーン：7～10

Crinum erubescens
☀ ❄ ↔0.9m ↑0.9m

熱帯アメリカ原産。大きな球根をもつ、水生種。肉太で多肉質の、革紐形の葉をもつ。らっぱ形で芳香性の大きな花には、フレアになった裂片があり、4～12個の花で花序をなす。花は紫がかった赤色で、花喉は白い。
ゾーン：10～11

Crinum 'Ellen Bosanquet'
一般名：ハマオモト'エレン ボサンケット'
☀ ❄ ↔0.6～0.9m ↑0.6～0.9m

*C. moorei*と*C. zeylanicum*の交雑種。ややアーチを描く軟らかな葉は、整然としている。ローズレッド色のらっぱ形の大きな花が夏に咲く。
ゾーン：9～11

Crinum × powellii 'Album'

Crinum moorei
☀ ❄ ↔1.2～1.5m ↑1.2～1.5m

南アフリカ共和国原産。極端に大きな、首の長い球根。長くて幅広の、やや雑然とした葉。丈の高い花茎に、らっぱ形で薄桃色の芳香のある花が6～12個、夏に咲く。
ゾーン：8～11

Crinum × powellii
クリヌム×ポウェリイ
☀ ❄ ↔1.2m ↑1.2m

*C. moorei*と*C. bulbispermum*の交雑からなる園芸種。首の長い、大きな球根。幅広で、直立した、溝のある葉。らっぱ形の花はピンクまたは白色で、高い花茎に、8～10個の群生で咲く。'**アルバム**'は、純白の花。
ゾーン：7～10

CROCOSMIA
(クロコスミア属)
英　名：FALLING STARS, MONTBRETIA

アヤメ科に属し、南アフリカ共和国の草原地帯原産。堂々とした姿をもち、管理に手がかからず、あざやかな花、直立した披針形の葉がつくことから、よく栽培される。葉は高さ60～100cmに達し、大きな株を形成する。葉には襞、および（または）うねがあり、色は薄緑色から、真緑、茶色系までと多様である。花つきの豊富なじょうご形の花はよい切花で、枝分かれしていることの多い針金状の長い茎につき、真夏から晩夏に咲く。この植物は冬には完全に休眠する。球茎はアイボリーホワイト色の円盤状、直径約6cmである。

〈栽培〉
日光、水、適度な水はけのよさ、殖え過ぎた球茎の定期的な株分けが、この丈夫でしかも魅力的な植物には必要である。

Crindendron patagua(挿入写真、果実)

Crocosmia aurea

☀ ❄ ↔60〜80cm ↕80〜100cm
河床、多湿な森林、日陰になった渓谷に原生する。日陰に耐える。花は直立、ときに枝分かれした穂状花序に2列につき、色は濃いオレンジからクロムイエローまで。葉は薄く、薄緑色。
ゾーン：7〜9

Crocusmia × crocosmiiflora

一般名：ヒメヒオウギズイセン、モントブレア
☀ ❄ ↔50〜60cm ↕50〜60cm
*C. aurea*と*C. pottsii*の丈夫な交雑種。薄緑色の葉、枝分かれした花茎はアーチを描く。日当たりのよい、保護された場所が最適。温暖で湿潤な気候では侵略性になる。'**エミリー マッケンジー**'(syn.'レディー マッケンジー')は、高さ約60cmに育ち、真緑色の葉をもつ。かぶさった暗橙色の花が下垂した穂状につく。'**ソルファタッレ**'(syn.'ソルファタレ')は、1890年代にさかのぼる人気の交雑種で、優雅に枝分かれしたアーチを描く茎、黄色い花びら、くすんだブロンズ色の薄い葉をもつ。
ゾーン：5〜9

Crocosmia masoniorum

クロコスミア・マソニオルム
☀ ❄ ↔80〜100cm ↕0.9〜1.2m
丈夫な植物で、山間部に原生する。襞のある真緑色の葉。アーチを描く単茎には、赤橙色の花がスプレー状につく。温暖気候で、湿った砂質土壌が最適である。'**ロワレイン イエロー**'は黄色い花。
ゾーン：7〜9

Crocosmia pottsii

☀ ❄ ↔80〜90cm ↕80〜90cm
野生では、川辺や川の中に自生する。栽培でも、同様に湿潤で岩質の環境が必要である。花は橙赤色。
ゾーン：7〜9

Crocosmia Hybrid Cultivars

一般名：クロコスミア交雑品種
☀ ❄ ↔30〜60cm ↕45〜90cm
新種、旧種を含め、花色の多い栽培種が厳格に選抜され、大きな割合で交配に使われている。寒冷湿潤な気候向けに交配されたものが多い。すべてが、密集した葉と、夏に多花を出す。'**シトロネラ**'(syn.'ゴールデン フリース')は高さ約60cmに育ち、真緑色の葉、赤茶色の斑紋のある黄色い花をもつ。'**ルシファー**'は、ほかの種よりも開花時が早く、大きな濃い赤色の花を咲かせる。'**ノリッジ カナリー**'は、オレンジ色の蕾が、開くと鮮やかな黄色で、裏面がオレンジ色の花。'**スター オブ ジ イースト**'★は、非常に大きな花で、中央が明るく、アプリコットピンクからライトオレンジ色。花弁先端の色がより濃い。
ゾーン：7〜10

CROCUS

(サフラン属)

約80種の小型のユリに似た多年草で、アヤメ科に属する。ヨーロッパ中部、南部、アフリカ北部、アジア中部、中国西部の、潮位から亜高山地帯で見られる。全種が地下に球茎をもち、ここから花序が出る。葉は、種にかかわらず同じような形だが、出る時期が違う。秋に開花する種は開花時には葉がなく、葉は春に出る。一方、春に開花する種は開花時に葉があり、冬前に果実がなる。花は長い筒形で、球根の先から出る。6花被で丈の高い、色彩に富んだ「花」がつく。果実を形成する子房は花筒の基部にある。種子は3室のさく果になる。

〈栽培〉
多数の種が何年も直径約10〜15cmのコンパクトな株を維持する。球根は10cm離して植えるが、より密集した球根は、それ以上空間を空ける。繁殖は、種子からで、容易に発芽する。若い実生苗は移植する前に、2年間はコンテナで管理する。土壌と条件は、種によって多様である。

Crocus ancyrensis

☀ ❄ ↔8cm ↕5cm
黄色い花のつく種で、トルコ中部、北部の標高800〜1,600mのブナ雑木林やマツの森林の、開けた岩場で見られる。1〜3個の花と、2〜6枚の葉は同寸。水はけのよい、アルカリ性の、砂質土壌を必要とする。花は晩冬から夏に咲く。
ゾーン：6〜8

Crocus angustifolius

クロクス・アングスティフォリウス
異 名：*Crocus susianus*
☀ ❄ ↔10cm ↕5cm
ロシア南西部原産。1〜2個の花は黄色で、外花被に、紫色がかった茶色の縞あるいは斑紋がある。3〜6枚の葉は花と同寸で、灰緑色。晩冬から早春に開花。ヨーロッパでは300年以上も前から栽培されている。ゾーン：5〜7

Crocus banaticus

異 名：*Crocus byzantinus*、*C. iridiflorus*
☀ ❄ ↔8cm ↕10cm
ルーマニア、かつてのユーゴスラヴィア北東部、およびウクライナの原産。花は単生で、ライラック色から紫色の花被をもち、外花被より内花被は小さい。秋に開花する。1〜3枚の葉が春に出る。
ゾーン：6〜7

Crocus chrysanthus

クロクス・クリサントゥス
異 名：*Crocus annulatus*、*C. croceus*、*C.skorpilii*
☀ ❄ ↔10cm ↕5cm
アルバニア、ブルガリア、ギリシア、マケドニア、セルビア、ルーマニア、トルコで見られる。春に開花する、変異の多い種で、芳香性の花は薄黄色から橙黄色で、ときにブロンズまたは紫の縞が外花被に走る。3〜7枚の葉は、さまざまな長さで、灰緑色。多くの選抜品種と交雑種、特に*C. biflorus*を交配したものが、今では栽培される。'**ブルー パール**'★は、白い花で、花喉が黄色く、外花被は薄いライラックブルー。'**E. A. ボウルズ**'は、濃いレモンイエローの花で、外花被の基部はブロンズグリーン。'**レディーキラー**'は、白い花で、外花被に濃紫色の斑紋がある。
ゾーン：6〜8

Crocus corsicus

異 名：*Crocus insularis*
☀ ❄ ↔8cm ↕8〜10cm
コルシカ島の雑木林や岩場の山腹に見られる。1〜2個の花をもち、ときに芳香性。花は内側がライラック、淡黄褐色、または黄色で、晩冬から早春に咲く。2〜4枚の葉は、花と同寸で、暗緑色。
ゾーン：7〜9

Crocosmia masoniorum

C. masoniorum 'Rowallane Yellow'

Crocosmia × crocosmiiflora

Crocosmia pottsii

Crocus etruscus
☀ ❄ ↔8cm ↑8cm
イタリア原産。花は1個、または稀に2個で、晩冬から春に、薄いライラックブルーの花を咲かせる。外花被は、クリーム色から淡黄褐色。2～4枚の葉は、花よりも短く、幅約6mmの緑色である。
ゾーン：6～8

Crocus goulimyi
☀ ❄ ↔8cm ↑10cm
ギリシア南部の石灰岩土壌で見られる。花は1～2個で、芳香性、明暗のライラックパープル。内花被は色が薄く、花喉は白く、有毛。秋に開花する。4～6枚の緑色の葉は、花より短い。
ゾーン：7～8

Crocus imperati
異名：Crocus incurvus、
C. neapolitanus、C. suaveolens
一般名：アーリー・クロッカス
☀ ❄ ↔8cm ↑10cm
イタリア原産。花は1個、あるいは2個で、花の内側は中間から濃い紫色、外花被は淡黄褐色で、紫色の縞がある。晩冬から早春に開花。3～6枚の光沢ある緑色の葉は、花と同寸またはより長い。
ゾーン：7～8

Crocus kotschyanus
異名：Crocus zonatus
☀ ❄ ↔10cm ↑8cm
ロシア、トルコ、シリア、レバノン原産で変異が多い。1～2個の花は、ときに芳香性で、白色または青みがかったライラック色で、平行の脈は色が濃い。花喉は白または黄色で、有毛のことがある。開花時は秋。4～6枚の緑色の葉は、開花時には見られない。球根は直立または横向き。
ゾーン：6～7

Crocus medius
☀ ❄ ↔12cm ↑8cm
イタリア北部とフランス南東部原産。1～2個の花は、ライラックから濃紫色で、花被基部には色の濃い脈がある。開花時は秋。2～3枚の葉は白い縞のある緑色で、花後に出る。
ゾーン：6～7

Crocus orchroleucus
☀ ❄ ↔8cm ↑5cm
シリア南部、レバノン、イスラエルの原産。1～5個の花は、乳白色で、花喉と花被の下部が黄色の明暗で有毛。開花時は晩夏から冬。花が開くと、3～7枚の濃緑色の葉が出る。
ゾーン：7～8

Crocus phuchellus
☀ ❄ ↔10cm ↑10～12cm
かつてのユーゴスラヴィア南部、モンテネグロ、ブルガリア、ギリシア、トルコの、湿潤な自生地と落葉性のブナ、マツ森林地帯と雑木林で見られる。大きな花をつける種。1～2個の花は、芳香性。薄いライラック色から青色で、濃い色の脈があり、花喉は濃い黄色。晩夏から晩秋に咲く。3～5枚の緑色の葉は、花が終わったずっと後につく。ゾーン：6～7

Crocus sativus
一般名：サフラン
英名：SAFFRON CROCUS
☀ ❄ ↔10cm ↑5cm
古くから染料の原料または薬草として、何世紀も栽培されてきた。世界で最も高価な香辛料で、450gの乾燥サフランは7万個の花を必要とする。実がならないので、栄養繁殖する。ギリシア原産の野生種であるC. cartwrightianusから選抜されたものと考えられる。C. sativusは大きな花被と花形をもつが、この花から染料が作られる。花は芳香性、ライラックパープルの濃淡または白色で、脈は色が濃く、秋に1～5個つく。普通、7～12枚の灰緑色の葉が、開花時にも見られる。ゾーン：6～8

Crocus serotinus
☀ ❄ ↔10～15cm ↑5～10cm
ポルトガル原産。秋に開花する種で、3～4枚のイネ科のような葉が、花と同時に出る。花は白からモーブ色で、ときに紫色の脈、オレンジ色の柱頭をもつ。C. s. subsp. salzmanniiは、薄いライラック色の花で、黄色い花喉をもつ。ゾーン：6～9

Crocus sieberi
クロクス・シエベリ
☀ ❄ ↔8cm ↑5～8cm
バルカン半島とクレタ島の原産。変異の多い種で、花色と分布は様々である。交雑は2種が隣接すると生じ、そのうち、いくつかが栽培種に選抜されている。1～3個の芳香性の白い花は、外花被は紫色を帯びて、春から夏に咲く。4～7枚の葉は、花と同寸で、緑色。'ボウルズ ホワイト'は、白い花の選抜品種で、花喉はゴールデンイエロー。'ヒューバート エデルステン'は、内花被が白色で外側がライラックパープル。C. s. subsp. sublimis 'トリコロール'は、花被が細く、それぞれに3色の帯がある。花喉は黄色、白色、およびライラックパープル。
ゾーン：6～8

Crocus speciosus
☀ ❄ ↔8cm ↑10～15cm
ロシア、イラン北部、トルコ原産。広く分布するが、変異が多い。1～2個の花は芳香性で、ライラックブルー色の濃い脈があり、花被の外側はしばしば銀色に輝き、花喉は白っぽい。秋に咲く。3～5枚の暗緑色の葉は、花後、かなりあとに出る。
ゾーン：6～8

Crocus speciosus

Crocus tommasinianus ★
☀ ❄ ↔8cm ↑8～10cm
ユーゴスラヴィア、ハンガリー、ブルガリア原産。1～2個の薄いライラック色から紫色の花が、早春に出る。外花被が銀色または淡黄褐色を帯びていることが多く、ときに花被の末端が濃い紫色で、花喉は白色。3～4枚の緑色の葉は、花と同寸で、浮き彫りになった縦縞がある。
ゾーン：6～8

Crocus vernus
一般名：ハナサフラン、ダッチクロッカス
英名：DUTCH CROCUS
☀ ❄ ↔10cm ↑10～12cm
最も広く知られたクロッカスで、イベリア半島からロシア西部までのヨーロッパの大部分で見られる。1～2個の花は、早春に、紫、ライラック、白色の花をつけるが、種によっては色の濃い縞がある。2～4枚の緑色の葉は、花より短いことが多い。多くの栽培品種が選抜されている。
ゾーン：6～8

CROSSANDRA
（ヘリトリオシベ属）
熱帯と亜熱帯に原生する、約50種の常緑低木と亜低木で、キツネノマゴ科に属する。マダガスカルを含むアフリカと、アラビア半島からインドまでで見られる。多くは、青々とした濃緑色で、披針形、輪生の葉がつき、鮮やかな色彩の、花被の大きな筒形の花が茎頂に花序をなす。花はほとんど1年中咲く。花序には葉のような苞があり、通常は花と同色であるが、質感が違うことが多く、綿毛か剛毛がある。

〈栽培〉
熱帯以外では屋内植物として栽培される。湿潤で、水はけのよい、腐植質の多い土壌で、日なたまたは部分日陰の場所を好む。葉はやや軟らかい傾向があるので、強風から保護してやる。摘心を行い、弱い茎を切り取って、植物を株立ちに整える。繁殖は種子、または半熟枝挿しで行なう。

Crocus serotinus subsp. *salzmannii*

Crocus vernus

Crocus tommasinianus

Crotalaria agatiflora

Crossandra guineensis

☀/☽ ✧ ↔80cm〜1.5m ↕15cm

アフリカ原産。成長の早い、熱帯の非耐寒性多年生でグランドカバーになる。しばしば一年草として扱われる。輪生の小さな葉と、夏に咲く豊富なライラック色の花をもつ。ゾーン：11〜12

Crossandra infundibuliformis

一般名：クロッサンドラ、ヘリトリオシペ
英　名：FIRECRACKER FLOWER

☀/☽ ✧ ↔65cm ↕1.2m

スリランカとインド南部の原産。綿毛のある茎。濃緑色で光沢のある波状縁の葉は長さ5〜12cm。扇のような花はサーモンピンクから鮮やかな橙赤色で、長い穂状花序となり、綿毛のある苞をもつ。トロピカルガーデンの植栽として、また屋内植物として人気がある。
ゾーン：11〜12

CROTALARIA
（タヌキマメ属）
英　名：RATTLEBOX

アフリカ熱帯と温帯地帯に原生し、マメ科ソラマメ亜科に属する約600種。多くの場合、濃い黄色の、目立つ蝶形花が総状花序でつく常緑低木になる。花後には人目につく豆果が出るが、種子が熟すとカタカタと音がするため、rattleboxと呼ばれる。また学名もカスタネットを意味するギリシア語のkratalonに由来する。葉は、種によって単葉または3出複葉で、質感はしなやか、柔軟から革質までと多様である。

〈栽培〉
軽度の霜に耐える種もいくらかあるが、温暖気候または少なくとも暑い夏があることが、豊かな花つきには必須である。開花時は主に晩春だが、最初の花が出た後に短く刈ると、新芽が出やすい。繁殖は半熟枝挿し、またはあらかじめ水に漬けておいた新鮮な種子で行なう。

Crotalaria agatiflora ★
一般名：カナリーバードブッシュ
英　名：BIRD FLOWER

☀ ❄ ↔1.5m ↕3m

アフリカ東部の高地原産。葉は3出複葉で、薄緑色、柔軟な質感の小葉からなる。先端の総状花序長さ約38cmで咲く、鮮やかな黄色の花は、緑色を帯びていることが多い。軽度の霜に耐える。侵略性になりうる。
ゾーン：9〜11

Crotalaria retusa
英　名：RATTLEWEED

☀/☽ ❄ ↔60cm ↕1.2m

西インド諸島の多年生植物。葉は褪せた真緑で、単葉、長細い楕円形で約8cmの長さ。黄色い花は、赤みがかるか、赤い斑紋があって、茎頂に総状花序をなす。堅くて短い太針が先端についた豆果。この種は侵略性で、モザイクウイルスを媒介すると考えられている。
ゾーン：10〜11

Crossandra infundibuliformis

CROTON
（ハズ属）

クロトンとして広く知られている屋内植物（ヘンヨウボク属）とは別の植物群。750種以上のトウダイグサ科の植物で、主に両アメリカ大陸の、特に熱帯、亜熱帯で見られる一年生、多年生植物、低木、高木。密生した枝の植物で、単葉で暗緑色、ときに有毛および（または）鋸歯縁で、狭長からひし形、または心臓形の葉をもつ。淡黄褐色の小さな花が総状花序についた後で、豆のような種子を内包した豆果ができる。この植物は医療用に長い歴史がある。ある種の種子から抽出された油は、強力な下剤で抗炎症作用をもつ。しかし、この抽出物は猛烈な副作用を及ぼす可能性があるため、医師の管理下でのみ利用することが大切である。

〈栽培〉
多くの種が非耐霜性だが、それ以外の点では温暖地域で簡単に栽培できる。耐霜性のあるもの、または一年草として栽培されるものがある。日なたあるいは軽い陰のもと、湿った、腐植質の多い、水はけのよい土壌に植える。一旦定着すると、日照りにも適度に強い。繁殖はあらかじめ水に漬けたり、硬実処理しておいた種子からか、または半熟枝挿しで行なう。挿し木を挿し込む前には樹液を乾かしておく。

Croton gratissimus

☀ ❄ ↔3.5m ↕9m

アンゴラ、ザンビア、マラウィから南アフリカ共和国北部までの低木または小高木。披針形から楕円形の葉は常に魅力的で、裏面は美しい銀色。小さなクリーム色の花が穂状花序で、春から初夏につく。黄色い果実には3裂片がある。
ゾーン：8〜10

Crotalaria mitchellii、南オーストラリア州、ウィジラ国立公園

CROWEA
（クロウェア属）

オーストラリア原産のミカン科の小属で、エリオステモン属に非常に近い。3種の常緑低木のうち2種がオーストラリア南東部原産で、非常に見栄えがして、多くの栽培品種の親でもある。丸い小低木には、線形の灰緑色の葉と、星形の白色または明暗のピンクの花がつく。

〈栽培〉
野生では、ときおり光の射す日陰で、下層の低木として育つ。適度に湿り気があり、水はけのよい、開けた土壌で、腐葉土や同様の有機物が含まれていれば、日なたにも耐える。花後に先端を軽く剪定すれば、コンパクトな姿を維持できる。

Croton gratissimus、南アフリカ共和国、ケープタウン、キルステンボッシュ国立植物園

Cryptanthus × *roseus* 'Marian Oppenheimer'

Cryptanthus zonatus

Crowea exalata ★
☀ ◐ ↔1.5m ↕0.9m

開花時は長く、春から冬。白から濃いピンク色の星形の5弁花。多く選抜品種、栽培品種があり、匍匐するものから低く育つものまである。
ゾーン：9〜10

Crowea saligna
☀ ◐ ↔0.9m ↕0.9m

円形の低木。小さな線形の葉には、やや反り返った縁、はっきりした中央脈がある。星のようなピンク色の花は直径約25mmで、秋から冬に咲く。切花によい。
ゾーン：9〜10

CRYPTANTHUS
（クリプタントゥス属）

アーススターとして知られる植物で、パイナップル科に属する。一般に小さく、平らで、不規則な星形。三角形の葉は硬く、幅広で、さまざまな色をしており、縦縞または横縞のあることが多い。大きく分けて、2つのグループがある。ひとつは、花茎がなく花序が植物の中央にあるグループ。中央の花が雄性優位で、外側の花は雌性優位である。もう一方は同じような花をもち、短い花茎につく。どちらも花弁は白い。ブラジル東部から南部では、地面や岩場で、高木や低木の下に育つのが見られる。50以上の種のうち、一般に栽培されるのは約半分のみ

である。葉間から出て植物の上に現れる塊茎芽で殖やす。通常はこれが落ちて、容易に発根する。自家不和合性があり、自家受粉は行なわれない。しかし非常に乱交雑性があり、現在までで400余りの交雑種がある。交雑プログラムに使われる種の数が少ないので、本属には似た種が多い。

〈栽培〉
ほかのパイナップル科植物よりも湿気と冬の寒さからの保護を必要とする。浅い鉢植えにするのが最適であるが、寒冷地帯では屋内栽培か温室栽培、また温暖、熱帯、亜熱帯地帯では継続的な直射日光と極度の降雨から保護した上で、屋外に植える。鉢植え混合土が乾いたときには灌水をする。肥料が混合されている上質の鉢植え混合土なら、追肥する必要はない。繁殖は塊茎芽で行なう。

Cryptanthus acaulis
一般名：ヒメアナナス
☀ ◐ ↔15cm ↕5cm

本属で最もよく知られ、最も耐寒性があり、0℃でも育つ。全体的な植物の形は、通常の卵形よりも、むしろ円形である。葉は三角形で長さ約10cm、粉をふいた緑色で、ときに赤みを帯びている。
ゾーン：9〜10

Cryptanthus beuckeri
一般名：ヒラヒメアナナス
☀ ◐ ↔20cm ↕5cm

数枚の葉が放射状につく。他の多くの種とは違う葉形で、長い柄のあるへら形。白っぽく、赤みを帯びており、暗緑色の斑点がある。非常に温暖な条件を必要とする。テラリウムで栽培できる。
ゾーン：10〜12

Cryptanthus bivittatus
一般名：ビロードヒメアナナス
☀ ◐ ↔25cm ↕5cm

開いた星形に似た、整形。暗緑色の葉には、幅広で白色またはピンク色の縦縞が2本ある。'スターライト'（syn.'スターライト'）の中央部は暗緑色ではなく、クリーム色から明るいピンク色。'ピンクスターライト'は、移植場所と生育条件が理想的であれば、葉の中央に暗緑色の縞があり、その他の部分は美しいピンク色になる。
ゾーン：10〜12

Cryptanthus Black Mystic Group
一般名：ブラック ミスティック グループ
☀ ◐ ↔25cm ↕5cm

中型で、不規則なダイヤモンド形。濃い黒色の葉には、銀色の斑紋。低い光度で育てると、黒い葉になる。
ゾーン：10〜12

Cryptanthus fosterianus
☀ ◐ ↔40cm ↕5cm

細い卵形で、不規則な形。葉は長さ約30cmで、分厚く多肉質で、波状縁。葉はえび茶色で、灰色のうねるような横縞がある。
ゾーン：10〜12

Cryptanthus × *roseus* 'Marian Oppenheimer'
クリプタントゥス×ロセウス'マリアン オッペンハイマー'
☀ ◐ ↔10cm ↕5cm

放射能実験によって、*C. acaulis*から作られたと思われる。小型植物で、明るい灰緑色の葉には鮮やかなピンク色の縁と、ときにピンク色の縞がある。幅広い葉の品種と細い葉の品種がある。
ゾーン：10〜12

Cryptanthus 'Rainbow Star'
クリプタントゥス'レインボウ スター'
☀ ◐ ↔25cm ↕20cm

1953年に*C. bromelioides* var. *tricolor*と名づけられたが、誤って識別されていたことが2001年に判明し、英名のレインボー スターが公式栽培品種名になった。葉は斑入りで、緑、白、ピンクの縞がある。最適条件下では高さ、幅共約40cmにまで成長する。2品種あり、一方は他方より硬い葉をもつが、どちらもよく似た成長条件を必要とする。塊茎芽を自由に出させておくのがよい。大きな株になったとき花を咲かせる。
ゾーン：10〜12

Cryptanthus zonatus
☀ ◐ ↔30cm ↕5cm

卵形で、不規則な形。葉は長さ約20cmにまで育ち、分厚く、多肉質で、波状縁。主に緑色で、光沢のある灰色のうねった横縞がある。
ゾーン：10〜12

Cryptanthus 'Rainbow Star'

Cryptocarya laevigata

Cryptocarya rubra

Cryptocarya murrayi

×CRYPTBERGIA
(×クリプトベルギア属)

パイナップル科の本属は、両親であるクリプタンツス属とビルベルギア属の属性をもち、各栽培品種は独自の特徴をもつ。開花中なら屋内栽培、冷温帯なら温室またはサンルームで、および暖温帯、亜熱帯、熱帯地域なら屋外栽培で継続的な直射日光と豪雨から保護したほうがよい。

〈栽培〉
鉢植え混合土が乾いたら灌水をする。上質の鉢植え混合土に肥料が入っているときには、追肥は不要である。繁殖は塊茎芽からのみ可能である。

×*Cryptbergia* 'Red Burst'
一般名：×クリプトベルギア'レッド バースト'
☀ ❄ ↔20cm ↑10cm

細くて硬い、赤茶けた葉は、植物の中央から下向きに曲がり、開いたロゼットを形成している。花序は球形で、約10個の上向きの花がある。花弁は緑色で、青い縁がある。
ゾーン：9～10

CRYPTOCARYA
(シナクスモドキ属)

主に熱帯の常緑低木と高木の約200種から成る大属で、クスノキ科に分類される。葉は典型的な先鋭の卵形で、濃緑色の革質。春から夏、または雨季の初めに、小さな黄色い花の円錐花序が咲き、やがて、堅いさく果ができるが、成長して堅果状になった筒形の花の萼に包まれる。果実はしばしば辛みがあり、現地では調理用に使われることがある。

〈栽培〉
数種は軽度の霜に耐えるが、大多数の種は常に温暖な、無霜気候で、冷たい風から保護されることが必要である。一旦定着すると日照りにも耐えるが、一般的には湿った、水はけのよい、腐植質の多い土壌を好む。幼形な整姿のために剪定する以外、剪定はほとんど必要ない。日なたまたは部分日陰に植える。繁殖は種子、または半熟枝挿しで行なう。

Cryptocarya laevigata
異 名：*Cryptocarya bowiei*
英 名：GLOSSY LAUREL
☀ ❄ ↔4.5m ↑9m

オーストラリア東部と東南アジアの亜熱帯の多雨林原産。比較的細い、光沢のある、濃緑色の葉は、約8cmの長さ。黄色い花が春に咲き、光沢のある赤い果実になる。ゾーン：10～12

Cryptocarya murrayi
☀ ❄ ↔10m ↑24m

オーストラリア、クイーンズランド州北東部の多雨林に原生する。長さ約25cmの大きな葉は、卵形から楕円形で、表面は光沢があり、裏面は有毛である。非常に小さい、緑色を帯びた花には、茶色の長毛があり、晩春から夏（雨季）に咲く。卵形の果実は、光沢ある黒色。
ゾーン：9～12

Cryptocarya rubra
☀ ❄ ↔9m ↑15m

チリ原産で、栽培されるのは稀である。先鋭の卵形の葉は、長さ約5cmで、裏面が青緑。黄色い花が小さな円錐花序で、晩春につく。ゾーン：9～11

Cryptomeria japonica 'Bandai-sugi'

CRYPTOMERIA
(スギ属)

わずか1種のスギ属はヒノキ科に属し、多数の栽培品種を有して、庭園植物としての評価が高い。日本と中国原産の常緑の、葉の密集した針葉樹であり、赤色を帯びた茶色の繊維質の樹皮と、成長につれて板根を形成するまっすぐな幹をもつ。花粉をつける雄性球果は、枝先に群生し、春に花粉を放出する。一方、宿存する雌性の、種子を有した球果は枝に沿ってなり、10カ月で熟する。

〈栽培〉
長命な植物で、深さがあり湿った肥えた土壌の、日なたを好む。新鮮な種子から繁殖させることができるが、栽培品種は挿し木から育てる必要がある。

Cryptomeria japonica
一般名：スギ
英 名：JAPANESE CEDAR, SUGI
☀ ❄ ↔6m ↑27m

細い円錐形。成熟した葉は、密集して外向きのらせんを描く。枝は層状に重なり、外側の小枝はやや枝垂れている。'猿猴杉'は、暗緑色の葉。'バンダイスギ'は、矮性種。'コンプレッサ'は、矮性種で、冬には葉が紫茶色になる。**Elegans Group**（エレガンス グループ）の'エレガンス'★は、生育が早く、冬の葉は紫色を帯びている。'ナナ'は、低く育つ。'ヴィルモリニアナ'は、高さ、わずか約30cm。'ヨシノ'は、高さ約15mになる。
ゾーン：7～11

Cryptomeria japonica 'Nana'

Cryptomeria japonica, in nursery, Japan

Cryptomeria japonica 'Yoshino'

Cryptomeria japonica 'Elegans'

CRYPTOTAENIA
(ミツバ属)

温帯北部と熱帯アフリカの山間部原産の6種で、セリ科に属する。丈夫な主根あるいは根茎をもつ多年生植物である。葉は羽状で、3枚の幅広い小葉からなる。直立した花序は、不規則に枝分かれして、小花が散漫な集散花序をなすが、すぐに扁平な果実になる。*Cryptotaenia japonica* は、強い香りを放つ若葉が野菜として、日本で栽培されている。

〈栽培〉
良質の庭園土壌であればどんな土壌でも、日なたで簡単に栽培できる。通常は頻繁に自家播種する。非常に弱い葉なので、よく灌水をし、定期的に施肥してやる。播種または春に根分けする。

Cryptotaenia canadensis
一般名：ホワイトチャービル
英　名：HONEWORT, WHITE CHERVIL
↔50〜70cm ↕0.9m

北アメリカ、アジア、ヨーロッパで見られる。多年生だが、短命なことが多く、一年草として扱われる。葉は約10cmの長さで、鋸歯縁、披針形の小葉からなる。小さな白い花で、散漫な花序を、春に咲かせる。ゾーン：3〜9

Cryptotaenia japonica
異　名：*Cryptotaenia canadensis* subsp. *japonica*
一般名：ミツバ、ミツバセリ
英　名：JAPANESE PARSLEY, MITSUBA
↔40〜70cm ↕60〜100cm

多年生植物で、ときに常緑。自生地の日本では野菜として用いられる。*C. canadensis* と非常によく似ている（同一と考えることが多い）が、小葉は通常、より幅広で、より狭い間隔で並び、コンパクトになる。*C. j. f. atropurpurea* は濃い紫赤色の葉で、茎には赤い蕾から開く薄桃色の花がつく。ゾーン：4〜10

CTENANTHE
(クテナンテ属)

本属は約15種の多肉質茎の多年生植物で、クズウコン科に属する。自生地のコスタリカとブラジルでは、湿潤な森林の地面や雑木林に生育する。茎は1本または枝分かれしており、葉は節節の葉鞘から出る。葉は革質の長楕円形で、先端が尖り、通常光沢のない、有色の縁がある。美しい葉がつくことから栽培される。

〈栽培〉
適切な温暖気候で、雨風の当たらない日陰で栽培する。温帯気候では屋内植物として育てる。間接的に日光を当てて育てる。成長の活発な時期には、適度に灌水をし、2週間ごとに液体肥料を与える。繁殖は株分けまたは挿し木で行なう。

Cryptotaenia japonica

Ctenanthe burle-marxii
↔30〜45cm ↕45cm

ブラジル原産。葉は長さ約15cmで、薄緑色、表面に濃い鎌形斑、裏面は暗紫色。葉鞘も紫色を帯びている。ゾーン：10〜12

Ctenanthe dasycarpa
↔1.5〜3m ↕0.9〜1.5m

コスタリカ、パナマ、コロンビアの中高地の多雨林に原生する。根茎で広がり、株を形成する。へら形の光沢ある緑色の葉は、ほっそりした茎柄につく。花序は短く、枝分かれして、白色から薄黄色の花の穂状花序として、緑色を帯びた黄色の苞の間で咲く。ゾーン：11〜12

Ctenanthe lubbnersiana ★
↔45〜60cm ↕45〜60cm

ブラジル原産。広く枝分かれする茎には、細い長楕円形の葉がつく。葉は濃緑色で、表面は黄色い斑入り、裏面は薄緑色。ゾーン：10〜12

Ctenanthe oppenheimiana
クレナンテ・オッペンヘイミアナ
異　名：*Macranta lubbersiana*
英　名：NEVER NEVER PLANT
↔60〜90cm ↕90cm

ブラジル東部原産。株立ち。革質、長さ約40cm、披針形の葉は緑色で、表面に銀色の斑があり、裏面は濃い赤色。'トリコロール' は、暗緑色の葉で、不規則なクリームイエローの斑がある。ゾーン：10〜12

CUCUMIS
(キュウリ属)
英　名：CUCUMBER, MELON

ウリ科。約25種の這い性、もしくはよじ

Cucumis melo, Reticulatus Group, 'Ambrosia'

登り性一年草を含む。アフリカとアジアの温帯から熱帯地方にかけての原産だが、現在では果実を収穫するために世界中で栽培されている。葉は大きくて帯毛、もしくは刺を持つことが多いが、なめらかな場合もある。ブドウの葉に似た欠刻となることも。雄性花と雌性花が1株につく。花色は黄色またはオレンジ色の場合が多い。通常、果実は緑色。細長いか、丸い形のいずれかになる。熟すと苦味が出てくるので、若いうちに食べるのがよい。果皮は滑らか、こぶ状、刺状、うね状のいずれかとなる。果実にはさわやかな風味があるが、栄養価は低くて大部分が水分である。生食のほか、調理、あるいは漬物にして食される。

〈栽培〉
キュウリの繁殖は播種による。有機物に富んだ土壌を好む。長くて温暖な成長期の間は恒常的に水分を補給する。メロンはキュウリほど水分を必要としない。変種のなかにはよじ登るためのフレームを必要とするものがある。夏が短い地域では、温室で育てることが多い。

Cucumis anguria
英　名：BURR CUCUMBER, JERUSALEM CUCUMBER, WEST INDIAN GHERKIN
↔2〜3m ↕50cm

這い性のつるに5裂の葉がつく。果実は明るい緑色で刺がある。全長3〜8cm。若いうちに収穫してピクルスにする。播種から収穫までは60〜75日。ゾーン：9〜12

Cucumis melo
一般名：メロン
英　名：CANTALOUPE, HONEYDEW, MELON, MUSKMELON
↔2〜3m ↕40〜70cm

つる性の一年草。アフリカ、アラビア、アジア南西部、オーストラリアの乾燥地帯で見られる。野生品種は苦味が強い。栽培品種は丸くて甘いものが多く、滑らか、もしくはきめの粗い果皮を持つ。**Cantalupensis Group**（カンタルペンシス　グループ）は、甘い香りのメロン。果皮は滑らか、鱗状、ざらざら、または溝が入るが、網目模様はない。普通は円形で直径10〜15cm。**Inodorus Group**（イノドルス　グループ）は、円形または卵形の甘いメロンで果肉は緑色、白色、オレンジ、ピンクがかった緑色、黄緑色。**Reticulatus Group**（レティクラッス　グループ）は網目模様のメロン。様々な形状、サイズがある。果皮はうね

Ctenanthe oppenheimiana 'Tricolor'　　　*Ctenanthe dasycarpa*

状、いぼ状、滑らか、網目模様。従来の変種は大きい種子腔を持つが、新しいものでは小型化する。変種（マスクメロン）のなかには、麝香の香りを持つものがある。'アンブロシア' の果肉は引き締まって風味にすぐれ、水分が多くて甘みも強い。果肉の色はピーチ。熟すと芳しい香りがする。
ゾーン：9〜12

Cucumis sativus
一般名：キュウリ
英　名：CUCUMBER, GHERKIN
☼ ❄ ↔0.9〜3m ↕20〜50cm
野生型、温室型、ガーキン、シッキム、アップル、スネークなど夥しい数の品種がある。耐寒性や種無し（「バーブレス」）の有無には幅がある。'ブッシュ チャンピオン'★は、コンパクトな低木タイプ。果実は鮮緑色でストレートタイプ。スライスするのによい。**Beit Alpha Group**（ベイト アルファ グループ）（レバノンキュウリ）の果実は果皮が薄くて光沢がある。全長20cm。もいで食べるのに最適。'マンチャー' の果皮は薄くて消化がよい。若くても熟しても風味がよい。'スペースマスター' は病気に強い。コンパクトな形となり、華奢な果実は暗緑色。若い果実はピクルス、熟した果実はスライ

Cucurbita maxima 'Atlantic Giant'

スによい。'サンスイート' はレモン形の果実。若い果実はクリーム色。生食すると甘い。熟した果実は黄色味を帯びたオレンジ色になり、調理したものを食すると舌に刺激を感じる。
ゾーン：9〜11

CUCURBITA
（カボチャ属）
英　名：COURGETTE, GOURD, MARROW, PUMPKIN, SQUASH, ZUCCHINI
ウリ科。南北アメリカ原産の一年草、多年草。這い性、もしくはよじ登り性。約27種を含む。果実を食用および観賞用とするために栽培される。一般的に収穫時期（夏または冬）、もしくは形状によって分類される。葉は非常に大型となることが多く、時には欠刻や斑紋がある。葉面はざらざらしているか、もしくは刺を持つ場合が多く、茎もこれに似る。花は黄色かオレンジ色。普通は雄性花と雌性花を持つ。果実は小さなものから、世界最大級の果実に成長するものもある。生食または調理して食用とする。栄養価が高くて保存が効くために人気がある。種子も食べられる。人類史上、最もはやくから栽培された作物の一つであると考えられている。

〈栽培〉
排水性にすぐれ、よく肥えた土壌に植える。日向がよい。よい収穫を得るには、長くて温暖な成長期が必要。繁殖は春の播種による。

Cucurbita ficifolia
一般名：クロダネカボチャ
英　名：FIG-LEAFED GOURD, MALABAR GOURD
☼ ❄ ↔0.9〜3m ↕30〜50cm
無霜地域の多年草。葉はイチジクの葉に似る。メキシコからチリにかけた地域、およびアジア全域で栽培されている。果実は暗緑色。円形または卵形。しばしば縞や斑がある。果肉は白。
ゾーン：8〜11

Cucurbita maxima 'Autumn Cup'

Cucurbita maxima
一般名：セイヨウカボチャ
英　名：AUTUMN SQUASH, GOURD SQUASH, WINTER PUMPKIN, WINTER SQUASH
☼ ❄ ↔0.9〜3m ↕30〜50cm
南アメリカ原産。大型で円形の葉を持つ。カボチャとウリの2グループに大別できる。両グループともに多数の栽培品種があり、世界中で栽培されている。重要な食糧源であり、保存も効く。栽培品種は以下の通り。'アトランティック ジャイアント'★は、最大のカボチャ。果実としても世界最大。450kg以上のものが記録されているが、この数値は珍しいものではない。'オータム カップ' は、バターナットタイプのF1ハイブリッド。果実は暗緑色。果肉は良質。蒸す、煮る、焼くなどの料理法に向く。美味。
ゾーン：8〜11

Cucurbita moschata
一般名：ニホンカボチャ
英　名：BUTTERNUT, CANADA PUMPKIN, CROOKNECK SQUASH, PUMPKIN, WINTER SQUASH
☼ ❄ ↔0.9〜3m ↕30〜50cm
大型の葉を持つ。這い性、もしくはよじ登り性。株立ちとなることもある。オレンジ色の果肉と滑らかな果皮を持つ。茎と果実の接合部はフレア状。'バターナット'★は、瓶形、または胴部にくびれを生じる。果皮は滑らかで温めたバターのような色。
ゾーン：8〜11

Cucumis sativus 'Spacemaster'

Cucumis sativus 'Muncher'

Cucumis sativus 'Bush Champion'

Cucurbita pepo 'Gold Rush'

Cucurbita pepo 'Black Beauty'

Cucurbita pepo 'Delicata'

Cucurbita pepo 'Eightball'

Cucurbita pepo 'Clarimore'

Cucurbita pepo 'Table King'

Cucurbita pepo
一般名：ペポカボチャ
英　名：COURGETTE、SUMMER SQUASH、VEGETABLE MARROW、ZUCCHINI
☼ ❄ ↔0.9～3m ↕30～50cm

這い性、もしくは株立ち。多数の栽培品種がある。葉は欠刻、三角形、あるいは帯刺。若い葉と花は食べられる。大多数の栽培品種は収穫直後がもっとも美味。'ブラック ビューティー'の果実は長くてストレートタイプ。果皮は滑らかで暗緑色。長さ15～20cm時がもっとも美味。'クラリモア'は、レバノン型カボチャの交雑種。明るい緑色で斑点がある。先の細い形となる。'デリカタ'は、スイートポテトタイプのカボチャ。非常に甘いオレンジ色の果実。'アーリー ホワイト'の果肉はクリーム色を帯びた白色。株立ち。'エイトボール'の果実は暗緑色で斑点がある。ズッキーニタイプ。ゴルフボール大の時に収穫して食べるとよい。'ゴールド ラッシュ'★の果実は黄金色。ズッキーニタイプ。'テーブル キング'の果実は濃い灰緑色。黄橙色の果肉は非常に美味。
ゾーン：8～11

CUMINUM
（クミヌム属）
セリ科。4種の一年草から成る。地中海南部からスーダン、アジア東部・中部にかけて自生。葉は細裂する。散形花序。各花序には不ぞろいの苞が輪生する。小さな花弁には切れ目が入り、色はピンクまたは白色。扁平な果実(種子)は、楕円形から長楕円形。

〈栽培〉
栽培種では1種のみが知られている。*C. cyminum*（クミン）は、ドライハーブや香辛料の主な原料。日向にある肥沃で水はけのよい土壌で栽培する。クミンは果実が熟すのに3～4カ月の温暖な時期を必要とする。寒冷な国々ではフレーム内で育て、霜の時期が終わってから移植する。繁殖は播種による。

Cuminum cyminum
一般名：クミン、ヒメウイキョウ
英　名：CUMIN
☼ ❄ ↔30cm ↕30cm

地中海沿岸地方原産。枝分かれの多い一年生植物。長さ約10cmの葉は、糸のように裂けている。多数の小さな白い花は花径25mm。花柄の短い散形花序となる。開花期は初夏。果実の全長は6mm。古代から栽培されている。果実はチーズの風味づけ、ケーキ、カレー粉、リキュールに使われる。
ゾーン：8～12

CUNILA
（クニラ属）
シソ科。15種の多年草、および低木から成る。南北アメリカの原産。茎と葉は芳香性。葉には時に紫色の斑点。花は筒形で2唇弁。下唇弁の方が大きくて幅広。3箇所の切れ込みがある。

〈栽培〉
水はけのよい日向で簡単に栽培できる。繁殖は株分けか挿し木、または播種。

Cunila origanoides
英　名：DITTANY
☼ ❄ ↔23～45cm ↕23～45cm

アメリカ合衆国東部原産。やや不規則に広がる習性のある多年草。四角に枝分かれする茎と、先端の尖った卵形の小さな葉を持つ。筒形の花は紫または薄紫色。散漫な花序となる。芳香性の医療用油であるハナハッカの油が採れる。
ゾーン：6～10

CUNNINGHAMIA
（コウヨウザン属）
ヒノキ科。2種からなる。1種は中国中部原産、もう1種は台湾原産。常緑針葉樹。高さは45mであるが、栽培下でそこまで大きくなることは珍しい。幅の狭い葉は鋭く尖っているが、針状とはならない。葉は深緑色。裏面には青白色の帯。不規則な輪生となり、茎に沿って2列に並ぶ。赤茶色の樹皮は繊維状でセコイア（*Sequoiadendron giganteum*）に似る。

〈栽培〉
両種ともに針葉樹にしては霜に弱い。耐霜性は*C. lanceolata*の方が強い。適度に肥沃で水はけがよければ土壌を選ばない。若木は耐陰性があるが、やがて日差しを求めるようになる。繁殖は播種、もしくは挿し木。

Cunninghamia lanceolata
一般名：コウヨウザン（広葉杉）
英　名：CHINA FIR、CHINESE CEDAR
☼ ❄ ↔6m ↕20m

中国中部から南部原産。らせん状に並んだ深緑色の葉の全長は8cm。枝の先端に直径35mmの球果がつく。緑色をしている間は粘性を持つ。'グラウカ'★の葉は青みを帯びる。
ゾーン：7～10

CUNONIA
（クノーニア属）
クノーニア科。15種の常緑低木および高木。多くはニューカレドニア原産。1種は南アフリカ原産。光沢のある深緑色の羽状複葉。花は芳香性。花色は白からクリーム色。ボトルブラシに似た総状花序。枯れると見苦しい茶色になるので、花殻摘みをする。

〈栽培〉
大多数の種は霜に弱いが、栽培は困難ではない。日向にある保湿性と排水性

Cunninghamia lanceolata

Cuphea caeciliae

Cupaniopsis anacardioides, in the wild, New South Wales, Australia

に優れた肥沃な土壌を好む。やせた土壌にも耐性を示す。一旦定着すればかなりの期間の旱魃にも耐える。若い株を枝をはらいすれば、高木状の樹形に育てることができる。花後に軽く剪定するとコンパクトな姿を維持できる。繁殖は播種、もしくは半熟枝挿し。

Cunonia capensis
一般名：アメリカンレッドオルダー
英　名：BUTTERKNIFE BUSH, SPOON BUSH
☀ ❄ ↔ 4.5m ↕15m
南アフリカ原産。栽培では小型化するが、大型低木であることが多い。葉は深緑色。新葉の先端はブロンズ色。羽状複葉は5〜7枚の小葉から成る。各葉の全長は10cm。花色はクリーム色。総状花序。開花期は晩夏から秋。花序は葉間から突出する。
ゾーン：9〜11

Cunonia deplanchei
☀ ❄ ↔ 1.8m ↕3〜6m
直立性低木または小型高木。ニューカレドニア原産。ニッケルの多い南部丘陵地帯の痩せた土壌に自生。開けた低木地に育つ。小葉は肉厚で長楕円形。濃赤色の花。短い総状花序となって群生。開花期は冬。
ゾーン：10〜11

Cunonia macrophylla
☀ ❄ ↔ 0.9m ↕2.4〜4.5m
印象的な樹形を見せる直立性低木。自生地は*C. deplanchei*と同じ。時には分枝せずに単一の幹を持つ。枝の先端部は赤くなる。大きな葉は5枚の分厚い小葉を持つ。中央脈と葉縁は赤色。花色は薄いライムグリーン。対になった総状花序は肩章の形に似る。開花期は冬から初夏。
ゾーン：10〜11

CUPANIOPSIS
（クパニオプシス属）
ムクロジ科。オーストラリア、ニューギニア、一部の太平洋諸島原産。約60種。熱帯・亜熱帯性の常緑高木。難しい条件に対する適応性が高く、痩せた土壌にも根を張り、潮風や大気汚染にも強い。全種が革質の裂葉を持つ。花色は黄色、もしくは緑味を帯びる。枝先端に群生。さく果は3房に裂ける。各房には大きな種子と、鮮やかな色をした多肉質の付属体がある。
〈栽培〉
単一茎に誘引して側生シュートを早期除去すると、標本植物としての外形を整えることができる。砂質土壌では夏にマルチングをするとよい。定期的に施肥をすると、自然状態の時よりもはるかによく成長する。新鮮な種子を播種すると、速やかに発芽する。

Cupaniopsis anacardioides
一般名：キャロットウッド
英　名：TUCKEROO
☀ ❄ ↔ 4.5m ↕15m
オーストラリア東部と北部海岸沿いに自生する。葉は革質で光沢がある。裂葉。小さな黄色い花が大きな花穂となる。夏に黄橙色のさく果ができる。3房。塩、吹きさらしの風、痩せた砂質土壌、都会の大気汚染に耐える。
ゾーン：9〜11

CUPHEA
（タバコソウ属）
ミソハギ科。約250種の一年草、常緑多年草、樹高の低い低木から成る。中米および南米大陸原産。葉をよく繁茂させる。茎は柔軟。葉は小さくて対生または輪生。不規則な形をした筒型の花が群生し、鑑賞用に栽培される。花はほぼ通年開花。温暖気候の下では平均的な条件がそろえば容易に栽培できる。鉢植えによい。
〈栽培〉
霜にはかなり弱い。日向または明るい日陰になる場所を選ぶ。水はけがよくて湿った土壌に植え、強風を避けるとよく育つ。若いときから時折、先端を切り詰めるとコンパクトな姿を維持できる。繁殖は播種、もしくは先端部を挿す。

Cuphea caeciliae
☀/☽ ❄ ↔ 30〜50cm ↕30〜40cm
メキシコ原産。横に広がる、もしくは盛り上がる性質を持つ低木。緩んだ枝ぶりをとなる。葉は楕円形で先端が尖る。全長5〜8cm。通常は細かい鋸歯縁。筒形の花は長さ25mm。基部はオレンジ色、先端は橙赤色。
ゾーン：10〜12

Cuphea hyssopifolia
一般名：メキシコハナヤナギ
英　名：FALSE HEATHER, MEXICAN HEATHER
☀ ❄ ↔ 38cm ↕45cm
メキシコとグアテマラ原産。小型の円形低木。葉は暗緑色。細くて先端が尖る。花色は紫紅色、もしくは白色。葉腋から小さな総状花序を出す。開花期は晩春から夏。
ゾーン：10〜12

*Cunonia deplanchei*の野生種、ニューカレドニア、コル デュ ヤテ

Cunonia macrophylla

Cunonia capensis

Cuphea micropetala

Cuphea × purpurea

Cuphea ignea

Cuphea ignea
一般名：タバコソウ、ベニチョウジ
異　名：*Cuphea platycentra*
英　名：CIGAR FLOWER、CIGARETTE PLANT、FIRECRACKER PLANT
☼ ⇕ ↔75cm ↕60cm
メキシコおよびジャマイカ原産。株立ちの亜低木。葉は鮮やかな緑色で卵形。先端が尖る。筒形の花は細くて橙紅色。先端部は白。小さな黒色部分がある。ほぼ年間を通して多くの花をつけるが、基本的には晩春から秋が開花期となる。
ゾーン：10〜12

Cuphea micropetala
☼ ⇕ ↔75cm ↕75cm
メキシコ原産。円形の低木。しなやかな小枝が密集。葉がよく繁茂する。葉は鮮やかな緑色で槍形。花は細い筒形。葉をつけた枝の先端部で総状花序となる。開花期は夏から秋。花色は黄金色ないし橙紅色。先端部は緑黄色。
ゾーン：9〜11

Cuphea × purpurea
☼ ⇕ ↔45cm ↕45cm
株立ちの亜低木。*C. llavea*と*C. procumbens*のガーデン交雑種。葉は暗緑色で槍形。先端部は尖る。花は細い筒形。濃いピンクないし紫紅色。開花期は晩春から秋。
ゾーン：9〜11

CUPRESSUS
（イトスギ属）
英　名：CYPRESS

ヒノキ科。北半球原産。約13種の常緑性高木もしくは低木。針葉樹。温暖地域において、密集したコンパクトな樹冠部と印象的な左右対称形をした樹形を観賞するために栽培される。高く成長する優美で寿命の長い*C. sempervirens*は、イタリア庭園の特徴となっている。葉は小さな鱗に似た形でぴったりと重なり合い、形状、色ともに多様。しなやかな手触りのものもあれば、やや堅いものもある。芳香性であることが多い。定期的な剪定に耐えるため、大型生垣、防風林、観賞用樹木、街路樹などとして広く植えられている。小さな雌性球果には木質の鱗状片がつく。長さが4cmを超えることは稀。通常は宿存する。

〈栽培〉
排水のよい肥沃な土壌ならよく育つ。日向が望ましい。本来の自然な対象形を維持して、菌による病気がもたらす変形を防ぐには、広々とした場所に十分な間隔を空けて植える。繁殖は春の播種、もしくは晩夏の挿し木による。

Cupressus arizonica
一般名：アリゾナイトスギ
英　名：ARIZONA CYPRESS
☼ ❄ ↔4.5m ↕12m
アメリカ合衆国アリゾナ州からメキシコにかけての自生種。常緑の針葉樹。最初は密に茂る円錐形だが、成長とともに円柱形に近くなる。樹皮は灰褐色で繊維状。葉は青緑色。裏面には白い模様。球果は直径25mm。旱魃に耐える。*C. a.* var. *glabra*は滑らかな樹皮。'ブルーアイス' ★は、美しい銀色を帯びた青い葉。*C. a.* var. *stephensonii*は、滑らかで赤みがかった剥離する樹皮、青緑色の葉。
ゾーン：7〜9

Cupressus cashmeriana
一般名：カシミールイトスギ
英　名：BHUTAN CYPRESS、KASHMIR CYPRESS
☼ ⇕ ↔6m ↕9m
野生種がブータンで発見されたため、本種の起源をめぐる謎が解明された。細い円錐形に成長する。上向きにつく枝か

Cupressus arizonica var. *stephensonii*

Cupressus arizonica var. *glabra* 'Blue Ice'

Cupressus arizonica

Cupressus gigantea

Cupressus goveniana

Cupressus macrocarpa 'Coneybearii Aurea'

ら、芳香を放つ青灰色の葉をつけた小枝がスプレー状に下垂する。不安定なので風の害を受けやすい。防護された温暖な場所と定期的な灌水を好む。*C. c.* var. *darjeelingensis*は、銀色を帯びた緑色の軟らかな葉。
ゾーン：9〜10

Cupressus funebris
一般名：シダレイトスギ
英　名：CHINESE WEEPING CYPRESS, COFFIN CYPRESS
☼ ❄ ↔8〜9m ↕21〜24m
優美な円錐形の高木。中国原産で、かつては棺桶用の材木として軍用された。魅力的な樹形に育ち、灰緑色の葉と下垂する小枝を持つ。シュートは小枝の片面につく。
ゾーン：8〜10

Cupressus gigantea
英　名：TSANGPO CYPRESS
☼ ❄ ↔9〜10m ↕36m
中国南西部原産。非常に細い直立性の高木となる。葉は青緑色で曲がっており、断面はダイヤモンド形。球果は非常に小さく、通常は全長25mm未満。
ゾーン：8〜10

Cupressus goveniana
英　名：GOWEN CYPRESS
☼ ❄ ↔3m ↕6m
アメリカ合衆国カリフォルニア州原産の低木または小型高木。円錐形の樹冠部は樹齢とともに卵形になる。樹皮は灰褐色で剥離する。葉は鮮やかな緑色ない

し暗緑色。芳香性。若いときは先端が栗色。円形の雌性球果は群生し、数年間は宿存する。
ゾーン：7〜10

Cupressus guadallupensis var. *forbesii*
英　名：TECATE CYPRESS
☼ ❄ ↔3〜5m ↕10〜12m
アメリカ合衆国カリフォルニア州原産。小型でほっそりした高木。不規則な樹形となる。葉は鮮やかな緑色。剥離する樹皮は、濃褐色ないし濃淡の赤色。
ゾーン：9〜11

Cupressus lusitanica
一般名：メキシコイトスギ
英　名：CEDAR OF GOA, MEXICAN CYPRESS
☼ ❄ ↔6m ↕12m
メキシコ西部の山間部原産。強壮な針葉樹。広がる習性を持つ。赤茶色の樹皮は、細長い形に剥がれる。下垂する灰緑色の葉が、広い樹冠部を作る。防風用によい高木。球果は円形で青灰色。'ブライスズ ウィーピング'は枝垂れる枝を持つ美しい栽培品種。
ゾーン：8〜9

Cupressus macrocarpa
一般名：モントレー サイプレス
英　名：MONTEREY CYPRESS
☼ ❄ ↔10m ↕30m
アメリカ合衆国カリフォルニア州モントレーの自生種。成長の早い常緑針葉樹。

散開する習性を持つ。分厚い樹皮は赤色、茶色、灰色。黄緑色の葉は鱗状で小さく、芳香がある。強風と潮風に耐性を持つ。生垣用に人気がある。'ブルニアナ アウレア'は円錐形の直立性高木。金色の葉と、レモンバーベナの香りを持

Cupressus macrocarpa

Cupressus cashmeriana var. *darjeelingensis*

つ。'コニーベアニー アウレア'は、枝垂れた金色の細かい葉。'ドナード ゴールド'は円錐形の直立性高木で、葉の先端は金色。'グリーンステッド マグニフィセント'は低く密集し、ほとんどマウンド状となる。日陰では青灰色の葉の青味が増す。'ホリゾンタリス'は水平に広がる大型高木。生垣用に栽培される。金色の葉を持つ'ホリゾンタリス アウレア'生垣に多用される。
ゾーン：7〜9

Cupressus montana
異　名：*Cupressus arizonica* var. *montana*
英　名：SAN PEDRO MARTIR CYPRESS
☼ ❄ ↔3〜6m ↑6〜18m
メキシコ、バハカリフォルニア北部原産。急峻なシエラ・サン・ペドロ・マルティールの最高標高地に広がる岩質尾根のマツとモミの森林にのみ自生。*C. arizonica*の近縁種だが、球果は成熟後すみやかに開裂して種子を放出する。
ゾーン：8〜10

Cupressus sargentii
英　名：SARGENT CYPRESS
☼ ❄ ↔4.5m ↑24m
アメリカ合衆国カリフォルニア州の沿岸部森林原産。樹皮は繊維状で深い亀裂が入る。多枝性。葉は鱗片状に退化して、樹脂もそれほど多くない。球果は長さ25mm。ゾーン：8〜10

Cupressus sempervirens 'Swane's Gold'

Cupressus macrocarpa 'Donard Gold'

Cupressus sempervirens
一般名：イトスギ、イタリアン サイプレス
英　名：MEDITERRANEAN CYPRESS、PENCIL PINE
☼ ❄ ↔4.5m ↑15m
地中海沿岸地方とヨーロッパ南部原産。強い直立性を示す。幼木時の成長が早く、暗緑色の美しい尖塔状となる。緑色に輝く球果は宿存。熟すと赤茶色になり、時間が経過すると鈍い灰色になる。
Stricta Group（ストリクタ　グループ）は、非常に細い樹形。'スウェインズ ゴールド'★はオーストラリアの品種。葉は黄金色。
ゾーン：8〜10

Cupressus torulosa
一般名：オオイトスギ、ヒマラヤサイプレス
英　名：BHUTAN CYPRESS、HIMALAYAN CYPRESS
☼ ❄ ↔4.5m ↑18m
ヒマラヤ山脈の標高2,700m以下に自生。強い直立性を示す。寒冷気候では基部

Cupressus sargentii

C. montana, in the wild, Mexico

が広がるが、温暖気候で細い樹形となる。球果は小さく、紫色を帯びる。大理石に似る。'ナナ'は矮小種。鮮やかな緑色の葉。
ゾーン：8〜9

×*CUPROCYPARIS*
（×クプロキパリス属）
ヒノキ科。クサントキパリス属とイトスギ属間の交雑種。成長の早い常緑性高木。針葉樹。暗緑色の細い小枝が水平方向に並んでスプレー状となる。雄性球果は卵形で黄色。雌性球果は円形。最初は緑色だが、熟すと茶色に変わる。19世紀後期に交雑種が作出され、6種のうちの5種が命名されている。英国やヨーロッパ北部の防護用樹林で最もよく使われている樹木であると思われる。25年以上かけて高さ21mに成長する。

〈栽培〉
排水性にすぐれた深くて肥沃な土壌に植える。日向が最適であるが、部分日陰でも育てることができる。繁殖は晩夏に

Cupressus torulosa

×*Cuprocyparis leylandii*

取った半熟枝の挿し木による。生垣とするなら、定着初期に切り詰める。年に2、3度の剪定が理想的。

×*Cuprocyparis leylandii*
クプロキパリス・レイランディイ
異　名：×*Cupressusocyparis leylandii*、*Cupressus leylandii*
☼ ❄ ↔4.5m ↑36m
*Cupressus macrocarpa*と*Chamaecyparis nootkatensis*間の交雑種。扁平な暗緑色の葉には灰色がかった光沢があり、やや枝垂れたスプレー状となる。'キャッスル ウェラン'★（syn.'ゴールウェイ ゴールド'）の葉は、幼木時にはゴールデンイエロー、樹齢とともにブロンズグリーンになる。'ハガーストン グレー'は、灰緑色の葉。'ハーレクイン'（syn.'ワリエガタ'）は、クリーミーホワイト斑入り。'ネイラーズ ブルー'は、美しいブルーグレーの葉。'ステープヒル'は、密集した円柱形の高木。緑色の葉が水平に広がってスプレー状となる。
ゾーン：5〜10

CURCUMA
（ウコン属）
約40種の多年生の塊根植物。直立または横に広がる習性。アシまたはトウに似た茎に、披針形の葉をつける。葉は、ときに非常に大型になる。アジアとオース

Cupressus torulosa 'Nana'

トラリア北部の熱帯、亜熱帯原産で、ショウガ科に属する。花は通常、葉の多い花茎に個々につき、球果に似た花序をつけ、まもなく鮮やかな色の苞を出して3弁の花を包む。花序は長さ約20cmに達するが、切花にしても、もちがよく、フラワー産業で人気がある。現地では塊根を薬草として、また、まろやかなショウガ風味の香料として用いる。
〈栽培〉
霜の降りない温暖気候の、湿潤、腐植質の多い水はけのよい土壌で、簡単に栽培できる。成長期にはじゅうぶん施肥と灌水をする。塊根は短期間なら乾燥貯蔵できる。大多数は、寒冷な季節に休眠する。繁殖は実生または株分けで行なう。

Curcuma aromatica
一般名：キョウオウ
英　名：COCHIN TURMERIC
↔60cm ↕0.9m
ヒマラヤ山脈東部のインド原産。丈夫な塊根から花茎が出て、のちにカンナの葉に似た、長さ約60cmの葉がつく。花序は長さ約20cm、下部の苞は薄緑色から白色、上部の苞はピンクから鮮やかな深紅色で、真花は黄色と白色。冬は休眠し、軽度の霜に耐える。
ゾーン：10〜12

Curcuma longa
一般名：ウコン、ターメリック
英　名：TURMERIC
↔75cm ↕0.9m
インド原産の、よく知られた調理用ハーブ。大型の塊根には芳香がある。長さ約50cmの葉。花茎は葉が多く、長さ約20cmの花序がつく。上部の苞は白色から薄緑色、下部は濃いピンクから白色。花は黄色。
ゾーン：10〜11

Cussonia spicata

*Cyathea australis*の自生種、オーストラリア、ニューサウスウェールズ州、ウォーレミ国立公園

CUSSONIA
（クッソニア属）
南アフリカとコロモ諸島に見られる。ウコギ科の20種で、常緑と落葉性の低木と高木からなる。雪片形の大型の葉が、枝先にらせん状のロゼットを形成するのが特徴。白から黄色の小型の花で、燭台に似た大型の花序をなし、やがて赤色から黒色の、小型の軟らかい石果をつける。
〈栽培〉
大多数は温暖な無霜気候と、夏に豊富な水分を必要とする。保護された場所で育てる。日なたの、湿潤で水はけのよい土壌に植える。コンテナでもよく育つが、頂部が非常に重くなるか、先端が込み合う傾向がある。繁殖は種子から行なう。

Cussonia paniculata
一般名：キャベジツリー
英　名：HIGHVELD CABBAGE TREE
↔2m ↕3.5m

Cussonia paniculata

Cussonia sphaerocephala

中高地で見られる。大低木または小高木。分厚いコルク質の樹皮。細い幹の頂部に、葉柄の長い、先端に刺のある青緑色の葉がつく。夏に、分枝の多い花序が葉群よりも高くつく。
ゾーン：9〜11

Cussonia sphaerocaphala
英　名：FOREST CABBAGE TREE
↔3.5m ↕9m
アフリカ南部、および南アフリカ共和国のクワズールー・ナタール州とスワジランドの森林に原生する。*C. spicata*と似ているが、花序はより大きく、葉は、より密集したロゼットを形成する。ごく軽い霜には耐えるが、*C. spicata*ほど耐霜性はない。
ゾーン：9〜11

Cussonia spicata
英　名：COMMON CABAGGE TREE
↔3.5m ↕9m
アフリカ南部と東部、およびコロモ諸島原産。広く生育する。分厚く、いくぶん多肉質の幹から、樹齢とともに複数の幹が出る。切れ込みの多い葉が、丈夫な茎につく。春から夏に大型の花序をなす。
ゾーン：9〜11

CYANANTHUS
（キアナントゥス属）
英　名：TRAILING BELLFLOWER
約30種の高山の多年草で、匍匐性。キキョウ科に属する。ヒマラヤ山脈と中国の原産。葉は通常単葉で、ときに欠刻があり、互生につく。青、黄、または白色、じょうご形の花が、晩夏から秋に、花茎に単生する。
〈栽培〉
ロックガーデン、トラフ、無加温の温室、または砂質の深い酸性土壌で育てる。完璧な水はけが必須である。繁殖は種子から、または挿し木で行なう。

Cyananthus lobatus
↔38cm ↕10cm
ヒマラヤ山脈原産。欠刻した葉をもつ匍匐性多年生植物。濃い青から紫色のじょうご形の花は、フレア状の裂片をもつ。
ゾーン：5〜9

CYATHEA
（ヘゴ属）
熱帯、亜熱帯に広く分布する木生シダの約600種で、シダのなかでは二番目に大きい。ヘゴ科で最大の種もあり、ときに高さ15mに達し、外観の似るヤシと高さを競う。大多数は、大型の軟らかい葉が、優雅にアーチを描き、細い幹の頂上につく。古い葉の基部はしばらく残るが、剥落する。幹に痕が残るが、きわめて平滑である。
〈栽培〉
極南地帯原産種は約−11.5℃に耐え、熱帯種でもごく軽い霜には耐える。絶えず水分があること、腐植質が多く、やや肥沃な土壌を好む。また空気中の湿度が必要で、低湿や不規則な降雨の地域では、霧吹き、全日陰にすることが必須である。繁殖は多量の胞子をまくか、定着した植物の周囲に出た基部の吸枝を移植して行なう。

Cyathea australis
一般名：ゴウシュウヘゴ
英　名：ROUGH TREE FERN
↔6m ↕6m
タスマニアを含むオーストラリア東部の多湿帯原産。高さは異なる。葉は全長約3.5mで、長さ約100cmの小葉からなる。
ゾーン：8〜11

Cyathea cooperi（右、前景）の自生種、オーストラリア、クイーンズランド州、タンボリン・マウンテンズ国立公園

Cyathea brownii

Cyathea brownii
英 名：NORTHFOLK ISLAND TREE FERN
☀ ❄ ↔4.5m ↕4.5m
オーストラリア、ノーフォーク島の固有種。光沢のある、明緑色から濃緑色の葉。非常に色の濃い幹には、葉痕がある。
ゾーン：9～11

Cyathea cooperi
英 名：SCALY TREE GERN, STRAW TREE FERN
☀ ↔6m ↕6m
オーストラリア原産。もみ殻色の鱗片が、葉の基部に密生する。成長が早く、他の多くの種よりも乾燥に強い。
ゾーン：9～12

Cyathea dealbata
英 名：SILVER TREE FERN
☀ ❄ ↔6m ↕9m

Cyathea dregei

ニュージーランド原産で、現地のスポーツチームのシンボルになっている。大型のシダで、葉は長さ約3.5m。裏面は、特徴的な金属質の銀白色。葉は軟らかく、強風によって傷つきやすい。保護された場所で育てる。
ゾーン：8～11

Cyathea dregei
英 名：CAPE GREE FERN
☀/☁ ❄ ↔3m ↕4.5m
南アフリカ原産。葉は下向きにアーチを描き、先端が上を向く。葉は長さ約1.8mと比較的の短く、非常に幅広で、裏面は明色。乾燥にも寒冷気候にも非常に強い。
ゾーン：8～11

Cyathea intermedia
☀ ❄ ↔4～8m ↕3～10m
ニューカレドニア原産の大型の木生シダ。アーチを描く、細かく分裂した羽状複葉は、全長約4m。小葉は長さ65cm、小裂片は長さ10cm、紫色の鱗片で覆われた葉柄につく。
ゾーン：8～10

Cyathea medullaris
一般名：ブラックツリーファーン
英 名：BLACK GREE FERN, SILVER TREE FERN
☀ ❄ ↔8m ↕15m
オーストラリア、ニュージーランド、および近隣の太平洋諸島原産。ほぼ黒色の細い幹は、頭部の葉の重みで、ややしなることが多い。みずみずしく美しい緑色の葉は、軟らかく見えるが、実際は非常に硬い。
ゾーン：9～11

Cyathea woollsiana
異 名：*Alsophila woollsiana*
英 名：WOOLLY TREE FERN
☀ ❄ ↔4.5～8m ↕4.5～8m
オーストラリア北東部原産。幹は細い。葉は長さ2.4～3.5m。長さ10cmの小葉、小裂片は剣形で鋸歯縁。色の濃い鱗片で覆われた葉柄、中央脈には毛が密生する。
ゾーン：9～11

C. intermedia、ニューカレドニア、パインズ島

CYATHODES
（キアトデス属）

オーストラリア、ニュージーランド、太平洋諸島の高地に見られる。エパクリス科。約15種のヒースに似た常緑低木で、針状の小型の葉と、小型の花、色彩豊かな石果がつく。一般的に、ニュージーランドやタスマニアの高地で生育する。低地にも見られるが、より背の高い草木に囲まれて目立たない。低地種は栽培に適応するが、あまり栽培されない。

〈栽培〉
湿り気があり、砂質で水はけのよい、腐植土を加えた土壌でよく育ち、寒冷湿潤気候を好む。強い日ざしからは保護が必要。果実が終わったあと、軽く剪定すれば、コンパクトな株姿を維持できる。繁殖は種子から、または花の咲かない枝から取った芽挿しで行なう。

Cyathodes glauca
英 名：CHEESE BERRY
☀/☁ ❄ ↔1.2m ↕1.5m
タスマニアとオーストラリア原産。小高木に成長させることができるが、しばしば低木として扱われる。幅の狭い、長さ約30mmの葉は、裏面が青色を帯びる。白色の花は比較的大きく、非常に目立ち、晩冬から春に咲く。ピンクまたは白色の果実。
ゾーン：8～10

Cyathea medullaris

Cyathea woollsiana、オーストラリア、クイーンズランド州

Cycas revoluta

CYCAS
（ソテツ属）

ソテツ科の古代植物群。約60種あり、成長が遅く、木質茎をもつ。ヤシと似ているが近縁ではない。ほとんど全種が熱帯または亜熱帯に生育する。雄性球果と雌性球果が別の株につく。数種は庭園で育つ。寒冷気候では、森林種をオフィス、家庭、温室で栽培することができる。

〈栽培〉
日なたで水はけのよいことが必要であるが、旱魃には耐える。繁殖は種子からか、成形の幹から休眠中の芽を切り取って根付かせてもよい。

Cycas armstrongii
異　名：*Cycas media* var. *inermis*
☼ ✈ ↔1.8m ↕4.5m
オーストラリア北部の砂質の開けた森林に生育する。幹は暗灰色から黒色で、卵形の葉柄痕で被われる。軟毛があり、光沢のある葉は、黄色を帯びた緑色で、樹齢とともに暗緑色になる。雌雄異株。球形で黄色を帯びた緑色の果実は、青い粉をふく。
ゾーン：11～12

Cycas bougainvilleana
☼ ✈ ↔3.5m ↕4.5m
ソロモン諸島とニューギニア東部で見られる。長さ約30cm、幅広の小葉は、光沢ある蝋質で被われる。葉の全長は約2.4m。自生地では他種との自然交雑種が見られる。
ゾーン：11～12

Cycas circinalis ★
一般名：ナンヨウソテツ、シダヤシ
英　名：SAGO CYCAD、SAGO PALM
☼ ❄ ↔4.5m ↕4.5m
アジア南部、インド、太平洋諸島原産。円筒形の灰茶色の複幹。樹冠は、鮮緑色で光沢のある長さ約3mの葉で形成される。葉の中央脈にはかぎ状突起がある。黄色と赤褐色、光沢のある大型の種子をつける。
ゾーン：10～12

Cycas media ★
英　名：NUT PALM、ZAMIA PALM
☼ ❄ ↔3m ↕4.5m
オーストラリア北部原産。太い幹は色が濃く、三角形の葉柄痕がはっきりと刻まれている。暗緑色の硬い葉は、幼葉では黄色を帯びた緑色、縁は黄色で刺状。雄性球果は黄色を帯びた茶色。雌性球果は球形。果実は熟すとオレンジ色になる。
ゾーン：10～12

Cycas revoluta ★
一般名：ソテツ（蘇鉄）
英　名：JAPANESE SAGO CYCAD
☼ ❄ ↔1.8m ↕3m
日本原産。成長が遅く長命。直立した円筒形の単幹、複幹、または分岐する。幅の狭い硬い葉。色が濃く、光沢があり、細い小葉からなる。美しいオレンジ色の果実が有毛の殻に包まれる。屋内や保護された中庭に向く。
ゾーン：9～12

Cycas bougainvilleana

Cycas circinalis

Cycas rumphii ★
異　名：*Cycas thouarsii*
一般名：ルンフソテツ
☼ ❄ ↔3～3.5m ↕6～9m
インドネシア、ニューギニア、太平洋諸島産のソテツ。長さ約1.8～2.4m、光沢のある鮮緑色で、アーチを描く葉は、150～200枚の細い鎌形の小葉からなる。小葉は長さ約30cm、裏面は色が薄く、縁は膨らむか、やや湾曲しており、中央脈には溝がある。円筒形から卵形の雄性球果は黄色から茶色。細長い雌性球果は有毛。
ゾーン：9～11

Cycas taitungensis
☼ ❄ ↔1.5～3m ↕3～4.5m
台湾原産のソテツで、ときに幹は分岐する。明緑色で有毛の若葉。長さ0.9～1.8m、光沢ある暗緑色の小葉が多く集まって半円形の樹冠をなす。葉は刺のある幹から伸びる。200～400枚の幅の狭い小葉は、葉の基部に向かって刺状になる。雄性球果は細く、直立した卵形で、色はオレンジから茶色。雌性球果は円形、有毛で、軟らかい刺に被われ、頂部に突出した刺がある。
ゾーン：8～10

Cycas media

*Cycas armstrongii*の自生種、オーストラリア、ノーザンテリトリー、リッチフィールド国立公園

CYCLAMEN
(シクラメン属)

サクラソウ科。葉と花に特徴のある19種からなる。塊茎をもつ多年生植物で、地中海沿岸のヨーロッパとアジア西部に見られる。大きさは多様。扁平な塊茎から出る、心臓形、灰緑色から青緑色の葉には、しばしば銀灰色の美しい模様がある。1本の茎に、下向きの花を1個つける。花色は白またはピンクから紫、赤色の濃淡で、反り返った大型の花弁をもつ。「ラブケーキ」と呼ばれる魔法の煎じ薬に乾燥させたシクラメンの花を用い、これを飲むと、誰でも恋に落ちると言われる。

〈栽培〉
塊茎植物は完璧な水はけを必要とする。少量の砂と繊維質のコンポストを加えた土壌に、塊茎の頭頂部を地面すれすれ、または少し突き出るように植える。完全な水はけのためには、揚床や岩質土壌で栽培する。ほとんどの種はときおり日の射す日陰を好む。繁殖は種子からで、定着した株は分けないほうがよい。

Cyclamen africanum
☀ ❄ ↔20〜30cm ↕15cm
アルジェリア原産。心臓形から腎臓形の葉は、鋸歯のある波状縁。暗緑色の葉には表面に銀色と薄緑色の細い模様があり、裏面は薄緑色。花はピンクの濃淡で、幅約25mm、芳香性、細い花茎につき、秋に咲く。
ゾーン：9〜10

Cyclamen balearicum
☀/◐ ❄ ↔15〜20cm ↕8cm
フランス南部とバレアレス諸島原産。暗緑色の葉には銀灰色の大理石模様、浅い鋸歯のある波状縁、裏面は紫赤色。芳香性で、淡桃色からピンクの脈の走った白色の小花は、波状縁の花弁をもち、春に咲く。ゾーン：8〜10

Cyclamen clicium
☀/◐ ❄ ↔15〜20cm ↕8〜10cm
トルコ南西部原産の、秋咲き種。丸みのある心臓形、鋸歯縁があり、表面は銀灰色の模様のある緑色、裏面は紫赤色の葉が整然と群生する。白色から薄桃色の花、蕾は濃桃色。花弁はやや捻じれる。
ゾーン：7〜9

Cyclamen coum
キクラメン・コウム
異名：*Cyclamen atkinsii*
☀/◐ ❄ ↔15〜30cm ↕10cm
ヨーロッパ南東部、コーカサス地方、中東原産。銀灰色と暗緑色の模様のついた、丸みのある心臓形の葉は、長さ5cm強。裏面は紫赤色。白、ピンク、または紫桃色の小花は、基部の色が濃い。主に晩冬から春に開花。**Pewter Group**（ピューター グループ）は、銀灰色のはっきりした模様のある葉をもつ選抜品種で、以下のような品種がある。'モーリス ドライデン'は、緑色縁の灰色の葉、白い花。'タイルバーン エリザベス'は、明るいピンク色の花、細い緑色縁のある銀色の葉。ゾーン：6〜9

Cyclamen hederifolium
異名：*Cyclamen neapolitanum*
一般名：カガリビバナ、ブタノマンジュウ
☀/◐ ❄ ↔15〜30cm ↕10cm
晩夏から初冬に開花する。ヨーロッパ南部からトルコで見られ、開花時に葉が無いことが多い。葉は小型から大型、長さ5〜15cmで、全縁または鋸歯縁で、一面暗緑色、または模様のある銀灰色。葉の裏面は緑または紫色。薄桃色の小型の花は、中心部の色が濃い。
ゾーン：6〜9

Cyclamen persicum
一般名：シクラメン、ブタノマンジュウ
☀/◐ ❄ ↔15〜30cm ↕15〜20cm
冬から春に開花する。クレタ島、キプロス島、その他諸島、およびリビアを含む地中海地方東部原産。色と模様は変異が多い。鋸歯縁をもつ心臓形の葉は、長さ約10cm。白色、モーブ、またはピンク濃淡の花は、中心部の色が濃い。園芸店で「シクラメン」と呼ばれているのは、この種である。ゾーン：9〜10

Cyclamen purpurascens
異名：*Cyclamen europaeum*
一般名：ヨーロッパシクラメン
☀/◐ ❄ ↔15〜30cm ↕10〜15cm
ヨーロッパ中部、東部の種。円形の葉は、全縁または細かい鋸歯縁。葉は鮮緑色から濃緑色で、多様な銀灰色の模様があり、裏面は赤色を帯びている。晩夏から、強い香りの小型の花が咲く。花色はピンクの濃淡で、稀に白色。**Silver Leafed Group**（シルバー リールド グループ）は、明瞭な模様のある葉をもつ。
ゾーン：6〜9

Cyclamen repandum
☀/◐ ❄ ↔15〜30cm ↕10〜15cm
地中海中部と東部の諸島、またはその周辺で見られる。長さ5〜12cm、幅広の心臓形の葉は、鋸歯のある明瞭な波状縁。表面には暗緑色で、多様な銀灰色の模様をもち、裏面は紫赤色。芳香性、白色から深紅色の花は、中心が赤い。
ゾーン：7〜10

Cydonia sinensis

Cyclamen hederifolium

Cyclamen africanum

Cyclamen coum

Cyclamen persicum

Cyclamen purpurascens

CYDONIA
(キドニア属)

傘に似た円形の樹冠をなす落葉性高木で、バラ科に属する。原産地であるイラン北部、アルメニア、トルコでは何千年も前から栽培されており、やがて地中海沿岸地方全域、さらに北方のヨーロッパ全域へと広がった。古代ギリシア、ローマでは、マルメロは愛と豊饒の象徴であり、エデンの園の「禁断の果実」だと信じられていた。花は自家受精し、1本の木でも結実する。

〈栽培〉

多様な土壌で育つ。非常に厳しい霜に耐えるが、亜熱帯でも結実する。日なたで、強風から保護された場所を好む。込み合った枝は冬に取り除く。挿し木で繁殖できるが、栽培品種は通常、マルメロの台木に接ぎ木する。

Cydonia oblonga
一般名：マルメロ、カマクラカイドウ
英　名：QUINCE
☼ ❄ ↔4.5m ↕6m

やや曲がった高木で、同一の枝から数本のシュートを出す。葉は非常に薄い緑色で、裏面は有毛。花は新枝に下向きにつき、大型、白色またはピンク色。果実は大きさが多様で、円形または梨形で、熟すと明黄色になり、初冬から真冬に完熟すると強い芳香を放つ。選抜クローンは、以下の通り。**'チャンピオン'**、**'ルシタニカ'**（syn.'ポルトガル'）、**'スミルナ'**（トルコ原産の変種）。
ゾーン：4～9

CYLINDROPUNTIA
(キリンドロプンティア属)

サボテン科。33種の低木から高木状になるウチワサボテンで、北アメリカ原産。属名は「円筒形のウチワサボテン」の意味で、円筒形、ときに棍棒状の茎の形を指す。アメリカの砂漠ではよく見られ、コラ(cholla)という名前で知られている。本属に外観の似る南アメリカ原産のアウストロキリンドロプンティア属との違いは、キリンドロプンティアでは、刺が必ず紙質の葉鞘に内包されている点である。茎が密着するものから簡単に離れてしまうものまであるが、ほとんどの種は茎に明瞭な小結節をもつ。花は黄色、緑色がかった黄色、深紅色、ブロンズ、または赤色。種子のさやは多肉質または乾燥しており、球形から棍棒形、緑色、黄色、茶色、または赤色で、刺があるものとないものがある。

Cydonia oblonga

テディベアカクタスの自生種、アメリカ合衆国、カリフォルニア州、ヨシュアツリー国立公園

*C. imbricata*の自生種、アメリカ合衆国、アリゾナ州

*Cylindropuntia fulgida*の自生種、アメリカ合衆国、アリゾナ州、スーパースティション山脈

〈栽培〉

水はけのよい土壌なら栽培は非常に簡単である。種子からか、さや全体を挿し木のように植える。または数日間乾燥させた茎から繁殖させる。刺があるので取り扱いには気をつける。冬に灌水を少しの間控えるとよい。

Cylindropuntia acanthocarpa
英　名：BUCKTHORN CHOLLA
☼ ❄ ↔1.8～2.4m ↕4.5m

アメリカ合衆国西部原産の低木。円筒形、灰緑色の茎は長さ約50cm。扁平な刃形の、大型の中刺と、赤い花蕾を囲むように大型の側刺がある。花は春に、赤色を帯びた金色から赤橙色の花を咲かせる。茶色がかった刺のある果実。
ゾーン：8～11

Cylindropuntia bigelovii
一般名：テディベアカクタス、松嵐(マツアラシ)
英　名：JUMPING CHOLLA、TEDDY-BEAR CHOLLA
☼ ❄ ↔60～90cm ↕1～1.5m

大きさは異なる。アメリカ合衆国南西部とメキシコ北部原産で、高さ2.4m以上に成長することがある。円筒形の茎には刺がある。刺によって、ピンク色を帯びた麦わら色から赤茶色の色調を帯びる。刺は突起した小結節から出る鮮黄色の鞘に包まれる。黄緑色から緑色の花が群生する。ときに薄いモーブ色の縞があり、刺はないが、いぼのある黄色い果実をつける。
ゾーン：9～11

Cylindropuntia echinocarpa
☼ ❄ ↔0.9m ↕1.5m

アメリカ合衆国南西部とメキシコ北西部原産。茎は円筒形の低木状になり、長さは約40cmだが、それより短いことが多い。黄色または銀色の多数の刺は長さ約40mm。黄緑色の花、刺のある緑色の果実がなる。
ゾーン：6～11

Cylindropuntia fulgida
一般名：鱗団扇(ウロコウチワ)
英　名：SMOOTH CHAIN-FRUIT CHOLLA
☼ ❄ ↔1.8～2.4m ↕3.5m

アメリカ合衆国南西部とメキシコ北西部原産。高木状で、中心となる「幹」があり、長さ約15cmの円筒形の茎が下向きにつく。刺は短くて細いが、非常に密生する。花はピンク色で、稀に白色。緑色の果実を多数つけるが、種子がないことが多い。
ゾーン：7～11

Cylindropuntia imbricata
一般名：鬼子角(キシカク)
☼ ❄ ↔1.2～2m ↕3m

メキシコとアメリカ合衆国南西部原産。低木だが、高木状になる。茎はやや平らで、周囲約30cm、小型の葉と長さ約30mmの多数の刺をもつ。紫から赤、または黄色の花に続いて、長さ30mmの刺のない黄色い果実がなる。
ゾーン：7～12

Cymbalaria muralis

Cylindropuntia spinosior

Cylindropuntia tesajo

*C. prolifera*の自生種、メキシコ、バハ・カリフォルニア、エンセナダ付近

Cylindropuntia prolifera
英　名：COASTAL CHOLLA、
異　名：*Opuntia prolifera*
JUMPING CHOLLA
☼ ❄ ↔1.5～1.8m ↕2.4m
メキシコとカリフォルニア州の国境地帯に見られる。高木状、円筒形からやや平らな、長さ約15cm灰緑色の茎をもつ。刺、長さ約40mmは密生して細く、主に黄色で、樹齢とともに赤茶色になる。紫赤色の花に続いて多数の果実がなるが、種子がないことが多い。
ゾーン：9～11

Cylindropuntia spinosior
異　名：*Opuntia spinosior*
英　名：CANE CHOLLA
☼/☀ ❄ ↔0.9～1.5m ↕2m
アメリカ合衆国南西部とメキシコ北西部原産。低木から高木状まであり、長さ約30cm、小結節のある円筒形の茎が密集する。ピンク色の極めて短命な葉は薄黄色から白色、多数の小型の刺をもつ。深紅色から赤色の花は、稀に白色または黄色のことがあり、刺のない黄色い果実をつける。
ゾーン：7～11

Cylindropuntia tesajo
異　名：*Opuntia cineracea*, *O. tesajo*
☼ ❄ ↔50～100cm ↕20～80cm
メキシコ、バハ・カリフォルニア原産。低く不規則に広がる低木。薄緑色から茶色を帯びた緑色の、多くの細い茎をもち、それぞれの茎が2～3分岐以上する。小結節は目立たず、クリーム色から灰色の刺座、黄色からオレンジの突起した芒刺がある。刺はまばらで、0～1本の中刺には鞘があり、0～2本の側刺は鞘がない。黄色から緑色の花。薄茶色のさやは乾燥し、刺はない。新芽は赤みを帯びる。
ゾーン：8～10

Cylindropuntia tunicata
異　名：*Opuntia tunicata*
英　名：PRICKLY PEAR, TUNA
☼ ❄ ↔1.2m ↕0.6m
メキシコとアメリカ合衆国南西部原産で、南アメリカに帰化している。枝分かれの多い低木を形成する。青緑色の茎は輪生で、目を引く白い刺座には白い鞘に包まれたクリーム色または黄色みの刺がある。春から夏に黄色い花が咲き、青緑色の刺のない果実は、宿存する。
ゾーン：9～11

CYMBALARIA
（キンバラリア属）
ゴマノハグサ科。ヨーロッパ西部原産。10種の小型の多年生植物で、グランドカバーになる。根を張って広がる習性をもつ。葉は小型で、腎臓形から円形、しばしば浅く切れ込む。小型のスミレに似た5弁花が、温暖な季節を通して、葉腋に単生する。花はモーブから薄紫色で、花喉に濃色または黄色の模様がある。Coliseum ivy、Kenilworth ivyという英名は、この植物がコロシアムやケニルワース城のような古い建物の裂け目に育つことを示す。

〈栽培〉
土壌を選ばず、日なたでも日陰でも簡単に栽培できる。ほとんどの土壌に耐え、岩や歩道の石の隙間に育つこともある。じゅうぶんな湿り気があれば理想的だが、定着すると旱魃にも耐える。非常に丈夫で適応力のある小型植物で、やや侵略性があるが、管理は容易である。

Cymbalaria muralis
異　名：*Linaria cymbalaria*
一般名：ツタガラクサ
英　名：COLISEUM IVY、
IVY-LEAFED TOAD FLAX, KENILWORTH IVY
☼/☀ ❄ ↔20～50cm ↕5cm
ヨーロッパ南西部から中部で見られ、その他広くに帰化している。葉は円形から腎臓形、長さ約12mm、5～9の裂片がある。花は幅12mmで、ラベンダーから紫色、花喉は黄色。白い花の栽培品種がよく見られる。
ゾーン：3～10

CYMBIDIUM
（シンビディウム属）
ラン科、アジアからオーストラリアに分布する約50種。山間部に自生する複茎性の種の多くは陸生で、直立、あるいはアーチを描く穂状花序を持ち、多彩な色の花を咲かせる。多肉質の偽鱗茎を出し、丈夫で革紐状の長い葉を多数つける。低地ではシンビディウムの多くが着生植物として高木に付き、明るい光の中で育つ。多数が、下垂する長い花序と、厚い革質の葉を持つ。1世紀以上の間に、何万ものハイブリッドが作り出されたが、花の大きさによって大まかに分類されることが多い。小輪種は6cm以下、中輪種は6～9cm、大輪種は9cm以上である。これらのハイブリッドが温帯地方の鉢花、切花産業の基盤を支えている。伝統的に主な花時は冬から春だが、選抜品種改良により絶えず花期は伸びてきている。これらのランは中国と日本では、何世紀にもわたり精神的、医療的目的で栽培されてきた。斑入りの葉や珍しい花の品種が非常に賞賛される。

〈栽培〉
ほとんどのハイブリッド種は商業的に入手可能な「洋ラン専用土」で栽培される。この用土はたいてい水はけがよく、しかもある程度の水分を維持する。細粒のパインバークを好むラン栽培者もいるが、多くの栽培者はそれぞれの条件や水遣り頻度に適合する配合を作り出している。シンビディウムは驚くほど寒さに強い。着生種は粗いバークが多くふくまれる混合土を好む。1年を通じて湿り気を絶やさず、特に春から秋の活発に成長する時期には、水遣りと施肥を増やす。冷涼地で育つ種やコンプレックス ハイブリッド（複雑に交配が進んだ品種）は夏の夜の気温が少なくとも10℃に下がることが、次のシーズンの開花を始めるのを助けるために必要である。温暖な季節の日暮れにランに定期的に軽い霧吹きをほどこしてやることで操作できる。

Cymbidium erythrostylum ★
一般名：シンビディウム エリトリスティルム
☼/☀ ❄ ↔20～60cm ↕30～70cm
ベトナム原産。秋咲き種で、花は10までで、白、花径約6cm。黄色と白色のベースに濃い朱色の網目脈の走る唇弁がある。花弁はふつう完全には開かず、ずい柱と唇弁を包む傾向がある。
ゾーン：9～10

Cymbidium erythrostylum

Cymbidium suave、ニューギニア

Cymbidium lowianum
シンビディウム ロウィアヌム

☼/☀ ❄ ↔20〜90cm
↕30〜120cm

タイから中国にかけて分布。耐寒性のある陸生種で、長さ約9cm、非常に長いアーチを描く穂状花序を30までつける。オリーブグリーンの花と、対照をなすクリーム色と赤色の唇弁をつける。*C.* (lowianum×Ormoulu) 花つきのよいオリーブグリーンのハイブリッドである。
ゾーン：9〜11

Cymbidium suave
一般名：シンビディウム スアウェ

☼/☀ ❄ ↔20〜80cm ↕30〜120cm

オーストラリアの種で、イネ科植物のような葉と、よくある偽鱗茎の代わりに分厚い茎を持つ。晩春から夏に開花する着生植物で、広範囲の温度に耐えるが、霜には弱い。下垂して、50までのアップルグリーンから薄い黄褐色の花を枝咲きさせる。花の長さは約2.5cm、非常に香りがよい。ゾーン：9〜11

Cymbidium tracyanum
一般名：シンビディウム トレイシアヌム

☼/☀ ❄ ↔20〜90cm

Cymbidium lowianum

↕30〜120cm

冷涼地で育つ大型種で、タイから中国に分布。花は強い芳香性があり、長さ約15cm、明緑色で模様が多く、赤茶色の縞が走る。一見すると花は一面濃いブロンズ色のように見える。
ゾーン：8〜11

Cymbidium Hybrids
一般名：シンビディウム交雑品種

☼/☀ ❄ ↔20〜90cm
↕30〜120cm

数千に及ぶ、花形、花色が大きく変異するハイブリッドが登録されている。多数は部分的にクローンとして発生させたり、組織栽培したりして、需要を満たす数を増やしてきたものである。**アフリカン アドヴェンチャー 'サハラ ゴールド'** は、新しい「夕日の」色調を揃え、新しい色がいくつか開発されつつある。**バルバロー 'フライアー タック'** ★は、人気の高い中輪種スタイルのシンビディウムで、*C. devonianum*譲りの特徴的な配色を持つ。**キャッスル オブ メイ 'ピンキー'** は、小輪種のシンビディウムで、それぞれの茎に25ほどの白い花が垂れ下がるように咲く。**ディリ 'デル マー'** は、濃い黄色の花で、遅咲き。**ファンファーレ 'スプリング'** は、黄緑色から濃いアップルグリーンまで花色が多様。**'ジョン・ウッデン'** は、サーモンピンクの大輪種で、唇弁に濃いえび茶色の斑点が散り、高

Cymbidium, Hybrid, African Adventure 'Sahara Gold'

シンビディウム ロウィアヌム 'タイガー' ×シンビディウム オルモウル

Cymbidium tracyanum

シンビディウム　ハイブリッド、アレグリア'セント　リタ'

シンビディウム　ハイブリッド、アレクスフリダ'ザ　クイーン'

シンビディウム　ハイブリッド、アニタ'ピンブル'

シンビディウム　ハイブリッド、アストロノート'ラジャー'

シンビディウム　ハイブリッド、コリナ'エンバー'

Cymbidium, Hybrid, Bulbarrow 'Friar Tuck'

シンビディウム　ハイブリッド、バルドイル'メルベリー'

シンビディウム　ハイブリッド、ベル　パーク'オレンジ　グリーム'

シンビディウム　ハイブリッド、'ボルトン　グレンジ'

シンビディウム　ハイブリッド、'ケープ　クリスタル'

Cymbidium, Hybrid, Castle of Mey 'Pinkie'

シンビディウム　ハイブリッド、クロウボダ'シドニー　ロスウェル'

シンビディウム　ハイブリッド、クランボーン'チェイス'

シンビディウム　ハイブリッド、デジレ'エリザベス　A.ローガン'

Cymbidium, Hybrid, Dilly 'Del Mar'

シンビディウム ハイブリッド、'エスメラルダ'

シンビディウム ハイブリッド、フィネッタ'グレンデッサリー'

C., Hybrid, Fanfare 'Spring'

シンビディウム ハイブリッド、ファイヤー ワンド'ヌマン'

シンビディウム ハイブリッド、ギブソン ガール'メフィスト ワルツ'

シンビディウム ハイブリッド、ハイランド アドベント

シンビディウム ハイブリッド、ハイランド ラッシー'ジャージー'

シンビディウム ハイブリッド、アイス ランチ

シンビディウム ハイブリッド、ジャネット'イーニッド ハウプト'

シンビディウム ハイブリッド、キリ テ カナワ

Cymbidium, Hybrid, John Wooden

シンビディウム ハイブリッド、キク オノ

Cymbidium

シンビディウム ハイブリッド、レディー マカルパン 'ジャージー'

Cymbidium, H, Little Big Horn 'Prairie'

シンビディウム ハイブリッド、リネット アルテミス

Cymbidium, Hybrid, Mavourneen 'Jester'

Cymbidium, Hybrid, Rievaulx

シンビディウム ハイブリッド、ロザリタ 'ステューズ サプライズ'

シンビディウム ハイブリッド、サン フランシスコ

シンビディウム ハイブリッド、ミニ ゴッデス 'アプリコット'

シンビディウム ハイブリッド、ポンティアック 'トリニティー'

シンビディウム ハイブリッド、セント オービンズ ベイ

Cymbidium, Hybrid, Sumatra 'Astrid'

シンビディウム ハイブリッド、シルビア ミラー 'ゴールド カップ'

シンビディウム ハイブリッド、ティンセル 'ハリエット'

C., Hybrid, Sunshine Falls 'Green Fantasy'

シンビディウム ハイランド グレン 'クックスブリッジ'

シンビディウム ハイブリッド、オーキッド カンファレンス 'グリーン ライト'

シンビディウム ハイブリッド、ミニ ヴェルデ 'キャプテン クック'

い穂状花序につく。**リトル ビッグ ホーン 'プレーリー'**★は、中輪種のハイブリッドで、直立した多数の花序につく花は、主に緑色で、白い唇弁にえび茶色の斑点が散る。**マブーアニーン 'ジェスター'**★は、大輪種の変わったハイブリッドで、唇弁の色が花弁に移っている。**スマトラ 'アストリド'**は、濃いピンクの花が枝咲きし、黄色い唇弁には紫色の模様が入る。**サンシャイン フォールズ 'グリーン ファンタジー'**は、小輪の花をつける栽培品種で、*C. madiddum*譲りで非常に香りがよく多花である。
ゾーン：9～11

CYMBOPOGON
（オカルガヤ属）
熱帯アジアとアフリカに見られる56種の多年生のイネ科植物からなる。この植物は叢生で、やや粗い葉を持つ。オカルガヤ属は芳香性の葉を持つことが多い。小さな花がふわりとした複総状花序で咲く。

〈栽培〉
水分を保持する、水はけのよい土壌で、日なたで育つ。寒冷地方では、鉢植えで屋内にいれ、中程度の湿気を維持する。繁殖は種子から、または株分けで行う。

Cymbopogon citratus
一般名：レモングラス
英　名：LEMON GRASS
↔0.3m ↕0.9～1.5m
インド南部とセイロン原産。緑色から青みがかった緑色で、ざらざらした縁をもつ葉が叢生する。強くレモンの香りのする葉は、東南アジア料理で香辛料として使われている。
ゾーン：9～11

CYNARA
（チョウセンアザミ属）
この属には10種の多年生草本植物があり、キク科に属する。地中海沿岸地方、アフリカ北西部、カナリア諸島の原産である。巨大なアザミに似て、大きな葉は先端が尖った裂片に分かれ、時に刺があり、アザミに似た花を背の高い花序で咲かせる。装飾的な庭園での印象的な存在感と、ある種においては未熟な花序と若い茎が野菜として食用のために、栽培されている。

〈栽培〉
日なたの、水はけのよい土壌で、強風から保護された場所で育つ。大きながっしりした葉を伸ばすので十分な空間をあける。繁殖は種子から、または株分けで行う。

Cynara cardunculus
一般名：カルドン
英　名：CARDOON
↔1.2～2.4m ↕1.2～2.4m
地中海沿岸原産。堂々たる植物で、灰緑色の分厚い葉は先の尖った裂片に分かれ、長さは約1.5mになる。紫色のアザミに似た大きな花が、夏、葉群の上に立ちあがる。装飾植物として栽培されるが、若い茎は野菜として調理される。
ゾーン：7～11

CYNODON
（ギョウギシバ属）
イネ科の熱帯性と亜熱帯性草本8種からなり、アフリカ南部でよく見られる。丈夫な茎を持ち、広がりながら根を出し、同時に上にも成長することができる。茎は絡み合って密集した藪を作り、平らで大きな葉のためにますます足を踏み込めなくなる。小さな花房が集まり穂状花序を茎頂につけるが、目立たないうえ、この植物が芝生として、または日常的に牧草として動物に食べられているので目につくとは思えない。この草の旺盛な力は魅力でもあり災いでもあり、栽培の手から逃れると、侵略的になることがある。しばしば引用される統計値によれば、この草の最大成長率が1年間維持されれば、この植物を植えた3メートル平方の土地が、世界の陸地の50％を覆うまでに広がるということだ。

〈栽培〉
よく栽培されている種や品種は中程度の霜に耐えるが、長引く霜には耐えられない。密集した成長を確実にするには、日なたに植え、夏場に水遣りをする。春には施肥、通気をし、枯れた表層を取り除く。種子から育てることもあるが、一般的には敷くだけの芝生ロールや、匍匐茎の芝地を植える。

Cynodon dactylon
一般名：ギョウギシバ、バミューダグラス
英　名：BAHAMA GRASS, BERMUDA GRASS
↔無限 ↕5～15cm
温帯から熱帯地方に広く分布する。生命力旺盛な広がる草で、密生した芝生になる。丈夫な茎は長さ約30cm、幅広の葉身を持つ葉は長さ15cmで、灰色を帯びることが多い。密生した長さ約5cmの穂状花序は晩夏から咲く。**'U3'**は、丈夫で、粗い葉身の栽培品種であり、往来の激しい芝生や放牧地専用で、目の細かい芝ではない。
ゾーン：8～12

Cynodon dactylon

Cymbopogon citratus

Cynodon × magennisii
一般名：ティフトンシバ
英　名：MAGENNIS BERMUDA GRASS
↔無限 ↕5～10cm
*C. dactylon × C. transvaalensis*の自然の交雑種。*C. dactylon*に似ているが、やや耐寒性が劣り、葉身は細く、目の細かい芝に向く。**'サンタ アナ'**は丈夫な芝生になり、スポーツフィールドに人気がある。目の細かい芝の選抜品種が数多く、ゴルフコースのために開発されている。**'ティフグリーン'**は非常に目が細かい。**'ティフウェイ'**はやや粗く、より直立する。そして**'ティフドワーフ'**は非常に短い、細かな葉で密集して成長し、ゴルフのグリーンには理想的である。
ゾーン：7～12

CYNOGLOSSUM
（オオルリソウ属）
英　名：HOUND'S TONGUE
ムラサキ科の約55種の一年生・二年生・多年生植物からなり、主に温帯地方で見られる。単葉、細長い、楕円形から槍先形の葉には、細い毛が密生していることが多く、根出葉を群生させ、そこから直立した花茎が出て、5弁の小さな花の花序をつける。花色は通常、鮮やかな青の色合い。花は主に夏に咲く。英名のhound's tongue（犬の舌）は、葉の形と質感を表している。

〈栽培〉
種によって耐寒性は多様であるが、非常に厳しい霜でも短期間で長引かないなら、ほとんどの種が耐えられる。完璧な水はけが必須で、夏の水分は花つきをよくするので、多めのグリット（角張った粗粒の砂岩）と腐葉土を混ぜる。花殻摘みは花時を伸ばす。背の高いタイプは支柱を立てたり、束ねたりが必要である。種子から育てられるが、多年生植物は根挿しからでもよい。

Cynara cardunculus

Cynoglossum amabile
一般名：シナワスレナグサ
英　名：CHINESE FORGET-ME-NOT
↔30cm ↕50～60cm
温帯東アジア原産の二年生植物。卵形から披針形の基部の葉は長さ約20cmで、しばしば細かい毛が生えている。幅6mmほどの白、ピンク、または青の花が、枝咲きする。**'ファーマメント'**は、矮性品種で、灰緑色の葉と、やや下垂した鮮やかな青の花がある。
ゾーン：7～10

Cynoglossum grande
↔30～50cm ↕60～80cm
北アメリカ西部原産の多年生植物。葉柄の長い根出葉は、長さ15cm、上側にまばらに毛が生え、裏面、は密生している。ディープブルーからパープルブルーの花が目立つスプレーになって咲く。
ゾーン：8～10

Cynoglossum nervosum
一般名：ヒマラヤハウンドタングー
英　名：HAIRY HOUND'S TOOTH
↔60cm ↕60～75cm
低木状で、直立する多年生植物で、ヒマラヤ山脈に自生する。長楕円形の緑色の葉には、短く硬い毛が生えている。花は濃い青色で、ワスレナグサに似ている。花は晩春に出て、約4週間続く。水はけのよい土壌が必要。この種は高木林地に最適、または非常にくつろいだ庭園に向く。
ゾーン：4～9

Cyperus involucratus

Cyperus involucratus 'Variegatus'

CYPERUS
(カヤツリグサ属)

カヤツリグサ科。約600種の一年生、多年生のカヤツリグサが基準属を作る。人類の初期の紙、パピルス紙の原料として、また紙(ペーパー)の語源としてよく知られている。パピルスには、屋根ふき材料や燃料として現地で活用されている種や、非常に装飾的な優美な種、さらに侵略的な雑草がある。カヤツリグサはイネ科植物のような根出葉の茂みから、逞しく直立した花茎を出して、その上に花序と苞葉をつける。しばしばこの苞葉もまたより細い、時にフィラメントのような葉を取り囲む。この層状になる美的効果と葉の軽やかさが、装飾的種の魅力の所以である。

〈栽培〉
耐寒性は広く多様であり、亜熱帯と熱帯の種は霜に対して弱い。それ以外ではカヤツリグサの栽培は難しくない。明るい場所で、湿った、腐植質豊かな土壌に植え、夏には水をたっぷり与える。多くの種は湿潤から湿地状態で育つが、同時に、水はけのよい土壌も好む。繁殖は種子から、または株分けで行う。

Cyperus albostriatus
☼/☼ ↔30cm ↕60cm
南アフリカ種で、長さ約50cmの多くの細い葉には、3本のはっきりした薄色の葉脈がある。花茎は、葉苞を密着させ、葉より長くはならない。湿った土壌に育つ。
ゾーン：9～12

Cyperus involucratus
キペルス・インウォルクラトゥス
☼/☼ ↔60～100cm ↕0.9～2m
アフリカに広く分布する。短い根出葉の茂み、多数の3角形の花茎の上には長さ約40cmの多くの苞と、長さ約10cmの散形花序柄がつく。地方によっては侵略性と見られている。'ワリエガトゥス'★にはクリーム色の縦縞がある。
ゾーン：9～12

Cyperus longus
一般名：ガリンゲール
英　名：GALINGALE
☼/☼ ❄ ↔30～90cm ↕0.9～1.5m
ヨーロッパと北アメリカ原産で、艶のある根出葉がわずかにあり、がっしりした、しっかり直立する三角の芳香性の茎の頂上に、先がうな垂れる長い苞と、魅力的に対照をなす茶色の花序がある。深さ30cmまでの水のなかで育つ。
ゾーン：6～9

Cyperus papyrus
一般名：パピルス、カミガヤツリ
英　名：EGYPTIAN REED, PAPYRUS
☼/☼ ↔1.5～3m ↕2～5m
生命力旺盛で、群生するアフリカ種。根出葉に欠けるか、ほとんどなく、数多くのがっしりした濃緑色の三角の茎があり、その上に長い苞葉があり、葉状と糸状の葉群を包む。水の中で育つ。旧約聖書のモーゼの話に出てくる「パピルス」は*C. papyrus*のことである。
ゾーン：9～12

CYPHOSTEMMA
(キフォステンマ属)

ブドウ科の仲間で、セイシカズラ属と関連がある。キフォステンマ属150種には、多くのよじ登り植物とつる植物、数種の低木が含まれる。マダガスカルを含むアフリカ東部を中心に分布。常緑種と落葉種がある。アフリカ種の多くは、太い基部、膨れた多肉質の茎、そしてしばしば複葉の形をとる多肉質の葉を持つ。こういった特徴は、アフリカ種がしばしば耐えなければならない日照りへの適応である。緑色の小さな花が、てっぺんが平

Cyperus longus

らな花序を作り、続いて多肉質でブドウに似た液果が出るが、これには食べられるものがある。

〈栽培〉
軽度の霜に耐える種もあるが、ほとんどは温暖で霜の降りない気候を好む。乾燥地帯の植物の例にもれず、冬じゅう乾燥していれば寒さに耐えるが、寒冷湿潤条件が長引くと腐る。日なたの、水はけのよい軽い土壌に植える。繁殖は種子から行う。

Cyphostemma bainesii
一般名：葡萄盃
英　名：GOUTY VINE
☼ ☼ ↔0.9m ↕1.8m
ナミビアのナマクアランド地方原産。草丈は低いが高木のような姿。膨れた茎は、球状または瓶形で、高さ約60cm、頂上で太い枝に枝分かれする。冬に落葉する葉は、灰緑色で、粗い歯牙縁、通常3切片に分かれ、それぞれが長さ約10cm。花は小さく、目立たないことが多く、続いてブドウ大の赤い果実がなる。
ゾーン：9～12

Cyphostemma currorii
☼ ☼ ↔3～4.5m ↕8m
南アフリカからアンゴラ原産。高木で、この属最大の種。黄色い茎は太いが、極端に太くはない。枝分かれが多く、明るい緑色の葉を持つ。小葉は粗い歯牙縁で、長さ約15cm。黄色い花に続いて、赤いブドウのような果実がなる。
ゾーン：11～12

Cyphostemma juttae ★
一般名：葡萄甕
英　名：TREE GRAPE
☼ ☼ ↔1.8m ↕1.8m
ナミビアのナマクアランド地方の自生種。落葉性低木。分厚い多肉質の茎。葉は歯牙縁で、3つの小葉に分かれ、光沢ある緑色、小葉は卵形、葉の裏面には綿毛が生える。茎は剝離する黄色の樹皮で被われる。黄緑色の小さな花が夏に咲く。ブドウのような黄色から赤茶色の液果がなる。
ゾーン：9～11

Cyphostemma currorii

Cyphostemma juttae

CYPRIPEDIUM
(アツモリソウ属)

英　名：LADY'S SLIPPER

ラン科のこの落葉性の属は、約50種の複茎性種で、北アメリカ、中央アメリカ、ヨーロッパ、アジアで見られる。陸生属のなかでも最も珍しいものの一つで、保護され、どのような事情があっても自生地から移植できない。

〈栽培〉
冷涼から温帯気候で、この多年生草本は鉢植えまたは庭植えで、腐葉土で肥えた土壌で育つ。亜熱帯や熱帯気候では育たない。

Cypripedium formosanum
☼ ✻ ↔10〜30cm ↕10〜25cm
台湾原産。山地種で、温暖な気候を嫌う。冷涼な気候では栽培は容易。対になった魅力的な葉は、扇状で波状緑。一重の薄ピンク色の花は直径8cmほど、濃い色の模様が入り、膨れ上がった大きな唇弁がある。
ゾーン：6〜9

CYRILLA
(キリラ属)

この属は、アメリカ合衆国南東部から南アメリカ北部原産の、変異のある種ひとつからなる。キリラ科のもう一つの属、クリフトニア属はアメリカ合衆国南東部原産である。キリラ属は低木または小型高木で、葉は単葉の全縁でらせん状に並ぶが、各シーズンのシュートの先に群生する傾向がある。花は5弁花で、葉腋から立ちあがる総状花序をなす。雄ずいも5本ある。果実は小さなさく果で、2房それぞれに1つの種子。

〈栽培〉
日なたの、湿潤で肥えた、やや酸性から中性の土壌で育つ。繁殖は新しく収穫した種子から、春の緑枝挿しまたは根挿し、夏の半熟枝挿しで行う。

Cyrilla racemiflora
一般名：レザーウッド

英　名：BLACK TITI、LEATHERWOOD

☼/☽ ✻ ↔1〜2.4m ↕1〜9m
変異のある低木、または小型高木で、アメリカ合衆国東部のバージニア州南部から西インド諸島、南アメリカ東部の原産。北部の品種は落葉性で、南部は常緑。葉は長さ約10cmで、革質、朱色に紅葉する。白い花は小さく、輪生の総状花序、長さ約15cmで、前の年の木質部に夏咲く。
ゾーン：5〜11

CYRTANTHUS
(キルタントゥス属)

英　名：FIRE LILY

47種の常緑、あるいは落葉性の球根植物で、ヒガンバナ科に属する。熱帯地帯とアフリカ南部の、湿潤な藪から砂漠条件に近いところまで、広範囲の生息地を持つ。葉は線形または革紐形で、基部で散開状のロゼットを形成する。花は直立または下垂で、通常は丈夫な茎に散形花序で咲く。花はじょうご形で、裂弁は朝顔形に開く。芳香性の種もある。花色は赤から黄色、白色。

〈栽培〉
温暖地方では、雨風にさらされない場所で、木漏れ日の下、水はけのよい砂質土壌で育てられるが、鉢栽培が最適である。寒冷地方では、フレーム内の間接的な明るい光のもとで育てる。成長期には入念に水遣り、弱い施肥を行う。繁殖は種子から、または分球から行う。

Cyrtanthus elatus

Cypripedium formosanum

Cyrtanthus brachyscyphus
英　名：DOBO LILY

☼ ⬗ ↔30〜45cm ↕30〜45cm
常緑種で、南アフリカ原産。細い線形の葉。鮮やかな赤色を帯びたオレンジ色の筒形の花は、細く下垂しており、6〜8花で房咲きする。
ゾーン：10〜11

Cyrtanthus elatus ★
異　名：*Cyranthus purpureus*、*Vallota speciosa*

英　名：GEORGE LILY、SCABOROUGH LILY

☼ ⬗ ↔30cm ↕45cm
南アフリカ原産の常緑種。背の高い花茎に、直立したらっぱ形の鮮やかな赤色の花を6〜9つける。人気のある切花。
ゾーン：10〜11

Cyrtanthus falcatus
☼ ⬗ ↔30cm ↕30cm
南アフリカ、クワズールー・ナタール州原産。落葉種で、葉は春に花が咲いた後出る。花は下垂し、ピンクを帯びた赤色と黄色で、6〜10花で房咲きする。
ゾーン：10〜11

Cyrtanthus mackenii
英　名：IFAFA LILY

☼ ⬗ ↔30cm ↕30cm
南アフリカ、ケープ州東部原産。イネ科のような葉を持つ、優美な植物。芳香性の、白または黄色の筒形の花は、細くて曲がっており、長さ約5cm。春から夏と、花時は長い。
ゾーン：10〜11

Cyrtanthus falcatus

Cyrilla racemiflora

CYRTOMIUM
(ヤブソテツ属)

陸生、あるいは岩場に生息する成長の早い常緑のシダ、15～20種からなる小さな属。ハワイ、東アジアから南アフリカ、そして中央アメリカから南アメリカ原産の、オシダ科植物。この植物は直立する、密集した鱗状の根茎を出す。幅広で、硬い、先端の尖った羽状の葉状体には、全縁か不規則な縁をした、尖ったほぼ鎌形の小葉があり、群生する短い葉柄から出る。この属名はアーチを意味するギリシア語のkyrtomaから来ており、これはある種でアーチのような模様の葉脈に因む。

〈栽培〉
これらのシダは、軽い砂質土壌または混合土で簡単に栽培できる。夏にはたっぷりと水分を与えるが、冬はそれほど与えない。大多数のシダよりも乾燥した空気に耐える。中程度から明るい光で育てるのが最適だが、夏の直射日光は遮光する。繁殖は高湿の砂質ピートで胞子から簡単に行える。

Cyrtomium falcatum
一般名：オニヤブソテツ、オニシダ
英 名：HOLLY FERN
☼/☼ ❄ ↔60～90cm ↕60～90cm

中型サイズのシダで、インドから東アジア原産、後に北半球のほかの場所に帰化した。直立する根茎を持つ。茎は長さ約40cm。葉状体は非常に濃い緑色で、光沢ある羽状、長さ20～60cm、通常3～11対の小葉がある。小葉は葉柄が短く、卵形の分厚い革質であり、若いときは赤茶色の鱗で被われている。'バターフィールディイ'（Butterfield holly fern）は、葉縁が粗い歯牙縁。'クリスタトゥム'（syn. 'マイ'）は、葉状体先端にとさかがついている。'ロックフォルディアヌム'（Rockford holly fern）は、モチノキの葉のように、切片の縁が深く切れ込んでいる。
ゾーン：6～9

Cyrtomium fortunei
一般名：ヤブソテツ
☼ ❄ ↔30～60cm ↕30～60cm

中型サイズの非常に変異のあるシダで、

Cyrtomium falcatum

中国南部と東部から日本、朝鮮半島原産。直立する根茎を持つ。長さ約30cmの茎。幅広の剣形の葉状体には、10～26対の細い薄緑色から灰緑色で鋸縁の小葉があり、若いときには毛のような鱗片で被われている。
ゾーン：5～7

CYRTOSTACHYS
(ショウジョウヤシ属)

8～9種の羽状の葉をした叢生のヤシ科植物で、ニューギニア、ソロモン諸島、スマトラ、マレーシア、ボルネオ原産。滑らかで直立する、輪の入った、しばしば色彩豊かな茎を出し、花瓶形の樹冠部をもつ。樹冠部は、溝のある葉柄についた羽状複葉で出来ている。硬い小葉が等間隔で鱗片をつけた中央脈に沿って生える。

〈栽培〉
ショウジョウヤシはコンテナ栽培や庭の軽い日陰に向く。定期的な水遣りを必要とする。寒さに敏感な種が多い。繁殖は新しく収穫された種子（種によって、2週間から3カ月で発芽する）、または株分けから行う。

Cyrtostachys renda ★
一般名：ショウジョウヤシ
異 名：Cyrtostachys lakka
英 名：LIPSTICK PALM、MAHARAJAH PALM、SEALING-WAX PALM
☼ ✧ ↔2～3m ↕4.5～9m

マレー半島、ボルネオ、スマトラの自生種。この植物は密生した叢生。細い、輪の入った茎、長さ約9mは、約10枚の硬い濃緑色、長さ0.9～1.5mの葉をつける。葉には50～100枚の小葉があり、裏面は灰色がかった青色。鮮やかで、光沢ある、緋色の葉鞘と葉柄。雄性花と雌花は緑色で、同じ花序につく。卵形の黒い果実には卵形の種子が内包されている。'デュビビエラナ'は、鮮やかな赤色の葉鞘と葉柄。'オレンジ クラウンシャフト'は、オレンジ色の葉鞘と羽状複葉でできた樹冠部がある。
ゾーン：11～12

CYSTOPTERIS
(キストプテリス属)

一般的にはナヨシダとして知られているオシダ科の植物18種で、優美な落葉性シダ。主に温帯ゾーン北部の、岩の多い場所に生息する。この学名は囊を意味するギリシア語のkustis（cystis）と、シダを意味するギリシア語pterisに由来し、膨らんだ包膜（胞子を包む透明膜）を言い表している。種同士の区別は難しい。

〈栽培〉
日陰になった湿った場所、例えば日陰のロックガーデンや岩の河岸などに育つ。中性からややアルカリ性の土壌を好む。繁殖は胞子または小鱗茎から、または成長力のある根茎の株分けで行う。問題になる病気や害虫はない。

Cystopteris bulbifera
一般名：ベリーブラダーファーン
英 名：BERRY BLADDER FERN
☼ ❄ ↔60cm ↕30～60cm

カナダのニューファンドランド島から、アメリカ合衆国のジョージア州までの自生種。多年生のシダで、先端より基部が幅広の、毛のはえたレース状の葉状体が特徴である。アーチを描く葉状体の縁や裏面に形成された、小さな小鱗茎が落ちることによって繁殖する。野生では岩場の湿った陰などに生息する。
ゾーン：3～9

CYTISUS
(エニシダ属)

英 名：BROOM

約50種のこの属は、マメ科ソラマメ亜科の、主に常緑低木から構成される。多数がヨーロッパ原産で、数種がアジア西部、北アフリカ原産。小さな平伏性低木から小型の高木まで多様である。エニシダ属はすべて、典型的な蝶形花を持ち、花時は晩春から夏が多い。この植物のほうきのような小枝は、ほとんど葉がないことがある。果実は平らな豆果で、小さな種子が固い殻に包まれる。寒さに極端に強く、美しい花を持つことから、装飾用として高く評価されている。

Cyrtostachys renda

〈栽培〉
エニシダ属は水はけのよい、ややアルカリ性の、かなりやせた土壌を必要とする。日当たりのよい場所ならよい花が咲く。花時が終われば、枯れた花やシュート、さらに古いシュートもいくらか取り除いて、基部から新しいシュートが出るのを促進する。アーチを描くという、この植物の典型的な習性は維持しなければならない。エニシダの多くは、晩秋または初冬に取った、その年の熟した枝先端の短い挿し木で繁殖する。

Cytisus ardoinoi
☼ ❋ ↔25～60cm ↕25～60cm
フランス南部の海辺のアルプス山脈の自生種。低く、マットを形成する、高山性低木で、アーチを描く茎、落葉性で3出複葉の葉を持つ。鮮やかな黄色い花が葉腋から出て、春から夏に咲く。
ゾーン：6～9

Cytisus × beanii
☼ ❋ ↔75cm ↕30cm
*C. ardoinoi*と*C. purgans*の園芸交雑種。矮性の落葉性低木。3出複葉の葉は、小

Cytisus × praecox 'Warminster'

Cytisus × praecox

Cytisus supranubius

さく、有毛。山吹色の花がアーチを描き枝咲きする。春咲き。ゾーン：6～9

Cytisus decumbens
英 名：PROSTRATE BROOM
☼ ❋ ↔75cm ↕15cm
ヨーロッパ南部原産。灰緑色で有毛、卵形の葉。春中頃から初夏には、鮮やかな黄色の花で覆われる。ロックガーデンにも向く。
ゾーン：5～9

Cytisus × kewensis
☼ ❋ ↔1.5m ↕45cm
*C. ardoinoi*と*C. multiflorus*の交雑種。半平伏性の習性で、茎を引きずる。クリームイエローの花が初夏には大量にかたまって咲く。
ゾーン：6～9

Cytisus multiflorus
異 名：*Cytisus albus*
一般名：シロバナエニシダ
英 名：PORTUGUESE BROOM, WHITE SPANISH BROOM
☼ ❋ ↔2.4m ↕3m
直立した低木で、スペイン、ポルトガル、北アフリカ各地で見られる。木の上部では細い単葉、下部になると3出複葉になる。房状の白い花が、初夏から真夏に、茎に沿って咲く。
ゾーン：6～10

Cytisus × praecox
キティスス×プラエコクス
☼ ❋ ↔1.5m ↕1.2m
*C. multiflorus*と*C. purgans*の交雑品種群。コンパクトな習性で、多花。'アルブス'は、白い花。'ワーミンスター'は約1.5mの高さに育ち、落葉性で、茎は外側に向かってアーチを描く。花は通常、外側の茎に長いスプレー状に咲き、非常に香り高い。
ゾーン：6～9

Cytosis scoparius
一般名：エニシダ、エニスダ
英 名：COMMON BROOM, SCOTCH BROOM
☼ ❋ ↔2m ↕2m
広く分布する中型サイズの低木。ほとんど葉はない。山吹色の花は、たいてい単生で、上部の葉腋から初夏に出る。旗弁に茶色の縞があり、黄色い竜骨弁、朱色の葯を持つ。'コーニッシュ クリーム'は、乳白色の花。
ゾーン：5～9

Cytisus supranubius
英 名：TENERIFE BROOM
☼ ❋ ↔3m ↕3m
中型サイズの低木で、カナリア諸島の自

Cytisus scoparius、春

Cytisus scoparius、夏

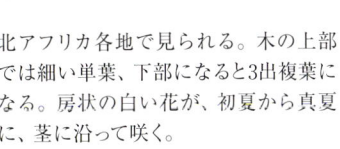

Cytisus × kewensis

生種。3出複葉の小さな葉が、青緑の枝につく。芳香性の花は、ローズ色を帯びた白色で、春に葉腋から出る。
ゾーン：7～10

Cytisus Hybrid Varieties
一般名：エニシダ交雑品種
☼ ❋ ↔0.9～1.8m ↕0.9～2.4m
*C. × praecox*と*C. scoparius*を起源とするものが多い。多様なサイズと花色がある。'ボスクープ ルビー'は、円形の小さな低木で、赤い花をふんだんにつける。'パークウッディ'★は、精力的な株立ち低木で、ピンク色の花、緋色の翼弁、黄色い縁を持つ。'ファイヤーフライ'は、黄色い旗弁、ブロンズ色を帯びた翼弁。'フルゲンス'は、花時が遅く、密集しコンパクトに育つ習性。オレンジイエローの花には、濃い緋色の翼弁がある。'ホランディア'は、クリーム色の花に、ピンク色の旗弁と翼弁があり、晩春から真夏に咲く。'リーナ'は、コンパクトで花の多い低木で、赤い旗弁、黄色い縁の赤い翼弁、薄き色の竜骨弁がある。'ルナ'は赤みを帯びたクリームイエローの花、黄色い翼弁、レモンイエローの竜骨弁を持つ。'ミンステッド'は、*C. multiflorus*起源の、藤色を帯びた白色の花で、濃い藤色の翼弁がある。'ポーロック'は、半常緑低木で、芳香性のクリームイエローの花が総状花序をなして春に咲く。
ゾーン：5～9

D

Dacrycarpus dacrydioides、ニュージーランド、フィリナキ森林公園

Daboecia cantabrica 'Purpurea'

Daboecia cantabrica 'Creeping White'

Daboecia cantabrica

DABOECIA
（ダボエシア属）

ツツジ科ダボエシア属は常緑性の横に広がる低木で2種のみが含まれる。ヨーロッパ西部およびアゾレス諸島原産で、生育地は海岸の絶壁から山地までのヒースの生えた荒野である。ほぼ卵形の葉は上面が緑色で下面は銀色。壷形の小さな花々は葉とは離れた総状花序につく。

〈栽培〉
室内で育てる場合、成長期には施肥と灌水をじゅうぶんに行なう。日当たりの良い場所を必要とするが、温室で直射日光に当たると若芽は枯れることがある。屋外ではひなたの、石灰質を含まない中性の土壌でよく育つ。半日陰に耐性がある栽培品種もある。花後は剪定する。繁殖は春季に播種する、特に栽培品種においては夏季に半熟枝の挿し木により行なう。

Daboecia cantabrica
異　名：*Daboecia polifolia*
一般名：ダボエシア・カンタブリカ
英　名：ST DABEOC'S HEATH
☀ ❄ ↔65cm ↕38cm

ヨーロッパ西部原産。直立性から平状性、はびこるものまで、習性は多様。葉は細い楕円形、濃緑色で光沢がある。花は淡紫色からピンクがかった紫色で盛夏から仲秋に開花する。*D. c.* subsp. *azorica*（ダボエキア・カンタブリカ・アゾリカ）（syn. *D. azorica*）はアゾレス諸島の原産で、花は薄色から深紅色、霜への耐性はない。*D. c.* subsp. *scotica*（ダボエキア・カンタブリカ・スコティカ）はコンパクトな低木で、花は白色からピンク、および深紅色となる。'ジャック　ドレイク'は鮮やかな赤色の花をつける。'シルバーウェルズ'の花は白色で、葉は明るい緑色。'ウィリアム　ブキャナン'★は多花で、紫赤色の花をつける。*D. c.* 'アルバ'の花は白色で、'アトロプルプレア'の花は深い赤紫色となる。'バイカラー'の葉は緑色で、暗赤色、ピンク色および白色、時として縞柄の花が、同じ株や総状花序につく。'クリーピング　ホワイト'は低く広がる習性を持ち、白色の花をつける。'プラエゲラエ'の葉は緑色で、花はピンクがかった赤色。'プルプレア'

は明るいパープルピンクの花をつける。'スノードリフド'の花は白色。'ウェイリーズ　レッド'（syn.'ホエイリー'）は、深紫紅色の花をつける。
ゾーン：6〜9

DACRYCARPUS
（ダクリカルプス属）

東南アジアの熱帯および温帯地域、太平洋諸島、ニュージーランド原産。マキ科ダクリカルプス属には、円錐形の常緑針葉樹9種が含まれる。樹木には黒色のナッツのような種子を含んだ小形の球果がつく。球果は膨張して多肉質の液果に似た貯蔵器官となり、鳥類の秋の食物となる。樹木は観賞用および材木用に栽培される。

〈栽培〉
耐霜性だが乾燥には弱い。ダクリカルプス属は、通常、肥沃な土壌の湿った沼地のような条件でよく育つ。日当たりがよく保護された場所では、より乾燥した条件にも耐性がある。繁殖は種子または挿し木から行ない、容易に根付く。

Dacrycarpus dacrydioides
異　名：*Podocarpus dacrydioids*
一般名：カヒカテア
英　名：KAHIKATEA, NEW ZEALAND DACRYBERRY, NEW ZEALAND WHITE PINE
☀ ❄ ↔6〜8m ↕60m

ニュージーランド原産。大型の成長が遅い常緑性高木で、10年間で3.5mほど伸びる。優雅な細い円錐形を成す。樹皮は灰色がかった茶色で、枝は下垂形。若葉はブロンズがかった緑色で、成熟した葉は小型で短く濃緑色となる。成長するにつれて幹に板根をつけることもある。
ゾーン：9〜11

DACRYDIUM
（ダクリディウム属）

東南アジアの亜熱帯地域、太平洋西部およびニュージーランド原産。マキ科ダクリディウム属のほとんどの種は現在でもこれらの地域に分布する。コンパクトな低木から高木で、鱗片状の葉をつけた30種の常緑針葉樹が含まれる。果実

はドングリのような実で1〜3個の種子を含む。鑑賞用のみならず材木用としても価値がある。

〈栽培〉
保護された日当たりの良い場所で、水分をたっぷり含み、冷たく湿った深層の肥沃な泥炭質の土壌を好む。一度植えると、移植により定着が阻害されるのをひどく嫌う。繁殖は、挿し木または秋季の播種によって行なう。

Dacrydium araucarioides
一般名：ダクリディウム・アラウカリオイデス
☀/☀ ❄ ↔1.5〜3m ↕3〜6m

ニューカレドニアの固有種で、島南部にある蛇紋岩の上のやせた土壌で育つ。成長の遅い小高木で、通常はやや湾曲している。成熟した葉は密接に重なり合い、平らで内側に湾曲し、小さな分枝はネズミの尾状となる。
ゾーン：10〜11

Dacrydium beccarii
一般名：ダクリディウム・ベッカリイ
☀ ❄ ↔1.2m ↕3.5m

東南アジアおよび太平洋諸島原産。常緑性低木だが、高木に成長することもある。枝は上向きで、密生した傘型の樹冠を形成する。葉のシュートは密生し、若葉は微細で、成葉は幅広。球果は枝頂および枝沿いにつく。ゾーン：10〜11

Dacrydium beccarii

Dacrydium araucarioidesの野生種、ニューカレドニア、マドレーヌの滝

Dactylorhiza fuchsii

Dactylorhiza fuchsii 'Cruickshank'

Dacrydium cupressinum
一般名：リムノキ、ダクリディウム・クプレッシヌム
英　名：NEW ZEALAND RED PINE、RIMU
☀ ❄ ↔9m ↕27～60m
ニュージーランド原産。成長が遅い常緑性高木で、ド垂し赤茶がかった緑色の分枝に小形の葉がつく。移植を嫌う。成長は遅く、年間に30cmほどで、育苗業者の株は森林から採集されることもある。乾燥には弱く、極小の堅果がつく。
ゾーン：8～10

DACTYLORHIZA
（ハクサンチドリ属）
英　名：MARSH ORCHID
ラン科に属する落葉性で陸生のラン。約35の複茎性種からなり、ヨーロッパ、ア

Dactylorhiza foliosa

Dactylorhiza fuchsii 'Rachel'

ジア北部および西部、北アメリカ原産。草原に育成するランで、湿地や湿った排水状況の場所でよく見うけられる。大半の種がえび茶色の斑点が多数ある緑色の葉をつけ、長く2つに分裂した塊茎を持ち、そこから苗が成長する。花の色は大半がピンクの色調に限定され、花被片には微小な黒っぽい斑点がある。

〈栽培〉
冷涼から温帯の気候地域に生息する草本性の多年生植物で、鉢または庭園の、腐敗葉が豊富な土壌で栽培できる。この属の仲間は完全に耐霜性だが、厳しい霜の場合は保護するほうが良い。温暖期は常に湿気を必要とするが、冬季はより乾燥させておくこと。亜熱帯または熱帯の気候区域では育たない。繁殖は株分けによって行なう。

Dactylorhiza elata
一般名：ロブストマーシュオーキッド
英　名：ROBUST MARSH ORCHID
☀/◐ ❄ ↔15cm ↕60cm
ヨーロッパ原産。平らで斑点が無い緑色の葉をつける。夏季には穂状花序に大形で濃紫色の花が密生する。
ゾーン：6～9

Dactylorhiza foliosa
一般名：マデイラオーキッド
英　名：MADEIRAN ORCHID
☀/◐ ❄ ↔10～25cm ↕30～70cm
ポルトガル領マデイラ島に多く見られるヨーロッパ種。英名はこれに由来する。適切に栽培すれば大型のコロニーを形成することもある。春から夏にかけて、

Dactylorhiza incarnata

密集した花が咲く。ピンク色から紫色の種は斑点の無い葉をつける。
ゾーン：6～9

Dactylorhiza fuchsii
一般名：コモンスポッテッドオーキッド
英　名：COMMON SPOTTED ORCHID
☀/◐ ❄ ↔10～25cm ↕20～60cm
ヨーロッパ種。多くの場合、石灰石から生じる弱アルカリ性の土壌で見られる。夏咲きの種で、近縁の*D. maculata*と混同されることも多い。'クルイックシャンク'は藤色から紫色の花をつけ、'ラシェル'は白色の花をつける。
ゾーン：6～9

Dactylorhiza incarnata
英　名：EARLY MARSH ORCHID
☀/◐ ❄ ↔10～25cm ↕20～60cm
広範囲にわたるヨーロッパ種で、同属の多くの植物より小形の花をつける。春から夏にかけて、最高40個の薄ピンクからピンク色の花が咲く。花の丈は約18mm。
ゾーン：5～9

Dactylorhiza urvilleana
☀/◐ ❄ ↔10～25cm ↕25～80cm
ヨーロッパ原産。丈夫な標本は、花序に沿って4～5枚ほどの細長い葉が茎を包むようにつき、春から夏にかけて90個ほ

どの薄赤紫色から紫色の花をつける。
ゾーン：5～9

DAHLIA
（ダリア属）
スウェーデンの植物学者Dr Andreas Dahl（1751～89）にちなんで名づけられた。キク科ダリア属には、約30種の塊根を持つ多年生植物が含まれる。メキシコからはるか南のコロンビアにまで自生する。矮性型から1シーズンに6m以上成長する樹木サイズの種までに及ぶ。同様の

Dactylorhiza urvilleana

*Dacrydium cupressinum*の自生種、ニュージーランド、ワイカレモアナ

ダリア、HC、
1. 一重咲き、'アイリーズ'

ダリア、HC、
1. 一重咲き、'イエロー ハンマー'

ダリア、HC、
1. 一重咲き、'ロット'

ダリア、HC、
5. デコラティブ咲き、'秋田'

Dahlia, Hybrid Cultivar,
5. Decorative, 'Akita'

羽状複葉、中空で木質状の茎を持ち、色鮮やかな花をつけ、ほとんどすべてがすぐに識別可能である。野生種は一般的に一重咲きだが、装飾的な花をつける園芸品種は多く、形や色も多様である。

〈栽培〉
日なたまたは半日陰で、湿気があり肥沃な腐植質に富んだ水はけのよい土壌を好む。密生させず、空気の循環を良くすればうどん粉病の可能性は低減する。上部は初霜で枯れるが、土壌が凍るもしくは水浸しにならなければ、冬の間、地中に塊茎を残すことができる。塊茎を掘り上げ、乾いた砂もしくはおがくずといった霜の無い別の場所で保存する。繁殖は小型の花壇用品種においては種子から行い、他は塊茎を分球するあるいは基部の挿し木によって行なう。

Dahlia coccinea
一般名：ダリア・コッキネア
◐/◑ ✻ ↔0.6〜1.2m ↕2〜3m
メキシコからグアテマラの原産。園芸種のダリアのうち主な親植物のひとつ。主に濃緑色だがほのかに紫に色づくこともあり、鋸歯縁で先端が尖った楕円形の小葉をつける3回羽状複葉となる。2〜3個の花序が多数群生し、舌状花は黄色から赤色、紫赤色となる。ゾーン：8〜10

Dahlia imperialis
一般名：コダチダリア、タラノハダリア
英 名：TREE DAHLIA
◐/◑ ✻ ↔2〜4.5m ↕5〜8m
グアテマラからコロンビアの原産。茎は大形の竹状。ピンクから紫色の花序が群生し多数咲く。開花は遅く、温帯地域においては霜により開花が阻害される場合も多い。
ゾーン：8〜11

ダリア、HC、1. 一重咲き'ル ココ'

Dahlia merckii
一般名：ダリア・メルキイ
◐/◑ ✻ ↔0.9m ↕2m
メキシコ種で、葉が美しく分岐し、赤く色づくものが多い。繊細な花が群生し、直立またはやや下垂した、白色から紫色の花が晩夏から見られる。
ゾーン：8〜10

Dahlia pinnata
一般名：ダリア、テンジクボタン
◐/◑ ✻ ↔50〜90cm ↕1.5〜2m
メキシコ原産。多数のダリア園芸種の親植物となる。葉はやや紫色に染まり、3〜5方向に分岐し、部分的にうぶ毛が生えることもある。開花は晩春で、赤を除いたさまざまな色の花が群生する。
ゾーン：8〜11

Dahlia scapigera
◐/◑ ❉ ↔30〜50cm ↕50cm
メキシコ原産。基部のロゼットに葉が密生することが多い。先の尖った楕円形の小葉が3〜7枚つく。花は一般に単生の下垂型で、白色から深い藤紫色となる。
ゾーン：9〜11

Dahlia tenuicaulis
◐/◑ ❉ ↔0.9〜2m ↕3〜4.5m
メキシコ原産。*D. imperialis*のように樹木に似た種だが、より小型で早く開花する。葉は2回羽状複葉のものが多く、鋸歯があり、先の尖った楕円形の小葉がつく。花はライラックピンクからほぼ紫紅色までとなり、短く丸みを帯びた舌状花が多数密生する。
ゾーン：9〜11

Dahlia Hybrid Cultivars
一般名：ダリア交雑品種
◐ ❉ ↔30〜90cm ↕0.5〜0.9m
現在、栽培家たちは、他の種を異種交配に導入しようとしているが、園芸種のダリアのすべては事実上 *D. coccinea* と *D. pinnata*の交雑種である。この交雑種は1789年にスペインのマドリッドで初めて作出された。ダリアがメキシコからヨーロッパに上陸して間もない頃のことである。その時以来、交雑種の栽培家は大型で非常に見事なさまざまな園芸品種をあらゆる色で産出し、色を組み合わせて根付かせることが可能になった。他の属においてさまざまな栽培品種と交雑種が産出されているのと同様に、ダリアはいくつかのグループに分類される。分類は花の種類に基づくが、選択する際は植物サイズと気候への耐性についても考慮する必要がある。大形で複雑な花を持つ多くの栽培品種は確かに壮観だが、風にさらされた開放的な庭園で順調に育つことはまれである。開花のピークは夏至以降になるダリアがほとんどだが、初霜あるいは冬の寒さが到来するまで咲き続ける。
ゾーン：9〜11

ダリアのグループは以下のように分類される。

1. 一重咲き
このグループには単純に広く開いた一重咲きの花をつける栽培品種が含まれる。一般的に小型で、夏場の花壇用一年草として用いられることが多い。より大型の品種には、2列の舌状花をつけるものもあるが常に管状花があり視認できる。一重咲きの代表的な栽培品種は以下の通りである。

'**コルトネス ジェム**'は、矮小化された花壇用の品種で色が豊富である。'**イエロー ハンマー**'は、赤茶色がかった緑色の葉と見事な対照を成す黄色の花をつける花壇用品種。

Dahlia imperialis

ダリア、HC、2. デコラティブ咲き、'アラビアン ナイト'

ダリア、HC、2. デコラティブ咲き、'バビロン パース バイオレット'

ダリア、HC、5. デコラティブ咲き、'カフェオレ'

ダリア、HC、5. デコラティブ咲き、'コットブサー ポストクッチャー'

ダリア、HC、5. デコラティブ咲き、'デイビッド ハワード'

ダリア、HC、4. スイレン咲き、'ヴァネッサ'

2. アネモネ咲き

花には外側を囲む舌状花が1～2列あり、わずかに湾曲し密集した同系色の管状花が盛り上がった中心部の花となる場合もある。'ブリオ'は、オレンジがかった緋色の管状花が多数集まり、短く反曲した舌状花がつく。'ミス サイゴン'は、くすんだオレンジからピンクの管状花で、反曲した薄ピンク色の舌状花を伴う。

3. コラレット咲き

コラレット咲きのものは、外側に1～2列の平らな舌状花、内側の列には「カラー」と呼ばれる短い舌状花のような管状花がつき、中心部は平ら、もしくは葯のある管状花となる。'クレール ドゥ リュン'は代表的な品種で、黄色の花に薄色のカラーがつく。

4. スイレン咲き

完全な八重咲きで、舌状花は比較的少数で幅広い。平らなものからわずかに内巻きあるいは外巻きのものがある。(内巻きの小花は下側から上側に湾曲し、外巻の小花は逆に上側から下側に湾曲する。)これにより中心部があまり高くない平らな花となり、八重咲きダリアの特徴を示している。人気があるスイレン咲きの栽培品種は以下の通りである。'ファスシネーション'は、深いピンク色の半八重咲きの花をつけ、葉は暗色。'フュルスト パックラー'は、ピンクがかった深紅色の花がほのかに黄色に染まる。'ゲイ プリンセス'は、鮮やかなピンク色の花の中央が黄色で、花弁の先端はぎざぎざ。'グローリー ヴァン ヘームスティド'は、鮮やかな黄色の八重咲き。'ネポス'は、白色とラベンダー。'ヴァネッサ'は、薄いピンクから深いピンクの花をつける。

5. デコラティブ咲き

八重咲きで中央部の管状花はない。幅広で平ら、もしくはわずかに内巻きの小花が丸い花序を形成する。フォーマル(平らな花弁が整然と並んでいるもの)とインフォーマル(花弁がより開いて乱れているもの)に細分化する分類法もある。花はサイズによって特大形、大形、中形、小形、ミニチュア形に分類される。しかし、特大形の花が必ずしも特大の植物を意味するわけではない。比較的小さな植物に大形の花がつく場合もある。以下にその例を挙げる。'秋田'は、暗赤色の花が黄色に染まる。'アラビアン ナイド'は、暗赤色から赤色に変色し、成長につれて色が薄くなる。'オーダシティ'は、マロン色の花弁の中央に明るいゴールデンイエローという珍しい配色の品種。'クラリオン'は、鮮やかな黄色の花をつけ、葉は暗く黒味がかった赤色。'ドリス デューク'は、アプリコットピンクの色調

ダリア、HC、2. アネモネ咲き、'ブリオ'

ダリア、HC、2. アネモネ咲き、'ミス サイゴン'

ダリア、HC、4. スイレン咲き、'フュルスト パックラー'

が中央に向かって濃くなっていく。'フィアカー'の花は薄紫色。'フォーンビー パーフェクション'は、深紅色からラベンダー色の花が咲く。'ハマリー ゴールド'は、深い金色がかった琥珀色の大形の花をつける。'ハミルトン リリアン'の花は黄色からアプリコットピンク。'フーリンズ カーニバル'は、白地に赤色の飛沫模様入り。'ジェニー'の花弁は白からクリーム色で中央は黄色、深いピンク色のフラッシュと縁取りがあり、縁はぎざぎざに裂けている。'ケルビン フラッドライド'明るい黄色の特大の花をつける。完全な八重咲き。'マイ バレンタイン'は明るい赤色。'パール オブ ヘーンステイド'は、細い茎に薄ピンク色の八重咲きの花をつける。'ピーター'の花は深いローズピンク。'パープル ジョイ'の花は、深い紫赤色で中央部はより暗色。'サンタクロース'は、鮮やかな赤色の花弁が白く縁取られている。'ステファン ベルゲーホフ'は明るいオレンジ色。'サフォーク パンチ'は深い紫色。'タータン'は、白地に深い紫色の斑入り。'テッズ チョイス'は深いパープルピンク。'ジンガロ'の花はクリーム色で、中央が黄色、深いレッドピンクの縁取りとフラッシュがある。'ゾロ'は大形で深い赤色の花をつける。

ダリア、HC、5. デコラティブ咲き、'エングレハード マタドール'

ダリア、HC、5. デコラティブ咲き、'ドリス デューク'

ダリア、HC、5. デコラティブ咲き、'アンタダンク'

ダリア、HC、5. デコラティブ咲き、'フィアカー'

ダリア、HC、5. デコラティブ咲き、'ファイヤー マウンテン'

ダリア、HC、5. デコラティブ咲き、'ギッタ'

ダリア、HC、5. デコラティブ咲き、'ハミルトン リリアン'

ダリア、HC、5. デコラティブ咲き、'ケルビン フラッドライト'

ダリア、HC、5. デコラティブ咲き、'クンターブント'

ダリア、HC、5. デコラティブ咲き、'ラフシュパール'

ダリア、HC、5. デコラティブ咲き、'マイナウゴールド'

ダリア、HC、5. デコラティブ咲き、'メキシコ'

ダリア、HC、5. デコラティブ咲き、'マイ バレンタイン'

ダリア、HC、5. デコラティブ咲き、'オリンピアズ ジュビリー'

ダリア、HC、5. デコラティブ咲き、'ピーター'

ダリア、HC、5. デコラティブ咲き、'パープル ジョイ'

ダリア、HC、5. デコラティブ咲き、'レッド キャップ'

ダリア、HC、5. デコラティブ咲き、'シュヴァルツェ バルバラ'

ダリア、HC、5. デコラティブ咲き、'ステファン ベルゲーホフ'

ダリア、HC、5. デコラティブ咲き、'サフォーク パンチ'

ダリア、HC、5. デコラティブ咲き、'タータン'

ダリア、HC、5. デコラティブ咲き、'テッドズ チョイス'

ダリア、HC、5. デコラティブ咲き、'トゥー タ トワ'

ダリアH.C.、5. デコラティブ咲き、'フェーラ リシュケ'

ダリア、HC、6. ボール咲き、'チャールズ ディケンズ'

ダリア、HC、6. ボール咲き、'ブラック パール'

ダリア、HC、6. ボール咲き、'ボーイ スカウト'

6. ボール咲き

ボール形の花で球形だが、上部がわずかに平らになっているものもある。舌状花は幅広で先端が丸く、花弁全長の半分まで内巻きになっている。花のサイズにより次のように分類される。直径10cmまでのものはミニチュア。10〜15cmが小形。15〜20cmが中形。20cmを超えるものは大形となる。人気があるボール咲きの栽培品種には以下のものがある。'**ブラック パール**'の花は濃い栗色で中央はほぼ黒色。'**ボーイ スカウト**'の花は深いピンク色で中央は暗色。'**チャールズ ディケンズ**'には小形でピンクの花がつく。'**キャサリンズ キューピッド**'は淡いオレンジピンクの八重咲き。'**ウートン キューピッド**'は暗いピンク色の花をつける。

7. ポンポン咲き

花序はほぼ球状でボールに似ているが、小さな花がぎっしり詰まったような印象を与える。小花は全長に及び内巻き。代表的なポンポン咲きの栽培品種には以下のものがある。'**オーウェンズ バイオレット**'は明るい紫色。'**ビストロ**'は、基部に黄色の斑が入ったピンク色の花弁をつける。'**リノス**'は明るい黄色の花で中心部はほぼオレンジ色。'**ロリポップ**'は、ピンク系から藤紫色の花がつき、外側の舌状花は成熟すると薄ピンク色になる。'**ミニ ポンポン オレンジ**'はオレンジ色で中央部が赤みを帯びる。'**ナイト クイーン**'は深く黒みを帯びた赤色で、'**ホワイト アスター**'は均一な形状の白い花をつける。

8. カクタス咲き

完全に八重咲きで、長い管状の舌状花があり、中央の管状花は無い。巻き込みは小花の長さの半分以上に及ぶ。カクタス咲きおよびセミカクタス咲きは、さらに大形と小形に細分化され、さまざまな色がある。人気がある栽培品種には以下のものがある。'**アルフレッド グリル**'の花は中央が黄色で、先端に行くにしたがって深いピンク色から明るい赤色となる。'**ボーダー プリンセス**'の花は小形で、オレンジまたは黄色。'**フォイヤーヴェルク**'の花は鮮やかな赤色で、星形花火のような非常に細い舌状花がつく。'**フリク オレッド**'は、先端が白色で燃えるように赤い花をつける。'**ヒルクレスト ロイヤル**'の花は強く深い紫赤色、完全な八重咲きで、巻きが強い。'**パーク プリンセス**'は中央が黄色で、鮮やかなピンクの花をつける。極めて効果的なため大量に植えられることも多い。'**ワグシャルズ ゴールドクローネ**'は、黄金色から明るいオレンジの花をつける。

ダリア、HC、7. ポンポン咲き、'ナイト クイーン'

ダリア、HC、7. ポンポン咲き、'ホワイト アスター'

ダリア、HC、7. ポンポン咲き、'オーウェンズ バイオレット'

Dahlia, HC, 7. Pompon cultivar

ダリア、HC、7. ポンポン咲き、'リノス'

ダリア、HC、7. ポンポン咲き、'ロリポップ'

ダリア、HC、7. ポンポン咲き、'ミニ ポンポン オレンジ'

ダリア、HC、8. カクタス咲き、'アルフレッド グリル'

ダリア、HC、8. カクタス咲き、'ボーダー プリンセス'

ダリア、HC、8. カクタス咲き、'フォイヤー ヴォルグ'

ダリア、HC、8. カクタス咲き、'フリードリッヒ ワグシャル'

ダリア、HC、8. カクタス咲き、'フリクオレット'

ダリア、HC、8. カクタス咲き、'ライラック タラータ'

ダリア、HC、8. カクタス咲き、'パルメンガルテン'

ダリア、HC、8. カクタス咲き、'フリンジド ホワイト カクタス'

ダリア、HC、8. カクタス咲き、'アンリエット'

ダリア、HC、8. カクタス咲き、'イルセ ワーナー'

ダリア、HC、8. カクタス咲き、'クレオパトラ'

ダリア、HC、8. カクタス咲き、'オレンジ マーマレード'

ダリア、HC、8. カクタス咲き、栽培品種(黄色)

ダリア、HC、8. カクタス咲き、'パーク プリンセス'

ダリア、HC、8. カクタス咲き、'プリマーナ'

ダリア、HC、8. カクタス咲き、'ワグシャルズ ゴールドクローネ'

ダリア、HC、8. カクタス咲き、栽培品種(白)

ダリア、HC、8. カクタス咲き、栽培品種(黄色)

9. セミカクタス咲き

半八重咲きのカクタス形ではなく、完全な八重咲きで、花弁の基部が幅広の舌状花がつき、全長の半分の位置まで管状になっている。先端はまっすぐまたは内巻きとなる。人気がある栽培品種は以下の通りである。'**アスペン**'の花は白色で幾分ねじれた舌状花がつき、中央部は黄色となる。'**カラー マジック**'の花はクリーム色で、部分的に不規則となる。濃いピンク色の斑点がつく。'**エルガ**'は深い藤紫色で長い舌状花をつける。'**エンゲルハートズ ジュビラウム**'の花は、深い黄金色から明るいオレンジ色。'**エクスプロージョン**'は白色からクリーム色の花で、斑点と中央部は紫赤色となる。'**フォルステン エリーザベト フォン ビスマルク**'には紫がかった深紅色の花序がつく。'**ゴールデン チャーマー**'の花は黄金色から薄オレンジ色になる。'**ゴールドナー ライナー**'は黄金色から明るいオレンジ色。'**ハマリー アコード**'の花はやや鮮やかな黄色となる。'**ヘルツデイム**'の花はオレンジで、先端、縁および中央が赤色になる。'**マジック モーメント**'の花序は白色で球状。'**マイ ラブ**'の花は白色で、中央がほのかに黄色く色づく。'**ロイヤル ウェディング**'にはオレンジと黄色の花がつく。'**ソー デインティ**'には幅広で縁が暗色の、アプリコットピンクの舌状花がつく。'**バルカン**'の花はオレンジレッドで先端が明色になる。'**ウィッテマンズ ベスト**'の花は

ダリア、HC、9. セミカクタス咲き'アスペン'

ダリア、HC、9. セミカクタス咲き'ブルームスワート'

ダリア、HC、9. セミカクタス咲き'エルガ'

ダリア、HC、9. セミカクタス咲き'エンゲルハートズ アイドル'

ダリア、HC、9. セミカクタス咲き'エンゲルハートズ ジュビラウム'

ダリア、HC、9. セミカクタス咲き'エクスプロージョン'

ダリア、HC、9. セミカクタス咲き'ガルテンフロイダ'

ダリア、HC、9. セミカクタス咲き'ゴールデン チャーマー'

ダリア、HC、9. セミカクタス咲き'ゴルドナー ライナー'

ダリア、HC、9. セミカクタス咲き'グランド プリンス'

ダリア、HC、9. セミカクタス咲き'ヘラルダイン'

ダリア、HC、9. ヒミカクタス咲き'ヘルツデイム'

ダリア、HC、9. セミカクタス咲き'ヒベルニア'

ダリア、HC、9. ヤミカクタス咲き'カッツェルドルフ'

ダリア、HC、9. セミカクタス咲き'マジック モーメント'

ダリア、HC、9. セミカクタス咲き'マイ ラブ'

ダリア、HC、9. セミカクタス咲き'フォボス'

ダリア、HC、9. セミカクタス咲き'ピンク チャーム'

ダリア、HC、9. セミカクタス咲き'ピッカント'

ダリア、HC、9. セミカクタス咲き'ポップ ストレットン'

ダリア、HC、9. セミカクタス咲き'レッド ピグミー'

ダリア、HC、9. セミカクタス咲き'ロイヤル ウェディング'

ダリア、HC、9. セミカクタス咲き'バルカン'

ダリア、HC、9. セミカクタス咲き'ウェストン ピンキー'

ダリア、HC、9. セミカクタス咲き'ウィッテマンズ ベスト'

Dalbergia oliveri

Dais cotinifolia

鮮やかな赤色で、'ウートン インパクド'の花は褪せた赤茶色系。

10. その他
ここには他のグループに適合しないものが含まれる。いくつかの小グループに細分化されているが、栽培品種があまりにも少ないためグループ分けは困難をきたす。このグループには矮小型のミニチュア栽培品種が含まれる。'ビショップ オブ ランダフ'は代表種で、鮮やかな赤色のコスモスに似た花をつける。葉は深赤色に染まる。**Gallery Series**（ギャラリー シリーズ）は開花期が長く矮小型の品種で色が豊富。'ジェスコット ジュリー'は燃えるようなオレンジ色、濃紫色、薄紫色の花が咲くミニチュア品種。'マリー シュラッグ'は暗赤色のミニチュア品種。'ナーゴールド'は房状縁で、赤、オレンジ、ゴールド。'オレンジ サン'は赤みを帯びた鮮やかなオレンジ色の花をつける。

DAIS
（ダイス属）

ジンチョウゲ科ダイス属には常緑または半落葉性の低木、小高木の2種が含まれる。南アフリカおよびマダガスカル原産で、湿気があり霜が無い森林地帯の辺縁に生息する。1種は常緑種として広く暖温帯に育ち、小さなピンク色の花が派手に密集することからポンポンツリーとも呼ばれる。

〈栽培〉
成熟すると軽い霜には耐性があるが、日当たりが良く周囲の低木から保護される場所が好ましい。水はけの良い肥沃なロームで、湿気を保つために夏期は有機マルチで覆うとよく育つ。繁殖は春に播種するか半熟枝の挿し木により行なう。

Dais cotinifolia ★
一般名：アフリカジンチョウゲ
英　名：POMPON TREE
☼ ❄ ↔3m ↕3m

南アフリカおよびマダガスカル原産。コンパクトで丸い常緑性の低木。冷涼地域では落葉性。樹皮は赤みを帯び、夏季には枝の先端にかすかに香るピンク色の花をつける。葉は青緑色。
ゾーン：9～11

DALBERGIA
（ツルサイカチ属）

100種からなる熱帯の属で、マメ科のソラマメ亜科に属する。アフリカからインド、中国南部、中央および南アメリカの森林に自生する。樹木のみならず低木や木質の這い登り植物も含まれる。葉は互生で複葉。小さな蝶形花が茎頂または円錐花序の葉腋につく。果実は薄く平たい豆果で、大半のマメ科植物のように種子を放出するために莢が裂けることはない。種の多くは棚材として価値がある。

〈栽培〉
この属の繁殖に関しては不明だが、大半のマメ科植物のように播種前に何らかの処理を施した種子から繁殖するものと思われる。以下の種は成長初期に霜から保護するシェルターが施された土壌と気候で育つ。高温期は適度に灌水を行なう。

Dalbergia oliveri
一般名：テチガイシタン、ダルベルギア・オリフェリ
英　名：TAMALAN
☼ ↔9m ↕15m

常緑性高木でタイからミャンマー原産。羽状複葉の樹冠が広がる。薄紫色の花芽からピンク色の花が房咲きし、成長するにつれて白色へと薄くなる。花後は長い柄のついた細長い莢がつく。
ゾーン：11～12

DALEA
（ダレア属）
英　名：INDIGO BUSH

160種からなる属で、北、中央および南アメリカ原産。メキシコおよびアンデス山脈に最も多く存在する。マメ科ソラマメ亜科に属し、小高木、低木および草本からなる。花を含めシュートには微小の腺が点在する。葉は羽状複葉だが、小葉が3枚のみになることもある。茎頂の総状花序あるいは穂状花序に、黄色、紫色もしくは白色の花がつく。内弁（上部花弁）に対して翼弁と竜骨弁に配色が施され、2色になるものもある。莢は輪郭が卵形で平ら、腎臓型の種子が1～2個含まれる。

〈栽培〉
大半は原生種の栽培に限定され、日なたで水はけの良い場所でよく育つ。栽培は種子から行う。一部の地域で薬用の価値を持つものもある。

Dalea frutescens
英　名：BLACK DALEA
☼ ❄ ↔1.2m ↕0.9m

アメリカ合衆国南部から中部およびメキシコ北部原産。広がる半落葉性の低木で、低部の枝は地上に横たわり根を下ろす。葉長は約25mm。秋季に、鮮やかな紅紫色と白色の花が、短い穂状花序に多数付く。精選品種が奨励されている。
ゾーン：7～10

Dalea greggii
☼ ❄ ↔1.8m ↕45cm

メキシコの広範囲に生息し、アメリカ合衆国のテキサス州とニューメキシコ州にまで及ぶ。低い小山を形成する亜低木で長い匍匐茎が根付く。葉は小さく、春から夏にかけて紅紫色の穂状花序をつける。
ゾーン：8～11

Dalea purpurea
異　名：*Petalostemon purpureum*
英　名：PURPLE PRAIRIE CLOVER, VIOLET PRAIRIE CLOVER
☼ ❄ ↔45cm ↕45～90cm

直立した多数の茎を持つ多年生植物で、アメリカ合衆国のほとんどの州およびカナダ南部において、乾燥し丈の高いイネ科植物のプレーリーで見られる。葉は長さ約5cmで、小葉が5枚つく。夏季には鮮やかな紫色の花が、円錐形の花芽の周囲の密集した穂状花序につく。
ゾーン：4～10

DAMPIERA
（ダンピエラ属）

オーストラリアの固有種で、17世紀英国の航海士William Dampierにちなんで命名された。66種が含まれる大属で、クサトベラ科に属する。種のほとんどが多年生草本で、低木はごくわずかである。純粋な砂から粘土の土壌に生息する。生育地は大陸の林地や森林から乾燥帯の、海水面から低山帯までに及ぶ。多くの種はウェスタンオーストラリア州南西部に自生する。葉の形状は単葉で全縁から欠刻や鋸歯があるものもあり、茎の基部あるいは互生につき、無毛から毛が密集したものまである。花の形状は不規則で、単生のものや、茎頂や葉腋に房咲きするものもある。色は主に青色だが、藤色から紫色になる種もある。白、ピンク、黄色になるのは2種のみ。数種は吸枝を持つ。

〈栽培〉
繁殖は茎挿しや葉挿し、あるいは吸枝による株分けで行なう。種子は入手困難で、手に入れたとしても発芽は確実ではない。西部種のいくつかはくん煙処理により発芽させることができるが、大半の種はオーストラリア東部や他の非地中海性気候地域での栽培は難しい。現在では一般的に栽培されるものも数種あり、精選品種および栽培品種が増加している。組織培養は繁殖方法のひとつである。

Dampiera diversifolia ★
一般名：ダンピエラ
☼ ❄ ↔100～150cm ↕10～50cm

オーストラリア南西部原産。多年生の平状性草本で、栽培品種は容易に吸枝を伸ばす。葉は槍形で無毛、基部の葉にはわずかに鋸歯がある。平状性の茎につく小さな葉は細く鋸歯は無い。春から夏に、パープルブルーの花が他の部分をほぼ覆い尽くすくらい大量に葉腋につく。組織培養の成功により、野生種から選択される色は青系統が増加し、今日では市販されている。ゾーン：8～10

Dalea frutescens

Dalea greggii

Dampiera diversifolia

Daphne bholua

Daphne blagayana

DANAE
(ダナエ属)

クサスギカズラ科ダナエ属は多肉質の茎を持つ常緑の多年生植物で、1属1種である。イラン北部からアジア南西部原産で森林地帯に見られる。近縁のアスパラガス同様、毎年新しいシュートが現れる。小柄なクリーム色の花はあまり重要ではなく、この植物は主に葉の美しさゆえに栽培される。花後はオレンジレッドの小さい液果がつく。

〈栽培〉
日なたもしくは半日除の湿気を保った土壌でよく育つ。繁殖は株分けによって行なう。

Danae racemosa
一般名：アレクサンドリアローレル
異　名：*Danae laurus*
英　名：ALEXANDRIAN LAUREL
☼/◐ ❄ ↔0.9～1.2m ↕0.9～1.2m
低木の多年生植物で、毎年、根茎からシュートを出す。柔軟で弓なりの茎は若竹に似ている。葉は先端が尖った楕円形で、美しい光沢を持つ緑色。
ゾーン：6～9

Daphne caucasica

DAPHNE
(ジンチョウゲ属)

ジンチョウゲ科ジンチョウゲ属は、その芳香性ゆえに有名である。常緑で落葉性の低木50種ほどが含まれる。ヨーロッパと北アフリカから、アジアの温帯および亜熱帯地域原産。整然としたコンパクトな低木を形成し、多くは優れたロッケリー用の植物となる。一般的に葉は単葉で全縁。葉の先端は鈍角で細長い楕円形、薄手でくすんだ緑色、もしくは厚手で革のように固く、ややつやありのいずれかである。個々の花は小柄で、通常は白、クリーム、黄色あるいはピンクの色調。花房は丸く派手で、強い香りがするものもある。花後には石果がつき、色鮮やかなものもある。

〈栽培〉
一般にジンチョウゲは、湿気があり冷涼で、腐植質に富み水はけの良い、弱酸性の土壌を好む。庭でツバキ科とツツジ科の植物が順調に成長していればジンチョウゲも育つはずである。ジンチョウゲは妨害を嫌うため、一度定着したら栽培によって根の表面にダメージを与えないようにする。雑草を抑えるようマルチングを施す。小さな葉をつける種は明るい条件を好み、大きな葉をつける種は暑い日差しが遮られることを好む。繁殖は、種子、挿し木または取り木によって行なう。

Daphne bholua
ダフネ・ブホルア
☼/◐ ❄ ↔1.2m ↕3m
ヒマラヤ山脈東部原産。落葉性で常緑。冬から春に、濃いピンク色のつぼみから薄くピンクがかった白い花が開花し、強く香る。石果は熟すと黒くなる。かつては樹皮から紙とロープが作られていたため、紙用のジンチョウゲとして知られる。'グルカ'は耐寒性で落葉性。
ゾーン：7～10

Daphne blagayana
☼/◐ ❄ ↔90cm ↕30cm
バルカン地方原産。広がりのある低木で大きな葉をつける。春には、派手で良い香りのする乳白色の花が多数房咲する。枝を固定すると、地面に接した部分から自然に発根することもある。
ゾーン：5～10

Daphne × burkwoodii
ダフネ・ブルクウォオディイ
英　名：BURKWOOD DAPHNE
☼/◐ ❄ ↔1.5m ↕1.5m
*D. cneorum*と*D. caucasica*の交雑種。小枝が多く、葉が密集する、常緑性または半常緑性の低木。つやのない緑色の葉をつける。春に小柄で香りのよいピンク色の花が咲く。'キャロル マッキー'は斑入りの葉をつけ、花の無い時期も色鮮やかである。
ゾーン：5～9

Daphne caucasica
☼ ❄ ↔1.5m ↕1.8m
コーカサス地方およびアジア西部原産の落葉性種。葉の上面は明るい緑色で、下面は帯白状となる。花は白色で香りが良く、側面の短いシュートに20個ほど密集する。石果は赤または黒色。
ゾーン：6～9

Daphne cneorum
一般名：バライロジンチョウゲ、ダフネ・クネオールム
英　名：GARLAND DAPHNE, GARLAND FLOWER, ROCK DAPHNE, ROSE DAPHNE
☼ ❄ ↔60cm ↕20cm
ほぼ常緑のユーラシア種。小枝が密生する低木。春には小形で香りが良く鮮やかなピンク色の花が多数房咲きする。水はけを良くし、夏の暑い日ざしや冬の冷気から保護する必要がある。ロッケリーまたは高山のトラフでの栽培を試みる価値はある。'エキシミア'★はより丈夫な種で、'ルビー グロウ'は鮮やかな赤色の花をつける。
ゾーン：4～9

Daphne genkwa
一般名：フジモドキ、チョウジザクラ
英　名：LILAC DAPHNE
☼ ❄ ↔1.5m ↕1.5m
落葉性の低木で中国原産。若葉は銅色で新茎は細かいうぶ毛で覆われている。春には、大形の薄紫色でわずかに香りがある繊細な花がつく。繁殖が難しいため、*D. genkwa*は希少な植物となっている。
ゾーン：5～9

Daphne cneorum

Daphne cneorum 'Ruby Glow'

Daphne × burkwoodii 'Carol Mackie'

Daphne × burkwoodii

Daphne gnidium
☀ ❄ ↔1.2m ↕1.8m
ユーラシア、北アフリカ、カナリア諸島原産の常緑性低木。葉は散生でつやがあり、花は小柄で香りが良く、乳白色から薄ピンク色。密集した円錐花序で春から夏に開花する。赤色の石果をつける。
ゾーン：8～10

Daphne jasminea
☀ ❄ ↔30cm ↕30cm
ギリシア南東部原産。常緑性小低木で、葉は小さく青緑色。春には香りのよい白色の小柄な花をつける。内側はピンクから紫色で2～3個の花が集まって咲く。
ゾーン：9～11

Daphne gnidium

Daphne laureola

Daphne genkwa

Daphne laureola
一般名：スパージローレル
英　名：SPURGE LAUREL
☀ ❄ ↔1.5m ↕1.5m
ユーラシア大陸原産。厳しい環境に順応する。葉は濃緑色で常緑。日陰に耐性がある。晩冬から春にかけて、香りが良く小柄で薄緑色の花が咲く。
ゾーン：7～10

Daphne × manteniana
☀ ❄ ↔70cm ↕75cm
D. × burkwoodii と *D. tangutica* の交雑種。常緑性低木。密集した葉はつやのある濃緑色。春から秋にかけて、香りの良いパープルピンクの花がつく。
ゾーン：6～9

Daphne mezereum
一般名：ヨウシュジンチョウゲ、セイヨウオニシバリ
英　名：FEBRUARY DAPHNE, MEZEREON
☀ ❄ ↔0.9m ↕1.2m
ヨーロッパ種。落葉性ジンチョウゲの代表的な種で、*D. × burkwoodii* に似ている。晩冬から早春にかけて、露出した木に花がつく。花は白とピンクがあり、香りが良く、一重咲きと八重咲きがある。*D. m. f. alba* の花は白色で、黄色の果実がつく。
ゾーン：4～9

Daphne × napolitana
☀ ❄ ↔75cm ↕75cm
D. sericea と *D. cneorum* の交雑種。密生したつやのある葉に覆われ、春には香りが強く極小のピンク色の花をつける。夏と秋にも開花する。
ゾーン：8～10

Daphne × napolitana

Daphne pontica

Daphne odora
一般名：ジンチョウゲ
英　名：WINTER DAPHNE
☀ ❄ ↔1.5m ↕1.5m
中国および日本原産。深緑色の葉を持つ常緑性低木。真冬に、香りが良く小柄で星形、薄ピンク色の花が咲く。短命なため、8～10年ごとに植え替える。*D. o. f. rosacea* の花は白色とピンク色。'ルブラ' は、暗く赤みがかったピンク色の花をつける。*D. o.* 'ワリエガタ'（'アウレオマルギナータ' とも呼ばれる）は、黄色の縁取りがある葉をつけ、他の種よりも丈夫で栽培しやすい。
ゾーン：8～10

Daphne pontica
☀ ❄ ↔1.5m ↕1.5m
バルカン諸国およびアジア西部原産。つやがあり深緑色で革のように堅い葉を持つ常緑性低木。花には香りがあり、薄ピンクから白色のものもあるが、通常は薄緑色。
ゾーン：6～10

Daphne sericea
☀ ❄ ↔75cm ↕75cm
地中海地方東部原産。常緑性低木で、緑枝には柔毛がある。葉は鮮やかな緑色でつやがあり下面には柔毛がある。大形で香りが強く、深いローズピンクの花が密集して咲く。開花期は主に春で、秋には散発的に開花する。赤色からオレンジ色の石果がつく。
ゾーン：8～10

Daphne tangutica
ダフネ・タングティカ
☀ ❄ ↔1.5m ↕1.8m
中国北西部原産。小形で灰色の毛が生えた葉を持つ常緑性低木。春から夏にかけて、ハシドイ属に似た小形で香りの良い赤紫色の花が密生する。**Retusa**

Daphne odora

Daphne sericea

Group（レツーサ　グループ）の葉は濃緑色で、小柄で香りが良く紫がかった赤色の花がつく。
ゾーン：6～9

DAPHNIPHYLLUM
（ユズリハ属）
中国、日本および朝鮮半島原産。ユズリハ科ユズリハ属には約15種の低木または高木が含まれる。晩春から初夏にかけて、花弁の無い地味な花が葉腋に密集する。この属の植物は雌雄異株で生殖には雄株と雌株が必要となる。雄花は紫赤色、雌花は緑色で、葉は単葉で革のように堅い。果実は種子を1個含む石果で、通常は青みを帯びた黒色。1年中葉が茂っているため、主に観賞用に用いられる。
〈栽培〉
湿気があり水はけが良く、弱酸性でマルチングを施した土壌、半日陰で保護された場所を好む。害虫による深刻な被害は比較的受けにくい。繁殖は種子から行なう。

Daphniphyllum himalaense
☀/☀ ❄ ↔3～15m ↕3～15m
主にヒマラヤ山脈東部、中国西部および南部で海抜2,000～3,000mの、常緑性のカシおよびツツジの森林地帯に生息する低木または小高木。晩春にごく小さな無花弁の花をつける。花には刺激性の匂いがある。エンドウ豆の形をした青みがかった黒色の果実をつける。*D. h. subsp. macropodum* は、赤色の長柄に、暗色でつやがあり革のように堅いツツジのような葉を互生につける。標本植物もしくは仕切りや生垣に適している。
ゾーン：6～11

DARLINGTONIA
（ダーリングトニア属）
異　名：Chrysamphora californica
英　名：CALIFORNIA PITCHER PLANT, COBRA LILY
ダーリングトニア属に含まれるのは1種のみ。肉食植物で、ヘリアンフォラ属やサラセニア属と同様にサラセニア科に属する。泉や小川、ミズゴケ湿原の近傍など、冷たい流水がある場所に生息する。アメリカ合衆国、カリフォルニア州北部およびオレゴン州南部の低地および高地に見られる。コブラの頭のような形状の補虫嚢を持つ多年生草本で、攻撃姿勢や牙のみならずあらゆる点が似てい

る。昆虫は鮮やかな緑色や暗赤色の補虫嚢、あるいは縁から発する蜜の香りに引き寄せられる。昆虫を蜜で下部の毛の尖った部分に誘い、補虫嚢基部の液体で溶かす。サラセニア属とは異なり、この液体には消化酵素は含まれておらず、昆虫はバクテリアによって弱る。

〈栽培〉
水盆にミズゴケを入れたコンクリートまたは素焼きの鉢を置き、日なたあるいは半日陰で栽培する。ダーリングトニア属の植物を育てる場合、根を冷たく保つと良い。暖かいもしくは暑い気候の時には、冷たい水を使用する。繁殖は、多肉質の茎の先端に生えた新しい小苗を採取して行なう。

Darlingtonia californica ★
一般名：ランチョウソウ、
ダーリングトニア・カリフォリニカ
☼/◐ ❄ ↔20～25cm
↕60～100cm

補虫嚢を持つ多年生植物。細長い補虫嚢には球根状のフードがあり、フードの基部からは魚尾または牙のような舌状物が突き出ている。春から晩夏に、赤色と緑色の下垂した花が単生で無葉の柄の上につく。
ゾーン：6～9

DARMERA
（ダルメラ属）
異　名：*Peltiphyllum*
ダルメラ属に含まれるのは1種のみ。北アメリカ西部原産でユキノシタ科に属する。大型の多年生草本で、小川沿いや湿気のある森林に見られ、美しい葉と花付きが早いために栽培される。湿原庭園やシダ園に推奨される。

〈栽培〉
有機物質を多く含む湿性の土壌の、冷涼で風雨から保護された場所に植える。繁殖は定着した群生の株分けから行なうが、種子が新鮮であれば播種も選択肢のひとつである。

Darmera peltata
異　名：*Peltiphyllum peltatum*
☼ ❄ ↔0.9～3m ↕1.5～2m
初春、葉がつく前に小柄なピンク色の花が先端に丸くつく多年生草本。開花後すぐに、鮮やかな緑色の傘のような大形の葉が現れる。矮性型も栽培されている。
ゾーン：6～10

×*DARWINARA*
（ダーウィナラ属）
ラン科に属し、多数の種が含まれる。博物学者チャールズ・ダーウィンにちなんで命名された。アスコケントラム属、フウラン属、リンコスティリス属、およびバンダ属の単茎性の4属交配種。直立に伸びる着生植物で、溝のあるひも状の葉が2列つく。より大型の植物は基部で枝分かれすることもある。極太のコードのような根が多数生える。

〈栽培〉
照度が高く、中間から温暖気候の条件を好む。色鮮やかで目立つ花は長命である。太い根が鉢またはバスケットから飛び出すことがよくあるが、灌水後は空気の循環を良くし乾燥させる必要があるため奨励される。繁殖は株分けによって行なう。

×*Darwinara* 'Pretty Girl'
一般名：プリティガール
☼ ✿ ↔20～38cm ↕20～60cm
この交雑種は冷涼地域で育つ小型の日本種 *Neofinetia falcata* を親植物のひとつとし、広範囲の気候条件と温度に順応できる。温暖な季節および熱帯地方においては、1年中白色から濃紫色の花が咲く。
ゾーン：10～12

DARWINIA
（ダーウィニア属）
フトモモ科に属し、45種が含まれる。オーストラリアの固有種で、ウェスタンオーストラリア州原産のものが多い。大半が常緑性小低木で、葉は密集し多くの油腺がある。微小の筒形の花には長く突き出た花柱があってピンクッション状となり、これらを大形で色彩豊かな苞葉が囲み、花の外形は鐘状となる。大半の種の花は蜜が多く、野鳥を誘引する。観賞用のものもあるが、ウェスタンオーストラリアのダーウィニア属種は接木用途に使用される。コンテナ栽培に適しており、霜が降りる地域では特にこの方法が推奨される。

〈栽培〉
半日陰で、湿気があり軽質で水はけの良い土壌を好む。夏の間は根の周辺をマルチで覆い、土壌から湿度が消失するのを防ぐ。コンパクトな形状を保つために花後は軽く刈り込む。繁殖は半熟枝を夏の終わりに挿し木することによって行なう。

Darwinia citriodora
一般名：レモンセンテッドダーウィニア
英　名：LEMON-SCENTED DARWINIA
☼ ✿ ↔1.5m ↕1.5m
ウェスタンオーストラリア州南西部原産。広範囲に渡って栽培されているコンパクトで丸い低木。長楕円形で青緑色の葉は整然と配列される。秋から冬にかけて赤く紅葉するものもあり、つぶすと香りがする。花は小形の房咲きで、鮮やかなオレンジ色、葉のような苞葉は緑色で、冬から夏に見られる。
ゾーン：9～11

DASYLIRION
（ダシリリオン属）
アメリカ合衆国南部およびメキシコ原産。18種が含まれ、低木または高木で構成されているように見えるが、実際は非常に大形で木質茎の常緑多年生植物群である。ダシリリオン属はリュウケツジュ科に属し、リュウゼツラン属と近縁となる。単幹の上部には縁に刺がある線形の葉がつき、葉は長さ0.9mを超えるものもある。葉の間から出た高い穂状花序に、鐘形で乳白色の花をつける。雄花と雌花は別々の株につく。通常は夏に開花する。

〈栽培〉
大半の乾燥地域の植物のように、ダシリリオン属種は水はけと日当たりが良い場所を好む。軽度から中程度の霜には耐性があるが、長期にわたる湿気と寒さには弱い。軽質砂状で、多少腐植質が含まれた土壌を好む。繁殖は種子から行なう。

Dasylirion acrotriche
☼ ✿ ↔1.5m ↕3～6m
メキシコ種。葉は薄緑色でかなり細く、縁には鋸歯およびかぎ状の刺がある。一般的に花序は直立である。
ゾーン：8～11

Dasylirion longissimum
一般名：ダシリリオン・ロンギッシムム
異　名：*Dasylirion quadrangulatum*
英　名：MEXICAN GRASS TREE, TOOTHLESS SPOON
☼ ❄ ↔1.8～2.4m ↕1.5～3m
メキシコ東部原産。イネ科植物のような多肉質で常緑の多年生植物で小山を形成する。小枝は堅く、葉は弓なりで細く四角いひも状、草が密集した形状となる。繊細な白い花は薄緑に色づき、直立した穂状花序につく。風雨から保護された場所で栽培し、開花期には手入れをする。
ゾーン：8～11

×*Darwinara* 'Pretty Girl'

Darwinia citriodora

Dasylirion acrotriche

Darlingtonia californica

Daphniphyllum h. subsp. *macropodum*

Datura inoxia 'Evening Fragrance'

Datura stramonium

Dasylirion wheeleri ★

一般名：ダシリリオン・ホイーレリー
英　名：DESERT SPOON、SOTOL

☀ ❄ ↔0.9m ↕3.5〜8m

アメリカ合衆国アリゾナ州南東部およびテキサス州の乾燥地域で見られる。青緑色で刺状の葉を持つ。穂状花序で丈が高い。
ゾーン：7〜11

DATURA

(チョウセンアサガオ属)

北アメリカ南部原産で、11種が含まれる。ナス科に属し、現在では世界の大部分において広範囲に帰化している。直立した花と乾燥したさく果がつく一年生植物で、ブルグマンシア属(熱帯の園芸品種「チョウセンアサガオ」)のように、下垂形の花と多肉質の実がつく。葉は単葉で、全縁ものと縁が波状のものがあり、らせん状に配列されている。花は短命で葉腋もしくは枝の分岐部につく。筒形またはじょうご形で、通常は白色だが、紫色の斑入りのものや、黄色または薄紫色のものもある。果実は刺がある短柄のさく果で、不規則に2室に分裂している。ブルグマンシア属種のように強力なアルカロイドを含有している。アルカロイドは毒性が強く、ネイティブアメリカンたちは幻覚剤に使用していた。

〈栽培〉
チョウセンアサガオ属は日当たりよりも、水はけが良い土壌とたっぷりの灌水を好む。桶に入れて育てるのが理想的。繁殖は種子から行ない、霜が終わった後、日なたに播種する。

Datura inoxia

一般名：ケチョウセンアサガオ、アメリカチョウセンアサガオ
異　名：*Datura meteloides*
英　名：ANGEL'S TRUMPET、DOWNY THORN APPLE、INDIAN APPLE

☀ ❄ ↔90cm ↕90cm

中央アメリカ原産。大形でうぶ毛が生えた楕円形の葉がつく一年生植物。花は香りが良く上向き、筒形で朝顔形。通常は白色だが、鮮やかなピンクみを帯びるものもある。果実は丸く刺に覆われている。'イブニング フレグランス'はたいへん香りが良い精選品種。
ゾーン：8〜11

Datura stramonium

一般名：ヨウシュチョウセンアサガオ、シロバナチョウセンアサガオ
英　名：COMMON THORN APPLE、JAMESTOWN WEED、JIMSON WEED

☀ ❄ ↔0.9〜1.8m ↕0.9〜1.8m

アメリカ原産の一年生植物で、さまざまな場所に帰化している。葉には粗い鋸歯があり、つぶすと不快な匂いがする。花は白色または紫色で筒形。果実には刺がある。非常に毒性が強い植物で、幻覚性物質を含んでいる。
ゾーン：7〜11

DAUCUS

(ニンジン属)

ヨーロッパおよび地中海地方からアジア中央部、アフリカの熱帯地方、オーストラレーシア、アメリカ原産で、22種が含まれ、セリ科に属する。実際にノラニンジン(*D. carota*)は最もよく知られ、唯一広範囲にわたって栽培されている種である。一年生または二年生植物で、主根から細かく分かれた葉のロゼットとして始まり、1〜2年目に花茎が伸びる。小形で白色、多くの場合紫みを帯びる、もしくは薄黄色の花が複合散形花序につく。花後すぐに、小形で稜のある乾果または「種子」がつく。Carrotはケルト語で「赤色」を意味し、食用の主根を表している。

〈栽培〉
分岐しないように適度に腐敗した堆肥を施す。数週間地中で保存できる。乾燥すると裂け目が入るので灌水は定期的に行なう。種子による繁殖は霜が終わる2週間前で土壌が乾燥している時に行なう。

Daucus carota

一般名：ノラニンジン
英　名：CARROT

☀ ❄ ↔50cm ↕100cm

ヨーロッパ、アジア中央部、オーストラリア、ニュージーランドおよびアフリカの熱帯地方原産。二年生植物だが、通常は一年生植物のように育ち、シダ状の緑色の葉をつける。根はクリーム色からオレンジ色および赤色に変化する。花は乳白色で苞がつき、2年目の晩夏に開花する。*D. c.* subsp. *sativus* (ニンジン)の根はオレンジ色で、ニンジンの主な品種が含まれる。'カナダ'は、病気、暑さ、乾燥に耐性があり、内外共に深いオレンジ色。'レッド インターメディエイド★'の色は暗いオレンジレッドで、広々とした土壌を好む。春に播種するととうがたちかねないので、夏に播種する。'トップウェイド'は良く育ち、甘い味がする品種で、とうがたちにくい。良質で多目的のニンジンで、特にさまざまな土壌に適合可能である。
ゾーン：3〜9

DAVALLIA

(シノブ属)

英　名：HARE'S FOOT FERN

シノブ科シノブ属は、半落葉性で陸生または着生のシダ類40種からなる。暖温帯、熱帯、亜熱帯地方原産。細かい切れ込みが入り三角形でレース状の羽状複葉は光沢があり、太く長く匍匐性で分岐した鱗状の根茎につく。根茎は成長する面に沿って伸びる。毛がふさふさし、匍匐性で着生の根茎が動物の足に似ていることから命名された。

〈栽培〉
温暖で湿気があり、風と霜から保護された場所での、バスケット栽培に適している。日陰で肥沃で湿気があり水はけの良い土壌、もしくは着生植物用の鉢用混合土で育てる。繁殖は胞子または根茎の株分けによって行なう。

Davallia solida

ダワリア・ソリダ
英　名：GIANT HARE'S FOOT、POLYNESIAN HARE'S FOOT

☀ ❄ ↔60〜90cm ↕30〜45cm

マレーシア、オーストラリア、南太平洋諸島原産。柔毛があるシダ類で、着生の根茎を持つものが多い。鱗状の柄に、堅くて光沢があり濃緑色で粗い切れ込みが入った2回羽状複葉をつける。*D. s.* var. *fejeensis* ★の葉はより細かく分かれ、根茎は下垂型である。バスケットでの栽培に適す。*D. s.* var. *pyxidata*はオーストラリア東部の品種で、葉は小形で下面は無毛。*D. s.* 'オルナータ'の小羽片は幅広で先端が下垂し、'ラッフルド オルナータ'は幅広で波打つ小羽片を持つ。
ゾーン：9〜12

DAVIDIA

(ダウィディア属)

ミズキ科ダウィディア属は1種のみ。落葉性の高木で、1890年フランス人宣教師Armand Davidにより中国からもたらされた。属名は彼にちなんで命名されている。*D. involucrata*は中国南西部原産で、この地の湿気のある山岳の森林で育つ。外形は広い円錐形で、魅力的な葉をつけ、苞葉を伴う花が開花し、果実が実る美麗な樹木。

〈栽培〉
*D. involucrata*は優れた標本となる樹木だが、低い位置に枝が出る傾向があり、良質でまっすぐな幹を育てるための調整として刈り込みを行なう。肥沃で湿気のある深層の土壌を必要とし、風雨から保護された場所に植える。約10年後に花がつく。繁殖は新鮮な種子から行なうのが良い。乾燥した種子は発芽率が極めて低い。

D. c. ss. s. 'Red Intermediate Stump Rooted 2'

Daucus carota subsp. *sativus* 'Canada'

Davidia involucrata

Daviesia latifolia

Daviesia mimosoides

Decaisnea insignis

Davidia involucrata ★

一般名：ハンカチノキ
英　名：DOVE TREE、GHOST TREE、HANDKERCHIEF TREE

☼ ❄ ↔9m ↕18m

葉は芳香性で鋸歯があり、基部は心臓形で下面にはうぶ毛が生え、先細りで先端が長い。本物の花は極小で、2枚の大形で白色の装飾的な苞葉に囲まれている。苞葉の大きさは不揃いである。晩春に新しい葉とともに花がつく。プラムのような果実がつき、熟すと紫がかった茶色になる。*D. i.* var. *vilmoriniana*はより一般的に見られ、葉の裏面は滑らか。
ゾーン：6～9

DAVIESIA
（ダビエシア属）

マメ科ソラマメ亜科ダビエシア属の75種大半が、ウェスタンオーストラリア州南西部の固有種である。その他はオーストラリア東部および南部、ノーザンテリトリー準州の原産となる。ダビエシア属は、18世紀ウェールズの植物学者Hugh Daviesにちなんで名づけられた。矮小植物から高低木を含み、葉は単葉で互生、小さい分枝に刺が多いものもあり、一般的に黄色の蝶形花がつく。砂地でヒースの生えた荒野での栽培に適すが、乾燥した硬葉植物の森林の下層植物にも向いている。

〈栽培〉
水はけの良い土壌と日当たりの良い場所を必要とする。繁殖は種子から容易に行なえるが、種皮が堅いため前処理が必要である。種子は暑い気候においては早く熟す。大半の種が多数の花をつけ、成熟すると色が変わる装飾的な莢をつけるものもある。

Daviesia latifolia

英　名：HOP BITTER PEA

☼ ❄ ↔2m ↕2.4m

オーストラリア東部の州に分布する。葉は卵形から楕円形または披針形。春には、総状花序に黄色と茶色で芳香性のある蝶形花がつく。低い生垣に使用される。葉には薬効成分がある。
ゾーン：8～11

Daviesia mimosoides

英　名：BLUNT-LEAF BITTER PEA、NARROW-LEAF BITTER-PEA

☼ ❄ ↔2m ↕2.4m

オーストラリア東部の州原産。葉は幅狭の披針形から楕円形。春から真夏にかけて、黄色から赤色で芳香性のある蝶形花が、腋生の総状花序につく。石の多い土壌で育つ。
ゾーン：8～11

DECAISNEA
（デカイスネア属）

アケビ科デカイスネア属は森林植物で、2種が含まれる。分布地域はヒマラヤ山脈から中国西部に及ぶ。両種とも落葉性で、観賞用に用いる場合じゅうぶんな耐寒性がある。派手で観賞用および食用の果実により知られる。

〈栽培〉
日なたまたは半日陰の、湿気はあるが水はけのよい肥沃な土壌を好むが、特に若木の場合は寒さと強風からの保護が必要である。繁殖は秋季に鉢または苗床に播種することによって行なう。冬季の霜から保護すること。発芽は不安定な場合もある。

Decaisnea insignis

異　名：*Decaisnea fargesii*

☼ ❄ ↔6m ↕6m

中国西部原産。直立した落葉性の低木。卵形で濃緑色の羽状複葉には、最高25枚の小葉がつく。初夏には下垂した総状花序に鐘形でライムグリーン色の花がつく。果実は豆果形で青灰色。白色の果肉が黒色の種子を囲む。
ゾーン：6～10

×*DEGARMOARA*
（×デガルモアラ）

ブラッシア属、ミルトニア属、オドントグロッスム属による、ラン科の3属間交雑種。本質的に繊細な複茎性の交雑種で、親であるブラッシア属の影響により、純正のオドントグロッスム属よりも高温に耐性がある。幅広い条件下で成長し、花は長命で、良い香りがするものも多く、観賞用の鉢植物として人気がある。

〈栽培〉
これらの交雑種は繊細な根組織を持ち、温暖期の乾燥を嫌う。冬季にはより乾燥した状態を好むため、灌水は控えめにする。ミズゴケまたは良質の樹皮を混ぜて植える。冷涼から中間の生育環境に適し、年間を通じで豊富な灌水を必要とし、半日陰で栽培する。繁殖は株分けによって行なう。

×*Degarmoara* Skywalker 'Red Star'

一般名：×デガルモアラ スカイウォーカー 'レッド スター'

☼ ✣ ↔20～40cm ↕20～80cm

花は鮮やかな色調で暗色の斑点がつき、唇弁に対比している。春には直立した花序に星形の花が最高6個つく。
ゾーン：10～12

×*Degarmoara* Starshot 'Fashion'

一般名：×デガルモアラ スターショット 'ファッション'

☼ ✣ ↔20～40cm ↕20～80cm

10種を超える異種が背景にあり、*Brassia verrucosa*の影響が強い。春から初夏にかけて開花する。
ゾーン：10～12

×*Degarmoara* Winter Wonderland 'White Fairy'

一般名：×デガルモアラ ウィンター ワンダーランド 'ホワイト フェアリー'

☼ ✣ ↔20～40cm ↕20～80cm

鉢植え用植物として導入するために、現代的な組織培養法を用いて大量に繁殖されている人気が高い栽培品種。年に1度以上開花し、小花は6週間ほど開花する。
ゾーン：10～12

×*Degarmoara* Winter Wonderland 'White Fairy'

×*Degarmoara* Skywalker 'Red Star'

×*Degarmoara* Starshot 'Fashion'

Delonix regia

Delosperma aberdeenense

Delosperma brunnthaleri

Delosperma cooperi

DELONIX
（デロニクス属）

マメ科ジャケツイバラ亜科のデロニクス属は、熱帯の落葉性、半常緑性または常緑性の高木10種からなる小さな属で、華やかなホウオウボク *D. regia* が含まれる。広い傘のような樹冠は、夏季に申し分のない日陰を提供する。落葉性で半常緑性種は落葉後、茎頂にランのような花が、樹冠をほぼ埋め尽くすかのように多量に房咲きする。

〈栽培〉
初めの数年間は人工的に施肥し、じゅうぶんに灌水すると良く育つ。側面のシュートを取り除くことで幹は丈夫になり、樹冠は高くなる。樹冠を広げるためじゅうぶんなスペースが必要である。重粘土を除き、あらゆるタイプの土壌に耐性がある。種子または挿し木により容易に繁殖させることができるが、実生から開花までは10年以上かかる。実生から栽培した花の色はあまり期待できない。

Delonix regia
一般名：ホウオウボク（鳳凰木）
英　名：FLAMBOYANT TREE, ROYAL POINCIANA
☀ ⚘ ↔9m ↕9m
マダガスカル原産。落葉性の陰樹。葉は鮮やかな緑色の羽毛状で、成熟すると深い緑色になり、開花の前に落葉する。夏にはオレンジがかった深紅色の大きな房状花が枝頂に多数つく。大きく平らな豆果は秋には堅くなる。
ゾーン：11〜12

DELOSPERMA
（デロスペルマ属）

主にアフリカ南部原産だが、アフリカ東部からサウジアラビアにも分布している。ハマミズナ科デロスペルマ属には、150種以上の一年生、二年生および多年生植物が含まれ、低く広がる習性を持つものが多く、低木になるものもある。大半の種において、中心の茎は「挺幹」と呼ばれる太くやや塊茎状の茎で、ここから細い茎が出て、多肉質で円筒形の葉をつける。花はヒナギクに似て通常小柄だが、鮮やかな花を多数つけるものもある。大半の種は晩春に開花する。

〈栽培〉
たびかさなる激しい霜に対しては耐性が無い、あるいは成長が悪くなるが、開花期に湿気を保てる砂質で排水性のよい土壌で容易に栽培できる。乾いた土手や岩壁を覆うには理想的で、割れ目に移植されることも多い。自然または計画的栽培のいずれにしても、繁殖は種子、挿し木、取り木によって行なう。

Delosperma aberdeenense
一般名：花飛鳥
☀/⛅ ❄ ↔50cm ↕10〜20cm
南アフリカ原産。小型で広がりがありわずかに小山を形成し、枝が密集した低木。薄ピンクから深紅色の花が咲く。
ゾーン：7〜10

Delosperma ashtonii
一般名：ヒメマツバギク（姫松葉菊）
☀/⛅ ❄ ↔50cm ↕15〜20cm
南アフリカ原産。厚みがあり濃緑色の葉がつく。群生し徐々に広がる。大形のパープルピンクの花が咲く。
ゾーン：8〜10

Delosperma brunnthaleri
☀/⛅ ❄ ↔50cm ↕30〜40cm
南アフリカ原産。枝が多い小低木。ピンク色または黄色の花がつく。
ゾーン：8〜10

Delosperma cooperi
一般名：花嵐山、麗晃
☀/⛅ ❄ ↔60〜80cm ↕15〜50cm
南アフリカ原産。枝が密集した多年生植物で、広がりは早く低木になる。細く腺のある葉は灰緑色になる場合もある。ピンク色から深紅色の花が咲く。
ゾーン：7〜10

Delosperma crassuloides
☀ ⚘ ↔60cm ↕5cm
南アフリカ東部のドラケンスバーグ山脈原産。マットを形成し、密集して群生する葉は長楕円形で緑色。ピンク色の花が点在する。ゾーン：9〜11

Delosperma lehmannii
一般名：夕波
☀/⛅ ❄ ↔50cm ↕15〜20cm
南アフリカ原産。カルポブロトゥス属に似て厚みのある灰緑色で竜骨状の葉が低く広がる。薄黄色の花が咲く。
ゾーン：9〜11

Delosperma nubigenum
一般名：デロスペルマ・ヌビゲヌム
☀/⛅ ❄ ↔50cm ↕5〜10cm
南アフリカ原産。デロスペルマ属の中で最も耐寒性に優れる。茎は平状性で広がり、多肉質の短い葉がロゼットを形成する。葉は日光の下で赤く色づき、鮮やかな黄金色からオレンジレッドの花が咲く。
ゾーン：7〜10

Delosperma sutherlandii
一般名：沙坐蘭
☀/⛅ ❄ ↔60〜80cm ↕15〜50cm
南アフリカ原産。低く広がる、もしくは低木状。葉には腺があり、縁に細毛が生えているものもある。花は鮮やかなラベンダーピンクから深紅色。
ゾーン：9〜11

Delosperma Hybrid Cultivars
一般名：デロスペルマ交雑品種
☀ ⚘ ↔49〜90cm ↕5〜10cm
多くの種が自然交配される、もしくは独特の葉または花を持つ品種が産出される。庭園植物として作り出された品種もあり、以下のものが含まれる。'アルバム'は低く広がり、純白の花をつける。'オベルグ'は腺を持つ灰緑色の葉が広がり、暗色のつぼみから薄ピンク色の花が咲き、成長と共に白色になる。'ルビースター'は低く広がる品種で、夏季を通じて小柄な紫の花をつける。
ゾーン：9〜11

DELPHINIUM
（デルフィニウム属）

ヒエンソウとしても知られるが、この名は近縁のヒエンソウ属に用いるほうが好ましい。キンポウゲ科デルフィニウム属には、約250種の一年生、二年生、多年生植物が含まれる。大半の種が美しい切れ込みまたは欠刻の入った葉を基部で叢生させ、そこから穂状花序が直立する。長い距を持つ4枚花弁の花を5枚の萼片が囲み、苞葉状になるものもある。大きさは種によりさまざま。小型種は30cm以下だが、珍しい交雑種には2m以上に及ぶものもある。花の色はさまざまだが、デルフィニウム属は鮮やかな青色の花が有名で、よく産出される。

〈栽培〉
うどん粉病のリスクを減らすため、風通しのよい場所に植えるとよいが、露出さ

Delosperma sutherlandii

Delosperma lehmannii

Delosperma, Hybrid Cultivar, 'Ruby Star'

Delphinium, Hybrid Cultivar, 'Albert Shepherd'

Delphinium, Hybrid Cultivar, 'Angela Harbutt'

Delphinium, Hybrid Cultivar, 'Blue Lagoon'

Delphinium, Hybrid Cultivar, 'Bruce'

Delphinium, Hybrid Cultivar, 'Christella'

れている場所に植える場合は、風による被害を受けないように添え木をすることが重要である。湿気があり腐植質に富んだ肥沃土壌に植え、開花期には適度に灌水する。繁殖は種子または基部の挿し木か株分けによって行なう。

Delphinium barbeyi
☼/◐ ❋ ↔15〜40cm
↕30〜100cm

アメリカ合衆国、ロッキー山脈に自生する多年生植物。基部の葉にはうぶ毛が密集している。葉は5つの裂片に分かれ、さらに分裂しているか鋸歯がある。丈夫で直立した花茎を持つ。夏季に暗青色の花が咲く。花弁には黄みを帯びた毛が生える。
ゾーン：5〜9

Delphinium × belladonna
一般名：デルフィニウム×ベラドンナ
☼/◐ ❋ ↔15〜50cm
↕30〜100cm

*D. elatum*と*D. grandiflorum*による、多年生の交雑種。コンパクトで、矮小型のものもある。葉の色は濃緑色で美しい切れ込みがある。花幅は約30mm。以下のように多くの精選品種が含まれる。'ベラモーサム'には濃紺色の花がつく。'ブルー センセーション'の花は鮮やかな青色。'クリブデン ビューティー'の花は、明るいスカイブルー。
ゾーン：3〜9

Delphinium cardinale
一般名：デルフィニウム・カルディナレ
☼/◐ ❋ ↔20〜50cm ↕0.9〜2m

短命の多年生植物。一年生あるいは二年生のものもある。アメリカ合衆国カリフォルニア州原産。基部の葉は濃緑色で美しい切れ込みがある。夏季、針金状で直立した茎に、赤色の花が点在する。花の中心部は黄色。
ゾーン：8〜10

Delphinium elatum
一般名：デルフィニウム・エラツム
☼/◐ ❋ ↔20〜50cm ↕0.6〜1.8m

ユーラシア原産の夏咲きの多年生植物。うぶ毛または柔毛の生えた葉は、5〜7の裂片からなり、鋸歯があるもしくはさらに分裂している。花茎は丈夫で直立し、夏季には総状花序に青色の花が密生する。
ゾーン：3〜9

Delphinium grandiflorum
一般名：オオヒエンソウ
異名：*Delphinium chinense*
☼/◐ ❋ ↔30〜60cm
↕30〜100cm

東南アジアの温帯地域原産の多年生植物。美しい切れ込みの入った鮮やかな緑色の葉が低く密生する。総状花序に鮮やかな青色の花がつき、丈が高く直立したものもあるが、通常は短く散開している。人気品種には以下のものが含まれる。'ブルー バタフライ'は、短茎に濃紺色の花が多数つく。'トム パウス'は、リンドウのような鮮やかな青色の花をつける。
ゾーン：3〜9

Delphinium nudicaule
一般名：デルフィニウム・ヌディカウレ
☼/◐ ❋ ↔20〜40cm ↕30〜60cm

アメリカ合衆国カリフォルニア州原産の多年生植物。短命で、一年生もしくは二年生のものもある。粗い欠刻があり、さらに微細な切れ込みが入った葉にはうぶ毛があり、くすんだ緑色。晩春から、針金状の花茎にオレンジレッドの花が間隔をあけてつく。唇弁の上部は黄色。
ゾーン：8〜10

Delphinium semibarbatum
異名：*Delphinium zalil*
☼/◐ ❋ ↔15〜30cm ↕50〜75cm

イランおよびアジア中部原産。短命の多年生植物で、一年生または二年生のものもある。細かい切れ込みが入った深緑色の葉が小さく叢生する。針金状の花茎に小柄で鮮やかな黄色の花がつく。
ゾーン：6〜9

Delphinium Hybrid Cultivars
一般名：デルフィニウム交雑品種
☼ ❋ ↔0.5〜0.9m ↕1.2〜2m

エラツム グループを作り出すために、幅広い種が選択され交雑されている。エラツム グループには以下のものが含まれる。'アルバート シェパード'の丈は中位で、花は明るい青色で、部分的にピンク色に染まり、中央は淡黄色になる。'アンジェラ ハーバッド'の丈は中位から高位で、花はピンクがかった深紅色。'ブルー ドーン'の丈は中位から高位で、鮮やかな紺色の花の中央は白色。'ブルー ラグーン'の丈は中位から高位。花は純粋な紺色で中央は明色。'ブルー ナイル'の丈は低く、鮮明な青色で中央は白色。'ブルース'の丈は高く、花はスミレ色で、中央が薄紫色から灰色。'カッシウス'の丈は中位で、青色の花に時として深紅色の模様が入り、中央は黒色。'クレール'の丈は低く、花は薄ピンクで中央

*Delphinium barbeyi*の野生種、アメリカ合衆国、コロラド州スネッフェルズ山

Delphinium × belladonna　　*Delphinium grandiflorum* 'Tom Pouce'

Delphinium, Hybrid Cultivar, 'Clifford Park'

Delphinium, Hybrid Cultivar, 'Cliveden Beauty'

Delphinium, Hybrid Cultivar, 'Cupid'

Delphinium, Hybrid Cultivar, 'Delph Sabrine'

Delphinium, Hybrid Cultivar, 'Harlekijn'

Delphinium, HC, 'Loch Leven'

Delphinium, HC, 'Michael Ayres'

D., HC, New Century hybrid

Delphinium, HC, 'Spindrift'

Delphinium, HC, 'Sungleam'

はほぼ白色。'コンスピキュアス'の丈は中位で、深紅色の花の中央は大部分が茶色になる。'コンスタンス リベッド'の丈は中位で純白な花がつく。'キューピッド'は低く、青色の花の中央は白色。'エミリー ホーキンス'の丈は高く、丈夫。薄紫色に青色の模様が入り、中央部は淡黄色。'ファンファーレ'の丈は高く、シルバーがかった薄紫色で、花付きが早い。'ファウスト'は丈が高く、色みが強く金属に近いような紺色で、わずかに紫色の斑が入る。'フェネラ'の丈は中位で、花は鮮やかな青色、中央部が黒色になる。'ギリアン ダラス'の丈は中位で、花は灰青色で中央部が白色。花付きは遅い。'ジオッド'の丈は中位で、花は紫青色で中央部がカラシ色。'ハーレカイン'の花は深い紫色で半八重咲き。中央部は黒暗色。'キャスリーン クック'の丈は中位で、真っ青な花の中央は白色。'ラングドンズ ロイヤル フラッシュ'の丈は中位で、薄暗いピンク色の花の中央は白色。'ロッホ レーヴェン'は低く、明るい青色の花は中央が白色。'ロード パトラー'は低く、ややくすんだ青色の花は中央が白色。コンパクトで多花。**Magic Fountain Series**（マジック ファウンテンシリーズ）★の実生系統は色彩が豊富。'マイケル エアーズ'は中位で、ピンクがかった深紫色の花がつき、中央部は暗色。'マイティ アトム'は低く、花は半八重咲きで深い紫色。花付きは遅い。'ミン'の丈は中位で、薄紫色に暗色の縞模様が入る。**New Century**（ニュー・センチュリー）ハイブリッドは高さ1.2mを超え、色彩も豊富。'アワー デブ'は中位で、ややくすんだピンク色の花の中央は暗色。'ローズマリー ブロック'は中位で、ややくすんだピンク色の花は中央部が淡い黄褐色。'サンドパイパー'★は高く、白色の花の中央部が黒色。'スピンドリフド'の丈は中位。花の色はさまざまで、通常は青緑色だが、青色またはピンク色のものもある。'サングリーム'の丈は中位で、クリーム色の花の中央は黄色。'テムズミード'の丈は低位から中位で、リンドウのような青色の花の中央は黒色。'ディドゥルス'の丈は中位で、半八重咲き、薄暗い紫色。'ウォルトン ジェムストーン'の丈は中位で、薄紫がかった青色の花の中央は白色。

ゾーン：3～9

DENDROBIUM
（デンドロビウム属）

ラン科デンドロビウム属の植物は、常にラン栽培者の間では人気がある。インド、スリランカ、東南アジア各地からニューギニア、オーストラリア、太平洋諸島と幅広く分布している。大半が着生植物あるいは岩生植物で、複茎性の発育習性を持つ。大属で、植物の習性、花形および色はさまざまである。花はほとんどすべての色調と組み合わせのものがある。わずか数時間しか開かない花もあるが、自然の状態で9カ月以上開花するものもある。ラン愛好家のため、および熱帯地域の切花産業において重要なため、数多くの交雑種が生み出された。「シンガポール・オーキッド」として市販されている花の大半がデンドロビウムハイブリッドで、切花としての寿命は長い。*D. nobile*およびその近縁種は、多数の色彩豊かで長持ちするデンドロビウム ハイブリッド「ソフトケイン系」を作るために用いられてきた。過去数十年にわたり、オーストラリアのデンドロビウム自然交雑種は多大に進出してきている。これには*D. speciosum*や*D. kingianum*、*D. tetragonum*が含まれ、非常に人気があり、比較的成長が早い交雑種である。

〈栽培〉
大属で多様なため、栽培上の必要事項もさまざまである。非常に多くの種および交雑種により、古い偽鱗茎から新しい植物が生み出される。これらの植物を着生植物または"keikis"と呼ぶ。"keikis,"とはハワイ語で乳児の意味である。発育が安定し発根すれば、切り離して新しい植物として育てることができる。乾燥する季節には、「ソフトケイン」系は落葉し休眠する。ひとたび雨が降れば、開花して次の季節のために成長する。落葉性の特徴はデンドロビウム属種においてはよく見られる。多雨と乾燥の季節それぞれに適応するために進化したのである。大半のデンドロビウムは基底に樹皮があるコンポストでよく育つが、木生シダまたはコルク板の上でよく成長するものもある。山岳地帯の小型種のいくつかは湿気を保つミズゴケで良く育つ。繁殖は株分けによって行なう。

Dendrobium alexandrae
一般名：デンドロビウム・アレクサンドラエ

☼ ✱ ↔20～50cm ↕20～70cm

ニューギニア原産。ごく最近登録された珍しい品種。花は黄緑色で、紫色の斑入りのものが多い。唇弁は紫色の斑入り。春になると花序に8個ほどの花がつき、数週間開花する。

ゾーン：11～12

Dendrobium alexandrae

Dendrobium atroviolaceum
一般名：デンドロビウム・アトロウィオラケウム
☽ ⚘ ↔20～60cm ↕20～50cm
ニューギニア原産。下垂して緑がかった黄色の花は小さく房咲きし長命、栗色の斑入り。温暖な季節を通して咲くが、熱帯地方においては1年中花が見られる。
ゾーン：10～12

Dendrobium bigibbum
一般名：クックタウンオーキッド
英　名：COOKTOWN ORCHID
☼ ⚘ ↔20～60cm ↕10～60cm
オーストラリア原産。ヨーク岬半島で多く見られる。花は鮮やかな紫色で、秋には20個の花が密生して開花する。温暖の条件を好むが、冬季の休眠中には乾燥させておく。*D. b.* subsp. *phalaenopsis*（コチョウセッコク）は大きな紫色の花がつく。*D. b.* var. *compactum* ★は小型で、高さ12cmほどのずんぐりした偽鱗茎がつく。
ゾーン：11～12

Dendrobium bracteosum
一般名：デンドロビウム・ブラクテオスム
☽ ⚘ ↔12～38cm ↕15～35cm
ニューギニア原産。長命の花は密生して房咲きし、通常は無葉の古い偽鱗茎から出る。温暖な季節を通して開花し、熱帯においては1年中開花する。花の色は多様で、白色やさまざまな色調のピンク色から暗赤紫色となる。
ゾーン：11～12

Dendrobium bulbophylloides
☽ ⚘ ↔5～20cm ↕1.2～3cm
ニューギニア原産。ミニチュアの匍匐性の種で、宿主に付着する。イエローオレンジからレッドブラウンの花は植物のサイズから考えると大柄で、冬季から春季にかけて開花する。湿気を保ち苔も育つ木生シダの上でよく成長する。
ゾーン：10～11

Dendrobium canaliculatum
一般名：デンドロビウム・カナリクラツム
英　名：ONION ORCHID
☼ ⚘ ↔10～40cm ↕10～40cm
オーストラリア原産。鱗状の偽鱗茎は独特で、英名はそれにちなんで名づけられた。40個ほどの細くねじれた花がつく。白色で先端は黄色から茶色。唇弁は白色および紫色で、春に開花する。温暖で明るく、冬場の休眠時は乾燥している場所を好む。
ゾーン：11～12

Dendrobium ceraula
異　名：*Dendrobium gonzalesii*
☽ ⚘ ↔10～25cm ↕15～40cm
フィリピン原産。山岳の森林に分布し、冷涼で湿気がある日陰を好む。花は薄い青紫色からピンク色、白色とさまざまで、唇弁は平たく紫色の縞がある。冬から春にかけて開花する。
ゾーン：10～11

Dendrobium chameleon
一般名：デンドロビウム・カメレオン
☽ ⚘ ↔10～20cm ↕12～60cm
下垂して成長する着生植物。フィリピン原産。湿気のある日陰を好む。秋から冬にかけて、アイボリーホワイト、クリーミーイエロー、茶色など、さまざまな色の花をつける。
ゾーン：10～11

Dendrobium chrysotoxum
一般名：デンドロビウム・クリソトクスム
☼/☽ ⚘ ↔20～60cm ↕20～40cm
インドから中国南部原産の丈夫な植物。晩春には、ふくらんだ偽鱗茎に25個ほどの黄金色からオレンジ色で蝋質の花がつく。*D. c.* var. *suavissimum*は他とは異なり、唇弁に暗く赤みがかったオレンジ色の斑が入る。
ゾーン：10～12

Dendrobium chrysotoxum

Dendrobium bigibbum var. *compactum*

Dendrobium bracteosum

Dendrobium crumenatum
一般名：デンドロビウム・クルメナタム
英　名：DOVE ORCHID, PIGEON ORCHID
☼/☽ ⚘ ↔20～60cm ↕20～60cm
南東アジア原産。白い花をつけ、開花は1日のみである。開花を誘発させるには、約10℃（50℉）の急激な温度低下が必要となる。このような事象は熱帯暴風雨の時に起きる。ちょうど9日後、その地域の他の要因も加わり、多数の花が開く。
ゾーン：11～12

Dendrobium cuthbertsonii
一般名：デンドロビウム・カスバートソニー
☽ ⚘ ↔5～20cm ↕2.5～8cm
ニューギニア原産。ランの仲間の中でも秀逸な種のひとつ。好条件下においては、個々の花は最高9カ月間咲き続けることができる。冷涼な環境の元で育つが霜には弱いミニチュア種で、不釣合いなほど大きな花が咲く。赤色、オレンジ、黄色、ピンク、白色を含めた一連の鮮やかな色彩のものに加え、これらの色を用いた二色咲きのものもある。鉢植え植物

Dendrobium bulbophylloides

の栽培については、湿度を保ち、ミズゴケを頻繁に用いる。
ゾーン：10～11

Dendrobium discolor
一般名：デンドロビウム・ディスコロル
☼ ⚘ ↔0.3～1.2m ↕0.3～1.8m
オーストラリアおよびニューギニア原産。背丈は高く種類は豊富。波状で茶色の花が大きな穂状花序につき、ほぼ1年中見られる。沿岸に分布する種で、強い日差しを好み、良く育つためには多くのスペースを必要とする。
ゾーン：11～12

Dendrobium engae
☽ ⚘ ↔20～50cm ↕20～70cm
ニューギニア、エンガ州原産。丈夫な着生種。緑がかったクリーム色の大形で香りの良い花が12個ほど、最高で4カ月間咲く。
ゾーン：10～11

Dendrobium engae

Dendrobium ceraula

Dendrobium chameleon

Dendrobium cuthbertsonii

Dendrobium fimbriatum
一般名：デンドロビウム・フィンブリアタム
☼/☽ ✈ ↔0.3〜1.2m ↕0.3〜2m
東南アジア原産で背丈が高くなる種。晩春、小さい穂状花序に黄色からオレンジ色の花が房咲きする。*D. f.* var. *oculatum*はよく栽培される種で、オレンジ色の花がつき、唇弁には深い栗色の斑が入る。
ゾーン：10〜12

Dendrobium gibsonii
一般名：デンドロビウム・ギブソニイ
☼/☽ ✈ ↔30〜60cm
↕30〜120cm
ネパールおよび中国原産。珍しい種で、夏季から秋季にかけて開花する。花はつやのある黄金色で、唇弁には深い栗色の独特な斑が2カ所入る。
ゾーン：10〜12

Dendrobium goldschmidtianum
一般名：デンドロビウム・ゴールドスクミドティアナム
異　名：*Dendrobium miyakei*
☼/☽ ✈ ↔20〜60cm ↕20〜90cm
台湾原産の華やかな種。晩冬から夏季にかけて、葉の無い偽鱗茎から鮮やかな紫色の花が20個ほど房咲きする。
ゾーン：10〜12

Dendrobium gracilicaule
一般名：デンドロビウム・グラキリカウレ
☼/☽ ✈ ↔20〜90cm ↕20〜60cm
オーストラリア原産の着生植物。細長い偽鱗茎がある。早春には、小形で弓なりの穂状花序に黄緑色で、甘い香りの花がつく。花被片の裏面には赤茶色の斑が多数入る。
ゾーン：10〜11

Dendrobium harveyanum
一般名：デンドロビウム・ハーベイアナム
☽ ✈ ↔20〜40cm ↕20〜40cm
タイおよびベトナム原産。花弁と唇弁は長毛縁で、デンドロビウム属の中でも独特の種である。花弁、唇弁ともに鮮やかな黄色。春には、偽鱗茎の頂上付近から出た短い花序に最高で5個の花がつく。*Dendrobium harveyanum*の成長は遅く、特に病気を嫌う。
ゾーン：11〜12

Dendrobium johnsoniae
一般名：デンドロビウム・ジョンソニエ
☽ ✈ ↔20〜50cm ↕20〜50cm
ニューギニア原産。魅力的な房咲きの花。開花期は長く、温暖な季節を通して、純白で香りの良い花が、直立した短い穂状花序につく。唇弁は紫の縞柄。
ゾーン：11〜12

Dendrobium kingianum
一般名：デンドロビウム・キンギアヌム
☽ ❉ ↔10〜120cm ↕5〜90cm
オーストラリア原産。人気が高く種類も豊富で、春季に開花する岩生植物種。コンパクトな植物で、12個ほど香りの良い花をつける。色は純白からさまざまなピンク色、深い赤紫色までと実に多彩である。白い唇弁に紫色の斑がつく。魅力的な品種の選択的な系統繁殖により良質の栽培品種が生み出された。
ゾーン：9〜11

Dendrobium laevifolium
一般名：デンドロビウム・ラエウィフォリウム
☽ ✈ ↔6〜20cm ↕6〜15cm
ニューギニア原産の小型種。鮮やかな紫色の花は8週間ほど咲く。1年中湿度を保つこと。花は無葉の偽鱗茎につく。
ゾーン：10〜12

Dendrobium lawesii
一般名：デンドロビウム・ラウエシイ
☽ ✈ ↔10〜30cm ↕15〜50cm
ニューギニア原産。やや下垂した葉がつき、花の無い時期も魅力のある種。鮮やかな筒形の花には、先端が反り上がった唇弁がつく。野鳥が授粉するものと思われる。花の色は赤、オレンジ、黄色、ピンク、紫と多彩で、二色咲きのものもある。
ゾーン：10〜12

Dendrobium lindleyi
一般名：デンドロビウム・リンドレイ
異　名：*Dendrobium aggregatum*
☼/☽ ✈ ↔20〜40cm ↕20〜40cm
インドから中国の原産。レモンイエローから黄金色の花が20個ほど、下垂した小枝につく。植物が小形のため花の大きさが目立つ。開花期は春から夏。
ゾーン：10〜12

Dendrobium kingianum

Dendrobium fimbriatum var. *oculatum*

Dendrobium goldschmidtianum

Dendrobium johnsoniae

Dendrobium laevifolium

Dendrobium lawesii

Dendrobium gibsonii

Dendrobium harveyanum

Dendrobium macrophyllum

一般名：デンドロビウム・マクロフィルム
☀/☁ ✿ ↔20〜60cm ↕20〜70cm
ニューギニア原産の丈夫な種。野生で大きく群生することもある。緑がかったクリーム色の花とは対照的に、美しい栗色の筋が入った独特の唇弁がつく。花序には30個ほどの花がつき、開花期は長く、温暖な季節となる。萼片の裏面と子房には緑色の毛が密生している。
ゾーン：11〜12

Dendrobium masarangense

一般名：デンドロビウム・マサランゲンセ
☀ ✿ ↔5〜12cm ↕2.5〜5cm
ニューギニア原産でコンパクトに成長し群生する小型種。開花期は長く、冬から春にかけて緑がかったクリーム色の花に、鮮やかなオレンジレッドの斑のある唇弁がつく。温暖な気温が続くことを好まず、栽培においては湿度を保つこと。
ゾーン：9〜11

Dendrobium moniliforme

一般名：セッコク
☀/☁ ✿ ↔20〜60cm ↕10〜25cm
日本および中国原産。デンドロビウム属種の中でも、コンパクトで多様な植物。春には香りの良い白色からピンク色の花が咲く。栽培品種においては、葉に斑が入るものもある。
ゾーン：9〜11

Dendrobium nobile

一般名：コウキセッコク、デンドロビウム・ノビル
☀/☁ ✿ ↔20〜60cm ↕20〜60cm
インドから中国の原産で多様な種。「ソフトケイン系」の種で、初心者向きのラ

Dendrobium pseudoglomeratum

Dendrobium obtusisepalum

Dendrobium macrophyllum

ン。春には濃紫色から純白までの花が咲き、色調は豊富で、これらの色を組み合わせた二色咲きのものもある。*D. n.* var. *cooksonianum*は花弁の中でも唇弁の色が独特。*D. n.* var. *nobilius*は、深い紫色の大きな花をつける。*D. n.* var. *virginale*の花は純白。
ゾーン：9〜12

Dendrobium obtusisepalum

一般名：デンドロビウム・オブツシセパラム
異　名：*Dendrobium wentianum*
☀ ✿ ↔10〜30cm ↕20〜80cm
ニューギニア原産。下垂の発育習性を持つ魅力的な種。春には、蝋質で鮮明なオレンジ色の花が咲く。冷涼で水気が多く湿気がある場所を好む。
ゾーン：10〜11

Dendrobium pseudoglomeratum

☀ ✿ ↔20〜50cm ↕20〜70cm
ニューギニア原産。先端に16個ほどの花がつく。春には、鮮やかなピンク色にオレンジ色という独特な強い色調の組み合わせの花が、無葉の偽鱗茎につく。
ゾーン：10〜12

Dendrobium pulchellum

一般名：デンドロビウム・プルケルム
☀/☁ ✿ ↔0.3〜0.9m ↕0.3〜2m
ネパールから中国の原産、温暖地域に生息する種。非常に長い木質茎のような偽鱗茎をつけることがある。夏季に、クリーム色から杏色の香りの良い花を12個ほどつける。暗い栗色の斑を2つつけた唇弁があり、下垂した穂状花序は無葉の古い茎につく。
ゾーン：11〜12

Dendrobium smillieae

Dendrobium masarangense

Dendrobium rupestre

☀ ✿ ↔5〜10cm ↕2.5〜5cm
ニューギニア原産の小型種。冬と春に赤紫色の花をつける。温暖な温度が続くのを嫌う。栽培する場合は湿度を保つこと。
ゾーン：9〜11

Dendrobium smillieae

異　名：BOTTLE BRUSH ORCHID
一般名：デンドロビウム・スミリアエ
☀/☁ ✿ ↔20〜70cm
↕20〜120cm
オーストラリアおよびニューギニア原産。温暖な場所で育つ種。深緑色の唇弁がついた、白色からピンクがかった緑色の花が密集して咲く。温暖な季節を通じで開花し、熱帯地方においては1年中咲く。
ゾーン：11〜12

Dendrobium speciosum

異　名：KING ORCHID, ROCKY LILY
一般名：タイミンセッコク、デンドロビウム・スペキオスム
英　名：KING ORCHID, ROCK LILY
☀ ✿ ↔0.3〜3m ↕10〜120cm
オーストラリア東部原産で種類が豊富な

Dendrobium rupestre

Dendrobium speciosum

D. speciosum subsp. *capricornicum*

D. speciosum subsp. *curvicaule*の野生種、オーストラリア、クイーンズランド州

D. speciosum subsp. *grandiflorum*

ラン。品種または亜種として認識されている種類も多く、以下のようなものがある。*D. s.* subsp. *capricornicum*、*D. s.* subsp. *curvicaule*、*D. s.* subsp. *grandiflorum*、*D. s.* subsp. *hillii*（オオタイミンセッコク）、*D. s.* subsp. *pedunculatum*。*D. speciosum*は、人気のある園芸植物で、霜の無い場所で育ち、開花期は晩冬から春までとなる。白色から深みのある黄色で、とても良い香りのする花が特大の花序に密集してつく。非常に丈夫な植物で、基準標本はかなり大型になる。満開の*D. speciosum*を見ると強烈に印象に残る。
ゾーン：9〜11

Dendrobium subclausumの自生種、ニューギニア

Dendrobium sulphureum

Dendrobium tetragonum var. cacatua

Dendrobium tapiniense

D. tetragonum var. melaleucaphilum

Dendrobium spectabile

Dendrobium thyrsiflorum

Dendrobium vexillarius

Dendrobium victoriae-reginae

Dendrobium wardianum

Dendrobium tapiniense
☼/☽ ⚘ ↔20〜60cm ↕20〜80cm
ニューギニア原産の丈夫な種。春から夏にかけて、穂状花序に12個ほどの花がつく。花弁は厚く、最高で3カ月間咲き続ける。夏咲きの種で、栽培種に関しては日中の暖かさと夜間の涼しさを好む。
ゾーン：10〜12

Dendrobium tetragonum
一般名：デンドロビウム・テトラゴヌム
☼ ❁ ↔10〜50cm ↕10〜70cm
大きさと色彩が豊富なオーストラリア種。やや下垂した偽鱗茎の断面は四角形。クリーム色から黄緑色で、蜘蛛の足のような形状の花がつく。花被片には暗い紫色から茶色の斑と縁取りがつくことが多い。唇弁は白色、あるいは茶色から紫色の斑や縞が入る。開花期は春から夏。種類が豊富で、次にあげる4つの異なった地理的個体群が変種として認識されている。D. t. var. cacatua、D. t. var. giganteum、D. t. var. haysianum、D. t. var. melaleucaphilum。
ゾーン：9〜12

Dendrobium thyrsiflorum
一般名：デンドロビウム・シルシフロルム
☼ ⚘ ↔20〜90cm ↕20〜60cm
インドおよび中国原産。容易に栽培できる種。下垂した房咲きの花は短命で、晩春に見られる。花被片は白く、かすかに薄ピンク色に染まるものもある。唇弁は鮮やかな黄色で、花序は一房のブドウに似ている。
ゾーン：10〜12

Dendrobium vexillarius
一般名：デンドロビウム・ウェクシラリウス
☼ ❁ ↔5〜12cm ↕2.5〜12cm
ニューギニア原産の小型種。鮮やかな赤色の花は長命。他の色彩の野生個体群もあり、オレンジ、黄色、クリーム色から一風変わった青灰色までとさまざまである。温暖な温度が続くことを嫌う。栽培においては湿度を保つこと。
ゾーン：9〜11

Dendrobium victoriae-reginae ★
一般名：デンドロビウム・ビクトリア-レギネ
☼ ⚘ ↔20〜50cm ↕20〜60cm
フィリピン原産。数少ない「ブルー系」ランの1種。年間を通じて、分岐した偽鱗茎沿いの節から出た短い小枝に、薄紫色から濃青紫色の花が4個ほど咲く。冷涼で湿気のある場所を好む。
ゾーン：9〜11

Dendrobium wardianum
一般名：デンドロビウム・ワーディアナム
☼/☽ ⚘ ↔20〜40cm ↕20〜70cm
インドから中国原産の茎の柔らかい種のひとつ。晩春に蝋質で良い香りのする3色咲きの花が、無葉の偽鱗茎につく。
ゾーン：10〜12

Dendrobium williamsonii
一般名：デンドロビウム・ウィリアムソニイ
☼ ⚘ ↔20〜30cm ↕20〜40cm
インドからタイの原産。偽鱗茎に沿って黒色の細かい短毛がある。蝋質でクリーム色から薄黄色の花は、赤い斑入りの唇弁がつき、成熟した木質茎の頂端に1〜2個つく。灌水と灌水の間は乾燥

Dendrobium subclausum
☼ ❁ ↔10〜30cm ↕15〜50cm
ニューギニア原産。直立した細く軟弱な偽鱗茎があちこちで分岐し、着生植物として成長する。赤色から黄色の鮮やかな花、または二色咲きの花が1年中咲く。
ゾーン：10〜12

Dendrobium spectabile
一般名：デンドロビウム・スペクタビレ
☼/☽ ⚘ ↔20〜60cm ↕20〜80cm
ニューギニア原産。花被片にねじれとゆがみがある珍しい種。春から夏にかけて、花序に20個ほどの花が数週間咲く。
ゾーン：11〜12

Dendrobium sulphureum
一般名：デンドロビウム・スルフレウム
☼ ❁ ↔5〜12cm ↕2.5〜5cm
ニューギニア原産の小型種。緑がかった黄色の花は長命で、年間を通して咲く。鮮やかな赤色の斑が唇弁の頂端につく。温暖な温度が続くのを嫌う。栽培においては常に湿度を保つこと。
ゾーン：9〜11

させ、定期的に換気を行なう。
ゾーン：10〜12

Dendrobium Hybrids
一般名：デンドロビウム ハイブリッド
デンドロビウム ハイブリッドは、ここ数十年の間に大幅に増加した。特に切花市場用の「ハードケイン」系の増加は顕著である。

AUSTRALIAN HYBRIDS
一般名：オーストラリア ハイブリッド
☼ ↔20〜75cm ↕10〜60cm
D. kingianumやD. speciosum、D. tetragonumのように、固有種から交雑されたオーストラリア ハイブリッドの精選種。オーストラリア ハイブリッドのほとんどが、冬季または春季に花を咲かせ、何年にもわたり同じ偽鱗茎から花を出す。小型の植物で、非常に香りの良い花が大量に咲く。**Elegant Heart**（エレガント ハート）は、D. PeeweeとD. speciosumのハイブリッドで、1980年にWalter Uptonが開発したものである。**Hilda Poxon**（ヒルダ ポクソン）★はD. speciosumとD. tetragonumの一代交雑種で非常に人気が高い。一年に何度も花が咲く。**Jonathan's Glory**（ジョナサンズ グローリー）は比較的新しいハイブリッドのひとつで、D. kingianumの改良品種に似ている。**Kayla**（カイラ）は成長が遅いハイブリッドで、丈夫なD. speciosumの影響を受けている。**Yondi Brolga**（ヤンディ ブロルガ）は、故Sid Batchelorによって生み出された見事なハイブリッドのひとつ。**Zeus**（ゼウス）は、星形で紫の花がつき、年に何度も咲く。
ゾーン：9〜11

"HARDCANE" HYBRIDS
一般名：「ハードケイン」ハイブリッド
☼/☀ ⚥ ↔20〜80cm
↕20〜100cm
ハードケイン ハイブリッドは、D. bigibbumやD. discolor、D. phalaenopsisなど、熱帯地方の低地で育つ多数のデンドロビウム属種から派生したものである。**Chao Praya Rose**（チャオ プラヤ ローズ）は暗い深紅色の花をつける。植物、切花いずれも開花期は長い。**Suzanne Neil**（スザンヌ ネイル）の花は、深いピンクパープル。**Thai Pinky**（タイ・ピンキー）は植物取引のために重要な園芸植物で、**Thanaid Stripes**（サナイド ストライプス）は、縞が多数入った深紅色の花をつける。
ゾーン：11〜12

"NIGROHIRSUTE" OR BLACK-HAIRED STYLE HYBRIDS
一般名：「ニグロハースート」またはブラックヘアー・スタイル ハイブリッド
☼/☀ ⚥ ↔20〜40cm ↕20〜40cm
「ニグロハースート」ハイブリッドのデンドロビウムは偽鱗茎に黒色の短毛があり、通常、唇弁とは対照的な、白色からクリーム色の花をつける。**Frosty Dawn**（フロスティ ドーン）はD.Dawn MareeとD.Lime Frostのハイブリッドで、春から夏にかけて開花し、およそ8週間続く。
ゾーン：10〜12

"SOFTCANE" HYBRIDS
一般名：「ソフトケイン」ハイブリッド
☼/☀ ⚥ ↔15〜40cm ↕20〜60cm
D. nobileの交雑種または近縁種。葉は短命で開花前に偽鱗茎から落葉する。無葉の偽鱗茎の各節に5個ほどの花がつく。膨張した茎に沿って長命の花が数多く咲く場合もある。ゴールデン ブロッサム'黄金'の花は黄色で、唇弁は深紅色の斑入り。**Sailor Boy**（セイラー ボーイ）はもっとも人気があり、パステルカラーの花の中央部は黄色。白色で花被片の端は薄ピンク色。ユキダルマ'キング'★は、おそらくソフトケイン ハイブリッドの中でもっとも人気がある品種だと思われる。とても丈夫に育つ植物で、花がつきやすく花数も多い。
ゾーン：9〜11

Dendrobium williamsonii

*Dendrobium*オーストラリア ハイブリッド、（エンジェレーネ×エレン・グロウ）

デンドロビウム、オーストラリア ハイブリッド、バリー シンプソン

デンドロビウム、オーストラリア ハイブリッド、ブリナワ サンセット

デンドロビウム、オーストラリア ハイブリッド、ベリンゲン

デンドロビウム、オーストラリア ハイブリッド、ビディ ジェネディス

デンドロビウム、オーストラリア ハイブリッド、（インテンス×ラザーフォード・サンスポット）

デンドロビウム、オーストラリア ハイブリッド、エレガント ハート

デンドロビウム、オーストラリア ハイブリッド、エレガント ハート'ブルー トング'

デンドロビウム、オーストラリア ハイブリッドギリストン ジャズ

デンドロビウム、オーストラリア ハイブリッド、ヒルダ ポクソン

デンドロビウム、オーストラリア ハイブリッド、バーガンディ クリーム

デンドロビウム、オーストラリア ハイブリッド、ジョナサンズ グローリー

デンドロビウム、オーストラリア ハイブリッド、カイラ

デンドロビウム、「ソフトケイン」ハイブリッド、ケイ リネット

デンドロビウム、「ハードケイン」ハイブリッド、スザンヌ ネイル

デンドロビウム、「ハードケイン」ハイブリッド、サナイド ストライプス

デンドロビウム、「ハードケイン」ハイブリッド、チャオ プラヤ ローズ

デンドロビウム、「ハードケイン」ハイブリッド、ナガサキ

デンドロビウム、「ソフトケイン」ハイブリッド、コロラド スプリングス

デンドロビウム、「ソフトケイン」ハイブリッド、ゴールデン ブラッサム '黄金'

デンドロビウム、「ソフトケイン」ハイブリッド、セイラー ボーイ 'ピンキー'

デンドロビウム、「ハードケイン」ハイブリッド、プア・アラ

デンドロビウム、「ハードケイン」ハイブリッド、セドナ

デンドロビウム、「ソフトケイン」ハイブリッド、スターダスト

デンドロビウム、「ソフトケイン」ハイブリッド、イエロー リボン 'デライト'

デンドロビウム、「ソフトケイン」ハイブリッド、ユキダルマ 'キング'

デンドロビウム、「ハードケイン」ハイブリッド、タイ ピンキー

デンドロビウム、「ハードケイン」ハイブリッド、ホワイト フェアリー

デンドロビウム、「ソフトケイン」ハイブリッド、ラブリー バージン 'エンジェル'

デンドロビウム、「ソフトケイン」ハイブリッド、セイラー ボーイ

デンドロビウム、「ニグロハースート」ハイブリッド、フロスティ ドーン

Dendrochilum cobbianum

Dendrochilum latifolium

DENDROCALAMUS
(マチク属)

イネ科マチク属は大型で群生する多年生の竹で30種ほどが含まれる。インド、東南アジア、中国およびインドネシア原産。短い根茎から成長するため、大半の種の自生地は雨の多い地域もしくは山岳地帯に限られる。マチク属は中空〜堅い稈を持ち、まばらにあるいは緻密に群生する。節には多数の枝がつき他より大きいものが1〜2本出る。細長いひも状で緑色の葉がつく。建設用および工芸用と同様に食用のシュートのためにも広い地域で栽培されている。

〈栽培〉
春に、常に湿度を保った、軽度または中程度に粘土質で、弱酸性、ローム質または砂質の土壌に植える。日向には耐性があるがやや日陰を好む。古いシュートは春季に切り落とす。繁殖は株分けあるいは茎の挿し木によって行なう。

Dendrocalamus asper
一般名：デンドロカラムス・アスペル
英　名：PAI TONG, PRING BETUNG, SWEET BAMBOO
☼ ⚘ ↔12〜24m ↕18〜30m

東南アジア原産。茎径は20〜30cm。新しいシュートはシルバーブラウンで柔毛を帯びており、ビロードのような感触。もっとも重要で大型の構造を持つ竹で、シュートは食用となる。建築、工芸、家具製作および家畜の飼料としても使用される。'ヒタム'はインドネシア原産で、稈がすぐに黒くなり、時として緑色の縞柄となる。暗色は収穫後も維持され、緑色の縞は黄褐色になる。
ゾーン：9〜12

DENDROCHILUM
一般名：デンドロキルム属
英　名：CHAIN ORCHID

デンドロキルム属は大型の属でラン科に含まれる。200種以上の複茎性植物の集まりで、偽鱗茎ごとに1枚の単葉をつける。セロジネ属と近縁である。激しい温度差がほとんど無い山岳地帯に分布する着生植物が多い。熱帯の低地に生息するものは数種のみとなる。デンドロキルム属の分布の中心地はフィリピンで、ボルネオ島とスマトラ島には多数の種が存在する。年に1度、新芽と共に、小さく時として色彩豊かな花が花序に沿い2列互生につく。渦巻状になる種もある。

〈栽培〉
栽培は容易で、大半が群生し、鉢栽培にも向いている。小型あるいは鉢のサイズが10cmまでのものを育てる場合、コンポストにはミズゴケのみを用いる。より大型の植物は、樹皮ベースで、砂利、真珠岩、細断した苔を少々加えると良く育つ。新鮮な空気と高湿度に保つことが重要。日陰で開花する。常に湿った状態を好む。夏の暑い時期はできるだけ冷涼な状態を保ち、冬季には冷気から保護すること。栽培は株分けによって行なう。

Dendrochilum cobbianum ★
一般名：デンドロキルム・コビアナム
☼ ⚘ ↔20〜50cm ↕15〜50cm

フィリピン原産。デンドロキルム属の中でもっとも良く栽培に見られる種だと思われる。春に白色から黄色や緑色の花を咲かせ、唇弁が対比色になるものもある。唇弁の中央にある蜜腺は独特な形状をしている。
ゾーン：10〜12

Dendrochilum glumaceum
一般名：デンドロキルム・グルマケウム
英　名：HAY-SCENTED ORCHID
☼ ⚘ ↔20〜60cm ↕20〜40cm

フィリピン原産。冬季から早春にかけて、白色からクリーム色の花がつく。萼片と花弁の先端は尖っている。60個ほどの花が花序を形成する。唇弁の色は多彩で、オレンジ、黄色、緑色、茶色などがある。
ゾーン：10〜12

Dendrochilum latifolium
☼ ⚘ ↔20〜50cm ↕15〜50cm

フィリピン原産。大型種のひとつ。単葉の長さは40cmほどで、花序は葉より長い。夏季に、香りの良いクリームがかった緑色の花を60個ほどつける。唇弁は茶色。
ゾーン：10〜12

Dendrochilum saccolabium
一般名：デンドロキルム・サッコラビウム
☼ ⚘ ↔20〜60cm ↕20〜40cm

フィリピン原産の華やかで園芸的に魅力のある種。冬季には、弓なりの花序に、40個ほどの光沢があり丸く、鈍い赤色から鮮やかな赤色までの花がつく。
ゾーン：10〜11

Dendrochilum tenellum
☼ ⚘ ↔20〜80cm ↕20〜40cm

フィリピン原産。苔に覆われた多雨林に大型の群を形成する。晩冬から早春にかけて、小柄な白色からクリーム色の花がつく。葉の形状において、もっとも「ランらしくない」種で、微細な円筒形の草のような葉をつける。発育の良い植物は、数年前に流行したフィラメント・ランプのような形状になる。
ゾーン：10〜11

DENDROMECON
(デンドロメコン属)

アメリカ合衆国カリフォルニア州およびメキシコ原産。常緑性低木の1種のみが含まれる。乾燥した岩の多いチャパレルに生息する。ケシ科に属し、夏に黄色い一重咲きの花が咲くことに関連性が見られる。

〈栽培〉
デンドロメコン属の植物は厳しい霜を伴う冬の気候条件から保護する必要がある。屋外で栽培した場合、厳しい冬を越すことはできない。肥沃過ぎず水はけの良い砂質土壌で、暖かく保護された場所に植える。この低木は根の病気を嫌う。植え込み時には、なるべく移植による衝撃を与えないように注意する。繁殖は、夏に採集した半熟枝の挿し木によって行なうが、根付きにくいことがある。

Dendromecon rigida
一般名：ツリーポピー
英　名：TREE POPPY
☼ ❄ ↔3m ↕3m

葉は堅く灰緑色で、種名はこれに由来する。簡素ではあるが美しい鮮やかな黄色の4弁花は夏季に開花する。**D. r.** subsp. **harfordii** は他の種より茎が太く葉は厚い。やや小さめな黄色の花が咲く。
ゾーン：8〜10

Dendromecon rigida

Dendrochilum tenellum

DENDROSENECIO
(デンドロセネシオ属)

アフリカ東部原産の大型のセネシオ。キク科デンドロセネシオ属は11種あり、以前はキオン属に含まれていた。生息地は、高山の荒地あるいは苔むした森林の特性を持つ、ほぼ2,700〜4,200mの火山連邦に限られる。長命で常緑の低木または樹高8mまでの小高木で、通常、若木の間は枝分かれしない。茎の先にはへら形の葉による大きなキャベツのようなロゼットがあり、下面には毛が生える。ロゼットの下の茎は枯葉に覆われる。葉の間から出た、大形で直立した円錐花序に、黄色い舌状花を持つヒナギク状の花がつく。

〈栽培〉
園芸種において成木の大きさに成長させられるかどうかは確かではない。デンドロセネシオ属種の要求を推測するのは困難で、赤道の生息地にはほとんど季節は無いが、朝晩の気温と湿度の差が激しい。繁殖は種子から行なう。

Dendrosenecio eric-rosenii
異　名：*Senecio eric-rosenii*
☼ ❄ ↔0.9〜3m ↕3〜6m
ウガンダ共和国、ザイール共和国およびルワンダ共和国の国境地帯にある、ルウェンゾリ山系、ヴィルンガ山地、カフジ連邦に分布し、苔むした森林の林冠を形成する。*D. e-r.* subsp. *alticola*はヴィルンガ山地の高地にのみ生息する。
ゾーン：9〜10

Dendrosenecio johnstonii、ケニア、ケニア山。

*Dendrosenecio eric-rosenii*の自生種、ウガンダ共和国、ルウェンゾリ山

Dennstaedtia punctilobula

DENNSTAEDTIA
(コバノイシカグマ属)
英　名：CUP FERN

コバノイシカグマ科に属し、中型から大型の陸生あるいは着生のシダ類で約70種が含まれる。ほとんどが、ヨーロッパを除く暖温帯から熱帯に生息する。匍匐性で分岐した木質の根茎。細かい切れ込みが入った三角形の葉を多数つける。

〈栽培〉
匍匐性の習性があるため、コバノイシカグマ属の植物は容器栽培には適していない。湿気があり、水はけの良い酸性の土壌、日なたまたは半日陰を好む。繁殖は春に胞子あるいは根茎の株分けによって行なう。

Dennstaedtia punctilobula
英　名：HAY-SCENTED FERN
☼ ❄ ↔30〜60cm ↕60〜90cm
北アメリカ東部原産。匍匐性の根茎を持つ落葉性のシダ。大型のコロニーがカーペットを形成する。葉はレース状で、三角形または剣の形をした明るい緑色。小羽片には切れ込みがあり、ねばねばした感触で、傷付けると干草のような匂いがする。柄には細かいうぶ毛があり、葉の中央脈にはまばらに毛が生える。
ゾーン：3〜9

DEPPEA
(デッペア属)

メキシコおよび中央アメリカからブラジル南東部までの原産。アカネ科に属し、常緑性の低木または小高木25種ほどが含まれる。葉は対生で、3輪生になることはまれだが、大きさが異なる場合が多い。花は黄色で、ごくまれに白色、オレンジ色または紫色になるものもある。対比色の大きな萼から短い管状器官が出る。葉の裂片は4枚で、一般に反曲している。葉腋または枝先に集散花序がつく。果実は小さく乾燥したさく果となる。

〈栽培〉
めったに栽培されることはないが、少なくとも1種は、現在アメリカ合衆国カリフォルニア州の園芸界で人気が出つつある。湿気があり霜がなく保護された環境、および水はけの良い土壌を好む。繁殖は種子、あるいは半熟枝の挿し木によって行なう。

Deppea obtusiflora
☼ ❄ ↔1.8m ↕1.8〜4.5m
メキシコ南部のオアハカ州原産の低木。

Deppea obtusiflora

海抜2,400mほどの雲霧林に生息する。葉長は約18mm。3〜17個の黄色い花が房咲きする。
ゾーン：9〜12

DERWENTIA
(ダーウェンティア属)

オーストラリア南東部の亜高山帯から低山地帯に生息する。8種のみの小さな属でゴマノハグサ科に含まれる。タスマニアのダーウェント川にちなんで命名された。ほぼ全種が、以前はクワガタソウ属あるいはパラヘベ属に含まれていた。常緑の多年生植物または亜低木で、根茎から2度芽を出すことができる。葉は対生、形状はさまざまで、かなり帯白状のものもある。春から夏に、白色、青色または藤色の花が密生して房咲きする。

〈栽培〉
繁殖は挿し木によって行なう。根茎から新芽を採って使用すると成功しやすい。種子はめったに手に入らないが、入手できたら新鮮なうちに播種するとよい。

Derwentia blakelyi
☼ ❄ ↔40〜80cm ↕20〜50cm
最初に採集されたのは1930年代、シドニーの植物学者W. F. Blakelyによるものだが、この種が命名されたのはごく最近のことである。ユーカリ森林地帯やオーストラリア、ニューサウスウェールズ州のセントラル・テーブルランドの酸性土壌に生息する。小型で木質の低木。茎は帯白状。葉は楕円形から槍形で無柄、基部は心臓形で、鋸歯縁。夏季には、小柄の薄青色の花が先端に房咲きする。帯白状のさく果がつく。ゾーン：8〜9

Derwentia perfoliata
異　名：*Parahebe perfoliata*、*Veronica perfoliata*
英　名：DIGGER'S SPEEDWELL
☼ ❄ ↔50〜150cm ↕50〜150cm
オーストラリア、ニューサウスウェールズ中央部、ビクトリア州の南部から東部と中西部の、海抜約500mのさまざまな場所に生息する。木質の根茎を持つ小低木。一般的に茎は直立、葉は帯白状で細かい鋸歯があり、楕円形で革のように堅く、節に2輪生あるいは3輪生でつく。春から夏にかけて、茎頂および葉腋についた穂状花序に薄青色の花が咲く。1800年代初頭からヨーロッパで栽培されている。種子または挿し木により栽培する。
ゾーン：8〜9

DESCHAMPSIA
（コメススキ属）

英　名：HAIR GRASS

イネ科コメススキ属には50ほどの魅力的な種が含まれる。群生する草本または常緑植物で、温帯から寒冷の地域で見られ、主にドイツで栽培者により興味深いクローンが数多く選択されてきた。それらは優美な葉と繊細な花ゆえに栽培される。

〈栽培〉
庭園の土壌が良質であれば、日なたでも半日陰でも成長する。成長を促すために、春季に花後の古い茎を取り除く。繁殖は種子から行なうが、早春に株分けする特定のクローンもある。

Deschampsia cespitosa
一般名：ヒロハノコメススキ
異　名：*Aira cespitosa*
英　名：TUFTED HAIR GRASS, TUSSOCK GRASS

☼/☼ ❄ ↔1.2〜1.5m ↕1.5〜2m

北アメリカ、アジアおよびヨーロッパ原産の魅力的なイネ科植物。夏季には微細で鮮やかな常緑の葉より上に、小形で柔らかい花が大量につく。*D. c.* subsp. *holciformis*の葉は濃緑色。*D. c.* var. *vivipara*は下垂形の部分が定着する。多数のクローンには以下のものが含まれる。*D. c.*'ブロンズ ベール／'ブロンズシュライアー'はブロンズ色の花がつき、形も美しい。'ゴールデンペンダント／'ゴールトゲハンジ'はわずかに下垂した黄色の花をつける。'ゴールド ダスト／'ゴールトスタウ'の花は黄色。'ゴールデンデュー／'ゴールトタウ'には黄緑色の花が咲く。ゾーン：5〜10

Deschampsia flexuosa
一般名：コメススキ
英　名：COMMON HAIR GRASS, CRINKLED HAIR GRASS, WAVY HAIR GRASS

☼/☼ ❄ ↔15〜20cm ↕70〜90cm

ユーラシアおよびアメリカ原産。微細で波状の葉は糸のような形状で、緑色からオリーブ色。繊細で針金状の茎は分岐し、小枝のようなピンク色の花序をつける。ゾーン：5〜9

DESFONTAINIA
（ディスフォンタイニア属）

現在ディスフォンタイニア属は独自のディスフォンタイニア科に属すると見なされている。常緑性低木1種のみで、コロンビアのアンデスからティエラデルフエゴに分布する。北部においては冷涼の山岳地の森林から、南部は海岸近くに見られる。鮮やかなオレンジ色と黄色の花が、対照的な暗色でつやのある葉から出ている魅力的な低木。ツツジが好む条件によく適合する。

〈栽培〉
ディスフォンタイニア属は、冷涼で湿度の高い気候と、湿度を保持し腐植質に富む酸性の土壌を必要とする。部分的に日陰で保護された場所に植えると良い。乾燥が続く時は適度に灌水する。繁殖は夏季に種子または半熟枝の挿し木から行なう。

Desfontainia spinosa ★
☼ ❄ ↔3m ↕3m

成長が遅い藪状の低木。花は深紅色からオレンジ色の筒状で、先端は黄色。開花期は夏から秋。さくらんぼ大の果実がつく。ゾーン：8〜9

DESMODIUM
（ヌスビトハギ属）

マメ科ソラマメ亜科に属し、約450種を含む。暖温帯および熱帯に生息する。大半がつる性の多年生植物で、落葉性あるいは常緑性の低木もある。ヌスビトハギ属は、ピンク、紫、青または白色の花をつけ、3出複葉で、成熟すると種子1個を含む果実がつくことに特徴づけられる。これらの切片には短くかぎ状の毛があり、毛の生えた動物や人の衣服が通過すると付着し、分散を助ける役目を果たす。暖温帯の種は貧弱だが、冷涼地域に生える低木種のいくつかは魅力的な園芸植物となる。

〈栽培〉
繁殖は春季に播種するまたは挿し木によって行なう。日当たりと水はけが良い

Derwentia perfoliata

場所を好む。暖温帯原産の種を冷涼の場所で栽培する場合は、温室による保護が必要である。

Desmodium canadense
英　名：SHOWY TICK-TREFOIL

☼ ❄ ↔30cm ↕1.2〜1.8m

カナダ南部からアメリカ合衆国バージニア州南部およびオクラホマ州西部の原産。栽培が容易な多年生植物で、長く楕円形で緑色の葉をつける。蝶形花が房咲きした穂状花序はピンクから薄紫色で、真夏に柄の先につく。すばやく広がるため侵襲的ともなり得る。ゾーン：5〜9

DEUTEROCOHNIA
一般名：デウテロコニア属
異　名：*Abromeitiella*

主にアルゼンチン北部、ペルーおよびボリビア原産。パイナップル科に属し、15種が含まれる。日光を好み、刺が多く、地表または岩場で成長し大型の群を形成する。2つのグループに分類される。1つは、成長の遅い植物群で、天然のクッションのような形状をしている。通常は、緑色の筒形の花がつき、以前はアブロメイティエラ属に含まれていた。もう1つは大型の植物群で、長い茎に主に黄色の花がつく。デウテロコニア属はアナナス類の中でも独特で、多年生のシュートに花をつけ、シュートは毎年新しい枝を生み出す。栽培されているのは、ほとんどが小型種である。

〈栽培〉
小型種は屋内でも栽培可能だが、大型種は冷涼地域では温室またはコンサバトリーに入れ、暖温帯、亜熱帯、熱帯においては屋外に植えることが好ましい。乾いたら灌水し、過度の施肥は行なわないようにする。繁殖は種子またはオフセットから行なう。

Deuterocohnia brevifolia ★
異　名：*Abromeitiella brevifolia*
一般名：デウテロコニア・ブレビフォリア

☼/☼ ❄ ↔10cm ↕5〜10cm

アルゼンチン北部原産。最終的には広範囲にわたる小山を形成する。三角形の葉

Deschampsia cespitosa

は緑色で、縁に沿ってわずかに刺がある。緑色で筒形の花が葉の間に単生する。無柄。*D. b.* subsp. *chlorantha*は葉の上により柔らかい刺をつける。ゾーン：8〜10

Deuterocohnia lorentziana
異　名：*Abromeitiella lorentziana*
一般名：デウテロコニア・ロレンツィアナ

☼ ❄ ↔10cm ↕10cm

アルゼンチン北部原産。大型の群を形成する植物で、以前はアブロメイティエラ属として知られていた。三角形の葉は灰緑色で、縁にわずかな刺がある。花弁は筒形で緑色。*D. brevifolia*ほどの人気は無い。ゾーン：8〜10

DEUTZIA
（ウツギ属）

アジサイ科ウツギ属は観賞用として広く栽培され、落葉性および常緑性の低木が60種ほど含まれる。主にアジアの温帯地域に生息し、中央アメリカにまで及ぶ。一般的に栽培されているウツギの大半が落葉性で、春咲き。先のとがった楕円形から槍形の葉は対生で、多くは鋸歯縁を持つ。白、クリームまたはピンク色で星形の5枚花弁の花が小さく房咲きする。通常、葉とは離れた位置につく。

Desfontainia spinosa

Deuterocohnia brevifolia

Deuterocohnia lorentziana

Deutzia compacta

Deutzia crenata

Deutzia × *elegantissima* 'Fasciculata'

〈栽培〉
ほとんどの種が霜には非常に強く、温帯の庭園の中心的存在となる。強風から保護し、丈夫な枝ぶりを保つため花後は剪定して薄くする。繁殖は種子あるいは夏季に半熟枝の挿し木によって行なう。

Deutzia compacta
☼ ✽ ↔2m ↕1.8m
落葉性のヒマラヤ種。滝のようにしなだれる細かい枝に、先端が尖った細い葉がつく。葉の上面は濃緑色で下面は薄色。鋸歯縁で、細毛を帯びている。花は白色で、小さく房咲きする。ゾーン：6～9

Deutzia crenata
一般名：ウツギ、ウノハナ
☼ ✽ ↔2.4m ↕2.4m
日本および中国南東部原産で、*D. scabra*に似た落葉性の低木。茎はわずかに弓なりになる。葉は有毛で、縁には細かい鋸歯がある。春には総状花序に白い花がつく。*D. c.* var. *nakaiana*は矮小型で丈は30cmほど。'ニッコウ'の花は白く、葉は暗色。ゾーン：6～9

Deutzia × *elegantissima*
一般名：ドイツィア×エレガンティシマ
☼ ✽ ↔1.5m ↕1.5m
園芸系統の*D. purpurascens*と*D. sieboldiana*の交雑から産出された。葉は卵形から楕円形、不均等で鋭い鋸歯がある。初夏には集散花序にピンク色の花がつく。栽培品種には次のものが含まれる。'ファシクラータ'は、白色から薄ピンク色の花がつく。つぼみは深いピンク色。'ロゼアリンド'★の花は小形で白色。わずかにピンク色に染まる。
ゾーン：5～9

Deutzia gracilis
一般名：ヒメウツギ
英　名：SLENDER DEUTZIA
☼ ✽ ↔0.9～1.8m ↕0.9～1.8m
ウツギ交雑種の主な親植物のひとつ。日本原産。広がる低木で小山を形成する。細長く垂直なシュートの先端部は弓なり。細葉は鮮やかな緑色で、卵形から槍形。葉の先端は尖っている。春の中頃から初夏にかけて、細い円錐花序に純白の花がつく。ゾーン：5～9

Deutzia × *kalmiiflora*
☼ ✽ ↔1.5m ↕1.5m
園芸系統の*D. parviflora*と*D. purpurascens*の交雑。広がりのある低木で、枝は弓なり。葉は細かい鋸歯があり、緑色でやや楕円形。直立した円錐花序は杯形、外側は深いピンク色で内側は薄色。開花期は初夏から真夏。
ゾーン：5～9

Deutzia longifolia
ドイツィア・ロングフォリア
☼ ✽ ↔2m ↕1.8m
落葉性の植物で、中国西部原産。深緑色で手触りは粗く、槍形の葉がつく。葉縁には鋸歯があり、裏面にはうっすらと毛が生えている。初夏になると深いピンク色のつぼみから、暗色の縞模様が入った薄ピンク色の花が房咲きする。'ヴェイチー'の葉は細く、紫色の花がつく。
ゾーン：6～9

Deutzia × *magnifica*
☼ ✽ ↔2m ↕1.8m
親植物は明らかではないが、*D. crenata*と*D. longifolia*の交雑種と思われる。低木で丈夫にまっすぐ育つ。葉は卵形から楕円形で、縁に細かい鋸歯がある。下面は灰色でフェルト状。初夏には一重咲きまたは八重咲きの白い花が密集する。
ゾーン：5～9

Deutzia × *rosea*
一般名：ドイツィア×ロセア
☼ ✽ ↔0.9m ↕0.9m
*D. gracilis*と*D. purpurascens*の交雑による矮小型の低木。槍形から楕円形で細かい鋸歯がある濃緑色の葉がつく。茎頂の円錐花序は短く、内側が薄ピンク色で外側が紫色の花がつく。'カンパニュラータ'は、円錐花序に白い花が密生する。'カルミネア'の花は薄ピンク色で外側が紫色。ゾーン：5～9

Deutzia scabra
一般名：マルバウツギ
英　名：FUZZY DEUTZIA
☼ ✽ ↔2m ↕3m
日本および中国原産。シュートは弓なり。葉は幅広の楕円形で感触は粗く、濃緑色となる。初夏から真夏に、甘い香りがする白色もしくはかすかにピンクに色づく鐘形の花が、枝先につく円筒形の円錐花序に密集する。茶色からオレンジ色の樹皮が剥落する様子は興味深い。'キャンディディシマ'は純白の八重咲き。'プライド オブ ロチェスター'は、かなり大きな八重咲きの白い花が、かすかにピンクがかった紫色に染まる。
ゾーン：5～9

Deutzia setchuenensis
☼ ✽ ↔1.5m ↕1.8m
中国西部原産。葉は卵形で下側には毛が密集し、微細な前向きの鋸歯がある。夏季には白い花がまばらに房咲きする。よく栽培に用いられるのは*D. s.* var. *corymbiflora*で、大形の花が房咲きし、成長に従い茶色の樹皮が剥落する。
ゾーン：5～9

DIANELLA
（キキョウラン属）

オーストラリア、ニュージーランドおよび太平洋諸島原産。常緑の多年生植物で約20種が含まれる。熱帯種のひとつ*D. ensifolia*は、アジア大陸、中国、日本、インドから東アフリカ、マダガスカルにまで分布している。ユリ科の分類における正確な位置づけは未だ調査中である。キスゲ科、ニューサイラン科およびキキョウラン科のいずれかではないかと考えられている。キキョウラン属は繊維質の根を持つ草本性の植物で地下に根茎を持つものが多い。茎は匍匐性または直立性で、茎頂に扇形の葉をつける。草のような葉が2列に並び基部は鞘状で、大半は下部のみアヤメの葉のように縁が折れ融合している。花はまばらな円錐花序で下垂した柄につく。花には青色から白色の花被片が2～3枚つく。緑色や紫色に色づくものもある。果実は薄青色から暗い紫青色で、球形または卵形の液果となる。種子は黒色でつやがある。

〈栽培〉
暖温地域においてはボーダー花壇または自然栽培で育ち、それ以外の場所では温室でよく育つ。気温-7℃(20℉)以下に耐性のあるものもあるが、他は霜不耐性。わずかな日陰には耐性がある。繁殖は株分けまたは種子から容易に行なえる。

Dianella caerulea
一般名：ディアネラ・カエルレア
英　名：BLUE FLAX-LILY, BLUEBERRY LILY
☼ ⚘ ↔50～150cm ↕2m
群を形成する多年生植物。地下に多数分岐した丈夫な根茎を持つ。ニューギニア

Deutzia × *magnifica*

Deutzia × *kalmiiflora*

Deutzia longifolia

Deutzia setchuenensis

Dianella tasmanica

からタスマニア南部のみならず、オーストラリア大陸の大分水嶺山脈の東側にも生息する。葉は平らで縁がわずかに反っている。花序は葉よりも長く、深青色から黄緑色あるいはクリーム色の花を3〜30個つける。開花期は春から夏。各花には6枚の花被片がつく。果実は球形で青色から紫色の液果で、つやのある黒色の種子が多数含まれている。認識されているものは8品種である。D. c. var. cinerascensは灰緑色から銀色系の葉をつける。ゾーン：9〜12

Dianella tasmanica

異 名：*Dianella archeri*, *D. densa*、
英 名：BLUE FLAX-LILY、TASMANIAN FLAX-LILY

☀ ❄ ↔30cm ↕100cm

群生する多年生植物だが、林を形成することはまれである。北はニューサウスウェールズ州の奥地から、南は高山地域およびタスマニア州まで、オーストラリアの浅い砂地で岩の多い土壌に生息する。高度は海水位から海抜1,200mほどの緑色で、花序は葉長を超える場合がある。春から夏にかけて青色の花が咲く。液果は球形で青紫色。光沢がある黒い種子を多数含む。ゾーン：8〜10

DIANTHUS

一般名：ナデシコ属
英 名：CARNATION、PINK

主にユーラシア大陸原産で、群生または広がる習性のある多年生植物約300種が含まれる。ナデシコ属はナデシコ科の代表となる属である。ほとんどの種が細く幾分草のような青緑色の葉をつける。葉は密生した基部から直接あるいは針金状に広がった茎から出る。葉の色は申し分なく花の色を引き立てる。単純な5枚花弁で、強烈な匂いを発するものが多い。花茎の長さはさまざまである。ピンク色の種が一般的だが、英名の「ピンク」は、ピンキングばさみで切ったように、ぎざぎざになった花弁の縁にちなんで名づけられた。大半の種は晩春に開花する。

〈栽培〉
日当たりと風通しが良く、湿気があり、水はけが良く、腐植質に富んだ土壌に植える。ほとんどの種は多少の石灰質を好み、叢生の中心部が枯れないように定期的な施肥を必要とする。繁殖は種子または「挿し枝」と呼ばれる基部の小さな挿し木あるいは株分けによって行なう。

Dianthus alpinus

一般名：オヤマナデシコ

☀/◐ ❄ ↔15〜30cm ↕10〜15cm

短命の多年生植物でヨーロッパアルプス原産。葉は濃緑色でつやがある。花は単生で深いピンクレッド、暗色の斑入りで中央は白色、縁に細かい切れ込みがある。開花期は晩春。'ジョアンズ ブラッド'は中心部が栗色で深い赤色の花をつける。ゾーン：3〜9

Dianthus arenarius

一般名：サンドピンク

☀/◐ ❄ ↔15〜30cm ↕30cm

ヨーロッパ北部および東部に生息する多年生植物。緑色の短い細葉が群生して小山を形成する。針金状の茎に、通常は単生で、白色からピンク色で縁に細かい切れ込みがある花が咲く。ゾーン：3〜9

Dianthus barbatus ★

一般名：ビジョナデシコ、ヒゲナデシコ
英 名：SWEET WILLIAM

☀/◐ ❄ ↔15〜30cm ↕30〜60cm

ヨーロッパ南部に生息する短命の多年生植物。通常は一年草として栽培される。槍形の葉が叢生し、縁に細かい切れ込みのある花が密生する。実生系統にはさまざまな色と模様がある。たとえば、Auricula-eyed Mixed Group（オーリキュラ-アイド交雑品種グループ）は、花の中心付近に対比色の輪がある。ゾーン：4〜9

Dianthus carthusianorum

異 名：*Dianthus tenuifolius*
一般名：ホソバナデシコ
英 名：CARTHUSIAN PINK

☀/◐ ❄ ↔15〜30cm ↕40〜60cm

ヨーロッパ南部および中央に分布し、小山を形成し群生する多年生植物。明緑色の草のような葉は、大半の部分が葉鞘となる。小柄で縁に細かい切れ込みのある、ピンク色から紫色の花が咲く。白色はまれ。ゾーン：3〜9

Dianthus caryophyllus

一般名：カーネーション、オランダセキチク
英 名：CARNATION

☀ ❄ ↔20〜40cm ↕50〜80cm

地中海地方原産の多年生植物。灰緑色から青緑色の葉鞘が、針金状に広がった茎を包む。花は直立で、時として華奢な茎につき、強い香りがする。野生種はピンク色の花をつけるが、園芸種は多彩である。**Knight series**（ナイト シリーズ）は色にちなんで命名され、'クリムゾン ナイト'、'ホワイト ナイト'、'イエロー ナイト'などがある。ゾーン：8〜10

Dianthus deltoides

一般名：ヒメナデシコ
英 名：MAIDEN PINK

☀/◐ ❄ ↔15〜30cm ↕20〜40cm

ユーラシアの多年生植物。カーペット状に広がり、小山を形成する場合もある。小形の葉は緑色から青緑色で、細い葉茎を包む。花は一般的に単生でピンクの色調、縁に細かい切れ込みがあり、中央に暗色の斑点が入ることもある。'アルブス'は白色の花が咲き、'ブリリアンシー'は深紅色の花が咲く栽培品種である。ゾーン：3〜9

Dianthus erinaceus

☀ ❄ ↔15〜30cm ↕10〜15cm

トルコの多年生植物で、小さな緑色の葉が固く苔のように密生する。夏季には鮮やかなピンク色で縁に細かい切れ込みがある小花が多数咲く。ゾーン：7〜9

Dianthus gratianopolitanus

異 名：*Dianthus caesius*
一般名：チェダーピンク、シバナデシコ
英 名：CHEDDAR PINK

☀ ❄ ↔20〜40cm ↕15〜20cm

ヨーロッパ中央部から西部原産で、マット状に広がる多年生植物。古葉は小さく、より密集する。香りが良いピンク色から深紅色の花は、通常、単生で、縁に細かい切れ込みがある。'ベーカーズ バラエティ'の花は半八重咲きでピンクがかった紫色。'フローレ プレノ'は、半八重咲きでピンク色の花をつける。ゾーン：3〜9

Dianthus monspessulanus

異 名：*Dianthus sternbergii*
一般名：ディアンサス・モンスペスラヌス

☀ ❄ ↔30〜50cm ↕30〜60cm

ヨーロッパ東部および南部の山地原産の多年生植物。広がる習性があり、針金状の茎と青緑色から緑色の細葉をつける。夏季には、ピンク色から白色で香りの良い花が最高で7個集まって咲く。花弁には深い切れ込みがある。ゾーン：4〜9

Dianthus erinaceus

Dianthus gratianopolitanus 'Baker's Variety'

Dianthus carthusianorum

Dianthus deltoides

Dianthus barbatus、（オーリキュラ・アイド グループ品種）

Dianthus nitidus

一般名：ディアンサス・ニチドス
☼/☼ ❄ ↔15～25cm ↕20～30cm
カルパチア山脈西部原産。小型で叢生する夏咲きの多年生植物で、葉は細くわずかに光沢がある。ピンク色で斑入りの花が一対または小さなまとまりとなって咲く。暗色のものも多く、花弁の縁には細かい切れ込みがある。
ゾーン：6～9

Dianthus pavonius

一般名：ディアンサス・パボニウス
☼/☼ ❄ ↔15～30cm ↕50～75cm
ヨーロッパアルプス原産の、叢生またはマット状に広がる多年生植物。灰緑色で細い葉がつく。花は明るいピンク色から深紅色で、一般に単生し、縁には細かい切れ込みがある。'インシュリアック ダズラー'の葉は明るい緑色で、花は強い深紅色。'ラ ボーブール'(syn.'ラ ボービッレ')の葉は青灰色で、縁に細かい切れ込みのあるピンク色の花がつく。
ゾーン：4～9

Dianthus plumarius

一般名：タツタナデシコ
英 名：PINK
☼/☼ ❄ ↔20～40cm ↕15～35cm
ヨーロッパ東部および中央部原産の多年生植物。青緑色の葉がまばらに叢生する。花はピンク色あるいは白色で、斑または中央が暗色となるものが多い。園芸用ナデシコのほとんどの親種となる。*D. caryophyllus*と交雑すると、四季咲きのカーネーションとなる。ゾーン：3～9

Dainthus pontederae

☼/☼ ❄ ↔20～40cm ↕15～20cm
ヨーロッパアルプスからバルカン諸国に分布する多年生植物。極小で線形の葉がマット状に広がる。茎は針金状で広がるものもある。夏季には、先端にパープルピンクで縁に細かい切れ込みのある花が咲く。ゾーン：6～9

Dianthus spiculifolius

☼/☼ ❄ ↔15～30cm ↕20～30cm
カルパチア山脈東部原産の、叢生しマット状に広がる多年生植物。葉は基部では細く、上部では小さくなる。香りが良く深い切れ込みの入ったピンク色の花が単生あるいはまとまって咲く。白色の花もある。
ゾーン：6～9

Dianthus subacaulis

一般名：ディアンサス・スバアコーリス
☼/☼ ❄ ↔15～20cm ↕5～10cm
ヨーロッパ南西部の山地原産の多年生植物。深緑色の葉が密集して叢生する。深いピンク色の花が単生で咲く。縁は滑らかなものと細かい切れ込み入りのものがある。*D. s.* subsp. *brachyanthus*は、葉でびっしり覆われたドームに成長する。
ゾーン：5～9

Dianthus superbus

一般名：タカネナデシコ
☼/☼ ❄ ↔30～50cm ↕50～75cm
丈夫に育つユーラシア大陸の多年生植物で茎は広がる。花は一般的に単生で、色はピンクからパープルピンク。香りが強く花弁のほぼ中央付近まで深い切れ込みが入っている。*D. s.* var. *longicalycinus*は、細長い萼をともなう藤色から明るい紫色の花をつける。
ゾーン：4～9

Dianthus turkestanicus

☼/☼ ❄ ↔15～30cm ↕20～40cm
アジア中央部原産の多年生植物。針金状の茎の低部には5cmほどの葉がつき、上部の葉はより小さくなる。白色からモーブピンクの花が、通常は単生または3本ほど集まって咲く。縁には浅い切れ込みが入る。
ゾーン：4～9

Dianthus Hybrid Cultivars

一般名：ナデシコ交雑品種
☼/☼ ❄ ↔15～30cm ↕20～28cm
園芸種としてさまざまに交雑された長い歴史を持つ他の属と同様に、多くのカーネーションおよびナデシコとこれらの栽培品種は、発育習性、花の色および形によってグループに分類される。
ゾーン：8～10

ANNUAL BEDDING DIANTHUS
（ナデシコ 一年生［花壇用］）
多年生のものもあるがここに分類される小型の植物は一年草として栽培される。いろいろな意味で、これらはビジョナデシコ (*D. barbatus*) に類似しているが、ハンギングバスケットへ適合させることを含め、さまざまな大きさや形状にすることができる。一年草ナデシコの人気種には以下のものが含まれる。**First Love Series**（ファースト ラブ シリーズ）、**Floral Lace Series**（フローラル レース シリーズ）および**Melody Series**（メロディ シリーズ）。フローラル レース シリーズは、縁に細かい切れ込みがある小さな花が大量に咲き、メロディ シリーズはファースト ラブ シリーズに似ているが草丈が高く、花は主にピンクと白の単色となる。

PERENNIAL DIANTHUS
（ナデシコ 多年生）
多年生ナデシコは、ヨーロッパの庭園で初めて栽培された植物のひとつである。中世においては香り用と同様に薬やフレーバリング用としても栽培された。その時以来、園芸用、切花市場用にかかわらず無数の交雑品種が育成されてきた。現在では、ナデシコ交雑種の3つの主要グループが認識されており、主として花の種類によってさらに細分化されている。

BORDER CARNATIONS
（ボーダー カーネーション）
*D. caryophyllus*から派生し高く伸びる品種。花には、通常、強い香りがあり、八重咲きのものが多い。縁の細かい切れ込みはあるものと無いものがある。花は主に春季から初夏に咲き、次のように分類される。

Fancies（ファンシー型）：基本的に花は単色だが、斑や斑点や一部分が別色になっている。たとえば、'ブルッカム ファンシー'は、黄色の花にピンク色の斑点がある。

Selfs（セルフ型）：花は全て単色で、'キャサリン ヒッチコック'は薄いピンク色、'ファイアリー クロス'は鮮やかな赤色、'ゴールデン クロス'は薄黄色で、'グレイ ダブ'はくすんだ藤色となる。

Clove-scented（クローブ-セントッド）：花の香りが非常に強く、色はさまざま。白地に赤のストライプ入りの花がつく'キャンディ クローブ'など。

Picotees（ピコティ型）：地色が1色で縁が配色となる。白地に紫色の縁取りがある'エヴァ ハンフリーズ'など。縁取りの太さはさまざま。

PERPETUAL-FLOWERING CARNATIONS（四季咲きカーネーション）
最も草丈の高いカーネーションで、花茎を杭などに結ぶ必要があるものも多い。度重なる厳しい霜には耐えられず、年間を通して花を咲かせるためには、穏やかな気候の場所で育てるのが良い。希少なマルメゾンカーネーションは、特に

Dianthus spiculifolius

Dianthus superbus var. *longicalycinus*

Dianthus turkestanicus

Dianthus monspessulanus

Dianthus nitidus

Dianthus pontederae

Dianthus pavonius 'Inshriach Dazzler'

丈夫な葉と花茎を持つ二倍体で、強烈なクローブの香りがする。'ダッチェス オブ ウェストミンスター'はクリーム色の大型の花がつき、もっとも広く栽培されているマルメゾンである。

四季咲きは、切花用の温室植物として広く栽培されている。人気の高い品種は、花の形状に限って言えば八重咲きである。以下にその例を挙げる。

Fancies（ファンシー型）：'ブライト ランデブー'は乳白色の花にピンク色のレース模様。'チェーリオ'にはピンクがかった白と赤の花がつく。'クリムゾン テンポ'は鮮やかな赤色。'ハバナ'は赤と黄色。'インパルス'は、乳白色と深いピンクがかった赤色。'ニュー テンポ'はピンクがかった白と赤。'ランデブー'は白地に深いピンク色のレース模様。'テンポ'白色に赤の見事なレース模様で、赤い部分は少ない。'ツンドラ'は黄色に明るい赤のレース模様。'イエロー ランデブー'は薄黄色に深いピンク色のレース模様。

Selfs（セルフ型）：'デルフィ'は白。'マンボ'は鮮やかな黄色。'ムタルド'は黄色。'ピンク ドーナ'はピンク系。'ブラド'はクリームがかった薄緑色。'ラジオ ディ ソレ'はオレンジ色。

Spray carnations（スプレー カーネーション）：一般的に花はやや小さめだが、1つの茎に5〜6個の花が咲く。'フィオレラ'は黄色と赤。'イビサ'は黄色。'コルティーナ'は紫赤色。

PINKS（ピンク）

*D. plumarius*から派生したものだが、他の種や交雑種と交雑することもある。もっともよく行なわれるのは、四季咲きカーネーションとの交雑で、それによりオールウッディー ピンクが生まれる。香りがあるものと無いものがあるが、大半は縁に切れ込みがある。

Fancies（ファンシー型）：'ダッドズ フェイヴァリッド'（syn.'ダッズ フェイヴァリット'）の花は白色で、レース模様と中央に栗色の八重咲き。'グランズ フェイヴァリッド'は、白色でピンクレッドのレース模様。八重咲き。'レッド エンサイン'は、深いピンク色に白のレース模様が入る。

Selfs（セルフ型）：'ベッキー ロビンソン'は深いピンク色。'ボウェイ ベル'は紫色の八重咲き。'カーマイン レティシア ワイアッド'は、深いピンク色の半八重咲きで良い香りがする。'デボン プライド'は鮮やかなピンク色。'ドワーフ ヘレン'はピンクの八重咲き。'イングレストーン'は鮮やかなピンク色。'レミシー'は小柄なピンク色の花がつく。'レティシア ワイアッド'★は鮮やかなピンク色の八重咲きで強い香りがある。'ライオンハード'は赤色で、縁が明るくなるものもあり、一重咲きで香りがある。'ネオン スター'は鮮やかなパープルピンクの一重咲きで強い香りがある。'バルダ ワイアッド'はピンク色の八重咲きで良い香りがする。'ホワットフィールド キャン キャン'はくすんだピンク色でフリルつきの八重咲き。良い香りがする。'ホワイト ジョイ'は白色の八重咲きで、薄ピンク色の模様が入ることもある。

ナデシコ、HC、多年生、ピンク系、ファンシー型、'レッド エンサイン'

ナデシコ、HC、多年生、四季咲き、ファンシー型、'ツンドラ'

ナデシコ、HC、一年生花壇用、フローラル レース シリーズ、'フローラル レース クリムゾン'

ナデシコ、HC、一年生花壇用、フローラル レース シリーズ、'フローラル レース バイオレット'

ナデシコ、HC、一年生花壇用、メロディ シリーズ、'メロディ ブラッシュ ピンク'

ナデシコ、HC、一年生花壇用、メロディ シリーズ、'メロディ ピンク'

ナデシコ、HC、多年生、四季咲き、ファンシー型、'ブライト ランデブー'

ナデシコ、HC、多年生、四季咲き、ファンシー型、'チェーリオ'

ナデシコ、HC、多年生、四季咲き、ファンシー型、'クリムゾン テンポ'

ナデシコ、HC、多年生、四季咲き、ファンシー型、'ハバナ'

ナデシコ、HC、多年生、四季咲き、ファンシー型、'ハイライト'

ナデシコ、HC、多年生、四季咲き、ファンシー型、'イエロー ランデブー'

ナデシコ、HC、多年生、四季咲き、ファンシー型、'リスボア'

ナデシコ、HC、多年生、四季咲き、ファンシー型、'ニュー テンポ'

ナデシコ、HC、多年生、四季咲き、ファンシー型、'ランデブー'

ナデシコ、HC、多年生、四季咲き、ファンシー型、'テンポ'

ナデシコ、HC、多年生、四季咲き、ファンシー型、'インパルス'

 ナデシコ、HC、多年生、四季咲き、セルフ型、'デルフィ'
 ナデシコ、HC、多年生、四季咲き、セルフ型、'マンボ'
 ナデシコ、HC、多年生、四季咲き、セルフ型、'ムタルド'
 ナデシコ、HC、多年生、四季咲き、セルフ型、'ピンク ドーナ'
 ナデシコ、HC、多年生、四季咲き、セルフ型、'プラド'

 ナデシコ、HC、多年生、四季咲き、セルフ型、'ラジオ ディ ソレ'
 ナデシコ、HC、多年生、四季咲き、セルフ型、'レイコ'
 ナデシコ、HC、多年生、四季咲き、セルフ型、'スプリント'
 ナデシコ、HC、多年生、四季咲き、セルフ型、'サハラ'
 ナデシコ、HC、多年生、四季咲き、セルフ型、'テラ'

 ナデシコ、HC、多年生、ピンク系、セルフ型、'カーマイン レティシア ワイアット'
 ナデシコ、HC、多年生、ピンク系、セルフ型、'チャールズ エドワード'
 ナデシコ、HC、多年生、ピンク系、セルフ型、'デボン ジェネラル'
 ナデシコ、HC、多年生、ピンク系、セルフ型、'ドワーフ ヘレン'
 ナデシコ、HC、多年生、ピンク系、セルフ型、'ヘイター ホワイト'

 ナデシコ、HC、多年生、ピンク系、セルフ型、'イングレストーン'
 ナデシコ、HC、多年生、ピンク系、セルフ型、'レミシー'
 ナデシコ、HC、多年生、ピンク系、セルフ型、'レティシア ワイアット'
 ナデシコ、HC、多年生、ピンク系、セルフ型、'ライオンハート'
 ナデシコ、HC、多年生、ピンク系、セルフ型、'ネオン スター'

 ナデシコ、HC、多年生、ピンク系、バイカラー、'クランメル プール'
 ナデシコ、HC、多年生、ピンク系、バイカラー、'ローズ モニカ ワイアット'
 ナデシコ、HC、多年生、ピンク系、オールウッディー、'ホワットフィールド ルビー'
 ナデシコ、HC、多年生、ピンク系、セルフ型、'ホワットフィールド キャン キャン'
 ナデシコ、HC、多年生、ピンク系、オールウッディー栽培品種

 ナデシコ、HC、多年生、ピンク系、セルフ型、'ピンク ドーム'
 ナデシコ、HC、多年生、ピンク系、バイカラー、'モニカ ワイアット'
 ナデシコ、HC、多年生、ピンク系、バイカラー、'ピーチ マンボ'
 ナデシコ、HC、多年生、ピンク系、セルフ型、'ピンク パール'
 ナデシコ、HC、多年生、ピンク系、セルフ型、'ヴァルダ ワイアット'

Diasca, Hybrid Cultivar, Coral Belle/'Hecbel'

D., Hybrid Cultivar, 'Langthorn's Lavender'

D., Hybrid Cultivar, Little Dancer/'Pendan'

D., Hybrid Cultivar, Redstart/'Hecstart'

Diascia, Hybrid Cultivar, 'Twinkle'

Allwoodii Pinks(オールウッディー ピンク)：一般的に *D. plumarius*×*D. alpinus* の交雑品種で、'ホワットフィールド ルビー' は鮮やかな深紅色の花がつく。

Bicolors(バイカラー)：'クランメル プール' の花は白色から薄ピンクの八重咲きで中央は深い赤色。'ドリス' ★の花は明るいピンク色の八重咲きで中央は紫赤色。'ハウンズプール ルビー'(syn.'ルビー ドリス')の花は深いピンク色の八重咲きで中央は深紅色。'ドリス'の変種、'モニカ ワイアット'の花は、ピンク色の八重咲きで中央が赤色。'ピーチ マンボ' はクリーム色の八重咲きで中央はくすんだオレンジピンク。'ローズ モニカ ワイアット' は深いピンク色の八重咲きで中央は赤色。

Old-Fashioned Pinks(オールド ファッション ピンク)：一般的には *D. plumarius* の品種だが、交雑種や、かなり長期にわたり栽培され、系統が不確定な品種を示す場合もある。'アール オブ エセックス' は深いピンク色の八重咲き。'ミセス シンキンズ' は有名で、とても香りが良く、白色の八重咲き。ピンク色で半八重咲きの'パイクズ ピンク' は典型的な例となる。

DIASCIA
一般名：ディアスキア属
英 名：TWINSPUR

1970年代まで、ディアスキア属が南アフリカ原産で約50種の一年生および多年生植物を含み、キツネノテブクロ科に属するということを知っている園芸家はほとんどいなかった。それ以後は、ボーダー花壇およびロッケリー用として人気があり、特に冬が温暖な温帯地域で非常に多く栽培されてきた。小山状になるまたは広がる習性を持つ植物で、茎は直立あるいは半匍匐性、小形の葉は卵形または楕円形で鋸歯がある。花は藤色、ピンク色およびくすんだオレンジ色の色調で、茎頂の総状花序に密集するため小柄だが派手である。花には4枚の小さな花被片、短い距がついた2本の蜜腺、下部には大きな唇弁があり、主に夏季に咲く。

〈栽培〉
空気の通りが良く明るく広々とした場所、水はけが良く腐植質に富み、開花期は湿気を保つ土壌に植える。低木状に保つために芽を摘み取り、継続的に花を咲かせるには、定期的に花がら摘みをする。繁殖は種子または挿し木など栽培品種に適した方法で行なう。

Diascia barberae
一般名：ツインスパー

☼/☀ ❄ ↔30〜40cm ↕30cm

南アフリカのドラケンスバーグおよびレソト地域原産。直立または不規則に広がる習性を持つ多年生植物。花は鮮やかなピンク色で黄色の小さな斑点がつき、距が目立つ。縁と斑点は栗色。'ブラックソーン アプリコッド' は低く育つが広がりがあり、鮮やかなアプリコットピンクからくすんだオレンジ色の花がつく。'フィッシャーズ フローラ' の葉は心臓形。花の中心は暗色で黄色の斑点が2個ついている。'ルビー フィールド' は深いピンクレッドの花を咲かせる。ゾーン：8〜10

Diascia Fetcaniensis

☼/☀/☀ ❄ ↔100cm ↕25cm

Diascia fetcaniensis

東ケープ、南アフリカおよびレソト原産。小型で小山を形成する鮮やかな緑色の多年生植物で、葉にうぶ毛が生えるものもあり、ローズからサーモンピンクの小柄な花をつける。ロッケリー用植物または空積み石壁の割れ目への帰化種に適している。ゾーン：8〜10

Diascia integerrima
ディアスキア・インテゲリマ

☼/☀ ❄ ↔120cm ↕45cm

南アフリカ東部に生息し、広がる多年生植物。灰緑色の葉は全縁のものもある。中央が暗色でモーブピンクの花が穂状花序につく。下方向へカーブした距が目立つ。'コーラル キャニオン' はより直立する習性があり、より鮮やかなピンク色の花をつける。ゾーン：8〜10

Diascia rigescens

☼/☀ ❄ ↔60cm ↕40〜50cm

アフリカ南部のドラケンスバーグ地域原産。不規則に広がる習性を持つ多年生植物。先端が尖った卵形の葉は、赤く縁取られることもある。直立した穂状花序に花が密生するが、花序は多種ほど広がりは無い。花は深いピンク色で、下側の花被片には独特の竜骨弁がある。ゾーン：8〜10

Diascia vigilis
ディアスキア・ウィギリス

☼/☀ ❄ ↔120cm ↕50cm

アフリカ南部ドラケンスバーグ地域の原産。丈夫に育つ多年生植物で、葉はやや光沢があり多肉質。花はくすんだピンク色で花喉には暗色の斑点がある。連続して開花するようになるまでの期間は他の種より長くかかる。'ジャック エリオット' は特に大形で鮮やかなピンク色の花をつける。ゾーン：8〜10

Diascia Hybrid Cultivars
一般名：ディアスキア交雑品種

☼ ❄ ↔30〜60cm ↕20〜45cm

栽培し中間雑種を産出する時、種は自由に異種交配する傾向がある。交雑種の作出において、特にイギリスのHector Harrisonは早くからこれら精選品種の促進に取りかかった。その中で現存のものを以下に記載する。**コーラル ベル 'ヘクベル'** は細くやや光沢のある葉を持ち、サンゴ色の花をつける。半下垂形でバスケット栽培に適する。**'ジョイスズ チョイス'** の葉は心臓形で、花はアプリコットピンク。**'ラングソーンズ ラベンダー'** にはピンクがかった藤色のかわいい花が咲く。**'ライラック ベル'** の葉は小さく、明るい紫色の花がつき、下唇弁が目立つ。**リトル ダンサー'ペンダン'** は心臓形の小さな葉がつき、花は鮮やかなピンク色で、バスケット栽培に最適。**レッドスタート'ヘクスタード'** はサンゴ色から赤色の花がつく。**'ルパート ランバート'** ★の花は深いピンク色。丈は約25cmで、幅の2倍ほどとなる。開花期は夏から秋。**'サーモン シュプリーム'** は明るいサーモンピンクの花に暗色の斑点がある。**シドニー オリンピック／'ヘクシド'** の花は明るいサーモンピンクで密集して多数咲く。**'トゥインクル'** の葉は暗色で花はパープルピンク。下垂の習性がありバスケット栽培に適する。ゾーン：8〜10

Diascia vigilis

Diascia vigilis 'Jack Elliott'

DICENTRA

一般名：コマクサ属
英　名：BLEEDING HEART

コマクサ属は北アメリカおよびアジア原産で、一年生あるいは多年生植物20種ほどが含まれる。類似点は明らかではないがケシ科に属する。大部分が主根、根茎、あるいは塊茎などの貯蔵器官となる根を持っている。葉はシダ状で、美しい切れ込みのあるものが多い。冬季には落葉するが、春の到来と共に葉をつける。大型種は著しく日々成長する。花弁は4枚、外花被片は2枚で袋状の構造を持っており、2枚の内花被片の大部分を覆う。春季に、葉より上部の茎に下垂した花が群生する。花は白、ピンクまたはクリームの色調のものが多い。

〈栽培〉
冷たく湿気があり、腐植質に富み肥沃で水はけの良い土壌を好む。森林地帯や多年生用のボーダー花壇で、小型種においてはロッケリーで良く育つ。厳しい日差しは軽くさえぎった方がよい。繁殖は種子または基部の挿し木や株分けによって行なう。

Dicentra cucullaria

一般名：ディケントラ・ククルラリア、ダッチマンズブリーチ
英　名：DUTCHMAN'S BREECHES
☀/☽ ❄ ↔ 50〜100cm
↕ 30〜40cm

北アメリカ東部原産の多年生植物。緑色の葉はレース状でシダのような形をし、下面は青緑色で細かい切れ込みがある。花は小さな心臓形で、内花被片が飛び出している。白色またはピンク色で、先端が黄色。花はさかさまに咲いているように見える。皮膚炎を起こす場合もある。
ゾーン：5〜9

Dicentra eximia

一般名：ヒメケマンソウ、ディケントラ・エクシミア
英　名：STAGGERWEED, TURKEY CORN
☀/☽ ❄ ↔ 50〜100cm
↕ 30〜65cm

アメリカ合衆国のほぼ全土で見られる多年生植物。青緑色の葉には美しい切れ込みがある。ピンク色または白色の心臓形の花がつく。茎にやや毒性があるため、英名がstaggerweedとなっている。
ゾーン：5〜9

Dicentra formosa

異　名：*Dicentra eximia*の園芸種
一般名：ハナケマンソウ
英　名：WILD BLEEDING HEART
☀/☽ ❄ ↔ 50〜100cm
↕ 30〜65cm

北アメリカ西部原産の多年生植物。葉はシダ状で下面が青緑色。円錐花序で30個ほどの花がつく。もっとも一般的なのは深いピンク色で、黄色のものもある。白色はまれ。D. formosaおよびD. eximiaは、栽培において長年にわたり混同されてきた。現在では野生種でさえ非常に変異が多い種だと思われる。'オーロラ'の葉は灰緑色で花は白色。'バッチャナル'の葉は灰緑色で花はピンクレッド。'バウンディフル'の葉は明るい青緑色で花は深いピンク色。'ラングツリーズ'はコンパクトで、葉は青緑色、花はピンクがかったクリーム色。'ラグジュリアンド ★'の葉は青緑色で花は深いチェリーピンクから赤色。'スチュアート ブースマン'の葉は細く青緑色で、短い茎に深いピンク色の花がつく。'ゼストフル'の葉は明るい青緑色で花は深い紫桃色。
ゾーン：4〜9

Dicentra macrocapnos

☀/☽ ❄ ↔ 1.5m ↕ 2m

北インドに分布するつる性の多年生植物で常緑のものが多い。葉は明るい緑色の卵形でシダ状。夏季に、下垂した細い心臓形の黄色い花が咲く。
ゾーン：7〜10

Dicentra spectabilis

一般名：ケマンソウ、タイツリソウ
英　名：BLEEDING HEART
☀/☽ ❄ ↔ 50〜100cm
↕ 100〜140cm

日本、中国北部およびロシア極東原産の多年生植物。丈夫に育ち、葉には粗い切れ込みがある。強くまっすぐな花茎は赤く色づくことが多く、白い内花被片がわずかに突出したピンク色の心臓形の花を15個ほどつける。'アルバ'には純白の花が咲く。
ゾーン：6〜9

Dicentra formosa

Dicentra formosa 'Aurora'

Dicentra formosa 'Bacchanal'

Dicentra formosa 'Luxuriant'

Dicentra spectabilis

Dicentra spectabilis、薄ピンク色の品種

Dicentra spectabilis 'Alba'

DICHORISANDRA
(ディコリサンドラ属)

中央および南アメリカ原産で、約25種を含む。有名なムラサキツユクサ属を含むツユクサ科に属する。すべて多年生だが茎が柔らかくつやのある緑色の葉を持つ低木のものもあり、クリーム色や紫色の縞が入るものもある。茎頂の穂状花序に青色または紫色の小花が密生してつく。

〈栽培〉
ディコリサンドラ属種は、日陰または部分日陰の、保護された湿った土壌で良く育つ。やや霜に弱く、寒冷気候においては温室で冬越する。繁殖は株分けまたは夏に採取した挿し木から行なう。

Dichorisandra reginae

☀ ❄ ↔ 30〜60cm ↕ 30〜60cm

ペルー原産。茎に沿って葉が2列に配列された多年生植物。葉の下面は銀色の縞入りや赤みを帯びるものもある。夏から秋にかけて、紫青色の小花が房咲きする。
ゾーン：9〜12

Dichorisandra thyrsiflora

一般名：ディコリサンドラ・ティルシフロラ
英　名：BLUE GINGER
☀ ❄ ↔ 0.9m ↕ 0.9〜3m

南アメリカ北部原産。葉は濃緑色でつやがあり、紫青色の花が茎頂に房咲きする。育つ環境にもよるが、丈は3mに到達することもある。
ゾーン：9〜12

DICHROA
(ディクロア属)

ディクロア属はアジアの温帯から亜熱帯に生息する植物で、アジサイ科に属し、近縁のアジサイ科に似た約13種の低木からなる。DICHROAという名前はdi（2または2倍）とchroma（色）に由来し、二色の花を表す。鮮やかな緑色から深緑色の葉は先の尖った卵形で、縁に鋸歯がある。種にもよるが花序はどちらか

Dichorisandra thyrsiflora

と言うとレースキャップ系のアジサイに似てさまざまな時期に咲き、最終的には極小で乾燥したさく果が多数実る。

〈栽培〉
穏やかな温帯の庭園に適する属で栽培は容易である。種のほとんどが湿った腐植質に富む土壌と半日陰を好み、気温-8℃（18℉）位の霜に耐性がある。しかし、冬咲きの種を霜から守るため、木や軒などの下で上部を保護すると良い。繁殖は種子、または夏か初秋に採取した半熟枝の挿し木により行なう。

Dichroa febrifuga
一般名：ジョウザンアジサイ

☼ ❄ ↔1.5〜2.4m ↕1.5〜2.4m

ヒマラヤ山脈から中国、日本、インドネシアの山岳地帯より南部の地域原産。アジサイに似ているが常緑である。秋から春にかけて、薄紫色から明るい青色の花が咲く。半日陰にも適合する。
ゾーン：8〜10

Dichroa versicolor
☼/☀ ❄ ↔1.8m ↕2m

ミャンマー北部原産。大型で先が尖った卵形の葉は深緑色で、表面はほぼキルト状。深い青色の小花は長期間咲く。アルカリ性の土壌で育てると、花は薄紫色まはたピンク色になる。
ゾーン：8〜10

DICKSONIA
（ディクソニア属）
南太平洋、熱帯アメリカおよび東南アジアの一部の地域に分布し、木生シダ類のタカワラビ科に属する。約30種が含まれる。幹の下部は密生した大量のヒゲ根が覆い、より上部は葉柄が重なる。これは成長により落葉した後も残る。葉は大型で弓なり、2回羽状で細く分かれ、深い欠刻があり、小葉は並行につく。葉の下面の胞子群は、小葉の縁に沿ってついた緑色の小さな球によってふさがれ保護されている。

〈栽培〉
ディクソニア属は半日陰から日陰で風から保護され、湿気があり水はけの良い土壌でよく育つ。寒冷気候においては、温室またはコンサバトリー内で育てると良い。繁殖は、通常、胞子または幹のオフセットから行なう。容易に移植できる種もあり、幹がヒゲ根にじゅうぶんに保護されていれば、幹の上部を切り離して再び定着させることができるものもある。

*Dicksonia squarrosa*の野生種、ニュージーランド、サウス・ウェストランドのブナ林

Dicksonia antarctica ★
一般名：ディクソニア・アンタルクティカ、オーストラリアツリーファーン
英　名：SOFT TREE FERN、TASMANIAN TREE FERN

☼/☀ ❄ ↔3.5m ↕6m

オーストラリア南東部、タスマニア州北部からクイーンズランド州までの原産で、3回羽状の魅力的な葉をつける。幹は暗い茶色から黒色で直立し、ヒゲ根が密集している。桶での栽培に適している。暑く乾燥した気候の時は、湿気を保つため幹にたっぷり灌水する。
ゾーン：8〜10

*Dicksonia antarctica*の野生種、オーストラリア、タスマニア島

Dicksonia fibrosa
一般名：ディクソニア・フィブロサ
英　名：WHEKI-PONGA

☼/☀ ❄ ↔3m ↕6m

ニュージーランド原産。幹は直立し茶色がかった赤色で、着生植物のヒゲ根に覆われている。葉は深緑色の2回または3回羽状で、葉柄は有毛で成熟すると濃い茶色になる。冷涼で湿気があり日陰の環境でよく育つ。
ゾーン：8〜10

Dicksonia fibrosa

Dicksonia squarrosa
一般名：ディクソニア・スクアロサ
英　名：HARD TREE FERN、WHEKI

☼/☀ ❄ ↔3m ↕8m

ニュージーランド原産。枝が多く、葉は濃緑色で裏面は薄緑色の2〜3回羽状で感触は堅い。葉柄には濃茶色から黒色の毛が密集している。
ゾーン：8〜10

DICLIPTERA
（ヤンバルハグロソウ属）
キツネノマゴ科ヤンバルハグロソウ属は、およそ150種の一年生および多年生の草本や低木からなり、熱帯および温帯地域原産。一般的に茎は6角形。2枚の唇形花弁を伴う筒形の花冠が茎頂に房咲きし、花冠は花喉に向かって膨張する。

〈栽培〉
日なたで標準的な水はけの土壌でよく育つ。若干の日陰と乾燥には耐性がある。コンテナあるいはハンギングバスケットでの栽培に適している。繁殖は種子または挿し木から行なう。

Dicliptera suberecta

Dicliptera suberecta
一般名：ヤンバルハグロソウ、ディクリプテラ・スベレクタ
異　名：*Jacobina suberecta*、*Justicia suberecta*
英　名：HUMMINGBIRD PLANT、KING'S CROWN

☀ ❄ ↔45〜60cm ↕45〜60cm

ウルグアイ原産で多年生の亜低木。直立または弓なりの茎に、細長くビロード状で灰色の葉がつく。2枚の唇弁は鈍く赤みがかったオレンジ色で、夏から秋にかけて筒形の花が咲く。花はハチドリを引き寄せる。
ゾーン：7〜11

Dichroa febrifuga

Dichroa versicolor

Dictamnus albus

Dictamnus albus 'Roseus'

DICTAMNUS
（ディクタムヌス属）

英　名：BURNING BUSH、DITTANY

ミカン科ディクタムヌス属には、木質の基部を持つ多年生草本1種のみが含まれる。ヨーロッパ南西部からアジアの原産。葉は複葉で6対の小葉からなり、夏季には鮮やかな花が葉の上の穂状花序につく。どの部分も摂取すると有害で、揮発性ガスを発散するため暑い時には発火する危険がある。植物自体には害は及ぼさない。英名のひとつはこれに由来している。

〈栽培〉
日当たりと水はけが良いが、湿気があり腐植質に富んだ土壌を好む。大型の顕花植物群の中で繁殖するには何年間もかかる可能性がある。繁殖は種子または定着している大きな叢生部の株分けによって行なうが、種子からは時間がかかる。

Dictamnus albus
一般名：ヨウシュハクセン

☀ ❄ ↔ 50〜60cm ↕ 40〜90cm

群生する植物で、夏季には鮮やかな緑色の葉の上に白い花の穂状花序がつく。分布地が広いため、さまざまな変種が命名されたが、現在認識されているのは *D. a.* var. *purpureus* 1種のみで、ピンク色の花に紫色の縞柄。*D. a.* '**ロゼウス**' は薄ピンクの花が咲く。
ゾーン：3〜10

DICTYOSPERMA
（アミダネヤシ属）

造園およびコンテナ植物における観賞用価値から熱帯地方各地で栽培されているが、ヤシ科アミダネヤシ属は、インド洋南部のマスカリン諸島（モーリシャス島、レユニオン島、ロドリゲス島）の原産地では絶滅の危機に瀕している。弓なりの羽状複葉は3mほどの長さになる。大形で香りの良い花は3輪ずつかたまって大きな房咲きとなる。1輪は雌花で2輪が雄花。果実は小形で紫がかった黒色。銃弾の形をした液果がつく。

〈栽培〉
この種のヤシは強風に耐性があるが乾燥には弱く、高湿度の土壌を好む。明るい日が降り注ぐ温暖な沿岸地方に適する。繁殖は種子から行ない、2〜4カ月で発芽する。

Dictyosperma album ★
英　名：HURRICANE PALM、PRINCESS PALM

☀ ⟂ ↔ 18m ↕ 6m

丈の高い魅力的なヤシは優美な樹冠を持ち、幹は灰色で基部は膨張している。葉は羽状で中央脈は黄色、赤系統の花が咲く。若木のうちは美しい鉢植えとなる。*D. a.* var. *aureum* の小葉は下面に顕著な黄色のストライプがあり、目立たない脈がある。*D. a.* var. *conjugatum* の丈は短く幹は太い。葉の先端はぎざぎざに裂ける。
ゾーン：10〜12

DIEFFENBACHIA
（シロガスリソウ属）

英　名：DUMB CANE、
MOTHER-IN-LOW'S TONGUE、TUFTROOT

サトイモ科シロガスリソウ属は常緑で直立、多年生の草本で約25種が含まれる。アメリカ合衆国の熱帯地方原産で、色彩豊かな斑入りの葉ゆえに栽培される。大きな卵形の葉にはクリーム色の斑または縞模様があり、丈夫な中央の茎から広がっている。花は長い穂状花序につき、ボート形で緑色の仏炎包をともなう。非常に有毒な植物で、樹液に触れると舌が腫れ上がる。英名はここから生じている。

〈栽培〉
シロガスリソウ属は明るい室内の湿気があり肥沃な土壌に最適で、日なたもしくは半日陰と高湿度を好む。霜から保護するか、霜の無いエリアに植える。繁殖は茎または根の挿し木や定着した叢生部の株分けによって行なう。

Dieffenbachia seguine
英　名：SPOTTED DUMBCANE

☀/◐ ⟂ ↔ 45〜60cm ↕ 0.9〜1.8m

熱帯アメリカ原産で、変異に富む多年生植物。木質状の茎を持ち、楕円形の葉は大型で革のように堅く先端は尖っている。'**アモエナ**' はとても丈夫で茎は太く緑色の大型の葉をつけ、一様にクリーム色の模様が入る。'**エクソティカ**' は小型で葉は先端が尖った卵形でアイボリー色の模様が入る。'**マクラータ**' の葉は鮮やかな緑色でクリーム色の斑入り。'**ピア**' は '**スペルバ**' から作出されたもので、'**ルドルフ　ロエルス**' の葉はほとんどが黄色でアイボリーの斑が入るうねがある。覆輪は深緑色。'**スペルバ**' の葉は鮮やかな緑色で乳白色の斑入り。'**トロピックスノー**'（syn. '**スノー　クイーン**'、'**トロピック　トパーズ**'、'**ハイカラー**'）は密集した丈の高い植物で、クリーム色の斑が多く入ることで有名である。
ゾーン：10〜12

DIERAMA
（ディエラマ属）

英　名：AFRICAN HARBELL、
ANGEL'S FISHING ROD、WAND FLOWER

アフリカ南部およびエチオピアの高地草原の原産。アヤメ科に属し、ほぼ常緑で、草状の灰緑色の葉が叢生する多年生植物。40数種にのぼるが一般に栽培されるのはごくわずかである。下垂したじょうご型の花はワインレッド、ピンク、藤色、紫色および白色の色調で、長く優美なカーブを描いた針金状の茎につく。開花期は初夏から真夏。球茎は毎年生え変わり、別の上部に再生される。多数の地下茎は過密な状態にも見えるが、病気に対して抵抗できるともに正常な状態を保つために残しておくほうがよい。

〈栽培〉
風通しと日当たりが良い場所で、深層で肥沃で湿気はあるが、水はけが良い土壌が適する。成長初期には適度な灌水を続ける。繁殖は種子または株分けによって行なう。ディエラマ属の品種のいくつかは雑草のように育つ。

Dierama pulcherrimum
一般名：ディエラマ・プルケリムム

☀ ❄ ↔ 30cm ↕ 1.5m

南アフリカ原産の丈夫で優美な種。花は鐘形で色はさまざまだが、一般的には深いピンク色、深紅がかったピンク色、鮮やかなシュガーピンクおよび深い紫色となる。'**アルバム**' は純白の花が咲く品種。
ゾーン：7〜10

DIERVILLA
（アメリカタニウツギ属）

北アメリカ原産の落葉性の低木で、スイカズラ科に属し3種が含まれる。タニウツギ属に似ているが、より小柄な黄色の花をつける。吸枝を出す根は土壌への定着の安定に役立つ。

〈栽培〉
アメリカタニウツギ属種は、耐霜性で、日なたまたは半日陰の水はけの良い土壌でよく育つ。新しい花の成長を促すために、晩冬あるいは早春に剪定を行なうと良い。繁殖は挿し木から行なう。

Dictyosperma album

Dieffenbachia seguine

Digitalis ciliata

Digitalis × fulva

Diervilla rivularis
ディエルウィラ・リウラリス

英名：BUSH HONEYSUCKLE、GEORGIA BUSH HONEYSUCKLE

☀/◐ ❄ ↔90〜120cm ↕60〜90cm

アメリカ合衆国南東部原産。吸枝を持ち、広がる落葉性の低木で、成長は遅い。葉は濃緑色の卵形から剣形でわずかに毛が生え、枝にも細毛がある。夏の間、レモンイエローから赤みがかった黄色のトランペット形の花が、茎頂の円錐花序に密集する。'モートン'（syn. 'サマー スターズ'）は枝が密集した矮小形の精選品種。
ゾーン：3〜9

Diervilla sessilifolia ★
一般名：ブッシュハニーサックル

英名：SOUTHERN BUSH HONEYSUCKLE

☀ ❄ ↔1.5m ↕1.5m

アメリカ合衆国南東部に分布する。葉脈が赤みがかり、秋の葉色が美しい。花は硫黄のような黄色で、通常、夏季に対になって咲く。
ゾーン：4〜9

DIETES
（ディエテス属）

アヤメ科ディエテス属には常緑で密集する植物が6種含まれる。5種はアフリカ南部原産で、他の1種はオーストラリアのロードハウ島原産である。夏季には、アヤメの上部花弁が欠けたような、平たい花が葉の上につく。丈夫で力強い特徴を持つ植物で、個々の花が開くのは1〜2日のみだが、花期は夏を通して続く。

〈栽培〉
霜は軽度のものにしか耐性が無いが、他の点から見るととても丈夫で、日なたまたは日陰、やせた土壌および乾燥にも耐性がある。繁殖は種子から行なう。株分けも可能だが、病気に抵抗する傾向があり、根付かせるためには注意を要する。

Dietes bicolor
一般名：ディエテス・ビコロル

☀/◐ ❄ ↔60〜90cm ↕80〜90cm

南アフリカ、イーストケープ原産の有名な種。長く弓なりで深緑色のひものような葉の上を、平らなレモン色の花が覆う。基部には茶色の斑が入る。
ゾーン：9〜11

Dietes grandiflora
異名：*Dietes iridioides* 'Johnsonii'

英名：WILD IRIS

☀ ❄ ↔50〜70cm ↕50〜70cm

南アフリカの森林地帯に分布する。*D. bicolor*より葉幅は広く、黄色と茶色の斑が入った白い花をつける。
ゾーン：9〜11

Dietes Hybrid Cultivars
一般名：ディエテス交雑品種

☀/◐ ❄ ↔60cm ↕75cm

もっとも人気がある交雑品種は、中央の色から命名されている。'レモン ドロップ'は*D. bicolor*に習性と大きさが似ているが、葉はより暗色で、花はクリーム色で基部に黄色の斑点がある。'オレンジ ドロップ'は*D. grandiflora*に似ているが、より小型で葉幅が狭い。基部にオレンジ色の斑点がある白色からクリーム色の花がつく。
ゾーン：8〜11

DIGITALIS
（ディギタリス属）

英名：FOXGLOVE

庭園、特に伝統的な草本のボーダー花壇でよく見られる。野生種は通常、庭園から逸出したものである。ディギタリス属はかつてユーラシアおよび北アフリカで確認されたが、現在ではほぼ世界中の温帯地域に分布している。ゴマノハグサ科に属し、20種ほどの二年生および多年生植物からなり、それらは互いに非常に類似している。やや粗く楕円形で筋がびっしり入った葉が基部で叢生し、中心部から小さな葉をつけた直立の花茎が現れる。花は4箇所に切れ込みが入った釣鐘型で、ほとんどが下向き。穂状花序に沿って下から上に向かって次第に開花するため花期は長くなる。ピンク色、薄紫色、紫色、黄色、クリーム色または白色の花は、たいてい晩春から夏季に開花する。キツネノテブクロは飲み込んだ場合、全ての部分が有毒となる。葉に触れると皮膚に炎症を起こす可能性がある。鹿やウサギも食べない。かつては強心剤の製造に広く用いられていたが、現在ではほとんどが化学合成されている。

〈栽培〉
温帯地域のほとんどの場所で容易に栽培できる。湿気があり腐植質に富んだ土壌に植え、春季と開花期にはたっぷり灌水する。二年生植物は種子から繁殖させるが、多年生植物は基部から出たシュートによっても繁殖できる。

Digitalis ciliata
☀/◐ ❄ ↔30〜40cm ↕60cm

コーカサス地方原産の多年生植物。葉は有毛で、やや堅い穂状花序にクリーム色から黄色の花が咲く。配糖体を産出するため、新薬の開発には重要となる場合がある。
ゾーン：5〜9

Digitalis ferruginea
一般名：ジギタリス・フェルギネア

英名：RUSTY FOXGLOVE

☀/◐ ❄ ↔30〜50cm ↕120cm

ヨーロッパ南部およびアジア西部原産の、二年生もしくは短命の多年生植物。基部の葉は深緑色で、縁に毛があるものもあり、葉は細い。花は茎のほとんどの部分につき、ゴールドがかった茶色から鈍い赤色となる。
ゾーン：7〜10

Digitalis × fulva
☀/◐ ❄ ↔50〜60cm ↕100cm

*D. grandiflora*と*D. purpurea*の自然交雑種で、ヨーロッパ南部に生息する。葉には細かいうぶ毛が生え鋸歯がある。細い穂状花序に白色から薄黄色の花をつける。
ゾーン：7〜9

Dierama pulcherrimum

Diervilla sessilifolia

Dietes, Hybrid Cultivar, 'Orange Drops'

Diervilla rivularis 'Morton'

Digitalis grandiflora
一般名：オオバナジギタリス
異　名：*Digitalis ambigua*
英　名：LARGE YELLOW FOXGLOVE
☀/☽ ❄ ↔50～60cm ↕100cm
ヨーロッパ原産で、二年生もしくは短命の多年生植物。葉は濃緑色で多く、鋸歯縁で、下面は有毛。花茎には多くの葉がつく。花は薄黄色で暗色の縞がある。'**カリヨン**'の草丈は60cmほどで、淡黄色の花をつける。
ゾーン：4～9

Digitalis grandiflora 'Carillon'

Digitalis grandiflora

Digitalis 'John Innes Tetra'
一般名：ジギタリス 'ジョンイネステトラ'
☀/☽ ❄ ↔30～40cm ↕60cm
多年生の4倍体交雑品種（*D. grandiflora*×*D. lanata*）。葉は豊かで、コンパクトにがっしりと成長し、大型で黄金色および茶色の斑が入った黄色い花が咲く。
ゾーン：6～10

Digitalis laevigata
☀/☽ ❄ ↔45cm ↕90cm
南ヨーロッパ原産の多年生植物。細く革のように堅い葉は、細かい鋸歯がある。花は黄色から薄いオレンジ色で、紫色の筋がある。白色の下唇弁は貧弱なものが多い。
ゾーン：7～10

Digitalis lanata
一般名：ケジギタリス
英　名：GRECIAN FOXGLOVE
☀/☽ ❄ ↔50～60cm ↕100cm
トルコおよびギリシャ北部原産の、二年生もしくは短命の多年生植物。細くうぶ毛が生えた葉は槍形。花茎は強く直立し、くすんだ白色から淡い黄褐色で茶色の筋が入る。下唇弁は薄色。
ゾーン：6～9

Digitalis lutea
一般名：キバナジギタリス
英　名：STRAW FOXGLOVE

Digitalis purpurea、コスタリカ

Digitalis obscura

☀/☽ ❄ ↔40～60cm ↕60～100cm
ヨーロッパおよび北アフリカ原産。葉は濃緑色で無毛、細かい～鋭い鋸歯がある。薄黄色または白色の花が大量に咲く。
ゾーン：4～9

Digitalis×*mertonensis*
一般名：ジギタリス×メルトネンシス
英　名：STRAWBERRY FOXGLOVE
☀/☽ ❄ ↔40～50cm ↕50～75cm
幅広く栽培される多年生の園芸雑種（*D. grandiflora*×*D. purpurea*）で、*D. purpurea*の中でも最良品種となる。花は大型でうぶ毛があり、ピンクがかった赤色から紫がかったピンク色。侵襲性という欠点はなく、上部が大きく成長する。葉が青々と茂るコンパクトな植物で、花は密生する。
ゾーン：4～9

Digitalis obscura
一般名：ジギタリス・オブスクラ
英　名：WILLOW-LEAFED FOXGLOVE
☀ ❄ ↔40～60cm ↕60cm

Digitalis parviflora

多年生または基部が木質の低木でスペイン原産。葉は細くわずかにつやがあり、花茎は針金状で直立したものとそうでないものがある。花は黄色から赤茶色でで、オレンジ色から赤色の斑入り。
ゾーン：7～9

Digitalis parviflora
英　名：CHOCOLATE FOXGLOVE
☀/☽ ❄ ↔40～50cm ↕60～90cm
スペイン北部原産の多年生植物。槍形で浅い鋸歯がある葉が密集し、ロゼットを形成する。穂状花序には豊富な花がつく。花は濃い赤茶色で基部が明るく、下唇弁は紫みを帯びる。
ゾーン：7～9

Digitalis purpurea
一般名：キツネノテブクロ、ジギタリス
英　名：COMMON FOXGLOVE
☀/☽ ❄ ↔30～80cm ↕1.5～1.8m
ヨーロッパ西部原産の二年生植物で、現在では広く帰化され雑草と思われることも多い。基部に毛が生えた葉が叢生する。花茎は強く直立し、多数の斑点があるピンク色、紫色または白色の花が多く密生する。自然品種には以下のものが含まれる。*D. p.* subsp. *heywoodii*の花は白色で、葉には銀色の毛が生える。より厳密に言うと'**ヘイウッディ**'という品種になる。*D. p.* subsp. *tomentosa*は、有毛の葉が密生し、*D. p.* f. *albiflora*の花は花喉に斑の無いものが多い。実生系統はいくつかあり、以下のものが含まれる。*D. p.*Excelsior Group（**エクセシオールグループ**）の花は茎を覆うようにつき、多色である。例として、'**サトンズ　アプリコッド**'が挙げられる。クリームがかったサーモンピンク色の花がつく。
ゾーン：4～9

Digitalis thapsi
ディギタリス・タプシ
☀/☽ ❄ ↔30cm ↕40～60cm
スペイン中央部からポルトガル東部原産の多年生植物。葉にはしわが入り鋸歯がある。細かい黄金色の毛が生える。う

Digitalis purpurea、Excelsior Group（エクセシオール　グループ）

ぶ毛が生え、花喉は薄色で、赤色の斑点がある紫色の花が咲く。'**スパニッシュ ピークス**'にはくすんだローズピンクの花がつく。
ゾーン：7〜9

DILLENIA
（ディレニア属）
ビワモドキ科ディレニア属には、常緑性の高木および低木が約60種含まれており、アジア熱帯地域、インド洋上の島々およびオーストラリアに分布する。葉は大型でつやがある単葉。春から夏に、茎頂にある大型の円錐花序に花がつく。果実は多肉質で星形、5〜8室に分かれており、それぞれ種子を含んでいる。
〈栽培〉
乾燥と霜には弱い。ディレニア属は水はけが良い土壌で、根囲いと灌水をよく行ない、保護された日向を好む。繁殖は種子または挿し木から行なう。

Dillenia alata
英 名：QUEENSLAND RED BEECH
↔3.5m ↕8m
オーストラリアのクイーンズランドおよびノーザンテリトリー原産で、広がる高木。薄い樹皮は落ちやすく、鮮やかな赤茶色となる。葉は厚く光沢がある卵形。春から夏にかけて、大形で華やかな黄色の花が咲く。赤い実の多肉質な部分は食用で、オーストラリア先住民は腫れ止めとして用いる。
ゾーン：10〜12

Dillwynia retorta, prostrate coastal form

Dimocarpus longan

Dinteranthus microspermus

Dillenia indica
一般名：ビワモドキ
英 名：CHULTA, ELEPHANT APPLE, INDIAN DILLENIA
↔3.5m ↕9〜15m
インドからジャワ島まで広く分布している。常緑性の低木または高木で、幹は直立し、樹皮は粗い。大型の葉はかなりのうねりがあり、モクレンのような白い花が咲く。果実は径10cm位。乾燥には弱い。
ゾーン：10〜12

DILLWYNIA
（ディルウィニア属）
マメ科ソラマメ亜科に属する40種あまりの低位から中位の常緑性低木。オーストラリア全土に分布し、19世紀イギリスの植物学者Lewis Dillwynにちなんで名づけられた。砂地の荒野あるいはユーカリ森林地帯に生息する。葉は小さく針状のものが多く、裏面には溝があり、180度のらせん状につく。多花性の花は葉腋に密集して咲く。ほとんどが黄色からレンガ色で、通常は旗弁（上部花弁）中央に暗色の斑があり、旗弁は横長。
〈栽培〉
水はけの良い土壌で半日陰に植える。花後に剪定すると密集した藪状となる。繁殖は種子または挿し木から行なうが、大半のマメ科植物と同様に、種子は堅い皮に覆われているので、播種の前処理が必要となる。挿し木は堅くなった部分から採取してもよい。

Dillwynia retorta
英 名：EGGS AND BACON PEA, PARROT PEA
↔1.2m ↕1.5m
オーストラリア東部原産。葉は細い線形。茎頂または腋生の総状花序に黄色か赤色の花がつく。幅広い土壌と気候条件に耐性がある。難しい剪定にも好反応を示し、コンテナ栽培に適している。
ゾーン：8〜11

Dimorphotheca sinuata

Dillenia alata

DIMOCARPUS
（リュウガン属）
異 名：*Euphoria*
東南アジアからオーストラリア原産のムクロジ科リュウガン属はレイシ属と近縁で、5種のみが含まれる。全種が大きな羽状複葉をつけた高木で、大型の樹幹を形成する。小花は茎頂の大きな円錐花序につく。特徴は、多肉質で食用の種衣が種子の周りにつくことである。内側の種子の皮は堅く滑らかで、それに比べてライチの種衣は粗くひび割れている。*D. longan*は果実用として多くの国で栽培されているが、中国においては薬草としても栽培されるほうが多い。
〈栽培〉
繁殖は種子から行なうが、堅くなると急速に生存能力が失われるので収穫後すぐに播種する。肥沃な砂地の壌土に植え、霜から保護するとよい。

Dimocarpus longan
一般名：リュウガン
異 名：*Euphoria longan*
英 名：LONGAN
↔6m ↕12m
東南アジア原産で、果実のために栽培される。枝には互生の羽状複葉が生い茂る。開花期は春で、果実は夏に熟す。熱帯を好むが、厳しい霜が無い地域であればどこでも育つ。*D. l.* subsp. *malesianus*は典型的な樹木とあまり変わらない。
ゾーン：11〜12

DINTERANTHUS
（ディンテラントゥス属）
ハマミズナ科ディンテラントゥス属は、ナミビア南東部および南アフリカ近辺に生息し、5種が含まれる。リトープス属に近縁だが、異なる点は、リトープス属は土壌に埋まるように生息し果実は4〜7室に分裂するのに対して、ディンテラントゥス属は地上に群生し果実は6〜15室に分裂する点である。小型で、見たところ茎はなく1つまたはそれ以上の分岐部がある。葉は半円形で、半分くらいの位置で融合し、表面の色は灰色。花は単生で先端につき、午後遅くに咲く。花弁は鮮やかな黄色。
〈栽培〉
日なたと低湿度の環境を必要とするが、やせて水はけの良い用土でも栽培が可能である。成長期は盛夏から早春で、休眠中は灌水しない。従って温帯地域に

Dillenia indica

おいても覆いをしたほうが良い。繁殖は種子または挿し木によって行ない、定着の前に乾燥させる。

Dinteranthus microspermus
一般名：キホウギョク（奇鳳玉）
↔5〜15cm ↕5cm
ナミビア原産。植物体は単生または小さな群生となる。葉は半分の位置まで融合し先端は2つに分岐している。灰色で時として赤く色づくあるいは斑が入り、表面はざらざらしている。花は黄色。*D. m.* subsp. *puberulus*（syn. *D. puberulus*）の花の表面はベルベット状で、薄い藤色にオリーブ色の斑点が入る。
ゾーン：9〜11

Dinteranthus vanzylii
一般名：リョウヨウギョク（綾燿玉）
↔5〜15cm ↕5cm
南アフリカのウェスタンケープ州原産。植物体は群生し、一対の葉が1つに融合し、中央部に滑らかな裂け目がある。灰色がかった茶色に、鈍いこげ茶色の斑点がある。花はオレンジ色。
ゾーン：9〜11

DIONAEA
（ハエトリグサ属）
チャールズ・ダーウィンはハエトリグサを「世界中でもっとも不思議な植物」と言った。そして実際にハエトリグサは注目に値する植物である。1770年にJohn Ellisによってディオーネーと名づけられた。ディオーネーはギリシア神話における美の神アプロディーテーの母である。*Dionaea*の英名は、ローマ神話における美の神ビーナスにちなんで名づけられた。モウセンゴケ科に属し、1種のみとなる。ハエトリグサは、アメリカ合衆国のノースカロライナ州およびサウスカロライナ州沿岸地域の、広々として草の多い平野や、湿った酸性土壌およびマツが点在する場所に生息する。バネを用いたトラップで獲物を捕らえる。トラップの引き金となる毛に1度以上触れると、間断なく昆虫の周りでピシャリと閉まる。逃げようとして昆虫がもがくと消化酵素がトラップの中に注入され、昆虫の柔ら

Dionaea muscipula

Dionaea muscipula 'Akai Ryu'

Dionaea muscipula 'Sawtooth'

かな組織は溶解する。やがてトラップが再開し、堅い残骸は風で飛ばされるか雨で洗い流される。

〈栽培〉
ミズゴケのみ、または砂1に対して泥炭3を入れた鉢を日なたまたは半日陰に置いて栽培する。灌水はトレーで行ない、冬の休眠期にはトレーから鉢を外し、灌水は週1度にする。黒ずんだ葉とトラップは取り除き、2～3年に1度植え替える。繁殖は冬の終わりに株分けによって行なう。

Dionaea muscipula ★
一般名：ハエトリグサ
英 名：VENUS FLYTRAP
☼/◐ ❄ ↔20cm ↕10cm
葉は緑色で、各葉身はまぶたが2枚合わさったような形状で深裂が多数入る。それぞれの裂片には虫などをひっかける毛が3本ずつついている。春の終わりに、無葉の柄に小さな白い花が咲く。'**赤い竜**'は日なたで育て、鮮やかな赤紫色のトラップを持つ。'**ファング**'と'**ソートゥース**'は、トラップの縁に深裂と言うよりぎざぎざの「歯」がついている。
ゾーン：8～11

DIOON
（ディオン属）
ザミア科ディオン属は樹木のようなソテツ類10種からなる。メキシコおよび中央アメリカ原産。ヤシのような外観で、幹は直立し古くなった葉の基部による痕に覆われ、シダ植物のような葉をつける。属名はギリシャ語の「two eggs（2つの卵）」に由来し、1対になった種子を表現している。ソテツ類は古代植物で花を咲かせないため、繁殖は針葉樹のように花粉を形成する雄花序と球果によって行なう。たいていの場合、雌花序もしくは球果は大きく有毛。

〈栽培〉
霜には弱く、長期にわたる乾燥には耐性がない。ディオン属の植物は、日なたまたは半日陰に置き、湿気があり水はけが良く腐植質に富んだ土壌で栽培するとよく育つ。温暖季はよく灌水し、剪定は、乱れたまたは枯れた葉がついた古い幹を取り除くのみにする。繁殖は種子、あるいは基部から出て根付いたオフセットの移植によって行なう。

Dioon edule ★
一般名：ディオーン・エドゥレ
英 名：MEXICAN FERN PALM
☼/◐ ❄ ↔1.5m ↕1.8m
一般的に栽培されている種で、メキシコ原産。葉は直立し灰緑色で、若葉の時は帯白である。雌球果には食用の種子が含まれている。
ゾーン：10～12

Dioon spinulosum ★
一般名：モルッカソテツ、ディオーン・スピヌロスム
☼/◐ ❄ ↔3m ↕9m
メキシコ原産で幹は細長い。ほぼ直立から弓なりの葉は、出てくる時には毛で覆われているが、成長と共に擦り減る。鋭い刺の先端のような芳香性の濃緑色の小葉は、若木の時期には独特の青の色調になる。
ゾーン：10～12

Dioon edule

Dioon spinulosum

DIOSCOREA
一般名：ヤマノイモ属
異 名：*Rajania*, *Tamus*, *Testidinaria*
英 名：YAM

単子葉植物のヤマノイモ科ヤマノイモ属は、特に季節的気候において主要な属で、熱帯および亜熱帯全地域の850種が含まれる。雌雄異株の植物で、根茎と一年生のシュートを持ち、左巻きまたは右巻きで巻き付く。根茎には1つ以上の塊根がつき、時として大きく成長しでんぷんで満たされる。茎は直立または匍匐性で、断面は丸形または角ばっている。特に基部付近は刺によって保護されている。葉は対生またはらせん状につき、全縁、欠刻があるもの、複葉とさまざまである。花序は葉腋から出る総状花序あるいは円錐花序で花は小柄。果実は1または3枚の翼状となったさく果、あるいは液果。これらは本来のヤムイモ（サツマイモもヤムイモと呼ばれることがあり、それと比較した場合）で、熱帯地域の多くの場所で別々に栽培化されてきた。特に西アフリカでは多くは主成分が炭水化物の食用農作物（フフ）として栽培され、栽培は密接に生活の年間サイクルおよび多くの人々が集まる祭典と結び付けられている。重要な種は古代の交雑種である。この植物はジオスゲニンの源泉であり、ステロイドホルモン合成における前駆体で女性の避妊薬に用いられる。有害な種もある。

〈栽培〉
日なたまたは半日陰の肥沃な土壌で育つ。葉の色彩が魅力的なため、温帯地域においては観賞用として栽培される場合もあるが、*D. elephantipes*は多肉植物の収集の中に見られる。繁殖は休眠中の塊茎による株分け、または種子から行なう。

Dioscorea alata

Dioscorea bulbifera

Dioscorea elephantipes

Dioscorea alata
一般名：ダイジョ
英　名：GUYANA ARROWROOT、WATER YAM、WHITE YAM
☼/☽ ⚡ ↔1.8m ↕3m
熱帯アジア原産。もっとも広く栽培されている種で、塊茎は長さ2.4m、重さ50kgに及ぶことがある。茎は四角形で、葉腋の塊茎がつくものが多い。葉は卵形から楕円形で、基部は心臓形となる。
ゾーン：10〜12

Dioscorea batatas
一般名：ヤマノイモ、ナガイモ
英　名：CHINESE POTATO、CHINESE YAM、CINNAMON VINE
☼/☽ ❄ ↔1.8m ↕3m
東南アジア原産でアメリカ合衆国に帰化した。塊茎は長さ90cmほどに成長する。茎は角形で右巻き、腋生の塊根がある。葉は卵形で基部は心臓形。白色の花はシナモンのような香りがする。
ゾーン：8〜11

Dioscorea bulbifera
一般名：ニガカシュウ、カシュウイモ
英　名：AERIAL YAM、AIR POTATO、OTAHEITE POTATO、OTAHEITE YAM
☼/☽ ⚡ ↔3m ↕1.8〜3.5m
熱帯アジア原産。地中の塊茎は小型の球形で、ついていないものもある。茎は6mにまで成長し、堅く表面がコルク状の塊茎が葉腋につく。葉は卵形で基部は心臓形。この種が厄介な雑草となる地域もある。
ゾーン：9〜12

Dioscorea elephantipes
一般名：キッコウリュウ（亀甲竜）
異　名：*Testudinaria elephantipes*
英　名：ELEPHANT'S FOOT
☼/☽ ⚡ ↔30cm ↕90cm
アフリカ南部の岩が多く乾燥した斜面に見られる。露出した塊茎を持つ多年生植物。塊茎は堅い鎧のような板に覆われ、茎は左巻きになる。葉は心臓形。雄花は直立した花序に、雌花は下垂し広がった刺のある花序に、黄緑色の花がつく。
ゾーン：9〜11

Dioscorea esculenta
一般名：トゲドコロ、ハリイモ
英　名：CHINESE YAM、IGNAME、LESSER YAM、POTATO YAM
☼/☽ ❄ ↔1.8m ↕1.2〜2.4m
アジア東部の亜熱帯地方原産。塊茎は卵形で地面付近にでき、甘く白い肉がつく。茎は左巻きで刺付のものもある。葉はほぼ円形で、柄の基部に2本の刺がある。栽培種が開花することはまれである。
ゾーン：9〜12

DIOSPYROS
一般名：カキノキ属
英　名：EBONY、PERSIMMON
カキノキ科カキノキ属には、常緑で落葉性の植物が475種含まれる。熱帯および温帯の低木あるいは高木で、耐寒性はあるものと無いものがあり、多様な植物群となる。木材または果実など、経済的にかなり重要となるものもあるが、観賞用として魅力的なものもある。通常、葉は単葉で、落葉性種は秋に色彩豊かに色づく。花は単性花で、より良い果実を確実につけるために、他花授粉用の樹木をいくつか持つと良い。果実は小形で多肉質の液果から、西洋ナシに似たカキの実までとなる。

〈栽培〉
大型で多様な属のため、栽培のための必要事項を総括することは難しい。言えることは、長期間の乾燥に耐性がある種はごく少なく、ほとんどが適度に肥沃な、湿って水はけの良い土壌を好む。繁殖は種子または根の挿し木または接ぎ木によって行なう。

Diospyros kaki
一般名：カキノキ
英　名：JAPANESE DATE PLUM、PERSIMMON
☼ ❄ ↔8m ↕15m
日本で長い間栽培されてきたが、野生種については知られていない。落葉性の高木で食用の果実がつく。暖かさが必要とされる地域の果物栽培業者は特定の品種を選ぶと良い。'富有★'はタンニン量が少ない品種で、じゅうぶんな暖かさが必要となる。'蜂屋'は皮が柔らかく円錐形で、ピンクがかったオレンジ色の大きな果実がつく。甘みは無く、完全に熟して柔らかくなるまでは口当たりが悪い。'伊豆'はコンパクトでタンニン量が少ない品種。
ゾーン：8〜10

Diospyros lotus
一般名：マメガキ
英　名：DATE PLUM、SMALL DATE PLUM
☼ ❄ ↔8m ↕15m
温帯アジアの種で、*D. kaki*に似ているが、果実はかなり小さい。落葉性で、葉がまだ緑色のうちに落葉するものが多い。花は目立たず、果実は黄色、赤色から黒色。
ゾーン：5〜9

Diospyros kaki、熟果

Diospyros kaki, with ripe fruit

Diospyros lotus

Diospyros virginiana
一般名：アメリカガキ
英　名：AMERICAN PERSIMMON、PERSIMMON
☀ ❄ ↔3m ↕15m
アメリカ合衆国東部原産の落葉性高木。単葉で卵形の葉は秋には美しい色をつける。小型で食用になる黄色の果実がつく。材はゴルフのウッドクラブに用いられる。'ジョン リック'★は古くから食用に優れた品種として栽培されている。
ゾーン：5～9

DIPELTA
(ディペルタ属)
スイカズラ科に属する落葉性の低木で4種が含まれる。中国原産。タニウツギ属の近縁となる。春から初夏にかけて、単生または8個までの房咲きで、ピンク系から紫系の筒状で鐘形の花がつく。一般的には観賞用として栽培されるが、伝統的な漢方薬としても用いられる。
〈栽培〉
霜には耐性があるが乾燥には弱い。ディペルタ属種は幅広い土壌に適応することができるが、保護された場所が好ましい。繁殖は夏に採取した緑枝の挿し木、取り木あるいは春に播種することによって行なう。

Dipelta floribunda ★
英　名：ROSY DIPELTA
☀ ❄ ↔3m ↕2.4m
中国中部および西部原産。広がりのある枝は長く弓なりになる。春季には、下垂した房咲きで香りが良く、筒状で鐘形の白い花が咲く。花喉は黄色がかった淡いピンク色、黄色またはオレンジ色に染まる。

Dipelta yunnanensis
☀ ❄ ↔3.5m ↕1.8～3.5m
中国南西部原産。広がりのある低木で、シュートは有毛、葉の下面にはうぶ毛が生えている。春季には、短い房咲きでクリーム色から白色、ピンク色の斑が入った筒形の花が咲く。花喉はオレンジ色。
ゾーン：6～9

DIPLARRHENA
(ディプラレナ属)
英　名：BUTTERFLY FLAG
アヤメ科に属し2種が含まれる。オーストラリア南東部の草の多い斜面に自生する。乾燥した季節にも湿気が保たれる場所である。常緑で、細く平らで線形の葉は房を形成し、短く多肉質な茎および匍匐性の根茎から出る。甘い香りがする花は、アヤメのように大きな3枚の花弁がつき、まっすぐで堅い柄の先端に2～3個まとまって咲く。個々の花は短命だが、正常に根付いた植物は、春から夏にかけて大量の花を長期間にわたって咲かせる。白い花弁は一般的に夜間に開花し太陽の光を浴びて閉花する。
〈栽培〉
問題が無ければ、日なたまたは半日陰の、水はけの良い中性から酸性の土壌で良く育つ。園芸品種には、日中に開花させることができるものが選ばれる。乾燥には弱い。

Diplarrhena moraea
☀ ❄ ↔40～55cm ↕60～100cm
オーストラリア南東部原産。針金状の細い葉を持つ。春から初夏にかけて、丈夫で堅い茎に花がつく。花の基部には紫色または黄色の斑か筋が入る。果実は円筒状で観賞用としてはやや地味。光沢がある葉は優美でイネ科植物のようである。
ゾーン：7～9

DIPLAZIUM
(ヘラシダ属)
ヘラシダ属には約400種が含まれ、ほとんどが熱帯のシダ類で世界中に分布し、メシダ科の中でも大部分の種が集まる属となる。メシダ属に含めることを望む植物学者もいるが、その場合は全種がその属名を用いることになる。これらは地生のシダ類で、根茎は長いものと短いものがあり、直立した短い幹を形成するものもある。葉柄は一般的に黒みがかっていて、葉は広く多数の切れ込みが入り、さらに小葉には鋸歯がある。生殖能力のある葉には暗色の胞子の斑点(胞子嚢群)が葉脈に沿って線形につく。扇形に配列されるものもある。葉の先端に小植物が作り出される種もある。
〈栽培〉
野生種は湿気のある土壌で育つが、森林下層の完全な日陰で育つこともある。非常に湿った状態や有機成分を多く含んだスポンジ状の栽培媒体を好む。栽培に順応しやすい種もあるが、病気になるものもある。繁殖は胞子または根茎の株分けによって行なう。

Diplazium doederleinii
一般名：シマシロヤマシダ
☀/☀ ❄ ↔0.9～1.8m ↕0.9m
日本の琉球列島南部にある沖縄および西表島原産。山地に生息する。匍匐性の根茎を持ち、葉は大きく外形はやや三角形で、深い切れ込みのある小葉が羽状につく。
ゾーン：9～11

Diplazium pseudodoederleinii
☀/☀ ❄ ↔0.9～1.8m ↕0.9m
台湾原産。*D. doederleinii*の近縁だが、葉の構造において細部が異なる。
ゾーン：9～11

Diospyros virginiana 'John Rick'

Diploglottis campbellii

Diplazium pycnocarpon
異　名：*Athyrium pycnocarpon*
英　名：GLADE FERN、NARROW-LEAFED SPLEENWORT、SILVERY SPLEENWORT
☀/☀ ❄ ↔1.2m ↕60～90cm
カナダ東部およびアメリカ合衆国南東部の原産で落葉性のシダ類。ロゼットを形成する。緑色で弓なりの葉はやや銀色みを帯びる。春季は明るい緑色で、夏季には暗色となり、枯れる直前に赤褐色に紅葉する。
ゾーン：3～9

DIPLOGLOTTIS
(ディプログロッティス属)
オーストラリア東部および南部原産。ムクロジ科に属し、直立した低木または小高木8種が含まれる。全種とも大きな羽状複葉の樹冠を広げ、防護林や街路樹に用いられる。全種とも種子は多肉質の果肉に覆われ、果肉はジャムや飲料用となる。
〈栽培〉
半日陰を好むが、水はけが良く有機成分を含んだ酸性土壌という適した条件下でよく育つ。繁殖は種子から行ない、熟したらすぐに播種する。

Diploglottis campbellii
英　名：SMALL-LEAFED TAMARIND
☀ ❄ ↔4.5m ↕18m
オーストラリア南部原産。葉は羽状で幅広の披針形、くすんだ緑色で先端は鈍形。春から秋にかけて、クリームがかった茶色の花が咲く。花は有毛で良い香りがする。晩夏または秋季に、食用となる赤色の果実が熟す。
ゾーン：9～11

Dipelta floribunda

Diplarrhena moraea

Diplazium pseudodoederleinii

Diplazium doederleinii

DIPTERIS
(ヤブレガサウラボシ属)

熱帯アジアおよび太平洋地域原産で8種が含まれる。ヤブレガサウラボシ科に属するのはヤブレガサウラボシ属のみ。大型で地上生のシダ類で、外観は人目を引く。広く荒れた多雨量の山岳地で育つ。根茎は長く這い、剛毛質で暗色の鱗片に覆われている。長い柄のついた葉は2つの大きな扇形の小葉に分裂し、小葉はさらに多数の裂片に分かれている。裂片の裏面には多数のごく小さい胞子の斑点(胞子嚢群)が散在する。

〈栽培〉
屋外で育てるには、湿度の高い熱帯もしくは亜熱帯の気候が必要で、冷涼地域においては暖めた日当たりの良いコンサバトリーで栽培する。根と根茎が病気にかかりやすいため、株分けにより定着させるのは難しい。酸性で有機成分を含んだスポンジ状の栽培培地で、常に湿度を保って栽培すると成功しやすい。繁殖は株分けよりも胞子からのほうが望ましい。

Dipteris conjugata
一般名:ヤブレガサウラボシ
英　名:UMBRELLA FERN
☼/◐ ✱ ↔ 3～6m ↕1.2～3m

東南アジア大陸部からフィジーまで、およびオーストラリア・クイーンズランド州の熱帯地方に自生する。直立もしくはアーチ型の柄に、傘型の葉を大きく広げた印象的なシダである。野生種は道路や線路の堤防および滝の近くなどでよく見られるが、栽培されるのはまれである。
ゾーン:11～12

DIRCA
(ディルカ属)
英　名:LEATHERWOOD

ディルカ属はジンチョウゲ科に属し、落葉性の低木2種が含まれるが、どちらも北アメリカ原産である。枝は丈夫で柔軟性があり、葉は単葉で互生。果実は小形の赤色または緑がかった石果で、4室に分裂する。黄色の花は微細で花弁が無く、春季の葉が現れる前に咲く。すべての部分が有毒で、触れると皮膚の炎症を起こす可能性がある。果実には麻酔効果がある。

〈栽培〉
カワノキは日なたでもっとも良く成長するが日陰でも育つ。非常に耐寒性が強く、水はけの良い湿気のある土壌でよく成長する。繁殖は種子または取り木によって行なう。

Dirca occidentalis
英　名:WESTERN LEATHERWOOD
☼/◐ ✱ ↔ 1.2～1.8m ↕1.2～1.8m

アメリカ合衆国カリフォルニア州原産。秋季に魅力的な黄色の葉をつける珍しい低木。*D. palustris*に似ているが、葉は小さく花柄は無い。花は黄色い筒形で3～4本の雄ずいが長く突出する。開花期は春。
ゾーン:7～10

Dirca palustris
英　名:LEATHERWOOD、ROPEBARK、WICOPY
☼/◐ ✱ ↔ 1.8m ↕1.8m

アメリカ合衆国東海岸およびカナダ原産。成長が遅く密集した丸い落葉性の低木。枝は黄褐色で、繊維性の樹皮は革のように堅く丈夫で灰色となる。葉長は約8cm。春季の葉が出る前に、葉腋に微細な花が群生する。果実は緑色から赤色の楕円形の石果で種子が1つ含まれている。
ゾーン:4～9

Dipteris conjugata

DISA
(ディサ属)

主に南アフリカの陸生ラン属(ラン科)で、100種以上が含まれる。有名な*D. uniflora*は一般に栽培者の間で「テーブル・マウンテンの誇り(The Pride of Table Moutain)」として知られ、種の大多数が植物学的興味のみにとどまり栽培されているものはほとんど無い。野生種においては、湿地帯周辺あるいは小川の土手でしばしば見受けられるが、全般に窒素成分に乏しい基質があり、ミズゴケと共生していることが多い。魅力的な交雑種が多数あるが、特にここ10年の間に作り出されたものである。系統的には*D. uniflora*の割合が高いものがほとんどで、全般的に雑種強勢が示される。色幅も広がり、白色、レモン色、ピンク色に、現在では赤色とオレンジ色が加わっている。

〈栽培〉
栽培する培地には、生きたミズゴケを使うのが最良である。水質の好みがうるさく、雨水が望ましい。年間を通じて湿気のある状態に保つ。植物が成長するための管状器官を腐敗させる可能性があるので、水トレーに長時間置かないこと。「水井戸」を用いたコンテナで成功した栽培者もおり、そのような植物は室内植物市場でよく見かけられる。成熟した標本が鉢の隅に子孫を作り出すことがある。これらの小植物は、移植できるほど大きくなったら植え替える。夏の開花期が終わった数カ月後、毎年秋季に新鮮なコケに植え替える。冷涼から中間的な条件を好む。繁殖は株分けによって行なう。

Disa uniflora ★
一般名:ディサ・ユニフロラ
☼/◐ ❄ ↔ 10～25cm ↕15～80cm

南アフリカ原産のもっとも格調高い植物のひとつ。*uniflora*という名前にもかかわらず、夏季には直立した花序に6つまで花をつける。大形の花の色は鮮やかな深紅色からさまざまなオレンジの色調、珍しい黄色(ルテア)の品種と多岐にわたる。
ゾーン:9～11

Disa uniflora

Disa Hybrids
一般名:ディサ ハイブリッド
☼/◐ ❄ ↔ 10～25cm ↕20～80cm

以下のハイブリッドは、人気が高く受賞歴もある*D. uniflora*を用いて交雑したもので、栽培条件が同一である。これらのハイブリッドは花数を増やし質を向上させるためと同時に、色彩を増やすためにも開発された。**Diores**(ディオレス)は、*D. uniflora*と*D. Veitchii*の交雑種で、開花期が長く切花として人気がある。**Kewbett**(キューベット)は、*D. Betty's Bay*と*D. Kewensis*の交雑種で、**Kewensis**(ケウェンシス)は、*D. uniflora*と*D. tripetaloides*の交雑種。**Watsonii**(ワトソニイ)は、*D. uniflora*と*D. Kewensis*の交雑種である。
ゾーン:9～11

DISANTHUS
(マルバノキ属)

マンサク科マルバノキ属には、葉は互生で地味な花が咲く落葉性の低木1種のみが含まれる。中国および日本原産。果実は裂開性のさく果で、光沢のある黒色の種子を数個含む。

〈栽培〉
霜には耐性があるが、乾燥には弱い。マルバノキ属種はツツジやアザレアと栽培条件が類似し、冷涼で保護された日当たりの良い場所で、湿気があり肥沃で酸性または泥炭質の土壌を好む。繁殖を種子から行なう場合は、発芽までに2年位かかる。挿し木から行なう場合は、夏に採取し温室に刺す。取り木による方法もある。

Disa、ハイブリッド、ワトソニイ

Disa、ハイブリッド、ケウェンシス

Disa、ハイブリッド、ディオレス

Disa、ハイブリッド、キューベット

Disanthus cercidifolius

Discaria pubescens

Disanthus cercidifolius ★
一般名：マルバノキ、ベニマンサク
☼ ❄ ↔3m ↕6m
中国および日本の山岳地帯原産。葉柄は長く、葉は青緑色の心臓形で繁茂し、秋季には栗色、赤色やオレンジ色に色変わりする。地味な深紫色の花は珍しく、花弁は蜘蛛の巣状に細長く、晩秋に咲く。
ゾーン：7〜9

DISCARIA
(ディスカリア属)
クロウメモドキ科ディスカリア属には、落葉性の低木または小高木が12種含まれる。長い刺を持ち、葉は小さく、香りの良い花弁無しの花が4〜5個まとまって咲く。南アフリカの温帯地域、オーストラリア、ニュージーランド原産。観賞用として栽培される場合もある。果実は革のように堅い石果またはさく果である。

〈栽培〉
ディスカリア属の種は、水はけの良い土壌であればほとんど適応可能だが、広々とした日当たりの良い場所を好む。根の病気によって枯れることがある。形状を保つために剪定を行なうと良い。繁殖は種子または挿し木から行なう。

Discaria pubescens
☼ ❄ ↔120〜150cm ↕50〜90cm
オーストラリア北部原産の堅く広がりのある落葉性の低木で、堅い刺で身を守っている。滑らかな茎に小さな楕円形の葉がまばらにつく。春季に乳白色の花が房咲きする。暗赤茶色の托葉がつく。
ゾーン：8〜10

DISELMA
(ディセルマ属)
ヒノキ科に属し、針葉樹1種のみが含まれる。オーストラリア原産だが、タスマニア島でも見られ、局地の湿潤な亜高山帯で育つ。近縁のショウナンボク属に類似しているが、あらゆる部分が小型である。通常は低木だが、保護された場所では6mほどの樹木に成長する場合もある。雌花序と雄花序は別々の株につく。

〈栽培〉
日なたまたは半日陰の、湿気は多いが水はけの良い土壌で栽培する。夏季は乾燥した風から保護し、たっぷり灌水する。挿し木により繁殖する。

*Diselma archeri*の自生種、オーストラリア、タスマニア州

Diselma archeri
☼/☼ ❄ ↔0.9〜3m ↕0.9〜6m
オーストラリアのタスマニア州原産。成長が遅い針葉樹。鱗片のような緑色の葉が小山を形成する。若木のうちはアーチ形に下垂する習性があり、成長と共に密集する魅力的な樹木である。雄花序と雌花序はどちらもごく小さい。
ゾーン：8〜9

DISPORUM
(チゴユリ属)
英名：FAIRY-BELLS
東南アジアおよび日本原産。スズラン科に属し10種が含まれる。根茎を持つ多年生植物で、葉はらせん状に配列され、披針形から長楕円形となる。通常、花は下垂し、少ない花の散形花序、あるいは単生となる。果実は赤色または青みがかった黒色で液果となる。以前はアメリカ種もチゴユリ属に含まれていたが、現在はプロサルテス属に含まれている。

〈栽培〉
半日陰で水はけが良く、かつ湿気を保ち、有機成分を大量に含んだ中性から酸性の土壌で良く育つ。繁殖は春季に株分けするか新鮮な種子によって行なう。

Disporum sessile
一般名：ホウチャクソウ
英名：JAPANESE FAIRY BELLS
☼ ❄ ↔30〜60cm ↕30〜60cm
日本原産の広がりのある多年生植物。葉は槍形。小柄な花は緑色から白色で、ユリに似て下垂し、先端が緑色に色づく。春には、単生または1〜3個の花がまとまって咲く。晩夏に青みがかった黒色の実をつける。'ワリエガトゥム'の葉は幅広でクリーム色のストライプがある。
ゾーン：4〜8

Disporum uniflorum
一般名：キバナホウチャクソウ
異名：*Disporum flavens*, *D. flavum*
英名：YELLOW FAIRY BELLS
☼ ❄ ↔30〜60cm ↕30〜60cm
中国中部から北東部および朝鮮半島原産で、直立して群を形成する多年生植物。春になると、薄黄色のユリのような花をつける。晩夏には暗黒色の液果がなる。
ゾーン：4〜9

DISSOTIS
(ディソティス属)
熱帯から亜熱帯アフリカ原産。ノボタン科に属し、100種ほどが含まれる。南アメリカのティボウキナ属と近縁である。花が小さく匍匐性のものと、丈が高くより大きな花がつく低木のものがある。5枚花弁の花はピンク色から紫色で、茎頂の穂状花序につく、もしくは葉腋に房咲きする。降雨パターンによって長期間にわたり開花する。冬季に降水する地域では、開花期は晩春から秋季になる傾向がある。

〈栽培〉
ディソティス属は日なたまたは半日陰の栽培用土で育てる。繁殖は種子または冬季に採取した挿し木によって行なう。

Disporum uniflorum

Disporum sessile

Disporum sessile 'Variegatum'

Dissotis princeps

Diuris maculata

Distictis buccinatoria

Dissotis princeps
☀ ❄ ↔1.5m ↕3m
熱帯アフリカ原産。大型の花が咲く低木の種。夏季には、茎頂の穂状花序に紫色の花がつく。保護された場所に適している。
ゾーン：9〜12

DISTICTIS
（ディスティクティス属）
メキシコおよび西インド諸島原産の常緑で木質茎を持つつる性植物。ノウゼンカズラ科に属し、9種が含まれる。春から夏にかけて、茎頂の総状花序あるいは円錐花序に、色彩豊かな筒形からトランペット形の花が咲く。芳香性のものもある。枝は6角形で巻きひげがあり表面にからみつく。果実は2室のさく果で、羽形の種子を含む。

〈栽培〉
パーゴラの日陰で育てるのが理想的である。肥沃で湿気があり水はけの良い土壌で育つ。熱性で湿気が多い条件、または寒冷や乾燥した内陸地方には適さないが、軽い霜には耐性がある。繁殖は、成長する季節に半熟枝の挿し木で行なうか、早春に取り木によって行なう。

Distictis buccinatoria
一般名：ブラッドトランペット
異　名：*Bignonia cherere*、*Phaedranthus buccinatorius*
英　名：MEXICAN BLOOD TRUMPET
☀ ❄ ↔3〜6m ↕1.8〜4.5m
メキシコ原産の常緑で丈夫な多年生植物。つる植物または匍匐性植物で成長が早い。花は紫赤色の大きな筒形からじょうご形で、花冠の長さは約8cm、花喉は黄色で微細な黄色の毛が生えている。'ミセス　リバース'（ロイヤルトランペットバイン）の開花は遅く、花は暗いモーブピンクで花喉は黄金色となる。
ゾーン：9〜11

DIURIS
（ディウリス属）
オーストラリアの落葉性で陸生のランで、100種近くが含まれる。一般に秋と冬に成長して春に開花し、暑く乾燥した夏季の間は休眠塊茎に戻る。一般にはドンキー・オーキッドまたはダブルテイルとして知られている。イネ科植物のような葉がごくわずかつき、種にもよるが直立した花茎に最高12個の花がつく。花は黄色で、茶、紫、赤など、他色との組み合わせになるものが多い。ピンク色および白色になる種もある。大半が自然の中で野生の蜂により授粉されるが、外面的に類似している（しかし無関係な）エンドウマメの花と間違えることがある。

〈栽培〉
粒の粗い砂を高比率（最高50%まで）で混ぜた、水はけの良い陸生用の混合土壌で栽培する。ディウリス属の種は明るい場所を好み、風通しの悪いところをひどく嫌う。夏季に休眠中の塊茎を移植する。専門的な収集家のためのランである。

Diuris maculata
☀ ❄ ↔10〜20cm ↕10〜40cm
オーストラリア原産の変化に富んだ種。花は黄色からオレンジ色および茶色。花弁の外側には暗茶色の斑点が多量に入っている。直立した花序に最高8つの花がつく。
ゾーン：8〜11

DOCKRILLIA
（ドックリリア属）
英：PENCIL ORCHID
ラン科ドックリリア属は本来オーストラリアおよびニューギニアの属で、複茎性のラン約30種が含まれる。離れた個体群は、太平洋諸島のいたるところに分布している。ドックリリア属はつい最近認識された。以前はいわゆる「円筒形の葉」のデンドロビウム属の種におおまかに分類されていた。ドックリリア属をデンドロビウム属から分離させた主な理由は、偽鱗茎の欠如を含め、葉が多肉質であること（断面が円筒形または円形のものが多い）、概して花は逆向き（逆さま）ではなく唇弁が一番上にあることである。初心者の園芸愛好家でさえ、この2つは容易に区別できる。ドックリリアという属名は、オーストラリアの有名なラン栽培家Alick Dockrillに由来している。

〈栽培〉
ドックリリア属はランの中でも栽培が容易な種なため、さまざまな方法で栽培される。大きく育つ下垂種は肥沃な木生シダもしくはコルクスラブでよく育つ。この方法で栽培すれば何年も長持ちするし、多少忘れたとしても耐えられる。基部で密集する種の中には、樹皮ベースの培地を入れた小型の鉢または木製バスケットで育つものもある。良く育つ根系を持ち、根の障害を嫌う。非常に強い日差しの中でも成長し開花し、幅広い温度に適応できる。しかしながら、山岳種の中には、熱帯の低地条件では育つのみで、めったに開花しないものもある。ドックリリアン属の全種において、繁殖は株分けによって行なわれる。

Dockrillia linguiformis
異　名：*Dendrobium linguiforme*
英　名：THUMBNAIL ORCHID、TONGUE ORCHID
☀/☀ ❄ ↔10〜60cm ↕2.5〜12cm
オーストラリア原産。大きな匍匐性の葉を持つ。春季には、短い小枝に羽毛状の白い花をつける。手触りの粗い葉をつける近縁種*D. nugentii*と比較すると、花は大形だが細い。
ゾーン：9〜12

Dockrillia striolata ★
異　名：*Dendrobium striolatum*
☀/☀ ❄ ↔10〜50cm ↕10〜75cm
オーストラリア原産。叢生し変異が多い岩生植物。開花期は春。花の色は緑がかった黄色から薄ピンク色で、裏面には暗色のストライプが入り、縁にフリルが入った純白の唇弁と対比している。寒冷条件にもっとも耐性がある種のひとつ。特定の地域においては、冬季に周期的に雪をはらう。栽培しやすいが、亜熱帯および熱帯性気候の場所で開花させるのは難しい。ゾーン：9〜11

Dockrillia teretifolia
異　名：*Dendrobium teretifolium*
英　名：BRIDAL VEIL ORCHID
☀/☀ ❄ ↔0.3〜0.9m ↕0.3〜3m
オーストラリア原産。ドックリリア属のなかでもっとも目立つ種だと思われる。成長した植物が開花した光景は非常に印象深い。晩冬から早春にかけて、細く羽のような白色から緑がかったクリーム色の花が咲く。ゾーン：9〜12

Dockrillia wassellii
異　名：*Dendrobium wassellii*
☀/☀ ❄ ↔6〜20cm ↕6〜15cm
オーストラリア原産で、各種の気候条件にも適応できる。多肉質で直立した魅力的な葉。直立した花序にほっそりした白い花が50個ほど密集して咲く。唇弁は黄色。温暖な季節に散発的に開花する。
ゾーン：10〜12

Dockrillia striolata

Dockrillia linguiformis

DODECATHEON
(ドデカテオン属)

英　名：AMERICAN COWSLIP、
SHOOTING STARS

サクラソウ科ドデカテオン属は、小型の
ロゼットを形成する多年生草本で、魅力
的な14種が含まれる。北アメリカ原産。
春季には1本の茎に数個の花がつき、花
弁はシクラメンのように全体的に下向き
となる。

〈栽培〉
湿気のある草原や山岳の牧草地で自然
に育つため、似たような条件が必要とさ
れる。湿度が高いあるいは熱帯地域で
はあまり成長しない。通常は冷涼なロッ
クガーデンか鉢でよく成長する。繁殖は、
新鮮な種子を蒔く、あるいは晩冬の休眠
から覚める直前に株分けすることによっ
て行なう。

Dodecatheon dentatum
☼/☽ ❄ ↔15〜30cm ↕10〜40cm
アメリカ合衆国のワシントン州、オレゴン
州からアイダホ州やアリゾナ州までの原
産。葉は長楕円形から槍形の鮮やかな
緑色で、縁に美しい鋸歯を持つものもあ
る。春から初夏にかけて、花弁が下向
きの白い花が咲く。葯は黄色。
ゾーン：5〜9

Dodecatheon hendersonii
一般名：ドデカテオン・ヘンダーソニー
英　名：MOSQUITO-BILLS、SAILOR'S CAP
☼/☽ ❄ ↔15〜30cm ↕20〜38cm
アメリカ合衆国カリフォルニア州原産。
深緑色の葉はで多肉質の卵形。花は先
端に2〜3個つく。花弁はピンクがかった
紫色で下向き、葯は黄色。
ゾーン：6〜9

Dodecatheon meadia
一般名：カタクリモドキ、ドデカテオン・メアディア
異　名：*Dodecatheon pauciflorum*
英　名：AMERICAN COWSLIP、
EASTERN SHOOTING STAR、SHOOTING STAR
☼/☽ ❄ ↔30cm ↕20〜45cm
アメリカ合衆国東部原産。葉は長楕円形
で、花は先端に10〜20個ほどつく。通
常、下向き花弁は紫色で、ピンク色また
は白色のものもある。基部はクリーム色
から白色となる。*D. m. f. album*は白色
の花をつける。
ゾーン：3〜9

DODONAEA
(ドドネア属)

ムクロジ科ドドネア属は、常緑性の低木
または小高木で、約70種が含まれる。熱
帯および温帯地域、主にオーストラリア
に分布し、乾燥または半乾燥地帯では
かなり頻繁に見られる。一般にはホップ
ブッシュとして知られ、以前はヨーロッパ
の移住者が醸造用のホップとしていくつ
かの種の果実を用いていた。雄花と雌
花は異株になることが多い。花は小柄
で繊細。膨らみがある翼状のさく果は色
鮮やかで、これらの植物の魅力となって
いる。

〈栽培〉
霜には弱く、日なたの適度に肥沃な水は
けの良い土壌でよく育つ。長期間の乾燥
に耐性がある種もある。先端を剪定す
ると繁茂する。繁殖は夏に採取した先
端部の挿し木によって行なう。

Dodonaea adenophora
☼ ❄ ↔0.6〜2m ↕50〜150cm
ウェスタンオーストラリア州南部奥地の
森林地帯およびマリーの低木林に分布
する、枝が赤みがかった中型の低木。葉
は小型で、粘着性のある3〜7枚の小葉
を対生につけた羽状複葉である。雄花
と雌花は異株で、開花期は冬から春。果
実は翼状で、熟すと赤くなる。
ゾーン：8〜9

Dodonaea angustifolia
異　名：*Dodonaea viscosa* subsp.
Angustifolia
☼ ❄ ↔1.5〜4.5m ↕1.5〜5m
*D. viscosa*複合群の一部である。オース
トラリア東部、アフリカ、アジアおよび南
北アメリカ原産。密生した低木を形成し、
葉は細く槍形で縁がわずかに波打つ。
ゾーン：9〜12

Dodonaea angustifolia

Dodonaea lobulata
英　名：LOBED-LEAF HOPBUSH
☼ ❄ ↔1.8m ↕3m
オーストラリア南部の半乾燥地帯に広く
分布する。広がる針金状の低木。葉は
粘着性があり細く、裂片は小さく不規則。
冬から春にかけて、3枚の羽のような形
をした深いピンク色のさく果が下垂した
柄に大量につき人目を引く。剪定には良
い反応を示し、暑く乾燥した地域の生垣
に適している。ゾーン：9〜11

Dodonaea microzyga
英　名：BRILLIANT HOPBUSH
☼ ❄ ↔0.9〜1.8m ↕50〜150cm
オーストラリアの乾燥地域原産。小さく

Dodonaea lobulata, seed capsules

Dodonaea viscosa, seed capsules

Dodonaea viscosa 'Purpurea', seed capsules

広がりのある低木で、赤みがかった茎は
粘着性がありわずかに毛が生えている。
葉は小形のやや楕円形で粘着性のある
極小の小葉が3〜11枚集まった羽状複
葉。小葉には顕著な腺がある。雄花と
雌花は異株で、開花期は冬。春には果
実が熟す。ゾーン：8〜9

Dodonaea viscosa
一般名：ハウチワノキ
英　名：HOPBUSH
☼/☽ ❄ ↔1.5m ↕3m
オーストラリア、ニュージーランド、太平
洋諸島、熱帯アメリカおよびアフリカ南
部原産で、成長が早い常緑性高木。葉
は光沢があり、明るい緑色で粘着性があ
る。夏季には、翼状で緑色のさく果を大
量に実らせる。さく果は堅くなると薄茶
色になる。定期的に刈り込みを行なう
と良い。'**プルプレア**'★は、紫赤色の葉
とさく果により珍重されている。
ゾーン：9〜11

DOMBEYA
(ドンベヤ属)

アオギリ科ドンベヤ属は、アフリカから
マスカリン諸島原産で約225種が含まれ
る大属である。そのうち190種はマダガ
スカルのみに分布する。全種とも常緑
性、落葉性あるいは半落葉性の低木ま
たは高木。単葉は互生で、葉柄の基部
に目立つ托葉がある。花は白色、ピンク
色または赤色の5枚花弁で、葉腋または
茎頂の円錐花序につき、密集して非常に
派手になる。果実は小形で多くの場合
有毛のさく果がとなる。

〈栽培〉
アフリカ南部の夏季に降水する地域原
産の数種のみが、夏季に適度な湿気の
ある暖温帯および亜熱帯で栽培されて
いる。日なたまたは半日陰で、水はけの
良い肥沃な土壌が必要とされる。短期

Dockrillia wassellii

Dodecatheon meadia

間の霜には体制がある種もある。繁殖は春季に播種する、または夏季に挿し木によって行なう。

Dombeya burgessiae
一般名：ドンベヤ・ブルゲシアエ
英　名：PINK DOMBEYA, PINK WILD PEAR
↔2m ↕3m
南アフリカ北東部およびジンバブエ原産。密集した多数の茎を持つ低木で、地表から分岐している。葉は大型で有毛。晩秋から冬季にかけてピンク色の花が咲く。果実は冬から春にかけて熟す。
ゾーン：9〜12

Dombeya cacuminum
↔6m ↕12m
直立した常緑性高木で、マダガスカルの広い森林地帯原産。葉は大きくカエデのような形状でつやがある。深いピンク色から赤色の花が、茎頂に多数房咲する。
ゾーン：10〜12

Dombeya rotundifolia
英　名：SOUTH AFRICAN WILD PEAR
↔3.5m ↕4.5m
南アフリカ北東部、モザンビーク、ジンバブエ、ボツワナからナミビア西原産。落葉性または半落葉性の樹木。晩冬から春にかけて、甘い香りのする白い花がむき出しの木の頂部に密集してつく。ピンク色はまれ。果実は球形のさく果で、暗色、有毛。ゾーン：9〜11

Dombeya rotundifolia

Dombeya burgessiae

Dombeya tiliacea
一般名：ドンベヤ・ティリアケア
英　名：FOREST DOMBEYA, NATAL WEDDING FLOWER
↔3.5m ↕8m
南アフリカのイースタン・ケープおよびクワズールー・ナタール原産。常緑性小高木。晩夏から秋にかけて、下垂した白い花が数個集まって咲き、秋から冬には果実がつく。
ゾーン：9〜11

Dombeya wallichii
一般名：ドンベヤ・ワリッキイ
↔3m ↕4.5m
東アフリカおよびマダガスカル原産の常緑性高木で葉は大きい。冬から春にかけて、深いピンク色から赤色の大きな花が密集して房咲きする。幅広く栽培されている交雑種 *D.* × *cayeuxii* ★の親植物のひとつ。
ゾーン：10〜12

DOODIA
（ドーディア属）
英　名：HACK SAW FERN, RASP FERN
スリランカからポリネシア、ニュージーランドおよびオーストラリア原産でシシガシラ科に属する。非常に耐寒性が強く順応性もある中型の陸生シダ類で、12種が含まれる。これら長命のシダ類はヒリュウシダ属種と近縁である。ドーディア属はその細く短く直立した葉ゆえに知られており、稔性の葉は不稔性のものより丈が高い場合が多く、より狭い小葉がつく。若葉は独特な赤色で、成熟すると緑色の色調へと変化する。ざらざらした堅い葉は敏感な肌が触れると炎症を起こすことがある。

〈栽培〉
涼しい日陰と酸性の土壌を好むが、乾燥したロッケリーでも成長する。繁殖は胞

Dombeya cacuminum

Dombeya tiliacea

子から行なう。子孫の色は親植物により異なる。完全な耐寒性ではないが、温室でも育つ。

DORONICUM
（ドロニクム属）
英　名：LEOPARD'S BANE
ヨーロッパ、アジア南西部およびシベリア原産の多年生草本で、キク科に属し、約35種が含まれる。塊茎あるいは根茎から成長し、基部の卵形の葉が叢生する。春季には、茎に鮮やかな黄色のヒナギクが単生または数個集まって咲く。舌状花も中央の管状花も黄色。

〈栽培〉
半日陰で、適度に肥沃な湿気を保てるが水はけの良い土壌で育つ。荒野および森林地帯での栽培に適している。高温の地域には適さない。繁殖は秋に株分けによって行なう。

Doronicum columnae
↔60cm ↕30cm
ヨーロッパおよびアジア西部原産。森林地帯の多年生植物。葉はわずかに毛が生えた心臓形で、波形の縁取りがある。春から初夏にかけて、ヒマワリのような黄色の花が咲く。真夏に根を残して枯れる場合がある。
ゾーン：4〜8

Doronicum orientale
ドロニクム・オリエンタレ
異　名：*Doronicum caucasicum*
↔30cm ↕30〜60cm
コーカサス地方、レバノンおよびヨーロッパ南部原産。多肉質の茎を持つ多年生植物で、楕円形の葉が叢生する。鮮やかな黄色のヒナギクは舌状花が細かく、細長い茎に単生でつく。開花期は春。'**マグニフィクム**'★は大形の花をつける。
ゾーン：5〜9

Doodia aspera

Doronicum orientale

DOROTHEANTHUS
（ドロテアンツス属）
英　名：LIVINGSTONE DAISY
ハマミズナ科ドロテアンツス属は、多肉質の一年生植物で6種が含まれる。分布地は南アフリカに限定される。広がるまたは小山を形成する植物で、葉は厚く表面は結晶性で砂糖をまぶしたようになる。ヒナギクのような花が多数つき、色は主にピンクと白だが、黄色やオレンジ、赤、紫のものもある。ほとんどが短命で、これら半砂漠地帯の植物は降雨と共に成長する。霜の無い地域では常に成長するが、温帯地域においては主に夏季に花を咲かせる。

〈栽培〉
花もちをよくするには春季に日当たりの良い場所に植える。砂利質で水はけの良い軽い土壌を好むが、開花期には時折たっぷり灌水する必要がある。連続的に開花させるために花がら摘みをする。冷涼地域では冬または春、温室に播種する。繁殖は種子から行なう。

Dorotheanthus bellidiformis
一般名：リビングストンデージー、ベニハリ
↔20〜40cm ↕5〜15cm
南アフリカ原産の低く広がる植物。茎は赤く色づき、灰緑色の葉は多肉質で表面の手触りは粗い。ヒナギクのような花は主にピンク色から紫色の色調だが白色もある。黄色および多彩な花は、*D. bellidiformis* × *D. gramineus* の交雑種によるものと思われる。
ゾーン：9〜11

*Doryanthes excelsa*の自生種、オーストラリア、ニューサウスウェールズ州

Doryanthes palmeri

DORSTENIA
（ドルステニア属）

クワ科ドルステニア属は茎が多肉質の多年生植物で、約170種が含まれる。主にアフリカおよびアメリカの熱帯原産で、数種のみがインドの原産となる。独特な植物で、大半が短茎に楕円形から心臓形の葉をつけ、縁に鋸歯や波形、欠刻があるものもある。花の付き方が非常に珍しい。茎頂に平らなスポンジ状の構造を持ち、葉は厚く広範囲に欠刻がある。肉眼で見ると、花床の表面には小さな点がびっしりついているが、実際にはこれが微細な花である。花後に明らかな莢は現れず、花床が小さな突出部を作り出すに過ぎない。その後、種子が離散するように、微細な種子を乾燥させて落とす。

〈栽培〉

熱帯地方以外では、これらの珍しい植物は屋内で栽培されている。明るいが過度に日光を浴びず、暖かく湿気があり腐植質に富んだ水はけの良い土壌を好むが、冷たいすきま風やかなりの高湿度から保護する。繁殖は株分けまたは種子によって行なう。

Dorstenia barkeri
☀ ☂ ↔60cm ↕60cm

熱帯西アフリカ原産の多年生植物。葉には目立つ筋がある。凸状の受け皿のような形をした花床に、細い糸のような付属器がつく。小さな雄花と雌花は、開花前は花床の表面に埋め込まれている。*D. b.* var. *multiradiata*は、角ばった花床により細い付属器がつく。ゾーン：10～12

Dorstenia foetida ★
異　名：*Dorstenia crispa*
一般名：ドルステニア・フォエティダ
☀ ☂ ↔30cm ↕15～40cm

サウジアラビアからケニヤ原産。非常に独特な多肉質の種で、短い茎の頂端に多肉質で細く槍形をした濃緑色の葉がつく。花床はヒトデのような形で中心体がつき、葉は細長く放射状。ゾーン：10～12

DORYANTHES
（ドリアンテス属）

大型の多年生草本でドリアンテス科に属し、2種が含まれる。オーストラリア東部の森林地帯や、広々とした林地および岩の多い山腹、砂または砂利を含む水はけの良い土壌に分布する。葉は槍形で、頂端に尖った付属器がつく。花柄長は葉長の2～3倍になる。茎頂に大形で、6枚の等しい花被片がある赤色の花がつく。果実は3室に分裂するさく果となる。栽培種としても長命で、1800年頃イギリスでも栽培された。

〈栽培〉

繁殖は一般的に種子から行なうが、発芽から10年以上経たないと開花しない。叢生部の株分けあるいは吸枝から繁殖させるとすぐに開花する。

Doryanthes excelsa
一般名：ジャイアントリリー
英　名：GIANT LILY, GYMEA LILY, ILLAWARRA LILY
☀ ☂ ↔3m ↕2.4～6m

オーストラリア、ニューサウスウェールズ州の中央海岸地域で、森林地帯の砂地土壌に分布する。葉は鮮やかまたは薄い黄緑で、全般的に堅く直立している。花柄は最高で6mに及び、先端に多くの赤い花が密集して咲く。開花期は春から夏。各花は多量の蜜を含み、蜜に惹かれてやってきた野鳥が授粉する。さく果は暗色。ゾーン：9～11

Doryanthes palmeri
英　名：SPEAR LILY
☀ ☂ ↔0.9～3m ↕0.9～3m

オーストラリアのニューサウスウェールズ州北部およびクイーンズランド州南部の岩の多い山腹のやせ衰えた土壌で発見された。鮮やかな緑色の葉は長く槍形で、頂端に円筒状の付属器がつく。花柄長は最高で5mほどで、通常直立ではなく、どちらかといえばアーチ形で、春季には茶褐色の花がつく。さく果は緑色系。ゾーン：10～12

DOVYALIS
（ドブヤリス属）

アフリカやスリランカの暖温帯原産で、イイギリ科に属し15種が含まれる。常緑性の低木または小高木で、特に若木の時には刺のあるものが多い。緑系または黄色の花は小さく些細で、雄花と雌花は異株である。果実は球形の多肉質で、ピクルスやジャムに用いられる。生垣に使用される種もある。剪定すると刺が伸びる。

〈栽培〉

繁殖は種子または挿し木によって行なう。日向で霜が無く、肥沃で水はけの良い土壌を好む。

Dovyalis caffra
一般名：ケイアップル
英　名：KEI APPLE
☀ ☂ ↔4.5m ↕4.5m

南アフリカのイースタン・ケープ州、モザンビーク北部およびマラウィの草原地帯原産。常緑性の低木または小高木で、枝には長い刺があり、夏季には地味な緑みを帯びた花をつける。夏に実る果実は球形で食用となり、多肉質で杏子色。ほどよい風味のゼリーとジャムになる。ゾーン：9～10

DRABA
（イヌナズナ属）

英　名：WHITLOW GRASS

アブラナ科に属する大属で、一年草およびクッションを形成する多年生植物300種からなる。主に北極、ヨーロッパおよびアメリカの山岳地帯に生息する。一年生種が栽培されるのは珍しく、観賞用としての価値もほとんど無い。

〈栽培〉

一年生種はよく均整がとれ密集したドームを形成し、山岳植物愛好家から高く評価され、コンテストのためによく鉢で栽培されている。桶またはロックガーデンでも育つが、涼しい温室内で管理をするとよく育つ。繁殖は新鮮な種子、小さな挿し木あるいは慎重な株分けによって行なう。

Dorstenia foetida

Dorstenia barkeri var. *multiradiata*

Dovyalis caffra

Draba polytricha

Draba bruniifolia

Draba aizoides
一般名：ハリイヌナズナ
☼ ❄ ↔ 10～15cm ↕ 18～30mm
半常緑でマット状に広がる多年生植物で、ヨーロッパ中部および南部、イギリス原産。槍形で堅い葉が密生したロゼットを形成する。鮮やかな黄色の花が直立した滑らかな茎につく。
ゾーン：3～8

Draba bruniifolia
一般名：ドラバ・ブルニフォリア
☼ ❄ ↔ 15～30cm ↕ 6～10cm
地中海地方原産の多年生植物。半常緑性でマット状に広がる。円滑な茎に8～16個の鮮やかな黄金色の花がつく。*D. b.* subsp. *olympica*はトルコ原産で、有毛の花茎に3～8個の花がつく。
ゾーン：5～8

Draba polytricha
一般名：ドラバ・ポリトリカ
☼ ❄ ↔ 10～15cm ↕ 30～40mm
アルメニアおよびトルコ原産の多年生植物。半常緑で、マット状に広がり、細毛のある柄に4～10個の鮮やかな黄色の花がつく。
ゾーン：5～8

DRACAENA
（ドラセナ属）
リュウケツジュ科ドラセナ属には常緑で多年生の低木または大木40種が含まれ、ほとんどが西アフリカ原産である。葉は滑らかで光沢があり剣のような形で、斑入りのものが多い。茎頂の円錐花序に短命の花がつく。刺を持つものもあるが、その他のものはソフトでより低木状である。液果が実る。庭またはコンテナ植物として観賞用に適する。
〈栽培〉
園芸種は、保護された日なたの肥沃で湿気があり水はけの良い土壌、または半日陰か日陰で標準的な鉢用混合土を好む。繁殖はボトムヒートを用いて、茎または先端部か根の挿し木により行う、または春に播種する。

Dracaena draco ★
一般名：リュウケツジュ、ドラセナ・ドラコ
英　名：DRAGON'S-BLOOD TREE, DRAGON TREE
☼ ❄ ↔ 3.5m ↕ 9m
カナリア諸島原産。成長が遅くヤシの樹に似ている。幹は垂直で多数の茎がある。堅い灰色の葉が枝の端につき樹冠を形成する。夏季に、微細な花が咲き、オレンジ色の液果がつく。排水性の良い土壌、温暖で日当たりの良い場所を必要とする。コンテナ栽培に適している。
ゾーン：10～12

Dracaena fragrans
一般名：ドラセナ・フラグランス、ニオイセンネンボク
異　名：*Pleomele fragrans*
英　名：HAPPY PLANT
☼/☀ ❄ ↔ 1.8m ↕ 3～9m
熱帯西アフリカからマラウィ原産で変異に富む種。葉は光沢があり、剣のような形で薄緑色。香りの良い黄色の花が房咲きする。**Deremensis Group**（デレメンシス グループ）(syn. *D. deremensis*) に属する栽培品種は、暗赤色の花を咲かせる。'ロンギー'は、葉の中央に幅広の白いストライプが入る。'ウォーネッキー'の葉は、緑がかった白色で、縁は鮮やかな緑色。*D. f.* 'マッサンゲアーナ' はドラセナとして知られ、鮮やかな緑色の葉にクリーム色から黄色のストライプが中央に入る。ゾーン：9～11

Dracaena marginata ★
一般名：ベニフクリンセンネンボク、コンシンネ
☼/☀ ❄ ↔ 0.9～3m ↕ 2～5m
レユニオン島またはモーリシャス島原産の、直立して分岐する低木または小高木。見事な形態の直立形で、緑色の葉は長く槍形で、細く直立した枝の先端を覆う。屋内および屋外での栽培によく順応する。肥沃で湿気のある土壌を好む。
ゾーン：9～12

Dracaena reflexa
一般名：ドラセナ・レフレクサ
☼ ❄ ↔ 0.9m ↕ 2.4m
もともとはマダガスカルおよびモーリシャス諸島原産の植物だが、現在では熱帯アフリカ原産の植物が結合し、*D. reflexa*として統合された。針金状の茎がからみ合い、槍形の葉は濃緑色となる。春には、夜間に甘い香りがするクリーム色の花が咲く。蛾によって授粉される。初夏には鮮やかな赤色の液果が実る。'ソング オブ インディア'の葉は斑入りで、幅広く乳白色で縞柄の覆輪が入る。
ゾーン：10～12

Dracaena sanderiana
一般名：ドラセナ・サンデリアーナ、ギンヨウセンネンボク
英　名：RIBBON PLANT
☼ ❄ ↔ 40～80cm ↕ 1.5m
カメルーン原産。直立した細い低木。数本の枝のみが基部から出る。葉は豊かな濃緑色で槍形、白い縁取りが入る。
ゾーン：9～11

DRACOCEPHALUM
（ムシャリンドウ属）
シソ科ムシャリンドウ属には、一年生および多年生の矮小型低木、45種ほどが含まれる。ほとんどがヨーロッパおよびアジアに見られるが、アフリカ北部およびアメリカ合衆国で見られるものもある。葉は対生で単葉、縁に鋸歯または欠刻がある。花は通常濃青色からバイオレットブルーで、分岐した茎の末端の穂状花序に輪生でつく。筒形で2枚の唇弁があり、下唇には3つ、上唇には2つ裂片がある。芳香性のものもある。
〈栽培〉
日なたで肥沃な水はけの良い土壌を好む。多年生植物の繁殖は挿し木または株分けから行い、一年生のものは種子から行なう。

Dracaena fragrans 'Massangeana'

Dracaena draco

Dracaena reflexa 'Song of India'

Dracocephalum ruyschianum

☀ ❄ ↔30〜45cm ↕30〜60cm

ヨーロッパ中部およびロシア原産の多年生植物。茎は直立し、葉は細い。夏季には、青色から薄紫色、時としてピンク色または白色で2〜6個輪生した花が、茎頂の穂状花序に密生して咲く。

ゾーン：3〜9

DRACOPHYLLUM
（ドラコフィルム属）

エパクリス科ドラコフィルム属は、常緑性の高木および直立で平伏性の低木で、48種が含まれる。長くイネ科植物のような葉が、枝の先端に密生した群生を形成する。5枚花弁の極小さな花が単生、あるいは総状花序でつく。約35種がニュージーランド原産で、残りはオーストラリアおよびニューカレドニアで見られる。森林および低木林の中で育ち、高地で育つものも多い。

〈栽培〉

ススキノキの印象的な形状で園芸種の中でも興味深いが、成長が遅く、栽培が非常に難しい場合がある。砂質の砕けやすい土壌と完璧な排水環境を必要とする。乾燥させるべきではないが、根腐れを起こす可能性があるので灌水のし過ぎには気をつける。冷温帯では、温室あるいはコンサバトリーで栽培すると良い。繁殖は通常、秋に播種する。挿し木を根付かせるのは難しい。

Dracophyllum traversii

一般名：マウンテンネイネイ
英　名：MOUNTAIN NEINEI

☀ ❄ ↔2m ↕9m

ニュージーランドのサウスアイランドの高山地域原産。枝は暗い茶色で直立、ひも状の葉が茎頂に群生する。春季に、ごく小さな花が枝の先端にある円錐花序に密集する。栽培は難しく、成長は極端に遅い。ゾーン：7〜9

DRACULA
（ドラクラ属）

冷涼地域で育つ複茎性のラン科植物。マスデバリア属と近縁で、かつてはこの大型で多様な属に含まれていた。大多数、ほぼ100種がコロンビア西部およびエクアドルの湿気があり高地の雲霧林に生息している。赤道に近く四季が無いため、植物は1年中気候条件と日中の長さが同じという状況を体験する。ほとんどの種において、植物習性は非常に類似しており、葉は単葉、幾分多肉質で直立したへらのような形状となる。花は顕著で、大半は極小の花弁が「目」となった「顔」のように見える。ドラクラ ハイブリッドの栽培数は増加している。栽培が容易なためである。マスデバリア属との交雑により、ドラキュバリア属が作出された。

〈栽培〉

冷涼な環境を必要とし、条件が適合していないとすぐにしおれる。日中の気温が26℃（79°F）以上になることを嫌い、夜間の最低気温は12℃（54°F）であることが好ましい。栽培植物が繁茂している場合、このようにかなり狭い気温範囲が観察されるはずである。常に空気が循環していることと高湿度が要求される。成功した栽培家のほとんどが、生きたミズゴケの中で植物を栽培している。多くの種が下垂した花序を持っているため、ハンギングバスケットあるいはメッシュの鉢を使用する。ほとんどの種は70%の日陰に適し、特に高温を伴う明るい日差しを必要としない。花が大きく華やかで奇異なため、栽培者はこの属を植える際に囲いを変えたり新しく作ったりすることが多い。花は高温でしおれるが、冷水を吹きかけると水分を取り戻すことができる。繁殖は株分けによって行なう。

Dracula tubeana

Dracula velutina

Dracula tubeana

☀ ⚹ ↔10〜40cm ↕10〜40cm

エクアドル原産。滑らかで中型の白い花が咲き、赤茶色の独特な縁取りがある。萼片の縁に微細な毛が生える。

ゾーン：10〜11

Dracula velutina

☀ ⚹ ↔10〜40cm ↕10〜40cm

コロンビア原産で、小形の花が咲く。暗紫色の尾が付いた白い花が萼片につく。

ゾーン：10〜11

DRIMYS
（ドリミス属）

小型のシミモドキ科を構成する5つの属うちのひとつ。その起源は恐竜時代の、最古の顕花植物の進化にさかのぼる。南アメリカ、メキシコの高山地域および中央アメリカ原産。常緑性の低木および小高木6種が含まれる。他の20〜40種のオーストラレーシアおよび東南アジア原産種はドリミス属に含まれることが多かった。しかし、ごく最近の所見によりこれらは別のタスマニア属に含まれることが裏付けられた。堅い単葉、鋸歯や欠刻も無く、らせん状に配列され、成長が止まる季節に向けて密集し、新葉は赤色のものが多い。春季には星形の白色またはクリーム色の花が散形花序のように群生する。樹皮は芳香性で辛いコショウのような味がする。ヨーロッパ人に初めて発見されて以来、壊血病の治療に効果的だと信じられてきた。保護された場所で繁茂する。

〈栽培〉

ほとんどの種が完全に耐霜性があるわけではなく、−10℃（14°F）までで短期間なら耐性がある。日なたまたは半日陰で、湿気はあるが水はけの良い肥沃な土壌で栽培する。繁殖は夏季に半熟枝の挿し木をする、または秋に種子が熟したらすぐに鉢に播種し、冬の霜から保護する。

Drimys winteri ★

一般名：ウィンターズバーク
異　名：*Wintera aromatica*

Drimys winteri

英　名：WINTER'S BARK

☀/☀ ❄ ↔9m ↕15m

メキシコ、チリおよびアルゼンチン原産で芳香性の樹木。葉は光沢があり濃緑色の槍形で、裏面は薄青色から白色となる。春から初夏にかけて、芳香性で乳白色の花が20個集散花序につく。

ゾーン：8〜9

DROSANTHEMUM
（ドロサンテムム属）

南アフリカおよびナミビア原産の多肉植物で、ハマミズナ科に属し約90種の多年生植物と、多くの匍匐性植物が含まれる。小山を形成するまたは低木となるものもある。葉は多肉質で切片は円筒状、極小の突出部で覆われた、小形のものが多い。密集してカーペット状になり、花の占める割合に魅力がある。花はめったに大きくはならないが、非常に多く、白色もしくはさまざまな色調のピンク、紫色、黄色、オレンジ色または赤色の無地で、通常晩春に開花する。

〈栽培〉

耐寒性は多様だが、大半は度重なる霜には耐性が無い。広々とした日当たりの良い場所で、水はけが良く少し多めに腐植質を含んだ砂質の土壌に植える。開花期に、自然の降雨のみで生存が難しいようなら灌水する。繁殖は種子、挿し木または取り木によって行なう。

Drosanthemum speciosum ★

☀ ⚹ ↔100cm ↕60cm

南アフリカのケープ地方原産の低木で、茎は直立し分岐している。葉の表面は結晶質。花は大形で深いオレンジレッド、時として紫みを帯び、中央は緑色、花弁が多く有毛。

ゾーン：9〜11

Dracocephalum ruyschianum

*Dracophyllum traversii*の自生木、ニュージーランド

DROSERA
（ドロセラ属）

英　名：SUNDEW

南極大陸以外すべての大陸で見られる植物で、130種以上の肉食植物からなる多様な属。ドロセラ属はモウセンゴケ科に属し、同科にはハエトリグサ（*Dionaea muscipula*）も含まれる。種のほぼ半分がオーストラリア原産だが、南アメリカの沼地、ニュージーランドの雪に覆われたアルプスおよびボルネオの多雨林でも見られる。大きさと形状が豊富なのと同様に習性もさまざまである。触毛を帯びた葉は、直立、よじ登り、扇形またはロゼット状になる場合もある。全種が同様に獲物を罠にかける。モウセンゴケの葉の赤色の触毛上にきらきら光り粘着性がある露状の液体に、昆虫が引き寄せられる。自由になろうともがいて、体がより粘着性のある触毛に触れると罠にかかる。完全に捕獲するために葉が昆虫の周りに巻きつく種もある。長い時間をかけて、消化酵素が昆虫の体の軟質の部分を分解し、巻きついた葉が元に戻り昆虫の残骸は風に飛ばされる。

〈栽培〉

ドロセラ属の生育環境はさまざまだが、以下のように4つのおおまかなグループに分類される。熱帯および温帯地域の両方で成長する種もある。種の多くが葉刺しにより容易に育つ。

Tropical species（熱帯種）：日陰でミズゴケまたは水トレーに置いた鉢で栽培する。高湿度を必要とする。温度が15℃（59℉）以下にならない場所が良い。

Subtropical species（亜熱帯種）：多くの種が容易に栽培できる。泥炭3に砂2の割合の混合土を用い、土壌の湿気を保つ。日なたから半日陰。軽い霜に耐性のある種もあるが、寒冷地域では一年生として取り扱うのが最良である。温室または日当たりの良い窓台で栽培する。

Temperate species（温帯種）：泥炭3に砂2の割合の混合土を用いる。水の中にコンテナを置く。温帯ではHなた、温暖な地域では半日陰に置く。通常は冬季に休眠する。

Tuberous species（球根種）：泥炭3に砂2の割合の混合土を用いる。原生種の生育地（大半の球根種はウェスタンオーストラリア州原産）は、夏季は暑く乾燥し植物は夏季の休眠状態となるため、この期間は鉢をドライに保ち直射日光に当てないようにする。冬季および発芽時はトレーによる灌水を開始する。霜から保護する。

Drosera adelae

Drosera adelae

一般名：ドロセラ・アデラエ、ツルギバモウセンゴケ

英　名：LANCE-LEAFED SUNDEW

☀ ⚘ ↔25cm ↕20cm

オーストラリア、クイーンズランド州北部の海岸原産。葉は幅の狭い披針形で、まばらに触毛がある多年生草本。春から夏にかけて、極小だが美しい赤色の花が咲く。熱帯種（〈栽培〉を参照）。

ゾーン：10〜12

Drosera aliciae

一般名：ドイツモウセンゴケ、ドロセラ・アリキアエ

☀ ⚘ ↔5cm ↕2.5cm

南アフリカのケープ地方原産。ロゼット形のドロセラ。葉は緑色のへら形で、密集した赤い触毛を帯びる。ピンク色から紫色の花が無葉の柄につく。温帯種から亜熱帯種（〈栽培〉を参照）。

ゾーン：9〜11

Drosera binata

一般名：ドロセラ・ビナタ、サスマタモウセンゴケ

英　名：FORKED SUNDEW

☀ ❄ ↔20cm ↕30cm

オーストラリアの東海岸およびニュージーランド原産。多様で、葉身がすべて「Y」形に分岐する。葉は細長く緑色から黄色で、密集した触毛を帯びる。温帯種から亜熱帯種（〈栽培〉を参照）。

ゾーン：8〜10

Drosera capensis

一般名：アフリカナガバモウセンゴケ、ドロセラ・カペンシス

英　名：CAPE SUNDEW

☀ ❄ ↔15cm ↕15cm

栽培が容易なモウセンゴケの1種。南アフリカのケープ地方原産で、この地方の沼地、湿地、湿潤の草原で成長する。細長い緑色の葉は細かく赤い触毛を帯びている。葉の先端は丸まり、罠にかかった獲物に巻きつく。年数を経ると先端に緑色の葉がついた木質の幹ができる。春には、無葉の柄にかわいいピンク色の花が咲く。冬季の休眠はしない。温帯種から亜熱帯種（〈栽培〉を参照）。

ゾーン：8〜11

Drosera capillaris

一般名：アメリカモウセンゴケ、ドロセラ・カピラリス

英　名：PINK SUNDEW

☀ ⚘ ↔8cm ↕5cm

アメリカ合衆国南部、中央アメリカおよび南アメリカ原産でロゼットタイプのモウセンゴケ。葉は緑色のへら形で、赤い触毛を帯びている。春季に小さな薄ピンク色の花が咲く。亜熱帯種（〈栽培〉を参照）。

ゾーン：9〜12

Drosera erythrorhiza

一般名：ドロセラ・エリスロリザ

英　名：REDINK SUNDEW

☀ ⚘ ↔10cm ↕2.5cm

ウェスタンオーストラリア州南西部の広々とした雑木林に生息するロゼット形のドロセラ。緑色から赤色の葉は基部から先端まで中央がくぼんでいる。10cmほどの茎に30個ほどの白色の花がつく。球根種（〈栽培〉を参照）。

ゾーン：9〜11

Drosanthemum speciosum

Drosera binata

Drosera capensis

Drosera pulchella

Drosera montana var. *schwackei*

Drosera pygmaea

Drosera schizandra

Drosera indica

Drosera spatulata

Drosera zonaria

Drosera filiformis
一般名：イトバモウセンゴケ、
ドロセラ・フィリフォルミス
英　名：THREADLEAF SUNDEW, DEW THREAD
☼/☾ ❄ ↔30cm ↕50cm
主な亜種は2つある。*D. f.* subsp. *filiformis*は、アメリカ合衆国東海岸原産の直立した種。茎は短く、微細な葉はまっすぐでシダ状。無葉の柄が1〜3本あり、各柄に25個ほどの小さなピンク色の花がつく。*D. f.* subsp. *tracyi*は、アメリカ合衆国のガルフ・コースト原産。葉はより大形で、やや大きなピンク色の花が咲き、冬季は休眠する。温帯種から亜熱帯種（〈栽培〉を参照）。ゾーン：8〜11

Drosera indica
一般名：ドロセラ・インディカ、ナガバノイシモチソウ
☼ ❅ ↔20cm ↕15cm
アジア、アフリカおよびオーストラリア原産。葉は細長く緑色で匍匐性の茎につく。ピンク色または白色の花が無葉の柄につく。熱帯種（〈栽培〉を参照）。ゾーン：9〜12

に黄緑色。亜熱帯種（〈栽培〉を参照）。ゾーン：9〜12

Drosera petiolaris
一般名：ドロセラ・ペティオラリス
英　名：WOOLLY SUNDEW
☼/☾ ❅ ↔10cm ↕6cm
オーストラリア北部およびニューギニアの、非常に湿気があり、植物が休眠する冬季に乾燥する土壌に見られる。（栽培種においては、土壌が湿っていると植物は休眠しない）ロゼットタイプのドロセラで、盾形の葉が細い緑色の柄につき、鮮やかな赤色の触毛が縁を覆う。春から夏にかけて、白色または暗いピンク色の花が咲く。熱帯種（〈栽培〉を参照）。ゾーン：9〜12

Drosera pulchella
一般名：ドロセラ・プルチェラ
英　名：PRETTY SUNDEW
☼ ❅ ↔30mm ↕12mm
ウェスタンオーストラリア州の沼地、湿ったピートや砂地で見られる。ロゼットタイプのモウセンゴケで、触毛がある葉は丸く緑色で幅広の柄につく。春季には無葉の柄に1〜3個の花がつく。メタリックな光沢がある白色、ピンク、オレンジあるいは暗赤色のものもある。暑く乾燥した夏季に、野生種は休眠するが、栽培種においては湿気を保っていれば休眠しない。亜熱帯種（〈栽培〉を参照）。ゾーン：9〜11

Drosera intermedia
一般名：ナガエノモウセンゴケ、
ドロセラ・インターメディア
☼ ❄ ↔8cm ↕10cm
主にヨーロッパおよび北アメリカに分布する。ロゼットタイプのドロセラで、生息地により温帯種と亜熱帯種の両方がある。温暖な気候の場所では、20cmほどの高さに成長し、冬季の休眠はしない。中央の茎から長楕円形の葉が放射状につく。極小の白い花が咲く。沼地で湿気のある土壌で育ち、浅い水の中でも成長する。温帯種（〈栽培〉を参照）。ゾーン：6〜11

Drosera linearis
一般名：ドロセラ・リネアリス
☼ ❄ ↔5cm ↕5cm
アメリカ合衆国北部およびカナダのアルカリ性の湿地に見られる。葉は細く直立し非常に暗い緑色で、細かい赤色の触毛を帯びている。夏季には白色で極小の花が咲く。*D. rotundifolia*や*D. anglica*の生息地でよく見かける。温帯種（〈栽培〉を参照）。ゾーン：6〜10

Drosera montana
一般名：ドロセラ・モンタナ
英　名：MOUNTAIN SUNDEW
☼ ↔25mm ↕12mm
小型でかわいい、ブラジル原産のロゼットタイプのドロセラ。葉はくさび形で緑色から赤色で、鮮やかな赤い触毛を帯びている。春には小形で白色の花が咲く。*D. m.* var. *schwackei*の葉は、一般

Drosera pygmaea ★
一般名：ピグミーモウセンゴケ
英　名：PYGMY SUNDEW
☼/☾ ❅ ↔18mm ↕12mm
オーストラリアおよびニュージーランドの湿った砂地原産。基部のロゼットから出た短い柄に、緑色から赤色の丸い葉がつく。花は極小の白色で、春季には無葉の柄に4個ほどつく。栽培しやすい。亜熱帯種（〈栽培〉を参照）。ゾーン：8〜10

Drosera rotundifolia
一般名：モウセンゴケ、ドロセラ・ロツンディフォリア
英　名：ROUND-LEAFED SUNDEW
☼ ❄ ↔10cm ↕5cm
温帯地域に幅広く分布するモウセンゴケで、アジア、ヨーロッパおよび北アメリカのミズゴケ湿原に見られる。杯形の葉が細い柄につく。春から夏に、極小で白色からピンク色の花が無葉の柄につく。温帯種（〈栽培〉を参照）。ゾーン：3〜9

Drosera schizandra
一般名：ドロセラ・シザンドラ
英　名：NOTCHED SUNDEW
☾ ❅ ↔8cm ↕10cm
オーストラリア、ノースクイーンズランド州の湿地原産の、ロゼットタイプのモウセンゴケ。葉はスプーンの形をした緑色で、端に切れ込みがあるものもあり、赤い触毛が散在している。地味な白い花は葉よりやや短く、無葉の柄につく。熱帯種（〈栽培〉を参照）。ゾーン：9〜12

Drosera spatulata
一般名：コモウセンゴケ、ドロセラ・スパツラタ
☼/☾ ❄ ↔5cm ↕2.5cm
オーストラリア、ニュージーランドおよびアジアの一部地域原産。湿地帯の湿った土壌に生息するロゼットタイプのモウセンゴケ。葉は緑色から赤色でスプーンのような形をし、赤い触毛を帯びている。葉の色は受光量による。1〜2本の直立した無葉の柄に、小形で白色からピンク色の花が最高で15個つく。温帯種から亜熱帯種（〈栽培〉を参照）。ゾーン：8〜10

Drosera zonaria
一般名：ドロセラ・ゾナリア
英　名：PAINTED SUNDEW
☼ ❄ ↔8cm ↕2.5cm
ウェスタンオーストラリア州原産のモウセンゴケ。短い柄に丸い葉がつき、ロゼット

Dryandra polycephala

Dryandra quercifolia

に重なる。緑色の葉は、通常、縁が赤い。花は白色だが、めったに咲かない。球根種（〈栽培〉を参照）。ゾーン：8〜10

DROSOPHYLLUM
一般名：ドロソフィルム属

英　名：DEWY PINE、PORTUGUESE SUNDEW
モウセンゴケ科に属し、肉食植物1種のみが含まれる。ポルトガル種のモウセンゴケは、スペイン、モロッコおよびポルトガルに見られる。小型の多年生低木で、沿岸丘陵地帯の乾燥した砂地の土壌で成長する。短丈のモミノキ（*Pinus Pinaster*）の間で見られることも多い。露を帯びたような外見は、粘液の滴が葉についているためである。名前はギリシャ語から派生しており、*Drosos*は露で、*phyllon*は葉を意味している。液体の粘性が非常に強いため小さな昆虫が葉の罠に捕われる。その後、葉は消化酵素を分泌し、酵素が獲物の軟組織を溶かす。

〈栽培〉
砂3にピート1の割合の混合土で栽培する。15cmの素焼きの鉢に対して、小さじ1杯の石灰石またはドロマイトを加える。生ミズゴケの入ったプラスチックの容器に素焼きの鉢を入れて日向に置く（プラスチックの容器は大きな排水穴があるものを使用する）。腰水によって給水させ、上部からは灌水しない。1カ月のうち1日は容器の水を抜くこと。枝の間から小苗が頻繁に現れ、10〜12枚の葉がついたら摘取して植えることができる。茎を発根ホルモンに浸し、砂1にピート2の割合で混ぜた用土に植える。

Drosophyllum lusitanicum
一般名：イシモチソウモドキ、ドロソフィルム・ルシタニクム

☼ ❄ ↔40cm ↕30cm
基部は木質。最高100本までつく細長い緑色の葉は、赤色の粘液に覆われている。ドロセラ属とは異なり葉は外側にはカールしないが、中心に向かってカールする。春季に鮮やかな黄色の花が咲く。ゾーン：8〜10

DRYANDRA
（ドリアンドラ属）

ウェスタンオーストラリア州原産で、花が美しい常緑性低木。約60種が含まれる。ヤマモガシ科に属し、バンクシャに近縁でその属の植物と多くの類似点がある。装飾性が高いゆえに栽培される。葉には欠刻または鋸歯があり、円形の花は黄色、黄金色、ブロンズと色彩豊富である。冬季に開花する種もある。この花は蜜を摂食する鳥にとってはもっとも魅力があり、内側の配列も美しい。ドリアンドラは冬季に降水し夏季は著しく乾燥する温暖地域の原産。多くの種はコンテナ栽培可能である。霜には弱い。

〈栽培〉
水はけが良いことが不可欠で、日なたまたは半日陰に置く。乾燥した中性または酸性で、硝酸塩およびリン酸塩の含有量が低い土壌を好む。密集して成長させるために、若木のうちは先端を剪定し、花後は軽く剪定する。繁殖は春季に播種する。

Dryandra formosa
一般名：ドリアンドラ・フォルモーサ

英　名：SHOWY DRYANDRA
☼ ❁ ↔2m ↕3m
ウェスタンオーストラリア州の極南の沿岸地域原産。切花として高く評価される。葉は濃緑色で細長く、刺つきで三角形の浅裂があり、下面はやや白色。花は丸くほぼメタリックなゴールドで、冬から春にかけて開花し、大量の蜜を生産する。かなり厳しい剪定にも耐性がある。ゾーン：9〜11

Dryandra polycephala
英　名：MANY-HEADED DRYANDRA
☼ ✱ ↔2m ↕3.5m
ウェスタンオーストラリア州のパースおよび小麦生産地帯の原産。細長い葉には一定の間隔で刺つきの浅裂がある。冬から春にかけて、レモンイエローの花が枝に沿ってつく。室内のアレンジメント用には花と葉の枝を切ると良い。ゾーン：9〜11

Dryandra praemorsa ★
英　名：SEA-URCHIN DRYANDRA
☼ ❁ ↔3m ↕3m
ウェスタンオーストラリア州のパース地方で見られる低木。枝は有毛で刺に覆われ、セイヨウヒイラギのような濃緑色の葉は下面がやや白色。上部の葉は各花の基部周辺に衿のようにつく。冬から春にかけて、大形でゴールデンイエローの花が咲く。株姿を保持するために定期的に剪定する。ゾーン：9〜11

Dryandra quercifolia
英　名：OAK-LEAF DRYANDRA
ウェスタンオーストラリア州南部のエスペランス地方原産。新芽はフェルト状で、濃緑色の葉には刺つきの浅裂がある。花は玉虫色がかった黄色と緑色で、開花期は冬から春。花の周りを衿のように花葉が囲む。栽培および切花に最適な種である。ゾーン：9〜11

DRYAS
（チョウノスケソウ属）

英　名：MOUNTAIN AVENS
北極および北半球の高山地域原産の常緑でマット状に広がる低木。バラ科に属し3種のみが含まれる小さな属である。夏季には比較的大きな白色またはレモン色の花をつける。葉にはきれいな光沢があり、種子は大形で綿毛状。植物名はギリシャ神話の森の精に由来している。ギリシャ神話においてカシは神聖なものであり、カシのような形の葉について言及したものである。

〈栽培〉
チョウノスケソウ属の低木は、非熱帯のロックガーデンまたは敷石のすき間の、日当たりが良く湿気がある場所を好む。マット状に広がる習性があり、冬季には葉が銅色になることから、小さな鱗茎を覆うグラウンドカバー植物として理想的である。繁殖は株分け、挿し木または新鮮な種子の播種によって行なう。

Dryas octopetala ★
一般名：チョウノスケソウ

英　名：MOUNTAIN AVENS
☼ ❄ ↔100cm ↕8〜10cm
北ヨーロッパの種。葉には光沢がありカシのような形状で、やや白い下面は冬に赤褐色に変わる。夏季に白い花が咲く。種子の上部は綿毛状となる。ゾーン：3〜9

Dryas × suendermannii
☼ ❄ ↔100cm ↕8〜15cm
*D. drummondii*と*D. octopetala*の園芸交雑種。夏季にはクリームイエローでわずかに下向きの花が咲く。ゾーン：3〜9

DRYOPTERIS
（オシダ属）

英　名：BUCKLER FERN、SHIELD FERN、WOOD FERN
オシダ科オシダ属に含まれるのは約200種で、北半球温帯地域の森林や野原、湿地で見られる。オシダ属には、観賞用庭園のための良質のシダ類が多数含まれている。緑色の葉は直立でアーチを描いているところが魅力的である。大半の草本性植物と共にボーダー花壇に植えるとよく成長する。多くの種は先端が鱗状となり、春にはほぐれて葉となり劇的な美しさを見せる。

〈栽培〉
大半の種が落葉性だが、気候が穏やかな地域では落葉しない。シダ類は回復力があるため栽培は容易で、わずかな日光があればやせて乾燥した土壌でも育つ。繁殖は堅くなったばかりの堅くなったばかりの胞子から行なう。

Dryas octopetala

Dryandra praemorsa

Dryopteris affinis
ドリオプテリス・アッフィニス
英　名：GOLDEN MALE FERN
☀ ❄ ↔70〜90cm ↕90cm
イギリスを含めヨーロッパおよびアジアの一部地域原産の落葉性のシダ。春季には垂直した葉が現れる。初めは茶色がかった緑色だが、葉がほぐれる頃には青々とした豊かな緑色に変わる。'クリスパ グラシリス'は常緑で矮小形。葉には小葉が密集し、先端は濃緑色となる。'クリスタタ アングスタタ'は優雅なシダで、羽飾りのような葉は細長く上品でアーチ型。'ピンデリ'の葉は羽のような形状ではないが、幅狭の緑色で先端は鋭角。
ゾーン：6〜8

Dryopteris affinis

Dryopteris carthusiana

Dryopteris × complexa

Dryopteris carthusiana
一般名：ナローバックラーファーン
異　名：*Dryopteris maderensis*
英　名：NARROW BUCKLER FERN
☀ ❄ ↔30cm ↕60cm
ヨーロッパ原産で繊細な外見のシダ。葉は薄いライムグリーンの槍形で群生する。匍匐性で地面を覆う習性がある。湿気を好み沼地でよく育つ。
ゾーン：6〜10

Dryopteris × complexa
☀ ❄ ↔90cm ↕90cm
*D. affinis × D. filix-mas*の交雑種。中型から大型で半常緑のシダで、*D. affinis*に似ている。直立の葉は春に生え変わり、最初は茶色みを帯びた緑色で、成熟すると緑色に変色する。冷涼な地域では冬季に休眠する。ゾーン：4〜9

Dryopteris cristata
英　名：COMMON SHIELD、CRESTED WOOD FERN、NARROW SWAMP FERN
☀ ❄ ↔90cm ↕45〜75cm
ヨーロッパ、アジア北部および北アメリカ東部原産。直立したシダで、葉は細長く緑色で槍形、小葉は短く幅広で傾斜がある。葉の下面に胞子がつく。湿った場所でよく育ち、ゾーン：6〜7では常緑となる。
ゾーン：3〜7

Dryopteris cycadina
一般名：イワヘゴ
異　名：*Dryopteris atrata*
英　名：SHAGGY SHIELD FERN
☀ ❄ ↔45cm ↕60cm
日本、中国、台湾およびインド北部原産。葉は長く濃緑色で細く独特で、葉縁には鋸歯がある。黒色の茎がアーチ型を支えている。水はけの良い土壌を必要とする。
ゾーン：8〜10

Dryopteris dilatata
一般名：ブロードバックラーファーン
異　名：*Dryopteris austriaca*
英　名：BROAD BUCKLER FERN
☀ ❄ ↔90cm ↕120cm
ヨーロッパ北部、西部および中部原産の良く育つシダ。幅広で濃緑色の葉がロゼットを形成する。栽培しやすく、多少の日差しには耐性がある。'クリスパ ホワイトサイド'（ホワイトサイドの幅広のオシダ）は、丈が60cmほどまでしか伸びず、葉は薄緑色で波打っている。ゾーン：5〜8

Dryopteris erythrosora
一般名：ベニシダ
英　名：AUTUMN FERN
☀ ❄ ↔40cm ↕60cm
アジア原産。葉には光沢があり三角形。春はローズピンクで、季節が進むにつれブロンズ色から濃緑色へと変化する。確実に育ち人目を引く種で、栽培は容易。一般的に落葉性である。ゾーン：6〜9

Dryopteris filix-mas
一般名：セイヨウオシダ
英　名：MALE FERN
☀ ❄ ↔60cm ↕120cm
ヨーロッパおよび北アメリカ原産。春季には槍形で緑色の葉が大量につく。根茎を持ち地面に沿って広がる。半日陰、中性から酸性の土壌を好む。秋季に成長が止まり、冬季に落葉するものもある。'バルネシアイ'は丈の高いシダで、葉は大きくアーチ型でまばらにつく。軽質で乾いた土壌を好み、乾燥した日陰でよく育つ。'クリスパ'は矮小化されたコンパクトな植物で、丈夫で密生し、波立つ葉を持つ。'クリスパ クリスタタ'の葉は薄いライムグリーンの羽状でかなり波立っている。'クリスタタ'の葉はやや密生し、先端が波立つ。'デパウペラタ'はコンパクトなシダで、美しく波打つ緑色の葉が密生し、**Grandiceps Group**（グランディセプス グループ）は、葉の先端に大量の羽飾りがついたような形状で、よく育ち密生するシダ。'グランディセプス ウィルス'は印象的な植物で、葉の先端にフリルのある大きな羽飾りがつく。一度根付くとよく育ち耐性がある。'リネアリス クリスタタ'は矮小形のシダで、葉は濃緑色で幅は狭く短い。デリケートに見えるがとても丈夫である。
ゾーン：4〜8

Dryopteris marginalis
英　名：LEATHER WOOD FERN、MARGINAL WOOD FERN
☀ ⚘ ↔50cm ↕25cm
カナダのケベック州からアメリカ合衆国カンサス州原産。丈夫な常緑性のシダ。短い根茎に青緑色で槍形の葉が直立して群生する。山腹の日陰でよく育つ。
ゾーン：9〜11

Dryopteris sieboldii
一般名：ナガサキシダ
英　名：JAPANESE WOOD FERN
☀ ⚘ ↔50cm ↕50cm
日本原産。光沢のある緑色で掌状の葉を持つ独特のシダ。葉は幅広の槍形。各葉には5〜7枚の小葉がつく。一度根付くと安定する。ゾーン：7〜10

Dryopteris wallichiana
一般名：オオヤグルマシダ
英　名：WALLICHS WOOD FERN
☀ ❄ ↔60〜80cm ↕60〜120cm
ヒマラヤ山脈原産の落葉性のシダ。成熟した葉は濃緑色で、若葉は黄緑色。春季には勢いよく葉が出る。小さい幹があり、草むらのような形状になる。栽培しやすい。ゾーン：8〜11

Dryopteris dilatata 'Crispa Whiteside'

Dryopteris filix-mas 'Crispa Cristata'

Dryopteris cycadina

Dryopteris sieboldii

DUBOISIA
(ズボイシア属)

3種のみの小さな属で、そのうち2種がオーストラリアの固有種、もう1種はニューカレドニアに分布する。ナス科に属し、属名はロンドンの商人Charles du Boisに由来している。彼は17世紀後半イギリス南部に養樹場を持っていた。樹皮はコルク質で、葉は単葉で互生、花は小さな筒形の低木または大木。葉にはアルカロイドが含まれ、薬品の製造に用いられる。そのため、オーストラリアでは薬用として商業栽培が行なわれている。

〈栽培〉
ズボイシア属は、日当たりと水はけが良い土壌を必要とし、定期的な剪定には耐性があり、養分を補給してやると反応する。繁殖は一般的に根の挿し木によって行ない、種子から発芽させるのは難しい。

Duboisia hopwoodii
英 名：PITCHERI、PITURI
↔2.4m ↕2.4m

オーストラリアの乾燥した内陸地に広く分布する。樹皮は茶色みを帯びた黄色から紫色でコルク質となる。葉は濃緑色の線形から披針形。花は鐘形で白色に紫色のストライプが入る。果実は黒色で球状の液果。葉は牛にとっては猛毒となるが、オーストラリア先住民および早期の移住者はその麻薬的効果のために噛んでいた。ゾーン：10〜12

Duboisia myoporoides

Duboisia hopwoodii

Duboisia myoporoides
一般名：ズボイシア・ミオポロイデス
英 名：CORKWOOD、DUBOISIA
↔3m ↕6m

オーストラリアのニューサウスウェールズ州とクイーンズランド州、ニューカレドニアの沿岸地帯原産。樹皮は灰色から黄みがかった茶色でコルク質。葉は薄緑色で無毛、薄い披針形となる。花は白色で、時として藤色に色づくこともあり、鐘形で先端は外側に向かって開く。葉は牛に対して毒性がある。ゾーン：9〜12

DUCHESNEA
(ヘビイチゴ属)

英 名：INDIAN STRAWBERRY、MOCK STRAWBERRY

アジア東部および南部原産の多年生植物で、バラ科に属し2種のみが含まれる。葉には鋸歯があり、3〜5枚の小葉で構成されている。花は5枚花弁で黄色。オランダイチゴ属と近縁で、ヘビイチゴ属の小さな果実はストロベリーに似ていることから英名にその名がついている。キジムシロ属からヘビイチゴ属とオランダイチゴ属を切り離すことは多少正当性があるように思われるが、まだ一般的に認められたわけではない。

〈栽培〉
日当たりと水はけの良い土壌で栽培する。侵襲的傾向があるのでD. indicaを植える場所には注意を払う。繁殖は種子または走出枝の株分けによって行なう。

Duchesnea indica
一般名：ヤブヘビイチゴ
↔1.8m ↕10cm

インドから日本原産で各地に帰化している。長細い走出枝を持ち、侵襲的に地面を覆う植物。葉は濃緑色で3出複葉となる。春季に黄色の花がつく。小さく乾燥した液果は赤色でほのかな香りがある。ゾーン：6〜11

Duchesnea indica

DUDLEYA
(ダドレヤ属)

アメリカ合衆国南西部およびメキシコ西部原産。ロゼットを形成する多年生植物で約40種が含まれる。ベンケイソウ科に属しエケウェリア属と近縁で、かつてはこの属に含まれていた。灰色または灰緑色の葉に白粉がつく。葉は年数とともに枯れるが、残るものもある。花茎は直立の傾向があり、分岐することもある。通常は春に小柄な5枚花弁の花が多数咲く。古株の中にはロゼットを形成するものが多く、太い茎や短い幹を持つ。

〈栽培〉
多くの種が中程度の霜には耐性があるが、冷涼の季節に成長する傾向があるため、冬場は穏やかな気候であることが必要となる。通常は日なたに置くと良いが、わずかな日陰を必要とすることもある。秋と春には灌水するが、他の季節は乾燥を保つ。失敗には根腐れが多いため、砂質で排水性の良い土壌に植える。繁殖は種子、オフセットまたは株分けによって行なう。

Dudleya anthonyii
一般名：ダドレア・アンソニイ
↔80〜100cm ↕100cm

メキシコのバハカリフォルニア州北部および沖合の島々に分布する。葉はほのかに赤く色づく緑色で白粉がつき、乾燥した季節には白粉が乳白色に変化する。花は赤色で基部は黄色。ゾーン：9〜12

Dudleya attenuate
一般名：ダドレア・アッテヌアータ
↔40〜60cm ↕30〜40cm

アメリカ合衆国カリフォルニア州および

Dudleya candelabrum

Dudleya anthonyi

Dudleya attenuata subsp. *orcuttii*の自生種、メキシコ、バハカリフォルニア州

メキシコのバハカリフォルニア州原産。成長は遅く、細く円筒状の葉は粉状の灰色から青緑色でロゼットを形成する。分岐した茎に黄色い花がつく。*D. a.* subsp. *orcuttii*の花は白く、ほのかにピンク色に色づく。ゾーン：8〜11

Dudleya caespitosa
↔40〜60cm ↕60cm

アメリカ合衆国カリフォルニア州の沿岸地方から北はモントレーまで。灰緑色から黄緑色でやや竜骨状の葉が短い茎について叢生し、開いたロゼットを形成する。花は黄色から赤色。ゾーン：8〜11

Dudleya candelabrum
↔35cm ↕35cm

アメリカ合衆国カリフォルニア州およびその島々のいくつかを含む地域の原産。通常は、粉状の灰緑色の葉がついた短い茎のロゼットを単生で形成する。頑丈な花茎に小柄な薄黄色の花が多数つく。ゾーン：8〜11

Duranta erecta

Durio zibethinus

Dyakia hendersoniana

Dudleya farinosa
一般名：初霜
☀ ❄ ↔40〜50cm ↕20〜30cm
アメリカ合衆国カリフォルニア州から北はオレゴン州までの海岸原産。基部で分岐し、小型で粉に覆われた青緑色のロゼットを形成する。太陽の下でロゼットは濃い赤色に色づく。一般的に花茎は短く、鮮やかな黄色の花がつく。
ゾーン：8〜10

Dudleya greenei ★
一般名：ダドレア・グリーニー
☀ ❄ ↔40〜60cm ↕30〜40cm
アメリカ合衆国カリフォルニア州およびその島々の原産。青緑色のロゼットが群生し、ロゼットは粉状でほのかにブロンズに色づく。ロゼットの大きさと比較すると花茎は高く、薄黄色の花がつく。
ゾーン：8〜11

Dudleya hassei
☀ ❄ ↔50〜80cm ↕30cm
アメリカ合衆国サンタカタリナ島原産。粉状で灰緑色、円筒形で先のとがった葉が開いたロゼットを形成し、最終的には短い茎となる。分岐した枝に薄緑色の花がつく。ゾーン：9〜11

Dudleya pulverulenta
一般名：雪山
英　名：CHALK LETTUCE
☀ ❄ ↔50cm ↕100cm
アメリカ合衆国カリフォルニア州およびメキシコのバハカリフォルニア州原産。通常は単生のロゼットを形成する。葉は広く黄緑色で、粉状の白い果粉がつく。頑丈な花茎から分岐し多数の赤い花がつく。
ゾーン：9〜11

Dudleya viscida
☀ ❄ ↔60cm ↕60cm
アメリカ合衆国カリフォルニア州南部原産。細い濃緑色の葉が短茎のロゼットを形成する。葉には芳香性と粘着性がある。ほのかにピンクに色づく白色の花が咲く。
ゾーン：9〜11

DURANTA
(ハリマツリ属)
アメリカ大陸の熱帯および亜熱帯地域、アメリカ合衆国南部、メキシコおよびブラジル原産。クマツヅラ科に属し、堅い木質の観賞用低木で約30種が含まれる。常緑で、寒冷地域を除き青色、白色または薄紫色の花をつける。花は茎頂あるいは葉腋の総状花序または円錐花序につく。開花期は夏。秋または冬に観賞用の果実がなるが有毒である。1種のみが一般に栽培されている。
〈栽培〉
ほとんどの亜熱帯および霜の無い温帯地域の、日なたで肥沃で水はけの良い土壌であれば育つ。単生の幹を持つ小高木として栽培する、あるいは剪定して小から中型の低木を作ることができる。繁殖は春に緑枝先端の挿し木をするか、秋に葉付きの熟枝の挿し木をする。

Duranta eracta
一般名：ハリマツリ、タイワンレンギョウ
異　名：*Duranta repens*、*Duranta plumieri*
英　名：GOLDEN BEAD TREE、GOLDEN DEW DROP、PIGEON BERRY
☀ ❄ ↔2.4m ↕4.5m
熱帯アメリカ原産の常緑性小高木。下垂する枝には鋭い刺がある。花序は5〜12本の総状花序からなり、仲秋にはラベンダーブルーの花を30個ほどつける。萼は紫色。果実は宿存性の萼で囲まれ、初秋には光沢のある黄色でより堅くなる。'アルバ'の花は白色で、'ワリエガタ'の葉には薄黄色の覆輪が入る。
ゾーン：9〜12

Duranta stenostachya
英　名：BRAZILIAN SKY FLOWER
☀ ❄ ↔1.2〜1.5m ↕1.2〜1.8m
熱帯ブラジル原産の常緑性低木。長楕円形から剣形の葉はわずかに鋸歯がある。夏になると、香りが良く、筒状で中形の薄青紫色から紫色の花がつく。オレンジイエローの液果とは対照的である。
ゾーン：9〜11

DURIO
(ドリアン属)
ミャンマーからマレーシア、インドネシアの多雨林の低地原産。パンヤ科に属し28種が含まれる。丈高の高木で、コウモリが夜間飛び回り花に授粉する。全種とも単葉で槍形の葉を持ち、上面は光沢があり、下面は灰色がかり小さな鱗片に覆われている。茎および幹に大形で乳白色の花が群生する。
〈栽培〉
大半の熱帯樹木の種と同様に、種子の生存能力が急激に低下するため、繁殖は新鮮な種子から行なうのが良い。日なたまたは半日陰で、湿気があり腐植質に富み水はけの良い場所で栽培する。ドリアンを除けば、この属の植物はめったに栽培されない。

Durio zibethinus
一般名：ドリアン
英　名：DURIAN
☀ ❄ ↔6m ↕24m
マレーシアおよびインドネシア原産。葉は単葉の槍形、光沢があり緑色で、下面は灰色。古木の短い花序に乳白色またはピンク色花が50個ほどつく。果実は大形で緑色から緑がかったブロンズ色で、鋭い刺に覆われている。ゾーン：12

DYAKIA
(ダイアキア属)
ボルネオ原産の単型で単茎性のラン属でラン科に属する。以前はアスコケントルム属に含まれていた。花の構造が異なるとともに、葉は平らである(アスコケントルム属の場合は深い溝がある)。
〈栽培〉
ダイアキア属の着生植物は非常にコンパクトで、年間を通して暖温から高温で湿気のある状態を必要とする。小型の鉢、コルク板のどちらでもよく育つ。繁殖は株分けによって行なう。

Dyakia hendersoniana ★
異　名：*Ascocentrum hendersoniana*
一般名：ダイアキア・ヘンダーソニアナ
☀/◐ ❄ ↔6〜15cm ↕8〜20cm
ボルネオ原産。温暖な季節の間、熱帯においては年間を通して、この魅力的な種は直立し密集した穂状花序に、鮮やかな薄紅色から深紅色の花をつける。唇弁は対照的な白色。ゾーン：11〜12

DYCKIA
(ディキア属)
パイナップル科に属し120種以上が含まれる。大半がブラジル、アルゼンチンおよびその近隣諸国の原産で、栽培されているのはごくわずかである。叢生する植物で、岩または地面で育つ。通常、葉は三角形の緑色で多肉質、葉縁にはも

Dudleya hassei

Dudleya farinosa

Dudleya viscida

Dyckia choristaminea

Dyera costulata

ろい鋸歯がある。一般的に長い花茎は植物の中央部からは現れない。それは他のパイナップル科の植物のように花後に植物が枯れないことを意味する。花は単生のものと分岐したものがあり、枝には間隔をおいて黄色からオレンジ色の花がつく。
〈栽培〉
水はけの良い砂質の用土ミックスを用い、冷涼気候では温室またはコンサバトリーに入れて、暖温帯、亜熱帯、熱帯では屋外で栽培する。鉢用混合土が乾燥したら灌水する。水はやり過ぎないこと。繁殖は種子またはオフセットから行なう。

Dyckia choristaminea
一般名：ディキア・コリスタミネア
☀ ❄ ↔20cm ↕25cm
ブラジル南部原産。小さな群を形成する植物で、葉は小形で細く薄緑色、長く柔軟な鋸歯がつく。花はほぼ球形で、上向きの黄色い花がつく。非常に良い香りがする。鉢栽培には理想的な大きさである。
ゾーン：9〜11

Dyckia remotiflora
一般名：ディキア・レモティフロラ
☀ ❄ ↔40cm ↕100cm
ブラジル南部からアルゼンチン原産。成長は遅く、叢生する植物。葉は細く三角形で濃緑色。花は単一茎で、数個の黄色い花がさまざまな方向を向いて咲く。主に広々としたロッケリーで栽培される。
ゾーン：9〜11

DYERA
（ディエラ属）
キョウチクトウ科に含まれる熱帯の属。常緑性高木で材木として重要なものもある。高い樹冠を形成し、幹は丈夫で滑らか、温帯気候の樹木の中でよく見られる。楕円形の葉は単葉で全縁、小柄な花をつける些細な花序がつく。滲出する白色の樹液は商業利用される。
〈栽培〉
庭で栽培されることはほとんど無いが、材木および樹液用としてある程度栽培されている。ディエラ属は熱帯地域のみに生息し、湿気があり深層で、腐植質に富む土壌で、年間を通して湿気が保たれることを好む。節の無い強力な幹を作るために、若木の場合は低部の枝を刈り込む。繁殖は種子または半熟枝の挿し木により行なう。挿し木用土に刺す前に滲出物を乾かすとよく根付く。

Dyera costulata
一般名：ジェルトン、クワガタノキ
英　名：JELUTONG TREE
☀ ✈ ↔9m ↕60m
マレー半島、ボルネオおよびスマトラ原産。樹高27mほどで基部の幹がまっすぐな印象的な樹木。木材として高く評価され、内装家具や小物に用いられるが、耐久性と強度には欠ける。ゾーン：11〜12

DYMONDIA
（ディモンディア属）
南アフリカ原産でキク科に属し、1種のみが含まれる。常緑でマット状に地面を覆う植物で、夏から秋にかけて大形で無柄の黄色い花が咲く。南アフリカの植物学者Margaret Dymondにちなみ、名字が属名に、名前は学名に用いられている。
〈栽培〉
湿気がある土壌から乾燥した土壌で日当たりが良い場所を好み、ごくわずかな霜には耐性がある。小さい鱗茎の上を覆うグラウンドカバー植物として、あるいは敷石のすき間で育てる植物としては理想的である。繁殖は株分けによって行なう。

Dymondia margaretae
☀ ❄ ↔50〜100cm ↕30〜40mm
南アフリカ原産。常緑でマット状に広がる植物で、広がりながら根を下ろす。葉は細く灰緑色で縁は波形。葉の下面は白色。葉縁がわずかにカールしているため斑入りのようにも見える。温暖の季節を通して黄色いヒナギク状の花が葉の間につく。ゾーン：10〜11

DYPSIS
（ディプシス属）
異　名：*CHRYSALIDOCARPUS*、*NEODYPSIS*
ディプシス属は羽状複葉のヤシ類で、ヤシ科に属し140種が含まれる。大半がマダガスカル原産で、2種がコモロ諸島原産、1種はタンザニアのペンバ島原産となる。成長形態としては、茎の太さが鉛筆ほどで草のような葉をつける小さな下生えのヤシから、林冠より高くそびえる重厚なヤシまでとなる。茎は単生のものと群生のものがある。葉は基本的には羽状で、2枚の裂片に分岐する葉を持つ種もある。葉幅の広いものはほとんどなく、多くはヤシのような形状の葉を持つ。通常、幹は滑らか。花は円錐花序で葉の基部の下につき、小柄な緑色、クリーム色または黄色の花（ごくまれに赤）を咲かせる。果実は種子を1つ含む石果。
〈栽培〉
栽培方法は種によって異なるが、いずれの種も霜への耐性は無い。丈夫な種は屋外の直射日光が厳しい環境でも成長し、繊細な種は日陰と湿度を必要とする。照度が低すぎない限り、大半の種は室内植物として栽培できる。繁殖は通常、種子から行なうが、群生した *D. lutescens* は株分けが可能である。

Dypsis decaryi
異　名：*Neodypsis decaryi*
一般名：ミツヤヤシ
英　名：THREE-CORNED PALM、TRIANGLE PALM
☀ ❄ ↔1.8m ↕6m
マダガスカル極南部産。葉は縦3列に配列し青みがかった灰色で、先端が反曲している。葉鞘および葉柄の下部は、若木のうちは鈍い茶色の毛を帯び、年月とともに灰色になる。幹は太く密に巻き付いている。中庭のタブやプランターボックスに最適である。ゾーン：10〜12

Dypsis lutescens
一般名：ヤマドリヤシ、コガネタケヤシ、アカレヤシ
異　名：*Areca lutescens*、*Chrysalidocarpus lutescens*
英　名：BUTTERFLY PALM、GOLDEN CANE PALM
☀ ❄ ↔1.8m ↕6m
マダガスカル東海岸原産。黄緑色の茎が地上から分岐し、細長い幹がコンパクトに叢生する。葉は反曲し、葉柄と中央脈は黄みがかったオレンジ色となる。円錐花序は分岐し、極小の黄色い花をつける。果実は楕円形で黄色。
ゾーン：10〜12

Dypsis decaryi

Dypsis lutescens

Dymondia margaretae

Echeveria agavoides

Echeveria colorata

Echeveria chihuahuaensis

Echeveria agavoides var. *corderoyi*

EBENUS
（エベヌス属）

ソラマメ科ソラマメ亜科に属し、多年生植物および小低木18種が含まれる小さな属。アジア中央部から地中海地方東部原産で、崖や岩場に生息する。葉は3出複葉または羽状で、細かい絹状のものもある。典型的な蝶形花はピンク色または紫色で、果実は1〜2個の種子が含まれたさく果である。
〈栽培〉
エベヌス属の植物が栽培されることはほとんどないが、暑く乾燥した条件を必要とする。ロックガーデンやボーダー花壇の前面で、暖かく日当たりの良い場所と砂質で完全に水はけの良い土壌で成長する。冬は寒冷で湿り気のある場所では、砂質の用土を用い温室で育てる。繁殖は種子からで、播種する前に硬実処理を行なう。

Ebenus cretica
☀ ❄ ↔60〜90cm ↕60〜90cm
クレタ島原産。魅力的な常緑性低木。葉はシルバーがかった3出複葉。絹状の毛を帯びた穂状花序で、ピンク色の蝶形花が咲く。
ゾーン：7〜9

ECBALLIUM
（テッポウウリ属）

ユリ科テッポウウリ属は、地中海種の匍匐性草本1種のみからなる。葉は三角形から卵形で、掌状の裂片がある。雄花は総状花序で、雌花は単生。両者とも杯形の花床がつく。花冠は基部に管状器官を持ち、5枚の花被片がつく。果実は卵形からほぼ円筒状で熟すと落下し、爆発的に種子を放出する。
〈栽培〉
温帯地域では、初夏に日当たりと水はけの良い場所に実生を移植するが、地中海気候の場所では自家播種し逆に厄介な存在になりかねないので、荒地に限定するとよい。果実は下剤（エラテリウム）として用いられている。

Ecballium elaterium
一般名：テッポウウリ
英　名：SQUIRTING CUCUMBER
☀ ❄ ↔0.9〜1.8m ↕30〜45cm
有毛の茎を持つ短命で広がる多年生植物。葉径は15cmほどで、上部は灰色で剛毛質、下部は薄色でうぶ毛が生える。欠刻が5箇所入り葉縁は波打つ。雄花序の長さは40cm。花はレモン色。熟した果実は青緑色で、白く粗い剛毛で覆われる。半耐寒性の一年生のように、通常は種子から栽培する。
ゾーン：8〜11

ECCREMOCARPUS
（エクレモカルプス属）
英　名：CHILEAN GLORY FLOWER

南アメリカ原産の常緑性または草本性のつる植物で、ノウゼンカズラ科に属し5種が含まれる。傾いたトランペット形の花の色彩が鮮やかなために育てられる。温暖の季節の間に大量に生産され、1シーズンで庭を埋め尽くすことができるため、すばやく植え込める植物として用いられる。
〈栽培〉
日当たりが良く強風から保護される場所と、湿気はあるが水はけの良い土壌を好む。フェンスやアーチの上に、あるいは大低木や小高木を介して栽培すると良い。霜が降りやすい地域では一年草として扱う。繁殖は種子から行ない、霜が降りやすい地域では霜の後すぐに実生を移植する。温暖気候帯では自家播種し侵襲的となる。

Eccremocarpus scaber
一般名：エクレモカルプス・スカベル
英　名：CHILEAN GLORY FLOWER
☀ ❄ ↔2〜3m ↕3〜4.5m
チリおよびペルー原産。成長が早いる植物で、実際に栽培されているのはこの種のみ。薄緑色の複葉。黄色、オレンジ色または赤色で長さ35mmの筒状の花が房咲きする。開花期は春から夏。野生種の色はオレンジで、この色がもっとも一般的に栽培されている。
ゾーン：9〜10

ECHEVERIA
（エケウェリア属）

エケウェリア属には、ロゼットを形成する多肉植物およそ150種が含まれる。ベンケイソウ科に属し、主にメキシコで、数種は中央アメリカで見られる。属名は18世紀スペインの園芸家Atanasio Echeverria Codoyにちなんで名づけられた。外見はセンペルヴィヴム属に類似し、時として混同されることもあるが、エケウェリア属は全体的に霜への耐性がかなり少なく、乾燥への耐性はヨーロッパの近縁種に勝る。わずかな種を除いて低木またはより葉が多く、多年生植物のようである。全種とも平らだが肉付きが良く、先のとがったスプーン形の葉が、らせん状のロゼットを形成する。花は短い茎につき、茎沿いまたは枝分かれした端につき、単生の5枚花弁で、鐘形構造となる。ピンク色、赤色、黄色またはオレンジ色の花が、通常は春と初夏に咲く。
〈栽培〉
エケウェリア属種の大半が日なた、および霜がほとんど無い穏やかな冬を好む。非常に暑い内陸地においては半日陰を要求することもある。軽く砂質で非常に排水性が良い土壌に植える。春季および開花期には灌水するが、他の時期、特に冬は乾燥を保つ。繁殖は種子、オフセットまたは株分けによって行なう。

Echeveria agavoides ★
一般名：東雲
☀ ❄ ↔20〜30cm ↕15〜20cm
葉は明るい緑色から青緑色で縁が赤く、小形で短茎のロゼットを形成する。葉長は約8cm。分岐した花序には長さ約12mmのオレンジピンクの花がつき、内側は黄色となる。*E. a.* f. *cristata*は多数の小さい葉が対角線上に配置されたロゼットを持つ。*E. a.* var. *corderoyi*（syn. *E. a.* 'レッド エッジ'）は、多数の小さな葉でロゼットを形成し、花序は3方向に分かれ小さな花をつける。
ゾーン：9〜11

Echeveria chihuahuaensis
一般名：エケベリア・チワワエンシス
☀ ❄ ↔30cm ↕25cm
多数の小型ロゼットを形成する。葉は青緑色で白い果粉がつき、先端が赤く色づく。葉長は約40mm。花序は単生または分岐していて、最高で20cmの高さになる。赤色の花で中心が黄色となる。花長は12mmほど。
ゾーン：9〜11

Ecballium elaterium

Ebenus cretica

Echeveria elegans

Echeveria elegans 'Kesselringii'

Echeveria gigantea 'Dee'

Echeveria colorata
☼ ⬦ ↔50cm ↕40cm
葉は薄い青緑色で白い果粉がつき、部分的に赤く色づき、直立したロゼットを形成する。レッドオレンジの花が咲く。
ゾーン：9〜11

Echeveria derenbergii
一般名：静夜
☼ ⬦ ↔20〜40cm ↕15cm
短く分岐した茎に多数の小型ロゼットがつく。葉は薄い青緑色で縁は赤く、長さは5cmほど。花序の長さは約10cmで、縁が赤く黄金色で12mmほどの花が散在する。ゾーン：9〜11

Echeveria elegans ★
一般名：月影
英　名：MEXICAN SNOWBALL, WHITE MEXICAN ROSE
☼ ⬦ ↔30〜40cm ↕15〜20cm
密集した葉に覆われた短茎のロゼットを形成する。ロゼット径は約10cm。薄灰緑の葉は、長さ65mmで白い粉がつく。単生で10〜15cmの花序に、ピンク色で中央が黄金色の花がちょうど10個つく。

Echeveria gigantea ★
一般名：大瑞蝶、エケベリア・ギガンテア
☼ ⬦ ↔50cm ↕1.5〜2m
冬咲きの種で、ゆるやかに開いたロゼットを形成する。ロゼット径は40cmほどで、50cmの分岐していない茎につく。葉は薄緑色で縁が紫色となり、へら形で20cmほど。分岐した花序は2mほどの高さになり、約12mmの深いピンクレッドの花がつく。'ディー'は幅広い青緑色の葉のロゼットを形成し、年数を経たものは太陽光の下で赤く見える。
ゾーン：10〜12

Echeveria × gilva
一般名：エケベリア×ギルバ
英　名：GREEN MEXICAN ROSE
☼ ⬦ ↔30〜40cm ↕35cm
*E. agavoides*と*E. elegans*の交雑種。分岐した短い茎に葉が密集して直径約15cmのロゼットを形成する。緑色の葉は8cm強くらいの長さで、表面は水晶状で縁は半透明となる。分岐した花序は25cmほどの高さになり、小さなピンク色の花がつく。花の上部は黄色。
ゾーン：9〜11

Echeveria harmsii
一般名：花の司
異　名：*Oliveranthus elegans*
☼ ⬦ ↔30cm ↕30〜40cm
分岐した茎を持つ低木で、小型の開いたロゼットが茎の先端に叢生する。全体的に細かい毛を帯びる。細い緑色の葉は縁が赤色で、葉長は5cm。長さ20cmの単生の花序をつける。花序には赤い花が数個つく。花縁および中心は黄色。
ゾーン：9〜11

Echeveria × imbricata ★
一般名：花車
☼ ⬦ ↔30〜40cm ↕30〜40cm
短茎で杯の形をした直径約20cmのロゼットを形成する。幅広で薄く、灰緑色から銀灰色の葉がつく。分岐した花序には、長さ約12mmの地がピンク色で中心が黄色の花がつく。
ゾーン：9〜12

Echeveria leucotricha ★
一般名：白兎耳
☼ ⬦ ↔50〜100cm ↕60cm
分岐し赤く色づく茎を持つ低木。細毛があり幅広のひも状でやや赤みがかった灰緑色の少ない葉が、開いたロゼットを形成する。長さは60cmを超える。単生あるいはわずかに分岐した葉状の花序は40cmほどの高さで、縁が赤みがかった長さ18mmほどのオレンジ色の花を約15個つける。
ゾーン：9〜11

Echeveria nodulosa ★
一般名：紅司
☼ ⬦ ↔30〜50cm ↕40cm
分岐した葉状の茎を持つ低木の種で丈は約20cm。ゆるく開いたロゼットは、細く厚く竜骨状で、長さ5cmほどの縁が赤みがかった薄青緑色の葉で形成される。花序の長さは約30cmで、中心と縁が黄色に色づいたオレンジレッドの花が12個ほどつく。
ゾーン：9〜11

Echeveria pallida
一般名：霜の鶴、桃姫
☼ ⬦ ↔40〜60cm ↕60〜100cm
単茎が叢生し、ゆるく開いた20〜25cm幅のロゼットを形成する。幅広でスプーン形、軽い手触りの薄緑色の葉がつく。葉長は約15cm。花序の高さは60〜90cmほどで、冬季にピンク色の花がつく。
ゾーン：9〜11

Echeveria pallida

'ケセルリンギー'は、青灰色で球形のロゼットを形成する。
ゾーン：9〜11

Echeveria gibbiflora
一般名：エケベリア・ギッビフロラ
☼ ⬦ ↔50cm ↕120cm
直径50cmの開いたロゼットを形成する。茎は分岐せず、丈は30cmほど。葉は幅広で薄青緑色。ほのかに紫がかり縁が波打ち果粉がつく。葉長は35cm。花序は分岐し100cmほどの高さで、赤色の花がつく。花の中央は茶色で、薄紫色の萼がつく。開花期は秋から冬。*E. g.* var. *carunculata*の葉は薄色でかなりゆがみがあり、刺がある。*E. g.* var. *metallica*の葉はシルバーグレーで、メタリックな光沢がある。
ゾーン：9〜11

Echeveria × gilva

Echeveria leucotricha

Echeveria×imbricata、オーストラリア、タスマニア州の小道沿い

Echeveria peacockii ★
一般名：養老

☀ ❄ ↔ 30〜60cm ↕30cm

粉状で薄青灰色のロゼットを形成する。ロゼット径は約15cm。葉は6cm長で赤い縁取りと斑がある。花序は高さ25cmで、薄オレンジ色からピンクレッドの花が20個ほどつく。
ゾーン：9〜11

Echeveria potosina
一般名：星影

☀ ❄ ↔ 30〜40cm ↕15〜20cm

短茎で葉が密集したロゼットを形成する。ロゼット径は約10cm。粉状で薄灰緑色の葉は、ほのかに栗色に色づくものが多い。葉長は約65mm。単生の花序は長さ約10〜15cmで、中央が黄金色で深いピンク色の花を10個ほどつける。
ゾーン：9〜11

Echeveria pulvinata
一般名：錦晃星
英　名：CHENILLE PLANT, PLUSH PLANT

☀ ❄ ↔ 30〜50cm ↕30〜40cm

分岐した茎は小さいロゼットが密集した

Echeveria runyonii 'Topsy Turvy'

Echeveria potosina

エケベリア、HC、'ドンドゥー'

小山を形成する。細かいうぶ毛がたくさん生え、ほんのり赤く色づいた緑色から青緑色の葉がロゼットを形成する。葉長は約5cm。花序の長さは20〜30cmで、縁が赤い黄金色からオレンジ色の花が真冬に15個ほどつく。'ルビー'はベルベットのような手触りの赤い葉を持つ。
ゾーン：9〜11

Echeveria runyonii
一般名：エケベリア・ルンヨニイ

☀ ❄ ↔ 30〜50cm ↕30cm

通常は無茎のロゼットを形成する。ロゼット径は約20cm。スプーン形で粉状の灰青色の葉は、約8cm長。分岐した短い花序は約18mm長で、薄いオレンジピンクの花がつく。'トプシー ターヴィー'★の葉は細く縁や先端が下方にカールしている。
ゾーン：9〜11

Echeveria sayulensis

☀ ❄ ↔ 40〜50cm ↕30〜40cm

茎が低く広がる低木の種。ロゼットはぎっしり葉が詰まり、幅は約25cm。赤い縁取りのある先が尖った青緑色の葉は長さ約15cm。分岐した花序は長さ約35mmで、冬には中央が黄色で地がピンク色の花が30個ほどつく。
ゾーン：9〜11

Echeveria secunda ★
一般名：七福神

☀ ❄ ↔ 30cm ↕30cm

密集した葉で覆われた短茎のロゼットを形成し小山状になる。葉は厚く竜骨状で青緑色、縁は栗色となる。葉長は約8cm。単生の花序は長さ約30cmで、中央が黄色く地が薄オレンジ色から赤色の花が15個ほどつく。*E. s.* var. *glauca* (タカサキレンゲ)の薄い葉は淡い青灰色。*E. s.* var. *pumila*には小柄で細い葉がつく。
ゾーン：8〜11

Echeveria setosa
一般名：錦司晃
英　名：MEXICAN FIRECRACKER

☀ ❄ ↔ 30〜40cm ↕20〜30cm

小さく叢生する種。長さ約5cmの緑色の

Echeveria peacockii

エケベリア、HC、'キルヒネリアナ'

エケベリア、HC、'ファイヤー ライト'

エケベリア、HC、'レース'

葉が10〜15cm幅のロゼットを形成する。葉は細かい白毛で覆われ、年月と共に剛毛質になる。花序の長さは約30cmで、ほのかに赤く色づいた黄色の花が10個ほどつく。
ゾーン：9〜11

Echeveria Hybrid Cultivars
エケベリア交雑品種

☀ ❄ ↔ 10〜45cm ↕15〜60cm

多くの種は自由に交雑することが可能で、幅広いサイズ、花色、成長形態の園芸交雑種がある。'アーリー ライト'の葉は大きく灰色で、ピンク色の斑が入る。縁には多くのフリルが入り、1つのロゼットを形成する。ロゼット径は約40cm。'ドンドゥー'は、*E. dehrenbergii* × *E. setosa*の交雑種で、灰青色の葉のロゼットを形成する。葉は波状縁で先端は尖る。黄金色の花が咲く。'ファイヤー ライト'★は、幅広の葉がロゼットを形成する。葉は青緑色で、急速に成熟し光沢のある深い赤色へと変色する。縁にはフリルがつ

Echeveria potosina

Echeveria hybrid cultivar

Echeveria pulvinata

エケベリア、HC、
'モーニング ライト'

エケベリア、HC、
'パウダー ブルー'

エケベリア、HC、
'プリンセス レース'

エケベリア、HC、
'プルヴ-オリヴァー'

エケベリア、HC、
'バイオレット クイーン'

エケベリア、HC、
ギャラクシー シリーズ、'アポロ'

エケベリア、HC、
ギャラクシー シリーズ、'ファイヤー ストーム'

エケベリア、HC、
ギャラクシー シリーズ、'ネブラ'

エケベリア、HC、ギャラクシー シリーズ、
'スペースシップ'

く。'キルヒネリアナ'は、粉状の薄青灰色で幅約10cmのロゼットを形成する。春季に葉のついた細い茎に、先端がオレンジに色づいた黄色の小さな花がつく。'レース'は似ているが葉にかなり複雑なフリルがある。'モーニング ライト'★は、青緑色で小形のロゼットを形成し、縁はピンク色になる。'パウダー ブルー'★は、明るい青緑色のロゼットを形成する。ロゼット径は約15cm。明るいオレンジ色の花が咲く。'プリンセス レース'は、薄緑色のロゼットを形成する。ロゼット径は約30cm。縁は赤く、激しく縮れている。'プルヴ-オリヴァー'は、低木 *E. pulvinata* × *E. harmsii* の交雑種で、丈は約50cm、明るい緑色の葉が小形で開いたロゼットを形成する。葉は部分的に赤く色づき有毛。薄いオレンジ色の花が咲く。'セット-オリヴァー'（紅輝炎）★は、*E. harmsii* × *E. setosa* の交雑種で、明るい緑色の葉がロゼットを形成する。葉は有毛で厚く、部分的に赤く色づく。高さ40cmの花序にオレンジレッドの花がつく。'バイオレット クイーン'★は、直径15cmほどのロゼットを形成する。ロゼットは薄い青緑色で、ピンク色の縁取りがある。**Galaxy Series**（ギャラクシー シリーズ）は、'プルヴ-オリヴァー'と'セット-オリヴァー'に類似していて、鮮やかなオレンジレッドの花をつける。花弁の先端にはさまざまな大きさの黄色の斑が入る。
ゾーン：9～11

ECHINACEA
一般名：エキナケア属
英　名：CONEFLOWER

キク科エキナケア属は、夏咲きの多年生植物9種を含む。草丈が2mに及ぶものもある。アメリカ合衆国東部原産で、ルドベキア属およびヒマワリ属に近縁である。根茎によって広がり、数年経つと広い区域にコロニーを作るが制御は可能である。葉は単葉で通常は槍形、鋸歯を持つものもある。花序は大型で、舌状花は比較的少なく、深いパープルピンクで下向き。中央にある管状花の花序は暗色となる。乾燥させたエキナセアの根茎および根は薬草として幅広く用いられる。エキナセアは、感染症を撃退する免疫システムの能力を強化すると考えられている。

〈栽培〉
エキナセアは温帯の庭園で自由に育つ。風通しの良い日なたに植え、水はけが良く腐植質に富んだ土壌で夏場は湿気を保てば繁茂する。丈が高くなり支柱が必要となることもある。繁殖は種子、基部の挿し木または株分けによって行なう。自家播種することもある。

Echinacea pallida
一般名：エキナセア・パリダ
英　名：PALE CONEFLOWER、PALE PURPLE CONEFLOWER
☼/◐ ❄ ↔30～60cm ↕60～90cm
アメリカ合衆国中西部原産。栽培が容易な多年生植物。細い濃緑色の葉には平行脈がある。花弁は *E. purpurea* のものより細い。薄紫色から暗紫色までの舌状花の中央部は暗色。開花期は早春から真夏で、野鳥や蝶を誘引する。帰化地またはワイルドガーデンに適合する。*E. p.* var. *angustifolia*（syn. *E. angustifolia*）は深いピンク色から明るい紫色の舌状花を持ち、花は下垂したものが多い。
ゾーン：3～10

Echinacea purpurea
一般名：ムラサキバレンギク、エキナセア・プルプレア、パープルコーンフラワー
異　名：*Rudbeckia purpurea*
英　名：PURPLE CONEFLOWER
☼/◐ ❄ ↔100cm ↕150cm

成長が早く丈夫で直立した茎が叢生する。葉は幅広で鋸歯があり、深い緑色で先が尖った楕円形から槍形。葉長は15cm。深紅色から紫色の舌状花は屈曲し約8cmの長さとなり、暗色の芽から開いたオレンジブラウンの管状花の周りにつく。*E. purpurea* は薬草として幅広く用いられている。'マグナス'★は大形で強烈な色彩の花序を持つ。'ホワイト ラス

Echinacea purpurea 'Magnus'

Echinacea purpurea 'White Swan'

Echinacea pallida var. *angustifolia*

Echinacea purpurea

Echinocereus cinerascens

Echinocactus grusonii

Echinocactus platyacanthus

ター'は草丈80cmで、暗色の管状花に白色の舌状花がつく。'**ホワイト スワン**'★はコンパクトで草丈は50cm、白い花序がつく。
ゾーン：3〜10

ECHINOCACTUS
（エキノカクトゥス属）

サボテン科エキノカクトゥス属はメキシコおよびアメリカ合衆国南西部原産で、現在のところ5種を含むと考えられている。長年かけて球形になる発育習性があり、刺に覆われた稜が目立つ。頭頂部は有毛で、最終的にはほとんどが円柱状になるが、あまり高くはならない。栽培においては、ゆっくり成長することとバランスの良い美しさが好まれる。花は一般的に黄色またはピンク色で、短くあまり派手ではないが、夏季に長い間花を咲かせる。

〈栽培〉
時折の軽い霜には耐性があるが、特に冬は湿った状態だと腐りやすい。軽く砂質で水はけの良い土壌に植える。夏季には灌水するが、他の季節は乾燥を保つ。大半が日なたでもよく育つが、気温の高い内陸地においては軽い日陰を必要とするものもある。オフセットはほとんど見られないが、採取できれば繁殖させることができる。オフセットが入手できない場合は種子から栽培する。

Echinocactus grusonii
一般名：金鯱
英　名：GOLDEN BARREL CACTUS, MOTHER-IN-LAW'S CHAIR
☀ ❄ ↔80cm ↕130cm
メキシコ中央部原産。通常、茎は単生で何年もかけて球形になる。頭頂部は多毛で、オフセットがでることはまれである。40本ほどの稜には、わずかな間隔をあけて刺座がつき、そこから黄色い刺が数多く出ている。刺は5cmほど。花は黄色で先端が茶色、5cm強くらいの大きさで、頭頂部のまわりに密集する。
ゾーン：9〜12

Echinocactus platyacanthus
一般名：巌
☀ ❄ ↔90cm ↕2.4m
メキシコ中部および北部原産。茎は単生で、若い頃は球形だが、年月と共に円柱状になり耐寒性を持つ。成熟すると稜は60個にも及ぶ。縁には長さ8cmほどの頑丈な刺がつく。長さ5cmで径は8cmの黄緑色の花が咲く。
ゾーン：9〜11

Echinocactus polycephalus
一般名：大竜冠
☀ ❄ ↔30〜60cm ↕30〜60cm
メキシコ北西部およびアメリカ合衆国南西部原産。球形から短い円筒形の茎が叢生する。直径は約20cmで、5〜8cmのカーブした刺が多数つき、からみあい密集した母体を形成している。長さ5cm、径5cmの黄色い花にピンク色のストライプがわずかに入る。
ゾーン：9〜11

ECHINOCEREUS
（エキノケレウス属）
英　名：HEDGEHOG CACTUS

メキシコおよびアメリカ合衆国南部に分布する。サボテン科に属し、約60種が含まれる。属名はギリシャ語の「ハリネズミ（echinos）」とギリシャ語およびラテン語の「ロウソク（cereus）」に由来し、密集した刺と華やかな花を表現している。大半の種は円筒状の茎が叢生し、細長く伸びるものもあれば、地上を広がるものや低い物体をよじ登るものなどがある。花は茎の頭頂部付近につくが、有毛の刺座につくものもある。花は主に春または夏に開花するが、一般に本体と比較すると大型で、鮮やかな色彩やきわめて印象的なものが多い。

〈栽培〉
耐寒性は種によってさまざまだが、度重なる厳しい霜に耐えられるものはない。軽く砂質で非常に水はけの良い土壌に植え、冬季は乾燥を保つ。日なたで良く育つが、内陸部の大陸性気候の地域では、厳しい夏季の日差しからは保護する必要がある。繁殖は種子、オフセットあるいは茎の挿し木により行なう。

Echinocereus brandegeei
☀ ❄ ↔0.9〜2m ↕20〜30cm
メキシコのバハカリフォルニア州原産。茎は長さ100cm、直径6cmほどで、広がり叢生する。茎には10本ほどの稜があり、長さ約10cmのまっすぐな刺が密集している。深紅色の花は中央が暗色、花長は約8cmで、開花期は夏。
ゾーン：10〜11

Echinocereus cinerascens
一般名：灰緑蝦
異　名：*Echinocereus chlorophthalmus*
☀ ❄ ↔50〜100cm ↕30〜60cm
メキシコ東部および北東部原産。広がって叢生する種。茎は細く、一般的に長さは約30cm。長さ40mmを超える細かい刺が多数つく。花は深紅色で、花喉が白色から黄緑になる。花径は約10cm。
ゾーン：9〜11

Echinocereus engelmannii ★
一般名：武勇丸、司蝦
英　名：STRAWBERRY HEDGEHOG CACTUS
☀ ❄ ↔30〜50cm ↕30〜50cm
アメリカ合衆国西部からメキシコとの国境地域原産。茎は直立で細い円筒状で叢生し、稜には5cmを超える細かい刺が多数つく。深紅色から薄紫色で、直径約9cmの花が夏季につく。
ゾーン：7〜11

Echinocereus fendleri
一般名：衛美玉
☀ ❄ ↔20〜50cm ↕20〜50cm
アメリカ合衆国西部からメキシコの国境地区の原産。細く直立した円筒状の茎が叢生する。茎には多くの稜があり、疣が多数つく場合もある。刺は短く、刺の間隔は広い。花は一般に深紅色で、中央部が暗色になる。薄ピンクから白色の花がつくものもある。花径は約10cmで、開花期は夏。果実は赤色。*E. f.* var. *kuenzleri*は頑丈な刺を持ち、大きな花を咲かせる。
ゾーン：6〜11

Echinocereus knippelianus
一般名：宇宙殿
英　名：PEYOTEVERDE
☀ ❄ ↔10〜15cm ↕10〜15cm
メキシコ北東部の山岳地帯原産。茎は短く球形で、単幹のものが多い。茎には幅が広く起伏がはっきりしない稜が少しあり、小型で有毛の刺座が点在している。刺座には短い刺が3本生える。多くの花弁がついた直径約6cmの花は、白色、ピンク色または紫色で、春から初夏にかけて開花する。
ゾーン：9〜11

Echinocereus maritimus
一般名：榛名
☀ ❄ ↔0.9〜2m ↕20〜40cm
メキシコ北西部原産。分岐した茎が広がり広い小山を形成する。茎長は約30cmで茎径は5cm。10本ほどの稜がくっきりと現れ、縁に約6cmの刺を多数つける。黄色の花は部分的に赤く色づき、オレンジ色になる。花径は約6cmで、開花期は夏。ゾーン：9〜11

Echinocereus pectinatus ★
一般名：三光丸
☀ ❄ ↔15〜40cm ↕35cm
アメリカ合衆国南西部およびメキシコ北

Echinocereus engelmannii

Echinocereus fendleri var. *kuenzleri*

Echinocereus maritimus

Echinocereus pentalophus

Echinocereus rigidissimus

Echinocereus stramineus

部原産。球形から短い円筒状の茎が叢生する。めったに分岐することは無く、茎径は約12cm。茎には12本以上の稜があり、明るい茶色の刺がからみあってつく。刺の長さは約25mm。花は白色またはピンク色から赤茶色までで、中央は緑色になる。花径は約10cmで、開花期は夏。*E. p.* var. *dasyacanthus*（御旗）(syn. *E. dasyacanthus*）は、黄色または白色の花が咲く。
ゾーン：9〜11

Echinocereus pentalophus ★
一般名：美花角
英　名：LADY FINGER CACTUS
☼ ❄ ↔ 50cm〜2m ↕ 20〜30cm
メキシコ東部からアメリカ合衆国テキサス州原産。茎は細く円筒形で叢生し、時としてV字形に不規則に広がる。茎には稜がいくつかあり、刺はごく短いものから6cmのものまで混在している。日の光で赤く色づくものもある。花は深いピンク色で、花喉が白色から黄緑になる。花径は約15cmで、開花期は夏。
ゾーン：9〜11

Echinocereus reichenbachii ★
一般名：麗光丸
☼ ❄ ↔ 20〜50cm ↕ 40cm
メキシコ北東部からアメリカ合衆国テキサス州の原産。通常は、円形から短い円筒形の茎が叢生する。茎にはなだらかな稜が10本ほどつき、稜には薄色の刺が生えた疣が多数つく。花座は有毛。花には多くの花弁がありピンク色から紫色で、花径は約12cm。
ゾーン：8〜11

Echinocereus rigidissimus ★
一般名：太陽
☼ ❄ ↔ 10cm ↕ 20cm
メキシコ北西部からアメリカ合衆国アリゾナ州原産。単幹で円筒形の茎はめったに分岐せず、15本以上の稜に有毛の疣がつく。疣はピンクに色づくことが多く、短い刺が茎に平行して多数出る。花はピンクから深紅色で、中央は白色。花径は約8cmで、開花期は初夏。
ゾーン：9〜11

Echinocereus stramineus
一般名：荒武者
☼ ❄ ↔ 40cm〜2m ↕ 30〜45cm
アメリカ合衆国西部からメキシコ国境地域の原産。細く円筒形の茎が数百本密集したコロニーを形成する。茎には17本ほどの稜があるが、針状の多数の刺に覆い隠される。刺は10cmに及ぶものもある。花は鮮やかな深紅色でじょうご型。花径は8〜12cm、開花期は真夏。
ゾーン：8〜11

Echinocereus subinermis
一般名：微刺蝦
☼ ↔ 15〜30cm ↕ 20〜25cm
メキシコ北西部原産。単生あるいは2〜3本の茎が群生する。茎は濃い灰緑色から青緑色で、はっきりした稜が11本ほどあり、通常は短く丈夫な刺が星状に密生する。花は黄色で、長さ10cm、花径12cm。開花期は夏。
ゾーン：9〜11

Echinocereus triglochidiatus ★
一般名：鈎刺蝦
英　名：CLARET CUP
☼ ❄ ↔ 20〜50cm ↕ 30〜40cm
アメリカ合衆国西部からメキシコ国境地域原産。茎は単生または群生し、卵形から円筒形で、10本ほどの稜がある。稜には有毛の刺座があり、放射状の短い刺が約7cmの中刺を囲んでいる。長い管形で鮮やかな赤色の花がつく。花径は5cmを超え、開花期は夏。*E. t.* var. *gurneyi*はコンパクトな種で、チワワ砂漠の草原地帯

E. triglochidiatus var. *melanacanthus*

原産。*E. t.* var. *melanacanthus* (syn. *E. conccineus*）は山岳地帯のマツ林で見られる。小さな茎が数百本集まり小山を形成する。ゾーン：6〜11

Echinocereus viereckii
一般名：美桃蝦
☼ ↔ 30〜60cm ↕ 30cm
メキシコ原産で低山地種。深緑色で分岐した茎が群生する。初めは茎がまっすぐだが、徐々に広がる。茎には刺のある疣がつく。大型の深いピンク色から深紅色の花を多数咲かせる。花の中央は薄色。開花期は夏。
ゾーン：9〜11

Echinocereus viridiflorus
一般名：青花蝦
☼ ❄ ↔ 10〜30cm ↕ 5〜12cm
アメリカ合衆国南西部原産。卵形から円筒形の短い茎が群生する。茎には12本ほどの稜があり、針状で細かい多数の刺におおい隠されている。花弁が多く黄緑色で、シトラスの香りがする直径30mmほどの花が夏季に咲く。*E. v.* subsp. *davisii*は、矮小化した品種で、茎はほとんど単生で25mmほどの高さである。
ゾーン：4〜11

ECHINOPS
一般名：ヒゴタイ属
英　名：GLOBE THISTLE
キク科ヒゴタイ属は、アザミのような多年生植物で約120種が含まれる。ヨーロッパからアジア中部およびアフリカ山岳地帯の南部原産。葉の先端には刺があり、通常深い欠刻が入る。単葉または大形の小葉が最高3枚までつく。花は夏から初秋に咲き、大半が白色から深い青紫色で、舌状花が無い球形の花序につく。花は刺のある基部の苞によって支えられる。苞は時として色づくが、外観が似ていても無関係のエリンギウム属種より小形ではるかに色彩に乏しい。花序が乾燥すると早急に落ちやすい。

〈栽培〉
大半が非常に耐寒性の強い種で、温帯気候の庭園で、適度に肥沃で水はけの良い土壌を用いれば栽培は容易。うどん粉病のリスクを減らすために、かなり風通しの良い場所で栽培すると良い。繁殖は主に種子から行なうが、晩冬に株分けによってでも容易に行なえる。

Echinocereus viridiflorus subsp. *davisii*

Echinocereus subinermis

Echinocereus viereckii

Echinocereus triglochidiatus, in the wild, Creel, Mexico

Echinops bannaticus
エキノプス・バンナティクス
☼/☽ ❄ ↔60cm ↕120cm
ギリシャからチェコ共和国の原産。茎は直立し、葉は有毛でほぼ中央脈までの尖った欠刻があり、少数の細い刺を持つ。茎にはうぶ毛がある。花径約5cmの花は灰青色で発芽期はより薄色となる。'ブルー グローブ'の花は濃青色で径は約6cm。'タップロー ブルー'には明るい鋼色の花がつく。
ゾーン：3～9

Echinops exaltatus
☼/☽ ❄ ↔50～80cm ↕1.5～2m
イタリア、ポーランドおよびロシア南西部原産。丈夫な植物で、基部で叢生した葉が密生し、高い花茎を持つ。葉は明るい緑色で深く尖った欠刻があり、少数の短い刺を持つ。白色から薄灰色の花序は直径約6cm。
ゾーン：3～9

Echinops bannaticus 'Taplow Blue'

Echinops bannaticus 'Blue Globe'

Echinops humilis
☼ ❄ ↔30cm ↕30cm
アジア中部からシベリアおよび中国北西部原産。細い欠刻と刺がある葉が密生する。葉長は約8cmで白い細毛がある。明るい鋼色の花は直径約40mm。
ゾーン：3～9

Echinops ritro
一般名：ルリタマアザミ、ウラジロヒゴタイ
☼/☽ ❄ ↔40～60cm ↕30～60cm
ユーラシア種。葉は細く三角形で深い欠刻があり、細毛がある。刺がある花は濃い鋼色から紫色で、ごくまれに白色があり、花径は約5cm。*E. r.* subsp. *ruthenicus* (syn. *E. ruthenicus*) の葉には小さな刺があり、裏面には白毛が生える。花は鋼色。*E. r.* 'ブルー グロウ' は明るいブルーの大きな花をつける。
ゾーン：3～9

Echinops sphaerocephalus
一般名：エキノプス・スファエロケファルス
☼/☽ ❄ ↔40～80cm ↕0.9～2m
ロシア南部および中部原産。うぶ毛があり深い欠刻が入った葉には短い刺があり、裏面には白毛が生える。花は白色から薄い灰白色で、花径約5cm。
ゾーン：3～9

ECHINOPSIS
(エキノプシス属)
異 名：*Chamaecereus*、*Helianthocereus*、*Lobivia*、*Trichocereus*
英 名：EASTER LILY CACTUS、SEA URCHIN CACTUS

Echinops ritro 'Blue Glow'

南アメリカ種のサボテンで構成されるエキノプシス属はサボテン科に属し、その形状は実に幅広く、小型のものから、円筒形、群生するもの、枝のある丈夫な幹を持つ樹木のような種までとなる。エキノプシス属は最近拡張され、以前はロビビア属とトリコケレウス属に含まれていた種が加わり、現在では120種からなる。大半が円筒形の茎を持ち、はっきりした稜がある。疣には刺座があり、荒々しく目立つ刺が生えたものもある。長い管状で、じょうご型、本体と比較すると大きく、華やかな花をつける種もある。北半球ではイースターの頃に開花するため、イースターリリーサボテンとして知られる。ただし、主な開花期は初夏から真夏となる。夜間に開花する種もいくつかあり、良い香りのする魅力的な白い花をつけるが、それ以外は日中に開花し香りはなく、赤色、ピンク色、黄色またはオレンジ色の多彩な色調となる。

〈栽培〉
大半のサボテンと同様に、日なたまたは半日陰で、非常に水はけの良い、軽い砂質の土壌に植え、夏季にはたっぷり灌水するが、冬季には乾燥を保つ。大半の種が時折の軽い霜には耐性がある。繁殖は適切な部分のオフセット、分岐するタイプの場合は茎の挿し木、または種子から行なう。

Echinopsis backebergii

Echinopsis formosa

Echinopsis backebergii
異 名：*Echinopsis wrightiana*、*Lobivia wrightiana*
☼ ❄ ↔10～20cm ↕15cm
ペルーおよびボリビア原産。暗灰緑色の球形の茎が叢生し、茎には15本の稜があり、カーブした短い刺が生える。夏季に、ピンク色から薄紫色で直径10cmほどの花を咲かせる。花径が茎径より伸びる場合もある。ゾーン：10～12

Echinopsis chamaecereus
一般名：ビャクダン(白檀)
異 名：*Chamaecereus silvestrii*、*Lobivia silvestrii*
英 名：PEANUT CACTUS
☼ ❄ ↔30cm ↕10cm
アルゼンチン原産。自由に分岐する円筒形の茎がマット状に広がり30cmほどになる。側生の茎が多数出て長さ20～100mmに及ぶ。茎には低い稜と極小さな刺がある。初夏にオレンジレッドの花が咲く。花径は約5cm。
ゾーン：9～11

Echinopsis ferox
異 名：*Trichocereus ferox*
☼ ❄ ↔20～30cm ↕20cm
ボリビアおよびアルゼンチン北部原産。分岐しない茎は一般に単生で球形。らせん状の稜が30本に及ぶものもある。刺座は25mmほどの間隔で点在し、放射状の刺を12本つける。刺の長さは60mmほどで、3～4本の中刺はカーブし最長で15cmとなる。白色または薄ピンク色の花は直径10cmになるものもある。
ゾーン：9～11

Echinopsis formosa ★
異 名：*Trichocereus randillii*
☼ ❄ ↔20～40cm ↕50cm～1.5m
アルゼンチン西部原産。茎は通常単生で、球形から円筒形に変化する。最高35本の稜を持ち、中刺は8cm近くになる。短い管状の、黄色、オレンジ色、または赤色の花が咲き、花径は8cmほどになる。
ゾーン：9～11

Echinops ritro

Echinops sphaerocephalus

Echinopsis hertrichiana
異　名：*Lobivia incaiaca*、*obivia hertrichiana*
☼ ◐ ↔15〜30cm ↕15〜40cm
ペルー原産。茎は単生が多く、球形から円柱状に変化し、長い時間をかけて群生する。深い稜は最高22本となり、小さく有毛の刺座と長さ約30mmの刺が数本つく。鮮やかな赤色の花は直径5cmほどになる。
ゾーン：10〜12

Echinopsis huascha ★
異　名：*Lobivia huascha*、*Trichocereus andalgalensis*
☼ ◐ ↔60cm ↕60cm
アルゼンチン原産。円筒状の茎は直立で不規則に広がり分岐して群生する。茎径は約5cm。稜は最高17本になり、長さ約8cmの細い針状の刺が数多くつく。花座には毛が密集し、そこから鮮やかなオレンジレッドまたは黄色の花が開く。花長は約10cmで花径は約8cm。
ゾーン：9〜11

Echinopsis litoralis
☼ ◐ ↔0.9〜2m ↕0.9〜2m
チリ原産。低木状の種で、直立し不規則に広がった茎が叢生する。茎径は約10cmで、15本以上の稜と長さ25mmほどの刺がつく。白い花は栗色に色づくこともあり、長さ15cmほどになる。
ゾーン：10〜11

Echinopsis maximiliana
異　名：*Lobivia caespitosa*
☼ ◐ ↔15〜30cm ↕10cm
ペルー南部およびボリビア北部原産。頂部が平らな球形の茎が群生する。茎径は約5cmで、最高17本の稜があり、疣には8cmほどの中刺がつく。直径約8cmの花は赤色で、中央がオレンジ色となる。
ゾーン：10〜12

Echinopsis oxygona ★
一般名：旺盛丸（オウセイマル）
異　名：*Echinopsis multiplex*
☼ ◐ ↔30〜60cm ↕30cm
ブラジル南部およびアルゼンチン北部原産。球形から短い円筒状の茎が群生する。茎径は約15cmで、最高15本の稜があり、長さ25mmほどの刺がつく。花は赤色で緑色の器官がつき夏季に開く。花長は約25cmで、花径は約10cm。とさか状になるものが多い。
ゾーン：9〜11

Echinopsis litoralis

Echinopsis pentlandii
異　名：*Echinocactus pentlandii*、*Lobivia boliviensis*、その他多種あり
☼ ◐ ↔30〜40cm ↕15〜20cm
ペルー南部およびボリビア北部原産。卵形から球形の茎が群生する。茎径は10cm以上となり、15本ほどの稜があり、疣には長さ25〜100mmの中刺がつく。花は黄色、オレンジ、赤あるいは深紅色で、花長と花茎共に約5cmとなる。
ゾーン：10〜11

Echinopsis schickendantzii
異　名：*Trichocereus schickendantzii*
☼ ◐ ↔12〜25cm ↕30cm
アルゼンチン西部原産。低木状の種で、低く分岐した円筒形の茎が大きな叢生を形成する。茎径は約5cmで、14〜18の稜があり、小さな刺が生える。花はじょうご形で白く、花径は約20cm。
ゾーン：9〜12

Echinopsis spachiana ★
異　名：*Trichocereus spachianus*
英　名：GOLDEN TORCH CEREUS
☼ ◐ ↔100cm ↕1.5〜2m
アルゼンチン原産。高い茎は円筒形で、低木状の種。茎径は約10cmで、基部で分岐する。10〜15本の稜に長さ5cmほどの丈夫な刺がつく。花は白く、長さ25cm、径は15cm。
ゾーン：9〜12

エキノプシス、HC、'アリゾナ'

Echinopsis Hybrid Cultivars
一般名：エキノプシス交雑品種
異　名：× *Chamaelobivia* Hybrid Cultivars、× *Lobivopsis* Hybrid Cultivars
☼ ◐ ↔15〜30cm ↕15〜45cm
エキノプシス交雑品種のほとんどは、大型の花と鮮やかな色ゆえに栽培されるため、以前はロビビア属に分類されていた種などを含め、大形の花が日中に咲く種から交雑される。このような交雑は二属間交雑として扱われていた。'アリゾナ'は大きなじょうご型の花が密集して咲く。花は杏子色で中心部は黄色。年数が経つとくすんだピンク色になる。'チーコ　メンデス'はコンパクトな小山を形成し、花径は約13cmで開くとほぼ平らになる。花弁幅は広く、ピンクがかったオレンジに深いピンク色の縁取りがつく。'サマンサ　スミス'は短い茎が群生し、中心部が暗色の大きな杏子色の花をつける。
ゾーン：9〜12

エキノプシス、HC、'チーコ　メンデス'

エキノプシス、HC、'サマンサ　スミス'

ECHIUM
（シャゼンムラサキ属）

ムラサキ科シャゼンムラサキ属には約60種が含まれ、大半がカナリア諸島およびマデイラ島の固有種である。これらの固有種のうち数種は低木または大型の二年生植物となる。残りの種は地中海地域の一部、アジア西部全域およびアフリカの一部の地域で見られる。ほぼ全種が小型の一年生、二年生または多年生植物で、通常は堅い毛を帯びた細い葉のロゼットから始まる。鐘形の花は一般に青色、ピンク色、紫色または赤系統で、分岐し、通常は直立した穂状花序につく。開花期は春および夏。

〈栽培〉
エキウム属の低木種は、適度な肥料と灌水だけで丈夫に育つ。草本種は肥料と灌水をより多く行なう。全種とも日なたで栽培する。カナリア諸島原産の種はヨーロッパ種より霜への耐性が少ない。通常は種子から繁殖するが、春または夏に採取された挿し木で行なうこともある。穏やかな気候の地域では、自家播種する可能性があるので、植える場所には注意する。

Echinopsis hertrichiana

Echinopsis huascha

Echium plantagineum、ウェスタンオーストラリア州、スターリング山脈

Echium amoenum

Echium plantagineum 'Blue Bedder'

Echium candicans

Echium amoenum
☼ ❄ ↔30〜45cm ↕30〜60cm
ヨーロッパ原産。めったに栽培されない多年生植物で、鮮やかな赤色の花をつける。
ゾーン：7〜9

Echium candicans ★
異　名：*Echium fastuosum*
一般名：エキウム・カンディカンス
英　名：PRIDE OF MADEIRA
☼ ✤ ↔1.8m ↕1.8m
カナリア諸島およびマデイラ島原産。茎が太く柔らかい木質の常緑性低木。葉は大形で毛が密集する。葉長は約25cm。約8個の青色の花が房咲きし、そこからピンク色から薄紫色の雄ずいが飛び出て、とげとげしい形の円錐花序を作る。開花期は早春から初夏。冷涼な気候の地域で帰化させることもできる。
ゾーン：9〜10

Echium plantagineum
一般名：シャゼンムラサキ
異　名：*Echium lycopsis*
英　名：PATERSON'S CURSE、PURPLE VIPER'S BUGLOSS
☼ ❄ ↔30〜45cm ↕45〜90cm
ヨーロッパ原産で、有毛の葉を持つ一年草または二年草植物。雑草のようにはびこるので、特にオーストラリアでは「ピーターソンの呪い（Peterson's curse）」として知られている。ピンクがかった赤色のつぼみが穂状花序につき、開くと鮮やかな赤または薄紫青色の筒状の花となる。花長は約30mmで、開花期は春から夏。'ブルー　ベッダー'（syn. *E. vulgare* 'ブルー　ベッダー'）は丈の低い品種。
ゾーン：8〜10

Echium vulgare
一般名：シベナガムラサキ
英　名：BLUE WEED, VIPER'S BUGLOSS
☼ ❄ ↔45〜60cm ↕45〜60cm
ヨーロッパおよびアジア西部原産。二年生植物だが一般に一年生植物として育てられる。頻繁に*E. plantagineum*と混同されるが、より密生し花は小柄。夏季には直径約18mmで鮮やかな紫青色の花が分岐した穂状花序につく。
ゾーン：7〜10

EDGEWORTHIS
（ミツマタ属）

ミツマタ属はジンチョウゲ科に属し、2〜3の類似した種からなり、Michael Pakenham Edgeworth（1812〜81）にちなんで名づけられた。Edgeworthは、非常勤の植物学者および植物収集家でEast India Companyの社員でもあった。頑丈な木質の低木で、緑色の葉は大きくて細長い卵形となる。若木のうちは、葉にくっきりと中央脈が現れ、表面はフェルト状である。樹皮には丈夫な繊維が含まれ、なおかつ薄いため製紙用パルプの生産に用いられている。晩冬から春季に開花する花の構造と芳香性により、ミツマタ属とジンチョウゲ属が近縁であることが明らかになる。

〈栽培〉
ミツマタ属の植物は、半日陰で湿気があり水はけが良く腐植質に富んだ土壌に最適である。適度な霜耐性はあるが、若葉が出始めた後の遅い時期の霜によって深刻な被害を受けることがある。繁殖は半熟枝の挿し木、高取り法または種子から行なう。

Edgeworthia chrysantha ★
一般名：ミツマタ
英　名：PAPER BUSH
☼ ✤ ↔1.8m ↕2.4m
中国原産。散生して成長し、枝が非常に丈夫な落葉性の低木で、美しい葉をつける。良い香りのする短い筒状の花は鮮やかな黄色で、冬の終わりに球状の花房につき、年月と共に乳白色に変わる。花後には乾いた石果がつく。*E. papyrifera*と*E. chrysantha*は同種であると見なす植物学者もいる。
ゾーン：8〜10

EDMONDIA
（エドモンディア属）

キク科エドモンディア属には、多年生植物および小さな低木3種が含まれる。分布地は南アフリカのケープ地方に限定される。ヘリクリサム属と近縁で、以前はこの属に含まれていた。花序は管状花のみで構成されている。ヒナギクのような外観は薄い苞が花序を囲んでいるためである。後述の特徴により、エドモンディア属の種は良質の「永久花」となる。

〈栽培〉
比較的霜が無い地域の日なたで水はけの良い土壌で良く育つ。繁殖は春に播種するか、夏または秋に挿し木をする。

Edmondia pinifolia
☼ ❄ ↔30cm ↕30cm
常緑性低木で小型の細い葉を持つ。そのため小名が*pinifolia*となっている。春には深紅色の苞に囲まれた花序が、枝の先端につく。
ゾーン：8〜9

EDRAIANTHUS
（エドライアントゥス属）

英　名：GRASSY BELLS

地中海地方からヨーロッパ東部原産の房を形成する多年生草本で、キキョウ科に属し24種が含まれる。全種共、中央基部から現れる細い葉が密集して、マットまたは小山を形成する。春季から夏季を通して、薄紫色から紫色の大形で鐘形の花が、苞葉に囲まれ、単生または群生の花序として咲く。

〈栽培〉
日当たりと水はけが良い土壌のロックガーデンおよびコンテナ栽培には理想的である。夏季は定期的に灌水する。繁殖は初夏に播種する、または秋季に側面のシュートから採取した緑枝の挿し木により行なう。

Edgeworthia chrysantha

Edmondia pinifolia

Ehretia amoena

Ehretia anacua

Eichhornia crassipes

Edraianthus pumilio
一般名：姫カンムリシャジン
☼ ❄ ↔15〜25cm ↕6〜15cm
バルカン諸国原産。矮小形の多年生植物で、細く堅く灰色から銀緑色の葉が丸い小山を形成する。初夏から真夏にかけて、大形で単生、ラベンダーブルーから紫青色の釣鐘形の花が葉の上を覆う。
ゾーン：4〜9

EHRETIA
（チシャノキ属）
ムラサキ科チシャノキ属には低木または高木75種が含まれる。主にアフリカおよびアジアの熱帯と亜熱帯に分布する。3種はアメリカ原産で、6種はオーストラリア原産である。葉は単葉で互生、鋸歯がある種もあるが、大半が全縁となる。小形の白い花が葉腋または枝の先端に房咲きし、花後は多肉質の果実が実る。大半の種が春または夏に開花し、秋に果実を実らせる。
〈栽培〉
育成条件は種によってさまざまだが、全種とも若木の間は霜に弱い。長期にわたる乾燥期には灌水が不可欠である。繁殖は新鮮な種子のみから行なう。

Ehretia amoena
英　名：SANDPAPER BUSH
☼ ❄ ↔2.4m ↕8m
南アフリカ北部、モザンビーク、ボツワナ、ジンバブエおよびナミビア原産の低木または小高木。葉はほぼ円形、両面とも有毛で、縁には不規則で粗い鋸歯がある。初夏から晩夏にかけて、良い香りのする白色から藤色の花が咲く。多肉質の果実は熟すと赤くなる。
ゾーン：9〜11

Ehretia anacua
☼ ❄ ↔8m ↕15m
メキシコ北部およびテキサス南部の乾燥した低木地原産。葉は楕円形で長さ約8cm、両面に剛毛が生える。春から秋にかけて、香りの良い白い花が房咲きし群生する。種子を4個含んだ黄色い球形の果実は春季から秋季に熟す。
ゾーン：9〜11

EICHHORNIA
（ホテイアオイ属）
ミズアオイ科ホテイアオイ属には、熱帯アメリカ原産の7種が含まれる。根茎がある水生植物で、通常は多年生。浮水葉または沈水葉がつき、茎は短く浮水である。水底の土壌に固着しているものと離れているものがある。光沢があり無毛の葉は浮水または抽水のロゼットを形成する。浮漂植物の場合、糸のような根を房状にして下に垂らす。葉には細い円筒形の柄、また浮水植物においては空気を充満させた組織で膨張した楕円形の柄のいずれかがつく。花序は穂状または円錐で6枚の外花被片がつき、基部の管状器官から現れる。花は紫色から青色で、白色または黄色の斑が入る。果実は種子が多数含まれるさく果となる。
〈栽培〉
霜への耐性は無く、一般的に少なくとも水深15cmの水が必要となる。溶解した栄養素に反応し成長が促進される。高温の地域では急速に成長するため、小型の池以外は必要とされない。繁殖は株分けによって行なう。

Eichhornia crassipes
一般名：ホテイアオイ、スイギョク
英　名：WATER HYACINTH
☼ ❄ ↔45cm ↕30cm
一般的には膨張した葉柄を持ち、帆のように葉身を水上に出した浮漂植物。夏季に紫青色の花が咲く。部分的にピンク色または黄色になるものもある。当初は観賞用として導入されたが、熱帯にある多くの水路をふさぐために広がり、北はポルトガルまで、世界各地に帰化した。栄養部分の芽接ぎによって23日で2種の親植物から30個の子孫を成長させることができ、4カ月では1,200個になる。繊維は家具製作やかご細工に用いられる。有害な雑草とみなす国も多く、他の場所に植える場合は慎重に行なう。
ゾーン：10〜12

ELAEAGNUS
（グミ属）
グミ科グミ属には落葉性および常緑性の低木または小高木が30〜40種含まれ、アジア、ヨーロッパ南部および北アメリカで見られる。北アメリカ種は1種のみ。特に海岸地域では生垣や防風林として価値がある。枝が刺で覆われた種もいくつかある。葉は単葉で互生の緑色または斑入りとなる。銀色みを帯びた茶色の鱗片で覆われるものも多い。筒状あるいは鐘形の花が上部の小枝のより低い側面に多数つく。花は小柄で白色またはクリーム色で、強い香りがするものもある。果実は赤色、茶色または黄色で食用となる。
〈栽培〉
さまざまな種類の土壌に耐性があるが、表層の石灰岩土壌のみは例外である。日なたおよび夏季の適度な灌水を好む。葉の密生を促進させるために軽く剪定を行なう。生垣は刈り込みすぎないこと。繁殖を種子から行なう場合は、熟してすぐに播種すると発芽しやすい。挿し木によって繁殖させる場合は、緑枝の先端または半熟枝を用いる。栽培品種は挿し木から育てる。

Elaeagnus angustifolia
一般名：ホソグミ、ホソバグミ
英　名：OLEASTER, RUSSIAN OLIVE
☼ ❄ ↔6m ↕8m
アジア西部の温帯地域原産。大型で刺がある落葉性の低木または小高木。銀灰色のヤナギのような葉は*Pyrus salicifolia*に似ている。若木の葉は幅広で有毛である。真夏に香りが良く黄色い花が咲く。*E. a.* var. *caspica*の葉は先細りで印象的な形をしている。若葉は銀白色となる。
ゾーン：2〜9

Elaeagnus commutata
異　名：*Elaeagnus argentea*
英　名：SILVERBERRY
☼ ❄ ↔2.4m ↕4.5m
北アメリカに分布し、不毛のプレーリー土壌に生息する。吸枝のある低木で、赤茶色のシュートと銀白色の葉がつく。花は香りが良く外側は銀白色で内側は黄色となる。開花期は晩春から初夏。小型で楕円形、銀白色の果実がつく。
ゾーン：2〜9

Elaeagnus commutata

Elaeagnus angustifolia

Elaeagnus × ebbingei
エラエアグヌス×エッビンゲイ

☼ ❄ ↔3.5m ↕3.5m

*E. macrophylla*と*E. pungens*の園芸交雑種。成長が早く耐寒性があり、密集した常緑性低木で、葉は光沢があり濃緑色で下面は銀白色。葉長は約10cm。秋季には、香りが良く銀白色の鱗で覆われた薄クリーム色の花が咲く。続いて春季には銀色の斑点があるオレンジレッドの果実が実る。'ギルト エッジ'★の葉は深緑色で、明るい黄金色の覆輪が入る。'ライムライド'、銀白色の若葉が明るい緑色となり、中央に黄金色の斑が入るが、多くは年月と共に先祖返りする。
ゾーン：6～9

Elaeagnus macrophylla
一般名：マルバグミ、オオバグミ

☼ ❄ ↔3.5m ↕3m

朝鮮半島および日本原産。大型で広がる低木。葉は幅広の卵形で両面が銀色の鱗片に覆われている。上面は緑色になる。香りの良い銀白色の花が秋に開く。果実には赤色の鱗片がある。
ゾーン：7～10

Elaeagnus multiflora
一般名：ナツグミ

☼ ❄ ↔3m ↕3m

中国および日本原産。常緑で広がる低木で、葉の上面は緑色で下面は銀白色。花は香りが良く乳白色で、春季に赤茶色の新しいシュートにつく。もっとも魅力的なのは、真夏から晩夏にかけて長楕円形でくすんだ濃赤色の果実に覆われた姿である。果実は食用となる。
ゾーン：5～9

Elaeagnus pungens
一般名：ナワシログミ
英　名：SILVERBERRY

☼ ❄ ↔6m ↕4.5m

日本原産。生垣に適した常緑性の低木。主枝には刺があり水平に伸びる。葉は卵形で光沢があり、上面は緑色で下面は銀白色となり、茶色い腺様の斑点がある。秋季には、乳白色に茶色の斑点の入った花が小さな房となって咲く。果実は赤茶色で銀白色の斑点がつく。'アウレア'の葉には鮮やかな黄色の覆輪が入る。覆輪の幅は不規則。'ゴールドリム'は、暗色で光沢のある葉に鮮やかな黄色の覆輪が入る。'マキュラータ'は華やかな品種で、葉は大形の黄色、各葉の中央に斑が入り覆輪は濃緑色だが、先祖返りすることもある。'ワリエガタ'は大低木で、葉は薄くクリーム色の覆輪が入る。
ゾーン：7～10

Elaeagnus umbellata
一般名：アキグミ
異　名：*Elaeagnus crispa*
英　名：AUTUMN OLIVE

☼ ❄ ↔9m ↕9m

中国、韓国および日本原産で、丈夫に育つ低木。新しいシュートは黄金がかった茶色で多数の刺がつく。葉は薄緑色で縁が波立ち、下面は銀白色。晩春から初夏にかけて、香りの良い黄色から白色の花がつく。小型で丸く銀がかった銅色の果実は秋季に熟し、熟すと白い斑点が入り薄赤色となる。
ゾーン：3～9

Elaeagnus pungens 'Maculata'

Elaeagnus pungens 'Aurea'

Elaeagnus × ebbingei 'Gilt Edge'

Elaeagnus umbellata

Elaeis oleifera

Elaeis guineensis

Elaeagnus × ebbingei 'Limelight'

ELAEIS
（アブラヤシ属）
英　名：OIL PALM

ヤシ科アブラヤシ属には熱帯ヤシ2種が含まれる。1種は中央アメリカおよび南アメリカ原産で、もう1種はアフリカ原産である。小川沿いや沼地あるいはサバンナの広々とした場所に生息する。大型で単茎性の植物で「羽状」葉を持つ。1年中大きな花序がつき、雄花と雌花は別々に咲くが同株である。多くの実をつける。果実の種子と果肉には大量の油が含まれており、石鹸、マーガリン、蝋燭、工業用、また熱帯地域のでは自動車用燃料に使用されている場合もあり、多様な用途に使用されている。

〈栽培〉
熱帯沿岸地域に最適で塩分に対する耐性がある。亜熱帯地域では成長が遅い。保護された日向の肥沃で湿り気がある平均的な壌土を好む。根の湿度を保つ。繁殖は種子から行ない、発芽させる前に大きな種子の堅い殻を砕くか、湯に浸しておく。

Elaeis guineensis
一般名：アブラヤシ
英　名：AFRICAN OIL PALM, MACAW FAT, OIL PALM

☼ ✦ ↔3.5m ↕18m

熱帯アフリカ原産の大型ヤシ。幹は堅く直立し凹凸があり葉痕が散在する。光沢のある緑色の葉は長さ約4.5mで、優美な広がりのある樹冠を形成する。赤色の花が咲く。
ゾーン：11～12

Elaeis oleifera
一般名：アメリカアブラヤシ
英　名：AMERICAN OIL PALM, COROZO PALM

☼ ✦ ↔3m ↕1.8m

中央および南アメリカ原産。*E. guineensis*に類似しているが採取できる油量は少ない。幹には凹凸がありやや横に広がってから上に伸びている。葉長約3.5m。黄色い花が咲き、暗いオレンジ色の果実がつく。
ゾーン：11～12

ELAEOCARPUS
（ホルトノキ属）

ホルトノキ科ホルトノキ属は常緑性の低木および高木で約60種が含まれる。東アジア熱帯地域およびインドからニュージーランドまでの原産で、インドから太平洋地域全域に生息する。通常、葉は単葉、深緑色の細長い楕円形で、縁に顕著な鋸歯を持つものが多い。小柄な花は白色で香りの良いものが多く、葉縁はぎざぎざに裂け、非常に優美である。

小型で時として下垂した総状花序がつき、花後は珍しい色彩の石果がつく。
〈栽培〉
耐寒性は種によって多様だが、大半は軽度の霜のみに耐性がある。日なたまたは半日陰の、湿気があり水はけが良く、かなり肥沃な土壌を好む。乾燥には弱い。完全な回復が必要な場合以外は、剪定は制限し形を整えるのみにする。繁殖は半熟枝の挿し木または種子から行なう。種子は播種する前に浸水の前処理をする。

Elaeocarpus grandis
英　名：BLUE MARBLE TREE、BLUE QUANDONG
☀ 🌱 ↔6m ↑9m
オーストラリア東部、沿岸および山岳の多雨林地域原産。老葉は鮮やかな赤色に紅葉する。夏季に縁が房状に深く裂けた白い花が咲く。鮮やかな青色の果実は食用で、直径約25mmとなる。青色のゴウシュウビャクダンも材木として価値がある。
ゾーン：9～12

Elaeocarpus hookerianus
英　名：POKAKA
☀ 🌱 ↔4.5m ↑12m
ニュージーランド原産。絡み合った枝が密集する常緑性高木。通常、葉は細く、若葉の時期は不規則な欠刻がある。年月を経ると葉幅は広く、鋸歯があり、先端がより尖るようになる。春から夏に、薄緑色から緑がかった白色の花が咲く。紫赤色の石果がつく。
ゾーン：9～10

Elaeocarpus obovatus
英　名：HARD QUANDONG
☀ 🌱 ↔4.5m ↑6m
オーストラリア東部原産。春季には縁がぎざぎざに裂けた鐘形の白い花が総状花序につく。鮮やかな青色の果実は野鳥を誘引する。
ゾーン：9～12

Elaeocarpus reticulatus
一般名：ブルーベリーアッシュ
英　名：BLUEBERRY ASH
☀ 🌱 ↔4.5m ↑9m
オーストラリア原産。一般に園芸品種では剪定して低木の形状を保つ。葉長は約15cmで、葉縁には鋸歯がある。春から夏に、乳白色から薄ピンク色の花が短い総状花序につく。石果は深い青色。
ゾーン：9～11

Elaeocarpus obovatus

Elaeocarpus sphaericus
一般名：ジュズボダイジュ
英　名：INDIAN BEAD TREE
☀ 🌱 ↔9m ↑15m
インド、東南アジアおよび西太平洋諸島原産。枝が段状の樹木。葉長は約12cmで、葉縁には鋸歯があり、濃緑色の葉は年月と共に鮮やかな赤色に変わる。葉腋から出た総状花序に白色の花がつく。くすんだ紫青色の石果はルドラークシャ数珠の材料となり、ヒンズー教信徒にとっては神聖なものである。
ゾーン：10～12

ELEGIA
（エレギア属）
英　名：AFRICAN THATCHING RUSH
レスティオナ科に属し、装飾性豊かなイグサのような植物が約35種含まれる。分布地はアフリカ南部に限定され、常緑で群生する多年生植物。葉は減衰して茶色の苞葉となり、鮮やかな緑色の茎が光合成の働きを担っている。夏季には茎頂に赤茶色の極小の花が房咲きする。雌雄異株で、雌花と雄花は外見がかなり異なることが多い。雄株と雌株が発見された時、誤って別種に分類された。多くの種はトクサ属に類似しており、以前はトクサ属などに分類されていた。
〈栽培〉
野生種は、季節によって浸水する不毛の砂地土壌に慣れており、栽培品種も同様の条件を好む。しかしながら、わずかに霜がある地域で日当たりが良く湿気がある場所が良いと思われる。繁殖は種子または株分けによって行なう。種子は発

Eleocharis acicularis

Elaeocarpus grandis

Elaeocarpus reticulatus

Elaeocarpus reticulatus

芽させるためにくん煙処理を施し、株分けは慎重に若草から行なう。

Elegia capensis
英　名：FONTEINRIET、FOUNTAIN RUSH
☀ ❄ ↔0.9～2m ↑2～3m
南アフリカの喜望峰地域原産。大型でもっとも華やかな種で、茎は高く直立し、繊細な二次茎が節部の綿毛を帯びた塊に叢生する。花は大形の房咲きで、雄雌同様に見える。切り葉として人気があり、冬季には数週間持つ。
ゾーン：8～11

Elegia filacea
☀ ❄ ↔20～30cm ↑40～50cm
南アフリカのクランウィリアムからポートエリザベスまでの地域原産。茎は繊細で分岐せず直立となる。雄花には暗茶色の細い苞葉がつき、雌花にはより広く薄色の苞葉がつく。湿気がある地域でも乾燥した地域でも成長する。
ゾーン：8～11

ELEOCHARIS
（ハリイ属）
英　名：SPIKE RUSH
カヤツリグサ科ハリイ属には、約150種の一年生および多年生のイグサに似た植物が含まれる。世界各地の沼地、浅瀬および湿地に見られる。葉は減衰したまたは無葉で、円筒形の茎があり、茎頂に極小の花の小穂がつく。草丈は数センチから1.5m以上にまで及ぶ。
〈栽培〉
日なたまたは半日陰の、湿地庭園、浅い

Elaeocarpus sphaericus

池や池の周辺で栽培しやすい。*E. dulcis*（ヒシ）は、アジアにおいては、浸水地の穀物としてイネのように栽培される。繁殖は種子または株分けによって行なう。

Eleocharis acicularis
一般名：マツバイ
英　名：HAIR GRASS、NEEDLE SPIKE RUSH、SLENDER SPIKE RUSH
☀/◐ ❄ ↔15～30cm ↑5～30cm
北アメリカ、ヨーロッパおよびアジアの各地で見られる。マット状に広がる匍匐枝を持つ多年生植物。晩夏から秋にかけて、細い円筒形の茎から出た、圧縮され先のとがった小穂に極小の花がつく。
ゾーン：7～10

Elegia filacea

Eleutherococcus henryi

Eleutherococcus lasiogyne

ELETTARIA
（ショウズク属）

インドからマレー諸島西部原産の7種が含まれ、ショウガ科に属する。全種とも匍匐性の根茎を持った多年生草本である。葉は2列。花序は平状のシュートにつき、鱗片葉は根茎に直接生える。苞葉がいくつかの花を囲み、小苞と萼は円筒状となる。3枚花弁の花冠はフードを形成することもある。果実は球果あるいは楕円形のさく果で、果皮は滑らかまたは凹凸がある。

〈栽培〉

E. cardamomum（カルダモン）はインド南部の丘陵地域の林冠の下で育つ。一度定着するとあまり手がかからない。

Elettaria cardamomum
一般名：カルダモン、ショウズク
英　名：CARDAMOM
☀/☁ ✱ ↔1.5〜2.4m ↕1.5〜2.4m
インド原産で太い根茎を持つ。葉は長さ約60cmで細披針形、下面は有毛。穂状花序は長さ約60cm。白い花冠があり、唇弁に薄紫色またはピンク色の縞斑が入り、覆輪は黄色。アジアにおいて、*E. cardamomum*は料理用香辛料、そしゃく剤、薬用として広く栽培されている。香辛料は大量にローマに輸入されローマ人の間に広まった。今日では中東料理、カレーおよびデザートに用いられる。
ゾーン：10〜12

ELEUTHEROCOCCUS
（ウコギ属）

アジア南部および東部原産。大半が落葉性で刺がある低木または高木で、ウコギ科に属し30種が含まれる。不規則に広がる習性を持つものもある。葉は羽状で、3〜5枚の小葉からなる。晩春から秋にかけて、散形花序に小柄な花が5個つく。花後には黒色または紫黒色の石果が実る。主に観賞用の葉として栽培されるが、伝統的な薬草として用いる場合もある。

〈栽培〉

日当たりの良い場所と水はけの良い砂質またはローム質の土壌を好む。繁殖は、春季に播種する、または秋季に根の株分けか吸枝の分離により行なう。

Eleutherococcus henryi
エレウテロコックス・ヘンリイ
☀ ✱ ↔1.8m〜3.5m ↕1.8〜3.5m
中国中部原産。耐寒性で不規則に広がる落葉性の低木。枝には湾曲した刺がある。複葉は長さ約10cmで手触りは粗く、鋸歯がある長楕円形の小葉が3〜5枚つく。青黒色の果実は晩秋に熟す。不毛の土壌と大気汚染には耐性がある。'**ナヌス**'はよりコンパクトな品種である。
ゾーン：4〜9

Eleutherococcus lasiogyne
異　名：*Acanthopanax lasiogyne*
☀ ✱ ↔3m ↕6m
中国西部原産。大型の円形で落葉性の低木または小高木。晩夏から秋に、白い花が小さな散形花序につく。果実は黒色で、長さ約8mm。
ゾーン：6〜9

Eleutherococcus sessiliflorus
英　名：WANGRANKURA
☀ ✱ ↔3.5m ↕4.5m
アジア北東部の温帯地域原産。広がる習性を持つ低木。鋸歯があり長さ約15cmの小葉が3〜5枚つく。葉柄に刺があるものもある。晩夏に、散形花序のような花房に紫色の花がつく。黒い石果は長さ約12mm。
ゾーン：4〜9

Eleutherococcus sieboldianus ★
一般名：ヒメウコギ
☀ ✱ ↔2.5m ↕3m
中国東部原産。細長くアーチ状の低木で、木質茎のような枝を持つ。晩春から初夏に、緑白色の花が単生の散形花序につく。黒色の果実は直径約8mm。
ゾーン：4〜9

ELODEA
（コカナダモ属）

異　名：*ANACHARIS*

トチカガミ科に属し12種が含まれる。北および南アメリカ原産の繁殖力が高く淡水に生息する植物で、水族館や池、水生植物園に用いられる。水生なので産卵や稚魚のための保護となる。藻類の発生も阻止する。水底に定着するものと浮水のものがある。定着する種には4.5mほどになるものもある。

〈栽培〉

最良の成果を得るためには、日当たりが良く、動きがゆるやかまたは停止している水中で栽培する。理想的な条件下では、コカナダモ属は急速に広がる。繁殖は植物の一部分を切り離す、あるいは移植する、自由に浮水させるのいずれかによって行なう。

Elodea canadensis
一般名：カナダモ
英　名：CANADIAN PONDWEED, WATERWEED
☀ ✱ ↔90cm ↕不確定
北アメリカ原産。水生植物園に酸素供給する優れた多年生植物。しかし侵襲的になる可能性もある。分岐して密集した茎は、濃緑色で先が尖った葉の輪生に覆われる。夏季に微細な白色の花が咲き、冬季に根を残して枯れる。
ゾーン：3〜10

ELYMUS
（エゾムギ属）

英　名：WHEAT GRASS, WILD RYE

イネ科に属し、約150種が含まれる。観賞用となるものはほとんど無い。匍匐性およびよじ登り性の種も含まれ、南北半球の温帯地域のステップ、砂丘、森林地帯など多様な環境に生息する。ほとんどの種が夏季に花をつける。

〈栽培〉

全種とも完全に耐霜性で、日当たりの良い場所と湿気を保つ土壌以外は何も必要としない。一般に繁殖は早春の株分けによって行なう。

Eleutherococcus sessiliflorus

Elymus canadensis
一般名：エリムス・カナデンシス
英　名：BLUE WILD RYE、CNADA WILD RYE、MOUNTAIN WILD RYE、WESTERN WILD RYE
☼/❄　❆　↔60〜90cm
↕90〜150cm
アメリカ合衆国の北カリフォルニアからアラスカ原産。乾燥に耐える、観賞用の多年生イネ科植物。花は小麦に似て緑色で、種子の羽毛は真夏から晩夏に黄金色に変わる。繊細に見えるが丈夫で、ワイルドガーデン、グラウンドカバー植物あるいは冬季の観賞用に適す。
ゾーン：3〜9

Elymus condensatus
エリムス・コンデンサトゥス
英　名：GIANT WILD RYE
☼　❆　↔0.9m ↕0.9〜2m
北アメリカ原産。半常緑で直立した丈夫なイネ科植物。夏季の乾燥した気候においては休眠する場合もある。葉は灰緑色。花茎は薄青色で、夏季に葉より20cmほど上につく。繁殖は種子から行なう。'**キャニオン プリンス**'（青色で大型の野生のライ麦）は、成長が遅く、葉は直立で鮮やかな青緑色、クリームがかった青色の派手な花が60cmほどの高さにつく。繁殖は株分けによって行なう。
ゾーン：3〜9

Elymus magellanicus
異　名：*Agropyron magellanicum*、*A. pubiflorum*
英　名：BLUE WHEATGRASS、MAGELLAN WHEATGRASS
☼　❆　↔90〜100cm ↕100〜150cm
南アメリカ原産。華やかな山岳植物で、エゾムギ属の中でもっとも魅力的な種だと思われる。半常緑性で、強烈な銀青色の葉が叢生し、上部には細い花がつく。花は最初は葉と同じ色だが、後に薄黄緑色に色変わりする。
ゾーン：6〜9

EMBOTHRIUM
（エンボトリウム属）
ヤマモガシ科に属し、現在ではアルゼンチンのチリおよび隣接したアンデス山脈地域の固有種で1種のみが含まれると考えられている。やや直立した樹木で、晩春から初夏の開花期は華やかである。オレンジ色から鮮やかな深紅色の筒状の花が上部に多数つく。
〈栽培〉
広々とした日当たりの良い場所で、水はけの良い土壌では、この植物本来のすらっとした形状を保てない可能性がある。霜から保護する。湿気が多い場所では成長が早く、10年以内に立派な外観を現わすが、平均寿命は25年以内。繁殖は種子、挿し木または基部の吸枝により行なう。

Embothrium coccineum
一般名：チリアンファイヤーブッシュ
英　名：CHILEAN FIRE BUSH
☼　❃　↔6m ↕12m
チリ原産の直立した常緑性高木で、光沢のある堅い葉を持ち、鮮やかなオレンジ色から深紅色の花をつける。栽培種においては、高低木として扱い、目線の高さに花が多くつくよう花後は剪定する。エンボトリウム属でもっとも丈夫だと言われているのは'**ニョルキンコ**'★で、1920年にHarold Comberによってアルゼンチン、ネルケン州のニョルキンコ谷から持ち込まれた。花は枝に密集して房咲きする。ゾーン：9〜10

EMILIA
（ウスベニニガナ属）
キク科ウスベニニガナ属はやや散生の一年生草本で約24種が含まれる。ポリネシア、インドおよび熱帯アフリカの各所で見られる。葉はノゲシに似て、小さな散房花序に美しい舌状花がつく。色は鮮やかな紫、深紅色、黄色またはオレンジ色となる。
〈栽培〉
ウスベニニガナ属は、日なたであればほとんどの土壌で容易に育てられる。最良の効果を生み出すためには密集させて植える。繁殖は種子から行なう。

Emilia sonchifolia
一般名：ウスベニニガナ
英　名：FLORA'S PAINTBRUSH、TASSEL FLOWER
☼　❃　↔15〜25cm ↕15〜50cm
アジアおよびアフリカの熱帯地域原産。一年生で、葉は竪琴形でロゼットを形成する。青緑色のものもある。夏季には、深紅色、鮮やかなオレンジまたは黄色の飾り房のような花が咲く。
ゾーン：9〜11

EMMENOPTERYS
（エンメノプテリス属）
中国、東南アジア原産の落葉性高木で、アカネ科に属し2種が含まれる。卵形の葉は対生で全縁、果実は羽状のさく果となる。夏季には枝頂の円錐花序にじょうご形または鐘形の花が咲く。標本植物として貴重である。

Emilia sonchifolia

Elymus condensatus 'Canyon Prince'

Elymus magellanicus

〈栽培〉
日当たりの良いローム土壌を好み、粘土質の土壌には耐性がある。繁殖は種子または夏季に温室で育った緑枝の挿し木によって行なう。

Emmenopterys henryi
☼　❆　↔12m ↕12〜24m
中国中部および西部、ミャンマー、タイ原産。樹皮が粗く暗灰色の落葉性高木で、末端枝は灰色または紫色。葉長は約20cmで、若木は赤茶色。白色または黄色で鐘形の花が円錐花序につく。
ゾーン：6〜9

EMPETRUM
（ガンコウラン属）
ガンコウラン科ガンコウラン属にはヒースに似て複雑な枝振りの常緑性低木2種が含まれる。北半球の冷温帯各地（アンデス山脈南部および南大西洋のフォークランド諸島も含む）の露出した吹きさらしの場所に自生する。成長は遅くマット状に広がる習性を持つ。極小で単生の花が葉腋につく。果実は小形でみずみずしく、液果のような石果となる。白色の堅い種子が9個含まれる。低木は観賞用および食用の果実として栽培される。

Embothrium coccineum

〈栽培〉
広々とした日当たりのいい場所と、湿気があり石灰質を含まない土壌を好む。冷涼地域のロックガーデンに適す。繁殖は春に播種するまたは挿し木によって行なう。

Emmenopterys henryi

Empetrum nigrum
一般名：ガンコウラン
英　名：BLACK CROWBERRY、
CRAKE BERRY, CURLEW BERRY, MONOX
↔38cm ↕30cm

アメリカ合衆国、ヨーロッパ北部およびアジア原産。ヒースのような広がりを持つ常緑性低木で、ミニチュアのモミノキに似ている。枝は傾伏性。短い針状の葉は茎につき長い羊毛状の毛が生えている。晩春から初夏にかけて、紫赤色の花がまばらな房咲きとなる。光沢があり黒紫色の果実は食用。ゾーン：3〜8

ENCELIA
（エンケリア属）

アメリカ合衆国南西部、メキシコ、ペルーおよびチリの乾燥地域原産。キク科に属し、多年生で小低木が約15種含まれる。葉は芳香性のものが多く、鮮やかなオレンジ色または黄色のヒナギクが咲く。

〈栽培〉
日なたで深層の早急に排水できる土壌で栽培する。乾燥地域に有用な植物で、冬季の湿気を嫌う。寒冷気候においては、温室で栽培する。繁殖は種子または挿し木から行なう。

Encelia farinosa
英　名：BRITTLE-BUSH, INCIENSO
↔90cm ↕90cm

アメリカ合衆国南西部およびメキシコ原産。良い香りがする低木で、葉は銀白色。春季にオレンジ色から黄色のヒナギクが咲く。花の中央は黄色または赤茶色。ゾーン：8〜11

ENCEPHALARTOS
（オニソテツ属）

ザミア科に属し、成長の遅いソテツ類100種ほどからなるアフリカの属で、大半がアフリカ南部原産である。雌雄異株。冬季の乾燥と夏季の降水を好む。羽状複葉は長いものもあり線形またはアーチ形で、小葉は中央脈が無く、刺状の鋸歯があるものが多い。丈夫な幹になるものもあるが、通常は吸枝があり円筒状の地下茎がある。雌株には華やかで大きな球果があり、色彩豊かで新鮮な種子がつく。大部分が夏から秋に熟する。花粉を形成する雄花序は一般的により小形である。属名はギリシャ語の en（中に）、cephale（頭）および artos（パン）に由来し、いくつかの種の幹内部の堅い部分を意味しており、主食（サゴ）として用いる地域もある。

〈栽培〉
全種とも水はけの良い土壌を好む。青色の葉を持つ種は日なた、乾燥、暑さにより耐性がある。薄緑色の葉のものは、日なたから保護し、灌水もより定期的に行なう方が良い。繁殖は種子またはオフセットによって行なう。

Encephalartos altensteinii ★
一般名：アルテンスタインオニソテツ
英　名：PRICKLY CYCAD
↔3.5m ↕4.5m

南アフリカ原産。非常に成長が遅いソテツ類で、幹は基部の吸枝から叢生する。葉は堅く光沢がある緑色で、小葉は細く縁に1〜3本の刺がある。大形で黄色の球果には赤色の果実がつく。幹はサゴの原料となる。ゾーン：10〜11

Encephalartos friderici-guilielmi ★
異　名：Zamia friderici-guilielmi
一般名：エンケファラルトス・フリデリキグイリエルミ
英　名：WOOLLY CYCAD
↔3m ↕5〜6m

南アフリカ、イースタンケープ州原産で、草が多く低木の生育地となる岩場に生息する。葉長は1.5mで、小葉は細く欠刻は無いが、より下側の縁にわずかに鋸歯がある。小葉長は約18cmで幅は約8mm。雄花序は黄色で細長い卵形。雌花序と球果はより幅広く黄色。種名は19世紀のプロイセン国王であるフリードリヒ・ウィルヘルムをラテン語化したものである。ゾーン：9〜11

Empetrum nigrum

Encelia farinosa

Encephalartos hildebrandtii
一般名：エンケファラルトス・ヒルデブランディイ
↔3.5m ↕3.5m

東アフリカ原産。大型の熱帯種。葉は光沢がある濃緑色で通常1.8〜3m。細長く槍形の小葉の縁には多数の鋸歯がある。若葉の時は有毛。球果は黄色で長さ約60cm。オレンジ色、赤色、黄色の種子がつく。
ゾーン：10〜12

Encephalartos horridus
一般名：ヒメオニソテツ
英　名：EASTERN CAPE BLUE CYCAD
↔0.9m ↕0.9m

南アフリカ原産。非常に堅くなる習性を持つ、葉が帯白のソテツ類。茎の大部分は地下で成長する。葉はアーチ形で長さ約0.9m。小葉の先端には荒々しい刺がある。花序は淡黄褐色。
ゾーン：9〜11

Encephalartos natalensis
一般名：NATAL CYCAD、
THOUSAND HILLS CYCAD
↔2.4m ↕6m

南アフリカ、クワズールー・ナタール南部原産。幹は丈夫。葉は光沢があり明るいまたは鮮やかな緑色で葉長は3mほど。小葉は重なり合うことなく、一般に刺は無い。花序は密生し、若木の時は有毛である。
ゾーン：10〜12

Encephalartos villosus ★
一般名：ナガゲオニソテツ
異　名：Encephalartos villosus f. intermedia、
E. niveo-lanuginosis
↔6m ↕3m

南アフリカのクワズールー・ナタールおよびケープ地方からスワジランド原産。雑木林および森林に生息する。茎は地上には出ず、長く光沢があり濃緑色の葉が目立つ。葉長は約3mで樹冠は多毛。小葉は細長い槍形で、葉長は約25cm。縁には1〜3個の切れ込みがある。雄花序は細長い卵形で黄色。雌花序は卵形で黄色、雄花序より短く幅広い。種子は赤色。
ゾーン：9〜11

ENCYCLIA
（エンキクリア属）

中央および南アメリカ原産の複茎性のランで、ラン科に属し200種以上が含まれる複合的な属である。通常は平均的気

Encephalartos hildebrandtii

Encephalartos altensteinii

Encephalartos horridus

Encephalartos friderici-guilielmi

Encephalartos villosus

候または温暖で成長する種からなる。かつてエンキクリア属は近縁のエピデンドルム属に含まれていた。独特の偽鱗茎により群生する植物で、通常は2～3枚の葉をつける。最近、エンキクリア属の一部が他属に移された。1998年、エンキクリア属の大型グループ「コックルシェル」がプロステケア属に移動となった。若干の抵抗があったが、「逆向き」の花と唇弁にさまざまな程度の暗紫色の縞があることから比較的容易に認められた（ほとんどの種は非常に良い香りがする）。

〈栽培〉
コルクスラブ、もしくは水はけの良い樹皮ベースの用土に植えれば栽培は容易。ほとんどの種は晩秋から初春にかけて休眠期間がある。大半の花は夏季に咲き、日当たりの良い条件を好む。繁殖は株分けにより行なう。

Encyclia alata
一般名：エンシクリア・アラタ
☀/☀ ⤴ ↔20～50cm ↕20～90cm
中央アメリカ原産。多数の品種があり、花の色とサイズもさまざまである。白色と黄色の唇弁がある明るい茶色の花には深い紫色の縞がある。
ゾーン：10～12

Encyclia belizensis
☀/☀ ⤴ ↔20～50cm ↕20～70cm
中央アメリカ原産。最高16枚の花被片からなる長命の花で、カラシ色の花被片の端は茶色。花径約35mm。
ゾーン：11～12

Enkianthus campanulatus

Encyclia hanburyi
☀/☀ ⤴ ↔20～50cm ↕20～70cm
メキシコ原産。円錐形の偽鱗茎が群生し、茶色の花がつく直立した穂状花序を生み出す。花径は約35mmで、対照的な紫色の唇弁がつく。
ゾーン：10～12

Encyclia michuacana
☀ ⤴ ↔20～40cm ↕20～120cm
中央アメリカ原産。草丈が高く直立し、分岐した花序は赤茶色から薄緑色の花を多数咲かせる。花径は25mmで、対照的な白色の唇弁を持つ。
ゾーン：10～11

Encyclia Sunburst
（エンキクリア サンバースト）
☀ ⤴ ↔20～50cm ↕20～50cm
E. radiata（現在は*Prosthechea radiate*）と*E. vitellina*の一代交雑種で、両種の中間的な特徴を持つ。花丈は約30mmで、黄色からクリームがかったオレンジ色。
ゾーン：10～12

Encyclia vitellina
一般名：エンシクリア・ビッテリナ
☀ ⤴ ↔20～40cm ↕20～60cm
メキシコおよびグアテマラ原産。エンキクリア属において、もっとも派手で印象的な種のひとつ。大形で独特なオレンジレッドの花をつけ、花被片は広い。夏から秋に、直立した花序に最高12個の花がつく。花径は約35mm。
ゾーン：10～11

ENKIANTHUS
（ドウダンツツジ属）
ツツジ科に属し、約10種が含まれる。主として落葉性で常緑性のものはめったに無く、ヒマラヤ山脈から日本原産。葉は楕円形もしくは卵形。春の中頃から初夏にかけて、白色、ピンク色、赤色の壺形または鐘形の花が枝頂の散形花序または総状花序につく。

〈栽培〉
森林地帯のはずれや同地帯の条件で育つ観賞用の低木で、日なたまたは半日陰、湿気があり水はけが良く腐植質に富んだ、酸性から中性の土壌を好む。繁殖は夏季に採取した半熟枝の挿し木、秋季の高取り法、冬季から早春の播種のいずれかによって行なう。繁殖用土として最適なのは、石灰質を含まず硬質な砂を混合したピートである。

Enkianthus campanulatus
一般名：サラサドウダン
英 名：REDVEIN ENKIANTHUS
☀ ❄ ↔4.5m ↕4.5m
日本、本州の山岳地帯原産。輪生の枝を持つ落葉性の種。葉はくすんだ緑色の長楕円形で先端が尖り、鋸歯縁で、秋季には深赤色に色変わりする。晩春から初夏にかけて下垂した散形花序のような総状花序に、鐘形でクリーム色の花がつく。花弁には赤またはピンク色の縞がある。*E. c.* var. *palibinii*には濃赤色の花が咲く。*E. c.* 'アルビフロラス'の花はクリーム色。'ドナルデンシス'には赤色で他の種より大きな花がつく。'レッドベル'★の丈は約25cmで、秋季には紅葉し、下垂した房に赤色の花がつく。
ゾーン：6～9

Enkianthus perulatus、ニュージーランド、ワナカ湖、左前景

Enkianthus chinensis

Enkianthus cernuus
一般名：シロドウダン
☀ ❄ ↔2.4m ↕2.4m
日本の本州原産。落葉性の低木で、鮮やかな緑色の葉は卵形から楕円形。縁には鋸歯があり先端は鋭角。下面の葉脈には茶色の軟毛がある。秋季には美しく紅葉する。晩春から夏に、下垂形の総状花序に白色の花がつく。*E. c.* f. *rubens*には深い赤色の花が咲く。
ゾーン：6～9

Enkianthus chinensis
☀ ❄ ↔1.8m ↕3.5m
ミャンマー北部および中国原産。落葉性の低木で、葉は緑色の長楕円形から楕円形。縁には鋸歯があり、秋季には紅葉する。ピンク色の脈斑と紅色の花被片を持つクリーム色の花が総状花序につく。開花期は晩春。
ゾーン：6～9

Enkianthus perulatus
一般名：ドウダンツツジ
☀ ❄ ↔2m ↕2m
日本原産。光沢があり魅力的な赤色の若いシュートをつける。葉は卵形で鋸歯があり、下面の中央脈には軟毛がある。秋季には緑色の葉が鮮やかな赤色に紅葉する。春の中頃、小形で下垂する散形花序に白色の花がつく。
ゾーン：6～9

Encyclia michuacana

Encyclia belizensis

Encyclia hanburyi

Encyclia Sunburst

Epacris impressa

Epacris longiflora

ENSETE
（エンセテ属）
バショウ科に属する。バショウ科には実際に巨大で樹木のような多年生草本が含まれる。エンセテ属には7つのバナナ種が含まれ、熱帯アジアおよびアフリカで見られる。バショウ属とは近縁。どっしりとした幹もしくは偽茎は巨大な葉の鞘状基部で構成され、葉身は強風にほつれやすい。アーチ形の茎に下垂した大形の花序がつく。花は小型で乾いた非食用のバナナとなる。果実には堅い種子が含まれる。
〈栽培〉
エンセテ属は全種とも栽培しやすく、観賞用の品種は食用となる近縁種ほどの暖かさを必要としない。温和で霜の無い気候であれば1年中生存する。他の気候条件では一年草として取り扱う。日なたまたは半日陰の、湿気があり肥沃で水はけの良い土壌に植える。通常は種子から繁殖するが、根のついた基部の吸枝を採取して定着させる場合もある。

Ensete ventricosum
一般名：アビシニアバショウ
英　名：ABYSSINIAN BANANA, ETHIOPIAN BANANA
☀ ❄ ↔4.5m ↕9m
大型の樹冠を持つアフリカ種。丈は最高6mに及び強い紫の色調で、葉の中央脈は紫赤色となる。'モーレリー'の葉は幅広の大形で赤く色づく。
ゾーン：9〜12

ENTELEA
（エンテレア属）
ニュージーランド原産。シナノキ科に属し、常緑性小高木1種のみからなる。大形の葉と人目を引く花を持つ魅力的な植物で、莢も興味深い。その樹木はもっとも軽量な木のひとつとして知られ、コルクよりも軽い。
〈栽培〉
冷温帯においては、温室あるいはコンサバトリーによる保護が必要となる。温暖の霜無しの地域では、日なたまたは半日陰で成長し、良質の深層土壌が最適である。成長が早く短命。繁殖は容易で、種子または挿し木から行なう。

Entelea arborescens
英　名：WHAU
☀ ❄ ↔3m ↕3〜6m
葉は大形の心臓形で柔らかくしなだれ、二重鋸歯縁と顕著な葉脈を持つ魅力のある小高木。4〜5枚花弁の白い花が枝頂付近に房咲きする。開花期は春。花径は約25mm。果実には刺状の突起がある。ゾーン：9〜11

EOMECON
（シラユキゲシ属）
中国東部原産。ケシ科に属し多肉質の茎を持つ多年生植物1種のみからなる。広がりのある植物で魅力的な葉と花を持つ。葉は厚く、くすんだ緑色で最大径は約12cm。春季と夏季に単生で白色のポピーの花が繊細な円錐花序につく。花径は約4cm。
〈栽培〉
日陰または半日陰の、水はけが良い肥沃な土壌で栽培する。良質のグラウンドカバー植物となり、容易にコロニーを作る。繁殖は種子または株分けによって行なう。

Eomecon chionantha
一般名：シラユキゲシ、スノーポピー
英　名：POPPY OF THE DAWN, SNOW POPPY
☀ ❄ ↔30〜60cm ↕30〜60cm
中国東部原産。多肉質の茎を持つ多年生植物で広がりが早い。葉は心臓形から肝臓形で、縁は波立ち、下面は上面より薄色。4枚花弁の白色の花は、綿毛を帯びた雄ずいによる中央の突起が目立つ。雄ずいは黄色がかったオレンジ色。
ゾーン：7〜10

EPACRIS
（エパクリス属）
エパクリス科エパクリス属は低木あるいは亜低木の約40種が含まれる。大半がタスマニア州を含むオーストラリア南東部の、ヒースの生えた荒野または砂岩土壌の原産である。これらの土壌は小川または「急斜面の沼」により乾燥しない。葉は刺があるものが多く灰緑色から深緑色、手触りは粗い。多くの花は数カ月間または1年の中で定期的に咲くが、理想的な条件下でも寿命は短いものから普通のものまでに及ぶ。
〈栽培〉
直射日光は避ける。密集させ長命にするためには、花後に軽く刈り込みを行なう。湿気を保つために堆肥を施す。砂利系の用土が理想的である。繁殖は夏季に採取した半熟枝の挿し木から行なう。根組織が繊細で移植は難しいが、小苗なら可能。

Epacris impressa
一般名：ピンクヒース
英　名：COMMON HEATH, PINK HEATH
☀ ❄ ↔75cm ↕0.9m
オーストラリア、ビクトリア州の州花。不規則に伸びる低木。下垂した筒状の花は白色からピンク、および赤色。年間を通じで暫時的に開花するが、ピークは冬から春。
ゾーン：8〜10

Epacris longiflora
一般名：エパクリス・ロンギフロラ
英　名：FUCHSIA HEATH
☀ ❄ ↔0.9m ↕0.9m
オーストラリアのニューサウスウェールズ州およびクイーンズランド州のやせた砂岩の土壌で見られる。不規則に伸びるが順応しやすい低木で、花は筒形で散発性。赤色の花は先端が白色になる。主に春に咲く。
ゾーン：9〜10

EPHEDRA
（マオウ属）
英　名：JOINT FIR, JOINT PINE, MEXICAN TEA
マオウ科マオウ属には約40種の珍しい低木またはよじ登り植物が含まれる。そのうち1種は、細くイグサのような節のある緑色の枝を持ち、トクサ類に似て年月と共に木質になる。葉は小形化し対生で鱗片状。小柄な黄色い花は径12mmほどで円錐状に群生し、花後には多肉質で赤色の液果のような果実がつく。マオウ属は植物学的にはおもしろく、顕花植物と針葉樹が結びついたものとなる。ヨ

Eomecon chionantha

Ensete ventricosum 'Maurelii'

Entelea arborescens

Ephedra distachya

Ephedra viridis

Ephedra gerardiana

ーロッパ南部、北アフリカ、アジア、南北アメリカの山岳地帯全域の乾燥または砂漠地域に自生する。ネイティブアメリカンは枝を薬用茶に用い、中国の覚醒剤麻黄は*E. sinica*で、エフェドリンとその誘導体はマオウ属種によって作り出される。
〈栽培〉
砂地で日当たりの良い場所を好む。乾燥地域のグラウンドカバーあるいはロックガーデン用として理想的である。繁殖は叢生部の株分け、吸枝の分離、高取り法または種子によって行なう。

Ephedra distachya
一般名：フタマタマオウ
英　名：EUROPEAN JOINT PINE
☼ ❄ ↔0.9m ↕0.9m
ヨーロッパ南部およびシベリア原産。16世紀初頭から栽培されている。常緑性低木で匍匐性の茎を持ちマット状に広がる。枝は細く直立。葉は鱗片状で、夏季には赤色の果実が実る。
ゾーン：4～9

Ephedra gerardiana
一般名：エフェドラ・ゲラルディアナ
☼ ❄ ↔1.8m ↕30cm
中国およびヒマラヤ山脈原産。匍匐性で常緑の低木で、枝は細く濃緑色。土手の岩場に適する。
ゾーン：7～10

Ephedra viridis
一般名：モルモンティー
英　名：GREEN JOINT-FIR, MORMON TEA
☼ ❄ ↔0.9m ↕1.2m
アメリカ合衆国西部原産。直立した常緑性低木。枝は細く鮮やかな緑色で、葉は突き錐のような形状。
ゾーン：6～10

EPIBLASTUS
（エピブラストゥス属）
冷涼から平均的気候の地域に生息する15種ほどが含まれる。ラン科に属し、やや多肉質で複茎性のランである。原産地はニューギニアのスラウェシの高地および太平洋諸島の一部。分岐した根茎を持ち、野生種は冷涼な季節を通じて鮮やかな色彩の花が房咲きする。
〈栽培〉
エピブラストゥス属の種は珍しく、ミズゴケを入れた鉢で栽培するともっとも良く成長する。大型のものは培地の湿気を保ち、木製シダの板で栽培する。高温で乾燥した状態を嫌うため、適切な温度と湿度を保つようにする。栽培種においては、ほとんどの種が秋季から初春に花を咲かせる。繁殖は株分けにより行なう。

Epiblastus basilis
☼ ✈ ↔10～30cm ↕10～30cm
ニューギニア原産。もっとも多く栽培される種。冬季には花径8mmほどの蝋質で鮮やかな赤色の花が小さな房咲きとなる。
ゾーン：10～11

×*EPICATTLEYA*
（×エッピカトレヤ属）
二種類の複茎性ランによる人工的な交雑種で、エピデンドルム属とカトレヤ属を交雑したもの。ラン科に属する新しい交雑種で、よく成長し自由に花をつける。登録された組み合わせの多くはエンキクリア属種を伴う。エンキクリア属は、以前はエピデンドルム属に含まれていた。
〈栽培〉
コンパクトに成長するこれらのランは、小型の素焼きまたはプラスチックの鉢、バスケット、スラブでよく育つが、灌水と灌水の間は完全に乾燥させる。中間的から温暖な気温の明るい場所を好み、乾燥させておけば冬季に冷涼の気温でも栽培できる。派手な花が多数つき良い香りがするものが多い。繁殖は株分けによって行なう。

×*Epicattleya* Siam Jade
一般名：×エッピカトレヤ サイアム ジェイド
☼/☽ ✈ ↔10～40cm ↕20～40cm
人気のある春咲きの交雑種で、花は緑色および白色。7種の異なるラン種を交雑させた結果できたもの。もっとも顕著なものは*Cattleya guttata*のアルビノ品種および緑色と白色の*Euchile mariae*（今日では*Encyclia mariae*としてよく知られている）である。
ゾーン：10～12

EPIDENDRUM
（エピデンドルム属）
複茎性ランの大型な属で、中央および南アメリカ原産。承認されている種は1,000種以上にも及ぶ。園芸家の多くは「クルシフィクス系」オーキッド、つまり「リードステム系」のエピデンドルム属種とその交雑種になじみがある。これらの種の多くは明るい草場で陸生植物として育つ。しかしながら、エピデンドルム属種の大半は岩生または着生植物として生息する。エピデンドルム属は、ブラッサヴォラ属、カトレヤ属、エンキクリア属、レリア属、リンコレリア属およびソフロニティス属と同じグループに属する。
〈栽培〉
多数の種がさまざまな高地に分布しているため、霜無しであればたいていの気候に適合するが、明るく暖かい条件を好む種がほとんどである。「リードステム系」あるいは「クルシフィクス系」の種は霜の無い気候条件の地植えで栽培する。数種には休眠期がある。水はけの良い樹皮ベースのコンポスト、コルクまたは木製シダのスラブボードに着生させる。繁殖は株分けによって行なう。

Epidendrum barbeyanum
☼ ✈ ↔10～25cm ↕10～25cm
中央アメリカ原産。春季には多肉質に成長し、夏季には、幅広の唇弁がついた小形で黄緑色の派手な花が咲く。花径は約5cm。栽培する場合は年間を通して湿気のある状態にしておく。
ゾーン：10～12

Epidendrum barbeyanum

Epiblastus basilis

×*Epicattleya* Siam Jade

Epidendrum ciliare
一般名：エピデントルム・キリアレ
☼/☼ ⤴ ↔20～90cm ↕20～60cm
中央アメリカ原産。発育習性はカトレヤ属に似ているが花鞘は無い。多様な種で、夏と秋に、花序に径10cmで蜘蛛状の緑色の花が最高で8個つく。唇弁は白色。咲かせるには強い光と冬季の休眠時に乾燥させておくことが必要。
ゾーン：10～12

Epidendrum elongatum
一般名：エピデンドルム・エロンガツム
☼/☼ ⤴ ↔20～120cm
↕20～90cm
中央アメリカ原産。代表的な陸生種で多彩。「リードステム系」エピデンドルムのひとつで、年間を通して花径約18mmの花が円形に房咲きする。
ゾーン：10～12

Epidendrum ibaguense
一般名：エピデンドルム・イバグエンセ
☼/☼ ⤴ ↔20～120cm
↕20～120cm
中央および南アメリカ原産。伝統的な「リードステム系」あるいは「クルシフィクス系」オーキッドの一般的に普及している種で、園芸における人気は高い。球形の花房に花径約30mmの赤色からオレンジ色の花がつく。唇弁は黄色系。強い光を必要とし、好ましい環境においては年間を通して開花し続ける。
ゾーン：9～12

Epidendrum ilense ★
一般名：エピデンドルム・イレンセ
☼ ⤴ ↔20～60cm ↕20～120cm
エクアドル原産。花径約35mmの奇妙な花をつける珍しい種で、花弁と萼片はややピンクがかった緑色。かなり特殊な唇弁は白色で長く微細な毛状のフリンジがつく。花は数本が束になり、高い偽鱗茎から下垂する。この華やかな種は一

Epidendrum ibaguense

Epidendrum elongatum

Epidendrum ilense

貫して温暖で湿気のある状態を必要とする。大型のものは定期的に開花する。長年、同じ茎から返り咲きする。
ゾーン：11～12

Epidendrum parkinsonianum ★
一般名：エピデンドルム・パルキンソニアヌム
☼/☼ ⤴ ↔20～60cm ↕0.3～2m
中央アメリカ原産。多肉質で紫色の葉に価値がある下垂した種。古株は最大2mくらいの長さまで成長する。春季には、大型で花径約12cmの緑がかった花が最高で4個つく。唇弁は純白。コルクまたは木生シダの大型スラブ、あるいは小型の木製バスケットを吊るして栽培すると最適である。
ゾーン：10～12

Epidendrum pseudepidendrum
一般名：エピデンドルム・プセウドエピデンドルム
☼ ⤴ ↔10～40cm ↕20～100cm
コスタリカおよびパナマ原産。温暖で育つ、丈の高い「リードステム系」で、エピデンドルム属の中でもっとも華やかな種のひとつ。夏季を通して、光沢があり長さ8cmほどの花がつく。花弁と萼片は薄黄緑色。幅広でオレンジ色から赤色の唇弁が突き出している。ずい柱は緑、オレンジ、ピンク。
ゾーン：11～12

Epidendrum Hybrids
一般名：エピデンドルム ハイブリッド
☼/☼ ⤴ ↔20～120cm
↕20～120cm
栽培においてもっとも一般的なタイプは、「リードステム系」ハイブリッドまたは「クルシフィクス系」オーキッドである。色彩が豊富で特に深紅色の種が目立つ。全種とも花序は球形で、何度も同じ花茎に返り咲きする。より古い交雑種の多くが120cmまで成長するのに対し、雑種育成者はよりコンパクトに育ち最高でも60cm

Epidendrum parkinsonianum

Epidendrum ciliare

丈ほどで、より大型で鮮やかな色彩の花がつく交雑種の選抜に成功した。新種の栽培品種は次の通りである。**ホクレア 'サンタ バーバラ'** ★はもっとも優良な品種のひとつで、コンパクトに成長し鮮やかな色彩の花がつく。**ビーナス バレー'レモン'** には黄色の花がつく。白色の品種も開発されている。
ゾーン：9～12

Epidendrum, Hybrid, Pacific Girl

エピデンドルム、HC、ホクレア'サンタ バーバラ'

エピデンドルム、HC、ジョゼフ グロウ'セト ラズベリー'

E., Hybrid, Pacific Vista cultivar

E., Hybrid, Pacific Vista cultivar

エピデンドルム、HC、ジョゼフ リー'レイディ'

エピデンドルム、HC、オレンジ グロウ

エピデンドルム、HC、ペール'プリティ プリンセス'

エピデンドルム、HC、ホワイト系品種

エピデンドルム、HC、ビーナス バレー'レモン'

EPIGAEA
（イワナシ属）

ツツジ科に属し、小型の平伏性植物で常緑性低木3種が含まれる。分布地は興味深く、それぞれ北アメリカ、日本およびトルコの原産である。丈夫で葉幅が広い常緑種の中でも冷温帯気候のロッケリーに魅力を加える。葉は先の尖った卵形で基部は心臓形。通常は深い緑色で光沢があり、冬季に赤く色づくものもある。春季にごく小さい鐘形のエリカのような花が枝頂および葉腋に房咲きする。

〈栽培〉
よく開花させるためには日光が必要だが、冷涼気候地帯の植物なため暑い日ざしから保護され、乾燥しない状態を好む。半日陰で涼しく湿気があり腐植質に富んだ土壌に植え、夏場はよく灌水する。種子を必要としない場合は、咲き終わった花を取り除き、長細いシュートを刈り込んで植物を整えておく。繁殖は非常に微細な種子、先端の小さな挿し木、高取り法のいずれかにより行なう。

Epimedium repens
一般名：アメリカイワナシ、メイフラワー
英 名：MAYFLOWER, TRAILING ARBUTUS
☀ ❄ ↔ 30～60cm ↕ 10～20cm
北アメリカ原産で低く広がる習性を持つ種。葉長は25～75mmで、幅はその半分ほど。甘い香りのする白色から薄ピンク色の花が4～6個総状花序につく。花長は約12mm。
ゾーン：2～9

EPILOBIUM
（アカバナ属）
英 名：WILLOW HERB

アカバナ科アカバナ属には、多年生、一年生の亜低木約200種が含まれる。多くの種は侵襲性があり、匍匐枝によって広がり、大量に種子を散布する。より華やかな種がいくつか栽培されており広がりは早い。世界各地の温帯から熱帯、あるいは極地にまで分布し、その習性は多様である。紫、ピンク、黄色および白の多彩な色調で4枚花弁の花が房咲きする。花は葉腋または枝頂につく。

〈栽培〉
ワイルドガーデンまたは植物が自由に繁殖できる場所が最適である。日なたの湿気を保てる土壌で栽培する。アルプス種は完全に水はけが良く厳しい日差しから保護される場所を必要とする。繁殖は種子または挿し木によって行なう。

Epilobium angustifolium
一般名：ヤナギラン
異 名：*Chamaenerion angustifolium*
英 名：FIREWEED, FRENCH WILLOW, GREAT WILLOW HERB, ROSEBAY WILLOW HERB
☀ ❄ ↔ 0.9～2.4m ↕ 0.9～2.4m
北半球の各地に見られる。侵襲性がある丈夫な多年生植物。すらりとした茎に細い葉が互生に配置される。夏から初秋に、ピンク色または紫がかったピンク色の花が総状花序につく。
ゾーン：3～9

EPIMEDIUM
（イカリソウ属）
英 名：BARRENWORT, BISHOP'S HAT, BISHOP'S MITRE, HORNY GOAT WEED

イカリソウ属は現在44種だが増加している。1975年までに発見されたのは36種であった。常緑性と落葉性両方あり多年生で、叢生するものからわずかに匍匐性のものまでに及ぶ。メギ科に属し、主としてアジアに見られるが地中海地方にまで分布地を広げている。葉が魅力的な植物で、それが主な長所でもある。春に咲く可憐な花は多彩で、長くカーブした距を持つものが多い。中国では、乾燥した根は男性の性的不全を回復させると考えられている。

〈栽培〉
ほとんどの種は、落葉性樹木下の涼しい日陰の場所と、腐植質に富んだ土壌を好む。驚くことに1度定着すると乾燥に耐える種が多い。繁殖は晩冬に株分けによって行なう。

Epimedium acuminatum
一般名：エピメディウム・アクミナツム
☀ ❄ ↔ 90～100cm ↕ 25～45cm
中国原産。常緑で、長く先細りになった小葉は3枚つき、若葉はブロンズがかった茶色で、年月と共に緑色に変化する。花には長い距と白色の萼片がつき、花弁は紫色、花径約18mmで、微細なアーチ型の茎につく。開花期は春で、初夏まで咲くものも多い。
ゾーン：5～9

Epimedium alpinum
一般名：エピメディウム・アルピヌム
☀ ❄ ↔ 30～80cm ↕ 25～30cm
ヨーロッパ南部原産。常緑で、縁に刺がある小葉は5-9枚つき、冬季には赤褐色になる。花は小柄で距は無い。径約13mmで、くすんだ深紅色の花の中心はクリーム色。
ゾーン：5～9

Epimedium × cantabrigiense
☀ ❄ ↔ 30～45cm ↕ 30～60cm
園芸交雑種。心臓形の葉は常緑で、下面には軟毛がある。縁に多少の刺がつく。春季には、可憐な赤色および薄黄色の花が茎につく。
ゾーン：5～9

Epimedium davidii
一般名：エピメディウム・ダヴィディイ
☀ ❄ ↔ 40～50cm ↕ 25～30cm
中国西部原産。常緑で、3枚の小葉は夏季に鮮やかな緑色となる。長い距がつくレモンイエローの花は径約18mm。
ゾーン：5～9

Epimedium franchetti
エピメディウム・フランケティイ
☀ ❄ ↔ 90～100cm ↕ 25～45cm
中国原産。葉は*E. acuminatum*に非常に似ているが、長い距を持つ花は全面的に薄黄色となる。'**ブリムストーン バタフライ**'には黄色い花がつく。
ゾーン：5～9

Epilobium canum 'Solidarity Pink'

*Epilobium angustifolium*の自生種、アメリカ合衆国、ワイオミング州グランドティートン国立公園

Epimedium acuminatum

Epimedium sempervirens

Epimedium grandiflorum

Epimedium × youngianum
一般名：ヒメイカリソウ
☼ ✻ ↔25～30cm ↕20～30cm
*E. diphyllum*と*E. grandiflorum*の交雑種で、一般的に小葉に刺は無く、若葉は美しい赤茶色。小柄で距の無い花は、白色からローズピンクまで。'**ニウェウム**'は白い花をつける美しい品種で、若葉は豊かな色彩。
ゾーン：5～9

EPIPHYLLUM
（クジャクサボテン属）
メキシコ、中央アメリカ、南アメリカ北部およびカリブ海地域の原産。着生と岩生の種でサボテン科に属し、19種が含まれる。属名はギリシャ語で*epi*（上）と*phyllon*（葉）を意味し、非常に大形で白色の夜咲きの花が葉状茎につくことに由来する。収集された多くの植物や苗がクジャクサボテン属やその交雑種と識別される一方で、クジャクサボテンという言葉をより正確に定義すると、花が夜咲きや白色によるものではなく、セレニケレウス属、カニバサボテン属、ディソカクタス属およびプセウドリプサリス属の交雑種に適用される。クジャクサボテン交雑種と呼ばれるものの多くはクジャクサボテン属の系統ではない。真のクジャクサボテン属種の茎は一般に長く、気根をつける。低部の断面は丸いが、通常、先端は平らで葉のような形状。波状縁もしくは鋸歯縁。花には長い花筒がつくものが多く、外花被片は、白系、黄色系またはピンク系で、内花被片は薄黄色または白色となる。萼は卵形から楕円形で、稜があり刺は無い。
〈栽培〉
有機質に富み肥沃な水はけの良い土壌で容易に栽培できる。つぼみが現れた

Epimedium × perralchicum

Epimedium × setosum

Epimedium pinnatum subsp. *colchicum*

Epimedium grandiflorum
一般名：イカリソウ
☼ ✻ ↔20～30cm ↕20～30cm
日本、中国および北朝鮮原産。落葉性で広がりのある種で叢生の習性を持つ。葉は心臓形。白、黄色、ピンクまたは紫の色調の花には小さな距がつく。他の種より多くの品種が産出された。'**リラシナム**'には藤色の花がつく。'**リラフィー**'の花は深紅色。'**ローズ クイーン**' ★の花は深いピンク色で白色の距がつく。
ゾーン：5～9

Epimedium × perralchicum
一般名：エピメディウム・ペラルキクム
☼ ✻ ↔50～60cm ↕35～40cm
*E. perralderianum*と*E. pinnatum* subsp. *colchicum*の交雑種で、イギリスのウィズレー・ガーデンスで発見された。常緑の葉は大きく群生する。若葉は赤茶色。鮮やかな黄色の花茎に距のない花がつく。'**フローンレイテン**'はドイツの品種で、葉には刺があり、花は大形。
ゾーン：7～9

Epimedium perralderianum
一般名：エピメディウム・ペラルデリアヌム
☼ ✻ ↔50～60cm ↕35～40cm
アフリカ北部原産。ゆっくり広がる習性を持つ常緑種。小葉は3枚で鋸歯があり赤茶色。年月と共に緑色になる。黄色い花には茶色の短い距がつく。
ゾーン：7～9

Epimedium pinnatum
一般名：エピメディウム・ピンナトゥム
☼ ✻ ↔20～30cm ↕20～30cm
イラン北部原産。ゆっくり広がる習性を持つ常緑種で、葉縁には刺がある。花は黄色で花径は約18mm。茶色で極小の距がつく。*E. p.* subsp. *colchicum*はもっとも一般的に栽培されている亜種で、葉の刺は少なく密生する習性がある。
ゾーン：6～9

Epimedium × rubrum
一般名：エピメディウム・ルブルム
☼ ✻ ↔25～30cm ↕25～30cm
叢生する園芸交雑種で、*E. alpinum*と*E. grandiflorum*を交雑したものである。先端が尖った葉は縁に刺があり、若葉の頃と冬季に赤褐色になる。深紅色および薄黄色の花には短い距がある。花径は約18mm。ゾーン：5～10

Epimedhium sempervirens
一般名：トキワイカリソウ
☼ ✻ ↔25～30cm ↕25～30cm
日本および朝鮮半島原産。*E. grandiflorum*に似た常緑種。鮮やかな緑色の葉は、若葉の頃は赤茶色。小柄で白色の花には距がある。
ゾーン：7～9

Epimedium × setosum
一般名：オオバイカイカリソウ
☼ ✻ ↔40～50cm ↕20～30cm
日本原産種。若葉は赤茶色でわずかに有毛。小柄で白色の花をつける。距は無い。
ゾーン：7～9

Epimedium × versicolor
一般名：エピメディウム×ウェルシコロル
☼ ✻ ↔25～30cm ↕25～30cm
常緑で叢生する園芸交雑種で、*E. grandiflorum*と*E. pinnatum* subsp. *colchicum*を交雑したもの。葉縁には刺があり、若葉は赤茶色。花には短い距があり、萼より長くはならない。栽培品種には次のものがある。'**ネオスルフレウム**'には薄黄色の花がつく。'**スルフレウム**'の花は鮮やかな黄色で、わずかに長い距がつく。
ゾーン：5～9

Epimedium × warleyense
一般名：エピメディウム×ワルレイエンセ
☼ ✻ ↔60～80cm ↕40～50cm
*E. alpinum*と*E. pinnatum* subsp. *colchicum*の園芸交雑種で、1909年頃、有名なMiss Ellen Willmottによって、同じく有名な彼女の所有地イギリスのエセックス州ウォーリー・プレイスで交雑された。かなり大型で開いた叢生を形成する。花に距は無く、くすんだオレンジ色で中心部が黄色。若葉は人目を引くような赤茶色。
ゾーン：5～9

Epimedium × versicolor 'Sulphureum'

Epimedium × youngianum 'Niveum'

Epimedium × youngianum 'Niveum'

Epiphyllum oxypetalum

Epipremnum pinnatum 'Aureum'

ら施肥を行なう。成長期にも軽い施肥を行なう。開花後1〜2週間は灌水を控える。繁殖は種子から、より一般的には1〜2週間乾燥させた挿し木から行なう。

Epiphyllum hookeri
一般名：待宵孔雀
異　名：*Epiphyllum stenopetalum*
☀ ┿ ↔0.9〜1.5m ↑75cm

メキシコ、中央アメリカおよびベネズエラ原産。アーチ形から下垂形の枝を持つ藪状の低木。基部は三角形で上部は平たく、5cm間隔で刺座がつく。花は白色で花径は約3.5cm、まっすぐで細い花弁と管状器官がつく。長さ約25cmで、開花期は夏。萼は紫色から赤色。
ゾーン：10〜12

Epiphyllum oxypetalum ★
一般名：月下美人
☀ ┿ ↔1.5〜4.5m ↑1.5〜3m

メキシコおよび中央アメリカ原産。アーチ形から下垂形の枝が多数出る。主茎は先端が平らで薄く波状縁。白色のじょうご形の花は径12〜17cmで、下くカーブした管状器官につく。外花被片は栗色で、開花期は夏。深紅色の萼がつき、熟すと良い香りがする。
ゾーン：10〜12

EPIPREMNUM
（ハブカズラ属）
東南アジアから太平洋地域西部原産。サトイモ科に属し約15種が含まれる。常緑性のつる植物で幼若期と成熟期では形態が異なる。着生の茎から着生根が出る。葉は卵形から長楕円形または披針形で、羽状に分裂するまたは欠刻がある場合が多いが、若葉は全縁。葉柄には「こぶ状の隆起」があり、基部で茎を覆う。成熟期の葉脈は平行。花柄は単生。仏炎苞は管状にはならず、紫色、黄色または緑色で落葉性。肉穂花序は短く仏炎苞に包み込まれ、両性花がつく。種子は腎臓形で皮は堅い。これらのつる植物はモンステラ属に酷似している。

〈栽培〉
ハブカズラ属の熱帯地域種は木にはい登って成長するが、温帯地域種は一般に室内植物として、あるいは温室のミズゴケのついた柱で栽培される。多数の品種が太平洋地域西部の村落周辺で栽培されている。減光と高湿度を必要とするが、成熟期にならないと開花しないため栽培種は花がつかないことが多い。茎またはシュート先端の挿し木、高取り法により容易に繁殖させることができる。あまり一般的ではないが新鮮な種子からも付なう。

Epipremnum pinnatum
一般名：ハブカズラ
異　名：*Rhaphidophora pinnata*
英　名：FALSE MONSTERA
☀ ┿ ↔1.8m ↑3.5〜6m

東南アジアからニューギニアおよびオーストラリアのクイーンズランド州北部原産。常緑のつる性植物で、細い巻きつき茎と分岐茎を持つ。卵形から心臓形でうぶ毛がある羽状複葉は0.9mの長さに成長し、中央脈に沿って穿孔ができる。クリーム色で筒状の花は紫色の斑入り。'オーリューム'（異名：*Pothos aureus*、*Rhaphidophora aurea*、*Scindapsus aureus*）は一般にデビルズ・アイビー、ゴールデン・ポトスまたはハンターズ・ロープとして知られ、心臓形の鮮やかな緑色の葉には黄色またはクリーム色の斑が入る。'マーブル クイーン'の茎とモスグリーンの葉には白色の縞が入る。'トリコロル'の茎はオフホワイトで、葉には白色の斑が入る。
ゾーン：10〜12

EPISCIA
（ベニギリソウ属）
熱帯アメリカ原産でイワタバコ科に属し9種が含まれる。着生もしくは陸生の草本で、亜低木のものもある。葡匐枝があるためイワタバコ科の中でも特別な属となる。葉は対生で斑入り、一対の葉の大きさは同等のものと不等のものがあり、不等の場合は小さい方の葉が落葉性となることが多い。葉腋から出た有柄の総状花序に花がつき、房咲きのものと単生のものがある。萼には緑色または斑入りの萼片が5枚あり、基部で融合していることもある。花冠はじょうご形で裂片が5枚つき、全縁のものと長毛縁のものがある。果実は2さく片からなるさく果で、楕円形の種子を多数含む。

〈栽培〉
温帯地域ではベニギリソウ属は温室栽培を必要としハンギングバスケットで育てられることが多いが、熱帯地域ではグラウンドカバー植物として栽培可能で、花壇の構成植物として用いられる。温帯地域の日当たりが悪い場所では越冬が困難だが、繁殖は挿し木または種子から容易に行なえる。挿し木の方が定着しやすい。多くの交雑種が作出されている。

Episcia cupreata
一般名：ベニギリソウ
英　名：CARPET PLANT, FLAME VIOLOET
☀/☀ ┿ ↔30〜60cm ↑20〜30cm

中央および南アメリカ（メキシコ南部からエクアドル）原産。常緑で葡匐性の多年生植物。葉は楕円形で茶色から濃緑色、しわがあり有毛。葉長は約9cmで、裏面は銅色および紫色の斑入り。深紅色の花は房咲きで、黄色の輪が入る。花喉に紫色の斑が入るものもある。開花期は夏。ハンギングバスケットに適する。'アカジョウ'の葉は薄手で銀色の斑入り。'チョコレート ソルジャー'の葉は大形で茶色、中央帯は銀灰色となる。'カントリー カウガール'の葉は銀緑色で石目のような手触り、覆輪は銅緑色。'メタリカ'は銅色の葉に銀色の斑入りで、赤色の花が咲く。'シルバー シーン'の花は黄色、薄紫色または赤色で、覆輪は鮮やかな銅緑色。'テトラ'の花は大形でオレンジレッド。花被片は波立ち、内側はオレンジイエロー。'トロピカル トパーズ'には鮮やかな黄色の花が咲く。
ゾーン：10〜12

Episcia dianthiflora
一般名：レースフラワーバイン
異　名：*Alsobia dianthiflora*
英　名：LACE-FLOWER VINE
☀/☀ ┿ ↔60〜90cm ↑20cm

メキシコ南部からコスタリカ原産。成長が遅い常緑の多年生植物。葉は濃緑色で鋸歯があり、楕円形から卵形で長さは約40mm。紫赤色の縞が入るものが多い。夏季には単生でパールホワイトの筒形の花が咲く。基部には紫色の斑点が入り、花弁は丸く長毛縁が際立つ。
ゾーン：10〜12

Episcia cupreata

Episcia cupreata 'Acajou'

Episcia Hybrid Cultivars

一般名：ベニギリソウ交雑品種

☼/☽ ⇣ ↔80〜100cm ↕20〜50cm

ベニギリソウ属はかなり自由に異種交雑され、その結果、多数の栽培品種がもたらされた。中でも優良なものはコンパクトで花つきが多く、葉は斑入りという傾向がある。'チョコレート アンド チェリーズ'の葉は暗銅色で、黄色の斑点が入った鮮やかな赤色の花が咲く。'スター オブ ベツレヘム'の葉は暗銅色で裏面は赤色。幅広の白覆輪がある独特なピンク色の花がつく。'トイ シルバー'は非常に矮小化された品種で、濃緑色の葉には銀灰色のまだら斑や縞斑が入る。鮮やかな赤色の花がつく。ゾーン：10〜12

EPITHELANTHA
（エピテランタ属）

サボテン科に属し、小型で美しい植物2種のみが含まれる。1種には5つの亜種があり、アメリカ合衆国アリゾナ州のチワワ砂漠地区、ニューメキシコ州およびテキサス州、メキシコのコアウィラ州、サン・ルイス・ポトシ州、ヌエボ・レオン州に見られる。マミラリア属に類似しているが、花は疣の間ではなく疣の先端につく。属名はギリシャ語の2つの単語 *epi*（上）と *thelos*（突起）に由来し、この植物の疣を表している。刺の形状と生育習慣は多様。エピテランタ属の植物は幻覚誘発性の化学成分を含んでおり、原住民部族のシャーマンが病気を治す際の診断儀式の一部として摂取することもある。

〈栽培〉

コンポストおよび基部の湿気を嫌うため、栽培は容易ではない。砂質でローム質、水はけが良く鉱物を含む土壌を必要とする。冬季と真夏は保湿に注意する。繁殖は種子または1〜2週間乾燥させた挿し木により行なう。

Epithelantha micromeris

一般名：月世界（ゲッセカイ）

☼ ⇣ ↔6cm ↕18〜40mm

アメリカ合衆国アリゾナ州東部、ニューメキシコ州、テキサス州西部、およびメキシコ北部原産。小型で整然とした植物で、単生から群生のものまであり、色は白色から薄灰色で、成長点は扁平。中刺は無いが白い放射状の刺が20〜25本あり、長さは3〜12mm。夏季にはピンク色から白色の花が咲く。莢は赤色。*E. m.* subsp. *unguispina*（かぐや姫）は、他のものに似ているが、一般的に年月が経つと群生し、わずかに湾曲し先端が黒い独特な中刺を持つ。

ゾーン：9〜11

ベニギリソウ、HC、'チョコレート アンド チェリーズ'

ベニギリソウ、HC、'スター オブ ベツレヘム'

ベニギリソウ、HC、'トイ シルバー'

Equisetum giganteum

Equisetum telmateia

EQUISETUM
（トクサ属）

英名：HORSETAIL, SCOURING-RUSH

トクサ科に属し、多年生でイグサのような隠花植物25種ほどが含まれる。オーストラリアとニュージーランドを除く世界各地に分布している。全種とも、直立の円筒状で節がありタケのような茎が群生する。葉は微細で、通常は減衰し黒色の輪または茶色の歯状の葉となり茎節につくが、薄く長く不規則に広がった針金状のものもある。茎頂に胞子を持った花序がつく。馬の尾に似ていて、「scouring-rush（擦り磨き用のイグサ）」と呼ばれた。昔、アメリカ初期の移民が陶器を磨くのに使用していたためである。日本の生け花にも用いられる。

〈栽培〉

湿地などの水辺に植える。園芸用土または鉢用混合土を使用し、湿気を保ち、水はけをよくする。腰水にしても良い。繁殖は胞子または根茎の株分け、茎片を直接土壌に埋める、のいずれかによる。

Equisetum arvense

一般名：スギナ

英名：COMMON HORSETAIL, FIELD HORSETAIL

☼ ❄ ↔30〜45cm ↕40〜60cm

ヨーロッパ、北アメリカ、アジアおよびグリーンランドの各地で見られる。耐寒性の多年生植物で、輪生した不稔の緑色の茎が不規則に間隔を開けて群生する。総丈約60cm。平伏性または直立性でやや粗く縦溝がある。短命で明るい茶色の茎は分岐し、滑らかで繁殖力がある。微細な葉は鮮やかな緑色で羽毛状。

ゾーン：2〜9

Equisetum giganteum

英名：GIANT HORSETAIL

☼ ⇣ ↔45〜60cm ↕2.7〜3.5m

アメリカ熱帯地域原産。丈夫でコロニーを作る、イグサに似た多年生植物。緑色の茎は直立し、直径2.5cm。節に暗茶色または黒色の細い縞が入り、周囲の植物に寄りかかり支えにする。

ゾーン：10〜12

Equisetum arvense

Equisetum hyemale

一般名：トクサ

英名：DUTCH RUSH, HORSETAIL RUSH, ROUGH HORSETAIL, SCOURING-RUSH, WINTER SCOURING-RUSH

☼ ❄ ↔30〜60cm ↕0.9〜1.5m

ユーラシア大陸および北アメリカ原産。常緑でイグサのような多年生植物。大型のコロニーを作る。分岐しない茎は粗く、幅広の丸形で稜があり、丈は約1.5m。灰色および黒色の縞がある。茎頂の花序は先端がわずかに尖る。'ロブスツム'は大型で総丈3mほどに及ぶ。

ゾーン：3〜10

Equisetum telmateia

英名：GIANT HORSETAIL

☼ ❄ ↔30〜60cm ↕0.5〜1.8m

ユーラシア大陸、アフリカ北部および北アメリカ北部原産の多年生植物。茎は直立し細い溝があり、アイボリーホワイトまたは薄緑色の不稔性で、丈は約1.8m。節は滑らかな歯状。単生で粗く羽毛状の枝が多数輪生する。家庭の庭では、きわめて侵襲的になりやすい。

ゾーン：5〜10

ERAGROSTIS
（スズメガヤ属）

英　名：LOVE GRASS

南北アメリカ、南アフリカおよびオーストラリアの熱帯および亜熱帯原産。群生する一年生または多年生植物で、イネ科に属し約250種が含まれる。葉は細く丸まったものと平らなものがあり、腺状の葉鞘がつく。花は広がるまたは密生する円錐花序で、2個から多数の花がついた小穂が密集する。

〈栽培〉
乾燥には耐性があり、日当たりと水はけの良い砂質の土壌を好むが、重い粘土質にも耐性がある。大半の種は種子から繁殖するが、根茎の株分けによって行なう種もある。

Eragrostis australasica
英　名：BAMBOO GRASS、CANE GRASS
↔2～4.5m ↕0.9～3m

オーストラリア大陸全州の内陸地域原産。この地の湖や沼地周辺、雨季に浸水する窪地に分布する。茎は分岐し竹状で、径は1cm以下。葉は平らまたは丸まり、長さ約20cm。春から夏に、長さ25cmの円錐花序に、長さ12mmの小穂がつき開花する。繁殖は根茎の株分けで行なう。
ゾーン：9～11

Eragrostis curvula
一般名：シナダレスズメガヤ、ウィーピングラブグラス
英　名：AFRICAN LOVE GRASS、WEEPING LOVE GRASS
↔22～30cm ↕0.9～1.2m

Eranthis hyemalis

Eranthemum pulchellum

南アフリカ原産。多年性草本で群生し密集する。葉は単葉で細く、長さ約30cm。手触りは粗く、夏季に緑色で、冬季には黄色から赤茶色に変化する。夏から秋に、直立した花柄に花が咲く。
ゾーン：7～10

ERANTHEMUM
（エランテムム属）

アジアの熱帯地域原産。キツネノマゴ科に属し、低木状の多年生草本および単葉で対生の葉がついた常緑性低木、約30種が含まれる。春には緻密に分岐した穂状花序または円錐花序に細長い筒形の花冠がつく。

〈栽培〉
全種とも、肥沃で軽く平均的なローム質の土壌、半日陰または保護された場所でじゅうぶんな湿気を保てば丈夫に育つ。繁殖は春に採取した緑枝の挿し木により行なう。

Eranthemum pulchellum
一般名：ルリハナガサ
異　名：*Eranthemum nervosum*
英　名：BLUE SAGE
↔0.9m ↕1.2m

インド原産の常緑性低木。わずかに鋸歯がある葉は、脈が目立ち、光沢がある緑色で、葉長は10～20cm。穂状花序は有毛で長さ約8cm。花径約30mmの鮮やかな青色で筒形の花がつく。花喉は深紫色で、薄く先端の尖った苞は緑色。
ゾーン：10～12

ERANTHIS
（セツブンソウ属）

英　名：WINTER ACONITE

野生種は小型の塊茎状植物でキンポウゲ科に属し、ヨーロッパおよびアジアの湿気のある落葉性種の森林地帯に分布する。黄金色の花が晩冬の寒々とした風景を華やかに色づける。冷涼で湿った夏季の日陰ではコロニーを形成し生息地を拡大する。杯形の花が単一茎につき、鮮やかな緑色の「ひだ衿状の総苞葉」がつく。

〈栽培〉
移植は早春、植物が葉の状態の時に行なう。夏季の乾燥時の移植を嫌う。アブラムシや野鳥による害を受けることもある。湿気を保った土壌で栽培し、冬季はじゅうぶん日光に当てる。繁殖は塊茎の株分けまたは種子から行なう。

Eranthis hyemalis
一般名：オオバナキバナセツブンソウ
↔8～10cm ↕8～10cm

フランス南部からブルガリア原産。現在はより幅広い地域に帰化している。雪解け前に、キンポウゲのような鮮やかな黄金色の花が湾曲した短い茎につく。茎が伸びてまっすぐになると、花径は約6mmから25mmに成長する。基部の葉は花後に現れ、鮮やかな緑色で欠刻があり円形。落葉性高木の下のアルカリ性土壌に植える。
ゾーン：5～8

Eranthis × *tubergenii* 'Guinea Gold'
一般名：ヨウシュセツブンソウ　'ギニア　ゴールド'
↔8～10cm ↕10～20cm

丈夫でよく育つが不稔の交雑種。*E. hyemalis* と *E. cilicica* の交雑。適切な条件下では適度な大きさにすばやく叢生する。華麗な花は大型の黄色で赤茶色の「ひだ衿状の総苞葉」がつく。
ゾーン：5～8

EREMOPHILA
（エレモフィラ属）

ハマジンチョウ科エレモフィラ属には約200種が含まれる。オーストラリア大陸原産で、大半の種が半乾燥および乾燥地域に分布する。常緑性の低木または小高木で、葉、茎、花被片はフェルト状あるいは樹脂状。葉腋から出た短柄もしくは長柄に、2枚の唇状で筒形の花がつく。花にいくつかの切れ込みがあり、色は白、黄、薄紫、紫、ピンクまたは赤で、内側に斑点があるものもある。果実は液果のような石果で、堅いコルク質または繊維質の層が種子を覆う。乾燥地域では観賞用低木として人気が高く、多くはアルカリ土壌で繁茂する。より多雨

Eragrostis australasica の自生種、ウェスタンオーストラリア州カーネギー

Eragrostis curvula

の地域で育てるには、乾燥した地域でできた植物を接ぎ木することもできる。エレモフィラ属の多くは、蜜を摂取する野鳥にとっては魅力的となる。

〈栽培〉
かろうじて耐霜性だが、大半の種は湿気のある条件を好まない。水はけが良く広々とした日なたで、風通しの良い場所を好む。定期的に軽く剪定するとよく育つ。繁殖は半熟枝の挿し木から容易に行なえる。種子を発芽させるには、堅い果実の内部層から取り出し、播種する用土に殺菌剤を加える。

Eremophila nivea

Eremophila maculata

Eremophila maculata 'Aurea'

Eremophila maculata 'Pink Beauty'

Eremophila glabra
一般名：エレモフィラ・グラブラ
英　名：COMMON EMU BUSH, FUCHSIA BUSH
☼ ♦ ↔0.9〜3m ↕1.5m
オーストラリアの乾燥および半乾燥全域に生息する。平伏性または直立の常緑性低木で、緑色から灰色系の細葉がつく。筒形の花はオレンジ、黄、赤または緑色で、ほぼ1年中開花する。'マーチソン リバー'★はコンパクトな植物で、葉は薄い銀灰色。鮮やかな赤色の花が咲く。
ゾーン：9〜11

Eremophila laanii
エレモフィラ・ラアニイ
英　名：EMU BUSH
☼ ♦ ↔0.9m ↕1.5m
オーストラリアのカーナーボンからミーカサラ地区の固有種。緑色の葉は長さ約5cm。冬から春に、ピンク色の筒形の花が咲く。粘土質の土壌でよく育ち、風

Eremophila mitchellii

には耐性がある。コンテナ栽培に適する。'ロジャーズ ピンク'はコンパクトな植物で、葉は灰緑色。薄ピンク色の花が咲く。ゾーン：9〜11

Eremophila maculata
一般名：エレモフィラ・マクラタ
英　名：SPOTTED EMU BUSH
☼ ♦ ↔0.9〜3m ↕0.9〜2.4m
オーストラリア大陸全域に生息する。コンパクトに密集する低木で、灰緑色の葉は長さ約5cm。若葉は有毛なものが多い。秋から春に、赤、紫、ピンク、または黄色の花が咲く。暗色の斑入りが多い。'アウレア'はコンパクトな品種で丈は約100cm。葉は薄緑色で花は黄色。'カーマイン スター'は、小さな低木で丈は約50cm。若枝は紫色で、深紅色の花が咲く。内側は薄色で、目立つ深紅色の斑点がある。'ピンク ビューティー'の丈は3〜3.5mで、晩冬には花径35mmほどの青みを帯びたピンク色の花が咲く。
ゾーン：9〜11

Eremophila mitchellii
英　名：BUDDA, FALSE SANDALWOOD
☼ ♦ ↔3.5m ↕9m
オーストラリアのニューサウスウェールズ州北部およびクイーンズランド州の内陸地原産。樹脂の香りがする低木または小高木。葉は光沢があり線形で長さ約6cm。花はわずかに芳香性の小さな鐘形で、白色からクリームがかったピンク色。花喉に多少の斑点がある。春には各葉腋に2〜3本の花がつき、秋に再び開花する。ゾーン：9〜11

Eremophila nivea
一般名：エレモフィラ・ニベア
☼ ♦ ↔1.5m ↕1.5m
ウェスタンオーストラリア州、パース東部の「小麦生産地帯」原産。美しい銀灰色の低木。茎は直立で白毛が密生する。小形でベルベットのような手触りの葉は灰色で線形。上部葉腋に筒形で藤色の花がつく。開花期は冬から春。湿気を嫌い、風通しと日当たりの良い場所を好む。コンテナ用植物に適する。
ゾーン：9〜11

Eremophila polyclada
英　名：FLOWERING LIGNUM
☼ ♦ ↔0.9〜1.8m ↕0.9〜1.8m
オーストラリア中部および東部の乾燥地域原産。小山状に広がる低木で、薄緑色の薄葉と広がりのある枝を持つ。乾燥する季節は無葉となる。白色から薄ピンク色の筒形の花は長さ35mmで、花被片が広がり花喉の斑点が目立つ。開花期は主に春だが、散発性で他の季節にも時々咲く。乾燥した内陸の庭園で重い土壌に適する。ゾーン：9〜11

EREMURUS
(エレムルス属)
英　名：DESERT CANDLE, FOXTAIL LILY
ツルボラン科に属し、多肉質の多年生植物40〜50種からなる。原産地はアジア西部および中部で、岩間や草原の乾燥地域に生息する。彫刻のような植物で、基部にひも状の葉が叢生する。穂状花序の高さは約3m。小さな星形のユリに似た、白、ピンクまたは黄色の花が先細りの穂状花序につく。突出して目立つ雄ずいは、柔らかい綿毛を帯びたような外観を穂状花序に与える。
〈栽培〉
肥沃で水はけの良い砂質の土壌、日なたの保護された場所で栽培する。丈の高いものは支柱を用いる。冬季の湿気から保護するためにマルチを施し、新芽が出る前に取り除く。ナメクジやカタツムリから新芽を保護する。繁殖は種子または慎重な株分けから行なう。根はもろいので傷つけないよう注意する。

Eremurus himalaicus
一般名：エレムルス・ヒマライクス
☼ ❄ ↔75cm ↕90〜120cm
アフガニスタンおよびヒマラヤ山脈北西部原産。初夏に花を咲かせる優良種のひとつ。葉は細いひも形。雄ずいが突出した、白色で星形のユリのような花が房咲きする。開花期は晩春から夏。
ゾーン：3〜9

Eremurus robustus
一般名：エレムルス・ロブストゥス
☼ ❄ ↔90〜120cm ↕2〜3m
タジキスタン、キルギスタンおよびアフガニスタン原産。丈夫な種で、葉長は約1.2m。開花前に落葉するものが多い。ピンク色の花が密集し派手な穂状花序となる。花は茶色と緑色の斑入り。開花期は夏。ゾーン：6〜9

Eremophila polyclada

Eremophila laanii 'Rodger's Pink'

エレムルス、HC、'クレオパトラ'

エレムルス、HC、'マニーメーカー'

Eremurus stenophyllus

一般名：エレムルス・ステノフィルス

☼ ✻ ↔60〜90cm ↕90〜150cm

アジア中部およびヒマラヤ山脈西部原産。夏季には、澄んだ黄色の花が先細りの穂状花序につく。しぼんだ花はオレンジがかった茶色になり、美しい対比を見せる。

ゾーン：5〜9

Eremurus Hybrid Cultivars

一般名：エレムルス交雑品種

☼ ✻ ↔60〜100cm ↕1.2〜2m

エレムルス交雑品種の大半は *E. × isabellinus*（*E. olgae × E. stenophyllus*）から交雑されたもので、結果として白色のみならずピンク、琥珀色、オレンジ、黄色といった多彩な大量の花が自由に開花する交雑グループとなる。'クレオパトラ'★は深いオレンジ色の花をつける。**Erfo Hybrids**（エルフォ ハイブリッド）の丈は1.5〜1.8mでパステルカラーの花が咲く。**Highdown Hybrids**（ハイダウン ハイブリッド）には豊富な色彩の花が夏季に咲く。'ヒムロブ'の花はピンク色で開花は遅い。**Ruiter Hybrids**（ルイター ハイブリッド）の丈は2mほどに及び、花は鮮やかな色彩。'マネーメーカー'の花は黄色で、年月とともにオレンジ色に変わる。**Shelford Hybrids**（シェルフォード ハイブリッド）の丈は1.2mほどで、初夏に豊富な色彩の花が咲く。

ゾーン：5〜9

ERIA

（オサラン属）

ラン科オサラン属は熱帯アジア、ニューギニア、オーストラリアおよびポリネシア各地に広く分布する。代表的な種は多数あるが、栽培種が占める割合は非常に少ない。個々の花の開花日数は1週間未満だが、年間を通じて何度も開花するものが多い。小さな花を多数つけることによって非常に壮観な姿を見せる種もある。複茎性のオサラン属は実に多様で、デンドロビウム属と近縁で独特の品種が多数ある。一般的には着生だが、岩生のものもある。

〈栽培〉

必要とされる湿気と温度が維持できれば、大半の種は栽培が容易。半日陰を好むが、多くは強い光を1日の一部分として受け入れられる。鉢に適す小型種もあり、成長期には樹皮ベースのコンポストで湿度を保ち栽培する。低地種は1年中温暖な状態を必要とするのに対し、山岳地域の種は冷涼な気候を好む。繁殖は株分けによって行なう。

Eria gigantea

一般名：エリア・ギガンテア

◐ ✿ ↔20〜60cm ↕20〜90cm

フィリピン原産。成熟した偽鱗茎の頂端に多数の穂状花序をつけ、連続して数カ月以上花を咲かせる。開花期には径12mmほどの薄黄色の花が密生する。花には紫色の極小の斑点が密集する。

ゾーン：10〜11

Eria pubescens

異名：*Eria flava*

一般名：エリア・プベスケンス

◐ ✿ ↔10〜60cm ↕10〜40cm

ネパールからインドシナ半島原産。派手な着生植物で、花はカラシ色から緑色。赤紫色の唇弁がつく。径約30mmの花の裏面と花序は白毛で覆われており、フェルト状の手触り。

ゾーン：10〜11

Eria stricta

一般名：エリア・ストリクタ

◐ ✿ ↔10〜25cm ↕10〜25cm

インドおよびネパール原産。小型で群生する植物。直立した穂状花序に、同一方向に向いた径5mmほどの乳白色の花がつく。花の裏面は有毛。

ゾーン：10〜12

ERICA

（エリカ属）

英名：HEATH、HEATHER

ツツジ科に含まれる大属。750種の常緑性低木からなり、小型の亜低木から高木までに及ぶ。大半が南アフリカのケープ地方の固有種で、他は東アフリカ、マダガスカル、大西洋諸島、地中海地方およびヨーロッパの各地に分布している。生息地は湿潤およびヒースの生えた乾燥した荒野。大半が半耐寒性だが、ヨーロッパ種はより耐霜性がある。小形で線形の葉は先が丸まり、輪生で、対生のものは少ない。花は鐘形または筒形で、青色以外は全色ある。ブライアーパイプは *E. arborea* の木質根の節から作られる。黄色の染料となる種もある。

〈栽培〉

冬咲きのヒースは石灰質に耐性があり、中性あるいはアルカリ性の土壌で育つ。それに対して夏咲きのものは酸性の土壌を好む。中性の土壌であればどちらも育つ。成長期はコンテナ植物に毎月施肥し、たっぷり灌水し、休眠中は肥料と水を減らす。繁殖は真夏から晩夏に採取した半熟枝の挿し木、または春に高取り法によって行なう。南アフリカ・ケープ地域のヒースには、くん煙処理により発芽が促進されるものもある。

Eria gigantea

Erica canaliculata

Erica arborea

Erica capitata

Erica blenna

Erica arborea
一般名：エリカ・アルボレア
英　名：BRUYERE, TREE HEATH
☼ ❄ ↔3m ↕4.5m
ヨーロッパ南西部、地中海全域およびアフリカ東部の高山地域原産。直立の低木。葉は濃緑色で裏面には溝がある。晩春には、鐘形で芳香性の灰白色の花がピラミッド状の総状花序につく。*E. a.* var. *alpina*は小低木で、円筒形の総状花序に白色の花が密生する。*E. a.* 'アルバーツ　ゴールド'は年間を通して黄金色の葉をつけ、花は白色。'エストレラ　ゴールド'はコンパクトで黄緑色の葉をつける。若芽は鮮やかな黄色。白色の花が咲く。
ゾーン：7～10

Erica australis
一般名：エリカ・アウストラリス
英　名：SOUTHERN HEATH, SPANISH HEATH
☼ ❄ ↔0.9m ↕1.8m
ポルトガル、スペイン西部およびタンジール原産。直立の低木。葉は線形で濃緑色、裏面には溝がある。晩春から初夏、前年の木に散形花序のような総状花序がつき、赤みがかったピンク色の筒形または鐘形の花が咲く。異なる色の花がつく栽培品種には次のものがある。'ミスター　ロバード'は白色の花をつけ、'リバースレア'には薄紫がかったピンク色の花がつく。ゾーン：8～10

Erica blenna
一般名：エリカ・ブレンナ
英　名：CHINESE LANTERN HEATH
☼ ❄ ↔60cm ↕120cm
南アフリカのウェスタンケープ地方原産。直立した常緑性低木。長さ約18mmの葉は細く、細毛を帯びた枝につく。冬季から早春に、緑色の斑入りの明るいオレンジ色の花が3個ずつまとまって咲く。
ゾーン：8～10

Erica brachialis
☼ ⦿ ↔0.6～1.2m ↕0.9～3m
南アフリカのウェスタンケープ地方原産。直立で密生した常緑性低木で、枝は太い。細く滑らかな葉は長さ約6mm。夏季には枝頂の散形花序に、短い筒形で緑色から薄黄土色の花が1～5個つく。
ゾーン：9～10

Erica carnea 'Foxhollow'

Erica canaliculata
一般名：ジャノメエリカ、エリカ・カナリクラタ
☼ ❄ ↔1.2m ↕1.8m
南アフリカのウェスタンおよびイースタンケープ原産。直立の低木。真緑で線形の葉は輪生で、下面はより薄い緑色で有毛。冬から春に、3個の白色から薄ピンク色の花が枝頂に輪生する。
ゾーン：8～10

Erica capitata
☼ ❄ ↔15～22cm ↕22～30cm
南アフリカのケープタウン周辺地区原産。現在では野生種はまれ。直立した常緑性低木で、枝は斜上する。葉は極小で細く、裏面には毛が密集する。晩春には、枝頂の花序に最高3個までの乳白色の花がつく。萼片は明るい緑色の毛を帯び、緑色の花のような様相を呈する。
ゾーン：8～9

Erica carnea
一般名：エリカ・カルネア
異　名：*Erica herbacea*
英　名：ALPINE HEATH, SNOW HEATH, WINTER HEATH
☼/◐ ❄ ↔55cm ↕30cm
アルプス山脈、イタリア北西部、バルカン半島北西部およびヨーロッパ東部原産。低く広がる低木。線形で濃緑色の葉は4輪生。冬から春に、パープルピンクの花が咲く。石灰質には多少耐性がある。'アン　スパークス'の花はローズピンク色。葉は黄金色で先端がブロンズ色。'チャレンジャー'の葉は緑色で、花は深紅色。'ディッセンバー　レッド'の花は深いピンク色で赤色に変わる。'フォックスホロー'は丈夫な低木で、葉は薄黄緑色。ピンクがかった白色の花が咲く。'クレイマーズ　ルービン'の葉は黒緑色で、花はくすんだ深いピンク色。'マーチ　シ

Erica carnea 'Kramer's Rubin'

Erica carnea 'Ann Sparkes'

Erica cinerea 'Atrorubens'

Erica cinerea 'Atrosanguinea'

Erica cinerea 'Alice Ann Davies'

Erica cinerea 'C. D. Eason'

Erica cinerea 'Cindy'

ードリング'は晩春に開花する。'ミレトウン ルビー'(syn.'ミレトン ルビー')のピンク色の花は深紅色へと変化する。'ピンク スハングル'の花は深いピンク色。'バーンライト ローズ'はコンパクトな品種で、花はローズピンク色。'R. B. クック'の葉は緑色。ピンク色の花は深紅色へと変化する。'スプリングウッド ホワイト'は丈夫で、葉は鮮やかな緑色。白色の花が多数つく。'ウィンター ビューティ'はコンパクトで、深いピンク色の花が密生する。
ゾーン：5〜9

Erica cerinthoides
一般名：ファイヤーヒース、エリカ・ケリントイデス
☀ ❄ ↔0.9m ↕0.6〜1.5m
原産地は南アフリカのリンポポ川からイースタンケープまで、スワジランドおよびレソト。直立し有毛で灰緑色の葉は輪生。枝頂にある小形の散形花序は長さ約35mm。筒形で鮮やかな深紅色の花が咲く。ピンク色または白色のものもある。開花期は冬から春。*E. cerinthoides*を密集させるには定期的に剪定する。
ゾーン：9〜10

Erica ciliaris
一般名：エリカ・キリアリス、ケエリカ
英　名：DORSET HEATH
☀ ❄ ↔50cm ↕60cm
アイルランド、イギリス南西部およびヨーロッパ南西部原産。広がる低木。葉は灰色から濃緑色の槍形で輪生。縁は反り返り、下面は銀色。真夏から秋に、壺形で薄紫赤色の花が総状花序につく。'コーフ キャッスル'の葉は緑色で、冬季には赤茶色に変わる。花はローズピンク色。'ディヴィット マクリントック'の花は白色で、花喉はピンク色。'エグドン ヒース'の葉は灰緑色で、花はピンク色。'ステイブヒル'の開花期は長く、オフホワイトの花は紫色に変化する。
ゾーン：7〜9

Erica cinerea
一般名：エリカ・キネレア
英　名：BELL HEATHER
☀ ❄ ↔65cm ↕60cm
ヨーロッパ西部原産。コンパクトで低く成長する低木。葉は深緑色で縁が反り返り、3輪生。夏から初秋に、壺形の花が茎頂の総状花序につく。花の色は白、ピンク、紫。栽培品種には次のものがある。'アルバ マヨル'の葉は緑色で、花は白色。'アルバ ミノル'は密集する習性があり、白色の花が多数咲く。'アリスアン デーヴィス'は丈夫な広がる品種で、濃ピンク色の花が長い穂状花序につく。'アルタデナ'の葉は明るい黄緑色。'アトロルベンス'には鮮やかなローズパープルの花が多数つく。'アトロサングイネア'には鮮やかな赤紫色の花がつく。'C. D. イーソン'は広がる低木で、直立した小枝にローズパープルの花がつく。

Erica carnea 'March Seedling'

Erica carnea 'Pink Spangles'

Erica carnea 'Pirbright Rose'

Erica carnea 'R. B. Cooke'

Erica cerinthoides

'シンディー'は矮小型でほぼ平伏性。ローズパープルの花が隙間無く密集する。'フィドラーズ ゴールド'の黄金色の葉は冬季に赤色に紅葉する。花は薄紫赤色。'フラミンゴ'は丈夫で広がる品種で、花は鮮やかなローズピンク色。'ゴールデン ドロップ'はマット状に広がる習性があり、花は薄紫赤色。'カティンカ'の葉は濃緑色で、花は黒紫色の花が咲く。'ミセスE. A. ミッチェル'の葉は濃緑色で、花は暗赤色。'ピンク アイス'は矮小形の低木で、くすんだローズピンクの花が咲く。'プラマーズ シードリング'は小山を形成する品種で、ピンクがかった赤色の花が咲く。'プロストレイト ラベンダー'は半平状性でコンパクト。薄紫赤色の花は白へと色あせる。'パープル ビューティ'は矮小形の品種で、赤紫色の花が

Erica × *darleyensis* 'Darley Dale'

密集する。'スタートラー'は横に広がる品種で、直立した小枝に鮮やかな紅色の花が咲く。'ビビアン パトリシア'は散開する習性があり、深紅色の花が咲く。'ワイン'は半平状性で広がり、密集した穂状花序に淡紅色の花が咲く。ゾーン：5〜9

Erica cruenta

英 名：BLOOD RED HEATH

☀ ❄ ↔70cm ↑0.9m

南アフリカのケープ地方南西部原産。直立し、まばらに分岐した低木。濃緑色の葉は3輪生。深赤色の筒形の花が側枝の先につく。開花期は長い。耐寒性がある。成長を促進させるため、最初の2年間は定期的に剪定する。ゾーン：9〜10

Erica cubica

☀ ❄ ↔45cm ↑60cm

南アフリカ南部原産。直立した木質の常緑性低木。枝は滑らか、葉は針状で長さ約6mm。春から夏に、ピンク色から紫色で径約18mmの花が枝頂につく。ゾーン：8〜10

Erica × darleyensis

一般名：エリカ×ダルレエンシス

英 名：DARLEY DALE HEATH

☀ ❄ ↔60cm ↑30cm

*E. carnea*と*E. erigena*の園芸交雑種。丈夫で密生する低木。葉は緑色で槍形。冬から早春に、品種によりさまざまな色の花が総状花序につく。水はけの良い土壌を好む。'ダーレイ デール'の花は

Erica cinerea 'Golden Drop'

Erica cinerea 'Mrs E. A. Mitchell'

Erica cinerea 'Plummer's Seedling'

Erica cruenta

Erica × *darleyensis* 'Margaret Porter'

Erica cubica

Erica × *darleyensis* 'Silberschmelze'

ピンク色で春咲き。先端がクリーム色の葉がつく。'ゴースト ヒル'の葉は明るい緑色で先端がクリーム色。'ジェニー ポーター'の花はピンクがかった白色で、葉の先端は薄クリーム色。'クラマース ローテ'の葉はブロンズがかった緑色で花は深紅色。'マーガレット ポーター'の花は薄紫赤色で、開花期は長い。'ジルベルシュメルツェ'の花は銀白色で、葉は冬季に赤く色づく。ゾーン：6〜9

Erica densifolia

☀ ❄ ↔0.9m ↑1.5m

南アフリカ原産。直立の低木。小柄な葉は深緑色の線形。若い茎には微細な毛が生える。穂状花序のような花序に、

Erica cinerea 'Flamingo'

Erica cinerea 'Flamingo'

Erica cinerea 'Prostrate Lavender'

Erica cinerea 'Purple Beauty'

Erica cinerea 'Startler'

Erica cinerea 'Vivienne Patricia'

Erica cinerea 'Wine'

やや湾曲し長さ25mmほどの筒形で赤色の花がつく。口部は緑がかった黄色。
ゾーン：9～10

Erica erigena
一般名：エリカ・エリゲナ、アイリッシュヒース
異　名：*Erica hibernica*、*E. mediterranea*
英　名：IRISH HEATHER
☼ ❄ ↔0.9m ↕2.4m
アイルランド、フランス南西部、スペイン、ポルトガルおよびアフリカ北西部のタンジールに分布する。直立の低木で、茎は堅いがもろい。葉は濃緑色で線形。冬から春に、壺形で甘い香りがするライラックピンク色の花が総状花序につく。栽培品種には次のものが含まれる。'**ゴールデン レディ**'の葉は山吹色で、花は白色。'**アイリッシュ ダスク**'の葉は灰緑色。晩秋から春にローズピンクの花が咲く。'**スペルバ**' ★（syn.'メディテラニア スペルバ'）の葉は緑色。花は薄ピンク色で強い香りがする。'**W. T. ラックリフ**'の葉は緑色で、春季に白色の花が多数咲く。
ゾーン：7～9

Erica glandulosa
☼ ❄ ↔90cm ↕60cm
南アフリカケープ地方原産。不規則に広がる低木。葉は薄緑色の線形で、腺毛があり4輪生。秋から春に、ピンクがかったオレンジ色の筒形の花が枝頂に房咲きする。
ゾーン：9～10

Erica mammosa

Erica lusitanica

Erica glandulosa

Erica glomiflora
☼ ❄ ↔0.9m ↕1.5m
南アフリカのウェスタン・ケープ原産。葉は緑色の線形で3輪生。春から初夏に、光沢のある卵形の花が側枝の先端につく。ほのかにピンクに色づいた白色。
ゾーン：9～10

Erica × griffithsii
エリカ×グリッフィトシイ
☼ ❄ ↔60cm ↕45～90cm
*E. manipuliflora*と*E. vagans*の交雑種。前者のよく育つ習性と、後者の密生し早く開花する習性が結合されている。'**ヘブン セント**'はコンパクトな形状で、葉は濃緑色。盛夏から仲秋に、香りの良い薄紫色の花が長い小枝につく。
ゾーン：6～9

Erica × hiemalis
英　名：FRENCH HEATHER
☼ ❄ ↔60cm ↕60cm
原種および原産地は不明。直立し密生する。葉は薄緑色で4輪生。花は筒形で白色にピンクの斑入り。開花期は秋から冬。
ゾーン：8～10

Erica melanthera

Erica glomiflora、南アフリカ、カーステンボッシュ植物園

Erica densifolia

Erica infundibuliformis
一般名：エリカ・インフンディブリフォルミス
☼ ❄ ↔45～60cm ↕60～90cm
南アフリカ原産。直立した常緑性低木。広がる枝は滑らかで細い。葉は小形で細い。晩夏から秋に、細い筒形の花冠がついた白、ピンクまたは赤色の小さな花が枝頂に房咲きする。
ゾーン：8～9

Erica lusitanica
異　名：*Erica codonodes*
一般名：エリカ・ルシタニカ、ポルトガルヒース
英　名：PORTUGUESE HEATH、SPANISH HEATH
☼ ❄ ↔0.9m ↕1.5～3m
イベリア半島西部からフランス南西部原産。イギリス南部、ニュージーランドおよびオーストラリアに帰化している。葉は緑色の線形で、3～4輪生。冬から春に、筒形の花が総状花序につく。つぼみはピンク色で開くと白色になる。酸性土壌でよく育ち、侵襲的になり得る。'**ジョージ ハント**'の葉は黄色で、花は白色。
ゾーン：8～10

Erica mackayana
異　名：*Erica crawfordii*、*E. mackaii*
一般名：エリカ・マカイアナ
☼ ❄ ↔75cm ↕50cm
スペインおよびアイルランド原産。直立し広がる低木。葉は濃緑色の槍形から楕円形で、縁は反り返り、先端は有毛。夏から秋に、壺形でピンク色の花が咲く。

Erica infundibuliformis

湿気のある土壌を必要とする。'**プレナ**'の花は八重咲きの紫紅色で長さ約15cm。'**シャイニング ライト**'は種の中では小型で、葉は灰緑色、花は白色。
ゾーン：5～9

Erica mammosa
一般名：エリカ・マンモサ
☼ ❄ ↔1.8m ↕1.5m
南アフリカのウェスタン・ケープ原産。葉は濃緑色の槍形で4輪生。春から夏に筒形の花が咲く。色は白または緑、ピンクから暗赤色まで。'**ジュビリー**'にはピンク色の花が咲く。
ゾーン：9～10

Erica manipuliflora
異　名：*Erica verticillata*の園芸種
一般名：エリカ・マニプリフロラ
☼ ❄ ↔0.9m ↕0.9m
イタリア南東部およびバルカン諸国に分布する。葉は緑色の線形で先端が尖り3輪生。夏から秋に、前年の木についた不規則な総状花序にローズピンク色の花が咲く。'**オールドバラ**'には良い香りがするライラックピンクの花が咲く。'**コルチュラ**'はピンク色に染まった白色の花が長い小枝につく。
ゾーン：8～10

Erica regia

Erica patersonia

Erica plukenetii

Erica × *stuartii* 'Irish Orange'

Erica perspicua

Erica sessiliflora

Erica rubens

Erica melanthera
一般名：エリカ・メランテラ
☼ ❄ ↔45cm ↕60cm
南アフリカのウェスタン・ケープ原産。直立の低木。葉は小形で濃緑色の3輪生。黒色の葯が突出した薄ピンク色から深赤色の花は下垂し、春から初夏に花が咲く。
ゾーン：8～10

Erica patersonia
一般名：エリカ・パターソニア
英 名：MEALIE HEATH
☼ ❄ ↔60cm ↕90cm
南アフリカのウェスタン・ケープ原産。直立の低木。緑色で線形の葉は4輪生で、束になって配列される。晩冬から初春に、光沢があり黄金色で筒形の花が、小形の穂状花序に密集する。花は暗色の裂片を伴う。ゾーン：9～11

Erica perspicua
一般名：エリカ・ペルスピクア、リンスオブウェールズヒース
英 名：PRINCE OF WALES HEATH
☼ ❄ ↔0.9m ↕1.8m
南アフリカのウェスタン・ケープ原産。直立し、重なり合う葉は灰緑色の線形で3～4輪生。秋から冬に、半透明で擬似の穂状花序に細毛が生えた筒形の花がつく。花は白、薄ピンクから藤色で先端は白色。湿気がある土壌で良く育つ。
ゾーン：9～10

Erica plukenetii
☼ ❄ ↔45cm ↕60cm
南アフリカのケープ地方原産。直立で常緑木質の低木。長さ18mm以下の葉が密生する。花は深紅色から薄ピンク色で長さ約18mm。開花期は春から夏。
ゾーン：9～10

Erica regia
英 名：ELIM HEATH
南アフリカのウェスタン・ケープ原産。直立で枝が多い低木。灰緑色の葉は6輪生で、有毛の枝につく。滑らかで蝋質の筒形の花には小さく広がる裂片がある。春咲き。色は独特で、上部の赤い部分と下部の白い部分を紫色の筋が隔てている。
ゾーン：9～10

Erica retorta
☼ ❄ ↔45～60cm ↕45～60cm
南アフリカのケープ地方原産。広がりのある常緑性低木で多様な習性を持つ。葉は厚く堅く密集し、わずかに有毛で、先端には長い剛毛がある。春から秋に、暗いピンク色から明るいピンク色までの花が4～8個、散形花序につく。ボトル形で粘着性のある花冠がつく。
ゾーン：8～9

Erica rubens
一般名：エリカ・ルベンス、レッドヒース
英 名：RED HEATH
☼ ❄ ↔0.9～1.5m ↕0.9～1.5m
南アフリカのケープ地方原産。常緑性低木で、茎は細長く赤褐色。極小の葉は濃緑色の筒形で4輪生。ピンク色から深赤色の筒形の花は極小で、茎頂に多数つく。ゾーン：7～9

Erica scoparia
一般名：エリカ・スコパリア
英 名：BESOM HEATH
☼ ❄ ↔0.9m ↕1.8m
フランス南西部、スペイン、カナリア諸島およびアフリカ北部原産の直立した低木。葉は濃緑色の線形で3～4輪生。夏には、小柄な鐘形の花が総状花序につく。赤茶色の花は部分的に緑色に色づく。
ゾーン：8～10

Erica sessiliflora
☼ ❄ ↔70cm ↕2m
南アフリカのケープ地方南部原産。この地区の温暖で乾燥し、水はけの良い酸性土壌に主に生息する。枝が密集する常緑性低木で、直立の習性がある。細かい葉は長さ6～18mm。春には薄黄緑色の筒形の花が多数開花する。
ゾーン：8～10

Erica sparrmanii
☼ ❄ ↔30～45cm ↕30～45cm
南アフリカ原産。直立で散生する常緑性低木。直線的な枝には長い剛毛が生え、細葉は小柄で密生する。冬から夏に、筒形の花冠をつけ、長さ18mmほどで緑みを帯びた黄色～黄色の花が枝頂に4個房咲きする。
ゾーン：8～9

Erica tetralix 'Alba Mollis'

Erica verticillata

Erica versicolor

Erica × stuartii
エリカ×ストゥアルテイイ

☼ ❄ ↔45cm ↑25cm

アイルランド西部原産。E. mackayanaとE. tetralixの自然交雑種。大半の品種がE. machayanaに非常に似ているが、花はより小柄。'アイリッシュ レモン'の若葉は先端がレモン色で、花は藤色。'アイリッシュ オレンジ'の若葉はオレンジ色で成熟すると緑色になる。薄ピンク色の花がつく。
ゾーン：8～10

Erica tetralix
一般名：エリカ・テトラリクス
英　名：CROSS-LEAFED HEATH

☼ ❄ ↔50cm ↑30cm

イギリス、フランスおよびイベリア半島原産。矮小型で広がる習性がある。葉は灰緑色の槍形から線形で4輪生。裏面は銀色。夏から秋に、薄ピンク色で壺形の花が茎頂の散形花序につく。湿気のある土壌を好む。'アルバ モリス'の葉は銀色系で、花は白色。'コン アンダーウッド'の葉は灰緑色で、花は紫赤色。'ピンク スター'の花は暗ピンク色で直立形。ゾーン：3～9

Erica vagans
一般名：エリカ・ワガンス
英　名：CORNISH HEATH、WANDERING HEATH

☼ ❄ ↔75cm ↑75cm

イギリス、アイルランド、フランス西部およびスペイン原産。葉は濃緑色から緑色の線形で4～5輪生。盛夏から仲秋に、筒形または鐘形の花が総状花序につく。色は白、ピンクまたは藤色。水はけの良い土壌を好む。'ライオネッセ'の花は白色で薄茶色の葯がつく。葉は鮮やかな緑色。'ミセス D. F. マックスウェル'はコンパクトな習性を持ち、鮮やかなローズピンクの花が咲く。'セント ケヴァーン'の花は鮮やかなピンク色。'ヴァレリー プラウドリー'の葉は黄色で、花は白色。ゾーン：5～9

Erica × veitchii
エリカ×ウェイチイ

☼ ❄ ↔65cm ↑1.8m

*Erica arborea*と*E. lusitanica*の園芸交雑種。葉は線形で緑色。若枝はうぶ毛で覆われる。春には、ほのかに香る白色の花が総状花序につく。'エクセター'には香りの良い白色の花が多数つく。開花期は春。'ゴールド チップス'の若いシュートは黄金色で、成熟すると緑色になる。アルカリ性土壌にはやや耐性がある。'ピンク ジョイ'には薄ピンク色の花が咲く。
ゾーン：8～10

Erica ventricosa
一般名：エリカ・ウェントリコーサ、アケボノエリカ

☼ ❄ ↔50cm ↑50cm

南アフリカのウェスタン・ケープ原産。コンパクトな低木。葉は濃緑色で4輪生。縁には濃緑色の毛が生える。春には、蝋質でピンクがかった赤色の筒形の花が枝頂に房咲きする。栽培品種'グランディフロラ'は大形で、ピンクがかった藤色の花が咲く。
ゾーン：9～11

Erica versicolor
一般名：エリカ・ウェルシコロル

☼ ❄ ↔0.9m ↑3m

南アフリカのウェスタン・ケープ原産。直立の低木。葉は緑色の線形で3輪生。秋から冬に、筒形の花が3輪生で総状花序につく。赤色の花は先端が緑色または黄色となる。
ゾーン：9～11

Erica verticillata
☼ ❄ ↔0.9m ↑0.9m

南アフリカのケープ半島原産。密集した直立の低木で、野生種は絶滅したと考えられている。葉は緑色の線形で4～6輪生。夏季には、パープルピンクで細毛がある筒形の花が房咲きする。
ゾーン：9～10

Erica viridiflora

Erica viridiflora
☼ ❄ ↔45～60cm ↑60～90cm

南アフリカ原産。直立で枝が多い常緑性低木。葉は極小で厚く粘着性があり、楕円形。筒形の花冠を持つ鮮やかなエメラルドグリーンの花は非常に粘着性があり、枝頂に3個房咲きする。花は成熟すると茶色になる。
ゾーン：8～9

Erica × williamsii
一般名：エリカ×ウィリアムシイ

☼ ❄ ↔45cm ↑75cm

*E. tetralix*と*E. vagans*の交雑種で、野生種はイギリスのコーンウォール州に分布する。夏から晩秋に、ローズピンク色で鐘形の花が総状花序につく。'P. D. ウィリアムズ'の新芽の先端は黄色で、ピンク色の花が咲く。
ゾーン：5～9

ERICAMERIA
(エリカメリア属)

北アメリカ南西部および西部原産の常緑性の低木または亜低木。キク科に属し約27種が含まれる。葉はヒースに似て線形で、楕円形のものは少なく、樹脂質の腺が点在する。花序は舌状花がある

Erica ventricosa

Erica vagans 'Lyonesse'

Erica vagans 'Mrs D. F. Maxwell'

Ericameria aborescens subsp. *peninsularis*、野生種、メキシコ、バハカリフォルニア州、サン・ペドロ・マルティール

ものと無いものがあり、茎頂の分岐した花序につく。小さな花序の周りを囲む苞葉は、紙質もしくは革質で、小花は黄色。ハプロパップス属に含まれることも多く、薬用に用いられるものもある。
〈栽培〉
エリカメリア属種は、温暖で夏は乾燥する場所であれば栽培しやすい。水はけが良く軽質の砂または砂利で、中程度の肥沃さがある土壌を好む。日なたに植えると花付きが良くなる。大型ロックガーデンに適す。繁殖は種子または半熟枝の挿し木により行なう。

Ericameria aborescens
異　名：*Haplopapus arborescens*
英　名：GOLDENFLEECE
☼ ✻ ↔1.8〜3m ↕1.5〜2.4m
アメリカ合衆国カリフォルニア州の乾燥した丘陵地にある低木の茂みに分布する。直立した枝と小さな細葉を持つ低木。細い舌状花がわずかについた小柄なオレンジイエローの花序が枝頂に密生する。開花期は夏から秋。*E. a.* subsp. *peninsularis*はメキシコ、バハカリフォルニア州北部山岳地帯の固有種。
ゾーン：8〜10

ERIGERON
（ムカシヨモギ属）
英　名：FLEABANE

キク科ムカシヨモギ属には、約200種の一年生または多年生植物が含まれる。温帯各地に分布するが、特に北アメリカに多く見られ、さまざまな習性を持つ。ヒナギク状の花は、通常、細い舌状花を多数つける。色は白、ピンクまたは薄紫色で、黄色のものもある。栽培品種の色数は増加している。植物習性は実に多様で、丈が非常に低い高山種からロックガーデンに適するものや、75cm以上に育つ丈夫で多花のものまでとなる。多数の花が咲き、開花期の長いものが多い。
〈栽培〉
高山種を除けば、冬場の保護を好み、水はけの良い土壌を必要とする。大半の種が日なたの適度な土壌で容易に栽培できる。繁殖は種子または株分けによって行なう。

Erigeron formosissimus
☼ ✻ ↔45cm ↕45cm
アメリカ合衆国ロッキー山脈原産の多年生植物。葉は細い楕円形で叢生する。夏季には、中央が黄色で、周辺が青、ピンクまたは白色のヒナギクが咲く。
ゾーン：6〜9

Erigeron glaucus
一般名：エリゲロン・グラウクス
英　名：BEACH ASTER, SEASIDE DAISY
☼ ✻ ↔30〜60cm ↕15〜30cm
アメリカ合衆国西部原産。やや多肉質で不規則に広がる多年生植物。葉は幅広の卵形。中央の花序は黄金色で大きく、舌状花は藤色から青紫色。開花期は晩春から初夏。'アーサー　メンジーズ'はコンパクトな品種で、ピンク色のヒナギクがつく。'ローズ　パープル'にはピンクパープルのヒナギクがつく。
ゾーン：3〜10

Erigeron glaucus 'Arthur Menzies'

Erigeron formosissimus

Erigeron karvinskianus

Erigeron glaucus

Erigeron glaucus 'Rose Purple'

Erigeron karvinskianus
異　名：*Erigeron mucronatus*
一般名：ペラペラヨメナ、エリゲロン・カルビンスキアヌス、ゲンペイコギク、ムキュウギク
英　名：MEXICAN DAISY, SANTA BARBARA DAISY

☼ ❊ ↔60〜150cm ↕30〜60cm

メキシコ南部、中央アメリカおよびベネズエラの山地原産。多年生植物で細長い茎に鋸歯縁の小柄な葉をつけ、小山を形成する。花序が黄色で舌状花が白色からピンク色の小柄なヒナギクが優雅に密集する。開花期は、霜無しの地域では1年中、寒冷地域では春から秋。グラウンドカバー植物として人気があるが、雑草となる場合もある。
ゾーン：8〜11

Erigeron peregrinus
英　名：WANDERING DAISY, WANDERING FLEABANE

☼ ❊ ↔40〜60cm ↕40〜60cm

北アメリカ西部原産。多年生のヒナギクで、幅狭の卵形またはスプーン形の葉をつける。葉長約20cm。夏季には、周辺が白から紫色で、中央が黄色の花が単生または群生で咲く。
ゾーン：2〜9

Erigeron pulchellus
一般名：エリゲロン・プルケルス
英　名：ROBIN'S PLANTAIN

☼ ❊ ↔20〜40cm ↕15〜40cm

北アメリカ原産。二年生もしくは短命の多年生で、匍匐性の根茎を持つ。葉はスプーン形。薄ピンクまたは薄紫色の可憐なヒナギクが夏季に咲く。花の中央は黄色。ゾーン：4〜9

Erigeron
一般名：エリゲロン

☼ ❊ ↔40〜60cm ↕45〜75cm

鮮やかなピンク色の花が咲く魅力的な品種。*E. speciosus*に似ている。
ゾーン：3〜9

Erigeron speciosus
一般名：エリゲロン・スペキオスス

☼ ❊ ↔40〜60cm ↕45〜75cm

アメリカ合衆国北西部原産。人気のある多年生植物。夏季には、中央が黄色で周辺が青色のヒナギクが多数咲く。*E. s.* var. *macranthus*の花はやや大形。ピンクと青の色調の品種が多数ある。'**ローザ　ジュエル**' ★ (syn. '**ピンク　ジュエル**')の花は鮮やかなピンク色で、'**クエーカーレス**'には明るいモーブピンクの花が咲く。
ゾーン：3〜9

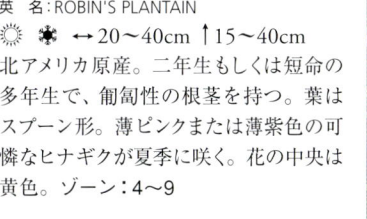

ERINACEA
（エリナケア属）
マメ科ソラマメ亜科は、常緑性小低木で1種のみが含まれる。フランス（ピレネー山脈）、スペインおよびモロッコの中央に分布する。葉は極小で、刺状の小枝の山に埋もれていることが多い。刺だらけのエニシダは、開花期以外は魅力に欠けるかもしれないが、晩春から初夏にかけて、低木は派手な薄青色から紫色の蝶形花の房に埋め尽くされる。

〈栽培〉
かなりの耐霜性はあるが、寒冷で湿った冬を嫌う。このような環境下では高山植物室で栽培する。冬季に乾燥する地域の華麗なロッケリー用植物となる。日なたの軽く砂質で非常に水はけの良い土壌に植える。春季にはたっぷり灌水する。花後は軽く刈り込む。適した場所で栽培すれば長命となる。繁殖は種子または夏季の挿し木により行なうが、定着しにくい場合がある。

Erinacea anthyllis
一般名：エリナケア・アンティリス、ヘッジホッグブルーム
英　名：HEDGEHOG BROOM

☼ ❊ ↔90cm ↕30cm

枝の成長は遅く、先端には刺がある。葉は極小の濃緑色で、1〜3枚の小葉からなる。1年の大半は無葉で、春季に葉が出る。多数の花が咲く。豆果には小さな種子が含まれ、自家播種することも多い。
ゾーン：8〜10

Erinacea anthyllis

ERINUS
（イワカラクサ属）
北アフリカ、ピレネー山脈およびアルプス山脈原産の多年生植物で、ゴマノハグサ科に属し2種のみが含まれる。小さな葉はらせん状に配列され、わずかに粘着性がある。茎頂に総状花序がつく。花は基部が筒形、口部で膨張し5枚花弁へと広がる。果実は種子を多く含むさく果。これらの多年草は高山植物として育てると短命だが、ロックガーデンでは自家播種する。

〈栽培〉
日なたまたは半日陰の場所で、庭または桶の水はけの良い土壌で容易に育つが、土手や柔らかい多孔質の岩場、舗道の割れ目でもよく育つ。新鮮な種子を直接地面に蒔いて栽培する。冬季の霜から保護する。栽培品種の多くは種子から繁殖させるが、春に採取した緑枝の挿し木によって行なうものもある。

Erinus alpinus
一般名：イワカラクサ、エリヌス・アルピヌス
英　名：ALPINE BALSAM, FAIRY FOXGLOVE

☼ ❊ ↔15cm ↕10cm

クッションを形成する草本。葉は長さ約25mmで柔らかく倒披針形から楔形、縁は鋸歯縁または波打ち、粘着性の毛を帯びる。晩春から夏季に、紫色または白色の花が多数咲く。'**ドクトル　ヘーンレ**'の花は深紅色で、'**ミセス　チャールズ　ボイル**'にはピンク色の花が咲く。
ゾーン：4〜9

Erigeron speciosus 'Quakeress'

Erigeron pulchellus

Erigeron speciosus var. *macranthus*

Erinus alpinus

ERIOBOTRYA
（ビワ属）
ヒマラヤ山脈東部から東南アジアおよび中国原産。常緑性の高木および低木で、バラ科に属し、約10種が含まれる。全種とも丈夫な植物で、葉はくすんだ緑色で堅く、くっきりと筋が入る。裏面はフェルト状。枝頂に出たフェルト状の芽が、秋には香りの良いクリーム色の房咲きの花となる。派手で香りが良く多肉質の果実は食用で、完熟すると甘くて柔らかく水分が多くなる。もっとも良く知られているのはビワ（*E. japonica*）で食用およ

Eriobotrya japonica

Eriogonum fasciculatum

Eriogonum giganteum

び観賞用だが、野鳥やショウジョウバエを誘引する。
〈栽培〉
亜熱帯条件を好むが、一般的に乾燥に耐え、良質な果実を生産するためには冬季に豊富な湿気を必要とする。強アルカリ性土壌以外は適合する。播種は容易な繁殖方法だが変異に富み、種子が大きく果肉が少ない果実を産出することが多い。それに対して精選品種による接ぎ木は有効である。自家播種することも多く、樹木はあまり手をかけなくても育つ。

Eriobotrya japonica
一般名：ビワ、エリオボトリヤ・ヤポニカ
英　名：LOQUAT
☀ ❄ ↔4.5m ↕6m
昔から日本で栽培されているが、原産地は中国中部。英名は広東語名*lo kwat*に由来する。早春に実る甘美な香りの良い果実に価値がある常緑樹。大形でくすんだ緑色の葉は槍形で葉脈が突起し、ほとんどが枝頂につく。下面は有毛。秋に有毛のつぼみから花が咲く（一般に自家受精する）。
ゾーン：8〜11

ERIOGONUM
（エリオゴヌム属）
英　名：WILD BUCKWHEAT
北アメリカ西部原産でタデ科に属し約150種が含まれる。一年生、多年生、常緑性小低木など習性は多様で、大半が葉の基部のロゼットから成長する。小さな花が密生した房あるいは散形花序につき、果実は三角形の痩果。エリオゴヌム属種は乾燥した庭園のロッケリーまたは背景用植物に適する。生け花やドライフラワーアレンジメント用としても栽培される。
〈栽培〉
幅広い気候帯に適応し、日なたまたは半日陰で水はけが良く、砂質土壌で育つ。温暖地域ではたっぷりの灌水を必要とするが、冬季には乾燥させる。花がら摘みをする。繁殖は春季の播種または挿し木により行なう。多年生種の場合は群生した根の株分けで繁殖させることもある。

Eriogonum arborescens
英　名：SANTA CRUZ ISLAND BUCKWHEAT
☀/◐ ❆ ↔1.5m ↕1.5m
アメリカ合衆国カリフォルニア州原産。樹皮は剥落。細葉はほぼ線形で縁がわずかに丸まり、裏面はフェルト状。花は白色からピンク色で、うぶ毛のある花序は幅5〜15cm。開花期は初夏から秋。切花に適する。
ゾーン：9〜10

Eriogonum fasciculatum
エリオゴヌム・ファスキクラトゥム
英　名：CALIFORNIA BUCKWHEAT
☀ ❄ ↔1.2m ↕0.9m
アメリカ合衆国のユタ州、ネバダ州、カリフォルニア州、およびメキシコのバハカリフォルニア州原産。広がる低木で、茎は中央に直立する。葉は濃緑色から灰色、上面は有毛で下面は白いフェルト状。花は白色から薄ピンク色で、年月が経つと赤茶色になる。開花期は春から秋。'セオドア ペイン' ★は平状性植物。
ゾーン：7〜11

Eriogonum flavum
英　名：YELLOW BUCKWHEAT
☀ ❆ ↔18〜25cm ↕10〜22cm
カナダ西部およびアメリカ合衆国ロッキー山脈地域北部原産。低く育つ多年生草本で、基部は木質。葉は灰緑色の槍形で長さ約10cm。ロゼットがマット状に広がる。葉の上面はわずかに有毛で、下面は毛が密集する。初夏にレモンイエローの花が散形花序につく。花が部分的に赤く色づくものもある。
ゾーン：3〜9

Eriogonum giganteum
一般名：セントキャサリンズレース
英　名：SAINT CATHERINE'S LACE
☀ ❅ ↔3m ↕2.4m
アメリカ合衆国カリフォルニア州南岸沖サンタバーバラ島原産。丸形の常緑性低木で、中央に幹があり、葉は卵形の革質で灰白色。夏季には有毛の花が30cmほどの平たい房を形成する。白色の花はくすんだ赤色へと徐々に色変わりする。
ゾーン：9〜11

Eriogonum grande
エリオゴヌム・グランデ
異　名：*Eriogonum latifolium* subsp. *grande*
☀ ❄ ↔50〜90cm ↕45〜60cm
アメリカ合衆国カリフォルニア州原産。低く成長する多年生低木。縁が波立った葉は長楕円形から卵形で長さ約10cm。下面には白毛が生える。夏季から初秋に、白色から薄ピンク色の花が平らな花房につく。'ルベスケンス'は低く不規則に広がる品種。葉は大形でローズピンクの花が大きな房につく。
ゾーン：8〜10

Eriogonum parishii
☀ ❄ ↔45〜60cm ↕30〜45cm
アメリカ合衆国カリフォルニア州南部およびアリゾナ州、メキシコのバハカリフォルニア州北部山地の原産。岩石が露出した砂質土壌で育つ。基部に小さなロゼットを形成する一年生植物。花序には微細な赤花がつく細柄が霞状に群生する。開花期は晩夏から秋。
ゾーン：8〜11

Eriogonum umbellatum
英　名：SULFUR FLOWER
☀ ❄ ↔0.9〜1.2m ↕15〜45cm
アメリカ合衆国北西部およびカナダ南西部原産。多様で低く広がる多年生草本。冬季には、へら形でやや紫がかった有柄の葉がロゼットを形成する。葉の下面には細毛がある。夏季には、鮮やかな黄色またはクリーム色の花がまばらな球状の房につく。
ゾーン：6〜10

Eriogonum wrightii
英　名：BASTARD SAGE, SHRUBBY WILD BUCKWHEAT, WRIGHT'S BUCKWHEAT
☀ ❄ ↔0.3〜1.5m ↕7〜60cm
アメリカ合衆国南西部およびメキシコ隣接地域原産。低く分岐する多年生植物または低木。小形の葉は楕円形から剣形で、下面に細かい白毛が生える。夏季には、長さ25cmほどの柄についた穂状花序に、白色またはピンク色の花が密集する。*E. w.* var. *subscaposum*はカリフォルニア山岳地帯の乾燥した岩場原産の平状性植物で、マットを形成する。
ゾーン：6〜10

Eriogonum parishii

Eriogonum grande 'Rubescens'

Eriogonum wrightii var. *subscaposum*

ERIOPHORUM
(ワタスゲ属)
英 名：COTTON GRASS

ユーラシア、北アメリカおよび南アフリカの冷涼地域原産のイネ科植物に似た多年生草本。カヤツリグサ科に属し、約22種が含まれる。南アフリカ種は1種のみ。沼地や浅い池、その他湿性の場所に多く見られる。根茎によって広がり、細長く平らな葉が房状に茂る。茎は三角形。春には茎頂に小穂が密生する。多くの花被部分は減衰し、柔らかい薄色の綿状毛となり、年月と共に伸びて散布促進する。種子は夏季に形成され、綿花の房状となる。

〈栽培〉
日なたで湿性の土壌または池の浅瀬に植える。繁殖は種子または株分けによって行なう。

Eriophorum vaginatum ★
異 名：*Eriophorum callitrix*, *E. spissum*, *Scirpus fauriei*
一般名：ワタスゲ、スズメノケヤリ
英 名：COTTON GRASS, COTTONSEDGE, TUSSOCK COTTON GRASS, HARE'S TAIL
☼ ❄ ↔15～30cm ↕30～80cm

北半球の温帯地域原産。叢生するスゲで、毎年根茎を残して枯れる。葉と茎の基部は緑色のまま残る。春季には、茎頂にある単生で多花の小穂を白毛が覆う。茎長は20～71cm。
ゾーン：5～9

ERIOPHYLLUM
(エリオフィルム属)

北アメリカ西部原産の一年生または多年生草本もしくは亜低木。キク科に属し、約13種が含まれる。通常は乾燥し露出した岩場に生息する。多年生種は全般的に小型で、枝が密集し基部は木質。茎と葉が有毛のものが多い。鮮やかな黄色の花が葉の上につく。どちらかと言うと短命で、耐寒性は種により多様。蝶を誘引する種が多い。

Eriophorum vaginatum

〈栽培〉
日なたで水はけの良い土壌に植え適度に灌水する。繁殖は種子、挿し木または株分けによって容易に行なえる。

Eriophyllum lanatum
一般名：ゴールデンヤーロー
英 名：GOLDEN YARROW, OREGON SUNSHINE, WOOLLY SUNFLOWER
☼ ❄ ↔60cm ↕30～60cm

アメリカ合衆国カリフォルニア州南部からカナダのブリティッシュコロンビア州およびロッキー山脈原産。多年生の亜低木。葉はブルーグレイで有毛。春の中頃から晩夏に、長命で星形のヒナギクのような花がつく。枯れた花は二度咲きに備える。乾燥には耐性がある。
ゾーン：5～9

ERIOSTEMON
(エリオステモン属)

近年の改定後、現在の解釈では、オーストラリア東部海岸地域原産の常緑性低木で、ミカン科に属し2種のみが含まれる。以前エリオステモン属に含まれていた他の種は、現在ではフィロソカ属に再分類されている。発育不全の森林荒野のやせた砂質土壌で成長する。葉は単葉でせん状に配列され、晩冬から春に蝋質で5枚花弁の派手なピンク色の花が葉腋に単生でつき、長期にわたり密集した外観を呈する。

〈栽培〉
日なたまたは半日陰の風通しが良い場所で、軽質から中質で水はけが良く、弱酸性から中性の土壌を好む。形状を保つために軽く剪定する。繁殖は先端の挿し木により行なう。種子は発芽させるのが難しい。

Eriostemon australasius
異 名：*Eriostemon lanceolatus*
英 名：PINK WAX FLOWER, WAX PLANT
☼/◐ ↔0.9m ↕1.8m

オーストラリアのニューサウスウェールズ州東部およびクイーンズランド州南東部原産の直立した低木。葉は細い楕円形。黄みを帯びたピンク色、藤色または白色の花が密集する。花径は約35mm。石を多く用い完全に水はけが良く、根部が冷涼な状態を必要とする。切花に最適。
ゾーン：9～10

ERIOSYCE
(エリオシケ属)
異 名：*Chilenopsis*, *Horridocactus*, *Islaya*, *Neochilenia*, *Neoporteria*, *Pyrrhocactus*

エリオシケ属には小型から矮小型の南アメリカ種のサボテンが35種含まれる。サボテン科に属し、チリ中部、ペルー北部から南部、海水位から海抜3,000mまでのアンデス山脈の傾斜地に見られる。エリオシケ属は1994年の植物研究時まであまりよく理解されておらず、各種にさまざまな属名が付与されていた。全種とも有毛の萼をつけることから、属名は2語のギリシャ語 *erion* (羊毛) と *sykon* (イチジク) に由来している。通常は単幹で、球形から短い円筒形。大きさと稜数はさまざまで、疣はあるがその構造は異なる。刺は細い、剛毛状、堅い、針状など多様で本数も異なる。花は茎頂付近につき、じょうご形から筒形で、白、黄色、ピンクまたはえんじ色。種子は球状の果実にまばらに含まれ、基部がはじける。

〈栽培〉
肥沃で水はけの良い土壌で容易に栽培できる。冬季には灌水を控える。繁殖は種子から行なう。

Eriosyce crispa
異 名：*Horridocactus crispus*, *Neoporteria huascensis*, *Pyrrhocactus crispus*
☼ ❄ ↔5～10cm ↕5～10cm

チリのアタカマ砂漠の海岸地域原産。茎はロールパン形から短い円筒形で、黒みがかった灰緑色。稜は10～16本。刺は上向きにカーブし、ねじれたものや髭毛状のものもあり、黒色から茶色で長さは7cmほど。花はじょうご形で径約5cm。薄ピンク色の花弁に赤い斑入り。開花期は晩夏から秋季。*E. c.* var. *huascensis* の刺は針状で他の種に比べて少なく、稜は10～12本。
ゾーン：9～11

Eriosyce subgibbosa
異 名：*Neoporteria heteracantha*, *N. microsperma*, *N. subgibbosa*
☼ ❄ ↔6～25cm ↕7～100cm

チリの海岸地域中部原産。変異に富む種のため現在までさまざまな名前が用いられた。本体は黄緑色で深溝の稜が16～22本ある。刺は堅く、黄色から茶色または黒色で針状。直線状から内側に強く湾曲したものまである。花は深ピンク色からえんじ色でじょうご形、大きさはさまざま。開花期は晩夏。
ゾーン：9～11

Eriosyce crispa var. *huascensis*

Eriosyce subgibbosa

Eriostemon australasius、オーストラリア、ニューサウスウェールズ州、クーリンガイ・ワイルドフラワー・ガーデン

Erodium corsicum

Erodium corsicum 'Rubrum'

Eriosyce taltalensis
異　名：*Neoporteria echinus*、*N. pulchella*、*N. taltalensis*、*Pyrrhocactus floccosus*
一般名：エリオシケ・タルタレンシス
☼　⇠ 2.5〜15cm ↥ 2.5〜15cm
チリのアタカマ砂漠の沿岸地域およびコンセプシオン原産。変異に富む種のため、さまざまな名前が付与されてきた。本体は青緑色で、深い稜が8〜13本ある。刺は不規則な形状で、暗茶色から黒色、直線状から湾曲したものまである。花は細い〜幅広のじょうご型。晩夏から秋に、赤、ピンク、薄黄色または乳白色の花が咲く。花径は約35mm。
ゾーン：9〜11

ERODIUM
（オランダフウロ属）
英　名：HERONSBILL、STORKSBILL
フウロソウ科オランダフウロ属には60種の多年生植物と少数の一年草植物および亜低木が含まれている。ヨーロッパ、アジア、オーストラリアおよび南アメリカの山岳地帯で日当たりの良い岩場に見られる。マットを形成するものもあるが、直立して50cmほどに成長するものもある。葉は欠刻があるまたは羽状複葉で、微細で装飾的なものが多く、銀灰色のものもある。花は魅力的な5枚花弁でアケボノフウロに似ているが、雄ずいは10本ではなく5本。雌花と雄花が別株につく種もある。花はピンク、赤、紫、青、黄色または白色で、暗色の脈や斑が入るものもある。英名は長く先細りになった果皮に由来している。

〈栽培〉
小型種はロッケリー、鉢または温室で栽培し、丈の高いものはボーダー花壇に適する。オランダフウロは日なたで水はけが良く弱アルカリ性の土壌を要する。一年草は種子から繁殖させ、多年草は種子、挿し木または株分けにより繁殖させる。

Erodium absinthoides
異　名：*Erodium armenum*、*E. haradjianii*
☼ ❄ ⇠ 30cm ↥ 20cm
ヨーロッパ南東部および小アジア原産の多年生植物。葉は灰緑色でシダ状。雌花と雄花は別株につく。春から夏に、白、ピンクまたは薄紫色の星形の花が咲く。花径は約18mm。ゾーン：6〜9

Erodium cheilanthifolium
異　名：*Erodium petraeum* subsp. *crispum*
☼ ❄ ⇠ 30cm ↥ 15cm
スペインおよびモロッコ原産の多年生植物。美しい切れ込みのある灰色がかった葉が低く群生する。可憐な花は白から薄ピンク色で、紫色の脈や斑が入る。花径は約18mmで、開花期は春から夏。
ゾーン：6〜9

Eriosyce taltalensis

Erodium absinthoides

Erodium chrysanthum

Erodium cheilanthifolium

Erodium 'Eileen Emmett'

Erodium chrysanthum
☼ ❄ ⇠ 30〜40cm ↥ 10〜15cm
ギリシャ原産。シダ状の銀色の葉が低く房状につく。雌花と雄花は別株につく。夏季に皿形で薄黄色の花が咲く。花径は約18mm。
ゾーン：7〜10

Erodium corsicum
一般名：エロディウム・コルシクム
☼ ❄ ⇠ 30cm ↥ 20cm
コルシカ島およびサルデーニャ島原産。短命でマット状に広がる多年生植物。葉は銀灰色でうぶ毛がある。小さく皺の多い卵形の葉は縁が波打つ。花は淡紅色で脈斑は暗色。花径は18mmほどで、開花期は晩春から夏季。'ルブルム'には深いピンク色の花が咲く。
ゾーン：8〜10

Erodium cossonii
☼ ❄ ⇠ 38cm ↥ 20cm
モロッコ原産の多年生植物。葉は丸形で深い切れ込みがある。花は薄ピンク色の星形で、上側花弁に紫色の脈や斑が入る。開花期は春から夏。
ゾーン：7〜10

Erodium 'Eieen Emmett'
一般名：エロディウム 'アイリーン エメット'
☼ ❄ ⇠ 30cm ↥ 15cm
*E. foetidum*の精選品種と思われる。葉は緑色で美しい切れ込みがある。夏季には暗色の脈斑が入った薄ピンク色の花が咲く。
ゾーン：7〜10

Erodium foetidum
異　名：*Erodium petraeum*
☀ ❄ ↔45cm ↕25cm
フランス原産の多年生植物。葉は香りが強く美しい切れ込みがあり灰緑色。花はピンク色で紫赤色の脈および斑が入る。花径は約18mm。開花期は夏。
ゾーン：7～10

Erodium glandulosum
異　名：*Erodium macradenum*、
E. petraeum subsp. *glandulosum*
☀ ❄ ↔30cm ↕15～20cm
ピレネー山脈原産。群生する多年生植物。美しい切れ込みが入った葉は香りがあり銀灰色。花は薄紫色から白色の皿形で紫色の斑入り。開花期は夏。
ゾーン：7～10

Erodhium × kolbianum ★
エロディウム×コルビアヌム
☀ ❄ ↔20cm ↕15cm
園芸交雑種。葉はシダ状で青灰色。白色から薄紅色までさまざまな色調の小柄な花が大量に咲く。'ナターシャ'★には栗色の脈や斑が多量に入った白色の花が咲く。
ゾーン：6～9

Erodium 'Pickering Pink'
一般名：エロディウム 'ピカリング ピンク'
☀ ❄ ↔20cm ↕10cm
シダ状でやや銀色の葉をつける交雑品種。花は二色で、下側が白、上側がピンク色。暗色の脈と斑が入る。
ゾーン：7～10

Eruca vesicaria subsp. *sativa*

Erodium trichomanifolium

Erodium × *kolbianum* cultivar

Erodium reichardii
一般名：ベニバナヒメフウロ、エロディウム・レイカルディイ
英　名：ALPINE GERANIUM
☀ ❄ ↔25cm ↕25～50mm
マジョルカ島およびコルシカ島原産。マットを形成する種で、小さな葉にはしわがあり波状縁。繊細な花は白色でピンク色の脈斑が入る。花径約12mmで、開花期は夏。'チャーム'には白色の花が咲く。
ゾーン：7～10

Erodium rodiei
☀ ❄ ↔38cm ↕38cm
フランス南部原産の多年生植物。美しい切れ込みがある薄緑色の葉が小山を形成する。花はピンク色から濃いピンク色で、花径約5cm。
ゾーン：8～10

Erodium trichomanifolium
☀ ❄ ↔30cm ↕20cm
シリアおよびレバノン原産の多年生植物。シダ状で有毛の葉は灰緑色で、小山を形成する。雌花と雄花は異株につく。優美な薄ピンク色の花には紫系の脈と斑が入る。開花期は夏。
ゾーン：8～10

Erodium × variabile
一般名：ヤエザキヒメフウロソウ、エロディウム×バリアビレ
☀ ❄ ↔25cm ↕15～30cm
*E. corsicum*と*E. reichardii*の交雑種で、親種の中間的習性を持つ。'ビショップス フォーム'の花は深いピンク色で赤色系の脈斑が入る。'デレク'（syn. *E. reichardii* 'デレク'）は非常にコンパクトな品種で、深いピンク色の花が咲く。'フローレ プレノ'には小柄で薄ピンク色か

Erodium × *variabile* 'Roseum'

Erodium foetidum

Erodium 'Pickering Pink'

Erodium rodiei

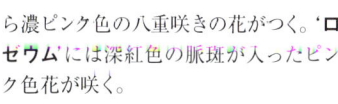

Erodium reichardii 'Charm'

ら濃ピンク色の八重咲きの花がつく。'ロゼウム'には深紅色の脈斑が入ったピンク色花が咲く。
ゾーン：7～10

ERUCA
（キバナスズシロ属）
地中海地方原産の一年生および多年生植物3種が含まれ、アブラナ科に属する。葉は羽状複葉で切れ込みがある。花は薄紫色、黄色または白色の4枚花弁で総状花序につき、対比色の脈が入る。細長い莢は2片に裂け数個の種子が放出される。

〈栽培〉

E. vesicaria subsp. *sativa*のみがサラダ用野菜またはオイルシード用としてインドで栽培されている。広々とした土地で種子から育てる。早期収穫するには温帯地域もしくは温室でトレー栽培する。料理用の若く弱いシュートを成長させるには、季節を通じて隔週に播種する。窒素肥料とたっぷりの水分を与えると良い。渇いた古いシュートは香りが強すぎるため料理には向かない。葉の収穫後も4回葉を出すことができる。若草はとうがたたないように夏季には遮光する。

Eruca vesicaria
一般名：キバナスズシロ、ロケット
英　名：ARUGULA, ROCKET, ROQUETTE
☀/◐ ❄ ↔30～60cm
↕40～100cm
地中海地方原産。短命の多年生植物で、深い欠刻がある濃緑色の葉が密生する。直立の総状花序には薄黄色の花がつく。祖先の野生種もまだ食用とされているが、現在食用となっている品種より刺激が強い。*E. v.* subsp. *sativa*（syn. *E. sativa*）は園芸用またはサラダ用のロケットとして知られている栽培品種。一年草で、葉は深い切れ込みがあり幅約25mm、花は薄黄色で紫色の脈斑が入る。開花期は夏。莢の長さは約25mmで直立。この流行のサラダ用野菜はオイルシードとしても栽培されている。
ゾーン：7～10

ERYNGIUM
（エリンギウム属）
セリ科エリンギウム属には、200種を上回る一年生、二年生および多年生植物が含まれ、世界中の温帯地域の大半で見られる。花茎に未発達の葉をつけることもあるが、葉は刺状で大半が基部に

Eryngium alpinum

Eryngium bourgatii cultivar

Eryngium bourgatii

つき、大きく群生することが多い。大半のセリ科植物とは異なり、開いた花は優美で、アザミに似た花が中央の花序にまとまってつき、周囲は刺状の苞葉に覆われる。メタリックブルーやシルバーグレーの色調の種もある。葉と花は採取後も長持ちし、乾燥しても美しい。開花期は主に夏。

〈栽培〉
耐寒性は種によりさまざまだが、大半が中程度の霜には耐性がある。乾燥に耐性があるものもあるが、大半の種は湿気があり水はけの良い土壌で、成長期には定期的に灌水されることを好む。繁殖は株分けまたは種子から行ない、発芽は容易である。

Eryngium alpinum
一般名：エリンギウム・アルピヌム
☼/☀ ❄ ↔60cm ↕60cm
フランス西部からバルカン諸国の原産。多年生植物で葉茎は長く、葉は深い切れ込みがあり刺状で三角形から心臓形。葉長は約15cm。花は紫青色で、羽を広げたような刺状で大きな苞葉に囲まれる。苞葉は長さ6cmほどで、メタリックな紫青色。栽培品種の**'ブルー スター'**は丈が75cmほどに成長し、苞葉は紫というより青色に近い。
ゾーン：6〜9

Eryngium alpinum, 'Blue Star'

Eryngium alternatum

分裂している。ほぼ球形で紫青色の花が多数咲き、細く先端が刺状の苞葉が囲う。苞葉の長さは約5cm。
ゾーン：7〜9

Eryngium bourgatii
一般名：エリンギウム・ブールガティイ
☼/☀ ❄ ↔40cm ↕40cm
スペインおよびピレネー山脈原産。葉が低く密生する多年生植物。葉は多数の切れ込みがあり刺状で湾曲している。葉長は約8cm。分岐した花序には幅約12mmの花が多数つき、薄紫青色の細い苞葉が12枚ほどつくが必ずしも刺状ではない。**'オックスフォード ブルー'**の花と苞葉は魅力のある銀青色。
ゾーン：5〜10

Eryngium giganteum
一般名：エリンギウム・ギガンテウム
英名：MISS WILLMOTT'S GHOST
☼/☀ ❄ ↔80cm ↕1.5m
コーカサス地方原産の多年生植物。葉は三角形で長い茎につく。葉長は約15cmで、深い鋸歯があり刺状。緑色から銀色みを帯びた藤青色の花をつけ、刺状の大きい苞葉10枚ほどに囲まれる。苞葉は銀白色。ゾーン：6〜9

Eryngium 'Jos Eijking'
一般名：エリンギウム・'ジョス エイキング'
☼/☀ ❄ ↔40cm ↕60〜80cm
オランダの多年生交雑種だが、系統は不明。深い欠刻があり刺状の葉は基部でコンパクトに群生する。花は印象的で鮮やかなメタリックブルーで、苞葉は細く刺状で同系色。
ゾーン：6〜9

Eryngium maritimum
一般名：エリンギウム・マリティムム、シーホーリー
英名：SEA HOLLY
☼/☀ ❄ ↔50cm ↕60cm
ヨーロッパの海岸地域原産。短命の多年生植物で、葉は銀灰色から青灰色で湾曲し、葉長は約10cm。裂片の先端には5本の刺がある。花は藤青色で、花径約25mm。緑色からクリーム色の苞葉は部分的に藤色に色づく。
ゾーン：5〜9

Eryngium × oliverianum
一般名：エリンギウム×オリウェリアヌム
☼/☀ ❄ ↔50〜60cm
↕60〜100cm
*E. alpinum*とおそらくは*E. giganteum*の園芸交雑種だと思われる。多年生植物で茎は長く、葉は刺状で鋸歯があり、丸形から心臓形、基部で3つの裂片に分裂する。花は鮮やかなメタリックブルー

Eryngium × oliverianum

Eryngium alternatum
☼/☀ ❄ ↔30cm ↕45cm
メキシコ高原中部原産の多年生植物。緑色の細葉はロゼットを形成し、葉の先端には丸みがあり刺状の鋸歯がつく。平らな円錐花序に、純白で鋭い鋸歯があり整然とした円形の苞葉がつき、青灰色の小花を囲う。
ゾーン：7〜10

Eryngium amethystinum
一般名：エリンギウム・アメティスティヌム
英名：AMETHYST SEA HOLLY
☼/☀ ❄ ↔50cm ↕70cm
アドリア海周辺からシシリー島に見られる多年生植物。葉は長さ約15cmの掌状で浅裂があり、先端はさらに細い刺状に

エリンギウム、HC、'ジョス エイキング'

Eryngium variiifolium

で、花径約40mm。細く刺状で紫色の苞葉が15枚ほどつく。
ゾーン：5～9

Eryngium pandanifolium
一般名：エリンギウム・パンダニフォリウム
☼/☀ ❄ ↔50～60cm ↕2～2.4m
ブラジル、アルゼンチン、ウルグアイおよびパラグアイ原産の多年生植物。細いノコギリ状の葉が基部で群生し、多くは丈夫に直立する。分岐した花茎に多数の小さな花がつく。紫色の花は小さな苞葉に囲まれる。*E. p.* var. *lasseauxii*の花は白色で、もっとも一般的に栽培されている。
ゾーン：8～10

Eryngium planum
一般名：エリンギウム・プラヌム、マルバノヒゴタイサイコ
☼/☀ ❄ ↔60cm ↕100cm
この種の自生地はヨーロッパ中部からアジア中部にまで及ぶ。多年生植物。葉は濃緑色の楕円形で先端に刺状の裂片がある。小形で紫青色の花が多数つき、刺状で細い苞葉が周りに8枚ほどつく。苞葉の長さは約25mm。
ゾーン：4～9

Eryngium serra
☼/☀ ❄ ↔100cm ↕2m
ブラジルおよびアルゼンチン原産の多年生植物。先端が刺状で剣形の葉は、基部で群生する。葉長約60cm。花茎は丈夫で直立し、白く小柄な花を多数つける。緑みを帯びた白色の苞葉が9枚ほど花を囲む。
ゾーン：8～11

Eryngium × tripartitum
一般名：エリンギウム×トリパルティトゥム
☼/☀ ❄ ↔60～80cm ↕120cm
自然交雑種の多年生植物で系統は不明。葉は濃緑色で3葉、先端が刺状で粗い鋸歯があり、裂片は槍形。青緑色の花茎にメタリックブルーの花がつく。花径は12mm未満で、細い青緑色の苞葉が9枚ほどつく。苞葉長は約25mm。
ゾーン：5～9

Eryngium variifolium
一般名：エリンギウム・ワリイフォリウム
☼/☀ ❄ ↔40～50cm ↕50～75cm
北アフリカ原産。常緑の多年生植物。濃緑色の葉は白色のまだら斑が入り鋸歯縁で、基部にアザミのようなロゼットを形成する。花は紫青色で、花径は約25mm。刺状で中央が白色の苞葉が7枚ほどつく。
ゾーン：7～9

Eryngium yuccifolium
一般名：エリンギウム・ユッキフォリウム
英名：BUTTON SNAKEROO、RATTLESNAKE MASTER
☼/☀ ❄ ↔1.5m ↕1.8m
アメリカ合衆国東部および中部原産。多年生植物。槍形で荒々しい刺がある葉が基部で叢生する。葉長約100cm。丈夫で直立した花茎に白色から青色の花がつく。花径は約25mmで、約12mmの苞葉が10本ほどつく。
ゾーン：4～9

ERYSIMUM
（エリシムム属）
異名：*Cheiranthus*
英名：WALLFLOWER

アブラナ科エリシムム属には、低木の一年草、多年草など約80種が含まれる。現在この属に含まれている多くの種が以前はケイラントゥス属に分類されていた。緑色から青緑色の細葉には浅裂があり平凡だが、4枚花弁の花は鮮やかな色彩で、香りが良いものが多く開花期は長い。温和な気候地域では、低木状で1年中開花する。交雑種の色彩は豊富。

〈栽培〉
エリシムム属種は大半が耐寒性だが、季節が明確に分かれた温帯気候を好む。湿気があり腐植質に富んだ土壌に植え、開花期にはたっぷり灌水する。乾燥にはかなり耐性があるものが多く、通常の灌水、施肥、花がら摘みでより大量の花が咲く。一年生種の繁殖は種子からで、多年生種は種子または無花茎の小さな挿し木から行なう。株分けから行なう場合もある。

Eryngium serra

Erysimum cheiri
異名：*Cheiranthus cheiri*
一般名：ニオイアラセイトウ、ケイラントゥス、ウォールフラワー
英名：WALLFLOWER
☼/☀ ❄ ↔40cm ↕60cm
ヨーロッパ南部原産。低木の多年生だが、通常は二年生植物として栽培される。葉は細く深緑色。下部の葉は長さ約20cmで上部に行くほど小形になる。黄色またはオレンジ色の花が大形の花房につく。栽培品種でもっとも一般的な交雑種には以下のものが含まれる。'クロス オブ ゴールド'は深みのある黄金色。Strain（フェア レディ系）（Strain（マイ フェア レディ系）と呼ばれることが多い）の丈は約45cmで、さまざまなパステルカラーの花がつく。'ファイヤー キング インプルーブド'は40cmほどの高さに成長し、鮮やかなオレンジレッドの花が咲く。'ハーパー クルー'の花は黄色の八重咲き。（プリンス シリーズ）の茎は丈夫で高さは約45cm。花の色は豊富で、一般に品種名は色に由来している。'プリンス プリムローズ イエロー'など。
ゾーン：7～9

Erysimum kotschyanum
☼/☀ ❄ ↔15～20cm ↕5～10cm
トルコ原産。小さく群生する多年生植物。細い鋸歯のある薄緑色の葉が密生してマット状に広がる。葉長は12mm未満。夏季には長く小柄で黄色から薄オレンジ色の花をつける。
ゾーン：6～10

Erysimum kotschyanum

Erysimum cheiri、フェア・レディ系

Erythrina acanthocarpa

Erythrina × bidwillii

Erysimum pulchellum
エリシムム・プルケルム

◐/◯ ❄ ↔ 30〜40cm ↕ 40〜60cm
ユーラシア原産の多年生植物。鋸歯がありへら形の葉が輪生となる。春には黄金色の花が咲く。クリーム色で斑入りの品種'**ワリエガトゥム**'は種の中でもっとも一般的。ゾーン：6〜9

Erysimum Hybrid Cultivars
一般名：エリシムム交雑品種

◐/◯ ❄ ↔ 60cm ↕ 60〜90cm
ここに示す低木状の交雑種は系統が不明だが、おそらく *E. bicolor* と *E. perofskianum* の交雑種だと思われる。長命ではないが繁殖させやすく、大半は連続的に花が咲く。もっとも有名なのは、'**ボウルズ モーブ**'★(syn. 'E. A. ボウルズ')で、濃い藤紫色の小さな花が大量に咲く。'**ゴールド ショッド**'の丈は約45cmで、黄金色の花が咲く。'**サンライト**'の花は黄色で低く広がり、丈は約10cm。おそらく *E. helveticum* か *E. kotschyanum* の系統だと思われる。'**ウェンロック ビューティー**'の花は紫紅色で、年月と共に藤色になる。'**ウィンターチア**'オレンジ色と薄紫色の二色花。ゾーン：7〜10

ERYTHRINA
(デイコ属)
英 名：CORAL TREE

マメ科ソラマメ亜科に属し、主に熱帯の落葉性または半常緑性の高木、多年生植物および低木100種以上が含まれる。全世界的に温帯から熱帯地域に分布する。茎、枝のみならず小葉の中央脈も、円錐形あるいはカーブした刺で保護されている。複葉には幅広い小葉が3出する。花序は直立から下垂する総状花序

Erythrina crista-galli

で、派手な筒形から鐘形の花がつく。上部花弁は他より長い。落葉性種の花は一般に葉より先につく。果実は細長い豆果で、種子と種子の間はより細くなる。夏季の陰樹として観賞用に栽培される。薬用になる種もあるが、有毒なものもある。種子は首飾りの材料となる。

〈栽培〉
デイコ属種は温暖乾燥気候を好み、海岸的環境の日当たりが良い場所で、砂質で湿気はあるが水はけの良い土壌でよく成長する。春または夏の播種や成長木の挿し木によって容易に繁殖できる。草本性種の場合は塊根の株分けによっても行なえる。害虫による被害はあまり無いが、乾燥気候地域ではダニの被害を受けることもある。

Erythrina acanthocarpa
一般名：エリスリナ・アカントカルパ
英 名：TAMBOOKIE THORN

◯ ❄ ↔ 1.8m ↕ 1.8m
南アフリカのケープ地域原産。落葉性の堅い低木で、茎には刺が多く、小葉は青緑色で大形の地下茎から出る。晩春から初夏に、深紅色の蝶形花が派手に群生する。花弁の先端は緑色に色づく。刺状でエンドウに似た莢がつく。
ゾーン：9〜11

Erythrina × bidwillii ★
一般名：サンゴシトウ、ヒシバデイコ
英 名：HYBRID CORAL TREE

◯ ❄ ↔ 3m ↕ 3.5m
オーストラリアで *E. crista-galli* と *E. herbacea* の園芸交雑種として作出された。落葉性の低木で乾燥した庭園に適する。葉は薄緑色から緑色の3出複葉で、葉長は約10cm。茎には刺がある。春から初夏に、上部花弁が5cmほどの印象的な濃赤色の花が咲く。
ゾーン：9〜11

Erythrina caffra
英 名：COAST CORAL TREE、KUSKORAALBOOM

◯ ❄ ↔ 10m ↕ 15m
南アフリカ南東部原産。半常緑性高木で、枝に刺がつくものもある。3出複葉で、小葉の先端は広い。蝶形花が密生した約15cmほどの総状花序となる。色は一般にオレンジがかった深紅色。花は枝頂に葉と共につく。開花期は晩春から初夏。
ゾーン：9〜11

Erythrina crista-galli
一般名：アメリカデイコ、カイコウズ
英 名：COCKSPUR CORAL TREE、COMMON CORAL TREE

◯ ❄ ↔ 3.5〜12m ↕ 9m
ブラジル原産。落葉性種は独特の節がある古木となることもある。毎年剪定すれば、春から夏に赤色の花がかなり大きく群生するのが見られる。冷涼気候では *E. crista-galli* は鉢植えの温室植物として栽培する。晩秋にはしっかり剪定すると良い。
ゾーン：9〜11

エリシムム、HC、'ボウルズ モーブ'

エリシムム、HC、'ゴールド ショッド'

エリシムム、HC、'サンライト'

Erythrina × sykesii

Erythrina zeyheri

Erythrina lysistemon

Erythrina herbacea
一般名：エリスリナ・ヘルバケア
英　名：CARDINAL SPEAR、CHEROKEE BEAN、CORAL BEAN、EASTERN CORAL BEAN
☼ ❄ ↔0.6～1.8m ↕1.2～3m
アメリカ合衆国南東部およびメキシコ原産。多年生草本だが低木または小高木になる場合もある。三角形の小葉が刺のある葉柄につく。夏から秋に、上部花弁が5cmほどの深紅色の花が総状花序につく。深紅色の種子を含む革質の豆果が実る。
ゾーン：8～10

Erythrina humeana
一般名：ナタールコーラルツリー
英　名：DWARF ERYTHRINA、NATAL CORAL TREE
☼ ❄ ↔2m ↕3.5m
南アフリカ東部およびモザンビーク原産。落葉性の低木または小高木。樹皮は薄灰色で刺があり、小葉は光沢がある濃緑色。細長く密生した総状花序は長さ50cmほどで枝頂につき、深紅色で筒形の蝶形花が咲く。開花期は夏。豆果は黒または紫色。
ゾーン：9～11

Erythrina lysistemon
英　名：LUCKY BEAN TREE、TRANSVAAL CORAL TREE
☼ ❄ ↔3～9m ↕9m
アフリカ南部および東部原産。半常緑樹。葉は大形の複葉で、卵形の小葉は先細りとなる。夏季には、鮮やかな深紅色の花が枝頂のコンパクトな総状花序につく。細長く木質の莢はオレンジレッドの種子を含む。種子は「幸運の豆（lucky beans)」として知られる。
ゾーン：9～12

Erythrina × sykesii
異　名：*Erythrina indica*の園芸種
一般名：エリスリナ×シクシー
英　名：CORAL TREE
☼ ❄ ↔9m ↕15m
原産地が不明な落葉性高木。最初にオーストラリアおよびニュージーランドで発見された。樹幹は低く、斜上する枝はかぎ状の刺で保護されている。冬から春に、大形で深紅色の蝶形花が咲く。風が吹くと非常に砕けやすく、大枝は折れやすい。やせた土壌と塩分を含む風には耐性がある。枝もしくは木片からでも容易に栽培できる。
ゾーン：9～11

Erythrina variegata
異　名：*Erythrina indica*
一般名：デイコ、フイリデイコ
英　名：CORAL TREE、INDIAN CORAL BEAN、TIGER'S CLAW
☼ ❄ ↔9m ↕9～18m
熱帯アジア、インド洋および太平洋西部の海岸地域に広く分布する。大きな刺のある太い枝がつく落葉性高木。樹皮は灰緑色で縦溝がある。小葉は大きく心臓形。冬季に、深紅色の蝶形花が枝頂に密集して房咲きする。白い花が咲くものもある。'パルケッリイ'の葉は薄緑色および黄色の斑入り。
ゾーン：11～12

Erythrina zeyheri
一般名：エリスリナ・ゼイヘリ
英　名：PLOUGHBREAKER、PRICKLY CARDINAL
☼ ❄ ↔75cm ↕0.9m
南アフリカ東部原産。小型で刺が非常に多い低木。秋と冬には大きな木質の地下根茎を残して枯れる。小葉は卵形からダイヤモンド形で目立つ筋が入り、下面には刺がある。真夏に筒形の赤い花が総状花序につく。無毛で木質の莢には赤色の種子が含まれる。
ゾーン：8～10

ERYTHRONIUM
（カタクリ属）
英　名：DOGTOOTH VIOLET、TROUT LILY

ユリ科カタクリ属は鱗茎を持ち、野生種は北アメリカ、アジアおよびヨーロッパ全土に見られる。多様な習性を持つ種もある。花は葉の上につき下向きで、反曲し先端が尖った独特の花弁をつける。光沢のある葉は扇形で、銀色、茶色、栗色または銅色のまだら状、斑入り、斑点入りの品種も多い。これらの印象的な特徴は季節が進むにつれ薄れていく。

〈栽培〉
大半の種が冷涼湿潤気候の半日陰でよく育つが、北アメリカ西部の種は日陰であれば夏季の高温乾燥にも耐性がある。全種とも高湿度の暑さを嫌い、大半が病気を嫌う。秋に植え込み、常に地表から5cm下の位置の鱗茎の湿気を保つようにする。ナメクジから保護する。繁殖は、葉が枯れたらすぐに株分けして移植するか、肥沃で湿気を保てる土壌に新鮮な種子を蒔くのいずれかによって行なう。

Erythronium albidum
一般名：ブロンドリリアン
英　名：BLONDE LILIAN、WHITE DOGTOOTH VIOLET
☼ ❄ ↔8～15cm ↕15～30cm
北アメリカ中部原産。葉は長く緑色で、斑入りはまれ。花は長さ2.5～5cmで、光沢のある白色で部分的に黄色。開花期は春の中頃から晩春。花後は休眠する。最終的には群生する。
ゾーン：3～9

Erythronium americanum
一般名：エリスロニウム・アメリカヌム、アンバーベル
英　名：ADDER'S TONGUE、AMBERBELL、AMERICAN TROUT LILY、YELLOW ADDER'S TONGUE
☼/☀ ❄ ↔8～15cm ↕10～25cm
北アメリカ東部原産。葉は栗色と紫色の斑入り。早春に、黄色い鐘形の花が単生で下向きに咲く。初夏には休眠する。最終的には群生する。
ゾーン：3～9

Erythronium californicum
一般名：エリスロニウム・カリフォルニクム
英　名：FAWN LILY
☼ ❄ ↔15cm ↕25cm
アメリカ合衆国カリフォルニア州原産。丈夫で群生する植物で、沿岸のマツ林の北斜面に見られる。葉は緑色で、紫がかった緑色の斑がわずかに入る。花は1本の茎に3個つくこともあり、開花期は春。花弁は乳白色で、花弁の裏面と基部に茶褐色から黄色の斑が入る。若干の暑さには耐性がある。'ホワイト ビューティー'（syn. *E. revolutum* 'ホワイ

Erythronium americanum

Erythronium californicum

Erythronium californicum 'White Beauty'

ト ビューティー')は栽培が容易で、光沢がある薄黄緑色の葉は濃緑色の斑入り。春季には魅力的な外観を呈す。花弁は白色で中央はクリーム色。基部の輪には栗色の斑が入る。
ゾーン：4〜9

Erythronium dens-canis
一般名：エリスロニウム・デンス-カニス、セイヨウカタクリ
英　名：DOG'S TOOTH VIOLET
☀ ❄ ↔15cm ↕15〜20cm
ヨーロッパおよびアジアの冷温帯原産。変異に富む。春から初夏には、白、薄ピンク、淡紅色または藤色の花が咲く。花径は約35mm。花は直線的な茎に単生する。突出した紫色または青色の葯がつく。長い緑色の葉は、こげ茶色、紫がかった緑色、薄黄緑色あるいは銀色の斑入りまたはまだら模様となる。模様の無いものもある。英名は細長い牙状の鱗茎に由来している。E. dens-canisは細いイネ科植物の中で成長する。
ゾーン：3〜9

Erythronium helenae
☀ ❄ ↔10cm ↕15〜38cm
アメリカ合衆国カリフォルニア州北西部およびワシントン州セントヘレナ山の、繁茂した雑木林で湿気がある火山の斜面に見られる。花弁は白色からクリーム色で中央が暗色。クリーム色の葯がつく。開花期は春。葉は緑色でこげ茶色の斑入り。水はけが良い場所で、冬場は乾燥させる。
ゾーン：4〜9

Erythronium hendersonii
一般名：エリスロニウム・ヘンダーソニー
英　名：TROUT LILY
☀ ❄ ↔10cm ↕15〜38cm

Erythronium revolutum

Erythronium oregonum

アメリカ合衆国オレゴン州南西部およびカリフォルニア州北西部のマツ林原産。花は1本の茎に数個つき、春と真夏に咲く。花弁は濃いもしくは淡い紫紅色で、中心部と葯は紫色。葉は濃緑色でまだら斑が入る。水はけが良い場所で、夏場は乾燥させる。
ゾーン：4〜9

Erythronium oregonum
☀ ❄ ↔25cm ↕25cm
北アメリカ原産。非常に変異に富む種で外観はE. californicumに類似しているが、雄ずいに花糸がある。濃緑色の葉は茶色の斑入り。花弁は乳白色で基部は黄色、葯は鮮やかな黄色となる。春には1本の茎に数個の花がつく。
ゾーン：4〜9

Erythronium 'Pagoda'
一般名：エリトロニウム'パゴダ'
☀ ❄ ↔20cm ↕15〜30cm
観賞用の丈夫な交雑種で、葉は光沢がある濃緑色で斑入り。黄色の花には濃い黄色の葯がつく。葯は暗色で目立つ中央の輪から出る。春季には各茎に3〜4個の花がつく。
ゾーン：4〜9

Erythronium revolutum
一般名：エリスロニウム・レボルタム
英　名：TROUT LILY
☀ ❄ ↔15cm ↕15〜20cm
北アメリカ原産の変異に富む種。春季に

Erythronium helenae

Erythronium hendersonii

Erythronium 'Pagoda'

Erythronium tuolumnense

は1本の茎に3〜4個の花がつく。花弁はシクラメンのようなピンク色。突出した雄ずいはクリーム色で、反曲して広がる。葉は濃緑色でまだら斑が入り、わずかに波打つ。名のある選抜品も多い。**'ピンク ビューティー'** は紫紅色の花弁をつける。
ゾーン：4〜9

Erythronium tuolumnense
一般名：エリスロニウム・ツオルムネンセ、キバナカタクリ
☀ ❄ ↔20cm ↕20〜38cm
アメリカ合衆国カリフォルニア州中部の広々とした常緑性高木の森林原産。E. tuolumnenseの花づきは時として散生で、春季には1本の茎に3〜4個の小柄な花がつく。花弁は鮮やかな黄色で、緑色の脈斑入りのものあり、葯は黄色。葉は平らで薄緑色から緑色、縁がやや波打つ。高温乾燥条件には耐性があるが、夏季には遮光が必要となる。
ゾーン：4〜9

ERYTHROPHLEUM
（エリトロフレウム属）
アフリカ、マダガスカル沖の島、東南アジアおよびオーストラリア北部の一地域に分布する。熱帯地域の属で9種が含まれる。マメ科カワラケツメイ亜科に属し、全種とも高木。程度はさまざまだが、植物の大部分が有毒。アフリカ種においては、かつて部族の儀式に用いられていたものもある。

〈栽培〉
熱帯および亜熱帯で栽培できるが、かなり大きいため大型の公園や庭園向き。繁殖は種子から行なう。発芽するまで前処理が必要となる。

Erythrophleum chlorostachys
英　名：COOKTOWN IRONWOOD
☼ ✈ ↔4.5m ↕15m

エリトロフレウム属で唯一のオーストラリア種で、極東部まで分布している。乾季は落葉性だが、栽培種においては定期的に灌水すれば落葉しない。大型の2回羽状複葉は、枯れても動物に対して非常に有毒となる。夏季には薄黄緑色の花が枝頂の円錐花序につく。莢は黒褐色。
ゾーン：11 - 12

ESCALLONIA
（エスカロニア属）

スグリ科エスカロニア属には約60種が含まれ、大半が常緑性の低木と小高木となる。南アメリカの温帯地域原産で、主にアンデス地域の丘陵部の斜面または露出した海岸部に見られる。長期間多数の花が咲く。円錐花序または総状花序に、小柄な白色からピンク色もしくは赤で色5枚花弁の花をつけるが、下側の半分は通常つぶれてまとまり筒形の外観を呈す。葉は一般に小形で鋸歯があり、腺つきや芳香性のものもある。果実は小さな球形のさく果で、微細な種子を落とす。

〈栽培〉
全種が寒冷内陸地域における耐寒性があるわけではないが、大半が露出した沿岸の庭園でよく育つ。石灰質と乾燥に耐性があり、日なたで水はけの良い土壌であれば大半が繁茂する。花後すぐに剪定するが、寒冷気候地域では初春まで延期するほうが良い。繁殖は春に採取した緑枝先端、または秋に採取した半熟枝先端の挿し木による。

Escallonia × *exoniensis*

Escallonia rubra

Escallonia virgata

Escallonia bifida
異　名：*Escallonia montevidensis*
一般名：エスカロニア・ビフィダ
英　名：WHITE ESCALLONIA
☼ ❉ ↔3 - 6m ↕4.5 - 9m

ウルグアイおよびブラジル南部原産の小高木。葉には細かい鋸歯があり、他種より大きく、上面はわずかに光沢があり濃緑色で、中央脈は白色。下面はやや薄。初秋から仲秋に、甘い蜜の香りがする白い花が枝頂の円錐花序につく。
ゾーン：8～10

Escallonia × *exoniensis*
エスカロニア×エクソニエンシス
☼ ❉ ↔3.5m ↕4.5～6m

2種の中国種 *E. rosea* と *E. rubra* の交雑種。丈夫なシュートは基部から直立する。若茎には腺がある。葉の上面は光沢がある濃緑色で、下面はやや薄色。春の中頃から晩秋、鮮やかなピンク色から白色の花が枝頂のまばらな円錐花序につく。'フラデス'には深紅色の花が咲く。
ゾーン：8～10

Escallonia rubra
エスカロニア・ルブラ
異　名：*Escallonia microphylla*、*E. punctata*
☼ ❉ ↔4.5m ↕4.5m

チリ原産の変異に富む低木。多くの交雑種の親種となる。葉は芳香性。盛夏に濃ピンク色から赤色の花がまばらな円錐花序につく。*E. r.* var. *macrantha* は光沢がある芳香性の葉の中に、深紅色の花が咲く。'**C. F. ボール**'はスコットランドで栽培された *E. rubra* var. *macrantha* の実生で、樹高約3mに成長する。葉は大形で芳香性。花は深紅色。沿岸地域に最適。*E. r.*'**クリムゾン スパイア**'★は直立する習性を持ち、鮮やかな深紅色の花を咲かせる。'**ウッドサイド**'は低く成長し、葉は小さく、ロック

Escallonia rubra var. *macrantha*

Erythrophleum chlorostachys の自生種、オーストラリア、ノーザンテリトリー準州、カカドゥ国立公園

ガーデン用植物に適する。
ゾーン：8～10

Escallonia virgata
☼ ❉ ↔1.8m ↕1.8m

チリ原産。葉は小形で落葉性の低木。多くの交雑種の親種となる。枝は赤褐色でアーチ状。葉は光沢があり緑色。夏季には、葉腋から出た総状花序に白色の花がつく。石灰岩土壌を嫌う。
ゾーン：8～10

Escallonia Hybrid Cultivars
一般名：エスカロニア交雑品種
☼ ❉ ↔1.8～3.5m ↕1.5～3m

もっとも人気が高い交雑種は主に *E. rubra* と *E. virgata* から交雑されたもので、それぞれ20世紀前半にイギリスとアイルランドで発生している。大半がアイルランド、カウンティ・ダウンのスリーブ・ダナード養樹園で栽培された。'**アップル ブロッサム**'は魅力ある栽培品種で生垣に適する。樹高は約2.4m。短い総状花序にピンク色や白色の花がつく。'**ダナード ビューティー**'は豊かな濃赤色の花が大量に咲く。葉は大形でつぶすと香りがする。'**ダナード ラディアンス**'は藪状の植物で、葉は丸形で光沢があり濃緑色、葉長は約40mm。夏の間、鮮やかなピンク色で筒形の花が房咲きする。'**ダナード シードリング**'の枝は丈夫でわずかにアーチ形。葉は卵形で光沢が

エスカロニア、HC、
'プライド オブ ダナード'

あり深緑色。葉長は約25mm。夏の間、ピンク色の斑が入った白色の花が房咲きする。'**アイヴェイー**'は美しい直立の低木で、生垣に最適な品種のひとつ。葉は濃緑色で光沢があり、長さ約6cm。夏季に白色の花が密集して房咲きする。'**ラングレイエンシス**'は大きく広がる低木。葉は濃緑色の卵形で、葉長約25mm。夏季には、ほぼ平らで鮮やかな紅色の花が大量に咲く。'**ピーチ ブロッサム**'は中型で、習性が'アップル ブロッサム'に類似し、鮮やかなピンク色の花が咲く。'**プライド オブ ダナード**'は、美しい淡紅色でやや鐘形の花が枝頂の総状花序につく。花は多種より大きい。開花期は盛夏以降。'**スリーブ ダナード**'は中型でコンパクト。非常に耐寒性に優れている。葉は小型で、薄ピンク色の花が円錐花序につく。ゾーン：8～10

Eschscholzia californica

Eschscholzia californica 'Red Chief'

ESCHSCHOLZIA
（ハナビシソウ属）

英　名：CALIFORNIA POPPY

原産地は北アメリカ西部で、現在では広域に帰化している。一年生および短命の多年生植物で、ケシ科に属し、約8種が含まれる。属名は1820年にJohann Friedrich Eschscholtz（1793～1831）に由来してつけられた（彼の名前の"t"は転写の際に欠落した）。Eschscholtzはロシア遠征隊の先導者で、遠征時の1816年に初めてこの植物を採取した。種子はDavid Douglasがイギリスに持ち込んだ多くの種子の中に含まれていた。葉は細かい羽状複葉で、灰緑色のものが多い。夏季には鮮やかな黄金色で4～8枚花弁のポピーが大量に咲く。花は晴れた日のみ開花する。現在の種子系統は花の色が多彩。花後には細長いさく果がつく。

〈栽培〉
日当たりが良い場所で、軽質で砂質、水はけの良い土壌であればどこでも容易に栽培できる。砂利の河川敷などに自家実生し帰化することも多い。大半の種は非常に耐霜性があり、やせた土壌にも耐性がある。繁殖は種子からで、育成条件を満たした土壌に直接播種すると良い。

Eschscholzia caespitosa
一般名：ヒメハナビシソウ
英　名：TUFTED CALIFORNIA POPPY
☼ ❉ ↔20～40cm ↕20～60cm
アメリカ合衆国カリフォルニア州北部およびオレゴン州原産の一年生植物。葉は非常に細かく分裂し羽状で、緑色から青緑色。花径5cmほどの鮮やかな黄色の花が咲く。'サンデュウ'は草丈約15cmで、レモンイエローの花が咲く。
ゾーン：7～10

Eschscholzia californica
一般名：ハナビシソウ、カリフォルニアポピー、キンエイカ
英　名：CALIFORNIA POPPY
☼ ❉ ↔20～40cm ↕20～60cm
アメリカ合衆国西部およびメキシコのバハ・カリフォルニア北部原産。現在ではオーストラリアに多く見られる。一年生あるいは短命の多年生植物。葉は多様だが、通常は細かく分裂し羽状で青緑色。花は花径5cm超で、通常はオレンジ色だが、黄色のものも多い。クリーム色とピンク色はまれ。実生系統には、八重咲きを含みさまざまな色彩と形状がある。'ダリ'は人目を引くアンズ色で花弁は2列。
ゾーン：6～10

Eschscholzia lobbii
英　名：FRYING PANS
☼ ❉ ↔30cm ↕30cm
アメリカ合衆国カリフォルニア州のセントラルバレー原産の一年生植物。葉と茎は粘着性があり緑色。葉は細かく分裂し草状。花径5cmほどの鮮やかな黄色の花が咲く。*E. caespitosa*に類似しており、この名前で販売されていることも多い。
ゾーン：7～10

ESCOBARIA
（エスコバリア属）

カナダ南西部、アメリカ合衆国西部からメキシコ北部原産。1種のみキューバ原産。小型で単生もしくは群生する。サボテン科に属し、23種が含まれる。現在では全種がエスコバリア属に含まれているが、以前はネオベッセア属に含まれていた。つぶれた球形あるいは円筒形ではっきりした稜は無い。年月と共に下部の疣がコルク状になるものもある。通常、刺は密生し微細で短い。さまざまなピンクの色調の花には短い花筒がある。刺が密生しているため露出した外花被片は完全に開かないことがある。エスコバリア属は紛れもなく1つの属だが、コリファンタ属やマミラリア属と近縁である。

〈栽培〉
水はけが良い鉱質土壌であれば全種とも容易に栽培できる。冬季は灌水を控える。繁殖は種子、叢生部の株分け、あるいは1～2週間乾燥させた挿し木により行なう。

Escobaria vivipara
異　名：*Coryphantha vivipara*
一般名：北極丸
英　名：BEEHIVE CACTUS, FOXTAIL CACTUS, SHOWY PINCUSHION, SPINY STAR CACTUS
☼ ❉ ↔3～5cm ↕5～8cm
アメリカ合衆国およびカナダの広域に見られる。この魅力ある種は広範囲の分布地域において、少なくとも12以上の流通名によって知られている。通常は叢生し、顕著な疣がある。3～7本の刺はオレンジ色から茶色で、茎を覆い隠すほどは密生しない。花はピンク色から薄紫色で花径は約5cm。莢は緑色で卵形。
ゾーン：4～11

ESPOSTOA
（エスポストア属）

ボリビア、エクアドルおよびペルー原産で、美しい円柱状のサボテン。サボテン科に属し16種が含まれる。属名は20世紀初頭のペルーの植物学者Nicholas Espostoを称えて命名された。低木状から円柱状で、成熟した枝に長い側生の花座がある。若い植物はくもの巣状の密集した白毛を帯びるものが多い。これは砂漠の過酷な環境から身を守るためである。円筒形の枝は多くの稜をつける。夜咲きの花は、通常、乳白色から赤色系。莢は球形で多肉、赤色から緑色で、裸出したものと毛房に覆われたものがある。現在エスポストア属には、以前トリクサントケレウス属とプセウドエスポストア属に含まれていた全種、およびファケイロア属の数種が含まれている。

〈栽培〉
肥沃で水はけの良い土壌で容易に育つ。根腐れを避けるために冬季の灌水は控える。鉢よりも広々とした場所に地植えするほうが成長は早い。繁殖は種子または1～2週間乾燥させた挿し木により行なう。

Espostoa lanata ★
一般名：老楽（オイラク）
英　名：COTTON BALL CACTUS, OLD MAN OF THE ANDES
☼ ❉ ↔0.9～3m ↕2～8m
エクアドル南部からペルー北部原産。もっとも人気があるサボテンのひとつ。円柱状から低木状で、直立した茎は純白な毛をまとうが、実生の場合は特に顕著である。稜は20～25本で、中刺は散在し無いところも多く、長さは約50mm。放射状の側刺は短く多数つく。花座は薄灰色から茶色の毛で覆われ、長さは約4.5m。ペルーでは枕の詰め物として用いる。花は紫色のじょうご形で花径約30mm。莢は洋ナシ形で深紫色。
ゾーン：9～11

Espostoa melanostele
☼ ❉ ↔100～150cm ↕2m
ペルー北部から中部原産。低木状の植物で枝は基部から出る。稜は20～35本で、白色から茶色の毛が密生する。刺は白色から黄色で、中刺は長さ12mmほどで黒色になる。花座は白、黄または茶色で長さは70cmほど。花は白色の鐘形で長さ約6cm、花径5cmほどで、開花期は夏。莢は球形で緑色から赤色。
ゾーン：8～11

Espostoa melanostele

Espostoa senilis ★

☼ ❄ ↔0.9～2m ↕2～4.5m

ペルーのアンカシュ原産。低木から樹木状の植物。枝は灰緑色で、茶色がかった白毛を帯びる。稜は16～18本。中刺は1～3本で茶色、長さは約30mm。放射状の側刺は白色で60本以上つき、長さは12mmほど。紫色の花は長さ約6cmで、花径は40mmほど。莢は球形で緑色、直径約18mm。
ゾーン：9～11

ETLINGERA
（エトリンゲラ属）

スリランカからニューギニア原産の根茎を持つ多年生植物。ショウガ科に属し約60種が含まれる。茎は木質茎に似て、長葉は2列につく。茎頂の花は無葉茎につく個々の根茎から出る。花は小さな花で構成され、大きく色鮮やかな花弁のような苞葉に囲まれる。

〈栽培〉
適切な温暖気候地域では、日なたまたは半日陰で湿気があり腐植質に富んだ土壌で栽培する。冷涼気候地域では室内で栽培し、濾光して高湿度に保つ。成長期には適度に灌水し、定期的に施肥する。繁殖は種子または株分けによって行なう。

Etlingera elatior

異 名：*Nicolaia elatior*、
Phaeomeria speciosa, *P. magnifica*
一般名：トーチジンジャー、カンタン
英 名：PHILIPPINE WAX FLOWER, TORCH GINGER

☼/☼ ✶ ↔1.5～2.4m ↕3～6m

インドネシア西部およびマレー半島原産。大形で線形の葉を持つ華やかな植物。球果のような花はピンク色から鮮やかな赤色で密集し、小さな花と蝋質の苞葉は同色で、外側の苞葉は大きく外に向けて開く。開花期は夏から秋。昔から若芽は野菜として食されている。
ゾーン：11～12

EUCALYPTUS
（ユーカリノキ属）

ユーカリノキ属にはおよそ800種の常緑性高木が含まれ、大半がオーストラリア固有種となる。ニューギニアおよびインドネシア南東で見られるものも数種あり、1種（*E. deglupta*）のみがフィリピン南部およびニューギニア東部に限定される。フトモモ科に属し、油腺が点在した芳香性の葉でよく知られる。巨大な森林の樹木から多数の茎を持つ小低木まで大きさは実にさまざまで、一括してマリーと呼ばれる。英名が各樹皮の種類に由来している種も多い。大半の種が次の2種類の葉をつける。対生の幼葉と互生の成葉である。花には綿毛を帯びた雄ずいが多数つき、色は白、クリーム、黄色、ピンクまたは赤色。花芽においては、雄ずいは葯蓋と呼ばれる蓋で芽の中に閉じ込められている。葯蓋は萼片や花弁が融合されてできたもの。雄ずいが膨張して葯蓋が外れ、杯状の花の基部から分離する。これがユーカリノキ属を結びつける主な特徴のひとつである。果実は木質のさく果。ユーカリは世界各地で栽培され、多くの用途に使用されている。花の蜜が豊富で、世界でも最良の養蜂植物に含まれる種もある。近年の再分類により、100種以上がユーカリノキ属から分離しコリンビア属を形成した。その中にはウェスタンオーストラリア州種のユーカリ・レッドやユーカリ・レモンなど、観賞用として名の知れた種もいくつか含まれている。

〈栽培〉
種の大部分は成長が早く長寿で、一度定着すると人工的な灌水や施肥はほとんど必要としない。半乾燥地域または暖温帯に最適。湿潤または乾燥条件のどちらかが必要とされるように、霜耐寒性は種により異なる。ウェスタンオーストラリア州のマリーの中には夏季の湿気を嫌う種もある。大半の種は剪定もしくは大きく切り戻して形成する。繁殖は種子により行ない、容易に発芽する。

Eucalyptus alba

一般名：ユーカリプツス・アルバ
英 名：POPLAR GUM, WHITE GUM

☼ ✶ ↔6m ↕18m

オーストラリアのノーザンテリトリー準州原産。樹皮が美しく滑らかな落葉性高木として有名。成葉は濃緑色。晩冬から早春に、小柄な乳白色の花が小さく群生して咲く。熱帯地域に適合し、季節的な浸水には耐性がある。
ゾーン：10～12

Eucalyptus baileyana

英 名：BAILEY'S STRINGYBARK

☼ ❄ ↔4.5m ↕24m

オーストラリアのクイーンズランド州南東部およびニューサウスウェールズ州北東部原産。樹皮が繊維質の樹木。成葉は濃緑色。花はクリーム色で、通常は7個の花が房咲きする。堅いさく果は幅約12mm。良質の材木として人気がある。
ゾーン：10～11

Etlingera elatior

*Eucalyptus alba*の自生木、オーストラリア、ノーザンテリトリー準州、カカドゥ国立公園

Eucalyptus bicostata
異 名：*Eucalyptus globulus* subsp. *bicostata*
英 名：EURABBIE
☼ ❋ ↔8m ↑36m
オーストラリア南東部原産。樹皮は平滑、白色または青灰色で、長いリボン状に剥落する。幼葉は銀青色で心臓形、成葉は光沢のある濃緑色で長さ約60cm。春から夏に乳白色の花が咲く。果実は稜があり鐘形。成長は早く、乾燥条件にも耐性がある。
ゾーン：8～10

Eucalyptus caesia subsp. *magna*

Eucalyptus blakelyi

Eucalyptus biturbinata
英 名：GRAY GUM
☼ ❋ ↔9m ↑21m
オーストラリア、ニューサウスウェールズ州北東部およびクイーンズランド州南東部原産。適度な栄養素に富んだ土壌に生息する。*E. punctata*と近縁。円滑でまだらな薄灰色の樹皮を持つ高木。樹皮は毎年剥落する。成葉は光沢があり上面は濃緑色で下面はよりくすんだ薄色。夏から初秋に、小柄で白色の花が7個咲いた花序が葉腋につく。
ゾーン：9～11

Eucalyptus blakelyi
一般名：ブレークリーズレッドガム
英 名：BLAKELY'S RED GUM
☼ ❋ ↔6m ↑18m
オーストラリア東部原産。樹幹は短く直線的。灰色の樹皮は平滑で魅力的な濃淡があり、不規則で大きな薄片となり剥落する。幼葉は幅広で灰緑色、成葉は鎌形で下垂する。晩冬から春に、白色またはピンクがかった花を咲かせ、ミツバチを誘引する。優良な木材となる。
ゾーン：8～11

Eucalyptus brookeriana
英 名：BROOKER'S GUM
☼ ❋ ↔6m ↑36m
オーストラリア大陸南東およびタスマニア州の冷涼森林地帯原産。長く直線的な樹幹の下部に宿存性で繊維質の灰茶色の樹皮がつき、上部には平滑でクリームがかった灰色の樹皮がつく。夏から秋に乳白色の花が咲く。
ゾーン：8～9

Eucalyptus caesia
一般名：ユーカリプトゥス・カエシア
英 名：GUNGURRU
☼ ❋ ↔4.5m ↑6m
ウェスタンオーストラリア州原産。マリーまたは小高木で、下垂した枝と広がる樹冠を持つ。茎、芽、さく果には白粉がつく。赤茶色で平滑な樹皮は、長くカールしたひも状に剥落する。晩春から初秋に、赤またはピンク色の花が下垂した花序につく。さく果は壺形。*E. c.* subsp. *magna*は他種より耐寒性があり、赤色で鐘形の花と白色蝋質で鐘形の果実を多数つける。ゾーン：9～11

Eucalyptus brookeriana

Eucalyptus camaldulensis
一般名：リバーレッドガム、セキザイユーカリ
英 名：RIVER RED GUM
☼ ❋ ↔8m ↑45m
原産地はオーストラリア内陸地の川岸。単幹または複数の幹を形成し、樹幹は大型のものが多く、樹皮は平滑で魅力的な濃淡がある。葉は下垂し鮮やかな緑色。晩春から夏季に白色の花を多数つける。観賞用、木材、養蜂植物あるいは燃料材として世界中で栽培されている。
ゾーン：9～12

*Eucalyptus biturbinata*の自生木、オーストラリア、クイーンズランド州、ラミントン国立公園

*Eucalyptus bicostata*の自生木、オーストラリア、ビクトリア州キングレイク国立公園

*Eucalyptus camaldulensis*の自生木、オーストラリア、ビクトリア州ヤンガ‐ニャウィ国立公園

Eucalyptus cinerea

Eucalyptus cinerea
一般名：ギンマルバユーカリ
英　名：ARGYLE APPLE、SILVER DOLLAR TREE
☀ ❄ ↔9m ↕15m
オーストラリア南東部原産。樹幹は短く優美。密生して広がる樹冠。幼葉は円形で銀灰色。初夏に小柄で白色の花が咲く。適度に早く成長し、下枝は地面に近い位置につく。生垣または防風林に最適。
ゾーン：8～11

Eucalyptus cladocalyx
一般名：ユーカリプトゥス・クラドカリクス、シュガーガム
英　名：SUGAR GUM
☀ ❄ ↔6m ↕15～30m
オーストラリア南部原産。樹幹は短く頑丈。平滑な樹皮は薄灰色で濃淡がある。樹冠は密集して広がり、葉は光沢がある濃緑色。夏季にクリームイエローの花を多数つける。侵襲的になり得る。'**ナナ**'は成長が遅く低木状で、樹高は9mほど。防風林に用いられることが多い。
ゾーン：8～10

Eucalyptus coccifera
一般名：タスマニアシロユーカリ、ユーカリプトゥス・コキフェラ
英　名：TASMANIAN SNOW GUM
☀ ❄ ↔3m ↕24m
オーストラリアタスマニア州原産。白または灰色の樹皮をはがすと、黄色またはピンク色の新鮮な樹皮が現れる。幼葉は丸形で青緑色、成葉は披針形で灰緑色。夏季に乳白色の花が咲く。
ゾーン：8～9

Eucalyptus coolabah
異　名：*Eucalyptus microtheca*の一部
英　名：COOLABAH、COOLIBAH
☀ ❄ ↔3.5m ↕18m
オーストラリア大陸の乾燥内陸地域原産。粗く灰色の樹皮が樹幹を覆い、大枝に宿存する。上枝の樹皮は平滑で薄灰色。葉は灰緑色で細長い披針形。夏季に乳白色の花をつける。乾燥、浸水および極端な暑さにも耐性がある。
ゾーン：9～12

Eucalyptus cordata
英　名：SILVER GUM
☀ ❄ ↔3m ↕18m
オーストラリア、タスマニア州原産。平滑で白い樹皮は、緑色と紫色の斑入り。魅力的な幼葉は銀灰色の心臓形で長さ約10cm。より成長した樹木でも幼葉を残すものが多い。春季に乳白色の花が多数咲く。成長は早い。切葉は装飾に使用される。ゾーン：8～9

*Eucalyptus coccifera*の自生木、オーストラリア、タスマニア州ペリオン平原

Eucalyptus cornuta
英　名：YATE
☀ ❄ ↔3m ↕18m
オーストラリア西部原産。粗く暗茶色の樹皮は大枝に宿存し、上枝は平滑で薄灰色。葉は光沢があり濃緑色の披針形。春季に薄黄色の花が密生する。乾燥および沿岸地域での露出には耐性がある。
ゾーン：9～10

Eucalyptus cosmophylla
英　名：CUP GUM
☀ ❄ ↔3.5m ↕8m
オーストラリア南部原産。高木のマリーまたは小高木。樹幹は短く、湾曲しているものが多く、樹皮は薄灰色で濃淡があり剥落する。樹冠は密生して広がり、葉は灰緑色。晩夏から春に、派手な乳白色の花が咲く。
ゾーン：9～11

Eucalyptus cordata

Eucalyptus cosmophylla

*Eucalyptus delegatensis*の自生木、オーストラリア、ニューサウスウェールズ州、ブリンダベラ国立公園

Eucalyptus costata

Eucalyptus crebra

Eucalyptus costata
英　名：RIDGE-FRUITED MALLEE
☀ ✈ ↔3.5m ↑6m
オーストラリア南東部の半乾燥地帯原産。灰茶色の平滑な樹皮を持つ魅力的なマリーで、樹皮はリボン状に剥落する。葉は緑色で厚く光沢がある。春に多数の乳白色の花が大きな房となって咲く。さく果は壺形で、稜のあるものが多い。
ゾーン：9～11

Eucalyptus crebra
一般名：ユーカリプトゥス・クレブラ
英　名：NARROW-LEAFED IRONBARK
☀ ✈ ↔6m ↑36m
オーストラリア東部原産。樹幹は長く直線的。樹皮は濃灰色で深い縦溝があり小枝に宿存する。葉は細く灰緑色。春から夏に小柄な白色の花が咲く。さく果は小さく杯形。強く丈夫な材木および養蜂植物として価値がある。ゾーン：9～12

Eucalyptus crenulata
英　名：BOXTON GUM
☀ ❄ ↔4.5m ↑15m
オーストラリアのビクトリア州原産。沼地によく見られる。新芽と葉は著しい帯白。成葉は芳香性が高く灰緑色で、通常は心臓形。浅い鋸歯縁で、切葉として人気がある。春季に小柄な白色の花が咲く。
ゾーン：8～9

Eucalyptus crucis
英　名：SILVER MALLEE
☀ ✈ ↔3m ↑6m
オーストラリア西部原産。全体的に粉状で灰色の様相を呈す。樹皮は平滑で赤色または赤茶色で、カールしたひも状に剥落する。葉は丸形で帯白。春から秋に乳白色の花が多数咲く。冬季に降水する気候帯に適する。
ゾーン：9～11

Eucalyptus dalrympleana
英　名：MOUNTAIN GUM, WHITE GUM
☀ ❄ ↔10m ↑36m
オーストラリア南東部の高地原産。樹幹は直線的。平滑な樹皮は白色または赤茶色で地面付近にまで及び、夏季には長いリボン状に剥落する。樹冠は美しく密生する。葉は薄く光沢がある濃緑色。秋には白色の花が咲く。
ゾーン：8～9

Eucalyptus delegatensis
異　名：*Eucalyptus gigantea*
一般名：ユーカリプトゥス・デレガテンシス、デレゲートユーカリ
英　名：ALPINE ASH
☀ ❄ ↔12m ↑45m
オーストラリア南東部の山岳森林原産。樹幹の下部は繊維質で茶色、上部と枝は乳白色または青灰色の平滑な樹皮がつき、長いリボン状に剥落する。成葉は湾曲し、幼葉は幅広で青緑色。晩夏に白色の花がつく。
ゾーン：9～10

Eucalyptus diversicolor
一般名：カリー
英　名：KARRI
☀ ✈ ↔15m ↑60m
ウェスタンオーストラリア州の高木。樹皮は平滑で薄灰色または黄土色、不規則な斑状で剥落する。成葉は幅広の披針形で、上面は濃緑色、下面はかなり薄色となる。春から夏に乳白色の花が咲き、良質な花蜜ができる。硬材としても高く評価される。ゾーン：9～10

Eucalyptus dives
一般名：ユーカリプトゥス・ディウエス
英　名：BROAD-LEAFED PEPPERMINT
☀ ❄ ↔6m ↑8～30m
オーストラリア南東部原産。低く分岐する樹木で、樹冠は大きく広がり、宿存性の樹皮が幹と大枝を覆う。葉は光沢があり幅広の披針形で、つぶすと刺激的な匂いがする。春季に乳白色の花を多数つける。ゾーン：8～10

Eucalyptus elata
英　名：RIVER PEPPERMINT
☀ ✈ ↔10m ↑30m
オーストラリア南東部原産。樹幹下部の樹皮は暗色で宿存性。平滑な上部の樹皮は白、灰色または黄色で、長いリボン状に剥落する。成葉は細く散生し、やや下垂し、つぶすとペパーミントの香りがする。春に小柄な乳白色の花が房咲きする。
ゾーン：9～11

Eucalyptus erythrocorys ★
一般名：レッドキャップガム
英　名：ILLYARRIE, RED-CAP GUM
☀ ✈ ↔3m ↑8m
ウェスタンオーストラリア州原産。マリーの低木または小高木。平滑な樹皮は灰色から白色で剥落する。葉は鮮やかな緑色で革質。4箇所に切れ込みがある深紅色の大きな萼蓋は独特の形状で、夏から秋に鮮やかな黄色の花を咲かせる。花後は幅広で鐘形、木質で長さ35mmほどの魅力的なさく果が実る。
ゾーン：9～11

Eucalyptus crucis

Eucalyptus diversicolor

Eucalyptus flocktoniae

Eucalyptus forrestiana

Eucalyptus flocktoniae
英　名：MERRIT
☀ ❄ ↔3.5m ↕12m
オーストラリア南部の半乾燥地域原産。マリーまたは細長い高木。薄灰色の樹皮が剥落すると、新鮮な赤茶色の樹皮が現れる。春から夏に乳白色または薄黄色の花が多数密集して咲く。花蜜が豊富。ゾーン：9〜11

Eucalyptus forrestiana
エウカリプトゥス・フォレスティアナ
英　名：FUCHSIA GUM
☀ ❄ ↔3.5m ↕4.5m
ウェスタンオーストラリア州原産。観賞用として価値がある小型のマリーガム。樹冠は密生し濃緑色。夏季には平滑で灰色の樹皮が長いひも状に剥落する。鮮やかな赤色で四角形の花芽は長さ約5cmで、夏から秋に短い黄色の雄ずいを現わす。果実は鮮やかな赤色。ゾーン：9〜11

Eucalyptus fraxinoides
一般名：ホワイトアッシュ
英　名：WHITE ASH
☀ ❄ ↔4.5m ↕36m
オーストラリア南東部原産。樹幹基部には短いストッキングを履いたように繊維質の樹皮が、上部には平滑な白色系の樹皮がつき、長いひも状で剥落する。光沢がある緑色の葉は湾曲し、長さ約15cm。夏季には多数の白い花が大形の房につく。さく果は小さく壺形。ゾーン：8〜10

Eucalyptus gamophylla
英　名：BLUE-LEAFED MALLEE、BLUE MALLEE、TWIN-LEAFED MALLEE、WARILU
☀ ❄ ↔0.9〜3m ↕2〜4.5m
オーストラリア原産で、北部、内陸地、乾燥地帯の砂質ローム土壌によく見られる。樹幹下部には粗い樹皮をつけ、上枝や小枝は平滑なマリー。幼葉は対生、基部で結合し、くすんだ青灰色の幅広で宿存することが多い。細長い成葉はつかないこともある。春から秋に白色の花が咲くが、他の季節については降雨量に関連する。ゾーン：9〜11

Eucalyptus glaucescens
英　名：TINGIRINGI GUM
☀ ❄ ↔3m ↕21m
オーストラリア南東部の山岳地帯原産。樹幹の基部には短いストッキングを履いたように繊維質の樹皮、上部には平滑で白色、灰色、または緑色系の樹皮がつき、短いリボン状に剥落する。成葉は細く灰緑色で、幼葉は幅広で帯白となる。花芽とさく果も同様に帯白。秋季に白色の花が咲く。ゾーン：8〜9

Eucalyptus globulus
一般名：ユーカリプトゥス・グロブルス
英　名：BLUE GUM、TASMANIAN BLUE GUM
☀ ❄ ↔12m ↕55m
主にオーストラリア、タスマニア州原産の大型森林樹。直線的な樹幹には平滑で暗灰色の樹皮がつき、夏から秋に剥落する。幼葉は青灰色で丸形、成葉は濃緑色の革質で鎌形、長さ60cmほどに及ぶものもある。春季に、無柄で乳白色の一重咲きの花が咲く。上部が平らなさく果がつく。ゾーン：9〜11

Eucalyptus gomphocephala
一般名：ユーカリプトゥス・ゴムフォケファラ
英　名：TUART
☀ ❄ ↔15m ↕36m
ウェスタンオーストラリア州南東部沿岸の平野原産。直線的な樹幹に粗く灰色で宿存性の樹皮がつく。葉は灰緑色で湾曲する。夏から秋に乳白色の花が房咲きする。海岸地域の美しい陰樹で、冬季にじゅうぶんな降雨がある場所を好む。ゾーン：9〜11

Eucalyptus fraxinoides

Eucalyptus glaucescens、オーストラリア、ニューサウスウェールズ州、アンナン山

*Eucalyptus gamophylla*の自生木、オーストラリア、ノーザンテリトリー準州

Eucalyptus grandis

Eucalyptus jacksonii

Eucalyptus grandis
一般名：ユーカリプトゥス・グランディス、ローズガム
英　名：FLOODED GUM
☼ ⇩ ↔9〜15m ↕60m
オーストラリア東部の沿岸地域原産。まっすぐなシャフト状の樹幹基部に短いストッキングを履いたように宿存性で繊維質の樹皮がつく。上部の樹皮は平滑で粉状の白色。成葉は細く濃緑色。冬季に小柄の白色の花が房咲きする。樹木の成長は早く、植林に適する。
ゾーン：9〜12

Eucalyptus gunnii
一般名：ユーカリプトゥス・グンニイ、ハッカゴムノキ
英　名：CIDER GUM
☼ ❄ ↔8m ↕24m
オーストラリア、タスマニア州の高地原産。くすんだピンク色から赤茶色の平滑な樹皮は晩夏に剥落する。丸く帯白状の幼葉は灰緑色で茎に巻きつく。成葉は細く有柄。春から夏に乳白色の小柄な花が咲く。切葉用としてイギリスおよびアメリカ合衆国では人気がある。
ゾーン：7〜9

Eucalyptus haemastoma
英　名：BROAD-LEAFED SCRIBBLY GUM
☼ ⇩ ↔6m ↕9m
オーストラリア、シドニー周辺の低木林地原産。幹は低く分岐し、平滑な白色または薄灰色の樹皮には「落書き」状の目立つ不規則な模様ができる。これは小さな蛾の幼虫の穿孔によるもので、英名はこれに由来する。コアラが好むユーカリの1種で、厚く湾曲し光沢がある緑色の成葉を食べる。秋から春に白色の小柄な花が咲く。ゾーン：9〜11

Eucalyptus jacksonii
英　名：RED TINGLE
☼ ⇩ ↔10m ↕75m
ウェスタンオーストラリア州でもっとも大型の樹木のひとつ。樹幹は直径4.5mに及ぶものもあり、茶色系で糸状の樹皮が長期間小枝を覆う。光沢がある鮮やかな緑色の葉が密生した樹冠を形成する。夏季に小さな白色の花が咲く。
ゾーン：9〜10

Eucalyptus lehmannii
英　名：BUSHY YATE
☼ ⇩ ↔3m ↕8m
ウェスタンオーストラリア州の南部沿岸地域原産。マリーの低木または小高木で、密生した丸型の樹冠を形成する。葉は濃緑色の槍形。指に似た多数の花芽は、開花すると大形で派手な緑色または黄緑色の花となる。開花期は冬から早春。木質の果実は房状に融合する。成長は早く、塩分に耐性がある。
ゾーン：9〜11

Eucalyptus leucoxylon
一般名：ヤナギユーカリ
英　名：SOUTH AUSTRALIAN BLUE GUM、YELLOW GUM
☼ ⇩ ↔6m ↕30m
サウスオーストラリア州南東部およびビクトリア州西部原産の森林樹。直線的な単幹。樹皮は平滑で薄黄色または青灰色。不規則な薄片となって剥落する。成葉は細く灰緑色で垂直に垂れ下がる。白、クリーム、ピンク、または赤色の花が3個ずつまとまって下垂し大量の花を咲かせる。開花期は晩秋から春。蜜を摂食する鳥類にとっては魅力的な樹木となる。ピンク色および赤色の花がつく品種は'ロセア'という名前で販売されることが多い。
ゾーン：9〜11

Eucalyptus ligustrina
英　名：PRIVET-LEAFED STRINGYBARK
☼ ⇩ ↔6m ↕8m
オーストラリア東部原産のマリーまたは小高木。樹幹及び主枝の樹皮は糸状で宿存性、小枝の樹皮は薄片となり剥落する。槍形の成葉は光沢があり緑色で長さ約8cm。幼葉はより小形。冬季に乳白色の花が大量に咲く。
ゾーン：9〜11

*Eucalyptus gunnii*の自生木、オーストラリア、タスマニア州セントラル・ハイランド

Eucalyptus leucoxylon 'Rosea'

Eucalyptus microcorys

*Eucalyptus marginata*の自生木、ウェスタンオーストラリア州、マンジマップ

Eucalyptus macrocarpa
一般名：ユーカリプトゥス・マクロカルパ
英　名：MOTTLECAH
☼ ❄ ↔3.5m ↕0.9〜3.5m
ウェスタンオーストラリア州原産。マリーの低木。ユーカリの中でもっとも大形の花と果実をつける。茎、新しい樹皮および花芽は粉状の灰色。葉は幅広の卵形で銀灰色、手触りは厚く茎に巻きつく。晩冬から春に、派手な濃ピンク色から赤色の花が咲く。さく果は木質で幅約10cm。冬季に降雨する地域に適する。ゾーン：9〜10

Eucalyptus macrorhyncha
英　名：RED STRINGBARK
☼ ❄ ↔6m ↕15〜36m
オーストラリア南東部原産。直線的な樹幹に、繊維質で糸状の赤茶色の樹皮がつく。槍形で濃緑色の成葉は長さ約15cmで、丸く密生した樹冠を形成する。夏季から初秋に、白色の花が7個以上まとまって咲く。ゾーン：8〜10

Eucalyptus mannifera
一般名：ブリットルガム
英　名：BRITTLE GUM
☼ ❄ ↔4.5m ↕21m
オーストラリア南東部に広く分布する。樹皮は粉状の白色、クリーム色または灰色で、地表部まで平滑。短いリボン状で剥落する前に赤みを帯びる。下垂した葉は細く灰緑色で、広がりのある樹冠を形成する。夏から秋にかけて、白色の小さな花が房咲きする。魅力的な街路樹となる。ゾーン：8〜10

Eucalyptus marginata
一般名：ジャラ
英　名：JARRAH
☼ ❄ ↔4.5m ↕36m
ウェスタンオーストラリア州南西地方原産。直線的な樹幹に赤茶色から灰色で粗い繊維質の樹皮がつく。槍形で先端が尖った濃緑色の葉は長さ約12cmで、密生した樹冠を形成する。春には、蜜が豊富な乳白色の花が派手に房咲きする。オーストラリアでもっとも重要な硬材のひとつ。ゾーン：9〜10

Eucalyptus megacornuta
英　名：WARTY YATE
☼ ❄ ↔3m ↕12m
ウェスタンオーストラリア州ルーゾンズソープ地域原産。観賞用の高低木または小高木で、広がりのある樹冠を持つ。葉はくすんだ緑色で鎌形。平滑な灰色の樹皮は赤と緑のまだら模様となる。種小名*megacornuta*は、大形の角のような形で、いぼ状の蕚蓋に由来する。春季に派手な黄緑色の花が咲く。ゾーン：9〜11

*Eucalyptus macrorhyncha*の樹皮

Eucalyptus melliodora
一般名：ユーカリプトゥス・メリオドラ、イエローボックス
英　名：YELLOW BOX
☼ ❄ ↔10〜15m ↕30m
オーストラリア東部原産。樹皮は変異に富むが、通常、樹幹と下枝につくのは粗く繊維質で、上部につくのは平滑で白色。成葉は灰緑色で長さ約15cm。夏季には甘い香りがする白色の花が多数咲く。ピンク色はまれ。観賞用の陰樹および養蜂植物として高く評価される。ゾーン：9〜11

Eucalyptus microcorys
一般名：ユーカリプトゥス・ミクロコリス、タローウッド
英　名：TALLOWWOOD
☼/◐ ❄ ↔12m ↕18〜55m
オーストラリア東部原産。樹皮は独特で、柔らかく赤茶色の繊維質。密生して広がる樹冠。葉は薄い手触りで濃緑色。冬から初夏に乳白色の花が派手に房咲きする。硬材として価値がある。農場、大

Eucalyptus macrocarpa

Eucalyptus mannifera

Eucalyptus megacornuta

*Eucalyptus pauciflora*の自生木、オーストラリア、ビクトリア州、ボーボー国立公園

Eucalyptus orbifolia

庭園、公園の陰樹または防護林として優れている。ゾーン：10～12

Eucalyptus nicholii
一般名：スモールリーフドペパーミント
英　名：NARROW-LEAFED BLACK PEPPER-MINT
☼ ❄ ↔8m ↕15m
オーストラリア東部原産。成長は早い。樹幹は比較的短く、樹皮は繊維質で茶色。樹冠はコンパクト。下垂した細かい葉は鎌形で青緑色。秋には小柄な白い花が咲く。ゾーン：8～11

Eucalyptus orbifolia
英　名：ROUND-LEAFED MALLEE
☼ ❄ ↔2m ↕3m
ウェスタンオーストラリア州南部原産。マリーの低木で多数の茎がある。平滑で赤茶色の樹皮が剥がれると、新鮮な緑色の樹皮が現れる。成葉は灰緑色で丸く、先端に窪みがある。茎、花芽および果実は粉状の灰色。冬季から早春に薄黄色の花を多数つける。ゾーン：9～11

Eucalyptus parvifolia
異　名：*Eucalyptus parvula*
英　名：SMALL-LEAFED GUM
☼ ❄ ↔3～6m ↕4.5～8m
オーストラリア、ニューサウスウェールズ州南東部原産。海抜900m以上の台地の小域で、やや沼地土壌の場所に生息する。小型で低木状。地上付近で分岐するものが多く、広い傘形の樹冠を持つ。灰色がかった樹皮はひも状に剥落し、滑らかな灰色からピンク系の皮面が現れる。緑色の幼葉は対生で無柄、卵形で長さ約4cm、宿存性で樹幹を美しい形成するものが多い。成葉は約7cm。花序には白い小花が7個つき、夏季に開花する。ゾーン：8～10

Eucalyptus pauciflora subsp. *niphophila*の自生木、オーストラリア、ビクトリア州、スノーウィ・マウンテンズ

Eucalyptus pauciflora
一般名：ユーカリプトゥス・パウキフロラ
英　名：SNOW GUM、WHITE SALLY
☼ ❄ ↔6m ↕18m
オーストラリア南東部の山岳地帯原産。樹幹は短く、平滑でまだら模様の樹皮は薄灰色、白色または黄色系で、不規則な斑状で剥落する。光沢がある革質の成葉は青緑色で長さ約20cm。春から夏に、蜜が豊富な白色の花を多数つける。*E. p.* subsp. *niphophila* (syn. *E. niphophila*) は一般に、アルペンスノーガムとして知られ、ニューサウスウェールズ州とビクトリア州スノーウィ・マウンテンズの海抜1,500m以上の場所に生息する。低い位置で分岐する習性があり、魅力的な樹皮はオレンジ、赤、黄色およびオリーブ色の斑状で剥落し、白色および灰色の平滑な皮面が現れる。葉は光沢があり青緑色で、花芽と果実は帯白。ゾーン：7～9

Eucalyptus perriniana
一般名：ツキヌキユーカリ
英　名：SPINNING GUM
☼ ❄ ↔3～6m ↕6～12m
オーストラリア南東部の亜高山帯原産。マリーに似た小高木。樹皮は薄茶色および緑色の斑状に剥落し、平滑な薄灰色の皮面が現れる。幼葉は粉状の灰色で小枝周辺に円盤状に融合し、成葉はくすんだ灰緑色で槍形。夏季には乳白

Eucalyptus pauciflora subsp. *niphophila*の自生木、オーストラリア、ビクトリア州、スノーウィ・マウンテンズ

Eucalyptus perriniana

Eucalyptus populnea

色の花を多数つける。幼葉はフラワーアレンジメント用の切花として人気が高い。
ゾーン：7～9

Eucalyptus polyanthemos
英　名：RED BOX
✤ ❄ ↔6m ↕8～24m
オーストラリア南東部原産。樹幹は短い。大型の樹冠を形成するが不規則な形状のものが多い。葉は卵形からほぼ円形の青灰色で、細長い柄に下垂してつく。樹皮は粗く灰色で小枝につき宿存性のものから、毎年剥落し滑らかな樹皮を現わすものなど多様である。春季に小柄な白色の花が咲く。ゾーン：8～11

Eucalyptus polybractea
一般名：ユーカリプトゥス・ポリブラクテア、ブルーマリー
英　名：BLUE MALLEE
✤ ❄ ↔3m ↕9m
オーストラリア南東部原産の小高木。茎基部の樹皮は粗く繊維質で、上部の樹皮は平滑で灰色系。葉は青灰色。秋から春に、黄色系の花芽からクリーム色の花が咲く。ユーカリオイルの抽出に用いられる。
ゾーン：9～11

Eucalyptus populnea
一般名：ポプラボックス、ビンビルボックス
英　名：BIMBLE BOX, POPLAR BOX
✤ ❄ ↔4.5m ↕24m
オーストラリア東内陸部原産。樹幹は短い。樹皮は細かく繊維質で宿存性。コンパクトな樹冠を形成する。葉は光沢があり緑色の卵形。晩夏に小柄な白色の花が咲く。陰樹または防護林に使用され、乾燥および浸水には耐性がある。
ゾーン：9～11

Eucalyptus preissiana
一般名：ベルフルーテッドマリー
英　名：BELL-FRUITED MALLEE
✤ ❄ ↔2.4m ↕4.5m
ウェスタンオーストラリア州南部地区原産。繁茂するマリーの低木。樹皮は灰色で平滑もしくはまだら模様。葉は厚く卵形で灰緑色。大きな花芽は赤く洋ナシ形で3出し、冬から春に鮮やかな黄色の花を咲かせる。さく果は鐘形。冬季に降雨する気候帯に適する。
ゾーン：9～10

Eucalyptus propinqua
一般名：スモールフルーテッドグレイガム
英　名：SMALL-FRUITED GRAY GUM
✤ ❄ ↔6m ↕36m
原産地はオーストラリアのクイーンズランド州の中央海岸から南のシドニー北部まで。平滑で薄色の樹皮にはクリーム色からオレンジ色の斑がつき、1年中剥落する。老木の斑は灰色。成葉は槍形

Eucalyptus propinqua

Eucalyptus polybractea

Eucalyptus polyanthemos

で光沢のある緑色。下面はより薄色。夏から秋に白い花が咲く。*E. propinqua* の栽培種はまれ。ゾーン：9〜10

Eucalyptus pulverulenta
一般名：コマルバユーカリ
☼ ❄ ↔3.5m ↕4.5〜9m

原産地はオーストラリア、ニューサウスウェールズ州の南東山岳地帯。小高木またはマリーの低木。幼葉は円形の銀青色で、成葉がつくのはまれ。平滑で魅力的な樹皮は薄茶色または銅色のものが多く、長いひも状で剥落する。花芽と果実に銀色で蝋質の果粉がつく。春季に小柄で白色の花が咲く。切葉として人気が高い。ゾーン：8〜10

Eucalyptus pyriformis
英 名：DOWERIN ROSE, PEAR-FRUITED MALLEE
☼ ❄ ↔3m ↕1.8〜6m

ウェスタンオーストラリア州原産。マリーの低木で、多数の茎と平滑で灰色の樹皮を持つ。葉は灰緑色で厚い。花芽は観賞用に最適で稜があり洋ナシ形。冬から春に、赤、黄またはクリーム色の下垂した花をつける。さく果は大型で装飾的。ゾーン：9〜11

Eucalyptus regnans
一般名：セイタカユーカリ、マウンテンアッシュ
英 名：MOUNTAIN ASH
☼ ❄ ↔4.5〜8m ↕96m

オーストラリア南東部の冷涼森林山岳地帯原産。樹幹は直線的で、低部には繊維質で宿存性の樹皮がつく。他の部分の樹皮は剥落し、平滑で白色系または灰緑色の皮面を現わす。細い樹冠を形成する。葉は槍形。夏季に小柄な白い

Eucalyptus rhodantha

花が咲く。*E. regnans*は全世界でもっとも樹高が高い硬材種である。ゾーン：8〜9

Eucalyptus rhodantha
英 名：ROSE MALLEE
☼ ❄ ↔3m ↕3m

オーストラリア南西部原産。広がるマリー。樹皮は平滑で薄茶色。末端枝は粉状の薄灰色。幼葉および成葉は丸形から心臓形で、手触りは厚く粉状の灰色。春から秋に、下垂した柄に単生の赤い花がつく。さく果は幅広形。ゾーン：9〜11

Eucalyptus robusta
一般名：ロブスタユーカリ、ユーカリプトゥス・ロブスタ
英 名：SWAMP MAHOGANY
☼ ❄ ↔10m ↕24m

オーストラリア東部の沿岸沼地原産。赤茶色の樹皮は深い縦溝があり宿存性。樹冠は密生して広がる。大型の葉は濃緑色で、下面はやや薄色。春から秋に、蜜が豊富な白い花を咲かせる。海岸環境への曝露と非常に湿気がある土壌に耐性がある。葉はコアラの食用となる。ゾーン：9〜11

Eucalyptus rossii
一般名：ユーカリプツス・ロッシイ
英 名：INLAND SCRIBBLY GUM
☼ ❄ ↔9m ↕18m

*Eucalyptus regnans*の自生木、オーストラリア、ビクトリア州、オトウェイ国立公園

オーストラリア東部原産。魅力的な灰白色の樹幹は平滑で、幼虫によって残された「落書き」のような跡があるものも多い。かなり低い位置から分岐する習性を持ち、灰緑色の細葉は広がる樹冠を形成する。夏季には小柄な白い花が咲き、花後には極小のさく果がつく。ゾーン：9〜11

Eucalyptus rubida
一般名：キャンドルバーク
英 名：CANDLEBARK GUM
☼ ❄ ↔6〜9m ↕15〜24m

オーストラリア南東部の冷涼地域原産。魅力のある平滑な樹皮を持つ樹木で、樹高は生育地によって異なる。乳白色の樹皮は、晩夏に剥落する前に赤色系の斑状片を作る。葉は細く灰緑色。晩春から夏に白い花が咲く。ゾーン：8〜9

*Eucalyptus rossii*の自生木、オーストラリア、ニューサウスウェールズ州、ゴールバーンリバー国立公園

Eucalyptus pyriformis

Eucalyptus saligna
一般名：ユーカリプトゥス・サリグナ、シドニーブルーガム
英名：SYDNEY BLUE GUM
↔10m ↑36m

オーストラリア東部の広々とした高木森林地帯原産。平滑で青みがかった白色の樹皮は観賞用となり、短いリボン状で毎年剥落する。葉は幅広の先細りで濃緑色。夏季には蜜が豊富な白い花が咲く。良質の材木および花蜜を産出する。葉はコアラの食用となる。
ゾーン：9〜11

Eucalyptus scoparia
英名：WALLANGARRA WHITE GUM
↔6m ↑12m

野生種は珍しく、オーストラリア、クイーンズランド州南東端の小区域のみが原産地として知られる。観賞用の種は直線的で滑らかな樹幹に優美な下垂の枝がつく。新しい樹皮は白色で、年月と共に薄灰色に変わり、斑状になって剥落する。光沢のある細葉は緑色の下垂形。春から夏に小柄な乳白色の花が咲く。
ゾーン：9〜11

Eucalyptus sideroxylon
一般名：アカゴムノキ
英名：MUGGA, RED IRONBARK
↔8m ↑30m

オーストラリア南東部に広く分布する。美しい樹皮は深い縦溝がありほぼ黒色。下垂した細葉は灰緑色から青色系。冬から早春に、白、クリーム、ピンクまたは赤色の派手な花が下垂した房に7個つく。花蜜源や強く丈夫な材木として重要。
ゾーン：9〜11

Eucalyptus spathulata ★
英名：SWAMP MALLET
↔6m ↑12m

オーストラリア南東地方原産。樹皮は平滑で赤茶色、月日と共に灰色となり、晩夏に剥落する。葉はとても細く灰緑色。冬から春に、赤い萼から乳白色の花

Eucalyptus saligna

Eucalyptus scoparia

が多数咲く。成長が早く、降雨量が少ない地域の防風林に使用される。
ゾーン：9〜11

Eucalyptus tereticornis
一般名：ユーカリプトゥス・テレティコルニス
英名：FOREST RED GUM, QUEENSLAND BLUE GUM
↔8m ↑45m

オーストラリア東海岸からニューギニアの原産。大型で均整がとれた樹木。樹皮は不規則の大きな薄片となって剥落し、クリーム色、青灰色、白色の斑がある滑らかな皮面が現れる。葉は光沢があり緑色で湾曲する。冬から春に白い花を多数つける。ゾーン：9〜12

Eucalyptus tetragona
英名：TALLERACK
↔4.5m ↑8m

ウェスタンオーストラリア州南部に広く分布する樹木。茎、花芽およびさく果は白い果粉に覆われ、フラワーアレンジメント用として高く評価される。角形の茎に、厚く薄灰緑色の卵形の葉がつく。春から夏にクリーム色系の花が咲く。極端な乾燥状態に耐性がある。ゾーン：9〜11

Eucalyptus tetraptera
英名：FOUR-WINGED MALLEE
↔2.4m ↑3m

ウェスタンオーストラリア州の南岸沿いに広く分布する。滑らかでねじれた灰色の大枝を持つ。葉は鮮やかな緑色で革

Eucalyptus tereticornis

*Eucalyptus viminalis*の自生木、オーストラリア、ビクトリア州、アンガフック・ローン州立公園

質。鮮やかなピンク色で長さ約35mmの茎に、派手な赤い花がつく。果実は角形で灰色。整形のために剪定する。
ゾーン：9〜11

Eucalyptus urnigera
英名：URN GUM
↔4.5m ↑12m

オーストラリア、タスマニア州原産。樹皮は平滑。葉はオリーブ色で長さ約10cm。晩夏から秋に、乳白色の花が3個ずつ房になって咲く。さく果は壺形。
ゾーン：8〜9

Eucalyptus viminalis
一般名：ユーカリプトゥス・ビミナリス、マンナガム
英名：CANDLEBARK, MANNA GUM, RIBBON GUM
↔10m ↑24〜55m

オーストラリア東部原産。丈の高い森林樹。樹幹低部の樹皮は平滑なものと、粗野なものがあり、上部の樹皮は剥落し滑

Eucalyptus tetragona

Eucalyptus urnigera

らかで白い樹皮を現わす。コアラは濃緑色の葉を好む。夏季には小柄な白い花が多数咲く。ゾーン：8〜10

EUCOMIS
（エウコミス属）
英名：PINEAPPLE LILY

光沢があり緑がかった紫色で大きな卵形の鱗茎から育つ植物で、革名は花茎にあるパイナップルの頂部ような形状に由来する。主にアフリカ南部の夏季に降雨する東部地域原産で、ヒアシンス科に属する。幅広の葉は光沢があり、単色または斑入り。葉は花とともに現われ基部でロゼットを形成する。単生で半直立の茎に、多数の星形の小花が円筒形につく。印象的な花は温室栽培され、生け花における人気は高い。その結果、年間でもよく見かけるようになったが、本来は晩夏から初秋に開花する。系統、栽培品種、大きさ、形状および色彩は多様で、定期的に新しい品種が現われる。

〈栽培〉
主に肥沃で水はけが良い土壌で、休眠期は乾燥し、成長期には湿気がある状態を必要とする。繁殖は春季の播種または冬の休眠中に採取したオフセットにより行なう。

Eucryphia × intermedia

Eucryphia glutinosa

Eucomis comosa
一般名：エウコミス・コモサ、パイナップルフラワー
☼ ❄ ↔40cm ↕30〜60cm
南アフリカのイースタンケープ州およびクワズール・ナタール州原産の変異に富む種。葉は波状縁。晩夏から初秋に、緑か白系、ピンクか赤、茶紫か深紫色の花が咲く。精選品種の中には紫色の葉をつけるものもあるが、一般的には緑色で、下面に斑点が入るものもある。
ゾーン：8〜10

EUCOMMIA
（トチュウ属）
中国原産の落葉性高木で1種のみが含まれる。葉は単生で互生。春季に無花弁の花が、葉の出現以前にあるいは同時に現われる。果実は羽形の小堅果で長さ約35mm。ゴムの原料となる樹液が抽出され、薬草や大型庭園の標本植物としても価値がある。トチュウ属はトチュウ科に属する唯一の種で、類縁について長い間疑問を持たれていたが、現在ではアオキ属やガリヤ属と近縁ではないかと考えられている。

Eucomis autumnalis
一般名：エウコミス・アウツムナリス、パイナップルリリー
英　名：WHITE PINEAPPLE LILY
☼/◐ ❄ ↔60cm ↕25〜45cm
南アフリカ東部原産で広く分布する。幅広で波状縁の葉は緑色で長さ約45cm。花茎は直立で散開せず、盛夏から初秋に15cmほどの総状花序に白い花がつく。花は年数と共に黄緑色に変わる。多様な葉と花を持つ亜種がいくつかある。
ゾーン：8〜11

Eucomis bicolor
一般名：エウコミス・ビコロル
☼ ❄ ↔30〜60cm ↕30〜60cm
南アフリカ東中部原産。野生種は湿潤の草原および小川の浅瀬で育つ。晩夏に、緑白色でわずかに鋸歯状の花弁の花が、栗色の斑入りの茎に下垂してつく。花弁に紫色の斑が入ることもある。葉は凹凸があり長楕円形。成長期にはたっぷりの灌水が必要となる。
ゾーン：7〜9

Eucommia ulmoides

〈栽培〉
霜には耐性があるが乾燥には弱い。軽質から中質で砂状の水はけの良い土壌と日当たりの良い場所を好む。繁殖は温室で播種または緑枝の挿し木によって行なう。

Eucommia ulmoides
一般名：トチュウ
英　名：GUTTA-PERCHA TREE
☼ ❄ ↔8m ↕18m
中国中部原産。広いドーム形の樹冠を持つ。葉は革質で鋸歯があり卵形。長さは8〜15cmでニレの葉に似ている。若葉が出る前もしくは同時期に微細な単生の花が現われる。
ゾーン：5〜10

EUCRYPHIA
（エウクリフィア属）
チリ、オーストラリア大陸東部およびタスマニア原産。常緑もしくは半常緑の低木および高木で7種が含まれる。そのうち2種は最近オーストラリアのクイーンズランド州で発見された。以前はエウクリフィア科に属していたが、現在ではクノニア科に属するものと考えられている。葉は単葉または羽状で、長楕円形から楕円形の小葉がつく。全種とも葉の上面は濃緑色で下面は薄色。通常は細かいうぶ毛を帯びているが、上面のうぶ毛はすぐに摩滅する。花は単生で小柄なバラに似て4〜5枚花弁。色は白、クリーム、まれに薄ピンクのものもある。開花期は晩春から秋。わずかに香るものが多い。

〈栽培〉
軽度から中度の霜のみに耐性があるが、穏やかな気候であれば容易に栽培できる。通常は、比較的空気中の湿度が高く、湿気があり腐植質に富み水はけの良い土壌と、日なたまたは半日陰の場所を好む。夏場に高温乾燥の地域では、直射日光から保護する。

Eucryphia glutinosa
英　名：HARDY EUCRYPHIA、NIRRHE
☼ ❄ ↔6m ↕9m
チリ中部の乾燥した山岳地帯原産。寒冷の冬には落葉し、その過程で色変わりする。葉は羽状で長さ約5cm、楕円形で鋸歯縁の小葉がつく。大形の白い花は径約6cmで夏に開花し、赤茶色の葯がつく。**Plena Group**（プリーナ グループ）の栽培品種は半八重咲きもしくは八重咲きの花が咲く。
ゾーン：8〜9

Eucryphia × intermedia
エウクリフィア・インテルメディア
☼ ❄ ↔4.5m ↕9m
チリ種のE. glutinosaとオーストラリアのタスマニア州原産の常緑種E. lucidaの交雑種。単葉もしくは3出葉で、羽状複葉のものも多少ある。常緑性だが冬季に多少葉を落とす場合もある。葉は薄緑色で、下面はわずかに青みがかる。花は純白。'ロストレヴォール' ★は、初めて交雑が行なわれたアイルランドの庭園にちなんで命名され、もっとも一般的な栽培品種である。ゾーン：8〜9

Eucryphia lucida
エウクリフィア・ルキダ
英　名：PINKWOOD、TASMANIAN LEATHERWOOD
☼ ❄ ↔4.5m ↕8m
オーストラリア、タスマニア州原産。直立の樹木で、幼葉と成葉が明らかに異なる。幼葉は3出葉で、成熟すると単葉で楕円形の細葉に変わる。通常は、夏季に白色で花径約5cmの下垂した花が咲く。タスマニアでは香りの良い花蜜で有名。'バレリーナ'は花径約30mmの花を

Eucomis comosa

Eucomis autumnalis

Eucomis bicolor

つける。花弁は薄ピンク色、縁は暗ピンク色で、雄ずいは赤色。'レザーウッドクリーム'の葉縁はクリーム色。他にピンク色の花が咲く品種として'ピンク クラウド'なども栽培される。
ゾーン：8～9

Eucryphia milliganii
英　名：MOUNTAIN LEATHERWOOD
☼ ❄ ↔1.8m ↕6m
オーストラリア、タスマニア州原産。成長が遅い高木で、細く円柱状になる習性がある。小形の葉は短く細い。径約25mmの乳白色の花が咲く。短い細葉と、小さな花が密生するところから、他のエウクリフィア属種とは区別される。
ゾーン：8～9

Eucryphia × nymansensis
ｴｳｸﾘﾌｨｱ×ﾆﾏﾝｾﾝｼｽ
☼ ❄ ↔4.5m ↕9m
2つのチリ種、*E. cordifolia*と*E. glutinosa*の交雑種で、1914年頃イングランド、サセックスのナイマンズで出現した。'マウント アッシャー'の花は半八重咲きが多い。もっとも一般的な栽培品種'ニマンセイ'は丈夫で直立し、常緑で葉が密生する。単葉で光沢がある楕円形の葉と、小葉に鋸歯がある3出複葉の両方をつける。白い花は径約8cmで、明らかに分離した花弁がつく。
ゾーン：8～9

EUGENIA
(エンジニア属)
英　名：STOPPER
フトモモ科に属し、常緑の高木または低木、約550種が含まれる。葉は堅く対生で光沢があり単葉。アメリカの熱帯から亜熱帯地域に広く分布し、アフリカ、アジアおよび太平洋諸島にも点在している。多数の雄ずいがある花は目立ち、単生、円錐花序、総状花序などにつく。通常、開花期は春または夏。果実は黄色、紫色、赤色または黒色の石果のような液果で食用のものもある。花、果実および葉の観賞用価値のために栽培される。生垣や目隠し用植物として、あるいは食用果実として用いられる。
〈栽培〉
熱帯および亜熱帯地域の日なたもしくは半日陰で容易に栽培できる。水はけの良い砂質ロームでよく育つ。繁殖は、夏季に播種するか、秋季に半熟枝の挿し木によって行なう。

Eugenia capensis
英　名：DUNE MYRTLE
☼ ☽ ↔0.9～9m
南アフリカのケープタウンからモザンビーク、ボツワナおよびマラウィ原産。非常に変異に富む種で、9亜種が認識されている。葉は楕円形からほぼ円形で、上面は光沢がある濃緑色で下面は薄色。秋から冬に、単生または房状で白い花が葉腋につく。楕円形で赤紫色の果実は多肉質で食用。*E. c.* subsp. *natalitia* (syn. *E. natalitia*) は多くの枝を持つ低木で、長さ約12mmの楕円形で紫色の果実がつく。
ゾーン：9～12

Eugenia uniflora
一般名：タチバナアデク、ピタンガ
英　名：BRAZILIAN CHERRY,FLORIDA CHERRY, PITANGA, SURINAM CHERRY
☼ ✶ ↔2.4m ↕3～9m
ブラジル原産の低木または小高木。葉はくすんだ緑色で細く、長さ約6cm。香りが良く、綿毛を帯びた白い花は径約12mmで、夏季に単生または房状につく。赤色の果実は8本の稜があり食用で、径約30mm。侵襲的になり得る。
ゾーン：10～12

Eugenia capensis subsp. *natalitia*

EULOPHIA
(イモネヤガラ属)
大型のイモネヤガラ属には陸生ラン種約250種が含まれ、熱帯ほぼ全域および暖温帯の一部地域に分布する。大多数がアフリカに生息し、続いてアジア、アメリカの順となる。葉は細長くひだがあり落葉性で、休眠中は多肉質の地下茎に後退する。通常、休眠期は冬。高く直立した穂状花序に多数の花がつく。形状と色はさまざま。開花期は春もしくは夏。
〈栽培〉
イモネヤガラ属のランは水はけの良い陸生植物の用土を使用して鉢植えする。粗い砂の割合を多くし有機物質を加えることを好む。開花を誘発するために明るい光を必要とし、成長期には湿気を保つ必要がある。休眠期には鉢植え用土を乾燥させる。繁殖は株分けによって行なう。

Eulophia guineensis
一般名：エウロフィア・グイネンシス
☼/☽ ✶ ↔20～60cm ↕40～90cm
アフリカ熱帯地域原産。直立した派手な穂状花序に、花径約8cmのピンクがかった茶色の花が咲く。濃藤色で外に開いた唇弁がつく。
ゾーン：10～12

EULYCHNIA
(エウリュクニア属)
サボテン科に属し、枝付き燭台形の巨大なサボテン5種が含まれる。ペルー南部およびチリ北部の沿岸濃霧地帯の原産で、これらの地域に大規模な森を形成する。属名はギリシャ語の*eu*（上等な）と*lychnos*（ランプ）の2語に由来し、ランプスタンドのように丈夫で直線的な茎を現わしている。太い幹があり、直線から不規則に広がった枝が多数つく。通常、突起した刺座から長く堅い刺が数本出る。長毛や綿毛が出る種もある。花は日中開花し1晩のみでしぼむ。白色からピンク色の花に非常に短い花筒がつき、外側は鱗状で綿毛または剛毛質の刺が生える。球形の萼は多肉質で鱗状あるいは有毛で、刺があるものはまれ。

Eulychnia breviflora

〈栽培〉
肥沃な水はけの良い土壌で容易に栽培できる。冬季は灌水を控える。通常は種子から繁殖させるが、1～2週間乾燥させた挿し木からも栽培できる。

Eulychnia breviflora
異　名：*Eulychnia longispina*, *E. saint-pieana*
☼ ☽ ↔0.9～3m ↕3～8m
チリ北部の沿岸地域原産。樹木のような植物で、一般に灰緑色または濃緑色の直立した多数の枝を持つ。刺座には大量の綿毛や毛が生え、刺は茶色系で年月と共に灰色に変わる。直立した中刺は長さ10～12cmで、側刺はかなり短い。白色から薄色のバラに似た花は長さ5～8cmで、外花被片は密集した茶色または白色の綿毛で覆われる。
ゾーン：9～11

Eucryphia lucida

Eucryphia × nymansensis

Eulophia guineensis

EUONYMUS
(ニシキギ属)

ニシキギ科に属し、常緑、半常緑あるいは落葉性の低木、高木およびつる性植物で、175種以上が含まれる。アジア、ヨーロッパ、北アメリカ、中央アメリカおよびマダガスカル島の原産。オーストラリア種も1種ある。全種が霜耐性とは限らない。茎と枝は四角形のものが多い。葉は鋸歯縁のものと全縁のものがある。小柄な花は黄、緑、白または赤茶色で、晩春から初夏、葉腋に単生あるいは集散花序でつく。果実は独特なさく果で3～5室に分裂し、各室に大きな種子が1つ含まれる。種子は通常、赤またはオレンジ色の種衣に包まれる。さく果は裂けてより薄色の、主としてピンク色の内面を見せ、鮮やかな色彩の種衣と対比する。植物片を摂取すると胃の不調、あるいは中毒さえ起こすことがある。

〈栽培〉
あらゆるタイプの土壌に耐性があるが、特にE. alatusはアルカリ土壌に適する。日なたまたは半日陰の、水はけの良い土壌で育つ。常緑種は乾燥した冷たい風から保護し、土壌の湿気を多めにする。斑入りの品種は日なたでよく育つ。繁殖は種子から行なうか、落葉性植物の場合は夏季に、常緑性植物の場合は初夏から仲秋に採取した節部の挿し木により行なう。

Euonymus alatus
一般名：ニシキギ
英　名：BURNING BUSH、CORKBUSH、WINGED SPINDLE TREE
☀ ❄ ↔3m ↕1.8m

アジア北東部から中国中部および日本原産。落葉性で密生したやぶ状の低木で、枝にコルク状の羽がつく。葉は卵形から楕円形で濃緑色、葉縁には鋸歯がある。秋には鮮やかな赤色に紅葉する。夏季には薄緑色の花が咲く。果実は薄赤色で4裂し、鮮やかなオレンジ色の種子を含む。'コンパクタス'は矮小形のコンパクトな低木で、枝にはコルク質の翼がつく。冬季には葉が緋色から紫色になる。'ノーディン'の葉は大きく冬季にはオレンジ色になる。多数の果実がつく。'ティンバー クリーク'は丈夫な品種で、枝はアーチ形。葉は幅広で反曲し、秋季には鮮やかな緋色となる。
ゾーン：3～9

Euonymus americanus
英　名：STRAWBERRY BUSH、WAHOO
☀ ❄ ↔1.8m ↕2.4m

アメリカ合衆国東部原産。落葉性で直立の低木。葉は深緑色の卵形から槍形で、波状縁。ややしわがあり晩秋まで残る。夏季には赤みを帯びた緑色の花が咲く。ピンク色の果実は3～5裂で、黄白色の種子を含む。
ゾーン：6～9

Euonymus bungeanus
エウオニムス・ブンゲアヌス
☀ ❄ ↔4.5m ↕6m

中国および朝鮮半島原産。落葉性または半常緑性の低木もしくは高木。シュートは細長くアーチ形。葉は薄緑色で卵形から楕円形、縁に細かい鋸歯があり先端は尖る。秋季にはピンクや黄色に色変わりする。小型の集散花序に黄色の花が咲く。ピンクがかった黄色の果実には鮮やかなオレンジ色の種衣がつく。E. b. var. semipersistensの葉は半常緑性で、E. b. 'ペンドゥルス'は、下垂した優雅な枝を持つ。
ゾーン：4～9

Euonymus europaeus
一般名：スピンドルツリー
英　名：EUROPEAN EUONYMUS、EUROPEAN SPINDLE TREE、SPINDLE TREE
☀ ❄ ↔2.4m ↕6m

ヨーロッパからアジア西部原産。落葉性の低木または小高木。枝は緑色。葉は楕円形の波状縁で先端は尖る。春季には、小形の集散花序に5～7個の黄色から緑色の花がつく。果実はピンクから赤色で4裂し、白い種子とオレンジ色の種衣を含む。E. e. f. albusには白い果実が実る。E. e. 'アウクビフォリウス'は白色で斑入りの葉を持つ。'レッド キャップ'の鮮やかな赤色の果実は宿存性で、冬季に葉の無い枝につく。'レッド カスケード'★は小高木が多く、秋季には美しく色づき、オレンジレッドで宿存性の果実がつく。
ゾーン：3～9

Euonymus fortunei
異　名：Euonymus radicans
一般名：ツルマサキ
英　名：WINTERCREEPER EUONYMUS
☀ ❄ ↔0.9～3m ↕0.3～3m

中国原産。常緑で地被の低木または粘着性の根を持つつる性植物で、高さ4.5mに及ぶものもある。緑色の枝には疣がある。葉は卵形もしくは楕円形で鋸歯があり先端は尖る。夏季には緑がかった黄色の花が咲く。白い果実にはオレンジ色の種衣がつく。E. f. var. vegetusの枝は堅くやぶ状に広がり、葉は厚くくすんだ緑色。E. f. 'カナデール ゴールド'の葉縁は帯状に黄色くなる。'コロラータス'の緑色の葉は、冬季には紫赤色に色変わりする。'E. T.'は平状性の品種で、葉は丸く、ピンクがかったクリーム色の覆輪が入る。'エメラルド ゲイエティ'の葉は緑色で白覆輪が入り、冬季にはややピンク色に色づく。'エメラルドゥン ゴールド'の葉には黄色の覆輪が入り、冬季にはややピンク色に色づく。'ハーレ クイーン'の葉は灰緑色で、クリーム色もしくは白色の縞斑やまだら斑が入る。全体的にクリーム色になるものもある。'キューエンシス'は匍匐性の品種で、葉は極小。'ミニムス'は平伏性で、枝に沿って根付き、高さは5cmほど。'ナイアガラ グリーン'の葉は深緑色で、新芽は黄緑色。'シェリダン ゴールド'の若葉は黄緑色。'シルバー クイーン'はやぶ状の低木または広がるつる性植物で、葉に

Euonymus fortunei 'Emerald Gaiety'

Euonymus fortunei 'Canadale Gold'

Euonymus alatus 'Compactus'

Euonymus alatus 'Nordine'

Euonymus alatus 'Timber Creek'

*Euonymus americanus*の果実

*Euonymus europaeus*の果実

Euonymus fortunei 'E. T.'

Euonymus fortunei 'Harlequin'

Euonymus fortunei 'Sunspot'

Euonymus myrianthus

は白覆輪があり、冬季にはややピンク色に色づく。'サンスポット'は半匍匐性で、枝は弱くアーチ形、葉には主に基部の半分にクリームまたは黄色の大きな斑が入る。'ワリエガトゥス'は古くからある斑入り品種。
ゾーン：5〜10

Euonymus grandiflorus
☼ ❄ ↔3m ↕4.5m
インド北部および中国西部原産。半常緑性。葉は濃緑色で変異に富むが、通常は槍形から楕円形で先端が尖り、縁には細かい鋸歯がある。緑色から黄色の花が集散花序に付く。果実は薄ピンク色で黒い種子と緋色の種衣を含む。
ゾーン：9〜10

Euonymus hamiltonianus
一般名：マユミ
英　名：YEDDO EUONYMUS
☼ ❄ ↔6m ↕6m
ヒマラヤ山脈から日本の原産。落葉性の小高木または低木。葉は長楕円形から槍形で、先端が尖る。夏季には赤みを帯びた白色の花が咲く。果実はピンク色。*E. h.* subsp. *sieboldianus* (syn. *E. sieboldianus*Å*E. yedoensis*)はこの種に類似しているが、葉はより長く先端が尖っている。果実はほぼ円形のピンク色で4裂。種子は深赤色で、種衣はオレンジ色。*E. h.* 'レッド　エルフ'は多数の果実が実る。果実と種子は濃ピンク色で種衣は赤色。
ゾーン：4〜9

Euonymus japonicus
一般名：マサキ
英　名：EVERGREEN EUONYMUS
☼ ❄ ↔1.8〜3.5m ↕3.5m
朝鮮半島、中国および日本原産。常緑で密集したやぶ状の低木または小高木で、栽培品種よりも野生種の方が多い。葉は濃緑色で卵形から長楕円形、丈夫で革質。夏季には緑色の花が平らな集散花序につく。丸形でピンク色の果実には白い種子とオレンジ色の種衣が含まれる。'アルボマルギナトゥス'（ギンマサキ）の葉は濃緑色で細い白覆輪が入る。'ブラボ'の葉は濃緑色で、幅広い黄色の覆輪と灰緑色の縞斑が入る。'エメラルドゥンゴールド'は矮小品種で、薄黄色の葉が密生する。葉の中央は緑色。'ミクロフィッルス　アウレオワリエガトゥス'の葉は濃緑色で、細い黄色の覆輪が入る。'オヴァトゥス　アウレウス'の葉には黄色の斑と筋が入る。ゾーン：7〜10

Euonymus myrianthus
☼ ❄ ↔3.5m ↕3m
中国西部原産の常緑性低木。くすんだ緑色の葉は通常は幅広で革質、卵形から槍形で、まばらな鋸歯がある。極小で緑がかった黄色の星形の花が房咲きする。果実はオレンジイエローから赤色で4本の稜があり、オレンジ色の種衣がつく種子を含む。晩夏から春に結実する。
ゾーン：9〜11

Euonymus japonicus 'Bravo'

Euonymus japonicus 'Emerald 'n' Gold'

Euonymus japonicus 'Ovatus Aureus'

E. hamiltonianus subsp. *sieboldianus*

Euonymus grandiflorus

Euonymus planipes

Euonymus nanus
英　名：DWARF BURNING BUSH, DWARF EUONYMUS, TURKESTAN BURNING BUSH
☀ ❄ ↔0.9m ↕0.9m
ヨーロッパ東部から中国西部原産。落葉性の低木で、枝は四角形。線形の葉は互生でまばらな鋸歯があり、縁は反り返る。春から夏に、薄茶色の花が集散花序につく。果実はピンク色からローズレッドで4裂し、茶色の種子と赤色の種衣を含む。*E. n.* var. *turkestanicus*の葉はより長く、種子はピンク色。
ゾーン：2〜9

Euonymus occidentalis
一般名：エウオニムス・オッキデンタリス
☀ ❄ ↔3m ↕4.5m
北アメリカ西部原産。落葉性の低木または小高木。葉は槍形から卵形で、細かい鋸歯があり先端は尖る。紫色や茶色に色づいた花が小さな集散花序につく。果実は赤紫色。
ゾーン：5〜9

Euonymus phellomanus
☀ ❄ ↔3〜4.5m ↕3〜4.5m
中国北部および西部原産。落葉性の低木で、四角形の枝に独特な幅広いコルク質の翼がつく。葉は卵形から長楕円形で手触りは粗く、長さ約10cm。花は黄白色で香りが良く、秋に開花する。果実は暗色で4裂。
ゾーン：3〜9

Euonymus planipes
異　名：*Euonymus sachalinensis*の園芸種
一般名：オオツリバナ
☀ ❄ ↔3m ↕3m
中国北東部から日本およびロシア極東部原産。落葉性で直立の低木または小高木。葉は緑色で楕円形、粗い鋸歯があり、秋季には鮮やかな赤色に紅葉する。花は小柄で緑みを帯びる。果実は赤色、ほぼ球形の4〜5裂で、赤色の種子とオレンジ色の種衣を含む。
ゾーン：4〜9

EUPATORIUM
（ヒヨドリバナ属）
広義においては、ヒヨドリバナ属には450種以上が含まれるが、狭義では他のいくつかの属に分類した残り40種ほどがヒヨドリバナ属に含まれるとする植物学者もいる。昔から知られているように、ヒヨドリバナ属は、一年生および多年生の亜低木や低木を含み、キク科に属し、北アメリカ東部、中央アメリカおよび南アメリカ原産である。ヨーロッパおよびアジア原産のものはまれ。全種とも、葉は輪生または対生で、単一または分岐した茎につく。小さな花が茎頂の散房花序もしくは円錐花序につく。果実はアザミの冠毛に似た羽毛状。現在でも葉が伝統的な薬草療法に用いられている種もある。葉と花から作られた浸剤はかつて解熱剤として用いられていた。花は蝶を誘引する。

〈栽培〉
日なたで水はけは良いが湿気がある肥沃な土壌を必要とする。成長中の新芽を摘心するとコンパクトに成長させることができる。繁殖は春季に播種、緑枝の挿し木、密生した根を休眠中に株分けする、のいずれかによって行なう。霜から保護する。

Eupatorium ligustrinum

Eupatorium ligustrinum
異　名：*Ageratina ligustrina*, *Eupatorium micranthum*, *E. weinmannianum*
☀ ❄ ↔0.9〜1.2m ↕0.9〜1.2m
メキシコからコスタリカ原産。密集し分岐した常緑性低木の珍しい植物。葉は濃緑色からブロンズグリーンで、わずかに鋸歯がある。綿毛を帯びた平らで大形の散房花序に、芳香性でやや灰白色またはローズピンクに色づくクリーム色の花がつく。開花期は晩夏から秋。
ゾーン：9〜11

Eupatorium perfoliatum
一般名：ボーンセット
英　名：BONESET, THOROUGHWART
☀ ❄ ↔0.9〜1.5m ↕0.9〜1.5m
アメリカ合衆国南東部原産。多年生草本。葉は対生でしわがあり鋸歯縁。葉長は約20cm。2年目以降、晩夏から秋季に10〜40個の白い花が大形の複合化序につく。紫みを帯びる花もある。
ゾーン：3〜4

Eupatorium purpureum ★
一般名：グラベルルート、ジョーパイウィード、スイートジョーパイ
英　名：JOE PYE WEED, TRUMPET WEED
☀/☽ ❄ ↔1.8m〜3m ↕1.8〜3m
アメリカ合衆国東部原産の多年生植物。楕円形の葉が大きな輪生を形成する。葉は細かい鋸歯縁でやや紫色に色づく。花序は5〜15個の花からなる半円形の円錐花序。晩夏から秋に、紫、薄ピンク、緑がかった黄色または赤紫色の花が咲く。*E. p.* subsp. *maculatum*（syn. *E. maculatum*）はより小形で、頂部が平らな円錐花序に15個の薄紫色または赤紫色の花がつく。
ゾーン：3〜9

Eupatorium rugosum
異　名：*Ageratina altissima*
一般名：マルバフジバカマ
英　名：FALL POISON, SNOW THOROUGHWART, WHITE SNAKEROOT
☀ ❄ ↔0.9〜1.8m ↕0.9〜1.8m
北アメリカ北東部原産。多年生草本で、茎はわずかに有毛。葉は対生で、楕円形から剣形、灰緑色から紫緑色、わずかに有毛で鋸歯縁。円形で上部が平らな茎頂の房に白色の花がつく。開花期は晩夏。'**ブラウンラウブ**'の若葉と花は茶色みを帯びる。
ゾーン：4〜6

EUPHORBIA
（トウダイグサ属）
トウダイグサ属は、一年生、多年生の低木や高木で、常緑性と落葉性の両者を含む約2千種からなる大属で、世界中に分布する。大型で多様なトウダイグサ科にもその名を提供している。トウダイグサ属は非常に多様な範囲の品種と自然生息地を持ち、主に高温乾燥地域に生息する刺状で多肉質のサボテンのような種から、冷温帯気候に生息する葉の多い多年生植物までと実にさまざま。全種とも毒性の乳状樹液を含み、皮膚に触れるとひどい炎症を起こす場合がある。目をこすると一時的な視覚消失となることもある。樹液には下剤作用がある。真花は極小で雄花と雌花に分かれ、平坦な杯状の構造あるいは杯状花序につく。一般に杯状花序には苞葉がつき、緋色の苞葉を持つポインセチア（*E. pulcherrima*）のように大形で対比色の苞葉を持つものもある。杯状花序と苞葉は幾重にも分岐して配列され、大形の花序を形成することもある。開花期は降雨量に依存する種が多く、温帯気候地域で雨量が平均的な場合は晩夏から盛夏となる。

〈栽培〉
自然生息地に類似した発育条件を与える。冷温帯気候では、多肉性種および亜熱帯種の大半は温室による保護を必要とする。乾燥したロックガーデンで育つ種もある。剪定や枝を処理する際には、有毒な樹液に触れないようにする。種子のみから繁殖させる種もあるが、他は茎頂の挿し木または株分けによって行なう。

Euphorbia balsamifera

*Euphorbia candelabrum*の自生種（中央）、アフリカ

Euphorbia amygdaloides
一般名：ユーフォルビア・アミグダロイデス
英　名：WOOD SPURGE
☼/☽ ❄ ↔60〜100cm
↑50〜80cm
ユーラシア大陸の温帯地域原産。広がり小山を形成する。葉の多い多年生植物。柔軟な茎にへら形の葉が密集する。葉長は約8cm。紫に色づきやや光沢があるのが多い。春から夏に派手な黄緑色の花が小枝につく。*E. a.* var. *robbiae*はより丈夫で暗色の葉がロゼット状に広がる。*E. a.* '**プルプレア**'の茎と葉は紫赤色に濃く色づき、新芽は濃赤紫色。
ゾーン：7〜10

Euphorbia antisyphilitica
一般名：ユーフォルビア・アンティシフィリティカ、カンデリラ
英　名：CANDELILLA
☼/☽ ❄ ↔60cm ↑100cm
アメリカ合衆国南西部原産。多肉質の低木。灰緑色の細い茎が多数直立する。刺は無く、節部が紫に色づくものが多い。春から初夏に、短命で長さ約5cmの赤い葉と、紫や赤の斑入りのクリーム色の花をつける。花芽は赤色。
ゾーン：8〜11

Euphorbia avasmontana
一般名：角キリン、婆羅門閣
☼/☽ ❄ ↔100〜150cm ↑2m
ナマクアランドおよびナミビア原産。多肉質の低木。茎は5〜7角形で直立し、丈夫で分岐する。角辺に荒々しく堅い長さ約12mmの刺が一対でつく。刺が赤いものもある。黄緑色の花が小さく房咲きする。栽培種はまれ。ゾーン：9〜11

Euphorbia balsamifera
一般名：バルサミキリン
☼ ❄ ↔0.9m ↑1.8m
アフリカ北西部およびカナリア諸島の崖の頂上や乾燥した傾斜地原産。半多肉質。刺の無い茎は多く分岐し、年月と共に灰色に変色し節が増える。薄緑色で帯白の葉は枝頂でロゼットを形成する。冬から初春に、控えめな単生の花が咲く。
ゾーン：9〜11

Euphorbia burmanii
☼ ❄ ↔1.5m ↑2m
南アフリカ原産。多肉質の低木。基部は木質で、刺の無い茎が分岐する。葉は極小のへら形で、短命のものが多い。花は薄緑色で、通常は黄みを帯びる。
ゾーン：9〜11

Euphorbia candelabrum ★
☼ ❄ ↔2.4m ↑18m
アフリカ南部から北東部原産。多肉質の種で、栽培種はより小型になる。ダイヤモンド形に分かれた枝は上向きに湾曲し、赤錆色の小さな刺をつける。葉は三角形で短命。花は金緑色。樹液は毒矢に用いられていた。
ゾーン：9〜11

Euphorbia burmanii

Euphorbia avasmontana

Euphorbia amygdaloides 'Purpurea'

Euphorbia antisyphilitica

Euphorbia caput-medusae ★
一般名：王孔雀丸
英　名：MEDUSA'S HEAD
☼/☽ ⇆ ↔120cm ↕30cm
南アフリカ原産。多肉質の低木。疣部が点在する円筒形の茎が多数、中央の軸から放射状に伸びて広がり、メドゥーサ頭部のヘビのようになる。茎は頂部で広がり、極小で線形の葉をつける。葉は短命のものが多い。雪片形の杯状花序が房状になり、独特なクリーム色の花が咲く。
ゾーン：9〜10

Euphorbia cereiformis
英　名：MILK BARREL
☼ ⇆ ↔100cm ↕100cm
南アフリカの多肉植物で、野生種は不明。低木の習性がある。茎は叢生しサボテンのような稜があり、幅は約5cmで分岐する。疣が点在し、へりには刺があり、小さな多肉質の葉が頂部につくこともある。花は地味で黄緑色。
ゾーン：9〜11

Euphorbia characias
一般名：ユーフォルビア・カラキアス
☼ ❄ ↔1.5m ↕1.8m
地中海地方およびヨーロッパ南部原産で

Euphorbia characias

形状は多様。多年生の亜低木もしくは低木で茎は軟質。葉は細く楕円形で灰緑色。紫緑色または黄色の小さな花が最高20個房咲きする。花房の周りを、派手な黄緑色で輪生の苞葉が覆う。通常、開花期は晩冬から初夏。黄緑色の花がつく *E. c.* subsp. *wulfenii*（エウフォルビア・カラキアス・ウルフェニイ）★には多数の栽培品種があり、種よりも多く栽培されている。'ボサハン'はイギリス、コーンウォール州の庭園から選抜された丈夫な植物で、薄黄色の花が咲く。'ジョン トムリンソン'は長さ40cmほどの花房に鮮やかな黄緑色の花をつける。
ゾーン：8〜10

Euphorbia coerulescens ★
一般名：大鳳角
英　名：NOOR, SWEET NOOR
☼ ⇆ ↔100cm ↕150cm
南アフリカ原産。多肉質の低木。茎は分岐し分節し、4〜6角形の青緑色で、へりには長さ約12mmの1対の刺がある。

Euphorbia coerulescens

Euphorbia cornigera

*Euphorbia cooperi*の自生種、南アフリカ、カルー国立公園

Euphorbia characias

通常は、春に地味な黄緑色の花が咲く。花後は赤いさく果が実る。
ゾーン：9〜11

Euphorbia cooperi ★
一般名：瑠璃塔、コーベルキリン
英　名：TRANSVAAL CANDELABRA TREE
☼ ⇆ ↔1.8m ↕4.5m
アフリカ南部および東部原産。多肉質の樹木で、上向きにカーブした節状の枝を持つ。通常は5角形。一対の刺は淡黄褐色で縁を際立たせる。通常は秋から春に、小柄な黄色がかった花が刺の間に咲く。
ゾーン：9〜11

Euphorbia corollata
英　名：FLOWERING SPURGE, TRAMP'S SPURGE, WILD HIPPO, WILD IPECAC
☼/☽ ❄ ↔30cm ↕30〜90cm
北アメリカ東部原産。直立した多年生植物。楕円形の葉は互生で秋季には赤く紅葉する。細長い茎から乳状の樹液が滲出し、皮膚に触れると炎症を起こす場合がある。初夏から初秋に、小柄な白い花が咲く。
ゾーン：4〜9

Euphorbia cornigera
☼/☽ ❄ ↔60cm ↕75cm
ヒマラヤ山脈原産の多年生低木。茎は赤色で、葉は赤みがかった濃緑色。中央脈はほぼ白に近い薄色。初夏には、派手で鮮やかな黄緑色の花が咲く。
ゾーン：6〜9

Euphorbia cyathophora
異　名：*Poinsettia cyathophora*
一般名：ショウジョウソウ
英　名：FIRE ON THE MOUNTAIN, MEXICAN FIRE PLANT, PAINTED LEAF
☼/☽ ⇆ ↔50cm ↕50cm
アメリカ合衆国南東部およびメキシコの隣接地域原産。常緑性低木で、直立し

Euphorbia cyparissias

Euphorbia characias subsp. *wulfenii*

Euphorbia characias subsp. *wulfenii*

た茎を持つ。葉は変異に富み、細いものからへら形、鋸歯縁もしくは全縁。夏季には鮮やかな赤色の花が咲き、葉が多数ついた苞葉が周囲を覆う。
ゾーン：9〜11

Euphorbia cyparissias
一般名：マツバトウダイ、ユーフォルビア・キパリッシアス
英　名：CYPRESS SPURGE
☼/☽ ❄ ↔60cm ↕40cm
ヨーロッパに広く分布する多年生植物。根茎により広がり、緑色の細葉がつく細い茎が叢生する。葉長約40mm。日差しや乾燥により赤く変色する場合がある。黄緑色の花序の周囲を、藤色や赤に色づいた羽毛状の苞葉が覆う。開花期は晩春から盛夏。'フェンズ ルビー'の苞葉は鮮やかな赤色。花房はほぼ黄色で非常にコンパクト。ゾーン：4〜9

Euphorbia dregeana
一般名：ユーフォルビア・ドレゲアナ
☼ ⇆ ↔1.2m ↕2m
ナマクアランドおよびナミビア原産。多

Euphorbia dregeana

肉質の低木。刺無しの茎は直立し、分岐し薄緑色。葉は小型で短命。黄緑色の地味な花序をつける。
ゾーン：9〜11

Euphorbia dulcis
エウフォルビア・ドゥルキス

英　名：PURPLE SPURGE
☼/◐　❄　↔30cm ↕30cm
ヨーロッパ原産。根茎を持つ多年生植物。葉は細くうぶ毛があり長さ8cm弱で、紫色に色づくものが多い。黄緑色の花序は赤く色づくこともあり、羽毛状で紫赤色の苞葉に囲まれる。開花期は夏。栽培品種'**カメレオン**'の葉は濃く紫色に色づき、特に夏季には苞葉が派手な色になる。
ゾーン：6〜9

Euphorbia gottlebei

Euphorbia echinus
一般名：大正キリン
☼　❄　↔100cm ↕150cm
モロッコ原産。多肉質の低木。茎は分岐し濃緑色でサボテン状、通常は6角形。盾状の基部に一対の薄灰色から暗赤色の刺がつく。茎に対照的な色の刺を持つものもある。茎頂に黄緑色の小柄な花がつく。
ゾーン：8〜11

Euphorbia franckiana
☼　❄　↔100cm ↕100cm
南アフリカ原産。多肉質の低木。茎は分岐し節状、通常は鋭角の三角形で青緑色。へりには12mmほどの一対の刺がある。春から初夏に、一対の刺の間に黄緑色の花序がつくこと以外は地味である。
ゾーン：9〜11

Euphorbia fulgens ★
一般名：ユーフォルビア・フルゲンス
英　名：SCARLET PLUME
☼　❄　↔75cm ↕1.5m
メキシコ原産。湾曲し多数分岐する低木。落葉性の葉は槍形で長い柄につく。

Euphorbia franckiana

Euphorbia echinus

冬季には丸く鮮やかな赤色の苞葉が現れる。'**アルバ**'にはクリーム色の苞葉がつく。'**アルバトロス**'の葉は青緑色で苞葉は純白。'**パープル　リーフ**'は赤紫色の葉と鮮やかなオレンジ色の苞葉が特徴である。
ゾーン：10〜11

Euphorbia gottlebei
一般名：ユーフォルビア・ゴットレベイ
☼/◐　❖　↔1.2m ↕1.5m
マダガスカル原産。独特な多年生低木で、茎は直立で密集し刺が多い。葉は細く、薄緑色から濃緑色で長さ約10cm。花房には約8個の花がつき、サーモンピンクからくすんだ赤色の苞葉が覆う。
ゾーン：10〜12

Euphorbia grandicornis ★
一般名：キリン冠
英　名：BIG-HORN EUPHORBIA, COW'S HORN EUPHORBIA
☼　❄　↔0.9m ↕1.8m
アフリカ南部原産。多肉質の種で、長さ8cmほどの刺で保護されている。鮮やかな緑色の枝は三角形で直立し、凹凸のあるヘリに対になって刺がつく。花は極小で黄緑色の苞葉とともに刺の間につく。
ゾーン：8〜11

Euphorbia grandicornis

Euphorbia griffithii
エウフォルビア・グリッフィティイ
☼　❄　↔90cm ↕90cm
ヒマラヤ山脈原産。広く栽培され、通常は多年生植物で、温暖気候では低木状になる。細葉は長さ約12cm、濃緑色で部分的にピンク色またはオレンジ色に色づく。夏季には、鮮やかなオレンジレッド

Euphorbia griffithii 'Fireglow'

Euphorbia fulgens

Euphorbia ingens

Euphorbia jansenvillensis

Euphorbia horrida var. *noorsveldensis*

の苞葉がついた花がつき、苞葉は年月と共に赤茶色へと変化する。'**ファイヤーグロー**'には鮮やかな赤色の苞葉がつく。
ゾーン：5〜10

Euphorbia horrida ★
一般名：魁偉玉、ユーフォルビア・ホリダ
英　名：AFRICAN MILK BARREL
☀/◐ ❄ ↔1.5m ↕1.5m
南アフリカ原産。7〜20角形の多肉質の茎は若木の頃は鮮やかな緑色で、年月と共に乾燥し茶色に変化する。刺は多く長さ約5cm。茎頂のピンク色の柄についた黄緑色の花は地味で、通常は春から初夏に現れる。*E. h.* var. *noorsveldensis*の茎は際立った稜を持ちサボテン状で、刺はより少なくかなり短い。*E. h.* var. *striata*の茎は灰緑色に色づき溝がある。稜には起伏があり、刺は短い。
ゾーン：9〜11

Euphorbia inermis
一般名：九頭竜
☀/◐ ❄ ↔50cm ↕30cm
南アフリカ原産の小さく広がる低木。茎は多肉質で放射状に広がる。疣が点在する茎は、30cmほどに及び、径は約12mmで短い刺がある。葉は短命。小さな白い花序が長い柄につき、暗色の茎と対比する。開花期は春から初夏。
ゾーン：9〜11

Euphorbia ingens
一般名：沖天閣
英　名：NABOOM, TREE EUPHORBIA
☀ ❄ ↔3m ↕12m
南アフリカおよびケニヤ原産。非常にサボテンに似ている。幹は短く、樹冠は密集し、枝は上向きに突き出る。葉はほとんど見られず、成熟した枝には、通常、刺はない。ゾーン：9〜11

Euphorbia jansenvillensis
一般名：ユーフォルビア・ヤンセンビレンシス
☀/◐ ❄ ↔30cm ↕30cm
南アフリカ原産。矮小形で多肉質の低木で、大形の地下茎を持つ。枝は直立し5本の稜があり、長さは15cmほどで直径は約12mm。小さな疣が点在する。緑色の杯状花序はほのかに赤く色づく。
ゾーン：9〜11

Euphorbia keithii
一般名：ユーフォルビア・ケイシー
☀ ❄ ↔0.9〜3m ↕2〜6m
スワジランドおよびアフリカ南部原産。大低木から小高木まで。茎は分岐し4〜5角形で、へりには濃茶色の一対の刺がつく。刺の長さは約25mm。葉は小形で通常は茎頂につく。黄緑色の地味な花は一般に春から初夏に開花する。
ゾーン：10〜12

Euphorbia lambii
☀ ❄ ↔0.9m ↕1.5m
カナリア諸島原産。頭部が丸く、やぶ状の低木。半多肉質の茎に刺は無く角も無い。葉は単葉の細長い楕円形で、茎頂付近につく。黄緑色の花房には大きな苞葉がつく。開花期は春から初夏。
ゾーン：9〜11

Euphorbia lathyris
一般名：ホルトソウ
英　名：CAPER SPURGE, MYRTLE SPURGE
☀/◐ ❄ ↔100cm ↕100〜150cm
ヨーロッパ、アフリカ北西部およびアジア西部原産。二年生植物で、一般的には雑草と考えられている。茎は直立型でかなり軟弱。葉は多肉質で青緑色の4輪生。温暖な季節には、地味でやや開いた黄緑色の花房がつく。花後にはケイパーに似ているが有毒な種子がつく。
ゾーン：6〜10

Euphorbia keithii

Euphorbia lambii

Euphorbia inermis

Euphorbia leucocephala

Euphorbia ledienii

Euphorbia mauritanica

Euphorbia ledienii
☼/◐ ⇥ ↔1.5m ↕2m
南アフリカ原産。多肉質で群生することが多い低木。茎はサボテン状で、分岐し節状。4〜7角形の青緑色で、へりには一対の短い刺がつく。地味な黄緑色の花房は主に春から初夏に見られる。花後は赤色のさく果がつく。
ゾーン：9〜11

Euphorbia leucocephala
一般名：ユーフォルビア・レウコケファラ、シラユキヒメ
白雪姫、ハツキータ
英　名：PASCUITA, SNOWS OF KILIMANJARO
☼ ⇥ ↔1.8〜3m ↕1.8〜3m
中央アメリカ原産だが、流通名では「snows of Kilimanjaro（キリマンジャロの雪）」と呼ばれている。落葉性の低木で直立の習性がある。薄緑色の葉は間隔をあけ、最高で10輪生で長い柄につく。冬から春に、ミニチュアのポイン

セチア（*E. pulcherrima*）のような花が多数の円錐花序につく。花には白い苞葉がつく。
ゾーン：9〜11

Euphorbia ×lomii
エウフォルビア×ロミイ
英　名：GIANT CROWN OF THORNS
☼/◐ ✱ ⇥ ↔100cm ↕100cm
2種類のマダガスカル種*E. lophogona*と*E. milii*を交雑した園芸交雑種。*E. milii*の刺は樹冠のようになるがより短く、茎は幅広。刺が密出し、薄緑色の葉は長さ約15cmで日に当たると赤く色づく。サーモンピンクから赤色の花房と苞葉は、厳しい乾燥の時期を除いて現れる。**Somona Range**（サモナ・レンジ）の花は多彩で、例えば'マーレ'は薄ピンク色で、'ローズマリー'は淡紅色の花が咲く。
ゾーン：10〜12

Euphorbia marginata
一般名：ハツユキソウ（初雪草）
英　名：GHOST WEED, SNOW ON THE MOUNTAIN
☼/◐ ✱ ↔50cm ↕100cm
北アメリカ原産。一年生植物で、通常は成長が遅い品種として庭園で栽培される。薄緑色で柔らかくうぶ毛が生えた葉は密集し小山を形成する。葉長は約8cm

Euphorbia × lomii

Euphorbia × lomii

で白覆輪。上部の葉全体が白くなるものもある。夏には白い苞葉がつく。樹液に触れると皮膚に深刻なトラブルを起こすおそれがある。
ゾーン：4〜10

Euphorbia × martinii
☼ ✱ ↔0.9m ↕0.9m
*E. amygdaloides*と*E. characias*の交雑種。変異に富み、いずれかの親植物に似せることができる。独特な植物で、親植物よりも予測は難しい。
ゾーン：7〜10

Euphorbia mauritanica
一般名：蒼竜（ソウリュウ）
英　名：JACKAL'S FOOD, YELLOW MILK BUSH
☼/◐ ✱ ↔50cm ↕100cm
南アフリカ原産。多肉質の低木。細い茎は刺が無く直立で分岐し黄緑色。葉は小形で短命。地味で単生の杯状花序は黄緑色で、通常、春から初夏に現れる。
ゾーン：9〜11

Euphorbia mellifera
一般名：ユーフォルビア・メリフェラ
英　名：HONEY SPURGE
☼ ✱ ↔2m ↕1.8m

Euphorbia × martini

Euphorbia marginata

*Euphorbia misera*の自生種、メキシコ、バハカリフォルニア州

Euphorbia milii f. *lutea*

マデイラ諸島原産。珍しい低木種。葉茎は多く、葉は緑色で槍形。中央脈は白く突起する。春から夏に、茎頂に極小で緑色系の花が房咲きする。花には極小で銅緑色の苞葉がつく。*Mellifera*は蜜の産出を意味し、ミツバチが誘引される花の香りのことを表す。
ゾーン：8～11

Euphorbia milii ★
一般名：ハナキリン、ユーフォルビア・ミリイ
英　名：CROWN OF THORNS
☼ ⇅ ↔0.6～2.4m ↕0.3～0.9m
マダガスカル原産。直立またはつる性の低木。鮮やかな緑色の葉はまばらで、枝頂付近につく。茎は刺に覆われる。鮮やかな赤色の苞葉を伴う極小の黄色の花が長期間にわたり断続的に現れる。*E. m.* var. *splendens*（syn. *E. splendens*）は一般的に栽培される品種で、入り組んだ枝は約60cmに及び小山を形成する。苞葉はピンクがかった赤色。*E. m.* f. *lutea*★の苞葉はクリーム色。
ゾーン：9～11

Euphorbia misera
英　名：CLIFF SPURGE
☼/◐ ↔30～60cm
↕100～150cm
アメリカ合衆国カリフォルニア州南部、メキシコ西部のソノラ州およびバハカリフォルニア州原産。半多肉質で落葉性の低木。小柄で丸形の葉は多肉質の灰緑色または青緑色で、同系色の茎上に輪生する。春から夏に、薄緑色の花房がつく。クリーム色や藤色の斑入り。ゾーン：9～12

Euphorbia milii

Euphorbia milii var. *splendens*

Euphorbia myrsinites ★
一般名：ユーフォルビア・ミルシニテス
英　名：CREEPING SPURGE, DONKEY TAIL
☼ ❄ ↔50cm ↕25cm
ユーラシア大陸原産。不規則に広がる茎が叢生する多年生植物。先端が尖った多肉質の葉はらせん状につき青緑色で、細かい鋸歯がある。葉長は約40mm。春には、山吹色の苞葉を伴う鮮やかな青緑色の杯状花序がつく。
ゾーン：6～10

Euphorbia neriifolia
一般名：キリンカク（麒麟角）
英　名：HEDGE EUPHORBIA, OLEANDER SPURGE
☼ ⚔ ↔1.2m ↕6m
インドおよび東南アジア原産。半多肉質の低木あるいは小高木。多肉質の枝は輪生を形成し、枝頂付近に革質でスプーン形の葉をつける。春季に黄緑色の苞葉を伴う花房が現れる。インドではこの種の樹液は魚毒として用いられた。
ゾーン：10～12

Euphorbia nicaeensis
☼ ❄ ↔60cm ↕60cm
ヨーロッパ原産。美しい藪を形成する多年生植物。茎は赤く色づくことが多く、青灰色の細葉に覆われる。苞葉は黄緑色のコントラストを呈する。
ゾーン：6～10

Euphorbia obesa ★
一般名：ユーフォルビア・オベサ
英　名：BASEBALL PLANT, GINGHAM GOLF BALL, KLIPNOORS
☼/◐ ⇅ ↔15cm ↕20cm
南アフリカ原産。小型の多肉質植物。茎は円筒形で頂部は平ら、幼年期はほぼ円形となる。緑色の茎にかすかに紫色の縞斑が入る。疣が点在した稜はベースボールステッチに似ている。通常は春から初夏に、緑色の花が主として茎頂付近につく。ゾーン：9～11

Euphorbia palustris
一般名：ユーフォルビア・パルストリス
☼ ❄ ↔100cm ↕100cm
ヨーロッパ原産。叢生する多年生植物で、有名な*E. polychroma*にかなり類似しているが、やや大形である。茎は針金状。葉は細い楕円形、長さ約5cmで、日に当たると赤く色づくものが多い。春から夏に、薄緑色から鮮やかな黄色の花が密集して房咲きする。
ゾーン：6～9

Euphorbia neriifolia

Euphorbia nicaeensis

Euphorbia obesa

Euphorbia myrsinites

Euphorbia stolonifera

Euphorbia polychroma
一般名：ユーフォルビア・ポリクロマ
英　名：CUSHION SPURGE
☼ ❄ ↔60cm ↕60cm
ユーラシア大陸原産。群生する多年生植物。鮮やかな緑色で楕円形の葉はビロード状で、細かい茎につく。葉長約5cm。春から夏に、鮮やかな黄緑色の花がつく。花は部分的に赤く色づくものもある。栽培品種'マヨル'はコンパクトで、山吹色の花をつける。
ゾーン：6～9

Euphorbia pontica
☼ ❄ ↔50cm ↕25cm
中央アジアおよびロシア原産。多年生の低木で*E. myrsinites*と近縁だが、栽培品種はよりコンパクト。青緑色の葉はらせん状につき、細かい鋸歯があり先端は尖る。葉長約25mm。夏季には、山吹色の苞葉を伴う鮮やかな緑色の杯状花序が現れる。
ゾーン：6～10

Euphorbia pontica

Euphorbia polychroma

Euphorbia tirucalli、南アフリカ、カーステンボッシュ植物園

Euphorbia pulcherrima ★
異　名：*Poinsettia pulcherrima*
一般名：ポインセチア、ショウジョウボク
英　名：POINSETTIA
☼ ❄ ↔2m ↕3m
メキシコ原産。不規則に広がる落葉性の低木。トウダイグサ属の全低木種のうち、もっとも広く栽培されている。冬から春に、大きく鮮やかな赤色の苞葉に囲まれた地味な黄色の花が咲く。鉢植えのポインセチアには巨大な販売市場がある。'ヘンリエッタ エッケ'は八重咲きの品種。'ロセア'はピンク系と呼ばれる品種のひとつ。他には苞葉がクリーム色、白色またはマーブル柄の品種もある。
ゾーン：9～11

Euphorbia rigida
◐/☼ ❄ ↔60cm ↕40cm
ヨーロッパ南西部およびコーカサス地方原産。常緑の多年生植物。青緑色の茎は直立して叢生する。葉は同色系多肉質の槍形で、V字形の切れ込みがある。夏季には鮮やかな黄緑色の花がつく。
ゾーン：7～10

Euphorbia schillingii
◐/☼ ❄ ↔1.5m ↕1.2m
ネパール原産。低木の多年生植物。葉は細く鮮やかな緑色の楕円形で、葉長約8cm。派手な黄緑色の花房は緑色の苞葉に囲まれ、夏季に茎頂につく。
ゾーン：7～9

Euphorbia seguieriana
◐/☼ ❄ ↔80cm ↕50cm
ヨーロッパ中部からパキスタンおよびシベリア原産。基部が木質の多年生植物。茎は青緑色で群生する。同系色の葉は先端が尖った線形で、葉長約40mm。夏季には、黄色の苞葉に囲まれた黄緑色の杯状花序がつく。*E. s.* subsp. *niciciana*はより広がる習性を持ち、花の密生度は少ない。
ゾーン：5～9

Euphorbia sikkimensis ★
◐/☼ ❄ ↔90cm ↕90cm
ヒマラヤ山脈東部原産。根茎によって定着する多年生植物で、茎は直立、葉は細い楕円形。葉長は約10cmで、赤く色づくものが多い。新芽は美しいピンク色。夏季には、派手なオレンジレッドの花がつく。
ゾーン：6～9

Euphorbia pulcherrima

Euphorbia schillingii

Euphorbia spinosa
◐/☼ ❄ ↔50cm ↕20cm
地中海地方原産。低い小山を形成する低木。小形の葉は青緑色で、針金状の枝が絡み合う藪に囲まれる。春から夏に、黄緑色の花が咲く。
ゾーン：7～10

Euphorbia stolonifera
☼ ❄ ↔60cm ↕40cm
南アフリカ原産。広がる習性を持ち、根茎によって定着する多肉質の低木。茎は主に地下茎で、濃緑色で幾分しわが寄った円筒形の枝をつける。枝径は12mm未満。春から初夏に、単生で黄緑色の杯状花序がつく。
ゾーン：9～11

Euphorbia triangularis、南アフリカ、カーステンボッシュ植物園

Euphorbia virosa、ナミビア、ダマラランド地方スピッツコッペ

Euphorbia trigona 'Green Angel'

Euphorbia trigona

Euphorbia tirucalli

一般名：アオサンゴ、ミルクブッシュ
英　名：FINGER TREE, MILK BUSH, PENCIL BUSH, PENCIL TREE, RUBBER HEDGE
☼ ✤ ↔2〜3.5m ↕4.5〜9m

アフリカの熱帯地域と南部、インド、インドネシア東部原産。大低木または小高木。多肉質で薄緑色、円筒形の枝が密生した樹冠を形成する。葉は小柄な槍形で短命。花は微細。侵襲的になり得る。
ゾーン：10〜12

Euphorbia triangularis

一般名：オオマトイ
☼ ✤ ↔1.8m ↕18m

アフリカ南部原産。大型で多肉質の高木。直立の角ばった枝は稜があり節状で、へりに多数の刺を持つ。小さな葉はすぐに枝から落葉する。
ゾーン：9〜11

Euphorbia trigona

一般名：サイウンカク（彩雲閣）
☼ ✤ ↔30〜60cm ↕0.9〜2.4m

ナミビア原産。多肉質でサボテン状の低木。枝はすべて直立し、三角形の濃緑色で白の斑入り。スプーン形の葉が垂直方向に配列され、短い赤茶色の刺がつく。室内植物としてよく見られる。'グリーン　エンジェル'★の茎と葉は常に薄緑色。'レッド　デビル'★は赤い葉をつける魅力的な栽培品種である。
ゾーン：9〜11

Euphorbia virosa

一般名：ヤドクキリン（矢毒キリン）、ハチダイリュウオウ（八大龍王）
☼/◐ ✤ ↔1.2m ↕2m

南アフリカのケープ地方南西部からアンゴラ原産。多肉質の低木。直立し分岐した茎はサボテン状の5〜8角形で幼年期は赤色。長さ12mmほどの刺を多数つける。葉は短命で、通常は春から初夏に地味な黄緑色の花が咲く。
ゾーン：9〜12

EUPTELEA
（フサザクラ属）

日本、中国およびヒマラヤ山脈東部原産。落葉性小高木2種のみが含まれる。鋭い鋸歯のある葉が細長い柄の上で優雅にそよ風に揺れ、秋季には美しく色づくところから、温帯気候の庭園において高く評価されている。葉が出る前に、小さな両性花が小枝に沿って球形に房咲きする。花後は翼状の小さな果実がつく。フサザクラ属はフサザクラ科の唯一の属である。どちらかと言えばプラタナス類やブナノキ類を含む原始的な顕花植物のグループに属する。
〈栽培〉
冷涼で湿気のある気候で、保護された日当たりの良い場所、深層の適度に肥沃な土壌でよく育つ。フサザクラ属種は、ツツジ、アザレアなどの低木の上を覆う小高木として有用である。時々基部の吸枝を刈り込む以外は、ほとんど手入れは必要ない。繁殖は採集した新鮮な種子、あるいは吸枝か枝低部の高取り法により行なう。

Euptelea pleiosperma

一般名：シナフサザクラ
☼ ✤ ↔4.5m ↕4.5〜9m

中国中部および西部、インド北西部およびブータンに生息する。葉には浅い鋸歯があり、下面はやや白く、秋には赤色に紅葉する。春季に赤色の葯が付いたピンクがかった緑色の花が咲く。果実は小さく茶色で、通常、1つ以上の種子を含む。
ゾーン：6〜9

Euptelea polyandra

一般名：フサザクラ
☼ ✤ ↔4.5m ↕8m

日本原産。心臓形の葉は先端が長い尾状で、ぎざぎざの深い鋸歯縁がつく。秋季には黄色または赤色系に色変わりする。果実に含まれる種子は常に1つのみとなる。
ゾーン：6〜9

Euptelea pleiosperma

EURYA
（ヒサカキ属）

ヒサカキ属はツバキ科に属し、常緑性の低木および高木、約70種が含まれる。アジア南部および東部、太平洋地域西部に自生する。通常、葉は光沢があり先端が尖った楕円形で、わずかに湾曲した茎に杉綾模様状に配列される。葉柄は短く、ノコギリ状の鋸歯縁がつく。小柄で下向き5枚花弁の単性花は、葉腋に単生または房状につく。花後には緑色から紫黒色の液果が実る。
〈栽培〉
霜耐寒性は種により多様だが、気候が適していれば、一般的には冷涼で湿気があり水はけが良く、腐植質に富んだ弱酸性の土壌を好む。大半の種は日なたまたは半日陰で育つ。繁殖は種子または半熟枝の先端の挿し木による。

Eurya japonica

Eurya japonica 'Aurea'

Euryops tenuissimus

Euryops acraeus

Euryops pectinatus

Euryale ferox

Eurya japonica
一般名：ヒサカキ

☼ ❄ ↔ 2.4～6m ↕3～6m

日本および朝鮮半島原産。魅力的な低木または小高木で、葉は青々と豊かにつく。ややピンク色に色づく白色からクリーム色の花が春に咲き、やや酸っぱい不快な匂いを放つ。花後には極小で紫黒色の液果が実る。'アウレア'の葉は黄金色。

ゾーン：7～10

EURYALE
（オニバス属）

インド北部から中国および日本原産。スイレン科に属し1種のみが含まれる。非常に大型の多年生水生植物で大きな根茎を持つ。葉は丸くはっきりした稜があり刺が多い。柄は葉の下側中央部につく。花は4枚の萼片と多数の花弁からなり、花弁は萼片より短い。果実は刺が多い液果で、多数の種子を含む。熱帯アメリカのオオオニバス属に類似しているが、葉は平面状か、むしろ反曲し、花はより小さく、すべての雄ずいが稔性となる。

〈栽培〉
熱帯の温室で一年草として種子から栽培する場合は、21～23℃（70～73°F）の水に種子を浸す。

Euryale ferox
一般名：オニバス

☼ ❄ ↔1.5m ↕0.9m

葉径は0.6～1.5m。上部表面にはしわがありくすんだ緑色で、刺が散在する。下面は赤みがかり、顕著なスポンジ状の脈があり、刺に覆われる。夏咲きの花は開花せず水中に残ることもある。花柄および萼には刺がつく。萼片は緑色で、花弁は赤から紫あるいは薄紫色。中国では食用の根茎と種子（フォックス・ナッツ）として3千年にわたり栽培され、現在インドでは焼いたものや「パフト」ウィートのようなものが市販されている。

ゾーン：8～11

EURYOPS
（エウオプス属）

大きな科であるキク科に属し、常緑性低木、多年生、一年生の植物が約100種含まれる。大半は南アフリカ原産。欠刻または切れ込みがある緑色から灰緑色の葉を持ち、鮮やかな黄色のヒナギクが長期間咲く魅力的な植物。幅広い条件下で容易に栽培でき、霜と乾燥に耐性があり、沿岸の植え込みに適する。

〈栽培〉
日向で、深層の水はけの良い土壌が最適。冷温帯気候では暖かい壁に沿わせる、または温室やコンサバトリー内で育てる。コンパクトな形状を保つには花後に剪定する。繁殖は種子、半熟枝または緑枝の挿し木により行なう。

Euryops acraeus
異　名：*Euryops evansii*

☼ ❄ ↔90cm ↕30～90cm

小形で銀灰色の細葉をつけるコンパクトな植物。春から夏に、鮮やかな黄色のヒナギクが咲く。花径は約35mm。湿潤気候下では短命で、完全に水はけの良い状態を必要とする。ロックガーデン用植物に最適。ゾーン：7～10

Euryops chrysanthemoides
異　名：*Gamolepsis chrysanthemoides*
一般名：ユリオプス・クリサンテモイデス
英　名：PARIS DAISY

☼ ☼ ↔1.5m ↕1.2m

容易に栽培できる植物として、特に温暖気候地域で人気がある。葉は多く、深い切れ込みがあり濃緑色。花径約5cmの黄色いヒナギクが葉より上部の細長い柄につく。開花期は冬から春。

ゾーン：9～11

Euryops pectinatus
一般名：ユリオプスデイジー
英　名：GOLDEN DAISY BUSH, GRAY-HAIRED EURYOPS

☼ ❄ ↔1.5m ↕1.2m

葉はシダ状で深い切れ込みがあり、灰色でうぶ毛がある。春から夏に、葉より上部に鮮やかな黄色のヒナギクがつく。温暖気候地域ではほぼ1年中花がつく。

ゾーン：8～11

Euryops tenuissimus

☼ ☼ ↔1.2m ↕0.9～1.8m

大きさ、形状、花が*E. pectinatus*に類似しているが、毛が散在した鮮やかな緑色の葉をつける。大半は沿岸地域の庭園で室内栽培される。

ゾーン：9～10

EUSTOMA
（エウストマ属）

英　名：LISIANTHUS, PRAIRIE GENTIAN, TEXAS BLUEBELL

以前はトルコギキョウ属に分類されており、現在でもその名で販売されている。リンドウ科に属し、茎が長い植物で切花用として広く栽培される。アメリカ合衆国南部から南アメリカ北部原産。一年生、または短命の多年生植物3種が含まれる。多肉質で楕円形から細楕円形の葉が叢生する。夏季には5～6枚花弁でじょうご形から鐘形の派手な花が咲く。花径約5cm。一重咲きの花をつける種もあるが、栽培種は花茎が多く長さは60cmほどで、さまざまな色彩の八重咲きの花をつける。英名Lisianthusは苦い花という意味で、花の味を表している。ネイティブアメリカンは花を薬草として用いていた。

〈栽培〉
通常は一年生植物として栽培される。成長は遅く、花つきを良くするためには温暖条件が持続することが必要。日なたまたは半日陰で、肥沃で湿気があり水はけの良い土壌に植える。重みのかかる花茎には添え木をすると良い。挿し木から繁殖する場合もあるが、新鮮な種子から育てるほうが良い。

Eustoma grandiflorum ★
異　名：*Eustoma russellianum*, *Lisianthus grandiflorus*
一般名：トルコキキョウ

☼/☼ ❄ ↔50cm ↕60～80cm

アメリカ合衆国南部およびメキシコ原産。一年生あるいは短命の多年生植物。茎は直立し青緑色。多肉質の葉は先の尖った楕円形で青緑色。葉長は約8cm。花は鐘形で花径は約6cm。実生系統は多く、たとえば**Echo**（エコー）は色彩の系統を混合し、高さ約60cmで、薄紫色系、青系、ピンク系、黄色系および白系

Eustoma grandiflorum 'Forever Blue'

Eustoma grandiflorum 'Lilac Rose'

E. g. 'Echo Pink Picotee'

E. g. 'Echo Pink Picotee'

E. grandiflorum 'Echo Yellow'

E. grandiflorum 'Echo Blue'

Euterpe edulis

の花が咲く品種に加えて、ピコティーの品種もある。(**ハイディ シリーズ**)の丈は45cmほどで色彩は豊富。**Mermaid Series**(**マーメイド シリーズ**)には早期に花がつく矮小形の'**ライラック ローズ**'が含まれ、薄紫がかったピンク色の一重咲きの花が咲く。個々に命名された品種には、'**フォーエバー ブルー**'などがある。丈は約30cmで、大きな紫青色の花が咲く。
ゾーン：9～11

EUTERPE
(キャベツヤシ属)

英　名：ASSAI PALM、MANACO

ヤシ科に属し、羽状複葉を持つ約7種が含まれる。熱帯アメリカ原産。以前は最高で30種がキャベツヤシ属に分類されていた。樹幹は単生または群生で、中型から大型、樹冠は少ない羽状複葉で形成され、細長い基部の葉鞘が滑らかな幹を形成する。小葉は優雅に下垂し、先端は美しく先細りになる。花は幹の下部から流れるような花序につく。細かい分枝には短い柔毛が密集する。1房の雌花の脇に2房の雄花の配列で、多数の小さな花が分枝につく。滑らかでほぼ球形の果実は種子を1つ含む。栄養器官の芽は各幹に1個つき、ヤシの心臓主要部で取り除くと幹は枯れるため、「大富豪のサラダ」と呼ばれることもある。現在ではこれらのヤシは農園で急速に成長し、ヤシの芯は缶詰で安く市販されている。

〈栽培〉

低地多雨林および山地多雨林、沼地に自生する。成長が早いが、高温高湿を必要とするため温帯地域の温室ではなく熱帯庭園にのみ適する。繁殖は種子から行なう。

Euterpe edulis ★
一般名：アッサイヤシ
英　名：JUCARA PALM、PALMITO、YAYIH
☼ ✤ ↔3.5～5.5m ↕6～12m

ブラジルの沿岸地域とアルゼンチンの隣接地およびパラグアイ原産。細長く、通常は単幹のヤシで、緑色の滑らかな幹を持つ。葉は美しく分裂し、120～150の小葉が下垂する。花は紫色で、花後には小形で丸い暗紫色の果実が房状に実る。*E. edulis*はもっとも美味な芯を産出する。ゾーン：11～12

Euterpe oleracea
一般名：ワカバキャベツヤシ
英　名：ASSAI PALM、ACAI、MANAC、NAIDI、PINOT
☼ ✤ ↔3.5～5.5m ↕6～8m

ブラジルのアマゾン地域の低地、南アメリカ極北部およびコロンビア西部原産。高く細長い幹が叢生するヤシで、赤みがかった幹から羽状複葉が下垂して樹冠を形成する。水気が多く黒紫色の果実は甘い飲み物アサーイの主原料で、アマゾン河口地域の主要産物。缶詰産業で使用されるパルメットヤシの芯の主原料にもなる。
ゾーン：11～12

EVOLVULUS
(エウォルウルス属)

エウォルウルス属は約100種からなり、大半がアメリカの熱帯や温暖な地域の原産で、ヒルガオ科に属する。一年生、多年生、もしくは亜低木で、匍匐性のものもあるが、よじ登り植物ではない。葉は小さく単葉で、細いものもある。花序は葉腋もしくは茎頂につき、それぞれ1個から数個の花がつく。花には5枚の小さな萼片がつく。花冠はじょうご形から平面状で、青、ピンクまたは白色。葉縁は欠刻があるものと全縁のものがある。乾燥したさく果は球形から卵形で、1～4個の小さな種子が含まれる。

〈栽培〉

日なたの水はけの良い土壌でよく育つ。繁殖は根の株分けまたは挿し木から行なう。より短命の種は種子から容易に育つ。

Evolvulus glomeratus
異　名：*Evolvulus pilosus*の園芸種
一般名：エボルブルス・グロメラツス、アメリカンブルー
☼ ✤ ↔60～90cm ↕25～45cm

ブラジルおよびその近隣諸国原産。常緑の多年生植物。葉は多数の根茎から出て密集した小山を形成する。葉は灰緑色で柔らかいシルク状の毛が生える。長期にわたり鮮やかな青色の花が多数咲く。花の中心部は白色で、花径は約25mm。開花期は春から秋。高温気候地域では午後はしおれる。'**ブルー デイズ**'、'**ハワイアン ブルー アイ**'、および'**サファイア**'の名で販売されているが、これらが異なる品種かどうかは疑問が残る。ハンギングバスケットで栽培することもある。ゾーン：9～11

EXACUM
(エキウム属)

東半球の熱帯地域原産。リンドウ科に属し、虚弱な一年生、二年生および多年生植物が約25種含まれる。葉は対生、卵形から楕円形で、無柄のものもある。花は葉の多い茎に房咲きし、芳香性のものもある。花は細い管状器官が5枚の平らな花被片に張り出し、黄色い雄ずいが突出する。

〈栽培〉

温帯地域では室内またはコンサバトリーの鉢植え用植物として人気が高い。日当たりの良い場所で、水はけが良く湿気がある鉢用混合土で栽培する。屋外で花壇用一年生植物として栽培することもできるが、永久的な屋外栽培は湿潤熱帯および亜熱帯地域にのみ適する。繁殖は種子から行なう。

Exacum affine
一般名：エキザカム・アフィネ、ベニヒメリンドウ
英　名：GERMAN VIOLET、PERSIAN VIOLET
☼ ✤ ↔30cm ↕30～45cm

紅海の入口にあるソコトラ島原産。一年生または短命の多年生植物で、先端が尖った卵形の葉を持つ。春から秋にかけて、空色から薄紫色、濃紫色の小柄で香りの良い花をつける。ゾーン：10～12

Evolvulus glomeratus

Exochorda giraldii

Exacum affine

Exochorda racemosa

異　名：*Exochorda grandiflora*
一般名：リキュウバイ、バイカシモツケ、ウメザキウツギ
英　名：COMMON PEARL BUSH、PEARL BUSH

☼ ❄ ↔3m ↕3m

中国北東部原産の低木。成熟期には球形に密生し、直立し湾曲したシュートが基部から多数出る。花芽はミニチュアの白真珠のようで、開くと純白で蝋質の花となり良い香りを放つ。
ゾーン：4〜9

Exochorda giraldii

一般名：エクソコルダ・ギラルディー

☼ ❄ ↔3m ↕3m

中国北西部原産。多花性の低木で、湾曲して広がる習性を持つ。葉は緑色で葉脈は赤色。晩春に白い花が咲く。*E. g.* var. *Wilsonii*より直立で、花径約5cmの花がつく。
ゾーン：5〜9

Exochorda × *macrantha*

一般名：オオリキュウバイ
英　名：PEARL BUSH

☼ ❄ ↔3m ↕2m

丈夫に育つ交雑種で、*E. korolkowii*と*E. racemosa*を交雑したもの。*E. racemosa*に酷似している。晩春には豊富な総状花序に純白の花が咲く。'ブライド'★はコンパクトな低木で、丈は約1.8m。わずかに下垂する習性を持ち、春には湾曲した枝に大形の白い花が咲く。
ゾーン：5〜9

Exochorda serratifolia

一般名：ヤナギザクラ
英　名：KOREAN PEARL BUSH

❄ ↔2m ↕2.4m

朝鮮半島および中国の隣接地域原産。直立する習性を持つ低木。鋸歯のある葉は、下面にうぶ毛が生え、葉長は約8cm。早春にはまばらな総状花序に花径35mmほどの花がつく。
ゾーン：5〜9

Exochorda serratifolia

Exochorda × *macrantha*

EXOCARPOS
（エクソカルポス属）

ビャクダン科エクソカルポス属には低木および小高木約26種が含まれ、そのうち約半分がオーストラリアの在来種で、残りはフィリピン、ニュージーランドからハワイに分布する。他の植物の根に半寄生する。葉は主として互生で、時として対生のものもあり、大半は成熟期においても小型で鱗片状。花は極小で短い穂状花序につく。果実は小さな石果で膨張した柄に実り、熟すと多肉の食用となる。オーストラリア先住民の食料源で、早期の移住者たちも摂取していた。種の多くは、一度定着すると非常に耐寒性が強い。露出された沿岸地域から山岳地帯、半乾燥地域と育成地は幅広い。枝が美しく下垂しているため、特に高く評価される。

〈栽培〉
エクソカルポス属は庭での栽培が非常に困難だということが判明している。種子からの繁殖が容易かどうかは分かっていない。根の挿し木はもっとも確実だが、大半は短命。*E. cupressiformis*の栽培方法を発見するための研究プロジェクトが、現在オーストラリアのメルボルン大学で実施されている。

Exocarpos cupressiformis

英　名：CHERRY BALLART、NATIVE CHERRY

☼ ❄ ↔3m ↕8m

オーストラリア南東部原産。直立から広がる高低木または小高木で、優美に下垂する枝を持つ。葉は減衰し小さな鱗片状。夏季には短い穂状花序に微細なクリーム色の花がつく。果実は堅く灰色で、多肉質の赤い柄のくぼみ部分につく。
ゾーン：8〜11

EXOCHORDA
（ヤナギザクラ属）

英　名：PEARL BUSH

アジア北部および中部原産。バラ科に属し、落葉性低木約4〜5種が含まれる。現在では、*E. racemosa*を優先するために、ヤナギザクラ属を単一で変異に富む種とすることを好む植物学者もいる。魅力的な春咲きの低木で、多くは湾曲した枝につき、蝋質の白い花がついた花網状で、葉腋もしくは枝頂に総状花序がつく。葉は単生で互生。

〈栽培〉
栽培は容易。冷温帯気候の四季が明確な地域で、適度に肥沃で水はけの良い土壌と日なたで保護された場所を好む。石灰質土壌では退緑することがある。晩冬に基部のシュートを3分の1ほど剪定する。花後は花がら摘みをする。春季に温暖湿潤環境で播種すると発芽しやすい。カバーを施し、夏または秋に採取した緑枝の先端または半熟枝の挿し木により根付く。冬季に剪定した熟枝で繁殖させることもできる。

Exocarpos cupressiformis

Exochorda racemosa

F

Fagus grandifolia

FABIANA
（ファビアナ属）
ナス科に属し、約25種の低木が含まれる。南アメリカの暖温帯、特にチリとアルゼンチンに見られる。葉は小柄で重なり合い、針状から細い三角形。通常は濃緑色。薄色の花は筒形で、南アフリカのツツジ類に似ている。一般に白色から薄ピンク色の花が咲く。開花期は夏。

〈栽培〉
大半の種が軽度から中度の霜に耐性があるが、温暖な冬を好む。冬季に水はけが良ければ、他に土壌に気遣う必要はない。これらの魅力的な低木は半熟枝の挿し木により繁殖が容易にできるが、意外とあまり栽培されていない。

Fabiana imbricata
ファビアナ・インブリカタ
英　名：PICHI
☀ ❄ ↔2m ↕2.4m
チリ種。葉は濃緑色で、幼年期は細かいうぶ毛で覆われる。茎の上部3分の1を筒形の花が埋め尽くす。花は白色から薄ピンク色で、開花期は夏。*F. i. f. violacea*の花は藤色から薄紫色。*F. i.* '**プロストラタ**'は成長が遅い栽培品種。
ゾーン：8〜10

FAGUS
（ブナ属）
英　名：BEECH
ヨーロッパおよびイギリス諸島原産で、温帯アジア、北アメリカ、中国、日本にも分布する。ブナ科に属する。地上付近から枝をつけ、滑らかな薄緑色の葉をつける落葉性種が約10種含まれる。水平に広がる大枝が葉の層を作り、滑らかで銀灰色の樹幹を日焼けから保護する。晩秋から冬季の落葉前に、葉は金茶色もしくは銅赤色に紅葉する。花芽の先端は鋭角で、茎に斜めにつく。刺に覆われた果実には、三角形の堅果が2個含まれる。ブナを生垣にしたすばらしい見本はヨーロッパ各地に見られる。

〈栽培〉
風除けがある庭の、水はけが良くかなり肥沃な土壌で栽培する。樹木が定着するまでは夏季に湿気を保つ必要がある。ある程度の大気汚染には耐性がある。繁殖は新鮮な種子または接ぎ木により行なう。

Fagus orientalis

Fagus crenata
一般名：ブナ、シロブナ、ソバグリ
英　名：JAPANESE BEECH
☀ ❄ ↔6m ↕9m
日本原産。温帯地域においては重要な落葉高木。樹皮は灰色。葉は卵形で下面は薄緑色。幼年期の葉縁は波打ち有毛。下面の葉脈も有毛。
ゾーン：6〜9

Fagus grandifolia
一般名：アメリカブナ
英　名：AMERICAN BEECH
☀ ❄ ↔10m ↕24m
カナダおよびアメリカ合衆国東部原産。落葉性で樹幹が直線的な高木で、大きく樹冠を広げる。夏季の冷涼気候下ではじゅうぶんに成長しない。吸枝を作ることもある。
ゾーン：4〜8

Fagus japonica
一般名：イヌブナ、クロブナ
英　名：JAPANESE BLUE BEECH
☀ ❄ ↔8m ↕24m
日本の本州、四国および九州の山岳地帯原産。落葉性の高木で、卵形の葉の下面には宿存性の軟毛がつく。幼年期には両面とも有毛。
ゾーン：6〜8

Fagus orientalis
一般名：オリエントブナ
英　名：ORIENTAL BEECH
☀ ❄ ↔12m ↕30m
アジア南西部、バルカン諸国およびコーカサス地方に生息する。成長が早い高木で、栽培種はより小型。樹幹には縦溝があり、樹皮は濃灰色で平滑。分岐した枝が多数つく。葉は卵形で脈が目立つ。花芽はオレンジ色で顕著に広がる。
ゾーン：6〜9

Fagus sylvatica
一般名：セイヨウブナ、ヨーロッパブナ
英　名：COMMON BEECH, EUROPEAN BEECH
☀ ❄ ↔15m ↕30m
ヨーロッパおよびイングランド南部原産の落葉高木。優美な葉は脈が目立ち、日陰を提供する。幹は直線的で、平滑な樹皮は灰色。秋季には、葉が黄金色、オレンジ色、茶色へと色変わりする。果実は刺に覆われる。*F. s.* var. *heterophylla* '**アスプレニイフォリア**'の葉は細く先端が尖る。*F. s.* f. *pendula*は下垂形のブナで、下垂した太い枝をつける。*F. s.* f. *tortuosa*にはねじれた枝がつく。*F. s.* '**アルボマルギナタ**'は斑入りの葉をつけ、'**クプレア**'の葉は赤茶色。'**ドービック**'は直立形の高木で、セイヨウハコヤナギに類似している。'**ドービック　ゴールド**'は葉の先端が黄金色で、'**ドービック　パープル**'は紫色系の葉をつける。'**ファスティギアタ**'の濃緑色の葉は部分的に黄金色に色づく。'**プルプレア**'★のくすんだ緑色の葉は紫色に色変わりする。'**プルプレア　ペンドゥラ**'の葉は下垂形。'**ケルキナ**'は刺に覆われた薄赤茶色の堅果をつける。'**リヴェルシー　パープル**'★の葉はほぼ黒色。'**トリコロル**'は成長が遅く、葉は緑色で覆輪はピンク、斑は白色。
ゾーン：5〜9

Fabiana imbricata

Fagus sylvatica 'プルプレア'（冬）

F. sylvatica 'プルプレア'（春）

F. sylvatica 'プルプレア'（夏）

Fagus sylvatica 'Purpurea Pendula'

Fagus sylvatica 'Dawyck Gold'

Fagus sylvatica 'Quercina'

Fagus sylvatica 'Albomarginata'

Fagus sylvatica f. *tortuosa*

Fagus sylvatica f. *tortuosa*

Fagus sylvatica の自生種、スウェーデン

Fagus sylvatica f. *fastigiata*

Fagus sylvatica f. *pendula*

FALLOPIA
（ソバカズラ属）

異　名：*Polygonum*

英　名：FLEECE VINE、KNOTWEED、SILVER LACE VINE

タデ科ソバカズラ属には、木質茎を持つ一年生もしくは多年生草本が150種ほど含まれ、北半球の温帯地域各地に分布する。小さなじょうご形の花が、葉腋または枝頂の円錐花序または穂状花序につく。2～3カ所の角がある堅果に似た果実が実る。

〈栽培〉

日なたまたは日陰で、水はけの良い園芸用の土壌であれば育つが、湿気が多い条件の方がよく成長する。繁殖は秋から春に播種または株分けによって行なう。つる性植物は夏季に半熟枝から繁殖させる。侵襲的になり得る。

Fallopia baldschuanica

異　名：*Bilderdykia baldschuanica*、*Polygonum baldschuanica*

英　名：MILE-A-MINUTE VINE、RUSSIAN VINE

↔6～12m ↕6～12m

イラン原産。丈夫で木質の落葉性つる植物。薄緑色の心臓形の葉が長い柄につく。夏から秋に、広がり下垂する円錐花序に、ややピンクに色づく白い花がつく。

ゾーン：3～8

Fallopia japonica

異　名：*Polygonum japonicum*、*Reynoutria japonica*

一般名：イタドリ

英　名：JAPANESE KNOTWEED、MEXICAN BAMBOO

↔0.9～2m ↕0.9～2m

日本原産。非常に強健な吸枝と根茎を持つ多年生植物。かなり侵襲性がある。葉は卵形で、柄は短い。晩夏から秋に、極小の乳白色の花が派手な円錐花序につく。*F. j.* var. *compacta*（syn. *Polygonum reynoutria*）はコンパクトな品種で、葉はほぼ円形。ピンク色から赤系の花がつく。*F. j.* 'スペクタビリス'の葉は赤色で、黄色のまだら斑が入る。

ゾーン：3～8

FARFUGIUM
（ツワブキ属）

異　名：*Ligularia*、*Senecio*、*Tussilago*

東アジア原産。キク科に属し2種のみが含まれる。美しい常緑の多年生植物で、葉は大型で濃緑色の腎臓形。秋から冬に黄色いヒナギク状の花が群生する。

〈栽培〉

耐寒性があり、温帯地域の冷たく湿気があり腐植質に富んだ土壌で容易に栽培できる。湿潤地域でも育つが、森林地帯の水はけの良い場所が好ましい。日なたに耐性はあるが、半日陰のほうが葉は豊かに茂る。寒冷気候地域では室内の鉢植物に適する。繁殖は晩冬から春に株

Fallopia japonica var. *compacta*

分けによって行なう。

Farfugium japonicum
異　名：*Ligularia tussilaginea*
一般名：ツワブキ
☀ ❄ ↔60〜100cm ↕60〜100cm
日本原産。常緑の多年生草本。一般的に栽培されている唯一の種。葉は大きく腎臓形で鮮やかな緑色。冬季に、間隔のあいた黄色の舌状花をつける。'アルゲンティウム'の葉には白覆輪が入り、'アウレオマクラツム'★（ツワブキ）の葉には不規則な黄色い斑が入る。'クリスパツム'（syn.'クリスタタ'）の葉は緑色で、葉縁にはしわがあり波立つ。
ゾーン：8〜11

FARGESIA
（ファルゲシア属）
イネ科ファルゲシア属はヒマラヤ竹の属で、4種からなるが栽培品種もいくつかある。大半がコンパクトで叢生し、広がらないため侵襲性は無い。細い茎は葉で覆われる。密生して光を通さないほど群生し、生垣または柵として有用。花後に枯れるため、園芸種の標本では花はほとんど見られない。広大な場所の観賞用として価値がある。

× *Fatshedera lizei*

Fatsia japonica

〈栽培〉
軽度の霜には耐性があり、温和な温帯気候地域の日なたまたは日陰で、湿気があり腐植質に富み水はけの良い土壌でよく育つ。唯一要求される手入れは、必要な時に古い木質茎を間引くことである。繁殖は株分けから、もしくは入手できれば種子から行なう。

Fargesia murieliae★
ファルゲシア・ムリエリアエ
異　名：*Sinarundinaria murieliae*、*Thamnocalamus spathaceus*
英　名：UMBRELLA BAMBOO
☀ ❄ ↔0.6〜1.2m ↕3〜3.5m
中国西部および中部原産の耐寒性のある竹。ジャイアントパンダの重要な食料となる。葉は細く澄んだ黄緑色で、頂部は延々と伸びる。稈には節があり直径約12mm、黄緑色から徐々に黄色に薄れていく。'ヘアウッド'は矮小形で、'ジャンボ'は丈が高く、葉幅が広い。'シンバ'の丈は1.8mほどで、'タイム'は高さ約1.5m。
ゾーン：5〜10

Fargesia nitida
ファルゲシア・ニティダ
異　名：*Sinarundinaria nitida*
英　名：FOUNTAIN BAMBOO
☀ ❄ ↔0.6〜1.2m ↕3〜3.5m
中国中部原産。稈は紫色で、直径約12mm。分岐は2年目から起こり、宿存性で紫緑色の葉鞘をつける。細く粗く先細りの葉は濃緑色で滝のように下垂する。'アンセプス'の葉は細く、より広がる習性がある。'ドゥ ベルダー'の丈は低く、稈は紫色。'アイゼナエ'は直立で、稈は紫色。'マクルーア'の高さは5.5mにも及ぶ。'ニンフェンブルグ'の葉は細い。
ゾーン：5〜10

×FATSHEDERA
（×ファトスヘデラ属）
2属間交雑種の数少ない例のひとつ。フランス原産で、現在ではヨーロッパに分布している。大西洋地域のツタ（*Hedera hibernica*）と日本のヤツデ（*Fatsia japonica*）を交雑したもので、ウコギ科に属する。不規則に広がる独特の常緑つる性低木またはそれらの小形種。花は些細で不稔のため、観葉植物である。
〈栽培〉
半日陰または日陰の、湿気があり水はけの良い土壌で容易に栽培できる。湿気さえあれば手をかけなくても育つ。多少広がる習性があるので、コンパクトで直立した状態を保つためには定期的に若芽を摘み取る。不稔のため繁殖は挿し木から行なうが、地面に接した部分から自然に発根する場合もある。

×*Fatshedera lizei*
一般名：×ファトスヘデラ・リゼイ
☀/☽ ❄ ↔2.4m ↕1.8m
ヨーロッパ原産。茎の多い低木。葉には深い欠刻があり掌状で、光沢があり鮮やかな緑色。秋季には緑白色の花が小さな花房につく。ハエが授粉するため花は取り除いたほうがよい。'アンネマイク'の葉は黄色で、'ワリエガタ'の葉にはクリーム色の覆輪が入る。ゾーン：7〜11

FATSIA
（ヤツデ属）
朝鮮半島、日本および台湾の湿気がある沿岸の森林地帯原産。ウコギ科に属し、厚手の葉を持つ小高木または低木3種のみが含まれる。基部から吸枝を発して成長する傾向があるため、増殖を望まない茎は取り除く。大気汚染および塩分がかかることや中程度の霜には耐性がある。斑入りの栽培品種はやや耐寒性に劣る。室内またはコンサバトリー用の観葉植物、あるいは中庭やテラス用の標本植物に適する。
〈栽培〉
日なたまたは半日陰で湿気を保つ土壌を好む。温暖気候地域では、樹木の下で栽培する。日陰では乾燥した栄養不足の土壌にも耐性があるが、より肥沃な土壌が好ましい。寒冷地域では、壁などによる保護が必要となる。温室の鉢植えの場合、ローム質の用土を使用し、定期的に施肥し、成長期は灌水する。繁殖は秋季に播種するか、挿し木または高取り法によって行なう。

Felicia amelloides

Fatsia japonica
異　名：*Aralia japonica*、*A. sieboldii*
一般名：ヤツデ
英　名：FATSIA, JAPANESE ARALIA
☀/☽ ❄ ↔1.8〜3.5m ↕1.8〜3.5m
韓国および日本原産。濃緑色の葉は光沢があり7〜11裂で、大半は鋸歯があり掌状。晩夏から秋に乳白色の花が丸い花房につく。果実は緑色で、春までに熟して黒ずむ。'アウレア'は黄色の斑入り。'マルギナタ'の葉は灰緑色で白覆輪が入り、深い切れ込みがある。'モセリ'はよりコンパクトで強健で、大形の葉をつける。'ワリエガタ'の葉は切れ込みが深くクリーム色の覆輪が入る。ゾーン：8〜11

FELICIA
（ルリヒナギク属）
キク科に属し、一年生、多年生の亜低木および低木、約83種が含まれる。低木と亜低木は常緑で、アラビア半島、アフリカの熱帯地方および南部原産。日当たりが良く低湿度の広々とした場所を好み、大半が霜無しで降雨量が少ない条件を必要とする。主に黄色の管状花を伴う青色の花が咲く。藤色、ピンク、白色の花がつく新しい品種も多数ある。低木品種は一年生のコンテナ用および中庭用植物として人気が高い。寒冷地域では温室で越冬させる。
〈栽培〉
屋外の適度に肥沃な土壌で育つが、長期にわたる湿潤条件では枯れることがある。コンテナの場合は水はけを良くするためローム質の用土が必要となる。繁殖は春に播種するか夏に茎頂部の挿し木をし、霜無しの場所で越冬させる。

Felicia amelloides
異　名：*Agathaea coelestis*、*Felicia aethiopica*
一般名：ルリヒナギク、ブルーデージー
英　名：BLUE DAISY, BLUE MARGUERITE
☀ ❄ ↔60cm ↕40〜60cm
夏に開花する南アフリカの低木で、匍匐性と直立性がある。細毛のある葉は薄緑色。単生の花は鮮やかな黄色の管状花で、薄青色から濃青色の舌状花がつく。'ブルー アイズ'には濃青色の花が咲く。'サンタ アニタ'は多花性で、より耐寒性がある。ゾーン：9〜10

Felicia filifolia
一般名：ワイルドアスター
英　名：WILD ASTER
☀ ❄ ↔90cm ↕90cm

南アフリカ原産の常緑性低木。緑色の葉は針状の線形で互生に配列される。春には、黄色い管状花を伴う藤色から白色の花が茎の葉腋に多数つく。
ゾーン：9～11

Felicia fruticosa
☀ ❄ ↔90cm ↕90cm

南アフリカ原産の常緑性低木。線形の葉が密集する。黄色い管状花にピンク、紫または白色の舌状花がつく。果実は有毛。花を春から夏まで長持ちさせるために花がら摘みをする。
ゾーン：9～11

FENESTRARIA
（フェネストラリア属）

ナミビア南部および南アフリカの隣接地域原産。ハマミズナ科に属し、1種のみ。地中に多肉質の葉、茎および根が叢生する。葉は棍棒状で先端は透明なレンズ状。野生種においては開花するまではすべてが地上で見られる。日光が「レンズ」を透過し、内部にある葉の光合成組織に集中する。通常、花は単生で、花弁は黄色または白色。さく果は8～16室に分裂し、完全に分離され地面に吹き飛ばされると種子を散布する（「回転しながら播種する」果実）。

〈栽培〉
日なたで低湿度の場所を必要とし、秋から冬は灌水をまったく必要としない。野生種においてはほとんどが地下に存在し、完全に曝露された状態で葉をつけることもあるが、湿気と根腐れを防ぐためには完全に覆いをかけた場所で育てるのが最良である。繁殖は種子または挿し木により行なう。

Fenestraria rhopalophylla
一般名：群玉
英　名：BABY'S TOES、WINDOW PLANT
☀ ❄ ↔15～25cm ↕10～15cm

南アフリカ原産。無茎で多肉質、ほとんど地下に存在する常緑の多年生植物で、マットまたは1つの群を形成する。滑らかで蝋質の葉は棍棒形で対生し、密集したロゼットを形成する。先端は平らで透明なレンズ状。白色から黄色の花が単生あるいは3個ずつ長い柄につく。花弁と雄ずいは多く、開花期は真冬から早春。莢には円錐形で白みを帯びた茶色の種子が含まれる。
ゾーン：8～11

FEROCACTUS
（フェロカクトゥス属）
英　名：BARREL CACTUS

アメリカ合衆国南西部の半乾燥地域と、メキシコ、特にバハカリフォルニア州の原産。樽形のサボテン29種からなる。属名は強く丈夫な刺に由来する。荒々しいかぎ状の刺が多い。フェロカクトゥス属は、成長点が無毛なことで近縁のエキノカクタス属と区別される。大半が単幹で枝も少ないが、マットを形成し、巨大な面積に広がるものもある。茎は球形、円柱形、樽形。稜は少ないものから多いものまであり、深く目立つものもある。通常、大きな刺座には腺があり、蜜を分泌し、蟻や他の昆虫を誘引する。花は成長点付近につき、短いじょうご形または鐘形で鱗片が目立つ。莢は楕円形から球形で、成熟期には水分の多いものと乾燥したものがある。

〈栽培〉
肥沃で非常に水はけが良く、鉱物を多く含んだ土壌で比較的容易に栽培できる。温暖月には適度に灌水するが冬季には休眠する。刺の配列を良くするためには、日なたで低湿度の条件が不可欠。主に単幹で、大半が種子から成長する。

Ferocactus alamosanus
一般名：瑠璃丸
☀ ❄ ↔30cm ↕100cm

メキシコ原産。通常は単幹で刺が密集し、先が細く尖った12～20本の稜がつく。稜は直線的または湾曲している。刺は黄色の針状で、中刺と8～12本の側刺がつく。花はじょうご形で緑黄色。莢は楕円形。*F. a.* subsp. *reppenhagenii*には12～18本の稜があり刺座が融合している。
ゾーン：9～11

Felicia fruticosa

Felicia filifolia

Fenestraria rhopalophylla

Ferocactus cylindraceus
異　名：*Ferocactus acanthodes*, *F. lecontei*, *F. tortulispinus*
一般名：鯱頭
英　名：CALIFORNIA BARREL CACTUS, COMPASS CACTUS
☀ ❄ ↔50cm ↕3m

アメリカ合衆国のカリフォルニア州南部、ネバダ州、ユタ州およびアリゾナ州と、メキシコのバハカリフォルニア州およびソノラ州原産。単幹で球形から円柱形。疣を伴う20～30本の稜がある。稜はわずかに波立ち、斜めになる。刺は白、黄、赤または灰色で、中刺が10本、側刺は4～12本。花は鐘形で、赤、黄またはオレンジ色。莢は黄色。*F. c.* subsp. *lecontei*の中刺は直線的でかぎ形ではないが、茎に押し付けられたような角度で生える。
ゾーン：9～11

Ferocactus emoryi
異　名：*Ferocactus covillei*
一般名：江守
☀ ❄ ↔0.9m ↕2.4m

アメリカ合衆国アリゾナ州中部、メキシコのソノラ州、シナロア州および南バハカリフォルニア州原産。単幹で、球形から円柱形、薄色から青緑色で、15～30本の稜がある。幼年期はあきらかに疣がある。刺は白系から赤色系で、1本の中刺に7～9本の側刺がつく。じょうご形の花は穏やかな赤褐色から赤色で、やや黄色みを帯びる。莢は楕円形。*F. e.* subsp. *rectispinus*の茎は小形で21本の稜がある。
ゾーン：9～11

Ferocactus glaucescens ★
一般名：王冠竜
☀ ❄ ↔50cm ↕45cm

メキシコのヒダルゴ州原産。単幹から多茎のものがあり、先端はわずかにくぼむ。粉状の薄青がかった灰緑色で、12～17本の稜があり、疣は無く、刺座は長く融合する。刺は突き錐状で黄色く、1本の中刺に6～7本の側刺がつく。花は鐘形で黄色。莢は球形で白色系または黄色系。
ゾーン：9～11

Ferocactus gracilis
一般名：刈穂玉
英　名：FIRE BARREL CACTUS
☀ ❄ ↔30cm ↕1.5m

メキシコのバハカリフォルニア州原産。単幹で、球形から円柱形の濃緑色。16～24本の稜があり、わずかに疣がある。刺は赤色で先端が黄色。7～13本の中刺のうち主要なものは4本で、8～12本の側

Ferocactus alamosanus subsp. *reppenhagenii*

Ferocactus cylindraceus

Ferocactus emoryi

Ferocactus histrix

Ferocactus gracilis

Ferocactus herrerae

Ferocactus glaucescens

Ferocactus latispinus

刺がつく。花はじょうご形で赤色。萼は楕円形で黄色。*F. g.* subsp. *coloratus*（神仙玉）はまれに100cmほどに成長する場合があり、もっとも太い中刺は直径6mmを超えることがある。
ゾーン：9〜11

Ferocactus herrerae
異　名：*Ferocactus wislizenii* var. *herrerae*
一般名：春楼（シュンロウ）
↔45cm ↕2m
メキシコのシナロア州、ソノラ州およびドゥランゴ州原産。単幹で、13本の深い稜はらせん状で疣がある。刺は成長の度合いにより異なり、6本の中刺に数本の側刺がつく。じょうご形の花は黄色で、花弁の中央に赤い線が入り、長さと幅は約6cm。萼は楕円形で黄緑色。
ゾーン：9〜11

Ferocactus histrix
一般名：文鳥丸（ブンチョウマル）
↔80cm ↕120cm
メキシコ中部原産。単幹で、つぶれた球形から短い円柱形で、茎の上部は大きくくぼみ有毛。稜は20〜40本で、刺座ははば融合している。丈夫な刺は黄色で、成長と共に灰色になる。1〜4本の中刺に6〜9本の側刺がつく。花は鐘形で黄色。萼は多肉質で黄色。
ゾーン：9〜11

Ferocactus latispinus ★
一般名：日の出丸（ヒノデマル）
↔40cm ↕30cm
メキシコ中部ほぼ全域原産。単幹、薄緑色で球形から平らな形状。大きな疣のある稜が20本以上つく。刺は赤色系、黄色系あるいは白色で、4本の中刺に5〜15本の側刺がつく。じょうご形の花は紫がかったピンク色または黄色で、ぎざぎざの苞葉が密生して覆う。萼は楕円形で鱗片に覆われる。
ゾーン：9〜11

Ferocactus robustus
一般名：勇壮丸（ユウソウマル）
↔2m ↕0.9m
メキシコのプエブラ州南東部原産。通常は、球形から棍棒形の濃緑色の茎が大きく群生する独特の種。8本ほどの稜には疣があり、刺座間は離れている。刺は赤色系、紫色系または黄褐色。4〜7本の中刺はまっすぐに直立し、10〜14本の側刺がつく。上部の側刺は中刺に類似し、下部は剛毛状で白色。花は黄色でじょうご形。萼は球形の多肉質で黄色。
ゾーン：9〜11

Ferocactus wislizeni
一般名：金赤竜（キンセキリュウ）
英　名：ARIZONA BARREL CACTUS, CANDY BARREL CACTUS
↔80cm ↕3m
アメリカ合衆国アリゾナ州中部および南部、ニューメキシコ州南部、テキサス州南西部、およびメキシコ北西部原産。単幹で大型、稜は20〜30本あり、わずかに疣がある。幼年期は刺座間は離れているが、成長と共に融合する。刺は変異に富み、白色、赤色から灰色で、4本の中刺に12本ほどの側刺がつく。花はじょうご形で黄色から黄みがかったオレンジ色。楕円形の萼は緑色で、熟すと黄色に変わる。メキシコのセリ族は、刺を釣り針として、果肉は砂糖菓子に、ドライフラワーはフェイスペイントに使用していた。
ゾーン：9〜11

FESTUCA
（ウシノケグサ属）
英　名：FESCUE
イネ科ウシノケグサ属には約300種が含まれ、世界各地に分布している。大半が小さく控えめな植物で、葉の色彩と派手な羽毛状の花に観賞用の価値がある。商用または実用として良質な芝草、特に高品質な商用の芝草となる。通常、葉は中央脈に沿って巻き、非常に細く髪の毛状になるものもある。花は一般に葉より丈が高く羽毛状で広がる。

〈栽培〉
耐寒性は種により異なるが、温帯地域では、ほとんどの種は室内栽培すれば大半の土壌であまり手をかけずに栽培できる。長期間水はけの悪い土壌でも耐性がある種もある。日なたまたは半日陰に植える。芝草として栽培する場合、年に1度はサッチを取り除き、通気を良くすることを好む。常緑だが、高温条件ではよく灌水し、あまり頻繁に刈り取らないようにする。繁殖は叢生部の株分けまたは種子から行なう。

Festuca amethystina
英　名：LARGE BLUE FESCUE, TUFTED FESCUE
↔25cm ↕45cm
ヨーロッパ中部および東部原産。叢生する多年生草本で、くすんだ灰緑色の葉を持つ。初夏には、紫がかった緑色の小さな花が穂状花序につく。
ゾーン：4〜9

Festuca californica
フェストゥカ・カリフォルニカ
英　名：CALIFORNIA FESCUE
↔60cm ↕60〜90cm
アメリカ合衆国カリフォルニア州原産。葉は緑色から鮮やかな青色で、1度霜が降りると、青色の品種は紫色になる。夏季には、ややクリームがかった緑色の花が穂状花序につく。'サーペンタイン ブルー'★（カリフォルニア州の青いウシノケグサ属種）の葉は鮮やかな銀色で、秋には赤紫に色変わりする。日なたで栽培すると良い。
ゾーン：5〜9

Festuca filiformis
英　名：FINE-LEAFED SHEEP'S FESCUE, HAIR FESCUE
↔20cm ↕38cm
北アメリカ種。短く細い葉は緑色から青緑色で、髪の毛状。夏季には緑色もしくは薄紫色の花が円錐花序につく。花茎は針金状。ゾーン：4〜9

Festuca glauca
フェストゥカ・グラウカ
英　名：BLUE FESCUE, GRAY FESCUE
↔25cm ↕30cm
ヨーロッパ各地原産。密生し群生する常緑性草本。滑らかで青緑色の葉が頂部を覆う。盛夏にクリーム色の花が葉より上部の穂状花序につく。'ブラウフォクス'（青キツネの意味）★の葉は濃いパウダーブルーで、先端はクリーム色。'ブラウグルード'（syn.ブルー グロウ）は叢生し、葉は鮮やかな銀青色。'イライジャブルー'の葉はくすんだパウダーブルーで、

Festuca californica

Festuca longifolia

非常にコンパクトな形状。'ゼーイーゲル'（syn.シー アーチン）は刺状の微細な葉が直立する。葉は青緑色で、非常にコンパクトな形状。
ゾーン：4〜10

Festuca idahoensis

☼/◐ ❄ ↔30cm ↕38cm
カナダ西部およびアメリカ合衆国北西部原産。密集し *F. glauca* より長命となる。中心は枯れない傾向がある。葉は青緑色から銀青色。夏季にはクリーム色の花が穂状花序につく。湿潤条件には耐性がある。
ゾーン：3〜8

Festuca longifolia

英 名：HARD FESCUE
☼/◐ ❄ ↔40cm ↕60cm
温帯地域北部のほぼ全域に分布する。牧草および芝草として人気が高い。葉は鮮やかな緑色。夏季には、淡黄褐色の円錐花序が針金状の長い茎につく。冷涼気候が最適。
ゾーン：5〜9

Festuca ovina

一般名：ウシノケグサ
英 名：SHEEP'S FESCUE
☼/◐ ❄ ↔40cm ↕60cm
叢生する種で、温帯地域北部に非常に広範囲にわたり分布する。芝草に使用されることもある。夏季には、微細な青緑色の葉と同色系の円錐花序が針金状の長い茎につく。
ゾーン：5〜9

Festuca glauca

Festuca pratensis

Festuca pratensis

一般名：ヒロハノウシノケグサ
英 名：MEADOW FESCUE, WESTERN FESCUE
☼/◐ ❄ ↔40cm ↕60cm
成長が早い種で、温帯地域北部、特に北アメリカ西部に分布する。葉は微細で、夏季には円錐花序に花がつく。花は乾燥させるとゴールドがかった緑色になる。牧草に用いられることもあるが、多くの地域では侵襲的な雑草になり得ると考えられている。
ゾーン：5〜10

Festuca valesiaca

フェストゥカ・ワレシアカ
英 名：WALLIS FESCUE
☼ ❄ ↔15cm ↕15cm
密集し叢生する矮小形の草本で、ヨーロッパ中部原産。葉はくすんだパウダーブルー。盛夏には、青みがかった白色の花が葉より上部の穂状花序につく。水はけの良い土壌を必要とし、ロッケリーには理想的だが、高温条件には向かない。
ゾーン：5〜9

Festuca varia

☼/◐ ❄ ↔38cm ↕55cm
南ヨーロッパのアルペン種。葉は髪の毛状で芳香性があり、花は有毛で紫がかった青緑色の円錐花序となる。*F. v.* subsp. *scopari* にはうぶ毛があり先端は青色。
ゾーン：5〜9

Festuca glauca 'Elijah Blue'

Festuca glauca 'Seeigel'

FICUS

（イチジク属）
英 名：FIG

クワ科に属するが、開花および結実期はクワ科の他種とは異なる。イチジク属種は多様で、つる性植物や匍匐性植物から大型低木、大高木になるものもある。熱帯森林地帯のイチジク種の多くは「しめ殺し植物」の発育習性を示し、気根が「カーテン状」に下垂する、あるいは「バンヤンノキ」の成長形態を示す種もある。イチジク属は乳状の樹液を分泌し、大形の托葉が各小枝の先端を囲み、落葉する時はリング状の跡を残す。葉は極小から大形まで多様で、形状は変異に富む。多くの種が熱帯乾燥期に落葉する。「果実（イチジク）」の大きさもさまざまで、鳥類や哺乳類の食用となる。

〈栽培〉
F. carica は-6℃（21℉）程度の時折の霜には耐性があるが、他種は幼年期には保護されていれば軽い霜に耐性があるという程度である。イチジクは強健で成長が早く、小さな庭には合わないほど大きくなる。繁殖は種子、挿し木または高取り法により行なう。*F. carica* は食用のイチジクで、もっとも容易に繁殖ができる種。

Ficus aspera

一般名：クラウンフィグ
英 名：CLOWN FIG, MOSAIC FIG
☼ ✧ ↔2.4m ↕6m
太平洋の南西諸島原産。しめ殺し植物ではなく、紙やすり状のイチジク。葉はかなり粗く、表面はざらついている。'パーセリー'は、濃緑色の葉に、薄灰緑色、クリーム色、くすんだピンクの多様なモザイク柄が入る。斑はウィルスによるものである。
ゾーン：11〜12

Festuca varia subsp. *scoparia*

Festuca glauca 'Blauglut'

Ficus benghalensis
一般名：ベンガルボダイジュ、バンヤンジュ
英　名：BANYAN
☼ ⇡ ↔23〜120m ↕9〜12m

南アジアのイチジクでインドに広く分布する。巨大に広がる高木で、数百本あるいは数千本の樹木が小さな森林を形成することもある。葉は幅広で堅く、光沢があり濃緑色。無柄のイチジクの実は熟すとオレンジ色になる。ヒンズー教徒にとっては神聖な樹木で、インドの民俗学においても特別な樹木となる。'**クリシュナ**'も同様の大きさで、葉は内巻きの杯状。ゾーン：11〜12

Ficus benjamina
一般名：ベンジャミン、シダレガジュマル
英　名：BENJAMIN FIG, BENJAMIN TREE, WEEPING FIG
☼ ⇡ ↔15m ↕24m

熱帯アジア種で、観葉植物として人気が高い。葉は小形で光沢があり、下向きに尖り、頂端は急に細くなる。イチジクの実は濃赤褐色。*F. b.* var. *nuda* (syn. *F. b.* var. *comosa*) の大枝は丈夫で太く広

Ficus benghalensis

Ficus aspera 'Parcellii'

Ficus brachypoda

がり、枝は下垂しない。葉は先端が急に細くなり、オレンジ色のイチジクがつく。*F. b.* '**エキゾチカ**'★の葉は薄く、より先端が尖る。'**ゴールデン プリンセス**'の葉はレモンイエローに色づく。'**パンドラ**'の葉は小型で薄く、縁が波立つ。'**スターライト**'は'**ワリエガタ**'に似て、葉縁はクリーム色で灰緑色の斑点が入る。ゾーン：10〜12

Ficus brachypoda
異　名：*Ficus platypoda* var. *lachnocaulon*
英　名：ROCK FIG
☼ ⇡ ↔3〜9m ↕3〜9m

オーストラリア中部および北部の露出した岩場や乾燥地域に広く分布する。葉は厚く、大きさは変異に富む。イチジクの実は黄色から赤色で、1年の大半実をつける。ゾーン：9〜12

Ficus carica
一般名：イチジク、トウガキ
英　名：EDIBLE FIG
☼ ⇡ ↔4.5m ↕10m

5千年以上も前からアジア西部で栽培さ

Ficus carica

Ficus deltoidea

Ficus benjamina 'Starlight'

Ficus benjamina

れている。原産地は不明。落葉高木で、丸形の樹冠を広げる。樹皮は平滑で銀灰色。葉は3〜5裂で鋸歯縁。極小の花が咲く。果実は紫茶色。乾燥イチジクに用いられる。長く温暖な夏、乾燥した大気、低度から中度に肥沃な土壌を好む。'**ブラック ゲノア**'★は大型樹木で、暗紫色の果実が多数つき、非常に甘く果肉は暗赤色。'**ブラウン ターキー**'は果肉がピンク色で果皮が茶色のイチジクを多数つける。甘いが単調な味がする。'**ホワイト アドリアチック**'は高く成長し、イチジクの実は薄緑がかった茶色、果肉は濃赤色で美味。ゾーン：10〜12

Ficus deltoidea
一般名：コバンボダイジュ
英　名：MISTLETOE FIG, TRIANGLE FIG
☼ ⇡ ↔1.2〜3m ↕2.4m

東南アジア原産。成木の葉は小形で密生し、幅広で頂点が鈍角。若葉はより細く先端が尖る。樹木の分岐点または崖の上で育ち、太く広がる大枝の中へ基部から分岐する。柄のついた小さなイ

Ficus destruens

Ficus elastica

チジクの実はくすんだピンク色。堤防または岩場に用いる。ゾーン：11〜12

Ficus destruens
英　名：RUSTY FIG
☼ ⇡ ↔10m ↕15m

オーストラリア北東部の多雨林原産。大型のしめ殺し植物で、宿主となる樹木を枯らす。葉は革質。幼年期の小枝と葉の下側は赤錆色の毛が生えフェルト状。イチジクの実は堅くオレンジがかった茶色で、頂端に独特なふくらみがある。ゾーン：11〜12

Ficus elastica
一般名：インドゴムノキ、ゴムノキ
英　名：INDIA-RUBBER TREE, RUBBER TREE
☼ ⇡ ↔21〜60m ↕27〜60m

熱帯アジアのイチジク。バングラディッシュおよびインドのアッサム州では、樹木から採取したゴムまたは「天然ゴム」の主原料として有名。20世紀中頃、典型的な室内植物となった。大型の高木で、多数の気根を枝から下垂させる。'**デコラ**'★の葉は幅広で光沢があり、ほのかにブロンズに色づく。赤色系の大きなつぼみが頂端につく。'**デシェリ**'の葉縁は不規則にクリーム色が入り、中央には灰色のまだら斑が入る。'**シュルヴェリアナ**'の葉は濃緑色の斑入りで、若葉は赤みを帯びる。'**ワリエガタ**'は濃緑色の葉にクリーム色の斑入り。ゾーン：11〜12

Ficus glumosa
英　名：BERGVY, MOUNTAIN FIG
☼ ❄ ↔8〜18m ↕5〜9m

南アフリカ原産の成長が遅い落葉性高木。根組織は大きく丈夫で、樹幹は短く直立型。樹皮は黄色と灰色のまだら模様。葉は緑色の楕円形。葉と枝は黄色の毛を帯びる。無茎のイチジクの実は葉腋に

Ficus benjamina var. *nuda*

つき、成長と共に黄色に変色する。
ゾーン：7〜9

Ficus lutea
異　名：*Ficus nekbudu*、*F. vogelii*、*F. zuluensis*
英　名：NEKBUDU、VOGEL'S FIG、ZULU FIG
☼ ✈ ↔12m ↕18m

アフリカ、サハラ砂漠南部のほぼ全域、マダガスカルおよびインド洋諸島に分布する。大型のしめ殺し植物のイチジク。樹冠は丸く大きい。葉は常緑性。小形のイチジクの実はオレンジ色から赤色で、枝沿いに密生する。
ゾーン：11〜12

Ficus lyrata
一般名：カシワバゴムノキ
英　名：FIDDLE-LEAF FIG
☼ ❄ ↔9m ↕9m

アフリカ中部の多雨林および熱帯アフリカ西部原産。藪状に密生した直立の高木で、大きく堅い葉はバイオリン本体の形状に類似する。イチジクの実は緑色で葉の下に隠れる。1950〜1660年代には鉢植え用植物として人気があった。
ゾーン：9〜12

Ficus macrophylla
一般名：オオバゴムノキ、オーストラリアゴムノキ
英　名：MORETON BAY FIG
☼ ❄ ↔40m ↕24〜30m

オーストラリアの東海岸原産。成長が早く、広がった幹の板根は表情豊かで、樹冠は大きい。濃緑色の葉は大形で光沢

Ficus natalensis

Ficus lutea

Ficus macrophylla subsp. *columnaris*

があり厚い。紫色のイチジクの実がつく。*F. m.* subsp. *columnaris*はバンヤンノキとして知られ、ロードハウ島沖合の地域に生息し、副次的な幹を形成し、固有のヤシ *Howea forsteriana* の上に林冠を広げる。
ゾーン：9〜11

Ficus microcarpa
異　名：*Ficus nitida*、*F. retusa*
一般名：ガジュマル
英　名：BANYAN FIG、INDIAN LAUREL FIG
☼ ❄ ↔6〜15m ↕12〜21m

中国南部、東南アジアおよびオーストラリア北部原産。常緑性高木で、小枝は直立し、気根を形成するものが多い。樹皮は灰色から赤色系で、横長の小さな斑が入る。小型で楕円形、濃緑色の葉は茎に沿って互生に配列し密生する。*F. m.* var. *hillii*（syn. *F. hillii*）（丘陵の下垂形イチジク）はオーストラリア原産で、公園用樹木として人気がある。広がる習性を持ち、大枝が大きなカーブを描き、小枝は下垂する。
ゾーン：10〜12

Ficus natalensis
英　名：NATAL FIG
☼ ❄ ↔15m ↕30m

アフリカの熱帯地域および南部原産。着生の低木または高木。長く革質の葉は対生でへら形。気根を持つ。果実は単生あるいは一対で実る。盆栽に適する。栽培種の大半が *F. n.* subsp. *leprieurii*。
ゾーン：10〜12

Ficus glumosa

Ficus macrophylla subsp. *columnaris*の自生種、オーストラリア、ロードハウ島

Ficus palmeri ★
英　名：ANABA、BAJA FIG、DESERT FIG
☼ ✈ ↔3m ↕3.5m

メキシコ、バハカリフォルニア州原産の広がる常緑性高木。樹皮は白または黄色系。実質的には多肉植物で、乾燥時は膨張した幹の基部から水分を引き出す。若葉は白毛を帯び、成長とともに滑らかで葉脈が目立つようになる。小さなイチジクの実は対になって現れ、白毛を帯びる。ゾーン：11〜12

Ficus pleurocarpa
英　名：BANANA FIG
☼ ✈ ↔9m ↕15m

オーストラリア、クイーンズランド州北東部の固有種。密生し広がる林冠を形成する。葉は楕円形で光沢があり濃緑色。果実は黄色のバナナ形で、成熟期は湿潤季の中期から晩期（晩夏から初秋頃）となる。大型庭園または公園に適する。
ゾーン：11〜12

Ficus pseudopalma
英　名：DRACAENA FIG、PALM-LIKE FIG、PHILIPPINE FIG
☼ ✈ ↔3m ↕6m

Ficus pseudopalma

多数の茎を持ちヤシのような形状の独特な種。フィリピン原産。無枝のものが多い。長く堅く厚い葉は粗い切れ込みがあり、ロゼットから出る。イチジクの実は楕円形で稜がある。緑がかった紫色で白い斑が入る。
ゾーン：11〜12

Ficus pumila
一般名：フィクス・プミラ
英　名：CREEPING FIG
☼ ❄ ↔無限大 ↕3〜4.5m

中国および日本原産。自らに巻き付く常緑性つる性植物。葉は小形で平らな心臓形。丈夫な植物で、成長と共に巻き

*Ficus virens*の自生種、ボルネオ

Ficus superba var. *henneana*

Ficus religiosa

Ficus virens
一般名：グレーフィグ
英　名：GRAY FIG、JAVA WILLOW、SPOTTED FIG、STRANGLER FIG
☼ ❄ ↔15〜30m ↕15〜30m
インドからソロモン島およびオーストラリア北部原産。短期間だけ落葉し、大枝が多く広がる高木。枝は下垂し、気根と支柱根を持つ。濃緑色の葉は葉脈が目立ち、若葉は緋色あるいはブロンズ色。小形のイチジクの実は球形で、対になって葉腋につく。細毛を帯び緑色から白色に変わる。ゾーン：10〜12

Ficus watkinsiana
英　名：BELLINGER RIVER FIG、WATKINS FIG
☼ ❄ ↔3〜5m ↕15〜30m
オーストラリア北部原産。幹の板根が広がる常緑性高木。葉は滑らか。丸形または楕円形でビロード状のイチジクは緑色からさび色で、頂端に突出する。ゾーン：8〜10

Ficus sycomorus
一般名：エジプトイチジク、イチジクグワ
英　名：EGYPTIAN SYCAMORE、MULBERRY FIG、SYCAMORE
☼ ❄ ↔10m ↕24m
アラビア半島およびアフリカのスーダン北部原産。短期間だけ落葉し、多数の枝をつける高木で、板根を出すものもある。大型で広がる樹冠を形成する。葉脈が目立つ丸形の葉は濃緑色で、下面は薄色で紙やすり状。小さな球形のイチジクはビロード状の黄色、オレンジ色または赤色で、食用となる。ゾーン：10〜12

Ficus thonningii
異　名：*Ficus petersii*
英　名：COMMON STRANGLER FIG、COMMON WILD FIG、GEWONE WILDEVY
☼ ❄ ↔無限大 ↕3〜4.5m
南アフリカ原産の常緑のつる性植物。自立型、しめ殺し植物のイチジク、岩場のイチジクなど、大きさと習性は変異に富む。丈夫で侵襲性のある根組織を持つ。短柄または無柄のイチジクは有毛で、葉腋につく。木材は家具や器具に使用される。ゾーン：7〜9

Ficus pumila 'Sonny'

Ficus rubiginosa
一般名：フランスゴムノキ
英　名：PORT JACKSON FIG、RUSTY FIG
☼ ❄ ↔10m ↕18m
オーストラリア東海岸原産。広いドームを形成する常緑性高木。大形の樹幹には板根があり、枝は滑らかな灰色で気根を出す。葉は革質の楕円形で濃緑色。裏面はさび色または薄いオリーブ色のフェルト状。イチジクの実は黄緑色でいぼ状。成熟期は秋。黄金色の斑入りの品種もある。ゾーン：9〜11

Ficus superba
一般名：アコウ、アコギ
英　名：DECIDUOUS FIG、SEA FIG
☼ ❄ ↔10〜18m ↕6〜21m
日本、中国および東南アジア原産。短期間だけ落葉する大型の高木で気根を持つものもある。若葉はピンク色で成熟と共に緑色に変わる。オオコウモリは、短い柄に密生したくすんだ紫色のイチジクを食べる。*F. s.* var. *henneana*は小型の品種で、オーストラリア北部原産。ゾーン：9〜11

付かなくなる。茎は太く、葉は大きく多肉質。大きな樽形の果実は紫がかった緑色で、老植物に実る。'ドルテ'の葉は緑色で中斑はクリーム色。'ミニマ'の葉は小形。'サニー'の葉はクリーム色で中斑が緑色。ゾーン：8〜11

Ficus religiosa
一般名：インドボダイジュ、テンジクボダイジュ
英　名：BO TREE、PEEPUL TREE、SACRED FIG
☼ ❄ ↔8m ↕9〜12m
東南アジアの山岳地帯およびヒマラヤ山脈山麓の丘陵地帯原産。仏教哲学において重要な役割を持つ。しめ殺し植物のイチジクで、モンスーン気候では、通常、落葉性となる。樹幹には薄灰色の樹皮がつき、枝を広げる。葉は心臓形で、先端が細長く尖る。ゾーン：9〜12

Ficus thonningii

Ficus rubiginosa

Filipendula vulgaris

FILIPENDULA
（シモツケソウ属）
英 名：DROPWORT, MEADOWSWEET
バラ科シモツケソウ属は、多肉質の茎または塊茎が叢生する多年生植物で約10種が含まれる。温帯地域北部の原産で、湿潤地に生息する。丈が高く魅力的な植物で、大形の羽状複葉および掌状葉を持ち、極小の白またはピンク色の花は羽毛状となる。何世紀にもわたり、薬草として使用されていた種もある。サリシンはアスピリンの成分で1839年に *F. ulmaria* から発見された。アスピリンという名前は、*Spiraea*（シモツケ属）に由来し、シモツケソウ属はかつてこの属に含まれていた。
〈栽培〉
半日陰の、湿気があり腐植質に富み、夏季に乾燥しない土壌で栽培する。繁殖は種子または株分けによって行なう。

Filipendula camtschatica
異 名：*Spiraea kamtschatica*
一般名：オニシモツケ
☀ ❄ ↔60cm ↕1.2～2.4
日本原産。葉は大きく深い鋸歯と切れ込みがあり、頂小葉は丸形。夏季から秋季に小柄の白色からピンク色の花が羽毛状に咲く。
ゾーン：3～9

Filipendula purpurea
一般名：キョウガノコ
☀ ❄ ↔45cm ↕90～120cm
日本原産。茎と葉柄は紫色のものが多い。葉は堅く掌状で濃緑色。夏季には、小さな濃ピンク色から紫赤色の花が羽毛状に咲く。
ゾーン：6～9

Filipendula rubra
フィリペンドゥラ・ルブラ
英 名：QUEEN OF THE PRAIRIE
☀ ❄ ↔0.6m ↕0.9～2m
アメリカ合衆国東部原産。強健な多年生植物で、深い切れ込みのある葉は大きく叢生する。夏季には、高い茎に桃色の花が羽毛状に咲く。'ウェヌスタ'（**壮麗**を意味する）の花は濃紅色。
ゾーン：2～9

Filipendula ulmaria
一般名：セイヨウナツユキソウ、メドースイート
英 名：MEDOWSWEET, QUEEN OF THE MEADOWS
☀ ❄ ↔45～60cm ↕60～120cm
ヨーロッパおよび西アジア原産。濃緑色の葉は大きく深い切れ込みがあり、下面は有毛。夏季には香りの良い乳白色の花が羽毛状につく。'**アウレア**'の葉は黄金色で、'**ロセア**'はくすんだピンク色の花をつける。'**ワリエガタ**'の葉は中央に黄色の縞が入る。
ゾーン：3～9

Filipendula vulgaris
異 名：*Filipendula hexapetala*
一般名：ロクベンシモツケ、ヨウシュシモツケ
英 名：DROPWORT
☀ ❄ ↔45cm ↕60～90cm
ヨーロッパ、アジア北部および中部原産。塊茎状で、葉には深い切れ込みがありシダ状。夏季には、小さな白色の花が羽毛状の花序につく。赤紫色に色づくものも多い。ゾーン：3～9

FIRMIANA
（アオギリ属）
東南アジア熱帯地域に分布し、1種のみがアフリカ東部に見られる。アオギリ科に属し、大半が落葉性の高木または低木で、9種が含まれる。温暖気候地域では陰樹として価値がある。葉は全縁あるいは掌状。柄のような花が総状花序または円錐花序につく。花弁は無く、有色の萼を伴う。珍しい果実は4～5枚の葉のような袋果で、縁に丸形でしわのある種子を含む。
〈栽培〉
大半の土壌に適合し、移植も容易。風から保護されることを好む。繁殖は温暖な季節に播種するか、初春に採取した側生シュートの挿し木により行なう。

Firmiana simplex ★
異 名：*Firmiana platanifolia*
一般名：アオギリ
英 名：CHINESE PARASOL TREE, JAPANESE VARNISH TREE
☀ ❄ ↔10m ↕18m
中国、アジア東部、琉球諸島からベトナムまでの原産。落葉性高木。長年にわたり日本で栽培されている。樹皮は平滑で緑色。大きくカエデのような葉は掌状で3～7裂。萼はレモン色で、袋果は有毛。'**ワリエガタ**'の葉は緑色で白色の斑入り。
ゾーン：7～10

FITTONIA
（フィットニア属）
通常は室内用植物として見られるが、熱帯庭園のグラウンドカバー植物にも適する。熱帯南アメリカの属で、低く広がる常緑の多年生植物2種が含まれる。キツネノマゴ科に属するが、類縁関係は不明。茎がマットを形成し、地面を這って根付く。茎と楕円形の葉の下側には柔毛がつく。装飾面から見ると、極小で乳白色の花がつく地味な穂状花序よりも、主として葉に魅力がある。濃緑色からオリーブ色の葉は、赤く色づくこともあり、色彩豊もしくは目立つ葉脈はピンク、赤または銀白色。
〈栽培〉
フィットニア属種は、霜はもちろんのこと、長期にわたる冷涼条件には不耐性。温暖で湿気があり、霜なしの環境と、湿気があり水はけが良く腐植質に富んだ土壌を必要とする。テラリウムでよく成長し、根付いた小片を採取したもので容易に繁殖させることができる。

Fittonia albivenis
英 名：MOSAIC PLANT
☀ ❄ ↔30～60cm ↕15cm
エクアドル、ペルーおよびブラジル西端のアマゾン川上流地域の原産。茎の節部が根付いてマットを形成する。幅広で先端が丸形の葉は濃緑色で、網状の葉脈は対比色となる。小形でクリーム色の花はほぼ1年間開花する。'**ナナ**'の葉は小形。**Argyroneura Group**（アルギュロネウラ　グループ）(syns *F. argyroneura*, *F. verschaffeltii* var. *argyroneura*)の葉は濃緑色で、葉脈は白または薄ピンク色。**Verschaffeltii**（フェルシャフェルティ　グループ）(syn. *F. verschaffeltii*)の葉は濃いブロンズがかった緑色で、葉脈はピンク色。ゾーン：11～12

FITZROYA
（フィツロヤ属）
南アメリカ南部の多雨林原産。単生で常緑性針葉樹1種のみが含まれる。ヒノキ科に属し、チリに生息する *F. cuppresoides* の1本は樹齢3,622年に及ぶと記録されている。直立し分岐する習性を持ち、葉は鱗片状で3輪生。単生の雄花序が小枝の先端に向かってつき、雌花序は小枝の先端につく。
〈栽培〉
霜には耐性があるが、乾燥には弱い。フィツロヤ属は湿気があり水はけの良い土壌と、広々とした日当たりの良い場所を好む。繁殖は種子から行なう。

Fitzroya cuppresoides
一般名：フィツロヤ・クプレッソイデス
英 名：ALERCE
☀ ❄ ↔6m ↕30～60m
チリ中部およびパタゴニア北部原産。大型の常緑性針葉樹。樹皮は錆びた赤色または灰色。極小で鱗片状の葉は濃緑色で、中央脈は薄色。球形の雌花序は受精時には緑色で、堅くなると茶色になる。
ゾーン：8～9

FLACOURTIA
（ルカム属）
熱帯アフリカおよびアジア、中国、マダガスカル原産。イイギリ科に属し、大半が落葉性の低木または小高木で15種が

Firmiana simplex の種子

Fittonia albivenis 'Nana'

含まれる。刺状のものが多く、単葉の葉は互生し鋸歯縁。小柄で無花弁の黄緑から白色の花が房咲きする。雌雄異株。丸型で滑らかな果実は多肉質で液果のような石果となる。甘く水分が多い果肉に平らな種子が8～12個含まれる。果肉はジャムや瓶詰めに使用される。自然生息地以外では侵襲的になり得る。
〈栽培〉
さまざまな条件に適応可能で、定着すると栽培は容易だが、肥沃で湿気がある土壌を好み、霜や乾燥には耐性が無い。繁殖は種子、挿し木、芽接ぎまたは吸枝の株分けによって行なう。

Flacourtia jangomas
一般名：ナンヨウイヌカンコ
英　名：PANIALA, RUKAM
☼ ❄ ↔3m ↕9m
インドで栽培されている落葉性高木で、オーストラリア東海岸に帰化している。茎は直立し、葉は薄く細形。光沢のある赤色の葉が年に数回現れ、成長と共に濃緑色になる。春には極小で白く香りが良い花が房咲きする。果実は濃茶色。果肉は黄緑色で美味。
ゾーン：10～12

Flacourtia rukam
英　名：FILIMOTO, GOVERNOR'S PLUM, INDIAN PRUNE
☼ ❄ ↔3.5m ↕15m
フィリピンおよびマレーシア原産。低木または小高木。ルカム属の中で一番大型の種。枝は刺状。葉は薄く細形。花は緑黄色。水分の多い果実は食用で、ピンク色から暗赤色もしくは紫色に変わる。刺があるため家庭用には適さない。
ゾーン：10～12

FLAGELLARIA
(トウツルモドキ属)
トウツルモドキ科に属し、竹に似た熱帯種でつる性およびよじ登り植物。滑らかな茎には節があり、イネ科植物のような葉は単葉の鞘状で互生。先端は巻きひげ状で、わずかなすき間や空間さえあれば、ジャングルの林冠に高く這い上がる、もしくは他の植物をよじ登る。小柄でクリーム色の花は6花被片で、茎頂で大きく房咲きする。花後は白色系の果実がつく。
〈栽培〉
軽質で適度に肥沃な、水はけの良い土壌を必要とする。繁殖は新鮮な種子により行なう。古い植物の基部から新しいシュートを株分けする方法は確実ではない。

Flagellaria indica
一般名：トウツルモドキ
英　名：SUPPLEJACK
☼ ↔2.4～4.5m ↕6～12m
広がる種で、アジア、インド、インドネシアに生息する。オーストラリア北部からシドニーの東海岸原産。繁茂するつる性植物で、細葉は先細りで先端は巻きひげ状。薄緑色で基部は鞘状。夏季には小さな白い花が茎頂の花序に密生する。秋には球形で白い果実がつく。若葉が茂るシュートは食用になる。
ゾーン：9～12

FLINDERSIA
(フリンデルシア属)
大半がオーストラリア東海岸、熱帯から亜熱帯の湿潤多雨林原産。ミカン科に属し16種からなる。公園や街路樹に使用されることが多い。流通名の中には北半球のトネリコ(トネリコ属)種に類似した葉を表したものもあるが、全種とも常緑である。
〈栽培〉
比較的高雨量な場所と、適度に肥沃で水はけの良い土壌で夏季には灌水する条件を好む。大半の種は霜に耐性があり、日なたでは丸く成長する。広がる習性を持つものが多い。繁殖は春季に播種する。

Findersia australis
英　名：AUSTRALIAN TEAK, CROW'S ASH
☼ ❄ ↔10m ↕36m
熱帯オーストラリア原産。多くの小葉がついた大型の葉が密生して樹冠を形成する。乳白色の花が多数つく。果実は5裂の刺状で、装飾に使用される。栽培種はより小型。
ゾーン：9～11

FOENICULUM
(ウイキョウ属)
英　名：FENNEL
セリ科に属し、料理用ハーブに使用されるが、多くの地域では荒地の雑草となる。芳香性の二年生または多年生植物

Flindersia australis

Foeniculum vulgare 'Purpureum'

で、ヨーロッパおよび地中海地方原産。直立で中空の茎が叢生する。茎には、髪の毛状で濃緑色からブロンズ色の小葉が多数ついた羽状複葉がつく。夏季を通して、小柄な黄色の花が房咲きする。乾燥すると薄茶色の種子と同じような形状になる。香りと風味が良いにもかかわらず、侵襲的な傾向があるため小さな庭での栽培には適さない。
〈栽培〉
冷温帯から亜熱帯で、適度に肥沃な土壌で夏季には湿気を与えれば、たいていの土壌で成長するが、より風味を良くするためには、水はけの良い肥沃な土壌と良質な水が重要である。繁殖は種子から行なう。多年生の品種は株分けによって繁殖させることもできる。

Foeniculum vulgare
一般名：ウイキョウ、フェンネル
英　名：FENNEL
☼ ❄ ↔45～90cm ↕0.9～2m
ヨーロッパおよび地中海地方原産で、他の地域にも帰化している。中空の茎を持ち芳香性がある多年生植物。柔らかく微細なシダ状の葉は緑色で、アニスの実の香りがする。夏季には小さな黄色の花が散形花序につく。*F. v.* var. *azoricum*(フォエニクルム・ウルガレ・アゾリクム)は、より小型の一年生で、茎の基部が膨張し野菜のように育つ。生または調理して食べられる。'パーフェクション'および'ゼフォ フィノ'は成長が遅い。*F. v.* 'プルプレウム'(syn. 'ブロンズ'、'プルプラスケンス')の葉は濃紫がかった栗色からブロンズ色。
ゾーン：5～10

FONTANESIA
(フォンタネシア属)
中国原産の落葉性低木、時として小高木で、モクセイ科に属し、1～2種が含まれる。先端または葉腋の円錐花序または

Flacourtia jangomans

Flacourtia rukam

総状花序に小さな花がつく。花冠には深い切れ込みがあり、基部のみが融合している。薄形の果実は平らで翼状。

〈栽培〉
フォンタネシア属はどんな土壌でも繁茂する。繁殖は種子、取り木または草下で根付いた緑枝の挿し木により行なう。

Fontanesia phillyreoides
フォンタネシア・フィリレオイデス

☼ ❄ ↔2m ↕3～8m

中国原産。広がる落葉性低木で、枝は滑らかで直立する。細く光沢のある葉はくすんだ緑色で全縁。春から初夏に緑がかった白色の花が多数つく。果実は黄土色で翼状。*F. p.* subsp. *fortunei*（フォンタネシア・フィリレオイデス・フォルトゥネイ）は、より耐寒性があり、直立の習性を持つ。'タイタン'は亜種からの精選品種で、例外的に丈が高く強健。枝は長く湾曲する。
ゾーン：6～9

FORESTIERA
（フォレスティエラ属）

アメリカ合衆国、特に北アメリカ南西部の原産。モクセイ科に属し、約15種が含まれる。一般的に、雌雄異株で落葉性の小高木または低木。短い柄のついた葉は対生で、全縁から微細な鋸歯状。花序は前年に成長した部分の葉腋に総状花序または房咲きとなってつく。葉より前に成熟するものもある。花は小柄で緑色の花弁がつくあるいは無花弁。果実は黒い石果で、種子を1つ含む。

〈栽培〉
日なたで水はけの良い土壌を必要とする。繁殖は半熟枝の挿し木または種子により行なう。観賞用としての価値はあまり無い。

Forestiera pubescens ★
異　名：*Forestiera neomexicana*
英　名：DESERT OLIVE、NEW MEXICAN PRIVET

☼ ❄ ↔2.4m ↕3m

アメリカ合衆国南西部原産の落葉性低木。小さく滑らかな葉は緑色で、秋には黄葉する。些細な黄色の花は春、葉が出る前に咲く。小型で青黒色の果実が房状につく。ゾーン：6～10

FORSYTHIA
（レンギョウ属）

モクセイ科レンギョウ属は落葉性低木が7種ほど含まれる小さな属。主にアジア東部に生息し、1種のみがヨーロッパ南東部に生息する。葉は単葉の対生で、秋には紅葉する。黄色の花は春、新葉が出る前あるいは同時に咲く。半下垂形で、壁を這う植物のように整枝することができる。

〈栽培〉
霜に耐性があり、通気性が良い日向で、水はけの良い肥沃な土壌であれば栽培は容易。夏季には適度に灌水する。冬季に氷点下になると開花を誘発する。花は越冬した2年目のシュートにつく。基部から新しいシュートが出る場所を空けるために、花後には古いシュートを取り除く。繁殖は夏季に採取した緑枝先端の挿し木、冬季に採取した熟枝の挿し木のいずれかにより行なう。晩冬、地面に接した部分から自然に発根することによって増殖する種もある。

Forsythia giraldiana

☼ ❄ ↔3.5m ↕3.5m

中国北西部原産。湾曲して広がる習性を持つ低木。レンギョウ属の中で花付きが早い種のひとつ。葉は灰緑色。晩冬に薄黄色の花が咲く。
ゾーン：5～9

Forsythia × intermedia
一般名：アイノコレンギョウ
英　名：BORDER FORSYTHIA

☼ ❄ ↔2m ↕4.5m

直立して広がる習性を持つ低木で、*F. suspensa* var. *sieboldii* と *F. viridissima* の交雑種。基部は単幹で、枝は斜上しアーチ形。葉は楕円形で上半分に鋭い鋸歯があり、赤色系の柄につく。花は淡黄色で、単生または2～6個の花が総状花序につく。開花期は春で、1～2年の枝に咲く。'アーノルド ジャイアンド'の花は大形で下垂し、鮮やかな黄色。'ゴールドザウバー'の花は鮮やかな黄色で、葉が出る前に咲く。'リンウッド'には大形の花が多数つき、花弁は幅広い。'スペクタビリス'は直立し、外側にアーチを描く低木で、大形の花は黄金色。
ゾーン：5～9

Forsythia ovata
一般名：ヒロハレンギョウ
英　名：EARLY FORSYTHIA、
KOREAN FORSYTHIA

☼ ❄ ↔2.4m ↕1.5m

朝鮮半島原産のコンパクトに茂った低木。花付きは早い。葉は濃緑色で卵形。早春には黄金色の花が咲く。'テトラゴールド'はオランダで作出され、密生する習性を持ち、花は大形で花付きは早い。
ゾーン：5～9

Forsythia suspensa
一般名：レンギョウ、レンギョウウツギ
英　名：GOLDENBELLS、WEEPING FORSYTHIA

☼ ❄ ↔3m ↕3.5m

中国原産。枝は細長く下垂形。秋季にはくすんだ黄色に色変わりする。春には黄金色の花が単生または小さな房状で咲く。*F. s.* var. *fortunei* は、強健で、より直立する習性がある。*F. s.* var. *sieboldii* はほぼ平伏性植物で、0.9m以上になることはめったに無く、地面に接した部分から自然に発根することによって広がる。
ゾーン：4～9

Forsythia viridissima
一般名：シナレンギョウ
英　名：GOLDEN BELLS、
GREEN STEM FORSYTHIA

☼ ❄ ↔3m ↕3m

中国原産。木質茎のような枝が基部から伸び、半球形の低木へと成長する。細長い葉は円滑で濃緑色。秋季にはより光沢があるえび茶色に色変わりする。葉が出る前に、黄色の花が葉腋に房咲きする。萼は紫色。'ブロンキシエンシス'は矮小形の品種で、淡黄色の花が咲く。
ゾーン：5～9

Forsythia × intermedia 'Arnold Giant'

Forsythia × intermedia 'Goldzauber'

Forsythia ovata 'Tetragold'

Forsythia suspensa

Fontanesia phillyreoides

Fontanesia phillyreoides subsp. *fortunei* 'Titan'

レンギョウ、HC、'アーノルド ドワーフ'

レンギョウ、HC、'ハッピー センテニアル'

レンギョウ、HC、'マルフ'

レンギョウ、HC、マリー ド オール／'コルタソル'

レンギョウ、HC、'ノーザン ゴールド'

レンギョウ、HC、'ノーザン サン'

レンギョウ、HC、'ニュー ハンプシャー ゴールド'

Forsythia Hybrid Cultivars
一般名：レンギョウ交雑品種
☀ ❄ ↔3m ↕1.5～3m

耐寒性があり色彩も豊富。★'アーノルド ドワーフ'は小さな緑色の葉をつける。'ハッピー センテニアル'の花は鮮やかな黄色。'マルフ'は新葉と共に多数の花がつく。マリー ド オール'コルタソル'は枝が密集した矮小形品種で、黄金色の花が多数つく。'メドウ ラーク'は多数の花がつき、花芽は非常に耐寒性が強い。'ニュー ハンプシャー ゴールド'は早春に黄色の花をつける。'ソーザン ゴールド'の葉は光沢があり鮮やかな緑色で、花は黄金色。'ノーザン サン'は丈夫に育つ低木で、春季に鮮やかな黄色の花が咲く。ゾーン：4～9

FOTHERGILLA
（シロバナマンサク属）

主にアメリカ合衆国南東部原産。マンサク科に属し、落葉性低木2種からなる。春、葉が出る前に、無花弁の花が穂状花序につく。白く長い雄ずいはブラシのような形状。葉は秋季には深紅色、オレンジ、黄色に色変わりする。

〈栽培〉
成長は遅く、湿気があり水はけが良く腐植質に富んだ土壌を必要とする。日なたに植えると秋季に見事に色変わりする。繁殖は新鮮な種子、夏季に緑枝の挿し木、または取り木により行なう。

Fothergilla gardenii ★
一般名：フォザギラ・ガーデニー
英　名：DWARF FOTHERGILLA
☀ ❄ ↔0.9m ↕0.9m

アメリカ合衆国南東部のノースカロライナ州からアラバマ州の原産。広がる低木。葉は楕円形で不規則な鋸歯がある。良い香りのする白い花が咲く。'ブルーミスト'の葉は帯白状で青色。
ゾーン：5～9

Fothergilla major
一般名：フサマンサク、フォザギラ・マヨール
英　名：LARGE FOTHERGILLA
☀ ❄ ↔1.8m ↕1.5～3m

アメリカ合衆国東部アレゲーニー山脈原産。成長が遅く、直立する習性を持つ。葉は上面が濃緑色で、下面は帯白状。秋季には見事に紅葉する。晩春から初夏に、芳香性のピンク色がかった白い花が穂状花序につく。'マウント エアリー'の花は芳香性で白くブラシ形。葉は秋季に紅葉する。
ゾーン：5～9

FOUQUIERIA
（フーキエリア属）

フーキエリア属には、木質または多肉質で刺がある落葉性の低木または小高木が11種含まれ、北アメリカ南西部やメキシコのバハカリフォルニア州などの乾燥地域に生息する。フーキエリア科に含まれる。小形で鮮やかな緑色の葉は、これらの地域の不規則な降雨後に現れる。全種とも茎や枝に沿って刺がある。円柱状で枝分かれしない茎は15mに成長することもある。降雨後、通常は春に、赤、紫、クリームまたは黄色の筒形の花が枝頂または茎頂につく。花後には翼状の種子を含むさく果が実る。

〈栽培〉
日なたで、自生地に似た気候を必要とする。降雨量が多すぎる、あるいは灌水し過ぎると致命的となり得る。全種とも幼年期は不耐寒性のため、晩春から夏季に種子または挿し木により繁殖させる。

Fothergilla major

Fothergilla gardenii

Fouquieria diguetii

Fouquieria diguetii
一般名：フーキエリア・ディグエティイ
英　名：TALL OCOTILLO
☀ ❄ ↔1.8m ↕2m

アメリカ合衆国カリフォルニア州南部のソノラ砂漠、メキシコのバハカリフォルニア州および北西部に生息する。短いが明確な樹幹があり、枝は直立型。晩冬から早春に、赤い筒形の花が円錐花序につく。降雨量の少ない地域に適する。幼年期は霜に耐性が無い。
ゾーン：9〜11

Fouquieria splendens ★
英　名：OCOTILLO
☀ ❄ ↔1.8m ↕9m

メキシコ北部、アメリカ合衆国カリフォルニア州南部、ニューメキシコ州およびテキサス州の乾燥地域に分布する。多数分岐した低木。円筒形の茎は灰緑色で刺がある。小さな緑色の葉は降雨後に現れ、長い乾燥期に落葉する。早春から夏季に、鐘形で鮮やかな赤色の花が円錐花序につく。ゾーン：7〜11

FRAGARIA
（オランダイチゴ属）
英　名：STRAWBERRY

温帯地域北部およびチリに分布する。バラ科に属し多年生植物12種が含まれる。オランダイチゴ属と大型で多様なキジムシロ属の区別は人工的なもので、現在では、オランダイチゴ属はキジムシロ属に含まれるべきだと考えている植物学者が多い。将来的にはこの再分類が一般的に受け入れられそうである。もっとも広く栽培されている小形果実の中で、オランダイチゴは丈夫で順応性があり、走出枝によって広がる。3輪生の葉は心臓形から丸形で鋸歯縁。可憐な白い5枚花弁の花が房咲きし、花後は見慣れた果実がつく。色は赤、白、黄、ピンクまたはオレンジ色。種子を外側に付着させて運ぶ独特の果実。

〈栽培〉
温帯地域では全種とも耐霜性だが、寒冷の冬場、オランダイチゴは湿気があり肥沃で水はけの良い土壌で、果実が膨張するための水分と熟すための日光を必要とする。小山の頂上に植え、水はけを良くし、マルチングを施し、果実の乾燥を保つ。果実を野鳥から守るため網で覆う必要がある。繁殖は一般に取り木により行なう。天然の取り木または走出枝を用い、根付くまで固定する。

Fragaria × ananassa
一般名：オランダイチゴ
英　名：GARDEN STRAWBERRY
☀ ❄ ↔100cm ↕15cm

オランダ原産。低く成長するグラウンドカバー植物。全世界で栽培に成功している多くのオランダイチゴの親植物。緑色の葉は掌状で鋸歯がある。白い花の中心部は黄色で、開花期は晩春から秋。中型サイズで濃赤色の果実が夏から秋に実る。'**ケンブリッジ ライバル**'は収穫期が長く、果実は大きく堅く甘い。デザートに最適。'**アーリスウィード**'は人気が高く結実が早い品種で、豊かな風味を持つ中型サイズの果実。'**エロス**'はシーズン半ばに大型で堅く光沢がある赤い果実がつく。根腐病に耐性がある。'**ハプリ**'は繁殖に用いられることが多く、信頼性が高い作物。'**レッドガントレッド**'は強健に成長する習性がある。果実は甘く中型で、シーズン半ばに結実する。'**シンフォニー**'の果実は光沢があり中型。'**タイオガ**'の果実は大型で甘く多産。病気には耐性がある。'**トリビュート**'は中型から大型で、風味のある堅い果実が実る。商用栽培でもっとも成功している品種のひとつ。
ゾーン：3〜10

Fragaria chiloensis
一般名：チリイチゴ
英　名：BEACH STRAWBERRY
☀/◐ ❄ ↔50cm ↕15cm

南北アメリカ原産。短く厚い葉は、下面に毛が生える。花は白く、食用の果実は深紅色で果肉は白色。沿岸に生息するため「海岸のオランダイチゴ」と呼ばれる。
ゾーン：4〜10

Fragaria vesca
一般名：エゾヘビイチゴ、ワイルドストロベリー
英　名：WILD STRAWBERRY
☀/◐ ❄ ↔30cm ↕5cm

ヨーロッパの森林地帯原産。匍匐部の上に濃緑色の葉がコンパクトなロゼットを形成する。花は白色。夏季には濃赤色で甘い食用の果実がつく。'**アレクサンドラ**'には、小形で非常に甘い赤色の液果がつく。他種よりわずかに小形。'**フルクトアルボ**'（白い野生のオランダイチゴ）には、夏季に乳白色で食用の果実がつく。
ゾーン：5〜9

Fragaria Hybrid Cultivars
一般名：オランダイチゴ交雑品種
☀/◐ ❄ ↔20〜150cm ↕5〜15cm

主にグラウンドカバー植物として人気があるが、食用果実のために栽培する場合もある。もっとも人気のある栽培品種には以下のものが含まれる。'**ダルセレクト**'の液果は大型で堅く鮮やかな赤色。'**リップスティック**'は観賞用品種で葉が濃緑色。花は濃ピンク色で、果実は小型。**Pink Panda**／ピンク パンダ '**フレル**'の葉は濃緑色で葉脈が多く掌状。花は不稔でピンク色。果実は実らない。'**ロージー**'グラウンドカバーの習性があり、不稔の品種で、花は深紅色。
ゾーン：5〜9

FRAILEA
（フライレア属）

アルゼンチン、ボリビア、ブラジル、コロンビア、パラグアイおよびウルグアイ原産。サボテン科に属し、小型で球形のサボテン17種が含まれる。小型種（ブロスフェルディア属の次に小型）で比較的花が大型のためコレクターに人気が高い。通常、フライレア属は単生から群生のものまであり、整然としていて球形、極小の刺を持つ。開花しなくても種子がつく種もある。

〈栽培〉
肥沃で水はけの良い土壌で容易に栽培できる。繁殖は種子、あるいは植物が叢生した後のオフセットにより行なう。冬季は休眠する。

*Fragaria splendens*の自生種、アメリカ合衆国テキサス州、ビッグベンド国立公園

Fragaria × ananassa 'Eros'

Fragaria × ananassa 'Symphony'

Fragaria × ananassa 'Tribute'

Frailea castanea
異　名：*Frailea asterioides*
一般名：士童
☀ ↔30〜40mm ↕40mm

ブラジル南部およびウルグアイ北部原産。大半は単幹の習性があり、栗色から濃茶色のため人気がある。青緑色から灰緑色のものもある。稜は低く、小さな刺座がつく。刺は濃茶色から黒色で、植物本体に近い角度に生える。比較的大形の花は鐘形で薄黄色。萼は黄緑色。
ゾーン：9〜11

FRANCOA
（フランコア属）
英　名：BRIDAL WREATH

ユキノシタ科に属するチリの属。5種が含まれる形で取り扱われる場合もあるが、最近の研究では単一で変異に富む種 *F. sonchifolia* を含むものとして扱われている。夏咲きの多年生植物で、葉はロゼットを形成し、茎は長く、小柄なピンクと白色の花が小枝に多数つく。葉の外形は先端が尖り楕円形から槍形だが、大きな裂

Fragaria chiloensis

オランダイチゴ、HC、'ロージー'

Fraxinus americana 'Autumn Purple'

Francoa sonchifolia
異　名：*Francoa glabrata, F. ramosa*
☼/☼ ❄ ↔45〜60cm ↕60cm
チリ原産。柔らかく有毛の葉はスプーン形で、ロゼットを形成する。花茎は分岐せず、夏季には暗色の斑点が入った白またはピンク色の花が穂状花序につく。
ゾーン：7〜10

Francoa sonchifolia

片を伴い羽状複葉のようになるものも多い。葉の上面は剛毛で、下面は葉脈が目立つ。花茎は針金状で、極小の4枚花弁の花が繊細な効果を生み出す。
〈栽培〉
冬季の霜が軽度またはまれな温帯地域では耐寒性がある。水はけが良く、夏季に完全に乾かない土壌であれば、栽培は容易。明るい場所に植え、形を整えるために花がら摘みをする。大半は株分けまたは基部の小さな挿し木により繁殖させる。

Fraxinus angustifolia

Franklinia alatamaha ★
一般名：フランクリンノキ
英　名：FRANKLIN TREE, FRANKLINIA
☼ ❄ ↔3.5m ↕6m
アメリカ合衆国ジョージア州オールタマホー川地域原産。小型で直立の魅力的な落葉性高木である。光沢があり鮮やかな緑色の葉は、秋季には深紅色に色変わりする。夏から秋に、単生のツバキのような花が咲く。花は純白で中央に黄色い雄ずいが房状につく。
ゾーン：7〜10

FRAXINUS
(トネリコ属)
英　名：ASH
モクセイ科トネリコ属は65種からなる。大半は落葉性高木だが常緑性のものも数種ある。主に温帯ヨーロッパ、アジア、北アメリカ原産で、熱帯地域に分布するものも数種ある。葉は対生で羽状複葉。春、葉が出る前に、小柄で通常は些細な花が先端または葉腋の総状花序につく。単性花と両性花がある。花は堅くなり、種子1個を含む翼状の果実となる。材木はスポーツ用具や工具の柄に、樹皮は薬用に使用される。スカンジナビアでは、葉は畜牛の飼料となる。*F. chinensis*は「伊保田白蝋」の原料で、*F. ornus*はマンナ糖用にイタリア南部で栽培されている。
〈栽培〉
大半が湿気のある壌土で良く育ち、大型庭園の良質な標本植物となる。沿岸の塩分を含んだ大気、露出された状態、都市の大気汚染、アルカリ土壌および粘土質に耐性がある。大半がアルカリ土壌を好む。繁殖は層積貯蔵した種子を蒔く。栽培品種は春に接木、あるいは夏に同種の実生の茎に芽接ぎすることもできる。

Fraxinus americana
一般名：アメリカトネリコ
英　名：WHITE ASH
☼ ❄ ↔15m ↕24m
北アメリカ東部原産。樹冠を広げる円柱状の高木。濃緑色の葉は羽状複葉で、槍形の小葉が5〜9枚つく。'**オータム　ブレイズ**'の葉は秋には紫色に色変わりする。'**オータム　パープル**'★は秋には赤色から深紅色に色変わりする。'**ローズヒル**'の葉は濃緑色で、秋には赤茶色に色変わりする。ゾーン：4〜10

Fraxinus angustifolia
異　名：*Fraxinus rotundifolia*
一般名：ホソバトネリコ
英　名：NARROW-LEAFED ASH
☼ ❄ ↔12m ↕24m
*F. excelsior*と近縁で、野生種は地中海地方およびアジア西部に生息する。代表種（*F. a.* subsp. *angustifolia*）はヨーロッパ南部およびアフリカ北西部の固有種。強健な高木で枝は斜上し、樹皮は暗色で縦溝がある。葉は3輪生で、細い小葉が7〜13枚つく。冬季の花芽は大きく濃茶色。*F. a.* subsp. *oxycarpa* (syn. *F. oxycarpa*)はヨーロッパ南東部およびコーカサス地方に生息し、5〜7枚の小葉がつき、葉の下側には毛が密集する。*F. a.* subsp. *syriaca* (syn. *F. syriaca*'デザート　アッシュ')はトルコ、シリアおよびイランに生息し、より小型で藪状の高木。樹皮は黒色で、小枝は非常に太く節が多い。葉は3〜4輪生で、半乾燥気候でよく育つ。*F. a.*'**エレガンティッシマ**'は小高木で、葉は薄緑色。'**レンティスキフォリア**'の小葉はより長い葉柄に間隔を開けてつく。'**レイウッド**'（濃紫色のトネリコ）は強健で直立し細く育つ習性があり、秋季には葉が濃赤色に色変わりする。
ゾーン：6〜10

Fraxinus angustifolia subsp. *syriaca*

Fraxinus bungeana

Fraxinus chinensis

Fraxinus bungeana
一般名：秦皮（シンピ）

☼ ❄ ↔3m ↕4.5m

中国北部原産。新しいシュートには細毛がある。葉には小葉が7枚までつき、波状縁。晩春には、うぶ毛のある花が派手な円錐花序につく。果実は翼状で細く、先端に切れ込みがある。
ゾーン：5～9

Fraxinus chinensis
一般名：シナトネリコ

☼ ❄ ↔8m ↕24m

朝鮮半島および中国原産。若いシュートは無毛で黄色。葉は8枚の小葉がつき逆卵形。上面は濃緑色で下面はわずかに有毛。頂端の円錐花序に花がつく。夏季には翼状の果実がつく。
ゾーン：6～9

Fraxinus dipelta
☼ ❄ ↔3m ↕4.5m

アメリカ合衆国カリフォルニア州原産。角ばった枝は、若い頃は赤く色づき次第に灰色になる。葉には楕円形で全縁または波状縁の小葉が7対つき、上面は薄緑色で、下面は網状の葉脈が目立つ。晩春には葉と共に、派手な白色の花がつく円錐花序が現れる。
ゾーン：8～10

Fraxinus excelsior
一般名：セイヨウトネリコ
英　名：COMMON ASH, EUROPEAN ASH

☼ ❄ ↔18m ↕30m

ヨーロッパ原産。冬季には、枝は灰色、花芽は黒色になる。濃緑色の葉は、11対の小葉がつき、秋季には鮮やかな黄色に色変わりする。春、葉がつく前に花の円錐花序が現れる。果実は翼状で下垂し、落葉後も残る。*F. e. f. diversifolia*（単葉のトネリコ）の葉は一般に単葉で大形。*F. e.* 'アウレア　ペンドゥラ' は黄金色の枝が下垂する。'ユリイカ' の葉は鮮やかな緑色で鋸歯縁。'ヤスピデア' の冬季のシュートは黄色。秋季には黄色の新芽がつき、葉は黄色になる。'ペンドゥラ' の枝は下垂形。ゾーン：4～10

Fraxinus floribunda
一般名：シマタゴ
英　名：HIMALAYAN MANNA ASH

☼ ❄ ↔12m ↕36m

ヒマラヤ山脈原産。若枝は藤色。9対の小葉は楕円形で粗い鋸歯があり、上面は無毛で、下面はうぶ毛がある。初夏には、白い花が派手な円錐花序につく。果実は翼状。ゾーン：8～10

Fraxinus greggii
英　名：BARRETA, DOGLEG ASH, MEXICAN ASH

☼ ❄ ↔3～5m ↕3.5～6m

アメリカ合衆国南西部およびメキシコ原産。成長が早く、多数の茎を持つ半常緑性の低木または小高木。平滑な樹皮は濃緑色で、成長と共に薄灰色に変わる。5～7枚の小葉がつく羽状複葉。春にはわずかに小さな花が咲く。種子は1個で、翼状の黄褐色。
ゾーン：7～10

Fraxinus latifolia
異　名：*Fraxinus oregona*
一般名：オレゴンアッシュ
英　名：OREGON ASH

☼ ❄ ↔15m ↕24m

北アメリカ西部原産。材木として価値がある落葉性種。葉には小葉が9枚つく。小葉は卵形で先端が尖り、上面は濃緑色で、下面はより薄色でうぶ毛がある。秋季には黄色に色変わりする。前年の枝に円錐花序の花がつく。*F. pennsylvanica* と近縁である。ゾーン：5～10

Fraxinus ornus

Fraxinus excelsior 'Pendula'

Fraxinus nigra
一般名：ブラックアッシュ
英　名：BLACK ASH, SWAMP ASH

☼ ❄ ↔8m ↕15m

北アメリカ原産の直立した落葉性高木。無柄の濃緑色の小葉が11枚つく。槍形で縁には小さな鋸歯があり、上側に湾曲している。うぶ毛があり葉脈は茶色で、下面は薄緑色。果実は長楕円形で翼状。'フォールゴールド' は強健で、果実は実らず、秋季には美しい黄色に色変わりする。

Fraxinus excelsior（冬）

ゾーン：7～10

Fraxinus ornus
一般名：マンナトネリコ、マンナノキ、マンナシオジ
英　名：FLOWERING ASH, MANNA ASH

☼ ❄ ↔12m ↕15m

ヨーロッパ南部およびアジア南西部原産。葉には7枚の小葉がつき、下面は薄色で葉脈に毛が生える。晩春には、香りの良い白色の花が派手な円錐花序に密集してつく。果実は細い翼状。樹皮を傷

Fraxinus excelsior（夏）

Fraxinus excelsior の自生種、スコットランド

つけると糖状物質を分泌する。'アリーピーターズ'にはクリーム色の花が咲く。
ゾーン：6〜10

Fraxinus pennsylvanica
一般名：ビロードトネリコ
英　名：GREEN ASH, RED ASH
☀ ❄ ↔21m ↕21m

北アメリカ原産の丈夫な樹木。オリーブ色の葉は、槍形の小葉が9枚つき、全縁または鋸歯ありで、先端が尖り、中央脈はくぼんでいる。花は老木につき、花後には翼状の果実がつく。'マーシャルズ シードレス'は強健で、果実は実らず、葉は濃緑色。'パットモア'丈夫で直立し、葉は光沢がある。樹冠は楕円形で、果実は実らない。'サミッド'★の若木はピラミッド状で、次第に直立型になる。秋季には葉が濃黄色に色変わりする。
ゾーン：4〜10

Fraxinus spaethiana
一般名：シオジ、ヤマシオジ
☀ ❄ ↔6m ↕9m

日本原産。樹皮は薄灰色から灰色で、葉芽は非常に濃いこげ茶色。濃緑色の葉は、槍形の小葉9枚からなり鋸歯縁で、下側はまばらに毛が生える。春季には、無花弁の白い花が円錐花序につく。果実は翼状。ゾーン：6〜9

Fraxinus uhdei
英　名：EVERGREEN ASH, SHAMEL ASH
☀ ❄ ↔4.5m ↕8m

メキシコおよび中央アメリカ原産。半常緑性から常緑性で直立の高木。丸型の樹冠を形成する。葉は濃緑色で槍形から長楕円形の鋸歯縁、無毛で小葉が7枚つく。花は円錐花序に密生する。温暖の湿った環境で繁茂する。'トムリンソン'は小型の直立する樹木で、10年間で3.5mほどに成長する。ゾーン：8〜11

Fraxinus velutina
一般名：ビロードタモ
英　名：ARIZONA ASH, DESERT ASH, VELVET ASH
☀ ❄ ↔9m ↕9m

アメリカ合衆国南西部およびメキシコ北西部原産。くすんだ緑色の葉には小葉が7枚つく。小葉は槍形から楕円形の革状で鋸歯縁。下面は有毛でフェルト状。F. v. var. coriaceaはカリフォルニア州南部原産で、葉はより厚くほぼ無毛。F. v. var. glabraとF. v. var. coriaceaの違いは明確ではない。F. v. var. toumeyiは長い柄を持ち、小葉はより細く上面は灰緑色で晩夏まではビロード状。F. v. 'ファンテックス'は美しい高木で、葉は大形で濃緑色、果実は実らない。
ゾーン：7〜10

FREESIA
（フレージア属）
異　名：Anomatheca

アフリカ南部および中部に分布する。アヤメ科に属し、球茎を持つ6種からなる。主に小型の植物で、単葉の細い葉が叢生する。通常は中央脈が目立つ。温暖

Freesia laxa

季には、小型で6枚花弁の花が、葉より上部にある針金状で分岐した茎につく。芳香性のものもある。派手ではないが帰化すれば魅力的な装飾となる。

〈栽培〉
フリージアは多くを必要としない植物で、日当たりが良く適度に肥沃で、水はけの良い土壌であれば容易に栽培できる。地面に残って越冬できるよう、球茎の深さまで凍らないようにする、または霜の降りない乾燥した場所に貯蔵しておく。通常、繁殖は根付いた叢生部を休眠中に株分けすることにより行なう。フリージアは種子から容易に育ち、自家播種することもある。

Freesia alba
異　名：*Freesia lactea*, *F. refracta* var. *alba*
☀ ❄ ↔8cm ↕10〜15cm

学名が混同され、おそらく系統も混同された、古い庭園に生息する強健な植物。強い香りがする小さな花が多数つく。花弁は変異に富み、一般的には黄金色、茶色、紫色、ブロンズ色、淡紅色で、クリーム色の飛沫模様が入る。茎は短い。乾燥した夏、水はけがよくやせた土壌を好む。
ゾーン：9〜11

Freesia laxa
フレエシア・ラクサ
異　名：*Anomatheca laxa*
英　名：SCARLET FREESIA
☀ ❄ ↔20〜30cm ↕30〜40cm

南アフリカおよびモザンビーク原産。光沢のある葉が叢生する。ピンクから紫赤色の花を咲かせる。白、薄青色のものもある。自家播種する。'ジョーン エヴァンス'草丈わずか15cmほどで、中心部が薄色のピンクの花を咲かせる。
ゾーン：8〜11

Freesia viridis
異　名：*Anomatheca viridis*
☀ ❄ ↔20cm ↕38cm

南アフリカのケープ地方原産。葉は細く光沢がある。緑色の花は芳香性のものもあり、反り返った花弁がつく。
ゾーン：8〜10

*Fraxinus velutina*の自生種、アメリカ合衆国ユタ州、ザイオン国立公園

Fraxinus pennsylvanica

Fraxinus uhdei

Freesia Hybrid Cultivars

一般名：フリージア交雑品種
英　名：FLORIST'S FREESIAS
☼/☀ ❄ ↔15〜30cm ↕30〜50cm

栽培品種と交雑種のグループは系統が複雑で、*F. alba*、*F. corymbosa*、*F. leichtlinii*および*F. refracta*など既知の親種が数種あり、他にも数種の親種があると思われる。サイズと花の色はさまざまで、香りの強さは特に異なる。ピンク色の八重咲きで人気の高い交雑品種には、'**アフロディーテ**'が含まれる。混合色の実生系統には以下のものがある。'**ベレゴズ ブルー**'はブルー系で、'**ベレゴズ レッド**'はピンク色から赤色。**Royal Crown Series**（ロイヤル クラウン シリーズ）の花はピンク色で、花喉は黄色。'**スーパー エメラルド**'は緑色系。
ゾーン：8〜11

FREMONTODENDRON
（フレモントデンドロン属）
英　名：FLANNEL BUSH

北アメリカ南西部原産。アオギリ科に属し、常緑性低木3種が含まれる。フランネルブッシュの花は派手な黄金色からオレンジ色で、花弁のような萼片が5枚つく。茎、花芽、さく果、葉の裏面が微細なブロンズ色の剛毛を帯びるため、フランネルブッシュという英名が付けられた。

〈栽培〉
温暖で日当たりが良く保護された場所を必要とする。冷温帯では防壁による保護下で栽培するが、多少の霜には耐性がある。やせて乾燥した土壌が最適。肥沃な土壌では、花より葉が過剰につき、寿命を縮める要因となり得る。過度の湿気と根の病気も、フランネルブッシュがかなり短命になる理由となる。繁殖は種子、緑枝または半熟枝の挿し木により行なう。

Fremontodendron californicum
英　名：FLANNEL BUSH, FREMONTIA
☼ ❄ ↔4.5m ↕3.5〜8m

アメリカ合衆国カリフォルニア州シエラネバダ山脈に分布する。葉は変異に富み、ほぼ円形から先端が尖った楕円形のくすんだ緑色で、細毛でざらざらになる。春から夏に、鮮やかな黄色の花が咲く。裏面がオレンジ色になるものが多い。
ゾーン：8〜10

Fremontodendron californicum

Fremontodendron decumbens
異　名：*Fremontodendron californicum* subsp. *decumbens*
英　名：PINE HILL FLANNEL BUSH
☼ ❄ ↔3m ↕0.6m

非常に希少で、野生種は絶滅の危機に瀕している。アメリカ合衆国南西部のシエラネバダ山脈の1つの丘陵頂上の約1,600mの範囲内でのみ見られる。低く広がる低木で、銅色の花は1年に9カ月間咲く。
ゾーン：8〜10

Fremontodendron mexicanum
一般名：サザンフランネルブッシュ
英　名：MEXICAN FLANNEL BUSH, MEXICAN FREMONTIA, SOUTHERN FLANNEL BUSH
☼ ❄ ↔3.5m ↕6m

メキシコのバハカリフォルニア半島およびアメリカ合衆国サンディエゴ地域原産の希少な種。チャパラルや森林地帯で成長する。*F. californicum*より弱い。部分的に葉に隠れた黄金色の花は、春から数カ月間咲く。
ゾーン：9〜11

Fremontodendron Hybrid Cultivars
一般名：フレモントデンドロン交雑品種
☼ ❄ ↔3〜4.5m ↕3.5〜6m

*F. californicum*と*F. mexicanum*の交雑種で、両親種より優れている。より強健で、より大形の花が多数つく。人気のある交雑種には以下のものが含まれる。'**カリフォルニア グローリー**'は強健な低木で、大形の黄色い花が咲く。'**ケンテーラー**'は低く成長し、鮮やかなオレンジイエローの花が咲く。'**パシフィック サンセット**'は強健で、ほぼ樹木状。花弁の先端が細長い鮮やかな黄色の花が咲く。
ゾーン：8〜10

FREYLINIA
（フレイリニア属）

ゴマノハグサ科に属し4種のみの小さな属で、アフリカの熱帯地区および南部に生息する。全種とも低木または小高木で、葉は対生。花は両性花でじょうご形。果実は卵形のさく果。

〈栽培〉
湿気があり水はけが良く、保護された場所が不可欠となる。繁殖は種子または挿し木により行なう。

Fremontodendron、HC、'カリフォルニア グローリー'

Fremontodendron mexicanum

Freylinia lanceolata

Freylinia lanceolata
英　名：HONEYBELL BUSH
☼ ❄ ↔4.5m ↕4.5m

南アフリカのケープ州最南端部原産の低木および小高木。葉は濃緑色で細い槍形。白色で内側が黄色の花が、年間を通じて茎頂に房咲きし、果実がつく。
ゾーン：9〜11

FRITILLARIA
（バイモ属）
英　名：FRITILLARY

地中海地方、アジアおよびアメリカ原産の多年生草本。ユリ科に属し球根状の植物約100種が含まれる。家庭園芸家にますます人気が高まり、独特な色彩、繊細な外観、興味深い構成および奇妙な機械的とも言える斑により高く評価される。大半は春咲き。通常、花は鐘形でいくぶん下垂する。香りは楽しむほどではない。属名はラテン語の*fritillus*（さい筒）に由来し、巧妙に印された模様およびさく果の形状を表す。花弁に斑が入るものもある。

〈栽培〉
個々の種の系統が重要な指針となる。要求がたくさんある種も多く、栽培においては、葉の湿気、土壌の種類、気候、自生地の高度などを考慮に入れる。繁殖は市販の鱗茎（乾燥したものは避ける）、鱗茎片、基部にある「米粒状」の小球または種子から行なう。

フリージア、HC

フリージア、HC、八重咲き品種

フリージア、HC、ロイヤル クラウン シリーズ

Fritillaria acmopetala

Fritillaria agrestis

Fritillaria meleagris

Fritillaria meleagris 'Aphrodite'

Fritillaria glauca 'Goldilocks'

Fritillaria imperialis

Fritillaria camschatcensis

Fritillaria acmopetala
☀ ❄ ↔4～5cm ↕40～45cm
アジア西部および地中海地方東部のブドウ園あるいは穀物畑に見られる。通常、花は単生。花弁は薄色で光沢があり、緑黄色に茶緑色の斑入り。線形の葉は互生で灰緑色。肥沃で水はけの良い土壌を好む。あまり手はかからない。
ゾーン：7～10

Fritillaria agrestis
異　名：*Fritillaria biflora* subsp. *agrestis*
英　名：STINK BELL
☀ ❄ ↔4～5cm ↕30～40cm
アメリカ合衆国カリフォルニア州沿岸地域の草が多く、樹木が少しある丘陵地原産。黄緑色で線形の葉は基部が幅広で密生し繊細で互生につく。花は白色で黄色またはくすんだ紫茶色の筋が入る。花弁は反曲する。開花期は春。不快な匂いを放つ。湿気が多く維持できる土壌、高温で乾燥した夏、冬季と春季の降雨を好む。病気を嫌う。
ゾーン：6～9

Fritillaria biflora
英　名：BLACK FRITILLARY, MISSION BELLS
☀ ❄ ↔4～5cm ↕25～40cm
アメリカ合衆国カリフォルニア州沿岸の草原地帯原産。基部の葉は光沢があり緑色。花弁は変異に富み、光沢があり、一般に濃茶色でライムグリーンの濃淡や市松模様が入る。1本の茎に1～6個の花がつく。開花期は初春から春の中頃。日なた、降雨からの保護、水はけがよく、冬季と春季の降雨および高温乾燥の夏を好む。
ゾーン：7～9

Fritillaria bucharica
一般名：フリティラリア・ブカリカ
☀ ❄ ↔4～5cm ↕20～30cm
アフガニスタン北東部およびアジア中部の高地の崖や岩場の斜面に分布する。線形の葉が多数つき、基部で対になり互生。茎には3～4個の花がつく。花弁は白色でわずかに緑みを帯びる。水はけが良く、休眠中は乾燥した状態を好む。コンテナ栽培に適する。
ゾーン：5～9

Fritillaria camschatcensis
一般名：クロユリ
英　名：BLACK SARANA, ESKIMO POTATOES
☀/☀ ❄ ↔4～5cm ↕20～40cm
アメリカ北西部および日本北部の、湿気が多く広々とした森林地帯や亜高原帯の草原に広く分布する。光沢がある薄緑色の葉は槍形で輪生。茎には2～3個の花がつく。花弁はブドウのような濃い紫茶色で内側につやがある。開花期は晩春から初夏。腐植質に富み湿気を保つ土壌と、冷涼で湿気のある夏を好む。
ゾーン：4～9

Fritillaria cirrhosa
☀/☀ ❄ ↔4～5cm ↕15～40cm
ヒマラヤ山脈の石灰岩がある場所に広く分布する。線形の葉は灰緑色で対生。茎には1～4個の花がつき、細長い花弁は栗色で、黄色または灰緑色の市松模様が入る。開花期は初夏。腐植質に富み、湿気を保ち完全に乾燥することのない土壌、冷涼で湿気のある夏を必要とする。
ゾーン：4～9

Fritillaria glauca
一般名：フリティラリア・グラウカ
英　名：SISKIYOU LILY
☀ ❄ ↔4～5cm ↕10～15cm
アメリカ合衆国カリフォルニア州からオレゴン州の岩場に見られる。葉は大半が基部につき幅広の線形で、花は青色系。やや大形の花は鐘形で単生、蝋状で黄色の花弁は斑入りのものもある。突出した雄ずいは黄色。深層で湿気があり石の多い土壌を好む。'**ゴルディロックス**'は低く育つ精選品種で、黄金色の花弁がつく。
ゾーン：6～8

Fritillaria graeca
一般名：フリティラリア・グラエカ
☀ ❄ ↔4～5cm ↕6～20cm
ギリシャ南部、アルバニアおよびユーゴスラビアの露出した岩場に見られる。基部が幅広の葉は緑色で、茎の周りに密生する。花は単生または対生。花弁は幅広で重く、下向きの鐘形。開花期は晩春から初夏。花弁はわずかに内側に湾曲し、緑色および赤色で、中央に筋が入るものが多い。肥沃で水はけが良い土壌と休眠時に乾燥した状態を好む。強健な *F. g.* subsp. *thessala* は栽培においてもっとも一般的な亜種である。
ゾーン：7～9

Fritillaria hermonis
☀ ❄ ↔6cm ↕10～12cm
トルコ南部およびレバノンの岩場に分布し、かなり変異に富む種。灰緑色の葉は長楕円形で互生。茎には2～3個の花がつき、細長い花弁は赤色および緑色で、配色が施されるまたは市松模様が入る。開花期は晩春。水はけが良く、休眠時には乾燥し、肥沃な土壌を好む。*F. h.* subsp. *amana* は一般的に栽培されている唯一の種である。
ゾーン：7～9

Fritillaria imperialis
一般名：ヨウラクユリ、フリティラリア・インペリアリス
英　名：CROWN IMPERIAL, TEARS OF MARY
☀ ❄ ↔40cm ↕90～120cm
トルコ南部からカシミール地方に広く分布する。緑色の葉は光沢があり輪生。大形の花は鮮やかな色彩で、直立した茎の先端に群生する。開花期は晩春。キツネのような不快な匂いがする。花弁は黄色、淡黄色、オレンジ色または赤色のものがあり、オレンジが一般的。肥沃で水はけの良い土壌を好む。'**アウレオマルギナタ**'の葉縁は淡黄色。'**ルテア**'の花弁は黄色。
ゾーン：4～7

Fritillaria meleagris
一般名：フリティラリア・メレアグリス、チェッカードリリー
英　名：GUINEA HEN FLOWER, LEPER LILY, SNAKES HAED FRITILLARY／LILY
☀ ❄ ↔4～5cm ↕18～20cm
イングランド南部からロシア西部の草深い氾濫原に分布する。変異に富み保護された種は野生ではほとんど見られない。灰緑色の葉は互生で、長く先端が尖る。花は角ばった鐘形で、対生になるものもある。開花期は春の中頃。花弁の色は多様で、市松模様が入った栗色、濃紫色およびくすんだピンク色などがある。肥沃で水はけの良い土壌と湿潤の夏を好む。*F. m.* var. *unicolor* subvar. *alba* の花弁は白色。*F. m.* '**アフロディーテ**'の花弁は白色で、緑色の筋が入る。
ゾーン：4～9

Fritillaria michailovskyi

Fritillaria olivieri

Fritillaria tuntasia

Fritillaria michailovskyi
一般名：フリティラリア・ミハイロフスキー
☀ ❄ ↔5cm ↕10〜20cm
トルコの高山斜面原産。緑色の葉は互生で槍形。茎には幅広で鐘形の花が1〜7個つく。開花期は初夏。光沢のある花弁は濃い紫茶色で、低部に黄色の帯が入る。砂質土壌、寒冷の冬、冷涼の夏を好む。
ゾーン：7〜9

Fritillaria olivieri
☀ ❄ ↔8cm ↕30〜38cm
イラン山岳地帯の湿潤草原に見られる。基部が幅広い槍形の葉は茎に互生でつき、花より上部の葉は3輪生。花は角ばった形状、花弁はさびた茶色で中央に黄緑色の筋が入る。開花期は初夏。深く根を伸ばすことができる場所、夏季の休眠、湿気があり肥沃な土壌を必要とする。
ゾーン：5〜9

Fritillaria pallidiflora
一般名：フリティラリア・パリディフロラ
☀ ❄ ↔6〜8cm ↕10〜70cm
アジア中部の亜高山帯の斜面原産で、変異に富む種。対生または互生の葉は幅広の槍形で灰緑色。茎には最高6個の花がつく。大形で下向きの花は角ばった形状で、花弁は薄黄色から黄色。開花期は晩春。不快な匂いを放つ。肥沃で水はけが良く泥炭質の土壌と湿潤の条件を好む。
ゾーン：3〜8

Fritillaria persica
一般名：フリティラリア・ペルシカ
☀ ❄ ↔8cm ↕10〜90cm
さまざまな名称を持ち、強健で変異に富む種。地中海地方東部や内陸地方、岩場斜面やトウモロコシ畑の周辺に分布する。槍形の葉は灰色で互生、葉数は多い。春には円錐形の総状花序に7〜20個の花がつき、数週間咲き続ける。花弁は細く鐘形で、深紫色に灰色の模様が入る。深層、湿潤で肥沃な土壌、末期の霜と日差しの両者から保護された状態を好む。'アディヤマン'の花弁は暗色。
ゾーン：5〜9

Fritillaria tuntasia
☀ ❄ ↔6cm ↕10〜38cm
ギリシャ諸島の低地斜面、岩場および雑木林に分布する。灰緑色の葉は基部では対生で密生し、茎には互生でつく。晩春には、1〜4個の小さな花が茎につく。花弁は黒に近い深紫色で、わずかに内側に湾曲し、黄色の葯がつく。乾燥した夏と水はけの良い土壌を好む。
ゾーン：8〜10

FUCHSIA
（フクシア属）
アカバナ科に属し、小型から中型の高木、広がるまたはよじ登る低木、約100種からなる。大半の種が南アメリカおよび中央アメリカ原産だが、ニュージーランドとタヒチ原産のものも数種ある。常緑性または落葉性で、葉は輪生、互生または対生となる。花は茎頂または葉腋に群生し、一般に筒形で下垂形。二色花が多い。花後は食用の液果が実り、通常は多数の種子を含む。自生地では、アメリカ種はハチドリによって授粉される。

〈栽培〉
大半のフクシアは霜に耐性があるが、完全耐寒性の数種でさえ厳しい冬には枯れることがある。庭植えのフクシアは、日なたまたは半日陰の、かなり肥沃で湿気があり水はけの良い土壌でよく育つ。開花期には定期的に施肥をする。繁殖は種子または挿し木によって行なう。栽培品種の産出は挿し木のみから行ない、春に緑枝の挿し木、または晩夏に半熟枝の挿し木をする。

Fuchsia andrei
☀ ❄ ↔0.6〜2m ↕0.9〜3.5m
エクアドルおよびペルー原産の低木。対生で細い楕円形の葉は蝋質の手触り。夏から秋に、茎頂の総状花序に薄くオレンジがかった赤色の花が多数つく。花冠は細い筒形。
ゾーン：7〜9

Fuchsia arborescens
一般名：フクシア・アルボレスケンス、ツリーフクシア
英名：TREE FUCHSIA
☀/◐ ❄ ↔1.5m ↕1.8m
メキシコおよび中央アメリカ原産。対生あるいは3〜4輪生の葉は楕円形で先端が尖る。上面は光沢があり濃緑色で、下面は薄緑色。萼片と管状器官はピンクがかった紫色で、花冠が薄い藤色の花が円錐花序につく。開花期は夏。果実は紫色で、熟すとしわが寄る。
ゾーン：10〜12

Fuchsia × bacillaris
☀ ❄ ↔0.6〜1.2m ↕0.9〜2m
*F. microphylla*と*F. thymifolia*の交雑種で、直立して広がる低木。メキシコ原産。葉は細かい鋸歯があり、剣形から楕円形。花は単生で管状器官がつく。細い萼片は深紅色から赤色で、楕円形の花弁は濃赤色。開花期は夏から秋。丸形の果実は光沢がある黒色。
ゾーン：7〜9

Fuchsia boliviana
一般名：フクシア・ボリビアナ
☀ ❄ ↔0.9〜1.2m ↕3.5m
アルゼンチン北部からペルー原産で、南アメリカに自生し、コロンビアとベネズエラに帰化している。直立した低木または小高木。濃緑色の葉は3輪生で、下面には薄灰色のフェルト状の筋がある。夏から秋に、茎頂に花がつく。管状器官は薄ピンクから濃ピンク色で、萼片は薄ピンクから赤色、花弁は緋色。食用の果実がつく。*F. b.* var. *alba* ★の管状器官は白色で、萼片の基部には薄赤色の斑が入る。
ゾーン：9〜11

Fuchsia boliviana

Fuchsia boliviana var. *alba*

Fuchsia arborescens

Fuchsia coccinea
一般名：フクシア・コッキネア
☼/☽ ❄ ↔ 1.2m ↕ 1.5〜6m
ブラジル原産のつる性あるいは直立の低木。老枝の樹皮は長いひも状に剥落する。卵形で先端が尖った葉は2〜4出。上面はつなやしの薄緑色で、下面はより薄色で無毛またはわずかに有毛。夏季には深いピンク色から赤色の花が葉腋につく。
ゾーン：8〜11

Fuchsia corymbiflora
☼ ☽ ↔ 0.9m ↕ 3.5m
ペルー原産の直立またはつる性の低木。濃緑色の葉は一般に対生で、卵形から長楕円形。基部と先端が鋭角で、裏面はより薄い緑色。薄ピンク色から深紅色の花が、大形のアーチ形または下垂形の円錐花序につく。果実は円形で赤色。
ゾーン：9〜11

Fuchsia denticulata
異　名：*Fuchsia serratifolia*
☼/☽ ☽ ↔ 0.9m ↕ 2.4m
ペルーおよびボリビア原産。樹皮は剥落性。大型で槍形または楕円形の葉は鋸歯縁で、先端と基部が鋭角。上面はつやありまたはつや無しの濃緑色で、下面は葉脈が多数ある。ピンク色から薄赤色の花は先端が緑と白に色づき、花弁はオレンジから朱色。夏季には光沢のある緑色から紫赤色の果実がつく。
ゾーン：9〜11

Fuchsia magellanica

Fuchsia magellanica var. *gracilis*

Fuchsia magellanica var. *molinae*

Fuchsia excorticata
英　名：KOTUKUTUKU、NEW ZEALAND TREE FUCHSIA
☼/☽ ❄ ↔ 1.2m ↕ 4.5m
ニュージーランド原産で、落葉性の低木または小高木。野生種は大型。赤茶色の樹皮が剥落する。卵形から槍形の葉は先端が細長く尖り互生。上面は緑色、下面は銀緑色。夏から秋に、栗色がかった緑色の花がつく。花粉は青色。温暖気候地域では常緑のものが多い。
ゾーン：8〜10

Fuchsia fulgens ★
一般名：フクシア・フルゲンス
☼/☽ ☀ ↔ 75cm ↕ 1.5m
メキシコ原産。心臓形の葉は鋸歯があり、上面は赤色、下面はより薄色で赤みを帯びる。花は小形で赤い萼片がつき先端が黄緑色で、花冠は鮮やかな赤色。果実は楕円形で深紫色。
ゾーン：11〜12

Fuchsia lycioides
☼ ☽ ↔ 1.2m ↕ 3m
チリ原産の落葉性または常緑性の低木。卵形の葉は他種より先端が鈍角。管状器官は基部がずぼまり、萼片に向かって広がる。ピンクから赤色の花弁は萼片より濃色。
ゾーン：9〜11

Fuchsia magellanica
一般名：フクシア・マゲラニカ
英　名：HARDY FUCHSIA LADIES' EARDROPS
☼/☽ ❄ ↔ 1.8m ↕ 3m
チリおよびアルゼンチン原産で各地に帰化している。直立で強健な低木。老枝からは樹皮が剥落する。葉は楕円形から卵形で、下面は赤く色づく。花の管状器官は赤色、萼片は濃赤色、花冠は紫色。開花期は夏から晩秋。果実は楕円形で深紅色。冬季に温暖な地域で色彩豊かな生垣を作る。アイルランドおよびグレートブリテン周辺の島々では、一般に'リッカルトニイ'を生垣に用いる。*F. m. var. gracilis*（syn. *F. m. var. macrostemma*）には小形で下垂形の葉が多数つく。花は小形で萼は深紅色、花弁は紫色。*F. m. var. molinae*の名は薄ピンク色の花がついた栽培変種に由来する。*F. m. var. pumila*の丈は30cmほどで、花は赤色と青色。*F. m.* 'ウェルシコロル'の葉は灰緑色で部分的に銀色に色づく。花は小柄で深赤色。
ゾーン：7〜10

Fuchsia microphylla
英　名：SMALL-LEAFED FUCHSIA
☼/☽ ❄ ↔ 0.6〜1.5m ↕ 0.6〜4.5m
メキシコからパナマ原産の藪状の低木またはつる性植物。槍形で先端と基部が尖った葉は対生で、鋸歯縁または全

縁となる。夏季には、管状器官、萼片および花弁が白色から赤紫色の花が咲く。
ゾーン：8〜11

Fuchsia magellanica 'Versicolor'

Fuchsia procumbens
一般名：フクシア・プロクムベンス
英　名：TRAILING FUCHSIA
☼/☽ ❄ ↔ 0.9m ↕ 15cm
ニュージーランド原産。常緑の平伏性で広がる低木。葉は小柄で心臓形。小形で上向きの花は、管状器官が緑色系から薄オレンジ色。萼片は緑色で先端が紫に色づく。無花弁。開花期は夏。果実は鮮やかな赤色で宿存性。ロックガーデンに適する。
ゾーン：8〜10

Fuchsia ravenii
☼ ❄ ↔ 0.9〜2m ↕ 2〜3.5m
メキシコ原産の直立し丈の高い強健な低木。有毛で緑色の葉は楕円形で、縁が丸まる。夏から秋に、単生の花が葉腋に多数つく。両性花とより小形で赤色の雄花（雄ずいのみ）の両方がある。管状器官は円筒形で、萼片は広がり、花弁は円形に広がる。果実には14〜18個の種子が含まれる。
ゾーン：7〜9

Fuchsia sanctae-rosae
☼ ❄ ↔ 0.6〜2.4m ↕ 0.9〜3m
ペルー南部およびボリビアの高地原産で、直立性またはよじ登り性の低木。かなり変異に富み、葉は楕円形。オレンジレッドの花が葉腋に多数つく。管状器官は細く、花冠と萼片は広がる。果実は暗赤紫色の液果。
ゾーン：7〜10

Fuchsia denticulata

Fuchsia procumbens

Fuchsia sanctae-rosae

*Fuchsia excorticata*の自生種、ニュージーランド、ウェストランド国立公園

Fuchsia splendens

☀/◐ ❄ ↔0.9m ↕2.4m

メキシコからコスタリカ原産の、陸生または着生の低木。葉は心臓形で鋸歯があり、上面は緑色。下面は薄色で、ほのかに赤く色づき葉脈が目立つ。花の管状器官はローズピンク色。萼片は緑色で基部が赤色。花弁はオリーブグリーン。果実は緑色から紫色でいぼ状。
ゾーン：8〜11

Fuchsia thymifolia

☀/◐ ❄ ↔50cm ↕90cm

メキシコからグアテマラ北部原産で、野生種はより大型。葉は楕円形から卵形で、時として鋸歯縁がある。上下面とも細毛あり。花は単生で、管状器官は緑、白からピンク色、萼片と花弁は同色で、成長と共に濃紫色になる。開花期は夏から秋。多肉質で黒紫色の果実がつく。
ゾーン：8〜11

Fuchsia triphylla

一般名：チョウジフクシア
英　名：HONEYSUCKLE FUCHSIA

☀/◐ ✤ ↔0.6m ↕1.8m

西インド諸島原産。栽培種はかなり小型

Fuchsia triphylla 'ビリー　グリーン'

Fuchsia splendens

Fuchsia vulcanica

になる。葉は対生もしくは3〜4輪生で、楕円形から槍形。細かい鋸歯がつくものもある。上面はくすんだ濃緑色。下面はより薄色で、部分的に銀紫色に色づくことが多い。花は全面的にオレンジ色からオレンジがかった赤色で、果実は光沢がある赤紫色。'ビリー　グリーン'の花はローズピンクで、葉は薄緑色。
ゾーン：11〜12

Fuchsia vulcanica

異　名：*Fuchsia canescens*

☀ ❄ ↔0.6〜2m ↕1.2〜3.5m

コロンビアおよびエクアドル原産の丈夫な直立の低木。細い楕円形の葉は3〜4輪生。花は枝頂につき、管状器官は深紅色。基部は紫色系で、花冠は深紅色。
ゾーン：8〜10

Fuchsia Hybrid Cultivars

一般名：フクシア交雑品種

☀/◐ ❄ ↔45〜90cm ↕0.3〜2m

フクシアの栽培品種は8,000品種以上記録されており、そのうち現在も栽培されているものは約2,000品種である。大半が*F. magellanica*、*F. fulgens*および*F. triphylla*から産出されたものとなる。「耐寒性」栽培品種の中にはゾーン：7の冬

フクシア、HC、'アメリー　オウビン'

フクシア、HC、'バルコン'

フクシア、HC、'ビーコン　ローザ'

フクシア、HC、'クリアンタ'

フクシア、HC、'ブルータス'

フクシア、HC、'ベン　ジャミン'

フクシア、HC、'カーラ　ジョンストン'

フクシア、HC、'セリア　スメドレー'

フクシア、HC、
'ドイチェ　ペルレ'／'フォンカ'

フクシア、HC、'チェッカーボード'

フクシア、HC、'チラートン　ビューティー'

フクシア、HC、'コラッリナ'

フクシア、HC、'ドイチェ　ペルレ'

フクシア、HC、'ドイチェ　ペルレ'

 フクシア、HC、'エステル マリー'
 フクシア、HC、'エヴァ ボーグ'
 フクシア、HC、'ガーデン ニュース'
 フクシア、HC、'ロード バイロン'
 フクシア、HC、'マダム コーネリセン'

 フクシア、HC、'コーチマン'
 フクシア、HC、'ファウンテン アビー'
 フクシア、HC、'ガルテンマイスター ボンステット'★
 フクシア、HC、'グラーフ ヴィッテ'
 フクシア、HC、'ジョアン ゴイ'

 フクシア、HC、'マーガレット ピルキントン'

 フクシア、HC、'レオノラ'

 フクシア、HC、'マーカス グラハム'★

に耐性があるものもあり、以下の品種が含まれる。'アッベ ファルジュ'の花は半八重咲き。管状器官と萼片は深赤色で、花冠は紅色から薄紫色。'コンスタンス'は薮状で、管状器官と萼片は薄ピンク色。藤色の花冠は先端が緑色で、基部がピンクに色づく。'ホークスヘッド'の管状器官と萼片は白色と緑色で、花冠は白色。'ホワイト ピクシー'の葉は黄色で葉脈は赤く色づく。花の管状器官と萼片は赤色で、花冠は白色。濃ピンク色の筋が入る。

その他の交雑種には次のものがある。'ブロックウッド ベル'には中形の八重咲きの花が多数つく。管状器官は濃紅色、萼片と花冠は白色で薄ピンク色に染まる。'コーチマン'の萼片は珊瑚色で、花冠は赤みを帯びたオレンジ色。'ディスプレイ'の花は大形で、萼はピンクレッド、花冠は濃いローズピンクで、雄ずいが長い。'ダラー プリンセス'の花は中形で八重咲き。管状器官は小さく紅色で、萼片は屈曲し深紅色、花冠は小さく紫色で基部は濃ピンク色。'ゴールデン マリンカ'は花付きの遅い品種で、下垂する習性を持ち、葉は斑入りで脈は赤色。中形の花は単生で、管状器官と萼片は鮮やかな赤色、花冠はより濃い赤色。'グラーフ ヴィッテ'の萼片は赤色で、管状器官は赤みを帯びた藤色。'ハイジ アン'の花は中形の八重咲き。管状器官と萼片は深紅色で、花冠は鮮やかな薄紫色。'ジャック シャーハン'は下垂形。薄ピンク色の花は単生で大形。'ラ カンパネラ'は半八重咲きで、管状器官は白色、白い萼片は部分的にピンクに色づき、花冠は深紫色。'レナ'の花は中形で半八重咲き。管状器官はピンク色、萼片の地はピンク色で部分的に濃色になり先端が緑色。花冠は紫色で基部に向かって薄くなる。'マーガレット ピルキントン'の萼片は白色で、管状器官は赤紫色。'パクエサ'の葉は濃緑色。花は大形の単生で、管状器官は濃赤色。花冠は白色で脈がわずかに赤く色づく。'プロスペリティ'の花は中形で八重咲き。管状器官と萼片は深紅色。花冠はピンク色で脈はローズレッド。'レーディングス インジ'の花は小柄で、管状器官はローズピンク。萼片はク

リーム色で、花冠はオレンジ色。'リミア'の管状器官、萼片、花冠は薄紫色。
ゾーン：9〜11

FURCRAEA
(フルクラエア属)

異　名：Fourcroya

中央および南アメリカ、西インド諸島原産。リュウゼツラン科に属し、常緑の多肉植物が20種登録されているが、実際はかなり少ないと思われる。リュウゼツラン同様、剣形の葉は先端が刺状で、ロゼットを形成する。通常は、葉縁にも刺がある。花には短い管状器官と広がる花弁がつく。幹はロゼットの下に形成される場合があり、側生のシュートは基部または幹から芽を出す。花序がつくとロゼットは枯れるが、花序が現れるまでは数十年を要する。非常に高く伸びるものもある。通常、花後は花序が着生の小苗を産出し、最終的に落下して根付く。

〈栽培〉

もっとも丈夫な植物に含まれ、温暖気候地域ではまったく手入れせずに成長し増殖する。熱帯地域では侵襲的になる場合がある。寒冷気候地域では温室栽培するが、成熟するとかなりの空間を要する。繁殖はオフセット、着生の小苗または種子から行なう。

Furcraea bedinghausii
異　名：Furcraea roezlii

☼ ◐ ↔1.2〜2m ↑1.2〜2m

メキシコ原産で、多肉質の多年生植物。薄青色で剣形の葉がロゼットを形成する。葉の先端は柔らかい。最終的に幹になる球状のものを形成する。花は緑色で、高く伸びた茎に花序がつく。
ゾーン：9〜12

Furcraea selloa
☼ ◐ ↔1.2〜2m ↑1.2〜2m

メキシコおよびグアテマラ原産で、多肉質の多年生植物。鮮やかな葉が30〜40枚密集し、ロゼットを形成する。葉縁には角状の刺がつく。白い花はほのかに緑色に染まり、かすかな香りがある。*F. s. f. marginata*の葉縁は白色または黄色。
ゾーン：9〜12

フクシア、HC、'オレンジ フレア'

フクシア、HC、'フィリス'

フクシア、HC、'パティオ プリンセス'

フクシア、HC、'ウィンドミル'

フクシア、HC、'サンタ クルズ'

フクシア、HC、'ナターシャ シントン'

フクシア、HC、'ピンク ファンタジア'

フクシア、HC、'カトリーナ トンプソン'

フクシア、HC、'ミニローズ'

フクシア、HC、'ナンシー ロー'

フクシア、HC、'ミセス ポプル'

フクシア、HC、'ルーファス ザ レッド'

フクシア、HC、'ルース'

フクシア、HC、'シルビア バーカー'

フクシア、HC、'トム サム'

G

*Gahnia sieberiana*の自生種、ニューカレドニア

*Gaiadendron punctatum*の自生種、コスタリカ、セロ・デ・ラ・ムエルテ

GAHNIA
（クロガヤ属）

カヤツリグサ科クロガヤ属には40種が含まれる。通常は、アジア南部、マレー諸島、オーストラリアおよび太平洋諸島の湿潤や沼地に生息する。全種とも多年生草本で、群生するまたは根茎を持つ。長細いイネ科植物のような葉は、縁に刺がつくものが多い。小柄でクリーム色の花が、葉の多い茎頂の花序に対になってつく。通常、果実は暗色で光沢のある堅果。

〈栽培〉
クロガヤ属種は日当たりが良く広々とした場所と、湿気がある酸性土壌を必要とする。リンに不耐性の種もある。繁殖は株分けまたは種子により行なう。一般に種子は容易に入手できるが、発芽させるのが困難な種もある。より乾燥した生育地では、くん煙処理により発芽が改善される場合もある。完全に観賞用の種もあるが、大半は熱心なマニアが栽培する。

Gahnia sieberiana
英　名：RED-FRUITED SAW-SEDGE
☼ ❄ ↔2m ↕3m
大きな群生を形成するスゲ。オーストラリアほぼ全域、ニューギニア、ニューカレドニアのさまざまな生息地と土壌に分布する。茎は約3mに及ぶ。粗い葉は2mほどに伸び、下垂するものが多い。卵形の堅果は赤茶色で光沢がある。
ゾーン：8～9

GAIADENDRON
（ガイアデンドロン属）

ヤドリギ科ガイアデンドロン属は半寄生植物として知られ、1種のみが含まれる。根を自らの茎、または他の植物の根に付着させ、自らが使うための水分と栄養分を抽出する。緑または緑色系の葉を持つ半寄生植物で、必要な栄養を産出すると同時に宿主から「盗む」。低木だが、幹の直径が25cmほどの高木となるものもあり、他の陸生植物に寄生する。高い林冠を持つ着生植物に寄生することもある。

〈栽培〉
宿主と寄生植物両者が一緒に栽培されなくてはならないため、この種の植物を栽培するのは非常に難しい。

Gaiadendron punctatum
☼ ⚘ ↔3m ↕4.5m
小低木あるいは高木で、中央および南アメリカの熱帯林に生息する。葉は楕円形の緑色。花は白色から黄色。ムネアカハナドリなど野鳥の食用となる液果のような果実がつく。適当な宿主植物に種子が排出され発芽する。
ゾーン：11～12

GAILLARDIA
（テンニンギク属）

英　名：BLANKET FLOWER, FIREWHEEL
1825年頃、David Douglasによってロッキー山脈で発見され、フランス人支援者Gaillard de Charentonneauにちなんで命名された（18世紀のフランス人植物学者Marentonneauに由来すると言うこともある）。キク科に属し、一年生、二年生および多年生植物約30種が含まれる。主にアメリカ合衆国南部およびメキシコに生息する。ブランケットフラワーという名前は、墓上にある四季咲きのテンニンギクに優れた毛布職人の霊が報われたという、ネイティブアメリカンの伝説に由来している。この話にふさわしく小山を形成し、夏と秋には5～10cm幅の花に覆われる。一般に舌状花の中心側は赤く、外側は黄色。園芸品種にはさまざまな暖色系がある。

〈栽培〉
耐寒性は多様だが非常に容易に栽培できるため、冬季の障害はあまり問題にはならない。日当たりが良く広々とした場所で、成長期に湿気を保持する砂質で水はけの良い土壌に植える。繁殖は種子、基部の挿し木、または株分けによって行なう。

Gaillardia aristata
一般名：オオテンニンギク
☼ ❄ ↔80cm ↕50cm
北アメリカのロッキー山脈に分布する多年生植物。茎と葉は非常に毛深く、基部の葉は長さ約20cm。細い槍形の葉は基部に小さな裂片、もしくは鋸歯を持つものもある。花幅は約10cmで、長さ25mm以上の舌状花を伴う。舌状花は細長く、黄色または基部が赤く色づいた黄色。一般に管状花は舌状花の基部と同色。
ゾーン：6～10

Gaillardia × grandiflora
ガイラルディア×グランディフロラ
☼ ❄ ↔100cm ↕60cm
*G. aristata*と*G. pulchella*の園芸交雑種。*G. aristata*に非常によく似ているが、やや大形のものが多く、一般により強健で耐寒性があり多花である。'**ブルグンダー**'（syn.'バーガンディ'）には濃赤色の花が咲く。'**ダズラー**'は草丈約30cmで、赤い管状花は部分的に黄金色に色づく。'**インディアン イエロー**'は鮮やかな黄金色の花をつける。**Goblin**／ゴブリン／'**コボルド**'★の草丈は約40cmで、赤い舌状花の端は黄色。同様に**Gaiety**（ゲイエティー）ハイブリッド、**Royal Monarch**（ロイヤル・モナーク）ハイブリッドおよび八重咲き品種などの実生系統は、赤色と黄金色の配色となる。
ゾーン：5～10

Gaillardia pulchella
一般名：テンニンギク、ガイラルディア・ブルケラ
☼ ❄ ↔40cm ↕60cm
メキシコ北東部およびアメリカ合衆国東部と中部の近隣地域に分布する、有毛の一年生植物。葉長は8cm超で、欠刻や鋸歯があるものもある。花幅は6cmほどで、舌状花は黄色、赤色、あるいは地色が赤で先端が黄色となる。精選品種には以下のものが含まれる。'**ロリポップ**'の草丈は約45cmで、黄、赤、オレンジの組み合わせが興味深い。'**レッド プルーム**'の草丈は30～45cmほどで、赤い八重咲きの花が咲く。'**イエロー プルーム**'の草丈は30～45cmほどで、黄色の八重咲きの花が咲く。
ゾーン：8～10

GALACTITES
（ガラクティテス属）

地中海地方およびカナリア諸島周辺に見られる。キク科に属し、日当たりの良い沿岸地域で丈夫に育ち、白毛がつく一年生植物3種が含まれる。成長は早く、藪状の小山を形成し、羽状複葉がつく。葉には鋸歯や刺があり、かなり大形のものが多い。アザミのような花は、白色、藤色、紫色の管状花がつき、舌状花と同系色のひだ衿状の総苞葉に囲まれる。先端に銀色系の刺がつく総苞葉は「総包片」と呼ばれ、微細なくもの巣状の花糸で覆われることもある。侵襲性がある雑草だと見なす地域もある。

〈栽培〉
明るく日当たりの良い場所で、軽質の砂質で水はけの良い土壌に植える。コンパクトに保つために幼年期に若芽を摘み取り、継続的に開花させるために花がら摘みをする。繁殖は晩冬に霜が終わり、早期植え込みの準備ができたら播種する。

Gaillardia × grandiflora 'Indian Yellow'

Gaillardia × grandiflora 'Burgunder'

Gaillardia × grandiflora Goblin/'Kobold'

Gaillardia pulchella、アメリカ合衆国、テキサス州

Galactites tomentosa

Galactites tomentosa
一般名：ガラクティテス・トメントサ
☼ ❄ ↔100cm ↑100cm
地中海地方原産。基部の葉は約20cmの長さで、切れ込みは深く先端は刺状。上面は緑色で白色の脈が多数入る。下面は白色で有毛。花は藤色から紫色で花糸は白色。開花期は夏。
ゾーン：8〜11

GALANTHUS
（ガラントゥス属）
英　名：SNOWDROP
ガラントゥス属の花は晩冬に開花し、春の前触れとしてもっとも歓迎されるであろう。ヒガンバナ科に属し、鱗茎を持つ15種が含まれる。秋咲きのものも数種ある。通常、光沢のある細葉は真冬直後に現われ、短い花茎につく。各花茎には、下垂しわずかな香りがする6枚花弁の白い花がつく。*Galanthus*という属名は、ギリシャ語の*gala*（ミルク）と*anthos*（花）に由来し、花の色を表している。内側の3枚花弁は短く先端が緑色に色づき、八重咲きの品種もある。開花期は短いがもっとも歓迎される時期に咲く。聖燭節と呼ばれる2月2日の「聖母マリア清めの祝日」の日に、初めてマツユキソウが開花したというキリスト教の伝説がある。
〈栽培〉
マツユキソウは冷温帯気候でもっとも良く育ち、森林地帯あるいはロッケリーで繁茂する。半日陰で湿気があり腐植質に富んだ土壌を好む。種子から繁殖させることもできるが、根を残して葉が枯れた後の株分けの方が、より実用的で一般に速く繁殖させられる。鱗茎は乾燥させないようにする。

Galanthus 'Atkinsii'
一般名：ガラントゥス'アトキンシイ'
☼ ❄ ↔18cm ↑20cm
強健な植物。冬咲きの花は長さ約30mmで心臓形の斑入り。葉は細く灰緑色。
ゾーン：4〜8

Galanthus elwesii
一般名：スノードロップ、オオユキノハナ、オオマツユキソウ
英　名：GIANT SNOWDROP
☼ ❄ ↔10cm ↑10〜15cm
強健な植物。甘い香りがする花は長さ約3cmで、内側の各花弁には緑色の斑が2箇所あり、日差しの下で外側に向かって開く。幅広で楕円形の葉は灰緑色で、ねじれているものもある。
ゾーン：6〜9

Galanthus gracilis
☼ ❄ ↔10cm ↑10〜15cm
ブルガリア、トルコおよびギリシャ原産。可憐で小さな植物で、有名な*G. nivalis*より小形。細くねじれた葉は灰緑色。白い花の中央と花弁の先端は緑色で、わずかに香るものもある。開花期は冬。
ゾーン：6〜9

Galanthus ikariae ★
☼ ❄ ↔10cm ↑10〜15cm
エーゲ海地域からコーカサス地方原産で変異に富む種。幅広で光沢のある葉は緑色で、長さ約15cm。花は30mmほどの長さで、花弁の先端に大きな緑色の斑がある。開花期は晩冬から早春。
ゾーン：6〜9

Galanthus 'Magnet'
一般名：ガラントゥス'マグネット'
☼ ❄ ↔18cm ↑20cm
強健な植物。花は25mmほどの長さで、逆「V字型」の斑入り。灰緑色の葉は15cmほどの長さで縁に折り目がある。
ゾーン：6〜9

Galanthus nivalis
一般名：マツユキソウ、ユキノハナ、スノードロップ
英　名：COMMON SNOWDROP、ENGLISH SNOWDROP
☼ ❄ ↔10cm ↑15〜20cm
小形のヨーロッパ種。平らな細葉は青緑色で長さは10cm弱。花は小柄でほのかな香りがあり、花弁の先端と中央の斑は緑色。'フロレ　プレノ'は非常に小形。美しい八重咲きの白い花に薄黄緑色の細かい斑が入る。ゾーン：4〜9

Galanthus plicatus
英　名：CRIMEAN SNOWDROP
☼ ❄ ↔15cm ↑25cm
ヨーロッパ東部およびギリシャ原産の強健な種。幅広の葉はくすんだ緑色で、中央に青緑色の縞が入る。葉長は10cmほどで、葉縁は反曲している。先端に緑色の斑が無い花が丈夫な花茎につく。*G. nivalis*と自然交雑する。
ゾーン：6〜9

Galanthus 'S. Arnott'
一般名：ガラントゥス'S. アーノット'
☼ ❄ ↔15cm ↑20cm
強健でよく育つ大形の植物。強い蜜の香りがする丸形の花は、逆「V字型」の斑がある。開花期は晩冬から早春。葉は灰緑色で長さ約15cm。ゾーン：6〜8

GALEGA
（ガレガ属）
英　名：GOAT'S RUE
マメ科ソラマメ亜科に属し、多年生草本6種からなる。ヨーロッパ南部からトルコ、および熱帯アフリカ東部の、湿潤の溝や牧草地に見られる。他国に帰化した種もある。葉は羽状に分裂する。夏季には、白色から薄青紫色の蝶形花が総状花序につく。もっとも一般的に栽培される種は*G. officinalis*で、何世紀もの間、発熱時の発汗誘発剤および腸薬として用いられてきた。
〈栽培〉
日なたまたは半日陰で、水分を保持するが水はけの良い土壌で栽培する。適した条件下では*G. officinalis*は侵襲的になり得る。繁殖は種子または株分けによって行なう。種子は播種前に12時間浸水させる。

Galega officinalis
一般名：ゴーツルー、ガレガソウ、フレンチライラック
英　名：GOAT'S RUE
☼ ❄ ↔0.6m ↑0.9〜1.5m
ヨーロッパ中部と南部、およびトルコ原産。やや散開する植物。緑色で羽状に裂けた葉が茂る。夏季には、白色から薄紫色の蝶形花が長さ30cmほどの穂状花序につく。
ゾーン：4〜9

Galanthus elwesii

Galanthus plicatus

Galanthus nivalis

Galanthus 'S. Arnott'

GALIUM
(ヤエムグラ属)

英 名：BEDSTRAW, CLEAVERS, WOODRUFF

広く普及したアカネ科の属で、不規則に広がる一年生および多年生植物、約400種が含まれる。有用なものも数種あるが、しつこい雑草もある。弱く角張った茎が周囲に広がり、粘着層あるいは微細な鍵状の毛が付着するのが特徴である。小柄で鮮やかな緑色の葉は、対生のものもあるが、間隔をおいた輪生のものが多い。極小の白または黄色の花が、単生あるいは小さな房咲きで、葉腋または茎頂につく。クルマバソウ（*G. odoratum*）はもっとも魅力的な種で、薬草および香料として広く用いられている。

〈栽培〉
耐寒性は多様で、大半が温帯気候で繁茂する。日なたまたは日陰の、水はけの良い土壌であれば容易に栽培できる。ほとんどが種子から繁殖させるが、多年生種は株分けによっても行なえる。

Galium odoratum
一般名：クルマバソウ、ウッドラフ

英 名：SWEET WOODRUFF, WOODRUFF

☼ ✻ ↔90cm ↕45cm

ヨーロッパおよび北アフリカ原産のマットを形成する多年生植物。直立で、四角く区切られた茎は全体的に芳香性。堅く細い葉はわずかに刺があり楕円形で、長さ約5cm。葉縁は粗く、整然とした6～8輪生。香りの良い白い花は、径35mmほどで、花冠に深い切れ込みがあり、茎頂に房咲きする。開花期は春から夏。

ゾーン：3～9

Galium verum

Galium verum
一般名：エゾノカワラマツバ、セイヨウカワラマツバ

英 名：OUR LADY'S BEDSTRAW, YELLOW BEDSTRAW

☼ ✻ ↔0.9m ↕0.9～1.2m

北アメリカ、ヨーロッパおよびアジア原産の群生する多年生植物。小柄で細い葉は30mmほどの長さで6～8輪生。葉縁は粗く、下向きに丸まり、先端に剛毛がつく。夏から秋に、小さい星形で鮮やかな黄色の花が穂状花序に密生する。散開して直立し、角張った茎は基部に行くにしたがって有毛となる。侵襲性があり雑草のようにはびこることがある。

ゾーン：2～10

GALTONIA
(ツリガネオモト属)

ユリ科に属し、鱗茎を持つ多年生植物3種を含むアフリカ南部の属。白い鐘形の花が高い尖塔状の花序につくために栽培される。開花期は晩夏。やや多肉質でひも状の葉が基部で叢生する。

〈栽培〉
日なたで保護された場所の、軽質で肥沃な水はけの良い土壌で育つ。荒れた状態を嫌い、湿った土壌では冬季に鱗茎が腐る恐れがある。カタツムリから新芽を保護する。繁殖は種子または慎重なオフセットの株分けにより行なう。

Galtonia candicans ★
一般名：ガルトニア・カンディカンス、ツリガネオモト

英 名：SUMMER HYACINTH

☼ ✻ ↔0.3m ↕1.2m

南アフリカのフリーステイト州とクワズールーナタール州、およびレソト原産。ひも状の葉は長さ75cmほど。鐘形の白い花は香りが良く下垂し、基部が緑に色づく。

ゾーン：5～9

Galtonia viridiflora
一般名：ガルトニア・ビリディフロラ

☼ ✻ ↔30cm ↕90cm

南アフリカのフリーステイト州とクワズールーナタール州、およびレソト原産。青緑色の葉は長さ約60cm。花は薄緑色の鐘形で、花弁の縁は白く色づく。

ゾーン：8～10

*Galvezia juncea*の自生種、メキシコ、バハカリフォルニア州

Garcinia livingstonei

GALVEZIA
(ガルウェジア属)

カリフォルニアの島々からペルー原産。ゴマノハグサ科に属し、低木6種が含まれる。よじ登りのグランドカバー。楕円形から卵形の葉は単葉で、長さ5cm以下のものが多い。花は低木のセージ（サルビア属）に似て、夏季には、2枚の唇弁を伴う花が茎頂の総状花序につく。唇弁はほぼ閉じたような形状。ハチドリが花に入り込み蜜を探る際に授粉する。

〈栽培〉
海岸付近で栽培する場合は日なたが最適だが、高温の内陸地域では多少の日陰が必要とされる。乾燥には耐性があり、一度根付くと灌水はわずかに行なうか不要となる。軽質の砂質土壌を好み、完全に水はけの良い状態を必要とする。グラウンドカバー、柵にもたれさせ垣根状に仕立てる、ハンギングバスケットから下垂させるなど用途は広い。繁殖は種子または無花茎の半熟枝の挿し木により行なう。

Galvezia juncea
英 名：BAJA BUSH SNAPDRAGON

☼ ✤ ↔60cm ↕90cm

メキシコのバハカリフォルニア州原産。小型の常緑性低木。細くアーチ状の茎はアシに似て、葉は小形で濃緑色。鮮やかな赤色の花は、径約25mmで、年間を通して枝頂につく。

ゾーン：9～10

GARCINIA
(フクギ属)

主にアジアおよびアフリカに分布する。オトギリソウ科に属し、熱帯種200種が含まれる。葉が密生した常緑の高木または低木で、夜咲きの花は開くと強い香りがする。多肉質の果実は食用になるものもあり、有名なのは*G. mangostana*、マンゴスチンの果実である。雄花と雌花があり、通常は異株だが、同株のものもある。枝や小枝を傷つけると薬用となる黄色の樹液を分泌する。

〈栽培〉
肥沃な土壌と多くの水分を必要とし、霜には敏感で、熱帯および亜熱帯地域にのみ適する。繁殖は一般に新鮮な種子から行なうが、挿し木や高取り法で根付く種もある。

Garcinia mangostana

Garcinia livingstonei
英 名：AFRICAN MANGOSTEEN

☼ ✤ ↔4.5m ↕10m

アンゴラからモザンビーク南部および南アフリカ北部原産。枝は鋭角で、樹皮は粗く灰色で、部分的に粘着性のある黄色い樹液を含む。葉は革質で光沢があり、上面は濃緑色で下面はより薄色。若葉は鮮やかな赤色のものが多い。甘い香りのする花は、黄緑色からクリーム色で、春季に古木につく。果実はオレンジ色の球形。

ゾーン：9～12

Garcinia mangostana
一般名：マンゴスチン

英 名：MANGOSTEEN

☼ ✤ ↔4.5m ↕15m

マレーシアおよびインドネシア原産。成長が遅い（結実まで15年ほどかかる）常緑性高木で、美味な果実のために栽培される。大形で光沢のある葉は密集した樹冠を形成する。雄花と雌花は異株で、一般に雌株に直径約10cmの種無し果実が実る。果皮は厚く、熟すと鮮やかな紫色になる。

ゾーン：11～12

Garrya elliptica

Garrya veatchii

Garrya elliptica 'James Roof'

GARDENIA
(クチナシ属)
熱帯アフリカおよびアジア原産。アカネ科に属し、約250種からなる。大半が常緑性低木または小高木。葉は対生または輪生で、光沢があり単葉で濃緑色。香りの良い大形の花は筒形あるいはじょうご形。白または黄色で、単生もしくは2～3個の花の集散花序となる。果実は革質または多肉質の液果。景観用植物として用いられ、コンテナ植物に適する。紅茶の香りづけに用いる種もあり、現代中国薬草学においてインフルエンザや風邪の治療に用いる種もある。果実から黄色の染料が産出される。

〈栽培〉
大半がかなり順応性のある低木で、日なたまたは半日陰に耐性があり、水はけが良く腐植質に富んだ酸性土壌でよく育つ。地表に根付いたクチナシは、良質の堆肥や肥料で定期的にマルチングし、夏季に適度な灌水をすると良い反応を示す。冷涼気候においては、暖めた温室で栽培する。大半のクチナシは霜に弱い。繁殖は晩春または夏季に、種子か、葉の茂った先端部や半熟枝の挿し木により行なう。

Gardenia augusta
異　名：*Gardenia jasminoides*
一般名：クチナシ、センプク
英　名：CAPE JASMINE, COMMON GARDENIA
☼／☀ ✿ ↔1.5m ↕1.5m

中国南東部および日本原産。藪状になる習性がある。楕円形から倒卵形の葉は光沢があり濃緑色。強い香りがある白色の花は車輪形で、開花期は夏。八重咲き栽培品種には以下のものがある。'オーガスト ビューティー'の葉は青緑色で、花は白色。'フロリダ'★は丈が0.9mほどになり、白い花が咲く。'グランディフロラ'の葉は大形で、花は純白。'マグニフィカ'の花は半八重咲きで乳白色。'ラディカンス'は茎が根付いて低く広がる。葉はより小形で、半八重咲きの白い花が多数咲く。'ヴィーチー'は直立したコンパクトな低木。小柄で強い香りがする花は白色の八重咲き。
ゾーン：10～11

Gardenia thunbergia
英　名：STARRY GARDENIA
☼ ✿ ↔2m ↕3.5m

南アフリカの湿気が多い森林地帯に生息する。直立した低木または小高木。樹皮は平滑で灰色。光沢がある濃緑色の葉は縁が波立つ。香りの良い白またはクリーム色の花は単生。花弁は車輪状で、夏季に長い茎の先端につく。
ゾーン：9～11

GARRYA
(ガリヤ属)
ガリヤ科に属し、花数が多く丈夫な常緑の低木または高木、約18種が含まれる。丈夫な革質の葉と、地味な無花弁の花がつき下垂した独特の尾状花序のために栽培される。冬から早春に、雄花と雌花が別々の株につく。雌株には、丸形で乾燥し黒色で種子を2個含む液果が房状につく。結実は夏から秋。北アメリカ西部および西インド諸島原産。観賞用としてまたは暖温気候では耐久性があるため高く評価される。

〈栽培〉
塩分が多い沿岸地域の環境にもよく適合し、汚染にも耐性がある。ガリヤ属種は日差しから保護された場所を好むが、広範囲の日光条件に順応できる。移植は避ける。繁殖は半熟枝の挿し木、取り木または種子から行なう。

Garrya elliptica ★
一般名：シルクタッセルブッシュ
英　名：CATKIN BUSH, COAST SILKTASSEL, SILKTASSEL BUSH
☼ ✿ ↔1.8m ↕2.4～3.5m

アメリカ合衆国南西部、オレゴン州からカリフォルニア州原産。葉は光沢があり楕円形で、灰緑色のものからつやなしの緑色のものまである。葉縁は波立ち、下面は毛が密集する。雄株は長く灰緑色の尾状花序で、開花期は冬から春。雌花はより小さな尾状花序。楕円形で濃紫色の果実が多数房状につく。'イーヴィ'は長さ30cmほどの尾状花序をつける。'ジェームズ ルーフ'はより丈夫な雄品種で、他種より長い葉と尾状花序を持つ。
ゾーン：8～10

Garrya fremontii
英　名：FEVER BUSH, FREMONT SILKTASSEL, QUNINE BUSH, SKUNK BUSH
☼ ✿ ↔1.8m ↕2～3m

アメリカ合衆国西部、カリフォルニア州からオレゴン州原産。革質で光沢があり有毛の葉は濃緑色。上面は滑らかで、下面は有毛。雄花の尾状花序は長さ20cmほどで、春季に茎頂に密生する。雌花の尾状花序は有毛、長さ約5cmで、開花期は晩夏から秋。濃紫色で楕円形の果実がつく。
ゾーン：7～10

Garrya veatchii
☼ ✿ ↔2m ↕3m

アメリカ合衆国南西部原産の常緑性低木。有毛の葉は長さ約8cm。雄花の尾状花序は長さ10cmほどで春咲き。雌花の尾状花序は長さ約5cmで夏咲き。
ゾーン：8～9

GASTERIA
(ガステリア属)
南アフリカ原産。コンパクトで非常に茎が短い、多肉質の多年生植物、約15種からなる。ツルボラン科に属し、アロエ属に近縁である。厚く多肉質で濃緑色の葉はらせん状に配列され、コンパクトなロゼットを形成する。ピンク色から朱色の下垂した筒形の花が、単生または分岐した総状花序につく。果実はさく果。種子は翼状で散布を促進する。属名はギリシャ語の「胃」に由来する。

〈栽培〉
日なたまたは半日陰の保護された場所で、軽質砂状の水はけの良い土壌で容易に栽培できる。夏季には適度に灌水し、冬季は乾燥状態を保つ。繁殖は葉の挿し木、または株分けしたオフセットや茎頂の小植物により行なう。

Gasteria bicolor
英　名：DWARF GASTERIA
☼／☀ ✿ ↔40cm ↕40cm

イースタンケープ州原産。先細りで滑らかな葉はひも状で濃緑色。葉長は3～22cmほど。葉の先端は丸形と鋭角形があり、基部から出て10枚以上叢生する。細長い花序は単生で丈は15～40cmほど。春から夏に赤みがかったピンク色の花が咲く。さく果には小さな黒い種子が含まれる。*G. b.* var. *liliputana* (syn. *G. liliputana*) は矮小形品種で、白い斑入りの葉は長さ約6cm。
ゾーン：9～11

Gardenia augusta 'Magnifica'

Gardenia thunbergia

Gaultheria mucronata 'Coccinea'

Gaultheria depressa var. *novae-zelandiae*

Gaultheria hispida

Gasteria glomerata

Gasteria carinata
一般名：ガステリア・カリナタ
英　名：RICE GASTERIA
☼/☼ ♌ ↔90cm ↕90cm
南アフリカのイースタンケープ州およびウェスタンケープ州原産。細い三角形から剣形で長さ3〜12cmの葉がロゼットを形成する。葉縁は厚い。花柄の丈は約90cmで、晩春から夏季に長さ25mmほどの赤色の花が咲く。
ゾーン：9〜11

Gasteria glomerata
一般名：ガステリア・グロメラタ
☼ ♌ ↔8cm ↕4cm
群生する多年生植物。濃緑色の葉がロゼットを形成する。オレンジレッドの花が穂状花序につく。
ゾーン：9〜10

Gasteria obliqua
☼ ♌ ↔60〜90cm ↕60〜90cm
南アフリカのイースタンケープ州原産。細く先細り形の葉には細かい鋸歯がある。葉長は25〜38cmほどで、白の斑入り。分岐した花序が長さ約90cmの葉の多い茎につき、晩春から夏に赤い花が咲く。
ゾーン：9〜11

GAULTHERIA
（シラタマノキ属）
英　名：SNOWBERRY, WINTERGREEN
属名はカナダの植物学者Jean-Francois Gaultierにちなんで命名され、約170種の常緑性低木が含まれる。アメリカ、日本およびオーストラリア原産。ツツジ科に属し、丈夫な低木で葉は革質。温帯から冷涼気候を好む。山岳地帯によく見られ、丈の低い高山植物の中に鮮やかで比較的大きな果実が際立つ。花は鐘形で下垂する傾向がある。果実は種により、小形で美しい乾果または多肉質の液果となる。芳香性が強い種が多く、特に果実は香りが強い。

〈栽培〉
耐霜性は種により多様で、もっとも丈夫なものは大形で広葉の常緑種である。湿気があり水はけが良く腐植質に富んだ弱酸性の土壌で、夏季にはじゅうぶんに湿気がある状態を好む。照度の好みも種により異なるが、日陰で良く育つ種もある。繁殖は種子、半熟枝の挿し木または取り木から行ない、茎が地表に接触し自然に繁殖する場合もある。

Gaultheria depressa
☼/☼ ❄ ↔25cm ↕10cm
ニュージーランドの山岳地帯原産。ほぼ平伏性で、針金状の茎を持つ低木。ロッケリーあるいは沼地にカーペット状に張り付く。小形で革質の葉は鋸歯があり、茎は赤色系。小柄で白色から薄ピンク色の花は夏季に単生で咲く。白色から濃いピンク色の液果がつく。*G. d.* var. *novae-zelandiae*は、1962年に初めて記述された。
ゾーン：8〜9

Gaultheria hispida
英　名：SNOWBERRY, WAXBERRY
☼/☼ ♌ ↔45cm ↕38cm
タスマニアを含むオーストラリア南東部原産。平状性植物から低く小山を形成する低木。長さ5cmほどの葉は剛毛質で、葉縁には鋸歯がある。晩夏には、小柄でつぼ形の白い花が長さ8cmほどの総状花序につく。秋には純白の液果が実る。
ゾーン：8〜10

Gaultheria mucronata
ガウルテリア・ムクロナタ
異　名：*Pernettya mucronata*

Gaultheria mucronata

☼ ❄ ↔1.2m ↕45〜150cm
アルゼンチンおよびチリ原産。分岐した丈夫な吸枝を持つ低木。若茎は鮮やかなピンクがかった赤色のものが多く、先端が鋭角で小さな濃緑色の葉が密生する。晩春には白色もしくは薄ピンク色の花が咲く。果実は大形で白、ピンクあるいは赤色。'アルバ'には白い果実がつく。'ベルズ シードリング'の果実は深紅色。'コッキネア'には緋色の果実がつく。'クリムゾニア'の果実は深紅色。'マルベリー ワイン'には栗色から紫色の果実が実る。**Snow White**／スノウ ホワイト／'スネエウウィトエ'には赤い斑点入りの白い果実がつく。'ウィンタータイム'には長期にわたり白い果実がつく。
ゾーン：6〜10

Gaultheria myrsinoides
異　名：*Pernettya prostrata*
☼ ♌ ↔45cm ↕15cm
極小の匍匐性低木で、原産地はコスタリカからチリ中部の熱帯や亜熱帯の高地およびより南の低地。葉は極小で先端が鋭角。花は白色で春から夏に開花する。果実は濃紺で、幅約12mm。*G. m.* subsp. *pentlandii*はやぶ状の植物で、紫色の果実をつける。
ゾーン：9〜10

Gaultheria nummularioides
☼/☼ ♌ ↔25cm ↕10cm
ヒマラヤ地方原産で、極小の夏咲きの花をつける低木。絡み合った小枝が密集し、整然とした小山を形成する。小形で丸い葉は幾分しわが寄り、上面がくすんだ緑色で、下面は細かい毛が生える。白色から薄ピンク色の花は単生で、葉の中に埋もれる。果実は濃紺。
ゾーン：8〜10

Gaultheria procumbens
一般名：ヒメコウジ、ウィンターグリーン
英　名：CHECKERBERRY, TEABERRY, WINTERGREEN
☼/☼ ❄ ↔90cm ↕15cm
北アメリカ東部原産の魅力的な低木。濃緑色の葉は光沢があり長さ約5cm。夏季には、白から薄ピンク色の花が総状花序につく。赤色の果実は幅12mmほどで、筋肉あるいは関節に障害が起きた場合の刺激性塗布剤の原料となる。'マクロカルパ'はコンパクトな品種で、多数の果実がつく。
ゾーン：4〜9

Gaultheria shallon
一般名：シャロン
英　名：SALAL, SHALLON
☼/☼ ❄ ↔1.5m ↕1.5m
カリフォルニア州からアラスカ州の原産で、北アメリカ西部に分布する。広がる低木で、平状性植物の枝に沿って根付く。幅広で楕円形の葉は、長さ約10cm。晩春には、極小の白色から濃ピンク色の

Gaultheria myrsinoides subsp. *pentlandii*

Gaultheria procumbens

Gaultheria × wisleyensis

Gaultheria shallon

花が、茎頂付近の赤い花茎の目立つ総状花序につく。赤色の果実は熟すと黒くなる。
ゾーン：5〜9

Gaultheria × wisleyensis
異　名：×*Gaulnettya wisleyensis*
☀/☽ ❄ ↔ 0.9m ↕ 0.9m
北アメリカ種*G. shallon*と南アメリカ種*G. mucronata*の交雑種。低く広がる低木で、吸枝を出す茎か小さなやぶを形成する。いくつかの栽培品種は葉の大きさも多様で、最高で35mmの長さに及ぶ。花は白またはさまざまな色調のピンクから薄紫色。果実は紫赤色。
ゾーン：6〜9

GAURA
（ガウラ属）
属名*Gaura*はギリシャ語の*gauros*に由来し、「素晴らしい」を意味する。実際には壮観という感覚で素晴らしいとは言えなくても、この北アメリカの属の一年生および多年生の栽培種21種は栽培する価値がある。アカバナ科に属し、通常は不規則な形をした基部の葉が叢生する。そこから針金状の茎が出て、優美で繊細な4枚花弁の白色および薄ピンク色の花をつける。温暖な季節を通じて茎が現れ、通常は90cm以上に伸びる。最近では、ガウラ属は人気が高く、さまざまな色調のピンクの花や、矮小形品種もある。
〈栽培〉
ガウラ属種は、日なたの軽質な砂質で水はけの良い土壌を好む。乾燥に耐性はあるが、夏季は湿気を保つとより多花になる。定期的に花がら摘みし、花後はよく剪定する。繁殖は秋および春に播種するか、夏に基部の挿し木をする。

Gaura lindheimeri
一般名：ヤマモモソウ、ハクチョウソウ
☀/☽ ❄ ↔ 100cm ↕ 120〜150cm
アメリカ合衆国テキサス州およびルイジアナ州原産。強健で多花の多年生植物。直立した茎に細い楕円形で鋸歯縁の葉が密生する。葉長は12mm未満。ピンクみを帯びた白色の花は、幅約25mmで、上部花弁は大きく翼状。開花期は春から夏。'コリーズ　ゴールド'の葉は斑入りで、縁は黄金色。'カラリー　ペティード'の丈は約60cmで、濃ピンク色の花が咲く。'シスキュー　ピンク'の花は鮮やかなピンク色。'フワーリング　バタフライ'の丈は約60cmで、大形の花が多数つく。
ゾーン：5〜9

GAZANIA
（ガザニア属）
英　名：TREASURE FLOWER
キク科に属し、一年生または多年生種植物が16種含まれる。主に南アフリカに分布する。熱帯地方に生息するものも数種ある。単葉で細い槍形の葉が低く群生する植物で、ほぼ常緑。下面が薄色で有毛のものもある。温暖な季節を通じて開花し、大形で鮮やかな色彩の花は顕著な斑入りで派手な様相を呈する。通常は、黄色またはオレンジ色の花がつくが、園芸品種は色彩豊富である。*Gazania*という名は、テオフラトスの植物学の書物をギリシャ語からラテン語に翻訳したTheodore of Gaza（1398〜1478）に由来する。
〈栽培〉
やや霜に弱く、冬季の湿気を嫌うことを除けば、日当たりが良い広々とした場所で、砂質で水はけの良い土壌であれば栽培しやすい。腐植質を加えることを好むが、やせて乾燥した土壌でも育つ。繁殖は株分け、基部の挿し木あるいは種子から行なう。

Gazania linearis
ガザニア・リネアリス
☀ ❄ ↔ 60cm ↕ 15cm
丈夫で基部が木質の多年生植物。細い槍形の葉は全縁あるいはほぼ羽状に裂け、上面は緑色で、下面は白く有毛。花径は約8cm。舌状花は黄色で、管状花は茶色。'コロラド　ゴールド'は全体的に黄色の花をつける。
ゾーン：7〜11

Gazania rigens
一般名：ガザニア、クンショウギク
英　名：TREASURE FLOWER
☀ ❄ ↔ 100cm ↕ 20cm
多肉質の茎を持つ多年生植物で、広がって根付き、大形の葉が多数叢生する。葉は長さ10cmほどで、全縁またはほぼ羽状の欠刻があり、上面は濃緑色からブロンズ色、下面は白く有毛。長い花茎の花は幅約8cm。舌状花はオレンジ色で基部が黒色、管状花は黄色または赤みがかったオレンジ色。*G. r.* ver. *uniflora*は小さな花序に黄色の舌状花がつく。*G. r.* 'ワリエガタ'の葉は斑入りで、花はクリーム色、黄金色またはオレンジ色。
ゾーン：9〜11

Gazania rigens 'Variegata'

Gaura lindheimeri 'Siskiyou Pink'

Gaura lindheimeri 'Whirling Butterflies'

Gazania rigens

ガザニア、HC、'ブラックベリー リップル'

ガザニア、HC、'クリストファー ロイド'

ガザニア、HC、'ブロンズ ノーム'

Gazania Hybrid Cultivars
一般名：ガザニア交雑品種
☼ ↔ 50cm ↕ 10〜15cm

ガザニア属の野生種の花色は多様で、自由に交雑されるため、かなり広範囲の園芸品種、サイズおよび花色がある。'**アズテック**'の葉はくすんだ銀灰色。舌状花は白色で中央にパープルブラウンの斑入り。'**アズテック クイーン**'の舌状花は黄色で基部が赤茶色。'**ブラックベリー リップル**'の舌状花は黄褐色で、中央に紫色の縞が入る。'**ブロンズ ノーム**'はコンパクトな品種で、ブロンズ色の八重咲きの花が咲く。'**クリストファー ロイド**'の舌状花は薄赤色、中央部は暗色で基部は緑色。'**クッキー**'の葉は銀灰色。花弁は茶色がかったオレンジ色で中央は暗灰色。'**カッパー キング**'の花は大形で赤みを帯びたオレンジ色。'**クリーム ドリーム**'の葉は銀灰色。舌状花はクリーム色で基部が緑色。'**フィエスタ レッド**'の舌状花は暗赤色で基部はオレンジ色。'**ミカエル**'の葉は暗色。舌状花は黄色で基部が黒色。'**ムーングロウ**'の花は黄金色の八重咲き。早咲きの**Chansonette Series**（シャンソネット シリーズ）混合色の実生系統には以下のものが含まれる。早咲きの**Chansonette Series**（シャンソネット シリーズ）、コンパクトな**Daybreak Series**（デイブレイク シリーズ）、**Mini-star Series**（ミニ-スター シリーズ）、灰色の葉をつける**Talent Series**（タレント シリーズ）。ゾーン：9〜11

GEIJERA
（ゲイエラ属）

ミカン科ゲイエラ属には8種が含まれ、ニューギニア、オーストラリア東部およびニューカレドニアに生息する。5種はオーストラリア固有種で、そのうち2種は多雨林に生息する。他の3種はさまざまな生育地に分布し、比較的乾燥した地域にも生息している。全種とも小高木から中高木で、多雨林で成長すると樹高24mにも及ぶ。小柄な花は径6mm以下で、茎頂の円錐花序につく。花後には3〜4室に分裂した小形の茶色い果実が実る。各小室には光沢のある黒い種子が含まれる。

〈栽培〉
異なる種は半乾燥の内陸平野から乾燥の沿岸多雨林までの自生地に分布するが、内陸種は湿気の多い気候によく適応する。全種とも適度に肥沃な土壌を好む。繁殖は新鮮な種子から行なうが、発芽は不確実である。

Geijera parviflora ★
英 名：WILGA
☼ ❄ ↔ 10m ↕ 12m
タスマニア州とウェスタンオーストラリア州を除くオーストラリアの乾燥内陸地域に生息する小高木。細い葉は下垂形。春には乳白色の花が咲く。繁殖は容易ではなく、種子が入手困難なことが多い。他国での栽培には成功している。
ゾーン：8〜11

GEISSOIS
（ゲイッソイス属）

クノニア科ゲイッソイス属には低木および高木約25種が含まれ、オーストラリア、ニューカレドニア、バヌアツ、フィジーおよび南アフリカに生息する。葉は対生で単葉または羽状複葉。柄と茎の結合部に大きな托葉がつく。羽状複葉がつく種の小葉は大きく鋸歯がある。穂状花序が葉腋に、または枝頂に向かって房咲きする。小柄なくすんだ花は萼片のみで花弁は無い。果実は小形のさく果となる。

〈栽培〉
若木はフィルター越しの日光と、保護された湿気のある条件を好む。適度に肥沃で酸性から中性、湿気があり水はけの良い土壌を必要とする。繁殖は種子から行ない、鮮度が重要になる。

Geissois benthamii
英 名：BRUSH MAHOGANY、LEATHER JACKET、RED CARRABEEN
☼ ✤ ↔ 4.5〜6m ↕ 5〜10m
オーストラリアのクイーンズランド州南東部およびニューサウスウェールズ州北東部の海岸および海岸付近の多雨林原産。大型の高木。3枚の小葉をつける葉は大形で長さ20cmほど。楕円形から長楕円形で光沢があり濃緑色。葉縁には粗細な鋸歯がある。夏季には多数の小柄な花が葉腋の穂状花序につく。冬季には有毛で長いさく果が実る。
ゾーン：10〜11

Geissois pruinosa
英 名：COMMON GEISSOIS
☼ ✤ ↔ 2m ↕ 4.5m
ニューカレドニアのマキーの群落で、特に南部の超塩基性土壌に見られる。低木または小高木で、茎が多数つく。葉は3出葉でやや青緑色。冬季には、古い無葉の茎の葉腋につく穂状花序に、紅色から薄ピンク色の花が多数咲く。円筒形の果実は先端が尖り、裂開する前に赤くなる。
ゾーン：9〜11

GELSEMIUM
（ゲルセミウム属）
英 名：CAROLINA JASMINE、YELLOW JESSAMINE

Gelsominoはジャスミンのイタリア名で、ゲルセミウム属に含まれる常緑の巻付き型つる植物3種は黄花ジャスミンに類似しているが、属する科さえ異なる。ゲルセミウム属はフジウツギ科だが、ソケイ属はモクセイ科に属している。北アメリカ、中央アメリカおよび東南アジアに分布する。楕円形の葉は先が尖った単葉で、長さ約5cm。成長は遅いが確実に広範囲を覆う。穏やかな香りを放ち、小柄で黄色いらっぱ形の花が房咲きする。ゲルセミウム属はストリキニーネやクラーレの成分を持つ樹木と近縁で毒性が強いものと思われる。

〈栽培〉
グラウンドカバーおよびコンテナ栽培に適し、格子垣や壁上で整形することもできる。中程度の霜には耐性があるが、温暖気候で良く成長し付きもよくなる。日当たりが良く、肥沃で湿気があり水はけの良い土壌に植える。必要ならば切り戻す。繁殖は半熟枝または種子から行なう。

Gelsemium sempervirens ★
一般名：カロライナジャスミン
☼/❋ ❄ ↔ 6m ↕ 6m
アメリカ合衆国南部からグアテマラ原産。葉はジャスミンに似て光沢があり緑色。葉長は約5cmで、先の尖った楕円形となる。香りの良い花は長さ約25mmで黄色。花後には暗色の果実がつく。'**プライド オブ オーガスタ**'は八重咲きの花をつける。ゾーン：8〜11

Geijera parviflora

Geissois benthamii

Geissois pruinosa

Genista tinctoria

Genista × spachiana

Genista tinctoria 'Royal Gold'

GENISTA
（ヒトツバエニシダ属）

異　名：*Chamaespartium*、*Echinospartium*

マメ科ソラマメ亜科に属し、約90種が含まれる。大半が落葉性だが、平らな分枝が緑色のため常緑性に見えるものもある。ヨーロッパ、地中海地方からアジア西部原産の低木または小高木。すべての土壌に耐性があり、大半は岩の多い山腹に育つ。葉は互生で、単葉または3枚の小葉からなる。枝にはほとんど葉はつかない。

〈栽培〉

日なたを必要とし、全種が完全な耐霜性ではない。半耐寒性の植物はよく換気した温室で栽培する。花付きを良くするためには、軽質で水はけの良い土壌を必要とする。秋または春、種子が熟したらすぐに鉢に蒔き、植物が移植可能になるまで冬の霜から保護する。繁殖は夏季に半熟枝の挿し木によっても行なえる。

Genista aetnensis
英　名：MOUNT ETNA BROOM

☼ ❄ ↔8m ↕8m

イタリアのサルデーニャ島およびシシリー島原産。直立の低木で、枝は下垂し、細葉は若いシュートのみにつき、枝の成長と共に落葉する。香りの良い黄色の蝶形花が下垂したシュートにつく。開花期は夏から秋。
ゾーン：8〜10

濃緑色で、黄金色の花がつく。
ゾーン：5〜9

Genista sagittalis
一般名：ゲニスタ・サギタリス
英　名：WINGED BROOM

☼ ❄ ↔90cm ↕15cm

ヨーロッパ南部および中部原産の平状性低木。常緑のように見えるが常緑ではない。小枝は翼状。葉は槍形で、裏面は有毛。晩春から初夏に、茎頂の総状花序に黄金色の花がつく。果実には絹毛が密生する。ゾーン：4〜9

Genista × spachiana
異　名：*Cytisus fragrans*、
C.× spachiana、*Genista fragrans*
一般名：ヒメエニシダ

☼ ❄ ↔5m ↕3〜6m

強健でアーチ形の常緑性低木。*G. stenopetala*と*G. canariensis*の交雑種で室内植物として栽培されることが多い。

Genista hispanica
一般名：ゲニスタ・ヒスパニカ、スパニッシュゴース
英　名：SPANISH BROOM、SPANISH GORSE

☼ ❄ ↔120cm ↕75cm

フランス南部およびスペイン北部原産。落葉性で直立の低木は刺があり、密集した小山を形成する。長楕円形から卵形の葉が花枝につく。晩春から夏季に、黄金色の花が総状花序につく。
ゾーン：6〜10

Genista lydia
一般名：ゲニスタ・リディア
英　名：DWARF GENISTA、GENISTA

☼ ❄ ↔90cm ↕60cm

バルカン諸国東部原産。落葉性で平状性の低木。野生種はより小型になる。青緑色の葉は細長形または楕円形。晩春から初夏に、短い総状花序に黄金色の花がつく。果実は平らで無毛。
ゾーン：7〜9

Genista pilosa
一般名：ゲニスタ・ピロサ
英　名：GENISTA、SILKY WOADWAXEN、SILKY LEAF WOADWAXEN

☼ ❄ ↔38cm ↕38cm

ヨーロッパ西部および中部原産。落葉性の低木で、平状性または直立の習性を持つ。葉は細く、上面は濃緑色で、下面はより薄色。晩春から初夏に黄金色の花が総状花序につく。莢には毛が密生する。'ゴルディロックス'の丈は60cmほどで、幅の方が広い。'バンクーバー ゴールド'★は広がる小山を形成し、葉は

濃緑色の葉は、長さ6〜18mmの楕円形の小葉が3出し、下面には絹毛が密生する。冬から早春に、香りの良い黄金色の花が細長い房咲きとなる。花径は約12mm。ゾーン：9〜11

Genista tinctoria
一般名：ヒトツバエニシダ、ダイヤーズグリーンウィード
英　名：COMMON WOADWAXEN、DYER'S GREENWEED

☼ ❄ ↔0.9m ↕0.9m

ヨーロッパおよびアジア西部原産。形状と習性は変異に富み、落葉性低木は刺無しで、1.8mほどの高さに成長する。鮮やかな緑色の葉は楕円形もしくは槍形。夏季には、直立した総状花序に黄金色の花がつく。かつては染料に用いられていた。'フローレ プレノ'は矮小型品種で、八重咲きの花が咲く。'ゴールデンブレード'には鮮やかな黄色の花がつく。コンパクトに広がり、枝は下垂形となる。

Genista sagittalis

Genista lydia

Genista hispanica

Genista pilosa

Genista aetnensis

Gelsemium sempervirens

Gentiana makinoi

Genlisea violacea

Gentiana acaulis 'Rannoch'

Gentiana acaulis

'ロイヤル ゴールド'はより直立型で、花は円錐花序につく。
ゾーン:2～9

GENLISEA
(ゲンリセア属)
英 名:CORKSCREW PLANT

タヌキモ科ゼンリセアは肉食植物の属で、約15種からなる。アノリカ、マダガスカルおよび南アメリカ原産。水流沿いの非常に湿った土壌や沼沢地のサバンナで育つ。小型の多年生植物で、2種類の葉がつく。緑色でスプーン形または槍形の葉は地上につき、肉食性のコルク抜き形の葉は地中につく。肉食性の葉は先端が2つに分岐し、基部が口になり極小の獲物を捕らえる。一度、口の中に入ると獲物は逃げることができない。内部の鋭角な毛が行く手を阻み、罠を通じて消化器官に進ませるためである。

〈栽培〉
熱帯の条件下でよく成長する。冷涼気候地域では温室で栽培する。ミズゴケ、または砂と泥炭を1対1の割合で混合した用土に植える。土壌は浸水状態を保つ、直射日光を避ける。繁殖は葉の挿し木により行なう。

Genlisea violacea
一般名:ゲンリセア・ビオラセア
☼ ↔5cm ↕2.5cm

ブラジル原産。緑色で長さ約2.5cmの葉はスプーン形で、密集したロゼットを形成する。長さ約10cmの無葉の柄にすみれのような花がつく。
ゾーン:9～12

GENTIANA
(リンドウ属)
英 名:GENTIAN

リンドウ科リンドウ属は、広く分布した一年生、二年生および多年生植物で、約400種が含まれる。小さく群生する高山植物から、花茎が60cmを超える種までと広範囲にわたるが、大半は単葉で先端の尖った葉がコンパクトに密生する。ロゼットを形成するものもある。ラッパ形または鐘形の花は単生で葉の間につくか、直立またはアーチ状の茎に房咲きする。すべてのリンドウが青色の花をつけるわけではなく、白、クリーム、黄色、紫色のものも多い。薬用のリンドウもある。属名は紀元前180年頃のイリリアの王ゲンティウスをたたえたものである。プリニウスはゲンティウス王が薬用の性質を発見したと記述している。現代の漢方医では貧血の治療に根エキスを用い、また香味料にも使用される。

〈栽培〉
季節が明確に分かれた気候を好む。日なたまたは半日陰で、湿気があり水はけが良く腐植質に富み、おそらくドロマイト石灰を少し含んだ土壌でよく育つ。小型種はロッケリーで丈夫に育つ。繁殖は株分けまたは種子により行なう。

Gentiana acaulis
一般名:チャボリンドウ、アルプスリンドウ
☼ ❄ ↔30cm ↕10cm

スペインからバルカン諸国原産で、春から初夏に開花する多年生植物。短茎が叢生し、長さ約25mmの楕円形の葉が基部にロゼットを形成する。広がる鐘形で単生の花は濃紺で緑色の斑が入り、長さ約5cm。'ラノッホ'の丈は約5cm。濃紺の花は中心が濃色で、鮮やかな緑または白の縞模様が入る。
ゾーン:3～9

Gentiana asclepiadea
英 名:WILLOW GENTIAN
☼ ❄ ↔60～100cm ↕40cm

夏から秋に開花するユーラシアの多年生草本で、アーチ形の茎は60cmほどに及ぶ。細かく先細りになった葉は長さ5～8cmで、楕円形から槍形。細い鐘形の花は長さ約30mmで、葉腋に2～3個まとまって咲く。藤色から紫青色の花に暗色の斑が入る。
ゾーン:6～9

Gentiana clusii
一般名:ゲンチアナ・クルシイ
☼ ❄ ↔30cm ↕10cm

ヨーロッパ中部および南部原産で、低く群生する夏咲きの多年生植物。革質で鮮やかな緑色の葉は先が尖った楕円形で長さ約25mm、基部でロゼットを形成する。鮮やかな濃紺の花は緑色の斑が入り、広がるらっぱ形で長さ約5cm。*G. acaulis*に類似しているが、耐寒性はより弱く、石灰にはより耐性が強い。
ゾーン:6～9

Gentiana concinna

Gentiana concinna
☼ ❄ ↔10～20cm ↕8～15cm

亜南極からオークランド島原産。一年生で、密集した葉は滑らかで細く革質。小柄な花は径12mmほどで、白地に赤または紫の筋入りのものから、全体がピンクがかった赤色のものまで多様である。
ゾーン:7～9

Gentiana cruciata
一般名:ゲンチアナ・クルキアタ
☼ ❄ ↔30cm ↕40cm

ユーラシア原産の夏咲きの多年生植物。葉が多く直立した短茎が基部のロゼットから伸びる。光沢がある槍形の葉は長さ10～20cmで、上部の葉はより小形。細い鐘形で空色から紫青色の花は長さ25mmほどで、茎頂あるいは葉腋に房咲きする。
ゾーン:5～9

Gentiana × macaulayi
ゲンティアナ×マカウライイ
☼ ❄ ↔40cm ↕10cm

*G. sino-ornata*と*G. farreri*の園芸交雑種で、夏から秋に開花する。低く広がる茎は根付くこともあり、長さ30mm超の葉が小型のロゼットを形成する。広がるじょうご形の花は長さ65mmほどで、濃紺地に薄紫、緑、白色の斑入り。'キングフィッシャー'は特に強健な品種となる。葉は暗色で、際立つ白の縞模様が入った花が咲く。
ゾーン:4～9

Gentiana makinoi
一般名:オヤマリンドウ、キヤマリンドウ
☼ ❄ ↔40cm ↕60cm

夏咲きの日本種。基部の葉は長さ5cmほど。直立し葉の多い茎の頂端および葉腋に、暗色の斑が入った長さ30mmほどの青色の鐘形の花がつく。
ゾーン:6～9

Gentiana paradoxa
一般名:ゲンチアナ・パラドクサ
☼ ❄ ↔30cm ↕20cm

夏から秋に開花するユーラシアの多年生植物。茎は針金状で、葉は細く、広がって小山を形成する。長い切れ込みがある鐘形の花は青色から薄紫色で、長さは30mmを超える。
ゾーン:6～9

Gentiana punctata
一般名:ゲンチアナ・プンクタタ
☼ ❄ ↔30cm ↕60cm

夏に開花するヨーロッパ中部の多年生植物で、基部の葉は密生し、丈夫な主根から直立した茎が生える。基部の葉は楕円形で長さ約10cm。茎につく葉はより小形。茎頂または葉腋につく薄黄色の花は紫色の斑入りで、長さ30mmを超える。
ゾーン:5～9

Geranium albanum

Geranium argenteum

Gentiana saxosa
一般名：ゲンチアナ・サクソサ
☀ ❄ ↔30cm ↕20cm
ニュージーランド原産で、夏に開花するほぼ平状性の多年生植物。長さ30mm超の基部の葉は、ほのかに紫みを帯びたへら形で、ロゼットを形成する。開いた鐘形の白い花は紫みを帯び、単生あるいは小さな房状で、短く直立した花茎につく。
ゾーン：8～9

Gentiana septemfida ★
一般名：ゲンチアナ・セプテムフィダ、ナツリンドウ
☀ ❄ ↔40cm ↕30cm
夏から秋に開花するアジア西部および中部の多年生植物で、茎は広がるもしくは直立する。先の尖った楕円形の葉は対生で、長さは約40mm。鮮やかな青色の花は薄色の斑入りで鐘形、長さ約40mm。*G. s.* var. *lagodechiana*の茎は分岐し、花は単生。
ゾーン：3～9

Gentiana sino-ornata
一般名：ゲンチアナ・シノ-オルナタ
☀ ❄ ↔30cm ↕15cm
中国西部およびチベット原産。秋咲きで広がる多年生植物。茎が根付いて広がる。槍形の細葉は長さ30mmほどで、ゆるいロゼットを形成する。鮮やかな青色の花はじょうご形で単生につき、長さ5cm超。内側はより薄色で、紫と白の縞柄が入る。
ゾーン：6～9

Gentiana ternifolia
一般名：ゲンチアナ・テルニフォリア
☀ ❄ ↔40cm ↕10～20cm
中国西部原産で、秋咲きの広がる多年生植物。茎の先端は直立するものが多い。槍形の細葉は長さ18mmほど。基部でゆるいロゼットを形成する。青色でじょうご形の花は長さ約40mmで、緑色および白色の斑入り。
ゾーン：8～9

Gentiana verna
一般名：ゲンチアナ・ベルナ
☀ ❄ ↔20～30cm ↕5cm
ヨーロッパの多年生植物。平状性で春から夏に開花する。鮮やかな緑色の葉は楕円形で長さ約25mm。鮮やかな青色の星形の花は中央が薄色で幅約25mm、通常は単生となる。
ゾーン：5～9

GENTIANOPSIS
（シロウマリンドウ属）
英 名：FRINGED GENTIAN
外観がリンドウに似たシロウマリンドウ属の植物はリンドウ属（リンドウ科）に近縁で、かつてはリンドウ属に含まれていた。しかしながら、この北アメリカおよびユーラシアの属は25種のうち1種を除き夏咲きの一年生および二年生で、大半のリンドウのように多年生ではない。通常は直立し、丈夫な角張った茎にさまざま形状の葉が対生につく。アサガオ形に広がった筒形の花は4枚花弁で、単生または房咲きし、縁に細かい切れ込みのあるものが多い。通常は青色から紫青色で、花茎が長いものもある。
〈栽培〉
耐寒性があり、夏季に過度に乾燥しない温帯地域のほぼ全域で容易に育つ。天然の湿地植物も数種あるが、栽培種は水はけが良く湿気があり腐植質に富んだ土壌を好む。冷涼気候においては日なたが最適で、他の気候では夏の強い日差しから保護する。繁殖は春に播種する。二年生種は初秋に播種してもよい。

Gentianopsis crinita
異 名：*Gentiana crinita*
英 名：GREATER FRINGED GENTIAN
☀/☀ ❄ ↔45cm ↕90cm
アメリカ合衆国東部原産の一年生あるいは二年生植物。分岐した茎は直立し、葉は楕円形から槍形。縁がぎざぎざに裂けた花は鮮やかな青色で、晩夏から秋に咲く。花径約5cm。
ゾーン：3～9

GEOHINTONIA
（ゲオヒントニア属）
1991年、メキシコサボテンの主要な専門家であるGeorge Hintonがメキシコのシエラ・マドレ・オリエンタル地域の石膏の丘で新属種を発見した時、サボテン界ではひそかなセンセーションが巻き起こった。サボテン科に属し、属名はHintonにちなんで命名された。このサボテンが新種で珍しい形状だったことから、自生地における非合法の収集が新たに多発した。*Aztekium hintonii*と一緒に育つためほぼ同時に発見された。
〈栽培〉
肥沃な水はけの良い土壌で、容易に栽培できる。繁殖は種子または接木された植物から採取した挿し木により行なう。冬季は休眠する。

Geohintonia mexicana
一般名：ゲオヒントニア・メキシカナ
☀ ⚘ ↔10cm ↕10cm
メキシコのヌエボレオン州原産。単幹で球形からわずかに円柱形のサボテン。まっすぐな稜はサボテン本体より20cmも上に伸びることがある。刺座は稜の縁に連続してつく。極小の刺は薄茶色で取れやすい。花は昼咲きでじょうご形、ピンク色から深紅色で、萼は球形。
ゾーン：9～11

GERANIUM
（フウロソウ属）
英 名：CRANESBILL
一般にゼラニウムと呼ばれているものは実際にはテンジクアオイ属に含まれる。両属ともフウロソウ科に属するが、本物のゼラニウム属は全く異なるグループで、多年生植物と亜低木約300種からなり、温帯地域の広範囲に広がる。常緑のものもある。通常、葉は掌状で、裂片には鋸歯があり、細毛が生えるものもある。夏季には、単生で平らな5枚花弁の花が咲く。ピンク色または紫青色で、白色または紫がかった黒色は珍しい。花は細長い果実へと成長する。属名*GERANIUM*はギリシャ語の*geranos*（鶴）に由来し、果実の形状が鶴のくちばしに似ていることを表している。*G. robertianum*（現在ではヒメフウロとして知られる）などには、薬草としてさまざまな病気や用途に使用されてきた長い歴史がある。
〈栽培〉
大半の種が耐寒性で、さまざまな条件で育ち、日なたまたは半日陰で湿気があり腐植質に富んだ土壌を好む。根は侵襲的となる場合がある。繁殖は種子、挿し木あるいは株分けにより行なう。自家播種する場合もある。

Geranium albanum
一般名：ゲラニウム・アルバヌム
☀/☀ ❄ ↔50cm ↕20cm
コーカサス地方およびイラン原産。基部の葉は丸形で7～9の切れ込みがあり掌状で鋸歯がある。葉幅は約5cm。ピンク色で幅25mmほどの花には紫紅色の筋と青色の斑点が入る。
ゾーン：7～9

Geranium argenteum
☀/☀ ❄ ↔30cm ↕15cm
アルプス山脈からバルカン諸国原産。銀灰色の細毛が生えた葉は幅5cmほどで7裂し、各裂片がさらに3裂し、ロゼットを形成する。幅12mmほどの濃ピンク色の花は脈が暗色。花弁の縁はぎざぎざで、散在する。
ゾーン：6～9

Gentiana ternifolia

Gentiana paradoxa

Gentiana septemfida

Geranium asphodeloides
一般名：ゲラニウム・アスフォデロイデス
☼/☀ ❄ ↔60cm ↕50cm
イタリアからイラン北部原産。茎は有毛で、掌状の葉は5〜7裂し、葉幅は5cmほど。花弁が細く星形の花は白色から薄紫ピンクで、脈は暗色。花幅約30mm。
ゾーン：8〜10

Geranium bohemicum
一般名：ゲラニウム・ボヘミクム
☼/☀ ❄ ↔60cm ↕45cm
ヨーロッパ中部原産で、自由に自家播種する一年生から短命の多年生植物。細毛があり、深い切れ込みが入った葉はカエデのような掌状。小柄で杯形の花は薄藤色に紫色の脈が入り、主に茎頂付近に房咲きする。
ゾーン：6〜9

Geranium canariense
一般名：ゲラニウム・カナリエンセ
☼/☀ ⚐ ↔60cm ↕50cm
カナリア諸島原産。常緑で短命の多年

Geranium clarkei

生植物。長い茎についた葉は幅約25cmでロゼットを形成する。シダ状で、細かい切れ込みがある5裂の羽状複葉。晩春には、星形で藤色がかったピンク色の幅5cmほどの花が、茎頂の大きな花房につく。
ゾーン：9〜11

Geranium × *cantabrigiense*
一般名：ゲラニウム×カンタブリギエンセ
☼/☀ ❄ ↔60cm ↕20cm
*G. macrorrhizum*と*G. dalmaticum*の交雑種で低く広がる習性を持つ。芳香性で鮮やかな緑色の葉は丸形で幅約8cm、7裂し鋸歯がある。花は幅約25mmで、ピンク色、または白色で中心がピンク色。'ビオコボ'の花は白色でのかにピンク色に染まる。'ケンブリッジ'の花は濃ピンク色から赤紫色。
ゾーン：5〜9

Geranium cinereum
一般名：ゲラニウム・キネレウム
☼/☀ ❄ ↔50cm ↕15cm
バルカン諸国およびアドリア海周辺地域

Geranium bohemicum

Geranium × *cantabrigiense*

Geranium × *cantabrigiense* 'Cambridge'

Geranium × *cantabrigiense* 'Biokovo'

に分布する。広がる多年生植物で、5〜7裂で灰緑色の葉は幅約5cmで、ロゼットを形成する。白色から濃ピンク色の花は暗色の脈が入ることが多く、小柄で幅約25mm。*G. c.* var. *subcaulescens*の葉は濃緑色で、大形の花は中央に黒色の斑が入る。*G. c.* 'バレリーナ'の花はパープルピンクで赤い脈が入り、花弁縁に切れ込みがある。'パープル ピロウ'はコンパクトに成長する習性を持ち、じょうご形の紫赤色の花が際立つ。
ゾーン：5〜9

Geranium clarkei
一般名：ゲラニウム・クラルケイ
☼/☀ ❄ ↔50cm ↕30cm
カシミール地方原産の広がる多年生植物。小山を形成する習性を持つ。基部の葉は幅約8cmで7カ所の深い切れ込みと鋸歯がある。上向きの花は紫、白およびピンク色で暗色の脈が入り、幅約40mmで、広がる小枝に付く。'カシミール ホワイト'には大形で白い花がつく。
ゾーン：7〜10

Geranium dalmaticum
一般名：ゲラニウム・ダルマティクム
☼/☀ ❄ ↔50cm ↕15cm
アルバニアおよびバルカン諸国南西部原産で、小さく広がる習性を持つ。光沢があり5〜7裂の葉は幅約40mm。繊細な小枝に鮮やかなピンク色で幅約30mmの花がつく。
ゾーン：5〜9

Geranium endressii
ゲラニウム・エンドレッシイ
☼/☀ ❄ ↔60cm ↕45cm
ピレネー山脈原産の常緑多年生植物で開花期は長い。基部の葉は5裂で、幅約15cm。上部の葉は3〜5裂でより小形。冬季には紅葉する。鮮やかなピンク色の花は暗色の脈が入り幅約40mm。'ウォーグレイブ ピンク'は強健な品種で、小

Geranium dalmaticum

Geranium farreri

柄の葉が密生し、くすんだオレンジピンクの花が多数つく。
ゾーン：5〜9

Geranium farreri
一般名：ゲラニウム・ファレリ
☼/☀ ❄ ↔40cm ↕10cm
中国西部原産の広がる高山種。不規則に広がる茎が中央の主根から放射状に伸びて根付く。腎臓形の葉は掌状に7裂し、さらに切れ込みと鋸歯がある。低部の葉は幅約5cm。単生で丸形の花は薄紫がかったピンク色で、幅は約30mm。
ゾーン：4〜9

Geranium gracile
一般名：ゲラニウム・グラキレ
☼/☀ ❄ ↔60cm ↕40cm
トルコからイランに自生する。根茎は太く、部分的に姿を現わす。しわが寄り有毛の葉は薄緑色で5〜7裂、鋸歯があり幅約10cm。薄紫がかったピンク色の地に暗色の脈が入った花が、長く少ない茎につく。冬季は乾燥を保つ。
ゾーン：7〜9

Geranium guatemalense
☼/☀ ⚐ ↔75cm ↕30cm
中央アメリカの雲霧林原産の、常緑多年生植物。星形の花は薄紫がかったピンク色で幅約40mm。
ゾーン：9〜11

Geranium harveyi

異　名：*Geranium sericeum*
一般名：ゲラニウム・ハルウェイ
☼/☽ ✽ ↔75cm ↕10cm
エクアドルのアンデス山脈原産。広がるグラウンドカバー。細毛がある銀灰色の葉は5カ所の深い切れ込みと鋸歯があり、ロゼットを形成する。葉幅約40mm。じょうご形の花は白色から薄ピンク色。
ゾーン：7～9

Geranium himalayense

一般名：ゲラニウム・ヒマライエンセ
☼/☽ ✽ ↔100cm ↕45cm
アフガニスタン北部からネパール原産。広がる習性を持ち、茎と葉は有毛。基部の葉は幅約20cm、7裂で鋸歯がある。上部の葉はかなり小形。繊細な小枝に濃紫青色の花がつく。花幅は約5cmで、中心がピンクまたは白色になるものが多い。'**ベイビー ブルー**'はコンパクトに成長する習性を持ち、鮮やかな青色の花が咲く。'**グラベティ**'(syn.'アルピヌム')の花は鮮やかな青色で、秋季に紅葉する。'**プレナム**'(syn.'バーチ ダブル')はコンパクトに成長する習性を持ち、葉は小柄で、紫青色の八重咲きの花が咲く。
ゾーン：4～9

Geranium guatemalense

Geranium ibericum

Geranium macrorrhizum 'Album'

Geranium maculatum

Geranium ibericum

一般名：ゲラニウム・イベリクム
☼/☽ ✽ ↔75cm ↕40cm
トルコ、コーカサス地方およびイラン北部原産の不規則に広がる多年生植物。鮮やかな緑色の葉は幅約10cmで、9～11裂し鋸歯がある。パープルブルーの花は幅約40mmで暗色の脈が入り小さな房咲きとなる。*G. i.* subsp. *jubatum* のみ他とは異なり花茎が有毛となる。
ゾーン：6～9

Geranium incanum

一般名：ゲラニウム・インカヌム
☼/☽ ✽ ↔100cm ↕100cm
常緑の南アフリカ種で、主茎は分岐する。長い茎に香りの良い鮮やかな緑色の葉がつく。葉は美しく5裂し、細い裂片には鋸歯がつく。下面はうぶ毛があり白色。対生のものもある。赤紫色の花は花茎が長く中心が薄色で、繊細な小枝につく。花幅は約30mm。ゾーン：8～11

Geranium lambertii

一般名：ゲラニウム・ランベルティイ
☼/☽ ✽ ↔60cm ↕30cm
ヒマラヤ原産の匍匐性種。有毛で腎臓形の葉は5裂で幅約15cm。開いた白色の花は幅約40mmで、有毛の茎につく。葯は黒色。'**スワンズダウン**'の葉は薄緑色でまだら斑が入る。点頭した大形の花は中心が紫赤色。ゾーン：8～10

Geranium macrorrhizum

一般名：ゲラニウム・マクロリズム
☼/☽ ✽ ↔100cm ↕50cm
ヨーロッパ南部原産の広がる多年生植物。幅約10～20cmの葉は5～7裂で、鋸歯がありさらに分裂する。ピンク色から紫赤色の花は密集して房咲きする。'**アルバム**'の花は白色で、萼片は赤みを帯びる。'**ベヴァンズ バラエティー**'の葉は小形で、花は鮮やかな赤紫色。'**クゼイコー**'は成長が遅く、花は赤紫色で暗色の萼片がつく。'**イングワーセンズ バラエティー**'の葉はやや光沢がある緑色で、花は薄ピンク色。ゾーン：4～9

Geranium maculatum

一般名：アメリカフウロ、アメリカンクレーンズビル
☼/☽ ↔100cm ↕70cm
北アメリカの藪状の多年生植物で、マニトバ州からカンザス州原産。基部の葉は幅20cmほどで、上部の葉は幅約10cmで5～7裂し、さらに分裂し鋸歯がある。上向きの花は濃ピンク色で、幅約40mm。
ゾーン：4～9

Geranium ibericum subsp. *jubatum*

Geranium macrorrhizum 'Czakor'

Geranium himalayense

G. himalayense 'Baby Blue'

G. himalayense 'Gravetye'

Geranium himalayense 'Plenum'

G. macrorrhizum 'Ingwersen's Variety'

Geranium maderense

Geranium maderense

一般名：ゲラニウム・マデレンセ
☼/☽ ↔150cm ↕150cm
マデイラ島原産でもっとも大型のゲラニウムと見なされる。低木の習性がある。深い切れ込みがあり、さらに分裂した革質の葉は幅約30cmで、ロゼットを形成する。長い柄は紫みを帯びる。大形の花は有毛で紫色の茎につく。濃ピンク色から赤紫色の花には暗色の脈があり、花幅約40mm。
ゾーン：9～11

Geranium × *magnificum*

一般名：ゲラニウム×マグニフィクム
☼/☽ ✽ ↔100cm ↕50cm
*G. ibericum*と*G. platypetalum*の園芸交雑主。鮮やかな緑色の葉は幅約10cmで9～11裂し、鋸歯がある。葉茎は有毛。紫色の花には暗色の脈があり、幅は40mmを超える。
ゾーン：5～9

Geranium × *oxonianum* 'Rose Clair'

Geranium × *oxonianum*

Geranium × *oxonianum* f. *thurstonianum*

Geranium palmatum

Geranium palustre

Geranium phaeum

Geranium phaeum 'Lily Lovell'

Geranium nodosum
☼/☽ ❄ ↔80cm ↕30cm
ヨーロッパ南部山岳地帯原産の群生する多年生植物。光沢がある葉は浅裂と鋸歯がある。低部の葉は幅約20cmで、他の葉は約5cm幅。直立した花は紫色で幅25mm超。花弁の先端に切れ込みがある。ゾーン：6～9

Geranium × *oxonianum*
一般名：ゲラニウム×オクソニアヌム
☼/☽ ❄ ↔120cm ↕60cm
*G. endressii*と*G. versicolor*の交雑種。広がって広範囲を覆う。5カ所の浅裂がある葉は幅5～10cmで、より大形のものもある。薄ピンク色の花は暗色の脈があり、幅約25mmで多数つく。'**A. T. ジョンソン**'にはシルバーがかったピンク色の花が咲く。'**クラリッジ ドルース**'は強健な品種。茎は有毛、葉は暗色で、濃ピンク色の花がつく。'**レディー ムーア**'の花はピンク色で紫色の脈が入る。'**ローズ クレール**'は小さく育つ習性があり、花は紫色からピンク色。'**シャーウッド**'の花は星形で、花弁は非常に細く薄ピンク色。ゾーン：5～9

Geranium palmatum
☼/☽ ☽ ↔60cm ↕100cm
マデイラ島原産の常緑多年生植物で、短命のものもある。最初はコンパクトだが最終的には木質茎となる。欠刻がある葉は長い茎につき、細かい切れ込みがあり幅約35cmで、ロゼットを形成する。星形で赤みがかったピンク色の花は幅約5cmで、茎頂に大きな花房をつける。葯はクリーム色。
ゾーン：9～11

Geranium palustre
☼/☽ ❄ ↔50cm ↕30cm
ヨーロッパ中部および東部原産の小山を形成する多年生植物。低部の葉は大形。上部の葉は幅約8cmで、羽状に7裂し鋸歯がある。繊細な小枝に幅30mmを超える赤紫色の花がつく。ゾーン：6～9

Geranium phaeum
一般名：クロバナフウロ、ゲラニウム・ファエウム
英 名：BLACK WIDOW
☼/☽ ❄ ↔40cm ↕80cm
直立で藪状となるヨーロッパの多年生植物。9裂の葉は基部では大きく、上部ではより小形になる。幅約25mmの花は藤色、栗色から濃紫赤色で、黒色に近いものもある。'**アルバム**' ★には大形の白い花が咲く。'**リリー ラヴェル**'の花は大形で紫色となる。ゾーン：5～9

Geranium platypetalum
一般名：ゲラニウム・プラティペタルム
☼/☽ ❄ ↔40cm ↕30cm
コーカサス地方、トルコおよびイラン北部原産の群生する多年生植物。丈夫な根茎に有毛の茎がつき、薄緑色の葉は7～9裂で鋸歯がある。葉幅約10～20cm。幅5cmほどの濃い藤青色の花が密集して房咲きする。花弁には暗色の脈が入る。
ゾーン：6～9

Geranium pratense
一般名：ゲラニウム・プラテンセ、ノハラフウロ
英 名：MEADOW CRANESBILL
☼/☽ ❄ ↔100cm ↕120cm
ヨーロッパ中部からヒマラヤ山脈西部原産で、耐寒性があり広がる多年生植物。茎は直立し、幅10～20cmの葉は7～9裂の羽状複葉で、鋸歯がある。幅約50mmの花は青色で、やや広がって密生する。'**ミセス ケンドール クラーク**'の花は薄色で、脈は半透明。'**スプリッシュ スプラッシュ**'の花は薄色で、無作為に扇形に分割され薄紫青色の斑が入る。
ゾーン：5～9

Geranium psilostemon
一般名：ゲラニウム・プシロステモン
☼/☽ ❄ ↔40～60cm
↕60～100cm
トルコ北東部原産の直立でわずかに広がる多年生植物。幅5～20cmの葉は深い切れ込みがあり、さらに分裂する。幅30mmを超える赤紫色の花は中央が黒色で、直立した花序につく。
ゾーン：6～9

Geranium pyrenaicum
一般名：ゲラニウム・ピレナイクム
☼/☽ ❄ ↔60cm ↕60cm
ヨーロッパ南部原産。常緑で細毛があり遅咲きの多年生植物。丸形で5～9裂の葉

Geranium renardii

Geranium platypetalum

Geranium pratense 'Mrs Kendall Clark'

Geranium pratense 'Splish-splash'

Geranium pyrenaicum

G. × riversleaianum 'Mavis Simpson'

Geranium robustum

Geranium sessiliflorum subsp. *novae-zelandiae* 'Nigricans'

Geranium rubescens
☼/☀ ✤ ↔80cm ↕80cm
マデイラ島原産の二年生植物。細かい切れ込みと鋸歯がある葉は芳香性で、ロゼットを形成する。柄は長くやや赤く色づく。幅35mmの星形の花は鮮やかな紫紅色で多数つく。ゾーン：9～10

Geranium sanguineum
一般名：アケボノフウロ、ゲラニウム・サングイネウム
英 名：BLOODY CRANESBILL
☼/☀ ✤ ↔40cm ↕20cm
低くゆっくり広がるユーラシアの藪状多年生植物。幅5～10cmの葉は5～7裂で、さらに切れ込みがある。紫紅色から紫赤色の花は幅30mmを超え、単生で多数咲く。*G. s.* var. *striatum*（ゲラニウム・サングイネウム・ストリアトゥム）は小形の植物で、くすんだピンク色の花に暗色の脈が入る。中でも'**スプレンデンス**'は丈の高い品種。*G. s.* Alan Bloom／アラン ブルーム'ブロジャー'の葉は小形で、コンパクトな習性を持ち、花は深い紫紅色。'**アルバム**'の花は白色で、'**マックス フレイ**'は**Alan Bloom**／アラン ブルーム'ブロジャー'に似ているが、葉はより暗色で、花茎がより長い。ゾーン：5～9

Geranium sessiliflorum
ゲラニウム・セシリフロルム
☀ ✤ ↔40cm ↕10cm
ニュージーランド原産の平状性多年生植物。幅25mm強の葉には、5～7の浅裂がある。白色から薄ピンク色の極小の花は幅6mmほどで多数咲く。'**ニグリカンス**'の葉は深いブロンズ色で、成長と共にオレンジ色に変わる。ゾーン：8～10

Geranium soboliferum
一般名：アサマフウロ
☼/☀ ✤ ↔40cm ↕20cm
ロシア東部および中国北東部原産の多年生植物。幅約5cmの葉は基部で叢生し、鋸歯のある細い裂片7枚からなる。薄紅紫色の花は幅約30mmで密集した花序につく。ゾーン：6～9

Geranium sylvaticum
一般名：ゲラニウム・シルウァティクム
☼ ✤ ↔100cm ↕70cm
ヨーロッパおよびトルコ北部原産。通常は湿った場所で育つ。細毛のある葉は幅5～20cmで、7～9の深裂があり、さらに切れ込みと鋸歯がある。幅約30mmの花は、通常は藤紫色だが白色から紫紅色のものもあり、密集した花序につく。'**アルバム**'には純白の花がつく。'**メイフラワー**'の花は紫青色で中心は薄色。ゾーン：4～9

は幅約10cm。微細な小枝に、径約18mmの藤色からパープルピンクの花がつく。ゾーン：7～9

Geranium regelii
一般名：ゲラニウム・レゲリイ
☼/☀ ✤ ↔100cm ↕120cm
アジア中部、アフガニスタン北部およびパキスタン原産。耐寒性があり広がる多年生植物。茎は直立し、幅約10cmの葉は7～9個の広い裂片を持ち鋸歯がある。幅50mmほどの藤色から青色の花が、やや広がりのある花序につく。ゾーン：6～9

Geranium renardii
一般名：ゲラニウム・レナルディイ
☼/☀ ✤ ↔40cm ↕20cm
コーカサス地方原産の群生する多年生植物。幅約10cmの葉は丸形で5裂、さらに分裂し鋸歯がある。幅約18mmの花は白色から薄紫色で青紫色の脈が入り、平らな花序につく。花弁の先端に切れ込みがある。ゾーン：6～9

Geranium × riversleaianum
ゲラニウム×リウェルスレアイアヌム
☼/☀ ✤ ↔60cm ↕10cm
*G. endressii*と*G. traversii*の園芸交雑種。低く広がる習性があり、ブロンズグリーンの葉は小形で7裂。幅30mmを超えるピンク色の花はじょうご形で暗色の脈が入り、開いた花房につく。'**メイビス シンプソン**'の花は中心が薄色。'**ラッセル プリチャード**'の花は濃ピンク色で、葉には鋭い鋸歯がある。ゾーン：7～10

Geranium robertianum
一般名：ヒメフウロ、シオヤキソウ
英 名：HERB ROBERT
☼/☀ ✤ ↔50cm ↕25cm
北半球の広範囲に広がる一年生もしくは二年生植物。美しい切れ込みがあるシダ状の葉は長い茎につきロゼットを形成し、芳香性で、ややドクニンジンに似ている。極小の濃ピンク色の花が単生または房状で咲く。ゾーン：6～10

Geranium robustum
一般名：ゲラニウム・ロブストゥム
☼ ✤ ↔60cm ↕100cm
南アフリカの亜低木で木質の基部を持ち、茎は直立形。銀灰色で有毛の葉は幅約5cmで3～7裂し、細かい切れ込みがある。幅30mmを超える紫色の花は中心が薄色で、密集した花房につく。ゾーン：8～11

Geranium soboliferum

Geranium sylvaticum

G. sanguineum Alan Bloom/'Bloger'

Geranium subcaulescens

Geranium sanguineum var. *striatum*

Geranium sanguineum 'Max Frei'

Geranium traversii

☼/☽ ❄ ↔50cm ↕10cm

ニュージーランドのチャタム諸島原産で、小さく広がる多年生植物。ブロンズグリーンの葉は小柄で、銀色の毛が生える。5～7カ所の広く浅い切れ込みがあり、さらに分裂するものもある。くすんだピンク色の花は幅約12mmで、単生または小さな花序につく。
ゾーン：8～10

Geranium tuberosum

☼/☽ ❄ ↔40cm ↕40cm

地中海沿岸原産の直立した塊茎状の多年生植物。葉には深い切れ込みと羽状の欠刻があり鋸歯がある。葉幅約10cm。藤色から紫色の花は暗色の脈があり径約30mm。ゾーン：8～10

Geranium tuberosum

フウロソウ、HC、'アン フォルカルド'

Geranium versicolor

Geranium versicolor

ゲラニウム・ウェルシコロル

☼/☽ ❄ ↔80cm ↕20cm

シシリー島からバルカン諸国およびギリシャ原産の小山を形成し広がる多年生植物。茎と葉は剛毛質。基部の葉は幅約20cmで、上部はより小形となる。5裂で鋸歯がある羽状複葉。繊細な小枝に紫紅色の脈がある白い花が咲く。'スノウ ホワイト'は白色の花をつける。
ゾーン：6～9

Geranium wallichianum

一般名：ゲラニウム・ウォリッキアヌム

☼/☽ ❄ ↔60cm ↕15cm

アフガニスタン北東部からカシミール地方原産で、広がる山岳の多年生植物。3～5裂の葉はさらに深い切れ込みと鋸歯があり、対生で幅約8cm。長い茎につくものもある。ボウル形の紫紅色あるいは薄紫色の花は幅約30mmで、中心は薄色。'バクストンズ バラエティー'★(syn. 'バクストンズ ブルー')は平状性の習性を持ち、鮮やかな藤紫色の花は中心が薄色となる。
ゾーン：7～10

Geranium wlassovianum

☼/☽ ❄ ↔50cm ↕30cm

温帯アジア北東部原産で、藪状の多年生植物。丸形でうぶ毛がある葉は短い茎につき、粗い7裂の羽状複葉。基部の幅は約15cmで、上部はより小形となる。薄紫紅色から深紫色の花は暗色の脈があり幅35mmほどで、繊細な花序につく。
ゾーン：3～9

Geranium Hybrid Cultivars

一般名：ゲラニウム交雑品種

☼/☽ ❄ ↔60～120cm ↕20～90cm

ゲラニウムは容易に変種を作り自由に異種交配する傾向があるため、さまざまなサイズと花色の園芸品種が多数ある。人気が高い栽培品種には以下のものが含まれる。'アン フォルカルド'は匍匐性

Geranium versicolor 'Snow White'

フウロソウ、HC、'フランシス グレイト'

フウロソウ、HC、'パトリシア'

フウロソウ、HC、'ジョンソンズ ブルー'

フウロソウ、HC、'ニンバス'

の習性があり、葉は黄緑色で、紫紅色の花は中心が暗色。'フランシス グレイト'は南アフリカ種の*G. incanum*と*G. robustum*の交雑種で、葉は銀色みを帯び、花は赤紫色。'ジョンソンズ ブルー'★の丈は45cmほどで、藪状から半匍匐性の習性を持ち、花は鮮やかな青色から紫青色。'ニンバス'の丈は40cmほどで、葉には光沢があり、花は星形で紫色。'パトリシア'は広がる品種で、薄赤紫色で中心が黒色の花はややまばらに咲く習性を持つ。'フィリップ バッペル'の丈は約40cm。葉は大形で密集する。花は薄青紫色で暗色の脈が入る。'ピンク スパイス'は匍匐性の品種で、葉は濃いブロンズ色。花は小柄でピンク色。'ランブリング ロビン'は小山を形成し広がる習性があり、花は薄青紫色。Razanne／ロザンヌ／'ガーワット'の丈は約50cmで、葉は斑入り。大きな青紫色の花が咲く。'シー スプレイ'は匍匐性の品種で、葉はブロンズ色。小柄なピンク色の花がつく。'シュー クラッグ'は藪状の習性を持ち、花は薄赤紫色で中心と脈が暗色になる。
ゾーン：6～9

フウロソウ、HC、'シュー クラッグ'

フウロソウ、HC、'ランブリング ロビン'

フウロソウ、HC、Rozanne／ロザンヌ'ガーワット'

GERBERA
(ガーベラ属)

英　名：BARBERTON DAISY, TRANSVAAL DAISY

キク科に属し、多年生植物約40種が含まれる。代表として冬咲きの南アフリカ種が有名で、他種はアジア西部および南部に生息する。かなり洗練されたタンポポのような形状。深い切れ込みと浅い鋸歯がある葉はへら形から槍形で、基部にロゼットを形成する。ロゼット中央から丈夫な花茎が現われ、単生で大きなヒナギク形の花をつける。花色は多様で八重咲きのものもある。属名はTraugott Gerberにちなんで名付けられた。Gerberはドイツの植物学者で、ロシアを旅した（1743年没）。

〈栽培〉
ガーベラは弱いが、冬季にわずかな湿気を保てば軽度の霜には耐性がある。深層で軽質、腐植質に富んだ土壌で、日なたに植える。水はけを良くするために砂を加える。室内用植物および切花として人気が高い。繁殖は播種、あるいは花後に慎重に株分けすることによって行なう。

Gerbera jamesonii ★
一般名：オオセンボンヤリ

英　名：BARBERTON DAISY

☼ ❄ ↔75cm ↕70cm

南アフリカおよびスワジランド原産。南アフリカの原産地の庭園を除いて、野生の原種が今も栽培されているかどうかは定かではない。タンポポのような葉は濃緑色で長い茎につき、粗い切れ込みがあり、下面には細毛がある。葉長は60cmを超えることもあるが、通常はかなり小さい。幅約10cmの花は一般に黄色、オレンジ色もしくは赤色系で、花茎は長い。
ゾーン：8～11

ガーベラHC

Gerbera Hybrid Cultivars
一般名：ガーベラ交雑品種

☼ ❄ ↔30cm ↕20～45cm

ガーベラの繁殖は19世紀の終わり頃から開始され、イギリスのケンブリッジで*G. jamesonii*と*G. viridiflora*の交雑が行なわれた。最近の栽培品種はこの交雑によりもたらされている。1980年代、鉢植え植物の販売用に短茎で種子によって繁殖させる系統が開発されるまでは、主として切花産業界では、花茎を長くし、花色を多様にし、さまざまな八重咲き品種を作るような繁殖が行なわれた。これらの植物は大形の花をほぼ一年中咲かせ、パステルカラーと濃色の両方があるが、一般的に申し分の無い園芸用植物は作出されない。**Dwarf Pandora Series**（ドワーフ　パンドラ　シリーズ）は短茎に大形で一重咲きの花がつく。赤、オレンジ、黄色、ピンク、白のミックスで、通常1度に3～6個開花する。**Fantasia Double Series**（ファンタジア　ダブル　シリーズ）には中心の管状花を伴う非常に大きい八重咲きの花がつき、色は薄色系。**Happipot Series**（ハッピポット　シリーズ）には鮮やかな色彩の大形の花がつき、葉は濃緑色。
ゾーン：9～11

ガーベラHC

GEUM
(ダイコンソウ属)

英　名：AVENS

バラ科ダイコンソウ属は、約40種の多年生植物からなり、温帯地域に広く分布する。ローマ名で植物を意味するavens（ダイコンソウ）として知られ、ロゼットを形成するものと根茎や匍匐枝によって広がるものの両者があり、葉は細毛のある羽状複葉もしくは分裂葉で、根から直接生える。種にもよるが晩冬から晩夏に、極小の一重咲きのバラに似た派手な花を花茎につける。通常、花は鮮やかな色調の黄色、オレンジ色、ピンク色または赤色となる。花後は剛毛質の乾果が実る。ダイコンソウのエキスと薬草に含まれる成分のいくつかは緩やかな鎮静剤となる。

〈栽培〉
小型種はロッケリー用に人気があり、大型品種は多年生のボーダー花壇に適する。日なたで湿気があり、水はけが良く固まらない土壌に植える。繁殖は休眠中に株分けする、あるいは種子から行なう。

Geum aleppicum
一般名：オオダイコンソウ

英　名：YELLOW AVENS

☼/◐ ❄ ↔40cm ↕50cm

北半球の温帯地域の大部分に見られる多年生植物。5～11の裂片を持つ葉は長さ10cmほどで細かい鋸歯がある。丈夫で直立した花茎は分岐し、黄色からくすんだオレンジ色の花が比較的少数つく。花幅約18mm。
ゾーン：3～9

Geum chiloense
一般名：ゲウム・キロエンセ

☼ ❄ ↔50cm ↕75cm

チリ種の多年生植物で多数の花が咲く。栽培種は広範囲に分布する。長い葉は切れ込みと多数の鋸歯があり、裂片は約25mm。直立した花茎に鮮やかな赤い花がつく。'ヴェルナー　アーレンズ'（syn.'ボリシー'）には薄オレンジレッドの半八重咲きの花が多数つく。
ゾーン：5～9

Geum montanum
一般名：イワダイコンソウ、ゲウム・モンタヌム

英　名：ALPINE AVENS

☼/◐ ❄ ↔50cm ↕30cm

ヨーロッパ中部および南部の山岳地帯原産で、匍匐性の根茎によって根付く多年生植物。鮮やかな緑色の羽状複葉は長さ15cmでロゼットを形成し、大きな頂小葉はその半分ほどの長さになる。小形で鮮やかな黄色の花は幅約25mm。
ゾーン：6～9

Geum rivale
一般名：ゲウム・リワレ

☼/◐ ❄ ↔75cm ↕30cm

ユーラシアおよび北アメリカの原生種は小さな群生を作り、根茎によって広がる。わずかに下垂した花はクリーム色で、うぶ毛が生えた紫赤色の萼に囲まれる。長さ約30cmの葉は羽状複葉で、小葉には7～13個の鋸歯がある。'レオナルディ'（syn.'レオナルドズ　バラエティー'）にはくすんだオレンジレッドの花がつく。
ゾーン：3～9

Geum triflorum
一般名：ゲウム・トリフロルム

英　名：LION'S BEARD, OLD MAN'S WHISKERS, PRAIRIE SMOKE, PURPLE AVENS

☼/◐ ❄ ↔40cm ↕40cm

英名が示すように、この北アメリカ種の葉はシダ状で長さ約15cm。灰緑色で、うぶ毛が生えるものもある。花茎の丈は約40cmで、栗色みを帯びた黄色の花がつく。
ゾーン：6～9

Geum Hybrid Cultivars
一般名：ゲウム交雑品種

☼/◐ ❄ ↔90cm ↕90cm

ゲウムは自由に交雑し、園芸品種の多く

Geum aleppicum

ダイコンソウ、HC、'ビーチ　ハウス　アプリコット'

Geum chiloense 'Werner Arends'

ダイコンソウ、HC、'コパトーン'

Gevuina avellana

Gibbaeum album

がG. chiloenseの系統だが、より複雑な系統で別に分類されるものもある。人気が高い交雑種には以下のものが含まれる。'ビーチ ハウス アプリコッド'の花茎は高さ20cmほどで、薄黄色から杏色の花が咲く。'コパトーン'には薄杏色の花がつく。'ファイヤー オパール'の花茎は高さ約75cmで、半八重咲きのオレンジレッドの花が咲く。'レディ ストラセデン'の花茎は高さ60cmで、鮮やかな黄色い八重咲きの花が咲く。'ミセス J. ブラッドショー'★の花茎は高さ約60cmで、鮮やかな赤色で半八重咲きの花がつく。'スターカーズ マグニフィカム'の花茎は約40cmほどで、花はくすんだオレンジピンク。'タンジェリン'は非常にコンパクトな品種で、花茎の高さは約12cm。鮮やかなオレンジ色の花が咲く。
ゾーン：6～9

GEVUINA
（ゲウイナ属）

ヤマモガシ科ゲウイナ属には、チリ原産の常緑性低木1種のみが含まれる。葉は互生の羽状複葉で、夏季に開花する。果実は赤色の石果で、熟すと黒色になり、食用となる。

〈栽培〉
ゲウイナ属は保護された森林地帯の環境を好む。施肥は控えめにする。繁殖は種子、または草下に根付いた緑枝の挿し木により行なう。

Gevuina avellana
一般名：チリアンヘーゼル
英　名：CHILE NUT, CHILEAN HAZEL
☼ ❄ ↔ 8m ↕ 12m

チリ原産で、大型で常緑の低木または小高木。枝は長く、広がる習性がある。大形で光沢のある葉は羽状複葉で長さ約45cm。30枚の小葉がつく。筒形で象牙色から薄い黄褐色の花は長さ約25mmで、円錐花序につく。オレンジレッドの果実は仁が食用となる。ゾーン：9～10

GIBBAEUM
（ギバエウム属）

異　名：*Imitaria*, *Muiria*

南アフリカのカルーからウェスタンケープ地方原産で、ハマミズナ科に属し、多肉質の植物が17種含まれる。コンパクトで、クッションを形成することはめった無く、太いものが多いが多肉質の根茎および根を持つことはあまり無い。三角形の葉は表面が緑色から薄灰色。葉が長く弱く融合する種もあり、サメの頭部に類似している。有柄の一重咲きの花が、紫、ピンクまたは白の異なった色調で咲く。萼は6裂の筒形で、6枚の花弁が融合するものもある。200～300本の雄ずいが多数の仮雄ずいと共に、花の中心部を形成する。通常は6室に分裂するさく果がつく。

〈栽培〉
これらの多肉質植物は日なたで湿気が少ない条件を必要とし、休眠期には灌水しない。温暖地域でもカバーを施すとよく育つ。葉の分裂あるいは根腐れの危険を最低限に抑えるために、非常に水はけの良い用土を必要とする。繁殖は種子または挿し木により行ない、根付かせる前に乾燥させる。

Gibbaeum album
一般名：白魔、ギバエウム・アルブム
☼/☀ ❄ ↔ 20cm ↕ 8～12cm

成長が遅く、群生する多肉植物。茎は丈夫で直立形。白色の2枚の葉はうぶ毛があり大きさが不揃いで、膨張した楕円形の塊を形成する。冬から春に、白色またはピンク色のヒナギク状の花が咲く。花後、葉は分裂し広がって低い小山を形成する。ゾーン：9～11

Gibbaeum dispar
一般名：無比玉
☼/☀ ❄ ↔ 10～15cm ↕ 10～15cm

茎は直立し、丈夫で叢生する。対になった不揃いの葉はビロード状でわずかに光沢があり、卵形の塊を形成する。赤みを帯びた灰緑色で、深い亀裂がある。開いたヒナギク状の花は淡紫紅色からピンク色で、花径約6mm。ゾーン：9～11

Gibbaeum gibbosum
一般名：碧鮫
☼/☀ ❄ ↔ 10～15cm ↕ 10～15cm

平状性の茎は分岐し、密集し群生する。深緑色から黄緑色の円滑な葉は不揃いで一対となり、半円筒形の塊を形成する。上部は平ら。春から夏に赤色系からピンクがかった紫色の花が咲く。
ゾーン：9～11

Gibbaeum heathii
一般名：銀光玉
☼/☀ ❄ ↔ 20cm ↕ 5～10cm

長い根茎を持ち、広がりのあるマットを形成する。対になった不揃いの葉は滑らかな球形で鮮やかな緑色の塊を形成する。中央には亀裂がある。冬季にはクリーム色からピンク系あるいは紫色のヒナギク状の花が咲く。ゾーン：9～11

Gibbaeum pilosulum
異　名：*Conophytum pilosulum*、*Mesembryanthemum pilosulum*
一般名：翠滴玉、双寿玉
☼/☀ ❄ ↔ 20cm ↕ 8～12cm

マットを形成し、融合した葉はわずかに光沢があり薄緑色で卵形の塊となる。白色の細毛を帯び、各上端には長さ約12mmの小さな刻み目がある。冬季には小柄の淡紫紅色の花が咲く。
ゾーン：9～12

Gibbaeum velutinum
異　名：*Mentocalyx velutinum*、*Mesembryanthemum velutinum*
一般名：大鮫
☼/☀ ❄ ↔ 20～30cm ↕ 8～12cm

広がりのあるマットを形成する種。薄灰色から灰緑色の指形の葉はビロード状となり基部で結合し、土壌表面につく。より長い葉はかぎ状で稜がある。短めの葉は三角形。春から秋に、白、ピンク、薄紫または淡紫紅色のヒナギク状の花が咲く。花径約5cm。ゾーン：9～12

GILLENIA
（ギレニア属）

バラ科に属する北アメリカの属で、根茎によって根付く多年生植物2種が含まれる。直立しアーチ形で分岐した茎がやぶ状に叢生し、無柄の3出複葉をつける。小葉には鋸歯があり、秋にはオレンジに色変わりする。春から夏、まばらな花茎に5枚花弁の花がつく。萼は花後も長く残り、大きく赤色系になり小形の種子部を形成する。薬用に根エキスが用いられることがあるが、危険な場合もある。

〈栽培〉
ギレニア属種は非常に耐寒性に優れるが、暑い日ざしからは保護するほうが良い。森林地帯の状態、すなわち半日陰で、湿気があり腐植質に富んだ水はけの良い土壌で用意に栽培できる。繁殖は層積保存した種子、もしくは秋または春の休眠期の始まりか終わりの時期に根付いた群生を株分けすることにより行なう。

Gillenia trifoliata
一般名：ミツバシモツケ
英　名：BOWMAN'S ROOT, INDIAN PHYSIC
☀ ❄ ↔ 120cm ↕ 120cm

オンタリオ州からジョージア州原産で、北アメリカ東部に分布する。葉はノコギリ状で先の尖った楕円形で、長さ約8cm。幅約25mmの花は白色で、ピンク色または紫色に色づくものもある。
ゾーン：4～9

Gibbaeum heathii

Gibbaeum pilosulum

GINKGO
（イチョウ属）

原始的な属で1種のみが含まれ、イチョウ科という独自の科を与えられている。イチョウ属は他の針葉樹とはかなり異なる。化石の記録によると、かなり古代から存在していたことが示されている。現在、野生種については不明だが、11世紀の中国では確かに栽培されており、千年をはるかに超えると考えられる標本もある。葉がアジアンタム（maiden-hair fern）に似ているため英名はmaiden-hair treeとなっている。運動性の胞子により授粉される。高等植物ではあまり見られないが、シダ類には良く見られる特徴である。雄花と雌花は別株につく。果実は食用で栄養があり、さまざまな薬の材料となる。

〈栽培〉
魅力的な高木で、夏の暑さを好むが、大気汚染を含みさまざまな条件に耐性があるため街路樹に適する。日なたで水はけの良い土壌に植える。繁殖は種子または夏季に半熟枝の挿し木により行なう。

Ginkgo biloba

Ginkgo biloba
一般名：イチョウ
英　名：GINKGO, MAIDENHAIR TREE
☼ ❄ ↔8m ↕30m

落葉性で非常に長命。樹冠は100年経過した後に形成される。葉は扇形で平行脈が柄から広がる。雄花は下垂した短柄の尾状花序につく。黄緑色の果実は腐敗時に不快な匂いを放つ。秋には美しい黄金色に色変わりする。'アウレア'の葉は夏に黄色になる。'オータム ゴールド'★はやや円錐形で、秋には葉が黄金色に色変わりする。'ファスティギアタ'は直立した雄の栽培品種で、樹高約9mに成長する。**Pendula Group**（ペンドゥラ グループ）の品種は枝が下垂する。'トレモニア'は丈夫で直立した品種で、樹冠は非常に狭い。**Variegata Group**（ワリエガタ グループ）の品種は、葉に薄黄色の筋が目立つ。ゾーン：3～10

GLADIOLUS
（グラジオラス属）

英　名：SWORD LILY

グラジオラス属を考えると、主に南アフリカ種からもたらされた、大形の花が咲く交雑種が浮かぶ。しかしながら、この属はアヤメ科に属し、球茎を持つ植物約180種からなり、ヨーロッパからアジア西部および南アフリカ原産で、多くは派手な交雑種とはかなり異なる。色彩に富んだ花は少なく、香りを放つものもある。グラジオラスという属名は、ラテン語の*gladius*（剣）に由来する。

〈栽培〉
球茎の長さの約4倍の深さに埋める。日なたの、軽質で水はけの良い土壌に植える。寒冷地域では、植える深さの層が氷結しなければ球茎は屋外で生存させ、氷結する場合は冬の間は掘り上げて乾燥貯蔵する。グラジオラス属は極小の小球茎を産出し、繁殖はこれらの小球茎を栽培することにより行なう。

Gladiolus communis subsp. *byzantinus*

Gladiolus murielae

Gladiolus murielae

Gladiolus tristis

Ginkgo biloba 'Fastigiata'

Gladiolus communis
一般名：グラジオラス・コミュニス
☼/◐ ❄ ↔30cm ↕100cm
ヨーロッパ南部原産。細葉は花茎の半分ほどの長さ。通常は2～3本の枝に最高で20個のピンク色の花がつく。花は赤または白の斑入り。*G. c.* subsp. *byzantinus*★の花は長く紫赤色でピンク色の斑入り。花茎の分岐は少ない。ゾーン：6～10

Gladiolus murielae
異　名：*Acidanthera bicolor*、*Gladiolus callianthus*
☼/◐ ❄ ↔50cm ↕100cm
エチオピア原産。直立し幅広い槍形の葉は長さ約50cmで、コンパクトに叢生する。多くの花茎は直立し、晩夏から秋には単生あるいは対生で香りの良い白色の花を咲かせる。蝦茶色の斑入り。ゾーン：8～10

Gladiolus tristis
一般名：グラジオラス・トリスティス
英　名：MARSH AFRIKAANER
☼/◐ ❄ ↔30cm ↕60cm

南アフリカ種。細葉は濃い中央脈があり、先端がねじれるものが多い。針金状の茎に、クリーム色から黄色の花が間隔を置いて最高20個までつく。紫色または栗色の斑入りのものもある。夕方には香りを放つ。ゾーン：7～10

Gladiolus Hybrid Cultivars
一般名：グラジオラス交雑品種

☀ ⚪ ↔30cm ↕0.6～1.5m

グラジオラスには約1万の交雑種があると推定されている。類似した特徴によりいくつかのグループに分類される。分類は世界各地で異なるが、もっとも認知されているのは3つの主要グループである。耐寒性は交雑種により異なるが、球茎の深さまで氷結しない土壌を提供されれば大半がその土壌で越冬する。

GRANDIFLORUS GROUP
（グランディフロラス グループ）

園芸種で一般的に見られるグラジオラスで、派手な花をつけるものはこのグループに属する。花のサイズにより小分類されることもある。

小形花：花径8cm未満で以下のものが含まれる。'ゴールドフィンチ'の丈は約60cmで、黄色で花弁が波打つ花が咲く。

中形花：花茎約8～10cmで以下のものが含まれる。'キャンディマン'の丈は約70cmで、ピンク色の花が咲く。'グリーン ウッドペッカー'の花はくすんだ黄緑色で、花喉は対照的な赤色。'レディ ルシール'の丈は約80cmで、ピンク色の花の中心は薄色。1本の茎に20個を超える花がつく。'ミッドナイト ムーン'の丈は約80cmで、濃紫青色の花に白の斑入り。'シロ'の濃いピンク色の花は縁がクリーム色で赤色の斑入り。'スンドロ'の丈は約75cmで、黄色の花に赤色の斑入り。'サンスポード'の丈は約70cm。花は黄色およびクリームがかった象牙色で、1本の茎に20個以上つく。'タヒチ サンライズ'の丈は約70cm。淡黄色の花は花喉が黄色で、縁がピンク色となる。

大形花：花径約15cmの花をつけ、丈は100cm～120cmに達する。以下のものが含まれる。'ドリス ダーリン'は、長い花茎に最高で25個の波打つピンク色の花が咲く。'ハー マジェスティ'の花は藤色から薄紫色で、花喉は白色。'マディソン アベニュー'にはオレンジレッドの花が咲く。'ノバ ラックス'の花はレモン色。'ピアレス'は強烈な濃赤色の花が標準的と見なされている。'サクソニー'の花は杏色で花喉は黄色。

特大花：花径15cm超で、丈は120cmほど。以下のものが含まれる。'アムステルダム'には純白の花が咲く。'ドリームズ エンド'の花は杏色で中心が黄色。

ゾーン：9～11

NANUS GROUP（ナヌス グループ）
Miniature Hybrids（ミニチュア ハイブリッド）としても知られる。丈は最高で90cmほどだが、60cm未満のものもあり、上部には径5cmほどの花が密集する。人気がある品種には以下のものがある。'チャーム'の花はピンク色で、薄黄緑色の斑入り。'ニンフ'の薄ピンク色の花は縁が暗色で、クリーム色の斑が入る。

ゾーン：9～11

PRIMULINUS GROUP
（プリムリナス グループ）

60cmを超えるものはめったにない。非常に葉が細い。針金状の1本の茎に、上部花弁のフードが目立つ小さな花がつく。このグループには以下のものが含まれる。'フランクズ パーフェクション'には鮮やかな赤色の花が間隔を置いてつく。'レディ ゴダイバ'には白色の花が咲く。'ペガサス'の花は黄色で先端が赤く色づく。

ゾーン：9～11

GLAUCIDIUM
（シラネアオイ属）

ボタン科シラネアオイ属には、根茎によって根付く夏咲きの多年生植物1種のみが含まれる。日本原産。堅く直立した茎は高さ約30cmで、一対の腎臓形から心臓形の葉がつき、小さな群を形成する。葉は7～11の裂片があり掌状で鋸歯がある。花は別の高い茎につき、1本の茎に1個の花が咲く。花の周りには2枚の小さな葉がつく。花は藤色と薄紫色のパステ

グラジオラス、HC、グランディフロラス グループ、'ハー マジェスティ'

グラジオラス、HC、グランディフロラス グループ、'ノバ ラックス'

グラジオラス、HC、グランディフロラス グループ、'ブルー バード'

グラジオラス、HC、グランディフロラス グループ、'ユーロビジョン'

グラジオラス、HC、グランディフロラス グループ、'ゴールド フィールド'

グラジオラス、HC、グランディフロラス グループ、'プリシラ'

グラジオラス、HC、グランディフロラス グループ、'サクソニー'

グラジオラス、HC、グランディフロラス グループ、'アムステルダム'

Glaucidium palmatum

Glaucium flavum f. *fulvum*

ル調で、花弁のような萼片が4枚つき幅約8cmで、晩春に開花する。
〈栽培〉
耐寒性があり、森林地帯の条件および湿気があり冷温帯気候の場所であれば容易に栽培できる。長期にわたる高温、乾燥あるいは低湿度には耐性が無く、風から保護する必要がある。繁殖は層積貯蔵法を施した種子を春に蒔く、あるいは晩冬または早春の成長再開直前に根付いた群生を株分けすることにより行なう。

Glaucidium palmatum
一般名：シラネアオイ
☼/☽ ❄ ↔50cm ↕45cm
葉は幅約20cmの濃緑色で、脈が多く鋭い切れ込みがある。杯形の花が高さ45cmほどの茎につく。白い花が咲く*G. p.* var. *leucanthemum*（syn.'アルバム'）はこの種より幅広く栽培されていると思われる。ゾーン：6〜9

GLAUCIUM
（ツノゲシ属）
英 名：HORNED POPPY、SEA POPPY
ヨーロッパから北アフリカ、アジア中部および西部原産で、沿岸地域に生息するものもある。ケシ科に属し、一年生、二年生および多年生植物が25種ほど含まれる。全体的な外観はポピーに似ているが、花後に現れるさくが長い角形であることから明確に区別される。大半の種は鋸歯がある青緑色の葉をつけ、基部にロゼットを形成する。羽状に切れ込むものが多い。花茎は直立し、分岐するものもあり、夏季には基部のロゼットに小さな葉をつける。4枚花弁の花は一般に幅5〜10cmで、黄色、オレンジ色または赤色の暖色系。切断すると茎からオレンジ色の乳液が滲み出る。
〈栽培〉
中程度の霜には耐性があり、夏場に適度に温暖な温帯気候ならどこでもかなり容易に栽培できる。日なたの、軽質でやや砂質の水はけの良い土壌に植える。多年生植物でさえ、大半の種は種子から栽培できる。自家播種する場合もあるが侵襲性はほとんど無い。

Glaucium flavum
一般名：ツノゲシ
英 名：YELLOW-HORNED POPPY
☼ ❄ ↔40cm ↕100cm
ヨーロッパ、北アフリカおよび中東原産の二年生または短命の多年生植物。青緑色の葉は、細毛があり羽状に切れ込み鋸歯がある。分岐した茎に、幅5cmほどの鮮やかな黄色またはオレンジ色の花がつく。非常に細い莢は湾曲し、長さ30cmほどになる。ゾーン：7〜10

GLEDITSIA
（サイカチ属）
英 名：LOCUST
南北アメリカ、アジア中部と東部、イランおよびアフリカの一部地域原産。マメ科カワラケツメイ亜科に属し、落葉性高木14種が含まれる。全種ともシダ状で、葉は羽状または2回羽状に配列され、樹幹と枝に堅い刺を持つ。刺は分岐するものもある。花は地味で、花後にはさまざまな長さの莢がつく。甘い果肉を含む種もある。
〈栽培〉
サイカチ属種は、日当たりが良く中程度に肥沃な土壌で湿気を保持すると良く育つ。若木は霜からの保護を必要とする場合がある。しかしながら、一般的にはとても丈夫で、広範囲の土壌、気候および汚染に耐性がある。各種は秋に播種するが、栽培品種は接ぎ木または芽接ぎにより繁殖させる。

Gleditsia caspica
グレディツィア・カスピカ
英 名：CASPIAN LOCUST
☼ ❄ ↔10m ↕12m
イラン北部およびカスピ海沿岸地域原産。長さ15cmを超える分岐した刺で身を守る。極小で緑色系の花が有毛の総状花序に密集する。薄い大鎌形の莢は長さ約20cm。'ナナ'は興味深い栽培品種。ゾーン：6〜10

Gleditsia japonica
一般名：サイカチ
英 名：JAPANESE LOCUST
☼ ❄ ↔10m ↕21m
日本および中国原産。分岐した刺で身を守る。莢は長さ約30cmで、熟すとねじれるものが多い。*G. j.* var. *koraiensis*は中国東部原産。ゾーン：6〜10

Gleditsia triacanthos
一般名：アメリカサイカチ
英 名：HONEY LOCUST、THORNLESS HONEY LOCUST
☼ ❄ ↔21m ↕45m
一般的な栽培種。アメリカ合衆国中部から東部原産。シダ状の葉は鮮やかな緑色で、秋には明るい黄色に色変わりする。刺は最高30cmにも及ぶ。*G. t. f. inermis*は刺が無く、アメリカサイカチのほぼすべてはこれから派生している。'エレガンティシマ'は非常にコンパクトで、ほぼ低木状。葉は微細で、成長は遅く、樹高が4.5mを超えることはまれである。'エメラルド カスケイド'は下垂形の高木で、秋には濃いエメラルドグリーンの葉が鮮やかな黄色に色変わりする。'ハルカ'は成長が早く刺が無い精選品種で、樹冠は高くやや細い。秋には美しく黄葉する。'マランド'は矮小形の栽培品種で、枝は広がってねじれる。'モレイン'は高く均整が取れた刺無しの高木で、低部の枝は広く伸び、シダ状の葉が密生する。'ルビーレース'の若葉は暗赤色で、成長と共にブロンズ色に変わる。'シェイドマスター'は樹冠が広く直立した高木で、濃緑色の葉は晩秋まで宿存する。'スカイライン'の外観は対称形で、広い円錐形の樹冠を形成する。濃緑色の葉は秋には黄金色に色変わりする。'サンバースト'の若葉は鮮やかな黄色で、成長と共に黄緑色に変化する。ゾーン：3〜10

Gleditsia triacanthos f. *inermis* 'Halka'

G. t. f. inermis 'サンバースト'（春）

G. t. f. inermis 'サンバースト'（夏）

Gleditsia japonica

Gleditsia japonica var. *koraiensis*

Globularia cordifolia

Globularia incanescens

GLEICHENIA
(ウラジロ属)

南アフリカからニュージーランド原産で、ウラジロ科に属し、ワラビのようなシダ類10種が含まれる。分岐して広がる匍匐性の根茎は毛と鱗片に覆われる。細く分裂した葉が、細く直立した柄につく。

〈栽培〉
保護された日陰の場所で、軽質で湿気がある土壌に植える。繁殖は胞子または株分けによって行なう。

Gleichenia microphylla
英 名：SCRAMBLING CORAL FERN
☀ ⚘ ↔0.9〜2m ↕1.5〜2.4m
ニュージーランド、オーストラリアおよびマレーシア原産の、自由によじ登るシダ類。平らな薄緑色の葉は長さ3mにも及び、中央脈はより暗色。繰り返し分岐し、いぼ状の赤みがかった茎につく。
ゾーン：9〜11

GLOBBA
(グロッバ属)

ショウガ科グロッバ属は、多肉茎で弱い多年生植物70種ほどからなる。アジア南東部およびインド北東部の森林地帯原産。槍形から長楕円形の葉が、高さ0.9mほどのアシのような茎につく。茎頂の総状花序は下垂し、奇妙な形の花がつく。距がつくものも多く、突き出た雄ずいと派手な苞葉がつく。穂状花序の低い位置にむかごが形成されるものが多い。

〈栽培〉
暖温地域では屋外の日陰で水はけの良い土壌で栽培する。冷涼気候地域では、春季に屋内で栽培を始め、霜の危険な時期が過ぎたら屋外に移す、あるいは湿度が高い屋内の明るい間接光の下で栽培する。繁殖は花茎にできたむかごによって行なう。

Globba winitii
一般名：グロッバ・ウィニティイ
☀ ⚘ ↔60cm ↕90cm
タイ原産。もっとも一般的に栽培されている種。長い葉は基部が心臓形で、下面は有毛。赤紫色の苞葉がつく黄色の花が咲く。
ゾーン：9〜11

GLOBULARIA
(グロブラリア属)

ヨーロッパ、カボヴェルデ、カナリア諸島およびアジア西部原産。ウルップソウ科に属し、常緑の草本および小低木22種ほどが含まれる。大半の種は広々とした岩場で育つが、標高が高い場所や山岳地帯で育つ種もある。栽培種はボーダー花壇の前部部に適するが、桶栽培、高山庭園やロックガーデン用にも使用される。

〈栽培〉

Globularia nudicaulis

中性もしくは弱アルカリ性の土壌を必要とし、日なたでよく育つ。湿気の多い場所では特に水はけの良い土壌が不可欠である。冬季は保護を必要とする。繁殖は以下のいずれかの方法で行なう。秋季に種子が熟したらすぐ鉢に蒔き、冬季の霜から保護する。春または初夏に個々のロゼットの株分けをする。春に緑枝の挿し木をする、または夏に半熟枝の挿し木をする。

Globularia cordifolia
一般名：ルリカンザシ、ルリヒナデマリ、グロブラリア・コルディフォリア
☀ ❄ ↔20cm ↕5cm
ヨーロッパ南部および中部原産の、矮小形常緑種。光沢があり濃緑色の葉はロゼットを形成し、地面に沿って根付く。薄青紫色の花にはほとんど茎が無く、ほぼ夏中咲く。*G. meridionalis*よりやや弱い。
ゾーン：6〜9

Globularia incanescens
☀ ❄ ↔60〜90cm ↕3〜10cm
イタリア北部原産。常緑の匍匐性植物。平状性の茎が高く細い根茎から伸び、マットを形成する。葉は丸形から剣形で灰緑色。小柄な花は青色でヒナギク状。果実は細いさく果となる。
ゾーン：7〜10

Globularia meridionalis
異 名：*Globularia bellidifolia*、*G. cordifolia* subsp. *meridionalis*
☀ ❄ ↔30cm ↕10cm
ヨーロッパ南部の山岳地帯原産の、マットを形成する木質の常緑植物。光沢がある濃緑色の葉は逆槍形。夏季には、葉の上に薄青色から紫色の球形の花がつく。
ゾーン：6〜9

Globularia nudicaulis
一般名：グロブラリア・ヌディカウリス
☀ ❄ ↔50cm ↕30cm
アルプス山脈およびピレネー山脈原産。葉は直立し、茎の基部に密集し、逆槍形または卵形。花茎は30cmほどに達する。花は薄青色から薄紫色。
ゾーン：5〜9

Globularia repens
☀ ❄ ↔15cm ↕5cm
ヨーロッパ南西部原産の、矮小型で匍匐性の亜低木。折れたへらのような形状の葉がロゼットを形成する。小柄な青色の花はヒナギク状で、長さ12〜50mmの柄につく。細いさく果が実る。
ゾーン：5〜7

GLOCHIDION
(カンコノキ属)

トウダイグサ科カンコノキ属には300種が含まれ、マダガスカルからアジア、オーストラリア、太平洋地域西部および熱帯アメリカ原産で、さまざまな生育地に生息する。全種とも低木または高木で、雌雄異株のものも数種あるが、他は雌雄同株である。葉は単葉で全縁だが、複葉のような外観を呈する形で茎に配列されている。

〈栽培〉
熱帯種のため、水はけの良い有機土壌と保護された場所で、1年中灌水を必要とする。より穏やかな地域の種は低温に耐性があるが、暑く乾燥した風からはやはり保護する必要がある。繁殖は非常に新鮮な種子により行なう。

Gleichenia microphylla

Glottiphyllym longum

Glottiphyllym linguiforme

Glochidion puberum
一般名：ツシマカンコノキ
☼ ↔ 4.5m ↑3〜9m
中国南部の雑木林に覆われた丘陵地原産。落葉性の低木または小高木で、中国では主に薬草として用いる。特に女性の不妊症治療に使用される。
ゾーン：9〜12

GLORIOSA
（グロリオサ属）
英　名：CAT'S CLAW, CLIMBING LILY, FLAME LILY, GLORY LILY
熱帯アフリカおよびアジア原産で、イヌサフラン科に属し、かなり変異の多い塊茎状の多年生植物1種のみからなる。光沢があり鮮やかな緑色の葉は先が細り粘着性の巻きひげとなり、それによって高くよじ登る。派手な花は一重咲きで、晩夏および秋季に咲き、葉腋から出た短い茎につく。花弁は反曲し、ばらばらに広がり、鮮やかな黄色、赤または紫色。二色花も多い。すべての部位が有毒である。
〈栽培〉
キツネユリは日なたから半日陰の場所と水はけの良い土壌を必要とする。赤茶色で牙形の大きな塊茎を水平に植える。塊茎は堅くもろいため慎重に行なう。成長期にはじゅうぶんに灌水し、2週間ごとに希釈した液体肥料を与える。

Gloriosa superba
一般名：キツネユリ、ユリグルマ、グロリオサ・スペルバ
英　名：CLIMBING LILY, CREEPING LILY, GLORY LILY
☼ ↔ 30〜50cm ↑1.8〜.24m
熱帯アフリカおよびアジア原産。塊茎状の多年生つる植物で、1〜4本の細く鮮やかな緑色の茎がよじ登る。楕円形から槍形の柔らかな葉は光沢があり鮮やかな緑色で長さ5〜8cm。葉の先端に3〜5cmの巻きひげがつく。単生の花は黄色、赤、紫色あるいは二色花、長さ4〜10cmで、夏から秋に長い柄につく。多くの栽培品種には以下のものが含まれる。'**キトリナ**'の花は黄色で栗色の縞が入る。'**グランディフロラ**'には大形で黄金色の花が咲く。'**ロスチャイルディアナ**'★の鮮やかな赤または緋色の花弁は、深紅色から紫色へと色あせ、基部と縁は黄色となる。完全に反曲し波打つ。'**シンプレクス**'には濃オレンジと黄色の花が咲く。
ゾーン：9〜12

GLOTTIPHYLLUM
（グロッティフィルム属）
南アフリカのカルーおよびケープ地域原産。ハマミズナ科に属し、約60種が含まれる。コンパクトな多肉質植物で、茎は半平状性で分岐する。葉は多肉質の舌形か円筒形で、長さが異なるものもあり、2〜4列に配列され、鮮やかな緑色または白みがかった色で、紫みを帯びるものもある。夏季には黄色い一重咲きの花が咲く。花柄がつくものもある。
〈栽培〉
これらの多肉質植物は、水はけの良い土壌で必要な時に少し灌水しさえすれば、あまり肥沃でない用土でも容易に栽培できる。灌水や肥料のやり過ぎは、葉の水分を多くし、取り扱いや腐敗、冬季の寒さにより被害を受ける場合がある。日なたで、晩夏から春季までは完全に乾燥を保てる場所に植える。繁殖は種子または挿し木により行ない、根づかせる前によく乾燥させる。

Glottiphyllym linguiforme
異　名：*Mesembryanthemum linguiforme*, *M. lucidum*, *M. scalpratum*
☼ ↔ 20cm ↑8〜12cm
マットを形成する多年生植物。対になった葉は湾曲し光沢があり、多肉質で澄んだ黄緑色。葉長は5〜6cmで、先端は丸い。黄金色の花は幅約8cmで、秋に咲く。
ゾーン：9〜11

Glottiphyllym longum
一般名：碧翼
☼ ↔ 20cm ↑10〜15cm
多年生種。対になった多肉質の葉は長さ8〜10cm。黄金色の花は幅6〜8cmで秋咲き。
ゾーン：9〜11

Glottiphyllym nelii
異　名：*Gibbaeum pygmaeum*
一般名：早乙女
☼ ↔ 30cm ↑2.5〜15cm
まとまりなく広がる多年生植物。丸く群生する。長さが異なる半円筒形の葉は多肉質の薄緑色で直立する。葉長3.5〜5cmで、先端は丸い。ヒナギク状の黄金色の花は径約3.5cmで、春から夏に咲く。
ゾーン：9〜11

GLOXINIA
（グロクシニア属）
人工交雑したオオイワギリソウ（グロキシニア）が含まれるオオイワギリソウ属と混同しないようにする。イワタバコ科グロクシニア属には、多年生および亜低木約8種が含まれ、中央アメリカおよび熱帯南アメリカに生息する。大半が小形の植物で、茎は藪状に群生し、対生で先端が尖った楕円形の葉をつける。細かい鋸歯縁のものもある。通常、茎と葉はビロード状の細毛に覆われる。単生または対になったじょうご形か鐘形の花が葉腋につき、ほぼ1年中開花する。
〈栽培〉
鉢栽培によく適応する魅力的な植物。熱帯地方を除いては、通常、室内もしくは温室植物として栽培される。暖温帯、冷たい風から保護されることと、じゅうぶんな湿度を好む。半日陰または日陰で、湿気があり腐植質に富んだ水はけの良い土壌に植える。微細な種子、あるいは葉や茎の挿し木から繁殖させることができる。

Gloxinia perennis
一般名：グロキシニア・ペレニス
☼ ↔ 38cm ↑60cm
コロンビアからペルー原産の根茎を持つ多年生植物。細く直立した心臓形の葉は有毛で鋸歯があり対生につく。葉長約20cmで、下面は薄赤色。低部の花は単生で、上部には長さ約35mmの鐘形で薄紫色の花冠を持つ花が総状花序につく。花喉には紫色の斑が入る。開花期は晩夏から秋。
ゾーン：10〜12

Glochidion puberum

Gloriosa superba 'Rothschildiana'

Gloxinia sylvatica
グロクシニア・シルワティカ

☼ ┼ ↔60cm ↕60cm

ボリビアおよびペルー原産。小山を形成し、走出枝によって広がり、わずかに下垂する。光沢があり細い葉は槍形で、先細りとなり先端は長細い。冷涼な季節を通じて、葉から離れた茎頂にオレンジレッドから赤色の鐘形の花が房咲きする。花の長さは約25mm。'**ボリビアンサンセッド**'の花は赤色で、内部はオレンジ色。ゾーン：10～12

GLYCERIA
（ドジョウツナギ属）

英 名：MANNA GRASS, MEADOW GRASS, SWEET GRASS

イネ科に属し、浅水で成長する多年生植物16種が含まれる。南アメリカ、オーストラリアおよびニュージーランドの北部温帯および温帯地域の広範囲にわたり分布する。根茎によって広がり、そこから長くひも状で多肉質の葉をつけたアシのような茎を出す。大形の花は羽毛状で、紫みを帯びるものもある。開花期は夏。花後は食用の小さな種子がつく。

〈栽培〉

ドジョウツナギ属種は大半が霜に耐性があり、温帯気候で容易に栽培できる。日なたで湿気があり腐植質に富んだ肥沃な土壌に植える。湿った条件にも自然に順応するが、湿気を保てば通常の園芸用土壌でよく育つ。浸食されやすい小川の土手を安定させるための池辺植物として有用。繁殖は種子または株分けによって行なう。

Gloxinia sylvatica 'Bolivian Sunset'

Gloxinia sylvatica

Glyceria maxima
異 名：*Glyceria aquatica*, *Molinia maxima*, *Poa aquatica*
英 名：REED MEADOW GRASS, REED SWEET GRASS

☼ ❄ ↔無限大 ↕0.3～2.4m

イギリス諸島から日本までの温帯ヨーロッパおよびアジア原産。根茎を持ち広がる多年生草本。直立し分岐しない茎が大型の群を形成する。細いひも状の葉は長さ約60cmで、中央に畝がある。夏季にはクリームがかった緑色の花が円錐花序につく。紫色系または紫緑色のものもある。*G. m.* var. *variegata*の葉は緑色でクリーム色のストライプが入り、基部に向かってピンク色に染まる。ゾーン：3～5

GLYCINE
（ダイズ属）

英 名：SOYA BEAN, SOYBEAN

アジアおよびオーストラリア原産。マメ科ソラマメ亜科に属する。9～18種の多年生植物が含まれるが、巻き付く半つる性のものもある。栽培種として知られるものは*G. max*（ダイズ）のみで、五千年以上にわたり栽培されており、大半が交雑種となる。全種とも3出複葉だが、小葉は7枚までつく。小さな花序にまとまった花は、典型的な蝶形花状で藤色またはピンク色。花後には2～4個の種子を含む豆果が実る。豆は極めて重要で、多様な製品が生産される。

〈栽培〉

これらの弱い植物を繁茂させるためには、妨害なく着実に成長できる条件が必要となる。高温多湿条件と腐植質に富んだ湿気のある土壌を用いる。灌水と施肥をじゅうぶんに行なう。繁殖は種子、あるいは花をつけない基部のシュートの挿し木により行なう。

Glycine canescens
異 名：*Glycine sericea*, *G. sericea* var. *orthotrica*, *Leptocyamus sericeus*

☼ ❅ ↔0.6m ↕0.9～1.5m

オーストラリア大陸全土の主として内陸地に分布する。広く分布し変異に富む種。多年生草本の巻き付き型つる植物

Glycine canescens

で、木質の根茎を持つ。葉には長さ約8cmの線形の小葉が3枚つき、有毛で灰色系。冬から夏に葉腋の花序にピンク色から紫色の花がつく。果実は灰色の毛が生えた豆果。ゾーン：9～10

Glycine max
異 名：*Glycine soja*
一般名：ダイズ
英 名：MANCHURIAN BEAN, SOJA BEAN, SOYA BEAN, SOYBEAN

☼ ❅ ↔0.9m ↕1.2～2m

中国北東部原産の直立した一年生植物。複葉で、長さ15cmほどの楕円形の小葉がつく。白色から紫色またはピンク色の蝶形花は長さ約8mmで、8個まとまって咲く。吊り下げられた豆果は長さ約8cmで、丸形または平形の種子を2～4個含む。全体が赤茶色の細毛に覆われる。全世界でもっとも重要な脂肪種子作物のひとつで、アジアにおいては主食となる。ゾーン：7～8

GLYCYRRHIZA
（カンゾウ属）

マメ科ソラマメ亜科に属し、20種の多年生草本が含まれる。羽状複葉と小柄な蝶形花をつける。花は白、紫または黄色。庭園ではあまり見られないが、*G. globra*は甘い根部リコリスのために栽培される。菓子製造および咳や風邪の諸症状を抑える薬として用いられる。

〈栽培〉

日なたの肥沃でよく耕された水はけの良い土壌に植える。繁殖は種子または株分けにより行なう。

Glyceria maxima var. *variegata*

Glyptostrobus pensilis

Glycyrrhiza glabra
一般名：カンゾウ、リコリス
英 名：LICORICE, LIQUORICE, SWEETWOOD

☼ ❄ ↔90cm ↕90cm

地中海地方からアジア南西部原産。やや深根性の植物で、粘着性のある葉は羽状に分裂し、夏季にはまばらな穂状花序に薄青色から紫色の蝶形花がつく。暗赤茶色の太い根は秋に収穫される。ゾーン：7～9

GLYPTOSTROBUS
（スイショウ属）

ヒノキ科スイショウ属には1種のみが含まれ、トクソディウム属と近縁。中国およびベトナム北部の川岸や水田で、土手を安定させるために栽培される。

〈栽培〉

湿潤地用植物として理想的で、水辺や川岸に育つスイショウ属は湿気のある沼沢土壌を必要とし、浅水でも成長する。緑枝が霜の被害を受けると、多数の茎が作出される。夏場、長期にわたり高温多湿となる温暖気候地域では種子から栽培できる。酸性土壌においては挿し木を用いるか、ヌマスギ属種に接ぎ木する。根の成長を促進させるため、接ぎ木は水面下あるいは地中で行なう。

Glyptostrobus pensilis
一般名：スイショウ
英 名：CHINESE SWAMP CYPRESS

☼ ❄ ↔6m ↕24m

元来、中国南東部およびベトナム北部原産だが、野生種は絶滅していると思われる。円錐状または円柱状で不規則に広がる樹冠を持つ。

樹皮が灰色の落葉性高木。春季の微細な若葉は薄緑色で、秋季には赤茶色へと紅葉する。雄球果は房状に群生し、雌球果は直立しヨウナシ形となる。ゾーン：8～11

Gomphocarpus physocarpus

Gnetum gnemon

Gompholobium latifolium

GNETUM
（グネトゥム属）

グネトゥム属は、よじ登り植物および高木または低木28種からなり、グネトゥム科に属する。熱帯アフリカおよび東南アジアに分布する。雄花と雌花は同株のものと異株のものがある。雄花は独特の尾状花序。観賞用価値もあるが、インドネシアでは*G. gnemon*は種子を打ち砕きポテトチップス状の揚げ物にするため栽培される。

〈栽培〉
グネトゥム属種は半日陰または広々とした場所の、肥沃で湿気があり水はけの良い土壌を好む。繁殖は種子から行なう。

Gnetum gnemon
一般名：グネモンノキ、グネツム
☼ ↔6m ↑18m
熱帯アジア原産の常緑性高木。樹冠はピラミッド状で、樹皮は灰色。長さ8〜20cmの葉は、若い時期はブロンズ色で成熟すると光沢がある濃緑色に変わる。黄色の果実は熟すと赤みを帯びたオレンジ色になる。
ゾーン：10〜12

GOMPHOCARPUS
（フウセントウワタ属）
英　名：MILKWEED, SWAN PLANT
アフリカ南部原産で、わずか数種のみが含まれ、トウワタ属に分類される場合もある。ガガイモ科に属し、短命の多年生低木で、荒れた土壌に路傍の雑草として育つ姿をよく見かける。全種とも、炎症を起こす乳状の樹液を産出し、有毒な強心配糖体を含み、家畜の死亡原因となることが確認されている。このような事実があるにもかかわらず、アフリカでは伝統的な薬としての歴史がある。乾燥した葉や根を頭痛緩和として用いた。装飾性のある莢とともに、数種の蝶を誘引するため西洋では観賞用として栽培された。花の代わりにボールに浮かべることもある。

〈栽培〉
日なたで水はけが良く、幾分栄養不足の土壌を好む。繁殖は種子から行なう。観賞用の莢は緑色のうちに収穫する。盛夏に種子が熟すと莢は茶色に変わる。

Gomphocarpus physocarpus
異　名：*Asclepias physocarpa*
英　名：BALLOON COTTON BUSH, SWAN PLANT, TINDER PLANT
☼ ❄ ↔0.3m ↑2m
直立した多年生低木で、一年生として育てられることも多い。細葉は長さ約10cm。クリーム色の花は幅約15mmで、春に房咲きする。花後には大きく膨らんだ莢が長さ60mmほどに成長する。装飾的な莢は温室標本としての人気を高める。アフリカーンス人移住者は莢に含まれる繊維を貴重な火口として用いた。
ゾーン：9〜11

GOMPHOLOBIUM
（ゴンフォロビウム属）
マメ科ソラマメ亜科に属し、約30種が含まれる。ニューギニアに生息する1種を除いてはオーストラリア固有種となる。全種とも、小型の木質低木で、細い単葉もしくは3出複葉をつける。花は比較的大形で、径約35mm、鮮やかな黄色、緑色系または濃ピンク色で、主に春に咲く。果実は卵形で、緑色の莢には種子が数個含まれ、夏に熟す。生育地は多様で、硬葉植物の荒野から森林地帯や森林周辺で養分の少ない砂から肥沃なロームの土壌。

〈栽培〉
栽培において慎重さを要する種もある。半日陰の非常に水はけの良い土壌で、全体的に適度に乾燥した条件でよく育つ。前処理を施した種子で繁殖させるとよく発芽する。

Gompholobium latifolium
英　名：GOLDEN GLORY PEA
☼ ❄ ↔0.9m ↑2m
クイーンズランド州からビクトリア州原産で、オーストラリア東部の乾燥した硬葉植物の森林のさまざまな土壌に見られる。3出葉で細い小葉は長さ約5cm。黄色の蝶形花は径約5cmで、茎頂および葉腋に2〜3個まとまって咲く。莢は長さ約18mm。花後に剪定する。
ゾーン：8〜10

GOMPHRENA
（センニチコウ属）
アメリカおよびオーストラリアの熱帯地域原産。ヒユ科に属し、約90種の一年生および多年生植物が含まれる。しかしながら、多くのアマランサスに見られる長く下垂する飾り房состとは異なり、センニチコウ属の花は小柄で、一般に直立する。栽培種は藪状の小山を形成し、細い楕円形の葉は単葉で対生。茎には細毛があり、葉より密集する。針金状の茎の、葉のすぐ上に花房がつく。各花房は極小の花が多数ついた短い羽状で、通常はクリーム色、藤色またはピンク色。栽培品種の色は多様。

〈栽培〉
熱帯地域以外では、夏季の一年生として取り扱われる。花付きを良くするためには、長く暖温の夏が必要となる。湿気があり腐植質に富んだ土壌に植え、適度に灌水し、肥料のやり過ぎに注意する。繁殖は種子から行なう。

Gordonia axillaris

Goodia lotifolia

Gomphrena globosa
一般名：センニチコウ
英　名：BACHELOR'S BUTTON, GLOBE AMARANTH
☀ ❄ ↔45cm ↕60cm

パナマおよびグアテマラ原産。藪状の一年生で、わずかに毛が生え先端が鋭角な葉をつける。花は紙質の丸形で、クローバーの花に似ている。色は白から赤、紫および黄色。開花期は夏。'**ラベンダー　レディ**'には薄紫色の花が咲く。'**ストロベリー　フィールズ**'の花は緋色から深紅色となる。
ゾーン：7～11

Gomphrena haageana
一般名：キバナセンニチコウ、アメリカセンニチコウ
☀ ❄ ↔50cm ↕70cm

アメリカ合衆国南部およびメキシコ原産。分岐の多い多年生植物で、通常は一年生として栽培される。葉は有毛。球状で紙質の花は、くすんだ薄赤色。'**アンバー　グロウ**'の花はオレンジ系。'**ストロベリー　フェア**'の花はより赤色。
ゾーン：7～11

GONGORA
(ゴンゴラ属)
複茎性のラン属であるゴンゴラ属は、中央および南アメリカ、つまりメキシコからペルーおよびブラジルに分布する。スタンホペア属と近縁で、この属と同様に人気が高まっている。約80の種の大半が長く下垂する花序をつけるため、ハンギングバスケットまたはハンガーで吊るした鉢による栽培が最適。花は短命で、1週間以上持つことはめったに無い。興味深いことに、大半のランのように穂状花序の花はめったにしぼまない。じゅうぶんにつくと花を落としていくためである。花の形状は類似しているが、色数が重要となる。ほとんどの種は春から夏に開花する。
〈栽培〉
大半のゴンゴラは、風通しが良く暖温で湿気のある条件を好む。樹皮ベースの用土またはミズゴケで栽培できる。直射日光に当てると広く薄い葉が枯れるため、湿気が保たれ、比較的日陰の条件を好む。繁殖は株分けによって行なう。

Gongora histrionica
一般名：ゴンゴラ・ヒストリオニカ
☀ ✿ ↔70cm ↕90cm

コスタリカからコロンビア原産。長く下垂した穂状花序に最高25個の黄金色の花がつく。花幅は約5cmで、暗赤茶色の斑点が多数つく。
ゾーン：11～12

GOODIA
(ゴーディア属)
マメ科ソラマメ亜科に属し、2種のみが含まれる。2種ともオーストラリア固有種で、主にサウスオーストラリアのクイーンズランド州南部からヨーク半島、エア半島の海岸地域に分布する。属名はイギリスの園芸家であり植物収集家のPeter Good (1803年シドニーにて没)にちなんで命名された。双方とも小低木から中低木で、羽状複葉または3出複葉と蝶形花をつける。
〈栽培〉
アルカリ土壌を除き、多様な土壌に適合する。半日陰を好むが、日差しには耐性がある。通常は成長が早く、低木の株姿を維持するためには定期的な剪定を必要とする。たいていの霜と長期の乾燥には耐性がある。繁殖は種子または茎と根の挿し木によって行なう。

Goodia lotifolia
英　名：CLOVER TREE, GOLDEN TIP
☀ ✿ ↔3m ↕3m

まばらもしくは密集する習性を持つ中低木で、吸枝を持つものが多い。葉はくすんだ青緑色から灰緑色。花は黄色の地に赤系の斑があって目立ち、長さ10cmほどの茎頂の総状花序につく。開花期は秋から春。
ゾーン：9～11

GORDONIA
(タイワンツバキ属)
東アジアおよび北アメリカの暖温帯に分布する。ツバキ科に属し、常緑性の高木および低木約70種からなる。ゴードニア属は濃緑色の葉を豊かに茂らせ美しい花をつける印象深い植物である。冬季にも特別に開花する種もあるが、花が霜害を受けることがある。通常、花は白色もしくはクリーム色で、黄金色の茎につき、一重咲きのツバキに非常によく似ている。
〈栽培〉
大きな深緑色の葉は日陰を好むが、ツバキやツツジと同様に花付きを良くするためには多少の日光が必要。夏場の真昼は日差しから保護すると良い。腐植質に富み、もろく、弱酸性で水はけの良い土壌、つまり森林地帯のような土壌に植える。ゴードニアは、乾燥には弱いため、夏季はじゅうぶんな湿気を必要とする。花後は軽く剪定する、あるいは先端を摘み取る。繁殖は種子または半熟枝の挿し木により行なう。

Gordonia axillaris ★
一般名：タイワンツバキ
☀ ❄ ↔3.5m ↕3.5～6m

もっとも広く栽培されている種で、大低木はまた小高木。葉は革質の濃緑色で、長さ約15cm。全縁、わずかに切れ込みがある、または浅い鋸歯がある。雄ずいが目立つ乳白色の花は、5～6枚花弁で、幅約10cm。開花期は真冬から春。葉が黄色に変色しないよう、定期的に施肥する。
ゾーン：8～10

Gordinia lasianthus
一般名：ゴルドニア・ラシアントゥス
英　名：LOBLOLLY BAY
☀ ❄ ↔9m ↕15m

アメリカ合衆国南東部原産。栽培種では8mほどのものが一般的。細く直立する習性を持ち、光沢がある葉は濃緑色で鋸歯がある。常緑だが、老葉は落葉前に赤系の色調に変わる。白色の花は幅約8cmで夏咲き。
ゾーン：9～11

Gongora histrionica

Gomphrena globosa

Gomphrena globosa 'Lavender Lady'

Graptophyllum ilicifolium

Graptophyllum pictum

GOSSYPIUM
(ワタ属)
英 名：COTTON

暖温帯と熱帯地域に広く分布する。アオイ科に属し、一年生または木質の多年生草本、常緑性の低木および小高木、39種が含まれる。葉は掌状の欠刻があり互生。果実はさく果または「ボール状」で、分裂して微細で密生した白い綿状繊維に埋もれた種子を散布する。主に商業用に栽培された G. herbaceum から採取した繊維は、織物産業で綿織物の生産に使用される。

〈栽培〉
ワタ属種は、保護されてた日の当たる場所で、肥沃で湿気がある土壌を好む。霜には耐性が無い。繁殖は春季に播種により行なう。挿し木でも繁殖可能な種もある。

Gossypium australe
英 名：AUSTRALIAN WILD COTTON
↔1.8m ↑1.8m

オーストラリア北部原産の、直立し分岐した常緑性低木。掌状に欠刻した葉は、粗い鋸歯縁がつく。藤色で5枚花弁の花は、基部が暗色で、ハイビスカスの花に似ている。低木は乾燥に耐える。
ゾーン：10〜12

Gossypium sturtianum ★
英 名：DESERT ROSE, STURT'S DESERT ROSE
↔0.9m ↑0.9〜3m

熱帯オーストラリア北部原産。乾燥に耐性がある常緑性低木。灰緑色で楕円形の葉が長い葉柄につく。繊細で5枚花弁のハイビスカスのような花は、地が藤色で中心が紫色。開花期は夏。果実は黒色のさく果で、長さ約12mm。
ゾーン：10〜12

GRAPTOPETALUM
(グラプトペタルム属)

パラグアイ、メキシコおよびアメリカ合衆国アリゾナ州原産。ベンケイソウ科に属し、多肉質の多年生植物12種が含まれる。多肉質の葉がロゼットを形成する。広がった5枚花弁の花が集散花序につく。花弁の基部は融合する。

〈栽培〉
グラプトペタルム属種は、広々とした日なたで、軽質から中質の非常に水はけの良い土壌で容易に栽培できる。繁殖は種子、茎または葉の挿し木またはオフセットの株分けにより行なう。

Graptopetalum amethystinum
一般名：酔美人
英 名：LAVENDER PEBBLES
↔8〜12cm ↑10〜15cm

メキシコ原産の群生する多肉質の多年生植物。太く先が鈍角の葉は丸く青灰色で、ロゼットを形成する。葉長は約8cmで、紫みを帯びる。丈夫で直立した茎は成長と共に平状性になる。茎頂に乳白色で鐘形の花が房咲きする。花には赤い斑が入り、径12〜25mmで、開花期は春から夏。
ゾーン：9〜11

Graptopetalum paraguayense ★
一般名：朧月
英 名：GHOST PLANT, MOTHER OF PEARL PLANT
↔12〜30cm ↑10〜30cm

メキシコ原産の小型で多肉質の多年生植物。茎は頑丈で、柄頂に径約15cmのロゼットを形成する。厚く堅く楕円形からくさび形の葉は薄灰色で、長さ3.5〜5cm。下面はピンクみを帯び隆起する。若葉は薄紫色。茎頂の花は丈15cmほどで、白い星形の花が最高で6個つく。花には赤い斑点があり、径約18mm。開花期は晩冬から早春。G. p. subsp. superbum は多肉質の葉をつけ、花は紫がかった灰色で人目を引く。
ゾーン：9〜11

GRAPTOPHYLLUM
(グラプトフィルム属)

オーストラリア、ニューギニアおよび太平洋南西地域に生息する高低木もしくは小高木。キツネノマゴ科に属し、10種が含まれる。そのうち数種は室内植物として人気が高い。熱帯から亜熱帯で、多雨林周辺から山腹の岩場までの生育地に分布する。全種とも、湾曲した筒形でさまざまな色調の赤い花をつける。魅力的な葉は対生で光沢がある。茎や葉に刺を持つ種もある。

〈栽培〉
日なたまたは半日陰の、水はけの良い土壌で育つが、日なたの方が花付きが良い。大半が霜に弱く、屋外で育てる場合は温暖気候を必要とする。繁殖は入手できるようであれば新鮮な種子から、または2〜3年目のシュートの挿し木により行なう。

Graptophyllum ilicifolium
英 名：HOLLY-LEAFED FUCHSIA BUSH, PRICKLY FUCHSIA BUSH
↔1.2m ↑6m

オーストラリア種でクイーンズランド州北部および中部の沿岸地域原産。小高木よりむしろ中低木から高低木。楕円形で光沢がある葉は革質で鋸歯縁。赤みがかった筒形の花は長さ約30mmで、早春から晩春に葉腋に密集して房咲きする。
ゾーン：9〜11

Graptophyllum pictum
一般名：クロトンモドキ、キンシボク
英 名：CARICATURE PLANT
↔75cm ↑1.8m

ニューギニア原産。葉は楕円形で光沢があり濃緑色。夏季には茎頂の穂状花序に赤色から紫色の花がつく。葉を含め色彩は多様で、紫からブロンズ色のさまざまな色調、緑色に白の斑入り、黄色、ピンク、紫などで、斑またはストライプの形と大きさもさまざまである。栽培品種の繁殖は、確実な色を出すために挿し木により行なう。
ゾーン：10〜12

×GRAPTOVERIA
(×グラプトベリア属)

ベンケイソウ科に属し、交雑された多肉質の多年生植物。エケベリア属種とグラプトペタルム属種の交雑種。両親属に見られる成長の形、葉の形状や色合いの多様性を交雑種に永続させることができる。そのため、外観を総括することは困難で、大半がエケベリアと間違えられることがある。色彩豊かな葉の種を繁殖させる傾向がある。

〈栽培〉
日なたまたは半日陰の、砂質で水はけの良い土壌に植える。花後は先端を剪定する。繁殖は茎または葉の挿し木、あるいはオフセットの株分けによって行なう。

×*Graptoveria* Hybrid Cultivars
一般名：×グラプトベリア交雑品種
↔45cm ↑30cm

エケベリア属とグラプトペタルム属の交雑により、以下のような多くの交雑品種が生み出された。'アカレイド' はコンパクトな品種。葉は薄青緑色で、縁が赤色。'デビィ' は低く成長し、鮮やかなピンク色の櫂形で多肉質の葉がロゼットを形成する。'ダスティ' の葉は長細くくすんだピンク色で、茎を形成する。'ファンファーレ' の花は黄色で、長細い葉には青灰色の花がつき、ロゼットを形成する。'フスズ ピンク' ★ (syn. 'ダグラス ヒュース') のピンク色の葉は茎を形成し、平らなロゼットとなる。'カメリ' の短く厚みがある葉は先端が尖り、真珠のようなピンク色と白色で、茎を形成する。'マーガレット レッピン' はコンパクトなロゼットを形成し、くすんだ緑色にピンク色の斑入りで先端が長く、叢生する習性がある。'ナウシカア' は非常に小さく緑色で先端が赤く色づき、ロゼットを形成する。'パープル ドリーム' は小さく密集したロゼットを形成し、葉は濃紫色から赤色。'ラペコ' はコンパクトなロゼットを形成する。葉は短く先端が尖り、青緑色。'ローズ クイーン' はコンパクトなロゼットを形成し、葉は短く先端が尖り、くすんだピンク色。'スピリット オブ '76' ★ はコンパクトで鮮やかなパウダーピンクのロ

Graptopetalum amethystinum

Gossypium australe

ゼットを形成する。
ゾーン：9〜11

GRASTIDIUM
（グラスティディウム属）
英　名：GRASS ORCHID

ラン科に属し、東南アジア各地で見られるが、もっとも多様化し集中しているのはニューギニア種である。属名はイネ科植物のような葉や複茎性種の多くの特徴を示している。以前はデンドロビウム属に含まれ、通常は低地のランで、繁茂するためには暖温条件を必要とする。高地原産の冷涼で成長する種もある。花は対でつき（対面型が多い）、短命で日没するとしぼむ。蜘蛛の脚のような花はからまってもつれ合い、枯れて落ちる前の数日間はこの状態が続く。雷雨あるいは気候に重大な変化が現れた日から約9日後に多数の花を咲かせる。一地域の全ての花は同日に開花する。興味深いことに、栽培種においては他種（他国原産種）でさえ同時に開花することが多い。暖温な季節はこのサイクルを何度も繰り返す。

〈栽培〉
グラスティディウムは樹皮ベースの用土を入れた鉢で栽培できる。大型のものは木生シダ用のスラブに植えると、太い根が繊維の中にすばやく伸びよく成長する。暖温で湿気のある条件を必要とし、根系を比較的湿気のある状態に保てば、日陰から日なたでよく育つ。年間を通して活発に成長する。繁殖は株分けによって行なう。

Grevillea asteriscosa

Grastidium cathcartii
☀ ᴛ ↔90cm ↕120cm
インド原産で、25mmほどの黄緑色の花を2〜3日咲かせる。冷涼で育つ数少ない種のひとつ。
ゾーン：10〜12

Grastidium tozerense
☀ ᴛ ↔10〜60cm ↕20〜90cm
オーストラリア原産。丈約35mmの純白な星形の花をつける珍しい種。個々の花はからまってしぼむまで、わずか6時間ほどしか開花しない。
ゾーン：11〜12

GREVILLEA
（グレウィレア属）

ヤマモガシ科に属し、約340種が含まれる。大半がオーストラリア原産で、他はニューギニア、ニューカレドニア、パヌアツおよびスラウェシ島原産となる。自生するオーストラリア品種が選定され、平状性のグラウンドカバーから高木まで多数の交雑品種が作出される。独特な形状の派手な花房には、蜘蛛状、歯ブラシ状、大形のブラシ状という3つの基本的な形状がある。蜜が豊富な種が多く、昆虫、野鳥、動物（特にオーストラリアの有袋動物）を誘引し、これらのすべてが授粉者となる。広範囲な気候地域に見られ、極端な気候に耐性がある。短命だが華やかなものも数種あり、独特の花序をつけるものや甘く強烈な香りを放つ種もある。

〈栽培〉
大半のグレウィレア属は広々とした日なた、水はけの良いロームを好み、多くはリンが不足した土壌でもよく育つ。繁殖は以下のいずれかの方法で行なう。半熟枝の挿し木。種子は発芽しやすいが入手困難。栽培が難しい種のいくつかは*G. robusta*など強健な種の茎へ接ぎ木するとよく反応する。この技法は下垂した標準的な標本を作る際にも使用される。

× *Graptoveria*, Hybrid Cultivar, 'Debbi'

Grevillea acanthifolia
☀ ❄ ↔1.5m ↕3m
オーストラリアのニューサウスウェールズ原産。変則性、平状性、直立性低木の3つの亜種がある。堅く先端が尖った葉は深い切れ込みがあり、光沢がある濃緑色。長い歯ブラシ状の花は、ピンク色から紫色で、春から秋に咲く。重質な粘土土壌で水はけの悪い場所に耐性がある。
ゾーン：7〜9

Grevillea aquifolium
英　名：HOLLY GREVILLEA
☀ ❄ ↔1.8m ↕1.8m
オーストラリア南東部原産。平状性、吸枝を持つ、あるいは丸く密生する低木など変異に富む習性を持つ。葉はセイヨウヒイラギに似た形状で、厚く先端が尖り、下面は有毛。冬から夏に、赤、ピンク、またはくすんだオレンジ色の歯ブラシ状の花が咲く。長命で、優れた花蜜源となる。
ゾーン：8〜10

Grevillea aspleniifolia
英　名：FERN-LEAF GREVILLEA
☀ ❄ ↔4.5m ↕4.5m
オーストラリア、ニューサウスウェールズ東部のブルーマウンテン原産。枝は灰色のフェルトに覆われる。細長い葉は鋸歯縁のものもあり、外側に湾曲する。上面は平滑で光沢がありオリーブ色。下面は灰色でフェルト状。歯ブラシ状の花は赤紫色で、冬から春に開花する。
ゾーン：8〜9

Grastidium tozerense

Grevillea asteriscosa
英　名：STAR-LEAF GREVILLEA
☀ ❄ ↔1.8m ↕1.8m
オーストラリア極南西部原産。密生し刺の多い低木で、星型で先の尖った葉が茎に巻きつく。新芽はビロード状で赤色。冬から春に、鮮やかな赤色で蜘蛛状の花が散生して咲く。
ゾーン：8〜9

Grevillea australis
英　名：ALPINE GRAVILLEA, SOUTHERN GRAVILLEA
☀ ❄ ↔1.5m ↕1.8m
オーストラリア南部原産の、刺の多い低木。細く先端が尖った葉は光沢があり濃緑色。蜘蛛状の花は小形で白色。強い蜜の香りがする。水はけの良い土壌と夏季の灌水を必要とする。
ゾーン：7〜10

Grevillea baileyana
英　名：BROWN SILKY OAK, SCRUB BEEFWOOD
★ ᴛ ↔4.5m ↕30m
オーストラリア北部およびニューギニア原産で長命の高木。樹皮は鱗状で堅く灰色。葉は滑らかで革質。若葉は堅く深い切れ込みがあり、成熟すると全縁の楕円形となる。下面には色あせた毛が生える。春から夏に、乳白色の長いブラシ状の花が咲く。若葉の成長を促進するために定期的に剪定する。
ゾーン：10〜12

Grevillea acanthifolia

Grevillea australis

Grevillea banksii

一般名：ベニバナハゴロモノキ、
グレウィレア・バンクシイ
英　名：BANKS'S GREVILLEA、RED SILKY OAK
☀ ❄ ↔2m ↕3～9m

オーストラリア、クイーンズランド州沿岸原産の、変異に富み密集した低木または細長い高木。長い葉には非常に深い切れ込みがあり平滑で、両面とも絹状毛が密集し、中央脈も顕著に出る。蜜が豊富で大きなブラシ形の花は、赤色または白色にピンク色と杏色の品種があり、開花期は長く春がピーク。一年生は古木を避け軽く剪定する。G. b. var. forsteri は銀色の葉をつける低木で、丈は約3mに及ぶ。赤またはクリーム色の花が長期間咲く。
ゾーン：9～11

Grevillea barklyana

英　名：GULLY GREVILLEA
☀ ❄ ↔6m ↕8m

オーストラリアのビクトリア州原産の高低木または小高木で、枝を大きく広げる。革質の葉は長楕円形で、裂片が三角形のものもあり、下面は毛が密集し白色。春から夏に、薄ピンク色から赤色の歯ブラシ状の花が咲く。
ゾーン：7～8

Grevillea baueri

英　名：BAUER'S GREVILLEA
☀ ❄ ↔1.8m ↕0.9m

オーストラリア、ニューサウスウェールズ州原産の不規則に広がった低木。小形で長楕円形の葉は平滑で、ざらついたものや絹状毛が密集したものもあり、新芽は赤色系。冬から春に、赤色およびクリーム色で蜘蛛状の花が密生する。耐寒性があり、砂質のロームを好み、わずかな日陰には耐性がある。
ゾーン：8～9

Grevillea chrysophaea

Grevillea bronwenae

一般名：グレウィレア・ブロンウェナエ
☀ ❄ ↔0.9m ↕1.8m

ウェスタンオーストラリア州原産の直立した低木。先の尖った薄く長い葉は縁が反曲する。秋から春に、明るく輝く緋色の花が多数まとまって咲く。花柱は濃青色。夏季にも時々開花する。短命を克服するために接ぎ木することがある。
ゾーン：9～10

Grevillea buxifolia

英　名：GRAY SPIDER FLOWER
☀ ❄ ↔2m ↕2.4m

オーストラリアのニューサウスウェールズ州東部原産。有毛の枝が密集する。小形で緑色の葉は楕円形で、下面は白毛が密生する。有毛で蜘蛛状の花はピンクみを帯びた灰茶色で、直立して房咲きする。1年中見られるが冬から春がピーク。乾燥に耐性があり、沿岸でもよく育つ。
ゾーン：8～10

Grevillea chrysophaea

英　名：GOLDEN GREVILLEA
☀ ❄ ↔1.2m ↕1.8m

オーストラリアのビクトリア州原産。柔らかく卵形の葉は緑色で、下面はビロード状で白色。冬から早春に黄金色の花が房咲きする。ほのかにオレンジ褐色がかるものもある。定期的に先端の剪定を行なう。
ゾーン：8～10

Grevillea confertifolia

英　名：GRAMPIANS GREVILLEA、
STRAWBERRY GREVILLEA
☀ ❄ ↔3m ↕1.8m

オーストラリアのビクトリア州原産。広がる低木で、平状性や直立性のものもある。葉は細く先端が鋭角。鮮やかなモーブピンクで蜘蛛状の花が春から夏に房咲きする。重く湿った土壌に耐性がある。
ゾーン：8～10

Grevillea curviloba

☀ ❄ ↔1.2m ↕1.8m

ウェスタンオーストラリア州南西部原産で、広がる不定型の低木。鮮やかな緑色の葉には深い欠刻がある。春には香りの良い白い花が房咲きする。長命で密生するグラウンドカバーとなる。G. c. subsp. incurva はもっとも広く栽培され、葉の裂片はより細くわずかに湾曲する。平状性から直立性のものまであり、G. biternata という誤った名前で栽培されることもある。
ゾーン：8～10

Grevillea banksii

Grevillea buxifolia

Grevillea bronweniae

Grevillea dielsiana

☀ ❄ ↔1.2m ↕1.8m

ウェスタンオーストラリア州原産。コンパクトで非常に刺の多い低木。冬から春に、赤または杏色の大きな蜘蛛状の花が房咲きする。沿岸州や野鳥の生息地に最適。葉に非常に刺が多いため維持管理は困難。
ゾーン：9～10

Grevillea dimorpha

異　名：Grevillea speciosa subsp. dimorpha
英　名：FLAME GREVILLEA、OLIVE GREVILLEA
☀ ❄ ↔2m ↕3m

オーストラリアのビクトリア州西部原産の直立した低木。葉は細く針状のものから濃緑色の楕円形まで多様で、下面には絹状毛がある。春から秋に鮮やかな赤色で蜘蛛状の花が房咲きする。長命の標本植物となる。
ゾーン：8～10

Grevillea confertifolia

Grevillea curviloba subsp. *incurva*

Grevillea dielsiana

Grevillea dimorpha

*Grevillea eriostachya*の自生種、オーストラリア、ノーザンテリトリー準州、ウルルカタジュタ国立公園

Grevillea dryanderi

Grevillea dryanderi
英　名：DRYANDER'S GREVILLEA
☼ ⚘ ↔2m ↕0.9m
オーストラリア北部原産の不規則に広がる低木。細く深い欠刻がある葉が上部に、長いブラシ状の花が房咲きする。白色と赤色の品種があり、開花期は秋から冬で、春も開花する場合がある。
ゾーン：10～11

Grevillea erectiloba
☼ ❄ ↔3.5m ↕1.5m
ウェスタンオーストラリア州南部原産。薄青灰色の葉は針状の裂片に分裂し、狭い角度で分岐する。先端はすべて上向き。春から夏に、光沢のある花が大きな房となって咲き葉の間に現れる。緑色の花芽、オレンジ色の若い花、濃赤色の老花が混ざり合う。
ゾーン：9～11

Grevillea erectiloba

Grevillea eriostachya
英　名：DESERT GREVILLEA,
YELLOW FLAME GREVILLEA
☼ ❄ ↔2m ↕1.8m
オーストラリア中部および西部原産。長く派手で蜜が豊富な花房は緑色から黄色またはオレンジ色で、葉より上部につく。長細い裂片を持つ葉は、上面に絹状毛がある。栽培は水はけが良く適度な湿気がある砂質のロームで行なう。年間を通じて開花するが、ピークは春。
ゾーン：9～11

Grevillea floribunda
英　名：RUSTY SPIDER FLOWER
☼/◐ ❄ ↔1.8m ↕1.8m
オーストラリアのニューサウスウェールズ州およびクイーンズランド州に生息する。2つの亜種があり、双方とも低木で、葉は楕円形から線形で絹状毛を帯びる。晩冬から春に、黄色系、オレンジ色あるいは褪せた茶色で蜘蛛状の花が房咲きする。乾燥し水はけの良いロームを好む。
ゾーン：8～10

Grevillea × gaudichaudii
☼ ❄ ↔3m ↕10cm
*G. acanthifolia*と*G. laurifoia*の自然交雑種。強健な平状性のグラウンドカバー。美しい切れ込みが入った葉は先端が赤く色づく。春から夏に、ワインレッドの歯ブラシ状の花が房咲きする。
ゾーン：8～10

Grevillea gillivrayi
☼ ❄ ↔1.2m ↕9m
ニューカレドニア原産。高木あるいは不規則に広がる低木。角張った枝と若葉は絹状毛を帯びる。葉は楕円形で革質。長いブラシ状の花房が直立してつく。年間を通じて開花するが、ピークは冬から春。花色はクリーム、ピンク、赤。
ゾーン：9～12

Grevillea hookeriana
英　名：BLACK TOOTHBRUSHES
☼ ❄ ↔2.4m ↕2.4m

Grevillea gillivrayi

Grevillea jephcottii

ウェスタンオーストラリア州南西部原産。長細い葉は全縁または長い裂片に分かれ、上面はフェルト状。蜜が豊富な歯ブラシ状の花房は、薄黄色から黄色で、黒または黄色の花柱が目立つ。開花期は初冬から初夏。非常に水はけの良い土壌を必要とする。
ゾーン：9～10

Grevillea jephcottii
英　名：GREEN GREVILLEA,
PINE MOUNTAIN GREVILLEA
☼ ❄ ↔2m ↕3m
オーストラリア南東部マレー川上流に分布する密集した低木。卵形の葉は細毛を帯び先端が鋭角で柔らか。若枝も細毛を帯びる。冬から夏に緑がかったクリーム色の花が房咲きする。蜜が豊富。軽質または砂利を含んだ粘土ロームの土壌を好む。
ゾーン：8～10

Grevillea johnsonii
英　名：JOHNSON'S GRAVILLEA
☼ ❄ ↔2m ↕4.5m
オーストラリア南東部のゴールバーン川の集水地域原産の単幹で広がる低木。葉は長く裂けマツのような形状で、若芽は褪せたフェルト状。春には、部分的にピンク色やクリーム色を伴う派手な赤またはオレンジ色の蜘蛛状の花が房咲きする。根部の温度が上がり過ぎない、水はけの良いロームを好む。
ゾーン：9～11

Grevillea floribunda

Grevillea johnsonii

Grevillea lavandulacea

Grevillea juncifolia

Grevillea juniperina

Grevillea juncifolia
英　名：HONEYSUCKLE SPIDER FLOWER
☼ ☽ ↔2m ↕6m
オーストラリア全土に生息する、灰色系の直立または広がる低木。長細いまたは裂けた葉は革質で、灰色の毛を帯びる。冬から春に、蜜が豊富で長いブラシ状のゴールドがかったオレンジ色の花房が枝頂につく。雨後にも散発的に開花する。砂質のロームを好み、乾燥条件で繁茂する。
ゾーン：9〜11

Grevillea juniperina
一般名：グレヴィア・ユニペリナ
英　名：JUNIPER-LEAF GREVILLEA、PRICKLY SPIDER FLOWER
☼ ❄ ↔2m ↕2.4m
オーストラリアのニューサウスウェールズ州東部に分布する、密集して広がる低木。葉は濃緑色で針状。蜘蛛状の花は赤色が一般的だが、黄色、杏色やオレンジ色のものもある。開花期は春から夏。長命で耐寒性があり、小鳥の優れた隠れ家となる。'ルーナ ライド'（syn. G.'オーストラフローラ ルーナ ライト'）の葉縁は黄色の斑入り、オレンジ色やピンク色の花が咲く。'モロングロ'は広がる習性があり、花は薄い杏子色。
ゾーン：8〜10

Grevillea lanigera ★
英　名：WOOLLY GREVILLEA
☼ ❄ ↔1.2m ↕1.5m
オーストラリア南東部原産。変異に富む低木で、平状性や吸枝がつくものもある。細葉は時として多肉質で、くすんだ銀色

Grevillea linearifolia

のフェルト状。年間を通じて、ピンク、赤、オレンジまたは黄色の蜘蛛状の花が咲くが、ピークは冬から春。冷涼地域の水はけの良い土壌を好み、湿気を嫌う。
ゾーン：7〜10

Grevillea lavandulacea
一般名：グレヴィレア・ラワンドゥラケア
英　名：LAVENDER GREVILLEA
☼ ❄ ↔0.9m ↕0.9m
オーストラリア南部原産のコンパクトな低木。いくつかの交雑品種の親植物。灰緑色の葉は針状で、ピンクレッドの蜘蛛状の花房が多数つく。葉の構造、習性、一般的な花色は多様である。密生させず、夏季の灌水は避ける。ゾーン：8〜10

Grevillea leucopteris
一般名：ホワイトブルームグレビレア
英　名：WHITE PLUME GREVILLEA
☼ ☽ ↔2m ↕3m
ウェスタンオーストラリア州原産の魅力的な種。革質で灰緑色の細葉が湾曲した枝につく。葉より上部に、蜘蛛状の花が大きなブラシ状につく。花は開くとク

Grevillea lanigera

リーム色になる。開花期は春から夏。夜間は特に強烈な匂いを放つ。
ゾーン：9〜10

Grevillea linearifolia
英　名：LINEAR-LEAF GREVILLEA
☼ ❄ ↔2m ↕3.5m
オーストラリアのニューサウスウェールズ州東海岸原産。変異に富む単幹の低木で、葉はゆるやかについたものと、密集したものがあり、平状性の標本は0.9mほどになる。葉は細く線形で絹状毛がつく。耐性があり順応する種。色彩は白色、クリーム色からピンク色。
ゾーン：8〜10

Grevillea neurophylla
☼ ❄ ↔1.5m ↕2.4m
オーストラリア種で、ビクトリア州中部の山岳地帯にある小川の土手に生息する。藪状の低木で、枝はやや下垂形。細く、先が鋭角に尖った葉は長さ約5cm。ピンクの斑が入った極小の白い花が葉の間に房咲きする。開花期は晩春から夏季。
ゾーン：8〜10

Grevillea oleoides

Grevillea obliquistigma
☼ ☽ ↔3m ↕6m
ウェスタンオーストラリア州内陸部の低雨量地域原産。藪状の低木。直立した枝は滑らか、または絹状毛や帯白がある。20cmほどに育つ葉は革質で直立し、下面が見えないくらいに反曲する。切れ込みがあるものもある。茎頂に直立し分岐した花序は長さ約10cm。春から夏にクリーム色の花をつける。果実はやや平らな楕円形で、粘着性のものもある。
ゾーン：9〜10

Grevillea oleoides
☼ ❄ ↔1.8m ↕1.8m
オーストラリアのニューサウスウェールズ州原産。直立し、時として吸枝を持つ低木。枝は角張り、葉は長楕円形または線形で、下面は絹状毛があり灰色。多数の異なる品種が自然発生する。年間を通じて赤色で蜘蛛状の花房をつけるが、ピークは春。乾燥した砂質あるいは砂利質の土壌を好む。
ゾーン：8〜10

Grevillea obliquistigma

Grevillea leucopteris

Grevillea olivacea

英　名：OLIVE GREVILLEA
☼ ❄ ↔1.5m ↕3.5m

ウェスタンオーストラリア州西海岸原産の直立した強健な低木。葉は単葉で濃緑色、下面は絹状毛で覆われる。冬には、赤、オレンジまたは黄色の蜘蛛状の花房が、主として老木につく。水はけの良い砂利状または砂質のアルカリ性ロームを好む。
ゾーン：9～10

Grevillea sericea subsp. *riparia*

Grevillea petrophiloides

一般名：ピンクポーカーズ
英　名：PINK POKERS
☼ ❄ ↔1.2m ↕3m

ウェスタンオーストラリア州南西部原産の直立し広がる低木。葉は細く浅裂があるものから深い切れ込みがあるものまで多様である。華やかで長いブラシ形の花房は白、クリーム、ピンク色で葉より上部につく。開花期は冬から夏。栽培は難しく、かなり水はけの良い土壌を必要とする。
ゾーン：9～10

Grevillea pinaster

☼ ❄ ↔1.5m ↕1.8m

ウェスタンオーストラリア州西海岸原産の、単幹で耐寒性のある低木。葉はマツ状で、単葉、細い線形あるいは切れ込みがある。冬から春に、ピンク色の蜘蛛状の花房がつく。重粘土または水はけの良い砂質土壌、夏または冬の降雨に適応する。
ゾーン：9～11

Grevillea plurijuga

☼ ❄ ↔3m ↕1.8m

ウェスタンオーストラリア州南部原産。耐寒性のある平状性または低い小山を形成する低木。切れ込みがある葉は灰緑色で細い線形。春から夏に、濃ピンク色のブラシ状の花房が葉より上部につく。独特ないぼ状の果実がなる。
ゾーン：9～11

Grevillea rivularis

英　名：CARRINGTON FALLS GREVILLEA
☼ ❄ ↔4.5m ↕1.8m

オーストラリア、ニューサウスウェールズ州東部の限定されたコロニー原産。密集して広がる低木で、赤色系の枝は角張る。堅く切れ込みのある細葉は濃緑色で先端が鋭角。晩冬から春に、クリーム、藤色からピンク色の歯ブラシ状の花房がつく。水はけが良く湿気のあるロームを好む。
ゾーン：8～11

Grevillea robusta

一般名：ハゴロモノキ、キヌガシワ
英　名：SILK OAK、SILKY OAK
☼ ❄ ↔9m ↕18m

全グレヴィレアの中でもっとも大形で、半落葉性。オーストラリア、クイーンズランド州南東部原産。材木および陰樹として価値がある。黄金色で蜜が豊富なブラシ状の大きな花をつける。開花期は春から夏。葉はシダ状。急成長し、深く根付く。肥沃で水はけの良い重いローム質を好む。
ゾーン：8～12

Grevillea robusta

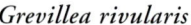

Grevillea rosmarinifolia

Grevillea rosmarinifolia

英　名：ROSEMARY GREVILLEA
☼ ❄ ↔1.8m ↕1.8m

オーストラリア南東部原産。密集した低木からまばらなものまで変異に富む。濃緑色の葉は針状。冬から夏に、クリームからピンク色または濃ピンク色の蜘蛛状の花房が多数つく。水はけの良い砂質ロームと湿気のある冬を好む。
ゾーン：8～10

Grevillea sericea

英　名：PINK SPIDER FLOWER、SILKY GREVILLEA
☼ ❄ ↔2m ↕1.8m

オーストラリア、ニューサウスウェールズ州原産の順応性がある種。密集した低木。葉は細長い楕円形で裏面には絹状毛が生える。冬から春に、薄赤紫色または白色の蜘蛛状の花房がつく。*G. s.* subsp. *riparia*には長細くほぼ無毛の葉がつき、パープルピンクの花が咲く。
ゾーン：9～10

Grevillea shiressii

英　名：MULLET CREEK GREVILLEA
☼ ❄ ↔3.5m ↕3m

オーストラリア、ニューサウスウェールズ州中部海岸地域原産。葉が密集した細長い低木。葉は長い卵形で柔らかく、脈が目立つ。緑色からワインレッドの独特の花房は蜘蛛状。開花期は冬から夏。長命で耐寒性があり生垣に最適。蜜を求める野鳥を誘引する。
ゾーン：8～11

Grevillea olivacea

Grevillea plurijuga

Grevillea rivularis

Grevillea petrophiloides

Grevillea wickhamii

Grevillea speciosa
英　名：RED SPIDER FLOWER
☀ ❄ ↔1.5m ↕1.8m
オーストラリア、ニューサウスウェールズ州中部海岸原産で、変異に富む直立した低木。枝は柔らかく有毛。小形で楕円形の葉は革質で、灰色のフェルト状のものもある。年間を通じて、大形で赤色の派手な蜘蛛状の花房がつく。水はけが良く湿気のある土壌を好む。
ゾーン：8～10

Grevillea spinosa
英　名：TJILKA-TJILKA
☀ ⚘ ↔3m ↕3m
ウェスタンオーストラリア州の奥地に生息する、不規則に広がる刺の多い低木。樹皮は紙状に剥落する。刺が多い緑色の葉は1～2裂で、時として3裂する。歯ブラシ状の花序は長さ約10cmで、開花期は冬から春。花芽は緑色と黒色で、開花とともに薄い～濃いオレンジに変わる。果実は卵形で、赤色系の縞と斑が入る。種子は翼状。
ゾーン：9～10

Grevillea stenobotrya
英　名：RATTLE-POD GREVILLEA、SANDHILL SPIDER FLOWER
☀ ⚘ ↔2.4m ↕6m
オーストラリア中部各地に広く分布する。若木の樹皮は平滑だが成長と共に繊維質に変わる。葉は長細く鮮やかな緑色。強い香りを放つクリーム色のブラシ状の花房は蜜が豊富で、冬から春に多数咲く。莢は宿存性。乾燥および困難な条件に耐性があり、かなり水はけの良い土壌を必要とする。
ゾーン：9～12

Grevillea spinosa

Grevillea wilsonii

Grevillea thelemanniana
英　名：HUMMINGBIRD BUSH、SPIDER-NET GREVILLEA
☀ ⚘ ↔1.8m ↕0.9m
ウェスタンオーストラリア州南西部原産の密生する低木。葉は線形あるいは切れ込みがあり濃緑色。冬から春に、赤色の蜘蛛状の花房がつく。湿気があり水はけの良い砂質のロームを好む。厳しい剪定にも良い反応を示す。
ゾーン：9～11

Grevillea treueriana
一般名：グレウィレア・トレウエリアナ
☀ ⚘ ↔0.9m ↕0.9m
サウスオーストラリア内陸地の1つの山のみに自生する開いた刺状の低木。切り立った崖の裂け目に生息する。葉は2～3裂で堅く刺があり、長さ約40mm。茎頂の花房は長さ約8cmで、春には鮮やかな赤色の花を「歯ブラシ状」の花序につける。卵形の果実は有毛で、赤色系の縞もしくは斑入り。
ゾーン：9～10

Grevillea tripartita
☀ ⚘ ↔3m ↕3m
ウェスタンオーストラリア州の南海岸原産の広がる低木で、丈夫に直立する習性を持つ。細葉は堅く先端が鋭角。長い花柱を持ち、目立つ緋色と黄色の蜘蛛状の花房が年間を通じて開花する。ピークは春。ゾーン：9～10

Grevillea tripartita

Grevillea stenobotrya

Grevillea victoriae
英　名：ROYAL GREVILLEA
☀ ❄ ↔1.8m ↕1.8m
オーストラリア南部原産の、耐寒性があり順応する低木。単葉で楕円形または細楕円形の葉は皮質で、上面は光沢があり、下面は絹状毛がつく。春から夏に、赤、オレンジ、黄色あるいはピンク色の下垂した蜘蛛状の花房がつく。一般に長命で生垣に適する。
ゾーン：8～10

Grevillea wickhamii
一般名：グレウィレア・ウィックハミイ
英　名：WICKHAM'S GREVILLEA
☀ ⚘ ↔2m ↕3m
ウェスタンオーストラリア州極北部原産の丈夫で変異に富む低木。独特な葉は灰緑色で欠刻があり、脈が目立ち、裂片の先端には剛毛が生える。派手な蜘蛛状の花房は赤、オレンジまたは杏子色で、開花期は晩秋から早春。厳しい霜には耐性がない。
ゾーン：10～12

Grevillea wilsonii
英　名：WILSON'S GREVILLEA
☀ ⚘ ↔1.5m ↕1.5m
ウェスタンオーストラリア州南西部原産の広がる低木。深い切れ込みがある葉は鮮やかな緑色で絡み合う。若葉は柔らかく、厳しい条件下では成長と共に粗く刺状になる。春から夏に鮮やかな赤色の蜘蛛状の花房がつく。水はけの良い砂質ロームを好み、厳しい剪定には耐性がある。ゾーン：9～11

Grevillea treueriana

グレウィレア、HC、バンクシイ グループ、'シルビア'

グレウィレア、HC、バンクシイ グループ、'ミスティ ピンク'

グレウィレア、HC、バンクシイ グループ、'ハニー ジェム'

グレウィレア、HC、バンクシイ グループ、'メイスンズ ハイブリッド'

グレウィレア、HC、バンクシイ グループ、'ムーンライト'

グレウィレア、HC、バンクシイ グループ、'ロビン ゴードン'

Grevillea Hybrid Cultivars
一般名：グレウィレア交雑品種

☼/◐ ♦ ↔ 1.2～4.5m ↕15cm～6m

大半の交雑種は3つのグループに分類され、それぞれ限定された親種の系統だが、グループ間での共有されているものは無い。数種の交雑種が「その他」に分類される。

BANKSII GROUP
（バンクシイ グループ）

魅力的で非常に人気がある交雑種で、主な親種はオーストラリア東海岸原産の*G. banksii*だが、栽培品種は2つのグループに分類することができる。もう1つの親種は*G. bipinnatifida*で、これらが*G. pteridifolia*や*G. sessilis*といった、より高く伸びる熱帯および亜熱帯種と交雑される。全種共、細い切片に分裂した葉と、密集したボトルブラシのような穂状花序をつける。花序は上に行くに従って密集する。'ココナッツ アイス'は高さ2mほどの低木で、鮮やかな緑色の葉を持ち、レッドピンクの花が咲く。'ハニー ジェム'は高さ4.5mほどの低木。葉は濃緑色でシダ状。オレンジまたは黄色の花が多数房咲きする。'メイスンズ ハイブリッド'（syn. 'ネッド ケリー'）は成長が早く耐寒性がある低木で、高さ約1.8m。'ロビン ゴードン'に似ているが、花はより薄いオレンジ色で、葉はシダ状の薄緑色。オレンジレッドの花房は年間を通じて開花する。'ミスティー ピンク'は銀色系の低木で高さ約3m。長いピンク色の花房は先端がクリーム色。'ムーンライド'は直立した低木で高さ約3m。シダ状の葉はオリーブグリーンで、花房は長くクリーム色。'パルフェ クレーム'は密集した低木で高さと幅は3mほど。クリーム色からキャラメル色の花が咲く。'ロビン ゴードン'はグレウィレアの中でもっとも広く栽培されている品種で、高さ約1.8mの低木。シダ状の葉を持ち、華やかな花房には鮮やかなピンクレッドの花がつく。'サンドラ ゴードン'は高さ約4.5mの低木で、鮮やかな黄色の花が咲く。'スパーブ'は'ロビン ゴードン'に似て、オレンジピンクの花が咲く。'シルビア'は高さ約3mの低木で、先端がクリー

グレウィレア、HC、バンクシイ グループ、'スパーブ'

グレウィレア、HC、ロスマリニフォリア グループ、'キャンベラ ジェム'

グレウィレア、HC、ロスマリニフォリア グループ、'クロスビー モリソン'

グレウィレア、HC、ロスマリニフォリア グループ、'スカーレット スプライト'

グレウィレア、HC、トゥースブラッシュ グループ、'ファンファーレ'

グレウィレア、HC、ミセレイニアス グループ、'ロング ジョン'

グレウィレア、HC、ミセレイニアス グループ、'ウィンパラ ジェム'

ム色の淡紅色の花房をつける。'**ウィンター スパークルス**'は冬咲きの低木で高さ約6m。イエローオレンジの花がつく。
ゾーン：9～12

ROSMARINIFOLIA GROUP
(ロスマリニフォリア グループ)
G. rosmarinifolia、*G. juniperina*およびその近縁種から派生したグループの中でもっとも早くからある交雑種で、小形で全縁の葉と独特な蜘蛛状の花房をつける。クリアビュー ハイブリッドとポーリンダ ハイブリッドの大半が含まれる。このグループの栽培品種には自然交雑されるものもあり、子孫は侵襲的になる場合もある。'**キャンベラ ジェム**'は高さ約1.8mの低木で、葉は濃緑色の針状、花は濃赤色。'**クリアビュー デイビッド**'は密生する低木で高さ約2.4m。葉は刺状で、鮮やかな赤色の蜘蛛状の花がつく。'**クリアビュー ロビン**'は高さ約1.8mの低木で、葉は青緑色で針状。鮮やかな深紅色の蜘蛛状の花が咲く。'**クロスビー モリソン**'は高さ約1.5mの密生する低木で、葉は灰緑色。ピンクレッドの蜘蛛状の花がつく。'**イーブリンズ コロネット**'は直立した低木で高さ約1.8m。銀色系で有毛の花は蜘蛛状でピンク色。'**ノエリイ**'は交雑種ではなく、ただ*G. rosmarinifolia*をコンパクトにしたもので、整然とした藪状に成長する習性がある。'**ペノラ**'の葉は灰色で、赤色とクリーム色の花が多数つく。'**ポーリンダ ビューティー**'は高さ約0.9mの低木で、針状の葉を持ち、オレンジレッドの花が密集して房咲きする。'**ポーリンダ コンスタンス**'は密生する低木で高さ約2.4m。葉は柔らかく、花は赤色。'**ポーリンダ ファイヤーバード**'は高さ約1.8mの低木で、緋色の蜘蛛状の花房を多数つける。'**ポーリンダ リーン**'は密生する低木で高さ約2.4m。柔らかな葉をつけ、花はオレンジ色。'**ポーリンダ レイチェル**'は高さ約0.9mの低木で、葉は卵形。オレンジレッドの花をつける。'**ポーリンダ スティーブン**'は高さ約0.9mの低木で、葉は銀色系で卵形。大形で濃赤色の蜘蛛状の花房をつける。'**ポーリンダ ビバシティ**'は高さ約0.9mの低木で、葉は幅広の卵形。びっしり詰まったオレンジレッドの蜘蛛状の花房をつける。
その他の栽培品種には以下のものがある。'**ポーリンダ クイーン**'、'**ポーリンダ ロンドー**'、'**ポーリンダ トランキュリティ**'、'**スカーレット スプライド**'。

TOOTHBRUSH GROUP
(トゥースブラッシュ グループ)
これらの交雑品種は種の大型グループから派生したものである。主にオーストラリア南東部原産で、「歯ブラシ」状の花序がつく。花は密集しすべてが上向きで細長いブラシを形成する。後ろ側に急激に屈曲したものもある。両種と交雑種の葉は、単葉、全縁から鋸歯縁、欠刻あり、細い切片に分裂しているものまである。完全に平状性のものから高く直立するものに及ぶ。'**ブーンガラ スパインビル**'★は順応性が高く広がる低木で高さ約2.4m。枝は下垂し、シダ状の若葉は褪せた赤色。深紅色で歯ブラシ状の花房がつく。'**ブロンズ ランブラー**'は強健なグラウンドカバーで約4.5mに広がる。若葉は切れ込みが多く、新芽はブロンズに染まり、紫色系の花が咲く。'**ブルックベール レティシア**'は約4.5mの高低木。花はオレンジ色または赤色で有毛。'**ファンファーレ**'(syn. '**オーストラフローラ ファンファーレ**')は平状性植物で5mほどに広がる。春から夏に、濃赤色とピンク色の花がつく。'**アイバンホー**'★の葉は密集し、密生する習性を持つ。強健で高さ3m幅4.5mほどになる。赤い花をつける。
ゾーン：9～12

MISCELLANEOUS GROUP
(ミセレイニアス グループ)
このグループには以下の品種が含まれる。'**グラーニャ グローリー**'は高さ約0.6mで、クリーム色と紅色の花をつける。'**ロング ジョン**'は高さ約3mの低木で、赤色とピンク色の花をつける。'**メリンダ ゴードン**'は高さ約3mで、濃ピンク色から赤色の花をつける。'**オレンジ マーマレード**'は高さ約2.4m。葉は全縁で、下面には絹状毛が生える。花はオレンジ色。'**ペンダント クラスターズ**'(syn. '**オーストラフローラ ペンダント クラスターズ**')の花はクリーム色と濃赤色。'**ポーリンダ エンサイン**'は高さ0.9m

未満で、葉は全縁、鮮やかなピンク色の花が密集して房咲きする。'シド レナルズ'は高さ約2.4mの低木で、やや赤く染まったピンク色の花がつく。'ウィンパラ ジェム'は高さ約2mの低木で、赤色系の花が咲く。
ゾーン：9〜12

GREWIA
（ウオトリギ属）
アフリカ、アジアおよびオーストラリアに分布する。シナノキ科に属し、約150種の低木、高木およびつる性植物が含まれる。魅力的な植物だがごくわずかしか栽培されておらず、中でも G. occidentalis が一般的である。大半の種は卵形の葉で細かい鋸歯縁がある。花は星形で細い5枚花弁をつけ、中央に雄ずい群が目立つ。花後は小形の石果がつく。

〈栽培〉
暖温帯から亜熱帯気候地域に最適で、軽度の霜以外はすべてに耐性のある種もある。日当たりが良く湿気があり水はけの良い土壌を好む。コンパクトな株姿を保つために切り戻す。育ち過ぎた植物も激しく剪定すると活発になることがある。繁殖は種子または半熟枝の挿し木により行なう。

Grewia occidentalis
一般名：スイレンボク
英 名：FOUR CORNERS
↔ 3m ↕ 3m
南アフリカの低木で、年間を通じて魅力的な外観を呈す。葉は鮮やかな緑色。花は径約35mmで、藤色から薄紫色。萼片は花弁と同じ長さで八重咲きのような効果を生み出す。開花期は春から夏。果実は紫赤色で4裂。
ゾーン：9〜11

Greyia radlkoferi

Greyia sutherlandii

GREYIA
（グレイア属）
南アフリカの属で、落葉性の低木3種が含まれ、属名は科名にもなっている。印象的な花と独特の葉により知られる。葉はリーガル・ペラルゴニウムに類似し、丸形で欠刻があり、幅は8cmほど。主に非常に密集した枝の頂端に生え、秋の落葉前に紅葉する。花は鮮やかな赤色で、独特の構造を持つ。5枚花弁が多肉質の中央の花盤に融合し、花盤から10本の長い雄ずいが突出する。幅15cmほどの総状花序につく。

〈栽培〉
高温で日当たりの良い場所でよく育つ。グレーイア属種は温暖の気候を好むが、軽度の霜にも耐性がある。かなり肥沃で水はけの良い土壌を必要とする。夏季にはよく灌水するが、冬の休眠期に近づいたら植物を乾燥させておく。繁殖は晩春または夏季に種子または半熟枝の挿し木により行なう。

Greyia radlkoferi
英 名：TRANSVAAL BOTTLEBRUSH
↔ 1.8m ↕ 1.8〜3m
若枝は有毛。花は赤色で、細い花弁が中央の花盤に付着し、星形を形成する。開花期は春。
ゾーン：9〜11

Greyia sutherlandii
英 名：NATAL BOTTLEBRUSH
↔ 2m ↕ 4.5m
大低木で枝の基部が太い。晩冬から早春に、鮮やかな赤色の花房が、無葉の枝頂につく。深い切れ込みのある葉は

Grindelia stricta

Grewia occidentalis

夏季を通じて魅力的な様相を呈し、秋季には色づく。
ゾーン：9〜11

GRINDELIA
（グリンデリア属）
英 名：GUM PLANT、ROSIN WEED、TAR WEED
北アメリカ西部および南アメリカのより乾燥した地域に見られる。キク科に属し約60種が含まれる。大半が一年生および多年生で、低木も数種ある。針金状の茎に、細かい樹脂腺で覆われた単葉がつく。樹脂腺は触れると粘着する。切ると茎から樹脂が滲出し、乾くと白い付着物となるが、これが茎と葉の目立つ特徴である。主として夏季に黄色いヒナギクのような花が咲く。カリフォルニア種のうち数種の葉のエキスは、主に気管支疾患用の薬草として使用されている。

〈栽培〉
耐寒性は種によりさまざまだが、大半は温帯気候地域の室内で行い、軽度から中度の霜には耐性がある。日なたの軽質で砂質の水はけの良い土壌に植える。種子、あるいは春から夏に挿し木により繁殖させる。基部が木質なため、株分けはあまり実用的ではない。

Grindelia camporum
一般名：ネバリオグルマ、ガムプラント
↔ 100cm ↕ 150cm
カリフォルニア州原産の、一年生または短命の多年生植物。直立し広がる習性を持つ。樹脂を多く含んだ葉には鋸歯があり、長さ約8cm。花幅は35mmほどで、反曲した舌状花が最高で35枚つく。
ゾーン：8〜10

*Grindelia comporum*の自生種、メキシコ、バハカリフォルニア州。

Grindelia squarrosa
☼ ❄ ↔80cm ↕100cm
北アメリカの西部および中部原産の、二年生および多年生植物。先端が鋭角な卵形の葉は長さ5cmほどで、全縁または鋸歯縁。花は幅約30mmで、黄緑色の管状花に最高35枚の舌状花がつく。
ゾーン：3〜9

Grindelia stricta
英名：PACIFIC GRINDELIA
☼ ❄ ↔100〜150cm ↕20〜90cm
北アメリカ西部原産の多年生植物。直立または広がる習性を持つ。濃緑色の葉は長楕円形からへら形で、通常は細かい鋸歯があり、長さ約10cm。鮮やかな黄色の花は幅約5cmで、細く反曲した舌状花が最高で35枚つく。*G. s.* subsp. *venulosa* は低く広がり、葉長は5cmほど。
ゾーン：8〜10

GRISELINIA
（グリセリニア属）
ミズキ科に属し、常緑性の高木および低木7種が含まれる。そのうち5種はチリおよびブラジル南東部原産で、2種はニュージーランド原産。一般に沿岸地域の植物。大形で光沢があり革質の葉をつける。極小で黄緑色の花は単性花で、雄花と雌花は別株につく。

〈栽培〉
グリンセリア属種は魅力的で光沢のある葉ゆえに栽培され、特に目隠し、防護林、生垣に使用される。沿岸地域においては貴重で、潮風に耐性があり、日なたまたは半日陰の水はけの良い土壌であれば育つ。非常に寒冷な地域では、寒さから保護する、あるいはコンサバトリーで栽培する。夏季に剪定する。繁殖は秋に半熟枝の挿し木により容易に行なえる。種子からの発芽は難しい。

Griselinia littoralis
グリセリニア・リットラリス
英名：BROADLEAF, KAPUKA, PAPAUMA
☼ ❄ ↔4.5m ↕8m
原産地はニュージーランド全域。革質で楕円形の葉は、非常に光沢があり鮮やかな緑色。春には極小の花が円錐花序につく。雌株に小形で紫色の果実が実る。葉にクリーム色の斑が入る魅力的な栽培品種には'ディクソンズ クリーム'と'ワリエガタ'がある。
ゾーン：8〜11

Griselinia lucida
グリセリニア・ルキダ
英名：AKEPUKA, PUKA
☼ ❄ ↔4.5m ↕4.5m
野生では、このニュージーランド種は着生植物として生息し始めた。大きく広がる高木で、地表付近から枝がつく。大形で卵形の葉は鋸歯があり長さ約20cm。上面は非常に光沢があり鮮やかな緑色で、下面はより薄色。'ワリエガタ'★は斑入りの葉をつける。
ゾーン：9〜11

GRUSONIA
（グルソニア属）
アメリカ合衆国南西部、メキシコのバハカリフォルニア州および北部の一地域原産。ウチワサボテン属に似たサボテンで、17種が含まれる。サボテン科に属し、現在含まれている全種は、かつてはコリノプンチア属、マレノプンチア属およびミクロプンチア属に含まれていた。しかしながら、キリンドロプンチア属とは区別され、刺は平らで、基部は粗いまたは太く、葉鞘はわずかまたは無い。低く成長しマットを形成する低木状または高木状のものにまで及び、円筒形から棍棒状の有節の枝が多数つく。通常、刺座は有毛で、鉤状毛と刺がある。花は昼咲きで、ピンク、紫、黄色あるいは白色。莢は多肉質で乾燥し、不稔のものもある。

〈栽培〉
肥沃で水はけの良い土壌で容易に栽培できる。繁殖は種子または1〜2週間乾燥させた挿し木により行なう。冬季は休眠する。

Grusonia clavata
異名：*Opuntia clavata*
英名：CLUB CHOLLA, DAGGER CHOLLA
☼ ⚘ ↔50〜200cm ↕5〜15cm
アメリカ合衆国グレートプレーンズからメキシコ北中部原産。茎は棍棒形で長さ25〜80mm。楕円形の疣がつく。刺座には白色から灰色の綿毛と、黄色系から白色の鉤状毛が生える。刺は顕著で、上部の刺は白色からクリームがかった茶色で、下部の刺は白色。鮮やかな黄色の花は長さ約25mm。莢は樽形から卵形の黄色で多肉質。
ゾーン：9〜11

Grusonia emoryi
異名：*Opuntia emoryi*
英名：CURSED CHOLLA, DEVIL CHOLLA
☼ ⚘ ↔100cm ↕30cm
アメリカ合衆国のソノラ砂漠とメキシコのチワワ砂漠原産。枝は多く、湾曲した棍棒形の茎が低いマットを形成する。茎は長さは8〜20cmで、顕著な疣がある。刺座には白から灰色の綿毛と黄色の鉤状毛が生える。刺は黄色、赤茶色から茶色。花は黄色で長さ約30mm。果実は黄色の円筒形から卵形、多肉質で刺は無いが鉤状毛がつく。
ゾーン：9〜11

GUNNERA
（グンネラ属）
グンネラ科に属し、多肉質の茎を持つ多年生植物で40〜50種が含まれる。オーストラリア、南アフリカ、南アメリカおよび太平洋地域原産。種は極小のグラウンドカバーから2mを超える華やかで巨大なものまでに及ぶ。葉ゆえに栽培される。葉は丸形から卵形で、心臓形または深い欠刻があり、鋸歯縁と全縁がある。夏季には、極小で緑黄色または赤色の花が穂状花序につく。花後には赤色、オレンジ、黄色あるいは白色の液果が実る。

〈栽培〉
水辺に最適な植物で、大型種は非常に目立つ。日なたの湿気を保つ土壌で栽培する。冬季、大型種は保護材で樹冠を覆う。繁殖は種子または株分けによって行なう。

Gunnera manicata

Gunnera insignis

Gunnera insignis
英名：POOR MAN'S UMBRELLA
☼ ❄ ↔3m ↕2m
中央アメリカ原産。丸形の葉は手触りが粗く、径0.9〜1.5mで欠刻があり、下面は刺状。丈の高い穂状花序に赤色系の花が咲く。
ゾーン：8〜10

Gunnera manicata
異名：*Gunnera brasiliensis*
一般名：オニブキ、グンネラ・マニカタ
英名：GIANT RHUBARB
☼ ❄ ↔3〜4.5m ↕1.8〜3m
南アメリカ原産の華やかな種。葉はダイオウに似て、径2m以上で鋭い鋸歯があり、下面は刺状。極小で緑がかった赤色の花が高さ0.9〜1.8mの直立した穂状花序につく。
ゾーン：7〜9

Griselinia littoralis

Griselinia littoralis 'Variegata'

Gustavia augusta

Gunnera tinctoria

Gunnera prorepens

Gunnera prorepens
☀ ❄ ↔30〜45cm ↕5〜10cm
ニュージーランド原産の、マットを形成し匍匐枝を生じる多年生植物。小形の葉は丸い鋸歯があり楕円形で、ブロンズ色から紫緑色。雄花と雌花は別株につく。花後、雌花は短い穂状花序に密集した赤色の石果をつける。
ゾーン：8〜10

Gunnera tinctoria
異　名：*Gunnera chilensis*, *G. scabra*
☀ ❄ ↔2.4m ↕1.8m
チリ原産。*G. manicata*に似ているが、より小型でコンパクトな習性を持つ。葉は径1.5m以上にも及ぶ。穂状花序には赤色系の花と果実が*G. manicata*より多数つき、丈は0.6mほど。ゾーン：7〜9

GUSTAVIA
（グスタウィア属）
サガリバナ科に属し、常緑性高木41種が含まれる。中央および南アメリカの湿性熱帯地域原産。葉は枝頂に密生し、派手な花は茎頂または腋生の総状花序につく。液果のような果実には、ナッツまたは仁が含まれる。

〈栽培〉
湿気があり肥沃で水はけの良い土壌、高温で湿気のある条件で栽培する。繁殖は種子または取り木によって行なう。

Gustavia augusta
異　名：*Gustavia marcgraaviana*
一般名：グスタビア・アウグスタ
☀ ❄ ↔2m ↕6m
南アメリカ北東部原産。常緑性の低木あるいは小高木で、まっすぐに直立する習性を持つ。粗い櫛歯の葉は長さ約45cmで、細かい鋸歯縁。大形で派手な花は径15cm以上で、ツバキに類似する。花弁は白色からピンク色で、ほぼ1年中開花する。厳しい乾期には耐性がある。
ゾーン：10〜12

GUZMANIA
（グズマニア属）
パイナップル科に属し、約200種からなる。大半が着生種で栽培種が数種あり、200を超える交雑種が含まれる。主にエクアドルおよびコロンビアの多雨林、中央アメリカ、西インド諸島に分布する。高さと幅が100cmに及ぶものもあるが、大半はより小型となる。ひも状の葉は緑色で刺は無く、下面に細かい縞または横縞があり、開いたロゼットを形成する。通常、花茎は目立ち、花房は球形から円筒形で、側枝と花は四方八方につく。各枝もしくは花の下には、一般に鮮やかな黄色、オレンジ色から赤色の苞葉がつく。花弁は白色または黄色。

〈栽培〉
開花期は室内で栽培することを勧める。冷温帯では温室またはコンサバトリーで栽培し、暖温帯、亜熱帯および熱帯地域では絶え間ない日差しと過度の高温から保護し屋外で栽培する。湿った大気と気温20〜30℃で安定することを好む。鉢用混合土が乾いたら灌水する。肥料をやり過ぎないようにする。繁殖は種子またはオフセットにより行なう。

Guzmania lingulata
一般名：グズマニア・リングラタ
☀ ❄ ↔20cm ↕30cm
西インド諸島、中央アメリカからボリビアおよびブラジルと原産地は広範囲にわたる。長さ約45cmの葉は緑色で、下面には細かく赤い縦線が入り、密生して広がるロゼットを形成する。一般に、花茎は葉より短い。球形の花房には最高50個の花がつき、花弁は白く、赤色からピンク色の大きな苞葉に覆われる。*G. l.* var. *cardinalis*は鮮やかな赤色のフードがついた苞葉を持ち、葉は縞柄のものが多い。*G. l.* 'エストレラ'にはオレンジレッドの花房がつく。'エンパイア'はより小型の品種で、オレンジレッドの星形の花房がつく。'フォルトゥナ'には先端が白色で鮮やかな赤色の苞葉がつく。'ロンド'は'エンパイア'に似ているが、葉には赤色の縞が入る。
ゾーン：10〜12

Guzmania monostachia
一般名：グズマニア・モノスタキア
☀ ❄ ↔25cm ↕40cm
フロリダ州南部から西インド諸島、ブラジル北部およびペルー原産。長さ約30cmの葉は緑色で三角形、広がるロゼットを形成する。花茎は葉よりかなり短い。花房は直立し円筒形で長さ約15cm、花は四方八方に向いてつく。各花の下には長さ25mmほどの直立した苞葉がつく。花房上部の苞葉は赤色で、基部へ行くにしたがって茶色の縞が入った薄緑色となる。花弁は白色。
ゾーン：10〜12

Guzmania musaica
一般名：グズマニア・ムサイカ
☀ ❄ ↔40cm ↕50cm
パナマおよびコロンビア原産。ひも状の葉は長さ約70cmで両面とも緑色、もしくは上面が緑色で下面が紫色、暗色で細かく不規則な横縞入りとなる。開いたロゼットを形成する。花茎は葉より短い。球形の花房は最高で25個の花をつけ、大半は上部が尖る。各花の下には小さな赤い苞葉がつく。花弁は白色。
ゾーン：10〜12

Guzmania lingulata

Guzmania lingulata var. *cardinalis*

Guzmania lingulata 'Rondo'

Guzmania lingulata 'Empire'

Guzmania sanguinea
一般名：グズマニア・サングイネア

☀ ✧ ↔80cm ↕40cm

コスタリカ、コロンビア、エクアドルおよびベネズエラの沿岸地域原産。長さ約40cmの葉は緑色のひも状で、開いたロゼットを形成する。開花期には中央の葉が鮮やかな赤色になる（中央付近が黄色系になるものもある）。花茎は無い。花房は球形でロゼットの中央に最高で12個つく。上から見ると花は黄色に見えるが花弁は白色。*G. s.* var. *comosa*はどちらかと言うと奇妙な、全体が赤みがかった苞葉で構成された「擬似」花序が中央につく。
ゾーン：10〜12

Guzmania wittmackii
一般名：グズマニア・ウィットマッキイ

☀ ✧ ↔90cm ↕75cm

コロンビアおよびエクアドル原産。緑色のひも状の葉は長さ約80cmで、開いたじょうご形のロゼットを形成する。花茎は葉と同じ位の長さ。花は長細く、極小の苞葉が放射状に離れてつく。各枝の下には長さ約8cmの薄い苞葉がつき、赤色、オレンジ色、白色あるいは常緑となる。花は長さ約8cmの長く白い筒形の花弁をつける。ゾーン：10〜12

Guzmania Hybrid Cultivars
一般名：グズマニア交雑品種

☀ ✧ ↔25〜60cm ↕45〜90cm

栽培品種の大半が*G. lingulata*の強い影響を現わし、類似した成長習性を持つが、一般により色鮮やかで大形花序の苞葉をつける。'アマランス'の葉は緑色で、下面に茶色系の縞が入る。苞葉は濃い赤紫色で、花弁は白色。'アッティラ'は濃緑色のロゼットを形成し、苞葉は赤色で、花は黄色。'キャロライン'は鮮やかな緑色のロゼットを形成し、ピンクがかった赤色の苞葉がつく。'チェリー'の葉は赤みがかった緑色で、基部にわずかな縞模様が入る。苞葉は鮮やかな濃赤色で、花は黄色。'チェリー スマッシュ'、'グランプリ'★、'グレイプエード'、'オレンジエード'および'サンバ'は類似しているが、苞葉の色が異なる。斑入りの葉をつける品種もある。
ゾーン：9〜12

GYMNOCALYCIUM
（ギムノカリキウム属）

ボリビアのアンデス地方、ブラジル南部、パラグアイ、ウルグアイおよびアルゼンチン原産。サボテン科に属し、小型サボテン71種が含まれる。属名はギリシャ語の*gymnos*（裸）および*calyx*（花芽）に由来し、滑らかな花芽を表している。単幹の種が多いが、オフセットを自由に出す。へこんだ球形から短い円筒形の幹に4〜15本の丸い稜をつけるのが特徴である。通常は大きな刺座の下が明らかに隆起している種が多い。刺は変異に富み、細く弱いものから強く丈夫なものまである。昼咲きの花は頂上あるいはその付近につき、じょうご形から鐘形。花は白、ピンク、黄色あるいは赤で、大形で幅が広いむき出しの鱗片が萼の上につく。萼は球形から円筒形。

〈栽培〉
肥沃で水はけの良い土壌であれば容易に栽培できる。繁殖は種子、オフセットまたは1〜2週間乾燥させた挿し木により行なう。老植物の群生を株分けすることもできる。冬季に植物が土に引き込まれてしぼんでいるように見える時は休眠している。

Gymnocalycium andreae
一般名：黄蛇丸、虎頭

☀ ❄ ↔15cm ↕5cm

アルゼンチンのコルドバ州およびサンルイス州原産。オフセットを自由に出し、球形の茎は約8本の低く丸い稜をつける。稜は交差しているが隆起は無い。上向きに湾曲した中刺は1〜3本で濃茶色、放射状に広がる側刺は7本で細く白色。花は黄色で長さ約30mm。萼は円筒形青緑色。
ゾーン：8〜11

Gymnocalycium bruchii
異　名：*Gymnocalycium albispinum*、*G. lafaldense*
一般名：羅星丸

☀ ❄ ↔50cm ↕35mm

アルゼンチンのコルドバ州原産。幹はへこんだ球形で、成長と共に自由にオフセットを出し、灰緑色の茎は低く丸いぼ状の稜を12本つける。隆起は無い。中刺は1〜3本で濃灰色または茶色系で直立し、側刺は12〜14本で反曲する。花は薄赤紫色から白色で、径は約5cm。萼は球形で青色系から白色系。
ゾーン：8〜11

グズマニア、HC、'オレンジエード'

グズマニア、HC、'キャロライン'

グズマニア、HC、'アマランス'

グズマニア、HC、'グランプリ'

Gymnocalycium mostii

Gymnocalycium mackieanum

Gymnocalycium hossei

G. monvillei subsp. *horridispinum*

Gymnocalycium castellanosii
一般名：剣魔玉(ケンマギョク)
☀ ❄ ↔10cm ↕15cm
アルゼンチンのラリオハ州およびコルドバ州原産。単幹で球形からやや長い球形の幹に10～12本の低く広い稜と、明確な疣がある。1本の中刺に、5～7本の側刺がつき、すべての刺は長さ約25mm、白色系で先端が暗色。花はじょうご形から鐘形の白色で、ピンクみを帯びる。幅約40mm。莢は球形で緑色。
ゾーン：8～11

Gymnocalycium hossei
異　名：*Gymnocalycium mazanensis*、*G. nidulans*, *G. weissianum*
一般名：五大州(ゴダイシュウ)
☀ ❄ ↔15cm ↕10cm
アルゼンチンのラリオハ州およびカタマルカ州原産。単幹でつぶれた球形の幹は灰緑色から茶色がかった緑色で、13～19本の広い稜がある。中刺は1本で茶色、成長と共に灰色に変わる。側刺は7～9本で放射状に広がり反曲し、成長と共に茶色から灰色に変わり、先端は暗色。花はじょうご形から鐘形で、白色系から濃ピンク色。ゾーン：8～11

Gymnocalycium mackieanum
異　名：*Gymnocalycium schatzlianum*
☀ ❄ ↔8cm ↕8cm
アルゼンチンのブエノスアイレス州原産。単幹でつぶれた球形の幹には16～20本の稜があり、かすかな疣はあるが隆起は無い。中刺は4～7本で、1本のみのこともある。側刺は9～11本で、細く薄茶色。花は広いじょうご形、緑黄色で幅6～8cm。莢は棍棒形で濃緑色。
ゾーン：8～11

Gymnocalycium monvillei
一般名：ギムノカリキウム・モンビレイ
☀ ❄ ↔20cm ↕6～8cm
アルゼンチンのサンルイス州およびコルドバ州原産。単幹で球形からやや長い球形、濃緑色の幹には10～17本の広い稜があり疣が多数つく。強くわずかに湾曲した黄色系で基部が赤茶色の中刺は1～4本で、時として無いものもある。側刺は7～13本。花は白色でピンクみを帯び、幅約6cm。莢は球形で緑色。*G. m.* subsp. *horridispinum* ★には10～12本の非常に堅い側刺がつく。
ゾーン：8～11

Gymnocalycium mostii
一般名：紅蛇丸(コウダマル)
☀ ❄ ↔12cm ↕6～8cm
アルゼンチンのコルドバ州原産。単幹でつぶれた球形の濃緑色の幹には14～16本の稜があり、顕著な疣と隆起がある。刺は黄色がかった茶色で先端が暗色、成長と共に灰色になる。強く湾曲し、中刺は1～2本、側刺は7～11本。花は鐘形の淡紅色で、幅約8cm。莢は楕円形で灰青色。
ゾーン：8～11

Gymnocalycium castellanosii

Gymnocalycium monvillei

Gymnocalycium pungens

Gymnocalycium ochoterenae ★
一般名：武勲丸(ブクンマル)
☀ ❄ ↔10〜12cm ↕5〜6cm
アルゼンチンのコルドバ州、ラリオハ州およびサンルイス州原産。単幹で球形からつぶれた球形、オリーブ色から茶色系の幹には14〜16本の稜がある。刺は1〜7本の側刺のみで反曲し、茶黄色からクリーム色で先端が暗色。くし状になるものもある。花は白色で花喉はピンク色、長さ約35mm。莢はたる形で緑色からくすんだ赤色。*G. o.* subsp. *vatteri*には反曲した刺が1〜3本のみつく。*G. o.* subsp. *herbertshofferianum*は6〜7本のくし状の側刺をつける。
ゾーン：8〜11

Gymnocalycium pungens
一般名：ギムノカリキウム・プンゲンス
☀ ❄ ↔8cm ↕10cm
分布地は不明。単幹で球形からたる形、濃緑色の幹には13本の稜がある。1〜2本の中刺と、7本の側刺がつき、すべて同様に細い。花は白色で長さ約18mm。莢は球形で薄赤色。
ゾーン：8〜11

Gymnocalycium saglionis ★
一般名：新天地(シンテンチ)
☀ ❄ ↔30cm ↕15cm
アルゼンチン北部原産。単幹で球形、くすんだ緑色の幹には10〜30本の深い稜と顕著な丸い疣がある。刺は黄茶色から赤みを帯びた黒色で、成長と共に灰色になる。1〜3本のまっすぐな中刺と、10〜15本の側刺がつく。花は短く白色またはピンク色で幅18〜30mm、花喉は赤色。莢は球形で赤色系。
ゾーン：8〜11

Gymnocalycium schickendantzii
一般名：波光竜(ハコウリュウ)
☀ ❄ ↔10cm ↕6〜8cm
アルゼンチンのコルドバ州からトゥクマン州原産。単幹で球形、濃いオリーブ色から茶緑色の幹に、顕著な疣がある稜が7〜14本つく。6〜7本の刺があるが中刺と側刺は区別されず、赤みがかった灰色から黄茶色。花には長い花筒があり、白色から赤色系で、長さ約5cm。莢は楕円形で緑色から灰青色。
ゾーン：8〜11

Gymnocalycium stenopleurum
ギムノカリキウム・ステノプレウルム
異　名：*Gymnocalycium mihanovichii* var. *friederichii*
☀ ❄ ↔12cm ↕12cm
パラグアイのボケロン原産。単幹でつぶれた球形、灰緑色から茶色の幹に1〜14本の丸い稜と顕著な隆起が見られる。刺は側刺のみで3〜6本、薄茶色から濃茶色。花は白色で長さ5〜6cm。莢は円筒形で灰緑色。ヒロケレウス属の茎に接ぎ木することにより、赤い斑入り品種が多く繁殖され、'ムーン　カクタス'、'レッド　スター　カクタス'や'ルビー　ボール'など、さまざまな名前で市販されている。
ゾーン：8〜11

GYMNOCARPIUM
（ウサギシダ属）
ヨーロッパ、北アメリカおよびアジア原

Gymnocalycium schickendantzii

*Gymnocalycium stenopleurum*の赤色品種

Gymnocarpium dryopteris

産。オシダ科に属し、落葉性シダ5種が含まれる。細長く匍匐性で自由に分岐した根茎は鱗片と剛毛を帯びる。鱗片が直立した葉柄の基部を覆い、基部に行くにつれてより暗色となる。葉は薄く紙質で羽状複葉。三角形の小葉が大量につく。
〈栽培〉
低照度から中照度、湿気のある庭園土壌または鉢用混合土での栽培を好む。繁殖は株分けまたは胞子により行なう。

Gymnocarpium dryopteris
一般名：ウサギシダ
英　名：COMMON OAK FERN
☀ ❄ ↔22〜38cm ↕22〜38cm
ヨーロッパ、温帯アジアおよび北アメリカ原産。黒みがかった根茎が広がる。根茎には茶色で繊維質の鱗片がつく。幅広の三角形で薄黄緑色の葉が、直立し細長く光沢のある淡黄色の柄につく。通常は個別につくがまとまってつく場合もある。丈は約38cm。
ゾーン：2〜9

GYMNOCLADUS
（ギムノクラドゥス属）
マメ科ソラマメ亜科に属し、落葉性高木2〜5種が含まれる。北アメリカおよびアジア東部の暖温帯に生息する。葉は2回羽状複葉で、雌雄異株、花は短茎頂点の円錐花序につく。果実は大形で木質の豆果で、平らで堅く光沢のある種子を含む。アメリカ初期の移民は *G. dioica* の果実をコーヒーの代わりに用いた。ネイティブアメリカンは種子を調理し食用にした。
〈栽培〉
広々とした日当たりの良い場所であれば大半の土壌には順応する。乾燥と霜には耐性がある。繁殖は種子から行なう。

Gymnocladus dioica ★
一般名：ケンタッキーコーヒーノキ
英　名：CHICOT, KENTUCKY COFFEE TREE
☀ ❄ ↔ 3.5m ↕23m

北アメリカ中部および東部原産。樹皮の手触りは粗く、小枝は太く、若枝はほぼ白に近い薄灰色。葉は大形の2回羽状複葉で、楕円形の小葉が8～14枚つく。秋には黄色に色変わりする。夏季には、くすんだ緑がかった白色の花が総状花序につく。厚みがあり多肉質の赤茶色または栗色の果実がつく。*G. d.* var. *folio-variegata*は斑入りの葉をつける。*G. d.* 'ワリエガタ'はクリーム色の斑入り。
ゾーン：4～8

Gymnostoma australianum

GYMNOSTOMA
(ギムノストマ属)

モクマオウ科に属し、熱帯マレーシア、インドネシア、フィリピン、ニューギニア、ニューカレドニア、フィジーおよびオーストラリアに生息する18種が含まれる。全種が高木または高低木。雌雄は異株のものと同株のものがある。雌花は木質で種子を含む球果をつける。緑色の「葉状」の針は、実際には茎と小枝で、本物の葉は節にある小さな鱗片状のもので、葉としての機能はまったく果たしていない。

〈栽培〉
大型には育たないが、観賞用としての特質は認識するに値する。霜に弱い種もある。深層で腐植質に富み湿気のある土壌を好む。繁殖は種子から行なうが、挿し木から行なう場合もある。

Gymnostoma australianum
☀ 🌱 ↔ 1.5m ↕8m

オーストラリア、クイーンズランド州北部に小さな個体群として生息する非常に魅力的な小高木。生育地は山頂の広々とした低木地と、山頂から西部と東部へ下降する小川沿い。根部は常に水に浸る。栽培種はより南部で、水はけの良い場所であればよく育つ。氷点付近の温度までは耐性がある。
ゾーン：10～12

Gymnostoma deplancheanum
☀ 🌱 ↔ 3m ↕6m

ニューカレドニアのマキーの植生地原産。小高木で、全体的に*G. australianum*より丈夫。栽培種は知られていないが、養分が少ない土壌の地域で栽培可能だと思われる。
ゾーン：9～10

*Gymnostoma deplancheanum*の自生種、ニューカレドニア

Gymnostoma nodiflorum
☀ 🌱 ↔ 6m ↕15m

ニューカレドニア原産の常緑性高木で、円錐形の習性を持つ。針状の茎に鱗片葉がつく。雌花には球果がつく。
ゾーン：10～11

GYNURA
(サンシチソウ属)
英　名：VELVET PLANT

ジャワ島、タイ、中国から東アフリカまでの熱帯地域原産。キク科に属し、多年生植物および亜低木50種ほどが含まれる。明るい色彩のものが多いが、花は小柄。葉の表面が美しいビロード状のため栽培される。

〈栽培〉
半日陰の屋外で栽培できる熱帯地方を除き、通常は室内のコンテナで栽培する。繁殖は挿し木およびその年にできた若い茎を用いると良い。

Gynura aurantiaca
一般名：ビロードサンシチ
英　名：PURPLE VELVET PLANT, ROYAL VELVET PLANT, VELVET PLANT
☀ 🌱 ↔ 1.2m ↕2～2.4m

ジャワ島原産で、匍匐枝を持ち、軟木質の常緑性植物。鮮やかな紫色の剛毛が、長さ約20cmの槍形で縁が波打つ葉と茎につく。小柄なオレンジ色の花は幅約25mmで、冬季にゆるやかに群生する。'パープルパッション'(syn. *G. sarmentosa*の園芸種)はやや匍匐性で、紫色の剛毛が茎と葉をびっしり覆う。
ゾーン：10～12

Gymnocladus dioica

Gymnostoma nodiflorum

Gypsophila muralis 'Gypsy'

GYPSOPHILA
（カスミソウ属）

英　名：BABY'S BREATH

ナデシコ科に属し、約100種の一年生および多年生植物が含まれる。温帯ユーラシアに自生する。マット状に広がる植物で、ピンク色または白色の花が点在する、あるいは微小の花を房状につける直立した低木種。葉は単葉の線形から槍形で、やや多肉質のものもあり、青緑色のものが多い。*G. paniculata*およびその栽培品種は切花として非常に人気が高い。英名は花の甘い香りにちなんで名づけられた。

〈栽培〉

属名*Gypsophila*は石灰を好むという意味だが、大半の種は肥沃で湿気があり水はけの良い、中性から弱アルカリ性の土壌を好む。マットを形成する種は華麗なロッケリー用植物となる。日なたに植える。大型種は初咲き後に切り戻すと返り咲きするものが多い。繁殖は基部の挿し木または種子から行なう。

Gypsophila cerastioides

一般名：オノエマンテマ、カーペットカスミソウ

☼/◐　❄　↔20cm ↕8cm

ヒマラヤ山脈原産のマットを形成する多年生植物。小形で有毛の葉は灰緑色。ピンク色の脈が入る白色または藤色の花が一面に咲く。花幅約12mm。

ゾーン：5〜9

Gypsophila repens

Gypsophila elegans

一般名：カスミソウ、ムレナデシコ

☼/◐　❄　↔60cm ↕50cm

コーカサス地方、ウクライナおよびアジア西部原産の一年生種。細葉は青緑色から灰緑色で小さく叢生し、微小の花が円錐花序につく。野生種は白色で、栽培種はピンク色のものが多い。

ゾーン：7〜11

Gypsophila muralis

一般名：ヌカイトナデシコ

☼/◐　❄　↔60cm ↕60cm

ヨーロッパ中部からシベリア原産の低く広がる一年生植物。葉は細く緑色から青緑色。白色から藤色で微小の花が密集し、丸く膨らんだ円錐花序となる。'ガーデン　ブライド'の丈は約30cmで、星形で白色と濃ピンク色の花が咲く。'ジプシー'の丈は約30cmで、くすんだピンク色の八重咲きの花が密生し小山を形成する。

ゾーン：5〜9

Gypsophila paniculata

英　名：BABY'S BREATH

☼/◐　❄　↔120cm ↕120cm

ヨーロッパ中部からアジア中部原産で、根茎によって根付く多年生植物。長さ約8cmの細く青灰色の葉が叢状に叢生し、その上を白またはピンク色の微細な花をつけ丸く膨らんだ円錐花序が覆う。'ブリストル　フェアリー'★はもっとも広く栽培されている品種で、比較的大形の白い八重咲きの花が咲く。ゾーン：4〜9

Gypsophila repens

一般名：ギプソフィラ・レペンス

☼/◐　❄　↔60cm ↕10cm

ヨーロッパ中部および南部の山岳地帯原産で、マットを形成する多年生植物。細く先の尖った楕円形の葉は長さ12mmほど。最高25個の白、ピンクまたは藤色の花が一面に咲く。'ローザ シェーンハイト'（syn.'ローズ　ビューティー'）には薄紅色の花が咲く。ゾーン.4〜9

Gypsophila 'Rosenchleier'

異　名：*Gypsophila* 'Rosy Veil'

一般名：ギブソフィラ

☼　❄　↔90cm ↕50cm

*G. repens*との交雑品種で、薄ピンク色の花が咲き、丈は約30cm。

ゾーン：4〜9

Gypsophila muralis 'Garden Bride'

Gypsophila repens 'Rosa Schönheit'

Haemanthus humilis subsp. *hirsutus*

*Haemanthus amarylloides*の自生種、南アフリカ共和国、ノーザンケープ、ニューボードビル自然保護区

HABERLEA
(ハベルレア属)

バルカン半島に原生する。本属は2種しかなく、常緑で無茎、葉がロゼット状につく多年草である。イワタバコ科に属し、高山植物の収集家に愛好されている。葉は鋸歯状で暗緑色。花はじょうご形で、総穂花序につき、春から夏に咲く。

〈栽培〉
無加温の温室でのポット栽培、冷涼地帯では岩のクレバス、石積み塀で栽培する。株分け、または葉を挿して殖やす。実生も可能だが発芽は難しい。

Haemanthus humilis

HABRANTHUS
(ハブラントゥス属)

中南米に原生するヒガンバナ科の球根多年生植物で、約10種ある。花はじょうご形、夏から秋の雨後に開花し、直立の茎から斜め上向きに単生する。葉は細い線形で半直立。常緑種と落葉種がある。「優美な」を意味するギリシャ語のhabrosから命名された。

〈栽培〉
水はけがよく砂質のローム土壌を好む。生育期には水やりを控え、休眠中はやや湿気を保つ。分球か16℃で保管した種子で実生繁殖する。

Habranthus robustus ★
異 名：*Zephyrnthes robustus*

☀ ❄ ↔10cm ↕20〜30cm

強健で適度な条件では侵略性がある。夏に、じょうご形、径6cmの花を単生または対生につける。花弁は褪せたピンク色。線形で中央脈のはっきりした葉が、花後に晩春まで継続的につく。
ゾーン：8〜10

Habranthus tubispathus
ハブラントゥス・トゥビスパトゥス

☀ ❄ ↔8cm ↕15〜25cm

強健で適度な条件では侵略性がある。花は小さく、じょうご形。夏中たえまなく花をつける。花弁は赤褐色、オレンジ、または黄色。花後、晩春まで葉をつける。'ロセア'は、花弁が暗桃色。
ゾーン：8〜10

HACQUETIA
(ハクウエティア属)

セリ科の単型属で、ヨーロッパの低地から高山の森林に原生する。群生する多年草で、裂のある葉、小さな黄色の花がつくが、苞葉に囲まれているため緑色の花に見える。セリとの類似性は見られない。

〈栽培〉
落葉樹の下、または冷涼なロックガーデンなど湿気のある、腐食質を多く含む土壌が適する。実生、根挿し、または丁寧に株分けして殖やす。

Hacquetia epipactis
ハクウエティア・エピパクティス

☀ ❄ ↔6〜12cm ↕12〜15cm

ヨーロッパに広く分布する森林植物で、明緑色の苞葉に囲まれた径40mmの小さな黄色の花を早春につける。葉は長さ6cm、V字形の3出複葉で、花後に完全に成長する。'トール'は、苞葉にクリーム色の斑入り。
ゾーン：6〜9

HAEMANTHUS
(ハエマントゥス属)

本属は時代や場所によって、スカドクサ属として分類されていたこともある。ヒガンバナ科に属し、熱帯〜南アフリカに原生する球茎植物である。多雨の冬と乾燥した夏のある地域では生育期と休眠期があり、通年均等に雨が降る地域では常緑になる。多数の小花が大きな花冠を形成し、明色、蝋質の仏炎苞で渦巻状に囲まれている。大きな球根から巨大な葉が2枚しか出ないことが多い。ギリシャ語で「血」を意味するhaemaと、「花」を意味するanthosから命名された。寒冷地帯では霜除けのためにコンテナ栽培することが多い。

〈栽培〉
花首が突き出るように植え付け、生育期は水を絶やさず、薄めた液肥を与える。葉が黄変したら水やりを控える。休眠期が終わったら掘り起こして分球するか、熟した種子で殖やす。

Haemanthus albiflos
一般名：マユハケオモト

☀ ❄ ↔38cm ↕30cm

南アフリカ原産の常緑種。長楕円形の葉。太い緑色の茎に緑白色の花がつくが、先端が黄色の雄ずいで覆われ、ひげそり用ブラシに似る。
ゾーン：9〜11

Haemanthus amarylloides
☀ ❄ ↔30cm ↕15〜30cm

南アフリカ原産。花後に暗緑色の葉がつき、直立または横に広がる。太い紫赤色の茎に白〜暗桃色の刷毛状の花がつく。
ゾーン：9〜11

Haemanthus humilis
☀ ❄ ↔15cm ↕30cm

花色は白からピンクまで約120種類あり、初夏に緩やかな散形花序につく。葉は披針形で、2〜3枚、花とともにつき、這い性、もしくは直立する。*H. h.* subsp. *hirstus*は硬い円錐状の花序がつく。
ゾーン：9〜11

Haemanthus sanguineus
☀ ❄ ↔15cm ↕30cm

夏と秋に散形花序に100個もの小花をつける。色は赤、サーモンピンク、淡いピンクなど。茎は暗赤色。暗緑色、対生、匍匐性の葉が花後につき、落葉する。
ゾーン：8〜10

HAKEA
(ハケア属)

オーストラリア原産のヤマモガシ科に属する常緑植物で約140種ある。ほとんどが低木か小高木。葉形は異なる。主に観葉植物として栽培される。とくに新葉はシルク質で鑑賞に適する。硬いピンクッションに似た花序、または長い穂のような総状花序は蜜が豊富で鳥を集める。大きく装飾的な木質の実がつき、乾燥または燃焼で2つに割れ、翼のある種子2個を放出する。

〈栽培〉
とくに生育期には霜に弱い。日当たりと水はけのよい土を好み、リンを多く含む肥料を嫌う。多くが西オーストラリア原産で夏の乾燥に強い。適度に剪定すると樹形が整い、成長力が高まる。刺のある品種は刈り込むと頑丈な生垣になる。実生で殖やす。

Habranthus robustus

Hacquetia epipactis 'Thor'

Hakea coriacea

Hakea cinerea

Hakea cristata
☼ ❄ ↔2.4m ↕3.5m
西オーストラリア原産の中低木。株姿は垂直。葉は灰緑色で縁は尖る。冬に白い花が葉腋上部に小さく群生する。過度の湿気を嫌う。
ゾーン：9〜11

Hakea bucculenta
英　名：RED POKER
☼ ❄ ↔2m ↕2.4m
西オーストラリア原産。直立で散開性。長さ20cm、革質で扁平な線形の葉がつく。晩冬から春に、長さ15cm、穂状の赤い花が群生する。観賞に向き、鳥がよく集まる。夏はできるだけ湿気を避けたほうがよい。
ゾーン：9〜10

Hakea cinerea
英　名：ASHY HAKEA, GRAY HAKEA
☼ ❄ ↔1.2m ↕2.4m
西オーストラリア南部の荒地によく見られる。垂直か丸い株になり、末端枝に毛がある。長さ6cm、先鋭、灰を被ったような緑色の葉がつく。晩冬から春に、径5cmの緑黄色の美しい花がかたまってつく。
ゾーン：9〜10

Hakea coriacea
英　名：PINE SPIKE HAKEA
☼ ❄ ↔2m ↕6m
西オーストラリアの半乾燥の小麦地帯に見られる、美しい花の咲く低木または小高木。線形の灰緑色の葉に、縦に長く葉脈が走る。淡〜暗桃色の穂状の総状花序が晩冬から春につく。冬に雨の多い地域に適する。
ゾーン：9〜11

Hakea dactyloides
英　名：BROAD-LEAFED HAKEA
☼ ❄ ↔2.4m ↕3m
温暖なオーストラリア東部に広く分布する。小〜中形の丸い低木。葉は幅広く扁平。3本以上の太い葉脈を持つ。春から夏に葉腋に黄白色の花が多数群生する。生垣に適する。
ゾーン：9〜11

Hakea drupacea
異　名：*Hakea suaveolens*
英　名：SWEET-SCENTED HAKEA
☼ ❄ ↔3m ↕3m
西オーストラリア原産で株姿は丸い。葉は先端が尖った針形。秋から冬に、白色、先端がピンクの小花が葉腋にかたまりでつく。生垣、仕切りに適する。海岸性気候に耐える。
ゾーン：9〜10

Hakea epiglottis
☼ ❄ ↔2.4m ↕3.5m
オーストラリア、タスマニア州に原生する大低木。荒れた湿原に生育する。長さ25mm〜10cmの針形の葉がつく。夏に、葉腋上部にクリーム色か白色の花が小さく群生する。疣のある果実をなす。
ゾーン：8〜10

Hakea eyreana
英　名：STAGGLY CORKBARK
☼ ❄ ↔1.8m ↕6m
節の多い樹木で、オーストラリア内陸部原産。樹皮は暗灰色でコルク質。葉は円筒形で深裂、先端が尖る。冬に、長さ10cmで蜜が豊富な黄色がかった花が下垂気味につく。アボリジニーの民間薬として火傷に用いられる。
ゾーン：9〜10

Hakea laurina
英　名：PINCUSHION HAKEA, PINCUSHION TREE, SEA URCHIN
☼ ❄ ↔2.4m ↕8m
西オーストラリア南部の砂漠に原生する観賞用の低木または小高木。葉は狭長、革質、太い葉脈を持つ。秋から冬に、蜜の豊富な黄白色と赤色の花が球状につく。強風、過度の湿気を嫌う。
ゾーン：9〜11

Hakea laurina

Hakea drupacea

Hakea dactyloides

Hakea eyreana

Hakea lissocarpha
英　名：HONEYBUSH
☀ ❄ ↔1.5m ↕1.5m
西オーストラリア南部に広く分布する横張り性の低木。先鋭、線形の葉が密生する。冬から春に、やや芳香性、白色、ときに淡桃色の花が葉腋に群生する。剪定すると頑丈な低い生垣になる。
ゾーン：9〜11

Hakea lissosperma
英　名：MOUNTAIN NEEDLEWOOD、NEEDLE BUSH
☀ ❄ ↔1.8m ↕3m
オーストラリア本土東南部とタスマニア島の山間部に原生する。樹高は高く、横に広がる。葉は灰緑色、長さ10cmの針形、先端が尖る。春に短い釘状の白い花が密につく。ゾーン：8〜10

Hakea microcarpa
英　名：SMALL-FRUITED HAKEA
☀ ❄ ↔1.8m ↕1.8m
オーストラリア南東部の高地の湿地帯によく見られる。葉は針形で革質。晩冬から春に黄白色の花が小さく群生する。革質の小形の果実をつける。
ゾーン：8〜10

Hakea myrtoides
☀ ❄ ↔38cm ↕45cm
西オーストラリア原産の低木で横に広がる。幅広、先端の鋭く尖る葉が密生する。冬から春に暗桃色の花が枝の末端に向かってつく。とくに水はけのよさと低湿度を好む。
ゾーン：9〜11

Hakea purpurea
☀ ❄ ↔38cm ↕45cm
東オーストラリア原産の低木。暗緑色、円筒形の葉は深く切れ込み、刺状になる。冬から春に帯赤色の花が葉腋に群生する。温暖乾燥気候を好む。生垣に適する。
ゾーン：9〜11

Hakea salicifolia
異　名：Hakea saligna
英　名：WILLOW HAKEA
☀ ❄ ↔3.5m ↕6m
東オーストラリア原産の低木または小高木。葉は平らで暗緑色だが、幼葉はブロンズ色。春に、芳香のある白い花が葉腋に群生する。小形の木質の実がつく。適応力があり、耐乾性、耐風性がある。とくに生垣、目隠しに適する。
ゾーン：8〜9

Hakea scoparia

Hakea scoparia
☀ ❄ ↔3m ↕3m
西オーストラリア南部の乾燥地帯に原生する。観賞用の低木。葉は先鋭の線形〜円筒形。冬から春に、クリーム、ピンク、または紫色の花が丸く葉腋に群生する。花は蜜が豊富で芳香性が高く、鳥を集める。生垣に向く。
ゾーン：9〜10

Hakea sericea

Hakea sericea
英　名：NEEDLE BUSH、SILKY HAKEA
☀ ❄ ↔2m ↕0.9〜3m
東オーストラリア原産の横張り性低木。葉は鋭く尖った針形。冬から春に、白色、たまにピンク色の花が葉腋に群生する。暗桃色の品種が栽培されている。乾燥と多様な土壌に耐性がある。
ゾーン：9〜10

Hakea teretifolia
英　名：DAGGER HAKEA、NEEDLEBUSH
☀ ❄ ↔2.4m ↕2.4m
オーストラリア南東部原産。横張り性で尖った葉を持つ低木。葉は長さ5cmで、触るとちくちくする。春から夏に白い花が葉腋に群生する。珍しい短剣形の果実がつく。生垣に適する。
ゾーン：9〜11

Hakea victoria
英　名：ROYAL HAKEA
☀ ❄ ↔1.2m ↕3m
西オーストラリア南部原産。葉は径15cmで腎臓形。クリーム、黄、緑色などの変種がある。上部の葉は成長すると紅葉する。冬に黄白色の小花がつく。水はけのよい土壌を好み、夏の湿気を嫌う。
ゾーン：9〜11

Hakea myrtoides

Hakea plurinervia

Hakea purpurea

Hakea lissosperma　　　*Hakea microcarpa*

HAKONECHLOA
(ウラハグサ属)

イネ科のオーナメンタルグラスで、1種のみだが、多くの栽培品種がある。成長は緩徐で、根茎を持つ多年草。日本の関東南部から近畿にかけて湿気の多い山の崖などに原生する。葉は線形〜矢尻形で、長さ30〜90cm、真夏から晩夏に、葉間に小さな花がつき、秋に橙〜赤茶色に変わる。地理、気候条件によってさまざまな栽培品種があり、黄色の斑入り品種は日陰では斑の色がライムグリーン、暖地の半日陰では黄金色、寒地の日向では乳白色に変わる。

〈栽培〉
耐霜性がある。湿気があり、腐食質を多く含み、水はけのよい土壌を好む。気候によって日向、または半日向で育てる。高温乾燥地帯では日陰で育てる。病害虫に強く、ふつう春に株分けで殖やす。

Hakonechloa macra
一般名：ベニキンウラハグサ、フウチソウ
英　名：HAKONE GRASS、JAPANESE FOREST GRASS
☀ ❄ ↔60cm以上 ↕60cm以下
弧を描く緑色の細い葉は、しなやかな茎につき、緩やかな流線を描きながら盛り上がるように生育する。群生させると質感の特徴が顕著になる。橙〜赤色の葉が秋から冬まで続く。緑色種は耐寒性があり（ゾーン：4）、直射日光、強日照に耐性があり、栽培品種よりも成長が速いが、ともに高さ30cm程度。'**アルボアウレア**'（シロキンウラハグサ）は、緑色で象牙色または黄色の斑入り品種。秋に赤〜ピンクの斑が入ることがある。'**アウレオラ**'（キンウラハグサ）★は、黄金色の葉に細い緑色の斑入り。秋に赤みを帯びる。
ゾーン：6〜11

HALESIA
(ハレシア属)
英　名：SILVERBELL

エゴノキ科に属する落葉の低木または小高木で、4〜5種ある。中国および北米東部原産。湿気の多い落葉樹林に見られ、春には美しい花をつける。個々の花は単純な鐘形の白い花だが、咲き揃うと風になびく様子が魅力的である。秋に翼のある種子を産生する。葉は緑色、長さ12cmで楕円形。

〈栽培〉
家庭では湿気のある風の当たらない場所で栽培する。冷涼気候の植物だが開花のためには夏の暑さが必要。土壌は水はけをよくし、やや酸性にする。樹形を整えるために整枝か剪定を行なう。実生か夏に挿し木で殖やす。

Halesia carolina
異　名：*Halesia tetraptera*
一般名：アメリカアサガラ
英　名：CAROLINA SILVERBELL、SNOWDROP TREE
☀ ❄ ↔8〜10m ↕8〜12m
アメリカ合衆国ノースカロライナ州原産で樹冠は横に広がる。もっとも多く栽培されている。春に白か帯桃色の下垂性の花を多くつけ、秋には4翼の果実を産生する。秋に葉は黄変する。
ゾーン：3〜9

Halesia diptera
英　名：TWO-WING SILVERBELL
☀ ❄ ↔9m ↕6m
アメリカ合衆国南東部原産。大低木だが高木に近くなる場合もある。葉は長さ10cm、細かい鋸歯縁、幼葉は有毛。花は径25mm以下、白色で萼に毛があり、3〜6個のかたまりでつき、2翼の果実を産生する。
ゾーン：6〜9

Halesia monticola
異　名：*Halesia carolina* subsp. *monticola*
英　名：MONTAIN SILVERBELL、MOUNTAIN SNOWDROP TREE
☀ ❄ ↔6m ↕9m
北米原産。原種は大形になる。樹冠は横に広がる。2〜5個の花がかたまりでつき、4翼の果実を産生する。*H. m.* f. '**ロセア**'は、淡いピンク色で*H. carolina*の亜種とする植物学者もいる。
ゾーン：4〜9

Halgania cyanea

HALGANIA
(ハルガニア属)

ムラサキ科に属するオーストラリア原産の常緑低木。乾燥した西オーストラリアの砂地に多く見られる。丈の低い、まばらな低木で、尖った小さな葉はときに樹脂が滲み出るため粘性がある。花は星形で多くは青か紫色。雄ずいは中央にかたまってつき、円錐形になる。

〈栽培〉
日当たりのよい広い空間と軽〜中度のアルカリ性土壌を好む。耐干性、耐霜性がある。秋の始めに挿し木か吸枝で殖やす。

Halgania cyanea
英　名：ROUGH HALGANIA
☀ ❄ ↔45cm ↕30cm
オーストラリア中部の乾燥地帯原産。耐干性のある常緑低木。直立、分枝多く、茎には毛があり、褪せた緑色、鋭い鋸歯縁の細い葉がつく。春から夏に、暗青色、鐘形の5弁花がかたまりでつく。
ゾーン：10〜12

×HALIMIOCISTUS
(×ハリミオキストゥス属)

ハリミウム属とキスツス属の属間交配でできた植物で、地中海沿岸に見られる自然交雑種と栽培品種がある。ハンニチバナ科に属する常緑の小低木で、樹形は両親の中間。小さな有毛の灰緑〜淡青緑色の葉とキスツスに似た花がつくが、より小形で中心が黄色い。ほとんどが夏に開花する。

〈栽培〉
耐寒性があり、中程度の霜に耐える。日当たりと水はけのよい土壌で簡単に育ち、大きなロックガーデンや太陽を好むほかの植物との寄植えに適する。花後は剪定をするが、冷害のなくなる春に行なった方がよい。晩夏か秋に半熟枝挿しで殖やす。

Hakea victoria

×*Halimiocistus* 'Ingwersenii'
一般名：×ハリミオキストゥス'イングウェルシー'
☀ ❄ ↔90cm ↕45cm
1929年頃にポルトガルで発見された。*Halimium umbellatum*と*Cistus hirsutus*の交雑種。矮性、横張り性の低木。葉は細長く暗緑色で毛がある。白い花が夏中咲く。
ゾーン：8〜10

×*Halimiocistus sahucii*
異　名：×*Halimiocistus revoilii*
☀ ❄ ↔50〜90cm ↕50〜60cm
南フランス原産。*Halimium umbellatum*と*Cistus salviifolius*の自然交雑種。細毛を帯びた細長い（12〜25mm）葉がつく。春から夏に白い小花が3〜5個群生する。
ゾーン：8〜10

Halesia carolina

Halesia diptera

× *Halimiocistus wintonensis* 'Merrist Wood Cream'

× *Halimiocistus sahucii*

× *Halimiosistus wintonensis*
☼ ❄ ↔75cm ↕60cm

イギリスのヒリヤー・ナーセリー原産。*Halimium ocymoides* と *Cistus salviifolius* の交雑種で、葉は灰色がかる。径5cmで光沢のある白色の大きな花がつき、えび茶色の羽毛に似た部分と花弁の基部の黄色が対照的である。'メリスト ウッド クリーム'は、1978年に発見された変種で、花弁は乳白色、基部はえび茶色。
ゾーン：8～9

HALIMIUM
（ハリミウム属）

ハンニチバナ科に属する常緑低木で約12種ある。地中海地方と西アジアの乾燥地帯の森林や砂岩質の低木林に原生する。葉は灰色がかり、キスツス属に間違えられやすい。

〈栽培〉
冬は温暖で夏は高温になる気候が栽培に適する。日向の、適度な養分のある砂質土壌で、冷たく乾燥した風を避ける。ポット栽培かロックガーデンのボーダーに植えるともっともよく育つ。降雨量の多い地域ではとくに水はけをよくするか、過度の浸水を防ぐことが必要。春に、温めたトレイに播種するか、晩夏に半熟枝挿しで殖やす。

Halimium atriplicifolium
☼ ❄ ↔0.9m ↕1.5m

スペインとモロッコに原生する直立の低木。銀色の鱗片のある楕円形の葉には3本の太い葉脈がある。晩春から初夏にかけて咲く花は明黄色で、赤茶色の円形模様があるものとないものがある。
ゾーン：8～9

Halimium halimifolium
☼ ❄ ↔0.9m ↕0.9m

ヨーロッパ南西部と北アフリカに原生する直立低木。長楕円形～矢尻形で灰緑色の葉は銀色の鱗片がある。晩春から初夏にかけて円錐花序に近い集散花序の花がつき、花弁の基部に赤茶色の模様がある。
ゾーン：8～9

Halimium lasianthum ★
異 名：*Halimium formosum*
ハリミウム・ラシアントゥム
☼ ❄ ↔1.2m ↕0.9m

スペインとポルトガル原産の直立低木。葉は灰色。春から夏に基部にえんじ色の斑点がある黄色の花が葉腋に群生する。*H. l.* subsp. *alyssoides* はまとまった株姿を持つヨーロッパ南西部原産の品種。葉は卵形～矢尻形で表面が暗緑、裏面は白毛を帯びている。晩春から初秋にかけて小さな黄色の花が葉腋または枝の先端に集散花序につく。*H. l.* subsp. *formosum* の花は、やや大輪でさび色の斑点がある。'コンコロル'は基部に斑点がない。'サンドリング'は、明るいえび茶色の斑点がある。
ゾーン：8～9

Halimium ocymoides
異 名：*Cistus algarvensis*
☼ ❄ ↔0.9m ↕0.9m

ヨーロッパ南西部原産の直立性、株姿のまとまった低木。葉は卵形～矢尻形、灰緑色、裏面は白色。初夏から晩夏にかけて黄金色の花が円錐花序につくが、花弁には暗えび茶色の斑点がある。
ゾーン：8～9

Halimium Hybrid Cultivars
（ハリミウム交雑品種）
☼ ❄ ↔0.9m ↕0.9m

横張り性の低木。'サラ'は、明るい黄色で中心は茶色。'スーザン'は、*H. ocymoides* より広い葉をもち、より株姿が小さい。夏に半八重咲きの黄色の花がつく。
ゾーン：8～9

HALLERIA
（ハレリア属）

ゴマノハグサ科に属し、南アフリカおよびマダガスカルに原生する4種がある。常緑高木または低木で曲がった鐘形の蜜の豊富な花がつき、タイヨウチョウのような鳥を集める。果実は多肉で熟すと黒くなるが長い形は変わらない。

〈栽培〉
耐霜性、耐干性があり、肥沃な軽い土壌と温暖な気候で日当たりを好む。実生か挿し木で殖やす。果実は発芽抑制物質を含むので果肉を取り除き、播種の前に種子を陰干しにする。発芽には4～8週間かかる。

Halleria lucida
英 名：TREE FICHSIA
☼ ❄ ↔3.5m ↕10m

エチオピア、アフリカ最南部原産の常緑樹で野生では大形になる。葉の表面は光沢のある緑色、裏面は淡緑色、幅広い披針形～卵形で先端は尖り、細かい鋸歯縁を持つ。春から夏に、鐘形で橙赤色の花が葉腋、または枝、幹、茎に群生する。果実は黒色、多肉で食用になる。
ゾーン：8～10

HALOCARPUS
（ハロカルプス属）

ニュージーランド原産の常緑で球果を結ぶ樹木で3種ある。マキ科に属し、ダクリディウム属の近縁である。幼葉は針形だが成長すると鱗片状に圧縮される。雄性の毬果と果実は非常に小さい。

〈栽培〉
成長は緩徐でヒバ類やロックガーデンに添えるのによい。*H. bidwillis* と *H. biformis* は耐寒性があり多雨に耐えるが、*H. kirkii* は耐寒性が弱い。深さがあり水分を含んだ水はけのよい土壌でもっともよく育つ。実生または夏に取った半熟枝挿しで殖やす。

Halocarpus bidwillis
異 名：*Dacrydium bidwillii*
英 名：BOG PINE
☼ ❄ ↔0.9m ↕2m

ニュージーランドの山岳地方原産。横張り性の低木で幼葉は針形、冬には赤みを帯びる。成形では葉は圧縮され、暗緑色になる。ボッグパイン（湿地の松）の名前があるが、乾燥した岩地でも育つ。
ゾーン：7～10

Halleria lucida

Halimium lasianthum

Halimium, Hybrid Cultivar, 'Sarah'

Halocarpus biformis

Hamamelis × intermedia cultivar

Harocarpus biformis

異　名：*Dacrydium biforme*
☀ ❄ ↔3m ↕3.5m

ニュージーランドの山岳地方に見られ、成長緩徐。株姿または樹姿は丸い。幼葉は針形、鱗片状の成葉が同じ枝に同時に現われることがある。
ゾーン：7〜10

HAMAMELIS

(ハマメリス属)

北米と東アジア原産で5〜6種がある。マンサク科に属し、冬に花の咲く落葉低木。黄色または赤色、細長く、しわのある花弁、芳香のある花が、冬の半ばから早春に落葉後の枝に群生する。秋には美しく紅葉する。果実は角形のさく果で2個の黒い種子を有する。

〈栽培〉

ふつう森林地帯に育ち、日中の日陰と冷涼で多湿な気候を好む。1〜3年の、剪定されたことのない強健な枝に、もっとも多く花がつく。剪定した枝は室内装飾にも利用でき、発芽を促進する。種子は実がはじける前に収穫し、一度に播種するが発芽には1年以上かかる。取り木は冬に行ない、翌冬鉢上げすることができる。

Hamamelis × inetermedia 'パリダ'

Hamamelis 'Brevipetala'

異　名：*Hamamelis mollis* 'ブレヴィペタラ'
一般名：ハマメリス 'ブレヴィペタラ'
☀/◐ ❄ ↔3〜4.5m ↕3〜5m

交雑種であり、*H. mollis*の品種ではない。短く湾曲した黄色の花弁、中心が赤茶色の花が冬の裸枝に群生し、芳香がある。
ゾーン：6〜9

Hamamelis × intermedia

ハマメリス×インテルメディア
英　名：HYBRID WITCH HAZEL
☀ ❄ ↔3.5m ↕3.5m

*H. japonica*と*H. mollis*の交雑種で大低木になる。葉は長さ15cm、秋には黄変する。花はクリーム、赤、杏色などで花弁がねじれる。'アーノルド プロミス' ★は暗黄色の花が密生する。'ダイアン' は、赤色の花、秋に紅葉する。'ジェレナ' は、強健で横張り性、葉は大きく、赤銅色の混じった黄色の花がつく。葉はオレンジ、赤、深紅色に変わる。'パリダ' は、鮮明な黄色でほかの色は混じらない。
ゾーン：4〜9

Hamamelis japonica

一般名：マンサク
英　名：JAPANESE WITCH HAZEL
☀ ❄ ↔3.5m ↕4.5m

横張り性の大低木または小高木。幹は太短く、枝は硬い。成葉は光沢があり、平滑。花は小〜中形で花弁がねじれる。'スルフレア' は、横張り性の大低木。枝は下向き。小〜中形の硫黄色の花がつく。
ゾーン：4〜9

Hamamelis mollis

一般名：シナマンサク
英　名：CHINESE WITCH HAZEL, WITCH HAZEL
☀ ❄ ↔3.5m ↕4.5m

中国中央部および東部原産。葉は明緑色で表面は毛で覆われ、裏面は灰緑色、秋に暗黄金色に変わる。1〜2年の樹に、芳香のある花が葉腋にかたまりでつく。萼は黄〜茶色。4個の萼片は中が焦茶色。
ゾーン：4〜9

Hamamelis virginiana ★

異　名：*Hamamelis macrophylla*
一般名：アメリカマンサク
英　名：COMMON WITCH HAZEL
☀ ❄ ↔2.4〜3.5m ↕3.5〜4.5m

ローレンス渓谷からバージニア州までのアメリカ合衆国北東部原産。葉の表面は暗緑色、裏面は薄緑色。花は上部の葉腋につき、色は黄色だが、落葉前はあまり目立たない。
ゾーン：7〜9

HAPLOPAPPUS

(ハプロパップス属)
英　名：IRONPLANT

北米および南米原産のキク科植物で、約160種の一年草または多年草、亜低木、低木がある。花は黄色、ときには紫色でデイジーに似た頭状花が単生または群生する。木質の主根は90〜120cmの深さに達し、硬い基部を形成するためアイアンプラントの名がある。果実は痩果(種子は1個)で、風散から保護するために粗毛がある。はギリシャ語の*haplous*(単葉の)と*pappos*(綿毛)からつけられ、基部の粗毛を指す。ナバホ・インディアンは葉と根を歯痛の治療に用いていた。

〈栽培〉

日当たりのよい湿気の多い土壌を好み、干ばつに極めて強い。実生で殖やす。

Haplopappus glutinosus

☀ ❄ ↔10〜30cm ↕10〜30cm

チリおよびアルゼンチン原産の多年草。横張り性または直立性でクッション状になる。葉は楕円形または長楕円形で、長さ40mm、1〜4の裂がある。冬に高さ15cm、黄色のデイジーに似た頭状花が単生する。
ゾーン：9〜11

Hamamelis mollis

Hamamelis virginiana

Hamamelis japonica

HARDENBERGIA
（ハルデンベルギア属）
英名：AUSTRALIA SALSAPARILLA

マメ科ソラマメ亜科に属し、常緑のつる性または匍匐性で3種がある。オーストラリア原産で、晩冬から初夏に見ごたえのある花が咲く。矢尻形の葉は光沢があり、蝶形花が群生し、色はふつう紫色。

〈栽培〉
降霜のない地域でもっともよく育ち、堤防の地被、フェンスや棚仕立て、庭の目隠しに使う。日向か半日陰、水はけのよい土壌〜乾燥土壌で育つ。種子は播く前に温水に浸しておくとよい。選抜品種は挿し木で殖やす。

Hardenbergia comptoniana
英名：NATIVE LILAC、WILD SARSAPARILLA、WILD WISTERIA VINE

☼/⛅ ❄ ↔0.9〜3m ↕3〜4.5m

パースからアルバニイまでの西オーストラリア原産。長さ6cmの3出複葉を持つ常緑つる植物。径12mm、ふつう青紫色の花が群生するが、冬には基部に緑色の斑点が入る。
ゾーン：10〜11

Hardenbergia violacea
一般名：コマチフジ

☼ ❋ ↔0.9〜2m ↕0.9〜3m

東オーストラリア原産のつる性または匍匐性植物。しなやかな茎に暗緑色、矢尻形で革質の葉がつく。晩冬に暗紫の花が植物全体を覆うように群生する。★'ハッピー ワンダラー'は、繁殖旺盛で自由につるを伸ばす。'ミニハハ'は、高さ15cmまでの矮性で葉は小形、春に藤色の花をつける。
ゾーン：9〜11

HARPEPHYLLUM
（ハルペフィルム属）

南アフリカ原産で単型属。スモモの一種のように見えるが、ウルシ科に属する。常緑で暖温気候では街路樹や公園、または西日除けとして家庭で植栽される。日陰を作るので足下にほかの植物を植えることは難しい。

〈栽培〉
多様な土壌に耐性があるが、樹冠を大きくするには、降霜のない気候と、下枝が伸びやすいため、広い場所が必要である。実生で殖やすが、雌株のそばに雄株がある場合のみ結実する。

Harpephyllum caffrum
英名：SOUTH AFRICAN WILD PLUM、WILDPLUM

☼ ❄ ↔8m ↕9m

葉は密生し樹冠は広い。暗緑色で光沢のある複葉。白い花がつくが目立たない。スモモ大でオレンジ色の実がつき、ジャムに利用される。
ゾーン：9〜11

Hardenbergia violacea

HARPULLIA
（ハルプリア属）

熱帯アジア、オーストラリア、マダガスカルに見られるムクロジ科の植物でライチを含む37種がある。ほとんどが多雨林樹または低木で羽状複葉を持つ。白〜緑または黄みがかった4〜5枚の花弁を持つ花が総状または円錐花序につく。果実は革質で膨らみがあり、黒色の光沢のある種子を有する。栽培されているのは1種のみだが、他種も日当たりのよい室内でのコンテナ栽培が可能。水はけのよい用土にマルチングを施し、乾燥期には水やりが必要。強風を避ける。収穫した直後の種子で殖やす。

Harpullia pendula
英名：TULIPWOOD

☼ ↔4.5m ↕15m

オーストラリア北東部の沿岸原産。広い樹冠、まっすぐな幹を持ち、日除けに適する。葉は羽状複葉で光沢のある緑色、裏面は薄緑色。芳香のある下垂性の淡黄緑色の花が円錐花序につく。果実はさく果で、熟すと黄〜赤色になり、黒色の種子を有する。
ゾーン：9〜11

HARRISSIA
（ハリシア属）

フロリダ、カリブ諸島、ブラジル、ボリビア、パラグアイ、アルゼンチンに見られるサボテン科に属する植物で約20種ある。学名はジャマイカの植物学者William Harrisにちなんで名づけられた。よじ登り性または匍匐性の低木または高木状で、直立、アーチ状、あるいは匍匐性の枝が多く分枝し、最長8mにもなる。枝は円筒形で、稜があるが節はなく、気根も形成しない。刺の数は異なる。花はじょうご形で白色、長さ12〜25cm、径8〜12cm、夜開性。裂開果は径4〜6cmの球状で黄、橙、または赤色。旧エリオケレウス属とロセオケレウス属の植物も含まれる。

〈栽培〉
肥沃な水はけのよい土壌で容易に育つ。実生か1、2週間乾燥させた枝を挿し木して殖やす。冬は休眠させる。

Harrisia 'Jusbertii'
一般名：袖ヶ浦（ソデガウラ）
英名：MOON CACTUS

☼ ❄ ↔1.2〜2.4m ↕2〜4.5m

アルゼンチンまたはペルー原産と思われているが、原産地は不明で交雑種と考えられる。単生で硬く暗緑色の基部から分岐する。茎は径5cmで5〜6個の低い稜があり、刺は太く固まりでつく。長さ6mmの中刺が1〜4本、黒色で太く円錐形の側刺が6〜7本ある。花は白色で径15cm、夜開性。裂開果は球状で赤色。
ゾーン：9〜12

HATIORA
（ハティオラ属）

サボテン科に属するブラジル原産の着生または岩生植物で5種ある。リプサリス属に似た品種もあるが成長習性が明確で、新しい稜ができる前に茎が一定の大きさと形に育つことから区別できる。茎の形は扁平〜円筒形までさまざま。属名は16世紀のジャマイカ人植物学者Thomas Hariotの姓を綴りかえたもの。最初は直立だが横張り性になり、やがて下垂する。花は昼開性で鐘形、黄色、ピンク、または赤色で茎の末端だけにつく。

〈栽培〉
肥沃で水はけのよい土壌で容易に育つ。実生か1、2週間乾燥させた枝を挿し木して殖やす。冬は休眠させる。

Hardenbergia violacea 'Minihaha'

Harrisia martini

Harpephyllum caffrum

Harpullia pendula

Hatiora gaertneri ★

異　名：*Schlumbergera gaertneri*、*Rhipsalis gaertneri*
英　名：EASTER CACTUS
☼/☽ ❄ ↔30〜50cm ↕30〜50cm

アルゼンチンのパラナおよびブラジルのサンタカタリナ原産。多数の褪せた緑色の節をもち下垂性の枝を多くつける。長さ40mm〜8cmの茶色の粗毛が先端にあり、1〜3個のじょうご形の赤い花がつく。本種は、他種や近縁種との交雑に多く用いられている。
ゾーン：9〜12

× *Hawkinsara* Keepsake 'Lake View'

Hatiora rosea ★

異　名：*Rhipsalis rosea*
英　名：EASTER CACTUS
☼/☽ ❄ ↔20〜30cm ↕30〜40cm

パラナ、ブラジルのリオグランデ原産。直立または不規則に広がる。茎は扁平〜三角、赤〜緑色に変わり、長さ18〜40mmで縁に1〜3の裂がある。稜には疣がある。刺座は節の先端にできる。ピンク色、じょうご形、長さ30〜40cmの一日花が咲く。
ゾーン：9〜12

×*HAWKINSARA*

(×ハウキンサラ属)

ラン科植物で中南米原産のブロートニア属、カトレヤ属、ラエリア属、ソフロニティス属の複数人工交雑種。矮性のブロートニアとソフロニティスを交雑させることにより大幅にサイズが小さくなり、丸い花形、鮮明な色が作られ、花もちもよくなった。鮮やかな赤系が多く、強健な茎の葉群よりかなり上につく。

〈栽培〉
バークを主体にした倍地か木製バスケットでよく育ち、土が乾燥したら灌水する。1年を通して日当たりと温暖〜高温気候を好む。株分けで殖やす。

×*Hawkinsara* Keepsake

一般名：×ハウキンサラ・キープセイク 'レイク ヴュー'
☼/☽ ❄ ↔10〜30cm ↕10〜50cm

株姿はまとまりがあり、花色はオレンジ〜赤色。*Broughtonia sanguinea*、*Cattleya aurantiaca*、*Cattleya aclandide*、*Laelia cinnabarina*、*Sophronitis coccinea*の5種の交雑種。夏咲き、個々の花は径5cm。
ゾーン：10〜12

HAWORTHIA

(ハオルチア属)

葉の形が面白いツルボラン科植物で南アフリカ原産。矮性の多年生多肉植物で、70〜160種ある。らせん状のロゼットを形成し、小形種は近縁のアロエに似ている。葉形はさまざまで三角〜披針形、鋸歯縁または全縁、先端は丸〜尖っているものまで。中心に日光を通すための「窓」のある種もある。葉の表面は模様あり、なし、平滑〜疣があり粗いものまで。葉質は硬いもの、軟らかく多汁のものまで。小形で2唇弁の花が長い茎につく。色はふつう白色で花弁は6枚ある。

〈栽培〉
半日陰の水はけのよい用土でよく育つ。夏は灌水を欠かさず、冬は乾き気味で霜を防ぐ。室内用品種では耐陰性がある。株分けか実生で殖やす。

Haworthia arachnoidea

一般名：水牡丹
英　名：COBWEB ALOE
☼ ❄ ↔12cm ↕10cm

南アフリカ原産で無茎、丸いロゼットを形成し、葉は緑色で長楕円形〜披針形、軟らかく多肉で半透明の斑点がある。白〜茶色の鋸歯縁があり、種によっては糸状になる。
ゾーン：9〜11

Haworthia coarctata

一般名：登竜
☼ ❄ ↔15cm ↕20cm

南アフリカ原産。分厚い円筒形のロゼットが重なるように形成される。内側に湾曲した三角形の葉は黄緑色だが、強い日照下では赤茶色に変わる。表面は白〜薄緑色の疣で覆われている。
ゾーン：9〜11

Haworthia cymbiformis

一般名：水蓮華
☼ ❄ ↔10cm ↕5cm

南アフリカ原産。無茎のロゼットで、子吹きが多い。葉は軟らかく内側に湾曲し、分厚く三角形、半透明の薄緑色に暗色の筋がある。*H. c.* var. *variegata*（京の華）はクリーム色で緑色の斑点がある。
ゾーン：9〜11

Haworthia fasciata ★

一般名：十二の巻
英　名：ZEBRA HAWORTHIA
☼ ❄ ↔15cm ↕15cm

南アフリカ原産。無茎で細長い尖った直立の葉がロゼット状につく。葉は暗緑色で表面は平滑、裏面は白い疣が水平に並ぶ。
ゾーン：9〜11

Haworthia pumila

一般名：ハオルチア プミラ
☼ ❄ ↔15cm ↕10cm

南アフリカ原産。長い三角形の直立、湾曲した葉がロゼット状につく。裏面は白い疣で覆われている。
ゾーン：9〜11

Haworthia reinwardtii

一般名：鷹の爪
☼ ❄ ↔8cm ↕15cm

南アフリカ原産。湾曲した三角形の葉が硬い円筒形のロゼットを形成する。*H. coarctata*に似ているが葉はやや大形、疣も大きいがあまり目立たない。
ゾーン：9〜11

Hatiora gaertneri

Haworthia coarctata

HEBE
(ヘベ属)

ゴマノハグサ科に属する常緑低木で100種以上あり、主にニュージーランド原産。ほかにオーストラリア、南米原産のものがある。下記にはニュージーランド原産種を記した。植生域は沿岸部から山岳部までと広い。葉の形態で2種類に分かれる。1つは卵形～披針形。もう1つはホィップコード（鞭なわ）と呼ばれる扁平な葉で針葉樹に似ている。花は円錐形で、ピンク、暗紫、深紅色など。多くの栽培品種、交雑種が販売されている。

〈栽培〉

ほとんどの種が日当たりを好み、多様な土壌に耐性がある。耐霜性には差があり、葉の大きなものは霜害を受けやすい。ホィップコード品種は暑さと湿気を嫌い、砂質で水はけのよい土壌を好む。海岸の植栽に向く品種もある。多湿地帯では斑点病、べと病に罹りやすい。花後に剪定して株姿を整える。実生か晩夏に半熟枝挿しで殖やす。栽培品種は挿し木のみで繁殖させる。

Hebe albicans 'レッドエッジ'

Hebe albicans 'サセックス カーペット'

Hebe albicans
ヘベ・アルビカンス

☀ ❄ ↔70cm ↕45～60cm

ニュージーランド南島北部の岩山に原生する。株姿はコンパクトで緑灰色の美しい葉が強健な末端枝に群生する。春から夏に白い花が短い総状花序につく。'レッド エッジ'は、灰緑色の葉の縁がえんじ色で冬にはえび茶色に変わる。'サセックス カーペット'は、青緑色の葉が対生につく。
ゾーン：8～10

Hebe amplexicaulis

☀ ❄ ↔60cm ↕50cm

ニュージーランド南島中部の山岳地帯に原生し、不規則に広がる。葉は分厚く卵形で青みがかる。夏に小形の白い花がつく。*H. a.* var. *hirta*は小形の淡い紫色の花がつく。
ゾーン：8～10

Hebe × andersonii ★
ヘベ × アンデルソニイ

☀ ❄ ↔1.2m ↕0.9～2m

*H. speciosa*と*H. stricta*の交雑種。多分枝で幅が広く、長さ10cmまでの披針形の葉を持つ。春から夏に長さ10cmの穂状にすみれ色の花がつく。*H. × a.*'ワリエガタ'は、葉が美しく、暗緑色、灰緑色、淡いクリーム色などがある。
ゾーン：9～11

Hebe amplexicaulis var. *hirta*

Hebe buchananii

Hebe armstrongii

☀ ❄ ↔0.9m ↕0.9m

葉はホィップコード型で直立、多分枝。野生種は稀少だが、ニュージーランド南島中部のいくつかの山岳地方に見られる。黄緑色の枝は冬に色が濃くなる。白い小花がつくが、葉に比べて目立たない。
ゾーン：8～10

Hebe buchananii
ヘベ・ブカナニイ

☀ ❄ ↔30cm ↕30cm

ニュージーランド南島山岳地方原産。小形だが不規則に広がる場合もあり、ロックガーデンに向く。黒みがかった枝が多く伸びる。小形で丸い暗緑色の葉は日向では灰緑色に変わる。春から夏に白い花が短い穂状につく。'マイナー'は、丈が低い。
ゾーン：8～10

Hebe carnosula

☀ ❄ ↔40cm ↕20～40cm

ニュージーランド南島のネルソンおよびオタゴに見られる変種または自然交雑種で灰緑色の広卵形の葉を持ち、ほぼ匍匐する。長さ15mmの白い花がつく。初夏に咲き、蕾はピンクで開くと白色になる。
ゾーン：7～10

Hebe chathamica

☀ ❄ ↔0.9m ↕30cm

オーストラリア、チャタム諸島沿岸の崖地に原生する。匍匐性で小形の光沢のある緑色の葉、夏に白～淡いすみれ色の花が丸い花序をなす。塀に這わせるのに向き、海風に耐性がある。
ゾーン：9～11

Hebe cheesemanii

Hebe cupressoides 'ボートンドーム'

Hebe cheesemanii

☀ ❄ ↔30m ↕30cm

ニュージーランド南島東部原産。コンパクトな株で、葉はホィップコード型。小形の葉が密生する。色は薄いオリーブ～薄灰緑色。夏にしなやかな枝の先に白色の花がつく。花粉嚢は淡紅色。ロックガーデンに向く。冷涼な土壌が必要である。ゾーン：8～9

Hebe cockayneana

☀ ❄ ↔0.9m ↕0.9m

ニュージーランドの著名な植物学者Leonard Cockayneにちなんでつけられた。南島南部に見られる。葉は小形で暗緑色、楕円形。夏に、赤紫の葯を持つ小形の白い花が茎頂に群生する。
ゾーン：8～9

Hebe colensoi

☀ ❄ ↔45cm ↕45cm

小低木で、枝は淡い灰緑色。春から夏に白い花が群生する。
ゾーン：8～10

Hebe cupressoides
ヘベ・クプレッソイデス

英 名：WHIPCORD HEBE

☀ ❄ ↔0.9m ↕0.9m

ニュージーランド南島亜高山地帯原産でホィップコード型。針葉樹のような美しい外見で分枝は多い。葉は鱗片状で分枝は明緑色。薄青色の花が控えめにつく。'ボートン ドーム'は、高さ75cm、分枝が小形の鱗状葉で覆われる。
ゾーン：8～10

Hebe cockayneana

Hebe × andersonii 'ワリエガタ'

Hebe diosmifolia
☀ ❄ ↔60cm ↕0.9m
ニュージーランド北島北部原産で、変異が多い。分枝が多く、光沢のある緑色、細い葉がつく。春に、白～薄紫色の、小形の頭状花で覆われる。
ゾーン：8～11

Hebe elliptica
☀ ❄ ↔1.2m ↕0.9～2m
ニュージーランドや南アメリカ南部に見られる。分枝が多く、小形で革質、暗緑色の葉がつく。白～薄紫色の花が晩春から秋にかけて咲き、他種より大形。海風に耐性があり、海岸沿いの庭に向く。
ゾーン：8～11

Hebe epacridea
☀ ❄ ↔0.9m ↕15cm
ニュージーランド南島高山地方によく見られる。*H. haastii* に似て、青緑～オリーブ色の小さな葉が重なるようにつく。裏面や縁が、紫がかる場合もある。夏に小形で白色、赤紫色の葯を持つ花が茎頂につく。
ゾーン：7～9

Hebe × franciscana
ヘベ×フランキスカナ
☀ ❄ ↔1.2m ↕0.9m
H. elliptica と *H. speciosa* の古い交雑種。株姿は丸く、葉は暗緑色。夏に桃紫色の花が8cmの穂状につく。'ブルー ジェム' は、青紫色で沿岸部に向く。'ワリエガタ'（syn.'ワイレカ'）は、縁が黄色の雑色の葉を持つ。
ゾーン：7～11

Hebe macrantha

Hebe glaucophylla ★
☀ ❄ ↔0.9m ↕0.9m
ニュージーランド南島原産の美しい低木。青みがかった灰色の葉。夏に白い花が短い総状花序につく。
ゾーン：7～10

Hebe haastii
☀ ❄ ↔30cm ↕25cm
ニュージーランド南島高山地方原産。低く不規則に広がる小低木で枝はねじれる。小形で多肉の葉が先端まで4列で密生する。白い小花が夏につく。ロックガーデン向き。
ゾーン：7～10

Hebe hectoris
☀ ❄ ↔50cm ↕10～75cm
ニュージーランド南島のクック山から南の叢生草本地帯に見られるホィップコード型の葉を持つ低木。黄茶色の茎に、小形で鱗片状の、緑～オリーブ色の葉が重なってつく。花は小形で白色、茎頂に花序をなす。
ゾーン：7～9

Hebe lycopodioides
☀ ❄ ↔65cm ↕45cm
ホィップコード型で分枝の多い低木。四角い茎をもち、圧縮された葉が密生し、全体で黄緑色に見える。
ゾーン：7～10

Hebe macrantha
☀ ❄ ↔90cm ↕0.6m
ニュージーランド南島山岳地方原産。分枝は少なく葉は規則的な鋸歯があり、革質、薄緑色、楕円形。夏に美しい白い花が4、5個先端近くにつく。株を伸ばすためには剪定する。
ゾーン：6～9

Hebe diosmifolia、春

Hebe diosmifolia、冬

Hebe macrocarpa
☀ ❄ ↔0.9m ↕2m
ニュージーランド北島北部原産で、やや変異が多い。直立性で比較的大形の狭楕円形の葉がつき、分厚く多肉質。秋から春に白い花が15cmの穂状につく。*H. m.* var. *brevifolia* は花色が明るいピンク。*H. m.* var. *latisepala* は暗紫色。
ゾーン：9～11

Hebe menziesii
☀ ❄ ↔3m ↕3m
ニュージーランド南島のネルソンおよびマールボロ地域原産で *H. divaricata* の変種と思われる。耐陰性があり、分枝が多い。密生した細い葉は明緑色、長さ18～30cm。初夏に目立つ白色の花がつく。
ゾーン：8～10

Hebe macrocarpa var. *brevifolia*

Hebe macrocarpa var. *latisepala*

Hebe ochracea
ヘベ・オクラケア
☀ ❄ ↔0.9m ↕45cm
ニュージーランド南島北西部山岳地方原産で、丈の低いホィップコード型。先端の平らな株になる。枝と鱗状葉は黄土色～金緑色。'ジェームズ スターリング' は、金色を帯び、冬に色が濃くなる。
ゾーン：6～9

Hebe odora
ヘベ・オドラ
異名：*Hebe buxifolia*
☀ ❄ ↔0.9m ↕45cm
野生では変異が多い。栽培品種では株姿は丸い。小形で暗緑色、箱型の葉がつく。春から晩夏に白い円錐状の花が先端につく。'パティズ パープル' は、アメリカで人気のある栽培品種。'ニュージーランド ゴールド' は、明黄色の新葉がつき強健。
ゾーン：7～10

Hebe epacridea

Hebe × franciscana 'ワリエガタ'

Hebe haastii

Hebe ochracea

Hebe rakaiensis

Hebe parviflora var. *arborea*

Hebe pinguifolia 'パゲイ'

Hebe salicifolia

Hebe speciosa 'ワリエガタ'

Hebe speciosa

Hebe townsonii

Hebe parviflora
☀ ❄ ↔1.2m ↕2m

変種の多い低木で多く分枝する。明緑色で細い披針形の葉を持つ。夏に白〜薄藤色の総状花序が枝の先端近くにつく。*H. p.* var. *arborea*は横張り性で紫がかった白色の花がつく。多様な土壌に向く。
ゾーン：7〜11

Hebe pimeleoides
ヘベ・ピメレオイデス
☀ ❄ ↔60cm ↕45cm

ニュージーランド南島原産。ロックガーデン向きの美しい植物。小低木で末端枝は濃紫色、灰緑色の葉には赤い縁がある。花は青紫色で夏から秋につく。'カントリー パーク'は、横張り性、灰緑色の葉に赤い縁があり、冬に赤紫色に変わる。'クィックシルバー'は、非常に小形で濃い灰緑色の葉がつく。
ゾーン：7〜10

Hebe pinguifolia
ヘベ・ピングイフォリア
英　名：VERONICA
☀ ❄ ↔75cm ↕25cm

ニュージーランド南島の東部乾燥地帯原産。野生では変異が多いが、栽培品種はふつう丈が低い。強健な枝に小形で分厚い青灰色、縁の赤い葉がつく。春から夏に、白い小花が枝の先端に大きな花序をなす。'パゲイ'は、ロックガーデン向きで幅0.9mに広がる。薄青緑色の葉、濃紫色の末端枝を持つ。
ゾーン：6〜10

Hebe rakaiensis
☀ ❄ ↔1.2m ↕0.9〜2m

ニュージーランド南島原産の葉つきの多い低木で、短く細い葉は光沢があり明緑色。春に、長さ35mmの白い花が短い総状花序につく。
ゾーン：6〜9

Hebe salicifolia
英　名：KOROMIKO
☀ ❄ ↔2m ↕2.4m

ニュージーランド南島全域とチリに見られる。分枝の多い横張り性低木。ヤナギに似た美しい葉がつく。夏に白〜薄紫色の花が下向きの総状花序につく。
ゾーン：7〜10

Hebe speciosa
ヘベ・スペキオサ
英　名：SHOWY HEBE
☀ ❄ ↔0.9m ↕0.9m

ニュージーランド北島の沿岸部に原生する稀少種。丸い株になる。光沢のある暗緑色、楕円形、赤い葉脈と縁を持つ葉がつく。夏から秋に赤紫色の花が総状花序につく。繁殖に用いられる。'ワリエガタ'は、縁が赤く黄色の斑入り。
ゾーン：9〜11

Hebe topiaria
☀ ❄ ↔0.9m ↕0.9m

小形で球形。葉群の対照を見せるのに向く。青緑色の小さな葉が重なるようにつく。夏に白い小花が葉間につく。
ゾーン：8〜11

Hebe townsonii
☀ ❄ ↔65cm ↕0.9m

ニュージーランド南島のごく限られた地域に見られる。直立性、革質で明緑色の細い葉がつく。夏に、白〜薄紫色の花が長さ約4cmにつき、緩やかに群生する。
ゾーン：7〜10

Hebe venustula
☀ ❄ ↔65cm ↕0.9m

ニュージーランド北島中部の山岳地方原産の直立で葉つきの多い低木。明緑色の細い葉、白〜薄藤色の花が夏につく。
ゾーン：8〜10

Hebe vernicosa
☀ ❄ ↔1.2m ↕0.9m

ニュージーランド南島のブナ林の足下に見られる。ほぼ水平に伸びる枝に光沢のある小葉が平面につく。春から夏に枝先近くに白〜薄紫色の花が短い穂状に密生する。
ゾーン：7〜10

Hebe Hybrid Cultivars
(ヘベ交雑品種)
☀ ❄ ↔30cm〜1.5m ↕30cm〜1.5m

ヘベの栽培品種は多数販売されている。'アリシア アムハースト'は、分枝が多く、高さ1.5m、若い末端枝は赤みを帯びる。葉は光沢のある暗緑色。花は秋から咲き始め、濃紫色で6cmの穂状に密生する。'エイミー'は、丸いまとまった株姿で1〜1.5m、暗色の末端枝、幼葉は紫茶色、成葉は冬に紫に変わる。晩夏に紫色の花が、直立した穂状につく。'オータム グローリー'★は葉つきの多い低木で高さ60cm、末端枝は紫色、葉は暗緑色。真夏から秋にすみれ色の花が短い穂に密生する。'カルネア'は、古い栽培品種で葉の密生する横張り性低木。高

ヘベ、HC、'マージョリー'

ヘベ、HC、'グレート オルム'

ヘベ、HC、'フレグラント ジュエル'

ヘベ、HC、'ピンク エレファント'

ヘベ、HC、'ワルディエンシス'

濃紫色の花が長期間つき、海岸の彩りによい。'**ロンガニオイデス**'は、高さ25cmでヒースに似たホィップコード型。白い花がつく。'**マーグレッド**'は、40cmで晩春から夏に水色の花がつくが、やがて白く褪色する。'**マージョリー**'は、1.5m、葉は黄緑、大輪の青紫色の花が褪色して白くなる。'**ミッドサマー ビューティ**' (syn. *H. andersonii* 'ミッドサマー ビューティ') は高さ1.8m、新葉は杏色、花は薄紫色で白く褪色する。'**ミセス ワインダー**'(syns 'ワイキキ'、'ワーレイエンシス')は、横張り性の丸みのある株で高さ0.9m、葉の基部は赤く、冬に赤紫色になる。すみれ色の花が夏につく。'**オーファン アニー**'は、高さ0.9m、クリームと緑色の斑入り葉、新葉はピンク、初夏にピンクの花がつく。'**ピンク エレファント**'は、高さ0.6m、縁が黄色で帯桃色の新葉がつく。夏に白い花がつく。'**テンプテーション**'は、高さ30cm、花はリンゴに似た薄桃色で白色に褪色する。'**ワルディエンシス**'は、高さ20cm、灰緑色の葉、白い花が夏につく。'**ヤンギイ**' (syn.'カール テスナー')は、高さ20cm、分枝よい横張り性低木。末端枝は紫色、小形の葉は暗緑色で革質。夏に濃いすみれ色の花が短い穂状につく。オークランドの植物園でさらに品種改良されて作出されたのが'**ウィリ チャーム**'を含む**Wiri Series**(ウィリ シリーズ)で高さ75cm、葉の密生した幅広の低木。夏に桃紫色の花がつく。'**ウィリ ドーン**'は、45cmの横張り性小低木で葉はオリーブ色。薄桃色の花がつく。'**ウィリ グレース**'は大形、丸い株姿で高さ1.5m、夏に薄紫色の花が長い穂状につく。'**ウィリ イメージ**'は、高さ0.9m、生育旺盛で初夏に薄いすみれ色の花が群生する。

ゾーン：8〜11

さ1.5m。葉は披針形、花は藤色で8cmの穂状につく。'**エディネンシス**'は、低い横張り性で高さ30cm、径45cm、小形の鮮緑色の葉はセミホィップコード型。紫白の花がつく。'**エメラルド グリーン**' (syns'エメラルド ジェム'、'グリーン グローブ')は自然交雑種でセミホィップコード型。明緑色の葉がまとまった丸い株になり、高さ20〜30cm。夏に白い小花が咲く。'**フレグラント ジュエル**'は、高さ1.5m、大輪で薄紫色の芳香のある花が群生する。'**インスピレーション**'は、*H. speciosa*を親とする交雑種で、高さ0.9mのすっきりした株になる。暗緑色の葉、

ヘベ、HC、'マーグレット'

ヘベ、HC、'ラ セデュイサンテ'

ヘベ、HC、'テンプテーション'

ヘベ、HC、'オーファン アニー'

ヘベ、HC、'ブルー クラウド'

ヘベ、HC、ウィリ シリーズ'ウィリ チャーム'

ヘベ、HC、ウィリ シリーズ'ウィリ グレース'

HECHTIA
（ヘクティア属）

アナナス科に属する日向を好む植物で約50種あり、テキサス州南部、メキシコ、ホンデュラスの高温乾燥地帯原産。個体は径40cm～2mの株になる。葉は分厚いロゼット状につき、ふつう狭長で、強く湾曲した鋸歯縁があり、赤に近い緑色、もしくは緑色で日光を遮るための毛で覆われている。灰色で刺のない種もある。花茎は直立、花序はまばらにつき、多数の分枝に単生または群生する。花弁は赤または白色、単性で異なる株につく。ロックガーデンでサボテンやほかの多肉植物と植栽するともっともよく育つ。小形品種はポット栽培する。

〈栽培〉
暖温帯および亜熱帯地方では、戸外で栽培する。用土が乾いたら潅水する。肥料をやりすぎないこと。株分けで殖やす。

Hechtia glomerata
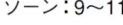 ↔0.9m ↕1.8m

テキサス州南部からメキシコを経由してグアテマラに至る地域に原生する。約40枚の葉がつき、強い日照下では緑色から赤色に変わる。長さ40cm、径3cm、狭三角形の葉に長さ3mmの鉤状鋸歯があり、横張り性のロゼットを形成する。花茎は長さ50cmで分岐し、雌株では6cm、雄株ではそれより短い側枝があり、白い花が密生してつく。
ゾーン：9～11

Hedera azorica

Hedera colchica 'デンタタ'

HEDEARA
（キヅタ属）

英 名：IVY

ヨーロッパ、アジア、アフリカ北部原産の常緑つる植物で11種あり、よく知られる。どんな表面にも気根でからみつく。ウコギ科に属し、壁面や樹木の覆いに利用され、グラウンドカバーにも適する。多様な土壌と気候で育ち、生育環境外でも極めて繁殖力が強い。葉は成長が止まるまで葉形が変わり、剪定すると株姿が整う。花は小形で群生するが、目立たず、受粉を媒介する虫を寄せつけるのみである。花後に黒色の実を結ぶ。

〈栽培〉
多湿地以外であれば、土壌タイプ、日陰、日向、ポット栽培、室内を問わず生育する。1年を通して挿し木で容易に殖やせる。

Hedera azorica 'Azorica'
異 名：*Hedera canariensis* 'Azorica'
☼ ✽ ↔6～18m ↕5～6m

ポルトガルのアゾレス原産。5～10の裂があり、長さ10cm、わずかに有毛で明緑色。ヨーロッパ原産種ほど耐寒性はないが、色はやや鮮明。
ゾーン：8～10

Hedera canariensis
ヘデラ・カナリエンシス

英 名：CANARY ISLAND IVY、NORTH AFRICAN IVY
☼ ✽ ↔6～18m ↕4.5～6m

アフリカ北部およびカナリア諸島原産。大形で革質、裂はないか、浅裂のある、長さ5cmほどの光沢のある葉がつく。'グロイレ デュ マレンゴ'（syn.'ワリエガタ'）は縁に向かって緑～銀色を経て白色になる。'ラヴェンスホルスト'は、長さ15cm、浅裂、明緑色の葉がつく。
ゾーン：8～10

Hedera helix 'Amberwaves'

Hedera colchica
ヘデラ・コルキカ

英 名：BULLOCK'S HEART IVY、COLCHIC IVYY、PERSIAN IVY
 ↔6～18m ↕6～10m

イラン北部からコーカサス地方原産で大形の葉を持つ。よじ登り性が強い。葉は暗緑色で革質、ふつう裂はなく、長さ12cmほど。栽培品種には以下のものがある。'デンタタ'は、非常に大形で裂はなく、長さ22cm、明緑色で茎は紫色を帯びる。'デンタタ ワリエガタ'は、もっとも大形品種のひとつ。灰緑色で、不規則な太い黄色の外斑が入る。'サルファー ハード（syn.'パディズ プライド'）は、濃緑色に不規則な黄斑、明緑色の中斑が入る。
ゾーン：6～10

Hedera helix
一般名：セイヨウキヅタ

英 名：COMMON IVY、ENGLISH IVY
☼ ✽ ↔6～18m ↕10～15m

ヨーロッパのほぼ全域に分布し、よく知られる。もっとも遺伝子が不安定で、数百種のクローンがある。典型的な形態は、幼葉が3～5裂で暗緑色、長さ4～6cm。支えられないほど成長すると、非よじ登り性の枝を産生して花と実をつけ、裂のない成葉が出る。'アンバーウェイブズ'は、角型で5裂、黄緑の葉が重なってつく。'アトロプルプレア'は、標準的なアイビーの葉形で夏には緑色、日照と寒さに曝されると暗紫色に変わる。'バターカップ'は、よじ登り性が強く、葉は5裂で丸みがあり明黄色、日陰では緑色に変わる。'セリドウェン'は、分枝が多くポット栽培に最適で、葉は3裂、黄色の斑入り。全体が黄色の品種もある。'コックル シェル'は、3～5裂で丸く杯形。'グラシエール'は、広く植栽される品種でよじ登り性または匍匐性。3裂、灰緑色、不規則な乳白色の外斑がある。'ゴールドチャイルド'は、葉が密生し、ポット栽培に適する。葉は長さ3cmほどで3裂。黄色の外斑。'グリーン リップル'★は黄白色の葉脈を持つ光沢のある緑色の葉で、強健、侵略性がある。'ハリソン'は、3裂で長さ6cm。暗緑色の葉脈を持つ白色の葉だが、冬に充分な寒さに曝されると紫色に変わる。'ララ ロック'は、5裂で明緑色。不規則な深裂の葉で、ポット栽培あるいはグラウンドカバーに適する。'マンディス クレステッ

Hedera helix

Hedera helix 'コックル シェル'

ド'は、グラウンドカバー向き。5裂のねじれた明緑色の葉は、冷涼な気候ではブロンズ色に変わる。'ミスト'★は矮性、5裂、斑入り。'ニードルポイント'は、3～5の深裂があり、長さ25mmほどで密生する。'プリュム ドール'は、濃緑色で細かい浅裂があり、*H. h.* 'アイリッシュ レース'の1品種と思われるが、'ニードルポイント'に似るため、市場で混同されることがある。'シェイファー スリー'（syn.'キャリコ'）は、乳白色の斑入りで3裂、4cm×4cm。'ツリートップ'は、非よじ登り性で、株立ち。ツリーアイビーとして知られ全縁、濃い緑色の葉をもち、'ピッツバーグ'の選抜品種。
ゾーン：5～10

Hedychium spicatum

Hedychium greenei

Hedera hibernica
異 名：*Hedera helix* subsp. *hibernica*
英 名：ATLANTIC IVY、IRISH IVY
☀ ❄ ↔6〜18m ↕8〜10m
アイルランドに限らずヨーロッパ西部に広く見られる。生育旺盛なグラウンドカバーとして広く栽培される。セイヨウキヅタと異なり、大形で長さ9cmほど、5裂の葉がつく。
ゾーン：6〜10

Hedera nepalensis
ヘデラ・ネパレンシス
英 名：HIMALAYAN IVY、NEPAL IVY
☀ ❄ ↔6〜18m ↕3〜5m
アフガニスタン東部からインドのアッサム地方に見られる。濃緑色、革質、矢尻形の葉で不規則な浅裂がある。壁面の被覆に向き、オレンジ色の実をつけるが、寒冷気候ではめったに結実しない。'マーブルド ドラゴン'は、灰緑色の葉脈がある。
ゾーン：6〜10

HEDYCHIUM
（ヘディキウム属）
一般名：ハナシュクシャ
英 名：GARDEN LILY、GINGER LILY
ショウガ科に属する多年生植物で約40種ある。太い根茎から硬い茎が出現し、カンナを思わせる大形の葉をつける。熱帯アジア、ヒマラヤ山脈、マダガスカル原産だが、ほかの地域に帰化することがあり、1種はニュージーランドで深刻な被害を与えている。本属は主に花色が鮮やかで芳香があるために栽培されている。突き出た花柱を持つ円筒形の花が多数つく。夏に開花し、ふつう黄色またはピンク色。インドのアーユル・ヴェーダ療法薬に使われる種もある。
〈栽培〉
ごく軽い霜に耐性があり、根茎から新芽を出すことがある。肥沃で湿潤、腐植質を多く含む水はけのよい土壌の日向または日陰に植える。花後の花茎および古い不稔性の花茎を切り戻すと生育を促進する。株分けか実生で殖やす。

Hedychium coccineum
ヘディキウム・コッキネウム
英 名：RED GINGER LILY、SCARLET GINGER LILY
☀/☀ ❄ ↔0.6〜1.5m ↕2〜3m
秋咲きのヒマラヤ原産品種で、長さ50cmまでの非常に細い葉がつく。ピンク、オレンジ、赤色の花序をなし、下唇と花糸も同色。'タラ'は、オレンジ色の花が大きな穂でつく。
ゾーン：7〜12

Hedychium coronarium
一般名：ハナシュクシャ
英 名：BUTTERFLY LILY、GARLAND FLOWER、WHITE GINGER
☀/☀ ❄ ↔0.6〜1.5m ↕3m
春咲きのインド原産種で、葉は長さ60cm、径10cm強。芳香が強く、黄緑色の模様のある白い花がつく。'F. W. ムーア'は、淡い黄茶色の花にオレンジ色の模様がある。
ゾーン：8〜12

Hedychium densiflorum
ヘディキウム・デンシフロルム
☀/☀ ❄ ↔0.9〜2m ↕5m
夏咲きのヒマラヤ原産種で同属ではもっとも丈が高い。40cmまでの細い葉がつき、赤い花糸を持つ濃いオレンジ色の花が太い穂状につく。'アッサム オレンジ'は、小形で微香性の橙茶色の花がつく。
ゾーン：8〜11

Hedychium gardnerianum
一般名：キバナシュクシャ
英 名：GINGER LILY、KAHILI GINGER
☀/☀ ❄ ↔0.9〜1.5m ↕2.4m
夏から秋咲きのインド北部およびヒマラヤ原産種で40cmまでの葉がつく。黄白〜黄色の花が分厚い穂状に多数つき、目立つ赤い花糸を持つ。非常に強健。
ゾーン：8〜11

Hedychium greenei
☀/☀ ❄ ↔80〜120cm ↕2m
夏咲きのブータン原産種。長さ25cmの非常に細い葉と明赤色の花が12cmの穂状につく。花序付近の葉腋にむかごを形成することがある。
ゾーン：8〜12

Hedychium horsfieldii
異 名：*Brachychilum horsfieldii*
☀/☀ ❄ ↔50cm ↕2m
夏咲きの細い直立性の品種でジャワ島原産。着生で根が露出する。葉は長さ60cmまで。退化した下唇弁と反曲した花弁を持つ緑白色の花がつく。緑色の果実が裂開すると内部はオレンジ色で赤い仮種皮を持つ。
ゾーン：10〜12

Hedychium spicatum
一般名：サンナ
☀/☀ ❄ ↔50cm ↕100cm
小形の秋咲き種で、ヒマラヤ原産。長さ40cmの葉、淡いオレンジ色の花唇とピンク色の雄ずいが突出する白〜黄色の花がつく。*H. s.* subsp. *acuminatum*は茎が太く、紫色の花糸を持つ。
ゾーン：8〜11

HEDYSCEPE
（ヘディスケペ属）
英 名：UMBRELLA PALM
ヤシ科の単型属で、太平洋南西部のロード・ハウ島原産。単幹で幹に葉鞘が密着し、顕著な白い輪がある。湾曲した羽状複葉の小葉は、直立性で剣形、表面は平滑で裏面の縁には毛がある。卵黄色の花が3個ほど分枝した枝先につき、鈍赤色、長さ5cm、1個の種子を有する楕円形の果実をつける。学名は、ギリシャ語で「甘い」を意味する*hedys*と「被覆」を意味する*scepe*からきている。
〈栽培〉
耐風性があり、沿岸部の植栽とコンテナ栽培に向くが、年間を通して湿潤な土壌が必要で、植え付け後5年間は直射日光を避ける。実生で殖やすが発芽には5〜19カ月を要する。

Hedyscepe canterburyana ★
英 名：BIG MOUNTAIN PALM、UMBRELLA PALM
☀ ❄ ↔1.8〜2.4m ↕4.5〜9m
中形で成長緩徐な細いヤシ。径12cmほどの細い幹に灰色の輪がある。淡青緑色で円筒形の葉鞘を持つ。樹冠は短くまとまりがあり、長さ1.5〜2mの湾曲した濃緑色の葉は弧を描いて垂れ、直立、硬質、上向きの多くの小葉からなり、V字形をなす。黄白色の花が穂状につき、やがて明赤色、楕円形の大きな果実をつける。
ゾーン：8〜10

Hedychium coccineum

Hedychium gardnerianum

ヘレニウム、HC、'ウォルドラウト'

ヘレニウム、HC、'ウィンドレー'

HEIMIA
（ヘイミア属）

南北アメリカ大陸の温帯に見られ、ミソハギ科に属する2～3種の小形の常緑低木あるいは多年草である。5～7枚の花弁を持つ花が単生または3個の円錐花序につき、鐘形の萼に角形の付属器官がある。果実はさく果。

〈栽培〉
水はけのよい土壌で温暖な日向での栽培に適する。温暖気候を好み、寒冷な冬までに切り戻しておく。実生または半熟枝挿しで殖やす。

Heimia salicifolia
☼ ❄ ↔2m ↕3m
アメリカ合衆国南部、中央アメリカ、アルゼンチン南部原産。長さ8cmの細い葉が対生につく。径18mmほどの黄色の花が単生する。
ゾーン：8～9

HELENIUM
（ヘレニウム属）
英　名：SNEEZEWEED

「くしゃみ草」の名前で知られるが、花粉症の原因になるからではなく、ネイティブアメリカンがこの花を粉末にして嗅ぎたばこを作っていたことからつけられた。また、薬草としても知られる。アルカロイドの一種であるヘレナリンが抽出され、一部の化学療法薬にも用いられている。主に北米に原生し、キク科に属する。約40種の一年草、二年草、多年草がある。葉は単純な披針形で上向きに密生し、ふつう細毛で覆われる。真夏から秋に開花し、頭状花が丸く盛り上がり、大形の舌状花は垂れ気味につく。花色はふつうオレンジ～赤色。

〈栽培〉
耐寒性に差があるが、おおむね耐霜性が強い。湿潤で水はけのよい、広い場所の日向に植える。定期的に花がら摘みを行なうと開花期が長引く。また切花に用いると繰り返し開花する。株分け、かかと挿し、または実生で殖やす。

Helenium autumnale
一般名：ダンゴギク
英　名：SNEEZEWEED
☼ ❄ ↔0.9m ↕1.5m
北米原産の多年草で茎が多く分岐し、狭長、鋸のある長さ15cmの葉と黄～黄金色の幅広い頭状花がつき、20個はどの舌状花からなる。'サンシャイン ハイブリッド'は、黄、オレンジ、赤茶、赤色とさまざまな色がある。
ゾーン：3～9

Helenium hoopesii
☼ ❄ ↔100cm ↕100cm
アメリカ合衆国南西部原産。葉は長さ30cm。上部の葉は矢尻形で、より小さい。頭状花は8cm、21個のオレンジ色の舌状花が水平につく。
ゾーン：3～9

Helenium Hybrid Cultivars
（ヘレニウム交雑品種）
☼ ❄ ↔100cm ↕100cm
ヘレニウムの交雑種は、ほとんどが*Helenium autumnale*を交配親としている。花つきがよく、ふつう原種よりも小形である。人気のある品種には以下のものがある。'モーレイム ビューティ'は赤茶～赤色で下向きの舌状花。**Pipsqueak**/ピプスクィーク／'プロピップ'は高さ45cm、黄色の小花と赤茶色の筒形花がつく。'ワルドトラウド★'は茶色がかったオレンジと金色の花。'ワインドレー'は金～黄褐色の舌状花と茶色の頭状花を持つ。
ゾーン：5～9

HELIAMPHORA
（ヘリアンフォラ属）
英　名：SUN PITCHER, MARSH PITCHER

ブラジル、ギアナ、ベネズエラの砂岩質の高地原産で、サラセニア科に属する食虫植物であり、9種が知られている。高さ40・50cm。円筒形、緑～赤色の嚢状葉があり、ほとんどの種に小形で下垂したキャップがある。嚢状葉はロゼット状で茎の基部につく。虫は鮮明な色と嚢状葉の蓋にある蜜に引き寄せられる。嚢状葉の内側上部は逆毛で覆われ、それより下は平滑ですべりやすい。昆虫はこの中の水たまりに滑り落ちて消化される。学名はギリシャ語で「沼地」を意味する*marsh*と「水差し」を意味する*amphora*からきている。

〈栽培〉
ミズゴケ、またはピート4、パーライト1の用土に植え、日向で育てる。高温地帯ではポットを日陰に移動させるか水を張ったトレイに漬けておく。頭から灌水し、定期的に霧吹きをする。薄めた液肥を数週間ごとに与える。理想的な温度は日中18～26℃、夜間2～10℃。無加温または加温の温室でよく育つ。春に株分けで殖やす。

Helenium autumnale

ヘレニウム、HC、ピプスクィーク／'プロピップ'

Heimia salicifolia

Heliamphora heterodoxa

☼/☼ ❄ ↔30cm ↕45cm

ベネズエラのトロノ、チマンタ、アウヤン、およびプタリ・テペイ高原原産。黄緑色の嚢状葉があり、ふつう上部に向かって赤色。嚢状葉の蓋は幼体では緑で成体になると赤くなる。下から1/3のところにくびれがある。初冬から晩冬にピンクと白の花がつく。もっとも育てやすい。
ゾーン：10～12

Heliamphora minor

☼/☼ ❄ ↔15cm ↕8cm

本属ではもっとも小形品種でベネズエラのアウヤン・テペイおよびチマンタ・テペイ原産。緑～赤色、長さ8cm、円錐形の嚢状葉を持つ。幼体では白毛を帯び、成体では中央の継ぎ目と縁に毛がある。春にピンク色の花がつく。*H. m. × heterodoxa*は淡いピンク色の花がつく。
ゾーン：8～10

Heliamphora heterodoxa

Heliamphora minor × heterodoxa

Heliamphora nutans × heterodoxa

ヘリアンテムム、HC、'ベン ヘックラ'

Heliamphora nutans ★

☼/☼ ❄ ↔30cm ↕25cm

ベネズエラのロライマ山およびデュイダ山原産。じょうご形の緑色の嚢状葉は周囲が赤く、高さは最大25cm。晩冬から春に、長さ50cmの花茎に黄色の花がつく。*H. n. × heterodoxa*は、嚢状葉が薄緑色。
ゾーン：8～10

HELIANTHEMUM
（ヘリアンテムム属）

英　名：ROCK ROSE、SUN ROSE

キスツス属の近縁で110種ほどの常緑または亜常緑の低木または亜低木からなる。ハンニチバナ科に属し、広く栽培されてはいないが、自生地の範囲はユーラシア大陸、北アフリカおよび両アメリカ大陸と広い。低いマウンド状になる短命の植物で、葉にはふつう毛があり、灰緑色に見える。花は小形で一重咲きのバラに似ており、個々の花は短命だが、晩春から夏に次々と開花する。色はふつう明黄色、オレンジ、赤、ピンク色で明黄色の雄ずいが中心に密生する。

〈栽培〉
花つきをよくするには、日向で栽培することが必要で、日向のボーダー、ロックガーデンまたは大型のコンテナ栽培に適す。やや砂質で水はけのよい土壌に向く。夏は湿気を切らさず冬は乾燥させる。花後、やや剪定して株姿を整え、成長を促す。実生で殖やす。交雑種と栽培品種は挿し木か株分けで殖やす。

Helianthemum almeriense

異　名：*Helianthemum leptophyllum*

☼ ❄ ↔30cm ↕10～20cm

スペインからイタリアにかけての南欧原産。小形、直立の株立ちで、有毛、灰緑色の細い葉がつき、夏に径18mmの黄色の花が咲く。
ゾーン：7～10

Helianthemum apenninum

☼ ❄ ↔50～60cm ↕30～40cm

軟木質の亜低木でイタリア北西部からトルコ原産。灰緑色、30mmの葉、黄色の雄ずいがあり、径30mmの純白の花がつく。花は短命だが、開花期は春から真夏まで。
ゾーン：6～10

Helianthemum croceum

☼ ❄ ↔40～50cm ↕30～35cm

ヨーロッパ南部とアフリカ北部原産。やや多肉、長さ18mmの葉がつく。花は径18mmで黄色、白色または杏色。
ゾーン：7～10

Helianthemum nummularium

異　名：*Helianthemum chamaecistus*
一般名：ハンニチバナ
英　名：COMMON SUN ROSE、SUN ROSE

☼ ❄ ↔60cm ↕50cm

広く栽培されている品種で多くの交雑種、栽培品種の親として使われる。葉の表面は暗緑色、裏面は灰緑色でフェルト状。花は明黄色、オレンジまたは赤色など、紫と青を除くほとんどの色がある。*H. n.* subsp. *glabrum*（syn. *H. nitidum*）はヨーロッパ中部と南西部原産で、やや毛は少ないが、縁に軟毛がある。橙黄色の花がつく。
ゾーン：5～10

Helianthemum apenninum

ヘリアンテムム、HC、'ベン レディ'

Helianthemum croceum

Helianthemum Hybrid Cultivars

Helianthemum oelandicum

☼ ❄ ↔30cm ↕20cm

ヨーロッパ原産種。亜低木で、葉がマウンド状になる。葉の長さは12mm以下で明～濃緑色、表面は平滑、または細毛で覆われる。春から夏に小形で明黄色の花がつく。亜種は6種あり、ヨーロッパに広く分散する。*H. o.* subsp. *incanum*は南欧および北アフリカ原産で不規則に広がり、変種が多い。灰緑色、長さ30mmの葉。春から真夏に、径30mm、明黄色の花が多数つく。
ゾーン：6～10

Helianthemum, Hybrid Cultivars
（ヘリアンテムム交雑品種）

☼ ❄ ↔45～90cm ↕15～30cm

高山植物やロックガーデンの愛好家によって色どり豊かな栽培品種が多数作出されてきた。ほとんどが *H. nummularium*を背景に持つ。'ベン ヘックラ'は、銅金色の花。'ベン ホープ'は、葉が少なく、赤い花がつく。中心はオレンジ色。'ベン レディ'は、暗緑色の葉、濃桃色の花。'ベン ヴェーネ'は、赤茶色の花。'ベン ヴォーリッヒ'は、オレンジ色の花。'バター アンド エッグズ'は、黄白色。'ダズラー'は、暗緑色の葉、濃赤色の花。'ファイアー ドラゴン'は、灰緑色の葉、橙赤色の花。'ゴールデン クィーン'は、明黄色の花。'ヘンフィールド ブリリアンド'★は、灰緑色の葉、暗赤色の花。'ジュビリー'は、八重咲きの淡黄色の花。'ミセスC．W．アール'は、八重咲きの深紅色。'オレンジ サプライズ'は、オレンジ色の花。'ラズベリー リップル'は、先端が白で、赤みの濃桃色の花。'ロ―ダンテ カルネウム'は、銀灰色の葉、中心がオレンジのピンク色の花。'ローズ クィーン'は、ローズピンクの花。'**サドベリー ジェム**'は、灰緑色の

ヘリアンテムム、HC、'ベン ヴェーネ'

ヘリアンテムム、HC、'バター アンド エッグ'

ヘリアンテムム、HC、'ヘンフィールド ブリリアント'

ヘリアンテムム、HC、'ベン ヴォーリッヒ'

ヘリアンテムム、HC、'ファイアー ドラゴン'

ヘリアンテムム、HC、'ローダンテ カルネウム'

ヘリアンテムム、HC、'ミセス C. W. アール'

ヘリアンテムム、HC、'サドベリー ジェム'

ヘリアンテムム、HC、'ウィズリー プリムローズ'

葉、濃桃色の花で中心が赤色。'ザ ブライド'は、銀白色の葉、白の花。'ウィズリー ピンク'は、銀灰色の葉、淡桃色の花。'ウィズリー プリムローズ'は、灰緑色の葉、淡黄色の花。'ウィズリー ホワイト'は、灰色の葉に白い花がつく。

ゾーン：6～10

HELIANTHUS
(ヒマワリ属)

英 名：SUNFLOWER

ヒマワリの名前は花首が太陽のほうを向くことを意味する。70種の一年草と多年草があり、南北アメリカ大陸原産でキク科に属する。もっともよく知られているのは*H. annuus*で高さ1.8m以上、切花として人気があり、種子と抽出オイルが商品に用いられるため、広く栽培されている。ほかの品種はより小形で葉は心臓形よりも披針形が多い。ほとんどの品種の茎は有毛。花は葉よりも上につき、ほとんどが黄色。八重咲きが一般的である。

〈栽培〉
肥沃で湿潤、水はけのよい広い土壌の日向で栽培する。最盛期を過ぎた頃にだけどん粉病の発生することがある。一年草の繁殖は実生、多年草は株分けとかかと挿しで行なう。

Helianthus angustifolius
英 名：SWANP SUNFLOWER

☀ ❄ ↔0.6～0.9m ↕2m

アメリカ合衆国東部原産の二年草または短命の多年草。有毛で細い矢尻形、長さ20cmの葉を持つ。金色の舌状花と、茶紫色で径5cmの筒形花を持つ花が秋に咲く。

ゾーン：6～9

Helianthus annuus、フランス、プロヴァンス地方

Helianthus annuus 'リング オブ ファイアー'

Helianthus annuus 'ルビー エクリプス'

Helianthus annuus 'サンリッチ オレンジ'

Helianthus annuus 'テディ ベア'

Helianthus debilis
☼ ❄ ↔0.6m ↕2m
メキシコ湾岸原産の一年草。葉は長さ15cm、広披針形、全縁または深い鋸歯縁、有毛または無毛。夏に、黄色の舌状花がえび茶色、径6cmの筒形の花のまわりにつく。
ゾーン：7〜11

Helianthus decapetalus
英 名：THIN-LEAF SUNFLOWER
☼ ❄ ↔0.6m ↕2m
アメリカ合衆国中南部と南東部原産の多年草。長さ20cm、粗毛があり、披針形の葉がつく。真夏から径8cmの頭状花がつく。舌状花、筒形の花とも黄色。
ゾーン：5〜9

Helianthus giganteus
英 名：GIANT SUNFLOWER
☼ ❄ ↔0.9m ↕4.5m
カナダからアメリカ合衆国南部原産の多年草。葉は長さ20cm、浅裂の鋸歯縁、細毛があり、先端が丸い披針形。真夏から径8cm、黄茶色の筒形の花のまわりに黄色の舌状花がつく。
ゾーン：4〜9

Helianthus maximilianii
☼ ❄ ↔0.6〜0.9m ↕2〜3m
テキサスからカナダ南部原産の多年草。長さ20cmの葉が基部に多数つき、主に浅い鋸歯縁があり、青緑色、披針形。秋に径10cm、黄色の頭状花がつく。
ゾーン：4〜9

Helianthus annuus 'イタリアン ホワイト'

Helianthus annuus
一般名：ヒマワリ
英 名：COMMON SUNFLOWER
☼ ❄ ↔0.6〜1.2m ↕3〜5m
アメリカ合衆国原産の成長の速い一年草。葉は幅広く、有毛、鋸歯縁があり、長さ16cmほど。頭状花は径40cmで真夏に咲き、黄金色の舌状花が茶紫色の筒形の花のまわりにつく。多くの栽培品種があり、'イタリアン ホワイト'は、高さ1.5m、花はごく淡い黄色。'ミュージック ボックス'は、雑色で舌状花の色は2色あり、高さ75cm。'リング オブ ファイアー'は、高さ1.5m、径12cm、黄と赤の舌状花。'ルビー エクリプス'は、高さ1.8m、赤みがかった舌状花、基部は赤色。無花粉。'サンビーム'は、黄金色の舌状花、筒形の花の外側は黄色、中心は緑色。'サンリッチ オレンジ'は、高さ1.5m、明るいオレンジ色の舌状花、無花粉。'テディ ベア'は、高さ0.9m、八重咲き、黄金色の舌状花、径12cm。'バニラ アイス'は、高さ1.5m、星型で径10cm、暗色の筒形の花のまわりに黄白色の舌状花がつく。
ゾーン：4〜11

Helianthus atrorubens
英 名：DARK-EYE SUNFLOWER
☼ ❄ ↔0.6m ↕2m
アメリカ合衆国南東部原産の多年草。長さ30cm、幅広、有毛、鋸歯縁の葉が基部に群生し、そこから直立の花茎が伸び、より小形の葉と径10cmの頭状花をつける。金色〜淡いオレンジ色の舌状小花が茶紫色の筒形の花のまわりにつく。
ゾーン：7〜10

Helianthus annuus 'ムーンシャドウ'

Helianthus annuus 'サンビーム'

Helianthus annuus 'バニラ アイス'

Helianthus × multiflorus 'Loddon Gold'

Helianthus salicifolius

Helichrysum frigidum

Helianthus, Hybrid Cultivar, 'Newcutt Gold'

Helianthus, Hybrid Cultivar, 'Sunny'

Heliantus × multiflorus
ヘリアントゥス×ムルティフロルス

☼ ❄ ↔0.6m ↕2m

*H. annuus*と*H. decaptalus*の交雑品種。葉裏に粗毛があり、披針形、下部の葉は長さ20cm。頭状花は径12cm近い。八重咲き、筒形の花がない場合もある。'カペノック スター'は、高さ1.5m、頭状花は淡い黄色。'ロッドン ゴールド'は、高さ1.5m、黄金色の頭状花で八重咲き。
ゾーン：5～9

Helianthus salicifolius
一般名：ヤナギバヒマワリ

☼ ❄ ↔0.6～1.2m ↕3m

アメリカ合衆国中南部原産の多年草。下垂性でわずかに有毛、狭披針形で長さ20cmの葉がつく。舌状花は黄色、黒色の筒形の花を持つ径20cmの花が秋に咲く。'ゴールデン ピラミッド'は、高さ1.5m、黄色い舌状花が八重につく。
ゾーン：4～9

Helianthus tuberosus ★
一般名：キクイモ
英　名：JERUSALEM ARTICHOKE

☼ ❄ ↔1.5m ↕3m

カナダからアメリカ合衆国原産、塊根を持つ多年草。粗毛があり、鋸歯縁、先端の丸い披針形で長さ30cmの葉がつく。花は径10cmで秋に咲く。横張り性でコンテナ栽培向き。
ゾーン：4～9

Helianthus Hybrid Cultivars
(ヒマワリ交雑品種)

☼ ❄ ↔0.9～1.2m ↕1.2～2m

強健で耐寒性があり、園芸家に人気がある。'モナーチ'は、径15cm、金色の舌状花で八重咲き。'ニューカット ゴールド'は、濃い黄色。'サニイ'は、明黄色で八重咲き。
ゾーン：5～10

HELICHRYSUM
(ヘリクリスム属)

近年、植物学者による見直しが行われ、かつては500種あったヘリクリスム属は数が減少した。キク科に属し、多年草として知られているが低木種もある。フェルト状の分厚い単葉は、ふつう淡緑～灰緑色。花は小形で舌状花または花弁がなく、派手さはないが密生してつくので目につく。

〈栽培〉
ほとんどが干ばつに耐性がある。日向の、砂質の水はけのよい土壌に植える。耐霜性には差があるが、長期間の寒さに耐えられるものはない。湿気が多いと霜害を受ける前に根腐れする。剪定、整枝を春に行なう。実生で殖やすか(自己繁殖を行なう種もある)圧条法で取り木する。半熟枝挿しは夏と秋の両方に行なうことができる。

Helichrysum adenophorum
☼ ❅ ↔40cm ↕50cm

東オーストラリア原産の一年草。小形で有毛、緑色の葉、紙質のピンクがかった白い花が温暖な季節を通してつく。
ゾーン：9～11

Helichrysum appendiculatum
英　名：SHEEP'S EARS

☼ ❅ ↔50cm ↕50cm

南アフリカ原産の夏咲きの多年草。披針形で長さ8cmの葉は白～灰色の細毛で覆われる。径12mm、白、黄、ピンクの花序がつく。
ゾーン：9～11

Helichrysum ecklonis
☼ ❅ ↔40～60cm ↕10～40cm

南アフリカ原産の夏咲き多年草。匍匐性だが直立する場合もある。長さ20cm楕円形の葉がロゼットを形成する。軟毛で覆われ、クモの巣状になる場合もある。頭状花は一重咲きで径30mm、白～紫色。
ゾーン：9～11

Helichrysum frigidum
☼ ❄ ↔30cm ↕10cm

サルディニア島およびコルシカ島原産の亜低木で、春から夏に密に花をつける。長さ6mm、白～灰色の毛で覆われた葉が地際に分厚く生える。頭状花は白色、径12mmで、単生する。
ゾーン：8～10

Helichrysum italicum
☼ ❄ ↔50cm ↕40cm

夏咲き、芳香のある多年草でヨーロッパ南西部原産。まばらな細毛を持つ長さ30mmの葉がつく。褪せた白～黄色の頭状花が小さく群生する。*H. i.* subsp. *serotinum*（カレープラント）は強いカレー粉の匂いがする。
ゾーン：8～10

Helichrysum appendiculatum

Helichrysum ecklonis

Helichrysum meyeri-johannis
☼ ❄ ↔30cm ↕15cm
夏から秋咲きの高山性多年草でケニヤ、キリンヤガ山原産。葉は小形の披針形で灰色の毛がある。頭状花は赤色、小形で丸い。
ゾーン：9～10

Helichrysum milfordiae
☼ ❄ ↔30cm ↕15cm
春咲き、クッション状になる亜低木で南アフリカ原産。分厚い軟毛があり、長さ12mmのへら形の葉。濃桃～赤色の蕾が開くと径35mmの白い頭状花になる。
ゾーン：8～11

Helichrysum montanum
異名：*Helichrysum splendidum* var. *montanum*
☼ ❄ ↔30cm ↕30cm
夏咲き、カーペット状～マウンド状になる南アフリカ原産の多年草。細かい軟毛が密生した白～銀色の葉と小形の黄色い頭状花がつく。
ゾーン：9～10

Helichrysum orientale
☼ ❄ ↔50cm ↕30cm
ギリシャおよびエーゲ海沿岸原産の夏咲きの亜低木。白い軟毛があり、狭いへら形で長さ5cmの葉が基部に密生する。径12mm以下、銀白～淡黄色の頭状花が小さく群生する。
ゾーン：7～10

Helichrysum petiolare
一般名：ヘリクリスム・ペチオラレ
英名：LICORICE PLANT
☼ ❄ ↔1.5m ↕30～45cm
南アフリカ原産で横張り性、マウンド状の地被を形成する。冬に開花する。長く軟らかい茎、円形、長さ30mmの葉がつく。葉と茎は淡灰色の軟毛で覆われる。頭状花は、くすんだ白色で緩やかに群生する。'ライムライド'は、独特な黄緑色の葉。'ワリエガトゥム'は、灰色と黄白色の斑入り葉。
ゾーン：9～11

Helichrysum plicatum
☼ ❄ ↔30cm ↕50cm
夏咲き、直立の多年草でヨーロッパ南東部原産。有毛、狭披針形～へら形で長さ35mmの葉が基部に密生する。頭状花は径6mmで黄色、密生する。
ゾーン：7～9

Helichrysum rutidolepis

Helichrysum retortoides
☼ ❄ ↔30cm ↕10cm
マウンド状になる亜低木で南アフリカ原産。光沢のある暗緑色、長さ5cmの葉は幼葉では銀白色だが、成長と共に毛が薄くなる。頭状花は銀白色、時にピンクがかった白色で晩春から晩夏にかけて咲き続ける。
ゾーン：9～11

Helichrysum rutidolepis
英名：PALE EVERLASTING
☼ ❄ ↔80cm ↕30cm
秋咲き、丈の低い横張り性の多年草で、オーストラリア南東部原産。葉は細く、幼葉には軟毛があり成長するとまばらになる。明金色の頭状花がつく。
ゾーン：9～11

Helichrysum sibthorpii
☼ ❄ ↔80cm ↕30cm
夏咲きの小形の多年草で、ギリシャ北部原産。丈は低く横に広がる。茎に軟毛があり、へら形、長さ5cmの葉がつく。頭状花は径12mmで白色。
ゾーン：7～10

Helichrysum splendidum
☼ ❄ ↔0.9m ↕1.5m
秋～冬咲きの低木でアフリカ東部および南部原産。狭披針形の葉は、長さ5cm以上、軟毛で薄く覆われている。頭状花は小形で黄～オレンジ色、群生する。
ゾーン：8～11

Helichrysum stoechas
ヘリクリスム・ストエカス
☼ ❄ ↔50cm ↕50cm
夏咲きの株立ち多年草でヨーロッパ南部と西部原産。白～灰色のフェルト状で長さ30mmの狭長の葉がつく。非常に小形の白い花が群生する。'ホワイト バーン'（syn.'エルムステッド'）は、高さ60cm、白いフェルト状の葉と淡黄色の頭状花がつく。
ゾーン：8～10

Helichrysum milfordiae

Helichrysum petiolare 'Limelight'

HELICONIA
（ヘリコニア属）
英名：FALSE BIRD OF PARADISE, BIRD OF PARADISE, LOBSTER CLAW, WILD PANTAIN
アメリカ熱帯地方、南アジア、太平洋諸島に広く分布するバショウ科の常緑多年草で約100種ある。低木から高木まであり、カンナまたはバナナに似た大形の葉がつく。葉も印象的だが、鑑賞の中心は花序にあり、小花を支える色鮮やかな苞葉は、隣り合う苞葉と重なってらせん状につく。そのため、学名は「らせん」を意味するギリシャ語のhelixからきている。ほとんどの種がたえまなく花をつける。

〈栽培〉
ごく少数の種を除いて、寒冷な気候には耐性がない。温暖地帯の、腐植質が多く、直射日光が当たらない、多湿だが水はけのよい半日陰に植える。潅水と施肥をじゅうぶん行なう。花がらを摘むと花つきがよくなる。株分けか、種子があれば実生で殖やす。

Heliconia angusta
ヘリコニア・アングスタ
☾ ❄ ↔2m ↕4.5m
ブラジル南東部原産でバナナに似た成長習性がある。葉は長さ0.9m、まばらな毛が葉裏にある。花序は上向きで大形、黄、オレンジ、または赤色の苞葉は先端が緑色で、白～薄黄色の花を包んでいる。'ホリデー'は、濃桃色、苞葉は赤色。'イエロー クリスマス'は、山吹色、苞葉は緑色。
ゾーン：10～12

Helichrysum meyeri-johannis

Helichrysum orientale

Helichrysum plicatum

Heliconia aurantiaca

Heliconia caribaea

*Heliconia latispatha*の自生種、コスタリカ、グアジャボ国立記念自然指定区

Heliconia aurantiaca
☼ ⚡ ↔0.9m ↕2m
メキシコからコスタリカ原産。細く硬い茎に楕円形で長さ35cmの細い葉がつく。直立、花は単生し、苞葉が5個あり、オレンジ～赤色、黄色または緑色。花は黄白～オレンジ色。ゾーン：10～12

Heliconia bihai
ヘリコニア・ビハイ
英　名：MACAW FLOWER, WILD PLANTAIN
☼ ⚡ ↔0.6～2m ↕2～5m
南アメリカの中央部および熱帯地方原産で、バナナに似た茎が群生する。葉脈は赤色、長さは最長で1.8mだが、ふつうはそれより短い。上向きの長い花序で、緑色の縁のある赤い苞葉が先端の白い花を包み込む。'**アウレア**'は苞葉の縁は幅広く金色。'**チョコレート ダンサー**'は、濃赤茶色の苞葉に金色の縁がある。'**エメラルド フォレスド**'は細い明緑色の苞葉。'**シェイファー**'は鮮赤色の苞葉、縁がオレンジ色。'**イエロー ダンサー**'は黄色の苞葉の先端が緑色になる。
ゾーン：10～12

Heliconia caribaea
一般名：カリビアヘリコニア
英　名：BALISIER, WILD PLANTAIN
☼ ⚡ ↔0.6～2m ↕2～5m
西インド諸島原産で、バナナに似た茎に、長さ1.2m、先鋭、楕円形の葉がつく。きわめて短い上向きの花序で、金～赤色、三角形の苞葉が15個ほど重なりながら2列につく。苞葉は先端と舟弁が緑色。花は白色で先端が緑色。'**バルバドス フラッド**'は非常に扁平な花序で赤茶色の苞葉に黄色の縁がある。'**ゴールド**'は苞葉が黄金色。'**フラッシュ**'は苞葉の基部が黄色で中心が赤、縁が緑色。
ゾーン：10～12

Heliconia collinsiana
英　名：HANGING HELICONIA
☼ ⚡ ↔1.5～2m ↕4.5～6m
メキシコ南部からニカラグア原産でバナナに似る。葉は0.9～2m、花序は下垂性で最高18個の大形の苞葉がつき、オレンジ～赤色で中心は薄色。花は黄～オレンジ色で部分的に突出している。
ゾーン：10～12

Heliconia farinosa
異　名：*Heliconia brasiliensis*
☼ ⚡ ↔0.9m ↕2m
ブラジル南東部原産でバナナに似た成長習性を持つ。葉は長さ80cmで薄く粉をふいていることがある。楔形の直立した花序で、細い赤色の苞葉が黄色または赤色の花を囲むようにつく。
ゾーン：10～12

Heliconia latispatha
☼ ⚡ ↔0.9～2m ↕3m
メキシコ南部からコロンビアおよびベネズエラ原産。幅広い、長さ1.5mの葉がつき、ときに縁は赤みがかる。上向きの花序で長細い苞葉は先端に向かって尖り、黄色で幅広い赤い縁がある。
ゾーン：10～12

Heliconia longiflora
☼ ⚡ ↔0.6～1.5m ↕2～5m
中央アメリカ原産で、細く硬い直立した茎が数多く分岐し、狭長、先鋭、長さ0.9mの葉がつく。苞葉はオレンジ色だが、黄色の場合もある。花は白色。
ゾーン：10～12

Heliconia psittacorum

*Heliconia longliflora*の自生種、コスタリカ、マヌエルアントニオ国立公園

Heliconia bihai '**イエロー ダンサー**'

Heliconia collinsiana

Heliconia psittacorum
一般名：オオムバナ
英　名：PARAKEET FLOWER, PARROT FLOWER
☼ ⚡ ↔50～80cm ↕0.6～2m
ブラジル東部および西インド諸島南部原産の小形品種。バナナに似た習性を持つ、ごく細い茎に長さ50cmの狭長の葉がつく。葉の縁と茎は赤色。丈の高い、上向きの花序で、ピンク、オレンジ、または赤色の大形の苞葉が少数つく。多数の栽培品種があり、色数も多い。'**ストロベリー アンド クリーム**'は黄白色と濃桃色の苞葉を持つ。
ゾーン：10～12

Heliconia psittacorum 'Strawberries and Cream'

Heliconia stricta 'アイリス'

Heliconia vellerigera

Heliconia rostrata

*Heliconla trichocarpa*の自生種、コスタリカ、グアジャボ国立記念自然指定区

Heliconia wagneriana

Heliconia rostrata
☽ ⚘ ↔ 50〜80cm ↕ 0.9〜1.2m
ペルーとアルゼンチンの温暖湿地帯に見られる。0.6〜1.2mの葉と、長さ60cmの下垂性の花序を持つ。苞葉は強く湾曲し、赤色、緑色の縁があり、花は黄緑色。
ゾーン：10〜12

Heliconia schiedeana
☽ ⚘ ↔ 80〜150cm ↕ 2〜3m
メキシコ南部原産でバナナに似た成長習性を持つ。葉は長さ1.5m、クモの巣状の毛が葉裏の主脈にある。花は有毛で上向き、長さ約60cm。苞葉はらせん状につき、大きさは異なり、大形になる種もある。苞葉はオレンジ〜赤色、花は黄緑色。
ゾーン：10〜12

Heliconia stricta
ヘリコニア・ストリクタ
☽ ⚘ ↔ 0.6〜2m ↕ 0.9〜4.5m
バナナに似た南アメリカ熱帯原産種で、大きさは異なる。葉は長さ0.3〜1.5m。花序は上向きで、長さ30cm。苞葉はオレンジ〜赤色で先端が緑色、縁は黄色。'アリ'は高さ50cm、主脈が赤色、苞葉は縁が緑色または黄色。'アイリス'の苞葉は鮮赤色。'アイリス バンノキー'は、高さ1.5〜3m、ピンクがかった赤色の苞葉で舟弁と縁が緑色。'タガミ'は高さ3m、苞葉は赤色で、舟弁は黄色、縁は緑色。
ゾーン：10〜12

Heliconia trichocarpa
☽/☀ ⚘ ↔ 1.8〜2.4m ↕ 1.8〜3.5m
コスタリカからコロンビア原産。複数の細い偽茎が直立し、長い葉柄に葉がつく。花序は下垂性でZ型。苞葉はらせん状につき、先端が細くなり、明赤色。
ゾーン：11〜12

Heliconia vellerigera
☽ ⚘ ↔ 1.8〜2.4m ↕ 4.5〜6m
コロンビア、エクアドル、ペルー原産の巨大種。葉は1.2〜3m。下垂性の花序で、長さ1.5mの茎と苞葉が茶色の軟毛で覆われる。50個以上の赤色の苞葉がらせん状につく。花は黄色。
ゾーン：10〜12

Heliconia wagneriana
☽ ⚘ ↔ 1.2〜2m ↕ 3.5m
中央アメリカからコロンビア北部原産でバナナに似る。葉縁は波形、長さ1.8m。花序は直立で長さ45cm。苞葉は濃桃色、オレンジ、赤色で黄白色の舟弁と緑色の縁がある。
ゾーン：10〜12

HELICTOTRICHON
(ミサヤマチャヒキ属)
英 名：OAT GRASS

イネ科の多年草で、60〜100種ある。ほとんどが温帯の境界の乾燥した牧草地および森林地帯に自生する。主にユーラシア大陸だが、ほかの温帯でも見られる。叢生で高さ0.9〜2mの細い稈と、屈曲または内側に湾曲した扁平な葉身を持つ。花は直立か下垂向きの円錐花序で、夏に咲く。*H. sempervirens*（ブルーオーツグラス）は主要なオーナメンタルグラスで見ごたえがあり、ボーダーやコンテナ栽培に向く。学名はギリシャ語の*heliktos*（曲がった）と*thrix*または*trichos*（髪、または粗毛）からきており、芒の形を指している。

〈栽培〉
自生地にもよるが、ほとんどが日向と水はけのよい土壌を好み、きわめて干ばつに耐性がある。春に寒冷で常に降雨があるともっともよく開花するが、高温多湿ではあまり開花しない。水はけをよくして根腐れを防ぎ、−15℃以下ではマルチングをする。

Helictotrichon sempervirens ★
異 名：*Avena candida*, *A. sempervirens*
一般名：ブルーオーツグラス
英 名：BLUE OAT GRASS
☀ ❄ ↔ 90cm ↕ 60cm
地中海沿岸の乾燥した岩山に自生し、群生する。直立した鮮明な銀青色の葉が分厚く束生し、温暖な気候では常緑になる。晩春に淡黄色の花序が長さ60cmの細く湾曲した茎につく。'ペンデュラ'は花つきが多く、より下向きにつく。'ロブスタ'は多湿でも根腐れしにくい。'サフィルスプルデル'は鋼のような青色で、きわめて根腐れしにくい。
ゾーン：4〜9

HELIOHEBE
(ヘリオヘベ属)

ニュージーランド原産の常緑小低木および亜低木でゴマノハグサ科に属するが、以前はヘベ属に分類されていた。現在は5種がヘリオヘベ属に分類され、全てがニュージーランド南島の北東部および中東部に原生する。葉はふつう距歯縁、葉縁と花は赤色で、茎頂に円錐花序につく。

〈栽培〉
ヘリオヘベ属は軽い水はけのよい土壌を好み、湿気を嫌う。繁殖は実生か挿し木で行なう。

Helictotrichon sempervirens

Heliohebe raoulii

Heliohebe 'Hagley Park'
異　名：*Hebe*'ハグリー パーク' 'ハグレイエンシス'、
'レディ ハグリー'、*Veronica*'ハグレイ'
一般名：ヘリオヘベ 'ハグリー パーク'
☼ ❄ ↔60cm ↕45cm
*H. raoulii*と*H. hulkeana*の偶発実生と思われる。横張り性低木で、鋸歯縁、赤色、長さ18〜30mmの非常に光沢のある葉がつく。秋の半ばから初冬に藤色の小花が茎頂に上向きの円錐花序につく。
ゾーン：8〜10

Heliohebe hulkeana
ヘリオヘベ・フルケアナ
異　名：*Hebe hulkeana*、*Veronica*'Hailciana'、*V.* 'Hulkei'、*V.* 'Lawtonii'
英　名：NEW ZEALAND LILAC
☼ ❄ ↔90cm ↕36cm
ニュージーランド南島、マールボロとカンタベリー北部に見られ、標高900mまでの崖地や絶壁に自生する。葉は長さ35mmの長楕円形、細毛があり、光沢のある緑色、縁は赤色。長い花茎の先につく小花は紫〜白色で初夏に開花する。'ライラック ヒンド'は小形の葉で淡い紫色の花。'サリー ブランド'はより大形の葉で藤色の花。
ゾーン：8〜10

Heliohebe raoulii
異　名：*Hebe raoulii*
☼ ❄ ↔75cm ↕25cm
ニュージーランド南島、カンタベリーの標高150mの乾燥岩山地帯に見られる。長さ12〜25mm、鋸歯縁、赤色の葉。春にピンクモーヴの円錐花序が茎頂につく。
ゾーン：7〜10

HELIOPHILA
(ヘリオフィラ属)
英　名：CAPE STOCK
アブラナ科の亜低木で、南アメリカ原産の71種の一年草である。直立性、横張り性またはよじ登り性で、羽状裂葉を持つ。4弁の総状花序で白、青、ピンクなど夏には色とりどりの花をつける。

〈栽培〉
栽培品種はふつう一年生。冷涼地帯では温室内に播種し、温暖地帯では栽培地に播種する。水はけのよい、広い日向で育てる。実生繁殖する。

Heliophila coronopifolia
☼ ❄ ↔30〜60cm ↕30〜60cm
南アフリカ原産の一年草で全縁または羽状裂葉を持つ。夏に青い小形の総状花序が、葉群の上に多数つく。
ゾーン：9〜11

Heliophila leptophylla
☼ ❄ ↔30〜45cm ↕30〜45cm
南アフリカ原産の多年草で細かく切れ込んだ青緑色の葉がつく。小形の花は明青色で中心の黄色いのが特徴である。
ゾーン：9〜11

HELIOPSIS
(ヘリオプシス属)
英　名：FALSE SUNFLOWER、OX-EYE
北アメリカ原産で、13種ある。緩やかに分岐する直立の多年生草本で、キク科に属する。デイジーに似た明黄色の頭状花が、真夏から秋までの長期間につく。属名には「太陽に似ている」という意味がある。

〈栽培〉
完全な耐霜性があり、花壇の縁取りに適する。日向を好み、夏中湿気を絶やさない標準的な土壌がよい。支柱の必要な場合もある。繁殖は実生または春か秋に定期的に株分けで行なう。

Heliopsis helianthoides
一般名：ヒメヒマワリ
英　名：EVERLASTING SUNFLOWER、FALSE SUNFLOWER、SMOOTH OX-EYE
☼ ❄ ↔30〜60cm ↕60〜60cm
カナダのオンタリオ地方からアメリカ合衆国のフロリダおよびミシシッピー州原産。楕円形〜剣形、平滑、粗い鋸歯縁、長さ15cmの緑色の葉がつく。径8cmのデイジーに似た多数の頭状花が、長さ25cmの茎につく。*H. h.* var. *scabra* (ヘリオプシス・ヘリアントイデス・スカブラ)は八重の黄橙色の花がつき、粗毛のある茎と葉を持つ。'インコンパラビリス'は一重の黄橙色の花。'ライト オブ ロッドン'は八重咲きの明るい金橙色の花で、高さ120cm。
ゾーン：3〜9

Heliopsis Hybrid Cultivars
(ヘリオプシス交雑品種)
☼ ❄ ↔30〜60cm ↕1.2m
全種が多年草で明緑色の葉を持つ。'ゴールッジフィーダー'(オックスアイ)は遅咲き、高さ120〜150cmで八重咲き、金色のデイジーに似た花。'ロレイン サンシャイン'は矮性、斑入り、まばらに分岐する。緑色の葉脈のある白い葉と大形の黄金色のデイジーに似た花がつく。
ゾーン：3〜9

HELIOTROPIUM
(キダチルリソウ属)
中央アメリカおよび南アメリカの温帯に原生する。ムラサキ科に属し、250種がある。薬草として現地で重用されている種と、観賞に用いられる種がある。花は芳香があり、色は白、黄、青または紫色。

〈栽培〉
ほとんどの種が、肥沃な水はけのよい土壌で栽培し、夏に水を切らさず寒さを防ぐことが必要。日向から半日陰でよく育つ。降霜地帯では霜の当たらない場所に植える。花後すぐに適度な剪定を行なうと新芽が出る。春から夏に挿し芽で、秋から冬の温暖多湿の時期に半熟枝挿しで殖やす。

Heliotropium arborescens
一般名：ニオイムラサキ、ヘリオトロープ
英　名：CHERRY PIE、COMMON HELIOTROPE
☼ ↔50cm ↕0.9cm
ペルーの熱帯地方原産。横張り性、常緑の丸い低木。細い楕円形の葉表は光沢があり帯黒色、裏面は薄色。花は早春から晩夏にかけて夥しくつき、甘い香りがあり、紫〜藤色。栽培品種は縁取りやポット栽培に向く。'ブラック ビューティ'★は非常に濃い紫。'チャッツワース'は紫の花で強い芳香がある。'フレグラント デライド'も濃紫色で強い芳香がある。'アイオワ'は直立性で密生し、紫がかった葉。芳香性の濃紫色の花が大きなかたまりでつく。'ロード ロバーツ'は小形ですみれ色の花。'マリーン'は葉つきが多く、小形で青紫色の花。'プリンセス マリナ'は濃い青紫色の花。
ゾーン：9〜12

Heliophila coronopifolia

Heliophila leptophylla

Heliopsis, HC, Loraine Sunshine/'Helhan'

Heliopsis helianthoides var. *scabra*

Heliotropium curassavicum
◐/◉ ✽ ↔60cm ↕40cm
アメリカ大陸熱帯および亜熱帯地方原産の一年草から短命な多年草。横張り性で葉つきが多く、多肉の茎と葉がマウンド状になる。狭披針形、淡緑色、長さ5cmの葉。花序は茎頂につき、径10cm、黄白色だが成長すると紫色になる。
ゾーン：10～12

Heliotropium indicum
◐/◉ ✽ ↔80cm ↕100cm
葉つきの多い一年草で熱帯地方に広く分布する。茎は剛毛があり、散開性。波状、長楕円～披針形の長さ15cmの葉がつく。花は穂状で青、藤色または白色。
ゾーン：10～12

HELLEBORUS
（クリスマスローズ属）
英　名：LENTEN ROSE, WINTER ROSE
キンポウゲ科の多年草で、15種ある。イギリスの園芸家Gertrude Jekyllが愛好した花で、ムンステッド・ウッドの庭に数多く栽培していた。ヨーロッパから中国西部の温帯に見られ、茎は短く丈は低い。葉は鋸歯縁のあることが多く、掌状、地下茎から直接出現する。花弁は5枚あり、鉢杯形の花が冬の半ばから春に咲き、色は緑色、くすんだピンク、えび茶色、白色などがある。花の中心に緑色がかった蜜腺と黄色の雄ずいが多数ある。

〈栽培〉
深さがあり、肥沃で腐植質の多い土壌と半日陰を好む。矮性種はロックガーデン向き。多くが常緑に近いが、休眠中に古い葉を取り除くと生育がよくなる。繁殖は株分けか実生で行なうが、種子は2周期の積層法が必要。適切な気候では侵略性がある。

Helleborus argutifolius
ヘレボルス・アルグティフォリウス
◐/◉ ✽ ↔60～100cm ↕100cm
フランスのコルシカ島、イタリアのサルディニア島原産で冬～春咲き。常緑で革質、長さ20cm、軟らかい刺と鋸歯縁のある灰緑色の小葉からなる3出複葉を持つ。緑色、径5cmの大形の花がつく。'ジャネット スターネス'は小形、クリーム色の混じった葉がつく。'パシフィック フロスト'はクリーム、ピンク、緑色が混じった葉と白い花がつくが、えび茶色の品種もある。
ゾーン：7～10

Helleborus × ballardiae
一般名：ヘレボルス×バラリディアエ
◐/◉ ✽ ↔30～40cm ↕30cm
H. nigerとH. lividusの交雑種。葉は3～9裂で長さ15cm、青緑色に銀色の葉脈があり、半常緑。径6cm以上、淡緑色、白またはピンクの花が冬につく。
ゾーン：5～9

Helleborus argutifolius

Helleborus cyclophyllus
◐/◉ ✽ ↔60～80cm ↕40cm
ギリシャからアルバニア、およびブルガリア原産。8～11枚まれに25枚までの小葉からなる最長20cmの葉には裏面に毛がある。黄緑色、径5cmの花がつく。
ゾーン：7～9

Helleborus foetidus
ヘレボルス・フォエティドゥス
英　名：BEAR'S FOOT, STINKING HELLEBORE, STINKWORT
◐/◉ ✽ ↔60～100cm ↕60～80cm
イギリスからハンガリーに見られる常緑種。葉はつぶすと、ちくちくする。5～13枚からなる暗緑色の細い小葉には鋸歯縁がある。花は緑色、赤みがかることが多く、鐘形、径25mm、直立した茎につく。'グリーン ジャイアンド'は非常に明るい緑色の花、小葉は細かく切れ込む。'ミス ジェキル'の花は芳香性で時間によって強さが変化する。'シエラ ネバダ フォーム'は丈が30cmと低い。'ウェスター フリスク'は赤みがかった茎と葉、灰緑色の花。
ゾーン：6～9

Helleborus lividus
◐/◉ ✽ ↔60cm ↕40cm
スペインのマジョルカ島およびカブレラ島原産の常緑種。葉は単純な3つ葉で、紫を帯びた濃緑色、ふつう全縁。花は冬の半ばにつき、緑がかった紫色の品種と全体が紫色の品種があり、開花すると平らになる。低温多湿の冬に根腐れしやすい。
ゾーン：8～10

Helleborus cyclophyllus

Helleborus foetidus

Helleborus multifidus
◐/◉ ✽ ↔40～80cm ↕50cm
冬～春咲きの落葉種でイタリアおよびバルカン半島原産。葉は細かく切れ込む。花はふつう緑色で径35mm。典型品種はないが明確な亜種が3種ある。H. m. subsp. bocconeiの花は径8cm近い。H. m. subsp. hercegovinusは、細かいレース状の葉で、ごくまれに100枚ほどの小葉に分かれ最高185枚が記録されている。H. m. subsp. istriacusは濃い紫色がかった花がつく。
ゾーン：6～9

Helleborus niger
一般名：クリスマスローズ
英　名：CHRISTMAS ROSE
◐/◉ ✽ ↔30～50cm ↕30cm
冬～春咲きの常緑種でイタリアからドイツ南部原産。濃緑色、長さ20cm、裂のある革質の葉は、5～9枚の幅広い小葉からなる。花は白色、ときにピンクがかり、強健な茎につき、開花すると平らになる。H. n. subsp. macranthusは大形の花で葉は青緑色、柔らかい刺のある幅広い小葉からなる。H. n. 'ポッターズ ウィール'は径10cm、純白の花がつく。'ホワイト マジック'は暗色の茎、花は純白で成長するとピンクがかる。
ゾーン：3～9

Helleborus × nigercors
◐/◉ ✽ ↔60cm ↕60cm
H. nigerとH. argutifolisの交雑種。常緑で灰緑色の3～7枚の小葉からなり、鋸歯縁、柔らかい刺がある。大形の青緑がかった白色の花が冬の半ばから咲く。
ゾーン：7～10

H. arborescens 'Fragrant Delight'

Heliotropium arborescens 'Lord Roberts'

Heliotropium arborescens

Heliotropium curassavicum

Helleborus orientalis ★
一般名：レンテンローズ
英 名：LENTEN ROSE
☽/☀ ❄ ↔40〜60cm ↕40cm
冬咲きの半常緑種でトルコ北部、ギリシャ、黒海沿岸原産。小葉は7〜9枚で粗い鋸歯があり、最長25cm。花色は純白〜赤黒色までであり、黒点がある。*H. o.* subsp. *orientalis*は白色の花で、ときに帯緑色。*H. o.* subsp. *abchasicus*（ヘレボルス・オリエンタリス・アブカシクス）は赤〜帯紫色の花。*H. o.* subsp. *a.* 'アーリー パープル'（syn. *Helleborus atrorubens*）は、帯緑色。*H. o.* subsp. *guttatus*は白色の花、ふつう黒点がある。*H. o.* 'アルベリッチ'は早咲き、黒紫色の花。'バナナ スプリッド'は大形で黄白色の花。'ブルー スプレー'は暗色の蕾が開くと鐘形の薄紫色になる。'フレッド ホウィツェイ'は白色の花に紫色の斑点と縞がある。'ハデス'は黒い小斑点のある灰青色。'マルディ グラ'は赤い斑点のある白色の花。'プレイアデス'は矮性、赤い斑点のある白色の花。'サザン ベル'は長い茎に薄紫色の花がつく。'トロッターズ スポッテッド'は大形、紫色の斑点のある白色の花がつく。
ゾーン：5〜9

Helleborus purpurascens
☽/☀ ❄ ↔40〜75cm ↕30cm
ハンガリーからウクライナ原産の落葉種。葉は掌状、ふつう5枚の小葉が25裂に分かれ、裏面に毛がある。花は径8cm、紫色か灰青色、金属的な光沢がある。
ゾーン：6〜9

Helleborus ×*sternii*
☽/☀ ❄ ↔30〜80cm ↕30〜80cm
*H. argutifolius*と*H. lividus*の交雑種で常緑種。大きさは異なる。葉は濃い灰緑色、ときに紫がかり、葉脈は薄色。全縁または刺がある。冬にピンクまたは紫がかった緑色の花がつく。
ゾーン：7〜9

Helleborus vesicarius
☽/☀ ❄ ↔30〜40cm ↕60cm
トルコからシリア原産の多肉種で、夏に休眠する。開花時のみ他のヘレボルスに似る。葉は5裂し、鋸歯縁がある。晩夏に葉がつき、その後直立の花茎が出て、春に緑色がかった径25mmの花がつく。
ゾーン：7〜10

Helleborus multifidus subsp. *bocconei*

H. a. subsp. *abchasicus* 'アーリー パープル'

Helleborus viridis
英 名：GREEN HELLEBORE
☽/☀ ❄ ↔60cm ↕40cm
イギリスを含むヨーロッパ原産の落葉種。ふつう2枚の小葉に7〜13の裂があり、裏に軟毛がある。晩冬に、明緑色、ときに赤い筋のある花が単生する。
ゾーン：6〜9

HELONIOPSIS
（ショウジョウバカマ属）
メランチウム科に属する根茎を持つ多年草で4種ある。日本、朝鮮半島、台湾原産で山岳地方の森や牧草地に自生する。長楕円形〜披針形の葉で、基部のロゼットから茎が出て下垂性の花が春につく。花は単生または緩やかな散形花序につく。花色は白、ピンク、または黄色。
〈栽培〉
肥沃で湿気を含む土壌の半日陰で育てる。寒風が当たらないようにし、葉焼けを防ぐ。繁殖は株分けか実生で行なう。

Heloniopsis orientalis
異 名：*Heloniopsis japonica*
一般名：ショウジョウバカマ
☽ ❄ ↔20〜30cm ↕20〜30cm
日本および朝鮮半島原産で長楕円形、革質の葉が基部にロゼットを形成する。下垂性の花は朝顔状の花弁で茎に2〜10個つく。ピンクまたはすみれ色で、雄ずいは青みがかる。*H. o.* var. *kawanoi*は矮性で高さ5〜20cm。
ゾーン：7〜9

Helleborus niger

Helleborus × *hybridus* cultivar

Helleborus orientalis subsp. *guttatus*

HELWINGIA
（ハナイカダ属）
ミズキ科に属する落葉低木で3種あり、ヒマラヤ山脈、日本、台湾原産。雄株と雌株があり、互生、鋸歯縁の葉の表面に花が密生する珍しい植物。多肉で球状の核果がつく。
〈栽培〉
ハナイカダ属は湿気のある土壌で日向、または半日陰を好む。繁殖は株分け、または夏に緑枝挿しで行ない、温室で育てる。実生でも可能だが、繁殖を成功させるためには雄株と雌株を近くで育てる必要がある。

Helwingia japonica
一般名：ハナイカダ
☀ ❄ ↔1.5m ↕1.5m
中国および日本の南部原産。葉は楕円形、薄黄色で刷毛状の鋸歯縁がある。緑白色、星形の小花が12個ほど雄株につく。雌株は花が単生し、あとに球形、黒色の実が葉の表面につく。
ゾーン：8〜9

Helleborus vesicarius

Heloniopsis orientalis

HEMEROKALLIS
（ヘメロカリス属）
一般名：デイリリー
英 名：DAYLILY
じょうご形〜鐘形の一日花からデイリリーと呼ばれるが、晩春からたえまなく花をつける。かつてはユリ属に分類されていたが、現在は東アジア温帯原産の根茎多年草15種がヘメロカリス科ヘメロカリス属として分類されている。イネまたはアイリスに似た葉が群生し、6弁花が分岐した総状花序につく。花色は明黄色、杏色または帯赤色。蕾と花をはじめ、全草が食用としてサラダや色どりに使われる。黄色の雄ずいはサフランの代用になる。
〈栽培〉
耐寒性があり、肥沃で湿気があり水はけのよい土壌の日向、または半日陰で容易に育つ。葉はナメクジやカタツムリの害を受けやすい。花が太陽のほうを向くように気をつける。サビ病が発生する地域もある。繁殖は株分けで行なう。

Hemerocallis minor

Hemerocallis citrina

Hemerocallis lilio-asphodelus

Helwingia japonica

Hemerocallis citrina
一般名：ユウスゲ
☼/☀ ❄ ↔0.9～2m ↕1.5m
中国原産で長さ1.2mの細い葉がつく。花茎は直立、茎の半ばから分岐し、芳香のある径10cmの小花を50個以上つける。夜開性で翌日の夕方頃まで開花している。
ゾーン：4～9

Hemerocallis dumortieri
一般名：ニッコウキスゲ
英　名：LEMON LILY
☼/☀ ❄ ↔40～60cm ↕40m
朝鮮半島およびロシア東部原産の早咲き小形種。非常に細い、長さ35cmの葉。花茎は赤みがかり、分岐はなく、葉の長さよりやや高い。長さ5cm、芳香のある黄金色の花が2～4個、幅広い苞葉に支えられてつく。
ゾーン：4～9

Hemerocallis fulva
ヘメロカリス・フルワ
☼/☀ ❄ ↔1.2～1.5m ↕0.9m
自生地は明確ではないが、おそらく中国か日本で、交雑種と思われる。葉は長さ60cmで帯状。花茎はふつう2分岐し、濃い縞のある径8～10cmの淡茶橙色の花が20個ほどつく。'クワンゾ'（ヤブカンゾウ）（syn.'クワンゾ　フロル　プレノ'）は1860年代に作られた古い栽培品種で中心が黒っぽく八重咲き。'クワンゾ　ワリエガタ'は同じ花で葉に黄白色の縁がある。
ゾーン：4～9

Hemerocallis lilio-asphodelus
英　名：CUSTARD LILY
☼/☀ ❄ ↔100～120cm
↕60～100cm
中国原産で、早咲き、細い鎌形で長さ60cmの葉が特徴である。分岐したしなやかな花茎に、淡黄色、径8cmの花が12個ほどつき、夜になると香る。
ゾーン：4～9

Hemerocallis middendorffii
一般名：ニッコウキスゲ
☼/☀ ❄ ↔50～60cm ↕45cm
日本とアジア北東部の内陸地原産。葉は帯状で長さ30cm。花茎は分岐しないが葉よりも高くなる。芳香性の花が少数かたまってつく。
ゾーン：5～9

Hemerocallis minor
一般名：ホソバキスゲ
☼/☀ ❄ ↔50～60cm ↕50cm
日本および中国近隣地帯の原産。長さ45cmの非常に細い葉がつく。花茎は2分岐以上、淡黄色の径5cmの花が5個ほどつく。
ゾーン：4～9

Hemerocallis Hybrid Cultivars
（ヘメロカリス交雑品種）
☼/☀ ❄ ↔不定 ↕50cm
ヘメロカリスは多数の交雑種があり、美しい花のつく品種が数百種あるが、驚くにはあたらない。花色と大きさはさまざまで、花茎の高さは矮性種で30cmほどから最長1mまである。もっとも人気があり、特徴的な栽培品種には以下のものがある。'アンザック'は高さ45cm、中心が黄色で濃赤色。'ベイビー　ベッツィ'は濃い赤黒色。'バーバラ　ミッチェル'★は、高さ50cm、クリームがかったアプリコットピンク、中心が緑色。'バーバリー　コースエアー'は高さ40cm、紫赤色。'ブルー　シーン'は60cm、径10cmで青紫色、中心が黄色。'カートウィールズ'は高さ75cm、明黄色、薄い色の縞が中央にある大形栽培品種。'チャーリー　ブラウン'は高さ50cm、中心が黄色、ピンク～オレンジ色で大形。'チェリー　レース'は高さ50cm、中心が黄色、ピンクがかった赤色。'コーキー'は高さ60cmのしなやかな花茎に黄色の花、茶色の蕾がつく。'エッチド　イン　ゴールド'は杏色で黄色の縁がある。'ファビュラス　フェイバリッド'は高さ60cm、茶橙色、中心は濃黄色。'フランツ　ハルス'は高さ70cm、赤茶色およびオレンジの花に細い淡黄色の縞がある。'ゴールデン　チャイムズ'は分岐した茎に金色の花、茶色の蕾。'グリーン　フラター'は高さ50cm、黄緑色、八重の遅咲き。'ハイ　ラマ'は高さ90cm、大形、紫色。'ホープ　ダイアモンド'は芳香性の黄金色、大形。'リトル　バンブル　ビー'は高さ50cm、栗色の中心、黄色の小花が多数つく。'リトル　ジプシー　ヴァガボンド'は45cm、淡黄色、栗色の中心。'リトル　トーニー'は50cm、茶橙色、花つきが重い。'メニー　ハッピー　リターンズ'★は40cm、黄白色、花序は長く耐暑性がある。'ミッド　マジック'は70cm、暗赤色。'ミズーリ　ビューティ'は90cm、緑がかった黄色、波形。'ムーンライト　ミスト'は50cm、非常に淡い杏色。'ニール　ベリー'は45cm、濃いピンク。'ソブ　ヒル'は中心が金色、淡いピンクと紫色の花。'ペーパー　バタフライ'は70cm、藤桃色および紫色、中心は黄色。'ピンク　フラード'は60cm、明るいピンク。'プリシラズ　レインボー'は60cm、淡い杏色に紫とピンクの縞があり、中心が黄色。'パープル　ポーパー'は50cm、花喉が黄緑、紫色、大形。'スタッフォード'は60cm、明赤色、中心が黄色、しなやかな茎。'ステラ　ドーロ'は40cm、オレンジ色の中心、明黄色の花が長期間咲く。'ストーク　ポージズ'は60cm、紫がかったピンク、黄橙色の中心。'サンベリナ'は35cm、小形で金色の花、しなやかな茎につく。
ゾーン：4～9

ヘメロカリス、HC、'アンザック'

ヘメロカリス、HC、'バーバリー　コースエアー'

ヘメロカリス、HC、'ベイビー　ベッツィ'

HEMIANDRA
（ヘミアンドラ属）

オーストラリア原産でシソ科に属し、8種がある。全種が西オーストラリア州南西部の荒地またはマルバユーカリ森林群落の砂質およびラテライト土壌に自生する。匍匐性と直立性があり、すべての種に刺があり藤色および深紅色。

〈栽培〉
8種のうち2種だけが栽培できる。広い日向で水はけのよい土壌が不可欠。夏に多湿だとカビの被害を受けやすい。繁殖は取り播きか、若い株から取った半熟枝挿しで行なう。

Hemiandra pungens
英 名：SNAKEBUSH, SNAKE VINE
☀ ❄ ↔2.4m ↕0.9m

変異が多く、匍匐性〜直立性。葉は狭長、先端が尖る。花は非常に目立ち、花唇が2枚あり白またはピンク、喉に紫がかった斑点があり、通年花がつくが、ピークは晩春から夏。ほぼ通年結実する。
ゾーン：8〜9

ヘメロカリス、HC、'ベス ロス'

ヘメロカリス、HC、'ビショップス クレスト'

ヘメロカリス、HC、'ブルー シーン'

ヘメロカリス、HC、'ボナンザ'

ヘメロカリス、HC、'バズ ボム'

ヘメロカリス、HC、'カートウィール'

ヘメロカリス、HC、'チャーリー ブラウン'

ヘメロカリス、HC、'チェリー レース'

ヘメロカリス、HC、'シカゴ ローズィー'

ヘメロカリス、HC、'コーキー'

ヘメロカリス、HC、'クリムゾン イコン'

ヘメロカリス、HC、'ダブル グラマー'

ヘメロカリス、HC、'デューン バギー'

ヘメロカリス、HC、'エッチド イン ゴールド'

694　Hemerocallis

ヘメロカリス、HC、'ファビュラス フェイバリット'	 ヘメロカリス、HC、'フラムビーン'	 ヘメロカリス、HC、'フランツ ハルス'	 ヘメロカリス、HC、'ハンス ハルス'	 ヘメロカリス、HC、'ヘザー クィーン'
 *Hemerocallis*, HC, 'High Lama'	 ヘメロカリス、HC、'ジョーヌ ドール'	 ヘメロカリス、HC、'リトル バンブル ビー'	 ヘメロカリス、HC、'リトル クレンナ'	 ヘメロカリス、HC、'リトル ジプシー ヴァガボンド'
 ヘメロカリス、HC、'リトル トーニー'	 ヘメロカリス、HC、'メニー ハッピー リターンズ'	 ヘメロカリス、HC、'メイ アンガー'	 ヘメロカリス、HC、'ミズーリ ビューティ'	 ヘメロカリス、HC、'ムーンライト ミスト'
 ヘメロカリス、HC、'ピンク ドリーム'	 ヘメロカリス、HC、'ピンク サンデー'	 ヘメロカリス、HC、'パイレート'	 ヘメロカリス、HC、'プレーリー ブルー アイズ'	 ヘメロカリス、HC、'プレシャス'
 ヘメロカリス、HC、'パープル ポーパー'	 ヘメロカリス、HC、'レッド プレシャス'	 ヘメロカリス、HC、'サラ エリザベス'	 ヘメロカリス、HC、'スカーレット オーク'	 ヘメロカリス、HC、'ソラノ ブル アイズ'
 ヘメロカリス、HC、'サウンズ オブ ミュージック'	 ヘメロカリス、HC、'スタッフォード'	 ヘメロカリス、HC、'ストーク ポージズ'	 *Hemerocallis*, HC, 'Thumbelina'	 ヘメロカリス、HC、'トールポイント'

HEMIGRAPHIS
(ヘミグラフィス属)

熱帯アジア原産でキツネノゴマ科に属し、90種の一年草、多年草または亜低木からなる。丈の低い細い茎に鋸歯縁または波状縁を持つ葉が対生につく。花は小形で筒形、花弁は5裂し、目立つ苞葉がある。通年、穂の先端に一定の間隔で花がつく。

〈栽培〉
熱帯および亜熱帯地方では半日陰でグラウンドカバーに用いることが可能。他の地域では室内植物または景観温室でグラウンドカバーに用いるが、生育期には直射日光が当たらないようにし、灌水をじゅうぶん行なうことが必要。挿し木で殖やす。

Hemigraphis alternata
異　名：*Hemigraphis colorata*
一般名：シソモドキ
英　名：METAL LEAF、RED IVY
☼ ↔30～45cm ↕10cm

インドからジャワ島原産。節で発根する匍匐性の多年草。波状で楕円形、裏が紫色、表面が金属的な光沢のある青緑色の葉に魅力があり、栽培される。花は小形で白色。'エキゾチカ'は葉に襞があり、縁が丸まる。
ゾーン：11～12

Hemigraphis repanda
☼ ↔30～45cm ↕10cm

マレーシア原産。節で発根する匍匐性の多年草。細い茎は、えび茶色を帯びる。葉は披針形、波状の縁があり、艶のある灰色、えび茶色または帯緑色。
ゾーン：11～12

HEMIONITIS
(ヘミオニティス属)

アメリカ大陸熱帯地方原産。ホウライシダ科に属する常緑のシダ類で7種ある。茎は短く鱗状、ほぼ直立の根茎を持ち、有毛、丸みを帯びた心臓形または掌形の単葉または羽状複葉の葉状体が密生する。胞子葉は裸葉より長い。ヘミオニティスの名前はギリシャ語で「実をつけない植物」を意味する*hemionos*からきており、不稔性の葉状体を指す。

〈栽培〉
この植物はコンテナ栽培に適する。直射日光が当たらないようにし、湿気を含む繊維質の多い混合土を好む。春から初夏に胞子または葉状体の基部から出る胚から、あるいは根鉢の株分けで殖やす。

Hemionitis arifolia ★
一般名：ハートファーン
英　名：HEART FERN、PIGGY-BACK FERN
☼ ◐ ↔10～30cm ↕10～30cm

小形の常緑シダでインド、スリランカ、ミャンマー、台湾およびフィリピン原産。しなやかな茎は濃茶～黒色で有毛、基部に苗を形成する。緑色、三角～心臓形の単葉の葉状体がつき、触るとざらざらし、葉裏は有毛で鱗状。
ゾーン：10～11

HEPATICA
(ユキワリソウ属)

キンポウゲ科に属し、アネモネの近縁で10種ある。温帯北部の森林地帯に自生する。葉は基部から出現し、ふつう3～5裂、革質で冬越しする。花は早春につき、杯形で1本の茎に1個ずつつく。非常に人気があり、稀少な花色、形態のものは高額で販売されている。

〈栽培〉
森林植物で、冷涼で腐植質の多い土壌がもっとも適する。丈が低いのでロックガーデンの日の当たらない窪地に植えるとよい。種の取り播きか選抜品種のクローンを株分けして殖やすが、再定着するのに時間がかかる。

Hemiandra pungens

Hepatica acutiloba
一般名：アメリカミスミソウ
☼ ❄ ↔10～15cm ↕6～8cm

アメリカ合衆国東部原産。葉は3～7裂あり、長さ8cm。やや杯形、径25mm、白、ピンクまたは青色の花が早春につく。
ゾーン：4～9

Hepatica nobilis
一般名：ユキワリソウ
☼ ❄ ↔10～15cm ↕8～10cm

ヨーロッパ原産種で明緑色の葉は丸く、3裂に分かれる。杯形、径25mm、白、ピンク、青または紫色の花がつく。選抜品種は花色が多く、八重咲きもある。
ゾーン：5～9

Hemigraphis alternata

Hemionitis arifolia

Heptacodium miconioides

Hereroa tugwelliae

HEPTACODIUM
（ヘプタコディウム属）
中国中部および東部に原生するスイカズラ科の単型属で、アベリアとウツギの近縁である。葉は大形で光沢があり、長い葉脈3本を持ち、枝の両側に対生でつく。白い小花が枝先に大きな円錐花序でつく。小形の乾果が結実すると、花に隠れた萼片が拡大し、濃いピンク色になり数カ月残る。アメリカ合衆国北部以外では、あまり栽培されない。
〈栽培〉
多湿で酸性土壌の森林地帯に似た環境を好む。冬に下枝を刈り込む。繁殖は熟枝挿し、または半熟枝挿し、吸枝、または実生で行なう。

Heptacodium miconioides ★
異　名：*Heptacodium jasminoides*
英　名：CHINESE HEPTACODIUM, SEVEN SUNFLOWER
☼ ❄ ↔2～3m ↕3～4.5m
中国原産の落葉低木または小木で、暗緑色、長楕円形の葉がつく。晩夏～初霜の頃まで芳香性の白い花がかたまってつく。萼は秋に明赤～紫色に変わる。
ゾーン：5～9

HEREROA
（ヘレロア属）
南アフリカからナミビアに見られるツルナ科に属する30種以上の多年草、または小低木状になる分厚い多肉植物である。葉は対角線状に対生する。多肉で基部に向かって丸みがあり、先端は扁平で尖り、突起がある。デイジーに似た花が単生または群生し、色は黄色、成長するとピンクになることがある。午後または夕方開花する。
〈栽培〉
冬に乾燥する高温地帯では戸外の日向で育てる。温帯ではポットに水はけのよい混合土を用い温室内で育てる。春から秋は灌水を忘らず、冬は乾燥させる。実生か挿し木で殖やす。

Hereroa granulata
☼ ❄ ↔15cm ↕8cm
南アフリカ原産、マット状になる多年草。直立、横張り性、舟弁のある長さ6cmの細い葉がつき、基部は筒形、頂部に向かって扁平になる。表面には凹凸があり暗緑色。黄色の花がつく。
ゾーン：8～11

Hereroa tugwelliae
☼ ❄ ↔10cm ↕10cm
南アフリカ原産。木質の根を持つ亜低木。淡緑色、斑点があり、先鋭、多肉の葉がつく。径5cmの黄色の花。
ゾーン：9～11

HERMANNIA
（ヘルマニア属）
英　名：HONEYBELLS
熱帯アフリカおよびアフリカ南部に原生するアオギリ科の常緑亜低木で、約100種ある。葉に似た苞葉を持ち、蜜に似た香りのする鐘形の5弁花がつく。花冠はらせん状にねじれ、単生または葉腋から集散花序につく。学名はオランダ、ライデン大学の植物学者Paul Hermannにちなんで名づけられた。
〈栽培〉
肥沃で水はけのよい土壌、日向を好む。先端を刈り込むと葉つきがよくなる。晩春から夏にかけて実生または緑枝挿しで殖やす。

Hermannia incana
英　名：HONEYBELLS
☼ ❄ ↔45～90cm ↕0.9～2m
南アフリカ原産の多年草で直立、薄い毛のある茎と葉がつき、葉は楕円形、長さ6～35mm、基部はV字形。黄色の花が葉つきの多い円錐花序につき、花弁は丸みを帯び、先端は鉤爪形になる。
ゾーン：8～10

HERMODACTYLUS
（クロバナイリス属）
英　名：SNAKE'S HEAD IRIS
アヤメ科の根茎を持つ多年草の単型属で、アイリスに非常に近く、同属に分類すべきだとする植物学者もいる。ヨーロッパ南部原産で、低木の茂みや草に覆われた土手に自生する。指の形に似た塊根から匍匐性の地下茎が伸びる。細長い葉は灰緑色。晩冬から早春に珍しい芳香性のアイリスに似た花が咲く。
〈栽培〉
水はけのよい土壌で日向であればどこでも栽培できる。ナメクジ、カタツムリの害から保護する。株分けで殖やす。

Hermodactylus tuberosus
一般名：クロバナイリス
英　名：SNAKE'S HEAD IRIS, WIDOW IRIS
☼ ❄ ↔15cm ↕30cm
ヨーロッパ南部原産で、細く軟らかい葉がまばらにつく。花茎は葉で覆われており、外花被は茶紫色、内花被は黄色のアイリスに似た花が単生する。
ゾーン：6～9

Hermannia incana

Hermodactylus tuberosus

HESPERIS
(ヘスペリス属)

アブラナ科に属し、60種の二年草、直立性、短命の多年草がある。茎は長楕円形の葉で覆われ、先端に黄、白または藤色の4弁花が散形花序につき、夕方に甘い香りを放つ。*H. matronalis*は蜜を多く産生し、ツバキチョウを寄せつける。

〈栽培〉
縁取りや野草庭園に適する。日向または半日陰が最適で中性～アルカリ性土壌を好む。肥料が少ない土でも育つが、生育をよくするために施肥を行なったほうがよい。自己播種で殖える。また、不稔性の八重咲き品種は挿し木で殖やす。

Hesperis matronalis
一般名：ハナダイコン
英　名：DAMASK VIOLET、DAMES VIOLET、SWEET ROCKET

☼/☽ ❄ ↔40～50cm ↕80～90cm

ヨーロッパ南部から中央アジア原産の二年草または短命な多年草があり、よく知られている。長さ20cm、暗緑色の葉がつく。晩春から夏に芳香性の径40mmの花が群生する。白および薄藤色、一重および八重咲きの品種が栽培されている。
ゾーン：3～10

HETEROCENTRON
(ヘテロケントロン属)
異　名：*Heeria*

基本的に熱帯植物で約27種あり、中央および南アメリカ原産でノボタン科に属する。常緑多年草でグラウンドカバーに用いられる。葉は心臓形、披針形または尖った楕円形で目立つ葉脈がある。晩夏から白、ピンクまたは藤色の美しい4弁花が単生または群生する。

〈栽培〉
降霜地帯では温室で育て、霜害の恐れがなくなったら、戸外に出して花色をよくする。暖地では湿気を含む土壌の日向でグラウンドカバーまたはロックガーデン植物として栽培する。繁殖は実生、挿し木または株分けで行なう。

Heterocentron elegans
異　名：*Schizocentron elegans*
一般名：ヒメノボタン
英　名：CREEPING LASIANDRA、SPANISH SHAWL

☼ ❆ ↔45～100cm ↕8～10cm

メキシコ、グァテマラおよびホンデュラス原産。美しい常緑亜低木で、マット状になる。軟毛のある、先端の尖った紫がかった小形の葉がつく。花は上向き、鉢形で赤紫～藤色の花が晩夏におびただしくつく。
ゾーン：10～12

HETEROMELES
(ヘテロメレス属)
英　名：CALIFORNIA HOLLY、CHRISTMAS BERRY、TOLLON、TOYON

カリフォルニア原産の単型属。常緑低木でカナメモチの近縁である。果実は赤または黄色、小形または大形で、白い小花の頭部から産生される。自生地ではクリスマスの頃に結実することから、クリスマスベリーと呼ばれる。

〈栽培〉
水はけのよい土壌の日向または半日陰でよく育つ。暑さと日照りに耐性があり、やせ地でも育つ。株姿はまとまりがあり、たまに整枝するだけでよい。繁殖は半熟枝挿し、または実生で行なう。

Heteromeles arbutifolia

Heteromeles arbutifolia
☼ ❆ ↔3.5m ↕3.5m

アメリカ合衆国カリフォルニア州のシエラネバダからメキシコのバハ・カリフォルニアの丘陵に自生する。全縁で楕円形、緑色、細かい鋸歯縁の葉。花は夏咲き、蜜が多く、蜂蜜の香りを放つ。
ゾーン：8～10

HETEROPAPPUS
(ハマベノギク属)

キク科に属する東アジア温帯原産の5種の二年草または多年草。小低木状になり、デイジーに非常に似る。葉は互生につき、浅裂または深裂がある。デイジーに似た花が、晩夏から秋に、茎頂に単生または緩やかな総状花序でつく。頭状花の色は白～青、中心が黄色。

〈栽培〉
肥沃な湿気を含む土壌の日向で育てる。株分けか実生繁殖する。早播きすると初年に開花させることができる。

Heteropappus hispidus
一般名：ハマベノギク
☼ ❄ ↔30cm ↕30cm

ロシア東部、日本、朝鮮半島、中国、台湾原産の多年草。もっとも多く栽培されているのは*H. h.* var. *meyendorffii*（ヘテロパップス・メイエンドルフィイ）で小形の株立ち多年草だが、一年草としても栽培される。青紫色で、中心が黄色のデイジーに似た花が秋に咲く。'ブルーノル'は改良品種。
ゾーン：7～10

Heteropappus hispidus var. *meyendorffii*
'Blue Knoll'

Heterocentron elegans

HETEROPYXIS
(ヘテロピクシス属)
英　名：LAVENDER TREE

アフリカ南部原産でフトモモ科に属し、2種あるが、ヘテロピクシダセアエ科に分類されることがある。中形の落葉樹で、ふつう幹の下部が分岐し、主茎はねじれ、外側の枝は下垂する。濃緑色、先鋭の長楕円形、大形の葉が密生してつき、つぶすとラベンダーに似た香りがする。幼葉は軟毛がある。芳香性の黄緑色の小花が夏に咲いたあと、楕円形で小形のさく果がつき、裂開して種子がこぼれたあとも長く残る。秋に紅葉する。

〈栽培〉
ごくたまの弱い降霜には耐えられるが、多湿な亜熱帯または熱帯気候で腐植質の多い水はけのよい土壌をより好む。しかし、冬の乾燥にも耐性がある。実生か挿し木で殖やす。

Heteropyxis natalensis
英　名：LAVENDER TREE
☼ ❆ ↔3.5m ↕6m

アフリカ東南部原産の成長緩徐な高木。光沢のある緑色の葉は秋に紅葉する。白に近い灰色の樹皮は薄く剥がれる。芳香性、黄白～黄色の小花がつく。果実は小形で楕円形、暗茶色のさく果。
ゾーン：10～12

Heteropyxis natalensis

HETEROTHECA
(アレチオグルマ属)
英　名：GOLDEN ASTER

キク科に属し、アメリカ両大陸に自生する一年草または多年草で約30種ある。デイジーに似た黄色の花序が直立に群生し、披針形の葉がつく。粗毛のある鱗片状の痩果がつく。

〈栽培〉
日向で、軽く降雨があり、水はけのよい土壌を好む。実生繁殖する。

Heterotheca grandiflora
一般名：オグルマダマシ
英　名：TELEGRAPH WEED
☼ ❄ ↔15～30cm ↕0.9～1.8m

アメリカ合衆国西部原産。一年草または短命の多年草で全体に毛がある。灰緑色の葉。花序は樟脳の匂いがする。通年、明黄色のデイジーに似た花が短い茎に円錐花序でつく。
ゾーン：5～9

Heterotheca mucronatum
☼ ❄ ↔20cm ↕30cm
北アメリカ原産。丈は低く庭の縁取りに適する。灰緑色の葉。黄金色の花序がつく。
ゾーン：5～9

Heterotheca villosa
英　名：GOLDEN ASTER, HAIRY FALSE GOLDEN ASTER, HAIRY GOLDEN ASTER
☼ ❄ ↔22～45cm ↕30～100cm

アメリカ合衆国およびカナダ原産。有毛の茎に、細かい鋸歯縁、有毛、灰緑色、長楕円形、長さ8cmの細長い葉がつく。最下部につく葉は減衰して落葉する。夏に10～25個の黄色い舌状花が1つの頭状花を形成する。
ゾーン：5～9

Heterotheca mucronatum

Heuchera americana

Heuchera maxima

HEUCHERA
(ツボサンゴ属)
英　名：ALUM ROOT, CORAL BELLS

北アメリカ原産の半常緑多年草でユキノシタ科に属し、約55種ある。学名はウィッテンバーグ大学医学部教授Johann Heinrich von Heucher（1677～1747年）にちなんでつけられた。葉は円形～腎臓形、鋸歯縁、細いしなやかな葉柄をもち、地際に密生する。分岐した花茎は非常に細く、晩春から秋にかけて5弁または無花弁の小花を多数つける。根の抽出物には高い収斂性があり、薬草として用いられる。

〈栽培〉
おおむね耐寒性が強く、適応性があり、大きさによって多年草庭園の縁取り、またはロックガーデンに向く。肥沃で湿気があり、腐植質の多い水はけのよい土壌の日向または半日向に植える。花後、花茎を取り除く。繁殖は初秋に株分けまたは取り播きで行なう。

Heuchera × brizoides
ヘウケラ×ブリゾイデス
☼/◐ ❄ ↔30～45cm ↕30～75cm

H. sanguineaを片親として、H. micrantha、H. americanaをもう一方の親として共有する交雑種群。緑色、裂のある心臓形の単葉は共通しているが、花色は異なる。人気のある品種は'ブレッシンガム ハイブリッド'で優美な軽い花穂をつけ、ピンク、赤、白など多くの色がある。'ファイアーフライ'はコーラルピンク、微香がある。'フリーダム'は矮性、花は明るいピンク。'ジューン ブライド'は白色の花。'スノーストーム'は白色の斑入り、赤色の花がつく。
ゾーン：4～10

Heuchera hirsutissima
☼/◐ ❄ ↔15～20cm ↕25cm
カリフォルニアの亜高山から高山に自生する常緑種。円形、裂のある、長さ35mmの葉。茎と葉は有毛。花は黄白～淡いピンク。
ゾーン：6～9

Heuchera × brizoides, Bressingham hybrid

Heuchera americana
一般名：ツボサンゴアメリカーナ
英　名：ROCK GERANIUM
☼/◐ ❄ ↔40cm ↕45cm

北アメリカ原産の常緑種で有毛、幅広、裂のある心臓形、長さ8cmの葉がつく。白い斑の入る場合もある。直立の花茎に淡桃色がかった黄白色の花がつく。'ガーネット'の幼葉は赤色、成長すると緑色になり銅色の葉脈がある。冬に紅葉する。'レース ラッフルズ'は波状縁、銀色の斑入り葉。白色の花。'ペルシャン カーペット'は銀色の斑入り、赤～紫赤色の葉、淡黄色の花。'ピューター ムーン'は銀色の葉脈、濃紫赤色の葉。'ピューター ベール'は紫赤色の葉に銀色の網目がある。'リング オブ ファイアー'表面が銀色で、裏面は紫赤色。ピンクの縁がある。'ルビー ベール'は、濃いえび茶色と銀灰色の表面、裏面は藤色。'ベルベット ナイト'はもっとも濃い黒紫色で金属的な紫色の葉脈がある。
ゾーン：4～10

Heuchera pilosissima

Heuchera pubescens

Heuchera maxima
☼/◐ ❄ ↔40～50cm ↕60cm
アメリカ合衆国西部原産の常緑種。円形、鋸歯縁、幅15cmの葉がつき、葉裏は有毛。ピンクがかった白色の花がつく。
ゾーン：6～10

Heuchera micrantha
ヘウケラ・ミクランタ
☼/◐ ❄ ↔30～40cm ↕60cm
北アメリカ西部原産で幅広、浅裂、心臓形、長さ8cmの葉。白～黄白色の小花が多数つく。*H. m.* var. *diversiolia*（ヘウケラ・ミクランタ・ディウェルシフォリア）'パレス パープル'は濃紫赤の葉と茎、白色の小花がつく。
ゾーン：5～9

Heuchera pilosissima
☼/◐ ❄ ↔30～40cm ↕60cm
カリフォルニア沿岸部原産の常緑種で驚くほど耐寒性がある。葉は菱形、長さ8cm、赤茶色の細毛で覆われ、縁に剛毛があり、鋸歯縁。ピンクがかった白色の小花が緩やかにつく。
ゾーン：6～10

Heuchera pubescens
☼/◐ ❄ ↔40～50cm ↕100cm
アメリカ合衆国北東部原産。尖った楕円形、長さ10cmの葉、丸みのある裂がある。花茎は基部が葉で覆われ、白～藤色の小花が多数つく。
ゾーン：5～9

× *Heucherella* 699

Heuchera sanguinea
ヘウケラ・サングイネア

☼/☽ ❋ ↔30〜40cm ↕60cm

アメリカ合衆国ニューメキシコおよびアリゾナ州原産の常緑種。葉はおおまかな腎臓形で幅5cm、不規則な裂があり、裏面は有毛。数枚の小葉と明赤色の花がつく。以前の栽培品種の多くが現在 *H.×brizoides* の名前で分類されており、以下のものがある。'ブランドン ピンク'は明るいさんご色の花、緑色と白色の葉。'ソーザン ファイアー'は桃赤色の花、緑色の葉がつき、強健。'シンガム'は明緑色の葉、濃桃色の花。'スプレンデンス'は濃赤色。'ウィルギナリス'は白色の花。
ゾーン：3〜9

Heuchera Hybrid Cultivars
（ツボサンゴ交雑品種）

☼/☽ ❋ ↔30〜45cm ↕30〜90cm

近年、ツボサンゴの交雑品種が多く紹介されているが、花よりも葉が鑑賞に適するため、変わり葉の作出を中心に繁殖が行なわれている。人気のある品種には以下のものがある。'アンバー ウェイブズ'は2002年後半に登場した品種で、明金茶色の葉、濃いピンクの花。'オータム ヘイズ'は銀色の網目のある紫色の葉で秋にはピンクと淡黄色に変わる。'チョコレート ラッフルズ'★は茶紫色がかった濃い茶緑色の葉。白色の花。'ファイアーグロー'は赤い花。'ミント フロスト'は銀色の網目、緑色の葉。黄白色の花。'モネ'は白い斑入り、緑色の葉。'プ

ツボサンゴ、HC、'オータム ヘイズ'

ツボサンゴ、HC、'プラム プディング'

ツボサンゴ、HC、'ミント フロスト'

ツボサンゴ、HC、'プチ マーブル バーガンディ'

ツボサンゴ、HC、'ストロベリー キャンディ'

チ マーブル バーガンディ'は小形、銀色のマークのある紫赤色の葉、帯桃色の花。'プラム プディング'は茶紫色の葉、葉裏が赤色。'レッド スパングルズ'は緑色の単葉、明赤色の花。'サンタ アナ カーディナル'（*H. maxima* × *H. sanguinea*）は丈が高く円形、明緑色の葉、濃いピンクの花。'スノー エンジェル'は赤色の花、白い斑点のある緑色の葉。'ストロベリー キャンディ'は銀色の網目のある緑色の葉。ピンクの花。'ウェンディ'★（*H. maxima* × *H. sanguinea*）は大形、淡緑色の葉、淡桃色の花。Canyon Series（キャニオン シリーズ）はアメリカ合衆国の繁殖家エメリー

によって作出された常緑、小形の交雑品種群である。円形〜心臓形、ふつう、濃緑色、ときに帯紫色の小形の裂葉がつく。直立の、まばらな花穂がつく。原型品種には以下のものがある。'キャニオン デライド'は丈が高く、ピンク〜赤色。'キャニオン ピンク'は、明るいピンク色。Canyon Quarter Series（キャニオン クォーター シリーズ）はエメリーの死後1993年に発表された品種群。'キャニオン ベル'は短茎、明赤色。'キャニオン チャイムズ'は長茎、赤色。'キャニオン デュエット'は赤と白の二色。'キャニオン メロディ'は小形でピンクと白色。
ゾーン：5〜10

× *HEUCHERELLA*
（×ヘウケレラ属）

ユキノシタ科に属する園芸品種群でツボサンゴ属とズダヤクシュ属との属間交配種である。不稔性のハイブリッドで、カ

エデに似た常緑の葉がつき、冬に色がよくなる。晩春にピンク〜白色の小花が優美な穂状につく。
〈栽培〉
腐植質に富み湿気のある土壌、森林性の冷涼な環境でもっともよく育ち、緩やかに動くグラウンドカバーとして魅力がある。繁殖は株分けで行なう。

× *Heucherella alba*

☼/☽ ❋ ↔50cm ↕30cm

明緑色の裂葉がまとまったマウンドを形成する。高さ40cmの茎に黄白色の花穂が頂生する。冬に葉は縮み、春に新葉が出る。'ロザリー'は葉が小形で暗緑色に赤銅色の中斑が入り、晩春にローズピンクの小花が多数長期間つく。森林地帯にもっとも適する。
ゾーン：5〜9

× *Heucherella tiarelloides*

☼/☽ ❋ ↔45cm ↕45cm

淡緑色、裂のある心臓形の平滑な葉が基部につく。幼葉では葉脈に沿って濃茶色の模様がある。春から夏にかけてピンク色の短い花穂が葉の上につく。
ゾーン：5〜9

ツボサンゴ、HC、'シンガム'

ツボサンゴ、HC、'スプレンデンス'

ツボサンゴ、HC、'ロザリー'

Hibbertia miniata

×ヘウケレラ、HC、'キモノ'

×ヘウケレラ、HC、'バイキング シップ'

×ヘウケレラ、HC、'デイグロ ピンク'

× *Heucherella* Hybrid Cultivars
(×ヘウケレラ交雑品種)

☀/☁ ✿ ↔30〜40cm ↕40〜50cm
常緑多年草で葉に魅力がある。'**ブリジッド ブルーム**'は心臓形、明緑色で茶色の模様がある。花穂は白色で春から秋につく。'**デイグロ ピンク**'は明緑色の葉にこげ茶色の模様がある。冬に紫を帯びる。明桃色の花がつく。'**キモノ**'は茶褐色の花が夏から秋につく。'**バイキング シップ**'は、春には銀、夏には帯銀色のカエデに似た葉がつく。さんご色の星形の花が穂状につき、長さ40cmになる。
ゾーン：5〜9

HEXISEA
(ヘキシセア属)

ラン科に属する中央および南アメリカ原産、小形、複茎の着生ランでスカフィグロティス属の近縁。細長い葉のつく偽鱗茎が密生する。成熟したばかりの球根の先端からと偽鱗茎の基部からも新芽が出る。株が古くなるとやや見劣りする。花は小形だが彩りよく、淡橙〜濃赤色までである。

〈栽培〉
水はけがよく保湿性のあるバーク主体のミックスコンポまたは木生シダのスラブで容易に育つ。中性の土壌と、自生地と同様の湿気のある状態を好み、定期的な灌水が必要。株分けで殖やす。

Hexisea imbricata
☀ ✿ ↔10〜40cm ↕10〜50cm
ベネズエラ原産。色どりがよく、春に咲く。径25mmほどの明るいオレンジ色の花が偽鱗茎の先端からつく。*H. bidentuta*の近縁種。
ゾーン：10〜12

Hibbertia aspera

HIBBERTIA
(ヒベルティア属)

英 名：GOLDEN GUENEA FLOWER
ビワモドキ科に属し、オーストラリア原産で約120種ある。常緑、株立ち、またはつる性で、明黄色またはオレンジ色の花が美しいために栽培される。おおむね春または夏咲きだが、通年散発的に開花する品種もある。成長習性は異なるが、低い横張り性およびつる性のものがよく知られる。ロックガーデン、コンテナ栽培、グラウンドカバーに適する。

〈栽培〉
栽培は容易で、中程度に肥沃で水はけがよく保湿性のある土壌を好む。熱帯地方では半日陰で育てるのがよい。やや耐霜性だが、冷涼地帯では保護が必要。幼形の頃からと花後には整枝を行なう。繁殖は晩夏に半熟枝挿しで行なう。

Hibbertia aspera
☀/☁ ✿ ↔100cm ↕100cm
オーストラリア東部および南部原産。横張り性、小形の濃緑色の葉。明黄色の花は径12mm、通年、開花する。
ゾーン：9〜11

Hibbertia cuneiformis ★
英 名：CUTLEAF GUINEA FLOWER
☀/☁ ✿ ↔1.2m ↕3.5m
西オーストラリア南部の沿岸地方原産。葉つきが多く、直立するが、枝がからまりやすい。鋸歯縁、楕円形の葉、濃金色の花が、春から夏および通年散発的に開花する。
ゾーン：9〜11

Hibbertia miniata
☀ ✿ ↔20cm ↕38cm
西オーストラリアのマルバユーカリノキの森林地帯に自生する。直立の小低木で野生では稀少である。灰緑色、幅広い線形の葉。濃紫色の雄ずいを持つ目立つオレンジ色の花が春から夏につく。ロックガーデン向き。

Hibbertia obtusifolia
☀ ✿ ↔75cm ↕60cm
オーストラリア東部原産の小低木。茎は横に伸び、新葉には灰色の短毛がある。灰緑色の葉、明黄色の花が春から夏につく。ロックガーデンに向く。
ゾーン：9〜11

Hibbertia scandens
一般名：ヒベルティア
☀ ✿ ↔不定 ↕2.4m
オーストラリアのクィーンズランド州およびニューサウスウェールズ州原産。匍匐性があり、グラウンドカバーに用いられる。やや光沢のある、細い帯紫色の葉がつく。花は明黄色、かすかに不快な匂いがある。
ゾーン：10〜12

Hibbertia sericea
☀ ✿ ↔0.9m ↕0.9m
オーストラリア東部原産。魅力的な直立または横張り性の低木。茎に艶のある毛がある。葉は線形で濃い毛を帯び、長さ25mm。明黄色の小花が先端に多数つく。水はけのよい多湿な環境を好む。
ゾーン：9〜11

Hibbertia stellaris
英 名：ORANGE STARS
☀ ✿ ↔75cm ↕75cm
西オーストラリア沿岸部の湿地帯に自生する、葉の密生する小低木。緑色、軟らかい葉、赤い茎。小形、星形、杏色の花が春から秋につく。栽培は難しく、短命。
ゾーン：9〜11

Hibbertia scandens

Hexisea imbricata、コスタリカ

Hibbertia cuneiformis

Hibiscus arnottianus

Hibiscus elatus

HIBISCUS
（ヒビスクス属）
一般名：ハイビスカス、ブッソウゲ、フヨウ
英　名：GIANT MALLOW、MALLOW、ROSE MALLOW

アオイ科に属する200種以上の一年生または多年生の低木または高木で、暖温帯、亜熱帯および熱帯に広く分布する。大形の見ごたえのある一日花が茎頂に単生または群生し、この花が目的で栽培される。平頂な鐘形で、さまざまな色があり、筒形の雄ずいが飛び出し、中心は黒みを帯びるのが特徴。葉は互生につき、掌状。果実はさく果。

〈栽培〉
ほとんどの品種が干ばつ、霜に弱く、肥沃で湿気のある土壌の日向を好む。花後は大幅な剪定に耐える品種が多い。多年草は実生か株分けで殖やすが、一年草は生育場所に播種するのがもっともよい。低木種は挿し木またはコンテナに播種し、のちに移植する。

Hibiscus × *archeri*
☼ ⇔ ↔2m ↕4.5m
*H. rosa-sinensis*と*H. schizopetalus*の交雑種。大低木または小高木で、無霜地帯では常緑になる。成長習性と花は*H. rosa-sinensis*に似るが、葉は大形で、より裂が深い。花は深紅〜赤色。庭園の標本植物として人気がある。
ゾーン：9〜11

Hibiscus arnottianus
一般名：ヒビスクス・アルノッティアヌス
英　名：HAWAIIAN WHITE HIBISCUS
☼ ⇔ ↔3m ↕8m
成長が早く、直立、分枝が多い常緑低木あるいは小高木で、ハワイ諸島原産。暗緑色、全縁、楕円形の葉。白または黄色、微香のある一重の花がつく。赤い筒形の雄ずいがある。生垣に適する。'コナ カイ'は、美しい栽培品種。
ゾーン：10〜12

Hibiscus brackenridgei
☼ ⇔ ↔2.4m ↕3m
ハワイ諸島原産。不規則に広がる常緑低木または小高木。葉は3〜7裂ある。花は赤〜黄色の萼、花弁は黄色で基部にえび茶色の斑点がある。
ゾーン：10〜12

Hibiscus calyphyllus
☼ ⇔ ↔0.9m ↕3m
アフリカ熱帯地方および南部原産。横に伸びる常緑種で、成長が早く短命。葉は有毛、円形、淡緑色の葉は3裂、鋸歯縁。夏から秋に短命な一重の淡黄色の花がつく。基部と雄ずいがえび茶色。
ゾーン：10〜12

Hibiscus cannabinus
一般名：アオイツナソ、ケナフ
英　名：BIMU、DECCAN HEMP、INDIAN HEMP、KENAF
☼ ⇔ ↔1.8m ↕3.5m
一年草または短命な株立ち多年草で、東インド諸島原産と思われる。淡黄色、ときに淡紫色の花が総状花序につき、雄ずいと花弁の中心が藤色。葉は深裂、鋸歯縁があり、触ると痛い。
ゾーン：10〜12

Hibiscus cisplatinus
☼ ⇔ ↔1.2m ↕3m
ブラジル南部、パラグアイおよびアルゼンチン原産だが、ハワイ諸島で栽培されている。太い黄色の刺があり、長さ15cm、5裂の葉。径8cm、ピンク色、基部が紫色の一重の花がつく。
ゾーン：10〜12

Hibiscus coccineus
一般名：モミジアオイ
英　名：SCARLET HIBISCUS、SCARLET ROSE MALLOW、SWAMP HIBISCUS
☼ ❄ ⇔ ↔0.6〜0.9m ↕2m
アメリカ合衆国南部原産。低木に似た多年生草本で初夏から真夏に径15〜20cm、深紅色の5弁花がつき、美しい薄皮の緑色の果実を結ぶ。'ディビス クリーク'は強健な栽培品種。
ゾーン：7〜11

Hibiscus diversifolius
英　名：NATIVE HIBISCUS、SWAMP HIBISCUS
☼ ⇔ ↔0.9m ↕0.9m
熱帯アフリカ、アジア、オーストラリア北部および熱帯太平洋諸島原産。横張り性の常緑低木。茎は有毛で、掌状裂葉がつく。夏から秋に、淡黄色の花が茎頂に単生または緩やかな花序をなす。中心はえび茶色で筒形、紫色の雄ずいを持つ。ゾーン：10〜12

Hibiscus elatus
一般名：ヤママフー
英　名：CUBAN BAST、MAHOE
☼ ⇔ ↔4.5m ↕23m
ジャマイカおよびキューバ原産。まばらに分枝した直立の常緑高木で樹冠は密になる。黄橙〜黄赤色、径12cmの平たい5弁花がつく。楕円形の葉は裏面に軟毛がある。
ゾーン：10〜12

Hibiscus heterophyllus
英　名：AUSTRALIAN NATIVE ROSELLA、SCRUB KURRAJONG
☼ ⇔ ↔1.8〜3m ↕3〜6m
オーストラリア東部原産。常緑の低木または小高木。枝に刺があり、先端の細い深裂のある葉がつく。花は白色で中心が紫色。*H. h.* subsp. *luteus*は植生域北部では花色が黄色になる。
ゾーン：10〜12

Hibiscus cisplatinus

Hibiscus diversifolius

H. heterophyllus subsp. *luteus*

Hibiscus arnottianus 'Kona Kai'

Hibiscus insularis

英名：PHILLIP ISLAND HIBISCUS

↔1.8m ↕3.5m

オーストラリア東海岸沖のフィリップ島原産で、非常に稀少である。葉の密生する多分枝の常緑低木で、小形の全縁葉がつく。夏から秋に、淡黄色、一重、基部は紫色の小花が長くつき、成長すると薄紫色に褪色する。
ゾーン：10～12

Hibiscus lasiocarpus

異名：*Hibiscus californicus*

英名：ROSE-MALLOW

↔0.9～1.5m ↕1.2～2.2m

アメリカ合衆国南部とメキシコ原産で軟毛があり、先鋭の楕円形～心臓形の葉がつく。径10～15cm、白～ピンクの花がつく。'アップル ブロッサム'は幅広、基部にえび茶色の斑点があり、晩夏に葉腋につく。
ゾーン：6～9

Hibiscus rosa-sinensis 'Apple Blossom'

Hibiscus moscheutos

一般名：アメリカフヨウ

英名：COMMON ROSE MALLOW, SWAMP ROSE MALLOW

↔100cm ↕2.4m

北アメリカ東部原産で、オハイオ州、アラバマ州、フロリダ州によく見られる。木質の多年生低木。鋸歯縁、長さ5～15cmの葉。じょうご形、ピンクと白の大形の花が春から夏につく。'ロード ボルティモア'は大形、深紅色の花。'サザン ベル'は小形から高さ100cmまで。鋸歯縁の葉、濃いピンクの花がつく。
ゾーン：5～9

Hibiscus rosa-sinensis cultivar

Hibiscus mutabilis

一般名：フヨウ

英名：CONFEDERATE ROSE, COTTON ROSE

↔1.8～2.4m ↕3～4.5m

中国原産。横張り性の落葉樹、または直立、多分枝の小高木。葉は大きなヤシ形で、7裂する。花は八重または一重咲きで、白またはピンク、基部と雄ずいが暗色。'プレナ'は丸みを帯びた八重の花で、白から濃いピンクに変わる。
ゾーン：8～9

Hibiscus pedunculatus

英名：DWARF PINK HIBISCUS

↔1.5m ↕1.2～1.8m

モザンビークから南アフリカまでのアフリカ南部原産。葉は3～5の丸い裂がある。単生の花が垂れ下がる。雄ずいと長さ5cmの花弁は淡～濃桃色を帯びた紫色、または薄紫色。
ゾーン：10～12

Hibiscus rosa-sinensis

一般名：ブッソウゲ

英名：CHINA ROSE, CHINESE HIBISCUS, HAWAIIAN HIBISCUS, ROSE OF CHINA, SHOE BLACK

↔1.5m ↕2.4m

分枝の多い直立の常緑低木、または高さ9mまでの小高木。花は単生し、色はさまざまだが、ふつう赤～濃赤色で夏から冬にかけてつく。葉は楕円形、鋸歯縁、光沢のある濃緑色。春になって新芽が出る前に剪定する。多くの栽培品種がある。'アグネス ガルド'★は丈が高く、強健な低木。大形のピンクの花。'アウロラ'はピンクがかったポンポン形の花。'ブライダル ベール'は大形、純白の花でしわがある。'クーペリ'は小形、ピンクで一重。葉は細い斑入り、オリーブ色で赤、ピンク、白の模様がありコンテナ栽培向き。'クラウン オブ ボヘミア'は株立ち低木、半八重咲き、金色で花喉は明橙色。'D. J. オブライエン'は中個、八重咲き、オレンジがかった杏色。'エイリーン マクマレン'は大形、濃黄色で深紅色の模様が入る。'ムーン ビーム'は明黄色の花、深紅色の花喉。強く反曲した花弁を持つ。
ゾーン：9～11

Hibiscus insularis

Hibiscus lasiocarpus

H. rosa-sinensis 'シャンドレリ'

Hibiscus moscheutos 'ロード ボルティモア'

Hibiscus mutabilis

Hibiscus mutabilis 'プレナ'

H. rosa-sinensis 'ドロシー ブラディ'

H. rosa-sinensis 'エイリーン マクマレン'

H. rosa-sinensis 'イヴリン ハワード'

H. rosa-sinensis 'ハーヴェスト ムーン'

H. rosa-sinensis 'I.D. クレア'

H. rosa-sinensis 'ジェイソン ブルー'

H. rosa-sinensis 'モンゴン'

H. rosa-sinensis 'ムーン ビーム'

H. rosa-sinensis 'ナネッテ ピーチ'

H. rosa-sinensis 'メアリー ウォレス'

H. rosa-sinensis 'ペルセフォーン'

H. rosa-sinensis 'ピカルディ'

H. rosa-sinensis 'ロザリンド'

H. rosa-sinensis 'ルビー ウェディング'

H. rosa-sinensis 'スイート ヴァイオレット'

H. rosa-sinensis 'チュビーズ'

H. rosa-sinensis 'ヤーヤー'

Hibiscus schizopetalus
一般名：フウリンブッソウゲ
英　名：CORAL HIBISCUS、FRINGED HIBISCUS、JAPANESE HIBISCUS、JAPANESE LANTERN
☼ ⇆1.8m ↕3m
アフリカ東部の熱帯地方原産の常緑～半落葉低木。小形の楕円形、鋸歯縁の葉は群生し、弧を描いて垂れる性質がある。花弁は切れ込み、縁には深いぎざぎざがある。色はピンクまたは明赤色で長い雄ずいを持つ。夏から秋に開花する。ゾーン：10～12

Hibiscus schizopetalus

H. rosa-sinensis 'ホウァールズ-ン-トゥワールズ'

Hibiscus syriacus 'ブール ドゥ フュー'

Hibiscus syriacus 'ダイアナ'

Hibiscus syriacus 'ハマボウ'

Hibiscus syriacus 'レディ スタンレー'

Hibiscus syriacus 'レディ スタンレー'

Hibiscus syriacus 'ブルー バード'

Hibiscus syriacus 'ブルー バード'

Hibiscus syriacus 'ローエングリン'

Hibiscus syriacus 'レッド ハート'

Hibiscus sinosyriacus
☀ ❄ ↔1.8〜3m ↕2.4〜3.5m
美しく強健な中低木で*H. syriacus*に非常に似ているが、葉はより幅広く、灰緑色の葉と分厚い花弁の大形の花が秋につく。
ゾーン：5〜9

Hibiscus syliacus
一般名：ムクゲ
英　名：BLUE HIBISCUS, ROSE OF SHARON, SHRUB ALTHEA, SYRIAN HIBISCUS
☀ ❄ ↔1.8〜3m ↕2.4〜3.5m
アジアの冷温帯原産の低木または小高木。平滑な灰色の枝、葉は3裂で粗い鋸歯縁があり、裂片は狭三角形。一重または八重咲きで、白、藤色または青みがかった薄紫色で基部と雄ずいは深紅色。**'ブルー バード'**別名'オワゾ ブル'は青色の花、中心が薄紫色、15mに成長する。**'ダイアナ'**は一重で純白、高さ15m。**'ハマボウ'**は大形、薄ピンク、一重の花で中心の赤色が縁に向かって放射状に伸びる。**'ホワイト シュープリーム'**は半八重咲き、白色の花、中心が深紅色、花弁の外側がピンク色。**'ウッドブリッジ'**は深紅色で中心が黒っぽく、高さ1.8m。他の栽培品種には：**'アフロディテ'**、**'ブール ド フュー'**、**'レディ スタンレー'**、**'ローエングリン'**、**'ミネルバ'**、**'レッド ハート'**がある。
ゾーン：5〜9

Hibiscus tiliaceus
一般名：オオハマボウ、ヤマアサ
英　名：COAST COTTONWOOD, MAHOE, MANGROVE HIBISCUS, MAU
☀ ♦ ↔3m ↕8m
世界の熱帯地方に広く分布する。常緑低木または小高木。平滑な灰色の樹皮、節の多い見ごたえのある樹幹を持つ。円形、滑らかな革質、緑色の葉がつき、裏面に毛がある。黄または白色の花が単生し、花喉と雄ずいは茶色。耐潮性と耐暑性がある。
ゾーン：10〜12

Hibiscus trionum
一般名：ギンセンカ
英　名：FLOWER-OF-AN-HOUR
☀ ♦ ↔30cm ↕30〜60cm
オーストラリア、ニュージーランド、熱帯アフリカ、アジア原産の多年草または一年草。有毛の茎と裂のある葉。花は黄色、中心は赤みがかった黒色。
ゾーン：10〜12

Hibiscus Herbaceous Hybrids
（ハイビスカス ハイブリッド）
☀ ❄ ↔0.6〜1.2m ↕45cm〜1.5m
*H. moscheutos*に由来する多年草。葉は鋸歯縁から深裂まで。花は大形、平頂〜じょうご形まであり、上部葉腋につく。色は白、淡いピンク〜暗赤色まで。中心が暗色になる場合もある。**'ディビス クリーク'**はピンクがかった赤色。**'レディ ボルティモア'**はピンク。**'ミス キティ'**は黄色の花がつく。
ゾーン：5〜10

HICKSBEACHIA
（ヒクスベアキア属）
ヤマモガシ科に属する2種の多雨林植物で、オーストラリアにのみ自生する。1種はクィーンズランド州に見られ、もう1種はニューサウスウェールズ州、クィーンズランド州南部に見られる。2種とも小高木または大低木で数本の分岐のない茎が基部から立ち上がり、羽状の裂があり、革質、長さ1.2mの葉が茎の先端につく。小花は小形でピンクがかった紫色、

Hibiscus trionum

Hibiscus, Herbaceous Hybrid

Hibiscus tiliaceus

ハイビスカス ハイブリッド'レディ ボルティモア'

ハイビスカス ハイブリッド 'ミス キティ'

アマリリス、HC、'クリスマス スター'

アマリリス、HC、'ラス ヴェガス'

アマリリス、HC、'ロイヤル ベルベット'

アマリリス、HC、'フラミンゴ'　　アマリリス、HC、'ピコティ'　　アマリリス、HC、'パメラ'

長さ18mmで非常に長い尾状花序につく。開花後赤い果実が産生される。
〈栽培〉
水はけのよい有機質の土壌で乾期には適度な灌水を行ない、できるだけ霜を避け、栽培に適する環境を整える。種子の生存期間は短いので果実が熟したらすぐに播種する。

Hicksbeachia pinnatifolia ★
英　名：RED BOPPLE NUT
☀ ♦ ↔2.4m ↕10m
丈の高い低木または小高木で、葉は長さ1.2m、光沢のある暗緑色、粗い鋸歯縁がある羽状複葉がつく。強い芳香のあるピンクがかった紫色の花が晩冬から真夏にかけて尾状花序につく。果実は橙赤色の球状。自生地以外でも容易に栽培できる。
ゾーン：9〜12

Hicksbeachia pinnatifolia

HIPPEASTRUM
(ヒッペアストルム属)
一般名：アマリリス
英　名：AMARYLLIS、KNIGHT'S STAR LILY
中央および南アメリカ亜熱帯地方原産でヒガンバナ科に属する球根、落葉、春咲きの多年草。寒地ではポット栽培される。以前は1本の茎に2個のラッパ形の赤、白、またはピンクの花のつく品種が一般的だったが、現在は強健な栽培品種が数多くあり、淡い蛍光イエロー、八重咲き、茎に5個の花が外向きにつくものがある。葉は帯状で明緑色。茎は直立で太く、中空である。
〈栽培〉
無霜地帯では戸外で栽培することができるが、それ以外では温室で栽培する。成長期には肥料と水を多く消費するが、休眠期前には葉が減衰し、灌水は減らす。球根は大形で首が突き出るように植えつける。根が乱れるのを嫌う。冬には霜と雨から完全に保護する。分球か、16℃に保った新鮮な熟した種子で殖やす。

Hippeastrum papilio
英　名：BUTTERFLY AMARYLLIS
☀/◐ ♦ ↔30〜40cm ↕60cm
ブラジル南部原産。1本の茎に2〜3個の大形、平頂な星形の花がつく。ふつう、真冬から早春に開花する。花弁は美しく、淡い緑黄白色の縞のある赤茶色。葉は5枚で暗緑色、基部が紫色で細長い。
ゾーン：9〜10

Hippeastrum reticulatum
☀/◐ ♦ ↔35〜45cm ↕25〜35cm
ブラジル南部原産。花は長い筒形、下向き、濃赤色がかったピンク、晩夏に茎に3〜4個の花がつく。葉は濃緑色、幅5cm、中心に白い模様がある。*H. r.* var. *stratifolium*（シロスジアマリリス）は花が5個つき、花弁は淡紅色の筋のある淡いピンク色。ゾーン：9〜10

Hippeastrum vittatum
英　名：ST. JOSEPH'S LILY
☀ ♦ ↔30cm ↕90cm
ペルー、アンデス地方原産の大形強健種。花は大きく開いた星形で茎に5〜6個つく。花弁は赤い筋のある白色でさまざまなタイプがある。葉は明緑色、花後に出現する。群生を好むが、根の乱れを嫌う。
ゾーン：9〜10

Hippeastrum papilio

Hippeastrum Hybrid Cultivars
(アマリリス交雑品種)
☀/◐ ♦ ↔30cm〜40cm ↕50〜90cm
アマリリスの交雑品種を栽培する場合、気温が13℃以下に下がらないようにする。'アップル ブロッサム'は大形球根で、高さ50cm、ピンクがかった白色の大形の花。'クリスマス スター'は8個の美しい赤と白の花。'フラミンゴ'はらっぱ形、赤色の大形の花。'ラス ヴェガス'は明赤色、中心に白い縞がある。'パメラ'★は高さ50cm、強健な矮性、花つきが非常によく、青緑色の細い茎、狭長の葉、花は5個つく。形が完全で、花弁は明赤色。'ピコティ'は見ごたえがあるが、脆弱、高さ50cm、大形の花が5個つく。花弁は白で縁が赤、基部が緑色。'ロイヤル ベルベッド'は黒赤色の花弁、強健、大球、茎が太い。
ゾーン：9〜12

HIPPOCREPIS
(ヒッポクレピス属)

マメ科ソラマメ亜科に属する一年生、二年生草本または小低木で、約21種ある。ヨーロッパ、西アジア原産で岩や泥炭の多い石灰岩地帯に見られる。葉は羽状複葉で黄色の蝶形花がつく。強健な種もあり、自家播種によって雑草化する。野草庭園に適する。

〈栽培〉
軽い水はけのよい、アルカリ性で肥料の少ない土壌の日向で栽培する。一年草は実生、多年草は株分けか挿し木で殖やす。

Hippocrepis emerus ★
異　名：Coronilla enrerus
英　名：SCORPION SENNA
☀ ❄ ↔ 1.8m ↑1.8m

ヨーロッパ南東部原産。明緑色の羽状複葉で9枚の卵形の小葉からなる。花は芳香があり、淡黄色、晩春から夏に傘状花序につく。豆果は細長い。H. e. subsp. emeroidesは小葉が少なく、花つきが多い。ゾーン：6〜9

HIPPOPHAE
(ヒッポファエ属)

ユーラシア、ヒマラヤ山脈および中国原産。グミ科に属し、3種の落葉種がある。海岸砂丘や山地の砂利質の川原に自生する。3種とも落葉大低木または小高木で果実が長くつき、銀色の葉が美しいので庭園植栽や海岸の風除けに用いられる。果実はソースや飲料になる。材木は旋削に向き、黄色の染料の原料にもなる。樹脂は化粧品に用いられる。

〈栽培〉
水はけがよく湿気があり、アルカリ性〜中性の砂質土壌の日向で栽培するのがもっともよい。乾燥地帯では、保湿性のある粘土質の土壌で育てる。果実産生には雌雄両方の株を必要とする。繁殖は夏に半熟枝挿し、秋に熟枝挿し、また吸枝で行なう。秋に取り播きするか、数カ月層積法を行なったあと春に播種する。

Hippophae rhamnoides
一般名：サジー、サキョク
英　名：SEA BUCKTHORN
☀ ❄ ↔ 6m ↑6m

中国西部原産。刺のある落葉種。葉は狭い線形、灰緑色、表面は粗い燐状。葉よりも先に黄緑色の雌花が小さな総状花序につく。雄花は前年枝に短い穂状につく。楕円形〜円形のオレンジ色の果実がつく。
ゾーン：2〜9

Hippophae sinensis
英　名：CHINESE SEA BUCKTHORN
☀ ❄ ↔ 3.5m ↑4.5〜12m

東アジア温帯から中国西部原産の落葉樹。H. rhamnoidesの近縁種。春咲き。雌株は食用果実を産生し、オイルはビタミンCを多く含み薬用になる。
ゾーン：3〜9

HISTIOPTERIS
(ユノミネシダ属)

英　名：BAT FERN, BAT-WINGED FERN
コバノイシカグマ科に属する常緑熱帯地生シダで、1種がある。長い匍匐性の地下茎と光沢のある淡黄〜茶色の子房柄を持つ。葉状体は直立、卵形〜三角形、羽状でワラビに似ており、長さ3mになる。小羽片は、狭卵形、鋸歯があり、長さ8cmで、全長40cmになる。適切な環境では自己播種によって急速に帰化する。学名はギリシャ語のhistian（帆）とpteris（シダ）からつけられ、小羽片の形を表わす。

〈栽培〉
帰化して雑草化しやすい。湿気のある水はけのよい酸性土、中〜高照度の雨に当たらない場所を好む。胞子または株分けで殖やす。

Histiopteris incisa
一般名：ユノミネシダ
英　名：BAT'S WING FERN, MATA, WATER FERN
☀ ❄ ↔ 不定 ↑0.9〜3m

ニュージーランド、オーストラリア東海岸原産。三角の葉状体は無数の小葉に分かれ、生育期には淡灰緑色、成長すると赤茶色になる。葉柄にもっとも近い小葉はX形でコウモリの羽のように見える。
ゾーン：7〜11

HOHERIA
(ホヘリア属)

英　名：LACEBARK, RIBBONWOOD
ニュージーランド原産でアオイ科に属する落葉または常緑樹で5種ある。葉は先端が尖り、鋸歯縁がある。白い5弁花が、夏または秋におびただしくつく。表面樹皮の裏面にレース状の線維層があることからレースバークと呼ばれる。

〈栽培〉
優美な樹木で標本植物や植林に適する。成長が速く、日向または半日陰であれば、たいていの気候に耐性がある。寒冷気候では保護塀を立てるが、落葉樹は耐寒性がある。必要に応じて剪定する。繁殖は秋に実生か、半熟枝挿しで行なう。

Hoheria angustiolia
☀/❄ ❄ ↔ 2.4m ↑3〜6m

興味深い常緑種。幼形は特徴が顕著で、樹姿は円柱形、枝は錯綜し、葉は小形で、円形。成形はより細い樹姿になり、鋸歯縁の長い葉がつく。花は星形、白色で真夏に樹木を覆うようにつく。
ゾーン：8〜11

Hoheria angustifolia

Hoheria lyallii
英　名：MOUNTAIN RIBBONWOOD, NEW ZEALAND LACEBACK
☀ ❄ ↔ 3m ↑2〜3.5m

葉は明緑色、秋に黄変する。花は白色。ニュージーランド南島の乾燥した東海岸に見られる。耐乾性がある。
ゾーン：8〜10

Hoheria populnea
ホヘリア・ポプルネア
英　名：HOUHERE, LACEBARK, NEW ZEALAND LACEBARK
☀ ❄ ↔ 4.5m ↑4.5〜6m

成長が速いが、変異が多く、常緑の葉をもつ。晩夏から秋に星形、白色の花が多数つく。'アルバ　ワリエガタ'は暗緑色の葉に黄白色の外斑がある。
ゾーン：9〜11

Hoheria sexstylosa
英　名：RIBBONWOOD
☀ ❄ ↑4.5〜6m

H. populneaと同様に変異が多い。鋸歯縁、細長い葉。花は小形で芳香がある。枝が優美に枝垂れる。
ゾーン：8〜11

HOLCUS
(シラゲガヤ属)

ヨーロッパ、温帯アジア、北および南アフリカ原産。イネ科に属する8種の一年草または多年草で、匍匐性の根茎で広がる。細く扁平または折れ曲がった葉身を持つ。夏に、円錐花序が有柄の側面が平たい穂をなし、束生した茎にそれぞれ2個つく。グラウンドカバーに適する。

〈栽培〉
日向または半日陰で湿気のある水はけのよい土壌で栽培する。株分けで殖やす。

Hippophae sinensis

Histiopteris incisa

Hippocrepis emerus

Holcus mollis
ホルクス・モリス

英　名：CREEPING FOG、
CREEPING SOFT GRASS、
CREEPING VELVET GRASS

☀ ❋ ↔不定 ↕30〜100cm

ヨーロッパ原産の半常緑〜常緑種でマット状になる。扁平な帯状、灰緑色、やや有毛、長さ60〜120cmの葉がつく。節は有毛。春〜夏に、紫白色、長楕円〜卵形の花が分岐した円錐花序につく。'**ワリエガトゥス**'は、白い葉の中央に細い緑色の筋がある。

ゾーン：5〜9

HOLMSKIOLDIA
（ホルムスキオルディア属）

熱帯アフリカ原産で、クマツヅラ科に属する10種の常緑植物からなる。不規則に広がる低木だが、園芸では、つる植物または垣根用の植物として扱われる。先鋭の卵形、種によっては細毛で覆われた鋸歯縁の葉がつくが、注目されるのは花である。小形の円錐花序または総状花序につき、面白い形の管状花冠がフレアーのある広い萼に支えられている。

〈栽培〉
非常に霜に弱く、温暖期に日向の水はけがよく保湿性のある軽い土壌で栽培する。日向または半日陰に植え、直立に成長するようにトレリスなどを立てる。定期的に切り戻し、茎が徒長しないようにする。実生または半熟枝挿しで殖やす。

Homalocladium platycladium

Holmskioldia sanguinea
英　名：CHINESE HAT PLANT、
CUP AND SAUCER PLANT

☀/◐ ♨ ↔1.8m ↕0.9〜1.8m

ヒマラヤの低地原産。もっとも広く栽培されている。浅裂のある長さ8cmの葉がつく。花は温暖な季節に咲き、密生する。色はオレンジ〜深紅色、萼はれんが色。

ゾーン：10〜11

HOLODISCUS
（ホロディスクス属）

バラ科に属する落葉低木で、8種ある。北アメリカ西部からコロンビアまでの乾燥森林地帯に見られる。小花がまばらな円錐花序につき、蕾は赤色、開花すると黄白色になる。

〈栽培〉
日向または半日陰に耐性があり、保湿性のある肥沃な腐葉土を多く含む土壌が必要である。取り木で容易に殖やせる。半熟枝の基部をピートと砂の混合土に挿す。ミスト繁殖が必要な場合もある。根づきは難しい。

Holodiscus discolor
英　名：CREAMBUSH、OCEAN SPRAY

☀/◐ ❋ ↔3.5m ↕3.5m

北アメリカ西部原産。葉は広卵形で4〜8裂、波状縁、表面は濃緑色、裏面は白色でフェルト状。夏に、羽毛状、黄白色の円錐花序がつく。

ゾーン：4〜10

HOMALOCLADIUM
（カンキチク属）

ソロモン諸島原産のタデ科の単型属で、コンテナ栽培されることが多い。開花時は葉がつかない。リボン状の結合した茎（葉状茎）をもち、小花が春につく。種子は赤〜紫色の多肉の液果に包まれている。ミューレンベッキア属の変異と考える植物学者もいる。

〈栽培〉
栽培は容易で弱い霜に耐性がある。本属は軽い肥沃な湿気を含む水はけのよい土壌を好む。あるいは標準的な混合土に植え、直射日光の当たらない半日陰で育てる。繁殖は取り播きか挿し木で行なう。

Holmskioldia sanguinea

Homalocladium platycladium
一般名：カンキチク

英　名：CENTIPEDE PLANT、RIBBON BUSH、TAPEWORM PLANT

☀ ♨ ↔1.8m ↕1.8〜3m

変種の多い常緑低木。扁平なリボン状の葉状茎が目立つ。春に緑白色の花が枝の結合部に小さな房でつく。細長く緑色の葉がつく。

ゾーン：10〜12

Hoheria lyallii

Holcus mollis 'Variegatus'

Hosta decorata

HOMORANTHUS
（ホモラントゥス属）

オーストラリア原産でフトモモ科に属し、7種の直立または横張り性低木からなる。クィーンズランド州北東部からニューサウスウェールズ州中部のさまざまな土壌に見られ、1種は南オーストラリアのエア半島に自生する。葉は細く、対生につき芳香がある。花序は異なるが筒形で、花筒の基部に包まれて種子を産生する。

〈栽培〉
全種が水はけのよい酸性または中性土を好む。耐霜性のある品種、耐乾性のある品種がある。繁殖は挿し木だが、種子が手に入れば実生繁殖も可能。

Homoranthus darwinioides
⟷1.5m ↕1.5m
オーストラリア、ニューサウスウェールズ州中西部原産の小低木。灰緑色の葉が節に輪生する。黄白〜緑色で赤みを帯びる長さ6mmの花が、通年葉腋につき、下垂する。
ゾーン：8〜11

Homoranthus flavescens
⟷1.2m ↕38cm
温帯および亜熱帯でグラウンドカバーとして人気がある。枝はほぼ水平に伸びる。葉は芳香があり、灰緑色、狭円錐形、長さ12mm。花は黄緑色で春から夏につく。挿し木は根づきやすい。
ゾーン：8〜9

HOODIA
（ホオディア属）

ガガイモ科に属する17種の珍しい多肉多年草。アフリカ南部の岩山などの乾燥地帯に自生する。強健な、角張った灰緑色の茎が100cmに伸びる。疣（いぼ）と呼ばれる小結節に覆われ、硬い刺がある。皿形の大きな花が1〜5個茎頂に群生し、黄〜茶色を帯び、不快な匂いがある。

〈栽培〉
温帯では、水はけのよい混合土に砂利でマルチングをして温室で育てる。灌水は控え気味にし、冬には乾燥させる。乾燥、亜熱帯、熱帯地方では戸外で育てることも可能。繁殖は実生で行なう。

Hoodia bainii
⟷30cm ↕30cm
茎は径35mm、薄茶色の刺があり、らせん状に小結節がつく。花は鐘形〜扁平、淡黄〜茶黄色で濃い縞模様がある。
ゾーン：10〜12

HORDEUM
（オオムギ属）
英　名：BARLEY

本属はイネ科に属し、北半球および南アメリカの温帯に見られる一年草または多年草で、約20種ある。細長い、扁平または巻いた帯状の葉がつく。夏に、狭円筒形または扁平な穂状花序につく。

〈栽培〉
湿気のある水はけのよい土壌で、日向を好む。早春に栽培地に直播する。

Hordeum hystrix
一般名：ヒメムギクサ
英　名：MEDITERRANEAN BARLEY
⟷15〜30cm ↕30〜40cm
地中海地方および中央アジア原産の一年草。葉は軟毛があり長さ8cm、幅6mm。花は長楕円形、灰緑色の穂は紫がかり、長さ6cm。ゾーン：5〜7

Hordeum jubatum
一般名：ホソノギムギ
英　名：FOXTAIL BARLEY、SQUIRRELTAIL、SQUIRRELTAIL BARLEY
⟷30cm ↕45〜75cm
北半球原産の多年草で、低く束生する。鑑賞に向く下垂性の、緑色または紫の穂がつく。群生させると見ごたえがあるが、侵略性がある。
ゾーン：5〜8

HOSTA
（ギボウシ属）
異　名：*Funkia*
英　名：PLANTAIN LILY

ギボウシはユリ科に属し、学名はオーストリア帝国の物理学者Nicholaus Host（1761〜1834年）にちなむ。以前はフンキア属と呼ばれ、1712年にオランダ東インド会社のエンゲルベルト・ケンペルが著作に述述している。ケンペルは植物と交換に日本人に天文学と数学を教えた。本属は群生し、心臓形の大きな葉が目的で栽培される。緑、青、灰色のほかに、斑入りや黄緑色の交雑品種がある。花はじょうご形で小形の総状花序が硬い茎の先につく。色は白色、藤色、紫色で、真夏から咲く。芳香性の品種もある。

〈栽培〉
耐光性の交雑品種もあるが、日陰で湿気があり冷涼、腐葉土の多い水はけのよい土壌を好む。生育期には灌水と施肥をじゅうぶん行なう。最初の蕾がついたら株分けで殖やす。新葉はナメクジ、カタツムリの害を受けやすい。

Hosta crispula
一般名：サザナミギボウシ
英　名：SAZANAMI GIBOSHI
⟷60cm ↕90cm
日本原産だが、野生には見られない。太い葉脈があり、先鋭の楕円形〜披針形、長さ25cm、濃緑色で縁が白い。通常、葉柄のまわりに縁が巻きつく。長い茎に藤色の花がつく。
ゾーン：6〜10

Hosta decorata
英　名：OTAFUKU GIBOSHI
一般名：オタフクギボウシ
⟷50cm ↕50cm
日本原産。円形、革質の葉で、長さは15cm近い。先鋭、濃緑色、白色の縁取りがある。花は薄紫色、まれに白色。
ゾーン：6〜10

Hosta fluctuans
一般名：クロナミボウシ
⟷60cm ↕100cm
日本原産、葉は細く、葉脈が多く、ねじれがあり、長さ25cm、上部が濃緑色、下部が灰緑色。長い茎に細い薄紫色の花がつく。'ヴァリエゲイテッド'（サガエギボウシ）は幅広く黄白色の縁。
ゾーン：6〜10

Hosta fortunei
ホスタ・フォルトゥネイ
⟷80〜120cm ↕90cm
日本原産またはヨーロッパの交雑品種と思われるが、野生では確認されていない。波打葉、濃緑色、心臓形〜披針形、細く尖り、斑が入る。葉つきの多い茎に藤色の花がつく。交雑品種には以下のものがある。'アルボマルギナタ'は大

Homoranthus flavescens

Homoranthus darwinioides

Hordeum jubatum

Hosta hypoleuca

Hosta kikutii 'グリーン ファウンテン'

Hosta minor

Hosta lancifolia
一般名：コバギボウシ

☀/☁ ❄ ↔40～50cm ↑45cm

野生では知られていない。葉は濃緑色、狭披針形、長さ15cm、先端が細い。花茎は葉が多く、花色は紫色。

ゾーン：6～10

Hosta longissima
一般名：ミズギボウシ
英　名：MIZU GIBOSHI

☀/☁ ❄ ↔40～50cm ↑50cm

日本原産、葉は群生し、上向き～やや弧状。葉は濃緑色、細く、先細りで長さ15cm以上になる。

ゾーン：6～10

Hosta minor
一般名：キリンギボウシ
英　名：KIRIN GIBOSHI

☀/☁ ❄ ↔40cm ↑60cm

朝鮮半島原産種を日本で栽培したもの。葉は小形、濃緑色、先端の細い楕円形～心臓形、長さ8cm。花茎は比較的長く、濃藤色の花がつく。

ゾーン：6～10

形、白い外斑。'**アルボピクタ**'は大形の薄い葉。幼葉は薄緑色、成長すると黄白色がかる緑色。'**アンティオク**'は濃緑色、縁が黄色から黄白色になる。'**アウレア**'は、黄色の葉が薄緑色になる。'**アウレオマルギナタ**'ははっきりした金色の外斑。'**エリザベス キャンベル**'は縁が緑色で幅広く中央は薄緑。わずかに皺がある。'**フランシー**'は白色の外斑、濃緑色の葉。'**ゴールド ヘイズ**'は'**アウレア**'に似るが緑変するのが遅い。'**ゴールド スタンダード**'は緑金色、濃緑色の脈がある。'**ゴールドブルック グリマー**'は黄金色の葉。'**ジョーカー**'は灰緑～青緑色。'**メアリー マリー アン**'は明緑色の外斑、黄緑色の太い中斑がある。'**ミニットマン**'は明緑色。'**ノース ヒルズ**'は真緑色、不規則で細い白色の外斑。'**ストリップティーズ**'は心臓形、中央は黄白色と緑色。'**ワールウィンド**'は真緑色、黄金色の太い中斑がある。

ゾーン：6～10

Hosta hypoleuca
一般名：ウラジロギボウシ
英　名：URAJIRO GIBOSHI

☀/☁ ❄ ↔100cm ↑40cm

日本原産で、やや波打葉、先端が細い楕円形～心臓形、長さ45cm、表面は青緑、裏面は白色。花は藤～白色、葉の多い短茎につく。

ゾーン：6～10

Hosta kikutii
一般名：ウナズキギボウシ
英　名：HYUGA GIBOSHI

☀/☁ ❄ ↔80cm ↑40cm

日本原産、褪せた濃緑色、弧を描く。葉脈が多く先端が細い楕円形、長さ20cm。花茎には葉が多く、苞葉は部分的に白～黄白色、ときに藤色がかった花を包んでいる。'**グリーン ファウンテン**'は大形、波状縁、花茎は曲がる。

ゾーン：6～10

Hosta fortunei 'ワールウィンド'

Hosta fortunei 'アルボピクタ'

Hosta fortunei 'アンティオク'

Hosta fortunei 'エリザベス キャンベル'

Hosta fortunei 'フランシー'

Hosta fortunei 'ゴールド ヘイズ'

Hosta fortunei 'ゴールドブルック グリマー'

Hosta fortunei 'ジョーカー'

Hosta fortunei 'メアリー マリー アン'

Hosta fortunei 'ミニットマン'

Hosta fortunei 'ストリップティーズ'

Hosta fortunei 'アルボマルギナタ'

Hosta montana
一般名：オオバギボウシ
英　名：OBA GIBOSHI
☀/☼ ❄ ↔100cm ↕100cm

野生では確認されていないが、日本原産と思われる。幅広、濃緑〜青緑色、葉脈が多く、先端の細い楕円形、長さ30cmの波打葉。花は紫灰〜白色。'オン ステージ'は明金色に不規則な緑色の縁がある。'イエロー リバー'は黄色の縁があり、花茎は60cm。
ゾーン：6〜10

Hosta nakaiana
一般名：カンザシギボウシ
英　名：KANZASHI GIBOSHI
☀/☼ ❄ ↔30〜40cm ↕40cm

朝鮮半島および日本に原生し、小形で丈の低いグラウンドカバーになる。茎は長く、明緑色、葉脈が多く、心臓形、長さ6cmで裏面が白色の波打葉がつく。花は藤色で鐘形。'エメラルド セプター'は明緑色。'ゴールデン セプター'は黄金色。'ゴールデン ティアラ'は幅広く太い金色の外斑がある。'グラウンド ティアラ'は、'Golden Tiara'の変種で、より幅広く、金色の太い外斑がある。'プラ

Hosta nakaiana 'エメラルド セプター'

Hosta nakaiana 'グラウンド ティアラ'

Hosta nakaiana 'プラチティナム ティアラ'

チティナム ティアラ'は薄黄緑、白覆輪。
ゾーン：6〜10

Hosta nigrescens
一般名：クロギボウシ
英　名：KURO GIBOSHI
☀/☼ ❄ ↔0.9〜1.2m ↕0.9〜2m

葉つきが多い、遅咲きの日本原産種。花茎は長い。先細りの楕円形の葉は長さ25cm、基部は茎に巻きつく。幼葉は青灰色、成長すると暗緑色。茎は葉が多く、蕾は紫で開くと白色になる。'サム アンド サブスタンス'は、厚みがあり、光沢のある金緑色の葉がつく。
ゾーン：6〜10

Hosta plantaginea
一般名：マルバタマノカンザシ
英　名：AUGUST LILY, MARUBA
☀/☼ ❄ ↔80cm ↕65cm

中国および日本原産。ほかのギボウシと違って花も観賞用になる。明緑色、葉脈が多く、披針形、先細り、長さ10cmのよじれた葉がつく。花は白色、たまに帯紫色。大輪で芳香がある。*H. p.* var. *japonica*（タマノカンザシ）(syn. *H. p.* var. *grandiflora*) は茎が長く大輪。'ハニー ベルズ'は、藤色の花。'ビーナス'は八重咲き。
ゾーン：8〜10

Hosta pulchella
一般名：ウバタケギボウシ
英　名：UBUTAKE GIBOSHI
☀/☼ ❄ ↔30cm ↕30cm

コンパクトなロックガーデン品種で日本原産。明緑色、心臓形、長さ5cm。葉のついた花茎に芳香のある花がつく。遅咲き。'黄覆輪'は黄色の外斑があり、藤色の花がつく。
ゾーン：6〜10

Hosta plantaginea

Hosta sieboldiana ★
一般名：トウギボウシ、オオバギボウシ
☀/☼ ❄ ↔0.9〜1.5m ↕50〜60cm

日本原産種。大形、先端が細い心臓形、長さ50cm。葉は明青灰色、葉脈が多く、皺がある。花は白〜藤色。*H. s.* var. *elegans*は分厚い皺の多い葉で光沢のある藤色の花。*H. s.* 'オーロラ ボレアリス'は葉が明金色、白色の花。'ビッグ ダディ'は非常に大形で粗い手触り、濃青緑の葉。'バーチウッド パーキーズ ゴールド'は薄黄緑の葉、薄い藤色の花。'ブルー エンジェル'★は非常に強健、

Hosta montana 'イエロー リバー'

Hosta pulchella '黄覆輪'

Hosta nigrescens

Hosta nigrescens 'サム アンド サブスタンス'

Hosta. s. 'バーチウッド パーキーズ ゴールド'

Hosta sieboldiana 'ブルー エンジェル'

Hosta sieboldiana 'クランプルズ'

Hosta sieboldiana 'リバースト'

Hosta sieboldiana var. *elegans*

巨大な青緑の葉、白色の花がつく。'**ブレッシンガム ブルー**'は大形、波打葉。白～藤色の花。'**クランブルズ**'は薄青緑で非常に皺が多い。'**フランシス ウィリアムス**'は幅広い緑金色の外斑。'**グレート エクスペクテーションズ**'は金色の葉に青緑の外斑。'**リバースド**'は青緑色の葉、中央が幅広く白色。
ゾーン：6〜10

Hosta sieboldii
一般名：コバギボウシ
英　名：KOBA GIBOSHI
☼/☀ ✤ ↔80cm ↕50cm
日本および樺太原産。葉は皺があり、先鋭の披針形、長さ15cm。濃緑色、縁は純白。藤色の花。*H. s. f. kabitan*は緑色の縁、金色の小形の葉。'**クロッサ クリーム エッジ**'は、細い葉に黄白色の縁。'**ウォゴン**'は、明緑色の葉がつく。
ゾーン：5〜10

Hosta × tardiana
ホスタ×タルディアナ
☼/☀ ✤ ↔40〜50cm ↕40cm
H. sieboldiana var. *elegans*とアキギボウシの交雑種。葉脈が多く、青緑の葉が盛り上がる。花茎は非常に短く花は黄白～薄い藤色、たまに斑が入る。'**ブラザー ロナルド**'は暗青緑、長さ15cm。'**キャメロット**'は横張り性、幅広、心臓形、濃青緑、長さ20cm。藤色の花。'**デボン ブルー**'は葉が先細り、灰色の模様、青緑、15cm以上。紫灰色の花が多数つく。'**ハルシオン**'は、心臓形、青緑、長さ20cmの葉、紫灰色の花が多数つく。'**ムーディ ブルース**'は幅広、濃青緑の葉。薄紫の花。
ゾーン：6〜10

Hosta sieboldii

Hosta sieboldii f. *kabitan*

Hosta tardiflora

Hosta sieboldii 'クロッサ クリーム エッジ'

Hosta undulata var. *albomarginata*

Hosta undulata 'ホワイト クリスマス'

Hosta × tardiana 'ブラザー ロナルド'

Hosta × tardiana 'キャメロット'

Hosta × tardiana 'ハルシオン'

Hosta tokudama 'ラブ パット'

Hosta ventricosa

Hosta tardiflora
一般名：アキギボウシ
☼/☀ ✤ ↔50cm ↕30cm
野生では知られていない。とくに葉脈が目立ち、光沢のある黄緑色、ときに波打つ葉がつく。披針形、長さ15cm。花茎は35cmだが45度に曲がる。花は薄い藤色、黄白～紫の苞片がある。
ゾーン：6〜10

Hosta tokudama
一般名：トクダマギボウシ
英　名：TOKUDAMA GIBOSHI
☼/☀ ✤ ↔80〜120cm ↕45cm
昔から日本で栽培され、野生では知られていない。葉は広楕円形～心臓形、皺があり、明青緑、長さ25cm。花は紫灰～白色。*H. t. f. aureonebulosa*（アケボノトクダマ）は黄中斑がある。*H. t.* '**ラブ パット**'は交雑種と思われ、粗い手触り、濃青緑の葉。紫白色の花。
ゾーン：6〜10

Hosta undulata
一般名：スジギボウシ
英　名：SUJI GIBOSHI
☼/☀ ✤ ↔40〜50cm ↕30cm
野生では知られていないが、日本で古くから栽培されてきた。暗緑色、細い黄中斑がある。長楕円～披針形、波状縁、長さ15cmの波打葉がつく。花は薄紫、緑白色の苞葉がある。'**アルボマルギナタ**'は、白覆輪、波打つがよじれはない。'**ワリエガタ**'（syn.*H. u.* var. *undulata*）は黄中斑があり、2色の緑色。'**ユニヴィッタタイ**'は大形、黄中斑がある。'**ホワイト クリスマス**'は細い不規則な緑色の外斑がある。
ゾーン：6〜10

Hosta ventricosa
一般名：ムラサキギボウシ
英　名：MURASAKI GIBOSHI
☼/☀ ✤ ↔60〜80cm ↕100cm
中国原産種だが、日本で古くから栽培されてきた。濃緑色、幅広、波打葉、心臓形、長さ25cm。花茎は長く薄紫の花。*H. v.* var. *aureomaculata*は幼葉に黄中斑がある。'**ピーディ エルフィン ベルズ**'は下垂性の花がつく。
ゾーン：6〜10

Hosta venusta
一般名：オトメギボウシ
☼/☀ ✤ ↔30cm ↕35cm
丈の低い横張り性で遅咲き。朝鮮半島、日本原産。短い茎に暗緑色、先端が細い楕円形、長さ5cm以下の葉がつく。波状縁の場合もある。紫の花。耐光性がありロックガーデン向き。
ゾーン：6〜10

ギボウシ、HC、'オーガスト ムーン'

ギボウシ、HC、'ブルー アロー'

ギボウシ、HC、'キャンディ ハーツ'

ギボウシ、HC、'チーティン ハート'

ギボウシ、HC、'カントリー パーク'

ギボウシ、HC、'デヴォン ゴールド'

ギボウシ、HC、'フレッシュ'

ギボウシ、HC、'ゲイエティ'

ギボウシ、HC、'ゴールド エッジャー'

ギボウシ、HC、'グリーン ピークラスト'

ギボウシ、HC、'グリーン ウィズ エンヴイ'

ギボウシ、HC、'グラウンド サルファー'

ギボウシ、HC、'ハドスペン サムフィア'

ギボウシ、HC、'アイスド レモン'

ギボウシ、HC、'アイランド チャーム'

ギボウシ、HC、'フロラドラ'

Hosta Hybrid Cultivars
（ギボウシ交雑品種）

◐/◉ ❄ ↔30〜150cm
↕15〜90cm

この数十年でギボウシは繁殖家に愛好される植物になり、交雑が頻繁に行なわれ多数の葉形が作出されている。耐光性品種を増やす努力もされているが、ほとんどはいくぶん日陰で育てるのが好ましい。'アラン. P. マッコーネル'は中形、暗緑色、白覆輪。藤色の花。'オーガスト ムーン'は丈高く、波打葉で黄金色の葉。'ブルー ムーン'は丈低く小形、青緑の葉。白色の花。'ブリム カップ'は丈高く皺があり、薄黄緑、緑色の斑がある。藤色の花。'キャンディ ハーツ'は丈高く青緑、藤色の花。'カントリー パーク'は丈高く幅広、真緑色の葉、白色の花。'デボン ゴールド'は、丈は中くらい、小形の黄緑の葉、藤色の花。'フロラドラ'は中形、心臓形、真緑色の葉、薄い藤色の花。'ゴールド エッジャー'は丈低く金緑色の葉、白色の花。'グリーン ピークラスト'は丈高く大形、真緑色、波状縁の葉。薄藤色の花。'グラウンド サルファー'は中形、横張りの明黄緑の葉。'アイランド チャーム'は中形、小形でピンクの茎に明緑色、心臓形、黄色の斑のある葉薄い藤色の花。'ジュリー モース'は中形、黄金色の葉に緑色の外斑。紫ピンクの花。'ジューン'は中形、小形、黄色の斑入り、青緑の葉。すみれ色の花。'キング マイケル'は丈高く大形、褪せた緑色の葉、白色の花。'クロッサ リーガル'は丈高く長茎、青緑色の葉。白〜薄藤色の花。'レディ イソベル バーネット'は丈高く、真緑色の巨大葉に黄白色の外斑。白〜薄藤色の花。'メデューサ'は中形、細い緑色の外斑のある黄白色の葉。'ミッドウェスト マジック'は丈高く黄緑、黒色の外斑の葉。'パトリオット'は丈高く暗緑色の葉。すみれ色の花。'ポールズ グローリー'は中形、皺が多く、黄色の斑、青緑の葉。薄藤色の花。'パール レイク'は丈高く小形、真緑色の葉。薄藤色の花が多数つく。'ピザズ'は中形、幅広、青緑色、黄覆輪藤色の花。'ラディアント エッジャー'は丈高く小形、真緑色の葉、黄緑の外斑。藤色の花。'ロイヤル スタンダード'は丈高く艶のある真緑色の葉、芳香性の白い花。'ライアンズ ビッグ ワン'は丈高く皺のある青緑の巨大葉、薄い藤色の花。'セプテンバー サン'は丈高く黄緑から縁が緑色に変わる。白色の花。'シェイド ファンフェア'は中形、皺があり、青緑、白覆輪の葉、薄藤色の花。'サマー ミュージック'は中形、ややねじれた暗緑色の葉。白〜黄白色の斑。薄藤色の花。'トール ボーイ'は丈高く長茎、真緑色の葉。花は長い花茎に1輪つく。'トーチ ライド'は中形、暗緑色、幅広の白覆輪、薄い藤色の葉。'ベロニカ レイク'は中形、青緑、白〜薄緑の外斑。薄い藤色の花。'ワイド ブリム'は丈高く青緑、黄白色の外斑。藤色の花。'イエロー ウェイブズ'は丈低く小形、黄金色の葉。藤色の花。
ゾーン：6〜10

Hosta 713

HOUTTUYNIA
(ドクダミ属)

東アジア原産のドクダミ科の単型属。心臓形の葉、花弁に似た4個の苞片に包まれた黄色の小花が穂形につく多年草で広く分布する。葉は生または調理して食用になり、コショウに似た味がする。

〈栽培〉
湿地から水辺でよく育ち、冬はやや水没する。日向、または半日向を好む。侵略性があり除草しにくいが、地面から離れた所でポット栽培にすれば管理できる。株分けで殖やす。

Houttuynia cordata
一般名：ドクダミ

☀ / ☼ ❄ ↔100cm ↕15～30cm

中国、日本の湿地帯に自生する草本植物。心臓形、長さ9cm、濃い藤色を帯びた緑色の葉に香りがある。真夏に、赤色の茎の先端に白い苞葉のある花が群生する。紐状の根茎を産生する。通常栽培される品種には以下のものがある。'カメレオン'(syn.'コートジェスター'、'トリコロール'、'ワリエガタ')で、やや繁殖力は弱く、葉は幅広、黄色の外斑、帯赤色。'フロレ プレノ'は白い苞葉が多数つき、円錐形をなす。ゾーン：5～10

HOVENIA
(ケンポナシ属)

昔から栽培されているため自生地は明確ではないが、東アジア温帯と思われる。クロウメモドキ科に属し、2種ある。落葉低木あるいは小高木で樹姿が美しい。葉は心臓形、長さ15cm。分岐した茎に果実が大きな房でつく。花は目立たない。

〈栽培〉
耐寒性、適応性がある。手入れされた庭であれば、ほとんど手がかからず成長する。湿気のある、適度に肥沃な水はけのよい土壌の日向が適する。土壌の乾燥、高温の乾風、長期の干ばつによって病害を起こす可能性がある。取り播き、夏の半熟枝挿しで殖やす。

Hovenia dulcis ★
一般名：ケンポナシ
英 名：JAPANESE RAISIN TREE

☀ ❄ ↔6m ↕9m

中国原産と思われるが、長く日本で栽培されてきた。日除けに適する。夏に太い花柄に黄緑の小花が多数つく。小形の赤い実が、膨らんだ花柄につき、甘みがあり、冬頃食用できる。ゾーン：6～9

Howea forsteriana

HOWEA
(ホウエア属)

オーストラリア、ニューサウスウェールズ州沿岸沖のロード・ハウ島原産。ヤシ科に属し2種がある。直立の単幹を持ち、葉状体が青々と茂る。花は葉状体の基部近くにつき、赤緑色の果実を産生する。

〈栽培〉
非常に霜に弱いが高温または直射日光に当てる必要はなく、室内または温室栽培に向く。戸外では適度な温度と湿度があれば、やや日陰で湿気を含み腐葉土が多く水はけのよい土壌で栽培する。ならした用土に播種し、発芽まで温度と湿度を保って繁殖させる。

Howea belmoreana ★
一般名：ケンチャヤシ
英 名：BELMORE PALM, CURLY PALM, SENTRY PALM

☼ ❄ ↔3m ↕8m

2種のうち本種はあまり栽培されない。細い樹幹に古い葉状体の基部が輪状に残る。濃緑色の葉が優美に弧を描き、2m近くに伸びる。ゾーン：10～11

Howea forsteriana ★
一般名：ヒロハケンチャヤシ
英 名：KENTIA PALM, PARADISE PALM

☀ ❄ ↔4.5m ↕9～15m

ロード・ハウ島原産でノーフォーク島でも種子、苗の販売を目的に広く栽培されている。葉状体は3mになり非常に硬くつく。ゾーン：10～11

HOYA
(サクララン属)
英 名：WAX FLOWER

ポリネシア、アジア、オーストラリア原産でガガイモ科に属する。200種があり、常緑で主につる性だが、低木種、多肉種などもある。茎は木質で乳状の樹液を含むことがある。野生では、つる性種は6m以上になる。葉はふつう濃緑色で光沢がある。蝋質の美しい花がつき、芳香があり、陶器のような光沢がある。分厚い花弁は白またはピンク。中央に色鮮やかな星形の副花冠がある。

〈栽培〉
温暖地帯では、戸外の半日陰、多湿、肥沃な水はけのよい土壌で栽培する。それ以外では室内植物として人気があり、ハンギングバスケットに用いられる。

Hoya australis

Hoya carnosa

ポットでは水はけのよい用土で直射日光を避ける。定期的に灌水と施肥を行ない、高湿度を保つ。挿し木で殖やす。

Hoya australis ★
☀ ❄ ↔1.6～1.8m

オーストラリア原産のつる性種。分厚く多肉、光沢のある暗緑色の葉。星形、白～薄桃色に藤色の副花冠のある花が夏に散形花序につき、芳香がある。ゾーン：10～12

Hoya carnosa
一般名：サクララン
英 名：WAX PLANT

☀ ❄ ↔0.6～1.8m

インドから中国南東部原産。つる性で、室内植物として広く栽培されている。分厚い暗緑色の葉がつく。芳香性、白～薄桃色、星形、赤色の副花冠のある花が散形花序につく。'エキゾティカ'は葉に黄色とピンクの斑入り、縁が緑色。'クリンクル カール'はねじれた葉。'ワリエガタ'は葉に黄中斑がありピンク色の花がつく。ゾーン：10～12

Hovenia dulcis

Houttuynia cordata 'Chameleon'

Houttuynia cordata 'Chameleon'

HUERNIA
（フエルニア属）

英　名：LIFE BUOY PLANT

アフリカ乾燥地帯原産のガガイモ科に属する小形多肉植物で、約70種ある。葉はなく、多肉の角張った茎に小結節がつき、刺がある。肉厚の花は群生または単生し、基部または茎頂につく。花形は星形または鐘形で、中央に肉厚の輪があるため「救命浮袋」を意味する英名がつけられている。色は濃く、えび茶色、赤、黄、緑色の縞があり、程度の違いはあるが悪臭がある。

〈栽培〉

適度に温暖であれば、戸外の水はけのよい土壌またはポットで栽培する。冬には乾き気味にする。温室では日除けが必要。根腐れを防ぐために灌水は適度にする。根と茎が土壌害虫の害を受けやすい。

Huernia zebrina ★

英　名：LILY OWL, OWL-EYES

☼ ❄ ↔15cm ↑10cm

南アフリカ、ボツワナ、ナミビア原産。茎は5角形で鋸歯がある。基部につく花は中央にえび茶色の輪があり、盛り上がり、ときに黄色の模様がある。周囲の三角の裂片は薄黄色で赤茶色の縞がある。
ゾーン：10〜12

Huernia zebrina

Hunnemannia fumariifolia

HUMULUS
（カラハナソウ属）

温帯北部原産でアサ科のつる性草本。森林地帯に自生し、1シーズンに21m伸びる。魅力的な葉が栽培目的になり、多くの交雑品種が観賞用に選抜されてきた。*H. lupulus*は果実がビールの香りづけに使われる。地下の吸枝を伸ばして、またたくまに広がる。

〈栽培〉

水はけのよい湿気のある肥沃な土壌を必要とする。冬には枝枯れし、湿気が多すぎると白枯れ病に罹りやすい。晩夏の半熟枝挿し、または休眠期に株分けで殖やす。

Humulus lupulus

一般名：セイヨウカラハナソウ、ホップ

英　名：BINE, COMMON HOP, EUROPEAN HOP

☼ ❄ ↔3〜9m ↑5〜6m

広く知られる強健な草本性つる植物で、粗毛のある茎を持つ。ビールに欠かせないホップの原料になる。吸枝が根茎から長く伸びる。葉は3〜5裂、長さ15cm。夏には、苞葉に包まれたホップが雌株に垂れ下がるようにつく。ふつう金葉の品種が栽培される。'**アウレウス**'は光量によって葉色が変化する。*H. l.* var. *neomexicanus*は北米原産種で広く分布しているが、判別しにくい。
ゾーン：5〜10

HUNNEMANNIA
（フンネマニア属）

英　名：GOLDEN CUP, MEXICAN TULIP POPPY

ケシ科の多年草の単型属だが、一年草として栽培されることが多い。メキシコ高地原産。基部は木質だが、葉は繊細で、深裂があり、青緑色。花は径8cm、明黄色。

〈栽培〉

水はけのよい土壌の日向で育てる。多湿に耐性がない。移植時は根を乱さないように注意する。実生繁殖する。

Hunnemannia fumariifolia

☼ ❄ ↔25cm ↑45〜90cm

魅力的な青灰色の葉がつく多年草または一年草。花は艶があり明黄色で、夏に茎頂につく。
ゾーン：8〜10

Hyacinthoides hispanica

Hyancinhoides hipanica 'ラ グランデス'

Hyacinthoides italica

HYACINTHOIDES
（ヒアシントイデス属）

英　名：BLUEBELL

西ヨーロッパおよびアフリカ北部原産の強健な球根植物。ヒアシンス科に属し、略式の自然庭園に適する。春に、優美な下垂性の鐘形の花が茎に複数つき、色は淡青色、ときに芳香がある。葉は線形〜帯状。多肉の葉をもつ。*H. hispanica*と*H. non-scripta*もよく栽培されるが、混同されやすい。

〈栽培〉

夏に湿気の多い土壌または灌水した苗床に植える。落葉樹または低木の下でよく育つ。腐葉土を多く含む保湿性のある重い用土に植えるのがよい。冬には日光に当て夏は日除けを施し、通年湿気を好む。適切な環境では強健、花つきもよく、木質化することがある。切花としては日保ちが短く、白濁した液が多量に出るので皮膚にかゆみが起こる。食べると中毒を起こすと言われている。株分け（球根は土深くにある）か、取り播きで殖やす。

Hyacinthoides hispanica ★
ヒアキントイデス・ヒスパニカ

異　名：*Endymion hispanicus*, *Scilla campanulata*, *S. hispanica*

英　名：SPANISH BLUEBELL

☼/☀ ❄ ↔10〜15cm ↑40〜45cm

芳香のない花が春に直立した単茎のまわりに緩やかにつく。花弁は青色、紫桃色、白色などで、葯は青色。葉は幅広い帯状、光沢のある青緑色で直立するが、雨が降ると平伏する。群生する。交雑品種には以下のものがある。'**エクセルシオール**'は大形、青紫色に筋のある花がつき、丈高い。'**ラ グランデス**'は純白の花がまばらにつく。
ゾーン：6〜7

Hyacinthoides italica

異　名：*Scilla tallca*

☼/☀ ❄ ↔5〜15cm ↑10〜20cm

ヨーロッパ南部からスペイン、イタリア原産。青みがかったすみれ色、鐘形、上向き、6〜30個の花が春に密生する。葉は線形、褪せた暗緑色。
ゾーン：5〜9

Hyacinthoides non-scripta
ヒアキントイデス・ノン-スクリプタ

異　名：*Endymion non-scriptus*, *Scilla non-scripta*

英　名：BLUEBELL, ENGLISH BLUEBELL, WILD HYACINTH

☼/☀ ❄ ↔5〜15cm ↑20〜20cm

湿地のカシ、ブナ、クリの林に群生する。花は茎に6〜10個つき、細い鐘形、芳香があり、春に茎の片側に下向きの総状花序につく。花弁は淡青色、葯は黄白色。茎は牧羊杖のように湾曲する。葉は狭長、光沢のある暗緑色。'**アルバ**'は、よく栽培される白色品種。'**ロセア**'は紫桃色の花がつく。
ゾーン：5〜10

Hyacinthus orientalis 'アメジスト'

Hyacinthus orientalis 'ビスマルク'

Hyacinthus orientalis 'ブルー ジャケット'

Hyacinthus orientalis 'ブルー マジック'

Hyacinthus orientalis 'カーネギー'

Hyacinthus orientalis 'ジャン ボス'

Hyacinthus orientalis 'キング オブ ザ ブルース'

Hyacinthus orientalis ムルティフロラ ブルー

Hyacinthus orientalis 'ピンク パール'

Hyacinthus orientalis 'バイオレット パール'

Hyacinthus orientalis 'City of Haarlem'

Hyacinthus orientalis 'クィーン オブ ザ ナイト'

Hyacinthus orientalis 'クィーン オブ ザ ピンクス'

HYACINTHUS
（ヒアシンス属）

英 名：HYACINTH

アジア西部および中部原産のユリ科に属する球根多年草で3種しかないが、切花、コンテナ栽培用に多くの品種が開発されてきた。現在もっとも一般的な交雑品種は*H. orientalis*で通年開花する。基本品種は3品種ある。ダッチヒアシンスは茎を囲むように花が密生し、筒形になる。ローマンヒアシンスは花数がやや少なく緩やかにつく。マルチフロラは複数の茎に花が緩やかにつく。3品種とも多少でも甘い香りがある。コンテナ栽培、促成栽培に向く。

〈栽培〉

庭園では、落葉樹の下の適度に肥沃な水はけのよい土壌に秋植えする。コンテナ栽培では保湿性のある用土に秋植えするか、水に浮かせて根が張るまでは冷涼で暗い場所に置く。球根が成長して水面から上がってきたら切り捨てる。冬は日光に当て、夏は日陰に置く。分球か種子の取り播きで殖やす。交雑品種は、球根の基部に切れ込みを入れると子球ができやすい。

Hyacinthus orientalis
一般名：ヒアシンス

英 名：COMMON HYACINTH

☀/☀ ❄ ↔8cm ↕20～30cm

花は中心茎を囲むように6～7個ずつ斜めにつく。小形で、優美な細い鐘形、蝋質、芳香がある。花弁は青、青紫、ピンク、白、黄白色。'**アメジスト**'は濃紫色。'**アンナ マリー**'は淡桃色。'**ビスマルク**'は薄紫に白い縁がある。'**ブルー ジャケット**'は紺色に紫の筋がある。'**カーネギー**'はコンパクト、純白、遅咲き。'**シティ オブ ハーレム**'は淡黄色。遅咲き。'**デルフト ブルー**'は、紫を帯びた淡青色。'**ジプシー クィーン**'は薄橙色。'**ホリーホック**'は小形で花は深紅色、八重咲き。'**ジャン ボス**'はえんじ色。'**キング オブ ザ ブルー**'は濃紺色。'**オスタラ**'は大形、濃紫青。'**バイオレット パール**'は濃桃色に白い縁がある。

ゾーン：5～9

HYDRANGEA
（アジサイ属）

東アジア、南北アメリカ原産。アジサイ科に属し、約100種の落葉または常緑低木、高木、つる植物がある。葉は大形、楕円形、鋸歯縁がある。非常に小形の稔性の花を4個の装飾小花が囲む。花姿は円錐状、頭頂が平らなもの（レースキャップ）と円形（モップヘッド）がある。色は白～赤、紫、青色までさまざま。

〈栽培〉

アジサイはさまざまな環境で生育するが、コンポストを混ぜた良質な土壌で軽く施肥するのがよい。日向、または半日陰で湿気を切らさないようにする。*H. macrophylla*の栽培品種は土壌のpHに合わせて生育する。青色にしたい場合は硫酸アルミニウムを加え、赤色にしたい場合は石灰を加える。晩冬に剪定し、古い茎を取り除く。春の実生、晩夏の緑枝挿し、冬の半熟枝挿しで繁殖させる。交雑品種は挿し木のみで殖やす。

Hydrangea alborescens
ヒドランゲア・アルボレスケンス

英 名：SMOOTH HYDRANGEA

☀/☀ ❄ ↔2.4m ↕0.9～3.5m

北アメリカの湿地の日陰に自生する。落葉低木で横張り性、吸枝から広がる。平らな黄白色の花が夏につき、無数の稔性の花が数個の装飾花に囲まれる。*H. a.* subsp. *radiata*は濃緑色の葉。'**アナベル**'★は白の巨大輪でモップヘッド。'**グランディフロラ**'はやや不揃いのモップヘッドで白色。

ゾーン：3～10

Hydrangea arborescens 'アナベル'

Hydrangea arborescens subsp. *radiata*

Hydrangea macrophylla

Hydrangea macrophylla、モップヘッド型、'アミ パスキエール'

Hydrangea macrophylla、モップヘッド型、'アヴェ マリア'

Hydrangea macrophylla、モップヘッド型、'アイシャ'

Hydrangea macrophylla、モップヘッド型、'エンジアンドム'

Hydrangea macrophylla、モップヘッド型、'フローデンシュタイン'

Hydrangea macrophylla、モップヘッド型、'ジェネラル ビスコンテス ドゥ ビブライエ'

Hydrangea macrophylla、モップヘッド型、'ハットフィールド ローズ'

Hydrangea macrophylla、モップヘッド型、'ホーバージン'

Hydrangea macrophylla、モップヘッド型、'コニンギン ウィルヘルミナ'

Hydrangea aspera
ヒドランゲア・アスペラ

異　名：*Hydrangea villosa*

☼/☽ ❄ ↔3m ↕3m

東アジア原産。変異の多い落葉種。レースキャップ型の花が茎頂につき、径25cm、装飾花は薄藤色、稔性の花は青紫。*H. a.* subsp. *sargentiana*は大形の葉、表は艶があり、裏面は刺がある。頭頂は平ら、薄桃色の装飾花、薄藤色の花。'モーベッド'は藤色、ドーム形で径15cm。'ピーター チャペル'は大形有毛の葉、頭頂が平らで白い装飾花、黄色がかったピンクの花がつく。
ゾーン：7〜10

Hydrangea heteromalla
ヒドランゲア・ヘテロマラ

☼/☽ ❄ ↔3m ↕3〜4.5m

中国からヒマラヤ地方原産の落葉種。成長習性、葉形、花に変異が多い。葉は広披針形、裏面が有毛の種もある。レースキャップ型、白〜ピンクの装飾花、緑白色の稔性の花を持つ。'ジャーミンズ レース'は魅力的な低木でピンクがかった緑白色の花。
ゾーン：6〜9

Hydrangea involucrata
ヒドランゲア・インウォルクラタ

☼/☽ ❄ ↔3m ↕3〜4.5m

日本、台湾原産だが、あまり栽培されない。幅広い長楕円形、縁に粗毛がある。レースキャップ型、径12cm、白の装飾花、藤色の稔性の花が晩夏につく。'ホルテンシス'は薄桃色の目立つ八重の花がつくが、栽培が難しい。
ゾーン：7〜10

Hydrangea macrophylla

異　名：*Hydrangea hortensis*

一般名：ガクアジサイ

英　名：BIGLEAF HYDRANGEA, FLORIST'S HYDRANGEA, GARDEN HYDRANGEA, HORTENSIA

☼/☽ ❄ ↔2.4m ↕3m

日本の太平洋岸で昔から栽培されてきた。原種はあまり栽培されない。落葉低木で、光沢のある大形の葉、ピンクがかった青色の平頂な花がつく。交雑品種は多く、庭園用に人気がある。高さ1〜1.8mに成長し、レースキャップ型とモップヘッド型、がある。モップヘッド型、は500種類以上あり、目立つ装飾花が球形になる。この型の交雑品種は海岸庭園に適する。レースキャップ型は約20種あり、外側の装飾花は平たく、中心に稔性の花がつく。

Mophead Cultivars
(モップヘッド型交雑品種)

★'アルペングリューエン'は中形、強健、やや酸性でも赤みを帯びる。'アルトナ'は高さ1.8m、土壌のpHによって赤か青になる。'アメジスト'は半八重咲き、裂のある苞葉をもつ。酸性で薄藤色、アルカリ性で薄桃色になる。'アミ パスキエール'は中形、深紅〜藤色の花が夏中つく。葉は秋に赤くなる。'エンジアンドム'、別名'ゲンティアン ドーム'はコンパクトな1.5mの低木、明青色にするには酸性の土壌が必要。'ジェネラル ビスコンテス ド ビブライエ'は中形、淡黄白色から水色に変わる。'ハンブルグ'は大形、鋸歯のある花弁、土壌によって濃桃〜藤色、または青色。'マダム エミル ムイエ'は高さ1.8m、モップヘッド型、としては最高級品種のひとつ。'ミス ベルジャ'は高さ1m、小形の花序でアルカリ土壌ではピンクになる。'モンゴメリー'は黄色とピンクの花。'ニグラ'は目立つ黒色の茎、小形の花序で土壌のpHによってピンク〜青色になる。'ニッコウ ブルー'★は高さ1.5m、青色の花。'パルジファル'は濃桃〜濃青色。'ピア'はごく矮性で高さはわずか0.6m、花はピンクから赤色。'プレジデント デュメー'は鮮紅色、小形で暗緑色、鋸歯縁の葉の上に小さく群生する。'スール テレサ'は高さ1.8m、純白の変異種で日焼けを防ぐために日陰で育てる。

Hydrangea involucrata

Hydrangea involucrata 'ホルテンシス'

Hydrangea aspera f. *kawakamii*

Hydrangea heteromalla 'ジャーミンズ レース'

Hydrangea macrophylla、モップヘッド型、'ラブラー'

Hydrangea macrophylla、モップヘッド型、'マダム フォースティン トラブイヨン'

Hydrangea macrophylla, Mophead, 'Mein Liebling'

Hydrangea macrophylla、モップヘッド型、'モンゴメリー'

Hydrangea macrophylla 'ニグラ'

Hydrangea macrophylla、モップヘッド型、'ニッコウ ブルー'

Hydrangea macrophylla、モップヘッド型、'ニッコウ ローズ'

Hydrangea macrophylla、モップヘッド型、'パルジファル'

H. macrophylla、モップヘッド型、'スーベニール ドゥ プレジデント デュメー'

Hydrangea macrophylla、レースキャップ型、'ブローリン'

Hydrangea macrophylla、レースキャップ型、'ブローマイゼ'

Hydrangea macrophylla、レースキャップ型、'バックフィンク'

Hydrangea macrophylla、レースキャップ型、'ファイアーワークス'

Hydrangea macrophylla、レースキャップ型、'ファイアーワークス ピンク'

Hydrangea macrophylla レースキャップ型、'ホベラ'

Hydrangea macrophylla、レースキャップ型、'ラブ ユー キス'

Hydrangea macrophylla、レースキャップ型、'マクラタ'

Hydrangea macrophylla、レースキャップ型、'マリエシイ'

Hydrangea macrophylla、レースキャップ型、'マリエシイ ペルフェクタ'

Hydrangea macrophylla、レースキャップ型、'ザウコニッヒ'

Hydrangea macrophylla、レースキャップ型、'リラシナ'

LACECAP CULTIVARS
（レースキャップ型交雑品種）

'ファイアーワークス ピンク'は八重咲き、星形、ピンクの小花が花序の外縁のまわりにつく。秋に新しい花がつき、古い花は緑変する。'ジョフリー チャドバンド'は深紅色の花序。'ホベラ'は淡桃色の花が成長すると緑色、やがて深紅色になる。'ラナース ホワイト'は純白の花。'リベル'は白色の装飾花が見事な品種で、濃青色の稔性花のまわりにつく。'リラシナ'は薄藤色の花。'ラブ ユー キス'は大形、白色、赤い縁のある葉。'マリエシイ'は薄桃〜薄青色。'シー フォーム'は海岸の植栽に最適で、花序の径は30cm、白い装飾花と藤〜青色の稔性花がつく。
ゾーン：5〜11

Hydrangea paniculata
一般名：ノリウツギ
英 名：PANICLE HYDRANGEA

☼/◐ ❄ ↔3m ↕1.8〜6m

日本、中国東南部原産の落葉種。円錐状の密生した花を持つ。黄白色の装飾花と稔性花をもち、晩夏から秋に弧を描くようにつく。'グランディフロラ'は乳白色の花で長さ45cmの円錐花序につく。'キュウシュウ'はより小形、黄白色の花が優美な軽い円錐花序につく。'プラエコックス'は早咲き交雑品種。'タルディバ'は遅咲き。'ユニーク'は先端の丸い円錐花序で'Grandiflora'より大輪になる。
ゾーン：3〜10

Hydrangea paniculata

H. paniclata 'キュウシュウ'

H. paniclata 'プラエコックス'

H. paniclata 'タルディバ'

H. paniclata 'ユニーク'

Hydrangea quercifolia、夏

Hydrangea quercifolia、秋

Hydrangea quercifolia 'ブルーバード'

Hydrangea petiolaris ★
一般名：ツルアジサイ
異　名：*Hydrangea anomala* subsp. *petiolaris*
☀ ❄ ↔5～10m ↕15m
ロシア、朝鮮半島、台湾、日本原産のつる性種。魅力的な暗緑色の葉。花は大輪のレースキャップ型でシーズンの初めから開花する。花がつくまでに数年かかる。剪定はしない。*H. anomara*の亜種として扱われることが多い。
ゾーン：4～9

Hydrangea quercifolia 'スノー クィーン'

Hydrangea quercifolia
一般名：カシワバアジサイ
英　名：OAK-LEAFED HYDRANGEA
☀/◐ ❄ ↔2.4m ↕0.9～2.4m
米国南東部原産、落葉低木で株姿は緩やかな円形。大形で緑色の裂葉は秋に紅葉する。夏に、花は筒形の円錐花序で長さ25cmにつき、黄白色だが秋に向けてピンクがかる。'スノー フレーク'は八重咲き。'スノー クィーン'は大形の装飾花、秋に紅葉する。
ゾーン：6～10

Hydrangea scandens
一般名：ガクウツギ
☀ ⚘ ↔90～100cm ↕90～100cm
日本を含む東アジア原産の落葉低木で枝垂れる。披針形、長さ9cmの葉、小形、レースキャップ型で、数個の萼片を持つ。
ゾーン：5～10

Hydrangea serrata
一般名：ヤマアジサイ
異　名：*Hydrangea macrophylla* subsp. *serrata*
☀/◐ ❄ ↔1.5m ↕0.9～1.8m
日本、朝鮮半島原産の落葉種でガクアジサイの近縁種。平らな花序が夏につき、装飾花は白、ピンク、青、稔性花は白または青色で成長と共に色が変わる。'ブルーバード'は株姿が整ったレースキャップ型。薄～濃青色。開花期は長く、葉は紅葉する。'グレイスウッド'は魅力的な青紫の装飾花だが、白、ピンク、深紅色に変わる。'プレジオサ'は高さ1.5m、赤みを帯びた茎と葉が目立ち、花はモップヘッド型、黄白色だが成長するとピンク～藤色に変わる。
ゾーン：6～10

Hydrangea serrata 'プレジオサ'

Hydrangea serrata 'グレイスウッド'

Hydrangea serratifolia
異　名：*Hydrangea integerrina*
☀/◐ ❄ ↔2～5m ↕10m
チリ原産のつる性落葉樹。粘着質の気根をからみつかせて這い登る。暗緑色、鋸歯縁の葉が晩春に出る。花は純白で真夏に密生する。ピンクになることもある。
ゾーン：6～9

HYDRASTIS
（ヒドラスティス属）
キンポウゲ科に属する丈の低い多年草で2種しかない。1種は日本、もう1種は北アメリカ東部原産でネイティブアメリカンによって根が薬と染料の原料に用いられてきた。

〈栽培〉
自生地である森林と同様の環境でよく育つ。腐葉土を混ぜた肥沃な土壌の日陰で栽培する。毎年、腐葉土か同様の有機肥料を与える。実生か株分けで殖やす。

Hydrastis canadensis
英　名：EYE ROOT, GOLDENSEAL, GROUND RASPBERRY, INDIAN DYE, LAUNDICE ROOT, ORANGEROOT, TURMERIC, YELLOW PUCCOON
☀ ❄ ↔20cm ↕30cm
北米東部原産の多年生の森林植物。茎には2枚の鋸歯縁、5裂、よじれた大きな葉がつく。春には、白色の小花が葉の中央につき、ラズベリーに似た赤い実が夏に群生する。絶滅危惧種。全草に毒がある。ゾーン：6～8

茎にブロメリアを着生させる *Hylocereus undatus*、コスタリカ、ランケステル植物園

HYLOCEREUS
（ヒロケレウス属）

メキシコ南部、カリブ諸島、中央アメリカ、および南米北部原産でサボテン科に属する18種の夜開性のサボテンである。つる性または着生植物で気根を産生し、幅10m、長さ2〜3mに伸びる。通常、茎は3面しかなく、分節している。色は緑〜青緑色で縁は尖る。刺は全くないか、非常に少なく、常に小さい。花は巨大で夜に開き、白色、まれに赤色もある。花筒は強健で、鱗片が露出する。果実は球形〜楕円形で、ふつう赤色。

〈栽培〉
コンポストを多く含む水はけのよい土壌で容易に育つ。実生繁殖もできるが、通常は1〜2週間乾燥させた挿し木で殖やす。冬は休眠させる。

Hylocereus undatus ★
一般名：ドラゴンフルーツ
英　名：DRAGON FRUIT, QUEEN OF THE NIGHT
☀ ♦ ↔4.5〜8m ↕5m
原産地不明だが、見ごたえのある花と味のよい果実を目的に長く栽培されてきた。不規則に這い登る植物で、三角の太い茎を数多く分岐させる。縁は波状で鋸歯がある。短円錐形、茶〜灰色、長さ3mmの1〜3本の刺がある。花は茎の側面につき、白色、長さ25〜30cm。果実は円形〜楕円形、明赤色、緑色の大きな鱗片を持つ。食用にできる。
ゾーン：10〜11

HYMENOCALLIS
（ヒメノカリス属）
異　名：*Ismene*
英　名：SACRED LILY OF THE INCAS, SPIDER LILY

中南米原産の球根多年草で、ヒガンバナ科に属する熱帯および亜熱帯植物。以前はイスメナ属として分類され、現在でも園芸界ではこの属名が使われている。長い茎の先に目立つ花がつき、スイセンに似た副花冠は、細長くカールした吹流し状の花弁に囲まれている。学名はギリシャ語の*hymen*（膜）と*kallos*（美）からつけられ、雄ずいを結合する被膜を指す。

*Hymenocallis littoralis*の自生種、コスタリカ、カフイタ国立公園

〈栽培〉
落葉種と常緑種にはっきり分かれる。落葉種は乾燥した休眠期と日向または半日陰を必要とするが、クンシランに似た葉をもつ常緑種は湿った肥沃な半日陰の土壌を必要とする。植えつけるときは球根の首が突き出るようにする。繁殖は分球か取り播きで行なう。分球は冬に行なう。

Hymenocallis × *festalis* ★
☀ ♦ ↔30〜60cm ↕60〜80cm
一般的によく栽培される。太い茎に90度の角度で4個の純白、芳香性のある花がつき、外側の花弁はクモの脚のように湾曲する。四季性気候では晩春に、それ以外では通年開花する。雄ずいは金色。葉は群生し、落葉性で暗緑色。肥沃な土壌で、夏に高温多湿、休眠期は乾燥していることが必要。
ゾーン：9〜11

Hymenocallis littoralis
ヒメノカリス・リットラリス
異　名：*Hymenocallis americana*
☀/☼ ♦ ↔75〜150cm ↕70〜90cm
南アメリカ中部原産。強健。花は散形花序に4〜8個つく。白色、細長い吹流し状の反り返った花弁が平たい副花冠を囲む。葉は常緑で長さ120cm、半直立、群生、多肉、両端が尖り、明緑色。'ワリエガタ'は明緑色の縞が葉の中央にあり、縁は黄白色。
ゾーン：10〜12

Hymenocallis narcissiflora
ヒメノカリス・ナルキッシフロラ
英　名：SACRED LILY OF THE INCAS
☀ ♦ ↔30〜60cm ↕50〜60cm
ペルーのアンデス山脈原産。海抜3,000mの岩山に自生する。花はスイセンに似た長い副花冠をもち、花糸はプロペラのように突き出る。芳香が強く、緑白色、茎の先端につく。花茎は長さ30cmの偽茎から出る。葉は落葉性で細長い。'アドバンス'はやや副花冠が長い。強健、純白の品種。
ゾーン：9〜11

Hymenocallis speciosa
☀/☼ ♦ ↔30〜60cm ↕45〜50cm
西インド諸島原産。白色、芳香性、平たい散形花序で花糸は反曲する。葯は金色で突き出る。葉は幅広、光沢があり、長さ60cm。
ゾーン：10〜12

Hymenocallis 'Sulphur Queen'
一般名：ヒメノカリス'サルファー クィーン'
☀/☼ ♦ ↔30〜50cm ↕50〜60cm
芳香のある交雑交配品種。ペルー原産の黄色種である*H. amancaes*と*H. narcissiflora*の交雑種。葉は細く、長さ50cm。巨大な淡緑黄色の副花冠、白色の花糸をもつ。
ゾーン：8〜10

Hymenosporum flavum

HYMENOSPORUM
（ヒメノスポルム属）

オーストラリア東海岸の亜熱帯地方原産で、トベラ科に属する単型属で常緑高木森林に自生する。乳白色で成長すると黄変する花を目的に、昔から栽培されてきた。幹は細く、横張り性、光沢のある真緑色の葉がつく。

〈栽培〉
日向を好むが、半日陰でも栽培できる。ただし、花つきは悪くなる。湿気のある腐葉土を多く含む土壌が適し、乾燥期に湿気を奪われるのを好まない。実生か挿し木で殖やす。

Hymenosporum flavum
英　名：NATIVE FRANGIPANII
☀ ♦ ↔3.5m ↕9m
幹の細い高木。葉は軽く覆うようにつき、枝は広い間隔で水平に伸び、光沢のある濃緑色の葉がつく。芳香のあるクリーム色の花が春につき、成長すると黄色に変わる。
ゾーン：9〜11

HYOSCYAMUS
（ヒヨス属）
英　名：HENBANE

ヨーロッパ、北アフリカ、アジア中部および南西部原産、ナス科に属する15種の一年生、二年生、多年生草本で、有毛、粘着質、悪臭がある。葉は互生につき、灰緑色、短い腺毛で覆われ、楕円形〜披針形。花は5裂した円筒形〜鐘形、紫の縞と花喉を持つ薄黄茶色で、円錐花序か穂状につく。果実は卵形、2翼あり、茶〜灰色の種子を多く含む。*H. niger*はアルカロイド成分を含み、薬用に昔から用いられてきた。全草に毒があり、ヒトや動物が食べると中毒を起こす。

〈栽培〉
湿気のある肥沃な水はけのよい土壌の日向で育てる。実生繁殖する。

Hyoscyamus niger
英　名：BLACK HENBANE, HENBANE, HOG'S BEAN, JUSQUAIME, STINKING NIGHTSHADE
☀ ❄ ↔40〜90cm ↕40〜90cm
ヨーロッパ原産の半直立または匍匐性の一年草または二年草。葉は互生につき、不規則な裂があり、楕円形〜剣形、長さ20cm。花穂はごく短い花茎につき、径30mm、黄緑、緑、褪せた黄色に紫の縞があり、春〜夏に開花する。果実は黒色のさく果で径12mm。
ゾーン：3〜9

Hypericum adenotrichum

Hypericum androsaemum

Hypericum ascyron

H. androsaemum 'Dart's Golden Penny'

Hypericum beanii

Hypericum calycinum

HYPERICUM
(オトギリソウ属)

オトギリソウ科に属する落葉、半常緑、常緑の一年草、多年草、低木および高木で400種以上ある。世界中のさまざまな植生域に広く分布し、全縁の単葉が対生につき、黄色の5弁花には多くの雄ずいが中心にかたまる。薬草として用いられる種もある。

〈栽培〉
ほとんどが良質な庭土の日向または半日陰で育つ。*H. calycinum*は乾燥した日陰または半日陰で育ち、地下茎で広がる。*H. olympicum*はロックガーデン向きで水はけの非常によいことが条件。ほとんどの北米原産種は多湿を好む。常緑種は乾燥した冷たい風の当たらないように保護する。春に緑枝挿し、夏に半熟枝挿しを行なう。

Hypericum adenotrichum
☼ ❄ ↔30～38cm ↕10～30cm
トルコ原産。直立から匍匐性の多年草で節から発根する場合がある。葉は楕円形。星形、黄金色、径25mmの花が夏につく。ゾーン：7～10

Hypericum androsaemum
ヒペリクム・アンドロサエムム
英　名：TUTSAN
☼ ❄ ↔0.9m ↕75cm
地中海地方からコーカサス地方までのヨーロッパ西部、南西部原産。落葉低木で、葉は楕円形～広卵形、表面が真緑色、裏面は白い。星形、黄色の花が真夏から秋につく。果実は赤と黒。切花に用いる。オーストラリア、ニュージーランドでは侵略性のある雑草として扱われる。*H. a.* f. *variegatum*はピンクと白の斑入り葉。'オルベリー　パープル'は紫がかった葉。'ダーツ　ゴールデン　ペニー'は明黄色の花に長い雄ずいがある。ゾーン：6～9

Hypericum ascyron
一般名：トモエソウ
異　名：*Hypericum pyramidatum*
英　名：GIANT ST. JOHN'SWORT、
GREAT ST. JOHN'S WORT
☼ ❄ ↔30～75cm ↕0.6～1.5m
アジア、ロシアおよび北米東北部原産。変異の多い多年草で、光沢のある先鋭の葉がつき、裏面は白色。星形、明黄色、径8cmの花に目立つ雄ずいがある。夏に咲く。
ゾーン：3～9

Hypericum balearicum
☼ ❄ ↔25cm ↕25cm
バレアレス諸島原産。常緑、分枝の多い低木で、いぼ状の腺がある茎と葉に特徴がある。葉は楕円形～卵形、波状縁。星形、黄金色の花が夏に単生する。ゾーン：7～9

Hypericum beanii
☼ ❄ ↔1.8m ↕0.6～1.8m
中国雲南省、貴州省原産。強健、常緑の低木。真緑色の葉、長楕円～披針形、裏面は白色。黄金色、鉢形～星形の花が夏につく。
ゾーン：7～10

Hypericum calycinum
英　名：AARON'S BEARD、
CREEPING ST JOHN'S WORT、
ROSE OF SHARON
☼ ❄ ↔1.5m ↕20～60cm
ブルガリアの一部とトルコ原産。常緑または半常緑低木、地下茎を持つ。長楕円形または楕円形の葉がつき、表面は暗緑色、裏面は白色。明黄色の花が真夏から秋につく。半日陰で栽培すると花つきがよい。乾燥した日陰のグラウンドカバーに向く。
ゾーン：6～9

Hypericum cerastioides
異　名：*Hypericum rhodoppeum*
☼ ❄ ↔45cm ↕15～30cm
ブルガリア南部、ギリシャ、トルコ原産。変異の多い多年草で、直立～緩やかなマット状になる。楕円形の小形の葉に微毛がある。黄金色で径25mmの平らな花が夏につく。
ゾーン：7～10

Hypericum empetrifolium
☼ ❄ ↔0.9m ↕0.6m
ヨーロッパ南東部、トルコ、リビア原産。矮性、クッション状になる常緑低木。細長い真緑色の葉が輪生する。花は黄色、星形で40個ほど円筒形の集散花序で夏につく。*H. e.* subsp. *oliganthum* (syn. *H. e.* var. *prostratum* of gardens)は濃黄色の花が4～7個集散花序につく。
ゾーン：8～9

Hypericum forrestii
異　名：*Hypericum patulum* var. *forrestii*
☼ ❄ ↔1.2m ↕0.3～1.5m
ミャンマー北東部、中国雲南省北西部、四川省南西部原産。落葉低木。真緑色の葉、裏面は淡緑色、秋に紅葉する。黄金色、鉢形の花が夏に集散花序につく。
ゾーン：5～9

Hypericum cerastioides

Hypericum forrestii

Hypericum 'Hidcote'
一般名：オトギリソウ'ヒドコート'
☼ ❋ ↔1.2m ↕1.2m
H. × *cyathiflorum*と*H. calycinum*の交雑種と思われる。葉が密生する常緑または半常緑低木。葉は暗緑色、披針形。大輪、鉢形、暗黄色の花が夏から秋につく。
ゾーン：7～10

Hypericum × *inodorum*
☼ ❋ ↔1.2m ↕0.6～2m
*H. androsaemum*と*H. hircinum*の自然交雑種で地中海地方北西部原産。落葉低木で、長さ2.5～10cm、卵形～披針形の葉がつく。径25mm、無香の花がつく。
ゾーン：8～10

Hypericum kouytchense
異 名：*Hypericum grandiflorum*、*H. patulum* var. *grandiflorum*
☼ ❋ ↔1.2m ↕1.8m
中国貴州省原産。半常緑。葉は暗青緑。黄金色、星形、11個ほどの花が夏に集散花序につく。赤色の果実。雄ずいが目立つ。ゾーン：6～10

Hypericum kouytchense

Hypericum lancasteri

Hypericum orientale

ヒペリクム'ヒドコート'

Hypericum lancasteri
☼ ❋ ↔0.9m ↕0.9m
中国雲南省、四川省原産。落葉低木、幼葉は紫赤色。葉は楕円形～三角に近い披針形、真緑色。夏に黄色の鉢形または星形の花が集散花序につく。
ゾーン：7～10

Hypericum × *moserianum*
ヒペリクム×モセリアヌム
☼ ❋ ↔60～80cm ↕30～40cm
魅力的な枝垂れ型の半落葉性園芸品種で、葉は披針形、長さ5cm、径6cmの黄色の花が夏～秋にかけて咲く。通常、斑入り品種の'トリコロール'が栽培される。鋸歯縁、縁が薄赤色の葉、黄色の花がつく。
ゾーン：7～10

Hypericum olympicum
ヒペリクム・オリンピクム
☼ ❋ ↔38cm ↕25cm
ギリシャおよびバルカン半島南部原産。矮性落葉低木。楕円形～長楕円形、灰緑色、裏面は淡青緑色の葉がつく。黄金色、星形、5個ほどの花が夏に散形花序

Hypericum olympicum

Hypericum prolificum

につく。*H. o.* f. *uniforum* 'キトリヌム'は淡黄白色の花。
ゾーン：6～10

Hypericum orientale
☼ ❋ ↔45～60cm ↕25～45cm
トルコおよびコーカサス地方原産、変異の多い多年草。直立または茎が横に伸びて発根することがある。小形で細長い葉の縁に金色の腺がある。星形、黄色、径25mmの花が夏につく。
ゾーン：7～10

Hypericum prolificum
☼ ❋ ↔1.5m ↕1.8m
アメリカ合衆国東部およびカナダ南部原産の緩やかに分枝する低木。葉は細い楕円形～長楕円形または披針形。葉の縁は内側に湾曲し、白い蝋で覆われる。花は黄金色で夏につく。
ゾーン：4～9

Hypericum pseudohenryi
☼ ❋ ↔1.8m ↕1.5m
中国雲南省、四川省中部原産。直立または枝垂れ型の茎。葉裏は薄緑、白い粉をふく。黄金色、星形の花が夏につく。
ゾーン：6～9

Hypericum 'Rowallane'
一般名：オトギリソウ'ロワレイン'
☼ ❋ ↔1.2m ↕1.8m
半常緑低木で*H. leschenaultii*と*H. hookerianum*の偶然交雑種と思われる。葉は卵形または楕円形～披針形、暗緑色、葉裏は薄緑で皺がある。濃い金色の花が晩夏～秋に小形の集散花序につく。ゾーン：8～10

Hypericum stellatum
☼ ❋ ↔3m ↕1～3m
中国四川省北東部原産。横張り性低木。花は金色、ときに赤みがかり、星形、夏に枝先に緩やかに群生する。
ゾーン：6～9

Hypericum × *moserianum*

Hypericum pseudohenryi

ヒペリクム'ロワレイン'

Hypericum stellatum

HYPHAENE
（ドームヤシ属）
ヤシ科に属する10種以上の低木または樹木に似た単生ヤシで、ふつう幹が分岐する。インド洋沿岸の熱帯地方原産で、扇形の葉と平滑、楕円形、オレンジ～茶色の甘い香りのする食用果実を産生する。

〈栽培〉
耐干性、耐霜性ともにあり、日光と砂質、水はけのよい土壌、日当たりのよい高温乾燥気候を好む。実生繁殖するが、発芽は難しい。

Hyphaene coriacea
一般名：クロミドームヤシ
英 名：EAST AFRICAN DOUM PALM、ITALIAN PALM
☼ ❋ ↔3m ↕4.5m
アフリカ南東部およびマダガスカル原産のヤシで、単生または吸枝を生じる。幹は粗く葉痕があり、分岐する。葉は鮮青緑色、白い粉で覆われ、蝋質、径1m。葉柄には刺がある。果実はナシ形で長さ6cm。
ゾーン：10～12

Hyphaene thebaica
一般名：ドームヤシ
英　名：EGYPTIAN DOUM PALM, GINGERBREAD PALM
☀ ❄ ↔4.5m ↕6〜9m
アフリカ、ナイル川流域原産。分岐した茎、長さ1mの硬い直立の葉がつく。葉は深裂があり、扇状に広がる。ナシ形、茶橙色、径8cmの果実はでんぷん質の果肉と葉鞘が食用できる。
ゾーン：10〜12

HYPOESTES
（ヒポエステス属）
南アフリカ、マダガスカル、東南アジア原産。キツネノゴマ科に属する40種の多年草、亜低木、および低木で、森林地帯に自生する。葉の美しい種は室内植物として、また冷涼地帯では一年草として栽培される。その他の種は秋に咲く花を目的に栽培される。常緑で、葉は直立した茎に対生につき、ベルベット状の触感をもつ種もある。
〈栽培〉
腐植質の多い水はけのよい土壌で育てる。夏は灌水をじゅうぶんに行ない、あまり成長しない冬は乾燥気味にする。半耐寒性種は乾風が当たらないように保護し、半日陰で育てる。春に実生、または春から夏に茎を挿し木で殖やす。

Hypoestes aristata
英　名：RIBBON BUSH
☀ ❄ ↔65cm ↕0.9m
常緑、直立茎をもつ低木。葉は軟毛があり、真緑色。秋に小輪、藤色の花が上部葉腋に密生する。
ゾーン：9〜11

Hyphaene thebaica

*Hyphaene coriacea*の自生種、ケニヤ

Hypoestes phyllostachya
一般名：ソバカスソウ
英　名：POLKA-DOT PLANT
☀ ❄ ↔75cm ↕0.9m
緑の葉にピンクの斑点がある亜低木。冷涼地帯では室内植物として広く用いられる。茎は軟らかいが、基部は木質になる。枝先を剪定すると葉つきがよくなる。'スプラッシュ'は大形、ピンクの斑が入る。
ゾーン：10〜12

HYPOXIS
（コキンバイザサ属）
英　名：STAR GRASS, STARFLOWER
北アメリカ、アフリカ、オーストラリア、熱帯アジアに広く分布し、キンバイザサ科に属する約150種の丈の低い球茎多年草だが、うち数種だけが栽培されている。放射状の花弁の外被6枚は内被よりも幅広く、星形になり、反曲する。日光が当たると開花する。根は繊維質で一年生の球茎から出現する。葉はイネに似た線形で毛がある。
〈栽培〉
軽く水はけのよい土壌の日向で育てる。開花後は乾燥させる。霜などによる根痛みを嫌うが、ほとんどが細い草のあいだから成長し、適切な気候であれば芝生やロックガーデンに定着する。分球か取り播きで殖やす。

Hypoxis acuminata
☀ ❄ ↔30cm ↕60cm
南アフリカ東側半分に広く分布する。黄色の花が春から夏につく。
ゾーン：8〜11

Hypoxis capensis
英　名：WHITE STAR GRASS
☀ ❄ ↔20〜60cm ↕20〜60cm
南アフリカ原産の多年草。葉は長さ10〜30cm。中心に紫の斑点がある白または黄色の花がつき、長さ5〜25cmの茎に単生する。
ゾーン：9〜11

Hypoxis hirsuta
☀ ❄ ↔5cm ↕10〜20cm
北アメリカ東部原産。花は、黄色で裏面は緑がかり、春〜夏に茎に7個ほどつく。葉の基部は有毛、うねがあり、半直立。
ゾーン：5〜9

HYSSOPSUS
（ヒソップス属）
シソ科に属する多年草または小低木で10種ある。葉は対生、披針形、芳香がある。花はまばらな穂状につき、2唇の筒形。昔は*H. officinalis*を喘息や気管支炎の治療に用いていた。
〈栽培〉
日向の水はけのよい土壌で育てる。*Hyssopsus officinalis*は低い生垣に用いられる。剪定すると株姿がよくなる。実生繁殖か挿し木で殖やす。

Hypoestes aristata

Hypoestes phyllostachya

Hypoxis hirsuta

Hyssopsus officinalis
一般名：ヤナギハッカ
英　名：HYSSOP
☀ ❄ ↔30cm ↕45〜60cm
ヨーロッパ南部および東部原産で、アメリカ合衆国に帰化した。変異の多い株立ち多年草で芳香のある葉がつく。すみれ色〜青色の花が、晩夏に細い穂状につく。'シシングハースト'は矮性、まとまりがある。
ゾーン：3〜10

*Hypoxis acuminata*の自生種、南アフリカ共和国、ノースウェスト州

Hyssopus officinalis'シシングハースト'

HYSTRIX
（アズマガヤ属）
アジア、北アメリカ、ニュージーランド原産で、イネ科に属し、9種からなる。丈の高い直立の草で、幅広い環境に適応するが半日陰から日陰がもっとも適する。初夏から晩夏に開花し、淡黄色の花が森林庭園を彩る。春咲きの一日花と寄せ植えすると、花後の空間を埋めてくれる。属名はギリシャ語で「ハリネズミ」を意味し、穂が針に似ていることからつけられた。
〈栽培〉
乾燥〜半乾燥の半日陰から日陰で育てる。砂質のロームを好むが、さまざまなタイプの土壌に耐性がある。実生繁殖は簡単で、最適条件では自己播種する。

Hystrix patula
英　名：BOTTLEBRUSH GRASS
☀/☀ ❄ ↔30cm ↕60〜150cm
北アメリカ原産。森林地帯に生える多年草。ボトルブラシに似た魅力的な緑色の穂が成長すると茶色になり、秋まで長くつく。ゾーン：3〜9

Iberis gibraltarica

Iberis saxatilis subsp. *cinerea*

Iberis umbellata、フラッシュ ミクスト栽培品種

IBERIS
（イベリス属）

英 名：CANDYTUFT

アブラナ科に属する約30種の一年草、多年草、亜低木で、ヨーロッパ西部、南部から西アジアに見られる。白、ピンク、藤色、または紫の大きな花序が目立つことから人気がある。小形の細長い単葉がつき、花がつかない時期には丸い株姿を形成する。夏に、葉の少ない短い茎に花序をつける。属名は、ローマ時代にスペインを指した「イベリア」から来ており、英名のキャンディタフトは「カンディア（クレタ島の旧名）原産の群生する植物」を意味する。

〈栽培〉
日当たりよく湿気があり、水はけのよい土壌に植える。ドロマイト石灰を薄く撒くとよい。定期的に花がらを摘むと花つきがよくなる。一年草は実生、多年草と亜低木は実生か挿し木で繁殖する。

Iberis amara
☀/☼ ⚘ ↔30～50cm ↕30cm
西ヨーロッパ原産の夏咲き一年草。披針形、ときに鋸歯縁の小形の葉が、白、ピンクまたは紫色の花に隠れるようにつく。花保ちは短いので連続して種子を播いておくとよい。
ゾーン：7～11

Iberis gibraltarica
英 名：GIBRALTAR CANDYTUFT
☀/☼ ❄ ↔50～60cm ↕30cm
ジブラルタル原産の常緑、夏咲きの亜低木。群生して美しい姿を見せる。細い茎の先端に小形の葉がロゼット状につく。花序は、白、薄紫、または帯桃色。一年草としても栽培できる。
ゾーン：7～10

Iberis saxatilis
☀/☼ ❄ ↔30～50cm ↕15cm
ピレネー山脈からシシリー原産の小形の横張り性常緑亜低木。細長い多肉の葉には縁に細毛がある。花序は白色、成長すると紫がかる。夏咲き。*I. s.* subsp. *cinerea*は銀灰色の葉と茎を持つ。
ゾーン：7～10

Iberis sempervirens
イベリス・センペルウィレンス
☀/☼ ❄ ↔50～60cm ↕30cm
ヨーロッパ南部原産の、横張り性、小形の常緑亜低木で、楕円形の葉が茎頂に群生する。花序は径5cm、ふつう白色で春から夏につく。'フロレプレナ'はまとまりがあり、八重咲き。'ピュリティ'は高さ20cm。'シュネーフロック'（syn.'スノーフレイク'）は丈低く、帯黒色の葉、銀白色の花がつく。'ヴァイサー ツヴェルグ'（syn.'リトル ジェム'）は、高さ15cm、株姿にまとまりがあり、早咲きの白色の花がつく。
ゾーン：7～10

Iberis umbellata
☀/☼ ❄ ↔40cm ↕30cm
ヨーロッパ南部原産の一年草。非常に細い披針形の葉は、ときに鋸歯がある。春から夏に紫色の花がつく。**Flash Mixed Series**（フラッシュ ミクストシリーズ）は、白およびピンク系。暖地では秋播き、その他の地域では一年草を夏播きで育てる。
ゾーン：7～10

IBICELLA
（イビケラ属）

英 名：DEVIL'S CLAW

南アメリカからアメリカ合衆国南部に帰化したゴマ科に属する一年草で、3種ある。円形、扁平な粘着質の葉、鉤爪状の刺のあるさく果からデビルズ・クローの名がある。*I. lutea*は、1916年に実験が行なわれて、食虫性であると考えられた。のちの研究では粘着質の葉に捕虫性のあることはわかったが、実際に虫を食べるかどうかは実証されていない。

〈栽培〉
温暖地帯では、一般的な用土に砂またはパーライトを混ぜ、日向または半日向で育てる。用土が完全に乾燥したら灌水をじゅうぶんに行なう。実生で繁殖させるが、発芽には時間がかかる。硬実処理を行なうと発芽しやすい。

Ibicella lutea
☀/☼ ⚘ ↔1.2m ↕60cm
南アメリカ亜熱帯地方原産のつる植物で、円形、緑色、長さ15cmの葉と太い緑色の茎がつく。葉と茎には粘着質の細毛がある。鐘形、黄緑、径5cmの花が春から夏に咲く。
ゾーン：9～11

IDESIA
（イイギリ属）

英 名：WONDER TREE

日本、朝鮮半島、台湾、および中国の近隣地方原産で、イイギリ科に属する。落葉中高木の1種のみがあり、大形の葉がつき、日除けに適する。落葉後しばらくして、明赤色の果実が大きな房で垂れ下がるようにつく。花は単性、植物は雌雄異株だが、いわゆる雌株は雄株がなくても結実する。しかし、他家受粉したほうが実つきはよい。

〈栽培〉
弱い降霜には耐性があるが、晩春にかけて葉が成長したあとに降霜があると深刻な被害を受けやすい。高温の夏、長い冷涼気候の秋、遅霜のない短い冬を好む。水はけのよい土壌が必要だが、ほとんどの土壌に耐性がある。幼葉のあいだは葉を剪定し、成長したら果実が落ちたあとに軽く整枝する。実生か半熟枝挿しで殖やす。

Iberis sempervirens 'Purity'

Iberis sempervirens 'Flore-Plena'

Iberis sempervirens

Iberis sempervirens、'ワイザー ツヴェイグ'

Idesia polycarpa

Idesia polycarpa
一般名：イイギリ

☀ ❄ ↔10m ↕15m

ふつう直立性で丸い樹冠を持つ。暗緑色、心臓形、長さ20cmの葉に赤色の葉柄がある。小花が広がるようにつき、色は黄緑色、やや芳香がある。裸枝に封蝋状の赤色の実がなる。

ゾーン：6〜10

ILEX
（モチノキ属）

一般名：ホーリー

英　名：HOLLY

モチノキ科に属する400種以上の常緑または落葉の高木、低木およびつる植物で、広く分布する。北半球ではローマ時代から葉と果実が冬至とクリスマスに用いられてきた。樹木がベニヤ板、楽器の原料になる種もある。葉はハーブティやチザン茶にも用いられる。雌雄異株で、結実には両方の株が必要である。

〈栽培〉

北アメリカ原産種は中性から酸性の土壌を好み、アジア、ヨーロッパ種は適度に肥沃で水はけがよく、腐植質が豊富であればほとんどの土壌で育つ。緑色品種は半日陰または日陰（ただし、暗すぎない場所）で育てる。斑入り品種は日向で育てると斑が出やすい。晩夏か初秋に半熟枝挿しで殖やす。実生繁殖では発芽までに2〜3年かかる。非耐寒性種は、寒地の冬には温室で育てる。

Ilex × altaclerensis
イレクス×アルタクレレンシス

英　名：HIGHCLERE HOLLY

☀ ❄ ↔6m ↕21m

常緑の高木または低木で、*I. aquifolium* と *I. perado* の交雑種群。*I. aqulfolium* よりも強健で、大形、幅広の葉を持つ。果実はほとんどが赤色。他種よりも海風や公害に耐性がある。生垣や風除けに適する。'**カメッリフォリア**'は茎が帯紫色、赤色の果実がなる。'**ゴールデン キング**'は暗緑色の葉に黄色の縁がある。'**ヘンデルソニイ**'は強健な高木で赤茶色の実がなる。'**ローソニアナ**'は雌性の小低木で黄色の縞のある茎、薄緑の葉に金色と緑の模様がある。赤茶色の実がなる。'**プラティフィッラ**'は幅広、光沢のある暗緑色の葉に鋭い鋸歯がある。'**パープル シャフド**'は円筒形に伸び、強健、果実がたわわに実る。

ゾーン：6〜10

Ilex × altaclerensis 'プラティフィッラ'

Ilex × alteclerensis 'カメッリフォリア'

Ilex × alteclerensis 'Lawsoniana'

Ilex aquifolium

一般名：セイヨウヒイラギ
英　名：COMMON HOLLY, ENGLISH HOLLY

☼ ❄ ↔8m ↕12〜24m

ヨーロッパ南部、西部、北アフリカ、および西アジア原産。光沢のある暗緑色の葉は長楕円形、鋭い鋸歯がある。雌雄の花は別々の樹につく。果実は赤色、ときに黄色、オレンジ色。栽培品種には以下のものがある。'**アンバー**'は雌性の栽培品種で高さ6m、明緑色の葉、琥珀色の果実。'**アルゲンテア マルギナタ**'は雌性、暗緑色、縁に黄白色の斑入り。'**アルゲンテア マルギナタ ペンデュラ**'(syn.'アルゲンテア ペンデュラ')は雌性で枝垂れ型、鋸歯縁、黄白色の縁、長楕円形の葉。'**フェロックス アルゲンテア**'は鋸歯縁、黄白色の縁。'**ハンズワース ニュー シルバー**'は雌性のクローンで、細長い葉に鋸歯縁、黄白色の縁がある。暗紫色の茎。'**J. C. ヴァントール**'は幅広い雌性、暗緑色の葉、深紅色の果実。'**マダム ブリオッド**'は強健な雌性品種、卵形、暗緑色の葉に金色の縁がある。鮮赤色の果実。'**ピラミダリス**'は自家受粉できる栽培品種で、黄緑の茎、鋸歯のある明緑色の葉。'**ピラミダリス フルクトゥ ルテオ**'は雌性の円錐状の低木または小高木。黄色の実がなる。'**シルバー ミルクメイド**'は雌性、薄緑〜黄色の茎、鋸歯のある真緑の葉に銀白色の斑入り。ほかの栽培品種には'**アウリフォディナ**'、'**バッキフラワ**'、'**ゴールド フラッシュ**'、'**シルバー クィーン**'がある。

ゾーン：6〜10

Ilex × *aquipernyi*

イレクス×アクイペルニイ

☼ ❄ ↔3.5m ↕6m

*I. aqulfolium*と*I. pernyi*の交雑栽培品種で、常緑高木または低木になる。光沢のある緑色の狭長の葉に硬い刺がある。赤色の果実。'**サン ホセ**'は雌性品種、緑色、9本ほどの刺がある。赤色の果実を結ぶ。

ゾーン：6〜10

Ilex aquifolium

Ilex aquifolium 'アウリフォディナ'

Ilex aquifolium 'バッキフラワ'

Ilex aquifolium 'ゴールデン ミルクボーイ'

Ilex aquifolium 'シルバー ミルクメイド'

Ilex aquifolium 'イングラミイ'

Ilex aquifolium 'マダム ブリオット'

Ilex aquifolium 'アルゲンテア マルギナタ ペンデュラ'

Ilex aquifolium 'ワテリアナ'

Ilex aquifolium 'アウレア マルギナタ'

Ilex aquifolium 'ウィンター クィーン'

Ilex aquifolium 'ハンズワース ニュー シルバー'

Ilex aquifolium 'ハンズワース ニュー シルバー'

Ilex aquifolium 'ルブリカウリス アウレア'

Ilex × attenuata
イレクス×アッテヌアタ

英　名：TOPAL HOLLY

☼ ❄ ↔1.8m ↕3.5m

常緑、円錐状の低木で*I. cassine*と*I. opaca*の自然交雑種。薄緑、卵形〜披針形の葉、暗赤色の実を結ぶ。'**イースト パラトカ**'は雌性、ピラミッド形、薄緑の葉の先端に1個の刺がある。赤色の実がなる。'**フォスター No.2**'は、雌性で実つきが多く円錐形に伸びる。小形、暗緑色の葉、先端に刺がある。赤色の実がなる。'**サニー フォスター**'は成長の緩徐な雌性、細長く伸びる。黄金色の葉、明赤色の実がなる。ゾーン：7〜10

Ilex cassine

英　名：DAHOON HOLLY

☼ ❄ ↔4.5m ↕12m

キューバおよびアメリカ合衆国東南部原産。光沢のある暗緑色の先鋭または丸みを帯びた葉で、葉脈が目立つ。全縁または頂部付近に鋸歯がある。黄色または赤色の実がなる。ゾーン：6〜10

Ilex ciliospinosa

☼ ❄ ↔3.5m ↕6m

中国西部原産の常緑、直立低木。狭長、先鋭、褪せた暗緑色の葉がつき、鈍鋸歯縁がある。赤色の実がなる。ゾーン：5〜9

Ilex cornuta

一般名：ヒイラギモチ

英　名：CHINESE HOLLY, HORNED HOLLY

☼ ❄ ↔1.8〜3.5m ↕1.8〜3.5m

中国および朝鮮半島原産。葉の密生した常緑低木で、丸みを帯びる。長楕円形、暗緑色の葉に変形の鋸歯縁がある。大形で赤色の実が長くつく。'**バーフォルデイ**'は雌性で、赤色の実を多数結ぶ。'**ドワーフ バーフォード**'は高さ3m、葉が密生し、暗赤色の実がなる。ゾーン：6〜10

Ilex crenata

一般名：イヌツゲ

英　名：JAPANESE HOLLY

☼ ❄ ↔3.5m ↕45m

朝鮮半島、日本、および樺太原産の常緑低木または小高木。小形、暗緑色の葉で縁は細かい波状。花は白色、果実は主に光沢のある黒色、ときに白または黄色。'**コンウェクサ**'（syn.'**ブラッタ**'）は雌性、紫緑色の茎で、黒色の実がたわわにつく。'**ゴールド ジェム**'は小形の雌性で高さ0.9m、黄金色の葉、日向を好む。'**ヘッレリ**'は横張り性、雌性の低木。暗緑色の葉、黒色の実。'**アイボリー タワー**'は雌性、晩生で白色の実。'**マリエシー**'（syns *I. c.* var. *nummuarioides*, *I. mariesii*）は成長が非常に緩徐で暗緑色の葉、黒色の実。'**白覆輪**'（syns 'Fukarin'、'Snow Flake'）は直立、雌性、円形の葉に黄白色の斑入り。'**スカイ ペンシル**'は長細い円筒形、雌性。ゾーン：6〜10

Ilex decidua

英　名：POSSUMHAW, WINTERBERRY

☼ ❄ ↔1.8〜4.5m ↕1.8〜6m

アメリカ合衆国南東部および中部原産。直立性の落葉低木でめったに高木にはならない。晩春に新芽が出て、楕円形または卵形、波状縁で真緑色の葉が短い側面の距に密生する。果実はオレンジまたは赤色、ときに黄色で冬まで長くつく。ゾーン：6〜10

Ilex crenata 'Sky Pencil'

Ilex crenata

Ilex dipyrena

Ilex cornuta '**バーフォルデイ**'

Ilex dimorphophylla

一般名：アマミヒイラギモチ

英　名：OKINAWAN HOLLY

☼ ❄ ↔0.9m ↕1.5m

日本の琉球諸島だけに自生する。常緑の丸い低木。幼葉には非常に鋭い刺がある。楕円形、光沢のある暗緑色の葉で、成葉には先端に刺がある。小形の赤色の実がなる。ゾーン：7〜10

Ilex dipyrena

英　名：HIMALAYAN HOLLY

☼ ❄ ↔10m ↕15m

ヒマラヤ山脈東部および中国西部原産で、*I. aquifolium*の近縁種。幼形の葉と吸枝には鋭い刺がある。成長すると丸みを帯びる。暗緑色、長楕円形〜楕円形、革質の葉。赤色の実。ゾーン：7〜10

Ilex glabra f. *leucocarpa* '**アイボリー クィーン**'

Ilex glabra
イレクス・グラブラ

英　名：GALLBERRY, INKBERRY

☼ ❄ ↔3m ↕3m

北アメリカ原産の直立、常緑低木。光沢のある暗緑色の葉、ほぼ全縁、頂点にやや鋸歯がある。果実は丸く黒色。浅く根づく。*I. g.* f. *leucocarpa*は白色の実がなる。'**アイボリー クィーン**'は人気品種。★'**コンパクタ**'は高さ1.2m、ほかの種よりも葉が密生し、黒色の実がなる。ゾーン：3〜10

Ilex kingiana

異　名：*Ilex insignis*

☼ ❄ ↔3.5m ↕4.5m

ヒマラヤ山脈東部および中国雲南省原産。銀灰色の枝、光沢のある蝋質、緑色の葉は披針形〜卵形、全縁だが成長するとやや鋸歯縁になる。吸枝と幼葉には刺がある。黄緑色の花、赤色の実がなる。ゾーン：8〜10

Ilex × attenuata '**サニー フロスト**'

Ilex cassine

Ilex decidua

Ilex × *koehneana*

Ilex × *koehneana* 'ブルー ガール'

Ilex × *koehneana*
☀ ❄ ↔3.5m ↕6m
常緑低木または高木で、*I. aquifolium* と *I. latifolia* の交雑種。*I. latifolia* に非常に似るが、より刺が多い。ときに間違って販売される。
ゾーン：7〜10

Ilex latifolia
一般名：タラヨウ
英　名：TARAJO
☀ ❄ ↔3.5m ↕6m
日本および中国原産の細長い常緑低木。光沢のある暗緑色、長楕円形〜卵形、全縁または刺状の鋸歯縁がある。花は黄緑色で晩春につく。赤橙色の実。
ゾーン：7〜9

Ilex macropoda
一般名：アオハダ
☀ ❄ ↔3〜5m ↕9〜10m
日本、朝鮮半島および中国原産の落葉高木。長さ8cm、裂のある葉。雌株は小形で、白色の花が咲いたあと径6mmの赤色の実をつける。*I. verticillata* の近縁種。ゾーン：7〜10

Ilex × *meserveae*
イレクス×メセルウェアエ
英　名：BLUE HOLLY, HYBRID BLUE HOLLY, MESERVE HOLLY
☀ ❄ ↔3m ↕1.8〜4.5m
I. aquifolium と *I. rugosa* の交雑栽培品種。小形、青緑で *I. aquifolium* の葉に似るが、より小さい。赤色の実が雌性になる。'ブルー エンジェル' は小形の雌性低木で成長は緩徐。高さ3.5mで青紫色の茎、青緑色の葉。非耐寒性。'ブルー ボーイ' は雄株、高さ3m。'ブルー ガール' は雌性、赤色の果実。'ブルー メイド' は雌性の低木で赤色の実。'ブルー プリンス' は雄性低木で光沢のある明緑色の葉。'ブルー プリンセス' は雌性の低木で赤色の実がたわわにつく。
ゾーン：6〜10

Ilex macropoda

Ilex mitis
英　名：CAPE HOLLY
☀ ❄ ↔6m ↕9m
アフリカ南部および東部の湿地帯原産。幹の太い常緑高木。葉は全縁、長楕円形〜披針形。幼葉は赤色。白色の花が春から夏に咲き、赤色の実がなる。
ゾーン：8〜11

Ilex montana
☀ ❄ ↔3m ↕12m
アメリカ合衆国東部原産。落葉低木または小高木。葉は鋭い鋸歯があり、披針形〜卵形。白色の花、赤色の実がなる。*I. m.* var. *mollis* は、葉裏に毛がある。

Ilex mitis

ゾーン：5〜9

Ilex opaca
一般名：アメリカヒイラギ
英　名：AMERICAN HOLLY
☀ ❄ ↔10m ↕15m
アメリカ合衆国原産。葉は長楕円形〜楕円形。葉は全縁または刺があり、光沢のない緑色、裏は黄緑色。白色の花。赤、オレンジ、黄色の実がなる。*I. o.* f. *xanthocarpa* は、黄色の実。'ヘッジホリー' は耐寒性、小形。*I. o.* 'モーガン ゴールド' は金色の実。'オールド フェイスフル' は、大形の実がつき、耐寒性は弱い。
ゾーン：5〜9

Ilex opaca

Ilex opaca 'オールド フェイスフル'

Ilex verticillata 'アフターグロー'

Ilex serrata

Ilex verticillata

Ilex verticillata 'ナナ'

色、刺状の鋸歯縁の葉。ゾーン：7～9

Ilex pernyi
英 名：PERNY'S HOLLY
☼ ❄ ↔3.5m ↕9m
中国甘粛省および湖北省原産。常緑低木、栽培品種は小形。葉柄のない暗緑色の葉は、三角形～長方形。黄色の花が晩春につく。赤色の実。保湿性のある土壌を好む。ゾーン：5～10

Ilex purpurea
異 名：*Ilex chinensis*
一般名：ナナミノキ
☼ ❄ ↔3.5m ↕12m
中国および日本原産の常緑、円筒形の高木。暗緑色、楕円形～披針形または卵形、波状縁の薄い葉がつく。幼葉は紫緑色。花は薄緑か赤色。光沢のある深紅色の実がなる。
ゾーン：8～10

Ilex serrata
一般名：ウメモドキ

Ilex verticillata f. *aurantiaca*

Ilex pedunculosa
一般名：ソヨゴ
☼ ❄ ↔6m ↕9m
中国、日本、および台湾に見られる常緑高木。光沢のある暗緑色の葉は、先鋭の卵形、全縁、刺はない。白色の花と赤色の実がなる。ゾーン：5～9

Ilex perado
英 名：CANARY ISLAND HOLLY
☼ ❄ ↔6m ↕6～9m
アゾレスおよびカナリヤ諸島原産の常緑、直立低木または小高木。光沢のある暗緑色、長楕円形または披針形、革質の葉。果実は赤色。*I. p.* subsp. *platyphylla*は、幅広、光沢のある暗緑

英 名：FINETOOTH HOLLY、
JAPANESE WINTERBERRY
☼ ❄ ↔3.5m ↕4.5m
日本および中国原産。株立ちの落葉低木で新枝は紫色。細かい鋸歯があり、楕円形、暗緑色の葉は両面とも軟毛で覆われている。ピンク色の花、小形の赤色の実がなる。ゾーン：5～10

Ilex verticillata
イレクス・ウェルティキラタ
英 名：BLACK ALDER、WINTERBERRY
☼ ❄ ↔4.5m ↕4.5m
北アメリカ原産の落葉低木。明緑色の葉は、倒卵形または披針形、鋸歯縁、裏面に軟毛がある。白色の花、赤、黄またはオレンジ色の実がなる。*I. v.* f. *auruntiaca*

Ilex pernyi

はオレンジ色の実。*I. v.* 'アフターグロー'は雌性、赤橙色の実。'ナナ' (syn. 'レッド　スプライト')は雌性、受粉には早咲きの雄株が必要。'ウインター　レッド' ★は、雌性、暗赤色の実がなる。ゾーン：3～9

Ilex vomitoria
イレクス・ウォミトリア
英 名：CAROLINATEA、YAUPON
☼/◐ ❄ ↔3.5m ↕6m
アメリカ合衆国南東部およびメキシコ原産の常緑低木または小高木。光沢のある暗緑色の葉は楕円形～卵形、波状縁。白色の花、赤色の実。'ナナ'は高さ0.9m。'ペンデュラ'は枝が枝垂れ、鮮赤色の実がなる。ゾーン：6～10

Ilex pedunculosa

Ilex vomitoria 'ペンデュラ'

Ilex perado subsp. *platyphylla*

Ilex Hybrid Cultivars
(ホーリー交雑品種)

☀ ❄ ↔1.5～4.5m ↕1.5～4.5m

ホーリーは広く交雑されてきた。最高品種は'チャイナ ボーイ'で、非常に耐寒性があり、雄株は成長が速く高さ2.4mに伸びる。'チャイナ ガール'も非常に耐寒性があり、雌性、常緑低木で明赤色の実が密生する。'エボニー マジック'は雌性のクローンで常緑の葉は波状縁、22個の刺がある。葉柄は黒色、赤橙色の実がなる。'J. T. モリス'は雄株、暗緑色の常緑葉。生殖能力が高い。'ネリー R・スティーヴンス'は常緑、雌性、赤橙色の実。'スパークルベリー'は落葉、雌性の低木、明赤色の実がなる。
ゾーン：6～10

ILLICIUM
(シキミ属)

インド、東アジア、およびアメリカ大陸に見られるシキミ科に属する常緑低木で40種以上ある。葉と花に芳香があり、アロマオイル、香水、中国の香辛料アニスの原料などになる。モクレンに似ていることから、もとは同属に分類されていた。花色は黄白色から藤色まであり、花後は星形の実がなる。葉は暗緑色。属名はラテン語の*allurement*から来ており、芳香のあることを指す。

〈栽培〉
日向でも育つが、直射日光の当たらない、湿気のある水はけのよい酸性土でもっともよく育つ。繁殖は夏の半熟枝挿し、または秋の取り木で行なう。

Illicium floridanum, fruit

Illicium anisatum
一般名：シキミ
英 名：ANISE SHRUB, JAPANESE ANISE, JAPANESE STAR-ANISE

☀ ❄ ↔6m ↕8m

中国、台湾、および日本原産の円錐形の常緑低木。樹幹、枝、樹皮に芳香がある。黄緑色の花が春の半ばにつく。木質の実がなるが、毒性がある。種子にアルカロイドが含まれており、魚を殺すのに使われていた。斑入り品種もある。
ゾーン：7～11

Illicium floridanum
イリキウム・フロリダヌム
英 名：FLORIDA ANISE TREE, POLECAT TREE, PURPLE ANISE

☀ ❄ ↔2.4m ↕3m

アメリカ合衆国南東部原産の芳香のある株立ち常緑低木。わずかに裂け目があり、平滑、暗茶色の幹を持つ。細長い革質の暗緑色の葉。星形、藤色の目立つ花が晩春から初夏にかけてつく。'アル

ホーリー、HC、'ジョン T. モリス'

ホーリー、HC、'スパークルベリー'

ホーリー、HC、'ネリー R. スティーヴンス'

Illicium anisatum

ブム'は白色の花。'ハレーズ コメッド'は大形の赤色の花。'ワリエガトゥム'は斑入り葉。'ウッドランド ルビー'★は赤桃色の花がつく。
ゾーン：8～11

Illicium henryi

☀ ❄ ↔3m ↕8m

中国中央部および西部原産。常緑低木または小高木。狭長、長さ15cmの葉。杯形、赤茶～暗赤色の花が晩春につく。
ゾーン：8～11

Illicium mexicanum

☀ ❄ ↔2～2.4m ↕2～2.4m

メキシコ原産の稀少種。*I. floridanum*に非常に似ているが、花は径8cmと2倍の大きさがあり、花弁はより細く数が多い。
ゾーン：8～10

Illicium parviflorum

☀ ❄ ↔2～3m ↕2～3m

北アメリカ原産。葉に強い芳香があり、明緑色。直径12mmの黄色い花がつくが目立たない。
ゾーン：7～10

Illicium verum
一般名：トウシキミ、スターアニス
英 名：CHINESE ANISE, STAR ANISE

☀ ❄ ↔6m ↕18m

中国および北ベトナム原産で栽培品種は小形になる。星形の実がスパイスや薬品に使われる。葉は披針形、目立つ葉脈がある。花は白みがかった黄色から初夏に濃桃色または紫赤色に変わる。光沢のある茶色の実がなる。
ゾーン：8～11

IMPATIENS
(ツリフネソウ属)

英 名：BALSAM, BUSY LIZZIE, WATER FUCHSIA

オーストラレーシア、南アメリカ、極地を除く世界中に広く分布する約850種の一年草、多年草、および亜低木で、ツリフネソウ科の基準属である。茎が軟らかく、先鋭の披針形、全縁の単葉がつく。花は多色で温暖地帯では通年開花し、5

Illicium mexicanum

弁花で、上部に標準的な花弁が1枚、下部4枚は融合して2対になり、萼片は部分的に融合して踞を形成する。種子が熟すと、軽く触っただけでも莢がはじけるため、「我慢できない」ことを意味するラテン語から命名された。

〈栽培〉
推奨地域以外の冷涼地帯では一年生の夏草として育てる。多年草は冬でもあまり温度が下がらないことが必要である。炎暑では日除けを施し、深さのある冷涼、多湿、腐植質の多い土壌に植える。自家播種するものもあり、やや侵略性がある。

Impatiens balsamina
一般名：ホウセンカ
英 名：BALSAM

☀/◐ ❄ ↔30cm ↕30cm

東アジア原産の強健、直立性の一年草。鋸歯縁、披針形の葉。花は径5cm、群生し、多色、主にピンク、藤色、赤色。目立つ莢がつき、熟すと、はじける。一代交配種のシリーズには以下のものがある。
Camellia-flowered Series(椿咲きシリーズ)は大形、八重咲き。**Tom Sam Series**(トム サム シリーズ)は丈の低い八重咲き。
ゾーン：10～12

Impatiens cristata

☀/◐ ❄ ↔30cm ↕60cm

ヒマラヤ地方原産の一年草。先鋭の楕円形、裂のある長さ8cmの葉。金茶色の模様のある黄色と黄白色の花が群生する。
ゾーン：9～11

ニューギニア・インパチエンス ハイブリッド、'セレブレット ホット ピンク'

ニューギニア・インパチエンス ハイブリッド、'インプルーヴド クエポス'

ニューギニア・インパチエンス ハイブリッド、'セレブレーション ライト ラベンダー'

Impatiens hawkeri
一般名：ニューギニア・インパチエンス
☼/☀ ✝ ↔40～100cm ↕0.9～2m
ニューギニアおよびソロモン諸島原産、株立ちで継続的に開花する常緑多年草。太い多肉の茎、先鋭の楕円形～披針形、鋸歯縁、赤色～帯赤色の葉。長い踞のある花は径8cmで白色またはピンク、赤色、紫色。
ゾーン：10～12

Impatience New Guinea Hybrids
（ニューギニア・インパチエンス ハイブリッド）
☼/☀ ✝ ↔40～100cm
↕45～120cm
*I. hawkeri*の栽培品種または*I. linearifolia*との交雑種。*I. hawkeri*に似るが、葉と花の組み合わせが印象的なものが多い。'セレブレーション ライト ラベンダー'は、藤色の花と真緑の葉がつく。'セレブレット ホット ピンク'は、鮮紅色の花と真緑色の葉。'インプルーヴド クエポス'は明赤色の花、暗赤色がかった緑色の葉。'パスクア'は暗桃色の花、真緑の葉。'サルチ'は暗い深紅色の花、暗緑色の葉。'タグラ'は薄桃色の花、上部の花弁は赤色、暗緑色の葉。'タンゴ'★は明るいオレンジ色の花、赤茶色がかった緑色の葉。'ティモール'は、暗赤橙色の花、赤みがかる明緑色の葉。Velvetea／ウェルウェテア／'スカーレット ラヴ'はオレンジ色の斑点のある白色の花。下部の大きな花弁は基部が黄色い。中央の花弁は縁が赤橙色。
ゾーン：10～12

Impatiens cristata

Impatiens niamniamensis

Impatiens niamniamensis
☼/☀ ✝ ↔40cm ↕90cm
東アフリカ原産、継続的に開花する常緑多年草。深裂のある葉。大形、分厚い花弁からなる長い踞のある暗赤色の花で、下部の花弁が黄色い。
ゾーン：10～12

ニューギニア・インパチエンス ハイブリッド、'パスクア'

ニューギニア・インパチエンス ハイブリッド、'サルチ'

ニューギニア・インパチエンス ハイブリッド、'タグラ'

ニューギニア・インパチエンス ハイブリッド、'ティモール'

Impatiens pseudoviola
☼/☀ ✝ ↔60～120cm ↕30cm
東アフリカ熱帯地方原産、継続的に開花し、半匍匐性またはマウンド状になる常緑多年草。小形の葉は細かい鋸歯があり、円形、長さ25mm。白～明桃色の花。
ゾーン：10～12

Impatiens Seashell Yellow/ '96-009-7'
一般名：インパチエンス 'シーシェル イエロー'
☼/☀ ✝ ↔50cm ↕30cm
*I. walleriand*と*I. auricoma*との交雑種。アメリカで作出され、初めて商業販売された黄色品種。小形で葉が密集する。明緑色、披針形の葉、明黄色の花が小さく群生する。'アフリカン クィーン'は同様の栽培品種。ゾーン：10～12

Impatiens sodenii
☼/☀ ✝ ↔0.9～2m ↕0.9～2m
東アフリカ熱帯地方原産、株立ちの常緑多年草。鋸歯のある披針形の葉が輪生する。長い茎に径5cm以上、薄紫色、ピンクまたは白の花が夏につく。
ゾーン：10～12

Impatiens sodenii　　*Impatiens pseudoviola*

Imperata cylindrica 'Rubra'

Impatiens walleriana
一般名：インパチエンス、アフリカホウセンカ
☼◐/☼ ↔20～50cm ↕20～60cm
東アフリカ熱帯地方原産、継続的に開花する株立ち常緑多年草。多肉多汁の茎、鋸歯縁、披針形、帯赤色の葉がつく。踞のある扁平な花がつき、花弁は大きさが揃う。黄色と青色以外はほとんどの色がある。栽培品種とシリーズには以下のものがある。**'ブラックベリー アイス'**は八重咲きの紫赤色の花。**Carousel Mix（カルーセル ミックス）**はバラの蕾に似た八重咲き、さまざまな色がある。**Dazzler Series（ダズラー シリーズ）**は暖色系のパステルカラーで一重咲き。**Deco Series（デコ シリーズ）**は横張り性、一重咲き、多色。**Fiesta Series（フィエスタ シリーズ、）**はバラの蕾に似た八重咲き、二色花を含むさまざまな色がある。**Garden Leader Series（ガーデン リーダー シリーズ）**は多色。**Ice Series（アイス シリーズ）**は白い斑点のある葉。バラの蕾に似た八重咲き、全色。**Merlot Series（マーロット シリーズ）**は明緑色の葉、一重咲き、全色。**Super Elfin Series（スーパー エルフィン シリーズ）**は非常に小形、一重咲き、全色。**Tempo Series（テンポ シリーズ）**は大形、株は小形。**'ヴィクトリアン ローズ'**は半八重、濃桃色の花がつき、横に広がる。
ゾーン：10～12

IMPERATA
（チガヤ属）
世界中の温暖地帯に自生するイネ科の多年生植物で約8種あり、深い土中に長い根茎を持ち、長い扁平な葉が直立の小束につく。羽毛に似た小花が細い茎の先端に密生する。種子はアザミの冠毛に似ており風散する。森林被覆がなくなったあとや山焼き後に地表を覆う。地域によっては根絶しがたい雑草と見なされるが、同時に草木のなくなった斜面を安定させる役割も果たす。*I. cylindrica*の有色葉品種は観賞用にのみ栽培される。
〈栽培〉
観賞用品種はコンテナで栽培するか水辺の植栽に向く。肥沃で多湿な水はけのよい土壌の日向で育てる。実生か根茎の株分けで殖やす。

Imperata cylindrica
一般名：チガヤ
英名：BLADY GRASS, COGON GRASS, KUNAI GRASS
☼ ǁ ↔20～30cm ↕60～180cm
日本原産の多年草。扁平、半直立の細長い葉が長さ50cmになる。銀灰色の円錐花序、長さ20cm、剣形の小穂。**'ルブラ'**★（syn.**'レッド バロン'**）はワインレッドの葉で、秋には深紅色になる。
ゾーン：8～12

INCARVILLEA
（インカルウィレア属）
中央および東アジア原産でノウゼンカズラ科に属する、やや木質の一年草および多年草。種によっては、エキゾチックなロックガーデンまたはボーダー植物になる。熱帯植物にしては珍しく耐寒性がある。花はひだのあるらっぱ形で波状縁があり、ふつう明るいピンク～深紅色だが、黄花種も発見されている。ほとんどの種で開花期が長く、広い空間を埋めてくれる。花に観賞価値があるだけでなく、葉も美しい。
〈栽培〉
ほどよい湿気のある土壌の、午後の強い日差しに当たらない場所で育てる。実生または丁寧に株分けして殖やすが、定着後は根が込み合うのを嫌う。

Impatiens walleriana、**'ダズラー メルロー ミックス'**

Impatiens walleriana、フィエスタ シリーズ、**'バーガンディ ローズ'**

Impatiens walleriana、フィエスタ シリーズ、**'サーモン サンライズ'**

Impatiens walleriana、フィエスタ シリーズ、、**'サルサ レッド'**

Impatiens walleriana、フィエスタ シリーズ、**'サンライズ'**

Impatiens walleriana、ガーデン リーダー シリーズ **'コーラル'**

Impatiens walleriana、ガーデン リーダー シリーズ **'コーラル'**

Impatiens walleriana、ガーデン リーダー シリーズ **'フクシア'**

Impatiens walleriana、スーパー エルフィン シリーズ **'ブルー パール'**

Impatiens walleriana、スーパー エルフィン シリーズ **'ブラッシュ'**

Impatiens walleriana, variegated form

Impatiens walleriana **'ヴィクトリアン ローズ'**

Incarvillea arguta

Incarvillea emodi

Incarvillea arguta
☀ ❄ ↔30〜40cm ↕90〜100cm
ヒマラヤ地方および中国西部原産で、やや株立ちになる。長さ20cmの複葉がつく。花は濃桃色、ときに白色、らっぱ形で径35mm。晩春から秋にかけて咲く。
ゾーン：8〜10

Incarvillea delavayi
インカルウィレア・デラワイ
☀ ❄ ↔30〜40cm ↕50〜60cm
中国西部原産で、ロゼットを形成する。長い複葉がつく。1本の茎に径8cmの濃桃色、花喉が黄色、らっぱ形の大きな花が頂生する。開花期は初夏から真夏。'スノートップ'は白色で花喉が黄色。
ゾーン：6〜9

Incarvillea emodi
☀ ❄ ↔30〜40cm ↕40〜50cm
アフガニスタン、パキスタンから北インド原産でロゼットを形成する多年草。大形の葉、濃桃色、らっぱ形の花がつく。花喉は黄色、径6cm。春咲き。
ゾーン：7〜9

Incarvillea mairei ★
☀ ❄ ↔25〜30cm ↕40〜50cm
中国およびネパール原産の小形多年草。太い直根を持つ。葉はしわがあり、長さ25cm。濃桃色の花は黄色と白の花喉を持ち、径6cmで茎に少数つく。
ゾーン：4〜9

INDIGOFERA
(コマツナギ属)
藍染めの原料として使われる本属はマメ科ソラマメ亜科に属し、700種ほどの多年草、低木、数種の高木があり、熱帯および亜熱帯に広く分布する。葉形はさまざまだが、主に羽状複葉で多くの小葉からなる。花は主にピンク、藤色、および紫系で、長い総状花序が穂状につく。開花期は主に夏だが、温暖地帯では通年開花する。花のあとに小形の莢ができる。
〈栽培〉
株立ち種はすっきりした株になり、落葉することが多く自生地によって耐寒性は異なる。軽く水はけのよい土壌、夏に多湿になる日向でもっともよく育つ。必要であれば、花後または晩冬に剪定する。実生か半熟枝挿しで殖やす。多くの種は吸枝を産生し、移植が可能である。

Indigofera amblyantha
☀ ❄ ↔2.4m ↕1.8m
中国原産の落葉低木。しなやかな茎に羽状複葉が広がり、7〜11枚の小葉からなる。晩春から秋にかけて、薄桃〜赤色の花が葉腋に総状花序につく。
ゾーン：5〜9

Indigofera australis
英　名：AUSTRALIAN INDIGO
☀ ❄ ↔1.8m ↕1.8m
オーストラリア原産の常緑種。葉は羽状複葉、青緑色の小葉9〜21枚からなり、長さ25mm、裏は有毛。藤色がかったピンク〜深紅色の総状花序が夏につく。莢は茶色。
ゾーン：9〜11

Indigofera cylindrica
英　名：TREE INDIGO
☀ ❄ ↔1.8m ↕4.5m
南アフリカ原産の常緑低木または小高木。葉は長さ10cm、8〜14枚の小葉、頂点にくぼみがある。白、ピンク、または紫赤色の小形の花が総状花序につく。ときに *I. fuitescens* と混同される。
ゾーン：9〜11

Indigofera decora ★
一般名：イワフジ、ニワフジ
☀ ❄ ↔1.2m ↕75cm
中国および日本原産で、広く栽培される。吸枝のある落葉低木で、横に広がる。葉は長さ20cm、25〜40枚の小葉からなる。夏に、薄桃色で大形の総状花序がつく。
ゾーン：6〜10

Indigofera hebepetala
☀ ❄ ↔0.9m ↕1.2m
ヒマラヤ地方北西部原産。温暖地帯では常緑、降霜地帯では落葉性〜草本性になる。葉は長さ15〜20cm、5〜11枚の小葉からなる。夏から秋にピンクまたは赤色の花が大形の総状花序につく。
ゾーン：8〜11

Indigofera heterantha
異　名：*Indigofera gerardiana*
☀ ❄ ↔2.4m ↕2.4m
ヒマラヤ地方北西部原産の落葉低木で、広く栽培される。栽培品種はより小形になる。小枝が密生し、小形の羽状複葉がつく。明るいピンク〜明赤色の総状花序が夏に多数つく。ゾーン：7〜10

Indigofera kirilowii
一般名：チョウセンニワフジ
☀ ❄ ↔0.9〜1.8m ↕0.6〜1.5m
朝鮮半島、中国の一部、および日本の九州地方に見られる落葉低木。13枚の小葉からなる明緑色の羽状複葉がつく。ローズピンクの総状花序が春から初夏に木を覆うようにつく。ゾーン：5〜10

Indigofera potaninii
☀ ❄ ↔1.2m ↕0.9〜1.5m
I. amblyantha として売られることがある。純種は中国南西部原産の落葉低木。*I. amblyantha* よりも短い葉で、小葉が少なく、裏に毛が密生する。藤色の大形の花が、夏から秋に咲く。
ゾーン：5〜9

Indigofera tinctoria
一般名：タイワンコマツナギ
☀ ❄ ↔1.8m ↕1.8m
東南アジア原産の常緑低木で、染料の原料としてもっともよく使われる。短い羽状複葉で裏に毛がある。青色の舟弁を持つピンク〜薄赤色の総状花序が通年つく。ゾーン：10〜12

Indigofera cylindrica

Indigofera australis

Indigofera heterantha

Indigofera decora

INDOCALAMUS
（インドカラムス属）

中国、日本、およびマレーシア原産。イネ科に属する約30種の竹類。細い稈があり、最大3倍に分岐する。葉は大形で、種によっては重みで稈が地面に垂れることがある。一般的にはあまり栽培されていないが、優美な植物で熱帯庭園のおもむきを与える。グランドカバーとして、または日陰の中庭の柱状直立標本植物や標本植物の低木層に用いられる。

〈栽培〉
ふつうの耐寒性種は、腐植質の多い、湿気のある土壌の半日陰を好むが、定着すると適度に耐干性がある。地下茎で広がり、侵略性があるためトレンチなどの根を妨害する仕切りを用いるとよい。ポット栽培で育てることもできる。繁殖は早春に株分けで行なう。

Indocalamus tessellatus
一般名：オオバヤダケ

↔ 2～6m ↕ 0.9～1.8m

中国の中部および日本原産。耐寒性のタケ類の中ではもっとも大形の葉を持ち、幅60cm、長さ10cm。稈は下垂性、径12mm、マウンド状になる。*I. t.* var. *hamada*は日本原産、高さ3m、分厚い葉がつく。
ゾーン：8～10

INGA
（インガ属）

アメリカの熱帯および亜熱帯原産、マメ科ソラマメ亜科の常緑高木および低木で、約300種以上ある。大形の標本は21m以上に成長し、日除けとして重用される。コーヒー農園では日除けとともに、土壌を肥沃に保ち、腐食を防ぐのに用いられる。花は観賞用になり、白色または帯白色、頭頂または花柄につく。種子は莢の中にでき、種類によっては食用の果肉に包まれる。

〈栽培〉
熱帯地方では手入れをしなくても生育する。酸性からアルカリ性に至るさまざまな土壌に耐性がある。冷温帯では、冬季は加温した温室で育てる。温帯では夏にじゅうぶん灌水を行ない、冬は乾燥させる。新鮮な（熟してから1カ月以内）種子を播くか半熟枝挿しで繁殖させる。

Inga edulis
英 名：ICE-CREAM BEAN

↔ 10m ↕ 18m

西インド諸島およびメキシコから南アメリカ亜熱帯地方一帯に分布する、成長の速い大高木。鮮やかな緑色の葉、茎の先端に芳香のある白色の花序がつく。マメに似た莢には甘い白色の果肉が含まれ、食用または香りづけに使われる。
ゾーン：10～12

Inga paterno
↔ 6m ↕ 10m

中央アメリカ原産。乾季のある気候に適応する。非常に細かく分かれた2回羽状複葉がつき、幼葉は赤みがかる。自生地では乾季に、それ以外では冬に白色の花がつく。莢は長さ15～50cm。
ゾーン：10～12

Inga paterno

INULA
（オグルマ属）

キク科の大属のひとつで、ヨーロッパから亜熱帯アフリカおよびアジアに至る広い地域の、乾燥した山地から多湿の日陰に見られる。ほとんどが草本性の多年草で、二年草、一年草もあるが、もっとも一般的に栽培されているのは多年草である。種によっては侵略性がある。基部の葉がもっとも大きく、茎の先端に向かって小さくなる。全ての種に黄色のデイジーに似た花が主に夏につく。*I. helenium*は薬草としてハーブガーデンで栽培されることが多い。

〈栽培〉
自生地はさまざまだが、ほとんどの種が肥沃な土壌の日向を好む。矮性種はロックガーデンに向き、大形種は野草庭園やボーダーにほかの多年草と共に植える。実生か株分けで殖やす。

Inula ensifolia
↔ 25～30cm ↕ 40～60cm

コーカサス地方原産、葉つきが多く、こんもりした株になる茎の細い多年草。細長く、無柄、真緑色、有毛、長さ10cmの葉がつく。黄色のデイジーに似た花が多数つく。ゾーン：5～10

Inula grandiflora
異 名：*Inula glandulosa, I. orientalis*

↔ 90～100cm ↕ 50～60cm

コーカサス地方原産で、低木に近くなる。葉は全縁、長さ12cm、黄色～茶色の毛があり、微細な腺に覆われている。黄色のデイジーに似た径8cmの花がつく。
ゾーン：6～10

Inula helenium
一般名：オオグルマ
英 名：ELECAMPANE

↔ 0.9～1.2m ↕ 2.4～3m

温帯ユーラシア原産。丈が高く強健だが、ときに侵略性がある。根は去痰薬の原料に使われる。基部の葉は、大形で有毛、裂があり、波状縁、長さ70m。黄色のデイジーに似た花が穂状につく。
ゾーン：5～10

Inula hookeri
↔ 50～60cm ↕ 60～75cm

ヒマラヤ地方原産の葉つきの多い多年草。明緑色、披針形、長さ15cmの葉。黄色のデイジーに似た径8cmの花がつく。
ゾーン：6～10

Inula magnifica
異 名：*Inula afghanica*

↔ 0.9～1.5m ↕ 1.5～1.8m

コーカサス地方原産の強健で美しい多年草。基部の葉は大形、濃緑色、長さ25cm、裏面は有毛。黄色いデイジーに似た、平頂の大形の花が群生する。
ゾーン：6～10

Inula grandiflora

Inula helenium

IOCHROMA
（イオクロマ属）

中央アメリカおよび南アメリカのアンデス地方原産の大形葉を持つ常緑低木で、長く脆弱な枝が緩やかにつく。本属には15種あるが、5～6種が園芸に用いられているのみである。ほとんどの種が軟らかい葉を持ち、有毛、真緑色。ナス科のほかの植物と共通して、晩夏に円筒形の花が下垂して群生する。花色は紫、オレンジ、赤、および白色系。

〈栽培〉
成長の速い軟らかい枝が折れないように、風の当たらない日向に植える。水はけのよい保湿性のある土壌に植え、夏にはじゅうぶんに灌水する。早春に蕾を取らないように注意しながら整枝する。挿し木か実生繁殖で殖やす。

Iochroma australe
☼ ❄ ↔ 2～3m ↕ 3～4.5m

アルゼンチン北部原産の常緑または半常緑低木。葉は長さ10cm。濃青紫、ひだのある下垂性のらっぱ形の花が夏から秋にかけてつく。
ゾーン：9～11

Iochroma coccineum
☼ ❀ ↔ 1.8m ↕ 3m

中央アメリカ原産の茎の軟らかい低木。軟質、灰緑色、フェルト状の葉がつく。円筒形、深紅色、花喉が黄色の花が夏につく。
ゾーン：9～11

Iochroma cyaneum
異　名：*Iochroma tubulosum*
☼ ❄ ↔ 1.5m ↕ 3m

南アメリカ北西部原産、成長の速い葉つきの多い低木。フェルト状の大形葉で紫色、円筒形の花が隠れる。花は夏に大きな房状につき、垂れ下がる。
ゾーン：8～11

Iochroma grandiflorum
☼ ❀ ↔ 1.8m ↕ 2.4m

エクアドル原産。軟毛のある緑色の葉。紫色の大形の花が夏から秋に5～6個房状につく。暖地の庭に面白みのある景観を作る。
ゾーン：9～11

IPHEION
（イフェイオン属）

一般名：ハナニラ

ネギ科に属するが、かつてはブローディア属、トリテレイア属、およびミラ属の仲間と考えられており、現在も一般的な園芸では混乱が残る。トリストグマ属に含めるように提唱してきた植物学者もいる。南アメリカ原産の球根多年草で、葉をこすると腐ったニンニクのような臭いを放つ。花は星形、上向きで多数つく。

〈栽培〉
手入れの不要な強健な植物で、温暖気候の水はけのよい日向でよく育つが、寒冷気候では霜除けが必要。休眠期にも湿気を保つ。春に実生か、葉枯れしたら分球で殖やす。

pheion uniflorum 'ウィズレー　ブルー'

Ipheion uniflorum
イフェイオン・ユニフロルム

異　名：*Brodiaea uniflora*, *Tristogma uniflorum*

英　名：SPRING STAR FLOWER
☼ ❄ ↔ 5cm ↕ 15～20cm

アルゼンチンおよびウルグアイ原産。強健で雑草化しやすい。葉はマット状になり、線形、灰緑色、イネに似る。花は星形で密生し、石鹸に似た匂いがあり、真冬から春の半ばまでの6～8週間にわたって日中にだけ開花する。花弁は銀色を帯びた藤色、ごく淡い青色、白色で目立つ主脈がある。夏に休眠する。'アルベルト　カスティッリョ'は、よい香りのする白色の大形の花。'フロイル　ミル'は大形、濃紫の花弁。'ロルフ　フィドラー'は芳香のある鮮やかな青色の花。花喉は白色。'ウィズレー　ブルー'は人気のある薄青色品種で、青みがかった花弁に濃い主脈がある。
ゾーン：7～11

Ipheion uniflorum 'アルベルト　カスティッリョ'

IPOMOEA
（イポモエア属）

ヒルガオ科の大属で変異が多い。ほとんどがよじ登り植物であることから、ギリシャ語で虫を表わす言葉が属名に用いられた。ほかには一年草または多年草、低木または小高木がある。目立つ花がつき強健なことから、熱帯から暖温帯で広く栽培されている。*I. batatas*を含むいくつかの種は根茎を産生し、食用にされる。花は鐘形から円筒形まで、さまざまな形がある。

〈栽培〉
生育期には日向と豊富な水分を好むが、ほとんどどんな条件でもよく育つ。一年草以外は、夏に軟材挿しか半熟枝挿しで殖やす。実生は温室で行なう。必ず広い場所に植え、花後は切り戻しを行なう。支柱を必要とする。

Ipomoea alba
異　名：*Calonyction aculeatum*, *Ipomoea bona-nox*

一般名：ヨルガオ

英　名：BELLE DE NUIT, MOONFLOWER
☼ ✿ ↔ 6～9m ↕ 3～6m

熱帯地方全域に見られる。多年生のつる植物で、長い葉柄のある心臓形の葉がつく。白色、径15cmの皿型、夜開性で芳香のある花が夏に咲く。
ゾーン：10～12

Iochroma australe

Iochroma coccineum

Iochroma cyaneum

Iochroma grandiflorum

Ipomoea horsfalliae

Ipomoea batatas 'ワルダマン'

Ipomoea cairica

Ipomoea indica

Ipomoea mauritiana

Ipomoea lobata

Ipomoea batatas
一般名：サツマイモ
英　名：KUMARA, SWEET POTATO
☼ ↔3m ↕3m
熱帯地方原産。根茎が重要な食用農作物になり、匍匐性の一年草として栽培される。葉は楕円形〜心臓形、裂または鋸歯がある。根茎は紫、赤、または黄色の皮があり、果肉はオレンジまたは白色。'ブラッキー'は観賞用の変種で黒紫の葉を目的に栽培される。'ワルダマン'は観賞用の暗緑色の葉がつき、幼葉は帯紫色。オレンジ色の果肉の根茎を産生する。
ゾーン：9〜12

Ipomoea cairica
異　名：*Ipomoea palmata*
一般名：モミジバアサガオ
☼ ↔3m ↕3m
熱帯および亜熱帯地方原産。匍匐性またはよじ登り性の植物で、根茎を持つ。葉は掌状裂葉。赤、紫または白で、中心が紫のじょうご形の花が夏に咲く。
ゾーン：9〜12

Ipomoea horsfalliae
英　名：CARDINAL CREEPER
☼ ↔1.5〜3m ↕4.5〜8m
西インド諸島原産の多年生よじ登り植物。長さ20cm、3〜5裂の掌状葉がつく。ひだのある濃桃色〜紫色の大形の花が房につく。
ゾーン：9〜12

Ipomoea indica
異　名：*Ipomoea learii*
一般名：ノアサガオ
英　名：BLUE DAWN FLOWER, MORNING GLORY
☼ ↔3〜9m ↕3〜9m
熱帯地方全域に見られる。強健な多年生つる植物で、地域によって雑草として扱われる。幅広の心臓形の葉。じょうご形の花が通年つき、平頂、暗青色または紫色、ときに白色で昼間は褪色する。
ゾーン：10〜12

Ipomoea lobata
異　名：*Mina lobata, Quamoclit lobatu*
英　名：SPANISH FLAG
☼ ↔0.9〜1.8m ↕3〜4.5m
メキシコ原産。多年草だが一年草として扱われる。斑入り、全縁または深裂のある葉。小形、円筒形、総状花序をつけ、深紅色だが黄色に褪色し、二色を楽しめる。夏咲き。
ゾーン：9〜12

Ipomoea mauritiana
☼ ↔1.8m ↕4.5m
熱帯地方全域に見られる強健な多年生の木質つる植物。3〜9裂の掌状葉。じょうご形〜鐘形、ピンク〜えび茶色の花が葉腋につき、花冠の基部は色が濃い。
ゾーン：9〜12

Ipomoea × multifida
異　名：*Ipomoea × sloteri*
一般名：ハゴロモルコウ
英　名：CARDINAL FLOWER
☼ ❄ ↔0.9〜1.8m ↕0.9〜3m
*I. coccinea*と*I. quamoclit*の交雑栽培品種。葉は深く切れ込み、線形の裂に分かれる。花はじょうご形、径25〜50mm、赤色で中心が白色。夏から秋にかけて咲く。
ゾーン：8〜12

Ipomoea nil
一般名：アサガオ
☼ ↔0.6〜1.5m ↕3〜4.5m
熱帯地方全域に見られる。一年生のつる植物で有毛の茎を持つ。幅広の楕円形の葉、または3裂の葉。青色、じょうご形、径10cmの花が夏に1〜5個つく。'チョコレード'は薄茶色の花、'スカーレットオハラ'は赤色の花。
ゾーン：9〜12

Ipomoea ochracea
☼ ↔1.5〜3m ↕1.8〜3.5m
西インド諸島原産。成長の速い多年生つる植物で、ふつう一年草として栽培される。心臓形の葉。径5cm、淡黄色の花が夏に多数つく。
ゾーン：10〜12

Ipomoea × multifida

Ipomoea ochracea

Ipomoea purpurea
一般名：マルバアサガオ
英　名：COMMON MORNING GLORY
☼ ❄ ↔1.5〜3m ↕1.5〜3m

メキシコ原産の強健な一年生つる植物だが、現在では多くの国に帰化し、雑草として扱われることが多い。茎は有毛、葉は全縁から裂葉、幅10cm。花は大形のらっぱ形、赤〜ピンク、または青、白および紫系で、朝開花するが一日しか保たない。春から夏にかけてつく。*I. p.* var. *diversifolia*は3〜5裂の葉を持つ。
ゾーン：7〜11

Ipomoea tricolor
一般名：ソライロアサガオ
英　名：MORNING GLORY
☼ ❄ ↔0.9m ↕3m

メキシコおよび中央アメリカ原産。一年生のつる植物で心臓形の葉を持つ。夏にスカイブルー、中心が黄色、幅広いらっぱ形の花がつくが、時間と共に褪色する。'ヘウンリー　ブルー'は青色の花、白と黄色の花喉。'ミニバー　ローズ'は、ローズがかった深紅色、白い花喉、斑入り葉を持つ。'タイ　ダイ'は緑、紫、白色の葉。
ゾーン：8〜12

IPOMOPSIS
（イポモプシス属）

ハナシノブ科に属する一年草または多年草で24種があり、北アメリカ西部原産だが、フロリダや南アメリカ温帯のような原産地外に見られる種もある。葉は基部でロゼットを形成し、全縁または羽状裂がある。円筒形の花は赤、ピンク、黄、白、あるいは紫色で、春から夏に緩やかな総状花序につく。

〈栽培〉
冷涼地帯では夏だけの植栽として栽培するか、温室で育てる。その他の気候では、肥沃な水はけのよい土壌の日向で育てる。実生繁殖する。

Ipomopsis rubra
異　名：*Gilia rubra*
英　名：STANDING CYPRESS
☼ ❄ ↔45cm ↕0.9〜1.8m

アメリカ合衆国のサウスカロライナ州、フロリダ州、およびテキサス州原産。直立、分枝しない多年草または二年草で、葉は細く、基部にロゼットを形成する。円筒形、黄色の花喉がある深紅色の花が

Ipomoea tricolor 'ミニバー　ローズ'

Iris herbstii 'ブリリアンティッシマ'

夏から秋につく。
ゾーン：7〜10

IRESINE
（イレシネ属）
英　名：BLOODLEAF

ヒユ科に属する一年草、多年草、および亜低木で約80種ある。アメリカ大陸およびオーストラリア原産。葉は単葉で明色、対照的な葉脈があり、この葉が目的で栽培される。白または緑色の小さな花穂がつくが、観賞価値はほとんどない。

〈栽培〉
熱帯および亜熱帯では通年戸外で育てる。寒冷地帯では夏は戸外で育てる。水はけのよい保湿性のある土壌の、日向に植えると葉色がよくなる。夏植えの植物として、またポット栽培であれば戸外でも室内でもよい。株つきをよくするためには伸びた枝先を剪定する。挿し木、実生、または株分けで殖やす。

Iresine herbstii
一般名：マルバビユ
英　名：BEEF PLANT、BEEF STEAK PLANT、BLOOD-LEAF
☼ ❄ ↔30〜45cm ↕45〜60cm

ブラジル原産。多年草だが一年草として栽培される。緑、紫、または赤色の茎。葉は先鋭の楕円形で、濃紫色に葉脈がピンク〜緑色に葉脈が黄色のものまである。'アウレオ-レティクラタ'は赤色の茎、緑、金、および赤色の葉。'ブリリアンティッシマ'は濃い深紅色の葉がつく。
ゾーン：9〜12

Ipomoea tricolor 'タイ　ダイ'

Iris afghanica

IRIS
（アイリス属）
一般名：アヤメ

アヤメ科の基準属で300種余りあり、さまざまな節に分けられる。属名はギリシャの虹の女神にちなむ。北半球温帯に広く分布し、球根、根茎、および繊維質の根を持つ品種がある。剣形の葉は扇形につき、斑の入ることもある。花は6弁で内花被3枚は直立、外花被3枚は下向きに湾曲して垂れる三英咲で、ビアデッド（髭のあるもの）、ビアドレス（ないもの）、とさか状突起のあるものがあり、花色も全色揃う。アヤメは紀元前1,500年頃、エジプト王ティトモス1世の時代から栽培されていたとされる。

〈栽培〉
湿地帯種は池の縁の日向、あるいは常に湿気のある土壌が必要。森林地帯種は湿気のある水はけのよい日向でよく育つ。ビアデッド種は、日向に植えることが必要で花後は乾燥させる。岩山地帯種は、湿気はあるが完全に水はけのよい砂利質の土が必要。繁殖は休眠期に株分けで行なう。実生繁殖はほとんど行なわれない。

Iris afghanica
☼ ❄ ↔15cm ↕15〜35cm

パキスタンおよびアフガニスタン原産の多肉の茎を持つビアデッド種。葉は反曲する。茎は分岐がなく、花はふつう単生。花色は黄白色で茶紫色の脈があり、濃色の髭がある。
ゾーン：3〜9

Iris aphylla
☼ ❄ ↔15cm ↕30cm

ヨーロッパ中部および東部からロシア原産、矮性、ビアデッド、多肉の茎を持つ。落葉性、うねのある葉が扇形につく。分岐の多い花茎に濃紫色の花が春につく。
ゾーン：3〜9

Iris bucharica

Iris bracteata
☼ ❄ ↔15cm ↕20〜30cm

アメリカ合衆国オレゴン州、カリフォルニア州原産、多肉の茎を持ち、ビアドレス。冬には休眠する。分厚く硬い葉がまばらにつく。分岐のない花茎につく花は苞で囲まれている。大形の黄色の花で、赤みを帯びたえび茶色の脈があり、初夏につく。
ゾーン：7〜9

Iris brevicaulis
異　名：*Iris foliosa*, *I. lamancei*
☼ ❄ ↔38〜50cm ↕38〜50cm

アメリカ合衆国中部原産、多肉の茎を持ち、ビアドレス。葉は花茎よりも長い。青〜紫色の大きな花がつき、外花被は黄色の目、白色と緑色の脈がある。夏咲き。
ゾーン：7〜9

Iris bucharica
異　名：*Iris orhioides*
☼ ❄ ↔15cm ↕45cm

ロシアとアフガニスタン原産。球根アイリスで、溝があり、艶のある緑色の葉は小形のトウモロコシに似る。黄白色の花が葉腋上部につき、外花被に黄色の隆起がある。内花被は小さく、白色。
ゾーン：5〜9

Iris ensata 'アクティヴィティ'

Iris ensata 'ブルー キング'

Iris ensata 'カーニバル'

Iris ensata 'ドレスデン ブルー'

Iris ensata 'エデンズ ブルー パール'

Iris ensata 'フライング タイガー'

Iris ensata 'ヘキド'

Iris ensata 'イソノナミ'

Iris ensata 'ローズ クィーン'

Iris bulleyana
☀ ❄ ↔30cm ↕38〜45cm
中国西部およびミャンマー北部原産、多肉の茎を持つ、ビアドレス。光沢のある葉がつく。夏に、黄、えび茶、白色の脈があり、径8cmの紫色の花が1茎に1〜2個つく。
ゾーン：5〜9

Iris caucasica
☀ ↔15cm ↕15〜25cm
コーカサス地方、トルコ、およびイラン原産の小形の球根アイリス。葉は反曲し、溝があり、青緑色で小形のトウモロコシに似る。4弁の黄色の花が晩冬から春につく。*I. c.* subsp. *turcica* は全縁の葉を持つ。
ゾーン：6〜9

Iris chrysographes
イリス・クリスギラフェス
英 名：GOLD NET IRIS, GOLD PATTERN IRIS
☀ ❄ ↔30cm ↕30〜50cm
中国、ミャンマーおよびチベット原産、多肉の茎を持つビアドレス種。細長い灰緑色の葉がつく。花は晩春から夏につき、色は黒紫色まで。外花被に金色の脈が多少ある。'ブラック ナイト'は黒紫色の花。
ゾーン：7〜10

Iris chrysographes 'ブラック ナイト'

Iris confusa
イリス・コンフサ
☀ ❄ ↔60cm ↕90cm
中国西部原産、とさか状突起のある強健なアイリスで群生する。扁平、狭長の葉が太い茎に扇形につく。分岐の多い花茎に、黄色の斑点のある白色または藤色の花がつき、黄色のとさか状突起がある。春に咲く。'マルティン リックス'は、ひだの多い青色の花がつく。
ゾーン：8〜11

Iris cristata
英 名：CRESTED IRIS
☀ ❄ ↔30〜50cm ↕10〜12cm
アメリカ合衆国東部原産の優美な森林草本。茎はほとんどなく群生する。明緑色、多肉の細長い葉が扇形につく。葉と同じ高さの茎に青色の花が春に咲く。外花被に白い模様、黄色のとさか状突起がある。白花品種も栽培されている。
ゾーン：6〜10

Iris delavayi
☀ ❄ ↔20〜30cm ↕90〜100cm
中国西部原産の葉の密生する草本で、*I. sibirica* の近縁種。上向きの細長い葉。濃紫、径8cmの優美な花がつき、外花被に白い模様があり、晩春に茎の先端につく。湿地から沼沢地を好む。
ゾーン：6〜10

Iris bulleyana

Iris douglasiana
☀ ❄ ↔45cm ↕50〜80cm
カリフォルニア州およびオレゴン州原産、多肉の茎を持つビアドレス種。暗緑色、うねのある葉が緩やかに群生する。花茎は分岐する。夏咲きで、黄白色〜濃藤色まであり、濃色の脈がある。
ゾーン：7〜9

Iris ensata ★
異 名：*Iris kaempferi*
一般名：ハナショウブ
英 名：JAPANESE WATER IRIS, WOODLAND IRIS
☀ ❄ ↔100cm ↕90cm
ヨーロッパ、アジアおよび北アメリカ原産。丈高く青緑色のイネに似た葉がつく。花茎はふつう単茎、ときに分岐し、花は赤、紫、または青色で、夏に葉群よりもかなり上につく。浅い水辺に育つ。乾燥高温気候には耐性がない。'フライング タイガー'は白色の花、すみれ色の脈。'ヘキド'は濃青色の花、黄色の目、白色の筋が入り、先端は青色。'ヒュー アンド クライ'は赤色の脈、プラムレッドの花。黄色の模様があり、縁は白色。'ローズ クィーン'は薄桃色の花、外花被に濃い脈がある。'ワリエガタ'は紫赤色の花、斑入り葉。'ヤエモミジ'は淡い紅色、白と黄色の斑がある。
ゾーン：5〜8

Iris foetidissima
一般名：ミナリアヤメ
英 名：GLADDON, GLADWYN, ROAST BEEF PLANT, STINKING GLADWYN
☀/☀ ❄ ↔45〜75cm ↕45〜75cm
ヨーロッパおよび北アフリカ原産、強健、多肉の茎、ビアドレス。光沢のある暗緑色、剣形の葉には、つぶすと強い匂いがする。春につく花は目立たず、淡黄色および褪紫色。緑色の大形の莢は裂開して深紅色の種子が露出する。'ワリエガタ'は葉に太い白色の縞がある。
ゾーン：6〜10

Iris caucasica subsp. *turcica*

Iris iberica

Iris innominata

Iris forrestii
☀ ❄ ↔15～20cm ↕38～40cm
中国およびミャンマー北部原産の優美な細い葉のつく草本。葉は狭長、光沢があり、葉裏は灰緑色。初夏に、径6cm、茶色の斑点で覆われた黄色の花が初夏につく。
ゾーン：7～10

Iris × fulvala
☀ ❄ ↔25cm ↕45～75cm
アメリカ合衆国原産、*I. fulva*と*I. brevicaulis*の交雑種で、ビアドレス。藤色の花が夏につく。非常に湿潤な土壌を必要とする。
ゾーン：7～10

Iris germanica
一般名：ドイツアヤメ
☀ ❄ ↔45～60cm ↕60～120cm
根茎を持つビアデッド・アイリス。原産地は明らかではないが、広い地域に帰化している。地中海地方原産か、古代の自然交雑種と思われる。青、白、および黄色の径10cmの花がつき、黄色の髭がある。
ゾーン：5～9

Iris graminea
異 名：*Iris colchica*
☀ ❄ ↔25cm ↕20～45cm
スペインからロシアにかけて見られる変異の多いビアドレス種で、多肉の茎、イネに似た葉を持つ。夏に、紫色の小花が茎に1～2個つき、葉に隠れていることが多い。強い果実臭がある。
ゾーン：5～9

Iris iberica
☀ ❄ ↔15cm ↕20cm
アジア南西部原産、多肉の茎を持つ矮性のビアデッド種。細長い灰緑色の葉。比較的大形の白色の花に茶紫色の髭があり、春に咲く。水はけが完全でなければ庭園栽培は難しい。
ゾーン：6～9

Iris innominata
☀/◐ ❄ ↔25cm ↕20～25cm
アメリカ合衆国オレゴン州とカリフォルニア州原産。多肉の茎を持ち、髭はなく細長い暗緑色の葉がつく。細い花弁で、色は黄白色～紫色、濃色の脈があり、夏につく。カリフォルニア・アイリスの交雑に広く用いられている。
ゾーン：8～10

Iris japonica
異 名：*Iris chinensis*, *I. fimbisiata*
一般名：シャガ
◐ ❄ ↔45～60cm ↕60～80cm
中国中央部および日本原産で、多肉の茎ととさか状突起を持つ。光沢のある暗緑色の葉が扇形につく。薄紫色の花にオレンジ色の突起と斑点があり、ひだと縁毛を持ち、春に、分岐した細い茎につく。
ゾーン：8～10

Iris lactea
一般名：ネジアヤメ
☀ ❄ ↔25cm ↕15～40cm
中央アジアから中国に見られる。茎は多肉で、ビアドレス。硬い灰緑色の葉がつく。夏に、すみれ色～薄青色の芳香のある花が茎に1～3個つく。
ゾーン：4～9

Iris lacustris
◐ ❄ ↔10～15cm ↕5～8cm
北アメリカ原産。非常に小形で、多肉の茎、とさか状突起がある。淡い明緑色、長さ8cmの葉がつく。スカイブルーの小形の花にはひだが多く、金色のとさか状突起を持つ。晩春から夏に咲く。
ゾーン：4～9

Iris laevigata
一般名：カキツバタ
英　名：JAPANESEWATER IRIS, RABBIT EAR IRIS
☀/◐ ❄ ↔1.5m ↕0.6～1.5m
日本原産。強健、直立性で、湿地に耐性があり、水辺や沼沢地に自生する。沼や池の縁に帰化する。夏に、丈の高い花茎に紫、藤色、および白色の花が葉よりも上につく。大形の花弁が地面にだらりと垂れ下がる。'ワリエガタ'は高さ40cm、緑色で白の葉脈のある葉、青紫の花が夏に短い茎につく。
ゾーン：3～9

Iris lazica
☀/◐ ❄ ↔25～30cm ↕25～30cm
トルコ北東部およびグルジア原産。常緑種で*I. unguicularis*の近縁種だが、より太く短い葉が扇形につく。淡青紫色の内花被、白と黄色の外花被を持ち、晩冬から早春に咲く。
ゾーン：8～10

Iris longipetala
☀ ❄ ↔30cm ↕30～60cm
アメリカ合衆国西部原産。多肉の茎、ビアドレス種で暗緑色の葉がつく。花茎は分岐がなく、白、青、または紫色の6個ほどの花がつく。外花被は細長く、白色、すみれ色の脈があり、晩春から夏につく。
ゾーン：5～9

Iris lactea

Iris longipetala

Iris japonica

Iris foetidissima

Iris milesii

Iris magnifica 'Alba'

Iris orientalis

Iris purdyi

Iris lutescens
異　名：*Iris chamaeiris*
☀ ❄ ↔20cm ↕20cm
ヨーロッパ原産の矮性、ビアデッド種で変異が多い。葉は長さ30cm。花は白色、黄色、または青紫系で黄色の髭があり、茎に1～2個、早春から春の半ばに咲く。
ゾーン：5～9

Iris magnifica
イリス・マグニフィカ
異　名：*Iris vicaria*
☀ ❄ ↔25cm ↕30～60cm
タジキスタンおよびアフガニスタン北部原産の球根アイリス。光沢があり、青緑、みぞのある、小形のトウモロコシに似た葉がつく。花穂には7個ほどの花がつき、薄紫色、外花被は黄色、春に咲く。'**アルバ**'は白い花がつく。
ゾーン：5～9

Iris milesii
☀ ❄ ↔25cm ↕30～90cm
ヒマラヤ地方原産の多肉の茎、とさか状突起を持つアイリス。明緑色、うねのある葉。夏に薄藤色、濃色の斑入り、フリルのある花が分岐した茎につく。
ゾーン：7～9

Iris missouriensis
☀ ❄ ↔30cm ↕30～50cm
北アメリカ西部原産。多肉の茎、ビアドレス種で、*I. longipetala*に似る。細長い灰緑色の葉。白、青、または紫色、細長い外花被を持つ花が晩春から夏に咲く。
ゾーン：3～8

Iris orientalis
異　名：*Iris ochroleuca*
☀ ❄ ↔60cm ↕120cm
ギリシャおよびトルコ原産。多肉の茎、ほぼ常緑、ビアドレス種で、剣形、暗緑色の硬い葉がつく。白色、外花被に金色の斑のある大形の花が分岐した茎に夏中つく。
ゾーン：4～9

Iris pallida

Iris pallida
イリス・パリダ
異　名：*Iris glauca*, *I. odoratissima*
英　名：DALMATIAN IRIS
☀ ❄ ↔30cm ↕90～120cm
ヨーロッパ、アルプス地方原産、多肉の茎を持つビアデッド種。大形、芳香のある花、黄色の髭があり、初夏に咲く。*I. p.* subsp. *cengialti*(syn. *I. cengialti*)はより緑色の葉、暗紫色の花。*I. p.* '**アルゲンテア　ワリエガタ**'は、葉の縁に白い縞がある。'**ワリエガタ**'は、葉に黄白色の斑入り。
ゾーン：5～9

Iris prismatica
☀ ❄ ↔30cm ↕60～80cm
アメリカ合衆国東部原産、多肉の茎、ビアドレス種。青緑色、イネに似た細長い葉がつく。夏に、薄いすみれ色に青色の脈のある花が、しなやかな茎につく。
ゾーン：5～9

Iris pseudoacorus
一般名：キショウブ
英　名：YELLOW FLAG
☀ ❄ ↔1.5～2m ↕1.2～1.5m
ヨーロッパ、中東、および北アフリカ原産、強健で雑草化しやすい水辺のアイリス。直立、濃い緑色の長い葉は冬枯れする。径10cm、外花被に茶色の斑のある明黄色の花が、もっとも長い葉の真下につく。'**ワリエガタ**'は、幅広、黄白色の斑入りで、花後は斑が消えて緑色になる。
ゾーン：6～10

Iris pumila
一般名：ナンキンアヤメ
英　名：DWARF BEARDED IRIS
☀ ❄ ↔10～15cm ↕10～15cm
東ヨーロッパからロシアのウラル山地原産の優美な小形ロックガーデン種。芳香があり、青、紫、または黄色の花が、春の半ばに単生する。
ゾーン：5～10

Iris purdyi
☀ ❄ ↔25cm ↕30～40cm
アメリカ合衆国カリフォルニア州原産。多肉の茎、ビアドレス種。光沢のある灰緑色の葉。分岐のない茎に細長くフレアのある花が2個つく。薄紫がかった黄白色の花に藤色の脈がある。夏咲き。
ゾーン：8～10

Iris purpureobractea
☀ ❄ ↔30cm ↕20～50cm
トルコ原産、多肉の茎、ビアデッド種。剣形の葉が群生する。花は緑がかった茶色の脈のある薄黄色、または濃い色の脈のある水色で、晩春に咲く。
ゾーン：6～9

Iris purpureobractea

Iris pallida subsp. *cengialti*

Iris pseudoacorus

Iris reichenbachii

異 名：*Iris balkana*、*I. bosniaca*、*I. skorpilii*

☼ ❋ ↔20cm ↕30cm

バルカン半島原産、多肉の茎を持つ矮性のビアデッド種。細長い葉が扇形につく。春に、黄色または紫色、濃色の脈のある花が茎に2個つく。

ゾーン：5～9

Iris reticulata

イリス・レティクラタ

☼ ❋ ↔5cm ↕15cm

コーカサス地方原産。非常に細く、溝のある葉を持ち、変異が多い。無茎、細長い花弁、外花被に金色の斑のある紫系の花が単生する。'ブルー ベール'、'カンタブ'は人気のある栽培品種。

ゾーン：3～9

Iris× robusta

イリス×ロブスタ

☼ ❋ ↔50cm ↕80～100cm

北アメリカ原産、湿地を好むビアドレス種の*I. versicolor*と*I. virginica*の交雑種で、特徴は両種の中間である。葉は暗緑色、うねがある。花は晩春から初夏につき、青紫系。'ジェラルド ダービー'は暗紫色、高さ100cmの花茎につく。

ゾーン：4～9

Iris sanguinea

一般名：アヤメ

☼ ❋ ↔30～60cm ↕60～90cm

シベリア、中国、日本および朝鮮半島原産。多肉の茎を持つビアドレス種で*I. sibirica*に似る。細く、光沢のある葉は花茎より長くなる。初夏に、分岐のない茎に2個の青紫色の花がつく。*I. s.* var. *violacea*は、より細い葉、暗紫色の花。

ゾーン：4～9

Iris sibirica

一般名：シベリアアヤメ、コアヤメ

☼ ❋ ↔20～60cm ↕45～120cm

ヨーロッパおよび北アジア原産。適応性があることから人気のあるアイリス群で、重い粘土質の土壌を好む。暗緑色、細長い葉。花茎は葉よりも高くなり、1本の茎に5個ほどの花がつく。色は青紫または白色。'アンヌマリー トローガー'は青色に白の模様が入る。'アニバーサリー'はひだのある白色の花。'シーザーズ ブラザー'は明青色、黄色の模様のある花。'ハープスウェル ハピネス'は、ひだのある白色の花。'ベリルズ ブルー'は薄青紫、黄白色の目がある。'ピンク ヘイズ'は紫がかったピンク、外花被に藤色の脈がある。'ラッフルズ'は、ひだのある青紫の花のつく暗色品種。'ホワイト スワール'は純白、基部に黄色の斑点があり、円形、ひだのある外花被。ほかの人気品種には、'クレーム シャンテリ'、'ドリーミング イエロー'、'ミキコ'、'オーバン'、'パーフェクト ヴィジョン'、'ロワゾン'、'ラッフルド ベルベッド'、'スマッジャーズ ギフト'、'ユーベル デン ヴォルケン'、'ザコパネ'がある。ゾーン：4～9

Iris setosa subsp. *interior*

Iris sanguinea var. *violacea*

Iris reichenbachii

Iris reticulata 'ブルー ベール'

Iris×robusta 'ジェラルド ダービー'

Iris sanguinea

Iris trojana

Iris tenax 'Alba'

Iris tectorum

Iris tenax

Iris tenuis

Iris spuria
☀ ❄ ↔0.9～2m ↕1.2～2m
イラン北部および北西部原産。本種の群落は、湿地帯、浅い水辺、塩分のある土壌にも見られる。花色は淡～暗青色、白、黄白、藤色まで多岐にわたる。温暖な肥沃な土壌が必要である。*I. s.* subsp. *halophila*は薄～濃黄色の花、暗緑色の細長い葉がつく。
ゾーン：6～9

Iris tectorum
一般名：イチハツ
英　名：ROOF IRIS
☀ ❄ ↔30cm ↕30～40cm
中国原産。多肉の茎、とさか状突起を持つ。薄緑色の葉が扇形につく。青紫、濃色の脈のある花が初夏に咲く。
ゾーン：6～9

Iris tenax
イリス・テナクス
異　名：*Iris gormanii*
☀ ❄ ↔30cm ↕30～40cm
アメリカ合衆国原産。多肉の茎を持つビアドレス種で、落葉する。分岐のない茎に、白、黄、青、および紫系の花が初夏に咲く。'**アルバ**'は白色品種。
ゾーン：8～10

Iris tenuis
☀ ❄ ↔15cm ↕30cm
アメリカ合衆国西部原産の稀少種。多肉の茎、とさか状突起のあるアイリスで*I. cristuta*に似ているが、より丈が高い。花は晩春につき、青紫、濃い色の脈があり、ときに黄色の斑が入る。
ゾーン：7～10

Iris trojana
☀ ❄ ↔30cm ↕60～90cm
トルコ原産。多肉の茎を持つビアデッド種。灰緑色の葉が扇形につく。細長い蕾、芳香性のある紫色の大きな花に白と黄色の髭があり、夏に咲く。
ゾーン：7～10

Iris unguicularis
イリス・ウングイクラリス

異　名：*Iris stylosa*
英　名：ALGERIAN IRIS, WINTER IRIS
☀/☀ ❋ ↔40〜50cm ↕30〜38cm

ギリシャ、トルコ、シリア西部、アルジェリアおよび地中海諸島原産の常緑種。乾燥高温気候でよく育ち、イネに似た硬い葉がつき、薄紫〜青色の花が葉間に隠れるように冬から早春に咲く。多くの選抜品種がある。'**アルバ**'は、白色の花、黄色の外花被。'**メアリー　バーナード**'は、濃青紫色の花。'**スターカーズ　ピンク**'は、淡い藤色がかったピンク。'**ワリエガタ**'は、薄青色の花に濃青色の斑点と縞がある。
ゾーン：7〜10

Iris variegata
異　名：*Iris lepida*, *I. leucographa*, *I. reginae*, *I. virescens*
☀ ❋ ↔15〜25cm ↕20〜50cm

ヨーロッパ中部および東部原産、多肉の茎、ビアデッド種。葉は明緑色、うねがあり、剣形。黄色の花に青〜赤茶色の変わった脈のある花が、春から夏に咲く。
ゾーン：6〜9

Iris versicolor
☀ ❋ ↔25cm ↕20〜80cm

アメリカ合衆国東部原産。強健、冬を好み、多肉の茎を持つビアドレス種。幅広く、うねのある緑色の葉。濃い色の脈のある青紫色の小花が分岐した花茎に多くつく。ゾーン：4〜9

Iris virginica
☀ ❋ ↔25cm ↕20〜80cm

アメリカ合衆国東部原産。強健、冬を好むビアドレス種。大きなうねのある暗緑色の葉がつく。*I. versicolor*に似るが、花茎は分岐しない。夏に、青紫色の花がつき、内花被は大きく長い。
ゾーン：4〜9

Iris Hybrid Cultivars
（アイリス交雑品種）

ARILBRED HYBRIDS
（アリルブレッド　ハイブリッド）
☀ ↔30cm ↕25〜70cm

アリルとトール・ビアデッドの交雑種。紫系〜黄色の大形の花で、さまざまな色のマークがある。開花期は早春。休眠期に乾燥した夏が必要である。'**ジュディーン　ジェム**'は、高さ25cm、髭があり、シーズンの初頭から、白色で外花被に黄橙色の目がある花が咲く。'**オイエズ**'は、高さ60cm、早咲きで、白色の花、暗紫色の脈が内花被と外花被にある。
ゾーン：3〜9

BEARDED HYBRIDS
（ビアデッド　ハイブリッド）
☀ ❋ ↔30〜90cm ↕20〜100cm

耐寒性のある多年草で、根茎から成長する。ほとんどの気候に耐えるが、寒冷気候のほうが花つきがよい。直立した薄青緑色の葉が地面近くから出現し、大きな花が晩春に咲く。花色はオレンジ、白、および黄色。内花被と外花被があり、外花被のそれぞれに目立つ髭がある。根腐れを防ぐため、根茎を土で覆ってはならない。水はけのよい肥沃な土壌の日向で育てる必要がある。5〜7年ごとに株分けする。

Miniture Dwarf Bearded Hybrids
（ミニチュア・ドワーフ・ビアデッド・アイリス）
高さ20cm以下で、ビアデッド・アイリスの中ではもっとも小形で早咲き。35〜80mmの小花を春につける。

Standard Dwarf Bearded Hybrids
（スタンダード・ドワーフ・ビアデッド・アイリス）
冷涼な海洋性気候でよく育つ。高さ20〜38cm。花が密生し、庭園に向く。開花期は晩春。花つきをよくするためには、冬のあいだ、じゅうぶんな寒さのあることが必要である。'**ブロムヤード**'は、早咲き、青灰色の内花被、青紫色と黄土色の外花被、青灰色の髭がある。'**ビバリー**'は、白〜黄白色の花。'**アイ　ブライド**'は、ビアデッドで、中旬に黄色に濃茶色の縞、黄白色の花が咲く。'**フラワー　シャワー**'は、すみれ色と白色で、ひだがある。'**ホニントン**'は、クリームイエローの花。'**クォーク**'は、黄白色にえび茶色の斑入り。'**レイン　ダンス**'は、早咲き、青紫色の花に同色の髭がある。'**ティッラ　リッラ**'は、藤色の花。'**ワウ**'は、明黄色の花にえび茶色のマークが入る。

Intermediate Bearded Hybrids
（インターミディエイト・ビアデッド・アイリス）
高さ40〜70cmの中形で、花も中くらいの大きさである。ほとんどの地帯でよく咲き、茎の先端につく。風の強い地域でも耐えるが、日向に植える必要がある。'**アークティック　ファンシー**'は、純白の花に紫色の斑が入る。'**バロッコ**'は、濃桃色〜えび茶色の花。'**アイ　マジック**'は、黄色い花、外花被に赤い親指形の斑が

Iris unguicularis

Iris versicolor

アイリス、HC、ビアデッド・インターミディエイト、'カニントン　スカイズ'

アイリス、HC、ビアデッド・スタンダード・ドワーフ、'ビバリー'

アイリス、HC、ビアデッド・スタンダード・ドワーフ、'アイ　ブライド'

アイリス、HC、ビアデッド・スタンダード・ドワーフ、'フラワー　シャワー'

アイリス、HC、ビアデッド・スタンダード・ドワーフ、'テッィラ　リッラ'

アイリス、HC、ビアデッド・スタンダード　ドワーフ、'ワウ'

アイリス、ビアデッド・インターミディエイト、'アリノール　ダキテーヌ'

アイリス、ビアデッド・インターミディエイト、'アンルー　ブルー'

アイリス、HC、ビアデッド・インターミディエイト、'バロッコ'

アイリス、HC、ビアデッド・インターミディエイト、'ブルー　ボーイ'

アイリス、HC、ビアデッド・インターミディエイト、'キャンディ　ウォーク'

ある。'ハッピー ムード'★は、黄白色の花で薄紫色の縁取りがある。'マウイ ムーンライド'は、中旬に濃いレモン色の花が咲く。'モン アンジュ'は、黄色い脈のある白色。'サニー ドーン'は、明黄色の花に赤い髭がある。ほかの人気品種には、'カティ-クー'、'ミス カルラ'、'シャーベット レモン'、'テンプルクラウド'がある。

Miniature Tall Bearded Hybrids
(ミニチュア・トール・ビアデッド・アイリス)
トール ビアデッドと開花期を同じくする。高さはボーダー・ビアデッドに近いが、より小形の花がしなやかな茎につく。'バンブルビー ディーライド'は、黄色の内花被、縁の黄色、えび茶色の外花被。'フロステッド ベルベッド'は、二色咲き、中心が白色で濃い藤色に白い縁がある。

Border Bearded Hybrids
(ボーダー・ビアデッド・アイリス)
トール・ビアデッドと開花期を同じくするが、高さ40〜70cmの花茎により小形の花がつく。'アプリコット フロスティ'は、白色の花、濃い杏色の外花被、同色の髭がある。'バティク'は、白い縞のある紫色の花。黄色で先端の白い髭がある。'ブラウン ロッソ'は、濃い赤砂糖色と黄色の花。薄紫色の縁取りがある。

Tall Bearded Hybrids (トール・ビアデッド・アイリス、ジャーマンアイリス)
分岐の多い花茎に強健な大形の花がつき、ひだのある品種と、ない品種がある。高さ70〜100cm。切花に向く。'アプリコランジェ'は、オレンジ色の花。'ベリーシャーベット'は、早咲き、ピンクとすみれ色の花。'ブルー アイド ブルネッド'は、ひだのあるブロンズ色の花に青色の髭がある。'ブレーカーズ'は、青色、ひだがある。'セレブレーション ソング'は、遅咲き、ピンク系の内花被、薄青紫色の外花被。★'シャンペーン エレガンス'は、杏色の花、黄色の内花被、杏色の縁取りのある白色の外花被、赤黄色の髭がある。花つきが多い。'シンデレラズ コーチ'は、黄橙色の花、明赤橙色の髭、ひだがある。'キューピッズ アロウ'は、ピンク〜えび茶色の花。'ダズリング ゴールド'は、中旬、黄色と赤色の花がつく。'デザイニング ウーマン'は、赤みがかった紫の内花被と外花被、赤色の髭があり、花は波打つようなひだがある。'ダスキー チャレンジャー'は、大形、ひだのある黒紫色の花。'アーリー ライド'は、黄白色のひだのある花。'グッド モーニング アメリカ'は、中旬に薄青色の花がつく。'ハロー ダークネス'は、中旬に濃い黒紫色の花がつく。'ホンキートンク ブルース'は、中旬に、白色の上に青紫を流したような薄青色の花がつき、花弁は幅広くひだがある。'イン タウン'は、中旬、青紫色の内花被、わずかにひだのある紫色の外花被。'インカンテイション'は、中旬咲き、青系の内花被、白色の外花被の花がつく。'ジェシーズ ソング'は、中心が白く、外に向かって紫色になる。'ジョイス テリー'は、やや早咲き、黄色の内花被、白色の外花被に黄色の髭がある。'ジューン サンセット'は、中旬に白色の内花被、淡いピーチオレンジの外花被。'ミスティーク'は、早咲き〜中旬。青い内花被、青紫色の主脈があり、濃紫色の外花被、青色の髭がある。'シルヴェラド'は、中旬に咲く。銀紫色の花と髭がある。'ステッピング アウド'は、'Jesse's Song'に似る。'ソーンバード'は、黄色系の内花被、緑がかった茶色の外花被。'ヴァニティ'は、ピンクの花、サーモンピンクの髭がある。そのほかに'ベウィック スワン'、'メグズ マントル'、'パラダイス'、'パラダイス バード'、'フィル キーン'、'プレシャス ヘザー'、'サン ミラクル'などの魅力的な品種がある。
ゾーン：3〜9

アイリス、HC、ビアデッド・ミニチュア・トール、'バンブルビー ディーライト'

アイリス、HC、ビアデッド・インターミディエイト、'ハッピー ムード'

アイリス、HC、ビアデッド、'アイ マジック'

アイリス、HC、ビアデッド・インターミディエイト、'ファーマメント'

アイリス、HC、ビアデッド・インターミディエイト、'ラ ポワソン'

アイリス、HC、ビアデッド・インターミディエイト、'モン アンジュ'

アイリス、HC、ビアデッド・インターミディエイト、'オフ コース'

アイリス、HC、ビアデッド・インターミディエイト、'ペインターズ ヒル'

アイリス、HC、ビアデッド・インターミディエイト、'ショート ディスタンス'

アイリス、HC、ビアデッド・インターミディエイト、'スイッチクロゼル'

アイリス、HC、ビアデッド・インターミディエイト、'チン チン'

アイリス、HC、ビアデッド・インターミディエイト、'スリー ダラーズ'

アイリス、HC、ビアデッド・トール、'アコマ'

アイリス、HC、ビアデッド・トール、'アルザリン'

アイリス、HC、ビアデッド・トール、'エンシェント エジプト'

アイリス、HC、ビアデッド・トール、'アンダルー'

アイリス、HC、ビアデッド・トール、'アルページ'

アイリス、HC、ビアデッド・トール、'バランソワ'

アイリス、HC、ビアデッド・トール、'バル モスク'

アイリス、HC、ビアデッド・トール、'ビーチ ガール'

アイリス、HC、ビアデッド・トール、'ベリー シャーベット'

アイリス、HC、ビアデッド・トール、'アマス'

アイリス、HC、ビアデッド・トール、'ベスト ベット'

アイリス、HC、ビアデッド・トール、'ベティ サイモン'

アイリス、HC、ビアデッド・トール、'ビヨンド'

アイリス、HC、ビアデッド・トール、'バイセンテニアル'

アイリス、HC、ビアデッド・トール、'ブラック アンド ゴールド'

アイリス、HC、ビアデッド・トール、'ブラック フラッグ'

アイリス、HC、ビアデッド・トール、'ブレイジング サンライズ'

アイリス、HC、ビアデッド・トール、'ブワソン ド ローズ'

アイリス、HC、ビアデッド・トール、'カプリシャス'

アイリス、HC、ビアデッド・トール、'カリビアン ドリーム'

アイリス、HC、ビアデッド・トール、'キャリゲイト トレイド'

アイリス、HC、ビアデッド・トール、'セレブレーション ソング'

アイリス、HC、ビアデッド・トール、'シャンペン ワルツ'

アイリス、HC、ビアデッド・トール、'シャボー'

アイリス、HC、ビアデッド・トール、'シンデレラズ コーチ'

アイリス、HC、ビアデッド・トール、'コディシル'

アイリス、HC、ビアデッド・トール、'コロンビア ブルー'

アイリス、HC、ビアデッド・トール、'コン フオコ'

アイリス、HC、ビアデッド・トール、'コンフェッティ'

アイリス、HC、ビアデッド・トール、'コッパー ケイパーズ'

アイリス、HC、ビアデッド・トール、'クレーム グラッセ'

アイリス、HC、ビアデッド・トール、'クリノリン'

アイリス、HC、ビアデッド・トール、'クラウド プレジャー'

アイリス、HC、ビアデッド・トール、'デイジー パウエル'

アイリス、HC、ビアデッド・トール、'ドーバーズ デライト'

アイリス、HC、ビアデッド・トール、'ダズリング ゴールド'

アイリス、HC、ビアデッド・トール、'ディープ スペース'

アイリス、HC、ビアデッド・トール、'デザイニング ウーマン'

アイリス、HC、ビアデッド・トール、'エコ ドゥ フランス'

アイリス、HC、ビアデッド・トール、'エリシアン フィールズ'

アイリス、HC、ビアデッド・トール、'エンファシス'

アイリス、HC、ビアデッド・トール、'エヴォリューション'

アイリス、HC、ビアデッド・トール、'エキゾティック アイル'

アイリス、HC、ビアデッド・トール、'エクストラヴァガンザ'

アイリス、HC、ビアデッド・トール、'フレーミング ヴィクトリー'

アイリス、HC、ビアデッド・トール、'キューピッド アロー'

アイリス、HC、ビアデッド・トール、'ギャラント モーメント'

アイリス、HC、ビアデッド・トール、'グッド ガイ'

アイリス、HC、ビアデッド・トール、'グラディス オースティン'

アイリス、HC、ビアデッド・トール、'グッバイ ハート'

アイリス、HC、ビアデッド・トール、'グレート レイクス'

アイリス、HC、ビアデッド・トール、'グレシアン スカイズ'

アイリス、HC、ビアデッド・トール、'ハンディワーク'

アイリス、HC、ビアデッド・トール、'ヘファイストス'

アイリス、HC、ビアデッド・トール、'ハイロー'

アイリス、HC、ビアデッド・トール、'フラ ガール'

アイリス、HC、ビアデッド・トール、'ホライゾン ブルー'

アイリス、HC、ビアデッド・トール、'ホーテンス'

アイリス、HC、ビアデッド・トール、'インパレイター'

アイリス、HC、ビアデッド・トール、'イン タウン'

アイリス、HC、ビアデッド・トール、'インカンテイション'

アイリス、HC、ビアデッド・トール、'ジェシズ ソング'

アイリス、HC、ビアデッド・トール、'アイランド ダンサー'

アイリス、HC、ビアデッド・トール、'ランド オ レイクス'

アイリス、HC、ビアデッド・トール、'ロンドン ロード'

アイリス、HC、ビアデッド・トール、'レース ジャボット'

アイリス、HC、ビアデッド・トール、'ロレンザッチオ ド メジチ'

アイリス、HC、ビアデッド・トール、'ジューン サンセット'

アイリス、HC、ビアデッド・トール、'マダム シェロー'

アイリス、HC、ビアデッド・トール、'ロード ボルティモア'

アイリス、HC、ビアデッド・トール、'ラウドン チャーマー'

アイリス、HC、ビアデッド・トール、'ルイ ドール'

アイリス、HC、ビアデッド・トール、'ロイアリスト'

アイリス、HC、ビアデッド・トール、'ルリッド'

アイリス、HC、ビアデッド・トール、'マダム ルイ オレオー'

アイリス、HC、ビアデッド・トール、'パティナ'

アイリス、HC、ビアデッド・トール、'マデイラ ベル'

アイリス、HC、ビアデッド・トール、'メアリー フランセス'

アイリス、HC、ビアデッド・トール、'メル ド シュド'

アイリス、HC、ビアデッド・トール、'ミニー コルクィット'

アイリス、HC、ビアデッド・トール、'メモワール'

アイリス、HC、ビアデッド・トール、'モッド モード'

アイリス、HC、ビアデッド・トール、'ミスティック'

アイリス、HC、ビアデッド・トール、'ナヴァホ ブランケット'

アイリス、HC、ビアデッド・トール、'ナイト ゲーム'

アイリス、HC、ビアデッド・トール、'ナイトフォール'

アイリス、HC、ビアデッド・トール、'オヴェイション'

アイリス、HC、ビアデッド・トール、'パシフィック タイド'

アイリス、HC、ビアデッド・トール、'パレルモ'

アイリス、HC、ビアデッド・トール、'ピーチ ピコティ'

アイリス、HC、ビアデッド・トール、'ペルシャン ガウン'

アイリス、HC、ビアデッド・トール、'ペパーミント クラッシュ'

アイリス、HC、ビアデッド・トール、'ピンク プシーキャット'

アイリス、HC、ビアデッド・トール、'パイレーツ クエスト'

アイリス、HC、ビアデッド・トール、'プラウド トラディション'

アイリス、HC、ビアデッド・トール、'プロヴェンカル'

アイリス、HC、ビアデッド・トール、'ラズベリー リボン'

アイリス、HC、ビアデッド・トール、'ロイアル キングダム'

アイリス、HC、ビアデッド・トール、'ラスラー'

アイリス、HC、ビアデッド・トール、'ピンク タフタ'

アイリス、HC、ビアデッド・トール、'セーブル'

アイリス、HC、ビアデッド・トール、'サロニク'

アイリス、HC、ビアデッド・トール、'サン ホセ'

アイリス、HC、ビアデッド・トール、'サファイア ヒルズ'

アイリス、HC、ビアデッド・トール、'シークレット メロディ'

アイリス、HC、ビアデッド・トール、'サムサラ'

アイリス、HC、ビアデッド・トール、'シンティレーション'

アイリス、HC、ビアデッド・トール、'シー キャプテン'

アイリス、HC、ビアデッド・トール、'ソング オブ ゴールド'

アイリス、HC、ビアデッド・トール、'スーヴェニール ドゥ マダム ゴディショー'

アイリス、HC、ビアデッド・トール、'スターレット ローズ'

アイリス、HC、ビアデッド・トール、'スプレックス'

アイリス、HC、ビアデッド・トール、'スノー フラリー'

アイリス、HC、ビアデッド・トール、'スペース ブレイザー'

アイリス、HC、ビアデッド・トール、'ソフト カレス'

アイリス、HC、ビアデッド・トール、'ステラー ライツ'

アイリス、HC、ビアデッド・トール、'ステッピング アウト'

アイリス、HC、ビアデッド・トール、'ストーム ウォーニング'

アイリス、HC、ビアデッド・トール、'サルタンズ パレス'

アイリス、HC、ビアデッド・トール、'スウェディッシュ モダン'

アイリス、HC、ビアデッド・トール、'テル ド フー'

アイリス、HC、ビアデッド・トール、'サンダー エコー'

アイリス、HC、ビアデッド・トール、'トモコ'

アイリス、HC、ビアデッド・トール、'ウルティマトゥム'

アイリス、HC、ビアデッド・トール、'バレー チャーム'

アイリス、HC、ビアデッド・トール、'ヴァン ゴッホ'

アイリス、HC、ビアデッド・トール、'ボードビル'

アイリス、HC、ビアデッド・トール、'ソーンバード'

アイリス、HC、ビアデッド・トール、'タッチ オブ ブロンズ'

アイリス、HC、ビアデッド・トール、'バイオレット リングス'

アイリス、HC、ビアデッド・トール、'ウェディング バウ'

アイリス、HC、ビアデッド・トール、'ウェルカム アボード'

アイリス、HC、ビアデッド・トール、'ウィナーズ サークル'

アイリス、HC、カリフォルニア、ミックス

アイリス、HC、カリフォルニア、
'アグネス ジェイムズ'

アイリス、HC、カリフォルニア、
'ブロードレイ キャロリン'

アイリス、HC、カリフォルニア、'ブロードレイ エミリー'

アイリス、HC、カリフォルニア、'ブロードレイ ラヴィニア'

アイリス、HC、カリフォルニア、'ブロードレイ クレア'

アイリス、HC、カリフォルニア、'ブロードレイ メデューサ'

アイリス、HC、カリフォルニア、
'ブロードレイ ナンシー'

CALIFORNIAN HYBRIDS
（カリフォルニア・アイリス）

☼/☀ ❄ ↔30cm ↕25〜50cm

約4種のアイリスの交雑種。パシフィック コースト アイリスとも呼ばれ、黄色、ピンク、紫色などさまざまな色がある。春から長期間咲き続ける。'**ブロードレイ カロリン**'は、白色、藤色の脈があり、黄色

アイリス、HC、カリフォルニア、'ブロードレイ シビル'

アイリス、HC、カリフォルニア
'ブロードレイ ローズ'

アイリス、HC、ダッチ、
'ブロードレイ イディルウィルド'

の目がある。'**ブロードレイ メデューサ**'は、濃紫色の花、黄色の花喉がある。'**ブロードレイ ナンシー**'は、紫色で白い縁取りがあり、白と黄色の目がある。'**ブロードレイ ローズ**'は、濃いローズピンクの花、黄白色の目がある。'**ブロードレイ シビル**'は、黄白色を帯びた杏色の内花被、濃いローズピンクの外花被を持つ。
ゾーン：5〜9

アイリス、HC、ダッチ、'ブルー マジック'

アイリス、HC 'ブルー ダイアモンド'

アイリス、HC、ダッチ、'マドンナ'

DUTCH HYBRIDS
（ダッチ・アイリス）

☀ ❄ ↔30～45cm ↕60～90cm

春咲きの大形球根アイリス。花色は、青、紫、黄、白色。切花用として広く栽培されている。'ブルー ダイアモンド'は、暗青色の蕾で、開くと明青色になる。花弁の基部に親指形の黄色の模様がある。'ブルー マジック'は、濃青色、黄色の模様がある。'クリーム ビューティ'は、象牙色の花、金色の模様。'マドンナ'は、明白色、黄色の斑。'テルスター'は、濃い青紫色の花、花弁の基部に金色の模様が入る。
ゾーン：5～9

LOUISIANA HYBRIDS
（ルイジアナ・アイリス）

☀/◐ ❄ ↔0.9～2m ↕45～150cm

ルイジアナ州の湿地帯に自生する水生植物。水中または池や川の縁での生育に非常に適応する。灌水をじゅうぶんに行なえば、通常の庭土でも育つ。腐葉土をじゅうぶんに混ぜた用土に植えることが必要。日向、または半日陰で育てる。花茎は35cm～1.5mにまで伸びる。花色はピンク系、黄色系、青色系からオレンジ系、紫系、茶色系まで多岐にわたる。'グリーン エルフ'は、中旬咲き、淡黄緑色、成長するとクリーム色になる。'マリー カイエ'は、ひだのある青紫色の花、黄色の目がある。'ニューズブリーフ'は、紫赤色の花、中心は薄色。'プレジデント ヘドレー'は、早咲き、暗黄色、外花被は帯茶色。黄橙色の目がある。
ゾーン：6～9

ONCOCYCLUS HYBRIDS
（オンコキクルス・アイリス）

☀ ❄ ↔100cm ↕10～60cm

ビアデッド・アイリスに外見は似ているが、サイズは小さい。1茎に1個だけ花がつく。花に大きな斑点と暗色の脈があるのが特徴である。乾燥高温気候に適応性がある。秋に大形の果序をつける。
ゾーン：7～9

SPURIA HYBRIDS
（スプリア・アイリス）

☀ ❄ ↔45～60cm ↕75～120cm

白および黄～赤、紫系の大形の花がつく丈の高い品種。開花期は春～夏。株分けと移植を嫌う。'シェルフォード ジャイアント'は、高さ1.2m、中旬咲き、レモン色および白色の大形の花がつく。
ゾーン：4～9

ISABELIA
（イサベリア属）

南アメリカに原生するラン科の小属で、5種のうちほとんどがブラジルに見られる。矮性の着生植物で、小形の偽鱗茎が群生し、その上に葉が1枚つき、着生する植物の枝を抱えるように成長する。

〈栽培〉
スラブやコルク、木生シダに植えつける。またはテラコッタ製の小形植木鉢に培地としてミズゴケを入れて植える。湿気のある日陰を好み、乾燥を嫌う。栽培を成功させるためには、必ず換気をよくすること。株分けで殖やす。

Isabelia virginalis

Isabelia virginalis

☀ イ ↔5～15cm ↕35～80mm

ブラジル原産で、明確な面白い成長習性を持つ。偽鱗茎は線維質の苞葉で文目に覆われている。花は白～藤色がかったピンク、径8mm、冬に咲く。
ゾーン：10～12

ISATIS
（イサティス属）

英名：WOAD

アブラナ科に属する30種の一年草、二年草および多年草。ヨーロッパおよび地中海地方から中央アジア原産。単葉、黄色の小花4個が、晩春から初夏にかけて緩やかな総状花序につくのが特徴である。扁平な裂開果に1～2個の種子を含む。インディゴ以前は、ホソバタイセイ(*I. tinctoria*)が青色の染料として使われていた。

〈栽培〉
肥沃な砂利質の土壌でもっともよく育つ。日向で育てること。秋と春に実生で殖やす。

アイリス、HC、ダッチ、'クリーム ビューティ'

アイリス、HC、ダッチ、'テルスター'

アイリス、HC、ルイジアナ、'マリー カイエ'

アイリス、HC、ルイジアナ、'ニューズブリーフ'

Iris, HC, Siberian, 'Anniversary'

Iris, HC, Siberian, 'Camberley'

Iris, HC, Siberian, 'Polly Dodge'

Iris, HC, Siberian, 'Ruffled Velvet'

Iris, HC, Siberian, 'Sally Kerlin'

Iris, HC, Siberian, 'Silver Edge'

Iris, HC, Siberian, 'Troika'

Iris, HC, Siberian, 'Tropic Night'

Iris, HC, Siberian, 'Weisse Etagen'

Iris, HC, Siberian, 'White Swirl'

Isoplexis canariensis

Isatis indigotica
☼ ❄ ↔30〜60cm ↕30〜60cm
多年生草本。多肉の茎、披針形の葉、鋸歯縁がある。晩春から初秋に黄色の花がつく。裂開果は黒色。
ゾーン：6〜9

Isatis tinctoria
英 名：DYER'S WOAD、GUADO
☼ ❄ ↔0.3〜0.6m ↕0.9〜1.5m
ヨーロッパおよびアジア南西部原産、強健、直立の二年草または短命な多年草。茎は分岐が多く、長楕円形〜披針形の葉がつく。4弁の黄色い花が咲く。平らな裂開果は成長すると黒紫色になる。
ゾーン：6〜8

ISMELIA
（イスメリア属）
キク科に属する約5種の一年草および短命な多年草で、キク属の分割によって本属が作られた。クサントフタルムム属と区別がつきにくい。地中海地方およびマデイラ諸島、カナリア諸島原産で、葉つきが多く、茎は直立、基部では木質になる。葉は鋸歯縁、羽状複葉で、裂が非常に細い種もある。デイジーに似た明色の花序がおびただしくつく。
〈栽培〉
耐霜性がなく、降霜のない温暖な気候であれば非常に適応力がある。日の当たる水はけのよい土壌に植える。開花期には灌水をじゅうぶん行なうが、それ以外の時期には乾燥気味にする。ふつう種子から殖やすが、多年草は半熟枝挿しでもよい。

Ismelia carinata
イスメリア・カリナタ
異　名：*Chrysanthemum carinatum*、*Ismelia versicolor*
◐/☼ ✲ ↔30〜40tm ↕80〜100cm
モロッコ原産と思われる一年草。直立の茎に明緑色、多肉の羽状裂葉がつく。花序は径10cm、筒形の花は茶褐色、舌状花は黄色、オレンジ、赤色など多色で、基部は明色、夏から初秋に咲く。'コートジェスターズ'は、人気のある混色品種。寒冷地帯では一年草として栽培する。
ゾーン：10〜12

ISOCHILUS
（イソキルス属）
中央および南アメリカ原産のラン科に属する約8種の小属。花のつかない時期でも、イネに似た葉が美しい。成長した細い茎の先端に花がつき、ときに色は変化し、開花前は紫がかる。小形で色どりがよく、完全には開かない場合がある。自己播種する。
〈栽培〉
太い多肉の茎を持ち、水はけのよいポットで簡単に育つが、保湿性の高いバーク主体の用土は用いないこと。全種が中間の生育環境を好み、常に成長するため灌水を絶やさないこと。株分けで殖やす。

Isochilus aurantiacus
◐ ✲ ↔10〜50cm ↕10〜40cm
ブラジル原産の冬咲き種。明るいオレンジ色の小花が小さなかたまりでつく。
ゾーン：10〜12

Isochilus linearis
◐ ✲ ↔10〜60cm ↕10〜60cm
南アメリカの中部および北部原産。もっとも頻繁に栽培されている。ピンク〜紫色、円筒形、径12mmの花が春に咲く。自己播種する種、ほとんど開花しない種などがある。
ゾーン：10〜12

ISOPLEXIS
（イソプレキシス属）
ゴマノハグサ科に属するカナリア諸島およびマデイラ諸島原産の常緑亜低木で、3種がある。ひだのある円筒形の黄色およびオレンジ色の花が、直立した花茎につく。
〈栽培〉
目立つ低木で、温暖地帯でよく育つ。適度に肥沃な土壌の日向または半日陰に植え、夏には灌水をじゅうぶんに行なう。定期的に花がらを摘むこと。春に実生か、晩夏に軟材挿し、または吸枝で殖やす。
ゾーン：9〜10

Isoplexis canariensis ★
◐/☼ ❄ ↔0.9m ↕1.2m
カナリア諸島原産。披針形〜長楕円形、鋸歯縁、やや有毛の葉がつく。キツネノテブクロに似た花穂が長さ30cmにつき、色は黄橙〜黄茶色、夏につく。
ゾーン：9〜11

Isoplexis sceptrum
☼ ❄ ↔2m ↕1.8m
マデイラ諸島原産。わずかに光沢のある葉がつく。花穂は葉よりも高くつき、*I. canariensis*よりも短いが、黄褐色がかったオレンジ色の花が密生し、見ごたえがある。
ゾーン：9〜11

Isatis indigotica

Ismelia carinata

Isochilus linearis

Isoplexis sceptrum

Isopogon cuneatus

ISOPOGON
（イソポゴン属）

オーストラリア南部原産のヤマモガシ科に属する約30種の植物で、ほとんどが西オーストラリア州に見られる。魅力的な常緑低木で、深裂の硬い葉がつき、ふつう黄色およびピンク色の大きな球形の花序に魅力がある。円形または卵形の球果に似た果実が茎の先端に長期間つき、俗にコーンブッシュと呼ばれる。

〈栽培〉
日向の水はけのよい土壌を好む。とくに西オーストラリア原産種は、冬に降雨の多い地域にもっとも適する。分枝の多い幼木は株姿を整えるために剪定するが、それ以外には剪定の必要はない。挿し木か実生で殖やすが、発芽は遅い。

Isopogon anemonifolius
イソポゴン・アネモニフォリウス

英　名：DRUMSTICKS

☀ ❄ ↔1.2m ↕1.8m

東オーストラリアに見られる直立の葉つきの多い低木。平らな、紫がかった暗緑色の美しい葉は3裂し、さらに切れ込みがある。淡黄色の花が茎頂に径35mmの丸い花序をなし、晩春から夏につける。'ウーライキー　2000'は、矮性の栽培品種、先端が赤色の葉、黄色い花がつく。ゾーン：9〜11

Isopogon anethifolius
英　名：NARROW-LEAF DRUMSTICKS

☀ ❄ ↔1.8m ↕1.8m

東オーストラリア原産の低木で、非常に細い線形の小葉からなる羽状複葉を持つ。濃黄色の硬い花序が夏につく。
ゾーン：9〜10

Isopogon ceratophyllus
☀ ❄ ↔0.9m ↕0.9m

ヴィクトリア州、タスマニア州、および南オーストラリア州に自生する。矮性の小低木で、深裂があり、緑色、刺のある葉がつく。花序は茎頂につき、長さ25mm、春から初夏につく。多湿の土壌に耐性がある。
ゾーン：8〜9

Isopogon cuneatus
異　名：*Isopogon cuniatus*

☀ ❄ ↔2m ↕2.4m

西オーストラリア原産。直立性の大形低木で、やせた砂質土壌でじゅうぶん育つが夏場は灌水を好む。硬い明緑色の長さ18mmの葉がつく。円筒形、ピンクおよび薄紫色の花が春につく。幼形のあいだは、新葉の出現を促すために剪定すること。花形が珍しいことと、花保ちがよいため、切花として広く用いられている。
ゾーン：9〜11

Isopogon anemonifolius 'ウーライキー　2000'

Isopogon anemonifolius

Isopogon dubius

Isopogon formosus

Isopogon dawsonii

☀ ❄ ↔1.5m ↑3.5m

西オーストラリア原産の直立、横張り性の低木または小高木。夏の湿気に耐性がある。細い線形、長さ12cmの葉は細かく分かれる。冬から春に黄白色のシルク質の花序が茎頂につく。
ゾーン：9〜11

Isopogon dubius

☀ ❄ ↔1.5m ↑1.5m

西オーストラリア原産、葉つきの多い直立低木で、園芸家にはよく知られる。灰緑色の尖った扁平な葉は3裂する。晩冬から春にローズピンクの花序が茎頂につく。とくに水はけのよさを必要とし、耐乾性がある。
ゾーン：9〜11

Isopogon formosus ★

英　名：ROSE CONE FLOWER

☀ ❄ ↔1.8m ↑1.8m

西オーストラリア原産の直立または横張り性の低木。細く尖った葉は短い円筒形の小葉に分かれる。藤色がかったピンク、径6cmの丸い花序が冬から春につく。鑑賞に非常に適する。とくに水はけのよさを必要とし、夏の湿気を嫌う。
ゾーン：9〜11

ISOPYRUM

（イソピルム属）

英　名：FALSE RUE ANEMONE

北アメリカおよびユーラシア温帯原産で、キンポウゲ科に属する30種の根茎または塊茎を持つ多年草。細い葉は深く切れ込み、各小葉は3裂して、フェザーファーンに外見が似ている。花は杯形、下垂性、白色で、円錐花序または単生し、花弁に似た萼片5〜6個と無数の雄ずいを持つ。果実は瘦果で、数多くの種子を含む。毒性のある種もあるが、ネイティヴアメリカンは、消化器系の病気に効く薬草として用いていた。

〈栽培〉

湿地〜平均的な、有機物を多く含む土壌の日向から半日陰を好む。実生か根分けで殖やす。

Isopyrum thalictroides

☀ ❄ ↔8〜15cm ↑10〜25cm

ヨーロッパ原産の多年草で、シダに似た葉が中心の基部から出て輪生する。楕円形、深い刻み目のある小葉3枚と濃い茶褐色の茎を持つ。白色、ときにピンクがかった花が春につく。1個の種子に8〜10のうねがある。
ゾーン：4〜9

ITEA

（イテア属）

英　名：SWEETSPIRE

非常に魅力のある植物だが、広くは栽培されていない。10種の常緑または落葉低木または小高木で、葉と花の組み合わせが面白い。スグリ科に属する。葉はヒイラギを思わせ、花はハシバミやガリヤに似ている。自生種はアジアに、1種は北アメリカ東部に見られる。常緑種は、光沢のある暗緑色の葉が通年つき、落葉種は鮮やかに紅葉する。尾状花序に似た総状花序は色どりが悪く、葉との対比のほうに、より面白みがある。ヤナギを意味するギリシャ語の*itea*から命名され、下垂した尾状花序を指す。

〈栽培〉

耐霜性には差があるが、一般的な栽培種は適度に強健で、もっとも水はけのよい土壌の日向または半日陰でよく育つ。しかし耐干性はなく、夏にはじゅうぶん水を与えることが必要である。実生か半熟枝挿しで殖やす。

Isopogon dawsonii

Itea chinensis

英　名：CHINESE SWEETSPIRE、SWEETSPIRE
☀ ❄ ↔ 1.8〜3m ↕ 1.8〜3m
中国西部原産の常緑低木。枝は弧を描き、葉は濃緑色の鋸歯縁で、ヒイラギに似る。白い小花が、長さ20cmの細長い穂状になる。裂開果は小形で茶色。
ゾーン：7〜9

Itea ilicifolia

英　名：HOLLYLEAF SWEETSPIRE
☀ ❄ ↔ 3m ↕ 4.5m
中国西部原産の広く栽培されている常緑低木。細長く直立する。濃緑色のヒイラギに似た、長さ5〜10cmの葉がつき、縁に小さな刺がある。クリーム色〜薄黄色、芳香のある花が長さ38cmの総状花序につく。ゾーン：7〜10

Itea japonica

一般名：ズイナ、ヨメナノキ
◐ ❄ ↔ 30〜40cm ↕ 30〜40cm
日本原産、株立ちの魅力的な落葉性低木。葉は長さ4cm。ふわふわした白い芳香のある小花が、長さ6cmの穂状に上向きにつく。秋には紅葉する。'ベップ'は、とくに濃く色づく。ゾーン：6〜9

Ixia curta

Itea virginica

イテア・ウィルギニカ
☀ ❄ ↔ 1.5m ↕ 1.2〜3m
北アメリカ東部原産の落葉低木で、もっとも広く栽培されている。弧を描く長さ5〜10cmの茎が群生し、鋸歯縁の葉は秋には鮮やかな赤色とオレンジ色に変わる。蜜に似た香りのするクリーム色の小花が、長さ5〜15cmの総状花序につき、直立する。'ヘンリーズ　ガーネット'はよく知られる栽培品種である。
ゾーン：5〜9

Itea ilicifolia

Itea virginica 'Henry's Garnet'

Itea chinensis

Ixia paniculata

IXIA

（イクシア属）
英　名：CORN LILY、WAND FLOWER
アヤメ科に属する南アフリカ原産の約50種の球茎植物で、イネに似た細い葉がつく。しなやかで、弧を描くように垂れる花茎に比べると、草丈は非常に低い。花は5〜6弁の単純な構造で、茎頂に帯赤色の密な穂状につく。明色が多いが、白色に赤色の模様入りや、薄青緑色などの珍しい種もある。

〈栽培〉
軽い水はけのよい土壌の日向に植える。高温地帯では半日陰で育てると開花期が長くなる。春には灌水をじゅうぶん行なうが、開花後は乾燥させてもよい。ふつう分球で殖やす。実生繁殖はあまり行なわれない。

Ixia curta

☀/◐ ♨ ↔ 15〜20cm ↕ 20〜40cm
春咲き種。狭長、ときにねじれた長さ25cmの葉がつく。杯形のオレンジ色の花に赤または緑色の斑点があり、赤色の縁取りがある。
ゾーン：9〜10

Ixia maculata

☀ ♨ ↔ 15cm ↕ 20〜50cm
強健で変異が多く、雑草化しやすい。直立のしなやかな茎を持つ。葉は狭長、まとまりがなく、花が終わると急速に枯れる。杯形の大きな花が無数につき、花弁はクリーム、帯紫のピンク、チェリーレッド、ピンク、黄色、オレンジ色で、茶褐色の目や縞のあるもの、二色花などがある。春咲き。
ゾーン：9〜10

Ixia paniculata

異　名：*Morphixia paniculata*
☀/◐ ♨ ↔ 15cm ↕ 45〜75cm
雑草化しやすい強健種。葉は、ほかの種よりやや幅広く、長さ60cm。花茎は長く、花は白、クリーム、黄色、ピンク〜帯赤色、基部はより濃色になる。春から夏に咲く。
ゾーン：9〜10

Ixia maculata

Ixia viridiflora

☀ ♨ ↔ 20cm ↕ 30〜60cm
南アフリカのケープ地方南西部原産の強健種。長さ50cm、狭長の葉がつく。花は斑入りで短命、開くと星形になる。花弁は青緑、ターコイズ、ティールブルー、アクアブルー、明青色で、中心に茶褐色の目がある。春の半ばに咲く。
ゾーン：9〜10

IXIOLIRION

（イクシオリリオン属）
テコフィラエア科に属する4種の球根多年草で、アジア南西部および中部原産の植物である。狭長の葉が中心から出現し、ロゼットを形成する。春と夏に細長い茎が伸び、じょうご形、青〜紫系の花が、散形花序または緩やかな総状花序につく。

〈栽培〉
軽い水はけのよい砂質の土壌で、雨風の当たらない日向に植える。夏の乾燥高温には耐える。実生か株分け、または秋に分球で殖やす。

Ixiolirion tataricum
英　名：SIBERIAN LILY, TARTAR LILY

☼ ❄ ↔30〜40cm ↕25〜40cm

南西および中央アジア原産の球根多年草。細長く、半直立、イネに似た葉がつく。高さ40cmの花茎に、4個の花が集まった花序がおびただしくつき、萼片は青または青紫色。中心に濃色の目がある。春から初夏に咲く。
ゾーン：5〜9

IXORA
（サンタンカ属）
英　名：JUNGLE FLAME

アカネ科に属する常緑、夏咲きの低木または小高木で、熱帯地方全域に一般的に見られる。この花をヒンズー教の神シヴァに捧げたことから、同神を表わすポルトガル語から命名された。花はふつう群生して目立ち、深紅色、ピンク、黄〜白色、ときに芳香がある。魅力的な光沢のある葉がつき、まとまりのある株姿はコンテナ栽培や群生させるのに向く。果実は1〜2個の種子を含む核果で、赤色、熟すと黒色になる。原種のほかに数多くの栽培品種や変種がある。

〈栽培〉
霜に弱く、13℃以下の温度には耐性がない。間接的に明るい日光が当たるのを好む。硬質な砂と腐葉土を混ぜた、砕けやすい用土を用いる。分枝を促すために若い苗は摘心し、花後は旧枝を剪定する。春に実生か、花のつかない短枝の半熟枝挿しを夏に行なう。

Ixora casei

Ixora casei
イクソラ・カセイ

☼ ✣ ↔2.4m ↕3.5m

太平洋のカロリナ諸島原産の常緑中低木。光沢があり、長さ30cmの大形の葉がつく。夏に、オレンジ〜赤色の無数の小花からなる、非常に大きな、密生した花序がつく。'スーパー　キング'は、大形で鮮赤色の花がつく。
ゾーン：10〜12

Ixora chinensis
一般名：サンタンカ

☼ ✣ ↔1.5m ↕1.8m

丸い樹姿になる常緑小低木で東アジアの熱帯地方、とくに中国と台湾原産。光沢のある暗緑色の葉がつく。花は径10cmの巨大な花序で、茎頂につき、明橙色、晩春から秋につく。生垣に適する。'ソラ　グランド'は、さんご色の花。'プリンス　オブ　オレンジ'★は赤橙色の花が数多くつく。
ゾーン：10〜12

Ixora coccinea
英　名：FLAME OF THE WOODS

☼ ✣ ↔2.4m ↕2.4m

インド、スリランカを中心とする熱帯アジア原産で、葉つきの多い、丸みを帯びた低木。葉は光沢があり、暗緑色。夏に明赤橙色の小花が大きな花序をなす。
ゾーン：11〜12

Ixora javanica

☼ ✣ ↔2.4m ↕4.5m

ジャワ島およびマレー半島原産の低木または小高木で、栽培品種は自生種よりも小形になる。花は赤色、まれにピンクまたはオレンジ色。大きな花序をなす。
ゾーン：11〜12

Ixora Hybrid Cultivars
（サンタンカ交雑品種）

☼ ✣ ↔30〜90cm ↕0.3〜1.8m

サンタンカには多くの栽培品種があり、ほとんどが *I. coccinea* を交配親に持つ。'エキゾチカ'は、明赤色で褪色するとオレンジ色になる二色花。'フランセス　ペリー'は、濃黄色の花。'フラセリ'は、鮮やかなサーモンピンク。'ヘレラズ　ホワイド'は、白色。'オレンジ　グロー'は、明橙色の花。'ピンク　デライド'は、ピンク色。'ロセア'は、ローズピンク。'サンキスド'は、もっとも一般的な栽培品種で、高さ0.9mの矮性低木で卵黄色の花が成長すると、れんが色になる。'サニー　ゴールド'は、オレンジがかった琥珀色。'タイ　ドワーフ'は、ピンク〜赤、黄〜オレンジ色。'タイ　キング'は、赤橙色。ほかに、'オーロラ'、'フロリダ　サンセッド'がある。
ゾーン：11〜12

Ixora chinensis 'Prince of Orange'

Ixora javanica

JK

Jacaranda mimosifolia

Jaborosa integrifolia

JABOROSA
（ヤボロサ属）

南アメリカ原産の20種のよじ登り性常緑多年草で、ナス科に属する。葉は基部の中心から出現する。5裂の鐘形、または円筒形の花が単生またはまばらな集散花序につく。果実は平たい緑色の液果で、種子は3～6週間で発芽する。

〈栽培〉
肥沃な湿気のある土壌の半日陰で、冬は乾燥気味にする。春に実生か株分けで殖やす。

Jaborosa integrifolia
☼ ❄ ↔10cm ↕10～20cm

ブラジル南部、ウルグアイ、およびアルゼンチン原産の束生する多年草で、地下茎で成長する。細長い楕円形の長さ15cmの葉が、長い茎につく。緑～白色、細長く切れ込んだ円筒形、径6cmの大きな花が夏につき、夜になると芳香を放つ。
ゾーン：7～9

JACARANDA
（キリモドキ属）

ノウゼンカズラ科に属する約50種の落葉または常緑高木および低木。中央おおび南アメリカの熱帯地方および亜熱帯地方を原産地とする。優美なシダに似た2回羽状複葉を持つ。青紫、まれにピンクまたは白色のじょうご形または鐘形の花が、春から夏に頂生または葉腋に群生する。街路樹や芝生の標本植物として広く栽培される。南アフリカ共和国のプレトニア市はヤカルンダ・シティと呼ばれている。

〈栽培〉
肥沃な土壌の日向で急速に成長する。幼木は風と霜が当たらないようにする。定着すると比較的耐霜性がある。戸外で育てる品種は剪定の必要はない。生育期にはじゅうぶんに灌水を行ない、冬は控えめにする。浅く根づき、肥料をよく消費するため、近くにある低木が弱りやすい。晩冬または初春に実生、または夏に半熟枝挿しで殖やす。

Jacaranda caerulea
☼ ❄ ↔3m ↕12～21m

西インド諸島原産の常緑高木。晩春に、紫、青または白色の鐘形の花が大きな円錐花序につく。シダに似た2回羽状複葉で、小葉が4～13対ある。果実は長楕円形のさく果。
ゾーン：10～11

Jacaranda cuspidifolia
☼ ❄ ↔9m ↕4.5～12m

ブラジル、アルゼンチン、ボリビア、およびパラグアイ原産。*J. mimosifolia*に比べると、葉は大きく小葉が多く（1つの裂片に20対ほどつく）、花も大形で明るい青紫色、より大きな房になる。果実は球形に近く、白～薄茶色。
ゾーン：10～11

Jacaranda mimosifolia
ヤカランダ・ミモシフォリア
英　名：BLUE HAZE TREE、BRAZILIAN ROSEWOOD、FERN TREE、JACARANDA
☼ ❄ ↔6～10m ↕8～15m

南アメリカ乾燥地帯原産の成長の速い落葉高木。明緑色、2回羽状の優美な葉がつき、冬、落葉する前には濃黄色になる。晩春から初夏に青紫色、鐘形、下垂性の花が美しく茎頂に群生する。皿形、赤茶色の裂開果がつく。'ワリエガタ'は、緑色と黄色の斑入り葉。'ホワイト クリスマス'は、白い花が大きな房になる。
ゾーン：10～11

JACKSONIA
（ヤクソニア属）

オーストラリアの一部に自生する低木または小高木で、マメ科ソラマメ亜科に属する。オレンジまたは黄色、ときに赤色の蝶形花がつく。沿岸部の荒地から広葉樹林までのさまざまな土壌に自生する。緑色または灰緑色の茎に光合成の機能があり、葉は茶色がかった鱗片または刺に退化している。

〈栽培〉
本属の40種は広範囲の気候と土壌に自生するため、栽培方法もそれぞれ異なる。夏の高温多湿に耐性のないものから湿地を好むものまである。全ての種が実生繁殖できるが、前処理が必要である。適度に硬さのある緑枝挿しで殖やせる種もある。

Jacksonia scoparia
英　名：AUSTRALIAN DOGWOOD
☼ ❄ ↔3m ↕4.5m

オーストラリアのクィーンズランド州およびニューサウスウェールズ州に見られる。丈の高い低木で硬い灰色の樹皮を持ち、水はけの悪い場所に生える。灰緑色の枝と葉を持ち、茶色の小鱗片がある。黄～オレンジ色で赤色の斑のある芳香性の蝶形花が、春に茎頂に群生する。
ゾーン：8～10

JAMESIA
（ヤメシア属）

アジサイ科の単型属で、アメリカ合衆国西部の山地に見られる落葉低木である。ウツギ属に近く、ロッキー山脈の植物を調査したDr Edwin Jamesにちなんで学名がつけられた。葉つきの多い低木で、粗い手触りの葉を目的に栽培される。葉色は秋には鮮やかに紅葉し、軽く芳香のある白い花が咲く。

〈栽培〉
耐霜性があり、適度に肥沃で水はけのよい土壌の日向で育てると、美しく紅葉する。低木のボーダーやロックガーデンに向く。花後は、剪定して込み合った旧枝を取り除く。春に、実生、半熟枝挿し、または取り木で殖やす。

Jacksonia scoparia

Jacaranda caerulea

Jacaranda cuspidifolia

Jamesia americana

Jamesia americana
英　名：CLIFFBUSH, WAXFLOWER
☼ ❄ ↔2.4m ↕0.9〜2.4m
丸い株姿の落葉低木で、ベルベット状の灰緑色の葉がつき、秋に鮮やかな赤橙色に色づく。古い茎には紙質の剥皮がある。春に、星形、芳香性の白い花が茎頂に小さく群生し、蕾は帯桃色。果実は小さい。
ゾーン：6〜9

JASIONE
（ヤシオネ属）
英　名：SHEEP'S BIT
キキョウ科に属する約20種の一年草および二年草。ヨーロッパや地中海地方の草地に原生する。細長いイネに似た葉がマウンド状になる。マツムシソウを思わせる青色の小花が茎頂にかたまってつき、花は1列以上の苞葉に囲まれる。夏に開花する。

〈栽培〉
小形種はロックガーデン、大形種はボーダーの前段に植えるのに適する。砂質の水はけのよい土壌の日向で育てる。実生または株分けで殖やす。

Jasione laevis
ヤシオネ・ラエウィス
異　名：*Jasione perennis*
英　名：SHEEP'S BIT, SHEPHERD'S SCABIOUS
☼ ❄ ↔20〜25cm ↕20〜50cm
ヨーロッパ南部および西部原産。多年草で、細い葉が分厚く盛り上がる。青色の花は径25mm強で無数の苞葉を持つ。'ブラウリヒト'（syn.'ブルー　ライト'）は、鮮やかな青色、球形の花序がつく。
ゾーン：5〜9

JASMINUM
（ソケイ属）
一般名：ソケイ、ジャスミン
英　名：JASMINE
モクセイ科に属し、芳香のあることで名高い。アフリカ、ヨーロッパ、およびアジア（1種はアメリカ原産）に原生する。本属は200種ほどの落葉および常緑低木、つる性木本からなる。葉はふつう羽状複葉で、まれに3回羽状になり色と質感は異なる。花は枝の先端と葉腋に群生し、円筒形で大きなフレア状で5裂している。もっとも多く見られる花色は白、ピンクまたは黄みがかった白色。無香から強く香るものまである。

〈栽培〉
自生地によって耐寒性にばらつきがあるが、繰り返す強い降霜に耐えられる種はない。干ばつを嫌い、水はけのよい日向または半日陰で育てる。適切な気候では急速に成長し、帰化しやすい。実生、挿し木、取り木でたやすく殖やせ、成長の緩徐な種では、こぼれ種で殖える場合がある。

Jasminum angulare
異　名：*Jasminum capense*
☼/◐ ❄ ↔2〜3m ↕4.5〜5m
南アフリカ原産。常緑つる性または匍匐性。暗緑色の羽状複葉は3〜5枚の小葉からなる。星形、径30mmの花は甘い香りがする。真夏から晩秋に花が株を覆いつくすようにつく。
ゾーン：10〜11

Jasminum azoricum ★
英　名：AZORES JASMINE
☼/◐ ❄ ↔6m ↕6m
アゾレス諸島原産の常緑つる性低木。光沢のある濃緑色、革質の葉では3または5枚の披針形の小葉からなる。花は純白で非常に香りが強く、晩夏に緩やかな円錐花序につく。
ゾーン：10〜11

Jasminum beesianum
☼/◐ ❄ ↔4.5m ↕4.5m
中国原産のつる性落葉低木。長さ5cm、披針形の単葉が対になってつく。小さな芳香性の花が3個ずつかたまってつき、色はピンクから濃淡のローズピンクで、晩春から秋に咲く。光沢のある黒い実がつく。
ゾーン：7〜10

Jasminum fruticans
☼/◐ ❄ ↔3m ↕3m
地中海地方および西アジア原産。半常緑から常緑の低木。革質、濃緑色の小葉が3枚ある。5個ほどの無香の花が夏に、降霜のない気候では通年咲く。
ゾーン：8〜10

Jasminum humile
一般名：キソケイ
英　名：ITALIAN JASMINE, ITALIAN YELLOW JASMINE
☼/◐ ❄ ↔3.5m ↕3.5m
中東から中国に自生する常緑または半常緑低木。短い羽状複葉で7枚ほどの小葉からなる。夏に、変わった香りのある黄色の花が群生する。'レウォルトゥム'は、大形の葉がつき、香りの強い栽培品種。
ゾーン：8〜10

Jasminum mesnyi
一般名：ウンナンオウバイ、オウバイモドキ
英　名：PRIMROSE JASMINE, YELLOW JASMINE
☼/◐ ❄ ↔3m ↕3m
中国西部原産。常緑低木で、よじ登り性、株姿はまとまりがなく、トウに似た茎が弧を描いて群生する。葉は3回羽状複葉で、やや光沢があり、明緑色。夏に、無香で明黄色、ふつう半八重咲きの花が咲く。
ゾーン：8〜10

Jasminum nitidum
英　名：ANGEL WING JASMINE
☼/◐ ❄ ↔0.9〜2m ↕3m
暗緑色の光沢のある葉がつく。よじ登り性があり、刈り込んで生垣に仕立てる。芳香性、パープルピンクの蕾が開くと大きな星形、白色になる。春から初秋まで花をつける。
ゾーン：7〜9

Jasminum nudiflorum
一般名：オウバイ
英　名：WINTER JASMINE
☼/◐ ❄ ↔3m ↕3m
中国北部原産。不規則に広がる落葉低木。緑色のしなやかな茎はわずかに弧を描き、明緑色の3回羽状複葉がつく。明黄色の花が例外的に冬に咲く。
ゾーン：6〜9

Jasminum humile 'Revolutum'

Jasminum mesnyi

Jasminum nudiflorum

Jasminum odoratissimum
英　名：CANARY ISLAND JASMINE
☀　☽　↔3m　↕3m
カナリア諸島原産。落葉性の大低木。暗緑色、光沢のある羽状複葉。夏に、白色、芳香のある小花が群生し、香水の原料になる。
ゾーン：9〜11

Jasminum officinale
一般名：ソケイ、ジャスミン
英　名：COMMON JASMINE、COMMON WHITE JASMINE、POETS' JASMINE、TRUE JASMINE
☀/☽　❄　↔4.5m　↕9m
中東から中国に見られる、よじ登り性の落葉低木で、ふつうは2.4mほどに切り詰める。わずかに軟毛のある羽状複葉で、5〜9枚の小葉からなる。白または薄桃色の芳香のある花が初夏から秋に咲く。'**アルゲンテオワリエガトゥム**'のように黄色の外斑のある栽培品種、'**アウレウム**'は、金色の斑点がある。
ゾーン：7〜10

Jasminum parkeri
英　名：DWARF JASMINE
☀/☽　❄　↔60cm　↕30cm
インド北西部原産、小形の横張り性常緑低木。ジャスミンに非常に似た黄色い小花がつくが香りはない。ロックガーデンや大型コンテナ栽培に向く。夏に開花する。
ゾーン：8〜10

Jaasminum polyanthum
☀/☽　❄　↔8m　↕3〜5m
中国南西部原産の強健な常緑つる性種で、樹木やトレリスなどの間を縫うようによじ登りながら成長する。暗緑色の葉は5〜7枚の小葉からなり、冬は茶色がかる。繊細なピンク色の蕾が晩冬からつき始め、春に開花すると径18mm、芳香のある白い花になる。真夏まで咲き続ける。
ゾーン：7〜9

Jasminum sambac
ユスミヌム・サンバック
☀　☽　↔1.8m　↕1.5〜3.5m
木質の茎を持つ常緑つる性種で、散開性の低木として扱われる。羽状複葉ではなく、大形の単葉がつき、光沢のある暗緑色で重みがある。12個の蝋質の白い花が通年つき、成長すると薄桃色になる。'**グランド デューク オブ タスカニー**'は、八重咲きの栽培品種。
ゾーン：10〜11

Jasminum × stephanense
☀　❄　↔1.5〜3m　↕5m
中国南西部原産の *J. beesidnum × J. officinale* の交雑種。木質の茎が縦横に伸びる落葉性のつる性種で、淡灰緑色の葉がだらしなくつく。薄桃色、径18mmの芳香のある花が夏から秋に群生する。
ゾーン：8〜10

Jatropha multifida

Jatropha podagrica

Jatropha integerrima
異　名：*Jatropha hastata*、*J. pandurifolia*
英　名：PEREGRINA、SPICY JATROPHA
☀　☽　↔1.2〜2.4m　↕3〜6m
キューバ、ヒスパニオラ島、プエルトリコ原産の横張り性の常緑高木で、6mの高さに達する。多湿の熱帯気候でもっともよく育つ。葉形は異なり、3裂の裂葉からバイオリン形まであり、濃緑色、裏面は茶色。花は5弁、鐘形、小形で明赤桃色、通年茎頂に群生するが、主に温暖な季節によく咲く。種子と樹液に毒性がある。
ゾーン：10〜12

Jatropha multifida
英　名：CORAL PLANT、PHYSIC NUT
☀　☽　↔1.2〜2.4m　↕3〜6m
常緑大低木または小高木で、メキシコからブラジルに見られる。円形の葉は7〜11の葉身に分かれ、表面は暗緑色、裏面は帯白色。緑色または赤色の茎に小形で深紅色の花が葉群よりも上につく。卵形の果実には3個ほどの種子が含まれる。全草に毒性がある。
ゾーン：10〜12

Jatropha podagrica ★
英　名：GOUT PLANT、GUATEMALA RHUBARB、TARTOGO
☀　☽　↔25〜30cm　↕60〜90cm
中央アメリカ原産の多肉の小低木で、外見は小形のバオバブに似る。樹幹は灰色、グロテスクに膨らみ、成長と共に瘤ができる。円形〜楕円形の3〜5裂の葉がつき、表は暗緑色、裏面は淡青緑色。鮮赤橙〜深紅色の小花が、赤または緑色の花茎の先端に群生する。ふつう冬から夏までの長期間花がつく。
ゾーン：10〜12

JATROPHA
（ヤトロファ属）
トウダイグサ科に属し、170種ほどの多年生多肉植物、および常緑または落葉低木からなり、高木はほとんどない。全種が乳液を含み、皮膚につくとかゆくなる。主に中央および南アメリカの熱帯から暖温帯に見られる。葉は掌状に切れ込むが、裂のない種もある。紫、黄、深紅、または赤色の花が夏に小さなかたまりでつく。全草に中程度の毒性があるが、熱帯地方では薬として用いられる。

〈栽培〉
街路樹、ボーダー、生垣に用いられる植物で、肥沃な水はけのよい砂質土壌の日向を好むが、半日陰にも耐性がある。霜に弱く、暖温帯では温室で育てる。冷涼な日陰に半熟枝で挿し木を行ない、発根前に切り口を乾燥させる。または、春か夏に実生で殖やす。

Jatropha cinerea
☀　☽　↔3m　↕3〜8m
メキシコ西部の砂漠地帯に見られる。横張り性、分岐の多い落葉低木、まれに太い枝のつく小高木となる。葉は腎臓形、幅10cm。春〜夏に、褪せたピンク色、鐘形、径12mmの花が小さなかたまりでつく。
ゾーン：10〜12

Jasminum sambac

Jatropha integerrima

*Jatropha cinerea*の自生木、メキシコ、バハ・カリフォルニア、バヒア・デ・ロスアンヘレス

JEFFERSONIA
（タツタソウ属）

- 異　名：*Plagiorhegina*
- 一般名：タツタソウ
- 英　名：TWIN LEAF

メギ科に属する2種の多年草で、1種は北アメリカ、もう1種はアジア北東部に見られる。小群落をなす植物で、2裂の腎臓形の葉がつき、優美な杯形の花が晩春に咲く。属名はアメリカ合衆国第3代大統領トーマス・ジェファーソにちなむ。

〈栽培〉
自生地は森林地で、落葉樹の下の腐葉を多く含む土壌の冷涼で多湿な環境を好む。小形植物のため、広い森林に植えるときは注意する。また、ロックガーデンのやや日陰に植えるとよい。熟してすぐの種子を取り播きするか、定着した株分けで殖やす。

Jeffersonia diphylla
英　名：RHEUMATISM ROOT

☀ ❄ ↔20cm ↕15〜20cm

カナダのオンタリオ地方からアメリカ合衆国テネシー州までの地域に見られる。葉は幅15cm、花は径25cmで白色。
ゾーン：5〜9

Jeffersonia dubia
異　名：*Plagiorhegma dubia*

☀ ❄ ↔15〜20cm ↕15〜20cm

アジア北東部原産。青緑色、幅10cmの葉がつく。花は薄青紫色で、まれに白色、径30mm。
ゾーン：5〜9

Joinvillea ascendens subsp. *glabra*の自生種、ニューカレドニア、モンツ・コギス、ル・ヴェルベデーレ

JOHANNESTEIJSMANNIA
（ヨハンネステイスマニア属）

英　名：JOEY PALM

タイの南部、マレー半島、スマトラ島の熱帯雨林に原生する4種のヤシ科植物である。ジャングルのうっそうと茂る樹木の下に生育する。ロゼット状につくへら形の大きな葉状体が地下茎から出現する。葉状体は落葉を集め、ロゼットの中心に導いて成長過程の樹冠を覆う。腐った落葉の中に根が成長する。大形の果実がつき、無数のコルク質の疣で覆われる。野生ではきわめて稀少な植物である。

〈栽培〉
非常に見ごたえのあるヤシで、収集家の羨望の的である。熱帯または亜熱帯気候でよく育つが、多湿な日陰を必要とする。冷涼地帯では室内でコンテナ栽培する。新鮮な種子であれば、容易に発芽する。*Johannesteijsmannia altifrons*は、非常に変異が多い。植栽地と同様の環境を好む標本植物から取れた種子を播種する。

Johannesteijsmannia altifrons
一般名：タンヨウヤシ

☀ ✦ ↔3m ↕4.5m

東南アジア原産。大きなへら形の葉状体は、傘の代わりになる。ひだのある菱形の単葉は、マレーシアでは屋根を葺くのに使われる。樹冠は20の葉状体からなる。果実はコルク質の疣で覆われる。
ゾーン：11〜12

Johannesteijsmannia magnifica
英　名：SILVER JOEY PALM

☀ ✦ ↔3m ↕4.5m

マレー半島の多雨林に原生し、ほとんど栽培はされない。へら形の葉裏が白い細毛で覆われ、銀色に見える。果実は径5cm、無数のコルク質の疣で覆われている。適応性がある。
ゾーン：11〜12

JOINVILLEA
（ヨインウィレア属）

イネ科の近縁のひとつと考えられているヨインウィレア科の唯一の属で、太平洋諸島とマレー半島原産のイネに似た2種の多年草からなる。ふつう茎は傾き気味で、うねとひだのある2列の葉がつき、円筒形、緑色の小花が茎頂に円錐花序につく。花が終わると、乾燥豆ほどの大きさ、赤橙〜暗茶色の果実がつき、1〜3個の種子を含む。熱帯雨林の空き地や山地の低木林、多湿な谷間に生育する。属名は植物研究家Gaudichaud Beaupreによってフランスの François de Joinville 王子にちなんでつけられた。

〈栽培〉
めったに栽培されることはないが、温暖気候の庭植えにすると、面白みがある。雨風の当たらない、多湿な日向で、低〜中程度に肥沃で常に湿った土壌を好む。実生で殖やす。

Joinvillea ascendens
異　名：*Joinvillea gaudichaudiana*

☀/☼ ✦ ↔3m ↕4.5m

多くの亜種に分けられる変異の多い植物で、本属の植生域全体に分布する。茎と葉鞘は圧縮され、葉は細かい刺がある。花には薄桃色の斑点がある。果実は径6mmで赤茶色。熱帯性の亜種の典型はハワイ島原産である。*J. a.* subsp. *glabra*は、ニューカレドニア原産で、*J. plicata*の原種の近くに見られる。
ゾーン：10〜12

Johannesteijsmannia magnifica

Juglans ailanthifolia

Jubaea chilensis

JOVELLANA
（ヨウェラナ属）

ゴマノハグサ科に属する6種の常緑低木および亜低木。ニュージーランドに2種が原生し、あとはチリに見られる。カルケオラリア属の近縁属で、同様の袋状の花弁がつく。葉は薄く、鋸歯縁があり、形は異なる。茎と葉にわずかに軟毛がある。

〈栽培〉
半耐寒性の植物で、寒冷地帯では温室で育てる。戸外では肥沃な水はけのよい日陰～半日陰で、雨風の当たらない場所に植える。*J. violacea*は、やや耐寒性が強いが、冬には落葉する。まとまった株姿を保つために定期的に剪定する。実生か軟材の挿し木で殖やす。

Jovellana sinclairii
☀ ❄ ↔55cm ↕50cm
ニュージーランドの森林地帯に見られ、外斑がある。直立性または横張り性の亜低木。白い小花の内側に紫の斑点があり、夏に円錐花序につく。
ゾーン：9～11

Jovellana violacea
☀ ❄ ↔0.9m ↕0.9m
チリ原産。吸枝を密生させる低木。小形で、鋸歯縁または裂のある葉がつく。花は薄紫色、紫の斑点があり、花喉に黄色の染みがある。夏に咲く。
ゾーン：9～11

JOVIBARBA
（ヨウィバルバ属）

ベンケイソウ科に属する6種の小属で、ヨーロッパの山地に原生する。多肉の葉がロゼットを形成し、よく似たセンペリウィウム属と混同されやすい。目立たない花がつき、花弁は6枚で、鐘形。センペリウィウムは星形である。

〈栽培〉
耐寒性のある多肉植物で、水はけのよい栄養分のない土壌に最適で、ロックガーデン、乾燥した石塀、トラフやポット栽培に向く。花が終わったあとは古いロゼットを取り除く。株分けで殖やす。種によっては、自らロゼットを切り離し、転がって移動した場所で根を張るものもある。

Jovibarba hirta
☀ ❄ ↔25～30cm ↕10～15cm
ヨーロッパ中部および南東部の山地に原生する。径5cmのロゼットを形成する。小形の葉は扁平、線形または広披針形、下部が飛び出し、先端が濃色の緑色。夏に、薄黄色の分枝した花序がつく。*J. h.* var. *neilreichii*は、カルパチア山脈の麓に見られ、細い葉がロゼット状につく。
ゾーン：6～10

JUANULLOA
（ユアヌロア属）

ナス科に属する約10種の着生またはつる性の固着植物である。中央～南アメリカの森林地帯に原生し、樹木によじ登り、その先端で花を咲かせる。葉は単葉、全縁、有毛、革質。黄、赤またはオレンジ色の円筒形の花が群生して目立つ。

〈栽培〉
無霜地帯では戸外の肥沃な土壌の日向で育てる。寒冷気候では温室で、水はけのよいポットを用い、中～低度に湿気のある用土で育てる。実生または挿し木で殖やす。

Juanulloa mexicana
☀/☀ ❄ ↔1.8m ↕1.8m
メキシコおよび中央アメリカ原産。着生のつるが伸びて低木になる。革質、目立つ葉脈のある葉がつく。光沢のあるオレンジ色の萼片が割れて、下垂性、円筒形のオレンジ色の花が露出する。
ゾーン：9～12

JUBAEA
（ユバエア属）

チリの沿岸部に原生するヤシ科の単型属だが、野生種は伐採によって数が激減している。丈の高い太い幹に分厚い葉冠がつく。現地では糖分を含む樹液がシロップや酒類を作るのに使われている。

〈栽培〉
短期間の軽い降霜には耐性があるが、寒冷気候では温室で育てる。適切な土壌の日向または間接的に日光の当たる場所に植え、幼木は水をじゅうぶん与える。取り播きで殖やすが、発芽は遅い。

Jubaea chilensis
異 名：*Jubaea spectabilis*
英 名：CHILEAN WINE PALM, COQUITO PALM
☀ ❄ ↔8m ↕24m
チリ原産。太い幹を持ち、ときに中央が膨らむ。分厚い葉冠がつく。葉状体は長さ4.5m、湾曲または直立した、羽状複葉。長い花茎につく花は葉の間に隠れる。卵形、食用になる小形の果実がつき、コキートと呼ばれている。
ゾーン：8～10

JUGLANS
（クルミ属）

クルミ科に属する約20種の落葉高木で、アメリカ大陸、ヨーロッパ南東部、および東南アジアの暖温地帯に広く分布する。葉は複葉で互生につき、雌雄同株、花は春につく。果実は、多肉、緑色の核果の中に殻の硬い堅果が包まれ、仁は食用として重用されている。種によっては木目のある硬質の美しい樹木になり、家具材として高く評価される。また、ジュグロンを産生する種もあり、リンゴの木に害を与えることがある。

〈栽培〉
冷涼多湿気候で、水はけがよく、深さのある沖積土で有機物を多く含む土壌に植え、灌水をじゅうぶん行なえばよく育つ。果樹園では1年後に大きく刈り込み、強健な単幹の成長を強制し、3.5mほどに伸びたところで再び剪定して、外側枝の成長を促す。観賞用に栽培する場合も同様である。初秋に種子が熟したらすぐに収穫して、春に播種するまで冷涼な環境で貯蔵する。

Juglans ailanthifolia
異 名：*Juglans sieboldiana*
一般名：オニグルミ
英 名：JAPANESE WALNUT
☀ ❄ ↔12m ↕15m
日本原産。直立性の高木で、小葉11～17枚からなり、暗赤色の細毛で覆われた魅力的な葉がつく。濃淡の灰色の縞がある樹皮、雄性、長さ15～30cmの尾状花序がつく。雌花は濃赤色。果実は、刺状の冠で包まれている。*J. a.* var. *cordiormis*は果実の形のみが異なる。
ゾーン：4～9

Juanulloa mexicana

Jovellana violacea

Jovibarba hirta var. *neilreichii*

Juglans cinerea

Juglans cathayensis

Juglans californica
☀ ❄ ↔9m ↕9m
アメリカ合衆国カリフォルニア州南部原産。大低木または小高木、11～15枚の小葉からなる魅力的な披針形の葉がつく。
ゾーン：7～10

Juglans cathayensrs
英　名：CHINESE BUTTERNUT、CHINESE WALNUT
☀ ❄ ↔15m ↕15～2lm
台湾、中国西部および南部原産。葉は細毛があり、鋸歯縁の小葉からなる。果実は房でつき、甘い食用の堅果を含む。*J. mandshurica* の付近にあると落葉するとする学者もいる。
ゾーン：5～10

Juglans cinerea
一般名：バタグルミ
英　名：BUTTERNUT、BUTTERNUT WALNUT、WHITE WALNUT
☀ ❄ ↔15m ↕18m
カナダのニューブランズウィックからアメリカ合衆国ジョージア州に見られる。成長が速く、栽培品種は小形である。粘着性があり、長楕円形、鋸歯縁、有毛で黄緑色の葉がつく。果実は単生または群生する。短命である。
ゾーン：4～9

Juglans major
異　名：*Juglans elaeopyren*
☀ ❄ ↔9m ↕15m
アメリカ合衆国ニューメキシコ州からアリゾナ州原産。直立の単幹を持ち、樹冠は細長い。葉は長楕円形～披針形、9～13枚の小葉からなる。茶褐色の殻のある堅果がつく。秋に葉が黄白色になる。
ゾーン：9～11

Juglans nigra
ユグランス・ニグラ
英　名：AMERICAN WALNUT、BLACK WALNUT
☀ ❄ ↔21m ↕30m
アメリカ合衆国の東部と中部、およびカナダ南東部に原生する。ドーム形の樹冠を持ち、葉は大形で11～13枚の小葉からなる。茶褐色の食用の堅果がつく。暖地の肥沃な土壌では成長が速いが、ふつうは緩徐である。'ラキニアタ' は、細かく切れ込んだ葉がつく。
ゾーン：4～10

Juglans regia
ユグランス・レギア
英　名：ENGLISH WALNUT、PERSIAN WALNUT、WALNUT
☀ ❄ ↔10m ↕12～18m
ヨーロッパ南東部、ヒマラヤ、および中国に原生する。食用の堅果が目的で栽培される。樹皮は薄灰色。滑らかで芳香のある葉は、7枚の小葉からなり、幼葉は茶がかった紫色で成長すると緑色になる。商業用の選抜品種群である **Carpathian Group**（カルパチアングループ）は耐寒性があり、アメリカ全域で人気がある。'ブロードヴュー'、'ブッカネア'、'ラキニアタ' は深く切れ込みのある小葉がつく。
ゾーン：4～10

JUNCUS
（イグサ属）
イグサ科に属する225種ほどのイネに似た植物である。世界中に広く分布し、沼や水辺のような湿地に見られる。葉はフェルト状、うねがあり、円筒形、または退化して基部で葉鞘となる。緑色または茶色の小花は茎頂に丸くつくか、間隔をあけて群生する。高さは30～1.5mまでと幅広い。属名は「束ねる」を意味するラテン語からきており、イグサの茎を紐代わりにしていたことを示す。
〈栽培〉
多くの品種に侵略性があり、観賞用には向かない。広い池のまわりや野生植物園には用途がある。重い多湿の土壌や浅い水中の日向または半日陰で育つ。実生または株分けで殖やす。

Juncus effusus
一般名：イグサ、イ
英　名：COMMON RUSH
☀ ❄ ↔75cm ↕1.5m
硬質、直立性またはねじれた常緑の葉を持つ。茎は硬いが、平滑で、コルク抜きのように、らせん状になる場合もある。秋に茶色の小花が葉の真上に群生する。'スピラリス'（ラセンイ）は、葉がねじれ、盛り上がるように育つ。茎が直立する場合もある。
ゾーン：6～9

Juncus effusus

Juncus effusus 'スピラリス'

Juglans major

Juglans regia

Jugulans regia 'ラキニアタ'

Juncus patens
ユンクス・ペテンス

英 名：CALIFORNIAN GRAY RUSH

☼/☀ ❄ ↔60cm ↕70cm

金属質の青灰色の葉が上向きにつく。目立たない花が夏に咲く。乾燥した土壌に非常に耐性があるが、浅い水中で育つ植物である。'**カルマンズ グレイ**'は、銀灰色の硬い上向きの葉がつき、浅く根づく。沼地でも乾燥地でも育つ。'**エルク ブルー**'は、光沢のある青色の葉が分厚くつき、ほかの種より幅広い。

ゾーン：7〜10

JUNIPERUS
（ビャクシン属）

北半球に見られるヒノキ科の成長緩徐な常緑高木および低木で、60種ほどある。大高木は材木として評価されており、全ての種が長命で、とくにアルカリ性土壌でよく育つ。葉には2つのタイプがあり、幼葉は突き錐のように湾曲した針葉。成葉は鱗片状で茎を包むようにつ

Juniperus chinensis 'Variegata'

く。ほとんどの種で、つぶすと鋭い匂いがする。小形で液果に似た果実は球形で、熟すと青黒くなるか、赤みを帯びる。ふつうは、雌雄異株である。

〈栽培〉
強健で耐干性があるが、カビの攻撃に弱く、広い風通しのよい場所を必要とする。水はけのよい土壌は必須である。定期的に軽く剪定し、整枝は必要だが、裸枝は切ってはならない。取り播きが最良の繁殖法だが、栽培品種として有名なものは冬に接ぎ木または挿し木で殖やすべきである。挿し芽でもよく根づく。

Juniperus ashei
☼ ❄ ↔6m ↕9m

アメリカ合衆国南部およびメキシコ原産。成長緩徐な大低木で、ときに円錐形の小高木になる。針葉は淡い緑色で成長すると暗緑色の鱗片葉になる。多肉、芳香性の小形の果実がつき、熟すと暗青色になる。

ゾーン：8〜10

Juncus patens

Juniperus chinensis 'フォエミナ'の盆栽

Juniperus chinensis 'ブラオウ'の盆栽

Juniperus chinensis

Juniperus chinensis
一般名：ビャクシン

英 名：CHINESE JUNIPER

☼ ❄ ↔4.5m ↕9m

中国および日本原産。習性と大きさの異なる変種が多い。成葉は先端が丸みを帯び、幼葉は刺がある。どちらも下部の枝につく。液果は小形、円形、帯青灰色。*J. c.* var. *sargentii*は、丈が低く、盆栽に最適。*J. c.* '**アウレア**'は、成葉が金色、幼葉は黄緑色、高さ6mで、直立性、細長い円錐形になる。'**ブラオウ**'は、高さ1.5m、強健な低木で、灰青色の鱗片葉がつく。'**フォエミナ**'は、盆栽に向く。'**貝塚**'は、直立性の大低木または小高木で、枝が広がり、明緑色の鱗片葉が密生する。'**カテレエリ**'★は、直立、暗緑色の葉がらせん状につき、先端の丸い鱗片葉が密生し、青緑色の魅力的な果実がつく。'**マウントバッテン**'は、低木または小高木で、葉の密生した円筒形になる。葉は灰緑色の針葉。'**オブロンガ**'は、円形の低木で枝が密生し、内側の葉は暗緑色、鱗片状の針葉。'**オリンピア**'は、日本原産。小形の円錐形。'**シュースミス**'は、円筒形の樹姿、暗緑色の葉がつく。'**スパルタン**'は、円筒形、暗緑色の葉がつき、この習性のビャクシン

Juniperus chinensis var. *sargentii*の盆栽

Juniperus chinensis 'オリンピア'

Juniperus chinensis 'ピラミダリス'

の中では最高品種と言われる。'**ワリエガタ**'は、幼葉のほとんどが長い末端枝につき、成葉になるにつれて黄白色または白色の斑点が不規則に出る。

ゾーン：4〜9

Juniperus communis
一般名：セイヨウネズ

英 名：COMMON JUNIPER

☼ ❄ ↔0.9〜4.5m ↕6m

北半球に広く分布する変異種の常緑低木または小高木。温暖な環境では、狭円錐形になり、寒冷気候では横に広がりやすい。幼葉は、裏面が銀色で針形、刺があり、果実は香辛料やジンの材料に使われる。緑色で熟すと光沢のある黒色になり、白い花が咲く。樹形、葉形、葉色で選抜された数多くの栽培品種（匍匐性品種含む）がある。'**コンプレッサ**'は、まとまりのある狭円錐形で成長緩徐、高さ0.9m。'**デプレッサ アウレア**'★は、高さ0.6mのグラウンドカバー品種で、横張り性。葉は密生し、やや直立性、茶がかった緑色で冬にはブロンズ色になる。'**デプレスト スター**'は、円形、横張り性、明緑色の葉。'**ヒベルニカ**'（syn.'ストリクタ'）は、細い円錐形で高さ3m、葉が密生し、銀色の葉裏が見えている。'**ナナ**'は、匍匐性が強く、成長緩徐なグラ

Juniperus chinensis 'シュースミス'

Juniperus communis 'コンプレッサ'

Juniperus communis 'ヒベルニカ'

Juniperus communis 'ペンデュラ'

Juniperus communis 'デプレスト スター'

Juniperus communis 'レパンダ'

Juniperus communis 'エフサ'

Juniperus communis 'スエキカ' ★

ウンドカバー品種で、暗緑色の葉が分厚いマット状になり、川岸や海岸の崖の植栽に向く。'**ペンデュラ**'は、枝が美しく枝垂れる。
ゾーン：2〜8

Juniperus conferta
一般名：ハイネズ
英　名：SHORE JUNIPER
☀ ❄ ↔1.5〜2.4m ↑0.6m
日本原産。成長が速く、平たく横に広がりグラウンドカバーになる。潮風に耐性がある。明緑〜青緑色の葉には鋭い刺があり、密生する。小形の液果に似た果実が、熟すと緑〜茶色になる。'**ブルー ラグーン**'と'**ブルー パシフィック**'は、より青い葉がつく。'**エメラルド シー**'は、灰緑色の葉。'**サンスプラッシュ**'は、緑色および金色の斑入り。
ゾーン：5〜9

Juniperus davurica
一般名：コウアンビャクシン
☀ ❄ ↔1.8〜3m ↑0.6m
北アジア全域に自生するが、非常に稀少である。灰色の薄片状の樹皮、枝には鱗片葉がつく。数多くの栽培品種があり、'**エクスパンサ**'は、矮性低木、横張り性、強健な枝が高さ0.9mの小山状になる。中心に淡い緑色の鱗片葉がつく。'**エクスパンサ ワリエガタ**'は、よく似ているが、黄白色の斑点がある。
ゾーン：4〜8

Juniperus davurica 'エクスパンサ ワリエガタ'

Juniperus deppeana
ユニペルス・デッペアナ
英　名：ALLIGATOR JUNIPER, CHEQUERBOARD JUNIPER
☀ ❄ ↔2m ↑6m
青緑色の葉がつく灰色の樹皮を持つ樹冠の広い高木。*J. d.* var. *pachyphlaea*は、ときに'**コンスピクア**'として売られる。円錐形、粗い手触りのメキシコ原産種。銀灰色の葉、明赤茶色の樹皮は四角く剥がれ落ちる。葉は成形である。冷涼乾燥気候でもっともよく育つ。
ゾーン：7〜9

Juniperus drupacea
英　名：SYRIAN JUNIPER
☀ ❄ ↔2.4m ↑15m
アジア南西部、シリア、およびギリシャ原産。目立つ狭円錐形の小高木。樹皮は茶橙色、縦に細長く剥がれる。針葉には刺があり、明緑色、裏面は白色。円形の果実は、熟すと緑色から黒紫色になり、白い花が咲く。
ゾーン：5〜9

Juniperus deppeana var. *pachyphlaea*

Juniperus communis 'サンスプラッシュ'

Juniperus conferta

*Juniperus osteosperma*の自生種、アメリカ合衆国ユタ州、キャニオンランド国立公園、アイランド・イン・ザ・スカイ

Juniperus×*pfitzeriana*'ゴールデン サンセット'

Juniperus×*pfitzeriana*'フィッツェリアナ'

Juniperus monospermα

Juniperus flaccida
英　名：MEXICAN JUNIPER
☼ ❄ ↔6m ↑9m
メキシコおよびアメリカ合衆国テキサス州原産。先端が枝垂れる細い枝のつく高木。樹皮は鱗片状。幼葉は、針葉で灰緑色、成木では明色の鱗片葉になる。小形の丸い果実は熟すと赤茶色になり、白い花が咲く。
ゾーン：5～9

Juniperus horizontalis
一般名：アメリカハイビャクシン
英　名：CREEPING JUNIPER,
HORIZONTAL JUNIPER
☼ ❄ ↔3.5m ↑45cm
北アメリカ北部原産で海岸の崖や岩質の丘陵に見られる。強健、匍匐性の低木で長く引きずるように枝を伸ばす。葉は灰緑色または帯青色、冬には紫がかる。'バー　ハーバー'は、マット状になる栽培品種で青緑色の葉がつく。冬には先端が藤色になる。'ブルー　チップ'は、青緑色の葉、金色の斑が入る。'ダグラシイ'は匍匐性、高さ0.6m、幼木、成木ともに青緑色の葉が秋には紫がかる。'プリンス オブ ウェールズ'は、暗緑色の葉がマット状になる。'レペンス'は、青緑色の葉。'ウィルトニイ'は、青色の葉で匍匐性の栽培品種。
ゾーン：4～10

Juniperus indica
異　名：*Juniperus wallichiana*
英　名：HIMALAYAN BLACK JUNIPER
☼ ❄ ↔6m ↑2lm
ヒマラヤ山脈に原生する。大低木または小高木で、上向きに枝がつく。幼木は狭円錐形で成長すると横に広がる。葉は緑色の鱗片状で、幼木では目につきやすい。小形で楕円形の果実は、熟すと黒くなる。
ゾーン：6～9

Juniperus monosperma
英　名：CHERRYSTONE JUNIPER,
ONE-SEED JUNIPER, REDBERRY JUNIPER
☼ ❄ ↔1.5～3m ↑9m
アメリカ合衆国南西部およびメキシコ北部原産。大低木または高木で、茶色の繊維質の樹皮を持ち、灰緑色の鱗片葉が成木につく。小形で丸い果実は、熟すと灰青色になり、1個の種子を含む。
ゾーン：6～10

Juniperus occidentalis
英　名：WESTERN JUNIPER
☼ ❄ ↔9m ↑12m
アメリカ合衆国の山地に原生する。野生では低木、保護された庭園では高木になる。枝はほぼ水平に伸びる習性があり、先端が下垂する。青緑色の鱗片葉、小形の青緑色の球果がつく。
ゾーン：5～9

Juniperus osteosperma
英　名：UTAH JUNIPER
☼ ❄ ↔6m ↑3.5～6m
アメリカ合衆国カリフォルニア州東部からモンタナ州、およびニューメキシコの森林地帯の大部分を形成する。短く太い幹を持ち、樹冠は非常に低く、不規則に広がる。褪せたオリーブグリーンの葉、小形で赤茶色の球果がつく。
ゾーン：4～9

Juniperus×*pfitzerlana*
異　名：*Juniperus*×*media*
一般名：メディアビャクシン
☼ ❄ ↔1.5～4.5m ↑1.2～3m
主に*J. chinensis*の園芸交雑種の一群を指し、ふつう幼葉と成葉が同時に現われる。成葉は無茎の鱗片葉で、幼葉は鋭三角形で垂れ下がる。枝は横に広がり、やや上向きにつく。褪緑色の鱗片葉は、つぶすと不快な匂いがある。多くの種で、白または青黒色、球形の果実がつく。繁殖力旺盛なグラウンドカバーになる。'ゴールデン　サンセット'は丈の低い低木。'フィッツェリアナ'は強健、横張り性

Juniperus horizontalis'バー　ハーバー'

Juniperus horizontalis'ダグラステイイ'

Juniperus horizontalis

Juniperus horizontalis'ブルー　チップ'

Juniperus horizontalis'レペンス'

の低木で太い枝が上向きにつき、先端が下垂する。葉はおおむね緑色で鱗片葉。広い場所があればグラウンドカバーに最適。耐陰性がある。'**フィツェリアナ アウレア**'は、帯緑黄色の葉がつき、'**フィツェリアナ**'に似る。
ゾーン：4〜10

Juniperus pinchotii
英　名：PINCHOT JUNIPER
☼ ❄ ↔4.5m ↕6m
アメリカ合衆国テキサス州西部原産。暗い黄緑色の葉が横張り性の大枝につく珍しい大低木。幼葉は針葉、成葉は鱗片葉。ゾーン：5〜9

Juniperus procumbens
一般名：ハイビャクシン
英　名：BONIN ISLAND JUNIPER、CREEPING JUNIPER、JAPANESE GARDEN JUNIPER
☼ ❄ ↔3.5m ↕75cm
中国西部原産。匍匐性、横張りのグラウンドカバーで、硬い葉が曲がりくねるようにつく。刺があり、青緑色。茶色を帯びた緑色の、液果に似た小形の球果がつき、2〜3個の種子を含む。'**ナナ**'は、葉が小形で軟らかく、やや円錐形。どちらも川岸の地被に向く。
ゾーン：4〜9

Juniperus sabina

Juniperus sabina '**タマリスキフォリア**'

Juniperus sabina '**カルガリー カーペット**'

Juniperus recurva
英　名：COFFIN JUNIPER、DROOPING JUNIPER、HIMALAYAN JUNIPER
☼ ❄ ↔4.5m ↕9m
中国南西部、ミャンマー、ヒマラヤ山脈原産。芳香のある葉が枝垂れるように広がってつく。灰緑色、針葉3本が、らせん状につく。樹皮は赤茶色で帯状に剥がれる。果実は小形で丸く、多肉、液果に似ており、熟すと光沢のある青黒色になる。中国では昔から棺桶の材料に用いられる。*J. r.* var. *coxii*は、成長緩徐で、より小形の葉がつく。
ゾーン：7〜9

Juniperus procumbens

Juniperus rigida
一般名：ネズミサシ
英　名：NEEDLE JUNIPER
☼ ❄ ↔4.5m ↕6m
日本、朝鮮半島および中国北部原産。枝が下垂する優美な大低木または小高木。葉は茶褐色、針葉が3本、らせん状につき、表面に目立つ白線がある。果実は熟すと光沢のある青黒色になる。
ゾーン：4〜8

Juniperus sabina
ユニペルス・サビナ
英　名：SAVIN JUNIPER
☼ ❄ ↔4.5m ↕3.5m
ヨーロッパ南部および中部原産。横張り性で、地面に接した枝から根が伸びるためグラウンドカバーや斜面の固定に向く。暗緑色の葉はつぶすと不快な匂いがある。幼葉は針葉で、成葉は鱗片葉。小形、卵形、青黒色の液果が1〜3個つき、白い花が咲く。'**カルガリー カーペッド**'は、明緑色の葉、丈の低い品種。'**スカンディア**'は真緑の葉。'**タマリスキフォリア**'は、グラウンドカバー品種で、緑〜青緑色の葉が横に広がる。
ゾーン：4〜9

Juniperus scopulorum
一般名：コロラドビャクシン
英　名：ROCKY MOUNTAINS JUNIPER
☼ ❄ ↔4.5m ↕9m

Juniperus recurva var. *coxii*

北アメリカ西部およびテキサス州原産。強健な枝が横張りする。薄緑〜淡青緑色の鱗片葉がつく。果実は小球形。'**ブルー ヘヴン**'は、横張り性、青緑色の葉。'**ホリゾンタリス**'は、横張り性、青緑色の葉。'**マウンテニア**'は、明緑色の葉。'**レペンス**'は、匍匐性、青緑色。'**テーブル トップ**'は、横張り性、青緑色の葉。'**トレソンズ ブルー ウィーピング**'は、下垂性。'**ウィチタ ブルー**'は、円錐形、青灰色の葉がつく。
ゾーン：5〜9

*Juniperus indica*の自生種、パキスタン、カラコラム山脈

Juniperus scopulorum '**ホリゾンタリス**'

Juniperus scopulorum '**マウンテニア**'

Juniperus scopulorum の自生木、アメリカ合衆国、ノースダコタ州、セオドア・ルーズベルト国立公園

Justicia adhatoda

Juniperus squamata 'ブルー スター'

Juniperus squamata 'ブルー カーペット'

Juniperus squamata

一般名：ニイタカビャクシン
英　名：HOLLYWOOD JUNIPER, SINGLESEED JUNIPER, SQUAMATA JUNIPER
☼ ❄ ↔4.5m ↕0.6〜6m

アジア原産で、非常に変異に富み、小低木、マウンド状になる低木、匍匐性のグラウンドカバー種などがある。樹皮は赤茶色で細かく剥離する。葉は針形で、密生し、灰緑〜銀青色、表面は白または薄緑色の斑入り。'ブルー カーペット'は、青緑色の葉がつき、横張りする。'ブルー スター'は、濃い帯青色の葉が密生する円筒形低木。'チャイニーズ シルバー'は、中〜大形の葉が密生し、茎が分枝する低木。枝の先端が反曲する。葉は濃い銀色がかった青色。'メイエリ'は、盃形、樹幹の頂芽から若枝が何本か出る。幼葉は青みが強く、成長すると暗緑色になる。
ゾーン：4〜9

Juniperus taxifolia

一般名：シマムロ
英　名：RYUKYU JUNIPER
☼ ❄ ↔90cm ↕30cm

匍匐性のグラウンドカバーで、ふつう、*J. t.* var. *lutchuensis* として知られており、*J. conferta* に似ている。濃い緑色の針葉、薄茶色の茎がつく。川岸の植栽に最適である。
ゾーン：5〜9

Juniperus virginiana

ユニペルス・ウィルギニア
英　名：EASTERN RED CEDAR, PENCIL CEDAR, RED CEDAR
☼ ❄ ↔3.5〜6m ↕12m

北アメリカ中部および東部原産。直立性の高木だが成長と共に横張りになる。樹皮は赤茶色、長い帯状に剥がれる。成木には小形で先の尖る鱗片葉が密生する。色は淡い青緑色で冬には紫がかる。材は芳香があり、昔から鉛筆の軸に使われている。'ブルキイ'★は、狭円錐形、青い葉のつく低木で低温の冬場には銀色を帯びた青色になる。'スカイロケット'は、非常に細長い円錐形で3mの高さになり、銀青色の葉がつく。全ての針葉樹の中でもっとも細長い。円錐形の人気品種には'ブルー アロー'と'マンハッタン ブルー'がある。
ゾーン：2〜8

JUSTICIA

（ユスティキア属）
異　名：*Adhatoda, Beloperone, Drejerella, Jacobinia, Libonia*

アメリカ原産のキツネノゴマ科に属する熱帯および亜熱帯植物で、400種以上の多年草、亜低木、および低木。低木種は常緑、葉が対生し、ときに有毛またはベルベット状の表面を持つ。花は群生し、ときに直立性の円錐花序が枝の先端に緩やかにつく。花は小形だが、大きな苞葉があるため花序は色鮮やかで目立つ。

〈栽培〉
温暖気候では庭園植栽の中心になり、寒冷気候では室内植物や温室栽培用として人気がある。ほとんどが厳しい降霜には耐性がない。種によっては、霜枯れしても春に新芽の出る場合があるが、ほとんどは温暖な冬が必要である。湿気のある水はけのよい土壌の、強い風の当たらない日向または半日陰を好む。生育期は灌水を定期的に行なう。花後は、定期的に整枝して株姿を保つ。実生か半熟枝挿しで殖やす。

Justicia adhatoda

異　名：*Adhatoda vasica*
英　名：ADHATADA, MALABAR NUT, PHYSIC NUT
☼/☼ ❄ ↔0.9〜1.5m ↕1.8〜2.4m

インド南部およびスリランカに原生する常緑低木。直立性、真緑、披針形の葉がつく。花は白色で赤〜紫色の筋があり、夏に咲く。インドでは、粉をふいた葉、花、根および裂開果を薬草として用いる。
ゾーン：10〜12

Juniperus taxifolia

Juniperus virginiana 'ブルー アロー'

Juniperus virginiana 'マンハッタン ブルー'

Justicia californica

Justicia aurea
☀ ❄ ↔0.9m ↕0.9〜1.5m
メキシコおよび中央アメリカ原産で、よく知られる*J. carnea*に似るが、葉はやや明るい緑色。黄色の花序は*J. carnea*のようなピンクではなく黄色である。晩夏から秋に咲く。霜枯れしても新葉の出ることが多い。
ゾーン：9〜12

Justicia brandegeeana
異　名：*Beloperone guttuta*、*Drejerella guttata*
一般名：コエビソウ
英　名：SHRIMP PLANT
☀/☀ ❄ ↔65cm ↕90cm
メキシコ原産の常緑低木で、湾曲したピンクと黄色の苞葉が重なり合いながら赤

Justicia aurea

い斑のある白色の小花を包む。楕円形、軟毛のある、長さ8cmの葉がつく。'**フルーツ カクテル**'は黄緑色の苞葉を持つ。
ゾーン：9〜11

Justicia californica
異　名：*Beloperone californica*
英　名：CHUPAROSA HONEYSUCKLE
☀ ❄ ↔1.2m ↕0.9〜1.5m
北アメリカ南西部の砂漠に見られ、低木だがほとんど葉のつかない点が異なる。群生する茎は銀色の細毛で厳しい環境から守られている。春に降雨があると小形の葉が出る。細長く蜜の豊富な赤い花が咲く。
ゾーン：9〜10

Justicia candicans
異　名：*Jacobinia ovata*、*Justicia ovata*
英　名：ARIZONA WATER-WILLOW、HUMMINGBIRD BUSH、RED JUSTICIA
☀ ❄ ↔0.9〜1.8m ↕0.6〜0.9m
アメリカ合衆国アリゾナ州、および隣接するメキシコの一部に原生する。半常緑〜常緑の低木で分枝が多く横張りになる。明緑色、心臓形の葉がつく。明赤色、円筒形、長さ25mmの花がつき、ハチドリを寄せつける。春から秋に苞葉の先端に群生する。
ゾーン：8〜10

Justicia rizzinii 'ファイアーフライ'

Justicia brandegeeana

Justicia carnea

Justicia carnea
英　名：BRAZILIAN PLUME
☀/☀ ❄ ↔0.9m ↕0.9〜1.8m
南アメリカ北部原産の常緑低木。葉はベルベット状で目立つ脈がある。羽毛状の濃桃色の花穂が、苞葉の先端に通年、とくに晩夏につく。幼木のあいだは株姿を保つために枝を切り戻す。
ゾーン：10〜12

Justicia rizzinii
ユスティキア・リッジニイ
異　名：*Jacobinia pauciflora*、*Libonia floribunda*
☀/☀ ❄ ↔25〜55cm ↕25〜55cm
ブラジル原産で、本属の中では耐寒性が強い。小形、革質、楕円形の葉は、開花期である冬にはブロンズ色がかる。'**ファイアーフライ**'は、深紅色、先端が

Justicia brandegeeana 'Fruit Cocktail'

Justicia spicigera

金色、フレアのある円筒形、長さ25mm弱の花が、小さなかたまりでつく。
ゾーン：9〜11

Justicia spicigera
異　名：*Justicia ghiesbreghtiana*
英　名：MEXICAN HONEYSUCKLE、MOHINTLI
☀/☀ ❄ ↔1.5m ↕1.8m
メキシコからコロンビアに見られる。直立性低木で、濃い脈のある長さ15cmの楕円形の葉は下部に軟毛があり、裏面は滑らかである。長さ35mm、明橙〜赤色の花が温暖な季節につく。
ゾーン：10〜12

Kalanchoe blossfeldiana hybrid

Kalanchoe flammea

Kalanchoe pumila

Kalanchoe fedtschenkoi

Kalanchoe thyrsiflora

Kalanchoe beharensis 'オーク リーフ'

Kalanchoe beharensis

KALANCHOE
(カランコエ属)

一般名:ベニベンケイ

ベンケイソウ科に属し、約125種の多肉低木、草本、およびつる植物があり、アフリカ、マダガスカル、アジアの一部の熱帯に分布する。ふつう、葉形の面白さで栽培されるが、K. blossfeldianaは花色が鮮やかで、室内植物として人気がある。成長習性は低く横に広がる亜低木から高木状になるものまである。葉も異なり、小〜大形、光沢のあるものからフェルト状まである。

〈栽培〉

高温地帯以外では室内または温室で育てる必要がある。中程度に肥沃で砂利質の多い用土に植える。適切な気候では戸外の水はけのよい土壌の、雨風の当たらない日向に植える。冬には完全に乾燥させる。茎か葉を挿して殖やすか、春に実生繁殖するのが一般的である。

Kalanchoe beharensis
カランコエ・ベハレンシス
英 名:FELT PLANT、GIANT KALANCHOE
☼ ⇔0.9m ↕3m
マダガスカル原産で高木状になるが、栽培品種はより小形になる。葉に魅力がある。葉は大形、分厚く、三角形、長さ30cm、重みのあるフェルト状で銀灰色。表面に淡い青銅色が被さる。うねりがあり、不規則な鋸歯縁。円筒形、黄色の小花がつくが、成形にはほとんどつかない。'オーク リーフ'★は緑黄色の花がつく。
ゾーン:10〜11

Kalanchoe blossfeldiana
一般名:ベニベンケイ
英 名:FLAMING KATE
☼ ⇔40cm ↕40cm
マダガスカル原産。多肉の多年性低木で、大形、円形、暗緑色、多肉の葉がつく。円筒形の花穂が早春に群生する。
ゾーン:10〜12

Kalanchoe daigremontiana
異 名:*Bryophyllum daigremontianum*
一般名:コダカラソウ
英 名:MEXICAN HAT PLANT
☼ ⇔30cm ↕100cm
マダガスカル原産。直立性、多肉の多年草で、披針形、銀灰色の葉がつき、気温が下がると緑色に変わる。葉の縁にメキシカンハットのような不定葉(子葉)がつき、こぼれ落ちて根を張る。下垂性の薄桃色の花が春につく。
ゾーン:10〜12

Kalanchoe delagoensis
異 名:*Kalanchoe tubiflora*
英 名:CHANDELIER PLANT
☼ ⇔30cm ↕100cm
マダガスカルおよび南アフリカ共和国原産。直立、分岐の多い多肉の茎。円筒形、淡緑色の長い葉には不規則な赤い斑点があり、縁に不定葉がある。冬に、紫、オレンジ、または黄色の花が咲く。
ゾーン:9〜12

Kalanchoe eriophylla
一般名:フクトジ(福兎耳)
☼ ⇔20cm ↕20cm
マダガスカル原産。丈の低い多肉の低木。細い茎、羽毛状の真緑色の葉がつく。幼葉の先端が赤くなるものもある。鐘形、青紫色の花が春に咲く。
ゾーン:11〜12

Kalanchoe fedtschenkoi
☼ ⇔30cm ↕50cm
マダガスカル原産。上向きに広がる多肉種で、分厚く多肉、青緑色の丸い裂のある葉がつく。円筒形、オレンジ〜赤色の花が春に円錐花序につく。K. var. variegata★は青灰色の葉に白色の縁。新葉は黄白色の縁があり、冬には緑色になる。
ゾーン:9〜12

Kalanchoe flammea
☼ ⇔30cm ↕30cm
ソマリア原産。横張り性の植物で、小形、暗緑色、裂葉、光沢のある葉がつく。下垂性、黄色を帯びたピンク〜赤橙色の花が夏に咲く。
ゾーン:10〜12

Kalanchoe grandiflora
☼ ⇔40cm ↕80cm
インド南部原産。直立性の多肉種で青緑色、楕円形の葉がつく。通年、円筒形、黄色の花が円錐花序につく。
ゾーン:11〜12

Kalanchoe manginii
☼ ⇔30cm ↕30cm
マダガスカル原産。不規則に広がる多肉種で、凹凸があり、毛で覆われた葉がつく。夏に、明赤色の花が群生し、株を覆いつくす。
ゾーン:10〜12

Kalanchoe marmorata
異 名:*Kalanchoe somaliensis*
一般名:エドムラサキ(江戸紫)
☼ ⇔90cm ↕130cm
スーダン原産。多肉で、不規則に広がる。枝は基部から出る。白灰色の葉に目立つ斑がある。白色の円錐花序が夏につく。
ゾーン:10〜12

KADSURA
(サネカズラ属)

東南アジアおよび東アジア原産、マツブサ科に属する常緑つる性木本で、22種ある。葉は全縁、ふつう革質、雌雄の白い花がつく。花は葉腋に単生し、あまり目立たないが、芳香がある。赤い液果がつく。

〈栽培〉

雨風の当たらない場所の壁に這わせるともっともよく育つ。日向または日陰を好み、土壌タイプを選ばない。実生か半熟枝挿しで殖やす。

Kadsura japonica
一般名:サネカズラ
☼/◐ ❄ ⇔3m ↕5m
中国、日本、朝鮮半島、および台湾原産で、栽培される唯一の種である。暗緑色、革質、長さ10cmの葉がつく。杯形、クリーム色の花が咲き、あとに赤いラズベリーに似た液果がつく。ゾーン:7〜10

Kalanchoe tomentosa

Kalanchoe pumila
☀ ⚊ ↔45cm ↕20cm
マダガスカル原産。丈の低い多肉のグラウンドカバー種で、白く粉をふいたような薄緑色の葉には鋸歯縁がある。春にピンク色の花が葉のすぐ上につく。
ゾーン：11～12

Kalanchoe thyrsiflora ★
☀ ⚊ ↔30cm ↕60cm
アフリカ南部原産。多肉の灰緑色の葉で密生する。葉のまわりに赤い縁がある。円筒形、芳香性、黄色の花が春に咲く。
ゾーン：11～12

Kalanchoe tomentosa ★
英　名：PANDA PLANT
☀ ⚊ ↔18cm ↕38cm
直立性の小低木で、マダガスカルに原生する。灰色、長楕円形、重みのあるフェルト状、先端が茶色の葉と黄緑色の小花がつく。ゾーン：10～12

KALIMERIS
（ヨメナ属）
東アジア原産の10種の草本で、キク科に属する。葉は互生につき、狭卵形～長楕円形。帯紫白色の舌状花、黄色の筒形花を持つ花序が丸い円錐花序につく。
〈栽培〉
日向から半日陰で育てる。湿気のある土壌に耐性があり、ボッグガーデンや水辺の植栽に向く。実生で殖やす。

Kalimeris incisa
異　名：*Bottonia incisa*
一般名：オオユウガギク
☀ ❄ ↔1.5m ↕0.3～1.5m
アジア北東部原産の多年草で、長さ10cm、長楕円形～矢尻形、葉柄はなく鋸歯縁、平滑の葉の縁に毛がある。紫～白色の花序が夏から秋に咲く。'**アルバ**'は星形、一重咲き、白色の花。'**ブルー　スター**'は星形、一重、青色の花が咲く。ゾーン：3～9

KALMIA
（カルミア属）
ツツジ科の7種の低木で、ほとんどが常緑である。アメリカ合衆国北東部に原生し、1種はキューバに生育する。魅力的な葉と花が目的で栽培され、花色は薄桃～濃赤色。葉は平滑で、対生または互生、ときに輪生し、表面は濃緑色、裏面が淡緑色で、葉柄のないことがある。花はふつう散房花序につく。果実は小形のさく果で、非常に小粒の種子を含む。
〈栽培〉
カルミアはやや酸性のピート土壌を好み、石灰が含まれた粘土質を嫌う。酷暑の夏日には灌水をじゅうぶんに行なう。冷涼多湿気候で、丈の高い落葉樹の下が理想的である。花がら摘みを行なう以外は剪定の必要はない。実生で殖やす。晩夏から冬に熟枝挿しを行なっても根づく。また、秋に単純な取り木を行ない、1年後に切り取る。

Kalmia angustifolia
カルミア・アングスティフォリア
英　名：SHEEP LAUREL
☀ ❄ ↔1.5m ↕0.9m
アメリカ合衆国北東部原産。矮性低木で、徐々に枝を広げて葉の密生した株になる。楕円形～長楕円形、長さ18mm、平滑な葉がつく。ピンクがかった赤色の花が真夏につく。全草に毒がある。'**ルブラ**'はピンクがかった赤色の花が長期間つく。'**ルブラ　ナナ**'は矮性、濃い深紅色の花がつく。
ゾーン：2～9

Kalmia latifolia
一般名：アメリカシャクナゲ
英　名：CALICO BUSH, MOUNTAIN LAUREL
☀ ❄ ↔3m ↕3m
カナダ東部からメキシコ湾沿岸に見られる葉の密生する低木。表面は平滑、暗緑色、裏は薄緑色、長さ12mmの葉がつく。花蕾は縁に襞があり、開花するとシェルピンクになり、紫色の中斑がある。栽培品種には花色の異なる数多くのクローンがあるが、それ以外では親と同色になる。'**カルーセル**'は鮮やかなピンク色の花。'**クレメンタイン　チャーチル**'はローズピンクの花。'**エルフ**'は矮性、褪桃色の花。'**ミヌエ**'はピンクに紫の縁がある。'**ミルティフォリア**'は薄桃色の花。'**ニプマック**'は暗赤色の蕾が開くと、白色に近くなる。'**オリンピック　ファイアー**'は濃深紅色の花。'**オスボ　レッド**'★は鮮紅色の蕾が開くとピンクになる。'**ピンク　チャーム**'は深紅色の花。'**シルバー　ダラー**'は白色の花、赤色の雄ずい。'**スノー　ドリフド**'は白色。
ゾーン：3～9

Kalmia polifolia
英　名：EASTERN BOG LAUREL, SWAMP LAUREL
☀ ❄ ↔90cm ↕60cm
アメリカ合衆国北東部原産。矮性低木で、表面は光沢のある暗緑色、裏は銀灰色の薄い葉がつく。早春に、鮮やかな桃紫色の花が大きなかたまりで頂生する。自生地は沼地や湿地である。
ゾーン：3～9

KALMIOPSIS
（カルミオプシス属）
ツツジ科に属し、カルミアに似ていることから、本属名がつけられた。アメリカ合衆国北西部に見られる単型属の常緑低木で、葉の小さいツツジのように見え、楕円形、長さ25mmの葉がつく。鐘形、径5cm、目立つ雄ずいを持つ美しい小花は、房状でふつう上向きにつく。
〈栽培〉
温帯に育つツツジ科植物が好む、多湿、腐植質を多く含んだ水はけのよい土壌と冷涼多湿な気候を必要とする。多湿の冬には耐性がない。水はけをよくするためには砂利を加える。繁殖は実生、取り木、または挿し木をして霧吹きを行なう。

Kalmia angustifolia

Kalmia latifolia 'スノー　ドリフト'

Kalmia latifolia 'オスボ　レッド'

Kalmia latifolia 'カルーセル'

Kalmia latifolia 'ミヌエ'

Kalmia latifolia 'ミルティフォリア'

Kalmia latifolia 'オリンピック　ファイアー'

Kalmia latifolia 'ピンク　チャーム'

Kalmiopsis leachiana
カルミオプシス・レアキアナ

☀ ❄ ↔30cm ↕30cm

まとまりのある小低木で、明桃～深紅色の花序が春に密生する。水はけのよいロックガーデンでツツジ、ヒース、ギョリュウモドキなどと組み合わせるとよい。'**グレンドイック**'は光沢のある常緑の葉がつき、開花期は長い。'**アムプクォ バレー**'は強健、まとまりのある株姿になる。ゾーン：7〜9

KALOPANAX
（ハリギリ属）

東アジアの冷涼な落葉森林地帯に原生するウコギ科の単型属である。幹と枝に硬い刺があり、とくに幼木の新梢に多い。葉は大形、掌状裂がある。白い小花のあとに、青黒色の液果が房でつき、観賞用になる。

〈栽培〉
見かけは熱帯植物だが耐寒性があり、深さのある多湿、肥沃な土壌で育てる必要がある。日向または半日陰で育ち、魅力的な標本植物または日除けになる。

Kalopanax septemlobus
異　名：*Kalopanax pictus*
一般名：ハリギリ
英　名：CASTOR ARALIA, HARA-GIRI, TREE ARALIA

☀ ❄ ↔9m ↕18m

円形の樹冠を持ち、分枝の少ない高木。葉は長い葉柄につき、5〜7の掌状の裂、細かい鋸歯縁、表面は暗緑色、裏は薄緑色。小花が大きな丸い房になり、晩夏に咲く。*K. s.* var. *maximowiczii*は披針形の葉がつく。ゾーン：5〜10

KECKIELLA
（ケキエラ属）

ゴマノハグサ科の多年生半落葉高木、亜低木および低木で、アメリカ合衆国西部とメキシコ北西部の岩間やマツ樹林または荒地に見られる。全ての種がかつてはペンステモン属として分類されていたが、1966年、花の構造を基準にケキエラ属が設けられた。属名はカリフォルニアの植物学者David Keckにちなむ。ふつう茎が分岐し、木質の枝がつき、小形の葉は対生または輪生する。花は茎頂に総状花序でつき、円筒形、上唇に冠毛があり、下唇は先端が大きく分岐する。花色は黄色、オレンジ、赤色がある。

〈栽培〉
種によって日向または半日陰で育てる。矮性種はロックガーデンに用いることができる。水はけがよければ、土壌タイプにはこだわらない。砂利でマルチングを施す。ほとんどが、−18℃以下の気温には耐性がない。ふつう実生で殖やす。

Keckiella ternata
異　名：*Penstemon ternatus*
英　名：CLIMBING PENSTEMON

☀/◐ ❄ ↔3m ↕2.4m

カリフォルニア州とメキシコ、バハ・カリフォルニアの標高2,700mの山地に原生する。硬い茎がほかの低木にからみつくように育つ。細く下向きに曲がる葉は小葉3枚が輪生する。明赤色、径30mmの花が夏から初秋に咲く。ゾーン：7〜10

KEFERSTEINIA
（ケフェルステイニア属）

中央および南アメリカ原産の複茎性ランで、ラン科に属する。着生種で偽鱗茎はなく、細長い葉が2層になり扇形につく。一重咲きの花序が葉腋につく。本属は変異が多く、花色、形はそれぞれ異なる。

〈栽培〉
多湿で中間の生育環境を必要とし、日陰で育てる。直射日光が当たると、繊細な葉が日焼けを起こす。常に湿気を保ち、根腐れを防ぐために換気をよくする。ミズゴケや湿気を保ったバーク主体の培地でもっともよく育つ。株分けで殖やす。

Kefersteinia laminata

◐/☀ ❆ ↔40cm ↕30cm

エクアドル原産の珍種。径30mm、透明感のある緑色の花に赤紫色の斑点が広がる。幅広い唇弁は紫色で白色の縁がある。*K. gemma*は近縁種だがコロンビア原産。ゾーン：10〜11

KENNEDIA
（ケンネディア属）

英　名：CORAL PEA

マメ科ソラマメ亜科に属する16種の常緑つる性または匍匐性植物。栽培品種はオーストラリア原産である。花はふつう赤系で、春と夏に咲き、対照的な色の舟弁がある。花のあとに豆果がつく。葉は3枚の小葉からなる。

〈栽培〉
自生地では耐干性があり、やせ地にも耐える。庭園栽培ではほぼ降霜のない気候であれば育つ。日向または半日陰で魅力的なグラウンドカバーになり、フェンスやアーチ仕立てにしてもよい。ふつう実生で殖やすが、春、播種の前には温水に漬けておく。

Kennedia coccinea
英　名：CORALVINE

☀/◐ ❆ ↔3m ↕2〜3m

タスマニアを含むオーストラリア全域に広く分布する。成長の速いつる植物またはグラウンドカバーで、革質、緑色、楔形の小葉からなる長さ18mmの葉がつく。径18mm、明赤色の蝶形花に黄色の斑点がある。春から夏に咲く。ゾーン：9〜11

Kalopanax septemlobus

K. septemlobus var. *maximowiczii*

*Keckiella ternata*の自生種、メキシコ、バハ・カリフォルニア

Kefersteinia laminata

Kalmiopsis leachiana 'Glendoick'

Kalmiopsis leachiana

Kalmiopsis leachiana 'Umpqua Valley'

Kennedia macrophylla

☼/☀ ❄ ↔3m ↕4.5〜5m

西オーストラリア州原産の強健なつる植物。小葉は長さ6cm。赤〜赤茶色の花穂に黄色の斑点があり、春から夏に咲く。
ゾーン：9〜11

Kennedia nigricans

英 名：BLACK BEAN, BLACK CORAL PEA

☼/☀ ❄ ↔3〜4.5m ↕5〜6m

西オーストラリア原産の非常に強健なつる植物。小葉は長さ12cm。長さ35mm、黒色の蝶形花に黄色の斑があり、春から夏に咲く。
ゾーン：9〜11

Kennedia rubicunda

英 名：DUSKY CORAL PEA

☼/☀ ❄ ↔3〜4.5m ↕5〜6m

オーストラリア東部原産の強健なつる植物。長さ15cmの小葉。濃赤色の花に淡い斑点があり、長さ35mm、春から夏に咲く。
ゾーン：9〜11

Kennedia macrophylla

KERRIA
(ヤマブキ属)

中国および日本原産で、バラ科の単型属である。葉は長さ6cm、互生につき、卵形、暗緑色。吸枝を生じる落葉小低木で、径5cm、明黄色の杯形の花がつく。トウに似た優美な枝には葉は少ないが、美しく、ボーダー植栽に面白い。

〈栽培〉
*K. japonjca*は適度に肥沃な水はけのよい土壌で、日向またはやや日陰と冷涼多湿な気候を好む。毎年、花の終わったあとに旧枝を基部から取り除く。それ以上剪定を行なう必要はない。繁殖は容易で、春か夏に緑枝または半熟枝挿しをするとよく根づく。1年後に移植する。

Kerria japonica
一般名：ヤマブキ

☼/☀ ✻ ↔1.5m ↕1.8m

日本の山地および中国南西部に自生する。長さ10cm、明緑色の単葉が互生につき、目立つ葉脈、裏面に軟毛があり、秋に黄変する。早春から晩春に、濃黄色の花が短く頂生または腋生する。もっとも一般的な品種は'**プレニフロラ**'(**ヤエヤマブキ**)(syn.'フロレ プレナ')で八重咲き、ほかの品種より丈が高く、より強健。'**ワリエガタ**'は黄白色の斑入り葉。低く横に伸び、1.5mを越えることはめったにない。
ゾーン：5〜10

KIGELIA
(キゲリア属)

ノウゼンカヅラ科の単型属。熱帯から亜熱帯の常緑高木で、アフリカ中部および南部に原生する。鮮紅〜オレンジ色、長さ1.8mの長く垂れる総状花序に特徴がある。花のあとに、茶色がかった灰色、長さ45cmの大きな果実が長い茎につく。

〈栽培〉
温暖な気候で、肥沃で水はけのよい土壌の日向で育つ。生育期は灌水をじゅうぶん行なう。実生繁殖する。

Kigelia africana

異 名：*Kigelia pinnata*
一般名：ソーセージノキ
英 名：SAUSAGE TREE

☼ ❄ ↔3.5m ↕12m

中央アフリカおよび南アフリカ原産。常緑、7〜9枚の小葉からなる羽状複葉がつく。赤橙色の鐘形の花が夏の夜に開き、不快な匂いを発してコウモリを寄せつけ、受粉を行なう。木質の大きな果実はソーセージに似ているが、食用ではない。ゾーン：10〜12

KIRENGESHOMA
(キレンゲショマ属)

日本と朝鮮半島の森林に見られる多年草で、アジサイ科の単型属。カエデに似た淡緑色の大きな葉、晩夏に羽根に似た花がつき、分厚い花弁が垂れ下がる。

〈栽培〉
多湿で腐植質の多い土壌の風の当たらない冷涼な日陰で育てる。取り播き、または定着した株を丁寧に株分けして殖やす。

Kennedia nigricans

Kerria japonica 'Simplex'

Kerria japonica 'プレニフロラ'

Kirengeshoma palmata
一般名：キレンゲショマ

☼ ✻ ↔75cm ↕120cm

日本および朝鮮半島原産の優美に弧を描く多年草。黒色の茎に、長さ20cmの葉がつく。径35mmの淡黄色の花が晩夏につく。
ゾーン：5〜9

KLEINIA
(クレイニア属)

熱帯アフリカの乾燥地帯、アラビア半島、およびインドに見られるキク科の多肉多年草で、約40種ある。茎は円筒形または三角形、匍匐性または直立性。多くが塊根を持つ。夏に、赤紫、赤、黄または白色のアザミに似た花が単生または花序でつく。シロタエギクの近縁である。

〈栽培〉
霜に弱く、気温が10℃以下になる場合は室内か温室で育てる。日向を好み、生育期には適度な灌水を行なうが、休眠期には乾燥させる。砂利質の水はけのよい土壌を好み、バランスのよい液肥をときおり与えるとよい。気温が20℃以上の発芽温度になったら播種を行なう。または挿し木を春か夏に行なう。

Kirengeshoma palmata

Kigelia africana

Knightia deplanchei, in the wild, Monts Koghis, New Caledonia

Knightia excelsa

Knautia macedonica

Kleinia stapeliiformis

Kleinia abyssinica

Kleinia abyssinica
☀/☽ ⇔ ↔0.9m ↕2.4m
中央および東アフリカ原産。多肉、帯紫色の茎がつき、ふつう分岐しない。径25mm、高さは2.4mにもなる。葉は多肉、白～灰緑色、楕円形、長さ10cmほど。花序は径18mm、開くとピンク～赤色になる。
ゾーン：10～12

Kleinia stapeliiormis
☀/☽ ⇔ ↔0.6m ↕2.4m
南アフリカ原産。地下茎で広がり、直立、多肉の三角形、鋸歯のある、スタペリアに似た茎がつく。細長い、先端に刺のある葉、花茎は長く、オレンジ～赤色の花序が単生する。
ゾーン：9～11

KNAUTIA
（クナウティア属）
マツムシソウ科の一年草で60種ほどある。ヨーロッパ、コーカサス地方、シベリア、および地中海地方の森林から牧草地、および岩山などの広い植生域を持つ。スカビオサに非常に似た花がつき、小花が集まって1つの花のように見える。まばらに生え、涼しげに見えるためボーダーや野草庭園に向く。蜜を食用する昆虫が好んで集まる。

〈栽培〉
水はけのよい肥沃な土壌の日向で育てる。ふつう実生繁殖だが、自己播種するため雑草化しやすい。

Knautia arvensis
異　名：*Scabiosa arvensis*
英　名：BLUE BUTTONS、FIELD SCABIOUS
☀ ❄ ↔30cm ↕1.5m
ヨーロッパをはじめ、コーカサス地方からシベリア、イランおよび中央アジアにまで広く見られる多年草で、群生する。有毛、褪せた緑色の葉は全縁～鋸歯縁、長さ25cmほど。花序は径35mmで、ふつう薄青紫色。真夏から厳寒期までつく。
ゾーン：6～10

Knautia macedonica
クナウティア・マケドニカ
異　名：*Scabiosa rumelica*
☀ ❄ ↔50cm ↕80cm
ヨーロッパ中部原産の多年草で群生する。長さ15cm、基部が竪琴形の葉がつく。茎の下部では小形、上部では複葉になる。花序は径35mm、ふつう濃紫赤色で、夏に咲く。'メルトン パステルズ'は淡いクリーム色、薄桃～淡紫青色の花が咲く。
ゾーン：6～10

KNIGHTIA
（クニグティア属）
ヤマモガシ科に属する3種の大形常緑低木または高木で、2種がニューカレドニア、1種がニュージーランドに見られる。直立性で、革質の硬い葉がつき、はっきりした鋸歯縁がある。花は細い円筒形で群生し、長く垂れ下がる。個々の花は長い筒形のスイカズラの花に似ており、蜜が豊富で上質な蜂蜜になる。花のあとに木質の裂開果がつく。

〈栽培〉
ニューカレドニア種はほとんど栽培されておらず、高温多湿の亜熱帯気候を必要とする。ニュージーランド種は通常の軽い降霜に耐性があり、広く栽培される。水はけのよい、ほとんどの土壌で育つが、ほかのヤマモガシ科の植物と同様にリンを含まない土壌をより好む。古い株は新芽を出しにくいので、幼木のあいだは整枝にとどめる。実生で殖やすが、必ず取り播きする。

Knightia deplanchei
異　名：*Eucarpha deplanchei*
☀ ☽ ⇔ ↔6m ↕18m
ニューカレドニア原産種のひとつ。低地の多雨林では高木になり、岩質の山地では小低木になる。葉は非常に分厚く、円形、波状縁があり、光沢のある緑色。蕾は黄金色の苞葉に包まれ、秋から夏に、黄～帯赤色の花が球形につく。
ゾーン：10～11

Knightia excelsa
英　名：NEW ZEALAND HONEYSUCKLE、REWAREWA
☀ ⇔ ↔8m ↕15m
ニュージーランド原産の大形の森林樹。心材は美しい模様のある赤茶色。細い鋸歯縁のある、長さ15cmの葉がつく。フェルト状、赤茶色の蕾が春に開くと、不快な匂いのある赤色の花になる。硬質の裂開果がつく。
ゾーン：9～10

KNIPHOFIA
（シャグマユリ属）
一般名：トリトマ
英　名：RED-HOT POKER、TORCH LILY
ツルボラン科に属する本属約70種のほとんどが、南アフリカ原産の多年草で群生する。葉は狭長から剣形まであり、常緑、強健な根茎から出現する。オレンジまたは黄色の鮮やかな色の花を目的に栽培される。花はもっぱら秋に、強健な長い茎の先端につき、刷毛形をしている。上質な切花になる。多くの交雑種、栽培品種があり、大きさ、花色もさまざま。ドイツの学者Johann Hieronymus Kniphof（1704～1863年）にちなんでつけられた。

〈栽培〉
耐寒性にはばらつきがあるが、頻発する強い降霜には耐性がない。多湿、腐植質に富む、水はけのよい土壌の広い日向で育てる。生育期には灌水と施肥をじゅうぶん行なう。潮風に耐性があり、沿岸部でも育つ。ふつう花のあとに株分けか実生で殖やす。

Kniphofia caulescens
☀/☽ ❄ ↔50cm ↕1.2m
強健な高山植物で常緑、細いが分厚い青緑色の葉がつく。茎は赤茶色、赤色の蕾が夏に開くと、ピンクがかったクリーム色の密生した花序になる。
ゾーン：7～10

Kniphofia citrina
☀/☽ ❄ ↔40cm ↕90cm
常緑の多年草。分厚く明緑色の葉には中央に深い溝がある。花序は丸く、クリーム～黄緑色。'ライム セレクド'は赤色で、緑色部分が非常に目立つ。
ゾーン：8～10

Kniphofia caulescens

Kniphofia ensifolia
英名：WINTER POKER
☼/☀ ❄ ↔100cm ↕2m
常緑の多年草。幅広い緑色の葉がつく。晩夏から冬に、緑白～淡黄色の長い円筒形の花序がつく。
ゾーン：8～10

Kniphofia hirsuta
クニフォフィア・ヒルスタ
☼/☀ ❄ ↔100cm ↕2m
常緑の多年草。細い青緑の葉。短い茎にオレンジ～赤色の円筒形の花序がつき、下部の蕾は黄緑色。乾燥気候に耐性がある。茎が10cmほどになると開花し始める。'トラフィック ライツ'は緑、オレンジ、赤色の花がつく。
ゾーン：8～10

Kniphofia linearifolia
☼/☀ ❄ ↔100cm ↕2m
常緑の多年草。細い濃緑色の葉、赤色の蕾、黄緑～オレンジ色の花序は大きく、卵形。晩夏から秋につく。
ゾーン：8～10

Kniphofia northiae
☼/☀ ❄ ↔100cm ↕1.5m
常緑の多年草。分厚く幅広の青緑色がかった葉の中心に深い舟弁がある。晩春から秋に赤色の蕾が開くと黄色の大きな花序になる。
ゾーン：8～10

Kniphofia × praecox
英名：RED-HOT POKER
☼/☀ ❄ ↔50～100cm ↕1.2～1.5m
K. uvaria、K. lineariとK. bruceaeの自然交雑種、および園芸品種に一般的に使われる名称である。常緑多年生。細い葉が基部に密生し、深い溝がある。強く直立する茎に円筒形～円形、オレンジ、黄、クリーム色の花が、晩夏から冬につく。
ゾーン：7～10

Kniphofia pumila
☼/☀ ❄ ↔30～50cm ↕50～80cm
エチオピア原産の小形の夏咲き種。常緑多年生。イネに似た葉、黄～赤色の小花が短い茎に円筒形につく。
ゾーン：9～11

Kniphofia rooperi
☼/☀ ❄ ↔50～60cm ↕1.2m
常緑の多年草。分厚い葉に目立つ舟弁がある。晩夏から、明赤色の丸い花序がつく。下部は黄緑色。
ゾーン：8～10

Kniphofia sarmentosa
☼/☀ ❄ ↔60cm ↕90cm
常緑の多年草。青緑色の葉。真夏から秋に、緑色の蕾が開くとピンクがかった赤～赤橙色の円筒形の花序になる。
ゾーン：8～10

Kniphofia thomsonii
☼/☀ ❄ ↔40～60cm ↕1.2m
ケニヤ原産。通常は常緑。細長い葉。強健な茎に、濃い灰色がかった赤色、下部は金色の円筒形の花序が真夏から秋につく。K. t. var. snowdeniiは落葉する。
ゾーン：9～11

Kniphofia triangularis
☼/☀ ❄ ↔40～50cm ↕90cm
常緑多年草。細いイネに似た葉がつく。黄～淡赤色の花序は非常に小さい。晩夏に咲く。
ゾーン：8～10

Kniphofia uvaria
一般名：オオトリトマ
☼/☀ ❄ ↔60cm ↕1.2m
常緑の多年草。分厚い葉に深い溝がある。明赤橙色、先端が帯黄色、卵形の花序が夏から秋につく。多くの園芸品種の交配親として用いられる。
ゾーン：5～10

Kniphofia Hybrid Cultivars
（トリトマ交雑品種）
☼/☀ ❄ ↔30～50cm ↕0.6～1.5m
多くの栽培品種の中でも最高品種は'ビーズ サンセッド'で、鋸歯縁の葉は落葉し、黄橙色の花が高さ0.9mの茶褐色の茎につく。'グリーン ジェイド'は常緑、花は薄いクリーム色。成長すると白色になり、高さ1.5mの茎につく。'アイス クィーン'は落葉性、蕾は緑色で開花すると薄黄色、成長するとオフホワイトになる。花茎1.5m。'リトル メイド'は落葉性、細いイネに似た葉で、緑色の蕾が開くと薄黄色、成長するとクリーム色になる。花茎60cm。'ペインテッド レディ'は灰色がかった赤色、成長すると橙桃色になる。花茎0.9m。'プリムローズ ビューティ'は細いイネに似た葉、明黄色の花。花茎60cm。'ロイアル スタンダード'は落葉性、赤色の蕾が明黄色の花になる。花茎0.9m。'サンセッド'はオレンジ～赤色の花。'テトベリー トーチ'は帯青緑の幅広の葉。オレンジ色の蕾が黄金色の花になる。花茎0.9m。'イエローハマー'は春咲き。明黄色の花が1.2mの茎につく。
ゾーン：8～10

 Kniphofia ensifolia
 Kniphofia linearifolia
 Kniphofia northiae
 Kniphofia pumila
 Kniphofia, HC, 'Little Maid'

 Kniphofia sarmentosa
 Kniphofia triangularis
 Kniphofia, HC, 'Ice Queen'
 Kniphofia, HC, 'Primrose Beauty'
 Kniphofia, HC, 'Sunset'

KOELERIA
(コエレリア属)
英 名：JUNEGRASS

イネ科に属する25〜35種の一年草および多年草で、細長い葉身を持つ。北半球の温帯および寒冷地帯に見られる。長さ10cmの非常に密生した円筒形の円錐花序をつける。圧縮された小穂は2〜8個の花からなり、か細い直立の茎につく。

〈栽培〉
水はけのよい土壌の日向に植える。春から夏に株分けで殖やす。

Koeleria glauca
一般名：ブルーヘアグラス
英 名：LARGE BLUE HAIR GRASS
☼ ❆ ↔60cm ↕60cm

ヨーロッパ中部およびシベリア原産の短命な常緑多年草。明青色の縁のある葉がマウンド状になる。茎は基部で太くなる。夏に、長さ6mmの小穂が10cmの円錐花序につく。
ゾーン：4〜9

KOELREUTERIA
(モクゲンジ属)

ムクロジ科に属する3種の落葉小高木。自生地は中国、朝鮮半島および台湾の開けた谷間の乾燥した森林である。乾燥温暖気候がもっとも適し、生育期も長い。中程度に耐霜性があり、美しい花と果序がつくため鑑賞用に広く栽培されている。花は薬用になり、中国では黄色の染料として用いられる。果実はビーズとして用いられる。

〈栽培〉
非常に肥沃で水はけのよい土壌と日向を好む。晩冬に根挿し、または秋に雨風の当たらない場所に播種して殖やす。種子を冷蔵庫で積層貯蔵して、春に播種することも可能である。実生繁殖できる種は非常に稀少で、良質な株から根挿しで殖やすことが好ましい。

Koelreuteria bipinnata
異 名：*Koelreuteria integrifolia*
一般名：フクロミモクゲンジ
英 名：CHINESE FLAMETREE, PRIDE OF CHINA
☼ ❆ ↔8m ↕9m

中国南西部の雲南省原産。楕円形〜長楕円形の2回羽状複葉は、細かい鋸歯縁があり、明緑色、秋に濃い金色になる。花弁の基部に赤い斑点がある黄色の花が真夏から秋に大形の円錐花序につく。
ゾーン：8〜11

Koelreuteria paniculata ★
一般名：オオモクゲンジ
英 名：CHINA TREE, GOLDEN RAIN TREE, VARNISH TREE
☼ ❆ ↔9m ↕9m

中国および朝鮮半島原産の横張り性高木。羽状複葉、ときに2回羽状となり、小葉は楕円形〜長楕円形、波状縁がある。幼葉は成長すると赤から緑色に変わり、秋には黄変する。黄色の小花が夏に円錐花序につく。さく果は熟すとローズピンク、または赤色になる。*K. p.* var. *apiculata*は2回羽状複葉、薄黄色の花。*K. p.* 'ファスティギアタ'は円筒形の株になる。
ゾーン：6〜10

Koelreuteria bipinnata

黄色および赤〜紫色。赤色の毛と、対照的な色の斑点に覆われている。

〈栽培〉
湿気があり、水はけのよい土壌、冬は乾燥する日向または半日陰を好む。春に根茎の株分けか実生で殖やす。

Kohleria digitaliflora
異 名：*Kohleria warscewiezii*
☼◐ ❆ ↔30〜60cm ↕30〜60cm

コロンビア原産の直立性の多年草。有毛の白色の茎に暗緑色、狭楕円形〜剣形、長さ20cmの葉がつく。花は非常に毛が多く、白色、長さ3cmの花冠は濃いローズピンクを帯び、裂片は緑色の斑点がある。夏から秋に群生する。
ゾーン：8〜10

Kohleria eriantha
☼ ❆ ↔0.9〜1.2m ↕0.9〜1.2m

コロンビアの熱帯地方に原生する多年生低木。毛の密生した赤みの茎と楕円形〜披針形、暗緑色、長さ12cmのベルベット状の葉がつく。4個の大きな花が垂れ下がり、花冠は5cm、深紅〜オレンジ色、裂片は黄色、幅6mmで晩春から夏に咲く。
ゾーン：8〜10

KOLKWITZIA
(コルクウィチア属)

スイカズラ科の単型属で、中国湖北省の岩が露出した山地に見られる魅力的な落葉低木。春には花つきが多く、見ごたえがあることから栽培される。

〈栽培〉
日向の水はけのよい肥沃な土壌で育つ。極寒地では冷たい春風から保護する必要があるが、一般的には耐寒性がある。晩春または初夏に若木挿しか吸枝の挿し木を行ない、移植して育てる。花後に整枝を行なう。

Koelreuteria paniculata

Koelreuteria paniculata var. *apiculata*

Kolkwitzia amabilis
コルクウィジア・アマビリス
英 名：BEAUTY BUSH
☼ ❆ ↔3.5m ↕3.5m

葉の密生する落葉低木。枝は直立または枝垂れる。葉は対生、広い卵形、先端は丸い。鐘形、白〜ピンク、黄色の模様のある花喉を持つ花が、晩春から初夏に散房花序につく。'ピンク クラウド' ★はやや大形で濃桃色の花がつく。
ゾーン：4〜9

KOPSIA
(コプシア属)

全種が東南アジアの熱帯地方に見られる25種の常緑高木および低木で、キョウチクトウ科に属する。乳液を含有し、滑らかな革質の葉が対生につく。5弁の花が群生する。

〈栽培〉
温暖な無霜地帯では戸外の肥沃多湿の日向で育てる。ほかの地域では温室で育てる必要がある。実生繁殖、または砂質用土に半熟枝を挿し木する。

Kolkwitzia amabilis

Kolkwitzia amabilis 'Pink Cloud'

Kohleria eriantha

Kunzea ambigua

Kunzea parvifolia

*Kunzea ericoides*の自生木、ニュージーランド

Kunzea recurva var. *montana*

Kunzea baxteri

Kopsia fruticosa
英 名：SHRUB VINCA
↔3m ↕2.4m
マレー半島原産。薄い光沢のある葉がつく。薄桃色に深紅色の花喉、フレアのある円筒形で星形の裂片を持つ花が春に咲く。
ゾーン：10〜12

KRASCHENINNIKOVIA
（クラスケニンニコウィア属）
異 名：*Eurotia*
アカザ科に属する約10種からなる落葉低木および亜低木。1種は北アメリカ西部に広く分布する。残りは温暖アジアおよび地中海地方に見られる。しなやかな枝が多く分枝し、小形、やや多肉で白毛を帯びた葉がつく。目立たない花が枝先の葉に似た苞葉の間に密生するが、すぐに小形の羽毛のある乾果に取って代わる。半乾燥の草地や低木の生えるステップに生育し、多肉の葉は草食動物の餌になる。
〈栽培〉
乾燥地帯やアルカリ性土壌の庭園植栽に向き、白い葉色がほかの植物と対照的で面白い。葉に比較的不燃性があり、森林火災の起こりやすい地域に植えるとよい。日のよく当たる乾燥した場所で育てる必要がある。実生繁殖か挿し芽で殖やす。

Krascheninnikovia ceratoides
英 名：PAMIRIAN WINTERFAT
↔40cm ↕90cm
非常に耐寒性および耐干性のある常緑多年草で、一般的に雑草と見なされている。北半球温帯のほとんどの地域に見られる。小形のピンクがかった緑色の花のあとに子羊の尻尾のようなふわふわした果序を作る。ゾーン：4〜9

KUNZEA
（クンゼア属）
フトモモ科に属する約35種からなる常緑低木で、オーストラリアに原生するが、*K. ericoides*はニュージーランドに見られる。芳香のあるヒースに似た葉がつき、蜜の香りがする花を目的に栽培される。花には突き出た葯が無数にあり、見かけは羽毛に似る。開花期は主に春で、蜜を食べる昆虫や食虫性の鳥を集める。
〈栽培〉
冬に温暖な気候で、日向または半日陰の水はけのよい土壌を好む。幼木、および開花後は枝が徒長しないように剪定する。実生か、初夏に半熟枝挿しで殖やす。

Kunzea ambigua
英 名：TICK-BUSH
↔3.5m ↕3.5m
オーストラリア東部原産の常緑低木。枝垂れる枝に、暗緑色、線形の葉が密生する。春から初夏に、黄白色の小花が葉腋上部に密生する。主に沿岸部に自生し、雨風の当たらない海岸沿いの庭に向く。
ゾーン：9〜11

Kunzea baxteri
英 名：SCARLET KUNZEA
↔2.4m ↕2.4m
西オーストラリア原産の分枝の多い低木。線形の葉が密生する。晩冬から春に、深紅色の花が大きな穂をつくる。開花後は整枝を行なう。
ゾーン：9〜11

Kunzea ericoides
英 名：BURGAN KANUKA
↔4.5m ↕4.5m
オーストラリア南東部原産の丈の高い、ときに下垂する低木または小高木。細い暗緑色の葉、小形の白い花がつき、ティートリーに似る。栽培品種は成長が速く荒地の再生に用いることができる。温帯では有害な雑草になる可能性がある。
ゾーン：8〜11

Kunzea parvifolia
英 名：VIOLET KUNZEA
↔1.5m ↕1.5m
オーストラリア東部原産で、小枝の多い低木。ヒースのような有毛の小形の葉がつく。晩春から初夏に、綿毛のような濃紫色の花が茎頂に小さく群生する。
ゾーン：8〜10

Kunzea pulchella
↔1.8m ↕1.8m
西オーストラリア州南部の半乾燥地帯に原生する。横張り性または下垂性の枝、灰緑色、シルク質の毛のある葉がつく。明赤色の花が穂状に頂生する。鳥がよく集まり、夏に乾燥する気候に向く。開花後は軽く枝先を切り戻す。
ゾーン：9〜11

Kunzea recurva
↔1.8m ↕1.8m
西オーストラリア州原産。直立性の丸い低木で、無柄で反曲した小さな葉がつく。ピンクがかった明るい紫色の花が、枝先に丸くかたまりでつく。*K. r.* var. *montana*は黄色の花がつく。
ゾーン：9〜11

Krascheninnikovia ceratoides

Kopsia fruticosa

Printed in Hong Kong by Sing Cheong Printing Co. Ltd

Film separation Pica Digital Pte Ltd, Singapore